Machado de Assis
Obra completa

Biblioteca
Luso-brasileira
Série Brasileira

**Machado de Assis
Obra completa em
quatro volumes**

VOLUME 1
Fortuna crítica
Romance

VOLUME 2
Conto

VOLUME 3
Conto
Poesia
Teatro
Miscelânea
Correspondência

VOLUME 4
Crônica
Bibliografia

Machado de Assis aos 25 anos, aproximadamente. Foto de Insley Pacheco, c. 1864. Reproduzida no catálogo *Exposição Machado de Assis*, publicado pelo Ministério da Educação e Cultura, no Rio de Janeiro, em 1939, exposição realizada por ocasião do centenário de nascimento de Machado de Assis.

Machado
Obra

DE ASSIS *completa*

VOLUME 4
Crônica

Organização editorial
ALUIZIO LEITE
ANA LIMA CECILIO
HELOISA JAHN
RODRIGO LACERDA

Editora
Nova
Aguilar

SUMÁRIO

CRÔNICA

12 **COMENTÁRIOS DA SEMANA**
Jornal *Diário do Rio de Janeiro*, de 1861 a 1863

70 **CRÔNICAS**
Jornal *O Futuro*, de 1862 a 1863

108 **AO ACASO**
Jornal *Diário do Rio de Janeiro*, de 1864 a 1865

276 **HISTÓRIAS DE QUINZE DIAS**
Revista *Ilustração Brasileira*, de 1876 a 1878

366 **HISTÓRIAS DE TRINTA DIAS**
Revista *Ilustração Brasileira*, 1878

374 **NOTAS SEMANAIS**
Revista *O Cruzeiro*, 1878

438 **BALAS DE ESTALO**
Jornal *Gazeta de Notícias*, de 1883 a 1886

608 **A + B**
Jornal *Gazeta de Notícias*, 1886

622 **GAZETA DE HOLANDA**
Jornal *Gazeta de Notícias*, de 1886 a 1888

746 **BONS DIAS!**
Jornal *Gazeta de Notícias*, de 1888 a 1889
Jornal *Imprensa Fluminense*, 1888

820 **A SEMANA**
Jornal *Gazeta de Notícias*, de 1892 a 1897

1284 Bibliografia
PAULO ROBERTO PEREIRA

CRÔ

N I C A

Comentários

da semana

Jornal *Diário do Rio de Janeiro*,
de 1861 a 1863

12 de outubro de 1861

Eu devia escrever estas linhas em cima de um capitel antigo, ou diante de um livro de velha poesia grega. Pedem-mo o assunto e a disposição de meu espírito, que, ingênuo, se volta para as singelas crenças antigas, enjoado da filosofia deste século desabusado.

Há dias falou a imprensa de duas mulheres, que existem nesta corte, e cuja profissão é adivinhar os sucessos do futuro. O tom com que a imprensa tratou as pobres sibilas calou-me profunda mágoa no coração. Pobres sibilas profetisas do que há de vir, não vos compreenderam, e escarneceram de vossa inspiração! Eu que professo a crença do maravilhoso, e que não duvido da capacidade humana, no tocante a devassar o futuro, zombei dos jornais e do século, e orei comigo mesmo pelas pobres vítimas.

A vossa avó de Cuma, se hoje vivesse, sem dúvida teria melhor do que eu apostrofado o blasfemo. O que poderia fazer a minha linguagem pálida, hoje, que nem é possível falar dos deuses, nem adubar uma increpação com as singelas, mas brilhantes, expressões pagãs? Valha a desculpa, se não vale o canto, como diz o poeta.

Por direito de nascimento pertenço à vossa clientela; e o fim particular que levo nas linhas que aí ficam escritas é pedir-vos que, com o auxílio da vossa poderosa lente moral, me designeis qual a sorte destes comentários que vou fazer aos acontecimentos da semana. Se for boa a predição, tornar-me-ei forte; se contrária me for, quebrarei a pena e me recolherei à tenda, como o velho guerreiro, sem me queixar de ninguém. Não podia melhor encabeçar o meu escrito; mas o que é doloroso é o salto mortal que sou obrigado a dar do prefácio às ocorrências do dia. Escolherei a menos prosaica, e direi mesmo a mais poética: falo da companhia francesa de ópera cômica, que acaba de estrear no Teatro Lírico, na ópera de Auber, *Les Diamants de la Couronne*.

Modesta se apresentou ela: portanto, seria exigência demasiada pedir-lhe que furasse paredes. O público foi sensato, como sempre; ouviu a ópera, e aplaudiu. Os artistas viram que pisavam em terra de gente que sabe apreciar todos os méritos, absolutos ou relativos, e sem dúvida se lhes desvenceram as impressões que lhes haviam de produzir as críticas sensaboronas dos Biards e Saint-Victors.

Não me cansarei, nem cansarei a paciência dos leitores em falar da ópera em si; todos sabem que a música de Auber é lindíssima, e que o libreto de Seribe, à parte os atentados contra a história, é uma não mal enredada e bem escrita composição.

O que se nota nos *Diamantes da Coroa*, como em todas as peças de Seribe, é abundância de assunto. Um escritor português diz que uma cena de Seribe basta para uma comédia dos novíssimos escritores; assim é; Seribe não fez pretexto para a música; a ação interessa como aquela, sem que uma descore a outra.

A ópera era já conhecida do nosso público, e esse inconveniente para a nova companhia desapareceu com a execução que teve a partitura.

A primeira dama da ópera cômica pode-se dizer que é a primeira artista no sentido dramático e musical; dispondo de uma voz pequena, sabe contudo vocalizar com gosto, e tem a graça do gesto e os conhecimentos precisos para desempenhar a parte dramática do papel. Campo Mayor teve por intérprete um artista que, sem possuir voz, é todavia um ator muito de ver. Acentua e gesticula com graça e naturalidade.

Os outros artistas obtiveram da plateia a justa paga de seu trabalho, exceto o que fez de 2º tenor, que na realidade não merece muita animação.

Os coros e a orquestra distinguiram-se por uma regularidade e precisão notáveis. Não falo, aos leitores, da regata e do mero achado no dique, por serem coisas velhas; a regata ainda ocuparia um lugar nestes comentários, se tivesse tido lugar; mas a opinião dos que gastaram dinheiro e foram a Botafogo é que não houve semelhante divertimento. Não posso contrariar o dito de testemunhas *oculares*.

Felizmente uma sociedade organizou-se para nos dar verdadeiras corridas de escaleres, e pelo que promete, podemos contar com o divertimento predileto dos ativos súditos de Sua Majestade a Rainha.

Consequentemente à notícia do mero vinha a da comenda de Aviz, outorgada pelo Governo ao sr. ministro das Obras Públicas, anfíbio que achou o meio de ser ao mesmo tempo paisano e militar, e gozar da regalias dessas duas condições sem sair (na opinião dele) dos preceitos constitucionais.

Não quero, porém, aguardar o prazer que esta hora desfruta o ilustre brigadeiro por ver que o Governo galardoou os seus méritos. Repouse em paz.

O paquete que chegou da Europa este mês trouxe mais vistas do *Álbum pitoresco* do sr. Victor Frond. Essas, como as outras, distinguem-se pela delicadeza e nitidez com que o artista litógrafo reproduziu os resultados fotográficos obtidos pelo sr. Victor Frond.

É essa uma parte da propaganda que nos faz bem, e que pôde mostrar aos olhos da Europa o que é a nossa terra, fisicamente, como moralmente nos havia fotografado o finado Carlos Ribeyrolles.

E deixemos falar os críticos do rodapé da *Presse*.

Os leitores hão de admirar-se de me ver já no fim destas linhas, sem ter dado minha opinião sobre *A história de uma moça rica*, drama do sr. dr. Guimarães, que se representa atualmente no Ginásio. De propósito procurei calar-me a esse respeito; defender esse belo drama contra as censuras dos virtuosos é tarefa que não comporta uma simples menção. Supondo que o meu leitor não comunga com os sentimentos exagerados que por aí se alardeia contra *A história de uma moça rica*, aconselho-o que vá hoje verificar com os seus próprios olhos se a crítica tem razão.

GIL

18 de outubro de 1861

Decisão do oráculo
A história de uma moça rica: comentários dos beatos e comentários de Gil
Copacabana, a baleia e a chuva
Um capitão de Solferino e o príncipe Maximiliano
Recusa de funeral a Cavour
Batuta a Carlos Gomes
O rebequista Winen, e os Mosqueteiros da rainha.

Consultei e encomendei-me às sibilas. Fiz bem, acho eu. Cada qual, na ocasião de cometer uma empresa, encomenda-se à sua devoção, e o próprio bandido italiano não sai a matar sem ter queimado duas velas à madona de sua fé. Eu creio nas sibilas, por isso as preferi.

Suponho que o meu leitor arde por saber da decisão das boas adivinhas. Serei franco. O oráculo não me aconselhou as *casas de madeira*, como aos atenienses; não era caso disso; aconselhou-me simplesmente uma casa de ferro, o que traduzi assim: — rijo baluarte contra todas as suscetibilidades e azedumes. Mais perspicaz do que eu, nem o profeta Daniel. Portanto, seguindo à risca o conselho das sibilas, cá me fico de ferro para todos e para tudo.

E deve ser assim. Não que tenha de introduzir desaforos nestes singelos e inocentíssimos comentários, mas porque a tolice humana sempre se rebelou contra tudo o que não a lisonjeia, e eu não me acho disposto a tecer loas a essa deusa de todos os tempos.

Dito isto passemos à grande questão do dia.

As almas beatas e pudicas dormiam pacificamente, daquele sono que Deus dá aos que se provaram, na austeridade e na penitência, quando o Teatro Ginásio anunciou a primeira representação de um drama nacional — *História de uma moça rica*.

A natural curiosidade levou-os ao teatro: mais ou menos eles se interessam pelas coisas pátrias e folgo de crer que de boa-fé foram dessa vez apreciar a nova produção na musa brasileira. Pede a verdade, porém, que eu diga que eles persignaram antes de lá entrar.

Destino ou traição? Esperavam uma peça em que o vício se apresentasse decente, ou por assim dizer, casto, a bem de não ofender o pudor público, sem que essa decência suprimisse a prédica final que absolve a plateia, e em vez disso, apresentam-lhe um drama onde o vício anda desenvolto, mostra-se como é, caminha o seu caminho e chega a um termo que não é decerto o que exige a *boa* e *rígida* moral.

Pena que tal escreveste! Por que havia o poeta de devassar o interior das famílias, e abrir as portas das salas dos hotéis? Se ao menos, dizem uns, não nos desse ele o segundo ato, contando simplesmente o que nele se passa... Acodem outros: se ao menos o poeta suprimisse o terceiro ato, e fizesse relatar as cenas de que ele se compõe... Mas, senhores, então não havia um drama, havia uma crônica, havia um sermão!

Acharam verdadeiras as cenas do poeta, mas diziam que não eram convenientes para o teatro. Não se dignavam dizer a razão por que e isso porque supunham a tal moral tão clara que devia luzir para todos, como o sol, no antigo sistema astronômico e hoje nas tabuletas das charutarias. É verdade, mas não convém dizê-la. A minha afoiteza não tolera tais conveniências, e eu se fosse o autor da peça tê-la-ia composto pior, mas não teria transigido com o vício, nem com os beatos.

Há uma parte sensata nas censuras e essa não pertence às boas almas. É a que julga que Amélia não deve deixar o teto conjugal, e condena a reabilitação que o poeta faz da mulher perdida. Outros melhores do que eu já deslindaram essas coisas, de modo a não deixar que dizer. Mas lembrarei que o poeta quando escreveu o seu 2º ato não quis dizer às Amélias da nossa sociedade: suportai e resignai-vos; mas sim mostrar à sociedade a consequência das torpezas de Magalhães. Amélia hesitou diante da morte; não hesitou diante do erro; a moral queixou-se, a religião queixar-se-ia; o dilema era atroz, e eu a condenaria por ter afrontado a fé ou a moral, se tivesse a certeza de que ela naquele momento supremo estava tão tranquila como eu ao escrever estas linhas.

Mostrar as consequências do mal, lá me parece que é torná-lo antipático e repugnante. Não acrescentarei uma palavra só ao que se tem dito e escrito sobre a reabilitação da mulher perdida; confesso-me fraco e não quero repetir. Mas, honra aos poetas que fazem cobrir o opróbrio e avilta das mulheres que erraram e se arrependeram, pelo perdão dos justos e pela condolência dos bons. Não serão poetas beatos, mas evidentemente são poetas cristãos.

Apesar de se ter absorvido em parte com a peça e os seus comentários, a população fluminense, lesta e folgazã, agitou-se domingo último e enviou um sem número de seus membros à festa que nesse dia se celebrou na Copacabana.

Se o leitor se lembra, deu lugar a essa romaria anual a presença de um cetáceo naquelas praias, aqui há dois ou três anos. De Copacabana só tinham notícia exata os pescadores que lá moravam, e algum intrépido passeador, fatigado com a vista da cidade. Mas, levados pela baleia, encantaram-se pelo lugar; viram uma capela abandonada e arruinada; o sentimento religioso fez de uma porção de crianças curiosas um grupo de homens devotos; organizou-se uma irmandade para reparar a capela e festejar o seu antigo orago; e a primeira festa teve lugar domingo.

Todas essas circunstâncias reunidas levaram imenso povo à festa de Copacabana; os alugadores de carros compreenderam que o dia também era deles e carregaram na pimenta aos romeiros; consta que depois da festa de domingo houve mais de um alugador que lastimou a tibieza da fé do nosso povo, que não erige uma capela e não institui uma romeira em cada arrabalde, a bem da glória de Deus e mais da sua.

Não se tinha contado com a chuva, e a chuva, que tem as suas impertinências de velha, caiu sem ser esperada sobre as costas dos incautos peregrinos.

Eu não fui a Copacabana, e não perdi com isso. Tive ocasião de apanhar uma notícia que prudentemente guardei para dá-la hoje.

Acha-se entre nós um capitão austríaco, vencido em Solferino, onde viu coisas melhores de ouvir que presenciar.

Retirado do exército, e assinada a paz, o capitão recolheu-se à pátria, donde questões de família o determinaram a sair. Não sabia bem para onde se dirigisse quando, não sei como, pôde ler o livro que o príncipe Maximiliano escreveu a nosso respeito, e de tais amores se tomou pelo Brasil que na primeira ocasião cá veio ter.

Oxalá que o livro de sua alteza possa convencer a todos de que não somos o que os nossos caluniadores propalam, e que podemos oferecer alguma coisa de bom a quem nos procura. Tempo virá em que um governo ilustrado há de dar aos emigrantes dissidentes todas as garantias religiosas que eles tanto pedem.

A pressão dos beatos é grande, mas eu acho que maior é a força das coisas. Ah! os beatos! É ainda deles que vou falar. Conta-se que foi negada aos italianos a licença de celebrar um ofício fúnebre ao conde de Cavour. É bonito isto? Pode ser, eu acho que não serve à Igreja nem ao pontífice, nem ao Império. Queremos passar por civilizados, e darmos dessas amostras de fanatismo e atraso, é colocar uma montanha no caminho que pretendemos atravessar.

Há tempo noticiou-se que algumas senhoras haviam mandado fazer uma batuta para oferecer ao compositor da *Noite do castelo*. Dizem-me que a entrega desse mimo deve ter lugar na primeira noite em que se executar aquela ópera. Confesso, e nisto não há cumprimento, que é uma das coisas que me tocam ver a mulher acompanhar, com a sua interessante presença os triunfos, como acompanha os reveses.

E ponho ponto final, dizendo aos apreciadores de música que se dividam e vão hoje aos *Mosqueteiros da rainha*, no Lírico, e ao concerto de Carlos Winen, no Ginásio.

Não falei da primeira representação dos *Mosqueteiros*, por um simples motivo, é que não fui ouvi-la; prometo notícia comentada dessa segunda representação.

GIL

26 de outubro de 1861

Crônica do Jornal
A ópera francesa
Um compositor brasileiro
Casimiro de Abreu.

O fato que mais deu que falar, durante a semana que finda hoje, foi um folhetim insolente e sensaborão. Discutiu-se, comentou-se e sobretudo admirou-se esse conjunto de banalidade que, com o título de *Crônica da Semana*, se publicou domingo último nas colunas da folha oficial.

A favor da importância do *Jornal*, o cronista atirou à admiração pública meia dúzia de facécias, que pelo tom se pareciam com aquelas que, tendo sido intercaladas fraudulentamente em um folhetim do sr. dr. Macedo, obrigaram a este a deixar aquele trabalho especial de que se achava encarregado. Nem mais nem menos, o escritor acusava os moços que fazem profissão da pena de uma liga, tendo por fim o louvor mútuo e todo o transe. Atacava ao mesmo tempo a dignidade moral e intelectual da mocidade brasileira. E isso no rodapé da folha oficial. Sem descer à refutação dessa censura, porque fora duvidar da sensatez do leitor, que sem dúvida se riu dela, como se haviam de rir os ofendidos, noto apenas que para um redator, de uma folha que goza de conceito, vir dizer aquelas amenidades em público, é preciso que algum motivo sobre ele tenha atuado. Digo isso no pressuposto de que as faculdades mentais do escritor a que aludo ainda não sofreram desarranjo algum. Pelo menos não consta, e isso seria uma razão que faria desaparecer todas as outras.

Que motivo, portanto, foi esse? Talvez eu atinasse deduzindo consequências de fatos anteriores conhecidos do público, mas não devidamente apreciados. Não adivinha o leitor através daquelas linhas um dos beatos de que falei nos meus comentários de sábado?

Ardeu-lhe o zelo no coração e veio à praça pública fazer alarde das suas virtudes e dos vícios alheios. Vacquerie falando de um crítico de Molière (o autor de *Tartufo*) diz que com ele se devia fazer o mesmo que se faz com certo animal doméstico inimigo do asseio; esfregar-se-lhe o rosto na própria prosa. Tenho razões para não aconselhar o mesmo expediente neste caso, mas não deixo de reconhecer que o exemplo seria proveitoso e a lição exemplar.

O cronista abre o seu escrito com uma citação do padre José Agostinho de Macedo. A aproximação é característica. Todos os meus leitores sabem que papel representou o padre José entre os demais escritores e poetas de seu tempo, e hoje o crítico consciencioso que estuda os caracteres daquele período aponta o padre José como o tipo do aviltamento moral e político. Alguns nem mesmo lhe querem dar as honras de considerá-lo o Aretino português, por não enxergarem naquilo que se chamou padre José Agostinho de Macedo o traço arejado que fazia no escritor italiano a grandeza do vício e da venalidade.

O padre José, como o seu modelo da Itália, não poupou ninguém; escreveu contra todos e contra tudo; a sua frase de arrieiro não reconhecia caracteres imaculáveis nem talentos legítimos. Era a hidrofobia da sátira. Na política almoedou a consciência, que estava tão imunda como a sua pena.

Tal é a autoridade que o escritor foi buscar, e o *Motim literário* que nenhum crítico consciencioso pode olhar, se não como lima obra da inveja e do despeito, foi a fonte onde o cronista encontrou alguns maus versos para aplicar aos escritores desta parte da América.

Felizes que eles são, em apanharem com o mesmo látego que nos tempos da Arcádia serviu para mostrar até que ponto podem chegar a tolice e o desvario humano!

Todo o comentário que eu fizesse mais a este respeito me levaria, leitor, a considerações em que eu, nem por sombras, quero pensar.

Passemos, pois, a outra coisa; repousemos os olhos na primeira representação do *Domino Noir*, dada pela Companhia francesa da ópera cômica.

Não me enganei, nem se enganaram os que saudaram com palavras de benevolência a companhia francesa, em sua primeira exibição. O bom aproveitamento de seus recursos, a igualdade das suas forças, o estudo completo das suas partituras tornaram a companhia uma coisa simpática e atraente; eu direi mesmo como um amigo que ainda não perdeu uma só das representações francesas — a companhia está acima do medíocre.

E se não, vão ver o *Domino Noir*.

A sra. Marti Almonti, bem que mal convalescida ainda, representou com aquela graça e talento de que já tivemos ocasião de falar. A canção aragonesa do 2º ato e a ária do 3º ato merecem especial menção. O sr. Duchaumont cantou bem, e representaria do mesmo modo, se por ventura tivesse contraído mais fortemente o hábito de estar presente ao que faz. Apesar disso não deixou a desejar em muitos pedaços, e tem verdadeiro sentimento e paixão.

A sra. Grille, e os mais artistas agradaram e foram justamente aplaudidos. Dois artistas estrearam no *Domino Noir* que revelaram veia cômica da melhor, os srs. Fernando e Ablet, aquele no papel do inglês, e este no de Gil Perez.

A música escuso dizer o que é; todos a conhecem; mas o que é preciso dizer, apesar de saber-se, é que a execução por parte da orquestra acompanha a execução dos artistas, do que resulta o mais harmonioso *ensemble*. Dirige os professores o sr. Grille, que tem mostrado saber de sua arte.

Enquanto louvamos a arte estrangeira não esqueçamos a arte nacional. Foi, ou está para ir ao Pará um novo compositor brasileiro, filho daquela província, ultimamente chegado da Europa onde foi estudar por espaço de dez anos. Já se vê que ele ouviu o que há de melhor. Parece que muito aproveitou, ao que dizem, porquanto trouxe quatro medalhas de honra dadas pelas sumidades de lá, o que é já alguma coisa.

Tanto melhor! Apareçam os compositores, animem-se os artistas e apareçam novos, e a arte nacional ganhará.

O novo compositor pretende, ao voltar do Pará, fazer representar uma ópera, das quatro que teve ocasião de compor na Itália. Esperemos a obra.

Da música à poesia não há senão um passo; mas da vida à morte há mais, há a eternidade.

Falei de esperanças abertas em flor; falarei de esperanças mortas também em flor.

Fez no dia 18 deste mês um ano que um poeta de verdadeiro talento baixou à sepultura. Casimiro de Abreu morreu no verdor dos anos, tangendo a lira que a musa apenas lhe havia dado. A sua curta vida foi um hino que se interrompeu no melhor da melodia.

Dorme já na terra de Nova Friburgo o cadáver daquele que as musas do Brasil reclamavam como um dos seus mais prezados e esperançosos alunos; as brisas daquelas paragens apenas lhe podem hoje repetir em redor de seu túmulo as notas místicas e suaves da poesia que ele sonhara e que tinha realmente em si.

Parece que ele adivinhava o seu fim prematuro quando, cantando diante da sepultura de um colega, pronunciou esta sentida e profética estrofe:

Descansa! se no céu há bem mais puro,
De certo gozarás nessa ventura
Do justo a placidez!
Se há doces sonhos no viver celeste,
Dorme tranquilo à sombra do cipreste ...
— Não tarde a minha vez?

GIL

1º de novembro de 1861

Prefácio político
Exposição
Ensino Praxedes
Coroa ao dr. Pinheiro Guimarães
O mágico Filipe
Regata
Comemoração de defuntos.

O que há de política? É a pergunta que naturalmente ocorre a todos, e a que me fará o meu leitor, se não é ministro. O silêncio é a resposta. Não há nada, absolutamente nada. A tela da atualidade política é uma paisagem uniforme; nada a perturba, nada a modifica. Dissera-se um país onde o povo só sabe que existe politicamente quando ouve o fisco bater-lhe à porta.

O que dá razão a este marasmo? Causas gerais e causas especiais. Foi sempre princípio do nosso governo aquele fatalismo que entrega os povos orientais de mãos atadas às eventualidades do destino. O que há de vir, há de vir, dizem muitos ministros, que, além de acharem o sistema cômodo, por amor da indolência própria, querem também pôr a culpa dos maus acontecimentos nas costas da entidade invisível e misteriosa, a que atribuem tudo.

Dizem, é verdade, que há tal ministro que, adotando politicamente aquele princípio, descrê da sua legitimidade quando se trata da sua pessoa, e que, longe de esperar que a chuva lhe traga água, vai à própria fonte buscar com que estancar a sede. O leitor vê bem o que há de profundamente injurioso em semelhante proposição, e facilmente compreenderá o sentimento que me leva a não insistir neste ponto.

Mas, seja ou não assim, o que nos importa saber é que os nossos governos são, salvas as devidas exceções, mais fatalistas que um turco da velha raça. Seria este Ministério uma exceção? Não; tudo nele indica a filiação que o liga intimamente aos da boa escola. É um Ministério-modelo; vive do expediente e do aviso; pouco se lhe dá do conteúdo do ofício, contanto que tenha observado na confecção dele as fórmulas tabelioas; dorme à noite com a paz na consciência, uma vez que de manhã tenha assinado o ponto na secretaria.

Está dada a razão por que subiu no meio das antífonas e das orações dos amigos, apesar dos travos de fel com que alguns quiseram fazer-lhe amargar a taça do poder. Diziam estes: "É um Ministério medíocre"; mas, por Deus, por isso mesmo é que é sublime! Em nosso país a vulgaridade é um título, a mediocridade um brasão; para os que têm a fortuna de não se alarem além de uma esfera comum é que nos fornos do Estado se coze e tosta o apetitoso pão-de-ló, que é depois repartido por eles, para glória de Deus e da pátria. Vai nisto um sentimento de caridade, ou, direi mesmo, um princípio de equidade e de justiça. Por toda a parte cabem as regalias às inteligências que se aferem por um padrão superior; é bem que os que se não acham neste caso tenham o seu quinhão em qualquer ponto da terra. E dão-lhe grosso e suculento, a bem de se lhes pagar as injúrias recebidas da civilização.

Não se admire, portanto, o leitor se não lhe dou notícias políticas. Política, como eu e o meu leitor entendemos, não há. E devia agora exigir-se de um melro o alcance do olhar da águia e o rasgado de seu voo? Além de ilógico fora crueldade. Estamos muito bem assim; demais, não precisa o império de capricórnio.

É sob a gerência deste Ministério que vai efetuar-se em nossa capital uma festa industrial, a exposição de 2 de dezembro.

Se o leitor acompanhou as discussões do Senado este ano, deve lembrar-se que quase no fim da sessão o sr. senador Pena, que ali ejaculou alguns discursos *notáveis*, entre eles o dos pesos e medidas do sr. Manuel Felizardo, levantou-se e pediu a opinião do sr. ministro do fomento acerca da conveniência de representar o Brasil na próxima exposição de Londres. O sr. ministro, que por uma coincidência, que não passou despercebida, havia previsto os sentimentos do honrado senador, levantou-se e declarou que já havia pensado nisso, e que dentro de quatro dias tinham de aparecer as instruções regulamentares das exposições parciais no Brasil, para delas extrair-se o melhor, e enviar-se à exposição de Londres. Portanto, os dois heróis da exposição são os srs. Pena e ministro do fomento, a quem, em minha opinião, devem ser conferidas as primeiras medalhas, a não ser que se olhe como prêmio comemorativo a presidência de Mato Grosso e as ajudas de custo, que, por eleição do sagrado concílio, couberam ao sr. Herculano Pena. Em todo o caso há uma dívida contraída com o sr. ministro do fomento.

As instruções apareceram, um pouco sibilinas e indigestas, como salada mal preparada, mas dignas do ministro e do Ministério. E imediatamente as ordens se expediram, com uma presteza cuja raridade não posso deixar de comemorar, e em toda a parte se preparam a esta hora as exposições parciais.

A da corte tem lugar no dia 2 de dezembro, no edifício da escola central. A decoração está a cargo do sr. dr. Lagos, que é um dos mais importantes expositores. Disse-me alguém que àquele nosso distinto patrício se entregou uma soma fabulosa... *mente* mesquinha, o que é realmente digno de censura, se não atendermos à divisa do Ministério, e a que é impossível fazer uma exposição e ao mesmo tempo mandar uma jovem comissão estudar à Europa os sistemas postais. A exposição é uma coisa bonita; mas há muito moço que ainda não foi a Paris, e é preciso não deixar que esses belos espíritos morram abafados pela nossa atmosfera brasileira. Ora, a economia...

A Exposição corresponderá aos esforços dos seus diretores, se a atenção pública não for desviada pela nova obra *Ensino Praxedes,* de que dá notícia a folha oficial. É um novo método de ensino, fundado sobre a filosofia do A B C. Ouço já o meu sôfrego leitor perguntar-me o que é a filosofia do A B C. Eu ainda não li o precioso livro; mas diz-me um boticário, que o folheou entre duas receitas, que essa filosofia cifra-se em demonstrar que não há entre as letras do alfabeto a diferença que geralmente supõe-se, e que o A e o G se parecem como duas gotas de água. Talvez o meu leitor não ache muito clara a identidade; mas é aí que está a sutileza do novo método.

Ocorre-me lembrar uma coisa. Este livro deve figurar na exposição de Londres. Ali se reserva uma sala para a exposição de planos, livros e métodos pedagógicos de ensino primário. Vê-se que o novo *Ensino* está correndo para lá como um rio para o mar.

A matéria do ensino é grave e profunda; não se deve perder material algum que possa servir à organização da instrução pública, como ela deve ser feita. Ora, compreende-se bem que o sistema do *Ensino Praxedes* vem dar um grande avanço, porque, se pela analogia, ou antes identidade dos caracteres, chegamos a converter o alfabeto em uma só letra, é evidente que teremos feito mais que todos os que têm estudado e desenvolvido a matéria, e, se é dado crismar o novo método, proponho que se desdenhe o título de *método-vapor,* e que se lhe dê o que lhe compete, *método-elétrico.*

A obrigação de comentar leva-me a fazer transições bruscas; por isso passo sem preâmbulo do novo livro à oferta que por parte de alguns amigos e admiradores acaba de ser feita ao sr. dr. Pinheiro Guimarães, autor do drama *História de uma moça rica.*

Afirmo que o leitor, se não é beato, está tão convencido como eu da justiça daquela oferta. Ela significa, além disso, um desmentido solene às censuras que, em mal da composição do novo dramaturgo, haviam levantado os que sentem em si a alma daquele herói de Molière, que *pecava em silêncio e se acomodava com o céu.*

As palmas que acompanharam a entrega da coroa ao sr. dr. Pinheiro Guimarães confirmaram ainda uma vez a boa opinião que nos espíritos desprevenidos e sinceramente amantes das letras, tem criado o poeta. Estou certo de que elas valem mais que a alma devota dos censores.

Tem outro alcance a coroa do autor da *História de uma moça rica*; é um incentivo à mocidade laboriosa, que, vendo assim aplaudidas e festejadas as composições nacionais, não se deixará ficar no escuro, e virá cada operário por sua vez enriquecer com um relevo o monumento da arte e da literatura.

A nossa capital tem sido visitada por mais de um mágico, e sem dúvida está ainda fresca a impressão que produziu o distinto Hermann, que fazia coisas com aquelas bentas mãos de pôr a gente a olhar o sinal. No tempo em que Hermann divertia a curiosidade infantil do nosso povo, chegou aqui um colega, que, reconhecendo não poder competir com tão distinto mestre, resolveu esperar melhores dias, e foi exercer a sua arte pelo interior.

Agora aparece ele, o sr. Filipe, filho de um mágico célebre de Paris. Trabalha com destreza e habilidade, e faz passar ao espectador algumas horas de verdadeira satisfação. Se o meu leitor quiser verificá-lo deve ir ao Ginásio sempre que o sr. Filipe trabalhar.

Efetua-se hoje à tarde a grande regata de que falei em um dos meus *Comentários* passados, e cujo programa as folhas publicaram ontem.

Ao que parece, o divertimento será em regra, e amadores e espectadores terão uma tarde deliciosa a passar. Compreende-se bem que os ingleses se distraiam das suas graves preocupações para tomar parte ou presenciar uma regata, hoje que o divertidíssimo soco inglês é punido pelas leis da Grã-Bretanha. Vejam se não excita a fibra ver quatro escaleres rasgando com as quilhas cortadoras o seio de um mar calmo e azul, e os remeiros, com o estímulo e o entusiasmo nos olhos, empregando toda a perícia, a ver quem primeiro chega ao termo da carreira, que é a terra da promissão!

Diga-se o que se quiser dos ingleses, mas confesse-se que nesta predileção pela regata e outros divertimentos do mesmo gênero mostram eles que Deus também os dotou da bossa do bom gosto. Honra àqueles graves insulares!

Os moços que hoje tomam parte na regata são pela maior parte oficiais da nossa jovem marinha, mas entram no divertimento franceses e ingleses que não deviam faltar a ele. A festa é, portanto, completa, e desta vez é deveras uma regata, pois que os escaleres devem correr próximos à praia, para que todos possam ver.

Depois da festa do mar, vem a festa dos cemitérios, a comemoração dos mortos, piedosa romagem que a população faz às pequenas e solitárias necrópoles, onde repousam os restos do irmão, do pai, do consorte, da mãe e do amigo.

É uma peregrinação imponente. Os romeiros vão de luto orar pelos que repousam no último jazigo, e derramar à vista de todos as lágrimas da saudade e da tristeza. É esta uma das práticas dos povos cristãos que mais impressiona a alma do homem verdadeiramente religioso, embora a vaidade humana macule, como acontece em todas as coisas da vida, a grave e melancólica cerimônia, com as suas suntuosas distinções.

Dizem os que têm visitado a antiga cidade de Constantino que há uma grande diferença entre um cemitério turco e um cemitério cristão. Aquele não inspira o sentimento que se experimenta quando se entra neste. O turco entrelaça a morte à vida, de modo que não se passeia com terror ou melancolia entre duas alas de túmulos. A razão desta diferença parece estar na própria religião. O que quereis que seja a morte para um povo a quem se promete na eternidade a eternidade dos gozos mais voluptuosos que a imaginação mais viva pode imaginar? Esse povo, que vive no requinte dos prazeres materiais, só entende o que lhe fala aos sentidos, e considera bem-aventurados os que morreram, que já gozam ou estão perto de gozar os prazeres prometidos pelo profeta.

Mas, filosoficamente, terão razão eles ou nós filhos da igreja cristã? Há razão para ambas as partes, e cumpre acatar os sentimentos alheios, para que não desrespeitem os nossos.

GIL

10 de novembro 1861

Vaga senatorial
Agências do correio
Companhia italiana; Norma
Compositores nacionais
Condecorações
Batuta
Associação de caridade
Aventura inglesa
Uma volta de artistas.

Vagou uma cadeira no Senado. É a que pertenceu ao eleito por Mato Grosso João Antônio de Miranda, que acaba de falecer, levando consigo a experiência e o conhecimento do egoísmo de um partido político. Tão gorda posta fez arregalar o olho a mais de um; e eis que todos quantos gozam da inefável ventura de andarem entradetes no outono da vida começam a fazer valer os seus direitos e os seus serviços.

Fala-se de muitos, e chega-se até a indicar todas as probabilidades. A folha oficial, que toma o seu papel a sério, sem reparar que encanta mais *par son plumage que par son ramage*, não se arreceou de comprometer no futuro o queijo do experiente, e abriu o largo bico para dizer que entre muitos candidatos um havia que merecia exclusivamente os sufrágios dos eleitores.

Deve supor-se que é esse o escolhido do partido do governo, que é sempre o legítimo partido. Um outro candidato, ministro como o que foi apresentado por *Maitre Corbeau*, não fará concorrência, porquanto, depois de ter naufragado em dois diques, no Maranhão e no do Rio de Janeiro, não quer arriscar-se a fazer uma figura triste neste país, que é o das lindas figuras. Além destes dois, havia um que se o governo quisesse podia fazê-lo triunfar, o sr. Sérgio de Macedo, homem que, afora a missão diplomática, o cargo de ministro e o exercício de deputado, tem dado conta da mão, saindo-se brilhantemente de toda a empresa que comete.

Tais e outros são os ovos que estão incubando, agasalhados pelas asas protetoras daquela remota e passiva província de Mato Grosso: estão sim, mas a ansiedade da surpresa não se dará no fim do termo legal da incubação; já se conhece o ovo que há de gerar, e a mim até me parece ver já o pinto no poleiro. A tal ponto chega a ciência política!

É tão bom ter uma cadeira no Senado! A gente faz o seu testamento, e ocupa o resto do tempo em precauções higiênicas, a bem de dilatar a vida e gozar por mais tempo das honrarias inerentes ao posto de príncipe do império. Alguns não observam tão salutar preceito, e esfalfam-se em orações políticas contra os abusos do poder; por isso vão mais depressa à sepultura, onde ninguém é senador nem tem honrarias de príncipe.

Com a questão da vaga senatorial veio naturalmente a questão da presidência da província, que há de ser a presidência da eleição. Estava nomeado antes da vaga o sr. conselheiro Pena; mas S. Exa., que é exímio em ordenar um expediente e em fazer o seu discursozinho sobre questões de ordem, não se abalançará a presidir uma eleição em província que não conhece, e tão longe do governo central.

Trata-se, portanto, segundo ouvi dizer a mais de um, de substituir o nomeado, o que eu acho que é uma coisa muito justa. Pois falta com que distrair os tédios do sr. conselheiro Pena no intervalo da sessão legislativa? Não haverá outro ponto do império onde S. Exa. vá tomar ares? Por força que há de haver.

Tais são as notícias importantes do mundo político que chegaram ao meu conhecimento. Quanto ao sr. ministro da Agricultura, que é o meu predileto, está fazendo *amende honorable* de um erro administrativo: restabelece as agências postais do interior, que em um dia de sestro econômico lembrou-se de suprimir. Deus o conserve em tão boas disposições!

Apesar da importância dos fatos que muito singela e rapidamente acabo de referir, o que mais deu que falar nestes últimos dias foi a companhia italiana, que aqui está de passagem para Buenos Aires.

Falou-se muito antecipadamente na primeira dama, a sra. Parodi, que trazia consigo um diploma de reputação europeia. Tinha ela de cantar a *Norma* diante de um público que ainda conservava as impressões de mme. Lagrange. Por isso todo o mundo diletante se agitou, e na noite da representação da *Norma* lá estavam os antigos entusiastas do canto italiano a esperar

A sra. Parodi confirmou o que dela se tinha pela novidade dito: tem muito talento e profundos conhecimentos da arte a que se dedicou; é ao mesmo tempo uma eminente cantora e uma trágica eminente. O seu gesto é nobre, os seus movimentos largos e desembaraçados, as suas posições belas, como as das estátuas antigas. Aquilo é que era a sacerdotisa gaulesa. Depois de Lagrange ninguém viu melhor. Quando experimentava um sentimento exprimia-o com a voz, com o gesto, com a fisionomia, sem procurar agradar aos basbaques com os recursos das mediocridades. Amava-se, odiava-se e sentia-se com ela. Ah! é que possui a flama sagrada e consumiu o tempo em uma escola europeia, que eu peço licença para considerar melhor que as nossas, se me é dado falar dos ausentes.

O tenor Mazzis conhece a arte e canta bem; acrescentai a isto uma bela figura, e compreendereis, leitor, que Norma se apaixonasse por Polion.

Bela e fresca é a voz do baixo Rossi, que foi aplaudido com justiça, e que muito mais o deve ser no *Ernani,* que sobe hoje à cena.

Coube o papel de Adalgisa a uma moça, quase diria menina, tanto o seu ar ingênuo e tímido me pareceu aquele da criatura que passa da infância à adolescência. A sua voz, fresca e melodiosa, corresponde perfeitamente ao seu todo virginal; começa agora, mas tem condições para ocupar uma bela posição no teatro.

Tal é a companhia que se destina a Buenos Aires. Só tenho palavras de inveja para os nossos vizinhos, que bem podiam ceder-nos a sua companhia por alguns meses.

Assim não há de acontecer, entretanto; e, ao que ouço, a *voluptuosa coqueta del Plata* tem em breve de ouvir e *ver* esses artistas, a quem os *dilettanti* bonaerenses animarão e pagarão com entusiásticos aplausos.

O período é musical; três companhias de canto, a italiana, a francesa, e a nacional, alternam as suas representações no mesmo teatro. Os compositores nacionais aparecem. Acha-se nesta corte, vindo de São Paulo, o sr. Elias Álvares Lobo, autor da *Noite de São João*; retirado à sua província natal, o sr. Álvares Lobo escreveu uma nova ópera, cujo libreto é devido à pena de um dos nossos jovens escritores dramáticos: o sr. Gurjão está no Pará, e deve voltar brevemente, para fazer cantar uma de suas quatro óperas, compostas na Itália, terra da música e dos mestres: um jovem professor, o sr. J. Teodoro de Aguiar, está a concluir uma ópera, cujo libreto tem por assunto um episódio da nossa história indígena, coisa que para alguns espíritos rabugentos é enormemente ridícula. Não sou dessas suscetibilidades que fazem caretas ao ver um indígena em cena; não quero saber a que nação e a que civilização pertencem os personagens; exijo simplesmente que eles sejam verdadeiros, porque invariavelmente hão de ser belos; *rien n'est beau que le vrai*, disse Boileau, que, se me concedem, era uma pessoa de muito critério e siso e pensava nestas coisas um pouco melhor que os censuristas.

Por último está a vir da Europa o sr. Henrique Alves de Mesquita, talento de uma grande esfera, que mais se ampliou e fortaleceu com a aquisição de sérios estudos, condição essencial do bom compositor, sem a qual fica-se em risco de não passar da antecâmara da glória, que é esquiva e exigente como ninguém.

O sr. Mesquita já ligou o seu nome à nossa história musical, compondo algumas daquelas peças em que José Maurício se mostrou mestre. As suas missas trazem o cunho da verdadeira música religiosa. Como compositor de outro gênero, todos conhecem até que ponto chegam a sua caprichosa imaginação e a sua instrução musical. Será o digno chefe de tão distinta plêiade.

Creio que podemos dizer: — temos música. E mais: — temos animação para os principiantes. Não acaba o chefe do Estado de ornar o peito do sr. A. C. Gomes, para quem lhe foi pedida pela Academia das Belas-Artes uma condecoração? Este ato, olhado como estímulo, deve garantir os operários da ideia de que serão sempre acolhidos, não só pelas graças do público, como pelos favores dos poderes do Estado.

Devo dizer, falando de condecorações, que um artista de outro ramo, o sr. Vítor Meireles, autor do belo quadro *A primeira missa no Brasil*, obteve da própria inspiração imperial uma condecoração honrosa, em prova de apreço pelo seu trabalho. O favor honorífico caiu para a pintura como para a música.

O autor da *Noite do Castelo* recebeu, finalmente, das mãos de uma senhora, em pleno teatro, por ocasião de executar-se a sua ópera, a batuta de ouro com que o brindaram várias representantes do sexo amável. O trabalho artístico é de um perfeito acabado e honra bem as ofertantes.

Na apoteose dos talentos, bem como no conforto dos que padecem, a mulher exerce sempre a sua alta missão; tanto galardoa como consola. Reúnem-se muitas, associam-se para fazer caridade, e por meio de uma noite de folgares e risos tiram o óbolo, que vão depois depositar no regaço da indigência.

É o que deve efetuar-se na noite de 12 deste mês. A Associação de Caridade das Senhoras anuncia para essa noite um concerto vocal e instrumental no salão do Cassino Fluminense, cujo produto deve ser empregado no desempenho dos fins da sociedade. Honra e glória para essas almas evangélicas!

Algum filósofo esquisito poderá dizer que um egoísmo que infecciona os homens faz com que estes só abram a bolsa em troco de um prazer, e que o dinheiro que compra o pão dos pobres comprou antes o divertimento dos abastados. Guarde esse as suas moedas de Pompeia, que não têm valor na circulação; se não quer parecer egoísta, não vá lá; a humanidade é assim; as abstrações quiméricas não é que a hão de modificar, responderemos eu e o meu século.

Muita gente fala em egoísmo, sem definir propriamente o que ele é. Em minha opinião, que não dou como infalível, ele vale tanto como o instinto de conservação, que reside nas organizações animais; é por assim dizer, o instinto moral, que procura para o espírito o que o instinto animal procura para os sentidos. Vão lá pregar contra o egoísmo aos ingleses; verão como eles os escovam. O egoísmo é a divisa dos súditos de Sua Majestade a Rainha, recentemente Imperatriz das Índias; e tanto a observam que fazem muitas vezes profundas modificações no direito das gentes e no código social das nações, parecendo que os respeitam.

Para prova do que digo, deu-se ultimamente em nosso porto, um fato que é nada menos que uma grave ofensa à soberania nacional. Mal saía a visita da polícia de um vaso brasileiro, apresentou-se um oficial inglês no escaler de sua nação, exigindo a sua introdução a bordo! Está me parecendo este caso igual ao *Charles Georges* em Portugal. Nações fracas devem sofrer tudo, dizem as potências de primeira ordem; e, sem atender que, como dizia o conceituoso Camões, *é fraqueza ser leão entre ovelhas,* fazem alarde de sua importância e força material. Benza-os Deus, antes querem um aleijão no moral que uma quebra desse poder que atemoriza os fracos, indignando a consciência. Vamos ver o que fará o nosso governo. Dizem que somos colônia da Inglaterra; não sei se somos, mas é preciso provar que não.

Esta questão da visita marítima tolhe-me a palavra e irrita-me a pena. Creio que não poderei continuar naquele estilo descuidoso e calmo com que comento as coisas. Tenho uma última notícia a dar. Vi nas mãos de um amigo uma carta da Bahia, em que se anuncia a próxima vinda de alguns artistas, muito conhecidos do nosso público, que ali faziam parte da companhia dramática, que, na frase do vice-presidente daquela província em seu relatório, satisfazia perfeitamente as necessidades da civilização baiana.

Declinando-se-lhes os nomes, faz-se-lhes a apologia: falo de Gabriela da Cunha e Moutinho de Sousa, a criadora de Marco e Margarida Gauthier, e o intérprete feliz do marinheiro da *Probidade*.

Colocada na primeira plana dos nossos artistas (e poucos são), a sra. Gabriela tem sempre um lugar na capital, em que seus triunfos foram mais celebrados, e onde criou a sua carreira. Além dela e do sr. Moutinho, disse-se que deve também chegar um novo ator, galã de muita aptidão, e, ao que ouço, o primeiro depois de Furtado Coelho.

Uma não vem, talento em flor, que amanhecia cheio de esperança, e que lá fica debaixo do chão, livre dos amargores da vida, mas também sem os louros que a esperavam. Aos que a viram ensaiar aqui os seus primeiros passos sem dúvida se confrangerá o coração quando não lerem entre os nomes de sua família o nome da Ludovina Moutinho.

GIL

21 de novembro de 1861

Cavaco
Caridade
Teresa Parodi
Coros do teatro lírico
A Resignação.

Ó pachorra! tu és a Circe mais feiticeira que conheço, contra quem não valem todas as advertências de duas Minervas juntas! Adormeci em teu seio, *amiga velha,* como te chamava aquele bom Filinto, que, além desse, tinha outro ponto de contato comigo, na predileção pelas trouxas de ovos; adormeci, digo eu, em teu seio, e deixei passar a semana sem vir dizer em letra redonda o que pensava das ocorrências dela.

Não faltou, porém, quem se encarregasse de comentar, como eu, e com um brilho de que não é capaz um escritor novel, ou já por crônica, ou já a propósito de música e de caridade.

E de música foram os últimos dias. De tudo mais, porém, passou estéril a semana. Música nos teatros, música nos concertos, por caridade e por prazer.

Pretende Eugênio Pelletan que a mulher, com o andar dos tempos, há de vir a exercer no mundo um papel político. Sem entrar na investigação filosófica da profecia, a que dá uma tal ou qual razão a existência de certas mulheres da sociedade grega e da sociedade francesa, eu direi que é esse um fato que eu desejava ver realizado, em maior plenitude do que pensa o autor da *Profession de foi.* Eu quisera uma nação, onde a organização política e administrativa parasse nas mãos do sexo amável, onde, desde a chave dos poderes até o último lugar de amanuense, tudo fosse ocupado por essa formosa metade da humanidade. O sistema político seria eletivo. A beleza e o espírito seriam as qualidades requeridas para os altos cargos do Estado, e aos homens competiria exclusivamente o direito de votar.

Que fantasia! Mas, enquanto esperamos a realização dessa linda quimera, à mulher cabem outros papéis, que, se não satisfazem a inspiração de um humorista, podem contentar plenamente o espírito de um filósofo e de um cristão. É, por exemplo, o da mãe de família e o do anjo da caridade; adoçar os infortúnios da indigência e preparar cidadãos para a pátria, que missão!

Cresce o número das associações de caridade, e as principais organizadas são compostas de senhoras, que, no meio da abastança, não se esquecem de que há mães de família, a quem a fortuna não favorece com esses dons, que permitem às primeiras os gozos e os cômodos da vida. Essas fazem grossa coleta de donativos, e, sem temer empoeirar o sapato de cetim no lar do pobre, vão repartir aos famintos o pão da subsistência que a indigência lhes negou.

A *Associação de Caridade das Senhoras* e a *Congregação de Santa Teresa de Jesus* merecem os mais sinceros encômios pelos fins santos a que se propõem. Se há glória verdadeiramente real e verdadeiramente cristã, é essa.

Ao lado do concerto que deu no Cassino a *Associação das Senhoras,* chamaram a atenção dos *dilettanti,* nestes últimos dias, os espetáculos líricos da companhia italiana, que nos deu *Ernani* e *Favorita.*

Tive ocasião, nos meus últimos *Comentários,* de falar em Teresa Parodi e seus companheiros. Acabava de ouvir a *Norma,* e trazia no espírito as impressões recebidas pela execução da famosa partitura de Bellini. A representação de *Ernani* confirmou-me na primeira opinião, ou mais, deu-me melhor opinião.

Nessa peça Teresa Parodi ostentou os mesmos esplendores de seu talento, que já haviam dado ao papel de sacerdotisa gaulesa o cunho das belas criações na *cavatina* do primeiro ato, e no *tercetto* do terceiro, sobretudo, seus belos dotes de canto e de arte foram empregados de um modo, não a satisfazer, mas a entusiasmar a plateia.

Dizem que Teresa Parodi ouviu cantar a *Norma* à Pasta, de quem recebeu proveitosas lições. O fato é que o mesmo juízo feito pelos críticos eminentes à célebre cantarina podem ser aplicados a Teresa Parodi, guardadas as respectivas distâncias. Nesta, como naquela, a cantora descora diante da trágica; ambas deram à sua arte esse tom dramático que é o caráter da escola clássica, em ambas se encontra *esse culto inteligente da plasticidade,* de que fala Blaze de Bury a respeito da primeira.

Vendo e ouvindo Teresa Parodi, nós, que tivemos duas brilhantes amostras da grande escola em Stoltz e De-Lagrange, apreciamos e dispensamos àquela artista os aplausos com que, honra de um público inteligente, a arte, a grande arte, a verdadeira arte, costuma ser festejada.

Depois de *Ernani* e de *Norma* foi anunciada a *Favorita.* As palmas com que ao terminar a execução da ópera de Donnizetti foi Teresa Parodi chamada à cena foram a manifestação de um público que, sem curar de comparações, mostrou apreciar o talento, que, sem pregão nem motim, veio receber no fundo da América uma confirmação ao batismo que recebera na Europa.

Os outros artistas, à parte alguns senões, satisfizeram o público, com especialidade o sr. Walter.

Dizem que a gente experimenta uma certa mudança moral de sete em sete anos. Consultando a minha idade, vejo que se confirma em mim a crença popular, e que eu entrei ultimamente no período lírico. É isso o que explica hoje a minha preferência pelas representações deste gênero, e que me faz um adepto fervente da música. Como se vê, não me devo em parte lastimar, porque com esta mudança coincidiu o movimento lírico, que se vai observando na atualidade.

Oxalá que, a par do bom que se me dá no velho Provisório, figurassem sempre os coros. Diz Alexandre Dumas que para os ouvidos se fizeram *Guilherme Tell,* os pianos de Erard e as trompas de Sax; evidentemente não se fizeram também os coros do teatro lírico, pelo menos tratando-se de ouvidos bem educados. Há ocasiões em que é preciso muito boa vontade para ouvi-los a sangue frio.

Uma novidade dramática aguarda o público: um novo drama do dr. Aquiles Varejão, autor da *Época.* Como estas coisas não são secretas, e mais ou menos transparecem, pela louvável indiscrição dos que, conhecendo uma peça, não se eximem de antecipar a opinião, fazendo o seu juízo, direi que não tenho ouvido a respeito da *Resignação* senão palavras de louvor e de ardente aplauso. É uma composição escrita nesse tom familiar, que torna notáveis muitas das composições modernas. Deve subir à cena esta semana; nos meus próximos *Comentários* farei detalhada análise.

GIL

25 de novembro de 1861

*Itália
Por que não foi um embaixador a Koenigsberg?
Uma heresia científica
Dois livros
A companhia italiana
Uma carta.*

Começo por uma raridade, não uma dessas raridades vulgares de que fala um personagem de teatro, mas uma raridade vulgarmente rara: — o governo de acordo com a opinião.

Os complacentes e os otimistas hão de rir; não assim os julgadores severos; esses dirão consigo: — é verdade! A opinião havia acolhido com entusiasmo a unificação da Itália; o governo acaba de reconhecer *com prazer* e sem delongas acintosas o novo reino italiano. Não é caso de milagre, mas também não é comum.

Afez-se o país por tal modo a ver no governo o seu primeiro contraditor, que não pôde reprimir uma exclamação quando o viu pressuroso concluir o ato diplomático a que aludo. E por que não havia de fazê-lo? perguntará o otimista. Eu sei! por descuido, por cortesania, por qualquer outro motivo, mas a regra é invariável: o governo sempre contrariou a opinião.

Mas a Itália, ouço eu dizer, assenta hoje a sua existência política nas mesmas bases da nossa; uniu-se para ser a Itália, e escolheu o governo que achou melhor, como o Império se unira para ser Império, e como escolheu por uma revolução o governo que achou mais compatível consigo e com os tempos. Quereria o governo brasileiro ser ilógico ou ridículo? não alcançaria ele a clareza e a firmeza destes princípios?

Tudo isso é verdade, mas não menos verdade é que este absurdo, que por tamanho não parece entrar na cabeça de ninguém, existe na de muita gente. Não há ainda quem espere pela volta do absolutismo a Nápoles? Quem conte, para confusão dos maus, com a destituição de Vítor Manuel, e do herói de Marsala?

Podem, é verdade, todas essas coisas acontecer; as vicissitudes humanas concluem muitas vezes pelo absurdo, e pelo aniquilamento dos mais sãos princípios, mas as ideias ficam de pé, e o espírito, abatido, embora, não abdica de si.

Não creio, ninguém pode crer, para honra nossa, que no espírito do governo imperial existisse nunca uma convicção contrária ao ato do reconhecimento. Mas nem por isso se pode contestar, que, por motivos fúteis embora, o governo poderia, como em outras vezes, comprometer a opinião do país com uma nação estrangeira.

E que nação, a Itália! Uma das que a providência das nações destina para ser um guia da raça latina, e conduzi-la através dos séculos ao aperfeiçoamento moral e intelectual de que ela é capaz. Seria lamentável, mas seria possível, e daqui vem que a imprensa e o país louvam todos os atos do governo.

Existirá nesse elogio, contra as intenções do país, que o fez de coração, um amargo epigrama? De quem a culpa? Do governo e só do governo. Avezado a remar contra a opinião, este mau timoneiro, se alguma vez volta o batel à feição da corrente dos espíritos, é logo objeto de mil cumprimentos, que lhe devem doer mais do que dobradas chufas.

E ele anda agora em maré de epigramas; alguns bem bons nos lançaram os alemães, a propósito de não haver na coroação do rei Guilherme um embaixador brasileiro, bem que aquele soberano não esperasse nem meio minuto à espera de que o Brasil tomasse parte na função.

Ora, o império foi realmente descortês e não praticou um ato de boa política. Abstraindo da importância da farsa de Koenigsberg, tratava-se de uma potência de primeira ordem, de um soberano amigo, e de uma fonte onde vamos procurar colonos quando precisamos lavrar nossas terras. Se não bastavam as duas primeiras considerações, a última devia de ser digna de reparo do governo. Por que não atendeu a ela?

Já ouvi, por suposição, que o governo não quis sem dúvida fazer gastos enormes, a bem de manter convenientemente um embaixador nosso naquela estrondosa cerimônia. Mas, se é preciso atender a essa tristíssima contingência, se o bom senso do governo imperial chega a descobrir estas dificuldades, por que não o ilumina a providência, detendo-lhe a mão quando, com larguez, envia certas comissões à Europa, e dá ajudas de custas a presidências de províncias, despesas improdutivas, e diametralmente opostas ao programa do gabinete? Essas migalhas fariam um pecúlio para dar que gastar ao nosso embaixador, que demais, não precisava dar saraus estrondosos, nem ostentar a suntuosidade com que a França se representou na pessoa do duque de Magenta.

A conclusão forçada de tudo isto é que o governo foi descortês.

Vale-lhe, porém, a inspiração com que se apressou a respeito da Itália, a negação que fez das regras comezinhas de polidez internacional.

Outro tanto pudesse eu opor à negação da ciência em favor do empirismo, que no meio de uma corporação fez o diretor da academia de medicina. Ouvi bem, ó vindouros, o diretor de uma academia de medicina! *Où la direction d'une academie va-t-elle se nicher!*

Mas não pasmemos, leitor amigo. Negar a ciência é negar a esposa, com que se contraiu, depois de longo estudo, o consórcio íntimo do espírito e dos princípios. Mas negar a publicidade, negar a discussão, que são a alma do sistema representativo, equivale a negar a liberdade, a negar a própria mãe.

Ora, se o leitor recorrer ao *Anais* da sessão legislativa deste ou do ano passado, há de ler no discurso de um membro da Câmara vitalícia a mais extravagante proposta, onde se suprimiam ou restringiam profundamente aquelas duas condições de um sistema livre. Depois disto há que admirar? Lembra-me aquele quimérico de Jules Sandeau, que vendo a causa da queda dos governos nos próprios governos, suprimia-os, para acabar com este inconveniente, bem como suprimia as leis, a fim de se não atentar mais contra elas...

Felizmente o senso comum faz ouvidos de mercador, e o senador-diretor prega debalde aos peixinhos.

Os tipos deste gênero são mais vulgares do que muita gente pensa: — espíritos medíocres, não podendo abraçar a amplidão do espaço em que a civilização os lançou, olham saudosos para os tempos e as coisas que já foram, e caluniam, menos por má vontade que por inépcia, os princípios em nome dos quais se elevaram.

Deixando de parte esses entes passivos que não podem servir de tropeço à marcha das coisas, acho melhor voltarmos a folha nas ocorrências da semana.

Representou-se, há tempos, um drama no Teatro Ginásio intitulado *Sete de Setembro*, em que o sr. dr. Valentim Lopes apareceu no nosso mundo das letras. Esse drama acaba de ser publicado agora em volume. Postos de parte certos pontos de composição, contra os quais se oferecem muito boas razões, mas que não constituem defeitos capitais, contém essa peça beleza de estilo e de arte digna de menção. Mas fora inútil repetir agora e discutir a composição de que a maioria de meus leitores sem dúvida terá velho conhecimento pela exibição cênica.

Também um outro trabalho, que só é novo na forma por que acaba de ser publicado, é o *Pequeno Panorama* do sr. dr. Moreira de Azevedo, coleção de pequenos artigos que vieram à luz pela primeira vez nas colunas do *Arquivo Municipal*. É um volume precioso, onde a história de muitas cidades e monumentos nossos se acha escrita, sem pretensão, mais com visos de apontamentos que de brilhantes monografias.

Não é o primeiro serviço deste gênero que o sr. dr. Moreira de Azevedo presta às letras pátrias.

Nisto cifra-se o movimento da literatura propriamente dita da semana anterior.

Tivemos no sábado a *Norma* pela companhia italiana. Foi a noite da despedida. Já se havia dado o *Ernani* por última récita, mas como verdadeiras moças em visita, o público e a companhia quiseram trocar os últimos amplexos no topo da escada. Também foram os mais ardentes e entusiásticos. Posso dizer, em minha consciência de comentarista sincero, que foi essa a melhor representação da companhia italiana. Em nenhuma das vezes anteriores a sra. Parodi elevou-se a tanta altura no papel da sacerdotisa gaulesa.

O paquete do Prata levou ontem esses artistas que de passagem nos fizeram gozar algumas noites de verdadeiro e completo prazer. Ouço dizer que devem voltar em maio e passar aqui o inverno: Deus o queira.

Tenho em mão uma carta de um amigo a propósito dos meus penúltimos *Comentários*. Em dicção castigada, e com aquela energia dos observadores severos, fez o meu correspondente algumas considerações, que, se devo penetrar no vago da carta, são aplicadas à situação em que se acha a nossa arte dramática.

Bem que a magnanimidade do mestre o levasse a dizer que de minhas migalhas se sustenta, declaro aqui, que não migalhas, mas sim escolhida e boa iguaria traz ele à mesa do pobre operário, sem prestígio, sem saber, e talvez sem talento. Agradeço-lhe a carta e as atenções.

Termino anunciando a próxima publicação de uma revista semanal — A *Grinalda* — onde cada um pode levar a sua flor e a sua folha a entrelaçar.

Redige-a o sr. dr. Constantino Gomes de Sousa, cujas aptidões se acham já reconhecidas pelo público, e que deve cumprir o programa a que se propõe.

GIL

1º de dezembro de 1861

O que ficou provado a respeito da Itália?
Exposição nacional
Morte de um general
A Resignação

La Dame Blanche
Comissão para teatro
Ainda o sr. senador Jobim.

Está acabada a questão do reconhecimento da Itália. Evidenciou-se pela discussão da imprensa que o governo quis atenuar um pouco a coragem com que reconheceu a Itália, trazendo à imprensa considerações que não respiravam a dignidade nem estavam revestidas da lógica que deve assistir aos atos de um governo livre.

Em bom e leal português chama-se a isto — acender uma vela a Deus e outra ao diabo. Ou, se se quiser ainda recorrer à filosofia popular — desmanchar com os pés o que se fez com as mãos.

Supunha-se que o gabinete tivesse olhado as coisas políticas da Europa de um ponto de vista justo, e portanto elevado. Era caluniá-lo; e para não haver dúvida veio ele próprio declarar que faz a sua apreciação do movimento do espírito humano do alto da varanda do palácio imperial.

Qualquer que seja o respeito que mereça aquele ponto de vista, palpita-me que o mundo é alguma coisa mais largo, e que as ideias pairam um pouco mais acima dos augustos telhados da monarquia.

Se o governo é dos que, como o rei Guilherme I, ainda andam embebidos pela ideia de que Deus se ocupa em fazer coroas para constituir direitos que têm outra fonte real, bem pode renunciar a querer fazer do Império uma coisa que preste, e desde já fica habilitado a tirar diploma de imbecilidade ou de especulação.

Para isso tem amplo e indisputável direito.

Será mais um episódio da sua biografia, já opulenta destes e quejandos.

A festa industrial que se vai inaugurar amanhã é uma das coisas boas que hão de tirar a triste monotonia da história do gabinete de 2 de março.

Bem que ao governo não caiba o primeiro viço de originalidade desta ideia, que, como se devem lembrar todos, foi iniciada na Assembleia provincial, há anos, pelo sr. dr. Macedo, todavia o mérito da execução é também um mérito, e eu, nos meus princípios de inteira justiça, não lho negarei.

A exposição não se abre completa, por falta de tempo; muitos objetos chegados e por chegar esperam ainda um lugar nessa primeira e grande *étalage* das nossas forças agrícolas, industriais e artísticas.

Do Pará temos ainda as belas madeiras e os magníficos produtos naturais, que fazem daquela província uma das primeiras do império. De Minas há ainda que expor, e, como desta, de outras.

O exemplo do governo, ao que parece, será fecundo. Já em Minas Gerais se havia feito em setembro uma exposição industrial, que apresentou os melhores resultados. O paquete do norte nos trouxe a notícia de que na Bahia se organizara uma sociedade, com os fins de promover cada ano uma exposição provincial.

Ainda bem que por toda parte vai ganhando terreno esta bela usança, que é uma verdadeira força de progresso e de civilização.

Mercê de Deus, não é capacidade que nos falta; talvez alguma indolência e certamente a mania de preferir o estrangeiro, eis o que até hoje tem servido de obstáculo ao desenvolvimento do nosso gênio industrial. E, pode-se dizê-lo, não é uma simples falta, é um pecado ter um país tão opulento e esperdiçar os dons que ele nos oferece, sem nos prepararmos para essa existência pacífica de trabalho que o futuro prepara às nações.

Poupo ao leitor uma dissertação que tinha muito lugar agora sobre essa existência, que é o sonho dourado dos filósofos verdadeiramente amigos da humanidade.

Quero antes voltar folha, e convidar o leitor a acompanhar-me na dor que, à sua classe particularmente, e ao país em geral, acaba de causar a morte de um distinto militar — o general Pereira Pinto.

Há uma coisa de particular e de tocante nos passamentos como este; quando um companheiro de perigos, com quem se correu os azares da fortuna da guerra, deixa o campo para refugiar-se na morte, a dor dos membros dessa classe tem alguma coisa de mais profundo, e infunde maior emoção nos ânimos. É simples: a comunhão do perigo, a partilha dos reveses ligam mais profundamente os homens, e afluem mais intimamente as almas.

A classe militar perdeu um membro valente; chora-o por isso; e, com ela, o país, de quem foi um honrado servidor.

....

Esta linha de pontinhos indica que vou passar a assuntos de outro gênero, para os quais não achei uma transição capaz.

A franqueza não será das minhas menores virtudes.

Fui ao Ginásio ver o drama do dr. Varejão, *A Resignação*. Bem escrito, contendo lances dramáticos de efeito, esta composição está no caso de merecer o aplauso dos que sinceramente apreciam o desenvolvimento literário do país, naquela especialidade.

Há incerteza e incorreção nos traços das suas personagens, pode-se mesmo dizer que elas pela maior parte estão apenas esboçadas; mas este é o resultado legítimo das proporções acanhadas que o autor deu ao seu drama, e o descorado das partes ressente-se do campo estreito em que aprouve ao poeta fechar-se.

Aconteceu com a *Resignação* o contrário do que se deu com a *Época*. Nesta, a ação está rarefeita, diluída nos cinco atos em que o autor a dividiu; na *Resignação*, a ação aperta-se, acanha-se, concentra-se.

Mas, se há pontos vulneráveis na peça, há também belezas dignas de apreço. Do autor da *Época* e da *Resignação* podemos, portanto, esperar composições, em que, desaparecidos os senões dos seus primeiros ensaios, se reproduzam e porventura centupliquem as qualidades superiores que lhe serviram de valioso diploma ao entrar na literatura dramática.

A companhia francesa deu-nos no Lírico a ópera de Boieldieu, *La Dame Blanche*, com uma execução que excedeu à expectativa dos *dilettanti*. Mme. Marti e mr. Emon foram os primeiros entre todos os artistas. Mme. Marti é sempre a artista elegante e gentil, cuja presença enche a cena de vida e de animação. Ainda desta vez obteve aplausos merecidos. Mr. Emon conseguiu, por seu talento reconhecido, dar-nos um tipo completo no rendeiro Dikson. Na assinatura que vai começar daquela companhia temos de apreciar mais outras belas partituras do melhor repertório.

Estou no capítulo dos teatros; cabe mencionar aqui a nomeação de uma comissão que o governo acaba de fazer para examinar o contrato com o teatro subvencionado, e dar a sua opinião sobre a celebração de um que encaminhe o teatro a melhoramentos mais reais.

Essa comissão, composta dos srs. conselheiro José de Alencar e drs. Macedo e João Cardoso de Meneses e Sousa, acha-se com a iniciativa de uma verdadeira organização teatral. Os seus membros dispõem de talento e conhecimentos próprios a bem de completar um trabalho desta ordem.

Fora inútil apontar aqui os títulos do dr. Macedo, a pena, já vigorosa, já faceta, que tanto tem enriquecido o teatro, e o escritor dos mais populares da literatura nacional; os do sr. conselheiro José de Alencar, romancista e dramaturgo elegante; e os do sr. dr. João Cardoso, poeta mavioso e prosador correto.

O teatro é uma coisa séria, carece de muito trabalho e de muita constância. Em uma terra onde tudo está por fazer, não seria o teatro, cópia continuada da sociedade, que estaria mais adiantado. A este respeito não nos iludamos, é preciso trabalhar ainda muito, e trabalhar inteligente e conscienciosamente.

Aproveite-se dos esforços já tentados e construa-se um edifício sólido e duradouro.

Antes de pingar o ponto final, permita-me o leitor que eu retifique um erro que me escapou nos *Comentários* últimos. Quando falei de um personagem que preferia a ciência dos selvagens à ciência das academias, o que prova bem que lhe assiste o direito de ser colocado entre os primeiros, disse diretor da academia de medicina em vez de diretor da faculdade.

E, já que falo no diretor, lembra-me esse trecho de um discurso de S. Exa., em que a palavra *cloaca* era repetida, sem embargo da presença das augustas personagens, em sessão pública e solene. Nem ao menos o sexo delicado, que ali tinha um régio representante, mereceu de S. Exa. uma consideração de deferência e atenção.

Se o bom do homem é retrógrado em ciência, em cortesia mostra uma simplicidade rústica, digna dos primeiros tempos da humanidade.

E é senador, e é diretor de uma faculdade!

Où la science et la pairie vont-elles se nicher!

Gil

11 de dezembro de 1861

Morte de dois príncipes
Naufrágio do Hermes
Exposição
Artistas para o teatro
Gonçalves Dias.

Quero escrever e a pena se me acanha, vacila-me o espírito, e não acho uma palavra para começar.

Bem errada é essa crença de que a intensidade do sentimento inspira o escrito, e que a impressão dá mais vigor à pena.

Entendia o contrário, e entendia bem, aquela *menina e moça* quando dizia que falava desordenadamente de suas mágoas, porque desordenadamente aconteciam elas; e que não era possível pôr ordem onde a má ventura pôs a desordem.

As impressões ainda vivas dos casos tristes de que se entremeou a tela da semana atuam em mim, como no leitor, e ambos maldispostos, nem um escreve, nem o outro lê a atenção e a placidez habituais.

De lutos e alegrias foi a semana; alegrias e lutos simultâneos: o minuto de prazer casado ao minuto da dor, nessa triste sucessão em que a providência, por lição ou por escárnio, aprouve encadear os sucessos da vida humana.

A página lúgubre da semana reza de duas catástrofes. Uma nos paços de uma família real, outra, sobre os recifes de uma costa.

Um terrível flagelo invadiu os aposentos da Monarquia portuguesa, fez sucumbir a dois príncipes e deixou o terceiro à beira da sepultura. Todos eles moços; o mais velho, o rei, era um homem de bem, que cingira a coroa, como o penhor da felicidade do povo, o que até o seu último momento não havia atraiçoado a escritura constitucional de que era filho; o outro, quinze anos apenas, talvez um sábio, talvez um guerreiro, uma esperança ontem, que hoje dorme na necrópole dos reis.

Não só a população portuguesa, mas ainda a brasileira, sentiu esse falecimento prematuro de duas vidas amadas, pelo que valiam já, pelo que haviam de valer depois, e nessa comunhão do mesmo sentimento está a grandeza dos finados e a intimidade dos dois povos irmãos.

Ainda não restaurado o espírito do abalo que sofrera com essas más notícias, uma outra ocorrência, a confirmação de uma notícia alterada, veio redobrar tão dolorosas impressões.

Pereceram, como é sabido, no naufrágio do *Hermes* em viagem para Campos, trinta e tantas vidas, bem perto de terra, aos primeiros clarões da madrugada.

Levantava-se o dia para tantos, quando a noite eterna descia sobre aquelas malfadadas vítimas do erro ou da incúria.

Cada família que ali perdeu um membro chora hoje esse infortúnio sem remédio. A dor da literatura é das mais intensas e das mais legítimas; também a família dos escritores perdeu ali um dos seus filhos que maior honra e mais firmes esperanças lhe dava. Morreu ali um grande talento, um grande caráter e um grande coração.

No vigor dos anos, amado por todos, por todos festejado, alma nobre, espírito reto, abrindo o coração a todas as esperanças, caiu ele para sempre, terminando por um naufrágio a vida que não se embalara nunca nos braços da fortuna.

É essa a triste simetria da fatalidade.

Pode-se afirmar que não deixou uma desafeição e muito menos um ódio. Os mais indiferentes sentiram essa perda que, afetando o país em geral, feriu particularmente o coração de seus numerosos amigos.

Pertencia a essa mocidade ardente e cheia de fé, que põe olhos de esperança no futuro, e aspira contribuir com o seu valioso contingente para o engrandecimento da pátria.

O que pela sua parte podia dar era muito. O seu talento, aferido por um cunho superior, era de alcance grande e seguro; o seu espírito era observador; os seus escritos estão cheios das melhores qualidades de um escritor formado.

Perdeu a pátria um dos seus lutadores, os amigos o melhor dos amigos, a família — duas irmãs apenas — um braço que as sustinha, e um coração que as amava.

Para que escrever-lhe o nome? Todos hão de saber de quem falo. O seu nome tem sido lembrado com dor, por quantos se têm ocupado com esse terrível desastre.

Eu era seu amigo em vida; na sua morte dou-lhe uma lágrima sentida e sincera.

A parte alegre da semana foram em primeiro lugar as festas da exposição, que como o leitor sabe ou deve de saber, estiveram brilhantes.

Já falei na importância e nas vantagens de uma reunião anual de produtos agrícolas e industrial; e fui talvez o milionésimo que tratou disso.

É possível que o ardor manifestado este ano chegue a arrefecer-se, como se arrefeceu o entusiasmo patriótico no grande dia nacional, e que essa bela tentativa não passe de um exemplo sem repetição.

É esse o nosso defeito principal. Falta-nos a constância de uma prática, a perseverança de uma ideia. Se hoje nos sopra o vento do entusiasmo, vamos com ele até onde pudermos chegar, mas cesse a causa, cessará o movimento.

Deus queira que desta vez uma esplêndida exceção desminta a regra constante, ou antes a confirme, mas de modo a confiar nos resultados do pensamento patriótico que deu origem a esta brilhante festa.

A melhor propaganda é a dos fatos. Sempre entendi assim.

Quando pudermos fazer figura com a nossa indústria na galeria dos produtos europeus, então começaremos a convencer aos incrédulos de lá, de que a nossa aptidão é uma realidade, e não havemos de conseguir isto assalariando a quem vá tecer louvores mentirosos esquecendo o que realmente temos de bom

Na maior parte dos casos os Biards que nos sugam dinheiro desandam em espremer o fel da maldade e do ridículo contra o Império, que, tirado o negócio a limpo, merece por fim à pancada do asno.

Pondo de parte a tentativa de exposição industrial, passo a outra tentativa, não menos bela, e segundo as minhas teorias, não menos proveitosa.

É mais velha, essa, data de alguns anos, mas o que pesam alguns anos na ampulheta do progresso?

A sociedade dramática nacional organizou-se sobre os destroços da empresa do antigo Ginásio. O antigo Ginásio foi o começo desta bela tentativa.

Reunir os principais artistas em um mesmo grupo, dar animação à literatura dramática, corrigir os talentos e as plateias, tal é o primeiro caminho para organizar o teatro. A sociedade dramática esforça-se por isto. Aos artistas que ali existiam acabam de reunir-se mais quatro, as sras. Gabriela e Leolinda, e os srs. Moutinho e Amoêdo.

A sra. Gabriela é quem tem de estrear em primeiro lugar.

A superioridade do seu talento vem de certo realçar o grupo de companheiros laboriosos e inteligentes. Foi a primeira que nos revelou os belos trabalhos do teatro moderno francês, e de modo a encher de orgulho a cena brasileira.

Ao seu grande talento reúne ela essas qualidades físicas da figura, da expressão fisionômica, que se procura encontrar sempre nos artistas de primeira ordem.

A sua aquisição para o teatro foi de bom aviso, e nisto vejo o tino da sociedade dramática que não quis que a sra. Gabriela, como a Dorval, andasse de cena em cena mendigando um lugar a que o talento lhe dava legítimo direito.

Também louvarei a sociedade pela aquisição dos outros artistas. O sr. Moutinho é um ator inteligente e observador, e que foi muito aplaudido nesse mesmo teatro por alguns tipos de perfeito acabado.

Faltava um galã-sério à companhia por que o artista que ali desempenha esses papéis, indo bem nos de galã-cômico, não pode satisfazer na outra especialidade; por essas considerações, acho boa a aquisição do sr. Amoedo, que já estava naquele teatro.

A sra. Leolinda é para mim uma artista estranha; no tempo em que representou no Ginásio não tive ocasião de vê-la. Todavia, confio em que a sociedade, que vai acertando, não terá deixado de acertar admitindo-a no teatro.

Vou fechar os *Comentários* de hoje, e é a poesia que me oferece uma chave de ouro. Voltou Gonçalves Dias, o poeta mavioso, o filho predileto da musa lírica de nossa terra, da viagem que com os outros membros da comissão científica fizera ao norte do Império.

É esse um motivo de prazer para os que, como o poeta, se entregam ao cultivo e amanho dessa terra abençoada por Deus, que os homens chamam — inteligência, e que muito figurão boçal denomina — superfluidade.

Consagro nestas ligeiras palavras o meu contentamento pela presença do escritor elegante, e do melindroso poeta que o Brasil conta como uma das suas glórias mais legítimas e mais brilhantes.

GIL

16 de dezembro de 1861

A lei das condecorações
O sr. ministro do Império
O fim do decreto
Escola normal de teatro
Nada de concorrência
Os fins do teatro
Sufrágios pelo rei de Portugal.

Dizia um filósofo antigo que as leis eram as coroas das cidades.

Para caracterizá-las assim deve supor-se que elas sejam boas e sérias. As leis más ou burlescas não podem ser contadas no número das que tão pitorescamente designa o pensador a que me refiro.

A folha oficial deu a público um decreto que reúne as duas condições: de abusivo e de ridículo; é o decreto que regula a concessão de condecorações. A imprensa impugnou o ato governamental, e à folha oficial foram ter algumas respostas, com que se procurou tornar a coisa séria.

Mas se a coisa era burlesca e má, má e burlesca ficou; as interpretações dos sacerdotes não trouxeram outra convicção ao espírito do vulgo. Devo todavia notar que a má impressão produzida pelo regulamento das condecorações diminuiria se se tivesse atendido para o nome do ministro que firmou o decreto.

Benza-o Deus, o sr. ministro do Império não é, nunca foi, e muito menos espera ser uma águia. Adeja na sua esfera comum, tem por horizonte a beira dos telhados da sua secretaria, e deixa as nuvens e os espaços largos a quem envergar asas de maiores dimensões que as suas.

Isto no gabinete, isto na tribuna; o homem da palavra luta de mediocridade com o homem da pena, e, força é dizer, quando este parece que suplanta aquele, aquele vence a este, para de novo ser vencido.

Por isso há de dar água pela barba a quem quiser descobrir qual dos dois é mais vulgar.

Se se tivesse atendido a esta circunstância, o pasmo não teria sido tão grande, porque está escrito que o fruto participa das qualidades da árvore, e o tal decreto é a fotografia moral do ministro que o lavrou.

A triste recepção, ou antes a recepção jovial que teve o decreto devia doer mais ao sr. ministro do que se pensa. S. Exa. levou seu tempo a trabalhar naquela obra, não comunicou a ninguém a novidade que ia dar, pelo menos não houve esse *zum-zum* que precede, as mais das vezes, aos atos do poder, e um belo dia disse consigo: — "Vou causar uma surpresa a estes queridos fluminenses: amanhã pensam ler na folha oficial uma cataplasma árida do expediente dos meus colegas, e eu dou-lhes este acepipe preparado por minhas bentas mãos". E publicou-se o regulamento.

Ora, cuidar que depois da sua obra a musa da história o receberia nos braços, e ver que ela teve o mais triste dos acolhimentos, o acolhimento do ridículo, é um transe duro de sofrer, e maior do que se houvesse ligado pouca importância ao resultado das suas lucubrações.

Cada ministro gosta de deixar entre outros trabalhos, um que especifique o seu nome no catálogo dos administradores.

A matéria das condecorações seduziu o sr. ministro do Império; datavam de longe os decretos que a regulavam, o sr. ministro quis reunir esses retalhos para fazer o seu manto de glória, e organizou um regulamento geral.

O primeiro artigo desse regulamento espantou a todos, porque exigir 20 anos de serviços não remunerados, para concessão de uma condecoração, era murar a grande porta das graças, e fazia admirar que o governo com as próprias mãos quebrasse uma das suas boas armas eleitorais.

O art. 9.º restabeleceu os ânimos; muravam a grande porta, é verdade, mas abriam um largo corredor, ou antes reconheciam e legalizavam essa via de comunicação aberta pelo abuso.

O governo quis ser esperto, mas o público não se deixou cair no laço armado à sua boa-fé.

Não vá agora o leitor pensar que me pronuncio assim porque considero a concessão de graças o sumo bem que pode desejar toda a ambição do coração humano. Deus me absolva se peco, mas eu não penso assim. O que, porém, cumpre dizer em honra da verdade, é que o decreto de 7 de dezembro é uma lei manca e burlesca.

Entre os atos de nulo valor do governo ocupa esse um lugar distinto.

Oxalá que ande ele melhor avisado na organização de uma escola normal de teatro, sobre o que está uma comissão encarregada de dar o seu parecer.

Espera-se com ânsia, e pela minha parte, com fé, o resultado do estudo da comissão, porque a matéria apesar de importante não foi até aqui estudada.

Entretanto, antes que tenha aparecido o trabalho oficial, já uma opinião se manifestou nas colunas do *Correio Mercantil*.

Essa opinião, sinto dizê-lo, devia ser a última lembrada, se merecesse ser lembrada.

A doutrina liberal de concorrência aplicada à espécie prejudica o ponto essencial da questão, e que se tem em vista atingir.

Criar no teatro uma escola de arte, de língua e de civilização, não é obra da concorrência, não pode estar sujeita a essas mil eventualidades que têm tornado, entre nós, o teatro uma coisa difícil e a arte uma profissão incerta.

É na ação governamental, nas garantias oferecidas pelo poder, na sua investigação imediata, que existem as probabilidades de uma criação verdadeiramente séria e seriamente verdadeira.

Uma legislação emanada da autoridade, a reunião dos melhores artistas, a escolha dos mestres de ensino, a criação de escolas elementares, onde se aprenda arte e língua, duas coisas muitas vezes ausentes de nossas cenas, a boa remuneração ao trabalho dos compositores, um júri de julgamento de peças, em boas bases, ficando extinto o conservatório, tudo isto sem cuidar-se na flutuação das receitas, tais são os fundamentos, não de um teatro-escola, mas do teatro, na sua acepção mais abstrata.

Virá o estímulo, os outros aprenderão no primeiro, e a arte tornar-se-á um fato, uma coisa real.

Mas deixar à luta individual a criação de uma escola nas condições exigidas, equivale a não criar coisa nenhuma. E se alguma coisa se fizer há de ser em demasia lento.

Não, o teatro não é uma indústria, como diz a opinião a que me refiro; não nivelemos assim as ideias e as mercadorias. O teatro não é um bazar, e se é, que estranhas mercadorias são estas, chamadas *Otelo, Atalia, Tartufo, Marion Delorme* e *Frei Luís de Sousa*, e como devem soar mal nos centros comerciais os nomes de Shakespeare, Racine, Molière, Vítor Hugo e Almeida Garrett.

Não é o teatro uma escola de moral? Não é o palco um púlpito? Diz Víctor Hugo no prefácio da *Lucrécia Bórgia*: "O teatro é uma tribuna, o teatro é um púlpito. O drama, sem sair dos limites imparciais da arte, tem uma missão nacional, uma missão social e uma missão humana. Também o poeta tem cargo d'almas. Cumpre que o povo não saia do teatro sem levar consigo alguma moralidade austera e profunda. A arte só, a arte pura, a arte propriamente dita, não exige tudo isso do poeta; mas no teatro não basta preencher as condições da arte".

Estou certo de que a comissão e o governo não entregarão à concorrência a criação de uma escola normal de teatro. Isto no pressuposto de que a nomeação da comissão não foi uma fantasia do autor do decreto das graças.

Dito isto, passemos a outras coisas. Mas o quê? Depois da minha última revista nada se deu que mereça uma menção ou um comentário.

O que de mais notável sei, é que se continua a celebrar missas e ofícios fúnebres pelo rei D. Pedro V; na sexta-feira foi o do cônsul de Portugal, hoje é a da sociedade Portuguesa de Beneficência *Dezesseis de Setembro*, o da *Dezoito de Julho*, o da *Igualdade e Beneficência*, e de uma comissão da Prainha.

Folgo por ver que nestas homenagens prestadas à majestade morta, fala menos o ânimo dos vassalos que o coração dos amigos e admiradores das virtudes daquele ilustre soberano.

M. A.

24 de dezembro de 1861

Paula Brito
Questão diplomática
Palinódia do Ministério
O sr. ministro do Império e a gazeta da tarde
Os homens sérios; reentrada da artista Gabriela
Partida da companhia francesa
O sr. Macedo Soares
Colégio da Imaculada Conceição.

Mais um! Este ano há de ser contado como um obituário ilustre, onde todos, o amigo e o cidadão, podem ver inscritos mais de um nome caro ao coração ou ao espírito.

Longa é a lista dos que no espaço desses doze meses, que estão a expirar, têm caído ao abraço tremendo daquela leviana, que não distingue os amantes, como diz o poeta.

Agora é um homem que, pelas suas virtudes sociais e políticas, por sua inteligência e amor ao trabalho, havia conseguido a estima geral.

Começou como impressor, como impressor morreu. Nesta modesta posição tinha em roda de si todas as simpatias.

Paula Brito foi um exemplo raro e bom. Tinha fé nas suas crenças políticas, acreditava sinceramente nos resultados da aplicação delas; tolerante, não fazia injustiça aos seus adversários; sincero, nunca transigiu com eles.

Era também amigo, era sobretudo amigo. Amava a mocidade, porque sabia que ela é a esperança da pátria, e, porque a amava, estendia-lhe quanto podia a sua proteção.

Em vez de morrer, deixando uma fortuna, que o podia, morreu pobre como vivera, graças ao largo emprego que dava às suas rendas, e ao sentimento generoso que o levava na divisão do que auferia do seu trabalho.

Nestes tempos de egoísmo e cálculo, deve-se chorar a perda de homens que, como Paula Brito, sobressaem na massa comum dos homens.

....

Nas colunas do *Jornal do Commercio* continuam a aparecer os contendores da questão diplomática. *Scoevola*, depois de ter feito sacrifício da mão direita diante de Porsena, anda mostrando que é capaz ainda de outras coisas muito mais asseadas.

O que é divertido é ver perturbados o remanso e a paz da igreja de Elvas. No *dize tu, direi eu*, declarações de alta importância vieram à tona do debate, o que prova desconfianças, e eis que um novo personagem, com o seu próprio nome, aparece na discussão, a tomar contas aos indiscretos.

Não entra nas condições exíguas deste escrito, nem que entrasse, faria uma mais larga apreciação do debate a que aludo. Menciono apenas como obrigação, e para prevenir o leitor menos perspicaz de que a coisa vai tomar um aspecto mais importante do que até agora.

De política é isso o que oferece algum interesse; no mais, mar morto e calmaria podre.

Não deixarei de consignar mais uma palinódia do Ministério, que pode chamar-se bem o Ministério das palinódias. Já o sr. Manuel Felizardo cantou uma na questão dos correios. Suprimiu umas tantas agências, e depois foi restabelecendo-as, já se sabe, com o aplauso dos beneficiados.

Dizia não sei que homem de Estado, que é de boa política fazer o mal, porque depois toda a concessão é considerada um bem de valor real. Este preceito não foi mal compreendido pelo atual chefe da nação francesa, que depois de arrecadar todas as liberdades públicas, vai agora concedendo, hoje, uma largueza à imprensa, amanhã, outra ao parlamento, e depois outra no sentido da autonomia provincial, e a cada pedaço que larga à nação faminta, esta aceita agradecida e tece louvores a seu protetor.

Também por cá dá-se o mesmo. Preceito tão salutar não podia deixar de ser observado neste país. Semelhante à dos correios, houve ultimamente uma do sr. ministro da Justiça, que acaba de restabelecer por um aviso as prisões que competem aos oficiais da guarda nacional.

Como sempre acontece, a reparação foi considerada um benefício extremo; a guarda nacional agradeceu ao Ministério o seu ato, e choveram os louvores.

Isto provaria contra o país, se não fosse fato observado em outros países. Por conhecerem da eficácia do sistema, é que os políticos o empregam; lembremo-nos de que já na Antiguidade, Sócrates sentia prazer em coçar a perna depois do arrocho.

A este respeito, os nossos ministros são de boa massa.

O sr. ministro do Império, esse, depois do longo e laborioso trabalho da parturição moral, relativamente ao regulamento das condecorações, ficou abatido; a crise foi tremenda, as consequências não podiam ser menos. Acha-se em convalescença; o pequeno está bom.

A propósito lembra-me de uma gazeta que se publica nesta corte, ao bater das trindades, e que teve a bondade de ocupar-se de passagem com a minha humilde pessoa. Foi a propósito da apreciação dos meus últimos *Comentários* acerca do sr. ministro do Império.

Acha ela que o sr. ministro do Império, longe de ser vulgar na tribuna e no gabinete, é uma figura eminentíssima tanto neste como naquela; acredite quem quiser na sinceridade da gazeta do lusco-fusco, eu não; sei bem que ela... ia escrevendo um verbo que ainda não adquiriu direito de cidade; direi por outro modo: sei que ela faz a corte ao sr. ministro. Está no seu direito; mas agora, querer encaracolar os cabelos de S. Exa. à minha custa, isto é que é um pouco duro.

Passemos, leitor, ao teatro.

O Ginásio representou domingo um drama do repertório português, *Os homens sérios*, de Ernesto Biester, para reentrada da sra. Gabriela da Cunha.

A reentrada de uma artista como a sra. Gabriela não é um fato comum e sem valor; ocorre-me, portanto, o dever de mencioná-lo nesta revista.

O drama de Ernesto Biester é para mim uma composição de bom quilate. Bem travado e bem deduzido, interessa, comove, oferece lances bem preparados, e cenas traçadas por mão hábil. Dos dramas que conheço deste autor é este o que se me afigura mais completo.

Desapareceram nos *Homens sérios* os defeitos que eu sempre achei no *Rafael*. Há na peça de que trato mais movimento que nesta última, e menos expansão da fibra lírica, que tornava o *Rafael* uma elegia, bem escrita é verdade, mas uma elegia, que não pode ser um drama.

Não menos pelo escrito se recomendam *Os homens sérios*; o estilo brilhante e conciso, o diálogo travado sem esforço, o epigrama fino, a frase sentimental, a expressão sentenciosa, cada coisa no seu lugar, tudo a propósito, tais e outras belezas são atestados que Ernesto Biester dá de seu talento, e que não podem ser recusados por falta de reconhecimento legal.

O papel de Amélia, a protagonista, é um belo, mas difícil papel: a sra. Gabriela deu-lhe esse tom dramático que caracteriza as suas melhores criações. Os que confiavam no seu talento (e não há duas opiniões a respeito) não se admiraram; aplaudiram e sabiam que haviam de aplaudir.

Não esqueceu o menor toque exigido pelo original do poeta; no 2.º e 4.º atos, principalmente, esteve brilhante.

Um poeta dizia que eram flores que a artista deitava à sua antiga plateia. Flores por flores, também o público as teve, e muitas, para pagar as que lhe deu.

Se eu fizesse crítica de teatros, entraria em apreciação mais detida do desempenho. Mas não é assim. Só me cabe apontar muito de leve os fatos. O sr. Joaquim Augusto acompanhou bem a sra. Gabriela, no papel de Luís Travassos, marido brutal no interior, e delicado e solícito em público. Estas duas figuras foram as principais. No papel da condessa a sra. M. Fernanda fez progressos.

Devia responder agora aos dois artigos que, a respeito do *Teatro, a concorrência e o Governo*, publicou no *Correio Mercantil* o sr. Macedo Soares. Macedo Soares é o verdadeiro nome das iniciais M. S., com que saiu o primeiro artigo.

Permitirá o meu ilustrado e talentoso contendor que eu fuja ao debate; por convicção de erro, não; por medo, fora possível, se eu atendesse só a minha inferioridade pessoal, e não à consideração de que estou no terreno da verdade.

Mas a que chegaremos nós? O sr. Macedo Soares, nos seus dois últimos artigos, não pôde, apesar do seu talento e da sua ilustração, demonstrar que o teatro não escapa à lei econômica, que rege as corporações industriais; eu continuo convencido do contrário. E pelas condições deste escrito não me é dado estabelecer uma discussão sobre a matéria; com as minhas espaçadas aparições o debate seria fastidioso.

Tenho uma observação a fazer: quando eu disse que a *opinião do sr. Macedo Soares devia ser a última lembrada, se merecesse ser lembrada*, não quis de modo algum exprimir um desdém, que tomaria as proporções do ridículo, partindo de mim para com o sr. Macedo Soares.

Termino mencionando os belos resultados obtidos no colégio da Imaculada Conceição, do sexo feminino, em Botafogo. As meninas mostraram, perante o numeroso concurso que assistiu aos exames, um grande adiantamento, mesmo raro, entre nós.

Folgo sempre de mencionar destas conquistas pacíficas da inteligência; são elas, hoje, os únicos proveitos para o presente e para o futuro.

Fazer mães de família é encargo difícil; por isso também, quando há sucesso, compensam-se os espinhos.

M. A.

29 de dezembro de 1861

Créditos extraordinários
Scoevola
O sr. Pena em missão
Cinna
O ano novo.

Houve ontem muito quem se admirasse ao ler na folha oficial o decreto abrindo um crédito suplementar de setecentos e tantos contos ao Ministério da Fazenda.

Isso prova que a boa-fé patriarcal ainda conta neste mundo raros e preciosos exemplos.

Admirar-se de quê, façam favor? É coisa de admirar que o governo brasileiro abra créditos extraordinários?

Deu-se, é verdade, um fato. Fould, o ministro das Finanças de Luís Napoleão, acabava de condenar esse sistema de créditos suplementares, achando nele a origem da crise por que passa atualmente a França.

Este fato fez com que o imperador Napoleão declinasse de si a prerrogativa que lhe havia concedido o ato de 1851.

A imprensa fluminense, apreciando essas coisas, estranhou com razão que um país constitucional, como o nosso, andasse inteiramente ao avesso do que se acabava de praticar em um país onde a liberdade não existe.

O tom moderado da apreciação da imprensa não pôde disfarçar o contraste que resultava do paralelo.

O governo devia sentir-se tocado, pelo ecúleo da consciência, e ver que, de fato, a situação desgraçada a que chegamos procedia também das despesas inúteis a que havia ocorrido com os créditos suplementares.

Se a causa da doença era a mesma, idêntico devia ser o remédio.

Contava-se, portanto, que o governo ia estudar mais profundamente a situação e as necessidades, e que não apelaria para os créditos suplementares, tão de fresco condenados por um governo que nada tem de simpático às constituições, e que procedeu como não procedem os governos constitucionais.

Contava-se mal. E a prova é que, ou por convicção da necessidade do crédito, ou por *pirraça* (expressão novissimamente introduzida no vocabulário político pelo sr. Sérgio), apareceu ontem na folha oficial um decreto abrindo um crédito extraordinário de setecentos contos.

Quereria o governo com o seu ato contrariar o memorial Fould, fazendo crer que nos créditos suplementares é que está o ideal financeiro, e que só neles repousam a paz pública e a felicidade nacional?

Aqui hão de me perdoar. De um ato do nosso governo só a China poderá tirar lição. Não é desprezo pelo que é nosso, não é desdém pelo meu país. O país real, esse é bom, revela os melhores instintos; mas o país oficial, esse é caricato e burlesco. A sátira de Swift nas suas engenhosas viagens cabe-nos perfeitamente. No que respeita à política nada temos a invejar ao reino de Liliput.

Scoevola, que é hoje o compadre indiscreto, anda fazendo revelações dignas de toda a consideração do país.

É preciso notar que este valente romano mora modestamente nos *A pedidos* já sem aquela gala do *entrelinhado,* que lhe dava ares de filho direto do Olimpo.

Com esta aparência continua ele a protestar que as suas opiniões não partem de origem oficial.

A revelação de ontem é de peso.

Trata-se de uma missão diplomática, confiada em segredo, *entre outras incumbências,* ao sr. conselheiro Pena, que partiu para Mato Grosso, província que vai presidir.

A missão é *conversar* com o presidente López, e também tocar em Montevidéu, Buenos Aires e Rosário, *para refrescar e ver terra.*

O *Scoevola* pergunta se é verdade isso. A filiação íntima que o herói romano tem com os pater-famílias dá o direito de responder afirmativamente.

Aqui temos, portanto, o sr. conselheiro Pena estreado na diplomacia, bossa que até aqui não se lhe havia descoberto, e que o governo, que é capaz de descobrir palpitações em um defunto, acaba de apresentar aos olhos do país.

Há certas fortunas políticas de nossa terra que não têm explicação. A do sr. conselheiro Pena é uma delas.

S. Exa. pertence à parte medíocre do Senado, onde tem mostrado que é um dos poucos capazes de desbancar o sr. ministro do Império, e tirar-lhe as honras de vulgaridade, a que aliás tem um título incontestável e incontestado, exceção feita do *Correio da Tarde* e da consciência de S. Exa.

Homem de minúcias e observações limitadas sobre um ou outro ponto ínfimo, S. Exa. estaria tão bem em uma secretaria quanto se acha mal na grave curul de pai da pátria.

No Senado, sempre esteve alistado na milícia que tem por ofício esmerilhar a conveniência da expressão, o cabimento da vírgula, a necessidade do período; as naturalizações de estrangeiros, a criação de paróquias, a concessão de loterias eram o seu forte. A apreciação moral das leis, o exame filosófico dos atos do parlamento, a avaliação política dos atos do governo, nada disso existiu nunca para S. Exa.

Entretanto, a fada política do sr. Pena tem sido constante em protegê-lo, e como que vive da mediocridade do afilhado.

Conta Hoffmann de um anão que, protegido por uma fada que se compadecera dele, elevou-se às mais altas posições do Estado. Cinabre, era o seu nome, recebeu de sua madrinha a faculdade de fazer passar as suas inconveniências e defeitos físicos e morais para os outros, recebendo dos outros todas as boas qualidades, já do corpo, já do espírito. Graças a esta troca obtinha tudo e não havia concorrência com ele.

Não creio que a fortuna do presidente de Mato Grosso provenha deste milagre; mas, a julgar pelas aparências, faz crer que é assim.

Seja como seja, as palavras de *Scoevola* merecem toda a confiança, e é certo que temos um diplomata de mais.

Este incidente da conversa com o presidente López tira-me o prazer de ocupar-me um pouco com o *Scoevola*, a respeito do interesse que S. S. está tomando pela sorte das repúblicas vizinhas, tornando-se até procurador das Altezas em disponibilidade.

Outros tratarão melhor do que eu.

Passemos a outra coisa.

Representou-se quinta-feira, no Teatro de São Pedro, a tragédia *Cinna,* de Corneille.

A tradução é do sr. dr. Antônio José de Araújo. Pareceu-me, tanto quanto pude ouvir na primeira representação, um trabalho cuidado e feliz. E, bem que o emprego de versos agudos traga algumas vezes a desarmonia e o enfraquecimento à poesia, há trechos de um completo acabado, já na harmonia poética, já na fidelidade da tradução.

O sr. João Caetano, no desempenho do papel de *Augusto,* deu mostra dos melhores dias do seu talento. O seu gesto foi sóbrio e adequado, a sua declamação justa e grave.

Esta justeza da declamação não teve a sra. Ludovina no papel de *Emília.* Se acompanhasse com a declamação o seu gesto, sempre nobre e acadêmico, teria satisfeito às exigências do papel.

Os outros papéis couberam a diversos artistas; ao sair do teatro, depois da representação, trouxe um pesar na alma: lamentei que Corneille não se tivesse conservado a advogar na sua província, sem se lembrar de escrever tragédias.

O porquê direi depois.

No mesmo teatro representa-se hoje um drama novo de autor nacional, intitulado *Os grandes da época* ou *A febre eleitoral.*

Devo despedir-me dos leitores até para o ano. O de 1861 está a retirar-se, e o de 1862 bate à porta.

Como todo ano novo, este antolha-se rico de esperanças, com uma cornucópia inesgotável de felicidades.

Como todo o ano velho, o de 1861 desaparece coberto de maldições.

Poupo à humanidade umas apreciações satíricas que vinham muitas a propósito nesta ocasião.

Quero antes acompanhar os desejos gerais, e crer que o ano novo há de ser melhor que o de 1861, e à fé que acharei razão para dizê-lo.

Em sinal de regozijo pela chegada do ano novo, aconselho aos pais, aos maridos, e... aos namorados, um passeio pela rua do Ouvidor, onde encontrarão nos mostradores dos armazéns com que presentear as respectivas metades de suas almas.

Não incorram naquele crime, crime sim, do avarento, de que reza este epitáfio:

Ci-gist, sous ce marbre blanc,
Le plus avare homme de Rennes
Que trépassa le jour de l'an
De peur de donner des étrennes.

Comprar por um presente, neste dia especial, o silêncio dos satirizadores deste mundo, crede-me, ó pais de família, é a mais barata das permutas deste mundo.

Entretanto, a uns e a outros, presenteados e presenteadores, desejo de coração felicíssimas estreias, e vida, para nos vermos no fim do que vai entrar, eu aqui, a comentar a semana, e vós, leitores, a dar-me um pouco da vossa atenção.

M. A.

7 de janeiro de 1862

*O que é o público
Guerra da Inglaterra e Estados Unidos
O publicista dos comunicados
A pedra fundamental e o Correio da Tarde
O sr. Cândido Borges.*

Bem se podia comparar o público àquela serpente — deus dos antigos mexicanos — que, depois de devorar um alentado mamífero, prostra-se até que a ação digestiva lhe tenha esvaziado o estômago; então o flagelo das matas corre em busca de novo repasto, emborca novo animal pela garganta abaixo e cai em nova e profunda modorra de digestão.

Esquisita que pareça a comparação, o público é assim. Precisa de uma novidade e de uma grande novidade; quando lhe aparece alguma, digere-a com placidez e calma, até que desfeita ela, outra lhe fica ao alcance e lhe satisfaz a necessidade imperiosa.

Como o réptil monstro de que falei, o público não se contenta com os manjares simples e as quantidades exíguas; é-lhe preciso bom e farto mantimento. Nada de notável havia ocorrido ultimamente que satisfizesse esta *boa* coletiva que tudo devora. Os comunicantes do *Jornal do Commercio* é que faziam as despesas da curiosidade pública; mas facilmente se compreende quanto isso era mesquinho para ocorrer às necessidades daquele estômago voraz.

O paquete trouxe com que dar que fazer ao espírito público: a notícia de uma guerra iminente, entre duas grandes potências, caiu como uma bomba no meio das nossas inocentes e ligeiras preocupações.

Era uma notícia cheia, como se quer; uma guerra homérica que fará acordar os tritões adormecidos nas suas cavernas seculares, desde os últimos poetas das Arcádias. Nem mais nem menos. Dois rivais em face; dois dragões marinhos, que, depois de haverem refeito as forças, cada um na sua região, se encontram afinal, no meio do oceano, para uma luta de morte. Há assunto para inspirar as liras dos Homeros.

Compreende-se bem que, com uma nova destas, o público deixaria de parte os ligeiros *entremets* que a nossa política lhe oferecia. Haverá guerra? Não haverá guerra? Eis a preocupação geral; as consequências da luta, a gravidade dos fatos, o exame do direito, tudo isso dá que fazer ao espírito público.

Parece que os arautos políticos da parte não oficial do *Jornal do Commercio* compreenderam bem a situação, porque, desde então, nenhum mais apareceu no posto do costume.

Um dia antes *Scoevola* havia começado uma série de artigos sobre o casamento da princesa imperial, prometendo discorrer para diante acerca da conveniência de diversos partidos de casamento, que se possam oferecer à herdeira da coroa brasileira. Até agora, nada.

Pois é pena! Estava divertido com os seus protestos de queimar a mão, e com as mesuras repetidas que fazia diante do augusto assunto de que tratava. A mim, se me afigurou ver o cabeçalho de um *Manual de civilidade cortesã*.

Valha-os Deus! Nisto primam eles, e à fé que não é mérito pequeno. Já não é pouco saber um homem como se há de haver nestas contingências e cortesias obrigadas. Pelo menos não se corre o risco daquele fidalgo da sociedade beata de D. João V, de que fala um romance biográfico, o qual perdera muito no conceito dos seus por ter dado a toalha, em vez das galhetas, ao oficiante a quem servia de acólito.

Esperemos, entretanto, pelo final do discurso de *Scoevola*, que, como o de Tarquínio, na comédia portuguesa — *Roma exige e tem de ser litografado*.

Efetuou-se no dia 1º o lançamento da pedra fundamental no baseamento da estátua do primeiro imperador. O Rocio nesse dia esteve de gala. A cerimônia correu como estava no programa.

As folhas desse dia tinham feito uma apreciação retrospectiva dos acontecimentos políticos do ano, cujas conclusões eram muito desfavoráveis ao partido político que mantém, há alguns anos, uma ordem de coisas contrária à essência do sistema que nos rege.

Não convinha que esse juízo rude, mas sincero, fosse para a caixa de cedro do pedestal, sem um conveniente tempero. Encarregou-se o *Correio da Tarde* da obra.

Apareceu como nota festiva no meio do coro lúgubre da imprensa. Como as vítimas indianas, queria ser inumado radiante de plumas e miçangas. Estava realmente vistoso. Nada esqueceu; biografou os ministros, fez rápida estatística do que há hoje de mais notável, sem esquecer os principais advogados do foro.

O *Correio da Tarde* embalou-se na ideia de que há de ser aquela arca santa do arcediago de *Notre-Dame*, capaz de revelar, depois de um cataclisma universal, a ideia do mundo velho, à humanidade que sobre as ruínas deste aparecer.

Para o *Correio da Tarde* tudo neste país vai bem, menos a oposição. Os ministros são feitos por um só molde que se perdeu, sendo de notar que possuem as mesmas virtudes dos passados, virtudes que naturalmente o *Correio da Tarde* há de encontrar nos que hão de vir.

É um paladar como há poucos. A posteridade o apreciará.

Cai-me agora debaixo dos olhos o expediente do Ministério do Império, publicado ontem na folha oficial.

Vejo ali que o respectivo ministro oficia ao seu colega da Fazenda, *declarando que o conselheiro Cândido Borges Monteiro, jubilado em uma das cadeiras da Faculdade de Medicina desta cidade, tem direito ao ordenado por inteiro, por ter mais de 25 anos de serviço efetivo.*

Parece estranho isto. A que vem esta declaração? Deve-se supor que se pôs dúvida em fazer efetiva a determinação dos respectivos estatutos. Não consta, porém, que o tesouro caísse em equívoco aritmético.

Onde está a chave deste enigma?

Uma declaração mais franca e mais sincera teria obstado a propagação de certos boatos que não fazem a apologia do governo.

Deus ponha longe de meu espírito a ideia de crer em tais coisas, mas o vulgo quer os pontos nos *ii*.

Não falta quem dê à língua e diga que o lente, a que se refere o ofício do sr. ministro do Império, tendo sido aposentado antes da abertura das câmaras, não completou os 25 anos, que só se terminaram depois de fechado o parlamento.

Como não podia acumular os dois lugares, lente e senador, é ainda o boato que fala, julgou-se que se satisfazia o direito e a conveniência antecipando-se a jubilação.

Vê o governo quanto isto tem de grave? Em resumo o lente acumulou.

O boato é um ente invisível e impalpável, que fala como um homem, está em toda a parte e em nenhuma, que ninguém vê donde surge, nem onde se esconde, que traz consigo a célebre lanterna dos contos arábicos, a favor da qual se avantaja em poder e prestígio, a tudo o que é prestigioso e poderoso.

Trate o governo de desfazer as suspeitas do boato, restabelecendo a verdade.

M. A.

14 de janeiro de 1862

Diógenes e o cronista
Falta de notícias
O publicista casamenteiro
Ainda o sr. Cândido Borges.

Os atenienses riram-se muito um dia ao ver que Diógenes, um doido que vivia em um tonel, saíra com uma lanterna na mão, à cata de um homem. Era para rir. E aquele povo não deu o cavaco, porque via no ato do velho filósofo um arroto de vaidade com visos de desdém pelos contemporâneos.

Rir-se-ão os fluminenses se me virem atravessar (perdoa-me, ó Diógenes!), não as ruas da cidade, mas os dias da semana, com uma lanterna na mão à cata de notícia?

Aqui a coisa é inteiramente diversa.

Acreditando que o leitor me procura por desfastio, não ousando pensar que inspiro avidez ou curiosidade, acho-me sinceramente vexado quando apareço de alforje vazio, e mais vazia a alma, de com que entreter os ócios do leitor.

Creio que faço o mesmo efeito que um *touriste* ao voltar do Oriente, sem uma nota, sem um desenho, na sua caderneta de viagem. Tão impossível parece voltar das regiões do berço do sol, sem uma impressão, como atravessar sete dias sem haver colhido uma notícia para comentar.

Pois a última hipótese não é nenhuma coisa de admirar.

Um elegante folhetinista dos nossos, achando-se nas mesmas circunstâncias que eu, encabeçou o seu escrito hebdomadário com esta expressão do gordo Sancho: "Diz-me o que semeaste, dir-te-ei o que colherás." Aproveito a lembrança, e pergunto se alguma coisa se pode colher deste terreno que se chamou — a semana passada, — onde nada foi semeado?

Eu podia, é verdade, entreter o leitor com o imortal Romano da mão queimada, que jurou aos deuses fundir as repúblicas confinantes ao sul do Império em uma Monarquia e dá-la em presente a um príncipe da família imperial, não esquecendo de casá-lo com a sra. D. Leopoldina.

O publicista casamenteiro não é das coisas que menos riso excitam; pelo contrário, é divertido a mais não poder.

Já declarou que não quer ser mordomo do novo rei, nem aspira a ser senador no Estado criado por ele próprio; mas já me parece generosidade demais, isto de fazer monarquias pelo simples e honestíssimo prazer de ver a realeza aliada à liberdade.

Sou um pouco audaz nas minhas investigações, e não poucas vezes tenho visto que a audácia acaba muitas vezes por dar na cabeça, bem que em alguns casos seja uma virtude preciosa.

Assim, cheguei a pensar que *Scoevola* queria tirar desta solicitude pelas augustas princesas e pelos Estados do Prata as vantagens a que visam todos aqueles que só veem este mundo pelo ponto de vista das armarias heráldicas.

A declaração em contrário de *Scoevola* em seu último escrito avulta tanto como um caracol. *Scoevola,* pelos modos, pertence a certo partido político que não tem sacrificado muito à sinceridade, e tem como regra de diplomata que a palavra foi dada ao homem para esconder os conceitos e as convicções.

Terá ele lido no futuro que a forma monárquica há de vir a estabelecer-se no Rio da Prata, e quererá desde já mostrar-se o propugnador extremoso dessa ideia, que considera a única salvadora daquelas repúblicas? A sua vaidade far-lhe-á ver-se desde já vazado em bronze a figurar no meio de uma praça do novo reino?

Este meio de perpetuidade alcança longe e alto demais para supô-lo no espírito de *Scoevola*.

Opto antes pela primeira impressão.

Já o governo fez ver, em comunicado, ao publicista oficioso quanto têm de inconvenientes os seus escritos a respeito das repúblicas do Sul. Realmente não me parece patriotismo de boa índole a enunciação de projetos que significam apenas desejos muito individuais, e que não respondem à opinião feita do país.

Por não poucas vezes, o Império tem encontrado da parte daqueles povos agressões relativamente à política usada com eles, e é verdade inconcussa nos Estados do Sul que o Império tem pretensão de conquistá-los.

Ora, a conquista digna deste século de mútuo respeito entre os povos é aquela que resulta de certas identidades e afinidades tão flagrantes que a divisão se torna uma anomalia e a união uma necessidade de vida. Em tal caso não é conquista, é reparação.

Se fosse este o caso do Império e das repúblicas do Sul, ao tempo caberia o trabalho da realização.

Não é de um patriota sincero, como se apregoa aquele, caluniar as intenções de seu país com o estrangeiro, deixando entrever, ou antes, falando resolutamente em uma fundação dinástica que a ninguém passou ainda pela cabeça, suponho eu.

Por outro lado, não me parece muito bonito tomar por pretexto de invasões pela terra alheia as augustas princesas, cujos cuidados versam ainda entre os estudos próprios de sua educação e as distrações próprias da sua idade.

Scoevola tem a boca doce. Pertence a um partido que não cochila quando quer fazer triunfar (sabe o país por que meios) uma conveniência; mas ilude-se quando supõe que a opinião argentina há de fazer sacrifício da sua independência. Os Vera-Cruzes são raros.

O sr. Cândido Borges reclama agora a minha atenção.

Veio o governo em resposta ao dizer do boato, que eu denunciei nos meus últimos *Comentários,* e declarou o *Diário* em completa ignorância dos fatos a que aludi.

Devo observar que apenas fui eco de um boato, e que foi com uma franqueza e uma singeleza talvez proverbiais que transferi para letra redonda o que andava na praça pública, pedindo ao governo uma explicação que restabelecesse a verdade.

O *comunicante* oficial declarou desconhecer a importância da censura que corria pela boca pequena em detrimento do crédito do governo. Sem dúvida que não é problema social ou político, não se trata da questão da escravidão ou de qualquer outra de máximo alcance; mas presumo que a acusação surda ao governo de uma infração da lei não é lá tão ínfima assim que mereça escárnio e o pouco caso da imprensa.

Dizia-se isto; a imprensa pergunta ao governo se isto é verdade. Creio que é a coisa mais curial do mundo.

Explicou-se o governo, ainda bem. Da explicação se conclui que o boato não era tão inteiramente infundado como se quis fazer supor; houve de fato uma pequena acumulação, ou antes, pretendeu-se realizá-la.

O ato do sr. ministro do Império não merece louvor, como bem diz o *comunicante*, porquanto, proporcionar a gratificação aos dois anos e meio que servira o lente além dos 25 da jubilação com ordenado somente, quando a lei diz que o que se jubilar aos trinta anos é que tem direito à metade da gratificação, seria um sofisma flagrante e de fazer arrepiar ao mais desiludido deste mundo.

Felizmente, segundo diz o comunicante, a decisão do governo, sendo contrária ao sr. Cândido Borges, não fez com que este senhor conselheiro lhe retirasse a sua amizade.

Suponho que há nisto motivo para alegrarem-se os ânimos e expandirem-se os corações. Este fato não perturbou o remanso e a paz da igreja d'Elvas. *Ambos conformes, o bispo e o deão, continuarão a dar e a receber o santo hissope.*

Para alguma coisa há de servir a amizade política, e ninguém se lembraria de pensar que, por uma questão de vinténs, o partido conservador sofresse amputação em um de seus membros; e que membro! eloquente quando fala, e eloquente quando não fala!

M.A.

26 de janeiro de 1862

Retificação do título
Encerramento da exposição
Poetas e utopias
Morte do príncipe Alberto
Morte do duque de Beja
O badalo da igreja
Petição do sacristão
De ladrão a barão, drama.

Começo retificando: devia dizer comentários da quinzena e não da semana. Com efeito, pela primeira vez em minha vida de cronista deixei passar uma semana sem vir dar aos leitores a minha opinião acerca das ocorrências dela.

Razões que não podem ser devassadas, e que me tocam particularmente, ocasionaram esta falta de dever. Como na peça poética de Elmano, se o canto não vale, valha pelo menos a desculpa.

A sinalefa não deixou de trazer um lado conveniente, e foi que, se, como costumo, tivesse vindo no prazo competente comentar e apreciar a semana que findou, com bem pouco teria de me haver.

A semana passada foi das mais fartas em notícias. Encerrou-se a exposição nacional, mas este fato passou tão despercebido, tão em família, que nada deixava a dizer a respeito. O que havia dizer, nos limites estreitos da crônica, já o disse em outra ocasião.

Caberia aqui exortar o tribunal julgador dos objetos apresentados a bem cumprir o seu dever, tendo principalmente em vista os interesses e o crédito do país? Seria isto antepor uma dúvida, que o conhecimento pessoal de alguns jurados me não consente, e que o crédito da totalidade deles tornaria intempestiva.

Tenho para mim que esta primeira participação séria que o Brasil toma na festa industrial de Londres é de alcance elevado, e suponho que, como eu, estarão todos convictos disso.

Também estou certo que, se tempo houvesse, se faria uma exposição da escolha dos objetos enviados a Londres, de forma a dar a conhecer ao público, e de um modo patente, os serviços do júri.

Infelizmente, tão apressada foi esta primeira exposição, tão tarde se lembrou o sr. Pena de propor aquilo que já o sr. ministro da Agricultura trazia no interior, que não se podia exigir mais do que foi feito.

Sem dúvida, nas exposições posteriores, das quais uma deve efetuar-se, ao que me parece, antes da universal de Paris em 1865, o governo porá mais cuidado em que nada seja esquecido, para que melhor se alcance o fim destas reuniões anuais de produtos e forças do país.

Uma coisa ficou patente com esta primeira exposição, é que as ideias mudam de natureza com as pessoas e com os tempos. A mesma ideia que agora se realizou, proposta pelo sr. dr. Macedo na Assembleia provincial, há anos, foi tida por utopia, e granjeou ao digno deputado o nome de poeta. Com o sr. Pena mudaram as coisas; a utilidade prática da proposta foi reconhecida, e ninguém se lembrou de castigar aquele senador com chascos afrontosos.

Também o que faltava era admitir a hipótese de um consórcio entre a poesia e o sr. Pena, coisas que, na ordem moral, representam aqueles dois pontos que, na ciência humana, são chamados eixos do mundo.

Ainda bem que a ideia enunciada por um patriota sincero, e só poeta daquela poesia que não pode ser compreendida pelas mediocridades prosaicas que o cercavam, acaba de ser posta em prática de um modo que mostrou bem a sua realidade.

Além deste fato, outro se deu, de que me ocuparei mais adiante, e que pertence especialmente à ordem literária.

O paquete da Europa, que aqui chegou a semana passada, trouxe a notícia da morte de dois príncipes: o príncipe Alberto, de Inglaterra, e o infante D. João, de Portugal.

Tinham ambos a estima sincera do seu país. O primeiro, na posição difícil em que se achava, e que Edmond Texier não hesita em chamar quase ridícula, soube conquistar essa estima pela iniciativa tomada nos progressos materiais e morais do

Reino Unido, e pela solicitude e vigilância com que sempre se houve ao pé da rainha, sua esposa, a bem de amparar o sistema constitucional que faz a primeira força do povo inglês.

Dava arras do seu amor pelo país até este ponto: "Se os povos, diz Edmond Texier, gostam do licor açucarado da lisonja, também os reis não deixam de dá-lo a beber. Uma manhã de inverno, com um frio de doze graus, um capitão que acabava de jogar e perder a capa, foi encontrado em Newski pelo czar Nicolau: — Por que não trazes a tua capa? — Senhor, porque não faz frio nos Estados de Vossa Majestade. O imperador, lisonjeado, passou sem insistir. Tinha encontrado um homem que não acreditava no inverno russo. Também o príncipe Alberto respondia com as suas calças brancas à calúnia propagada pelos estrangeiros contra o clima da velha Inglaterra."

A morte do príncipe consorte foi sentida e chorada com sinceridade. A Inglaterra compreendeu que havia perdido um amigo, e como tal o pranteou.

Não menos sentida foi a morte do duque de Beja. Somente, a nação portuguesa acabava de prantear a morte de dois príncipes, um deles seu chefe político, e a sucessão dos casos tristes, trazendo ao espírito suspeito do povo umas desconfianças infundadas, posto que sinceras, de tal sorte o havia abatido, que a dor foi mais automática que estrepitosa, mais íntima do que pública.

Tais foram os fatos de que mais se ocupou o espírito público durante a semana finda.

Transtornarei a ordem cronológica dos fatos e tomarei agora um que, de fresco, acaba de ser comunicado à curiosidade pública.

Quero falar da portaria do sr. Presidente da província do Rio de Janeiro a certo vigário, resolvendo umas dúvidas suscitadas por um sino sem badalo.

Na dúvida de quem havia de tanger o sino a recolher, S. Exa. tomou o partido de incumbir isso ao sacristão ou a outro qualquer empregado da igreja.

Para os que não leram o aviso a que aludo, poderá parecer isto invenção minha, com o intuito de criar um novo plano de *Hissope,* e assim inspirar as liras cômicas dos Boileaus e dos Dinises. Protesto contra uma tal suspeita. O fato é real. Parece questão idêntica à que trouxe muito tempo separados o bispo e o deão da igreja d'Elvas, é verdade; mas com isso o que tenho eu, e o que tem a imprensa?

Algum observador aparentado com Demócrito poderá achar razão nestas bernardices administrativas, invocando o princípio dos contrapesos e das compensações, e assim dizer que em país tão grande, territorialmente falando, como este, é bem que a direção das coisas públicas apresente este aspecto de ninharias e ridiculidades, a fim de estabelecer o *alto e malo* das coisas humanas...

Deixo aos filósofos a discussão deste dito.

E pondo de parte a apreciação do aviso inserirei aqui a petição que me foi comunicada, e que, segundo me afirmam, foi ou vai ser dirigida pelo sacristão da paróquia ao sr. Ministro do Império.

Vejam os leitores as razões dadas pelo peticionário:

    Consinta Vossa Excelência
    Que a boca de um sacristão,
    Com aquela reverência
    Devida à alta função
    De uma sagrada eminência,

Exponha um arrazoado
Contra o aviso recente
Da inteligência emanado
Do mais sério presidente
Que ainda foi nomeado.

Senhor, este caso é novo
Faz dar voltas ao juízo;
Nem há memória entre o povo;
De modo que é este aviso
Menos aviso que um ovo.

Presume Sua Excelência
Que, por dar bem ao badalo
No sino da presidência,
Hei de eu agora imitá-lo
Ermo da mesma ciência?

E quer, ajudando o fado
Na minha tribulação,
Tornar-me mais onerado
Fazendo de um sacristão
Um sineiro despachado?

E hei de eu, deixando o leito,
O leito doce e macio,
A que me acho tão afeito,
Ir apanhar ao ar frio
Uma doença de peito?

E se um dia, ainda tonto,
Deixando o fofo colchão,
As horas erradas conto,
E vou bater o *aragão*,
Já à meia-noite em ponto?

Ah! se ao menos um badalo
Tivesse o citado sino,
Então cantara outro galo!
O fado, menos mofino,
Não me dera tanto abalo!

Por certos meios arteiros,
De maior ou menor fama,
Satisfaria os *parceiros*;
E sem tirar-me da cama,
Fora o melhor dos sineiros.

Uma cordinha bastava,
Presa ao badalo em questão,
E a ponta que lhe ficava
Tê-la-ia em minha mão,
E tudo se conciliava.

E um dia, se Deus clemente
Permitisse à freguesia,
A vista do presidente,
Como um pouco d'água fria
A sequioso doente;

Unido ao prazer geral,
Livre já do antigo abalo,
À entrada triunfal
Iria dar ao badalo
Um repique original.

Seria prêmio mofino
Do mais pobre dos bedéis
Ao funcionário ladino
Que no código das leis
Abriu capítulo ao sino!

Nem seria a mão da inveja
Que havia de despojá-lo
Da glória que tê-lo almeja,
E que há de enfim proclamá-lo
Sólon de torre de igreja.

Mas para isso, Excelência,
Para tal apoteose,
Carecia a presidência
Gastar uma nova dose
De estudo e de paciência.

Então, deixando aos vulgares
Os cediços monumentos,
Cortando por novos mares,
Teriam os seus portentos
Novos, melhores altares.

Coisa séria, imponente,
Capaz de matar a inveja,
Poder contemplar a gente
Em cada sino da igreja
A efígie do presidente.

E, se a mente não erra,
Mostraria a presidência,
(Que tanta beleza encerra)
Que, além de Vossa Excelência,
Inda há mais gente na terra!

* * *

Passarei agora a coisas sérias.

Um novo drama nacional foi levado à cena no teatro Ginásio. O autor, o sr. Álvares de Araújo, é um estreante, cuja inteligência se dirigiu sempre a outra ordem de aplicação, e que acaba de entrar no teatro aos aplausos dos amigos da arte e da literatura dramática.

A crítica com os estreantes deve empregar uma solicitude materna, mostrar-lhes o mau e o bom caminho, ensinar-lhes a evitar os precipícios e a alcançar o alvo a que todas as inteligências se dirigem; isto para com o poeta. Para com o público, serve ela de intérprete da ideia do poeta, defensora mesmo da sua composição, a fim de animá-lo a tomar voo mais seguro. Deve ser amiga e, segundo diz Chateaubriand, empregar mais o louvor que a censura.

Se este último conceito se dá para a crítica destinada a construir com o poeta o edifício da sua reputação, até poder um dia, desligando-se dele, ir tomar lugar entre os espectadores e pedir-lhe conta das suas lições, é ainda o dever da crônica, cujas atribuições se estreitam na menção das obras, e na manifestação da impressão recebida.

Ora, só deixam impressão, mais ou menos viva, aquelas obras, que, encerrando alguma coisa, recomendam-se por não espúrias, senão legítimas filhas do talento.

De ladrão a barão, repousando sobre uma tese, usada já, qual a de origem criminosa de muita fidalguia empavesada, revela primeiro que tudo a indignação expansiva de uma consciência diante da corrupção social. Antes do poeta mostra-se o homem, antes do talento o caráter.

A tese não é nova, disse eu. Assim é. Não é novo no teatro remontar à origem das fortunas e dos pergaminhos para encontrar os meios reprovados das dilapidações forçadas e escandalosas. Mas a insistência dos poetas em tratarem do assunto é tanto mais necessária quanto a sociedade precisa mais e mais dessas correções vivas e constantes.

Todavia, escolhendo tal assunto, o sr. Álvares de Araújo criou-se uma dificuldade. Como haver-se com ela, logo da primeira vez que entrava em terra nova? Mediu o esforço pelo dever do combate e atirou-se ao campo.

Venceu a dificuldade? Venceu e não venceu. Saiu-se bem no plano geral da peça, mas nos detalhes a sua mão acusa a inexperiência de primeiro trabalho; as suas figuras, exceto a do protagonista, que acho vigorosa, todas as mais revelam frouxidão e incerteza.

A energia máscula de Elvira dá-se mais a conhecer por tradição que por exibição. E entretanto, que belo pensamento não foi o do poeta, dando à mulher o exemplo do castigo dos maus, e que bela criação, toda ideal embora, não ficaria, com mais algum cuidado, aquela figura imponente de mulher.

Gustavo Pereira foi o papel mais cuidado da peça, e era natural que assim fosse. É comum a todos os que estreiam, tendo personificado a sua ideia em uma personagem, concentrar todo o esforço e trabalho nessa figura principal, de modo a empalidecer as outras que vão entrelaçadas na ação.

O sr. Álvares de Araújo estreou bem. Os aplausos que o receberam devem servir-lhe de animação. Se lhe faltam as qualidades próprias da experiência e do tempo, sobram-lhe outras, as principais, as que nascem da intuição, e que são, por assim dizer, o óbolo e a bênção que a musa dá ao poeta, para começar a sua romaria.

Deu este drama lugar a que aparecesse um ator que, até aqui, além do papel de escrivão na *Torre em concurso,* não se havia podido revelar.

Falo do sr. Flávio, a quem coube o papel de André, uma das vítimas do *ladrão-barão*. Representou de modo a receber merecidos aplausos.

O sr. Joaquim Augusto tem desempenhado com relevo o papel de Gustavo Pereira, hipócrita brutal.

O papel de Elvira coube à sra. Gabriela, cujo elevado e vigoroso talento sabe dar-lhe brilho e realce; no quarto ato, principalmente, tem merecido vivos aplausos.

O papel do nobre e sincero Emílio da Veiga deve ao sr. Amoedo apropriada interpretação.

M. A.

22 de fevereiro de 1862

Compêndio de gramática portuguesa, por Vergueiro e Pertence
À memória de Pedro v, por Castilho, Antônio e José
Memória acerca da 2ª égloga de Virgílio, por Castilho José
Mãe, drama do sr. conselheiro José de Alencar
Desgosto pela política.

Será alguma vez tarde para falar de uma obra útil? Tenho que não, e se o público é do mesmo parecer, certamente me desculpará, julgando, como eu, que ainda não é tarde para falar do *Compêndio de gramática portuguesa* dos srs. Pertence e Vergueiro.

Sou dos menos competentes para avaliar pelo justo e pelo miúdo a importância e superioridade de uma gramática. Essa franqueza não me tolhe de escrever as impressões recebidas por alto, e habilita-me a não dar conta da pobreza e nudez de minha frase.

Sempre achei que uma gramática é uma coisa muito séria. Uma boa gramática é um alto serviço a uma língua e a um país. Se essa língua é a nossa, e o país é este em que vivemos, o serviço cresce ainda e a empresa torna-se mais difícil. Quando se consegue o resultado alcançado pelos srs. Pertence e Vergueiro, tem-se dado material para a estima e a admiração dos concidadãos.

Há na gramática dos srs. Pertence e Vergueiro aquilo que é necessário às obras dessa natureza, destinadas a estabelecer no espírito do aluno as regras e as bases, sobre as quais se tem de assentar a sua ciência filológica: o método do plano e a limpidez e concisão das definições.

Metódico no plano e claro na definição, não sei que haja outros requisitos a desejar no autor de uma gramática, a não ser o conhecimento profundo da língua que fala, e esse, pela parte do sr. dr. Pertence, a quem conheço, é dos mais raros e incontestados.

Na análise sintáxica, principalmente, os autores do *Compêndio* trataram com minuciosidade todas as questões, expuseram todas as regras, esclareceram todas as dúvidas, com uma precisão e uma autoridade raras em tais livros.

Julgo que o mérito do *Compêndio* está pedindo a sua adoção imediata nas escolas; vulgariza preceitos de transcendente importância, e que, pelo tom do escrito, acham-se ao alcance das inteligências menos esclarecidas.

······················

Aproveito a ocasião, e tocarei em algumas obras ultimamente publicadas. Cai-me debaixo dos olhos o monumento que, à memória de el-rei D. Pedro v, ergueram os srs. Castilho, Antônio e José.

Abre essa brochura por uma peça poética do sr. Castilho Antônio. Não há ninguém que não conheça essa composição que excitou pomposos e entusiásticos elogios. Antes de conhecer esses versos ouvi eu que nestes últimos era a melhor composição do autor da *Noite do Castelo*. A leitura da poesia pôs-me em divergência com essa opinião.

Como obra de metrificação, acredito que há razão para os que aplaudem com fogo a nova poesia do autor das *Cartas de eco,* e nem é isso de admirar da parte do poeta. É realmente um grande artista da palavra, conhecedor profundo da língua que fala e que honra, um edificador que sabe mover os vocábulos e colocá-los e arredá-los com arte, com o que tem enriquecido a galeria literária da língua portuguesa.

Na poesia de D. Pedro v esse mérito sobressai e admira-se sinceramente muitas belezas de forma, agregados com arte, bem que por vezes venham marear a obra lugares-comuns dessa ordem:

    Cá tudo é fausto e sólido;
    Cada hora é de anos mil;
    De idade a idade, medra-nos
    Sempre mais verde abril.

Não há na parte da metrificação muito que dizer, mas falta à poesia do sr. Castilho Antônio o alento poético, a espontaneidade, a alma, a poesia, enfim. O pensamento em geral é pobre e procurado, e na primeira parte da poesia, a das quadras esdrúxulas, a custo encontramos uma ou outra ideia realmente bela como esta:

    Limpa o suor da púrpura
    Ao fúnebre lençol;
    Vai receber a féria;
    Descansa; é posto o sol.

Nem só o pensamento é pobre, como às vezes pouco admissível, sob o duplo ponto de vista poético e religioso. A descrição do paraíso feita pela alma do príncipe irmão parece mais um capítulo das promessas maométicas do que uma página cristã.

Creio eu que a ideia cristã do paraíso celeste é alguma coisa mais espiritual e mística, do que a que se nos dá nas estrofes a que me refiro. Não supõe por certo um poeta cristão que o criador de todas as coisas nos acene com *salas de ouro e pórfiro, tetos azuis, tripúdios entre prados feiticeiros, colinas e selvas umbríferas* e outros deleites de significação toda terrena e material.

Se descrevendo os gozos futuros por este modo quis o poeta excitar as imaginações, adquiriu direito somente às adorações daqueles filhos do Corão a quem o profeta acenou com os mesmos deleites e os mesmos repousos. Em nome da poesia e em nome da religião, o autor de *Ciúmes do bardo* devia lisonjear menos os instintos e as sensualidades humanas e pôr no seu verso alguma coisa de mais puro e de mais elevado.

Há ainda na primeira parte da poesia certas imagens singulares e de menos apurado gosto poético.

Tal é, por exemplo, esta:

> Onde, entre as frescas árvores
> Da vida e da ciência,
> Nos rulha a pomba mística
> Ternuras e inocência.

Ou esta outra:

> E foi, entre os heroicos,
> Teus dons fascinadores,
> Como um argênteo lírio
> Em vasos de mil flores.

A segunda parte da poesia é escrita em verso alexandrino.

Aqui a forma cresceu de formosura e de arte, e porventura o pensamento apareceu menos original.

O verso prestava-se e o poeta é nele eminente e único. O alexandrino é formosíssimo, mas escabroso e difícil de tornar-se harmonioso, talvez porque não está geralmente adotado e empregado pelos poetas da língua portuguesa.

O autor das *Cartas de eco* vence todas essas dificuldades dando-lhe admirável elasticidade e harmonia.

Esta estrofe merece ser citada, entre outras, como exemplo de poesia:

> Quem, entre tão geral, tão mísera orfandade,
> Se atreve a mendigar, em nome da saudade,
> Um frio monumento, um bronze inerte e vão!
> Temem deslembre um pai? Que pedra iguala a história?
> Um colosso caduco é símbolo da glória?
> Se a pirâmide assombra, os faraós quem são?

Acompanham essa poesia algumas estrofes; umas, a D. Fernando, outras, ao rei atual. As primeiras, duas apenas, estão bem rimadas, mas trazem a mesma indigência de pensamento que fiz notar na primeira parte da poesia a D. Pedro v. As segundas, sobre serem bem metrificadas e harmoniosas, respiram alguma poesia, e estão adequadamente escritas para saudarem um reinado.

O que aí vai escrito são rápidas impressões vertidas para o papel sem ordem, nem pretensão a crítica. Se me estendi na menção daquilo que chamo defeitos da poesia do sr. Castilho Antônio, mestre na literatura portuguesa, é porque pode induzir em erro os que forem buscar lições nas suas obras; é comum aos discípulos tirarem aos mestres o mau de envolta com o bom, como ouro que se extrai de envolta com terra.

A parte do livro que pertence ao sr. Castilho José é uma biografia do rei falecido. Louvando o ponto de vista patriótico e a firmeza do juízo do biógrafo, quisera eu que, em estilo mais simples, menos amaneirado, nos fosse contada a vida do rei. Estou certo de que seria mais apreciada. Entretanto deu-nos o sr. Castilho José mais uma ocasião de apreciar os conhecimentos profundos da língua que possui.

....

Outro trabalho do sr. Castilho José é uma *Memória* publicada há dias, para provar que não havia em Virgílio hábitos pederastas. A *Memória* é escrita com erudição e proficiência; o sr. Castilho José é induzido a negar a crença geral por ser a 2ª égloga do Mantuano uma imitação de Teócrito, por nada ter de pessoal e por parecer uma alegoria, personificando Córidon o gênio da poesia e Aléxis a mocidade.

Diante dessa questão confesso-me incompetente; todavia há uma observação ligeira a fazer ao sr. Castilho José. O confronto entre Teócrito e Virgílio não leva a concluir do modo por que o sr. Castilho José conclui. Teócrito trata do amor entre Polifemo e Galateia, e Virgílio deplora os desdéns de Aléxis por Córidon. Isso parece antes provar que Teócrito estava limpo dos defeitos que a égloga virgiliana acusa.

O trabalho do sr. Castilho José, no ponto de vista moral e de investigação, tem um certo e real valor.

Acaba de publicar-se o drama do sr. conselheiro José de Alencar intitulado: *Mãe,* já representado no teatro Ginásio.

Por esse meio está facilitada a apreciação, a frio e no gabinete, das incontestáveis belezas dessa composição. O autor das *Asas de um anjo* é um dos que melhor reúnem os requisitos necessários a um autor dramático.

Ponho ponto final a estas ligeiras apreciações, desejando que outras obras vão aparecendo e distraindo a apatia pública.

Hoje é necessário que alguma coisa assim satisfaça e entretenha o espírito público, desgostoso e enjoado com as misérias políticas de que nos dão espetáculo os homens que a aura da fortuna, ou o mau gênio das nações, colocou na direção, patente ou clandestina, das coisas do país.

Causa tédio ver como se caluniam os caracteres, como se deturpam as opiniões, como se invertem as ideias, a favor de interesses transitórios e materiais, e da exclusão de toda a opinião que não comunga com a dominante. Para esse resultado nem os mais altos escapam, e é tecendo defesas gratuitas ao príncipe que se procura provar a má-fé alheia e os próprios fervores.

Nem fazem rir como D. Quixote, porque o namorado de Dulcineia, investindo para os moinhos de vento, nem armava à recompensa, nem queria medir amor por lançadas. Tinha a boa-fé da sua mania, e a sinceridade do seu ridículo. Esses não.

M. A.

2 de março de 1862

> *Haabás, drama do sr. R. A. de Oliveira Meneses*
> *Ensaios literários, do sr. Inácio de Azevedo*
> *Almanaque administrativo, mercantil e industrial, do Maranhão*
> *O terremoto de Mendoza, drama lírico do major Taunay*
> *O carnaval.*

Tenho à vista dois livros oriundos da academia de São Paulo. A sua publicação não data da semana que findou ontem, mas data de poucos dias o conhecimento que tenho deles. Não me foi preciso demorada leitura para avaliá-los; de relance se lhes pode ver a importância e o alcance, ainda mesmo quando não há fundo de erudição que dê a uma apoucada inteligência foral de juiz.

O sr. Rodrigo Antônio de Oliveira Meneses escreveu um drama em um prólogo e dois atos que intitulou *Haabás*. É um livro tosco pela forma e brilhante pelo fundo; é uma bela ideia mal afeiçoada e mal enunciada, o que não tira ao livro certo mérito que é forçoso reconhecer!

Haabás é um escravo que mata o feitor em um desforço de honra por haver-lhe aquele seduzido a mulher. É perseguido por este motivo. Seu senhor é implacável. Haabás consegue escapar. Entretanto, apanha uma criança, fruto de amor criminoso de sua senhora moça, leva-a consigo, fá-la educar, até entregá-la a seus pais vinte anos depois.

Tal é, em poucas palavras, a trama de *Haabás*. O autor fundou o seu drama sobre duas ideias, ou antes sobre dois fatos: primeiro, a condição precária dos cativos; depois, a generosidade que pode existir nessas almas, que Herculano diria atadas a cadáveres.

O intento foi nobre, e não lhe diminui o alcance moral a rusticidade da forma; mais cuidado e mais conhecimento das regras dramáticas, *Haabás* seria então uma bela realidade, não passando, como está, de uma generosa intenção.

A ação não se acha desenvolvida; a travação das cenas é irregular; estas parecem antes os trechos restantes de uma tradição, acumulados para base de uma obra que não foi escrita, e que a outro caberá desenvolver.

Por mim, quisera antes que o autor a desenvolvesse; que importa existir já esta tentativa? Tome o seu pensamento e trate de ampliá-lo; escreva um drama, ou mesmo um romance, sobre a larga base que desaproveitou com aquela frágil e acanhada construção.

O que lhe faltaria para isto? Linguagem, não; a de *Haabás*, se não é de pureza exemplar, acusa raras qualidades que a prática desenvolverá.

E nessa nova composição apareceria decerto aquela 2ª cena do 2º ato, delicioso idílio, escrito com arte e espontânea suavidade. Nem faltariam expressões felizes, como muitas das que ornam as páginas desta tentativa.

Não creio que, no que levo dito, me pareça com o empertigado crítico que visitou o autor em sonhos, como ele conta espirituosamente no prólogo.

Uma coisa que ele não lhe reconheceu, e que eu julgo dever mencionar, tanto mais quanto se eu o não fizesse, *Haabás* encarregar-se-ia de fazê-lo, é que possui um belo talento e que poderá com vantagem aplicar-se ao teatro para honra da literatura nacional.

* * *

Passo agora aos *Ensaios literários* do sr. Inácio de Azevedo. O sr. Inácio de Azevedo é irmão daquele autor dos *Boêmios* e de *Pedro Ivo*, cuja perda choramos ainda hoje.

É talvez a esta consanguinidade, além da assistência na academia, onde Álvares de Azevedo deixou imitadores, que se deve a cor sombria e fantástica que o autor procurou dar a quase todas as páginas deste livro.

O sr. Inácio de Azevedo é uma inteligência a formar-se; participa dos defeitos do que se chamou *escola azevediana*, sem todavia empregar nos seus escritos os toques superiores que o estudo mais tarde lhe há de dar. *As almas na eternidade* é uma revista de espíritos, uma imprecação minuciosa de alcance secundário.

Os contos revelam imaginação, mas estão em alguns pontos descarnados demais, e se o autor me permite individuar, lembro-lhe, entre outros exemplos, aquela página 98.

Com a imaginação e a inteligência que tem, o sr. Inácio de Azevedo deve procurar no estudo e na reflexão as qualidades indispensáveis de escritor, e estou certo que da vontade e do cabedal que possui nascerão obras de mais significação literária que os *Ensaios*.

* * *

Não riam as imaginações poéticas e as almas seráficas se passo a falar de um almanaque, e menos me acusem de lisonjear os utilitários. Em geral, um almanaque é um livro importante, mas este de que vou falar tem ainda outro valor; por isso descansem que não me ocuparei com a exatidão e divisão da estatística, nem com outras matérias próprias destas obras.

O almanaque administrativo, mercantil e industrial para 1862, do Maranhão, entra agora no seu 5º ano.

Como é natural em obras de utilidade geral, a publicação vai tomando maiores e mais sérias proporções. Fecha-se o deste ano com alguns artigos relativos à lavoura e uma das *brasilianas* do sr. Porto-Alegre.

O primeiro daqueles artigos é uma página bem lançada, escrita com reflexão e proficiência, na qual se demonstra a necessidade de pôr termo à rotina que impede o desenvolvimento da agricultura. Aconselha o escritor aos lavradores que, em bem de tornar a lavoura outra coisa que não é, façam dar a seus filhos uma educação agrícola nas escolas europeias. Enunciado este conselho, o escritor passa a examinar a conveniência oferecida por cada um dos países onde se podem ir buscar esses estudos, e decide-se pela escola de Grignon, na França, cujas condições oferecem mais vantagens e melhores esperanças de resultado.

Acompanham este artigo diversas transcrições relativas ao mesmo assunto, e por fim a *brasiliana,* do sr. Porto-Alegre, *Destruição das matas.* A raridade da edição das *Brasilianas, e o* grande mérito da composição do nosso épico, torna mais importante a inserção destes versos no *Almanaque do Maranhão.*

* * *

Está ainda fresca na memória, pela proximidade do acontecimento, a terrível catástrofe que destruiu a cidade de Mendoza. Entre os que foram salvos do terremoto notam-se mr. Teisseire e sua filha de quatro anos que se acham nesta capital. Mr. Teisseire era um antigo tenor de Paris que se havia estabelecido naquela cidade. A catástrofe sucedeu quando ele começava a construir uma pequena fortuna.

Veio esta menção para anunciar a publicação de um drama lírico fundado sobre o episódio da catástrofe relativo àquelas duas ressurreições e que traz o nome do major Taunay.

Esta composição é destinada a favorecer a mr. Teisseire e sua filha, restos de uma família numerosa que pereceu na destruição de Mendoza.

Esse é o seu principal mérito; a obra não é notável, mas o autor aproveitou nela o que podia aproveitar do fato a que aludiu.

E com isto deixo o leitor, que arderá por ir tomar parte na folgança destes três dias, a não ser que, como eu, olhe para estas coisas de mascarados como uma distração muito vulgar. Em verdade, será preciso esperar o carnaval para ver mascarados? Há muita gente que, apenas o sr. Laemmert publica as suas folhinhas, corre a ver em que época é o carnaval. Essa gente é de patriarcal simplicidade. O carnaval desta terra é constante, e é a política que nos oferece o espetáculo de um contínuo disfarce e *dançatriz farófia,* como dizia Filinto.

Se pensas como eu, ó sério leitor, limita-te a ver passar os que se divertem, e vai depois entreter o resto da noite com a leitura do livro que imortalizou Erasmo.

M. A.

24 de março de 1862

O dia 25 de março
A revolução
Toleima ou esperteza?
Os gansos
Sá de Miranda
A pólvora
Publicações literárias: Biblioteca Brasileira e o Futuro
Publicação política: O Jornal do Povo.

É amanhã a inauguração da memória do Rocio. É também amanhã o aniversário da proclamação da nossa carta política. Por último, na opinião do Ministério, é amanhã a realização de uma revolta popular, preparada pelos chefes liberais a bem de se apossarem do governo.

Nada direi do aniversário que festejamos, mesmo por não entrar na apreciação dos atos pecaminosos que hão desvirtuado o nosso código político. Não me autorizarei mesmo de uma circunstância que alguém notou, a de estar a figura do primeiro imperador, que hoje se há de descobrir, com a constituição estendida para o lado do teatro, querendo daí concluir o malévolo que o pacto fundamental é uma comédia.

Tampouco me ocuparei com a estátua que se vai inaugurar.

Fora preciso recorrer aos fastos da história e cotejar atos e apreciações, talvez em detrimento de opinião aceita, e por mal das constituições públicas e solenes, que o sol da manhã vai presenciar.

Já não pratico assim com o boato da revolução. Devo investigar se o Ministério com estas precauções que toma, e com estes boatos que assoalha, tende à parvoíce ou à esperteza. É difícil o problema. Existem ambos os elementos no gabinete, e decidir qual deles prepondera na questão, é um trabalho de minuciosa análise.

Por onde descobriria o Ministério que o dia 25 seria ensanguentado pelos dentes do tigre popular? Onde encontrou sintomas denunciantes? Na imprensa? Não. Nunca ela foi mais moderada, nem mais sóbria no apontar os erros administrativos.

Nenhuma doutrina que cheire a subversão tem sido alardeada e proclamada nas folhas liberais. Nos clubes? Onde existem eles? Onde se reúnem? Ninguém os conhece. O Ministério compreende bem que uma revolução, no sentido literal da palavra, pede o concurso da maioria, e que esse concurso não deve ser eventual e filho do momento.

Pouco depois das eleições o ministro do Império do gabinete Ferraz exigiu mudança de política para uma política de reação, em vista da situação que, na opinião dele, tendia à anarquia. Esta exigência, que era simplesmente uma pose do ministro novato, tinha uma razão de ser; acabava-se de uma eleição altamente pleiteada, e o nobre ministro, depois do que havia presenciado, concluiu que o país estava fora dos eixos. Aproveitou a circunstância e quis fazer figura. E fez.

Hoje, porém, que a situação está calma, ou para me servir do vocabulário do sr. ministro da Marinha, está em calmaria podre, será admissível, sem querer passar por tolo, a suspeita de uma revolução?

Não suponho que o Ministério ande de boa-fé nestes sustos e temores de revolução; creio em outros motivos menos inocentes, mas porventura menos humilhantes.

Reza a história de uns gansos que salvaram por seus grasnos a integridade da cidade eterna. Também vigiam gansos o nosso Capitólio? Mas estes, cansados há tanto de espreitar, sem nada verem chegar, e querendo a todo custo dar testemunho de sua vigilância, gritam um belo dia por socorro e clamam pela salvação de Roma. Mas Roma está tranquila, nenhum inimigo lhe assoma às portas; César dorme tranquilo no afeto e na dedicação da cidade-rainha. Nada acontecerá, mas a suspeita pode ficar para o futuro, e os gansos terão feito uns bonitos papéis.

Que tal? O meio é seguro para ganhar conceito em ânimos augustos. É assim que estes piolhos se metem pelas costuras. Mas os príncipes devem ser versados e sabedores das coisas passadas. Foi a respeito desses tais enliçadores que Sá de Miranda escreveu estes versos na sua carta a D. João III:

> Senhor, hei-vos de falar
> (Vossa mansidão me esforça)
> Claro o que posso alcançar;
> Andam para vos tomar
> Per manhas, que não per força.

Alguns fatos poderiam demover-me da opinião em que estou de que o Ministério quer provar amores assoalhando calculadas fantasias. Tal é, por exemplo, o da apreensão de alguns barris de pólvora em várias casas.

Mas a *Atualidade* explica a origem desta apreensão que tanto alarma causou, e com as quais quer o Ministério afetar que descobriu os conspiradores. Foi apenas uma denúncia de proprietário incomodado pela vizinhança de fabricantes de fósforos.

Demais, fazem-se durante o ano tantas apreensões de pólvora, que estas não devem por modo nenhum merecer o mais leve reparo.

Insisto na minha apreciação; o Ministério estéril, tacanho, ramerraneiro, como é, busca a confiança imperial na prevenção de revoltas imaginárias.

E o jogo é bonito e fino. Passando, como há de passar, o dia 25 sem demonstração alguma, é ao terror das medidas anteriormente tomadas que se atribuirá a tranquilidade da festa.

Voltemos, porém, de rumo.

Deixemos de vez essas demências políticas que, por justo título, fazem do nosso país a fábula dos folhetinistas do resto do mundo.

Outra parte nos chama, amigo leitor, a da mocidade estudiosa, trabalhadeira, esperança de melhor futuro.

Pode dizer-se que o nosso movimento literário é dos mais insignificantes possíveis. Poucos livros se publicam e ainda menos se leem. Aprecia-se muito a leitura superficial e palhenta, do mal travado e bem acidentado romance, mas não passa daí o pecúlio literário do povo.

É no meio desta situação que se anunciam duas publicações literárias: *Biblioteca Brasileira*, publicação mensal de um volume de literatura ou de ciência, de autores nacionais, e o *Futuro*, revista quinzenal e redigida por brasileiros e portugueses.

Vamos por partes. A *Biblioteca* é dirigida por uma associação de homens de letras. Tem por fim dar publicidade a todas as obras inéditas de autores nacionais e difundir por este modo a instrução literária que falta à máxima parte dos leitores.

Como se vê, serve ela a dois interesses: ao dos autores, a quem dá a mão, garantindo como base da publicação de suas obras uma circulação forçada; e ao do público, a quem dá, por módica retribuição, a posse de um bom livro cada mês.

Com tais bases, não há como negar que entra nesta instituição de envolta com o sentimento literário muito sentimento patriótico. Em que pese aos que fazem limitar a pátria pelo horizonte das suas aspirações pessoais, é assim. E são destes serviços ao país que mais fecundam no futuro.

Esclarecer o espírito do povo de modo a fazer ideias e convicções disso que ainda lhe não passa de instintos é, por assim dizer, formar o povo.

Do esforço individual e coletivo dos que se dão ao cultivo das letras é que nascerão esses resultados necessários. O plano da *Biblioteca Brasileira*, cômodo e simples, oferece um bom caminho para ir ter aos desejados fins, e é já um auxiliar valente de ideias que se põe em campo.

O *Futuro*, revista que aparecerá cada quinzena, é mais um laço de união entre a nação brasileira e a nação portuguesa. Muitas razões pedem esta intimidade entre dois povos, que, esquecendo passadas e fatais divergências, só podem, só devem ter um desejo, o de engrandecer a língua que falam, e que muitos engenhos têm honrado.

O *Futuro*, concebido sobre uma larga base, é uma publicação séria e porventura será duradoura. Tem elementos para isso. A natureza dos escritos que requer um folheto de trinta páginas, publicado cada quinzena, muitos dos nomes que se me diz farão parte da redação, entre os quais figura o do velho mestre Herculano, e a inteligência diretora e proprietária da publicação, o filho dileto do autor do *Bilhar*, F. X. de Novais, dão ao *Futuro* um caráter de viabilidade e duração.

Este abraço literário virá confirmar o abraço político das duas nações. Não é por certo no campo da inteligência que se devem consagrar essas divisões que são repelidas hoje.

Os destinos da língua portuguesa figuram-se-me brilhantes; não individuemos os esforços; o princípio social de que a união faz a força é também uma verdade nos domínios intelectuais e deve ser a divisa das duas literaturas.

Para 7 de abril anuncia-se a publicação de um jornal político que terá por título *Jornal do Povo*.

É redigido por dois talentos jovens, mas que já fizeram as suas primeiras armas nesta liça da imprensa. O *Jornal do Povo* não representa escola alguma, não acompanha princípios estatuídos de nenhuma parcialidade política. É simplesmente um jornal consagrado a doutrinar o povo e a pugnar pelos interesses dele.

Sendo assim o *Jornal do Povo* será logicamente conduzido a pôr-se ao lado liberal que corresponde imediatamente às aspirações populares.

E o concurso dele será tanto mais valioso quanto que não pode haver dúvida sobre as opiniões liberais de seus redatores.

M. A.

1º de abril de 1862

*Inauguração da estátua
O adjetivo e a imprensa oficial
Substantivos sem adjetivos
Tranquilidade pública
Jantar em honra da estátua.*

Está inaugurada a estátua equestre do primeiro imperador.

Os que a consideram como saldo de uma dívida nacional nadam hoje em júbilo e satisfação.

Os que, inquirindo a história, negam a esse bronze o caráter de uma legítima memória, filha da vontade nacional e do dever da posteridade, esses reconhecem-se vencidos, e, como o filósofo antigo, querem apanhar mas serem ouvidos.

Já é de mau agouro se à ereção de um monumento que se diz derivar dos desejos unânimes do país precedeu uma discussão renhida, acompanhada de adesões e aplausos. O historiador futuro que quiser tirar dos debates da imprensa os elementos do seu estudo da história do Império, há de vacilar sobre a expressão da memória que hoje domina a praça do Rocio.

A imprensa oficial, que parece haver arrematado para si toda a honestidade política, e que não consente aos cidadãos a discussão de uma obra que se levanta em nome da nação, caluniou a seu modo as intenções da imprensa oposicionista.

Mas o país sabe o que valem as arengas pagas das colunas anônimas do *Jornal do Commercio*.

O que é fato, é que a estátua inaugurou-se, e o bronze lá se acha no Rocio, como uma pirâmide de época civilizada, desafiando a ira dos tempos.

O Rocio vestia anteontem galas e louçanias desusadas.

As ruas por onde passou o préstito estavam ornadas de bandeiras e colchas, e juncadas de folhas odoríferas, segundo as exigências oficiais.

Mas sabe o leitor quem teve grande influência na festa de anteontem? O adjetivo. Não ria, leitor, o adjetivo é uma grande força e um grande elemento! E ninguém melhor que os publicistas do *Jornal do Commercio* compreende o valor que ele tem, e nem o emprega melhor.

Foi o adjetivo quem fez as despesas das arengas escritas anteriormente em defesa da estátua. Na apoteose, o adjetivo serviu de óleo cheiroso com que se incensou todas as virtudes duvidosas. Na censura, o adjetivo foi, por assim dizer, o suco venenoso com que aqueles bugres ungiram a ponta das suas flechas.

Bem empregado, com jeito e a tempo, como do ferro aconselha o poeta para tornar mezinha, o adjetivo fez nos artigos ministeriais um grande papel. Veja o leitor como esta palavra — *imortal* — veio sempre em auxílio de um substantivo desamparado de importância intrínseca. Se, por cansado, não podia ele aparecer mais vezes, lá vinha um *ínclito,* lá vinha um *magnânimo,* lá vinha um substancial *augusto.* E outros e outros da mesma valia e peso.

Os artigos ministeriais reduzidos a verso podiam figurar entre as produções da Arcádia, do Caldas, sem quebra nem descor.

Não ria o leitor demasiado sério da importância destas considerações. Desconhecer o adjetivo, monta o mesmo que desconhecer a luz.

O adjetivo foi introduzido nas línguas como uma imagem antecipada dos títulos honoríficos com que a civilização devia envergonhar os peitos nus e os nomes singelos dos heróis antigos.

Exemplo: um homem que usa do nome recebido na pia, é um substantivo. Se esse homem passa a ter uma adição honorífica fica sendo um substantivo e um adjetivo.

A festa de anteontem deixou muitos substantivos de boca aberta. Contava-se que os adjetivos chovessem. Mas houve só um.

E os substantivos desconsolados tiveram de ver-se desadjetivados, com a esperança de uma adjetivação para mais tarde.

Oh dor!

É o mesmo que acontece às moças, que são substantivos, e andam à procura de maridos que são adjetivos. Para algumas passam os dias, os meses, os anos, sem que Himeneu, o grande escritor, venha ligar aquelas duas partes distanciadas.

E assim em muitas outras coisas da vida humana.

A festa não foi perturbada por nenhum movimento ainda o mais individual e alheio aos motivos propalados. Os sustos do Ministério tiveram bem positivo desmentido diante da placidez com que este povo assistiu à inauguração da estátua.

Diante de algumas coragens, levantadas nestes dias de abatimento, fizeram crer que se tramava contra a ordem social. Não sei bem se isto é ridículo ou imoral. Em todo caso é uma dessas calúnias com que se vão servindo para os seus acatamentos e bajulações.

Diante da festa inaugural que outro fato poderá vir tomar parte nestes comentários? Não sei de nenhum. A festa encheu todo o tempo e todos os espíritos.

Continuou ela ontem e termina hoje. Tem o povo com que regalar-se. E bom é quando lhe concedem à farta a segunda parte da exigência do povo romano.

É verdade que também não se lhe nega a primeira. Anuncia-se para hoje um grande jantar no salão do teatro lírico, para o qual são convidadas as pessoas de todas as classes que concordam com as arengas da folha oficial, a bem de concluir a festa pelos prazeres da boca.

Mas nem isto defenderá melhor a ideia.

Os jantares pertencem ao número das coisas mais transitórias que é dado ao homem encontrar.

Ao meu leitor, se lá for, peço um brinde em desconto do desalinho destes comentários.

M. A.

5 de maio de 1862

*Cavaco
O que vai a Câmara fazer?
Uns versos.*

Era um dia...

Não vou bem. Este exórdio dá ares de história de criança, dessas que eu ouvia à ama, nos tempos que lá vão, quando não me lembrava de fazer comentários, e nem de ser lido pelos leitores do *Diário,* no pressuposto de que sou lido.

O que queria dizer, e que tão mal encabecei, era que havia há tempos uma revista semanal que eu publicava mais ou menos regularmente, comentando inocentemente as ocorrências notáveis de cada semana.

Motivos que não entram no domínio do público interromperam por longas semanas a publicação dos *Comentários* que de novo tomo e por cuja regularidade respondo.

Não será por falta de matéria que eu deixe de comunicar todas as segundas-feiras ao meu leitor a opinião que formar acerca das ocorrências da semana anterior.

Abrangendo o escrito, por sua natureza, muitos fatos e muitas esferas, à política cabe a parte principal, atenta à gravidade da situação e das questões a ventilar.

Em um país onde às censuras da imprensa oposicionista se responde com a personalidade, não é por certo fora das câmaras que a vida política se pode manifestar. Mas as câmaras se abriram. O país por meio de seus órgãos vai perguntar ao governo o que há feito na ausência do corpo legislativo, de que questões tratou, que problemas resolveu, se tem planos financeiros estudados e formulados; até onde lança as suas vistas políticas e administrativas.

Por sua vez o corpo legislativo é chamado a contribuir por si para que se defina esta situação confusa, marasmática, sem cor, nem alcance.

Este trabalho é longo e pede o concurso do patriotismo. É questão de ser ou não ser. Cabe às câmaras provar que o gabinete por inepto não pode continuar na gerência do país, e que não é para fazer um regulamento de condecorações e outras ridicularidades que se põem sete homens à testa da governança de um império.

Não é assim de um assalto que se tomam graves e importantes funções. A glória tem seus percalços e é preciso ganhá-la à custa de vigílias e estudos, e não (passem-me pela frase que é de boa laia e adequada) à barba longa.

Se o exame do corpo legislativo não for profundo e patriótico, renunciemos à esperança de termos um país e um governo, porque com ministérios tais, não há país que prospere, nem situação que resista.

É diante de tais deveres, mais urgentes agora, que o corpo legislativo se abriu.

Isto quanto à parte política, e como vê o meu leitor, é vasto e farto o campo, se for olhado do seu verdadeiro ponto de vista.

Não falta onde se vá buscar matéria para comentário, e além das ocorrências acidentais e imprevistas, há muito onde ceifar à larga, se me permitem esta expressão roída pelo uso.

Estas linhas que aí deixo não deviam vir encabeçadas pelo título que lhes pus, porque na realidade de nada da semana me ocupo. Isto é uma espécie de prefácio, uma como que oração de romeiro que se dispõe a atravessar o deserto depois de uma estação.

Alá me seja propício e arrede da minha cabeça e da minha caravana os flagelos do tempo e o encontro dos beduínos.

Ponho fecho a estas linhas com a transcrição de uma carta e de uma poesia que me enviou um cultor das musas:

Meu amigo. — Abandonado no caminho da vida com o coração vazio das louras crenças que nos povoam a alma, quando o céu é para nós todo de um azul sem nuvens e o horizonte dessa cor de rosa de que vestimos todas as aspirações do espírito, apraz-me às vezes em trazer à memória os dias do meu passado, desse passado que vi cair na imensidão do nada, como essas centelhas de luz que morrem na escuridão das trevas.

É triste este viver assim, quando ainda em meia vida, o espírito cansado se volve ao passado procurando embeber-se dele, porque o futuro está morto, ou pelo menos despido de todas as ilusões da juventude!

Em um desses momentos atirei sobre o papel estas linhas, que te envio...
Ei-las:

Amei n'aurora da vida,
E morro da vida em flor,
É sempre assim a existência,
Ao riso sucede a dor.

Desfolhei rosas sem conta,
Perfumes mil respirei;
E nessa luta de afetos
Nem um sincero encontrei!

Minha alma descreu de tudo,
Dos sonhos de que viveu,
Centelha de luz perdida,
Suspiro que além morreu!

Bethencourt da Silva

M. A.

Crô

nicas

Jornal *O Futuro*, de 1862 a 1863

15 de setembro de 1862

Tirei hoje do fundo da gaveta, onde jazia, a minha pena de cronista. A coitadinha estava com um ar triste, e pareceu-me vê-la articular por entre os bicos, uma tímida exprobração. Em roda do pescoço enrolavam-se-lhe uns fios tenuíssimos, obra dessas Penélopes que andam pelos tetos das casas e desvãos inferiores dos móveis. Limpei-a, acariciei-a e, como o Abencerragem ao seu cavalo, disse-lhe algumas palavras de animação para a viagem que tínhamos de fazer. Ela, como pena obediente, voltou-se na direção do aparelho de escrita, ou como diria o tolo de Bergerac, *do receptáculo dos instrumentos da imoralidade*. Compreendi o gesto mudo da coitadinha, e passei a cortar as tiras de papel, fazendo ao mesmo tempo as seguintes reflexões, que ela parecia escutar com religiosa atenção:

— Vamos lá; que tens aprendido desde que te encafuei entre os meus esboços de prosa e de verso? Necessito mais que nunca de ti; vê se me dispensas as tuas melhores ideias e as tuas mais bonitas palavras; vais escrever nas páginas do *Futuro*. Olha para que te guardei eu! Antes de começarmos o nosso trabalho, ouve, amiga minha, alguns conselhos de quem te preza e não te quer ver enxovalhada. Não te envolvas em polêmicas de nenhum gênero, nem políticas, nem literárias, nem quaisquer outras; de outro modo verás que passas de honrada a desonesta, de modesta a pretensiosa, e em um abrir e fechar de olhos perdes o que tinhas e o que eu te fiz ganhar. O pugilato das ideias é muito pior que o das ruas; tu és franzina, retrai-te na luta e fecha-te no círculo dos teus deveres, quando couber a tua vez de escrever crônicas. Sê entusiasta para o gênio, cordial para o talento, desdenhosa para a nulidade, justiceira sempre, tudo isso com aquelas meias tintas, tão necessárias aos melhores efeitos da pintura. Comenta os fatos com reserva, louva ou censura, como te ditar a consciência, sem cair na exageração dos extremos. E assim viverás honrada e feliz.

E havendo dito estas coisas à minha pena, tinha eu acabado de preparar o papel, e eis que ela começou, entre os meus já desacostumados e emperrados dedos, a mencionar que no dia 4 deste mês efetuou-se o encerramento da Assembleia Legislativa, cerimônia sobre a qual nada há que dizer, porque foi conforme os estilos que por sua natureza nada oferecem de notável. Os membros do Parlamento foram procurar no remanso da paz o repouso das lutas da tribuna e dos trabalhos com que auxiliaram a administração durante a sessão finda. Entre os serviços prestados este ano pela representação nacional, convém não esquecer o de haver habilitado o governo a fazer o serviço financeiro de 63 a 64 por meio de um orçamento definido e discutido.

Passo às letras e às artes.

O maior acontecimento literário da quinzena foi o poema de Tomás Ribeiro, *D. Jaime*, cujos primeiros exemplares chegaram pelo paquete. A fama chegou com o livro, e assim, todos quantos estimam a literatura, militantes ou amadores, correram à obra mal os livreiros a puseram nos mostradores. Dizia-se que *D. Jaime* era uma obra de largas proporções, e que Tomás Ribeiro, como raros estreantes, deitara a barra muito além de todos os estreantes; dizia-se isto, e muitas coisas mais. O poema foi lido, e uma só vírgula não se alterou aos louvores da fama. O poema *D. Jaime* é realmente uma obra de elevado merecimento, e Tomás Ribeiro um poeta de largo alento; a sua musa é simultaneamente simples, terna, graciosa, épica, elegíaca; ensinou-lhe ela a ser *poeta de poesia,* expressão esta que não deve causar estranheza a quem reparar que há *poetas de palavras,* mas Tomás Ribeiro não é poeta de palavra, certo que não!

Não me demorarei em referir os episódios mais celebrados do poema, nem em analisar as páginas mais lidas, que o são todas, e no mesmo grau; mas muito de passagem perguntarei com o sr. Castilho, onde mais pura e doce poesia do que naquele fragmento poético — *Os filhos do nosso amor*? Aquele fragmento publicado isoladamente bastaria para cingir na cabeça de Tomás Ribeiro a augusta e porfiada coroa de poeta.

Antes da chegada do paquete que nos trouxe aquele presente literário, havia sido publicado o terceiro volume da *Biblioteca Brasileira,* interessante publicação do meu distinto amigo Quintino Bocaiúva. Este terceiro volume é o primeiro de um novo romance do autor do *Guarani.* Vejamos o que se pode desde já avaliar nas primeiras cento e vinte páginas do romance, que tantas são as do primeiro volume.

E antes de tudo notarei o apuro do estilo com que está escrito este livro; a pena do autor do *Guarani* distinguia-se pela graça e pela sobriedade; essas duas qualidades dobraram na sua nova obra. O romance intitula-se *As Minas de prata,* e é por assim dizer uma investigação histórica. Serve de base ao romance a descoberta de Robério Dias, no ano da graça de 1557, de umas minas de prata em Jacobina. O romance abre por uma rápida descrição da Bahia de São Salvador, no dia primeiro de janeiro de 1609. É dia duplamente de festa: dois motivos traziam a população alvoroçada; o primeiro, o dia de ano bom; o segundo, a festa que se preparava para celebrar a chegada à Bahia do novo governador, D. Diogo de Meneses e Siqueira.

O autor faz assistir o leitor à entrada das devotas para a igreja da Sé onde devia ser cantada a missa; em ligeiras penadas dá ele amostra dos costumes do tempo, e é por uma cena pitoresca que ele prepara a entrada de alguns dos principais personagens do romance, Estácio Correia, Cristóvão d'Ávila, elegante do tempo, Elvira e Inesita. O namoro destes quatro dentro da igreja é contado em algumas páginas graciosas.

Não acompanharei capítulo por capítulo o primeiro volume; tenho medo de reduzir à prosaica e seca narrativa a exposição interessante das *Minas de prata.* Notarei que neste volume, que, como acabo de dizer, é uma exposição, as personagens destinadas a figurar no primeiro plano da história são introduzidas em cena com a importância que as caracteriza: Vaz Caminha, o jesuíta Fernão Cardim, o jesuíta Gusmão de Molina. Se alguma observação me pode sugerir a leitura que fiz do volume, é relativamente a uma simples questão de pormenor. Este padre Molina entra em cena com a cara fechada de um conspirador; deixa-se adivinhar que ele vem em virtude das questões levantadas pela ingerência da Companhia de Jesus nos negócios da administração. Um simples secular que trouxesse uma missão secreta seria reservado; com um jesuíta, não se dá a plausibilidade de suspeitar o contrário; seria prudentíssimo e reservadíssimo. Ora, não me parece próprio de um jesuíta o conselho dado no lance do xadrez na biblioteca do convento, conselho que, aludindo às suas intenções relativamente ao governador, faz olhar de esguelha o licenciado Vaz Caminha. Talvez esta observação não tenha a importância que eu lhe acho; mas qualquer que seja a insignificância do pormenor a que aludo, lembrarei que é do conjunto das linhas que se formam as fisionomias, e que não sei de fisionomia de jesuíta descuidada e indiscreta.

Entretanto, demos fim à observação e consignemos, ao lado da grata notícia do primeiro volume, o desejo que nos fica, a mim e aos que o leram, da próxima publicação dos dois volumes complementares.

Falemos agora de Artur Napoleão que acaba de chegar ao Rio de Janeiro. Em 1857, aquele prodigioso menino inspirou verdadeiro entusiasmo nesta Corte, onde acabava de chegar cercado pela auréola de uma reputação. Criança ainda, o prestígio dos tenros anos dava ao seu talento realce maior. Com ele acontecera o mesmo que com Mozart, de quem diz um escritor, aludindo à primeira manifestação do talento na idade pueril: — *C'est ainsi que Mozart apprit la musique, comme en se jouant, ou plutôt la musique se reveillait dans son âme avec le sentiment de la vie.* Desde os primeiros anos, Artur revelou-se, e desde logo começou para ele essa série não interrompida de triunfos de que se tem composto a sua existência.

Os amigos e patrícios poderiam desconfiar do seu entusiasmo, e indagar entre si se ele não era efeito de um amor sem exame nem reserva, ou pela interessante criança, ou pelo patrício artista. Essa dúvida, se alguma vez se apresentou no espírito dos patrícios e dos amigos dissipou-se sem dúvida quando Artur Napoleão entrando nos grandes centros da arte e dos artistas, recebeu deles a confirmação solene do batismo da pátria. Aplausos, ovações, abraços fraternais o receberam, e cada nome que passava, Rossini, Meyerbeer, Verdi, Talberg, Vieux-Temps, Sivori deixaram uma nota sua, uma linha, uma palavra, no álbum do menino artista.

Assim cresceu Artur Napoleão na idade, na glória e no talento: de cidade em cidade, a sua viagem foi um triunfo não interrompido; mas, como verdadeiro artista, não se deixou adormecer nos louros e nas delícias de Cápua; estudou viajando e buscou pelo estudo a perfeição. Nem só executa inspirações alheias; tem-nas suas e das mais originais; e deve-se ao seu estro musical algumas composições esparsas de muito merecimento. Sei mesmo que Artur Napoleão busca voar mais alto e escrever seu nome em uma obra duradoura: dois poetas ingleses deitaram mãos à obra, a pedido do compositor, e cada um foi depor-lhe nas mãos um poema dramático, tirado um da comédia de Shakespeare, *Como Queira,* e o outro de uma novela de Fenimore Cooper.

Quisera falar de teatros, mas os teatros não me dão largo campo para falar deles, ou, arrisquemos antes a verdadeira expressão, não me dão campo absolutamente nenhum. Nenhuma nova de vulto, digna de menção, foi dada nos dias da quinzena; e a não ser a reprise dos *Íntimos* no Ateneu Dramático, para solenizar o grande dia nacional, na presença da imperial família, e cujo desempenho esteve na altura dos melhores dias daquela comédia, não tenho que comentar entre mim e o público. No horizonte aparece notícia de novidades dramáticas, e talvez à hora em que os leitores lerem estas páginas alguma delas esteja na tela da publicidade. Dessas novidades são as principais um drama original no Ginásio, e uma tradução no Ateneu; o drama original é do sr. dr. Macedo, e intitula-se *Lusbela;* a tradução é uma comédia do feliz e talentoso Sardou, o autor dos *Íntimos* e das *Garatujas,* intitulada *O borboletismo.* O que é o *borboletismo?* É a necessidade que os maridos têm de variar de ocupações, de hábitos e... de mulheres. *Borboletear* é o verbo, e nesta época em que os costumes sofrem suas mais ou menos profundas facadas, estou certo que esta comédia desafiará a curiosidade angustiosa de muitas esposas. Eu li o original da comédia francesa, e posso afirmar que não há posição mais ridícula do que a do marido *borboleteador*, e que as conclusões de V. Sardou são de consolar as mulheres desventurosas.

Ocorre-me agora que também o Ateneu Dramático anuncia uma nova comédia, original brasileiro, cujo título é uma interrogação: *O que é o casamento?* O autor chama-se ***. Este sinal abriu já campo às conjeturas. A comédia é para estreia do distinto artista Joaquim Augusto, que acaba de chegar da cidade de São Paulo.

Nenhuma ocasião mais azada do que esta para lançar ao papel algumas reflexões que trago incubadas relativamente à situação dos teatros. Para os que, como eu, veem no teatro uma tribuna e uma escola, é triste contemplar o abandono em que ele jaz, sem que a iniciativa oficial intervenha com a sua força e com a sua autoridade. Assim, vemos hoje duas cenas regulares entregues a seus próprios recursos; a primeira, o Ateneu Dramático, onde uma reunião dos nossos melhores artistas trabalha com ardor por desempenhar uma tarefa árdua, gloriosa embora, marcando a cada exibição notável aproveitamento dos seus recursos; a segunda, o Ginásio, onde o grupo de artistas que lhe ficara depois do último desmembramento, procura e se esforça por continuar as tradições passadas. Não sei qual o meio de resolver a situação, ou antes, não quero estender-me no exame dela; mas o que é fato é que o trabalho fecundo e os recursos bem aproveitados têm direito à atenção do governo, e mais que tudo as duas missões do teatro, a moral e a poética, demandam dos poderes superiores alento e iniciativa. Dito isto, ponho ponto final a esta crônica, e passo a ralhar com a minha pena, que tão esperançosa me surgiu da gaveta, e tão desalinhada e sensaborona se houve nestas páginas.

Machado de Assis

30 de novembro de 1862

O acadêmico Viennet, voltando depois de algum tempo ao campo da publicidade, escreveu estas palavras no prefácio do seu livro: *Me voilà cependant, me voilà encore!* Guardando todas as proporções, e sem pretender o contentamento e a sensação que o livro do autor da *Ligue* devia naturalmente produzir, escrevo aquilo mesmo, e acrescento: — *Me voilà pour toujours!*

Para sempre. Neste aposento construído no fundo do edifício que o leitor acabou de percorrer instalo-me eu, e aqui praticarei mansamente com o leitor sobre todas as coisas que nos fornecer a quinzena, sem fadiga para mim, nem mágoa para ninguém. Durarão as nossas palestras o intervalo de um charuto, mais infelizes nisto que as rosas de Malherbe. Olhe o leitor: à roda da mesa estão jornais de todo o Império; sentemo-nos como bons e pacíficos amigos, e comecemos por encarar afoitamente aqueles estouvados peruanos.

O leitor sabe já de todas as ocorrências de que foi testemunha o velho Amazonas; sabe que ali troou o canhão e que fomos ludibriados no começo, no meio e no fim. O atentado não se podia revestir de circunstâncias mais agravantes, nem a arrogância peruana podia manifestar-se em mais larga proporção, e sob melhor luz. Arrogância, disse eu, e não se pense que foi por me não ocorrer outro termo; arrogância ingênita, filha deste preconceito, que naturalmente os peruanos hão de ter, de que são realmente filhos do Cid e do sol.

Seja como seja, o fato é que a dignidade da nação brasileira foi vilipendiada e que só uma enérgica intimação poderá ter lugar depois daquelas ocorrências; o país espera ser bem defendido pelo governo nesta deplorável questão.

No meio de todas as preocupações, esta me parece a principal, a que deve ocupar mais lugar e tempo nas lucubrações íntimas do gabinete. Creio que o sentimento do governo é o mesmo; certos atos demonstram que ele não quer protelar a questão, e sem dúvida as ordens levadas pela expedição do Pará hão de ser no sentido de nos desagravar honrosamente.

O que eu não posso é saber já o que se tem passado e serei desculpado por não dar notícia sobre os fatos dos navios peruanos e da esquadrilha brasileira. Mas, a não dizer mais alguma coisa sobre a questão, como encher o espaço que me resta? Ir ao Castelo assistir à exumação dos ossos de Estácio de Sá? Melhor sorte me dê Deus! Dispenso o leitor dessa viagem e com isso me dispenso a mim mesmo. Direi, já que falo nos ossos do fundador da cidade, que quaisquer que fossem os inconvenientes do modo por que se procedeu à exumação, e os houve, ainda assim aquela empresa revela que, entre nós, já se quer cuidar de certas coisas que até hoje pareciam não merecer séria atenção. Ainda bem. Segundo se acha anunciado, efetua-se no dia 1º o ato de inumação dos restos de Estácio de Sá, convenientemente arranjados, e entregues aos cuidados de pessoas vigilantes.

Para alguns é duvidosa a autenticidade dos ossos achados na sepultura do Castelo; devo dizer que esta dúvida só a ouvi articular pessoas que duvidam de tudo, pela razão de terem sido enganadas muitas vezes, o que é um procedimento assisado. Eu não sei se a dúvida tem lugar, mas louvo-me na opinião geral e na dos professores que dirigiram a exumação, para a qual não faltaram, segundo nos disse a imprensa, todas as instruções arqueológicas.

Lembra-me agora que Méry, estando em Roma, encontrara um dia alguns sujeitos a cavar em certo lugar, animados por dois lordes que de quando em quando atiravam uma moeda aos trabalhadores. Méry, apaixonado pelas ruínas, parou e assistiu à exumação do quer que fosse. Finalmente apareceram uns fragmentos de estátua, a cujo aspecto um olhar experimentado não daria menos de mil anos.

Grande contentamento dos ingleses, que fizeram conduzir até o carro as preciosidades encontradas no solo romano. Méry pediu humildemente para ajudar a carregar parte daqueles preciosos achados, e com toda a veneração foi depositar a sua carga no carro dos patrícios de lorde Palmerston.

Compreendo a satisfação que deve ter um homem apaixonado pela Antiguidade, ao ver diante de si os restos de uma obra que supõe haver encantado os olhos de todo o patriciado romano. E compreendo também o desgosto que havia de ter o autor da *Florida* quando, à noite, em uma reunião de pessoas distintas, depois de haver contado o fato da manhã, soube que os restos achados eram obra de véspera, preparados de modo a parecer que datavam de longe, acrescentando o carrasco das suas ilusões que o Museu de Londres está cheio destas tais antiguidades, coisa que eu creio um pouco dura.

Não presuma o leitor malicioso que eu trouxe este conto para diminuir a idade aos ossos encontrados na sepultura de Estácio de Sá. Creio que são autênticos, e na verdade é isso que devemos crer todos, porque não podemos crer noutra coisa. Compensa isso a fadiga dos que lá foram ao Castelo assistir ao ato. Eu não fui e creio que fiz mal. De mais, se é verdade, como eu creio, que além desta vida há uma vida melhor, e que portanto Estácio de Sá nos está olhando talvez por um destes óculos do Céu, que nós chamamos estrelas, e dumas faíscas dos pés do Onipotente; se é verdade isto, sejam ou não aqueles os ossos autênticos, uma vez que a intenção é boa, Estácio ficará agradecido e aceitará lá de cima a fé, a intenção, se não puder aceitar os ossos.

Estas reflexões sobre ossos e ruínas levam-me naturalmente ao teatro, que está ameaçado de passar ao estado de monumento curioso, a despeito dos esforços individuais. Mas parece que a força da corrente é superior a todos os esforços, e que não há regime preventivo contra o efeito dos elementos deletérios. Eu não acho culpa do que sucede senão nos poderes do Estado, que ainda se não convenceram de que a matéria de teatros merece uns minutos ao menos da sua atenção, como tem merecido nos países adiantados. Quando eu vejo que em França, em março de 48, um mês depois da revolução, decretava-se sobre teatro, no meio das preocupações políticas, lastimo deveras que no Brasil o poder executivo tenha limitado a sua ação a dar e a retirar subvenções, e a incomodar uma comissão, de cujas opiniões escritas fez depois pasto às traças da secretaria.

Voltarei a esta matéria mais tarde, ou talvez faça dela objeto de estudo especial; por agora, cumpre-me mencionar as novidades anunciadas, e que sem dúvida serão novidades realizadas no momento em que o leitor me ler.

O Ateneu anuncia uma comédia de Emílio Augier e Ed. Foussier, *As leoas pobres*. Esta comédia deve a sua celebridade em Paris a duas coisas: ao seu mérito intrínseco, que é de primeira ordem, e às discussões havidas por ocasião de ser apresentada à comissão de censura. Parece que a comissão saiu um pouco fora dos seus deveres, deixando de fazer censura dramática para fazer censura literária; e a não ser o imperador, ainda hoje a comédia estaria interditada.

Anuncia também a Sociedade Dramática uma representação da *Herança do Chanceler*, no Teatro Lírico.

Em cata de notícias procuro lembrar-me se durante os últimos quinze dias houve alguma publicação literária, ou mesmo iliterária, de que dar parte. Em outra parte não haveria necessidade de procurar; com certeza o revisteiro encontraria, ao começar o seu trabalho, a mesa cheia de publicações. Tudo porém é relativo, e o movimento das publicações entre nós ainda é, como outras coisas, lento e raro.

Vejo agora um exemplar de um novo romance do *Museu Literário*, intitulado *A lamparina*. É a segunda obra que o *Museu* publica, e ainda do mesmo autor. Para os que leram a *Lenda do alfinete* esta é a melhor recomendação que se lhe possa dar. Eu só desejo que publicações como o *Museu Literário* e a *Biblioteca Brasileira* sejam compreendidas e festejadas pelo público, doce remuneração aos esforços conscienciosos.

Se fosse possível a comunicação de todos os fatos da vida particular entre o cronista e os seus leitores, eu daria aqui as razões do desconchavo em que vai esta revista, escrita a todo o vapor, para satisfazer as exigências da tipografia. Mas, como não é possível, limito-me a lamentar que assim seja, e a despedir-me para a quinzena seguinte.

Machado de Assis

15 de dezembro de 1862

Contos do serão é o título de um pequeno volume...

Cuida o leitor ao ver-me começar por este modo, que tenho uma crônica farta e volumosa de notícias, e que para ganhar tempo é que entro logo em matéria? Antes assim fosse. Eu comecei assim, não só para usar de todas as deferências para com um talento modesto, mas ainda para fugir a este lugar-comum que me ia saindo dos bicos da pena.

Suponha o leitor, queria eu dizer, que está em uma Assembleia Legislativa. Discute-se o orçamento da receita e despesa, matéria de máxima importância, como se vê logo pela designação. Há grande alvoroço; pedem a palavra, sobem à tribuna os melhores oradores, a lógica e a retórica andam em pleno exercício; a palavra humana torna-se nesse momento, para usar da expressão de Montalembert, o tipo supremo da beleza, a arma irresistível da verdade. Sobre que se discute? Sobre o orçamento? Não, senhor; os oradores cansam-se, elevam-se, lutam, fazem prodígios da língua, sobre tudo, menos o objeto da discussão. As questões de política especulativa, as recriminações dos partidos, as invectivas pessoais, o inventário parcial do passado, as conjeturas arbitrárias do futuro, tudo o que pode ser alheio ao orçamento entra em pleno serviço; o orçamento, esse ouve falar em seu nome por duas outras vozes mais moderadas, que, entrando no terreno prático, desdenham o palavreado estéril e procuram utilizar o tempo malbaratado.

A imagem diminuída, mas aproximada deste fato anual, queria eu acrescentar, acha-se nesta palestra de hoje com os meus leitores, na qual poderemos tratar de tudo, menos do objeto principal que nos reúne. Vê o leitor que, apesar de usado por boas autoridades, isto é um lugar-comum perfeitamente comum. Tive razão em retrair a pena. Afinal de contas o leitor não tem culpa que o Rio de Janeiro ande a competir com a chuva em aborrecimento e que mesmo lhe leve a palma. Em míngua de notícias forja-se, ou enche-se papel com qualquer coisa.

Dada esta ligeira explicação, volto aos *Contos do serão*. É um livrinho do sr. Leandro de Castilhos, composto de três contos: "Uma boa mãe", "Otávia" e "Um episódio de viagem". O título do livro, modesto e simples, corresponde à natureza da matéria. Trata-se de ligeiros contos, escritos sem pretensão, visando menos a glória literária do que as impressões passageiras e agradáveis do lar. Entretanto fora injustiça ler o volume do sr. Castilhos fora do terreno literário. Dá-lhe o direito de assistir aí a um talento que, se se não apresenta com maior fulgor, nem por isso é menos real e menos esperançoso.

Por que não ensaia o sr. L. de Castilhos um romance de largo fôlego? Não lhe falta invenção, as qualidades que ainda se não pronunciaram e que são reservadas ao romance, hão de por certo tomar vulto e consistência nas composições posteriores, feitas com meditação e trabalhadas conscienciosamente.

O romance, de que temos apenas dois mais assíduos cultores, os srs. Macedo e Alencar, espera por novos porque tem ainda muitos recantos não investigados e talvez fontes de boa riqueza.

Do romance ao teatro é um passo e eu não tenho grande dificuldade em dá-lo. Duas novidades que devem ser contadas como literárias apareceram na quinzena: as *Leoas pobres*, de Emílio Augier, e a *Herança do chanceler*, do sr. Mendes Leal. Todavia, esta segunda, por já conhecida de todos, não ofereceu outra novidade além da representação pelos artistas do Ginásio. Farei eu a injustiça de crer que os leitores não conheciam a *Herança do chanceler*?

Há uma terceira novidade; esta, porém, não me cabe avaliar, que a não vi, e a julgar pelo que me assegura pessoa de conceito, está fora das condições literárias assinaladas às duas primeiras. É a comédia *Os Amores de Cleópatra* que entretanto preenche o dever a que os nomes dos autores estão obrigados: faz rir. Foi também representada no Ginásio.

Pelo que respeita às *Leoas pobres*, é essa uma comédia que assusta os espíritos menos ousados e faz recuar à primeira vista. Todavia, quem tiver a força de conservar-se alguns momentos diante dela e meditá-la, verá que nem há motivo para os terrores, mas que ainda há muito boas razões para julgá-la uma das composições mais bem acabadas do teatro contemporâneo, todas as reservas de parte, entenda-se.

Não fatigarei a paciência do leitor relatando o entrecho das *Leoas pobres*, que o leitor viu, ou leu, ou soube pelos jornais. Vinha a propósito, é verdade, desenvolver um ponto que na imprensa foi apenas tocado, o do desenlace da peça, mas eu ainda não quero fazer injustiça a ninguém que me lê, repetindo princípios de arte comezinhos, expostos por todos os autores, e quase objeto de compêndio hoje.

De duas representações a que assisti, uma pouco me agradou, foi a do Teatro Lírico, onde só se podem acomodar os sopranos e tenores de força, e impróprio para fazer sobressair uma composição dramática. Levada ao Ateneu Dramático, cujas proporções me parecem perfeitamente acomodadas à cena moderna, a comédia pôde aparecer melhor, e satisfez-me a representação com pouquíssimas reservas.

Para voltar ainda à comédia, pois que a pressa com que vai este escrito me obriga a estas marchas retroativas, direi que, como concepção e execução, as *Leoas pobres* honram o talento de E. Augier, que não pode ser acusado nem de falta de vigor dramático, nem de certo critério que resulta da observação e da meditação. Há, como indiquei acima, pontos de reserva, mas eu que não faço crítica, e apenas dou relação comentada dos fatos da quinzena, poderei entrar na apreciação desses lados que me parecem fracos sem, por um retorno justo, avaliar uma por uma as muitas belezas da comédia? Bem veem que me levaria longe, e eu prefiro não sair das raias marcadas pelas exigências tipográficas.

Houve outra novidade no teatro, que eu de propósito deixei para o fim; é uma comédia que tem por título *O Protocolo* e que traz o meu nome. Os escrúpulos que me fazem não dizer palavra sobre este pequeno ato são bem compreendidos do leitor. Não foi porém pelo simples prazer de falar da minha peça que eu citei esta novidade. Foi para deixar escrito desde já, que muito a meu contento a representaram os artistas do Ateneu.

E para terminar direi que, ao passo que esta revista escrita dentro de uma casa solidamente construída, é lida pelo leitor no seu gabinete fechado e na sua casa não menos solidamente construída, anda por alto mar o pianista Artur Napoleão, que daqui se foi a mostrar-se aos nossos vizinhos do Prata.

Para não fazer esquecer a fraseologia mitológica e o cunho de certas figuras poéticas, ponho ponto final dizendo que Éolo há de por certo respeitar aquele que, com harmonias mais brandas, fá-lo-ia encerrar-se cativado nas grutas sombrias de sua morada incógnita.

Machado de Assis

1º de janeiro de 1863

Abre-se o ano de 63. Com ele se renovam esperanças, com ele se fortalecem desanimados. Reunida a família em torno da mesa, hoje mais galharda e profusa, festeja o ano que alvorece, de rosto alegre e desafogado coração. 62, decrépito, rugado, quebrantado e malvisto, rói a um canto o pão negro do desgosto que lhe atiram tantas esperanças malogradas, tantas confianças iludidas. Pobre ano de 62! Deverei eu entrar no coro dos acusadores? Que podias fazer? Tiveste contra ti os elementos, o céu e a terra, os homens e as coisas; a tua vontade era sincera, mas a tua força era comparativamente nula. Toma o bordão e segue o caminho da eternidade; olha sem desgosto as festas com que é recebido teu jovem irmão; daqui a doze meses, estará como tu, velho, rugado, malvisto e apupado. É a eterna ordem das coisas.

63 alvorece entre palmas e beijos. Será teu horizonte límpido e sereno, nenhum ponto negro, ao longe, fará estremecer os espíritos? Não; 62 lega a 63 uma pesada herança; guerras, perturbações, descrenças, ódios, malquerenças, pirraças; nações sem rei, à cata de rei; reis sem trono, à cata de trono; reis constitucionais sem constituição; luta de irmãos, rusga de primos; papa-rei em Roma, rei-papa na França; o Oriente tempestuoso, o Ocidente enublado; o argumento em duelo com o sofisma; a mentira com a verdade, a boa-fé com a velhacaria; miragens políticas no sul, no norte, no oeste, de um pólo a outro, da parte de Aquiles, da parte de Heitor; a indecência triunfante, o decoro vilipendiado, a sinceridade mal-entendida; a loucura no fastígio, o bom senso ao sopé; imagem do caos, enfim, onde se abalroam, procurando solução, *duro e mole, o que é leve e o que é pesado*.

Tal é o fardo que 62 põe nos ombros de 63. Terá 63 força para pôr ordem a esta balbúrdia? Duvido; é tarefa superior às forças de um ano; mas ele fará o que puder, estou certo.

E entre todas as sérias questões, a do Amazonas não tem lugar distinto? Certo que sim. Que resultará desta pendência entre o Império e a República peruana? Confesso que não sei, nem a ninguém é dado prever o futuro nas coisas do meu país. Mesmo confessando as boas intenções dos que vão ao leme do Estado, há razão para abstrair da lógica e contar com o imprevisto e com o absurdo. As últimas notícias do Amazonas não são animadoras; é com receio que espero as notícias próximas; afigura-se-me que hão de ser piores, por mal da nação, e por glória do nosso rixoso co-ribeirinho.

Não é raro fazermos triste figura nas nossas pendências internacionais; anda nisto uma fatalidade, quero crê-lo; a ideia de um império enguiçado é menos desanimadora que outra, fácil de compreender, e que eu deixo ficar tranquilamente no tinteiro. As lições do passado servem de espelho ao presente e ao futuro, e o nosso receio é deste modo natural.

Às leitoras parecerão diminuídas desta importância as considerações que acabo de fazer. E realmente como poderiam esses tenros espíritos aprender-se destes receios e destas angústias? No momento do perigo, do perigo palpável, do perigo visível, eu sei, a mãe manda seus filhos à batalha, a esposa separa-se facilmente do esposo, a irmã do irmão. Mas por agora, que estamos nos preliminares e em pleno verão, que ideia terá suspenso o coração da leitora? Ir para Petrópolis ou para a Tijuca, fugir ao fogo que toda a cidade respira, ir beber nas auras das montanhas o ar puro e fresco que insinua a paz e o descanso no espírito. Que impedimento a detém? que razão lhe fechará o caminho, que revista da quinzena a obrigará a estar presente na corte? Nada dessas coisas; escolhido o ponto da emigração, pronta a mala, escolhidos os livros... Ah! por falar em livros escolhidos, aconselho às leitoras que, juntinho ao abade Smith, simples e cândido escritor, levem um livrinho modesto, cândido pela forma e pelo fundo, páginas escritas, reunidas por um talento que alvorece, terno e ingênuo, o *Lírio branco* de Luís Guimarães Júnior.

Leia a história de Coração (é o nome da heroína) que ganhará boas e doces impressões; valerá o mesmo que passear o olhar por um horizonte azul e puro, tal é a inocência dos amores do par de que trata o livrinho. Maria da Conceição é um nome que eu acho lindo e que compete a certas criaturas entre a terra e o céu; o sentimento geral é que é um nome ridículo e prosaico; pois veja a leitora com que arte o autor sabe dizer que a heroína da história, a menina dos quinze anos, chama-se Maria da Conceição, de maneira a não repugnar aos paladares comuns. Coração, explica depois o autor, era o nome dado entre família.

Depois ajunte a leitora alguns versos queridos, escritos por despedida, com lágrimas, com sentimento, alguma flor seca rescendendo o perfume da mão que primitivamente a teve, aí está uma bagagem que há de fazê-la passar um verão feliz.

Quanto a mim, cá fico para assistir de perto aos acontecimentos; para ir ver os acrobatas da Guarda Velha e do Teatro de São Pedro; para assistir aos aplausos que hão de saudar dois jovens talentos dramáticos, os autores da *Túnica de Néssus* e da *Mancenilha,* anunciados pelo Ateneu, e mais os que aparecerem; cá fico, no meio do pó, do calor, condenado a não arredar pé do cepo fatal.

Sem pó e sem calor, e pelo contrário, debaixo de copiosa chuva, foram alguns intrépidos amantes da boa música e dos bons talentos a São Domingos no dia 27, para onde os convidaram por carta os srs. capitão-de-mar-e-guerra José Secundino Gomensoro, brigadeiro M. E. de Castro Cruz e Antônio Inácio de Mesquita Neves, promotores de um concerto dado por Antônio Luís de Moura.

Moura é um distinto professor de clarineta, devendo ao seu merecimento a sua infelicidade, consórcio quase infalível no nosso país.

Os intrépidos que puderam atravessar a baía para ir assistir ao concerto não eram em grande número. Nem por isso a reunião deixou de ser animada, ou talvez que por essa circunstância tivesse mais animação. A pouca gente dá certo ar de família e põe mais a gosto convidados e concertistas. Foi o que aconteceu em São Domingos.

A escolha de um sítio camparesco foi bem avisada, e, a não ser a chuva, o que a festa perdeu ganharia em dobro. Pena é que por estes tempos se deva forçosamente contar com a chuva, o que infelizmente não entra nos cálculos de ninguém.

Tomaram parte no concerto vários amadores de mérito, e para não estender-me em mais detalhada apreciação, que não posso, à míngua de espaço, citarei entre todos o nome da Exma. sra. D. Maria Leopoldina de Melo Neves, esposa de um dos signatários das cartas de convite.

Hoje há uma reunião, não musical, mas literária e musical, no salão da Phil'Euterpe. É dada pela sociedade *Ensaios Literários*, que completa quatro anos de existência. Os membros desta modesta associação seguem assim o exemplo salutar do Grêmio e do Retiro literário. Deus queira que a chuva não afugente ninguém.

Acabo de receber um novo volume da *Biblioteca Brasileira;* mal deitei os olhos ao rosto do livro; é um romance traduzido que se intitula *Lady Clare*. Na próxima crônica direi o que pensar da obra.

Passarei a mencionar a inauguração do retrato de Francisco de Paula Brito, na sala das sessões da Sociedade Petalógica. Paula Brito foi amigo desta associação, que em sua casa se fundou; durante longos anos os membros da Petalógica tiveram nele um dedicado companheiro, de amigo velho e provado que era. O dia 15, aniversário da morte de Paula Brito, foi escolhido para a cerimônia da inauguração do seu retrato. Esta foi simples e modesta, como pedia o caso. Reunidos os amigos do finado, vários pronunciaram algumas palavras de saudade, e assim ficou realizada a tocante ideia. Paula Brito merecia estes sinais de gratidão saudosa que dão à sua memória seus amigos de tantos anos.

Para terminar, convido a leitora a pôr de parte o *Futuro*; o que me resta mencionar nada tem de imaginoso, é de natureza positiva, há de enfadá-la, aborrecê-la, coisa que nem suspeitar é bom. E para entrar bruscamente em matéria dir-lhe-ei: — trata-se do Loide Brasileiro. O que é o Loide? É uma associação, cujos estatutos dependem da aprovação do governo. O governo, que afere a importância das coisas pelo seu maior ou menor caráter positivo, não tem razão para dormir sobre a solução pedida. Ora, tanto quanto posso ver nesta matéria, parece-me que as relações comerciais ganham com a organização do Loide, que estabelece a segurança nos transportes por mar, e põe termo a muitos inconvenientes que existem hoje. Cabia descer a maiores explicações, mas nem tempo nem espaço tenho para isso. Leitor, boas festas, a ti e a

Machado de Assis

15 de janeiro de 1863

A questão das reclamações inglesas ocupou exclusivamente a atenção do público durante esta quinzena. A população da Corte nos primeiros dias do ano ofereceu o mais nobre e consolador espetáculo; a ansiedade ao princípio, e depois, uma vez conhecida toda a correspondência diplomática, a indignação moderada, prudente, sensata; o desafio tácito do direito à força, da legalidade ao abuso, sem desvarios, sem ataques individuais. Os dias 5 e 6 principalmente foram os de maior agitação; o imperador com toda a família imperial desceu ao paço da cidade; a confraternização do povo com o Chefe do Estado foi a mais cordial, a mais expansiva, a mais verdadeira. Às aclamações populares respondia o imperador com protestos vivos de que era brasileiro, e que a sua coroa respondia pela dignidade da nação.

Em tal situação, e correspondendo a tão patrióticas manifestações, o governo imperial teve coragem precisa para responder às exigências britânicas com firmeza e energia, pondo acima de todas as mesquinhas considerações, a ideia nobre e augusta do decoro nacional. A correspondência diplomática é uma página viva de patriotismo. A razão é nossa, o direito é nosso; se os resultados de um ataque não forem igualmente nossos, que importa isso? A consciência da nossa causa deve dar-nos bastante tranquilidade diante da vitória da força, que será a vitória da imoralidade. Tal é o transunto das notas do gabinete.

O representante da Inglaterra cedeu de todas as suas anteriores pretensões; e as condições da nota de 20 de dezembro prevaleceram, mais extensas talvez, e portanto com mais honra para a nação. Levada a questão ao gabinete de Londres, resta saber se o grupo de homens que dirige os destinos da Grã-Bretanha imitará o procedimento do seu representante nesta Corte. Há uma dignidade convencional que consiste em desconhecer o dever e a justiça para dar satisfação ao orgulho do poder. Esta dignidade há de se achar ferida com a altivez do nosso governo; a submissão teria dado à Grã-Bretanha mais uma razão de apertar os vínculos de amizade com o Império!

Prevendo todas as consequências futuras, o país acha-se disposto a depor o que houver de resistência no altar da pátria. Nesta Corte as manifestações desta natureza não se têm feito esperar; recursos de que o governo carece, sem que este tenha reclamado uma subscrição nacional, já vão aparecendo; a Câmara municipal já recebeu o nome de muitos voluntários. Uma sociedade que tomou o nome de *União e Perseverança* formou-se na Câmara Municipal, domingo último. Mais de duas mil pessoas concorreram aos convites feitos nos jornais. Foi aclamado presidente o sr. dr. Saldanha Marinho, e bem assim um diretório composto daquele ilustre jornalista e dos srs. Teófilo Otôni e conselheiro Antônio José de Bem. Outra sociedade foi também organizada nesse dia no Pavilhão Fluminense. O mesmo entusiasmo patriótico reina por toda a parte sem distinção de classes.

Se me é dado conjeturar as emergências ulteriores em relação ao *Futuro*, deixe o leitor que eu revele a incerteza em que eu estou, os temores que me assaltam, porque não suponho que os ingleses, em caso de ataque, tenham simpatia por coisa nenhuma. Já não é desta opinião o redator principal, que tem entre mãos um romance do sr. Camilo Castelo Branco, matéria de um grosso volume, e que o redator pretende dar todo no *Futuro*, capítulo por capítulo, sem receio de bala inglesa. Uma coisa que ele não pode compreender é que a publicação de um romance do sr. Camilo Castelo Branco dependa da vontade de lorde Palmerston. Acho-lhe até certo ponto alguma razão. O romance, escrito expressamente para o *Futuro*, e propriedade desta revista, tem por título um provérbio: *Agulha em palheiro*. O palheiro é este século e a sociedade onde o poeta escreveu; o que o poeta procura é um homem, que chega a encontrar, mais feliz nisto que o vaidoso ateniense. De mulheres é que não há palheiro no século; o próprio poeta o declara referindo-se à sua heroína: "Paulinas decerto há muitas. As senhoras, em geral, são, como ela, todas, todas, quando encontram homens como aquele." Não sei se esta regra tão absoluta pode ser admitida, mas, feitas algumas exceções de que rezam até os noticiários, acho que é uma verdadeira regra geral.

Passo a falar da peça do sr. S. B. Nabuco de Araújo, ultimamente representada no Ateneu, com fervoroso aplauso. Esse aplauso, creio eu, tem duas significações: uma pelo talento do poeta, outra pela nacionalidade da obra. Em uma terra onde a literatura dramática balbucia apenas, os aplausos públicos não podem deixar de ter esta dupla significação; e nesse sentido é que a crítica deve apreciar.

Sempre que um novo sacerdote se apresenta à porta desta igreja, tão despovoada ainda, deve ser recebido com palmas e cânticos. Transmitir à geração futura os preliminares de uma obra que seja completada com proveito é a ocupação de alguns espíritos amantes das letras e do progresso do país. Sem a solidez intelectual e a capacidade que a esses distingue, mas com o mesmo amor e a mesma perseverança, trabalharei eu, conforme me permitirem as forças de que disponho.

O autor da *Túnica de Néssus* merece todas as simpatias, e tem direito a ser recebido no seio da literatura dramática. É assim que o aplaudo e saúdo. Entenda-se, porém, uma coisa: nas minhas observações literárias nunca levo pretensão a crítico. Tal não me suponho, mercê de Deus. A crítica é uma missão que exige credenciais valiosas, de cuja míngua me não coro de vergonha em confessar, como não tenho vaidade em referir as pouquíssimas coisas que sei.

O que eu confesso é que sou moço, e que, como tal, vou ao encontro dos moços com entusiasmo de camarada. Entre os que são da mesma idade é natural e fácil a comunicação das impressões recebidas, e do mútuo conselho sempre resulta emenda e progresso.

Entre mim e o autor da *Túnica de Néssus* não pode haver senão mútuos e cordiais conselhos. Toca-me a vez, e declaro que o faço com tanto prazer quanta sinceridade, e que a independência, de que não posso prescindir no meu juízo, em nada prejudica o desejo que nutro de lhe aplaudir muitas vitórias dramáticas.

Começarei pelas belezas ou pelos defeitos da *Túnica de Néssus*? O próprio poeta impõe-me a escolha destes, visto que, pelo que me consta, é seu principal desejo que lhe apontem as falhas da obra.

Direi, portanto, que me pareceu descobrir o principal defeito da *Túnica de Néssus*, na ação, que não é suficiente para as proporções da peça, nem caminha sempre pela razão lógica das coisas. No intuito de simplificá-la, fê-la o poeta exígua, diluída nos seus quatro atos; eu a quisera — e, dizendo *eu* suponho falar em nome de uma teoria —, eu a quisera mais complexa, mais dramática. Preocupado com a pintura do principal caráter, o poeta esqueceu de opor o bem ao mal, estabelecer uma luta, que, satisfazendo as condições da cena, desse explicação a muitas passagens obscuras. Adélia gasta, perde-se, infama-se, sem combate; não é combate a queixa desanimada de Máximo e a exposição de algumas teorias muito sãs de Oliveira. Esta ausência de luta entre os sentimentos tira à peça, apesar de vários lances de muito efeito, a necessária vitalidade dramática.

Mas o tipo de Adélia, tão exclusivamente tratado, satisfaz as intenções do poeta? Cuido que não. Parece-me indeciso, contraditório às vezes, às vezes *tocado* demais. A sua exigência de que o marido se dispa dos hábitos modestos e renegue a arte, é tão cruel, tão arrebatadamente feita, que nos leva insensivelmente a indagar que relações existem entre a verossimilhança e esse ruim capricho.

No segundo ato, prevendo a miséria, foge com um visconde, a quem pouco antes deixa ver que não ignora todo o horror de uma situação equívoca. Perdida, os seus sentimentos parecem ora bons, ora maus, ora filhos de um espírito indiferente e frio. A filha, que levara da casa de seu marido, está a expirar em um quarto; Adélia parece amá-la, tanto que não tivera forças de a deixar, fugindo da casa de seu marido; mas, entre o leito da moribunda e a mesa de um festim, Adélia prefere esta, sendo de notar que nenhuma consideração impede a contiguidade do lugar da ceia e do lugar da morte. Este contraste, trazido para efeito cênico, derrama mais obscuridade e confusão no caráter de Adélia.

Nesse ato, porém, refere-se que durante dezesseis anos Adélia não assistira Inês de suas carícias de mãe; em tal caso, trazer consigo a filha da casa de seu marido foi um capricho sem explicação. Mas, posta assim a situação, é preciso atribuir às palavras de Oliveira, na penúltima cena, o aparecimento da ternura maternal no coração de Adélia. Pode-se, sem violência, aceitar esta solução? Pois o que não fizeram longos dias de martírio da enferma, fazem algumas palavras mais ou menos veementes do médico? E aquela alma que recua por vaidade, ao ir, por extrema prova, despedir os banqueteadores, estava acaso preparada para receber a divina faísca do amor maternal?

Máximo é também um caráter pouco seguro. É um homem fraco, passivo, sem vontade, sem decisão; tudo isto é natural; mas essa passividade que ele afeta no interior conjugal durante anos não exclui, e até tem sua razão de ser na extrema delicadeza de sua alma, na bondade de seu coração, no profundo amor que vota à sua mulher. Tais qualidades não se pervertem pelo sofrimento, apuram-se; e quando uma cela monacal é o teatro das dores íntimas, o espírito ganha forças, não de combate, mas de clemência e perdão.

Esse espírito misericordioso é que eu quisera ver nas palavras de Máximo no último ato. Máximo, a uma frase de sua filha, que maldiz o pai desconhecido, conta-lhe a história de suas desventuras conjugais, no ponto de vista interessado de marido; esta represália é própria de Máximo do primeiro ato, e sobretudo de Máximo religioso? Estabelecer no espírito da moribunda um duelo de sentimentos; opor, nessa hora suprema, às dolorosas invenções da mãe, revelações não menos dolorosas do pai; lançar a dúvida naquela alma que se ia embora ignorante das tormentas da vida, eis o que falseia o caráter de Máximo e desmente a sua missão evangélica. Dezesseis anos, a solidão do claustro, as letras divinas, a convivência de Deus, não teriam apaziguado naquela alma as paixões da terra e posto termo aos ódios do passado?

Resta Oliveira; é um homem nobre e dedicado; a sua estima por Máximo e a sua aversão por Adélia são extremas; esse extremo explica a sua áspera e indiscreta pergunta no final da peça, quando a situação pedia uma complacente concessão.

Do visconde e de Fernando nada direi; passam na peça como meteoros; mas a passagem do segundo está justificada? Que faz à peça a presença desse Armando passageiro? Sem o amor de Fernando a peça existia, e quanto ao caráter de Adélia, que o poeta quis melhor definir com essa circunstância, torna-se mais confuso ainda.

Para rematar estes senões que me parecem existir na *Túnica de Néssus*, direi que o estilo peca por demasiadamente lírico; as figuras, os tropos, as parábolas surgem sobreposse em cada diálogo, até nas falas de Inês, menina moribunda, em cuja boca destoa semelhante linguagem. Será isto um *partido tomado*, ou resulta da própria tendência do poeta? Seja como seja, o poeta dá-nos algumas figuras bonitas, veste ideias novas em roupas originais, o que não impede por vezes figuras como estas condenadas por sua vulgaridade:

— Para que fazer-me subir nas asas brancas da esperança até ao céu das ilusões e depois cair no abismo da realidade?

Indaguemos agora das qualidades do poeta. A primeira é, sem dúvida, a dos efeitos; feitas as reservas que apontei já, a última cena do primeiro ato impressiona muito; é escrita com fogo e cheia de movimento; no segundo ato, a cena em que Oliveira vem encontrar Adélia em colóquio amoroso com o visconde é habilmente trazida; a transição, uma das feições típicas de Adélia, inspira interesse e é conduzida com engenho.

As cenas da enferma com Oliveira e com Adélia são tocadas com sentimento; há nelas o tom plangente da elegia, e a mais de um tenho ouvido o que eu próprio sinto; são imensamente comoventes. O quarto ato, que é para mim o melhor, no ponto de vista do movimento dramático, inspira nas suas poucas cenas muito interesse; a aparição de Máximo sob a veste monacal, o desespero de Adélia aos pés da filha, a figura calma de Oliveira dominando aqueles diversos sentimentos, tudo isso traz suspenso o espírito do espectador; o lance do encontro de Máximo e Adélia é hábil e interessante; no desenlace, Adélia enlouquece, é o complemento da sua desgraça, o termo de sua vida malbaratada.

Do que levo dito, deve concluir-se uma coisa: que ao autor da *Túnica de Néssus* falta certo conhecimento da ciência dramática, mas que lhe sobejam elementos que, postos em ação e dirigidos convenientemente, dar-lhe-ão eminente posição entre os nossos poetas dramáticos.

A intuição dos efeitos, a imaginação viva, a paixão abundante, tais são os seus meios atuais; a observação e a perseverança se encarregarão de aplicá-los discretamente, desenvolvê-los, completá-los, e abrir ao poeta no futuro uma carreira que eu profetizo segura e gloriosa.

Expus com franqueza e lealdade, sem exclusão do natural acanhamento, as minhas impressões; os erros que tiver cometido provarão contra a minha sagacidade literária, nunca contra o meu caráter e a minha convicção.

Esta glória, que não reputo exclusiva, havia de tê-la o autor da *Túnica de Néssus*, se, em iguais circunstâncias, tivesse de julgar uma obra minha.

Machado de Assis

31 de janeiro de 1863

Houve sempre incúria em fazer o Brasil a sua propaganda na Europa, conveniência fácil de compreender por todos, mas que o governo nunca compreendeu ou tratou por alto. É cabido, portanto, mencionar com louvor a fundação do *Brésil*, jornal escrito em francês pelos redatores da *Atualidade*, e publicado à entrada e saída dos paquetes transatlânticos. Trata-se de se nos apresentar na Europa com imparcialidade e justiça; os redatores da *Atualidade* não deixam dúvida alguma a este respeito e há até a esperar muito deles. Partindo de alguns cidadãos, esta medida que o governo deverá iniciar, há de produzir mais efeito do que se partira do governo. É positiva a diferença que vai da propaganda por convicção e por amor do país à outra propaganda menos espontânea embora tão convicta.

O *Brésil* entra no 3º número à hora em que escrevo. As empresas desta ordem merecem ordinariamente os sorrisos da incredulidade, atento o exemplo mais que muito repetido, de não passarem, como as crianças mofinas, do período de dentição. A *Atualidade*, porém, pode atestar a força de vontade dos redatores do *Brésil*. Começada no ano de 1857, atravessou ela cinco anos sem descorar diante das dificuldades, e dando um grande exemplo de perseverança. O irmão mais moço da *Atualidade* não há de ser menos opulento de vida e de tenacidade.

Um dos últimos paquetes trouxe um livro português, que na sua pátria teve grande aceitação, graças principalmente ao assunto de que trata. É a paródia do *D. Jaime*, feita pelo sr. Roussado, intitulada *Roberto ou a dominação dos agiotas*. É um verdadeiro poema cômico? Não; não se pode dizer isso na literatura que possui o *Hissope* e as sátiras de Tolentino, que são outros tantos poemas; mas, como amostra de um poeta de futuro, acho que deve de ser lido o *Roberto*. O sr. Roussado mostra ter facilidade e, algumas vezes, graça na locução; mas a designação de poema herói-cômico só poderia caber ao livro, quando todas as condições necessárias ao gênero estivessem preenchidas; no poeta cômico devem concorrer qualidades tão superiores como no poeta épico, porque ambos os gêneros se tocam, e daqui vem chamar Victor Hugo ao *D. Quixote* a Ilíada cômica. Estas qualidades superiores não se nos descobrem no *Roberto*. Todavia, ocultar o que o sr. Roussado tem de bom fora injustiça clamorosa; já assinalei a facilidade e graça do seu verso, acrescentarei que alguns pedaços do poema de *D. Jaime* foram parodiados com acerto e certa originalidade.

No Ateneu e no Ginásio deu-se uma comédia em 3 atos de Lambert Tiboust e Théodore Barrirèe. É uma composição burlesca, mas verdadeiramente chistosa, cheia de interesse e de lances cômicos, trazidos com sacrifício de verossimilhança, mas tratados com uma *verve* inesgotável. Uma crítica, que não for muito exigente pode até achar no caráter de Pincebourde algum estudo. O desempenho no Ateneu, onde a vi, pareceu-me, certas reservas de parte, muito satisfatório.

Para terminar a história da quinzena perguntarei ao leitor: — Conhece uma árvore, *que Alá pôs em Java,* como diz o Jao, por nome *mancenilha*, tão maléfica que dá a morte a quem procura a sombra dela? O nome dessa árvore, tomou-o para título de uma comédia em um ato, um jovem estreante na carreira dramática, o sr. J. Ferreira de Meneses. Qual é o objeto simbolizado no arbusto asiático? É o casamento, não na expressão absoluta, mas na prática especialíssima da união de um rapaz incauto com uma mulher fria, vaidosa, preferindo as rendas e o carmim às santas carícias do matrimônio. Que assunto comum! é a história de todos os dias, dirá o filósofo imberbe ou o marido nas mesmas circunstâncias. Seja, embora; comum não é decerto a comédia do sr. Ferreira de Meneses, onde se perdoam as faltas ao par das muitas promessas e algumas boas realidades.

É evidente que um casamento nas condições apontadas não podia ser estudado em todas as suas fases, dentro dos limites de um ato. O sr. Ferreira de Meneses não quis mais que traçar uma silhueta, sem pretensão a fazer um estudo, o menos profundo que fosse, da hipótese que figurou. Para apreciar a obra do sr. Ferreira de Meneses é preciso não perder de vista esta circunstância.

Mas esta circunstância livra-o de culpa e pena? Sou amigo do poeta, e tenho, portanto, dois motivos para dizer francamente que não. Por desambiciosas que fossem as suas intenções, há condições rigorosas a que o poeta não se podia esquivar, e essas, entre as quais avulta a de precisar e definir os caracteres, não as teve o poeta como essenciais. Talvez que, desbravada a comédia das imaginações e fantasias, apareça uma ou outra feição característica das personagens, mas como ir procurá-la através de tanta folha e flor enredada, ao capricho de um pensamento ainda não regulado pela arte?

O que resulta é que o espectador, sem deslembrar a linguagem pouco amorosa de Margarida, não acha, em resumo, que houvesse motivo para as lamentações de Vítor e as prédicas de Ernesto; porquanto há uma coisa a notar: Margarida é mais *mancenilha* pelas asserções de Ernesto e Vítor do que por seus próprios atos; e quando na cena de conversão ela se defende, tornando-se acusadora, se o espectador lhe não dá razão, também não dá razão ao poeta.

Este inconveniente, junto ao de cenas muito longas, tira à peça, não o interesse do espectador culto e paciente, mas o interesse da massa geral do público, com o qual se deve contar.

Feitos estes reparos, cumpre-me acrescentar que o autor da *Mancenilha*, com a sua comédia, obrigou-se solenemente a escrever novas peças; esta é apenas um ensaio, mas um ensaio onde o poeta, ao lado dos defeitos, mostrou verdadeiras qualidades. Sabe travar o diálogo, dar-lhe mesmo certo sabor e torneado que não são comuns em nossa cena; falta-lhe muitas vezes a concisão, tão necessária ao efeito do teatro, de modo que lhe acontece diluir um pensamento em muitas palavras, ou vesti-lo de formas tais que escapa ao espírito da maioria dos espectadores.

A sua composição há de parecer melhor no livro, onde as delicadas fantasias do poeta podem entrar mais livremente no espírito, onde as suas qualidades serão melhor apreciadas, onde até, estou certo, aparecerá certa limpidez que na exibição cênica me pareceu nula.

O Ateneu, levando à cena a *Mancenilha*, deu mais uma prova de que toma a sua missão como um empenho de honra, e que procura contribuir para o engrandecimento do teatro nacional com verdadeiro desvelo.

Machado de Assis

15 de fevereiro de 1863

Cinco ou seis dias depois da abertura da exposição fui à Academia das Belas-Artes. Cuidava encontrar ali uma diminuta concorrência, a dessa pouca gente que neste país conhece e preza as artes. Calcule o leitor o meu espanto quando tive de atravessar aquelas salas desertas, onde as telas, as estátuas e os baixos-relevos pareciam olhar-se mutuamente como que desolados por tão cruel abandono.

Provará este fato contra a Academia? Ter-se-ão desfeito as esperanças postas naquela escola tão custosamente criada?

As proporções deste escrito não permitem uma séria e detida análise deste ponto; mas não deixarei de atestar duas coisas, uma contra, outra a favor da Academia; a primeira, é que realmente os resultados da Academia estão abaixo das esperanças e das legítimas previsões; a segunda, é que esse malogro procura hoje a Academia atenuá-lo por meio de alguns esforços. Todos os esforços serão poucos, e se a Academia não se convencer disto, demite-se de uma posição que pode vir a ser gloriosa, se for fecunda.

A exposição este ano foi aumentada com algumas cópias de obras-primas que estão nos museus da Europa. Entre essas cópias avulta a do *Corpo de Hércules*, desenterrado em Roma, no *Campo di fiori* e guardado hoje no museu do Vaticano. É o resto de uma estátua que devia ser admirável, à vista do tronco mutilado e carcomido; nota-se mais o *Antinoo,* cujo original existe no Capitólio; o *Apolônio,* da galeria de Florença; a *Vênus d'Arles* da mesma; a *Amazona* e outras. São também dignos de atenção os trabalhos litográficos oferecidos à Academia pelo próprio autor o sr. Brasscsat. São dois quadros: o primeiro representa *Uma luta de touros,* o segundo *Touros defendendo uma vaca.*

Acham-se esses quadros na sala do vestíbulo, onde também se encontram duas gravuras delicadas de execução, representando uma *A destruição de Jerusalém,* e outra *A dispersão dos povos,* cópias ambas de painéis existentes no museu de Berlim.

Se penetrarmos na sala de pintura encontraremos em primeiro lugar alguns retratos do sr. Carlos Luís do Nascimento, conservador da Pinacoteca, dos quais dois apenas me pareceram completamente bons. Isto deve ser dito acompanhado de um louvor ao sr. Nascimento pelos seus excelentes trabalhos de restauração que o tornam artista notável e indispensável naquela escola.

O sr. Vítor Meireles de Lima tem alguns quadros nessa sala, os quais, parecendo bons, não são notáveis, pelo menos quanto é notável a sua *Cabeça de estudo* sob nº 7. O mesmo artista tem na exposição o seu quadro *A primeira missa no Brasil,* obra já conhecida, e que, a não ter desses defeitos sutis que não se revelam à minha incompetência, me parece um painel excelente.

A exposição do sr. Agostinho José da Mota peca por pequena e medíocre; os seus retratos não são obras tais que o sr. Mota, talentoso professor da Academia, preferisse às paisagens que tão bem sabe pintar; quem o não conhecer e quiser julgar pela exposição deste ano, fica com uma ideia muito aquém daquilo a que o seu talento tem direito.

Do sr. Arsênio da Silva existem na exposição algumas paisagens onde há toques delicados e verdadeiramente artísticos; mas é pena que o seu pincel se escape em outros toques, por vezes tão carregados, que fazem destacar no conjunto de seus painéis.

A exposição do sr. Emílio Bauch pareceu-me insignificante. *A volta do casamento, no Norte do Brasil,* é um quadro de muito repreensível execução; o vagalhão sobre que se levanta o batel do noivado parece solidamente construído de madeira, tal o seu aspecto pesado e duro; se examinarmos a vela, a flâmula e as roupas dos tripulantes da barca, acharemos que muitos ventos sopram naquele sítio; ao passo que um impele o barco em uma direção, outro em direção oposta faz tremular brandamente a flâmula; e um terceiro brinca ao capricho do pintor com os colarinhos e as japonas da tripulação.

O quadro do sr. Júlio Le Chevrel, *Paraguaçu e Diogo Álvares Correia,* tem coisas boas e coisas más. A figura de Diogo Correia recebendo Paraguaçu das águas, não tem expressão alguma; é uma cara morta; o mesmo acontece com a indígena. Como esteja Paraguaçu quase toda fora d'água, quis-lhe o pintor espalhar pelo corpo umas gotas, mas tão infeliz se houve no trabalho, que trazida a figura ao tamanho natural, ficam aquelas gotas do tamanho de grandes ovos, sendo que já o seu aspecto é o de enormes pérolas; dissera-se que ao salvar-se no bote de Correia, Paraguaçu rompera um colar de pérolas que lhe vão rolando pelo corpo abaixo. Há, além destes, outros defeitos que não posso enumerar por me ir faltando espaço e não tê-los neste momento de memória.

Na exposição de escultura há um grupo do sr. Léon Deprez de Cluny, representando *Uma família de selvagens atacada por uma serpente*. Os animais mortos que jazem no chão são o que há de mais notável neste grupo: o mais ou é regular ou falso; na ordem do falso está a indígena, cuja cara com uma leve correção fica puro caucasiano.

É digno de nota o busto em mármore do sr. conselheiro T. G. dos Santos, e digno de animação o artista que o fez, que é o sr. José da Silva Santos. É um dos melhores trabalhos da Academia.

Na exposição dos artefatos da indústria nacional sobressaem os trabalhos de fundição de ferro e bronze do sr. Miguel Couto dos Santos e a encadernação da *Constituição Belga,* obra do sr. J. B. Lombaerts.

Naturalmente, escrevendo alguns dias depois da minha visita à exposição, deixo de mencionar alguma coisa que talvez mereça essa distinção; mas nem já agora é dado remediar o mal, se mal há nisto, nem eu quisera por modo algum tornar estes simples apontamentos da minha crônica em revista crítica de artes liberais.

A quinzena que findou foi puramente artística e literária. Passo às notícias literárias. Tenho em primeiro lugar nas minhas notas as *Produções poéticas* de Francisco José Pinheiro Guimarães, grosso volume contendo o *Child-Harold* e o *Sardanapalo,* de Byron, o *Roubo da Madeixa,* de Pope, e o *Ernani,* de Victor Hugo.

O nome de F. J. Pinheiro Guimarães é conhecido por quantos estimam e prezam as letras; mas sinceramente creio que a nomeada do finado poeta não está na altura de seu brilhante talento. É que esse talento curava pouco de publicidade; e poetizava por natureza, como as flores dimanam cheiros, como uma necessidade fatal, sem que o pensamento de glória o preocupasse e fizesse pensar detidamente no futuro. Desta desambição, tão rara quanto funesta, deriva o nenhum caso que o poeta parecia fazer de seus versos, mal os acabava, como nos comunica o sr. dr. Otaviano no prefácio do livro.

Se as *Produções Poéticas* são, portanto, uma revelação para muita gente, para todos quase, é certo que essa revelação é das mais indisputáveis. Uma locução menos branda, um verso menos correto, são defeitos esses que o leitor perspicaz não deixará de notar nas *traduções* mais de uma vez; mas o poeta não desceu *às terras chãs de revisão literária,* e essa é a explicação da ausência de outras belezas que a obra viria a ter. Em qualquer caso serve a declaração do autor do prólogo de que o poeta nacionalizou brasileiros a três poetas.

As dores da pátria inspiram sempre as almas poéticas; e a musa, nas crises nacionais, sabe erguer a sua voz como um protesto solene e uma suprema consolação. Revelação para mim e para muita gente foi o folheto de versos patrióticos publicados em São Paulo, por L. Varela. Dizem ser este moço um estudante de direito, e ter já escrito e publicado outros versos. Não me lembro de os ter lido; o talento que escreveu os versos patrióticos, onde quer que se revelasse, devia deixar um perfume próprio para se não esquecer.

Os *cantos patrióticos* merecem, pois, de minha parte uma dupla atenção, por seu mérito intrínseco e por serem os primeiros versos do poeta que conheço. Essa atenção já eu lha dei, lendo-os, relendo-os, conservando-os entre os livros mais do meu gosto. Segue-se daqui, que os *cantos* sejam obra perfeita, que não haja ali certa pompa extrema e afetada, defeitos de forma às vezes, e às vezes vulgaridade de pensamento? Dizer que não, seria enunciar o que não está no meu espírito; e eu antes de tudo devo a verdade ao poeta. Mas, a par dos defeitos dos seus *cantos patrióticos*, há belezas dignas de apreço; moço como é, o sr. Varela tem adiante de si um futuro que a aplicação e o estudo dos mestres tornará glorioso.

Com a publicação do IX volume da *Biblioteca Brasileira*, termino a parte literária da quinzena.

Contém este volume a primeira parte do romance do meu finado amigo dr. Manuel Antônio de Almeida, *Memórias de um sargento de milícias*. A obra é bem conhecida, e aquela vigorosa inteligência que a morte arrebatou dentre nós, bastante apreciada, para ocupar-me neste momento com essas páginas tão graciosamente escritas. Enquanto se não reúne em volume os escritos dispersos de Manuel de Almeida, entendeu Quintino Bocaiúva dever fazer uma reimpressão das *Memórias*, hoje raras e cuidadosamente guardadas por quem possui algum exemplar. É para agradecer-lhe esta piedosa recordação do nosso comum amigo.

Machado de Assis

1º de março de 1863

Entre os poucos fatos desta quinzena um houve altamente importante: foi a supressão da procissão de Cinza. Em 1862, logo ao começar a quinzena, publicou uma das folhas diárias desta Corte um artigo pequeno, mas substancial, no qual uma voz generosa pedia mais uma vez a supressão das procissões, como nocivas ao verdadeiro culto e filhas genuínas dos cultos pagãos. Nem o autor, nem o mais crédulo de seus leitores, acreditou que essa usança fosse suprimida; e a mesma grosseria, o mesmo fausto, o mesmo vão e ridículo aparato passou aos olhos do povo sob pretexto de celebrar os sucessos gloriosos da Igreja.

Em um jornal político, publicado então, e cujo 2º número acertou de sair na sexta-feira da Paixão, veio inserta uma carta ao nosso prelado, menos eloquente e erudita, mas tão indignada como o artigo a que me referi. Assinavam essa carta umas três estrelas, ocultando o verdadeiro nome do autor, que era eu. O desgosto que me comunicara o primeiro articulista, aumentando o que eu já tinha, deu nascimento a essas linhas em que eu fazia notar como prejudiciais ao espírito religioso essas grosseiras práticas, mais que próprias para produzir o materialismo e a tibieza da fé. Era simplesmente um protesto, sem pretensão de sucedimento.

Para acreditar possível uma reforma completa que faça do culto uma coisa séria, tirando-lhe o aparato e as empoeiradas usanças, era preciso admitir no clero certa elevação de vistas que infelizmente não lhe coube na partilha da humanidade. Sem exageração, o nosso clero é tacanho e mesquinho; nada enxerga para fora das paredes da sacristia, metade por ignorância, metade por sistema. Notem bem que eu não digo fanatismo ou excesso de fé.

Neste desânimo, foi uma verdadeira e agradável surpresa a resolução tomada pela respectiva ordem, de suprimir a procissão de Cinza, principalmente pelas razões em que se fundou a resolução e que concluem do mesmo modo que as censuras dos verdadeiros católicos.

Esta novidade, tanto mais admirou, quanto de que a *Cruz*, jornal religioso desta Corte, órgão do clero, dando a notícia, aliou-se um tanto às ideias que tinham determinado a resolução.

Não há louvor bastante para essa resolução; as procissões, não as atura um ânimo religioso e civilizado; não fazem vir, desgostam à verdadeira fé, e, em troca disso, é positivo que não dão proveito algum.

Vinha a propósito refletir sobre a educação religiosa do nosso povo; apreciar a maneira por que se lhe incute a fé, fazendo o espetáculo e o fausto profano aquilo que é serviço do ensino e da palavra cristã. Não há melhor caminho para o materialismo, para a indiferença e para a morte da fé.

Deve instalar-se brevemente uma utilíssima associação de homens de letras. É coisa nova no país, mas de tal importância que me parece não encontrar o menor obstáculo. Trata-se de instituir leituras públicas de obras originais; para isso convidam-se os homens de letras residentes nesta corte; talvez a esta hora a instalação seja coisa feita.

A iniciativa pertence a um distinto e erudito escritor que afaga a ideia de há muito e que uma vez por todas lembrou-se de praticá-la ou abandoná-la, se não tivesse aceitação.

Não creio que tão nobre esforço seja sem efeito.

Naturalmente na próxima crônica estarei habilitado a falar dessa associação e das bases que houver adotado; até lá fico pedindo ao Deus dos escritores, se há um especial para eles, que ampare e dê vida a tão proveitosa ideia. Afazer o povo às leituras sãs, educá-lo no culto do belo, ir-lhe encaminhando o espírito para a reflexão e concentração, trocando as diversões fáceis pela aplicação proveitosa, eis aí em resumo os grandes resultados desta ideia.

A direção do Ateneu Dramático fez há tempos uma excelente aquisição. Para dar começo ao ensino prático que faz base do seu programa, convidou o sr. Emílio Doux, que vai ensinar aos artistas ali contratados os preceitos da arte, acompanhando esse ensino as diferentes peças que se forem representando.

É claro que nas circunstâncias em que nos achamos relativamente a teatro, este ato pode ser fecundo de resultados, e é digno de menção. Ele prova que a direção do Ateneu Dramático aceita o cargo que se impôs, como uma missão de progresso, e que procura por todos os meios a seu alcance chegar a resultados definitivos.

Não são, portanto, auxiliares que faltam ao governo, se ele quiser tomar a peito a criação de um teatro normal; a insistência da iniciativa individual, que dá tão acertadas providências, está indicando que o pensamento do governo pode encontrar hábeis mãos executoras.

O Ateneu Dramático, se perecer no meio dos esforços, ficará como um grande exemplo de coragem, de trabalho, de amor ao progresso, e o que é mais, um exemplo de verdadeiro progresso.

É força terminar; termino, não sem convidar o leitor a ir ouvir a Risette do Alcazar. Houve gente de mau gosto que procurou fazer crer que esta não é a verdadeira Risette...

Eh! non, non, non,
Vous n'êtes pas Risette...

Não sei; não lhe vi a certidão de nascimento; mas, se não é a tal Risette, é uma grande Risette, com certeza.

Tenho a honra...

MACHADO DE ASSIS

15 de março de 1863

Falei na minha crônica passada de uma reunião literária para instituir leituras públicas. Essa reunião não se efetuou como era de desejar, mas pelo que me consta trata-se de dar começo à propaganda da ideia. Já a aplaudi rápida e sinceramente. O que tenho a fazer agora é transcrever aqui a carta pela qual o sr. A. de Pascual, iniciador da ideia, convidou para a reunião o poeta A. E. Zaluar. Nessa carta vão apontados a utilidade e os exemplos das leituras públicas. O leitor, se é literato, fica convocado por ela:

Meu caro Zaluar.

Foram os primeiros leitores públicos os homens de letras da livre e pensadora Grécia: Platão, Pitágoras e Aristóteles, Epicuro e Homero doutrinaram o povo, nas alamedas, nos jardins acadêmicos e peripatéticos, e mesmo mendigando nas ruas.

Esse modo popular de instruir o povo, deleitando-o e acostumando-o ao belo, passou por muitas modificações até atermar-se nas universidades da Idade Média.

O brado protestante dos reformadores alemães tornou popular o ensino dos gregos: Lutero, Huss, Calvino, Melanchton, Zwinglio, etc. foram leitores públicos, mas o exclusivismo da Igreja Católica cortou as asas da leitura feita às massas, e limitou-a às acanhadas proporções da universidade, do Port-Royal e do templo, contrariando assim as tradições da sabedoria helênica e da liberdade cristã. Não deixou ouvir mais as vozes dos Paulos nas praças e encruzilhadas, nem outorgou o direito do livre pensamento, sufocando nas fogueiras públicas da Inquisição as centelhas do espírito humano ilustrado.

A revolução francesa, o sistema constitucional dela oriundo, as modificações liberais por que passaram os séculos 18º e 19º, ressuscitaram esse elemento de propaganda instrutiva para os povos, adotando a raça alemã e anglo-saxônia, pensadora e livre, o que haviam abafado os dominadores dos séculos baixos e supersticiosos.

Sem pretender remontar-me aos primeiros tempos da Inglaterra livre — Cromwell —; da Itália dos Macchiavelli; da França de 1793; da Espanha comuneira do século 16 — 1520 —, e da Alemanha protestante, direi que na atualidade primam como leitores públicos homens de Estado consumados, literatos de primeira ordem, clérigos de acentuada inteligência, e fidalgos de antigos brasões.

Lorde Derby, M. Gladstone, Lorde John Russell e Lorde Palmerston dão leituras públicas nos nossos dias nos centros populosos da Grã-Bretanha.

Charles Dickens, o romancista inglês por antonomásia, dá-as agora mesmo em Paris; o sábio dr. Simons, alemão, fez em 1850 uma pingue fortuna nos Estados Unidos; Kossuth, o governador da Hungria em 1848, o abade Gabazzi, o célebre padre Ventura e muitos outros não menos conhecidos talentos deram e dão leituras em Paris, Londres, nos Estados Unidos, na Itália e mesmo na panteísta Alemanha, onde esta classe de instrução popular tem alcançado o auge da popularidade.

V. sabe que nos Estados Unidos, na Inglaterra e nas grandes cidades alemãs são preferidas estas leituras de viagens, novelas, biografias, história e ciências aos teatros, ateneus e templos, devendo-se notar que o povo paga por ouvir os leitores com maior gosto do que para assistir grátis aos templos e academias.

As vantagens derivadas destas leituras são imensas e eminentemente populares, e ao seu talento deixo o desenvolvimento de tão interessante tópico.

> A indústria intelectual não pode por enquanto — balda de fervorosos apóstolos — arcar com o charlatanismo dos especuladores da matéria, traduzido em divertimentos públicos; mas, tende fé na inteligência e lutai com denodo para tornar familiar entre as massas a instrução, de que tanto carecem para apreciar no seu justo valor a própria dignidade de seres intelectuais e livres.

Dizer mais e melhor relativamente à ideia me parece trabalho vão. Aí entrego essas linhas à reflexão do leitor.

Tenho presente dois livros; ambos novos, ambos portugueses. Um é o *Esboço histórico de José Estêvão* por Jacinto Augusto de Freitas de Oliveira. Escrúpulos de consciência me fazem confessar a verdade, e vem a ser que eu deste volume não li mais do que uma dúzia de páginas. Se isto não basta para julgar da fidelidade com que o autor apreciou os acontecimentos políticos que cercam a vida de José Estêvão, é suficiente para adquirir-se a certeza de que o finado orador português encontrou no seu biógrafo o mais sincero e entusiasta admirador dos seus talentos e das suas grandes qualidades políticas.

Notarei que o sr. Freitas de Oliveira não se iludiu sobre o dever que lhe incumbia a resolução de escrever sobre José Estêvão; e é de ver-se a honestidade com que no prólogo declara que não lhe vão exigir imparcialidade porque escreve com as lágrimas nos olhos pela perda do amigo.

O volume, contendo quatrocentas páginas, encerra alguns fragmentos dos admiráveis improvisos de José Estêvão. Relendo essas páginas, desentranhadas do todo das orações, e trazidas para o livro, na ordem dos sucessos, mais uma vez se vê quanto perdeu a tribuna política de Portugal na morte do fundador da *Revolução de setembro*.

A afeição que o sr. Freitas de Oliveira protesta no prefácio da obra é confirmada nas poucas páginas que li, tal é o respeito e a admiração filial com que o autor fala do extinto orador. As suas escusas literárias é que se não confirmam: o livro me parece bem escrito; e para concluir, acrescentarei que certas considerações gerais que acabo de passar pelos olhos notam-se tanto pelo fundo de verdade, como por certa aspereza de tom perfeitamente cabida no que fala em nome da probidade e da coerência política.

O outro tem por título *Luz coada por ferros*. É uma série de romances da sra. d. Ana Augusta Plácido. Traz na frente o retrato da autora.

Má ideia essa, que previne logo o espírito em favor da obra, por não poder a gente conciliar a ideia de menos boas produções com tão inteligentes olhos. Felizmente que a leitura confirma os juízos antecipados. A sra. d. A. A. Plácido é o que dela disse o sr. Júlio César Machado no prefácio da obra, para o qual remeto os leitores.

A sensibilidade é o primeiro dom das mulheres escritoras; a autora de *Luz coada por ferros* possui esse dom em larga escala; há períodos seus que choram e fazem comover pelo sentimento de que se acham repassados; outras vezes a escritora compraz-se em nos fazer enlevar e cismar.

É, talvez, por isso que não tomei nota, se os há, dos senões do livro. Do nome e da obra tomei nota como obrigação firmada para futuros escritos. Uma mulher de espírito é brilhante preto; não é coisa para deixar-se cair no fundo da gaveta.

Estou no capítulo das escritoras. Depois da portuguesa aí vem a brasileira, contemporâneas no aparecimento, para confirmar na ordem literária, a coincidência que se verifica muitas vezes na ordem política entre os dois países.

Com o título de *Gabriela,* representou-se ultimamente no Ginásio um drama da sra. d. Maria Ribeiro. Circunstâncias especialíssimas não me permitiram assistir a essa estreia, o que não importou nada a certos respeitos, visto que eu já conhecia a peça em questão.

Fez-me a sra. d. Maria Ribeiro a honra de comunicar a sua peça antes da exibição cênica. Transmiti-lhe as minhas impressões em uma carta, impressões e não juízo, que tal não me cabia na ocasião fazer. Essas impressões foram das melhores, e, se não me fosse faltando espaço, as reproduziria aqui sucintamente.

A esta hora terão as grandes folhas dado o seu juízo acerca da peça; creio que serão unânimes e acordes comigo, salvo meros reparos de pormenores.

Dando sinceros parabéns à sra. d. Maria Ribeiro e à literatura nacional, conto e espero, como espera a segunda, novas e cada vez melhores irmãs de *Gabriela*.

Machado de Assis

1º de abril de 1863

Um livro de versos nestes tempos, se não é coisa inteiramente disparatada, não deixa de fazer certo contraste com as labutações diárias e as gerais aspirações. E note-se que eu já não me refiro à censura banal feita às vistas burguesamente estreitas da sociedade, por meia dúzia de poetas, que no meio de tantas transações políticas, religiosas e morais, recusam transigir com a realidade da vida, e dar a César o que é de César, tomando para Deus o que é de Deus.

Eles dizem que essa mutualidade por transação do real e do ideal, em tais condições, abate a porção divina que os anima e os faz indignos da coroa de fogo da imortalidade.

Têm razão. Mas as aspirações a que me refiro, qualquer que seja o seu caráter prático, não dispensam a intervenção do espírito, e então não transigir com ela é abrir um combate absurdo. Há quem diga com desdém que este século é o do vapor e da eletricidade, como se essas duas conquistas do espírito não viessem ao mundo como dois grandes agentes da civilização e da grandeza humana, e não merecessem por isso a veneração e a admiração universal.

O que é certo, porém, é que em nosso país e neste tempo é coisa rara e para admirar um livro de versos, e sobretudo um livro de bons versos, porque maus, sempre há quem os escreva, e se encarregue, em nome de outras nove musas, que não moram no Parnaso, mas algures, de aborrecer a gente séria e civilizada. Veja, pois, o leitor com que prazer e açodamento venho hoje falar-lhe de uma coleção de versos e bons versos!

O sr. Augusto Emílio Zaluar, autor das *Revelações*, o volume a que me refiro, é já conhecido de todos para que eu me dispense de acrescentar duas palavras à opinião geral. As *Revelações* contêm muitas poesias já publicadas em diversos jornais, mas conhecidas umas por uns, outras por outros, de modo que, reunidas agora, se oferecem, passe a expressão, ao estudo de uma assentada.

Não intento, nem me cabe fazer um juízo crítico da obra do poeta. Entendo que o exame de uma obra literária exige da parte do crítico mil qualidades e predicados que poucas vezes se reúnem em um mesmo indivíduo, havendo por isso muita gente que escreva *críticas,* mas poucos que mereçam o nome de *críticos.*

Dizer quais as impressões recebidas, como um simples leitor, não tão simples como o bufarinheiro, tenho a vaidade de supô-lo, eis aí a que me proponho e o que devo fazer sempre que por obrigação tenho de falar de algum livro.

Este que tenho à vista tem direito a uma honrosa menção. Se há nele poesias a que se poderia fazer mais de uma censura, se em algumas delas a inspiração cede à palavra, há outras, a maior parte, tão completas que bastariam para coroar poeta a quem não tivesse já essa classificação entre os homens.

Na *Harpa Brasileira* encontramos uma parte destas. "A casinha de sapê" é um fragmento poético dos mais completos do livro. A inspiração desliza entre a expressão franca e ingênua como o objeto da poesia. O espírito acompanha o poeta *por entre os bosques sombrios,* onde

> Uma casinha se vê
> Toda feita de sapê.

O contraste da solidão com o ruído remoto do mar e do vento é descrito em poucos e lindos versos; a lembrança do passado, a descrição da casa abandonada e a melancolia do sítio, cantada em versos igualmente melancólicos, tudo faz dessa composição uma peça acabada.

O *Ouro,* que se lhe segue, é composição das mais conceituosas. O *Filho das florestas* dá em resultado uma conquista de verdadeiro poeta. Se o fundo não é inteiramente novo, a forma substitui pela concisão, pela propriedade e até pela novidade uma dessas *moralidades poéticas,* próprias dos poetas pensadores que se distinguem dos *poetas individuais* em nos não cantarem eternamente as mesmas mágoas.

A família, À minha irmã, Confissão etc. são outras poesias que se destacam do livro por um mérito superior. De resto, tenho uma censura a fazer ao poeta, ou antes, são os seus admiradores que lha fazem; e vem a ser, de ter dado entrada no livro a muita poesia alheia. Se esse fato nos traz ao conhecimento pedaços de boa poesia, não é menos verdade que toma o lugar que poderia ser ocupado com igual vantagem pelo autor.

O livro do sr. Zaluar merece ser lido por todos quantos apreciam poetas. Marca grande progresso sobre o seu primeiro volume *Dores e Flores* e revela bem que o poeta chegou à maturidade do seu talento.

Cifra-se nisto toda a bagagem literária da quinzena. Canta-se ou pensa-se a largos intervalos no nosso país. Anúncio tenho eu de boas novas. As folhas do Maranhão dão como a imprimir-se uma tradução da *Guerra Gaulesa* feita pelo erudito e elegante escritor maranhense dr. Sotero dos Reis.

É excesso acrescentar uma palavra a esta notícia; o nome do tradutor é uma garantia da obra, como é uma das honras da terra de Gonçalves Dias, Lisboa e Odorico.

Para não impedir o leitor de ir assistir aos ofícios da semana santa, devo concluir despedindo-me até depois da Páscoa...

....

Avisam-me agora que o não faça sem incluir nestas páginas o seguinte bilhete. É de um amigo meu:

"Boa nova! O Garnier abriu assinaturas para a publicação de um poema do padre Sousa Caldas, obra encontrada nas mãos de um herdeiro de seus numerosos escritos, e inteiramente inédita."

Satisfeito o pedido, convido o leitor a verificar por seus próprios olhos a notícia do meu oficioso correspondente.

Machado de Assis

15 de abril de 1863

O mavioso Petrarca da Vila Rica deixou uma vez as liras apaixonadas, com que honrava a amante do seu coração, para tomar a chibata da sátira, e com ela sacudir a toga respeitada do governador de Minas.

O que era um governo no tempo de el-rei nosso senhor, de que poderes discricionários se revestia o representante da soberania da Coroa, é coisa por demais sabida.

O de Minas estava naquele tempo nas mãos de D. Luís de Meneses. Gonzaga viu quantos perigos lhe estavam iminentes se atacasse face a face com o colosso do poder; mas a vida e a administração do governador estavam pedindo um protesto da sua musa. Resolveu escrever a parte anedótica do governo de Minas em cartas que intitulava *Cartas chilenas* e que rezavam de um governador do Chile. Com esse disfarce pôde salvar-se e mandar à posteridade mui preciosos documentos.

Ao sr. dr. Luís Francisco da Veiga se deve a exumação das *Cartas chilenas*, mal e insuficientemente conhecidas, e que o digno brasileiro tirou da biblioteca de seu pai para as pôr completas na biblioteca da nação.

Este serviço às letras e à história dá-lhe pleno direito de aliar seu nome ao de uma tão importante obra. Se, em vez de ir parar às suas mãos inteligentes e desveladas, os manuscritos das *Cartas chilenas* caíssem na posse de alguns indiferentes, certo que não teríamos hoje esses documentos, de cuja importância o sr. dr. Veiga se acha plenamente convencido.

Embora publicadas umas *nove* cartas em uma gazeta antiga, o fato de serem elas *treze* torna esta edição, que as traz completas, digna do interesse que despertou nos que estimam as coisas pátrias. Que esses animem e auxiliem o sr. dr. Veiga na investigação dos preciosos documentos de que diz estar cheia a sua biblioteca. Se para os *éplucheurs* de obras fúteis for serviço esse de medíocre valor e nulo interesse, certo que o não é para a gente séria, isto é, a competente para julgar de tais coisas.

Outra publicação da quinzena digna de atenção pelo que encerra, posto que censurável pelo que não encerra, é o xi volume da *Biblioteca Brasileira* que se intitula: — *Apontamentos históricos, topográficos e descritivos da cidade de Paranaguá*, pelo sr. Demétrio Acácio Fernandes da Cruz.

Abstendo-se inteiramente de considerações detidas e observações mais profundas, o autor dá numerosa notícia de tudo quanto pode fazer conhecer a cidade de Paranaguá sob o tríplice ponto de vista indicado pelo título.

Tudo, fundação, descrição topográfica e hidrográfica, zoológica, mineralogia, indústria, população, tudo enfim quanto pode dar um conhecimento exato da cidade de Paranaguá se acha naquele livro.

Atendendo, sobretudo à aridez do trabalho, deve-se agradecê-lo ao autor, e dar como um exemplo a outros trabalhadores que façam o mesmo a respeito de todos os recantos do Império.

Fecha a lista das publicações, na ordem cronológica, o primeiro volume do *Calabar*, romance do sr. Mendes Leal, que está sendo publicado no *Correio Mercantil*.

Não me proponho a avaliar, por incompetência e por inoportunidade, visto que a obra não está concluída, o alcance e a verdade histórica desta novela; o que desde já posso deixar afirmado, embora não seja novidade, é que essas páginas consagradas pelo ilustre autor da *Herança do Chanceler*, a um período importante da história brasileira, são escritas com aquele vigor e colorido, atributos da sua pena e por tantas páginas derramados.

A redação do *Correio Mercantil* não pode receber senão muitos emboras pela publicação do *Calabar*.

Vai-me faltando espaço e eu devo falar ainda de uma nova peça representada no Ginásio Dramático. A *Ninhada de meu sogro*, intitula-se ela; é dividida em 3 atos, e parafraseada do francês pelo sr. dr. Augusto de Castro.

A modéstia e o receio do seu autor, que nem ousou chamar-lhe comédia, tiram-me o cabimento de uma severa crítica. Sem outra pretensão mais do que fazer rir, o sr. dr. A. de Castro, parafraseou o original francês, procurando dar as nuanças necessárias à nova peça cuja ação faz passar na sociedade brasileira.

Não entro na investigação do grau e da medida em que o autor se afastou ou aproximou do original; é claro que as alusões locais não constituem cores locais, e o que ouvi na representação da *Ninhada de meu sogro*, não me dá notícia perfeita da parte tomada ou deixada à comédia francesa, que eu nem conheço.

O que importa, porém, desde já para mim, é a menção de uma convicção que tenho de há muito e que desejara fosse compartida geralmente. Tenho esses trabalhos de imitação por inglórios. O que se procura no autor dramático é, além das suas qualidades de observação, o grau de seu gênio inventivo; as imitações não podem oferecer campo a esse estudo, e tal inconveniente é altamente nocivo ao escritor, senão imensamente prejudicial à literatura.

Esta convicção, se influi no meu julgamento da peça, não influi no juízo que eu possa fazer do autor. Quero crer que, por uma lealdade literária que lhe é imposta, a trasladação do assunto da comédia francesa fosse feita na medida conveniente às suas vistas de autor dramático; e creio, porque ouvi, que há na sua comédia pedaços de merecimento.

Machado de Assis

1º de maio de 1863

Os extremos tocam-se, dizem. Eu de mim acho que é uma verdade; e, para não ir além da aplicação que ora me convém, lembro apenas que os pequenos infortúnios têm um ponto de contato com as grandes catástrofes; e a bancarrota de um negociante de grosso trato não o afligirá mais do que me aflige o desfalque de assunto para a crônica desta quinzena.

Afligia-me, devo eu dizer; porque a boa estrela que preside aos meus dias, sempre me depara, na hora arriscada, com uma tábua de salvação.

Desta vez a tábua de salvação é uma carta, uma promessa e uma notícia. Parecem três coisas, mas não são, porque a notícia e a promessa vão incluídas na carta.

A notícia é de um romance... por fazer; e é promessa que me faz em uma carta um amigo a cujos escrúpulos de modéstia não posso deixar de atender; e de quem não posso assoalhar o nome.

Estou certo de que o leitor não levaria a mal que eu desse neste ponto dois dedos de conversa acerca do meu salvador. Nada lhe direi; e a razão é que uma pintura viva e completa daria em resultado imediata contestação do retratado. Sucintamente posso dizer-lhe que só por vergonha é que o meu amigo não se faz anacoreta; mas se jamais veio ao mundo um homem com disposições à vida solitária e contemplativa é aquele; olha os homens por cima do ombro e prefere-lhes muito e muito as rolas e as cegonhas. Das cegonhas fala aplicando sempre a observação de Chateaubriand, que as viu saindo aos bandos da península grega para África, do mesmo modo por que saíam no tempo de Péricles e de Aspásia. Tal é o contraste da mobilidade das coisas humanas com a imobilidade do resto da natureza, acrescenta o autor dos *Mártires*; e o meu amigo adere do fundo d'alma a essa opinião. Peletan tiraria de fato uma conclusão favorável à humanidade; mas o meu estranho amigo pensa diversamente e acredita de convicção que está com a verdade.

Não o conteste o leitor, porque eu faço o mesmo.

"Meu amigo, escreve-me ele, à força de não pensar no que me rodeia, atingi a um estado de desapego das coisas da vida que às vezes me acredito o único escapo de um cataclismo universal. Imagina com que sabor volto de quando em quando o pensamento para os sucessos do tempo. É uma nova ocasião de confirmar-me nas minhas anteriores impressões.

"Dias passados lembrei-me de ser poeta. Vê lá a que ponto cheguei! Tomo a poesia como uma coisa dependente da vontade, como a construção de um prédio ou a fabricação de um pergaminho.

"Deixa passar a heresia.

"Lembrei-me de ser poeta; e como não tenho vocação para isso, atribuirás tu esta disposição do espírito ao amor. O amor! Posso eu senti-lo? Reparo às vezes no cuidado com que, em todas as línguas que conheço, esta palavra é construída! Até as mais duras, como a de Pope, encontram o seu melhor som para exprimir este sentimento. Mas existe ele? Existe como deve ser, despido de toda a preocupação terrena, puro como o resumo que é de todos os outros amores? Nos livros dos poetas, decerto; na humanidade, não acredito.

"E como não acredito, lembrei-me de escrever algumas páginas onde me ocupasse do contraste flagrante que há entre o sentimento e as hipóteses do fato. Imaginei um Pílades, três Orestes e uma Safo. O que se pode fazer com estas cinco figuras? Um romancinho, mais ou menos acidentado. O amor de Pílades e Safo; o amor de Safo e dos Orestes; a alternativa constante desta balança que se chama vida, cujas conchas se levantam e se abatem por singulares disposições do acaso e da criatura. Adubo a narração com a pintura do sofrimento de Pílades, e, se me parecer, acabo por fazê-lo lorpa de corpo e de alma, o que não será novo, mas será agradável de ler, porque não faz chorar. Que me dizes ao pensamento? Não dá para cem páginas de oitavo? Penso que sim; já tenho algumas folhas de papel escritas; não sei se acabarei; talvez acabe; e então posso colocar a minha obra sob a proteção da tua amizade, que a fará inserir no *Futuro*.

"Talvez achem a história muito velha; responderei que ainda assim é bom repetir essas coisas; e como eu tenho de encarar a história por um ponto de vista pouco explorado, naturalmente lhe hão de achar novo sabor. Teu *S*."

Fico implorando o deus dos poetas para que esta promessa se torne em realidade. Em todo o caso, embora não venha a obra prometida, ganho eu com ela que me forneceu matéria para encher as páginas da minha crônica.

Machado de Assis

15 de maio de 1863

Se me fosse dado escrever uma crônica política, esta seria de todas as minhas crônicas a mais farta e a mais interessante. Com efeito, a situação a que pôs termo o decreto de 12 do corrente marca, na história do Império, um dos mais graves e embaraçosos momentos; e a mais simples exposição do meu pensamento, em relação à gravidade do caso e ao alcance da medida, bastaria para encher o espaço de três crônicas.

Os ingleses têm, entre outras manias, a mania de grandes e singulares apostas. Não menos ingleses foram muitos dos nossos políticos que, confiado cada qual na sua impressão ou na sua esperança, lançaram-se à aventura e ao azar da fortuna. Qual, apostava cem bilhetes da loteria afirmando a conservação da Câmara temporária; qual, punha a sua fortuna em jogo, se alguém a quisesse aceitar, afirmando a conservação do gabinete; e neste movimento escoaram-se os dias que mediaram entre a abertura do Parlamento e a dissolução da Câmara.

Os mais espertos, dos tais que vivem ...*aux dépens de celui qui l'écoute*, afirmavam, uns a dissolução, outros o adiamento, outros a queda dos ministros, isto com um ar de iniciados nos segredos de cima, que faria rir ao mais grave e sisudo deste mundo.

O que é certo é que o ano de 1863 é, e há de ser, fecundo em acontecimentos. Aguardemos o que vier, e deixemos a apreciação do decreto de 12 de maio, não sem registrá-lo como uma data de regeneração. Fora da arena política nenhum acontecimento de alta importância prendeu a atenção pública; e se algum houve não teve o devido efeito em meio de tão graves preocupações.

Estava eu nestes cuidados, quando recebi uma carta acompanhada de um rolo de papel.

A carta dizia:

> Aí vão as páginas que te prometi. Não contando que desses publicidade à minha carta, guardava-me para concluir mais detidamente este trabalho. Já que foste indiscreto, paga a culpa da tua indiscrição. O que aí vai foi escrito às pressas; podia valer um pouco mais; assim nada vale. É do teu dever publicar estas linhas, e do meu assinar-me — Teu amigo certo — *S*.

Abri o rolo e li na primeira página: *Um parênteses na vida*. A obsequiosidade do meu amigo Faustino de Novais veio em meu auxílio: o começo de *Um parênteses na vida* vai publicado neste volume.

Essa novela é um fato pessoal, ou pura imaginação de poeta?

Tentei resolver este problema; procurei através de cada período a realidade ou a fantasia do assunto, e confesso que fiquei sabendo o que sabia. Seja como seja, leia o leitor o conto e julgue-o como lhe parecer.

Com a chegada do inverno vai o público dispensando alguma atenção com os teatros. O Lírico, além dessa circunstância, tem a seu favor o fato de haver contratado novos artistas. Entre estes figura o barítono português Antônio Maria Celestino.

A circunstância da sua nacionalidade que, por costumes e língua tão irmã é da nossa, serviu-lhe de senha para a simpatia pública. Sobre isso valeu-lhe o seu mérito intrínseco; e o aplauso público coroou-lhe os louváveis esforços.

As reflexões que me sugere o Teatro Lírico, as apreensões que nutro acerca dele, e que peço licença para não divulgar, levam-me naturalmente a considerações gerais a respeito do teatro. Tudo, porém, desaparece momentaneamente, diante de um caso triste: o ator João Caetano dos Santos acha-se gravemente enfermo.

Deve ser indiscutível para todos o mérito superior daquele artista; e as nações que sabem fazer caso destas glórias, devem sentir-se comovidas sempre que a morte as inscreve no livro da posteridade. Por isso, ao boato falso do falecimento do criador de *Cina* o público comoveu-se; e hoje é certo que só há um desejo unânime: a vida de João Caetano dos Santos.

Machado de Assis

1º de junho de 1863

O *Jornal do Recife* deu-nos duas notícias importantes, com a diferença de alegrar-nos a primeira tanto como nos contrista a segunda; refiro-me às melhoras de saúde de Gonçalves Dias e à morte de J. F. Lisboa, em Portugal. Será verdadeira a última ou não passa de um deplorável engano? É lícito duvidar da exatidão dela, e, sem ofensa à folha pernambucana, deve-se esperar uma confirmação mais positiva. Não é que o fato seja impossível; mas o silêncio da imprensa portuguesa a respeito, silêncio impossível, a ter-se dado o caso, abre lugar à dúvida. Mau era se a indiferença de um país amigo e irmão fosse a única elegia que tivesse na morte um homem tão ilustre como o autor do *Jornal de Timon*.

Pelo que respeita a Gonçalves Dias, a mesma folha se refere a uma carta do poeta. Os seus sofrimentos não desapareceram de todo, nem deixam de ser grandes; mas o ilustre poeta está fora de perigo. Escreve de Dresden, e ia partir para Carlsbad, a fim de tomar banhos minerais. A esta notícia acrescenta que tem em mãos vários trabalhos literários que pretende mandar imprimir em Leipzig. Doente, embora, o grande cantor nacional emprega a sua atividade em encher de novas joias o seu já tão farto escrínio literário. Belo exemplo esse à mocidade de hoje, a quem pertence o futuro do país. É deste modo que o talento é sacerdócio. Que importa o labor de uma longa semana? Há, para muito descanso, o domingo da imortalidade.

Falando dos moços e indicando-lhes tal exemplo, devo mencionar, entre outros nomes, o do sr. Bruno Seabra, mavioso poeta paraense, a quem já os leitores conhecem sem dúvida por suas delicadas composições. Acaba ele de chegar da Europa para onde partira há oito ou nove meses. Demorou-se em Paris a maior parte do tempo, aplicando como melhor pôde, a sua aptidão e o seu desejo de saber. Entre outras composições, trouxe já impressa uma comédia em um ato, que intitulou: — *Por direito de Patchouly*. O título indica o assunto: é a vitória do néscio cheiroso na luta com o homem chão e sisudo, coisa que se vê todos os dias, mas que o poeta reduziu a um ato chistoso, fácil, epigramático, original. Tem Bruno Seabra boas qualidades para o gênero, e a sua estreia, se alguma coisa tem de menos, apresenta já uma boa amostra do que ele pode fazer se não parar neste primeiro trabalho. Estou certo de que o autor das *Flores e Frutos* corresponderá à justiça que lhe faço, e trabalhará como lhe cumpre na medida do seu belo talento.

Em São Paulo publicou o sr. Luís Ramos Figueira, bacharel em Belas Letras e estudante do 4.º ano de direito, um volume a que deu por título *Dalmo ou os mistérios da noite*. Em boa justiça devem-se louvores ao sr. Figueira. Se a sua obra acusa descuidos, revela qualidades de imaginação e de apreciação; há nela muitas belezas derramadas por muitas páginas. Uma boa crítica não pode deixar de acolher a obra do sr. Figueira como um presente que promete outros muitos, e a isso fica virtualmente emprazado o autor.

Pertence o sr. Figueira à mocidade acadêmica de São Paulo, onde os moços sabem entremear os estudos jurídicos com os literários, e não esquecem a vocação do berço pelo labor do curso acadêmico.

E já que estou no capítulo dos moços, falarei de um, verdadeira criança, não tanto pelos anos, como pela ingenuidade do coração e do espírito. É nada menos que um poeta. Se lhe falta a beleza da forma, sobra-lhe o sentimento da poesia, que é o essencial e o que não se adquire.

Quem pode alcançar dinheiro de um usurário? Este é um usurário das musas, e para alcançar os versos que abaixo transcrevo, foi-me preciso uma surpresa. Ainda assim custei a convencê-lo depois de que devia publicá-los. Consentiu sob condição de lhe não publicar o nome. Anuí. Os versos não são originais; são traduzidos de um poeta da Romênia. Não são perfeitos, mas são agradáveis de ler:

> Sincero amor tu me juraste um dia
> Até que a morte te deitasse o véu;
> Tudo passou, tudo esqueceste, tudo,
> Coisas do mundo, o erro não é teu.
>
> "Ó meu amado, me disseste, eu quero,
> "Eu quero dar-te o meu quinhão do céu!"
> Dessas promessas olvidaste todas...
> Coisas do tempo, o erro não é teu!
>
> Sabes que pranto derramei no dia
> Em que juraste o teu amor ao meu;
> Morri por ti, tu me esqueceste, embora,
> Coisas do sexo, o erro não é teu.
>
> Mudo abracei-te; teu ardente lábio
> Celeste orvalho sobre mim verteu;
> Veio depois a gota de veneno...
> Coisas do sexo, o erro não é teu.

15 de junho de 1863

Os homens que se ocupam seriamente das coisas do Brasil têm um duplo título ao nosso reconhecimento: o que resulta do próprio fato e o que procede da singularidade e da estranheza dele, no meio da indiferença e da exageração.

Por isso menciono logo no começo da crônica o livro do sr. Wolff, o *Brasil Literário*, belo volume em francês, que se não encontra ainda ou não se encontra já nas livrarias.

Tive ocasião de folhear esse volume, mas apenas folhear. O autor procurou ser o mais minucioso possível, e pareceu-me que o foi. Reparei, é certo, na exclusão de alguns verdadeiros poetas e na menção de outros a quem Alceste podia dirigir esta interrogação:

> Quel besoin si pressant avez-vous de rimer?
> Et qui diantre vous pousse à vous faire imprimer?

Mas tudo é desculpável quando há no livro muito para agradecer. O sr. Wolff socorreu-se do mais que podia para compor a sua obra; esse interesse e os verdadeiros resultados conseguidos tornam o seu nome digno de gratidão dos brasileiros.

E relativamente às publicações literárias, não tenho muito mais de que falar. Com um livro termino este escasso capítulo. O livro é o 2º volume das lições de história pátria do sr. dr. Macedo. Sabem todos que o excelente poeta da *Nebulosa* estuda e sabe a fundo a história nacional, a que se dedica como um homem que lhe conhece a importância. Estes livros são destinados ao uso da mocidade.

Os que estimam as letras vão ter ocasião de apreciar uma novidade no país e ao mesmo tempo vão ter conhecimento de obras inéditas de autores conhecidos e estimados. Os meus leitores hão de lembrar-se de uma carta que eu publiquei, escrita pelo sr. A. de Pascual ao sr. A. E. Zaluar. Era um convite para instituir leituras públicas ao uso de Inglaterra e Alemanha. Não se efetuou a reunião necessária e anunciada, e as leituras não se fizeram como fora de desejar. Entretanto a ideia ficou, e o sr. Zaluar pretende realizá-la dentro de poucos dias. O primeiro curso é de seis leituras, como simples ensaio, a ver se o nosso público possui a necessária atenção, concentração e gosto para diversões dessa natureza.

Não desejo outra coisa mais do que o bom resultado da tentativa, a respeito da qual muitos louvores devem caber ao poeta das *Revelações*.

A imprensa conta mais um legionário, mas legionário tal que me coloca em uma difícil posição sobre o que lhe hei de dizer. O sr. L. de Nerciat acha-se à frente de um jornal francês intitulado *Le Nouvelliste de Rio de Janeiro*. Suas vistas acerca do Brasil são, como declara, as mais cordatas e bem-dispostas. É, entretanto, um órgão do partido legitimista, cuja bandeira hasteou, sem rebuço ou reserva. Ora, semelhante bandeira nesta terra faz o efeito do *calção e meia de seda* entre as calças largas da civilização. A discussão dessas ideias destina-se unicamente à população francesa; mas, não interessando, nem pela singularidade, ao resto da população e nem a uma boa parte daquela, não creio no sucesso do *Nouvelliste*.

Seja-lhe, entretanto, levada em conta a sua boa vontade a nosso respeito. Ponham-se de parte aquelas convicções; a pena do sr. de Nerciat deseja acertar no estudo de

> Tudo, a virtude, o amor, a fé, a honra,
> Tudo o que prometias, te esqueceu;
> Ah! nem remorsos nem amor conheces....
> Coisas do sexo, o erro não é teu.
>
> A lei do ouro e da banal vaidade
> Dessa tua alma fé e amor varreu;
> Curaste a chaga, amorteceste a sede,
> Coisas do sexo, o erro não é teu.
>
> Pesar de tudo, o coração amante
> Há de bater de amor no peito meu
> Ao pressentir-te. Ficas sempre um anjo...
> Coisas do amor, o erro não é teu!

O meu poeta procurou conservar a mais estrita fidelidade. Não vi o original e não pude comparar; mas há expressões, que ele próprio indica, e que são verdadeiras belezas do original; aquele verso

> *Curaste a chaga, amorteceste a sede*

é uma delas.

Parece-me a poesia graciosa, e como tal a ofereço aos leitores.

O meu poeta, esse, encerrado na sua *torre de marfim*, adormece e procura esquecer-se, poetando para si. Não louvo nem condeno a reclusão voluntária; admiro e lastimo.

Para concluir estas linhas, lançadas ao papel em uma época de verdadeiro fastio para mim, menciono o fato que há muito se não repete de uma reunião, tanto ou quanto numerosa, de artistas nesta Corte. Veio do Sul Artur Napoleão; de Lisboa, o sr. Croner, clarinete, que teve em Londres o sucesso mais lisonjeiro que pode ter um artista, o da consagração entusiástica da crítica refletida e competente. Acrescentem-se a esses outros, filhos do país ou estrangeiros aqui residentes e cujos nomes todos sabem. Se há ocasião para concertos é esta. Se cada um deles der a sua festa artística pode haver muitas e relativamente esplêndidas. No Lírico o barítono Celestino e o soprano Briol são aplaudidos pelos *dilettanti*, e nomeadamente no *Rigoletto*, onde agradaram. Acrescente-se ainda que está a chegar uma companhia de ópera cômica francesa e ter-se-á completado assim o capítulo da música. E eu termino este pedindo escusa da minha aridez.

Machado de Assis

Post-scriptum.

Já estava composta a crônica quando recebi uma notícia que me confirma nas esperanças de uma boa estação musical. Artur Napoleão oficiou à comissão da subscrição nacional oferecendo os seus serviços em favor dos fins para que ela se organizou. Naturalmente a oferta será aceita. É inútil repetir o que em todos desperta este ato cavalheiresco do distinto pianista.

M. A.

Em vez disto, os nossos padres divertem-se em lançar às urnas eleitorais a interdição religiosa, ou escrever gazetas sem tom nem som, a respeito das quais ninguém sabe o que admirar mais, se a impudência dos redatores, se a paciência dos assinantes.

Ninguém que deseje a prosperidade do país pode deixar de almejar uma administração perfeitamente convicta da verdade, que tome a peito fazer dos padres apóstolos verdadeiros e dos jornais de sacristia sérias tribunas de propaganda.

Ponham à frente dos bispados homens tais e verão como as coisas mudam e começa uma era de regeneração.

Repito, o que indigna hoje, não é só a intolerância, é o ridículo com que ela se apresenta, ridículo funesto aos verdadeiros interesses da Igreja. E o que mais dói é ver que esta intolerância reside em um clero pela maior parte ignorante, sem prestígio, é verdade, mas também sem escrúpulos.

Dito isto, deixemos em santa paz os padres do Brasil.

Sua Majestade o Imperador acaba de mimosear o distinto artista português Rafael Croner com um magnífico alfinete de brilhantes, *como lembrança*, diz a carta da mordomia, *do apreço em que tem o seu merecimento*.

Este merecimento que o público já teve ocasião de reconhecer e aplaudir é dos mais incontestáveis. Na crônica da última quinzena fiz menção do nome do distinto artista com aquele respeito que me impõem o seu talento e os seus conhecimentos de arte.

Em seu segundo concerto, dado ultimamente no Ginásio, anunciou o sr. Croner umas variações de saxofone. O efeito provou mais que muito a expectativa; neste instrumento mostrou o sr. Croner todos os dotes que o distinguiam no primeiro. Os aplausos do público coroaram o seu precioso trabalho.

O sr. Croner vai fazer uma digressão pela província de São Paulo depois do que voltará a esta Corte, para tomar o paquete da Europa. É natural que ainda se faça ouvir entre nós, e confirmar ainda uma vez as boas impressões que lhe deixam o nosso público e a nossa terra.

Outro artista português, e de renome, acha-se, como já sabem os leitores, nesta Corte. É conhecido velho. O menino Artur está um homem, crescendo-lhe com a idade a rara perícia com que, desde os tenros anos, a todos admira. Deu um concerto no Teatro Lírico onde foi recebido na forma do costume e onde executou como sempre.

Teve também da parte do Imperador a mesma distinção que recebeu o sr. Croner.

Brevemente terá lugar um concerto dado por ele, destinando-se o produto à subscrição nacional.

Esta oferta do pianista deve ser recebida pelos brasileiros com a maior gratidão.

Não quis Artur Napoleão deixar de contribuir com o seu talento para a coleta patriótica a que se procede. É um ato que o honra e de que não nos esqueceremos, aliando sempre ao nome artístico que ele adquiriu, o de um amigo da nação.

MACHADO DE ASSIS

A o

acaso

Jornal *Diário do Rio de Janeiro*,
de 1864 a 1865

5 de junho de 1864

Suponham os leitores que o folhetim é uma trípode de ouro, e ouçam atentamente a história que lhes vou contar.

Os pescadores de Mileto, andando ao mar um dia, acharam uma trípode de ouro. Consultada a pítia, eis o que o oráculo ditou:

"Filho de Mileto, tu interrogas Febo acerca do destino que se deve dar à trípode de ouro? Procura o primeiro em sabedoria dentre os homens, a trípode caberá a esse".

Era difícil a conjectura. Tão difícil que, a ser verdade o que Diodoro escreve, a trípode acendeu a guerra na Iônia.

O mais sábio! — o mais sábio sou eu, e não o meu vizinho da esquerda, o qual pretende igualmente ser mais sábio que o meu vizinho da direita. Sou eu, e não o vizinho fronteiro, que acredita-se ainda mais sábio que todos nós, nem o vizinho da esquina que se reputa mais sábio que o vizinho fronteiro, nem o da rua próxima que se supõe mais sábio que o vizinho da esquina!

Se a pítia, em vez de designar o mais sábio, houvesse designado o menos instruído, o menos apto, o menos capaz, a trípode corria o risco de não pertencer a ninguém, mas com certeza não haveria a guerra da Iônia.

Não houve guerra no nosso caso, ó leitores, nem a trípode correu o risco de ficar abandonada; aceitou-a o menos apto: sou eu.

E todavia esta trípode devia infundir-me certo terror. Foi nela que se sentaram tantos e tão capazes, uns ceifados hoje pela morte, outros desviados na política, outros finalmente esquecidos de si e das musas no meio dos tédios da vida.

Mas a audácia é própria dos moços e o terror foi vencido, não sem pear-me e pena, não sem acanhar-me o ânimo.

Quis elevar-me à altura de Ministério novo e redigir um programa para o folhetim. Rabisquei muito papel, gastei muito tempo, esgotei muita paciência, à cata de duas linhas só, que me servissem de programa; ao cabo do tempo e do trabalho, reconheci que só tinha conseguido aborrecer-me e encolerizar-me.

Canta, ó deusa, a cólera... do folhetinista!

Resumi o programa no título. O folhetim não é outra coisa mais do que o acaso, o vago, o indeterminado; é o acontecimento que há de haver, o lucro que se há de imprimir, o sarau que se há de dar; é o dito que escapa, a anedota que circula, o boato que se espalha; é o capricho do tempo, o capricho da pena, o capricho da fantasia; é a chuva e o sol, a elegia e o cântico; o folhetim reside no dia seguinte, vive do futuro, sai do ventre de todas as semanas, às vezes Minerva armada, à vezes *ridiculus mus*.

Desisti do programa.

Vinha aqui muito a pelo fazer uma divagação política a respeito dos ministérios que fazem programa, mesmo quando não tem nenhum, e dos programas que ainda estão à espera de ministérios. Mas eu não quero de modo algum tornar demasiado séria a fisionomia destes escritos. Só farei exceção para os assuntos de política amena.

O que é política amena? Tenho exatamente na lista dos acontecimentos da semana um fato de política amena: é o discurso do sr. barão de são Lourenço, na primeira discussão do voto de graças.

S. Exa. ocupou a tribuna durante duas horas quase, e produziu no auditório a mais franca hilaridade.

Eu mesmo, agora que já se passaram alguns dias, não posso lembrar-me daquele discurso sem sentir um sorriso entreabrir-me os lábios.

Explicarei a causa do meu sorriso.

O discurso do sr. barão tende a ser engraçado. O ilustre senador entendeu que devia oferecer à corporação de que faz parte um *hors d'oeuvre* oratório e nessa disposição subiu à tribuna. Ah! Declarou-se ressuscitado político e comparou-se a um ganso do capitólio, a um guarda noturno, a uma sentinela, a um mugido, e a outras coisas mais que não vem a pêlo enumerar.

Em alguns pontos S. Exa. fez política tétrica; eu só quero ocupar-me com um dos pontos de política amena.

Uma das gracinhas do ilustre senador foi dizer mal dos poetas como homens públicos.

Para S. Exa. um soneto é um pecado que priva o autor da mínima atenção dos homens sérios.

Parece que a lei justa e verdadeira seria aquela que, parodiando a lei espartana, mandasse ditar fora do seio comum, o infeliz que nascesse com a deformidade poética.

Longe disso, o ilustre senador vê que a qualidade de poeta é uma recomendação nos tempos de hoje, e deplorou esse fato, ora em frase indignada, ora em frase picaresca.

S. Exa. declara que não vê letra redonda há muitos anos; devo crer que nesse tempo esqueceu o que porventura tivesse lido anteriormente.

Seja-me lícito, portanto, lembrar ao ilustre senador, meia dúzia de nomes que diminuem um pouco o efeito, dos seus *couplets* oratórios.

Meia dúzia entre mil:

Dante, autor da *Divina comédia*, foi 14 vezes embaixador da sereníssima República de Florença, e se o seu poema conquistou a admiração do mundo, os seus serviços de homem público mereceram a consideração dos seus conterrâneos e a ingratidão de sua pátria;

Chateaubriand, autor dos *Mártires* e de *René*, foi igualmente embaixador de França, e tem, ao par da glória de *Atala* a glória do Congresso de Verona;

Gladstone comentou Homero e ilustrou as letras inglesas, o que o não impede de ser hoje o chanceler do tesouro, no país prático por excelência, e um dos primeiros, e não o primeiro financeiro da Europa.

Lamartine, apesar das *Harmonias* e do *Jocelyn*, serviu à sua pátria como diplomata, como representante, como presidente de República.

Garrett soube acomodar as musas no gabinete de ministro, e ninguém dirá que o *Tratado de educação*, desmerece ao pé de *Camões* e das *Folhas caídas*.

Martinez de la Roza, eminente poeta, foi muitas vezes ministro da coroa espanhola; Alexandre de Gusmão, o visconde da Pedra Branca, José Bonifácio, marquês de Paranaguá, e tantos outros, nossos e alheios, antigos e modernos, souberam aliar os dons das musas com os encargos da coisa pública.

O sr. Barão de São Lourenço teve um fim muito transparente nesta parte do discurso: aproximar-se de Platão, que excluiu os poetas da sua República, e deixar patente que não há nada de comum entre S. Exa. e o seu, a muitos respeitos, homônimo, o tradutor do *Ensaio sobre o homem* de Pope, e do *Paraíso perdido* de Milton.

Farei uma última observação. Apesar do ódio entranhado que parece ter à poesia, o ilustre senador não deixou de falar em verso algumas vezes, com o auxílio dos *Lusíadas*, cujo autor não era senador, nem fazendeiro, nem empresário.

Mas o discurso fez barulho e creio que nisto está preenchido o fim do ilustre senador. Foi um tiro de pistola no meio da praça. Todos voltaram a cabeça e a atenção está sobre S. Exa.

Eu tomei apenas conta do processo dos poetas. Quanto ao resto não me dá abalo, nem é de minha competência. Meus desejos são tão bons que eu farei votos para que no dia em que o ilustre senador deixar vaga a cadeira que ocupa no Senado não haja poeta que se lembre de ir chorar hendecassílabos sobre esse acontecimento. *Basta que o jornal mais próximo da sua fazenda* escreva um necrológio em prosa seca e chã.

É tudo quanto eu tenho a dizer de política amena. Da outra não direi palavra.

Tão pouco falarei da questão religiosa que se agitou em todo o Império e que ainda não parece extinta — a questão suscitada pelo distinto deputado fluminense Pedro Luiz, da qual resultou ficar um deputado crucificado e um jornal abençoado. O *jornal abençoado* não é o de que fala o mano Basílio.

Não falarei por três razões:

Primeiramente, porque tanto na imprensa como na tribuna, a questão foi esgotada.

Depois, porque os Veuillots de cá não são menos intolerantes que a falange do *Univers*, e eu sempre tive medo de replicar a quem entende que ferir os maus instrumentos é atacar os bons princípios. É verdade que a abstenção não inspira ao adversário a moderação de linguagem, e a pena, uma vez molhada em fel, salpica tudo, o coração e a consciência, o grande aprazimento do dito adversário.

> Dont la haine terrestre au feu du ciel s'allume,
> Et qui nous percera la langue avec la plume.

Nesse caso, o melhor é deixar passar a ira sagrada, *il sacro furore*, procurando imitar a paciência do cordeiro de Deus.

Os tempos não estão para graças. Parecia que a influência do espírito moderno devia ter modificado o espírito do Vaticano, e o Vaticano, ainda no Breve ultimamente publicado, acha-se como no tempo de Galileu. A ciência não podendo marchar sem a fé! Ó pósteros, acreditá-lo-eis?

Parenthesis. A propósito de ciência abro um parênteses. Li em um jornal estrangeiro o anúncio de umas *escovas volta-elétricas* do dr. Hoffmann (de Berlim). Parece que realmente as tais escovas são maravilhosas; mas, o que me fez rir foi a declaração de que esse invento era o *último progresso da ciência*.

É um anúncio esse que compromete singularmente a gravidade e a sisudez que eu suponho no dr. Hoffmann (de Berlim). É por-lhe na boca, pouco mais ou menos, estas palavras:

— Meus senhores, chegamos ao derradeiro limite. Eu sou as colunas de Hércules da ciência. Daqui para diante, mares tenebrosos, regiões escuras, o caos. A ciência, depois de correr tantos séculos, conta hoje dois grandes focos de luz, dois pontos capitais, o *alpha* e o *omega*, o princípio e o fim, Hipócrates e o dr. Hoffmann (de Berlim).

Este é que é o *último progresso do puff*.

Fecho o parênteses.

A última razão que me obriga a guardar silêncio na questão dos capuchinhos é a mesma que dei a respeito da divagação política. Não quero dar ao folhetim um ar grave e incompatível com a natureza dele. Nem aquela questão é acontecimento especial da semana que findou.

Acontecimento especial foi, por exemplo, a estreia da companhia lírica. Não tendo assistido a nenhuma das duas representações, guardo-me para falar domingo com perfeito conhecimento de causa. Se me referir aos jornais e às opiniões particulares, acrescentarei duas coisas somente: a companhia é regular e foi melhor recebida na segunda representação.

Devia ser assim. As tábuas do Teatro Lírico ainda conservam os vestígios dos pés de Stoltz e La Grange, Tamberlick e Mirato. Os ecos da sala não esqueceram ainda as vozes celebradas as sumidades artísticas que nos têm visitado. Os novos artistas entraram em cena debaixo desta impressão acabrunhadora, e não podiam desde logo fazer conhecer todo o seu merecimento.

Guardo-me para depois.

A *Punição* continua a atrair a concorrência pública. Esta segunda filha da imaginação do autor da *História de uma moça rica* está colocada entre as melhores peças do teatro nacional. É um lugar que lhe cabe por direito, sendo que esse direito importa para o sr. dr. Pinheiro Guimarães o dever de não parar na carreira e de contribuir ainda para o engrandecimento das letras dramáticas do Brasil.

Não é talento que nos falta, é animação. Se o aplauso acolhe as obras de prosa, o poeta nem sempre pode fazer a exibição dos produtos da sua inteligência, atenta à situação precária dos teatros.

Se não houver uma intervenção eficaz, a arte dramática cairá no aniquilamento. Os artistas divididos pelos quatro teatros da capital atravessam uma vida penosa sempre e muitas vezes inglória.

Ainda na terça-feira estreou no Teatro de São Januário um grupo de artistas que tomou a denominação de *Bohemia Dramática*, título característico do estado que assinalei.

A peça escolhida é uma obra póstuma do dr. Agrário de Souza Menezes, *Os miseráveis*.

Aos mortos deve-se a verdade.

Eu mentiria se dissesse que a peça preenche todas as condições do drama. Com efeito, as paixões, e os caracteres não seguem ali uma lógica rigorosa. A ação é sacrificada à situação; o lance destrói a lógica dos fatos; a verosimilhança nem sempre é respeitada, e citarei, entre outros, o [...] de que Fausta lança mão para realizar o baile do 9º ato.

Contava ter mais espaço e vejo que ele se me vai acabando. Não me demorarei nos defeitos para ter lugar de notar as qualidades. O drama impressiona o espectador, e conta muitos lances que foram na primeira noite calorosamente aplaudidos. Os papéis de Severo, Fausta, e Eugênio são os que mais interessam o espectador e há belas cenas de grande efeito. Vicente Ferrer, nos diferentes graus de abjeção em que se apresenta, prende igualmente a atenção. Christina é uma figura suave que atravessa o fundo do quadro negro da peça, entre o amor de Eugênio e a dignidade de Severo.

Vou terminar. O leitor tem convite para o *Ernani* hoje em São Cristóvão? Conversaremos domingo.

M. A.

12 de junho de 1864

Também o folhetim tem cargo de almas. É apóstolo e converte.

Fácil apostolado, é certo. Não há terras inóspitas ou áridos desertos aonde levar a palavra da verdade; nem se corre o risco de ser decapitado, como São Paulo, ou crucificado, como São Pedro.

É um apostolado garantido pela polícia, feito em plena sociedade urbana. Em vez de pisar areias ardentes ou subir por montanhas escalvadas, tenho debaixo dos pés um assoalho sólido, quatro paredes dos lados e um teto que nos abriga do orvalho da noite e das pedradas dos garotos. E por cúmulo de garantia ouço os passos da ronda que vela pela tranquilidade do quarteirão.

É cômodo, e nem por isso deixa de ser glorioso.

Deste modo o folhetim faz de ânimo alegre o seu apostolado. Entra em todo o lugar, por mais grave e sério que seja. Entra no Senado, como São Paulo entrava no Areópago, e aí levanta a voz em nome da verdade, fala em tom ameno e fácil, em frase ligeira e chistosa, e no fim do discurso tem conseguido, também como São Paulo, uma conversão.

O sr. Barão de São Lourenço foi o meu Dionísio.

S. Exa. veio reconciliar-se com as musas.

Foi para isso que ocupou a tribuna terça-feira passada, e tão francamente o fez que se dignou responder indiretamente aos períodos que lhe consagrei no folhetim de domingo.

É verdade que o meio, empregado pelo ilustre senador, foi um meio já cediço no Parlamento. S. Exa. *explicou-se.* Não se deu por vencido; achou que o interpretei mal, e veio *explicar* o sentido das suas palavras. Seja como for, *explicar* um erro é sempre honroso.

S. Exa. alegou que não desconhece aptidão nas musas para os cargos públicos; e que os reparos feitos tinham por fim somente poupá-las para que elas possam conservar o brilho. Quer que os poetas sejam aproveitados, mas não quer que a circunstância de conversar com as musas seja suficiente para dar-lhes recomendação.

E acrescentou ainda que as musas não podem pensar mal de S. Exa., visto que S. Exa. também possui estro, faltando-lhe somente o talento da rima.

O ilustre senador lamentou também que eu lhe profetizasse a ausência dos poetas na ocasião em que S. Exa. partir desta para a melhor. Enfim (para terminar a parte do discurso que me toca) S. Exa. sentiu que, com o seu discurso, ficassem as *musas assanhadas.*

Esta última expressão causaria estranheza se não fosse transparente o fim com que o ilustre barão a empregou. Pareceu-lhe engraçada, e S. Exa. não pôde conter-se: soltou-a. S. Exa. adquiriu já uma fama de bom humor e deseja conservá-la a todo o custo.

Mais adiante hei de mostrar o custo desta fama.

Mas, sinceramente ou não, é certo que o ilustre senador veio reconciliar-se com as musas. As musas não são intolerantes e recebem com galhardia as *explicações* parlamentares. Pode ficar certo o ilustre senador de que há mais alegria no Parnaso por um pecador que se arrepende, do que por um justo que nunca pecou.

O folhetim aplaude-se com a conversão.

O sentimento de contrição do ilustre senador já se havia revelado antes, por meio de uma correçãozinha feita no discurso que se publicou segunda-feira passada.

É o que há de ficar impresso.

Este meio de corrigir — alterando ou suprimindo — é muito do uso de alguns oradores. Será útil que a civilização acabe com esse uso de andar de jaqueta diante dos contemporâneos e aparecer de casaca à posteridade.

Convertido o ilustre barão, ficaria terminado o incidente, se uma das musas assanhadas não me houvesse remetido duas linhas para publicar.

A musa, ignorando se S. Exa. está ou não sinceramente convertido, hesitou se devia escrever em prosa ou em verso. Uma terceira forma, que não fosse nem verso nem prosa, resolvia a questão; mas essa só o ilustre barão ou mr. Jourdain no-la poderia indicar.

Achei um meio-termo. Descosi os versos da referida musa, e arranjei a obra, de modo que pode ser indistintamente verso ou prosa.

Hei de publicá-la depois.

Agora passo a mostrar quanto custa a fama de bom humor e jovialidade.

Expressões ouvidas no Parlamento esta semana:

Um representante da nação: — Não aceito as proposições que vão de encontro às minhas opiniões... do momento! *(Risadas)*.

Outro representante: — Confesso que se o governo me demitisse, fazia bem. Eu sou, realmente, um mau funcionário; se não fora o chefe do Estado-maior tudo iria por água abaixo! *(Hilaridade)*.

O mesmo representante: — Seja franco o nobre ministro; deite uma tabuinha para cá e verá como eu passo para lá! *(Hilaridade)*.

Há outras expressões, do mesmo jaez, de que me não recordo agora.

O efeito é certo; rompe a hilaridade; adquire-se a fama de jovial e bom humor; mas avalie-se o custo desta fama...

Tenho outra expressão parlamentar desta semana. É de um novo La-Palisse:

Um representante *(tom de lente ou diretor de faculdade)*: — Não, não há dúvida: a destruição é a antítese da conservação!

> Un quart d'heure avant sa mort
> Il était encore en vie.

N. B. Rogo aos representantes a quem tenho colhido estes pedacinhos de ouro hajam de não suprimi-los na publicação dos discursos. Já não se trata de ir à posteridade — de casaca ou de jaqueta; trata-se de irem nus.

Do Parlamento geral ao Parlamento provincial é um passo. Vamos ao Maranhão.

Chegou àquela província o corpo de João Francisco Lisboa.

É inútil dizer o que foi João Francisco Lisboa, uma das nossas glórias nacionais, filho de uma das províncias mais ilustradas do Império, que nos deu Gonçalves Dias, Sotero dos Reis, Odorico Mendes e tantos outros.

J. F. Lisboa, como se sabe, faleceu em Portugal há um ano, e só agora pôde chegar o seu corpo à terra natal.

Que fez a Assembleia provincial? Esqueceu nesse dia as nomeações policiais; não tomou conhecimento das lutas seculares dos Aquiles e dos Heitores de campanário; levantou-se à altura da perda que o país sofrera e da imortalidade que irradiava daquele nome; e foi em corporação assistir ao funeral do ilustre morto.

Este ato foi praticado por iniciativa do deputado Sotero dos Reis.

Já no dia anterior, a mesma Assembleia votara uma quantia destinada à impressão das obras de J. F. Lisboa; e a Câmara municipal resolvera abrir uma exceção, dispensando o cadáver da jazida comum e marcando-lhe um templo para ser sepultado.

A Assembleia provincial não parou no que fez; elegeu uma comissão para ir dar os pêsames à viúva de J. F. Lisboa.

E para completar a resenha das demonstrações feitas nesse dia, acrescentam os jornais do Maranhão que os donos e consignatários dos navios surtos no porto de S. Luís, apenas constou a chegada do navio em que ia o cadáver, mandaram cruzar-lhes as vergas em sinal de funeral, desde o dia da chegada até o do desembarque.

Estas demonstrações honram uma província e fazem amá-la, como uma irmã que compreende o valor das glórias nacionais e sabe honrar, como deve, os seus mortos ilustres.

Que os interesses estreitos e mesquinhos dos grupos locais sofressem embora. É um dia que se tomou na longa soma dos dias destinados às lutas estéreis. A política nesse dia devia curvar a cabeça a uma das maiores capacidades literárias do país.

Isto vai — ao acaso — e conforme os assuntos me vão ocorrendo, sem curar do efeito que possa causar a contiguidade de um assunto triste e de um assunto alegre.

Prometi domingo passado dizer o que pensasse da nova companhia lírica. Mas o folhetinista põe e a empresa dispõe. A semana passou e não houve espetáculo algum. Cantou-se ontem, é verdade, o *Trovador;* mas, à hora em que escrevo, não posso saber ainda do que irei ouvir.

Não desanimeis, porém, ó *dilettanti!* Temos assunto lírico e verdadeira novidade.

Alguns cavalheiros e senhoras distintas resolveram cantar... o quê? Um quarteto? Um sexteto? Um coro? Não, uma ópera!

Era novidade entre nós, e a novidade atraiu a atenção de muita gente. Choveram os pedidos, os empenhos, as solicitações.

Travaram-se relações de momento com quem pudesse interceder e arranjar um bilhete de convite.

Um bilhete de convite, sim! E a ópera não foi nem podia ser cantada em um salão, como acontece em uma comédia francesa, ultimamente levada à cena em Paris. A ópera foi cantada em um teatro, no Teatro de S. Cristóvão, pequeno, mas apropriado para aquilo.

obra sobre a vida do Padre Antônio Vieira virá confirmar a alta conta em que o tinham os seus compatriotas e todos quantos apreciam as boas letras.

Dizem que J. F. Lisboa se dispunha a escrever a história do Brasil para o que coligia documentos. É realmente para doer que a morte o viesse arrebatar antes de realizada essa tarefa. As páginas da história brasileira receberiam deste modo aquela robustez de estilo e alta apreciação que faziam supor nas mãos de Timon a pena de Tácito.

Os seus escritos vão ser publicados a expensas de Sua Majestade o Imperador.

A morte de J. F. Lisboa deve contristar por mais de um motivo. Não é só a perda de tão ilustre brasileiro que há a sentir, senão também o medíocre efeito que esse triste acontecimento produziu. Como se explica esta tal ou qual indiferença do Brasil vendo morrer um dos seus maiores pensadores? Haverá razões da circunstância e do momento ou vai amortecendo entre nós o amor da glória intelectual? Eu disse em uma das minhas crônicas passadas, dando notícia da morte de Timon, que não acreditava nela, em vista do silêncio que se notava na imprensa portuguesa diante de tal acontecimento. Era apenas uma conjetura de homem a quem parecia que escritores como aquele não são comuns e merecem uma calorosa menção no dia em que passam dos labores da vida para as alegrias imperecíveis da eternidade. Façam-se em todo o império algumas exceções, ninguém mais comemorou a morte de J. F. Lisboa.

O que é certo é que o país perdeu, e sem remédio, muita página brilhante que o ilustre maranhense se preparava a escrever em honra dele.

Passemos a outros fatos, leitor, e sem sair do Maranhão. Meu dever de cronista só me deixa tocar nos assuntos.

O que vou mencionar não é uma novidade, propriamente dita. É mais uma prova do que já está muito sabido.

Em minha revista passada, falando da missão que cabe ao novo bispo aludi ao estado do nosso clero, que é realmente e está a pedir uma mão de ferro em brasa. Nada significa o meu nome e eu não pretendo cadeira no Parlamento. O que o leitor talvez não saiba é que se o humilde cronista tivesse esta pretensão, meia dúzia de ministros do altar lavrariam logo circular conjurando os eleitores a não dar-me um voto sequer. É o que aconteceu agora a um deputado na Assembleia maranhense. Tendo ele dito que o clero da província estava desmoralizado, alguns piedosos tonsurados travaram da pena e fizeram circular, pedindo que se não desse votação ao *blasfemo e sacrílego dr. Tavares Belfort.*

Se o deputado Belfort tivesse dito do clero brasileiro o que disse do clero maranhense, de todos os pontos do império surgiriam circulares de excomunhão eleitoral contra ele.

Isto não faz mal algum, nem a vítima da fúria padresca fica menos do que é no corpo e na alma; mas o que provam estes fatos é que aqueles que pretendem servir a religião andam a expô-la a um grande ridículo, sem proveito para as suas pessoas, nem para ninguém.

Em um país novo, cuja maioria se divide em dois campos, a indiferença e a carolice, a missão dos ministros do altar era outra, era a missão apostólica, tolerante, elevada, a fim de convencer os incrédulos, e trazer os fanáticos ao conhecimento dos verdadeiros princípios da Igreja.

nossas coisas. Se puder conservar a separação devida entre os dois objetos a que se destina a sua gazeta, terá a gratidão de todos, certos como estão todos de que, em terra americana, as suas opiniões antiquadas não convencem nem arrastam ninguém.

Está o bispado do Rio de Janeiro acéfalo. Faleceu na idade de 65 anos o sr. d. Manuel do Monte Rodrigues de Araújo, conde de Irajá, autor de várias obras de teologia e moral. É coisa que todos sabem. O que ninguém ainda sabe é sobre quem recairá a escolha do governo para substituir o finado prelado. Essa escolha será das mais difíceis; precisa-se de um prelado altamente enérgico e ilustrado, que se compenetre da sua missão, e faça do clero aquilo que ele não é; um prelado cuja força possa esmerilhar nesse corpo mais fanático que religioso, mais intolerante que instruído, os elementos puros ou aproveitáveis e com eles empreender a obra árdua de uma regeneração.

Tenho fugido hoje ao enlace dos períodos e faço nos assuntos verdadeiros saltos mortais. Assim o pede a hora. Foi o leitor ouvir o sr. Croner? Perdeu se não foi. Este artista que, como é sabido, foi buscar a Londres a consagração do seu talento, justificou os juízos anteriores. Em um instrumento tão ingrato como é o clarinete, sabe o sr. Croner despertar as mais delicadas harmonias. Pelo que respeita aos segredos da arte, ouvi a seu respeito honrosas palavras. O sr. Croner pretende dar ainda um concerto, depois do que irá ao rio da Prata. Se o leitor é curioso, e ainda não ouviu o sr. Croner, vá no dia 19 ao Ginásio.

Terminarei transcrevendo para aqui a carta que o nosso ilustre poeta Gonçalves Dias escreveu de Dresden ao dr. Antônio Henriques Leal, no Maranhão:

"Desde o começo deste ano que estou lutando com um ataque de reumatismo, que me tem feito ver as estrelas e esgotado a pouca soma de paciência com que Deus foi servido dotar-me. Há dois dias que me não levanto, mal posso andar de fraqueza e escrevo com dificuldade.

"Assim, pois, antes de partir para Carlsbad, a fim de concertar o meu fígado e de ver se desaparece um resto de ascite que me ficou, tenho de ir aos banhos de Tiplitz, aqui nas vizinhanças de Dresden, a ver se as minhas juntas querem tomar juízo.

"Todo o ano passado foi perdido para mim, e este vai ainda pelo mesmo teor: levanto-me da cama agora. Maio, passo em Tiplitz, junho e julho em Carlsbad, depois mais um, ou dois meses de resguardo, lá se vai o ano.

"Quando me convencer de que isto não ata nem desata, tomo uma resolução, o adeus. Vou-me para o nosso Maranhão até que os tempos mudem, se mudarem!"

Machado de Assis

1º de julho de 1863

Confirma-se a notícia da morte de João Francisco Lisboa, mais conhecido pelo pseudônimo de *Timon*.

Faleceu em Lisboa, no dia 25 de abril, na idade de 49 anos, deixando ao nosso país a glória de um nome respeitado entre os mais eminentes.

Todos os que conhecem seus escritos dispensam da minha parte uma enumeração dos seus raros e elevados dotes, de seus profundos e sólidos estudos. A sua

Fora um livro para escrever, suponho eu, aquele que fizesse a história do modo lento por que o teatro penetrou no salão.

Os romanos já tinham por costume terminar as refeições, com a recitação de alguns pedaços de tragédias gregas e latinas.

O teatro entrou propriamente no salão com os pequenos provérbios e charadas. A comédia foi-lhes no encalço. A ópera vai entrando, e os exemplos mais recentes são dois: um em Paris, em casa de uma condessa, cujo nome não tenho presente, e este de domingo passado, no Teatro de S. Cristóvão.

Neste último caso, o teatro não entrou propriamente no salão, se quisermos olhar a feição material do fato. Mas, embora a sociedade procurasse o teatro, no fundo, o teatro é que entrava no salão. Onde estava a sociedade, estava o salão.

Cantou-se o *Ernani*.

O *Ernani!* — É verdade; e a massa de espectadores distintos que lá se achavam não deu só aplausos amigos, deu aplausos de justiça espontâneos e merecidos.

Perfeitamente ensaiados, graças aos esforços do sr. Jerônimo Martinez, de cuja proficiência musical é inútil dar notícia aos leitores, os *artistas-amadores* houveram-se melhor do que era de esperar de amadores naquelas circunstâncias especiais.

Ao sr. J. Martinez deve-se em parte a realização daquela ideia, já pela insistência e pelas animações que dava, já pelo zelo e solicitude com que dirigiu os estudos e ensaios da peça.

Acompanhou o sr. Martinez, na parte relativa aos ensaios de cena, o sr. Cavedagni, de quem igualmente se deve fazer uma menção honrosa.

O papel de *Elvira*, coube à sra. D. M. E. G.; o de *Giovanna*, à sra. D. O. D.; *Silva*, foi desempenhado pelo sr. comendador C. F.; *Ernani*, pelo sr. comendador F. J. S.; *Carlos v*, pelo sr. J. A. M.; *Ricardo*, pelo sr. F. V.; *Iago*, pelo sr. J. da C.

Senhoras distintas e distintos cavalheiros compuseram os coros da peça.

Acompanhou na harpa o duo de *Elvira e Carlos v* a sra. D. C., filha do sr. comendador F. J. S.

Os intervalos foram preenchidos do seguinte modo: *Uma ária*, pela sra. M. V.; uma peça no piano, a quatro mãos, pelas sras. DD. O. D. e M.; outra peça, no piano, a seis mãos, pelas filhas dos srs. conselheiros J. F. C. e dr. L., acompanhadas por seu distinto professor J. Martinez.

A orquestra igualmente composta de cavalheiros distintos foi habilmente regida pelo sr. dr. J. J. R.

Tal foi o programa da noite de domingo passado. O auditório era numerosíssimo, e conservou-se até o fim, dando inequívocas e ruidosas manifestações do prazer de que se achava possuído.

Não falo das polcas e das valsas que, entre alguns íntimos, deram fim à noite.

Consta-me que se repetirá a festa de domingo passado. É com a mais franca alegria que aplaudo esta determinação.

Antes de concluir, mencionarei a notícia de um livro e de um poeta novo da Bahia. Não vi ainda o volume do novo poeta, mas ouvi louvá-lo a autoridades competentes. Se o obtiver esta semana, direi alguma coisa no próximo folhetim.

M. A.

20 de junho de 1864

Quero tratar os meus leitores a vela de libra. Desta vez não lhes dou simples notícias: — dou-lhes um milagre.

— Um milagre! — Qual? Suou sangue algum santo? Reconciliou-se a *Cruz* (papel) com a doçura evangélica? Apareceu alguma ave rara? A Fênix? O cisne preto? O melro branco?

Não, leitores, nada disso aconteceu; aconteceu outra coisa e muito melhor.

Foi um milagre verdadeiro, um milagre que apareceu quando a gente menos esperava, como deve proceder todo o milagre consciencioso; um milagre positivo, autenticado, taquigrafado, impresso, distribuído, lido e relido; um milagre semelhante ao casamento do duque de Lauzun, que a bela Sevigné dizia ser, entre todos os sucessos, o mais miraculoso, o mais incrível, o mais maravilhoso, o mais imprevisto, o mais singular.

Sucedeu isto em pleno Parlamento, à luz do sol, no ano da graça de 1864, em presença de cerca de quinhentas pessoas, isto é, mil ouvidos, que se não podiam enganar a um tempo, incluindo nesse número os dois ouvidos de um taquígrafo infalível que recolheu as palavras do milagre, traduziu-as em vulgar, e reproduziu-as no *Correio Mercantil* de terça-feira passada.

Que houve então no Parlamento brasileiro, à luz do sol, no ano da graça de 1864?

— A Glorificação da Invasão do México.

Este acontecimento não podia deixar de entrar nestas páginas, a título de política amena.

E desde já declaro que o tom de gracejo com que me exprimo resulta da natureza do folhetim e da natureza do milagre. A intenção e a pessoa do representante da nação, autor do discurso *pró México,* ficam respeitadas.

Estava o México em debate? Não; o que se debatia era a dotação das augustas princesas, cujo casamento se há de efetuar este ano, segundo anunciou Sua Majestade ao Parlamento, e que o país espera com a mais simpática ansiedade.

O sr. Lopes Neto orava contra a elevação do dote e desfiava as razões que tinha para isso. Um aparte anônimo desviou o orador, e deixando de parte a dotação de Suas Altezas, entrou S. Exa. a dizer o que pensava a respeito do México.

Pensa S. Exa.:

Que o novo Império não é o resultado da invasão francesa, mas apenas uma obra da grande maioria do país;

Que a nova Monarquia é uma monarquia constitucional;

Que o Império do México é em tudo igual ao Império do Brasil;

Que o México vai entrar em uma era de paz e de prosperidade;

Que o século não é de conquistas — e portanto — o México não é uma conquista francesa.

S. Exa. pensa ainda outras coisinhas que eu não posso reproduzir, a fim de não alongar as proporções do folhetim.

Vejamos agora o que pensa o resto do mundo, exceto a deputação mexicana, os notáveis, os procônsules de Napoleão, o governo francês, o *Monitor Oficial,* as folhas oficiosas de Paris e o sr. Lopes Neto.

Não conto nestas exclusões os tomadores de apólices do empréstimo mexicano, porque esses, com certeza, não pensam nada, arriscam-se em uma empresa, como se arriscariam à banca, entre um valete e um ás.

O que o resto do mundo pensa, é que o México é apenas uma conquista francesa, tanto em vista dos fatos anteriores, como dos fatos atuais, conquista feita pelas armas e apoiada no interior por um partido parricida.

Pensa ainda o resto do mundo:

Que o Império mexicano, filho do Império francês, traz as mesmíssimas feições do pai; isto é, as leis de exceção, as instituições mancas, o reinado da polícia, o adiamento indefinido de complemento do edifício, adiamento que o próprio discurso de Maximiliano deixa entrever menos claramente que o célebre discurso de Bordeaux;

Que entre aquele Império e o Império do Brasil, ninguém pode achar afinidades possíveis, nem quanto às origens, nem quanto às esperanças do futuro;

Que, qualquer que seja o estado de um país e qualquer que seja a probabilidade de pronta regeneração, depois de uma nova ordem de coisas — nenhum outro país pode impor-lhe um governo estranho, seja república, seja monarquia constitucional ou absoluta, seja governo aristocrático, democrático ou teocrático;

Que, tendo o Império francês imposto um governo estrangeiro ao México, acontece que o último argumento do sr. Lopes Neto é um argumento falso e virado do avesso, o qual pode ser virado deste modo: — A expedição francesa foi uma conquista — portanto, o século é ainda de conquistas;

Que a grande maioria do país é semelhante àquela grande maioria de uma ópera espanhola, onde Astúcio, presidente de um conselho composto de sua mulher unicamente, declara que, em vista da maioria, não pode admitir como cantora a pretendente castelhana;

Que a tranquilidade do México é coisa problemática, à vista das guerrilhas que ainda correm o país, e das dissensões que já lavram entre os franceses e alguns homens influentes do partido que a França foi ajudar;

Que, em face de tal futuro, é para lamentar que o jovem imperador Maximiliano se metesse em uma aventura tão arriscada, sem reparar que serve aos interesses e aos caprichos de um governo estrangeiro e violador dos princípios que tão alto proclama;

Que, dadas todas estas razões de princípio e de fato, deve ser coisa de espantar ouvir-se um deputado no Parlamento brasileiro, à luz do sol, no ano da graça de 1864, glorificar a expedição do México, e tecer loas à generosidade de Napoleão.

É isto o que pensam e sabem todos, menos aqueles que eu excetuei acima, e como nas exceções só há um brasileiro, que é o sr. Lopes Neto, eis por que julguei dever mencionar antes de tudo este espantosíssimo milagre.

Diria acaso o sr. Lopes Neto a mesma coisa, se qualquer governo estrangeiro mandasse uma esquadra às nossas águas, rasgasse as nossas instituições, dissolvesse os poderes constitucionais, derribasse o trono, e plantasse... o quê? — a melhor utopia de governo possível?

Não diria, decerto; e é isto o que eu deploro; é esta alteração dos princípios segundo as regiões, que faz dizer com Pascal: *Plaisante justice qu'une rivière ou une montagne borne! Verité au deçà des Pyrénées, erreur au delà!*

Sem querer vou dando ao folhetim uns ares de política torva. Mudo de rumo.

Por exemplo, faço uma perguntinha à *Cruz,* órgão da sacristia da Candelária.

A *Cruz* parece olhar com bons olhos a expedição francesa, sem dúvida por lembrar-se que ela achou um esteio no partido clerical do México. Sabe acaso a *Cruz* que já as coisas não andam bem entre os *generosos estrangeiros* e os pastores da Igreja mexicana? Sabe que o arcebispo do México declarou em um escrito *que a religião e seus ministros eram mais infelizes sob a ditadura francesa do que sob o governo de Juarez?*

Dou este aviso à *Cruz* para que ela não esfrie o santo zelo de que anda possuída.

E depois deste assunto, mais ou menos incandescente, leitores, passemos a falar do inverno.

É amanhã o dia designado nas folhinhas de Laemmert e Brandão para a entrada solene e oficial deste hóspede. Quem o dirá? A temperatura tem-se conservado moderada e branda, fresca sempre, mas nunca fria; e isto muito antes do dia assinalado nas folhinhas de Laemmert e Brandão.

É que o nosso inverno difere dos outros invernos e do inverno pagão; é um velho, sim, mas é um velho apertadinho, afivelado, encasacado, bamboleando o corpo para disfarçar o reumatismo, rindo para disfarçar a tosse, calculando as visitas pelas variações do termômetro.

Só de ano a ano temos algum inverno um tanto áspero. De ordinário, o inverno do Rio de Janeiro não passa disto. Todavia, como é forçoso dividir o ano em quatro estações, dá-se sempre três meses ao inverno; e assim resolvem os fluminenses sentir frio desde 21 de junho a 21 de setembro.

Tudo isto não passa de um pretexto para as partidas e para os teatros. Então sucedem-se os bailes solenes e as reuniões íntimas, os teatros procuram melhorar o repertório, e, mal ou bem, há sempre uma companhia italiana.

Desta vez nada nos falta... relativamente.

O mundo elegante pode ir dos salões do clube às reuniões particulares, daí ao Teatro Lírico, onde uma companhia tanto ou quanto regular executa três vezes por semana as obras dos mestres da arte. Aplaudirá aí a voz agradável e a arte mímica de Isabel Alba, cujo talento, sem pretender arcar com as altas capacidades líricas, sabe conquistar um aplauso simpático e justo.

A isto acresce a presença da eminente artista dramática portuguesa Emília das Neves e Sousa, que chegou ontem da Europa.

É um dos talentos mais celebrados de Portugal, em cujo teatro ocupa o lugar primeiro. Sua reputação atravessara de há muito o oceano, e chegara até nós. A artista, tendo percorrido ultimamente grande parte do reino, lembrou-se de vir até às nossas plagas; é uma ocasião que nos fornece de apreciá-la e aplaudi-la.

Esta semana pôde contar que foi rica em produções dramáticas: duas comédias em um ato!

Dos dois autores, um é estreante, o sr. Ataliba Gomensoro, estudante da faculdade de medicina. Não assisti à representação; mas ouvi dizer que a comédia agradou muito, que é cheia de vida e movimento, e semeada de bastante sal cômico. Tem por título: *Comunismo,* e foi representada no Ginásio.

A outra comédia é de autor conhecido e aplaudido, o sr. dr. Augusto de Castro; intitula-se *Por um óculo,* e foi representada no Teatro de São Januário.

De todas as produções do autor é a que me parece mais divertida, mais fácil, mais correta. Abundam nela as situações cômicas, o diálogo corre natural, vivo, animado, e o espectador ri e aplaude espontaneamente.

Nenhuma outra produção veio aumentar a lista da semana.

A Casa Garnier acaba de receber de Paris os exemplares de uma edição que mandou fazer da comédia do sr. conselheiro J. de Alencar — *O Demônio familiar*.

O público fluminense teve já ocasião de aplaudir esta magnífica produção daquela pena culta e delicada, entre as mais delicadas e cultas do nosso país.

A edição do sr. Garnier é o meio de conservar uma bela comédia sob a forma de um belo volume. A nitidez e elegância do trabalho convidam a abrir este volume; é inútil dizer que a primeira página convida a lê-lo até o fim.

A Casa Garnier vai abrindo deste modo a esfera das publicações literárias e animando os esforços dos escritores. É justo confessar que as suas primeiras edições não vinham expurgadas de erros, e era esse um argumento contra as impressões feitas em Paris. Agora esse inconveniente desapareceu; acha-se em Paris, à testa da revisão das obras portuguesas por conta da Casa Garnier, um dos melhores revisores que a nossa imprensa diária tem possuído.

Já as últimas edições têm revelado um grande melhoramento.

Nada mais natural do que passar de uma casa de livros a uma casa de óculos. É com os óculos que muita gente lê os livros. Se se acrescentar que muita gente há que lê os livros sem óculos, mas que precisa deles para ver ao longe, e finalmente uma classe de homens que vê perfeitamente ao longe e ao perto, mas que julga de rigor forrar os olhos com vidros como forra as mãos com luvas, ter-se-á definido a importância de uma casa de óculos e a razão por que ela pode entrar neste folhetim.

É ao estabelecimento do sr. Reis, à rua do Hospício, que eu me refiro. Como as folhas anunciaram, e eu tive ocasião de ver com meus próprios olhos, acabam de sair das oficinas daquele estabelecimento excelentes trabalhos em ouro de lavor perfeito e apurado gosto. Em óculos e lunetas, quaisquer que sejam as formas e as fantasias, não vi ainda nada melhor ou até comparável.

A casa do sr. Reis é bastante conhecida. Dedicando-se ao aperfeiçoamento dos objetos próprios de um estabelecimento daqueles, o sr. Reis tem procurado e conseguido reunir os artistas mais aptos, os instrumentos mais capazes, e com eles tem levado a casa ao pé das primeiras da Europa.

Não é só o caráter individual deste fato que impõe à imprensa uma menção especial; é igualmente porque este fato, tende a fazer apreciar a aptidão que há no nosso país, e liberta-nos, como vai acontecendo em outras classes, da exclusiva importação estrangeira.

Acho que se devem agradecer os esforços conscienciosos e felizes do estabelecimento Reis.

Some-se-me o papel debaixo da pena. As poucas linhas que me restam quero ocupá-las com um pedido aos leitores, e vem a ser: — que se reúnam a mim para rogar a Deus pela vida de quem completa amanhã — dia do inverno — um quarto de século.

M. A.

26 de junho de 1864

São João na cidade é como carnaval na roça: está deslocado. É um são João mais estrepitoso que alegre, mais desenxabido que simples. É um são João falsificado, trazendo o mesmo rótulo que o São João verdadeiro, mas na realidade muito menos franco, menos jovial, menos folgazão que o são João da roça.

Ah! Na roça é outro caso; lá sim, é que se pode festejar o Batista; é lá, por assim dizer, a terra dele; é lá que ele é o verdadeiro amigo das moças, dos rapazes, dos velhos e das crianças.

Nem podia o Batista deixar de dar-se melhor com a rusticidade dos campos, ele que, em vida, fugia às cidades, para encafuar-se nos desertos onde se alimentava de mel selvagem e gafanhotos.

O gafanhoto e o mel selvagem foram substituídos pelo cará e pela cana assada, que lá na roça crescem a dois passos do terreiro, onde arde e crepita a fogueira de troncos secos.

Acresce que o oráculo na noite do milagroso Batista é mais próprio do campo que da cidade, onde, não sei se diga, não se liga tanta fé ao grelar do alho e às modificações da forma do ovo, lançado em copo d'água, e exposto à ação do orvalho, à meia-noite em ponto.

Não se riam destas crenças tão iguais às dos antigos que consultavam os frangos sagrados, das entranhas às ovelhas, ou a situação dos astros de Deus. É um fundo de poesia ingênua e rústica, onde a imaginação pode bordar e tem bordado muitas páginas estimáveis e valiosas.

Mais de um coração de moça palpita ansioso ouvindo a palavra do oráculo escrito — composto por algum áugure estipendiado, e editado por algum livreiro sagaz.

Se é amada por quem ama, reza a pergunta. Ora, aquele a quem ama está presente, defronte dela, fitando nela uns olhos úmidos de amor. É lícito crer na negativa? Mas os dados correm, consulta-se o número, vai-se à quadrinha do referido augure estipendiado, e enquanto se lê, baixam os olhos e palpita o coração.

Pode-se fazer, e faz-se tudo isto na cidade; mas aqui são João expatria-se, desterra-se, faz-se infração de postura. A polícia edita a supressão dos fogos de artifício e das fogueiras, e faz circular pelas ruas e praças os seus agentes implacáveis.

Longe de mim a censura desta salutar proibição, verdadeira medida de conveniência pública, que apenas nos faz saltar assustados de um lado para outro da rua, como aconteceu na noite de quinta-feira, em vez de expor-nos a ficar assados debaixo de uma chuva de fogo artificial. O que é de lamentar é que os agentes não pudessem ser mais implacáveis do que foram.

Eis o que é são João na cidade; um são João desfalcado, desenxabido, *nostalgiado*, policiado e multado.

Na roça ou na cidade, porém, são João não perde as suas santas virtudes; cá ou lá, pode o solitário da Judéia fazer os seus milagres, e eu sei particularmente de um, sucedido na cidade, tão espantoso e singular que nos obriga à ligação absurda de duas palavras antipáticas: *ladrão honesto*.

Todavia, ser a um tempo, ladrão e honesto, dar uma mão a Deus, a outra ao diabo, como aquele frade de que reza um conto popular, que atravessava uma ponte invocando alternadamente o princípio do mal e o princípio do bem, é um absurdo moral, mas não tem grande aparência de novidade na ordem dos fatos.

O ladrão de que se trata teve a honestidade de furtar apenas uma casaca, uma calça e um capote de inverno, respeitando um relógio, uma corrente e um anel de brilhantes, que se achavam sobre aquele fato, e que ele cuidadosamente depositou sobre uma mesa. É o caso de agradecer a um larápio tão íntegro o mal que podia fazer, e que, por virtude de um bom sentimento, resolveu não fazer, limitando-se a deixar os vestígios da sua passagem, e portanto, da sua magnanimidade.

Se isto lhes parece estranho, leitores, peço que observem um pouco o resto da sociedade humana, e hão de ver mais de um exemplo daquela magnânima ladroeira.

De ordinário não se dá a coisas tais o nome tão repugnante e antipático que eu dei ao caso em questão; faz-se algumas vezes mais, dá-se o nome de virtude pura e simples, isto é, se o ladrão de que falei tivesse furtado a casaca, a calça e o capote para dar a um homem que tiritasse de frio no meio de rua, o ladrão tornava-se, para muitos, um homem simpático e virtuoso.

O fim tinha justificado o meio.

Este desacordo entre as coisas e os nomes dá lugar a um livro, que eu não sei se já está escrito, mas que, à semelhança de que fiz em um dos meus folhetins passados, indico a algum escritor à cata de assunto; livro que pode ser intitulado — *Dos nomes e das coisas* — e onde pode entrar uma apreciação de todas as coisas ridículas, desonestas e tolas que se designam por nomes sérios, honestos e sensatos.

E já que indiquei o título e a matéria de um livro por fazer, deixem-me indicar a matéria e o título de outro livro ainda não feito, e cuja ideia foi-me suscitada por uma discussão no Parlamento, há uns tempos atrás. O título deste livro, se eu o fizesse, seria: *História do silêncio*, trazendo por epígrafe este conceito de um filósofo antigo: — Quem não sabe calar-se, não sabe falar.

Conteria esta obra todos os casos da história da humanidade, em que o talento e a virtude fizeram-se notar por um silêncio oportuno, contrariamente àqueles casos em que a virtude e o talento obtiveram vitória com o uso da palavra.

Creio que a fábula do corvo, que tinha um queijo no bico, fala alto em favor do preceito que manda falar com discrição e oportunidade. Tarde conheceu o corvo da fábula que não se pode acumular dentro de um saco dois proveitos: a vantagem de possuir um queijo e a vaidade de mostrar a garganta afinada.

O prólogo deste seria uma exposição de princípios tendentes a desenvolver o pensamento da epígrafe, acima citada, concluindo pela demonstração de que não basta ter língua e pulmões para falar, como não basta ter dois pés e não ter pernas, para ser um homem.

Acho que este livro seria um livro muito falado e muito procurado.

Foi à propósito do Parlamento que eu tive esta ideia — ideia feliz, visto que pode produzir um livro útil; ideia triste porque me foi suscitada por uma dolorosa observação a qual vem a ser — que o perigo do sistema parlamentar está em mudar de quando em quando para outro sistema, levemente mudado na forma, mas profundamente modificado no fundo — *o sistema parlamentar*.

Para o efeito de fugir a estes perigos e que valia um livro como aquele cuja ideia eu tive.

As duas casas do parlamento ocuparam-se esta semana com duas questões especiais e momentâneas: estradas de ferro e lei hipotecária. Vê-se logo que não são assuntos de folhetim, pelo menos nos seus aspectos sérios e positivos.

A linha férrea é hoje o cuidado de quantos se entregam ao estudo das necessidades do país. Quando chegará o dia em que uma rede de caminhos de ferro ligue os pontos extremos do Império, e enfeixe e se enrosque por todos os membros deste Laoconte gigante?

Nesse dia a prosperidade do Brasil estará segura, graças à facilidade das comunicações, à povoação dos terrenos e a mil outras vantagens; mas, então — adeus, poesia das viagens! — os narradores das viagens antigas serão consultados de tempos a tempos, como uma distração para os viajantes futuros.

On y voyage plus, on y va, disse alguém, falando da locomotiva.

A locomotiva deu cabo da viagem; a mula de Sancho Pança passa a ser um transporte mitológico; daqui a cinquenta anos ninguém mais acredita nela; os nossos netos hão de rir, quando ouvirem falar das velhas mulas e dos velhos carros, sem reparar que o que eles ganharão em velocidade e comodidade tinham ganho os nossos pais em poesia e incidentes de romance, dividindo-se do mesmo modo, entre a locomotiva e a diligência, as desvantagens da viagem.

> On reversait par l'autre méthode,
> Par celle-ci on saute en l'air.

Não acrediteis, leitores, que o folhetim desrespeita ou desama o progresso. De modo nenhum o folhetim aferra-se um pouco às usanças, em que estava afeito a ver certa dose de poesia, certo tom de romance.

Deste ou daquele modo que seja — viajar é — como eu já disse em outra ocasião, como naturalmente o leitor terá dito consigo — viajar é multiplicar a vida. Vive-se nos diversos incidentes, nas diversas caras que a gente encontra nos caminhos que atravessa e nos lugares onde pousa.

Vive-se em tudo isso. E mais. As viagens são o meio mais eficaz para conservar as amizades que, a certa distância, são sempre as mesmas, visto não dar-se o ensejo de conhecer até que ponto são verdadeiras ou ilusórias.

A viagem é ainda a verdadeira pedra de toque do amor, que se alenta e cresce, com a distância, uma vez que seja verdadeiro e elevado.

Um viajante dos mais infatigáveis, no tempo em que viajava, e que há alguns anos resolveu fixar a residência entre nós, adotando a nacionalidade brasileira, é o sr. A. D. de Pascual.

Que tirou este distinto literato das suas viagens? Abstraio das variadas impressões, dos acontecimentos a que assistiu, dos grandes homens com quem falou, das boas obras que escreveu, para apontar o lucro mais recente e talvez o mais importante.

Que foi? Um romance.

Tendo estudado diversos países e diversos costumes, o sr. de Pascual pôde encadear uma ação através das regiões que percorreu, harmonizando no mesmo quadro o caráter peculiar dos diferentes povos ao caráter humano de que nenhuma obra da imaginação se pode eximir.

A *Morte moral* é o romance cosmopolita. A Itália, diz o sr. de Pascual, a França, a Espanha, algumas seções da América neolatina e os Estados Unidos são o teatro das cenas que desfiam e encadeiam os fatos deste grande drama. O que eu mesmo presenciei, o que a tradição coeva testemunhou e revelou-me, o que forma o fundo da vida íntima do homem e da mulher de todas as classes sociais, é desenhado com mão firme, cabeça calma e coração de homem.

Estão publicados os dois primeiros volumes do romance do sr. A. D. de Pascual. Aguarda-se a publicação dos dois restantes.

O sr. Garnier, editor, mandou imprimir a obra em Paris. É dos trabalhos mais corretos e elegantes daquela casa.

Aqui vou pingar o ponto final, pedindo ao deus Acaso semanas mais fartas de notícias e menos chuvosas do que foi a precedente. O folhetim enregelou-se e ficou tolhido nos dias úmidos como estes últimos. Foi castigo. Apesar da brandura proverbial do inverno fluminense, não será inútil pedirmos, eu e os leitores, a volta da primavera — ou das primaveras...

M. A.

3 de julho de 1864

Um jornal desta corte deu, há dias, aos seus leitores, uma notícia tão grave quão sucinta. É nada menos que a predição de uma catástrofe universal.

Diz a folha que o professor Newmager, de Melbourne, prediz que em 1865 um cometa passará tão próximo à terra, que esta corre sérios riscos de perecer.

Renovam-se, pois, os sustos causados pela profecia do cometa de 13 de junho, sustos que, por felicidade nossa, não foram confirmados pela realidade.

A terra, que tem escapado a tantos cometas — aos celestes como o de Carlos v; aos terrestres como o rei dos Hunos; aos marinhos como os piratas normandos, a terra acha-se de novo ameaçada de ser absorvida por um dos ferozes judeus errantes do espaço.

O vulgo, que não entra na apreciação científica das probabilidades de tais catástrofes, estremece ouvindo esta notícia, reza uma Ave-Maria e trata de preparar a alma para o trânsito solene.

Também eu, apesar de já descrer até dos cometas, não pude ler a frio a notícia deste próximo cataclismo, e fiquei dominado por um sentimento de tristeza e desânimo.

Pois quê! — disse eu comigo — dar-se-á caso que o Criador não esteja contente com os homens? Logo, é certo que somos grandemente velhacos, imensamente egoístas, profundamente hipócritas, tristemente ridículos? Logo, é certo que esta comédia que representamos cá em baixo tem desagradado à divindade, e a divindade, usando do princípio de Boileau, lança mão de uma pateada solene e estrondosa?

Estávamos tão contentes, tão tranquilos, tão felizes — iludíamo-nos uns aos outros com tanta graça e tanto talento; abríamos cada vez mais o fosso que separa as ideias e os fatos, os nomes e as coisas; fazíamos da providência a capa das nossas velhacarias; adorávamos o talento sem moralidade e deixávamos morrer de fome a moralidade sem talento; dávamos à vaidade o nome de um justo orgulho; usávamos o nome de cristãos e levávamos ao juiz de paz o primeiro que nos injuriasse; dissolvíamos a justiça e o direito para aplicá-los em doses diversas às nossas conveniências —, fazíamos tudo isto, mansa e pacificamente, com a mira nos aplausos finais, e eis que se anuncia uma interrupção do espetáculo com a presença de um Átila cabeludo!

A ser exata a profecia do professor Newmager — saias de chambre e diploma — percamos as ilusões e estendamos as mãos à palmatória. Fomos mais longe do que nos era lícito, e agravamos as coisas com a mania de dar nomes eufônicos e bonitos às nossas maldades e aos nossos vícios.

Compreende-se que esta notícia, apanhando-nos de supetão, nos deixe profundamente abalados.

Ainda se a profecia fosse para daqui a 20 ou 30 anos, então sim, era o caso diverso. Se nos fosse impossível arrepiar carreira, procederíamos de modo a conjurar o mal, isto é: os hipócritas, sem despir dos ombros a capa mentirosa, ensinariam contudo aos filhos que é uma coisa imoral e ridícula fascinar as consciências com virtudes ilusórias e qualidades negativas; os velhacos, continuando a lançar poeira nos olhos dos outros menos velhacos, diriam, todavia, aos filhos que nada dá maior glória ao homem do que a consciência da sua integridade moral; os egoístas, sem abandonar o culto da própria individualidade, aconselhariam contudo aos filhos a observância desta virtude cristã, que é o resumo e a base de todas as virtudes — amemos a nosso próximo; os vaidosos, os intrigantes, os ingratos, e assim por diante.

Que resultava desta tática? É que no prazo fixado aparecia o cometa, lançava os olhos cá para baixo, e vendo no mundo um ensaio do paraíso, tornava a enrolar a cauda e ia passear.

Mas, daqui a um ano, daqui a poucos meses, como escapar ao choque, como evitar o cataclismo, anunciado pelo professor Newmager?

É verdade que o professor Newmager deixa um lugar à esperança e acrescenta que, se não houver cataclismo, haverá uma coisa inteiramente nova e única desde a criação do mundo. Durante três vezes 24 horas não teremos noites, estando a atmosfera banhada por uma luz difusa mais brilhante que os raios do sol.

É o que se chama arriscar tudo para tudo ganhar ou tudo perder — ou morte violenta e universal, ou um dia de 72 horas, mais claro que os dias ordinários.

Diante de tais predições já me lembrei de que em todo este negócio talvez não haja outro cometa senão o próprio professor Newmager, cometa que aparece no céu da curiosidade pública, querendo tudo abalar e sacudir com a longa cauda da sua ciência astronômica. Varri esta ideia do espírito, por ver que esta é a segunda predição recente do mesmo gênero, e que a ciência popular tem um provérbio para estes casos: três vezes cadeia, sinal de forca.

Se escaparmos ao cataclismo ficaremos livres por algum tempo, e então naturalmente esquecidos dos cometas vingadores, prosseguiremos na comédia universal, sem coros nem intervalos, assistindo ao mesmo tempo às comédias parciais e políticas, à comédia dinamarquesa, à comédia polaca, à comédia peruana, à comédia francesa, etc., etc. Basta lançar os olhos a qualquer ponto da carta geográfica para achar com que divertir o tempo.

A propósito de carta geográfica, julgo que dever-se-ia mandar uma de presente aos redatores do *Siècle,* folha que se publica em Paris.

Eis o que diz aquela folha em data de 15 de maio: "A terrível tragédia de Santiago quase se renovou ultimamente em Montevidéu, no Brasil. Durante a semana santa, etc.".

Não podendo supor nestas palavras uma insinuação de anexação do território oriental ao brasileiro, inclino-me a crer antes que o ilustrado noticiarista do *Siècle* conhece tanto a geografia da América, como os leitores conhecem a geografia da lua.

Neste caso uma carta geográfica será um presente de grande valor e digno de ser apreciado pela redação do *Siècle*.

Se em coisas destas que, por mui comezinhas, todos devem saber, escreve-se na Europa tanta barbaridade, o que não sai de falso e de imaginoso quando entram lá na apreciação da vida íntima dos povos desta banda?

Isto veio como *a propósito,* e eu não posso terminar a parte relativa às surpresas da semana, sem noticiar outra, muito de passagem.

Retirou-se a fragata *Forte,* de gloriosa memória, e veio substituí-la na estação da América do Sul a nau a vapor *Bombay:* — uma adiçãozinha de força. Nisto é que está a surpresa, e em outra circunstância mais: veio no *Bombay* o almirante Elliot, casado com uma irmã de lorde John Russell, e acha-se com sua esposa a bordo da nau.

Oh!

É o caso de fazer uma pequena correção ao grande cômico: *Que vient-elle faire dans cette galère?*

Deve supor-se que o almirante Elliot é um íntimo de lorde John Russell, um eco fiel das suas intenções e dos seus desejos, na qualidade de cunhado do ilustre estadista. Ora, esta última circunstância provará *anguis in herba,* ou reproduz simplesmente o passo da epopeia em que a deusa de Cípria faz abrandar, com o gesto gracioso e soberano, as iras dos deuses reunidos?

Esperemos os resultados das negociações pendentes; e vamos fundando a nossa verdadeira independência e soberania.

Foi no dia de ontem que a Bahia festejou a sua independência, naturalmente como de costume, com ardor e entusiasmo.

Também ontem tivemos por cá a nossa festa, festa mais particular, mas de grande alcance: a festa da inauguração de uma sociedade literária.

É de grande alcance, porque todos estes movimentos, todas essas manifestações da mocidade inteligente e estudiosa, são garantias de futuro e trazem à geração presente a esperança de que a grandeza deste país não será uma utopia vã.

A sociedade a que me refiro é o Instituto dos Bacharéis em Letras; efetuou-se a festa em uma das salas do colégio de D. Pedro II. À hora em que escrevo nada sei ainda do que lá se passou; mas estou certo de que foi uma festa bonita: entre os nomes dos associados há muitos de cujo valor tenho as melhores notícias, e que darão ao Instituto um impulso poderoso e uma iniciativa fecunda.

Tenho agora mesmo diante dos olhos um exemplar da *Revista Mensal dos Ensaios Literários*. Ensaios Literários é a denominação de uma sociedade brasileira de jovens inteligentes e laboriosos, filhos de si, reunidos há mais de dois anos, com uma perseverança e uma energia dignas de elogio.

Que faz esta sociedade? Discute, estuda, escreve, funda aulas de história, de geografia, de línguas, enfim, publica mensalmente os trabalhos dos seus membros.

É uma congregação de vocações legítimas, para o fim de se ajudarem, de se esclarecerem, de se desenvolverem, de realizarem a sua educação intelectual.

Toda a animação é pouca para as jovens inteligências que estreiam deste modo. Se erram às vezes, indique-se-lhes o caminho; mas não se deixe de aplaudir-lhes tamanha perseverança e modéstia tão sincera.

Creio que já tive ocasião de fazer um cômputo das diversões e festas que se prometem ao Rio de Janeiro. Como a nossa capital nem sempre conta destas felicidades, vamos esfregando as mãos e agradecendo a fartura que se nos dá.

No hay miel sin hiel, dizem os espanhóis. A chegada de Emília das Neves coincidiu com a retirada de Gabriela da Cunha, para São Paulo. Foi na noite de quinta-feira que esta eminente artista, a instâncias, segundo se anunciou, da sua ilustre irmã de arte, representou nesta corte pela última vez.

O teatro escolhido foi o de S. Januário e a peça foi a comédia de V. Sardou, *Os íntimos*.

O público sabe com que distinção, com que verdade, com que arte, Gabriela da Cunha desempenha o papel de *Cecília* naquela comédia. Desde os primeiros sintomas de um amor, que não nasce de súbito mas que resvala devagar na doce intimidade da conversa e do passeio, até ao lance terrível em que, na luta da paixão e do dever, o dever triunfa e a mulher salva-se roçando pelas arestas do abismo; toda esta escala de sentimentos — amor, arrependimento, ódio do amante, desprezo por si —, tudo isto é reproduzido de modo a arrancar da plateia aplausos entusiásticos.

A noite de quinta-feira foi para Gabriela da Cunha uma das suas mais felizes e gloriosas noites, e o público, aplaudindo-a calorosamente, fez plena justiça a um talento, tão celebrado quão verdadeiro.

Emília das Neves confundiu os seus aplausos com os do público, e tal foi a tocante despedida de Gabriela da Cunha.

À exceção de dois ou três artistas, o pessoal da última representação dos *Íntimos* foi o mesmo das primeiras representações no antigo Ateneu Dramático. Todos, porém, fizeram convergir os seus esforços para que aquela representação não desmerecesse das anteriores; pede a justiça que se mencione o bom êxito desses esforços e o reconhecimento caloroso do público.

E a justiça pede ainda que se faça menção de outro artista, tão aplaudido sempre no papel que lhe coube, e para quem concorria igualmente a circunstância de representar em despedida. Foi o sr. Lopes Cardoso, no papel de *Tolosan*. Tenho manifestado mais de uma vez a minha opinião sobre este artista, ainda novo, mas dotado de talento e incontestável aptidão. O papel de *Tolosan* é dos seus melhores e mais brilhantes papéis. Dizer isto é fazer-lhe o melhor elogio, porque desempenhar *Tolosan* é empregar mil qualidades de artista, das mais difíceis e das mais raras.

Não vejo anunciada nenhuma outra novidade de teatro, a não ser *Os Ourives*, de Porto-Alegre, ainda em ensaios no teatro de S. Januário; e *Não é com essas*, comédia portuguesa de 3 atos, que se representa hoje, no Ginásio.

Falarei domingo a este respeito com os meus leitores.

Já tinha lançado no papel as minhas iniciais, mas sou obrigado a incluir ainda algumas linhas no folhetim.

"Dize aos teus leitores, escreve-me agora um amigo, que, se querem ver um demoninho louro — uma figura leve, esbelta, graciosa — uma cabeça meio feminina, meio angélica — uns olhos vivos — um nariz como o de Safo — uma boca amorosamente fresca, que parece ter sido formada por duas canções de Ovídio — enfim a graça parisiense, *toute pure*, vão..."

Adivinhem os meus leitores aonde quer o meu amigo que eu os mande ver este idílio? "...ao Alcazar: é mlle. Aimée".

Vejam os leitores até que ponto tem razão o comunicante. Lembro-lhes, ao concluir, que não percam da lembrança a terrível profecia do professor Newmager, de Melbourne.

M. A.

10 de julho de 1864

O folhetim não aparece hoje lépido e vivo; aparece encapotado, encarapuçado e constipado.

Também constipado? Também. O folhetim é homem, e nada do que é humano lhe é desconhecido: *Homo sum et nihil humanum a me alienum*, etc.

Não há organização, nem mesmo a do folhetim, que resista às alternativas do termômetro e aos caprichos do inverno fluminense — podendo, aliás, resistir aos caprichos das damas e às alternativas da política.

Depois de cinco ou seis dias de chuva miúda e vento frio, raiaram dois dias quentes, ontem e anteontem, quentes a fazer supor as proximidades de dezembro.

É um inverno verdadeiramente gamenho, espartilhado e rejuvenescido, alma de rapaz em corpo de velho — um inverno pimpão.

Depois desta amostra de calor, voltará amanhã o tempo chuvoso ou anuviado, e aí nos temos outra vez vítimas dos caprichos da quadra.

Esta razão serve para explicar o tom de fadiga e aborrecimento com que o folhetim aparece hoje.

Dito isto, passo a pôr a limpo umas contas de domingo passado.

A um amigo, que me observava ontem ter eu sido demasiado severo com os meus semelhantes, quando tratei do cometa Newmager — respondi:

— Meu caro, é que eu reduzo a missão do folhetim a isto: atirar semanalmente aos leitores um punhado de rosas... sem quebrar-lhes os espinhos. Tenho eu culpa que o Criador rodeasse de espinhos as rosas, e que elas surjam assim do seio da terra, formosas, mas pungentes?

Os meus leitores hão de lembrar-se do que eu disse no domingo passado, quando falei do cometa Newmager; hão de lembrar-se que eu lamentei de coração o desgosto que ao divino espectador produziam os comediantes humanos. Era tão sincera aquela lamentação, que eu não duvido acrescentar hoje uma observação anódina ao que disse então.

Deus me livre de negar a existência da virtude — eu já tive ocasião de escrever esta frase:

— De todas as mulheres a que eu mais admiro é a Virtude.

Existe, é impossível negá-lo; mas o que não se pode igualmente negar, é o que nos comunicam as estatísticas que vêm por apenso ao relatório da justiça, isto é, que a virtude por simpatia ou pela força das coisas, existe principalmente na classe dos viúvos.

Com efeito, de 24.484 criminosos julgados pelo júri, no decênio de 1853 a 1862, 11.077 são solteiros, 11.843 casados e 1.634 viúvos.

Que achado para os intendentes de polícia que procuram a mulher no fundo de todos os delitos!

Os solteiros e os casados, isto é, aqueles que estão mais no caso de lutar pela mulher — ou no espírito de posse ou no espírito de conquista — esses constituem a grande soma dos criminosos; ao passo que os viúvos, isto é, os que se pressupõe ficarem fiéis aos túmulos, formam apenas uma insignificante minoria nos fatos policiais.

Será este o corolário imediato a tirar da estatística? Será certo que a mulher entra sempre, direta ou indiretamente, nos ataques que os homens fazem à vida, à propriedade e à segurança dos seus semelhantes?

É preciso notar, para esclarecimento de quem quer entrar nesta indagação, que nos 24.484 réus compreendem-se apenas 1.585 mulheres, minoria insuficiente que deixa margem à opinião dos intendentes de polícia.

Manifestando estas dúvidas a uma senhora de espírito, numa destas últimas noites, ouvi-lhe fazer o processo dos homens, com uma indignação e uma energia que eu admirei, e às quais apenas pude opor dois ou três sofismas débeis e inconsistentes — isto mesmo por honra da firma.

Fiz ainda outra observação folheando as estatísticas criminais do relatório, e foi que no mesmo decênio de 1853 a 1862 *apenas* 363 indivíduos foram executados em virtude da moralíssima lei da pena de morte.

Os leitores sabem que a questão da abolição da pena de morte voltou à tona d'água em diversos países, e que, agora mais que nunca, trabalha-se por suprimir o carrasco, isto é, acabar com a anomalia de manter-se uma lei de sangue em virtude da qual foi sacrificado o fundador do princípio religioso das sociedades modernas.

A este respeito não posso deixar de transmitir aos leitores as palavras de uma folha católica de Paris, *Le Monde*, digno irmão e modelo da *Cruz*, desta corte.

Este número do *Monde* chegou de fresco no último paquete. Aqui vai o pedacinho que vale ouro:

"Hão de acusar-nos, diz o *Monde*, de prezar a guilhotina; não, não prezamos a guilhotina, que é um dos benefícios da revolução, *e não pedimos outra coisa que não seja substituí-la* por outro gênero de suplício.

Não poucas vezes, a *Cruz*, referindo-se ao *Monde*, deixa resvalar um ou dois adjetivos fraternais. As duas folhas entendem-se; é de crer que este pedacinho do *Monde* seja transcrito na *Cruz*, piedosamente comentado e aumentado.

A *Cruz* de Paris não quer a guilhotina por ser invento revolucionário, quer outro suplício de invento católico. A fogueira, por exemplo?

Quando leio estas e outras coisas, no século em que estamos, o qual, segundo se diz, é o século magno, hesito em crer nos meus olhos e desconfio de mim mesmo.

A *Cruz* de Paris entende que é impiedade matar com a guilhotina; o que ela quer é que se mate mais católicamente, mais piedosamente, com um instrumento das tradições clericais, e não com um instrumento das tradições revolucionárias. Para ela a questão é simplesmente de forma: o fundo deve ficar mantido e respeitado.

Se os meus leitores disserem que estas pretensões da folha parisiense são ímpias e ridículas, fiquem certos de que não escaparão às iras dos piedosos defensores, e que, com duas ou três penadas, serão riscados do grêmio católico.

Qualquer dia destes hei de fazer um elogio dos canibais, raça ignorante e rude, que não conhece as delícias da nossa cozinha civilizada, e limita-se a satisfazer os seus instintos bárbaros.

Talvez que ao terminar este folhetim receba a *Cruz*, e então direi em *post-scriptum* se ela traz alguma piedosa loa ao dito do *Monde*.

Não tenho apontamento algum sobre política amena a não ser um aparte do sr. Lopes Neto, deputado por Sergipe, respondendo a um orador que o acusava de ter glorificado a invasão do México.

S. Exa. declarou que não fizera semelhante glorificação.

Ora, como eu, já antes do deputado argumentar, tinha feito a mesma censura (censura de folhetim), recorri ao número do *Jornal do Commercio* em que veio o discurso do sr. Lopes Neto, para ver de novo o que S. Exa. havia dito.

Reconheci que S. Exa. havia dito aquilo mesmo que no Parlamento lhe foi apontado, e que eu — muito antes — apontei, considerando até o fato como milagre.

Há, porém, na ordem política umas tais retortas e alambiques onde se apuram as palavras e as ideias, de modo tal que as tornam inteiramente diversas daquilo que significam na ordem comum.

É possível que, a favor deste meio, S. Exa. nos explique o sentido do seu discurso. Antes disso, continuo a pensar que S. Exa. fez uma glorificação da invasão napoleônica.

A propósito do México mencionarei aqui, de passagem, um fato de que todos já têm conhecimento: a publicação de um livro de Sua Majestade a Imperatriz Carlota, intitulado *Recordações das minhas viagens à fantasia*.

O livro ainda não chegou às nossas plagas, creio eu. Hei de lê-lo apenas chegar. Há muitas razões para aguardar esta obra, com certa curiosidade. Primeiramente, o título, já de si atraente, depois a autora, que, além da consideração pessoal que tem, recebe agora toda a luz dos acontecimentos que — em mal! — vão cercar o seu nome e o de seu marido.

Outro livro, e de viagens, não de outra imperatriz, mas de uma senhora patrícia nossa. *Trois ans en Italie* é o título; veio-nos da Europa onde se acha a autora, a sra. Nísia Floresta Brasileira Augusta.

A *fantasia* ou a *Itália* — é a mesma coisa; é, pelo menos, o que nos fazem crer os poetas e os romancistas, sussurrando aos nossos ouvidos o nome da Itália como o da terra querida das recordações e das fantasias, do céu azul e das noites misteriosas.

Três anos na Itália devem ser um verdadeiro sonho de poeta. Até que ponto a nossa patrícia satisfaz os desejos dos que a lerem? Não sei, porque ainda não li a obra. Mas, a julgar pela menção benévola da imprensa, devo acreditar que o seu livro merece a atenção de todos quantos prezam as letras e sonham com a Itália.

Para os que sonham com os bailes tenho uma notícia na lista da semana: a instalação de uma nova sociedade destinada a dar partidas. Niterói carecia de uma sociedade deste gênero, verdadeiramente familiar, como não pode deixar de ser, e que dará à cidade fronteira um novo atrativo.

Creio não ser indiscreto anunciando que muito breve haverá novamente nos salões do Clube Fluminense um grande serão literário-musical, com a presença de senhoras, a fim de terminar a noite com um baile.

Ocultarei, por ora, os nomes dos promotores da festa que, a julgar pelo entusiasmo que já vou presenciando, há de ser esplêndida e única no gênero, entre nós.

Mais de uma vez tenho manifestado a minha opinião acerca deste gênero de reuniões literárias — nem tão sérias que fatiguem o espírito do maior número nem tão frívolas que afastem os espíritos sérios. Achar um meio-termo desta ordem é já conseguir muito.

Por agora nada mais digo, pedindo apenas aos leitores que aguardem como coisa certa (o cometa é só lá para 1865) o anunciado serão, onde se achará a flor da sociedade fluminense.

Tenho limitado as proporções deste folhetim pelas causas já apontadas no começo, e por outra, que é a falta de espaço.

É preciso não atulhar a casa de mobília inútil.

Também não se perde nada, visto que a semana foi das mais indigentes e frias — política à parte.

Não recebi a *Cruz,* mas recebi o primeiro número de um jornal de Cametá, verdadeira ressurreição do gênero de José Daniel.

Denomina-se *A Palmatória*, e traz como programa as seguintes linhas para as quais peço a atenção dos leitores:

> *A Palmatória* tem de defender a rapaziada de qualquer injusta acusação que se lhe faça; tem de entreter os jovens de ambos os sexos com a transcrição de algumas cartinhas amorosas, que possam ser obtidas por meios (ainda que sagazes) honestos e dignos, não se compreendendo nas transcrições respectivas os nomes das pessoas a quem se dirigiram, nem os das que as dirigiram, ou qualquer frase que possa fazer conhecedor o público de quem são só correspondentes; tem de inserir algumas poesias, romances, anedotas, pilhérias e charadas, que possam deleitar, e finalmente de tratar, por meio de uma discussão apropriada entre os dois pretos escravos, o pai João Jacamim e o pai Henrique, de sancionar a necessária lei e regulamento sobre o tratamento e quantidade de palmatoadas com que devem ser premiados os poetas Araquias — o Palteira de sebo e escritor da variedade em inglês assinada — que apresentaram no *Liberal* suas respectivas e meritosas obras. Também aparecerá, de vez em quando, um espreitador noticiando as discussões havidas entre as vendedeiras de frutas e doces, ora em casa de certo magistrado, ora na de um constante jogador, e ora na de alguém que se torne indigno de exercer a magistratura. Tudo à semelhança do *Espreitador* por J. D. R. da Costa.

Que lhes parece? Será isto imprensa? Temo estender-me demais; vou reler o que escrevi. Até domingo.

M. A.

17 de julho de 1864

Devia começar hoje por uma lauda fúnebre. Inverti a ordem e guardei-a para o fim.

O que me embaraçava, sobretudo, era a transição do triste para o ameno. A dor e o prazer, são contíguos — na perna de Sócrates, segundo a legenda — na vida humana, segundo a observação dos tempos; mas, no folhetim é um erro entristecer os leitores para depois falar-lhes em assuntos amenos ou festivos.

Duvido que um secretário de Estado dê melhores explicações ao Parlamento do que eu aos meus leitores — outro Parlamento, onde não se fala, pelo menos que eu ouça.

Tenho sempre medo quando escrevo a palavra Parlamento ou a palavra parlamentar. Um descuido tipográfico pode levar-me a um trocadilho involuntário. Sistema parlamentar, composto às pressas, pode ficar um sistema *para lamentar*. Note-se bem que eu falo do erro de ser composto às pressas ou mal composto ... pelos compositores.

O erro tipográfico só aproveitou a Malherbe.

Conheci um poeta que era, neste assunto, o mais infeliz de todos os poetas. Nunca publicou um verso que a impressão o não estropiasse. É o que ele dizia:

— Viste hoje aqueles versos na folha?...

— Vi.

O poeta acrescentava:

— Sou infeliz, meu amigo; tudo saiu errado; é desenganar; não publicarei mais impressos, vou publicar manuscritos.

É verdade que, às primeiras lamentações desta natureza, procurei corrigir mentalmente os versos errados, e vi que, se o eram, não cabia aos tipógrafos toda a culpa, a menos que estes não fossem as musas do referido poeta.

Fiz, porém, uma descoberta de que me ufano: os erros tipográficos eram autorizados pelo poeta; esta fraudezinha dava lugar a que se tornassem comuns as faltas da impressão e as faltas da inspiração.

De descoberta em descoberta, cheguei à solução de um problema, até então insolúvel:

— Um mau poeta com a consciência da sua incapacidade.

Se Cambises mandava pregar a pele de um juiz prevaricador na cadeira do juiz que lhe sucedia, devia-se, se possível fosse, mandar pregar a pele deste poeta à porta de todas as oficinas tipográficas,

Como exemplo a futuros escritores.

Como estou no capítulo das descobertas, mencionarei mais outra que fiz esta semana... nas mãos de um amigo de infância, que já tinha feito anteriormente. Este gênero de descobrir não é novo.

A descoberta foi o original do testamento do cônego Filipe.

É um manuscrito venerável e legendário; a ele está ligado o nome daquele cônego, a quem se atribui tanta simplicidade, e de quem se contam tantas anedotas, falsas ou verdadeiras.

Nas minhas reminiscências da infância, tenho ainda viva a ideia de ter visto, quase diariamente, a tela a que alude a anedota do cônego e do pintor; lá estava a árvore, atrás da qual o cônego figurava estar escondido para não ser visto de Suzana.

Ora, o cônego, a quem se imputa tanta simplicidade, escreveu um testamento sério, grave, cheio de lucidez e de razão. Dificilmente se acredita ver ali a mão ou a cabeça do cônego Filipe.

Pois é autêntico. Foi encontrado entre os seus papéis, na casa em que ele habitou, casa tanto ou quanto histórica — a Casa do Livramento.

A conclusão a tirar de tudo isto, é que não há espírito que resista diante da ideia de fazer um testamento, e que, por mais simples que seja um homem, na ocasião de assinar as suas últimas disposições testamentárias, torna-se de uma sisudez e uma lucidez admiráveis.

Não passarei adiante sem fazer uma observação, a saber, que há uma simplicidade maior que a do cônego Filipe, é a simplicidade dos que lhe atribuem mais simplicidade do que ele tinha, lançando à conta do bom cônego tantas anedotas apócrifas. Aqui tenho menos em vista defender a memória do cônego do que deixar patente a minha opinião acerca de uma espécie de espirituosos por conta alheia, de que, infelizmente, abunda este mundo sublunar.

Passemos adiante.

Se a minha leitora tem na sua sala uma estatueta de Terpsícore, aposto eu que lhe depositou ontem, aos pés, duas ou três coroas, pelo menos.

Assim deve ter sido em comemoração do milagre que salvou um dos templos daquela musa de voar pelos ares, anteontem.

Refiro-me ao incêndio do Clube Fluminense. Ardeu apenas um pouco da chaminé, isto às 11 horas da manhã, que, ao que parece, é a hora dos sacrifícios daquela deusa. Preparavam-se naturalmente os bezerros sagrados, quando se deu o sinistro.

Felizmente nada sucedeu, além disto. Bem pensado, não podia suceder nada, pelo menos nos salões onde se dança ou se passeia. Não têm eles resistido ao fogo dos mil olhares que ali se têm cruzado?

Acabo de receber a *Cruz* — *A tout seigneur, tout honneur*.

Querem saber o que é um bom bispo? A *Cruz* encontrou o modelo no arcebispo de Dublin, de quem transcreve um pedaço de um mandamento, dirigido ao clero, por ocasião do mês de Maria.

O ilustre prelado trata, a propósito do mês de Maria, da viagem de Garibaldi a Londres. A piedade episcopal é de uma doçura admirável; Garibaldi, no mandamento em questão, teve "uma carreira de roubo, de perfídia, de violência e de revolução" — os fidalgos e as mulheres de Inglaterra "aviltaram-se dando-lhe honras quase divinas"; Garibaldi só ganhou vitórias; "quando os seus antagonistas foram comprados para se submeterem a ele" etc., etc., etc., etc.

Deixo de parte as expressões piedosas do arcebispo de Dublin relativamente a Garibaldi. Outro tanto não posso fazer a respeito do resto. Honras divinas a Garibaldi! Ora, eis aqui uma ideia da divindade que não se havia descoberto no seio de uma sociedade cristã. O sr. arcebispo de Dublin falou como um cidadão romano falaria de César, na qualidade de adversário político.

Então as festas, os jantares, as flores, as aclamações da cidade de Londres são coisas que se aproximam do culto da divindade?

Que mais? Garibaldi só venceu quando os seus antagonistas foram comprados, e os seus antagonistas, isto é, os que são "amigos do papa e do sacerdócio católico"; os que não tinham carreira "de perfídia", esses deixaram-se comprar, traíram a causa pontifícia, fizeram uma carreira "de perfídia".

Pode ser que esta linguagem dê a medida de um bispo modelo; mas, com certeza, não dá a ideia de um cristão piedoso, e menos de um bispo lógico, e menos de um bispo reconhecido, e segundo me parece, não é dado, nem mesmo a um bispo, divorciar-se da lógica e da gratidão.

A *Cruz* contém ainda um suspiro pelos jesuítas, a propósito de uma festa que houve no Castelo. Que ela chore em paz as suas saudades.

Enfim, a folha católica anuncia uma nova refutação a Ernesto Renan, obra do douto cônego português Soares Franco. Nada tenho a dizer a este respeito, a não ser uma declaração à *Cruz*, a saber, que é de estimar ler todas as respostas a Renan em linguagem cristã. A nossa fé lucra com isso, e não há temer de excessos condenáveis. A este respeito espero que a nova refutação não tenha que se lhe censurar.

Mas, se trouxe esta notícia para aqui, é para encaminhar-me a dar outra notícia muito curiosa aos meus leitores.

Li na *Nação*, folha de Lisboa, uma carta, em que o sr. Marquês de Lavradio faz importantes revelações aos leitores daquela folha. S. Exa. refutou Ernesto Renan, mas não seguiu o caminho dos diferentes refutadores, bispos, clérigos ou simples particulares. S. Exa. entendeu que refutar simplesmente a obra de Renan era fazer o que os mais faziam; S. Exa. foi além: refutou a obra, mas não leu a obra; fez uma refutação e um milagre.

Mas, por que não leu a obra? Não tinha licença? Tinha licença; há quarenta anos que S. Exa. está de posse de licença de ler obras ímpias; mas S. Exa. não quis cair no erro de que ele próprio censura os bispos refutadores. Que os bispos refutassem a obra, muito embora; mas, lê-la, é o que S. Exa. não pode levar a bem. Parodiando uma expressão célebre, S. Exa. é mais episcopal que os próprios bispos.

Naturalmente, os leitores perguntam consigo como é que o sr. marquês refutou a obra sem lê-la; também eu fiz essa pergunta, mas encontrei logo a resposta na mesma carta. Para refutar a obra, S. Exa. leu as refutações dos outros.

A isto chamo eu ler a obra em segunda mão.

Se o sr. marquês pudesse responder-me agora, eu estabeleceria o seguinte dilema, do qual duvido muito que S. Exa. saísse com facilidade.

Ou as refutações que leu não lhe deram uma ideia cabal do livro de Renan, e nesse caso nutro receios sobre o valor da obra do nobre marquês; ou deram-lhe a ideia do livro, clara e positiva como lá vem, apoiada pela transcrição de alguns fragmentos, e então S. Exa. leu o livro se não para refutá-lo, ao menos para incorrer na censura que fez aos bispos.

Não tendo esperança de que este meu argumento tenha resposta, nem ainda que o sr. marquês o leia, acrescentarei o que me parece ver no ato e na declaração de S. Exa.

Que razões de escrúpulo nutre S. Exa. para ler obras ímpias, e, se estes escrúpulos são reais, por que recebeu a permissão pontifícia e por que a conserva? Quanto à primeira parte, não compreendo tais escrúpulos, que os bispos mais severos, os modelos, mesmo o de Dublin, creio eu, não sentem, tanto que leram a obra; quanto à segunda parte peço licença para dizer que S. Exa., apesar de tudo, não está fora da humanidade, e nesse caso, conservar a licença de cair em um perigo é expor-se a cair nele, a cada hora.

Eis o que se me ofereceu dizer a propósito da obra de Renan refutada... por um óculo.

E acabo assim com o nobre Marquês de Lavradio.

Qu'on se le passe!

Veja o leitor o que é falar sem conta nem medida; já me vai faltando o espaço.

Sempre há de haver algum para mencionar a publicação do 2º e último volume da obra do sr. senador padre Tomás Pompeu, *Ensaio Estatístico do Ceará*.

A obra fica assim composta de dois grossos volumes, onde os leitores estudiosos podem encontrar minuciosamente tudo o que diz respeito à estatística, à topografia e à história do Ceará.

A obra em si honra o nome do autor; mas, se se acrescentar que, para chegar àquele resultado, S. Exa. não teve à mão os elementos precisos e próprios, e que lhe foi necessário colhê-los ou antes criá-los, com o subsídio único dos seus esforços isolados, ver-se-á que o *Ensaio Estatístico* dobra de valor, e cresce o novo título que o ilustre cearense tem à estima e à admiração.

Chegou de Paris o 2º volume da *Morte Moral*, novela do sr. A. D. de Pascual, a respeito da qual já tive ocasião de dizer algumas palavras.

Completa a bagagem das publicações da semana o tomo XXVII da *Revista trimensal* do Instituto Histórico. A coleção das revistas do Instituto é uma fonte preciosa para as letras e para a ciência, uma obra séria e útil.

Passemos das alegrias da inteligência para os seus lutos. Uma carta da Europa, publicada pelo *Jornal do Commercio*, nos deu notícia da morte do dr. Joaquim Gomes de Sousa.

A morte surpreendeu o nosso ilustre compatriota na mais bela mocidade e cercado de grande reputação. Sua vasta inteligência e seus conhecimentos científicos justificavam essa reputação, que foi quase contemporânea das suas estreias.

É sem dúvida um motivo de luto a morte de um compatriota como o dr. Gomes de Sousa; luto, não só para os seus colegas, discípulos e amigos, mas luto para todos, luto para o país.

Vamos agora à notícia de outro luto — infelizmente, por causa diversa e de diversa natureza.

Foi o paquete do norte que nos trouxe a notícia do suicídio de um veterano da independência, na Bahia. Tinha 71 anos de idade. Começara a servir em 1821, época em que, segundo declarou, sofreu a mais bárbara violência em Sergipe de el-rei. Foi um dos combatentes de Pirajá. Não tinha vício algum nem praticara nunca nenhuma ação infamante.

Que motivo levou este velho, no último quartel da vida, a lançar mão do veneno para pôr termo aos seus dias? — A fome!

Para acudir a esta fome, o honrado veterano fez tudo, até esmolar a caridade pública. Quando quis um emprego, não lhe deram!

Entretanto, que é esta liberdade que nos volteia diariamente nos lábios? Que é esta independência política de que o Império goza e se ufana? Que é esta emancipação que faz a nossa honra e a nossa tranquilidade? Que é tudo isto, senão a obra dos veteranos das lutas passadas, veteranos da ação ou do pensamento?

É para lamentar que um deles tivesse sido obrigado a cometer esse crime contra a natureza e contra a religião, no auge do desespero.

Nas vésperas de 2 de julho, enquanto a cidade se preparava para festejar a grande data da liberdade, o infeliz veterano, já com o veneno no seio, escreveu estas linhas melancólicas e pungentes:

2 de julho — 1864.

Tu te aproximas, e não mais terei de recordar as fadigas e privações que sofri nos campos de Pirajá, Brotas, Armações e Itapoã! Escapando de ser ferido nos fogos (antes uma bala perdida me tivesse traspassado), não escapei de uma febre maligna, da qual fui salvo, no maior perigo, pela filantropia do hoje conselheiro Antônio Policarpo Cabral.

É nas tuas vésperas, sim, ó 2 de Julho, que vou pôr termo à vida, por não poder suportar mais os horrores da miséria no seu maior auge!

Oxalá possa este meu acontecimento despertar o longo sono da indiferença, ou antes egoísmo dos grandes que governam o país, e torná-los um pouco propensos em beneficiar os muitos dos meus companheiros de armas, que também se acham nas horrorosas circunstâncias com que tenho lutado.

Adeus, pátria minha, que sempre amei!

Ver as lutas da independência, por meio do óculo da história, à distância de 40 anos, é realmente cômodo e aprazível. Mas, se nesta cadeia da sucessão dos seres, bateu tão tarde a hora de nossa chegada, cumpria mostrar-nos reconhecidos aos que, à custa do seu sangue, fizeram da nossa hora uma hora de liberdade.

M. A.

25 de julho de 1864

Visitei há dias um canteiro de rosas. Foi antes da chuva. As belas filhas da terra acolhiam a um tempo as lágrimas da noite e os beijos de Cíntia. Tudo o que nos circundava, a mim e às rosas, convidava à cisma, à poesia, aos voos livres da imaginação.

Não durou muito o meu ledo engano da alma; uma notícia que eu tinha lido nessa manhã, em uma folha do Sul, levou-me a uma série de reflexões prosaicas e aflitivas.

A mim, sempre me pareceu que o Criador de todas as coisas tinha dado tão belas cores e formas tão engraçadas às rosas em primeiro lugar para que elas ornassem a face da terra, depois para que, se deviam murchar algum dia, murchassem no seio virginal da donzela ou na fronte enrubescida da noiva.

Assim, mil fantasias de ordem poética atravessavam o meu espírito, e eu estava longe de pensar nas tiras de papel almaço que tenho agora diante de mim, e que espero enchê-las ao acaso — se Deus quiser.

A primeira ideia aflitiva que me assaltou foi que se defronte de mim estivesse então um fabricante de essências, um fornecedor do Claude ou do Bernardo, ao passo que eu meditava na graça nativa das rosas, ele se ocuparia em calcular quantas libras das inocentinhas filhas da terra lhe dariam para satisfazer alguma encomenda que tivesse em mão.

Não resisti a esta ideia que me chamava tão bruscamente ao mundo, donde me haviam esquecido até os cabeleireiros da rua do Ouvidor.

Ah! mas isto era nada, e até certo ponto, sem sair da esfera da filosofia rústica, eu podia defender o processo dos fabricantes de essências, baseado nesta consideração — que o olfato gosta de tal modo do perfume das rosas e dos junquilhos, que chega a recebê-lo contente das mãos dos cabeleireiros.

Muito mais prejudiciais do que estes são os que destilam os sentimentos — as rosas do coração — para vender as mesmas essências debaixo de diversos rótulos.

Mas, repito, aquilo era nada, ao pé da tal notícia que eu tinha lido numa folha do Sul: a notícia rezava do invento de um vinho de rosas, feito por um processo sumário que não pude reter na memória, que não posso reproduzir aqui por não ter guardado a folha.

Vinho de rosas! Confesso que esta evocação tão intempestiva da minha memória aguou-me o prazer que eu sentia, assistindo à vida calma e silenciosa daquelas flores tão decantadas pelos poetas. Eu bem sei que já a medicina tinha utilizado as rosas, para aplicá-las como tisana aos seus doentes, donde vem, suponho, este pensamento filosófico de que a beleza é medicina; bem sei que elas tinham sofrido outras transformações, mas, como matéria vinícola é que eu nunca as considerei, nem me afazia a considerá-las. Vênus e Baco na mesma substância! É lícito este ajuntamento nas odes de Horácio, nas canções de Béranger; mas, no armazém do vendilhão, ou na adega do ricaço — eis o que o meu espírito não podia admitir.

Se há caso em que a falsificação seja desculpável, é este. Todos sabem que, em qualquer lugar em que se invente um vinho, há sempre um falsificador disposto a lançar na circulação, com o mesmo nome, um líquido bastardo e nocivo. É o que acaba de suceder também no Sul, onde alguns fazendeiros preparam agora, com os melhores resultados, um vinho nacional. Já em Porto Alegre e no Rio Grande apareceram algumas amostras de uma mistura de pau-campeche e outros ingredientes, com o nome do vinho legítimo do país.

Pois eu desculpava de bom grado o inventor audaz que vendesse uma tintura de erva-cidreira com o nome de vinho de rosas.

Pobres rosas! Não foi para estes ensaios químicos que Deus vos fez tão belas, e que os antigos vos ligaram ao mito de Vênus.

Eu disse no princípio que visitara o canteiro das rosas, antes da chuva destes últimos dias. A chuva leva-me naturalmente a dizer duas palavras aos srs. fiscais, em nome da classe, não dos servos da gleba, mas dos *servos da calçada*.

Não te incluo a ti, ó grande fiscal, ó construtor-mor das estradas do Brasil, ó divino sol, adorado pelos antigos e cantado por poetas de todos os tempos!

É aos outros fiscais, aos que trajam calça e paletó, aos que têm diploma escriturado, assinado e selado. E ainda assim, não é a todos; excluo os bons fiscais que existem e nunca deram que falar à imprensa; minhas referências são à regra geral dos fiscais.

A existência desses só é conhecida, de quando em quando, por umas notícias que a imprensa publica, e que são todas por este teor:

"O sr. fiscal da freguesia de..., acompanhado do respectivo subdelegado, visitou ontem 48 casas de negócio (por exemplo) e multou 22 — 14 por terem pesos falsificados, 8 por terem à venda gêneros deteriorados."

Ora, eu compreendia a publicação de uma notícia como esta, se, em vez de ser concebida em termos tão lacônicos, designasse por extenso as casas multadas, o número e a rua, e o nome dos proprietários.

Deste modo de publicação resultavam três vantagens transcendentais:

1.ª vantagem: — a população da freguesia ficava avisada de que havia um certo número de casas, visitadas e multadas, a que ela daria preferência, à espera que outra turma fosse igualmente visitada e multada, e que oferecesse novas garantias aos compradores, sem prejuízo dos negociantes verdadeiramente honrados.

2.ª vantagem: — como a multa não é punição, visto que, sobre ser diminuta, é tirada dos acréscimos produzidos pelas falhas dos pesos e pela venda ilícita dos gêneros imprestáveis, aconteceria que a publicação do número, da rua e do proprietário constituía assim o verdadeiro castigo.

3.ª vantagem: — esta é a que resulta da antecedente; poucos afrontariam, a troco de alguns réis mal ganhos, a vista de uma publicação, como esta, distribuída pelos vários mil assinantes das folhas.

Sem declinar a honra da lembrança, sinto toda a satisfação em dedicá-la aos fiscais e aos jornais, esperando que deste modo se incluam no mesmo saco a utilidade privada e a utilidade pública. Explicarei estas últimas expressões, antes de passar ao que tenho de dizer a propósito da chuva.

Atribuo a publicação daquelas notícias tão lacônicas à ideia de tornar o público ciente de que tal ou tal funcionário cumpre o seu dever. Ora, sem prejudicar esta utilidade privada, podia-se atender igualmente para a utilidade pública, empregando o sistema que eu tive a honra de desenvolver acima.

Acho inocentíssima a ideia a que atribuo essas publicações, em comparação com outra ideia e outras publicações, de que não são raros os exemplos.

Citarei um fato:

Era um leilão de escravos. Na fileira dos infelizes que estavam ali de mistura com os móveis, havia uma pobre criancinha abrindo olhos espantados e ignorantes para todos. Todos foram atraídos pela tenra idade e triste singeleza da pequena. Entre outros, notei um indivíduo que, mais curioso que compadecido, conjeturava à meia-voz o preço por que se venderia aquele semovente.

Travamos conversa e fizemos conhecimento; quando ele soube que eu manejava a enxadinha com que agora revolvo estas terras do folhetim, deixou escapar dos lábios uma exclamação:

— Ah!

Estava longe de conhecer o que havia neste "ah!" tão misterioso e tão significativo.

Minutos depois começou o pregão da pequena. O meu indivíduo cobria os lanços com incrível desespero, a ponto de pôr fora de combate todos os pretendentes, exceto um que lutou ainda por algum tempo, mas que afinal teve de ceder.

O preço definitivo da desgraçadinha era fabuloso. Só o amor à humanidade podia explicar aquela luta da parte do meu novo conhecimento; não perdi de vista o comprador, convencido de que iria disfarçadamente ao leiloeiro dizer-lhe que a quantia lançada era aplicada à liberdade da infeliz. Pus-me à espreita da virtude.

O comprador não me desiludiu, porque, apenas começava a espreitá-lo, ouvi-lhe dizer alto e bom som:

— É para a liberdade!

O último combatente do leilão foi ao filantropo, apertou-lhe as mãos e disse-lhe:

— Eu tinha a mesma intenção.

O filantropo voltou-se para mim e pronunciou baixinho as seguintes palavras, acompanhadas de um sorriso:

— Não vá agora dizer lá na folha que eu pratiquei este ato de caridade.

Satisfiz religiosamente o dito do filantropo, mas nem assim me furtei à honra de ver o caso publicado e comentado nos outros jornais.

Deixo ao leitor a apreciação daquele airoso duelo de filantropia.

Se queres a caridade às escondidas, dizia-me um dia um filantropo, serás forçado a admitir que a natureza da caridade é a natureza da coruja, que foge à luz para refugiar-se nas trevas: tira as consequências.

Podia opor a este impertinente a figura da violeta e o texto do Evangelho, mas são demasiado clássicos para os filantropos realistas.

Voltemos aos fiscais e à chuva.

O que tenho a dizer àqueles funcionários é amigável e franco. Se há alguns pontos da cidade que ainda não permitem um asseio completo e irrepreensível, há outros que não têm merecido a atenção que se lhes deve. A imprensa anda diariamente cheia de reclamações. Seria útil que de uma vez se pusesse termo a essas queixas, fazendo do asseio da capital uma realidade.

A Câmara municipal ajudaria os srs. fiscais naquilo em que se tornasse necessária a intervenção dela, e deste modo o trabalho não seria ilusório.

Se isto é uma necessidade em todas as circunstâncias e em todos os tempos, muito mais agora que estamos em véspera de receber ilustres hóspedes, e que se hão de celebrar festas por ocasião do auspicioso consórcio de Suas Altezas.

Façamos como faz o pobre asseado que não tem toalhas de linho; ofereçamos a nossa toalha de algodão, mas lavada e engomada.

Creio que esta linguagem está nos limites da moderação e da justiça.

A *Cruz* é o traço de união para ligar todos os assuntos. Não passarei adiante sem dizer duas palavras a respeito do número de ontem. Naquela seara há sempre muita coisa a colher.

Da vez passada, a *Cruz* nos deu o modelo de um bom bispo. Querem os leitores saber o que é um bom católico? Diz a *Cruz*:

> *Um bom católico.* — Uma carta de Argel noticia que no sábado anterior à morte do general Pélissier, duque de Malakof, recebeu ele a absolvição e a comunhão das mãos do bispo de Argel, sendo-lhe administrados os últimos sacramentos na véspera de sua morte.

O que a *Cruz* diz do general Pélissier podia dizer igualmente de centenares de pessoas que morrem na comunhão da Igreja e com todos os sacramentos, sem que, entretanto, fosse necessário adjetivar o substantivo. *Um católico* era suficiente.

Eu só compreendia a notícia da *Cruz*, se acaso o ilustre general, nos últimos dias da vida, estivesse cercado de doutores judeus, maometanos e protestantes, armados de Talmudes, Corãos ou bíblias modificadas, procurando cada seita chamar o moribundo às suas doutrinas; se o general, nesta última Malakof muito mais brilhante que a outra, ficasse fiel aos princípios da Igreja, estava explicada a notícia da *Cruz*, e não só a notícia como o adjetivo.

De outro modo não se compreende.

Não me demoro em outras preciosidades da *Cruz*. Direi, contudo, que já descobri a utilidade desta folha, e estou longe de pensar com os que entendem que uma imprensa deste gênero não serve aos interesses legítimos da religião.

Serve de muito.

O modo, porém, é engenhoso, e adivinha-se até no título da gazeta. A *Cruz* é realmente cruz: serve para experimentar a fé dos católicos; se, no fim de um mês de leitura, o católico não tem perdido a fé em que vive, está livre de tornar-se herege. Isto é o que acontece nas outras partes, com os outros jornais do mesmo, gênero, quer se chamem o *Universo*, a *Nação* ou a *Cruz*.

Passado o traço de união, anuncio aos meus leitores a presença, em nossa capital, de três crianças; dois pianistas e um violinista, Hernani, Liguori e Pereira da Costa; o segundo brasileiro, os outros portugueses. É para completar a época das crianças, já começada pela companhia dos meninos florentinos.

Deixai as crianças virem até nós.

Os florentinos, sobretudo na parte coreográfica, continuam a excitar o entusiasmo do público do Teatro Lírico.

Do talento dos novos artistas chegados da Europa e do Sul do Império, Costa, Hernani e Liguori, apenas sei o que me dizem cartas insuspeitas, e o que escreveram os jornalistas que os ouviram. Creio que brevemente se nos dará ocasião de apreciá-los.

Antes de concluir, quero agradecer a um jornal do Sul, que transcreveu para as suas colunas o pedaço do folhetim em que eu relatava o milagre Lopes Neto. Foi com o mais vivo prazer que eu li essa transcrição, destinada a dar maior publicidade ao fenômeno que tive a honra de descobrir e narrar nestas colunas.

Dar-me-ei por feliz se as outras folhas do Sul e do Norte imitarem o exemplo do nosso colega, de maneira a fazer com que a notícia se espalhe, e chegue a todos a narração do incidente mais importante da sessão parlamentar.

Quem não pode fazer milagres, denuncia-os.

Hão de notar que, de princípio a fim, tenho-me hoje referido ao Sul. É para lá que estão voltados todos os espíritos; o folhetim recebe a influência do tempo, não lha impõe.

Para que se não enfadasse o Norte, eu podia imitar aqui um poeta, filho do Sul, vítima de uma figura e de uma rima. A rima era a palavra *norte* e a figura era simbolizar no Sul o alvo de todos os seus desejos. O poeta produziu este verso:

Ó sul, tu és meu norte!

M. de A.

1º de agosto de 1864

A semana que findou teve duas festas: uma festa da dinastia, outra da indústria; nacionais ambas; ambas celebradas na quinta do Imperador.

Sua Alteza Imperial completou 18 anos; esta circunstância e a do seu próximo casamento deram ao dia 29 de julho maior importância ainda.

Sua Alteza está moça; chegou à idade em que lhe é preciso observar os acontecimentos, estudar maduramente as instituições, os partidos e os homens; enfim, completar como que praticamente a educação política necessária à elevada posição a que deve assumir mais tarde.

Se a esta circunstância ligarmos outra, a do próximo casamento de Sua Alteza, ter-se-á compreendido a máxima importância do dia 29.

Esta importância nada perde de si diante das instituições que nos regem apesar de já ir longe o tempo em que o príncipe de Ligne, dizendo-lhe a Imperatriz Catarina que ia consultar o seu gabinete, respondia:

— O gabinete de S. Petersburgo, bem sei o que é: vai de uma fonte à outra, e da testa à nuca de Vossa Majestade.

Se hoje não é assim, nem por isso o critério do imperante deixa de tomar parte no desenvolvimento e na prática das instituições.

A festa da indústria foi a distribuição dos prêmios conferidos aos expositores da exposição nacional e da exposição de Londres.

Deus sabe quantas folhas de papel eu não gastaria, se dissesse tudo o que se me oferece dizer a propósito da indústria nacional. Limito-me a assinar, com todo o país, os votos de que as frequentes exposições e a iniciativa individual consigam levar a nossa indústria ao maior grau de elevação.

Há muito tempo que me não ocupo de política amena. Não tenho reparado se nos torneios parlamentares tem havido alguma coisa que requeira esta denominação; mas, para não ficar inteiramente baldo desta vez, farei uma vista retrospectiva e denunciarei um pedacinho oratório que escapou a um dos nossos padres conscritos.

Este não usou da fraude a que eu tive a honra de aludir quando escrevi no meu segundo folhetim: — "Será útil que a civilização acabe com este uso de andar de jaqueta diante dos contemporâneos e ir de casaca à posteridade."

Tratava-se de substituir o côvado histórico e a libra tradicional, por denominações novas, arranjadas por meio de raízes gregas. A alteração dos nomes trazia igualmente a alteração dos pesos e das medidas.

Alguns oradores combatiam o projeto, entre outras razões, pela dificuldade e complicações das novas denominações. Um orador, depois de mostrar as vantagens do projeto, passou a apreciar este último argumento, e disse, pouco mais ou menos, estas palavras:

— Não acho, sr. presidente, que esta razão deva pesar em nosso ânimo. Se os nomes são arrevesados, nem por isso deixará de fixá-los a memória do povo. Também não são fáceis as denominações francesas das figuras de quadrilha, e contudo vemos que, em um baile entre nós, apenas o mestre-sala as pronuncia, saem os pares a executar as diferentes figuras mencionadas.

Este argumento coreográfico, este raciocínio próprio de Terpsícore, calou no ânimo dos ouvintes e foi um verdadeiro *en avant tous;* todas as opiniões, adversas, amigas ou vacilantes, ao ouvirem as palavras do orador, deram-se as mãos e fizeram *la grande chaine.*

Felizmente está impresso e há de passar à posteridade como foi ouvido.

Este gosto de ser ameno e divertido invade tudo e aplica-se às coisas mais sérias e mais graves. Exemplo: não há muito tempo li numa folha do Norte uma notícia cujo título era *Quis antes tiro que gaiola.*

Não tive tempo de refletir na elegância da frase; confrangeu-se-me o coração com a ideia de que o noticiarista, a propósito de algum passarinho, escapo da gaiola do caçador e morto com uma carga de chumbo, se lembrasse de ser engraçado e fazer rir os leitores.

Pobre passarinho! — dizia comigo — fizeste um esforço, aproveitaste a porta aberta, e abriste as asas no espaço, ao ar livre, no reino infinito da liberdade em que nasceste. Teu dono estimava-te, mas estimava-te como os tiranos estimam os povos que dominam; ao saber que fugiras enraiveceu-se, espumou, gritou; travou de uma arma carregada, correu ao campo; viu-te sobre uma árvore, a cantar de alegria, disparou o tiro, e deitou-te ao chão!

E como se isso já não bastasse, a única necrologia que tiveste foi um chasco de noticiarista — quando, fugindo à gaiola, tu não fizeste mais do que fazemos nós outros, aves de Platão.

Fiz outras considerações antes de continuar a ler a notícia; mas não sei com que palavras refira o meu espanto, quando, em vez da fuga e da morte de um pássaro, li a narração da fuga e da morte de um homem!

Era um acusado que estava na cadeia; fazia-se o processo, e a justiça não tinha ainda pronunciado a última palavra; o réu tinha, pois, a presunção de inocência. Mas um dia achou facilidade de fugir e fugiu.

Perseguido pelos soldados, o réu deitou a correr por montes e vales; enfim, depois de alguma luta, um soldado, não sei se para intimidar, não sei se para defender-se, disparou a espingarda, e o fugitivo caiu fulminado.

Este fato, cheio de circunstâncias tão lúgubres, despertou o espírito do noticiarista em questão. À cadeia chamou gaiola, comparou o tiro do soldado ao tiro do caçador que vai distrair-se ao mato; misturou e fez uma notícia.

Cabe aqui a máxima de La Rochefoucauld a respeito de quem corre atrás do espírito.

Não corramos nós, leitor, atrás dele; entremos na casa onde se vende impresso, brochado e encadernado, o espírito de todos os homens, mortos e vivos, poetas e historiadores, clássicos ou românticos; vamos à livraria.

A Casa Garnier distribuiu esta semana dois livros, um impresso em Paris, outro impresso no Rio de Janeiro.

Já me tenho referido mais de uma vez à livraria Garnier, a que devemos tantas edições aprimoradas, e que cada dia alarga mais o círculo das suas relações.

O livro impresso em Paris é o 1º volume da obra do sr. Pereira da Silva, *História da fundação do império brasileiro*.

Acompanha o volume um belo retrato do autor.

A edição é magnífica e das melhores que tem feito o sr. Garnier.

Quanto à obra em si, não é possível dizer já coisa alguma, diante do primeiro volume. Parece-me um livro de grande investigação histórica, mas só a conclusão nos poderá dar uma ideia completa e definitiva do valor e do alcance do trabalho.

O autor terá, sem dúvida, compreendido a natureza do cometimento e o alcance das promessas que nos faz.

É difícil aos homens militantes da política apreciar com o olhar imparcial do historiador os acontecimentos do passado; mas uma vez alcançado isso, a glória realça o dever, e o aplauso redobra de entusiasmo.

Tenho a maior sinceridade no desejo de que esta seja a sorte da *História da fundação do império brasileiro*.

A outra obra editada pela livraria Garnier é uma tradução que faltava às academias: *Instituições do Direito romano privado*, de Warnkoenig.

O autor deste difícil trabalho, o sr. dr. Antônio Maria Chaves e Melo, é um homem profundamente versado no latim; empregou no trabalho que agora vê à luz, longos dias e um zelo consciencioso.

Tenho ouvido a muitos competentes louvar o trabalho do sr. dr. Chaves e Melo.

Reunindo a modéstia à ilustração, o sr. dr. Chaves e Melo tem um duplo direito à admiração franca da crítica e do público.

Já que estou na rua do Ouvidor podia ir mais adiante e entrar em casa do Pacheco. Dizem-me que há ali trabalhos, daqueles primorosos que ele sabe fazer. Vejo que é tarde; fica para o folhetim seguinte.

Que vos direi dos teatros, prezados leitores? O Ginásio vai vestir nova roupa; S. Januário interrompeu os seus espetáculos; S. Pedro divide-se entre a *Nova Castro* e a *Romã Encantada;* o Lírico continua a receber o público, que aplaude a Alba e os meninos florentinos.

Quanto a Emília das Neves não se sabe ainda onde representará, e os boatos de hoje são sempre contrariados pelos boatos de amanhã. Ora, indica-se este teatro e esta peça; ora, fala-se em outra peça e outro teatro. Mas a verdade não se sabe ainda.

Suponho ter já falado em três jovens artistas — dois pianistas e um violinista — que se acham no Rio de Janeiro. Também não se sabe o tempo e o lugar em que apresentarão os seus talentos ao público. É, como se vê, uma época de expectativa.

Antes de concluir devo dar uma explicação aos meus leitores habituais.

Apareço algumas vezes à segunda-feira, hoje como na semana passada; mas isso não quer dizer que eu tenha mudado o meu dia próprio, que é o domingo.

A profissão do folhetim não é ser exato como um relógio; e ainda assim, todos sabem como, até na casa dos relojoeiros, os relógios divergem entre si.

Se é lícito ao relógio variar, não é ao folhetim que se deve pedir uma pontualidade de Monte-Cristo.

Eu cismo nos meus folhetins sempre a horas mortas, e acontece que nem sempre posso fazê-lo a tempo de aparecer no domingo.

Fiquem avisados.

Disse horas mortas para seguir a linguagem comum; mas haverá acaso horas mais vivas que as da noite?

É esta pelo menos a opinião de um poeta nos seguintes versos, escritos no álbum de uma senhora de espírito:

HORAS VIVAS

Noite: abrem-se as flores...
Que esplendores!
Cíntia sonha amores
Pelo céu!
Tênues as neblinas
Às campinas
Descem das colinas
Como um véu!

Mãos em mãos travadas,
E abraçadas,
Vão aquelas fadas
Pelo ar.
Soltos os cabelos,
Em novelos,
Puros, louros, belos,
A voar!

— Homem, nos teus dias
Que agonias!
Sonhos, utopias,
Ambições!
Vivas e fagueiras
As primeiras,
Como as derradeiras
Ilusões.
— Quantas, quantas vidas
Vão perdidas!
Pombas malferidas
Pelo mal!
Anos após anos,
Tão insanos,
Vêm os desenganos
Afinal!

— Dorme: se os pesares
Repousares,
Vês? por estes ares
Vamos rir.
Mortas, não; festivas
E lascivas,
Somos — *horas vivas*
De dormir!

M. A.

7 de agosto de 1864

Fui ver duas coisas novas em casa do Pacheco. A Casa do Pacheco é o mais luxuoso templo de Delos da nossa capital. Visitá-la de semana em semana é gozar por dois motivos: admira-se a perfeição crescente dos trabalhos fotográficos e de miniatura, e veem-se reunidos, no mesmo salão ou no mesmo álbum, os rostos mais belos do Rio de Janeiro — falo dos rostos femininos.

Não me ocuparei com esta segunda parte, nem tomarei o papel indiscreto e difícil de Paris, trazendo para aqui o resultado das minhas comparações.

Quanto à primeira parte, é a Casa do Pacheco a primeira do gênero que existe na capital, onde há cerca de trinta oficinas fotográficas.

Há vinte e quatro anos, em janeiro de 1840, chegou ao nosso porto uma corveta francesa, *L'Orientale*, trazendo a bordo um padre de nome Combes.

Este padre trazia consigo uma máquina fotográfica. Era a primeira que aparecia na nossa terra. O padre foi à Hospedaria Pharoux, e dali, na manhã do dia 16 de janeiro, reproduziu três vistas — o largo do Paço, a praça do mercado, e o mosteiro de S. Bento.

Três dias depois, tendo Sua Majestade aceitado o convite de assistir às experiências do milagroso aparelho, o padre Combes, acompanhado do comandante da corveta, foi a São Cristóvão, e ali fez-se nova experiência: em 9 minutos foi reproduzida a fachada do paço, tomada de uma das janelas do torreão.

É isto o que referem as gazetas do tempo.

Desde então para cá, isto é, no espaço de vinte quatro anos, a máquina do padre Combes produziu as trinta casas que hoje se contam na capital, destinadas a reproduzir as feições de todos quantos quiserem passar à posteridade... num bilhete de visita.

A primeira coisa que eu fui ver em casa do Pacheco, foi uma delicada miniatura, verdadeira obra-prima da arte, devida ao pincel já conhecido e celebrado do sr. J. T. da Costa Guimarães.

O sr. C. Guimarães é um dos mais talentosos discípulos que tem deitado a nossa Academia das Belas-Artes.

O novo trabalho de miniatura do sr. C. Guimarães é um retrato de Diana de Poitiers, sob a figura de Diana Caçadora.

Diana de Poitiers foi uma destas criaturas que trazem consigo o elixir de longa vida e o elixir de longa beleza. Aos 40 anos inspirou a Henrique II essa paixão profunda que soube alimentar até os 60, e tão bela era nessa última idade, que um escritor do tempo dizia o seguinte:

"Vi-a seis meses antes de morrer, tão bela ainda que eu não sei se pode haver coração de pedra que se não apaixonasse por ela!"

A miniatura do sr. Costa Guimarães corresponde à ideia que fazemos da amante de Henrique II. Parece representá-la aos trinta anos. É apenas meio corpo, tendo parte de uma espádua e a cintura cingidas por um estofo cinzento, e o resto em toda a esplêndida nudez da beleza. Pende-lhe a tiracolo o carcás, e sobre a testa, no meio de uma onda de magníficos cabelos, vê-se a figura astronômica da irmã de Febo.

A delicadeza de traços, a viveza de colorido, a verdade de expressão, a graça do gesto tornam a miniatura do sr. C. Guimarães um trabalho digno de ser apreciado.

A outra novidade que fui ver à Casa do Pacheco foi um aparelho fotográfico, chegado ultimamente, destinado a reproduzir em ponto grande as fotografias de cartão. Não vi ainda trabalhar esse novo aparelho, mas dizem que produz os melhores resultados. Até onde chegará o aperfeiçoamento do invento do Daguerre?

Feita a justiça à arte moderna e a um dos seus melhores templos, passemos a fazer justiça à própria justiça, ou antes aos que têm por missão representá-la.

Quer o leitor escrever um livro *in-folio*, da grossura de um missal, em caracteres microscópicos? Escreva a história dos abusos judiciários e policiais que se dão cada ano neste nosso abençoado país.

O assunto dá até para mais.

Na semana que findou chegaram gazetas de Campos, onde vêm narrados dois fatos que podem figurar na obra que indiquei acima.

Aqui vai o primeiro:

Um preso de nome Fidélis, acusado por crime de furto, foi ao júri, mas teve de voltar para a cadeia por não ter comparecido uma só testemunha. Ora, Fidélis já está preso há mais tempo, talvez, do que lhe cumpriria no máximo da pena. Não para aqui: a cadeia é imunda; Fidélis entrara para lá de perfeita saúde, mas quando saiu para o tribunal era outro, tão mudado se achava!

Outro fato:

Compareceu também ao júri e inutilmente, como Fidélis, um preso de nome Vidal, cujo crime era o de resistência. Vidal está na cadeia há mais de um ano, e depois que lá está perdeu a mulher e dois filhos, reduzidos à maior miséria.

O *Despertador*, dando notícia deste fato, acrescenta uma frase tocante: "Ah! pobre homem! Quando voltar a casa há de ter saudades da cadeia!"

Se vivêssemos no tempo de Carondas e de Cambises, a medida que se tomaria em casos tais, seria pouco mais ou menos esta: dividia-se o tempo da pena correspondente ao delito dos réus e puniam-se em partes iguais os autores e cúmplices dos abusos que acabo de mencionar.

Não se persuada o leitor que eu lamento os tempos de Cambises e de Carondas, posto que algumas das leis que aqueles dois legisladores fizeram são ainda hoje usadas em vários países.

No sistema parlamentar, por exemplo, usa-se ainda a lei que Carondas decretou sobre os cidadãos que quisessem propor a revogação, a alteração ou o aperfeiçoamento de quaisquer leis do estado.

Quando qualquer cidadão pretendia fazer alguma proposta neste sentido, era levado à Assembleia, com um laço ao pescoço. Se a proposta era aceita, ficava livre; se era rejeitada, corria-se o laço, e havia um cidadão de menos.

O resultado deste sistema era pura e simplesmente a supressão das minorias e a vitória das maiorias soberanas. A mesma lei é empregada hoje, com uma diferença única, e é que o proponente, no tempo de Carondas, morria uma vez, ao passo que hoje morre para ressuscitar e morrer de novo, sempre que se lembrar de iniciar alguma revogação.

Exprimindo-me deste modo estou longe de contestar a comodidade do sistema; limito-me a observar que é essa uma das leis adotadas nos códigos parlamentares.

Se o leitor se aborrece dos assuntos da *Cruz*, salte alguns períodos, e achará outras coisas para ler.

A *Cruz* continua a ver no general Pélissier um modelo de homem católico, coisa que eu não tenho a pretensão de contestar, mas que me serve para dizer à *Cruz* que, na qualidade de gazeta religiosa, ela não deve fazer seleções desta natureza.

Às razões já apresentadas, apresenta a *Cruz* mais uma, no número que se distribuiu ontem.

Tratava-se da guerra da Crimeia; marcou-se o assalto de Sebastopol para o dia 8 de setembro.

Houve quem objetasse que alguns antipapistas podiam ver a escolha do dia como um excesso de devoção; então o general Pélissier insistiu dizendo que, exatamente por ser aquele o dia da Virgem, é que se devia dar o assalto, confiando-se na proteção da mãe de Deus, pensassem os antipapistas o que lhes parecesse. E Sebastopol, diz a *Cruz*, foi tomada no dia 8 de setembro!

Ora, como para mim é ponto de fé que a Virgem não intervém por forma alguma nesta coisa iníqua, ridícula, bárbara e grotesca, que se chama *guerra*, acho que era este o caso de dizer ao finado duque de Malakof: — Fia-te na Virgem e não corras!

A força e a perícia dos aliados é que venceram na batalha; o dia não produziu a vitória, como a bênção do papa não legitimou o Império mexicano (com perdão do sr. Lopes Neto).

Depois de citar mais três atos praticados pelo finado duque — o oferecimento de uma cruz tomada em Sebastopol a uma igreja, o oferecimento dos seus serviços ao papa, e por último, ter morrido abraçado com uma cruz do Santo Sepulcro —, a *Cruz* acrescenta:

"Ah! se os nossos homens de guerra pensassem como este valente general quanto seríamos felizes e o país conosco!"

Dispenso-me do trabalho de desviar dos nossos generais a censura da *Cruz*.

Esta insistência da *Cruz* faz-me lembrar uma célebre discussão havida este ano no Senado, em que tomaram parte alguns ministros sobre se o governo acreditava ou não na Providência; o que, seja dito entre parênteses, não fez crescer mais um bago de café, nem melhorou as condições da liberdade individual.

A propósito de liberdade — há, em uma das províncias do Norte, uma folha com este título, e que parece dar uma significação singular à palavra que lhe serve de bandeira. Com efeito, eis o que esta folha, em um dos seus números, julgou dever escrever a respeito de um assinante remisso:

Velhacaria — É verdade. Agora também podemos afirmar, que o tal Cazuza da mamãe-dindinha é velhaco convicto.

Mandando nos exigir dele o pagamento da assinatura desta folha, de três quartéis — disse ao nosso preto, que nunca a leu!... É preciso ser um infame caloteiro para proceder deste modo. É verdade que quem mandou vender até os fundos de garrafas ao negociante Carreira por 800 réis é capaz de tudo, e de mais.

É transparente o motivo desta linguagem; não foi negar-se o assinante ao pagamento, foi não ter lido a folha. A *Liberdade* reconhece todas as liberdades, menos a liberdade de não ler a *Liberdade*. É como alguns tolerantes que toleram tudo, menos o direito de negar um pouco a tolerância deles.

Oh, vaidade humana!

Para que os leitores não deixem de ter desta vez uma página de bom quilate, recebi pressuroso a carta que me enviou um amigo e colega, e que vai transcrita mais adiante.

Alguns dos leitores quereriam talvez que eu suprimisse as palavras laudativas com que o meu colega e amigo me honra nessa carta, isto por conveniência de modéstia — daquela modéstia *qu'on impose aux autres,* como diz Alphonse Karr. Todavia, eu tomo a liberdade de inserir a carta integralmente, porque isso em nada prejudica a modéstia natural e verdadeira — que é muito diversa da modéstia de convenção e de palavra.

Feito o que, dou a palavra ao meu colega e amigo:

Meu caro poeta.

Nunca ambicionei, como neste momento, possuir a pena maravilhosa que manejas com tanta facilidade e talento, e que se ufana do gracioso condão de transmitir ao leitor o eco simpático e ainda vibrante de tuas inspirações.

Mas, como te conheço, sei que não recusarás a um teu obscuro admirador, um pequeno espaço em teu apreciável folhetim, para te dar notícia de uma reunião a que não assististe, mas de que eu e muita gente conservamos a mais grata recordação.

Em um dos mais pitorescos arrabaldes da cidade, e à porta de uma casa conhecida pela amabilidade dos seus donos, entrava sábado passado um grande número de pessoas que haviam sido convidadas para assistir às fogueiras de Sant'Ana.

Os salões acharam-se em breve povoados de um luzido, elegante e distinto concurso.

O primor das toaletes, a formosura e donaire de muitas senhoras e moças que animavam com a sua presença o risonho recinto daquelas salas, o movimento das danças, as melodias do canto, os sons harmoniosos da música, o rumor incessante das conversações, os ditos de espírito que se cruzavam, os raios fulgurantes dos olhos que se encontravam, e falavam muitas vezes inspirados em sua muda eloquência, tudo isto enfim imprimiu ao encanto desta noite um cunho de interesse, prazer, movimento e alegria que deu um notável realce à festa.

Não me cansarei em mencionar-te o número das quadrilhas, o nome das polcas, a estatística completa do itinerário dançante; basta que te diga que os minutos e os instantes foram aproveitados com usura, e que havendo o baile começado às oito horas da noite, às seis da madrugada ainda se dançava com frenético e delirante entusiasmo!

A esta hora, porém, sucedeu ao rumor vertiginoso do folgar profano, o concentrado silêncio da adoração religiosa. Foi bela e sublime a ideia! Os convidados que haviam tomado parte nos divertimentos da noite, foram assistir a uma missa celebrada em um oratório, ao lado dos salões brilhantes, que ainda há poucos momentos estremeciam ao ruído das danças, ao eco estridente das músicas e ao som encontrado dos sorrisos e das palavras!

Depois da festa do mundo, a festa de Deus! Depois do gozo, a adoração! Depois do sentimento, o êxtase! Depois do homem, o Criador por ele glorificado! Era um quadro novo e impressionante!

Sobre aqueles tapetes, onde poucos instantes antes se agitavam os pés mimosos e rugiam as sedas das elegantes damas, ajoelhavam-se elas agora, prestando o ouvido atento às notas da música religiosa e dos cantos divinos, mais belos ainda e radiantes com este batismo de adoração matinal!

Os que assistiram a este ato sentiram-se melhores, rendendo depois do prazer graças à Providência! A noite consagrada a esta festa não se gastou inutilmente. A consciência revelou a todos que haviam praticado uma ação boa, e os convidados dispersaram-se depois desta cerimônia, agradecidos para com Deus, e gratos para com aqueles que haviam sido os intermediários entre as festas do céu e as da terra!

Que mais acrescentarei a estas palavras? Dizer-te que o serviço, a franqueza, o geral contentamento corresponderam às delicadezas dos donos da casa, seria fazer um pleonasmo, depois de haver-te contado o que se passou, e de saber quem eles são.

Prometi-te, como se faz às namoradas, uma lembrança da reunião. Aceita estas linhas, e possam elas, perfumadas ao contato de teus poéticos pensamentos, recender como os ramos de violetas que as moças desprendem do seio ao voltar do baile. Teu amigo...

No folhetim seguinte direi algumas palavras sobre a noite de anteontem, na Campesina.

M. A.

14 de agosto de 1864

Antes de começar estas páginas consultei alguns amigos.

— Será certo? perguntei-lhes. Os meus olhos não me enganam? Pois o sr. Marquês de Abrantes, um ancião respeitado, um membro da Câmara dos senadores, recinto da gravidade e da prudência, o sr. Marquês de Abrantes, tantas vezes ministro da coroa, proferiu as três palavras de que nos dá conta o *Correio Mercantil*?

Os meus amigos responderam-me suspirando:

— Ah! É mais que certo! S. Exa. proferiu essas palavras infelizes!

As palavras a que me refiro foram ditas em aparte ao sr. Visconde de Jequitinhonha. Aqui vai o pedacinho do discurso para melhor ser apreciado o aparte do ⟨il⟩stre marquês.

⟨...⟩o sr. Visconde de Jequitinhonha:

⟨...⟩já viu, segundo a aritmética *moderna* ou antiga que 69:555$939 ⟨...⟩se 101:668$526? (*hilaridade*). Estou que todos somarão ⟨...⟩que S. Exa., o nobre provedor, achou na casa dos expos⟨tos...⟩ ⟨...⟩1:969$492. O saldo que ficou do ano anterior, diz ⟨...⟩stes 7:200$ dos 20:061$407, fica um déficit, diz ainda o relatório, de 12:000$, quando aliás, digo eu, deve existir em vez de déficit, um saldo de 5:230$508!!!

"Ora, estes enganos crassíssimos que aparecem no relatório, pelo que diz respeito à casa dos expostos, não me dão direito a desconfiar que as contas do hospital geral não sejam exatas?

"Eu espero, sr. presidente, que o nobre provedor explicará isto..."

O sr. Marquês de Abrantes: — "Não caio nessa."

Confesso que ao ler este aparte do sr. Marquês de Abrantes caiu-me a alma aos pés, não só pela vergonha que ele me causou, como pelas considerações que do fato se podem deduzir.

Em que tempo estamos? Que país é este? Pois um funcionário público, elevado às primeiras posições — não para satisfação da vaidade, mas para servir ao país —, responde daquele modo a uma intimação tão grave?

Não é lisonjeiro o estado da nação ante a qual se pronunciam tais palavras com a frescura que elas respiram, e que o ilustre marquês sabe empregar. Com exemplos desta ordem, só conseguireis ter uma mocidade sem fé, sem decoro, sem ilusões; nada alcançareis que seja durável, digno, elevado.

Todos conhecem o ar imperturbável do ilustre marquês. Estou a vê-lo daqui pronunciar as três palavras em questão, e conservar-se tranquilo como se houvesse dito pérolas. Nem a apóstrofe do sr. Visconde de Jequitinhonha pôde movê-lo. S. Exa. ouviu o resto do discurso, tomou os seus papéis e jornais, e desceu para tomar o cupê.

S. Exa. esquece, decerto, que há duas cadeiras do representante da nação: uma no Parlamento, outra na opinião pública; e que muitas vezes o indivíduo ainda ocupa a primeira, quando já tem perdido a outra há muito tempo.

Não consta que S. Exa. tenha explicado as suas palavras. Nem elas sofrem explicação possível. O ilustre marquês só tem um meio de resgatar o perdido. É duro, mas é o único meio leal, sério, digno: é pedir franca e humildemente ao Senado a remissão da culpa, e confessar que aquelas palavras lhe escaparam por um movimento de despeito; é dizer que naquele momento se esquecera de que era um servidor do país, para lembrar-se de que tinha reputação de boas pilhérias; mas que, perfeitamente arrependido, retira as palavras com que ofendera o decoro do Senado e o decoro do país.

Se não fizer isto, creio poder afirmar-lhe que as três palavras hão de servir-lhe de epitáfio, qualquer que seja a expressão de saudade que os seus amigos se lembrem de lhe abrir. Na opinião o epitáfio do nobre marquês há de ser por este teor: — *Aqui jaz um senador do império que, interpelado a respeito de dinheiros públicos, respondeu tranquilamente ao interpelante: Não caio nessa!*

Sem sair do Senado, e apenas volvendo os olhos para os bancos opostos, encontraremos o sr. Jobim, autor de alguns discursos sempre lidos com interesse.

Está hoje provado que os discursos do sr. senador Jobim são o melhor re*dio contra o aborrecimento crônico ou agudo, não porque S. Exa. seja *graça, mas por serem os discursos mais desenxabidos, mais inco*extravagantes que ainda se ouviu.

Tive a pachorra de ler o último discurso de S. Ex*de varias questões, insistiu em algumas, embru*res façam ideia do discurso aí dou o índic*

Carnes verdes;
Matadouro;
Cemitério humano e cemitério de animais;
Falsas aparências do gado vacum;
Águas potáveis;
Necessidade de espalhar o gênero humano;
A mudança da cidade;
Irmãs de caridade;
Instrução superior;
Criação de universidade;
O *Contrato Social*;
Quadro lúgubre dos costumes acadêmicos de São Paulo;
Um axioma de Platão;
Elegia sobre a sorte dos calouros;
Hino em ação de graças por ter-se abolido o entrudo, e algumas palavras sentidas sobre as calças brancas dos homens sérios;
Uma anedota da escola de medicina da Corte, apimentada com algumas reticências;
Indignação por uma comédia em que um magistrado nosso zomba da medicina legal;
Relaxação dos costumes da população de São Paulo;
Etc., etc., etc....

Fora longe, se quisesse apreciar, em todos os seus pontos, o discurso do diretor da escola de medicina. Deixo de parte tudo, para dizer duas palavras a respeito do ponto em que S. Exa. mais se demorou: a academia de São Paulo.

Quem vir o quadro lúgubre pintado pelo ilustre senador suporá que a cidade de São Paulo é uma daquelas cinco cidades que a cólera divina destruiu por meio do fogo celeste. Não repetirei aqui as expressões de que usou S. Exa.; acho que elas não podem fazer boa figura no folhetim.

A mocidade acadêmica de São Paulo não merece, decerto, nem as censuras, nem os epítetos de S. Exa. S. Exa. carregou o pincel na pintura de um quadro que nem mesmo era verdadeiro em outras épocas.

A mocidade de São Paulo é a mocidade; alegre, festiva, folgazã; mas tudo isto, na medida conveniente, sem excitar tão graves receios pelos costumes públicos. É uma mocidade inteligente, estudiosa, laboriosa: funda jornais, como a excelente *Imprensa Acadêmica;* funda associações como o Tributo às Letras, Clube Científico, Ateneu Paulistano, Ensaio Filosófico, Instituto Científico, e outras, tendo a maior parte delas as suas revistas e jornais.

Nessas associações a mocidade estuda, aprende, discute, escreve, aperfeiçoa-se, estabelece o exemplo, anima os menos laboriosos ou menos audazes; em suma, cria esses grandes núcleos de que têm saído tantas e tão vastas inteligências.

Tal é o espírito geral que anima a mocidade acadêmica; um ou outro fato, em épocas já idas, não pode dar lugar à grave censura feita na tribuna do Senado pelo ilustre diretor da escola de medicina.

Se a mocidade, nos lazeres desses trabalhos literários e científicos, mostra-se ardente e alegre, deixai-a, ilustre ancião; é a mocidade, é a esperança, é o futuro;

alegra-se o espírito em vê-la assim, consola-se da tristeza causada pelo *Não caio nessa* de que tratei acima.

Era dever meu, dever de moço, de amigo, de historiador fiel, deixar escrita esta contestação ao sr. Jobim. Mas acaso o corpo do discurso dá alguma importância às invectivas lançadas à academia? Que vale aquela anedota do estudante de medicina? Que vale o cântico à abolição do entrudo? Que vale a censura contra a comédia do magistrado, com a qual o ilustre senador toma lugar entre Guénaut e Desfougerais?

Remeto os leitores hipocondríacos para o *Correio Mercantil* de 10 do corrente, onde vem publicado o referido discurso.

O que nos deve consolar de tudo isto é a marcha brilhante das coisas políticas, e os altos serviços prestados pelo sr. Zacarias. S. Exa., reservando-se o mais que pode nas manifestações da tribuna, apenas aparece lá de quando em quando, para dizer algumas palavras dúbias e desdenhosas, como cabe a um ministro, provando quão pequena é a distância que vai de um presidente de conselho a Sganarello.

> SGANARELLO.
> ... vossa filha está muda.
> GERONTE.
> Sim, mas eu quisera saber donde provém isso.
> SGANARELLO.
> Não há nada mais fácil; provém de ter perdido a palavra.
> GERONTE.
> Muito bem; mas a causa que lhe fez perder a palavra?
> SGANARELLO.
> Os nossos melhores autores dir-vos-ão que é o impedimento da ação da língua.
> GERONTE.
> Mas qual é a vossa opinião sobre este impedimento da ação da língua?
> SGANARELLO.
> Aristóteles diz a este respeito... coisas muito bonitas!

E sem sair deste círculo vicioso, S. Exa. toma um ar airoso, contente de si, descuidoso do resto do mundo, capaz de fazer até perder o ânimo de se lhe abrir oposição.

Todavia, não faltam acusações graves a S. Exa.; uma delas é a esterilidade do seu Ministério. Esta censura é demasiado grave, para que possa ser levantada sem provas, e as provas, em que pese aos acusadores, são contrárias à acusação.

Se apenas tomarmos a primeira metade do mês que corre, como não é farta a lista dos serviços políticos e administrativos prestados pelo ilustre presidente do conselho? Esta lista falará mais claro:

Correram as águas para o mar;
Chegou o paquete inglês;
Choveu alguns bons milímetros;
Todos os moribundos acharam-se com vida, um quarto de hora antes de morrer;
Nasceram várias crianças;
Amadureceram algumas goiabas;
Cessou a geada no interior de São Paulo.

E outros acontecimentos deste gênero, próprios para pulverizar as acusações dos adversários.

Mas, deixemos estes assuntos políticos, para cuidar de outros que reclamam a atenção do folhetim e dos meus leitores.

Não lhes falarei da estrada de ferro; já pouco espaço me resta, e a estrada de ferro merece, não uma coluna, mas um folhetim. Já os leitores conhecem o que se passou no passeio à barra do Piraí, e sabem também que a respeito do desenvolvimento deste grande tesouro do século não pode haver duas opiniões.

Prometi-lhes falar da Campesina e do violinista Pereira da Costa que lá executou várias peças na noite de 7 do corrente.

A Campesina goza por justo título a reputação de um dos melhores pontos de reunião, de conversa, de música e de dança. Contam-se ali amadoras e amadores de música do mais subido mérito.

Foi ali que o violinista Pereira da Costa executou, na noite de 7, algumas peças, com geral aplauso e entusiasmo, graças à arte com que sabe fazer falar o instrumento de Paganini.

Pereira da Costa é um moço de 17 anos. Começou a estudar na idade de 6 anos. Na idade de 9 anos deu no Porto o seu primeiro concerto; em 1858 deu outro concerto em Lisboa, e aí foi brindado pelo finado rei D. Pedro v com um alfinete de brilhantes. O *Centro Promotor* colocou o retrato do jovem artista no seu salão.

Nesse ano partiu Pereira da Costa para Paris, onde estudou dois anos como externo e três anos como interno do Conservatório de Paris. Foi, como Muniz Barreto, discípulo do célebre Allard, de quem possui uma carta, datada de 1863, onde o ilustre mestre declara-o digno de concorrer.

De volta a Portugal deu um concerto no Teatro de São Carlos, em Lisboa, e tão bem se houve, que mereceu de D. Luís I o título de músico da Real Câmara.

Pereira da Costa vem demorar-se algum tempo entre nós. É um artista digno de ser ouvido e aplaudido.

Não passarei adiante sem falar da inauguração da sociedade de baile e canto ultimamente organizada em Niterói.

A bela filha da Guanabara (estilo lírico) precisava de uma sociedade deste gênero que reunisse de quando em quando as famílias do lugar. Esta necessidade está atendida com a sociedade que deu ali a sua primeira partida há dias.

A partida de inauguração foi, como se desejara, verdadeiramente familiar, reinando durante a noite a maior animação e alegria. A simplicidade das toaletes realçava a beleza natural das damas, a graça, a jovialidade; era como que uma festa de família. Dançou-se, cantou-se, tocou-se, até alta noite, e os convivas saíram de lá aguardando a segunda partida, que deve ter lugar este mês.

Com tais convivas e diante da urbanidade dos cavalheiros que dirigem a festa, não é possível que a sociedade niteroiense deixe de concorrer e abrilhantar ainda mais, se é possível, aquelas reuniões.

Estava disposto a escrever uma página de poesia, alusiva à circunstância de contiguidade em que fica a casa da reunião e o mar, mas sou forçado a não continuar por faltar-me o espaço.

Tudo tem limites, até o folhetim!

M. A.

22 de agosto de 1864

Hoje é dia de gala para o folhetim. Visitam-me dois poetas ilustres.

Para recebê-los, eu devia estender os melhores tapetes, queimar os melhores óleos e ornar com as flores mais belas os mais ricos vasos de porcelana.

Não podendo ser assim, faço o que posso com os meus poucos teres.

Os meus hóspedes são americanos, um da América do Sul, outro da América do Norte; ambos poetas, cantando um na língua de Camões, outro na de Milton, e para que, além de talento, houvesse neste momento um elo de união entre ambos, um criou uma página poética sobre uma lenda do Amazonas, o outro criou outra página poética, traduzindo literal, mas inspiradamente, a página do primeiro.

O primeiro é John Greenleaf Whittier, autor de um livro de baladas e poesias, intitulado *In War Time, Em tempo de guerra*; livro, onde vem inserta a página poética em questão.

Chama-se o segundo, na linguagem simples das musas, Pedro Luís, poeta fluminense, dotado de uma imaginação ardente e de uma inspiração arrojada e vivaz, autor da magnífica *Ode à Polônia*, que aí corre nas mãos de quantos apreciam as boas letras.

Tratando do poeta, não é ocasião de mencionar o deputado eloquente, cuja estreia despertou todas as esperanças nacionais e pôs em atividade todas as reações do clero.

A poesia de Whittier, traduzida pelo sr. dr. Pedro Luís, intitula-se *O grito de uma alma perdida*. É o modo por que os índios designam o grito melancólico de um pássaro que se ouve à noite nas margens do Amazonas.

A poesia tradução parece poesia original, tão naturais, tão fáceis, tão de primeira mão, são os seus versos.

Não quero privar os entendedores do prazer de compararem as duas produções, os dois originais, deixem-me assim chamá-los.

Aqui vai a do sr. dr. Pedro Luís:

O GRITO DE UMA ALMA PERDIDA

Quando, à tardinha, na floresta negra,
Resvala o Amazonas qual serpente,
Sombrio desde a hora em que o sol morre
Até que resplandece no oriente,

Um grito, qual gemido angustioso
Que o coração do mato soltaria
Chorando a solidão, aquelas trevas,
O não haver ali uma alegria,

Agita o viajor, com som tão triste
De medo, do ansiar da extrema luta,
Que o coração lhe pára nesse instante
E no seu peito, como ouvido, escuta.

Como se o sino além tocasse a mortos,
O guia estaca, o remo que segura

Deixa entregue à piroga, e se benzendo:
"É uma alma perdida", ele murmura.

"Senhor, conheço aquilo. Não é pássaro.
É alma de infiel que anda penando,
Ou então é de herege condenado
Que do fundo do inferno está gritando.

"Pobre louca! Mofar crê que ainda pode
Da perdição; à meia-noite grita,
Errante, a humana compaixão pedindo
Ou dos cristãos uma oração bendita.

"Os Santos, em castigo, a tornem muda!
A mãe do céu nenhuma reza ensina
Para quem, no mortal pecado, arde
Na fornalha da cólera divina!"

Sem replicar, o viandante escuta
Do pagão batizado essa mentira,
Tão cruel que de novo horror enchia
O grito amargurado que se ouvira.

Frouxamente arde o fogo da canoa;
Em torno aumenta a sombra da espessura
Dos altos troncos com cipós nodosos;
Silenciosa corre a água escura.

Porém no coração do viajante,
Secreto sentimento de bondade
Que a natureza dá, e a fé constante
Do Senhor na infinita piedade

Levam seus olhos à estrelada estância;
E ali os gritos ímpios censurando
Por toda a terra — a Cruz do perdão brilha
Esses céus tropicais alumiando.

"Meu Deus!" exalta a súplica fervente,
"Tu nos amas, a todos; condenado
Para si, pode estar teu filho errante,
Jamais será por ti abandonado.

"Todas as almas te pertencem, todas:
Ninguém se afasta, ó Deus Onipotente,
De teus olhos, nas asas matutinas,
Pois até lá no inferno estás presente.

"Apesar do pecado, da maldade,
Do crime, da vergonha e da amargura,
Da dúvida, e do mal — sempre ilumina
Teu meigo olhar a tua criatura.

"Em teu ser, ó Princípio e Fim eterno!
Reata o fio dessa triste vida;
Oh! muda, muda em cântico de graças
Esse grito infeliz da alma perdida!"

Aqui vai agora o original:

THE CRY OF A LOST SOUL

In that black forest, where, when day is done,
With a snake's stillness glides the Amazon
Darkly from sunset to the rising sun,

A cry, as of the pained heart of the wood,
The long, despairing moan of solitude
And darkness and the absence of all good,

Startles the traveller, with a sound so drear
So full of hopeless agony and fear,
His heart stands still and listens like his ear.

The guide, as if he heard a death-bell toll,
Starts, drops his oar against the gunwhale's thole
Crosses himself, and whispers — "A Lost Soul!"

"No, senhor, not a bird. I know it well —
It is the pained soul of some infidel
Or cursed heretic that cries from hell.

"Poor fool! with hope still mocking his despair,
He wanders, shrieking on the midnight air,
For human pity and for Christian prayer.

"Saints strike him dumb! Our holy mother hath
No prayer for him who, sinning unto death,
Burns always in the furnace of God's wrath!"

Thus to the baptized pagan's cruel lie,
Lending new horror to that mournful cry,
The voyager listens, making no reply.

Dim burns the boat-lamp; shadows deepen round,
From giant trees with snake-like creepers wound,
And the black water glides without a sound.

But in the traveller's heart a secret sense
Or nature plastic to benign intent,
And an eternal good in Providence,

Lifts to the starry calm of heaven his eyes;
And lo! rebuking all earth's ominous cries,
The Cross of pardon lights tropic skies!

"Father of all!" he urges his strong plea,
"Thou lovest all' thy; erring child may be
Lost to himself, but never lost to Thee!

"All souls are Thine; the wings of morning bear
None from that Presence which is everywhere,
Nor hell itself can hide, for Thou art there.

"Through sins of sense, perversities of will,
Through doubt and pain, through guilt and shame and ill,
Thy pitying cry is on thy creature still.

"Wilt Thou not make, Eternal Source and Goal!
In Thy long years, life's broken circle whole,
And change to praise the cry of a lost soul!"

Feitas as devidas honras da casa, como devia e como podia, aos dois eminentes filhos das musas, passo a lançar os olhos aos acontecimentos da semana. Dois assuntos preocupam atualmente o espírito público: os negócios do Rio da Prata e o casamento de Suas Altezas.

Parece que eu devia acrescentar: — e as eleições municipais. Fá-lo-ia sem reserva se acaso fosse assim; mas ninguém se preocupa atualmente com as eleições que hão de ser feitas daqui a 15 dias.

Ninguém, digo mal; ocupam-se e preocupam-se os candidatos, isto é, um quinto da população, ao menos aqui na Corte. Fora desses, ninguém mais gasta dois minutos em pensar no voto que se há de dar no dia 7 de setembro, para renovar a primeira e a última das instituições de um país, como se exprime um grande escritor.

A um dos candidatos à vereança escrevi há dias um bilhete nestes termos: "Quero um bilhete para assistir aos funerais do município. Espero igualmente ser o poeta escolhido para escrever o epitáfio do ilustre finado."

Quando este candidato me encontrou, dias depois, mostrou-se magoado pela liberdade das minhas expressões, e estranhou que eu desse por morto o município, cuja vitalidade demonstrava com as publicações dos jornais... a pedido.

— Olha, dizia-me ele ontem, mostrando-me a segunda página do *Jornal do Commercio,* vês esta infinidade de listas? Queres maior prova da vida do município?

— Meu caro, isso prova apenas a vida dos candidatos, não a do município. Se o município não está morto, está doente; a indiferença pública não pode ser maior do que é hoje. Se o povo se agita e comove na ocasião da eleição política, com igual razão devia comover-se e agitar-se na eleição municipal, porque a municipalidade é o poder que lhe fica mais à vista, aquele que mais direta e frequentemente influi na satisfação das suas primeiras necessidades.

Poupo aos leitores o resto do meu discurso que, apesar de sensato, como se vê, não abalou o candidato; o que não me admirou porquanto a vaidade dele exigia que o povo tomasse grande interesse na luta eleitoral, e que, naquele momento, debaixo de todos os telhados do Rio de Janeiro se discutisse o valor e o alcance de um nome tão distinto como o seu.

Et omnia vanitas.

Os leitores não exigem de mim a enumeração das causas múltiplas que originam esta indiferença pública. Creio, porém, que lerão com prazer algumas palavras com que vou auxiliar o espírito da futura Câmara.

A futura Câmara, para bem desempenhar os seus deveres e levantar a instituição do abatimento em que jaz, deve observar três preceitos.

Esses preceitos são os seguintes:

1º — Cuidar do município.
2º — Cuidar do município.

3º — Cuidar do município.

Se fizer isto, terá cumprido um dever, sem que daí lhe resulte nenhum direito à menor parcela de louvor, e contribuirá com o exemplo para que as câmaras futuras entrem no verdadeiro caminho de que — tão infelizmente — se hão desviado.

Não entrando nas preocupações do espírito público a eleição municipal, reduzem-se aquelas aos negócios do Rio da Prata e ao casamento de Suas Altezas; os negócios do Rio da Prata, pela situação extrema a que chegaram; o casamento, pela próxima chegada dos augustos noivos, segundo corre.

Aqui devo eu dizer qual é a situação do espírito do sr. presidente do Conselho.

S. Exa. vive atualmente sob a influência de dois grandes desejos — espécie de Prometeu, roído por dois abutres — um no fígado, como o antigo, outro no cérebro, abaixo da parte posterior e superior do osso parietal. Segundo a doutrina de Gall e Spurzheim, é neste último ponto que reside o órgão da vaidade.

Deseja o ilustre estadista: uma retirada e uma chegada; a retirada das câmaras e a chegada dos augustos noivos. S. Exa. vê que no alto posto em que se acha colocado, não pode deixar de obter o sacramento da confirmação, e S. Exa. é muito bom católico para não ir em procura dele.

Uma vez alcançado o sacramento, S. Exa. que pode viver independente, mesmo das leis do dever constitucional, passará tranquilamente a vara a outros, recitando o célebre verso de Sila:

J'ai gouverné sans peur, et j'abdique sans crainte.

A propósito do assunto guerreiro da semana, não quero esquecer-me de uma reflexão que ouvi a um deputado, orando há dias na Câmara.

— É necessário, dizia ele, que o Brasil tenha uma forte organização militar, porque é esse o meio de fazer-se respeitar pelas outras potências.

Esta reflexão é de uma justeza irrepreensível, e mostra bem como estamos longe da denominação que aprouve a alguns poetas dar ao nosso século.

Ó força! ó divina força! Quem é que teve a triste ideia de dar-te por morta, enterrar-te e embalsamar-te? Não és tu ainda a grande razão, a *ultima ratio* do nosso tempo?

Despovoado o céu dos pagãos, tenho para mim que ainda lá ficaram dois deuses, aceitos pelo tempo, Mercúrio e Palas; esta, armada em guerra. Assim, quando em janeiro de 1863 se deu no nosso porto o fato das represálias britânicas, imagino que houve entre as duas divindades o seguinte diálogo:

Palas — Ah! o império resistia, armava-se do direito contra as minhas fragatas! Respondia com altivez! Levantava a cabeça diante dos meus canhões! Pois agora sofra as consequências do erro.

Mercúrio — Longe de mim, ó Palas, contrariar o teu justo ressentimento; mas lembro-te que, na desforra legítima que tomaste, fui eu quem sofreu... Respeito as tuas fragatas, por que não respeitarias os meus brigues?

Palas — Mas o insulto que recebi? Ah! eles vão ver coisas bonitas... Londres os espera, Londres há de fazer ouvir a razão àqueles senhores.

Mercúrio — Ouso ainda, ó Palas, fazer uma observação. Se o teu conde Russell quiser levantar a grimpa, o que será de Manchester e Liverpool? E as fazendas de algodão? E a cerveja? E a manteiga? E o canhamaço? E a aniagem?

Palas — E a força da força?

A discussão continuou naturalmente por esse tom, até que Mercúrio, à força de representações e petições, conseguiu acalmar Palas, ficando tão amigos como dantes.

É naturalmente fundado neste diálogo, que o deputado a quem me referi, julga a organização militar um princípio econômico.

Esta situação dos povos armados para terem seguros os direitos, é a mesma situação dos habitantes de uma cidade que não dispensam as fechaduras das portas.

Duas coisas provam que ainda não chegamos ao progresso perfeito: as fechaduras e os tabeliães. Estas duas precauções contra os ratoneiros e os velhacos não existirão decerto no tempo em que uma verdadeira civilização tiver descido a este mundo. Isto não quer dizer que se suprima a fechadura, meio de segurança contra os ladrões corajosos, e o tabelião, garantia contra os ladrões de má-fé, como não se pode ainda suprimir a fechadurazinha de vinte mil homens, para guardar a nossa casa americana.

Uma última observação antes de sair da Câmara.

Temos admirado todos o procedimento do sr. Lopes Neto que, a 16 ou 17 de janeiro, cumprimentou o Ministério com um discurso de oposição decidida, e que daí para cá recolheu-se ao mais prudente silêncio.

Embora me acusem de excentricidade, devo confessar que a mim nada me admirou.

O ilustre deputado, tendo adivinhado o espanto causado pelo silêncio em que se mantinha, lançou agora mão de um meio curioso. Acompanha todas as discussões com um chuveiro de apartes, uns ministeriais, outros duvidosos, nenhum oposicionista.

Aproveitando um dos seus apartes, alusivo ao sr. ministro da marinha e da guerra, eu direi que o ilustre deputado apareceu na Câmara armado de duas espadas, uma com que combateu o Ministério ao nascer, outra com que o defende agora. S. Exa., por uma singularidade, de que nos dá exemplos o sistema parlamentar, vira do avesso o sistema dos Abissínios: apedreja o sol ao nascer, para adorá-lo no resto da viagem.

É evidente que o sistema dos apartes, dúbios ou ministeriais, tem por fim fazer uma transição para os discursos positivamente ministeriais.

Entretanto, devo comunicar ao público a predileção que o sr. Lopes Neto tem pelos trocadilhos.

Um dia, não me lembro em que discussão, pediram a palavra vários deputados. Entre eles estavam alguns de nome Brandão. Alguém que se achava nas galerias, com o ouvido alerta, ouviu ao sr. Lopes Neto as seguintes palavras a um colega:

— Esta discussão há de ser luminosa.

— Por quê?

— Porque estão inscritos todos os *brandões*.

O colega riu-se, e o sr. Lopes Neto também — o que me admirou bastante, porque achei o tal trocadilho muito medíocre, e sobretudo já octogenário.

Se me sobrasse tempo e espaço, discutiria aqui algumas opiniões do sr. senador Ferraz, acerca da imprensa, em um discurso publicado na semana passada. Ficará para a semana seguinte.

Também adio para a semana seguinte a apreciação do romance do sr. A. de Pascual, *A morte moral*, cujo 4º volume acaba de chegar de Paris.

CRÔNICA *Ao acaso*

Os leitores já conhecem naturalmente o volume das fábulas do sr. dr. J. J. Teixeira, algumas das quais viram primeiro à luz nas colunas do *Jornal do Commercio*.

As fábulas do distinto poeta são geralmente engenhosas e conceituosas, cheias de muito sal cômico e muita propriedade. É sobretudo um fabulista brasileiro. Não faz falar somente o mundo animal, faz falar o mundo animal do Brasil.

Dou os meus sinceros parabéns às letras nacionais.

Foi também publicado o 4º volume do *Pequeno panorama*, obra do sr. dr. Moreira de Azevedo.

O nome do sr. dr. Moreira de Azevedo é já conhecido do nosso público, por seus trabalhos de investigação histórica acerca dos monumentos do Rio de Janeiro.

Tão modesto quão talentoso, o sr. Moreira de Azevedo pertence ao número daqueles escritores que não almejam a fortuna das reputações pânicas. Esconde-se o mais que pode para trabalhar, investigar — enfim, concluir a obra encetada há poucos anos sob o título de *Pequeno panorama*.

Esta obra deve ser aceita como um verdadeiro serviço público.

Só agora me chega às mãos o número da *Cruz* que foi distribuído ontem. Nada tem de novo, a não ser uma noticiazinha curiosa.

Diz a *Cruz*:

"A repartição da caridade da irmandade da Candelária distribuiu pelas suas 600 pobres a quantia de 7:000$ durante este último trimestre."

Leram, não? Pois bem: diz agora o evangelho de São Mateus, capítulo V, versículos 2, 3 e 4:

> 2. — Quando derdes alguma esmola, não façais tocar diante de vós a trombeta, como fazem os hipócritas nas sinagogas e nas ruas, para serem glorificados pelos homens. Em verdade vos digo, esses já têm o devido prêmio.
>
> 3. — Mas quando derdes alguma esmola, que a vossa mão esquerda não saiba o que fez a vossa mão direita.
>
> 4. — A fim de que a vossa esmola seja em segredo, e vosso pai, que vê em segredo, vos dará a recompensa.

Apliquem *el cuento*.

Direi em último lugar que se apresentou no Teatro Lírico ao público fluminense o jovem pianista portuense Hernani Braga. Não o ouvi; mas todos são acordes em louvar a talentosa criança e predizer-lhe um futuro brilhante.

Unindo os meus aplausos aos de quantos o ouviram, acrescentarei uma reflexão: — importa muito para o futuro do menino Hernani que, gastando o maior tempo que puder, aperfeiçoe-se na arte para que nasceu, a fim de que, daqui a alguns anos, possa-se admirar, em vez de um, dois prodígios, um moço de talento e um moço de talento instruído.

Agora é força parar. Urge o tempo e manda o calor.

É o agosto de mais feia catadura que tenho visto. Se é assim hoje, que será quando a folhinha de Laemmert nos disser que entrou oficialmente o verão?

Eu não sou como o cigano de Álvares de Azevedo:

> Sou filho do calor, odeio o frio.

Sou filho do inverno, ou antes irmão, pois que nasci com ele; sou profundamente inimigo desta estação contra a qual não há remédio, nem mesmo o passeio público — sobretudo o passeio público.

E com isto, deixo a trípode.

M. A.

28 de agosto de 1864

Mais alguns dias e está o Ministério em férias.

Às férias! às férias! Livros para um lado, pedra para o outro, coração à larga, toca a saltar e a brincar, até que volte o tempo de entrar de novo no regime das sabatinas e das lições.

Até lá folgança e alma livre.

O curso deste ano foi longo.

Durante oito meses andou o Ministério de Herodes para Pilatos, do Senado para a Câmara, onde inventou uma maioria, da Câmara para o Senado, onde inventou um superlativo, por órgão do sr. Dias Vieira, com grave desgosto dos mestres da língua portuguesa.

Não sei por que guardaria eu este segredo que a posteridade pode ter a curiosidade de saber. O superlativo foi este:

— Não direi a este respeito, sr. presidente, mais coisíssima nenhuma.

Deste modo — oh! primogênita filha da latina! — se um Vieira te ilustrou, outro Vieira te deslustra.

Mas, o que se não esquece com umas férias parlamentares? Aí vem o tempo dos lazeres e do recreio. Custa, mas há de chegar.

Todavia, nem sempre a ausência das câmaras traz tranquilidade ao espírito do governo; se não há câmaras, há muitas outras coisas capazes de desesperar um santo, quanto mais o Ministério que não é santo, o que, seja dito entre parênteses, verifica este dito de S. Francisco Xavier: — Que a igreja do diabo imita a igreja de Deus.

Por exemplo, aqui vai uma anedota.

Disseram-me que num destes dias andou a secretaria da Justiça numa verdadeira confusão.

Era meio-dia quando lá entrou o sr. Zacarias. Parecia outro homem. Cabisbaixo, triste, meditabundo. Falava a todos, não falava a ninguém, porque mal dirigia uma palavra a qualquer, interrompia-se logo, antes de concluir.

De repente, apressava o passo, como se tomasse uma resolução súbita, depois voltava ao passo demorado com que entrara, tudo isso sem perder aquela graça única que faz de S. Exa. a Eufrosina ministerial.

.................*ses gardes affligés*
imitaient son silence autour de lui rangés.

Sentou-se à mesa, assinou alguns papéis, ora em cima, ora em baixo, ora sobre a parte já escrita, e deste modo inutilizou grande soma de expediente.

Foi uma consternação geral.

Choviam os comentários.

Dizia um:

— Não tem que ver. Os negócios do Rio da Prata complicam-se; naturalmente o corpo diplomático estrangeiro mandou alguma nova nota coletiva, por insinuação do sr. Dias Vieira. Não é outra coisa.

Cochichava outro:

— Nada, não é isso. Inclino-me a crer que a legação inglesa insta pela emancipação geral dos africanos livres, e S. Exa. está agora entre a espada e a parede. A situação, na verdade, é difícil; mas S. Exa. é homem superior, patriota, etc.

Acudia um terceiro:

— Quanto a mim, suponho que S. Exa. rompeu com a maioria da Câmara. A maioria, naturalmente, quis governar, e S. Exa. entende que ele é dono da fazenda, no que lhe acho razão. Verão que é isto.

Enfim, um quarto opinava por este modo:

— Aposto o meu lugar em como S. Exa. está amofinado por outra coisa muito mais séria. Vê que a sessão legislativa está a findar-se, e que o orçamento não está pronto. Talvez não possa prorrogar a sessão, *faute de combattants*.

Tais eram os comentários que circulavam nas salas e nos corredores; mas ninguém podia afirmar positivamente qual fosse o motivo de tanto alvoroço no faceiro cisne que dirige agora os negócios do Estado.

Pude investigar as coisas, e estou de posse do verdadeiro motivo, que é este: S. Exa. tinha perdido um botão da casaca.

Em aparência o motivo é frívolo, mas bem examinado é dos mais poderosos.

Motivo frívolo é a perda do concurso de dois ministros, o da Agricultura e da Guerra, o que faz do Ministério (com perdão de quem me ouve), um Ministério de pé quebrado.

Mas, como pelos domingos se tiram os dias santos, pode-se adivinhar o que fariam os ministros inválidos, por aquilo que fizeram e por aquilo que não fizeram.

Tenho já à mão um exemplo.

Uns fornecedores do arsenal de guerra incorreram em multas, não sei agora por que falta de condição. Requereram ao sr. ministro da Guerra para serem relevados das multas, e o ilustre ministro deu um despacho... Ah! que despacho!

Despachou S. Exa.:

"À vista das circunstâncias dos cofres públicos não tem lugar serem aliviados das multas. Cumprissem as condições do contrato se as não queriam pagar."

Do que resulta:

1º que não se dispensam multas quando os cofres públicos estão em penúria;

2º que, quando nos cofres há dinheiro em abundância, o Estado distribui o caldo à portaria e perdoa todas as dívidas por sua conta e risco;

3º que, se os fornecedores tivessem cumprido as condições, não pagariam as multas, o que eqüivale a dizer que mr. de la Palisse

> Un quart d'heure avant sa mort
> Il était encore en vie.

Oh! manes do cônego Filipe! Não é verdade que este despacho vos está vingando das boas risadas que temos dado à vossa custa?

Ora, eu pergunto se, à vista deste despacho, à vista da nota *Ad referendum* do sr. Dias Vieira, à vista do artigo do código ressuscitado pelo sr. Zacarias, pergunto se, à vista de tudo isto, pode o atual Ministério ter a pretensão de dirigir seriamente os negócios do Estado?

Diz a isto o sr. Zacarias que as pastas ministeriais são as suas Termópilas, e que S. Exa. é o novo Leônidas, de modo que ninguém lá há de entrar enquanto viver um espartano que seja.

Esta resolução do sr. Zacarias e uma opinião do sr. senador Fonseca foram as duas coisas que mais me divertiram na semana passada.

O senador paulistano tratou da venalidade eleitoral. Denunciou que nas eleições se compravam votos, sem rebuço. Todavia, S. Exa. fez uma exceção à probidade ituana. Em Itu, conforme diz S. Exa., compram-se votos, é verdade, mas se o votante acha segundo comprador que lhe dá mais, aceita o segundo importe, e restitui o primeiro preço. A isto chama S. Exa. um fundo de probidade. Em português e boa moral chama-se pôr a consciência em almoeda.

Desculpe-me a população ituana; eu falo pelas informações do ilustre representante de São Paulo.

Tenho pressa em ver-me desde já livre dos assuntos da política amena.

Já reparei que alguns membros do Parlamento costumam várias vezes suprimir os discursos nos jornais e nos anais, substituindo-os por estas palavras: *O sr. F... fez algumas observações.*

Qualquer que seja a insignificância das observações e a modéstia dos referidos membros do Parlamento, como o Parlamento não é uma academia onde se vão recitar períodos arredondados e sonantes, o país tem o direito de saber de tudo o que aí se diz, mesmo as observações insignificantes.

Porquanto, o fato da publicação dos discursos por extenso ou em resumo não tem por objeto mostrar que tal ou tal representante fala com elegância e propriedade, mas sim dar à nação o conhecimento da opinião que o dito representante manifestou e o modo por que a manifestou.

Isto quanto à razão de ser da publicação. Querem agora saber os inconvenientes deste sistema de supressão? Apliquemos a observação ao caso que me sugeriu este reparo, e que se deu há poucos dias com um sr. deputado na discussão de uma aplicação de lei.

O cidadão que reside, por exemplo, nos confins de Goiás, ao ver tão sucinta notícia dada pelo modesto deputado, diz consigo:

— Ah! O sr. F. fez algumas observações sem declarar em que sentido! Não se sabe, pois, como ele entende a aplicação da lei, de modo que pode, no caso de ser ministro, praticar inteiramente o contrário, sem que se lhe vá às mãos! Ah! o sr. F. é engenhoso! o sr. F. é atilado! o sr. F. é previdente!

E outras coisas que me parecem muito pouco agradáveis de ouvir.

Tudo isto se remediava se, em vez da sucinta notícia a que me referi, viessem as observações por extenso ou em resumo.

Enfim, para terminar com a política amena, o sr. Jobim orou de novo e declarou-se dotado de uma impassibilidade antiga *diante dos insultos que recebeu de São Paulo.*

S. Exa. refere-se à resposta que mereceu da *Imprensa Acadêmica,* a propósito do que ele disse dos costumes da Faculdade de São Paulo.

Tomo a liberdade de convidar S. Exa. a confrontar as suas apreciações com a resposta da *Imprensa*. Verá que, ao lado da linguagem digna e séria da *Imprensa*, as suas reflexões humorísticas fazem muito fraca figura.

Quer o sr. Jobim mais uma prova dos maus costumes da mocidade acadêmica de São Paulo? Tenho diante de mim um folheto denominado: *Uma Festa da Inteligência*.

É escrito pelo sr. Belfort Duarte.

O sr. Belfort Duarte é membro efetivo e já foi orador de uma das sociedades que eu mencionei no folhetim antepassado, o Instituto Jurídico.

O dia 11 de agosto, aniversário da inauguração dos cursos jurídicos no Brasil, foi, como sempre, festejado em São Paulo.

O Instituto Jurídico festejou esse dia tão grato à família acadêmica. Essa festa é o objeto do folheto que tenho agora ante os olhos.

Talento brilhante e cultivado, espírito ardente e cheio de nobre entusiasmo, o sr. Belfort Duarte comemorou a festa e o dia em algumas páginas que honram o seu nome e respondeu perfeitamente às esperanças da mocidade. *Uma Festa da Inteligência* não é só uma leitura simples, é uma página que se deve guardar, tão brilhante e vigoroso é o seu estilo, tão nobres e elevadas são as suas ideias.

O sr. Belfort Duarte, já o eu sabia, é daqueles talentos sérios e refletidos, cuja falange cresce e vigora cada dia, por bem do futuro do país.

Tal é o sr. Belfort Duarte, tal é a mocidade acadêmica, em que pese ao sr. Jobim, que achou na defesa da *Imprensa* um insulto, e no seu discurso uma página oratória — o que eu não contesto, se acaso é isso necessário ao sistema nervoso do ilustre senador.

Já lembrei as três condições essenciais que estão impostas à nova Câmara municipal, a fim de que ela possa sobressair no meio das câmaras anteriores. Apontarei agora uma especialidade.

Os jornais reclamam todos os dias contra o abandono e o abuso a que estão condenadas as árvores plantadas em certos pontos da cidade. Tais são, por exemplo, as do Campo da Aclamação e as do Catete.

No Rio de Janeiro houve sempre horror às árvores. Ninguém pode explicar o fenômeno, mas ele existe. Infelizmente, tanto a população como a municipalidade acham-se animadas do mesmo sentimento, o que faz com que as árvores não possam medrar.

Todos sabem em que estado se acham, por exemplo, as árvores do bulevar Carceler, hécticas e diliceradas, graças ao horror de que falei acima.

Já estou a ouvir daqui uma pergunta infeliz: — Se a Câmara municipal tem horror às árvores, como as faz plantar? Ao que eu respondo: — Se a Câmara municipal não tem horror às árvores, por que as não faz conservar?

Estas observações foram-me sugeridas durante um passeio que eu dei anteontem à noite no terraço do Teatro de São Pedro, contemplando o plantio do largo e descrevendo na imaginação o estado em que havemos de vê-lo ainda, mais dia menos dia.

Dei o referido passeio no terraço do Teatro de São Pedro, enquanto se cantava o primeiro ato do *Ernani*, por não ter podido penetrar na sala.

Ah! é que estava cheia a deitar fora. Todos quantos gostam da ópera italiana lá se achavam, levados por dois motivos: a ópera e a companhia.

Esta companhia foi entusiasticamente aplaudida na Bahia, onde esteve durante três meses.

Aqui veio encontrar outra no Teatro Lírico; mas, confiando em si e nos recursos de que podia dispor, conseguiu instalar-se no Teatro de São Pedro.

Não se enganou a companhia nas esperanças que nutriu; o acolhimento foi entusiástico e o sucesso dos mais completos. Dizer que o mereceu é confirmar a opinião do público escolhido que lá esteve.

Todos os artistas foram chamados à cena; especialmente prenderam a minha atenção, a sra. Tabachi e o sr. Pozzolini, soprano e tenor. A sra. Tabachi, apesar de comovida e incomodada, como se achava, mostrou possuir uma voz pura, simpática e maviosa. O sr. Pozzolini pôde revelar os grandes recursos de que dispõe e a bela voz de tenor que possui. Tanto o sr. Nerini, baixo, como o sr. Bonetti, barítono, mereceram, como já disse, sufrágios de verdadeira simpatia.

Alguns pedaços foram cantados de modo a arrebatar o público.

A sra. Francisca Tabachi não tem só a voz de que falei, é igualmente dotada de uma figura graciosa e de um rosto simpático. É positivamente um tipo de brasileira, parecendo ao vê-la, que a um tempo lhe embalaram o berço as brisas de Sorrento e as brisas da Guanabara.

Tão belos olhos e tão gracioso semblante explicam o amor de Ernani e os acontecimentos da tragédia.

Não só o mérito da companhia convida a concorrência; acrescem outras razões: a companhia nada percebe dos cofres públicos, confia unicamente em si; e, segundo sou informado, o sr. Merciaj associou à sua empresa um cavalheiro, patrício nosso. Enfim, possui um regente de orquestra, o sr. Bezanzoni, perfeito conhecedor das funções que exerce.

Pode-se dar como certo que o público concorrerá aos espetáculos da nova companhia. Os que ainda não viram, vão vê-la, que não se hão de arrepender.

Aí chega a *Cruz;* cessa tudo.

A *Cruz* dedica-me trinta e uma linhas, como resposta ao meu folhetim passado.

No folhetim passado transcrevi uma notícia da *Cruz,* e um texto do evangelho de São Mateus. A notícia dava parte das esmolas feitas pela associação de caridade da Candelária, e o texto de São Mateus recomendava o segredo de tais atos, para não imitar os hipócritas das sinagogas.

A esta simples confrontação responde a *Cruz* que ela não tem nada com a associação da Candelária; que, portanto, São Mateus não escreveu para ela; finalmente que a boa razão lhe manda publicar as boas obras dos outros para terem imitadores.

Ora, para fazer a confrontação entre a notícia da *Cruz* e São Mateus, eu fundava-me neste raciocínio: a *Cruz* escreve-se e distribui-se na Candelária, os redatores pertencem àquela igreja; logo, é claro que, havendo ali uma associação de caridade, os redatores da *Cruz* fazem parte dela, porque, mesmo que eles tenham um pão, é natural que o repartam com os pobres, não sendo possível acreditar que eles assistam impassíveis às esmolas que se lhes fazem nas barbas.

Isto posto, publicar os benefícios da associação é publicar os próprios benefícios.

Em vez de explicar estas coisas, a *Cruz* responde com aquela violência habitual, tão longe da mansidão evangélica. Não é nova, nem particular à freguesia da Candelária. Mas não há nada que irrite um homem como eu, que está disposto a divertir-se com todos os ridículos políticos, clericais, ou simplesmente humanos.

O que é certo é que eu tenho a vaidade de supor que já vou melhorando a *Cruz*; a respeitável folha da Candelária já não apresenta aquelas notícias e observações com que eu procurei distrair muitas vezes os meus leitores.

Isto mesmo — *escrevendo ao acaso,* meus caros amigos da *Cruz*.

Até domingo.

M. A.

5 de setembro de 1864

Poucas semanas terão sido como a passada, em que os acontecimentos de toda a espécie se sucederam e puseram o espírito público em atividade.

Começou a semana pela queda do gabinete de 15 de janeiro, sucedendo imediatamente a ascensão do de 31 de agosto.

Já não é presidente do conselho o sr. Zacarias de Góis. De um dia para outro faltou-lhe o apoio parlamentar. Era a consequência legítima da vida que levou. Não se trava do timão do Estado para fazer um passeio de gôndola veneziana, à luz dos archotes e ao som dos bandolins.

A queda do gabinete assemelhou-se à catástrofe de Hipólito. Ele ia tranquilo, mas pensativo, sobre o carro, deixando flutuar as rédeas dos corcéis. Surgiu o monstro da legenda, sob a figura de um voto simbólico, e, apesar de todos os esforços e da magna luta, o gabinete teve de ceder, e caiu fulminado.

Sua agonia foi longa: durou trinta e seis horas; durante esse tempo morriam, antes que ele, as esperanças de que se manteve. Parece que um deus vingativo cercava a morte do sr. Zacarias de tantas torturas quantas foram as ambições que o alimentaram em vida.

S. Exa. morreu com todos os sacramentos, menos o crisma, o que foi profundamente doloroso, não para nós, mas para ele. É certo, porém, que não há mal que não deixe alguma vantagem, e S. Exa. teve uma não pequena. Por isso, segundo consta, o gabinete proferiu em coro, na hora de morrer, estes dois versos de Racine, no referido episódio da morte de Hipólito.

Le ciel, dit-il, m'arrache une innocente vie;
Prends soin, après ma mort, du triste Zacharie,
Cher senat...

E o Senado ouviu tão sentida prece, guardando lá o finado ministro, até que soe a hora da sua ressurreição política.

Correu, mas eu não afirmo, que, para que o espetáculo de que falei não se compusesse somente de um pedaço trágico, chegou a haver um *Recrutamento na Aldeia,* a fim de ver se o gabinete podia continuar a dirigir os negócios do Estado.

Naturalmente foi boato falso.

O que é certo é que está dissolvido o Ministério, a grande aprazimento da opinião. Tão famosa retirada não pode deixar de ser comemorada no folhetim, onde em vida se falou tanto do gabinete. Mas o folhetim é como os gatos: acaricia arranhando. Em vista do que quero lembrar ao sr. Zacarias a moléstia da sua ambição, dando-lhe a sentida despedida do príncipe de Orange ao conde de Horn, às portas de Bruxelas:

— *Adieu, comte sans terre.*

Duas palavrinhas acerca do sr. Barão de S. Lourenço.

Eu só me ocupei de S. Exa. duas vezes e a propósito do horror que S. Exa. manifestou pelos poetas. Os leitores deste folhetim lembram-se, decerto, que eu tive então a honra de converter o ilustre senador, assumindo assim a grandeza de um São Paulo, e S. Exa. a nobreza de um Dionísio.

Desta vez, venho apenas mencionar que o nobre senador declarou ontem pelo *Jornal do Commercio* ser a um tempo Sócrates e Temístocles. Lamenta que, como o guerreiro grego, *fosse preterido* por Euribíades para o comando das forças confederadas. Euribíades neste caso é o sr. visconde de Abaeté, presidente do Senado. S. Exa. responde ao bastão do sr. visconde de Abaeté como Temístocles: — Bate, mas ouve. Na opinião do Temístocles baiano, Euribíades *é de um mérito medíocre*; S. Exa. é que devia comandar as forças confederadas; em termos claros, o Senado devia apear o sr. visconde de Abaeté e pôr no seu lugar o sr. Barão de S. Lourenço, *o primeiro guerreiro de seu tempo* que já viu passar as balas perto de si.

Que modéstia!

No meu folhetim passado referi um superlativo inventado pelo sr. Dias Vieira. Fi-lo então, como uma destas coisas que podem entrar no folhetim, para fazer sorrir o leitor fatigado com as tribulações da semana.

Mas um amigo meu, que o é também do ex-ministro dos Negócios Estrangeiros, julgou dever dirigir-me algumas linhas a este respeito. Entendo que não devo deixar de mencionar o fato. Em prova de lealdade, se algumas vezes escrevi expressões menos agradáveis a S. Exa., não deixarei agora de comunicar-lhe que possuo um amigo e um amigo que me não consente a publicação do nome. É uma ave duplamente rara: amigo e sem ostentação.

Podia, se me sobrara espaço, transcrever aqui a carta do meu amigo, e escrever-lhe duas linhas em resposta. Acrescentaria mesmo algumas palavras justificando a fuga que ele fez do campo da poesia para o da política, atendendo-se ao sentimento de gratidão que o levou a fazê-lo. De um ou de outro modo estou certo de que ele ficaria amigo como dantes.

Passo a anunciar um livro. É mais uma obra do sr. A. E. Zaluar, autor de muito belo verso e muita bela prosa.

Folhas do Caminho é o título do livro que vai ser distribuído dentro em pouco tempo.

Não é um livro propriamente de viagem. É a reunião das fantasias, lendas, impressões, episódios, que durante o caminho foi achando a imaginação do autor.

Pude surpreender uma circunstância e venho denunciá-la: o livro é dedicado a uma senhora elegante e espirituosa, do Rio de Janeiro. Tão graciosa lembrança é própria de um poeta e digna de uma musa: a musa compreenderá a obra do poeta. A felicidade do livro não podia ser mais segura nem mais decisiva.

Passemos ao teatro.

Apareceu finalmente ao público fluminense a eminente atriz portuguesa Emília das Neves. A peça escolhida era *Joana, a Doida*, já representada entre nós por João Caetano e Ludovina.

O vasto bojo do Teatro Lírico estava cheio de espectadores, levados pela natural curiosidade de ver de perto a celebrada artista.

Confesso que, para fazer um estudo mais profundo e amplo do talento de Emília das Neves, careço de maior espaço do que tenho agora. O que posso dizer hoje é o simples resultado das impressões de uma noite.

Estas impressões são daquelas que se gravam profundamente e dificilmente se desvanecem do espírito.

O sucesso de Emília das Neves foi dos mais legítimos.

Deve-o ao superior talento que possui e à subida arte com que soube formá-lo, aperfeiçoá-lo, legitimá-lo pela lição dos mestres e pela aplicação do estudo.

A peça escolhida pode dar de algum modo a medida dos seus recursos e dos seus dotes. Joana é a expressão exaltada do amor, do amor que chora, vinga, pede e enlouquece; do amor que faz da rainha uma mulher, da mulher uma Nêmesis, da Nêmesis uma louca.

Representar cabalmente Joana era dar prova de uma alta capacidade artística. Emília das Neves conseguiu este resultado com que ganhou uma vitória esplêndida.

A gravidade do gesto, a eloquência da fisionomia, a distinção do porte, uma natureza abundante casada a uma arte profunda — tudo isso se encontra na eminente artista. E se a estes dotes, juntar-se o de uma voz que sabe falar, gemer, odiar, comover, teremos reconhecido em Emília das Neves os seus talentos capitais e os seus altos recursos.

Não me sobra tempo para mencionar uma por uma as belezas que o público aplaudiu anteontem. A ilustre artista as teve em larga escala, sobretudo no 2º, 3º e 5º atos.

— Mas o falar lisboeta? dizia-me um amigo ao sair do teatro.

A este amigo respondi eu:

— Pouco me importa que o artista fale o lisboeta ou o fluminense, contanto que, tendo de fazer uma declaração de amor, mostre sentimento de amor, isto em fluminense ou em lisboeta. A expressão do sentimento, que é absoluta, é tudo quanto eu exijo; o resto é relativo.

Abri um dos folhetins passados com chave de ouro; é com chave de ouro que vou fechar este.

Os leitores já têm conhecimento do romance *Morte moral*, de que eu prometi notícia mais detida, sem ter até hoje podido fazê-lo. Esta demora produziu um benefício para mim e para os leitores. À espera do que eu disser, leiam a carta que o sr. conselheiro José Maria do Amaral acaba de dirigir ao autor da *Morte moral*. É uma página honrosa para ambos, e gloriosa para mim que tenho o prazer de ser o primeiro a divulgá-la.

Ouçamos o ilustre escritor:

Meu caro Adadus Calpe. Concluí ontem a segunda leitura da sua obra intitulada: *A Morte moral*.

Ontem mesmo fui à sua casa — mas em vão — para tributar-lhe as honras devidas ao seu talento incontestável e mui superior, e também para agradecer-lhe a honra que me fez, presenteando-me com um exemplar do seu importante livro.

Hoje vai por mim esta carta testemunhar-lhe as minhas intenções frustradas ontem. Queira, pois, considerá-la como tributo de admiração e, ao mesmo tempo, como abraço afetuoso.

As formas e as dimensões de uma carta não comportam a análise formal de um livro da ordem do seu.

O título da obra, só por si, revela o intuito filosófico do autor.

Em verdade, a morte moral, embora nos seja apresentada como simples novela, é uma apreciação muito ponderosa do estado atual do gênero humano, estudado relativamente às condições da vida social.

Quatro volumes habilmente compostos, com vistas tão filosóficas, riquíssimos de importantes lances da vida real, comentados com notável critério, e com segura experiência do mundo, só podem ser dignamente analisados em escrito especial trabalhado com muita e mui séria meditação.

Contudo, aqui posso desde já declarar que a índole e ação dos admiráveis personagens da sua novela deixaram-me vivamente possuído das seguintes verdades.

A sociedade humana, tal qual está organizada, não é a luta do bem com o mal, como se diz vulgarmente, é mais que isso, é a soberania absoluta do mal e a vassalagem efetiva do bem.

O mal, que na ordem social tem por causa primária o princípio animal, posta em plena atividade por meio do predomínio dos sentidos, é força real e permanente.

O bem, que é o influxo do princípio psicológico realizado pela inteligência cultivada, é quase hipótese, é acidente.

Este fato deplorável, quero dizer, o predomínio do instinto animal, é a causa magna dos tristíssimos efeitos deste conjunto de contradições a que chamam estado social.

Visto que inegavelmente a sociedade é obra da civilização, no teor desta devemos procurar os motivos da péssima organização daquela. Ora, é forçoso confessar que a civilização dominante mantém, debaixo de aparências cristãs, a realidade gentílica — a sensualidade.

Esta faz consistir a vida quase exclusivamente nos deleites materiais, e o gozo desta natureza produz em último resultado o egoísmo.

O egoísmo é, com efeito, a alma da civilização atual, porque só dele pode proceder uma ordem social, em que talvez dois terços dos sócios *nominais* são na *realidade* vassalos infelizes dos egoístas que constituem o outro terço.

Importa reagir contra esta civilização falsa e nociva, restabelecendo a verdadeira civilização cristã, que contrapõe ao predomínio da matéria o da alma, e ao gozo sensual o gozo mais moral que pode haver — a caridade.

A civilização que tem por princípio o materialismo, por doutrina a sensualidade e por conseqüência infalível o egoísmo, é necessariamente "morte moral".

Para o leitor sério é esta a *filosofia* contida no seu livro e posta em ação pelas figuras principais do drama.

O pobre Aníbal, cego duas vezes por falta de vista e de educação, é o processo do egoísmo da civilização falsa, a condenação do presente.

César e Almerinda constituem o programa do futuro, quanto à parte política, à parte civil, e à parte doméstica da reforma social.

O padre Guise é o representante do princípio fundamental da verdadeira civilização cristã: *alteri ne facias, quod tibi non vis*.

Pela minha parte, basta-me esta preciosa essência da sua obra para considerá-la como escrito de ordem muito superior à das simples novelas; porque contém interessantíssimas teses relativas à organização social e mui dignas de serem estudadas e discutidas.

Por agora, pois, prescindo da forma notável do livro, apesar dos primores com que o talento do autor a enriqueceu.

Parece-me que os filhos desta terra amigos das letras, hão de congratular-se pela aquisição da *Morte moral,* e dar-lhe na literatura pátria o lugar de honra que na sua classe incontestavelmente lhe pertence.

Admita estas breves considerações relativas ao seu livro, meu caro Adadus Calpe, como prova da atenção com que o li, e também como fundamento do tributo de respeito e afeição que venho prestar ao autor tão distinto pela inteligência como pela ilustração.

J. M. do Amaral.

Laranjeiras, 26 de agosto de 1864.

M. A.

11 de setembro de 1864

Subamos à trípode.

Não vos direi daqui, ó fluminenses, aquilo que dizia o cínico Diógenes, no dia em que se lembrou de clamar em plena rua de Atenas:

— Ó homens! ó homens!

E como os atenienses que passavam se reuniam em torno do filósofo, e lhe perguntavam o que queria, ele lhes respondeu com a mordacidade do costume:

— Não é a vocês que eu chamo; eu chamo os homens!

Não vos direi isso, ó fluminenses, mas confesso que nos primeiros dias da semana tive vontade de dizê-lo, nu e cru, na verdadeira expressão da consciência.

Eu via aproximar-se o dia nacional, sem que se anunciasse, nem nas folhas nem nas conversações, uma festa, uma manifestação de regozijo público.

Muitos atribuíam esta indiferença ao fervor eleitoral; mas esta razão não procedia no meu espírito, porque eu, como já disse, via o fervor eleitoral apenas em um quinto da população, isto é, nas fileiras dos candidatos.

Não era, portanto, o fervor eleitoral.

Mas o Rio de Janeiro preparava-se calado, organizava as festas silenciosamente, como um cidadão prepara o jantar para o dia dos seus anos. Na véspera fez os convites; não dormiu essa noite; foi esperar o raiar da aurora e saudou entusiasticamente o dia nacional.

É verdade que a campanha eleitoral sempre tirou algum entusiasmo às festas, ou antes, deu-lhes um caráter variado, porque exercer o direito de voto, também é celebrar a emancipação política.

A data gloriosa da nação não passou indiferente aos nossos olhos e aos do estrangeiro. Arrependo-me de ter duvidado um dia de que a capital do Império se mostrasse zelosa das glórias do país. É verdade que, ouvindo os tiros de honra dados pelas fortalezas e pelos vasos de guerra, não me pude furtar à lembrança daquele infeliz Bananeira, morto de fome, depois de ter contribuído com o seu braço e o seu valor, para a independência da nossa pátria.

No hay miel sin hiel, dizem os castelhanos.

O Rio de Janeiro esteve luzido e elegante no dia 7, graças às luminárias, às exposições de casas de modas, ao povo que se aglomerava nas ruas, às bandas de música, aos vivas matutinos, etc., etc.

Os leitores não esperam de mim uma descrição circunstanciada do que houve, nem eu lhes quero infligir semelhante coisa. Todos viram o que houve, e todos leram a descrição feita nos andares superiores dos jornais.

Sem intenção de fazer exclusões odiosas, mencionarei apenas três fatos: a festa da Petalógica, a dos Ensaios Literários e a exposição do estabelecimento fotográfico do Pacheco.

A Sociedade Petalógica, como é sabido, teve nascimento na antiga casa do finado e sempre chorado Paula Brito. Quando a sociedade nasceu já estava feita; não se mudou nada ao que havia, porque os membros de então eram aqueles que já se reuniam diariamente na casa do finado editor e jornalista.

Cuidavam muitos que, por ser *petalógica,* a sociedade nada podia empreender que fosse sério; mas enganaram-se; a Petalógica tinha sempre dois semblantes; um jovial, para as práticas íntimas e familiares; outro sisudo, para os casos que demandassem gravidade.

Todos a vimos, pois, sempre à frente das manifestações públicas nos dias santos da história brasileira. Ainda neste ano a velha associação (*honni soit qui mal y pense!*) mostrou-se animada do mesmo entusiasmo de todos os anos.

De outro lado, tivemos a Sociedade Ensaios Literários, da qual já tenho falado diversas vezes, sempre com admiração.

Também ela celebrou a independência, a portas fechadas, na sala das suas sessões, onde se tocou, cantou e recitou, acrescendo este ano a novidade da presença de algumas senhoras.

Os leitores sabem o que penso desta associação modesta, mas distinta, de moços de talento e de coragem no trabalho.

Enfim, o estabelecimento fotográfico do Pacheco também abriu as suas salas à visita do público.

A Casa do Pacheco é a primeira desta corte, de um lado, pelo luxo e pelo gosto, do outro, pela perfeição dos trabalhos. O público fluminense já a conhece sob estes dois pontos de vista, e tem feito plena justiça ao distinto fotógrafo. Acrescentarei apenas a opinião de um homem autorizado em coisas de artes, como de letras: Porto-Alegre. Em uma carta, dirigida a um dos seus numerosos amigos desta corte, diz o ilustre poeta, referindo-se ao Pacheco, que *ele estava ficando um dos primeiros fotógrafos do mundo e que os seus trabalhos podiam competir com os melhores de Paris e de Berlim.*

O público teve, portanto, mais uma ocasião de apreciar e admirar as fotografias daquele estabelecimento.

Assistiram às festas da nossa independência suas altezas o conde d'Eu e o duque de Saxe.

Os augustos visitantes, que aqui se acham há nove dias, já têm visitado diversos estabelecimentos e alguns pontos dos arrabaldes.

Diz-se que na semana próxima vão, com toda a família imperial, passar alguns dias em Petrópolis.

Petrópolis, como se sabe, é o partido do verão, como o Rio de Janeiro é o partido do inverno; estes dois partidos não lutam nunca, como os partidos políticos. Concordaram em governar uma vez cada ano — um no inverno, outro no verão; em chegando a época marcada, a cidade dominante passa as rédeas da governança à cidade dominada e esta recebe em si a sociedade distinta.

Este espetáculo de uma harmonia tão perfeita não nos oferecem, como já disse, as lutas eleitorais. Temos o exemplo diante de nós. Que batalha! Durante um mês andaram os candidatos em guerra aberta, como os dentes de Cadmo, destruindo-se uns aos outros, com pleno direito cada um deles, isso é verdade.

Como na tradição mitológica, alguns hão de escapar, não cinco, mas nove, que irão construir, não a cidade de Tebas, mas a municipalidade, instituição que tem sido nula até hoje e que eu quisera ver levantar-se do nada para ser alguma coisa.

Outro objeto em que todos reconhecem necessidade de reforma, a fim de ser alguma coisa, porque realmente não vale nada é o correio.

O correio é um monumento vivo da incúria. Se disto não resultasse mais do que um serviço negativo, era mau decerto, mas ainda assim o espírito público tinha menos de que andar alvoroçado. Mas o correio é um perigo, um verdadeiro perigo para a honra e para a propriedade. Uma carta que não chega ao destino nem sempre fica inutilizada; some-se muitas vezes, perde-se ou desaparece. E, sem querer fazer aqui nenhuma injúria aos diversos funcionários espalhados pela vasta superfície do Império, o espírito do particular não fica tranquilo e tem tudo a temer de uma carta perdida.

Esta repartição merece decerto as vistas do novo ministro, e carece de uma urgente reforma, sem a qual ficaremos condenados a ter um correio nominal.

Já que estou no capítulo das coisas que reclamam a atenção da autoridade, lembrarei de passagem dois fatos de que nos chegou notícia há poucos dias: o milagre de Viana, no Maranhão, e a nova santa de Sorocaba, em São Paulo.

Descobriu um morador de Viana que uma imagem de Santa Teresa começava a lacrimejar. Durou a umidade dos olhos três horas; o dono da casa examinou o quadro, mas não descobriu nada que pudesse contrariar a ideia de milagre.

Tudo isto era já singular para o vianense; mas a santa não parou nisso; na quarta-feira de trevas apareceu sobre o rosto da imagem uma nuvem azul, que passou a ser verde; o colo tomou uma cor vermelha; as lágrimas continuaram a correr.

Fora longe se continuasse a referir estas ocorrências que puseram em alvoroço os crédulos vianenses.

A santa de Sorocaba é uma mulher hedionda e miserável, que, a favor da credulidade do povo, achou um novo meio de ganhar a vida. Tem em casa um Santo Antônio milagroso, o qual, a troco de setecentos e vinte réis, que se dão à sacerdotisa, absolve os pecados e distribui indulgências plenárias. Dá-se, além dos setecentos e vinte réis, uma libra de cera para alumiar o santo, mas que o santo não tem o prazer de gozar em toda a plenitude, porque acumuladas as libras de velas, a sibila é obrigada a converter metade em moeda corrente.

Dizem que, apesar do aspecto imundo, a mulher é proprietária.

Não pode haver duas opiniões sobre este último fato. Estou certo de que as autoridades de São Paulo hão de pôr cobro à especulação da velha de Sorocaba.

Quanto ao milagre de Viana, deve-se crer que não será fácil nem imediata a repressão. Naturalmente procederá exame de uma comissão de eclesiásticos, e sabe Deus o que não dirá a comissão, sobretudo se a *Cruz* fizer parte dela!

O último número deste jornal apareceu ontem como sempre: é uma nênia aos frades. A folha da Candelária pede a reparação das instituições monásticas. Fora dos frades, não há salvação. Na sua dor — *dans sa douleur* — a infeliz lastima não ser o governo para fazer, com uma penada, o que tanto deseja. Não o declara expressamente, mas transparece do escrito.

Em diversos pontos a *Cruz* deixa uma saudade ao reinado dos mosteiros e conventos. Mas em alguns vai até censurar implicitamente os próprios frades, porque não reclamam do governo as reformas de que precisam, e porque não vão a outros países *mais livres* inflamarem-se no espírito dos seus institutos.

Mais livres, diz a *Cruz*, dando a entender claramente que o Brasil não é completamente livre. Não é livre porque, como ela nota em outro artigo, o governo e o Parlamento têm feito e executado algumas leis de tolerância religiosa. De modo que a falta de liberdade está no excesso de liberdade.

Sem dizê-lo claramente, a *Cruz* lamenta que se tivesse feito a lei dos casamentos mistos, e que haja templos de seitas dissidentes nesta capital. É preciso fazer uma triste ideia da geração a quem se fala, para dizer hoje coisas destas, que nos atiram para o tempo das perseguições religiosas.

O que sobretudo a folha da Candelária não perde nunca é o tom de ódio, de cólera, de rancor, com que se exprime. Em vez de opor às invectivas e aos erros, se querem, uma frase branda, evangélica, persuasiva — a *Cruz* acende-se naquele furor sagrado, que um poeta caracterizou tão bem nestes versos:

> Dont la haine terrestre au feu du ciel s'allume
> Et qui nous percera la langue avec sa plume?

O folhetim não discute, assinala. Não discutirei, portanto, as expressões da *Cruz*. Farei apenas mais uma observação — é um erro tipográfico.

Referindo-se ao sr. Jobim, diz a *Cruz*: Mas que provas quer *lua* Excelência? Cuido que a *Cruz* queria dizer: Mas que provas quer *Sua* Excelência? — Importa-me fazer esta retificação para que os malévolos não achem relações indiscretas entre o luar e o sr. Jobim.

Aqui faço uma transição brusca.

Apareceram ao público no Teatro de São Pedro, os célebres campanólogos, cujo secretário, o sr. d. Santiago Infante de Palácios, já havia chegado a esta corte, e tinha preparado tudo para a estreia da célebre família.

O público aplaudiu muito os trabalhos da companhia, e ela o merece, sem dúvida alguma. Não me incumbirei da difícil tarefa de explicar o meio por que os campanólogos tocam os seus instrumentos; por muito que explicasse os leitores não entenderiam.

O trabalho da família Sauwyer é um exemplo do que pode a destreza e a paciência. Imaginem seis pessoas a executar, com 150 campainhas, os mais belos trechos líricos, com a mesma precisão e presteza, com que se faria em um piano.

Os campanólogos vão aparecer mais vezes ao público; são realmente admiráveis para merecer o aplauso dele.

Emília das Neves representa hoje a *Mulher que deita cartas*. Só daqui a uma semana poderei dar conta das minhas impressões. É de crer que elas confirmem as que me deixou a representação de *Joana Doida*, que é um dos seus mais belos florões artísticos.

Mais algumas linhas e vou escrever as minhas iniciais.

Que querem dizer estas iniciais? perguntava-se em uma casa esta semana.

Uma senhora, em quem a graça e o espírito realçam as mais belas qualidades do coração — disse-me um amigo —, respondeu:

— M. A. QUER DIZER, PRIMEIRAMENTE, MUITO ABELHUDO, E DEPOIS, MUITO AMÁVEL.

O meu amigo acrescentou:

— Alegra-te e comunica isso aos teus leitores.

M. A.

19 de setembro de 1864

Crise! Crise! Crise!

Tal foi o grito angustioso que se ouviu, durante a semana passada, de todos os peitos da população e de todos os ângulos da cidade.

A fisionomia da população exprimiu sucessivamente o espanto, o terror, o desespero, conforme cresciam as dificuldades e demorava-se o remédio.

Era triste o espetáculo: a praça em apatia, as ruas atulhadas de povo, polícia pedestre a fazer sentinela, polícia equestre a fazer correrias, vales a entrarem, dinheiro a sair, vinte boatos por dia, vinte desmentidos por noite, ilusões de manhã, decepções à tarde, enfim uma situação tão impossível de descrever como difícil de suportar — tal foi o espetáculo que apresentou o Rio de Janeiro durante a semana passada.

Mas, se uns davam à crise esta feição e esta gravidade, outros, no desejo de aliar o zelo da lei e a salvação pública, viam na crise um alcance menor, e conseguintemente não aconselhavam o emprego de remédios heroicos.

Os remédios heroicos, que uns aconselharam e outros combatiam, eram medidas aplicadas pelo governo, conforme o extraordinário da situação. Tais remédios, dizia-se, terão a virtude de atalhar o mal e acalmar os espíritos.

Os que pediam isto fundavam-se no princípio de que não se cura um cancro com água de malvas.

E fundavam-se igualmente na moralidade da seguinte anedota:

Um homem achava-se encerrado em uma sala. Cai uma vela e comunica o fogo a uma cortina. Ele procura extinguir o fogo, mas não pode; as chamas devoraram em poucos segundos a cortina, começavam a tisnar uma porta, e já lambiam o teto. Vendo a gravidade do perigo, o homem corre à porta da saída, mas desgraçadamente estava fechada; procura a chave sobre as mesas e cadeiras, nos bolsos, na secretária, e nada!

Entretanto, o fogo lavrava com intensidade. Aturdido, e não querendo gastar mais tempo em procurar a chave, o infeliz chega à janela e grita por socorro.

A tempo o fez, porque exatamente passava nessa ocasião um homem que ouviu o grito e subiu.

Quando o infeliz sentiu que o salvador estava do outro lado da porta, gritou:

— Fogo! Fogo!

— Espere um pouco, respondeu o outro.

— Arrombe a porta!
— Não; é preciso ver uma chave. Com chave é que se abre uma porta. Tenho algumas comigo, vou ver uma por uma, vejamos esta: é muito grande. Outra: nada! Bem. Outra: não entra!
— Cresce o fogo, arrombe a porta por favor!
— Não arrombo! Mais uma chave: esta há de servir. Mau! Não dá volta. Ah! Aqui vai a última: não serve.
— Por favor, arrombe a porta!
— Mas depois?
— Depois, fica arrombada até que se extinga o fogo; não faz mal; posso daí em diante fechá-la com uma tranca de pau, até que cheguem os ferreiros para consertar a fechadura. Depressa! depressa! O fogo está a alguns palmos de mim!
— Meu caro, está salvo.
— Ah!
— Está salvo, fazendo ato de contrição e encomendando a alma a Deus. Eu não abro as portas senão com chaves; quando não tenho chaves não arrombo as portas.

Ora, o homem morreu, e a casa ficou reduzida a um montão de cinzas.

Era o caso da crise comercial. É sempre conveniente abrir uma porta com chave, mas nos casos de incêndio, em não havendo chave, duvido muito que se possa recorrer a outro meio que não seja o arrombamento.

Felizmente, o governo, auxiliado pelas vozes generosas da imprensa e pelo voto esclarecido do Conselho de Estado, compreendeu a magnitude da situação e aplicou o meio extraordinário do arrombamento, certo de que os ferreiros consertarão depois a fechadura.

Uma crise como esta não dá lugar a nenhum outro acontecimento. Tudo passou desapercebido. A crise era o último pensamento da noite, e o primeiro pensamento da manhã. Era o assunto obrigado das conversações nas ruas, nos cafés, nos jornais.

Aqui, esquecendo a gravidade das circunstâncias, devo mencionar um fato que prova em favor de um rifão popular: — em tempo de guerra, mentira como terra.

Correram mais mentiras em uma semana de crise, do que costuma correr em um ano de circunstâncias normais.

Era algum espirituoso que as inventava? Era a interpretação exagerada que se dava a alguns boatos fundados? Não sei, talvez uma e outra coisa; mas o certo é que, de meia em meia hora, todas as bocas repetiam, com a maior sinceridade e convicção, os boatos mais incongruentes e as mais inconsistentes asseverações.

Mas, no meio de tantas asseverações e conjeturas, foi agradável de ver que nada se articulou contra a casa, cuja falência produziu a crise. De ordinário, as coisas passam-se de outro modo: também as ovações do infortúnio têm os seus apedrejadores. Doença humana — vocação de apedrejar.

A crise trouxe o fechamento dos teatros. Não se repetiu por isso, na quinta-feira, a *Mulher que deita cartas,* com Emília das Neves.

Ainda não tive ocasião de falar aos meus leitores acerca de Emília das Neves no papel de Gemeia, naquele drama.

O drama, como se sabe, foi um drama de ocasião e feito por encomenda imperial. Tira o assunto do fato do pequeno Mortara. Segundo se disse então, Napoleão III encomendara a composição de uma peça em que aquele episódio servisse de base. Disse-se mais que, além do autor confesso, outro havia da própria casa do imperador. A presença deste no espetáculo confirmou os boatos.

Isto basta para predispor contra a peça a crítica sensata. Naquelas condições não se faz drama, faz-se panfleto. Encomenda não é arte.

Todavia, se no caso atual a gente não ouve uma peça literária, também não ouve o que conta ouvir: argumento em vez de diálogo, silogismo em vez de lance dramático. Ganha-se sempre alguma coisa.

A moralidade da *Mulher que deita cartas* é a tolerância religiosa; a peça acaba quando a mãe cristã e a mãe judia confundem as suas lágrimas sobre a cabeça da filha comum.

Este desenlace, que eu esperava ver ontem combatido na *Cruz*, se a *Cruz* não tivesse suprimido o número de ontem, tranquiliza e alivia o espírito das fortes comoções que recebe durante a peça.

O interesse consiste na perseverança com que a mãe judia procura a filha adotada pela mãe cristã, e, uma vez encontrada a filha, na luta entre as duas mães, no conflito doloroso entre o amor da educação e o amor da natureza.

Apesar da importância relativa dos outros papéis, Gemeia é a personagem que nos atrai mais a atenção.

Li a peça a fio, e creio poder julgá-la em breves palavras.

Gemeia devia ser a um tempo a mulher judia e a mulher humana. Tenho visto muitas judias em cena; o erro capital dos autores está em reunir nas suas heroínas todos os distintivos do caráter judeu, sem cuidar em lhes dar um coração humano.

Ora, Gemeia poucas vezes é mulher, mas é sempre judia. De princípio a fim, procura com amor, com perseverança, com desespero, a filha de suas entranhas, mas em tudo isso está longe de ser a Raquel das Escrituras ou a Hécuba de Eurípides.

O enunciado basta para reunir muitos votos à minha opinião. Não descerei a minuciosidades. Vê-se em geral que o autor da peça tem presente o contrato da encomenda, e busca fugir ao movimento natural para ceder à necessidade de produzir tal efeito, ou chegar a tal conclusão.

Em prova disto citarei apenas a cena capital do drama, aquela em que as duas mães levam a filha à situação de escolher uma ou outra. É uma cena absurda e fora da natureza. Não negarei que há aí lugares tocantes e expressões pungentes; mas isso não legitima a totalidade da cena, nem justifica a existência do lance.

Feitos estes reparos ao drama, confessarei que alguns pontos foram aplaudidos com justiça.

Emília das Neves desempenhou o papel de Gemeia.

Tendo já conhecimento do drama, direi que, apesar do imenso talento da artista, receei que nem sempre pudesse triunfar das escabrosidades do papel.

Mas então esquecia-me de que muitas vezes os artistas realçam as obras, dando relevo às belezas secundárias, ou criando novas belezas nos lugares em que elas são inteiramente nulas.

Ouvi a peça até o fim, e, se me devesse guiar pelos aplausos, outro seria o meu juízo. Os aplausos não pagaram o merecimento. Emília das Neves confirmou plenamente a apreciação feita neste mesmo lugar por ocasião de *Joana Doida*.

Uma arte consumada dá-lhe os meios de tudo criar e colorir tudo. Ou exprima um sentimento, ou acentue uma palavra, ou faça um gesto, vê-se que ela sabe realizar a difícil e rara aliança da arte e da natureza.

O papel de Gemeia tem, como disse, defeitos capitais. O talento da artista pode disfarçar esses defeitos, e dar-lhe, não o interesse da curiosidade, mas o interesse da humanidade.

Em mais de uma cena subiu ao patético; teve gritos de leoa para as agonias supremas, teve lágrimas tocantes para as dores do coração; soube ser mãe e mulher.

Familiar aos grandes efeitos da cena, Emília das Neves emprega-os com a discrição necessária para não cair das alturas da natureza e da arte. Sombria ou radiante, irada ou terna, amorosa ou odienta, ela sabe que, em cada uma dessas fases do sentimento, a arte exige um toque ideal.

As duas peças representadas bastam para julgá-la. Dizem que as duas peças que ainda falta representar são de gênero diverso, de modo a mostrar ao público as diferentes faces do talento da artista. Cita-se as *Proezas de Richelieu*, em primeiro lugar, e depois a *Dama das camélias* ou a *Judite*. Eu preferia a *Judite*, não por supor que o seu talento, tão variado como é, não possa reproduzir a paixão de Margarida Gauthier; mas pelo desejo de vê-la calçar o coturno trágico e brandir o punhal de Melpómene.

A representação da *Mulher que deita cartas* teve lugar antes da crise. Como disse, durante a semana passada, o teatro esteve fechado por ordem superior.

É que realmente aquele acontecimento absorvia todos os outros. Até a própria eleição concluiu-se no meio da indiferença geral.

A apuração de todos os sufrágios do município está feita. Acha-se, portanto, composta a nova Câmara municipal; acha-se composta de novos homens, uns conservadores, outros liberais, estes em maioria.

Já tive ocasião de manifestar os meus desejos de que a nova Câmara realize os desejos de todos os munícipes.

Esses desejos limitam-se a que trate do município seriamente, acudindo às suas necessidades mais urgentes, empregando utilmente as suas rendas, melhorando o pessoal do seu serviço, corrigindo ainda, se for preciso, os regulamentos a que está sujeito esse pessoal, de maneira que o clamor público venha a calar-se, e a cidade e os seus subúrbios possam viver contentes e felizes.

Por exemplo, não haverá um melhor sistema de limpeza da cidade, em virtude do qual não ande a gente condenada, em tempo de chuva, à lama, em tempo de sol, à poeira?

Não haverá um meio de vigilância que venha garantir as árvores plantadas em vários pontos da cidade, do vandalismo que as torna hécticas e mofinas? E na transplantação dessas árvores não convirá consultar os meios que a ciência fornece para que das cicatrizes produzidas no ato da transplantação não lhes resulte a morte certa?

Tais são alguns dos inumeráveis pontos para que se espera que a nova Câmara municipal atenda, a fim de produzir todos os bens que promete e que se lhe devem exigir.

Aqui devia eu acabar se não houvesse de dar uma notícia grata para as letras.

Um jovem acadêmico de São Paulo acaba de publicar um livro de versos. Chama-se o livro *Vozes da América*, e o poeta Fagundes Varela.

Varela é uma vocação poética das mais robustas que conheço; seus versos são inspirados e originais. Goza na academia de São Paulo, e já fora dela, de uma reputação merecida; as esperanças que inspira, ele as vai realizando cada dia, sempre com aplauso geral e singular admiração.

Ainda não vi as *Vozes da América*. Mas por cartas e jornais de São Paulo sei que é um livro, não só digno irmão dos que Varela publicou anteriormente, mas ainda um notável progresso e uma brilhante promessa de outras obras de subido valor.

Apenas receber o volume, hei de lê-lo, e direi com franqueza e lealdade aos leitores o que pensar dele. Estou certo de bater palmas.

M. A.

27 de setembro de 1864

Antes tarde do que nunca.

O folhetim demorou-se um dia porque, à hora em que devia preparar-se e enfeitar-se, para conversar com os leitores, corria pelo caminho de ferro em busca das águas do Paraíba.

Nenhum homem de gosto, que tenha em algum apreço as maravilhas da natureza e os prodígios do braço humano, pode deixar de ir ver, ao menos uma vez na vida, os trabalhos arrojados e os panoramas esplêndidos que lhe oferece uma viagem pela estrada de ferro de D. Pedro II.

Direi mesmo que ali a natureza cede o passo ao homem, tão pasmosas são as dificuldades que a perseverança e a ciência conseguiram vencer.

O futuro das estradas de ferro no Brasil está garantido e seguro. Quem venceu até hoje, vencerá o que falta. Um anel unia em consórcio o doge e o Adriático; o vagão consorciou já a civilização e o Paraíba. Esta união não pode deixar de ser fecunda. E a prole que vier deve ter como brasão e como senha o nome do cidadão eminente que preside ao desenvolvimento de uma obra tão colossal.

O folhetim aplaude os progressos sérios; mas ri dos progressos e dos melhoramentos ridículos. Há-os assim.

Uma hipótese:

O leitor foi aluno do conservatório de música; lá esteve muito tempo e de lá saiu como entrou; nunca pôde entender o abecedário musical; a semifusa era uma esfinge que o leitor não pôde desencantar, como Édipo, mas que também não o devorou, por felicidade nossa; em resumo, o leitor perdeu alguns anos de vida, e achou-se um dia condenado a lançar mão de outra profissão qualquer.

Mas como? O leitor é fanático por música; frequenta o Teatro Lírico, e não perde uma récita que seja; é o primeiro que entra e o último que sai; assiste à afinação dos instrumentos, acompanha de cabeça todos os andantes e alegros. Quando sai do teatro está desvairado. Atira-se ao piano inútil que tem em casa, a ver se pode, mesmo sem o auxílio das regras, reproduzir as harmonias que sente em si. Mas nada consegue, faz um ruído infernal, atordoa os vizinhos, perde uma noite de sono, e é obrigado a passar o dia seguinte de cama.

Desengana-se por fim: é para a música um ente nulo. Mas quem pode deixar facilmente a primeira ilusão que acalentou no peito? O leitor hesita, estremece, consulta o céu, arranca um punhado de cabelos, até que um dia de manhã, segunda-feira passada, vai ter-lhe às mãos o *Jornal do Commercio*, e o leitor vê aí a seguinte notícia:

Música a vapor. — Segundo o *Jornal dos Debates,* devia haver na rua Neuve Bossuet, em Paris, uma sessão pública e gratuita, dada pelos srs. Carlos Hermann e Rahn, para se poder apreciar toda a importância de um novo ensino musical, em que o professor Rahn pensa há muito tempo, e que vem a ser a resolução do seguinte problema: habilitar *qualquer indivíduo* a compor um trecho de música e a improvisar em um piano com tanta presteza como se escreve uma carta e se improvisa uma conversação.

Deixo em claro o monólogo de satisfação que o leitor naturalmente há de produzir depois de ter lido as linhas que aí ficam transcritas.

Graças aos srs. Rahn e Carlos Hermann, o leitor, até então completamente leigo na arte de Euterpe, pode vir a ser um músico notável e preencher a missão de que se supõe investido.

Antes não poderia fazê-lo; a música era então um monopólio dos gênios e dos talentos que Deus criava e o estudo instruía. Hoje a música democratiza-se; não só Mozart pode ser músico, como pode sê-lo qualquer indivíduo, o leitor ou eu, sem precisar nem de talento nem de estudo.

Mais. O estudo e o talento tirariam ao sistema dos srs. Rahn e Carlos Hermann o maior mérito que eu lhes vejo, que é a supressão daquelas duas condições.

Tínhamos até aqui as máquinas de moer música, na expressão de um escritor ilustre; agora temos máquinas para fazer música, o que é — em que pese aos fósseis — o supremo progresso do mundo e a suprema consolação das vocações negativas.

Daqui em diante todas as famílias serão obrigadas a ter em casa uma máquina de fazer café e uma máquina de fazer música — para digerir o jantar.

Além da vantagem de vulgarizar a arte, o novo sistema é útil pela economia de tempo. O tempo é dinheiro. Achar um sistema que habilite a gente a compor uma sinfonia enquanto fuma um cigarro de Sorocaba, é realmente descobrir a pedra filosofal.

Três vezes salve, rei Improviso!

Que vales tu agora, velha Inspiração? Os tempos te enrugaram as faces, e te amorteceram os olhos. Tens os cabelos brancos, vê-se que a tua realeza chega ao termo; é preciso abdicar. Sôfregos de viver e de produzir, queremos em teu lugar um rei ativo, sôfrego, pimpão, um rei capaz de nos satisfazer, como o não fazes tu que já andas trôpega de velhice.

Tudo isto que acabo de dizer, diria naturalmente o leitor se acaso estivesse na hipótese que figurei.

Estas conversas semanais, como o título indica, produzem-se à medida que a memória vai despertando os sucessos e as reflexões vão caindo ao acaso dos bicos da pena.

Assim que, sem procurar um elo que ligue dois assuntos, passo de um a outro quando o primeiro se esgota e o segundo vem procurar o seu lugar no papel.

Já tive ocasião de falar no sr. Ataliba Gomensoro, jovem estudante de medicina, que não há muitos meses fez a sua estreia literária com uma comédia num ato, *Comunismo,* representada no Ginásio.

O mesmo teatro representa agora uma nova comédia do sr. Ataliba Gomensoro, denominada *O Casal Pitanga.* É um ato.

O Casal Pitanga é um progresso sobre o *Comunismo.* No *Casal Pitanga* a intriga é mais bem ligada e o movimento mais natural, posto que estas duas condições não estejam ainda aí cabalmente preenchidas. O diálogo e o estilo estão muito acima do diálogo e do estilo do *Comunismo;* vê-se que a mão do autor, apesar de ainda incerta e inexperiente, procura assentar-se melhor e busca corrigir nos trabalhos do dia seguinte os defeitos escapados nos trabalhos da véspera.

O sr. A. Gomensoro é um moço inteligente e possui aquilo que tanto realça a inteligência — é modesto. É à sombra dessa modéstia que eu me animo a falar-lhe com franqueza. Aplaudo a discrição com que se vai ensaiando no gênero difícil da comédia, não querendo desde o primeiro dia expor-se a uma tentativa grande, mas infeliz.

Presumo que o sr. A. Gomensoro não quererá ficar no campo da comédia de intriga; outro campo imensamente vasto se abre aos que procuram alistar-se nas bandeiras de Plauto e de Molière. Esse exige muito estudo e muita observação; os aplausos que o público lhe deu convidam o sr. A. Gomensoro a não perder de vista aquelas duas condições. E ouvindo, como acredito, as palavras da crítica simpática, não se arriscará nunca a tristes derrotas.

No desempenho da comédia *O Casal Pitanga* distinguiram-se o sr. Graça e a sra. Elisa, que faziam os papéis dos dois Pitangas.

Na noite em que se representou pela primeira vez a comédia do sr. A. Gomensoro, representou-se igualmente um diálogo cômico em que o sr. Simões desempenhou o papel de um inglês. Esse desempenho foi excelente, e o sr. Simões mostrou-se artista na acepção elevada da palavra.

O Ginásio é agora uma das mais belas salas de teatro, depois que se acha pintado e adornado.

Os leitores já sabem que no dia 15 de outubro efetuar-se-á o casamento de S. A. Imperial com o sr. conde d'Eu.

A imprensa já comemorou a escolha do noivo e escreveu palavras de cordial respeito e firme esperança no consórcio que se vai efetuar.

A ambição dos povos livres, neste caso, é que nos seus tronos se assentem príncipes honestos e ilustrados, capazes de compreender toda a vantagem que se pode tirar da aliança da realeza com o povo.

Assim, o país recebe alegremente a notícia deste acontecimento.

Segundo se diz preparam-se para o dia 15 de outubro manifestações de regozijo.

Não me faltará então matéria para o folhetim.

Entre as festas que nesse dia se devem realizar figurará uma ascensão aerostática, feita pelo sr. Wells, ultimamente chegado a esta corte.

O sr. Wells é um corajoso americano que acaba de admirar a população de Buenos Aires com as suas ascensões. Toda a imprensa portenha é unânime em tecer ao sr. Wells os mais pomposos e entusiásticos elogios.

O público fluminense já assistiu, há alguns anos, a uma ascensão aerostática. Creio, porém, ao que se diz do sr. Wells, que o novo espetáculo que se lhe vai oferecer é ainda mais imponente.

O sr. Wells tem concebido e realizado vários projetos de viagem, a todos os respeitos, dignos da admiração pública.

A viagem aerostática é uma das mais arrojadas concepções do espírito humano. Filinto Elísio cantou esse grande arrojo na ode *Os novos Gamas*. Porto-Alegre é autor da bela poesia *O Voador*. Esta última citação traz-me ao espírito muitas considerações já velhas e repetidas sobre a sorte do verdadeiro inventor dos balões aerostáticos, o brasileiro Bartolomeu de Gusmão, filho deste continente que há de substituir a velha Europa na vanguarda da civilização.

O nome de Gusmão não é conhecido na Europa. Raros lhe dão a palma que tão legitimamente lhe pertence. Fora da língua portuguesa — e até na própria língua portuguesa — o nome de Montgolfier anda sempre ligado ao célebre invento. É o caso do poeta:

Sic vos non vobis...

Voltando ao sr. Wells, mencionarei o projeto que este aeronauta afaga há muito tempo: atravessar em um balão o continente sul-americano. É sem dúvida um projeto arrojado. A perseverança vence tudo, *perseverantia vincit omnia* — tal é a divisa do sr. Wells.

Não deixarei o assunto sem acrescentar uma reflexão.

O homem tem admirado a natureza por todos os lados e de todos os modos. Chega mesmo a penetrar nela, se é poeta ou filósofo. Mas que soma de espetáculos novos e deslumbrantes não lhe oferece a conquista do ar! Sugeriu-me esta reflexão a leitura do seguinte fragmento de uma carta do sr. Wells, ao redator de *Nación Argentina*:

"... Quando cortei a última corda da barquinha o sol tinha-se escondido por trás das ilhas, mas logo pareceu que subia de novo, porque o balão subira rapidamente a uma imensa altura sobre as nuvens que estavam como inflamadas pelos últimos raios do astro. A cena era belíssima vista a uma légua de altura.

"O rio parecia reduzido à metade, e os seus limites se perdiam — de um lado entre um monte de nuvens, e de outro entre as ilhas.

"Era uma coisa singular ver levantar-se o sol do poente; contemplei-o com prazer, e cantando o hino *Star Spangled Rauner*, empunhei a bandeira da minha pátria, em honra do primeiro panorama desta espécie que via em minha vida..."

Veja-se por aqui quantos aspectos novos a face do globo tem ainda para oferecer aos olhos ávidos e ao incansável espírito do homem.

Aguarde o público a primeira ascensão do corajoso aeronauta.

Não por acaso, antes muito de indústria, guardei para o fim do folhetim a notícia da morte de Odorico Mendes.

A imprensa comunicou ao público que o ilustre ancião falecera em Londres a 17 do passado.

Odorico Mendes é uma das figuras mais imponentes de nossa literatura. Tinha o culto da antiguidade, de que era, aos olhos modernos, um intérprete perfeito. Naturalizara Virgílio na língua de Camões; tratava de fazer o mesmo ao divino Homero. De sua própria inspiração deixou formosos versos, conhecidos de todos os que prezam as letras pátrias.

E não foi só como escritor e poeta que deixou um nome; antes de fazer a sua segunda *Odisseia*, escrita em grego por Homero, teve outra, que foi a das nossas lutas políticas, onde ele representou um papel e deixou um exemplo.

Era filho do Maranhão, terra fecunda de tantas glórias pátrias, e tão desventurada a esta hora, que as vê fugir, uma a uma, para a terra da eternidade.

Há poucos meses, Gomes de Sousa; agora Odorico Mendes; e, se é exata a dolorosa notícia trazida pelo último paquete, agrava-se de dia para dia a enfermidade do grande poeta, cujos *Cantos* serão um monumento eterno da poesia nacional.

Deus ampare, por glória nossa, os dias do ilustre poeta; mas, se ele vier a sucumbir depois de tantos outros, que lágrimas serão bastantes para lamentar a dor da Níobe americana?

M. A.

3 de outubro de 1864

O Brasil acaba de perder um dos seus primeiros poetas. Se ele tem em alguma conta a glória das musas, o dia em que um destes espíritos deixa a terra, para voar à eternidade, deve ser um dia de luto nacional.

E aqui o luto seria por um duplo motivo: luto por mágoa e luto por vergonha. Mágoa da perda de um dos maiores engenhos da nossa terra, talento robusto e original, imaginação abundante e fogosa, estro arrojado e atrevido. Vergonha de haver deixado inserir no livro da nossa história a página negra do abandono e da penúria do poeta, confirmando hoje, como no século de Camões, a dolorosa verdade destes versos:

> O favor com que mais se acende o engenho
> Não no dá a pátria, não, que está metida
> No gosto da cobiça, e na rudeza
> De uma austera, apagada e vil tristeza.

Todos sabem que a vida de Laurindo Rabelo foi uma longa série de martírios. Se não tivesse altas e legítimas aspirações, como todos os que sentem vibrar em si uma corda divina, os padecimentos ser-lhe-iam menos sensíveis; mas, cheio daquela vida intelectual que o animava, dotado de asas capazes de subir às mais elevadas esferas, o poeta sentia-se duplamente martirizado, e a sua *paixão* atingia as proporções dos maiores exemplos de que reza a história literária de todos os países.

A figura de Prometeu é uma figura gasta em alambicados necrológios; mas eu não sei de outra que melhor possa representar a existência atribulada deste infeliz poeta, espicaçado, não por um, mas por dois abutres, a fatalidade e a indiferença. A fatalidade — se é lícito invocar este nome — assentou-se-lhe no lar doméstico, desde que ele abriu olhos à vida; mas, se ao lado dela não se viesse depois sentar a indiferença, a vida do poeta seria outra, e aquele imenso espírito não teria atravessado por este mundo amargurado e angustiado.

Consola um pouco saber que, na *via dolorosa* que o poeta percorreu, se já lhe não assistia a fé nos homens, nunca se lhe amorteceu a fé em Deus. Os sentimentos religiosos de Laurindo Rabelo eram os mais profundos e sinceros; ele tinha em si a consciência da justiça divina, em quem esperava, como o último refúgio dos desamparados deste mundo. Em seus últimos momentos deu ainda provas disso; o seu canto do cisne foi uma oração que ele improvisou para ajudar-se a morrer. Os que ouviram essa inspiração religiosa dizem que não se podia ser nem mais elevado nem mais comovente. Assim acabou o poeta cristão.

Laurindo Rabelo era casado há alguns anos. A família foi então para ele o santuário do seu coração e o asilo da sua musa. Os seus labores nestes últimos tempos tendiam a deixar à companheira dos seus dias uma garantia de futuro. Não tinha outras ambições.

Um grande talento, uma grande consciência, um grande coração, eis o que se perdeu em Laurindo Rabelo. Do talento ficam aí provas admiráveis, nos versos que escreveu e andam dispersos em jornais e na memória dos amigos. Era um poeta na verdadeira acepção da palavra; estro inspirado e imaginação fecunda, falando a língua de Bocage e admirando os que o ouviam e liam, tão pronta era a sua musa, tão opulenta a sua linguagem, tão novos os seus pensamentos, tão harmoniosos os seus versos.

Era igualmente uma grande consciência; consciência aberta e franca, dirigida por aquele rigorismo de Alceste, que eu ouvi censurar a mais de um Filinto do nosso tempo. O culto da justiça e a estima do bem eram-lhe iguais aos sentimentos de revolta produzidos pela injustiça e pelo mal. Ele desconhecia o sistema temperado de colorir os vícios medíocres e cantar as virtudes ilusórias.

Quanto ao coração, seus amigos e companheiros sabem se ele o tinha grande e nobre. Quando ele se abria aos afetos era sempre sem reservas nem refolhos; sabia amar o que era digno de ser amado, sabia estimar o que era digno de ter estima.

Se este coração, se esta consciência, se este talento, acaba de fugir aos nossos olhos, a pátria que o perdeu deve contar o dia da morte dele na lista dos seus dias lutuosos.

Há oito dias comemorava eu uma perda literária do país; hoje comemoro outra, e Deus sabe quantas não sucederão ainda nesta época infeliz para as musas! — Assim se vão as glórias pátrias, os intérpretes do passado diante das gerações do futuro, os que sabem, no turbilhão que leva as massas irrefletidas e impetuosas, honrar o nome nacional e construir o edifício da grandeza da pátria.

Ouço que se pretende fazer uma edição dos escritos de Laurindo Rabelo. É um duplo dever e uma dupla necessidade; o produto auxiliará a família viúva; a obra tomará lugar na galeria literária do Brasil.

Quanto a ti, infeliz poeta, pode-se dizer hoje o que tu mesmo dizias em uma hora de amarga tristeza:

> A tua triste existência
> Foi tão pesada e tão dura,
> Que a pedra da sepultura
> Já te não pode pesar.

***

Cometi uma falta no folhetim de domingo passado; não falei de uma obra e de um artista. Cumpre-me reparar a falta.

Quando se festejou a Exaltação da Cruz na igreja de Santa Cruz dos Militares foi inaugurado o retrato a óleo do atual provedor o sr. general Antônio Nunes de Aguiar. É um retrato de corpo inteiro.

A obra foi olhada como digna de apreço e de estima. Estimar uma obra de arte é prestar-lhe uma honra elevada. Os conhecedores e amadores não hesitaram em dar este gênero de homenagem ao trabalho com que a irmandade da Cruz resolvera perpetuar na memória dos vindouros os seus sentimentos de gratidão.

É que realmente a simples vista do quadro faz adivinhar um pincel adestrado e inteligente. O nome do autor corresponde a essa apreciação. O sr. Rocha Fragoso é um dos nossos artistas mais capazes e mais dignos de apreço. Dotado de talento real para a pintura, foi um discípulo esperançoso da nossa academia, e quando mais tarde voltou de Roma duplamente condecorado — com o aplauso dos mestres e com a comenda de S. Gregório Magno — os seus irmãos de arte o receberam como uma honra da classe.

Dando ao sr. Rocha Fragoso os meus sinceros aplausos, não deixarei de consignar aqui o desejo de que novas provas de seu apreciado talento venham conquistar novos aplausos, dando-me ainda o prazer de escrever muitas vezes o seu nome neste folhetim.

Que a arte e os artistas vão ganhando neste país um lugar distinto, é o melhor desejo de todo o coração verdadeiramente brasileiro. Vem a propósito mencionar mais um esforço generoso e mais uma aplicação da arte inaugurada no país.

Os srs. Fleiuss e Linde mantêm desde muito tempo no seu estabelecimento uma oficina de xilografia — gravura em madeira.

A atividade e a perseverança daqueles artistas conseguiram triunfar de todas as dificuldades; acudiram os alunos, apareceram as aptidões mais ou menos pronunciadas, e no fim de pouco tempo, puderam os inteligentes diretores do Instituto Artístico apresentar ao público alguns resultados mui satisfatórios.

Correram os tempos, novos alunos entraram para a escola xilográfica, os primeiros foram-se aperfeiçoando, foram-se iniciando os novos, e agora os srs. Fleiuss & Linde anunciaram uma coleção de trabalhos de gravura em madeira, sob o título de *História natural,* feitos pelos seus discípulos.

É sem dúvida de muito alcance este ato dos diretores do Instituto Artístico; uma nova indústria fica assim aberta à atividade e à vocação dos filhos do país. Contribuir para a *História natural* é contribuir para um verdadeiro melhoramento.

Os leitores acompanhar-me-ão agora ao Teatro Lírico, onde Emília das Neves representou a tragédia *Judite* e a comédia *As primeiras proezas de Richelieu.*

Calçar na mesma noite o coturno de Melpómene e a chinela de Talia, passar da tenda de Holofernes e dos rochedos de Betúlia aos paços de Luís XIV e ao camarim do sobrinho do Cardeal, era dar prova de um talento vasto e variado. A artista quis entrar nessa prova, que, aliás, já dera ao público do seu país. Aquela circunstância, e a de ser o espetáculo em benefício da artista, encheram o vasto salão do Teatro Lírico.

Choveram nessa noite aplausos, flores e coroas.

O primeiro espetáculo que se ofereceu aos olhos do espectador ao levantar o pano foi, como já se tem visto em outras peças, o de um asseio e ordem cênica a que não andamos muito acostumados. Essa primeira impressão é já de si agradável e dispõe o espírito do espectador.

Como sempre, o espectador assiste distraído às primeiras cenas até a entrada de Emília das Neves, e daí em diante é a eminente atriz quem lhe atrai exclusivamente a atenção.

Os dotes que eu já tive ocasião de reconhecer em Emília das Neves, e que são de primeira ordem, acham-se perfeitamente acomodados à figura de *Judite* e às condições da tragédia; voz, figura, gesto, fisionomia, tudo corresponde a uma ação trágica. Emília das Neves, que possui estas duas condições — a inteligência e o natural —, uma para compreender, outra para reproduzir, soube entrar no espírito do papel e desempenhá-lo ao vivo, mediante os recursos de uma arte que lhe é familiar.

Se houvera tempo e espaço para estabelecer preferências nas diversas situações da tragédia, eu desenvolveria os motivos pelos quais a eminente artista me agradou mais no 2º, no 3º e no 5º atos. Limito-me a assinalar aqui essas preferências, que de modo nenhum concluem contra o desempenho, aliás excelente, do resto do papel.

Mas, quem dirá que a figura trágica, a voz potente, a gesticulação larga, mas sóbria como deve ser, quem dirá, enfim, que a atriz talhada para a reprodução das grandes paixões pode tão facilmente acomodar-se ao gênero familiar da comédia, em que sorri, brinca, moteja em que de águia se faz pomba, apenas com o intervalo de um quarto de hora?

Conheço alguns artistas que possuem o dom de enternecer no drama e alegrar na comédia; mas não são muitos, decerto, posto que quase todos procurem vencer a mesma dificuldade. Esta dificuldade só muita natureza e muita arte podem vencê-la; se eu admiro, portanto, a intenção de todos os cometimentos desta ordem, estou muito longe de admirar-lhes os resultados.

Com a artista de que me ocupo duvido que se possa exigir mais. Mesmo pondo de parte a circunstância de ter representado na mesma noite os dois gêneros, o que tornava mais flagrante e mais vivo o contraste, o desempenho do papel do *menino duque* não podia ser mais completo do que foi.

Fora, sem dúvida, para desejar que, em vez das *Proezas de Richelieu*, comédia do gênero anedótico, sem grande alcance nem grandes pretensões literárias, a empresa fizesse representar uma verdadeira comédia, uma comédia da boa escola, onde o talento de Emília das Neves pudesse entrar no largo estudo que a comédia das *Proezas* lhe não permitiu.

É verdade, porém, que uma comédia nessas condições não teria um pessoal completo, à exceção da artista de que me ocupo, e do sr. Gusmão, que não deixarei de mencionar aqui pelo desempenho do barão de Belle-Chasse.

O papel de madame Patin (burguesa ridícula que o leitor pode encontrar, até com o mesmo nome, mas tratada com outro talento, no *Chevalier à la mode*, comédia de Dancourt) sofreu com o desempenho, não tanto por estar longe de ser completo, como pelo contraste que se apresentava à memória, comparando-se com o excelente desempenho que fez há anos a eminente artista dramática Gabriela da Cunha.

Dizem que a peça escolhida para a próxima récita é a *Adriana Lecouvreur*.

Terminarei anunciando uma transmigração; morreu a *Cruz*, mas a alma passou para o *Cruzeiro do Brasil*, continuando assim a mesma *Cruz*, revestida de novas galas, segundo a expressão singularmente modesta da redação.

Procurei as novas galas, mas confesso ingenuamente que as não encontrei. Quer-me parecer que ficaram na intenção dos redatores.

M. A.

10 de outubro de 1864

Dai-me boas semanas e eu vos darei bons folhetins.

Mas, que se pode fazer no fim de sete dias chochos, passados a ver chover, sem acontecimento de natureza alguma, ao menos destes que tenham para o folhetim direito de cidade?

Gastou-se os primeiros dias da semana a esperar o paquete — e o paquete, como para punir tão legítima curiosidade, nada trouxe que estivesse na medida do desejo e da ansiedade. Veio apenas a notícia de um casamento real no norte da Europa, que muita gente olha como um prenúncio da formação do reino escandinavo, mas que eu não sei se dará em resultado exatamente o contrário disso, isto é, a supressão de uma monarquia constitucional em favor de uma monarquia autocrática.

Aí vou eu entrando pelo terreno da política torva e sanhuda. Ponto final ao acidente.

Mas — como dizia eu — que se pode fazer depois de uma semana tão vazia como a cabeça do rival de André Roswein?

Diz Alphonse Karr que depois de encerradas as câmaras e posta a política em férias, os jornais franceses começam a descobrir as virtudes e os milagres; aparecem os atos de coragem e abnegação, e as crianças de duas cabeças e quatro pés. A observação é verdadeira, talvez, mas para lá; o Rio de Janeiro, em falta de política, nem mesmo se socorre da virtude e dos fenômenos da natureza. Tudo volta a um silêncio desolador; rareiam os acontecimentos, acalma-se a curiosidade pública.

Assim que foi com profundo desgosto que eu fiz hoje subir à minha varanda a musa gentil e faceira do folhetim.

— Casta filha do céu, que vês tu na planície? Perguntei-lhe como no poema de Ossian.

A infeliz desceu com ar desconsolado e disse-me que nada vira, nem a sombra de um acontecimento, nem o reflexo de uma virtude.

Perdão, viu uma virtude.

Não sei em que lugarejo da Bahia reuniu-se o júri no prazo marcado e teve de dissolver-se logo, porque o promotor de justiça não apresentou um só processo.

Ó Éden baiano! Dar-se-á caso que no intervalo que mediou entre a última sessão do júri e esta, nem um só crime fosse cometido dentro dos vossos muros? Nem um furto, nem um roubo, nem uma morte, nem um adultério, nem um ferimento, nem uma falsificação? O pecado sacudiu as sandálias às vossas portas e jurou não voltar aos vossos lares?

O caso não é novo; lembra-me ter visto mais de uma vez notícias de fenômenos semelhantes.

O Éden, antes do pecado de Eva, não era mais feliz do que essas vilas brasileiras onde o código vai-se tornando letra morta, e os juízes verdadeiras inutilidades.

Onde está o segredo de tanta moralidade? Como é que se prova tão eficazmente à higiene da alma? Há nisto matéria para as averiguações dos sábios.

Mas — *juste retour des choses d'ici-bas* — talvez que na próxima sessão do júri, a vila que desta vez subiu tanto aos olhos da moralidade, apresente um quadro desconsolador de crimes e delitos, de modo a desvanecer a impressão deixada pelo estado anterior. Tudo é possível neste mundo.

Em falta de acontecimentos há sempre um acontecimento que pode entrar em todos os folhetins, e ao qual já me tenho referido muitas vezes — até com risco de monotonia.

É um dever de que não me liberto abrir os olhos à Câmara municipal a respeito de uma coisa que não é favor, mas dever de tão alta instituição.

Se a Câmara municipal não tem por obrigação cuidar do município, tomo a liberdade de perguntar para que serve então, e se é para continuar a viver do mesmo modo que os cidadãos de quatro em quatro anos vão deitar uma cédula à urna eleitoral.

Longe de mim negar o que a Câmara tem feito, mas também longe de mim a ideia de ficar mudo diante do abandono em que certas necessidades municipais estão.

O caminho do Catete, que um homem de espírito chama *caminho apoplético*, é por assim dizer o resumo do estado geral da cidade. As folhas reclamam todos os dias contra o descuido da Câmara e dos seus agentes, mas é como se pregasse no deserto.

Todos os sentidos de que aprouve à natureza dotar-nos andam perseguidos e em guerra aberta com a poeira, a imundície, os boqueirões, etc.

Ah! a imundície! Como Lucrécia Bórgia aos convivas de Gennaro, a Câmara municipal tomou a peito dizer aos fluminenses, depois que lhes alcança os votos:

— *Messeigneurs, vous êtes tous empoisonnés.*

E fala verdade.

Quando se anunciou a chegada dos augustos noivos de Suas Altezas disse eu que a Câmara tratasse de fazer com que vestíssemos roupa lavada, de algodão embora, mas coisa mais limpa do que os mulambos que nós temos a honra de receber das suas ilustríssimas mãos.

Sobreveio o período eleitoral, e manifestou-se a grande febre no município. Então perderam-se as esperanças. A soberania popular — frase que os tipógrafos de todos os países já estão cansados de compor, e os leitores de todos os livros e jornais cansados de ler —, a soberania popular abafou o grito da necessidade pública, e ninguém achou mau o caminho que ia de casa à paróquia.

A Câmara, porém, mostrou-se compenetrada do alto papel que se lhe destinou, e lembrou-se de convidar os munícipes para solenizar o casamento de Sua Alteza Imperial que, como os leitores sabem, terá lugar no sábado.

Constroem-se arcos e coretos em vários pontos da cidade, desde o Aterrado até o largo do Paço, mas essas construções deviam ter sido precedidas de alguns melhoramentos, a fim de não ter lugar a aplicação daquela cantiga popular:

Por cima muita farofa, etc.

Demorar-me neste assunto seria aborrecer os leitores. A primeira condição de quem escreve é não aborrecer.

Tous les genres sont bons, hors le genre ennuyeux.

E só agora vejo, na minha carteira da semana, o apontamento de uma notícia que eu estou certo de que há de alegrar os leitores, sejam escritores ou não.

Segundo me disseram, Sua Majestade o Imperador trata de mandar fazer uma edição das obras completas de Odorico Mendes. Os leitores conhecem, decerto, o nome e as obras do ilustre poeta, cuja morte em Londres as folhas noticiaram não há muitos dias. O ato imperial honra a memória do ilustre poeta; essa memória e esse ato são duas honras para o nome brasileiro.

Uma folha hebdomadária que se publica nesta corte, denominada *Portugal*, deu ontem aos seus leitores uma notícia que os enche de júbilo, como a todos os que prezam as letras e a língua que falamos.

De há muito que o autor do *Eurico*, recolhido à vida privada, assiste silencioso ao movimento de todas as coisas, políticas ou literárias.

Esse silêncio e esse isolamento, por mais legítimas que sejam as suas causas, são altamente prejudiciais à literatura portuguesa.

Mas, o culto das musas é, além de um dever, uma necessidade. O espírito que uma vez se votou a ele, dele vive e por ele morre. É uma lei eterna. No meio dos labores pacíficos a que se votou, A. Herculano não pôde escapar ao impulso íntimo. O historiador e poeta pode fazer-se agricultor, mas um dia lá se lhe converte o arado em pena, e as musas voltam a ocupar o lugar que se lhes deve. As musas são a fortuna de César; acompanham o poeta através de tudo, na bonança, como na tempestade.

O que se anuncia agora, na correspondência de Lisboa do *Portugal*, é a publicação próxima de dois livros do mestre: *Contos do vale de lobos*, é o primeiro; o segundo é uma tradução do poema de Ariosto.

Quando se trata de um escritor como Alexandre Herculano, não se encarece a obra anunciada; espera-se e aplaude-se.

Ler as obras dos poetas e dos escritores é hoje um dos poucos prazeres que se nos deixa ao espírito, em um tempo em que a prosa estéril e tediosa vai substituindo toda a poesia da alma e do coração.

Quando os tempos nem dão para um folhetim, não sei que se possa fazer outra coisa melhor.

Eu por mim já fiz até aqui o que era humanamente possível; pouca diferença vai deste folhetim ao milagre dos pães, e essa mesma é mais nos efeitos do fato que no próprio fato. Quando os leitores chegarem ao fim achar-se-ão vazios como no princípio, sentindo uma fome igual à que sentiam quando começaram a ler.

Só haverá uma satisfação: é a do preenchimento destas páginas inferiores que está a cuidado do mais indigno servo dos leitores preencher todas as semanas.

Vejam se não é assim.

E não cuidem que as seguintes linhas, transcritas do *Despertador*, de Santa Catarina, entram aqui por enchimento. É uma remessa que julgo de meu dever fazer ao *Cruzeiro do Brasil*. Leia o colega e admire:

"A estreia do jesuíta Razzini como pregador, no domingo último, é aquela que se podia esperar de quem, ignorando o mais trivial de uma língua, se afoita a ir nela pregar para não ser entendido de quem quer que seja!

"Pergunte-se à maior parte dos que lá foram se entenderam — pitada —, apesar dos calafrios e suores que deviam custar ao pobre do revmo., que raras eram as palavras que não fossem muito ruminadas?

"É a estas coisas que jamais poderemos ser indiferentes: um padre que não conhece absolutamente nada da nossa língua, para que vai pregar nela?... Para fazer rir da mímica que emprega quem se acha nesses apertos?!...

"Porém ainda isso não é tudo, é naquela crisálida que está o futuro da ilustração da nossa *esperançosa mocidade*! Há de ser esse um dos que vêm fazer parte do professorado no ensino de línguas em o novo estabelecimento; o mesmo que tem por obrigação fazer compreender aos seus discípulos comparativamente as belezas de uma língua com as da outra, que tem de descer aos seus modos mais particulares (idiotismos) para dar em equivalentes, se não iguais, ao menos os mais aproximados possíveis. Como serão preenchidas condições tão essenciais, e indispensáveis ao ensino? Veja o público que a maior parte do que importamos em todas as espécies são *objetos de carregação*, como os chama o vulgo; dos mestres, por esta amostra, já podemos fazer juízo seguro."

M. A.

17 de outubro de 1864

O Rio de Janeiro está em festas — festas realizadas anteontem e festas adiadas para 24 e 25. O casamento da herdeira da coroa é o assunto do momento.

Um céu puro e um sol esplêndido presidiram no dia 15 a este acontecimento nacional. A natureza dava a mão aos homens; o céu comungava com a terra.

Não descreverei nem a festa oficial, nem a festa pública. Quem não assistiu à primeira leu já a relação dela nos andares superiores dos jornais; na segunda todos tomaram parte — mais ou menos —, todos viram o que se fez, em arcos, coretos, pavilhões, iluminações, espetáculos, aclamações e mil outras coisas. E sobretudo ninguém deixou de ver e sentir a melhor festa, que é a festa da alegria íntima, natural, espontânea, a festa do cordial respeito que o povo tributa à primeira família da nação.

Uma das coisas que fez mais efeito nesta solenidade foi a extrema simplicidade com que trajava a noiva imperial. É impossível desconhecer o delicado pensamento que a este fato presidiu: na idade e na condição de Sua Alteza as suas graças naturais, as virtudes do coração e o amor deste país são o seu melhor diadema e as suas joias mais custosas.

As festas celebradas anteontem, e que deviam continuar hoje, foram adiadas para 24 e 25, época em que devem os augustos consortes voltar de Petrópolis. Até lá o Rio de Janeiro espera.

Quem diria, vendo o Rio de Janeiro no sábado, que poucos dias antes, logo no princípio da semana, o mesmo Rio de Janeiro apresentava o aspecto da mais completa desolação?

Refiro-me ao temporal, a esse temporal único, assombroso, aterrador, que os velhos de oitenta anos viram pela primeira vez, que os adolescentes de quinze anos esperam não ver segunda vez no resto dos seus dias, a esse temporal que, se durasse 2 horas, deixava a nossa cidade reduzida a um montão de ruínas.

Durante uns dez minutos tivemos, nós, os fluminenses, uma imagem do que seria o grande cataclismo que extinguiu os primeiros homens. Rompeu-se uma catarata do céu; Éolo soltou os seus tufões; o trovão rolou pelo espaço; e um dilúvio de pedras enormes começou a cair sobre a cidade com a violência mais aterradora que se tem visto.

Seria o látego com que a divindade nos castigava? O mesmo temporal tinha-se dado em São Paulo poucos dias antes; dar-se-á caso que tenhamos de vê-lo repetido em todas as cidades do mundo? Se assim for, não há dúvida de que são chegados os tempos; os tufões são, portanto, os batedores do grande cometa Newmager, com que me ocupei num dos meus primeiros folhetins.

Os leitores estarão lembrados do que eu disse nessa ocasião, aceitando o cometa como um castigo do céu. Apesar de já descrer até dos cometas, não pude recusar a este o testemunho de minha fé. Eu lastimei então que um anúncio feito tão tarde não pudesse fornecer aos homens o meio de conjurar o cataclismo, cessando a transmissão dos seus vícios e dos seus defeitos às gerações que se lhes seguissem, embora continuassem eles a ser hipócritas, velhacos, ingratos, difamadores, egoístas, vaidosos, ridículos.

Se acreditava, porém, no cometa, ainda assim não deixava de nutrir certa esperança. Essa esperança começa a desvanecer-se diante dos prenúncios que vão aparecendo.

A proximidade do Átila celeste revoluciona o espaço; não há dúvida que o tufão que começa a varrer a face da terra é a respiração do monstro. E a julgar pela violência, o monstro está próximo.

Não repetirei aqui o trocadilho que toda a gente repetiu durante a semana — até o *Cruzeiro do Brasil* —, o trocadilho da quebra dos banqueiros e da quebra das vidraças. Mas se falo em vidraças é só para dar um conselho aos vidraceiros. Foram estes os únicos que aproveitaram com o temporal. Há cerca de duzentos mil vidros quebrados no Rio de Janeiro; os vidraceiros aproveitaram a ocasião e declaram-se os soberanos reparadores dos males da cidade. Em consequência, alteraram os preços.

Os vidraceiros desconhecem os seus próprios interesses. Baixar os preços era a única medida da ocasião, por isso que, havendo trabalho em abundância, convinha assegurar esse trabalho pela perspectiva da modicidade do custo. Mas, como a operação de encher vidraças não requer estudos preliminares de lógica, os vidraceiros podem facilmente abster-se de raciocinar, e o resultado é cometerem um erro, quando podiam exercer duas virtudes: primeira, socorrer facilmente aos males públicos; a segunda, fazer no orçamento dos seus ganhos um aumento de verba.

Demais — e é isto o importante — os proprietários, receosos do cataclismo de 1865, quererão acaso envidraçar as suas casas para ver perdidos dentro de pouco tempo, o dinheiro e o trabalho? Eu acho que não, e nesse caso, se é difícil reparar os estragos do temporal do dia 10, com os preços ínfimos, sê-lo-á muito mais, com os preços alteados.

Ofereço estas reflexões à corporação dos vidraceiros da capital.

Se é verdade que o cometa deve aparecer, e se as revoluções da atmosfera são sintomas da presença do Átila celeste, é para admirar, mais do que em circunstâncias ordinárias, o ato que a população fluminense apreciou no sábado: a ascensão do aeronauta Wells.

Pois quê, ousado mortal! Quando um habitante do espaço ameaça visitar a terra, quando os teus semelhantes tremem de pavor só a essa ideia, ousas tu — de alma alegre e coração à larga — invadir os domínios aéreos, afrontar o dito habitante no seio da sua própria casa?

Esta arrojada visita aérea, que é bastante para despertar a ideia de represálias, foi executada no sábado, como se sabe, às 11 horas da manhã.

O dia estava magnífico; o céu azul, o ar puríssimo. Tudo convidava o sr. Wells a realizar as suas promessas. O campo de Sant'Ana regurgitava de povo que correu a ver aquele espetáculo duplamente curioso: primeiro, por ser arrojado; depois, por ser gratuito.

O balão subiu no meio de aclamações.

Não era o primeiro espetáculo deste gênero efetuado na capital, mas é sempre digno de ser visto e apreciado.

Pouco tempo depois o sr. Wells descia sobre o morro da Viúva, calmo e tranquilo, como quem volta para casa, depois de um passeio higiênico.

Anuncia-se nova ascensão para o dia 24. Então pretende o sr. Wells admitir alguns amadores. Vou já avisando aos corajosos da capital; dizem que na próxima ascensão irá com o sr. Wells uma americana. É vergonhoso que o exemplo de uma mulher não seduza a muitos homens, tanto mais que neste caso há dois balões, em vez de um, o que torna mais efetiva a segurança.

Completem os leitores mentalmente as muitas páginas que eu podia escrever neste assunto, e a propósito da última ascensão. A conquista do ar! Quem é que não se sente tomar de entusiasmo ante esta nova aplicação dos conhecimentos humanos? Enquanto os leitores deixam assim correr a imaginação pelo ar, o folhetinista atravessa os mares e vai ver em longes terras da Europa um poeta e um livro.

Cantos fúnebres é o novo livro do sr. dr. Gonçalves de Magalhães. Não é completamente um livro novo; uma parte das poesias estão já publicadas. Compõe-se dos *Mistérios* (cantos à morte dos filhos do poeta), algumas nênias à morte de amigos, vários poemas e uma tradução da *Morte de Sócrates*, de Lamartine.

O autor dos *Cantos fúnebres* ocupa um lugar eminente na poesia nacional. O voto esclarecido dos julgadores já lho reconheceu; a sua nomeada é das mais legítimas.

Quando os *Mistérios* apareceram em volume separado, o público brasileiro aceitou e leu esse livrinho, assinado pelo nome já venerado do eminente poeta, com verdadeiro respeito e admiração.

O sucesso dos *Mistérios* foi merecido; nunca o autor dos *Suspiros Poéticos* tinha realizado tão brilhante a união da poesia e da filosofia; ao pé de três túmulos, sufocado pelas próprias lágrimas, o poeta pôde mais facilmente casar essas duas potências da alma. A elevação do sentido e a melancólica harmonia do verso eram dignas do assunto.

Tão superior é o merecimento dos *Mistérios* que agora mesmo, no meio de um livro de trezentas e tantas páginas, eles ocupam o primeiro lugar e se avantajam em muito ao resto da obra.

Não li toda a tradução da *Morte de Sócrates*, nem a comparei ao original; mas as páginas que cheguei a ler pareceram-me dignas do poema de Lamartine. O próprio tradutor declara que empregou imenso cuidado em conservar a frescura original e os toques ligeiros e transparentes do poema. Essa devia ser, sem dúvida, uma grande parte da tarefa; para traduzir Lamartine é preciso saber suspirar versos como ele. As poucas páginas que li dizem-me que os esforços do poeta não foram vãos.

Os *Cantos Fúnebres* encontrarão da parte do público brasileiro o acolhimento a que têm direito. Tanto mais devem procurar o novo livro quanto que este volume é o 6º da coleção das obras completas do poeta, que o sr. Garnier vai editar.

O volume que tenho à vista é nitidamente impresso. A impressão é feita em Viena, aos olhos do autor, garantia para que nenhum erro possa escapar; sendo esta a edição definitiva das obras do poeta é essencial que ela venha limpa de erros.

Um bom livro, uma bela edição — que mais pode desejar o leitor exigente? Passemos ao teatro.

O Ginásio representou na sexta-feira uma nova peça *Montjoye*, em 5 atos e 6 quadros, por Octavio Feuillet.

Montjoye teve um grande triunfo em Paris. Crítica e plateia juntaram-se para coroar a nova composição do autor da *Dalila* e do *Romance de um moço pobre*. Ora, a nova composição, era a primeira em que O. Feuillet deixava a esfera fantástica e ideal de Máximo Odiot e de André Roswein, para pisar a terra chã da vida real e dos costumes burgueses. O poeta cortava as asas para envergar o paletó.

Mas, ninguém melhor que o autor da *Dalila* podia cometer essa empresa. Descendo à vida prática, ele trazia consigo as chaves de ouro com que abria as portas da fantasia; soube penetrar na realidade sem tomar a natureza dela: tinha palheta e tintas, desdenhou a máquina e o *collodion*. Em resumo, não submeteu a musa às exigências de uma realidade estéril; sujeitou a realidade às mãos instruídas da musa. É o que se conhece vendo a nova peça do autor da *Dalila*.

Même quand l'oiseau marche on voit qu'il a des ailes.

O tipo de Montjoye está reproduzido com habilidade de mestre. Montjoye é o homem prático, o homem utilitário, o homem forte. Todos os bons sentimentos, todas as ilusões da mocidade, são para ele inúteis quimeras; indicai-lhe a melhor aptidão, adornada por essas ilusões, cheia desses sentimentos, ela nada valerá para ele; mostrai-lhe, pelo contrário, a inteligência esperançosa, mas nua desses sentimentos e dessas ilusões, mostrai-lhe Gendrin, e ele dará um suspiro de lamentação, quando lhe vierem dizer que o pobre rapaz morreu em Xangai.

Momo, consultado por Júpiter sobre a organização do homem, notou um defeito: o de não ter ele uma janela no coração por onde todos lhe vissem os sentimentos. Se Deus consultasse Montjoye no mesmo assunto, este criticaria a própria existência do coração e aconselharia a supressão dele.

Montjoye só conhece uma utilidade nos sentimentos dos outros homens; é a de lhe servir aos fins que ele tenha em vista.

Aproveitará a fibra humanitária de Saladin para preparar a candidatura à Câmara dos deputados; dará plena sanção ao amor de Cecília, uma vez que o próximo casamento quebre nas mãos do adversário político uma arma eleitoral.

Ele próprio faz a sua profissão de fé; só acredita em duas coisas: em moral, o meu e o teu, em filosofia, dois e dois são quatro. Fora daí, há o vácuo.

Assim estudado, o tipo de Montjoye mostra-se, desenvolve-se, afirma-se de ato para ato. Um dia, já separado dos seus, Montjoye sente que lhe falta alguma coisa; não é ainda o sentimento da saudade e do amor; é puramente o gosto do hábito; Montjoye não estima esta ou aquela pessoa, acostuma-se a vê-la. Quando ela lhe falta, é ainda uma exigência egoísta que reclama contra o isolamento.

Mas os acontecimentos se sucedem, e o espírito de Montjoye transforma-se com eles. Não relatarei esses acontecimentos, nem indicarei o sentido dessa transformação. O leitor preferirá ir ver por seus próprios olhos os lances dramáticos, as situações novas, os traços enérgicos e verdadeiros com que estão acabados os caracteres da peça de O. Feuillet.

Reproduzir na cena um tipo tão verdadeiro e tão artisticamente acabado como Montjoye, é tarefa difícil para um ator. Consegui-lo é dar prova de muito talento. Folgo de mencionar aqui esta vitória do sr. Pedro Joaquim, que fez um desempenho excelente do papel de Montjoye. No maior lance, como na menor frase, o artista soube conservar o caráter do papel, na altura em que o autor o colocou e em que ele o compreendeu. Montjoye fica sendo um dos seus mais brilhantes títulos de artista.

O papel de Montjoye é o principal da peça; à roda dele movem-se as outras personagens, como para lançar um fundo no quadro em que ressalta aquela enérgica figura. O papel de Cecília, um dos tipos mais suaves de graça e de ingenuidade é representado pela sra. Adelaide com um talento a que o público fez justiça. A cena em que o pai lhe fala do casamento, e a que se segue, com Jorge de Sorel, merecem da parte da crítica sinceros aplausos: é difícil ser tão ingenuamente ingênua como a distinta artista o foi. A dor e a angústia daquela situação em que Cecília vê entrar no pátio o amante ferido foram reproduzidas por um grito e por um movimento fisionômico cheio de verdade.

Vai-se-me acabando o papel e minguando o espaço. Não entrarei em minuciosa análise dos outros papéis. Farei menção especial da mulher de Montjoye, papel que a sra. Clélia representou com muita distinção. Os srs. Sales Guimarães e Paiva merecem menção especial nos papéis de Saladin e Tiberge; talvez haja alguma coisa a exigir do sr. Monclar em uma ou em outra cena, mas esse artista soube em geral haver-se tão bem que eu prefiro adiar as observações para o caso de reincidência. Uma primeira representação pode desculpar algumas faltas. É por isso que eu me abstenho de referir outras que achei no resto dos papéis.

M. A.

24 de outubro de 1864

Se há nesta boa cidade do Rio de Janeiro algum Homero disponível, é chegada a ocasião de ilustrar o seu nome, e mandar um homem à posteridade.

Canta, ó deusa, a cólera do presidente Lopez!

O presidente Lopez não quis deixar passar esta ocasião de brilhar; conseguiu apanhá-la pelos cabelos. Era a mais propícia para trazer à tona da água os seus sentimentos de liberdade, de independência e de democracia — três vocábulos sonoros que têm conceituado muita gente, debaixo do sol.

Dizia-se há muito que o presidente Lopez nutria pretensões monárquicas e preparava o terreno para cingir um dia a coroa paraguaia; mas S. Exa. é, antes de tudo, democrata americano; onde quer que ouça gemer a democracia americana — não hesita — pede a sua espada de Toledo, cinge o capacete de guerra e dispõe-se a ir verter o sangue em defesa da mãe comum.

Democracia americana naqueles climas quer dizer: companhia de exploração dos direitos do povo e da paciência dos vizinhos. Déspotas com os seus, turbulentos com os estranhos, sem grandeza moral, sem dignidade política, incapazes, presumidos, gritadores, tais são os pretendidos democratas de Montevidéu e da Assunção.

É uma santa coisa a democracia; não a democracia que faz viver os espertos, a democracia do papel e da palavra, mas a democracia praticada honestamente, regularmente, sinceramente. Quando ela deixa de ser sentimento para ser simplesmente forma, quando deixa de ser ideia para ser simplesmente feitio, nunca será democracia — será espertocracia, que é sempre o governo de todos os feitios e de todas as formas.

A democracia, sinceramente praticada tem os seus Gracos e os seus Franklins; quando degenera em outra coisa tem os seus Quixotes e os seus Panças. Quixotes no sentido da bravata. Panças no sentido do grotesco. Arreia-se então a mula de um e o rocinante de outro. Cinco palmos de seda, meia dúzia de vivas, uma fila de tambores, é quanto basta então para levar o povo atrás de um fanfarrão, ao ataque de um moinho ou à defesa de uma donzela.

Donzela! Nem isto mesmo encontra agora o cavaleiro paraguaio. Aquela por quem ele vai fazer reluzir a espada ao sol, não cinge a coroa virginal. É a matrona arrancada ao sono e entregue aos afagos brutais da soldadesca. O que perdeu em viço ganhou em desenvoltura. As mãos torpes e grosseiras dos seus adoradores deram-lhe um ar desvergonhado e insolente. Tal é a heroína ameaçada, a favor de quem vai combater, com a lança em riste, o cavaleiro de la Mancha.

Pobre heroína! pobre cavaleiro!

Mas o cavaleiro está de boa-fé. Todo o seu desejo é o de equilibrar o rio da Prata. Opor uma barreira às invasões imperialistas, eis o dever de um bom democrata americano, que ama deveras a liberdade e quer a independência da livre América: vinte quilômetros de baboseiras neste gosto, como se diz na comédia *Montjoye*.

Para isto o cavaleiro paraguaio convoca as multidões, prepara as manifestações públicas, fala-lhes a linguagem da liberdade e do valor. Tudo se extasia, tudo aplaude; corre uma faísca elétrica por todos os peitos; uma centelha basta para inflamá-los; ninguém mais hesita; todos vão depor no altar da pátria o óbolo do seu dever — os homens o seu sangue, as mulheres a sua honra.*

É um delírio.

Devem tomar-se a sério estas demonstrações? Devemos estremecer à notícia do aspecto bélico do *equilibrista* paraguaio? Ninguém responderá afirmativamente. Só em Montevidéu é que ninguém ri do presidente Lopez e do entusiasmo de Assunção. A razão é clara. Confederam-se os espertos e os impotentes para a obra comum de salvar uma democracia nominal, sem a força da dignidade nem o alento da convicção.

Quanto aos infelizes povos, sujeitos aos caprichos de tais chefes, se devemos lamentá-los, nem por isso deixaremos de reconhecer que a Providência consente às vezes na dominação dos Lopez e dos Aguirres, como flagelos destinados a fazê-los pagar, pelo abatimento e pelo ridículo, a fraqueza de que se não sabem despir.

O presidente Lopez — que eu continuo a recomendar a algum Homero disponível — entra com direito nos assuntos amenos da semana.

---

* É o que, segundo uma correspondência do Correio Mercantil, declarou o Semanário, de Assunção.

Foi ele, com efeito, um dos assuntos mais falados depois da chegada das últimas notícias, relativas à aproximação de forças paraguaias.

Fora disso tivemos apenas uma preocupação: a das festas que se hão de celebrar hoje e amanhã por motivo do casamento de S. A. Imperial.

Os augustos consortes devem chegar hoje de Petrópolis. Preparam-se festas que, além das cerimônias oficiais da corte, constarão dos espetáculos de gala e da iluminação das casas, arcos e coretos.

O Rocio, segundo se diz, tomará novo aspecto, diverso daquele que apresentava no dia 15. Quanto ao arco da rua Direita, que no dia 15 ainda se achava *em trajes menores*, trata de vestir-se aceleradamente para os dias de hoje e de amanhã.

Só uma das festas do programa fica adiada: a ascensão do aeronauta Wells.

Noticiei no meu folhetim passado que uma dama americana pretendia acompanhar o sr. Wells, na sua excursão ao ar. Segundo me afirmam agora, irá igualmente com o corajoso Wells uma brasileira. É uma glória que não deixarei de mencionar nestas páginas.

Mas que farão os homens? Deixarão acaso que o sexo frágil, o sexo das cinturas quebradiças, o sexo dos desmaios, o sexo excluído da guerra, da urna, da Câmara, o sexo condenado a viver debaixo dos tetos, ao pé das crianças, deixarão acaso, pergunto eu, que este sexo apresente um tal exemplo, sem que atrás dele corra uma legião de homens?

Faço simplesmente a pergunta.

Prepara-se no Teatro Lírico, o *Haroldo*, de Verdi. Durante a semana houve apenas um espetáculo, creio eu; cantou-se o *Baile de Máscaras*. A representação em geral correu bem. Mereceram as honras da noite o soprano e o tenor. Quanto ao novo contrato, sem condená-la inteiramente, a opinião geral é que deve haver novas provas para um julgamento definitivo. Afigura-se-me que a artista, cuja voz está longe de ser condenada, sair-se-á bem nas provas requeridas.

A pressa obriga-me hoje a muito pouca demora nos assuntos e nenhum cuidado no enlace necessário entre eles.

Ainda não tive ocasião de falar de Emília das Neves, na nova peça em que atualmente representa, *Adriana Lecouvreur*.

Como o objeto principal, direi mesmo exclusivo, da concorrência pública, é a eminente artista, acontece que ainda não mencionei um grande melhoramento que se observa nos espetáculos dramáticos no Teatro Lírico.

Refiro-me ao vestuário e aos arranjos de cena, em que se nota sempre muita propriedade e asseio, e muitas vezes um luxo a que não andávamos acostumados.

A representação da comédia de Scribe foi uma ocasião que tivemos de apreciar este melhoramento tão reclamado.

Emília das Neves é uma artista julgada. Vimo-la já no drama, na tragédia e na comédia. Já sabemos a medida do vasto talento que ela possui; mais de uma vez o reconheci.

No papel de *Adriana* teve esse talento uma ocasião mais para manifestar-se com todos os seus recursos. O diálogo familiar da comédia, o monólogo apaixonado do drama, receberam dos lábios da eminente artista aquela vida e sentimento, que ela sabe empregar com tanta natureza e tanta arte.

No desempenho do papel de *Adriana,* crescem as belezas, à proporção que cresce a paixão e à proporção que o drama vai surgindo do meio dos galanteios da comédia.

O quinto ato é a situação suprema da artista. Aí, nas poucas cenas que tem, pode dizer-se que resgataria os quatro atos anteriores, se acaso já nos não houvesse dado nesses atos muitas belezas de bom quilate. A cena da morte é feita com rara perfeição. Os aplausos que lhe deram foram merecidos. Uno os meus aplausos sinceros aos do público. A cena deveria ser talvez um pouco mais rápida, embora fosse menos real; mas não seria decerto mais admirável no ponto de vista da verdade e da observação com que a eminente artista nos pinta aquela suprema angústia.

Fala-se em diversas peças que hão de subir à cena. A crítica e o público esperam, sem dúvida, com muita ansiedade, novas ocasiões de dar ao talento de Emília das Neves os aplausos a que ela tem incontestável direito.

Este assunto dá certamente para muitas linhas ainda, mas eu não devo esquecer que tenho hoje um hóspede em casa, e que é tempo de apresentá-lo ao público.

Joaquim Serra não é decerto um nome desconhecido aos leitores dos bons escritos e aos amigos dos talentos reais. J. Serra é um jovem maranhense, dotado de uma bela inteligência, que se alimenta dia por dia com sólidos estudos. A imprensa literária e política do Maranhão conta muitos escritos valiosos do nosso distinto patrício. J. Serra é hoje secretário do governo da Paraíba do Norte.

A morte de uma ilustração nacional, Odorico Mendes, filho do Maranhão, como ele, não deixou de lhe inspirar algumas linhas de saudade e de admiração. Como colega e como amigo, não me quero furtar ao desejo de reproduzir aqui essas linhas inspiradas e sentidas.

Os leitores me agradecerão, decerto, a lembrança da publicação e a justiça que faço ao autor.

Diz J. Serra:

> A Sotero dos Reis.
>
> Uma a uma se vão precipitando no báratro as mais fulgurosas estrelas do grande império do Cruzeiro.
>
> Longe, bem longe dos arrebóis de sua terra, lá nas brumosas campinas transatlânticas, repousa o velho peregrino, e venerando proscrito da pátria de Gonçalves Dias!
>
> Silêncio! Nem sequer venha o ruído de um gemido despertar o exausto caminheiro, que descansa à sombra dos ciprestes!
>
> Foi rude e penosa a sua jornada; mais rude e mais penoso ainda foi-lhe esse cerrar de olhos longe das brisas que lhe embalaram o berço, e que não lhe puderam roçar pelos cabelos no doloroso momento da última agonia.
>
> Estalou-se melancolicamente a corda harmoniosa da harpa inspirada do Virgílio cristão! Os sons angélicos de seu último lamento foram reboando, de eco em eco, desde as planícies verdejantes da antiga Lavino e por sobre o cerúleo azul da vaga Jônia, até os saudosíssimos campos da Dardânia.
>
> Silêncio! Nem um gemido desperte o velho peregrino, que dorme sem os pesadelos dos antigos sonos, risonho e plácido depois de um lidar tão suarento!
>
> A nobre fronte de poeta, a abençoada cabeça de apóstolo não reclina-se no regaço da amizade, nem achou recosto na terra querida da pátria.
>
> Embora; descanse ainda entre as neblinas dessa gélida terra, o fatigado romeiro que trabalhou sem cessar e que nunca pesou no solo da pátria.
>
> Desde a hora da libertação, na antemanhã de nossas glórias, com o verbo e com a lira, ele, poeta e herói, foi sempre o mais denodado na refrega.

As sombras do crepúsculo acharam-no ainda no labor; e, posto o sol, foi tempo que ele repousasse. Não pôde alcançar o seu lar no longo rodeio, que o infortúnio o obrigou a fazer.

Enfraqueceu além, e além tombou. Silêncio! que ele não seja interrompido no seu sono.

Despe as tuas galas, risonha ilha de S. Luís; cobre-te de dó e de tristezas, que o teu poeta, o teu orgulho e o teu herói já não são teus!

Como a Raquel do livro santo, tu nem podes ser consolada!

Morrem pela segunda vez os bardos de Mântua e de Ílion, e agora o trespasso vai abalar a terra virgem do Amazonas!

Silêncio! nem as nênias saudosas desta terra, nem a apoteose sublime de além-túmulo despertam o peregrino adormecido.

Silêncio e paz.

M. A.

1º de novembro de 1864

Houve domingo dois eclipses: um do sol, outro do folhetim. Ambos velaram a sua face: um, aos olhos dos homens, outro aos olhos dos leitores. No caso do primeiro, houve uma lei astronômica; no do segundo, foi simplesmente um princípio de estratégia. Que olhos se guardariam para o folhetim, se todos estavam ocupados em ver o fenômeno celeste, através de vidros enfumados?

Há inexatidão em dizer que o sol velou a sua face. Não foi inteiramente assim para a nossa região. Apenas umas sete partes ficaram cobertas; a luz e o calor diminuíram nessa proporção; o sol tornou-se triste, como à hora do poente, em uma campina devastada e deserta; ou, para voltar do avesso uma figura de Hoffmann, triste como o sorriso de um velho, nos últimos dias da existência. Durou pouco o fenômeno; no fim de algum tempo a luz readquiriu o seu fulgor habitual.

Afora os poetas, que mais tarde ou mais cedo tecem um canto ao grande astro, e os astrônomos, que têm por timbre científico examiná-lo em todos os aspectos, não há ninguém debaixo do sol, que o admire nos dias ordinários. Mas anuncie-se um eclipse; ver-se-á toda a gente improvisar os meios de assistir cá debaixo ao escurecimento do disco solar. Todos querem vê-lo nessa fase de desfalecimento em que parece disposto a nunca mais abrir as suas fontes de luz.

É certo, porém, que, eclipsado embora, ninguém o vê a olho nu, mas sim por meio de objetos expressamente preparados. Aquele Luís XIV, mesmo nos seus colóquios com a celeste Maintenon, mesmo nas horas em que deixa de ser rei para ser amante, não consente que o olhar humano possa encará-lo de frente.

Embalde os sábios afirmam que ele tem manchas, sem dúvida para não desconsolar a nossa humanidade das muitas que ela tem; ainda assim, manchado e eclipsado, o sol é sempre o grande astro que ninguém ousa encarar, o astro que ilumina, mas cega, o astro que aquece, mas queima.

Há tantos mil anos assiste ele ao nascimento, vida e morte de todos os homens, aos sucessos de toda a casta, às conquistas guerreiras, cujos heróis são comparados a ele, posto que ele não tenha nem a crueldade, nem a parvoíce dos conquistadores, às grandezas e aos abatimentos, às perfídias dos povos e dos homens, às lutas estéreis por honras de convenção, ao desmembramento das nações a pretexto de equilíbrio, à sanção dos fatos consumados — assiste a tudo isso impassível, mudo, regular, exato como relógio universal que é, vendo alçar tudo e tudo desabar, sem a menor comoção, nem o menor desmaio.

Será por vergonha ou por cólera que ele esconde a face, de quando em quando? Os sábios dizem que não. O povo, sempre poeta, no meio do prosaísmo, tem duas expressões para definir os eclipses: ou é o casamento da lua e do sol; ou é a briga do sol e da lua.

O casamento explica-se por si; quanto à briga, é tão poética a expressão como a primeira; parece realmente que uma rixa conjugal deve estender um véu sobre o casamento.

Os antigos — todos sabem — tinham os eclipses como presságios funestos. Se a superstição antiga pode prevalecer, que sucesso funesto nos anuncia o eclipse de domingo? Os nossos vizinhos orientais, que tiram partido de tudo, são capazes de atribuir ao sol opiniões contra o Império, calúnia evidente, pois que é ele quem faz as nossas estradas e seca as nossas ruas. Lembra-me ter lido nos *Incas*, livro de Marmontel, que um eclipse decidira uma batalha: aviso aos soldados brasileiros.

No dia de hoje é que o sol não pode deixar de ostentar-se em todo o seu fulgor. É o dia da maior glória do céu, porque é o dia de todos os santos — os santos de todos e os santos de cada um.

A lembrança do dia que é levou-me a reler o sermão do padre A. Vieira, pregado no convento de Odivelas, fazem hoje 221 anos. Aquela *boca de ouro* falava de modo a tirar à gente o gosto de falar mais, mesmo em folhetim, onde havia muito que dizer a propósito dos santos e dos meios de o ser.

O velho jesuíta fala largamente dos meios de ser santo; indica os que são próprios e cita os melhores exemplos. A pintura que ele faz dos primeiros martírios é de uma dolorosa verdade; nada falta, nem as cruzes, nem os touros de bronze, nem os banhos ferventes e gelados, nem as árvores que rasgavam os corpos, nem a taça de chumbo derretido, nem a unção de greda e enxofre, nada falta do fúnebre aparelho, com que os primeiros pregadores da Igreja fizeram jus à palma da canonização.

O que, porém, é doloroso e triste, é ver que a glória de ser santo tende a ir diminuindo. Para isso basta lançar os olhos à história dos papas. À proporção que nos afastamos dos primeiros tempos vão decrescendo as canonizações pontifícias. Todos os primeiros chefes da Igreja estão na lista dos santos que se comemoram hoje; mas, de certa época em diante, raro pontífice subia da cadeira de são Pedro ao trono da bem-aventurança dos santos. Os vigários de Cristo fazem santos, mas já não podem sê-lo — observação digna de ser meditada.

Que diferença entre o primeiro e o último! O primeiro depois de uma vida de suplícios por amor de Cristo, morre pregado em uma cruz, de cabeça para baixo, por uma piedosa repugnância de morrer como o divino mestre; o último come tranqüilamente os réditos dos Estados pontifícios, conversa política com os diplomatas, e combina os meios de ter mais dois ou três palmos de terra, além dos sete que lhe hão de competir por morte.

Ora, nestes tempos de tibieza religiosa, é que os chefes e subchefes da Igreja deviam perder um pouco dos cômodos e regalias da vida, até porque dariam coragem ao cristão indigente que, à hora em que nas mesas pontifícias fumam os acepipes, não sabem como hão de iludir as exigências do estômago.

Não vão os leitores tomar à letra tudo quanto tenho dito; ninguém morre crucificado no tempo em que se não crucifica, nem vai lutar com os touros, depois que a luta dos touros tornou-se um prazer da gente civilizada. Nem é essa a condição essencial para ser santo. É ter o coração limpo, diz o padre Vieira, e neste ponto, com ajuda do padre e de São Bernardo, exorto a todos os meus leitores, no dia de hoje, cuja festa o referido pregador português define nestas belas palavras:

> A festa mais universal e a festa mais particular: a festa mais de todos e a festa mais de cada um, é a que hoje se celebra e nos manda celebrar a Igreja [...]. E este mesmo dia tão universal e tão de todos, é também o mais particular e mais próprio de cada um; porque hoje se celebram os santos de cada nação, os santos de cada reino, os santos de cada religião, os santos de cada cidade, os santos de cada família. Vede quão novo e quão particular é este dia. Não só celebramos os santos desta nossa cidade, senão cada um de nós os santos de nossa família e do nosso sangue. Nenhuma família de cristãos haverá tão desgraciada, que não tenha muitos ascendentes na glória. Fazemos, pois, hoje, a festa a nossos pais, a nossos avós, a nossos irmãos, e vós que tendes filhos no céu, ou inocentes ou adultos, fareis também festa a vossos filhos. Ainda é mais nossa esta festa porque se Deus nos fizer mercê de que nos salvemos, também virá tempo, e não será muito tarde, em que nós entremos no número de todos os santos e também será nosso este dia. Agora celebramos e depois seremos celebrados; agora nós celebramos a eles, e depois outros nos celebrarão a nós.

Isto dizia o padre Vieira, no convento de Odivelas, no ano da graça de 1643, duzentos e vinte um anos antes da publicação do *Cruzeiro do Brasil*, folha em que, de envolta com a tortura da língua do grande jesuíta, ataca-se por todas as formas a dignidade de consciência humana, e onde de quando em quando se escreve uma linha em honra do Tibério do século xix. Talvez que a última convenção de Turim altere um pouco os sentimentos do *Cruzeiro*, nesta última parte.

Demos agora um pulo.

Vão se retirando para os seus penates as famílias dos arredores que o vapor conduziu por terra e por mar, a fim de assistirem às festas do casamento de Sua Alteza Imperial.

Essas festas foram realizadas no meio da geral animação. Poucas vezes se tem visto tanta gente na rua. As ruas irradiavam de luz, e as pedras gemiam debaixo dos pés da gente; tudo se encontrava e se abalroava, mas sem a menor desordem, nem a mais ligeira perturbação.

As construções improvisadas para as iluminações públicas eram boas ou más? Ouço daqui murmurar esta pergunta, e sinto-me embaraçado para responder-lhe. As opiniões a este respeito, como em tudo, dividiram-se. Uns achavam-nas magníficas, outros péssimas. Se houvéssemos de reduzir o juízo a uma discussão de todos, não haveria campainha de presidente que moderasse os ânimos.

O que é certo é que as construções tinham por si a escassez do tempo; mas, se o tempo não lhes permitiu maiores louçanias, não prevalece a mesma razão para a suprema falta de gosto. Fossem mais singelas, mas não desrespeitassem as leis do gosto. Está claro que eu excluo destas observações a iluminação do Gás, à qual não há que se dizer. Acrescentarei igualmente que o pavilhão um tanto fantástico do largo do Paço apresentava um aspecto elegante.

As festas do casamento imperial não acabaram no dia 25. Ainda na sexta-feira houve no Ginásio uma festa dada em comemoração do mesmo casamento.

Os meus leitores hão de lembrar-se de que em junho deste ano, dei notícia de uma bela tentativa, realizada por algumas damas e cavalheiros da sociedade de São Cristóvão. Foi a execução do *Ernani* por amadores, no teatrinho daquela localidade. O talento e o esforço conseguiram realizar tão bela ideia. O imenso auditório que então assistiu à representação aplaudiu o esforço e o talento.

As mesmas pessoas resolveram repeti-lo agora, no Teatro Ginásio, em comemoração do casamento da herdeira da coroa, com assistência da família imperial.

Como os heróis de que fala Tácito, brilhei pela minha ausência; mas fui informado por pessoas insuspeitas que a festa mereceu os aplausos que teve; a representação do Ginásio esteve na altura da primeira tentativa e algumas vezes acima.

A orquestra e os coros, sobretudo, ouvi eu louvar como dignos do mais alto conceito.

Tanto os coros, como a orquestra, eram compostos de amadores escolhidos. Ficava assim a sociedade no palco e na plateia; o teatro convertia-se em salão; executava-se uma ópera de Verdi, como se executaria ao piano um trio de Weber, ou uma sonata de Mozart, entre uma valsa e uma xícara de chá.

Tais diversões não se repetem todos os dias; não são coisas fáceis, porque demandam muita aplicação e estudo; mas é para desejar que os diretores da festa de sexta-feira não adiem para muito longe a repetição de uma noite tão agradável como aquela.

Devo mencionar que o objeto da festa foi explicado em algumas palavras, proferidas de um camarote pelo sr. dr. Leonel de Alencar.

Estreou no Teatro Lírico a sra. A. Murri. Não é uma artista de primeira ordem; mas possui uma voz sã, embora fraca; e é dotada de certa graça e conhecimento de cena. Cantou no *Elixir de amor*.

Estou que os leitores terão gosto em fazer algumas considerações acerca de um fato altamente significativo, ocorrido há coisa de 40 dias, em Porto Alegre.

É hoje difícil — mesmo nos países em que o duelo ainda não saiu dos costumes — que um amigo se bata por outro amigo. A espada só se despe em favor do dono; a pistola só vomita uma bala em defesa daquele que a foi comprar ao armeiro. Pode-se dizer que é um sentimento de gratidão pessoal da parte das pistolas e das espadas.

Mas, se um amigo não só pode fazer alçar a pistola do amigo, outro tanto não pode dizer um cão. Foi um cão, quem armou o braço de um caçador em Porto Alegre. Caçava este e mais outros nos arredores da cidade; um moço, Hugo Heitmann, munido de uma espingarda de dois canos e acompanhado de um mastim, passou por eles; deteve-se mesmo a conversar com um dos caçadores. Separaram-se, e daí a pouco ouviu-se um tiro: um dos cães da matilha dos primeiros caçadores jazia banhado em sangue.

Um grito de indignação surgiu do grupo; nada, porém, se pronunciou que ofendesse o delinquente; somente um dos caçadores foi no dia seguinte tratar de obter uma reparação cabal. Mas, como o pai de Hugo interviesse, em vez de um desenlace mais romântico, a pendência passou para os trâmites prosaicos de um processo judicial.

Longe de mim a ideia de contestar o direito do caçador, cujo cão foi assassinado, nem desconceituar a legitimidade da sua queixa.

Se noto o fato é para deixar bem patente que agora, mais que nunca, o cão vai adquirindo a elevada posição de amigo do homem; tão amigo, que o homem faz por ele o que ordinariamente não faz por seus semelhantes.

Uma coisa não ocorreu ao caçador em questão, e é que, se o cão não tivesse sido assassinado por Hugo, talvez um dia viesse a danar, e fosse o dono a primeira vítima dele — costume em que os cães não são originais, porque já o imitaram dos seus amigos homens. Nada é novo debaixo do sol, diz o livro do Eclesiastes.

M. A.

8 de novembro de 1864

Quisera lembrar-me neste momento o nome do autor de quem me ficou este verso:

> La paresse est un don qui vient des immortels.

Quem quer que sejas, ó poeta — vivo ou morto, obscuro ou celebrado —, daqui te envio um protesto de reconhecimento profundo e admiração eterna.

Porquanto, eu estava assaz confuso a respeito do modo por que havia de legitimar o meu estado indolente, e não achava, nem no meu espírito, nem na minha memória, expressões capazes de me absolver aos olhos dos leitores.

Graças ao teu verso, estou inteiramente salvo; é na própria linguagem dos deuses, que os deuses me absolvem. Que os leitores os imitem na clemência, como o folhetim os imita na preguiça, e as sete colunas que se vão ler escaparão à censura que merecem, por milagre do meu poeta deslembrado.

É certo que os deuses deviam ficar um tanto espantados no dia em que saiu da cabeça do referido autor aquele verso de absolvição para os indolentes. Quem dotaria os mortais com tão precioso dom? Os deuses eram uns rudes trabalhadores, quer servissem os mortais, quer lhes amassem as mulheres; o javali de Erimanto, o touro de Europa, o rebanho de Admeto, e muitos outros símbolos mostram que a profissão dos deuses não era então uma sinecura como alguns empregos da nossa época sem templos, nem oráculos.

Bom tempo o dos oráculos! Não se escreviam então folhetins, faziam-se. Um pórtico ou cerâmico ou uma sala de *hetaira* — à hora de Febo ou à hora de Cíntia — eram azados para aquelas confabulações aprazíveis, semeadas de sal ático, sem compromisso com leitores, sem colunas limitadas, sem horas de preguiça.

Tudo desapareceu com os tempos; rasgamos a clâmide em honra da casaca — espécie de asas de gafanhoto, menos a cor; entramos a lavrar as terras da prosa, cheios do mesmo ardor com que o filho de Alcmene lavava o curral de Áugias.

Bom tempo o dos oráculos!

Vou cortando muito mar nestas digressões da fantasia, mas não pode ser de outro modo, quando o céu sombrio e nevoento me lança um olhar aborrecido através das vidraças. O céu triste faz-me triste, como a melancolia da mulher amada entristece o espírito do amante. É bom dizer isto para que não se atribua este amor pelo tempo dos oráculos a uma tibieza do meu espírito católico.

CRÔNICA *Ao acaso*

Esta observação leva-me a tocar de passagem num assunto de que tive conhecimento pelo paquete francês, e de um salto caio das recordações de um tempo poético para as considerações da pior prosa deste mundo, que é a prosa clerical.

Trata-se de monsenhor Pinto de Campos. *A tout seigneur, tout honneur.*

Monsenhor Pinto de Campos acaba de escrever uma carta, em resposta a outra que lhe foi dirigida pela direção do Gabinete Português de Leitura no Recife, e que o *Diário de Pernambuco* publica, declarando aderir, como católico, à doutrina que ela contém.

O Gabinete consultou monsenhor Pinto de Campos sobre se devia admitir nas suas estantes a *Vida de Jesus,* de Renan; monsenhor Pinto de Campos responde que não a devia admitir, por algumas razões que ligeiramente desenvolveu.

Os leitores encontrarão essa carta no fim. É uma iguaria com que desejo lisonjear o paladar dos amadores.

Não discuto a carta por duas razões:

1ª porque ela não é discutível;

2ª porque, mesmo que se quisessem examinar os argumentos de monsenhor Pinto de Campos, o folhetim não comportaria um largo desenvolvimento.

Mas, não posso deixar de chamar a atenção dos leitores para a doutrina e para a argumentação da referida carta. Hão de sentir-se tomados do mesmo pasmo que ela me causou.

Não é que eu me iluda acerca do arrojo do clero; a esse respeito estou mais que muito edificado; mas sempre acreditei que neste país ninguém ousaria, afora o *Cruzeiro do Brasil,* proferir tais doutrinas e tecer tais argumentos.

Monsenhor Pinto de Campos começa por aconselhar o exílio do livro, e acaba por insinuar a queima dele. Na opinião de S. Rvma. é o que devem fazer todos os *bons* católicos. Tal conselho nestes tempos de liberdade, nem mesmo provoca a indignação — é simplesmente ridículo.

Que teme por esse livro monsenhor Pinto de Campos? Ele mesmo declara que é um livro absurdo, onde a impiedade não raciocina com a lógica da impiedade de Strauss; o que provaria antes a necessidade de exilar o livro de Strauss e não o de Renan.

Eu de mim, digo que li a *Vida de Jesus* sem perder a mínima parte das minhas crenças; mas não fui queimá-lo depois da leitura, nem adiro, como o *Diário de Pernambuco,* às doutrinas de monsenhor Pinto de Campos.

Estou plenamente convencido de que as iras do clero, as injúrias dos livros e dos púlpitos tiveram grande parte no sucesso obtido pela obra de Renan. Neste ponto é impossível deixar de reconhecer que os refutadores foram de uma inépcia sem nome. Toda a gente quis ler o livro do Anticristo, e as edições foram sucessivamente esgotadas.

Todos sabem o que são essas injúrias e doestos, em completa oposição com a brandura evangélica. É coisa velha, e eu receio repetir uma observação de cabelos brancos.

"Começai, diz Pascal, por lastimar os incrédulos, que são muito infelizes; só se poderia injuriá-los no caso de que isso lhes servisse; mas, pelo contrário, faz-lhes mal".

Eu quisera que, num país livre e num tempo de civilização, ninguém se lembrasse de empregar essas ridiculezas sem utilidade. Infelizmente não é assim, e o paquete do norte nos trouxe a notícia de que há ainda um escritor do clero brasileiro convencido de que, fora da fogueira e do doesto, não há salvação para a Igreja.

Falando assim da carta de monsenhor Pinto de Campos, deixo de parte a intenção do Gabinete na consulta que fez a Sua Reverendíssima. Creio que a recente publicação de um opúsculo daquele sacerdote, onde se desenvolve muita soma de erudição, foi, sem dúvida, o que levou o Gabinete a pedir conselho sobre se devia ou não introduzir a *Vida de Jesus* nas suas estantes.

Não quero estender-me muito para deixar espaço à carta, que os leitores apreciarão em falta de coisa mais amena.

A mocidade de D. João v é um drama extraído do romance de Rebelo da Silva, que tem o mesmo título. Todos sabem disso e sabem todos também que ele se representou na segunda-feira passada, no espetáculo dado para solenizar o aniversário natalício do rei de Portugal.

Menciono o fato sem adiantar coisa alguma; não assisti à representação comemorativa, e tive a infelicidade de achar o teatro fechado na noite da segunda representação.

Mas tive compensação à falta. Se não vi Emília das Neves debaixo da figura do rei *D. João v,* vi-a depois no desempenho do papel de Margarida Gauthier.

Aplaudida já na tragédia, na alta comédia, no alto drama, Emília das Neves quis mostrar o seu vasto talento no papel da *Dama das Camélias.* Em minha opinião, é esse um dos seus melhores desempenhos; creio ser essa também a opinião do público, que a aplaudiu calorosamente.

Vê-se que ela estudou conscienciosamente os sentimentos que devia reproduzir; a paixão cresce por meio de uma gradação bem compreendida e bem desempenhada; a expansão dos sentimentos casa-se a uma arte serena e refletida. Não citarei belezas por não alongar-me, nem elas são para se contar, mas lembrarei, entre outras, todas as cenas com Armando e a cena com o velho Duval, no 3º ato. Citarei ainda o monólogo desse ato, depois da entrevista com o velho, e finalmente a cena do espelho no 5º. É o que me lembra ao correr da pena.

Dando ainda uma vez os meus sinceros aplausos à eminente artista, espero nova ocasião de os repetir.

Também no Ginásio se representou a *Dama das Camélias,* fazendo o papel de Margarida Gauthier a distinta artista d. Adelaide Amaral. Não pude assistir à representação. Se houver segunda lá irei.

Deveria falar igualmente num drama que representa atualmente a Boêmia Dramática, *Dor e amor.* Dizem-me ser uma composição de pequeno alcance literário, mas ornada de boas situações e cenas verdadeiramente comoventes. Foi nesse drama que estreou o sr. Dias Guimarães, inteligente artista, entrado há pouco naquele teatro.

Na próxima semana resgatarei estas duas faltas.

Agora, para que os leitores entrem já no gozo de uma página amena, vou pingar o ponto final, e dar a palavra a monsenhor Pinto de Campos:

> Ilmo. sr. José da Silva Loyo. — Passo a responder à estimada carta que V. Sa. me dirigiu em data de ontem, na qual teve a bondade de consultar-me sobre a conveniência ou

desconveniência de ser admitido nas estantes do *Gabinete Português de Leitura* o livro de Ernesto Renan, que tem por título *Vida de Jesus*. E louvando antes de tudo os justos escrúpulos de V. Sa., que de modo tão significativo patenteiam a piedade de seus sentimentos, dir-lhe-ei que, sem embargo de reconhecer quão destituída de autoridade é a minha palavra, para servir-lhe de regra no presente enseio: todavia, fiel ao hábito em que estou de emitir com franqueza a minha opinião, sem me importar muito com as emergências ulteriores de sua livre manifestação, releva declarar a V. Sa. que a obra de Renan é um grito de impiedade contra a natureza divina de Jesus Cristo e por conseguinte contra a origem espiritual e celeste da religião que 19 séculos têm professado, como a única verdadeira. É, pois, afagar um livro tal, colocá-lo na biblioteca de um estabelecimento literário, cujos membros e diretores pertencem à comunhão católica, é, se não aderir, mostrar pelo menos tendência a abraçar as monstruosas conclusões aí contidas; é, em todo caso, uma irreverência sacrílega para com o Filho de Deus, cuja divindade é negada por esse espírito das trevas chamado Ernesto Renan, o qual, sobre ser ímpio e blasfemo, é péssimo argumentador. O seu livro é um acervo de contradições, de incoerências e paralogismos de todo o lote.

Afastando-se da escola mítica da Alemanha, Renan, sem a mesma originalidade e habilidade de absurdos, que distinguem Hegel e Strauss, duas inteligências pervertidas, mas assombrosas em erudição, deles copiou boa parte dos despropósitos e blasfêmias que assoalha. Digo que se afasta da escola mítica, porque negando a divindade de Cristo e autenticidade de seus milagres, admite contudo a existência material de ambos os fatos, a saber: reconhece que Jesus Cristo existiu, não como Deus, mas como puro homem; reconhece por igual que se deram todos os fatos milagrosos referidos nos Evangelhos, mas que todos esses milagres são explicáveis, e explicados pelas leis naturais, e que portanto despem-se de todo o caráter do sobrenaturalismo! Hegel e Strauss foram mil vezes mais consequentes. Negaram a conclusão porque negaram o princípio. Sabiam que, desde que admitissem a realidade histórica de Jesus Cristo, seriam forçados a reconhecer a sua divindade; porque ninguém contempla a figura do Filho do homem sem reconhecer nela um raio de beleza infinita, um milagre de perfeição divina.

Na cristologia, e filosofia de Hegel, que serviu de base ao livro do dr. Strauss, e, mais tarde, ao de Renan, o cristianismo se converte em um ideal, criado pela humanidade, de modo que Jesus Cristo não é o autor do cristianismo, mas o cristianismo o criador de Jesus Cristo! Strauss aplicou a famosa dialética hegeliana aos Evangelhos, e todo o sistema do cristianismo ficou reduzido a uma série de mitos. A história, diz ele, desaparece de toda a parte onde o maravilhoso se apresenta; porque, sendo o milagre intrinsecamente impossível, toda a narração que o contém não pode ser história. O Evangelho é um tecido de milagres; ora, os milagres são impossíveis, logo impossível é também a história deles, e por consequência tal história não existe; não pode deixar de ser um mito.

Em tudo isto há erro, audácia e impiedade; mas há coerência. Strauss quis ser lógico. Não pode compreender a metafísica do milagre, ou a ação soberana de Deus, julgou que saltava a dificuldade negando tudo. Mas Renan! isso é um encadeador sutil de filigranas, cujo falso ouropelismo não resiste à análise. Quis imitar a Celso e Porfiro, mas ficou muito atrás na diabólica argumentação. Só conseguiu provar a atividade incansável com que Satanás procura desvairar, e perder os que lhe não resistem fortes na fé: *Resistite fortes in fide*.

Podia ir longe na demonstração dos erros heréticos de Renan, se me permitissem os estreitos limites de uma carta escrita sob a pressão da urgência. Insisto, porém, em estabelecer como uma verdade, de consciência, que a leitura — e o apreço do livro de Renan — é um tributo involuntário, se não sincero, ao príncipe das trevas, que aliás, mais lógico que Renan, reconhece, ainda que a seu pesar, a divindade de Jesus Cristo, o melhor e o mais extremoso amigo e benfeitor dos homens.

Napoleão I, encontrando em mão de um seu general um opúsculo em que o imperador era bastante ultrajado, disse: — General! quem lê o que contra mim se escreve, aprende a aborrecer-me.

Medite bem V. Sa. no que há de sublime neste pensamento, e o corrobore com a certeza de que, dentro em poucos minutos, chegava ao imperador a notícia de que o opúsculo era atirado às chamas, e conclua finalmente daqui qual deve ser o procedimento dos bons católicos em relação ao ímpio livro de que se trata, e que para nada lhe faltar, se acha condenado pela Igreja.

Sou com toda consideração — De V. Sa. amigo e obrigado.

Recife, 21 de outubro de 1864.
J. Pinto de Campos.

M. A.

14 de novembro de 1864

O boato recebeu esta semana um desmentido solene. O dia 10, que se antolhava tempestuoso à imaginação pública, correu calmo e indiferente, como os mais dias. A cidade amanheceu em pé e de pé se conservou até hoje. O obituário foi regular; só a doença (e a medicina, acrescentaria Bocage) ceifou algumas espigas na seara humana.

Pobre boato!

Em compensação, se não acertou em uma coisa, afirma-se que acertará em outra — perde à banca, mas ganha ao voltarete.

Passo em silêncio essas outras coisas em que dizem que o boato acertará.

"Teoria do boato" é o título de um livro que ainda se não escreveu, e que eu indico ao primeiro escritor em disponibilidade. O assunto vale a pena de alguma meditação.

É que o boato — não me refiro ao boato das simples notícias que envolvem caráter público e interesse comum — é uma das mais cômodas invenções humanas, porque encerra todas as vantagens da maledicência, sem os inconvenientes da responsabilidade.

A verdade tem uma telegrafia mantida pelo Estado. O boato é a telegrafia da mentira. Algumas vezes esta acerta e aquela mente, mas é por exceção.

Quando um homem, por motivos de ódio, ou por simples pretexto de amizade, quer fazer correr a respeito de outro uma calúnia, começa por comunicá-la ao primeiro amigo que encontra, acrescentando tê-la já ouvido de outrem. O meio é infalível; dentro de uma hora o segredo tem corrido cem bocas, e está convertido em boato. Alguns simplórios têm mesmo o preconceito de que nada corre em público que não tenha um fundamento de verdade — preconceito que determina no espírito de alguns jurados a condenação de todos os que são acusados perante a justiça.

É sabido que a notícia de uma boa ação nunca passa de meia dúzia de ouvidos, isto por duas razões, a saber: a primeira, é que, como ordinariamente é o próprio autor quem a revela, com as devidas precauções da modéstia, o espírito revolta-se contra essa maneira de levantar uma estátua no coração do público; a segunda, é que uma boa ação nunca aparece ornada dos singulares atrativos de que se atavia uma ação escandalosa, nem possui aquele sabor apimentado que dá vontade de provar e dar a provar.

Deste modo as boas ações que praticamos não passam da nossa rua, mas as más ações que nos atribuem vão de um extremo a outro da nossa cidade. Esta é a regra — a exceção é o contrário.

Tudo isso graças a essa coisa misteriosa, cômoda, impalpável, veloz como o raio, como ele fulminante, a que se dá o nome de boato.

Neste ponto o leitor interrompe o folhetim e dispõe-se a saltar alguns períodos, se o folhetim continuar ainda neste assunto de boatos, a propósito do boato do dia 10.

CRÔNICA *Ao acaso*

Terá razão o leitor: quer uma revista da semana e não uma revista dos séculos. É à conta da pena que deve lançar estas divagações, que, uma vez escritas, não podem ser riscadas, sob pena de se perder tempo e papel.

O papel é nada, mas o tempo...

Quando os americanos inventaram este provérbio característico, mas infeliz — *time is money* — quiseram, entre outras coisas, avisar os leitores e os escritores de folhetim.

Um provérbio indiano fará remate às reflexões acerca do boato: o fogo tisna aquilo que não pode destruir, diz o provérbio, que mais tarde foi convertido em expressão célebre de um célebre político.

Em política é este provérbio uma das melhores armas, com a diferença de ter por apêndice outra arma tão valiosa, e que eu defino deste modo: o carmim enfeita o que não pode aformosear.

Sacrifico algumas reflexões que vinham já a sair dos bicos da pena, e volto aos assuntos da semana.

Um dos principais assuntos é, sem contestação, o concerto do violoncelista Carl Werner, que se efetuou sexta-feira, no Ginásio, diante de um público escolhido.

A imprensa já fez plena justiça ao talento do sr. Werner. É realmente um artista de primeira ordem, e honra o nome do artista de quem é discípulo.

Parece incrível que de um instrumento como o violoncelo se possam tirar sons tão delicados e tão límpidos, cantar com tanto sentimento e tanta melodia. O sr. Werner recebeu aplausos merecidos.

O sr. Werner acaba de chegar de uma viagem artística pela Suécia, Noruega e Dinamarca; foi uma viagem de triunfos. Agora empreende outra, que começa pelo Rio de Janeiro e seguir-se-á por algumas capitais do Prata e do Pacífico, México, China e Rússia.

É outra viagem de triunfos.

Dizem que o violoncelo é um instrumento ingrato; creio piamente que o é, mas acrescentarei uma reflexão: é que, se o violoncelo é ingrato, também o é a maioria dos talentos, que não dispõem de uma capacidade artística como o sr. Werner. Nas mãos de um artista como aquele o violoncelo é um milagre.

Outro concerto se realizou, no Teatro Lírico. Este é apenas uma espécie de estreia.

Hermenegildo Liguori é uma esperançosa vocação brasileira. Tem apenas 10 anos, mas dispõe de muito talento como pianista. Apresentou-se ao público fluminense, não como um artista completo, mas como uma vocação que carece de meios para ir aperfeiçoar-se. O público fluminense não é avaro destas demonstrações de apreço; correu ao Teatro Lírico e animou com os seus aplausos o interessante menino.

Em boa hora vá ele buscar no estudo detido e profundo a perfeição que falta aos dons que a natureza lhe deu.

É mui jovem ainda, tem uma vida diante de si, pode vir a ocupar um lugar eminente entre os bons artistas deste tempo.

Dos artistas passemos aos escritores; vamos do teatro ao livreiro.

Pouco tenho que dizer do pouquíssimo que houve na semana, ainda assim bastante, ainda assim muito, na capital do império, onde se publicam livros como caem as chuvas em alguns pontos do norte — a grandes intervalos.

O manual do pároco é um livrinho do sr. cônego Fernandes Pinheiro, editado pela Casa Garnier. A mesma casa editou um volume de versos do sr. dr. J. Norberto, intitulado *Flores entre espinhos*.

O primeiro é um livro de suma utilidade, e que tem a rara vantagem de corresponder ao título, nesta época em que os títulos não correspondem às coisas.

Do segundo ainda nada posso dizer, pois que o não li.

Fica adiado para a semana.

Uma ocorrência da semana dava ainda margem para muitas explanações, mas eu não posso estender-me desta vez, visto que tenho um hóspede.

A ocorrência da semana a que me refiro foi o suicídio de um moço que, por fugir à vergonha, julgou preferível tomar o caminho da sepultura.

Seduções e maus conselhos o levaram a ir tentar a sorte em uma casa de jogo, onde perdeu o seu e o alheio, e da qual saiu para pôr termo aos seus dias.

É preciso uma grande soma de energia para extirpar este horrível mal das casas de jogo, onde a mocidade e a velhice perderão, noite por noite, todas as forças vivas de que é dotada, e toda a dignidade de que está revestida.

Sem querer e sem poder estender-me, deixo em branco as reflexões que estão a transpirar do fato. As casas de jogo estão entre as maiores imoralidades, contra as quais a polícia não devia cessar de empregar os seus recursos.

Acho mesmo que o castigo não corresponde ao delito de manter essas espeluncas.

Demos agora lugar ao hóspede.

Num dos meus folhetins passados inseri umas linhas do meu amigo J. Serra, em homenagem a Odorico Mendes, cuja morte todos deploramos.

Aqui vai agora uma poesia com que o mesmo talentoso amigo comemorou a morte do tradutor de Homero.

A poesia é oferecida a Gentil Braga.

Diz o poeta:

>
> ODORICO MENDES
> *(A Gentil Braga)*
>
> Plangente e triste o palmeiral sombrio
> Soluça e geme, e molemente o rio
> Na verde margem suspirando está...
> Tangendo as cordas do rouquenho alaúde,
> Ao coro triste minha voz tão rude,
> Sentida e amarga misturada é já.
>
> Longe da pátria que ilustrou com a lira,
> Brasílio cisne lá se abate e expira
> Entre as neblinas da brumosa Albion;
> D'além do oceano o sibilante vento
> Traz do poeta o derradeiro alento
> Como um perdido e gemebundo som!
>
> Quebrando o elo, que a retinha unida
> Ao triste encerro que se chama vida,

Sua alma d'anjo para o céu se alçou;
Entre as dúlias do imortal concerto,
Lá longe canta o que cantou tão perto,
Canções dulcíssimas qu'ele aqui soltou.

Bardo e tribuno, sempre grave e austero,
Tinha nos lábios o falar sincero
Que à turba move e seduz e atrai;
Hoje prostrado, se buscou repouso,
É que caíra como o tronco anoso,
Que lá nas matas se debruça e cai.

Era um poeta de uma raça extinta,
De musa altiva, que não vai faminta
Lá junto aos grandes se arrojar no pó...
Deu para muitos um exemplo novo,
Filho do povo sempre amou o povo;
Podendo tudo, viveu pobre e só!

Virgílio e Homero, lhe cedendo o passo,
E após sublime e fraternal abraço,
Quase vencidos o chamaram — irmão;
Na vasta fronte já rugosa e calva,
Do gênio o selo, do talento a lava,
Era-lhe auréola de imortal condão,

E hoje é morto o valoroso atleta,
Tribuno heroico, gigantesco poeta
Que tantas glórias à sua pátria deu!
Hoje esta terra, num cruel gemido,
Repete o eco que nos vem dorido
D'além oceano, que nos diz: morreu!

Plangente e triste o palmeiral sombrio
Soluça e geme, e molemente o rio
Na verde margem suspirando está.
Tangendo as cordas do rouquenho alaúde,
Ao coro triste minha voz tão rude,
Sentida e amarga misturada é já...

M. A.

22 de novembro de 1864

As primeiras linhas desta revista são dirigidas a Teixeira de Melo, autor das *Sombras e sonhos*, atualmente residente em Campos.

Meu caro Alexandre. — Lembrei-me há dias de ti, e parece que era um eco simpático, visto que também não há muitos dias te lembraste de mim. A distância não descasou os nossos espíritos, tão sinceramente amigos um do outro.

O que me fez lembrar de ti foi o silêncio e o isolamento a que te condenaste. Deixaste o bulício da corte, e foste esconder a tua musa no interior da província, sem saudade do que deixavas, nem confiança no que podia vir.

Ora, se te condeno pela falta de confiança no que te podia vir das mãos do futuro — e muito deve ser para um talento como o teu — aplaudo-te, no que se refere a não conservares saudades do que abandonavas, saindo da vida ruidosa deste centro, e procurando um refúgio ameno no interior da província.

Lá, segundo creio, estás a dois passos dos espetáculos divinos da natureza, cercado das alegrias aprazíveis da família, influenciado pelo olhar do filho e pelo olhar da esposa, quase feliz ou inteiramente feliz, como não é comum lograr neste mundo.

Ainda hoje, como outrora, como sempre, a alma do poeta precisa de ar e de luz; morre se as não tem, ou, pelo menos, desmaia no caminho. Vê daí que luta, que esforço, que milagre não é conservar a gente, o ideal e as ilusões, através desta lama podre em que patinha — verdadeiro consolo para os patos, mas tristíssimas agonias para os cisnes.

Que cisnes! e que patos! Como a maioria é dos últimos, os primeiros, ou têm a coragem de fugir-lhes e ir procurar águas mais límpidas e mais puras, ou então morrem asfixiados na podridão.

Há uma terceira hipótese a que não aludo por não desgostar ninguém.

Bem hajas tu, ó poeta, que tiveste coragem de ir buscar um refúgio para a musa. Não digo que onde quer que vás não encontres os mesmos homens, mas ao menos terás mais tempo de conversar com os cedros e os ribeiros, dos quais ainda nenhum te caluniou, nem te mentiu, nem te enjoou.

Mas, repara bem, se te invejo o isolamento a que te condenaste, não aplaudo o silêncio da tua musa, da tua musa loura e pensativa, de quem eu andei tão namorado outrora.

É que, se podes tomar uma resolução de Alceste, é só com a condição de não deixares no caminho a inspiração, como se fora bagagem inútil. Graças a Deus, é ela a maior consolação e a maior glória das almas destinadas a serem os intérpretes da natureza e do Criador. Os espíritos sérios, graves, positivos, não trocariam, decerto, uma estrofe por um lance político de sua preparação; mas, a despeito desse desdém, continua provado que os referidos espíritos sérios e graves só têm de grave e de sério as denominações que eles próprios se dão entre si.

Se, em vez de te refugiares como andorinha friorenta, houvesses ficado no tumulto da vida, quem sabe se — tremo em pensá-lo! — quem sabe se não acordavas um dia com alma de político?

Ah! então é que eu te dava por perdido de uma vez.

Não que eu comparta a opinião do sr. Barão de S. Lourenço, senador pela Bahia, a quem parece que os poetas não servem para nada em política, mormente quando são moços, isto é, quando ainda conservam um pouco de entusiasmo e um pouco de convicção.

Quando aquele senador disse algumas frioleiras nesse sentido perante o Senado brasileiro, tive eu a honra de consagrar o fato nesta revista, acompanhado por alguns comentários de casa. O ilustre varão cantou daí a dias uma palinódia muito mal-arranjada, sob pretexto de retificação.

Não, eu não sou dos que acham que os poetas são incapazes para a política. O que penso é que os poetas deviam evitar descer a estas coisas tão baixas, deviam pairar constantemente nas montanhas e nos cedros — como condores que são.

CRÔNICA *Ao acaso*

Afinal de contas, os homens que não são sérios e graves, são exatamente os homens graves e sérios. Demócrito continua a ter razão: só é sério aquilo que o não parece.

Mas eu insisto em lamentar que juntasses à tua solidão o teu silêncio. Quisera saber de ti, por que motivo fizeste emudecer a lira tão auspiciosa e apagar a inspiração tão prometedora. Contos largos, talvez. Ninguém cala a voz íntima e impetuosa, por causas símplices e passageiras; escreve daí um folhetim, em que me contes todas essas coisas.

Já te disse como e por que pensei em ti; agora vou dizer-te o modo por que pensaste em mim.

Ah! tu cuidavas que o anônimo te encobria! Tive quem mo revelasse, e nem precisava, porque era ler aquelas cinquenta linhas de prosa da *Alvorada Campista*, para ver-te logo, tal qual és, tímido, receoso, delicado.

Se Casimiro de Abreu fosse vivo, e estivesse em Campos, ainda eu poderia hesitar. Éreis ambos os mais tímidos, os mais delicados, os mais receosos caracteres que tenho visto. Mas Casimiro lá se foi caminho da eternidade, não vejo outro que pudesse escrever aquilo e por aquele modo.

Pois a publicação de um autógrafo meu, só porque não tinhas autorização, carecia de tantas escusas, tantos rodeios, tantos sustos, tantos perdões? Não tinhas mais do que publicá-lo, embora me não conviesse — e está longe disso — era coisa sem grande resultado.

Se algum efeito mau produziu essa publicação, foi o do desgosto de não ter o autógrafo comigo, porque o incluía no meu livro, de que ainda não te mandei um exemplar, por não ter sobeja confiança no correio, e não saber ao certo onde devia mandá-lo.

Além deste, produziu outro efeito mau no meu espírito a tua publicação. É que eu preferia, em vez dos meus versos, ter versos teus, compostos agora, lá na tua solidão. Em resumo, em vez de dares à publicidade as obras alheias, cujos originais possuis, devias revelar ao público as novas meditações da tua musa, os teus melhores *sonhos* e as tuas *sombras* mais belas.

Se os olhos de algum hipócrita correm agora por estas colunas, não hesito em crer que está naturalmente pensando entre si que estas últimas linhas nada têm de sinceras; mas como escrevo para ti, que me acreditas, importo-me mediocremente com o juízo que possa fazer o referido hipócrita — se algum me lê.

Ora, eis aí tudo o que eu tinha para te dizer, aproveitando a via do folhetim, na esperança de que ele chegará às tuas mãos.

Concluo repetindo que não podes nem deves deixar a musa em ócio, porque, além de um pecado, seria uma desconsolação. Se és feliz, escreve; se és infeliz, escreve também. O remédio assemelha-se um pouco às panaceias universais inventadas pelos charlatães, mas também é o único remédio que não se vende, porque Deus o dá aos seus escolhidos. É inútil dizer que para ser escolhido não basta rimar algumas estrofes em horas de desfastio — é preciso sentir a poesia, como tu, e morrer com ela, como Casimiro de Abreu.

A transição dos assuntos é suave; passo de um moço a uma associação de moços.

Os acadêmicos do Recife, segundo a notícia que nos trouxe o paquete, pretendem dar um espetáculo em favor das vítimas da Polônia, sendo eles próprios os atores.

Deixemos de parte a consideração da oportunidade; a lembrança vem tardia, decerto; mas eu procuro ver o que há de essencial no ato.

Assim, mando daqui os meus calorosos aplausos aos acadêmicos do Recife pela ideia nobre e generosa que pretendem levar a efeito. É própria da mocidade, e dá a esperança de que na geração que desponta há centelhas de sincero amor à causa da justiça.

A causa da justiça tem enchido o estômago e inchado o espírito de muito galopim deste mundo; não como causa, mas como frase que se adapta a todos os programas. A mocidade não calcula nem especula. Eu, quando vejo manifestações destas, sinto-me cheio de orgulho e de esperança; porque elas simbolizam o espírito do futuro como uma condenação do presente.

O presente é isto: a Polônia revoltou-se mais uma vez contra os seus injustos opressores; alçou-se um grito de todos os pontos da terra. Os que dirigem as coisas humanas, os piedosos construtores da felicidade universal, franziram o sobrolho e mandaram afiar as espadas. Mas, como acontece no *Trovador*, Manrico leva todo o tempo a florear e repetir: *Corro a salvar-te!* Não arreda pé: é mister satisfazer primeiro o compasso do maestro. Quando chega, já bruxuleiam os restos da fogueira.

Os basbaques da plateia, além de pagarem o bilhete, aplaudem o brio dos Manricos.

Se os bonapartistas da nossa terra não levam a mal, acho que esta frase célebre, *Deus está muito alto e a França está muito longe,* deve ser modificada neste sentido: *Deus está muito alto e a França está muito baixo.*

Perdoem-me os Nemrods e seus adoradores.

Quem me não há de perdoar é o leitor que já me vê entrar assim na política torva, como se estivera fazendo um panfleto, em vez de um folhetim.

Dou-lhe coisa mais agradável ao paladar.

O *Cruzeiro do Brasil* anda concitando as turbas à guerra religiosa.

A propósito do fato ocorrido em Niterói, no dia 7, em que o povo prorrompeu em excesso contra um vendedor de bíblias protestantes, o *Cruzeiro* escreve um artigo em que parece animar os movimentos daquela natureza, certo de que será turvar as águas para ele pescar mais abundante peixe.

O *Cruzeiro* só acha responsabilidade no governo, que protegeu o vendedor contra a ira popular, e que anima a esse, como a outros, na propagação das doutrinas condenadas pela Igreja.

A folha católica diz coisas mais, dignas de serem lidas por todos quantos apreciam a liberdade da palavra.

Termina ameaçando o governo com a lembrança das guerras religiosas.

Nada do que diz o *Cruzeiro* é novo; mas nem por isso deixa de ser lamentável que se imprimam coisas tais em um país onde a liberdade religiosa, se não é completa, está já adiantada.

Há dois fatos para considerar no artigo do *Cruzeiro do Brasil*:

1º — O *Cruzeiro* alega a constituição; mas a constituição garante a liberdade religiosa, e não há liberdade religiosa, como bem lembra a *Imprensa Evangélica*, sem proselitismo, de outro modo fora burlar o princípio.

2º — O *Cruzeiro* faz recair a responsabilidade sobre o governo, e intima-o a fazer cessar a propagação dos metodistas. O procedimento de uma religião que é a verdade, devia ser outro: em vez de apelar para a força do governo devera apelar para a palavra do clero, a quem incumbe combater as doutrinas que se vão propagando. Serão estas o erro? Tanto melhor para os que defendem a verdade; uns confundiriam facilmente os outros.

Fazem homenagem à intervenção direta do governo, e queixam-se depois quando este — cujo apetite se abre às primeiras colheradas de sopa — dá um passo mais e lhes entra por casa!

Tinha muita coisa ainda que dizer, mas vai-se-me escasseando o papel; é preciso resumir.

Com o folhetim não se pode dar o que se deu com o balão do sr. Wells. A corda do paginador é robusta, não arrebenta com facilidade: pode-se subir até certa altura, mas não se passa daí, a não ser para descer imediatamente.

Aconteceu o contrário com o balão do sr. Wells, cuja corda rebentou na melhor ocasião, indo o balão por esses ares à guisa do acaso e do vento.

Os leitores sabem que ia dentro miss Isabel Case, e sabem também que esta corajosa senhora traduziu as suas impressões para uma carta que enviou ao *Jornal do Commercio*.

Quando se anunciou pela primeira vez que miss Isabel Case ia fazer a sua viagem aerostática, avisei os corajosos da capital para se não deixarem ficar em terra. Não surtiu muito efeito o conselho; miss Isabel Case continua a ser a heroína do ar.

Nisto não vejo um fato isolado, vejo um sintoma de troca de papéis entre os dois sexos. Já um escritor mostrou, a propósito da roupa, que os dois sexos tendem a mudar as situações.

Mais um volume acaba de publicar a importante Casa Garnier: *Meandro poético*, coleção de poesias dos primeiros poetas brasileiros para uso da mocidade dos colégios. É coordenada pelo sr. dr. Fernandes Pinheiro. Está enriquecida com esboços biográficos e numerosas notas históricas mitológicas e geográficas.

Já na semana passada dei notícia de um livrinho do sr. Fernandes Pinheiro, editado pela mesma Casa Garnier — *O manual do pároco*. Folgo de ver uma tal atividade; o sr. dr. F. Pinheiro não é, decerto, um talento criador, mas tem a discrição e a paciência para os trabalhos de compilação e investigação. Todo o arado é útil para as terras literárias.

Os poetas escolhidos para a presente coleção são Cláudio Manuel, Alvarenga Peixoto, Silva Alvarenga, padre Caldas, Durão, J. Carlos, J. Basílio da Gama, José Bonifácio, M. de Paranaguá, Natividade e outros.

É um livro muito aproveitável para o ensino dos colégios.

A impressão, feita em Paris, é o que são as últimas impressões da Casa Garnier: excelente.

Numa terra em que não há editores é preciso animar os que se propõem, como o sr. Garnier, a facilitar a publicação de obras.

Duas linhas sobre o teatro.

Os leitores conhecerão, sem dúvida, o nome do sr. Reis Montenegro, jovem estreante na literatura dramática, para a qual revela uma boa vocação.

Assisti há dias no Teatro de São Januário, pela Boêmia Dramática, à representação de uma comédia em um ato do sr. Reis Montenegro *À procura de casamento*. Não é decerto um trabalho completo; vê-se que falta a verossimilhança das situações e outras condições ainda; mas, a par desses defeitos, que eu denuncio com toda a franqueza, reconheço o sal cômico e a vivacidade do diálogo, a naturalidade das cenas e a justeza de algumas observações.

É um gênero de literatura cujo cultivo aconselho francamente ao sr. Reis Montenegro, em quem vejo felizes situações. O que desejo é que, a par do estudo que fizer, faça o autor todo o esforço para fugir ao elemento do burlesco. A cena do ovo incorre nesta censura, como a declaração de amor à criada. É certo que no nosso teatro não escasseiam, antes sobram os sucessos devidos ao burlesco; mas, se esse elemento dá a vida de algumas noites, à luz da rampa, não pode fazer mais do que isso.

Falo com franqueza ao sr. Reis Montenegro, moço de talento, e que me parece sinceramente modesto: não se deixe seduzir pelo gênero a que aludi; o que faz estimar Molière, não é o saco de Scapin, nem a seringa de Pourceaugnac, é o profundo estudo das suas admiráveis criações cômicas, os Alcestes, as Filamintas, os Harpagons.

Dito isto, bato palmas ao poeta e espero ver novas produções suas disputarem a palma do triunfo.

Não tenho espaço para a *Dor e Amor*, drama representado pela Boêmia. É, como disse na semana passada, um drama de pequeno alcance literário, mas ornado de boas situações. O desempenho é regular, alguns papéis fraquearam, talvez, mas em compensação merecem menção a sra. d. M. Fernanda e o sr. Dias Guimarães.

Também me falta espaço para outras coisas, que eu contaria se pudesse, como miss Isabel Case ter a felicidade de romper a corda.

M. A.

29 de novembro de 1864

A questão Kelly não ficou na rua e na imprensa; subiu à tribuna legislativa provincial.

Em vista do que, o herói do dia é o dr. Kelly — aquele metodista de quem falei a semana passada, aludindo a um artigo do *Cruzeiro do Brasil*.

Antes de começar as suas prédicas, numa casa particular de Niterói, o dr. Kelly examinou naturalmente se o podia fazer. Recorreu à constituição, e a constituição em mais de um artigo respondeu-lhe que sim; porque ela tolera todos os cultos, contanto que eles sejam praticados em casas sem forma exterior de templo; consente que se difundam ideias religiosas, uma vez que não ataquem os dogmas fundamentais da existência de Deus e da imortalidade da alma.

Não direi que estes preceitos satisfaçam amplamente as aspirações da liberdade, nem que respondam à ideia dominante do século, mas esses preceitos davam lugar a que o dr. Kelly realizasse a sua missão evangélica.

O defeito da constituição está em não ter completado a liberdade, tirando os entraves que lhe impõe, e em declarar a religião católica como religião do Estado.

Se eu tivesse à mão o livro de Ch. Ribeyrolles, o *Brasil pitoresco,* transcreveria algumas linhas que o ilustre proscrito escreveu a este respeito. Citarei de memória. O ilustre proscrito, prestando à constituição do Império aquele tributo de veneração que ela merece, dizia aos brasileiros, que era necessário fazer ao nosso evangelho político aquelas modificações impostas pela civilização do tempo.

Porquanto, dizia ele:

Se uma alta capacidade, um grande patriota, um político sincero, quisesse tomar parte na direção dos negócios públicos, levando à tribuna política a soma vasta dos seus conhecimentos, fosse ele um Pitt, mas não fosse ele católico, não poderia fazê-lo em face da constituição.

No dia em que se tiver saído da tolerância para a liberdade completa, teremos dado o último passo neste assunto.

Que os leitores me permitam a figura — a tolerância assemelha-se a uma gaiola de papagaio, aberta por todos os lados, sem aparências mesmo de gaiola, mas onde a ave fica presa por uma corrente que lhe vem do pé ao poleiro.

Quebre-se a corrente, uma vez por todas, e dê-se a liberdade ao pobre animal. Um sistema político como o nosso que, a pretexto de proteger os rouxinóis, protege cem papagaios por cada rouxinol, parece incrível que nutra tanta aversão a este judicioso conselho.

Mas voltemos ao dr. Kelly.

Fundado na constituição, o pregador protestante começou a missão de que se incumbira, procurando para isso uma casa em Niterói, onde ia uma ou duas vezes por semana. Ora, como a palavra do dr. Kelly tivesse convertido ao protestantismo algumas pessoas católicas, espalhou-se essa notícia, e o povo, talvez por instigações de algum pregador oculto, entendeu dever manifestar o seu desagrado pelos resultados da missão Kelly.

Os leitores sabem o que houve. As coisas tomaram uma face tal, que a polícia niteroiense foi obrigada a proteger a pessoa do pregador protestante, contra a ira popular.

Do que resultou surgirem duas questões, a questão religiosa e a questão policial, isto é, o direito que tinha o dr. Kelly de exercer a sua missão evangélica, e o direito que tinha a polícia de intervir para proteger, não o dr. Kelly, mas o art. 5º da constituição.

A segunda questão deixou lugar à primeira e desapareceu, sem dúvida, porque se reconheceu que, se a liberdade individual é um direito inapreciável, a liberdade policial é uma garantia. Não falo do abuso.

A primeira questão passou da rua à imprensa e da imprensa à tribuna. Foi o sr. dr. Castro e Silva quem iniciou na Assembleia de Niterói um longo e caloroso debate.

Não cabe nestas colunas acompanhar a discussão havida na Assembleia a este respeito; mas eu a menciono, primeiramente, como uma ocorrência da semana, depois, como um triste sintoma da existência de algumas aspirações clericais.

O protesto contra as teorias do sr. dr. Castro e Silva foi feito por parte do sr. dr. Pinheiro Guimarães, que pronunciou em primeiro lugar um discurso cheio de raciocínio e de verdade, e depois por outros que o acompanharam no mesmo terreno.

Sem querer diminuir a glória dos deputados que combateram o sr. dr. Castro e Silva, devo, todavia, dizer que a tarefa não era difícil nem árdua. As teses sustentadas por este último eram tão calvamente falsas (deixem passar o adjetivo); os argumentos tão errôneos, as apreciações da lei tão absurdas, que não se demandava demasiado trabalho para restabelecer a verdade da lei e da razão.

O sr. dr. Castro e Silva molestou-se porque se lhe disse que não entendera os artigos da constituição. Não direi, portanto, que não os entendeu, direi que não os quis entender, embora caia em outro escolho que é o de atribuir ao ilustrado deputado um erro voluntário.

Mas como hei de apreciar as suas reflexões se eu vejo que elas negam a luz do dia e torturam a expressão lógica e gramatical da constituição?

Isto quanto à interpretação da lei, porque quanto ao resto, o ilustrado orador fez uma série de considerações velhas, debatidas e refutadas — dessas considerações que têm enchido tanto papel e tanto tempo, e que ninguém pode ouvir hoje com seriedade.

Terão acaso os distintos deputados que refutaram o sr. dr. Castro e Silva, terão acaso os liberais católicos, terá acaso o folhetim algum medo da organização de um partido clerical? Não creio, não devem ter. Podem haver alguns sintomas de uma aspiração para a intolerância, mas essa aspiração não se converterá em partido, ao menos em partido que cause susto.

E não será por virtude dos órgãos dessa aspiração, porque esses, a julgar pela linguagem e pela ousadia, parecem falar em nome de um exército em linha de batalha.

Dizendo isto, tenho principalmente em memória o *Cruzeiro do Brasil*.

A fé vem pelo ouvido, diz São Paulo, e a folha católica, citando a expressão do apóstolo, indica aos padres o único procedimento que se pode opor ao procedimento dos protestantes. Mas o *Cruzeiro*, ao passo que se exprime assim, acoroçoa os movimentos populares, *cujo impulso santo e louvável* aplaude.

Tão audaciosas palavras são apenas a revelação de um fato que está na consciência de todos: o *Cruzeiro do Brasil* faz o seu negócio e exerce a sua profissão.

Laurent, serrez ma haire avec ma discipline.

O *Cruzeiro do Brasil* menciona nas suas colunas a discussão da Assembleia provincial. O adjetivo faz as despesas do louvor aos defensores das doutrinas intolerantes.

Depois menciona a discussão nas colunas pagas da imprensa, atribuindo ao dr. Kelly os artigos que censuram o procedimento do povo de Niterói.

Neste ponto era necessário dar ao dr. Kelly um nome insultante, um nome de chocarrice, que atraísse ao pregador protestante o ridículo e o ódio, um nome feio, um nome que lhe amargasse, e provasse ao mesmo tempo a fé e o espírito dos redatores do *Cruzeiro*. Achou-se o nome, e o nome foi escrito com todas as letras. Que nome seria, meus caros leitores?

O *Cruzeiro* chama ao dr. Kelly:

— O Bíblia!

Aqui vai o fragmento do *Cruzeiro* para que se me não atribua o pecado de haver desvirtuado o pensamento da folha:

É porém líquido que o autor de semelhante aranzel não é mais nem menos do que a *Bíblia* que por ali anda a amotinar o povo.

Louis Veuillot invejaria este período.

Terminará aqui a questão Kelly? Se as alegações da tribuna e do *Cruzeiro* impressionarem o povo niteroiense, naturalmente o dr. Kelly não poderá continuar as suas pregações, será compelido a não exercer um direito expresso na constituição.

É pena! Porque a constituição é ainda uma das melhores coisas que possuímos.

Não tarda que os redatores do *Cruzeiro* redijam o programa de um milagre, que procurem efetuá-lo em qualquer templo, e que, em virtude desse milagre, fique escrita uma reprovação de Deus às missões do dr. Kelly.

Aqui vai uma amostra de milagre para inspirar os referidos redatores.

Julgou-se ultimamente em Madri um processo curioso. Acusou-se um soldado de ter furtado uma taça de ouro de um altar de Nossa Senhora. O soldado fez a sua defesa nestes termos:

Pobre e com família, recorreu à mãe de Deus para obter algum alívio; mas, enquanto tinha os olhos pregados na Virgem, reparou que a imagem sorria e lhe indicava com o olhar a taça que ficava aos pés. Foi uma revelação; o soldado lançou mão da taça (quatro milhões de reales) e partiu.

O tribunal comunicou a narração do acusado à comissão eclesiástica; a resposta da comissão não deixou dúvidas ao tribunal, que mandou restituir a taça ao soldado.

Isto é o soldado, o tribunal e a comissão eclesiástica fizeram de comum acordo um roubo à Santa Virgem, distribuindo-se as vantagens do modo seguinte:

O soldado teve a taça;

A comissão eclesiástica teve mais um milagre para inserir nos anais dos milagres;

O tribunal policial teve a perspectiva de alguns emolumentos provenientes dos muitos processos que vão haver à imitação deste, depois que as imagens animam os larápios com olhares e sorrisos.

O milagre que acabo de relatar pode tomar lugar distinto entre as teses cujo desenvolvimento temos visto nestes últimos dias.

É uma descoberta que os nossos ratoneiros ainda não tinham feito, mas que eu não estou longe de crer que hão de imitar, sobretudo se o *Cruzeiro* aí estiver para apoiar as manifestações divinas das imagens.

Demos trégua aos milagres, ao *Cruzeiro* e à questão Kelly.

Falemos de um poeta nascente.

É o sr. Carlos Augusto Ferreira, do Rio Grande do Sul, jovem de esperançoso talento, que vai publicar brevemente um volume de versos.

O *Mercantil* de Porto Alegre escreve a respeito do jovem poeta algumas linhas que eu transcreveria, se me sobrara espaço.

É moço é órfão, é pobre; a pobreza, a mocidade, a orfandade foram e são outros tantos motivos para as manifestações da sua musa auspiciosa.

Animá-lo é dever.

Pode vir a ser uma das glórias do país; não lhe cortemos, com uma desdenhosa indiferença, o ardor da sua vocação, que de tantos obstáculos triunfa.

Recebi uma carta de Barbacena, encapando um soneto do poeta mineiro sr. padre Correia de Almeida.

Os leitores desta folha tiveram ocasião de apreciar a formosíssima tradução de um canto da "Farsália" de Lucano, feita pelo sr. conselheiro José Feliciano de Castilho.

O soneto do poeta mineiro — um belo soneto, na verdade — é dirigido ao elegante tradutor do poeta latino.

Vejam os leitores:

> A história, que aproxima priscos anos,
> Tardio tribunal justo e severo,
> Horroriza tratando do ímpio Nero
> O mais torpe e funesto dos Tiranos.
>
> No furor das cruezas e dos danos
> Não lhe escapa um dos êmulos de Homero,
> Pois é Lucano vítima do fero
> Algoz que dominou sobre os romanos.
>
> De Espanha era o poeta ilustre filho,
> Mas, por pátria adotando amena Itália,
> Deu à língua de Horácio novo brilho.
>
> Inspirou-se nas águas da Castália;
> E escreveu, como escreve hoje um Castilho,
> O prélio sanguinoso de Farsália.

Depois de escrita a revista, chegou a notícia da morte de Gonçalves Dias, o grande poeta dos *Cantos* e dos "Timbiras".

A poesia nacional cobre-se portanto de luto. Era Gonçalves Dias o seu mais prezado filho, aquele que de mais louçanias a cobriu.

Morreu no mar — túmulo imenso para o seu imenso talento.

Só me resta espaço para aplaudir a ideia que se vai realizar na capital do Maranhão a ereção de um monumento à memória do ilustre poeta.

A comissão encarregada de realizar este patriótico pensamento compõe-se dos srs. Antônio Rego, dr. Alexandre Teófilo de Carvalho Leal, Francisco Sotero dos Reis, Pedro Nunes Leal e dr. Antônio Marques Leal.

Não é um monumento para o Maranhão, é um monumento para o Brasil. A nação inteira deve concorrer para ele.

Quanto a ti, ó Níobe desolada, ó mãe de Gonçalves Dias e Odorico Mendes, se ainda tens lágrimas para chorar teus filhos, cimenta com elas os monumentos da tua saudade e da tua veneração!

M. A.

3 de janeiro de 1865

Volto com o novo ano, não direi tão loução como ele, nem ainda tão celebrado, mas seguramente tão cheio de promessas que espero cumprir, se, todavia, não intervier alguma razão de Estado.

Os leitores sabem, mais ou menos, o que é uma razão de Estado para o folhetim. A preguiça é um dom em que saímos aos deuses.

O ano que alvorece é sempre recebido entre palmas e beijos, ao passo que o ano que descamba na eternidade vai acompanhado de invectivas e maldições. Se isto não fosse uma regra absoluta, era legítima a exceção que se fizesse para a ocasião presente, em que se despede de nós o mais férreo, o mais infausto, o mais negro de todos os anos.

Se eu não receasse fazer uma revista do ano, em vez de uma revista da semana, percorria aqui os principais acontecimentos e desastres do finado ano de 1864. Foi esse o ano dos fenômenos de toda a casta, tanto naturais, como políticos, como financeiros; foi o ano que produziu as revoluções astronômicas, as crises comerciais e as patacoadas e empalmações políticas — em ambos os mundos, e quase em todos os meses.

Veja-se, pois, se o ano de 1865 não deve ser um ano singularmente celebrado, o alvo de todos os olhos, o objeto de todas as esperanças.

Ele é, por assim dizer, o arco da aliança, que se desenha no horizonte assombreado, como uma promessa de paz e de concórdia.

Manterá ele as promessas que faz? corresponderá à confiança que inspira? Ai triste! a resposta é negativa: todas as palmas do dia da Circuncisão se converterão em vaias no dia de são Silvestre. É a repetição do mesmo programa, o programa dos abissínios.

Mas tal é a singular disposição do espírito humano que, só quando se for embora este ano em que se puseram tantas esperanças, é que se lembrará de que no ano então amaldiçoado houve para ele um momento de felicidade verdadeira, ou a satisfação de uma ambição política, ou a realização de uma ilusão literária, ou uma hora de amor, de *solitário andar por entre a gente,* ou o sucesso de uma boa operação econômica.

Temos saudade de todos os anos, mas é só quando eles se acham já mergulhados em um passado mais ou menos remoto — porque o homem corre a vida entre dois horizontes, o passado e o futuro, a saudade e a esperança, a esperança e a saudade, diz um poeta, têm um horizonte idêntico: *l'éloignement.*

Quando 1865 não corresponder às aspirações de cada um, e quando todos se lembrarem desse momento de felicidade de 1864, então cada qual repetirá as suas maldições contra 1865, e sentirá, mas de modo diferente, as suas decepções: o político e o financeiro correm o risco de procurar na boca da pistola a solução da dificuldade, e o esquecimento da derrota; o poeta e o amante espalharão algumas saudades sobre a campa dos seus amores e das suas ilusões. Pobre poeta! pobre amante! pobre político! pobre financeiro!

Folgo de crer que entre os meus leitores nenhum haverá que tenha ocasião de assistir a tais catástrofes; a todos desejo que o ano que começa seja mais feliz do que o ano que acaba, ou tão feliz, se ele foi feliz para alguns.

Para ligar esta revista à última que publiquei antes do intervalo de silêncio, devera passar em resenha todos os acontecimentos que se produziram nesse intervalo. A tarefa seria por demais difícil, sem deixar de ser inútil. Inútil porque o grupo dos sucessos ocorridos serve apenas como um fundo desmaiado em que ressalta um acontecimento principal: — a guerra do rio da Prata.

O folhetim precisa dizer o que pensa, o que sente, o que julga a respeito das últimas naquela parte da América? Haverá acaso duas opiniões e dois sentimentos nesta questão nacional? Não há um só ponto de vista na apreciação das arlequinadas de Lopez e Aguirre?

O enunciado contém a resposta.

Vinga-se atualmente no campo da ação a honra nacional. O valor do Exército brasileiro não está fazendo as suas provas; já as fez, já foi consagrado naquelas mesmas regiões. Nem a tarefa pode assoberbá-lo desta vez; para aquelas crianças traquinas, constituídas em nações, bastam a vergasta e a palmatória.

A consciência da justiça que anima os nossos soldados, é já um penhor de vitória.

Volvo os olhos às últimas semanas e não vejo nenhum acontecimento literário, isto é, nenhuma publicação que deva assumir semelhante caráter.

Se bem me recordo, desde que me recolhi ao silêncio, houve dois livros; um *Compêndio da história universal* pelo dr. Moreira de Azevedo; e a 2ª edição das *Lembranças de José Antônio*.

O primeiro destes livros é um bom livro. Tem os três principais méritos de tais livros: a exatidão, o método e o estilo. É um livro acomodado às inteligências infantis. Todos conhecem já o nome do sr. dr. Moreira de Azevedo, autor de diversos opúsculos de investigação histórica, dignos da nomeada que tem alcançado.

Falando do *Compêndio* do sr. dr. Moreira de Azevedo, ocorre-me a publicação recente de outro *Compêndio de história,* escrito originalmente em francês pelo ministro da Instrução Pública em França, e traduzido para o português pelo sr. padre Joaquim Bernardino de Sena.

A este livro dispenso-me de tecer encômios.

Quanto às *Lembranças de José Antônio,* não acrescentarei nada ao maior louvor que a obra obteve e vai obter ainda: a aceitação geral, não como uma obra de certas proporções literárias, mas como uma coleção de páginas amenas, chistosas, epigramáticas, cuja leitura faz rir sem esforço.

Este livro é uma recordação; é a recordação da Petalógica dos primeiros tempos, a Petalógica de Paula Brito, o café Procópio de certa época, onde ia toda a gente, os políticos, os poetas, os dramaturgos, os artistas, os viajantes, os simples amadores, amigos e curiosos; onde se conversava de tudo, desde a retirada de um ministro até a pirueta da dançarina da moda; onde se discutia tudo, desde o *dó* de peito do Tamberlick até os discursos do marquês de Paraná, verdadeiro campo neutro onde o estreante das letras se encontrava com o conselheiro, onde o cantor italiano dialogava com o ex-ministro.

Dão-me saudades da *Petalógica* lendo o livro de José Antônio, não porque esse livro reúna todos os caracteres daquela sociedade; dão-me saudades porque foi no tempo do esplendor da *Petalógica* primitiva que os versos de José Antônio foram compostos e em que saiu à luz a primeira edição das *Lembranças*.

Cada qual tinha a sua família em casa; aquela era a família da rua — *le ménage en ville* —, entrar ali era tomar parte na mesma ceia (a ceia vem aqui por metáfora), porque o Licurgo daquela República assim o entendia, e assim o entendiam todos quantos transpunham aqueles umbrais.

Queríeis saber do último acontecimento parlamentar? Era ir à Petalógica. Da nova ópera italiana? Do novo livro publicado? Do último baile de E***? Da última peça de Macedo ou Alencar? Do estado da praça? Dos boatos de qualquer espécie? Não se precisava ir mais longe, era ir à Petalógica.

Os *petalógicos,* espalhados por toda a superfície da cidade, lá iam, de lá saíam, apenas de passagem, colhendo e levando notícias, examinando boatos, farejando acontecimentos, tudo isso sem desfalcar os próprios negócios de um minuto sequer.

Assim como tinham entrada os conservadores e os liberais, tinham igualmente entrada os *lagruístas* e os *chartonistas:* no mesmo banco, às vezes, se discutia a superioridade das *divas* do tempo e as vantagens do ato adicional; os sorvetes do José Tomás e as nomeações de confiança aqueciam igualmente os espíritos; era um verdadeiro *pêle-mêle* de todas as coisas e de todos os homens.

De tudo isso e de muitas coisas mais me lembro eu agora, a propósito do volume de *Lembranças,* que não posso deixar de recomendar aos leitores para as horas de tédio ou de cansaço.

Os dois primeiros livros de que falei são editados pelo sr. Garnier, cuja livraria se torna cada vez mais importante. Falar do sr. Garnier, depois de Paula Brito, é aproximá-los por uma ideia comum: Paula Brito foi o primeiro editor digno desse nome que houve entre nós. Garnier ocupa hoje esse lugar, com as diferenças produzidas pelo tempo e pela vastidão das relações que possui fora do país.

Melhorando de dia para dia, as edições da Casa Garnier são hoje as melhores que aparecem entre nós.

Não deixarei de recomendar aos leitores fluminenses a publicação mensal da mesma casa, o *Jornal das Famílias,* verdadeiro jornal para senhoras, pela escolha do gênero de escritos originais que publica e pelas novidades de modas, músicas, desenhos, bordados, esses mil nadas tão necessários ao reino do bom-tom.

O *Jornal das Famílias* é uma das primeiras publicações deste gênero que temos tido; o círculo dos seus leitores vai se alargando cada vez mais, graças à inteligente direção do sr. Garnier.

De teatros temos apenas duas novidades, ou antes duas meias-novidades. Estas são da última semana. Anteriormente, tivemos a representação no Ginásio de uma comédia em um ato do sr. dr. Caetano Filgueiras, intitulada *Constantino*.

Constantino é uma produção ligeira, escrita por desenfado, com o único fim de fazer rir. O público riu com espontaneidade ouvindo o diálogo animado e gracioso da comédia e deu ao seu autor merecidos aplausos.

O sr. dr. C. Filgueiras é um dos nossos moços mais instruídos e inteligentes. Nunca se tinha ensaiado na comédia; seus estudos especiais são outros. Mas a primeira tentativa foi feita em boa hora. Dou-lhe por isso os meus sinceros parabéns.

Vamos às meias-novidades.

A primeira foi a representação da *Madalena,* drama em 5 atos, no Teatro de São Januário, pelos artistas da Boêmia Dramática, com o concurso da sra. Emília das Neves. *Madalena* é um drama de data antiga; foi produzido na época mais fervente da escola romântica. Não lhe falta interesse nem lances dramáticos. O principal papel é feito por Emília das Neves que tem recebido do público entusiásticos aplausos.

É que realmente no papel de Madalena a eminente atriz eleva-se a uma grande altura. No ato da loucura é sublime.

Eu devia, segundo uma promessa feita no alto da folha, apreciar individualmente os artistas encarregados dos outros papéis; mas vejo que me escasseia o espaço e o tempo. É força resumir. O papel confiado ao sr. Heliodoro é um papel seco e frio; aquele artista fê-lo muito a contento; parece ser esse o seu gênero. No papel de André, caráter um pouco estranho ao sr. Dias Guimarães, houve-se este artista às vezes com felicidade. Aos esforços coletivos dos outros dou os meus aplausos sinceros.

A companhia da Boêmia tem em si tudo o que pode inspirar simpatias. É justiça prestar-lhe apoio; nem o trabalho inteligente e honesto pede outra coisa que não seja justiça.

A outra meia-novidade foi o *Pai de uma atriz*, no Ginásio, para reentrada do ator Areias. A peça e o artista são conhecidos do público do Ginásio. Se os vir antes da próxima revista direi as minhas impressões. Até terça-feira.

M. A.

10 de janeiro de 1865

Temos Teatro Lírico? Não temos Teatro Lírico? Tais foram as perguntas que se fizeram durante a semana passada, depois da representação de *Luísa Miller*, dada como a última da extinta empresa.

O *Diário Oficial* veio pôr termo às dúvidas, declarando peremptoriamente que o governo não fez nem pretende fazer contrato sobre o Teatro Lírico concedendo subvenção ou loterias.

Mais de uma circunstância concorre para tornar este ato digno dos aplausos gerais. A mais insignificante dessas circunstâncias é a presença da estação calmosa, durante a qual, nos países que nos servem de modelo, suspendem-se as representações líricas.

Mas, há alguns amadores intrépidos que resistem a tudo, a despeito de tudo, e que estavam dispostos a afrontar o verão, e a ir suar na sala do Provisório, enquanto na cena suassem os cantores durante as notas impossíveis de algumas óperas em voga.

Esses dificilmente se acomodarão. Os leões fluminenses exigem a todo o custo os encantos da lira de Orfeu. Infelizmente a resolução foi tomada e publicada. Em matéria de música devemos contentar-nos agora com o ruído da guerra e os gritos vitoriosos dos nossos bravos batalhões que lá defendem no Sul a honra nacional ultrajada.

Se o governo tivesse concedido o Teatro Lírico a uma empresa, em semelhante situação, teria cometido simplesmente um escândalo. Repartir os dinheiros públicos entre os defensores do país e as gargantas mais ou menos afinadas dos rouxinóis transatlânticos, era uma coisa que nenhum governo se devia lembrar, e eu folgo muito de ver que este se não lembrou.

Acabaram, portanto, as noites líricas do *Provisório*. A Alba, que pela arte com que cantava, e pela semelhança com Ovídio Nasão, foi tão celebrada nas folhas diárias e nas gazetas ilustradas; a Alba, que comoveu o público fluminense, mesmo depois da Stoltz e da Lagrange, de quem aliás se distanciava infinitamente, a Alba não se fará ouvir mais. Os amantes de Euterpe podem pôr luto; o tambor sucede à rabeca, o rufo substitui o trinado; as flores vão desabrochar sossegadas, até à hora em que devam juncar o solo para dar passagem aos soldados brasileiros.

Mas os próprios amigos de Euterpe não podem deixar de aplaudir esta resolução. É doloroso ter de presenciar situações tais, e qualquer de nós preferia que elas se não produzissem, mas uma vez que assim é, não há que hesitar: ouviremos cantar depois.

Não tivemos só esta notícia na última semana; tivemos outras altamente favoráveis; as províncias, as dignas irmãs desta grande família, vão-se levantando com entusiasmo para depositar no altar da pátria a espada vingadora. O coração nacional ainda não morreu. Ao contrário, palpita com a vitalidade própria de uma juventude briosa.

Um amigo, cuja experiência e espírito observador bastariam para impor-me uma reflexão, disse-me há dias que um dos nossos grandes males nascia da educação que se dava à infância. Concordávamos nisto, mas divergíamos num ponto, a saber, ele preconizava com certo ardor o espírito militar. Eu não ia tão longe como ele. Não que eu suponha estarmos próximos da época da paz universal e bem-aventurança terrestre. Para que os reinos não se façam guerra, é preciso que também a não façam os homens entre si; enquanto a segurança precisar de uma fechadura, e a boa-fé precisar de um tabelião, os homens lutarão de reino a reino, como de pessoa a pessoa.

Não ia tão longe como disse, mas concordava no ponto capital. Todavia, é agradável ver que, apesar de todos os obstáculos, o sentimento patriótico levanta as coragens e anima o valor dos cidadãos.

Assim é que vamos registrando todos os dias atos de verdadeiro amor ao país. Bastam estes exemplos para animar a reprodução de outros.

O que não inspira estímulos, antes provoca indignação em todos, é um ato de brutalidade, igual ao que se praticou no mar, a dois passos do Rio de Janeiro, entre um vapor de guerra inglês e um patacho.

Os ingleses têm obrigado o resto do mundo a aceitar a sua filantropia como uma virtude nacional. Mas, sem dúvida para mostrar o perpétuo contraste das coisas humanas, apresentam ao lado da filantropia alguns atos de brutalidade. O país do *box* deve ser assim. Politicamente não falemos; os executores das façanhas britânicas deitam a barra diante de tudo.

Mas o que a arrogância política pode inspirar aos que se dizem diretores do mundo, não devia aparecer nas situações e nos lugares em que se apela simplesmente para os sentimentos humanos.

Quando o patacho *Mercúrio* foi abalroado pelo vapor *Sharpshooter*, não se tratava de mostrar que os tripulantes do último eram ingleses, descendentes de Nelson; tratava-se de mostrar que eram homens, descendentes de Adão. Cair sobre um navio pequeno, obrigar a tripulação a abandoná-lo, e, quando ela buscava um refúgio no próprio vapor, expulsá-la, repeli-la, abandoná-la à lei do acaso e dos ventos é um ato que envergonha uma nação inteira. Tal foi entretanto o ato praticado pelo vapor de Sua Majestade britânica, na madrugada do dia 5, demandando a baía do Rio de Janeiro.

Que vergonha!

Mas passemos a outras coisas.

Relendo as primeiras tiras desta revista ocorre-me uma reflexão; a lei do acaso obriga-me a fazê-la aqui mesmo, sem prestar maior atenção à ordem do escrito.

Um teatro lírico tornou-se uma necessidade nesta capital; foi essa necessidade que fez permanecer o Teatro Provisório. Mas eu não posso deixar de notar uma singularidade: é o afã com que todos clamam por Teatro Lírico, e o desdém com que quase todos se esquecem de um teatro dramático. Entretanto, ninguém porá em dúvida que, se o teatro lírico é o agradável e talvez o supérfluo, o teatro dramático é mais que o útil, é o necessário. Para reconhecer isto não precisa receber do céu uma grande sagacidade; a inteligência medíocre o reconhece.

Uma coisa, entre outras muitas, que não entrou ainda na cabeça do governo do Brasil, é a criação de um teatro dramático nacional. Houve uma tentativa: um ministro do Império dos últimos anos deu um passo para preencher essa lacuna, nomeando uma comissão de escritores competentes para estudar o assunto e dar um parecer. A comissão fez mais do que se lhe pediu, não só deu um parecer como deu dois. Aqui é que naufragou a ideia. O ministro, colocado entre os dois pareceres, resolveu não fazer coisa alguma, limitando-se a dizer consigo:

... *je crois, ma foi, qu'ils ont tous deux raison.*

Os pareceres lá foram jazer nos arquivos, à espera que a mão curiosa de algum antiquário os torne à luz do dia, mas sabe Deus em que dia!

Sem desconhecer o pouco que fez o ministro, não se pode deixar de criticá-lo pelo que não fez.

Por que não estudou os dois pareceres? Por que não viu as diferenças essenciais? por que não os harmonizou? Por que não tomou um terceiro alvitre? Em suma, por que não completou a obra que havia começado?

A criação de um teatro normal devia tanto mais seduzir o espírito do ministro, quanto que era esse um meio infalível de perpetuar o seu nome, aliás arriscado a um infalível esquecimento.

Dar-se-á caso que o governo desconheça a importância e a necessidade de um teatro nacional? Ele dirá que não as desconhece, e que até o erário público tem contribuído para sustentação da arte dramática. Esta resposta, se o governo a dá, é a sua própria sentença. Não se pedem subvenções, nem é com esses paliativos que o teatro há de nascer. O teatro nacional não deve ser um beneficiado do governo; é uma *instituição, depende de um sistema,* supõe uma direção oficial e importa uma responsabilidade. Fora disto, é fazer trabalho de Penélope, tecer de dia e destecer de noite, sem a consolação de salvar a virtude, como a mulher de Ulisses.

Não se precisa de olhar de lince para reconhecer a urgência de uma iniciativa séria a esse respeito.

Nem também estamos no tempo em que se ia à *casa da ópera* passar algumas horas de galhofa para ver no fim *casarem os bêbados.*

Ninguém hoje contesta que o teatro seja uma escola de costumes, uma pedra de toque da civilização. Em matéria de escolas não se deve dispensar nenhuma. O governo que, no amor às artes, sustenta uma academia de música e uma de pintura e estatuária, só pode negar-se a sustentar uma academia dramática, fundado na razão das suas predileções pessoais, o que não pode ser uma razão de governo.

É uma matéria esta em que todos os nossos escritores estão de acordo. Não há muito o ilustrado orador do Instituto Histórico fez ouvir duas palavras nesse sentido, por ocasião da sessão aniversária daquela sociedade.

Que resultou do abandono de tantos anos? O estado deplorável que hoje presenciamos: uma arte bastarda, apenas legitimada por alguns raros lampejos, arrasta a mais precária existência deste mundo.

Os artistas foram obrigados a fazer ofício daquilo que devia ser culto; enfim, os escritores dramáticos, que podiam contribuir mais ativamente para um repertório nacional, se outras fossem as circunstâncias, apenas por uma devoção digna de ser admirada, apresentam de longe em longe os produtos da sua inspiração.

Em tal estado de coisas, sem esperança de um próximo remédio, não há outra coisa a fazer senão cruzar os braços.

E a crítica, diante de uma arte penosa e inglória, deve tomar a benignidade por seu principal elemento, a fim de não aumentar a aflição ao aflito.

É com essa benignidade que eu julgarei a única novidade da semana: a representação da *Cruz de São Luís*, comédia em 3 atos, pelos artistas da Boêmia Dramática.

Esta peça está longe de ser perfeita, de uma situação trágica no 1º ato, nasce uma situação cômica nos dois atos restantes; e esta mesma é em si muito discutível. Mas eu deixarei de parte uma apreciação que me poderia levar longe, para dizer que, uma vez aceitos os dados da peça, é ela uma das mais divertidas e engraçadas que tenho visto.

O aplauso foi entusiástico.

O principal papel é o de um rapaz que desconhece o seu sexo, e que, criado como mulher, em virtude dos acontecimentos do 1º ato, é como tal aceito por todos. É certo que ele sente para as mulheres uma inclinação mais pronunciada do que há de ordinário entre as mulheres; joga a espada com a parede, abafa no espartilho, sonha com batalhas e só pega nos trabalhos da agulha para disfarçar uma situação.

Não me resta espaço para contar os meios por que este homem-mulher chega a casar com um barão. A peça acaba por um duelo, em que o rapaz, restituído ao seu sexo, liquida uma dívida de honra de seu pai.

O papel foi confiado à sra. Emília das Neves que o desempenhou com a arte cômica que já tive ocasião de reconhecer-lhe em outra peça.

Uma mulher que deve representar um homem vestido de mulher não é pequena dificuldade. A sra. Emília das Neves foi perfeita.

O barão que chega a casar com o rapaz foi desempenhado pelo sr. Gusmão. O sr. Gusmão é unicamente um artista cômico: estava no seu papel.

Aconselharei ao sr. Lisboa certa moderação no papel do espadachim. Os sustos da criada, papel feito pela sra. Ricciolini, fizeram rir às gargalhadas. O papel da duquesa, feita pela sra. N. Fernanda, é um papel um tanto passivo, bastava dizê-lo com a simplicidade com que foi dito. A mesma reflexão posso fazer a respeito de alguns dos papéis restantes.

A peça está montada e adereçada a capricho.
A sala do teatro, como se sabe, foi recentemente pintada.

M. A.

24 de janeiro de 1865

Quereis que vos fale de Coimbra e Paissandu? Foram dois famosos feitos de armas: um ataque de heróis e uma defesa de heróis. Não houve menor bravura nos que se defendiam dos paraguaios, do que nos que atacavam os orientais. E se a sorte das armas fez plantar em Paissandu a bandeira nacional, coube aos valentes de Coimbra a vitória dos vencidos.

Antes de ir tomar contas ao *Croquemitaine* de Assunção, o Exército brasileiro terminará a questão oriental. É o que é provável. De Paissandu a Montevidéu dista um passo. A primeira vitória assegura a segunda, que será a última. Com ela entra a ordem na desolada República entregue hoje aos restos de um partido de sangue.

Depois de Aguirre passa-se a Lopez. Mata-se o dois de paus e arma-se a cartada ao rei de copas. É esse o pensamento de um epigrama publicado no último número da *Semana Ilustrada*:

> Joga-se agora no Prata,
> Um jogo dos menos maus:
> O Lopez é o rei de copas,
> O Aguirre é o dois de paus.

O que é ação! Alguns dias de combate fizeram mais do que longos anos de polêmica diplomática. Bem podia ter-se poupado o papel que se gastou em notas e relatórios: eram mais algumas libras de pólvora.

Com selvagens não há outro meio.

Mas era preciso que a diplomacia gastasse o seu tempo e o seu papel por dois motivos: o primeiro era mostrar que os sentimentos do Império não eram hostis à liberdade interna da República, o segundo era dar expansões ao próprio espírito da diplomacia, que, de ordinário, faz menos no gabinete do que o soldado no campo.

Se os diversos representantes do Império que trataram por tantos anos das reclamações brasileiras em Montevidéu me prometem, sob palavra, que não tiram destas linhas nenhuma alusão pessoal, acrescentarei aquilo que já foi escrito e repetido um milhão de vezes, em todas as línguas, a saber: que a diplomacia é a arte de gastar palavras, perder tempo, estragar papel, por meio de discussões inúteis, delongas e circunlocuções desnecessárias e prejudiciais.

Balzac, notando um dia que os marinheiros quando andam em terra bordejam sempre, encontrou nisso a razão de se irem empregando alguns homens do mar na arte diplomática.

Donde se conclui que o marinheiro é a crisálida do diplomata.

Uma nota diplomática é semelhante a uma mulher da moda. Só depois de se despojar uma elegante de todas as fitas, rendas, joias, saias e corpetes, é que se encontra o exemplar *não correto nem aumentado* da edição da mulher, conforme saiu dos prelos da natureza. É preciso desataviar uma nota diplomática de todas as frases, circunlocuções, desvios, adjetivos e advérbios, para tocar a ideia capital e a intenção que lhe dá origem.

Vejam daí qual não foi o meu júbilo, lendo ultimamente nas folhas da Europa uma nota de Teodoro, imperador da Abissínia, ao vice-rei do Egito.

É a nota mais concisa e mais franca que tenho lido. O monarca africano diz em poucas palavras o que pensa e o que quer. Não usa de introdução, nem fecho oficial. Não há franjas inúteis: é tudo pano, e uma boa amostra de pano.

A ideia não está ali como em um leito de Procusto, esticada e retesada até dar para certas dimensões de palavreado inútil.

Por exemplo, Teodoro julga que o vice-rei do Egito, filho do Crescente, é um filho do Erro. Não recorre à biblioteca para dizê-lo. Começa a nota por estas simples palavras:

"Filho do Erro!"

Uma nota que começa assim promete muita coisa para baixo. Aqui a transcrevo integralmente. É uma dúzia de linhas:

> Filho do Erro!
> Os teus antecessores, por surpresa e por traição, roubaram aos meus antepassados as ricas províncias do Sudão.
> Restitui-mas, seremos amigos.
> Se recusas, é a guerra. Mas o sangue de tantos bravos deve correr por causa da nossa pendência?
> Ouve e reflete: Provoco-te a um combate singular.
> Revestido de todas as tuas armas, e eu das do meu país, vem: entre nós dois, Deus nos julgará.
> Um combate à morte; ao vencedor, o universo.
> Espero!

Dois minutos e um quarto de papel para escrever uma nota como esta, nada mais. Não lhe falta nem clareza nem energia. Falta a renovação dos protestos da alta consideração e amizade, coisa que nada significa, nem nas notas diplomáticas, nem nas cartas particulares. Em vez de umas três linhas que gastaria nisso, o imperador africano escreve apenas esta enérgica palavra:

"Espero!"

O que é certo é que o vice-rei do Egito não respondeu nem acudiu ao reclamo, e o rei Teodoro lá ficou esperando pelas cebolas do Egito.

Pelo que nos concerne, terminou felizmente o período do papel e entrou o período da bala.

Não pretendo entreter os leitores com a narração do estado de extrema anarquia em que ficou a capital oriental depois da tomada de Paissandu. Já todos leram e releram isso nas folhas fluminenses e argentinas. Se alguma razão precisasse ainda o Império dos atos que foi compelido a praticar, bastaria a situação atual de Montevidéu, onde, fora o governo e meia dúzia de comparsas, todos desejam a entrada das forças libertadoras.

É que o governo oriental, num país onde os estrangeiros ocupam a maior parte das terras, e dão uma grande porção da riqueza pública, é apenas uma espécie de alta polícia local. Este pensamento não é meu.

O paquete que parte hoje para a Europa leva uma comissão de *blancos* a fim de pedir auxílio às potências europeias. O auxílio que, se houver, não será senão diplomático, há de chegar quando uma nova ordem de coisas se tiver estabelecido em Montevidéu, isto é, depois do asno morto.

Mas será esse o fim real da Embaixada oriental? A este respeito cada qual tem feito as suas conjeturas, e eu sou muito discreto para não mencioná-las nesta revista. Que vá em paz a Embaixada oriental.

Uma notícia dada a esse respeito no *Jornal do Commercio* ofereceu ocasião a que aparecesse ontem naquela folha uma comunicação assinada. Essa comunicação tem um fecho que me não pode escapar. É o que felicita o México por estar *na doce fruição de um governo paternal, liberal, criador e animador!...*

Os leitores que me acompanham desde junho do ano passado hão de lembrar-se do que eu disse a respeito do México quando o sr. Lopes Neto endeusou aquela conquista na Câmara dos deputados.

É do meu dever protestar contra esta asserção da comunicação a que me refiro. Não conheço o cavalheiro que a assinou, mas protesto, e creio que em nome dos brasileiros, contra ela.

Nem o México aceitou o novo governo, nem ele é governo paternal e criador. O Império napoleônico, sob a responsabilidade legal de Maximiliano, foi puramente imposto ao povo mexicano, em nome da força, *le droit du plus fort*. Quanto à doce fruição de um governo paternal e liberal, temo encher demasiado estas colunas, relatando os atos que provam inteiramente o contrário disso.

Sabemos todos que o imperador Maximiliano, no discurso de entrada na sua nova pátria, indicou as suas intenções de adiar o *remate do edifício*, à semelhança de Napoleão III. A mania dos tutores dos povos é distribuir a liberdade, como caldo à portaria do convento; e a desgraça dos povos tutelados é receber a caldeirada como um favor dos amos, augustos e não augustos.

Se o meu século aplaudisse a conquista do México, eu não hesitaria em dizer que era um século de barbaria, indigno da denominação que se lhe dá. É certo que o consentimento tácito das diversas potências que andam à frente do mundo fazem desanimar a todo aquele que está convencido do espírito liberal e civilizado do seu tempo.

A gazetilha do *Jornal do Commercio* tem anunciado muitas conquistas do México, reduzidas a proporções individuais, sob esta epígrafe: *Um dos tais*.

Não vejo inconveniente em dizer estas coisas, com a presença da Embaixada mexicana nesta corte. A verdade sai do poço, sem indagar quem se acha à borda. Creio que todo o Brasil pensa o mesmo que aí deixo escrito, a respeito do México, e se não pensar do mesmo modo, tanto pior para ele.

Tinha ainda muitas coisas para dizer acerca da *doce fruição do Governo paternal do México*, mas fico por aqui.

É tempo de passar a outros assuntos.

O capítulo dos teatros continua escasso. Só a Boêmia nos apresenta peças novas, em que toma parte Emília das Neves. O Ginásio tem remontado algumas composições dos seus bons tempos. *Os miseráveis*, que ali subiram ultimamente, eram uma peça nova para aquele teatro, mas acabava de ser esgotada no Teatro de São Januário, com 26 representações sucessivas. Se me perguntarem o segredo destas

26 representações de uma peça em que se não acham todas as condições do drama, não hesito em encontrá-la no desempenho igual e distinto que lhe deram os artistas da Boêmia.

Trabalha atualmente no Teatro Lírico o artista Germano, acompanhado de alguns artistas. Só tem montado duas peças, creio eu: *D. César de Bazan* e os *Milagres de santo Antônio,* peças conhecidas do público. *D. César* era um florão de João Caetano; quanto a *Santo Antônio,* evocando os peixes e reverdecendo as vinhas, não me inspira curiosidade. É uma peça sem valor.

Portanto, só a Boêmia vai dando peças novas. Já falei na *Cruz de S. Luís,* que continua a sustentar-se no cartaz e na cena, graças às situações cômicas e divertidas de que está cheia, e ao desempenho magistral do papel do duquezinho de Forville, feito por Emília das Neves.

Na noite de anteontem houve ocasião de mostrar esta artista as duas faces do seu brilhante talento. Teve um papel dramático e um papel cômico: este era o da *Cruz de São Luís,* aquele era o de Eugênia, na nova peça em dois atos, *A louca de Toulon.*

O que há de mais importante nesta peça é o desempenho do papel de louca. Os que viram Emília das Neves na *Madalena,* onde também representa a loucura, irão sem dúvida vê-la no papel de Eugênia. É a mesma sublimidade. Há apenas a diferença de uma circunstância. Eugênia enlouquece em cena, e essa passagem da razão para a demência, altamente difícil por correr o risco da exageração e da extravagância, fê-la Emília das Neves com uma arte suprema.

A peça compõe-se de dois atos. É um quadro estreito, porque a ação é igualmente estreita. Mais um ato seria diluí-la. Assim fica mais compacta, inspira maior interesse. O ódio de um irmão e o amor de uma irmã, empregados no mesmo homem, eis o drama. O ódio do irmão é legado do pai, que morre convencido de ter sido desonrado pelo pai daquele que mais tarde é amado por Eugênia. Posso acaso explicar às leitoras a causa do amor da irmã, a causa do *fogo que arde sem se ver?*

Os artistas que acompanham Emília das Neves nesta peça fazem conscienciosos esforços e conseguiram fazer um conjunto digno de menção. Só notarei ao sr. Leal uma falta de que desejava vê-lo corrigido. O sr. Leal é um moço de talento, tanto para os papéis dramáticos, como para os cômicos. No seu último papel notei-lhe uma certa falta de flexibilidade na voz, uma certa monotonia, talvez intencional, mas de mau efeito. Fora esta reserva, dou-lhe os meus aplausos.

Não terminarei a revista sem fazer uma reflexão que me sugeriu a leitura das primeiras laudas. Essa reflexão, já foi feita no alto da folha, e tem por si todas as razões da justiça. É relativa aos prêmios honoríficos a que vão tendo direito os bravos defensores da honra do país. Conferi-los no campo da batalha é de imediata justiça, e de proveitoso exemplo.

A luta há de ser longa e grande; é preciso que o país vá reconhecendo oficialmente os atos de bravura dos seus defensores.

A consciência do dever é decerto um prêmio suficiente, mas isso é um ato puramente íntimo do patriota. A honra do país exige outro galardão.

É de crer que o governo imperial execute este dever.

Dito isto, dou a palavra à reflexão dos leitores.

M. A.

31 de janeiro de 1865

Aleluia! começou o reinado da virtude.

Sim, ilustres prelados — sim, monsenhor Pinto de Campos —, a casta e foragida virtude voltou a ocupar o trono da humanidade; o século regenerou-se; já não há indiferença, nem dúvida, nem impiedade; os vícios abriram voo, como as gruas dantescas, e volveram para sempre aos antros do inferno; o diabo cortou as pontas e lançou a cauda ao fogo; Mefistófeles abandonou o Fausto; o Fausto repousa no seio de Margarida; o mundo é um Éden; a vida é um idílio; estamos em pleno Teócrito.

Quereis a prova?

As folhas do Rio de Janeiro publicaram o ano passado uma grande notícia. Era uma predição do professor Newmager, de Melborne. Segundo este sábio devia aparecer em 1865 um cometa, ao qual estava destinado um destes dois importantes papéis:

Ou destruir o globo, com um golpe da cauda;

Ou dar aos olhos dos homens uma coisa nunca vista desde o começo do mundo: um dia de 72 horas.

A terra — disse eu então nestas colunas — que tem escapado a tantos cometas, aos celestes, como o de Carlos V, aos terrestres, como o rei dos Hunos, aos marítimos, como os piratas normandos, a terra está de novo ameaçada de ser destruída por um dos ferozes judeus errantes do espaço.

A meu ver o mundo estava irremediavelmente perdido, porque o cometa era o instrumento da cólera do Senhor.

O Senhor tinha velado a sua face. Era um novo cataclismo que vinha destruir a humanidade, sem que desta vez uma só família de justos tivesse a honra de ser o tronco de uma raça futura.

Pois bem! o cometa apareceu, o cometa paira sobre nossas cabeças, mas é um cometa inofensivo, tênue, descorado, que ainda não destruiu a menor coisa, e que promete retirar-se em perfeita paz.

Conclusão: começou o reinado da virtude; o mundo criou pele nova.

Já não há hipócritas, nem velhacos, nem egoístas, nem vaidosos, nem incrédulos, nem invejosos, nem maus. Tartufo é um homem sincero; Bertrand é um homem honrado; D. Juan envergou o burel do monge; só Alceste quer um lugar,

> *Ou d'être homme d'honneur on ait la liberté.*

para ir viver entre os homens. Não encontrará melhor, nem mais pronto.

Viva Deus! É isto o que se chama reparar as faltas, aproximar-se da divindade, ganhar um ano os que perderam séculos.

Mas se a virtude reina entre os homens, e se a paz universal vai dar um repouso definitivo aos espíritos, não acontece assim entre os próprios deuses.

Os deuses, sim, que ainda existem apesar da abdicação: Vênus na montanha misteriosa, cercada de silvanos e madríadas; Baco no convento dos franciscanos; Júpiter e mais a cabra Amalteia na *ilha dos coelhos,* conforme rezam as lendas germânicas. Nada sei de Marte e de Apolo, mas sei que os dois filhos de Saturno se desavieram por coisas sérias; estando a razão do lado do pai da poesia.

Que o deus Marte acenda a guerra entre os Estados, vá. É esse o seu ofício único. Mas que, ao som da metralha, favoreça aos vândalos a subida à montanha sagrada, isso não. Pois não foi outra coisa. Mal soaram os primeiros tiros em Paissandu, os poetastros, vendo que os poetas afinavam a lira, não se deixaram ficar em casa. Travaram da guitarra e lá se foram atrás dos poetas, cobertos e disfarçados, para melhor iludir o pai da poesia. Foi uma verdadeira confusão.

Ou eu me engano, ou o único perigo da guerra atual é este.

Já que falo em poetas, escreverei aqui o nome de um jovem estreante da poesia, a quem não falta vocação, nem espontaneidade, mas que deve curar de aperfeiçoar-se pelo estudo. É o sr. Joaquim Nabuco. Tem 15 anos apenas. Os seus versos não são decerto perfeitos, o jovem poeta balbucia apenas; falta-lhe compulsar os modelos, estudar a língua, cultivar a arte; mas, se lhe faltam os requisitos que só o estudo pode dar, nem por isso se lhe desconhece desde já uma tendência pronunciada e uma imaginação viçosa. Tem o direito de contar com o futuro.

Fiquemos no terreno da poesia, ao menos no papel, se isso nos consente a prosa desta terra e a gravidade desta situação.

Tivemos domingo uma ressurreição literária. Foi à cena no Teatro de São Januário o *Ângelo* de Victor Hugo. Mais de vinte anos antes conquistara o mesmo drama nas mesmas tábuas os aplausos de um público, muito mais feliz que o de hoje, um público a quem se dava o *Ângelo*, o *Hamlet*, o *Misantropo* e o *Tartufo*.

Parece que as obras sérias da arte ficaram proscritas do nosso teatro. No meio de muita coisa boa, de alguma coisa excelente, avultam as enxurradas que nos vêm de Paris. É o tempo das quinquilharias. Muita coisa excelente fica condenada ao abandono. Por exemplo, o *Marquês de Villemer*, recente comédia da autora de *Lélia*, está proibida de ir à cena; os atores que a representassem dois meses morriam de fome. Em compensação os *Milagres de santo Antônio* dão ainda para uma dúzia de jantares.

A farsa e o melodrama, eis os dois alimentos que o estômago do público suporta. Não lhe faleis no drama ou na comédia; a tragédia, essa é coisa antidiluviana. *Cina*, representada nos últimos dias de João Caetano, teve alguns raros aplausos e não obteve cinco representações.

De Molière suportar-se-ia hoje o *Doente imaginário* ou o *Pourceaugnac*. Ainda assim seria o sucesso das seringas. Quanto ao *Misantropo* e às *Mulheres letradas*, morriam na primeira representação.

Pelo que nos toca, não deve a culpa ser lançada ao teatro nem ao público. O público é uma criança que se educa; o teatro, na situação em que se acha, é um meio de vida que se exerce.

Fiz estas reflexões no domingo, ouvindo o *Ângelo*. Que faria naquela ocasião o poeta das *Contemplações*, lá em *Hauteville-House*, na ocasião em que, a tantas centenas de léguas, era ouvido o seu drama no meio de aplausos gerais? Depois de tantos anos de existência, a obra dramática de Victor Hugo ainda granjeia o aplauso e a admiração. Não é um mérito da escola, é um mérito do poeta.

A escola romântica, que partilha ainda hoje com a realista, o domínio do teatro, só tem produzido monstros informes. Os gênios iniciadores conservaram-se na altura donde olhavam para baixo; os imitadores deixaram-se arrastar no chão da sua mediania.

Diante de *Ângelo,* estamos diante da violência das paixões e da energia dos caracteres. Tem as cores carregadas do tempo e da ação. Que quereis que houvesse no tempo da sereníssima República de Veneza? Mas Ângelo e Rodolfo são homens; Tisbe e Catarina são mulheres; a máscara não substitui o rosto, a ação não se sacrifica à situação; as paixões são humanas, os sentimentos são humanos.

Ouvindo o *Ângelo* o público sentiu-se comovido e abalado. *Ângelo,* um dos filhos mais velhos da escola romântica, aparecia com ares de novo, tal é a distância que o separa das chusmas de composições da mesma escola que há tanto tempo nos atordoa.

Era isso, e era outra coisa. A sra. Emília das Neves desempenhava o papel de Tisbe; Tisbe em quem o amor, o ciúme, o ódio tomam proporções colossais, aparecia aos olhos e abalava a alma do público, graças ao grande talento da artista, tantas vezes provado, tantas vezes reconhecido. Gesto, voz, fisionomia, tudo fala, tudo se apaixona, tudo ama e odeia, naquela artista privilegiada.

O público não lhe fez um ceitil de favor com os vivos aplausos que lhe deu.

Deve-se agradecer à Boêmia esta ressurreição literária.

Ângelo mata Catarina para lavar a sua honra. Não é o ciúme que nasce do amor, é o ciúme que nasce do orgulho. O correspondente do *Jornal do Commercio* em Londres, conta-nos uma tragédia mais ou menos nestas circunstâncias, com a diferença de que a ação não se passa em Pádua, mas em Constantinopla.

Cuidais que o autor do crime é um Ângelo, um tirano sem alma? Nada; é uma criaturinha de 22 anos, uma rapariga casada de fresco; é a sultana Djemila, sobrinha do atual imperador.

O marido deste Ângelo feminino é o paxá Mahmoud Jelladin. Djemila baixou os olhos sobre Mahmoud e casou com ele. Era um casamento de amor. Mas por isso mesmo o paxá estava obrigado a não desviar os olhos da mulher. Não sei se os desviou; mas o certo é que a sultana teve ciúmes de uma das escravas. Nada disse; mandou simplesmente cortar a cabeça da infeliz com uma cimitarra. Foi isto a 12 do mês passado.

O paxá de nada soube. A sultana, que não dava a honra de jantar com o marido, nesse dia fê-lo sentar ao pé de si. Mahmoud de nada suspeitava; sentou-se alegremente. Veio o primeiro prato; vão descobri-lo: era a cabeça da escrava.

O paxá caiu fulminado.

Esta morte foi produzida pelo terror? pela dor de ver a escrava morta? enfim, por certo licor que a sultana lhe dera antes para abrir o apetite?

Mistério.

O que há de certo é que o paxá está morto.

Não cito este fato para inspirar imitadoras. Livre-nos Deus de Ângelos e Djemilas. Se todas as damas quiserem seguir o exemplo da sultana e dar um golpe de cimitarra por cada pecadilho dos senhores seus maridos, há um meio mais breve e mais sumário: é decretar a supressão do sexo.

M. A.

7 de fevereiro de 1865

Dedico este folhetim às damas.

Já me aconteceu ouvir, a poucas horas de intervalo e a poucas braças de distância, duas respostas contrárias a esta mesma pergunta:

— Que é a mulher?

Um respondeu que a mulher era a melhor coisa do mundo; outro que era a pior.

O primeiro amava e era amado; o segundo amava, mas não o era. Cada um apreciava no ponto de vista do sentimento pessoal.

Entre as duas definições eu prefiro uma terceira, a de La-Bruyère:

— As mulheres não têm meio-termo: são melhores ou piores que os homens.

Mas não é neste ponto de vista que eu venho hoje falar das damas. Deixemos em paz os amantes e os moralistas. Não entrais hoje neste folhetim, minhas senhoras, como Julietas ou Desdêmonas; entrais como Espartanas, como Filipas de Vilhena, como irmãs de caridade.

A bem dizer é uma reparação. Já falei dos voluntários; já consagrei algumas palavras de homenagem aos corações patrióticos que, na hora do perigo, se esqueceram de tudo, para correr em defesa da pátria. Mas, nada escrevi a respeito das damas, e quero hoje reparar a falta, começando por aí e dedicando às damas estas humildes colunas.

Não nascestes para a guerra, isto é, para a guerra da pólvora e da espingarda. Nascestes para outra guerra, em que a mais inábil e menos valente vale por dois Aquiles. Mas, nos momentos supremos da pátria, não sois das últimas. De qualquer modo ajudais os homens. Uma, como a mãe espartana, arma o filho e o manda para a batalha; outras bordam uma bandeira e a entregam aos soldados; outras costuram as fardas dos valentes; outras dilaceram as próprias saias para encher os cartuchos; outras preparam os fios para os hospitais; outras juncam de flores o caminho dos bravos.

Voltará aquele filho antes da desafronta da pátria? Deixarão os soldados que lhes arranquem aquela bandeira? Entregarão as fardas que os vestem? Sentirão os ferimentos quando aqueles fios os hão de curar?

Ao par da santa ideia da pátria agravada, vai na imaginação dos heróis a ideia santa da dedicação feminina, das flores que os aguardam, das orações que os recomendam de longe. É assim que ajudais a fazer a guerra. Deste modo estais acima daquelas aborrecidas Amazonas, que, a pretexto de emancipar o sexo, violavam as leis da natureza, e mutilavam os divinos presentes do céu.

Com quem amor brincava e não se via.

Não tendes uma espada, tendes uma agulha; não comandais um regimento, formais as coragens; não fazeis um assalto, fazeis uma oração; não distribuis medalhas, espalhais flores, e estas, podeis estar certas, hão de lembrar, mesmo quando forem secas, os feitos passados e as vitórias do país.

Que nenhuma brasileira se recuse para esta batalha pacífica. De qualquer modo pode servir-se a pátria, provam-no alguns exemplos já conhecidos. Acudam as outras, reclamam as primeiras. E nisto haverá, não só uma dedicação generosa, mas um dever sagrado; é desforrar por um zelo unânime a falta de se ter cedido o passo às damas argentinas, a quem, aliás, devemos votar todos e todas uma eterna gratidão.

A *Semana Ilustrada* já consagrou uma página à corajosa mineira de que deram notícia as folhas da corte. Se as senhoras brasileiras não são das últimas a tomar parte no entusiasmo geral, a *Semana Ilustrada* é dos primeiros jornais a manifestá-lo, mimoseando os seus leitores com os mais interessantes desenhos.

Agora, mais que nunca, apela-se para o patriotismo de todos. A gravidade vai crescendo; as últimas notícias da expedição dos paraguaios provocaram um grito de geral indignação. Esperava-se ainda alguma coisa daquela gente; podia contar-se com uma certa sombra de lealdade e de humanidade. Os que mantinham esta ilusão acham-se diante de uma realidade cruel.

Se, depois do espetáculo das orelhas enfiadas numa corda e expostas à galhofa dos garotos de Assunção, houver um país no mundo que simpatize com o Paraguai, não precisa mais nada — esse país está fora da civilização.

A Europa que não conhece os negócios da América, anda quase sempre errada nas suas apreciações e notícias. Os correspondentes dos jornais europeus, em Assunção e Montevidéu, estabelecem ali uma opinião visivelmente parcial. É mais ou menos um eco da imprensa apaixonada destes países.

Essa opinião vai ser confirmada pela Embaixada oriental? Talvez; mas a Embaixada, que se dizia ir pedir auxílio, parece que apenas vai buscar refúgio. Há nada mais triste e imoral do que esta deserção, na hora da derrota? As últimas notícias de Buenos Aires dizem que o chefe da deputação recebeu cerca de quarenta contos de ajuda de custo.

Dizia-se que a Embaixada ia bater à porta da França; um artigo anônimo do *Jornal do Commercio* insinuou que não era à França mas à Itália que a Embaixada ia recorrer. Os atos do ministro italiano em Montevidéu parecem confirmar esta suspeita.

Ora, a Itália, em vez de intrometer-se nos negócios alheios, tinha outra coisa a fazer muito mais sensata e útil para si: era cuidar de afirmar a sua existência e desarmar as últimas antipatias que ainda tem no mundo.

Se é à França que a Embaixada vai recorrer, nutro alguns receios, não pelo efeito do auxílio, que há de vir quando o asno já estiver morto, mas pela questão do México. Não posso ser mais explícito. No estado em que se acha a política internacional, o Brasil talvez não possa deixar de reconhecer a Monarquia mexicana. Mas uma coisa é reconhecê-la, outra coisa é aplaudi-la. Hão de ver que se há de aplaudi-la.

Suponha-se que, em vez de ser o México, fosse invadido o Brasil e que no trono de D. Pedro II, tomasse lugar o primeiro praticante imperial da Europa; os que aplaudissem aqui a invasão do México, haviam de gritar contra a invasão do Brasil; e todavia, a questão é a mesma; só difere na situação geográfica. *Plaisante justice*, diria Pascal, *verité au deçà, erreur au delà!*

Aguardemos, porém, a recepção da Embaixada que já aqui se espera há muitos dias.

Não levantarei mão das coisas do mundo político, sem dar os meus parabéns ao *Cruzeiro do Brasil*, cuja alma naturalmente nada agora de júbilo com a publicação da encíclica de Pio IX.

Sinto não ter à mão o número de domingo, que ainda não li, mas que há de estar impagável, mais do que costuma.

Não sei se tenho crédito no espírito do *Cruzeiro do Brasil;* tenha ou não tenha, não guardarei para mim uma profecia que me está a saltar da pena: Pio IX há de ser canonizado um dia.

Os papas, de certo tempo para cá, entraram mais raramente para a lista dos santos. Todos os primeiros pontífices, entretanto, gozam dessa honra. Será uma espécie de censura-póstuma? Não quero investigar este ponto. Insisto, porém, na crença de que Pio IX há de receber a coroa dos eleitos. É principalmente aos bispos de Roma que se aplicam estas palavras: muitos serão os chamados e poucos os escolhidos.

Que o santo padre merece da parte dos fiéis, mais do que respeito, adoração, isso é o que me parece incontestável. No meio dos perigos que o cercam, tendo contra si as potências, ameaçado de perder os últimos pedaços de terra, o débil velho não se assusta; toma friamente a pena e lança contra o espírito moderno a mais peremptória condenação. É positivamente arriscar a tiara.

Não sei que farão os nossos bispos com a encíclica. A encíclica é a condenação dos princípios fundamentais da nossa organização política. Quero crer que estenderão um véu sobre esse documento; acredito igualmente que as folhas de Pernambuco vão publicar brevemente um artigo de monsenhor Pinto de Campos em oposição à encíclica, a menos que monsenhor Pinto de Campos não esteja tão disposto a aceitá-la, que desista para sempre de ser deputado, o que não me parece provável.

Um brasileiro inventou o balão; era justo que outro brasileiro achasse meio de regular a navegação aerostática. Parece que se dá o caso, a julgar por uma notícia do *Jornal do Commercio.* O sr. José Serapião dos Santos Silva descobriu o meio de dirigir o balão e explicou o seu sistema a Sua Majestade. Será realmente uma descoberta? Eu não quero pedir ao sr. Serapião os seus títulos científicos; o problema é difícil, mas um acaso podia favorecer a solução; o banho de Arquimedes e a maçã de Newton aí estão em prova disso. Todavia o autor da descoberta não me quererá mal se eu, de envolta com os meus parabéns, apresente um ponto de semelhança com São Tomé, e espero vê-lo para crê-lo.

Parece que a guerra não impedirá a estação lírica... sem subvenção. Anuncia-se a próxima chegada de uma prima-dona contratada para o Rio de Janeiro. Dizem que tem talento e boa voz; o *Correio Mercantil,* anunciando o fato, acrescenta que a nova dama é extremamente linda. O colega devia começar por aí. A maior parte dos apreciadores do canto italiano consideram a voz como último merecimento. O essencial é que a dama seja bonita.

Até aqui nenhum cantor se benzeu com uma luta de partidos igual à que houve entre a Lagrua e a Charton; nenhum viu ainda o seu carro puxado por homens, como a Candiani. Dizem, é verdade, que Tamberlick causa delírio na Europa, não só pela voz que Deus lhe deu, como pelas graças pessoais que o mesmo Deus lhe não negou; mas eu devo prevenir aos leitores que os meus irmãos em sexo não tomam parte nas ovações de que é objeto o grande tenor, e que essas ovações estão longe das cenas ruidosas com que saudamos as prima-donas.

Voltando à nova dama que se anuncia, acrescentarei que, segundo uma folha de Lisboa, ela recusou contratos vantajosos só para vir ao Rio de Janeiro. Não é que o Rio lhe aparecesse ao espírito com o encanto do Jardim das Hespérides — visão que, aliás, persegue muitos cantores e cantarinos —, mas é porque ela vem acompanhar sua mãe que se acha doente. Este sentimento filial desarmará os desafeiçoados da sua voz e os amigos da sua beleza, duas classes igualmente perigosas para uma cantora.

Não se sabe, ao certo, do pessoal que deve compor a nova companhia. Palpita-me que há de ser tão medíocre como a que acabou. Mas, sem subvenção, não se podem trazer grandes artistas; se é um mal para os *dilettanti*, é um bem para os cofres públicos; os *dilettanti* não me quererão mal se, neste conflito, eu me pronuncio pelos cofres públicos. Temos de pagar a nossa glória, pagaremos depois o nosso prazer.

Os apreciadores da musa de Offenbach frequentam agora o *Alcazar*, onde se canta *Orfeu nos infernos*, ópera daquele compositor. Não ouvi a nova peça do Alcazar. O assunto dizem que é uma charge, em que os deuses fazem rir à custa do burlesco. A música é excelente, ao que se afirma, como toda a música do Offenbach. Quanto ao assunto, duvido que possa fazer rir. Não há muito tempo, um crítico francês, apreciando uma obra do mesmo gênero, escreveu uma frase que é todo o meu juízo acerca desta: *J'adore ce qu'elle baffoue.*

Segundo a poética dos leitores, não é lícito ao escritor falar de si. É por isso que eu adio para outro lugar um comentário que deveria ter as últimas palavras do período anterior.

O Ginásio representou domingo a *Vida da boêmia*, de Th. Barrière e Henri Murger. Quem não conhece o excelente romance de Henri Murger? Qual de nós deixou de lê-lo, ao menos uma vez na vida? Transplantá-lo para o teatro era difícil. Em geral o romance não se dá bem nas tábuas da cena. Desde que a concepção foi vazada em um molde, é raro que ela possa viver transportada para outro.

Falta à comédia de Barrière certo encanto que o romance de Murger possui; mas é impossível deixar de reconhecer-lhe o mesmo ar vivo, alegre, original dos boêmios do romance, o mesmo caráter cômico e sentimental. Sobra-lhe o interesse, não lhe faltam situações. Somente fora para desejar uma mudança de título; ao romance cabe o título da comédia: *Vida da Boêmia;* a comédia devia trazer o título do romance *Cenas da vida de Boêmia*.

E essas cenas são bem apresentadas, bem conduzidas, cheias de vida e de verdade. As lágrimas vêm naturalmente aos olhos quando, diante do cadáver de Mimi, exclama Rodolfo: — *Ó minha mocidade, acabam de matar-te!*

Não vi a comédia, li-a. Nada sei do desempenho: irei vê-la um dia destes e voltarei ao assunto na próxima revista.

Post-scriptum — O *Cruzeiro do Brasil* não diz uma palavra da encíclica. *Tu quoque, Brutus?*

M. A.

21 de fevereiro de 1865

Quinta-feira passada, às 6 horas e meia da tarde, foi recebido no palácio de S. Cristóvão o sr. dr. Pedro Escondon, Embaixador do México.

S. Exa. veio notificar a Sua Majestade a elevação de Maximiliano I ao trono do México, e apresentar as suas credenciais de ministro plenipotenciário daquele país nesta corte.

Nada temos que ver com o discurso do embaixador mexicano. É natural que S. Exa. ache no presente estado de coisas de seu país uma obra justa e duradoura. Sendo assim, não nos demoraremos em desfiar algumas expressões do referido discurso; não indagaremos quais são os *recíprocos interesses* entre os dois impérios, nem criticaremos a *identificação do governo* existente entre os dois países.

O que merece a atenção no ato da recepção da embaixada é a resposta do soberano do Brasil.

Como essa resposta não podia deixar de ter importância política, e neste caráter caía debaixo da apreciação pública, procuramo-la com alvoroço, mesmo antes de ler o discurso do embaixador, o que S. Exa. nos perdoará.

Que é, pois, essa resposta? Oito linhas símplices, discretas, reservadas. Não significa um ataque, mas também não é um aplauso. É um agradecimento ao soberano do México, e um voto para que se mantenham entre os dois países amigáveis relações. Aceita-se o fato, resguarda-se a apreciação do direito. As potências fracas, neste caso, imitam as potências fortes: suportam mais esta travessura do tutu das Tulherias.

Semelhante resposta deve e há de receber os aplausos de todo o país. Mas, se fosse possível que ela produzisse uma impressão má, ou que o espírito do soberano fosse tomado de arrependimento depois de proferi-la, aí estão as últimas correspondências do México para confirmar o país e o soberano nas suas disposições anteriores.

Fala-se no México, dizem as correspondências deste país publicadas nos jornais da Europa, que o imperador Maximiliano I ia ceder à França a província de Sonora como penhor de dívida.

Querem mais claro?

Francamente, fatiga-nos insistir nesta questão mexicana que já passou para a ordem dos fatos consumados; mas, quando as conclusões da invasão francesa vão aparecendo tão descaradamente, é impossível deixar de fazer, ao menos, um ligeiro protesto.

Dissemos que a resposta do imperador há de produzir o melhor efeito no espírito público; acrescentaremos que não o será em virtude do princípio da política americana, princípio vasto e elevado, mas ainda assim, menos vasto e elevado que o princípio da justiça universal. É à justiça universal que repugnam essas explorações em nome da força. A mesma latitude moral cobre a província de Sonora e o ducado de Sleswigh.

Sabemos que estas linhas vão ser lidas por um distinto amigo nosso, que olha as coisas por um modo diverso, e que, sobretudo, toma muito a peito a defesa pessoal do imperador Maximiliano. Folgamos em mencionar de passagem que as

A Câmara municipal atendeu a este conselho. O sr. dr. Dias da Cruz, um dos vereadores mais distintos, propôs à Câmara a mudança do nome da rua dos Latoeiros e a Câmara adotou a proposta sem discussão.

Folgamos de ver a municipalidade fluminense tomar a iniciativa de tais reformas; mas desejamos que ela não se detenha nesta.

Há outras ruas cujos nomes, tão ridículos e sensaborões como o da rua dos Latoeiros, carecem de reforma igual. As ruas do Sabão, Fogo, Violas, Pescadores e outras muitas podiam trocar os seus nomes por outros que recordassem uma individualidade histórica ou um feito nacional, mesmo independente da circunstância especial que se dá com a ex-rua dos Latoeiros.

É isso que se faz atualmente em Paris, graças à iniciativa do sr. Haussmann. Quase todos os poetas, prosadores, dramaturgos, estadistas célebres da França deram os seus nomes às ruas da capital do mundo.

As boas disposições da Câmara devem ser aproveitadas. O sr. vereador Dias da Cruz parece-nos, pela iniciativa que tomou, o mais próprio para redigir um projeto neste sentido, e completo em todas as suas partes, que a Câmara não teria dúvida em aprovar.

Entretanto, demos desde já os nossos emboras à Câmara municipal que, ao inverso das anteriores, saiu do programa ramerrameiro e tacanho, e não hesitou em fazer uma homenagem a um grande poeta.

Vamos agora à exposição da Academia de Belas-Artes.

Foi domingo que se inaugurou essa exposição, com a presença de Suas Majestades e o cerimonial do costume.

Parece-nos que a exposição deste ano é menos copiosa que a dos anos anteriores, não só no número total dos objetos expostos, como no número dos trabalhos que merecem uma distinção. Não indagaremos a causa de semelhante fato, que não é decerto a guerra com o estrangeiro. A verdade é que uma grande parte dos objetos expostos pertencem a expositores externos e alguns estrangeiros; pouca coisa há dos alunos da academia, pela razão simples de que o número dos alunos é muito escasso.

Do pouco que há dos alunos distinguem-se, todavia, alguns trabalhos de desenho, escultura e ornatos. Nesta parte referimo-nos, não só aos alunos que cursam as aulas da academia, como aos que se acham em Paris, como pensionistas.

Citaremos alguns quadros dos srs. Mota, Vítor e Arsênio; citaremos a *Carioca* do sr. P. Américo, que foi ultimamente objeto de uma discussão renhida, em que os gritos de *sublime!* respondiam aos gritos de *detestável!*, mas que não é nem detestável, nem sublime. O meio-termo não é uma posição cômoda, mas nós a tomamos afoitamente, reconhecendo na *Carioca* uma bela prova de um talento gracioso e correto, mas não limpa de alguns defeitos que lhe foram apontados.

Do sr. Carlos Luís do Nascimento existem alguns painéis restaurados, um de Lesueur, outro de Campora, e três de autor desconhecido. O sr. Nascimento tem um pincel especial e inteligente para este gênero de trabalhos.

Alguns quadros do sr. Vinet merecem a atenção dos visitantes entendidos, especialmente o *Rancho* e as *Pedras do Ribeirão Vermelho*.

Já conhecido por excelentes trabalhos de escultura, o sr. Chaves Pinheiro apresentou o *Modelo de um cavalo para estátua equestre*, que é uma das obras mais corretamente acabadas da presente exposição.

intenções daquele príncipe nunca foram suspeitas para nós. Cremos que ele sinceramente deseja fazer um governo liberal e plantar uma era de prosperidade no México. A modificação do gabinete mexicano e o rompimento com o núncio do papa, são os recentes sintomas da disposição liberal de Maximiliano. Além disso, o nosso amigo afirma com razão que o novo imperador, moço, ilustrado, liberal, nutre a legítima ambição de guiar uma nação enérgica e robusta a uma posição digna de inveja. A origem espanhola do México, acrescenta o nosso amigo, influiu poderosamente no espírito de Maximiliano, que nutre decidida simpatia pela raça do Cid, cuja língua fala admiravelmente.

Estamos longe de contestar nada disso; mas precisamos acaso acrescentar uma verdade comezinha, a saber, que as melhores intenções deste mundo e os esforços mais sinceros não dão a menor parcela de virtude àquilo que teve origem do erro, nem transformam a natureza do fato consumado?

Apesar da importância política que teve a recepção do embaixador mexicano, nem esse fato, nem a eleição de eleitores para senador, ocupam neste momento a atenção pública. Todos os espíritos estão voltados para o Sul. A guerra é o fato que trabalha em todas as cabeças, que provoca todas as dedicações, que desperta todos os sentimentos nacionais.

De cada ponto do Império surge um grito, levanta-se um braço, estende-se uma oferta. A educação dada à geração atual não era decerto própria para inspirar os grandes movimentos; mas, há no povo brasileiro um sentimento íntimo que resiste a todos os contratempos e vive mesmo através do sono de muitos anos. Graças a essa virtude máxima do povo, não faltarão elementos para a vitória, nem escassearão braços para lavar a afronta do país.

Neste movimento geral é agradável ver o modo espontâneo por que os estrangeiros fraternizam conosco. Sem referir às diversas manifestações efetuadas nas províncias por muitos desses hóspedes generosos, citaremos as duas que acabam de ter lugar nesta corte, por parte do comércio português e do comércio alemão, que se reúnem para uma coleta em favor do Estado.

Não se devia esperar menos de tão amigos povos.

É porque o espírito público está exclusivamente dominado por este sentimento de nobre entusiasmo, que nos admirou o anúncio de bailes mascarados; e realmente, se não fora tão impertinente anúncio, nem sabíamos que o carnaval era domingo.

Não queremos pregar o terror público, mas lá nos parece que os empresários de semelhantes bailes hão de perder o tempo e o dinheiro, e àqueles que ainda assim acudirem a esses divertimentos, não duvidamos aconselhar uma aplicação melhor de suas quantias: é dá-las para as necessidades do Estado ou para as famílias dos bravos que morrerem.

Hão de perdoar-nos se isto é um erro.

Antes de dizer duas palavras da exposição das Belas-Artes, outro fato que passou despercebido, consagraremos duas linhas de louvor à Câmara municipal da corte.

Os leitores hão de lembrar-se que, por ocasião da morte de Gonçalves Dias, o *Diário do Rio* indicou uma ideia à Câmara municipal: a de dar à rua dos Latoeiros o nome do eminente poeta lírico, que ali morou durante muitos anos. Era uma homenagem à memória do poeta.

Citaremos ainda na classe da escultura os excelentes bustos do sr. Formilli e as medalhas do sr. Cristiano Guster.

O sr. Costa Guimarães expôs dois trabalhos de miniatura, a *Melancolia,* de Landelle, e um retrato da *Pompadour.* Ambas as miniaturas são feitas sobre marfim e do mais perfeito acabado. Todavia não hesitamos em preferir a *Melancolia.* O sr. Costa Guimarães é um dos melhores artistas que têm saído da nossa academia.

Os trabalhos fotográficos do sr. Pacheco avantajam-se a todos por uma rara perfeição, que, no dizer de um velho artista e poeta, igualam os melhores da Europa.

Mas não são só essas obras que igualam as melhores da Europa; os trabalhos do estabelecimento de óptica do sr. José Maria dos Reis chamam a atenção dos visitantes na sala que fica em frente à porta do edifício. Uma árvore feita de prata, e coberta por uma redoma de vidro, sustenta nas pontas de suas palmas cerca de sessenta lunetas, óculos e *pince-nez,* do mais perfeito lavor. Cremos que na Europa não se fabrica com mais perfeição. Acresce que os objetos expostos são simplesmente objetos de consumo, tirados do trabalho regular e comum do estabelecimento. Quiséramos dar aqui a relação detalhada dos diferentes objetos expostos pelo sr. Reis, mas falta-nos espaço. Cumpre dizer que a árvore de prata, em que pendem tão belos frutos, é igualmente fabricada no mesmo estabelecimento.

Citaremos por último a porta principal da Igreja de S. Francisco de Paula, pelo sr. A. de Pádua e Castro, e um relógio do sr. Henriot. A primeira, sobretudo, é de um primoroso trabalho.

Tal é o balanço da exposição.

Sem sair do terreno da arte, concluiremos o folhetim, mencionando o concerto dado pelo sr. Bonetti, no Teatro de São Januário, sábado passado. O sr. Bonetti é um artista de talento, e de uma modéstia que ainda mais lho realça. Cantou nessa noite a sra. Isabela Alba, recebendo mui merecidos aplausos. A orquestra, dirigida pelo distinto professor Bensanzoni, era excelente.

M. A.

27 de fevereiro de 1865

O deus Momo nos perdoará se não lhe damos a melhor parte neste folhetim. Das duas festas que houve domingo, a dele não foi a mais bela. A mais bela foi a outra, de que os jornais deram ontem notícia minuciosa, a festa dos voluntários que partiram para o Sul; festa singular, em que a imagem da morte aparecia a todos os espíritos, coroada de mirtos e louros; em que as lágrimas do cidadão afogavam as lágrimas do homem; em que uma leve sombra de saudade mal se misturava ao fogo sagrado do entusiasmo.

Não há como negá-lo, a alma do povo levanta-se do sono em que jazia: os ânimos mais desencantados não podem deixar de sentir palpitar o coração da terra. As dedicações que de todos os pontos afluem são um eloquente sintoma de vitalidade nacional.

Ao grito da pátria agravada acodem todos: os mancebos deixam a família; os pais e as mães mandam os filhos para a guerra; as esposas, doendo-se mais da viuvez da pátria que da própria viuvez, não hesitam em separar-se dos esposos. É a grande leva das almas generosas.

As folhas narram o encontro no mar dos dois vapores, um que levava o contingente para o Sul, outro que conduzia voluntários para a corte. Quando as duas multidões se avistaram romperam em aclamações. Que há aí de mais belo? Que olhos se podem conservar enxutos ante esse espetáculo de fraternal animação?

Dos atos patrióticos publicados na última semana não faremos menção nestas colunas, que poucas seriam para tanto. Lembraremos de passagem apenas dois fatos, não porque sejam únicos ou raros, mas porque eles resumem a atitude do país nesta lutuosa atualidade.

O primeiro é o daquele mineiro, Francisco de Paula Ribeiro Bhering, coroado de cabelos brancos, que alega os seus 65 anos e a sua numerosa família para motivar uma isenção forçada, mas que, em compensação, apresenta seus dois filhos para o serviço da pátria.

O segundo é o daquela senhora campista, d. Francisca Alves Corrêa de Jesus, modelada pelo tipo antigo, que no ato da partida dos voluntários vai de olhos enxutos abençoar seu filho, a quem diz estas enérgicas palavras:

"Vai, meu filho, vai, não chores. Vai defender a tua pátria, e se voltares, traz-me a tua camisa tinta no sangue desses malvados, que eu terei muito gosto em a lavar."

A corajosa senhora conservou toda a calma durante essa despedida suprema. Mas era mulher e mãe. Quando voltou as costas ao filho as lágrimas rebentaram-lhe dos olhos.

Repetimos: estes fatos não são os primeiros, nem são raros. Campos deu um recente exemplo do primeiro; Minas deu o primeiro exemplo do segundo; eles provam que o povo brasileiro sente correr em si o sangue vivo da liberdade.

O que todos pedem, o que todos exigem, é que os governantes não desalentem o ardor dos governados.

A segunda festa de domingo, o carnaval, esteve mais frouxa que a dos anos anteriores, ao menos naquilo que pudemos ver. As causas de semelhante fato não precisamos nós assinalá-las, são conhecidas dos leitores. Avultaram muito nas ruas esses grupos de máscaras a que o povo dá uma designação extravagante, e cujo único divertimento é atordoar a gente tranquila com uma tocata de tambor, mais aborrecida do que duas semanas de chuva.

Nos teatros dizem-nos que houve luzimento.

O empresário dos bailes do Teatro Lírico destinou o produto do baile de ontem para as viúvas e órfãos dos que perecerem na campanha. A ideia é boa; não sabemos, à hora em que escrevemos, qual será a concorrência do baile; lamentamos somente que o dia de ontem seja sempre um dia de pouca concorrência, pela circunstância de estar colocado entre o primeiro e o último dia de carnaval, e como tal, destinado ao descanso dos foliões.

O Alcazar teve também uma ideia de beneficência. Hoje à tarde sairão daquele teatro os artistas da companhia, trajados no *Orpheu nos infernos,* para uma coleta entre o povo, destinadas às famílias dos bravos soldados que perecerem na campanha.

Surpreender a população no meio dos folguedos do dia, para intimar-lhes docemente a obrigação de enxugar as lágrimas dos que sofrem por todos, é uma ideia que não pode ser maltratada. Oxalá que ela dê bons frutos.

Se há transição fácil, natural, propícia, é do Carnaval à Quaresma. Os últimos sons dos guizos de Momo confundem-se com os primeiros dobres dos sinos da quarta-feira de cinzas. Se bem nos recordamos, a *Semana Ilustrada* representou com ateísmo, no ano passado, esta contiguidade da última hora da loucura com a primeira hora da penitência.

Ora, lembrar a Quaresma é sentir uma grande satisfação. Por quê? Porque, se os leitores se lembram, algumas procissões foram suprimidas, e tudo faz crer que as restantes sê-lo-ão também. Suprimir as nossas clássicas procissões é contribuir para dar ao culto externo um aspecto mais severo e mais digno. Eis um uso do passado cuja supressão não pode deixar de ser aplaudida.

Há de custar muito a fazer-se com que o nosso povo perca de uma vez o gosto das procissões. Foi educado com elas; é uma tradição de infância. Os velhos de 1865 fazem um triste juízo de nós, quando comparam o nosso tempo ao tempo do rei. O rei tinha predileções confessadas por todas as velhas carolices. Os contemporâneos dele choram hoje pelo bom tempo dos oratórios de pedra, dos terços cantados, das procissões bem-ordenadas, das ladainhas atrás do viático, das boas festas e dos bons frades; da verdadeira fé e dos verdadeiros filhos de Deus.

Não há dúvida que havia então certa ingenuidade de costumes; a carolice não elevava o espírito daquela gente, mas dava-lhe às vezes certa atmosfera de pureza à alma. Havia fé e boa-fé. Todavia, para que um povo seja profundamente religioso, é preciso que não seja profundamente carola.

As nossas clássicas procissões podem dar ideia de tudo, menos de um culto sério e elevado. Três ou quatro dúzias de anjinhos, espremidos em vestes variegadas, bambeando o corpo ao som da música; duas filas de homens com tochas na mão, alguns dos quais, por irreflexão sem dúvida, vão dizendo pilhérias à esquerda e à direita; as estátuas dos santos guindadas em andores floridos e agaloados; um anjo cantor, às vezes, que é sempre uma moça feita, e a quem de espaço em espaço fazem trepar a uma escada para cantar, enquanto os assistentes comentam as suas graças juvenis — tais são as nossas procissões, e semelhantes práticas ridículas e irreverentes não podem subsistir numa sociedade verdadeiramente religiosa.

Há no clero espíritos esclarecidos e sinceros. Esses que façam a propaganda. Nada mais fácil, nada mais útil. Uma procissão hoje é uma folia, mesmo para os mais sinceramente religiosos. Que os sacerdotes sérios não se conservem cúmplices de uma prática que só aproveita aos sacerdotes que não são sérios, como eles.

Ocorre-nos agora um fato que vem confirmar o nosso juízo acerca destas procissões: é conhecida de toda a cidade a luta tradicional que os diferentes templos estabeleceram entre si, com o único objeto de primar uns sobre outros no luxo das suas procissões respectivas. Quem vencia este ano arriscava-se a ser vencido no ano seguinte, cabendo-lhe a vitória em ulterior ocasião. Essa luta, por demais profana, manifestava-se por uma acumulação de prata e ouro nos andores, mais numeroso concurso de irmãos e de anjinhos, e outras coisas iguais.

Duvidamos muito que a divindade visse com bons olhos estes conflitos de primazia.

Fazendo estas observações, não nos inspira a ideia de molestar ninguém, e muito menos os que nutrem sincero amor ao esplendor do culto. Um erro de aplicação não importa um erro de intenção, e muitos dos que instam por estas práticas inveteradas não são levados, decerto, por um sentimento de vaidade pueril. Mas a estes bastar-lhes-á a consciência.

Se fazemos esta ressalva é para escapar uma vez, se é possível, a um dos muitos espinhos que forram o leito do folhetim. Aqui teríamos muito para dizer, se o espaço no-lo permitisse. Demais, ninguém até hoje ainda ocupou este lugar que não tivesse de dizer melancolicamente aos seus leitores, que nem tudo na vida do folhetinista são rosas. Nenhum leitor pode alegar ignorância.

Um exemplo, às pressas, para dar uma ideia somente dos muitos inconvenientes que cercam a vida do folhetim.

Que um florista exponha nas suas vidraças um ramo de flores; que um poeta remeta ao folhetinista um livro de versos; que um inventor o convide a ver uma máquina de moer qualquer coisa; se, depois do exame prévio, o folhetim disser que prefere as flores criadas por Deus, ou trabalhadas por Batton ou Constantino; que os versos não foram cuidados; enfim que a máquina não realiza os intuitos do inventor; cai-lhe sobre a cabeça a excomunhão maior e o folhetim fica condenado eternamente. Nem escapa ao côvado literário; medem-no e inscrevem-no no registro geral: uma polegada de competência podem julgar, quando muito, os liliputianos.

Imaginem agora os leitores que soma de pachorra e de filosofia não é preciso ao folhetim, quando ele é despretensioso e tem sincera consciência de si, para escrever tranquilamente esta única resposta:

Mon verre n'est pas grand, mais je bois dans mon verre.

M. A.

À última hora chega-nos as mãos uma poesia do nosso amigo dr. Teixeira de Melo. É uma bela inspiração patriótica. Não dispomos de muito espaço para mais; aqui vão os versos do distinto poeta brasileiro:

Ao Paraguai
Aos voluntários da pátria

O Brasil vai fazer de um povo escravo
Um povo livre. A algema brutaliza!
Horda de visionários que ainda beijam
A própria mão que férrea os tiraniza.

Vai dar uma lição tremenda ao déspota
Que o povo à escravidão contente guia;
E ao grêmio das nações chamar o escravo
Que adora a escravidão e a tirania.

Vilão e sanguinário, os seus escravos
Lopez verá passar livres do jugo,
Livres a seu pesar, qu'importa aos bravos
Que vão das mãos tirá-los do verdugo?

Tirano em miniatura, há de a arrogância
Ante nossos canhões depor em terra!
Sus! À guerra, valentes paladinos
Da luz da liberdade, à guerra! à guerra!

Ides regar de sangue aqueles campos
Onde impera o terror da tirania;
Porém do vosso sangue generoso,
A liberdade há de nascer um dia.

Filho da glória, o santo entusiasmo,
Que dá da pátria o amor, te guia e [...],
Arde-te a face a injúria feita à pátria,
Que nunca embalde o sangue te reclama.

E o paraguaio, embrutecido aos ferros
De antiga escravidão e ao servilismo.
Vacila e treme! E só o instiga o látego
Que Lopez deu por cetro ao despotismo.

Que importa ao servo a glória da conquista,
Os louros da vitória dos tiranos?
Eles não têm amor à liberdade...
São paraguaios, não americanos!

Obedecem a voz da tirania.
Ao aceno da fera que os domina.
Ide, valente troço de guerreiros,
Mudar daqueles bárbaros a sina.

Ide ensinar aqueles salteadores,
Que a Mato Grosso as garras estenderam,
Dos seus covis a estrada ensanguentada,
E a aprenderem de novo o que esqueceram.

A aprenderem que as nossas baionetas
Já deverão à pátria e a liberdade,
E que um povo de ingratos que isto esquece
É indigno de viver nossa idade.

Heróis, vingai o ultraje feito à pátria,
E a luz levai àquela escuridão!
Mostrai àqueles vis que um brasileiro
Vale cem dos escravos d'Assunção.

Ao Paraguai, valentes campeadores,
A luz, a liberdade e a paz levai!
A glória vos sorri, vos abre os braços:
Ao Paraguai, irmãos, ao Paraguai!

Dr. J. A. Teixeira de Melo.
Campos, fevereiro de 1865

7 de março de 1865

Os três últimos dias da semana passada foram de festa para a capital do Império. Festejou-se a capitulação de Montevidéu. O entusiasmo da população foi sincero e caloroso. Mas não nos iludimos sobre o caráter da festa desses três dias: foi a festa da paz.

Uma notícia inexata, afixada na praça do comércio, e a presença do bravo comandante do *Recife,* Mariz e Barros, deram os primeiros impulsos. Tarde se reconheceu que o convênio de paz não atendera, nem para a honra, nem para os interesses do Brasil; mas a manifestação popular não cessou. É por isso que dizemos que o povo satisfez os seus instintos humanitários, aplaudindo a paz sem sangue, deixando a outros o cuidado de ventilar a questão de mais alcance.

Não cabe nos limites do folhetim a apreciação do convênio de 20 de fevereiro: é matéria exclusiva das colunas editoriais. A opinião do folhetim acerca desse documento não pode ser duvidosa. Admira-nos mesmo que não haja a este respeito uma só opinião, e que todos julguem, à uma, que o convênio de paz não atendeu nem para os direitos, nem para a dignidade do Império. Esse documento seria, além disso, uma sepultura política, se neste país houvesse uma rocha Tarpéia ao lado do Capitólio. Quem quer que seja o culpado, essa devia ser a pena.

De todas as opiniões contrárias, uma apenas é digna de respeito: é a do protesto filial que ontem acudiu às colunas do *Jornal do Commercio*. Qualquer que seja a energia e o azedume desse protesto, ele representa o justo respeito e a natural admiração do filho pelo pai. Mas, sem privar a palavra filial da atenção que ela merece, fica livre a todos os homens a apreciação franca e sisuda do triste desenlace da questão oriental.

Dissemos que o movimento popular teve por causa primeira a notícia inexata da praça do comércio, de ter havido uma capitulação sem condições. Este fato é grave. Quem foi o culpado dessa notícia? Como é que, em tão graves assuntos, empalma-se deste modo a manifestação pública? Examine o caso quem tem o direito e o dever de fazê-lo, e previna-se deste modo tão graves abusos para o futuro.

Uma das consequências do convênio de 20 de fevereiro seria esfriar o ardor e o entusiasmo com que o país está pagando o tributo de sangue, se fosse necessário ao povo brasileiro outro incentivo mais do que o dever. E contudo, o povo deve entristecer-se, vendo que a diplomacia inutiliza os seus esforços, e que o papel e a pena, armas fáceis de brandir, desfazem a obra produzida com o fuzil e a espada.

Ainda no domingo lá se foi para o Sul um contingente de voluntários. Foi uma festa igual à do domingo anterior. Aqueles bravos marcham para o campo de batalha como para uma festa. Eles sentem que obedecem à lei da honra; não os inspira uma vaidade pueril ou uma ambição mal provada. É a imagem da pátria que os atrai e os move.

Já tivemos ocasião de fazer um reparo, nestas colunas, acerca da ignorância e da má-fé dos jornalistas europeus a respeito das nossas coisas. Não fomos dos primeiros: esta queixa é velha. Nem seremos dos últimos, porque muito tempo há de correr ainda, antes que a imprensa europeia empregue nos negócios americanos o critério e a ilustração com que trata os negócios do velho continente.

Os jornais trazidos pelo último paquete oferecem uma nova página de má-fé e de ignorância. Dos poucos que lemos pode-se avaliar da maioria deles, que é sempre antipática ao desenvolvimento do Brasil.

A *Presse*, num artigo que traz a assinatura do sr. E. Chatard, acusa-nos de ter pretextado reclamações para conquistar a República do Uruguai; louva o Paraguai pelas suas tendências de equilíbrio; conta que ele apreendeu *os nossos navios*; que o Brasil, vendo que tinha ido muito longe, retirou as suas tropas do território oriental, e limitou-se a bloquear dois pequenos portos; em Paissandu, segundo o sr. Chatard, os nossos soldados saquearam as casas.

O sr. Chatard conclui o seu artigo, que ocupa uma coluna da folha, com as seguintes memoráveis palavras:

"É estranho ver que, quando os Estados mais poderosos da Europa, a França e a Inglaterra, aderem a uma política de não-intervenção..."

Se o sr. Chatard soubesse uma polegada dos negócios desta parte da América, queremos crer que outra seria a sua linguagem. Preferimos crê-lo ignorante a crê-lo de má-fé, posto que ambas as coisas se possam dar, e se dão em geral, quando se trata da política brasileira.

Aqui vai, por exemplo, um caso de má-fé. É da *Indépendance Belge*.

Para responder a alguns jornais do Rio de Janeiro e aos correspondentes de certos jornais europeus, que disseram ter o governo do Paraguai dificultado ao nosso ministro na Assunção os meios de sair da República, a folha belga publica dois documentos que, segundo ela, confirmam a asserção do seu correspondente em Buenos Aires, *que é perfeitamente exata*.

Que documentos são esses? Uma nota do sr. Washburn, ministro americano na Assunção, e outra nota do sr. José Bergés, ministro das Relações Exteriores. Na primeira o ministro americano agradece a resolução do governo paraguaio, que pôs à disposição do nosso ministro um vapor e os passaportes para a legação, e pede um novo passaporte para o sr. Muniz Fiúsa; na segunda, o ministro paraguaio, remete o passaporte pedido.

Mas, o que a *Indépendance Belge* empalmou, com evidente má-fé, foi toda a correspondência anteriormente trocada entre o ministro americano e o ministro paraguaio, correspondência que, longe de confirmar a asserção do exato correspondente de Buenos Aires, confirma a asserção da imprensa fluminense e a dos correspondentes de *certos* jornais europeus. Como se sabe, as dificuldades encontradas pelo sr. Viana de Lima levaram-no a pedir a intervenção graciosa do sr. Washburn. Foi só depois de uma longa correspondência, que ocupou uma página quase da *Tribuna* de Buenos Aires, que o sr. José Bergés resolveu-se facilitar a saída do ministro brasileiro.

As folhas europeias que tanto nos são antipáticas, na ignorância dos negócios da América, são sempre induzidas em erro pelas narrações infiéis dos seus correspondentes.

O tal correspondente de Buenos Aires, a quem se refere a *Indépendance Belge*, é dos mais divertidos. A redação, apreciando o seu correspondente, diz que ele se ressente do espírito hostil de Buenos Aires contra o Brasil, mas que, apesar de tudo, a política do Brasil, se não tem um pensamento de ambição pouco justificável, parece difícil de explicar-se. Só se compreende a *intervenção* do Brasil na guerra civil, pelo sonho de anexar o Uruguai, e nesse caso o presidente López obra com espírito político, energia e resolução.

Esta é a opinião da folha, já manifestada mais de uma vez. Na opinião do correspondente, a política do Brasil é ambiciosa, e o Império despreza o direito das gentes. A narração dos atos de pirataria praticados pelo governo paraguaio, é feita com as cores próprias a tornar o tiranete digno da admiração universal. Conta, por exemplo, a apreensão dos fundos que levava o vapor *Olinda*, mas não acrescenta o procedimento que em seguida teve o sr. Francisco Solano. O presidente do Paraguai, pensa o correspondente, é a providência do Rio da Prata.

Mas, se todas estas inexatidões e apreciações falsas são condenáveis em jornais importantes como a *Presse* e a *Indépendance Belge*, muito mais o são num jornal que se decora com a denominação de *Jornal Internacional*, e que, por este modo, se impõe um conhecimento perfeito dos negócios do mundo.

Tal é o *Nord*. Os correspondentes desta folha são do mesmo gênero que os das outras. É inútil resumir as asserções e as opiniões dele: são as mesmas. Mudam as palavras, é certo; ali é a *política invasora* do Brasil, aqui é o Brasil que *tira a máscara*. Lá como aqui, os soldados brasileiros saquearam Paissandu; aqui como lá, Leandro Gomes é um herói. As barbaridades, as violências, os roubos, praticados pelos heróis daquela medida, tanto orientais como paraguaios, ficam no escuro. As nossas legítimas queixas, os justos motivos que nos levaram à guerra, são substituídos por um desejo de anexar o Uruguai, por uma política ambiciosa, por uma intervenção mal compreendida. *Voilà comme on écrit l'histoire*.

Naturalmente os nossos leitores perguntarão o que fazem os nossos agentes na Europa, que não trazem à luz da imprensa a narração fiel dos acontecimentos, e não destroem a opinião acerca dos honrosos e imprescindíveis motivos da guerra contra a República do Uruguai. Também nós fazemos essa pergunta, e tanto nós, como os leitores, ficamos sem resposta.

Voltemos um pouco o rosto para as coisas literárias.

A imprensa do Maranhão deu-nos uma boa notícia, que, aliás, devera ter sido conhecida antes nesta corte, onde se deu o fato. É a de terem aparecido os manuscritos dos dramas de Gonçalves Dias, *Beatriz di Cenci* e *Boabdil*. Esses manuscritos apareceram de um modo singular. A viúva do poeta fizera um anúncio pedindo a entrega dos manuscritos que existissem nas mãos de alguns particulares. Logo no dia seguinte apareceu-lhe em casa um preto que entregou os dramas de que já falamos e desapareceu.

Não se encontraram somente os dramas na caixa entregue pelo preto; encontrou-se também várias poesias, e alguns trabalhos sobre instrução pública.

Deus queira que atrás desses apareçam os outros. Não é de crer que, se alguém os possui, queira conservá-los, fazendo assim um profundo desfalque às letras brasileiras. E uma vez reunidos todos, ou perdidas as esperanças de encontrar o resto, faz-se necessária uma nova e completa edição das obras do grande poeta.

Temos dois fatos teatrais; a estreia do ator Furtado Coelho no Ginásio, e a 1ª representação da *Berta a flamenga*, em S. Januário. Só nos ocuparemos com o segundo; iremos depois ao Ginásio habilitar-nos para apreciar o primeiro, e verificar os progressos do artista que ali iniciou a sua carreira.

Berta a flamenga foi uma nova ocasião para que a sra. Emília das Neves colhesse justos aplausos. Esses aplausos só se fizeram ouvir no fim do 3º e no 4º e 5º atos; nos dois primeiros não havia lugar para as brilhantes qualidades da artista; mas quando apareceu a ocasião, mostrou-se ela como nas suas boas noites.

O drama é interessante, mesmo apesar de algumas *ficelles* mal escondidas. Promete manter-se em cena. O resto do pessoal que acompanha a sra. Emília das Neves não é no todo irrepreensível, mas tem em grande parte direito à menção dos seus conscienciosos esforços.

Guardamos para a última coluna a notícia de um livrinho de versos que acabamos de receber da Paraíba do Norte. Tem por título *Mosaico*, e por autor Joaquim Serra, jovem maranhense, de cujo talento já temos apresentado aos leitores irrecusáveis provas.

O livro de um poeta digno deste nome, é sempre credor da nossa atenção; este, porém, tem um duplo direito: além do nome do autor, tem o nosso nome, a quem o autor dedica a sua obra. Somos obrigados por um sentimento de gratidão a mencionar o fato nestas colunas. Cremos que este caso faz exceção na poética dos leitores.

A lembrança do autor do *Mosaico* é para nós tanto mais honrosa e agradável ao coração, quanto que resulta de espontânea simpatia, sem que nunca trocássemos um aperto de mão. É por isso que o poeta quis dar-me um apertado abraço, através do mar que nos separou sempre, e que não nos servirá de obstáculo um dia.

O *Mosaico* compõe-se de traduções de Vigny, Victor Hugo, Musset, Laprade, Mickiewicz, Méry, e muitos outros poetas, que Joaquim Serra estudou com perfeita madureza e reproduziu com brilhante fidelidade. Transcreveremos em outra ocasião algumas peças deste interessante volume.

De novo agradecemos ao jovem colega e amigo a prova de simpatia que nos acaba de manifestar, e daqui lhe repetimos a palavra dos admiradores do seu talento: *avante!*

M. A.

15 de março de 1865

A estrela do partido liberal desmaia. A Providência vai fazendo coincidir os seus arestos com os erros dos homens. Quando os homens violam um princípio, ela arrebata-lhes um lutador, como castigo imediato. Duplo desastre, dupla condenação!

Era um grande lutador Félix da Cunha. Era uma inteligência e uma consciência, na acepção mais vasta destes dois vocábulos. Jovem ainda, soubera criar um nome que se estendeu desde logo em todo o país, e tornou-se uma das estrelas da bandeira liberal. Tinha a estima dos amigos, o respeito dos adversários — e a admiração de todos. Na imprensa, como na tribuna, a sua palavra era dotada de robustez e brilho, de audácia e convicção.

Foi poeta nos seus primeiros anos; cedo, porém, abandonou o lar das musas, como tantos outros, para sacrificar à fada prestigiosa de todos os tempos, que atrai com tanta fascinação e que prepara às almas cândidas as decepções mais cruéis. Não sabemos se ele as teve; devia tê-las. Felizes, porém, os que, como ele, seguem o conselho de Ulisses, e salvam da mão de Circe o pudor da consciência e o melindre das ilusões. Andar no meio dos homens, sem ver os homens, é preciso ter a cabeça muito acima do nível da humanidade. Foi o que lhe valeu a ele.

A imprensa rio-grandense e a fluminense já deram à memória de Félix da Cunha, a homenagem devida de veneração e de saudade. Em breve todo o Brasil terá prestado esse último dever à memória do ilustre patriota.

Para todos — e todos o admiravam — era Félix da Cunha um grande talento, um combatente leal, um enérgico tribuno. Mas para os que o conheciam de perto, era mais: era o bom Félix. Aliava a uma inteligência superior um coração generoso; rara aliança que os povos devem ter diante dos olhos como lições eternas.

A maior parte dos semideuses políticos de que transborda o nosso Olimpo não se podem ornar com essa dupla coroa. É certo que a história tem o capricho singular de mudar os papéis; quando um Tácito futuro escrever o nome do patriota que acaba de sucumbir, os semideuses serão apeados ao papel de comparsas. Desforra tardia, mas eterna.

A província do Rio Grande perdeu um filho querido, o Brasil um patriota denodado, o partido liberal um dos seus mais valentes atletas, a humanidade um homem justo e bom.

Para cúmulo de males, o Brasil não perde só isso, lamenta outras perdas tão preciosas, e lamentará ainda apesar de todos os manejos de partido.

Falemos do célebre convênio.

A semana ocupou-se quase exclusivamente com ele. O convênio foi o assunto obrigado dos jornais e das conversas, das ruas e das casas, dos teatros, e dos cafés; falavam dele todos, desde o ministro de Estado até o caixeiro de cobranças, se todavia, os caixeiros de cobranças e os ministros de Estado se ocupam com estas coisas.

O convênio adubava o jantar, entrava como parte componente do sorvete, amenizava os intervalos dos atos de uma peça, repousava os olhos cansados dos anúncios, era a primeira saudação e a última palavra de despedida, substituía, finalmente, o modo de iniciar a conversação. Quando duas pessoas se encontravam, não diziam, como até aqui: — Que calor!, diziam: Que convênio!

Que convênio! Mas esta expressão supunha um adjetivo oculto, o qual mudava conforme a opinião do interlocutor; para uns era o convênio magnífico; para outros detestável. A discussão começava logo, e havia para duas horas de conversa.

Como estava previsto, cada qual ficou com a sua opinião. Mas essa peça deve ser uma obra-prima diplomática, visto que se presta assim a duas interpretações, e pode ser, a um tempo, glória e ignomínia. Se os da primeira opinião estão convencidos, confessemos que o convênio prova, ao menos, a habilidade do negociador.

Falta-nos espaço para resumir os debates. Devemos confessar, por amor da verdade, que as opiniões escritas favoráveis ao convênio foram em maior número. Isto é um fato e nada mais. Mas isto não prova ainda a maioria, e se provasse era a mesma coisa.

Correu há dias na cidade um boato que nos entristeceu: era o de um plano de insulto à casa do conselheiro Paranhos. Entristece-nos o boato, sem todavia acreditar nele. Não, o povo brasileiro não praticaria um ato semelhante. Mas praticará outro ato, de que também se fala, o de uma ovação ao negociador, no dia em que ele chegar a esta corte? Também não cremos; as vozes que anunciam essa ovação são vozes partidárias, revelam a intenção e a origem desse triunfo.

Dando notícias destes rumores, não só mencionamos um fato da semana, como manifestamos um sentimento de mágoa. Cabe-nos então, como aos *blancos*, a frase de d. André Lamas: — Sempre o partido acima da pátria!

O terreno é inclinado, e a nossa pena vai naturalmente curando da política torva, de que juramos abster-nos.

Melhor é mencionarmos uma vitória que tivemos esta semana, tão incruenta como a paz de 20 de fevereiro, e mais honrosa que ela. Foi a visita que fizeram a esta corte os srs. Juan Saá e Nin Reys. Pouco valem os visitantes; mas quando homens da natureza daqueles, dos quais o primeiro se adorna com uma sanguinolenta celebridade, depois de uma luta em que acabam de fugir, deixam a cena de suas façanhas, e vão confiantes e tranquilos pisar a terra do inimigo, é uma vitória isso, é a homenagem da barbaria à civilização, da traição à generosidade, da perfídia à boa-fé.

Juan Saá, trocados os papéis, daria ao mundo o segundo ato das lançadas de D. Juan; mas tal é a convicção de que, na guerra que acaba de findar, a civilização era a sua inimiga, que o herói de sangue residiu entre nós alguns dias, passeou nas ruas, chegou a perlustrar, segundo nos consta, as alamedas da Quinta da Boa Vista, com tanta segurança como se estivesse pisando o soalho de sua casa. Depois do que, partiram os dois heróis para a Europa, onde vão meditar na instabilidade da fortuna política, até surgir o momento de trazer de novo a desolação à sua pátria.

Deus os conserve por lá.

Uma folha desta corte anunciou há dias um novo orador sagrado, o sr. padre Guaraciaba, cremos. Não tivemos a honra de ouvi-lo; não sabemos até que ponto merece S. Revma. os elogios daquela folha; iremos ouvi-lo na primeira ocasião. Um orador sagrado neste tempo é um presente do céu, uma fortuna para a religião, uma consolação para o púlpito.

De há muito tempo que a palavra sagrada serve de instrumento aos incapazes e aos medíocres. Há, sem dúvida, exceções, mas raras; há alguns talentos mais ou menos provados, mais ou menos legítimos; mas o púlpito vive sobretudo da sombra luminosa dos Sampaios e Mont'Alvernes. Fecharam-se as *bocas de ouro* e abriram-se as *bocas de latão*.

E neste ponto a palavra representa o corpo. O clero é medíocre, a eloquência sagrada abateu-se até o nível do clero. Para ser orador sagrado basta hoje uma coisa única: abrir a boca e soltar um discurso. Ninguém hoje se recusa a pregar; embora vá produzir um efeito negativo. Entende-se que para falar do alto do púlpito basta alinhavar meia dúzia de períodos fofos, que suas reverendíssimas fazem revezar entre si.

Não há muitos anos, vieram dizer-nos que um jovem sacerdote começava a carreira de orador sagrado, dando esperanças de um Bossuet futuro. Estava ainda nas suas estreias. Um Bossuet, mesmo em expectativa, não é coisa que se desdenhe, mormente quando a tribuna sagrada é semelhante a Calipso, não se consola na saudade e na viuvez. Não nos queiram mal pela comparação: Calipso é a filha querida de um arcebispo.

Fomos ouvir o pregador. O verbo ouvir é de rigorosa verdade. A igreja estava às escuras, era Sexta-feira Santa: o sermão dessa noite tem a denominação pretensiosa de sermão das lágrimas. Não tivemos, pois, a honra de ver o rosto do padre, mas ouvimo-lo. Será preciso acrescentar que no fim do sermão tínhamos um sentimento contrário ao da raposa da fábula, preferindo ter visto antes, ao sagrado corvo, *sa plumage que sa ramage?*

O pregador começou, como todos os outros, por um tom lamentoso, de efeito puramente teatral. Entende-se que para comover os fiéis ante a tragédia do calvário é preciso modular a voz, com o fim de fingir uma dor, que só é eloquente quando é verdadeira.

Dali calculamos o que seria o resto do discurso.

Não nos enganamos.

Cuidais que ele exortou os fiéis a ter no coração a lição tremenda da morte de Cristo? Que fez, com as cores próprias, a pintura do bem e do mal? Que exortou os homens a evitar o segundo e a seguir o primeiro? Nada disso: o reverendo sacerdote demorou-se em fazer o inventário do velho arsenal do inferno; pintou, com cores vivas, as chamas, as tenazes, as caldeiras, as trevas; descreveu a figura do inimigo da luz; não atraiu, assustou; não convenceu, aturdiu; em uma palavra, não infundiu a contrição, provocou a atrição.

Quando saímos da igreja, estávamos convencidos de que o jovem Bossuet poderia ser um dia cônego da capela, e até bispo de alguma diocese, mas nunca inscreveria o seu nome no livro dos oradores.

E assim se foram as nossas esperanças.

Bem-vindo seja, portanto, o novo orador que tão bem se anuncia.

Estamos certos de que o clero, se estas linhas lhe chegam aos olhos, perdoarão ao pecador que assim fala, mesmo em tempo de penitência.

O tempo da penitência não impede também que se fale em teatros. Ambas as coisas podem existir sem prejuízos para a religião. Prejuízo havia no tempo em que o gênero sacro estava em voga, e escolhia-se cada ano uma página do *Flos Santorum* para divertir o público pagante das plateias. Nunca entendemos que semelhante espetáculo, onde o maquinista é o santo milagroso, pudesse influir melhor sentimento que uma boa peça profana.

Tivemos ultimamente o *Gaiato de Lisboa*, no Ginásio, fazendo o sr. Furtado Coelho o papel do general. Este papel, como se sabe, era a coroa de glória do finado Vitorino. Não conservamos memória deste artista naquele papel em que só o vimos uma vez. Assim, não seremos levados a confronto de natureza alguma.

O sr. Furtado Coelho, que outrora aplaudimos nos papéis de galã, e especialmente no gênero novo dos Desgenais, fez-se aplaudir com justiça no papel de general. Foi excelente; revelou que não perdeu o tempo das suas peregrinações, e que soube compreender a superioridade do estudo calmo e refletido sobre os lampejos inconscientes do talento.

Dando-lhe os nossos parabéns, fazemos um ato de franca justiça.

É força acabar. Fá-lo-emos com a transcrição de um soneto de Bruno Seabra. O soneto já vai sendo coisa rara, depois de ter sido a forma harmônica de Petrarca, Camões, Bocage e Barbier. Hoje ninguém quer sentar-se neste leito de Procusto, e fazem bem. Não diremos o mesmo a Bruno Seabra, cujo trabalho transcrevemos e recomendamos aos leitores. Todos conhecem a musa do autor das *Flores e frutos*, estes belos versos serão lidos com interesse:

> Nas margens do Uruguai — nossa bandeira
> Já leva de vencida a gente ignava;
> Já ovante tremula e a afronta lava
> De uma selvagem raça traiçoeira!
>
> Eia!... mais esta vez — entre em fileira,
> E, destroçando a coorte — vil escrava,
> Às mais bravas nações mostre que é brava,
> E fique ilesa a honra brasileira!
>
> Brasileiros! marchar!... não se difama
> Impunemente — de um país a história!
> Marchai... a Pátria — a Mãe — é quem vos chama.
>
> Ide os louros colher d'alta Memória,
> O pátrio pundonor que vos inflama
> É que faz cidadãos — é que dá glória!
>
> Bruno Seabra

M. A.

21 de março de 1865

Devemos começar esta revista por uma reparação.

Apesar de mencionada entre as nossas notas, esqueceu-nos dar na última revista uma breve resposta à sra. d. Olímpia da Costa Gonçalves Dias.

A viúva do poeta, tomando em consideração algumas linhas que escrevemos acerca do achado dos dramas *Beatriz di Cenci* e *Boabdil,* respondeu-nos por esta folha, retificando alguns enganos que nos tinham escapado.

Um deles era a publicação do fato, que dissemos ter sido feita no Maranhão, antes de ter sido feita no Rio de Janeiro. A sra. Gonçalves Dias lembra-nos que a primeira notícia foi dada nos jornais do Rio, a 5 de fevereiro. Confessamos que nos escapou a notícia, e aceitamos cordialmente a retificação.

O segundo engano foi quanto ao dia em que foram entregues os manuscritos. Dissemos que fora no dia seguinte ao do primeiro anúncio, quando essa entrega só se efetuou cinco dias depois. Neste ponto, a culpa não é nossa; fomos guiados pela notícia de Maranhão.

Quanto ao agradecimento que a viúva do poeta nos dá pelos votos que fizemos pelo aparecimento de todos os manuscritos extraviados, não podemos aceitá-los, senão como pura expressão de delicadeza: esses votos constituem um dever de todo aquele filho do país em que tamanho poeta floresceu e viverá.

Saldadas estas contas, entremos nos assuntos da semana.

Não fatigaremos mais os leitores com o convênio de paz. É uma questão adiada; perdeu o calor dos primeiros dias. Depois de duas semanas de imenso estrépito, de confusão extrema, o convênio de paz foi entrando na classe dos assuntos discutidos; e hoje raro aparece um artigo nas colunas a pedido dos jornais.

Assistindo à discussão do convênio, que começou devagar, atingiu ao maior grau de calor, e foi depois amortecendo, a pouco e pouco, mais de uma vez nos lembramos daquela formosa *oriental* de Victor Hugo, *Os djins*. Apostamos que os leitores, não só se estão recordando do assunto da poesia, como até da forma métrica, que varia conforme se aproximam os *djins*, e cresce desde o verso de duas sílabas,

    Murs, ville
    Et port,

até o verso de dez sílabas, indo depois a decrescer, a decrescer, até chegar à última estrofe. Hoje pode-se dizer do convênio, como dos *djins* orientais:

    Tout passe,
    Tout fuit.

Acabou-se o debate *a pedido,* o debate anônimo, o debate sem significação, sem alcance, sem efeito. O governo encerrou-se no mais profundo silêncio; os contendores, depois de esgotada a matéria, deram por finda a controvérsia,

    Et le combat finit, faute de combattants.

Imitemos aqueles heróis e risquemos o assunto das nossas notas semanais. Todavia, não podemos deixar de referir um ato com relação à capitulação de Montevidéu.

Não sabemos se o leitor crê ou não crê no espiritualismo. Pela nossa parte, nunca prestamos fé a essas superstições, apesar de conhecermos algumas pessoas para quem o espiritualismo é uma verdade incontestável e uma ciência adquirida.

Uma dessas pessoas, muito antes da notícia do convênio, remeteu-nos uma folha de papel, contendo o resultado de duas sessões de espiritualismo, nas quais algumas profecias foram feitas relativamente à guerra do Sul.

Uma dessas profecias dizia assim:

"Montevidéu começou a ser bombardeada no dia 9 do corrente mês; no dia 14 ainda se sustentava, apesar de horríveis estragos sofridos; mas dentro de poucos dias se renderá."

Daí a dias a notícia do célebre convênio de paz, com o qual só se bombardeou a dignidade nacional.

Que fica sendo o espiritualismo depois deste fato?

De ordinário devem recear-se os profetas e as profecias. Confessamos, porém, que se as profecias nos fizeram rir, diante dos acontecimentos posteriores, não nos rimos nós dos profetas, e eis aqui a razão.

A maior parte dos acontecimentos anunciados pelo espiritualismo não eram predições, eram induções. Quase todos eram a consequência provável dos fatos conhecidos. O bombardeamento de Montevidéu estava no caso. A atitude da praça, a tenacidade dos chefes, a surdez do governo oriental, tudo fazia crer no ataque, nada fazia crer no convênio. Era indução lógica.

Mas estará neste caso a seguinte profecia da mesma sessão: — "Caxias vai para o Paraguai"? Limitamo-nos a este ponto de interrogação.

Partiu domingo um novo contingente de tropa para o Sul. É esse um acontecimento que se vai repetindo todas as semanas, sempre no meio do maior entusiasmo popular. É belo ver o aplauso unânime, o ardor geral, o sentimento de todos, quando se trata de cumprir um dos mais santos deveres do homem. Folgamos em dizê-lo, a nação foi além do governo, o povo foi além dos homens de Estado.

Duas palavras agora para um fato pessoal.

Vieram dizer-nos que vários reverendos padres se tinham irritado com algumas linhas da nossa última revista. Os leitores hão de lembrar-se do que então dissemos a propósito dos nossos pregadores, e da mediocridade do clero brasileiro.

O fato do jovem Bossuet, citado por nós sem declaração nem do nome, nem do ano, nem do templo, tomou-o para si um dos nossos censores, que, apesar da caridade evangélica de que deu exemplo o Divino Mestre, exprimiu-se a nosso respeito com algumas palavras dissonantes.

Quoi! vous êtes devots et vous vous emportez!

Declaremos, porém, que, nas observações que então fizemos, não houve nunca intenção de ofensa pessoal, porque é essa a norma de todo aquele que sabe colocar-se no terreno da lealdade. Referimos o fato, omitindo expressamente a personalidade: contamos o que era de contar; exprimimos a nossa opinião, e embora viéssemos a ser amigos do sacerdote em questão, se acaso ele fosse o mesmo que naquela noite, continuaríamos a dizer que ele era um excelente homem e um mau orador.

Fica assim satisfeita a nossa consciência, e respeitada a dignidade do sacerdote. Que sua reverendíssima faça o mesmo, e ficaremos quites.

Só temos uma novidade no capítulo dos teatros. O sr. Gomes Cardim, maestro português, há longo tempo residente no Rio Grande, chegou ultimamente a esta corte, para executar uma composição musical, denominada *Batalha de Paissandu*.

No dia 18 teve lugar essa execução no Teatro de São Januário, com a presença da família imperial, e diante de um numeroso concurso.

A *Batalha de Paissandu* foi aplaudida com muito entusiasmo e muita justiça. É uma composição enérgica, viva, original, bem inspirada, bem concebida e bem executada. Uma grande orquestra, ou antes uma tríplice orquestra foi dirigida com muita maestria, pelo próprio autor. O assunto e o título da composição entraram por muito no movimento estrepitoso dos espectadores que, à uma, se levantaram, no meio de vivas ao imperador e ao Brasil.

Felicitemos o sr. Gomes Cardim, cujo talento tem direito aos aplausos e lhe impõe o dever de não abandonar a bela arte a que se dedicou.

Passemos agora a um assunto de política. Trata-se do México.

Recebemos uma carta que nos apressamos a transcrever nestas colunas, dando-lhe em seguida a resposta conveniente.

Ei-la:

Ao Ilustre Redator do *Ao Acaso*
Carta I.

Rio de Janeiro, 12 de março de 1865.

Meu caro amigo. — Na *Revista da Semana* do dia 21 de fevereiro próximo passado, sob a epígrafe supra mencionada, vos dignastes de fazer alusão a este vosso reconhecido amigo, dizendo:

> Sabemos que estas linhas vão ser lidas por um amigo nosso, que olha as coisas por um modo diverso, e que, sobretudo, toma muito a peito a defesa pessoal do imperador Maximiliano. Folgamos em mencionar de passagem que as intenções daquele príncipe nunca foram suspeitas para nós. Cremos que ele sinceramente deseja fazer um governo liberal e plantar uma era de prosperidade no México. A modificação do gabinete mexicano, e o rompimento com o núncio do papa, são os recentes sintomas das disposições liberais de Maximiliano. Além disso, o nosso amigo afirma com razão que o novo imperador, moço, ilustrado, liberal, nutre a legítima ambição de guiar uma nação enérgica e robusta a uma posição digna de inveja. A origem espanhola do México, acrescenta o nosso amigo, influiu poderosamente no espírito de Maximiliano, que nutre decidida simpatia pela raça do Cid, cuja língua fala admiravelmente.
> Estamos longe de contestar nada disto; mas precisamos acaso acrescentar uma verdade comezinha, a saber, que as melhores intenções deste mundo e os esforços mais sinceros não dão a menor parcela de virtude àquilo que teve origem no erro, nem transformam a natureza do fato consumado?

Para responder dignamente às proposições por vós emitidas, tanto nesta revista como em outras ocasiões públicas e de intimidade, relevar-me-eis que vos escreva algumas cartas, nas quais tratarei de ser breve, discreto e verdadeiro. *Esto brevis et placebis.*

Compenetrado da vossa vontade, desnecessário me parece repetir-vos que, sobretudo, sou americano, e, depois de tudo, americano; porque acredito que "a excelência das instituições", como nota o sr. Escandon, "não depende do hemisfério nem da latitude em que foram adotadas", senão da índole, do caráter, da educação e das convicções dos homens que formam as nações.

Antes, porém, de entrar em matéria, ser-me-á lícito dizer duas palavras sobre as frases sublinhadas da análise rápida que fizestes do discurso pronunciado pelo exmo. sr. d. Pedro Escandon, enviado extraordinário e ministro plenipotenciário de s. m. o imperador Maximiliano I, no ato de apresentar as suas credenciais a s. m. o Imperador, o sr. d. Pedro II, notificando ao mesmo augusto senhor a elevação ao trono mexicano do seu monarca.

Eis aqui o trecho a que quero responder antes de elucidar a tese principal das minhas cartas:

> Nada temos que ver, dizeis, com o discurso do embaixador mexicano. É natural que S. Exa. ache no presente estado de coisas de seu país uma obra justa e duradoura. Sendo assim, não nos demoraremos em desfiar algumas expressões do referido discurso; não indagaremos quais são os recíprocos interesses entre os dois impérios, nem criticaremos a identificação de

governo existente entre os dois países.

É preciso que nos entendamos, para que as minhas futuras cartas sejam recebidas por vós com a benevolência com que a vossa ilustração costuma aceitar as opiniões alheias, baseadas na convicção, na verdade e na justiça.

Ignoro a impressão que as vossas palavras haverão produzido no espírito do alto funcionário mexicano, que deve naturalmente tê-las lido; mas posso glosar — se de glosa carecem as suas expressões claras, terminantes e lógicas — o texto de seu discurso.

Não quereis indagar quais são os recíprocos interesses entre os dois impérios; e eu tomo a liberdade de chamar a vossa ilustrada atenção para as palavras do diplomata mexicano, e ouso perguntar-vos se era necessário esmerilhar quais são ou podem ser os *recíprocos interesses* entre os dois impérios.

Além disso, diz S. Exa. o sr. Escandon no supra mencionado discurso, para que os vínculos da amizade e dos recíprocos interesses, que *devem unir* ambos os impérios, *sejam* tão estreitos e sinceros como os que felizmente ligam as das duas famílias reinantes, etc.

Notai que o distinto diplomata mexicano não diz *unem,* senão que *devem unir* no futuro; porque bem sabia ele que acabava de ser acreditado na corte do Brasil; que a distância, que separa os dois impérios, é grande; que não existiram até agora as mínimas relações entre os dois povos; mas não deixava de enxergar para o porvir que esses interesses podem e hão de chegar a ser mútuos, política e comercialmente falando; e deseja, para esse tempo, que os vínculos de amizade e recíprocos interesses, entre ambos os impérios, sejam tão estreitos e sinceros como os que felizmente ligam os das duas famílias reinantes.

A essa delicada e americana frase, dita com toda a unção de amizade mais sincera, não devíeis vós, meu caro e ilustrado redator da *Semana*, responder *não querendo indagar quais são os recíprocos interesses entre os dois impérios.*

Eu prometo fazer-vos ver nesta série de cartas — que me concedestes a licença de dirigir-vos — que esses recíprocos interesses entre os dois impérios poderão ser com o correr dos tempos mais transcendentais e valiosos, em política e comércio, do que parece ao primeiro lance de olhos.

Relevai-me ainda que faça uma simples observação sobre a frase — "nem criticaremos a identificação do governo existente entre os dois países".

Como! E acreditais que pode merecer uma censura ou crítica a *identificação* em origem, raça, crença, e *governo* dos dois povos?

Não são, porventura, os dois países uma monarquia constitucional, um governo monárquico-moderado, dois povos que proclamaram este sistema — arco-íris das ideias de ordem, autoridade, liberdade e dignidade nacional? Não é o seu estado político presente o resultado das suas próprias convicções?

Enxergo a vossa resposta, entrevejo as vossas objeções, estudei já os vossos argumentos em perspectiva, ponderei a sua força e estou disposto a encetar esta melindrosa discussão.

Vós dizeis fazendo referência à resposta de s. m. o imperador do Brasil, ao enviado extraordinário e ministro plenipotenciário de s. m. o imperador do México —

"que as potências fracas, neste caso, imitam as potências
fortes: suportam mais esta travessura do tutu
das Tulherias".

Perdoai, se eu não admito este *mot heureux de circonstance.*

O povo mexicano não recebeu o seu monarca atual, como uma imposição de Napoleão III.

Para esclarecer esta questão, são acanhados os limites da presente carta. Dignai-vos de esperar ainda alguns dias, para eu poder manifestar-vos que a monarquia mexicana é o resultado da convicção, da amargosa experiência, da dedução lógica dos fatos, da vontade refletida de um povo enérgico e robusto que, como diz o sr. Escandon no seu discurso, *teve o acerto de confiar os seus destinos a um Maximiliano I, e a fortuna de receber em troca a ordem e a paz, fundamentos indispensáveis da liberdade bem entendida,* depois de ter sofrido, durante quarenta anos, todas as agonias da anarquia, todos os soçobros da revolução,

todas as misérias das ambições dos caudilhos, e todas as fúrias dos demagogos aventureiros, que só podem e sabem pescar em águas turvas.
Vosso deveras
O amigo da verdade.

Agradecemos ao *Amigo da Verdade,* que também é nosso amigo, as expressões de extrema benevolência e apurada cortesia, com que nos trata. Devêramos talvez mutilar esta carta, suprimindo os benévolos epítetos que o nosso dever não pode aceitar sem constrangimento; mas, para os homens de bom senso, isso seria simplesmente mascarar a vaidade.

De pouco trata esta carta.

O *Amigo da Verdade* promete entrar em outras explanações nas cartas posteriores, reservamo-nos para essa ocasião.

Mas, o *Amigo da Verdade,* referindo algumas frases nossas da revista de 21 do passado, repara que houvéssemos estranhado no discurso do sr. d. Pedro Escandon as expressões *recíprocos interesses* entre os dois impérios e a *identificação de governo* entre os dois países.

Nossa resposta é simples.

Falando das duas frases do embaixador mexicano, fizemo-lo em forma de exclusão. Não quisemos torná-las essenciais para as observações que íamos apresentar. Todavia, não será exato dizer que, fazendo aquele ligeiro reparo, não tivéssemos uma intenção: tivemo-la e confessamo-la.

Em nossa opinião o Império do México é um filho da força e uma sucursal do Império francês. Que reciprocidade de interesses podia haver entre ele e o Império do Brasil, que é o resultado exclusivo da vontade nacional? O *Amigo da Verdade* promete mostrar que os interesses políticos e comerciais entre os dois países são mais transcendentais do que se pensa. Não tínhamos em vista a comunidade dos interesses comerciais e as conveniências de ordem política. Subentendíamos os interesses de ordem moral, os interesses mais largos e duráveis, os que não recebem a impressão das circunstâncias de um momento. A justiça universal e o espírito americano protestam contra a reciprocidade desses interesses entre os dois impérios.

Ocorriam outras circunstâncias, ao escrevermos aquelas linhas.

Estava reunido em Lima, capital do Peru, um congresso americano destinado a celebrar uma aliança dos Estados da América do Sul. Não sabemos por que razão deixou o Brasil de figurar naquele congresso. O espírito político do governo imperial não nos dá ocasião de supor que ele fosse movido por grandes razões de Estado. Mas o fato é que o Brasil não teve representante no congresso, e eis aqui como a democracia americana traduz o nosso procedimento: antipatia do Império para com os interesses americanos. É sem dúvida uma ilusão; a nação brasileira não conhece, nem se comove por outros interesses; mas a verdade é que o procedimento do Brasil produziu aquela opinião.

Isto quanto ao Brasil.

Quanto ao México, é sabido que os Estados Unidos nunca viram com bons olhos a invasão francesa naquele país e a mudança do antigo estado de coisas. As circulares do sr. Seward deram a entendê-lo claramente; mais tarde o Congresso de Washington votou uma moção contrária ao novo governo do México. O voto do Congresso não obriga a política dos Estados Unidos; mas eis que o Senado americano, por proposta do sr. Wade (do Ohio), decidiu que no orçamento dos consulados a palavra *México* fosse substituída pelas palavras *República Mexicana*. "Há dois governos no México, disse aquele senador: nós só podemos reconhecer o da República; nada temos que deslindar com o Império". A proposta do sr. Wade foi votada. E este voto é decisivo para a política dos Estados Unidos.

Assim é que, os dois impérios da América — um repudiado pela democracia do norte, outro esquivando-se a entrar na liga da democracia do sul — ficariam sendo a dupla Cartago do continente, e isolar-se-iam cada vez mais, se acaso se estabelecesse essa *reciprocidade de interesses* de que falou o sr. Escandon.

Que o México mantenha o isolamento, e inspire as desconfianças, é natural, é lógico, porque é esse o resultado da sua origem irregular. Mas o Brasil não pode ter comunhão de interesses nem de perigos com o México, porque a sua origem é legítima, e o seu espírito é, antes de tudo, americano.

O *Amigo da Verdade* lembra que a frase do sr. Escandon nesta parte é uma aspiração, um voto; fica respondido esse reparo: o México pode ter semelhante aspiração, não deve tê-la o Brasil.

Nem interesses recíprocos, nem governo idêntico. A questão — dizia Félix da Cunha no *Mercantil* de Porto Alegre, a propósito do México em 1863 — não é de identidade de títulos, ainda que divergente de fins, é de direito e de justiça, é de segurança própria e conveniência comum.

Isto dizia o ilustre jornalista, mostrando ao Brasil a conveniência de não ter outros interesses que não sejam os das suas irmãs americanas.

Sim, entre o México e o Brasil há apenas a identidade do título, nada mais. Precisamos acaso entrar na demonstração de que é esse o único ponto de semelhança? Isso nos faria saltar fora do círculo que o *Amigo da Verdade* nos fecha; aguardamo-lo para depois.

Para provar as asserções da primeira carta, corre ao nosso ilustrado amigo o dever de provar a legitimidade do Império do México. Diz ele que prevê os nossos argumentos; não diremos outro tanto a respeito dos seus, pois que se nos afigura impossível achá-los contra os acontecimentos notórios de ontem. Quaisquer, porém, que sejam os argumentos do nosso ilustrado amigo, nós só lhe oporemos fatos, contra os quais os argumentos não prevalecem.

E agora, como mais tarde, a conversa que entretivermos não pode sair do terreno da lealdade e do mútuo respeito. O *Amigo da Verdade* faz bem em supor em nós uma opinião cordial e tolerante. Nada mais absurdo e aborrecido que as opiniões violentas e despóticas; nem o nome de opiniões merecem: são puramente paixões, que, por honra nossa, não alimentaremos nunca.

Há homens que da simples contradita do adversário concluem pela incompetência dele. As amizades, na vida comum, os partidos, na vida política, nunca deixaram de sofrer com a existência desses homens, para os quais só a convicção própria pode reunir a ilustração, a verdade e a justiça.

Pois que o *Amigo da Verdade* é da classe dos tolerantes e dos refletidos, e é dotado de perspicácia suficiente para reconhecer-nos igualmente refletidos e tolerantes, a nossa conversa, isenta de azedume, fará uma diversão ao folhetim, e levará ao espírito de um de nós alguma soma de verdade e mais um laço de afeição recíproca.

M. A.

28 de março de 1865

Sábado passado fez anos a Constituição. A ilustre enferma teve as honras oficiais, o cerimonial prescrito, o *Te-Deum*, o cortejo, o jantar no paço, e o espetáculo de gala. Afora isso, nada mais: o dia vinte e cinco de março teve a festa da indiferença pública.

É a guerra, dir-nos-ão em resposta, e teriam razão se antes da guerra, a festa constitucional fosse diversa da deste ano. Mas não é assim, o que se observou agora é o que se observa sempre — nem mais uma vírgula, nem menos uma vírgula.

Por quê?

Aqui seria o lugar próprio de entrar em certas considerações, mas elas não teriam outro efeito mais que o de aumentar a aflição ao aflito. Não vale à ilustre enferma receber da mão do criador um flanco robusto e másculo: nem por isso escapa à navalha despótica. Mas para que contar os golpes e pesar o sangue que ainda verte? Melhor é correr as cortinas do leito da enferma, e deixá-la ver se concilia o sono, à espera de uma junta de facultativos que lhe cicatrize as feridas e lhe restaure a saúde.

No dia seguinte ao da Constituição partiu para o rio da Prata o sr. conselheiro Otaviano, terceiro enviado especial. O sr. conselheiro Otaviano tem por si legítimas simpatias; o seu talento e a sua ilustração despertam as sinceras esperanças do país. A missão é, sem dúvida, espinhosa; agravou-se, sobretudo, com as ocorrências do desenlace da guerra; mas o novo enviado tem a seu favor as habilitações próprias e o exemplo do desastre alheio.

Os que estimam sinceramente o sistema de liberdade de que gozamos, não deixam de doer-se do modo por que se vai abusando entre nós da liberdade de imprensa.

Se esta liberdade for em progresso crescente não faltará um dia quem suspire por outro sistema que, encadeando o pensamento, impeça ao mesmo tempo a desenvoltura da palavra, o reinado da calúnia, o entrudo da injúria, todas essas armas da covardia e da impotência, assestadas contra a honestidade, a independência e a coragem cívica.

Esta observação não é nova, mas ela tem agora uma triste oportunidade.

Que um homem sincero, convencido, patriota, tome a pena e entre na arena política — se ele quiser pôr a consciência acima dos interesses privados, a razão acima das conveniências pessoais, verá erguer-se contra si toda a frandulagem política desta terra, e mais de uma vez a ideia do dever e o sentimento de pesar lutarão na consciência do escritor.

Se os exemplos acumulados forem aproveitando, quem quererá um dia, cheio de verdadeiro amor ao país, afrontar os ataques da vaidade, dos interesses, da ignorância, despenhar-se, enfim,

... de chute en chute aux affaires publiques?

Mas neste caso o dever e a caridade mandam perdoar aos que não sabem o que fazem.

A caridade abre-nos a porta para uma transição natural.

Há verdadeira luta de caridade no leilão da Sociedade Portuguesa de Beneficência. Os objetos oferecidos àquela sociedade pelas senhoras portuguesas têm sido vendidos por elevados preços; mas, o que sobretudo chama a atenção é a venda de algumas prendas, tais como flores e frutas. Uma pêra, uma dália, uma saudade alcançaram lances fabulosos. Como se vê, essas prendas insignificantes têm por si o valor da intenção de quem as oferece, e o valor do fim a que se propõe o leilão: é um delicado pretexto para exercer a caridade.

Diz-se que o resultado do leilão será avultado. Como não, se ele trouxe a virtude desde o princípio? Bastou que a varinha mágica da mulher houvesse tocado essa ideia para ela produzir todos os seus bons efeitos. Não é ela quem tudo move, quem tudo decide, quem tudo ampara? Queime-se, pois, o incenso da oração ao belo sexo lusitano, como ao belo sexo fluminense, que há dois anos contribuiu para o leilão da mesma sociedade.

Os livros não são da nossa exclusiva competência; isso, porém, não impede que façamos, uma vez por outra, menção de algumas obras valiosas. Temos sobretudo esse dever quando não se trata de um livro, mas do *livro dos livros,* do livro por excelência.

Era ansiosamente esperado o 2º volume da *Bíblia,* ricamente editada pela livraria Garnier. O último paquete trouxe o 2º volume. Uma encadernação rica e de gosto, uma impressão nítida, um papel excelente, gravuras finíssimas, copiadas das melhores telas, tais são as qualidades deste como do 1º volume.

O vaso é digno do óleo.

Os leitores nos dispensam de dizer por que a *Bíblia* é o *livro por excelência.* Melhor que ninguém já o disse Lamartine: o grande poeta pergunta o que não haverá nessa obra universal, desde a história, a poesia épica, a tragédia e a filosofia, até o idílio, a poesia lírica, e a elegia — desde o Deuteronômio, Isaías e o Eclesiástico, até Rute, Jeremias e o Cântico dos Cânticos. Reuni todas estas formas do espírito humano em uma encadernação de luxo, e dizei se há livro mais precioso e mais digno de figurar no gabinete, entre Milton e Homero.

A nossa revista tinha entre as suas obrigações, o capítulo dos teatros. Pena mais capaz se encarregou agora dessa matéria e nos liberta da obrigação. Aplaudindo com os leitores a substituição, cumpre-nos observar que não estamos inteiramente inibidos de falar uma vez por outra dos assuntos teatrais. Assim, para começar o exercício desta exceção, mencionaremos aqui a aparição da nossa primeira artista dramática, a sra. d. Gabriela da Cunha, que há longos meses se achava fora da corte.

Vimo-la em dois papéis e em dois teatros. No Ginásio representou, com o sr. Simões, um entreato cômico, denominado *Amor londrino,* que se não deve confundir com o queijo do mesmo nome, produto de incontestável superioridade.

O papel da sra. Gabriela era sem importância; requeria ser dito com muita graça e muita intenção, e nessas condições ninguém o diria melhor. Isto valeu metade da cena, pois que da outra metade se encarregou o sr. Simões no papel do *amante londrino.* Os aplausos que recebeu o sr. Simões, e que nós lhe reiteramos aqui, foi devido à naturalidade e observação com que produziu o inglês, o inglês sério, o inglês que declara o amor por gramática, canta *couplets* como se discutisse na Câmara dos comuns, dança um solo com a cara de quem recebe uma má notícia da praça de Londres.

Depois de representar pela segunda vez, na *Dama de S. Tropez,* no Teatro de São Pedro, onde foi com justiça aplaudida, a sra. Gabriela aparecerá hoje, pela terceira vez, em terceiro teatro. Anuncia-se o *Trabalho e Honra* e as *Proezas de Richelieu,* em S. Januário. É em benefício do sr. Lopes Cardoso, artista de talento que ali começou a sua carreira.

Esta peregrinação de teatro em teatro admirará decerto o público, que estima e reconhece o talento da sra. Gabriela.

Era para desejar a ilustre artista, como todos os bons e distintos companheiros, que se reunissem sob um só pensamento, e procurassem avivar o teatro, que ainda está longe dos seus dias prósperos. Até que ponto será lícito nutrir este desejo? O teatro nos oferece hoje um espetáculo único: os artistas dispersos correm da província para a corte, da corte para a província, de uma cena para outra, sem possibilidades de se conservarem fixos. Mais de uma vez assinalamos estas circunstâncias precárias do teatro; apontamos então o meio de remover essas circunstâncias; mas o conselho não passou do papel em que escrevíamos, e o mal, em vez de melhorar, agravou.

Não voltaremos agora às considerações anteriores. Levamos nisso um pouco de conveniência própria. Um dos defeitos mais gerais, entre nós, é achar sério o que é ridículo, e ridículo o que é sério, pois o tato para acertar nestas coisas é também uma virtude do povo.

Assinalemos, pois, o fato e nada mais. Não; façamos mais alguma coisa: lamentemos que os que se destinam a interpretar as obras dos poetas, os que lhes dão a vida e o movimento, os que põem em comunicação a alma do poeta com a alma do público, os instrumentos valiosos daquele operário da civilização, sejam obrigados a arrastar uma vida precária e espinhosa, uns sem futuro garantido ao verdadeiro talento e ao trabalho sincero, outros sem escola onde adquiram o jus ao fruto do trabalho e do talento.

Houve em Roma um ator, Clodios Esopus, que em uma ceia que deu a muitos convivas, fez engolir a cada um, dentro da taça de Chipre, uma pérola de grande valor. Foi em Roma, nos tempos de infância da arte. O capricho do ator romano era decerto excepcional. Mas não se conhecem artistas de hoje que, em vez de pérolas de Esopus, dariam aos seus convidados apenas uma taça de tristezas?

M. A.

4 de abril de 1865

O *Correio Mercantil* publicou há dias um artigo em que se indicava os meios de dissolver as ordens religiosas do Império.

Involuntariamente lembrou-nos aquele célebre soneto de Bocage:

Se quereis, grande rei, ter bons soldados
Mandai desalojar esses conventos.

O autor, que assinou o artigo por iniciais, declarou que, se as ideias que emitia fossem discutidas por outro comunicante, voltaria ele à imprensa e *desceria a jatos e minuciosidades*.

Adivinhamos logo que o artigo ficaria sem resposta.

Só o *Cruzeiro do Brasil* impugnou domingo a medida do *Correio Mercantil*, confessando, porém, que o estado das corporações religiosas não é tão perfeito como devia ser.

Nós dizemos, como o *Correio Mercantil*, que é o mais deplorável deste mundo.

O projeto formulado pelo autor do artigo não é completo, é mesmo falho e inaceitável em alguns pontos; mas encerra uma ideia de evidente utilidade e clamorosa urgência. O corpo legislativo, que deve abrir-se daqui a dias, devia encarregar o governo dos exames necessários, se acaso ele já os não fez, de modo a encaminhar uma medida completa em tão melindroso assunto.

Os abusos indicados pelo artigo a que nos referimos bastam para abrir lugar à intervenção do Estado. Mas, não há, além dessas razões, e antes dessas razões, outras de ordem superior, filhas do tempo e oriundas da história?

Não é ao folhetim que cabe o desenvolver essas razões; cabe-lhe indicá-las. Os conventos perderam a razão de ser. A ideia, tão santamente respeitável ao princípio, degenerou, diminuiu, transformou-se, fez-se coisa vulgar.

Decerto ninguém pede hoje aos conventos uma reprodução da Tebaida. A contemplação ascética, as penitências, as fomes, os suplícios daqueles pios cenobitas, nem são do nosso tempo, nem são dos nossos homens. Mas não sabemos por quê, entre dois extremos, não haverá um meio preferível, mais próximo da gravidade monástica e da grandeza da religião.

São Bento e Santo Antônio nunca sonharam com fazendas e escravos; nunca administraram terras, nem assinaram contratos; foram uns pios solitários, que recebiam por milagre o pão negro de cada dia, e passavam muitos dias sem levar à boca nem uma migalha de pão, nem uma bilha d'água.

As virtudes monásticas de hoje estão longe daqueles modelos primitivos; mas, se não se lhes pede sacrifício igual, também não se lhes pode conceder uma existência anacrônica, sem objeto nem utilidade prática.

É a sorte de todas as instituições humanas trazerem em si o gérmen de sua destruição. Estas palavras do membro da Assembleia constituinte da Revolução Francesa, que deu parecer sobre a supressão dos conventos, são a mais resumida sentença das instituições monásticas. O primeiro motivo para suprimi-las é o de serem inúteis.

Sentimos que nem a natureza nem as dimensões destes escritos nos permitam outras considerações a este respeito. Também é quanto basta para definir o nosso pensamento e incorrer nas censuras dos reverendos padres e monges.

Uma circunstância inesperada não nos permitiu ir assistir à última representação particular dada pelo Clube do Catete, no Caminho Novo de Botafogo.

O Clube do Catete é uma associação de pessoas distintas, organizada há pouco tempo, e que já tem dado cinco representações, todas muito freqüentadas e muito aplaudidas.

Vai-se desenvolvendo o gosto pelas representações particulares por amadores da arte. Ou em salão, ou em cena preparada, é sempre a comédia que faz uma diversão, e deixa o camarim para entrar na toalete. Pela nossa parte conhecemos alguns artistas amadores de vocação pronunciada e apurado gosto. No Clube do Catete asseveram-nos que têm aparecido outros igualmente notáveis. Aguardamos ocasião propícia de ir apreciá-los com os nossos próprios olhos e dizer aos leitores as nossas impressões.

Não há mal em confessar predileções. Por que motivo ocultaríamos o nosso gosto pelas representações deste gênero? O que nos parece é que aí não se deve sair do domínio da comédia e do provérbio. As paixões e as tempestades da vida não divertem o espírito; e o que se quer, nesse caso, é dar ao espírito um pasto de nova espécie, ligeiro, suave, delicado.

Vamos da sala para o teatro.

Houve terça-feira passada um espetáculo no Teatro de São Januário em benefício do sr. Lopes Cardoso, com o concurso de alguns artistas distintos.

Representou-se o *Trabalho e honra*, drama comovente, mas que tem o defeito de arregimentar umas quatro situações velhas e esfarrapadas, sem mérito algum literário.

O público fluminense conhece este drama, onde o ator Moutinho representava o pescador Cristóvão com uma incontestável superioridade. Nesta récita encarregou-se do papel o sr. Simões, de cujo talento fazemos boa opinião e ainda na última revista tivemos ocasião de louvá-lo. Mas a minha admiração não é tão absoluta como a liberdade da minha opinião. No papel de Cristóvão o sr. Simões pareceu-nos inferior ao sr. Moutinho; este sabia interpretar muito melhor a fisionomia franca do papel, era mais natural e mais verdadeiro; o sr. Simões, cuja arte estamos longe de contestar, e a quem aplaudimos em alguns pontos, põe às vezes um tom falso e afetado, onde o sr. Moutinho dava a mais perfeita e serena naturalidade.

Ainda assim, apesar das reminiscências vivas do público, o sr. Simões foi aplaudido, nem nós lhe negamos naquele papel certo mérito relativo.

Em geral o desempenho mereceu os aplausos do público. Excetuaremos o sr. Pinheiro, no papel do velho agiota, que, apesar de não ser um papel importante, não está, todavia, nos recursos limitados daquele artista.

Dos outros citaremos a sra. d. Gabriela em primeiro lugar, no papel de mãe, onde se houve com a superioridade do seu belo talento. Era esse mesmo talento que sabia fazer-se admirar no papel de Susana d'Ange, no de Margarida Gauthier, no de Cecília Caussade, e que não menos despertou os aplausos no da velha mulher do pescador. O sr. Cardoso fez o papel do filho pródigo com a mesma habilidade com que o desempenhara, e a mesma proporção nos resultados, isto é, merecendo mais em todo o papel do que nos lances das grandes paixões. É que o seu talento é mais da comédia que do drama, sem que por isso seja menos apreciável, ao contrário.

Tivemos ainda ocasião de ver a sra. Gabriela no papel de Madame Patin, uma das suas mais belas criações, e que há muito tempo não representava.

No Ginásio não tem havido peça nova. Estamos em plena Quaresma e a Semana Santa está à porta. Naturalmente rareiam os dias próprios de representação dramática. Devemos neste ponto fazer uma pergunta à polícia; não compreendemos muito a necessidade de proibir os espetáculos em certos dias de Quaresma, ao passo que achamos indispensável que se proíba em outros por serem de recordações solenes da Igreja. Mas uma vez que a polícia proíbe os teatros em todas as sextas-feiras, e no domingo da Paixão, como consente o Alcazar Lírico? Há nisto uma contradição manifesta. Não se suponha que pedimos a proibição para o Alcazar, pedimos a concessão para os outros teatros, pedimos a igualdade para todos. Não há nada mais justo.

Alguns leitores talvez achem estranho que não nos ocupemos de outros acontecimentos da semana, como o conflito de tropa e a eleição de senador.

O conflito de tropa foi um sucesso lamentável, que algumas pessoas predisseram, com maior ou menor certeza. Achamos, porém, que não seria pertinente falar dele neste lugar. É assunto que não pede apreciação, pede conselhos.

Quanto à eleição de senador, as reflexões que nos sugeriu esse fato são demasiado sérias para o folhetim. Isto não quer dizer que não reconheçamos a capacidade dos cavalheiros que compõem a lista tríplice. Não seria ocasião de pensar na mudança do sistema eleitoral, isto é, na supressão do eleitorado? Não é tempo de iniciar francamente a ideia da eleição direta, e não censitária, (porque seria injusta e odiosa) de maneira a tornar efetiva a soberania popular? Não é este um grande dever e uma bela ação de um partido liberal sincero e convencido?

Vejam os leitores se estas reflexões e outras são próprias do folhetim, e onde iríamos nós se déssemos ao nosso pensamento a necessária extensão.

Não diríamos coisa nova, é exato. Neste ponto, se alguns leitores estão sorrindo, recolham o sorriso, para usar da expressão do sr. visconde de Jequitinhonha. Mas, como entre nós, não é comum dizer coisas novas, nós nos contentávamos com repetir verdades velhas, mas triunfantes do tempo.

M. A.

11 de abril de 1865

Damos todo o espaço da revista à seguinte carta que nos dirige o *Amigo da Verdade*. É a segunda da série que o nosso amigo nos prometeu escrever a propósito do México.

AO ILUSTRADO REDATOR DO *AO ACASO*
CARTA II

Rio de Janeiro, em 2 de abril de 1865.

Meu caro amigo. — Para provar-vos que o povo mexicano procedeu nas derradeiras circunstâncias políticas que atravessa, com vontade refletida e de *proprio motu* e não por imposição de ninguém, torna-se necessário que me concedais espaço para recordar alguns dos muitos fatos históricos que caracterizam o espírito monárquico desses enérgicos e robustos mexicanos, cujo nobre orgulho nacional não consentiria nunca na imposição de um estrangeiro.

Não podemos negar, depois de um estudo sério e consciencioso dos nossos povos que o caráter da raça latina, em geral, e da ibera, em particular, é devotado à monarquia; porque crença religiosa, tradição e costumes seculares secundam essa tendência política.

Os descendentes dos Césares romanos preferem, em geral, a púrpura à casaca preta do burguês.

Os primeiros chefes da independência hispano-americana bem convencidos estavam desta verdade.

Se eu desejasse divagar pelos países norte e sul-americanos, embora não latinos os primeiros na sua totalidade, fácil me seria trazer à vossa erudita lembrança a coroa dos Incas, oferecida pelos peruanos ao bravo militar San Martín nos alvores da independência sul-americana; nada dificultoso ser-me-ia apresentar-vos documentos preciosos, pela leitura dos quais veríeis que os argentinos ofereceram oficialmente, em 16 de maio de 1815, cinco anos depois de se declararem independentes, o cetro argentino a um infante da Espanha, ao sr. d. Francisco de Paula, pai do atual consorte da sra. d. Isabel II, que ainda vive. Nem custar-me-ia muito trabalho fazer-vos ver que eram numerosas e importantes as sociedades monarquistas, cujo fim era coroar um rei. A casa do dr. Tagles era o principal ponto de reunião dos realistas e a estas assembleias noturnas assistiam os homens mais prestigiosos da cidade de Buenos Aires, figurando entre eles os mesmos que dirigiam, em 1820, o carro vacilante da revolução. E que necessidade há de mencionar a chegada a Buenos Aires, em dezembro de 1820, do brigue de guerra espanhol *Aquiles*, conduzindo a bordo, por causa das repetidas instâncias dos membros das sociedades monarquistas argentinas, uma comissão enviada pela corte de Madri? Nem julgo conveniente manifestar neste lugar a razão por que os espanhóis não assentiram às proposições dos monarquistas argentinos.

Também não quero lembrar outras tentativas da mesma ordem feitas no Estado Oriental do Uruguai em duas épocas; nem quero falar-vos da viagem de Flores, do Equador à

Europa, há cerca de 20 anos, para colocar no trono de Quito, um rei; nem é meu intento fazer-vos ver que Paez e um poderoso partido de Venezuela tiveram, em 1842 ou 43, a mesma ideia; nem vos repetirei que os inimigos das glórias do grão capitão, Simón Bolívar, viam no fundador de cinco repúblicas um futuro príncipe; nem por fim vos direi com a história na mão que os cidadãos norte-americanos ofereceram em diversas épocas, a Washington, a Jefferson e a Adams a coroa dos Estados Unidos, que eles — prudentíssimos — não aceitaram, porque se lhes não ocultava que careciam do prestígio que dá a realeza herdada de séculos.

Estas e outras muitas citações, que fácil me seria relatar-vos, provariam e provam que os neolatinos, que os filhos dos gloriosos aventureiros europeus, vindo às Américas no século XV e seguintes, preferem a púrpura dos Césares à casaca preta do burguês. Nem me digais que a existência das repúblicas hispano-americanas fala alto e bom som contra estes fatos históricos isolados; porque forçar-me-íeis a sair do círculo que, por valiosas razões, devemos percorrer, vós e eu, sem traspassarmos os seus limites. Lembrai-vos que vós e eu somos tolerantes e eminentemente americanos.

Até agora não proferi uma palavra sobre o Império mexicano; mas foi de propósito; porque devo lançar um olhar retrospectivo sobre esse vasto, belo, rico e populoso país, para chegar vagarosamente dos Montezumas aos Maximilianos.

Não se pode negar que a tradição é uma segunda natureza nos povos: o tempo, de envolta com a civilização que é consequência lógica da tendência do homem à perfectibilidade, pode modificar os sulcos profundos da tradição; nunca, porém, apagá-los.

Antes de entrarmos nos pormenores dos acontecimentos que motivam estas cartas, é necessário que digamos os elementos de que compõe-se a massa nacional mexicana; pois, estes são dados importantíssimos para estabelecermos a opinião nacional, o espírito público do povo e as suas tendências naturais.

Não pertencemos ao número dos estadistas que olham só para o presente das nações; professamos outra fé: estudamos o passado, que é sempre bom guia do futuro.

A população do vasto e delicioso Império mexicano é composta: 1º, dos descendentes dos espanhóis e dos europeus, particularmente dos primeiros, dos quais, apesar dos banimentos de 1828 e 1829, existe ainda naquele país um número avultadíssimo; 2º, de indígenas que são mais da metade de toda a população; e 3º, de um número muito acanhado de *leperos* — mestiços — mulatos e negros, que habitam, especialmente, no litoral, sendo aliás mui pouco considerados pela maioria nacional.

A população mexicana está orçada por Ackerman, Ilint, Ward, Brigham, Morse, Lesage, Torrente, von Humboldt, Montenegro, Prescott, Alaman — o correto historiador mexicano — em 8 milhões, pouco mais ou menos; mas estes cálculos foram feitos há meio século; e, segundo os dados mais recentes e fidedignos, o México atual contém 11 milhões de habitantes. Destes 11 milhões, 7 são de indígenas; 3 de descendentes de espanhóis e 1 milhão de mestiços, pardos e negros.

Desnecessário me parece repetir-vos que os filhos dos espanhóis são, no México, mais aditos ao sistema monárquico do que ao republicano, posto que descendem de famílias fidalgas da antiga nobreza espanhola, os quais, mesmo nos dias da república, conservavam os títulos dos seus ascendentes, sendo conhecidas muitas famílias pelos nomes de marquês, conde, etc., etc., ou membros do clero, numeroso de *per si* e monárquico por convicção.

Os indígenas mexicanos são realistas ou imperialistas por tradição, natureza e costumes, e a duras penas, ajustaram-se, durante os últimos 40 anos ao sistema republicano. E como podiam esquecer os descendentes dos Montezumas os seus imperadores? Imaginai que os livros sagrados dos mexicanos fazem remontar a sua antiguidade monárquica a mais de 50 séculos antes da era cristã, e a monarquia dos Tultecas ao século 5º do cristianismo, com cuja data concorda Humboldt. E como podem esquecer os indígenas mexicanos os seus imperadores, quando olham para a pirâmide de Choluta, cuja base quadrada é o dobro da maior do Egito, e para a vastíssima cidade Tula da qual são arremedos Pompeia e Herculanum? E como podem esquecer os mexicanos os nove reis Tultecas, os treze reis Chichimecas e os onze imperadores mexicanos, fundadores da mais bela e suntuosa nação do novo mundo?

A glória, o esplendor, a grandeza dos antigos mexicanos obumbra ainda hoje os olhos dos seus descendentes, e lembram-se com profunda saudade dos tempos magníficos dos Montezumas, rezando as suas tradições e livros sagrados a profecia de que com o correr dos tempos, depois de muitas calamidades e terríveis dissabores nacionais, havia de chegar dos países remotos do Oriente um príncipe que elevá-los-ia da prostração ao auge da prosperidade, da grandeza, ressuscitando o Império que, pérfida e desumanamente, fez desaparecer o conquistador com a morte de Guatimozin, seu último imperador.

Estas são reminiscências tradicionais tão profundamente religiosas e sagradas para aqueles povos de aspecto grave, melancólico e misterioso em tudo, que a forma republicana lhes foi sempre antipática, embora a tolerassem por ser-lhes imposta pela força que residia nos descendentes dos seus primeiros conquistadores.

Antes de chegarmos a falar do *pronunciamento* do presbítero d. Miguel Hidalgo, pároco da vila Dolores, precedido da perseguição feita ao vice-rei Ituarrigaray, acusado pelos espanhóis de afeto aos mexicanos; antes de falarmos do brado da independência, da revolução continuada por Morelos; antes de falarmos da Constituição de Chilpaneingo e de Apatzingan; antes de mencionarmos o plano de Iguala, o tratado de Córdova, e a reunião do primeiro Congresso mexicano; antes de vermos elevado ao trono do Império, em 1822, a d. Agostinho I — Iturbide — e de lermos em algumas moedas o nome de Antônio I — Lopes de Santana, etc., etc., é necessário que digamos que, depois de terem desaparecido os antigos imperadores mexicanos, durante 300 anos, governaram aquele vasto Império sob a denominação da "Nova Espanha" os vice-reis espanhóis que, para serem reis unicamente lhes faltava o título e a coroa, porque as mais prerrogativas — incluindo o sistema absoluto — residiam nas suas mãos.

Ora bem, meu caro e ilustrado redator do *Ao acaso*, um povo, cujas tradições são as supramencionadas; um povo, que lembra-se com saudade pungente de três dinastias gloriosas, pelos estrondosos feitos de armas, pela prosperidade fabulosa de que gozou, pela riqueza imensa que o distinguiu em tempos imperiais, pela opulência em que o embalaram no berço do seu esplendor monárquico, pelo renome que o tornou notável desde os séculos mais remotos até os nossos dias, pela civilização de que tantos e tão prodigiosos vestígios nos legou, não pode deixar de ser monarquista por tradição, por natureza, por gratidão, por dever, particularmente comparando as antigas glórias com o estado miserável da República, durante quarenta anos, em que não puderam gozar um dia de paz, em que viram-se ameaçados de serem absorvidos por uma raça inteiramente contrária à sua religião, à sua língua, aos seus costumes, ao seu caráter, em que olhavam para os seus bens como para coisas fortuitas, em que tinham tantos tiranos quantos caudilhos, e tantas desgraças quantas espadas faziam lampejar a ambição e a instabilidade do sistema.

Povos nutridos com essas tradições, e fustigados por essa amargosa experiência, almejam pelo momento da sua felicidade, que é para eles o das tradições gloriosas e caras ao santo orgulho nacional.

Estes são os alicerces mais antigos desta monarquia que observais, levantando-se majestosa das ruínas da República no hemisfério setentrional; esperai pelas pedras angulares e pela conclusão do edifício.

Não estranheis, meu caro, que não responda imediatamente às vossas observações; porque não ignorais que sou homem muito ocupado; circundam-me diversas atenções, às quais devo consagrar o meu trabalho, as minhas vigílias, o tempo talvez do meu sono, e, por conseguinte, serei demorado nesta agradável tarefa, como o sou em outras da mesma natureza, que me servem de descanso no meio da afanosa vida que leva, há já alguns anos

Este vosso deveras,
O Amigo da Verdade.

Como se vê não temos que responder às apreciações históricas que o *Amigo da Verdade* faz nestas páginas. Em nossa opinião elas nada podem influir na sequência dos fatos que deram em terra com a república mexicana.

Aguardamos, entretanto, o desenvolvimento da ideia do *Amigo da Verdade*, para dar-lhe uma resposta completa e definitiva.

Até terça-feira, leitores.

M. A.

25 de abril de 1865

Os povos devem ter os seus santos. Aquele que os tem merece o respeito da história, e está armado para a batalha do futuro.

Também o Brasil os tem e os venera; mas, para que a gratidão nacional assuma um caráter justo e solene, é preciso que não esqueça uns em proveito de outros; é preciso que todo aquele que tiver direito à santificação da história não se perca nas sombras da memória do povo.

É uma grande data 7 de setembro; a nação entusiasma-se com razão quando chega esse aniversário da nossa Independência. Mas a justiça e a gratidão pedem que, ao lado do dia 7 de setembro, se venere o dia 21 de abril. E quem se lembra do dia 21 de abril? Qual é a cerimônia, a manifestação pública?

Entretanto, foi nesse dia que, por sentença acordada entre os da alçada, o carrasco enforcou no Rocio, junto à rua dos Ciganos, o patriota Joaquim José da Silva Xavier, alcunhado o Tiradentes.

A sentença que o condenou dizia que, uma vez enforcado, lhe fosse cortada a cabeça e levada a Vila Rica, onde seria pregada em um poste alto, até que o tempo a consumisse; e que o corpo, dividido em quatro pedaços, fosse pregado em postes altos, pelo caminho de Minas.

Xavier foi declarado infame, e infames os seus netos; os seus bens (pelo sistema de latrocínio legal do Antigo Regime) passaram ao fisco e à Câmara real.

A casa em que morava foi arrasada e salgada.

Ora, o crime de Tiradentes foi simplesmente o crime de Pedro I e José Bonifácio. Ele apenas queria apressar o relógio do tempo; queria que o século XVIII, data de tantas liberdades, não caísse nos abismos do nada, sem deixar de pé a liberdade brasileira.

O desígnio era filho de alma patriótica; mas Tiradentes pagou caro a sua generosa sofreguidão. A ideia que devia robustecer e enflorar daí a trinta anos, não estava ainda de vez; a metrópole venceu a colônia; Tiradentes expirou pelo baraço da tirania.

Entre os vencidos de 1792, e os vencedores de 1822, não há senão a diferença dos resultados. Mas o livro de uma nação não é o livro de um merceeiro; ela não deve contar só com os resultados práticos, os ganhos positivos; a ideia, vencida ou triunfante, cinge de uma auréola a cabeça em que ardeu. A justiça real podia lavrar essa sentença digna dos tempos sombrios de Tibério; a justiça nacional, o povo de 7 de setembro, devia resgatar a memória dos mártires e colocá-los no panteon dos heróis.

No sentido desta reparação falou um dos nossos ilustrados colegas, nestas mesmas colunas, há quatro anos.

As palavras dele foram lidas e não atendidas; não ousamos esperar outra sorte às nossas palavras.

Entretanto, consignamos o fato: o dia 21 de abril passa despercebido para os brasileiros. Nem uma pedra, nem um hino, recordam a lutuosa tragédia do Rocio. A última brisa que beijou os cabelos de Xavier levou consigo a lembrança de tamanha imolação.

Pois bem, os brasileiros devem atender que este esquecimento é uma injustiça e uma ingratidão. Os deuses podem aprazer-se com as causas vencedoras: aos olhos do povo a vitória não deve ser o *criterium* da homenagem.

É certo que a geração atual tem uma desculpa na ausência da tradição; a geração passada legou-lhe o esquecimento dos mártires de 1792. Mas por que não resgata o erro de tantos anos? Por que não faz datar de si o exemplo às gerações futuras?

Falando assim, não nos dirigimos ao povo, que carece de iniciativa.

Tampouco alimentamos a ideia de uma dissensão política; conservadores ou liberais, todos são filhos da terra que Tiradentes queria tornar independente. Todavia, há razão para perguntar ao partido liberal, ao partido dos impulsos generosos, se não era uma bela ação, tomar ele a iniciativa de uma reparação semelhante; em vez de preocupar-se com as questões de subdelegados de paróquia e de influências de campanário.

Em desespero de causa, não hesitamos em volver os olhos para o príncipe que ocupa o trono brasileiro.

Os aduladores hão de ter-lhe lembrado que Tiradentes queria a república; mas o imperador é um homem ilustrado, e há de ver como se distancia dos aduladores o heróico alferes de Minas. Se os ânimos recuam diante de uma ideia que julgam ofensiva à monarquia, cabe ao príncipe sufocar os escrúpulos, tomando ele próprio a iniciativa de um ato que seria uma das mais belas páginas do seu reinado. Um príncipe esclarecido e patriota não podia fazer uma ação mais nobre, nem dar uma lição mais severa.

Uma cerimônia anual, com a presença do chefe da nação, com assistência do povo e dos funcionários do Estado — eis uma coisa simples de fazer-se, e necessária para desarmar a justiça da história.

Não sabemos até que ponto devemos confiar nesta esperança; mas, ao menos, deixamos consignada a ideia.

Morro pela liberdade! disse Tiradentes do alto da forca: estas palavras, se o Brasil não reparar a falta de tantos anos, serão um açoite inexorável para os filhos do Império.

Havia meio de resvalar deste assunto para outro de muita importância, e que nos voltou à mente, com a presença da expedição científica dos Estados Unidos.

Compreendemos, porém, que as dimensões e a natureza do folhetim não se prestam a tão graves explanações.

Mencionemos somente um contraste curioso. A aliança do Brasil com os Estados Unidos é um desses sucessos que os estadistas perspicazes deviam provocar, e que o povo receberia com verdadeiro entusiasmo. Mas as nossas toupeiras políticas recebem com tanto fastio as atenções solícitas da República americana, que não há nada a esperar neste sentido.

Por que será?

Dizem cá por baixo que é a antipatia do regime entre os dois países. Triste razão é essa! Mas é uma razão de Estado, o assunto é grave, e nós nos limitamos a consignar mais esta sagacidade dos nossos homens.

Entretanto, saudamos cordialmente a expedição científica, e o rev. Fletcher, incansável amigo dos brasileiros, e digno filho da terra de Washington.

Não tarda abrir-se o corpo legislativo. Vai, portanto, agitar-se a vida política, a que dá maiores proporções o estado das relações do Império com os vizinhos do sul.

Andam apostas sobre se o Ministério tem ou não tem maioria na Câmara. De envolta com as apostas correm os boatos mais desencontrados.

Por exemplo, correu nos círculos diplomáticos (o folhetim escutou às portas, como Poinsinet) que o Ministério dava a demissão, ficando para entrar no Ministério novo o sr. Dias Vieira. Assim ficava o sr. Dias Vieira constituído em casco de todos os batalhões ministeriais, espécie de figura obrigada, como o Pasquino italiano.

Mas, logo depois deste boato, ou talvez simultaneamente, correu que o Ministério ficava e que o sr. Dias Vieira saía. Isto era simplesmente reproduzir uma vez a identidade dos fenômenos políticos entre o Brasil e Portugal. Lá, o sr. duque de Loulé desfez-se de um ministro incômodo, o sr. Lobo d'Ávila; aqui o sr. Furtado desfazia-se de um ministro impertinente, o sr. Dias Vieira.

Ora, para nós é claro que o gabinete, sem aquele ministro, fica sendo uma charada sem conceito, um enigma sem chave; não se compreende o Ministério sem o remate do edifício; o sr. Dias Vieira é para ele uma espécie de mal necessário, como a guerra, como o duelo.

A propósito de duelo, eis-nos outra vez com o sr. Marquês de Lavradio.

Ocupamo-nos há meses com S. Exa., a propósito de uma carta que o ilustre legitimista publicou na *Nação*, de Lisboa. A mesma folha traz-nos uma nova página de S. Exa.

O nobre marquês, anunciando a publicação próxima do jubileu de 8 de dezembro, escreve algumas linhas contra o duelo, e exorta os duelistas a arrepiarem carreira. Algumas citações pontifícias fundamentam as razões de S. Exa.

Não somos *amigos do sangue,* nem temos em pouco a humildade evangélica. Mas, sem expor outras razões intuitivas, confessamos que não nos quadra a opinião do nobre marquês.

O duelo tem as seguintes vantagens:

1ª Substitui a brutalidade do soco e do cachação;

2ª Iguala as chances entre as forças desiguais.

Como não nos embala a ilusão de um completo aperfeiçoamento humano, é para nós incontestável que todos os meios que se procurarem contra o duelo, só terão em resultado abater a dignidade e desarmar as constituições franzinas.

O perdão às ofensas é uma grande virtude, mas é inútil pedi-la ao nosso tempo. Também a guerra é uma atroz calamidade, maior ainda que o duelo, mas até hoje não se tem encontrado outra solução para as divergências entre os homens.

Há, porém, uma guerra legítima, a guerra da independência e da defesa. Quando o governo *blanco,* há pouco expulso de Montevidéu, encheu a medida da nossa paciência, com as depredações e assassinatos dos nossos patrícios, não havia outra saída mais honrosa que a de fazer justiça por nossas mãos.

Pouco depois veio o insulto do Paraguai.

Assim que, o povo brasileiro se levantou de todas as partes enérgico e entusiasta, para defender os seus irmãos ofendidos na campanha oriental e na província de Mato-Grosso.

O movimento popular cresce de dia para dia. As fileiras dos voluntários vão enchendo de patriotas.

O assunto inspirou um jovem escritor dramático, e uma peça dele, com o título *Os Voluntários,* foi representada no Teatro Ginásio, com muito aplauso do público.

O crítico dos teatros já analisou demoradamente nestas colunas a nova obra do sr. Ernesto Cibrão. Nossa simpatia pelo autor dos *Voluntários* leva-nos a reiterar aqui o julgamento do público e da imprensa, dando-lhe por nossa parte os mais sinceros parabéns.

Oxalá que estas manifestações de apreço devido lhe inspirem novos cometimentos, e dêem ao teatro o feliz ensejo de apresentar novas obras suas.

Aplaudindo a peça, também aplaudiremos o desempenho. Este não foi completo e irrepreensível em todas suas partes; mas nem por isso lhe negaremos o tributo que merecem os esforços conscienciosos.

M. A.

2 de maio de 1865

Que dirá o imperador?

É amanhã que Sua Majestade deve dizer em resumo ao corpo legislativo o que se tem feito, e anunciar o que se pretende fazer na governança do país.

Todos sabem que o discurso da coroa, na qualidade de peça ministerial, figura ser a expressão da política do governo, e é o ponto de partida dos debates parlamentares.

Temos que não será grande ousadia redigir de antemão o discurso da coroa. Podem fazê-lo os leitores, como nós já o fizemos. O governo, aproveitando a circunstância de não ser ele quem pronuncia o discurso, conquanto seja o autor, fará com que sua majestade lhe teça um solene elogio, e convide o país a prestar todo o apoio à direção das coisas públicas.

Há de ser a variante de um artigo anônimo dos jornais.

Sendo assim, não podemos furtar-nos a um sentimento de tristeza, vendo o estranho abuso que se faz da ficção constitucional, em virtude da qual o príncipe vem repetir ao Parlamento uma série de falsidades e lugares-comuns, arranjados pelos srs. secretários de Estado.

A coisa não é nova. E o governo nem sempre se limita às inexatidões; vai às vezes até a proposições absurdas e extravagantes. Tivemos um exemplo na ocasião em que a coroa veio repetir ao Parlamento o programa de certo Ministério, que se definia assim: respeito da lei e economia dos dinheiros públicos.

A primeira vez que apareceu no Parlamento tão singular programa, os homens de bom senso ficaram boquiabertos, e perguntaram se realmente o povo devia assistir impassível a semelhante comédia. Todavia houve uma falange (sempre as há) que achou o programa elevado e novo, luminoso e profundo, em vista do que foi dando os seus votos ao Ministério.

E ficou estabelecido que o respeito às leis e a economia dos dinheiros públicos — deveres restritos de todo o governo moralizado — podiam ser política especial de um gabinete, o que dava o seguinte corolário: que era lícito a outro gabinete seguir uma política inteiramente oposta, e esbanjar os dinheiros públicos e desrespeitar as leis e a Constituição.

Já nos parece estar ouvindo o discurso da abertura. Há de ser uma peça cheia de promessas e de frases. É pelos domingos que se tiram os dias santos. O Parlamento há de ouvi-lo, discuti-lo e responder-lhe; mas o Parlamento, como nós, está convencido de que o discurso não passará de uma formalidade, uma deferência com os estilos, sem alcance nem valor político.

Se isto não é novo, há muitas outras coisas que o não são igualmente, e todas formam uma série de sintomas desoladores.

Por exemplo, o sistema que nos rege chegou a tal ponto que todos se julgam capazes de ser ministro.

O governo do país não é considerado nos seus aspectos difíceis e graves; aquilo a que só pode subir o mérito e a consciência dos princípios parece em geral que pode ser dado ao primeiro organizador de frases oratórias, como um prêmio, como uma sinecura, como uma Cápua.

Tamanho fardo só podem comportar espáduas robustas; mas as coisas chegaram a tal ponto, que os indivíduos chamados ao poder, deixam ficar o fardo no seu lugar, e apenas envergam a farda ornamentada e condecorada.

Disto resulta que as pastas são apenas o incentivo da vaidade pessoal.

E há ainda mil outras coisas que nos abstemos de dizer para não dar ao folhetim aquele torvo aspecto de que prometemos sempre fugir.

Aguardemos o discurso da coroa.

Falamos na última semana de apostas que se faziam sobre se o Ministério ficará ou não. Quem ganhará? É difícil afiançar coisa alguma; não se pode mesmo conjeturar nada. Os ministros usam agora de uma arma, que já foi aparada nas colunas superiores do *Diário*, e com a qual o folhetim só se ocupa no que ela tem de cômico.

É a arma da guerra.

O deus Marte é quem recebe agora os incensos e os votos do Ministério. A linguagem deste é que o deixem viver por amor do bem comum e do perigo nacional.

Conhecem os nossos leitores o *Gastibelza* de Victor Hugo, aquela balada que começa por estes versos:

> *Gastibelza, l'homme à la carabine,*
> *Chantait ainsi:*
> *Quelqu'un de vous a vu dona Sabine,*
> *Quelqu'un d'ici?*

É uma das coisas mais preciosas da poesia francesa; mas, não sabemos por que, ao lembrar-mo-nos daqueles versos, parece-nos ouvir as lamentações do Ministério. A ilusão é sobretudo completa quando se chega ao estribilho:

> *Le vent qui vient à travers la montagne*
> *Me rendra fou!*

Ora, vejamos se se pode traduzir para outras palavras, mesmo francesas, as lamentações de Gastibelza:

> *Monsieur Furtado et ses nobles confrères*
> *Chantaient ainsi:*
> *— Faut-il tomber la fleur des ministères*
> *Et du pays?*

> *Nous avons eu une croix d'Allemagne,*
> *Rubans... et tout.*

> *Le vent qui vient à travers la montagne*
> *Nous rendra fous!*
>
> *Pour vous calmer, ô terrible cohorte,*
> *Non sans regret,*
> *Nous avons mis Beaurepaire à la porte*
> *Par un décret.*
> *Et maintenant qui donc nos acompagne?*
> *C'est Camamú.*
> *Le vent qui vient à travers la montagne*
> *Nous rendra fous!*
>
> *Quand nous avons une guerre étrangère*
> *Qui va s'ouvrir,*
> *Faut-il, messieurs, changer le ministère?*
> *Faut-il mourir?*
> *Le vieux sénat va nous ouvrir champagne,*
> *Veillez sur vous.*
> *Le vent qui vient à travers la montagne*
> *Nous rendra fous!*
>
> *Ainsi chantait le fameux ministère;*
> *Mais le pays,*
> *Que paie, lui seul, tous le frais de la guerre,*
> *Lui répondit:*
> *— Allez, allez, vous battez la campagne,*
> *Comme un vieux soul.*
> *Le vent qui vient à travers la montagne*
> *Vous rendra fous!*
>
> *Allez-vous-en, messieurs et compagnie;*
> *Il faut tomber;*
> *Je ne veux plus une pâle bougie*
> *Pour m'eclairer.*
>
> *Quittez la chaise, où le sommeil vous gagne,*
> *Et couchez-vous;*
> *Le vent qui vient à travers la montagne*
> *Vous rendra fous!*

Que a sombra de Boileau nos perdoe a ousadia; a língua e o verso podem não ser puros, mas a nossa intenção de reproduzir a verdade está salva.

E depois disto demos de mão à política para passar a coisas literárias.

Os que procuram resgatar a pureza da língua trazendo à luz de uma constante publicidade as obras clássicas dos velhos autores sempre nos tiveram entre os seus aplaudidores mais entusiastas.

É essa uma espécie de reação, cujos resultados hão de ser benéficos e duradouros.

Os autores da *Livraria clássica*, a cuja reimpressão está procedendo o editor Garnier, estão no número dos que merecem os nossos sufrágios.

Todos sabem com que solicitude e proficiência os srs. Castilhos se entregam ao estudo da língua materna, matéria em que alcançaram ser juízes competentes.

A *Livraria clássica*, obra que mereceu desde a sua aparição merecidos aplausos, é uma coleção dos melhores fragmentos de autores clássicos. Os srs. Castilhos procuram sobretudo reunir aqueles escritos que pudessem mais facilmente insinuar-se no espírito do público.

Era já rara a *Livraria*. E demais uma obra tão importante carecia uma edição melhor que a primitiva. É isso o que vai fazer o sr. Garnier. Os dois primeiros volumes publicados são os dos *Excertos do padre Manuel Bernardes*.

O padre Bernardes é um dos escritores de mais elevado conceito literário. Nada acrescentaremos ao que dele diz o sr. A. F. de Castilho no estudo que acompanha os *Excertos*. Demais, ninguém que tenha missão de escrever a língua portuguesa, pode deixar de conhecer o autor da *Floresta* e dos *Exercícios morais*.

A edição feita pelo sr. Garnier é das melhores que têm saído das oficinas de Paris. Aguardamos ansiosamente os volumes seguintes.

E com isto concluímos a parte literária da semana.

É coisa verificada: enquanto se esperam acontecimentos de certa espécie, falham todos os outros; a providência e os homens se encarregam de não produzir coisa alguma estranha àquilo que se espera.

Não é decerto um acontecimento novo a declaração da guerra do Paraguai à Confederação Argentina; já se esperava, segundo as últimas notícias. Também não é novidade a maneira por que Lopez fez essa declaração; não se esperava outra coisa.

Que quer o marechalito?

Quer perder-se. Perdido estava ele. Bastavam as forças do Império para mandá-lo passear. As armas do Brasil não carecem de dar novas provas do seu valor e do seu poder. Mas, como se lhe não bastara a honra de morrer às mãos dos brasileiros, o mata-mouros conjura contra si todas as forças organizadas da vizinhança.

As palavras do general Mitre: *em três dias nos quartéis, em quinze dias na campanha, em três meses em Assunção* — se forem seguidas de uma execução imediata, marcam o caminho de todo o governo enérgico e ativo em circunstâncias tão graves.

E lá íamos escorregando. Pinguemos o ponto final.

M. A.

16 de maio de 1865

Corre-nos o dever de explicar aos leitores a nossa ausência de terça-feira passada.

Os leitores, se estas coisas lhes causam reparo, hão de atribuir a ausência ao fato da crise ministerial, visto que tudo ficou suspenso. Foi e não foi: para isso é preciso remontar à semana antepassada e recorrer às coisas desde o começo.

Ab Jove principium.

No último folhetim fizemos algumas considerações sobre o que seria o discurso da coroa, e acrescentamos à parte política uns versos em mau francês alusivos à situação do Ministério do sr. Furtado.

Logo no dia seguinte (3 do corrente) apareceu nas colunas do *Correio Mercantil* um artigo anônimo em que, de envolta com o *Diário*, éramos nós atacados pessoalmente, a propósito do folhetim da véspera.

Em casos destes temos uma regra feita: atribuímos as defesas aos defendidos, embora uma pena estranha as escreva.

Era necessário responder, e quisemos fazê-lo com todas as atenções devidas; pusemos de parte a prosa, e travamos do látego de Juvenal e Barthélemy. O Ministério e seus defensores anônimos foram objeto de uns duzentos versos que não pecavam por excessivamente carinhosos. Feito isso, aguardamos o dia de terça-feira. Mas, logo na véspera, produziu-se a crise, e o Ministério de 31 de agosto retirou-se da cena.

Foi opinião de alguns amigos e colegas, e também nossa, que a publicação dos versos tornava-se inoportuna e tardia.

Importava-nos, sobretudo, não parecer que mostrávamos uma fácil coragem agredindo homens caídos do poder. Além de que, os versos referiam-se a ministros, que tinham deixado de sê-lo.

Esta explicação é necessária por dois motivos:

1º — Os leitores benévolos e simpáticos, desses que chegam a identificar-se com o escritor e a interessar-se por ele, ficam sabendo que o nosso silêncio não deve ser atribuído a um sentimento menos confessável.

2º — Ficam avisados todos os arlequins políticos de que nos achamos na boa disposição de não admitir facécias e insultos anônimos, sob pretexto de defender um Ministério. Se uma circunstância estranha à nossa vontade privou os leitores do *Diário* de alguns versos aguçados, fica-nos o caso por emenda, a fim de que em outra ocasião empreguemos uma útil celeridade.

Suponham os leitores que há depois disto uma linha de reticências.

Uma grande parte da semana é de assuntos literários: um poema e dois dramas. O poema não é novo, é uma nova edição que acaba de chegar de Viena. Já daqui ficam os leitores sabendo que se trata da *Confederação dos Tamoios*, do sr. dr. D. J. Gonçalves de Magalhães.

É uma edição revista, correta e aumentada pelo autor.

Não sabemos até que ponto o poeta atendeu às críticas de que o seu poema foi objeto quando apareceu. Não tivemos tempo de cotejar a crítica com as duas edições. Mas o poeta declara que fez acrescentamentos e modificações, e corrigiu muitos versos que, ou não saíram perfeitos da primeira vez, ou deveram as suas imperfeições à má cópia.

Lemos algumas páginas soltas, e reconhecemos, mesmo sem comparar as edições, que o verso está mais trabalhado e limado, e mais atendidas as leis da harmonia. Aqui receamos fazer crítica de detalhe lembrando que alguns versos escaparam ao cuidado do autor nesta nova edição; o autor declara que esta edição é a definitiva, mas, como não há de ser a última, pois que muitas mais merece o poema, tomamos a liberdade de recordar ao poeta que uma nova revisão tornaria a obra mais aperfeiçoada ainda.

No prefácio trata o autor dos motivos que o levaram a preferir o verso solto à oitava-rima. São excelentes as suas razões em favor do alvitre que tomou; mas lá nos parece que o poeta adianta algumas ideias pouco aceitáveis.

Não se nega ao endecassílabo a energia, a harmonia e a gravidade; mas, concluir contra a rima em tudo e por tudo, parece-nos que é ousar demais. Tal é, entretanto, o pensamento do sr. dr. Magalhães nas seguintes palavras: "não há pensamento sublime, nem lance patético, nem grito de dor que toque o coração com a graça atenuante do consoante".

E, embora o sr. dr. Magalhães, para mostrar que até na prosa o consoante é mau, tenha rematado tão dissonantemente o seu período, julgamos que a rima pode reproduzir um pensamento sublime e um lance patético, sem que isto tire ao verso solto a superioridade que lhe reconhecem os mestres.

Feito este reparo, mencionemos a nova edição da *Confederação dos Tamoios*, como uma boa notícia literária. Parece que hoje a vida intelectual é menor que no tempo em que apareceu o poema do sr. dr. Magalhães; se o não fosse, teríamos esperança de ver o poema sujeito a uma nova análise, onde os seus esforços seriam reconhecidos, os seus descuidos, se alguns existem, corrigidos a tempo, com o que ganhariam o poeta e a literatura, que se honra em dar-lhe um lugar distinto.

Dissemos acima que houve na semana dois dramas novos de pena brasileira: são *Os cancros sociais*, pela sra. d. Maria Ribeiro; e as *Agonias do pobre*, do sr. dr. Reis Montenegro. Anuncia-se ainda terceiro drama original, *A negação da família*, do inteligente ator Pimentel, que deve subir hoje à cena no Teatro de São Januário.

Representam os três teatros dramáticos, ao mesmo tempo, peças originais; é um verdadeiro milagre, que merece ser notado e memorado.

Embora o crítico dramático tenha de ocupar-se com as peças em questão, consintam os leitores que consagremos duas linhas a respeito dos dois já representados.

Mesmo em literatura, as damas devem ter a precedência.

O nome da sra. d. Maria Ribeiro, não é desconhecido do público. Representou-se há tempos no Ginásio um drama de sua composição intitulado *Gabriela*, e oferecido à nossa primeira artista dramática.

O longo tempo que mediou entre a sua primeira peça e a última prova uma coisa em favor da autora: é que ela não se atira à composição sôfrega e precipitada; julga melhor para o seu nome caminhar devagar e refletidamente. Para nós é já um motivo de simpatia.

Há, com efeito, entre *Gabriela* e os *Cancros sociais*, uma notável diferença, um incontestável progresso. A mão incerta no primeiro tentame, é agora mais segura, mais conscienciosa; a autora desenha melhor os caracteres, pinta melhor os sentimentos; a ação aqui é mais natural, mais dramática, mais sustentada; as situações mais bem concebidas e os diálogos mais fluentes.

O novo drama é ainda um protesto contra a escravidão. Apraz-nos ver uma senhora tratar do assunto que outra senhora de nomeada universal, mrs. Beecher Stowe, iniciou com mão de mestre.

A ação, como a imaginou a sra. d. Maria Ribeiro, tem um ponto de contato com a *Mãe*, drama do sr. conselheiro José de Alencar: é uma escrava, cujo filho ocupa uma posição social, sem conhecer de quem procede. E se notamos esta analogia, é apenas para mostrar que, na guerra feita ao flagelo da escravidão, a literatura dramática entra por grande parte.

A luta que se trava no espírito de São Salvador, entre o dever do filho e os preconceitos do homem, é estudada com muita observação; a última cena do 2º ato, entre o filho e a mãe, parece-nos a mais bela cena da peça.

Louvamos com franqueza, criticaremos com franqueza. A ação que interessa e prende, de ato para ato, falece um pouco no último; o estilo ressente-se de falta de unidade; o diálogo, em geral fluente e natural, peca às vezes pela intervenção demasiada de metáforas e imagens; há algumas cenas, mas poucas, que nos parecem inúteis; e a autora deve ter presente este preceito de arte: — toda a cena que não adianta à ação é uma superfluidade.

Feitos estes reparos ligeiros, resta-nos aplaudir do íntimo d'alma a nova obra da autora de *Gabriela,* cujo talento está recebendo do público legítimos sufrágios.

Resta-nos mais. Resta-nos mencionar o desempenho igual que deram à peça os artistas do Ginásio. Vê-se que estes foram ensaiados à capricho.

O papel confiado ao sr. Furtado Coelho foi desempenhado de maneira a não deixar nada a desejar. Dotado de verdadeiro talento, e qualidades apreciáveis para a arte, a que tão lucidamente serve, o sr. Furtado Coelho soube reproduzir com as cores da verdade os sentimentos diversos que agitam Eugênio, e que fazem dele o centro das atenções. É na alta comédia e no drama de sala que aquele artista tem feito a sua brilhante reputação; se alguma coisa faltasse para firmar-lha, bastaria para isso o seu último papel.

Os srs. Graça, Areias e Heller foram aplaudidos e o mereceram; o primeiro pouco tinha a fazer e fê-lo conscienciosamente; os últimos mostraram-se com toda a distinção. A sra. Clélia, no papel da escrava, e a sra. Júlia, no da filha de São Salvador, houveram-se igualmente bem.

Estreou nesta peça a sra. Antonina Marquelou. Não é a sra. Marquelou uma artista desconhecida. Foi no Teatro de São Pedro que ela encetou há tempos a sua carreira dramática. Então faltou-lhe estudo proveitoso. É provável que agora o tenha, e já na sua estreia revelou sensíveis progressos. Não lhe falta nem figura, nem inteligência; resta-lhe utilizar cuidadosamente todos esses predicados.

Disse bem o papel de Paulina, mas faltou-lhe uma coisa, para a qual chamo a sua atenção: faltou-lhe sentimento. O olhar, o gesto podem fazer muita coisa: mas só a alma pode comover. Que a sra. Marquelou não esqueça nunca esta condição essencial.

Vamos de corrida ao Teatro de São Pedro.

O nome do sr. dr. Montenegro é conhecido por algumas composições representadas em diversos teatros. Já mais de uma vez temos falado nele, fazendo-lhe os elogios e as críticas que merece, com franqueza e lealdade.

A sua nova peça, *Agonias do pobre,* peca principalmente pelo defeito que já notamos nas outras composições: encerra algumas inverossimilhanças. Mas, posto de parte este defeito, para o qual chamamos a atenção do sr. dr. Montenegro, a sua peça é de todas a que mais parece ter sido cuidada, até no estilo, que aliás ainda não está aperfeiçoado. Abundam as situações dramáticas, cheias de vida e de interesse, ao ponto de disfarçar às vezes uma ou outra inverossimilhança, e de granjear para o autor aplausos bem merecidos e bem proveitosos, queremos crê-lo.

A sra. Gabriela, encarregada do papel da protagonista, deu às suas cenas e situações aquele relevo que se espera sempre do seu talento robusto e completo.

Citaremos mais dois artistas: um para louvar, o sr. Cardoso; outro para censurar, o sr. Costa. O primeiro, no papel de galã agradou-nos tanto, quanto nos desagradou o segundo no papel do usurário. Convidamos o sr. Costa a recordar-se dos seus triunfos de outro tempo. Preencha o abismo que o separa hoje desse tempo, procurando no estudo uma correção que não lhe é impossível.

M. A.

Histórias de

quinze dias

Revista *Ilustração Brasileira*,
de 1876 a 1878

1º de julho de 1876

I

Dou começo à crônica no momento em que o Oriente se esboroa e a poesia parece expirar às mãos grossas do vulgacho. Pobre Oriente! Mísera poesia!

Um profeta surgiu em uma tribo árabe, fundou uma religião, e lançou as bases de um império; império e religião têm uma só doutrina, uma só, mas forte como o granito, implacável como a cimitarra, infalível como o Alcorão.

Passam os séculos, os homens, as repúblicas, as paixões; a história faz-se dia por dia, folha a folha; as obras humanas alteram-se, corrompem-se, modificam-se, transformam-se. Toda a superfície civilizada da terra é um vasto renascer de coisas e ideias. Só a ideia muçulmana estava de pé; a política do Alcorão vivia com os paxás, o harém, a cimitarra e o resto.

Um dia, meia dúzia de rapazes libertinos iscados de João Jacques e de Benjamim Constant, ainda quentes do último discurso de Gladstone ou do mais recente artigo do *Courrier de l'Europe*; meia dúzia de rapazes, digo eu, resolveram dar com o monumento bizantino em terra, abrir o ventre ao fatalismo e arrancar de lá uma carta constitucional.

Pelas barbas do Profeta! Há nada menos maometano do que isto? Abdul-Aziz, o último sultão ortodoxo, quis resistir ao 89 turco; mas não tinha sequer o exército, e caiu; e, uma vez caído, deitou-se da janela da vida à rua da eternidade.

O Alcorão fala de dois anjos negros de olhos azuis, que descem a interrogar os mortos. O ex-padixá foi naturalmente inquirido como os outros:

— Quem é teu senhor?
— Alá.
— Tua religião?
— Islã.
— Teu profeta?
— Maomé.
— Há um só deus e um só profeta?
— Um só. *La illah il Allah, ve Muhameden ressul Allah.*
— Perfeito. Acompanha-nos.

O pobre sultão obedeceu.

Chegando à porta das delícias eternas achou o profeta sentado em coxins espirituais, resguardado por um guarda-sol metafísico.

— Que vens cá fazer? — perguntou ele.

Abdul explicou-se, referiu o seu infortúnio; mas o profeta atalhou-o, clamando:

— Cala-te! És mais do que isso, és o destruidor da lei, o inimigo do Islã. Tu fizeste possível o gérmen corruptor das minhas grandes instituições, pior que a fé de Cristo, pior que a inveja dos russos, pior que a neve dos tempos; tu fizeste o gérmen constitucional. A Turquia vai ter uma Câmara, um Ministério responsável, uma eleição, uma tribuna, interpelações, crises, orçamentos, discussões, a lepra toda do parlamentarismo e do constitucionalismo. Ah! quem me dera Omar! ah! quem me dera Omar! Naturalmente Abdul, se o profeta chorou naquele ponto, ofereceu-lhe o seu lenço de assoar, — o mesmo que na mitologia do serralho substitui as setas de Cupido; ofereceu-lho, mas é provável que o profeta lhe desse em troco o mais divino

V

Semelhante fenômeno não pertence à companhia dos ditos que representa no Teatro Imperial. O pior que acho na Companhia dos Fenômenos é o galicismo. O empresário quis provavelmente dizer — Companhia dos Prodígios, das Coisas Extraordinárias.

Felizmente para ele, o público não estranhou o nome, e, se o empresário não tem por si os lexicógrafos, tem o sufrágio universal; isso lhe basta.

É este porém um daqueles casos em que a eleição censitária é preferível.

Que tais sejam os tais fenômenos ou prodígios, não sei, porque os não vi. E já o leitor concluirá daqui o valor de um cronista que pouco vê do que fala, uma espécie de urso que se não diverte.

Que se não diverte? É uma maneira de entender assaz arriscada.

Alegarei que eu, geralmente, sou pouco inclinado a prodígios. Foram convidar um lacedemônio a ir ouvir um homem que imitava com a boca o canto do rouxinol. "Eu já ouvi o rouxinol", respondeu ele. A mim, quando me falaram de um homem que tocava flauta com as próprias mãos, respondi: "Eu já ouvi o Calado."

Presunção de fluminense que quer ser lacedemônio.

Não repetirei o dito em relação ao homem que toca rabeca com os pés; seria cair numa repetição de mau gosto.

Não direi que já ouvi o Gravenstein ou o Muniz Barreto, porque além de tocar, o dito homem penteia-se, acende um charuto, joga cartas, desarrolha uma garrafa, uma infinidade de coisas que não fazem os meus nem os pés do leitor.

Há outro que engole uma espada, e uma dama que, à força de saltos mortais, chegará à imortalidade.

VI

Um correspondente do Piauí escreve para esta Corte as seguintes linhas: "Esteve por alguns dias na *chefatura* o juiz de direito da capital, dr. Jesuíno Martins, que etc." Tenho lido outras vezes que a *chefança* perdeu um honrado magistrado; não poucas que mal anda o *chefado* nas mãos de Fulano; outras enfim que a *chefação* vai caminhando ao abismo.

Será preciso observar a todos os cavalheiros que cometem semelhante descuido, que não há *chefança*, nem *chefado*, nem *chefação*, nem *chefatura*, mas tão-somente *chefia*?

Manassés

15 de julho de 1876

Inaugurou-se a Bolsa. Entendamo-nos: a Bolsa existiu sempre, mas só agora lhe abriram os cordões.

Dantes vendiam-se os fundos atrás da porta, conquanto a língua oficial dissesse que se vendiam na praça.

Mudaram-se os tempos desta ventura. Quem os quiser vender ou comprar há de ser *coram populo*, como dizia Cícero. Eu, pela minha parte, sou como a ingratidão humana — sem fundo. Sou homem raso. Que haja Bolsa ou não; que as transações sejam apregoadas, ou simplesmente sussurradas, é para mim o mesmo. Não compro ações de bancos, nem ouro, nem saques, nem letras de hipoteca; não compro nada. Também não o vendo; estou como Jó, depois da prosperidade, ou como Bennett, antes do *Herald*.

Mas não deixo de entender que a reforma é boa; talvez excelente. Agora sabe a gente a quantos anda; faz-se tudo à luz do sol.

Se, por exemplo, aplicassem o sistema aos matrimônios... Oh! Isso é que era dar um passo de século.

— Meus senhores (diria o corretor), há uma noiva de cento e vinte contos em prédios e apólices, prédios seguros, apólices com dividendo, uma noiva bonita, senhores, vinte e dois anos, sabe francês e piano... Não vale nada, meus senhores?... Quanto? dez contos? dez! dez! quinze contos, vinte, trinta, trinta e um contos, trinta e cinco!... e cinco! e cinco!... afronta faço, que mais não acho! se mais achara, mais tomara! dou-lhe uma, dou-lhe duas! uma maior e outra menor! É sua!

II

O certo é que quase não se falou em outra coisa durante a quinzena: na Bolsa e na baixa das apólices.

A baixa das apólices teve o condão de abalar meio mundo. Um velho acionista da Galinocultura anda assombrado há sete dias. Ele interroga os jornais, as fisionomias, os astros, consulta cartas; lastima não haver uma Nossa Senhora das Apólices para fazer-lhe uma promessa. Quando vai à Bolsa não a leva recheada, mas fica até acabar-se tudo; ele troveja, irrita-se, abate-se, come pouco, não dorme; este cidadão atribulado... mora num quarto no beco das Escadinhas.

III

No meio destas alternativas de apólices, a ordem terceira de são Francisco da Penitência inaugurou um monumento à memória dos fundadores da ordem, Luís de Figueiredo e dona Ana Carneiro.

Não vem cedo esse monumento, mas também não vem tarde. Dois séculos dentre eles e nós dão à memória dos dois piedosos fundadores aquela poeira necessária à veneração.

Se eles tivessem morrido em 1860, isto é, quando eu ainda me lembrasse de os ter visto dançar em casa do subdelegado fulano, o monumento perdia muito do prestígio.

Por via de regra, um monumento deve ser levantado quando já corre outra maneira de vestir, mudaram os costumes e não existe uma casa particular contemporânea dos obsequiados.

Quem hoje diz Luís de Figueiredo e dona Ana Carneiro, parece falar de criaturas históricas, nomes que entraram nos sucessos políticos e sociais.

Nada disso; deram o terreno e fundaram uma ordem. É o que os recomenda dois séculos depois.

IV

Ocorre ponderar uma coisa.

Naquele tempo, e antes, e ainda algum tempo depois, os nomes das pessoas eram assaz curtos, dois apenas: Luís de Figueiredo e dona Ana Carneiro; não se usava mais: Luís de Camões, Antônio Vieira, Damião de Góis, João de Castro, João de Barros, Diogo do Couto.

Com dois nomezinhos de nada, fazia-se um poeta, um historiador, um político, um pregador sagrado. Nem eu nem o leitor poderíamos imaginar um Luís José de Camões Siqueira, ou um João Maria Barros de Vasconcelos.

Viemos andando e mudamos tudo. Hoje, cá e lá, são uns nomes de légua e meia, que parecem conter toda a família do nomeado. O uso é tal, que quando ouvimos falar no dr. João Sertório, que foi presidente de São Paulo, esperamos ainda pelo resto. João Sertório! Um homem com dois nomes apenas? O atual cônsul brasileiro nos Estados Unidos tinha quatro nomes, creio eu; o uso literário fê-lo reduzir a dois, e já o decreto que o nomeou não contém mais do que isso, pelo que lhe dou os parabéns; o Estado sancionou o seu bom gosto.

Entretanto, releva observar que a língua portuguesa é das menos faladas do mundo civilizado.

A única razão que justificaria tantos nomes seria a necessidade de não confundir os homens; mas eles são poucos.

Os ingleses, que são em muito maior número, reduziram isso, e os franceses também. Recebem muitos nomes (os franceses, pelo menos) mas usam apenas dois e não se confundem uns com os outros.

Não me refiro aos célebres, que esses são conhecidos apenas por um: Thiers, Chateaubriand, Gladstone, Pitt; refiro-me à massa geral dos naturais.

Com os italianos dá-se o mesmo; o mesmo com os alemães. Os espanhóis não procedem de modo diferente, apesar de se darem ao culto da hipérbole.

Explique quem puder esta diferença da língua portuguesa, este uso aborrecido, chocho, deselegante. No futuro, se alguém ler as linhas que aí deixo e tiver força por emendar o uso, emende-o, certo de que não exijo monumento por isso.

V

Exigiria monumento se achasse o segredo de matar os ratos de Canguçu. Nunca vi tanto rato como nas correspondências daquela vila!

Aquilo e o casal do Ceará, cujo marido, com 113 anos de idade tem ciúmes da mulher, que já orça pelos 104, é tudo que tenho visto de mais espantoso no mundo.

Que um homem de 113 anos tenha ciúmes, concebe-se; não é vulgar, mas pode-se admitir. Agora, que uma mulher de 104 os inspire, esse é, na verdade, um dos prodígios do século e do país.

Os cônjuges de que se trata estão unidos há 80 anos. Leiam bem: há 80 anos. Durante esse tempo podiam ver morrer cinco ou seis constituições e cair noventa e sete governos no Estado Oriental. Podiam ter casado no tempo do Diretório e ir hoje cumprimentar o marechal Mac-Mahon, que o substitui.

Ora, não é depois de tanto tempo que um homem respeitável se lembra de zelar a mulher. Homem de Deus! Mas não és tu que a zelas, é um século!

VI

Um século! Justamente a idade dos Estados Unidos.

Também eu fui ao banquete com que os americanos residentes nesta corte, tendo à frente seu ilustrado ministro, festejaram o centenário da liberdade. E confesso que tive inveja aos brasileiros que em 1922 devem fazer igual festa em Nova York ou Washington. Se pudesse assistir a ela!

Não importa! Assisti ao desta corte, que foi magnífico, animado, brilhante, dos que só se fazem de século a século. Cem anos não são cem dias, para um homem; para uma nação equivalem a quinze ou vinte. Nesse curto prazo o que não têm feito os Estados Unidos?

Fujamos aos lugares-comuns. Um deles é rememorar os progressos da jovem filha de Washington. O maior dos milagres dessa grande nação é ter sufocado, durante o longo espaço de quatro anos, a maior guerra civil dos tempos modernos, e com ela extirpado uma detestável instituição social. Que há em Tito Lívio maior do que isso?

VII

Posto houvesse durante aquela guerra um almirante Farragut, não vejo que isso nos leve suavemente à última regata de Botafogo.

Entre os escaleres da regata e os monitores americanos há alguma diferença que convém respeitar.

Que importa? A luta na regata é pacífica; não se verte sangue nem latim; verte-se algum suor, o qual reverte em favor do que chega primeiro.

S. a. a regente distribuiu os prêmios aos vencedores, como há de distribuir aos que triunfaram na última exposição. Tais prêmios, sim! São os que eu desejo, são os melhores, os únicos a que devemos aspirar. As batalhas são boas nos quadros e nos livros históricos; no campo, também não são más, mas hão de ser de longe. Oh! de longe são adoráveis!

Manassés

1º de agosto de 1876

I

Hoje posso expetorar meia dúzia de bernardices sem que o leitor dê por elas.

A razão não é outra senão a de ser o leitor um homem que se respeita, ama o belo, possui costumes elegantes: conseguintemente, não tem orelhas para crônicas, nem outras coisas ínfimas.

Suas orelhas andam de molho, reservam-se para as grandes e belas vozes que estão prestes a chegar do Rio da Prata.

Antes de ir mais longe, convém advertir que o fato de nos virem as celebridades líricas do Rio da Prata é um fenômeno que, em 1850, seria puramente milagre; mas que hoje, mediante os progressos do dia, parece a coisa mais natural do mundo.

Há incrédulos, é verdade; há ombros que se levantam, espíritos que dão seus muxoxos de dúvida.

Mas qual foi a verdade nova que ainda não encontrou resistências formais? Colombo andou mendigando uma caravela para descobrir este continente;

Galileu teve de confessar que a única bola que girava era a sua. Estes dois exemplos ilustres devem servir de algum lenitivo aos cantores platenses.

II

Demais os incrédulos, se são duros, são em ínfimo número; número verdadeiramente ridículo. Porquanto, ainda, os cantores não deram amostra, já não digo de uma nota, mas somente de um espirro ou de um aperto de mão, e já os bilhetes estão todos tomados, a preços de *primíssimo cartelo*.

Donde os filósofos podem concluir com segurança que as vozes não são a mesma coisa que os nabos. *Credo, quia absurdum*, era a máxima de Santo Agostinho.

Credo, quia carissimum é a do verdadeiro *dilettanti*.

Ao preço elevado dos bilhetes corresponde os dos vencimentos dos cantores. Só o tenor recebe por mês oito contos e oitocentos mil-réis! Não sei que haja na crítica moderna melhor definição de um tenor do que esta dos oito contos, a não ser outra de dez ou quinze.

Que me importa agora ouvir as explicações técnicas dos críticos para saber se o tenor tem grande voz e profundo estudo? Já sei, já o sabemos todos; ele tem uma voz de oito contos e oitocentos; devo aplaudi-lo com ambas as luvas, até arrebentá-las.

Vejam a superioridade da música sobre a política. Cavour fez a Itália — um pau por um olho, e não sonhou nunca receber ordenado tamanho. Mas um jovem de olho azul e bigode louro, tendo a boa fortuna de engolir um canário ou outra ave equivalente, só por esse motivo, e por outros que seria longo desfiar, mete Cavour num chinelo. Cavour morreu talvez com pena de não ter sido barítono.

Não sei quanto vence o soprano; mas deve ser grosso cabedal, em vista do tenor, e porque também é célebre.

Imaginemos outro tanto.

Ora, expirou há pouco uma mulher, que me hão de conceder tinha um gênio maior que o do soprano referido, mulher que ocupa um dos mais altos lugares entre os prosadores de seu século. Madame Sand nunca venceu tanto por mês. Rendeu-lhe menos *Indiana* ou *Mauprat* do que rendem ao soprano de que trato meia-dúzia de sustenidos bem sustenidos.

Oh! se tu tens algum filho, leitor amigo, não o faças político, nem literato, nem estatuário, nem pintor, nem arquiteto! Pode ter algum pouco de glória, e essa mesma pouca; muita que seja, nem só de glória vive o homem. Cantor, isso sim, isso dá muitos mil cruzados, dá admiração pública, dá retratos nas lojas; às vezes chega a dar aventuras romanescas.

III

Por fortuna de Alexandre Herculano, esta notícia lírica só invadiu a corte depois de anunciado o seu azeite. Se o azeite se demora uma semana, ninguém fazia caso dele; ninguém lhe reparava na notícia, nem nos méritos.

Achou o tal azeite seus admiradores, como o Meneses do *Jornal*, e seus críticos, como o Serra da *Reforma*. Eu chego tarde para ser uma das duas coisas; prefiro ser ambos ao mesmo tempo. E não tendo visto ainda o azeite, estou na melhor situação para dar sobre ele o meu parecer. Quem era certo cavaleiro italiano que gastou a vida a duelar-se em defesa da *Divina comédia*, sem nunca a ter lido? Eu sou esse cavaleiro apenas por um lado, que é o lado dos que dizem que, a não fazer o Herculano livros de história, deve fazer outra coisa.

Mas confesso que preferia ao pé do seu azeite o seu estilo; e de bom grado receberia de suas mãos o livro e a luz. Dar-me ele a luz e o sr. *** os livros, é uma disparidade que não chega a vencer o sono... por melhor que seja o azeite.

Suspendamos o riso, que é alheio a estas coisas. *Sunt lacrimae rerum*. Pois quê! Um homem levanta um monumento, escreve o seu nome ao lado de Grote e Thierry, esculpe um *Eurico*, desenterra da crônica admiráveis novelas; é um grande talento, é uma erudição de primeira ordem, e no vigor da idade retira-se a uma quinta, faz da banca um lagar, engarrafa os seus merecimentos, entra em concorrência com o sr. N. N. e nega ao mundo o que não pertence a ele!

IV

Não foi esse o único prodígio da quinzena. Além dessa e da companhia lírica (a 8:000$000 cada garganta), houve o projeto de constituição turca, dado pelo *Jornal do Comércio*.

Não sei se tal constituição chegará a reger a Turquia; mas foi proposta, e tanto basta para deixar-me de boca aberta.

O art. 1º desse documento diz que o Império otomano como Estado não tem religião: reconhece todos os cultos, protege-os e subvenciona-os.

Eu palpo-me, esfrego os olhos, dou murros no peito e na cabeça, agito os braços, passeio de um lado para outro, a fim de certificar-me que não estou sonhando. O Alcorão subvencionando o Evangelho! O janízaro do *crê ou morre* reconhecendo todos os cultos e dando a cada um os meios de subsistência! Se isto não é o fim do mundo, é pelo menos o penúltimo capítulo. Que abismo entre Omar e Mourad v!

Alegre-se quem quiser; eu fico triste. A tolerância dos cultos tira-me a cor local da Turquia, desnatura a história, estabelece certas acomodações entre o Alcorão e o céu. Substitui-se a Sublime Porta por uma trapeira constitucional.

V

No meio de tanta novidade — azeite herculano, ópera italiana, liberdade turca, não quis ficar atrás o sr. Luís Sacchi. Não conheci Luís Sacchi; li porém o testamento que ele deixou e os jornais deram a lume.

Ali diz o finado que seu corpo deve ir em rede para o cemitério, levado por seus escravos, e que na sepultura há de se lhe gravar este epitáfio: *"Aqui jaz Luís Sacchi que pela sua sorte foi original em vida e quis sê-lo depois da sua morte"*.

Gosto disto! A morte é coisa tão geralmente triste, que não se perde nada em que alguma vez apareça alegre. Luís Sacchi não quis fazer do seu passamento um quinto ato de tragédia, uma coisa lúgubre, obrigada a sangue e lágrimas. Era vulgar: ele queria separar-se do vulgo. Que fez? Inventou um epitáfio, talvez pretensioso, mas jovial. Depois dividiu a fortuna entre os escravos, deixou o resto aos parentes, embrulhou-se na rede e foi dormir no cemitério.

Não direi que haja profunda originalidade neste modo de retirar-se do mundo. Mas, em suma, a intenção é que salva, e se o reino dos céus também é dos originais, lá deve estar o testador italiano.

Amém!

VI

Na hora em que escrevo estas linhas, preparo-me para ir ver um sapatinho de cetim, — o sapatinho que dona Lucinda nos trouxe da Europa e que o Furtado Coelho vai mostrar ao público fluminense.

Não vi ainda o sapato e já o acho um primor. Vejam o que é parcialidade! Juro a todos os deuses que o sapatinho foi roubado à mais bela das sultanas do padixá, ou talvez à mais ideal das huris do profeta. Imagino-o todo de arminho, cosido com cabelos da aurora, forrado com um pedacinho do céu... Que querem? Eu creio que há de ser assim, porque é impossível que o Furtado nos trouxesse um mau sapato.

Mas que o trouxesse! Eu consentia nisso, e no mais que fosse de seu gosto, mediante a condição de que não havia deixar-nos outra vez. Entendamo-nos; ele pertence-nos. Viu muita coisa. Teve muito aplauso, muita festa, mas a aurora das suas glórias rutilou neste céu fluminense, onde, se não rutilou também a do talento de sua esposa, já recebeu muitos dos seus melhores raios juvenis.

Que fiquem; é o desejo de todos e meu.

Manassés

15 de agosto de 1876

I

No momento em que escrevo estas linhas, espreito cá de longe a leitora a preparar-se para a festa da Glória.

Há duas sortes de leitoras: a que vai ao outeiro, toma água-benta, vê o fogo de artifício, e vai a pé para casa, se não pilha um *bond*; e a que vai de casa às nove horas para ir ao baile da Secretaria de Estrangeiros.

Uma e outra preparam-se neste instante; sonham com a festa, pedem a nossa Senhora que não mande chuva.

A segunda espera que a Clemence lhe apronte o vestido a tempo e hora oportuna; a primeira dá os últimos pontos na saia do que há de estrear hoje de tarde.

Esta festa da Glória é a Penha elegante, do vestido escorrido, da comenda e do *claque*; a Penha é a Glória da rosca no chapéu, garrafão ao lado, ramo verde na carruagem e *turca* no cérebro.

Ao cabo de tudo, é a mesma alegria e a mesmíssima diversão, e o que eu lastimo é que o fogo de artifício da Glória e o garrafão da Penha levem mais fiéis que o objeto essencial da festividade. Se é certo que *tout chemin mène à Rome*, não é certo que *tout chemin mène au ciel*.

Leve ou não leve, a verdade é que este ano há grande entusiasmo pela festa da Glória, e dizem-se maravilhas do baile da Secretaria de Estrangeiros.

Um amigo meu recusa dançar há seis semanas, com o plausível motivo de que não quer gastar as pernas. Só fala em francês para conversar com os diplomatas; estuda a questão do Oriente para dizer alguma coisa ao ministro da Inglaterra. Traz de cor a frase com que há de cortejar o ministro da Itália e o chefe da legação pontifícia. Ao primeiro dirá: *Itália farà da sè*. Ao segundo: *Super hanc petram...*

Não é um amigo, é um manual de conversação.

II

Estou convencido de que esse amigo não foi às corridas. Não foi ou não vai? Na hora em que escrevo — não vai; naquela em que o leitor pode ler estas linhas — não foi. Eu não sei combinar estes tempos da crônica. Vá ou não vá, fosse ou não fosse, o que eu quero dizer é que o dito meu amigo brilha pela ausência na festa do Prado Fluminense.

Eu sou obrigado a confessar que também lá não ponho os pés, em primeiro lugar porque os tenho moídos, em segundo lugar porque não gosto de ver correr cavalos nem touros. Eu gosto de ver correr o tempo e as coisas; só isso. Às vezes corro eu também atrás da sorte grande, e correria adiante de um cacete, sem grande esforço. Quanto a ver correr cavalos...

Vou dizer a minha opinião toda.

Cada homem simpatiza com um animal. Há quem goste de cães; eu adoro-os. Um cão, sobretudo se me conhece, se não guarda a chácara de algum amigo, aonde vou, se não está dormindo, se não é leproso, se não tem dentes, oh! um cão é adorável.

Outros amam os gatos. São gostos; mas sempre notarei que esse quadrúpede pachorrento e voluptuoso é sobretudo amado dos homens e mulheres de certa idade.

Os pássaros têm seus crentes. Alguns gostam de todo o bicho careta. Não são raros os que gostam do bicho de cozinha.

Eu não gosto do cavalo.

Não gosto? Detesto-o; acho-o o mais intolerável dos quadrúpedes. É um fátuo, é um pérfido, é um animal corruto. Sob pretexto de que os poetas o têm cantado de um modo épico ou de um modo lírico; de que é nobre; amigo do homem; de que vai à guerra; de que conduz moças bonitas; de que puxa coches; sob o pretexto de uma infinidade de complacências que temos para com ele, o cavalo parece esmagar-nos com sua superioridade. Ele olha para nós com desprezo, relincha, prega-nos sustos, faz Hipólito em estilhas. É um elegante perverso, um tratante bem-educado; nada mais.

Vejam o burro. Que mansidão! Que filantropia! Esse puxa a carroça que nos traz água, faz andar a nora, e muitas vezes o genro, carrega fruta, carvão e hortaliças, — puxa o *bond*, coisas todas úteis e necessárias. No meio de tudo isso apanha e não se volta contra quem lhe dá. Dizem que é teimoso. Pode ser; algum defeito é natural que tenha um animal de tantos e tão variados méritos. Mas ser teimoso é algum pecado mortal? Além de teimoso, escoiceia alguma vez; mas o coice, que no cavalo é uma perversidade, no burro é um argumento, *ultima ratio*.

III

E por falar neste animal, publicou-se há dias o recenseamento do Império, do qual se colige que 70% da nossa população não sabem ler.

Gosto dos algarismos, porque não são de meias medidas nem de metáforas. Eles dizem as coisas pelo seu nome, às vezes um nome feio, mas não havendo outro, não o escolhem. São sinceros, francos, ingênuos. As letras fizeram-se para frases; o algarismo não tem frases, nem retórica.

Assim, por exemplo, um homem, o leitor ou eu, querendo falar do nosso país, dirá:

— Quando uma Constituição livre pôs nas mãos de um povo o seu destino, força é que este povo caminhe para o futuro com as bandeiras do progresso desfraldadas. A soberania nacional reside nas Câmaras; as Câmaras são a representação isso o que claramente e eloqüentemente disseram por parte da imprensa um jornalista militante, Quintino Bocaiúva, e um antigo jornalista, o visconde do Rio Branco.

Respeito as razões que teve o Chile para não fazer duas da única legação que tem para cá dos Andes, ficando exclusivamente no Rio de Janeiro o ministro que por tantos anos representou honestamente o seu país; mas sempre lhe digo que nos levou um amigo velho, que nos amava e a quem amávamos como ele merecia.

Blest Gana costumava dizer, nas horas de bom humor, que era poeta de vocação e diplomata de ocasião.

Era injusto consigo mesmo; a vocação era igual em ambos os ramos. Somente, a diplomacia abafava o poeta, que não podia acudir ao mesmo tempo a uma nota que passava e a uma estrofe que vinha do céu.

Ainda se estivesse aqui só, vá; sempre lhe daríamos algum tempo de poetar. Mas ache um homem algum lazer poético andando a braços com a Patagônia e o dr. Alsina!

Sou amigo do ilustre chileno há dez anos; e ainda possuo e possuirei um retrato seu, com esta graciosa quadrinha:

> Verás en ese retrato
> De semejanza perfecta,
> La imagen de un mal poeta
> Y un poco peor literato.

Nem mau poeta, nem pior literato; excelente em ambas as coisas, e amigo e bom; — razões de sobra para lastimar que a necessidade política no-lo levasse.

IV

Sobre notas tivemos esta quinzena duas espécies, as falsas e as da ópera italiana, — um velho *calembour*, rafado, magro e decrépito que há de viver ainda muito tempo. Por quê? Porque acode logo à boca.

Ópera italiana é uma maneira de falar. Reuniram-se alguns artistas, que vivem há muito entre nós, e cantavam o *Trovador*; prometem cantar algumas óperas mais.

São bons? Não sei, porque não os fui ainda ouvir; mas das notícias benignas dos jornais, concluo que, — um *não cantou mal*, — outro *interpretou bem algumas passagens*, o coro de mulheres *esteve fraquinho* e o de homens *foi bem sofrível e não se achava mal ensaiado*.

São as próprias expressões de um dos mais competentes críticos.

Que concluir depois, senão que o público fluminense é uma das melhores criaturas do mundo?

Ele ouviu Stoltz, Lagrange, Tamberlick, Chartort, Bouché e quase todas as celebridades de há anos. Benévolo e protetor do trabalho honesto, não quer saber se os atuais cantores lhe darão os gozos de outro tempo; acode a ampará-los e faz bem.

Balzac fala de um jogador inveterado e sem vintém que, presente nas casas de tavolagem, acompanhava mentalmente o destino de uma carta, parava nela um franco ideal, ganhava ou perdia, tomava nota das perdas e ganhos, e enchia a noite desse modo.

O público fluminense é esse jogador, sem vintém; ficou-lhe o vício musical sem os meios de o satisfazer. Vai à tavolagem, acompanha o destino de uma nota, reconhece às vezes que é falsa, mas troca-a mentalmente por outra que ouviu em 1853.

dos pontapés. Se assim foi, Abdul desceu de novo à terra, e há de estar aí por algum canto... Talvez aqui na cidade.

Se cá viesse, é possível que a vista de alguns becos e certa quantidade de cães lhe fizessem crer que voltara a Constantinopla; ilusão que aumentaria se ouvisse falar no *divã* em que estou sentado e em várias *mesquitas* do meu conhecimento.

Mas o que eu apuro de tudo o que nos vem pelo cabo submarino e vapores transatlânticos é que o Oriente acabou e com ele a poesia.

Só a abolição do serralho é uma das revoluções maiores do século.

Aquele bazar de belezas de toda a casta e origem, umas baixinhas, outras altas, as louras ao pé das morenas, os olhos negros a conversar os olhos azuis, e os cetins, os damascos, as escumilhas, os *narguilés*, os eunucos...

Oh! sobretudo os eunucos! Tudo isso é poesia que o vento do parlamentarismo dissolveu em um minuto de cólera e num acesso de eloquência.

Vão-se os deuses e com eles as instituições. Dá vontade de exclamar com certo cardeal: *Il mondo casca!*

II

Ao menos, Abdul, se foi enterrado, foi morto e bem morto. Não aconteceu o mesmo àquele sujeito do Ceará, a quem quiseram dar a última casa, estando ele vivo, e mais que vivo.

Um minuto mais, tinha ele cinco palmos de terra sobre o ventre, por outras palavras um suplício maior que o de todos os que inventou Dante.

Acordou a tempo, com mágoa talvez de um ou mais oradores que levavam redigidas e lacrimejadas as virtudes do defunto, e acharam naturalmente pouca cortesia da parte do ressuscitado.

Mas aqui vai o melhor.

Dizem os jornais que o serviço foi preparado às pressas; que o escrivão do registro teve de interromper o *alistamento dos votantes* para ir registrar o óbito de Manuel da Gata.

Ressuscitado este, desfez o enterro, mas não se desfez a nota do cemitério.

Manuel da Gata pode viver cem anos mais; civilmente está, não só morto, mas até sepultado no cemitério, cova número tantos.

Quem nos afiança que isto não é uma trica eleitoral?

Manuel da Gata morreu; tanto morreu, que foi enterrado. Se ele aparecer a reclamar o seu direito, dir-lhe-ão que não é ele; que o Gata autêntico jaz na eternidade; que ele é um Gata apócrifo, uma contrafação do verdadeiro Gata, que Deus tem!

Esboço apenas a ideia; os políticos que lhe dêem agora a cor e o movimento.

III

O que eu não esbocei, decerto, foi o jantar dado ao Blest Gana. Qual esboçar!

Saiu-me acabado... dos dentes, acabado como ele merecia que fosse, por que era escolhido.

A imprensa da capital brilhou; meteu-se à testa de uma ideia de simpatia, e levou-a por diante, mostrando-se capaz de união e perseverança.

O jantar era o menos; o mais, o essencial era manifestar a um cavaleiro digno de todos os respeitos e afeições a saudade que ele ia deixar entre os brasileiros, e foi

CRÔNICA *Histórias de quinze dias*

nacional. A opinião pública deste país é o magistrado último, o supremo tribunal dos homens e das coisas. Peço à nação que decida entre mim e o sr. Fidélis Teles de Meireles Queles; ela possui nas mãos o direito a todos superior a todos os direitos.

A isto responderá o algarismo com a maior simplicidade:

— A nação não sabe ler. Há só 30% dos indivíduos residentes neste país que podem ler; desses uns 9% não lêem letra de mão. 70% jazem em profunda ignorância. Não saber ler é ignorar o sr. Meireles Queles; é não saber o que ele vale, o que ele pensa, o que ele quer; nem se realmente pode querer ou pensar. 70% dos cidadãos votam do mesmo modo que respiram: sem saber porque nem o quê. Votam como vão à festa da Penha, — por divertimento. A Constituição é para eles uma coisa inteiramente desconhecida. Estão prontos para tudo: uma revolução ou um golpe de Estado.

Replico eu:

— Mas, sr. Algarismo, creio que as instituições...

— As instituições existem, mas por e para 30% dos cidadãos. Proponho uma reforma no estilo político. Não se deve dizer: "consultar a nação, representantes da nação, os poderes da nação"; mas — "consultar os 30%, representantes dos 30%, poderes dos 30%". A opinião pública é uma metáfora sem base; há só a opinião dos 30%. Um deputado que disser na Câmara: "sr. Presidente, falo deste modo porque os 30% nos ouvem..." dirá uma coisa extremamente sensata.

E eu não sei que se possa dizer ao algarismo, se ele falar desse modo, porque nós não temos base segura para os nossos discursos e ele tem o recenseamento.

IV

Agora uma página de luto. Nem tudo foram flores e alegrias durante a quinzena. As musas receberam um golpe cruel.

Veio do Norte a notícia de haver falecido o dr. Gentil Homem de Almeida Braga. Todos os homens de gosto e cultores de letras pátrias sentiram o desaparecimento desse notabilíssimo que o destino fez nascer na pátria de Gonçalves Dias para no-lo roubar com a mesma idade com que nos arrebatou o grande poeta.

Poeta também e prosador de elevado merecimento, o dr. Gentil Homem de Almeida Braga, deixou algumas páginas, — poucas em número, mas verdadeiros títulos, que honram o seu nome e nos fazem lembrar dele.

O dr. Gentil Homem nas letras pátrias era conhecido pelo pseudônimo de *Flávio Reimar*. Com ele assinou belas páginas literárias, como o livro *Entre o Céu e a Terra*, livro que exprime bem o seu talento original e refletido. Deixou, segundo as folhas do Maranhão, a tradução da *Evangelinez*, de Longfellow. Deve ser um primor. J. Serra já há meses nos deu na *Reforma* um excelente espécimen desse trabalho.

Perdemo-lo; ele foi, prosador e poeta, dormir o sono eterno que já fechou os olhos de Lisboa e Odorico. Guardemos os seus escritos, enriqueçamos com eles o pecúlio comum.

Manassés

1º de setembro de 1876

I

Não será por falta de sucessos que um cronista deixe de dar conta da mão. Eles aí andam a pular de manhã até à noite, a surgir debaixo dos pés, como os trabalhos, e a cair do céu, como chuva. Anda-se por cima deles, por baixo deles, entre eles, neles e com eles; há mais sucessos que penas para os referir. Estes quinze dias valem por um trimestre da história romana.

E note-se que a história romana não conhecia muitas coisas que nós tivemos o prazer de inventar, entre outras, a vermelhinha. A vermelhinha, o espiritismo, as mutações turcas e as barracas do campo são usos que nem o Império de Augusto nem a República de Catão tiveram o gosto de conhecer. Não é à toa que os séculos andam.

II

Que os fatos nos perseguiram esta semana é uma dessas verdades que se metem pelos olhos dentro. Assim que, a Turquia está em risco de perder o seu atual sultão, ou o sultão de perder a Turquia. Há pouco mais de um mês governava o tio deste; este cede o passo a um irmão. É uma peça mágica com música de pancadaria. A Turquia está a macaquear a Bolívia de um modo escandaloso: muda de sultões como a Bolívia de presidentes e o leitor de camisas. Um sultão ali equivale a um colarinho de papel: dura um passeio. Durou este, ainda assim, mais do que o projeto de Constituição, de que já não há notícia, por fortuna do Alcorão.

Digam-me se não vale mais a pena ser barraca do campo, que dura muito mais tempo, com muito menos risco. Há, é certo, durante um ou dois meses no ano, um pequeno eclipse; põe-se abaixo a lona e arrancam-se os paus; mas volta tudo daí a pouco, e nada se altera no essencial.

Antigamente ainda havia tal ou qual semelhança entre a barraca e o comendador dos crentes. Era pelo Espírito Santo que elas se armavam; seu ocupante exclusivo era o Teles, cujas representações davam um ar de arraial ao sítio, e eram destinadas ao divertimento do povo, que já não paga (felizmente) os ordenados do Tati e da Stoltz. Acabada a festa, acabou a barraca.

Com o tempo, as coisas tomaram outro aspecto. O Teles morreu; seus sucessores fizeram-se negociantes de comidas e donos de casas de bilhar. É preciso estar na altura do tempo: as barracas seguem o impulso geral. De maneira que, se Mourad V, expulso de Constantinopla, vier dar no campo de Sant'Ana lições constitucionais de cimitarra, acho que terá feito muito melhor negócio do que lá ficar exposto ao mais involuntário dos suicídios.

III

Não virá ele, mas os cantores esses estão a chegar; refiro-me aos cantores do Rio da Prata, ansiosamente esperados por esta população.

Sobre cinco pessoas com quem a gente fala, três pedem notícias da Companhia Lírica. Todos os ouvidos amolam os dentes para petiscar os manjares da mais fina cozinha musical. Alguma coisa nos faltava há muito tempo; uns diziam que eram capitais, outros que braços à lavoura. Era engano: faltava-nos música.

Pela minha parte, que sou apreciador velho, estou ansioso por ver a companhia e aplaudi-la. Que ela deve ser boa, é coisa indubitável, desde que, em Buenos Aires — segundo um periódico dali, representando-se os *Huguenotes*, o entusiasmo público tocou as raias da loucura.

Caramba! Uma companhia que põe uma platéia às portas da alienação mental, deve ser coisa muito superior, muito superior à *Transfiguração*, que ainda não levou ninguém a semelhante abismo. Pois se os nossos vizinhos deliram, deveremos nós mostrar que temos mais juízo que eles? Não o consente o nosso amor-próprio, e digo mais: as próprias regras da polidez.

Verdade é que eles têm um motivo especial para delirar com esta companhia. Afirma lá a imprensa que a sra. Rubini tem uma voz *argentina*. Esta é a chave da loucura. A sra. Rubini muniu-se de voz argentina desde que ia contratada para Buenos Aires: maneira de adular o sentimento nacional. Os argentinos desde que souberam que a senhora trazia uma patrícia deles na garganta desataram a rasgar luvas, e tocaram as raias do delírio. Estou convencido que a sra. Rubini, se cantou alguma vez em Montevidéu, levou ali um perfil *oriental*. Que nos trará não sei, mas não lhe ficariam mal uns olhos *verdes* e um riso *amarelo*; toque-nos essa corda e verá as palmas que tem.

IV

Nada direi do parricídio do largo do Depósito; a justiça apura a verdade e as circunstâncias dela; cabe-nos aguardar e lastimar.

Lastimar não só o autor do desastre, mas ainda o cérebro dos que mais ou menos querem que a causa dele fosse um livro de Dumas. Santo Deus! se basta um livro para armar o braço de um homem, façamos deste mundo uma biblioteca de Alexandria; é mais sumário do que separar os livros maus dos bons.

Pelos anos de 1869 apareceu em Paris um dos maiores criminosos do século; seu processo foi transcrito nas colunas de nosso *Diário Oficial* desse tempo.

Ora bem, aquele homem, que mal contava 19 anos, disse que fazia leitura favorita de processos célebres. Que é que o armou para matar três pessoas — foi a leitura ou outra coisa? Ninguém se lembrou de afirmar a primeira.

Decerto, eu creio que houve combinação entre o escrivão de polícia e os livreiros. Os livreiros leram a notícia de manhã às seis horas, por exemplo, às nove estavam à mostra exemplares do *Affaire Clémenceau*, no que fizeram muito bem, porque a notícia dava ao romance certa virgindade nova. Muita gente, que o não tinha lido, que o tenha esquecido, terá vontade de o ler ou reler para saber como é que um livro aponta com o dedo para um revólver.

E vejamos: se o autor verdadeiro é o livro, acho que a reta justiça pedia se mandasse convidar Dumas a vir responder ao processo e a receber o justo prêmio do seu trabalho, que era um quinto de século em Fernando de Noronha. Dumas vinha; entre ele e a autoridade travava-se o diálogo seguinte:

— *Monsieur, vous avez écrit un méchant livre...*

— *Ma modestie ne dit pas le contraire.*

— *Vous vous trompez, monsieur; je ne dis pas sous le rapport littéraire; je parle de la portée morale de ce livre, un livre dangereux, corrupteur...*

— *Pourtant, monsieur, le juge, l'Académie...*

— L'Académie n'est pas tenue d'avoir des mœurs irréprochables. Ce livre, monsieur, vient de commettre un crime...
— Bah!
— Oui, ce livre est jugé et condemné.
— Qu'on le mène aux galères!
— Pas lui, mais vous. Lui, il será brulé par la main du bourreau; vous irez composer d'autres ouvrages dans un endroit très poétique, quoique peu littéraire.
— J'en appelle...
— Vous êtes un monstre!

Não! O livro não teve culpa na lastimosa tragédia. A primeira vítima dela é o próprio autor, esse jovem de vinte e dois anos, cujo coração sangra, e sangrará até o último dia, porque tais dores, tais catástrofes enchem a vida de eterno luto. Uma fatalidade lhe armou o braço; outra guiou o tiro; lastimemos todos essas vítimas, o filho e os pais.

V

A ser exata a suposição de que o livro de Dumas fizesse isso, eu mandava desde já prender o sr. Antônio Moutinho de Sousa, que aí chegou com uma edição de *Dom Quixote*. Tinha que ver se a leitura do livro de Cervantes produzia na cidade uma leva de broquéis e lanças; se os cavaleiros andantes nos surgiam a cada esquina, a tirar bulha com os moinhos de vento, e de casaca. As Dulcinéias haviam de estimar o caso, porque em suma é seu papel gostar de que as adorem e sirvam. Mas, por essa única vantagem, quanta cabeça partida! Quanto braço deslocado!

A edição de *Dom Quixote*, com gravuras de Gustavo Doré, é simplesmente um primor. Sabe-se que ela é feita pela Companhia Literária — uma companhia que se organizou somente para editar obras.

Companhia Literária! Veja o leitor que ligação de vocábulos. Companhia de seguros, de transportes, de estrada de ferro, de muitas coisas comerciais, industriais, e econômicas, essas são as que povoam o nosso globo; uma companhia literária, é a primeira vez que os dois termos aparecem assim casadinhos de fresco, como a opereta do Artur.

Pois é a tal companhia que vai editar o *Dom Quixote*, aquele famoso cavaleiro da Mancha, que tem o condão de entusiasmar a doutos e indoutos. Aí o vamos ver com a sua lança em riste, a fazer rir os almocreves, e a perturbar as comitivas que passam, a pretexto de que levam castelãs roubadas. Vamos rir de ti, outra vez, generoso cavaleiro; vamos rir de tua sublime dedicação. Tu tens o pior que pode ter um homem em todos, sobretudo neste século, tu és quimérico, tu não vives da nossa vida, não és metódico, regular, pacato, previdente; tu és Quixote, Dom Quixote.

Bem haja Cervantes e a Companhia Literária! Bem haja o Moutinho, que após treze anos de ausência, tendo-nos levado o Manuel Escota, traz-nos muitos tipos não menos admiráveis, sem contar os da imprensa da companhia, que são nítidos, como os mais nítidos.

VI

Tivemos também esta quinzena o enviado de sua santidade. Antes de chegar o digno monsenhor, toda a gente imaginava alguma coisa semelhante a um urso, um tigre pelo menos, sedento de nosso sangue. Sai-nos um homem polido, belo, amável; um homem com quem se pode tratar.

Dizem que teve recepção fria; teve-a como haviam de ter Palmerston ou o conde de Cavour. Talvez que dos homens de hoje só Bismarck conseguiria reunir no arsenal de marinha umas trinta e cinco pessoas; e pela simples razão de que ele exprime a força e o sucesso. No mais, há pouca curiosidade nesta cidade; ninguém deixa de vender uma ação do Banco Industrial para ir ver um homem encarregado de missão importante. Não há recepções frias nem quentes; há a dita curiosidade, mas curiosidade preguiçosa, gasta, sonolenta.

Houve mais gente no concerto da Filarmônica; uns dizem que duas mil pessoas, outros três, alguns chegam a dez mil. Não sei o número exato; mas houve muita gente.

Já houve menos gente no concerto sinfônico, que um e outro mereceram a concorrência pública. Verdade é que o local admitia menor número de espectadores. Gosto de ver esta animação às artes; é um bom sinal.

Ao fogo, ou antes aos fogos do largo do Machado acudiu também grande número de pessoas, que tiveram ocasião de ver, mais uma vez, essa engenhosa combinação de culto e rodinhas da sécia, que é a maneira obrigada de adorar o Criador. Pondo de lado esta consideração, não há como negar que a festa esteve brilhante, e que a mesa da irmandade houve-se com desvelo.

Manassés

15 de setembro de 1876

I

Este ano parece que remoçou o aniversário da Independência. Também os aniversários envelhecem ou adoecem, até que se desvanecem ou perecem. O dia 7 por ora está muito criança.

Houve realmente mais entusiasmo este ano. Uma sociedade nova veio festejar a data memorável; e da emulação que houver entre as duas só teremos que lucrar todos nós.

Nós temos fibra patriótica; mas um estimulante de longe em longe não faz mal a ninguém. Há anos em que as províncias nos levam vantagem nesse particular; e eu creio que isso vem de haver por lá mais pureza de costumes ou não sei que outro motivo. Algum há de haver. Folgo de dizer que este ano não foi assim. As iluminações foram brilhantes; e quanto povo nas ruas, suponho que todos os dez ou doze milhões que nos dá a Repartição de Estatística estavam concentrados nos largos de São Francisco e da Constituição e ruas adjacentes. Não morreu, nem pode morrer a lembrança do grito do Ipiranga.

II

Grito do Ipiranga? Isso era bom antes de um nobre amigo, que veio reclamar pela *Gazeta de Notícias* contra essa lenda de meio século.

Segundo o ilustrado paulista não houve nem grito nem Ipiranga.

Houve algumas palavras, entre elas a *Independência ou morte*, — as quais todas foram proferidas em lugar diferente das margens do Ipiranga.

Pondera o meu amigo que não convém, a tão curta distância, desnaturar a verdade dos fatos.

Ninguém ignora a que estado reduziram a História Romana alguns autores alemães, cuja pena, semelhante a uma picareta, desbastou os inventos de dezoito séculos, não nos deixando mais que uma certa porção de sucessos exatos.

Vá feito! O tempo decorrido era longo e a tradição estava arraigada como uma ideia fixa.

Demais, que Numa Pompílio houvesse ou não existido é coisa que não altera sensivelmente a moderna civilização.

Certamente é belo que Lucrécia haja dado um exemplo de castidade às senhoras de todos os tempos; mas se os escavadores modernos me provarem que Lucrécia é uma ficção e Tarquínio uma hipótese, nem por isso deixa de haver castidade... e pretendentes.

Mas isso é história antiga.

O caso do Ipiranga data de ontem. Durante cinquenta e quatro anos temos vindo a repetir uma coisa que o dito meu amigo declara não ter existido.

Houve resolução do príncipe d. Pedro, independência e o mais; mas não foi positivamente um grito, nem ele se deu nas margens do célebre ribeiro.

Lá se vão as páginas dos historiadores; e isso é o menos.

Emendam-se as futuras edições. Mas os versos? Os versos emendam-se com muito menos facilidade.

Minha opinião é que a lenda é melhor do que a história autêntica. A lenda resumia todo o fato da independência nacional, ao passo que a versão exata o reduz a uma coisa vaga e anônima. Tenha paciência o meu ilustrado amigo. Eu prefiro o grito do Ipiranga; é mais sumário, mais bonito e mais genérico.

III

Não foi igualmente bonito nem sumário o *rolo* do largo de São Francisco, no dia 8.

O referido *rolo*, verdadeiro *hors d'oeuvre* na festa, foi uma representação da guerra do Oriente.

Os urbanos fizeram de sérvios e os imperiais marinheiros de turcos.

A estação do largo foi a Belgrado.

Assim distribuídos os papéis, começou a pancadaria, que acabou por deixar 19 homens fora de combate.

Não tendo havido ensaio, foi a representação excelente pela precisão dos movimentos, naturalidade do alvoroço, e verossimilhança dos ferimentos.

Só numa coisa a reprodução não foi perfeita: é que os telegramas da Belgrado de cá confessam as perdas, coisa que os da Belgrado de lá nem à mão de Deus Padre querem confessar.

IV

Quem se não importa com saber se os urbanos ou seus adversários perderam ou não, e se o grito da Independência foi ou não soltado à margem do Ipiranga, é a companhia lírica.

A companhia lírica despreocupa-se de problemas históricos ou bélicos; ela só pensa nos problemas pecuniários, aliás resolvidos desde que se anunciou. Pode dizer que chegou, viu e... embolsou os *cobres*.

Efetivamente, o delírio de Buenos Aires chegou até cá, e o erro fatal de não termos quarentena para os navios procedentes de portos infeccionados deu em resultado acharmo-nos todos delirantes.

Que insânia, cidadãos! como dizia o poeta da *Farsália*.

Cadeiras a 40 bicos! Camarotes a 200 paus! Ainda se fosse para ver o Micado do Japão, que nunca aparece, compreende-se; mas para ouvir no dia 1º alguns cantores, aliás bons, que a gente pode ouvir no dia 12 pelo preço de casa...

Eu disse o Micado, como coisa rara, e podia dizer também os olhos da sra. Elena Samz, que são mais raros ainda. Confesso que são os maiores que os meus têm visto. Ou os olhos da contralto, ou os bispos da *Africana*. Não são bispos aqueles sujeitos, não são; não passam de meia-dúzia de mendigos, assalariados para expectorar algumas notas, a tantos réis cada um. Ou são bispos disfarçados. Se não são bispos disfarçados, são caixeiros do Pobre Jaques, que andam mostrando as alfaias do patrão. Bispos, nunca.

Na hora em que escrevo, tenho à minha espera as luvas para ir aos *Huguenotes*. Acho que a coisa há de sair boa; entretanto veremos.

V

Admirei-me algumas linhas atrás, da prodigalidade do público em relação à companhia Ferrari. Pois não havia de que, visto que, apesar dela, aí está a do sr. Torresi, cujas assinaturas estão tomadas todas.

Dentro de poucos dias não haverá meio de dar os bons dias, pagar uma letra ou pedir uma fatia de presunto, sem ser por música.

A vida fluminense vai ser uma partitura, a imprensa uma orquestra, a maçonaria um coro de punhais.

Amanhã almoçaremos em *lá* menor; calçaremos as botas em três por quatro, e as ruas a três por dois.

O sr. Torresi promete dar tudo o que o sr. Ferrari nos der, e mais o *Salvador Rosa*.

Também promete moças bonitas, cujos retratos já estão na casa do sr. Castelões, em frente às suas rivais.

Pela imprensa disputa-se a questão de saber qual é o primeiro teatro da capital, se o de São Pedro, se o Dom Pedro II.

De um e outro lado afirma-se com a mesma convicção que o teatro do adversário é inferior.

Está-me isto a parecer a mania dos primeiros atores; o 1º ator Fulano, o 1º ator Sicrano, o 1º ator Paulo, o 1º ator Sancho, o 1º ator Martinho.

O que sairá daqui não sei; mas se a coisa não prova entusiasmo lírico, não sei que mais querem os empresários.

VI

Talvez sejam tão exigentes como os moradores da Rua das Laranjeiras, que estão a bradar que a mandem calçar, como se não bastasse morar em rua de nome tão poético.

É certo que, em dias de chuva, a rua fica pouco menos lamacenta que qualquer sítio do Paraguai. Também é verdade que duas pessoas, necessitadas de comunicar uma coisa à outra, com urgência, podem vir desde o Cosme Velho até o largo do Machado, cada uma de sua banda, sem achar lugar em que atravessem a rua.

Finalmente, não se contesta que sair do *bond*, em qualquer outra parte da dita rua, é empresa só comparável à passagem do mar Vermelho, que ali é escuro.

Tudo isso é verdade. Mas em compensação, que bonito nome! Laranjeiras! Faz lembrar Nápoles; tem uns ares de idílio; a sombra de Teócrito deve por força vagar naquelas imediações.

Não se pode ter tudo, — nome bonito e calçamento; dois proveitos não cabem num saco. Contentem-se os moradores com o que têm, e não peçam mais, que é ambição.

VII

Suponha o público que é um sol, e olhe em volta de si: verá o *Globo* a rodeá-lo, mais forte do que era até há pouco e prometendo longa vida.

Eu gosto de todos os globos, desde aqueles (lácteos) que tremiam quando Vênus entrou no céu (vide *Lusíadas*), até o da rua dos Ourives, que é um *Globo* como se quer.

Falando no sentido natural, direi que o *Globo* honra a nossa imprensa e merece ser coadjuvado por todos os que amam essa alavanca do progresso, a mais potente de todas.

Hoje a imprensa fluminense é brilhante. Contamos órgãos importantes, neutros ou políticos, ativos, animados e perseverantes. Entre eles ocupa lugar distinto o *Globo*, a cujo talentoso redator e diretor, sr. Quintino Bocaiúva, envio meus emboras, não menos que ao seu folhetinista Oscar d'Alva, cujo verdadeiro nome anda muita gente ansiosa para saber qual seja.

Manassés

1º de outubro de 1876

I

Não reinaram só as vozes líricas nesta quinzena última; fez-lhes concorrência o boi.

O boi, substantivo masculino, com que nós acudimos às urgências do estômago, pai do rosbife, rival da garoupa, ente pacífico e filantrópico, não é justo que viva... isto é, que morra obscuramente nos matadouros. De quando em quando, dá-lhe para vir perfilar-se entre as nossas preocupações, como uma sombra de Bânquo, e faz bem. Não o comemos? É justo que o discutamos.

Veio o boi quando gozávamos — com os ouvidos as vozes do tenor Gayarre, — e com os olhos a nova mutação da cena em Constantinopla; veio, estacou as pernas, agitou a cauda e olhou fixamente para a opinião pública.

II

A opinião pública detesta o boi... sem batatas fritas; e nisto, como em outras coisas, parece-se a opinião pública com o estômago. Vendo o boi a fitá-la, a opinião estremeceu; estremeceu e perguntou o que queria. Não tendo o boi o uso da palavra, olhou melancolicamente para a vaca; a vaca olhou para Minas; Minas olhou para o Paraná; o Paraná olhou para a sua questão de limites; a questão de limites olhou para o alvará de 1749; o alvará olhou para a opinião pública; a opinião olhou para o boi. O qual olhou para a vaca; a vaca olhou para Minas; e assim iríamos até a consumação dos séculos, se não interviesse a vitela, em nome de seu pai e de sua mãe.

A verdade fala pela boca dos pequeninos. Verificou-se ainda uma vez esta observação, expetorando a vitela estas reflexões, tão sensatas quanto bovinas: — Gênero humano!

Eu li há dias no *Jornal do Commercio* um artigo em que se fala dos interesses do produtor, do consumidor e do intermediário; falta falar do interesse do boi, que deve pesar alguma coisa na balança da República. O interesse do produtor é vendê-lo, o do consumidor é comprá-lo, o do intermediário é impingi-lo; o do boi é justamente contrário a todos três. Ao boi importa pouco que o matem em nome de um princípio ou de outro, da livre concorrência ou do monopólio. Uma vez que o matem, ele vê nisso, não um princípio, mas um fim, e um fim de que não há meio de escapar. Gênero humano! não zombeis esta nobre espécie. Quê! Virgílio serve-se-nos para suas comparações poéticas; os pintores não deixam de incluir-nos em seus emblemas da agricultura; e não obstante esse préstimo elevado e estético, vós trazei-nos ao matadouro, como se fôssemos simples recrutas! Que diríeis vós se, em uma república de touros, um deles se lembrasse de convidar os outros a comer os homens? Por Ceres! poupai-nos por algum tempo!

III

Conheço um homem que anda meio desconfiado de que não há guerra da Sérvia nem império turco; conseqüentemente, que não há sultões caídos, nem suicidados. Mas que são as notícias com que os paquetes vêm perturbar as nossas digestões? Diz ele que é uma nova ópera de Wagner e que os jornais desta corte traduzem mal as notícias que acham nos estrangeiros.

A ópera, segundo este meu amigo, intitula-se *Os três sultões ou o sonho do grão-vizir*, música de Wagner e libreto de Gortchakoff. Tem numerosos quadros. A introdução no estilo herzegoviano, é um primor, conquanto fosse ouvida sem grande atenção por parte do público. A atenção começou quando rompeu o dueto entre Milano e Abdul-Aziz, e depois o coro dos softas, que derrocam Abdul... O mais sabemos todos. A este meu amigo, replico eu dizendo que a coisa não é ópera, mas guerra; sendo a prova disso o telegrama há dias publicado, que trouxe notícia do achar-se em começo a paz. Respondeu-me que é ilusão minha. "Há decerto um coro", que entra cantando: *Pace, pace*, mas é um coro. Que queres tu? Antigamente as óperas eram música; hoje são isso e muita coisa mais. Vê os *Huguenotes*, com a descarga de tiros no fim. Pois é a mesma coisa a nova composição de Wagner. Há tiros, batalhões, mulheres estripadas, crianças partidas ao meio, aldeias reduzidas a cinzas, mas é tudo uma ópera.

IV

Daquela ópera ao *Salvador Rosa* a transição é fácil; mas, enquanto o meu talentoso colega dos teatros falará mais detidamente da composição de Carlos Gomes e da companhia, eu quero daqui dar um aperto de mão no inspirado maestro brasileiro, cujo nome cresce na estima e veneração da Itália e da Europa.

Não se iludam os que desde o primeiro dia confiaram nele. Ele paga hoje essa confiança com os louros de que cerca o nome brasileiro.

Sinto não poder manifestar iguais sentimentos à companhia Torresi, mas tenho aqui um calo no pé... Ui!

V

Começaram a aparecer mulheres santas e milagrosas.

Na Bahia aparece uma que não come. Não comer é sinal vivo da santidade, donde eu concluo que o hotel é estrada real do inferno.

A mulher de que se trata tem-se visto tonta com as romarias dos seus devotos, que já são muitos. Dizem os jornais que a polícia foi obrigada a mandar soldados para pôr alguma ordem nas visitas espirituais à mulher santa. Algumas supõem que a mulher não come por moléstia, e não falta quem diga que ela come às escondidas.

Pobre senhora!

De outro lado, não me lembra em que província, apareceu uma velha milagrosa. Cura doenças incuráveis com ervas misteriosas. Isto com alguns coros e um tenor dá meio ato de uma ópera à Meyerbeer. Só a entrada da velha, que deve ter por força queixo comprido, visto que as velhas fantásticas não usam queixo curto, só a entrada era de arrepiar as carnes e enlevar os espíritos.

Io sono una gran mèdic
Dottora enciclopèdica.

Há quem diga que também essa mulher é santa. Eu não gosto de ver as mulheres santas e os milagres a cada canto; eles e elas têm suas ocasiões próprias.

VI

Agora, o que é ainda mais grave que tudo, é a eleição, que a esta hora se começa a manipular em todo este vasto império.

Em todo... é uma maneira de falar. Há soluções de continuidade, abertas pelas relações. Na Corte, por exemplo, não teremos desta vez a festa quatrienal. Tal como Niterói, que também faz *relache par ordre*. Dois espetáculos de menos. Dois? Oito ou dez em todo o país.

Não sei se o leitor tem alguma vez refletido nas coisas públicas, e se lhe parece que seria a magna descoberta do século, aquela que nos desse um meio menos incômodo e mais pacífico de exercer a soberania nacional.

A soberania nacional é a coisa mais bela do mundo, com a condição de ser soberania e de ser nacional. Se não tiver essas duas coisas, deixa de ser o que é para ser uma coisa semelhante aos *Três sultões*, de Wagner, quero dizer muito superior, porque o Wagner, ou qualquer outro compositor apenas nos dá a *cabaletta*, diminutivo de cabala, que é o primeiro trecho musical da eleição. Os coros são também muito superiores, mais numerosos, mais bem ensaiados, o *ensemble* mais estrondoso e perfeito.

Cá na corte não temos desta vez cor nem cabala nem feições. Não há companhia. Por isso os diletantes emigram em massa para a província onde se prepara grande ovação aos cantores.

VII

Parece que começa a ser calçada... dou-lhe em cem, dou-lhe em mil... a Rua das Laranjeiras... Mas silêncio! Isto não é assunto de interesse geral.

VIII

De interesse geral é o fundo da emancipação, pelo qual se acham libertados em alguns municípios 230 escravos. Só em alguns municípios!

Esperemos que o número será grande quando a libertação estiver feita em todo o império.

A lei de 28 de setembro fez agora cinco anos. Deus lhe dê vida e saúde! Esta lei foi um grande passo na nossa vida. Se tivesse vindo uns trinta anos antes estávamos em outras condições.

Mas há 30 anos, não veio a lei, mas vinham ainda escravos, por contrabando, e vendiam-se às escâncaras no Valongo. Além da venda, havia o calabouço. Um homem do meu conhecimento suspira pelo azorrague.

— Hoje os escravos estão altanados, costuma ele dizer. Se a gente dá uma sova num, há logo quem intervenha e até chame a polícia. Bons tempos os que lá vão! Eu ainda me lembro quando a gente via passar um preto escorrendo em sangue, e dizia: "Anda, diabo, não estás assim pelo que eu fiz!" Hoje...

E o homem solta um suspiro, tão de dentro, tão do coração... que faz cortar o dito. *Le pauvre homme!*

Manassés

15 de outubro de 1876

I

Para substituir o *cri-cri* tivemos nesta quinzena a revolução do Rio Grande do Sul, a qual durou ainda menos que o seu antecessor. Vem tudo a dar nas rosas de Malherbe, umas rosas que, à força de viverem nas comparações, hão de dar em terra com as pirâmides do Egito e a Sé de Braga.

A revolução rio-grandense foi o fato culminante da quinzena. Houve outros bicos d'obra, incidentes dignos de contemplação; mas que é um incidente ao pé de um transtorno social? Nada; pouco mais que um argueiro ao pé de um cavaleiro. A revolução foi justamente o argueiro que se fez cavaleiro.

II

Nos dias 7 e 8 rosnava-se alguma coisa vaga e indefinida. A atmosfera andou carregada de eletricidade e sombra; ouviam-se uns rumores longínquos, um zum-zum, alguma coisa que uns diziam ser tiros de artilharia, outros simples espirros eleitorais. Na Rua do Ouvidor conjeturava-se, entre duas empadas, a causa desse enigma tão político quão meteorológico.

Vai senão quando, a aurora, com seus dedos de rosa, abre as portas do dia 10. O dia 10 traz uma notícia no bolso, nada menos que achar-se embarcado o presidente do Rio Grande. Embarcado por quê? Esta pergunta foi repetida, ouvida, comentada durante todas as vinte e quatro horas do sobredito dia 10, sem que uma alma caridosa pudesse dar-lhe resposta condigna.

Uma cartomante teve ideia de consultar as cartas a tal respeito; mas não havendo nenhum patau que lhe desse dois mil-réis (única hipótese em que as cartas abrem o bico), preferiu ir tomar uns pontos nas meias. Embalde as sonâmbulas pregavam o olho e abriam as asas ao espírito até à barra do Rio Grande; não passavam da barra. Os telegramas saíam aos pares, os pares saíam aos telegramas (se me é lícita a antítese) e nada se sabia, nada se soube até que a noite, com suas asas fuscas, cobriu a cidade do Rio de Janeiro e suas tavolagens.

III

Vai senão quando, a aurora, com seus dedos de rosa, abre as portas ao dia 11.

Nesse dia, logo de manhã, soube-se que no Rio Grande rebentara uma revolução; que o general Osório ficava na presidência da República; que um general, à frente das forças legais, batia-se com as forças da revolução: conflito geral.

Eram 10 horas e meia.

Ao meio-dia, o general imperialista ficava derrotado completamente, tendo aderido à República, cujo presidente nomeara o primeiro Ministério. Uma proclamação, espalhada por todos os municípios, dizia aos povos o que se costuma dizer sempre que há mudança de governo. Ao mesmo tempo era convocada uma Assembleia Constituinte, eleita pelo sufrágio universal.

Era uma hora e doze minutos quando começou a espalhar-se a notícia de que a Constituinte fora eleita, mas que o primeiro Ministério caíra, dando lugar a outro que infelizmente cairia também duas horas depois, diante de um voto de desconfiança.

Mal começaram estas notícias a percorrer o espaço que vai da Casa Garnier ao ponto dos bondes (sempre na Rua do Ouvidor), caiu nova bomba — a bomba das alianças; a jovem República celebrara tratados com todas as irmãs do Prata e do Pacífico.

Íamos já nas cinco horas da tarde. Às cinco e três quartos deixara de existir a Constituinte, dissolvida pelo presidente; às seis e vinte minutos caía o presidente, ante um voto da nova Constituinte. Esta sucumbe depois de um quarto de hora de trabalho, deixando um presidente que igualmente sucumbe depois de cinco minutos de vadiação.

IV

Nisto, ouvem-se as primeiras notas da *Aída*; rebuliço e silêncio. A invasão substitui a revolução; trata-se de um duelo entre a Etiópia e o Egito, assunto de uma atualidade espantosa, não tanto pelos etíopes, como pelo boi que ali figura, e parece uma delicada alusão à questão de que se tratou ultimamente nos jornais.

Tanto bastou para fazer esquecer a revolução. Mas se alguém se lembrou dela, nessa noite, esqueceu-a de todo quando rompeu a ovação à beneficiada e começaram a chover ramalhetes, brilhantes e versos, que são sinônimos. A sra. Wiziack pode gabar-se de que leva daqui os nossos mais abundantes produtos.

Nisto se passou a noite, que cada um dos espectadores foi acabar em sua cama, ou na cama dos outros, se não a tinha própria. A madrugada do dia 12, como a do *Hissope*,

Com um molho de rosas excitava
Ao veloz curso as remendadas pias,

acordando a população adormecida quando os entregadores dos jornais metiam estes por baixo das portas. Os mais curiosos levantam-se, lêem e ficam sabendo que não houve revolução nem coisa que se parecesse com isso. A notícia corre logo com a mesma velocidade; o carapetão expira; restabelece-se a confiança.

Mas — ó povo engole-araras! — quem te meteu na cabeça que os liberais do Rio Grande faziam uma revolução? Quem te encaixou nos miolos a ideia de que Osório, homem de sentimentos juvenis, é certo, mas homem de ordem, se meteria em tal bernarda?

V

O que é verdade é que em vários pontos, em três pelo menos: Dores de Macabu, Bom Jesus e Ribeirão Preto, a urna foi despejada no rio. Este recurso fluvial, não previsto na Constituição nem na última reforma, tem a vantagem de dar ao processo eleitoral uma feição tanto ou quanto veneziana. O doge deitava o anel ao Adriático; a reprodução da cerimônia em Dores de Macabu tem todo o sabor de uma ressurreição.

Se pega a moda de esvaziar as urnas eleitorais nos rios, estes vão levar um novo e desusado presente ao oceano. Ondas de sangue às mais remotas praias, queria o dom Pedro da *Nova Castro* que levasse o mar, quando ele, para vingança da morte de dona Inês, alagasse Portugal em sangue, hipérbole estapafúrdia, túmida, balofa e sanguinária, muito aplaudida até 1853. Pois não será sangue, mas cédulas — cédulas eleitorais, que o oceano vai em breve levar a suas praias mais remotas.

Curioso há de ser se um sábio inglês, um mr. Sandwich, em missão do governo de sua majestade britânica na costa de Guiné, por exemplo, vê uma onda rolar na praia alguns maços de listas de nomes. O sábio espanta-se, circunflexa as sobrancelhas, retesa o corpo; depois inclina-se, apanha, abre, perscruta, apalpa um dos maços. Papel! letras! um idioma! O idioma dos peixes? Uma república submarina? Daqui a uma memória à Academia Real de Londres, a um artigo no *Times*, a uma expedição ao reino de Anfitrite, é um passo.

E bom será que só vão aos rios as urnas com cédulas. O pior é se chegamos à perfeição de mandar com as cédulas os mesários. Nesse dia será preciso inserir um artigo na futura reforma, exigindo dos mesários o exercício da natação; artigo que pode ser ao mesmo tempo um *calembour*: "se não nada, nada". Estou a ver cem comédias futuras, se vier o uso de meter a pique os mesários.

— Seu Bento, diz a esposa do eleitor presidente, você já tomou banho?

— Sinhá Aninha, responderá com gravidade o duodécimo milionésimo soberano, poupemos a água. A oposição está muito forte; eu caio hoje no rio com certeza.

Os telegramas encurtam-se extraordinariamente. Reduzem-se a isto: "Macaé, 5; rio".

Os serviços eleitorais contar-se-ão por mergulhos. Naturalmente haverá uma Ordem do Banho, muito mais ao pé da letra que a sua homônima inglesa. Pode ser que isto não seja político; é possível que nada se encontre de tal gênero nos livros de boa nota; mas é preferível à facada. Oh! Preferibilíssimo!

VI

A facada, última evolução da rasteira, por um processo de seleção abdominal, merece uma monografia, que eu escreverei quando estiver desocupado. Não sei se o leitor pensa comigo: eu abomino a facada, quer no sentido sanguinário, quer no sentido pecuniário. Há muitas coisas que eu prefiro à facada, sem excluir o *Demi-monde*, que o Ginásio nos prepara em benefício da Lucinda Simões.

Este *Demi-monde* é simplesmente uma obra-prima, que o público fluminense viu há vinte anos, e que vai ser uma festa literária para todos os que entendem da coisa. Creio que Lucinda Simões será uma primorosa Susana d'Ange, Furtado um primoroso Olivier de Jalin. Até lá!

Manassés

1º de novembro de 1876

I

Abra o leitor o livro do Êxodo, capítulo x, versículos 12/15, e leia o que segue:

> 12. Então disse Jeová a Moisés: Estende tua mão sobre a terra do Egito pelos gafanhotos, por que subam sobre a terra do Egito, e comam toda a erva da terra, tudo o que deixou a saraiva.
> 13. Então estendeu Moisés sua vara sobre a terra do Egito, e trouxe Jeová sobre a terra um vento oriental todo aquele dia, e toda aquela noite: e aconteceu que pela manhã o vento oriental trouxe os gafanhotos.
> 14. E subiram os gafanhotos sobre toda a terra do Egito e assentaram-se sobre todas as searas do Egito em grande maneira: antes destes nunca houve tais gafanhotos, nem depois destes virão outros tais.
> 15. Porque cobriram a face de toda a terra, que a terra se escureceu, e comeram toda a erva da terra, e todo o fruto das árvores, que deixara a saraiva; e não ficou alguma verdura nas árvores, nem na erva do campo em toda a terra do Egito.

II

Guardadas as devidas proporções, e sem quebra do preciso respeito, eu não sei se leio uma página das Escrituras, se uma notícia de qualquer dos nossos jornais. Tirem-lhe os nomes do Egito e Moisés, e fica o que estamos vendo: um vento oriental que trouxe gafanhotos, que os espalhou por todas as terras do país, cuja erva comeram e comerão.

Nunca pensei que eles se lembravam de vir até esta corte. Primeiramente, há pouca erva entre nós; depois não há pecados. Esta cidade se não é o seio de Abraão, é o paraíso de Maomé. Sem culpas nem erva, não atino com o que podia trazer até cá os gafanhotos.

Dizem ainda as sagradas letras que, logo depois de retirados os gafanhotos, cobriram o Egito grossas trevas durante três dias, trevas tais que nenhum homem podia ver ao outro.

Aplicando *el cuento* há nisto uma alusão eleitoral. Os gafanhotos foram; aí chegam os três dias de completa escuridão. Ninguém vê nada; todos se esbarram uns com os outros; nuvens de candidatos cobrem o céu. No momento em que o leitor me lê começa a soprar um vento que dissipará as nuvens e nos restituirá a luz; por enquanto, há só trevas.

III

Em trevas ficamos nós com a partida da Companhia Ferrari. Não assisti à última representação porque tinha um calo magoado. Ouvi dizer que o entusiasmo foi extraordinário. Segundo o *Jornal do Comércio*, chegou quase ao delírio. Cáspite! a Companhia Ferrari pode gabar-se de ter chorado antes de vir à luz. Eu acho que era completa, regular e até boa; mas o bom geralmente não faz delirar. O ótimo, sim, senhor. Petrarca é o bom; Dante é o ótimo. Eu creio que, se comparar a companhia ao Petrarca, não lhe fica devendo nada.

O certo é que a dita companhia não tem motivo de queixa. Libras esterlinas, joias, palmas, flores, elogios impressos e expressos, nada lhe faltou para lhe dar opinião favorável deste país.

Em compensação, é justo dizer que nos deu noites excelentes, e revelou-nos a imortal *Aída*, que cá me ficou na alma. Lavre um tento o senador Verdi. Senador! Aqueles italianos são artistas até nas eleições. Nós somos eleitores até nas artes. Um dia lembram-se de dar ao seu grande maestro uma grande posição política, e não lhe perguntam se teria lido Macchiavelli e o que pensava ele do imposto de moagem: elegeram-no.

Verdi pela sua parte não se preocupou com saber se os golpes de Estado são convenientes, e se há mérito na eleição de dois grãos; lembrou-se que é tão bom italiano como o melhor dos italianos, e aceitou.

Quando teve de descer à prática houve seus quiproquós. Assim, tratando-se uma vez do orçamento, Verdi disse que o Tratado de Vila-Franca era em sibemol, e que o conflito de Mentana foi uma ridícula surdina. O presidente convidou-o a explicar o seu pensamento; Verdi respondeu com uma frase de *Nabucodonosor*.

A Itália está convencida de que ele será melhor maestro que político; mas sabe que é patriota e não lhe pede mais. Boa Itália! Aquilo é o país artista por excelência.

IV

Ao pé da festa lírica, houve uma dramática, e não somenos. Mas eu não quero *empieter* sobre os direitos do meu colega da crônica teatral, por isso limito-me a dizer que dou um aperto de mão apertadíssimo ao Furtado Coelho, por três motivos:

1º motivo: — Pôs em cena o *Demi-monde*, uma obra-prima do teatro moderno, que há anos vimos com geral entusiasmo.

2º motivo: — Deu-nos um Olivier de Jalin, que é simplesmente adorável.

3º motivo: — Apresentou-nos uma baronesa d'Ange, que não chamo adorável, para não repetir a mesma ideia, mas que é a perfeição mesma.

Três motivos cada um dos quais vale muito. Se com isso não forem ao teatro, não o aplaudirem, não o sustentarem, então é porque decididamente não amam a arte dramática, e em tal caso vamos ouvir o *Amant d'Amanda*. É chocho, mas aborrecido.

Manassés

15 de novembro de 1876

I

Nous l'avons échappé belle! Digo isto em francês porque as revoluções são produtos essencialmente franceses, e nós escapamos de uma revolução.

Um dia de manhã abro o *Diário do Rio* e leio, com pasmo e sem óculos, a notícia de que havia boatos de uma revolução nesta cidade, boatos que a folha declarava mentirosos de fio a pavio. Se bem entendi o ilustrado colega, o que ele quis dizer foi isto: — Fala-se de barulho; se há quem tenha ideias de perturbar a paz pública, fique desde já sabendo que está descoberta a intenção, e conseguintemente reprimida.

Revolução não houve, ou ficou adiada para quando todos os bilhetes estiverem passados. O beneficiado pede desculpa aos seus amigos. Mas se não houve revolução, houve tropa aquartelada, sabendo-se depois que não era por causa da revolução, mas de um *meeting*. De revolução a *meeting* já há grande distância. O tal *meeting* também se não efetuou. De maneira que voltamos ao *statu quo ante boatum*.

Foi muito melhor assim.

II

Depois da revolução, o assunto de que mais se ocupou este bom povo, sem falar nas eleições, foi o testamento do sr. José dos Santos Almeida.

Santos Almeida deixou dois legados, um dos quais passou sem que ninguém reparasse nele, e o outro deu muito que falar; foi este o legado de 300$000 a cada uma de quatro mulheres brancas das mais mundanas que se encontrarem. Comenta-se de diferentes modos esta ideia de Santos Almeida; uns querem que fosse piedade, outros que não passasse de uma intenção grotesca, uma maneira de rir da morte e desmoralizar os testamentos.

Estou que uns e outros estão em erro. Santos Almeida nem quis ser pio (podia sê-lo em vida e com mais segurança de execução) nem quis rir da morte. O que ele quis foi isto mesmo: foi que se falasse, comentasse, interpretasse, louvasse ou condenasse. Se não mete a cláusula no testamento, ninguém falava do testador; assim fala-se e ele não se despede às escondidas. Era catraeiro; devo crer que laborioso, porque deixou uma fortuna menos má; foi honrado; deu bons exemplos. Não obstante isso, ninguém o conhecia; ninguém falava nele.

— Ah! pensou o finado. Eu arranjarei meio de ocupar toda esta cidade durante oito dias.

E inventou o legado das mulheres mundanas. E toda a cidade não falou em outra coisa; a curiosidade pública pôs os óculos, abriu os ouvidos, ouviu, leu, comentou; Santos Almeida é célebre, é o leão do dia; seu nome ecoa nas lojas, nas ruas, nas salas. Santos Almeida *for ever*!

Além desse legado, outro houve que me deu muito que pensar: é o de 500$000 ao seu empregado José Silveira, por apelido Jeitoso. Nunca uma alcunha foi menos cabida do que esta. Desastrado Silveira! Pois vmc. é fino, tem modos, sabe viver, adquire à custa de muita habilidade uma alcunha que lhe dá direito a entrar na diplomacia, e ao cabo de tudo caem-lhe apenas uns 500$000? Que jeito é o seu, sr. Jeitoso? Diga-me: que faria vmc. se fosse simplesmente desastrado, seco, estafador do próximo?

III

Pela minha parte, se alguma vez morrer, espero ocupar também a atenção dos meus sobreviventes com muitos legados singulares, dos quais posso desde já dar uma pequena amostra. Espero deixar as seguintes coisas:

1º As tripas ao sol.
2º A calva à mostra.
3º A cara à banda.
4º O coração à larga.
5º Os cabelos a Luís xv.
6º Os colarinhos ao alto.

Isto é só uma pequena amostra do pano; o resto é simplesmente espantoso. O caso é que eu morra, do que duvido. Quando muito, morrerei tarde, tão tarde como aquela senhora que expirou no mês passado, em Cachoeira, na Bahia.

Tinha a referida senhora nada menos de 128 anos, isto é cinco quartos de século, e mais uns anos de quebra. Se isto é vida, não sei o que se deve chamar uma indigestão. Que os cedros do Líbano, os carvalhos e outros indivíduos da mesma gente vivam tanto ou mais, compreende-se; nenhum desgosto os consome; os filhos, se os têm, não lhes dão cuidados; não se atiram a comezainas, não se constipam, não apanham corrente de ar; não trabalham; não perdem dinheiro na loteria; não assistem aos espetáculos da companhia francesa; não lêem os anúncios da coagulina. Numa palavra, gozam todas as fortunas juntas.

Muda o caso de figura, tratando-se de uma senhora que, tendo nascido em 1747, é nada menos que contemporânea do terremoto de Lisboa; alcançou Voltaire e os enciclopedistas; viu morrer o Tiradentes tendo já passado aos quarenta anos; era velha de setenta quando rompeu o grito do Ipiranga. O *Centenário*, que o Ginásio vai representar daqui a dias, é uma bagatela, à vista de tal prodígio de decrepitude.

Ninguém me tira a suspeita que tenho de que a gente não morre de moléstia ou de desastre, mas que o desastre ou a moléstia vem quando é preciso morrer. Eu me explico. Há lá em cima uma repartição especial da morte. Suponhamos que se chama Diretoria Geral dos Óbitos, ou Recebedoria das Almas, ou enfim Comissão de Repatriação. Essa repartição está organizada como deve ser; há chefes, subchefes, oficiais, amanuenses, praticantes. Os quadros estatísticos são infinitos; uns dos vivos, outros dos mortos. Um chefe ou a sorte designa o vivo que há de morrer; passa a ordem ao oficial competente, que procede a duas operações: risca o nome do quadro vivo e lança-o no quadro morto. É o que cá embaixo se chamam tubérculos pulmonares, febre amarela ou amolecimento cerebral.

Que acontece às vezes? O empregado recebe o nome que deve eliminar; mas tem um calo que lhe dói, tira o sapato, despega a meia, separa os dedos, afaga o calo. Quando calça o sapato, sente que está calor; espairece; fecha-se o expediente; ele guarda o nome para o dia seguinte e nunca mais se lembra dele.

Um dia, porém, cinquenta ou sessenta anos depois, procurando uma mortalha de cigarro, dá com o nome esquecido. Bate na testa e corrige imediatamente o descuido. É a origem dos macróbios. Só me admira que, com o trabalho que há lá por cima, os macróbios não sejam em maior número.

IV

O que nos vale é a tourada que está a bater-nos à porta. Nos bons tempos do Teatro Lírico, havia também uma praça de touros, e tanto um como outro recreio faziam as delícias desta cidade.

Os tempos mudaram; foram-se cantores e touradas. Ficou a cidade triste, noturna, vazia. A gente não sabia como encher o tempo, sobretudo não sabia como levantar a alma acima do pó das ruas. Por fortuna, havia em Buenos Aires um empresário inteligente que nos trouxe uma companhia lírica, lardeada de alguns anúncios mais ou menos pomposos. Havia não sei onde outro empresário que possuía uns touros; e aí vem com estes debaixo do braço.

Ora bem, se depois disso, ainda me disserem que não vamos caminhando para a Espanha, dou a cabeça e dois ou três mil-réis mais. Estamos em Espanha! Venha a manola, o fandango, o bolero, a mantilha, o leque, Fígaro, Dom Bartolo, Gil Blas, Lazarillo de Tormes. Temos o principal, que é o touro.

Deus dê ao empresário dos touros melhor sorte que ao do jogo das corridas, divertimento que a polícia achou algo duvidoso, e suprimiu.

A terra lhe seja leve!

Manassés

1º de dezembro de 1876

I

A coisa que eu mais desejava neste momento era a fotografia do único eleitor que votou no colégio de Corumbá, em Mato Grosso. Está nos jornais o resultado da eleição. Sendo dois os deputados, aparece o sr. comendador Antunes com um voto e o sr. dr. Nobre com outro.

Vejamos se posso imaginar daqui o que se passou no colégio de Corumbá. O eleitor entrou na casa da Câmara, ia só, pensativo, tinha almoçado bem, digeria com lentidão. Não viu ninguém. Consultou o relógio, a lei, o regulamento. Um contínuo trouxe-lhe um copo de guaraná; ele bebeu de um trago.

— Que horas são?
— No relógio da casa são nove horas.

O eleitor sentou-se, tomou uma pitada, tirou a sobrecasaca e descalçou as botas. A boa política não se opõe a certas familiaridades. O contínuo trouxe-lhe pena, papel, tinta e a urna eleitoral; depois saiu cautelosamente.

Uma vez só, o eleitor tratou de eleger o presidente da mesa. A mesa estava ali, uma mesa larga, séria, preta e secular. Faltava o presidente. O eleitor elegeu-se, não sem alguma luta; defendeu e combateu os seus princípios, títulos e preeminências. Venceu-se vencendo: caiu triunfante.

Ia começar a eleição. O eleitor meditou longamente no direito que ia exercer, na influência que podia ter o seu voto solitário nos destinos do Império. Ele era talvez a espada de Breno. Tirou da algibeira as circulares dos candidatos; examinou-as, comparou-as; sopesou-as. Em seguida, encostou a cabeça na mão, e o cotovelo na mesa e refletiu cinco minutos. Tirou outra vez a caixa de rapé, fungou nova pitada, soprou o peito da camisa, limpou os dedos, sacudiu o braço e escreveu.

Escreveu dois nomes em uma tira de papel; dobrou a tira, chamou-se a si próprio, respondeu, meteu a cédula na urna. Depois recolheu o ânimo, fez-se inocente, abriu a urna, tirou a única cédula, contou-a, recontou-a, desdobrou-a enfim; leu-a, escreveu o resultado, fez a ata, aprovou-a, assinou-a e remeteu tudo para a capital.

Dez minutos depois retirou-se satisfeito; tinha cumprido o seu dever, e reflexionava:

— Parece que Corumbá acaba de dar prova de ser um modelo eleitoral. Nem um pio! Nem um fósforo! Isto é que é cidade constitucional, *s'il en fut.*

E o único eleitor prometeu a si mesmo escrever a história da eleição de Corumbá em um volume *in-quarto,* com a fotografia do autor.

É a fotografia que eu quero.

Mas se isto vai assim, não vem longe o dia em que toda a província de Mato Grosso, clero, nobreza e povo, estará resumida no único eleitor de Corumbá.

Nesse dia, chegará um presidente novo à província, com o secretário ao pé e a mala na mão. Virá o eleitor em comissão recebê-lo, conduzi-lo-á ao palácio, onde, depois de o ajudar a descalçar as botas, tomará as ordens de S. Exa. para o artigo de fundo e o chá. S. Exa. saberá então, entre duas fatias, que toda a província de Mato Grosso tem a honra de tomar chá com ele. Espanto no presidente; deslumbramento no secretário. Um e outro agarram do eleitor, palpam-no, puxam-lhe o nariz, fazem-lhe cócegas. O eleitor acha infinita graça em S. Exa., protesta o amor da província, a fidelidade da população, a imensa paz pública.

Naturalmente, a noite será maldormida; não é para menos a singularidade do caso. Logo de manhã, o eleitor vem entregar a folha oficial, que ele mesmo redigiu e imprimiu. O artigo de fundo, escrito pelo eleitor e elogiando o presidente e o secretário, não terá probabilidade de desagradar a nenhum dos três. Daí um sucesso para a folha oficial. O almoço cimentara a amizade da província com o seu administrador. Após cinco minutos de expediente, fechar-se-á a secretaria e os três irão espreguiçar a alma nas delícias do voltarete.

Algumas vezes o presidente sentirá uns desejos de retemperar o governo com uma oposição moderada, e dirá à província:

— Alfredo, ataca-me no próximo número.

— V. excia. esquece que a folha é oficial...

— Não importa! Descompõe-me num a *pedido.* Eu demito-te logo, mas tu fazes um requerimento, que o secretário informa, e que eu defiro um instante depois.

Então o eleitor único pega da pena e enfileira uma porção de nomes feios contra o administrador. Diz-lhe que a província está conflagrada; que a moral pública reclama a queda do opressor; expõe a série de atentados praticados por um ambicioso temerário e ameaça o presidente com a revolução.

Ao ler este artigo o presidente enfurece se, bufa, espuma, bate na mesa e chama o secretário. A demissão do redator é lavrada incontinenti; ele próprio a vai buscar para levá-la a si mesmo. Logo que a lê aflige-se, mas fiel ao convencionado, impetra a reintegração. É reintegrado.

Francamente, não é possível ser mais divertido com tão poucos elementos. Nesse dia, a província de Mato-Grosso será a Atlântida e a Utopia. Que sossego! que vida econômica! Nem polícia, nem correio, nem tropa; um presidente e um presidido; um secretário para desaborrecê-los, e todos três a deixarem correr o marfim.

Por enquanto esta fortuna só coube à eleição de Corumbá!

II

Já sei, não ponham mais na carta. Sei que um cronista que se respeita tem obrigação de dizer o que pensa acerca da postura célebre, a postura do dia, a postura que traz aparadas todas as penas, amolados todos os canivetes, arregalados todos os olhos, a postura das casas de tolerância.

Uns, como o *Globo,* pensam que tais casas não devem ser reguladas pela autoridade, porque é arvorar a prostituição em instituição. Outros, como a *Gazeta de Notícias,* querem que devam regular-se tais casas, porque do mal o menos, e o menos é o mal vigiado.

Há ainda uma terceira divisão no público: é a dos que pensam que dois e dois são quatro e que as coisas não andam boas.

Tais foram as opiniões discutidas nesta quinzena. Os partidos estão definidos e irreconciliáveis. Cumpre que eu me defina entre eles.

Vou definir-me.

Entendo que a postura nada mais faz do que aplicar a uma coisa aquilo que a Constituição estabeleceu para outra. Não sei se me explico. Segundo a Constituição, há uma religião do Estado, a católica; mas os outros cultos são tolerados. Ora, se há também um amor ortodoxo, um amor do Estado, há outros amores dissidentes; daí a necessidade de se tolerarem as tais casas e regulá-las. Os escorregões são uma forma de protestantismo.

Agora, tais casas devem ter as janelas abertas? Não; não podem ter forma exterior de templo; é inconstitucional. Podem abrir a porta, abri-la não uma, mas vinte e sete vezes, mas cinquenta e oito, mas cento e treze. Só a porta não constitui a casa, não é a forma exterior condenada pela Constituição. Os exemplos formigam. A Porta otomana, por exemplo, não é uma casa; nem a *porta inferi,* nem a Porta do sol. Casa, verdadeiramente casa, é a janela. Uma janela aberta indica que há ali dentro alguém, uma ou duas ou mais pessoas: é habitação, é um fogo.

Portanto, as janelas não poderão estar abertas.

Mas o calor? Bem; entre aberta e fechada há um termo médio que é onde fica a virtude — a virtude das casas de tolerância. As moradoras poderão ter uma porta e espiar. Espiar com decência. Há treze ou quatorze maneiras de espiar, que muita gente há de expiar no outro mundo...

Minha opinião aí fica, moderada, clara, decente, constitucional e biológica.

III

O que não é biológico, nem constitucional, nem decente, nem claro, e nem moderado, é a anedota municipal do Pará.

Ainda agora não sei se deteste, se admire os vereadores suspensos. Estou ainda mais suspenso que suas senhorias. Devo detestá-los, porque toda a imprensa os abomina, e eu vou com a maioria de opinião. Mas devo admirá-los também, devo sobretudo admirá-los. Vereadores, tesoureiros, empregados, todo aquele andaime de gente tem para mim um mérito superior: foram épicos. Deram-se as mãos; os que não as deram, fecharam os olhos, e foram direito a Tróia, armados em guerra.

Aquelas histórias de contratos, concursos, obras por administração, e depois os salários, as folhas que diziam 25, quando a realidade dizia 8 ou 9, aqueles operários a tanto na folha e a tão pouco nas suas algibeiras deles, há nisso tudo certa amplidão de vista, e ao mesmo tempo certa profundeza. Eu acho-os épicos. O curro, cá de longe, parece-me o palácio de Príamo. Aquele funcionário que, prevendo os acontecimentos, entra de noite na Câmara, rasga livros, aniquila papéis, desarma a administração é o artificioso Ulisses. Épicos são todos, e eu não quero beber o sangue de nenhum. Nada; contentava-me com as fotografias.

IV

Não esperem que eu diga nada a respeito dos suicídios que houve nesta quinzena. Que aproveitaria? Paz aos mortos, que descansam enfim de formidáveis lutas.

Que ele é condenável, isso é fora de dúvida; que ele é prova certa da aversão de sentimentos religiosos, não é novidade para ninguém. Uma sociedade que não crê ou supõe apenas que crê, dá nesses meios violentos de resolver os problemas da vida. Mas vejamos tudo, olhemos para cá da campa. Às mãos de que morreu esse tenente da Armada, que desfechou um tiro em si, por não ser legitimado? Não foi só às mãos da pistola, foi também às de um preconceito. Foi o preconceito principalmente que lhe segredou o mal. O que o ajudou a matar foi esse contraste entre a lei e a sociedade; entre a lei que declara atender somente às virtudes de cada um, e a sociedade que quer alguma coisa mais do que as virtudes, que são um mérito próprio.

Foi só o vidro moído que matou aquela pobre mulher, de que os jornais falaram há poucos dias? Não; foi o vidro e foi o homem que a desviou do caminho do dever para a meter na selva escura e intrincada do vício.

Nestas violências de suicídio, ato de covardia mais do que de coragem, dividamos os motivos, dando a cada um o que lhe cabe. Mas ao mesmo tempo digamos que só é forte e digno o que resiste, o que não sucumbe nem aos males reais nem aos fictícios, o que acha em si a força precisa para pensar que, se tudo é transitório, não vale a pena apressar o termo certo e comum. É o que a religião quer; é o que quer a moral.

V

E, tu, musa das lágrimas, que me queres tu? Passa, vai além, não te detenhas nestas páginas joviais. Eu não saberei dizer tudo o que inspira a lutuosa tragédia Capistrano, que moveu a cidade inteira. Volta depressa essa página escura e triste; não a sei ler; não a poderei ler nesta ocasião.

Chorá-los sim; lastimar esses dois mancebos, que um fatal destino condenou a não saborear os frutos da juventude, isso é o que eu posso fazer, filha dos túmulos. Que mais? Julgá-los? Julgue-os quem já houver dominado a primeira comoção. Eu olho só, olho e lastimo, e pergunto a mim mesmo, no fundo do meu coração: tirania do destino, também os moços serão teus escravos?

Manassés

15 de dezembro de 1876

I

Desta vez a história dos quinze dias dura apenas cinco minutos; falta-me tempo, saúde, vagar e até motivo.

Motivo, não é verdade. Pelo menos a última revolução argentina dava para duas colunas ou pouco menos. As revoluções por aqueles lados fazem o papel das trovoadas que ultimamente surgem na nossa atmosfera. Escurece o ar, aglomeram-se as nuvens, e parece vir o céu abaixo. *Qu'en sort-il souvent? Du vent.* Às vezes nem isso; uma viração, quatro pingos, duas braças de céu azul e ficamos como estávamos.

Foi assim agora. Patatrás! Foge! foge! pega! pega! Aqui del presidente! Santa Maria! Lá vêm eles! *ora pro nobis!* Não era uma revolução, era um terremoto, um cataclismo, uma subversão geral. Sobre a população cai um decreto: estado de sítio a quatro províncias; proclamações; capturas; tropas; cometas.

Logo em seguida anuncia-se que Lopes Jordan (um judeu errante enfadonho com suas invasões periódicas) entrara em Entre-Rios. Seus partidários dizem que ele comanda seis mil homens; a gente do governo afiança que apenas comanda quatro homens e dois cavalos. Verifica-se mais tarde que não são quatro, nem seis mil, mas um termo médio de trinta e cinco pessoas. Essas mesmas, depois de alguns tiros, deitam a correr com um exército de seiscentos homens atrás.

E cai o pano.

Isto em qualquer outro país é apenas um *rolo,* um regresso de romaria em que trabalham o vinho e as violas. Não é a mesma coisa na região platina, onde Lopes Jordan tolhe o sono a muita gente quieta. Se lhe dessem uma pensão?

II

Ao mesmo tempo que o invasor de Entre-Rios faz gastar pólvora, nós assistimos aos preparos de uma batalha de oito meses. Vêm chegando os deputados; começaram as sessões preparatórias.

Nada direi por ora delas; nem dos trabalhos preparatórios do abastecimento d'água. A festa foi brilhante, segundo todos me dizem; não fui por motivo que não podia vencer. Um dos convidados, pessoa de espírito, disse cobras e lagartos do sr. Gabrielli.

— Mas que fez ele? perguntei eu.

— É um patranheiro! exclamou a dita pessoa com exasperação. Promete abastecer de água a cidade, e logo no primeiro dia, no dia da festa, no dia magno, apenas oferece um *copo d'água!* Se é assim que há de desempenhar seus compromissos...

Cinco minutos: passem muito bem!

Manassés

1º de janeiro de 1877

I

A. S. Exª. REVMA. SR. BISPO CAPELÃO-MOR

Permita-me V. Exª. Revma. que eu, um dos mais humildes fiéis da diocese, chame sua atenção para um fato que reputo grave.

Ignoro se V. Exª. Revma., já leu um livro interessante dado a lume na quinzena que ontem findou, *O Rio de Janeiro, sua História e Monumentos*, escrito por um talentoso patrício seu e meu, o dr. Moreira de Azevedo. Naquele livro está a história da nossa cidade, ou antes uma parte dela, porque é apenas o primeiro volume, ao qual se hão de seguir outros, tão copiosos de notícias como este, folgo de esperá-lo.

Não sei se V. Ex.ª Revma. é como eu. Eu gosto de contemplar o passado, de viver a vida que foi, de pensar nos homens que antes de nós, ou honraram a cadeira que V. Ex.ª Revma. ocupa, ou espreitaram, como eu, as vidas alheias. Outras vezes estendo o olhar pelo futuro adiante, e vejo o que há de ser esta boa cidade de São Sebastião um século mais tarde, quando o *bond* for um veículo tão desacreditado como a gôndola, e o atual chapéu masculino uma simples reminiscência histórica.

Podia contar-lhe em duas ou três colunas o que vejo no futuro e o que revejo no passado; mas, além de que não quisera tomar o precioso tempo de V. Exª. Reverendíssima, tenho pressa de chegar ao ponto principal desta carta, com que abro a minha crônica.

E vou já a ele.

Há no dito livro do dr. Moreira de Azevedo um capítulo acerca da igreja da Glória, não me refiro à do Outeiro, mas à do largo do Machado. Nesse capítulo, que vai da página 185 à página 195, dão-se interessantes notícias do nascimento da igreja da qual traz uma excelente descrição. Diz-se aí, página 190, o seguinte:

> "Concluiu-se a torre em 1875, e em 11 de junho desse ano colocou-se ali um sino; mas há a ideia de colocar outros sinos afinados para tocarem por música."

Para este ponto é que eu chamo a atenção do meu prelado.

Que lhe pusessem a torre, uma torre por cima daquela fachada, foi ideia, piedosa decerto, mas pouco de aplaudir-se.

Não há talvez segundo exemplo debaixo do sol; tudo aquilo *hurle de se voir ensemble*. Contudo, repito, se a arte padece, a intenção merece respeito.

Agora porém, Revmo. sr. há ideia de lhe porem sinos afinados: com o fito de tocar por música, uma reprodução da Lapa dos Mercadores.

A Lapa dos Mercadores era uma igreja modesta, metida numa rua estreita, fora do movimento, pouco conhecida de uma grande parte da população. Um dia deu-se o luxo dos sinos musicais; e dentro de duas semanas estava célebre. Os moradores do Largo do Paço, ruas do Ouvidor, Direita e adjacentes almoçavam musicalmente todos os dias, aos domingos sobretudo. Era uma orgia de notas, um dilúvio de sustenidos. Quem quer que era o regente, repinicava com um brio, um fôlego, uma alma, dignos de melhor emprego.

E não pense V. Exª. Revma. que eram lá músicas enfadonhas, austeras, graves, religiosas. Não, senhor. Eram os melhores pedaços do *Barbe Bleu*, da *Bela Helena*, do *Orfeu nos Infernos*; uma contrafação de Offenbach, uma transcrição do Cassino.

Estar-se à missa ou nas cadeiras do Alcazar, salvo o respeito devido à missa, era a mesma coisa. O sineiro, — perdão, o maestro, — dava um cunho jovial ao sacrifício do Gólgota, ladeava a hóstia com a *complainte* do famoso polígamo Barba Azul:

> *Madame, ah! madame,*
> *Voyez mon tourment!*
> *J'ai perdu ma femme*
> *Bien subitement.*

E as meninas, cujos pais, por um santo horror às comédias, não as levavam ao Alcazar, tinham o gosto de dividir o pensamento entre a Rua Uruguaiana e Rua da Amargura, isto sem cair em pecado mortal, porque em suma, desde que Offenbach podia entrar na igreja, era natural que os fiéis contemplassem Offenbach.

Nem era só Offenbach; Verdi, Bellini e outros maestros sérios tinham também entrada nos sinos da Lapa. Creio ter ouvido a *Norma* e o *Trovador*. Talvez os vizinhos ouçam hoje a *Aída* e o *Fausto*.

Não sei se entre Offenbach e Gounod, teve Lecoq algumas semanas de reinado. A *Filha de Madame Angot* alegrando a casa da filha de Sant'Ana e São Joaquim, confesse V. Exa. que tem um ar extremamente moderno.

Suponhamos, porém, que os primeiros trechos musicais estejam condenados, demos que hoje só se executem trechos sérios, graves, exclusivamente religiosos.

E suponhamos ainda, ou antes, estou certo de que não é outra a intenção, se intenção há, em relação à igreja da Glória; intenção de tocarem os sinos músicas próprias, adequadas ao sentimento cristão.

Resta só o fato de serem musicais os sinos.

Mas que coisa são sinos musicais? Os sinos, Exmo. sr., têm uma música própria: o repique ou o dobre, — a música que no meio do tumulto da vida nos traz a ideia de alguma coisa superior à materialidade de todos os dias, que nos entristece, se é de Finados, que nos alegra, se é festa, ou que simplesmente nos chama com um som especial, compassado, sabido de todos. O *Miserere* de Verdi é um pedaço digno de igreja; mas se o pusessem nos sinos era... vá lá... era ridículo. Chateaubriand, que escreveu sobre os sinos, que não diria, se morasse ao pé da Lapa?

Dirigindo-me, pois, a V. Exa. tenho por fim solicitar sua atenção para o uso dos sinos musicais, que pode propagar-se na cidade toda, e transformá-la numa imensa filarmônica. V. Exa. pode, com seus paternais conselhos, ter mão ao uso, bastando-lhe dizer que a Igreja católica é uma coisa austera, que os sinos têm uma linguagem secular, uma harmonia única. Não a troquemos por outra, que é despojá-los do seu encanto, é quase mudar a feição ao culto.

Nada mais me resta dizer a V. Exa.

II

Caiu-me há dias nas mãos, embrulhando uma touca de criança, uma folha solta da *Revista Popular*. A *Revista Popular* foi a mãe do *Jornal das Famílias*, do qual o sr. Garnier é por conseguinte avô e pai.

A folha era justamente um pedaço da crônica. A data é de 26 de outubro de 1860.

Já lá vão dezesseis anos, a vida de uma donzela, — metade do título de um melodrama, que por esse tempo ainda se representava: — *Artur ou Dezesseis Anos Depois*.

Vamos ao que importa.

A referida crônica no dia 26 de outubro de 1860 terminava com esta notícia:

> O Catete projetou aniquilar o teatro caricato, que arrasta pesada existência para as bandas de Botafogo, e ideou a construção de um belo templo, onde a arte dramática não fosse rodada e escarnecida por um punhado de verdugos. Apenas foi concebida a ideia, tratou-se logo de realizá-la; o sr. Lopes de Barros incumbiu-se de traçar a planta do edifício, e com tanta perícia se houve nesta tarefa, que criou um modelo de perfeição.
>
> A obra vai ser começada dentro de poucos dias, e cedo ficará concluída, presidindo à sua confecção a solidez, a elegância e a comodidade para o espectador.
>
> Dizem-me que a companhia do Ginásio, a única que tem compreendido a sua missão, é a escolhida para ali representar, revezando com a companhia lírica, que tivermos, depois de edificado o teatro.

Que resta de tamanho projeto? Nem talvez a planta.

A ideia foi rapidamente concebida, a planta executada; designou-se a companhia do Ginásio para ir representar no teatro novo; nada faltou, exceto o teatro.

III

Mas aquilo é uma curiosidade velha, uma notícia morta. Venhamos a coisa novíssima, posto que velhíssima; ou antes velhíssima, posto que novíssima.

Já daqui percebe o leitor que aludo às galerias que se encontraram no Morro do Castelo.

Há pessoas para quem não é certo que haja uma África, que Napoleão tenha existido, que Maomé II esteja morto, pessoas incrédulas, mas absolutamente convencidas de que há no Morro do Castelo um tesouro dos contos arábicos.

Crê-se geralmente que os jesuítas, deixando o Rio de Janeiro, ali enterraram riquezas incalculáveis. Eu desde criança ouvia contar isso, e cresci com essa convicção. Os meus vizinhos, os vizinhos do leitor, os respectivos compadres, seus parentes e aderentes, toda a cidade em suma crê que há no Morro do Castelo as maiores pérolas de Golconda.

O certo é que um destes dias acordamos com a notícia de que, cavando-se o Morro do Castelo, descobriram-se galerias que iam ter ao mar.

A tradição começou a tornar-se verossímil. Fiquei logo de olho aberto sobre os jornais. Disse comigo: vamos ter agora, dia por dia, uma descrição da descoberta, largura da galeria encontrada, matéria da construção, direção, altura e outras curiosidades. Por certo o povo acudirá ao lugar da descoberta.

Não vi nada.

Nisto ouço uma discussão. A quem pertencerão as riquezas que se encontrarem? Ao Estado? Aos concessionários da demolição? *That is the question*. As opiniões dividem-se; uns querem que pertençam aos concessionários, outros que ao Estado, e aduzem-se muito boas razões de um lado e do outro. Coagido a dar a minha opinião, fá-lo-ei com a brevidade e clareza que me caracterizam.

E digo: os objetos que se acharem pertencem, em primeiro lugar, à arqueologia, pessoa que também é gente, e não deve ser assim tratada por cima do ombro. Mas a arqueologia tem mãos? tem casa? tem armários onde guarde os objetos? Não; por isso transmite o seu direito a outra pessoa, que é a segunda a quem pertencem os objetos: o Museu Nacional.

Ao Museu iriam eles ter se fossem de simples estanho. Por que não irão se forem de ouro? O ouro é para nós uma grande coisa; Compram-se melões com ele. Mas para a arqueologia todo o metal tem igual valor. Eram de prata os objetos encontrados quando se demoliu a Praça do Comércio, e entretanto devo crer que estão no museu, porque pertencem à arqueologia, a arqueologia que é uma velha rabugenta e avara.

Pode ser que eu esteja em engano; mas é provável que sejam os outros.

IV

Os touros instalaram-se, tomarem pé, assentaram residência entre nós. As duas primeiras corridas estiveram muito concorridas... Há nisto uma repetição de sílabas, mas a urgência dispensa a correção e o floreio:

> ... *qui mi scusi*
> A urgência, *si fior la penna abborra*.

Tem havido pois muito entusiasmo. Frascuelo é a coqueluche da cidade. Que digo? Frascuelo é o frasquinho; único diminutivo consoante a seu nome.

Os touros é que dizem não ser de primeira bravura. Alguns parecem ser de antes do pecado original, quando no Paraíso, os lobos dormiam com os cordeiros, há quem suspeite que um deles é simplesmente pintado em papel; touro de cosmorama.

Ainda assim o público os aplaude, e aos capinhas, a quem lança charutos, chapéus e níquel. Dizem efetivamente que o pessoal é bom; eu ainda não pude ir lá, mas irei na primeira ocasião.

Outras corridas se preparam na Rua da Misericórdia. Essas são mais animadas, os touros são mais bravos, os capinhas mais fortes. Se esta metáfora ainda não disse ao leitor que eu aludo à câmara temporária, então perca a esperança de entender de retórica, e passe bem.

Manassés

15 de janeiro de 1877

LIVRO I
ALELUIA! ALELUIA!

Agora, sim, *senhor*. Eu já sentia a falta dele. Eu e todo este povo andávamos tristes, sem motivo nem consciência; andávamos sorumbáticos, caquéticos, raquíticos, misantrópicos e calundúticos. Não me peçam os brasões do último vocábulo; posso dá-los em outra ocasião. Por agora sinto-me alvoroçado, nada menos que redivivo.

Que este século era o século das serrilhas, nenhum homem há que se atreva a negá-lo, salvo se absolutamente não tiver uma onça de miolos na cabeça. Como vai

Vm. da sua tosse? pergunta há anos um droguista nas colunas dos nossos jornais. Frase que mostra toda a solicitude que pode haver na alma de um droguista, e de quanta complacência se compõe uma panacéia anticatarral. E com essa frase o droguista não só amola os olhos e a paciência do leitor, como lhe impinge suas abençoadas pastilhas, a troco de cinco ou seis mil-réis.

Essa é a serrilha medicinal. A serrilha européia compõe-se de muitas serrilhas, começando na questão do Oriente e acabando na questão espanhola. Há serrilhas de todas as cores e feitios, sem contar a chuva, que não tem feitio nem cor, e encerra em si todas as outras serrilhas do Universo.

De todas elas porém, a que nos dera mais no goto, a que nos sustinha neste vale de lágrimas, a que nos dava brio e força, era... era ele, o eterno, o redivivo, o nunca assaz louvado *Rocambole*, que eu julgava perdido para sempre, mas qua afinal ressurge das próprias cinzas de Ponson du Terrail.

Ressurgiu. Eu o vi (não o li), vi-o com estes olhos que a terra há de comer; nas colunas do *Jornal*, a ele e mais as suas novas façanhas, pimpão, audaz, intrépido, prestes a mudar de cara e de roupa e de feitio, a matar, roubar, pular, voar e empalmar.

Certo é que nunca o vi mais gordo. Eu devo confessar este pecado a todos os ventos do horizonte; eu (cai-me a cara ao chão), eu... nunca li *Rocambole*, estou virgem dessa *Ilíada* de realejo. Vejam lá; eu que li os poetastros da *Fênix Renascida*, os romances de Ana Radcliffe, o *Carlos Magno*, as farsas de barbante, a *Brasilíada* do Santos e Silva, e outras obras mágicas, nunca jamais em tempo algum me lembrou ler um só capítulo do *Rocambole*. Inimizade pessoal? Não, posso dizer à boca cheia que não. Nunca pretendemos a mesma mulher, a mesma eleição ou o mesmo emprego. Cumprimentamo-nos, não direi familiarmente, mas com certa afabilidade, a afabilidade que pode haver entre dois boticários vizinhos, um gesto de chapéu.

Perdão; ouvi-o no teatro, num drama que o Furtado Coelho representou há anos. Foi a primeira e única vez que me foi dado apreciar cara a cara o famoso protagonista. Não sei que autor (francês ou brasileiro? não me lembra) teve a boa inspiração de cortar um drama do romanceado Ponson du Terrail, ideia que o Furtado lhe agradeceu do íntimo d'alma, porque o resultado pagou-lhe o tempo.

E sem embargo de não o haver lido, mas visto e ouvido somente, gosto dele, admiro-o, respeito-o, porque ele é a flor do seu e do meu século, é a representação do nosso Romantismo caduco, da nossa grave puerilidade. Vem a propósito uma comparação que farei no segundo livro.

LIVRO II
AQUILES, ENÉIAS, DOM QUIXOTE, ROCAMBOLE

Estes quatro heróis, por menos que o leitor os ligue, ligam-se naturalmente como os elos de uma cadeia. Cada tempo tem a sua *Ilíada*; as várias *Ilíadas* formam a epopéia do espírito humano.

Na infância o herói foi Aquiles, — o guerreiro juvenil, altivo, colérico, mas simples, desafetado, largamente talhado em granito, e destacando um perfil eterno no céu da loura Hélade. Irritado, acolhe-se às tendas; quando os gregos perecem, sai armado em guerra e trava esse imortal combate com Heitor, que nenhum homem de gosto lê sem admiração; depois, vencido o inimigo, cede o despojo ao velho Príamo, nessa outra cena, que ninguém mais igualou ou nem há de igualar.

Esta é a *Ilíada* dos primeiros anos, das auroras do espírito, é a infância da arte.

Enéias é o segundo herói, valente e viajor como um alferes romano poético em todo o caso, melancólico, civilizado, mistura de espírito grego e latino. Prolongou-se este Enéias pela Idade Média, fez-se soldadão cristão, com o nome de Tancredo, e acabou em cavalarias altas e baixas.

As cavalarias, depois de estromparem os corpos à gente, passaram a estrompar os ouvidos e a paciência, e daí surgiu o Dom Quixote, que foi o terceiro herói, alma generosa e nobre, mas ridícula nos atos, embora sublime nas intenções. Ainda nesse terceiro herói luzia um pouco da luz aquileida, com as cores modernas, luz que o nosso gás brilhante e prático de todo fez empalidecer.

Tocou a vez a Rocambole. Este herói, vendo arrasado o palácio de Príamo e desfeitos os moinhos da Mancha, lançou mão do que lhe restava e fez-se herói de polícia, pôs-se a lutar com o código e o senso comum.

O século é prático, esperto e censurável; seu herói deve ter feições consoantes a estas qualidades de bom cunho. E porque a epopéia pede algum maravilhoso, Rocambole fez-se inverossímil, morre, vive, cai, barafusta e some-se, tal qual como um capoeira em dia de procissão.

Veja o leitor, se não há um fio secreto que liga os quatro heróis. É certo que é grande a distância entre o herói de Homero e o de Ponson du Terrail, entre Tróia e o xilindró. Mas é questão de ponto de vista. Os olhos são outros; outro é o quadro; mas a admiração é a mesma, e igualmente merecida.

Outrora excitavam pasmo aquelas descomunais lanças argivas. Hoje admiramos os alçapões, os nomes postiços, as barbas postiças, as aventuras postiças.

Ao cabo, tudo é admirar.

LIVRO III
SUPRESSÃO DO ESTÔMAGO

Se alguma coisa pode fazer diversão ao Rocambole é o dr. Vindimila, cavalheiro que eu não conheço, mas que merece as honras de uma apoteose, porque acaba de dar um quinau no Padre Eterno.

Quem me deu notícia disso foi um droguista (ando agora com eles) nas colunas do *Jornal do Comércio*, em dias repetidos, e particularmente no dia 10 do corrente, publicações a pedido.

Vindimila inventou uma coca, um vinho estomacal. Por ora nada há que possa fazer admirar um homem qualificado e avariado. Cocas não faltam; nem cocas nem coqueiros. O importante é que Vindimila despreza o estômago, não o conhece, despreza-o, acha-o uma coisa sem préstimo, sem alcance, um verdadeiro trambolho. Esse órgão clássico da digestão não merece que um Vindimila se ocupe com ele. No tempo em que Deus o criou podia ser útil. Deus estava atrasado; a criação ressentia-se de tal ou qual infância. Vindimila é o Descartes da filosofia digestiva.

Que fez Vindimila?

Isto que dizem os srs. Ruffier Martelet & Comp.:

O sr. Vindimila faz comer e digerir, o homem sem estômago!!! Excessos, doenças, má alimentação, atacaram de tal modo o vosso estômago que estais privados deste órgão? Não desespereis e depois de cada refeição tomai um cálice de vinho com pepsina diástase e coca de Vindimila. Com a pepsina todos os alimentos azotados, carnes, ovos, leite, etc., serão transformados em sangue; com a diástase a farinha, o pão, os feijões se converterão em princípios assimiláveis, e passarão nos vossos ossos e músculos, enfim, com a coca vosso sistema nervoso será acalmado como por encanto. O vosso estômago não trabalhou, ficou descansando, curando as suas feridas, e no entanto tendes comido, tendes digerido, tendes adquirido forças. Bem o dizíamos, o sr. Vindimila bem mereceu da humanidade, e prezamo-nos de ser os seus agentes nesta corte.

Viram? Digerir sem estômago. Desde que li isto entendo que fazia muito mal em evitar camaroadas à noite e outras valentias, porque se com elas vier a perder o estômago, lá está o dr. Vindimila, que se incumbe de digerir por mim.

Faziam-se e fazem-se doutores na ausência, *in absentia*, mediante certa quantia com que se manda buscar o diploma à Alemanha. Agora temos as digestões na ausência, e pela regra de que a civilização não pára nunca, virá breve, não um Vindimila, mas um Trintimila ou um Centimila, que nos dê o meio de pensar sem cérebro. Nesse dia o vinho digestivo cederá o passo ao vinho reflexivo, e teremos acabado a criação, porque estará dado o último golpe no Criador.

Manassés

1º de fevereiro de 1877

I

Não sei se na ocasião em que lanço mão da pena estará consertado o cabo transatlântico. É possível. Mas, não é menos possível que, ao terminar a minha história, esteja ele outra vez desconsertado.

Este cabo é caipora.

Vive numa perpétua quebra, não daquelas famosas quebras em que o quebrado fica mais inteiro que os seus... admiradores, mas das outras verdadeiras, as que dão que fazer à companhia e aos pobres marujos; se eu soubesse o segredo de quebrar inteiro, ensinava-lho com muito gosto.

Pobre cabo!

Nascido para dizer a um e outro lado do Atlântico o preço do café e o estado do câmbio, e pouco, muito pouco, pouquíssimo dos espirros teologais de Gladstone e outros acontecimentos de igual jaez, tem passado os seus dias a não dizer coisa nenhuma. Cada mês, cada interrupção. Eu já entro a desconfiar que há no fundo do oceano algum espadarte que tem ojeriza à companhia — o qual espadarte emprega as suas sestas em roer o fiel condutor do preço do bacalhau.

Mas seja isso ou não, o caso é que, de quando em quando, ocorre uma cena curiosa e lastimável. Dois homens, que a eletricidade avizinha, colocam-se defronte um do outro a palestrar, um no Rio de Janeiro, outro em Lisboa.

— Como tem passado?

— Bem. A família?

— Assim, assim. Minha sogra é que anda um pouco sorumbática... São biscoitos.

— Estimo as melhoras. Que novidades?
— Nada; inundações.
— Por cá é a mesma coisa.
— Sim?
— É verdade; o Paraíba, o Muriaé, o Paraguaçu... Uma lástima!
— Cá é uma calamidade... Mas as subscrições por lá?
— Vão bem; vão perfeitamente.
— Tanto melhor.

Neste ponto o cabo arrebenta; o diálogo continua por este teor:
— De política há alguma coisa?
— Eu próprio perdi um cunhado no Douro.
— Que diz o Ministério inglês?
— Destruição das azeitonas. A quanto monta a subscrição no Rio de Janeiro?
— Agora vai a *Pêra de Satanás*. Que fim levaria o Garrido?
— Aceita as condições de Gortschakoff. Houve sempre o jantar do Matias?
— Reconhecido por cinquenta e tantos votos. Creio que já lhe dei notícia de que extraí um calo?
— Não; o câmbio desceu 2%. Sabe que a Sanz faz furor em Paris?
— Deus lhe dê as mesmas.

E este anfiguri pode continuar três ou quatro semanas, porque só ao cabo desse tempo é que o cabo convalesce. Uma vez convalescido, começa a trabalhar com certo ardor, até que novamente adoece para convalescer, e convalesce para adoecer.

Si cette histoire vous embête
Nous allons la recommencer.

II

No momento em que estas linhas chegarem aos olhos dos leitores, a Câmara está aberta.

Foi longa a verificação de poderes, e ainda não se concluiu a de todos os deputados.

Uma coisa fica líquida: é que esta primeira sessão não pode deixar grande lucro ao *Jornal do Commercio*. Irra! Nunca se viu tanto documento junto, pareceres, exposições, certidões, traslados, emendas e sub-emendas. A sessão ainda não começou; os discursos ainda estão no cérebro de seus autores; e já os prelos do *Jornal do Commercio* têm gemido ao peso de documentos.

Por outro lado é uma consolação ver o espírito constitucional e representativo da febre amarela, que por não perturbar os trabalhos parlamentares resolveu adiar sua visita anual às nossas plagas. A febre amarela *a du bon*.

Verdadeiramente, o céu é compassivo conosco; este verão molhado e trovejado equivale a uma sorte grande para o Rio de Janeiro... necessitado. Falo assim porque o Rio de Janeiro apatacado corre, muda-se para Petrópolis e faz bem. Naquele ninho suíço, a vida pode não ser muito variada, entre o leite de manhã e o uíste à noite; mas é cômoda e segura. Eu cá prefiro a monotonia à cova: mania de velho.

Não lhes falarei do pirata cubano. O pirata cubano não existe; é uma página de Walter Scott, que um jornalista transformou em notícia diversa. Não é outra coisa. Aquele navio capturado dentro de si próprio, por doze rapazes resolutos, depois do jantar, parece lenda, romance, conto da carocha.

Estou certo de que, se o fato é real, podem estar certos os rapazes do pirata de que casarão no primeiro porto inglês em que se demorarem cinco dias. A mulher britânica é, por natureza, romanesca, e gosta dos sujeitos atrevidos. Ora, não são comuns atrevimentos tais. Nem todos os dias se captura um navio no oceano, entre a pêra e o queijo. Mas depressa se apanha um coxo. Um coxo ou uma constipação.

Manassés

15 de fevereiro de 1877

I

O carnaval morreu, viva a quaresma!

Quando digo que o carnaval morreu apenas me refiro ao fato de haverem passado os seus três dias; não digo que o carnaval espichasse a canela.

Se o dissesse, errava; o Carnaval não morreu; está apenas moribundo. Quem pensaria que esse jovem de 1854, tão cheio de vida, tão lépido, tão brilhante, havia de acabar vinte anos depois, como o Visconde de Bragellone, e acabar sem necrológio, nem acompanhamento?

Veio do limão-de-cheiro e do polvilho: volta para o polvilho e o limão-de-cheiro. *Quia pulvis est.* Morre triste, entre uma bisnaga e um princês, ao som de uma charamela de folha-de-flandres, descorado, estafado, desenganado. Pobre rapaz! Era forte, quando nasceu, rechonchudo, travesso, um pouco respondão, mas gracioso. Assim viveu; assim parecia viver até à consumação dos séculos. Vai senão quando raia este ano de 77, e o mísero, que parecia vender saúde, aparece com um nariz de palmo e meio e os olhos mais profundos do que as convicções de um eleitor. Já é!

Esta moléstia será mortal, ou teremos o gosto de o ver ainda restabelecido? Só o saberemos em 78. Esse é o ano decisivo. Se aparecer tão amarelo, como desta vez, é não contar com ele por coisa nenhuma e tratar de substituí-lo.

II

Caso venha a dar-se essa hipótese, vejamos desde já o que nos deixará o defunto. Uma coisa. Aposto que não sabem o que é? Um problema filológico.

Os futuros lingüistas deste país, percorrendo os dicionários, igualmente futuros, lerão o termo *bisnaga*, com a definição própria: uma impertinência de água-de-cheiro (ou de outra), que esguichavam sobre o pescoço dos transeuntes em dias de carnaval.

— Bom! dirão os lingüistas. Temos notícia do que era a bisnaga. Mas por que esse nome? Donde vem ele? Quem o trouxe?

Neste ponto dividir-se-ão os lingüistas.

Uns dirão que a palavra é persa, outros sânscrita, outros groenlandesa. Não faltará quem a vá buscar na Turquia; alguns a acharão em Apúlio ou Salomão.

Um dirá:

— Não, meus colegas, nada disso; a palavra é nossa e só nossa. É nada menos que uma corrupção de *charamela*, mudado o *cha* em *bis* e o *ramela* em *naga*.

Outro:

— Também não. *Bisnaga*, diz o dicionário de certo Morais, que existiu ali pelo século xix, que é uma planta de um talo alto. Segue-se que bisnaga carnavalesca era a mesma bisnaga vegetal, cujo sumo, extremamente cheiroso, esguichava, quando a apertavam com o dedo.

Cada um dos lingüistas escreverá uma memória em que provará, à força de erudição e raciocínio, que os seus colegas são pouco mais do que ruços pedreses. As academias celebrarão sessões noturnas para liquidar esse ponto máximo. Haverá prêmios, motes, apostas, duelos, etc.

E ninguém se lembrará de ti, bom e galhofeiro Gomes de Freitas, de ti que és o único autor da palavra, que aconselhavas a bisnaga, e a grande arnica, no tempo em que o esguicho apareceu, por cujo motivo lhe puseram o nome popularizado por ti.

Teve a bisnaga uma origem alegre, medicinal e filosófica. Isto é o que não hão de saber nem dizer os grandes sábios do futuro. Salvo, se certo número da *Ilustração* chegar até eles, em cujo caso lhes peço o favor de me mandarem a preta dos pastéis.

III

Falei há pouco do que há de substituir o carnaval, se ele definitivamente expirar. Deve ser alguma coisa igualmente alegre: por exemplo, a Porta Otomana.

Vejam isto! Um ministro patriota leva a entreter toda a Europa à roda de uma mesa, a fazer cigarros das propostas diplomáticas, a dizer aos ministros estrangeiros que eles são excelentes sujeitos para uma partida de *whist* ou qualquer outro recreio que não seja impor a sua ideia à Turquia; os ditos ministros estrangeiros desesperam, saem com um nariz de duas toesas, dando a Turquia a todos os diabos; vai senão quando o *Jornal do Commercio* publica um telegrama em que nos diz que o dito ministro turco, patriota, vencedor da Europa, foi destituído por conspirar contra o Estado!

Alá! Aquilo é governo ou *Pêra de Satanás?* Inclino-me a crer que é simplesmente *Pêra*. A porta tem outros muitos e vários alçapões, por onde sai ou mergulha, ora um sultão, ora um grão-vizir, de minuto a minuto ao som de um apito vingador. Todas as mutações são à vista. Eu, se na Turquia tivesse a infelicidade de fazer um dos primeiros papéis, metia claque na platéia para ser pateado. Creio que é o único recurso para voltar inteiro ao camarim.

IV

Sobre isto de voltar inteiro, dou meus parabéns aos deputados da assembleia provincial, que puderam regressar intactos depois de 72 horas de discussão.

Um ponto obscuro em todos os artigos e explicações, notícias e comentários, é se o presidente da assembleia foi o mesmo em todos os três dias e noites. Se foi, deve ter o mesmo privilégio daquele gigante da fábula, que dormia com cinquenta olhos enquanto velava com os outros cinquenta. Eram cinquenta ou mais? Não estou certo no ponto. Do que estou certo é que ele repartia os olhos, uns para dormir, outros para velar, como nós fazemos com os urbanos; velam estes enquanto caímos nos braços de Morfeu...

Pois é verdade; setenta e duas horas de sessão. Esticando um pouco ia até à Páscoa. Cada um dos deputados, ao cabo desta longa sessão, parecia um Epimênides, ao voltar à rua do Ouvidor; tudo tinha ar de novo, de desconhecido, de outro século.

Felizmente acabou.

V

Não acabarei sem transcrever nesta coluna um artiguinho, que li nos jornais de terça-feira:

> Duas das mais grosseiras e desmoralizadas criaturas têm freqüentado os bailes, causando os mais desagradáveis episódios aos que têm tido a infelicidade de aproximar-se-lhes.
> Essas duas filhas de Eva anteontem achavam-se no Teatro D. Pedro II vestidas *en femmes de la hâlle* (filha da Madame Angot), e hoje também dizem que lá se acharão...
> Seria bom que o empresário tivesse algum fiscal encarregado de vigiá-las, para evitar incidentes tais como se deram no domingo passado.

Ó isca! Ó tempos! Ó costumes!

Manassés

1º de março de 1877

I

Esta quinzena pertenceu quase toda aos trabalhos parlamentares. O Parlamento tem isto de bom (*a celà de bon*) que satisfaz a atenção pública. Quando fechado, a gente recorre às gazetilhas extraordinárias, aos sucessos de um dia, às anedotas, à prisão do *Limpeza das praias*, por exemplo, um larápio que a polícia capturou há dias, para recapturá-lo daqui a meses.

Nos países representativos a vida pública está principalmente nas câmaras. Bem sei que acabo de escrever uma frase à La Palisse, com tempero de Prudhomme; mas se a coisa não pode ser de outro modo? Agora, sobretudo, a vida parlamentar tomou algum calor mais do que é costume. Quem se não lembra das sessões de 1871? Vida é luta; onde houver oposição, há contraste, há vida...

Isto posto, a mesa da Câmara dos Deputados, antes da apresentação do voto de graças, não recorreu aos trabalhos de comissões *c'est-à dire, à la flâne*. Foi ao arquivo, tirou alguns projetos antigos e trouxe-os à luz da tribuna. Tiro e queda. Um dos projetos deu muito que falar, pois tratava nada menos que da imprensa, assunto em que os partidos estão de acordo comigo: plena liberdade.

Somente...

Somente, no meio do discurso, o testa-de-ferro pôs a orelha de fora.

O testa-de-ferro, filho legítimo da descompostura e de cinco mil-réis, não é tão mau como dizem. Eu gosto dele, não porque me pareça que haja entre o testa-de-ferro e a liberdade da imprensa o menor contato, mas porque ele dá lugar a situações engenhosas, cômicas, e de um desenlace único e sempiterno.

Assim que, ao testa-de-ferro, devemos nós este velho clichê: — "... e quando supunha que me aparecesse o sr. João da Mata Cardoso, meu desbragado adversário, surge-me como responsável por seus artigos um infeliz, um desgraçado, um Alexandre Pita. Perdoei-lhe, porque esse infeliz não soube o que assinou; mas veja o público, se um adversário que recorre a meios tão ignóbeis, etc."

O testa-de-ferro, que embolsou os cinco mil-réis e o perdão, lê no clichê um anúncio de sua pessoa e obras; resultado certo e econômico.

II

Dois cidadãos importantes apresentaram agora um projeto gigantesco: amortizar a dívida pública e converter o papel em ouro.

Tive vertigem quando li as bases do projeto. Agora mesmo não estou em mim: sinto deslumbramentos metálicos, fascinações aritméticas. Parece-me que estou a ver expirar a derradeira apólice; não sei se tenho comigo a última nota de dez tostões.

E não digo isto, assim familiarmente, porque duvide da proposta. Eu creio nela, creio que há meio possível de levar a cabo tão gigantesco plano.

Mas, leitor, a fé não exclui o assombro que causa a leitura de tantos algarismos! Santo nome de Jesus! Só a ideia faz andar a cabeça à roda.

Depois vem a reflexão e sucede o abatimento. Eu vou dizer uma heresia econômica, mas uma verdade prática. Leitor, antes o papel. O regime do ouro é muito mais sólido do que o do papel; mas incômodo, pesado, isso é incontestavelmente. Prefiro cem vezes estas folhas flexíveis, finas, que se dobram até o infinito, que se acomodam na carteira, que se gastam sem pesar.

Licurgo queria que a moeda fosse como a roda de um carro, para ninguém poder andar com ela. Pois isso. ou moeda tamanha ou nenhuma. A não ser a roda de carro, antes as notas...

III

Das notas às falsas notas a distância é de um xadrez de polícia. Nesta quinzena continuaram a chegar as notícias da campanha rio-grandense, onde a seca produziu incêndios e bilhetes falsos. E tão difícil é atalhar uns como outros.

O moedeiro falso é um industrioso que só tem um de dois fins; galé ou palácio. Se escapa ao xilindró, vai direitinho à alta propriedade. E não sendo fácil apanhá-lo, a empresa tem muitos atrativos e fascinações.

Se a polícia do Rio Grande não apanhar o autor da indústria monetária, é muito provável que dentro de cinco ou seis anos o referido autor, ardendo em patriotismo, dê alguma quantia grossa para edificar... uma cadeia.

IV

Publicou-se nesta quinzena o relatório da Repartição de Estatística. Já o folheei em grande parte. Achei algumas notícias curiosas para mais de um leitor. Assim, por exemplo, quantos persas supõem que há no Império? 45. Destes, 8 estão nesta corte. Os turcos são apenas 4, dos quais, nesta corte, 3. São 11 os japoneses; 60 os gregos. Uma arca de Noé em miniatura.

V

Não sei a que nação dessas pertencerá a sra. Locatel, recém-chegada a esta corte, segundo anuncia nos jornais. A sra. Locatel não é uma senhora sábia, é toda a sapiência.

Imaginem que esta milagrosa dama propõe-se a curar todas as moléstias internas ou externas... com a condição de que sejam curáveis. *Mr. de La Palisse est mort — en perdant la vie.* E como cura ela radicalmente as moléstias curáveis, internas ou externas? Com preparação de puras ervas e bálsamos medicinais, conhecidos e preparados somente por ela — ela, a sra. Locatel, professora em ciências botânicas.

Ora, aí está!

Manassés

15 de março de 1877

I

Mais dia menos dia, demito-me deste lugar. Um historiador de quinzena, que passa os dias no fundo de um gabinete escuro e solitário, que não vai às touradas, às câmaras, a Rua do Ouvidor, um historiador assim é um puro contador de histórias.

E repare o leitor como a língua portuguesa é engenhosa. Um contador de histórias é justamente o contrário de historiador, não sendo um historiador, afinal de contas, mais do que um contador de histórias. Por que essa diferença? Simples, leitor, nada mais simples. O historiador foi inventado por ti, homem culto, letrado, humanista; o contador de histórias foi inventado pelo povo, que nunca leu Tito Lívio, e entende que contar o que se passou é só fantasiar.

O certo é que se eu quiser dar uma descrição verídica da tourada de domingo passado, não poderei, porque não a vi.

Não sei se já disse alguma vez que prefiro comer o boi a vê-lo na praça.

Não sou homem de touradas; e se é preciso dizer tudo, detesto-as. Um amigo costuma dizer-me:

— Mas já as viste?

— Nunca!

— E julgas do que nunca viste?

Respondo a este amigo, lógico mas inadvertido, que eu não preciso ver a guerra para detestá-la, que nunca fui ao xilindró, e todavia não o estimo. Há coisas que se prejulgam, e as touradas estão nesse caso.

E querem saber por que detesto as touradas? Pensam que é por causa do homem? Ixe! é por causa do boi, unicamente do boi. Eu sou sócio (sentimentalmente falando) de todas as sociedades protetoras dos animais. O primeiro homem que se lembrou de criar uma sociedade protetora dos animais lavrou um grande tento em favor da humanidade; mostrou que este galo sem penas de Platão pode comer os outros galos seus colegas, mas não os quer afligir nem mortificar. Não digo que façamos nesta Corte uma sociedade protetora de animais; seria perder tempo. Em primeiro lugar, porque as ações não dariam dividendo, e ações que não dão dividendo... Em segundo lugar, haveria logo contra a sociedade uma confederação de carroceiros e brigadores de galos. Em último lugar, era ridículo. Pobre iniciador! Já estou a ver-lhe a cara larga e amarela, com que havia de ficar, quando visse o efeito da proposta! Pobre iniciador! Interessar-se por um burro! Naturalmente são primos? Não; é uma maneira de chamar a atenção sobre si. — Há de ver que quer ser vereador da Câmara: está-se fazendo conhecido. — Um charlatão.

Pobre iniciador!

II

Touradas e caridade pareciam ser duas coisas pouco compatíveis.

Pois não o foram esta semana última, fez-se uma corrida de touros com o fim de beneficiar necessitados.

O pessoal era de amadores, uns já peritos; outros novos; mas galhardos todos, e moços de fino trato. A concorrência, se não foi extraordinária, foi assim bastante numerosa.

E não a censuro, não; a caridade fazia dispensar a feroci...não, não digo ferocidade; mas contarei uma pequena anedota. Conversava eu há dias com um amigo, grande amador de touradas, e homem de espírito, *s'il en fut*.

— Não imagines que são touradas como as de Espanha. As de Espanha são bárbaras, cruéis. Estas não têm nada disso.

— E entretanto...

— Assim, por exemplo, nas corridas de Espanha é uso matar o touro... Nesta não se mata o touro; irrita-se, ataca-se, esquiva-se, mas não se mata...

— Ah! Na Espanha, mata-se?

— Mata-se... E isso é que é bonito! Isso é que é comoção!...

Entenderam a chave da anedota? No fundo de cada amador de tourada inocente, há um amador de tourada espanhola. Começa-se por gostar de ver irritar o touro, e acaba-se gostando de o ver matar.

Repito: eu gosto simplesmente de o comer. É mais humano e mais higiênico.

III

Inauguraram-se os *bonds* de Santa Teresa, — um sistema de alcatruzes ou de escada de Jacó, — uma imagem das coisas deste mundo. Quando um bonde sobe, outro desce, não há tempo em caminho para uma pitada de rapé, quando muito, podem dois sujeitos fazer uma barretada.

O pior é se um dia, naquele subir e descer, descer e subir, subirem uns para o céu e outros descerem ao purgatório, ou quando menos ao necrotério.

Escusado é dizer que as diligências viram esta inauguração com um olhar extremamente melancólico. Alguns burros, afeitos à subida e descida do outeiro, estavam ontem lastimando este novo passo do progresso. Um deles, filósofo, humanitário e ambicioso, murmurava:

— Dizem: *les dieux s'en vont*. Que ironia! Não; não são os deuses, somos nós. *Les ânes s'en vont*, meus colegas, *les ânes s'en vont*.

E esse interessante quadrúpede olhava para o *bond* com um olhar cheio de saudade e humilhação. Talvez rememorava a queda lenta do burro, expelido de toda a parte pelo vapor, como o vapor o há de ser pelo balão, e o balão pela eletricidade, a eletricidade por uma força nova, que levará de vez este grande trem do mundo até à estação terminal.

O que assim não seja... por ora.

Mas inauguraram-se os *bonds*. Agora é que Santa Teresa vai ficar à moda. O que havia pior, enfadonho a mais não ser, eram as viagens de diligência, nome irônico de todos os veículos desse gênero. A diligência é um meio-termo entre a tartaruga e o boi.

Uma das vantagens dos *bonds* de Santa Teresa sobre os seus congêneres da cidade, é a impossibilidade da pescaria. A pescaria é a chaga dos outros *bonds*. Assim, entre o largo do Machado e a Glória a pescaria é uma verdadeira amolação, cada *bond* desce a passo lento, a olhar para um e outro lado, a catar um passageiro ao longe. Às vezes o passageiro aponta na Praia do Flamengo, o *bond*, polido e generoso, suspende passo, cochila, toma uma pitada, dá dois dedos de conversa, apanha o passageiro, e segue o fadário até a seguinte esquina onde repete a mesma lengalenga.

Nada disso em Santa Teresa: ali o bonde é um verdadeiro leva-e-traz, não se detém a brincar no caminho, como um estudante vadio.

E se depois do que fica dito, não houver uma alma caridosa que diga que eu tenho em Santa Teresa uma casa para alugar — palavra de honra! o mundo está virado.

IV

Vou dar agora uma novidade, a mais de um leitor.

Sabes tu, político ou literato, poeta ou gamenho, sabes que há aí perto, na cidade de Valença, uma biblioteca municipal, a qual possui uma coleção da *Revue des Deux Mondes*, a qual coleção está toda anotada pela mão de Guizot, a cuja biblioteca pertenceu?

Talvez não saibas: fica sabendo.

V

Na Câmara dos Deputados começou a discussão do Voto de Graças e continuou a de outros projetos, entre estes o da lei de imprensa.

A lei passou para 2ª discussão, contra o voto, entre outros, do sr. Conselheiro Duarte de Azevedo, que deu uma interpretação nova e clara ao artigo do código relativo à responsabilidade dos escritos impressos. A interpretação será naturalmente examinada pelos competentes e pelo próprio jornalismo. Eu limito-me a transcrever estas linhas que resumem o discurso:

> Autor, segundo o código, não é o que autoriza a publicação, não é o que faz seu o artigo cuja publicação recomenda; mas aquele que faz o escrito, aquele a quem o escrito pertence.
> De modo que, se um indivíduo escrever e assinar um artigo relativo à sua pessoa ou fatos que lhe dizem respeito, e o fizer responsabilizar por terceira pessoa, a quem tais negócios por maneira alguma pertencem, sem dúvida alguma que pelo código não é responsável o testa-de-ferro por esse artigo: mas são responsáveis o impressor ou o editor.

Manassés

1º de abril de 1877

I

Não há meio de dar hoje dois passos, entre políticos, sem ouvir: — V. é direto ou indireto? — Eu sou direto. — Mas sem reforma constitucional? — Sem reforma. — Eu sou com reforma. — Questão de forma. — Pois eu sou indireto. — Como? — Tudo o que é mais indireto neste mundo; tão indireto como Deus Nosso Senhor, que escreve direito por linhas tortas; Deus é indireto.

Tal é hoje o assunto máximo.

E contudo o sr. Conselheiro Martim Francisco aventou uma ideia, que seria a verdadeira, única e salutar reforma, a que faria das nossas eleições — diretas ou indiretas — uma coisa semelhante às recepções de Botafogo.

Essa ideia é dar o direito de voto às mulheres.

Metemos as senhoras na dança, e é o único meio de evitar a urna quebrada e o rolo. Quando uma senhora apear-se do cupê, da caleça ou do bonde, de luva, saia apertada, ponta da saia na mão, na outra mão a cédula (voto no marido, naturalmente), é impossível que este povo tenha perdido toda a galantaria, e faça um rolo, como se ela fosse um fósforo.

A mulher não pode ser fósforo. Quando muito é a lixa onde os corações contraem lume.

Nem rolo, nem cachação, nem facada, com a intervenção de mulher nas eleições. Verdade é que, evitando este perigo, podemos aumentar outro — o das duplicatas. A mulher votante arranchará talvez para fazer duplicatas. Nem tudo pode ser perfeito.

Venha, venha o voto feminino; eu o desejo, não somente porque é ideia de publicistas notáveis, mas porque é um elemento estético nas eleições, onde não há estética.

II

Ao governo que propuser essa reforma (a das damas) poderá ser aplicado o mote da Gazeta: *Uma flor levando flores*.

Foi o poeta Margarida quem trouxe este mote à imprensa, depois de o glosar de improviso. Daí para cá chovem as glosas. Esta quinzena não tratou verdadeiramente de outra coisa.

Um dos problemas que o futuro há de estudar é esta persistência de glosa no último quartel do século. O mote e a glosa têm um vestuário próprio: o calção, a casaca de seda, a cabeleira de rabicho. Isso acabou: o mote e a glosa deviam ir ter com os seus antigos farrapos. E persistem, contudo, raros, pálidos, caquéticos; não querem morrer.

Deus os conserve.

III

Santos, cidade austera e jarreta, pôs as manguinhas de fora; deu-se o luxo de duas Câmaras Municipais. Uma câmara pareceu-lhe escassez e pobreza. Encomendou duas, qual mais garrida, recortada, enfeitada; meteu-as na algibeira e lá vai muito contente com elas.

Elas é que não se dão bem, e esperneiam e pegam-se, e dão piparotes uma à outra, cacholetas, beliscões, tiram as gravatas.

Dizem que dois proveitos não cabem num saco. Santos verifica neste momento, que nem duas câmaras.

O que vale é que não são câmaras de sangue, não chegarão a vias de fato; algumas posturas em duplicata, orçamento em duplicata, impostos, iluminação, limpeza das ruas, tudo em duplicata.

As duplicatas não estão fora da alçada humana.

Duplicatas de concílios, de papas, de assembleias políticas, de presidentes de república (V. Hayes e Tilden), este mundo as tem conhecido em todas as esferas. Que é o homem senão uma duplicata de alma e corpo? Uma duplicata de olhos, de orelhas, de braços, de pernas, de ombros. Tem, é certo, um só nariz; mas esse nariz é uma duplicata de ventas. Tem uma só boca, mas essa boca é uma duplicata de lábios.

Tudo neste mundo é duplicata.

Por isso, as duas Câmaras Municipais de Santos deviam ser conservadas; entram dentro da espécie humana.

IV

Isto dá-me ideia de uma reforma eleitoral, melhor que todas as reformas possíveis e imagináveis deste e do outro mundo; um sistema mais certo que o das minorias.

Era isto:

Elegiam-se duas câmaras, uma de um partido, outra de outro. Cada uma dessas câmaras escolhia um Ministério. O Ministério da Câmara A era o poder executivo da Câmara B; o da Câmara B era o da Câmara A. Está claro que ambos os ministérios tinham oposição nas câmaras onde tivessem de prestar contas; mas a oposição seria moderada, e os votos seriam certos, porque as duas câmaras assegurariam assim a vida dos seus próprios ministros.

Ideia para os Benjamins Constants do outro século.

V

Tivemos um defunto vivo nesta quinzena; verdadeiramente tivemos dois, um na corte, outro em Buenos Aires.

O da corte foi simples ilusão, reconheceu-se depois que estava morto e bem morto. Mas quantos efetivamente não morrem na cova?

Uma das vantagens da cremação é a de evitar essas mortes horríveis que se hão de dar algumas vezes debaixo da terra: também só lhe vejo essa vantagem e outra, a de dar certa realidade à expressão poética: as cinzas do herói, as minhas frias cinzas. Sus! Erguei-vos ó cinzas dos bardos! Cinzas de meus avós! etc., etc.

Manassés

15 de abril de 1877

I

Chumbo e letras: tal é, em resumo, a história destes quinze dias. O caso das letras ainda hoje excita a curiosidade do leitor desocupado ou filósofo. Não é para menos: cinquenta contos, que qualquer de nós diria serem cinquenta realidades! É de fazer tremer a passarinha.

Negociante conheço eu (e não só um) que, logo depois da primeira notícia dos jornais, correu a examinar todas as letras que possuía, a saber se alguma tinha por onde lhe pegasse a... Ia dizer — a polícia, mas agora me lembro que a polícia nem lhes pegou, nem sequer as viu.

Este caso de letras falsificadas, que não existem, que o fogo lambeu, creio que tira ao processo todo o seu natural efeito. Há uma confissão, alguns depoimentos, mas o documento do crime? Esse documento, já agora *introuvable*, tornou-se uma simples concepção metafísica.

Outro reparo. Afirma-se que a pessoa acusada gozava de todo o crédito, e podia com seu próprio nome obter o valor das letras. Sendo assim, e não há razão para contestá-lo, o ato praticado é um desses fenômenos morais inexplicáveis, que um filósofo moderno explica pela inconsciência, e que a Igreja explica pela tentação do mal. Quê! ter todas as vantagens da honestidade, da santa honestidade, e atirar-se cegamente do parapeito abaixo! Há nisto um transtorno moral, um caso psicológico. Ou há outra coisa, um efeito do que o *Globo*, com razão, chama — necessidades supérfluas da sociedade.

II

Não há a mesma coisa nos canos de chumbo. Nesses abençoados ou malditos canos há, em primeiro lugar, água, depois da água há veneno ou saúde. Questão de ponto de vista.

Uns querem que o chumbo seja uma Locusta metálica. Outros crêem que ele é simplesmente Eva antes da cobra. Eu suponho que a questão não está decidida de todo; mas acrescento que, se em vez de Eva, fosse Locusta, há muito que este Rio de Janeiro estaria, não digo às portas da morte, mas às do cemitério.

Pois o tal saturnino (é o nome do veneno) é assim tão feroz, e possuindo nossos honrados estômagos, ainda os não transportou para o Caju? Realmente, é um saturnino pacato. Individualizemos: é um Plácido Saturnino.

Neste ponto, dá-me o leitor um piparote, com a ponta do seu fura-bolos, e eu não posso decentemente restituir-lho, porque não sei química, e estou a falar de substâncias venenosas, de sais, de saturnos... Que quer? Vou com as turbas.

Se os profissionais soubessem como esta questão de chumbo transformou a cidade em uma academia de ciências físicas, inventariam questões destas todas as semanas. Ainda não entrei num *bond* em que não ouvisse resolver a questão agora cometida a uma comissão de competentes. Resolvida; resolvidíssima. Entra-se no Catete, começa a controvérsia; na altura da Glória, ainda subsistem algumas dúvidas; na Lapa, falta só resolver um ou dois sais. Na Rua Gonçalves Dias, o problema não existe; é morto.

Ora, eu, vendo isso, não quero ficar atrás; também posso dar uma colherada da substância saturnina...

III

Depois do chumbo e das letras, o sucesso maior da quinzena foi a descoberta que um sujeito fez de que o método Hudson é um método conhecido nos Açores.

Será?

Conhecendo apenas um deles, não posso decidir. Mas o autor brasileiro, intimado a largar o método, veio à imprensa declarar que lhe não pegou, que nem mesmo o conhece de vista. Foi ao Gabinete Português de Leitura, a ver se alguém lhe dava novas do método, e nada.

De maneira que o sr. Hudson teve esse filho, criou-o, e pô-lo no colégio, e um filho contra o qual reclama agora outro pai. E por desgraça não pode ele provar que não há pai anterior e que só ele o é.

E se forem ambos? Se o engenho de um e outro se houverem encontrado? Talvez seja essa a explicação.

Em todo o caso, se eu alguma vez inventar qualquer método, não o publico, sem viajar o globo terráqueo, de escola em escola, de livreiro em livreiro, a ver se descubro algum método igual ao meu. Não excetuarei a China, onde havia imprensa antes de Gutenberg: irei de pólo a pólo.

IV

Prende-se ao caso do chumbo, o caso da água de vintém.

Esta água de vintém é a que eu bebo, não por medo do chumbo, mas porque me dizem ser uma água muito pura e leve.

Aparece, porém, no *Jornal do Comércio* um homem curioso e céptico. Esse homem observa que se está bebendo muita água de vintém...

Eu já tenho feito a mesma reflexão; mas sacudi-a do espírito para não perder a fé, aquela fé, que salva muito melhor do que o pau da barca.

Esta água de vintém é hoje a água do conto ou do milhão. É um inverso do tonel das Danaides. É o chafariz das Danaides. Muitos bebem dela; pouca gente haverá que não tenha ao menos um barril por dia. Mas será toda de vintém? Eu creio que é; e não me tirem esta crença. É a fé que salva.

V

Tratando-se agora da publicação dos debates lembrarei ao parlamento, que o uso, não só na Inglaterra ou França, mas em todos os países parlamentares, é que se publiquem os discursos todos no dia seguinte. Com isso ganha o público, que acompanha de perto os debates, e os próprios oradores, que têm mais certeza de serem lidos.

Em França alguns oradores revêem as provas dos discursos, outros não. Thiers, no tempo em que era presidente, ia em pessoa rever as provas na imprensa nacional; Gambetta manda revê-las por um colega, o sr. Spuller; sejam ou não revistas, saem os discursos no dia seguinte.

Este sistema parece bom; demais, é universal.

Manassés

1º de maio de 1877

I

Agora, sim, senhor. Custou, mas chegou. Antes tarde do que nunca. Tanto vai o cântaro à fonte... Enfim, rompeu a guerra! Turcos e russos vão ver quem tem garrafas vazias para vender ou canhões cheios para esvaziar.

Na verdade, sete anos sem uma guerrazinha para desenfastiar a gente, é demais. Em que se há de ocupar um homem, cá no fundo da América, em quê? Uma guerra tem a tríplice vantagem de dar expansão ao brio, encher as algibeiras dos fornecedores e matar o tempo aos vadios.

Por isso, fico rogando a Jeová e a Alá hajam de prolongar a nova contenda que vai reunir no campo de honra os exércitos muçulmano e cismático.

Que, os filhos do Crescente dêem pancada de criar bicho nos filhos do *knut*, e que os filhos do *knut* façam a mesma graça aos filhos do Crescente, é o meu mais ardente voto nesta solene ocasião. Não que eu seja feroz: sou justamente o contrário. Meu fim é somente preencher as lacunas de uma existência pouco acidentada.

Por exemplo, eu não tenho nenhum gosto em saber que a Porta foi arrombada; também não ardo em desejos de ter a notícia de que Moscou ardeu pela segunda vez, ou que o príncipe Grortschakoff recebeu do sultão a incumbência de ir recolher os destroços da Biblioteca de Alexandria.

Nada disso; mas não se me dava de ler alguma coisa naquele gênero unicamente como diversão.

Além disso, as guerras ordinárias e civilizadas são enfadonhas como uma quadrilha francesa. A de que se trata agora tem a vantagem de não ser polida, como a batalha de Fontenoy. Um russo a estripar um turco, nas montanhas da Ilíria; que poético! Por outro lado, um turco a enterrar o iatagã no ventre de um moscovita, à margem do Bósforo. Que quadro! Bósforo! Ilíria! Até os nomes têm um sabor de mel, que contrasta com o drama, e produz uma sensação estranha, romântica, 1830.

Isto, pelo que se passa em nossa alma.

Agora, quanto ao que se há de dar ao redor de nós, não é pratinho menos mau. Vamos ver os acérrimos inimigos da geografia queimando as pestanas sobre o mapa da guerra, a acompanhar os beliqüentes com a ponta do palito. Vai-se desenvolver também o dom de profecia. Escusam os russos e os turcos de gastar estratégia; não nos surpreenderão nunca. Em eles dando uma batalha, o mais que poderemos dizer-lhes é que acertaram, porque a batalha estará perdida com antecedência, marcado o lugar, o número das forças, de mortos, de feridos, de extraviados, conseqüências da ação e ação das conseqüências.

Agora, se me perguntarem para que lado pendem as minhas simpatias, dir-lhes-ei que fazem uma pergunta inútil. Onde está a odalisca? Aí estou eu. De que parte fica o harém, o *chibuk*, o narguilé! É esse o meu lugar, o meu voto, a minha consideração.

E aguardemos as notícias.

II

Perto de nossa casa houve uma rusga, mas rusga intestina, que acabou pela morte de um presidente da República.

O Paraguai não tinha provado nunca as delícias do assassinato político, da revolução de vinte e cinco pessoas, das proclamações incendiárias. Olhava com certa inveja para o território onde floresceu López Jordan. A mão de ferro de Frância e dos dois López não lhe permitia certos desabafos. Vai um dia, deu-se-lhe a liberdade. O Paraguai criou logo as câmaras e um poder executivo.

A ideia de fazer do poder executivo um poder executado entrou logo em algumas cabeças. O Paraguai lançou os olhos à Guatemala e à Bolívia, onde cada revolução que triunfa no dia 17 tem forçosamente de cair no dia 25, para alçar-se a 31 e morder o pó a 7 ou 8 do seguinte mês. Viu o presidente sadio, robusto, despachando, bebendo mate, correspondendo-se com as potências estrangeiras. Vem um dia...

Felizmente, o crime não triunfou, não subiu ao poder. A legalidade continua. Mas se o Paraguai adotar esse método de salvar as instituições todas as semanas, com uma revolução e um crime, é de recear que tenha de entrar em um caminho de longas dores... Evite-as, não executando o executivo.

III

Quase na mesma hora em que o presidente Gil caía banhado em sangue, inaugurava-se o bufete na nova Câmara dos Deputados.

A inauguração do salame e do sorvete no santuário das leis é um acontecimento de aparência modesta e disfarçada, mas prenhe de salutares efeitos na nação.

Efetivamente, o sistema parlamentar virou do avesso a máxima cristã: — Nem só de pão vive o homem, mas da palavra divina. No sistema parlamentar, onde a palavra é muito, deve dizer-se que o homem não vive só da palavra; vive também de salame.

Os ingleses, práticos e digestivos, aliaram a tribuna e a mesa, e jantam entre dois discursos. Os franceses não jantam no parlamento, mas comem ali alguma coisa, enganam o estômago, com talhadas e goles. O Parlamento otomano inaugurou no mesmo dia a Constituição e a ostra com arroz.

Por esse lado, não faremos mais do que seguir um exemplo de empanturrar.

Nem só da palavra vive o homem! Que digo? Há até uma grande inferioridade da palavra, comparada com o peito do peru. *Verba volant, petisqueira manent.*

IV

No domingo passado inaugurou-se nesta capital um melhoramento de incalculáveis benefícios.

Não faço ao leitor a injúria de crer que nunca passou pela porta de uma sociedade ou aula de dança. De fora ouve-se o som da rabeca, ou do trombone, a desenvolver as mais animadas quadrilhas francesas e valsas alemãs. No meio da sala dez ou doze rapazes, abraçados uns aos outros, executam as figuras, que o mestre, dedicado e atento, lhes vai ensinando ou corrigindo.

Aprende-se a dançar.

Mas aprender a dançar é tudo? Eu posso dançar muito bem com o meu vizinho fronteiro, ou do canto, e muito mal com as filhas deles. Recitar um discurso a dois compadres não é a mesma coisa que recitá-lo numa festa pública. Posso fazer muito cheio de mim o *en avant deux,* se tiver defronte o Tobias, que me vende cadarço; mas, se em vez deste, surgir o decote de uma dama, é verossímil que me faltem as pernas.

Logo, há uma lacuna.

Já não há. Um professor e uma professora acabam de preenchê-la. De que modo? De um modo engenhoso e fácil. Além da declaração (constante do anúncio) de que ensinam, por novos sistemas desconhecidos no país (?), trazem esta, que é de fazer lamber os beiços:

> Os alunos têm a vantagem de aprender em breve tempo a arte de dança, praticando com moças, o que não sucede nos outros cursos de dança onde sucede que o aluno, não tendo prática de dançar com moças, fica sempre afetado de um certo temor pânico quando tiver de dançar com senhoras em sociedade. Para isso o diretor conta com várias boas dançarinas, para acompanharem os alunos em todas as variedades de danças modernas.

As dançarinas vão, portanto, desasnar os rapazes, tirar-lhes o acanhamento, dar-lhes ânimo, audácia, *aplomb*. Praticando com moças! Só esta frase põe a cabeça à roda. Os cursos entre homens vão ficar desertos, salvo se os diretores igualmente se lembrarem de arranjar um núcleo de dançarinas... Não falo na hipótese dos casamentos que podem surgir das lições entre ambos os sexos. Ele é natural. E nesse caso os inauguradores do novo sistema terão as bênçãos de Terpsícore, da estatística, das mães, dos alugadores de carros, dos arranjadores de licenças eclesiásticas e dos próprios alunos. Então, sim, é que será um verdadeiro *en avant deux*.

v

Chegou o ínclito Osório.

Saúdo o bravo e glorioso soldado!

Manassés

15 de maio de 1877

I

Este mês de maio, que é o mês das flores, vai ser o mês das artes, que são as flores do espírito. Bonita ideia! Não é sublime, mas tem a vantagem de ser chocha. Dou-a de graça, ao primeiro poeta *aux abois*.

Mas, dizia eu, que vai ser o mês das artes, como já é o mês dos malazartes; haja vista o roubo ao general Osório. Furtado Coelho, à hora em que escrevo, está a chegar; talvez haja chegado à hora em que o leitor vir estas linhas. A sra. Emília Adelaide já aí está desde o dia 11. Do Rio da Prata não tarda vir a Companhia Lírica. E dizem que o povo não se diverte! Diverte-se por todos os poros.

Contemos:

1º Teatro de D. Pedro II, companhia italiana: todas as assinaturas tomadas.

2º Ginásio: Furtado Coelho, Lucinda, Simões, e três estréias, três novidades dramáticas.

3º São Luís: Vale, que entrelaça a mágica e o drama, para fazer engolir o drama a favor da mágica.

4º São Pedro: Emília Adelaide, que traz gente nova e novas peças, prometendo não representar duas vezes a mesma peça.

5º São Pedro, *bis*: a companhia Silveira, que nos conta uma história pontifícia em sete atos.

6º Fênix: o Heller, mágicas e comédias.

7º Alcazar: o sempiterno Arnaud com as sempre ternas... operetas.

8º Cassino: espetáculos variados.

9º Circo Casali.

10º ???...

Se isto não é divertir o povo, o povo é difícil de contentar. Ele tem pau para toda a obra, desde o *Pai pródigo* até a *Pêra de Satanás*. Pode rir, chorar, pode até admirar. Só não pode aborrecer-se. Não o deve, pelo menos.

Sem contar as barracas do Espírito Santo, que já estão levantando, e os coretos do costume. Não é uma cidade, é um paraíso muçulmano. Tão muçulmano que as huris andam por entre a gente de carro descoberto, cocheiro teso, colo à fresca e ponta do pé à mostra. Oh! terra dos cariocas! Quem te viu e quem te vê!

II

No meio de tudo só uma coisa me deu que pensar alguns minutos, sete ou oito. Foi o anúncio teatral da Companhia Emília Adelaide, no qual se diz que nenhuma peça será representada duas vezes. Nenhuma? Fiz esta pergunta aos quatro pontos cardeais, e não me respondendo nenhum dos ditos pontos, fiquei literalmente de queixo caído. É o meu gesto habitual quando parafuso alguma coisa.

Pois, senhores, se me derem uma obra-prima, uma obra verdadeiramente dramática, desempenhada a capricho, serei obrigado a não a ver nunca mais, e a engolir no dia seguinte um dramalhão, desempenhado à capucha?

Parafusei e descobri que a distinta atriz é mais fina do que eu, moralmente falando.

Ela sabe que o instinto do belo é uma coisa, e o instinto da curiosidade é outra. Sabe que o primeiro representa o terço eleitoral da arte; e ela não gosta do terço. Um vizinho meu, homem sisudo e curioso, bateu palmas ao anúncio: — Não se há de ver a mesma peça! dizia-me ele com entusiasmo. Exclamação que se pode traduzir assim: — Bom! não teremos amolação!

Novas peças ou peças repetidas, estou certo de que terei ocasião de aplaudir a distinta atriz, e folgarei de dizer o mesmo aos seus colegas.

III

Meditem os poetas e vejam se lhes convém ficar impassíveis diante da guerra, cujas notícias o cabo é tão preguiçoso em transmitir-nos... Meditem; vejam se lhes convém que Istambul caia na mão do russo! Istambul! A odalisca do Bósforo! Bósforo! A rima natural de fósforo! Natural e talvez única!

    Alá! Morrer como um fósforo,
    Que acendeu vago taful,
    A odalisca do Bósforo,
    A namorada Istambul!

Não é possível que os poetas se deixem ficar tranqüilos ante a possibilidade de um desastre dessa ordem; e por isso proponho um dos seguintes três meios para evitá-lo.

1º Uma representação de todos os poetas do universo e ilhas adjacentes (estilo de *féerie*), a s. m. o tzar ou imperador de todas as Rússias, pedindo-lhe em nome da arte romântica que, ao menos, deixe intata Constantinopla.

Este meio é impossível; quando a representação estivesse assinada por todos, as tropas estariam de volta.

2º Alistarem-se todos os poetas do mesmo universo e das mesmas ilhas como voluntários do padixá, indo assim vencer ou morrer à margem do Bósforo.

Este meio, cuja praticabilidade é só aparente, não podia ter efeito nenhum, além de cobrir de ridículo os mesmos poetas.

3º Ficarem os ditos poetas do mesmíssimo universo e das mesmíssimas ilhas em suas atuais casas, limitando-se a pedir a Jeová, a Alá, a Brama, a Pó, em todas as línguas e ritos, que ao menos Istambul escape às garras do urso do norte...

Verdade é que Istambul está hoje substituída pela sociologia e os poetas, que há quarenta anos cantavam as turcas, hoje estenderam as vistas mais além e rimaram *sapos* com *farrapos* nas barbas do *infinito*; o infinito, que é o sujeito mais paciente deste e do outro mundo.

IV

Há dias deu o *Jornal do Commercio* o seguinte anúncio, entre outros:

"Pede-se para trocar o segundo volume do romance de Rocambole, porque falta um grande número de páginas (64 a 81) assim como no fim a ordem das páginas está invertida."

Isto ao pé da letra, é um disparate. Trocar um volume, porque tem falta de páginas, é proposta que se faça a alguém? Além de falta de páginas, há páginas invertidas, isto é, um defeito além de outro, e que só vem agravar o primeiro. Finalmente, não diz onde, nem quem deseja trocar o volume.

Uma senhora com quem falei — espírito agudo e velhaco — respondeu-me placidamente:

— O anúncio é um *rendez-vous*. Rocambole e a troca de volume, são apenas o fio que liga a oração secreta. Fiquemos no número de páginas que faltam: 64 a 81; fiquemos na circunstância das páginas invertidas do fim. 64 compõe-se de um 6 e um 4; 6 e 4, dez. São as horas do *rendez-vous*. 81 é 8 e 1; invertidos (páginas invertidas no fim), dão 18; dia do *rendez-vous*. Assim temos: no dia 18, às 10 horas, espere-me.

— Ó Champollion!

Manassés

1º de junho de 1877

I

Anuncia-se um congresso farmacêutico. Esta notícia, dissimulada entre os *a pedidos* do *Jornal do Commercio*, fez-me tremer e desmaiar. Por que motivo um congresso de farmacêuticos? Que assunto momentoso obrigava os farmacêuticos a reunirem seus pensamentos e vontades? Curiosidade e mistério!

Os congressos geralmente causam-me susto. Quando os mercadores de batatas, por exemplo, ou de azeite ou de qualquer outro produto, anunciam que vão reunir-se e fazer um convênio, todo eu fico sem sangue. Porque um convênio de mercadores não se destina a favorecer os fregueses; ninguém se incomoda para servir o adversário. Ora, o comprador é o adversário irreconciliável, eterno, eterníssimo, do vendedor.

Não é certamente a mesma coisa um congresso de farmacêuticos. Seus fins são indiferentes do preço das drogas. São intuitos científicos, e eu tremo justamente porque são intuitos científicos. Ah! se não fossem intuitos científicos!

Na medicina, cirurgia e farmácia, o que faz medo é a parte científica. As outras partes não valem nada. Um bisturi, por exemplo, não tem nada que faça tremer a passarinha: é um instrumento especial, liso, bonito. Nas mãos do cirurgião, em contato com o nosso pêlo, é quase uma visão da eternidade. Por isso tremo da ciência.

A ciência é objeto especial e único do próximo congresso. Vai tratar-se dos efeitos do quinino e da pomada mercurial. Vamos saber em que dose o arsênico, feito em pílulas, pode dar saúde ou matar. Enquanto essas coisas ficam nos gabinetes interiores das farmácias, a gente vive feliz, recebe as pílulas, absorve-as, passeia, cria forças, sara. Mas tratadas à luz do dia a coisa muda muito de figura. Depois de um longo debate do congresso, se o meu médico me receitar arsênico em pílulas, com que cara as olharei eu? Que trazes tu, pílula? direi em forma de monólogo; a mão do farmacêutico escorregou no arsênico? Trazes a vida ou a morte? Vou passear até à esquina ou até o Caju? Pílula, és tu pílula ou comparsa da empresa funerária? *It is the rub...*

Se a voz de um cliente pode ter algum peso no ânimo dos cirurgiões e dos farmacêuticos, nada de congressos, ou, se houver congressos, nada de discussão pública. Dizem que cozinha e política não devem ser feitas às claras, porque faz perder o gosto... do jantar. Penso que é a mesma coisa na farmácia. Fé dos padrinhos: é a última palavra da experiência humana.

II

Talvez o leitor reparasse num superlativo que escrevi acima. Eu disse *eterníssimo*, e o leitor, se ler atentamente, pergunta-me com que autoridade dou superlativo ao que já de si é mais do que superlativo.

Respondo que com a autoridade de mme. Escoffon, a coleteira da *fashion* fluminense.

Mme. Escoffon anuncia uns aperfeiçoamentos que fez nos coletes modernos; uns aperfeiçoamentos, diz ela nos jornais, que *vão além do impossível*. Já me contentava que mme. Escoffon chegasse ao impossível; era um passo largo; era a quadratura do círculo. Mme. Escoffon quer mais e galgou a raia; caiu no infinitíssimo, no eterníssimo, no absolutíssimo.

Se os aperfeiçoamentos dos coletes valessem a pena, eu perderia dez a doze minutos em casa da anunciante, para que ela me mostrasse os seus interessantes produtos. Devem ser inconcebíveis. Imagino uns coletes que preenchem ao mesmo tempo as funções de metralhadoras, oficiais da justiça, escalda-pés e mineiro com botas. Isto mesmo é pouco; devem ser uns coletes mais que perfeitos, como os pretéritos dos verbos.

III

Um colega de além-mar nota um fato que eu já havia notado no *Diário Oficial*... de França.

Todas as semanas registra aquela folha pequenas quantias, 5, 10, 20, até 100 francos, entregues ao tesouro com o título *Restituição Anônima*. Nada mais. Ignora-se como esses cobres do Estado foram parar à mão do particular; serão talvez excessos de pagamentos ou coisa análoga. Mas o importante é que as restituições anônimas se fazem todas as semanas.

Ora bem! Debalde abro, leio e releio o nosso *Diário Oficial*; nenhuma restituição anônima nem pseudônima. Nenhuns cinco mil-réis, mil e quinhentos, duas, uma, meia pataca! Nada; nem sombra de restituição.

IV

Daqui pode concluir-se uma de duas coisas: ou não há que restituir, ou não há quem restitua. Eu inclino-me à primeira hipótese; mas há um bicho dentro de mim que prefere a segunda.

Se o referido bicho tem razão, eu tomo a liberdade de dizer aos que não restituem, embora anonimamente, que o procedimento de suas senhorias é um pouco parecido com o dos ilustres *Pé-leve* e *Olho-vivo*, ratoneiros da maior circunspeção.

Verdade é que o Estado não é certa e determinada pessoa. O Estado é uma entidade moral, composta de mim e de mais 9.938.477 indivíduos (veja o Relatório da Estatística). Isto posto, quando eu fico com alguma coisa do Estado, fico também com uma parte mínima que me pertence. Rigorosamente devo restituir. Mas sendo provável que alguns dos 9.938.477 membros do Estado retenham igualmente quantias do referido Estado, e portanto certos quinhões meus, cabe-me a título de compensação, guardar o que está comigo. Sistema de garantias.

Tal é, certamente, o raciocínio dos que não restituem, se os há. Eu digo que não; mas o bicho insiste que sim.

Há dias fui trocar dez mil-réis a uma loja. Deram-me onze mil-réis; cheguei à porta, contei-os, restituí os dez tostões. Oh! que não sei de gosto como o conte! Se vissem a cara do lojista, estou certo de que lhe tiravam o retrato. Era uma mistura de contentamento, espanto, desdém e compaixão. Guardou a nota, estendeu-me a mão, e vi-o a ponto de oferecer-me um charuto; mas ao mesmo tempo havia alguma coisa nos olhos dele que parecia dizer-me com melancolia: — Pobre rapaz! Tu restituis!...

Menos o desdém e a compaixão, o Estado não fará outro rosto, no dia em que lhe aparecer a primeira restituição anônima.

V

Anuncia-se um bazar de prendas, cujo produto será aplicado em favor das vítimas da seca. Sua alteza imperial teve a iniciativa; distintas senhoras põem em prática a ideia da sereníssima princesa.

Também teremos um grande concerto no Cassino para o mesmo fim, nos primeiros dias de junho.

A estes dois fatos, que pertencem à história da seguinte crônica, devo juntar outro, que pertence a esta, o jantar político dado ao bravo general Osório, por ocasião do aniversário da batalha de 24 de maio. Dizem que a festa esteve esplêndida.

Não a vi; mas vi o general no dia seguinte, no sarau do Clube Politécnico que esteve animado, e concorrido como poucos. Valsou-se muito, conversou-se, comeram-se bolinhos... enquanto no andar de cima o Grêmio do Xadrez, instituição recente, celebrava a sua reunião das sextas-feiras.

Que barulho embaixo! E que silêncio em cima! Em cima os adversários, dois a dois, davam e recebiam pancada, cortesmente e até sorrindo, mas sempre silenciosos.

Conta-se que no Café da Regência em Paris onde se joga o xadrez, dois adversários tinham encetado uma partida, quando entrou um freguês às 9 horas e meia e falou a um dos jogadores:

— Como tens passado, Janjão?

O jogador não lhe respondeu; mas, à meia-noite, acabada a partida, ergueu a cabeça e disse placidamente:

— Assim, assim. E tu?

O outro estava, desde as onze, entre os lençóis.

Manassés

15 de junho de 1877

I

Achei um homem; vou apagar a lanterna. Lá nos Campos Elísios do teu paganismo, enforca-te, Diógenes, filósofo sem préstimo nem fortuna, arruador caipora, procurador de impossíveis. Eu, sim, eu achei um homem. E sabes por que, desastrado filósofo? Porque o não procurava, porque estava a tomar tranqüilamente a minha xícara de café, à janela, a dividir os olhos entre as folhas do dia e o sol que se desembuçava. Quando menos esperava, ei-lo ante mim.

E quando digo que o achei, digo pouco; todos nós o achamos, não dei com ele sozinho, mas todos, a cidade em peso, se é que a cidade em peso não tem coisa mais séria em que cuidar, (os touros, por exemplo, o voltarete, o cosmorama) o que de todo não é impossível.

E quando digo que o achei, erro; porque não o achei, não o vi, não o conheço; achei-o sem achar. Parece um enigma e é decerto enigma, mas dos que eu quisera ver-te fazer, leitor, se tens queda por tais ocupações.

Suponho no leitor uma alta dose de penetração, não me canso em explicar-lhe que o homem de que se trata é o incógnito benfeitor das órfãs da Santa Casa, o que deu 20:000$000, sem dar o seu nome.

Sem dar o seu nome! Este simples fato conquista a nossa admiração. Não que ela esteja acima das forças humanas, é essa justamente a condição da caridade evangélica, em nome da qual os filhos do Evangelho inventaram a caridade nas gazetilhas.

Mas, na realidade, o caso é raro. Vinte contos dados assim, com simplicidade, sem uma notícia nas folhas públicas, sem duas barretadas, sem uma ode, sem nada; vinte contos que caem da algibeira do benfeitor para as mãos dos beneficiados, sem passar pelos prelos, os bentos prelos, os adoráveis prelos, que tudo contam, até as ações mais recônditas? A ação é cristã; mas é tão rara, como as pérolas.

Por isso digo: achei um homem. O anônimo da Santa Casa é o homem do Evangelho. Imagino-o com dois traços principais: o espírito de caridade, que deve ser e é anônimo, e um certo desdém para com os clarins da Fama, os rufos de tambor, os pífanos da publicidade. Pois bem, esses dois traços característicos são duas forças. Quem as tem possui já de si uma grande riqueza. E saiba agora o leitor que o ato do benfeitor da Santa Casa inspirou a um amigo meu um ato bonito.

Tinha ele uma escrava de 65 anos, que já lhe havia dado a ganhar sete ou oito vezes o custo. Fez anos e lembrou-se de libertar a escrava... de graça. De graça! Já isto é gentil. Ora, como só a mão direita soube do caso (a esquerda ignorou-o), travou da pena, molhou-a no tinteiro e escreveu uma notícia singela para os jornais indicando o fato, o nome da preta, o seu nome, o motivo do benefício, e este único comentário: "Ações desta merecem todo o louvor das almas bem formadas."

Coisas da mão direita!

Vai senão quando o *Jornal do Comércio* dá notícia do ato anônimo da Santa Casa da Misericórdia, de que foi único confidente o seu ilustre provedor. O meu amigo recuou; não mandou a notícia às gazetas. Somente, a cada conhecido que encontra acha ocasião de dizer que já não tem a Clarimunda.

— Morreu?
— Oh! Não!
— Libertaste-a?
— Falemos de outra coisa, interrompe ele vivamente, vais hoje ao teatro?

Exigir mais seria cruel.

II

O capítulo dos teatros não me pertence; mas sempre direi de passagem, que a caridade teve outra manifestação, do mesmo modo que vai ter amanhã outra: — um sarau lírico e dramático em benefício das vítimas da seca.

Espetáculo de amadores, com uma obra de artista, e ilustre artista, um certo Artur Napoleão, boa sala, satisfação geral.

Lá estive até o fim, e nunca saí mais contente de espetáculo de amadores; nem sempre tive a mesma fortuna, em relação aos *virtuosi*. Esteve excelente.

Não me atrevo a pedir mais; desejarei porém que, se a Providência ferir com outro flagelo a alguma região do Brasil, aqueles generosos benfeitores se lembrem de organizar nova festa de caridade, satisfazendo o coração e o espírito.

III

Trata-se de calçar as ruas com pranchas de madeira. A ideia é por força maçônica. Pranchas... Não conheço o sistema, nem o modo de o aplicar; mas alguma coisa me diz que é bom. Primeiramente, é um calçamento que exercerá ao mesmo tempo as funções de fiscal e irrigador. Não há poeira; não há lama. Duas economias. Depois, amortece as quedas; nem há quedas, salvo se for pau envernizado. Finalmente, previne as barricadas insurrecionais.

Última vantagem: é postura. Postura? Postura.

Todos os anos, por este tempo, a polícia tem o cuidado de mandar para a imprensa um edital declarando que serão punidos com todo o rigor os que infringirem certa postura da Câmara Municipal, que proíbe queimar fogos de artifício e soltar balões ao ar.

O edital aparece: aparecem atrás deste os fogos de artifício; aparecem os balões. A pobre da postura, que já se vê com a ideia de ver-se executada, suspira; mas, não podendo nada, contra os infratores, recolhe-se ao arquivo, onde outras posturas, suas irmãs, dormem o sono da incredulidade.

Já vêem os senhores que, pondo limite à nova imprudência, eu tenho esperança de que não acendam fogueiras e bombas na madeira, nem lancem balões ao ar, que vêm depois cair ao chão. Salvo se querem imitar Gomorra, o que não é cômodo, mas pode ser pitoresco.

IV

Por último direi que vão ver a galeria de quadros do sr. Doré, à Rua do Ouvidor.

Vi-a; tem quadros excelentes, paisagens, pinturas de gênero, históricas, etc., dispostos com arte e convidando os amadores. Entre nós há bons apreciadores da pintura. Devem ir à casa do sr. Doré. Não se arrependerão como eu me não arrependo.

Manassés

1º de julho de 1877

I

Se este mês de julho não for um mês de rega-bofe, não será culpa minha nem de outras individualidades igualmente interessantes.

Primeiramente, o caso de mlle. Lafourcade é o prenúncio de episódios nunca vistos. Esta cantora apareceu outro dia em cena com as suas malas pedindo a proteção do público, contra o empresário, o qual, parece, estava disposto a lançar mão daqueles interessantes objetos. Há dúvida sobre se era uma só mala ou mais de uma: ponto histórico deixado aos investigadores futuros.

O importante é que havia mala.

Feito o *speech,* o público bradou contra o empresário (versão nº 1) ou contra a cantora (versão nº 2); mas parece que contra alguém manifestou o seu desagrado. A sra. Lafourcade deitou a mala (ou as malas) para uma *baignoire,* e foi atrás dela (ou delas). Nesse ponto cessam as minhas informações.

A mala Lafourcade é um prenúncio, como ficou dito, e vai alterar profundamente a ordem dos espetáculos. Conheço um ator que recusa as carícias de uma colega, e anda meditando acolher-se sob as asas do público. Não trará a mala, mas a fotografia da implacável Medéia. "Meus senhores", dirá esse Jasão mal apinhoado, "minha situação é ainda mais cruel do que o ladrão do velocino. Vejam, senhores; está além do sacrifício humano."

O público, juiz imparcial e pacato, mandará vir à sua presença a dama, e procurará um meio-termo que satisfaça a paixão de uma parte e a repugnância de outra parte. Uma vez declarada a sentença, considere-se o público totalmente perdido. Porque então terá diante de si todas as malas cobiçadas e todas as damas cobiçosas; passará as noites a acomodar amantes e credores. Terá de resolver as questões de dominó, o preço dos chouriços, os arrufos conjugais, toda a infinita série dos incidentes de cada dia. Não será público, mas um imenso juiz de paz.

II

Outra causa de rega-bofe são as assinaturas da estação lírica. Trata-se de aumentar os preços da assinatura.

Posto não seja sócio da empresa, acho que o clamor produzido por esta medida não tem razão de ser. E são tantas as razões em que me fundo, que não acabaria mais esta crônica se tivesse de as expor todas; limito-me a dizer que a empresa faz muito bem, e se alguma coisa se pode notar é a modicidade do preço. Santo Deus! Cinquenta mil-réis um camarote; um conto de réis cada assinatura!... Mas é de graça! Que lhes dão em troca? Em primeiro lugar a sra. Friccio. Ora, a Friccio, *si son ramage égále son plumage,* deve ter uma voz possante. Depois, uma série de óperas boas; noites alegres, etc., etc.

É de graça.

Ninguém reclama se lhe pedem trinta ou quarenta mil-réis por uma caixa de charutos. Por quê? Porque o mercador pode vendê-los ao preço que lhe parece.

Não poderá a Empresa Lírica pôr preço à sua mercadoria? Está fora da lei? Da razão? Do direito? Um conto de réis? Bem sei: é uma apólice, rende 6%, está seguro. Mas nem tudo são apólices na vida; nem tudo é 6%; também há companhias líricas, amor à arte, necessidades sociais, aparecer, brilhar, deitar uma cã fora.

Logo, paguemos.

Uso desta primeira pessoa do plural do imperativo para, de todo em todo, não isolar a minha pessoa da do público. Mas na realidade não pago. Se pagasse é possível que outra fosse a minha linguagem. Digo que é possível; não afirmo que fosse provável. Porquanto não é essencial à minha natureza ter assinatura do Teatro Lírico.

Cumpre dizer, porém, que eu sou um beócio. Que digo? Eu sou todos os beócios juntos, multiplicados por si mesmos.

Seriamente, a Empresa Lírica tem razão. Acho que pode marcar às assinaturas o preço que lhe parecer. Se lhe recusassem, está bem, podia abaixar um pouco. Mas ninguém recusa; os contecos hão de cair. Ora, exigir da empresa que, podendo receber cinquenta contos, só exija trinta e cinco, é pedir o que não se pede ao mascate mais ínfimo. O clamor é injusto e ingênuo.

III

Depois, o Blondin.

Este famoso equilibrista, vem pôr toda esta cidade de boca aberta, se é certo o que dizem pela boca pequena. Dizem que pretende dançar sobre um soalho de pontas de agulhas. Propõe-se a fazer do cabo submarino uma realidade, mediante um sistema arrojado: arranjar assinaturas para a agência Havas-Reuter. É atrevidinho!

Antes de inaugurar-se o cabo, nutri sérias dúvidas acerca do assinante fluminense. Não digo que ele fosse indiferente ao preço da batata e do arroz; não digo. Mas o assinante fluminense não deseja mais do que isso; era a minha opinião. E acertei. O *Jornal do Comércio,* que eu suponho ser o único assinante da agência Havas-Reuter, ainda nos dá uma lambujem do câmbio de Londres e do café de Antuérpia. Não exigimos mais. Exigir que desse mais era cair no erro da censura à Empresa Lírica.

Há homens simplórios que, desde a inauguração do cabo, estão plenamente convencidos da inutilidade dos paquetes, quanto a notícias.

O cabo inutilizou-as.

Esses homens, capazes de engolir um camelo, almoçam, jantam e ceiam com essa convicção. É verdade que se tivessem a convicção contrária, não andariam mais magros.

Nunca os paquetes foram mais necessários do que hoje. Menos cabo não era nenhum menoscabo: era quando muito um *calembour*.

Manassés

15 de julho de 1877

Quem não fala hoje da inauguração da Estrada de Ferro de São Paulo arrisca-se a não ser entendido de ninguém. A festa paulista absorve tudo, desde o déficit até a guerra oriental.

E tem razão.

Há trinta anos, quem dissesse que podia ir por terra a São Paulo, em 15 horas, se o dissesse à vista de um caipira, era dado por doido. E não é porque o homem do interior creia em distâncias. Não há distâncias para o sertanejo. Um deles, que se prepara a deixar esta corte, dizia-me há dias com a mais exemplar candura: "Vou *aqui* por Goiás, meto-me no rio, bato adiante e estou em casa."

Mas, creia ou não em distâncias, o homem do interior crê no tempo. Quinze horas do Rio de Janeiro a São Paulo! Mecê está doido, por força.

Foi essa doidice que alguns homens de boa vontade e alguns capitais de boa confiança tornaram agora uma coisa de muito juízo, um acerto com intervalos de lanche.

Não fui à festa, e senti; mas enfim *quelque chose m'attache au rivage,* sem ser a grandeza de Luís XIV. Pobre de mim! Fiquei, não a ver navios, porque a estrada acabou com eles, mas a ver vagões; fiquei de queixo caído, com água na boca, às moscas — todas as fórmulas de um deserdado da fortuna.

Um dia, e não será longe, direi aos meus botões: — Botões amigos, vamos espairecer em São Paulo; vamos gozar um pouco do Paraíba e outro pouco do Tietê. E os botões meter-se-ão comigo em um trem da Estação do Campo, e deixarei as margens da Guanabara por outras não menos poéticas e com certeza mais limpas.

Por agora só me cabe aplaudir com ambas as mãos o brilhante acontecimento, e dizer aos enérgicos paulistas, que são ainda hoje o que eram, o que hão de ser por muito tempo, um povo enérgico, iniciador, laborioso e sóbrio. Com tais qualidades pode-se colaborar na história. É o que eles fazem.

Terra de Amador, enfim estamos unidos.

II

Ao pé da inauguração, todos os mais acontecimentos são miúdos.

Entretanto, não deixou de ser comentado o caso das *senhoras gordas,* que os nossos Javerts da guardamoria asseveram serem magras como um lenço.

Se as tais gorduchas não pretendessem forçar a natureza cobrindo os ossos com lenços (700 e tantos lenços), não teriam passado pelo incômodo de lhes porem a calva à mostra. Conseqüência de iludir a realidade!

Confesso que, durante uma semana, andei com o sestro de crer que toda a gente trazia lenços por baixo. Senhora gorda que eu visse na rua, a navegar as banhas, ora a bombordo, ora a estibordo, podia contar que se arriscava muito a ser confiada a um urbano. Felizmente, a natureza tem uma grande força; e ao fim de alguns minutos reconhecia que a gordura não se finge bem, e que não eram lenços nem outra coisa a gordura da senhora transeunte.

Ah! Se voltassem os toucados altos do tempo de Tolentino, os tais que permitiam esconder um colchão! Se eles voltassem, os tais toucados! Então é que eu queria ver a polícia do mar. Haviam de destoucar todas as damas, ou passariam pelo desgosto de ver contrabandear canastras, canhões Krupp, mobílias e prensas hidráulicas. Que digo? As pirâmides do Egito, os volumes de Rocambole, tudo o que há mais pesado e grosso.

Mas, felizmente, só temos saias: único refúgio sério para esconder contrabando.

III

Outro fato de algum interesse é a ressurreição da Candiani.

A Candiani não é conhecida da geração presente. Mas os velhos, como eu, ainda se lembram do que ela fez, porque eu fui (*me, me adsum*), eu fui um dos cavalos temporários do carro da *prima-dona*, nas noites da bela *Norma*!

Ó tempos! ó saudades! Tinha eu vinte anos, um bigode em flor, muito sangue nas veias e um entusiasmo, um entusiasmo capaz de puxar todos os carros, desde o carro do Estado até o carro do sol — duas metáforas, que envelheceram como eu.

Bom tempo!

A Candiani não cantava, punha o céu na boca, e a boca no mundo. Quando ela suspirava a *Norma* era de pôr a gente fora de si. O público fluminense, que morre por melodia como macaco por banana, estava então nas suas auroras líricas. Ouvia a Candiani e perdia a noção da realidade. Qualquer badameco era um Píndaro.

E hoje volta a Candiani, depois de tão largo silêncio, a acordar os ecos daqueles dias. Os velhos como eu irão recordar um pouco da mocidade: a melhor coisa da vida, e talvez a única.

IV

E é esta a bagagem da quinzena. *Le reste ne vaut pas l'honneur d'être nommé.* Parte é política, assunto defeso à folha; parte é bibliografia e teatros, que pertencem a um distinto colega.

Sans adieu.

Manassés

1º de agosto de 1877

I

Cada um conta da festa como lhe vai nela. Para mim o acontecimento magno da quinzena é o meu nariz.

Imagine o leitor um trombone, tudo o que há mais trombone debaixo do sol, e aí tem o meu nariz. Ele dá todas as notas da escala e mais algumas; passa das agudas às graves, e dos sustenidos aos bemóis. Não sou um homem, sou uma partitura.

Nesta mesma ocasião em que travo da pena, suponho respirar, e não faço mais do que executar uma sinfonia. É escusado dizer que, ao mesmo tempo que procuro uma ideia, procuro um espirro, e não acho nenhuma das duas coisas, ou quando muito acho só a ideia.

Esta situação de um escritor não é decerto a mais lastimosa, mas é com certeza uma das mais aborrecidas. E é por isso que eu ponho este acontecimento acima dos seus irmãos da quinzena. Há coisas que interessam a todos: são as mínimas; há outras, que só interessam a quem as conta: são as máximas.

Sem dúvida, o tétano, uma perna quebrada, a lepra, a perda da fortuna, são coisas piores que um defluxo. Vou além: posso considerar pior que o defluxo uma eólica ou um credor. Mas nenhuma dessas enfermidades, nem mesmo a última, é comparável ao defluxo pelo lado do tédio.

Oh! o tédio!

II

Isto posto, se eu lhes disser que não fui ainda à Companhia Lírica, não serei chamado bárbaro.

Se eu lá fosse, com o meu trombone armado em solfa, teria contra mim o Bassi, o público e a polícia. Não seria um espectador, mas um colaborador. Não daria aplausos, mas *pizzicatos,* se é que um trombone pode dar *pizzicatos.*

Não fui; mas tenho falado a muita gente que lá foi. Não sei como resuma as opiniões que tenho ouvido; uns não gostam, outros dizem que hão de gostar... daqui a doze representações. O que me fez crer que as óperas são como certos medicamentos: curam depois de várias aplicações.

Ou porque a maioria seja dos que não gostam, ou porque não esteja disposta a esperar os efeitos do medicamento, a verdade é que a empresa deu por terminada a *Fosca* e passa à ordem do dia.

Entretanto, devo dizer que a alguns mestres tenho ouvido elogios honrosíssimos a Carlos Gomes. Na opinião de um deles, a *Fosca* é superior ao *Guarani*; mas o *Guarani* tem mais condições de popularidade. Não duvido; há composições para os entendidos e outras para os outros. Não basta que uma ópera desagrade para supor-se que é defeituosa, fraca ou sem inspiração; ou que é inferior a outra, sendo ambas de mérito. O *Gigante de pedra* tem tido mais leitores que os quatro cantos dos *Timbiras,* e ninguém dirá que esses quatro cantos valem menos que o *Gigante de pedra.* Valem muito mais.

O que não vale muito, decerto, é o libreto da ópera do Gomes, tal qual no-lo deram os jornais. Que sina é a dos maestros! São obrigados a ter inspiração para dar vida a umas salsadas de rimas. Quem jamais esquecerá o entrecho da *Africana,* que é asiática? E não obstante, a obra é de Scribe. Poucos libretos conheço que tenham algum valor. A maioria é obra de cordel.

Voltando à Companhia Lírica, direi que parece ter geralmente agradado, posto que, segundo alguns, não houve ainda os aplausos que ela merece! Virão com o tempo. O que me parece é que a companhia não tem aquele *trio* de caras ou figuras bonitas da outra — circunstância que entrou por muito nos aplausos da nossa *fashion.* Sim; uma bela voz e uns belos olhos fazem boa companhia, e é talvez por isso que a Sanz cantava com os olhos, quando não tinha nada que dizer com a garganta. Parece que cantava também com os braços e as espáduas.

O sr. Ferrari não devia esquecer que o fluminense gosta do *ramage* e do *plumage*, e que o vir *probus dicendu peritus* é por ele parodiado em matéria de música.

III

Depois do meu nariz e do nosso Gomes, os heróis da quinzena foram o cavalo e a galinha, quero dizer a pule.

A pule é uma introdução moderna no nosso esporte: é uma loteria mais rápida e mais vertiginosa. 64:000$000 de aposta na pule é uma quantia redonda, e demonstrativa de que podem desenvolver-se juntos a raça cavalar e os vencimentos.

Eu, entre outros pecados que me pesam na alma, conto o de não acreditar na influência do esporte, salvo em relação aos jóqueis, que assim se aperfeiçoam na equitação. Também creio na influência do esporte, em relação à empresa das carruagens. Outrossim, em relação aos joalheiros, modistas e alfaiates.

Estou longe de dizer que o cavalo não tenha com ele alguma vantagem. Tem; e o cavalo é um amigo do homem. Introduzem-se alguns espécimes de boa raça no país; é vantagem certa. Mas lá uma grande influência...

Não terminarei este capítulo sem dizer que um amigo meu, indo à última corrida, chegou-se à galinha, quero dizer, à pule, e perdeu.

— Que tens? disse-lhe eu; estás sorumbático.

— Jururu, suspirou ele com um gesto de pinto melancólico.

IV

Enquanto o cavalo influi, o boi vinga-se.

Vendo estabelecida a estrada de ferro de São Paulo ao Rio de Janeiro, o boi jurou vingar-se da aposentação a que foi condenado, e já produziu nada menos de três desastres.

Verdade é que, para descarrilar os trens, sacrifica ele a vida, atravessando-se nos trilhos.

Mas há almas assim; capazes de morrer, contanto que matem o inimigo. São assim os bois, os russos e os turcos. Estes e aqueles continuam a estripar-se com o maior denodo. Ah! se eu fosse senhor de meu nariz!

V

Última hora. — Pateada lírica; o público amua-se. *Qui anime bien, chatie bien.*

Manassés

15 de agosto de 1877

I

A vocação do telégrafo é um logro. Ele pode acertar muitas vezes ou aproximar-se da verdade; mas o logro é a sua vocação. Esta quinzena foi a das 4.000 libras do Parlamento Inglês. Quando a agência Havas nos disse gravemente que o governo de Inglaterra propusera 4.000 libras para o Ceará, houve pasmo e agradecimento nas fisionomias. O caso era novo; mas os desastres do Ceará são vulgares? Toda a gente fiou-se na palavra da agência, cuja gravidade, veracidade e universalidade são conhecidas.

Vai senão quando descobre-se que não houve pedido inglês, de libras inglesas ao Parlamento Inglês. Era o inverso do nosso adágio. O telegrama era só *para brasileiro ver*. É certo que a agência Havas não se explicou ainda a este respeito; mas devemos acreditar que, se nós pasmamos com a afirmação, ela deve ter pasmado com a retificação, e o efeito nela deve ser maior.

Criminar a agência é um erro. A culpa é da eletricidade. Este substituto dos correios está destinado a perturbar muita vez os cérebros humanos. Seu mérito é a rapidez; seu defeito é a concisão e a confusão. Tem obrigação de dizer as coisas por meias palavras, às vezes por sombras de palavra; e o resultado é dizer muitas vezes outra coisa.

Seja como for, estou agora de pé atrás com as notícias telegráficas da Europa. As do norte do Império sempre são exatas porque são de graça. Um telégrafo gratuito não pode errar porque não come metade do recado; diz-se tudo o que é preciso. Mas o telégrafo retribuído é outra coisa, e o transatlântico é retribuído, como se sabe.

Suponhamos que de Londres nos mandem dizer que a Suíça foi invadida e perdeu a independência. Para abreviar e pagar menos escrevem de lá: — *Suíça, independência, perdeu*. As palavras correm o oceano, são traduzidas nesta corte e publicadas deste modo: "O *Independência* perdeu as suíças." Pasmo geral! Ninfas minhas, pois não bastava que tamanhos trabalhos cercassem o infeliz couraçado? Um ou outro aventurar-se-ia a perguntar o que eram as suíças; mas certeza de que este nome exprimiria alguma coisa de tecnologia naval facilitava a resposta.

Portanto, não me fio mais em telegramas. Quero ver as notícias em boa e esparramada prosa, como no tempo em que os paquetes nos traziam os acontecimentos, novos em folha e nas folhas. Pode a agência contar-me o que lhe parecer. Quisera acreditar nas vitórias dos turcos; mas como, depois das libras inglesas? Melhor é apelar do telégrafo para o vapor; com isto não ofendo o progresso: ambos são seus filhos.

II

A questão dos impostos municipais levou-me a estudar a conveniência de introduzir algum melhoramento na instituição popular das câmaras, de maneira a aumentar-lhe as rendas sem aumentar os impostos.

Já daqui estou a ver todos os olhos em cima de mim e todos os ouvidos abertos, à espera do meu elixir. O elixir não é meu; é da Câmara Municipal de Curuçá.

O presidente dessa Câmara paraense, sendo chamado a contas, apresentou um saldo de 161$500, verificando-se haver um déficit de 27$; importância esta que o mesmo presidente declarou ter emprestado sob penhor de um relógio.

Eis o elixir. A Câmara constituída em *prego* pode satisfazer os encargos municipais sem gravame dos contribuintes; tal é o segredo econômico descoberto pelo presidente da Câmara de Curuçá. Verdade é que o ilustre presidente não declarou a importância do prêmio do empréstimo; mas é claro que uma Câmara não tem obrigação de ser mais complacente que um usurário. Folgo de crer que o prêmio foi de esfolar a vítima. E o déficit converte-se em saldo.

Ao mesmo tempo que esta revolução econômica e municipal se realiza no ano da graça de 1877, percebe-se que o município de Curuçá é menos um município do que uma casa de família, um seio de Abraão. Provavelmente não há ali nem lei das câmaras, nem outras disposições regularizadoras dos negócios públicos no resto do Império. Daí certa expansão nas faculdades imaginativas do vereador; e ao mesmo tempo certo perigo.

Porquanto, se em vez de descobrir a aplicação de um novo sistema financeiro conciliando a vereança com o *prego*, o presidente da Câmara Municipal de Curuçá pregasse os 27$ em uma assinatura de teatro para o fim de dar folga aos empregados estava longe de merecer os meus elogios. Não o fez. Mas podia fazê-lo.

III

A *fashion* fluminense tem tido boas noites de diversão. Além das brilhantes quintas-feiras do sr. Conselheiro Diogo Velho, teve nesta quinzena um sarau especial em casa do sr. Conselheiro Nabuco, festa que deixou encantados a todos os que lá foram. Era o aniversário da filha do eminente jurisconsulto. Sei que lá reinaram a graça e a elegância; que a animação foi geral e constante; que a festa terminou depois das 4 horas da madrugada. O cotilhão foi brilhantemente dirigido pelo sr. dr. Sizenando Nabuco.

IV

Não quero invadir os domínios do meu colega da revista dramática. Ele falará da *Estrangeira* e seu desempenho pela Companhia de São Luís. Direi somente que, segundo vi afirmar, a tradução da peça é de uma distinta senhora. Creio que afirmam a verdade e basta ver o trabalho para crer que a tradutora não é só distinta pelas graças, mas também pelo talento. Tanto melhor para as letras.

Manassés

1º de setembro de 1877

I

O que mais me impressionou nesta quinzena foi o obituário.

Estou há longos anos acostumado a ler os estragos produzidos pelas enterocolites, perniciosas, caquexias, e outros pseudônimos com que a morte despovoa a cidade, na proporção de 20%, segundo a Associação do Saneamento. Mas a morte gosta de guardar surpresas; é como os namorados de engenho fértil; inventa sempre um agradinho novo.

Notei nesta quinzena vários e multiplicados casos de uma doença, velha no mundo, mas novíssima no bairro: o delírio alcoólico.

O delírio alcoólico não é precisamente o delírio poético nem o delírio político. Este último delírio deve ser extremamente vulgar no interior, porque a cada passo leio em jornais da província observações a tal respeito, em relação aos adversários. O delírio alcoólico é outro.

Suponho que essa espécie de delírio é proveniente do álcool, se as palavras têm alguma significação. Donde concluo que a bebedice parece desenvolver-se entre nós, já em tal escala que a taberna é o pórtico da sepultura.

A taberna é sempre pórtico de alguma coisa: da sepultura ou do xadrez. Mas até aqui era só deste segundo estabelecimento, pouco decoroso, é verdade, mas nunca definitivo. Ia-se ao xadrez, saía-se, voltava-se, como se vai à Praia Grande — uma passagem de barca. A sepultura é de fácil acesso, mas não dá saída aos hóspedes. Ninguém ainda voltou daquele país, como pondera Hamleto.

Pois é à sepultura que está levando o delírio alcoólico. Donde vem este aparecer e recrudescer da tal moléstia? Bebe-se mais? ou é simplesmente epidemia? Está no ar? na sola dos sapatos? nos charutos? na cara dos amigos?

Qualquer dessas origens pode ser verdadeira, mas inclino-me a crer que se bebe mais do que antes. Se ainda estivéssemos no tempo da Arcádia era ocasião de fazer uma apóstrofe ao deus Baco, o deus que maior número de versos inspirou, e que versos, muitos deles! Bebe-se mais, e faz-se bem, porque ele para ser bebido é que se inventou. Não foi para despejá-lo à rua. Saibam pois que, além dos muitos flagelos com que a morte nos traz atarantados, pegou mais este delírio. E isto num país sóbrio! Que seria se fôssemos...

II

Receitas para faltar a um *rendez-vous*:
    1º Não ir a ele.
    2º Meter-se num bonde que passe pela Rua Direita.
    Fiz esta observação há dias e dou-a de graça aos leitores.

III

Escrevo a ouvir cair uma chuva fina, incômoda, ventosa... e lembro-me que não há de ser muito divertida a saída dos assinantes do Teatro Lírico depois da meia hora.

Canta-se o *Trovador*, que parece ter caído no agrado do público. Ainda bem! O público estava ficando muito exigente ou pouco compassivo. Queria que as óperas fossem bem cantadas, como se essa fosse a primeira necessidade de uma ópera. A empresa, para satisfazê-lo, deu-lhe uma, cantada razoavelmente, alguns dizem que excelentemente. Não há já motivo de queixa e o público aplaudiu.

Além disso, a empresa anunciou que mandara buscar outra dama. A nova dama, que estava agora no Cairo, vai trazer-nos notícias frescas dos egípcios, e servir-me de transição para os turcos.

IV

Nesta quinzena veio muita notícia de vitória turca. Ao que parece os russos estão apanhando um pouco antes de pôr o pé em Constantinopla. O soldado turco, que não é nem foi nunca um soldado de pau, não quer ceder assim o lugar aos outros com duas razões. Acho que faz bem; mostra ser soldado e ser turco.

Constantinopla nas mãos dos russos pode ser muito agradável ao leitor, que não é russo nem turco, mas a mim é extremamente desagradável. Constantinopla, desde que deixar de ser muçulmana, é uma cidade vulgar; e eu tenho minhas cócegas de ir ver Constantinopla e quisera vê-la muçulmana. No dia em que lhe puserem de guarda um cossaco, adeus poesia! Lá se vai metade das *Orientais* de Victor Hugo.

Que um homem se apaixone pela independência dos gregos, muito bem. Compreendo o fervor. Eu o teria se fosse nascido nesse tempo. Porque, em suma, os gregos, embora já não fossem os gregos, eram ainda gregos. A sombra de Milcíades! a terra de Platão! Só isto faz eriçar os cabelos de um rapaz. Até aí, é comigo.

Mas o império dos russos está vivo e são, é vasto e forte. Não vejo motivo para que devamos desejar que Constantinopla lhe caia nas mãos. Será muito bom para eles, e é por isso que eles lá estão a bater-se. Mas que lhe demos as nossas simpatias, só se for por causa das russas... E as turcas? Creio que as turcas podem dar não só o delírio alcoólico, mas vários outros delírios.

v

Não sei se é turca ou russa a sra. Spelterini, que se anuncia agora e parece vir meter o Blondin em um chinelo. Esta ilustre funâmbula tem reputação universal, como o outro, e vem mostrar ao Rio de Janeiro, como é que uma mulher faz da corda um simples salão.

Por ora só lhe tenho visto o retrato; e quase não vejo outra coisa de manhã à noite, à direita e à esquerda. O retrato da Spelterini persegue-nos; vejo-o em todas as vitrinas, nos bondes, na copa do chapéu, no fundo do prato, nas pontas das botas. Ontem, bebendo café, ao sorver da última gota, dei com a Spelterini no fundo da xícara. Quero assoar-me e olho para a Spelterini dentro do lenço. Tento acender um fósforo e acendo um olhar da funâmbula.

Este processo de meter a Spelterini à cara da gente é chistosíssimo, porque eu, em geral pouco dado a funâmbulos, estou ansioso por ver a nova celebridade, e lá irei na primeira ocasião ou na segunda.

vi

O *Figaro* diz que correm agora em Paris muitas moedas do Brasil, e de outros estados americanos.

Logo vi; por isso é que não as temos.

Manassés

15 de setembro de 1877

i

Esta quinzena não pertence só à cidade. Não dominou nenhum fato local, mas um maior que todos, um fato universal e de incalculáveis conseqüências: a morte de Thiers.

Que temos nós com Thiers? Era um estranho, não se ligou à nossa pátria por nenhum serviço, por nenhum caso especial, em nenhum tempo. Não obstante, sua morte abate-nos, como a todos os demais países; sentimo-la como se perdêssemos um dos nossos homens melhores.

A causa não é outra senão que a liberdade, a ordem, o talento, a hombridade são por assim dizer uma pátria comum, e que há homens tão ligados ao movimento das ideias e à história da civilização que o seu desaparecimento é um luto universal.

Tal foi o estadista que a França acabou de perder. É escusado escrever-lhe a biografia; todos a têm de cor.

Para ele, para a sua glória, Thiers morreu a tempo. Podia ainda prestar serviços à pátria, mas é impossível que conquistasse maior admiração e respeito dos seus concidadãos e do mundo. Não havia mais um só degrau acima dele; chegara ao cimo.

Não assim para a França, que viu desaparecer um dos seus maiores vultos, cuja experiência e vida lhe seriam ainda necessárias.

II

Leitor, permitirás a um enfermo que nada mais te diga? A pena foge-me dos dedos, e não posso cumprir devidamente a obrigação do costume.

Só te direi duas coisas, uma que sabes, e outra que talvez não saibas.

A primeira é que se preparam grandes festas para receber suas majestades. A segunda é que o *Te-Deum* que deverá ser cantado na Capela Imperial, por ocasião da chegada dos augustos viajantes, foi expressamente composto pelo muito talentoso e hábil mestre da capela o sr. Hugo Bussmeyer. Mais uma ocasião têm os amadores de boa música para apreciar a capacidade profissional do distinto compositor.

Manassés

1º de outubro de 1877

I

Há cinco dias estão de volta a esta capital o imperador e a imperatriz do Brasil.

As festas públicas, as aclamações, as provas contínuas e entusiásticas de simpatia e afeto que todas as classes deram aos augustos imperantes não deixaram dúvida alguma acerca de dois pontos: 1º os sentimentos monárquicos da população; 2º sua adesão especial à pessoa do imperante e à dinastia de que s. m. é chefe.

Dezoito meses estiveram ausentes os augustos imperantes. Viram longas terras, costumes diferentes, deixando em toda a parte excelentes e perduráveis recordações da sua passagem.

Sua majestade o imperador tratou de perto com todas as majestades — as dinásticas, as científicas, as literárias. Academias, museus, universidades, viram-no atento às lições e descobertas modernas, e ao mesmo tempo apreciaram os dotes naturais, e os fortes estudos, que o distinguem e tornam credor de admiração.

Os chefes de Estado o receberam em seus palácios, os sábios em seus gabinetes de estudo. Não saiu de França sem visitar um dos maiores poetas do século; em Portugal, visitou ainda uma vez o Thierry da nossa língua. Essa qualidade rara, que torna o imperador brasileiro familiar com as regiões políticas do mesmo modo que com aquelas onde só dominam os interesses puramente intelectuais, essa qualidade, digo eu, já havia despertado a admiração da Europa, e é um dos melhores títulos de sua majestade ao nosso orgulho.

Não é rei filósofo quem quer. Importa haver recebido da natureza um espírito superior, moderação política e verdadeiro critério para julgar e ponderar as coisas humanas. Sua majestade possui esses dotes de alta esfera. Nele respeita-se o príncipe e ama-se o homem — um homem probo, lhano, instruído, patriota, que soube fazer do sólio uma poltrona, sem lhe diminuir a grandeza e a consideração.

Outra razão tinha o povo para receber alegremente os augustos viajantes, depois de dezoito meses de ausência; era achar-se sua majestade a imperatriz restabelecida dos incômodos que motivaram a viagem. As virtudes da augusta consorte do imperador são de longos anos objeto do culto e da admiração dos brasileiros. Ao ver que a viagem restaurara a saúde da virtuosa imperatriz, a família brasileira sentiu-se tomada de verdadeira satisfação.

II

Ao pé de um acontecimento faustoso, registra a crônica um caso verdadeiramente lamentável para a literatura da nossa língua: a morte de Herculano.

Não teve este grande historiador, poeta e romancista a vida ativa de um Thiers; não foi destinado a realizar com a palavra e a ação política as doutrinas de que foi estrênuo defensor com a pena. Mas só isso os separou. No silêncio do gabinete, na investigação dos recessos históricos, foi tamanho e será tão imortal como o francês. Um e outro pertenciam a essa burguesia brilhante, ilustrada, cheia de futuro, que trabalhou este século e honrou mais de uma língua.

Vivemos num decênio de agitação e luta. Desde 1870 para cá quantas mortes, batalhas, vitórias e derrotas! Uma geração se despede, outra vem chegando; e aquela deixa a esta o pecúlio da experiência e da lição dos tempos e dos homens.

Com o autor do *Eurico* e da *História de Portugal* vão muitas das recordações da nossa adolescência, porque todos nós de ambos os lados do Atlântico, balbuciamos a literatura nas obras de Herculano, Garrett, Castilho, Gonçalves Dias, Lisboa, Magalhães, Porto-Alegre. Destes só restam os dois últimos.

III

Na hora em que escrevo ainda não está exposto o quadro de Pedro Américo; mas não tardará a sê-lo. Dentro de poucas horas será apresentada aos olhos do público a obra do nosso talentoso compatriota, sobre a qual escreveram jornais da Europa tantas e tão honrosas notícias. Irei vê-lo, como irão todos os habitantes desta capital, e direi aos leitores da *Ilustração Brasileira* as minhas impressões, e, julgo de sê-lo, o meu aplauso.

IV

De maneira que não será por falta de festas que se aborrecerá o povo fluminense; tem tido tudo nestes dois últimos dias: festas de olhos e de espírito, diurnas e noturnas, teatros de todo o gênero. As ruas têm estado brilhantes de luzes e bandeiras; os teatros repletos de espectadores.

Enquanto o Teatro Lírico prepara o *Guarani* com todo o esplendor, a Spelterini dá-nos um passeio sobre corda com um marmanjo a cavalo.

Esta funâmbula bonita e ágil, mestra na arte de usar de maroma, tem abalado uma parte da população, que admira os feitos ginásticos. Não sei se o *Tartufo* teria tanta concorrência. Talvez não; e daí... pode ser que sim... pode ser.

V

A vida é intercalada de risos e dores; sigamos a mesma ordem na relação dos sucessos.

O Brasil acaba de perder um dos seus mais ilustrados filhos, o senador Tomás Pompeu, que ao talento ligava o amor do trabalho, e gozava geral consideração da parte de amigos e de adversários políticos.

Era liberal; nesse partido gastou o melhor dos anos, subindo em sua província a uma posição respeitada, influente e honrosa para esta e para ele.

Amou a liberdade, e a liberdade lhe lançou na campa a última coroa, porque essa amante generosa e potente não esquece os seus fiéis, e aquele era dos que a amam sem desvario nem frouxidão.

Deixou provas do seu talento e ilustração em mais de um livro, que os arquivos nacionais conservarão entre os melhores. O Brasil, como o seu partido, deve-lhe saudade e veneração.

Manassés

15 de outubro de 1877

I

O Rio de Janeiro teve um respiro, e vai consagrar os dias de vida que ganhou com ele em beber pelo ouvido algumas das coisas mais belas que têm saído do cérebro de alguns criadores. Bolis não embarca. Quando esta notícia foi confirmada na sexta página do *Jornal do Commercio* (já não há quarta página desse jornal) a cidade sentiu toda a misericórdia de que é capaz um céu atento às necessidades do povo. Não embarca o Bolis! Vamos ter mais uns quinze ou vinte dias de gozo, de bem-aventurança para todos, público e cambistas, principalmente cambistas.

Não houvesse o cabo submarino, e esse acontecimento era impossível. Foi o cabo que, com a complacência natural à eletricidade, perguntou para a Europa se o Bolis podia ficar até o fim da Estação Lírica. A Europa respondeu que podia. Diz-se que a Europa nutre más ideias a respeito da América, e cita-se a expedição do México como uma prova de que a civilização americana é malvista pela civilização européia.

Pode ser; mas há exceções. O caso de que trato é uma exceção e das mais significativas. A Europa cedeu-nos o Bolis por mais vinte dias; e se há quem não veja nisto uma prova de desinteresse, compre um par de óculos na casa da Viúva Reis, que é quem continua a vendê-los da melhor qualidade.

Pela minha parte, que gosto do Bolis, louvo a resposta telegráfica e não louvo do mesmo modo uns versos que apareceram há dias, e em que o nome do distinto cantor serviu a um trocadilho melancólico e vulgar, trocadilho, que nem me atrevo a repetir, tão vulgar, e tão melancólico é ele.

Prefiro fazer uma reflexão filosófica.

II

Disse o *Jornal do Comércio*, ou outra folha, não me recordo agora, que a Patti e Nicolini foram contratados para América, mediante o ordenado de 83.000 francos mensais cada um; trinta e três contos de nossa moeda.

Dou dez minutos ao leitor para respirar.

Ils chantent, ils payeront, dizia um ministro célebre. Agora é diferente: *ils chantent, ils seront payés*. Que o devam ser e bem pagos, é coisa realmente incontestável; mas esse algarismo de trinta e três contos (mais de um conto por dia) faz duvidar se é melhor escrever o *Trovador* ou cantá-lo. Bem sei que o Verdi, se não ganhou trinta e três contos por mês, tem a vantagem de uma cadeira curul, que provavelmente não caberá ao Nicolini; mas, além de que o Verdi faz muito melhor figura na *Aída* que no Senado, não estou convencido de que ele não quisesse ensaiar, ao menos uns dez ou doze meses, os trinta e três contos, sem a curul.

As Pattis do século XX hão de ser muito mais exigentes, e os Nicolinis do século XXI, só hão de ser excedidos pelos Nicolinis e pelas Pattis do século XXII. A economia política há de ver-se a braços com um fenômeno novo: a influência da música no numerário, e a *Lucia de Lamermoor* convertida em origem de falências. Um dia, enfim, dentro de cinco ou seis séculos, quando os turcos tiverem despejado a Europa, e a poesia social houver inteiramente queimado o último exemplar de Musset, nesse dia, três ou quatro industriais de gênio formarão uma companhia de seguros contra os cantores. Virá depois uma lei civil, depois uma pastoral; depois o dilúvio.

III

No meio das notas verdadeiras com que se distraem as séries A e B, do Teatro Lírico, apareceram algumas notas falsas de 20$, que desde logo caíram nas mãos da polícia.

A florescência de notas falsas que se tem manifestado nestes últimos tempos, faz crer que a indústria continua a seduzir alguns impacientes; e que não há código, nem cadeia, nem polícia, que meta medo a um aspirante a milionário.

Notas ao sul, ao norte, a leste e a oeste: é uma chuva de papel, que, se cai muita vez no pedregulho policial, cai também, e em alta escala, em terra fecunda, onde produz, sabe Deus que bons prédios e que boníssimas apólices.

A coragem com que um ou muitos sujeitos investem com uma chapa para imprimir uns quantos milhares de bilhetes, não obstante os degredos com que a justiça puniu na véspera os autores de igual façanha, inspira-me o desejo de escrever um livro acerca do prestígio que tem o perigo em certas almas; porque, em suma, é tão fácil não fazer notas falsas! Há aí por força um caso de fascinação, de deslumbramento, de delírio.

Enrichissez-vous! Este conselho de Guizot soa perpetuamente aos ouvidos dos moedeiros, e é para obedecer-lhe que eles se lançam a embaçar o próximo e a próxima. Na verdade, um ou dois anos de paciência, de atividade, de finura, não é muito para ter no fim um travesseiro de ouro em que dormir os cuidados e esquecer as misérias do outro tempo. Enriquecei com dinheiro bom, se puder ser; e se não puder ser, enriquecei com dinheiro falso; é mais arriscado, mas vencido o risco, o resultado é o mesmo. É o que lhes diz uma Egéria misteriosa; é o que eles pensam e fazem.

Realmente, só há hoje dois meios de arrumar algumas notas na caixa: é fazê-las ou cantá-las.

IV

Está aplicado o vapor aos bondes; fez-se já uma experiência, que, segundo parece, deu bom resultado.

O melhoramento, que todas as mulas vão abençoar, se vem encurtar ainda mais as distâncias, pode do mesmo lance encurtar as vidas; e é para esse ponto que ouso chamar a atenção das empresas. Levem-me depressa a Botafogo, mas não ao cemitério. Aplaudo o vapor, com essa simples condição.

Atualmente os cocheiros são uns espíritos pouco ou quase nada filantrópicos. Há anualmente certo número de manetas e pernas-de-pau, cuja sorte é só devida às impaciências desumanas de suas senhorias. A substituição dos animais pelo vapor será excelente, se os maquinistas não forem da mesma família dos apressados.

Quanto aos desgostosos do mundo, os infelizes, os Chattertons, vão ter agora um ensejo de sair da vida voluntariamente, sem que o pareça: é saltar de um bonde a todo o vapor. Irão do bonde à eternidade, obra de quatro passos adiante.

V

A eternidade! Esta palavra chama-me o espírito a um assunto sério desta quinzena, e será o último com que feche a minha crônica.

Já pertence à eternidade um dos mais vivazes espíritos da atual geração, o dr. Francisco Pinheiro Guimarães, morto e sepultado há poucos dias, no meio da consternação geral.

Conheci-o desde 1862, há uns quinze anos; tive tempo largo de o apreciar, estimar e admirar. Era moço em toda a extensão da palavra; tinha o entusiasmo da mocidade, essa febre que o tempo cura para nos dar a triste regularidade da saúde. Sua estréia no teatro foi logo uma vitória. Quem se não lembra ainda daquelas noites da *História de uma Moça Rica* e *Punição*? Os rapazes acolheram o jovem dramaturgo com todas as mostras de admiração, uma admiração ruidosa, expansiva, juvenil, que fazia do público inteiro, na sala do Ginásio, uma só alma, e uma grande alma.

A guerra veio; Pinheiro Guimarães voou à guerra, com o mesmo ardor, com que voara às letras, e lá esteve enquanto foi preciso servir à pátria nesse novo campo não menos nobre que o outro. O brilhante tenente-coronel fez-se logo valoroso general; quando voltou à corte, acabada a campanha, a recepção que lhe fez a cidade foi digna dela e dele; foi uma festa que ainda se não apagou da memória dos que a viram ou dela fizeram parte.

Na ciência, ocupou Pinheiro Guimarães distinto lugar. O Estado lhe confiou uma cadeira na escola de medicina, onde ele ajudou a formar novos alunos, que eram ao mesmo tempo novos amigos seus. Os colegas o amavam como caráter, e o apreciavam como talento, porque ele reunia essas duas qualidades, nem sempre juntas, e reunia-as de modo exemplar.

Também o Parlamento o viu entre os seus membros, entre os mais distintos, laboriosos e estimados. A carreira política seduzia-o, do mesmo modo que o haviam seduzido as outras. Era sempre o mesmo entusiasmo de moço, o ardor que não descansa, que aspira a fazer alguma coisa, a trabalhar para o edifício comum.

A morte o colheu no meio da vida, aos 44 anos, quando suas nobres ambições deviam estar, e estavam, tão resolutas como no primeiro dia. A notícia consternou a toda a cidade. O saimento do valente e talentoso fluminense foi digno de sua vida; todas as classes ali estavam representadas; todas viram passar funebremente aquele que entrara, anos antes, cheio de glória e renome, à frente de uma legião de bravos. No túmulo que o cobre deixo uma saudade; é a derradeira homenagem ao que admirei e estimei em vida.

Manassés

1º de novembro de 1877

I

Há um meio certo de começar a crônica por uma trivialidade. É dizer: que calor! Que desenfreado calor! Diz-se isto, agitando as pontas do lenço, bufando como um touro, ou simplesmente sacudindo a sobrecasaca. Resvala-se do calor aos fenômenos atmosféricos, fazem-se algumas conjeturas acerca do sol e da lua, outras sobre a febre amarela, manda-se um suspiro a Petrópolis, e *la glace est rompue*; está começada a crônica.

Mas, leitor amigo, esse meio é mais velho ainda do que as crônicas que apenas datam de Esdras. Antes de Esdras, antes de Moisés, antes de Abraão, Isaque e Jacó, antes mesmo de Noé, houve calor e crônicas. No paraíso é provável, é certo que o calor era mediano, e não é prova do contrário o fato de Adão andar nu. Adão andava nu por duas razões, uma capital e outra provincial. A primeira é que não havia alfaiates, não havia sequer casimiras; a segunda é que, ainda havendo-os, Adão andava baldo ao naipe. Digo que esta razão é provincial, porque as nossas províncias estão nas circunstâncias do primeiro homem.

Quando a fatal curiosidade de Eva fez-lhes perder o paraíso, cessou, com essa degradação, a vantagem de uma temperatura igual e agradável. Nasceu o calor e o inverno; vieram as neves, os tufões, as secas, todo o cortejo de males, distribuídos pelos doze meses do ano.

Não posso dizer positivamente em que ano nasceu a crônica; mas há toda a probabilidade de crer que foi coetânea das primeiras duas vizinhas. Essas vizinhas, entre o jantar e a merenda, sentaram-se à porta, para debicar os sucessos do dia. Provavelmente começaram a lastimar-se do calor. Uma dizia que não pudera comer ao jantar, outra que tinha a camisa mais ensopada do que as ervas que comera. Passar das ervas às plantações do morador fronteiro, e logo às tropelias amatórias do dito morador, e ao resto, era a coisa mais fácil, natural e possível do mundo. Eis a origem da crônica.

Que eu, sabedor ou conjeturador de tão alta prosápia, queira repetir o meio de que lançaram mãos as duas avós do cronista, é realmente cometer uma trivialidade; e contudo, leitor, seria difícil falar desta quinzena sem dar à canícula o lugar de honra que lhe compete. Seria; mas eu dispensarei esse meio quase tão velho como o mundo, para somente dizer que a verdade mais incontestável que achei debaixo do sol é que ninguém se deve queixar, porque cada pessoa é sempre mais feliz do que outra.

Não afirmo sem prova.

Fui há dias a um cemitério, a um enterro, logo de manhã, num dia ardente como todos os diabos e suas respectivas habitações. Em volta de mim ouvia o estribilho geral: — Que calor! que sol! é de rachar passarinho! é de fazer um homem doido!

Íamos em carros; apeamo-nos à porta do cemitério e caminhamos um longo pedaço. O sol das onze horas batia de chapa em todos nós; mas sem tirarmos os chapéus, abríamos os de sol e seguíamos a suar até o lugar onde devia verificar-se o enterramento. Naquele lugar esbarramos com seis ou oito homens ocupados em abrir covas: estavam de cabeça descoberta, a erguer e fazer cair a enxada. Nós enterramos o morto, voltamos nos carros, e daí às nossas casas ou repartições. E eles? Lá os achamos, lá os deixamos, ao sol, de cabeça descoberta, a trabalhar com a enxada. Se o sol nos fazia mal, que não faria àqueles pobres-diabos, durante todas as horas quentes do dia?

II

Para fazer alguma diversão aparece uma mulher que se traspassa tal qual a mais ínfima taberna. A diferença é que a taberna traspassa-se por meio de uma escritura e a mulher por meio de uma espada. Antes a escritura.

Não vi ainda essa dama, que achou meio de fazer do próprio pescoço uma bainha e suicidar-se uma vez por noite, antes de tomar chá. Já vi um sujeito que engolia espadas; vi também uma cabeça que fazia discursos, dentro de um prato, em cima de uma mesa, no meio de uma sala. O segredo da cabeça descobri-o eu, no fim de dois minutos; não assim o do engole-espadas. Mas, tenho para mim, que ninguém pode engolir uma espada, nem quente nem fria (ele engolia-as em brasa), e concluo que algum segredo havia, menos acessível ao meu bestunto.

Não digo com isto que a dama da Rua da Carioca deixe de cravar efetivamente uma espada no pescoço. É mulher e basta. Há de ser ciumenta, e adquiriu essa prenda, na primeira cena de ciúmes que teve de representar. Quis matar-se sem morrer, e bastou o desejo para realizá-lo; de maneira que aquilo mesmo que me daria a morte, dá a essa senhora nada menos do que a vida. A razão da diferença pode ser que esteja na espada, mas eu antes creio que está sexo.

Anda no Norte um colono, um homem que faz coisas espantosas. No Sul apareceu um menino-mulher. Todos os prodígios vieram juntar-se à sombra das nossas palmeiras: é um *rendez-vous* das coisas extraordinárias.

Sem contar os tufões.

III

Falei no cemitério, sem dizer que a esta hora ou pouco mais tarde terá o leitor de ir à visitação dos defuntos.

A visitação dos defuntos é um bom costume católico; mas não há trigo sem joio; e a opinião do sr. Artur Azevedo é que, na visitação, tudo é joio sem trigo.

A sátira publicada por esse jovem escritor é um opúsculo, contendo umas quantas centenas de versos, fáceis e correntios, com muito pico, boa intenção, catanada cega e às vezes cega demais. A ideia do poeta é que há ostentação repreensível na demonstração de uma piedade ruidosa. Tem razão. Há excesso de vidrilhos e candelabros, de *souvenirs* e de *inconsoláveis*. Alguns quadros estão pintados com traços tão espantosos, que fazem recuar de horror. Será certo que se tomam nos cemitérios aquelas carraspanas, que se comem aqueles camarões torrados? O poeta o diz; se o colorido pode estar carregado, o desenho deve ser fiel. Na verdade é de fazer pedir uma reforma nos costumes, ou a eliminação... dos vivos.

Onde o poeta me parece ter levado a sátira além da meta é no que diz da viúva que, convulsa de dor pela morte do marido, vem a casar um ano depois. *Hélas!* Isso que lhe parece melancólico, e na verdade o é, não deixa de ser necessário e providencial. A culpa não é da viúva, é da lei que rege esta máquina, lei benéfica, tristemente benéfica, mediante a qual a dor tem de acabar, como acaba o prazer, como acaba tudo. É a natureza que sacrifica o indivíduo à espécie.

O poeta é favorável ao sistema de cremação. A cremação tem adversários, ainda fora da Igreja; e até agora não me parece que essa imitação do antigo seja uma alta necessidade do século. Pode ser higiênico; mas no outro método parece haver mais piedade, e não sei se mais filosofia. Numa das portas do cemitério do Caju, há este lema: *Revertere ad locum tuum*. Quando ali vou, não deixo de ler essas palavras, que resumem todo o resultado das labutações da vida. Pois bem; esse lugar teu e meu, é a terra donde viemos, para onde iremos todos, alguns palmos abaixo do solo, no repouso último e definitivo, enquanto a alma vai a outras regiões.

No entanto, parabéns ao poeta.

IV

Se eu disser que a vida é um meteoro o leitor pensará que vou escrever uma coluna de filosofia, e eu vou apenas noticiar-lhe o *Meteoro*, um jornal de oito páginas, que inscreve no programa: "O *Meteoro* não tem pretensões à duração".

Bastam essas quatro palavras para ver que é jornal de espírito e senso. Geralmente, cada folha que aparece promete, pelo menos, três séculos e meio de existência, e uma regularidade cronométrica. O *Meteoro* nem promete durar, nem aparecer em dias certos. Virá quando puder vir.

Variado, gracioso, interessante, em alguns lugares, sério e até científico, o *Meteoro* deixa-se ler sem esforço nem enfado. Pelo contrário; lastima-se que seja meteoro e deseja-se-lhe um futuro de planeta, pelo menos que dure tanto como o planeta em que ele e nós habitamos.

Planeta, meteoro, duração, tudo isso me traz à mente uma ideia de um sábio francês moderno. Por cálculos que fez, é opinião dele que de dez em dez mil anos, haverá na terra um dilúvio universal, ou pelo menos continental, por motivo do deslocamento dos oceanos, produzido pelo giro do planeta.

Um dilúvio periódico! Que será feito então da imortalidade das nossas obras? Salvo se puserem na arca um exemplar das de todos os poetas, músicos e artistas. Oh! mas que arca não será essa! Se não temesse uma vaia, diria que será arcabuz.

Manassés

15 de novembro de 1877

I

E foi-se. Há nos ares, nas fisionomias, nos *pardessus* alvadios ou escuros, nas velhas luvas de sete botões, no nariz melancólico dos *dilettanti,* alguma coisa que nos diz que ele se foi. Napoleão, vencido e destronado, deixou nos corações de seus velhos marechais e cabos de esquadra a profunda saudade e o irremediável desespero. Saudade ficou em todos os *dilettanti*; desespero, não, porque o ilustre Ferrari, mais astuto que o *ogre de Corse,* preparou desde já a volta da ilha de Elba.

Estou pronto a confessar quanto quiserem acerca do ilustre Ferrari. Dou que não seja um grande matemático, um grande navegante, um grande naturalista. Em compensação, hão de confessar que é um empresário fino.

Os *dilettanti* disseram-lhe: — Traga-nos companhia lírica em 1878, uma boa companhia, a Patti, o Capoul, o Gayarre, se puder ser, ou então a Nelson, sim? Traga uma boa companhia! Boa música! Boas óperas!

Ao que respondeu o ilustre Ferrari:

— Trago tudo e mais alguma coisa; mas, se no intervalo outro Ferrari não menos ilustre que eu, organizar uma companhia, uma boa companhia, e vier solicitar vossas assinaturas? Não as negareis decerto. Nisto, chego eu, e dou com o nariz na porta; ou antes, vós é que me dareis com a porta no nariz.

— *Giammai*! — disseram em coro os *dilettanti*.

O ilustre Ferrari sorriu como quem já sabe que o *dilettante* põe e o acaso dispõe. Imaginou então um meio de conciliar tudo; pediu um *sinal*. Alguns piscaram o olho, supondo que era o melhor sinal de acordo; mas ao ilustre Ferrari *for ever*!

Dito e feito.

E eis aí como ficaram as portas dos nossos ouvidos trancadas a todas as gargantas que porventura apareçam daqui até o inverno de 1878. Venha cá, a Nelson ou a Patti; viessem a Jenny Lind, a Malibran, a Grisi, todos os prodígios vivos ou mortos, e não alcançariam um níquel. Estamos hipotecados ao ilustre Ferrari. *Ferrari for ever*!

II

Ora, convém observar que o último ato da empresa Ferrari — o ato do sinal — é muito mais importante do que à primeira vista parece.

Até certo tempo, o público fluminense em matéria lírica viveu embalado na doutrina e no regime da subvenção. Imaginava-se que as notas musicais deviam sair da algibeira do Estado, — ou diretamente, ou por meio do imposto-lotérico. Para mostrar a ortodoxia da doutrina, citava-se o exemplo de todas as nações civilizadas de ambos os hemisférios, sem atender ao conselho da *femme savante*:

Quand sur une personne on prétent se régler,
C'est par les beaux cotes qu'il faut lui ressembler.

Naquele tempo, era possível a aplicação da doutrina, mas os tempos mudam e as doutrinas com ele. A subvenção lírica decaiu até morrer de todo. O Estado atou os cordões da bolsa, e demoliu o Provisório.

Alvoreceu então a doutrina de soberania do *dilettante*, doutrina liberal e econômica. O *dilettante* discute os seus interesses, resolve sobre eles, conta, soma, diminui, multiplica, divide, paga. Não quer saber do Estado, não o convida, despreza-o e em compensação o Estado manda-lhe um cartão de visita, à guisa de agradecimento. Não somos nós que ouvimos a música? Paguemo-la; é a boa teoria; é a única.

III

Notou-se muito que na semana passada foram representadas três peças nacionais. Três peças! Já uma era de fazer pasmar. Em matéria teatral, orçamos pela alfaiataria: é de Paris que nos chegam as modas. Paris teatral é como os seus grandes depósitos ou armazéns de roupas; tem de tudo, para todos os paladares, desde o mimoso até o sanguento, passando pela tramóia.

Um homem que nasce, vive e morre no Rio de Janeiro, pode ter certeza de achar em cinco ou seis salas de teatro da cidade natal uma amostra do movimento teatral parisiense. O traidor que expirou debaixo do punhal de Laferrière vem aqui morrer às mãos do sr. Dias Braga, com a mesma galhardia e a mesma satisfação da moral pública. O sr. Martins desce aos Infernos como Orfeu, e o sr. Furtado Coelho dá-nos o *Pai pródigo*. Vivemos de, por e para Paris.

De repente, sem combinação, anunciam-se três peças nacionais, e a gente esfrega os olhos, e não sabe se tem *la berlue*. Verdade é que das três peças, uma era já conhecida do nosso público, outra é a nova forma de um romance popular; só a terceira, conhecida na província de São Paulo, não o era nesta corte. Mas, em suma, eram três, e aos nomes de J. de Alencar e de Macedo vinha juntar-se o de um jovem cultor das letras, o sr. Dr. Carlos Ferreira.

Como poeta e jornalista era já conhecido do nosso público o nome do jovem rio-grandense. O *Marido da doida* fê-lo conhecido como dramaturgo. Imprensa e público fizeram-lhe justiça. Houve algumas reservas, e pela minha parte concordo que a tese do drama é um pouco escabrosa; mas é inegável que a desenvolveu com talento. Há lances dramáticos e interesses constantes; o diálogo é fácil e bem travado, cheio de muito sentimento, quando preciso. Se esta minha crônica fosse revista dramática, eu exporia mais detidamente o inventário dos méritos da composição que o sr. Vale pôs em cena.

Terá senões? Os senões emendam-se e evitam-se com o trabalho e a perseverança. O autor do *Marido da doida* é ainda moço; tem talento: suponho-lhe legítimas ambições literárias. O melhor meio de progredir é andar para a frente. Venha surpreender-nos no ano próximo, com um novo drama; e o público fluminense lhe dará as palmas merecidas, como as dá sempre ao talento laborioso.

IV

Já de outro laborioso talento tivemos esta semana um opúsculo, alguns discursos apenas proferidos na Câmara dos Deputados. Refiro-me ao sr. Dr. Franklin Dória, que falou na Câmara acerca da instrução pública com muito estudo e acerto.

Quem diz instrução pública diz futuro deste país. Todos pedem braços, também o sr. Dr. Dória e eu os pedimos; mas devemos pedir com a mesma força o desenvolvimento da instrução. O sr. Dr. Dória é professor distinto, além de advogado e parlamentar. Tem amor à arte de ensinar, e conhece a necessidade do ensino. Seus discursos robustos de ideias, sóbrios e moderados na forma, revelam o pensador e o observador paciente e sagaz. Tinha-os lido no *Jornal*; reli-os no opúsculo, e aplaudi a cópia de notícias, a escolha dos conceitos, com que o digno orador tratou de um assunto em que neste país só deve haver, e só há efetivamente, um único e universal partido.

Nossa constituição exige um povo que saiba ler. Tem-se feito bastante; mas resta fazer muito, e é por isso que a palavra do homem competente como o sr. dr. Dória deve ser ouvida com atenção e respeito.

V

Só me resta espaço para um aperto de mão ao sr. Artur Napoleão e ao sr. Ciríaco de Cardoso. Este retira-se do nosso país, e deu um concerto na Filarmônica, uma última e brilhante festa; aquele executou nessa ocasião uma composição sua, de magnífico efeito, e, ao que dizem entendidos, de muita arte e largo fôlego. O sr. Artur Napoleão não esquece, não desampara a musa que o recebeu no berço; mostra-se digno dela e credor da admiração do público.

Quanto ao sr. Ciríaco, quem não sabe o valor dos seus méritos? Retirando-se de nossa terra, pode crer que deixa merecidas saudades.

Manassés

1º de dezembro de 1877

I
A quinzena teve um assunto máximo e vários assuntos mínimos. O máximo é o assunto dos carris de ferro de Botafogo, questão intrincada, profunda, obscura, e sobretudo interminável, que partilha com as *Aventuras de um paulista* a atenção do público fluminense.

Tem ou não tem privilégio o sr. Greenough? *That is the question*! Esse é o ponto em que se dividem as opiniões, não só as das partes contendoras, mas as de todos os fôlegos vivos e civilizados que respiram debaixo do nosso céu.

Naturalmente o sr. Greenough opina pela afirmativa; inclina-se à negativa o seu adversário. Daí, mil demonstrações pró e contra o privilégio, e com tal minúcia e perspicácia, que bem mostra ser verdade que os turcos tomaram Constantinopla, porque os articulistas põem em ação toda a sagacidade bizantina, expulsa da cidade magna pelos tenentes do Coran. O período não é longo, mas é bonito.

Colocado entre as duas pontas de interrogação de Hamlet, o sr. Greenough prefere *to take arms against a sea of troubles* — em linguagem mais chã, prefere abotoar o adversário. Este não se deixa abotoar sem abotoar também; engalfinham-se. E ei-los no chão da praça, e nós a vermos touros de palanque.

Descascam-se os decretos e seus diferentes artigos; cada um aplica às disposições dos ditos decretos a lente do raciocínio, lente que varia conforme o olho a que é aplicada. Que disse o decreto de 56? Não disse a mesma coisa que o de 66, nem o de 68; mas o de 68 destruiu o de 66, e o de 66 o de 56? Nesse caso, qual subsiste? Um crê que o de 56, outro o de 66, outro o de 68; então nem 68, nem 66, nem 56... *Et voilà pourquoi votre fille est muette*!

II

Enquanto vamos liquidando essa questão grave, os argentinos chegaram à conciliação dos partidos, conciliação tão perfeita, que as últimas eleições em San Roque produziram um par de mortes. Vejam o que é conciliarem-se os partidos! Sem a conciliação, era uma hecatombe, em todo o rigor da palavra.

E não só morreram duas pessoas em San Roque, como até diz um jornal que as próximas eleições serão renhidas. A este resultado eleitoral da conciliação, acrescem boatos de próxima revolução em Corrientes.

Talvez os argentinos se revolucionem como M. Jourdain fazia prosa. Ou então, não é o *Bourgeois Gentilhomme*, é o *Chapéu de Palhinha de Itália* que eles estão representando. — Meu genro, tudo está desfeito! — Meu genro, tudo está reconciliado! — Nesta alternativa, passam as semanas, como o sogro da comédia de Labiche passa os atos: a brigar e a reconciliar-se.

Verdade é que a vida política não difere muito da vida dos namorados, e que, segundo estes, nada há melhor do que uma reconciliação, a não serem duas. Ora, uma paz absoluta não é coisa que anime os partidos. Daí um ou outro arrufo, que dá em resultado uma ou outra sangria imediatamente caem em si e reconciliam-se. Não tenho outro modo de explicar eleições renhidas entre partidos reconciliados. Estripam-se por higiene.

III

Escusado é dizer que semelhante fato, embora anormal, não faz parte das *Aventuras de um Paulista,* romance com que a crítica literária se tem ocupado nestes últimos dias. Ninguém leu ainda o romance, nem mesmo a crítica; mas parece certo que há nele muitos fogões, e (coisa célebre!) muitos fogões americanos *(Uncle Sam)*.

Este gracioso anúncio é objeto de um a dois minutos de atenção de toda a gente que lê jornais, romances e fogões. O anúncio vulgar orça pela mofina, e enfada; aquele prefere a variedade, e está certo de chamar a atenção. Pela minha parte, já me não esquecem os tais fogões (*Uncle Sam*) tal a insistência com que amigos e inimigos do romancista estão todos os dias a condená-lo e a louvá-lo, a dizer que a obra é boa ou má, porque fala ou não fala nos celebrados produtos.

No que eu não caio é em dizer a rua. Isso...

IV

Houve uma tentativa de duelo, entre dois cavalheiros; e a propósito do caso (felizmente terminado, sem quebra de honra para nenhum) discutiu a nossa população da Rua do Ouvidor o duelo e suas vantagens e desvantagens.

Os dois grandes partidos mantiveram-se na estacada, duelistas e os anti-duelistas e, como sempre, cada um só viu a sua ideia e pelo lado que ela lhe aparecia, sem examinar o que havia do lado oposto, e sobretudo o que era a ideia do adversário.

Eu, que tenho verdadeiro amor aos leitores, deixo de instituir debate (estilo parlamentar) sobre esse ponto litigioso, e passo adiante. Não; eu não lhes pesarei na balança da eqüidade (estilo judiciário) a estocada e o murro seco, a bala e o cachação. Um dia, talvez, quando absolutamente não haja que dizer, mostrarei aos leitores um capítulo da minha grande obra sobre o assunto, *Unha e florete*, um vol. *in*-4º, XXVIII-549 páginas (estilo bibliográfico).

E posso falar assim porque já experimentei o duelo; já me bati. Era ainda criança, e não havia motivo; mas como estávamos aborrecidos os quatro (adversários e duas testemunhas) assentamos matar o tempo, matando um ao outro. Foi à pistola e pólvora seca. A sorte designou o meu adversário para atirar primeiro; esperei e o tiro partiu... a distância razoável. Dissipado o fumo, apontei para o adversário. Onde estava ele? no chão; atirara-se valentemente ao chão, e por mais que lhe pedíssemos outra posição mais cômoda (para mim) não saiu daquela. Que havíamos de fazer? Fomos almoçar.

V

Que é o homem? Um animal mamífero e desconfiado. Prova: a extração das loterias.

Os espectadores daquela operação não gostam do antigo sistema, nem do atual, nem de todos os sistemas futuros, porquanto, — para mim há só um sistema bom: é o que me der os vinte bagos, contecos, pelintras, ou como melhor nome haja na gíria moderna. Fora disso, abominação!

Nunca vi extrair loterias, e é provável que nunca chegue a vê-lo; mas se assistisse uma vez, uma que fosse, a essa operação — munido, já se vê, de um ou mais bilhetes, que suplício! Que polé! como tudo aquilo me pareceria tenebroso!

Sobre loterias, ocorre dizer que a lei não permite rifas, e que os rifadores descobriram um meio de iludir a lei, mudando o nome à coisa: chamam-lhe garantias.

— Fique-me com esta garantia, dizia-me um sujeito anteontem; o bilhete tem três, mas eu só acho comprador para duas.

É escusado dizer que rejeitei nobremente o danado convite, porquanto aos olhos de um cidadão digno desse nome a lei é a mais alta das garantias (estilo prudhommesco).

Manassés

15 de dezembro de 1877

I

Toda a história destes quinze dias está resumida em um só instante, e num acontecimento único: a morte de José de Alencar. Ao pé desse fúnebre sucesso, tudo o mais empalidece. Quando começou a correr a voz de que o ilustre autor do *Guarani* sucumbira ao mal que de há muito o minava, todos recusavam dar-lhe crédito; tão impossível parecia que o criador de tantas e tão notáveis obras pudesse sucumbir ainda em pleno vigor do espírito.

Quando uma individualidade se acentua fortemente e alcança, através dos anos e dos trabalhos, a admiração de todos, parece ao espírito dos demais homens que é incompatível com ela a lei comum da morte. Uma individualidade dessas não cai do mesmo modo que as outras; não é um incidente vulgar, por mais vulgar e certo que seja o destino que a todos está reservado; é um acontecimento, em alguns casos é um luto público.

II

José de Alencar ocupou nas letras e na política um lugar assaz elevado para que o seu desaparecimento fosse uma comoção pública. Era o chefe aclamado da literatura nacional. Era o mais fecundo de nossos escritores. Essa imaginação vivíssima parecia exprimir todo o esplendor da natureza da sua pátria. A política o furtou alguns anos; a alta administração alguns meses; e na política, como na administração, como no foro, deu testemunho de que possuía, além daquela imaginação, a inteligência das coisas positivas.

Não contarei a vida de José de Alencar; é das mais cheias e das mais exemplares. A imprensa jornalística o revelou ao país, em artigos de estudo poético, singular estréia para a primeira das imaginações brasileiras. Um dia, mais tarde, veio uma crítica e um ensaio de romance; uma comédia depois; e daí em diante não teve mais repouso aquele espírito, cuja lei era o trabalho.

Como romancista e dramaturgo, como orador e polemista, deixa de si exemplos e modelos dignos dos aplausos que tiveram e hão de ter. Foi um engenho original e criador; e não foi só isso, que já seria muito; foi também homem de profundo estudo, e de aturada perseverança. José de Alencar não teve lazeres; sua vida era uma perpétua oficina.

III

Já a esta hora a notícia do desastre das nossas letras corre o Império; já o fio telegráfico a levou, através do Atlântico, por onde nos trouxe não há muito a notícia da morte do autor do *Eurico*.

Ambas as literaturas do nosso idioma estão de luto; com pouco intervalo as feriu a lei da morte.

Que a geração que nasce e as que hão de vir aprendam no modelo literário que acabamos de perder as regras da nossa arte nacional e o exemplo do esforço fecundo e de uma grande vida. A geração atual pode legar com orgulho aos vindouros a obra vasta e brilhante do engenho desse poeta da prosa, que soube todos os tons da escala, desde o mavioso até o épico.

Poucas linhas são estas, poucas e pálidas mas necessárias ainda assim, porque são a expressão de um dever de brasileiro e de admirador.

Manassés

1º de janeiro de 1878

I

Não quis acabar este ano de 1877 sem lançar um luto mais na alma da nação brasileira, ainda mal convalescida do golpe que lhe produziu a morte de José de Alencar. Poucas semanas depois de expirar o autor do *Guarani*, era fulminado o chefe do gabinete de 3 de Agosto; e esses dois homens, diversos na política e na tribuna vieram enfim a reconciliar-se na morte e na imortalidade.

A imprensa prestou já ao conselheiro Zacarias as justas homenagens a que tinha direito esse eminente estadista. Já lhe chorou a morte inesperada e tão cruel para a nação inteira, e especialmente para a tribuna política, para a ciência, para o partido liberal e para a administração pública.

O que ele foi durante mais de trinta anos, como deputado, senador, ministro, professor e jurisconsulto, está escrito em atos e palavras perduráveis; e não irei eu repetir, data por data, sucesso por sucesso, a história desse atleta, que sabia arrancar a admiração aos próprios adversários.

E nesse ponto cabe ponderar que a vida do conselheiro Zacarias, quando os futuros biógrafos a escreverem, servirá de exemplo e estudo às novas gerações políticas. Elas examinarão o característico dessa individualidade, cujo talento se ligava às virtudes mais austeras, e que, não sabendo a linguagem das multidões, gozava da mais larga popularidade; chefe liberal, acatado e independente; homem a todos os respeitos superior e afirmativo da sua pessoa.

O futuro poderá conhecer os talentos e os serviços do eminente estadista; mas o que será letra morta para ele, é o modo e o gênio da eloqüência que o céu lhe dera; essa palavra constante e única, que sabia ser e era ordinariamente familiar, mas sempre enérgica, e quando convinha sarcástica, e, quando sarcástica, inimitável.

Verão, entretanto, os homens futuros, ao lerem os debates do nosso tempo, que o conselheiro Zacarias preenchia todos os deveres do parlamentar. Nenhum ramo da administração lhe era desconhecido; ele discutia com igual propriedade, elevação e perícia, as finanças ou os negócios diplomáticos, os assuntos de guerra ou de marinha, as questões de colonização ou de magistratura.

Das quatro vezes em que foi ministro, três vezes presidiu ministérios; e em cada uma daquelas quatro regeu uma pasta diferente, indo da Marinha à Justiça e do Império à Fazenda. Estudara antes, durante e depois; estudou sempre. Era homem de sua família e de seu gabinete. Tinha a paixão do saber, e a consciência do dever imposto pela posição no partido a que pertencia, e no parlamento em que era um dos principais vultos.

Orador e polemista, nunca recuou diante de nenhum adversário, nem de nenhuma questão; sua dialética era de aço, sua intrepidez não tinha desânimo. Ou no poder ou fora dele, a tribuna o viu sempre de pé, dominando os que o ouviam, e mais do que isso, dominando-se a si próprio. Era absoluto senhor da palavra; nem se desviava, nem se continha; dizia o que queria e como queria.

Ninguém poderia supor, há algumas semanas, que esse homem robusto, não só de espírito, mas também de corpo, cairia tão depressa para nunca mais levantar-se. A morte tomou-o de surpresa; e a notícia dela, que consternou toda esta cidade, lançará o luto e a dor a todo o Império do Brasil.

Não há conservadores, nem liberais quando se tratar de um vulto daquela estatura, cujo fato melhor fará sentir o que ele valia e de quem a posteridade dirá que era um homem, um verdadeiro homem.

II

Aquele único assunto devia bastar a esta crônica; mas força é comemorar dois fatos dos últimos dias.

O primeiro é a crise ministerial.

Nossos leitores sabem que esta folha é estranha à política; e, portanto, não esperam de mim nenhuma indicação ou apreciação no que respeita à substância dos fatos.

O que me compete é dizer que uma ocasião de crise é a prova mais concludente de que há só uma coisa comparável à fecundidade dos noveleiros: é a credulidade dos outros.

Oh? os noveleiros!

Oh! os outros!

Ainda não estava escolhido o organizador do novo gabinete, ou pelo menos não era oficialmente sabido, e já corriam listas ministeriais. Algumas listas eram tão sinceras, tão verdadeiras, que os outros diziam: só nos falta o ministério da Justiça, ou o da Guerra ou qualquer outro. No mais era exata.

Então os outros ouviam, decoravam, copiavam e passavam adiante a outros outros, e estes a outros, e mais outros. Mas como as listas eram diferentes, havia no fim do dia setenta e cinco a setenta e oito ministros, todos autenticados pelos autores.

Tempo de guerra, mentira como terra.

O grande laboratório era a Rua do Ouvidor. Nessa rua faz-se e desfaz-se mais depressa um gabinete do que eu escrevo esta crônica, e notem que é escrita a todo o pano. Já me aconteceu ter notícia de três ministérios, entre a Rua da Quitanda e o ponto dos bondes. Afinal só há um ministério verdadeiro: é o que deveras se organiza, e eu ainda não o vi, à hora em que escrevo estas linhas.

O que for soará.

III

O outro ponto é o telegrama que nos dá a Inglaterra ameaçando perturbar a paz (relativa) da Europa.

Peço desculpa à Inglaterra, mas parece-me que os seus armamentos são para ela mesma ver. Não é outra coisa. Aqueles arsenais, aquelas armadas, aquele fervor em aumentar tropas e navios, creio que seja verdade, mas também creio que seja inútil. Não porque a Inglaterra não os possa empregar com vantagem, mas porque são tardios. É tarde. Inês é morta.

Morta e sepultada. Os russos com as costas quentes, com a vitória na mão, e Constantinopla diante dos olhos, não hão de recuar uma linha, qualquer que seja a atitude inglesa.

Verdade é que nós estamos longe, somos uns míopes, sobretudo não temos interesse no caso. Pode ser que não tenhamos razão; mas afigura-se-nos que sim. Temos razão.

Em todo caso, lavro daqui o meu protesto, diante das potências deste e do outro mundo (o velho) e declaro, alto e bom som, à posteridade, que não creio nos armamentos, ou pelo menos na eficácia deles.

Creio que o telegrama é peta da Havas.

Petíssima.

IV

Um derradeiro fato:

Apareceu mais um campeão na imprensa diária, o *Cruzeiro*, jornal anunciado há algumas semanas. Desejamos longa vida ao nosso novo e brilhante colega.

Manassés

Histórias de

trinta dias

Revista *Ilustração Brasileira*, 1878

Fevereiro de 1878

I

Assim como as árvores mudam de folhas, as crônicas mudam de título; e não é essa a única semelhança entre a crônica e a árvore. Há muitas outras, que não aponto agora por falta de tempo e de papel.

O caso é que quando eu cronicava a quinzena tinha diante de mim (ou antes atrás) um espaço limitado, um período cujos limites podia ver com estes olhos que a terra me há de comer. Mas trinta dias! É quase uma eternidade, é pouco menos de um século. Quem se lembra de coisas que sucederam há quatro semanas? Que atenção pode sustentar-se diante de tão vasto período?

Exemplo:

Houve no princípio do mês uma mudança ministerial, uma completa alteração na política do governo. Que virei eu dizer de novo trinta dias depois? Quinze dias, vá; ainda parece que a gente vê o sucesso; os acontecimentos não são de primeira frescura, mas ainda estão frescos. Um fato de trinta dias pertence à história, não à crônica.

Digo isto, leitor amigo, para que, se alguma vez esta crônica te parecer mofada, fiques sabendo que a culpa não é minha, mas do tempo — esse velho e barbudo Cronos, que a tudo lança o seu manto de gelo.

Menos nas minhas costas que neste momento parecem uma encosta do Vesúvio. Lá me escapou um trocadilho... não risco; antes isso que uma injúria.

Nem há outra utilidade nos trocadilhos.

II

Enquanto se discute se a Câmara será ou não dissolvida, agora ou logo, vamos nós ficando dissolvidos lentamente, de maneira que em Março ou Abril não sei se restará um quarto ou um quinto de população.

Pela minha parte estou já dissolvido de todo, ou pouco me falta. Isto com que pego na pena, já não é mão, é um fragmento, um cavaco, uma réstia de ossos. Não tenho nariz; essa cartilagem com que me dotou a natureza, degenerou inteiramente, e com ela o vício de Paulo Cordeiro e o da curiosidade. Já não posso meter o nariz onde sou chamado e muito menos onde o não sou.

Há chuva; eu bem sei que de quando em quando caem algumas canadas d'água; mas o sol vinga-se desses intervalos, carregando a mão quando lhe chega a vez.

Por fortuna, o ano não é bissexto, de maneira que o *Fevereiro* apenas nos perseguirá com 28 dias. É uma consolação. O dia 1 de Março pode ser quentíssimo, horroroso; mas é uma consolação pensar a gente que está em Março, que o verão vai despedir-se por alguns meses!

No meio de todo este fogo, foi agradável saber que as chuvas já caem no interior do Ceará. Ainda bem! Venham elas lá e cá, mas sobretudo lá, onde tantos milhares de irmãos nossos se viram a braços com o terrível flagelo. Nós temos o recurso de não morrer de fome; mas eles?

Agora é tratar de evitar outras.

III

Quem também evitará outras é a Sublime Porta.

Caiu enfim a Turquia, foi vencida pelo urso do norte, fato que parece alegrar a meio mundo, ainda não sei porque.

— Por que? Porque são infiéis, dizia-me há dias um vizinho que não põe os pés na igreja.

Qualquer que seja a culpa, a verdade é que vamos ter a paz de Europa; e parece que dentro de pouco tempo os turcos estarão na Ásia.

Constantinopla deixará de ser a última cidade pitoresca da Europa. O formalismo ocidental (porque São Petersburgo é uma Londres ou uma Paris mais fria) vai ali estabelecer os seus arraiais. Adeus, cafés muçulmanos, adeus, caftans, narguilés, adeus, ausência de municipalidade, cães soltos, ruas mal calçadas, mas pisadas pelo pé indolente da otomana; adeus! Virá o alinhamento, a botina parisiense, a calça, estreita e ridícula, o fraque, o chapéu redondo, toda a nossa miséria estética.

Ao menos, Constantinopla, resiste alguns anos até que eu te possa ver, e ir respirar as brisas do Bósforo, ouvir um verso do Alcorão e ver dois olhos saindo dentre o véu das tuas belas filhas. Faz-me este obséquio, Constantinopla!

IV

A colônia italiana nesta Corte vai celebrar uma sessão fúnebre em honra de Vítor Manuel, o extinto rei cavalheiro.

Essa manifestação de saudade e adesão é digna dela e do ilustre príncipe.

Vítor Manuel pertence já à história. O futuro julgará os acontecimentos de que ele foi centro e bandeira. Quaisquer que sejam as opiniões políticas dos contemporâneos ou dos pósteros, ninguém lhe negará qualidades notáveis e próprias do chefe de uma grande nação.

A digna colônia italiana do Rio de Janeiro corresponderá, estamos certos, à ilustre memória e à grandeza de sua pátria.

V

Saltando outra vez ao nosso país, à nossa cidade, à nossa rua do Ouvidor, ocorreu neste mês, há poucos dias, o desaparecimento do Diário do Rio de Janeiro.

O decano da imprensa fluminense mais uma vez se despede dos seus colegas. Longa foi a sua resistência, e notórios os seus esforços: mas tinha de cair e caiu.

Não me lembro sem saudade desse velho lidador. Não lhe tem valido talento nem perseverança, nem sacrifício. A morte vem lentamente infiltrar-se nele, até que um dia, uma manhã, quando ninguém espera, anuncia-se que o *Diário do Rio* deixa de existir.

Naquelas colunas mais de uma pena ilustre tem provado suas forças. Não citarei os antigos; citarei por alto Alencar, Saldanha, Bocaiúva, Viana, partidos diferentes, diversos estilos, mas todos publicistas de ilustre nomeada.

E caiu o velho lidador!

VI

O *Monitor Sul-Mineiro* iniciou a ideia de um monumento no lugar em que repousam as cinzas de José de Alencar. Esta ideia, comunicada ao Rio de Janeiro, foi saudada pela imprensa com as palavras merecidas de louvor e animação.

Pela minha parte aplaudo com ambas as mãos o nobilíssimo projeto.

Já disse nestas colunas o que sentia acerca do elevado mérito do autor do *Guarany*; fiz coro com todos quantos apreciaram em vida aquele talento superior, que soube deixar um vivo sulco onde quer que passou, política ou literatura, eloquência ou jurisprudência.

Levantar o monumento merecido é dever dos que lhe sobrevivem, é dever sobretudo dos que trabalham na imprensa, ou por meio de livros, ou por meio de jornais, que uns e outros foram honrados com os escritos daquele espírito potente.

Parabéns ao *Monitor Sul-Mineiro*.

VII

Um novo príncipe enche de regozijo a família brasileira, cujo augusto chefe reúne às mais elevadas virtudes cívicas as mais austeras virtudes domésticas.

Sua alteza a princesa imperial sente dobrarem-se-lhe inefáveis alegrias de mãe.

Ainda bem!

Digna filha da virtuosa imperatriz, saberá dar a seus amados filhos as lições que recebeu, e que a exalçam de nobilíssimas virtudes; lições iguais às que lhe transmitirá o ilustre príncipe consorte, educado na escola do velho rei que deu à França 18 anos de paz, de prosperidade e de glória.

Manassés

Março de 1878

I

O prazo é longo, mas desta vez a história é curta.

Porquanto: — eu não posso gastar cinquenta resmas de papel a dizer:

— Que calor!
— Faz muito calor!
— O calor esteve horrível.
— Estamos ameaçados de uma horrível seca!
— Etc.
— Etc.

Posso? Não posso. Seria matar-me a mim e ao leitor, — dois casos graves, e não sei qual deles mais grave, não sei. Talvez... não, não digo; sejamos modestos e não magoemos o leitor.

Ora, a história do mês passado não é outra. Aqui e ali um acontecimento, raro, medroso e pálido (com algumas exceções), mas a grande história, essa pertence ao fogo lento com que este verão assentou de matar-nos.

Felizes os que vão a Petrópolis, Teresópolis, Friburgo, todas essas cidades de nomes gregos ou germânicos, e clima ainda mais germânico do que grego. Esses não sabem o que é pôr a alma pela boca fora, trabalhar suando, como suam as bicas da rua; não sabem o que é ter brotoeja, não dormir, não comer, e (daqui a pouco tempo) não beber...

Tu e eu, leitor agarrado à capital, tu e eu sabemos o que foi o demônio do *Fevereiro,* mês inventado pelo diabo. Logo, escusa contar-te a história do calor, que tu sabes tanto como eu, talvez melhor do que eu.

II

Disse acima que os sucessos foram pálidos, com algumas exceções. Exemplifico: a eleição na Glória, onde foi um pouco vermelha.

Correu sangue! Mas por que correu sangue? Quem o mandou não ficar parado, como tílburis sem frete, ou como os relógios sem corda? Não sei; mas a verdade é que ele correu e a igreja ficou interdita.

Pessoa que assistiu ao rolo diz-me que os altares foram invadidos por grande porção de gente que ali se refugiou para escapar a algum golpe sem destino. Donde concluo que a religião não é tão inútil como a pintam alguns filósofos imberbes. Ao menos, se não faz respeitar o sagrado recinto, serve de refúgio aos cautelosos.

Valha-nos isso!

Uma eleição sem umas gotinhas do líquido vermelho equivale a um jantar sem as gotinhas de outro líquido vermelho. Não presta; é pálido; é *terne;* é sem sabor. Dá vontade de interromper e bradar:

— *Garçon! un peu de sang, s'il vous plait.*

Quando chega a morrer alguém, minha opinião é que a eleição fica sendo perfeitíssima — opinião que talvez não seja a mesma do defunto.

Mas o defunto teve uma grande consolação; morreu no posto de honra, no exercício de seus direitos de cidadão. Bem sei que a morte é a mesma, mas antes isso que morrer de febre amarela.

III

A febre amarela foi outra página do mês. Epidemia não há; mas... têm morrido algumas pessoas.

Dizem que depois do Carnaval, cujas festas costumam ser delirantes, a febre levantará o estandarte epidêmico, e levará tudo até o Caju. Isto me disseram dois médicos, e creio que é a opinião de todos os outros.

O remédio parece fácil, não é? Facílimo: adiar as festas do Carnaval para o inverno. Duvido muito que os festeiros suportassem a mudança.

Ergo, cemitério.

IV

E acabou.

Acabou, porque a morte do papa e a eleição do papa não são acontecimentos que me pertençam; pertencem à história do mundo e do século; eu narro os casos da cidade.

O que posso é saudar destas páginas o novo Pontífice, a quem desejo longos dias, pacíficos e prósperos.

Manassés

Abril de 1878

I

Se soubessem o desejo que eu tinha de lhes inventar agora cinco ou seis petas! Algumas delas haviam de pegar, e uma que fosse compensava o trabalho. Lembrou-me, porém, que, se esta crônica é escrita no dia 1 de Abril, não será lida antes de 6 ou 8, e, portanto, perdia o meu latim. Voltemos ao português.

II

Dos trinta dias que passaram, o maior foi o 25, primeiramente porque era aniversário do juramento da constituição, depois porque nesse dia foram distribuídos os prêmios da exposição nacional e da exposição de Filadélfia.

Sua Majestade, como sempre, presidiu à solenidade e fez a distribuição dos prêmios concedidos, sendo a cerimônia inaugurada por um discurso de sua alteza o sr. Conde d'Eu.

A mim nada resta mais do que apertar a mão aos premiados, desejando-lhes muitos outros dias como aquele. Pena é que não possa ser tão cedo! É talvez melhor que haja um intervalo maior, para ainda mais se aperfeiçoarem os concorrentes e aparecerem outros novos. Até hoje o que se tem visto é que o número das recompensas cresce de exposição para exposição.

Infelizmente, não podemos ir a Paris, no que andamos com juízo, porque não havia tempo nem sobram recursos. Façamos como os particulares, que primeiro economizam para viajar depois.

III

A venda do *Independência* foi outro caso importante do mês, e não tenho mais do que felicitar os leitores da *Ilustração* por esse fato.

Poucos indivíduos na ordem naval terão sido tão falados como esse famoso *Independência*. Teve amigos e inimigos, sem que uns nem outros o conhecessem. Se alguém o dizia simpático e dotado de virtudes patriarcais, outros o achavam insolente e egoísta. Para estes era um Adônis, para aqueles um fearrão.

Vai senão quando, o governo inglês propõe comprar o encouraçado, e o governo brasileiro aceitou o excelente negócio, e viu-se livre de uma grande despesa anual.

Tanto melhor!

Os trocadilhos que já se têm feito com o fato da venda do navio reduzem-se a um só: — ficamos sem *Independência*. Ah! senhores, um pouco mais de imaginação. *S'il vous plaît*.

IV

A morte do conselheiro José Tomás Nabuco de Araújo foi a grande mancha na história dos últimos trinta dias.

O que perdeu o país nesse homem ilustre e sábio, não é preciso que o digamos aos leitores da *Ilustração*.

Jurisconsulto profundo, parlamentar distintíssimo, político moderado, era um dos homens mais notáveis da geração que vai desaparecendo. Como Zacarias sua morte foi inesperada e a todos tomou de sobressalto. Hoje repousa no eterno leito, deixando na história largo sulco de sua passagem.

Dizem que deixou pronto o projeto do Código Civil. Tanto melhor! Teremos, enfim, código, e redigido por mão de mestre.

v

Termino afirmando que tive pena de não ir ao baile *costumé* de Petrópolis, um dos acontecimentos do mês. Que querem? Não vai a Roma quem quer; se assim não fosse, tinha eu assistido ao conclave.

Dizem que o baile esteve soberbo, e deixou as mais agradáveis recordações; citam-se magníficos trajes; a boa animação; a geral alegria. Enfim, terminou quase de manhã.

E com fresco! Oh! Petrópolis!

Manassés

Notas

semanais

Revista *O Cruzeiro*, 1878

2 de junho de 1878

I

Há heranças onerosas. Eleazar substituiu Sic, cuja pena, aliás, lhe não deram, e conseguintemente não lhe deram os lavores de estilo, a graça ática, e aquele pico e sabor, que são a alma da crônica. A crônica não se contenta da boa vontade; não se contenta sequer do talento; é-lhe precisa uma aptidão especial e rara, que ninguém melhor possui, nem em maior grau, do que o meu eminente antecessor. Onerosa e perigosa é a herança; mas eu cedo à necessidade da ocasião.

Resta que me torne digno, não direi do aplauso, mas da tolerância dos leitores.

II

Um pouco dessa tolerância, bem podiam tê-la as comissões sanitárias, cuja locomoção me tem feito pensar nas três famosas passadas de Netuno. Vejamos um claro exemplo de intolerância e de outra coisa.

Descobriu uma de tais comissões que certa casa da rua tal, número tantos, vende água de Vidago e de Vichy, sem que as ditas águas venham efetivamente dos pontos designados nos anúncios e nos rótulos. As águas são fabricadas cá mesmo. A comissão entendeu obrigar a casa a dar um rótulo às garrafas, indicando o que as águas eram; e, não sendo obedecida, multou-a.

Há duas coisas no ato da comissão: ingenuidade e injustiça.

Com efeito, dizer a um cavalheiro que escreva nas suas águas de Vidago: estas não são de Vidago, são do beco dos Aflitos — é exigir mais do que pode dar a natureza humana. Suponho que a população do Rio de Janeiro morre por lebre, e que eu, não tendo lebre para lhe dar, lanço mão do gato, qual é o meu empenho? Um somente: dar-lhe gato por lebre. Ora, obrigar-me a pôr na vianda o próprio nome da vianda; ou, quando menos, a escrever-lhe em cima esta pergunta: onde está o gato? — é supor-me uma simplicidade que exclui a beleza original do meu plano; é fechar-me a porta. Restar-me-ia, em tal caso, o único recurso de comparar a soma das multas com a soma dos ganhos, e se esta fosse superior, adotar o alvitre de fazer pagar as multas pelo público. O que seria fina flor da habilidade industrial.

Mas pior do que a ingenuidade, é a injustiça da comissão, e maior do que a injustiça é a sua inadvertência. A comissão multou a casa, porque supõe a existência de fontes minerais em Vidago e em Vichy, quando é sabido que uma e outra das águas assim chamadas são puras combinações artificiais. Vão publicar-se as receitas. Acresce que as águas de que se trata nem são vendidas ao público. Há, na verdade, muitas pessoas que as vão buscar; mas as garrafas voltam intactas, à noite, e tornam a sair no dia seguinte, para entrar outra vez; é um jogo, um puro recreio, uma inocente diversão, denominada o *jogo das águas*, mais complicado que o jogo da bisca, e menos arriscado que o jogo da fortuna. A vizinhança, ao ver entrar e sair muita gente, está persuadida de que há grande venda do produto, o que diverte infinitamente os parceiros, todos eles sócios do Clube dos Misantropos Reunidos.

III

Quanto a receitas, não serão aquelas as únicas impressas. O *Cruzeiro* anunciou que um dos nossos mais hábeis confeiteiros medita coligir todas as suas, em volume de mais de trezentas páginas, que dará à luz, oferecendo-o às senhoras brasileiras.

É fora de dúvida, que a literatura confeitológica sentia necessidade de mais um livro em que fossem compendiadas as novíssimas fórmulas inventadas pelo engenho humano para o fim de adoçar as amarguras deste vale de lágrimas. Tem barreiras a filosofia; a ciência política acha um limite na testa do capanga. Não está no mesmo caso a arte do arroz-doce, e acresce-lhe a vantagem de dispensar demonstrações e definições. Não se demonstra uma cocada, come-se. Comê-la é defini-la.

No meio dos graves problemas sociais cuja solução buscam os espíritos investigadores do nosso século, a publicação de um manual de confeitaria, só pode parecer vulgar a espíritos vulgares; na realidade, é um fenômeno eminentemente significativo. Digamos todo o nosso pensamento: é uma restauração, é a restauração do nosso princípio social. O princípio social do Rio de Janeiro, como se sabe, é o doce de coco e a compota de marmelos. Não foi outra também a origem da nossa indústria doméstica. No século passado e no anterior, as damas, uma vez por ano, dançavam o minuete, ou vinham ver correr argolinhas; mas todos os dias faziam renda e todas as semanas faziam doce; de modo que o bilro e o tacho, mais ainda do que os falcões pedreiros de Estácio de Sá, lançaram os alicerces da sociedade carioca.

Ora qual é nossa situação há dez ou quinze anos? Há dez ou quinze anos, penetrou nos nossos hábitos um corpo estranho, o bife cru. Esse anglicismo só tolerável a uns sujeitos, como os rapazes de Oxford, que alternam os estudos com regatas, e travam do remo com as mesmas mãos que folheiam Hesíodo; esse anglicismo, além de não quadrar ao estômago fluminense, repugna aos nossos costumes e origens. Não obstante, o bife cru entrou nos hábitos da terra; bife cru *for ever*, tal é a divisa da recente geração.

Embalde alguns fiéis cidadãos vão ao Castelões, às quatro horas da tarde, absorver duas ou três mães-bentas, excelente processo para abrir a vontade de jantar. Embalde um partido eclético se lança ao uso do pastel de carne com açúcar, conciliando assim, num só bocado, o jantar e a sobremesa. Embalde as confeitarias continuam a comemorar a morte de Jesus, na quinta-feira santa, armando-se das mais vermelhas sanefas, encarapitando os mais belos cartuchos de *bombons*, que em algum tempo se chamaram confeitos, recebendo enfim um povo ávido de misturar balas de chocolate com as lágrimas de Sião. Eram, e são esforços generosos; mas a corrupção dos tempos não permite fazê-los gerar alguma coisa útil. A grande maioria acode às urgências do estômago com o sanduíche, não menos peregrino que o bife cru, e não menos sórdido; ou com o croquete, estrangeirice do mesmo quilate; e a decadência e a morte do doce parecem inevitáveis.

Nesta grave situação, anuncia-se o novo manual de confeitaria. Direi desde já que o merecimento do autor é inferior ao que se pensa. Sem dúvida, há algum mérito nesse cavalheiro, que vem desbancar certo sábio do século anterior. Dizia o sábio que se tivesse a mão cheia de verdades, nunca mais a abriria; o confeiteiro tem as mãos cheias de receitas, e abre-as, espalma-as, sacode-as aos quatro ventos do céu, como dizendo aos fregueses: — Habilitai-vos a fazer por vossas mãos a compota de araçá, em vez de a vir comprar à minha confeitaria. Vendo-vos este livro, para vos não vender mais coisa nenhuma; ou, se me permitis uma metáfora ao sabor do moderno gongorismo, abro-vos as portas dos meus tachos. Concorrentemente, auxilio o desenvolvimento das liberdades públicas, porquanto, alguns vos dirão que tendes o direito do jejum e o direito da indigestão: é apenas uma verdade abstrata. Eu congrego ambos os direitos sob a forma do bom-bocado: é uma verdade concreta. Abstende-vos ou abarrotai-vos; está ao alcance da vossa mão.

Não vai além o mérito do autor do novo manual. Sua iniciativa tem um lado inconsciente, que o constitui simplesmente fenômeno. Há certa ordem de fatos na vida dos povos, cujo princípio gerador está antes na lei histórica do que na deliberação do indivíduo. Aparentemente, é largo o abismo, entre um *Confeiteiro Portátil* e a última batalha de Pompeu; mas estudai em suas origens os dois produtos, e vereis que, se César desloca a base do poder político, põe por obra uma evolução da sociedade romana, e se o nosso confeiteiro publica as suas trezentas páginas de receitas, obedece à necessidade de restaurar o princípio social do manuê. Naquele caso, a queda da República; neste, a proscrição do bife sangrento. Diferente meio, ação diversa; lei idêntica, análogo fenômeno; resultado igual.

Trata-se pois de nada menos que voltar ao regime da sobremesa. Quando o Marechal López, nas últimas convulsões de seu estéril despotismo, soltava esta frase célebre: *il faut finir pour commencer*, indicava às nossas confeitarias, ainda que de modo obscuro, a verdadeira teoria gastronômica. Com efeito, importa muito que a sobremesa tenha o primeiro lugar; acrescendo que começar uma coisa pelo fim, pode não ser o melhor modo de a acabar bem, mas é com certeza, o melhor modo de a acabar depressa. Vejam, por exemplo, as consequências que pode ter este princípio da sobremesa antes da sopa, aplicado à organização dos Estados. A Banda Oriental do Uruguai, apenas se sentou à mesa das nações, ingeriu no estômago um cartucho de pralinas constitucionais; abarrotou-se, e nem por isso teve indigestão; ao contrário, digeriu todas as pralinas em poucos anos; digeriu mais uns quinhentos quilos de governos *à la minute*; mais uns dez ou doze pires de congressos em calda; viveu, enfim, numa completa marmelada política. É verdade que o estômago lhe adoeceu, e que a puseram no regime de uns caldos substanciais à Latorre, para combater a dispepsia republicana; mas é também verdade que, se não acabou bem, acabou depressa.

IV

Não acabou menos depressa o paço municipal de Macacu, que aliás acabou mais radicalmente; ardeu. Sobre as causas do desastre perde-se a imaginação em conjeturas, sendo a mais verossímil de todas a da combustão espontânea. Se não foi isso, foi talvez o mau costume que têm todos os paços municipais de dormirem com luz e lerem até alta madrugada. O de Macacu parece que até fumava na cama. Imprudência que se não combina com a madureza própria de um paço municipal.

Seja como for, há de ser muito difícil achar agora os papéis do município, e fica truncada a história de Macacu. Também a história é tão loureira, tão disposta a dizer o sim e o não, que o melhor que pode acontecer a uma cidade, a uma vila, a uma povoação qualquer, é não a ter absolutamente; e para isso a maior fortuna seria aplicar o niilismo aos documentos. Entreguemos os sábios vindouros ao simples recurso da conjetura; aplicação higiênica, algo fantástica, e sobretudo pacífica.

Não sei se o paço municipal estaria seguro em alguma companhia. Pode ser que não. Eu inclino-me a crer que devíamos segurar tudo, até as casacas, sobretudo as carteiras e algumas vezes o juízo. Um paço municipal entra no número das primeiras: é a casaca do município. Se a de Macacu já estava sebenta, não era isso razão para que o município fique agora em mangas de camisa; é mais fresco, mas muito menos grave.

V

Sucessos em terra, sucessos no mar. Voa um prédio; inaugura-se a linha de navegação entre este porto e o de Nova York. No fim de uma coisa que acaba, há outra que começa, e a morte paga com a vida: eterna ideia e velha verdade. Que monta? Ao cabo, só há verdades velhas, caiadas de novo.

O vapor é grande demais para estas colunas mínimas; há muita coisa que dizer dele, mas não é este o lugar idôneo. Tinha que ver se eu entrasse a dar à preguiça dos leitores um caldo suculento de reflexões, observações e conclusões, acerca da boa amizade entre este país e os Estados Unidos! Que o digam vozes próprias e cabais. Mais depressa lhes falaria do fonógrafo, se o houvera escutado. O fonógrafo... creiam que agora é que trato de suster o voo, porque estou a ver o fim da lauda, e o fonógrafo era capaz de levar-me até o fim da edição. Virá dia em que o faça com descanso.

Que os Estados Unidos começam de galantear-nos, é coisa fora de dúvida; correspondamos ao galanteio; flor por flor, olhadela por olhadela, apertão por apertão. Conjuguemos os nossos interesses, e um pouco também os nossos sentimentos; para estes há um elo, a liberdade; para aqueles, há outro, que é o trabalho; e o que são o trabalho e a liberdade senão as duas grandes necessidades do homem? Com um e outro se conquistam a ciência, a prosperidade e a ventura pública. Esta nova linha de navegação afigura-se-me que não é uma simples linha de barcos. Já conhecemos melhor os Estados Unidos; já eles começam a conhecer-nos melhor. Conheçamo-nos de todo, e o proveito será comum.

VI

E agora um traço negro. Registrou a semana um fato triste e consolador ao mesmo tempo. Morreu um homem, que era inteligente, ilustrado e laborioso; mas que era também um homem bom. Os qualificativos estão já tão gastos que dizer homem bom, parece que é não dizer nada. Mas quantos merecem rigorosamente esta qualificação tão simples e tão curta? O grande assombra, o glorioso ilumina, o intrépido arrebata; o bom não produz nenhum desses efeitos. Contudo, há uma grandeza, há uma glória, há uma intrepidez em ser simplesmente bom, sem aparato, nem interesse, nem cálculo; e sobretudo sem arrependimento.

Era-o o dr. Dias da Cruz; e se a sua morte foi um caso triste, o seu saimento foi um caso consolador, porque essa virtude sem mácula pôde subir ao céu sem desgosto: levou as lágrimas dos olhos que enxugara.

Eleazar

9 de junho de 1878

I

Aquele pobre Gomes, que se confessa materialista e se mata para ir saber "o que aquilo é", não é mais do que um produto fatal do retalho de ciência. Imaginação impressionável, verdura de anos, também ali as houve; mas o funesto retalho foi que o levou ao uso dessa triste liberdade de morrer, que a natureza só ao homem conferiu, e que, aliás, o elegante Garção dizia ser a mais perfeita e inviolável.

Retalho de ciência, retalho de arte, retalho de literatura, retalho de política, eis os perigos de uma juventude, mais cobiçosa de devassar do que paciente em discernir. O *pouco mais ou menos* é um triste mal. Pobre Gomes! Foste pedir à ciência alguma coisa que supunhas superior ou melhor do que as crenças da tua meninice; e, em vez da vida, em vez da consolação que elas te deram, achaste o desvario e a morte. É isso a razão humana: uma luz melindrosa, que resiste muita vez ao vendaval de um século, e se apaga ao sopro de um livro.

II

Lembram-se de haver ardido o paço municipal de Macacu? Dizer-se agora que o incêndio não foi devido à combustão espontânea, nem à imprudência do paço, mas só e somente a oculto propósito! De quem e para quê? Sobre esse ponto, acrescenta-se que as duas parcialidades políticas da vila se acusam mutuamente do desastre; não sei com que razões, mas acusam-se; é o que se diz. O caso seria gravíssimo, se fosse verdadeiro, porque indicaria a introdução de uma nova arma no arsenal dos partidos: o petróleo. A realidade, porém, é outra: a causa é toda pessoal, simpática e santa.

Em primeiro lugar, o paço municipal de Macacu não ardeu. Supôs-se que ardera, por não ser encontrado, de manhã, no lugar do costume. A suposição era verossímil, conhecidos os hábitos sedentários do paço, e o amor que dedicava à vila natal; mas, força é dizer que houve precipitação em afirmar uma hipótese, apenas verossímil, e de nenhum modo averiguada.

Que destino teria, entretanto, o paço? Para este ponto chamo eu a atenção das almas sensíveis. Saiba-se que esse paço, másculo na aparência, tinha conseguido até hoje dissimular o sexo, pois era e é nada menos que uma bela quadragenária. A fim de se poupar às seduções e consequentes perigos, disfarçou os encantos sob a estamenha de uma municipalidade interior. Nunca, em tão largos anos, pôde ser suspeitada a dissimulação. Os gamenhos de Macacu, baldos às vezes de corações disponíveis, mal suspeitavam que ali palpitava um, e vasto, e virgem. Os partidos revezavam-se sem dar pela coisa; e a bela incógnita parecia destinada ao eterno mistério.

Ultimamente, por motivos que não vêm ao caso narrar, o paço municipal de Macacu sentiu em seu ser uma grande revolução: era mãe! Não se descreve a dupla sensação que esse fato lhe produziu. Júbilo, primeiramente; depois terror. Complicação do natural com o social. Que admira? A vila é recatada e de bons costumes; o paço, pela austeridade de seu proceder, granjeara a universal estima. Ameaçava-o agora a execração universal. Sob a impressão do primeiro momento, o paço teve ideia de atirar-se ao rio; venceu porém, o instinto materno; essa quase Medeia por antecipação (como os leilões) fez-se uma simples Agar.

Como se aproximasse o termo da gestação, urgia buscar um sítio ermo, secreto, remoto, sem curiosidades nem murmúrios, onde a criança pudesse nascer tranquilamente. Com tais requisitos, o mais próprio lugar era a nossa rua do Ouvidor. Essa rua chega a irritar um homem pelo excesso de descuriosidade. Nenhum dos seus transeuntes quer saber nada de nenhuma outra criatura humana; nunca ali circula o mínimo boato, e quando se inventa alguma coisa é sempre um rasgo de virtude. Tem acontecido dizer-se de dois cônjuges separados, que são o mais unido casal do mundo, e de um gatuno, que é cópia fiel de são Francisco de Sales. Os olhos andam pregados no chão; ninguém perscruta os pés das moças e suas imediações. O todo da rua dá ideia de um corredor de convento.

Uma noite, o paço municipal saiu de Macacu, envolvido no capote menos municipal que encontrou à mão, com um chapéu derrubado, e umas barbas postiças, e encaminhou-se para esta corte, onde aliás não pôde chegar; a criança nasceu no meio da jornada. Pessoa que a viu diz que é singularmente robusta.

O incêndio era pois, uma calúnia, um aleive, uma *inverdade*, se me é lícito usar esse barbarismo. Era uma maneira de julgar pelas aparências; era mais alguma coisa. Se delato o erro da infeliz, é porque há fortes esperanças de o santificar pelo matrimônio. Assim, não prejudico a situação profundamente municipal do paço, e arredo de sobre a cabeça dos partidos a suspeita de terem traduzido em macacuense as doutrinas da comuna. As fraquezas do coração pode absolvê-las a Igreja; a história é que não tem bênçãos para o erro político. Sabia-o Macacu; saiba-o o universo inteiro.

III

Mal se falou numa comissão para rever o projeto do Código Civil, começaram a afluir de todas as partes indicações e designações ao sr. ministro da Justiça. Cada manhã traz nas asas úmidas um jurista apropriado ao mister. *Prenez mon ours* é o dito invariável dos recadinhos que S. Ex.ª recebe antes do almoço; e não escritos por mão dos próprios, senão de outros, porque há sempre amigos anônimos, dedicações obscuras, corações serviçais.

Pela minha parte, dispenso a intervenção de ninguém; apresento-me eu próprio; disposto a cortar na ampla toga de Nabuco um colete para uso da minha glória pública e doméstica. Coletes de fazenda vulgar, qualquer os pode ter, à sua custa; mas um bom colete de seda é privilégio dos talentos másculos. *Prenez mon ours*. Talvez não haja extraordinário mérito em construir um Código Civil. Combinar as regras do direito universal com as do pátrio costume, congregar o disperso, consubstanciar ideias modernas com princípios clássicos, organizar, dividir, ligar as partes todas de um sistema racional e apropriado, não sei que isso seja um trabalho de Hércules. Também não digo que rever isso, preencher as lacunas, eliminar as aparas de uma obra incompleta, não digo que seja meter uma lança em África. Meu intento é outro; não pretendo corrigir o voo da águia; sou apenas a mosca do fabulista. *Prenez mon ours*.

IV

Heu, Chique-Chique! Desta vez desapareces da face da terra. Após largos séculos de intervalo, reproduz-se o caso de Troia, sem um Homero que o cante para deleitação dos vindouros; mas em todo o caso com um intrépido Besout. O Besout de quem trato, aliás anônimo, possui o gênio da aritmética, além de grande tranquilidade de ânimo. No meio do combate levado à pobre vila (dizem) por um bacharel e gente armada, no meio do fogo, da assolação, do terror, do sangue derramado, das imprecações e dos clamores, esse gélido calculista contava os tiros trocados, e afiança que foram mais de 15 mil. Vejam bem: 15 mil, nem um tiro menos. Nenhuma paixão política, nenhuma afeição doméstica, nada pôde perturbar o consciente narrador. Quanto ao caso em si, (se a política o não exagera) excede a alçada da crônica; são coisas de lágrimas; não as lágrimas assim chamadas, sinal da humana fraqueza, diante do infortúnio, que o coração não logra vencer ou dominar; mas lágrimas de filósofo, austero confrangimento do sábio, que antes lastima do que condena essa violência partidária, essa explosão de ódio recíproco, fruto de interesses, a que a política empresta o nome, e nada mais.

A primeira vez que assisti a uma sessão do Parlamento era bem criança. Recordo-me que ao ver um orador oposicionista, após meia hora de um discurso acerbo, inclinar-se sobre a cadeira do ministro, e rirem ambos, senti uma espécie de desencanto. Esfreguei os olhos; não lhes podia dar crédito. Era tão diferente a noção que eu tinha dos hábitos parlamentares! A reação veio; e então compreendi que a mais bela coisa das lutas partidárias é justamente a estima das pessoas, de envolta com as dissensões de princípios, espírito de tolerância que não conhecem ainda as povoações rústicas. A esse respeito, contam estas a mesma idade que eu tinha, quando pela primeira vez pus os olhos, no parlamento. Meninice social.

V

Mas o caso verdadeiramente curioso foi o que aconteceu, há dias, a nossa edilidade.

Ia a edilidade em seus trabalhos, quando entrou na sala das sessões o fiscal da Candelária, trazendo pela mão um cavalheiro de ar complicado e nariz interrogativo. O fiscal apresentou-o com todas as formalidades usuais. O nariz da edilidade não ficou menos interrogativo que o do cavalheiro, que era nem mais nem menos um problema jurídico.

— Trata-se disto, começou o problema.

Há de saber que houve um incêndio na galeria das Mil Colunas, cujo verdadeiro número não excede a vinte e quatro. Ficou ali uma grande porção de gêneros, que, depois de se corromperem a si próprios, corromperam o ar ambiente e entraram a corromper os pulmões da vizinhança. O aroma desses restos só difere do da água-de-colônia no único ponto de ser totalmente outro. O meu nobre amigo, aqui presente, compreendendo que a porção de munícipes a seu cargo mal poderia sofrer a vizinhança de tais restos, foi ter com os respectivos donos e intimou-os a removê-los dali; os donos responderam que haviam passado essa obrigação às companhias de seguros. Sem perda de tempo, dirigiu-se o meu nobre amigo às companhias de seguros, e delas ouviu que nem tinham recebido semelhante obrigação, nem sequer a conheciam de vista; que, naturalmente, a obrigação ficara com os donos dos gêneros. Voltou o meu nobre amigo aos donos, que o remeteram outra vez para elas, e elas para eles, até que, insistindo eles e elas no mesmo propósito, achou-se o meu nobre amigo diante de um problema, que sou eu, a saber: — A quem pertence a obrigação de remover os restos corruptos? *It is the rub*. Resolve-me ou devoro-te.

A edilidade, que tem notícia de Édipo, enfiou ao ouvir as últimas palavras do problema; mas dissimulou como pôde, fê-lo sentar, mostrou-lhe uma litografia, leu-lhe o tratado de santo Stefano, recitou-lhe a *Lua de Londres*; em seguida, elogiou-lhe o padrão das calças. Esgotadas todas essas diversões, sem que o problema parecesse disposto a sair, a edilidade coligiu todas as forças, encarou-o com solenidade e disse:

— Não é fácil nem difícil o que me propõe; todavia é uma e outra coisa. Talvez a obrigação pertença unicamente aos donos, porque são donos; mas não é fora de propósito que pertençam às companhias, que já lhes pagaram. O meio infalível de saber a qual das duas partes corre o dever de que se trata, é indagar a qual delas não incumbe. Nesse ponto a negativa de ambas é assaz enérgica.

— Mas em suma — interrompeu o problema —, a quem pertence a obrigação?

— Penso que ao bei de Túnis. Não vejo outra pessoa; é, na verdade, o único a quem se pode razoavelmente imputar a obrigação de remover os detritos, que estão envenenando a vizinhança da galeria das Mil Colunas. O bei, na qualidade de infiel e gentio, tem parte nos flagelos com que a Providência castiga os homens. O incêndio é um de tais flagelos; o das Mil Colunas entra nessa categoria. Nada temos, pois, com as companhias, nem com os donos; mas tão somente com o bei. Se não é a esse que incumbe a obrigação, então não precisa ir mais longe, não dê tratos à cabeça, não cogite um instante mais: a obrigação é do cardeal camerlengo, cujas orações deveriam ter afastado da galeria das Mil Colunas o aludido flagelo e conseguintemente preservado os gêneros da podridão, e a vizinhança do tifo.

O problema declarou-se satisfeito com esse modo de ver, e levou o cavalheirismo ao ponto de oferecer-se para pagar os telegramas; a edilidade, porém, retorquiu dizendo que, pelos regulamentos em vigor, não podia entender-se diretamente com o bei nem o cardeal; e acrescentou que o melhor modo de remediar a dificuldade era arquivá-lo, a ele, problema. Este rejeitou o alvitre como ofensivo da dignidade de todos os problemas; e, convertendo-se em dilema, sacou uma pistola do bolso e apontou-a ao peito da edilidade. Nessa apertada situação, a edilidade não teve outro recurso mais do que confiá-lo ao seu advogado, que irá pleitear o caso nos tribunais. Quanto aos detritos...

VI

Se eu pedir, você me dá? é o título de uma polca distribuída há algumas semanas. Não ficou sem resposta; saiu agora outra polca denominada: *Peça só, e você verá*. Esse sistema telefônico, aplicado à composição musical não é novo, data de alguns anos; mas até onde irá é o que ninguém pode prever. Chegará talvez à correspondência política e particular, aos anúncios do Holloway, à simples e nacional mofina. *Que se pode esperar de tão bárbaro governo?* valsa em dois tempos. *A oposição delira*, polca a quatro mãos. *sr. dr. chefe de polícia, lance suas vistas para as casas de tavolagem*, fantasia em lá menor, por UM QUE SABE. *Descanse* UM QUE SABE; *a autoridade cumpre o seu dever*, variações para piano. Teremos a perfeição do gênero no dia em que o compositor responder a si próprio. Exemplo: *Onde é que se vende o melhor queijo de Minas?*, melodia. *No beco do Propósito nº 102*, sonata.

Não levantem os ombros com desdém. Um povo musical, como é o nosso, pode chegar a substituir a prosa pela solfa, sem prejuízo do pensamento, e até com algum encanto. Quem sabe se os nossos netos, candidatos a um lugar na Câmara, não serão compelidos a dar dois dedos de flauta aos eleitores? A zabumba, simples metáfora quando não figura nos batalhões, receberá o seu alvará de capacidade. Os instrumentos serão o distintivo dos partidos no Parlamento; a uns a clarineta, que é áspera, impertinente e fanhosa; a outros a flauta e a guitarra. O apito passará a ser o cetro presidencial; o aparte terá um forte substituto no assobio. Quanto aos oradores, haverá a escala inteira, desde a harpa eólia até o realejo napolitano.

VII

Foi-se-me o espaço, e, porventura, em coisas de menor tomo. Poucas linhas bastam, entretanto, para dizer que toda a gente leu com prazer a narração da visita de sua majestade ao primeiro vapor da linha de Nova York. "A maior honra da minha vida é o privilégio que hoje me é concedido de receber vossa majestade a bordo deste vapor", disse o comandante, e tais palavras, não as lemos somente como justa homenagem ao primeiro magistrado deste país, mas também, e, por isso mesmo, como manifestação de obséquio e consideração à pátria do imperador.

A imprensa americana reproduzirá com prazer a saudação do digno marítimo; pode acrescentar os nossos sentimentos de fraternidade.

Somos os dois principais países do continente; a natureza, separando-os, facilitou a aliança dos dois povos, que nenhum interesse divide no presente, nem provavelmente no futuro. Um potentado africano, recebendo exploradores portugueses, pediu-lhes que não ficassem vizinhos, mas remotos — condição para mais perfeita amizade; e figurou melhor o seu pensamento mostrando o mar que ali bramia raivoso na costa, por estar tão a beira dela. O João de Barros diz a coisa mais elegantemente; mas eu não tenho a mão o João de Barros, e o prelo aguarda esta última folha.

Eleazar

16 de junho de 1878

I

Estrugiram os últimos foguetes de Santo Antônio; não tarda chegar a vez de São João e de São Pedro. O último desses santos, com ser festivo, não o é tanto como os dois primeiros, nem, sobretudo, como o segundo. Deve-o talvez à sua qualidade especial de discípulo, e primaz dos discípulos. Não o era o Batista, aliás precursor e admoestador, e menos ainda o bem-aventurado de Pádua.

Indague quem quiser o motivo histórico deste foguetear os três santos, uso que herdamos dos nossos maiores; a realidade é que, não obstante o ceticismo do tempo, muita e muita dezena de anos há de correr, primeiro que o povo perca os seus antigos amores. Nestas noites abençoadas é que as crendices sãs abrem todas as velas. As consultas, as sortes, os ovos guardados em água, e outras sublimes ridicularias, ria-se delas quem quiser; eu vejo-as com respeito, com simpatia, e se, alguma coisa, me molestam é por eu não as saber já praticar. Os anos que passam tiram à fé o que há nela pueril, para só lhe deixar o que há sério; e triste daquele a quem nem isso fica: esse perde o melhor das recordações.

II

Venhamos à boa prosa, que é o meu domínio. Vimos o lado poético dos foguetes; vejamos o lado legal.

Os dias passam, e os meses, e os anos, e as situações políticas, e as gerações e os sentimentos, e as ideias. Cada olimpíada traz nas mãos uma nova andaina do tempo. O tempo, que a tradição mitológica nos pinta com alvas barbas, é pelo contrário um eterno rapagão, rosado, gamenho, pueril; só parece velho àqueles que já o estão; em si mesmo traz a perpétua e versátil juventude.

Duas coisas, entretanto, perduram no meio da instabilidade universal: — 1º a constância da polícia que todos os anos declara editalmente ser proibido queimar fogos, por ocasião das festas de São João e seus comensais; 2º a disposição do povo em desobedecer às ordens da polícia. A proibição não é simples vontade do chefe; é uma postura municipal de 1856. Anualmente aparece o mesmo edital, escrito com os mesmos termos; o chefe rubrica essa chapa inofensiva, que é impressa, lida e desrespeitada. Da tenacidade com que a polícia proíbe, e da teimosia com que o povo infringe a proibição, fica um resíduo comum: o trecho impresso e os fogos queimados.

Se eu tivesse a honra de falar do alto de uma tribuna, não perdia esta ocasião de expor longa e prudhommescamente o princípio da soberania da nação, cujos delegados são os poderes públicos; diria que, se a nação transmitiu o direito de legislar, de judiciar, de administrar, não é muito que reservasse para si o de atacar uma carta de bichas; diria que, sendo a nação a fonte constitucional da vida política, excede o limite máximo do atrevimento empecer-lhe o uso mais inofensivo do mundo, o uso do busca-pé. Levantando a discussão à altura da grande retórica, diria que o pior busca-pé não é o que verdadeiramente busca o pé, mas o que busca a liberdade, a propriedade, o sossego, todos esses pés morais (se assim me pudesse exprimir), que nem sempre soem caminhar tranquilos na estrada social; diria, enfim, que as girândolas criminosas não são as que ardem em honra de um santo, mas as que se queimam para glorificação dos grandes crimes.

Que tal? Infelizmente não disponho de tribuna, sou apenas um pobre-diabo, condenado ao lado prático das coisas; de mais a mais míope, cabeçudo e prosaico. Daí vem que, enquanto um homem de outro porte vê no busca-pé uma simples beleza constitucional, eu vejo nele um argumento mais em favor da minha tese, a saber, que o leitor nasceu com a bossa da ilegalidade. Note que não me refiro aos sobrinhos do leitor, nem a seus compadres, nem a seus amigos; mas tão somente ao próprio leitor. Todos os demais cidadãos ficam isentos da mácula se a há.

Que um urbano, excedendo o limite legal das suas atribuições, se lembre de pôr em contacto a sua espada com as costas do leitor, é fora de dúvida que o dito leitor bradará contra esse abuso do poder; fará gemer os prelos; mostrará a lei maltratada na sua pessoa. Não menos certo é que, assinado o protesto, irá com a mesma mão acender uma pistola de lágrimas; e se outro urbano vier mostrar-lhe polidamente o edital do chefe, o referido leitor aconselhar-lhe-á que o vá ler à família, que o empregue em cartuchos, que lhe não estafe a paciência. Tal é a nossa concepção da legalidade; um guarda-chuva escasso, que não dando para cobrir a todas as pessoas, apenas pode cobrir as nossas; noutros termos, um pau de dois bicos.

Agora, o que o leitor não compreende é que esse urbano excessivo no uso das suas atribuições, esse subalterno que transgride as barreiras da lei, é simplesmente um produto do próprio leitor; não compreende que o agregado nada mais representa do que as somas das unidades, com suas tendências, virtudes e lacunas. O leitor (perdoe a sua ausência) é um estimável cavalheiro, patriota, resoluto, manso, mas persuadido de que as coisas públicas andam mal, ao passo que as coisas particulares andam bem; sem advertir que, a ser exata a primeira parte, a segunda forçosamente não o é; e, a sê-lo a segunda, não o é a primeira. Um pouco mais de atenção daria ao leitor um pouco mais de equidade.

Mas é tempo de deixar as cartas de bichas.

III

Uns devotos riem, enquanto outros devotos choram.

A Providência, em seus inescrutáveis desígnios, tinha assentado dar a esta cidade um benefício grande; e nenhum lhe pareceu maior nem melhor do que certo gozo superfino, espiritual e grave, que patenteasse a brandura dos nossos costumes e a graça das nossas maneiras: deu-nos os touros.

Talvez poucas pessoas se lembrem que há bons vinte e cinco anos ou mais, creio que mais, houve uma tentativa de tauromaquia nesta cidade. A tentativa durou pouco. Uma civilização imberbe não tolera melhoramentos de certo porte. Cada fruto tem a sua sazão. O circo desapareceu, mas a semente ficou, e germinou, e brotou e cresceu, e fez-se a magnífica árvore, a cuja sombra se pode hoje estirar a nossa filosofia.

Na verdade, os prazeres intelectuais hão de sempre dominar nesta geração. Atualmente, e sabido que o teatro, copioso, elevado, profundo, puro Sófocles, tem enriquecido quarenta e tantas empresas, ao passo que só quebram as que recorrem às mágicas. Ninguém ainda esqueceu os ferimentos, as rusgas, os apertões que houve por ocasião da primeira récita do *Jesuíta*, cuja concorrência de espectadores foi tamanha, que o empresário do teatro comprou, um ano depois, o palácio Friburgo.

Faltavam-nos os touros. Os touros vieram, e com eles toda a fraseologia, a nova, a elegante, a longa fraseologia tauromáquica; enfim, veio o bandarilheiro Pontes. Não tive a honra de ver este cavalheiro, que os doutores da instituição proclamam artista de alta escala; mas ele pertence ao número das coisas, em que eu creio sem ver, digo mais, das coisas, em que eu tanto mais creio quanto menos avisto. Porque é de saber que, em relação a essa nobre diversão do espírito eu sou nada menos que um patarata; nunca vi corridas de touros; provavelmente, não as verei jamais. Não é que me falte incentivo. Em primeiro lugar, possuo um amigo, espírito delicado, que as adora e frequenta; depois, sempre me há de lembrar santo Agostinho. Conta o grande bispo que o seu amigo Alípio, seduzido a voltar ao anfiteatro, ali foi de olhos fechados, resoluto a não os abrir; mas o clamor das turbas e a curiosidade os abriram de novo e de uma vez, tão certo é que esses espetáculos de sangue alguma coisa têm que fascinam e arrastam o homem. Pode ser que algum dia também eu vá atirar lenços e charutos aos pés de algum bandarilheiro célebre; pode ser...

Por hora, não estou entre os inconsoláveis admiradores do Pontes, que lá se vai, mar em fora. Perdão, do artista Pontes. Sejamos do nosso século e da nossa língua. No tempo em que uma vã teoria regulava as coisas do espírito, estes nomes de *artista* e de *arte* tinham restrito emprego: exprimiam certa aplicação de certas faculdades. Mas as línguas e os costumes modificam-se com as instituições. Num regime menos exclusivo, essencialmente democrático, a arte teve de vulgarizar-se: é a subdivisão da moeda de Licurgo. Cada um possui com que beber um trago. Daí vem que farpear um touro ou esculpir o *Moisés* é o mesmo fato intelectual: só difere a matéria e o instrumento. Intrinsecamente, é a mesma coisa. Tempo virá em que um artista nos sirva a sopa de legumes, e outro artista nos leve, em tílburi, à fábrica do gás.

IV

Nesse tempo não viverá, decerto, um pobre velho que veio ontem lançar-se a meus pés. Mandei-o levantar, consolei-o, dei-lhe alguma coisa, um níquel, e ofereci-lhe o meu valimento, se dele necessitasse.

— Agradeço os bons desejos, disse ele; mas todos os esforços serão inúteis. Minha desgraça não tem remédio. Um bárbaro ministro reduziu-me a este estado, sem atenção aos meus serviços, sem reparar que sou pai de família e votante circunspecto; e se o fez sem escrúpulo, é porque o fez sem nenhuma veleidade de emendar a mão. Arrancou-me o pão, o arrimo, o pecúlio de meus netos; enfim, matou-me. Saiba que sou o arsenal de marinha. O ministro tirou-me as bandeiras, sob pretexto de que eu exigia um preço excessivamente elevado, como se a bandeira da nação, esse estandarte glorioso que os nossos bravos fincaram em Humaitá, pudesse decentemente custar 7$804, ainda sendo de dois panos! Era caro o meu preço, é possível; mas o pundonor nacional, não vale alguma coisa o pundonor nacional? O ministro não atendeu a essa grave razão, não atendeu ao decoro público. Tirou-me as bandeiras. Não tente nada, em meu favor, que perde o tempo; deixe-me entregue à minha desgraça. Esta nação não tem ideal, meu senhor; não tem coisa nenhuma. O pendão auriverde, o nobre pendão, custa menos do que um chapéu de sol, menos do que uma dúzia de lenços de tabaco; sete mil e tanto: é o opróbrio dos opróbrios.

V

Não menor opróbrio para a ciência foi a prisão de Miroli e Locatelli. Descanse a leitora; não se trata de nenhum tenor nem soprano, subtraído às futuras delícias da *fashion*. Não se trata de dois canários; trata-se de dois melros.

Não é melro quem quer. O primeiro daqueles merece dois dedos de admiração. Sucessivamente médico, domador de feras, volantim, mestre de dança, e ultimamente adivinho, não se pode dizer que seja homem vulgar; é um fura-vidas, que se atira à *struggle for life* e com unhas e dentes, sobretudo com unhas. De unhas dadas com a dama Locatelli, fundou uma Delfos na rua do Espírito Santo, e entrou a predizer as coisas futuras, a descobrir as coisas perdidas, e a farejar as coisas vedadas. O processo era o sonambulismo ou o espiritismo. Os crédulos, que já no tempo da Escritura eram a maioria do gênero humano, acudiram às lições de tão ilustre par, até que a polícia o convidou a ir meditar nos destinos de Galileu e outras vítimas da autoridade pública.

Pior que tudo é que, se a polícia os castiga neste mundo, o demo os castigará no outro; e aqui chamo eu a atenção do leitor para a estrita realidade da poesia. O famoso casal ficou neste mundo de cara à banda, como há de ficar no outro, segundo a versão dantesca; lá aos adivinhos como Miroli, torcem o nariz para trás, e os olhos choram-lhes pelas costas:

> ... che'l pianto degli occhi
> Le natiche bagnava per lo ferro.

VI

Anuncia-se um congresso agrícola, um congresso oficial, presidido pelo ministro da Agricultura, reunião que não tratará de coronéis, nem de eleições, mas de lavoura, de máquinas e de braços. A crônica menciona o fato com prazer; e atreve-se a manifestar o desejo de que seja imitado em análogas circunstâncias. A administração não perde nunca, antes ganha, quando entra em contacto com as forças vivas da nação; ouvir diretamente uma classe é o melhor caminho para conhecer as necessidades dela e provê-la de modo útil.

Só poderia haver um receio; é que os interessados não acudissem todos ao convite. Mas além de ser gratuito supor que o doente se esquive a narrar o mal, podemos contar com o elemento paulista, que há de ser talvez o mais numeroso. Não é menos importante a lavoura fluminense, nem a das outras províncias convocadas; mas os homens que as dirigem são mais sedentários; falta-lhes um pouco de atividade *bandeirante*. Agora, porém, corre-lhes o dever de se desmentirem a si próprios.

Venhamos à política prática, útil, progressiva; metamos na alcofa os trechos de retórica, as frases feitas, todos os fardões da grande gala eleitoral. Não digo que os queimemos; demo-lhes somente algum descanso. Encaremos os problemas que nos cercam e pedem solução. Liberais e conservadores de Campinas, de Araruama, de Juiz de Fora, batei-vos nas eleições de agosto com ardor, com tenacidade; mas por alguns dias, ao menos, lembrai-vos que sois lavradores, isto é, colaboradores de uma natureza forte, imparcial e céptica.

Eleazar

23 de junho de 1878

I

Somos entrados na quadra dos prodígios.

Tivemos há dias um cavalo de oito pernas que seguiu, no *Maskelyne*, para a Europa, ao passo que nos veio o homem-peixe e um homúnculo sem braços. Juntem a isso a chegada da Companhia Lírica (de cuja existência algumas pessoas entravam a duvidar), e o italiano que veio da Bahia, por terra, no "ônibus das duas". São prodígios às rebatinhas. Temo-los para todos os paladares. O vulgar, o reles, o ramerrão, ameaçava-nos da pior das mortes, que é a vida sem peripécias, sem novidade, sem esse relâmpago do inesperado, com que a fortuna sabe quebrar a monotonia de um céu pasmadamente azul. Dir-se-á que também nos cerca o monstro e o aleijão? Mas o aleijão é necessário à harmonia das coisas; o monstro é o complemento da beleza. Os antigos, que entendiam do riscado, casaram Vênus a Vulcano; e a lenda cristã reuniu a beleza física à fealdade moral, na pessoa do anjo réprobo.

Sobre o cavalo de oito pernas, nada há que dizer, salvo se é exata esta sentença hípica: — "o cavalo está na origem de todos os progressos sociais", sentença que li há dias, em um dos artigos do nosso laborioso Jacome, naqueles ou em análogos termos. Se é exata, podemos crer que a sociedade está prestes a uma grande evolução, desde que os cavalos começam a ter oito pés; e se ao lado desse melhoramento hípico, houver também um aumento humano, nos meios naturais de locomoção, então é certo que iremos todos, de um lance, à perfeição das coisas. Galoparemos na estrada do progresso. Já não haverá Estados, mas Jockey Clubs independentes; e das duas metáforas — "nau do estado" e "carro do estado" — triunfará definitivamente a segunda.

II

Mas o cavalo foi, e ficou o homem-peixe — um cavalheiro, que se propõe a entrar na água, como Jonas no ventre da baleia, ou como o vilão por casa de seu sogro, isto é, sem pedir licença nem misericórdia. Ao contrário dos neutros da política, que não são peixe nem carne, o nosso hóspede possui uma e outra natureza: condição esta que, se o não faz neutro, pode fazê-lo outra coisa, também política, como se disséssemos pau para toda a obra, paletó de duas vistas, hipopótamo ou simples morcego; principalmente morcego, animal que alega as asas ou os pés à feição do meio em que se acha:

> *Je suis oiseau: voyez mes ailes!*
> *Je suis souris: vivent les rats!*

Esta virtude de ser duas coisas, segundo a situação, é dos maiores benefícios que a natureza pode conferir a um homem, porquanto o alivia do ônus de uma pérfida e enfadonha uniformidade. Assim é que o nosso hóspede, quando estiver em terra, para lisonjear as vacas, trincará uma posta de tainha; entrando no mar, comerá à vista das tainhas um naco de vaca. O meio certo de obter a adesão das vacas e tainhas é devorá-las imparcialmente, sem exclusões odiosas nem preferências mal cabidas.

Errou, todavia, o novo rival de Leandro e Byron, no ponto de se não mostrar verdadeiramente peixe; veio a bordo de um navio, quando era mais correto vir por baixo d'água. Querer a reputação de espadarte e as comodidades de um simples algibebe, não digo que seja meter dois proveitos num saco; é justamente o contrário, é perder um deles, porque faz desconfiar de suas faculdades ictiológicas. Que peixe és tu, tão pródigo, que, podendo economizar algumas libras esterlinas, atiras com elas às ondas do mar, sob o frívolo pretexto de que adoras o enjoo? Esta pergunta é a que faz toda a gente amadora de prodígios, todos os crentes dos pintos de três pés e dos poetas de cinco anos. Apesar desses e outros delíquios da confiança pública, há grande ansiedade por vê-lo no reino de Netuno, entre as nereidas que o romantismo aposentou sem honras nem ordenado.

Que se apresse esse homem singular em receber os últimos aplausos dos outros homens. Que se apresse, porque não tarda o tempo em que a sua façanha seja a ação mais ordinária do mundo. O padre Oceano está perdendo todo o prestígio que lhe haviam dado a poesia e a superstição; hoje é apenas um *repórter*, bravio às vezes, mas fidelíssimo — di-lo a agência Havas. Dia virá em que algum americano pertinaz descubra a vara de Moisés; nesse dia o oceano será uma simples avenida; e se lhe puserem um *tramway*, fio que os passageiros levarão vida mais tranquila do que os da linha de São Cristóvão, que aliás gozam da inestimável vantagem de ter uma cópia do Cabo das Tormentas, por dois tostões.

III

Quanto ao homúnculo sem braços, é um anão da Libéria, achado em um saco de café da mesma origem. O grão de café é tamanho e o anão é tamanino, que facilmente puderam entrar no mesmo saco. Mostra as suas habilidades em uma casa da rua do Ouvidor, ao som de um piano, que, ouvido cá de fora, parece tocado pelos pés do próprio anão; e, em tal hipótese, descontado a coriza de que o instrumento padece, não se pode negar que a execução é admirável. O anão dizem que trabalha, come e escreve com os pés; e, porque não faz essas coisas de graça, pode-se dizer, sem metáfora, que mete os pés nas algibeiras do espectador. Custa quinhentos réis. A negrinha-monstro, uma virago célebre, que há uns vinte anos esteve em exposição naquela mesma rua, custava dois mil-réis. É instrutiva a comparação dos dois preços; quer dizer que o progresso econômico vai tornando o aleijão acessível a todas as bolsas. Quasímodo não custaria hoje mais de cinco tostões, e Polifemo talvez se mostrasse por simples amor da arte.

Feliz Hélade! Bons ventos os que dobravam a vaga iônia! Tão normal era a beleza humana que Sócrates, ao passo que nos transmitiu as suas ideias, transmitiu-nos também o seu nariz, aquele nariz que tinha tanto de grego, como o de Cleópatra tinha de escandinavo: um nariz que, se hoje não incorre em nenhuma incapacidade eleitoral ou social, naquele tempo devia ser bem triste do admitir-se entre os olhos de um cidadão. Pois esse nariz veio até nós como um exemplo de exceção na regularidade nasal dos gregos. Feliz Hélade, onde os olhos encontravam na figura humana a simples, a adorável elegância da linha dórica, e a graça da ornamentação coríntia; onde quase que era preciso inventar o monstro.

IV

Não vão agora supor que tenho a mínima intenção de magoar as damas e o tenor da Companhia Ferrari, vindos anteontem do Rio da Prata. Não sei se são bonitos; mas os retratos, há já muito expostos na Confeitaria Castelões, dizem que o são excepcionalmente, e eu creio nos retratos, às vezes mais ainda nos retratos que nas pessoas.

Não alcanço, todavia, o motivo por que, inventada a fonografia, que pode transmitir as vozes dos cantores, as empresas hão de continuar a usar da fotografia, que apenas transmite as caras, com as quais nada têm os nossos ouvidos. Isso é o que aparece do primeiro relance; atentando bem, é óbvio que as empresas têm razão. Na verdade, um belo rosto predispõe um bom coração; facilmente se perdoa aos olhos de uma ninfa a ausência da voz de filomela. As espáduas, quando expressivas, podem cantar com pouca expressão; mas se juntarem à correção das linhas tal ou qual método, é evidente que o valor musical se multiplica pelas graças da pessoa. É como o artifício do vaso que torna a flor mais aprazível: ou, como dizia um nosso clássico, tratando do estilo, "o que eu comparo à boa ou ruim letra" que aclara ou escurece o sentido da oração.

Talvez algum diletante, do gênero grave, me argua de amparar, com a autoridade da minha razão, argumentos de ordem baixamente sensual, e portanto indignos da atenção do sábio e menos atribuíveis a um público ilustrado e superior. Respondo com duas pedras na mão; e seja, a primeira, que ao diletante sabe-lhe melhor o seu vinho velho em taça de cristal do que em canjirão de barro; e a segunda, que a música, excetuadas algumas obras, alguns gênios e alguns amadores, é um prazer puramente sensual. Que não? Há de ser muito difícil convencer-me de que uma boa parte da gente vai às óperas para outra coisa que não seja gozar um espetáculo que dispensa a mentalidade de cada um, ao passo que permite desabrochar o corte audacioso do colete. Ocorre-me até que um personagem da minha estima detestava a música, desde que era preciso ouvi-la mais de um quarto de hora, e, não obstante, era assinante do Teatro Lírico, e assíduo nas récitas. Um dia perguntei-lhe por que razão pagava tão caro um aborrecimento, se efetivamente o era; retorquiu-me que, sendo adverso à pena de morte, não hesitaria em assistir à execução de um réu, na qualidade de juiz criminal; e concluiu: "No juiz, o bom-tom é fitar a ação do carrasco; no homem da sociedade, é entregar ao carrasco o próprio colo, com o sorriso nos lábios e o binóculo na mão". Que há de querer um homem desses, se não que lhe compensem, pelo lado da *plumage*, tudo quanto a *ramage* lhe faz doer aos nervos?

Viva portanto o Ferrari e mais as suas fotografias. Prestes as damas e os cavalheiros, e mais que prestes o ilustre cabo, só nos resta tomar uma boa sede de música, para o conforto dos nervos enlanguescidos. Já se não passa pela porta das modistas, sem ver um ou dois cupês, cujos elegantes conteúdos sobem a provar as toaletes e a discutir com as madamas as melhores cores e os mais pertinentes ornatos. Qualquer que seja o mérito da companhia, não perderá o tempo quem lá for; ao menos, gozará o espetáculo da beleza feminil, realçada pela arte graciosa da tesoura.

V

Não direi palavra da ação policial do cabo submarino, exercida, há dias, dentro de um paquete, em Pernambuco, entre várias pessoas que se destinavam a uma excursão científica à Noruega. Há casos em que a indignação silenciosa é o mais eloquente comentário. A suspeita de que alguns credores ficaram a ver navios, ou mais propriamente a ver o navio, é simplesmente inepta. Primeiramente, é desastre que jamais ocorreu a nenhum credor; em segundo lugar, quem quer subtrair-se a obrigações de qualquer natureza, não o faz ao lusco-fusco, mas à luz do meio-dia, com anúncios nos jornais; é uso, é preceito de quem, ainda obrigado a um eclipse mais ou menos parcial, não quer perder a estima dos concidadãos e os aplausos dos homens esclarecidos. Pelo contrário, uma expedição científica exige tal ou qual surdina nos movimentos e um programa de cautelas, cujo efeito principal é ir dar com os fenômenos da natureza, antes que eles pressintam os expedicionários. De outro modo seria frustrar os interesses da ciência. Daí vem que nenhuma expedição anuncia o dia em que sai, e algumas têm chegado ao extremo de não tirar passaporte. Tais são os hábitos científicos; se a polícia os ignora, o que lhe cumpria era informar-se, antes de reduzir o cabo submarino à triste contingência de transmitir outra coisa de que não sejam aquelas hipóteses vagas, mas dúbias, sobre sucessos que improvavelmente se darão ou talvez nunca, conforme os fatos anteriores induzem levemente a suspeitar, sem aliás prejulgar ocorrências presumíveis e não improváveis, conquanto incoercíveis até o presente. Desculpe o cabo se lhe copio o estilo.

VI

Falei no telégrafo e no fonógrafo; é ocasião de dizer que também eu trabalho em um invento que deitará por terra todos os anteriores. Provavelmente o leitor já teve notícia do microfone, um instrumento que dá maior intensidade ao som e permite ouvir, ao longe, muito longe, até o voo de um mosquito. Leram bem: um mosquito. Não tarda outro que nos faça ouvir o germinar de uma planta e até o alvorecer de uma ideia. Talvez cheguemos à perfeição de escutar o silêncio.

Ora bem, o meu invento se o concluir, é tão sutil como esses, e muito mais útil. Ouvir o voo do mosquito pode ser uma recreação aceitável, mas não dá o ínfimo proveito; é indiferente à moral, e pode ser até que ao progresso científico. O instrumento da minha invenção serve para a conversação, não remota, senão próxima; aplica-se ao coração dos outros, dos amigos, por exemplo, e, ao passo que a gente vai ouvindo as expressões da língua, o instrumento vai transmitindo as expressões do músculo. O resultado é muita vez a mais formidável cacofonia.

Um exemplo:

Pela boca: — Deixa-te disso; bem sabes que entre ti e o Palha não posso nem devo hesitar: seria esquecer a tua velha amizade.

Pelo instrumento: — Vale tanto um como outro; e bem tolo fora eu.

Pela boca: — Quando quiseres, escreve-me um bilhete, duas linhas. Vai jantar comigo amanhã, sim? Vai; quero tomar uma barrigada de riso; lembras-te? Pois é verdade; fia-te em mim...

Pelo instrumento: — E não corras.

Pela boca: — Adeus; lembranças à família. Olha lá, vê se te esqueces agora da carta... adeus!

Pelo instrumento: — Uf!

Dei a ideia do instrumento. Bem aplicado, forra-se um homem a delongas e desencantos; separa o trigo do joio; vê os que o amam e os que o empulham; e em relação a estes, faz uma de duas coisas: ou lança-os de si, o que é ridículo, ou empulha-os também, o que é imoral. *Choisis, si tu l'oses*. Aplicado ao amor, esse instrumento é a última palavra; pode ser também empregado nos negócios, na propaganda política, em tudo o que traga relações pessoais. Palpita-me que vou fazer uma revolução.

Eleazar

30 de junho de 1878

I

A sociedade fluminense atravessa um período de inaugurações. Temos amanhã a do Skating-rink, depois de amanhã a da Câmara municipal. Ontem foi a do homem-peixe; há dias a do Cassino e a do Jockey Club; em breve a da Companhia Ferrari. Se é lícito lembrar outras coisas mínimas, direi que inauguro hoje uma dispepsia, e que o meu vizinho fronteiro inaugura o uso de não pagar o bonde pelos outros: lição de estômago e de passageiro. Vivemos num longo pórtico, entre infinitas estreias.

De todas estas, a mais importante é a da Câmara municipal. Sabe-se que não só a Câmara é diferente da outra, mas até de si mesma. Vereador, que o era há dois meses, não passa de um modesto contribuinte; contribuinte, que o era, acordou há dias vereador. Ali há choro e ranger de dentes; aqui, um riso da bem-aventurança. *Sorrisos e lágrimas*, como diria um vate piegas, se não preferisse dizer *lágrimas e sorrisos*, que é absolutamente a mesma coisa.

A Câmara velha quis fazer as coisas fidalgamente; mandou dar uma mão de cal à sala das sessões, espanar as janelas, deitar meia dúzia de pontos às cortinas. Há nisso mais cortesia do que sagacidade. Eu, no caso da Câmara velha, recebia a nova com as mesmas teias de aranha e dedadas dos contínuos, como se lhe dissesse: — Veja vossa ilustríssima a virtude espartana que deve ter um vereador; é obrigado a meditar um contrato e catar uma pulga, a diminuir as despesas dos calçamentos e o lustro do calçado. Todo o sebo que poderia adquirir a consciência, aqui ficou colado a esta mesa de pinho. Não lhe importe cair dessa cadeira velha; é o meio de não cair da opinião pública. Em vez disso, a Câmara velha prefere dar à nova um espécimen do palácio de Armida, alguma coisa semelhante ao luxo do califa de Bagdá. É polido, mas impolítico.

II

Não tarda, pois, que as ilustríssimas cadeiras, assim repintadas, recebam galantemente os novos vereadores; e eu seria o último dos cidadãos e o menos zeloso dos munícipes, se lhes não lembrasse dois fatos capitais: *primo*, que o erário municipal se acha necessitado de um forte peitoral de cereja; *secundo*, que de nenhum modo convém dar-lhe o peitoral de Ayer, bebida infecta e pobre de substâncias restauradoras e confortivas, mas só e somente o xarope Alvear, o mais enérgico e substancial de todos os que conhece a farmácia moderna.

Com efeito, li em jornais desta semana que, achando-se o erário municipal de Buenos Aires nas mesmas ou análogas condições do nosso, um certo Alvear, membro da edilidade portenha, depois de consultar todos os livros da ciência fiscal, tratou de tirar de seu próprio cérebro alguma ideia útil e capaz de restaurar o enfermo, de um modo pronto, científico e perpétuo. Não se demorou em acudir aos gritos da necessidade; revolveu os miolos, deu um forte sacudimento às faculdades inventivas, e ao cabo de algum tempo de concentração, sacou um imposto capaz de restituir a vida a um moribundo. Trata-se nada menos que de uma taxa anual de 5 pesos, sobre todos os habitantes ou transeuntes do município, sem exceção do sexo, que contarem de 10 a 70 anos de idade.

Confesso que essa ideia tem um forte cheiro de opereta, e que à primeira vista parece copiada de Offenbach. Vou além; cheguei a imaginar que os jornais faziam confusão de notícias; que se tratava efetivamente de uma ópera-cômica. Direi tudo: com os poucos indícios que tinha à mão, construí a peça, qual me pareceu que devia ser, e dei-lhe um título, talvez improvável, mas eminentemente possível. Chamei-lhe *D. Ana Covarrubias ou um vereador original*; dividi-a em três atos, e supus-lhe os personagens seguintes: o Erário; Primus Inter Pares; o Coletor dos Impostos; um Vereador, extremamente original; Pico de la Mirandola; o Congresso de Berlim; Procusto; um Cálculo Biliário; o dr. Ruibarbo; d. Ana Covarrubias, filha do Coletor; Buena Sera, mulher de Erário. Lugar da cena: Ilhas Malvinas.

Ato I — Primus Inter Pares calca o botão do tímpano; aparece-lhe o Coletor dos Impostos, a quem ele pergunta se há numerário disponível para comprar um lenço de tabaco. Consternação do coletor, que lhe responde com lágrimas nos olhos:

> Não, para um lenço de tabaco,
> Tabaco, baco,
> Não há um só real no saco,
> No saco, saco.

A rima não é rica (diria ele em prosa), mas *richesse ne fait pas le bonheur*. Contestação do Primus, cuja felicidade naquela ocasião seria justamente a riqueza do erário; consequentemente, replica dizendo que é preciso um imposto novo, rendoso, universal, e portanto igual para todos. O Coletor aflito propõe que sejam consultados os outros edis. Entram os edis a passo de cão. Um deles jura que possui uma ideia nova na ciência financeira. — Uma ideia nova! exclama o Coletor, abanando as orelhas. — Novíssima! bradam todos os outros edis, depois de ouvirem a ideia.

OS EDIS

> Novíssima,
> Raríssima,
> Riquíssima,
> Com que pode vossa ilustríssima
> Encher o erário municipal. (bis)

O COLETOR

> Na verdade, é originalíssima,
> Sim, senhor, é original.

Infelizmente, aparece a filha do coletor, d. Ana Covarrubias, debulhada em lágrimas, ajoelha-se, e roga ao pai que não cobre nunca o terrível imposto. O coletor começa a fraquear; mas os edis sacam as varas municipais, e juram sobre elas que, ou o imposto há de ser cobrado, ou eles hão de verter a última gota de sangue. O coletor desmaia; passa ao fundo a sombra de Nino. Cai o pano rapidamente.

Ato II — Em casa do Erário. O dr. Ruibarbo toma o pulso ao doente e receita-lhe um passeio ao mais alto pico do Monte do Socorro. Enquanto o doente discute com o médico a oportunidade do remédio, entram os edis e declaram achar-se votado um novo imposto, extremamente original. Explicam-lho; o Erário cai das nuvens nos braços dos vereadores; dá graças aos deuses, e promete-lhes um edil de cera, se o imposto for levado a cabo. Nisso, Buena Sera, esposa do Erário, que tem espreitado a conversa, entra impetuosamente, e jura que o imposto não se há de cobrar nunca. Estupefação do Erário e dos vereadores. Um desses, com a franqueza que o caracteriza, pondera que a vida do ilustre enfermo depende do novo imposto — imposto ou morte! Antes a morte, brada a matrona. O Erário empalidece, gargareja uma imprecação, e sai fortemente apoiado na maioria.

Sobrevém d. Ana Covarrubias, e propõe a Buena Sera uma aliança ofensiva e defensiva contra os cinco pesos. Confessam uma à outra que amam um guapo mancebo desapatacado, e que esse seria compelido a mudar de terra, se o imposto fosse convertido em lei. Efusão de sentimentos, fusão de interesses, profusão de volatas. Vão a sair; mas um coronel de dragões, peitado pelos vereadores, apodera-se de ambas; elas resistem e cedem enfim protestando solenemente à face da Europa contra essa violação domiciliária e pessoal.

Ato III — Um café. Pico de la Mirandola, Procusto, o Congresso de Berlim, e um Cálculo Biliário conversam alegremente dos sucessos do dia. Sabe-se, pelo que dizem, que o guapo mancebo amado pelas damas é o mesmo e único indivíduo, um estrangeiro, um Tártaro, talvez emético, que viaja para conhecer os costumes dos povos cultos. Sabe-se mais que, por motivos particulares, o digno estrangeiro não entra na peça. O imposto está em execução: já se tem cobrado 4.000.000.000.000 de pesos. O Erário está ameaçado de obesidade; o Coletor morreu; d. Ana Covarrubias e Buena Sera morreram; o coronel dos dragões morreu; o Tártaro, cada vez mais emético, morre à última hora. Os quatro personagens resolvem acabar a peça, com um brinde; não o permitindo a hora adiantada da noite, cai o pano.

III

Sucedeu à corrida de cavalos outra corrida de homens, com o acréscimo dos "saltos", que os cavalos obrigam a dar, mas não dão eles próprios. Nada posso dizer do novo torneio, porque escrevo estas linhas, na ocasião justamente em que ele começa; mas posso julgá-lo pelo do ano passado, e creio que será delicioso... para os espectadores.

Essa usança, que parece ser também um gosto, é companheira daquele bife cru, de que tratei na minha crônica do dia 2 do corrente, com uma diferença, e é que, se o bife entrou nos nossos costumes, a usança não entra, embora sejam um e outro venerados pelos dignos bretões. Quando uma raça se nutriu durante três séculos com a bela goiabada de Campos, precisa de mais três séculos de carne sangrenta para apostar corridas e saltos. Somos demasiado melífluos para tão aspérrima canseira. Acresce que não estou perfeitamente convencido de que um bom banho frio, longos passeios, forte ginástica, e alguns jogos de força, sejam exercícios inferiores a deitar os bofes pela boca fora. Opinião de homem débil.

Em todo caso, antes ver correr os homens que ver brigar os galos, uso que floresceu com igual vida em Atenas e na Gamboa, do mesmo modo que floresce às margens do Tâmisa — ou Tamesis, como escrevia o Garrett. Donde se conclui que o homem é um animal eternamente brigão.

IV

Lastimei as desgraças de Chique-Chique: não me atrevo a lastimar a 2ª edição das de Macaúbas. Começo a suspeitar que a luta travada nessas duas vilas é uma simples metáfora de estudantes de retórica. É sabido que, em geral, quando um correspondente escreve estas solenes palavras "a província está ardendo", quer dizer simplesmente que foram demitidos dois subdelegados; e quando diz "o povo dorme tranquilo à sombra da paz", anuncia, de um modo poético, a nomeação de outros dois.

A "tribuna parlamentar", que é uma simples poltrona de mogno, deve abrir-nos os olhos. A metáfora é um abscesso nas organizações políticas; convém rasgá-lo ou resolvê-lo, e voltarmos à frase sadia e nua: pão, pão; queijo, queijo.

V

Melhor notícia do que essa é a de ter sido aprovada, na Bahia, uma senhora que fez exame de dentista. Registro o acontecimento, com o mesmo prazer com que tomo nota de outros análogos; vai-se acabando a tradição, que excluía o belo sexo do exercício de funções, até agora unicamente masculinas. É um característico do século: a mulher está perdendo a superstição do homem. Tomou-lhe o pulso: compreendeu que se ele fez a guerra de Troia, e, se serviu quatorze anos a Labão, foi unicamente por causa dela; e desde que o reconheceu, subjugou-o.

No entanto, se aprovo que as senhoras façam concorrência ao Napoleão Certain, acho perigoso que as outras senhoras entreguem a boca aos dentistas do seu sexo. Em primeiro lugar, há de ser preciso muita e rígida virtude para que uma mulher não despovoe a boca de outra, quando lhe vir uns dentes de pérola, que obscureçam os seus; em segundo lugar, quem os trouxer postiços arrisca-se a ver o caso denunciado nos mais discretos salões. Imagine-se o caso do rivalidade amorosa...

VI

Fio-me muito mais na discrição de uma casa da rua do Ouvidor, que anuncia um "sabão nupcial", acrescentando, entre parênteses "inédito!". Nupcial deu-me trinta minutos de reflexão; inédito, levar-me-á com certeza ao fim da vida. Ao pé desse sabão, há um "leite de Aspásia", destinado a amaciar a pele; e ainda mais abaixo, umas "pastilhas de Vesta", que quando acesas deitam "azuladas nuvens de incenso, perfumadas de ambrosia, semelhantes às que as vestais respiravam nos templos de Corinto!"

Última utilidade da história: ensaboar os anúncios.

VII

Não se fechou a semana sem que a agência Havas nos desse uma notícia lúgubre. Dessa vez foi a morte súbita de d. Mercedes, a jovem rainha de Espanha. Não lhe resvalou a coroa da cabeça, foi ela que se subtraiu ao peso desse diadema difícil, levando consigo as venturas todas de um mancebo, que o coração e a política lhe haviam deparado, como um penhor de felicidade doméstica e de paz pública. A morte, de parceria com a estrela de Espanha, empenha-se em fazer essas súbitas mudanças de cenários.

De outra parte, não é a morte, é a filosofia de um doutor de trinta anos que não encontra no arsenal da liberdade melhor arma do que um revólver. Parecia que esse velho recurso do fanatismo político estava para sempre embotado e inútil; e jamais podíamos contar que ele nos saísse agora de uma universidade alemã. Pois, saiu; e, nem por ser mais científico, se tornou mais sensato... nem mais útil. Pobre filosofia! pobre filosofia!

VIII

Pobre folhetim!

Eleazar

7 de julho de 1878

I

Hoje é dia de festa cá em casa; recebo Luculo à minha mesa. Como o jantar do costume é rústico e parco, sem os requintes do gosto nem a abundância da gula, entendi que, por melhor agasalhar o hóspede, devia imitar o avaro de uma velha farsa portuguesa: mandar deitar ao caldeirão "mais uns cinco réis de espinafres". Noutros termos, enfunar um pouco o estilo. Não foi preciso; Luculo traz consigo os faisões, os tordos, os figos, os licores, e as finas toalhas, e os vasos murrinos, o luxo todo, em suma, de um homem de gosto e de dinheiro.

É o caso que tenho diante de mim o relatório do diretor das escolas normais de uma das nossas províncias, cujo nome, aliás, não digo, por não ofender a modéstia daquele cavalheiro. Não havia nada que saborear num relatório, se o de que trato fosse parecido com os outros, seus anteriores e contemporâneos. Mas não; o distinto funcionário entendeu, e entendeu muito bem, que lhe cumpria temperar o estilo oficial com algumas especiarias literárias. Na verdade, o estilo oficial ou administrativo é pesado e seco, e o tipo geral dos relatórios poderíamos figurá-lo bem em um sujeito pautado, gravata de sete voltas, casacão até os pés, bota inglesa, sobraçando um guarda-chuva de família. Não foi esse o modelo do diretor das escolas normais. Escritor ameno, imaginoso, erudito, deu um pouco mais de vida ao tipo clássico; atou-lhe ao pescoço um lenço azul, trocou-lhe o casacão em fraque, substituiu-lhe o guarda-chuva por uma bengala de Petrópolis. Ao peito pôs-lhe uma rosa fresca. Talvez não agrade tanto aos pés de boi da administração: não faltará quem lhe ache um ar pelintra, nos ademanes de *petit crevé*. É natural, e até necessário. Nenhuma reforma se fez útil e definitiva sem padecer primeiro as resistências da tradição, a coligação da rotina, da preguiça e da incapacidade. É o batismo das boas ideias; é ao mesmo tempo o seu purgatório.

Isto dito, intercalarei nesta crônica de hoje algumas boas amostras do documento de que trato, impresso com outros submetidos ao presidente; e para em tudo conservar o estilo figurado das primeiras linhas, e porque o folhetim requer um ar brincão e galhofeiro, ainda tratando de coisas sérias, darei a cada uma de tais amostras o nome de um prato fino e especial — *um extra*, como dizem as listas dos *restaurants*.

Sirvamos o primeiro prato.

Línguas de Rouxinol

Vassalo das normas legais e regulamentares, tenho a honra de vir, tirando forças da minha fraqueza, cumprir esse meu embargoso dever, depondo nas amestradas mãos de v. ex.ª, pelo ilustre veículo, que me é prescrito (a laureada diretoria de instrução pública), o fruto desenvolvido das emendas do meu secretário, esse tributo obediencial, que compete a v. ex.ª

...assim, pois, com a paciência com que a misericórdia sói acompanhar a justiça, em sua marcha salutar, espero v. ex.ª, para compreender-me, me siga pelos andurriais por onde, perdido de monte em monte, serei forçado a peregrinar.

II

Não há patinação, não há corridas de cavalos, não há nada que nestes dias possa dominar o sucesso máximo, o sujeito que em Caravelas, na Bahia, deu à luz uma criança. Quando eu era pequeno, ouvia dizer que o galo, chegando à velhice, punha ovos, como as galinhas; não o averiguei mais tarde, mas já agora devo crer que o conto não era da carocha, senão pura e real verdade.

O sujeito de Caravelas é um quadragenário, que tinha cor de icterícia, e padecia há muito uma forte opressão no peito. Ultimamente, di-lo o médico, sentiu uma dor agudíssima na região precordial, movimentos desordenados do coração, dispneia, forte edemacia em todo o lado esquerdo. Entrou em uso de remédios, até que, com geral surpresa, trouxe a este vale de lágrimas uma criança, que não era exatamente uma criança, porque eram as tíbias, as omoplatas, as costelas, os fêmures, trechos soltos da infeliz criatura, que não chegou a viver.

A mitologia deu-nos um Baco meio gerado na coxa de Júpiter; e da cabeça deste fez nascer Minerva armada. Eram fábulas naquele tempo; hoje devemos tê-las por simples realidade, e, quando menos, um prenúncio do nosso patrício. Assim o creio e proclamo. E porque não suponho que o caso de Caravelas deve ser o único, acontece-me que não posso ver agora nenhum amigo, opresso e pálido, sem supor que me vai cair nos braços, a bradar com um grito angustioso: "Eleazar, sou mãe!". Esta palavra retine-me aos ouvidos, e gela-me a alma... imaginem o que será de nós, se tivermos de dar à luz os nossos livros e os nossos pequenos; gerar herdeiros e conspirações; conceber um plano de campanha e Bonaparte.

Imaginem...

Coxinhas de Rola
Digitus Dei. As feridas abertas em minha alma precisavam do doce lenitivo desse bálsamo metafísico, superior em propriedades aglutinadoras aos mais afamados de Fioravanti.

III
Dize-me se patinas, dir-te-ei quem és. Tal será dentro de pouco tempo o mote da suprema elegância. As corridas de cavalos correriam o risco de ficar por baixo, e até perecer de todo, se não fora a *poule*, tempero acomodado ao homem em geral, e ao fluminense em particular. Digo fluminense, porque essa variedade do gênero humano é educada especialmente entre a loteria e as sortes de são João: e a *poule* dá as comoções de ambas as coisas, com o acréscimo de fazer com que um homem ponha toda a alma nas unhas do cavalo.

Não é nas unhas do cavalo que havemos de pô-la quando formos ao Skating-rink, mas nas próprias unhas, ou melhor dito, nos patins que as substituem. No Prado Fluminense a gente faz correr o seu dinheiro nas ancas do quadrúpede, e por mais que se identifique com este, o amor-próprio só pode receber alguns arranhões, mais ou menos leves. Na patinação, a queda orça pelo ridículo, e cada sorriso equivale a uma surriada. Sem contar que não se arrisca somente o amor-próprio, mas também o pelo, que não é menos próprio, nem menos digno do nosso amor.

E daí, não sei por que não se há de introduzir a *poule* na patinação. É um travozinho de pimenta. Aposta-se no vestido azul e no chapéu de escumilha, e perde o último que chegar ou o primeiro que cair. Será mais um campo de rivalidade entre os vestidos e os chapéus... os chapéus de escumilha, entenda-se.

Quanto à Emília Rosa... Interrompamo-nos; chega outro pratinho.

PEITO DE PERDIZ À MILANESA

Não passarei adiante, sem lembrar a v. ex.ª que a nova organização dada ao curso pelo último dos regulamentos, tendo feito passar disciplinas do 2º para o 1º ano, e vice-versa, obrigou os normalistas que iam concluir seu tirocínio a frequentarem em comum com os que o começavam, as aulas dessas disciplinas transplantadas, fazendo destarte o que em linguagem coreográfica se chama *laisser croiser*.

IV

Emília Rosa é uma senhora, vinda da Europa, com a nota secreta de que trazia um contrabando de notas falsas. *Rien n'est sacré pour un sapeur*; nem as malas do belo sexo, nem as algibeiras, nem as ligas. A polícia, com a denúncia em mão, tratou de examinar o caso. Desconfiar com mulheres! O Tolentino contou o caso de uma que dissimulou um colchão no toucador. Onde entra um colchão, podem entrar vinte, trinta, cinquenta contos. A polícia esmiuçou o negócio amor pôde e lhe cumpria; esteve a ponto de fazer cantar a passageira, a ver se lhe encontrava as notas falsas na garganta. Afinal, a denúncia das notas era tão verdadeira como a notícia das cabeças a prêmio, em Macaúbas, onde parece que apenas há um mote a prêmio, e nada mais: o mote eleitoral.

Trata-se, não de notas falsas, mas de salames verdadeiros, ou quaisquer outros comestíveis, que a passageira trazia efetivamente por contrabando. A diferença entre um paio e um bilhete do banco é enorme, posto que às vezes os bilhetes do banco andem nas algibeiras dos "paios", donde passam para o toucador das senhoritas. Valha-nos isso; podemos dormir confiados na honestidade das nossas carteiras.

Isto de notas falsas, libras falsas, e letras falsas, creio que tudo vai entroncar-se numa palavra de Guizot: *Enriquecei*! palavra sinistra, se não é acompanhada de alguma coisa que a tempere. Enriquecer é bom; mas há de ser a passo de boi, quando muito a passo de carroça-d'água. Não é esse o desejo das impaciências, que nos dão libras de metal amarelo; o passo que as seduz é o dos cavalos do Prado — o da *Mobilisée*, que se esfalfa para chegar a raia. Vejam o *Secret*, seu astuto competidor. Esse deixa-se ficar; não se fatiga, à toa, imagem do ambicioso de boa têmpera, que sabe esperar. Talvez por isso o desligaram da *Mobilisée*, nas corridas de hoje. Esta radical não quer emparelhar com aquele oportunista.

Sinto um cheiro delicioso...

FAISÃO ASSADO

Declaro a v. ex.ª algum tanto aflato de amor-próprio, que nenhum fato agraz perturbou durante o ano letivo a disciplina e boa ordem dos dois estabelecimentos a meu cargo. Diretor, professores, alunos e porteiros, todos souberam respeitar-se mutuamente. V. Ex.ª não ignora que o respeito é a base da amizade.
Como Cícero, sou um dos mais ardentes apologistas da lei natural, da equidade; como ele, entendo que a lei é a equidade; a razão suprema gravada em nossa natureza, inscrita em todos os corações, imutável, eterna, cuja voz nos traça nossos deveres, de que o Senado não nos pode desligar, e cujo império se estende a todos os povos; lei que só Deus concebera, discutira e publicara.
Partindo deste cantinho das minhas crenças, proponho a v. ex.ª que faça submeter o sr. professor do 1º ano a exame de uma junta médica...

V

Se achares três mil-réis, leva-os à polícia; se achares três contos, leva-os a um banco. Esta máxima, que eu dou de graça ao leitor, não é a do cavalheiro, que nesta semana restituiu fielmente dois contos e setecentos mil-réis a Caixa da Amortização; fato comezinho e sem valor, se vivêssemos antes do dilúvio, mas digno de nota desde que o dilúvio já lá vai. Não menos digno de nota é o caso do homem que, depois de subtrair uma salva de prata, foi restituí-la ao ourives, seu dono. Direi até que este fica mais perto do céu do que o primeiro, se é certo que há lá mais alegria por um arrependido do que por um imaculado.

Façam de conta que este último rasgo de virtude são uns óculos de cor azul para melhor encararmos a tragédia dos Viriatos. Hão de ter lido que esses malfeitores entrincheiraram-se em uma vila cearense, aonde o governo foi obrigado a mandar uma força de 240 praças de linha, que a investiram à escala vista; muito fogo, mortos, feridos; prisão de alguns, fuga dos restantes. Há revoluções na Bolívia que não apresentam maior número de gente em campo; digo de gente, sem me referir aos generais. Pobre Ceará! Além da seca, os ladrões de estrada.

Está-me a cair da pena um rosário de reflexões acerca da generalidade e da coronelite, dois fenômenos de uma terrível castelhana; mas iria longe...

Prefiro servir-lhes uns pastelinhos.

Pastelinhos
A hipocrisia não tem um leito de flores no regaço da minha alma.
Sempre as finanças da província!... eterno clarão das almas timoratas!
As finanças e sempre as finanças, esse hipogrifo que...
...preferirá ver lacradas as portas das escolas primárias a ver sentados nas espinhosas cadeiras do magistério indivíduos cujos corações não foram cuidadosamente arroteados, antes de lhes acenderem almenaras em suas cabeças.
...o mestre, esse grande Davi da lira psíquica da infância...

VI

Parece que o *Primo Basílio*, transportado ao teatro, não correspondeu ao que legitimamente se esperava do sucesso do livro e do talento do sr. dr. Cardoso de Meneses. Era visto: em primeiro lugar, porque em geral as obras, geradas originalmente sob uma forma, dificilmente toleram outra; depois, porque as qualidade do livro do sr. Eça de Queirós e do talento deste, aliás fortes, são as mais avessas ao teatro. O robusto Balzac, com quem se há comparado o sr. Eça de Queirós, fez má figura no teatro, onde apenas se salvará o *Mercadet*; ninguém que conheça mediocremente a história literária do nosso tempo, ignora o monumental desastre de *Quinola*.

Se o mau êxito cênico do *Primo Basílio* nada prova contra o livro e o autor do drama, é positivo também que nada prova contra a escola realista e seus sectários. Não há motivo para tristezas nem desapontamentos; a obra original fica isenta do efeito teatral; e os realistas podem continuar na doce convicção de que a última palavra da estética é suprimi-la. Outra convicção, igualmente doce, é que todo o movimento literário do mundo está contido nos nossos livros; daí resulta a forte persuasão em que se acham de que o realismo triunfa no universo inteiro; e que toda a gente jura por Zola e Baudelaire. Este último nome é um dos feitiços da nova e nossa igreja; e, entretanto, sem desconhecer o belo talento do poeta, ninguém em França o colocou ao pé dos grandes poetas; e toda a gente continua a deliciar-se nas estrofes de Musset, e a preferir *L'Espoir en Dieu* a *Charogne*. Caprichos de gente velha.

Compota de Marmelos
Era assim preciso; os recursos do regulamento isolavam, não atraíam. Mais tarde, entendo-me particularmente com os deputados, deram-me eles duas pequenas maçanetas para em-

butir nas portas das escolas; o § 8º do art. 1º da resolução nº 1.079, e o § 8º do referido artigo. ... a instituição que, devidamente reparada da terrível exaustão da vida que tem sofrido desde o seu primeiro instante, pode se dizer sem medo de errar, é o palácio da grandeza moral e da opulência material da pequena província que, em face do velho Atlântico, embriagada de perfumes, circundada de luzes, ergue para Deus, donde há de vir sua prosperidade, os olhos prenhes de esperança.

VII

Reúne-se amanhã o congresso agrícola; e folgo de crer que dará resultados úteis e práticos. Conhecida a nossa índole caseira, a tal ou qual inércia de espírito, que é menos um fenômeno da raça, que da idade social, a afluência dos lavradores parece exceder à expectação. A obra será completa, se todos puserem ombros à empresa comum.

Brinde Final
Aqui tenho a honra de concluir, fazendo votos para que, afeiçoando as ideias que, não edulcoradas para perderem o ressábio da origem, aí ficam mal expostas, digne-se tirar-lhes os ácidos...

VIII

Mas eu seria injusto, se não fechasse estas linhas notando um ato benemérito do digno diretor, que o confessa no relatório; tem auxiliado com dinheiro seu a matrícula de estudantes. Vê-se que é um entusiasta da pedagogia; e, se lhe recusarem o estilo, não lhe dão de recusar a dedicação. Há muitos estilos para relatar; há só um para merecer.

Eleazar

14 de julho de 1878

I

O tópico essencial da semana foi o congresso agrícola. Não trataram de outra coisa os jornais, nem de outra coisa se falou nos bondes, nas ruas, nas lojas, onde quer que três homens se reuniam para matar o bicho da curiosidade.

Era natural o alvoroço; vinha da novidade do caso e da importância do objeto, que congregou no salão da Tipografia Nacional os lavradores de quatro províncias, sem contar os representantes domiciliados nesta corte, e por último, os espectadores que, no primeiro dia, eram em largo número. Antes e depois das sessões, viam-se na rua os fazendeiros atirando lentamente os pés, a comparar as vidraças das lojas com as várzeas das suas terras, e talvez a pedir um Capanema, que dê mate à saúva do luxo. Um Capanema ou um cônego Brito: porque o agricultor desse nome declarou, em pleno congresso, que há já muitos anos sabe fabricar um formicida, e que o privilégio dado no formicida Capanema é nada menos que uma iniquidade. Nada menos.

Não sendo a saúva a principal causa da decadência da lavoura, o congresso tratou de outros formicidas menos contestados; e, no meio de algumas divagações, apareceram ideias úteis e práticas, umas de aplicação mais pronta, outras de mais tardio efeito, podendo-se desde os primeiros dias conhecer a opinião geral da Assembleia acerca de vários pontos. Uma voz apenas se manifestou em favor da introdução de novos africanos; mas, a unanimidade e o ardor do protesto abafou para sempre essa opinião singular. Discursos houve de bom cunho, e trabalhos dignos de nota. Uma circunstância, sobre todas, não escapou à minha intenção: reunidos os paulistas na noite de segunda-feira, até tarde, em comício particular, apresentaram na sessão de terça-feira um longo trabalho refletido e metódico. Ingleses não andariam mais depressa.

E a Assembleia correspondeu ao exemplo. Em só cinco dias de sessão, trabalhou muito, expendeu muito, discutiu muito com serenidade, segundo a exata observação do sr. presidente do conselho. Nem tudo seria pertinente; não o podia ser, não o é geralmente, quando uma reunião de homens trata de examinar questões complexas e difíceis; mas alcançou-se o principal.

Não pude assistir a nenhuma das sessões; não posso dar, portanto, uma ideia da fisionomia da sala, o que incumbe especialmente à crônica — aonde ninguém desce a buscar ideias graves nem observações de peso. A crônica é como a poesia: *ça ne tire pas à conséquence*. Quem passa por uma igreja, descobre-se; quem passa por um botequim, não se dá a esse trabalho; entra a beber uma xícara de café ou um grogue; pede duas lérias aos amigos, quer ouvir morder na pele do próximo; exige cócegas, pelo menos. É assim a crônica. Que sabes tu, frívola dama, dos problemas sociais, das teses políticas, do regime das coisas deste mundo? Nada; e tanto pior se soubesses alguma coisa, porque tu não és, não foste, nunca serás o jantar suculento e farto; tu és a castanha gelada, a laranja, o cálice de *Chartreuse*, uma coisa leve, para adoçar a boca e rebater o jantar.

II

Nem sempre. Os acontecimentos entrelaçam-se, uns fúnebres, outros alegres, outros nem alegres, nem fúnebres, mas sensivelmente graves. Tratemos de rir, dizia um moralista, para que a morte nos não apanhe sem havermos rido alguma vez. De acordo; mas não há meio de rir diante da morte, e a crônica também tem o seu obituário.

Há alguns anos ninguém poderia crer que tão cedo fosse roubado ao mundo o bispo de Olinda, cuja robustez física ia de par com a energia moral. Está ainda na memória de todos a figura do jovem prelado; lembramo-nos ainda dessa bela cabeça, que a gravura fazia austera, mas na realidade parecia mais do século que do claustro. Grave era a compostura de dom frei Vital, de uma gravidade serena, algo desdenhosa, certa de si. A vestidura episcopal assentava-lhe bem; era antes um complemento do que um ornato. Ao vê-lo assim, no verdor dos anos, repleto de vida, de ardor e de futuro, mal se poderia supor tão próximo desfecho.

Curto foi o episcopado do moço capuchinho; teve apenas o tempo necessário ao início, desenvolvimento e conclusão de uma luta com o poder civil. Terminada a luta, pareceu terminada a missão do prelado; a doença entrou a miná-lo, até que o arrebatou às esperanças de uns e à estima de todos.

Digo à estima de todos, porque ninguém houve, nos arraiais contrários ao do finado bispo de Olinda, que deixasse de reconhecer nele certo cunho de personalidade. Esse Benjamim do episcopado brasileiro trazia em si o ímpeto dos anos, o zelo nutrido no claustro, a fidelidade a uma causa, tanto mais forte, quanto mais combatida. Faltava-lhe, porém, o temperamento político, o tato dos homens, a habilidade tolerante e expectante; era voluntarioso; levava a coerência até à obstinação, e a fidelidade até o fanatismo; tinha orgulho do seu credo e do seu báculo; via atrás de si, na galeria da história, uma longa série de bispos, que foram a honra da Igreja; e porventura cobiçava cingir, como eles, a palma da adversidade e do triunfo.

Dom frei Vital vinha de um mundo, onde se afirma e se combate a fé, com tal ou qual ardor e resolução, e achou-se diante de uma sociedade, onde a crença é mais tíbia e o ceticismo mais pacato. Nenhuma afirmação violenta, nenhuma hostilidade aberta. Não era ele feito para o governo próspero e repousado; opunha-se-lhe o temperamento, não menos que a convicção. Veio então o conflito. Os acontecimentos desmentiram a dom fr. Vital. Terminado o conflito, tornamos ao ponto em que nos achávamos anteriormente, sem quebra da Igreja nem do Estado, ambos os poderes concordes em cumprir mutuamente os deveres que se impuseram, mediante garantias recíprocas. Que faria o bispo se vivesse? Talvez a morte colaborou nos seus planos; mais de uma vez correu o boato de que ele resignava a mitra, e a verossimilhança da notícia dava-lhe crédito.

Dotado de inteligência viva e, tanto quanto pode julgar um profano, nutrida de boas letras canônicas, dispondo de um estilo veemente, por vezes místico, menos largo, menos elegante, menos correto que o do seu competidor de luta, o finado bispo de Olinda punha em suas pastorais a imagem de seu espírito tumultuoso, mas sincero.

III

O que é a reforma judiciária? Um escritor de Porto Novo do Cunha, em artigo publicado esta semana, diz que é a "Popeia incasta que oscula o sicário e o estimula ao delito". Há já alguns meses que eu suspeitava isso mesmo. Vindo uma noite do teatro, descobri junto às grades do largo de São Francisco um vulto feminino trajado à romana, osculando um gatuno e dando-lhe uma chave falsa. Não pude distinguir as feições; vejo agora que era a reforma judiciária, a quem daqui aconselho que se não entregue a tão deploráveis exercícios.

IV

Distribuamos a censura e o louvor; façamos a alta justiça da cidade.

Sim, digno empresário da patinação, tu andaste bem, dando agora um regulamento ao teu negócio. O uso de se apresentarem os fregueses com as camisas por fora das calças, e as calças arregaçadas, era pelo menos uma capadoçagem. Que um homem viva à fresca, no seio da família, onde há sempre algum calor; que se não penteie nem lave as mãos, vá lá; é uma das liberdades constitucionais, a primeira delas, como a família é a primeira das instituições. Mas ir assim ao *rendez-vous* da *high-life*, economizar os fraques, as meias e os óleos de Lubin, excede os limites de uma razoável independência civil e política.

Mas não fizeste tudo, empresário. Dizendo no teu art. 3º "Observar-se-á a maior decência possível no vestuário dos concorrentes", deixaste larga margem à interpretação. Para uns, a decência possível é a carência da gravata; para outros, é o uso das chinelas de tapete. No teu caso eu distribuía um figurino, termo mínimo da decência legal, o estritamente necessário para um homem ver cair os outros e cair com eles, de maneira que ficassem excluídas a arazoia dos cambioás e as tíbias do rei Príamo.

Contra os gatunos há o art. 10: "É proibido levar os patins ou escondê-los". Tem só um defeito; é já estar no Código Criminal. Verdade é que não se perde por mais uma lição, visto que a do código não traz seguras as nossas carteiras. Com que então, os fregueses costumam levar para casa os patins? Escondem-nos nas abas da casaca, os que têm casaca? Galante exemplo de costumes! Amanhã são capazes de levar os pratos dos hotéis, as árvores do passeio público e as damas do Alcazar. É um vício detestável, cujo exercício vedaste com muito tato. Quem quiser exercê-lo tem cá fora um campo largo, desde as calçadas da rua do Hospício até as joias da rua do Ouvidor, cujas casas não têm regulamento, o que quer dizer que permitem tal ou qual elasticidade aos costumes, aos antojos da alma...

Não menos razoável é o art. 5º, que proíbe aos patinadores empurrarem-se uns aos outros e portarem-se de modo reprovado na sociedade. Efetivamente, é oportuno fechar a porta ao uso do pontapé e da rasteira, ao assobio e à vaia; são excessos reprováveis. A rasteira traz até o inconveniente de dispensar os patins, o que de algum modo faz concorrência ao estabelecimento. É exercício nacional, bem sei; mas o amor da pátria tem limites; não é essencial demonstrá-lo com o nariz no chão.

Gosto imenso do art. 6º, que é político; é um aviso aos candidatos eleitorais: "Nenhum patinador poderá interromper de modo algum as corridas dos outros patinadores". Há nessas palavras do simpático estrangeiro um simbolismo profundo. Interromper a corrida quer dizer cortar os votos, peitar os eleitores dos outros, pôr as convicções do adversário pela rua da Amargura, pintá-lo como escravo do poder ou iconoclasta das instituições, segundo o ponto de vista do interruptor. Trata-se pois de uma exortação e não de uma imposição do regulamento; é um pouco de cor local, uma atenção de cavalheiro para com o país que lhe abre, amplamente, os braços e as algibeiras.

V

O pior é que a administração não quer estilo. Soube ontem que o diretor das escolas normais, o autor daquelas iguarias com que presenteei os meus leitores na semana última — Luculo, enfim — está demitido desde o ano passado. Demitiram o adjetivo, demitiram o tropo; ficaram com o gerúndio seco e peco. Voltam a dizer simplesmente a "alma" em vez de "lira psíquica", que é mais bonito e parece verso; "matricularam-se na escola", em vez de "sentaram-se legalmente nos bancos", que é mais nobre. Ó força do costume! ó poder da rotina!

VI

O costume é tudo. Toda a população está já tão afeita ao vinho que absorve, qualquer que seja a bebida assim nomeada, que não pode ler sem mágoa o ato da comissão a que preside o dr. Carlos Costa. Essa comissão coligiu algumas amostras do vinho para examinar se efetivamente é vinho ou outra coisa. Não chego a entender o fim desta resolução. Custa-me a crer que o dr. Costa finja assim tão inimigo dos seus conterrâneos, porque não há maior inimizade do que tirar-nos uma ilusão deliciosa, e geralmente barata. Que lucraremos nós se amanhã o dr. Costa vier demonstrar-nos, quimicamente, que bebemos pau campeche?

Há cerca de um ano disse-se que os canos de chumbo envenenavam a água, e uma comissão foi incumbida de examinar essa denúncia química. Era justo; e enquanto a comissão não dava o seu parecer definitivo, entendi que me não devia envenenar provisoriamente; mudei de água. A comissão, composta de pessoas competentes, terminou os seus trabalhos esta semana; e ficou decidido que os canos não envenenam a água; mas que os reservatórios de chumbo envenenam e não envenenam; isto é, houve dois ou três votos restritivos. O caso não constrange menos que o primeiro, apesar da dubiedade da solução. Envenenar-se um homem, com restrições, equivale a quebrar uma perna, podendo ter quebrado as duas, o que é um grande consolo para a outra perna, maior para os braços e infinito para os espectadores.

VII

No meio disso, sabe-se aqui que uns oitenta russos, comprometidos com a província do Rio Grande, por motivo de algumas quantias que lhe devem, trataram de fazer uma retirada honrosa, e sobretudo noturna, para o Estado Oriental. Já pisavam terra nova, quando a autoridade de cá obteve que a autoridade de lá os repassasse, o que prontamente se fez.

Segundo estou informado, o que aconteceu foi justamente o contrário daquilo. Esses russos pertencem a uma seita, a qual tem um decálogo, no qual há um mandamento, que diz que as dívidas se devem pagar, ainda à custa de sangue. Cansados de perseguir o presidente da província, para lhes receber o dinheiro, resolveram compeli-lo a isso, armaram-se de rebenques e foram à noite cercar o palácio. O presidente, acordado pelo ajudante de ordens, viu que o mais decoroso era a fuga, e saiu da capital para Jaguarão, com os russos atrás de si, porque estes o pressentiram e não o deixaram mais. Dali passou à vila de Artigas; mas os russos, a quem o desespero da honra deu forças novas, foram arrancá-lo de lá, e apresentaram-lhe aos peitos um bom par de contos de réis. O presidente rendeu-se e passou recibo; os russos queimaram, em efígie, o pecado do calote.

Era tempo.

VIII

Agora uma notícia que os há de espantar, como me espantou. No meio de tantas ruas Vieira Bastos, Matos Cardoso e outros nomes, mais sonoros do que ilustres, e todos perfeitamente nacionais, descobri que há na Gamboa uma rua Orestes. Não a vi, bem entendido; mas li-lhe o nome nos jornais. Rua Orestes! Quem seria o helenista que presenteou a sua cidade com essa recordação de escola?

Outra coisa não menos espantosa é o jornal cearense que tenho diante de mim: *O Retirante, órgão das vítimas da seca*. A primeira necessidade de uma vítima da seca parece que é pão e água; seu principal órgão, é naturalmente o estômago. Quando eu lhes disser que há na quarta página da folha um anúncio de "dois delirantes bailes, para distrair da seca", com a cláusula de que "as gentis teodósias terão entrada grátis e os cavalheiros lascarão dois bodes", terei dado ideia da urbanidade e do zelo do nosso colega.

Cordiais felicitações.

Eleazar

21 de julho de 1878

I

Um recente livro estrangeiro, relativo ao nosso Brasil, dá-me ensejo para dizer aos leitores que, se eu datei do Rio de Janeiro a minha última crônica, se faço o mesmo a esta e às futuras, é porque esse é o nome histórico, oficial, público e doméstico da boa cidade que me viu nascer, e me verá morrer, se Deus me der vida e saúde. O viajante estrangeiro, referindo-se ao erro que deu lugar ao nome desta cidade, admira-se de que haja sido conservado tão religiosamente, sendo tão simples emendá-lo. Que diria ele, se pudesse compreender a carência de eufonia de um nome tão áspero, tão surdo, tão comprido? Infelizmente, e nesta parte engana-se o viajante, o costume secular e a sanção do mundo consagraram de tal modo este nome, que seria bem árduo trocá-lo por outro, e bem audaz quem o propusesse seriamente.

Pela minha parte, folgaria muito se pudesse datar estas crônicas de Guanabara, por exemplo, nome simples, eufônico, e de algum modo histórico, espécie de vínculo entre os primeiros povoadores da região e seus atuais herdeiros. Guanabara tem, é certo, o pecado de cheirar a poesia, de ter sido estafado nos octossílabos que o romantismo expectorou entre 1844 e 1853; mas um banho de boa prosa limpava-o desse bolor, enrijava-lhe os músculos, punha-o capaz de resistir a cinco séculos de uso quotidiano. O ponto era acostumar-se a gente a lê-lo com solenidade, num título científico ou num edital de arrematação; porque o costume, leitor amigo, é metade da natureza. Só o uso do ouvido nos faz suportáveis ou indiferentes a *baba de moça* e o *coco-de-catarro*.

II

Ou Guanabara ou Rio de Janeiro, a cidade está ainda hoje debaixo de uma grande impressão de espanto, por motivo de um caso extraordinário, *la chose la plus extraordinaire et la plus commune, la plus grande et la plus petite*, para usar a linguagem da mulher que mais se carteou, desde que há mulheres e cartas.

Com efeito, o anão da Libéria deu uma canivetada no contrato, deixando-se raptar, como qualquer sabina. Ou inclinação pessoal, ou capricho, ou simples rebelião das potências da alma, qualquer que fosse o motivo secreto da ação, o fato é que o homúnculo mostrou de modo afirmativo que um filho da Libéria deve amar, antes de tudo, a liberdade. Questão de cor local. Entendeu o anão, sir Nathan Burraw, que o fato de não ter braços não lhe tira a qualidade de homem, a qual reside simplesmente nas barbas, que o dito anão espera vir a ter em tempo idôneo, e sabe lá, se barbas azuis, como as do marido de sete mulheres. Por enquanto, não muda de mulheres, mas de contratantes; e, preço por preço, inclina-se aos minas, que são seus malungos. Podemos dizer que é alma de Bruto no corpo de Calibã.

Agora, como se operou o rapto, é o que até hoje ninguém sabe. Dizem uns que ele foi arrebatado como uma simples ilha de Chipre, mediante um tratado secreto; e há quem queira ver no ato dos pretos minas uma imitação do velho Disraeli. É exageração; o mais que eu poderia admitir seria um pequeno reflexo. Outros dizem que não houve tratado, mas escada de seda, como num rapto de ópera-cômica. Qualquer que fosse o modo, a verdade é que com o empresário do anão, deu-se o inverso do que usualmente acontece. Há homens que deixam o ofício; aqui foi o ofício que deixou o homem. Vejam que triste exemplo deu a Pati! Todas as galinhas dos ovos de ouro querem agora pôr os ovos para si. No fundo deste incidente há uma questão social.

III

Mal convalescia o espírito público do abalo que lhe causou a notícia do rapto, surgiu o caso das coletorias de Minas, apostadas em roer algumas aparas do orçamento; caso triste, por qualquer lado que o encararmos, e sobre o qual pertence a palavra à autoridade pública.

Concorrentemente, quatro coletores da província do Rio de Janeiro deixaram as casas por motivo de lacuna nos cofres. Enfim, um empregado de uma casa desta corte, indo levar ao Tesouro certa quantia — 20 contos — desapareceu com eles.

Quanto a esta notícia, é incompleta. O negociante, estando ontem a almoçar, recebeu vinte cartões de visita; eram os 20 contos que voltavam por seu pé. Um dos contos referia-lhe então que o caixeiro, ao chegar à rua, os convidara a entrar no Tesouro, ao que se opuseram 5 contos, e logo depois os restantes. Não querendo acompanhar o empregado, apesar dos mais incríveis esforços, este os deixou sozinhos, no meio de uma rua, que supõem ser a Ladeira do Escorrega, sítio nefasto aos contos. Então um deles propôs que voltassem para casa; teve a proposta 15 contos a favor e 5 contra, os mesmos 5, que primeiro se tinham oposto à entrada no Tesouro, os quais declararam que eram livres, em face dos princípios da revolução de 89.

O comerciante ouviu comovido esta narração dos acontecimentos, apertou as mãos de todos os contos e protestou sua adesão aos princípios de 89; acrescentando que, se haviam procedido mal, recusando entrar no Tesouro, tinham expiado a culpa, regressando voluntariamente ao casal paterno, donde aliás deviam seguir amanhã para o primeiro destino.

— Nunca! bradou um dos contos.

E sacando uma pistola, suicidou-se. Foi sepultado ontem mesmo. Um regimento de quatrocentos mil-réis a cavalo prestou as últimas honras ao infeliz suicida.

IV

Saibam, agora, que a Câmara resolveu autorizar o tesoureiro a comprar uma arca forte para recolher nela as suas rendas. Cáspite! Esta notícia derruba todas as minhas ideias acerca das rendas do município. A primeira convicção política incutida em meu espírito foi que o município não tinha recursos, e que por esse motivo andava descalçado, ou devia o calçado; convicção que me acompanhou até hoje. A frase — escassez das rendas municipais — há muito tempo que nenhum tipógrafo a compõe; está já estereotipada e pronta, para entrar no período competente, quando alguém articula as suas ideias acerca dos negócios locais. Imaginei sempre que todas as rendas da Câmara podiam caber na minha carteira, que é uma carteirinha de moça. Vai senão quando a Câmara ordena que se lhe compre uma arca, e recomenda que seja forte, deita fora as suas muletas de mendiga, erige o corpo, como um Sisto v, e, como um primo Basílio, tilinta as chaves da burra nas algibeiras. Diógenes batiza-se Creso; a cigarra virou formiga.

E notem que a riqueza da Câmara tende a crescer, à vista da proposta de um comerciante, que oferece ministrar todo o papel, apenas, tintas e mais artigos necessários às eleições (excluídas as cabeçadas), 30% menos do preço por que tais artigos têm sido fornecidos até hoje. Até hoje, quer dizer desde que há eleições, o que não sei se abrange também os pelouros do Antigo Regime. Se a Câmara lhe aceita a proposta, esse homem acaba estendendo a mão à caridade pública. Trinta por cento menos, é impossível que lhe não dê um prejuízo certo de outros quinze; salvo se os antecessores ganhavam demais.

V

Parece que se trata de organizar uma sociedade tauromáquica. Nada direi a tal respeito; os leitores conhecem as minhas ideias acerca da tauromaquia; ideias, digo mal; conhecem os meus sentimentos. Acho que é um dos mais belos espetáculos que se podem oferecer à contemplação do homem; e que uma sociedade já enfarada de tantas obras de arte, de um teatro superior, quase único, de tantas obras-primas do engenho humano, uma sociedade assim, precisa de um forte abalo muscular, precisa de repousar os olhos num espetáculo higiênico, deleitoso e instrutivo. Nem vejo motivo para que adotado o cavalo no Prado Fluminense, não se adote o boi em qualquer outro sítio. O boi não é tão épico nem tão elegante como o cavalo; mas tem outras qualidades próprias. Nem se trata do merecimento intrínseco dos dois quadrúpedes; trata-se da graça relativa dos dois divertimentos; e, a tal respeito, força é dizer que de um lado, o cavalo pleiteia com o cavalo, ao passo que de outro, o boi luta com o homem — a força com a destreza, a inteligência com o instinto. Juntem a estes méritos a vantagem de enriquecer o vocabulário com uma chusma de expressões pitorescas, tais como a pega de cara, a pega de cernelha e outras, incluídas no novo método, e ver-se-á que a luta dos touros não é somenos à corrida de cavalos.

Para quem nada queria dizer, aí fica um período assaz longo e não menos entusiástico. Caiu da pena, e já agora não o risco porque tenho pressa de chegar ao meu propósito, que é fazer uma barretada aos jesuítas. Já daqui estou a ver franzidas as sobrancelhas liberais do leitor, não mais liberais do que as minhas, que o são, e de bom cabelo; mas enfim, pode-se ser liberal e justo. Uma coisa implica a outra.

Que os espanhóis são doidos por touros ninguém há que o ignore, e ainda há pouco tivemos notícia da magnífica tourada de Madri, por ocasião do consórcio da malograda esposa do rei. O touro nivela todas as classes da Espanha; nos dias de tourada, só há uma entidade superior a todos os espanhóis, é o capinha ou como, melhor nome haja, sujeito que, em chegando à celebridade, fica sendo o beijinho de todas as duquesas de Castela, ombreia com todos os Olivares e Osunas, e em certos dias reúne em si todas as forças vivas da razão. Nem lhe serão adversos os cônegos e monsenhores; os quais, não sei se ainda hoje, mas no século XVII, eram grandemente assíduos naquelas tremendas festas, não obstante uma bula papal de excomunhão.

Neste ponto é que eu tiro o meu barrete aos jesuítas. Um velho escritor inglês, lorde Charendon, que historiou a revolução de Cromwell, conta que as arquibancadas do clero e da Inquisição estavam sempre cheias de espectadores, sem contar os frades, que lá iam com seus hábitos. Só não iam os jesuítas, os quais (conta o lorde) marcavam sempre para aqueles dias algum solene exercício, que os obrigava a estar incorporados — *that obliges their whole body to be together*. Não se pode pintar mais vivamente a sedução das touradas e a habilidade da Ordem. Esta sabia qual era a influência do meio social e a atração do exemplo, e vencia-as a seu modo, sem imposição. Digam-me se não é caso de lhe tirar o meu barrete.

Tirá-lo e copiá-lo. Nos dias de tourada, se o meu olho piscar de curiosidade, se o meu pé palpitar de impaciência, reúno-os a todos eles, olhos, pés e braços, em um exercício qualquer, quando mais não seja, em examinar as causas de um singular fenômeno: o das desarmonias da Sociedade Filarmônica, que, depois de dar o seu concerto no Conservatório, vem dar na imprensa um charivari.

VI

O sonambulismo tem sido aplicado à cura de moléstias, e ultimamente à busca das coisas perdidas e à predição do futuro, o que aliás a nossa polícia contestou de um modo formal e urbano. Faltava aplicá-lo à política dos Estados; é o que acaba de fazer o governo argentino. O governo argentino mandou, por descuido, o orçamento ao Senado, devendo mandá-lo à Câmara; o Senado, não menos sonâmbulo que o governo, pôs o orçamento em discussão. A Câmara estranhou esses dois cochilos; mas não podendo ser excluída da virtude sonambúlica, é muito provável que adormeça também, e vote a lei, com os olhos fechados. Resta que os contribuintes, ainda mais sonâmbulos do que os dois poderes, paguem a si mesmos os impostos; o que permitirá ao governo remeter então o orçamento ao congresso literário; e, caso este recuse, à biblioteca de Alexandria.

Generalizado o sistema, ninguém pode prever onde chegarão as nações mais policiadas do globo. Veremos os embaixadores fumarem as credenciais e apresentarem um charuto aos governos, darem satisfação a si mesmos dos insultos que houverem praticado, comerem com a mão e darem o garfo a apertar aos seus convivas. Nas câmaras, os deputados deixarão o recinto quando se discutirem os projetos, e entrarão unicamente para votá-los: coisa que só se pode explicar no estado de sonambulismo. Tais e quejandas serão as consequências do sistema, se ele passar de Buenos Aires ao resto do mundo: o que Deus não permita, ao menos nestes séculos mais próximos.

VII

Não é de pequena gravidade a notícia, chegada esta semana, de que na ilha de Itaparica duas parcialidades se acham em armas e em guerra, tendo já havido mortos feridos. Disse-se a princípio que a causa do litígio era a posse das influências locais, como se influir em Itaparica fosse coisa tão superfina, que levasse um homem a perder as orelhas, as costelas, e, quando menos, a vida. Ainda se o vencedor pudesse ficar dono único da ilha, como Robinson, compreendo a fúria dos habitantes, não porque fosse mais nobre possuir algumas jeiras de terras sem gente, mas porque seria menos árduo. Antes Robinson que Sancho, que ao cabo de dez dias de governador, voltou desencantado a pôr a albarda no seu ruço. Nada; não há de ser isso; o motivo deve corresponder ao perigo e ao esforço; deve ser talvez o trono de Marrocos, vago esta semana, ou coisa assim.

E daí pode ser que o motivo do litígio seja este recente problema — Quem quebrou o braço da menina Luzia? —, o qual parece destinado a quebrar por sua vez todas as cabeças pensantes. O congresso de Berlim destrinchou mais depressa a questão turca, do que nós veremos resolver este caso, essencialmente nebuloso; salvo se aceitarem a minha solução, que combina todas as versões opostas: foi o tamanco e só o tamanco que quebrou o braço. Porquanto, só um tamanco podia ter a crueldade de bater numa criança, ao sair de um hospital. Nem seria acertado esperar caridade dos tamancos: não é esse o seu forte; outros dirão que não é o seu fraco.

Eleazar

28 de julho de 1878

I

A semana começou com Rothschild e acaba como Poliuto, um judeu e um cristão, ambos dignos do nosso respeito, e certamente não fáceis de imitar. Não é vulgar morrer hoje pela fé; nem vulgar, nem raro. Quanto a emprestar um milhão de libras esterlinas, sem ônus, e ir jogar o *whist* no clube, tomar chá e dormir, como faria qualquer outra pessoa que acabasse de emprestar cinco mil-réis, é tão raro como o caso de Poliuto. E foi o que fez o banqueiro. Abriu-nos o crédito a sorrir, sem se lhe alterar uma fibra do rosto; desmentiu Shylock e todos os seus correligionários, e deixou-se estar na impassibilidade olímpica de um Creso. Já vale alguma coisa ser judeu... e rico.

Pode ser que a coisa lhe não fizesse mossa; a nós fez-nos muita, lisonjeou-nos o amor-próprio nacional. É uma prova de confiança no nosso país; e os louvores dados à operação e ao sr. ministro da Fazenda, que a realizou, são de todo o ponto merecidos. O dinheiro é um termômetro; cumpre ter os olhos nele, a ver se valemos deveras alguma coisa. E se ele é o deus do nosso tempo, e Rothschild seu profeta — como já dizia H. Reine —, alegremo-nos com a confiança do profeta; é o caminho da graça divina.

II

Mas ao passo que lá de fora nos vem a confiança, cá dentro reina outra coisa diversa. Cada casa do Rio de Janeiro é hoje uma redução da Torre de Babel: confusão e divisão das línguas. Como nos campos de Senaar, a família carioca edificara uma torre, dentro da qual tomava chá e biscoitos, jogava o voltarete ou o siso, acalentava os pequenos, lia os folhetins e as cotações, bocejava harmonicamente e dormia com o mesmo advérbio. Era um gosto ver como se ajustavam as índoles avessas. Nenhum desacordo; uma fusão perfeita de corações e vontades. O marido era consultado acerca do mínimo incidente, a escolha de uma fita ou de um chapéu, e dava a sua opinião, sempre conscienciosa, embora nem sempre adequada. Em compensação, não ia a um espetáculo, a um passeio, a um sarau, que a mulher não decidisse primeiro, e lucrava o Cassino ou a Fênix, conforme a senhora se inclinasse à *Casadinha de fresco* ou ao *Demi-monde*. Podia acontecer alguma vez que ele tivesse calos e ela nervos, que são os calos das damas; mas a varinha da concórdia domava imediatamente esses dois flagelos.

Durou essa situação até há poucos dias, creio que até segunda-feira ou terça, dia em que deu começo a confusão de todas as coisas e línguas. O marido desprezou a espadilha; a mulher abriu mão das aventuras contadas no rodapé das gazetas, e não quer mais saber se a Luciana casará ou não com o Alfredo. Que se casem, que os leve o demo ou um anjo; que se façam mendigos ou simples cobradores das rendas públicas, é o que não importa à leitora. Quanto ao leitor, se o vejo daqui a roer as unhas, a contar as tábuas do teto, a receber bilhetinhos noturnos e lacônicos, vejo-o sobretudo desgraçado, porque nem entende a consorte, nem a consorte o entende. Tinham uma só língua, um só costume, um só parecer; unidade que se rompeu, indo as partes componentes em direções opostas.

Musa, lembra-me as causas desta discórdia doméstica. Duas são: urnas e divas. A população do Rio de Janeiro vivia há meses, como a dama de uma cantiga peregrina, a esperar do alto de uma torre a Companhia Lírica e as eleições. As eleições têm data fixa, circunstância, que, se elimina as ânsias da incerteza, aumenta a impaciência da espera; o Ferrari, porém, não tinha tempo marcado:

> Il reviendra — z'à Pâques,
> Mironton, miriton, mirontaine;
> Il reviendra — z'à Pâques
> Ou à la Trinité!

Passou Páscoa, e nada. Crescia a incerteza; felizmente um pouco compensada pela esperança. Veio ele, e veio só; depois vieram os cantores, e os coros, e o cenário, e estreou tudo esta semana, no meio da mais formidável expectação pública. Pública, entendamo-nos; a maior parte cabe às damas, porque os homens desta vez (ao menos os homens públicos) têm os olhos fitos noutra ópera, e daí vem o contraste das preocupações. Que vestido há de levar a leitora ao *Profeta*? Que adereço aos *Huguenotes*? Quem entrará na chapa? Questão grave a última, e ainda assim menos grave do que esta: quem não entrará na chapa? Preocupações diferentes, opostas, inconciliáveis, e tanto mais terríveis quanto que o *Profeta* está à porta, e já começamos a sentir ao longe o troar do 5 de agosto.

Por enquanto, há a *Traviata*, e o 28 de julho, que é hoje; mas uma *Traviata* que encheu o vasto bojo do teatro, como não era capaz de encher daqui a uma semana; sinal evidente de que o empresário possui a ciência dos homens, a mais difícil, abaixo do espiritismo. Tanto a possui, que já se desculpou, acenando-nos com uma "ópera de maior aparato". Qualquer leitor menos advertido poderá supor que se trata de alguma coisa musicalmente profunda, ou brilhante, ou inspirada, ou científica. *Corrigez cette façon de parler* — trata-se do "aparato", que, no estrito sentido, quer dizer outra coisa, como, por exemplo, marchas e contramarchas, bandeiras, tropas, recepções; pode ser também que um navio; e, se puder ser, um dromedário. A vista faz fé. Não basta adular o ouvido; convém recrear os olhos.

O nosso patrício Antônio José, que também compôs óperas — as óperas do Judeu —, já compreendia no seu tempo esta necessidade de as enfeitar; pôs exércitos em cena a pelejar, fez voar mulheres sobre nuvens e transformou homens em árvores, além de uma "sala empírea" na corte de Júpiter. Ou no Bairro Alto, ou em outras partes, o aparato há de ser sempre uma boa isca de curiosos; e o Ferrari que o sabe, não se limita a dar-nos uma seca e magra *Traviata*. Bem entendido, não me refiro à prima-dona. Para o diletante, a *Traviata* é uma modinha sentimental; e, modinha por modinha, antes as dos nossos Almavivas de violão.

Ora, pois! Estamos com dois meses e meio, ou três, diante de nós, oitenta a noventa dias de boa música — as férias latinas do nosso espírito enfastiado. Agora já a existência começa a ter um motivo, uma explicação; as horas vão abrir todas as asas, os dias vão ser azuis, como os olhos da miss, as noites velozes, como os anos da juventude. Quanto ao coração das leitoras duvido que haja nele menos alegria do que nas gavetas de Notre Dame, oito dias antes de chegar a companhia. Há talvez mais; há, pelo menos tanta, e muita mais pura. Já têm um lugar certo onde encontrar todas as suas mais adoráveis inimigas, duas vezes por semana, para matá-las ou perdoá-las. Pode também contemplar a admiração ou a inveja alheia; enfim, pode ouvir uma vez ou outra, um retalho de música.

III

Um distinto candidato, em circular apresentada esta semana, fundamenta os seus títulos nos serviços que tem prestado à província natal; serviços de boa nota, entre os quais um, que me causou algum espanto, a princípio, mas que, refletindo bem, é dos de maior volume: o candidato tem falado da província "nas palestras".

Não digo que esse serviço seja difícil, nem dispendioso; não nego que um homem pode prestá-los, até como exercício higiênico, fazendo o quilo, ou no intervalo de dois atos de ópera, no trajeto do Catete à cidade, à porta do Bernardo ou no Café de Londres. Também não contesto que se pode prestá-lo durante uma vida inteira, até convertê-lo em simples amolação. Tudo isso, é verdade; mas nem por isso o serviço deixa de ser importante. A palestra é a imprensa falada; tratar nas palestras é o mesmo que tratar em escritos, com a diferença que os escritos podem não ser lidos, ou ser lidos até o meio, ou só bocejados; ao passo que nas palestras ouve-se até o fim, ingere-se o discurso inteiro, quando muito, sem pausas, o que é mais persuasivo. Há nisso um horizonte novo para os nossos homens públicos.

Tão novo, que se o uso se generalizasse veríamos... nem o leitor imagina o quê; veríamos acabado o déficit e encerrarem-se os exercícios com saldos. Porquanto, se os filhos de cada província tratarem dela nas palestras, e só nas palestras, eliminando o sistema de opúsculos, artigos e outras despesas, fariam uma economia pecuniária, que podemos calcular, termo médio, 50$000 anuais por cabeça. Orçando a população masculina, livre e maior, em 3.000.000 de indivíduos, conta redonda, e multiplicando os 50$000 por esse número, chegávamos à gentileza de 150.000:000$000 de economia por ano. Ora, como a riqueza pública é composta das riquezas particulares, podemos concluir com segurança que esse acréscimo de capital privado daria o meio de saldar com sobras os exercícios financeiros. *Quod erat demonstrandum.*

IV

Esta semana presenciou um caso sintomático: o da casa-forte da Caixa da Amortização. A teima da fechadura em se não deixar abrir é um ato aparentemente vulgar, mas profundamente expressivo. A probidade parece querer residir agora nas fechaduras; é melhor. No dia em que as casas-fortes, burras, caixas e simples gavetas adquirirem hábitos de resistência e defenderem com todas as forças os capitais e o pudor, diminuirá o número dos Tarquínios, e consequentemente o das Lucrécias, que serão Lucrécias até o fim, em vez de o serem até ao meio. É precária a virtude dos homens; está sujeita a toda sorte de avarias e abalroamentos. Nem todos resistem ao espetáculo de um vizinho pecunioso, cuja berlinda atrai os olhos, cuja esposa cega a gente com diamantes da melhor água. Já as burras não correm esse perigo: são modestas, austeras, sem necessidades fictícias, nem invejas, nem tentações.

No caso vertente, a probidade da fechadura era desnecessária, porque lá estavam os distintos funcionários do estabelecimento; mas que vantagem se o exemplo for imitado por outras fechaduras! que descanso para as libras! que cadeado para as consciências! Sim, honestas fechaduras, vós representais a moral de ferro que não cede a nada, nem à ação do azeite. Untam-se as mãos; não consta que se untem as fechaduras... moralmente.

Quererá isso dizer que eu prefiro um cadeado de segredo a um princípio? Não; mas não é inoportuno conjugar os princípios e os cadeados de segredo, porque há princípios impacientes, que se fatigam de esperar pelo fim, princípios que não toleram o freio muito tempo e disparam por essas ruas até esbarrar em Catumbi. Dizem de um grande frade, que jogando cartas, com senhoras e a tentos, não deixava nunca de embaçar as parceiras; eram as moscas da tentação que mordiam as orelhas do princípio e o obrigavam a sacudir a cabeça com raiva. Nunca dos cadeados se disse coisa análoga ou semelhante; e se um princípio, já frouxo, o não vai abrir, o costume é conservar-se fechado.

V

Houve nesta semana vários embarques e desembarques. São candidatos que correm ao prélio eleitoral. Um só embarcou sem esse motivo, foi o visconde do Rio Branco, que seguiu para a Europa, e teve uma despedida adequada aos seus elevados merecimentos. Talvez antes de terminada a semana, que ora começa, siga também para a Europa o meu velho e talentoso Quintino Bocaiúva. Os mais cá ficam dentro do nosso país, onde espero que a boa sorte os proteja a todos, ou pelo menos aos mais dignos, porque não é de brincar esta situação de candidatos. Se para uns o caso é líquido, para outros é gasoso, estado terrível na química eleitoral.

Esta agora é a semana em que se armam os cavaleiros, afiam as espadas, e juram por Santiago de Compostela ou são Jorge, que hão de prostrar o adversário. Sábado que vem, todos se recolhem às tendas, para saírem, na madrugada de domingo, lança em riste, fogo no cérebro e esperança no coração.

Uso esta metáfora para ver se levanto um pouco os costumes, que orçam ainda pela cabeçada e faca de ponta; e, certo de que a metáfora é metade da civilização, não desespero de substituir os atuais processos, sem aliás desconhecer o seu caráter mais peremptório que racional. Também não nego que a cabeçada é uma maneira literal e direta de persuadir. Em vez de levar um argumento pela língua, leva-se pela testa, supondo-se que a língua fala somente ao ouvido, e o ouvido vai ter ao estômago. O que não é exato. Um pouco de anatomia pode substituir com vantagem a eleição direta.

Como antecipação do pleito eleitoral, temos hoje as corridas do Jockey Club; e Deus me livre de trazer para esta página as bolorentas comparações entre as duas coisas; limito-me a dizer que há hoje uma lição de paciência aos candidatos que forem vencidos: há um prêmio de consolação. Sobe a quatrocentos mil-réis; o dos candidatos subirá a quatrocentos mil diabos.

Eleazar

4 de agosto de 1878

I

Hoje, sim; posso pôr as manguinhas de fora. Sendo positivo que nenhum cidadão correto almoça agora como nos demais dias, conto não ser lido com o repouso do costume. Na verdade, mal se pode crer que o leitor tenha tempo de tomar o seu banho frio, beber às pressas dois goles de café, enfiar a sobrecasaca, meditar a sua chapa de eleitores, e encaminhar-se às reuniões. Pode ser que leia antes, às carreiras, o jornal que lhe for mais simpático; mas, uma vez feita essa oração mental, nenhuma obrigação mais o retém fora da arena, onde os partidos vão pleitear amanhã a palma do triunfo.

Que monta uma página de crônica, no meio das preocupações de momento? Que valor poderia ter um minuete no meio de uma batalha, ou uma estrofe de Florian entre dois cantos da *Ilíada*? Evidentemente nenhum. Consolemo-nos; é isto mesmo a vida de uma cidade, ora tétrica, ora frívola, hoje lúgubre, amanhã jovial, quando não é todas as coisas juntas. Sobretudo, aproveitemos a ocasião, que é única; deixemos hoje as unturas do estilo; demos a engomar os punhos literários; falemos à fresca, de paletó branco e chinelas de tapete.

Que ele há de levar umas férias para nós outros, beneditinos da história mínima e cavouqueiros da expressão oportuna. Vivemos seis dias a espreitar os sucessos da rua, a ouvir e palpar o sentimento da cidade, para os denunciar, aplaudir ou patear, conforme o nosso humor ou a nossa opinião, e quando nos sentarmos a escrever estas folhas volantes, não o fazemos sem a certeza (ou a esperança!) de que há muitos olhos em cima de nós. Cumpre ter ideias, em primeiro lugar; em segundo lugar, expô-las com acerto; vesti-las, ordená-las, a apresentá-las à expectação pública. A observação há de ser exata, a facécia pertinente e leve; uns tons mais carrancudos, de longe em longe; uma mistura de Geronte e de Scapin, um guisado de moral doméstica e solturas da rua do Ouvidor...

II

...Uma coisa semelhante à situação recente de Campos. Campos reuniu duas coisas raras e não incompatíveis; deu-se ao tumulto e à goiabada. Ao passo que nós gastamos a semana a recear alguma coisa para amanhã, Campos iniciou a agitação no domingo último, e fê-lo de um modo franco, largo e agreste. Campos disse consigo que a reputação da goiabada é inferior a uma nobre ambição política, e que a gratidão do estômago, posto seja ruidosa, é por extremo efêmera; dura o espaço de um quilo, menos do que as estafadas rosas de Malherbe. Campos entendeu que lutar com a goiabada de Jacobina e a compota da Europa não satisfaz a vida inteira de uma cidade, e que era tempo de lançar o cacete de Breno na balança dos seus destinos.

Isto disse Campos; dizê-lo e atirar-se ao pleito eleitoral foi obra de um momento. Então começou uma troca de finezas extremamente louvável; capangas austeros começaram a distribuir entre si os mais sólidos golpes de cacete; e assim como Sganarello se fez médico a pau cada um deles buscou doutorar os outros na mesma academia. Antes do exemplo, poder-se-ia crer que as mãos habituadas a remexer o açúcar nos tachos não chegariam a praticar uma ação tão demonstrativa; erro manifesto, porque nenhuma lei divina ou humana impede cuidar, com igual mérito, da gulodice e dos direitos do homem.

A interferência da atriz Helena Balsemão, segundo o telegrama, é que tornou um pouco enigmática a agitação eleitoral de Campos. A atriz Helena, se tinha opiniões políticas, eram singularmente cambiantes, mudáveis e indecisas, visto que nunca as expôs (creio eu) de um modo formal. No mesmo caso estava o ator Rodrigues, que, se alguma vez representou Richelieu ou Bolingbroke, nunca ficou com a pele do personagem, a ponto de entranhar em si mesmo as opiniões de cada um deles. Quanto ao ator Roland, que, com os outros dois, deu lugar à suspensão do espetáculo, o único vestígio político que lhe podíamos atribuir era o nome, nada mais. Não obstante esses antecedentes, o telegrama deu-os a todos três como órgãos e pacientes de opiniões contrárias. Verdade é que acrescentou serem ciúmes as causas da agitação dos três; mas ninguém ignora que os telegramas são dados ao eufemismo, à antinomia, à simulação; divergência é o que ele quis dizer.

Felizmente, o temporal foi dissipado, mediante uma brisa de conciliação. Os partidos chegaram a acordo. Cada um deles resolveu dar certo número de eleitores; e duvido que as urnas não correspondam fielmente a estas intenções pacíficas. De maneira que a atriz Balsemão foi a única que perdeu no jogo. *Qu'allait-elle faire dans cette galère?*

Cá pela corte estivemos toda a semana em simples preparativos.

Reuniões, sim, e de todos os partidos, inclusive o republicano, reuniões noturnas, sucessivas e até simultâneas. Naturalmente as de uns eram vigiadas por outros, tal qual como nos exércitos, que se espiam mutuamente. Há ardor e resolução; e, se nem todos os costumes eleitorais me agradam, antes esse ardor do que apatia.

Há ânimos generosos que presumem sermos chegados a um tempo em que a política é obra científica e nada mais, eliminando assim as paixões e os interesses, como quem exclui dois peões do tabuleiro do xadrez. Belo sonho e deliciosa quimera. Que haja uma ciência política, sim; que os fenômenos sociais sejam sujeitos a regras certas e complexas, justo. Mas essa parte há de ser sempre a ocupação de um grupo exclusivo, superior ou alheio aos interesses e às paixões. Estes foram, são e hão de ser os elementos da luta quotidiana, porque são os fatores da existência das sociedades. O contrário, seria supor a possibilidade de convertê-las em academias ou gabinetes de estudo, suprimir a parte sensível do homem, coisa que, se tem de acontecer, não o será antes de dez séculos.

Vejo que o leitor começa a cabecear. Este período engravatado tem-lhe ares de mestre-escola.

Naturalmente, prefere saber alguma coisa das chapas eleitorais. Dir-lhe-ei somente que os operários de Niterói apresentam uma, declarando no cabeçalho, que é indispensável derrubar os casacos. Havendo, entre os candidatos dessa lista, dois tenentes, dois capitães e um major da guarda nacional, devo concluir que, em geral, ou os majores e capitães não trajam casaca, ou que os escolhidos eliminaram esse vestido. Único modo de explicar o programa dos autores e a presença dos majores. Quanto ao programa em si, parece um pouco fantástico, e é nada menos que naturalíssimo: é o sentimento das aparências. A casaca, por ser casaca, não faz mal nem bem; a culpa ou a virtude é dos corpos, e menos dos corpos que das almas. Tempo houve em que se fez consistir o civismo em uma designação comum: cidadão; ao que acudiu um poeta com muita pertinência e tato:

> *Appelons-nous messieurs et soyons citoyens.*

III

Houve e há muita agitação nos assinantes da série ímpar do Teatro Lírico, que estão profundamente ressentidos, mas de um ressentimento que nada tem com a política, e tem tudo com o calendário e a aritmética.

Com efeito, o empresário Ferrari — ou o diabo por ele — teve notícia de que Josué mandara parar o sol, e quis enriquecer o nosso tempo com outro milagre análogo: decretou que a récita 6ª antecedesse a récita 5ª, a despeito do Laemmert, do Besout, do Observatório Astronômico e da Câmara Eclesiástica. Isto feito, deu aos assinantes da récita 6ª a primazia dos *Huguenotes* e a estreia da Mariani e outras, e declarou que os assinantes da récita 5ª teriam os sobejos dos seus colegas.

Era muito; era levar a audácia a um limite desconhecido de todos os sátrapas do Oriente; era manifestar que nenhuma consideração lhe merece este povo, o mais meigo de todos os povos. A razão, insinuada por ele, de que os assinantes da série par também são filhos de Deus e podem gozar uma ou outra estreia, revela da parte do Ferrari tendências enigmáticas. Acresce que é uma razão ridícula; o Ferrari não pode ignorar que o número ímpar é o número da perfeição. Mas se esta consideração não bastasse, poderíamos recordar que a série ímpar está toda assinada, ao passo que a série par apenas conta algumas raras assinaturas; prova evidente de que há na série par, um princípio mórbido, uma feição sepulcral, que arreda daí a maior parte da gente. Consequentemente, se o maior grupo é o ímpar, ao outro grupo, que é o menor, só poderá caber, quando muito, o terço eleitoral.

Talvez o Ferrari imagine que, sendo igual o preço, iguais devem ser as vantagens; mas esse erro do empresário origina-se na persuasão de que ele fez um contrato igual e perfeito com todos os assinantes. Não fez. A igualdade única é a do preço; no mais, quem lhes sustenta a empresa são os assinantes da primeira série — o maior número. Nem o preço serviu nunca de bitola à distribuição das vantagens. No Antigo Regime, o terceiro estado pagava o imposto e não comandava os regimentos. Ora, esse sistema, se foi momentaneamente excluído da constituição dos Estados, não o foi nem o pode ser das organizações líricas; é até a graça especial delas.

Ao passo que a série ímpar, justamente magoada, protesta contra a escamoteação das estreias, a série par exulta de contentamento. Compreende-se; há felicidades que excedem o limite das esperanças quotidianas; tal é a dos assinantes que ouvem a primeira representação de uma ópera, em vez de ouvir a segunda; que assistem na quinta-feira a um espetáculo, que só lhes dariam dois dias depois. Meu Deus! os assinantes pares bem sabem que a ópera é a mesma, e os mesmos os cantores; mas que diferença entre a quinta-feira e o sábado! e sobretudo, que homenagem nessa transposição de números! Imaginem qual seria o prazer dos perus, se os preferissem aos pavões? Pois é a mesma coisa; com o simples acréscimo de que a empresa não faz acepção de aves, uma vez que lhe deixem as penas.

Se me permitem um conselho, direi que é conveniente a cada uma das partes ceder alguma coisa. A empresa deve atender um pouco mais à maioria, e a maioria deve fechar os olhos a uma ou outra facilidade da empresa. Ao cabo, é o único meio de ter uma companhia por ano. O Ferrari não é decerto o Messias da arte lírica, alguns querem até que seja o diabo, como já se disse nestas colunas; e confesso que, por certos indícios, começo a suspeitar que efetivamente o verdadeiro Ferrari ficou no mosteiro dos capuchos, onde continua a pregar aqueles sermões sobre o demo e suas pescarias. Mas permitam-me os tubarões que lhes diga: agora não tem remédio; fechem os olhos a alguma coisa menos aprazível, ou desistam de ouvir cantar, ao menos uma vez por ano. O melhor de tudo seria inventar um Ferrari de engonço alheio e superior aos interesses da caixa. Mas, por enquanto, não há remédio senão aceitar este, que é de carne e osso, como nós.

Quanto às novas estreias, parece que a mais estrondosa foi a plástica da Fiorio. Ao passo que a Mariani deixou a voz na mala (dizem-no os entendidos), a Fiorio trouxe-a nas formas: é o seu único algodão. Acrescentam os entendidos que a Vênus de Médicis, se cantasse, cantaria do mesmo modo que essa gentil contralto. Creio, porque ainda a não vi. E acho que não é caso de lástima. A empresa obrigou-se a dar-nos os produtos de uma arte; se acrescenta a esses os produtos da escultura, tem ido além da sua obrigação: é benemérita.

IV

Nada direi das corridas de domingo, para não cair na repetição. A vida fluminense compõe-se agora de óperas, corridas, patinação e pleito eleitoral; é um perpétuo bailado dos espíritos. Felizes as províncias, onde há sempre um macróbio notável, uma correria de índios, um produto vegetal, qualquer coisa que matize a uniformidade da vida; quando menos, um retirante que gerou quarenta e dois filhos, como aquele de Jaguará.

Dizer que as corridas estiveram chibantes, e que a *poule* foi concorridíssima, é repetir o comentário feito a todos esses espetáculos; é perder o tempo e os leitores. Desta vez houve só dois episódios novos: o gatuno, que arrebatou um prêmio de seiscentos mil-réis, sem ser a unhas de cavalo; e o cavalo, que ganhou um prêmio de quinhentos, correndo sozinho. *À vaincre sans péril, on triomphe sans gloire*, dizia o poeta, é o caso do cavalo e não o do gatuno.

A patinação, que eu disse acima ser parte componente da nossa vida atual, começa a adicionar alguns *hors-d'oeuvre*, como a ondina, moça que respira debaixo d'água. Não gosto de ver esta ondina enrodilhada com a patinação; cheira-me aos saraus dançantes do Clube Politécnico, duas coisas bem pouco conciliáveis. Bem sei que é um tempero a ondina; e, a dar crédito ao retrato que anda aí exposto na rua do Ouvidor, um tempero de algum sabor, mas, enfim, é um tempero. Voltemos às comidas simples.

Eleazar

11 de agosto de 1878

I

Supôs-se por muito tempo que o Camões inventava a ilha dos Amores. Aqueles costumes, aquela corrida de ninfas e soldados, principalmente a do Leonardo, com a dama que lhe coube em sorte, e os famintos beijos na floresta, e o mimoso choro que soava, tudo aquilo fazia crer que se tratava de uma pura imaginação do poeta. Descobriu-se agora que a ilha dos Amores é nada menos que a ilha de Paquetá.

Entendamo-nos; não digo que em Paquetá haja Leonardos, nem que ali vá ter a caravela de nenhum Gama. Há um falar e dois entenderes. O que digo é que, no ponto de vista eleitoral, a nossa ilha vale a de Camões. Cá na cidade houve um ou outro desaguisado, duas ou três cabeças quebradas, várias contestações, enfim as competências do costume; não muitas, nem tais como faziam recear os espíritos medrosos. A profecia dos timoratos também falhou em relação ao interior, onde houve alguns conflitos, é certo, mas em raros pontos. O pior, e o mais recente, foi o de Irajá. Paquetá, entretanto, coroou-se de mirtos; fez-se a mais luminosa das auréolas.

Muito antes de começarem os trabalhos eleitorais, já os votantes de todos os credos políticos estavam na matriz. A manhã era linda; o mar espreguiçava-se sonolento, e o céu, um céu grego ou toscano, azulava-se a si e à consciência paroquial. A brisa que soprava parecia a respiração da própria Vênus. Dissera-se que não era Paquetá, mas Chipre ou Quio ou Tênedos, alguma daquelas ilhas que a natureza emergiu para eterna saudade da imaginação. Com um pouco de fantasia, poder-se-ia supor que a barca da carreira da corte era um navio do porto de Pirco, e que o cabo da guarda era o próprio Temístocles.

Reunidos os votantes no adro da igreja, entretiveram-se num fadinho neutro. Umbigos liberais tocavam os umbigos conservadores, ao som da viola republicana: era a fraternidade política e coreográfica. Fatigados da dança, e não tendo chegado a hora legal, um dos votantes sacou do bolso os *Incas* de Marmontel; ideia engenhosa, mas não única, porque outro votante tirou a *Marília de Dirceu*; ao que se seguiu uma longa troca de cortesias e finezas, querendo o primeiro que se lesse o livro do segundo, e o segundo que se lesse o do primeiro. Um mesário combinou os dois opostos desejos, propondo que em vez de um e outro livro, averiguassem amigavelmente um grave ponto histórico, a saber, se o eclipse de 1821 foi anterior ou posterior a Henrique IV.

Aceita a ideia, ocuparam-se os votantes em agradável palestra, que durou meia hora, ficando afinal unanimemente resolvido que, sendo Henrique IV anterior ao eclipse de 1821, este, quando muito, podia ser seu contemporâneo. Um dos votantes declarou que concedia a última hipótese, unicamente para o fim de se não quebrar a harmonia em que ali se achavam, mas que em consciência não podia admitir a contemporaneidade dos dois fenômenos. Todos os outros lhe agradeceram essa delicada atenção.

Aproximando-se a hora eleitoral, foi servido um lauto almoço, composto de iguarias, que não eram peixe nem carne: ervas, frutas, ovos, leite, confeitos e pão. Brindaram-se a todas as harmonias, desde a harmonia das esferas até a dos corações; leram-se madrigais; glosou-se o mote: *Hei de amar-te até morrer*. Seguiram-se as chamadas do costume, ao som de lindas peças executadas pela banda da sociedade particular Flor Paquetaense. Cada votante, por uma delicada competência de generosidade, votava nos candidatos do partido adverso. Esta competência repetiu-se na apuração; os escrutinadores, por efeito da mais honesta perfídia, liam nas listas dos candidatos do seu credo os nomes dos do credo oposto, donde resultou estabelecer-se a anterior proporção dos sufrágios. Acabada a apuração, todos os eleitos protestaram contra o resultado, declarando que, em consciência, os eleitos eram os outros. Não consentindo os outros, propôs um mesário anular o trabalho e votarem de novo em candidatos que não residissem na paróquia. O que se fez prontamente com o resultado seguinte:

Barba-Roxa	47 votos
João Sem Terra	47 votos
Nostradamus	45 votos
Gregório de Matos	45 votos
Pausânias	44 votos
Maragogipe	44 votos
Rui Blas	41 votos

Logo que este resultado foi conhecido, houve em toda a Assembleia os mais estrondosos aplausos, a que se seguiu um amplexo universal e único. Retiraram-se todos para suas casas, debaixo do mesmo céu — toscano ou grego — e ao som dos mesmos suspiros do mar, tranquilo como um sepulcro. Paquetá dormiu o sono das consciências virgens.

Ri-se o leitor? Espanta-se talvez desta narração, que lhe parece fantástica? Não sei, entretanto, se poderá explicar de outro modo o fato de ter o subdelegado de Paquetá promovido a retirada da força que para lá fora. Quando a autoridade pública, no interesse da ordem, buscava auxiliar as mesas eleitorais, armando-as com os meios de dominar qualquer tumulto, sempre possível no estado de exaltação em que se achavam os ânimos, Paquetá declarou dispensar a força que lhe mandaram, certa de fazer uma eleição pacífica. Este procedimento faz crer que Paquetá é o seio de Abraão, a morada da concórdia pública, o primeiro centro de uma forte educação política.

Cá na cidade, na freguesia da Glória, não correram as coisas inteiramente assim; deu-se um distúrbio, talvez dois; a mesma coisa aconteceu no Engenho Velho e em São José. Quanto à primeira dessas paróquias, houve duas mesas, uma interior e outra exterior, uma congregada, outra dispersa e errante: pequena imagem da Igreja, ao tempo em que existiam duas cúrias, a de Roma e a de Avinhão. Qual das duas mesas fosse a de Avinhão, era o que nenhum estrangeiro estudioso poderia saber ao certo, pois a opinião variava de homem a homem. Quanto ao caso de Irajá, esse ataque de cem homens armados e entrincheirados contra doze praças que voltavam de cumprir o seu dever foi simplesmente uma crueldade sem explicação.

Vem a propósito dar um conselho aos futuros legisladores. Provavelmente, teremos uma reforma eleitoral, em breves dias, reduzindo a um grau o sistema de grau duplo: sistema mais complicado que necessário. Penso que é a ocasião de retirar as eleições das matrizes, pois que inteiramente falhou o pensamento de as tornar pacíficas pela só influência do lugar. Já o finado senador Dantas, que sabia dar às vezes ao pensamento uma forma característica, dizia em pleno Senado: "Senhores, convém que as coisas da igreja não saiam à rua, e que as coisas da rua não entrem na igreja". Referia-se às procissões e as eleições.

Que as procissões saiam à rua não há inconveniência palpável; mas que os comícios sejam convocados para a igreja, eis o que é arriscado, e em todo o caso ocioso. Na igreja reza-se, prega-se, medita-se, conversa a alma com o seu Criador; as paixões devem ficar à porta, com todo o seu cortejo de causas e fins, e os interesses também, por mais legítimos que sejam.

II

Desta vez parece que o Partido Republicano fez uma entrada mais solene no pleito eleitoral; lutou sozinho em alguns pontos; em outros, lutou com alianças; resultando-lhe dessa política algumas vitórias parciais.

O Partido Republicano, não obstante as convicções dos seus correligionários, nasceu principalmente de um equívoco e de uma metáfora: a metáfora do poder pessoal; e a este respeito contarei um apólogo... persa.

Havia em Teerã um rapaz, grande gamenho e maior vadio, a quem o pai disse uma noite que era preciso escolher um ofício qualquer, uma indústria, alguma coisa em que aplicasse as forças que despendia, arruando e matando inutilmente as horas. O moço achou que o pai falava com acerto, cogitou parte da noite e dormiu. De manhã foi ter com o pai e pediu-lhe licença para correr toda a Pérsia, a fim de ver as diferentes profissões, compará-las e escolher a que lhe parecesse mais própria e lucrativa. O pai abençoou-o; o rapaz foi correr terra.

Ao cabo de um ano, regressou à casa do pai. Tinha admirado várias indústrias e profissões; entre outras, vira fazer chitas, as famosas chitas da Pérsia, e plantar limas, as não menos famosas limas da Pérsia; e destas duas ocupações, achou melhor a segunda.

— Lavrar a terra, disse ele, é a profissão mais nobre e mais livre; é a que melhor põe as forças do homem paralelas às da natureza.

Dito isto, comprou umas jeiras de terra, comprou umas sementes de limas e semeou-as, depois de invocar o auxílio do sol e da chuva e de todas as forças naturais. Antes de muitos dias, começaram a grelar as sementes; os grelos fizeram-se robustos. O jovem lavrador ia todas as manhãs contemplar a sua obra; mandava regar as plantas; sonhava com elas; vivia delas e para elas: — Quando as limeiras derem flor, dizia ele consigo, convidarei todos os parentes a um banquete; e a primeira lima que amadurecer será mandada de presente ao xá.

Infelizmente os arbustos não se desenvolviam com a presteza costumada; alguns secaram; outros não secaram, mas também não cresceram. Estupefação do jovem lavrador, que não podia compreender a causa do fenômeno. Ordenou que lhe pusessem dobrada porção-d'água; e vendo que a água simples não produzia efeito, mandou enfeitiçá-la por um mago, com as mais obscuras palavras dos livros santos.

Nada lhe valeu; as plantas não passaram do que eram; não vinha a flor, núnca do fruto. O jovem lavrador mortificava-se; gastava as noites e os dias a ver um meio de robustecer as limeiras; esforço sincero, mas inútil. Entretanto, ele lembrava-se de ter visto boas limeiras em outras províncias; e muitas vezes comprava excelentes limas no mercado de Teerã. Por que razão não alcançaria ele, e com presteza, a mesma coisa?

Um dia, não se pôde ter o jovem lavrador; quis, enfim, conhecer a causa do mal. Ora, a causa podia ser que fosse a falta de alguns sais no adubo, ares pouco lavados, certa disposição do terreno, pouca prática de plantador. O moço, porém, não cogitou em nenhuma dessas causas imediatas; atribuiu o acanhamento das plantas... ao sol; porque o sol, dizia ele, era ardente e requeimava as plantas. A ele, pois, cabia a culpa original; era ele o culpado visível, o sol.

Entrando-lhe esta convicção no ânimo, não se detevê o rapaz; arrancou todas as plantas, vendeu a terra, meteu o dinheiro no bolso, e voltou a passear as ruas de Teerã; ficou sem ofício.

Conclusão: se soubéssemos um pouco mais de química social...

III

Ao que parece, negreja um grande temporal no horizonte lírico. Sobre a cabeça da empresa, aglomeram-se pesadas nuvens, não tarda roncar a Tijuca e a pateada. Esta semana trouxe novos vendavais, cujo desencadeamento será terrível, se o não conjurar algum deus benévolo.

Pobre Ferrari! Bem pouco durou a tua realeza. Há dois anos entraste aqui como uma espécie de Messias da fé nova. Tinhas inventado a Sanz, os maiores olhos que jamais vi, e que a faziam semelhante a Juno, a Juno dos olhos de boi, como diz Homero, ou olhitoura, como traduz o Filinto. Tinhas inventado a Visiack, uma artista, a Rubini, uma graça, e o Gayarre, um rouxinol. Acrescia que chegavas depois de um longo e impaciente jejum de música, porque o governo retirara, há muito, a subvenção ao Teatro Lírico; e neste assunto estávamos reduzidos a intermitências do Lelmi, a uma ou outra Parodi adventícia. Vieste; abrimos-te os nossos corações, cobrimos-te de flores, anagramas e assinaturas. Estas, a princípio, foram pagas à vista; e depois, antes da vista. Então começou a tua decadência; prometeste mundos e fundos, ficaste com os fundos, sem nos dar os mundos; perdeste a nossa estima, estás a pique de perder a nossa misericórdia.

A largueza pública, entretanto, foi condigna do nosso nome. Ninguém regateou os preços, que ao parecer de quase todos eram mais que razoáveis. Trazer bons cantores, boas óperas, bons coros e bons cenários, trazê-los a este recanto da América, revelar-nos a *Aída*, não era tarefa que se pagasse com pouco; era justo. Demais, sabe toda a gente que, abaixo do doce de coco, o que o fluminense mais adora é a boa música. Haverá, e não raros, que jamais possam suportar uma cena do *Cid* ou um diálogo do *Hamlet*, que os achem supinamente amoladores, tanto como os antigos dramalhões do Teatro de São Pedro; mas nenhum há que se não babe ao ouvir um dueto. E isto vem desde a infância; nas escolas aprende-se a ler a carta de nomes cantando; e ninguém ignora que a primeira manifestação do menino carioca é o assobio.

Ora, o Ferrari deve ter aproveitado esta nossa disposição, em vez de fiar-se na benevolência pública, que é limitada como uma companhia inglesa. Que lhe pedíamos nós? Simplesmente o que nos deu há dois anos, quando lhe não pedimos nada. Ninguém exigia a Patti nem o Nicolini, o que seria caro, nem somente um dos dois, o que seria ainda mais caro, cruel. Mas entre a Repetto e a Patti não haverá um termo médio? Dizem que o Ferrari não está menos desgostoso do que nós; murmura-se que foi embaçado. Acresce que os cantores não estão em excessiva harmonia com ele; e já ameaçam lavar os calções na rua; ameaça, a que o Ferrari retorquiu, desafiando-os. Vamos ter uma pega de cernelha.

IV

Pega de cara é o que se está dando com a questão da praça do mercado, que renasce, complicada de umas unturas políticas.

No Skating houve esta semana grande pega de pé, uma brilhante corrida, que congregou, no recinto do estabelecimento, a fina flor da nossa sociedade; concorrência de quatro mil pessoas, pelo menos. O grande prêmio coube ao jovem filho de um estadista. Noto que, por ora, o belo sexo é avaro das suas graças na patinação. Salvo algumas meninas de cinco a onze anos, creio que nenhuma dama, ou rara, desceu à arena. Pois era o meio de lhe comunicar um pouco mais de elegância e correção.

V

Da semana só me restaria falar da cabeça original, que se mostra na rua do Ouvidor, a tanto por entrada. Veda-mo a ideia de que o empresário quer apenas caçoar conosco, fazendo crer que uma cabeça original é objeto tão curioso, entre nós, que se pode mostrar por dinheiro. Não, especulador! não possuirás o meu estilo.

Eleazar

18 de agosto de 1878

I

A vida humana oferece singulares mutações à vista. Não há imaginação de dramaturgo nem arte de maquinista que as faça mais súbitas nem mais completas. O grande mestre é exímio nesses saltos violentos; passa de uma tenda na Síria à galera de Pompeu, e do jardim de Capuleto à cela do pio frade. Não é ele o asno ordeiro e regrado, que obedece às posturas e ao chicote; é o cavalo de Jó, impetuoso como o vento. Pois nem Shakespeare era capaz de imaginar coisa análoga ao caso de Macaúbas.

Com efeito, um homem, um capitão, o capitão Porfírio, era ali há meses delegado de polícia; hoje investe as fazendas à frente de um grupo de homens armados. Tem-se visto naufrágios de virtudes; mas o caso do capitão Porfírio é diferente de um naufrágio; é o pescador que passa a fazer ofício de tubarão. O relatório oficial, agora publicado, é positivo, claro, minucioso; conta as aventuras do capitão com a seca singeleza de um relatório. Vê-se o ex-delegado opondo-se a ceder o lugar ao sucessor, ajuntando gente, abrindo a cadeia, voltando a Macaúbas, sitiando as casas, travando combates, ferindo, ensanguentando, fugindo enfim para iniciar outra profissão, que é justamente o contrário da que exercera até há pouco.

O romantismo deu-nos alguns casos de homens que se desligavam da sociedade por motivo de amor; mas, por motivo de uma vara policial, só a realidade era capaz do invento. Defender o código em novembro e desfeiteá-lo em março, abraçar a lei na quinta-feira e mandá-la à tábua no domingo, e isso sem gradação, mas de um salto, como se muda de sobrecasaca, é um fenômeno curioso, digno da meditação do filósofo.

Porquanto, não consta que o capitão, durante o exercício da delegacia, deixasse de cumprir os seus deveres policiais, perseguindo os malfeitores; donde se poderia inferir que não era uma vocação subjugada. O ex-delegado aterrava os gatunos e faquistas, devassava as casas de jogo, encarcerava os criminosos, punia os maus, salvava os bons, tal qual um quinto ato de melodrama. Nunca jamais lhe descobriram tendência de talar os quintais alheios ou pôr em risco a vida do próximo. Comia os seus próprios cambucás. Pode ser que devastasse algum coração e matasse muitas saudades; mas fora esses pecados veniais, não previstos no código, o capitão Porfírio foi sempre um modelo de virtudes policiais e humanas. Macaúbas vivia à sombra de uma administração pacífica; o seu nome era inteiramente desconhecido nos conselhos da Europa. Que importavam a Macaúbas as convulsões do século? Vivia como um rebanho, aos pés do seu pastor, único e bom, que, se jogava, era o gamão, com o padre vigário ou o farmacêutico da vila, para matar as horas e nada mais. Tal era o distrito; tal era o delegado.

Vai senão quando chega a Macaúbas a notícia da mudança política de janeiro último. Naturalmente houve regozijo de um lado e consternação de outro; é a ordem das coisas humanas. O capitão Porfírio, que era somente delegado, não filósofo, e menos ainda político, não soube cair com sisudez e graça; sentiu morder-lhe no coração alguma coisa semelhante à cólera romana; e disse consigo que não entregaria o poder nem ao anjo Gabriel. Daí a complicação, a batalha e a recente vocação do capitão Porfírio.

Ora, o que não disse o relatório submetido ao governo, o que talvez escapou e escapará a mais de um leitor desatento ou incrédulo, é que a alma do capitão Porfírio é nem mais nem menos a alma de Coriolano, transmigrada; descoberta que explica o procedimento do herói de Macaúbas. Coteje o leitor o relatório com o livro de Plutarco; verá as semelhanças dos dois capitães. Porfírio irrita-se com a ameaça de perder a delegacia, Coriolano por não ser eleito cônsul; ambos, inflexíveis e ásperos, não podem suportar friamente a injúria. Um é demitido, outro banido; um e outro vão armar gente e invadem Roma e Macaúbas.

Isto posto, tudo se explica; e o que nos parecia absurdo, é simplesmente natural. Desde que Porfírio não é Porfírio, mas sim a alma do famoso herói, que transmigrou de corpo em corpo, até meter-se na pele do ex-delegado, cessa todo o motivo do ódio e toda a causa do pasmo. Um delegado que, depois de ensanguentar o seu distrito, para não entregar a vara policial, vai entreter os ócios em talar as fazendas alheias, é tão absurdo, que passa de cruel a ridículo; mas se o delegado não faz mais do que repetir Plutarco, acomodá-lo ao menos aos nossos costumes, se ele não é ele, mas outro, que já não é outro, então demos graças aos deuses, que nestes tempos de vida pacata nos consentem uma nesga do céu heróico, uma ressurreição do antigo brio.

A única diferença entre as duas formas do célebre herói é que a segunda acaba um pouco menos heroicamente do que a primeira, e, se for capturada, achará, em vez de um Plutarco, um escrivão. Coisas do tempo. O Coriolano de Macaúbas sabe que não achará prontamente um aliado estrangeiro, como o de Roma, e sabe mais que em um século industrial, atacar a fazenda é ferir o coração da sociedade; daí, essa diversão pelos estabelecimentos agrícolas, levado de um sentimento vingativo, romano e gastronômico.

II

Enquanto o capitão Porfírio lança o terror no sertão do alto São Francisco, trata-se aqui na corte e na província de organizar o escrutínio prévio para a escolha dos candidatos à deputação. Os eleitores vão eleger os elegíveis. Corre isso de boca em boca, escreve-se nos jornais, e pela minha parte (se em tais coisas pode ter voto um mau cronista) acho a ideia útil. Nem sempre, nem em toda a parte, nem em todas as ocasiões poderá ser aplicado esse meio de consulta prévia; mas onde e quando for possível, convém empregá-lo; é liberal, e resolve a dificuldade das competências; acresce que afeiçoa o eleitor ao seu papel e à sua responsabilidade.

Que as candidaturas possam ser excessivas, e haja mais de uma problemática, é a coisa mais natural do mundo; são os bilhetes brancos da loteria; com a diferença que antes de correr a roda, todos os bilhetes são suscetíveis de prêmio, ao passo que antes de correr a urna prévia, há já candidaturas duvidosas, enfermas, necessitadas de um forte caldo de consolação. Não importa; acho que devem concorrer todos. Muita coisa duvidosa, chega a ser certa, pelo único motivo de persistir. Canivetinho também corta; água mole em pedra dura; todos os adágios populares favorecem essa política de obstinação.

Abaixo das duvidosas, há ainda as candidaturas que absolutamente o não são, mas por um motivo contrário ao das candidaturas certas; quero dizer, há as inteiramente perdidas. São as que se inventaram para desenfadar os eleitores; aquelas a que um eleitor, se for compadre do candidato, pode dar francamente o seu voto, sem quebrar a unidade do partido, escapando assim à indisciplina e à amolação.

Último grau das candidaturas: as perdidas, que se sabem tais. São as que se contentam em ser candidaturas, sem nenhuma pretensão de vitória: basta-lhes a glória de penetrar na urna com alguns votos, reluzir nas colunas dos jornais e nas palestras do Castelões. Porque, em suma, há certo lustre em ser julgado apto por vinte dos meus concidadãos, e ninguém me pode impedir de crer que toda a sabedoria política, senso prático, elevação de ideias e ânimo incorruptível, todas as virtudes públicas estão concentradas nesses vinte votos das Termópilas: é uma convicção higiênica, saudável, confortativa.

Quanto às candidaturas sólidas e naturais, estão seguras de si, o que não obsta que trabalhem, porque o eleitor tem às vezes singulares caprichos, semelhantes aos daquele vigário de Itambé que, zangado com a gente do seu partido, foi presidir uma duplicata do partido contrário. O precioso vigário é para mim um pasmoso fenômeno. De ordinário, quando um homem se aborrece dos correligionários, faz-se misantropo, retrai-se, vai curtir as desilusões; e, se muda, é mais tarde, quando a reflexão já fez o seu trabalho íntimo. Outras vezes, não são os homens que fazem rejeitar as ideias que se substituem por um trabalho interior e fatal, que a paixão política não conhece. Nada disso aconteceu ao precioso vigário. Acérrimo defensor dos princípios azuis às dez horas da manhã, fez-se às duas da tarde defensor implacável dos princípios amarelos. Explique quem quiser esse fato; quanto a mim, é assombroso.

Já conjeturei se seria a camisa do vigário. Talvez o partido adverso peitasse o criado ou o sacristão, dando-lhe uma camisa impregnada dos princípios que o vigário execrara em toda a sua vida. O infeliz transpirava, entrou para fazer um *petit bout de toilette*. O criado apresenta-lhe a camisa.

— Tibúrcio — disse o vigário —, cheira-me a amarelo.
— Pode ser; talvez seja da casa do vizinho.
— Que pensas tu dos princípios azuis, Tibúrcio?
— Penso que são admiráveis.
— No superlativo, Tibúrcio, no superlativo!

Vestiu a camisa e estremeceu; fez-se um clarão na consciência do vigário. O azul apareceu-lhe como a cor do inferno; o céu mostrou-lhe um magnífico tom de laranja. Um minuto bastou para resgatá-lo do erro de suas deploráveis convicções.

Sobre o uso da duplicata, não quero outra opinião que não seja a de um correspondente do Norte que textualmente declara serem as duplicatas "um pronto alívio"; e "benfeitor da humanidade aquele que as inventou". Coincide esta opinião com o que me dizia há quatro anos um antigo cabalista de Pernambuco: "Lá no Norte, já se vai perdendo o costume de ensanguentar as eleições, faz-se duplicata e está acabado".

Não obstante algumas que se fizeram desta vez, houve eleições sangrentas, segundo as notícias que vão chegando do interior. Repito o que já disse: antes animação do que apatia; mas, enfim, sangue é sangue, quase tão precioso como as libras esterlinas; talvez tanto...

III

A prova é esta: — quem é que diz que o contribuinte é um animal esquivo e noturno? Tivemos esta semana uma prova esplêndida do contrário.

Sabe o leitor, se leu os jornais, que a província argentina de Corrientes fez uma revolução e aclamou um governador provisório, o cidadão Pampin. Esse novo governador é um taumaturgo. Mal empunhou as rédeas da administração, o povo correu em massa ao tesouro para pagar os impostos; alguns cidadãos chegaram a querer "pagá-los adiantadamente". Assim dizem as últimas notícias; e, não podendo supor meios entusiasmos em situações daquelas, não me admirarei se nos disserem que têm havido rixas, cabeças partidas, contusões, à porta do tesouro provincial.

Ora, se por um lado é certo que o contribuinte é animal esquivo e bravio, por outro lado numerosas experiências têm verificado que o contribuinte voluntário equivale ao cisne preto e ao melro branco: *rari avis*. Para domesticar alguns tem-se reconhecido que só o pau meirinho, do gênero das *admoestacias*, árvore oriunda da praça da Constituição, próximo ao hotel dos Príncipes. Tal é o estado da ciência; tal era ao menos até o advento do cidadão Pampin, que veio transtornar todas as ideias recebidas acerca do imposto.

Porquanto, se a revolução fosse um fenômeno desconhecido naquelas regiões, poder-se-ia supor que a mudança violenta operada em Corrientes excitara tal ou qual momentâneo entusiasmo, que produziu a confiança do dinheiro e a mansidão do contribuinte. Mas não; as revoluções ali são como as nossas trovoadas de outro tempo; têm quase período certo. Conseguintemente, os cidadãos sabem que os governos novos são tão precários como os antigos, e que o dia da vitória de um é a véspera da sua derrota. Não obstante que fazem os contribuintes do cidadão Pampin? Vão pagar-lhe os impostos; alguns instam para pagar adiantadamente; não faltará quem se proponha a pagar dobrado. Conclusão: o que excita o contribuinte é o simples fato do transtorno político.

Generalizando o caso, indico a todos os governos do universo esse meio eficaz de cobrar os impostos, diminuindo as despesas do fisco. Quando o contribuinte começar a mostrar-se remisso, o governo manda recolher as tropas a quartéis. No dia seguinte, antes do almoço, saem as tropas à rua e fazem um pronunciamento em favor de um amigo, ao qual são logo entregues as rédeas da administração. Entrados os impostos, as tropas restabelecem o governo anterior.

IV

Não sei se o que acabou foi o dia da Glória ou a minha mocidade. Talvez acabou a festa, como têm acabado muitas outras devoções populares, meio religiosas, meio recreativas. O elemento estrangeiro é aquele bife cru, de que falei numa destas crônicas; transforma os costumes. Hoje há muito sapato inglês, muita patinação, muita opereta, muita coisa peregrina, que tirou à nossa população a rusticidade e o encanto de outros tempos. Quanto a mim, creio que a última festa da Glória, a última genuína, foi a da Lucíola, que nos descreveu o Alencar.

Também é certo que as coisas passam menos do que nós passamos, e que a velhice delas é muita vez o cansaço dos nossos olhos. Questão de óculos. A adolescência usa uns vidros claros ou azuis, que aumentam o viço e o lustre das coisas, vidros frágeis que nenhum Reis substitui nem conserta. Quebram-se e atiram-se fora. Os que vêm depois são mais tristes, e não sei se mais sinceros...

V

Se não ponho cobro à pena, acabo falando em verso, a pior de todas as soluções em tempos eleitorais. Venhamos à prosa aguada, como a chuva que molhou a festa da Glória, a ponto de fazer transferir o fogo de artifício. Há umas festas só populares, outras só elegantes; a da Glória tem o dom de reunir os diversos aspectos; trepam a ladeira, a roçar um por outro, o vestido de seda e o de chita; lá se vê o toucado da moça *fashionable*, levando atrás de si a trunfa da preta baiana. Uns vão de cupê, outros de bonde, outros a pé; e sobe e desce o rio de gente variegada, salpicada, misturada; pequena imagem do vale de Josafá.

O pior é que mais de uma moça tinha os olhos no baile da Secretaria de Estrangeiros, e fatigou-os em vão. Nem baile nem simples partida familiar. Para as moças é grave o assunto; é grave e tétrico. A vida, ao parecer dessa encantadora porção da humanidade, é um perpétuo *en avant deux*, com intervalos de valsa de Strauss, um cotilhão e chocolate no fim. Intervalem esse trabalho com um pouco de ópera e outro pouco de passeio: eis resolvido o problema da existência humana, quer venhamos do barro de Moisés, quer do macaco de Darwin. E que outra coisa poderemos exigir das moças? Para as doutoras, tenho o horror de Proudhon; a mãe dos Gracos morreu; e a Teixeira Lopes ficou em Paris.

Posso falar assim, sem medo, agora que as mais belas da cidade estão no Teatro Lírico, a ouvir a Aída, a ópera que mais caiu no coração fluminense. É a primeira exibição este ano; estreiam dois cantores; casa cheia, toaletes únicas; uma festa de estrondo.

VI

Não é meu costume falar de livros nesta crônica; abro uma exceção, aliás três. A primeira é para mencionar uma publicação dos acadêmicos de São Paulo, *Direito e Le-*

tras, revista do Ateneu Jurídico e Literário, a cuja frente vejo dois nomes dos mais esperançosos. Tristão da Fonseca e Afonso Celso Júnior. O corpo da redação corresponde aos distintos diretores. O primeiro número revela talento e estudo; e parece ser um prenúncio de vida, de cuja falta aliás se queixa um dos colaboradores, lastimando a apatia acadêmica. Não há apatia onde se pode empreender um trabalho desta ordem.

Vem igualmente de São Paulo o outro livro, o *Marido da doida*, drama de um distinto escritor, o dr. Carlos Ferreira, já representado nesta corte, com aplauso do público e da imprensa. Não obstante as incertezas próprias de um talento, que não chegou ainda à inteira maturidade, é trabalho de merecimento e de esperanças... De esperanças, para quê? O dr. Carlos Ferreira cultiva um gênero que pouco tem vivido, e ora parece morto. Diz-se que o francês não tem *la tête épique*; pode dizer-se que o brasileiro não tem a cabeça dramática; nem a cabeça nem o coração. Tempo houve em que puderam aparecer e ser louvados alguns dramas e comédias; mas, a espaços, por motivos de ocasião. Por agora, a ocasião passou.

Resta dizer aos leitores que já temos um começo de *Dicionário universal*, em nossa língua pelo plano do de Larousse; é editado em Lisboa, pelo sr. Francisco de Almeida, que o dirige e coordena, e atualmente se acha nesta corte. A primeira caderneta pareceu-me revelar uma obra completa. Assim persevere o diretor da empresa e não o abandonem os estudiosos.

Eleazar

25 de agosto de 1878

I
Esta foi a semana militante; outra será a triunfante; e essas duas fases da Igreja ficam assim reproduzidas na vida civil. Já o domingo último amanheceu nebuloso com a notícia do conflito entre dois poderes constitucionais, assunto que me escapa, por não ter nenhum lado recreativo por onde lhe pegue. É dos que ficam muito acima do alcance da nossa mão. Nisso se parece a crônica com a Turquia de hoje: tem limites apertados.

Há outro ponto em que o cronista se parece com os turcos; é em fumar quietamente o cachimbo do seu fatalismo. O cronista não tem cargo-d'almas, não evangeliza, não adverte, não endireita os tortos do mundo; é um mero espectador, as mais das vezes pacato, cuja bonomia tem o passo tardo dos senhores do harém. Debruça-se, cada domingo, à janela deste palacete, e contempla as águas do Bósforo, a ver os caíques que se cruzam, a acompanhar de longe a labutação dos outros.

Isso quer dizer, em bom português, que o cronista não pleiteou candidatura, não se mediu com o Battaglia nem pretende figurar na regata de Botafogo; fica alheio a todas as lutas, ou sejam de força, ou de destreza, ou de ambas as coisas juntas. Simples e honesto *mironi*. A semana foi militante; mas o cronista foi expectante; seja dito por amor da rima. Claro é que não lutou nem luta na questão dos chalés da praça do Mercado, essa fênix renascida de um incêndio, mandado talvez pela Providência para exterminá-la de todo, o que não conseguiu; não restando agora mais do que a esperança de um terremoto.

II

Deixemos a ordem cronológica, e venhamos à primeira das lutas da semana — a luta do escrutínio prévio —, sobre a qual se falou muito, em todos os sentidos, antes, durante e depois, e creio que ainda se falará até o dia 5 de setembro.

A luta era complexa e formidável; lutavam os candidatos entre si, e os eleitores com a sua consciência, com os seus amigos, com as suas simpatias, com a sua razão, com os seus empenhos. Nada disso era imprevisto ou novo; o escrutínio prévio tinha justamente a vantagem de apurar alguma coisa fixa do combate de tantas competências.

A manhã de quinta-feira foi assinalada por uma copiosa geada de mofinas, bilhetes amorosos, outros arrufados, alguns totalmente brancos. Começaram as constipações prévias, acompanhadas de tosse, tremuras de frio, dores pela espinha; eram as bronquites eleitorais. Os eleitores — digo os que eram simples mercês — sentiram-se excelentíssimos a cada esquina, a cada cartão, à porta do Castelões, do Bernardo e à do Conservatório; e não se sentiram mal, tão certo é que as fórmulas valem muito. Quanto a almoçar ou jantar, foi operação que se não fez com sossego; debicou-se, quando muito, uma fruta, uma ou duas gramas de filé, umas migalhinhas de pão. Nos hotéis, quem tinha o seu zurrapa disponível, vendeu-o por superior falerno, e ninguém deu pela troca. Soou, enfim, a hora fatídica; os eleitores correram ao lugar do escrutínio, e começaram os trabalhos.

Que o exemplo era bonito, disse-o com muita razão o ilustre chefe liberal que inaugurou os trabalhos da Assembleia; era bonito e útil, porque as competências reproduziam-se, e aos eleitores cabia escolher e combinar.

Não sendo eleitor, não pude assistir à operação; mas a aurora seguinte trouxe-me nas asas úmidas os nomes mais votados pela Assembleia. Trouxe-me os nomes acompanhados de uma charada — a charada de Campo Grande. Esta paróquia, na qualidade de roceira, não quis vir à corte; tem medo à vermelhinha, ao calor e à patinação; votou lá mesmo a sua lista e mandou-a por cópia à Assembleia; uma lista composta de liberais, sendo os eleitores... conservadores.

Esqueceu-se dizer quantas sílabas tinha a charada, razão pela qual ainda não pude dar com a decifração. Parece que a Assembleia também se achou nos mesmos apuros, porque resolveu não inserir o produto de Campo Grande na apuração geral do município. De maneira que os campo-grandenses perderam o seu latim e os seus algarismos. Talvez que o vigário de Itambé os entenda com mais prontidão visto que também praticou a sua charadinha eleitoral, em sentido inverso.

A guerra, que durou muitos dias, teve a sua última batalha de cinco horas. Quero crer que seria muito mais interessante, mais viva, e, direi até, mais sumária, se em vez de ficar no domínio das cartas e das visitas, se travasse diante dos próprios eleitores reunidos, por meio de discursos e dos indispensáveis copos-d'água. Uma coisa é a carta, outra coisa o discurso. Para uma Assembleia, a língua há de ser sempre mais persuasiva do que o papel; e desde que cada candidato expusesse as suas ideias perante os eleitores, estes podiam escolher os que melhor correspondessem ao sentimento da maioria. Uso excelente, que ainda não possuímos, *et pour cause*, mas chegaremos a aprender, com o andar do tempo. Roma não se fez num dia; adágio que se deve entender, não só no sentido arquitetônico, mas também no sentido político.

Hão de dar-me alguma coisa pela reflexão que aí fica, porque eu não acompanho um distinto candidato, que declarou em circular, publicada esta semana, não ter ainda fixado o seu programa de ideias, mas poder afiançar desde já que dispensa o subsídio. A intenção do candidato é, decerto, reta e pura; revela um sentimento econômico; mostra que ele desdenha o vil metal; mas em suma, trabalhar de graça não é uma ideia, ou é uma triste ideia. Um deputado pode ser excelente, sem ser gratuito. Creio até que as leis saiam mais perfeitas quando o legislador não tenha de pensar no jantar do dia seguinte. Vou mais longe; uma boa audição musical, um bom almoço no Hotel da Europa, fortalecendo o organismo, dão melhor direção ao voto parlamentar; o que aliás não aconteceria, se o deputado tivesse de recorrer, nos intervalos, a alguma escrituração mercantil para ir almoçar ao Hotel de Santo Antônio. Imaginemos o suplício de uma Câmara, que, votando a isenção de direitos sobre a graxa, olhasse para os seus sapatos desengraxados. Seria uma Câmara de Tântalos.

E daí, pode ser que a ideia do candidato seja alcançar indiretamente a conciliação dos partidos. Na Câmara dos comuns, quando os deputados saem para a sala de jantar, formam uma coisa a que chamam casais, isto é, ajustam-se um *whig* e um *tory*, obrigando-se um e outro a não voltar sozinho à sala das sessões. Talvez a ideia do candidato seja obter a formação dos mesmos casais, e até de quatro e cinco juntos, para o fim de comer baratinho; fim este que levaria a outro, ao da aliança dos pareceres, pela simples razão de que o piquenique é a tríplice fusão das algibeiras, dos estômagos e dos corações. Dize-me com quem comes, dir-te-ei com quem votas.

III

Antes de quinta-feira tivemos o caso do atleta Battaglia, que é digno de ser posto em letra de impressão, para eterna memória dos homens. Efetivamente, esse nosso hóspede não é um alfenim; é um descendente de Hércules, um seu rival pelo menos. Tinha confiança nas suas forças. Com o fim de no-las mostrar meteu-se num paquete, atravessou o oceano, desembarcou, apresentou-se ao empresário de patinação. Dali deitou um cartel ao mundo fluminense; ofereceu uma quantia grossa a quem fosse tão rijo que o derrubasse. Surgem-lhe sete competidores. Battaglia ri-se, contempla-os com uma polidez sarcástica, aperta-lhes as mãos, dispõe-se a cobri-los de vergonha. Poucos minutos depois, jazia estatelado no chão.

Explicou-se o atleta com um adágio; disse que escorregar não é cair; adágio falso, como muitos outros, e em todo o caso sem aplicação. É falso o adágio, porque escorregão é eufemismo de queda. Não foi outra coisa o escorregão de Helena, nem outra coisa o de Eva. Escorrega o cavalheiro, quando corrige o seu orçamento pessoal com um descrédito extraordinário ou somente suplementar; escorrega a dama quando recruta um soldado mais do que lhe permite a sua lei de forças. Esses escorregões são quedas, umas vezes mortais, outras vezes vitais; mas são quedas. Em todo caso, errou o atleta em aplicar o rifão ao seu desastre; e a menos que não prove a presença de uma casca de banana, no terreno do combate, a verdade é que legitimamente caiu.

Dois fatos singulares observo eu nesse desastre do atleta estrangeiro. É o primeiro que ele parece desconhecer as tramoias deste mundo e nada sabe dos inestimáveis serviços que pode prestar um compadre. Battaglia devia começar por alguns combates aparentes, nos quais derrubasse os mais musculosos indivíduos necessitados de uma nota de vinte mil-réis. Feito isso, era duvidoso que se lhe atravesse ninguém. Poeira nos olhos é a regra máxima de um tempo que vive menos da realidade que da opinião. Não nego que a candura é o corolário da força; mas o triste exemplo de Sansão é bastante para mostrar que um pouco de velhacaria não fica mal aos valentes.

O segundo fato que me assombra é a existência, nesta cidade, de sete Hércules dispostos a lutar com o adventício, e tão Hércules que logo o primeiro o derrubou; sem que aliás nenhum deles haja nunca anunciado as suas valentias. Há portanto músculos nesta sociedade; estamos longe da anemia e da debilidade que nos atribui o pessimismo de alguns misantropos. Possuímos, nós somente, todos ou quase todos os Hércules das mitologias; de maneira que, se apenas um deles, o grego, fez os doze trabalhos de que nos falam os poetas, nós com os sete podemos terminar, quando menos, o pleito da Copacabana. O que já não é pouco.

IV

Luta de atletas, luta de pés, luta de cavalos. Agora, vamos ter uma luta de escaleres, uma regata em Botafogo, à maneira inglesa. Acrescente-se a isso uma nova companhia equestre, *Combination Equestrian Company*, composta de 100 artistas, 60 cavalos, 1 mula e 2 veados, e mais a *Princesa Azulina*, mágica, os *Sinos de Corneville*, 85ª representação, e o Teatro Lírico, e digam-me se essa população não está ameaçada de morrer de uma indigestão de prazeres. Não há tempo sequer de ficar doente. Come-se na copa do chapéu. Dá-se de quando em quando uma chegadinha à casa; vive-se na rua, nos teatros, nos circos; um turbilhão.

E notem que não mencionei, entre as lutas, a do Teatro Lírico, mais pacífica, mas não menos interessante do que as outras. Trata-se ainda da questão das séries, a questão do terceiro estado musical. Que é o terceiro estado? Nada. Que deve ele ser? Tudo. Esta velha fórmula de 89 ressurgiu agora, como *pizzicato*, e a série par tomou a Bastilha da pública consideração, porque se tem portado com certo tino político. Soube, por exemplo, que o tenor De Sanctis desagradara à série ímpar; coroou-o de palmas na seguinte noite. Sem pau, nem pedras, com luvas.

Se há razão para desdenhar De Sanctis, é o que ignoro. Há quem o prefira ao Tamagno; outros continuam a dar a este a primazia; o que me faz crer que não está longe mais uma batalha — a dos sanetistas e tamagnistas. Provavelmente, quando o campo ficar alastrado de mortos, o Ferrari mete na mala a ilha de Chipre, sob a forma portátil de uma letra de câmbio, e, orgulhoso de imitar o autor de *Tancredo*, vai descansar no remanso de suas rendas. *Felix possidentis!* como dizia há pouco o chanceler dos teutões.

Mas, se as duas séries lutam no Teatro Lírico, unem-se no Skating-rink, onde houve anteontem outra corrida de gâmbias, perante um auditório distinto, numeroso e curioso. Isso na rua do Costa; imaginemos o que seria no largo de São Francisco. Os alípedes eram em larga cópia resolutos, picados de brio e metralhados por oito milhares de olhos. Renascem a Grécia e uma parte dos jogos olímpicos. Alvoroça-me a ideia de que vou encontrar Hesíodo ou Péricles, aí na primeira esquina; que a mulher que passa, às tardes, pela minha rua, guiando um carro descoberto, é uma hetaira de Mileto, trazida por um mercador de Naxos; que o que chamamos Alcazar é simplesmente o jardim dos peripatéticos. Verdade seja que as nossas ridículas calças...

V

A concórdia, entretanto, continua a morar em Paquetá. Exilada do resto do globo, elegeu ali um abrigo seguro, à maneira de Robinson, menos a solidão. Ultimamente, terminado o pleito eleitoral, manifestou-se de outro modo. A população da ilha reuniu-se, pôs uma banda de música à frente, e caminhou para a porta de uma casa, em que reside temporariamente um cidadão. Nenhuma divisão de partidos; o pistão liberal acompanhava o fagote conservador; os pés monarquistas iam a compasso dos pés republicanos. Chegaram à porta, detiveram-se; veio o cidadão; ofertaram-lhe flores e cumprimentos; depois retiraram-se em plena harmonia, moral e instrumental.

Não se tratava de um general vitorioso, nem de um político eminente; era um velho, um simples velho, um homem que aplicou as eminentes faculdades que Deus lhe deu em estudar e conhecer o corpo humano; era o velho Valadão. Paquetá sentiu a honra que lhe deu o ilustre hóspede, e manifestou-lha de um modo popular, singelo e tocante, sem copo-d'água, sem discursos, sem perus trufados, sem menu, sem nenhum outro acepipe mais do que a admiração, o respeito e a alegria — uma alegria sã e cordial. Chamem-me piegas; mas eu acho esta manifestação muito preferível à que se encomendasse ao Hotel da Europa, lardeada de adjetivos e imagens literárias. É menos ruidosa, mas não é menos tocante.

Não serei eu quem venha dizer agora o que é o barão de Petrópolis; o seu elogio maior está na admiração constante dos seus colegas e discípulos. Ainda ontem a ciência e a política perderam um homem notável, que aliás o foi mais na primeira que na segunda, e a *Gazeta de Notícias* recordou o concurso em que esse médico, o senador Jobim, foi vencido por Valadão, jovens ambos, mas o primeiro oriundo da Faculdade de Paris, regressando daquela grande oficina de ciência, enquanto o segundo era filho da nossa própria Faculdade. A nossa não lhe podia fazer maior honra.

VI

Já falei na morte do senador Jobim. O obituário da semana conta mais dois nomes distintos: outro senador, o conselheiro Figueira de Melo, e um pintor, o lente da academia Agostinho da Mota. A vida do primeiro foi acidentada, a espaços tumultuosa, vida de lutas políticas, sobretudo as de 1848. A do outro passou no remanso da paz, do trabalho obscuro e lento.

Não é este o lugar de aferir o merecimento de um e de outro; nem a pena que traça estas linhas possui a autoridade necessária para escrever essas duas vidas, a segunda das quais não pode, aliás, competir com a primeira, por isso mesmo que esta se desenvolveu em mais aparente plana. Cumpro somente a obrigação de registrar os dois óbitos, nesta última lauda, imitando a vida, que acaba pela morte.

Eleazar

1º de setembro de 1878

I

O fato culminante da semana foi talvez a proposta feita, anteontem, na Câmara municipal, pelo sr. conselheiro Saldanha Marinho. Propôs o digno vereador a nomeação de uma comissão para examinar os atos em que a mesma Câmara tem sido despida de atribuições suas, e indicar medidas tendentes a restaurar as coisas, bem como um plano de reforma para aquela instituição, restituindo-se-lhe a força e o prestígio que perdeu. A proposta foi aprovada; e, posto me pareça que o seu resultado não pode corresponder ao pensamento que a formulou, acho que tanto a Câmara, como o eminente cidadão, procederam com intenção reta e animados de sentimentos liberais.

Não me obriguem os leitores a pôr os colarinhos do estilo grave, dizendo os graves motivos do meu parecer. Entende-se que daquelas colunas para baixo só podemos curar de minúcias, e este caso municipal é dos de máxima ponderação. Verdade é que, assim como a vida é entremeada de reflexões e pilhérias, também o folhetim pode, uma vez ou outra, sacudir a sua tosse parlamentar e deitar ao mundo uma ou duas observações de calibre sessenta. Vá que seja: imitemos a vida, por dois minutos.

Qualquer que seja a aquiescência dos poderes executivo e legislativo, acho que a proposta não terá o desejado efeito, e isto por um motivo estranho aos intuitos da Câmara e do governo. Que seria útil e conveniente desenvolver o elemento municipal, ninguém há que o conteste; mas os bons desejos de alguns ou de muitos não chegarão jamais a criar ou avivar uma instituição, se esta não corresponder exatamente às condições morais e mentais da sociedade. Pode a instituição subsistir com as suas formas externas; mas a alma, essa não há criador que lha infunda.

Não há muito quem brade contra a centralização política e administrativa? É uma flor de retórica de todo o discurso de estreia; um velho bordão; uma perpétua chapa. Raros veem que a centralização não se operou ao sabor de alguns iniciadores, mas porque era um efeito inevitável de causas preexistentes. Supõe-se que ela matou a vida local, quando a falta de vida local foi um dos produtores da centralização. Os homens não passaram de simples instrumentos das coisas. É o que acontece com o poder municipal; esvaiu-se-lhe a vida, não por ato de um poder cioso, mas por força de uma lei inelutável, em virtude da qual a vida é frouxa, mórbida ou intensa, segundo as condições do organismo e o meio em que ele se desenvolve. É o que acontece com o direito de voto; a reforma que reduzir a eleição a um grau será um melhoramento no processo e por isso desejável; mas dará todas as vantagens políticas e morais que dela esperamos? Há uma série de fatores, que a lei não substitui, e esses são o estado mental da nação, os seus costumes, a sua infância constitucional...

Lá me ia eu resvalando neste declive das ponderações graves, que só a espaços, e ao de leve, podem ser lícitas à mais desambiciosa das crônicas deste mundo. Encerremos o período, leitor; e passemos a assunto menos crespo, um assunto de comestíveis.

II

Porquanto, a dita Câmara municipal, perguntando-lhe o procurador se podia mandar fornecer jantar ao Tribunal do Júri, quando as sessões se prolongassem até tarde, respondeu que não, visto que tal despesa não se acha autorizada em lei.

Teve razão a Câmara, e teve-a duas vezes; a primeira, porque a lei o veda, e a obediência à lei é a necessidade máxima; a segunda, porque o jantar é, de certo modo, um agente de corrupção. Não me venham com sentenças latinas: *primo vivere, deinde judicare*. Não me venham com considerações de ordem fisiológica, nem com rifões populares, nem com outras razões da mesma farinha, muito próprias para embair ignorantes ou colher descuidados, mas sem nenhum valor ou alcance para quem olhar as coisas de certa altura. A questão é puramente moral; e a presença do rosbife não lhe diminui nem lhe troca a natureza. Não me venham também com o jantar na política; porque, em certos casos, não há incompatibilidade entre o voto e o prato de lentilhas; e, politicamente falando, o paio é uma necessidade pública. O caso dos jurados é outra coisa.

A primeira e inevitável consequência do jantar aos jurados seria a condenação de todos os réus, não porque o quilo implique severidade, mas porque induz à gratidão. Como se sabe, absolvidos os réus, paga a municipalidade as custas; não é crível que um tribunal de homens briosos e generosos condene a mão que lhe prepara o jantar. Convém contar com o pudor dos estômagos. Acresce que a digestão é variável em seus efeitos. Umas vezes inclina ao cochilo, e não se pode calcular que inúmeros erros judiciários sairão de um tribunal que dorme a sesta; outras vezes, o organismo precisa de locomoção, e as sentenças cairão da pena, como frutas verdes que um rapaz derruba. Não cito o caso dos que fazem o quilo entre a espadilha e o basto, e ficariam impacientes por sair; caso verdadeiramente assustador, visto que a maior das nossas forças sociais é o voltarete.

Cotejem agora as inconveniências do jantar com as vantagens do jejum. O jejum, um estado de graça espiritual, é uma das formas adotadas para macerar a carne e seus maus instintos. A satisfação da carne torce a condição humana, igualando-a à das bestas; ao passo que a privação amortece a condição bestial e apura a outra; fortifica, portanto, o ser inteligível, aclara as ideias, afina e eleva a concepção da justiça. A sopa tem suas vantagens; o assado não é, em si mesmo, uma abominação; pode-se almoçar e querer bem; não há incompatibilidade absoluta entre a virtude e a couve-flor. A justiça, porém, requer alguma coisa menos precária, mais certa; não se pode fiar de hipóteses, de casualidades, de temperamentos.

O que me admira, neste caso, não é a decisão da Câmara, que aplaudo, desde que é fundada em lei, e o respeito da lei é a primeira expressão da liberdade. O que me admira é que só agora reclame o júri um bocado de pão. Pois nunca pediu o júri uma verbazinha para os seus pastéis? Só agora há estômagos naquele tribunal? Só agora há processos longos e juízes famintos? Tanto pior; se esperam tantos anos, podem esperar alguns mais.

III

Dizem os alemães que duas metades de cavalo não fazem um cavalo. Por maioria de razão se pode dizer que metade de um cavalo e metade de um camelo não fazem nem um cavalo nem um camelo. Isto, que parecerá axiomático aos leitores, é nada menos que um absurdo aos olhos dos partidos de uma das paróquias do Norte, a paróquia de São Vicente; um absurdo, um paradoxo, uma monstruosidade.

Com efeito, os dois partidos daquela freguesia dividiram-se e trocaram as metades; feito o que, organizaram duas mesas, duas atas, duas eleições. Sendo por enquanto mui sumária a notícia, ignoro o modo pelo qual as duas metades dos dois programas foram coladas às metades alheias, e mais ignoro se fizerem sentido os períodos truncados. Há de ter sido muito difícil: talvez se reproduza o caso das duas notícias que apareceram ligadas, há anos, numa folha de Nova York. Tratava-se da prédica de um sacerdote e da investida de um boi.

> O rev. Simpson falou piedosamente dos deveres do cristão e das boas práticas a que está sujeito o pai de família; o auditório ouvia comovido as palavras do rev. Simpson, o qual, investindo de repente contra todos, varreu a rua, derrubou mulheres e crianças, lançou enfim o terror em todo o bairro, até ser fortemente agarrado e reconduzido ao matadouro.

Verdade é que uma errata pode restituir o genuíno sentido dos dois programas, e estes aparecerão, reintegrados, na edição próxima. Se há uma arte para restaurar a primitiva escritura do palimpsesto, há outra para recompor devidamente os programas: questão de cola. O ponto mais obscuro deste negócio é a atitude moral dos dois novos partidos, a linguagem recíproca, as mútuas recriminações. Cada um deles vê no adversário metade de si próprio. O nariz de Aquiles campeia na cara de Heitor. Bruto é o próprio filho de César. Em vão busco adivinhar por que modo esses dois partidos singulares cruzaram armas no grande pleito; não encontro explicações satisfatórias. Nenhum deles podia acusar o outro de se haver ligado a adversários, porque esse mal ou essa virtude estava em ambos; não podia um duvidar da boa-fé, da lealdade, da lisura do outro, porque o outro era ele mesmo, os seus homens, os seus meios, os seus fins. Nunca vi mais claramente reproduzida a situação de Ximena, quando o amante lhe mata o pai; o partido que vencesse podia clamar como a namorada de Cid:

La moitié de mon âme a mis l'autre au tombeau.

IV

Ao que parece, não pega muito o espetáculo do soco inglês — o boxe — exercício inventado pela Sociedade Protetora dos Farmacêuticos; o que realmente me admira, porque o boxe é uma forma de luta romana inaugurado pelo professor Battaglia, tendo, além disso, a circunstância de ser nova entre nós, e a virtude de dar extração à arnica, "a grande arnica" — como dizia o finado Freitas. Pois não é que o soco seja um espetáculo desdenhado, quando no-lo dão casualmente aí nas ruas; acrescendo que, em tais casos, é irregular e sem método, ao passo que no estabelecimento da rua do Costa está sujeito a certas fórmulas e regras de alta filosofia. Ao cabo é a mesma luta romana. Uma leva ao chão; outra leva aos narizes; é toda a diferença. Substancialmente, são duas ocupações recreativas e morais.

Que se perca o boxe! Cá nos fica o professor Battaglia, que padeceu, nesta semana, a sua segunda derrota, a dar crédito ao adversário, e ao público, ou mais uma vitória a dar-lhe crédito, a ele. O certo é que protestou e veio à imprensa desafiar o adversário para outra batalha decisiva, mediante condições magnânimas. O adversário afirmou o seu triunfo, mas recusou o repto. Acho que fez bem; se é certo que o professor caiu por engano, podia acontecer à mesma coisa ao seu vencedor, que perderia assim, de um lance, o prestígio e os quinhentos mil-réis.

Não obstante as derrotas, os reptos do professor Battaglia continuam a levar milhares de espectadores ao estabelecimento da rua do Costa. Milhares: é a soma dos concorrentes nos grandes dias de patinação. Não esqueçam que a rua do Costa é excêntrica, sobretudo para um povo, como somos, dado à pachorra e ao cansaço. Verdade é que a faculdade de conservar o chapéu na cabeça e o charuto na boca torna mais fácil e mais cômodo o acesso, e mais persuasivo o espetáculo.

Digo que continuaram os reptos, e devo incluir entre eles o do primeiro vencedor do Battaglia, que, animado com a vitória, também desafiou dali aos valentes que queiram pleitear com ele, mediante um prêmio de cem mil-réis. Foi o Hércules recente que lhe despertou esta ideia, a qual faz lembrar o caso dos sujeitos que começam a tratar pessoalmente dos seus processos, e tal gosto lhes acham, que acabam procuradores de causas. Não sei se teve adversários; é de crer que sim. Corre atualmente um frêmito de guerra pela espinha dorsal da sociedade.

Ignoro também se os noventa artistas, se os sessenta cavalos, as duas mulas, os dois veados e o asno da "Companhia Equestre de Combinação" têm correspondido à pompa dos seus anúncios. Dizem que sim; acrescenta-se que os espectadores, também aos milhares, têm aplaudido toda aquela arca de Noé. Parece que os artistas são habilíssimos, os cavalos educados, o asno um poço de sabedoria e um espelho de paciência.

V

Talvez o leitor lastime não ver em toda essa enfiada de recreios públicos alguma coisa que entenda com a mentalidade humana. Não a havemos de ir procurar no Teatro Lírico, aonde, em geral, só vão os dois primeiros sentidos. Nos teatros dramáticos encontraríamos essa coisa, se na maior parte não se compusessem de mágicas aparatosas, operetas medíocres, e o melodrama intenso, inofensivo e sepulcral. Danças, vistas, tramoias, tudo o que pode nutrir a porção sensual do homem, nada que lhe fale a essa outra porção mais pura; nenhum ou raro desses produtos do engenho, frutos da arte que deu à humanidade o mais profundo dos seus indivíduos.

Pobre espírito! Quem pensa em ti, nessa dança macabra de coisas sólidas? Quem oferece alguma coisa ao paladar dos delicados, não corrompido pelo angu do vulgo? Ninguém; tu és, não digo o réprobo — seria supor que existes, pobre espírito! —, tu és como que uma velha figura de retórica, um velho par de sapatos... Talvez lastimes isso, leitor, mas tens o meio de o lastimar, sem nada perder ou pouco. Recolhe-te, de quando em quando, fecha a tua porta, abre a tua despensa intelectual, e saboreia sozinho o manjar dos deuses. Agora, sobretudo, nestas noites de chuva ou de frio, é uma deliciosa volúpia. Goza e vinga-te, diria o padre Vieira, parodiando-se a si próprio.

VI

Que nos divirtamos de um modo ou de outro, o dr. Barbosa Rodrigues ocupa os seus lazeres em procurar um antídoto ao *curare*, e achou-o afinal, onde não supunha havê-lo. Fizeram-se no domingo as primeiras experiências, e continuam hoje, em presença de notáveis médicos, que afirmam ter o sal produzido todo o efeito que lhe atribui o jovem naturalista. Foi grande a satisfação, exceto nos porquinhos-da-índia, animais escolhidos para ensaiar o veneno e o remédio. É o destino dos fracos; servem de experiências aos mais fortes, quando lhes não servem de nutrição.

Pela minha parte, dou os parabéns ao dr. Barbosa Rodrigues, e folgarei se a tal descoberta ficar ligado o nome brasileiro. Resta que o não deixemos eliminar por descuido ou outra coisa; e que alguma revista, como indicarei adiante, não faça grandes recomendações do antídoto, sem citar o inventor e sua nacionalidade.

VII

Vão os hóspedes saindo do banquete, à proporção que outros chegam e ocupam o seu lugar; é a perpétua substituição de convivas. Esta semana viu sair um, assaz venerando e digno das lágrimas que arrancou: monsenhor Reis.

Monsenhor Reis era um dos sacerdotes mais populares, entre nós; ele, o Mont'Alverne, monsenhor Marinho, frei Antônio, o franciscano, foram os nomes que a nossa infância ouviu pronunciar com mais frequência e veneração, sem esquecer o bispo, o excelso conde de Irajá. Quase todos se foram, por aquela mesma e única porta. O que se retirou esta semana honrou o hábito que vestiu e a Igreja de que foi ornamento e lustre. Soube ser caridoso e útil, pacífico e bom.

Não fica eterno o nome de monsenhor Reis; mais duas gerações, e ele cairá no perpétuo esquecimento. A humanidade conhece Caco, lembra-se de Cômodo, sem contar os malfeitores que o poeta florentino meteu entre as flamas eternas de seu verso, mas esquece os obscuros benfeitores, como este, que soube evangelizar, no sentido divino e no sentido humano, com a esmola e com a educação.

VIII

Enquanto morre um padre, ressuscita um artista: o Mesquita, que obteve nesta semana uma esplêndida manifestação do pessoal da Fênix, a que se associou o público. Trazem os jornais a narração dessa homenagem ao talentoso regente da orquestra, cujo brilhante talento de compositor há longos anos merece a estima e aplauso do povo fluminense. O Mesquita esteve às portas da morte; padeceu longamente, mas triunfou, enfim, não quis deixar tão cedo a sala da vida, onde é de desejar se demore longos anos.

A festa dizem que foi esplêndida; e tanto honra ao festejado como aos festejadores; prova certa de que se estimam e se merecem. Era esta a ocasião de dizer muita coisa do talento do Mesquita, de suas finas qualidades de compositor, se o espaço me não estivesse a fugir debaixo da pena, e o tempo no mostrador do relógio. Não faltará ensejo; e até lá não há de diminuir nem a vontade nem a admiração.

IX

Pois que falo de artistas, direi que, se o leitor tem aí, sobre a mesa, a *Revue des Deux Mondes*, folheie as páginas dos anúncios no fim, e leia o que se refere à *Primeira missa no Brasil*, quadro do nosso Vítor Meireles, cuja cópia se vende em Paris.

Leia, e há de espantar-se de uma lacuna. O anúncio diz que o assunto "é o mais belo que até hoje tem aparecido"; que a cena "é uma das mais grandiosas do mundo"; que a reunião de trinta cinco cores faz com que "o quadro deixe a enorme distância de si tudo o que em tal gênero se tem obtido até agora". Diz tudo; só não diz o nome do autor, como se tal nome, nos termos do anúncio, não tivesse logo por si a imortalidade. Verdade é que o França Júnior nos disse ter achado a mesma lacuna no *Fígaro*, onde aliás lhe não aceitaram a notícia, que voluntariamente lhe foi levar. Tão certo é que até o merecimento precisa um pouco de rufo e outro pouco de cartazes. Ainda assim, antes a modéstia; é menos ruidosa, mas mais segura.

Já agora acabarei com uma sombra do sol: um *calembour* de Victor Hugo. Essa triste forma de espírito teve a honra de ser cultivada pelo grande poeta; e quando? e donde? em Paris, por ocasião do cerco. Di-lo o *Temps*, que tenho à vista; e basta ler a estrofe atribuída ao poeta, para ver que é dele mesmo: tem o seu jeito de versificação. Um dia — diz o jornal — que alguns ratos, apanhados nas casas vizinhas, deram elementos para um pastel, o poeta improvisou este *calembour* metrificado:

> *O mes dames les hétaires,*
> *À vos depens je me nourris;*
> *Moi, qui mourais de vos sourires,*
> *Je dois vivre de vos souris.*

Cai-me a pena das mãos.

Eleazar

Balas

de estalo

Jornal *Gazeta de Notícias*,
de 1883 a 1886

2 de julho de 1883

Sabe-se que a Sociedade Portuguesa de Beneficência acaba de abrir uma enfermaria à medicina dosimétrica. Este é o nome, creio eu; e não há por onde trocar os nomes às coisas, que já os trazem de nascença.

Mas não basta abrir enfermarias; é útil explicá-las. Se a dosimetria quer dizer que os remédios dados em doses exatas e puras curam melhor ou mais radicalmente, ou mais depressa, é, na verdade, grande crueza privar os restantes enfermos de tão excelso benefício. Uns ficarão meio curados, ou mal curados, outros sairão dali lestos e pimpões; e isto não parece justo.

Note-se bem que eu não ignoro que os doentes, por estarem doentes, não perdem o direito à liberdade; mas, entendamo-nos: é a liberdade do voto, a liberdade de consciência, a liberdade de testar, a liberdade do ventre (teoria Lulu Sênior); por um sentimento de compaixão, a liberdade de descompor. Mas, no que toca aos medicamentos, não! Concedo que o doente possa escolher entre a alopatia e a homeopatia, porque são dois sistemas — ou duas escolas — a escola cadavérica (versão Maximiano) e a escola aquática. Mas não tratando a dosimetria senão da perfeita composição dos remédios, não há, para o doente, a liberdade de medicar-se mal. Ao contrário, este era o caso de aplicar o velho grito muçulmano: — crê ou morre.

Se, ao menos, a própria dosimetria permitisse o uso de ambos os modos, as doses bem medidas, e as doses mal medidas, tinha a enfermaria uma explicação. E não seria absurdo. Conheci um médico, que dava alopatia aos adultos, e homeopatia às crianças, e explicava esta aparente contradição com uma resposta épica de ingenuidade: — para que hei de martirizar uma pobre criança? A própria homeopatia, quando estreou no Brasil, teve seus ecléticos; entre eles, o dr. R. Torres e o dr. Tloesquelec, segundo afirmou em tempo (há quarenta anos) o dr. João V. Martins, que era dos puros. Os ecléticos tratavam os doentes "como a eles aprouvesse". É o que imprimia então o chefe dos propagandistas.

Mas a dosimetria é contrária a esses tristes recursos. Parece mesmo que esta nova religião ainda não passou do vers. 18, cap. IV, de São Mateus, que é o lugar em que Jesus chama os primeiros apóstolos, Pedro e André: "Vinde após mim, e farei que sejais pescadores de homens". Não há ainda tempo de ter hereges nem cismáticos: está nas primeiras pescas de doentes.

O único ponto em que a escola dosimétrica se parece com a homeopática é na facilidade que dá ao doente de tratar-se a si mesmo; mas isto não quer dizer que tenha de cair no mesmo abuso do ecletismo. Quer dizer que a ciência, como todas as moedas, tem seus trocos miúdos. Dois amigos meus andam munidos de caixas dosimétricas; ingerem isto ou aquilo, conforme um papelinho impresso, que trazem consigo. Levam a saúde nas algibeiras; chegam mesmo a distribuí-la aos amigos.

Lá que isto seja novo, é o que nego redondamente. O autor destas vulgarizações parece ser um certo Asclepíades, contemporâneo de Pompeu. Esse cavalheiro era mestre de eloquência; mas sentindo em si outros talentos, estudou a medicina, criou uma arte nova, e anunciou cinco modos de cura aplicáveis a todas as enfermidades. Estão ouvindo? Cinco, nem mais uma pílula para remédio. Essas drogas eram: dieta, abstinência de vinho, fricções, exercício a pé e passeios de liteira. *Cada um sentia que podia medicar-se a si próprio*, escreve Plínio, *e o entusiasmo foi geral*. Tal qual a homeopatia e a dosimetria. Nem uma nem outra tocou ao sublime daquele Asclepíades, que, segundo o mesmo autor, encontrando o saimento de um desconhecido, fez com que o inculcado morto não fosse deitado à fogueira, levou-o consigo e curou-o; mas, em suma, aguardemos o primeiro freguês que a escola cadavérica remeter para a Jurujuba.

Voltando ao ponto, espero que a direção da Beneficência atenda aos meus conselhos. Não negue a cem doentes o que tão liberalmente distribui a sete ou quinze. Que o semelhante cure ao semelhante, ou o contrário ao contrário, são afirmações que se excluem; mas, contrário ou semelhante, é de rigor que as doses sejam as mesmas.

Lélio

4 de julho de 1883

Ocorreu-me compor umas certas regras para uso dos que frequentam bondes. O desenvolvimento que tem sido entre nós esse meio de locomoção, essencialmente democrático, exige que ele não seja deixado ao puro capricho dos passageiros. Não posso dar aqui mais do que alguns extratos do meu trabalho; basta saber que tem nada menos de setenta artigos. Vão apenas dez.

Art. I — *Dos encatarroados*

Os encatarroados podem entrar nos bondes, com a condição de não tossirem mais de três vezes dentro de uma hora, e no caso de pigarro, quatro.

Quando a tosse for tão teimosa, que não permita esta limitação, os encatarroados têm dois alvitres: ou irem a pé, que é bom exercício, ou meterem-se na cama. Também podem ir tossir para o diabo que os carregue.

Os encatarroados que estiverem nas extremidades dos bancos devem escarrar para o lado da rua, em vez de o fazerem no próprio bonde, salvo caso de aposta, preceito religioso ou maçônico, vocação, etc., etc.

Art. II — *Da posição das pernas*

As pernas devem trazer-se de modo que não constranjam os passageiros do mesmo banco. Não se proíbem formalmente as pernas abertas, mas com a condição de pagar os outros lugares, e fazê-los ocupar por meninas pobres ou viúvas desvalidas, mediante uma pequena gratificação.

Art. III — *Da leitura dos jornais*

Cada vez que um passageiro abrir a folha que estiver lendo, terá o cuidado de não roçar as ventas dos vizinhos, nem levar-lhes os chapéus. Também não é bonito encostá-los no passageiro da frente.

Art. IV — *Dos quebra-queixos*

É permitido o uso dos quebra-queixos em duas circunstâncias: a primeira quando não for ninguém no bonde, e a segunda ao descer.

Art. v — *Dos amoladores*

Toda a pessoa que sentir necessidade de contar os seus negócios íntimos, sem interesse para ninguém, deve primeiro indagar do passageiro escolhido para uma tal confidência se ele é assaz cristão e resignado. No caso afirmativo, perguntar-lhe-á se prefere a narração ou uma descarga de pontapés. Sendo provável que ele prefira os pontapés, a pessoa deve imediatamente pespegá-los. No caso, aliás extraordinário e quase absurdo, de que o passageiro prefira a narração, o proponente deve fazê-la minuciosamente, carregando muito nas circunstâncias mais triviais, repetindo os ditos, pisando e repisando as coisas, de modo que o paciente jure aos seus deuses não cair em outra.

Art. vi — *Dos perdigotos*

Reserva-se o banco da frente para a emissão dos perdigotos, salvo nas ocasiões em que a chuva obriga a mudar a posição do banco. Também podem emitir-se na plataforma de trás, indo o passageiro ao pé do condutor, e a cara voltada para a rua.

Art. vii — *Das conversas*

Quando duas pessoas, sentadas a distância, quiserem dizer alguma coisa em voz alta, terão cuidado de não gastar mais de quinze ou vinte palavras, e, em todo caso, sem alusões maliciosas, principalmente se houver senhoras.

Art. viii — *Das pessoas com morrinha*

As pessoas que tiverem morrinha podem participar dos bondes indiretamente, ficando na calçada, e vendo-os passar de um lado para outro. Será melhor que morem em rua por onde eles passem, porque então podem vê-los mesmo da janela.

Art. ix — *Da passagem às senhoras*

Quando alguma senhora entrar, o passageiro da ponta deve levantar-se e dar passagem, não só porque é incômodo para ele ficar sentado, apertando as pernas, como porque é uma grande má-criação.

Art. x — *Do pagamento*

Quando o passageiro estiver ao pé de um conhecido, e, ao vir o condutor receber as passagens, notar que o conhecido procura o dinheiro com certa vagareza ou dificuldade, deve imediatamente pagar por ele: é evidente que, se ele quisesse pagar, teria tirado o dinheiro mais depressa.

Lélio

10 de julho de 1883

Há manuais e florilégios de oratória sagrada e profana; mas ainda ninguém se lembrou de compor um livrinho modesto, em que entrem, não largos pedaços ou discursos inteiros, mas pequenas expressões, locuções pitorescas, frases enérgicas e originais para uso dos oradores.

É o que vou fazer. Começo por extrair do discurso do sr. F. de Oliveira, proferido ultimamente na Câmara dos deputados, algumas daquelas frases, que, por sua novidade e energia, nos parecem dignas de ser coligidas e aconselhadas aos doutos. Às vezes uma só expressão viva e substancial dá força a um período inteiro; outras vezes uma ideia frouxa ou cansada ganha muito com o vocábulo em que se traduz. Mas para isso é indispensável ter à mão um destes florilégios. A oratória, como todas as coisas, exige seguramente disposição natural, mas também estudo. Por outro lado, a memória não é tão viva (salvo casos excepcionais) que possa trazer consigo todos os exemplos.

Vá, pois, um pequeno extrato; darei outros pelo tempo adiante. Não indico a coluna, página e linha do discurso, impresso no *Diário Oficial* de terça-feira 3 do corrente, por não parecer necessário. Sigo, porém, os exemplos na ordem em que o discurso do distinto deputado os manifestou. Eis aqui alguns:

"Entro tímido e vacilante na discussão."
"...a palavra que arrebata, a palavra que convence, e a palavra que ilumina..."
"O país está cansado de mistificações."
"Verdadeira rosa de Malherbe, (o Ministério) teve a existência de uma manhã."
"Batalhador infatigável em prol das liberdades públicas."
"...inimigo acérrimo..."
"...mistificar o país..."
"...esbanjamento dos dinheiros públicos..."
"... superar as imensas dificuldades econômicas que assoberbam o país."
"... o imortal Molière..."
"... os ditames da razão..."

***

Já não tenho o mesmo aplauso para a expressão *espancar* os *déficits*, que parece excessiva, demasiado enérgica. Os *déficits* não se espancam; sendo eles verdadeiros nadas, ausências, etc., mais depressa se gastará o pau do que lhes farão doer as costas, que eles não têm. *Déficit* não tem lombo; é justamente a falta de lombo que o constitui *déficit*. Entretanto, se aplicarmos o mesmo verbo aos saldos, veremos como sai uma frase lindíssima e verdadeira. Espancar os saldos: isto é, dar-lhes com tal gana que os desgraçados, apelando para Deus, que é grande, e para o mato, que é maior, untam sebo às canelas e desapareçam.

***

Outra expressão condenável. Diz-se que o imposto é o suor do contribuinte; mas esta frase, acerca de um distinto deputado: "guarda severo das garantias constitucionais e *do suor do contribuinte*", não merece aprovação por deselegante e ambígua.

***

Ouvi dizer, mas não verifiquei, que anda nos jornais um anúncio de casa de alugar casacas. Este novo ramo de comércio creio que virá a ter grande prosperidade entre nós, e aconselho ao industrial que não desanime durante os primeiros tempos.

Não desanime, porque ele é um progresso necessário. Salvo em relação ao orçamento, cujas casacas são alugadas a 5, 6 e 7 por cento, o nosso pendor é viver de casacas emprestadas. Não alugadas, emprestadas. Há casacas próprias, com certeza, umas mais novas que outras, de pano mais fino ou mais grosso; há mesmo algumas do tempo do cólera-morbo (1855), e outras recentíssimas; mas, geralmente, pedem-se emprestadas. Comte, Zola, Mac-Culloch, Leroy-Beaulieu, etc., cujo guarda-roupa anda continuamente provido, tem-nos emprestado muitas casacas, e, ou seja da elegância dos corpos, ou arranjo do alfaiate, uma vez vestidas, parece que foram talhadas para nós mesmos.

É claro que um tal sistema não deve continuar. Substituí-lo pelo da compra simples seria um salto mortal; mas alugá-las é um meio-termo; e, por mais duros que sejam os primeiros tempos da nova indústria, repito o meu conselho: não desanime o industrial; trabalhe que o futuro é dos que trabalham.

***

A propósito de casaca alugada, aqui vai uma ideia de comédia.

Não será raro que algumas casacas, ao serem restituídas ao alugador, levem por esquecimento na algibeira um lenço, um charuto, um papel, umas luvas, pode ser até que uma carteira. A comédia sai de um desses esquecimentos. Um sujeito aluga a casaca, vai a um baile, recebe aí uma carta amorosa, marcando uma entrevista, e esquece a carta no bolso. No dia seguinte a casaca é alugada a outros; esse outro, interessado no caso, etc. O resto fica para o autor.

Essa casaca dou-a de graça; receberei, quando muito, um bilhete para a primeira representação.

***

Estou em formal desacordo com o autor das *Coisas políticas*, no ponto em que este condena os conflitos à unha, que se têm dado na Câmara municipal.

Eu creio que o exercício de força nervosa deve ser temperado pelo exercício da força muscular. Os ingleses não são mestres em parlamentarismo senão porque alternam a Câmara dos comuns com regatas, corridas de cavalos, corridas a pé, saltos, murros, etc. Entre nós, onde alguns desses exercícios apenas começam sem caráter de paixão nacional, parece iminente um desequilíbrio, desde que a força nervosa se esgote, e a muscular se atrofie.

A instituição do capoeira era um princípio de salvação; mas a imprensa, obedecendo a velhas chapas sem valor, acabou com ela. Surgiu o murro, cujo único demérito é não ser nacional como a cabeçada; o murro é inglês, mas se imitamos dos ingleses as duas câmaras, o chefe de gabinete, o voto de graças, as três discussões e outros usos políticos, de caráter puramente nervoso, por que não imitaremos o murro, o sadio murro, o murro teso, seco, reto, que tira melado dos queixos e leva a convicção às almas?

Ao lado do murro, surgiu o cacete. O cacete não traz a pecha de estrangeirismo. Nada mais nacional do que a nossa *vara do marmelo da infância*; por outro nome, o *camarão*. Fazê-lo intervir nas contendas políticas é continuar a obra de nossos pais.

***

Quem passa nos bondes, homens ou senhoras, e olha para uns novos recessos misteriosos que aí estão assentados nas ruas, lê com pasmo este aviso: "abotoe-se antes de sair".

Querem a minha opinião? O aviso é mais obsceno do que vir desabotoado.

Lélio

15 de julho de 1883

Está achada a epopeia burguesa. Não confundam com a tragédia burguesa; essa está achada há muito. Refiro-me à epopeia, o mais difícil porque o heroísmo na vida pacata do século não era a mesma coisa fácil de aparecer. E apareceu; e aqui o tenho nas mãos, nestas poucas linhas que os jornais acabam de imprimir e divulgar:

TENÇÃO

"Ontem o sr. José Mendes de Abranches comprou-me objetos no valor de 60$000.

"Por lapso de soma, porém somente cobrei 50$000, por cujo motivo o dito sr. Abranches, conhecendo o meu logro, veio, horas depois, dar-me os 10$ que de menos eu havia recebido. Um ato de tanta probidade não merece ser esquecido, por isso assim o faço público. — O dono da Camisaria Especial, *Ed. Sriber,* rua dos Ourives nº 51, porta imensa, corte."

Vejam bem o sentimento poético e a insinuação do sr. Sriber: "Um ato de tanta probidade não merece ser esquecido." Isto e convidar os Homeros da localidade é a mesma coisa; portanto, acudo com o meu esboço de poesia, que porei em verso, se merecer a animação da crítica.

CANTO I

Musa, canta a probidade do Abranches, escrupuloso nas contas, exato nos pagamentos. Que as trompas do século repitam aos séculos futuros este lance extraordinário.

Já a Aurora, com seus róseos dedos, vinha abrindo a estrada ao sol, quando o Abranches acordou e levantou-se do leito. Desce os pés ao chão, calça as sandálias domésticas, toma do lençol de linho e passa ao banho. De pé, no centro da grande bacia talhada em lata, Abranches solta a mola que prende a linfa; esta, em jorro cristalino, esconde as belas formas do herói. Esgotada a água, ele sai, envolve-se todo no lençol de linho, alvo, como os primeiros albores da manhã, enxuga-se minuciosamente, e começa a vestir-se.

Então Mercúrio, patrono do comércio, toma a forma do camareiro, e, depois de uma profunda cortesia, profere estas palavras: "Abranches, tu careces de camisas!" O herói estremece, olha para si e reconhece a fatal verdade; sim, ele carece de camisa. Como a flecha que, embebida no arco, parte veloz, galga o espaço, rasga as nuvens, assim o Abranches acaba de vestir-se; mete dinheiro no bolso — uma nota de cem mil réis — e rápido corre à Camisaria Especial.

CANTO II

A Camisaria Especial é o ponto do universo onde os trocos, quando são de mais, não são restituídos ao dono da casa. O camiseiro põe todo o cuidado em contar o dinheiro: conta, reconta, soma, diminui, multiplica, divide, unta cuspe nos dedos para não perder nada; é o seu método. Se algum bilhete sai demais — um simples bilhetinho de cinco tostões — ninguém o restitui, vai forrar a porta do inferno dantesco.

Daí o olhar oblíquo que o Camiseiro deita ao Abranches, quando este, ao entrar, lhe brada: "Ó tu, que o destino instituiu para vender as vestes imperiosas do homem, atende à minha súplica; eu preciso de camisas; deixa-me ver uma dúzia". Mal o ouviu, o Camiseiro pegou da escada, subiu às prateleiras, puxou uma caixa comprida e verde, onde repousam dobradas doze camisas n. 40; desce com ela, e coloca-a no balcão. Com a mão solícita, desata o cordel, ergue a tampa, desdobra as filhas de papel que protegem as camisas, até que a primeira destas aparece aos olhos do Abranches. A cor da neve brilha no precioso linho; três botões de madrepérola marcam o peito como os astros da madrugada; o pano largo e luzidio acusa a consistência da goma e a assiduidade dos ferros.

CANTO III

Mas o Abranches não quer só camisas, quer também colarinhos e punhos. Paciente como Penélope, o Camiseiro sobe e desce a escada, para servir o herói. Este inclina-se, palpa, examina, inquire e compara; enfim o Camiseiro diz-lhe o preço. Abranches, econômico, regateia; depois, manda embrulhar tudo.

Enquanto o Camiseiro embrulha as compras, o herói, pontual como Helios, tira da algibeira o receptáculo de couro, cintado de borracha, descinta-o, abre-o, e, com dois dedos, tira a nota de cem mil réis, e entrega-a ao Camiseiro.

Qual a terra árida, que após um longo e queimado verão, recebe as primeiras águas do inverno, toda se alegra, toda parece remoçar, assim o rosto do Camiseiro fulgura, quando o Abranches levanta a nota. Esta passa às mãos do Camiseiro, que se encaminha à caixa para fazer o troco.

Então, o deus Cálculo chama um dos seus Erros, e diz-lhe: "Vai, vai ao Camiseiro da rua dos Ourives, e faz com que ele se atrapalhe na conta". O Erro, fiel à ordem, desce, entra na loja, e atrapalha o Camiseiro, que, em vez de dar ao herói trinta e dois mil réis, entrega-lhe quarenta e dois. Nem ele adverte no engano, nem o Abranches conta o dinheiro; pega das camisas, colarinho e punhos, cumprimenta e sai.

CANTO IV

Entretanto, a Probidade, amiga do Abranches, vê a aleivosia, e pensa em salvar o herói. "Não, brada ela; isto não pode ficar assim; é preciso um exemplo grande, raro, nobre, épico; é preciso que o Abranches restitua os dez mil réis".

E, tomando a figura de uma viúva pobre, aguarda o Abranches no corredor da casa deste; mal o vê entrar, lança-se-lhe aos pés. "Divino Abranches, sou uma viúva desvalida; dá-me de esmola o que te sobrar do troco que recebeste". O herói sorri; como pode sobrar alguma coisa do troco? Dócil, entretanto, saca o receptáculo, descinta-o, conta, reconta; é verdade, dez mil réis de mais. Então a deusa: "Em vez de os dares a mim, vai restituí-los ao Camiseiro". E, súbito, desapareceu no ar. Abranches reconhece o prodígio; algum deus benéfico lhe falou por aquela boca. Deposita a caixa em casa, e, rápido como um raio de Febo, voa à Camisaria Especial.

O Camiseiro, encostado ao balcão, refletia na estrada do Madeira e Mamoré, quando o Abranches lhe apareceu, dizendo que vinha restituir-lhe dez mil réis, que recebera demais. O Camiseiro não acreditou; deu de ombros, riu, bateu-lhe na barriga, perguntou-lhe como ia da tosse; mas o herói teimou tanto, que ele começou a desconfiar alguma coisa; examina a caixa e reconhece que lhe faltam dez mil réis. A preciosa nota é recebida como o filho pródigo; o Camiseiro beija-a, enche-a de lágrimas. O Abranches, comovido pela própria grandeza, deixa a Camisaria, e, teso, alucinado pelo albor de uma consciência imaculada e augusta, caminha impávido na direção da posteridade e da glória eterna.

Lélio

22 de julho de 1882

O sr. deputado Penido censurou a Câmara por lhe ter rejeitado duas emendas: uma que mandava fazer desconto aos deputados que não comparecessem às sessões; outra que reduzia a importância do subsídio.

Respeito as cãs do distinto mineiro; mas permita-me que lhe diga: a censura recai sobre S. Exa. não só uma, como duas censuras.

A primeira emenda é descabida. S. Exa. naturalmente ouviu dizer que aos deputados franceses são descontados os dias em que não comparecem; e, precipitadamente, pelo vezo de tudo copiarmos do estrangeiro, quis logo introduzir no regimento da nossa Câmara esta cláusula exótica.

Não advertiu S. Exa. que esse desconto é lógico e possível num país onde os jantares para cinco pessoas contam cinco croquetes, cinco figos e cinco fatias de queijo. A França, com todas as suas magnificências, é um país sórdido. A economia ali é mais do que sentimento ou um costume, mais que um vício, é uma espécie de pé torto, que as crianças trazem do útero de suas mães.

A livre, jovem e rica América não deve empregar tais processos, que estariam em desacordo com um certo sentimento estético e político. Cá, quando há alguém para jantar, mata-se um porco; e se há intimidade, as pessoas da vizinhança, que não compareceram, recebem no dia seguinte um pedaço de lombo, uma costeleta, etc. Ora, isso que se faz no dia seguinte, nas casas particulares, sem censura nem emenda, porque é que merecerá emenda e censura na Câmara, onde aliás o lombo e as costeletas são remetidos só no fim do mês? Nem remetidos são: os próprios obsequiados é que hão de ir buscá-los.

Demais, subsídio não é vencimento no sentido ordinário: *pro labore*. É um modo de suprir às necessidades do representante, para que ele, durante o tempo em que trata dos negócios públicos, tenha a subsistência afiançada. O fato de não ir à Câmara não quer dizer que não trata dos negócios públicos; em casa pode fazer longos trabalhos e investigações. Será por andar algumas vezes na rua do Ouvidor, ou algures? Mas quem ignora que o pensamento, obra secreta do cérebro, pode estar em ação em qualquer que seja o lugar do homem? A mais bela freguesa dos nossos armarinhos não pode impedir que eu, olhando para ela, resolva um problema de matemáticas. Arquimedes fez uma descoberta estando no banho.

Mas, concedamos tudo; concedamos que a mais bela freguesa dos nossos armarinhos me leva os olhos, as pernas e o coração. Ainda assim estou cumprindo os deveres do cargo. Em primeiro lugar, jurei manter as instituições do país, e o armarinho, por ser a mais recente, não é a menos sólida das nossas instituições. Em segundo lugar, defendo a bolsa do contribuinte, pois, enquanto a acompanho com os olhos, as pernas e o coração, impeço que o contribuinte o faça, e é claro que este não o pode fazer, sem emprego de veículo, luvas, gravatas, molhaduras, cheiros, etc.

***

Não é menos curiosa a segunda emenda do sr. Penido: a redução do subsídio.

Ninguém ignora que a Câmara só pode tratar dessa matéria no último ano de legislatura. Daí a rejeição da emenda. O sr. Penido não nega a inconstitucionalidade desta, mas argumenta de um modo singularíssimo. O aumento de subsídio fez-se inconstitucionalmente; logo, a redução pode ser feita pela mesma forma inconstitucional.

Perdoe-me S. Exa.; este seu raciocínio não é sério; lembra o aforismo popular — mordedura de cão cura-se com o pelo do mesmo cão.

O ato da Câmara, aumentando o subsídio, foi inconstitucional? Suponhamos que sim. Por isso mesmo que o foi, a Câmara obrigou-se a não repeti-lo, imitando assim de um modo moderno a palavra daquele general romano, que bradava aos soldados ao iniciar uma empresa difícil: — é preciso ir até ali, não é necessário voltar!

Lelio

1º de agosto de 1883

Há na Câmara dos deputados uma certa sala, onde são alojados os projetos inúteis, sem andamento, as moções abortadas, os requerimentos sem despacho, uma infinidade de *detrictus* da vida parlamentar. É dali que vão algumas vezes os srs. Scully, Tootal, Kemp, e outros dignos súditos de S. M. B., para contemplarem os papéis redigidos só para inglês ver. A porta é larga; e, apesar de larga, mal pode dar entrada ao novo hóspede que se lhe apresentou há dias.

Era a Reforma do Senado. Gorda, ombros largos, grandes bochechas, mal podia transpor a soleira fatal. Espremeu-se muito, e afinal entrou. Tão depressa entrou, como vieram recebê-la os hóspedes. Um requerimentinho esgalgado, relativo a não sei que contas da Câmara municipal, fez-lhe um discurso análogo ao ato. Disse-lhe entre outras coisas:

"Não vos consterne o fato de interromper uma carreira, que vos afiançavam ser brilhante. Em troca de algumas glórias ruidosas, vindes gozar a paz eterna. A vida neste recinto é menos aparente e heróica; não há aqui discursos, apartes, votações, uma, duas e três? etc.; mas também não há increpações, nem injúrias, não nos esfolam nem nos mutilam com emendas, não nos desconjuntam com aditivos. Ficamos o que somos."

A Reforma do Senado respondeu comovida que, quaisquer que fossem os seus destinos, daria graças aos deuses; e, se tinha de viver entre um povo tão numeroso e pacato, tanto melhor.

Esta frase habilíssima conquistou logo as simpatias gerais. Pediram-lhe então que lhes contasse tudo, como nascera, quem a partejara, etc. A ilustre Reforma contou que nascera do cérebro do sr. Zama. Este representante da nação, deu-lhe à luz, sem esforço, diante da Câmara estupefata. O fato de seu digno pai chamar-se Zama, nome de uma vitória, e César, nome de um vencedor, fez-lhe crer a ela que triunfaria; mas ao sair do salão um contínuo experiente disse-lhe com franqueza qual o destino que a esperava. "A senhora, concluiu o modesto e prático funcionário, a senhora pode pôr o coração à larga, ou fazer colheres, que é ofício de quem tem tempo".

Em seguida a Reforma falou de um desejo que teve lá fora e não pode realizar: o de ver o seu eminente avô, o Programa de 69.

— Está aqui! mora conosco! bradaram os hóspedes.

E levaram a recém-chegada a uma poltrona, onde se achava sentado um digno velho. Era calvo, com três ou quatro fios de cabelo branco, desdentado, e mastigando em vão. Tinha as peles do pescoço bambas, as mãos ossudas; os ossos do joelho rasgavam as calças; pelas mangas fora saíam dois palitos, à laia de pulsos.

Era o velho avô, que a reconheceu logo e travou com ela um interessante diálogo. Disse-lhe ele, que cansado da vida pública, recolhera-se à vida privada; queria morrer obscuro e tranquilo. As agitações parlamentares não eram mais para ele. Outrora, na mocidade, cedeu ao impulso do sangue; mas cada quadra tem os seus hábitos. Demais, ele foi lógico: pedira reforma ou revolução; alcançou a reforma com meio soldo, e não queria mais nada. Em seguida pediu notícias cá de fora. A neta, comovida, disse-lhe muita coisa interessante, e assim passaram as primeiras horas, até que o diálogo foi interrompido.

— Quem é? — disse o digno avô.

Eram os srs. Tootal, Scully e Kemp, que iam contemplá-lo. O digno velho apresentou-lhes a filha, e os três súditos de S. M. Britânica dividiram com ambos as suas atenções.

* * *

P. S. — À última hora sou obrigado a dar uma importante notícia.

Depois do remoque final de Lulu Sênior, em seu artigo de ontem, o nosso amigo Zig-Zag, justamente ofendido, entendeu de sua honra desafiar o adversário a um duelo.

Lulu Sênior não recusou o cartel, e incumbiu a Publicola e Décio de se entenderem comigo e Blick para estabelecermos as condições do combate.

Os quatro reunimo-nos imediatamente, e assentamos que o duelo seria a pistola, a dez passos de distância, sendo ambas as armas carregadas e disparadas ao mesmo tempo.

Verificou-se o duelo no fim da linha de Copacabana. Eis a ata do acontecimento:

> Hoje, 31 de julho de 1883, às 4 horas da tarde, houve um duelo entre os srs. Zig-Zag e Lulu Sênior, no fim da linha de Copacabana.
> Reunidos os adversários e os abaixo assinados, padrinhos de ambos, foram carregadas as armas, e marcadas as distâncias. Ao sinal convencionado, dispararam ambos, mas,

tomados de um nobre sentimento de generosidade, não empregaram as balas nas panças inimigas, limitando-se a disparar as pistolas para o ar.

As testemunhas, comovidas, não puderam conter as lágrimas diante de um ato bonito. Os dois inimigos abraçaram-se delirantes, e assentaram de confirmar a reconciliação, no dia 2 de agosto, em certo lugar, *et cetera* e tal pontinhos.

Rio de Janeiro, 31 de julho de 1883.

Publicola. Blick
Décio. Lélio.

L.

5 de agosto de 1883

Neste dia venturoso,
Ufano entre os mais ufanos,
Bradarei com alma e gosto:
Parabéns a quem faz anos!

"Parabéns!" gritam as nuvens
Sopradas dos minuanos.
"Parabéns, dizem as flores,
Parabéns a quem faz anos!"

Os próprios anjos descendo
Lá dos astros soberanos
Vêm soltar o nobre grito:
"Parabéns a quem faz anos!"

Não pertence à turbamulta
Dos fulanos e sicranos;
É um médico distinto;
Parabéns a quem faz anos.

Com as drogas que receita,
Cura os ataques humanos
E apara os golpes da morte.
Parabéns a quem faz anos.

Nem dá só os seus cuidados
Aos sais e calomelanos.
Também pratica as virtudes.
Parabéns a quem faz anos.

Que importa o tempo lhe ponha
Sinais de seus longos danos?
É calvo mas é bonito.
Parabéns a quem faz anos.

Atirei um limão doce
Na cabeça de meus manos.
Saiu este som sublime:
Parabéns a quem faz anos.

>   Fresco é o mês de agosto,
>   Que não precisa de abanos;
>   Viva o grande dia cinco!
>   Parabéns a quem faz anos.
>
>   E o mesmo sol que ora surge
>   Neste pélago de enganos,
>   Ressurja cinquenta vezes.
>   Parabéns a quem faz anos.
>
>   Brava gente brasileira,
>   E gringos e carcamanos,
>   Brademos todos a uma:
>   Parabéns a quem faz anos!

Lélio

11 de agosto de 1883

Vão-se os deuses! É uma fórmula errada neste ano de 1883. Não; os deuses foram-se; não deixaram sequer um raio dos domingos ou um ar de sua graça.

Venha o leitor comigo a um leilão de trastes na rua do Senhor dos Passos. É um leilão particular: é a mobília de um distinto comendador que seguiu anteontem no *Elbe* para Europa. Tome este catálogo; leia os lotes das joias: o primeiro compõe-se de uma condecoração de Cristo e outra da Rosa.

Cristo e Rosa! Duas condecorações em almoeda! Quem mais dá? Não vale nada, meus senhores? Vejam bem: estão conservadas; são duas belas distinções. Não vale nada? Cinco mil réis, cinco mil réis tenho pelas duas condecorações; cinco, cinco... E quinhentos! seis! sete! oito! oito mil réis tenho! Oito! Então, senhores? Oito mil réis; é de graça. Nove mil réis, dez mil réis; dez mil e duzentos. E duzentos! Tan! É do sr. Arruda.

Graciosa burguesia! Se era para isto que foste buscar os títulos da nobreza, melhor era deixá-las com ela, que punha aí, muitas vezes, todo o seu valor pessoal; mas, enfim, não os confiava ao martelo.

* * *

Outro indício de que os deuses já não estão cá, é o gás do Carmo. Eles amaram a cera e o óleo; o gás, esse produto científico e industrial, era para as lojas, as ruas e as nossas casas. Havia mesmo algumas casas que, em certas salas, nunca admitiriam senão velas. Em todo caso, só o óleo e as velas tinham entrada nos templos. *Hélas!* o gás acaba de os expelir do Carmo. Bentas velas de cera, óleo bíblico, onde ides vós?

Já o antigo repique dos sinos, o especial repique, a que Chateaubriand alude, já esse tinha sido expulso pela *Mascote*, *Barbe-Bleu* e outras melodias profanas. É um gosto ouvir o carrilhão da Lapa dos Mercadores ferir os ares com as notas do

>   *Está dito, então,*
>   *Tão, tão, tão, tão!*
>   *É dar ao melro*
>   *Uma lição!*

Carrilhão e gás são dois indícios da ausência dos deuses. Onde vão eles, esses bons deuses de outrora, quando tinham uma música sua, e uma luz também sua, diferentes da música e da luz dos teatros?

***

Lê-se no discurso proferido, anteontem, na Câmara dos deputados pelo sr. Andrade Figueira:

> O passeio público devia continuar a pertencer ao Ministério do Império, porque foi estabelecido como horto botânico para servir aos alunos da escola de medicina no estudo da Botânica.

Com efeito, aparecem ali alguns cavalheiros e damas, a qualquer hora do dia ou da noite; mas bem longe estava eu de saber que se ocupavam no estudo da Botânica. Supunha, quando muito, que andassem verificando as *experiências ondulantes* de que ora tratam na imprensa os srs. Cruz e Reis; mas, estudantes de medicina, no cultivo da Botânica, é extraordinário!

***

Outra notícia parlamentar:

Acusou-se o presidente de Minas de empregar no seu serviço os cavalos do corpo policial, o sr. Mata Machado explicou o caso, anteontem, na Câmara. Os cavalos trazem, com efeito, na anca as letras C. P., mas são de um cunhado do presidente, o sr. Cunha Prates.

Realmente o caso explica-se; mas convém mudar o nome de um dos proprietários. De outro modo, pode vir à dar-se alguma coisa análoga às vacas de Jacó; e, sendo em geral o Estado mais forte, os cavalos do sr. Corpo Policial passam ao quartel do Cunha Prates da província; quero dizer... não... é o contrário...

***

Depois da Camisaria Especial fiquei com medo dos anunciantes; mas, enfim, sem exemplo. Há nesta cidade uma casa com este letreiro: "*À boa-fé; roupa para banhos de mar.*" O avesso deste letreiro seria este outro na loja Notre Dame: "*À dissimulação; roupas para andar na rua.*"

Lélio

15 de agosto de 1883

Nota-se há algum tempo certa tristeza nos generais da armada. Há em todos uma invencível melancolia, um abatimento misterioso. A expressão jovial do sr. Silveira da Mota acabou. O sr. De Lamare, conquanto tivesse sempre os mesmos modos pacatos, mostra na fisionomia alguma coisa nova e diferente, uma espécie de aflição concentrada. Não falo do sr. Barão da Passagem, nem do sr. Lomba; todos sabem que esses jazem no leito da dor com a mais impenetrável das moléstias humanas.

Não atinando com a causa do fenômeno, os médicos resolveram fazer uma conferência, e todos foram de opinião que a moléstia tinha uma origem puramente moral. Os generais sentem necessidade de alguma coisa. Não pode ser aumento dos vencimentos; eles contentam-se com o soldo. Nem honras, eles as têm bastantes, e não querem mais. Nisto interveio o sr. Meira de Vasconcelos. S. Exa. conversou com os enfermos, e descobriu que eles padeciam de uma necessidade de denominação nova. Fácil era o remédio; eis a receita que S. Exa. lavrou ontem, no Senado, em forma de aditivo ao orçamento da Marinha:

> Os postos de generais do corpo da Armada passarão a ter as seguintes denominações, sem alteração dos vencimentos nem das honras militares: almirante (passa a ser) almirante da armada; vice-almirante (idem) almirante; chefe da esquadra (idem) vice-almirante; chefe de divisão (idem) contra-almirante.

Não é de supor que o Senado rejeite uma coisa tão simples; podemos felicitar desde já os ilustres enfermos.

Não terá escapado ao leitor, que, por este artigo passamos a ter quatro categorias de almirantes, em vez de duas; e ninguém imagina como isto faz crescer os pepinos. Outra coisa também não terá escapado ao leitor, é o dom prolífico deste aditivo, porquanto ele ainda pode dar de si, quando a moléstia atacar os outros oficiais, uma boa dúzia de almirantes: um quase-almirante, um almirante-adjunto, um almirante suplente, etc., até chegar ao atual aspirante de marinha, que será aspirante a almirante.

Não há que dizer nada contra a medicação. A Câmara municipal aplica-a todos os dias às ruas. Quando alguma destas padece de falta de iluminação ou sobra de atoleiros, a Câmara muda-lhe o nome. Rua de d. Zeferina, rua de d. Amália, rua do comendador Alves, rua do Brigadeiro José Anastácio da Cunha Souto; *c'est pas plus malin que ça*. Foi assim que duas velhas ruas, a da Carioca e a do Rio Comprido, cansadas de trazer um nome que as prendia demasiadamente à história da cidade, pelo que padeciam de enxaquecas, foram crismadas pela ilustre corporação: uma passou a chamar-se São Francisco de Assis, outra Malvino Reis.

* * *

Creio que o leitor sabe de um banquete que as sumidades inglesas deram agora ao célebre ator Irving. O presidente da festa foi o *lord chief justice*. Levantando o brinde à rainha, disse, entre outras, estas palavras:

> Usarei de uma metáfora apropriada à ocasião; direi que Sua Majestade, durante muitos anos, tem desempenhado um grande papel no tablado dos negócios humanos, representando com graça, com dignidade, com honra e com uma nobre simpleza (*Apoiados*). Os seus súditos sabem como ela amava o drama na mocidade... Agora, nos últimos tempos, sob a influência de uma grande tristeza, tem se retirado do teatro público.

Ah! Se o sr. Lafayette caísse em usar cá uma tal metáfora! Se Sganarello lhe deu tantas amarguras, que diríamos desta comparação da rainha com uma atriz, e do governo com um tablado? Não sei se já disse que o discurso foi do *lord chief justice*.

Já o fato de ir este homem jantar com um ator é extraordinário; mas o que dirá o leitor de um bilhete com que Gladstone, que atualmente governa a Inglaterra, pede desculpa a Irving de não poder comparecer, acrescentando que há dois anos para cá, só tem ido aos jantares de *lord mayor*, que são jantares de rigor? E a ênfase com que o bispo de York escreve, dizendo que os que se interessam pela moralidade pública, devem simpatizar com as honras feitas a Irving, que tão nobremente tem levantado a arte dramática na Inglaterra?

Não quero citar mais nada; bastam-se estas palavras do lindo brinde do *lord chief justice* ao artista festejado:

> Em conclusão: assim como a América nos mandou Booth, assim mandamos Irving à América, e assim como Irving e a Inglaterra receberam Booth de braços abertos, assim também, estou certo, aquele grande e generoso país receberá o nosso primeiro e admirável ator.

À vista destes deploráveis exemplos quer-me parecer que Sganarello e Molière não fariam tão má figura na Câmara dos Comuns...

* * *

Não vamos agora dar um banquete ao sr. Pedrosa só para imitar os ingleses.

* * *

Um articulista anônimo, tratando há dias do uso da folga acadêmica nas quintas-feiras, escreveu que Moisés e Cristo só recomendaram um dia de descanso na semana, e acrescenta que nem Spencer nem Comte indicaram dois.

Nada direi de Spencer; mas pelo que respeita a Comte, nosso imortal mestre, declaro que a afirmação é falsa. Comte permite (excepcionalmente, é verdade) a observância de dois dias de repouso. Eis o que se lê no *Catecismo* do grande filósofo.

> O dia de descanso deve ser um e o mesmo para todas as classes de homens. Segundo o judaísmo, esse dia é o sábado; e segundo o cristianismo, é o domingo. O positivismo pode admitir, em certos casos, a guarda do sábado e do domingo, ao mesmo tempo. Tal é, por exemplo, o daquelas instituições criadas para a contemplação dos filhos da Grã-Bretanha, como sejam, entre outras, os parlamentos de alguns países, etc. E a razão é esta. Sendo os ingleses, em geral, muito ocupados, pouco tempo lhes resta para ver as coisas alheias. Daí a necessidade de limitar os dias de trabalho parlamentar dos ditos países, a fim de que aqueles insulares possam gozar da vista recreativa das mencionadas instituições. (*Cat. Posit.*, p. 302).

Rio de Janeiro, 3 do brigadeiro José Anastácio da Cunha Souto de 94 (14 de agosto de 1883).

Lélio

30 de agosto de 1883

Desde alguns dias penso em meter a minha colher queimada na questão do *Ite; missa, est*. Mas confesso tê-la visto tão embrulhada, que não pude achar uma opinião razoável para sair à rua. Quem me podia servir, era o insigne Larousse; mas emprestei-o desde o começo da sessão legislativa, e estou *in albis*.

Resolvi calar-me. A questão, porém, continua, e o meu silêncio pode ser notado de covardia. Daí um recurso. Fui ter com o meu amigo padre Verdeixa, latinista e desbragado, autor deste horrendo *calembour*: "Ofício divino, ofício humano, são dois ofícios". Este homem, suspenso três vezes pelo bispo, continua a dar escândalo na diocese, e eu não o teria procurado, se ele não fosse além de desbragado, latinista. Consultei-o; ele respondeu-me prontamente:

— Meu caro Lélio, todos andam errados, desde o Castro Lopes até o... O *ite; missa est é* uma frase incompleta. Eu, por exemplo, nunca disse missa a menos de cinco mil réis. Quando, pois, ao fim do ofício (divino e não humano) uso da fórmula *Ite; missa est,* completo a frase mentalmente: *Ite; missa est cinco mil réis.* Em português: Ide; a missa é (ou custa) cinco mil réis.

— Mas eu queria um texto...
— Não há textos...
— Entretanto, há textos nos outros artigos...
— Não são textos; são pretextos para deitar erudição. Uma questão destas é uma boa festa da Glória; saem à rua as casacas antigas, os fogos de vistas, e, segundo parece dos artigos de hoje, começam a sair as quitandeiras. Vá com esta que lhe dou. O complemento é o preço.
— E quando a missa não é paga, quando é de puro ofício?...
— Completa-se dizendo: *missa est gratis pro Deo.* No caso de remuneração, já lhe disse o complemento.

***

Há não sei que versinho francês com este estribilho:

> *Si cette histoire vous embête,*
> *Nous allons la recommencer*

Em matéria eleitoral temos vivido a repetir esse estribilho. No regime da eleição indireta, tivemos a eleição de província, a eleição do círculo de um, a eleição do círculo de três depois, continuando os inconvenientes, veio a eleição das maiorias. Esta última ideia, espécie de luz elétrica, mal estava em ensaios no interior, já aplicávamos às nossas cidades todas.

E nada: — nem um, nem três, nem província, nem minoria, nada estabelecia uma boa eleição. Veio então a eleição direta, com o círculo de um. Começou há pouco; mas já ontem foi apresentado um projeto para voltar ao círculo de três. Daqui a anos, a experiência volta para a província. Depois círculo de um outra vez, e de três. Há de haver mesmo alguém que se lembre dos círculos de cinco, ou cinco e três quartos. Tudo, pois, diz com esse bom sistema representativo, pelo mesmo método do médico que, para remover uma encefalite, mandasse o enfermo ao cabeleireiro. Mas, enfim, venha o círculo de três:

> *Si cette histoire vous embête,*
> *Nous allons la recommencer*

***

Igual sistema vai usar o sr. Almeida Tostes, eleitor no município de Aiuruoca, Minas. Este cavalheiro foi sempre liberal. Assim o declarou hoje; acrescentando, porém, que de hoje em diante passa a ser conservador.

Não dá outra razão. Era assim, passa a ser assado. Talvez para o ano mude ainda a denominação. Toda a questão é que haja outro de igual nome. Em o havendo, o sr. Tostes muda o seu, até acertar, imitando assim a natureza, que é uma perpétua mudança:

> Tudo muda; só Marília
> Desta lei da natureza
> Queria ter isenção?

Lélio

2 de setembro de 1883

E por que não trataremos um pouco de finanças? Tudo tem entrado no tabuleiro das balas; só as finanças parecem excluídas, quando aliás todos nós as amamos cá em casa, não só por motivos públicos, como por outros particularíssimos.

Vá, pois, de finanças. Resolvi isto hoje às oito horas da manhã. Para não vir de todo uma tábua rasa, peguei de um artigo de Leroy-Beaulieu, um volume da *Revista dos Dous Mundos,* de 1852, os retrospectos comerciais do *Apóstolo,* etc. Conversei mesmo com um barbeiro, que me provou a todas as luzes que o dinheiro é mercadoria, por sinal que muito cara. Li tudo, misturei, digeri, e aqui estou.

Aqui estou, e digo.

Já leram os debates de anteontem na Câmara dos senadores e os de ontem na dos deputados? Não; tanto melhor para mim. A questão é esta: o nosso último empréstimo externo (alta finança) foi contraído diretamente pelo governo, que se fez representar por um funcionário do tesouro. O sr. Corrêa, primeiro, e depois o sr. Junqueira, tendo notícia de que os antigos empréstimos deixaram uma lambujem ao intermediário, perguntaram ao governo, se este, isto é, o tesouro, tinha ficado com a dita lambujem, uma vez que não houve outro intermediário, senão ele mesmo.

A resposta resume-se assim: os empréstimos deixam 2% para o contratador, que costuma dividi-los com o intermediário. Sendo, porém, este o próprio governo, não tem o contratador a quem dar a lambujem, e fica com tudo. "O costume que existe em Londres (disse o sr. Lafaiete) é uma liberalidade dos contratadores, não tendo o tesouro o direito de reclamar essa comissão; por ter sido negociador o ministro da fazenda: nada se recebeu."

Parece que esta teoria inglesa, ou, mais especialmente, londrina, não agradou a algumas pessoas. A mim mesmo confesso que desagradou profundamente. Tinha intenção de pedir cinco mil réis ao Lulu Sênior, dando-me ele ainda por cima uns cinco ou seis tostões de lambujem, e confesso que o exemplo dos srs. Rotschilds quebrou-me as pernas.

Na verdade, qual é a condição para obter a liberalidade (ou lambujem) dos srs. Rotchilds? Quanto a mim, todo o mal foi do tesouro. O tesouro, em vez de chegar à casa dos srs. Rothschilds, propor o negócio, concluí-lo, esperar que eles lhe mandassem a preta dos pastéis, e, cansado de esperar, ir pedi-la; o tesouro, digo, devia ter feito o contrário. Devia ir daqui a Londres; uma vez chegado, a começar a passear pelas ruas, com as mãos nas algibeiras, como quem não quer a coisa. Os srs. Rothschilds, mal o vissem, corriam a apertar-lhe a mão:

— V. Exa. por aqui! Que quer? que manda? Disponha de nós... Sabe que fomos e seremos os seus maiores amigos. Vamos, entremos. Que quer? Dois milhões? cinco milhões? dez milhões?

— Nada disso — responderia fleugmaticamente o tesouro —, venho empalhar um crocodilo.

Surpresa dos Rothschilds, que não compreendem nada; mas o tesouro, sempre dissimulado, pergunta-lhe se não conhecem algum empalhador hábil, ligeiro e moderado nos preços. Os srs. Rothschilds, versados na escritura, creem que o tesouro está falando por imagem, e que o crocodilo é o *deficit*. Oferecem-lhe dinheiro.

— Não — diria então o tesouro —, não preciso de dinheiro. Não imaginam como ando agora abarrotado. Cheguei ao extremo (é segredo, mas vocês são meus amigos), cheguei ao extremo de emprestar à 4%.

— Impossível!

— Verdade pura. O Paraguai pagou-me, há três semanas, tudo o que devia e mais os juros capitalizados; tive algumas deixas, fiz uns negócios; em suma, disponho agora de uns novecentos mil contos... E foi justamente por isso que resolvi fazer uma pequena viagem à Europa.

— Pois bem; mas numa hora cai a casa, nós podíamos fazer um pequeno negócio...

— Só se fosse muito barato.

— Pois sim.

— Com outra condição.

— Qual?

Era que o tesouro punha o pé no pescoço dos srs. Rothschilds. A condição era dividir a lambujem. Eles, arriscados a perder a ocasião e o freguês, aceitavam tudo. Emprestavam o dinheiro, davam a lambujem; chegavam mesmo ao apuro de lhe mandar outro crocodilo.

Lélio

12 de setembro de 1883

Ninguém ceda aos primeiros impulsos de raiva; pode ser injusto. É o que me ia acontecendo há pouco, lendo a brilhante manifestação feita ao sr. Joaquim de Freitas, condutor de bonde da linha de São Cristóvão.

A manifestação consistiu numa chapa de prata, que esteve exposta na rua do Ouvidor, antes de ser entregue, no domingo, com o cerimonial do costume. O motivo da manifestação é premiar o sr. Freitas, pelas maneiras atenciosas com que trata os passageiros.

Tão depressa li isto, como dei três saltos e meio de furor. A parcialidade era evidente; ou, se não havia formal parcialidade, existia um tal desconhecimento de outros homens merecedores de iguais recompensas, que tirava toda a competência aos manifestantes. Fosse como fosse, tive ímpetos de fazer um protesto público; mas um acontecimento veio logo deitar-me água na fervura.

Com efeito, acabo de saber que alguns cavalheiros, comovidos ante a fina ombridade com que me abstenho de desandar pontapés nas pessoas que passam na rua ou entram nos cafés e nas lojas, resolveram fazer-me também uma manifestação. Vão dar-me um par de botas.

Realmente, eu merecia-as há muito. Custa-me dizê-lo; mas, para que se não atribua a este ato espontâneo, e para mim inesperado, nenhuma intenção de puff, proclamo alto e bom som que não é só nas ruas que me abstenho de dar pontapés; nas próprias salas o meu procedimento é o mais conspícuo possível. Não mando ninguém plantar batatas; não meto os pés nas algibeiras dos outros; não dou palmadas nas moças. Nunca deixei de tirar o chapéu ao Santíssimo. Nos jantares, não é meu costume derramar o molho no vestido das damas. Que me lembre, só puxo o nariz aos meus amigos íntimos, e isso mesmo muito em particular.

Portanto, venham as botas. Consta-me que são de marfim, com solas de ébano, e as tachas de ouro; os cordões são fios de prata. Estão incumbidas ao artista nacional Tico-Tico, e serão expostas na rua do Ouvidor. Venham as botas, que já não é sem tempo.

Não venham, porém, as invejas, como já estão aparecendo ao sr. Joaquim de Freitas. Alguns condutores da mesma companhia de São Cristóvão queixam-se amargamente nestes termos: — Mas então, se ele é premiado por ter maneiras finas com os passageiros, a conclusão é que nós somos uns grosseirões, uns malcriados? a conclusão é que eles não nos podem aturar? etc., etc.

Não venham também imitações. Dizem-me que um deputado, meu amigo, vai receber também uma manifestação; vão dar-lhe uma chapa de prata. Se a ideia fosse original, vá; mas depois da outra, não acho bonito.

Mal convalescido da emoção que me deu à notícia, abro os jornais, e dou com uma declaração da diretoria do Clube Terpsícore.

Ninguém ignora que este clube teve, domingo à tarde, na rua das Laranjeiras, um conflito, à unha e navalha, com a Sociedade Musical Prazer da Glória. Houve semifusas, confusas e profusas. Voaram caixas, gemeram clarinetas, uma amostra do pandemônio.

Na segunda-feira de manhã, veio a referida declaração, na qual o clube Terpsícore pede ao público que "suspenda o seu juízo duvidoso a nosso respeito". Realmente... Que eu, público, suspenda o meu juízo? Mas se eu não tenho neste momento outra preocupação que não seja firmar um juízo definitivo acerca da pancadaria de ontem. Questões destas não podem ser deixadas à revelia. Não vamos fazer com este caso o que temos feito com o negócio da emancipação. Olha, clube, eu estou pronto a suspender tudo o que quiseres. Um peso de dez arrobas, as calças, as reflexões enquanto escarrar, o sentido da oração; tudo, menos o meu juízo sobre o caso das Laranjeiras. Ora esta! Mas então em que é que o clube quer que eu pense senão nos seus conflitos?

***

Anteontem, no Senado, trocaram-se algumas palavras, incidentemente, sobre qual das formas de governo é mais barata ou mais cara, se a monarquia, se a república.

Um assunto destes exige o voto de todos os cidadãos. Considero-me obrigado a vir dizer perante o meu país e o meu século, que a mais barata de todas as formas de governo seria a que Proudhon preconizava, a saber, a anarquia. Pode-se gastar mais ou menos com o galo ou o peru que está no quintal, não se gasta nada com o cisne, que se não possui. A anarquia não custaria dinheiro, não teria ministros, nem câmaras, nem funcionários públicos, nem soldados; não teria mesmo tabeliães; exatamente como no Paraíso, antes e logo depois do pecado.

Sendo, porém, difícil ou impossível a decretação de um tal governo, não há remédio senão escolher entre os outros. Qual deles? a autocracia, a democracia, a aristocracia ou a teocracia?

Vou dar uma solução. Os governos são como as rosas: brotam do pé. Os jardineiros podem crer que eles é que fazem brotar as rosas, mas a realidade é que elas desabotoam de dentro do arbusto, por uma série de causas de leis anteriores aos jardineiros e aos regadores. Portanto, e visto que não podemos fazer governos como mlle. Natté faz rosas, aproveito a circunstância auspiciosa de não ser presidente do conselho, para citar dois versos de Molière, que me parecem dar a solução verdadeira do caso, e é cá a do povo — miúdo:

> *Le véritable Amphytrion,*
> *C'est l'Amphytrion ou l'on dîne.*

Lélio

10 de outubro de 1883

Acordei hoje com o desejo de desfalcar alguém ou alguma isntituição. Se eu fosse mulher — Lélia, por exemplo — explicava-se a extravagância; era sinal de que andava alguma coisa no ar. Mas homem! Enfim, são segredos da natura.

Entretanto, a verdade é que estou com esse desejo, e para o caso de achar ocasião tenho já um plano acabado. Notícias de ontem dizem que em um município do Sul o agente do correio foi achado em alcance no valor de 14:000$. Decretou-se a prisão preventiva. Como o agente é homem bem reputado e estimado, no momento em que ia ser preso, apresentaram-se dois cavalheiros de superior posição, e, dando o braço ao preso, disseram ao oficial de justiça que os fosse esperar na cadeia civil. E, com efeito, eles lá foram e entregaram o preso.

Nesse oficial de justiça é que repousa o meu plano. Opero o desfalque. Chamo a dois ou três amigos, e digo-lhes com a franqueza das supremas situações: — Vocês têm duas caras patibulares, mas podem disfarçar-se. Disfarcem-se em pessoas sérias. Você, Zeferino, finge de barão, e você, Leocádio, de tenete-coronel. Um leva suíças, outro bigodes. No momento em que o oficial de justiça me deitar a unha, vocês chegam e dizem-lhe que vá esperar-me nos fins da rua do Conde. Saímos então em direção ao cais Pharaoux. Uma canoa, tripulada pelo Marcolino e o Matos, pega em mim e leva-me a um navio, cujo capitão, etc., etc.

Como se vê, esse plano reúne a profundidade à simplicidade. Tem todas as vantagens de mandar o oficial de justiça à tábua, sem nenhum dos seus incovenientes. Além disso, põe o jocoso na representação. Dizia-me um velho rato de teatro, a propósito de um drama de Emílio Augier, que ele traduziu para o Furtado Coelho: "Traduzi-o com muito cuidado, e meti-lhe o jocoso, que não tinha". Cá, o jocoso é a primeira ordem. Um edifício ao fundo, a casa de detenção; à porta, um oficial de justiça esperando...

* * *

...Interrompo o que ia dizendo, para contar o que me aconteceu agora.

Vieram dizer-me que uma senhora queria falar comigo, e estava na outra sala. Vou à outra sala, e acho uma graciosa dama, vestida de preto, olhos grandes, apaixonados, rendas pretas na cabeça e no colo.

— Desculpe, sr. doutor...

— Perdão, não sou doutor.

— Desculpe, se o vim incomodar, mas não hesitei em valer-me da sua bondade, tirando-me da mais cruel situação... Não precisa ficar sério; não venho pedir dinheiro emprestado.

— Oh! Minha senhora... Trata-se então?...

— Sou Filomena Borges.

Dei um salto na cadeira. A visita teve um sorriso amargo e suspirou. Depois repetiu que era Filomena Borges. Estava desesperada; há perto de uma semana que seu nome anda nas folhas, com alusões e ditos que a desdouram.

— Perdão — interrompi eu —; mas uma simples igualdade de nome... basta uma declaração...

— Não; eu sou a própria Filomena Borges.

— Mas então...

— Vou contar-lhe o escândalo, a pouca vergonha. O sr. é litógrafo?

— Não senhora.

— Vou contar-lhe o caso. Mandei imprimir uns dois mil cartões de visita em casa de um litógrafo, e ajustei-os por oito mil réis. Ficaram prontos no prazo marcado; mas achei-os tão ruins que não aceitei. Trocamos algumas palavras azedas, e ele acabou dizendo que não mandava imprimir mais nada, e, para vingar-se, pegou nos dois mil bilhetes e mandou-os distribuir. Veja o senhor que patifaria! Então o que eu queria era pedir-lhe que interceda com os seus amigos para ver se o meu nome descansa... Eu sou mãe de família; não tenho marido, porque sou viúva de um coronel, o coronel Graça Borges, conheceu?

— Não, senhora.

— Faz-me esse favor?... essa esmola?

— Pois não. Vou falar aos mesus amigos, e espero que cedam. São todos boas pessoas, excelentes pessoas. Não afianço nada, porque também são cabeçudos; e, principalmente o Lulu Sênior, ninguém lhe tira da cabeça que é uma paixão que inspirou; mas, enfim, farei o que puder.

— A nossa casa é na rua de Santo Antônio nº 96.

Fiz o que ela pediu; mas não sei o que eles farão.

Lélio

16 de outubro de 1883

No momento em que me sentava a escrever, recebi uma carta de um nosso hóspede ilustre. *As-tu vu le mandarin?* Pois foi ele mesmo, o mandarim, que me escreveu, pedindo a fineza de inserir nas *Balas de Estalo* uma exposição modesta das impressões que até agora tem recebido do nosso país.

Não traduzi a carta, para lhe não tirar o valor. Além disso, há dela alguns juízos demasiado crus, que melhor é que fiquem conhecidos tão-somente dos que sabem a língua chinesa. Em alguns lugares, o meu ilustre correspondente inseriu expressões nossas; ou por não achar equivalente na língua dele ou (como me parece) para mostrar que já está um pouco familiar com o idioma do país. Eis a carta:

Vu pan Lélio,
Lamakatu apá ling-ling *Balas de Estalo*, mapapi tung? Keré siri mamma, ulamali tiká.
Ton-ton pacamaré rua do Ouvidor nappi Botafogo, nappi Laranjeiras mappi Petrópolis gogô. China cava miraka rua do Ouvidor! Naka ling! tica milung! Ita marica armarinho, gavamacú moça bonita, vala ravala balcão; caixeiro sika maripú derretido. Moçanigú vaia peça fita, agulha, veludo, colchete, iva cuca trapalhada. Moço lingu istú passa na rua, che-berú pitigaia entra, namora, rini mamma.
Viliki xaxi xali xaliman. Acalag ting-ting valixú. Upa Costa Braga relá minag katu Integridade abaxung kapi a ver navios. Lamarika ana bapa bung? Gogô xupitô? Nepa in pavé. Brasil desfalques latecatú. Inglese poeta, Shakespeare, kará: make money; upa lamaré in língua Brasil: — *mete dinheiro no bolso*. Vaia, Vaia, gapaling capita passa a unha simá teka laparika. Eting põe-se a panos; etang merú xilindró.
Itá poxta, China kiva Li-vai-pé, abá naná Otaviano Hudson, naka panaka, neka paneca, mingu. Musa vira kassete.
— Mira lung Minas Gerais longú Senado. Vetá miná Lima Duarte passi Cesário Alvim; mará kari Evaristo da Veiga seba Inácio Martins. Rebagú sara Coromandel? Teca laia Coromandel?
Aba lili tramway Copacabana. Vasi lang? Tacatú, pacatú, pacatú. Hú-huchi edital Wagner, limaraia Duvivier. Toca xuxú Figueiredo de Magalhães, upa, upa, upa. Baba China páriú. Hêhê...
Siba-ú lami Assembleia provincial nanakaté. Mirô bobó xalu Galvão Peixoto: ridin teca maneca cabelinho na venta. Pantutu? Hermann limpatúba Arang chikang Companhia Telefônica rurú mamma, ipí, xuchi paripangatú; Caminha, Magalhães Castro, xela kapa, xela kipa, xela kopa. Neka sirí lipa Câmara dos deputados abaling. China seca pareka amolador empala. Laka pitaka? Nana pariú.
Faro e Lino papyros, biblos, makó gogô. Lino abatukamú, Faro abatiki. Eba ú laté! Castelões zurú! Club Beethoven paka xali! Tarinanga axá acaritunga. Harritoff dansa mari xalí!
Xulica Brasil pará; aba lingú retórica, palração, tempo perdido, pari mamma; xulica Kurimantú. Iva nenê, iva tatá. Brasil gamela tika moka, inglês ver. Veriman? Calunga, mussanga, monau denguê. Valavala. Dara dara bastonara. Malan drice pakú. Ocuôco; momoréo-diarê. Ite, issa est.
Mandarim de 1ª classe.

Tong Kong Sing

Como se terá visto, no meio de alguns reparos crus, há muita simpatia e viva observação. Quanto ao estilo, é do mais puro, é da escola de Macau, às doutrinas do século XII antes da Criação. A nossa crítica terá notado a linda imagem com que o ilustre escritor define o progresso, chegando à praia da Copacabana: pacatú, pacatú, pacatú. Em suma, é um documento honroso para o autor e para nós.

Lélio

23 de outubro de 1883

A *Gazeta de Londres* publicou, em seu número de 8 do mês passado, um ofício do vice-rei da Índia ao conde Granville, contendo informações interessantíssimas para a questão dos trabalhadores asiáticos. Visto que há tanto horror aos chins, pareceu-me interessante transcrever esse documento:

À S. Exa. o sr. conde Granville, secretário de Estado dos Negócios Estrangeiros. Calcutá, 13 de agosto de 1883.
Senhor conde.
Noutro ofício que ora dirijo ao honrado secretário de Estado das Colônias, dou conta de alguns fatos relativos ao trabalho agrícola na Índia. Peço licença a V. Exa. para resumi-los aqui, no caso de que o governo de Sua Majestade tenha de intervir naqueles países da América, onde o trabalho chim é usado, ou vai sê-lo.

Em primeiro lugar, devo lembrar a V. Exa. que é preciso distinguir o chim do chim. O chim comum está de muito abandonado em toda a Ásia, onde foi suplantado por uma variedade de chim muito superior à outra. Essa variedade, como já tive ocasião de dizer ao governo de Sua Majestade, é o chimpanzé.

O deplorável equívoco que, durante dilatados anos, classificou o chimpanzé entre os macacos, estava há muito abandonado. Mas persistia a convicção de que, embora pertencente à família humana, o chimpanzé fosse refratário ao trabalho. Esta mesma convicção vai desaparecer, depois das brilhantes experiências feitas nos domínios de Sua Majestade, e até na China e no Japão.

O primeiro súdito de Sua Majestade que empregou o chimpanzé, foi sir John Sterling, que reside na Índia há trinta anos. Desde 1864 o seu trabalhador era o chim comum. Ultimamente, porém, deu-se uma desordem, verdadeira rebelião, e a maior parte dos trabalhadores retiraram-se. Sir John Sterling resolveu liquidar e voltar para a Europa; mas tendo notícia de que o chimpanzé era moralmente superior ao chim comum, mandou contratar uns trinta para ensaio, e deu-se muito bem com eles. Daí a seis meses a plantação tinha cerca de cem indivíduos: hoje conta setecentos e trinta. Dois parentes seus lançaram mão do mesmo instrumento de trabalho; hoje há muitíssimas plantações que não têm outro.

Foram os parentes de sir John Sterling, que me deram as notícias que nesta data transmito a V. Exa. o sr. secretário das Colônias, e que vou resumir para uso de V. Exa.

A primeira vantagem do chimpanzé é que é muito mais sóbrio que o chim comum. As aves domésticas, geralmente apreciadas por este (galinhas, patos, gansos, etc.), não o são pelo outro, que se sustenta de cocos e nozes. O chimpanzé não usa roupa, calçado ou chapéu. Não vive com os olhos na pátria; ao contrário, sir John Sterling e seus parentes afirmaram que têm conseguido fazer com que os chimpanzés mortos sejam comidos pelos sobreviventes, e a economia resultante deste meio de sepultura pode subir, numa plantação de dois mil trabalhadores, a duzentas libras por ano.

Não tendo os chimpanzés nenhuma espécie de sociedade, nem instituições, não há em parte alguma embaixadas nem consulados; o que quer dizer que não há nenhuma espécie de reclamação diplomática, e pode V. Exa. calcular o sossego que este fato traz ao trabalho e aos trabalhadores. Está provado que toda a rebelião do chim comum provém da imagem, que eles têm presente, de um governo nacional, um imperador e inúmeros mandarins. Por outro lado, a imprensa não poderá tomar as dores por ele, para não confessar uma solidariedade da espécie, que ainda repugna a alguns.

Quanto aos lucros, dizem-me que são de vinte e cinco a vinte e oito por cento. Sir John Sterling fez no ano de 1881, com o chim comum, vinte mil libras; em 1882, tendo introduzido em março os primeiros chimpanzés, apurou quinze mil libras; e nos primeiros seis meses deste ano vai em onze mil e quinhentas. A perfeição do trabalho é ou a mesma, ou maior. A celeridade é dobrada, e a limpeza é tão superior, que sir John não viu nada melhor na Inglaterra.

No ofício ao secretário das Colônias, mando alguns dados estatísticos, desenvolvidos, que não reproduzo para não alongar este.

A princípio houve relutância em admitir o chimpanzé pelo fato de andar muita vez a quatro pés; mas sir John Sterling, que é naturalista e antropologista emérito, fez observar aos parentes e amigos, que a atitude do chimpanzé é uma questão de costumes. Na Europa e outras partes, há muitos bípedes por simples hábito, educação, uso de família, imitação e outras causas, que não implicam com as faculdades intelectuais. Mas tal é a força do preconceito que, assim como no caso daqueles bípedes se conclui da posição das pernas para a qualidade da pessoa, assim também se faz com o chimpanzé; sendo ambos o mesmíssimo caso: — uma questão de aparência e preconceito. Felizmente, a propaganda vai fazendo desaparecer esse erro funesto, e o chimpanzé começa a ser julgado de um modo equitativo, científico e prático.

Rogo a V. Exa. se digne submeter estes fatos ao conhecimento do sr. Gladstone. Sou, etc.

WEBSTER.

Esta carta é realmente importante, e espero sejam devidamente apreciadas e não fiquem perdidas as lições que contém. O nosso defeito é não dar atenção a coisas sérias! Esta é das mais sérias.

As pessoas que preferem os chins não podem deixar de aceitar este substituto. Segundo a carta transcrita, o chimpanzé tendo as mesmas aptidões do outro chim, é muito mais econômico. Por outro lado, os adversários, os que receiam o abastardamento da raça, não terão esse argumento, porque o chimpanzé não se cruzará com as raças do país.

Lélio

7 de novembro de 1883

Nascer rico é uma grande vantagem que nem todos sabem apreciar. Qual não será a de nascer rei? Essa é ainda mais preciosa, não só por ser mais rara, como porque não se pode lá chegar por esforço próprio, salvo alguns desses lances tão extraordinários, que a história toda se desloca. Sobe-se de carteiro a milionário; não se sobe de milionário a príncipe.

Entretanto, dado o caso de vocação (porque a natureza diverte-se às vezes em andar ao invés da sociedade), como há de um homem que sente ímpetos régios, combinar o sentimento pessoal com a paz pública? Aí está o caso em que nem o mais fino Escobar era capaz de resolver; aí está o que resolveram alguns cidadãos de Guaratinguetá.

Reuniram-se e organizaram uma irmandade de Nossa Senhora do Rosário, que é irmandade só no nome; na realidade, é um reino; e tudo indica que é o reino dos céus. Os referidos cidadãos acharam o meio de cingir a coroa sem vir buscá-la a São Cristóvão: elegem anualmente um rei, e a coroa passa de uma testa a outra, pacificamente, alegremente, como no jogo do papelão. Aqui vai o papelão. O que traz o papelão?

No presente ano (1883-1884), o rei da irmandade é o sr. Martins de Abreu, nome pouco sonoro, mas não é de sonoridade que vivem as boas instituições. A rainha é a sra. d. Clara Maria de Jesus. Há um juiz do ramalhete, que é o sr. Francisco Ferreira, e uma juíza do mesmo ramalhete que é a sra. d. Zelina Rosa do Amor Divino. Não há a menor explicação do que seja este ramalhete. É realmente um ramalhete ou é nome simbólico do principado ministerial?

Segue-se o capitão do mastro. Este cargo coube ao sr. Antônio Gonçalves Bruno, e não tem funções definidas. Capitão do mastro faz cismar. Que mastro, e por que capitão? Compreendo o juiz da vara; compreendo mesmo o alferes da bandeira. Este é provavelmente o que leva a bandeira, e, para supor que o capitão tem a seu cargo carregar um mastro, é preciso demonstrar primeiramente a necessidade do mastro. Já não digo a mesma coisa do tenente da coroa, cargo desempenhado pelo sr. João Marcelino Gonçalves. Pode-se notar somente a singularidade de ser a coroa levada por um tenente; mas, dadas as proporções limitadas do novo reino, não há que recusar. Há também um sacristão, que é alferes, o sr. alferes Bueno, e... Não; isto pede um parágrafo especial.

Há também um (digo?) há também um meirinho. O sr. Neves da Cruz é o encarregado dessas funções citatórias e compulsivas, e provavelmente não é cargo honorífico; se o fosse, teria outro nome. Não; ele cita, ele penhora, ele captura os irmãos do Rosário. Assim, pois, esta irmandade tem um tesoureiro para recolher o dinheiro, um procurador para ir cobrá-lo e um meirinho para compelir os remissos. *Un capo d'opera.*

Agora, como é que se tratam uns aos outros esses dignitários? Não sei; mas presumo, pelo pouco que conheço da natureza humana, que eles não ficam a meio caminho da ficção. O rei pode ter majestade, e assim também a rainha. E quando receberem os cumprimentos, adivinho que os receberão com certa complacência fina, certo ar digno e grande. Hão de chover os títulos — Vossa Majestade, vossa perfumaria, vossa mastreação... Em roda o novo de Guaratinguetá, e por cima a lua cochilando de fastio e sono.

Lélio

24 de novembro de 1883

A *Folha Nova* afirma em seu número de ontem, na parte editorial, que os membros da polícia secreta, agora dissolvida, tinham o costume de gritar para se darem importância: *Sou polícia secreta!*

Pour un comble, violá un comble. Há de haver alguma razão, igualmente secreta, para um caso tão fora das previsões normais. Por mais que a parafuse, não acho nada, mas vou trabalhar e um dia destes, se Deus quiser, atinando com a coisa, dou com ela no prelo.

Porquanto (e esta é a parte sublime do meu raciocínio), porquanto eu não creio que fosse a ideia de darem-se importância que levasse os secretas a descobrirem-se.

Conheci esses modestos funcionários. Não eram só modestos, eram também lógicos.

Nenhum deles bradaria que era secreta, com a intenção vaidosa de aparecer; mas, dado mesmo que quisessem fazê-lo, era inútil porque os *petrópolis* que traziam na mão definiam melhor do que os mais grossos livros do universo. Eu pergunto aos homens de boa vontade, razão clara e coração sincero: — Quando a gente via, na esquina, três ou quatro sujeitos encostadinhos da Silva, com fuzis nos olhos, e *petrópolis* na mão, não sabia logo, não jurava que eram três ou quatro *secretas*?

Afinal achei a razão do fato que assombrou ao nosso colega e a nós. Peço ao leitor que espane primeiro as orelhas e faça convergir toda a atenção para o que vou dizer, que não é de compreensão fácil.

Os *secretas* compreenderam que a primeira condição de uma polícia secreta era ser secreta. Para isso era indispensável, não só que ninguém soubesse que eles eram *secretas*, como até que nem mesmo chegasse remotamente a suspeitá-lo. Como impedir a descoberta ou a desconfiança? De um modo simples: — gritando: Sou *secreta*! os *secretas* deixavam de ser *secretas*, e, sabendo o público que eles já não eram *secretas*, agora é que eles ficavam verdadeiramente *secretas*. Não sei se me entendem. Eu não entendi nada.

Mas, neste assunto, tudo o que se possa dizer não vale a cena, que se deu há cinco ou seis anos, na rua da Uruguaiana. Está nos jornais do tempo. Um grupo de homens do povo perseguia a um indivíduo, que acusavam de ter praticado um furto. Os perseguidores corriam, gritando: *É secreta! é secreta!* Perto da rua do Ouvidor, conseguem apanhar o fugitivo, e aparece um urbano. Este chega, olha para o perseguido, e, com um tom de repreensão amiga: — Deixa disso, Gaudêncio!

Polícia secreta, que se divulga, ministros de uma República, que matam o presidente, eis aí dois fenômenos que comprovam aquele dito do cardeal Antonelli: *il mondo casca*. Que diria o bom cardeal, se visse, como vi há dias, um frade dentro de um tílburi? É verdade que chovia, e que a chuva, quando cai, não poupa ninguém; pode ser mesmo que a coisa não encontre oposição nos cânones. Mas para mim a questão é de estética. Há em mim um resto de costela romântica, que não permite frade fora do mosteiro. Concedo-lhe que ande a pé, concedo-lhe um cavalo, uma cama, um refeitório; mas homem, tílburi!

Lélio

9 de dezembro de 1883

Com:. por uma sup:. grat:. Suponho que o leit:. não é maç:. Não me dig:. que é, porque não prec:. que não seja, para saber se, não sendo, recebeu também uma folh:. cor de tijolo, contendo os estat:. de uma Assoc:. de Benf:. e Previsão do Gr:. Or:. Brasil:.

Eu, quando hoje de manh:. me deram este impr:. fiquei pasm:. Mas, pensando bem, achei a cois:. mais nat:. do mundo. Com efeito, a vista faz fé. A leit:. do folh:. pode dar vont:. de entr:. para a maçon:., e neste sent:. foi um ato de gr:. sagac:. mandar-mo. A leitora há de ter entr:. alg:. vezes em um dos armar:. da rua do Ouv:. com o único fim de saber notícias do Ministério, ou descansar um bocad:., e, quando menos pensa, sai comprando uma grosa de agulh:.

Vamos, porém, aos estat:. Trata-se de uma assoc:. dest:. a levant:. a maçon:. do abat:. em que se acha (pág. 3). Diz-se aí (pág. 2) que "o altruísmo predominou na confecção do plano". É incrível a soma de trab:. que este pobr:. amig:. altruísmo desemp:. na roda do ano. Ele faz disc:., ele redige estat:., ele compõe arti:. de jorn:., dando muita vez um verniz modern:. a cereb:. canç:. E sempre ativ:., lepid:., alegr:.

Os estat:. são excel:. e os fins da assoc:. dignos de apl:. Como é, porém, uma obra humana, traz algum:. imperf:. que é ainda tempo de emend:. ou pelo menos explicar.

Assim, por exempl:. o § 8º do art. III diz que farão parte dos fundos da assoc:. "todos os metais e mais valores existentes nas oficinas que, por qualquer motivo, abaterem colunas". Eu suponho que todos os maç:. sabem o que isto quer dizer; mas, em suma, eu não sou maç:. e, se me mandaram o folh:. é para que eu o entenda. Que diabo quer dizer essa metáfora? O que é uma ofic:. que abate colunas? O que é mesmo uma ofic:. com colunas? Para mim é um verdadeiro anfiguri. Há outro anfiguri do mesmo gênero no art. XXV, em que se diz que "nas localidades onde não existirem oficinas, ou onde estas estiverem adormecidas, etc." Esta eu ainda chego a suspeitar que desconfio que não é impossível conjecturar remotamente o que quer que é; mas, enfim, é vago demais.

O art. XVII trata de um balanço semestral da tesouraria. Esse balanço há de ser "profano". Já deitei tod:. a liv:. abaixo, para ver se atino com o que seja um balanç:. prof:. e a não ser que nos balanços balanç:. prof:. os contos sejam de reis e nos sagrad:. sejam da caroch:., não lhe meto o dente. Será que os oito são setes e os setes noves? Somar-se-á da esquerda para a direita? Os saldos mudam de nome, ou vão, por exemplo, dar um passeio ao rio da Prata?

Felizm:. apar:. o art. XXX, que é um verdad:. refrig:. Este artigo dá "ao contribuinte a liberd:. de pagar adiant:., e por tempo indeterminado, qualquer quant:. com dest:. à assoc:." Esta liberd:. de pagar adiant:. é uma das que a reação tem sempre combat:. por todos os modos. Ninguém ignora que a idade média é histor:. trag:. das tentativ:. dos contrib:. para conquistar esta liberd:. preciosa. Nem o cárcere, nem o suplício, coisa nenhuma deteve os heróis dessa luta de séculos. A revol:. de 89 alcançou por esse momento a vitór:. nessa parte; mas Robespierre destruiu-a e Bonaparte acabou com ela inteiram:. restabelecendo os pagam:. vencidos. Falo de uma parte da Europa; no resto, em Portugal, por exemplo, e no Bras:. que era colon:. nunca um tal princípio triunfou.

Hoje mesmo, apesar de termos uma constituiç:. liberal, não possuímos esta divina liberd:., que é a garantia de todas as outras. Com efeito, se não tivermos a liberd:. de pagar adiantado, qualquer quantia que seja, dois, três, cinquenta contos, que valor pode ter a liberdade de reunião ou de imprensa? Mas, felizmente, a maç:. velava; os estat:. reconhecem esse magno direito do contribuinte, e acabam implicitamente com o cal:. O cal:. não é mais do que uma desforra dos oprimidos.

O art. XXXII precisa ser emend:. Diz ele: "Se o contribuinte tiver a infelicidade de falecer antes de completar um ano de contribuição, sua família só poderá receber uma parte proporcional da pensão até a quantia de 5$000". Acho que a nova Assoc:. não pode dizer, sem descomunal vaidade, que é uma desgraça morrer sem ter complet:. um ano de contribuiç:. Parece que a redação deve ser: Se a família do contrib:. tiver a desgraça de o perder, etc.

Ocioso é o art. XXXVI, que nunca há de ser executado. Esse artigo estabelece que o tesoureiro "poderá ter em si, para acudir a qualquer emergência do expediente, a quantia de 100$ mensais". Não conheço nenhuma pessoa que possa conseguir isto. Os tesoureiros trarão em si um pensamento, um remorso, uma lembrança, às vezes um bife, ou uma conclusão de bife; mas cem mil réis, não. O mais que fará algum zeloso é trazê-los na carteira.

A últ:. pág:. dos est:. é a mais alegre. Diz-se aí, no art. LVI, que o contribuinte, em certas condições, receberá em vida metade da pensão, provando, entre outras coisas, esta: "indigência e perda de emprego, por sentença profana, não aprovada pela ordem maçônica". Creio que isto quer dizer que as sentenças profanas só têm valor quando aprov:. pela maçon:. Mas então uma fraude condenada e absolvida, ao mesmo tempo, obriga os maçons a um proced:. duplo: têm de desprezar o autor e convidá-lo para o voltarete; mandá-lo à fava, e mandar-lhe o cartão; dizer dele o que Mafoma não disse do toucinho, e coisas bonitas.

É amolador.

São est:. as pouc:. crit:. aos estat:. No mais acho-os excel:., e dev:. ser lid:. e rel:. Vou fazer-me maç:. e ad:. porquanto: a:. b:. c:. d:. e:. f:. g:. h:. etc..., etc..., etc...

Lél:.

16 de dezembro de 1883

Valentim Magalhães perdeu uma bela ocasião de não ficar zangado. As suas *Notas à margem*, de ontem, são uma das mais odiosas injustiças deste tempo, aliás tão farto delas.

Não tenho nada com os quatro bacharéis em direito que foram ao enterro de Teixeira de Freitas, nem com os que lá não foram. Entretanto, podia lembrar ao meu amigo Valentim Magalhães que algum motivo poderoso, embora insignificante, pode ter causado a escassez de colegas no enterro; por exemplo, a falta de calças pretas.

Por mais poeta que seja, Valentim Magalhães tem obrigação (visto que está na imprensa) de compulsar os documentos oficiais e comerciais, os livros dos economistas, as tabelas de importação e exportação. Se o fizesse, saberia que todos os anos, desde fins de novembro até princípios de março, os países quentes exportam para a Groenlândia grande número de calças pretas. Nos países frios, a exportação verifica-se entre abril e agosto. Este fenômeno tem sido objeto de profundas cogitações. Laveleye (*Du Vêtement Humain*, p. 79) afirma que o consumo imoderado de calças pretas entre os groenlandeses há de produzir imensa alteração nos hábitos europeus. Eis as próprias palavras do economista belga:

> *Je crois même, avec de bons auteurs, que dans un siècle l'Europe ne portera plus que de pantalons gris, jaunes ou même bleus, car il est avéré qu'avec nos moyens chimiques c'est impossible de teindre une telle quantité de pantalons noirs. Il faudra bien, ou changer nos habitudes, ou supprimer les groelandais.*

Leia Valentim Magalhães o *Jornal dos Alfaiates* (tomo XVII, p. 14) e achará que, nos últimos dez anos, a exportação de calças pretas da Europa e dos Estados Unidos para a Groenlândia atingiu a dez milhões de exemplares.

Essa pode ser a causa da escassez dos amigos e colegas. Essa foi também a causa da pouca gente que acompanhou Alencar ao último jazigo. Alencar morreu em dezembro. Também ele era jurisconsulto, e era romancista, orador e político. Não era só isto: era o chefe da nossa literatura. Poderemos crer que a pouca gente no enterro dele era uma expressão de indiferença? De nenhum modo.

Mas, em suma, nada tenho com os mortos. Vivam os vivos!

Os vivos são os que meu amigo Valentim designa pelo nome de medalhões. Em primeiro lugar, há ainda um certo número de espíritos bons, fortes e esclarecidos que não merecem tal designação. Em segundo lugar, se os medalhões são numerosos, pergunto eu ao meu amigo: — Também eles não são filhos de Deus? Então, porque um homem é medíocre, não pode ter ambições e deve ser condenado a passar os seus dias na obscuridade?

Quer me parecer que a ideia do meu amigo é da mesma família da de Platão, Renan e Schopenhauer, uma forma aristocrática de governo, composto de homens superiores, espíritos cultos e elevados, e nós que fôssemos cavar a terra. Não! mil vezes não! A democracia não gastou o seu sangue na destruição de outras aristocracias, para acabar nas mãos de uma oligarquia ferrenha, mais insuportável que todas, porque os fidalgos de nascimento não sabiam fazer epigramas, e nós os medíocres e medalhões padeceríamos nas mãos dos Freitas e Alencares, para não falar dos vivos.

E, depois, onde é que o meu Valentim compra as suas balanças? Ignora ele que a felicidade humana e social depende da repartição equitativa dos ônus e das vantagens? Perante qual princípio é aceitável essa teoria, de dar tudo a uns e nada aos outros? Lástima que Teixeira de Freitas não tivesse uma cadeira de legislador. Mas, com todos os diabos! não se pode ao mesmo tempo votar as leis e consolidá-las. Que um as consolide, e tanto melhor, se a obra sair perfeita; mas que outros as façam; que o sr. José Zózimo, que não consolidou nada, levante a voz no areópago da nação. Ele não paga imposto? Não está no gozo dos direitos civis e políticos? Que lhe falta, pois? Não inventa, é verdade; mas o meu amigo esquece que tudo ou quase tudo está inventado: a pólvora, a imprensa, o telescópio.

Portanto, emende a sua filosofia social, e venha tomar chá comigo.

Lélio

8 de janeiro de 1884

Muita gente me tem dito que o interior do antigo Mercado da Glória é um mundo de gente. Li mesmo, há tempos, em não sei qual das nossas folhas, que há ali nada menos de 1.080 moradores, uma verdadeira população. Há dias repetiram-me a mesma coisa; e, pedindo eu notícias circunstanciadas, responderam-me que não há senão notícias vagas, boatos, conjecturas, cálculos, induções. Informações exatas ninguém as possui.

Entendi que os meus amigos da *Gazeta de Notícias* tinham o direito de exigir de mim uma pesquisa, e fui ao Mercado da Glória.

Cheguei à porta do lado de baixo e achei um homem que, ao saber das minhas intenções, perguntou-me se tinha licença do governo. Respondi-lhe que não me parecia necessário ir incomodar os...

— Faça o favor de esperar um instante — disse-me ele.

Foi ao interior, e logo depois voltou, dizendo-me:

— Suas Trindades vêm recebê-lo.

Cada vez mais espantado, esperei. Cinco minutos depois vieram de dentro três graves cavalheiros, engravatados de branco, os quais me cumprimentaram e me disseram que podia entrar.

— Nós somos o governo — disse o mais velho, dando-me o braço e passando à frente —; este povo pacífico e laborioso, entendendo que não podia continuar dependente das autoridades exteriores, resolveu organizar um governo, cujos atuais depositários somos nós.

Tudo isto me deixava cheio de assombro. Olhava para todos os lados e via, com efeito, ordem e tranquilidade. Muitos curiosos estavam parados e olhando, por já constar que ali chegara um nobre estrangeiro, que ia visitar o país, estudar-lhe as instituições e costumes.

Suas Trindades pediram-me informações cá de fora. Podem imaginar qual não foi o meu espanto, quando me perguntaram como ia o Ministério Sinimbu com a oposição. Respondi-lhes que o Ministério Sinimbu caíra há muito tempo; tinham passado mais quatro depois dele.

— A nossa vida é tão reclusa — redarguiu uma das Trindades —, que não admira que ignoremos tudo isso... Mas faça o favor de entrar; esta é a casa do governo.

Entramos. Era uma casa modesta. Comecei por assinar o livro dos visitantes, quero dizer inaugurá-lo; estava totalmente em branco. Em seguida mostraram-me a sala das deliberações e a respectiva mesa dos trabalhos, que é redonda, para não haver pendências de lugares. Vi depois a sala de recreio. Na biblioteca mostraram-me a Constituição, leram-na e deram-me longas explicações, que não reproduzo agora por fazerem parte de um livro inédito, em que estudo e comparo todas as instituições políticas do século. Terminada a visita, manifestei o desejo de ver outros edifícios públicos e particulares. Eles mesmos ofereceram-se a acompanhar-me, e fomos dali ao Tesouro.

Não posso descrever a minha admiração diante do mecanismo daquela grande repartição pública e dos saldos que fulguram nas respectivas arcas.

— Não temos dívida atrasada, seja ativa, seja passiva — disseram-me eles.

— Compreendo que o não estejam as passivas — disse eu —; basta que haja dinheiro para saldá-las; mas há dinheiro? os impostos são pontualmente pagos, e cobrem as despesas?

— Cobrem, são todos pagos; alguns até adiantadamente.

— Na verdade é extraordinário. Vejo que os seus cobradores são enérgicos...

— Não temos cobradores.

— Há então penas terríveis?

— Também não.

— Não entendo.

Suas Trindades sorriram. O mais velho dignou-se explicar-me o mistério.

— Nós estabelecemos como regra que os impostos devem ser pagos pelo contribuinte vindo ele ao Tesouro por seu próprio pé, com o dinheiro no bolso. Estabelecemos nós que todos os que estiverem quites no fim de oito dias (os impostos são mensais) poderão acrescentar um apelido honorífico ao próprio nome, e os que pagarem adiantado acrescentá-lo-ão no superlativo; por exemplo, José Antônio da Silva *Pontualíssimus*. Carlos da Mota *Liberalíssimus*, Mariano Antônio de Sousa *Dedicadíssimus*, etc. Não imagina como este sistema é fecundo. Sem pau nem pedra, cobra-se tudo, o número dos adiantados sobe hoje a vinte por cento. Compreendeu?

— Perfeitamente.

— Agora estamos estudando uma lei que estabeleça algumas vantagens honoríficas aos credores que não quiserem receber coisa nenhuma. Calculamos que isto nos trará uma economia de vinte por cento... quinze que seja...

Saímos dali a visitar outros estabelecimentos; a Casa da Justiça é alcunhada pelo povo a *Casa do Sono*, porque realmente não há nada que fazer; não há delitos, ou são raros. Os juízes dormem para matar o tempo. Visitei ainda outros estabelecimentos públicos; depois fui aos particulares.

Clubes, lojas, bancos, são em grande número. Comecei por uma loja de música. Havia muita gente à porta, para comprar a última polca, denominada: *Pega, que te dou eu!* Não se imagina o tumulto de gente que era! No fim de vinte minutos estava esgotada a primeira edição, e ia-se imprimir a segunda. Comprei um exemplar daquela e uma das últimas polcas do ano passado: *Redondo, sinhá! Quebre, minha gente! Remexa tudo! Ui, que gosto! Estás aí, estás mordido! Gentes, que bicho é este?*

Fui depois a uma loja de alfaiate, aparelhada de tudo o que se pode querer em tal gênero. A moda mais recente foi estabelecida com um fim político. Parece esquisito, mas é a verdade pura; ouvi-o da própria boca do governo.

— Começamos a notar — disseram-me Suas Trindades — que o amor da beleza humana se ia introduzindo muito entre nós e lançando as raízes de uma vaidade prejudicial aos bons costumes. Resolvemos, pois, decretar uma moda que destruísse todo o vestígio das nossas perfeições; e nada nos pareceu melhor do que as calças curtíssimas e estreitíssimas, as mangas idem, idem, e os paletós sungados, coisas todas que ficam bem nos ingleses e execráveis nos outros povos. O efeito foi pronto.

Fui dali aos bancos, onde me explicaram o mecanismo do câmbio; mas não entendi. Visitei outras partes. No fim convidaram-me a um jantar oficial, pude ouvir cerca de trinta brindes, a meu respeito. O último foi o do governo, e tais foram as finezas dele, que não me atrevo a transcrever neste papel. A menor delas foi chamar-me: *espírito educado nas mais altas e profundas questões do nosso tempo*. Agradeci vexado.

Vieram trazer-me até à porta, onde dois soldados me apresentaram armas. Suas Trindades pediram-me que desfizesse algum preconceito que houvesse cá fora contra o seu país, e sobretudo afirmasse o desejo que este nutre de viver em paz com o Império.

Nós não queremos outra coisa — disseram eles — senão governarmos em paz e respeitar os vizinhos. A história não mencionará uma só guerra nossa, ou, ao menos, por nós iniciada.

Lélio

10 de janeiro de 1884

Hão de ter paciência; mas, se cuidam que a bala hoje é de quem a assina, enganam-se. A bala é de um finado, e um velho finado, que é pior; é de Drummond, o diplomata. Se o leitor pode desviar os olhos das graves preocupações de momento, para algumas coisas do passado, venha ler dois ou três pedaços da memória inédita que a *Gazeta Literária* está publicando. A memória, realmente, trata de coisas antediluvianas, coisas de 1822; mas, em suma, 1822 existiu, como este ano de 1884 há de um dia ter existido; e se qualquer de nós fala de seu avô, que os outros não conheceram, falemos um pouco de Drummond, José Bonifácio, d. João VI e d. Pedro.

Diabo! Mas, pelos modos, não é uma bala de estalo, é uma bala de artilharia! Não, não; tudo o que há mais bala de estalo. Eu só extraio de *Memória* aquilo que o velho Drummond escreveu prevendo a *Gazeta de Notícias* e os autores desta nossa confeitaria diária. Não é que a *Memória* não seja toda curiosíssima de anedotas do tempo; mas os que se interessam por essas coisas são naturalmente em pequeno número, e eu só amolarei a maioria dos meus semelhantes, quando não der por isso; de propósito, nunca.

Assim, por exemplo, creio que ao leitor de hoje importa pouco saber se em 1817, dadas as denúncias contra os maçons, houve grandes patrulhas e tropas nos quartéis, só para prender o maçom Luís Prates, que morava na rua da Alfândega. Creio mesmo que não lhe interessa este juízo de Drummond acerca do oficial encarregado de prender aquele indivíduo: "era o coronel Gordilho (diz o velho diplomata) que depois foi pelo *merecimento da sua ignorância* marquês de Jacarepaguá e senador pelo Império". Entretanto, esta expressão — *merecimento da sua ignorância* — é de bala de estalo. Vamos, porém, a uma anedota desse mesmo ano de 1817, galantíssima, uma verdadeira bala de estalo, feita pelo rei d. João VI, que também tinha momentos de bom humor:

> Entre os maçons que se denunciaram a si mesmos, refiro os nomes de dois, pelas cenas bufas que essas denúncias causaram. Foram o marquês de Angeja e o conde de Parati. O rei caiu estupefato das nuvens, e ainda lhe parecia impossível que dois camaristas seus, ambos estimados e um valido, fossem maçons! O marquês de Angeja ajuntou aos protestos do seu arrependimento a oferta, que foi aceita, de toda a sua prata para as urgências do Estado. Foi logo expedido em comissão para Portugal, a fim de tomar o comando e conduzir ao Rio de Janeiro a divisão auxiliadora, que se mandava vir extraída do exército de Portugal. Quanto ao conde de Parati, o negócio era mais sério. O rei era muito afeiçoado a este conde, que foi no Rio de Janeiro o seu primeiro valido e morava no paço. Nem os protestos de arrependimento, nem a oferta de sua prata, que a não tinha, porque se servia da que era da casa real, podiam inspirar inteira confiança a respeito de quem, em razão do seu ofício e das relações de amizade, devia continuar no serviço e no valimento de Sua Majestade. Em tão apuradas circunstâncias, o rei saiu pela tangente de um expediente assaz curioso. Disse ao conde que, para lhe não ficar nada do passado, de que se arrependia, era necessário que tomasse o hábito de irmão da Ordem Terceira de São Francisco da Penitência. Foi um dia de festa no paço aquele em que o conde prestou juramento e foi recebido irmão da Ordem Terceira. O contentamento do rei não podia ser maior. O conde de Parati, para fazer a vontade à Sua Majestade, andou no paço todo aquele dia com o hábito da Ordem; destinado a lavá-lo dos seus erros.

Na verdade, a cena é engraçada, e força é dizer que o absolutismo tinha coisas boas. O marquês, dando a prata para salvar a pele, está indicando ao nosso governo constitucional um recurso útil nas urgências do Estado. Mas o caso do conde é melhor. Esse maçom, obrigado a passear vestido de hábito de São Francisco, foi um belo achado do rei. De certo modo, foi uma antecipação do conflito que mais tarde levou dois bispos aos tribunais, com a diferença que aquilo que o conde de Parati só pôde fazer obrigado, foi justamente o que a maçonaria queria fazer por vontade própria: — andar de hábito. Não penso nisto que me não lembre do nome que em geral teve esse famoso conflito, um nome inventado para castigo dos meus pecados. Lembra-se o leitor? Questão epíscopo-maçônica. Recite isto com certa ênfase: questão epíscopo-maçônica. Não lhe parece que vai andando aos solavancos numa cabeça de molas velhas? Epíscopo-maçônica.

Já transcrevi outros trechos, mas recuei. São interessantes, muito interessantes, mas não são alegres. São anedotas relativas todas à Independência, e nelas é que entram d. Pedro e José Bonifácio. Por consequência; o dito por não dito; não dou mais nada.

Contudo, sempre lhes direi, aqui, que ninguém nos ouve: o conselho de ministros no paço, as palavras de José Bonifácio ao Bregaro; a volta de d. Pedro depois de declarar a independência; a gente que correu a São Cristóvão; a imperatriz, que, não tendo mais fitas verdes para fazer laços, fê-los com as do próprio travesseiro; d. Pedro, um rapaz de 24 anos, impetuoso e ardente; José Bonifácio, grave e forte, e, quando preciso, alegre; a gente que encheu à noite o teatro; as senhoras de laço verde ao peito; toda essa nossa aurora dá-me uma certa sensação profunda e saudosa, que não encontro... onde? no nariz do leitor, por exemplo.

Lélio

13 de março de 1884

Meu caro Lulu Sênior. — Você que é de casa — podia tirar-me de uma dúvida. Acabo de ler nos jornais a notícia de que estão coligidos em livro os artigos hebdomadários da *Gazeta de Notícias,* denominados *Coisas Políticas,* atribuindo-se a autoria de tais artigos ao diretor da mesma *Gazeta*.

Eu até aqui conhecia este cavalheiro como homem de letras, amigo das artes e um pouco médico. Nunca lhe atribuí a menor preocupação política, nunca o vi nas assembleias partidárias, nem nos órgãos de uma ou de outra das novas escolas políticas, como diria o redator da *Pátria,* que usa aquele vocábulo de preferência a qualquer outro — no que faz muito bem. Não vi o nome dele em nenhum documento político, não o vi entre candidatos à Câmara dos deputados, ou à vereança que fosse.

Isto posto, caí das nuvens quando li que as *Coisas Políticas* eram desse cavalheiro. Se quer que lhe fale com o coração nas mãos, não acredito. Não bastam a imparcialidade dos juízes, a moderação dos ataques, nem a sinceridade das observações; e, se você não fosse um pouco parente dele, eu diria que não bastam mesmo o talento e as graças do estilo para atribuírem-lhe tais crônicas. Acho nelas um certo gosto às matérias políticas, que, depois do efeito produzido por uma citação de Molière na Câmara, suponho incompatíveis com as aptidões literárias.

Essa última razão traz-me ao bico da pena um tal enxame de ideias, que eu não sei por onde principie, nem mesmo se chegaria a acabar o que principiasse. Restrinjo-

-me a dizer que o diretor da *Gazeta*, versado nas modernas doutrinas, não havia de querer desmenti-las em si mesmo. A especialização dos ofícios é um fato sociológico. Isto de ser político e homem de letras é uma coisa que só se vê naqueles países da velha civilização, onde perdura a tradição latina de Cícero, e a tradição grega de Alexandre, que dormia com Homero à cabeceira. O próprio Alexandre (se o Quinto Cúrsio é sincero) fazia discursos de bonita forma literária. Daí o uso de pôr no governo de Inglaterra um certo helenista Gladstone ou um romancista da ordem de Disraeli. As sociedades modernas regem-se por um sentimento mais científico. Sentimento científico não sei se entende o que é: mas eu contento-me com dar uma ideia, embora remota.

E daí, meu amigo, pode ser que me ache em erro, e que, realmente, as *Coisas Políticas* sejam realmente do diretor da *Gazeta*. Mas então, força é dizer que anda tudo trocado. Não há uma semana, o correspondente de Londres, do *Jornal do Commercio*, dizia que os conservadores pedem ali a dissolução da Câmara, mas que os liberais a *temem, porque estão no governo*. Se isto não é o mundo da lua, não sei o que seja. Um vizinho, padrinho de um dos meus pequenos, a quem li esse trecho da correspondência, na segunda-feira à tarde, só hoje de manhã acabou de rir. Creio que você o conhece: é o X., antigo comandante do 5º batalhão da Guarda Nacional da corte, o batalhão de Sant'Ana, uma pérola.

Se é assim, se as coisas são tais, então cumprimenta por mim o nosso Ferreira de Araújo, dizendo-lhe ao mesmo tempo que continue, e cá me tem a lê-lo e relê-lo, e adeus.

Lélio

26 de abril de 1884

Enfim! os lobos dormem com os cordeiros, e as linguiças andam atrás dos cães. São as notícias mais frescas do dia.

Que os lobos dormem com os cordeiros, basta ver o anúncio que anda nas folhas, um anúncio extraordinário, pasmoso, um anúncio da rua do Hospício. Vende-se ali, está ali à espera de algum amador que o queira comprar, não um chapéu ou um gato, não um jogo de cortinas, um armário, um livro, uma comenda que seja, mas um (custa dizê-lo!) mas um (ânimo!) mas um (palavra, só escrever o nome dá um arrepio pela espinha abaixo), mas um (vamos!) mas um tigre.

Sim, senhores, vende-se ali um tigre. O tigre, essa fera que os poetas arcádicos nunca deixaram de dizer que era da Hircânia, e ao qual comparavam os namorados, quando elas olhavam para outros; o tigre já não é um simples desenho dos livros infantis ou uma criatura empalhada do museu; o tigre vende-se na rua do Hospício, como o chá preto e as cadeiras americanas.

Um pouco mais, e vamos ouvir discursar um camelo ou um jumento, ou damos a calçada a verdadeiros cavalos. Se isto não é a terra da promissão, façam-me o favor de dizer o que é.

Quanto aos cães perseguidos por linguiças, vão ver se minto.

Morreu um homem, deixando em testamento alguns legados. Noutro tempo, os legatários nunca mais perdiam de olho o inventário, tinham procurador para lhes cuidar do negócio, farejavam o cartório, e passavam algumas noites em claro. Tudo mudou depois que os tigres se vendem na rua do Hospício. Agora são os testamentários que andam atrás dos legatários. Um daqueles, desesperado de esperar por estes, fez um anúncio repleto de legítima impaciência, em que declara, decorrido algum tempo da publicação do testamento do comendador Pacheco, que, estando o inventário a encerrar-se, pede aos interessados vão requerer o que for a bem do seu direito "sob pena de, julgadas as partilhas, irem haver do herdeiro da terça os seus legados".

Ubinam gentium sumus? Os legados atrás dos legatários! as linguiças farejando os cães! Deus meu, bateu finalmente a hora da harmonia e do desinteresse? Vamos ver as comendas atrás das casacas, e elas a fugirem-lhes vexadas e desdenhosas? Os vencimentos em vez de os irmos nós buscar, irão ter com a gente? Os bens passarão a correr atrás dos frades?

Lélio

15 de maio de 1884

Chegando anteontem, à noite, de Macacu, onde fui estudar as febres de 1845, fiquei surpreendido com a notícia de ter o meu nome figurado em uma comissão que foi pedir a Lulu Sênior a reentrada do colega Décio. Jurei a todas as pessoas que era falso; mas mostraram-me o número da *Gazeta* em que Lulu Sênior narrava tudo, e com efeito vi o meu nome, e até palavras que me são atribuídas.

Parecendo-me a graça um tanto pesada, entendi que era caso de um desforço pelas armas, e incumbi dois amigos, o dr. F. C., distinto médico, e um membro do Parlamento, lhe irem pedir satisfação ou testemunhas.

Eram oito horas da manhã, quando os meus dois amigos treparam ao morro, e onze quando voltaram ambos com a alma aos pés. Imaginei a princípio que ele recusara o duelo; mas o dr. F. C. tirou-me logo esta ideia, dizendo:

— Coisa pior, coisa pior.

— Que é então?

— Tenha ânimo; seja homem. O seu amigo...

— Que tem?

— Não se irrite contra ele. Tudo aquilo é um puro caso patológico. Estivemos seguramente duas horas juntos, e reconheci que ele está louco.

— Não me diga isto!

— Não digo louco varrido, formalmente louco; mas padece de alucinações, ideias delirantes; não está bom, não; e se não tiverem cuidado, pode acabar mal, muito mal. A história da comissão foi verdadeira, quero dizer, ele imaginou que tinha a comissão diante de si, conversou com as pessoas, ouviu as palavras e escreveu-as. Quando chegamos, ele supôs logo que éramos outra comissão, e que éramos cinco. Dirigiu-se a uma cadeira vazia para lhe dizer: "Mas, V. Exa. como relator da comissão..." Em suma, padece do que chamamos em medicina comissiomania ou mania das comissões. A prova é que o sondei logo, segundo nos ensinam os patologistas, e perguntei-lhe se iria hoje à Igreja de São Francisco, à rua Municipal, e ao paquete *Amazone*. Respondeu-me alegre que sim, que tinha que falar em São Francisco com o comissário da Ordem Terceira, na rua Municipal com dois *comissários* de café, e no paquete com o respectivo *comissário*. Vê Sempre a mesma mania.

— Mas, então, perdido?...

— Não; ainda pode salvar-se. Essas alucinações e delírios, quando não tratados, podem chegar à demência total, e mesmo à idiotia e à imbecilidade, para a qual noto-lhe uma certa tendência. Urge não perder tempo.

— Mas, doutor, é impossível, ele raciocina perfeitamente.

— Que tem isso? Há mil, há cem mil pessoas no universo, que raciocinam perfeitamente, e, entretanto, padecem de uma dessas alucinações ou delírios. Conheço um alferes que está persuadido de ser major. Um deputado da legislatura de 1864 imaginava que o imperador lhe oferecia todas as manhãs a pasta dos Negócios Estrangeiros. Contou-me mais de uma vez como se passavam as coisas. O imperador entrava (era na casa de d. Maria, rua da Ajuda), ia ao quarto dele, com a pasta na mão, e dizia-lhe: "Romualdo, tu por que é que não hás de ser ministro?" Pois bem; este deputado proferiu muitos dos melhores discursos parlamentares de 1864 e 1865. Você não tem lido nos jornais notícias de comissões que vão oferecer isto ou aquilo, um retrato, uma venera, etc., a pessoas completamente obscuras ou insignificantes?

— Tenho; leio muitas vezes.

— Pois saiba que não há tal. São casos de comissiomania. Essas pessoas veem, sinceramente, por alucinação, uma comissão diante de si, oferecendo-lhes alguma coisa, venera ou retrato, ouvem os discursos, agradecem, convidam para um copo-d'água, e creem que dançam, e que as danças se prolongam até à madrugada. São casos puramente patológicos. Não há neles a menor sombra de comissão, ao menos no estado agudo da moléstia, porque é observação feita que, quando a cura começa a operar-se, o doente ilude-se a si mesmo, arranjando uma comissão de verdade, que vai deveras à casa dele com a venera, que ele mesmo comprou, e lhe fazem discursos, comem realmente, e as danças prolongam-se até de manhã...

— Pobre Lulu Sênior! Que faremos então?

— Sujeitá-lo a um regime rigoroso. Eu creio que os excessos da mesa, os comes e bebes, é que o têm perdido. O ilustre Maudsley vem em apoio da minha opinião, no seu magnífico livro: "Se os homens (diz ele) quisessem viver com sobriedade e castidade, diminuiria logo o número dos loucos, e mais ainda na geração seguinte". E ele aconselha aos homens uma coisa a que chama *self-restraint*, restringir-se, abster-se. Entende-me?

— Perfeitamente.

— Ora bem; é o que convém aplicar ao seu amigo. Nada de finos pratos, nem borgonha, nem champanha; deem-lhe durante seis meses bacalhau de porta de venda e vinho de Lisboa fabricado no Rio de Janeiro; podem mesmo aumentar no vinho a dose tóxica, com um ou dois decigramas de pau-campeche por litro, ou meio decigrama de estricnina: é a mesma coisa.

Lélio

15 de julho de 1884

O sr. Ferreira inventou um processo para escrever tão depressa como se fala ou pensa. A taquigrafia, inventada com esse intuito, é puramente nada ao pé do invento do sr. Ferreira, que por esse motivo pediu e obteve privilégio do governo, e espera naturalmente a glória universal.

Eu, se o governo e o sr. Ferreira desejarem ouvir-me, entendo que um e outro devem ser executados como inimigos públicos. E eis aqui os fundamentos da minha opinião. O poeta Simônides achou um dia um processo para conservar na memória as coisas passadas e foi dizê-lo a Temístocles. Que lhe respondeu o grande capitão? Respondeu isto que Camões pôs em verso:

>   Oh! ilustre Simônides.....
>   Pois tanto em teu engenho te confias
>   Que mostras à memória nova ira;
>
>   Se me desses uma arte que, em meus dias,
>   Me não lembrasse as coisas do passado,
>   Oh! quanto melhor obra me farias!

O mesmo digo eu ao sr. Ferreira e ao governo que privilegiou. Céus que me ouvis, nesta vida tão cheia de amarguras, se há alguma coisa que pode consolar a gente é a quantidade enorme de pensamentos e palavras que ficam pelo chão. Não nego que ainda há muita coisa que se salva, que se escreve, que se imprime, que se lê, que entra na economia, que mata, que esfola; mas, em suma, a convicção de que podia ser pior ajuda-nos a carregar a cruz.

Sai a gente de casa, mete-se no bonde, encontra um sujeito que está justamente espreitando um conhecido. O sujeito chama-nos, encolhe os joelhos para deixar passar, paga-nos o bonde e fala-nos; desde então podemos dizer que toda a liberdade pessoal desapareceu. Não somos nós, não somos um ente livre, dotado de razão, feito à imagem do Criador; somos um receptáculo. O sujeito tem duas ou três ideias na cabeça e um oceano de palavras nos gorgomilos. Dilui as duas ideias nas palavras, sacoleja e despeja aos cálices. Engole-se o primeiro; creio mesmo que o segundo ainda vai; mas o terceiro é o diabo. Vem o quarto, vem o quinto, vem o sexto, vem a garrafa, vem a pipa, vem o Atlântico.

A gente olha para a frente a ver se o bonde está chegando. Não chega; em geral os burros são aliados do algoz e andam devagar. De quando em quando para o bonde; é um freguês que vem lá no meio de uma rua transversal; ou então é uma passageira que sai, uma senhora gorda, com um pequeno, uma bolsa, um embrulho, e sai primeira a senhora, com a bolsa, depois o pequeno, finalmente o embrulho. Durante esse tempo continua o nosso castigo, lento, bárbaro, sem uma esperança de trégua. Nada; é apanhar calado.

Até aqui, porém, restava sempre uma consolação; a consolação ou a ilusão do inédito. Com o sr. Ferreira dissipou-se essa coisa. Já não haverá inédito; tirar-se-ão cem, duzentos, trezentos exemplares da mesma amolação. O autor terá cuidado de recolher as belas coisas que distribuiu, para dá-las depois em almaço ou pergaminho às outras criaturas humanas.

Não, Ferreira! não, governo imperial! Nada de tal processo; nada de dar mais asas à asneira. Basta as que tem. A asneira anda de bonde, de carro, a cavalo, a pé, tem as asas da fama, e vós ainda lhe quereis dar as do privilégio! Odioso privilégio, Ferreira.

Escuta, patrício. Olha uma coisa: Lope de Vega escreveu as suas mil e tantas peças sem o teu processo; Voltaire e Rousseau não precisaram dele. Nem Shakespeare, nem João de Barros, nem o nosso jornalista C. B. de Moura, que há trinta e três anos ou mais acompanha assiduamente as *evoluções* de uma política *bastarda* e os *protestos* mais *intencionais* que *eficientes* dos nossos partidos.

Nas câmaras? Quem é que sente necessidade de apressar mais a reprodução das ideias e palavras que se dizem nas câmaras? Quem? Elas aí vêm todas nos jornais, e às vezes todas e mais algumas; o que prova que a taquigrafia é um processo excessivo, pois não se limita a tomar o enunciado. A ciência é uma pessoa demorada e prudente; não precisa de máquinas para falar e escrever depressa. No comércio uma invenção dessas seria um perigo; na diplomacia uma inutilidade.

A conclusão é a do princípio. Governo e Ferreira são dois inimigos públicos, dignos da fogueira, neste mundo, e do inferno no outro. Que os diabos os levem e mais a tal máquina; é o meu voto, e será o de toda a gente que (modéstia à parte) enxergar dois palmos adiante do nariz.

Lélio

20 de julho de 1884

Constou-me um destes dias, que o sr. conselheiro Lafaiete estava concluindo um livro. Fui ter com S. Exa., que me confessou ser verdade. Trata-se de um volume de trezentas páginas in 4º, intitulado (à imitação de um escrito estrangeiro) *História que não aconteceu*. Pedi a S. Exa. que me desse um trecho da obra, um capítulo, ou, quando menos, uma ideia geral do plano e da matéria; o ilustre senador declarou-me que não teria dúvida em dar-me um capítulo ou dois, mas era preciso copiá-los; o escrito está ainda em borrão, muito cheio de entrelinhas.

— Então, uma ideia, um resumo...

— Perfeitamente — disse S. Exa. —, isso dou, e com muito prazer. Eu suponho a obra escrita em maio de 1885; o período histórico vai de 3 de junho deste ano a 15 ou 20 de janeiro do ano que vem. Estamos na Câmara no dia 3 de junho; as galerias e as tribunas enchem-se de povo, circunstância que aproveito para intercalar um belo pensamento, à maneira de Tácito. Sabe que foi o dia da eleição do presidente...

— Sim, senhor; Moreira de Barros contra Rodrigues.

— Abre-se a sessão, fazem-se dois ou três discursos, correm as urnas, contam-se os votos: sai eleito Moreira de Barros por unanimidade. Espanto do Prisco. Sussurro nas galerias; ninguém entende nada.

— Eu mesmo confesso a V. Exa. que...

— Não confesse e ouça. Entra em discussão o orçamento; apareço eu no salão. Rompe o debate o Figueira, e declara que a manifestação da maioria, a que a oposição se associou, seria incompleta, se a oposição não me convidasse a jantar. Espanto do Soares Brandão. Ergo-me e agradeço não só a manifestação anterior como o convite, que declaro aceitar em nome de todos os princípios.

— Realmente, é imaginoso.

— Na política não há imaginação, há lógica, e lógica de ferro. Segue-se o capítulo do jantar, que é no Cassino, e naturalmente um jantar clássico: línguas de rouxinol, ostras de Cartago, etc. Creio que é uma das melhores páginas do livro. Na frente do edifício, em letras de gás, um trecho de Horácio: *Nunc est bibemus...* A mesa tem a forma de coração. Os brindes são numerosos e amistosos; fim da primeira parte.

— Vamos à segunda.

— A segunda compreende o resto do mês de julho, todo o mês de julho, até meados de agosto. Na discussão dos orçamentos acentua-se mais a fraternização dos partidos. O próprio Figueira, sem deixar de ser enérgico e inflexível nos princípios, declara que só quer ver restaurada à verdade da lei; não trama a queda do gabinete, deseja antes longa vida aos ministros. Votam-se os orçamentos nos meados de julho; unanimidade. Enquanto se discute lá fora, eu, na sala dos ministros aprendo grego com o Anísio, e epistolografia com o Rodrigues. Estou em dúvida se farei votar na Câmara uma coroa de louros para mim; receio que vejam nisso uma ideia de César para cobrir a calva, e, por outro lado, não quero tocar as raias da inverossimilhança; fico só na votação dos orçamentos e na unanimidade. Nisto acaba o mês de agosto...

— Sim, senhor; fecham-se as câmaras.

— Fecham-se as câmaras, e vamos à eleição. No dia 10 ou 12 de setembro, o Dantas parte para a Bahia, como um simples senador. Há de ter notado que em toda a minha história não há a menor probabilidade de Ministério Dantas; mas o que não notou, porque ainda não cheguei lá, é que eu não deixei partir os deputados sem lhes oferecer um jantar magnífico, no mesmo Cassino, com o mesmo aparato e a mesma alegria. A oposição congratula-se com o Ministério, e intima-se que continue a marchar na estrada da legalidade, afirmando que assim poderei contar com as bênçãos do país. Eu respondo que o país pode contar com os meus esforços, para servi-lo, e acrescento que, em todo caso, vai ter a palavra, para dizer com toda liberdade o que deseja. Compreende que é uma promessa de não intervir no pleito eleitoral...

— Que V. Exa. cumpre?

— Homem, confesso-lhe que a princípio tenho cócegas de intervir alguma coisa (é no cap. XII), mas depois, diante do meu Pedro, do meu Montaigne... Nunca leu Montaigne?

— Algumas vezes...

— Excelente Montaigne! E Pedro? Gosto também de Molière; diga-me se acha muita coisa que se lhe compare; mas, enfim, o Montaigne...

— V. Exa. esqueceu que estamos na eleição.

— Justamente. Ia intervir; mas deixo de mão a eleição, e meto-me na Gávea, lendo os meus amigos, vindo três vezes por semana ao Tesouro, e todos os sábados a São Cristóvão despachar com o imperador. Nada de Dantas no caminho, nem para lá, nem para cá. Nada; nem Dantas, nem projeto de elemento servil, nem escravos de sessenta anos, nem nada. Chegam as eleições, o Paulino trabalha, e...

Lélio

25 de julho de 1884

Tendo-me dirigido, por meio de respeitosa carta, à presidência da Câmara dos deputados, recebi a resposta que dou em seguida, não por vanglória, mas porque interessa a todos.

***

CÂMARA DOS DEPUTADOS GABINETE DA PRESIDÊNCIA
Rio de Janeiro, 24 de julho, 1884.

Ao sr. Lélio

Acuso recebida a carta que vm. dirigiu a esta presidência, em data de hoje, 24, perguntando-me pelo voto de graça. Confesso a vm. que estava tão longe de semelhante coisa, e, por outro lado, são tantas as dificuldades em que me vejo, que não poderei dar uma resposta cabal nem minuciosa. Entretanto, direi alguma coisa, retificando ao mesmo tempo algumas proposições suas, evidentemente errôneas, posto que desculpáveis da parte de um cavalheiro sem traquejo político.

E antes de tudo, declaro a vm. que a comparação estabelecida na carta a que respondo com o uso particular dos cumprimentos, é de todo o ponto inadmissível. Se nas relações pessoais a pergunta: *Como passou?* exige logo a resposta: — *Bem, obrigado* — não acontece a mesma coisa nas relações políticas. Nestas pode haver necessidade de replicar: — *E que lhe importa a vossa majestade?* resposta a que a coroa treplica dizendo: — *Não se zangue; vou mudar o Ministério.* E basta essa feição possível do diálogo para ver que não se trata aqui de saber se a Câmara passou bem ou mal, mas se simpatiza ou não com a família política do imperador.

Não colhe o argumento da Câmara dos comuns citado por vm. Lá é certo que a resposta à fala do trono é dada na mesma noite ou no dia seguinte; mas, em primeiro lugar, os ingleses têm um poder e método de trabalho a que ainda não atingimos; e depois, como eles é que inventaram o sistema, é natural que lhe deem mais pontualidade. Mas, sobre todas, há uma razão que vm. não recusará: é a diferença do clima. Vm. há de ter lido em Darwin que as espécies de uma região ártica, ou mesmo de uma região temperada, não podem suportar o clima dos trópicos e *vice-versa...* Não digo tanto; mas que as coisas mudam mudando, isso mudam.

Vou agora dar notícia do voto de graças, dizendo-lhe com franqueza que até agora ainda o não vi. Logo que recebi a sua carta, perguntei por ele aos secretários, que não me pareceram mais adiantados. Ninguém fala senão no elemento servil, Dantas, dissolução, ou Ministério novo. Tão depressa, porém, o voto de graças apareça por aqui, logo o farei entrar na ordem dos trabalhos; é a mais que pode fazer esta presidência.

A conclusão de vm. é que, se no fim de três meses, ainda não se deu resposta à fala do trono, é que tal resposta é uma formalidade dispensável e melhor fora eliminá-la. Não me cabe discutir com particulares; mas direi neste ponto, que a resposta à fala do trono é uma prática de tal ordem que, ainda mesmo que venha a perder de eficácia política, será sempre um vasto terreno de eloquência, apropriado às belas estreias e às fórmulas brilhantes. Vm. não ignora que há uma geologia parlamentar. Em certas partes do terreno (orçamentos, reforma judiciária, etc.) a terra é apta para os matos cerrados e árvores gigantescas; noutras dão melhor as flores bonitas e as parasitas de toda a espécie. Quanto às urgências, encerramentos, requerimentos, etc., etc., são apenas aplicados às plantas urticárias, que picam as mãos e chegam mesmo a dar cabo de um homem ou de sete homens.

Tenho-lhe falado com certa familiaridade e para que vm. veja que a minha alma é boa e alegre. Digo-lhe mais, se não fosse esta obrigação de contar votos, ler o regimento da Câmara e dar aos tímpanos, creia que eu faria da cadeira em que me ache um verdadeiro paraíso. Infelizmente, deram-me isto no pior dos momentos políticos.

E aqui paro. Repito que farei discutir o voto de graças, logo que ele me apareça. E nunca será tarde, creia; não o é nunca para os arrependimentos, não o será também para os cumprimentos.

Sou, etc.

30 de julho de 1884

Ontem, logo que tive notícia da crise ministerial, recolhi-me a casa para esperar os acontecimentos. Sabe-se que o imperador, nestas ocasiões, costuma chamar três e quatro pessoas, e eu não queria fugir ao meu dever cívico, se porventura a coroa se lembrasse de mim. Jantei, nada; fumei um, dois, três charutos, coisa nenhuma. Mandei ver se havia na caixa das cartas algum bilhetinho do Dantas. O criado achou apenas uns jornais da Bahia. Da Bahia? Que sabe se, dissimuladamente, em algum recanto, não havia escrito a lápis um recadinho do presidente do conselho, dizendo-me que Sua Majestade, etc. Abro um, abro outro, abro nove, e não acho o menor vestígio de chamado.

Comecei a ficar inquieto. Eram dez horas passadas. Tudo silencioso. Debruçava-me à janela, estendia o ouvido, para apanhar alguma coisa, um galope de ordenança ou um carro a toda a brida. Qual brida, nem qual ordenança! Tudo continuava silencioso, como se não houvesse uma crise, um imperador e um ministro eventual esperando.

Às onze horas, furioso, meti-me na cama. Tinha os tais jornais da Bahia, e, para esperar o sono, entreguei-me a lê-los um por um.

Car, que faire en un lit à moins que l'on ne dorme?

Hão de crer que li até às duas horas da manhã? Não perdi nenhum, não me escapou nada, desde o artigo de fundo até à notícia literária ou artística, e desta ao anúncio. E foi bom, porque a minha intenção, quando perdi totalmente as esperanças, foi fazer desta bala uma catapulta contra imperador, que não me chamou, quando é certo que trago no bolso uma panaceia destinada a curar todos os males públicos. Mas os jornais da Bahia deram-me assunto menos facioso.

Sim, que imagina o leitor que se pode anexar à *Dama das camélias* para lhe trazer um pouco mais de interesse do que lhe deu o autor, se é que lhe deu algum? Há muitos anos, a Candiani, representando aqui a *História de uma moça rica*, introduziu no segundo ato, no momento de fugir ao marido, uma ária da *Norma*, creio eu. Processo feliz, mas já agora processo velho. Era preciso um tempero novo. Qual seria ele? Vamos, procure bem, leitor, nada de impaciências, vá devagar, com investigação. Achou? Não achou, não pode achar.

> Uma novidade (diz o *Diário de Notícias* de 19 do mês corrente), uma verdadeira surpresa gozarão hoje os espectadores. Calculem que no 1º ato cingirá a fronte da sublime atriz (Emília Adelaide) um lindo diadema encimado por uma estrela, a qual, em um momento dado, espargirá esplêndida luz elétrica.

Não tive jornais posteriores; ignoro o efeito da novidade. Não há dúvida, porém, que deve ter sido deslumbrante. Em verdade, o estilo de Dumas, à força de concisão, traz certas obscuridades que estão pedindo luz, e luz elétrica. Eu, uma vez que não fui chamado a São Cristóvão, quisera estar no Teatro de São João. Santo por santo. Ouvia as primeiras cenas, naturalmente distraído, à espera da entrada de Emília Adelaide. De repente, rumor em toda a sala, borborinho precursor dos grandes acontecimentos; é ela que vem entrando: "Nanine, manda preparar a ceia..." Ninguém ouve nada; todos os olhos estão na estrela. "Olha bem, nhonhô — murmuram os pais aos filhos — bota o olho na estrela para não perder a coisa..." Mas, por que a notícia do *Diário*, com uma obscuridade pouco elétrica, limita-se a dizer: *em um momento dado*? Não aponto o lugar... Mas é agora; zás! a luz aparece! bravo! esplêndido! viva o Campelo!

Que Campelo? Ah! é verdade, e esquecia-me falar do Campelo. Neste caso da estrela, não há só a ciência unida à arte, mas também a indústria ligada a ambas, como prova da unidade do espírito humano. O Campelo é o colaborador do Dumas. Foi ele o inventor da aplicação elétrica, como se pode ver deste anúncio do mesmo dia 19.

> O proprietário da conhecida loja Campelo, tendo recebido dois ricos diademas elétricos... resolveu também apresentar aqui a sua estreia no Teatro de São João, na noite de sábado, 19, que para isso generosamente se presta a distinta atriz Emília Adelaide, colocando o diadema estrela em sua gloriosa fronte artística.
>
> Ao teatro pois
> Ver e admirar,
> Ao Campelo depois
> Barato ir comprar.
>
> Binóculos, finos, para todos os preços, plumas, penachos, leques, grampos atartarugados, etc.

Profundo Campelo! Por que hás de tu vegetar na província, quando a corte chora por ti? Quantas peças nossas não esperavam um pouco de luz elétrica no primeiro ou mesmo no segundo ato. Não receies perder aqui o teu lugar. Cá mesmo serás o primeiro entre todos, ou mais exatamente o *primus inter pares,* porque há outros Campelos, e só o que lhes falta é o gênio inventivo; tu o tens de sobra, tu possuis a chama elétrica por fora e por dentro. Vem, Campelo, ensina teus irmãos, e o que ligares no palco será ligado no resto da cidade. *Tu es Campellus, et super hanc...*

Olha, Campelo. Tu só poderias ser vencido por outro Campelo, que vendesse aves domésticas e mandasse pôr uma notícia deste teor:

> O sr. Latham, o ilustre trágico inglês, que ora trabalha no Ginásio, passou ontem duas horas na loja do Campelo (Júnior) estudando as belas aves que esse estabelecimento (único na América) possui. O glorioso artista pretende hoje, no 2º ato do Hamlet, cantar de galo.
>
> Ao teatro pois
> Ouvir e pasmar,
> Ao Campelo depois
> Barato ir comprar.

Mas onde está esse outro Campelo, único que te poderia desbancar? Onde? Nem nascido ainda, nem talvez concebido. Pura hipótese, mera probabilidade.

Lélio

4 de agosto de 1884

Agora que vamos ter eleição nova, lembraram-se alguns amigos que eu bem podia ser deputado. Tanto me quebraram a cabeça, que afinal consenti em correr às urnas. Resta só a profissão de fé, que é o ponto melindroso.

Eu podia, à semelhança de um candidato inglês, em 1869, fazer este pequenino *speech*: "Quero a liberdade política, e por isso sou liberal; mas para ter a liberdade política é preciso conservar a Constituição, e por isso sou conservador". Mas, além de copiá-lo, se apresentasse um tal programa (o que não fica bem), não sei se essas poucas linhas, que parecem um paradoxo, não são antes (comparadas com as nossas coisas) um *truísmo*.

Porquanto:

Há muitos anos, em 1868, quando Lulu Sênior andava ainda no colégio, e, se fazia gazetas, não as vendia e menos ainda as publicava, nesse ano, e no mês de dezembro, fui uma vez à Assembleia provincial do Rio de Janeiro, vulgarmente salinha. Orava então o deputado Magalhães Castro. Nesse discurso, essencialmente político e teórico, o digno representante ia dizendo o que era e o que não era, o que queria e o que não queria.

Ao pé dele, ou defronte, não me lembro bem, ficava o deputado Monteiro da Luz, conservador, e o deputado Herédia, liberal, que ouviam e comentavam as palavras do orador. Eles o aprovavam em tudo; e, no fim, quando o sr. Magalhães Castro, recapitulando o que dissera, perguntou com o ar próprio de um homem que sabe e define o que quer, eis o diálogo final (consta dos jornais do tempo):

O sr. Magalhães Castro: — Agora pergunto: quem tem estes desejos o que é? o que pode ser?

O sr. Monteiro da Luz: — É conservador.

O sr. Herédia: — É liberal.

O sr. Monteiro da Luz: — Estou satisfeito.

O sr. Herédia: — Estou também satisfeito.

Portanto, basta que eu exponha as teorias para que ambos os partidos votem em mim, uma vez que evite dizer se sou conservador ou liberal. O nome é que divide.

Resta, porém, a questão do momento, o projeto do governo, a liberdade dos 60 anos, com ou sem indenização, ou o projeto do sr. Felício dos Santos, que também é um sistema, ou o do sr. Figueira, que não é um nem outro. Sobre este ponto confesso que estive sem saber como explicar-me, até que li a circular de um distinto deputado, candidato a um lugar de senador. Nesse documento que corre impresso, exprimia-se assim o autor: "Quanto à questão servil, já expendi o meu modo de pensar em dois folhetos que publiquei, um sobre a baixa do açúcar, outro sobre colonização".

Desde que li isto vi que tinha achado a solução necessária ao esclarecimento dos leitores. Com efeito, é impossível que eu não tenha publicado algum dia, em alguma parte, um outro folheto sobre qualquer matéria mais ou menos correlata com os atuais projetos. Na pior das hipóteses, isto é, se não tiver publicado nada, então é que estou com a votação unânime. A razão é que devemos contar em tudo com a presunção dos homens. Cada leitor quererá fazer crer ao vizinho que conhece todos os meus folhetos, e daí um piscar de olhos inteligente e os votos.

Eu, pelo menos, é o que vou fazer. De tanta gente que andou pelas ruas, no centenário de Camões, podemos crer que uns dois quintos não leram *Os Lusíadas*, e não eram dos menos fervorosos. O mesmo me vai acontecer com o sr. Peixoto. Vou dizer a toda a gente que li e reli os dois folhetos do sr. Peixoto, tanto o do açúcar como o da colonização; acreditarei que são *in 8º*, com 80 ou 100 páginas, talvez 120, bom papel, estatísticas e notas. Interrogado sobre o valor comparativo de ambos, responderei que prefiro o do açúcar, por um motivo patriótico, visto que o açúcar é um produto do país e a colonização vem de fora; mas direi também que o da colonização tem ideias muito práticas e aceitáveis.

Podia também citar a Câmara anterior, que com infinita serenidade votou pela reforma eleitoral constitucional, e depois pela mesma reforma extraconstitucional; mas não adoto esse alvitre, um dos mais singulares que conheço, para não ser acusado injustamente de mudar a opinião ao sabor dos ministros. Prefiro entrar sem programa, e eis aqui o meu plano consubstanciado nesta anedota de 1840:

Era uma vez um sujeito que aparecia em todos os casamentos. Em sabendo de algum vestia-se de ponto em branco e ia para a igreja. Depois acompanhava os noivos à casa, assistia ao jantar ou ao baile. Os parentes e amigos da noiva cuidavam que ele era um convidado da noiva, e, vice-versa, cuidavam que era pessoa do noivo. À sombra do equívoco, ia ele a todas as festas matrimoniais.

Um dia, ao jantar, disse-lhe um vizinho:

— V. sa. é parente do lado do noivo ou do lado da noiva?

— Sou do lado da porta — respondeu ele —, indo buscar o chapéu.

Levava o jantar no bucho.

Lélio

10 de agosto de 1884

E o Senhor, baixando os seus divinos olhos para a terra, disse ao príncipe dos apóstolos:

— Pedro, o que é que vejo ali no Rio de Janeiro, no lado exterior da Capela Imperial?

— Senhor, são vários anúncios que...

— Anúncios de prédicas e missas? Pois que! tanto desceu o espírito religioso daquele povo, que seja preciso anunciar os ofícios divinos com letras grandes e escarlates?

— Perdoai, Senhor Deus meu, não são anúncios de missas...

— De escritos religiosos?

— Também não. São anúncios de várias coisas profanas... Não vejo bem de longe; creio que são camisas de flanela... Não; leio agora um: *Manteiga da Normandia*. Outro: *Sapatos do Curvelo*. Há também alguma coisa da grande alfaiataria *Estrela do Brasil*, e a *Erva Homeriana*... Não leio bem os outros.

Então o Senhor, depois de estar alguns minutos atento, soltou um suspiro que abalou todas as colunas do empíreo; mas, logo depois, ao bafejo da palavra eterna, agitou-se brandamente o ar, como se as asas de dez bilhões de serafins se movessem todas a um tempo. E eis aqui o que disse o Senhor Deus ao apóstolo:

— De maneira, Pedro, que eu expeli um dia os mercadores do templo, e ei-los que mandam pintar-lhe nas paredes os seus anúncios? Dezoito séculos bastaram a esta desforra... Pedro, o mundo está ficando triste. Sabes ao menos o que é essa Erva Homeriana, e essa outra?

— Senhor, deixai-me ler.

Ao dizer isto, invadiu o espaço um grande clarão: eram todos os sóis e estrelas do universo que aumentavam a intensidade, para que os olhos do santo pescador pudessem bem ler através de bilhões de léguas. Pedro leu tudo, para si; depois respondeu ao Senhor:

— Não direi nada em relação aos outros anúncios; mas relativamente à erva e às pastilhas, digo-vos que não se lhes pode aplicar o que fizestes um dia na Judeia. Os mercadores do templo, posto vendessem pombas para o sacrifício, não as tinham já sagradas, de maneira que elas tanto valiam como se fossem para comer. Não é assim com a erva e as pastilhas, que são puros milagres; fazem o que fizestes na terra...

— Ressuscitam os mortos?

— Só não ressuscitam os mortos. No mais, fazem tudo, ou quase tudo. São as últimas descobertas da ciência; e a tempo vieram, porque vieram, porque a natureza humana está ficando tão depravada, que em poucos séculos não há mais homem são.

— Mas, Pedro — disse o Senhor sorrindo —, que lugar se dará então nas boticas ao *Xarope do Bosque*, uma descoberta de 1853... Curava tudo.

— Senhor — respondeu doutamente o apóstolo —, esse outro milagre acabou. Os xaropes são como os impérios. Onde está Babilônia? O *Xarope do Bosque*, foi, com efeito, a última palavra da ciência em 1853; durou até 1857, creio eu. Tal qual a Salsaparrilha de Sands. Onde está a Salsaparrilha de Sands? Onde está mesmo a Salsaparrilha de Bristol? Conheceis a anedota de uma certa dama...

— Conheço tudo, Pedro, mas conta, conta.

— Anedota velha e revelha. Era uma dama adoentada, que ouviu a notícia de um grande remédio para muitos achaques, especialmente os que ela padecia. Consultou um médico sobre a eficácia do invento; e o médico, espírito fino e agudo, deu-lhe de conselho que tomasse a droga sem demora: "Vá, apresse-se enquanto ela cura"...

Ouvia-se em todo o empíreo uma imensa gargalhada, eram os anjos e arcanjos, que escutavam a narração de Pedro, e acharam graça ao dito do médico. O próprio apóstolo sorriu. Só o Senhor olhava melancólico para a sua obra universal. Após alguns instantes, disse ele:

— Assim, pois, cada descoberta nova tem a missão de curar até que apareça outra?

— Justamente. Logo que aparece outra, a primeira desaparece, à maneira das peças de teatro.

— Mas algumas peças voltam à cena — objetou o Senhor.

E o apóstolo, destro na réplica, acudiu sorrindo:

— Alguma diferença há de haver entre a química e a arte. O essencial é que cada droga, enquanto se usa, vá curando; se não fosse assim, não valia a pena inventá-la. Que ela cure, que preencha o fim a que a destinaram; mas nada mais. Se, uma vez substituída por outra, pretender continuar a curar, constitui-se em rebelião contra todos os princípios e costumes, além de praticar uma injustiça e um escândalo, pois é de razão que cada droga tenha o seu dia, para que todas passem sem contradição nem usurpação, nem diminuição.

Lélio

15 de agosto de 1884

Nenhuma pessoa medianamente instruída ignora que o Brasil foi descoberto pelo maestro Ferrari. As pretensões portuguesas a este respeito nasceram de uma interpolação no livro VI, cap. VII, de Damião de Goes, achada e provada a todas a luzes; ninguém mais lhe dá crédito.

Hoje está demonstrado, não só que o maestro Ferrari descobriu o Brasil, mas também que este lhe pertence, aplicando-se assim aos impérios o direito público que regula o achado e o uso dos suspensórios. Se ele abusasse do poder, era provável que, assim como as outras colônias americanas se rebelaram, assim o Brasil levantasse o grito de guerra, e se separasse; mas tal não há. A maneira por que o maestro Ferrari dispõe do Brasil, é um modelo de brandura e de amor.

Assim, por exemplo, as rendas públicas. O maestro Ferrari não cobra as nossas rendas públicas, deixa-as à discrição de uma espécie de governo local, composto de sete pessoas. Recebe, é verdade, uma porcentagem mínima, mas isso mesmo a título particular, e sob a forma voluntária de assinatura. Não vendeu a ninguém um palmo sequer das nossas estradas de ferro, não distribuiu ainda uma só das nossas minas de carvão e outras. Possui um certo número de apólices, mas não são beneficiárias; ele mesmo as vai comprando e pagando. Chega mesmo ao escrúpulo de pagar por sua mão os hotéis em que mora.

Vai senão quando, anuncia-se este ano que o maestro Ferrari não vem cá. Podia fazê-lo? Evidentemente não. Uma vez que nos descobriu, contraiu, *ipso facto*, a obrigação de uma visita anual. Tudo na natureza precisa de uma razão suficiente; a nossa é o maestro. Quem poderia imaginar uma chave sem fechadura? Pois tal é o absurdo que anda nos jornais; o maestro não vem cá este ano.

Já isto era bastante para levantar uma questão grave; mas há ainda mais. A lacuna traz uma complicação. Em vez de Ferrari, vamos ter Tartini. Este Tartini não inventou nada, mas tão depressa soube que Ferrari não vinha, deu-se pressa em substituí-lo — o que dá a entender que, pelo menos, presume ter inventado a pólvora. Vamos ver que não; porquanto aparemos ao preço de vinte e cinco mil réis por noite. Olhem bem: a vinte e cinco mil réis por noite, nem mais um ceitil, nem nada; vinte e cinco mil réis por noite. Está em letra redonda.

De duas uma: ou Tartini dá o mesmo que Ferrari, ou não. Se não dá, roubamos; e não lhe vale a desculpa do preço, porque ninguém lhe encomendou este sermão. Se, porém, dá o mesmo, corrompe no nosso espírito a ideia que tínhamos do Ferrari, e não lhe cabe um tal direito, não só pela razão jurídica de nos não ter inventado, mas ainda pela razão sentimental de não convir que se afrouxem os laços de respeito e dependência que nos ligam perpetuamente ao outro maestro.

Em princípio, rejeitemos Tartini; mas, a adotá-lo, imponhamos-lhe a condição de um preço sério. Vinte e cinco mil réis não é assinatura. Não digo que suba aos sessenta mil réis do Ferrari; nem todos possuem a arte infinita, graciosa e profunda desse cavalheiro. Mas entre vinte e cinco e sessenta há espaço para um acordo. Cinquenta mil réis, por exemplo, é um preço excelente, cômodo e real: por que não adotaremos cinquenta?

Nem por um minuto examino o alvitre de exigir a vinda do Ferrari.

Conquanto me pareça que ele tem obrigação de vir, força é confessar que nos falece o meio de fazer valiosa a nossa deliberação. Acresce que somos a coisa possuída, e ele o possuidor. Também examino o alvitre lembrado de ficarmos sem Ferrari nem Tartini, alvitre idiota, desde que um se propõe a substituir o outro. Toda a questão é de preço. Uma vez que Tartini convenha em subir da miséria em que voluntariamente se colocou, tudo fica arranjado, e podemos, como no *Barbeiro,* saudar o desponte do sol:

> *Ecco ridente in cielo*
> *Cià sponta la bella aurora.*

Lélio

19 de agosto de 1884

Tenham paciência os meus amigos liberais do Rio; por mais que lhes custe à modéstia, vou compará-los a um grande povo, ao povo gaulês, e isto nada menos que a propósito da derrota, que acabam de padecer na eleição senatorial.

> Os gauleses (escreve um grave autor) eram cheios de fogo e de bravura; mas, divididos em grande número de nações, detestavam-se entre si. Uma cidade fazia muita vez guerra à vizinha, unicamente por ciúme. Vivos e impetuosos, amantes do perigo, raramente ouviam a voz da prudência.
> Sua ignorância de toda a disciplina, suas divisões, seu desprezo da ciência militar, a inferioridade dos seus meios de ataque e defesa, o seu costume de nunca aproveitar uma vitória, as rivalidades dos chefes tão impetuosos como valentes, deviam entregá-los sucessivamente a um inimigo tão bravo como eles, e ao mesmo tempo mais hábil e mais perseverante.

Que tal? O retrato é parecido, se não completamente exato. Esse inimigo hábil e perseverante, que a história gaulesa chama César, a última história senatorial chama Paulino. E a semelhança é completa, quando o nosso autor recorda que um dia César, estando em Ravenna, e sabendo que os gauleses pretendiam resistir-lhe, para reaver a liberdade, compreendeu o perigo e atravessou os Alpes por cima da neve. Reuniu rapidamente as tropas, e, antes que os gauleses pudessem transpor as fronteiras, apresentou-se diante deles com um exército. Fez um cerco memorável; os gauleses não tiveram remédio senão confessar-se vencidos. Toda a gente sabe quem é César, e que qualidades pessoais lhe deu a natureza; mas, já que cito um autor, e para acudir ao nosso sestro nacional das citações estrangeiras, darei este trecho, que parece aludir às artes eleitorais do sr. Paulino na última campanha:

> De ordinário andava ele com um soldado só, que lhe levava a espada; andava, em caso de necessidade, muitas milhas por dia, atravessava os rios a nado, ou por cima de odres de ar, e muita vez chegava antes dos correios. Como Aníbal, marchava sempre à frente das legiões, o mais das vezes a pé, e de cabeça descoberta, apesar do sol e da chuva. Sua mesa era frugal, e esse sibarita digno do nosso século mandou um dia castigar um escravo, que lhe serviu melhor pão do que ao exército. Dormia num carretão e fazia-se acordar a

todas as horas, para visitar os trabalhos de um cerco. Vivia rodeado de secretários para trabalhar...

Et cetera. Não digo que não haja muito quem entenda disto, e basta lembrar a vitória de 1860, com Otaviano à frente: mas, em suma, desta vez perderam. E o caso do castigo ao escravo que deu a César melhor pão do que ao exército é singularmente apropriado à eleição última. O sr. Paulino distribuiu alguns pães com os companheiros, quando lhe queriam dar demais; ao passo que o erro dos liberais veio de cada um querer pão para si. Cristo deu uma vez comida a cinco mil homens, não tendo mais de cinco peixes e dois pães; mas era Cristo, e morreu na cruz. Fazer o mesmo milagre e morrer no Senado, é impossível.

Também os conservadores têm lá outros convivas, como Belisário, Ferreira Viana, Alfredo Chaves e Duque Estrada Teixeira, para não citar mais de quatro. Contudo, a disciplina calou-os todos, e os dois pães com os cinco peixes não passaram de três pessoas.

Notei que houve alguns votos de pura simpatia, alguns nomes obscuros, mais do que se podia esperar de um eleitorado tão escasso! Quem teve o seu compadre ou vizinho, parceiro de voltarete ou companheiro do bonde das quatro e dezessete, não perdeu esta ocasião de uma fineza, o que prova que a simpatia é ainda deste mundo.

Outra observação é que também a graça ou fino espírito não é incompatível com o eleitorado de 1880. Assim, por exemplo, o voto dado ao imperador e ao duque de Saxe. Imagino que o autor dessa manifestação não pode resistir à ideia; e quando se lhe pedia a designação de uma pessoa para ir no Senado, perpetuamente, defender uma certa ordem de coisas públicas, ele preferiu dar um estalinho com os dedos e rir. *Ride si sapis...*

Nada há, porém, em toda a eleição que me enchesse as medidas, como os votos dados ao meu amigo Lulu Sênior. Este cavalheiro tem vivido a difamar-me, atribuindo-me uma idade que não tenho, chamando-me velho e outras coisas correlativas. Ao mesmo tempo pretende não passar de 35 anos. Tem mesmo alguns sujeitos assalariados para espalharem essa mentira cronológica. Felizmente, há ainda eleitores em Berlim e os votos dados ao meu amigo são a prova cabal, eleitoral e política de que os 40 lá vão, e que ele é, enfim, mais velho do que eu. Que me negue agora se é capaz.

Lélio

23 de agosto de 1884

Anda nos jornais, e já subiu às mãos do sr. ministro dos Negócios Estrangeiros, uma representação do Clube ou Centro dos Molhadistas contra os falsificadores de vinhos. Trata-se de alguns membros da classe que, a pretexto de depósito de vinhos, têm nos fundos da casa nada menos que uma fábrica de falsificações. Segundo a representação, os progressos da química permitem obter as composições mais ilusórias, com dano da saúde pública.

Ou me engano, ou isto quer dizer que se trata de impedir a divulgação de certa ordem de produtos, a pretexto de que eles fazem mal à gente. Não digo que façam bem; mas não vamos cair de um excesso em outro.

Os homens reunidos em sociedade (relevem-me este tom meio pedante) estão virtual e tacitamente obrigados a obedecer às leis formuladas por eles mesmos para a conveniência comum. Há, porém, leis que eles não impuseram, que acharam feitas, que precederam as sociedades, e que se hão de cumprir, não por uma determinação de jurisprudência humana, mas por uma necessidade divina e eterna. Entre essas, e antes de todas, figura a da luta pela vida, que um amigo meu nunca diz senão em inglês: *struggle for life*.

Se a luta pela vida é uma lei verdadeira e só um louco poderá negá-la, como há de lutar um molhadista em terra de molhadistas? Sim, se este nosso Rio de Janeiro tivesse apenas uns vinte molhadistas, é claro que venderiam os mais puros vinhos do mundo — e por bom preço — o que faria enriquecer depressa, pois não os havendo mais baratos, iriam todos comprá-los a eles mesmos.

Eles, porém, são numerosos, são quase inumeráveis, e têm grandes encargos sobre si; pagam aluguéis de casa, caixeiros, impostos, pagam muita vez o pato, e hão de pagar no outro mundo os pecados que cometerem neste, e tudo isso lutando, não contra cem, mas contra milhares de rivais. Pergunto: o que é que lhes fica a um canto da gaveta? Não iremos ao ponto de exigir que eles abram um armazém só para o fim de perder. O mais que poderíamos querer é que não o abrissem; mas uma vez aberto, entram na pura fisiologia universal; e tanto melhor se a química os ajuda.

Também matar é um crime. Mas as leis sociais admitem casos em que é lícito matar, defendendo-se um homem a si próprio. Bem; o molhadista do nº 40, que falsifica hoje umas vinte pipas de vinho, que outra coisa faz senão defender-se a si mesmo, contra o molhadista do nº 34 que falsificou ontem dezessete? *Struggle for life*, como diz o meu amigo.

Depois, façamos um pouco de filosofia Pangloss, penetremos nas intenções da Providência. Se com drogas químicas se pode chegar a uma aparência de vinho, não parece que este resultado é legítimo, lógico e natural? Acaso a natureza é uma escola de crimes? E dado mesmo que um tal vinho seja danoso à saúde pública, não pode acontecer que seja útil à virtude pública, levando os homens a abster-se? E, porventura, a virtude merece menos que a saúde? Não são ambas a mesma coisa, com a diferença que a virtude é ainda superior? Não entrará tudo isso nos cálculos do céu?

* * *

Eu bem sei que era melhor não vender nada, nem vinho puro, nem vinho falsificado, e viver somente daquele produto a que se refere o meu amigo barão de Capanema, no *Diário do Brasil* de hoje: "Alguns milhões de homens livres no Brasil (escreve ele) vivem do produto da pindaíba..." Realmente eu conheço um certo número que não vive de outra coisa. E quando o escritor acrescenta: "...pindaíba do tatu que arrancam do buraco..." penso que alude a alguns níqueis de mil-réis que têm saído da algibeira de todos nós.

Era melhor; mas isto mesmo pode dar lugar a falsificações. Nem todas as pindaíbas são legítimas. E a própria química finge algumas, por meio das lágrimas que são, em tais casos, química verdadeira.

***

Talvez por isso tudo, é que um cavalheiro, que não sei quem seja, mas que mora na travessa do Maia, lembrou-se de fazer este anúncio: "Brasão de armas, composição de cartas de nobreza, árvore genealógica, todo e qualquer trabalho heráldico, em pergaminho, pintura em aquarela e dourados, letras góticas, trata-se na travessa — etc."

Esse cidadão não viverá na pindaíba, nem lhe dirão que faz vinho nos fundos da fábrica. Não faz vinho, faz história, faz gerações, à escolha, latinas ou góticas. E não se pense que é ofício de pouca renda. Na mesma casa convidam-se as senhoras que se dedicam à arte de pintura e quiserem trabalhar. Se ainda acharem que há aí muita química, cito-lhes física, cito-lhes um "grande cartomante" (sic) da rua da Imperatriz, que dá consultas das 7 às 9 da manhã. Física, e boa física.

Que querem? é preciso comer. Cartomancia, heráldica, pindaíba de tatu, ou vinhos confeccionados no fundo do armazém, tudo isso vem a dar na lei de Darwin.

Lélio

27 de agosto de 1884

Raspei ontem um susto, que não desejo ao meu maior inimigo.

Eu, desde criança, sempre tive medo de almas do outro mundo. Será tolice, superstição, o que quiserem; mas é assim; cada qual tem o seu lado fraco. Ultimamente, o mais que admitia é que elas não voltam cá com muita frequência, nem por pequenos motivos; mas que voltavam, voltavam. Vão ver agora o que me aconteceu.

Acabei de jantar tarde. Deitei-me no sofá, alguns minutos, com a intenção de sair às nove horas da noite. Quase nove horas! Peguei no sono, e deixaram-me roncar à vontade. De repente, no melhor de um sonho, sinto que me puxam as pernas. Se eu tivesse a alma ao pé da boca, pegava de uma espingarda, e dava dois tiros; mas sou pacato, temente a Deus e aos homens, e só capaz de matar o tempo e as pulgas. Demais, acudiu-me logo a ideia de alguma alma e comecei a tremer.

— Em nome de Deus, vai-te! vai-te! — balbuciei.

— Não, não vou — respondeu uma voz soturna —, não irei daqui antes de acabar com a emenda do gás. Não quero a emenda do gás. Enquanto a emenda existir, não posso dormir o sono eterno.

— Mas quem és tu? — perguntei trêmulo — quem és?

— Sou a Câmara dos deputados.

— Vai-te! vai-te! Não me persigas! Em nome do Padre, do Filho e do Espírito Santo! Retira-te! eu te perdoo!

— Não vou daqui sem que suprimas a emenda do gás. Não a quero, ouviste? não a tolero, não a desejo, não a aprovo...

— Mas quem sou eu para tanto?

— Tu és o Senado, tu és o meu irmão gêmeo, que ainda vive.

Respondi-lhe que estava enganada, que eu era somente um certo Lélio; que o Senado morava noutro bairro. Mas o fantasma soltou uma gargalhada e tornou a puxar-me as pernas. Jurou depois que não voltaria ao outro mundo sem ver apagada a emenda, ou ficaria peregrinando neste até à consumação dos séculos.

Todo eu era suores frios; recomendei-me ao santo do meu nome e em geral a todos os santos do céu prometi rezar cinco coroas de padre-nossos e outras tantas ave-marias; mas foi tudo como se não fosse nada. De pé, ao lado da cama, continuava o fantasma com os dois olhos fitos em mim, os olhos do Andrade Figueira, o peito do Lourenço de Albuquerque, um braço do Martim Francisco, outro do Zama... Tudo rígido e solene. Não vendo auxílio do céu, recorri à linguagem da persuasão.

— Câmara — disse-lhe —, não sei se tens razão ou não; mas que queres tu? que esperas tu?

— A fusão.

— Que fusão?

— Quero a fusão contigo.

— Comigo? Crês então que sou deveras o Senado? Suponhamos que sim; não posso fundir-me contigo, que estás dissolvida. Sabes tu o que é viver atado a um cadáver?

— Velho gaiteiro! Deixa essas reminiscências do Eurico; eu leio Zola e outros modernos. Se sei o que é viver atado a um cadáver? Tenho passado muitos dias assim, com ministérios que cheiram a defunto, e vivo bem, discuto, voto, rejeito, interpelo...

— Bem; mas eu posso recusar...

— Não podes.

— Essa agora.

— Não podes, e vou prová-lo. Senado amigo, tu governas mais do que eu; tu emendas todos os meus orçamentos, e eu, para não perder tempo ou por outros motivos, aceito as tuas correções tais quais. Um ou outro protesto tímido, e mais nada. Assim as outras leis todas, ou quase todas. Ao contrário, é raro que eu emende o que me mandas. Que é isto senão a prova de que tu governas mais do que eu? Queres outra prova? Donde vêm os presidentes do conselho senão de ti? Eu terei dado um ou outro Zacarias ou Martinho de Campos quando muito, coisa rara, e ainda assim por pouco tempo, por horas. Gladstone, Palmerston, Thiers não morreriam nos meus braços, mas nos teus. Pois bem, a troco de tanta coisa, dá-me só esta, prende-te comigo uma vez, uma só vez.

— Sim, mas um cadáver...

— Tão pouco tempo!

Nisto lembrei-me que prometer era, talvez, um meio de ver-me livre do fantasma, e disse-lhe que sim. Imediatamente a visão desapareceu, e eu achei-me no sofá. Eram dez horas e meia da noite. Mal tive tempo de correr ao papel e escrever isto, pedindo ao Senado que, para não me expor a outra, aceite ou recuse a fusão, mas de uma vez, e de maneira que, ou se fundam ou se difundam, eu possa dormir as sestas tranquilas e roncadas, em nome do Padre, do Filho e do Espírito Santo. Amém!

Lélio

1º de setembro de 1884

Estou em maré de coisas más. Há dias tive a singular visão que referi aos leitores; agora sucede-me uma espantosa realidade.

Fui duas vezes à exposição das Belas-Artes; e, entre parêntesis, estimo ver que é um gosto que se vai desenvolvendo na população.

Da primeira vez, apesar de ser tarde, achei ali cinco pessoas, e da segunda, oito ou mais. Cumprimentei o porteiro por esse motivo; ele disse-me que, realmente, a concorrência era bonita, embora devesse descontar um certo número de visitantes, talvez metade, que não passava de pessoas pagas pela Academia para fazer de público. Ganham dez tostões por visita, e há tal que no fim do dia chega a comer os seus quinze ou dezesseis mil réis.

Vamos, porém, ao que importa. Não lhes falo da *Faceira*, que é um demônio, nem de outras estátuas que lá estão, mas especialmente da Vênus Calipígia.

Não faço ao leitor a injúria de crer que não sabe a significação desse epíteto. A leitora, sim, pode ser que o ignore, e em tal caso não acho meio de contar a minha aventura.

Calipígia, em bom português, quer dizer em latim, pela regra de que *le latin dans les mots brave l'honnêteté*. Mas, se a leitora ignora o grego, não é improvável que igualmente ignore o latim, e ficamos na mesma.

Recordo-me que há na *D. Branca* um episódio em que isto se explica. A dama está no chão, com a cara escondida, de costas, tendo as roupas violentamente arrancadas, e o poeta exclama, cheio de um arroubo discreto :

...Oh! não as tem mais belas,
Calipígia Vênus!

Espero que, depois disto, não seja preciso pôr mais na carta. Ouçam agora a aventura.

Em primeiro lugar, fiquem sabendo que o autor da Vênus Calipígia está vivo. Depois de tantos séculos, parece impossível; mas a coisa explica-se pelo caso de Epimênides, que também dormiu muito. O escultor dormiu todo este tempo. Não conheço o motivo do sono, nem por que aventuras chegou o artista a passá-lo todo na ilha da Samambaia. Sei que acordou na segunda-feira, à hora em que o sr. Correia requer alguma coisa, e achou-se ali no fundo de uma grota.

Conseguiu sair e vir para esta corte, onde o vi na praia das Marinhas, desembarcando. Recuei espantado; mas, passados os primeiros minutos, arranquei à memória algumas palavras gregas que sabia, o que lhe deu imenso prazer. Fomos dali à casa dos *Cem mil paletós,* onde o vesti à moderna, e depois ao *Hotel do Globo.*

Ao saber quem era, referi-lhe a bulha que a sua Vênus fazia no mundo. Ficou muito lisonjeado, e foi comigo à Academia, para ver a nova cópia. Não posso descrever o alvoroço do pobre diabo — ria, ajoelhava, chorava, andava à roda da estátua, dava-lhe beijos de pai, dizia que era uma obra-prima, uma inspiração do céu, etc., etc., etc. De noite, em minha casa, declarou-me que tinha uma ideia excelente, mas que me pedia a maior discrição.

— Diga.

— Não se dirá que o mundo moderno não possuirá também a sua Vênus Calipígia! Vou fazer outra, por algum modelo de hoje, e, para lhe mostrar a minha gratidão, darei à nova estátua o nome de Vênus Brasileira.

Caí-lhe nos braços, chorando lágrimas patrióticas e artísticas. Ele, vendo que eu tinha o sentimento estético, disse-me coisas tão bonitas que não posso repetir aqui. Em seguida, declarou-me que precisava de um modelo, que verdadeiramente o fosse.

No dia seguinte, saiu de casa, e, como eu quisesse acompanhá-lo, recusou.

Tenho memória bastante, disse ele, para saber voltar; e os devaneios de um artista devem ser solitários; até logo.

Não voltou logo; voltou ontem, triste, abatido, desvairado; perguntei-lhe o que era, e ele respondeu com um suspiro:

— Ao sair daqui fui para a tal rua dos *Cem mil paletós*... Como se chama?

— Rua do Ouvidor.

— Justamente. Fui e encostei-me às esquinas, para ver passar as damas. Você sabe que os gregos sempre gostaram de mulheres bonitas. E as suas patrícias podem gabar-se de que realmente o são; mas...

— Mas o quê?

— Todas aleijadas!

— Como! aleijadas?

— Todas. A primeira que vi era aleijada, a segunda também e a terceira. Pensei que fosse casual, e esperei as outras. Vieram mais cinco, também aleijadas, e depois vinte, cinquenta, cem, trezentas, quinhentas, mil, duas mil, três mil, todas aleijadas. Os aleijões de algumas eram incomensuráveis. Com que então as mulheres modernas...

— Mas, não entendo...

— Sim, homem, eu desde que saí daqui levava a ideia *calipígia* na cabeça, para fazer a minha segunda Vênus, e...

Compreendi tudo, e expliquei que o que lhe parecia realidade, não passava de um simples acréscimo, por moda. Concordei (para não brigar com ele) que era um adorno horrendo, e sem graça. Mas ele não quis crer em nada; achava impossível que, por moda, trouxesse uma senhora toda a mobília consigo, e continuou triste e acabrunhado. Felizmente chegou o João Velhinho (são contemporâneos), e lá os deixei em casa, conversando sobre a guerra de Troia.

Lélio

5 de setembro de 1884

Um ex-deputado, prestes a embarcar, confiou-me agora a "Canção do exílio" que ele pretende soltar aos ventos, logo que ponha pé na província. Vou divulgá-la, não só porque de mexericos vivem os espíritos miúdos (e eu sou miúdo), como porque os versos parecem expressar uma situação moral interessante.

Hão de notar que ele imita a célebre canção de Gonçalves Dias; mas, imitando mesmo, pode-se reconhecer a originalidade de um homem. É o que o leitor verá destes versos, grandemente saudosos e filhos do coração. Em geral, estamos habituados a ver a nota lírica aplicada aos sentimentos de ordem doméstica e individual, não política. É um erro; e o nosso ex-deputado o demonstra com um vigor que espero será imitado por outros engenhos. Julgue o leitor por si mesmo:

* * *

Minha terra tem cadeiras,
Onde a gente a gosto está,
Os homens que aqui palestram,
Não palestram como lá.

* * *

Em descansar estes ossos
Mais prazer encontro eu lá;
Minha terra tem cadeiras,
Onde a gente a gosto está.

* * *

Minha terra tem primores,
Que tais não encontro eu cá;
Em descansar estes ossos,
Mais prazer encontro eu lá;
Minha terra tem cadeiras,
Onde a gente a gosto está.

* * *

E depois a força imensa
Do voto que a gente dá,
E faz andar o governo
Cai aqui, cai acolá!

* * *

Assisti a muita crise...
Quem sobe? quem subirá?
É Saraiva ou Lafaiete?
Dantas ou Paranaguá?

* * *

Vinha, enfim, o Ministério,
Casaca ou farda, e crachá;
Muita gente nas tribunas,
Muito rosto de sinhá...
Não era esta triste vida,
Vida, de caracacá.

* * *

Se às vezes gastavam tempo
Com algum tamanduá,
A gente dava uma volta,
Deixava uns cinco por lá,
E corria à boa vida
Que se não encontra cá.

* * *

Terra minha tão bonita,
Em que as tais cadeiras há,
Cadeiras amplas e feitas
Todas de jacarandá,
Deus lhe dê o que merece,
E o que inda, merecerá.

***

Nem permita Deus que eu morra
Sem que volte para lá,
Sem que inda veja os primores
Que não encontro por cá,
E me sente nas cadeiras,
Onde a gente a gosto está.

Lélio

9 de setembro de 1884

Pour un comble, voilà un comble

Ontem houve na Imperial Quinta da Boa Vista uma festa de São Benedito, obra da respectiva irmandade, ali estabelecida. Sendo a Imperial Quinta uma residência particular, não é preciso dizer que a irmandade está ali com autorização do imperador; parece mesmo que se compõe de uma parte do pessoal da casa, e não me admirará se o imperador ou a imperatriz a ajudar com alguma esmola.

Até aqui, tudo vai bem. A própria festa cuido que não andou mal. Compôs-se de uma missa cantada, um *Te-Deum,* fogo de artifício, e um leilão de prendas. Quem pensa o leitor que fez o leilão de prendas?

Dou-lhe uma, dou-lhe duas, uma maior, outra menor, à maneira das praças judiciais. Não atina? Dou-lhe uma... Dou-lhe todas, se me disser quem foi o leiloeiro, dou a minha cabeça, dou as fraldinhas de Lulu Sênior (menino de mama), dou o meu lugar no céu, dou o lugar do sr. Passos de Miranda na Câmara; dou tudo, se o leitor for capaz de adivinhar quem fez ontem o leilão de prendas na Imperial Quinta da Boa Vista.

Quem fez o leilão foi o sr. Augusto República. *Pour un comble, voilà un comble.* Ninguém dirá que a república não apregoou ontem as suas prendas na própria residência imperial, quase em cima do trono, ou, pelo menos, aos pés dele. Um frango! meus senhores! um frango! Quanto dão por este frango? Seiscentos réis, tenho seiscentos, seiscentos... setecentos! setecentos e oitenta! oitocentos! mil réis, mil, mil, mil...

E sua alteza dança! Permita-me que lhe diga: sua alteza dança sobre um vulcão. Note-se uma circunstância que dá a este fato maior gravidade. O sr. República podia, só por uma noite, e em respeito ao lugar, trocar de nome, chamar-se por exemplo, Esteves ou Perdigão. Mas não o fez; entrou República, e República apregoou. E se isto honra a sua fidelidade política e onomástica, prova também que ele prefere a afronta à dissimulação.

Não se diga que exagero. República não é nome de gente. Ninguém se chama República, nem Monarquia. Só se pode tomar um nome desses por ser um símbolo. E se o sr. República não o escolheu por si mesmo, se o herdou, então o caso é ainda mais grave, porque as opiniões que vêm detrás tornam-se mais enérgicas: são legados de família, catecismo das gerações.

A única objeção que se me pode opor é que o sr. República não se chama só República; chama-se também Augusto, e este nome tira ao outro o que possa haver nele subversivo. Em verdade, a objeção tem algum valor; mas então prefiro crer que o leiloeiro das prendas como outros leiloeiros deste mundo, usa de dois símbolos, um para a esquerda, outro para a direita, e toca a andar: — Um frango! meus senhores! um frango! é amarelo, posto que, em rigor, se possa dizer cinzento. Quanto dão por este frango amarelo-cinzento?

Os leiloeiros dessa classe são, decerto, perigosos, mas são também inofensivos, como os seus frangos de duas cores; e, uma vez que se lhes comprem os frangos, tudo irá regularmente. Agora outra suposição.

Pode ser que o sr. República seja simplesmente um homem sagaz e maquiavélico. Concluindo da atual situação das coisas, que a revolução está perto, e o naufrágio das instituições é inevitável, o sr. República engendrou um plano. Tão depressa vir a revolução triunfante, o imperador embarcado, e as aclamações na rua — *Viva a república!* o sr. República aceita os vivas, dirige-se ao paço da Boa Vista e toma conta do poder. De maneira que, quando ali chegar a revolução, achá-lo-á sentado e ouvir-lhe-á estas ou outras palavras análogas:

— Cidadãos! agradeço-vos a indicação que fizestes de minha pessoa para este elevado cargo. Compreendestes que as instituições, por mais livres que sejam, devem concretizar-se num homem, e preferistes ao acaso das eleições a aclamação imediata do povo...

— Viva o República!

— Obrigado, concidadãos!

— Viva o República!

— Ainda uma vez obrigado! Ide agora, tornai aos trabalhos do dia, restabelecei a paz e a concórdia no seio da família brasileira. Vou nomear os meus ministros ... Ide, ide.

— Viva o República!

E por este modo, no plano do maquiavélico leiloeiro, tomará ele conta do poder, assinando-se desde já com o nome da própria instituição, o que é um meio certo de lhe tirar o aspecto coletivo e comum — coisa sempre vaga — para lhe dar uma definição pessoal e distinta. E não se dirá que ele usurpou coisa nenhuma. Ele poderá responder, perante a história, que, estando muito descansado em casa, foi chamado ao poder pelas aclamações do povo. Viva a república, ou viva o República, (concluirá) é uma questão gramatical, não política.

Lélio

14 de setembro de 1884

Vou dar um alvitre aos liberais. As eleições estão perto, e cumpre não perder tempo nem Câmara.

Surgem as candidaturas, ou, mais propriamente, boquejam-se, murmuram-se, segredam-se candidaturas. Nos países de grande população, onde os eleitores são uma massa de gente que nunca mais acaba, os candidatos não têm remédio senão reuni-los, por este ou aquele modo. E não basta; é preciso que os jornais entrem todos na dança, e preguem-se cartazes: *Votai em Fulano! votai em Sicrano!* e as circulares voam, e repetem-se as manifestações públicas. Há também ventas esmurradas, é certo; mas todas as ventas do universo não valem um princípio.

Como fazer a mesma coisa entre nós, que somos duas dúzias de eleitores conhecidos uns dos outros? Somos literalmente uma família. Não há discurso, há recado; pede-se o voto ao ouvido, na esquina, ao voltarete, no bonde, à porta de uma loja. Às vezes pede-se ao mesmo tempo o fogo e o voto; "Bernardo, olha que eu conto com você; não me falte..."

Tudo isto vem para dizer que, se não há circulares na rua, nem por isso deixa de haver muita candidatura liberal. Dizem que são mais os candidatos que os eleitores; coisa que só posso atribuir ao Hermann, que abriu uma assinatura de *dez* récitas para a companhia francesa, prometendo dar aos assinantes as peças tais e tais: — contei-as todas: são treze.

Neste aperto, e vendo que o Paulino não é de graças, e está-se acostumando a vencer, lembrei-me propor um alvitre aos liberais.

Não é o sacrifício dos candidatos em proveito de um só. Jeová exigiu de Abraão que degolasse o filho, não que se matasse a si mesmo. Também não é o escrutínio prévio dos eleitores. Este meio teria o inconveniente de dar ao eleitor uma influência direta e desmoralizadora nas eleições.

A minha ideia (parece caçoada, mas juro que é sério), a minha ideia é o chapéu. Metem-se os nomes todos dentro de um chapéu, escritos em papelinhos enrolados, chama-se uma menina (a minha neta, por exemplo), a menina tira um, e esse é o escolhido para reunir todos os votos liberais. Deste modo, nem se dispersam votos, nem se desrespeita a igualdade política das pessoas.

* * *

Até aqui o alvitre, agora um pedido.

Toda gente conhece umas certas construções de ferro, que suprem as esquinas. Antes delas, só as esquinas recebiam as expansões humanas; agora, porém, são elas e as casas. Tempo virá em que sejam só as casas; e as esquinas, como a escravidão e outras instituições do passado, não chegarão ao século xx. Vamos, porém, ao pedido.

Há muito que eu andava com vontade de o fazer; mas a coisa é tão crua, tão delicada, que fui sempre adiando. Hoje, porém, lendo nos jornais a notícia de um aviso do Ministério do Império, em que se pede água para uma daquelas casas (chamamos-lhe *vespasianas*), animo-me a dizer o que quero.

Preocupados com que os ingleses vejam alguma coisa, mandamos escrever no interior desses edifícios uma advertência, que não sei como transcreva neste papel. A razão não pode ser outra senão que tais casas em Londres têm análogo letreiro, com a diferença que o de cá é muito mais cru.

Se não passassem bondes ao pé, ainda vá; mas há alguns por onde passam bondes, a todos os instantes, e de dentro do bonde lê-se claramente a coisa, que aliás parecia feita só para os hóspedes. Para que se veja melhor, a letra é grande, de tinta branca sobre fundo preto.

Ora (e é para isto que eu convoco as atenções) uma tal advertência, lida assim a todas as horas, por todas as senhoras e meninas, parece-me mais obscena do que se, porventura, uma vez na vida e outra na morte, ocorresse uma pequenina infração nas leis do encerramento hermético. Isto parece grego, mas eu não posso dar aqui o que lá está pintado. E contudo lá está, muito bem pintado e perfeitamente inútil, pois, além do mais, é um conselho de La Palisse.

E o pedido? O pedido é que, ou levantemos a parede ou apaguemos o título, ou vamos passear; mas neste último caso, como está ventando e chovendo, abotoemo-nos antes de sair.

Lélio

18 de setembro de 1884

Um dos candidatos a um lugar na Câmara recebeu anteontem uma manifestação de apreço e simpatia: foi o sr. dr. Cunha Sales, cujo programa, como se sabe, além de algumas ideias generosas, contém uma promessa especial — a aplicação do seu subsídio ao fundo de emancipação.

A manifestação não destoou um ápice deste gênero de fenômenos sublunares: os amigos foram, em bondes especiais, e em grande número, precedidos de um banda de música; houve discursos e copo-d'água. Profuso ou delicado? É só o que não posso dizer, ao menos, com certeza; mas suponhamos que uma e outra coisa, e está pronta a notícia.

Nem é a notícia que me estimula a falar; não é também a candidatura em si mesma, que acho muito legítima, tanto que, provavelmente, darei o meu voto ao candidato. O que me estimula a falar é a devolução do subsídio.

Compreendo que haja intenções santas, e esta é santíssima. Não se limita o dr. Cunha Sales a dar ao problema do elemento servil o seu simples voto: dá também o seu dinheiro. Voto por dinheiro, vá; mas voto e dinheiro, são dois proveitos num saco.

Não importa, pois, que o sr. dr. Cunha Sales abra mão do subsídio: o perigo é se a moda pega. O perigo é se em toda parte começam a surgir candidaturas idênticas, em tal número, que o eleitor some as desistências e ache mais econômico aceitar uma Câmara assim de graça. "De graça? — dizia Talleyrand ao rei, que teimava em não querer pagar ao Parlamento — é muito caro, real senhor." Há de ter errado muita vez o fino bispo; mas, em suma, parece que realmente o gratuito, mais do que o barato, pode sair caro.

Peço, pois, ao eleitor fluminense que vote no sr. Cunha Sales, por exceção; mas negue a pés juntos a bendita cédula aos outros que quiserem imitá-lo. Câmara não é lugar de recreio; fazer leis não é descansar de outras fadigas; discutir não é jogar gamão. Quem não precisar do nosso subsídio, faça como o meu antigo sapateiro, que desde que enriqueceu, não fez mais sapatos para ninguém. E eu temo justamente que ele, o sapateiro, se vir que pega o gosto das candidaturas gratuitas, se lembre de apresentar-se; temo, porque não se pode ser bom em tudo, e ele nos sapatos era insigne. *Ne sutor crepidam.*

E depois, onde ficaria o limite? As candidaturas gratuitas trariam as pagantes, e então é que era o diabo. Cavour ou Pitt, sem vintém, tinha de ceder o lugar ao sr. comendador Z. Z. da Silva. Os Silvas são leais, como diz a ópera, mas são também ambiciosos.

Eu, pela minha parte, estou pronto; e se tal costume pega, declaro obrigar-me, uma vez eleito, a beneficiar todas as ruas que se estão abrindo na cidade. As infelizes vão nascendo, em geral, tortas; não sei se para aproveitar alguns determinados terrenos e por serem caras as desapropriações, ou se para outro fim que, por sublime, escapa à minha compreensão. Pois eu encarrego-me de as endireitar todas.

Faço mais: abrirei também uma rua em certa nesga de terra que possuo, com a condição de se lhe pôr o meu nome. Ando há muito com a ambição de ver o meu nome nas esquinas de uma rua. Não falei nisto há mais tempo, porque esperava praticar alguma ação que me fizesse ilustre ou pelo menos distinto; mas a ocasião não aparece, e eu sou ambicioso. Rua Lélio é um bonito nome, e estou que fará furor.

Notem bem que eu não exijo casas. Contanto que a rua tenha o meu nome, as casas podem vir ou não. A de Francisco Eugênio (creio eu) também não tem casas, embora tenha o nome. E para que ir mais longe? Eu também tenho nome, e não tenho casas. Uma coisa não obriga a outra.

E se por esse tempo alguns amigos quiserem fazer manifestação, estou pronto a recebê-la, emendando três pontos: — hão de vir a pé, é mais bonito; trarão a banda de música atrás de si; e irão comer a outra parte. E com isto apanhamos os *repórteres*, que, em se lhes falando de manifestação, têm a papinha feita no bolso: grande número de amigos foram em bondes especiais, precedidos de uma banda de música. Houve discursos, depois do que o sr. F... ofereceu um delicado (ou profuso) copo-d'água.

Lélio

22 de setembro de 1884

Peço ao sr. Barão de Cotejipe e ao meu amigo Laet, sejam menos injustos com o Asilo de Mendicidade. Nenhum deles frequenta esse estabelecimento, ao passo que eu morei defronte dele, e se ainda está como estava há anos, é um dos primeiros da América do Sul. Se decaiu é outro caso.

Os mendigos vivem ali uma vida relativamente boa. Desfiam estopa, é verdade; mas a gente alguma coisa há de desfiar neste mundo. Em compensação, não pagam casa, nem mesa. Mesa, ainda que queiram pagá-la, não poderiam fazê-lo: comem, nos joelhos, um prato de estanho com dois ou três bocados de feijão. É pouco, é quase nada; mas a consideração de não ser um pão mendigado de porta em porta, é o seu melhor tempero. Ninguém ignora que o pouco com alegria vale mais do que o muito com desonra.

Não procede o fato de andarem esquálidos, com os ossos furando a calça e a camisa. São esquálidos, concordo; cada um deles é um cadáver ambulante: mas, afinal, a gente não os foi buscar ao Banco do Brasil ou às fazendas de Cantagalo. Se algum entrou para ali menos magro, não sei; em todo caso, entrou para não morrer de fome, e uma vez que viva, também cá fora há gente magra, com a diferença: — que é magra e muita dela endivida-se, coisa que não acontece àqueles homens.

No tempo em que morei defronte do asilo, eles apanhavam frequentemente; mas ninguém será capaz de dizer que o chicote tinha pregos nas pontas, ou mesmo alfinetes: era um simples nervo de boi, ou coisa que o valha, e se lhes doía, é porque os chicotes fizeram-se para isso mesmo. Não quererão convencer-me de que chicote e cama de plumas é a mesma coisa.

Que eles tinham um ar triste, abatido, mais próximo de bestas que de homens, isso é verdade; mas perscrutou alguém as causas desse fenômeno? Seguramente, não; entretanto, as coisas do mundo vão de tal maneira que bem se pode atribuir a melancolia daqueles homens a uma causa propriamente filosófica, estranha à administração do asilo.

Em compensação tinham eles recreios de toda a sorte, que de certo modo lhes fariam esquecer a residência em tristes cubículos. Aos domingos de tarde, vinham para um pátio, não digo infecto, e ali sentados de volta, encostados à parede, olhavam uns para os outros. Às vezes olhavam para o chão, outras para o ar. Não falavam; mas o velho adágio oriental de que a palavra é prata e o silêncio é ouro, justifica essa falta de comunicação obrigada, que afinal era uma riqueza para eles.

Em vindo a noite, recolhiam-se todos e iam para os seus cubículos, onde os que não dormiam catavam pulgas ou piolhos. Cá fora nem mesmo isso faziam.

Outro recreio que, segundo me consta (e só hoje o soube), se lhes dá é a leitura da parte comercial das folhas públicas.

Parece que é uma sugestão médica: consolar da miséria, lendo o preço das apólices.

Eu até aqui andava persuadido de que a parte comercial era lida pelos comerciantes. Simples ilusão. Nenhum lê a parte comercial. Daí o fato de terem os jornais de 12, dando notícia da reunião da Associação Comercial de 11, anunciado que a assembleia unanimemente aceitou a demissão que o sr. Wenceslau Guimarães deu do lugar de diretor. Era inexato; o assembleia rejeitou-a, também unanimemente; foi o que o presidente da reunião retificou em data de 19, nas folhas de 20. Sete dias depois! Em seis fez Deus o mundo, e descansou no sétimo! façamos a mesma coisa, que é domingo.

Lélio

26 de setembro de 1884

Sim, senhor, agora compreendi. Até aqui, conquanto louvasse a desistência que o sr. dr. Cunha Sales faz do subsídio de deputado — caso seja eleito —, não chegava a entender como é que se abre mão de cinquenta mil réis por dia. Acabo de ler a explicação.

Como se sabe, o candidato desiste do subsídio em favor da emancipação dos escravos, ou, para usar a própria expressão de uns *eleitores* que recomendam a candidatura nas folhas públicas, em favor da redenção dos cativos. Ora, segundo os mesmos *eleitores*, que ouviram a última conferência do candidato, a eloquência deste é tal, que arrebata e cativa o auditório. Tudo se explica: o sr. Cunha Sales cativa os que o ouvem, e depois dá-lhes o subsídio; é uma indenização delicada.

Assim pudesse eu entender o título da nova polca do outro Sales, o sr. Sales Bastos. Chama-se esta produção: *O Encarnado pegou fogo*. Não posso perceber quem seja este Encarnado, que é por força um vulto público, talvez histórico, talvez universal, desde que o sr. Bastos compôs uma polca, e não um enigma. Quem diabo será esse Encarnado? Supor que a polca é uma alegoria à morte de Robespierre, cujas opiniões eram efetivamente rubras, não me parece verossímil. Já imaginei se, entre os vestidos da célebre dançarina Taglioni, algum era daquela cor, e se esse algum dia ardeu...

Para tirar dúvidas, mandei comprar a polca, e dancei-a, em casa, em família; mas não achei nada que pudesse esclarecer-me.

E, entretanto, tinha o sr. Bastos ao pé de si um bom exemplo; tinha o sr. Nazaré, que acaba de reimprimir a sua polca: *Gentes! o imposto pegou?* Título claro, eloquente, definitivo, além de perfeitamete adequado a uma peça musical. Note-se que, por ocasião dos tumultos a que deu lugar o imposto de vintém, houve uma polca alusiva ao fato; restabelecida a ordem, pagou-se o imposto, e foi então que o sr. Nazaré compôs a polca a que deu aquele título. O maestro podia fazer a pergunta aos amigos, aos vizinhos, aos passageiros dos bondes: — *Gentes! o imposto pegou?* Mas podia encontrar algum casmurro que lhe respondesse mal, e então usou da polca. É a história do Brasil em rondós. *Sou útil ainda brincando.*

Não estou longe de crer que sete ou oito polcas fariam mais da próxima campanha eleitoral do que todos os artigos de jornais. Nem todo eleitor lê; mas todo eleitor dança, e dança especialmente a polca. Esta instituição, posto não seja nativa, aclimou-se depressa e bem, mais ainda do que o *déficit*, apesar dos aperfeiçoamentos que lhe têm dado os banqueiros londrinos; podemos dizer que são as nossas tulipas holandesas.

Ora, se os chefes, por meio de polcas bem ajustadas, bem tremidas, aconselhassem união, concórdia e fraternidade, é mais que certo que não haveria desperdício de votos, e ambos os partidos dariam um bom exemplo. Não digo que todas as polcas tivessem um título pesado, medalhão, um ar de artigo de fundo; trivial que seja; a nota trivial nunca foi desagradável às sociedades alegres.

Para explicar-me bem, contarei uma anedota. Há muitos anos, encontrei certo sujeito, e tive com ele algumas palestras. Um dia, confiou-me uma notícia literária: traduzira um drama de Augier.

— Ah!

— Acabei no sábado; vou levá-lo ao Furtado Coelho, e creio que há de agradar ao público.

— Sem dúvida; Augier, e bem traduzido...

— Fiz-lhe algumas modificações.

Estremeci.

— Fiz isto, não aquilo, e *meti-lhe o jocoso,* que não tinha.

Meter o jocoso! Mirem-se nisto os chefes de partido e empresários eleitorais: metam-lhe o jocoso. Nós definhamos por escassez de jocoso. Não confundam com o *ride, si sapis:* é coisa diferente.

Façam como eu, que, para que esta *bala* não saia totalmente insulsa, meto-lhe este anúncio, de um escrivão maranhense; está numa das folhas de São Luís. Limpem os beiços e leiam devagar.

O escrivão dos feitos da fazenda precisa de um moço de 14 a 18 anos, morigerado e ativo, que esteja nas condições de ser caixeiro ou fiel do seu cartório, pois que o que se acha em exercício, tendo dado para as letras, com feliz sucesso, já não pode suportar o materialismo do emprego.

Como se chama o escrivão? — João da Mata, um seu criado. — Criado de Deus, que lhe dará bom pago.

Lélio

1º de outubro de 1884

Duas pessoas que iam, ontem, em um bonde das quatro e meia da tarde (não importa saber a linha), travaram uma conversação que, por me parecer interessante, vou dar textualmente. Não sei quem eram; pareciam-me pessoas de primeira plana. Vão ambas designadas por iniciais para distinguir as reflexões de uma das de outra.

K. — Mas então você leu todos os discursos?

P. — Todos, desde o primeiro até o último, os do Cotejipe, o do João Alfredo, o do Costa Pereira, o do Coelho Rodrigues, o do Teodoro Machado, o do Amaral, todos, todos, e achei-os muito bons.

K. — Viu que o pensamento cardeal de todos é que a fiel execução da lei de 28 de setembro é o penhor da paz pública, e que tudo o que transcender do princípio ali estabelecido é um mal.

P. — É a minha opinião.

K. — Não vamos discutir esta questão em público... Já pagou? Então, dê-me licença: duas passagens... Como íamos dizendo, não vamos discutir isto *coram populo*. Quero só que me diga se você também colaborou na lei de 28 de setembro.

P. — Singular pergunta! Votei com o Rio Branco.

K. — Sem restrição?

P. — Sem restrição. Em que está pensando?

K. — Estou pensando na Babilônia... Você é pouco lido em coisas babilônicas; não sabe o que perde. Podia contar-lhe muitas delas, mas estou perto de casa, e não tenho tempo. Contarei só uma. Havia ali um grande ídolo, cujo nome me escapa... Chamava-se, chamava-se...

P. — Seja o que for, vamos ao caso.

K. — Era uma soberba estátua de cedro, com olhos de ágata e cabelos de ouro; media três covados; as mãos, postas sobre os joelhos, davam a altura regular de um rapaz de dez anos. Era tradição que esse ídolo fora um dia levado a Babilônia por trezentos gênios celestes; daí este preceito que ninguém lhe tocaria nunca em nenhuma parte do corpo. Ninguém lhe tocava; acendiam-se lâmpadas em derredor dele, queimava-se-lhe incenso e mirra, mas ninguém, desde o primeiro ao último sacerdote, ninguém lhe punha a mão. Eis senão quando, um dos guerreiros mais ilustres do país, estando a envelhecer, e temendo a morte, sonhou que lhe aparecia um gênio de asas grandes, e lhe dizia: "eu sou um dos trezentos que trouxeram à Babilônia o ídolo..." Ora, que diabo! não me lembra o nome...

P. — Deixa lá o nome; vamos adiante.

K. — Não me lembra. "Sou um dos trezentos, e, pois que temes a morte, venho oferecer-te a imortalidade." Naturalmente o guerreiro instou com o gênio que lha desse logo e logo; ele, porém, replicou-lhe que devia ir buscá-la por suas mãos e ensinou-lhe como: era tocar com o dedo no umbigo do ídolo. O guerreiro acordou deslumbrado, mas desde logo esbarrou no preceito. Os doutores da lei, quando ele lhes contou o sonho, responderam, e muito bem, que o sonho era sonho e que a lei da morte era universal: tudo morre para que tudo viva. O guerreiro pegou dos livros sacros, estudou-os setenta dias e setenta noites, e não achou nada. Não havia mais que escapar a morte.

P. — Fale mais baixo; estão todos com os olhos em nós.

K. — Um dia, porém, lembrando-se das antigas façanhas, disse ele consigo que, a troco da imortalidade, valia a pena invadir o templo e tocar com o dedo o umbigo do ídolo. Ferveu-lhe o sangue, acenderam-lhe os olhos; pegou da espada de outros anos, e, seguido de antigos e novos camaradas, entrou no templo, no momento mesmo em que os sacerdotes cantavam os versículos da exortação. Não houve luta; os sacerdotes, inermes, tiveram a dor de ver o ancião trepar ao altar, levantar o braço, estender o dedo e tocar o umbigo do ídolo.

P. — E ficou imortal?

K. — Lá vou. A consternação foi grande e natural: mas, entraram a correr as luas, e foi pegando o costume de tocar no umbigo do ídolo. Vieram mais luas e ainda mais luas, e do umbigo passaram aos pés, aos joelhos, aos braços, às orelhas, às mãos, à boca e ao peito; era crença popular que o contato de uma parte do ídolo curava de moléstias, e todas as enfermidades do mundo ali vinham, tropeçando e gemendo, e subiam ao altar, e chegavam os dedos à benta figura. E continuando as luas, passou aquilo a ser um exercício, e depois uma aposta, e depois uma brincadeira, e foi assim, lentamente, que o ídolo perdeu o dom de fazer nascer o trigo. Um dia...

P. — Ainda não acabou?

K. — Um dia, os doutores da lei, reunidos para emendar os sagrados textos, examinaram bem a história da decadência de um preceito tão antigo, e acharam que o primeiro que tocou o umbigo, esse se podia dizer que tocou as outras partes do corpo. E disseram, e escreveram que não há divisão na inviolabilidade, e que o umbigo... Ó diabo! lá passei a casa! Pare! pare! adeus! amanhã lhe contarei o resto.

Lélio

5 de outubro de 1884

Creio na opinião, toda poderosa, criadora da Câmara e dos ministérios; creio na reforma eleitoral, filha sua, que padeceu e morreu com o Sinimbu, ressurgiu com o Saraiva, desceu às comissões de redação, e subiu à sanção imperial, donde há de vir, de quatro em quatro anos, julgar os vivos e os mortos; creio no Cotejipe, que a ajudou a passar no Senado; creio no Paulino que a propôs em 1869, nos agentes do Ministério de 28 de março, que quase perderam a eleição; e em vós, Dantas, que prometeis cumprir a maior imparcialidade em dezembro.

Tal era o meu credo, quando os dois finos epigramas do sr. ministro da Justiça e do Brasil vieram desencartar-me, e fazer de mim — não digo exatamente um renegado, mas um cético. Cruel ministro! Cruel jornal!

O primeiro acaba de recomendar aos presidentes das províncias que até à eleição não distribuam mais patentes da Guarda Nacional. O segundo dedicou um artigo a esse ato, chamando-lhe conquista da liberdade, tardia embora, mas ainda útil.

Não se pode ser mais finamente sarcástico do que ambos os autores. Não se pode dizer com maior aticismo àquela parte do eleitorado que oscila entre os partidos e cujo voto decide das eleições: — Vocês não passam de coronéis nomeados ou por nomear.

São (perdoem-me a familiaridade da frase); são duas verdadeiras encapelações no eleitor; mas com tal arte, que o encapelado arranca o chapéu e cumprimenta agradecido.

Assim é que eu gosto de epigramas. Se tivesse de falar só da forma, não regatearia louvores. Ambos foram excelentemente cinzelados. A linguagem seca e imperativa do ministro acentua bem a intenção maliciosa; assim também o artigo vitorioso do jornal. Um parece dizer melancolicamente: — Sem patentes estou desarmado. O outro parece bradar: — Já não pode distribuir patentes? Então a coisa muda de figura.

Mas não há só isso; há as minhas pobres ilusões, que o ministro e o jornal arrancaram. Vir dizer a um homem cujo credo se pode ler no começo destas linhas, que no ativo da opinião não há só princípios, mas também uma grande parcela de penachos, é um requinte de maldade. Bem dizia o sr. Lafayette que a política não tem entranhas.

E depois, no tempo de Luís Filipe a oposição também acusava o governo de comprar adesões por meio de concessões de casas de tabaco. Esse meio, ao menos, era palpável. O eleitor aderia por alguma coisa. Dar, porém, o voto a troco de uma patente da Guarda Nacional, não digo que seja pouco, acho mesmo que será muito, no dia em que o coronel, prolongamento e complemento do batalhão, tiver realmente um batalhão atrás de si; mas por ora é dá-lo por nada.

Agora uma ideia. Uma vez que o batalhão é puramente abstrato e nominal, porque não aplicaremos à Guarda Nacional o sistema da grande loteria da corte que ontem correu? Era um modo de afiançar a pureza da instituição, simplificando, ao mesmo tempo, o serviço administrativo.

Sim, apliquemos ao caso o regime das aproximações e das dezenas premiadas. Nomeado um coronel, os dois moradores da esquerda e da direita ficavam sendo, *ipso facto,* majores. Todos os cidadãos que, nas diversas vilas, e cidades da província, ocupassem casa com igual número ao dado nomeado, eram capitães. Para aqueles cujo número fosse par, e de alferes quando ímpar. Sendo os moradores estrangeiros, mulheres, eclesiásticos, ou pessoas que tivessem cumprido penas infamantes, etc., passaria a patente a outro morador, que, no caso das aproximações, seria o da casa imediata, e, no das dezenas, o da do lado direito.

Não posso dizer mais, dói-me a cabeça; o principal aí fica; é a Fichet harmonizando os espíritos e as ambições. Prêmio não peço. Contudo, se quiserem dar-me algum, podem mandá-lo entregar, em meu nome, ao Clube dos Viúvos, um clube que dança, canta e representa uma vez por mês, provavelmente alegres. Singulares viúvos!

Lélio

10 de outubro de 1884

Acho hoje não sei que véu de melancolia sobre todas as coisas. Verdade é que motivos de tristeza não me faltam.

Logo de manhã, dei com a notícia da publicação de uma valsa sentimental intitulada: *A minha vida é bem triste oh! Virgem mãe celeste!* Fui comprá-la, voltei a casa e dancei-a logo antes do almoço.

No fim de dez minutos, chorávamos todos, chorava o piano, choravam as pernas, os suspensórios, as cadeiras, as portas, tudo chorava.

Ao almoço, novo motivo de tristeza, quando me trouxeram o café. Eu, há três dias a esta parte não penso senão nas quatorze mil e tantas sacas de café avariado, que correm mundo, pois a Junta de Higiene só chegou a apanhar seiscentas. A ideia de que uma parte desse café pode estar no meu organismo, lança-me na mais profunda consternação.

Só uma coisa me consola, e não muito, é a ideia de que o tal café não foi distribuído de graça. Também é o que lhe faltava: avariado e gratuito! Nada mais me consola, nem mesmo a persuasão em que estou de que uma coisa daquelas não se faz sem muita sagacidade, prontidão e sangue frio. Deus lhe dê uma comenda!

Outro motivo de tristeza: o fiscal da freguesia de Santo Antônio. Esse digno funcionário municipal acaba de dizer *buret parochia,* que vai mandar executar o § 14, título 3º, seção 2ª das posturas de 1838. E transcreve o parágrafo, em que se dispõe que os cães que andarem soltos serão mortos.

Ninguém ignora que essa postura era um dos modos como, em 1838, se faziam *vaudevilles*. O atraso da literatura naquele tempo, a nenhuma comunicação com a Europa, não permitia dar a esse gênero de invenção as propriedades que lhe são peculiares. Daí a forma incorreta e a inserção numa lei municipal.

A prova de que não há nessa postura a menor intenção proibitiva ou coercitiva é que ela nunca foi cumprida, e lá vai meio século. Neste ponto o Rio de Janeiro pode competir com Constantinopla, onde há quase tantos cães soltos como vizires decaídos, ou talvez mais; falo de Constantinopla. Aqui os cães viveram sempre na rua, soltos e em geral não fazem mal a ninguém, não furtam carteiras nem dão facadas. Puni-los por essa abstenção, ao cabo de meio século, é continuar o *vaudeville* de 1838. Continuemos a dar bola a uns cinco ou seis, no verão, para exemplo dos que ficam, e vamos dar graças aos deuses, que afinal também fizeram os cães.

Para sacudir todas essas causas de melancolia, recorri a um *sursum corda,* a circular do sr. Ramos Nogueira, que se propõe a deputado pelo 2º distrito de São Paulo.

Todo esse documento é de levantar os espíritos. Os tempos são chegados, diz ele, e prova-o dissertando longamente sobre a marcha da civilização e o advento do espiritismo. O sr. Ramos Nogueira é espírita, e o mais adiantado de todos. "Sendo o mais adiantado espírita do mundo (diz ele), pela misericórdia do senhor, falo em consequência de dupla vista". Noutro lugar afirma que "na Câmara há de levantar-se um braço de ferro, que porá ordem no seio da pátria; esse é o designado há 19 séculos".

Isso em Pindamonhangaba. Para os lados de Bertioga há outro *sursum corda,* um profeta, que ali prega, confessa e batiza, e começa a ter os povos atrás de si. As folhas locais chamam-lhe especulador. Não sei porque não há de ser também um homem convencido, e até mandado, profeta às direitas para anunciar o advento da verdade. Em Portugal, o sr. visconde de Visquela também prediz sucessos espantosos.

Eu cá aceito todos os profetas, contanto que estejam convencidos. Quanto às doutrinas, é outro caso. Há dias, o sr. dr. Aleixo dos Santos fez um discurso para demonstrar que é a verdade que governa o mundo moral. Venham, pois, todos os profetas do universo e não destruirão este dogma de um autor, cujo nome me escapa, mas basta o dogma: creio que dois e dois são quatro, mais *je n'en suis pas sûr*.

Por isso é que eu não vou a Bertioga, nem a Pindamonhangaba, e deixo-me estar à janela, vendo passar os cafés avariados, os cães mortos, as valsas sentimentais e as polcas alegres. Valha-me Deus! acabei ainda mais triste.

Lélio

14 de outubro de 1884

A diretoria do Banco Industrial e Mercantil convocou a assembleia geral dos acionistas para discutir o projeto dos novos estatutos. Não apareceu maioria. Nova convocação e igual resultado. Agora a diretoria convoca a assembleia para o dia 25, e declara que nesta 3ª reunião, qualquer que seja o capital representado, a assembleia poderá deliberar, são os termos da lei.

Este fato destruiu uma das minhas mais funestas ilusões.

Eu supunha que o acionista era uma criatura obediente, pacata, sabendo cinco até seis palavras da língua, e nenhuma negativa, salvo quando uma negativa equivale à afirmativa; por exemplo:

— Parece-lhe que temos andado mal?

— Não, senhor.

— Acha que devemos entregar a prebenda a outros cavalheiros?

— Nunca!

Quem me meteu esta ideia na cabeça foi um carneiro que eu tinha em casa. Nunca falei deste episódio, por medo dos sábios, que não admitem milagres; e, agora mesmo, se falo dele, é para explicar a minha errada convicção, não para discutir com pessoas competentes.

O carneiro de que trato foi-me dado por meu padrinho, no dia de meus anos, e chamava-se *Mimoso*. Era eu que o soltava todos os dias, que lhe dava de comer e beber, que o levava a passeio, coisas todas que ele agradecia e pagava, tornando-se meu amigo.

Um dia, estávamos ao portão (era em Catumbi), e passou um vizinho, dizendo-me que ia receber uns dividendos de companhia. Não se imagina o efeito que esta palavra produziu no carneiro. Começou ele a saltar, a querer ir também, rua fora; consegui subjugá-lo, dizendo-lhe, em voz alta, como se fala a um animal de estima:

— Anda, sossega, sossega, *Mimoso*!

Ele olhou para mim, com os olhos doces, próprios do carneiro, e perguntou-me melancolicamente:

— Por que me não há de deixar ir receber os dividendos?

Os cabelos ficaram-me em pé, recuei aterrado, mas ele tinha os olhos tão meigos, e a voz tão persuasiva, que a primeira impressão passou. Vim até ele, e disse-lhe com brandura, que ele não precisava de dividendos, bastava-lhe a minha estima, que lhe daria tudo. Demais, só recebem dividendos os acionistas, e ele não era acionista.

— Sou acionista.

— Está brincando...

— Falo sério, muito sério. Nem creia o senhor que haja muita onça, lobo ou leão, que compre ações; em geral são os carneiros, e uma ou outra raposa...

— Entretanto, você é o único que aparece assim; todos os outros...

Mimoso arregaçou a parte superior do focinho como se quisesse sorrir, e replicou:

— Nós, os acionistas, temos a faculdade de andar com a forma de carneiro ou de homem. Eu prefiro a de carneiro, por achá-la mais cômoda. Quem anda em dois pés, mais facilmente cai; por isso ando em quatro. Além disso, há da minha parte, neste procedimento, um certo amor próprio; não quero usar cara emprestada. Carneiro sou, carneiro fico.

Foi dali que me veio a singular persuasão em que estava; descubro agora que foi ou uma caçoada do animal, ou uma alucinação minha.

Na verdade o caso do Banco Industrial e Mercantil prova que o acionista tanto não é carneiro, que não obedece ao chamado. A diretoria não o convoca para dar-lhe um ou dois cascudos, mas só e somente para ler-lhe e pedir-lhe que discuta a nova lei que tem de reger o meneio dos capitais; e chama-o uma vez, duas vezes, sem conseguir que ele lá vá.

Justamente, agora ocorre-me um caso sucedido há tempos. Estava eu em certo escritório de companhia, e no dia de assembleia. A diretoria tinha feito uma convocação, sem resultado, e marcara esse novo dia. De repente, corre um empregado a avisá-la de que havia uma pequena maioria de votos. Os diretores correram a apanhar os acionistas presentes, antes que uma parte deles desse às gâmbias — e inutilizasse a convocação. Tratava-se nada menos que de prestar contas do ano.

Quando se deu este fato, tinha ainda em casa o carneiro, e consultei-o. A explicação que ele me deu foi mais especiosa que verossímil. Disse-me que o carneiro, seja ou não acionista, morre calado; e, para morrer calado, não é preciso dar-se ao trabalho de estar sentado uma ou duas horas, ouvindo algumas coisas, e levantando-se, de quando em quando, para responder invariavelmente:

— Parece-lhe que temos andado mal?

— Não senhor.

— Acha que devemos entregar a prebenda a outros cavalheiros?

— Nunca!

Tudo isto é especioso. A verdade é que o acionista é indolente: importa-se mais com os dividendos, que com os divisores.

Lélio

19 de outubro de 1884

Pessoas da roça escrevem-me a respeito de um assunto, que considero melindroso, pelas revelações que sou compelido a fazer.

Chegou-lhe lá a notícia de uma instituição nossa, que permite a fundação de pensões por meio de entradas módicas e que anuncia, para exemplificar, as que dá à filha do subscritor Fulano (1:000$), aos herdeiros do subscritor Sicrano (1:000$) e aos de Beltrano (10:000$) tendo o primeiro entrado com 33$790, o segundo com 46$550 e o terceiro com 284$500.

Naturalmente os roceiros ficaram espantados com a diferença dos algarismos. Um deles, mestre-escola, meteu-se a dizer que, anunciando a instituição que tais são as quantias que *tem pago*, não as dá senão como um total de meses ou anos; mas os outros, homens de pão, pão, queijo, queijo, replicaram que então seria um convênio de caçoada. E escrevem-me de várias partes, perguntando donde sai o dinheiro para completar tão grandes pensões.

Respondo (e fique-lhes a responsabilidade desta revelação), respondo que quem dá esse dinheiro sou eu. Disponho de alguns capitais, que me não são preciosos, e entendo que o melhor emprego que lhes posso dar é ir em auxílio das instituições nascentes até que elas prosperem.

Em geral, o dinheiro nunca me serviu senão como instrumento do útil e do honesto. Para não ir mais longe, as sete pessoas que compõem os *meetings* eleitorais do sr. Cunha Sales, no largo de São Francisco de Paula, são estipendiadas por mim; dou-lhes um tanto em dinheiro (não digo a soma, por um sentimento de conveniência que toda a gente compreenderá) e um guarda-chuva.

Note-se que não levo nisso o menor interesse político. Ao contrário, as minhas opiniões corcundas são conhecidas, e o candidato é liberal; mas entendo que todas as aspirações devem ser animadas, e bem fraca é a opinião que se arreceia de mais um lidador da opinião oposta.

Outra despesa minha é a declaração oficial, que a Câmara municipal está fazendo de não ter nem reconhecer nenhuma *agência*, intermediária do matadouro para a preferência da matança do gado. Quando lhe insinuei a conveniência desta declaração, respondeu-me a Câmara que era um despropósito que uma tal declaração oficial eqüivalia a andar a gente com este letreiro na cabeça: "não é meu costume assoar-me nos lenços alheios."

Ri-me da graça, mas fiquei logo sério e respondi que, se a questão era de dinheiro, pagava eu as despesas da impressão. A Câmara, vendo que era uma economia, consentiu, mas protestou sempre que era um disparate. Revelando algumas ações boas, não minto a preceito que manda que a mão esquerda não saiba o que faz a direita. A direita é que está contando estas coisas; a esquerda não sabe nada, está metida no bolso das calças, donde a tiro agora, somente para dizer ao leitor: adeusinho.

Lélio

24 de outubro de 1884

Há nesta cidade uma reunião de ideólogos e jacobinos, que, com o nome de Centro Comercial de Molhadistas, está simplesmente afrontando a consciência humana.

Que os membros desse clube de perversos jurem vender vinho puro e legítimo, vá; é um ato de virtude e lealdade, que lhes merecerá a estima pública, além de ser um direito amparado pela Constituição.

Mas não fica aí o centro. Quer mais; quer impor a todos os que vendem vinhos a obrigação de os vender puros e verdadeiros, chegando ao excesso de divulgar os lugares em que os há falsificados, com todas as indicações de rua e número.

Filosoficamente, o ato do centro é um absurdo. É axioma de metafísica que nenhuma coisa, considerada em si mesmo, é *boa* ou *má*; só o pode ser comparada com outra. Ora, se todos os vinhos de uma loja forem de uma certa qualidade, antipática ao centro, não se pode dizer que sejam falsificados ou impuros. Para isso seria preciso que a loja vendesse outros vinhos, dos que o centro chama puros, e é isso o que ele, em alguns casos, não poderá provar.

Juridicamente, é um atentado. O direito de vender vinho puro implica o de vendê-lo falsificado. Não é um princípio abstrato, está nos códigos modernos, e verifica-se em todas as ordens da atividade humana. Os livros são o vinho do espírito, e ninguém se lembraria de estabelecer que só se escrevessem livros bons. Quando um tenor canta mal, tenho o direito de não voltar ao teatro, mas não o de impedir que o tenor cante no dia seguinte: 1º, porque ele tem o direito de cantar mal; 2º, porque o meu vizinho tem o direito de ouvi-lo.

Moralmente, é uma obra odiosa e vã. Há para a virtude a mesma escala que para o frio e o calor. A alma humana, e implicitamente a comercial, é uma sucessão de temperaturas. Assim, por exemplo, o mesmo homem pode vender vinhos falsificados e zurrapas verdadeiras; por que exigir dele que também os vinhos sejam verdadeiros? Virtudes inteiriças são raras. E quando não fosse baldado exigir de todos o mesmo grau de virtude, seria certamente odioso e maometano: — crê ou morre. Se para ganhar o céu, não exige Cristo sacrifício, como o exigirá o centro para ganhar quatro patacas, que, afinal, valem menos que o céu? É ser mais papista que o papa.

Socialmente, é um perigo, e gravíssimo. No dia em que cada classe se lembrar de indagar o que é que todos os seus membros vendem, chegaremos à guerra social. Por enquanto, só vejo esse uso nos vinhos e na política; fiquemos nisto.

Economicamente, é uma injustiça. Quem vende vinhos falsificados, não os vende a troco de ouro, mas de papel moeda, que é a moeda de convenção, simples promessa de dinheiro; donde resulta que há um contrato perfeito e igual em todas as suas partes. Creio até que dos dois objetos permutados, o vinho é ainda o mais valioso, porquanto o papel, representando a palavra da sociedade, representa implicitamente um certo número de velhacos que toda a sociedade não pode deixar de ter em si, ao passo que o vinho pode ser obra de um honesto cavalheiro, esmerado e transparente em todas as outras coisas da vida.

Teologicamente, é uma tríplice heresia: 1º, porque é dos livros, que o que salva é a fé, não as obras, e uma vez que o inculpado creia nas verdade morais e eternas, nada está perdido; 2º, porque é também dos livros, que há mais alegria no céu por um pecador que se arrepende, do que por um justo, e a perseguição aos inculpados tira-lhes a possibilidade do arrependimento; 3º, porque é ainda dos livros, que Deus permitiu a existência de heresias, e se o vinho falsificado é uma heresia, é provavelmente permitido por Deus, e destinado a afinar o valor dos vinhos puros, e dos que se dão ao mister de os vender.

Por todas essas razões e por outras que omito, e não são menos concluentes, proponho a extirpação do sobredito *centro*, como uma invenção do diabo, fator de desordens, iniquidades e abominações.

Lélio

29 de outubro de 1884

Já tínhamos Lafaiete, ministro de Estado e presidente do conselho, citando Molière na Câmara. Não é tudo. Para citá-lo bastam florilégios e o incomensurável Larousse, mas o nosso ex-ministro leva o desplante ao ponto de o ler e reler. Felizmente, a indignação parlamentar e pública lavou a Câmara e o país de tão grande mancha, e podemos esperar com tranquilidade o juízo da história.

Agora temos Taunay, em vésperas de eleição, cuidando das músicas do padre José Maurício, e citando (custa-me dizê-lo), citando Haydn e Mozart.

Não ignoro que tudo isto de Taunay e Lafaiete, afinal de contas, são francesias de nomes e de cabeças. Ouviram dizer que em França alguns deputados leem os clássicos, e imaginaram transportar o uso para aqui.

Não advertiram que nem todas as coisas de um país podem aclimar-se em outro. Não concluamos da pomada Lubin para o *Misantropo*. São coisas diferentes. Paul-Louis-Courrier, tão conhecido dos nossos homens, compondo na cadeia um opúsculo político, interrompia o trabalho para escrever à mulher que lhe mandasse uma certa frase de Beaumarchais. Segue-se daí que devemos todos ler Beaumarchais? Pelo amor de Deus!

O caso de Taunay é mais grave. Lafaiete conspurcou, é verdade, a tribuna parlamentar com um pobre-diabo que, posto viva há dois séculos na memória dos homens, era, todavia, um saltimbanco ou pouco mais. Taunay levanta os braços no céu, consternado, porque as obras musicais do padre José Maurício andam truncadas, perdidas ou quase perdidas.

A melhor explicação que se pode dar de um tal destempero, é que o estado mental de Taunay não é bom; mas, se não é assim, não sei como qualifique esta preocupação do meu amigo.

Reparem bem que Taunay embarca para a província de Santa Catarina, onde vai pedir que lhe deem votos para deputado. Nesse momento solene, em que o mais medíocre espírito gemeria pela queda de alguns delegados ou majores, Taunay lastima a perda de alguns responsórios de José Maurício.

Responsórios! Mas é de suspensórios que tu precisas, Taunay, tu precisas de suspensórios eleitorais que te levantem e segurem as calças legislativas. Deixa lá os responsórios do padre. Estão perdidos? paciência; perde-se muita coisa por esse mundo. Eu hoje, ao ler-te perdi a tramontana, e tu, se vais nesse andar, perdes a eleição.

Já tinhas a enxaqueca literária e as belas páginas de *Inocência*, e como se isso não bastasse, pões cá para fora a tua sabença musical. Taunay, Taunay, amigo Taunay, deixa as coisas de arte onde elas estão, achadas ou perdidas; muda de fraseologia, atira-te aos *cachorros*, *paulas*, *leões*, todo esse vocabulário, que só aparentemente dá ares de aldeia, mas encerra grandes e profundas ideias. Já estudaste o coronel? Estuda o coronel, Taunay. Estuda também o major, e não os estuda só, ama-os, cultiva-os. Que és tu mesmo, senão um major, forrado de um artista? Descose o forro, *et ambula*.

Sim, Taunay, fica prático e local. Nada de responsórios, nem romances e estás no trinque, voltas eleito e podes então, à vontade, dançar cinco ou seis polcas por mês. Também é música, e não é de padre.

Lélio

3 de novembro de 1884

O sr. dr. Castro Lopes deseja juntar aos seus louros de latinista eminente os de legislador. Apresenta-se candidato pelo 1º distrito, com uma circular em que promete aplicar todos os esforços em prover de remédios as finanças do país.

Tendo-as estudado desde longos anos, o recente candidato formulou alguns projetos, que apresentará na Câmara, tendentes principalmente "a aliviar a nação da sua dívida interna e externa, sem o mínimo gravame nem do povo nem do tesouro". Povo e tesouro para os efeitos puramente pecuniários pode dizer-se que são a mesma coisa; mas o importante é que a medida, qualquer que seja, é nada menos que a salvação do Estado.

Vede, porém, como uma ideia se liga a outra. A circular recordou-me um drama, que escrevi há muitos anos (vinte e três, não digam nada), obra incorreta e fraca, mas que ainda assim conservei comigo até 1878, ano em que mudei de casa e queimei vários manuscritos.

Chamava-se *Triptolemo* XVII ou o *Talismã*. Tratava também de um Estado onerado de grandes dívidas. Triptolemo quer casar a filha, a princesa Miosótis, com o príncipe Falcão, e não acha quem lhe empreste dinheiro para as bodas. Oferece altos juros, hipotecas, comissões gordas, e nada, ninguém acode. Ao contrário, os credores reúnem-se, amotinam-se e correm ao paço, que fica cercado por eles, pedindo em altos brados que lhes mandem dar tudo, capital e juros.

Os ministros sucedem-se com uma rapidez vertiginosa. Duram sete a oito minutos; não achando meio de pagar a dívida pública, são enforcados logo. O último nomeado está com a pasta desde as nove e cinco; Triptolemo vem dizer-lhe que só faltam oito para salvar o Estado ou morrer e retira-se.

Nisto aparece um respeitável ancião que declara possuir um segredo para salvar tudo, o Estado e a vida do ministro. Este manda-o embora, abre a janela e contempla a forca.

— Daqui a dez minutos serei cadáver — murmura ele.
— Não! — brada uma voz.
Era uma fada, a fada Argentina que, enamorada da beleza do ministro, vem

oferecer-lhe um talismã, ensinando-lhe que, sempre que bater com ele no ombro de Triptolemo, as algibeiras deste regurgitarão de ouro. O ministro recusa crer; mas a fada pede-lhe que vá verificá-lo e desaparece.

Nove horas e onze minutos. Entra Triptolemo; fora ouvem-se os berros dos credores, o paço está prestes a ser assaltado. Então o ministro pede licença a Triptolemo, bate-lhe no ombro, e as algibeiras régias começam a entornar moedas de ouro. Estupefação do rei e do ministro. Outro toque, outra emissão, e as moedas correm, descem, amontoam-se. São ducados, libras, florins, liras, duros, rublos, thalers, é tudo, são milhões, vinte milhões, duzentos milhões, quinhentos milhões. Triptolemo paga aos credores juros e capital, casa a filha e o talismã é guardado nas arcas do Estado como um recurso para os lances difíceis.

No fim, aparece outra vez o ancião respeitável e confessa em público e raso que o seu meio, posto que eficaz, era muito mais lento.

— Consistia — concluiu ele — na aplicação desta regra de Franklin: "Se te disserem que podes enriquecer por outro modo, que não seja o trabalho e a economia, não acredites". Eu aplicava a regra ao pagamento das dívidas, que é um modo de enriquecer. Paga o que deves, vê o que te fica. Mas, reconheço que era levar muito tempo, e...

Já se compreende que a circular me lembrasse o drama. O único ponto obscuro para mim é se o remédio da circular é o talismã ou a regra de Franklin.

Lélio

10 de novembro de 1884

Venho pedir-lhe o seu voto na próxima eleição para deputado.

— Mas, com o senhor, fazem setenta e nove candidatos que...

— Perdão: oitenta. Que tem isto? A reforma eleitoral deu a cada eleitor toda a independência, e até fez com que adiantássemos um passo. Em rigor, e pelo antigo sistema, há dois modos de fazer eleição: ou por designação de um chefe ou por acordo dos eleitores em reuniões públicas. Não contesto que o primeiro modo dá a unidade e o segundo a liberdade do voto. Nós, porém, inventamos um terceiro meio mais próprio de família, mais adequado aos sentimentos bons e sossegados: a candidatura de paróquia, de distrito, de rua, de meia rua, de casa e de meia casa... Quem é que não tem um ou dois companheiros de escritório ou de passeio?

— Bem; pede-me o voto.

— Sim, senhor.

— Responda-me primeiro. Que é que fazia até agora?

— Eu...?

— Sim, trabalhou com a palavra ou com a pena, esclareceu os seus concidadãos sobre as questões que lhe interessam, opôs-se aos desmandos, louvou os acertos...

— Perdão, eu...

— Diga.

— Eu não fiz nada disso. Não tenho que louvar nada, não sou louva-deus. Opor-me! é boa! Opor-me a quê? Nunca fiz oposição.

— Mas esclareceu...

— Nunca, senhor! Os lacaios é que esclarecem os patrões ou as visitas; não sou lacaio. Esclarecer! Olhe bem para mim.

— Mas, então, o que é que o senhor quer?

— Quero ser deputado.

— Para quê?

— Para ir à Câmara falar contra o Ministério.

— Ah! é contra o Dantas?

— Nem contra nem pró. Quem é o Dantas? eu sou contra o Ministério... Digo-lhe mesmo que a minha ideia é ser ministro. Não imagina as cócegas com que fico em vendo um dos outros de ordenanças atrás... Só Deus sabe como fico!

— Mas já calculou, já pesou bem as dificuldades a que...

— O meu compadre Z... diz que não gasta muito.

— Não me refiro a isso; falo do diploma, o uso do diploma. Já pesou...

— Se já pesei? Eu não sou balança.

— Bem, já calculou...

— Calculista? Veja lá como fala. Não sou calculista, não quero tirar vantagens disto; graças a Deus para ir matando a fome ainda tenho, e possuo braços. Calculista!

— Homem, custa-me dizer o que quero. O que eu lhe pergunto é se, ao apresentar-se candidato, refletiu no que o diploma obriga ao eleito.

— Obriga a falar.

— Só falar?

— Falar e votar.

— Nada mais?

— Obriga também a passear, e depois torna-se a falar e votar. Para isto é que eu vinha pedir-lhe o voto, e espero não me falte.

— Estou pronto, se o senhor me tirar de uma dificuldade.

— Diga, diga.

— O X. pediu-me ontem a mesma coisa, depois de ouvir as mesmas perguntas que lhe fiz, às quais respondeu do mesmo modo. São do mesmo partido, suponho!

— Nunca: o X. é um peralta.

— Diabo! ele diz a mesma coisa do senhor.

Lélio

14 de novembro de 1884

Vou dar um conselho à futura Câmara dos deputados, e é de graça.

A Câmara abre-se no dia 1º de março de 1885. Na forma do costume, ouvirá o discurso imperial de abertura, em que se falará do seu patriotismo e das suas luzes, e se aludirá naturalmente à reforma do estado servil. Também na forma do costume, a Câmara elegerá uma comissão para redigir o projeto de resposta ao discurso imperial.

Sempre na forma do costume, essa comissão virá para a rua do Ouvidor, entre três e cinco horas da tarde, a fim de contemplar as damas; depois, irá jantar, depois, irá ao teatro, ou à casa de algum dos ministros; e voltará para casa, donde sairá no dia seguinte de manhã, e fará as mesmas coisas.

Fiel ao costume, essa comissão, no fim de um mês, perguntará a si mesma: "Homem, é verdade: e se redigíssemos o projeto de resposta à fala do trono?" E responderá logo: "Bem lembrado". Combinará imediatamente uma reunião, mas uma reunião à maneira de Lulu Sênior, que é cada um em sua casa com sua mulher e seus filhos. A diferença é que será no Recreio Democrático ou na Fênix, rindo muito, ou no Castelões, tomando um sorvete.

Sem se desviar do costume, a comissão, no fim de sete semanas, criará vergonha e determinará que o relator redija o projeto de resposta. O relator compreenderá a inconveniência de pensar e compor; pegará da fala imperial e vira-la-á do avesso, com o especioso pretexto de parafraseá-la; e, feito o projeto, deposita-lo-á assinado sobre a mesa.

De acordo com o costume, entrará a resposta em discussão, durante trinta ou cinquenta dias. Haverá, aproximadamente, cinquenta discursos, pró e contra; entre eles, dois sobre a comarca de Cabrobó, um contra o coletor da Vigia (Pará), três em defesa da ponte do Guandu (?), um em que se conte certo processo que o ministro da Justiça advogou, logo depois do Ministério Paraná, e sete com o modesto fim de citar uma ou duas páginas da *Revista dos Dois Mundos*.

Votada a resposta, na forma do costume irá uma comissão levá-la ao paço, um mês antes do encerramento da mesma Câmara; a não acontecer como este ano, em que não se fez isso, nem nada.

Aqui vai agora o meu conselho.

Faça a Câmara de conta que o imperador é um vizinho cortês, que soube da presença dela na cidade, e foi visitá-la em pessoa, perguntar-lhe como passou e oferecer-lhe os seus préstimos. E então responda-lhe logo, que passou bem, e que lhe fica muito obrigada; e só depois disso exponha os seus planos, os batizados que tenciona fazer, os carros que há de comprar, e o resto, mas depois, só depois.

Isto que lhe digo, pode não ser profundamente parlamentar, mas tem um grãozinho de bom senso, que lhe não ficará mal de todo. Parece até que a Câmara dos comuns e a dos lordes fazem isto mesmo; primeiro, agradecem os cumprimentos, e depois é que vão à sua vida; tal qual na primeira esquina de rua. Vamos lá; não cheguemos ao extremo de crer que sabemos mais disto do que os próprios inventores do sistema. A modéstia também fica bem aos povos.

E aí deixo o conselho de graça. Não lhe peço um vintém. Não quero nem um medalhão na sala, nem a mais remota alusão a este artigo, no correr dos debates. Volte a Câmara ao reinado do senso comum, tome juízo, corte pelas retóricas de terceira mão, e estou pago e mais que pago.

Agora, se apesar do meu desinteresse teimar em dar-me alguma coisa, seja por outro motivo, não por esse. Pretextos não faltam; e para não ir mais longe, aqui está um trecho da circular de um dos candidatos à Câmara, o sr. Valdetaro:

> Devo expor com franqueza meu parecer sobre a principal questão da nossa vida social. O elemento servil, fonte irrecusável do nosso atraso, deve desaparecer, e quanto mais rápi-

do for a transformação que este fato tem de produzir, melhor consultados serão os interesses do país. O projeto apresentado ao corpo legislativo em 15 de julho do corrente ano satisfaz em parte a essa aspiração. Qualquer mudança que for de admitir-se ao sistema nele adotado, e no intuito de assegurar os seus benéficos efeitos, merecerá todo o meu apoio e cuidado.

Pois bem: estou pronto a receber uma gratificação da Câmara, se eu conseguir meter neste trecho o projeto do governo, duas ou três emendas, as constituições da Bolívia, os tratados de 1815, o livro de Esdras, as *Ruínas* de Volney, e também...

E também as memórias gloriosas
Daqueles reis que foram dilatando...

Lélio

18 de novembro de 1884

A Santa Casa de Misericórdia acaba de dar uma prova de grande ceticismo: resolveu que a enfermaria homeopática ali provisoriamente estabelecida seja considerada definitiva, com um médico pago por ela. Naturalmente o Instituto Hanemaniano dá graças ao céu, enquanto na Faculdade de Medicina há choro e ranger de dentes.

Que isto se faça na provedoria do sr. barão de Cotejipe é a coisa mais legítima do mundo, uma vez que S. Exa. é presidente do Senado. Segundo a boa doutrina parlamentar, o presidente é o defensor da minoria, e por ora, a minoria é dos homeopatas. Ninguém exerce longos anos um grande cargo sem encarná-lo em si mesmo; é o caso do presidente de uma Câmara política.

Além dessa razão doutrinária, há outra puramente fenomênica. S. Exa., durante quatro meses por ano, ouve no Senado as duas escolas políticas. Uma prega o curativo por meio dos contrários, outro por meio dos semelhantes; assim como esta chama bárbara à outra, a outra ri das gotas-d'água desta. Para cúmulo de analogia, a alopatia política responde que certas regras, que os homeopatas cuidam ter inventado, lá estão há muitos séculos entre os aforismos de Hipócrates; enquanto a homeopatia, seja ou não política, repete o que me dizia, há anos, um médico da nova escola: "Nós também sangramos".

Quando se ouve durante anos a defesa constante de dois sistemas, com os mesmos processos, contrai-se um jeito à Montaigne: *Peut être!* A consequência é autorizar as enfermarias. Contanto que curem, todos os sistemas são bons.

A dosimetria, por exemplo, teve um princípio bonito. Eu cansei-me em dizer a alguns amigos que não era questão de medicina, mas de farmácia. Perdia o tempo; os devotos continuavam munidos de tubos de vidro, e a expressão *medicina dosimétrica* fez alguma figura. Hoje creio que vai acabando. Ocorre-me que, no século passado, uma fidalga foi consultar um médico célebre sobre o valor de não sei que remédio, então em voga: "Apresse-se em tomá-lo, respondeu o médico: apresse-se enquanto ele cura!" Quem se apressou com a dosimetria não se arrependeu.

A questão de saber onde está a verdade é importante, mas não é mais na Santa Casa do que fora dela: cá fora é o doente que escolhe o remédio. O mais ínfimo espírito resolve esta questão capital de saber onde está a verdade científica, se com Hipócrates ou Hanemann. A Santa Casa não fez mais do que permitir lá dentro o que é lícito cá fora e igualar a medicina à religião: liberdade para todos os cultos, para sarar, como para rezar. E ainda é mais liberal a Santa Casa do que a Constituição do Império, que permite os outros cultos, sem forma exterior de templo. A Santa Casa paga até o padre.

Desculpe-me os alopatas cá de casa; eu quero-os à minha cabeceira, e todos os seus, mas, se fosse a Santa Casa, faria a mesma coisa.

E agora me lembro que conheci há muitos anos um médico alopata, que acabou curando por ambos os sistemas. Como alguém lhe pedisse uma explicação da coisa, respondeu ele que só aplicava a homeopatia às crianças: — "Não hei de martirizar os pobres inocentes!"

Vós, que escreveis para o público, vede nessas frases que aí ficam dois gêneros de cômico. Dita assim, só por dizer, com um ar de epigrama, tem certa graça, não muita; mas o que lhe dá uma nota de Molière ou Balzac é o que o homem falava profundamente convencido. Pobre amigo! lá está na terra da verdade. Não perguntavam há pouco onde é que estava a verdade? Debaixo da terra. *Veritas quae será tamem...*

Lélio

21 de novembro de 1884

Foi publicada hoje uma estatística eleitoral do Ceará, cuja importância parece ser de primeira ordem. Sabe-se por ela quantos votos tem a liga Aquirás-Paulas, e quantos a liga Ibiapaba-governo, em todos os distritos da província. No 7º, por exemplo, a primeira conta 518 eleitores e a segunda 263, exatamente isto, com todas as unidades de diferença. Não são números a esmo, 50 e tantos, ou 200 e tantos; são expressamente 518 e 263. Assim os outros.

Sendo assim, achei um meio de evitar que corra sangue na província daqui a dez dias. Declarem já, já, os eleitores de ambos os lados, publicamente, pelas folhas, em quem é que votam, e está tudo acabado. Como isto é prático, é provável que não seja aceito.

Outro artigo também de hoje, e igualmente anônimo, impõe dez coisas aos candidatos do dia 1 de dezembro. A primeira deslumbrou-me: é a cessação da escravidão com o século. Essa ideia simétrica de fazer que a escravidão acabe à meia-noite de 31 de dezembro de 1900, por modo que o século XX não alumie um só escravo, traz aquilo que hei de sempre pedir à legislação: — a nota lírica. Outras razões de ordem econômica e política poderiam acelerar ou retardar a solução do problema; mas faltava-nos esta simetria de um século e outro século.

A não ser assim, proponho ao governo uma ideia, que presumo contentará a toda a gente. Parece fantasia, e é a coisa mais prática do mundo. Não é verdade que o Ministério Dantas tem amigos firmes e resolutos? Esses votaram nele dentro e fora da Câmara, em qualquer caso que seja. Restam os adversários do projeto que trouxe a dissolução da Câmara. Pois bem; aberto o Parlamento, apresente-se este substitutivo: "Artigo único: — A escravidão acabará com o Ministério de 6 de junho". Todas as pessoas adversas à alteração do *statu quo* sustentarão o gabinete até à morte natural dos ministros. Concordo que um tal projeto pareça estranho às fórmulas usuais, mas a culpa é um pouco do sr. Ferreira Viana, cujo último discurso, publicado hoje em extrato, arrancou-me da estrada comum.

S. Exa. não pede votos, "para respeitar à consciência do eleitor e deixá-lo na posição elevada, sem interromper os monólogos íntimos, que devem preceder à sua escolha patriótica".

Isso é racional e político, mas não é propriamente o poder que a reforma eleitoral nos conferiu.

Nós, eleitores, nada temos com o governo do país, nem com a composição das câmaras: isso é lá com os candidatos que triunfarem. O nosso poder é mais restrito. O meu monólogo, por exemplo, é este: — Disponho de um voto. Quero que o candidato venha à minha casa, que me pergunte pela saúde e pela família, traga doces aos meninos, e depois me peça o voto; que me cumprimente na rua; que me dê bilhetes da tribuna na Câmara; que me arranje duas ou três loterias para uma irmandade; que me dê algumas cartas de recomendação, etc. Posso mudar de estilo, mas o fundo é o mesmo.

Portanto, se o sr. Ferreira Viana não pede votos, não digo que ofende o eleitorado, mas arrisca-se a perder a eleição. Se nem todos querem, como eu, duas ou três loterias e algumas cartas, é certo que todos só gostam de dar quando se lhes pede. S. Exa., que é filósofo, há de saber que o homem gosta da dependência do homem, e isto, ao menos: "Eleitores, dai-me o vosso voto...", isto é bastante para mostrar um certo ar de subordinação, extremamente agradável ao nosso amor próprio.

Voltando, porém, à vaca fria, que são as dez coisas impostas hoje por um anônimo aos candidatos, não só aceito a primeira, já citada, como as outras nove. A temporariedade do Senado pode ser que mais tarde venha a rejeitá-la; por enquanto, com vinte e sete anos de idade, estou pronto a pedi-la na Câmara. Assim também a liberdade de testar. Não me consta que seja herdeiro forçado de ninguém; não arrisco, portanto, o pão dos filhos, pedindo esta reforma; ao contrário, pode ser que arranje por esse modo um ou dois legados.

A conversão da dívida externa em dívida interna e a extinção gradual desta é uma coisa tão fácil, que realmente admira não haja acudido há mais tempo aos nossos governos. Proponho-me a fazê-lo em poucos meses.

O equilíbrio da receita com a despesa é uma simples questão de algarismos.

Aceito também a obrigação de uma reforma judiciária. Há já tempos que se fez a última, e bom é que nós apressemos a outra, antes que chegue a vez de nova reforma eleitoral.

Digo mais: obrigo-me até a este outro ponto não incluído no artigo — a reforma eleitoral. Proporei a eleição por círculo de três; mais tarde por círculos provinciais; depois, voltaremos à unidade, para tornar aos outros métodos. Só se pode escolher bem, comparando. Creio que acabo de dizer uma coisa nova.

Lélio

25 de novembro de 1884

sr. dr. Castro Lopes escreveu um trabalho para provar que a atração não governa os astros, e o sr. conselheiro Ângelo Amaral refutou-o com uma carta inserta, hoje, no *País*.

Tratando-se de uma teoria de Newton, e não entendendo eu nada de astronomia, pareceu-me que o melhor de tudo era consultar o próprio Newton, por meio do espiritismo. Acabo de fazê-lo; e eis aqui o que me respondeu a alma do grande sábio:

— Estou acabrunhado. Imaginava ter deixado a minha ideia tão solidamente estabelecida, que não admitisse refutações do Castro Lopes, nem precisasse a defesa do Ângelo Amaral; enganei-me. Homem morto, é o diabo. Veja o que aconteceu ao Molière, que foi aí tratado, na Câmara, como um saltimbanco. A mim refutam-me: e (o que é pior) defendem-me. Palavra; isto tira toda a vontade de ser gênio...

Fiz ainda outras perguntas; mas o espírito esvaiu-se, e não me respondeu mais. Ficam aí as únicas palavras que lhe ouvi, e das quais parece concluir-se que Newton ainda está com os seus *Princípios*.

E agora, para que toda esta *bala* se componha de ciência, passemos a ver a ironia com que se está portando, delicadamente, o Instituto dos Bacharéis em Letras.

Eu não sei se o leitor tem acompanhado a peregrinação do sr. dr. Moreira Pinto. Este cavalheiro compôs um dicionário geográfico; se bom, ou mau, ignoro, mas tenho ideia de que na Câmara dos deputados disseram que era bom, e a Câmara sabe ou deve saber geografia.

Composto o dicionário, pensou o dr. Moreira Pinto em imprimi-lo. Imagino que todos os editores esfregaram as mãos de contentes, e declararam-se prontos ao negócio, com a ideia de que se tratava de um livrinho nacional; vendo, porém, a obra volumosa, com razão recusaram; é o que eu faria, se fosse editor. Nem por isso o autor desesperou; andou daqui para ali, até que foi bater às portas da Sociedade de Geografia e do Instituto de Bacharéis.

Não sei o que fará a primeira; mas o segundo, o instituto, propôs um meio de custear a despesa da impressão: um benefício no teatro. Ao teatro ninguém vai por um motivo especialmente geográfico, mas para divertir-se ou acabar a digestão. Meio certo, portanto, de recolher os fundos necessários ao custeio da impressão do livro. É isto o que me parece trazer uma intenção irônica da parte do Instituto dos Bacharéis. Fazer intervir a *Mascote* em um serviço à ciência (se o é) é o mesmo que dizer que, salvo para alguns efeitos especiais, não amamos cordialmente as coisas científicas.

Seja como for, está o sr. dr. Moreira Pinto reduzido à condição de irmandade. Ei-lo em breve a anunciar que ainda há um pequeno resto de bilhetes no escritório do teatro. Há trinta anos não faltaria este condimento: "O ator Martinho cantará uma de suas melhores árias". Mas tudo passa e muda; o próprio Martinho trocou o palco pelo comércio, e é agora cobrador de dívidas (alheias, entenda-se).

Vencida a cachoeira da impressão, aparecerá a da venda, que não é menos difícil de transpor, porque com o exemplar que o Capistrano comprará logo, não se pode dizer distribuído o livro. O Cabral, que imaginou enriquecer quando publicou as *Memórias de Drummond*, está nas mesmas condições pecuniárias que dantes.

Note-se que ele contava que o nome de *Drummond*, puramente francês, fizesse crer em anedotas de Luís XIV ou XV; mas foi esbulhado das esperanças. Uma das nossas folhas denunciou que se tratava da Independência do Brasil e do Primeiro Reinado, e ninguém caiu na esparrela.

Eu, menos que ninguém, vivo de memórias e geografias. Deem-me o almanaque do ano, um romance maroto, duas ou três descomposturas picantes ao meu vizinho, e (para distrair as pequenas) a polca da semana, e podem levar o resto, que me não tiram o sono.

Entretanto, não tendo interesse em que o dr. Moreira Pinto fique com o livro em casa, proponho-lhe um destes dois meios. Ele que escolha.

O primeiro é que refunda o livro, dando-lhe uma forma narrativa, à maneira de Júlio Verne. Conheci um homem de boas letras, que execrava tudo o que era romance; adorava, porém, os de Verne, por esta razão, que dava aos amigos, e eu era um deles: "Ali aprende-se ciência".

Se a refusão lhe dá muito trabalho, então empregue o outro meio. Na capa da obra, e nos anúncios, imprima isto: "*Dicionário geográfico*, por Moreira Pinto, leitura só para homens". Eu não irei comprá-lo, porque sou inventor da dissimulação; mas os exemplares que lhe ficarem no fim de seis meses, são meus, pelo dobro do preço. Serve-lhe?

Ou então, outro e melhor conselho. Faça o que fizeram Capistrano de Abreu e Vale Cabral, que meteram ombros, silenciosamente, a nada menos que transportar Wappeus para a nossa língua, com acrescentamentos e correções, e acabaram agora mesmo o primeiro volume. Já o vi pronto, impresso, magnificamente impresso. Isto melhor que tudo: letras e ciências são ofício de sacrifício.

Lélio

1º de dezembro de 1884

Prestes a levar a minha cédula à urna, eis as condições que imponho ao candidato.

Não exijo dele método político, nem estilo, nem ainda sintaxe; peço-lhe tão-somente, como liberal, que ampare a liberdade, na queda em que vai caminho do abismo.

Não vou falar nos vinhos falsificados e deitados no mar, nem especialmente dos 350 barris que foram para o Rio Grande do Sul, e que a Associação Comercial daqui denunciou à alfândega de lá, como feito de vegetais nocivos à saúde. Lá estão no mar com os outros. Também não quero saber se Ramalho Ortigão teve razão, há tempos, dizendo que o vinho do Porto é agora fabricado na rua dos Ingleses. Em alguma rua se há de fabricá-lo.

A minha questão é mais elevada; é de liberdade.

No andar em que vamos, não tarda que a denúncia desça a outros ramos de negócio. Hoje persegue-se um vinho nocivo à saúde; amanhã iremos aos pesos falsificados, às medidas incorretas, às trocas de tecido, à composição das velas, às solas dos sapatos, à seda dos chapéus de sol; e, porque há abusos no comércio, lançaremos a suspeição a todo ele: — é a inquisição, é a santa-irmandade, é o farisaísmo.

Não; senhores; não pode ser isto, sob pena de aluir tudo. Que capricho é esse de querer que a lebre seja sempre lebre, e negar ao gato o direito de substituí-la de uma ou outra vez? Há liberdade para as opiniões, que podem corromper a alma e a sociedade, e não a há de haver para as coisas da boca? Porventura o corpo é mais que o espírito? Não vale mais a sociedade, que alguns indivíduos?

Dão-se abusos, decerto, mas a liberdade é isto mesmo; o melhor é tê-la assim, que nenhuma.

E, depois, há uma solidariedade de classes e profissões, sem a qual a sociedade perece. O vinho nocivo, se acaso corrompe a saúde de um homem, dá dinheiro ao médico chamado para tratá-lo, ao farmacêutico; e, no caso de morte, ao armador funerário, ao padre, às cocheiras de carros. Tudo se liga na civilização. O falsificador não trabalhou só para si.

Outra razão e científica. A Associação Comercial costuma ler Spencer? Naturalmente, sim. Pois releia-o. Lá verá que esses abusos são uma forma de canibalismo. "Assim como se diz (escreve o grande filósofo) que a lei entre as criaturas vivas é esta: comer e ser comido; assim também a lei desses abusos é esta: embaçar e ser embaçado."

Se é uma lei, como fugir-lhe? e se há dois modos de cumpri-la, não é melhor fazê-lo pelo lado ativo? Não é claro que, se todos adotassem o lado passivo, se todos quisessem ser embaçados, não haveria embaçadela, por falta de embaçadores?

Propor tais questões é resolvê-las. Dou, portanto, o meu voto a quem defender a liberdade mercantil, e, com ela, a liberdade social e política.

Não peço mais nada, nem que me ponha para aqui a taxa de câmbio de 1841 (30 1/2 e 29 3/4, como ainda ontem li no *Jornal do Commercio* daquele tempo), nem que restitua o senso comum à irmandade de Santo Antônio dos Pobres. Quanto ao primeiro ponto, por mais que o sr. dr. Ferreira Viana se entristeça com os 19 1/2 atuais, acho que antes isso que nada. Quanto ao segundo, Deus que o permite, alguma razão terá.

Longe de mim contestar que a intimação da irmandade do padre Neville, para que cesse com as prédicas na ocasião da missa, é uma das coisas mais burlescas destes últimos dois anos; mas o burlesco, posto que inferior, é um gênero estimado.

Demais, o ofício do secretário diz que as prédicas são atos exclusivos do pároco, e isto lembra uma anedota de pregador, que do alto do púlpito fulminava os que na composição das velas com que se alumiavam os altares misturavam indecentemente a cera com o sebo. "As almas pias (concluía o pregador) devem comprá-las na loja de meu irmão, que é o único que as fabrica de cera pura." Logo, há velas e velas.

Lélio

6 de dezembro de 1884

Chove sangue, fuzila sangue, troveja sangue, tudo é sangue, sangue, sangue.

O assassinato telegráfico do sr. conselheiro Rodrigues encheu naturalmente de indignação a toda a cidade; mas, por isso mesmo que foi só telegráfico, e que o morto ressuscitou com o bálsamo igualmente telegráfico do presidente Otoni, serviu para congregar as simpatias em volta do ex-ministro da guerra, e fazer do seu nome o assunto obrigado de todas as palestras, ontem, entre a hora do *lunch* e a do chá.

Já há dias, tivemos de falar e ouvir falar do sr. José Mariano, ferido por um estilhaço telegráfico. Durante muitas horas foi ele o leão do dia, o assunto principal da rua do Ouvidor, e o fato, por fortuna mentiroso, deu grande relevo à vitória eleitoral.

Ao ver isso, lembrou-me que, se algum dia viver na província, empregarei por sistema o que a esses dois cavalheiros aconteceu por engano. Far-me-ei apunhalar algumas vezes, telegraficamente. Só isso valerá por cinco anos de vida pública.

Não presumo certamente inventar o sistema. Já Alcibíades tinha descoberto que cortar o rabo ao cão é coisa para entreter uma cidade inteira. Eu corrijo a ideia dele, unicamente no ponto de cortar o meu próprio rabo. Dói menos ao cão e o efeito é muito maior.

A razão é simples. Há em primeiro lugar, os amigos, que sentem deveras a coisa, e andam de um para outro lado, tontos, fora de si. Seguem-se os inimigos, que não se afligem, mas também não se consternam: limitam-se a iniciar a justiça da história. Uns dirão que eu, realmente, era um estouvado; outros que tinha o nariz implicante; e não faltará até quem chegue a negar-me toda a espécie de nariz, como um sinal de desespero do céu.

Chegam os bons, compassivos, filantropos, patriotas, que sentem como os amigos, e melhor que eles, pois não os leva nenhum sentimento pessoal. Vêm os indiferentes e os curiosos, que gostam de sair da monotonia, do ramerrão da cidade, e dão tudo por uma notícia de sensação. Alguns deles levam o diletantismo ao ponto de padecer com o desmentido de uma notícia dessas, e fazem tudo por salvá-lo.

Qualquer, porém, que seja o modo de sentir de cada um, contanto que todos falem, tudo vai bem; é o essencial. A gente vive mais e melhor, com um relevo raro, excluindo o resto dos homens. Durante horas e horas domina-se a opinião. Que ação nobre ou que magnífico livro não seria necessário para obter o mesmo? Uma simples facada produz tudo isso, sem gastar coração nem talento.

Está dito, é o que vou fazer. E estou já com tal pressa, que nem acabo esta bala. Adeus, vou para fora: daqui a sete dias sou atravessado por um bom telegrama de Toledo, e então é que hão de ver o que valho na rua do Ouvidor e cidade adjacente.

Lélio

12 de dezembro de 1884

— Castro Malta? — perguntaram-me os vermes.

— Sim, Castro Malta... Uns dizem que ele morreu, outros que não; afirma-se que está enterrado e desenterrado; que faleceu de uma doença, se não foi de outra. Então lembrou-me vir aqui ao cemitério a estas horas mortas, para interrogá-los e para que me digam francamente se ele aqui esteve ou está, e...

Os vermes riram às bandeiras despregadas; eu, menos vexado que medroso, pedi-lhes desculpa, declarando que só o amor da verdade me obrigara a fazer o que estava fazendo.

— Não pense que estamos mofando do senhor — respondeu um dos vermes mais graúdos —, Castro Malta é o nome do homem?

— Justamente. Onde está ele?

— *Alas, poor Yorick*! Não podemos saber nada; isto cá embaixo é tudo anônimo. Ninguém aqui se chama coisa nenhuma. César ou João Fernandes é para nós o mesmo jantar. Não estremeças de horror, meu filho. Castro Malta? Não temos matrículas nem pias de batismo. Pode ser que ele esteja por aí, pode ser também que não; mas lá jurar é que não juramos...

— Mas então... ? Não, não creio.

— Não crê! — exclamaram eles em coro, rindo —; não crê!

— E por que é que não há de crer? — redarguiu o graúdo. Que interesse temos nós em lhe mentir? Não distinguimos nomes, nem caras, nem opiniões, quaisquer que sejam, políticas e não políticas. Olhe, vocês às vezes batem-se nas eleições e morrem alguns. Cá embaixo, como ninguém opina, limitam-se todos a ser igualmente devorados, e o sabor é o mesmo. Às vezes, o liberal é melhor que o conservador; outras vezes é o contrário: questão de idade. Os vermes (não os deuses, como diziam os antigos) os vermes amam os que morrem moços. Você por que é que não fica hoje mesmo por aqui?

— Lisonjeiro! Não posso; tenho que fazer.

— Deixe-se de imposturas!

— Não, palavra. Vou saber se a Erva Homeriana é da Sibéria ou da Prússia. Dá-se com esta erva o mesmo que se dá com o Castro Malta...

— Está e não está enterrado!

— Não...

— Então, é ela mesma que enterra os outros...

— Segundo o Sousa Lima; mas, segundo o Bertini, desenterra.

— *Esse et non esse*.

— Vocês sabem latim?

— Se lhe parece! Comemos todo o povo romano. Mas então a tal erva...

— Diz uma revista prussiana que é da Prússia, mas um atestado austríaco diz que é da Sibéria... Tal qual o Rodrigues.

— Outro defunto?

— Justamente, outro defunto, opinião de Teodoreto...

— Que está vivo.

— Que está vivo; mas na opinião do Rodrigues...

— Que está morto.

— Que estaria morto; na opinião do Rodrigues, o defunto é o Teodoreto. Tudo vai assim cá por cima; cada coisa é e não é ao mesmo tempo. Quantos deputados há favoráveis ao projeto Dantas? Perguntei a um vizinho da esquerda, e ele disse-me que 36, e citou os nomes; falei a outro da direita, e respondeu-me que 16, e citou também os nomes...

— Está vendo? E você ainda nos pede nomes de defuntos! Pois se os de gente viva andam da direita para a esquerda e de cima para baixo, como usá-los aqui, onde não há câmaras, nem governo, nem projetos, onde tudo é livre e mais que livre? Vá, meu amigo! Boa noite, ouviu? Boa noite, até à vista, e que seja breve.

Lélio

17 de dezembro de 1884

Vou pregar um logro ao leitor, tanto mais de envergonhar quanto que o aviso desde princípio.

Era uma vez um rei... Assim começam as histórias que eu ouvia em criança; mais tarde, ouvi outras; mas as primeiras acho que eram ainda as melhores. Quem é que dizia, já varão feito, que teria muito prazer se lhe contassem a história da Pele de Burro? Creio que era La Fontaine. A que lhes vou narrar é, pouco mais ou menos, a mesma aventura.

Repito: era uma vez um rei, o qual governava por seus ministros. Os ministros, que não trabalhavam para o bispo, mas para o rei, tinham o seu ordenado, que o Tesouro lhes pagava pontualmente, como todos os tesouros dignos de um tal ofício.

Um dos ministros, recebendo um dia o subsídio, em vez de o guardar na algibeira, ou de o levar para casa, meteu-o no chapéu. Já o leitor adivinha que o dinheiro não era em ouro, mas em papel, três, quatro ou cinco notas grandes.

Posto assim o dinheiro no chapéu, e o chapéu na cabeça, o ministro, que gostava de teatro, foi à noite ao teatro. Digo que gostava, e pode ser que a expressão seja frouxa. Parece que era paixão, e de tal ordem, que ele não viu nada mais que o espetáculo. Tanto não viu, que no fim, indo retirar-se para casa, não encontrou chapéu, nem dinheiro. Não descrevo o espanto do ministro: toda a gente o imaginará. Digo só que, como era também filósofo, provavelmente não se demorou muito em lastimar o caso sem remédio, e cuidou de ir meter-se na cama.

O pior é que era preciso dinheiro para comer no dia seguinte, e o ministro achou-se, de manhã, sem chapéu, sem ordenado e sem almoço. Pode-se governar um país sem almoço; mas há de ser com a condição de jantar, ou cear, pelo menos; e ao nosso ministro não lhe ficara sequer para a merenda. Felizmente, tinha em casa um sobrinho, que lhe acudiu com alguma coisa para as primeiras despesas.

De noite, em conselho no paço, contou o ministro roubado o caso da véspera, ao imperador... Imperador? Está dito: imperador.

— Mas então sem nada? — perguntou Sua Majestade.

— Sem nada — respondeu singelamente o ministro.

Sua Majestade considerou um pouco. Tratava-se de um alto funcionário, membro do governo, com família e pobre; e as virtudes e os talentos do ministro pareceram-lhe merecer alguma coisa mais do que pêsames. Voltou-se para o ministro da Fazenda, e disse-lhe que, visto o caso excepcional e as circunstâncias, parecia acertado mandar dar no dia seguinte ao seu colega outro mês de ordenado. O ministro da Fazenda, com muito boas palavras, disse respeitosamente ao príncipe que não podia cumprir a ordem.

— Não posso — disse o ministro (e aqui a resposta é textual) —; não há lei que ponha a cargo do Estado os descuidos dos funcionários públicos. O ano tem 12 meses para todos, não há de ter 13 para os protegidos. Eu dividirei com ele o meu ordenado, e viveremos com muito mais parcimônia; é melhor que dar ao país o funesto exemplo de se pagar duas vezes à mesma pessoa o ordenado de um mês.

Sua Majestade concordou plenamente com essa resposta; e tanto que o ministro roubado não recebeu mais nada, e o da Fazenda é que lhe deu metade do subsídio, e assim viveram ambos, apertadamente, os trinta dias. Não consta que o primeiro ministro tornasse a pôr o dinheiro no chapéu, nem a ir com ele, assim posto, ao teatro.

Há aqui duas pequenas empulhações ao leitor. A primeira é que ele esperava um mexerico político, e sai-lhe uma anedota sem pimenta. A segunda é que ele cuida ver o nome de algum compadre ou do vizinho fronteiro; e vai ficar com água na boca, porque a coisa deu-se há mais de sessenta anos. O ministro que perdeu o dinheiro, foi nada menos que José Bonifácio; o da Fazenda era seu irmão Martim Francisco. O sobrinho que supriu as despesas chamava-se Belchior Fernandes Pinheiro. A anedota, posto que velha, só agora foi divulgada, nas *Memórias* de Drummond.

Confesso que lhe falta um certo pico; mas nem sempre a quente especiaria, alguma vez o arroz de água e sal, uma história da carocha; porque eu sou como La Fontaine.

Si Peau-d'âne m'était conté,
J'y prendrai un plaisir extrême.

Lélio

21 de dezembro de 1884

Começava a ler um artigo a pedido do *Jornal do Commercio* de hoje, relativamente ao caso Malta, e apenas tinha chegado a estas palavras da 4ª linha: *Risum teneatis! Mirabile dictu!* quando me anunciaram a visita de duas pessoas.

Mandei-as entrar. Eram dois velhos, caindo de lazeira, ambos calvos, com alguns fiapos de cabeleira, curvados, pernas trêmulas e apoiados em bengalas. Ajudei-os a vir até o canapé, onde os fiz sentar e onde ainda ficaram por cinco minutos, arquejando e respirando a custo. Afinal disse-me um deles:

— Constou-nos que o senhor escrevia para os jornais e vinha pedir-lhe um imenso favor. Creia que serve a dois infelizes...

— Que não conheço — ponderei, sorrindo.

— É verdade; esquecia-me de dizer quem somos. Há de conhecer-nos de nome, pelo menos. Chamo-me *Risum teneatis;* este cavalheiro é meu primo, é o célebre *Mirabile dictu.*

Arregalei os olhos e não pude ocultar a minha admiração. Disse-lhes que, pelo serviço que faziam, imaginava que eram ainda dois rapazes.

— Justamente esse serviço é que nos tem trazido a este miserável estado. Ah! senhor, trabalhamos demais. Há um limite para tudo. As criaturas todas repousam, só nós andamos na faina constante, dia e noite, é demais. E às vezes para quê? Vou a encostar a cabeça, chamam-me, corro e dou com um homem que achou o colete do outro pouco à moda. *Risum teneatis!* Ou então é um sujeito que pretende mostrar a vantagem dos suspensórios elásticos, *Risum teneatis!* não lhe parece excessivo?

— Com efeito...

— Olhe, numa dessas corridas cheguei a perder o meu cajado interrogativo, e ando agora com esta simples bengala admirativa. Pode ser que seja melhor; mas eu estava tão acostumado ao cajado, que era um presente de meu finado pai... Desgraças! Mas vamos ao que importa.

— Eu, no seu caso, punha um anúncio, a ver se o cajado...

— Deus nos livre. Um anúncio! Se caísse nessa, toda a cidade desatava a rir e a exclamar: *Risum teneatis! Mirabile dictu!*

— Lá vou! lá vou! — acudiu o outro velho, que começava a cochilar.

Explicamos-lhe que não era nada e ele tornou a sentar-se. O primeiro ancião fungou-me uma pitada, sacudiu o peito da camisa e disse-me o que desejavam. Queria ver se haveria algum meio de iniciar uma propaganda no sentido de os aposentar. Parecia-lhe que havia dois modos: ou invocar os sentimentos de piedade cristã, ou excitar o espírito moderno...

— Não nos importa que nos dê por incapazes e carrancas. Tudo o que for aposentar-nos é bom. Trabalhem os moços; há muito rapazinho francês e até italiano. Chamem-nos, façam-nos descer à rua e deixem-nos morrer tranquilos. Não é justo?

— Justo é, mas não sei se será possível.

— Como assim?

— Naturalmente os senhores (desculpem a franqueza) são dois adornos de salão. São velhos, mas os adornos velhos são justamente os mais bonitos, uma vez que preencham certas qualidades. Além disso, em alguns casos, valem um argumento e às vezes mais do que um argumento. Esta simples exclamação: *Mirabile dictu...*

— Lá vou, lá vou — disse o ancião, acordando e procurando a bengala.

— Não é nada — acudi eu —; é uma exemplificação.

— Ainda bem que o senhor está vendo, disse o primeiro; esta é a nossa vida. Mas então, nenhum meio...

— Nenhum.

— Diabo! Veja bem.

— Já vi; não é possível a aposentação.

— Nesse caso uma licença. O senhor podia advogar a ideia de uma licença, ou só para descansar, ou mesmo alegando modéstia; e aliás é a verdade. Vê que ambos padecemos.

— Vejo, mas não posso fazer nada.

Os dois olharam um para o outro, abanaram a cabeça e suspiraram, depois estenderam-me as mãos. Fiquei com pena dos pobres velhos e prometi que ia ver se achava alguma coisa, e desde já falaria aos meus amigos, pedindo-lhes que, ao menos por uns seis ou oito meses, os deixassem tranquilos.

— Não será muito, mas antes isso que nada.

— Obrigado.

— Obrigado.

E caminharam a custo para a porta, indo eu com eles, para que não caíssem. Fui até o patamar da escada. Ali dei-lhes o braço, um à direita, outro à esquerda e eu no meio, e fomos descendo muito devagar. De repente, ouvimos ao longe duas vozes: *Risum teneatis! Mirabile dictu!*

— Lá vou! lá vou! — arquejaram ambos.

E precipitaram-se pela escada abaixo, cai aqui, cai acolá, levantando-se, voando, e desapareceram na rua, não sei como. Voltei para cima desconsolado, e faço daqui o pedido do descanso, uns seis ou oito meses. *Risum teneatis*, leitor? Pois a minha intenção (*mirabile dictu!*) era justamente o contrário.

Lélio

24 de dezembro de 1884

De tudo o que ocorreu ontem, no cemitério, acerca do aparecimento de dois cadáveres sem calote e um terceiro sem cabeça, o que maior impressão me deixou não foi o encontro dos cadáveres.

Não. Acho até natural essa duplicata. Os que são gente viva, também aparecem duplos: não é muito que os cadáveres, em que tudo se corrompe, cheguem a perder a noção da unidade.

Pode ser também que os moradores da terra, enfadados com tanta exumação, assentassem entre si simbolizar desse modo o logro que estão pregando aos homens.

Tiveram estes um calote da primeira vez, agora têm dois, amanhã terão três.

Bem sei que isto é um trocadilho de palavras: mas que é este tempo em que vivemos senão um trocadilho de coisas?

Não; o que mais me impressionou no caso foi o concurso de duas mil pessoas, que ali foram ter, por baixo de um sol formidável, para assistir à exumação de cadáveres, durante duas e mais horas. Nem o desmaio de um dos médicos assustou a ninguém. Tudo ficou a pé firme, com o seu fenol nos lenços, nos narizes, nas mãos, na atenção e nos sentimentos.

Até aqui, esta questão Castro Malta parecia-me uma questão de moda. A eleição dá pouco de si, pela singular monotonia das duplicatas; não há adultério célebre; ninguém deitou cavalos novos na rua; o Ferrari não voltou a governar estes seus Estados. Que há de fazer um pobre homem, entre três e seis horas da tarde, ou de manhã, nos bondes, e de noite, entre duas licenças em copas?

Naturalmente, o Castro Malta serviu a esta necessidade de toda a sociedade polida, vadia e curiosa. Foi o que sempre me pareceu. E tive muita prova disso, conversei com muita gente, interroguei, ri, compus, também um ou dois trocadilhos necessários e concluí que o Castro Malta fazia o papel de macaco verde — ou o de uma célebre negrinha monstro que havia aqui na rua do Ouvidor em exposição há muitos anos. Coisa para encher o tempo.

Não posso afirmar se chegamos a ter algum chapéu à Castro Malta, mas creio, no caso negativo, que só por descuido. Não comendo em hotéis, não sei também se este nome cheio de prestígio chegou ou não a figurar na lista das comidas; mas conheço a perspicácia dos donos dessas casas, e sei que não perderiam tão boa ocasião de dar aos fregueses todas as vantagens da antropofagia sem nenhum dos seus inconvenientes.

Só isto. Moda, desfastio, pura curiosidade pública, simples interesse de pessoas que não têm nada umas com as outras; eis o que sempre me pareceu a opinião, relativamente a este negócio, como a todos os negócios análogos.

Vai senão quando, anuncia-se a exumação judiciária para ontem. O dia amanheceu formidável; o sol intenso, o ar abafado. Por outro lado, ver desenterrar cadáveres, ainda judiciariamente, pode ser um espetáculo interessante, mas eu prefiro ver a cena do cemitério, não só contada pelos jornais de hoje, mas também por Shakespeare: "Conheci-o, Horácio. Estes buracos... esta hora..." No livro, à fresca, em casa, é delicioso. No cemitério, devia ser o diabo.

Que levou então tanta gente ali, ontem, em tais circunstâncias? Evidentemente não foi a simples curiosidade. Não, não foi esse sentimento feminino, estreito, pai do mexerico e avô da calúnia. Não; foi por força da solidariedade social, o sentimento de que todos nós somos, não *uns*, mas *um*. Não foi outra coisa, não podia ser outra coisa.

Que seria, senão fosse isso? Um efeito sem causa, como escreveu gravemente uma folha da Restauração, quando caiu o Ministério Martignac? Não, meus amigos, não há efeito sem causa, digam o que quiserem as folhas de todos os regimens. Os efeitos são filhos legítimos das causas: é Calino, mas é verdade.

Logo, não podendo ser a simples curiosidade que levou tanta gente ao cemitério, debaixo de um sol de rachar, para o único fim de assistir à interrogação da sânie e do verme, havemos de crer, por força, que foi, como digo, o sentimento da solidariedade social. Por outros termos, nós não parecemos com o famoso acionista de bancos e companhias, que prefere saber como vai à cena um *vaudeville* ordinário a indagar como lhe administram o dinheiro. Não; nós aplaudimos os *vaudevilles* ordinários, mas vamos antes ao cemitério saber como os vermes administram os corpos.

Ohimè! sempre bene!

Lélio

27 de dezembro de 1884

A minha velha amiga D. Sebastiana Municipalidade escreveu-me a seguinte carta, que me parece interessante:

> 26 de dezembro de 1884.
> Meu caro amigo,
> Posso chamar-lhe filho; mas não quero impor-lhe a título de mãe nenhuma obediência contrária à vontade. Leia isto como amigo, e, se lhe parecer que merece a atenção do poder e do público, peço-lhe que o imprima; far-me-á uma esmola.
> Só agora li a sentença de despronúncia do processo Apulco de Castro; ia lendo muito descansada da minha vida, quando dei com esta parte da decisão: "e pague a municipalidade as custas".
> Meu bom amigo, você sabe e, se não sabe, juro-lho por Deus, que está no céu, que eu não tenho nada com isto. Nunca troquei uma palavra com Apulco de Castro, e posso afirmar-lhe que, se o visse agora, não sei se o conheceria. Em todo caso, não houve entre nós o menor desaguisado. Vivo metida com a minha vida e, se ele se metia com a dos outros, é o que me não importou nunca.
> Os juízes têm esse costume de condenar-me, e eu não digo nada, porque os processos, em geral, são tão insignificantes, que eu perderia o meu tempo em falar; ninguém me

prestaria atenção. Agora, porém, o caso é de tal monta que eu posso apelar para toda gente, e desafio que me digam se eu estive sequer na rua do Lavradio, na tarde de 25 de outubro.

Que condenassem nas custas o ator Pinto, por exemplo, que é pontual nas exumações e movimento de certa gravidade, vá; a justiça seria a mesma que no meu caso, mas podia haver a explicação de fazer um trocadilho pecuniário, exigindo o preço da plateia de quem está acostumado a falar do palco. Mas a mim, meu caro amigo? Que tenho eu com essas coisas?

Até aqui a questão de direito; vamos agora à de equidade.

Você sabe que eu não tenho mundos e fundos. Há pessoas da minha qualidade que dão bailes; eu não, um chá sequer, um refresco. Ando com a roupa enxovalhada, as botinas rotas, um chapéu de 1850, tudo porque o dinheiro mal me chega para comer.

Conhece a minha casa do Campo da Aclamação? Sabe que é bonita, com uma bela escadaria de mármore. Pois há de crer que ainda não achei uns pares de mil réis para comprar um tapete, com que forre os degraus, que daqui a pouco estarão como as paredes do beco das Cancelas? Conquanto eu não tenha nada com o júri, como ele funciona cá na casa, sempre quisera pôr-lhe outras tribunas para os advogados; as que ali estão são pífias. O mesmo Cristo precisa ser mudado; há muito ouro em volta da cruz, e todo o trabalho é de mau gosto; mas onde irei buscar os meios?

Não os tenho para isto, nem para fortalecer o soalho do salão, que, segundo o conselheiro Jaguaribe declarou um dia, ameaça cair, e hei de tê-los para pagar as custas de um processo, em que não entrei nem de longe? Realmente, é crueldade.

Entretanto, se teimarem muito, vou pôr em execução uma ideia que me anda na cabeça, há algum tempo.

Você sabe que uma das minhas ocupações é mudar o nome das ruas. Há duas razões para isto. A primeira é que ver o mesmo nome durante muito tempo dá-me impressão igual ao de ver uma camisa suja. A segunda é filha da primeira; para substituí-los mais facilmente, não escolho nomes célebres, históricos, desses que ficam de um século para outro. Caí em pôr o dos Andradas, o de Gonçalves Dias, o de Luís de Vasconcelos e alguns outros; mas levantei a cesta.

Seguramente, ainda escolho um ou outro, não digo histórico (nenhuma rua mais se há de benzer com um grande nome), mas distinto e de algum valor. A grande maioria, porém, há de ser dos que passam depressa, que é para se poder fazer com facilidade a substituição. A rua da Quitanda, por exemplo, que tanta significação tem relativamente à topografia primitiva da cidade, está-me pedindo um José Antônio e, mais dia menos dia, crismo-a.

Ora bem, a minha ideia é lançar uma taxa sobre isto. Sim, que eu ainda lhe não disse (tal é o estado do meu espírito!) que esta aplicação de nomes é, em muitos casos, desejada pelos donos. E compreende-se: é mais uma distinção honorífica, e até superior às outras; a gente lê o seu nome nos jornais, nos almanaques, nas esquinas, nas cartas do correio, etc., tudo isso sem haver tomado Humaitá ou descoberto um micróbio.

Uma taxa moderada sobre os candidatos a essa imortalidade relativa é o único meio que tenho para ocorrer a tanta multa, com que já não posso. Veja se chama a atenção do público para isso, e creia-me

Velha amiga
Sebastiana Municipalidade.

Aí deixo a carta da minha boa e velha amiga. Nem todas as reflexões me parecem exatas, mas a substância é justa e, ao menos por equidade, merece a atenção do poder competente.

Lélio

1º de janeiro de 1885

Parece que cheira a chamusco. Dizem os papéis públicos que há receio de pancadaria eleitoral, agora no dia 4. Eu, se querem que lhes fale com o coração nas mãos, não creio em tal coisa; mas, a fim de que se não diga que, por negligência, deixei os meus concidadãos sem algumas indicações salutares, vou dar-lhes um remédio que reputo único e verdadeiro.

Hão de lembrar-se que a *Gazeta de Notícias* transcreveu há dias de uma folha alemã, do rio da Prata, a carta de um comissário argentino dando conta do procedimento que teve em território litigioso da fronteira do Brasil. O comissário achou ali um funcionário brasileiro, exercendo não sei que autoridade na povoação, demitiu-o, e deu-lhe logo a nomeação de alcaide da República. Ambos os atos foram aceitos sem resistência, e as bandeiras trocadas sem protesto.

Esse caso (se é verdadeiro, o que ignoro) traz em si não só a solução da questão de limites, mas também o remédio eleitoral que proponho.

Quanto à primeira, basta mandar lá um comissário brasileiro daqui a seis meses, que reponha o nosso patrício no cargo anterior. Seis meses depois, os argentinos mandam outro comissário, e fazem o mesmo; e, repetida a ação de ambas as partes, semestralmente tiraremos à consciência do nosso patrício qualquer vislumbre de escrúpulo; ele imaginará que está cumprindo um acordo internacional. Só mudará então uma coisa, a aclamação — "Meus filhos, está vingada a justiça, viva a república!" — "Meus filhos, restituídos ao Império, viva o imperador!" No mais não haverá mudança. Penacho e emolumentos.

Não há penhacho sem emolumentos para o eleitor, mas a paz pública é motivo bastante para um procedimento análogo. Conseguintemente, aconselho ao eleitor que divida os vivas, uns para o sr. Fulano, e outros para o sr. Sicrano, e ande com duas bandeiras, uma na mão, e outra no bolso. Não é fácil manejá-las, guardando e sacando, ora uma, ora outra, mas podem fazer um ensaiosinho em família. Uma vez adestrados, hão de ver que, não só escapam ao cacete, mas até podem achar nisso algumas horas de recreio, coisa rara neste ano de calamidades.

Ou então, se a coisa lhe parece difícil e pouco eficaz, aceitem a fórmula de um velho preto, jardineiro da Igreja da Glória. Não sei se sabem que voto naquela seção. No dia do 1º escrutínio, enquanto esperava a minha vez, passeava no corredor que vai da sacristia à pia, e tem janelas para o jardim. Numa destas, vi estirado, ao longo do peitoril, um preto velho, de barba curta e branca, tranquilo, com o olhos meio cerrados. Cheguei-me a ele, e perguntei-lhe se era pelo sr. Fulano ou pelo sr. Sicrano, candidatos. Respondeu-me atarantado:

— Eu sou aqui mesmo da igreja, sim, senhor.

Profundo filósofo! Filósofo prático! Enquanto um brada: "Penacho e emolumentos!", fórmula rude e demasiada franca; outro: "Viva o sr. Fulano e viva o sr. Sicrano!", fórmula útil, mas contraditória, tu, meu bom velho, meu jardineiro obscuro, tu, filósofo sem livros, achaste a fórmula prática, tangível, segura, sublime, o fundo dos fundos, a substância das substâncias, que é ficar sempre na igreja.

Lélio

5 de janeiro de 1885

Mal a aurora, com os róseos dedos, abria as portas do Oriente, engolfei-me na pura linfa, e emergi fresco como uma alface. Abri a janela e relanceei os olhos pelo jardim, cujos arbustos moviam as folhas castigadas pela brisa matinal.

No meio do rumor das folhas, ouço subitamente algumas palavras soltas, frases truncadas, orações suspensas: — *A lei peca... togas... duplicatas... escrutínio... Ah! se o sr. senador Saraiva estivesse no governo!*

Curioso de todos os fenômenos, desci ao jardim, e não gastei mais de dois minutos em reconhecer que as palavras soltas eram justamente das que o *País* hoje de manhã deixou ao vento.

Não havia uma hora que elas tinham saído do prelo, e já haviam chegado ao seu destino. Afiei o ouvido, reconheci outra, cheguei a ligar um ou dois parágrafos, não havia dúvida, eram as palavras do *País*.

Fiz comigo este raciocínio: — se o vento repete o que lhe mandam, não é absurdo que responda ao que lhe perguntarem. E interroguei o vento, diretamente, que me dissesse o que achava das palavras e do sentido.

— Deliciosos! — disse-me ele. — Só lhes acho um ponto fraco; é a exclamação relativa ao Saraiva.

Naturalmente espantei-me. Quê? Pois então não era verdade que... Interrompeu-me com uma lufada, que me levou o chapéu de palha, e disse-me que ninguém mais do que ele respeita a imparcialidade e a rigidez daquele digno senador: mas, quanto às eleições de 1881, lembrava-me que a reforma estava novazinha sem que os empreiteiros eleitores tivessem ainda descoberto o meio de falsificá-la.

Era um aparelho desconhecido, em que eles pegam com certo medo; mas três anos bastaram para que inventassem a duplicata, o protesto e a anulação de seções e colégios, e outras belezas não cogitadas.

— Nem é outra opinião do *País* — concluiu ele agitando com graça as minhas roseiras em flor —, não é outra a opinião do próprio artigo em que o desbragamento dos costumes está pintado com muita verdade. A coisa está cá embaixo. Você quer saber o que vai acontecer?

Disse-lhe que sim. Ele, batendo as pesadas asas até às tranças das palmeiras do vizinho, desceu novamente, e serenando o ar com os mais puros eflúvios, anunciou-me que ainda haveria uma ou duas eleições, com a reforma sem emenda: depois emendaremos a reforma, trocando o círculo de um pelo de três, depois virá o de província, em seguida voltaremos ao de um, ao de três, ao de cinco, etc.

> *Si cette histoire vous embête*
> *Nous allons la recommencer*

— Olha, meu caro — concluiu ele. — Tu queres saber o que era preciso, antes de tudo, além da pureza dos costumes? Era aquela *melhor boa vontade* de que falou anteontem um dos candidatos últimos. Leste, não? Também eu. Sim, não basta a *boa vontade*, nem a *melhor vontade*, é preciso a *melhor boa,* que é um superlativo, não digo novo, mas prodigiosamente singular; e adeus.

Dizendo isto, deu-me um safanão, e voou aos ares, e foi buscar a chuva, que justamente começa a cair. Caiamos também, mas na sopa que me espera.

Lélio

9 de janeiro de 1885

Antes de começar, peço ao leitor que verifique se lhe falta alguma coisa nas algibeiras. Nestes tempos eleitorais não se anda seguro, e mais um diploma ou menos um lenço é a mesma coisa.

Não lhe falta nada? Bem, agora ouça e diga-me se quem concebeu esta ideia não merece, pelo menos, um tabelionato. Trago-lhe uma reforma eleitoral. Ouso crer que com a minha lei todos os males presentes vão acabar. Não a tendo ainda redigido, não posso dá-la com as formas técnicas, mas aqui vão as disposições principais.

Para nunca sair daquela simetria, que é o consolo dos olhos bem-nascidos, a presente lei eleitoral durará ainda até o fim do século. A minha começará com o século novo.

No princípio desse e de todos os séculos vindouros, até o ano 5 mil, se Deus for servido, organizar-se-á uma tabela de alternação dos partidos, para todo o século, tabela que será publicada nos jornais de maior circulação, depois de aprovada por um decreto. O prazo do governo de cada partido será de um decênio, se eles tiverem o sentimento da coletividade, e de um quatriênio, ou até de um biênio, se dominar o sentimento não menos respeitável das satisfações pessoais e dos prazeres de família. Não esqueçamos que a família é a base da sociedade.

Só o Ministério é homogêneo. A Câmara dos deputados dará sempre um terço ao partido adverso. Os deputados que formarem esse terço poderão fazer parte da maioria do seu partido, no prazo ulterior. A composição do Senado ficará sujeita ao mesmo processo, sem prejuízo da vitaliciedade. Como? Eis aí uma das belezas do meu plano. No Senado haverá duas maiorias. Subindo um partido, a maioria adversa ficará reduzida a um terço da mesma Câmara, para os efeitos legislativos, mas os senadores excluídos perderão o direito de voto e o dever do comparecimento, e poderão ir para onde lhe aprouver, até que finda o prazo. Não poderão, porém, sair do Império sem licença do Senado.

A eleição será feita na secretaria do Império, ficando incumbida desse trabalho especial uma seção também especial, composta de três amanuenses. O processo é simples.

Cada partido depositará na secretaria, 6 meses antes, uma lista dos seus candidatos, que serão o triplo do número de deputados que lhe houver de caber. Essas listas, autenticadas e lacradas, serão abertas no dia da eleição e escritos os nomes em papelinhos, metidos em uma urna e sorteados depois.

Os nomes que não saírem poderão voltar ao prazo seguinte, se fizerem parte da nova lista de candidatos; mas, durante todo o prazo atual ficarão na secretaria para os casos de vaga.

Qualquer pessoa afeita ao estudo das instituições políticas terá penetrado já a profundeza da minha concepção; mas não para aqui. Há muita coisa mais, que não exponho por amor da brevidade. O fim principal está claro que é eliminar a paixão e a fraude. Vaidade à parte: creio que não se podia fazer melhor.

Uma das disposições, que constituem verdadeira novidade, é a última ou antes a penúltima, que a última é a que declara revogadas as disposições em contrário. Estatuo ali uma elevada pensão para o autor do projeto. Não o faço por nenhuma consideração pessoal, não cedo ao vil interesse, nem as concepções do espírito se pagam. Mas eu tenho família; e repito, a família é a base da sociedade. Fortifiquemos a base para que o edifício resista. Não demos a mão aos que derrubam.

Lélio

13 de janeiro de 1885

A polícia acaba de apreender a seguinte carta de um socialista russo, Petroff, que se acha entre nós; é dirigida ao Centro do Socialismo Universal, em Genebra:

Rio de Janeiro, 12 de janeiro de 1885.
Logo que cheguei a esta cidade, tratei de cumprir as ordens que me deu o Centro, no sentido de espalhar aqui os germens de uma revolução. Pareceu-me que o melhor era fundar uma sociedade secreta, mas, com espanto, soube que já havia um Clube de Socialistas, e que a tolerância do governo é tal, que ele trabalha às claras. Pedi imediatamente um convite para assistir à primeira reunião; deram-mo e fui.

O pouco português que aprendi em Genebra, e mais tarde em Lisboa, facilitou-me a entrada no clube. Fui um pouco antes da hora marcada. A diretoria, a quem disseram que eu era um ilustre estrangeiro (neste país todos são mais ou menos ilustres), recebeu-me com as mais vivas demonstrações de apreço e consideração. Notei desde logo a presença de senhoras, e declarei que estimava ver que a mulher aqui já ocupava o lugar que lhe compete, ao lado do homem. Em seguida perguntei a que horas começava a coisa.

— Não tarda — disseram-me todos.

Eu levava um discurso preparado, verdadeiramente incendiário; copiei também algumas receitas de bombas explosivas, segundo me recomendavam as instruções do centro, e levei-as comigo.

Às nove horas comecei a ouvir afinar instrumentos, e (veja como os costumes mudam de um país para outro) rompeu uma quadrilha. Compreendi logo que era um meio de agitar o sangue, até pô-lo no grau de movimento e temperatura apropriado à nossa santa obra. E essa inovação pareceu-me útil.

A diretoria apresentou-me a uma senhora, que me aceitou para seu par, e fui dançar com ela. Vi que era uma pessoa de fisionomia enérgica e resoluta; teria vinte oito a trinta anos. Dançando, disse-lhe que estava entusiasmado com o Rio de Janeiro, onde não imaginaria achar o que achei. Ela sorriu lisonjeada, e declarou-me que sentia grande satisfação em ouvir tais palavras.

A nossa conversa foi interessantíssima, conquanto muita coisa me escapasse, pela presteza com que ela falava, e que, em geral, é a de todos que falam a própria língua. O estrangeiro, quando não está familiarizado, precisa de que se lhe articulem as palavras vagarosamente. Não obstante, pudemos trocar algumas ideias, e até recolhi muitas notícias, que comunicarei no meu relatório. Uma dessas é que há outras sociedades análogas ao clube, e com o mesmo fim.

— A principal e a mais brilhante — disse-me ela — é o Cassino Fluminense. Ainda não foi ao Cassino?

— Não, senhora.

— Pois vá, que vale a pena.

— Boa gente, não? os verdadeiros princípios?

— Ah! o melhor que se pode desejar.

Acabada a quadrilha, seguiu-se uma polca, e logo depois outra quadrilha. Pareceu-me demais; eu já tinha o sangue em fogo; mas não houve remédio, e fui fazendo como os outros. As senhoras dançavam com um ardor, que, se nesse momento, déssemos uma bomba explosiva a qualquer delas, iria dali, logo e logo, deitá-la onde fosse conveniente à boa causa.

Eram onze horas, e nada de começarem os trabalhos. Eu, impaciente, fui a um dos membros da diretoria, e perguntei de novo a que horas era a coisa.

— Não tarda, é à meia-noite em ponto. Vamos agora a uma valsa.

Pedi-lhe dispensa da valsa, e fui fumar um charuto, em companhia de um sócio, que me pedia notícias da Rússia, e se lá havia algum clube de socialistas. Respondi-lhe que havia muitos, mas todos secretos, porque o governo não consentia nenhum público, e, quando descobria algum, pegava dos sócios e mandava-os para a Sibéria. Não imagina o assombro do meu interlocutor.

— Ah! é bem duro viver em um tal país! — exclamou ele.

— Se é! — disse-lhe eu.

— Agora compreendo os atentados que por lá se têm praticado. Realmente, mandar para a Sibéria homens que apenas usam de um direito sagrado...

Expliquei-lhe bem o que era a Rússia, e concluí que, em geral, toda a Europa é um velho edifício que precisa cair. Nisso bateu meia-noite, e passamos todos a uma sala interior, onde vi uma mesa cheia de comidas e bebidas, e nenhuma tribuna para os oradores. Foi engano meu, como vai ver.

Homens e senhoras sentaram-se e comeram. No fim de 15 a 20 minutos, levantou-se o presidente, e declarou que saudava, em nome do Clube dos Socialistas, ao ilustre estrangeiro que ali se achava: era eu. Levantei-me e respondi com o discurso que levava de cor. Não posso dar-lhes ideia dos aplausos que recebi. Todas as teorias de Bebel, de Cabet, de Proudhon, e do nosso incomparável Karl Marx, foram perfeitamente entendidas e aclamadas. Fizeram-se outros discursos, em que entendi pouco, mas que me pareceram animados dos bons princípios. Cada um deles era fechado por toda a reunião com o grito: *Uê, uê, Culu!* Suponho que é a fórmula nacional do nosso brado revolucionário. *Morte aos tiranos!*

Um dos mais entusiastas era um militar, a quem fui cumprimentar, dizendo que estimava ver o exército conosco.

— O militar precisa de algum descanso — respondeu ele sorrindo.

Era uma alusão delicada à supressão dos exércitos permanentes, e eu apertei-lhe a mão de um modo significativo.

Mandarei mais pormenores por outro vapor. Ao fechar a carta recebo o diploma de sócio honorário do clube. País excelente; está todo nas boas ideias.

Lélio

17 de janeiro de 1885

Em nome da Santíssima e Indivisível Trindade.

Eu, Lélio dos Anzóis Carapuça, estando em meu perfeito juízo, determinei escrever este testamento, para o fim de deixar expressas as minhas últimas vontades, que espero sejam cumpridas, como se eu presente fosse.

Não possuindo coisa nenhuma, não lego nada a ninguém, a não ser a minha bênção ao meu sobrinho Sousa Barradas, e a saudade eterna que há de ficar no coração de muitas pessoas.

Item, deixo de nomear testamenteiro, pelo motivo indicado, bastando que a justiça pública dê execução às vontades declaradas neste testamento pelo modo ordenado nas leis do país.

Item, é a minha principal vontade que, se a causa da minha morte der lugar a controvérsia científica e inquérito policial, não me levem os ossos para as vitrinas da rua do Ouvidor, nem o úmero, nem outro qualquer; não só porque, como nunca andei naquela rua em fraldas de camisa, não quisera ir para ali em simples osso, que é um modo de estar mais nu, como porque não gostaria de ver a questão generalizada, o que infalivelmente teria de acontecer, graças aos conhecimentos osteológicos de todas as pessoas que transitam por aquela rua, entre meio-dia e seis horas da tarde.

Item, como não desejo que, à falta de osso, fique em jejum a legítima curiosidade do país, nem que se diga que detesto as vitrinas, cedo para elas o meu último par de botas, a minha fotografia, e uma ou duas gravatas; e assim também consinto que o meu nome, se estiver perdido o uso da polca, vá adornar a tabuleta do *Café do Papagaio*, e de outras análogas instituições que precisem dos meus serviços para chamar freguesia.

Item, se o dito meu sobrinho Sousa Barradas, que traz diploma de deputado, vier a naufragar no 3º escrutínio, dou-lhe de conselho que recorra ao 4º, mandando expor o diploma rejeitado na mesma rua do Ouvidor, a fim de que os nossos amigos possam dizer sem medo de errar: "repelido da Câmara, foi recebido nos braços da nação".

Item, e já que estou com a mão na massa, se acontecer que, repelido da Câmara, fique sem mais que fazer, lembro-lhe que tem queda para o professorado, e pode fundar uma aula, impondo-lho eu, seu tio e amigo, esta única condição de não escrever na tabuleta: *Curso de instrução primária: externato Sousa Barradas*. Chame-lhe simplesmente *escola de meninos,* que é mais modesto, mais franco, mais natural e mais conciso; foi nessa escola que eu e seu pai aprendemos.

Item, não tendo mais que dizer, e faltando-me o rapé na caixa (e eu sem rapé não sei escrever) fecho aqui meu testamento, que pode ser exposto, se quiserem, na porta do Castelões, mas só em pública forma, ficando o original com o dito meu sobrinho; e a este digo que não vou apertar-lhe os ossos, por medo de os quebrar e dizerem depois que o desanquei, quando a verdade é que o amo e lhe dou daqui a minha bênção. Amém.

Lélio

21 de janeiro de 1885

Venha o leitor comigo, sente-se nesta cadeira, e diga-me como é que a gente procurando uma ideia, acha outra, e produz a maior revolução do século.

Faço-lhe a justiça de supor que ainda me não entendeu. Conto com isso para gozar um pouco da sua estupefação, um dos raros e últimos prazeres deste ofício de escritor. Não entendeu; os olhos descem-lhe por aqui abaixo a ver se alcançam a minha intenção, ou, pelo menos, a matéria da bala. Uma revolução? a maior revolução do século? Dar-se-á que alguma nova alfaiataria... Não, senhor; trata-se de coisas mais altas.

Há de lembrar-se que eu, desde que o sr. Cunha Sales declarou renunciar ao subsídio de deputado, caso fosse eleito, examinei essa questão da remuneração parlamentar. Também não esquecera que, consternado pelas violências e fraudes da última eleição, formulei aqui um projeto com o fim de fazer as eleições sem furto nem facada. Daí para cá estudo os dois pontos com tal afinco, que faz crescer a admiração que sempre votei à minha pessoa.

Vai senão quando, achei que a questão do subsídio está resolvida, há perto de meio século, por um brasileiro. Paula Cândido; e, estudando a ideia que ele propôs, e jaz nos anais do Parlamento, cheguei a nada menos que descobrir o melhor processo eleitoral.

Paula Cândido era deputado; e em 1841, depois de um discurso em que examinou os prós e contras do subsídio, viu que o maior dos contras era a obrigação em que estava o eleitor vencido de pagar o subsídio ao deputado eleito contra a vontade dele. Então imaginou fazer pagar o subsídio pelos eleitores do deputado, e não do derrotado. A combinação era engenhosa, mas eu só transcrevo este parágrafo:

> § 1º. No momento de entregar a cédula, o eleitor depositará na mão do presidente do colégio tantos mil réis quantos forem indicados pelo quociente do total do salário dos deputados da respectiva província...

No correr do discurso, calculando quanto teria que dar cada eleitor na província de Minas, achou que 24$, e concluiu com estas palavras: "Qual será o eleitor que não queira dar 24$ para mandar um amigo seu à representação nacional? Todos".

Até aqui a ideia de Paula Cândido; agora a minha.

A minha é que basta decretar a ideia de Paula Cândido para termos boas eleições, pacíficas e solenes, sem fraude nem murro. Decreta-se que cada eleitor, ao entregar a sua cédula, depositará na mão do presidente uma nota de vinte mil réis, e aqui está como se passarão as coisas.

Às nove horas reúne-se a mesa. Não havendo ainda ninguém, o presidente conta aos mesários que passou mal a noite, preocupado com a ideia de acordar tarde, e não poder almoçar. Um dos mesários diz que passou mal, mas foi com os mosquitos. Outro conta que dançou até as duas horas da manhã. O presidente oferece rapé, que nenhum dos mesários aceita.

— Não são velhos como eu — diz ele enchendo as ventas. — Mas então, ninguém?

— Ninguém, é verdade. São nove e meia.

Nova conversação. Um dos mesários preconiza o espiritismo, outro refuta-o, o presidente faz narizes, a pena, em uma folha de papel do Estado. De quando em quando, levanta os olhos para referir alguma coisa da entrada do magnetismo no Rio de Janeiro. Falou também da Companhia Muzella. O relógio bate dez horas.

— Dez horas! Ninguém? A eleição vai começar muito tarde.

E o presidente levanta-se, vai à porta, olha para todos os lados, e volta a sentar-se. Realmente é aborrecido. Às onze horas, estão impacientes, mas atados, sem saber que façam. Ao meio-dia, desesperam. Um dos mesários, que tem de ir com a família para fora, propõe que se faça a chamada, assim mesmo.

— Está doido? chamar as paredes? — diz o presidente.

Mas outro mesário pega no regulamento e mostra-lhe que a chamada devia estar feita. Escrúpulos do presidente, que vacila entre o regulamento e o senso comum, e acaba pedindo uma espera. Todos suspiram. O mesário que tem de ir para fora da cidade, amaldiçoa o dia em que se meteu em tais histórias.

Uma hora, duas horas, três, quatro, cinco, nada, ninguém, coisa nenhuma. Todos os narizes feitos pelo presidente reúnem-se em um só nariz e juntam-se ao dele, que fica enorme. O mesário dos mosquitos cochila, outro resmunga, outro passeia; o presidente, com fome, abarrota-se de água. Cinco e meia, cinco e três quartos, seis horas; redigem uma ata, contando a verdade, e precipitam-se para suas casas.

Assim a nação toda. Nem duplicata de diplomas, nem sequer diploma. A virtude pública adejando sobre todas as cabeças, intactas.

Lélio

26 de janeiro de 1885

Há pessoas que não sabem, ou não se lembram de raspar a casca do riso para ver o que há dentro. Daí a acusação que me fazia ultimamente um amigo, a propósito de alguns destes artigos, em que a frase sai assim um pouco mais alegre. Você ri de tudo, dizia-me ele. E eu respondi que sim, que ria de tudo, como o famoso barbeiro da comédia, *de peur d'être obligé d'en pleurer*. Mas tão depressa lhe dei essa resposta como recebi das mãos do destino um acontecimento deplorável, que me obriga a ser sério, na casca e no miolo.

Nem há outro modo de apreciar o ato praticado pela polícia, ontem, pouco antes das dez horas da manhã, nas duas casas em que estão expostos alguns ossos de defunto.

Apareceu em ambas um agente policial, acompanhado de dois urbanos, e polidamente pediu aos donos que retirassem os ossos da vitrina. Responderam-lhe naturalmente que não podiam fazê-lo, desde que ali foram levados por outras pessoas, mas que iam entender-se com elas. O agente, porém, que levava o plano feito, declarou que não trazia ordem de esperar e insistiu em que os ossos fossem retirados imediatamente.

Antes de obedecer, perguntaram-lhe, em ambas as casas, se havia lei que proibisse a exposição dos ossos de gente morta. Na primeira, apanhado de supetão, deu uma resposta que lhe servia também para a outra, disse que, efetivamente, não havia lei especial, mas que a lei era feita para as hipóteses possíveis, não para absurdos. Reconhecia as intenções puras de todos e não entrava nem podia entrar na controvérsia dos úmeros; mas, como agente da autoridade, não podia consentir em tal profanação.

Em uma das casas, um rapazinho, freguês adventício, como tinha algumas lambujens da química dos ossos, lembrou-se de dizer que não havia tal profanação: tratava-se de um punhado disto e daquilo. Mas para a polícia não há química, não há nada. Resolvida a ir adiante, pediu segunda vez a retirada dos ossos. Em ambas as casas, ainda lhe disseram que, aparentando respeitar os mortos, a polícia diminuía-os, desde que punha os respectivos ossos abaixo de um estandarte de carnaval: pode expor-se um emblema de folia, uma vitela de duas cabeças, um ananás monstro, e não se há de expor dois ou três úmeros, quatro que sejam?

Mas estava escrito. A polícia trazia o plano de, sem lei nem nada, exceto uma razão de conveniência e decoro, fazer retirar dali os ossos, e conseguiu-o. Meteu-os em duas urnas, trazidas pelos urbanos, e remeteu-os para a Faculdade de Medicina. Em tudo isso, não há dúvida que se portou com muito tato e polidez; mas nem por isso os homens sérios deixaram de ficar acabrunhados, ao ver essa limitação da liberdade.

Eu, além desta razão última, fiquei aborrecido, porque tinha mandado dizer a umas primas de Itaboraí que viessem ver os ossos do Malta e os do outro que pelo nome não perca: elas chegam amanhã e não acham nada; e, pobres como são, terão de fazer maior despesa do que contavam. Costumam, efetivamente, todos os anos, vir à corte pelo carnaval, mas desta vez adiantaram a viagem para ver as duas coisas — os úmeros e os máscaras — e só lhe ficaram os máscaras. Não é pouco, mas não é tudo.

Enfim, está acabado. Concluo dizendo à autoridade que é um erro abusar do poder; as liberdades vingam-se, e a liberdade de expor não é a menos vivaz e rancorosa. Hoje tiram-nos o direito de expor um par de canelas; amanhã arrancam-nos o de expor as nossas queixas. Não vejam nisso um trocadilho, premissa traz consequência: liberdade morta, liberdade moribunda.

Lélio

30 de janeiro de 1885

Sabe o leitor o que lhe trago aqui? Uma pérola. Não acredita? Já esperava por isso; mas a minha vingança é que você tão depressa lhe puser o olho, põe-lhe a mão, e manda engastá-la em um botão de camisa, se não for casado, porque ela é tamanha, que está pedindo um colo de senhora.

Pesquei-a agora mesmo na costa da Câmara municipal. Gosto daqueles mares, às vezes tempestuosos, às vezes banzeiros, mas sempre fecundos. Dizem que há um plano de fazer desaguar ali os rios Maranhão e Caiapó, contra todas as induções de geografia, e a despeito das leis da hidráulica. Contanto que me não tirem as pérolas.

Vamos à que acabo de colher. Todos os anos, em se aproximando o entrudo, a Câmara manda correr um edital que o proíbe, citando a postura e apontando as penas. Até aqui a ostra; agora a pérola. Este ano a Câmara fez saber duas coisas: primeiro, que a postura está em seu inteiro vigor; segundo, que deve ser cumprida *literalmente*. Sim, meu senhor, *literalmente*; deve ser cumprida *literalmente*.

Je suis déjà charmé de ce petit morceau.

Isto em trocos miúdos, quer dizer: Meus filhos, olhem que agora é sério. Estou cansada de publicar editais que nem mesmo os ingleses veem. Não, não pode ser. Canso-me em dizer que atirar água é um delito, encrespo as sobrancelhas, pego na vara de marmeleiro, e é o mesmo que se caísse um carro. Nada, agora é sério. Hão de cumprir literalmente a postura, ou vai tudo raso.

Entretanto, a coisa é menos fácil do que parece. A postura impõe multa aos que jogam entrudo, e, não podendo o infrator pagar a multa, sofrerá "dois a oito dias de prisão"; sendo escravo, porém, sofrerá "dois a oito dias de cadeia". Como encaminhar literalmente esses dois infratores, um para a prisão, outro para a cadeia? Se não fosse a condição da literalidade, eu, no caso dos urbanos, mandava-os ambos para o xilindró, que é um meio-termo; mas devendo ser literal, não saberia que fazer.

Um grande romano recomendava, para os casos de dúvida, abstenção. Há de ser provavelmente a prática dos urbanos. Não sabendo distinguir entre as duas penas, mandarão os infratores para suas casas.

Mas também pode ser que eles prefiram as máximas cristãs aos preceitos pagãos, e, em tal caso, lembrados de que a letra mata e o espírito vivifica, traduzirão o *literalmente* do edital por esta frase: trabalhe o refle. Se a letra mata, não há nada mais literal que o refle.

Mas o que o leitor não suspeita é que não lhe dou esta pérola, e assim castigo a incredulidade com que me recebeu. Vou restituí-la à matrona municipal. Ela a porá ao colo, nos três dias de entrudo, para assistir ao baile dos limões-de-cheiro, que promete ser esplêndido, tão esplêndido que ela acabará por dançar com os outros.

Se assim acontecer, que fará a Câmara nos anos seguintes? Terá de recorrer a outros advérbios, *ferrenhamente, implacavelmente, terrivelmente*, e sempre inutilmente, porque nestas coisas, amiga minha, ou se trata de um recreio popular, e é preciso fazer como aquele chefe de polícia, que o trocou por outro; ou se trata de eleições, e então, antes de dar um advérbio à execução das leis, é melhor dar-nos o sentimento da legalidade, que está muito por baixo.

E depois, pode ser que o povo imagine que o direito de fazer entrudo, como o de expor ossos de defunto nas vitrinas, é constitucional. Se assim for, creia a Câmara que ele há de defendê-lo, a todo custo, considerando que, se hoje lhe tirasse o de jogar água, amanhã pode tirar-lhe o de profanar ossos nas vitrinas da rua do Ouvidor. Premissa traz consequência; liberdade morta, liberdade moribunda. Ou mais derramadamente: as liberdades dependem tanto umas das outras, que o dia da morte de uma é a véspera da morte de outra. Vá lá em vinte palavras o que estava em duas.

Lélio

1º de fevereiro de 1885

Vai-se abrir concorrência para o fornecimento de pastilhas de estricnina, destinadas a matar cães. Já a Câmara municipal aprovou o parecer da respectiva comissão; amanhã ou depois está o edital na rua.

Pastilha é nome moderno. Antigamente era bola. O processo é que é o mesmo. Confia-se as pastilhas ou bolas aos guardas-fiscais, e estes, de passeio pelas ruas, vão distribuindo aos cães que encontram a preciosa comida. Ninguém (salvo se lhe matam algum), ninguém clama em defesa dos pobres diabos.

Eu mesmo não diria nada, se não fosse um cão do meu conhecimento, pessoa instruída, que, não podendo escrever em virtude da conformação das patas (raro exemplo), veio pedir-me que pusesse no papel umas tantas ideias que ele trazia na cabeça. Prestei-me de boa mente, não só porque este cão, posto me dava alguns obséquios, nunca disse mal de mim, como porque é a melhor guarda da minha casa. Os criados, em geral, guardam-me a casa e os lenços.

Endimião (é o nome dele) alega as qualidades morais do cão, a posse de uma consciência que os naturalistas lhe reconhecem, os dotes preciosos que o tornam amigo do homem. Não pede o respeito maometano, mas lembra que a nossa cidade ainda não é Constantinopla, não são aqui tantos os cães, que permitam a uma sociedade cristã destruí-los friamente, na rua.

Concorda que a distribuição das pastilhas é um serviço leve para os guardas e não desconhece que a morte de um cão, na rua, estrebuchando, é sempre um espetáculo gracioso para os vizinhos desocupados às portas das casas. Mas, pergunta-se, não haveria meio de substituir um brinquedo por outro, um realejo, por exemplo, com um macaco; é clássico, e digam o que disserem, é graciosíssimo. Quanto aos guardas podiam andar do mesmo modo pelas ruas, mas sem as pastilhas; era ainda mais leve.

Disse-lhe que sim, que ia escrever alguma coisa, e aí deixo o meu pedido a d. Sebastiana, que mandará o que for justo. Creio que o justo é dar duas pastilhas, em vez de uma. Não é menos repugnante e gasta-se mais.

Lélio

3 de fevereiro de 1885

Também eu quero dar o meu "aspecto de céu em fevereiro". A astronomia, que é a ciência do incomensurável, tem lugar para todos. *Sol lucet omnibus*.

Aqui vai, pois, uma pequena nota dos movimentos siderais, nestes vinte e seis dias, fruto de alguma aplicação e muita consciência.

Na noite de 10, aparecerá, a olhos desarmados, a constelação Temporária, uma das mais numerosas que se conhecem, situada a sudoeste, a pouca distância da Vitalícia. Compõe-se de um sistema de estrelas duplas, chamadas Diplomas, convergindo todas para a estrela denominada Cadeira, uma das mais esplêndidas daquele lado do céu. Pelo correr dos dias, ir-se-á observando um singular fenômeno: as estrelas duplas tomarão o aspecto de uma só, ou por meio de eliminação de uma das partes, ou porque a distância em que forem ficando nos dê essa sensação. A opinião mais aceita é a primeira: uma das estrelas resolve-se em matéria cósmica, e a outra subsiste com a forma primitiva.

Entre o constelação Temporária e o signo Salomão aparecerá o grupo das Plêiades (sete estrelas, como se sabe), todas de primeira grandeza. Uma delas, a principal, parece dividir-se em duas, mas é de fato uma, e ocupa tão grande espaço que vai da região do Tesouro à de Estrangeiros; de maneira que, rigorosamente, são seis ao todo, e não sete; mas os astrônomos, por uma convenção usual na ciência, dão-lhe o mesmo número antigo, apesar do desaparecimento de uma — na região do Feloio.

A nebulosa da Galeria é das mais vastas este mês; aparecerá também na noite de 10, e continuará por todos os demais dias, exceto aos domingos. Em geral, desaparece com a constelação Temporária, e reaparece na direção das estrelas Júri, Sebastiana e Exumação.

Um dos mais belos espetáculos do mês é o aparecimento (apenas por três dias) da constelação da Seringa, que abrange a maior parte do céu. Entre os outros que ali figuram, contam-se alguns de extraordinária beleza, como seja o Limão, o Balde, a Bisnaga, a Encapelação, e, mais tarde a Polca. Pode-se dizer, por uma comparação trivial, que são três dias de festa no céu. A cintilação é tal, e tantas são as miríades de estrelas, que chega a parecer que estas dançam e correm: mas evidentemente é ilusão.

O dia 21 era marcado para o aparecimento do cometa Caiapó, na direção da bela estrela Sebastiana. Saído das mais obscuras regiões do espaço, esse cometa passaria pela constelação da Urna, variando as conjecturas de alguns pontos, que por muito complicado e já agora inúteis, deixo de expor.

No dia 9, dar-se-ia o fenômeno semestral conhecido entre os astrônomos pelo nome de caçada dos Acionistas. Os Acionistas, como se sabe, são umas nebulosas que ficam ao norte, na distância de vinte mil trilhões de léguas do nosso planeta: é o cálculo mais moderado. Alguns vão a cinquenta mil, outros a cem mil. Há mesmo quem afirme que não existem, e são reflexos apenas; mas esta opinião é errônea. A distância diminui por ocasião do equinócio do Dividendo, mas passado ele, volta a nebulosa ao mesmo ponto. O fenômeno do dia 9 consistirá na marcha do planeta Banco do Brasil, em direção à nebulosa. Sabe-se que já duas vezes, no mês anterior, o mesmo planeta marchou para ela, mas, tendo passado o equinócio do Dividendo, a nebulosa prosseguiu na fuga do costume; no dia 9 o planeta alcançará apenas uma parte ínfima. Chama-se a este terceiro contato, em astronomia, a derrota dos pataus.

Não se infira dos nomes que eles são posteriores aos fenômenos terrestres de igual denominação. É o contrário. Chamam-se acionistas aos portadores de ações de companhia e bancos, por ser aquele o nome da nebulosa, cujo aspecto tem a forma de uma mão aberta, dando sempre e recebendo muitas vezes. A opinião de Herschell de que eles têm, além da mão, uma espécie de cabeça, está desmentida por todas as observações recentes.

O planeta Castro Malta será visível durante o mês, acompanhado agora de um pequeno satélite chamado Pessoa, cujo aparecimento fez uma revolução na astronomia. Tendo passado a constelação dos Úmeros, caminha agora na direção do Refle e do Escrivão. É um planeta de pouca luz, e mal pode ser observado, e só em parte, por instrumentos de poderoso alcance.

A posição do planeta Castro Lopes é a mesma. Dotado de luz intensa, a igual distância do planeta do Saber e da nebulosa do Paradoxo, um pouco mais inclinado a esta, irá *acordar eles*, sempre que um e outro dominarem. Chama-se acordar, em astronomia, o fenômeno do aparecimento. Um planeta acorda a outro, ou a uma estrela, ou a uma nebulosa, sempre que aparece antes deles. Assim também, se desaparece por último, diz-se que *deitou eles*. Os satélites Barbarismo e Solecismo, posto não entrem de todo na penumbra, serão em parte eclipsados por um terceiro satélite, de oportuna manifestação, e até aqui conhecido por um nome extremamente longo. Chama-se Locução não castigada.

Todos os demais astros do céu, continuarão no céu, olhando para o nosso planeta, e perguntando uns aos outros que diabo se passa naquele pontinho escuro que vaga no ar.

Lélio

7 de fevereiro de 1885

Aqui tem o habitante do Rio de Janeiro um meio barato de saborear o imprevisto e o extraordinário, sem ir às alturas do rio São Francisco ou do Amazonas, ou às cataratas do Niágara, ou aos impérios do Levante. São viagens longas e dispendiosas, enquanto que o bom carioca (de nascimento ou de morada) pode muito bem ter as mesmas coisas, sem sair da janela.

De manhã, levanta-se, mete-se na água, sai da água, enxuga-se, veste-se, dá um pequeno passeio, volta à casa, manda vir o café, e ali mesmo, à janela, entre dois golos, lê a última ata da Câmara municipal. Está em plena mágica. Toda a noção da realidade desaparece; o devaneio, espanejando as asas moles e apoiadas, leva-o às regiões mais inacessíveis do espírito humano. A própria nuvem, ao pé desse estado cerebral, faria um papel de rocha dura e bruta.

Consegui obter uma fotografia desses pincaros vertiginosos, e ora mostrar uma ao leitor. A coisa é tal, que, mesmo fotografada, dá vertigem; segure-se.

Está em obras uma rua. Para elas fornecem-se materiais. Os fornecedores pedem pagamento das despesas, na importância de muitos contos de réis. A comissão da Fazenda examina o negócio para poder mandar pagar, e declara, *ipsis verbis*: "A comissão de Fazenda, apesar de procurar obter os esclarecimentos, não chegou a conhecer (segure-se leitor!) como e por que autoridade se estava despendendo tão importante quantia, e por isso não pode tomar a responsabilidade de semelhante pagamento."

Nem eu, provavelmente, nem o leitor; mas, enfim, alguém há de ter mandado fazer essas despesas. Ouçamos o diretor das obras municipais. Este informa apenas à comissão que as despesas fazem-se desde maio passado e sobem a 24:540$50; e acrescenta: "com uma rua que não tem trânsito, quando esta quantia chegava para melhorar outras no centro da cidade". Aqui discordo do diretor. As ruas que não têm trânsito são justamente aquelas em que se deve gastar dinheiro, porque as obras não ficam estragadas pelos carros e carroças, e até pelos sapatos da gente. As ruas com trânsito é que são verdadeiros sorvedouros. Mas, em suma, nada disto nos diz quem é que autorizou as famosas obras.

Ouçamos o engenheiro do distrito. Este, apesar da comissão não se dar por esclarecida, esclarece tudo: "O fornecimento foi feito e autorizado pelas circunstâncias especiais". Bem; resta saber onde é que elas moram. Há aqui no meu bairro umas três senhoras gordas, que parecem irmãs, e ninguém sabe quem sejam, porque moram há pouco. Desconfiei que fossem elas, e fui lá agora, depois de ler a ata. Meu dito, meu feito; são elas mesmas.

Quem me recebeu foi a mais moça; depois veio a outra, e, afinal, a mais velha de todas, que é especialíssima. Confessaram-me que são elas, chamam-se Circunstâncias Especiais, e autorizaram as obras daquela rua, por um motivo que não podiam dizer. Instei com elas, e consegui que me revelassem tudo.

Agora cuidado; estamos no ponto mais alto da montanha, e do lado que dá para abismos negros e insondáveis.

— Não autorizamos essas obras para nós, mas para outra pessoa — disse a Circunstância Especial mais velha —... Jura que não revelará o nome a ninguém?

— Por esta luz que me alumia...

— Bem; nós autorizamos as obras para uma pessoa que se mudou e está morando lá: o Castro Malta. Não revele isto, porque, enquanto os médicos o descobrem no cemitério, nós sabemos que ele mora naquela rua, onde o visitamos muitas vezes e ainda ontem jantamos juntos. Castro Malta sempre gostou de ruas calçadas.

E eu agora é que começo a sentir vertigens. Na verdade, um morto vivo, morando em rua que se calçou por si mesma... Com um estição mais é o Himalaia.

Lélio

11 de fevereiro de 1885

Vão começar as sessões preparatórias. Um amigo meu, persuadido de que a curiosidade política deve ser protegida contra as calamidades eventuais, imaginou um aparelho para as pessoas que quiserem assistir às sessões da Câmara, e voltar para casa intactas.

Fui ontem ver esse aparelho em casa dele, beco dos Aflitos nº 67, loja. A casa é pequena, e está abarrotada, porque há um mês que ele trabalha nisto, e já tem vinte exemplares prontos, à espera dos fregueses. Realmente, é um primor de engenho e segurança.

Começa por uma camisa de flanela e aço — flanela por dentro e aço por fora — muito fina e sólida. Não tem braços e não desce da cintura. Sobre ela enfia-se uma vestidura inteiriça, desde o pescoço até aos pés, com braços e pernas, e toda de couro de boi. Vem depois igual vestidura de aço, um pouco mais grosso que o da camisa, mas ainda assim fino, para não sobrecarregar a pessoa. A quarta vestidura é de uma espécie de palma; que, segundo ele me afirma, tem a qualidade de repelir os golpes; e para reforçá-la, o inventor forrou-a de uma camada de borracha, de um centímetro de grossura, perfeitamente ligada.

Não se pense que acabou. Assim preparada, a pessoa veste uma camisa branca, de platina, tão bem-feita que parece linho puro. O colete é de um metal combinado, cujo segredo ele me não revelou, nem eu insisti em pedir-lho; digo só que é perfeitamente cômodo, não tolhe a respiração, nem os movimentos. Desse mesmo metal são as calças. A sobrecasaca é a usual, mas de um pano grosso e forte, e acolchoado no peito e nas costas com estopa.

As botas são de couro de anta, forradas de aço, com muito sebo nos calcanhares, para os lances imprevistos. São mais largas que as outras, para não magoar os pés. Meias de camurça.

A gravata, que é de ferro fundido, da fábrica de Ipanema, saiu tão boa, que pode ser usada nos dias ordinários, por gosto. O chapéu é de latão grosso, pintado de preto; é a parte mais importante e perfeita do aparelho.

Naturalmente, há luvas. São de duas qualidades, de couro de boi ou de camurça, com chumaço por dentro, a fim de amortecer qualquer golpe; entretanto, o inventor aconselha que, ainda assim, será prudente trazer as mãos nas algibeiras.

Está acabado? Não. Ele previu tudo, e tudo remediou. Considerando que, a despeito da segurança que oferece o invento, pode acontecer que algumas vezes os discursos metam medo aos ouvintes, por causa das apóstrofes duras e inflamadas, fez um aparelho especial para as orelhas, composto de duas chapas grossas, que impedem completamente a audição.

Mas a vista não pode produzir igual efeito, e até pior, porque, sem ouvir as palavras trocadas, o espectador imaginará, muitas vezes, coisa mais grave do que realmente estiverem dizendo? Pode; e é por isso que a última peça do aparelho é um par de óculos pretos, que não deixam ver mais que um palmo adiante do nariz.

Não é tudo. Há dois homens no homem, e não basta premunir o físico para resguardar o moral. Foi o que o meu amigo compreendeu; lembrou-se da expressão da Escritura: *A minha fortaleza é o Senhor*, e, para tranquilizar as consciências católicas, contratou dois padres, que se incumbem de as ouvir de confissão e absolve-as, antes de irem para a Câmara. Receberá por isso uns cinco por cento mais do preço fixado para o aparelho. Digo, independente da amizade, que acho este aparelho o melhor que se pode ter nas circunstâncias apertadas em que nos achamos. Vão vê-lo, e concordarão comigo. Olhem que é no beco dos Aflitos nº 67, loja. Não confundam com a casa nº 77, onde mora um concorrente do inventor, que afiança ter descoberto coisa melhor, que é deixar-se cada um ficar em casa. A inveja matou Caim. Não demos apoio aos exploradores dos que trabalham. Vão ao nº 67, casa do José Cândido. O nome todo é José Cândido da Silva; mas toda a gente o conhece por José Cândido, ou Candinho das Moças. Vão, vistam-se, dirijam-se para a Câmara e jantarão em paz com a família. *Senão, não* — como nas antigas cortes portuguesas.

Lélio

17 de fevereiro de 1885

Não acabo de entender por que motivo as folhas de hoje, unanimemente, noticiam que o entrudo este ano foi menor que nos anteriores, quando a verdade é que não houve entrudo nenhum, nem muito, nem pouco. Não se chamará entrudo ao único limão que se atirou na cidade, e foi obra de um homem que chegara na véspera e não tinha lido as ordens proibitivas da polícia e da Câmara municipal. Assim o disse ele ao subdelegado, pagando a multa em dobro, e declarando (por um nobre sentimento de filantropia) que o excesso da multa legal fosse aplicado ao fundo de emancipação. O subdelegado apertou-lhe as mãos com efusão e dignidade. Eu teria feito a mesma coisa.

— O seu ato — disse-lhe ele — desfaz a má impressão que causou à polícia e à edilidade esta única contravenção a ordens, não somente legais e justas, mas até reclamadas por toda gente. Compreende que a autoridade não se exporia a fazer correr editais para não serem cumpridos; era como se pusesse um rabo de papel em si mesma. Neste caso, antes calar que falar. Compreende também que seria perigoso acostumar a multidão ao desrespeito da lei e da autoridade. A multidão tem a mesma lógica das crianças, e diria que, se se pode deixar de cumprir uma prescrição policial, nas próprias barbas da polícia, também se pode fazer a mesma coisa às outras leis. Veja, entretanto, que edificante espetáculo apresenta a nossa cidade. Os próprios fabricantes de limões-de-cheiro têm ido entregá-los à polícia. Nem aquele afago clássico, e ao mesmo tempo tão filosófico, de esmagar um ou dois limões no pescoço das namoradas, nem esse mesmo se praticou, tão profundo é o sentimento da legalidade manifestado nesta ocasião.

O delinquente respondeu com palavras igualmente elevadas e cabidas, a que o subdelegado replicou com outras da mesma feição, e acabaram almoçando juntos.

E essa foi a contravenção única, aqui vai agora um admirável exemplo da estrita obediência às ordens policiais.

Sabe-se que nesses três dias, das quatro horas da tarde em diante, não passa carro sem pessoa mascarada, nas ruas da Quitanda, Ourives, Gonçalves Dias e Uruguaiana, na parte compreendida entre as do Rosário e Sete de Setembro. Mora na primeira daquelas ruas um compadre meu, negociante de massames e aparelhos náuticos (*Ship-Chandler*), com armazém na rua da Saúde. Em outubro último, foi acometido de uma frouxidão de nervos, que o não permite andar a pé. Comprou um carro, em que sai de casa para o armazém, às oito horas da manhã, e que o traz do armazém para casa, às 5 da tarde.

Diante da ordem policial, achou-se o meu compadre um tanto perplexo, por lhe parecer que as qualidades e disposições do carro não ficavam alteradas pelo fato de trazer a pessoa que vai dentro um pedaço de papelão na cara ou no bolso. Releu a ordem a ver se ficavam excetuados os moradores daquelas ruas, mas não achou nada. Nesse conflito entre o dever e as circunstâncias, não quis recorrer à minha casa, onde ele sabe que terá sempre cama e um lugar à mesa. Não, senhor; mandou comprar uma máscara. Às cinco horas sai da rua da Saúde sem máscara; chega à esquina da rua do Rosário, manda parar o carro, põe a máscara, o carro continua a andar, e chega à porta da casa sem inconveniente.

Chamem-me o que quiserem; declaro que acho isto um bonito procedimento. Com pequena despesa (pois não há necessidade de máscara rica para andar algumas braças de rua), submete-se um homem à regra comum, sem grave alteração dos hábitos. Note-se que a máscara, apesar de barata, não é feia. Quem quiser vê-la ainda hoje vá postar-se na rua da Quitanda, esquina da do Rosário. Às cinco horas e dez ou cinco e quinze minutos, verá parar um carro, e observará o resto. Nestes dois dias tem sido o recreio da vizinhança.

Lélio

21 de fevereiro de 1885

Vejo, pela ata da última assembleia geral do Banco do Brasil, publicada hoje, que o sr. dr. Anísio Salatiel aludiu, de passagem, às pessoas que dizem dos acionistas dos bancos e companhias, que eles só esperam pelo *equinócio do dividendo* importando-lhes pouco a administração dessas instituições. Como o *equinócio do dividendo* é uma das minhas descobertas astronômicas, acudo por ele, explicando-me com S. Exa.

Na verdade, a prova de que há, entre os acionistas, uma maioria consciente dos seus deveres, essa prova é S. Exa. mesmo, autor da indicação para reformar os estatutos do Banco. Mas não é verdade que foram precisas três sessões para conseguir que se reunisse, não já a maioria dos interessados, mas um número qualquer, nos termos da lei? E não se tratava de uma simples assembleia para ouvir o relatório, caso em que os acionistas podem responder que confiam nos seus administradores. Tratava-se nada menos que reformar a lei constitucional do Banco, criar ou alterar direitos e obrigações, alargar ou estreitar o campo dos negócios; tudo isso estava ou podia estar na indicação de S. Exa., e nada disso arrastou os acionistas.

Quer S. Exa. melhor prova do que a que dou? Repare no que fez, com muito critério, a diretoria. Convencida de que acionista não gosta de deliberar, disse comigo: "Esperar que eles discutam a indicação do Anísio, nomeiem a comissão, esta faça o projeto e eles o discutam, é coisa que vai longe. Nada; o melhor é redigir eu mesmo um projeto, imprimi-lo e distribuí-lo". Foi o que fez; a maioria consciente é que discutiu o projeto, emendou-o, e por fim mandou-o a uma comissão.

Demais, isso que se dá com o acionista, dá-se com o resto. A própria Câmara de que S. Exa. é membro, tem oferecido todos os anos este singular espetáculo: às 2 horas fica em metade, às 3 em um terço ou menos, às 4 e 5 está reduzida a um orador e três ouvintes, contando neste número o presidente, um secretário, dois contínuos, um soldado da galeria e cinco espectadores. Se o negócio debatido é o orçamento, ou entende com o que o Estado recebe e paga, então há mais o ministro da pasta e menos quatro espectadores da galeria; o quinto fica, mas dorme.

Onde existe nesse caso o *equinócio do dividendo*? Nas interpelações, no voto de graças, quando há esperança de uma boa troca de apartes e discursos, de palavras flamejantes, de invectivas, de sarcasmos, alguma coisa que faça pular o sangue. Esse é o *equinócio do dividendo* parlamentar. Cada qual corre com o escudelho da família para receber uma porcentagenzinha de sensações. Esta varia, umas vezes é de 8%, outras de 5%, outras de 12%, e se há queda ministerial, pode chegar a 15%, ou 20%.

Eu, se tivesse tempo e papel, mostraria ao sr. dr. Anísio como é vasta a maioria dos acionistas. Mas é que também há acionistas entre os leitores, e eu não estou para levantar a sessão por falta de número. Creio que isto vai econômico demais. Não acabarei, porém sem responder à única objeção que S. Exa. pode fazer-me, que é esta: — Como explica então a assiduidade dos sócios nas nossas numerosas associações recreativas?

Podia dizer-lhe que o fenômeno explica-se justamente pela recreação; mas a resposta seria superficial e vaga. Recreação é um termo geral, que nada define, e pode caber a outras corporações de fins inteiramente diversos. Vou aprofundar o problema em cinco ou seis linhas.

A explicação é esta, nada mais do que esta, e dou-lhe com a fórmula filosófica e kantiana, porque em tais negócios toda a gravidade é pouca: é a *Polca an sich*. Olhe que não se pode substituir o primeiro termo por outro, valsa ou quadrilha. A quadrilha é o avesso da graça, a valsa é coisa propriamente alemã, confinando na metafísica; a polca é a grande naturalizada deste país, é a rasoura que nivela os palácios e as cabanas, os ricos e os pobres. Tudo polca, tudo treme. Não há propriamente dividendo naquelas associações; há perenidade de lucros.

Lélio

26 de fevereiro de 1885

Os bons costumes são como as roseiras que plantei há dias no meu jardim: pegam. Há um costume excelente e antigo nas nossas câmaras, relativamente aos artigos de jornal, cartas ou outros documentos, que, por demasiado longos, o orador quer poupar aos ouvintes: é declarar este que os intercalará no discurso impresso.

Parece, à primeira vista, que só se pode imprimir nos anais o que realmente se leu ou proferiu na Câmara, porque esta precisa de ajuizar da conveniência da inserção. Parece também que a Câmara, formando opinião pelo que ouve, precisa ouvir tudo. Descendo, porém, ao fundo das coisas, reconheceremos que um tal costume não se teria perpetuado, se não fosse igualmente útil e legítimo.

A prova de que o é, vamos achá-la no desenvolvimento que lhe deu a atual Câmara municipal. Esta corporação não tem taquígrafos, mas tem ambições e um bonito futuro. Como fazer para dar direito de cidade na ata das sessões a cada transpiração da loquela dos vereadores? Deste modo: cada orador, acabada a sessão, vai para casa escrever o discurso, manda-o ao secretário, que o inscreve na ata. Soube disto, porque na última sessão um dos vereadores alegou que alguns colegas escrevem às vezes, não só o que disseram, como o que não disseram; asserção que foi logo contestada, e com razão.

Digo que com razão, porque os acréscimos podem considerar-se lógicos, naturais, deduzidos, por esta regra de que *tout est dans tout;* e se eu, ao copiar o meu discurso, acrescento-lhe um argumento, é porque ele estava no argumento anterior, e a pena não faz mais do que partejá-lo. Não é aditamento, é restituição. É mais; em rigor, deve entender-se que o aumento foi apresentado e ouvido. Isto quanto à substância. Pelo que toca às flores de retórica, toda a gente está de acordo que o silêncio do gabinete é muito mais propício a esse gênero de vegetação, do que o tumulto de um debate. E depois, digam-me, se eu não publicar as minhas belezas literárias por conta da Câmara a que pertenço, há de ser por conta das câmaras a que pertencem os outros? Seguramente não.

Em resumo, ainda quando os oradores pusessem alguma coisa de casa nos dicursos escritos, nem por isso mereciam menos os nossos agradecimentos: 1º porque ninguém os obriga a isso, e os atos voluntários são sempre honrosos; 2º porque tornam as atas mais compridas e interessantes, variadas, e, uma ou outra vez, alegres; 3º porque, estritamente ou amplamente reproduzidos, nada se paga pelos discursos, vantagem grande, santa e boa economia. Não digo o resto, porque está fazendo um calor de todos os diabos.

Lélio

3 de março de 1885

Há um falar e dois entenderes, costuma dizer o povo, e não diz tudo, porque a verdade é que há um falar e dois, cinco ou mais entenderes, segundo os casos. Contemplemos, por exemplo, a Companhia de Carris Urbanos.

A última assembleia geral dos acionistas desta companhia adotou duas propostas: uma para reconstruir o capital por meio de medidas que se vão descobrir e estudar, e outra para distribuir provisoriamente os dividendos de trimestre em trimestre. Na vida comum, estas duas propostas pareceriam excluir-se. Eu, quando tenho que reconstruir a algibeira, não dou aos amigos mais que um aperto de mão. Nenhum me pilha charuto. Nas associações o caso é diferente.

Em primeiro lugar, o dividendo trimestral é o mesmo que o semestral ou anual; dá-se em quatro partes em vez de se dar em duas. Só aumenta a escrituração e o trabalho.

Em segundo lugar, o sistema que consistisse em pegar dos dividendos e reconstruir com ele o capital, suspendendo a entrega aos acionistas por algum tempo, seria ridiculamente empírico e singularmente odioso, além de valer tanto como uma pinga-d'água. Empírico, porque é assim que fazem os autores de quadrinhas, modinhas e outras obrinhas miudinhas: estando cansados de compor, vão primeiro refazer o intelecto, por quê? Eis o que eles não sabem. Odioso, porque quando o acionista estava em casa, ruminando a morte da bezerra, as pessoas que o foram buscar, não lhe disseram que os capitais são sujeitos a emagrecer no verão; ao contrário, em geral os capitais, mormente os capitais em preparo, são de uma gordura que faz pena.

Aí está porque as duas medidas, que na vida comum não chegariam a ir juntas, estão ali perfeitamente votadas, principalmente a segunda, que é a que me interessa; é a única que vale a pena.

O mesmo digo à Companhia de São Cristóvão, que anda discutindo na imprensa quem hão de ser os seus diretores; e discutindo a soco, a pontapé, a bolacha, quando a coisa para mim está resolvida por si mesma: é a do personagem de Molière:

Le véritable Amphytrion
c'est l'Amphytrion où l'on dîne.

Tudo isto é claro e claríssimo, para quem se der ao trabalho de ver se as coisas correspondem todas ao nome que têm. As questões devem ser examinadas. As ideias devem começar por ser entendidas. Não sou eu que o digo: di-lo um dos ornamentos do nosso clero, monsenhor Calino, que ainda ontem me fazia esta reflexão:

— Você repare que cada coisa tem o seu nome; mas o mesmo nome pode não corresponder a coisas ou pessoas semelhantes. Quiosque, por exemplo. Lá fora o quiosque é ocupado por uma mulher que vende jornais. Cá dentro é o lugar onde um cavalheiro vende bilhetes de loteria e cigarrinhos de palha nacional. Nome idêntico, coisas diversas, lei de aclimação.

Lélio

8 de março de 1885

A arte de dizer as coisas sem parecer dizê-las é tão preciosa e rara, que não resisto ao desejo de recomendar dois modelos recentes.

Um deles é até um decreto. Com o especioso pretexto de reformar o regulamento de 12 de maio de 1883, o sr. conselheiro De Lamare expediu uma verdadeira advertência à oposição da Câmara, para o caso de que esta queira dar batalha ao Ministério. Não recusa a batalha (*abalroação*, na terminologia do documento), mas não quer ser apanhado de surpresa. Daí as multiplicadas recomendações aos barcos de boca aberta, ou embarcações de pescaria, tanto os que pescam de rede, como os de linha ou de arrastão, para que tragam luzes de duas ou mais cores, a fim de serem vistos de todos os pontos do horizonte. Horizonte é um sinônimo.

O segundo modelo desta arte de escrever é o programa da Associação Instrutiva e Beneficente.

Esta associação, que vai inaugurar os seus trabalhos no dia 25 do corrente, dá médico e botica aos sócios, cem mil-réis para o enterro, e quinhentos mil-réis como legado aos substitutos instituídos pelo sócio morto. Conta seis médicos, quatro alopatas e dois homeopatas, e duas farmácias. Um dos farmacêuticos é membro do conselho. Quanto às obrigações, são, por enquanto, a entrada mensal de 4$180; em breve, porém, só se admitirão sócios que entrem com 100$000 de joia.

On ne parle ici que de ma mort — exclama certo personagem de comédia. Não se pode dizer outra coisa deste prospecto, em que a gente sai do médico para a botica, e da botica para o médico. E a parte instrutiva? A parte instrutiva cá está:

> A associação, por sua administração, tendo tido imensos pedidos para que quanto antes dê começo aos seus trabalhos, mas sendo o seu intuito nunca prejudicar os associados, resolveu, por ora, suspender o benefício da instrução primária, contido em estatutos, para pô-lo em vigor em época mais favorável; bem como que irá contratando outros farmacêuticos...

Bem; adiemos a instrução primária para tempos melhores. Não nos falta tudo; temos as farmácias, que é parte beneficente.

O pior é que a associação ainda não começou os seus trabalhos, e já pesa sobre ela a mão da fatalidade, trazendo uma lacuna, ainda que passageira, à diretoria. Adoeceu uma pessoa da família do tesoureiro, e este teve de retirar-se para o interior, donde oxalá que volte, antes mesmo que a instrução principie. Tudo, porém, se recompôs, ficando a tesouraria interinamente confiada a um dos farmacêuticos, que já era membro do conselho. Creio haver dito que vão ser contratados outros farmacêuticos, e conseguintemente outras farmácias, tanto alopáticas como homeopáticas... Mas, com os diabos! *On ne parle ici que de ma mort!*

Lélio

14 de março de 1885

Trago aqui no bolso um remédio contra os capoeiras. Nem tenho dúvida em dizer que é muito superior ao célebre Xarope do Bosque, que fez curas admiráveis e até milagrosas, até princípios de 1856, decaindo em seguida, como todas as coisas deste mundo. A minha droga pode dizer-se que tem em si o sinal da imortalidade.

Agora, principalmente, que a guarda urbana foi dissolvida, entregando ontem os refles, receiam alguns que haja uma explosão de capoeiragem (só para os moer), enquanto que outros creem que a substituição da guarda é bastante para fazer recuar os maus e tranquilizar os bons. Hão de perdoar-me: eu estou antes com o receio do que com a esperança, não tanto porque acredite na explosão referida, como porque desejo vender a minha droga. Pode ser que haja nesta confissão um ou dois gramas de cinismo; mas o cinismo, que é a sinceridade dos patifes, pode contaminar uma consciência reta, pura e elevada, do mesmo modo que o bicho pode roer os mais sublimes livros do mundo.

Vamos, porém, à droga, e comecemos por dizer que estou em desacordo com todos os meus contemporâneos, relativamente ao motivo que leva o capoeira a plantar facadas nas nossas barrigas. Diz-se que é o gosto de fazer mal, de mostrar agilidade e valor, opinião unânime e respeitada como um dogma. Ninguém vê que é simplesmente absurda.

Com efeito, não duvido que um ou outro, excepcionalmente, nutra essa perversão de entranhas; mas a natureza humana não comporta a extensão de tais sentimentos. Não é crível que tamanho número de pessoas se divirtam em rasgar o ventre alheio, só para fazer alguma coisa. Não se trata de vivissecção, em que um certo abuso, por maior que seja, é sempre científico, e com o qual, só padece cachorro, que não é gente, como se sabe. Mas como admitir tal coisa com homem e fora do gabinete?

Bastou-me fazer esta reflexão, para descobrir a causa das facadas anônimas e adventícias, e logo o medicamento apropriado. Veja o leitor se não concorda comigo.

Capoeira é homem. Um dos característicos do homem é viver com o seu tempo. Ora, o nosso tempo (nosso e do capoeira) padece de uma coisa que poderemos chamar erotismo de publicidade. Uns poderão crer que é achaque, outros que é uma recrudescência de energia, porque o sentimento é natural. Seja o que for, o fato existe, e basta andar na aldeia sem ver as casas, para reconhecer que nunca esta espécie de afecção chegou ao grau em que a vemos.

Sou justo. Há casos em que acho a coisa natural. Na verdade, se eu, completando hoje cinquenta anos, janto com a família e dois ou três amigos, por que não farei participante do meu contentamento este respeitável público? Embarco, desembarco, dou ou recebo um mimo, nasce-me um porco com duas cabeças, qualquer caso desses pode muito bem figurar em letra redonda, que dá vida a coisas muito menos interessantes. E, depois, o nome da gente, em letra redonda, tem outra graça, que não em letra manuscrita; sai mais bonito, mais nítido, mete-se pelos olhos dentro, sem contar que as pessoas que o hão de ler compram as folhas, e a gente fica notória sem despender nada. Não nos envergonhemos de viver na rua; é muito mais fresco.

Aqui tocamos o ponto essencial. O capoeira está nesta matéria como Crébillon em matéria de teatro. Perguntou-se a este, por que compunha peças de fazer arrepiar os cabelos; ele respondeu que, tendo Racine tomado o céu para si e Corneille a terra, não lhe restava mais que o inferno em que se meteu. O mesmo acontece ao capoeira. Não pode distribuir mimos espirituais, ou drogas infalíveis, todos os porcos nascem-lhe com uma só cabeça, nenhum meio de ocupar os outros com a sua preciosa pessoa. Recorre à navalha, espalha facadas, certo de que os jornais darão notícias das suas façanhas e divulgarão os nomes de alguns.

Já o leitor adivinhou o meu medicamento. Não se pode falar com gente esperta; mal se acaba de dizer uma coisa, conclui logo a coisa restante. Sim, senhor, adivinhou, é isso mesmo: não publicar mais nada, trancar a imprensa às valentias da capoeiragem. Uma vez que se não dê mais notícia, eles recolhem-se às tendas, aborrecidos de ver que a crítica não anima os operosos.

Logo depois a autoridade, tendo à mão algumas associações, becos e suspensórios ainda sem título, entra pelas tendas e oferece aos nossos Aquiles uma compensação de publicidade. Vitória completa: eles aceitam o derivativo, que os traz ao céu de Racine e à terra de Corneille, enquanto as navalhas, restituídas aos barbeiros, passarão a escanhoar os queixos da gente pacífica. *Ex fumo dare lucem.*

Lélio

19 de março de 1885

Toda a gente sabe que eu, sempre que é preciso elogiar-me, não recorro aos vizinhos; sirvo-me da prata de casa, que é prata velha e de lei. Agora mesmo, podia dizer prata ordinária ou casquinha; mas não digo. Digo prata de lei.

O sistema da mutualidade, inventada por Trissotin e Vadius, tem o defeito da dependência em que nos põe uns dos outros. Diz Trissotin a Vadius: *Aux ballades surtout, vous êtes admirable*. Se Vadius, em vez de responder, como na comédia: *Et dans le bouts-rimés je vous trouve adorable*, disser simplesmente: *A propósito, que é que há do Ministério?* — lá se vai todo o plano de Trissotin, que gastou o seu versinho bonito, sem receber nada.

Em vez disso, inaugurei o meu sistema, fundado no princípio de que o homem deve dizer tudo o que pensa. Se o meu vizinho pensa que é um pascácio, por que não há de escrevê-lo? Se eu cuido que sou um cidadão conspícuo e ilustrado, por que hei de calá-lo? A verdade, quer ofenda o meu vizinho, quer me lisonjeie, deve ser pública. Nua saiu ela do poço, nua deve ir às casas particulares. Quando muito, põem-se-lhe umas pulseiras de ouro; em vez de dizer ilustrado, direi *profundamente ilustrado*.

Agora vejam. Isto que é justo, claro, transparente e racional, não o tinha podido até aqui meter no bestunto dos meus contemporâneos. Vivia como uma espécie de Maomé sem Ali, pregava no vácuo, falava a surdos. Nas câmaras, continuava a dobrar-se o colo humilde de Trissotin: "Perante esta Câmara tão rica de talentos, eu, o último dos seus membros..." Logo Vadius retificando: "Não apoiado! V. Exa. é um dos ornamentos do país!" Concordo que é bonito, mas está trocado.

Desanimado, cheio de desgostos, que só pode sentir quem já foi profeta sem aderentes, ia abandonar a empresa, quando a Providência fez reunir os acionistas do Banco Auxiliar; foi a primeira manifestação desse poder misterioso e oportuno. A segunda foi o parecer da comissão do exame de contas, papel excelente, em que leio que o sr. Del Vecchio, "no *louvável* intuito de concorrer para desenvolver o banco", tinha proposto em tempo certa reforma. E o sr. Del Vecchio é justamente um dos signatários do parecer; circunstância que ele acentua bem, para mostrar a sua adesão à ideia nova.

Del Vecchio, amado Del Vecchio, tu que acreditaste em mim, fica sendo o meu califa. Não há mais que um Deus, e Maomé é o seu profeta. Agora posso fugir para Medina, a verdade vencerá, a despeito da fraqueza de uns, da maldade de outros e do erro de todos.

Corações que sufocais em gérmen os mais belos adjetivos do mundo, deixai que eles brotem francamente, que cresçam e apareçam, que floresçam, que frutifiquem! São os frutos da sinceridade. Eia, corações medrosos, sacudi o medo, bradai que sois grandes e divinos. As primeiras pessoas que ouvirem a confissão de um desses corações retos, dirão sorrindo umas para as outras:

— Ele diz que é nobre e divino.

As segundas:

— Parece que ele é nobre e divino.

As terceiras:

— Com certeza ele é nobre e divino.

As quartas:

— Não há nada mais nobre e divino.

As quintas:

— Ele é o que é mais nobre e divino.

As sextas:

— Ele é o único que é nobre e divino.

E tu descansarás nas sétimas, que amaciarão para ti o regaço absoluto. Tudo porque eu, um dos caracteres mais elevados do nosso tempo, espírito esclarecido e abalizado, iniciei a prática do verdadeiro princípio. E o que é que se dá comigo mesmo? Lulu Sênior, que é hoje (com razão) um dos meus mais estrênuos admiradores, já não me chama outra coisa: — espírito abalizado para cá, espírito abalizado para lá. Ainda ontem:

— Lélio, tu que és um dos espíritos mais abalizados que conheço, podes dizer-me por que é que no jantar político ao Silva Tavares não houve discursos políticos?

— Culpa do cozinheiro — respondi eu. — Como se não bastasse um *poisson fin à la diplomate*, incluiu ele no menu, publicado no *País*, uma certa *Dinde farcie à la Périgord*... Périgord, como sabes, é puro Talleyrand. Talleyrand-Périgord, o grão-mestre dos diplomatas.

— Não se pode contestar que és dos espíritos mais abalizados deste país.

— Apoiado! um dos meus ornamentos!

Lélio

24 de março de 1885

Aqui há dias o Clube de Engenharia deu parecer sobre uma máquina denominada Fluminense. Para saber o que era, parece que bastava perguntá-lo ao clube, ou ao inventor; mas, como as imaginações vadias contraem maus costumes, preferi ocupar a minha a ver se acertava por si mesma com a aplicação da coisa.

Não posso, não devo, não quero contar ao leitor qual foi o processo da minha imaginação, nem por que voltas e revoltas, depois de crer que era uma máquina para via férrea, acabei supondo que se tratava de um aparelho destinado a despolpar café! Parece pulha que, sem mais recurso que o da simples conjetura e um pouco de indução, pudesse alcançar tão prodigioso resultado; mas é a pura verdade.

Pois, senhores, posso limpar a mão à parede com o meu trabalho de imaginação: a máquina era simplesmente de loteria. Se é boa ou má, não vi; limito-me a publicar o caso, para escarmento dos espíritos temerários, ou rotineiros, não sei como diga; mas qualquer palavra serve, contanto que fique escarmento, que é o principal.

A primeira coisa que revela a máquina de que eu trato, é a fé no futuro. Os sapateiros não fariam mais sapatos, se acreditassem que todos iam nascer com pernas de pau. Inventar uma máquina para a loteria, disposto a aperfeiçoá-la com o tempo, é implicitamente declarar que não está perdida a fé na permanência da instituição. O contrário seria absurdo.

Ora, não como veículo da postura, mas como órgão de uma instituição, é que a máquina foi ter ao Clube de Engenharia para ser examinada. Como obra prática, admito que se preferisse ver a atenção do clube ocupada com algum aparelho de despolpar café; mas em teoria é a mesma coisa. Há até autores que afirmam que, ainda pelo lado prático, não há diferença nenhuma, porque ambas as máquinas despolpam, uma café, outra algibeiras; mas isto não passa de um execrável *calembour* indigno da ciência.

O que fica aventado é que a instituição da loteria tem ainda algumas boas décadas de existência. Deus a conserve! Ela é o auxílio da piedade econômica, organizada em irmandades, que alumiam o Altíssimo com a porcentagem da basbacaria humana, que é (perdoe a sua ausência) a melhor apólice que eu conheço, sem desfazer as do Estado. Ela distribui o pão, o lençol, levanta pontes, conserta estradas, cuida do homem todo, corpo e alma, por fora e por dentro, na vida e na morte.

Quando porém não fosse assim, a ciência nada tem que ver com a utilidade ou perversidade das instituições. O lado social não lhe pertence, mas só o mecânico. Demais, há um princípio de solidariedade que liga todas as instituições de um país, a loteria e a engenharia. Foi o primeiro aparelho nacional que o clube examinou? Não quer dizer nada; por algum se há de começar, e, máquina por máquina, antes a *Fluminense* que a do Fieschi, a infernal, que levava a gente desta para melhor. O que não mata engorda, dizem os velhos; mas supondo mesmo que emagreça... *Opportet magricellas esse*, com perdão de quem me ouve.

Lélio

29 de março de 1885

O sr. Alves dos Santos exerce os cargos de vigário e de deputado provincial no Rio de Janeiro. Isto permite-lhe cumprir à risca o preceito evangélico, dar a César o que é de César, os orçamentos, e a Deus o que é de Deus, a oração. Já é dar muito; mas o sr. Alves dos Santos quis dar mais alguma coisa, e mandou-me duas fortes sacudidelas por intermédio de um discurso.

Um colega (temporal) de Sua Reverendíssima tinha proposto que se representasse ao governo geral sobre a necessidade de mandar párocos para as duas freguesias que os não têm há cinco meses. Levantou-se o sr. Alves dos Santos e propôs que, em vez disso, se oficiasse ao sr. bispo para que informe quantas freguesias estão sem pároco (declarou que eram muitas), e deu como razão do requerimento substitutivo a plausibilidade de parecer que o primeiro era uma censura ao diocesano, que nenhuma culpa tem na falta de párocos nas freguesias.

Até aqui vai tudo bem. Se o bispo não tem culpa, é injusto censurá-lo. Mas por que é que o bispo não tem culpa? Por dois motivos: o primeiro é a falta de sacerdotes, e aqui vai a primeira sacudidela, que não foi a maior. Têm morrido durante o episcopado atual mais de duzentos padres, e apenas se ordenaram vinte; os seminários estão desertos, e há anos que não se dá uma só ordenação nesta diocese, por não haver mais vocações para o estudo sacerdotal.

Ao voltar do abalo, perguntei a mim mesmo se há razão para censurar o bispo, quando ele escolhe para as freguesias padres estrangeiros. Onde não há, el-rei o perde. Entretanto, admirado da falta absoluta de vocações eclesiásticas, e cogitando nas consequências que daqui vos podem vir, tratei de ver se achava no discurso alguma razão explicativa de um tal fenômeno, além do que, por mim mesmo, e fora dele, pareceu-me haver achado.

E dei com outra no discurso. O sr. Alves dos Santos disse, de passagem, que o sr. bispo reformou os estudos, e dificultou um pouco mais a ordenação, "por querer um clero, não ignorante, mas com a ilustração necessária para combater as perigosas ideias do século". Deus me defenda de debater nesta coluna brincalhona, e com tão graves personagens, a questão de saber se o perigo é das ideias ou dos sentimentos do século; limito-me a concluir da reforma dos estudos, que em pouco tempo estará o sr. bispo sem ter quem mande para as freguesias, a não querer por lá os jornalistas que o censurarem. Aí está um resultado com que se não contava há vinte anos, e, por menos que se espalhe a todo o Brasil, teremos este singular contraste: um povo católico, em que ninguém quer ser padre... Mas eu tenho pressa de chegar à segunda sacudidela.

A segunda foi esta: "O padre, em geral, (disse o sr. vigário Santos) procura as melhores freguesias, nas quais possa subsistir sem o grande ônus de cura d'almas".

Desta vez caí no chão. Ao levantar-me, reli o trecho, era aquilo mesmo, sem perífrase. A perífrase é um grande tempero para essas drogas amargas. Se eu chamar tratante a um homem, ele investe para mim; mas se eu lhe disser que o seu procedimento não é adequado aos princípios corretos e sãos que Deus pôs na consciência humana para o seguro caminho de uma vida rigorosamente moral, quando o meu ouvinte houver desembrulhado o pacote, já eu voltei à esquina. Foi o que o sr. vigário Santos não fez, e podia fazê-lo.

Que o padre, em geral, procure as melhores freguesias, em que possa subsistir, vá; nem todos hão de ser uns São Paulos, nem os tempos comportam a mesma vida. Mas o que me fez cismar, foi este acréscimo: "sem o grande ônus de cura d'almas". Isto, se bem entendo, quer dizer ganhar muito sem nenhum trabalho. Mas, vigário meu, é justamente o emprego que eu procuro, e não acho, há uns vinte e cinco anos, pelo menos. Não cheguei a pôr anúncios, porque acho feio; mas falo a todos os amigos e conhecidos, obtenho cartas de recomendação, palavras doces, e mais nada. Se tiver notícia de algum, escreva-me pelo correio, caixa nº 1712.

Lélio

3 de abril de 1885

"Há alguém", disse o sr. senador João Alfredo, citando um velho dito conhecido, "há alguém que tem mais espírito que Voltaire, é todo o mundo."

Não sei se já alguma vez disse ao leitor que as ideias, para mim, são como as nozes, e que até hoje não descobri melhor processo para saber o que está dentro de umas e de outras — senão quebrá-las.

Aos vinte anos, começando a minha jornada por esta vida pública que Deus me deu, recebi uma porção de ideias feitas para o caminho. Se o leitor tem algum filho prestes a sair, faça-lhe a mesma coisa. Encha uma pequena mala com ideias e frases feitas, se puder, abençoe o rapaz e deixe-o ir.

Não conheço nada mais cômodo. Chega-se a uma hospedaria, abre-se a mala, tira-se uma daquelas coisas, e os olhos dos viajantes faíscam logo, porque todos eles as conhecem desde muito, e creem nelas, às vezes mais do que em si mesmos. É um modo breve e econômico de fazer amizade.

Foi o que me aconteceu. Trazia comigo na mala e nas algibeiras uma porção dessas ideias definitivas, e vivi assim, até o dia em que, ou por irreverência do espírito, ou por não ter mais nada que fazer, peguei de um quebra-nozes e comecei a ver o que havia dentro delas. Em algumas, quando não achei nada, achei um bicho feio e visguento.

Não escapou a este processo a ideia de que todo o mundo tem mais espírito do que Voltaire, inventada por um homem ilustre, o que foi bastante para lhe dar circulação. E, palavra, no caso desta, senti profundamente o que me aconteceu.

Com efeito, a ideia de que todo o mundo tem mais espírito do que Voltaire, é consoladora, compensadora e remuneradora. Em primeiro lugar, consola a cada um de nós de não ser Voltaire. Em segundo lugar, permite-nos ser mais que Voltaire, um Voltaire coletivo, superior ao Voltaire pessoal. Às vezes éramos vinte ou trinta amigos; não era ainda todo o mundo, mas podíamos fazer um oitavo de Voltaire, ou um décimo. Vamos ser um décimo de Voltaire? Juntávamo-nos; cada um punha na panela comum o espírito que Deus lhe deu, e divertíamo-nos muito. Saíamos dali para a cama, e o sono era um regalo.

Perdi tudo isto. Peguei desta compensação tão cômoda e barata, e deitei-a fora. Funesta curiosidade! O que achei dentro, foi que todo o mundo não tem mais espírito que Voltaire, nem mais gênio que Napoleão. Cito estes dois grandes homens, porque o segundo lá está citado na frase do eminente senador.

Sim, meus amigos. Choro lágrimas de sangue com a minha descoberta; mas que lhes hei de fazer? Consolemo-nos com o ser simplesmente Macário ou Pantaleão.

Multipliquemo-nos para vários efeitos, para fazer um banco, uma Câmara legislativa, uma sociedade de dança, de música, de beneficência, de carnaval, e outras muitas em que o óbolo de cada um perfaz o milhão de todos; mas contentemo-nos com isto.

Nem me retruque o leitor com o fato de ter de um lado a opinião do autor da ideia, e as gerações que a têm repetido e acreditado, enquanto do outro estou apenas eu. Faça de conta que sou aquele menino que, quando toda a gente admirava o manto invisível do rei, quebrou o encanto geral, exclamando: — *El-rei vai nu!* Não se dirá que, ao menos nesse caso, toda a gente tinha mais espírito que Voltaire. Está-me parecendo que fiz agora um elogio a mim mesmo. Tanto melhor; é minha doutrina.

Lélio

9 de abril de 1885

Fui ontem visitar um amigo velho, Fulano Público, e achei-o acabando de almoçar; chupava os últimos ossinhos do processo do colar de brilhantes. A casa em que mora, é um resumo de todas as habitações, desde o palácio até o cortiço, para exprimir — creio eu — que ele é o complexo de todas as classes sociais. "Minha genealogia", bradava-me ele há anos, "remonta à origem dos tempos. No dia em que houve duas rãs para ouvirem o coaxar de uma terceira, nesse dia nasceu o meu primeiro pai."

Entrei, mandou-me sentar, e ofereceu-me almoço, que recusei. No fim, entre uma xícara de café e um charuto, perguntou-me o que queria.

— Meu caro Público... — ia eu dizendo.

— Chama-me ilustrado. Chama-me respeitável ou digno, se queres. Nada de adjetivos familiares. Vens pedir-me ainda para as vítimas da Andaluzia?

— Não.

Respirou; depois ouviu-me com muita atenção. Se eu me ria, ele ria também; se levantava os braços, fazia a mesma coisa: é a sua teoria de hospitalidade. Confessou-me que receia ficar com a sela na barriga. Acabou o colar de brilhantes, acabou a menina da fortaleza, acabou a menina espancada; acabou tudo. O próprio roubo do consulado, que prometia render, sabe ele que foi tudo mentira; não só estavam lá os trezentos contos, mas ainda se achou um acréscimo de quatro patacas; foi o próprio gatuno que, no ato da tentativa, sentiu um aperto no coração, e lá deixou, além do que estava, tudo o que trazia consigo. A Câmara dos deputados — também acabou.

— Não, senhor; está verificando os poderes. Não se reuniu na semana passada porque era penitência. Na segunda-feira, se não fez sessão, foi por causa da morte de dois membros.

— Quer-me parecer que era melhor, nos casos de morte de um representante, fazerem as nossas câmaras o que fazem todas as câmaras do mundo: notícia do fato, alocução do presidente adequada aos méritos do finado, e continuam os trabalhos, que são de interesse público.

— Velhaco! Tu o que queres, é que não te tirem o manjar dos debates.

— Não há tal; aceito qualquer coisa. Ao almoço, tendo uma fritadinha de cachações, navalhadas de escabeche, algum desfalque, e café por cima, estou pronto. Ao jantar, contento-me com uma boa arara; mas não rejeito segunda. O mais é o que me der o cozinheiro.

— Sim; mas a bela cozinha parlamentar é outra coisa. Confessa que estás aborrecido com a Câmara.

— Não digo que não.

— Tens o Senado.

— Fica um pouco longe. E depois, eu apesar de tudo, tenho umas esquisitices. Acho que este negócio de discutir no Senado o projeto do governo, antes que os convocados especialmente digam alguma coisa, é contra a etiqueta.

— Não sei por quê.

— Cada Câmara tem o seu papel: a dos deputados derruba os ministérios, o Senado organiza-os.

Sendo assim, é bom que se saiba já a opinião de quem tem de organizar o novo gabinete, se o houver.

— Crês que haja?

— Francamente, eu, nisto como em outras coisas, opino com o outro que dizia: creio que dois e dois são quatro, e quatro e quatro são oito; *mais je n'en suis pas sûr.*

Lélio

14 de abril de 1885

Escrevo sem saber o que sai hoje dos debates da Câmara. Uns dizem que sai o projeto, outros que o Ministério, outros que nada. Os desta última opinião são menos francos, mas não são menos enérgicos. Dizem eles que o melhor da festa é esperar por ela, que uma crise resolvida é uma crise acabada, e, conseguintemente, o melhor de tudo é não resolver coisa nenhuma. São os *dilettanti* da política: *l'art pour l'art.*

Entretanto, não para este caso de hoje, mas para todos os que possam sobrevir, lembrou-me aconselhar aos nossos partidos uma tramoia inédita.

Inédita é dizer muito, convenho; mas é a verdade. Não digo inédita no mundo, mas no nosso país. É tramoia inglesa, basta essa recomendação.

Sim, senhores. Há na Câmara dos comuns um costume singular. Como se sabe, os deputados jantam na Câmara, sem interromper os trabalhos, que continuam na parte menos interessante. Os negócios políticos mais graves vêm sempre depois do jantar, por volta das oito ou nove horas. Nada mais possível do que entrar maior número de deputados de um partido do que de outro e dar uma votação de assalto, enquanto os deputados remissos fumam o charuto da digestão.

Como impedi-los? Os deputados, para evitar descuidos, formam casais. Um deputado liberal liga-se, por palavra, a um conservador, e obrigam-se ambos a não voltar ao recinto senão ao mesmo tempo. Às vezes casados políticos não se dão ou nem mesmo se conhecem; mas o *leader*, ou quem quer que é que dirige a instituição, apresenta-os um ao outro e tanto basta para os obrigar.

Juro por tudo o que há mais sagrado que não estou brincando. Parece brincadeira, tem assim um ar de invenção, mas é a verdade pura, tão pura como a alma do leitor ou a minha, o que não é dizer pouco. Lá que é honesto é verdade; mas não é tanto por ser honesto, como por ser inglês, que eu proponho este recurso parlamentar ao meu país. Uma vez que temos câmaras, como os ingleses, podemos copiar-lhes os costumes.

Chamo-lhe tramoia, porque realmente não é outra coisa senão a tramoia do bem e do legítimo... Não sei se o leitor é como eu, mas esta frase parece-me que não é má, posto que um tanto chocha. Tramoia do bem e do legítimo! Sempre gostei dessas antíteses que dão muita vida à expressão.

A tramoia cá em casa seria, não para entrar juntos, mas para sair ao mesmo tempo. E podiam fazer-se os casais temporários, por hora, por meia hora, por quinze ou vinte minutos. Desse modo tudo estará seguro. A gente sabia com quem contava e não vivia a adiar as coisas de um dia para outro.

Em negócios de batizado, esses adiamentos não fazem mal e até fazem bem, porque a festa sai mais rija quando é mais demorada. Às vezes espera-se um parente coronel ou major, ou uma cantora, ou alguma coisa que dê maior lustre e animação. Já não é o mesmo com as câmaras, que, se me não engano, foram inventadas para fazer leis e votar impostos. Também se pensa nelas, mas acessoriamente. Em todo caso, elas são dos deputados, e um pouco dos que os elegem.

Aí fica a ideia: Não quero paga, nem agradecimentos. Contento-me em ter o nome na coisa. Não se diga fazer um casal, mas *fazer um Lélio*. Compreenderam, não? Não podendo pôr o meu nome em um beco que seja (*um beco! um beco! o meu reino por um beco!*), contento-me com uma usança parlamentar. Não é a mesma coisa; mas nem todos vivem das mesmas coisas.

Lélio

20 de abril de 1885

Como é possível que hoje, amanhã ou depois, tornem a falar em crise ministerial, venho sugerir aos meus amigos um pequeno obséquio. Refiro-me à inclusão de meu nome nas listas de ministérios, que é de costume publicar anonimamente, com endereço ao imperador.

Há de parecer esquisito que eu, até aqui pacato, solicite uma fineza destas que trescala a pura ambição. Explico-me com duas palavras e deixo de lado outras duas que também podiam ter muito valor, mas que não são a causa do meu pedido.

Na verdade, eu podia comparar a ambição às flores, que primeiro abotoam e depois desabrocham; podia dizer que, até aqui, andava abotoado. Por outro lado, se a ambição é como as flores, por que não será como as batatas, que são comida de toda a gente? E também eu não sou gente? não sou filho de Deus? Nos tempos de carestia, a ambição chega a poucos, César ou Sila? mas nos períodos de abundância estende-se a todos, a Balbino e a Maximino. Façam de conta que sou Balbino.

Mas não quero dar nenhuma dessas razões, que não são as verdadeiras causas do meu pedido. Vou ser franco, vou abrir a minha alma ao sol da nossa bela América.

A primeira coisa é toda subjetiva; é para ter o gosto de reter o meu nome impresso, entre outros seis, para ministro de Estado. Ministro de quê? De qualquer coisa: contanto que o meu nome figure, importa pouco a designação. Ainda que fosse de verdade, eu não faria questão de pastas, quanto mais não sendo. Quero só o gosto; é só para ler de manhã, sete ou oito vezes, e andar com a folha no bolso, tirá-la de quando em quando, e ler para mim, e saborear comigo o prazer de ver o meu nome designado para governar.

Agora a segunda coisa, que é menos recôndita. Tenho alguns parentes, vizinhos e amigos, uns na corte e outros no interior, e desejava que eles lessem o meu nome nas listas ministeriais, pela importância que isto me daria. Creia o leitor que só a presença do nome na lista me faria muito bem. Faz-se sempre bom juízo de um homem lembrado, em papéis públicos, para ocupar um lugar nos conselhos da coroa, e a influência da gente cresce. Eu, por exemplo, que nunca alcancei dar certa expressão ao meu estilo, pode ser que a tivesse daí em diante; expressão no estilo e olhos azuis na casa. Tudo isso por uma lista anônima, assinada: *Um brasileiro* ou *A Pátria*.

Não me digam que posso fazer eu mesmo a coisa e mandá-la imprimir, como se fosse de outra pessoa. Pensam que não me lembrei disso? Lembrei-me; mas recuei diante de uma dificuldade grave.

Compreende-se que uma coisa destas só pode ser arranjada em segredo, para não perder o merecimento da lembrança. Realmente, sendo a lembrança do próprio lembrado, lá se vai todo o efeito, para ficar em segredo, era preciso antes de tudo disfarçar a letra, coisa que nunca pude alcançar; e, se uma só pessoa descobrisse a história e divulgasse a notícia, estava eu perdido. Perdido é um modo de falar. Ninguém se perde neste mundo, nem Balbino, nem Maximino.

Eia, venha de lá esse obséquio! Que diabo, custa pouco e rende muito, porque a gratidão de um coração honesto é moeda preciosíssima. Mas pode render ainda mais. Sim, suponhamos, não digo que aconteça assim mesmo; mas suponhamos que o imperador, ao ler o meu nome, diga consigo que bem podia experimentar os meus talentos políticos e administrativos e inclua o meu nome no novo gabinete. Pelo amor de Deus, não me atribuam a afirmação de um tal caso; digo só que pode acontecer. E pergunto, dado que assim seja, se não é melhor ter no Ministério um amigo, antes do que um inimigo ou um indiferente?

Não cobiço tanto; contento-me com ser lembrado. Terei sido ministro relativamente. Há muitos anos, ouvi uma comédia, em que um furriel convidava a outro furriel para beber *champagne*.

— *Champagne!* — exclamou o convidado. — Pois tu já bebeste alguma vez *champagne*?

— Tenho bebido... relativamente. Ouço dizer ao capitão que o major costuma bebê-lo em casa do coronel.

Não peço outra coisa; um cálice de poder relativo.

Lélio

25 de abril de 1885

Ninguém dirá, à primeira vista, que entre a nascente instituição dos guardas-noturnos e a Assembleia provincial de Sergipe, haja o menor ponto de contato. Mas, fitando bem os olhos, vê-se logo que há um, e não pequeno.

Relativamente aos guardas, confesso que a princípio achei a coisa esquisita, por me parecer que se tratava de um Estado no Estado; mas as explicações vieram, e vimos todos, que se trata de uma simples medida de vigilância particular, limitada ao quarteirão, sem nenhuma ação pública. Pelo amor de Deus, não vão acreditar que é este o ponto de contato com a Assembleia provincial de Sergipe, ou qualquer outra. Se o fosse, não teria dúvida em dizê-lo; mas é que não é.

A Assembleia sergipana, segundo as notícias de hoje, abriu-se solenemente há mais de um mês, e não tornou a reunir-se por falta de número — de *quorum*, é o termo técnico —, que aliás ainda não tinha no próprio dia da abertura. Vejam bem: ainda não havia *quorum* no dia da abertura da Assembleia. Não sou eu que o digo, é a *Gazeta de Sergipe*.

Estou a crer que o leitor já começa a descobrir o ponto de contato entre os guardas e a Assembleia sergipana; mas, ainda que o não descubra, peço-lhe que me acene com os olhos que sim, e então seremos dois, e daremos maior força à reclamação que proponho, reclamação pecuniária, ou, nos próprios termos da coisa, uma restituição.

Porquanto, os sergipanos pagam o subsídio à Assembleia, para que esta lhes faça as leis, assim como nós pagamos imposto ao Estado, para que ele, entre outros serviços de que se incumbe, nos guarde as casas e as pessoas. Ora, se a Assembleia sergipana, em vez de fazer as leis necessárias aos sergipanos, limita-se a beber os ares da bela Aracaju; e se nós, por segurança, pagamos a quem nos vigie a porta; parece (salvo erro) que há aqui lugar para clamar como o Chicaneau de Racine: *Hé! rendez donc l'argent*!

Escrevi Chicaneau? Mas a nossa posição e a dos sergipanos é muito mais sólida que a de Chicaneau. Este queria tão-somente peitar o porteiro do juiz, ao passo que nós não queremos peitar ninguém neste mundo. Os sergipanos dizem: "Não podendo nós mesmos fazer as leis, incumbimos estes cavalheiros de as fazerem; e para que não percam o seu tempo, os indenizamos do que deixam de ganhar..." E nós: "como temos de ganhar a nossa vida, vendendo, fabricando, medicando ou advogando, fica este cavalheiro, em nome do Estado, incumbido de fazer uma porção de coisas, entre outras guardar a integridade da nossa fazenda, dos nossos narizes e do nosso sono; pelo que receberá, com diversos títulos, um tanto por ano".

Se isto é peitar, não sei o que seja contratar. Em vez da exclamação sórdida de Chicaneau, prefiro uma fórmula singela e grave, que se ajusta a ambos os casos presentes: *quibus* exige *quorum*. Entretanto, como é meu vezo antigo não apontar um mal que lhe não dê logo o remédio, vou dizer aqui o que se pode fazer sem reclamação nem barulho. Nada de barulhos. Não é remédio para ambos os casos, note-se bem, mas para um só, ou mais exatamente para um daqueles e outro que me está pingando dos bicos da memória. Fica o da corte para melhor ocasião.

O remédio é este:

Li há dias, anteontem, que a Assembleia provincial da Bahia foi adiada por falta de subsídio. Assim, temos que na Bahia há deputados sem subsídio, e em Sergipe subsídio sem deputados. O remédio é transferir o subsídio de Sergipe para os deputados da Bahia, e os deputados do referido Sergipe para quando se anunciar. No atual estado, nem Sergipe nem Bahia têm leis, por falta de uma ou de outra coisa; mas, com o meio que lembro, uma das duas províncias ganha a legislatura. Dir-me-ão que Sergipe não ganha nada. Perdão, e a experiência?

Lélio

30 de abril de 1885

Era uma vez uma vila pequena, composta de duas margens de um rio, ambas povoadas. Sendo o homem um animal rusgento e progressivo, não tardou que se estabelecesse entre as duas margens grande rivalidade. A gente da esquerda dizia que a da direita queria tudo para si, e a da direita acusava a da esquerda de azedar e dividir os ânimos.

Uma folha da localidade, com o fim de conciliar as duas margens, atribuía a rivalidade a uma simples balela, acrescentando que nada via que pudesse legitimar "oposição de vistas entre as duas margens povoadas". Depois lançava um olhar sobre o passado, para recordar dois acontecimentos que desmentiam a balela: "Vamos ver (dizia a folha), que os moradores da esquerda e os da direita têm estado sempre unidos no concernente ao bem-estar comum da localidade".

E citava os fatos. O primeiro foi a construção do cemitério, para o qual os habitantes de ambas as margens contribuíram igualmente. O cemitério foi justamente estabelecido na margem direita, sem oposição de ninguém da outra margem. O mesmo ia acontecer com o teatro, que ainda não estava construído, é verdade, mas tudo ficava providenciado para que o fosse em pouco tempo, e a margem direita era ainda a escolhida. "Logo, não há rivalidade!" concluía a folha.

— Mas é justamente isso! — bradavam os da margem esquerda. — Tudo para a direita, nada para a esquerda.

— Não — retorquia a folha —, não há entre os habitantes da vila "motivos legítimos de dissidência".

Nisto chega o mês de maio. Justamente o mês que começa amanhã. Maio, como se sabe, é o mês de Maria, e a nossa vila, apesar das dissidências entre a esquerda e a direita, era católica e boa católica e não podia nem queria deixar de festejar o mês essencialmente católico. Se houvesse uma única margem povoada, tudo iria às mil maravilhas; juntavam-se os habitantes e caminhavam para a igreja, mas as margens eram duas, tal qual o caso da guerra das rosas:

> Paz entre as duas, jamais;
> Reinar ambas as rivais,
> Também não; e uma vencer?
> Como há de ser?

***

Sim, aqui é que eu queria ver como o grande poeta havia de combinar as duas coisas. No caso de que trato, cada margem queria fazer o seu mês mariano, um mês de Maria particular, em oposição ao outro, com ladainhas inimigas, como se não fossem uma vila, mas duas. A folha da localidade acudiu logo, cheia de moderação, condenando a rivalidade no precioso mês de maio.

"Continuamos a pensar (escreveu ela), que seria muito mais razoável que os festeiros da esquerda se identificassem com os da direita e chegassem a um acordo, de modo a levar-se a efeito as festas anunciadas, aqui ou ali, mas em uma só margem..."

Justamente aí é que batia o ponto. Em que margem seriam os festejos do mês de maio? Na direita? Os da esquerda bradam que já há lá mais de uma glória, e que alguma coisa deve ficar aos outros. Na esquerda? Também não, porque os da direita alegam que entre eles há mais vida, e que as festas ficam melhor onde a vida é maior. Em vão a folha local brada aos dois grupos: "As retaliações neste caso, principalmente aqui, só trarão prejuízos e desgostos a uns e a outros dos que se interessam pelos festejos..."

Tal é o estado da questão; e, para falar verdade, não creio que seja fácil concluí-la em bem: ambas as margens estão armadas e irritadas, e a menos que se desvie o pequeno rio que as separa... Adeus leitor malicioso! Não cuides que inventei esta vila por alusão ao partido liberal da Câmara. Inventada, teria ainda menos graça do que tem — ou nenhuma. Isto é tão somente a vila da Bocaina, em São Paulo, como podes ver pelo *Eco Municipal*, de 25 do corrente, folha de lá que tenho aqui no bolso.

Entretanto, se a vila é que é uma invenção administrativa para definir a situação do partido liberal, isso não sei, assim como não sei se um artigo anônimo, que li há dias, convidando o sr. Saraiva a tomar conta do poder, foi escrito na Bocaina, ou aqui mesmo. As palavras são mais ou menos as mesmas do *Eco,* falam de congraçar, de apaziguar, de esclarecer...

Só há uma frase que não é propriamente da Bocaina; é esta: "todo o cidadão tem o dever de servir à pátria (como ministro) quando ela o reclama". Esta frase não é peculiar à vila, está escrita no fundo dos nossos corações, sendo que eu, para arredondá-la, pus-lhe esta cláusula, relativamente a mim "e ainda que o não reclame". Que querem? é a verdadeira e única *janua coeli* deste mês de Maria.

Lélio

5 de maio de 1885

Estamos em crise. Antes que a solução venha, ou por dissolução, ou por demissão, não quero deixar de dizer uma coisa que trago atravessada na garganta.

No Senado, manifestaram-se duas opiniões relativamente à prorrogação da Assembleia geral. Uma dessas opiniões é que, estando na Constituição que a sessão deve começar a 3 de maio, e não se achando a Assembleia inibida de tratar então do projeto de 15 de junho, a prorrogação foi inconstitucional e desnecessária. Outra é que, desde que o poder moderador tem a atribuição de prorrogar a sessão, poder-se-á dizer que houve, quando muito, um uso inconveniente, nunca um atentado. Mas nem isso, porque a Assembleia, seja ordinária ou extraordinária, está sempre no pleno gozo de suas atribuições, e a questão afinal não passa de palavras.

Eu, se os meus contemporâneos já tivessem feito o que deviam, que era dar-me uma cadeira naquele casa, adotaria neste lance uma terceira opinião, para a qual, a despeito de ser retrospectiva, cuido que arranjaria alguns adeptos. Eu caía em cima dos pais da Constituição.

Pais da Constituição, diria eu, que diabo de ideia foi essa de marcar um certo dia para a abertura das câmaras? Um temporal, um descarrilamento, um simples batizado, bastam para impedir que as câmaras se abram no dia 3 de maio, e lá se vai o preceito constitucional. Vede que condenastes a vossa bela obra, a ser infringida, como tem sido, e há de sê-lo, porque a abertura das câmaras não é coisa do momento cronológico, mas do momento psicológico, e uma vez que marcasses o prazo mínimo das sessões, o resto prova a sorte dos acontecimentos.

Digo isto, pais da Constituição, porque, apesar de não ter lido todas as constituições deste mundo, não conheço um caso igual ao desta data. Uma constituição — vós sabeis melhor que ninguém — ou é uma simples declaração de princípios — dez ou doze artigos — ou um compêndio das atribuições dos poderes; mas, em um ou outro caso, que tem que ver com isso o dia certo da abertura das câmaras?

Sim, pais da Constituição, a vossa bela filha tem já bastantes atrativos para enlear os olhos da gente. Para que esse sinalzinho preto na face? Não lhe bastam os filtros com que ela fez crer aos mesmos rapazes, em 1879, que tinha os olhos eleitorais, e em 1880, que os tinha extra-eleitorais?

Olhai, ainda ontem uma publicação a pedido, dá um trecho de um livro alemão, recente, sobre o Brasil. Chama-se a obra: *Brasilien in socialischem und politischem Gesicht*. Eu podia dizer-vos que tenho o livro comigo; era charlatanice pura, mas o público, sempre indulgente, não desdenha uma ou outra arara, nem odeia tanto os charlatães que lhes não compre as pílulas. Não o digo; a verdade antes de tudo.

Diz-se aí muita coisa triste para nós e ao mesmo tempo alguma coisa agradável. Falta-nos o tato político, o regime não tem raízes, no país não há opinião, nem povo. Mas isso mesmo é o vosso elogio, pais da Constituição, pois que ela vai vivendo, a despeito do que nos falte e do que lhe sobra a ela, com esse 3 de maio, marcado como um destino.

Lélio

10 de maio de 1885

— Amanhã é um grande dia! — exclamou o meu amigo, faiscando-lhe os olhos de contentamento.

Não posso dizer o nome dele; suponhamo-lo Calisto. Amanhã é um grande dia para ele, porque é o da apresentação do Ministério às câmaras, fato que na vida do meu amigo equivale a um batizado de criança na vida de todos os pais. Vão entendê-lo em poucas linhas.

Calisto só adora uma coisa, mais do que as crises ministeriais, é a apresentação dos ministérios novos às câmaras. Moção anunciada pode contar com ele. E gosta das crises compridas, atrapalhadas, arrastadas, cheias de esperanças longas e boatos infinitos. Mas tão depressa se organiza o Ministério, como lhe cai a alma aos pés. O que o consola então, e muito, é a ideia da apresentação; nem mais nem menos o que lhe acontece desde o dia 4.

Amanhã vai ele muito cedo para a porta da Câmara dos deputados, com biscoitos no bolso e paciência no coração. A paciência, com perdão da palavra, é um biscoito moral, dado pelo céu a muito poucos. Calisto é dos poucos. É capaz de aguentar um temporal, uma soalheira, uma carga de cavalaria, sem arredar pé da porta da Câmara, até que lha abram. Abrem-lha, ele entra, sobe, arranja um bom lugar.

Não atribuam ao Calisto nenhuma preocupação política, pequena ou grande, nenhum amor ao Dantas ou ao Saraiva, ao projeto de um ou de outro, nem à grande questão que se debate agora mesmo em todos os espíritos. Não, senhor; este Calisto é um distintíssimo curioso, na política e no piano. Importa-lhe pouco saber de um problema ou da sua solução. Contanto que haja barulho, dá o resto de graça.

Justamente o dia de amanhã cheira a chamusco, debate grosso, veemência, chuva de apartes, impropérios, tímpanos, confusão. Pode ser que não haja nada; mas ele cuida que há, e lambe-se todo de contente só com a ideia de um pandemônio.

Na imaginação dele, a coisa há de se passar assim. Os primeiros minutos de ânsia e curiosidade — votações distraídas, arengas curtas. Pela uma hora da tarde, anuncia-se o Ministério, que aparece rompendo a custo a multidão de curiosos. Grande burburinho, crescente ansiedade. Sentam-se os ministros, explica-se a crise, e o Saraiva tem a palavra para expor o programa. O profundo silêncio com que ele há de ser ouvido é um dos regalos do Calisto, que ouve através do silêncio o tumulto das almas.

Depois rompe um deputado. Qual deputado? Não sabe qual seja, mas há de ser um, provavelmente o José Mariano, ou algum com quem se não conte, e está acesa a guerra, brotam os apartes, agitam-se os ânimos; vem outro orador, mais outro, cruzam-se os remoques, surgem os punhos cerrados, bufam as cóleras, retinem os entusiasmos. E o meu Calisto, de cima, olhará para baixo, e gozará um bom dia, um dia raro, igual àquele 18 de julho de 1868, quando o Itaboraí penetrou na Câmara liberal, com os conservadores. O Calisto ainda se lembra que não jantou nesse dia.

Agora, que a questão ainda é mais grave, a sessão há de render mais — ou *dar sorte*, que é a locução do meu amigo. Calisto espera sair amanhã dali, abarrotado de comoção para seis meses. Jura a quem quer ouvir, que não tem preferências nem antipatias. Também não quer saber se do debate lhe sairá alguma restrição pessoal ou pecuniária. Contanto que haja tumulto, está ganho o dia, e o dia seguinte pertence a Deus.

Ide vê-lo, à saída da Câmara, olhando embasbacado; estará ainda alegre. Mas no dia seguinte, que o diabo diz que também é dele, vereis o meu pobre Calisto arrimado a alguma porta ou esquina, à espreita de algum sucesso que passe, desconsolado como na ópera do nosso Antônio José:

> Tão alegres que fomos,
> Tão tristes que viemos.

Lélio

16 de maio de 1885

Ontem, ao voltar uma esquina, dei com os impostos inconstitucionais de Pernambuco. Conheceram-me logo; eu é que, ou por falta de vista, ou porque realmente eles estejam mais gordos, não os conheci imediatamente. Conheci-os pela voz, *vox clamantis in deserto*. Disseram-me que tinham chegado no último paquete. O mais velho acrescentou até que, já agora, hão de repetir com regularidade estas viagens à corte.

— A gente, por mais inconstitucional que seja — concluiu ele —, não há de morrer de aborrecimento na cela das probabilidades. Uma chegadinha à corte, de quando em quando, não faz mal a ninguém, exceto...

— Exceto...?

— Isso agora é querer perscrutar os nossos pensamentos íntimos. Exceto o diabo que o carregue, está satisfeito? Não há coisa nenhuma que não possa fazer mal a alguém, seja quem for. Falei de um modo geral e abstrato. Você costuma dizer tudo o que pensa?

— Tudo, tudo, não; nem eu, nem o meu vizinho boticário, e mais é um falador das dúzias.

— Pois então!

— Em todo caso, demoram-se?

— Temos essa intenção. O pior é o calor, mas felizmente começa a chover, e se a chuva pega, junho aí vem com o inverno, e ficamos perfeitamente. Está admirado?

É para ver que já conhecemos o Rio de Janeiro. Contamos estar aqui uns três meses, mas pode ser que vamos a quatro ou cinco. Já fomos à Câmara dos deputados.

— Assistiram à recepção do Saraiva, naturalmente?

— Não, fomos depois, no dia 13, uma sessão dos diabos. Ainda assim, o pior para nós não foi propriamente a sessão, mas o demônio do José Mariano, que, apenas nos viu na tribuna dos diplomatas, logo nos denunciou à Câmara e ao governo. Não pode calcular o medo com que ficamos. Eu, felizmente, estava ao pé de duas senhoras que falavam de chapéus, voltei-me para elas, como quem dizia alguma coisa, e dissimulei sem afetação; mas os meus pobres irmãos é que não sabiam onde pôr a cara. Hoje de manhã, queriam voltar para Pernambuco; mas eu disse-lhes que era tolice.

— São todos inconstitucionais?

— Todos.

— Vamos aqui para a calçada. E agora, que tencionam fazer?

— Agora temos de ir ao imperador, mas confesso-lhe, meu amigo, receamos perder o tempo. Você conhece a velha máxima que diz que a história não se repete?

— Creio que sim.

— Ora bem, é o nosso caso. Receamos que o imperador, ao dar conosco, fique aborrecido de ver as mesmas caras, e, por outro lado, como a história não se repete... Você, se fosse imperador, o que é que faria?

— Eu, se fosse imperador? Isso agora é mais complicado. Eu, se fosse imperador, a primeira coisa que faria era ser o primeiro cético do meu tempo. Quanto ao caso de que se trata, faria uma coisa singular, mas útil: suprimiria os adjetivos.

— Os adjetivos?

— Vocês não calculam como os adjetivos corrompem tudo, ou quase tudo; e quando não corrompem, aborrecem a gente, pela repetição que fazemos da mais ínfima galanteria. Adjetivo que nos agrada está na boca do mundo.

— Mas que temos nós outros com isso?

— Tudo. Vocês como simples impostos são excelentes, gorduchos e corados, cheios de vida e futuro. O que os corrompe e faz definhar é o epíteto de inconstitucionais. Eu, abolindo por um decreto todos os adjetivos do Estado, resolvia de golpe essa velha questão, e cumpria esta máxima, que é tudo o que tenho colhido da história e da política, e que aí dou por dois vinténs a todos os que governam este mundo: os adjetivos passam, e os substantivos ficam.

Lélio

21 de maio de 1885

Deusa eterna das ilusões, Maia, divina Maia, entorna sobre mim a tua ânfora e conta-me o que se não passará hoje, nem amanhã, nem depois, nem segunda-feira.

Hoje, reunida a Câmara dos deputados, elege logo a mesa e a comissão de resposta à fala do trono. A comissão reúne-se imediatamente, e, considerando que já no ano passado encerrou-se o Parlamento sem responder nada à coroa; que este ano, durante a sessão extraordinária, nem se pôde nomear a comissão; e finalmente que esta lacuna, posto se trate de uma formalidade e não de um princípio, pode ser interpretada por alguns, não como um descuido, mas como um sintoma da podridão da própria Câmara, resolve formular o projeto para ser apresentado amanhã.

Amanhã, sexta-feira, é lido o projeto perante a Câmara, que aplaude a solicitude da comissão, e pede urgência para o debate. O presidente dá o projeto para a ordem do dia de sábado.

No sábado, a cidade, estupefata, vê reunir-se a Câmara, que até aqui cumpria fielmente aquela regra do Pentateuco que todo o israelita traz de cor, a saber: "no sábado, entrarás na tua tenda, e não sairás dela". Reúne-se a Câmara para o fim de resgatar pela brevidade a omissão das duas últimas sessões.

Logo no princípio do debate pede a palavra um deputado cujo nome me não ocorre, e começa uma dissertação acerca das origens do sistema representativo e do uso do voto de graças; mas a Câmara brada-lhe energicamente que passe ao dilúvio.

Não tem diversa sorte outro orador, que deseja saber por que motivo estão vagas algumas comarcas do Norte e se o carcereiro Reginaldo foi ou não metido em processo. Reginaldo? A Câmara levanta os ombros, diz-lhe que não se trata de questiúnculas locais e o deputado senta-se.

Varridos assim esses últimos elementos de um passado igualmente maçador e pueril, começa o debate, que não dura mais de três horas, falando em primeiro lugar o sr. Andrade Figueira, em nome do Partido Conservador, e seguindo-se-lhe os srs. Lourenço de Albuquerque, José Mariano e o presidente do conselho. Este faz algumas declarações importantes; diz redondamente à Câmara que, na questão de saber se o orçamento deve preceder à reforma servil, ou esta àquele, a opinião do governo é que devem ser tratados ambos ao mesmo tempo.

Antes das cinco horas estará votado o projeto; o Senado, para não ficar atrás da Câmara, terá discutido e votado o seu, e as respectivas mesas oficiarão ao governo comunicando que as respostas estão prontas. O imperador marca o dia de segunda-feira, à uma hora da tarde, no paço da cidade. Cerimonial do costume.

Assim, após longos anos de desvio nesta matéria, e de omissão nos últimos tempos, o Parlamento fará da discussão da resposta à fala do trono o que ela deve ser: uma expressão sumária e substancial dos sentimentos dos partidos, em vez de um concerto sinfônico, em que todos os tenores e todos os trombones desejam aparecer.

Maia, divina Maia, deusa eterna das ilusões...

Lélio

28 de maio de 1885

Rien n'est sacré pour un sapeur! Leio nas folhas públicas que a morte de Victor Hugo tem produzido tanta sensação, como os preços baixos da grande alfaiataria Estrela do Brasil. *Rien n'est sacré pour un... tailleur!*

Eu, em criança, ouvi contar a anedota de uma casa que ardia na estrada. Passa um homem, vê perto da casa uma pobre velhinha chorando, e pergunta-lhe se a casa era dela. Responde-lhe a velha que sim. — Então permita-me que acenda ali o meu charuto.

Imitemos este homem polido e econômico. Vamos acender os charutos no castelo de Hugo, enquanto ele arde. Vamos todos, havanas e quebra-queixos, finos ou grossos, e os mesmos cigarros, e até as pontas de cigarro. *Nunc est fumandum*. Incêndios duram pouco, e os fósforos são vulgares.

Completemos as estrofes com coletes, façamos de uma ode uma sobrecasaca. Está chorando, meu amigo? Enxugue os olhos no cós destas calças. Vinte e dois mil-réis serve-lhe? Vá lá, vinte e um. E olhe que é por ser para si. A gramática não é boa, mas o sentimento é sincero. *Ce siècle avait deux ans...* Pano fino; veja aqui, que está mais claro. *Gastibelza, l'homme à la carabine...* Vai pelos vinte e um? É de graça. Vinte? Vinte é pouco; dê vinte e quinhentos. Não? Está bom; vá lá... *Poète, ta fenêtre était ouverte au vent...*

É claro que isto pode aplicar-se a outras coisas, não só aos coletes. Em geral inventamos pouco, e a ideia que um emprega fica logo rafada. Haja vista o Café Papagaio, que lá deu de si o Café Arara e o Café Piriquito, e dará muitos outros, se Deus quiser, porque primeiro acabará o uso do café no mundo, do que as nossas belas aves no mato.

Que não venha o bando precatório, é só o que peço, e não peço pouco, porque, em vindo um, vêm duzentos. Se fosse um só, com outras festas diferentes, sim, senhor, era comigo; mas não pode ser um só, há de ser como o Café Papagaio e os carneiros de Panúrgio. Tudo irá pelo mesmo caminho. Os carros das ideias, a vara e a bolsa, a guarda de honra, tudo como no ritual. Eu, quando eles aqui andaram, estive quase a organizar um bando, não *precatório*, mas *precatário*. Cometia um trocadilho detestável (vai em grifo para que não escape a ninguém) mas ao menos salvava a minh'alma, que não sei onde anda desde esse tempo.

Sei que resta a polca, que não há de querer perder um petisco tão raro, como a morte de um grande poeta. Há a dificuldade dos títulos, que, segundo a estética deste gênero de dança, devem ser como os da última ou penúltima publicada: *Seu Filipe, não me embrulhe!* Não se pode dizer: — *Seu Vítor, não me embrulhe!* A morte, ainda que seja de um grande espírito, não se compadece com este gênero de capadoçagem.

O modo de combinar as coisas seria dar às polcas comemorativas um título que, com o pretexto de aludir a escritos do poeta, trouxesse o pico do escândalo. *Freira no serralho*, por exemplo, é excelente, com esta epígrafe do poeta: *De nonne, elle devient sultane*. E pontinhos. Ou então este outro: *A filha do papa!* Eia, polquistas, não desesperemos da basbacaria humana.

Lélio

3 de junho de 1885

Ando tão atordoado, que não sei se chegarei ao fim do papel. Se escorregar, segurem-me.

A primeira causa do atordoamento (são muitas) é a revelação que nos fez o sr. dr. Prado Pimentel no artigo que escreveu contra o vice-presidente de Sergipe, por intervir na eleição. S. Exa. recorda ao sr. Faro (é o nome dele) alguns serviços que lhe prestou. Entre estes figura a nomeação de tenente-coronel da Guarda Nacional, feita a instâncias de S. Exa.; cita mais o pedido que o governo não pôde satisfazer, de um título de barão — barão de Japaratuba.

Perdoe-me S. Exa. Cuido que esta revelação, desvendando o segredo profissional, vai lançar a mais cruel desilusão no ânimo de todos os agraciados deste país. Eu mesmo, que não tenho nada na casaca, nem no nome, estou que não posso comigo, pela razão natural de que posso vir a ter alguma coisa. Em verdade, pelo que se passou na consciência e na imaginação do sr. Faro, pode-se calcular o que acontece nas de todos que recebem uma graça.

Na consciência:

— Faro, estás tenente-coronel. Podes crer que não há graça mais bem merecida. Se há alguma coisa que notar no ato do governo foi a demora. Estás vendo, Faro? é o prêmio da modéstia, do zelo, do amor aos princípios, e principalmente, é o reconhecimento de que possuis o ar marcial. Não negues, Faro; tu tens o ar marcial. Vai ali ao espelho. Não és Napoleão, mas ninguém que te veja pode deixar de exclamar: ou eu me engano, ou este homem acaba tenente-coronel. E estás tenente-coronel, Faro. Não duvides; relê a carta imperial. Olha o chapéu que o Graciliano te mandou da corte. Não me digas que não tens batalhão que comandar; o teu ar marcial fará crer que tens um exército. *Incessu patuit Dea*. Dea ou Faro são sinônimos.

Na imaginação:

— Foi o imperador que disse ao ministro da Justiça, em despacho: "sr. Lafayette, não esqueça o Faro". — Que Faro? — O Faro de Sergipe. — Cá está o decreto; digne-se Vossa Majestade de assiná-lo. E o Imperador, assinando o decreto, ia dizendo ao ministro: — Posso afirmar-lhe, sr. Lafayette, que tenho as melhores notícias deste Faro. — Também eu, acudiu o ministro da Justiça. — Todos nós, disseram os outros. E foi um coro de elogios: cada qual notava o teu zelo, retidão e clareza de espírito, temperança dos costumes, afabilidade das maneiras, sintaxe, penteado, filosofia, etc., etc.

Tudo isso desaparece com a revelação do sr. Prado Pimentel. Não desaparece para esse somente, mas para todos os agraciados, que vão perder os aplausos da consciência e as visões da imaginação; passam a ser agraciados de um amigo, de um compadre, de um colega, que vem à corte e escreve no rol de lembranças: "arranjar para o Chico Boticário uma comenda". Lá se vai toda a teoria das graças do Estado. Não, o dr. Prado Pimentel não podia desvendar o segredo profissional.

A segunda causa do meu atordoamento foi a notícia que li, nuns versos publicados em honra de Victor Hugo, versos cheios de sentimento e vigor, entre os quais estes dois que me estromparam:

> Com suas filhas e netos,
> Levou a cruz ao Calvário.

Como se vê, foi um suplício de família; mas, ainda sendo de família, todos os suplícios são lamentáveis. E aqui a consternação foi imensa. Ver aquele grande homem, ladeado de duas moças e duas crianças, calvário acima, para lá pôr uma cruz, é ainda mais doloroso que estupendo. E para que levaria lá aquela cruz, se não tinha de morrer nela? eis aí o que me pareceu requinte da malvadez. A compensação única de levar uma cruz ao calvário é morrer nela. Deram ao pobre velho um suplício, além de coletivo, gratuito.

Já me lembrou se o novo poeta apenas quis fazer uma figura. Em tal caso, desaparece esta segunda causa de atordoamento, para só ficar um desejo íntimo, que não hesito em tornar público. O desejo é que deixemos repousar o calvário por algum tempo. Há já muito calvário em verso e em prosa. Para que trocar este dobrão de ouro em moedinhas de níquel? é reduzi-lo a comprar cigarros.

Do calvário à torre de São José é um passo. Ouçam agora a terceira causa do meu atordoamento.

Ontem, ao passar pela igreja, ouvi tocar um belo tango ou fadinho; não sei bem o que era; mas realmente era coisa patusca. Os sons vinham da torre; eram os sinos que falavam aos fiéis da paróquia. Já os tenho ouvido muitas vezes, e mais os da Lapa dos Mercadores, que também nos dão da mesma música. Em qualquer outra ocasião, iria andando o meu caminho; mas já estava atordoado, e então quase caí.

Confesso-lhes que, a princípio, fui injusto; atribuí essa mistura de piedade e troça a uma certa soma de pulhice e trivialidade que suponho existir nos nossos miolos; mas adverti que a culpa, se há culpa, deve ser toda do sineiro, que aproveita a ocasião de anunciar aos fregueses a missa da manhã para anunciar também o fandango da noite.

E realiza ao mesmo tempo o que o personagem de Boileau só podia fazer em horas separadas:

> *Le matin catholique et le soir idolâtre,*
> *Il dîne de l'Église et soupe du théâtre.*

Tu, meu sineiro, tu ceias e jantas de uma e de outra cozinha, sem descer da torre. Os fregueses gostam, e a irmandade gosta ainda mais. Artificioso *muezzin* cristão. Ulisses do badalo! Unes assim o salmo ao *couplet*, em nome do Padre, do Filho e do Espírito Santo.

Lélio

8 de junho de 1885

Por libelo acusatório, dizem cinquenta cidadãos anônimos contra a polícia, e especialmente o sr. Ciro de Azevedo, delegado, e, sendo necessário,

P.P. que os autores estavam pacificamente reunidos na casa nº 130 da praça Onze de Junho, assistindo a uma briga de galos, quando o réu ali apareceu acompanhado de alguns esbirros, e dissolveu a reunião, com o pretexto de que era um espetáculo bárbaro, lançando assim um labéu a cinquenta cidadãos contribuintes e católicos; pelo que,

P.P. que o dito réu praticou um duplo atentado, perturbando o uso do direito de reunião e deslustrando a fama dos que o exerciam; e mais,

P.P. que, sendo o pensamento secreto dos autores profundamente político e patriótico, ainda mais grave se tornou o ato da autoridade, que daquele modo, além de ferir a lei e afrontar os autores, atrasou a marcha do Estado; tríplice violência que a justiça não deve nem pode deixar impune, sob pena de abalar todos os alicerces da nossa vida nacional; porquanto,

P.P. que, residindo na Inglaterra a origem do sistema parlamentar e representativo, é a ela que devem recorrer todos os Estados congêneres, quando quiserem fortificar a própria vida política; sendo aliás certo e universal, e nem pode negá-lo o réu, que a imitação dos bons é um preceito de costumes, tanto na vida do indivíduo como na dos povos; pelo que,

P.P. que, lendo os autores, um dia destes, os debates das câmaras, acharam que, a propósito da lei de forças de terra e da resolução prorrogativa do orçamento, foram discutidos alguns negócios de Sergipe, a reforma do estado servil, a dissolução da Câmara em 1884, a organização do conselho de Estado, o poder pessoal e uma professora de primeiras letras, e parecendo que esta prática não é inglesa assentaram de prover de remédio um mal tão grave; e assim,

P.P. que, não tendo assento na Câmara, e não dispondo de um jornal sequer, trataram de escolher algum remédio externo e indireto; e foi então que um deles declarou possuir um galo, e fazendo outro igual declaração, todos os demais autores, em número de quarenta e oito, bateram na testa e exclamaram que o remédio estava achado, pois que a briga de galos é prática essencialmente britânica; e ainda mais,

P.P. que, escolhendo a briga de galos, não tiveram os autores a mais remota intenção de aludir à atual briga entre o sr. Coelho e Campos, da Câmara, e o sr. barão da Estância, do Senado — alusão sem mérito, porque cada um dos combatentes está no seu poleiro; e se a alguma coisa quisessem os autores aludir, seria antes ao melhoramento trazido pelo *Diário de Notícias*, onde um articulista conservador fala ao pé de uma articulista republicano, à mesma mesa, como se estivessem em casa própria; e, sendo certo,

P.P. que, se não tiraram nenhuma comparação do conflito entre os ditos senador e deputado, não lhes caiu no chão uma palavra do discurso do primeiro destes, o citado barão da Estância, a qual palavra é que o presidente de Sergipe, apenas ali chegou, demitiu todas as autoridades da localidade de S. Exa., "parecendo assim que ia hostilizar o Partido Liberal e não o Conservador", palavra que, atenta à probidade e singeleza de quem a proferiu, vale por um capítulo de psicologia política; mas, sendo certo,

P.P. que citam isto de passagem, e para se defenderem de qualquer alusão menos cabida, não se demorando nisso, nem no trecho em que outro digno senador, o sr. Correia, se admira de que devam ao tesouro 17.250:902$917 de impostos, e aconselha o meio executivo para cobrá-los, como querendo S. Exa. acabar violentamente com um dos ofícios mais rendosos deste país, que é não pagar impostos ao Estado; e, pois,

P.P. que, começando a perder o fio das ideias, voltam aos galos e à casa nº 130 da praça Onze de Junho, onde os ditos galos brigavam, e onde o réu os foi dissolver, como se galo fosse gente para merecer tanto barulho, e como se não fosse muito melhor fazer brigar os galos do que brigarem as próprias pessoas umas com as outras, escorrendo sangue das ventas humanas, sem divertimento para ninguém, e principalmente para os sangrados; e finalmente,

P.P. que param neste ponto, a fim de não os aborrecer mais, aconselhando que, enquanto não chegam outros usos da Inglaterra, vamos fazendo uso do galo e suas campanhas. Antes o galo que nada.

Lélio

14 de junho de 1885

A razão que me faz amar, sobre todas as coisas deste mundo, a nossa Ilma. Câmara municipal é que ali a gente pode dizer o que tem no coração.

Cá fora tudo são restrições e cortesias. Um homem crê que outro é tratante e dá-lhe um abraço, e raramente um pateta morre com a persuasão de que o é. Obra das conveniências, costumes da civilização, que corrompe tudo.

Na ilustríssima é o contrário.

Tudo ali parece respirar o estado social de Rousseau, é a pura delícia da natureza em primeira mão. Não há sedas rasgadas, nem outras bugigangas e convenções.

Se nem todos observam a regra da casa, que é, logo à porta, desabotoar o colete e tirar os sapatos, não só para estar à fresca como para meter os pés nas algibeiras dos outros, é porque não se perdem facilmente os hábitos corruptos, mas basta que a regra exista, para crer que a reforma total se fará.

A última sessão (para não ir mais longe) deu-nos um desses espetáculos em que a natureza rude e ingênua vinga os seus foros. Tratava-se da limpeza do matadouro.

Ao que parece, este serviço estava a cargo de Fuão Silva, que o fazia de graça, e foi dado a outro por 400$000 mensais. Um dos vereadores pegou do ato, e começou por dizer que o presidente não tinha culpa do que fizera, visto que foi mal informado por outro vereador, e caiu em cima deste. Não esteve com uma nem duas; disse-lhe claramente que estava perseguindo o Silva, e protegendo a alguém à custa dos cofres municipais; que era um escândalo e já não era o primeiro; que o dito vereador é uma potência do matadouro, onde prefere a quem quer; que prorroga contratos sem conhecimento da causa; que protege também um certo Marinho, e muitas outras coisas, concluindo por dizer ironicamente que esperava que o outro, com a eloquência que todos lhe reconhecem, viria explicar o ato.

Tudo isso foi dito sem barulho, e respondido sem barulho. A resposta do outro foi que o novo empresário Fuão Dumas, que faz a limpeza por 400$000, dá 200$000 mensais ao primeiro, que a fazia de graça. Juro por Deus Nosso Senhor que não estou inventando. A única coisa que faço é não entender nada. Nem isso, nem a proposta com que o orador terminou, para que se faça o contrato definitivo com o dito Fuão Dumas, pagando este à Câmara 100$000 mensais, em vez de receber os 400$000. Mas, repito, tudo isto sem barulho.

Pode-se dizer, é verdade, que os pontos mais escabrosos deviam ser excluídos da ata, onde se relacionavam os serviços da Câmara, que não são poucos nem fáceis. Com efeito, a natureza é rude e franca; mas os ventos, que são os seus jornais, não transmitem tudo o que ela arranca do coração; alguma coisa morre para todo o sempre. Não; o exemplo não presta; vejamos outro.

A civilização, que não inventou o defluxo, inventou o lenço, que dissimula o defluxo, guardando no bolso os seus efeitos. Mas a pura natureza ainda está com o chamado lenço de cinco pontas, que são, Deus me perdoe, os próprios dedos que ele nos deu, e a sua regra é ir deixando os defluxos pelo caminho. Pois bem; deixe a ilustríssima Câmara o uso piegas do lenço, não guarde na algibeira os seus defluxos, mas tão-somente o suor do seu trabalho. Deite o resto ao chão.

Lélio

20 de junho de 1885

DIÁLOGO DOS ASTROS

Dom Sol — Mercúrio, dá cá os jornais do dia.

Mercúrio — Sim, meu senhor (procurando os jornais). Sempre me admira muito como é que Vossa Claridade pode ler tantos jornais. São todos interessantes? Olhe, aqui tem o *Escorpião*.

Dom Sol — Uns mais que outros; mas ainda que não tivessem interesse nenhum, era preciso lê-los, para saber do que vai pelo Universo. Já chegou a *Via-Láctea*?

Mercúrio — Aqui está.

Dom Sol — Esta folha é das menores; tem uma circulação de trezentos bilhões de exemplares.

Mercúrio — Já não é mau! Aqui está o *Eclipse* e a *Fase*...

Dom Sol — Não são tão bons.

Mercúrio — O *Crescente*, a *Bela Estrela Canopo* e a *Revista das Constelações*. Creio que é tudo. Falta só o *Cometa*, mas, como sabe, só aparece de longe em longe; dizem até que vai fechar a porta.

Dom Sol (distraído) — *Il faut qu'une porte soit ouverte ou fermée*.

Mercúrio — Gracioso! mui gracioso!

Dom Sol (à parte) — O que eu disse não tem graça nenhuma; foi uma coisa como qualquer outra, mas ele há de rir por força. (Alto) Bem; agora deixe-me.

Mercúrio — Perdão, mas... acho aqui uma folha que nunca vi... *Diário do Brasil*. Vossa Claridade conhece-a?

Dom Sol — *Diário do Brasil*? Não.

Mercúrio — Estava aqui com as outras; são três números. Creio que é da terra.

Dom Sol — Mercúrio, tu sabes que eu da terra só leio o que diz respeito ao aspecto do céu, e isso mesmo só para saber que figura fazemos lá embaixo. *Diário do Brasil*? Tu vês que até o título é bárbaro. Leva, leva...

Mercúrio (percorrendo um número) — Contudo, há coisas interessantes... Oh! cá está o nome de Vossa Claridade; é uma carta que lhe mandam. Há de haver outras nos outros números. Cá está mais uma, mais duas.

Dom Sol — Cartas a mim? Eles que me escrevem, é que têm alguma coisa nova ou interessante na cabeça. Se assim não fosse, não me escreveriam.

Mercúrio — Exato! perfeitamente exato!

Dom Sol (à parte) — Isto que acabo de dizer é inteiramente falso; mas a mania dele é achar exato tudo o que não acha gracioso. (Alto) Mercúrio, preciso de estar só; vai ali à constelação da Grande Ursa fazer-lhe uma visita.

Mercúrio — Obedeço! (À parte) Os tais números do *Diário do Brasil* foram recebidos por mim mesmo à porta do Firmamento, para fazê-los chegar às mãos de Sua Claridade. Esperemos agora o efeito da leitura. (Sai).

Dom Sol — Vejamos as tais cartas. São três... Tratam-me com muito azedume e ainda pior. Elemento quê?... Servil. Não sei o que é. Elemento servil? Eu só conheço os antigos elementos, que eram quatro, e hoje andam às dúzias. Diz aqui que eu, se mergulhar numa pipa de azeite não saio incólume; mas é que eu não mergulho. Para que diabo havia de mergulhar numa pipa de azeite? Confesso que não entendo. (Depois de algum tempo) Aqui parece que se me exorta a não esquecer um inolvidável dever, e não acho isto bom, porque o dever é coisa tão árdua, que, ainda sendo inolvidável, pode ser olvidável. Provavelmente a palavra está na moda; lá que é bonita, é. Inolvidável! Já me disseram que naquele país certas palavras são como o feitio do fraque, aparece um com um feitio novo, todos pegam do feitio, até abandalhá-lo; depois vem outro. Houve o feitio *imaculado*, depois veio o feitio *incomparável*, depois o feitio *nítido*, agora é o *inolvidável*. (Pausa) Começo a ficar aborrecido. Mercúrio!

MERCÚRIO — Pronto!

DOM SOL — Já tinhas saído?

MERCÚRIO — Já, sim, Senhor; estava ali a cinco mil quilômetros, quando Vossa Claridade se dignou chamar-me.

DOM SOL — Mercúrio, eu não entendo estas cartas. Dizem-me coisas de que não sei absolutamente nada. Eu não mandei ninguém soprar coisa nenhuma no seio da Representação Nacional. Não sei mesmo onde é que ela fica. É alguma constelação nova?

MERCÚRIO — Saberá Vossa Claridade que, metaforicamente, pode chamar-se uma constelação, mas não o é, no natural sentido.

DOM SOL — Então o que é?

MERCÚRIO — Com sua licença, é a assembleia das pessoas que o povo escolhe para tratar dos seus negócios, fazer as leis, votar os impostos. Compõe-se de uma maioria e uma minoria.

DOM SOL — Mas então este pedaço de carta alude à lua, que também se divide em minguante e crescente...

MERCÚRIO — Gracioso! Mui gracioso!

DOM SOL (à parte) — É insuportável! Os senhores são testemunhas de que eu disse aquilo somente para matar o tempo, mas o diabo acha gracioso tudo o que não acha exato. (Alto) Mercúrio, estas cartas provavelmente são para o imperador daquele país. Chamam-lhe sol, como a Luís XIV, mas é pura sinonímia, não tem nada comigo.

MERCÚRIO — E o mais é, que bem pode ser assim. Pois agora direi a Vossa Claridade, que eu mesmo é que as recebi à porta, com recomendação de as entregar em mão. E o que foi; enganaram-se com o nome.

DOM SOL — Manda-as ao imperador, que naturalmente terá recebido muitas outras. Sabes se ele guarda-as todas?

MERCÚRIO — Não, meu senhor, não sei.

DOM SOL — Eu, no caso dele, só guardava as que tivessem estilo. Olha, Mercúrio, os arrufos passam, mas o estilo fica. (À parte) Entendam lá este paspalhão: agora que eu disse uma coisa melhorzinha, é que ele se deixa estar calado.

Lélio

26 de junho de 1885

Custódio e Cristo Júnior! Tais são os nomes de duas interessantes criaturas, cujos feitos andam nas folhas públicas e nos anais judiciários. Podia dizer isso em palavras menos graves, mas então descairia do assunto, que é gravíssimo, e das pessoas e dos nomes.

Vejamos o que fez Custódio; depois vejamos o que fez Cristo Júnior.

Custódio (subentende-se anjo Custódio) não fez absolutamente nada. Foi Deus que matou as reses, ou então foi algum perverso que as envenenou. O certo é que elas apareceram ervadas e mortas, na chácara Castanheiro, que o leitor da corte não conhece, nem eu, porque fica em Sorocaba. Custódio o que fez, foi pegar das reses, cortá-las, salgá-las e vendê-las.

Daí alvoroço, pesquisa e interrogatório. Custódio confessa nobremente o que fez e o que não fez. O que fez foi, como digo, cortar e salgar as reses; mas nem foi ele que as matou, nem (atenção!) as vendeu para Sorocaba, mas para fora, para longe, para onde nenhum sorocabano lhes metesse o dente.

Trago isto à coleção, como dizia o outro, para perguntar ao leitor como é que procederia, se tivesse de julgar este homem. Ele é verdade que ia vender as reses envenenadas, que receberia por elas um cobrinho, compraria um burro, talvez dois, talvez três burros, viria à corte, ao teatro, para rir um pouco, mas é certo que não as ia vender em Sorocaba. *Une nuance, quoi!* Ia vendê-las alhures, na Limeira, em São José dos Campos, longe dos olhos, longe do coração. Se há uma virtude universal e outra nacional, por que não há de haver uma virtude municipal? Verdade em Sorocaba, erro na Limeira. Para os ventres da Limeira, Custódio é execrando; para os de Sorocaba, é angélico, verdadeiro Custódio, Custódio sem mais nada.

Cristo Júnior não fez a mesma coisa, mas não é menos sutil o problema que oferece, nem menos nobre o seu impulso. Não se trata de um martírio, como se pode crer pelo nome; não morreu nem morrerá na cruz. Entretanto, o nome de Cristo Júnior parece estar aqui para distingui-lo do outro Cristo, que é o Sênior. Chamamos-lhe simplesmente Júnior.

Júnior parece que falsificava uns bilhetes de loteria, e entrou a vendê-los. Aparentemente, é um crime; mas se atentarmos bem, veremos que é, pelo menos, meia virtude.

Convém notar que Júnior pode ter cedido a uma tal ou qual comichão interior. Santo Antônio teve igual prurido, e resistiu, donde lhe veio a canonização; Júnior não resistiu. Comendo-lhe o caráter, não pôde deixar de meter-lhe as unhas e coçá-lo até fartar a epiderme. Em termos lisos, Júnior teve cócegas de falsificar alguma coisa neste mundo, fosse o que fosse, à escolha, virtude ou vício; e escolheu o vício.

Podia imitar uma nota de duzentos mil-réis (bela e rara virtude!) mas preferiu os dez tostões da loteria, e fez uma imitação tão perfeita, que ia dando com os burros (do vizinho) n'água. O pior que podia acontecer à gente, era ficar com os bilhetes brancos na mão; mas nem seria a primeira vez nem a última.

— Compre este número! Olhe esta loteria, que tem um bonito plano! — clamam os rapazes na rua do Ouvidor, esquina do beco das Cancelas, quando metem à cara da gente os seus bilhetes.

Júnior tinha um plano muito superior, que era ficar do mesmo modo com os cobres, e deixar nas mãos da gente a sombra de uma sombra. Mas como era o vício de um vício, podemos contá-lo por meia virtude.

Meia virtude ou virtude municipal, é a virtude posta ao alcance de todas as bolsas. Custódio ou Júnior, ou qualquer outro nome, que eu de nomes não curo, como dizia o Garrett, que Deus tenha por lá muitos anos sem mim.

Lélio

1º de julho de 1885

Não concordo absolutamente com a censura feita ontem pelo *Jornal do Commercio* aos nossos costumes parlamentares, e não concordo por três razões tão grandes, que não sei qual delas é maior. A censura, como todos leram, teve por objeto a demora na discussão da proposta da emissão de vinte e cinco mil contos, que foi apresentada a 25 de maio, e só agora chegou ao Senado.

A primeira razão, por mais que a achem má, é sólida e legítima. Há folgas extraordinárias na Câmara, dias de repouso, dias de chuva, e todo o sábado vale domingo. É isto novo? Abra o *Jornal do Commercio*, o livro dos *Anais*; veja a sessão de 25 de agosto de 1841, e leia um discurso que lá vem do finado Otoni (Teófilo).

Não é preciso lembrar que 1841 valia para nós uma segunda virgindade política. Acabava-se de declarar a Maioridade, parecia que o Parlamento ia ser o beijinho da gente. Entretanto, Otoni declarou a 25 de agosto de 1841 que muitos deputados da maioria gostavam de ficar nas suas chácaras, divertindo-se. "Outros (exclama ele) querem ir patuscar à Praia Grande!" E mais adiante afirma que é comum suceder não haver casa só porque chove um pouco. O melhor é transcrever este trecho por inteiro:

> V. Exa. sabe que eu não tenho medo do mau tempo (concluiu Otoni), que, qualquer que ele seja, apresento-me na casa, e às vezes deixo de entrar, porque me revolta ver que, tendo eu vindo com o meu guarda-chuva debaixo d'água, muitos senhores se deixam ficar em casa; de modo que às vezes deixa de haver casa porque chuvisca um pouco.

Lealmente, que culpa pode ter a geração de hoje de um costume tão velho? Ou querem negar as leis do atavismo? Note-se até uma circunstância, que, por ser grave, deve pesar no nosso juízo acerca dos contemporâneos. O discurso de Otoni era a propósito da ata de 24, dia santo então, no qual a Câmara resolveu trabalhar. Resolveu na véspera, e não se reuniu; e, segundo o cônego Marinho, que falou depois de Antônio Carlos, os que não compareceram foram justamente os que votaram que se trabalhasse. Não posso dizer se isto foi assim mesmo, porque, a despeito das calúnias de um tal Lulu Sênior, ainda não era nascido; mas o meu amigo João Velhinho, cuja memória conserva a mesma frescura de outros tempos, jura que estava lá, e que o cônego Marinho tinha razão; lembra-se como se fosse hoje.

A segunda razão que me faz recusar a censura é que, em geral, as discussões de tais propostas são a ocasião mais apropriada para tratar de tudo, e que não se pode tratar de tudo como um gato passa por brasas. Ou seja um assunto qualquer, pequeno, local, indiferente, ou seja uma dessas belas teorias, amplas, vagas, assopradas, tudo leva tempo e, se além de tudo, ainda se há de falar da própria matéria da proposta, é claro que não se pode gastar menos de um mês ou mais.

A terceira razão (e isto responde a qualquer objeção que me façam com a Câmara dos comuns ou outras), a terceira razão é que se dá com os governos o que se dá com outros produtos naturais: o meio os modifica e altera. Lá nas outras câmaras pode ser que as coisas marchem de diverso modo. Mas segue-se que, por termos a mesma forma externa, devamos ter o mesmo espírito interior? Seria cruel exigi-lo. Seria admitir que o cabeleireiro faz o dândi. Maria Cristina dizia uma vez ao famoso Espartero: — Fiz-te duque; nunca te pude fazer fidalgo.

E agora reparo que essa última razão ainda me dá outra, uma quarta razão, não menos esticada dos colarinhos. Assim como um governo sem equidade só se pode manter em um povo igualmente sem equidade (segundo um mestre), assim também um Parlamento remisso só pode medrar em sociedade remissa. Não vamos crer que todos nós, exceto os legisladores, fazemos tudo a tempo. Que diria o sol, que nos deu a rede e o fatalismo?

Lélio

8 de julho de 1885

O que é política? Aqui há anos, creio que por 1849, lembrou-se alguém de propor uma questão em um jornal. A questão era saber o que é honra. Em vez, porém, de escrever deveras aos outros, coligir as respostas e publicá-las, engendrou as respostas no escritório, e deu-as à lume.

Compreende-se que isso se fizesse em 1849. Naquele tempo fazia-se a eleição a bico de pena. Mas, depois da lei de 1880, não há meio de recorrer a outra coisa que não seja o sufrágio direto.

Foi o que fiz em relação à política. Peguei de tudo o que sabia nesta matéria (e não valia dois caracóis), arranjei um embrulho e mandei deitá-lo à praia. Depois escrevi uma carta aos meus concidadãos, pedindo-lhes que me dissessem francamente o que consideravam que fosse política, e dispensando-os de citar Aristóteles nem Maquiavelli, Spencer nem Comte, não só porque apenas se devem citar os devedores remissos (e Deus sabe se aqueles quatro são credores de meio mundo!), como porque os referidos autores são estranhos completamente ao

> Tirolito que bate, bate,
> Tirolito que já bateu.

Relativamente a este *Tirolito*, disse-lhes que era uma cantiga, e que as cantigas, ao contrário do que queria o nosso Álvares de Azevedo, fazem adiantar o mundo. *Ils chantent, ils payront*, dizia não sei que profundo político francês; e o nosso maestro Ferrari, original como um bom italiano, emendou a máxima, e aplicou-a aos nossos dias: *Nous chanterons, ils payeront*. Um e outro são muito superiores aos mestres apontados.

Não tardou que o correio começasse a entregar-me as respostas; e, como eu não pagava o porte, reconheci que há neste mundo uma infinidade de filhos de Deus, ou do diabo que os carregue, que estão à espreita de um simples pretexto para comunicar as suas ideias, ainda à custa dos vinténs magros.

Não publico todas as definições recebidas, porque a vida é curta, *vita brevis*. Faço, porém, uma escolha rigorosa, e dou algumas das principais, antes de contar o que me aconteceu neste inquérito, e foi o que se há de ver adiante, se Deus não mandar o contrário.

Uma das cartas dizia simplesmente que a política é tirar o chapéu às pessoas mais velhas. Outra afirmava que a política é a obrigação de não meter o dedo no nariz. Outra, que é, estando à mesa, não enxugar os beiços no guardanapo da vizinha, nem na ponta da toalha. Um secretário de clube dançante jura que a política é dar excelência às moças, e não lhes pôr alcunhas quando elas já têm para esta. Segundo um morador da Tijuca, a política é agradecer com um sorriso animador ao amigo que nos paga a passagem.

Muitas cartas são tão longas e difusas, que quase se não pode extratar nada. Citarei dessas a de um barbeiro, que define a política como a arte de lhe pagarem as barbas, e a de um boticário para quem a verdadeira política é não comprar nada na botica da esquina.

Um sectário de Comte (viver às claras) afirma que a política é berrar nos bondes, quer se trate dos negócios da gente, quer dos estranhos.

Não entendi algumas cartas. A letra de outras é ilegível. Outras repetem-se. Cinco ou seis dão como suas, opiniões achadas nos livros. Uma dama gamenha escreve-me, dizendo que a política é praticar com os olhos o que está no Evangelho de São Mateus, cap. VII, verso 7: "batei e abrir-se-vos-á".

Note-se que, em todo esse montão de cartas, não há uma só de deputado ou senador, e contudo escrevi a todos eles pedindo uma definição.

Minto; o sr. Zama deu-me anteontem uma resposta, embora indiretamente. S. Exa. disse na Câmara que quer a abolição imediata, mas aceitou o projeto passado e aceita este, pela regra de Terêncio: quando não se pode obter o que se quer, é necessário que se queira aquilo que se pode. Regra que me faz lembrar textualmente aquela outra de Thomas Corneille:

> *Quand on n'a pas ce me l'on aime.*
> *Il faut aimer ce que l'on a.*

Terêncio ou Corneille, tudo vem dar neste velho adágio, que diz que quem não tem cão, caça com gato. É oportunismo, confesso; mas prefiro-lhe o aparte de um deputado, no discurso do sr. Rodrigues Alves, quando este tachava um presidente de interventor, não porque recomendasse candidatos, mas porque fez favores a amigos destes. "Queria que os fizesse aos amigos de S. Exa.?" perguntou um colega. Tal qual a política do boticário: não comprar na botica da esquina.

Lélio

12 de julho de 1885

Não acabo de entender a raiva de João Tesourinha contra o pianista e o piano da esquina fronteira.

> Tudo dança: só Marília
> Desta lei da natureza
> Queria ter isenção?

Em primeiro lugar, não há botequim que se respeite, que não tenha hoje um piano e um pianista para consolar os fregueses. Não há rua digna deste nome, que não possua uma ou duas sociedades de música, e ensaio todas as noites, ou seis vezes por semana, sem contar os domingos. Há cem clubes coreográficos. Hoje mesmo, para não ir mais longe, dança-se e toca-se em diferentes sociedades, sendo que o baile dos Progressistas da Cidade Nova, segundo o seu gracioso anúncio, é refrigerante e estomacal.

João Tesourinha, em relação aos bailes, tem o recurso de lá não ir, porque a entrada em todos é o recibo do mês, e o meu colega não é sócio. Uns chamam-lhe *calunga*, outros *espantabilontra*: tudo isso exprimindo quer dizer o recibo do mês anterior, para evitar que os amigos se divirtam sem pagar. Quanto, porém, aos pianos e filarmônicas, ouça-os João Tesourinha, como eu os ouço, como os ouvirão os nossos sobrinhos, pois que a vocação pública é a polca.

Olhe, agora mesmo houve uma revolução na Conceição de Macabu, freguesia do município de Campos, e fez-se a revolução a poder de música. O vigário daquela freguesia é o padre Antônio Chiaromonte. Quem é o padre Antônio Chiaromonte? É o vigário daquela freguesia. Não sei outra coisa do padre, nem do vigário; mas este homem não é homem, é um princípio, como ides ver.

A população da paróquia estava dividida em dois partidos irreconciliáveis: um que queria que a provisão do vigário fosse renovada, outro que não. Quando um princípio separa os homens, e as paixões acendem-se, dá-se uma consequência que recebe um destes dois nomes, segundo o ponto de vista em que o narrador se coloca: tragédia ou sarrabulho. Foi o que ali se deu, em circunstâncias que merecem ser confiadas à memória dos séculos.

Chiaromonte, como simples vigário, podia sacrificar-se à paz pública; mas Chiaromonte é um princípio, e a natureza dos princípios é a inflexibilidade e a imutabilidade. Chiaromonte ficou. Minto; Chiaromonte não ficou, retirou-se para a Barra de São João, à espera que a provisão lhe chegasse. Chegada a provisão, meteu-a no bolso e voltou para a Conceição de Macabu.

Agora tu, Calíope, me ensina o que é que aconteceu depois que este princípio novamente provisionado por um ano, voltou às fronteiras da paróquia.

Os seus partidários ergueram-se como um só homem para recebê-lo, precedidos da fama e de uma banda de música, não menos imortal que os princípios, e a verdadeira figura risonha dessas solenidades. Chiaromonte entrou assim na freguesia, não sei se bailando como o rei David, diante da arca, mas bailando-lhe a alma com certeza. Entrou na igreja, disse missa, que os seus partidários ouviram, e foi dali para casa acompanhado por eles e pela banda.

Até aí tudo andou bem. Mas, ou fosse da música, ou de outra coisa, não se contentaram os vencedores com a manifestação. Saíram dali a arruar um pouco, música à frente, e passaram pela porta de um partidário adverso, Nepomuceno chamado, que ali estava com a senhora. Então pediram-lhe o menos que um vencedor pede nestes lances: que desse vivas ao vigário. Nepomuceno recusou. Um dos vencedores, Mesquita, pegou de uma garrucha de dois tiros e apontou-a ao peito de Nepomuceno; era o menos que podia fazer. A música tocava um dobrado.

Foi nesse momento que a natureza fez ouvir um grito sublime e consolador. A esposa de Nepomuceno, ao ver a arma apontada ao marido, bradou que antes a matassem. Mesquita hesitou um pouco, mas um tal Serpa emendou a mão ao Mesquita, pegando da garrucha e desfechando um tiro na peito da senhora. O marido recebeu o segundo tiro.

Vejo daqui o nariz do leitor um pouco atônito. Não leu provavelmente a notícia, e está pasmado com um tal desfecho: é o castigo dos narizes descuidados. Eu, no seu caso, espirrava; não conheço outro modo de botar fora o espanto.

Compreendem agora a vantagem da banda de música? Dados os tiros, a manifestação recompôs a ordem anterior, e foi andando ao som do ofeleide, cujas notas, unindo-se de longe ao grito das vítimas, parece que formavam a mais deleitosa coisa deste mundo.

Os que acharem que a consequência parece maior que a causa, devem advertir (e apelo para todos os partidos), que não basta, na vitória, mostrar a força dos princípios; é preciso mostrar também a força dos pastéis. Foi o que aconteceu em Conceição de Macabu. É o que pode acontecer na freguesia da Glória, onde dizem que já há um partido Honorato e outro anti-Honorato. Para evitar o conflito quando se renovar a provisão não vejo outro recurso senão acabar com todas as filarmônicas do bairro.

Sem banda de música, o entusiasmo perde cinquenta por cento, e os vencedores, se quiserem mostrar a força dos pastéis, hão de fazê-lo com pastéis de verdade, coisa muito mais superfina. Pastéis e Xerez! é menos trágico e menos grotesco, e pesa menos no estômago, que uma bala, ainda que esta seja de estalo e do

Lélio

19 de julho de 1885

Conheço um homem que, além de acudir ao doce nome de Guedes, acaba de receber um profundo golpe moral, desfechado pelo sr. visconde de Santa Cruz.

Ponha o leitor o caso em si. Há trinta anos, ou quase, que o Guedes espreita um trimestre de popularidade, um bimestre, um mestre que fosse, para falar a própria linguagem dele. Ultimamente, já se contentava com uma semana, um dia, e até uma hora, uma só hora de popularidade, de andar falado por salas e esquinas.

Não se imagina o que esse diabo tem feito para ser popular. Deixo de lado 1863, por ocasião da Questão Christie, em que ele propôs-se a ir arrancar as armas da legação inglesa. Só achou cinco imprudentes que o acompanharam; e, ainda assim, saiu com eles da rua do Ouvidor, a pé. No largo da Lapa achou-se com quatro; na

Glória, com três, no largo do Valdetaro, com dois, e no do Machado com um, que o convidou a voltar para a rua do Ouvidor.

Mais tarde, vendo passar o coche triunfal do Rio Branco, por ocasião da lei de 28 de setembro, compreendeu que era um bom veículo de molas, vistoso, e atirou-se à traseira; mas já lá achou outros, que o puseram fora a pontapés, e o meu pobre Guedes teve de voltar à obscuridade.

Tentou outras coisas. Tentou uma orchata higiênica, uma loteria de crianças, uma polca, uma rua e uma casa de fazendas baratas. Falhou tudo. A polca dançou-se muito, mas ninguém lhe decorou o nome. A rua, rua João Guedes, trouxe-lhe um singular destempero. Um dia, sendo apresentado a uma família, disseram-lhe todos com ingenuidade: "Ah! o senhor tomou o nome daquela rua em que morou um primo nosso!"

Afinal, deitou os olhos para o fechamento das portas; e o leitor não é capaz de adivinhar quando foi que a atenção se lhe volveu para ali. Foi por ocasião da morte de Ester de Carvalho. Entre os artigos fúnebres que então apareceram, um houve em que se convidava os esteristas a lançarem mão do movimento produzido pela morte da distinta atriz para alcançar o fechamento das portas. O Guedes refletiu: estava achada a popularidade.

A questão era pertencer à Câmara municipal; e o meu amigo fez tudo o que pôde para isso. Sempre derrotado e sempre resoluto, esperava ali meter o pé, um dia, quando o sr. visconde de Santa Cruz propôs, e os seus colegas aprovaram, que as portas se fechem aos domingos e dias santos. Foi o mesmo que arrancarem-lhe o bocado da boca.

Agora, se realmente quer popularidade, abra mão de planos complicados; limite-se a fazer anunciar, por meio de alusões engenhosas, que é o Guedes, o célebre Guedes, que é esclarecido, e varie os termos, passe de esclarecido a ilustrado, e de ilustrado a eminente, e acrescente que é bonito, *ce qui ne gâte rien*. O leitor não acredita, nos primeiros quinze dias; no fim de vinte fica um tanto perplexo; passados trinta, pergunta se realmente não se enganou; ao cabo de cinquenta, jura que se enganou, que é o Guedes, o verdadeiro Guedes. Três meses depois, mata a quem lhe disser o contrário.

Faça isto, meu amigo; é o segredo do mulungu composto e da salsaparrilha, tanto da de Bristol como da de Sands. Esperar cadeira de vereador é muito demorado. E depois, as ideias são tão poucas — digo os motivos de popularidade — que, quando a gente está pensando em plantar uma, já outro está colhendo os frutos da que plantou também; e a gente não tem remédio senão recorrer à única cultura em que não há concorrência de boa vontade, que é plantar batatas. É a ocupação atual de todos os Guedes.

Lélio

26 de julho de 1885

Venha de lá esse abraço; trago-lhes um divertimento para passarem as noites.

Nem todos terão treze mil-réis para dar por uma cadeira do Teatro Lírico. Eu tenho cinco; faltam-me oito. Podia ir ao Teatro de São Pedro, onde a cadeira custa menos; mas eu só entendo italiano cantado, e a Duse-Checchi não canta. Fui lá algumas vezes levado pelo que ouvia dizer dela e da companhia; fui, gostei muito do diabo da mulher, fingi que rasgava as luvas de entusiasmo, para dar a entender que sabia daquilo; nos lugares engraçados ria que me escangalhava, muito mais do que se fosse em português; mas, repito, italiano por música.

Nos outros teatros dizem-me que só há peças, ou muito tristes, ou demasiado alegres. Ora, eu não sou alegre, mas também não sou triste. Meu avô, que era carneiro de Panúrgio, não passava de sorumbático. Ir ao teatro para cair num daqueles dois extremos, e adoecer, não posso.

Pode-se, é verdade, ler os jornais à noite, e assim matar o tempo. Mas como deixar resfriar notícias importantes? Vá que o façamos nos dias em que eles, para acudir aos cochilos da Agência Havas, transcrevem da *Nación*, de Buenos Aires, notícias telegráficas da vida política e internacional do mundo; mas como fazê-lo, quando, ainda há dias, a mesma agência nos comunicou este caso grave: "Adelina Patti ganhou o processo de divórcio contra o seu marido, o marquês de Caux".

Façam-me o favor de dizer com que cara ficaria um homem que se respeita, andando pela rua, e ouvindo perguntar a todos se sabiam do grande sucesso, do sucesso indescritível e incomensurável, o sucesso dos sucessos: Adelina e Caux estão judicialmente separados. — Não me diga isto! — É o que lhe digo: estão separados.

Tudo isto me levou a propor um divertimento barato para as famílias honestas e econômicas, um jogo de prendas. Não se riam: o jogo de prendas já foi o nosso teatro lírico.

Joga-se com qualquer número de pessoas, mas nunca menos de dez. Podem ser vinte, trinta, quarenta, e quanto mais melhor. Cada pessoa escolhe um personagem. Um é o vigário, outro o sacristão, outro o sineiro, outro o moleque do vigário, outro o coadjutor, outro o barbeiro, e etc. Chama-se o *roubo do consulado*. Joga-se completamente às escuras.

O diretor do jogo coloca-se no meio da sala, e conta que, tendo desaparecido as sobrepelizes da igreja, é provável que estejam na casa da costureira do vigário. Acode a costureira:

— Mentes tu!
— Onde estavas tu?
— Estava em casa do sineiro.

Acode o sineiro:

— Mentes tu!
— Onde estavas tu?
— Em casa do sacristão.

Contesta o sacristão:

— Mentes tu!
— Onde estavas tu?
— Estava em casa do coadjutor.

E assim por diante até correr a roda toda. Acabada a roda, volta-se ao princípio, e repete-se a mesma coisa com os mesmos personagens, até dez e meia ou onze horas, que é boa hora de cear e dormir.

Há uma particularidade neste jogo: é que ninguém paga prenda. Dei-lhe o nome de jogo de prendas tão-somente para definir um divertimento de família. Ninguém paga nada. Quando acontece que algum dos personagens não responde à citação, a obrigação do outro é repetir o nome, até que ele responda. Uma vez respondido, passa-se adiante.

Escusado é dizer que as sobrepelizes não aparecem nunca; são apenas uma convenção.

Por ser que lhe mude o nome; dizem-me que *inquérito* é melhor que *roubo do consulado*, justamente por não se falar em consulado; mas confesso que pus este disparate do nome para lhe dar alguma graça.

Qualquer que seja o nome, cuido que ficará popular nestas noites úmidas e aborrecidas. Tem a vantagem de não cansar. Faz-se uma noite, repete-se na noite seguinte, sem fatigar absolutamente nada: é muito superior ao da berlinda, e não obriga ninguém a ir para ela.

Lélio

1º de agosto de 1885

O nosso velho sestro de dar às coisas nomes maiores que elas, fez-me passar por uma dos diabos.

É o caso, que eu lia os jornais, muito sossegado da minha vida, quando dei com esta frase, de uma carta de Sergipe: "Estamos em pleno domínio de terror". Não quis ler mais nada. Os cabelos ficaram-me em pé. Mísero Sergipe! terror! Robespierre! guilhotina! lei dos suspeitos! Ah! não! nunca! Há de haver um brasileiro que...

Mandei aprontar o carro. Toda a gente sabe que não tenho carro; mas a consternação alucinou-me. A mesma consternação vestiu-me em menos tempo do que é preciso para escrevê-lo. Chegou o carro, entrei, mandei tocar para a casa do ministro do Império.

— Onde mora?

— Cocheiro do inferno, não me perguntes onde mora o ministro do Império. Leva-me; trata-se da humanidade! Leva-me à casa do ministro, ou eu faço-te saltar os miolos com esta pistola!

O carro voou. As patas dos cavalos iam ferindo fogo, enquanto eu, sacolejado dentro, meditava nos excessos da política. Mísero Sergipe! detestável terror! Cá de longe ia vendo e ouvindo tudo, as prisões atulhadas de suspeitos, a forca trabalhando, processo sumário, execução sumaríssima, zás, trás, nó cego. E os brados da multidão? Ouvi-os todos, ouvi distintamente a cantiga com que ela ia acompanhando os padecentes ao suplício. Não era o famoso:

> *Çá, ira, çá ira, çá ira,*
> *Les aristocrates à la lanterne*

era a nossa popular cantiga, e porventura mais feroz pelo sarcasmo:

> Onde vai seu Pereira de Morais
> Se você vai, não volta mais.

Tudo isso vi, ouvi, com os cabelos em pé, e o coração do tamanho de uma pulga. Cocheiro dos diabos, põe um raio nesses cavalos! eia! tens cem, duzentos, trezentos mil-réis de gratificação! Mas vamos! anda! voa!

E por mais que o carro voasse, parecia-me que não saía do mesmo ponto, e até que andava para trás. Completamente desvairado, ergo-me, engatilho a pistola e disparo-a no cocheiro. Ouço um grito e volto a mim.

Achei-me entre dois vizinhos, na minha própria sala. Tinha o dedo apontado a um deles: era a pistola do delírio. Deram-me água, perguntaram-me se estava melhor, disseram-me que sossegasse, que não era nada, que era fraqueza... Fraqueza do povo! bradei indignado.

Depois, já tranquilo, acabei de ler a carta. Vi então que tinha havido em Sergipe duas demissões, uma remoção e uma reintegração: era o Terror. Respirei duas e três vezes. Tornei a ler, consultando os dicionários, para ver se aquelas palavras não teriam algum outro sentido mais cru, e não achei nada. Continuei a respirar.

Nada disso, porém, me teria acontecido se, em vez de falar no pleno domínio do Terror, a carta dissesse apenas que se estavam tomando algumas vingançazinhas por questiúnculas de nada. Era o termo próprio, ajustado, e não menos interessante; era o nome verdadeiro da coisa.

Conto isto, não pelo gosto de divulgar as anedotas de casa, mas somente para pedir que não me preguem sustos iguais. Estou pronto para tudo. Vá lá que um homem distinto seja ilustre, uma bonita obra deslumbrante, um coxo paralítico, o morro da Providência um Himalaia. Eu aceito tudo o que quiserem. Esgotemos os dicionários, para o bem e para o mal, não admitamos meio-termo entre Corneille e Prudhon.

Mas, pelo amor de Deus, não me ponham o Terror em trocos miúdos. Robespierre, apesar de morto, é ainda um tutu muito aproveitável. Se lhe desconcertamos o esqueleto, e fazemos das tíbias umas vaquetas de tambor, reduzimos aquilo a uma caçoada. Desçamos das nuvens; mandemos para os algibebes da rua da Carioca esse velho par de óculos castelhanos, que nos mudam o aspecto de todas as coisas. Não estejamos a ver gigantes por toda a parte. *Mire vuestra merced, que no son gigantes sino molinos de viento.*

Lélio

10 de agosto de 1885

Permita o Rio de Janeiro que lhe chame paxá. É um nome como qualquer outro; mas no caso especial em que nos achamos é o que melhor assenta: lembra uns versos célebres de Victor Hugo.

Qu'a-t-il donc le pachà? Acho-o preocupado. Não é certamente com o sr. padre Olímpio Campos, que aceitou o desafio do sr. José Mariano, e venceu-o ontem, em plena Câmara; porquanto, o distinto deputado de Pernambuco tirou de dentro de um imposto inconstitucional nada menos que a reforma das eleições, o trabalho livre, Jorge III, Nestor, o Senado, o poder pessoal, e o próprio imposto com grande espanto dele e meu; mas o ilustrado deputado de Sergipe fez mais.

— Estão vendo isto que aqui tenho na mão? — disse ele à Câmara. — É uma ajuda de custo paga pelo presidente de Sergipe a um deputado; trago-a aqui para saber se o governo sanciona o ato daquele administrador. Agora, enquanto estou com a mão na massa, quero mostrar-lhe o que esta ajuda de custo tem na barriga.

E abrindo delicadamente o ventre do animal, tirou de lá, em primeiro lugar o seu procedimento acerca do projeto Saraiva, depois a opinião da Igreja, e finalmente a história da escravidão desde os mais remotos séculos até sexta-feira passada.

Qu'a donc le doux sultan? Não me parece que seja a declaração do sr. Castro Lopes, relativamente a Moisés. O nosso eminente latinista, analisando o Gênesis, assevera que Moisés nada soube do verdadeiro dilúvio, e ouviu cantar o galo sem saber onde, e isto por não ter conhecimento de geologia e física, nem a menor noção da evaporação atmosférica.

É certo que Moisés não conhecia a evaporação atmosférica; mas, em compensação, não conhecia a pólvora, nem a fotografia, nem a encadernação inglesa, nem a arte dentária, ignorava absolutamente a hidrografia, a dosimetria, a coreografia, o positivismo, o oportunismo, o naturalismo, a acústica, o formicida Capanema, e uma infinidade de coisas, que nunca lhe passaram pela cabeça, ou por elas serem mais modernas que ele, ou por ele ser mais antigo que elas: talvez por ambas as razões.

Qu'a-t-il l'ombre d'Allah? Não acabo de acertar com a causa de tamanha preocupação. Receará ele que o exemplo do *17º Distrito*, folha de Minas Gerais, pegue em todo o Império?

Essa folha noticiou a recepção que teve ali o sr. conselheiro Mata Machado. Chegando o viajante a São Gonçalo, recolheu-se à casa de um amigo, onde ia passar a noite. Trocaram-se vários discursos; e depois de todos, ainda dois, que a folha menciona nestes termos: "Falaram também no mesmo sentido o sr. Joaquim José Pedro Lessa, que acabava de chegar, e o dr. Álvaro da Mata Machado, *saudando a este*".

Compreende-se que o saudado é o conselheiro. O escritor não fez mais do que aproveitar a identidade dos apelidos para poupar algumas palavras. Não digo que isto seja invenção do *17º Distrito*. Já há muitos anos, um francês parcimonioso, dizia a um amigo: *Venez de bonne heure; le mien est de vous voir.* Não creio, porém, que haja motivo para recear que, de economia em economia, os jornais cheguem ao extremo de falar por gestos.

Que será então que preocupa tanto ao paxá? Que é que lhe ensombra a fronte? Não é a história do sr. padre Olímpio, não é a ignorância de Moisés, não é o estilo econômico do *17º Distrito*, não é também a reforma servil, nem o estado da Fazenda, que diabo será que o faz sorumbático e tonto? Coisas de paxá: perdeu o tenor Tamagno.

Son tigre de Nubie est mort.

Lélio

17 de agosto de 1885

Enquanto se não organiza outro Ministério, deixem-me dizer o que me aconteceu, quando li a declaração de voto do sr. Amaro Bezerra.

Principalmente, fiquei com os cabelos em pé. Quando li que há "um divórcio pleno entre a política e a moral"; que há "a mais lamentável e perigosa decadência dos espíritos, dos caracteres, das instituições, que assinala as vésperas de um desmoronamento ou dissolução geral, de um grande cataclismo"; que depois disto virá "alguma dominação caricata, perniciosa e repugnante"; e finalmente que só poderemos então "reconquistar a liberdade, à custa de movimentos sanguinolentos"; quando li tudo isso, repito que fiquei com os cabelos em pé, e tive duas razões para tanto.

A primeira é que não sou careca; a segunda é a que vou confiar à história do meu país.

Eu, por mais que me quebrem a cabeça com palavras, creio nas palavras. As paixões políticas podem causar muito desabafo no calor da discussão; mas não é o caso da declaração daquele voto, ato escrito, pensado e determinado.

Naturalmente, imaginei que a mesma impressão tivessem recebido os meus concidadãos; e como não era bonito consternar-me sozinho, em casa, saí para a rua, a fim de consternar-me com eles.

Saí, fui ao que me pareceu mais conspícuo, e perguntei-lhe se não estava consternado.

— Seguramente!

— Parece-lhe então?

— Que a égua *Icária* não tem a filiação que lhe querem dar. Pode lá ser possível? Conhece o garanhão? Não conhece... Estive na última sessão do Jockey Club; vi os documentos, as tais provas, ouvi os discursos, uma pouca vergonha!

— Perdão, falo-lhe de um desmoronamento social...

— Nem eu lhe falo de outra coisa. O Jockey Club não pode continuar assim. Desmoronamento, e desmoronamento sério. A égua *Icária!* Mas advirta o meu amigo...

Deixei esse cidadão — ainda menos conspícuo que hípico — e caminhei para outro, cujo nariz revelava a mais profunda amargura. Apertei-lhe a mão comovido: disse-lhe que tinha razão.

— Não lhe parece? — acudiu ele. — Entram-me quatorze pessoas em casa, para jantar, com o pretexto de ver o fogo da Glória! Mas então por que não foram de noite? O fogo era de noite. Quatorze pessoas! E um pobre diabo, que só pode contar com os tristes vencimentos de empregado público, que vá arranjar um peru, um leitão, um jantar, em suma, para quatorze pessoas.

— Há coisa pior do que isso.

— Compreendo; teve lá vinte em sua casa? É isto. O melhor de tudo é morar no inferno; lá, ao menos, embora haja fogo, não se janta nunca.

Abri mão deste homem. Pouco adiante vi uma cara que parecia regozijar-se com a esperança de um desastre próximo. Cheguei-me, disse-lhe que era antipatriótica essa alegria, que era indecente...

— Por quê? — replicou ele. — Que obséquios devo ao dr. João Damasceno? — e continuou rindo muito. — O engraçado é que ele veio contar ao público a sova que lhe deram. Verdade é que gastou duas colunas e meia, e ninguém lê artigo tão comprido. O senhor sabe que os nossos patrícios são sóbrios: duas fatias e um copo-d'água, estão prontos. Quem lê artigo de duas colunas e meia? Você leu?

— Não; o que eu li foi que uma dominação repugnante e perniciosa...

— A do Cantagalo? Lá está no artigo. O dr. Damasceno atribui as pancadas ao barão, que era chefe de partido e já não é, e que foi por isso que mandou dar-lhe uma sova... na rua, por isso ou por outra coisa...

Corri a outro, que me confirmou tudo, que sim, que havia ambições sem escrúpulos, e a prova era o Tamagno. Outro também concordou que há dominações caricatas, e citou o Ferrari. Outro falou de um vizinho, outro de um parente, outro de si próprio.

Voltei a casa, ainda mais consternado. Reli o voto, e concluí que ou ninguém tem consciência do mal que nos cerca, ou o mal não existe. Uma de duas. Vou resolver o problema, depois do novo Ministério.

Lélio

23 de agosto de 1885

A grande ventania política desta semana dissipou um princípio de questão astronômica. Dissipou ou fez adiar, até que a ventania cesse. Cruls e Reis compreenderam que o nosso fôlego não dá para mais de um conflito. Passagem de pastas e passagem de Vênus, tudo ao mesmo tempo, é excessivo.

E entretanto, poucas coisas serão mais graves. Reis, lente de astronomia da Escola Politécnica, afirma que o Imperial Observatório tem, nestes últimos anos, grosseiramente errado. Cruls, diretor do observatório, repele a acusação, cita os louvores obtidos no exterior, e retruca com igual censura, dizendo que Reis, na *Tese de concurso*, cometeu erros grosseiros.

Creio que é positivo. Espero e desejo que, amainado o temporal político, volte a questão à tela do debate. A principal razão é que tenho um filho na Escola Politécnica, e quero saber que astronomia é que lhe ensinam, se verdadeira, se de caçoada. É certo que destino o meu rapaz a tabelião; mas não há incompatibilidade entre o cartório e o céu. O cartório é, pelo menos, o céu do tabelião. O céu é o cartório de Deus, que lá tem escritas as nossas culpas. E depois há de ficar bem ao rapaz dar um ou dois dedos de conversa, no fim do dia, com os escreventes, enquanto escova a sobrecasaca.

— Vocês viram hoje a escritura de hipoteca do Barcelos? Um barulho imenso por causa da fazenda do Saturno, que tem cinco léguas de extensão. Cinco léguas! Mas daqui ao verdadeiro Saturno há tantos e tantos bilhões de léguas. Que me dizem a isto? Olhem que não são centenas, nem milhares, são bilhões. Imaginem que distância.

A astronomia é, com efeito, uma bebedeira de léguas. As léguas são as polegadas do espaço. O menos que ali há, são milhares. Dá vertigem a leitura daqueles milhões de bilhões de trilhões de quatrilhões. Entendamo-nos: dá vertigem aos meus amigos; porque eu cá — falo a minha verdade — acho que é muito mais longe ir a pé daqui da rua do Ouvidor ao Saco do Alferes. Que são trilhões de trilhões de léguas, em relação ao infinito? Nada; ao passo que daqui ao Saco do Alferes é deveras um estirão.

A segunda razão (são três) que me faz desejar ver liquidado este negócio é que o observatório é que me informa dos fenômenos celestes, e não posso ficar assim sem saber se as informações são exatas ou não, ficar entre o céu e a terra, como a mãe de são Pedro. Comparação estrambótica, mas não tenho outra.

A terceira é que, morando longe, gasto muito tempo nos bondes, e preciso da companhia do leitor habitual desses e outros debates públicos. Suponho que, em geral, ele sabe tanta astronomia como eu, mas lê e comenta alto nos bondes.

— O Reis veio hoje muito forte.
— O Cruls está mais forte.
— Não li o Cruls; mas não pode estar mais forte que o Reis.
— Leia; eu tenho lido os dois.
— Tem lido o Cruls?
— Todos os dias. Ontem veio muito forte.
— Duvido que esteja mais forte que o Reis. Olhe que está fortíssimo.

Nisto o bonde para, a gente desce e vai desenfadado às suas ocupações. Não importa que os contendores sejam exatos; ao comentador, meu irmão em Cristo, é indiferente que lhe troquem a mobília do céu, ponham o sol no lugar da lua, e a lua na minha algibeira; uma vez que haja algumas taponas bem puxadas, tudo irá bem. Forte, muito forte.

Lélio

31 de agosto de 1885

Uma vez que toda a gente pede explicações da última crise; e ainda agora, no Senado, o sr. Silveira da Mota entra em longos desenvolvimentos para excluir os motivos expostos; não há remédio senão dizer alguma coisa a este respeito. Constituo-me assim amigo da história, para que lhe não aconteça, como ao Guerra *Sapateiro,* que deixou uma parte dos bens fora de inventário.

Não é que eu traga comigo a revelação das coisas, o segredo dos deuses; mas trago um meio de saber tudo, tintim por tintim, não já, mas um dia, mais tarde ou mais cedo.

Agora mesmo acabam de fazer na outra parte da América os funerais de Grant, que morreu pobre. Os americanos, sabendo que os herdeiros ficavam sem nada, verdadeira calamidade no país do dólar, acharam um bonito meio de lhes dar dinheiro. Grant deixara um volume manuscrito de memórias políticas. Eles correram a assinar a obra, que já contava, à última hora, 200.000 subscritores, ou 300.000 dólares.

A minha ideia não é outra senão aconselhar aos nossos homens de Estado, e em geral aos políticos, que imitem o exemplo e escrevam as suas memórias; é lucrativo para os seus herdeiros (mais de 300.000 dólares gastamos nós só em loterias) e para o próprio Estado. Nem todas as verdades se dizem, mas todas as verdades podem escrever-se, e quem vier atrás que feche a porta. Tudo o que em vida andou pelos corredores, tudo o que anda no fundo da alma, fatos e opiniões, tudo isso será divulgado e classificado, e a história que recolha e escolha o que lhe convier.

O cemitério passará a ser o Parlamento, o longo Parlamento, o eterno Parlamento. Quando toda a cidade dormir, a lua, coando o seu brando clarão sobre o vasto silêncio da morte, poderá ver um raro espetáculo.

Abrir-se-ão as campas. Fantasmas sairão da terra, e sentar-se-ão à beira das sepulturas, para contar as coisas da vida e completar o que disseram, dizendo o que calaram. Nenhum barulho; todas as paixões extintas. Verá ali unidos os desunidos, conciliados os irreconciliáveis. Nenhuma rolha; o sr. Zama (sempre bíblico), pacificamente assentado à beira da cova, dirá ao sr. Amaro Bezerra este versículo de Lucas (XIII, 34): "Jerusalém, Jerusalém, que matas os profetas e apedrejas os que a ti são enviados, quantas vezes quis eu ajuntar os teus filhos, bem como uma galinha recolhe a ninhada debaixo das asas, e tu não quiseste".

Espanto do sr. Amaro, que nunca leu são Lucas; mas o sr. Zama, que terá morrido de fresco, pensando ainda na vida, murmurará o versículo 34: "Eis aí vos será deixada deserta a vossa casa. E digo-vos que não me vereis, até que venha o tempo..."

Nisto agita-se uma campa, e cai: surge um morto recente, e murmura com a mesma voz do vento que agita as árvores do cemitério:

> Senhores, desci a esta catacumba para dizer toda a verdade ao meu país. Não dissimularei nada; não guardarei coisa nenhuma. Homem vivo não fala, como sabeis; é só quando transpomos os umbrais desta mansão de sossego, que recebemos o dom das línguas, e bradamos tudo a todos os ouvidos...

Alguns mortos recentes dão apoiados, pelo longo hábito da vida; mas a maioria faz-lhe ver que tudo o que se diz no cemitério está por si mesmo apoiado. O orador continua então: refere todos os seus sentimentos íntimos, aquilo que só o travesseiro soube, e os fatos calados, e as conversas escondidas, e os simples gatos, que até aqui só víamos com o rabo de fora, tudo passará da algibeira do dia para a sacola da eternidade.

Falarão todos fraternalmente, o sr. Martinho Campos depois do sr. Correia; e o sr. Lafaiete dirá coisas muito agradáveis do sr. Rodrigues Júnior.

Ergue-se de repente outro. Acabou justamente de entrar: é o sr. padre Olímpio de Campos. Vem expor as suas memórias, que declara dividir em mil e seis capítulos, e começa a falar.

No primeiro capítulo, trata da etmologia da palavra. No segundo, ocupa-se com a origem desse gênero de escritos, e examina este ponto: se o Pentateuco, desde o Êxodo até o Deuteronômio, pode ser considerado memórias. No terceiro, conclui que sim. No quarto, mostra que há uma razão sentimental, ao mesmo tempo que racional, para dar o nome de memórias, tanto a certos escritos biográficos, como às argolas de ouro que se metem nos dedos. O quinto capítulo é destinado a afirmar que o uso das memórias (escritas) não podia existir na idade de pedra, e por quê. No sexto, chega à sociedade brasileira, começando pela descoberta do Brasil. No sétimo, remonta ao caos, passa à criação, ao dilúvio. No oitavo...

Mas já então a aurora, com os róseos dedos, irá abrindo as portas ao sol. Os mortos, aterrados com este astro importuno, volverão precipitadamente às campas, enquanto a lua espargirá os seus últimos raios sobre os bondes que vão para o Jardim Botânico ou para o Caju, cheios de melancolia.

Lélio

8 de setembro de 1885

As festas da Independência, este ano, são devidas especialmente à Câmara municipal, e devem ser-lhe levadas em conta, quando se houver de julgá-la. Valha por isso, que valerá bastante.

O que se lhe dispensava era envolver nas festas um epigrama. Não digo que um epigramazinho bem afiado não tenha seu lugar; mas a ocasião é que era inoportuna.

A Câmara tinha de mandar pintar um quadro e abriu concorrência. Vários foram os pintores que acudiram ao chamado do edital, declarando na forma dele os preços. A Câmara examinou não os quadros, que os não há ainda, nem esboços, examinou os preços e escolheu o mais barato.

Com franqueza, a Câmara não tinha o direito de ser cruel, mormente agora que nos convida a celebrar a nossa data nacional.

Para que vir dizer-nos que somos Cartago e não Atenas? que o preço módico é o nosso princípio estético? etc., etc. Supõe a Câmara que o sabe melhor do que nós mesmos? Não; nós o sabemos e confessamos. A diferença é que o confessamos com humildade e franqueza, e isto mesmo indica que temos aptidão para a emenda, e que (com o favor de Deus) havemos de emendar-nos um dia.

Não se pode ser tudo ao mesmo tempo, César e João Fernandes. Vamos sendo João Fernandes, por ora — o comendador João Fernandes; dia virá em que sejamos César.

Também não gostei que a Câmara agravasse o epigrama com uma razão administrativa e um conselho de caçoada. A razão é que lhe cabe zelar os dinheiros municipais e o conselho é o que deu um dos vereadores para que o concurso fosse decidido por uma comissão de artistas. Nem um nem outro valeu muito; a razão, porque a Câmara não tratava de calçar a minha rua, necessidade urgente e da natureza daquela em que toda a economia é benefício; o conselho, porque, se os artistas é que haviam de decidir, então eles é que deveriam estar na Câmara.

Digo isto, sem o menor espírito de zanga, por mais que me sinta mortificado. Digo só porque não quisera que, quando a Câmara celebra o grande dia nacional por um modo elevado como a emancipação de escravos, nos desfechasse um golpe destes.

Eu, pelo que me toca, se não dou, nem dei nunca mais de quinze mil-réis por um quadro, seja ele do diabo, é fora de dúvida que sei honrar os que tenho com molduras riquíssimas, largas, todas douradas e já me lembrou pôr duas grandes esmeraldas em um deles, mas o De-Wilde, com quem me entendo nestas coisas, disse-me que não se usa. É por isso que trago as esmeraldas na corrente do relógio.

E faço isso sem diferençar méritos, em que não entro, faço a todos os quadros que possuo, ainda os que um sobrinho meu costuma dizer que são pratos de erva. Pratos de ervas, vá ele! Se o fossem, já cá estariam no bucho, há muito tempo, e as molduras passariam a outros, que andam bem precisados delas.

Outra prova de que não desadoro as artes é o dinheiro surdo que o Teatro Lírico me tem comido; tão surdo, que, por mais que o chamasse depois, nunca me ouviu nem voltou cá. E as minhas pequenas ainda gostam mais do que eu, porque eu e alguns amigos, um dia irritados com o Ferrari, pateamos o *Dom João* de Mozart, e elas em casa disseram-me que andei mal, e fiquei com a cara à banda mas, repito, não foi nada com o Ferrari, foi com o Mozart, ou o contrário, não me lembra bem.

Portanto, a Câmara, já pelo que toca a outros, já pelo que me toca especialmente, foi injusta e cruel. Que seja econômica e zele os nossos dinheiros, não serei eu que lho tire da cabeça; mas tudo se pode fazer sem ofensa a ninguém, mesmo ainda de quem vendeu os seus votos e está disposto a dar-lhos, contanto que, como hoje, resgate brilhantemente alguns dos seus erros.

Lélio

14 de setembro de 1885

Uma vez, em Roma, eleito um cônsul por vinte e quatro horas, para suprir uma vaga repentina, e saindo alguns senadores a cumprimentá-lo, dizia-lhes Cícero: — Vamos depressa, depressa, antes que ele perca o lugar.

A mesma coisa podemos dizer acerca do dr. Joviniano Ramos Romero, que deve ser hoje reconhecido deputado e tomar assento na Câmara.

Não se pode dizer que madrugou, nem que estava ansioso por entrar. Parece até que não espera senão o anúncio da dissolução para ser reconhecido e empossado.

Eu de mim digo que, se não tivesse muito que fazer, dava um pulo à Câmara para assistir à cerimônia. A circunstância de ser à última hora, quando a espada de Dâmocles pende do fio de um decreto, exige da parte do novo deputado uma tal soma de sangue frio e impassibilidade, que dará à cerimônia da posse um caráter especialíssimo.

Na verdade, trata-se nem mais nem menos que de fechar nas mãos o impalpável. É o mesmo que entrar num baile, quando estão vestindo as capas, ou chegar a um jantar, no momento em que os criados servem o queijo. Só muita intimidade permite começar a comer; mas não há intimidade que tire à gente um ar de encalistrado, de alheio a tudo, às conversações que continuam, às alegrias de duas e três horas, à comunhão das boas petisqueiras e dos bons ditos, e tudo o mais que ignoramos inteiramente. Come-se mal e depressa, ou não se come nada, tasquinha-se um pedaço de pão, outro de queijo, e passa-se à sala dos fumantes.

Por essas e outras, é que eu hei de sempre preferir o Senado à Câmara dos deputados. O Senado dá-me ideia das nossas construções antigas, como o Convento da Ajuda, para não ir mais longe — todas feitas com grandes lajedos, para toda a vida de uma pessoa. A Câmara é como os *chalets* modernos, obra ligeira, com ornamentações finas e rendilhadas, mas sujeitas ao primeiro pé-de-vento, que sopra. E, se não é o vento, é a água que cai do forro, é uma parede que se alui, porque é obra do dia e para o dia.

No Senado, qualquer que seja a hora em que a gente chegue, chega sempre a hora da sopa, e ali não cai água, nem entra vento. Olhem, o sr. Gomes do Amaral entrou agora, há pouco, e é como se tivesse entrado em 1826. Nem começa nem acaba. Está em sua casa; dir-se-á que saiu de uma sala para outra.

Um grande poeta, não menos filósofo que poeta, diria que era doce ao coração estar a salvo na praia, vendo, ao longe, o naufrágio dos outros. Consinta o sr. barão da Estância que explique a S. Exa., relativamente ao seu comprovinciano deputado, esse profundo conceito. S. Exa. está na praia, muito quieto, enquanto o sr. dr. Joviniano vai cair n'água, não tarda nada, e lutar com as ondas, que prometem estar bravas por ocasião da lua nova. Não lhe aconteceria isso, se S. Exa. tivesse ficado cá fora da barra, como os outros.

Não serei eu que o crimine. Tanto não o crimino, que estou pronto a acompanhá-lo logo que queira. Vou fazer quarenta anos (apesar da aritmética de Lulu Sênior) e posso muito bem ir ver de longe, e ao lado de S. Exa., como é que as câmaras naufragam; e ainda mais, como é que um homem embarca, em um casco arruinado e prestes a dar à costa. Dê-me S. Exa. a mão e verá se lança a semente a um coração ingrato.

Lélio

24 de setembro de 1885

Vai haver domingo uma grande festa religiosa, com assistência do internúncio. Oficia um dos nossos distintos vigários, "monsenhor (copio o convite) monsenhor comendador doutor Honorato."

Até aqui nada há que dizer. Uma vez que os títulos são verdadeiros, e, ainda mais, quando merecidos, não há senão dá-los e publicá-los. Há tempos, contaram-me de um presidente de província, que, dispondo de três títulos, mandou encabeçar com eles a coluna do expediente na folha oficial: "Administração do exm. sr. brigadeiro conselheiro doutor Fulano". Se os títulos pertenciam deveras ao distinto funcionário, por que motivo excluí-los ou cerceá-los? Já o velho Karr zombava muitas vezes da singular modéstia que impomos aos outros.

Também não acho diferença entre o sagrado e o profano, para admitir cá fora umas coisas, e recusá-las lá dentro. O sagrado, por mais que o seja, repousa na terra, e vive no meio de coisas profanas; e, para persuadir aos homens, é preciso falar a linguagem deles. Devo dizer também, que tudo o que eleva ao serviço das coisas humanas, deve igualmente elevar ao serviço das divinas.

Demais, não esqueçamos a grandeza das nossas montanhas, o caudaloso dos nossos rios, toda essa vida larga, infinita e aberta, que nos dá temperamento vívido e cálido. Compreende-se no meio dos casarões de Londres um simples cardeal Manning, ou um ainda mais simples Gladstone. Já não pode acontecer o mesmo em Venezuela, por exemplo, onde nunca pude descobrir entre os governadores das províncias um simples coronel; são todos generais.

A minha questão é outra: é a dos acréscimos. Nada mais natural que ser distinguida a pessoa de que se trata, daqui a um ano ou dois, com uma carta de conselho. Dir-se-á então, nos convites: "Oficiará monsenhor comendador doutor conselheiro Honorato." Se vier alguma guerra, e S. Exa. for prestar serviços espirituais ao nosso exército, nada mais justo e legítimo que receber honras de coronel, e a lista dos títulos no convite ulterior será esticada a este ponto: "Oficiará monsenhor comendador doutor conselheiro coronel Honorato." E assim por diante.

Compreende-se que a minha objeção é toda de forma e de estilo. Parece-me que os títulos, sendo assim muitos, produzem um efeito desengraçado. Como resolver a questão? Não se há de obrigar o cidadão a recusar os que excederem de três, seja da Igreja, seja do Estado; também não se pode admitir que só sejam mencionados os primeiros; menos ainda que se faça uma escolha entre todos. Quem seria o juiz da escolha? Obrigar a não mencionar nenhum, era cair no reparo do velho Karr: *la modestie qu'on impose aux autres.*

Cuido haver achado um meio-termo, em que se concilia tudo, o número das distinções com as exigências do estilo. É empregar, quando os títulos excederem de três, tão-somente as iniciais de todos, assim: "Oficiará — m. c. d. c. c. Honorato". Ou então, cá no profano: "Administração do ex. sr. c. b. d. s. d. p. Mascarenhas". Pode dar-se até uma distinção nova, resultado deste sistema; usadas todas as letras do alfabeto (o que será mui raro), adotar-se-á esta fórmula última: "Oficiará o abecedário Honorato".

Não vejo outro meio. O próprio Internúncio — aquele grave e digno homem que toda a gente vê passar, às tardes, Catete acima —, o próprio Internúncio, que possui uma quantidade de títulos, herdados e doados, poderia usá-los todos, uma vez adotado o meu sistema. Por não conhecê-lo ainda, é que não usa nenhum.

Lélio

5 de outubro de 1885

Mal adivinham os leitores onde estive sexta-feira. Lá vai; estive na sala da Federação Espírita Brasileira, onde ouvi a conferência que fez o sr. M. F. Figueira sobre o espiritismo.

Sei que isto, que é uma novidade para os leitores, não o é menos para a própria Federação, que me não viu, nem me convidou; mas foi isto mesmo que me converteu à doutrina, foi este caso inesperado de lá entrar, ficar, ouvir e sair, sem que ninguém desse pela coisa.

Confesso a minha verdade. Desde que li em um artigo de um ilustre amigo meu, distinto médico, a lista das pessoas eminentes que na Europa acreditam no espiritismo, comecei a duvidar da minha dúvida. Eu, em geral, creio em tudo aquilo que na Europa é acreditado. Será obcecação, preconceito, mania, mas é assim mesmo, e já agora não mudo, nem que me rachem. Portanto, duvidei, e ainda bem que duvidei de mim.

Estava à porta do espiritismo; a conferência de sexta-feira abriu-me a sala de verdade.

Achava-me em casa, e disse comigo, dentro d'alma, que, se me fosse dado ir em espírito à sala da Federação, assistir à conferência, jurava converter-me à doutrina nova.

De repente, senti uma coisa subir-me pelas pernas acima, enquanto outra coisa descia pela espinha abaixo; dei um estalo e achei-me em espírito, no ar. No chão jazia o meu triste corpo, feito cadáver. Olhei para um espelho, a ver se me via, e não vi nada; estava totalmente espiritual. Corri à janela, saí, atravessei a cidade, por cima das casas, até entrara na sala da Federação.

Lá não vi ninguém, mas é certo que a sala estava cheia de espíritos, repimpados em cadeiras abstratas. O presidente, por meio de uma campainha teórica, chamou a atenção de todos e declarou abertos os trabalhos. O conferente subiu à tribuna, traste puramente racional, levantaram-lhe um copo-d'água hipotético, e começou o discurso.

Não ponho aqui o discurso, mas um só argumento. O orador combateu as religiões do passado, que têm de ser substituídas todas pelo espiritismo, e mostrou que as concepções delas não podem mais ser admitidas, por não permiti-lo a instrução do homem; tal é, por exemplo, a existência do diabo. Quando ouvi isto, acreditei deveras. Mandei o diabo ao diabo, e aceitei a doutrina nova, como a última e definitiva.

Depois, para que não dessem por mim (porque desejo uma iniciação em regra), esgueirei-me por uma fechadura, atravessei o espaço e cheguei a casa, onde... Ah! que não sei de nojo como o conte! Juro por Allan-Kardec, que tudo o que vou dizer é verdade pura, e ao mesmo tempo a prova de que as conversações recentes não limpam logo o espírito, de certas ilusões antigas.

Vi o meu corpo sentado e rindo. Parei, recuei, avancei e disse-lhe que era meu, que, se estava ocupado por alguém, esse alguém que saísse e mo restituísse. E vi que a minha cara ria, que as minhas pernas cruzavam-se, ora a esquerda sobre a direita, ora esta sobre aquela, e que as minhas mãos abriam uma caixa de rapé, que os meus dedos tiravam uma pitada, que a inseriam nas minhas ventas. Feitas todas essas coisas, disse a minha voz.

— Já lhe restituo o corpo. Nem entrei nele senão para descansar um bocadinho, coisa rara, agora que ando a sós...

— Mas quem é você?

— Sou o diabo, para o servir.

— Impossível! Você é uma concepção do passado, que o homem...

— Do passado, é certo. Concepção vá ele! Lá porque estão outros no poder, e tiram-me o emprego, que não era de confiança, não é motivo para dizer-me nomes.

— Mas Allan-Kardec...

Aqui, o diabo sorriu tristemente com a minha boca, levantou-se e foi à mesa, onde estavam as folhas do dia. Tirou uma e mostrou-me o anúncio de um medicamento novo, o *rábano iodado*, com esta declaração no alto, em letras grandes: "*Não mais óleo de fígado de bacalhau*". E leu-me que o rábano curava todas as doenças que o óleo de fígado já não podia curar — pretensão de todo medicamento novo.

Talvez quisesse fazer nisto alguma alusão ao espiritismo. O que sei é que, antes de restituir-me o corpo, estendeu-me cordialmente a mão, e despedimo-nos como amigos velhos:

— Adeus, rábano!
— Adeus, fígado!

Lélio

11 de outubro de 1885

Hão de lembrar-se da minha aventura espírita, e da promessa que fiz, de iniciar-me na nova Igreja. Vão ver agora o que me aconteceu.

Fui iniciado quinta-feira, às nove horas da noite, e não conto nada do que se passou, porque jurei calá-lo, por todos os séculos dos séculos. Uma vez admitido no grêmio, preparei as malas para ir estabelecer-me em Santo Antônio de Pádua.

Claro era o meu plano. Metia-me na vila, deixava-me inspirar por potências invisíveis, predizia as coisas mais joviais ou mais melancólicas deste e do outro mundo, reunia gente, e fundava uma igreja filial. Antes de seis meses podíamos ter ali um bom contingente.

Vejam, porém, o que me sucedeu. Era hoje que devia abalar daqui. Tudo estava pronto, malas, alma e algibeiras, quando li o código de posturas da Câmara municipal de Santo Antônio de Pádua, que está sujeito à aprovação da Assembleia provincial do Rio de Janeiro. Nesse código leio este ominoso artigo, o art. 113: "Fica proibido fingir-se inspirado por potências invisíveis, ou predizer coisas tristes ou alegres."

Caiu-me a alma aos pés. Daí a alguns minutos reli o artigo, para ver se me não enganara. Dei-o a ler ao meu criado e a dois vizinhos; todos eles leram a mesma coisa, com este acréscimo, que me escapou, que o infrator pagará de multa 50$ e terá oito dias de prisão.

Não me digam que o artigo apenas veda a simulação. Os fiscais de Santo Antônio de Pádua não podem saber quando é que a gente finge, ou é deveras inspirado. Jeremias, que lá fosse, e o seu secretário Baruch podiam dizer pérolas; iriam ambos parar à cadeia, porque o art. 113 não explica por onde é que se manifesta a simulação.

Desfiz tudo, as malas, a alma e as algibeiras. Peguei em mim e atirei-me à rede, com o famoso código na mão, resolvido a achar-lhe algum ponto em que lhe pegasse. Não achei nada. Ao contrário, todas as suas disposições mostram espírito precavido, delicado e justo; ao menos, é o que imagino, porque ao cabo de cinco minutos dormia a sono solto.

Acordei agora mesmo para ir jantar. Podia dizer-lhes ainda alguma coisa, mas não tenho alma para nada. Lá se foi todo o meu plano! Bárbaro código! Torturas do diabo! Aqui na corte, a gente pode dizer, por meio de cartas de jogar, uma porção de coisas alegres ou tristes, e ainda em cima recebe dois mil-réis, ou cinco, se a notícia é excelente, e a pessoa é graúda, e ninguém vai para a cadeia; ao passo que ali em uma simples vila do interior...

Lélio

19 de outubro de 1885

Hesitei em dar aqui uma opinião, que suponho de alguma gravidade; mas afinal, tendo ela de ser emitida talvez, por outros, daqui a dias, melhor é confiá-la desde já aos quatro ventos e aos leitores da *Gazeta*.

Trata-se do matadouro. Quaisquer que sejam os divisores parece certo que houve dividendo e divisão; e não se podendo racionalmente acusar o Grão-Turco de receber os cobres — a prova é que está com o exército sem sapatos e até sem soldados —, resta crer que eles ficaram por cá. Mas não importa saber com quem é que ficaram; basta saber que sim, e concluir que há grande desmando.

Sendo essa a causa do mal, e acrescendo ao caso do matadouro o barulho das barraquinhas, e ao das barraquinhas outros que vêm citados no Novo Método, parece certo que a causa das causas não é senão a própria organização da municipalidade, que tem caído por falta de vida e de condições próprias.

Isto posto, parece-me que o governo, tendo de decretar alguma medida, devia resolver a questão mais profundamente. Suspensões e responsabilidades, portarias e outras providências, está provado que não passam de remédios anódinos. A questão é outra: entende com o próprio coração do organismo.

Creio, pois, que o governo deve voltar aos princípios. Um bom princípio vale mais que a melhor das práticas. A prática é sempre uma coisa transitória. A prática dos antigos era levar ao vizinho o boi que lhe fugia do curral; a de hoje é tirar-lhe cinco mil-réis do nariz (ao boi); ao passo que o verdadeiro princípio, o princípio eterno, é deixar o boi na rua e ir cada qual aos seus negócios.

Ora, os princípios, em relação às municipalidades, exigem para elas uma vida e independência, que a nossa perdeu há muito. Restituir-lhas é a verdadeira medicação do momento: é a que todos reclamamos há muitos anos.

Assim é que o governo, segundo penso, para evitar por uma vez que se repitam os casos de matadouros e barracas, deve entregar também à Câmara municipal a administração do serviço de gás, a concessão das linhas de *tramway*, a limpeza das ruas, e tudo o mais que pertence ou pode caber a essa corporação.

Uma vez empossada da gerência de tão graves interesses, parecerá a alguns que os bois vão multiplicar-se; mas é engano. Duas causas obstam a isso. A primeira, ou antes a segunda, porque a outra é que é fundamental; a segunda causa é que o prazer de sentir-se à frente de todos os negócios, dará à Câmara tal sentimento de gravidade, que não haverá mais arenga no beco. A primeira causa, porém, é o próprio influxo da instituição restaurada. Ele só basta para restituir ao organismo esfalfado toda a vida, grandeza e eficácia anteriores.

Neste ponto sou intratável. Deem-me um caderno de papel almaço, e uma das muitas constituições do famoso Sieyès, para copiá-la e aplicá-la, e dou a cabeça se, em poucas horas, não fizer das ilhas Carolinas umas ilhas britânicas. Querer que essas infelizes achem por si mesmas o caminho do Parlamento, é o mesmo que exigir do boi que se nos apresente, por si mesmo, feito bife; mas entreguem-no ao marchante, ao açougueiro e ao cozinheiro, e verão como estes nos darão um bom almoço, e cinco mil-réis por cima; por cima ou por baixo, é a mesma coisa.

Lélio

26 de outubro de 1885

Além de outras diferenças que se podem notar entre o sol e a chuva, há esta: que o sol, quando nasce, é para todos, como diziam as tabuletas de charutaria de outro tempo, e a chuva é só para alguns.

Hoje, por exemplo, levanto-me com chuva, e fico logo aborrecido, desejando não sair de casa, não ler, não escrever, não pensar — não fazer nada. A mesma coisa acontece ao leitor, com a diferença que ele faz ou não faz nada se quer, e eu hei de pegar do papel e da tinta, e escrever para aí alguma coisa, tenha ou não vontade e assunto.

Vontade já se vê que não. Assunto ainda menos; não posso dar tal nome ao caso do matadouro, que é antigo, e está ficando (perdoe a sua ausência) um tanto amolador. Já lá vão sete ou oito dias; creio que é uma boa idade para qualquer negócio que se respeite, recolher-se a bastidores, e dar lugar a outros.

Foi o que fizeram as barraquinhas. As barraquinhas eram umas meninas bonitas, gorduchas, que apareceram aqui roendo biscoitos, e nos divertiram muito há menos de um mês. Não se demoraram mais; tão depressa viram aparecer o matadouro, esquivaram-se com a mesma discrição com que a gente deixa um salão de baile.

Assim fez o montepio. Uma noite, recebemos convite para assistir ao belo fogo de artifício com que o montepio entendera fazer-nos lembrar os tempos antigos da Lapa e de Mato-porcos. Fomos, e não há dúvida que, no gênero, foi coisa galante, muito animada, principalmente a luta final da fragata com as fortalezas. Acabado o fogo, deu-nos uma ceia; mas lá porque nos deu fogo e ceia, não nos obrigou a ficar em casa dele, e antes das duas horas da manhã estávamos todos no vale de lençóis, esquecidos do anfitrião.

Não procedeu diferente o caso do consulado. Um dia de manhã, fomos acordados ao som de aldrabadas fortes, que troavam a casa toda; mandamos ver quem era; era um distinto cavalheiro, que pedia licença para vir cumprimentar-nos. Recebemo-lo como merecia. Homem discreto e manso, não sabia nada, não sabia sequer da morte de Sesóstris. E bem vestido, note-se, corretamente vestido e engomado. Convidamo-lo para almoçar; almoçou, fez-nos o favor de elogiar as batatas, mas não disse o nome delas, por mais que lho pedíssemos. Não sabia o nome, não sabia nada. Acabado o almoço, não esperou que lhe déssemos o menor sinal de desagrado ou de impaciência: pegou no chapéu, disse que ia ali e já voltava e safou-se.

E assim os outros. Chegam, aturdem nos primeiros minutos, depois dão algumas horas de palestra, bebem dois goles de chá, e adeus.

Portanto, não tenho assunto. Não hei de, à falta dele, meter-me a encarecer alguma ação bonita. As boas ações têm o preço na consciência dos que as praticam; elogiá-las muito é ofender a modéstia dos autores. Lá uma ou outra palavrinha doce — não muito doce —, um aperto de mão, e, se houver copo-d'água, um bom par de queixos, sim, senhor, é comigo. Querer, porém, que eu, além do trabalho de digerir o jantar de um homem, venha cá para fora dizer que ele é virtuoso, não é comigo, é aqui com o meu vizinho. Nesse caso preferia roer num duro escândalo, a papar o melhor guisado deste mundo.

São gostos. É como o *Cristo* de Bernardelli. Com franqueza, acho que estão fazendo barulho demais. Já se fala em dar a mão ao rapaz, já ele é um bom talento, já tem grande futuro, e outras coisas desse jaez, como se todos não fôssemos filhos de Deus, e se Deus, para fazer escultor a um homem, precisasse saber primeiro se ele se chama Bernardelli.

Também eu gosto de mármore. Tenho cá em casa uma pia de lavar as mãos, que é de mármore; não é tão bonito como o do *Cristo*, mas não é feio. O que há, é que o uso já o tem estragado bastante. Custou-me oitenta mil-réis, tudo; oitenta ou cem, tenho as contas guardadas.

Afinal, vão ver que tudo isso são balelas de estudantes. Eu, que lá fui à academia duas vezes (a segunda foi para falar a um empregado que me deve quinze mil-réis) vi sempre estudantes que entravam, com os seus livros debaixo do braço, e ficavam pasmados diante do grupo. Não os censuro, por isso; são rapazes. Também eu fui rapaz; também gostei de bonecos.

Lélio

6 de novembro de 1885

O sr. ministro da Justiça entende que os tabeliães devem (com perdão da palavra) tabelionar. Entende que arrendar o ofício não é exercê-lo, segundo a intenção da lei.

Perdoe-me S. Exa.. Essa doutrina é subversiva, não da ordem legal, mas da ordem natural, o que é pior. As leis reformam-se sem risco; mas torcer a natureza não é reformá-la, é deformá-la.

Ponhamos de parte o caso de verdadeira doença do serventuário, que o obrigue a pedir licença. Vamos ao princípio geral. S. Exa. confunde nomeação e vocação. Ponhamos o caso em mim. Eu, se amanhã me nomearem bispo, poderia receber com regularidade a côngrua e os emolumentos; mas, por falta de vocação, preferia uma boa rede a todas as câmaras eclesiásticas. S. Exa. dirá, porém, que esta hipótese é absurda; aqui vai outra.

Suponhamos que no dia 15 de janeiro, por uma dessas inspirações geniais que o céu concede aos povos nos momentos supremos da história, elegem-me deputado. Vocação, aquilo que se chama vocação ou aptidão parlamentar, não a tenho; mas tenho respeito à vontade do eleitor, à indicação das urnas, e, para conciliar a ordem soberana com a minha inópia, dividiria o tempo de maneira que fosse algumas vezes à Câmara. Poderia o eleitor, em tal caso, obrigar-me a conhecer as matérias, estudá-las, expô-las, redigir pareceres, fazer discursos? Não; era cair no mesmo erro de deformar a natureza com o intuito de reformá-la. O mais que o eleitor podia e devia fazer, era afirmar o seu direito soberano, elegendo-me outra vez.

O caso dos tabeliães é mais grave. Não se trata de um cargo temporário, como o de deputado, nem se lhe pode dar, como a este, um tal ou qual exercício mínimo e aparente, por meio de alguns papéis à Câmara. O ofício é vitalício, e exerce-se ou não. Exercê-lo sem vocação é produzir dois grandes males, em que S. Exa. não advertiu. Constrange-se um espírito apto para outra coisa a definhar nos recessos de um cartório, e arrisca-se a fazenda particular aos descuidos possíveis de quem faz as coisas sem amor.

Veja agora o contrário. Dê-me S. Exa. um desses ofícios. Eu, que não nasci para ele, vou ter com outro, que nasceu, que sabe, que ama a escritura e o traslado, e digo--lhe: — Velho é o adágio que diz que onde come um português, comem dois e três, e nós não podemos desmentir a origem nacional. Você fica aqui, que eu já volto.

Não voltava, é claro. E ganhávamos todos, começando pela ciência, porque eu, mineralogista de algum valor, iria viver o resto dos meus dias examinando as pedras de Petrópolis e da Tijuca, e até as da rua do Ouvidor, que, por estarem à mão, ninguém sabe o que valem. Não conto a vantagem do Governo, que acomodaria assim duas pessoas na mesma casa. S. Exa. tem uma escapatória que é esta: recusar o ofício. Mas eu pergunto se era decente fazê-lo; pergunto se, vindo o Estado a mim, e dizendo-me: "Cidadão, partícula de mim mesmo, aqui tens este ofício, exerce-o, segundo as leis e os costumes, escuta a viúva, atende ao herdeiro, ouve o vendedor, e o comprador, lavra, traslada, registra", pergunto se, em tal caso, tinha eu o direito de recusar. Evidentemente, não.

Não tenho a menor esperança de fazer revogar o ato de S. Exa. Mas estou certo de que estas ideias hão de frutificar. A questão é mais alta do que pode parecer aos frívolos. Trata-se de pôr nos atos do governo certas considerações de ordem científica; trata-se de mostrar que o Estado pode dar-me um ofício, e até dois, se lhe parecer; mas não pode, sem abuso e perigo, constranger-me a ocupá-lo ou ocupá-los.

E quando falo em Estado, refiro-me a todos os seus órgãos, cujo exercício anticientífico entre nós é realmente deplorável. Leu S. Exa. o último edital do juiz municipal de Barra Mansa? Chamam-se ali compradores para os bens penhorados a um major; e entre outras vacas, inscreve-se esta: "Uma vaca magra, muito ruim, avaliada em 10$000". Não há procedimento menos científico. Por que é que a lei do particular não será a lei do Estado?

Nenhum particular diria tal coisa. Querendo vender a vaca, o particular poria no anúncio qualquer eufemismo delicado; diria que era uma vaca menos que regular, uma vaca com defeito, uma vaca para serviços leves. Jamais confessaria que a vaca era muito ruim. E vendê-la-ia, creiam, não digo pelos dez mil-réis, mas por quinze ou dezoito mil-réis. Se isto não é científico, então não sei o que é científico neste mundo e no outro.

Lélio

15 de novembro de 1885

Vou entrar para um convento. E quem me leva a este ato de desespero é o sr. visconde de Santa Cruz.

S. Exa. declarou à Câmara municipal que examinara, com o presidente e outro colega, o cofre da tesouraria e tudo acharam na melhor ordem, combinando a escrituração com os saldos; pelo que propôs, e foi unanimemente aprovado, que se consignasse na ata um voto de louvor.

Quando li isto, cairam-me os braços. Cheguei a supor que era uma pulha de escritor alegre; mas atentei bem e reconheci que era a própria ata da Câmara.

Imediatamente, com o olhar de águia que costumo empregar nos casos difíceis, vi todas as consequências do ato da Câmara e do visconde. Vi que a Câmara não adotaria a moção do visconde, nem este a própria, se o procedimento do tesoureiro, aliás cidadão digno, não merecesse realmente o louvor dos poderes constituídos. A obrigação dele era guardar os saldos; ele guardou os saldos; a Câmara deu-lhe perpétua memória.

Logo, são chegados os tempos. Que lá fossem os dias felizes, em que a gente dormia com as portas abertas, concede-se. Nem sempre havia de governar a virtude; mas em suma era opinião minha e de muitas pessoas que a virtude ainda vivia neste mundo e que seria um singular espetáculo louvar os tesoureiros que não fogem com a caixa.

Erro evidente! Com efeito, se a Câmara não perdeu o senso das coisas, ninguém mais pode sair de um bonde sem apertar a mão às pessoas do mesmo banco e dos dois bancos contíguos, pela fineza rara e preciosa de nos não terem ficado com a carteira.

Entro num baile, dou dois giros de valsa, danço uma quadrilha e saio. Ao sair, verifico que ainda levo a comenda ao peito; corro a agradecer às damas, que dançaram comigo, e ao dono da casa, que as convidou. Chego ao excesso de entusiasmo de advertir que a comenda era de brilhantes.

— Se quer que lhe diga — concluo —, vim com ela para honrar a festa de V. Exa.; mas não contava levá-la para casa. Foi, na verdade, um ato de deferência e cortesia...

Tudo o mais por esse teor. Banqueiro que pague as letras, lavadeira que não fique com as camisas, criado que não leve os níqueis do amo, toda a escala social vai merecer os nossos apertos de mão agradecidos. A ideia, da benemerência estende-se; e a própria canonização alargará as suas bases, bastando a qualquer pessoa não vender gato por lebre para figurar no céu entre os primeiros santos.

Deduzi tudo isso do ato do visconde e da Câmara, e fiquei triste. Concluí que não valia a pena viver num tempo de tal calibre e resolvi sair dele; mas a morte é dura e definitiva. Escolhi então o convento, que é um meio-termo.

— André — brada o Carnioli na *Dalila* —, tu ainda hás de fazer com que eu acabe os meus dias num convento.

Não digo o mesma coisa; faço-a logo, que é melhor. Vou daqui para os capuchinhos, onde tenho amigos, e despeço-me de um mundo tão perverso e corrupto, onde um cidadão honesto não pode cumprir simplesmente o seu dever sem acordar elogiado. Tuh!

Lélio

23 de novembro de 1885

Participo aos meus amigos que vou abrir (ou erigir) um quiosque. Resta-me só escolher o lugar e pedir licença à Câmara.

Toda a gente sabe que o quiosque é um dos exemplos mais expressivos da lei de adaptação. Creio que na capital donde ele nos veio, é o lugar onde se mete uma mulher a vender jornais.

Aqui serve de abrigo a um ativo cidadão, que vende cigarros e bilhetes de loteria. Parece, à primeira vista, que um negócio desses não há de deixar grandes fundos. Pois deixa; e a prova é que ainda agora, a Câmara, concedendo um, para o largo de São Francisco de Paula, impôs ao pretendente uma entrada de quinhentos mil-réis para O livro de ouro.

Nunca as mãos lhe doam à Câmara. Vá fazendo as suas concessões, uma vez que sejam justas, com a cláusula, porém, de que os pretendentes hão de entrar para O livro de ouro, por onde se vão libertar escravos no dia 2 de dezembro. A última sessão rendeu-lhe uns seis contos. Só um dos concessionários tem de dar cinco contos de réis; os outros quinhentos mil-réis são do dono de um estábulo.

O único senão que se poderá notar nesse método, é que, ao lado da filantropia real, estamos vendo florescer uma filantropia artificial em grande escala; mas, depois do sol artificial do sr. dr. Costa Lopes e dos vinhos artificiais de outras pessoas, creio que podemos ir aposentando a natureza. A natureza está ficando velha; e o artifício é um rapagão ambicioso.

No livro de ouro há vinho puro, e sol verdadeiro. Há até uma parte, que é do melhor vinho cristão, daquele que a mão esquerda ignora: os dez contos anônimos que o sr. conde de Mesquita para lá mandou. Mas como o vinho puro não chega para o festim da Câmara, lembrou-se ela, e em boa hora, de aceitar do outro, considerando que no fim dá certo, e os escravos ficam livres.

Também há dias um anônimo teve a ideia de aconselhar ao governo um modo de acabar com a escravidão. Era estabelecer uma escala de preços para os títulos nobiliários, e convidar as pessoas que quisessem admissão ou promoção na classe. O autor chegou a citar nomes de titulares conhecidos e até de senhoras. Marcou ele mesmo os preços: um marquesado custaria cinquenta contos, etc...

A ideia em si não é má. Dever um título à alforria de uns tantos escravos, pode ser menos heroico, mas não é menos cristão que devê-lo à tomada de Jerusalém. Acho a coisa perfeitamente justa; nem é por aí que a critico. Também José Clemente levantou o Hospício de Pedro II, por igual método; lucraram os infelizes, doidos, e lucramos todos nós, que podemos jantar à mesma mesa sem deitar os pratos à cara uns dos outros; a presunção é que temos juízo; digo a presunção legal...

Não; o mal da ideia é que, por mais que acudissem aos títulos, o dinheiro que se recolhesse não chegaria para um buraco do dente da escravidão. O livro de ouro, da Câmara, é mais fácil de encher, porque é mais limitado.

Lá vou pôr os meus quinhentos mil-réis, ou mais, se mo pedirem, a troco do quiosque. Agora, principalmente, depois que li uma folha de São Paulo, estou pronto a abrir os cordões da bolsa. A citada folha declara que se deve votar no sr. comendador Malvino Reis para deputado, por ser daqueles que aguentam com as despesas públicas. Eu até aqui, quando as lojas de fazendas me pediam alguma coisa mais pela roupa e me diziam que era por causa dos impostos, imaginava que elas e eu dividíamos a carga ao meio, e que lá entrava o triste de mim, indiretamente, com alguma coisa nos ordenados dos funcionários; mas uma vez que é o sr. Malvino que me paga a casa e a comida, sinto-me aliviado, e posso dar mais um tanto para a festa da Câmara.

Lélio

30 de novembro de 1885

Achei agora mesmo na rua um pedacinho de jornal, coisa de três dedos de altura e pouco mais de largura. A minha regra, em tais casos, é deixar o papel onde está: é a do meu vizinho, e provavelmente a do gênero humano. Mas, não sei por que, deu-me cócegas de apanhar este; lembrei-me de certa máxima que ouvi proferir em um drama, que aqui se representou há muitos anos, quando as galinhas ainda tinham dentes: "não se deve deixar rolar papel nenhum". E vai então inclinei-me, apanhei-o e li este anúncio:

"Contratam-se coristas de ambos os sexos no Teatro Politeama; *preferem-se moços que saibam música.*"

Antes de mais nada, agradeci à Providência Divina este imenso favor de haver-me deparado alguma coisa que, exprimindo um resto de superstição antiga, dá-me ocasião de pedir a meus contemporâneos que hasteemos audazmente a bandeira da liberdade.

A razão da superstição é clara. Sociedades políticas que ainda tresandam à Idade Média, em que tudo se dividia em classes, não podem conceber que a liberdade das funções seja um corolário da liberdade das opiniões. Daí a exigência, ainda vulgar, de que os melhores sapatos são os dos sapateiros: erro funesto e odioso, direi até ridículo, que é preciso acabar de uma vez para sempre.

Quando, por exemplo, certa folha dizia há alguns dias que convinha pôr de lado os políticos de profissão, e votar nos que o não eram, essa folha escrevia uma grande verdade, daquelas que devemos trazer gravadas na alma em letras perpétuas. E não digo isto, nem o disse ela, porque os políticos de profissão não possam exercê-la algumas vezes com vantagem, como Bismark, Pitt, Richelieu e alguns outros; mas porque o monopólio, sendo inimigo nato da liberdade (segundo elegantemente afirma o brigadeiro Calino), faz perdurar o vício medieval que apontei, e impede que outros cidadãos levem ao governo do Estado uma parte das qualidades que lhes são próprias. Além disso, restringindo Bismark à política, impede talvez que haja neste mundo mais um bom escrivão de órfãos e ausentes. O mesmo direi do sr. Maia.

Nada de ódios às preferências. Por causa delas, vimos o que aconteceu no matadouro. Mandemos governar o Estado pessoas que não entendam de política; encomendemos as calças aos ourives, e os relógios aos boticários. Só assim chegaremos à perfeita liberdade universal. Tudo que não for isso é voltar ao regime das corporações de ofícios; é fazer da sociedade um vasto tabuleiro de xadrez, ou ainda pior; pois neste jogo, se o tabuleiro se divide em quadrados, é certo que as peças vão de um a outro. Na sociedade, como a criaram, as peças têm de ficar onde estão, bispo é bispo, cavalo é cavalo.

Não, ilustres contemporâneos meus; é evidente que este regime já deu o seu cacho. A sociedade não pode ser isto. A própria história oferece exemplos salutares. Camões, que se gaba de ter tido em uma das mãos a pena, e na outra a espada, esqueceu de dizer se era ele próprio que consertava os seus calções rotos, mas provavelmente era, e ninguém lhe levou a mal. De São Paulo, sabe-se que ora apostolava, ora trabalhava de correeiro, e não lhe saíam malfeitas, nem as correias, nem as epístolas. Reduzamos esses casos raros a um princípio fixo e eterno; tudo para todos; não se preferem moços que saibam música.

Lélio

17 de dezembro de 1885

Não se trata de saber se a imigração alemã é boa ou má; todos estão de acordo que é excelente. A questão aventada é se a força de resistência da raça é tal, que os alemães não cheguem nunca a dissolver-se no nosso corpo nacional, isto é, e para usar uma figura de atola-dente, se o nosso estômago tem ou não o poder de digerir e assimilar aquele forte e saboroso pedaço de lombo. Uns mostram que sim, outros juram que não; e a questão está neste pé.

Sendo isto assim, é preciso não conhecer os meus hábitos de exame e inquérito, para não adivinhar que desde o primeiro dia em que aqui apareceu um artigo, ando em pesquisas de toda a casta. Estou com duas gavetas cheias de notas recolhidas, vou pô-las em ordem, e dá-las em volume. Verão por elas, que o meu parecer, no ponto controverso, é pela afirmativa. Sim; eu creio na assimilação completa e rápida do elemento germânico, e tenho para isto muitas provas. Apontarei uma só, que dispensa as outras.

Conversando com pessoa do Rio Grande, perguntei-lhe se realmente, como me dissera outra pessoa, fala-se por lá muito alemão; respondeu-me que sim.

Os próprios filhos dos alemães falam a língua dos pais, além do português. Mas, brasileiros de nascimento, não o são menos de coração, laboriosos, ativos, dedicados à pátria comum. Muitos deles são tenentes e capitães da Guarda Nacional.

Não quis ouvir mais nada; é certo que estão assimilados, e toda a argumentação deve cessar diante de um fato que basta por si. Conhece-se nisto a influência do meio, a lei de adaptação, etc., etc. Compreende-se que não posso escrever aqui, de passagem, uma porção de coisas profundas e bonitas, que me estão a cair do bico da pena; recolho-as a tempo, e ficam para o livro. Ilustrarei somente a observação com outra. Seja esta o tenente Lúcio.

Lúcio, fundador da religião espírita em Taubaté, é tenente da Guarda Nacional. Todos quantos têm tido notícias deste apóstolo, não repararam ainda numa feição do caso. Entretanto, é simples.

Não há, não houve nunca fundador de religião que fosse tenente ou major. Não se imagina um tenente Maomé, ou um major Buda, pela razão de que, uma vez tenente ou major, ninguém os acompanharia. Uma religião nova impõe-se principalmente pela persuasão, e não há nada menos persuasivo que um tenente, a não ser um major. Como explicar que o tenente Lúcio tenha feito exceção a esta regra universal e de todos os tempos?

Não acho outra explicação, senão a influência do meio. A regra (ponha-se o leitor entre as exceções), a regra é obedecer, não à lei em si, mas ao tenente, e não porque o é, senão porque pode mostrá-lo e documentá-lo. Não sei se me explico; é natural que não, porque acordei hoje um pouco obtuso, menos que ontem, e provavelmente menos que amanhã. Mas, enfim, aquela é a regra; e quem quiser ser apóstolo comigo, não me exorte com boas palavras, porque só não perderá o seu latim, se empregar outro idioma; e perderá mais o tempo, que é ouro. Não; comigo há de brandir algum aço, se quiser que confesse que quem fez o mundo foi uma rã, e até que a traga no coração. Confesso tudo, mas aço e penacho.

Lélio

4 de janeiro de 1886

Lulu Sênior ouviu cantar o galo, mas não soube onde. É certo que houve uma visita, mas não fui eu que a fiz; eu é que a recebi; também não foi o João Velhinho que a fez, mas outra pessoa mais decrépita. Trazia, é certo, um pedaço de jornal, mas era a folhinha do Ano Novo.

A coisa passou-se assim; e não foi no dia 1º, mas no dia 2. Estava eu almoçando, quando me vieram dizer que alguém queria falar comigo.

— Mas quem é?
— Não sei, não senhor; parece mascarado.

Se isto fosse há quarenta anos, ou pouco menos, já eu sabia que era um bando de festas com música à frente, pedindo alguma coisa. Mas os bandos acabaram; não sei quem diabo se lembraria de ir mascarado falar comigo. Mandei abrir a sala, e fui receber a visita.

Realmente, era um mascarado, ou mais propriamente um fantasiado, pois trazia a cara descoberta; mas daqui a pouco veremos que vestia as suas próprias roupas. Estas eram gregas e antigas.

— Com quem tenho a honra de falar? — disse eu.
— Com um infeliz — disse ele suspirando —; e venho pedir-te que me faças a esmola de ver se alcanças a minha liberdade...
— É escravo? — perguntei admirado.
— Antes fosse!
— Pior que escravo?
— O escravo pode libertar-se; eu não posso nada mais que gemer e pedir, pedir e gemer. Vês estas roupas? São dois belos séculos de Atenas.
— Vossa senhoria é ateniense?

— Não me dês senhoria. Lá em Atenas todos me tratavam por tu; o próprio Alcibíades, o próprio Aristides... Ai, Aristides! Não posso falar deste homem sem cobrir-me de vergonha. Fui eu que o exilei.

— Ora, espera! És então aquele votante anônimo, que, cansado de ouvir chamá-lo justo, condenou-o por ocasião do ostracismo?

— Não; eu sou o próprio Ostracismo.

— Tu... Ostracismo...

— Eu mesmo. Desde que me aposentaram, nunca mais servi, até que, em 1850 da era cristã, alguns patrícios teus foram pedir-me, como grande obséquio, que viesse ajudá-los na política. Recusei a pés juntos, dizendo que, depois de tantos remorsos que me pungiam, nunca mais me veriam pôr a pontapés da pátria para fora os melhores servidores dela. Então eles explicaram-se; não queriam ostracismo de verdade, mas só de fraseologia, um ostracismo puramente caligráfico, e tipográfico. Tanto que a mesma ostra, se chegassem a empregá-la, seria ao almoço, crua, com Sauterne. À vista disso, aceitei, sem saber que aceitava a minha prisão. Sim, meu caro, vês aqui um triste prisioneiro dos teus patrícios.

— Mas... como...

— Ainda hoje. Aqui tens uma folha, é o *Diário do Brasil*; recomenda (ainda que merecidamente) um candidato às eleições próximas; mas acrescenta que ele sofreu com os seus amigos o ostracismo, e que os acompanhou. Juro-te que nunca fiz sofrer ninguém, desde que me aposentei; é uma calúnia, meu caro. Tenho-me calado, ouvindo dessas e de outras, mas também assim cansa, não posso mais.

— Mas, enfim, que quer que lhe faça?

— Quero que bote na *Gazeta* alguma coisa em meu favor; que me libertem, ou pelo menos que me deixem descansar até o fim do século; sempre é um alívio. Mais tarde, pode ser, que assim como se põe meias solas aos sapatos, assim se possa fazer às imagens, figuras e outras partes do estilo. Por ora estou muito acalcanhado... Ostracismo para cá, ostracismo para lá; é ostracismo demais. Se os teus patrícios recusarem libertar-me diretamente, então lança mão de um meio indireto e infalível: recomenda-lhes que empreguem sempre os nomes apropriados às coisas... Verás, verás se vou daqui dormir por alguns anos. Sim?

Disse-lhe que sim; ele saiu. Escusado é dizer que era um doido; daí a meia hora foi preso e recolhido à 5ª estação.

Lélio

11 de janeiro de 1886

Adivinham-se os tempos, e mais ainda que os tempos. A profecia era que os cães seriam um dia atados com linguiça; estamos vendo que eles próprios desfazem o nó, e vão entregar a linguiça ao açougueiro.

Sem metáfora, alguns amigos do sr. dr. Santos e Silva, e outros do sr. dr. Nobre (creio que ainda há outros de outros), tinham-se lembrado de lhes dar os seus votos, agora, no dia 15. Ambos, os cidadãos vieram à imprensa declarar que não queriam ser deputados. E não é só declarar, é pedir, é suplicar que lhes não deem os votos.

"Suplico que não o façam", escreve o dr. Nobre, como quem pede pelo amor de Deus. E apelam todos para a disciplina do seu partido.

Que concluis daqui senão a originalidade do eleitor? Rezam as escrituras políticas que Saraiva, à imitação de Jeová, criou o eleitor ao sexto dia, com um pouco de barro temporário e outro vitalício. Para que ele não vivesse só, deu-lhe um sono, tirou-lhe uma costela e fez dela outro eleitor; depois entregou-lhes o paraíso. Mas tudo isso é lenda; a verdade é esta outra.

O eleitor, narrou obsequioso, é geralmente benigno, dado a mimos de festas e outras finezas. Logo que Saraiva lhe entregou o voto, disse consigo: A qual dos meus amigos darei este leitão? Tenho Fulano, que é meu advogado antigo, há mais de oito anos, tenho Sicrano, padrinho de Ninica, e que assistiu ao meu casamento; finalmente, tenho também Beltrano, que nunca deixava de me convidar para os seus bailes, onde acho sempre boa roda. A qual deles mandarei este leitão gordo?

Daí todos esses grupos de amigos, inventando candidaturas contra a vontade dos candidatos, que são obrigados a vir pedir pelo amor de Deus que os não levem a um malogro certo. Estou que, se os candidatos vissem bem as coisas, não viriam pedir nada; não se trata de malogro, porque não se trata de eleger; trata-se de um brinde a um amigo, uma dúzia de lenços que se lhe manda em lembrança. Ou os candidatos não usam lenços?

Eu cá é que, por mais que ache aquilo bonito, não dou o meu voto, nem que mo peçam. E não é pedir por escrito, mas por boca, e não em discurso, mas cá em casa, diante de mim. Hão de vir cá sentar-se nas minhas cadeiras, e dizer o que querem, e pedir o que desejam; e se eu mastigar alguma escusa, hão de insistir comigo. Ou isto, ou nada. Lá papar-me o voto só pelos bonitos olhos, sem me conhecerem, para que me não tirem o chapéu no dia seguinte, isso não. Quero que a criatura conheça o criador, e o adore, e lhe queime incenso. E se o incenso for da loja de meu primo Matias, que anda muito por baixo, então é ouro sobre azul. Se não, não.

Lélio

9 de fevereiro de 1886

Vá que os telegramas do Chile nos digam que o finado Viculia Mackena "vai ter um dias destes exéquias *régias*". Régias para um republicano, parece esquisito, mas aqui se pode dizer que a República não possui ainda um léxico suntuário.

Vá também que certo ateu, apanhado pela Inquisição, e metido por ela em torturas, berrasse com dores: *Ah! meu Deus! oh! meu Deus!* Pode dizer-se aqui que a sensibilidade do homem conservava a língua primitiva.

Vá ainda que um jornal lisboense nos dissesse, há poucos meses, que o deputado Fulano, em França, fora nomeado ministro do Reino. O equívoco era natural, e a questão principal era ser entendido pelos leitores.

Jornais, telegramas, ateus, todos podem trocar umas palavras por outras. Nós mesmos diremos ainda, que quem lhe dói o dente, é que vai à casa do barbeiro, quando é certo que o barbeiro está hoje limitado às barbas. Quem lhe dói o dente, vai à casa do dentista.

Mas o que admira é que a Câmara municipal, em documento oficial publicado, faça referência à rua do Rio Comprido, que ela própria trocou de nome, mandando chamá-la Malvino Reis.

Oficialmente é esquisito. E como isto prova que, se a própria Câmara esquece o que faz, toda a gente pode igualmente esquecê-lo; e visto ainda, que as mudanças de nomes têm sido numerosas: pareceu-me achar aqui uma carreira nova e lucrativa.

Sim; a pessoa que abrisse um curso noturno para ensinar a topografia da cidade, antes e depois do dilúvio onomástico, obrigando-se a formar alunos em um ou dois anos, podia ganhar muito honradamente o pão de cada dia.

Eu mesmo, que aqui estou criticando a Câmara, fui ontem procurar um amigo, e não achei os antigos nomes das ruas do bairro, nem sequer conhecia os novos. Alguns destes eram de senhoras; outros eram muito compridos.

Esta última classe despertou em mim a esperança de ainda poder obsequiar o padre que me batizou. Não voto agora em vereador que me não prometa tirar o nome de alguma rua para pôr o daquele digno sacerdote. Rua do Cônego Honorário da Capela Imperial do Reverendo Fortunato Matias de Vasconcelos — pode ser difícil de reter na memória, mas como pintura de esquina faz um figurão; e demais, serve a um amigo meu.

Ou então, se não quiserem aceitar a condição, façam uma coisa; votem em mim. Uma vez empossado da cadeira de vereador, farei comigo esta reflexão: "Lélio, deixa-te de histórias. *Comme les autres*... Tu tens amigos; não lhes pode dar uma comenda, nem um jantar, que é raro; dá-lhes uma rua. Rua do coronel Alberto não faz mal a ninguém, e faz muito bem ao coronel Alberto. Não dizes sempre que a tua afilhada Vitorina está ficando uma linda mocetona? Tens aqui uma travessa à mão; chama-lhe travessa de d. Vitorina Pessoa. Ou preferes dar-lhe um vestido? O vestido rasga-se..."

E iria por diante. Justamente o pai da travessa, meu compadre, deu em energúmeno, depois que perdeu a esperança de obter um título; fala já em República. Eu, vereador, restituiria esta ovelha ao redil, dizendo-lhe pouco mais ou menos: "João Raimundo, tu não dás para titular; és vulgar, não chegas a persuadir ninguém; mas, meu filho, aqui estou eu que sirvo para as ocasiões. Há uma coisa que te posso dar, e que vale ainda muito; dou-te uma rua. Queres a rua da Quitanda? pega-la..."

E se ele respondesse que não, que o nome da rua da Quitanda está ligado às origens da cidade, à sua história, que era um destempero, ou, pelo menos, uma prova de inteligência das coisas mudar tal nome para pôr o dele, respondia-lhe com quatro pedras na mão, que fosse para o diabo, que as ruas eram minhas, por ser da Câmara, e podia fazer delas o que quisesse. Não admitia réplica; havia de ir para a rua da Quitanda. E mostrava-lhe as vantagens: 1º o nome em todas as esquinas; 2º nos almanaques; 3º nos assentamentos públicos, judiciais, administrativos e outros; 4º nos anúncios de lojas de fazendas, de papel, de chapéus, de charutos; 5º nos sobrescritos das cartas que vão pelo correio e outras; 6º nos itinerários das procissões; 7º em um ou outro desastre de tílburi, etc., etc.

Mas se é certo que não me ficaria amigo nem parente pobre, não menos o é que atenderia a algumas celebridades das próprias ruas ou do bairro a que elas pertencessem. Um homem que foi juiz de paz em 1850, que liquidou em 1864 o negócio de malas para viagem, que se barbeia, que não dá taponas nas pessoas que passam, por que é que não há de ver o seu nome nas esquinas? Isto não é só para os Andradas. O mérito tem escalas; uns fazem política, outros sapatos; mas não há boa política sem bons sapatos. E o sol quando nasce é para todos, tanto para Gonçalves Dias, como para o meu amigo Prudêncio, um que não tem este olho.

Lélio

3 de março de 1886

Em se descobrindo um desfalque, sinto logo a mesma coisa que com os trovões: fico a tremer pelo que há de vir.

Os desfalques dividem-se em duas classes, os descobertos e os encobertos. Desfalque descoberto (sigo a versão do cônego Filipe) é o que já se descobriu, o que aparece nos olhos de todos, é anunciado nas folhas de maior circulação, recebe a polícia, um inquérito, dois advogados, um ou dois júris, e o esquecimento, que é o lençol de nós todos. Desfalque encoberto é o que ainda se não levantou da cama.

Destes é que eu tremo. Não me hão de negar que podem haver alguns desfalques encobertos, agora mesmo, dormindo. Os desfalques deitam-se tarde; passam a noite com amigos, ceia lauta, algumas damas, e recolhem-se de madrugada. Não se admira que se levantem tarde. Lá porque as janelas ainda estão fechadas, não se pode dizer que em casa não há ninguém. Pode ser que haja; e é o que me mete medo.

Um dia destes, abre um deles o olho, estica os braços para sacudir a preguiça, salta da cama e abre a janela. Espanto na vizinhança, que supunha que a casa estava para alugar. Junta-se gente à porta; todos querem ver o dorminhoco; os mais afoitos entram-lhe em casa; outros ainda mais afoitos puxam-lhe pelo nariz. E ele deixará fazer tudo o que quiserem, com a tolerância própria de um cidadão que dormiu bem e longamente, sem mosquitos, nem ratos, ceou à larga e sonhou com os anjos.

Contará tudo o que quiserem. Se ele for gordo, andar-lhe-ão em volta, com um metro de alfaiate, para lhe tomar as medidas: tantos de altura, tantos de largura. Perguntar-lhe-ão o que comeu e o que bebeu, e ele não negará nada. A vizinhança, cada vez mais espantada, perguntará a si mesma como é que não tinha dado pelo morador. Concordará, finalmente, que o descuido veio das janelas fechadas, que lhe fizeram crer que a casa estava vazia.

E quando digo um dia destes, não me refiro à presente semana. Agora o mais provável é que os desfalques se preparem para festejar o entrudo, a despeito do edital da Câmara municipal. A verdade é que eles podem responder muito especiosamente à Câmara; podem dizer que as ordens desta são endereçadas à população, e que eles, em vigor, não povoam nada, ao contrário.

Esta semana, não; nem esta, nem ainda a seguinte, que é para cada um ir tratar das bronquites que tiver apanhado. Mas a outra e as outras?

Agora, se querem saber por que é que tremo dos desfalques que hão de vir, não sendo eu cofre nem gaveta de ninguém, não tenho dúvida em confessar que disse isso por falta de outro assunto para estas linhas.

Porquanto (e fique isto consignado na ata) eu até admiro os desfalques. Economicamente, é sinal de que há dinheiro; entre os Crichanas não há desfalques. Socialmente, é mais um assunto de conversação, que nos faz descansar de outros. Não dura muito, algumas horas, dois ou três dias; mas o que é que dura neste mundo, a não serem as Pirâmides do Egito e a boa-fé da minha comadre?

Lélio

22 de março de 1886

Tenho aqui um livro — um folheto apenas — com cento e vinte e duas páginas de texto e cinco de índice. Parece pouco mas vale uma biblioteca.

Chama-se este livro *Leis e resoluções da província da Bahia votadas no ano de 1885*. Como se vê, é a coleção dos atos legislativos do ano passado, e se o leitor não tem mais que fazer, sente-se aqui ao pé de mim, acenda o seu charuto (o fumo não me faz mal), e folheemos estas páginas instrutivas.

São cinquenta e seis leis e resoluções, das quais pertencem a diversos assuntos dezesseis, não mais. As outras quarenta instituem loterias. Não faça essa cara, que lhe fica mal; conte-as comigo: uma, duas, dez, vinte, trinta, quarenta leis.

Contemos agora as loterias; é um pouco enfadonho, mas provavelmente o leitor não sai já de casa, e se costuma ler de manhã o seu romance, creia que é a mesma coisa. Vai ter uma comoção muito maior do que lhe poderia dar o velho Dumas, conquanto não seja minha intenção abusar dos seus nervos.

Veja bem, ponha os óculos. Desde 16 de junho, que é a data da primeira lei sobre loteria, até 15 de setembro, que é a da última, concedeu a Assembleia, novecentas e onze loterias (911), digo bem, novecentas e onze. Juro por esta luz que me alumia, que as contei todas, com o maior cuidado. São novecentas e onze loterias, em um só ano, para juntar às anteriores, e não sei se ainda vou receber este ano algumas centenas mais.

A mor parte delas são destinadas a obras e alfaias de igrejas; e acho nisto grande finura do legislador, que obriga os fiéis a constituírem o edifício do céu com os tijolos do pecado. *Ex fumo dare lucem*. Mas há certa porção destinada a outros fins. A vila de Poções tem de limpar um riacho? Três loterias. É preciso construir uma escola no Brejo Grande? Cinco loterias. O Montepio dos artistas Nazarenos obteve vinte; a Beneficência Caixeiral, dez; a Bolsa de Caridade, três; um clube literário, cinco; o Liceu de Artes e Ofícios, duas; as obras de um cais de Ilhéus, vinte; o calçamento da rua de Tororó, seis; o Asilo de Expostos, cinquenta; o das Órfãs de Santíssimo Coração de Jesus, vinte; a Associação dos Empregados Públicos, cinco; e ainda outras instituições, que não cito por brevidade.

Diz-me alguma coisa, que os livros e folhetos desta espécie hão de ser lidos com grande avidez, lá pelos anos de 1980, e ainda mais tarde, se Deus lhes der vida e saúde. A história estuda-se em documentos assim, não preparados, mas ingênuos e sinceros; é deles que se pode sacar a vida e a fisionomia de um tempo.

E qual é a vida e a fisionomia deste tempo? Longe os espíritos superficiais, que concluem logo a aparência das coisas! Cavemos fundo o problema. O investigador sagaz de 1980 achará que por este nosso tempo se operou uma grande fusão religiosa, que fizemos do paganismo e do cristianismo um só credo, convertendo a Fortuna antiga na Providência moderna, isto é, uma terceira entidade cega e vidente, que tira das algibeiras de uns para limpar os riachos dos outros — dois mundos acordes — *teste David cum Sibylla*...

Lélio

A

+ B

Jornal *Gazeta de Notícias*, 1886

12 de setembro de 1886

A — Você já viu nada mais curioso que este tempo?

B — Que tempo?

A — O tempo, o tempo escuro, o tempo claro, ventoso, chuvoso, caloroso...

B — É o seu ofício. Mais esquisito me parece o general Santos, que ora agoniza, ora despacha; há poucas horas estava com um pé na sepultura; há meia hora ratificou um decreto.

A — Pois tudo isso é do tempo. Também há poucos dias estavam uns oitocentos contos muito caladinhos, na tesouraria da Fazenda de Pernambuco; vai senão quando pegam em si e abandonam a caixa, sem deixar a menor notícia do destino; um bilhete que fosse, um bilhete de quinhentos réis, que podia ficar muito quieto e explicar-se com a polícia. "Os meus colegas", diria esse gracioso infante, "saíram daqui com intenção de evitar, embora por caminhos mais longos e tortuosos, a estrada do imposto, por exemplo, que é comprida como todos os diabos. Não voltarão todos juntos, nem no mesmo ano; mas, se é verdade que Roma não se fez num dia, também é certo que não se desfez num ano. Foi o que eles me disseram."

B — Não creia que eles fizessem isso; bilhete pernambucano não imitaria assim o caso do consulado português, onde uma libra disse a mesma coisa aos poderes públicos, quando desapareceu dali uma quantia grossa...

A — Era esterlina?

B — Esterlina.

A — Ah! as libras esterlinas são muito sinceras. Eu creio mais em uma libra esterlina, quando é mesmo esterlina, do que em cinco mil-réis; mas no caso presente era apenas dar um recado...

B — Isso, mas era imitar; e você sabe... a guerra dos mascates... Veja, por exemplo, o caso do English Bank; aí não houve a menor hesitação, justamente por não ser o bilhete pernambucano, mas a nossa boa libra amiga...

A — Ficou alguma?

B — Tudo estava acabado, morto, esquecido, creio que já lançado a lucros e perdas, quando reapareceu uma pessoa e disse: "Vamos ver como se passou este negócio".

A — Parece-lhe então que voltarão todas?

B — Não diga tanto; algumas até já terão voltado, em depósitos, letras, cambiais e... A pessoa que voltou quer saber como a descoberta se passou e se é verdade que o Banco *n'avait oublié qu'un point*...

A — *C'etait d'allumer sa lanterne?*

B — Acertou. É incrível como você ainda não esqueceu esses e outros adminículos do fabulista...

A — Ah! meu amigo, as fábulas são ainda agora as coisas mais verdadeiras desse mundo e do outro; o próprio Deus algumas vezes falou por parábolas. Com que então, o Banco esqueceu o principal do negócio?

B — Justamente; e é por aí que vai a gata aos filhos.

A — Cá está outro petisco. Parece que se descobriu que o testamento de Custódio Bíblia...

B — Quem?

A — Custódio Bíblia. Conheceu-o?

B — Não. Conheci há muitos anos um padre protestante, que aqui andava pregando e a quem o *Apóstolo* chamava por desprezo O *Bíblia,* assim como se dissesse: o *pinta-monos.*

A — Pois não é esse; é um Custódio José Gomes, que tinha aquela alcunha, morreu há tempos, deixando um testamento. Diz-se agora que o testamento é falso, e acrescenta um jornal que pessoas de conceito estão envolvidas no negócio.

B — Diabo.

A — Diga-me cá. Juntando todas essas coisas a outras coisas, não lhe parece que aqui há coisa?

B — Há coisa e pessoas; mas, estando as pessoas no plural, e a coisa no singular, chega-se à necessidade de uma divisão equitativa da coisa, porque em suma é preciso brilhar, gozar...

A — Mas um país riquíssimo?

B — O Belisário já provou que esta velha chapa não merece atenção de homem sério. Nem o país é riquíssimo, nem riqueza escondida vale grande coisa. Toda a questão é ir buscá-la. A mais rica pérola do mundo, escondida aos olhos do homem, vale menos que este níquel de duzentos réis. Finalmente, li há pouco, agora mesmo, uma velha verdade da ciência moderna. Você crê na luta pela vida?

A — Como não crer, se é a verdade pura?

B — Bem: na luta pela vida tem de vencer o mais forte ou o mais hábil. Você é forte?

A — Sou um banana.

B — Pois seja hábil. *Make money;* é o conselho de Cássio. *Mete dinheiro no bolso.*

João das Regras

16 de setembro de 1886

A — Vou dizer-lhe uma coisa incrível, mas verdadeira. Tenho uma ideia...

B — Guarde-a, guarde-a... Uma ideia, amigo! É encafuá-la; é metê-la nos cafundós do espírito.

A — Pois sim, mas não há inconveniente em confiá-la a um amigo discreto; não é seguramente botá-la ao meio da rua. Você sabe que as ideias dos homens são como os filhos das mulheres; lá vem a hora... A minha completou agora mesmo os seus nove minutos... Vamos, apare-a nos braços. Sabe que, no Recife, não só se desconfia que houve desfalque na Tesouraria, em vez de roubo, mas até já se suspeita que o método ali empregado foi o mesmo do English Bank.

B — Já sei: os tais maços de notas miúdas com uma nota grande por fora, fazendo tudo um conto de réis aparente, mas na realidade uns cento e tantos mil-réis.

A — Tal qual.

B — Mas que ideia lhe deu isso?

A — Veja lá se adivinha.

B — Não posso.

A — Imaginei que algumas das nossas cabeças públicas podem ser assim compostas de uma grande nota por fora e outras miúdas por dentro. Contos de réis de caçoada... Que lhe parece? Fiquei tão contente com esta conjetura, que até me deu vontade de dançar um minuete... Tra lá-lá, tra lá-lá, lá-lá... Compreende, não? Uma nota grande, vistosa, cem mil-réis, encapando uma porção de quinhentos réis muito ralados, e embaindo a multidão. A multidão aplaude, crê nos rolos de dinheiro, adivinha outros, e dança como eu, tra lá lá, tra lá lá.

B — Bem pode ser.

A — Vá ouvindo. Espontaneamente, ou para animar as turbas, um dos presentes grita: "Viva o conto de réis!" Mil vozes repetem: "Viva o conto de réis!" E jura-se que não há menos de um conto de réis, que há até mais. Mas lá vem um que apenas possui uns cento e vinte mil-réis, em notas pequenas e espalhadas, e fica triste, sente-se invejoso, e clama que o conto de réis, embora certo, é falso.

B — "Embora certo", confesso que é sublime. Não acham outro meio de desmoralizar esses contos de réis, senão dizer que são falsos, embora certos.

A — Falso? replicam os outros; é preciso não conhecer dinheiro, para dizer que esta nota é falsa. Não há nada mais verdadeiro; tão verdadeiro como Deus que está no céu.

B — A sua ideia, entretanto, esbarra numa dificuldade. As notas não podem ficar emaçadas; há despesas... o dono tem de abrir os maços, distribuir o dinheiro...

A — Há despesas, mas há também crédito. Uma nota grande por fora é a alavanca do crédito intelectual. Para que serviria então a velha instituição dos fiados? Fia-se tudo, até a reputação.

B — Não sabia dessa. Depois é que aparecem os desfalques.

A — Raro, muito raro.

B — Como raro?

A — Quando os desfalques começam a aparecer, a multidão está ocupada com outro conto de réis, que pode ser verdadeiro ou falso, mas é outro, e ninguém dá fé dos desfalques, ou todos os desculpam. Aqui entra uma boa liquidação sossegada, e adeus.

B — Compreendo; refere-se à História.

A — Deus de Misericórdia, não! Não vou tão longe. A História é uma bela castelã, muito cheia de si, e não me meto com ela. Mas a minha comadre Crônica, isso é que é uma boa velha patusca, tanto fala como escreve, fareja todas as coisas miúdas e graúdas, e põe tudo em pratos limpos.

B — Se fosse em pratos mal lavados, era capaz de saber também alguma coisa dos dois mil contos daquela companhia francesa, os tais que fomos condenados a pagar.

A — Não é outra coisa, esses contos são verdadeiros.

B — Como verdadeiros? Então acha que devemos entregar assim...

A — Homem dos diabos, não digo isso; digo que esses contos pedidos e concedidos (por ora) são dos que não comportam desfalques. Se houvermos de pagar *(quod Deus avertat)*, há de ser em maços certos, certos e contados.

B — Mas convenha que é horrível; pagar certo e receber errado.

A — Antes errado que nada. Antes alguma coisa pouca nos cofres e nas cabeças, que uma simples hipótese, uma ou duas. Mas já é tarde; adeus.

B — Não; leia primeiro este trecho de um discurso do meu amigo Cândido de Oliveira, proferido ontem na Câmara dos Deputados. Queixa-se de quererem pôr a Câmara abaixo do Senado. Mas como é que ele ainda não percebeu que o Senado tem mais força que a Câmara, e deve tê-la?

A — Lá isso não. Tanto percebeu, que deseja entrar para lá, e com razão, porque o merece. Na Inglaterra, o sr. Gladstone não deseja nem por sombras que a rainha o meta na Câmara dos lordes; justamente porque a dos comuns é mais forte. Toda a retórica do mundo não responde a esta comparação sociológica. Agora, musque-se; até depois.

João das Regras

22 de setembro de 1886

A — Ora viva! Há que tempo que não o vejo!

B — Estive doente; apanhei uma constipação.

A — Eu, quando encontro alguma, deixo-a estar onde está; não me abaixo a apanhá-la.

B — Pois bem; podia lá ter deixado também essa tolice. É um trocadilho que data do primeiro constipado, talvez Adão; pode ser que as primeiras folhas de figueira fossem tão somente uma camisa de flanela rudimentária... Enfim, você promete não dizer outra?

A — Já vejo que você ainda está impertinente. Constipação mal-curada. Vamos a saber, não leu nada? não sabe nada?

B — Sei vagamente uma história de emendas que passaram no Senado, e que provavelmente não passam na Câmara. Que se há de fazer em tal caso?

A — Fusão, naturalmente.

B — Fusão? Explique-me isso pelo miúdo. Quer uma pastilha?

A — Não, obrigado. Você há de saber que o sistema parlamentar, como todos os sistemas, deve ter uma definição. A melhor de todas (modéstia à parte) é a minha.

B — Diga.

A — Confusão de línguas, fusão dos votos. As línguas divergem, trabalham, confundem-se, daqui o hebraico, dali o caldaico; mas as línguas cessam, e falam então os votos. Trata-se no caso presente de uma confusão de línguas, início de uma fusão de votos, que acabará por uma difusão de pessoas.

B — Sem trocadilho?

A — Sem trocadilho.

B — Mas o Senado pode negar a fusão?

A — Há opiniões, uns dizem que não, outros que sim, e este ponto depende dos partidos. Assim os liberais entendem que não se pode negar, os conservadores que sim. Quando a maioria do Senado for conservadora, nega, quando for liberal concede. Você vê que não há nada mais estável, mais definitivo que isto. Mais definitivo que isto só a morte; e ainda assim não sei.

B — Mas agora?

A — Agora é provável que haja fusão; demais, trata-se do orçamento, e aí está a finura da rejeição da emenda Correia. Orçamento ou revolução.

B — Entendi; mas diga-me: não era melhor que, por meio de poderes especiais, se definisse bem esse ponto constitucional da fusão obrigatória ou facultativa?

A — Upa! Você falou agora como um doutor. *Cabricias autem,* como diz o médico de Molière. Poderes especiais, ponto constitucional, fusão obrigatória ou facultativa... Mas você não vê que tudo isso é comprido, leva tempo, muito tempo, e que esta vida não chega a netos? Que haja alguma dificuldade grave em 1914, por causa desse ponto, é possível; mas que temos nós com 1914? Há de haver gente em 1914. Ou você crê que tudo acaba em 1913?

B — Não.

A — Logo...

B — E de eleição de senadores como vamos? Creio que é no dia 7 de outubro. Nada de chapa liberal?

A — Como não? Já está organizada; aqui está ela.

B — Queixavam-se de que o nosso Otaviano não queria organizar nada; mas afinal parece...

A — Parece o quê?

B — Que Alexandre deixou a tenda e tomou o comando das forças dispersas.

A — Não, senhor; Alexandre é mais fino; abdicou o Império...

B — Em quem?

A — Não designou nomes; fez moço o macedônio, deixou-o *ei qui esset optimus;* e não houve briga pela definição. *Optimus* apareceu, reuniu, presidiu e concluiu. Dê cá uma pastilha.

B — Tome lá duas.

João das Regras

28 de setembro de 1886

A — Vinha agora mesmo pensando em vossa excelência...

B — Excelência!

A — Desculpe-me; foi um jeito que me ficou da conversa que tive com um deputado. E justamente por causa dele é que eu vinha pensando em você; falamos das últimas votações do Senado; ele, supondo estar na Câmara, disse-me, levantando os braços: "Os acontecimentos precipitam-se de uma maneira vertiginosa".

B — Que acontecimentos?

A — Foi o que ele me não quis dizer; ou por discrição, ou porque efetivamente não sabe nada. Chegou mesmo a queixar-se de não perceber em que paravam as modas. Já esteve certo da fusão, depois perdeu-a de vista, afinal parece-lhe que é inevitável. Eu, para consolá-lo, falei do *Chapéu de palhinha de Itália* um *vaudeville* antigo, contei-lhe a ação da peça, e citei-lhe as exclamações do pai da noiva: "Meu genro, tudo está desfeito!", "Meu genro, tudo está reconciliado!". Expliquei-lhe que o genro era o Ministério, e que o Senado é o sogro... Disse-lhe mais, que todas as peças, ainda as de cinco atos, acabam sempre; e que para ele toda a questão era dormir cedo ou tarde, com ceia ou sem ceia, talvez sem ceia... Em suma, duas horas de conversação...

B — Noto uma coincidência.

A — Qual?

B — Você citava um *vaudeville* antigo; eu pensava na Ópera Nacional...

A — Não a conheci; estava fora da corte por esse tempo.

B — A Ópera Nacional foi uma instituição que aqui houve para cantar óperas italianas, traduzidas pelo De-Simoni. Quando menos pensava, deu-nos o Carlos Gomes... Se todas as instituições deixassem assim alguma coisa... Bons tempos! Estou a ver o Ribas, o Amat, o Trindade, sem contar as damas. Tempos deliciosos! Cantavam-se óperas sérias, óperas bufas e zarzuelas.

A — Mas a que propósito?

B — Uma dessas peças (e foi isto que me fez pensar na Ópera Nacional) tinha por título: *Eram due, or son tre.* Eram duas...

A — Agora são três.

B — Justo. Pensei no título por causa das chapas senatoriais, que eram duas, uma conservadora, outra liberal; mas a liberal dividiu-se, e aí ficam três.

A — Mas por que é que se dividiria, sendo já difícil a luta de uma só?

B — Por causa dos princípios. Meu caro, os princípios valem alguma coisa; é preciso contar com eles. Por exemplo, eu não li a circular do Malvino.

A — Li-a eu.

B — Sim? Não a li, mas aposto que lá vem certo número de princípios: autonomia municipal, temporariedade do Senado, grande naturalização, casamento civil, alargamento do voto, federação das províncias...

A — Vá-se embora! Você leu a circular.

B — Não li.

A — Leu-a, por força; como é que se pode, sem ler...

B — Não li, homem de Deus! é que os princípios, ora são princípios, ora são favas contadas. Parece que foram eles ou elas, ou só um deles, a causa da divisão da chapa liberal, e da criação de outra abolicionista, que, se vencer, mete o Beaurepaire Rohan no Senado.

A — Sim? Acho que tem real merecimento; mas, por que não será um dos outros?

B — Não pode ser. O Bezerra também tem serviços, mas não se pode servir a dois senhores, ou ao Baependi ou a Allan Kardec.

A — Bem; o Eduardo...

B — Seria um grande prazer para os seus amigos; mas, custa dizê-lo, neste país de dispêndios à larga, o Eduardo ficava à porta; ele, que foi tão econômico quando esteve no Ministério, era capaz, entrando no Senado, de propor logo a supressão do cabide dos chapéus, com o venerável pretexto de que no Parlamento britânico todos estão de chapéu na cabeça, ou em cima das pernas.

A — E da outra quem lhe parece que entraria?

B — Creio que o Malvino. E creia que, se não for agora, há de ser um dia; havemos de vê-lo entrar. Ele é dos sinceros e ingênuos; e lá está no evangelista: "Bem-aventurados os limpos de coração, porque eles verão a Deus". Deus aqui é um sinônimo do conde de Baependi.

A — Mas diga-me cá uma coisa...

B — Não posso; vou correndo para o Liceu de Artes e Ofícios, vou à conferência materialista.

A — Com esta chuva? Diga-me cá...

B — Não digo nada.

A — Olhe, não falte ao Banco do Brasil no dia 28. Temos a eleição do diretor e presidente, e aqui não há princípios, são todos meios. Você sabe que há o diabo. É o caso da Ópera Nacional: *Eram due, or son tre.*

B — Adeus, adeus.

A — Mas qual a tese dessa conferência, que você não quer perder?

B — É esta: "Se a direção do materialismo científico pode ser ou não vantajosa aos seres organizados". Ora, eu tenho um gato de muita estimação, que não está no caso em que São Mateus manda que se faça alguma distinção entre o filho da casa e o cão da rua. O gato é também de casa; e eu quero ver se nos pode aproveitar a ambos a direção do materialismo científico.

A — Ah! meu caro, você cita os santos, eu cito os gentios. "Felizes os que podem conhecer a origem das coisas", e (acrescento eu) explicá-las entre o almoço e o jantar. Adeus.

João das Regras

4 de outubro de 1886

A — Ao ler este telegrama da Vitória, na *Gazeta de Notícias*, o que é que pensa que mais me admirou?

B — Foi o magistrado que puxava a orelha da sota.

A — Não.

B — Foi o ex-legislador.

A — Também não.

B — Os empregados públicos?

A — Não; nada disso. A *Gazeta* deu muita importância a esse negócio, sem advertir que a província do Espírito Santo não tem loterias, como as outras; e, por outro lado, não há lá Sarah Bernhardt. Em alguma coisa se há de passar o tempo.

B — Mas então o que foi?

A — Foi a memória do correspondente. Singular correspondente! Segundo o seu telegrama, aquela jogatina liga-se ao desfalque do correio da Vitória. Mas então ainda há alguém que se lembre do desfalque do correio?

B — Não foi há muito tempo; um ou dois anos, não?

A — Que me importam os anos. O roubo de Pernambuco é de dias, e lá virá tempo em que escorregue para a lagoa Stigia, onde tudo se esquece. Daqui a pouco o Instituto Pernambucano insere o fato nos seus arquivos, entre a morte de Nero e a invasão dos bárbaros. Sócio haverá que prove que o tal roubo de oitocentos contos é uma inscrição lapidaria: D. C. C. C. *contos*... isto é: "Deus, criador do céu conserta os contos (das lanças)". Dirá que foi achada em Nápoles pelos holandeses, trazida por eles, e aqui deixada escondida à margem do Beberibe.

B — Mas que quer que lhe façam? Você sabe que estes casos são como os desastres causados por bondes, em que os cocheiros sempre fogem. Não se há de inventar um cocheiro só para ter o gosto de o levar ao júri, como lá foram ter os que arranjaram o testamento do Vila Nova do Minho.

A — 1855. Vai longe!

B — Há trinta e um anos.

A — Longe, muito longe. *Mete dinheiro no bolso,* não te digo mais nada; é o que dizíamos há tempos. Não metas este paio que aqui está pendurado; suja-te as calças, e o meu amigo dr. Matos, 1.º delegado, autua-te brincando. *Mete dinheiro no bolso.* Dinheiro grosso, muito grosso, mais grosso que o paio.

B — Mas a opinião pública?

A — O público, dizia um padre italiano, gosta de ser embaçado. Eu acrescento que é o seu destino. *Mete dinheiro no bolso.*

B — Queres parecer imoral, à força; tu não passas de um desanimado...

A — Como o Leão Veloso?

B — Que tem o Leão Veloso?

A — Está desanimado com o parlamentarismo; não o quer mais.

B — Tal qual o Uchôa.

A — Não; este apenas quer que se cumpra a constituição na nomeação livre dos ministros: é a mesma coisa, mas por motivo unicamente de legalidade. Leão Veloso é por tédio.

B — O que eu concluo é que há então parlamentarismo aqui.

A — Naturalmente.

B — As oposições disseram sempre que não; é verdade que depois diziam o contrário. E a Câmara? O que pensa a Câmara dos Deputados acerca do parlamentarismo?

A — Falei a alguns dos seus membros; ouvi que não concordavam com os dois distintos senadores. Um deles explicou a divergência. Questão de ponto de vista. "A pessoa que passa de *bonde* por uma rua (disse-me ele) e olha para um palácio, recebe uma impressão diferente da pessoa que estiver à janela do palácio e olhar para o *bonde*. Os *bondes* passam e o palácio fica."

B — Que lhe disse você?

A — Que os palácios são mais sólidos, e abrigam melhor, nos dias de temporal. Os *bondes* não, senhor; passam, atropelam, molham, quebram as pernas à gente, e o cocheiro foge ou retira-se.

B — Mas então onde está a verdade?

A — *Mete dinheiro no bolso.*

João das Regras

14 de outubro de 1886

A — Estive há poucos minutos com uma senhora, que veio desconsolada da sessão da Assembleia geral, vulgo fusão. Rejeitou um passeio nesse dia, só para ter o gosto de ver a coisa, e não viu nada.

B — Como nada?

A — Nada, ou quase nada, disse-me ela; tal qual a passagem de Vênus, tão rara como a fusão de câmaras, e que eu também não vi nem por sombras. Respondi-lhe galantemente, que a passagem de Vênus não era rara, visto que ela ia todos os dias à rua do Ouvidor, e que se a não via, é porque a rua do Ouvidor não é um espelho. Parece-me que disse uma fineza, não achas?

B — Talvez duas; mas a questão é saber por que é que ela não viu nada.

A — Espera. Dita a fineza, insinuei-lhe que era melhor que neste dia tivesse ido ela comigo à Câmara dos deputados...

B — Mas não havia lá ninguém!

A — Foi o que ela me replicou; eu disse-lhe que por isso mesmo que não havia ninguém, é que devíamos ir. Ela fez então o que devia: corou. Tu farias a mesma coisa; tu coravas.

B — Mas se eu estou corando.

A — Esperei que descorasse. Logo que descorou, expliquei-lhe que era para vermos, a gosto, na sala de espera, as tribunas que se mandaram fazer há tempos para os oradores, e que duraram, com perdão da palavra, *l'espace d'un matin*. Ela, que esteve em Paris, perguntou-me espantada por que eram muitas tribunas, em vez de uma, como viu lá. Respondi-lhe, primeiramente, que as nossas eram duas, de vinhático e ridículas. Depois, dei-lhe a razão de serem duas.

B — Que razão, homem de Deus?

A — A razão foi terem feito a encomenda a um marceneiro que não tinha estado, por exemplo, em França, onde teria visto o que era a tribuna, que forma tinha e em que lugar se punha; em seguida não terem emendado o regimento, que obriga a falar ao presidente, etc.

B — És sincero? Confessa que pregaste a essa senhora uma formidável amolação.

A — Ao contrário.

B — Não acredito... tu...

A — Achou tanto interesse, que me perguntou por que é que as tribunas estavam na sala de espera, à vista de todos; expliquei-lhe que era para consolação dos contribuintes atrasados. Em seguida, falou-me de um discurso do jovem deputado Afonso Celso Júnior, que concluiu pedindo a supressão das bolas de votação.

B — Então a votação é por bolas?

A — Aí está; você nem isso sabe. É por bolas; a cor da bola dá a significação do voto. Ela perguntou-me se cada bola tinha escrito o nome do deputado; naturalmente disse-lhe que não; se tivesse o nome escrito, quebrava-se o sigilo, que é a alma deste mundo e do outro. Para isso a Câmara, quando quer votação nominal, há de votar primeiro que o quer, coisa tão rara como a passagem de Vênus.

B — Mas, com os diabos, voltemos ao princípio! Por que é que ela não viu nada?

A — Agora o amolador és tu. Deixe-me concluir. Sabes o que ela me disse, depois de alguns minutos de reflexão? Que o melhor de tudo, nestas reformas parlamentares de uso interno, era fazer como se faz na indústria nacional dos chapéus...

B — Essa agora!

A — Foi o que eu lhe disse, mas por outras palavras delicadas; notei-lhe até certa contradição... Ela respondeu-me com um discurso do Martinho Campos.

B — Mas isso não é mulher, é um volume de *Anais!*

A — O Martinho Campos, disse-me ela, esclareceu este negócio dos chapéus, no Senado; declarou que o nosso chapéu vem todo de França, aos pedaços; aqui o que se faz, é enformá-lo, expô-lo, comprá-lo e usá-lo. É o que se devia fazer com a tribuna. Depois, estendeu-me a mão, despedindo-se; eu perguntei-lhe por que motivo não vira nada na Assembleia geral.

B — Enfim!

A — Ela emendou a mão. Ver, sempre viu alguma coisa; mas ia com a esperança de uma sessão cálida, agitada, muitos discursos; ouviu apenas três; não ouviu o primeiro, mas há de lê-lo, quando sair.

João das Regras

24 de outubro de 1886

A — "...Nós ontem ouvimos o nobre senador pela Bahia, aliás um parlamentar de talento..."

B — Eu! Olá! Pare, homem!

A — "... Tão distinto, falar no descrédito do parlamentarismo..."

B — Pare, pare! Que distração é essa?

A — Ah! és tu! Vou lendo este discurso do nosso Martinho de Campos, que só agora saiu impresso; aqui está; lê comigo.

B — Não posso. Vou com pressa; vou à cata de notícias.

A — Notícias de quê?

B — Há dias correu aqui que uns dois coronéis ensaiavam o voo para uma revolução no Estado Oriental. Vou saber o que há. Que alguma coisa há de haver, creio; a prova é que o general Santos, prestes a sair para a Europa, resolveu ficar e esperar. Nota que a viagem para ele é indispensável, por causa do ferimento que recebeu, e que exige completa cura; mas, apesar de tudo, o general fica. Eu faria a mesma coisa.

A — Eu faria outra coisa.

B — Que farias tu?

A — Suprimia os coronéis.

B — Matando-os?

A — Não, homem de Deus, suprimia os postos; nem coronéis nem generais. Eu faria decretar que todos os filhos de república fossem cabeleireiros. Cabeleireiro, como se sabe, é o mais pacato dos cidadãos de um Estado. Outros que o solapem, que deitem fogo às instituições; o cabeleireiro compõe as cabeças, e, quando muito, abre uma espécie de estrada da liberdade, que alegra a vista, sem alteração da ordem... Mas vamos ao Martinho de Campos.

B — Singular disparate! Mas se todos fossem cabeleireiros, a quem é que eles penteariam, pateta?

A — Uns aos outros, pateta! reciprocidade capilar, permuta de penteadelas, troca de pomadas. Em vez disso, a República tem os seus coronéis, que aspiram ao governo supremo, como o ex-coronel Santos, embora não tenham o mesmo pulso. Crê nisto; os nossos vizinhos ainda estão na idade geológica do general. Um sujeito que não gosta de Santos, dizia-me há meses, com simplicidade: *No comprendo hombre político sin galones*.

B — E por isso queres os cabeleireiros?

A — Sem galões.

B — Mas então o cabeleireiro não é homem? Não há de aspirar também ao governo do Estado? Quem faz pastinhas não pode distribuir pastas? Perdão, mas tu és capaz de levar-me ao desespero, ao suicídio, ao *calembour*, ao assassinato!

A — Está bom, sossega, respira. Vamos para este corredor... Não foi nada; respira. Ouve agora o Martinho de Campos...

B — Deixa-me respirar ainda um pouco. Há por aí alguém que nos tivesse ouvido?

A — Ninguém.

B — Nenhum desfalque, ao menos?

A — Nenhum... isso é, não juro. Os desfalques são como as chuvas deste mês; está um céu muito bonito, de repente, zás, uma bátega d'água.

B — Depois o céu fica outra vez bonito.

A — Fica ainda mais bonito. E o Martinho de Campos também tratou desse ponto, mas sempre exagerado; disse que o caso de Pernambuco é o duodécimo, em três anos, e que isto revela profunda corrupção.

B — Corrupção profunda é demais; digamos que o passarinho está *faisandé*, ou, portuguesmente, tem uma pontinha de fedor. Mas, corrupção profunda! Era isso o que querias mostrar-me?

A — Não é, era est'outro ponto. O ilustre senador, falando do parlamentarismo, declarou que este em si é excelente, mas que no nosso país está corrompido.

B — Corrompido.

A — Há três opiniões neste negócio: a do senador Uchôa, que o julga inconstitucional, a do senador Leão Veloso, que lhe perdeu a fé, e a do senador Martinho de Campos, que o acha corrompido. Qual das três lhe parece melhor?

B — A melhor é a do meu alfaiate, que não me faz roupa senão por medida. "Se o senhor vestir um paletó do José Telha", disse-me ele no sábado, "fica demasiadamente vestido, e depois há de queixar-se do paletó, e os seus amigos hão de dizer que o paletó está corrompido, e faz perder a fé, ou então que é inconstitucional..."

A — Discordo inteiramente, porque um paletó muito largo, ainda que não dê elegância, agasalha. É a opinião de todos os coronéis que se rebelam contra o general Santos; uma vez no governo, é certo que não o largam mais das unhas; mas nenhum deles deitará fora este nome de república, que é um vasto poncho consolador.

B — *Amém!*

João das Regras

Gazeta de

Holanda

Jornal *Gazeta de Notícias*,
de 1886 a 1888

1º de novembro de 1886 (nº 1)

Voilà ce que l'on dit de moi
Dans la "Gazette de Hollande"

Um doutor da mula ruça,
Caolho, coxo e maneta,
É o homem que se embuça
No papel desta gazeta.

Gazeta que, se tivesse
Outra forma, outro formato,
Pode ser que merecesse
Vir com melhor aparato.

Mas é modesta, não passa
De uma folha de parreira,
Que dá uva, que dá passa,
Que dá vinho e borracheira.

Traz programa definido,
Para entrar no grande prélio:
Nem bemol, nem sustenido,
Nem Caim, nem Marco-Aurélio.

Não traz ideias modernas,
Nem antigas: não traz nada.
Traz as suas duas pernas,
Uma sã, outra quebrada.

E vem, como é de ciência,
Entre muletas segura,
A muleta da inocência,
E a muleta da loucura.

Se uma não pega, outra pega,
E fica o corpo amparado;
Se para um lado escorrega,
Fica-lhe sempre outro lado.

De modo que, quanto diga,
Seja ou não o que a lei manda,
Há de achar entrada amiga
Esta *Gazeta de Holanda*.

Que traga ideias a folha
Liberal que se anuncia,
Que as espalhe, que as escolha,
Como a *Reforma* fazia.

Vá que seja — posto seja
Tarefa das mais reversas,
Fazer uma só igreja
De tantas seitas diversas.

A prova é que, ainda agora,
Já pronta a bagagem sua,
Somente esperando a hora
De sair a folha à rua,

Feito um capítulo apenas
De tão diversos capítulos,
E, contando boas penas,
Já traz a folha dois títulos.

Voz da Nação, ou — *Gazeta
Nacional*; só falta a escolha.
Já principia a mareta,
Antes de sair a folha.

Eu cá, perfeita unidade,
Ora aprovo, ora contesto,
Sem que haja necessidade
De ouvir protesto e protesto...

Exemplo: ao ler que se trata
De fazer um edifício
Para o júri: — colunata,
Vasto e grego frontispício.

E que esta ideia bizarra
Nasceu mesmo agora, agora,
Quando foi ali à barra
Uma distinta senhora;

Quando a afluência de gente
Era tal, que o magistrado
Teve de ir incontinente
Pedir sabão emprestado;

Comigo disse: — Bem feito
Que a Joaninha expirasse

De uma moléstia do peito,
E que a Eduarda cegasse.

Só assim tínhamos prédio
Para um tribunal sem nada;
Não foi morte, foi remédio;
Foi vida, não foi pancada.

Pangloss, o doutor profundo,
Mostra que há grande harmonia
Entre as coisas deste mundo,
Entre um dia e outro dia;

Que os narizes foram dados
Para os óculos; portanto,
Trazem óculos pousados...
Pangloss é o meu padre-santo.

Logo, se uma e outra escrava
Brigaram sem sentimento,
A razão de ação tão brava
Foi termos um monumento.

Neste ponto o ponto pingo,
E despeço-me no ponto
Em que cada novo pingo,
Já não é ponto, é posponto.

5 de novembro de 1886 (nº 2)

Voilà ce que l'on dit de moi
Dans la "Gazette de Hollande"

Muito custa uma notícia!
Que ofício! E nada aparece.
Que canseira e que perícia!
Que andar desde que amanhece!

E tu, leitor sem entranhas,
Exiges mais, e não vês
Como perdemos as banhas
Em te dar tudo o que lês.

És assim como um janota
De maneiras superfinas,

Que não sabe o preço à bota
Com que cativa as meninas.

Agora mesmo, buscando
Saber de associação
Que se deu ao venerando
Ofício de proteção

Aos animais — não sabia
Onde achasse os documentos
Dessa obra de simpatia,
Para transmiti-la aos ventos.

Achei quatrocentas atas
De reuniões semanais,
Ofícios, notas e datas,
Tudo espalhado em jornais.

Mas das ações praticadas
Em favor da bicharia,
E das vitórias ganhadas,
Nada disso conhecia.

Então lembrei-me de um burro,
Sujeito de algum valor,
Nem grosseiro nem casmurro,
Menos burro que o senhor.

E pensei: "naturalmente
Traz toda a história sabida;
É burro, há de ter presente
A proteção recebida"

Lá fui. O animal estava
Em pé, com os olhos no chão,
Tinha um ar de quem cismava
Cousas de ponderação.

Que cousas, porém, que assunto
Tão grave, tão demorado,
Ocupava o seu bestunto,
Nada lhe foi perguntado.

Talvez, ao ver-se assim magro,
Cativo como um nagô,
Pensasse no velho onagro,
Que foi seu décimo avô.

Entrei, dizendo-lhe a causa
Daquela minha visita;
Ele, depois de uma pausa,
Como gente que medita,

Respondeu-me: — Em frases toscas
Mas verdadeiras, direi,
Enquanto sacudo as moscas,
Tudo o que sobre isto sei.

Juro-te que a sociedade,
Contra os nossos sofrimentos,
Tem obras de caridade,
Tem leis, tem regulamentos.

Tem um asilo, obra sua,
Belo, forte, amplo e capaz;
Já se não morre na rua,
Dá-se ali velhice e paz.

Gozam dessa benta esmola,
Em seus quartos separados,
Mais de uma onça espanhola,
E muitos gatos-pingados.

Todos os galos na testa
Acham lá milho e afeição;
Lá vive tudo o que resta
Da burra de Balaão.

Mora ali a vaca fria
E mais a cabra Amalteia,
Única e só companhia
Do pobre leão de Nemeia.

Não posso fazer elipse
Dos bichos caretas, nem
Da besta do Apocalipse,
Que ali seu abrigo têm.

E o cisne de Leda, e um bode
Expiatório, e o cavalo
De Troia, escapar não pode;
Mas há outros que inda calo.

Peguei no papel, e a lápis
Escrevi tudo, e escrevi
Mais o nome do boi Ápis,
Que ele inda me disse ali.

E perguntei: — Meu amigo,
Por que é que a tantos amaina
O tempo, naquele abrigo,
E você anda na faina?

Ele, burro circunspeto,
Asno de boa feição,
Tirou de fino intelecto
Esta profunda razão:

— Se eu estivesse ali junto
Com outros da minha banda,
Você não tinha este assunto
Para a *Gazeta de Holanda*.

Vá consolado: que importa
Que eu viva cá fora ou lá?
Qualquer porta há de ser porta,
Para sair; vá, vá, vá.

E enquanto assim me dizia
Frases que chamava toscas,
Chagas de pancadaria
Iam convidando as moscas.

Lá o deixei como estava,
Em pé, com os olhos no chão,
Parecendo que cismava
Cousas de ponderação.

12 de novembro de 1886 (nº 3)

Voilà ce que l'on dit de moi
Dans la "Gazette de Hollande"

Aqui está, em folhas várias,
Uma cousa que se presta
A notas e luminárias.
Aqui vai a cousa, é esta:

"Na rua Larga se aluga,
Em bom estado, uma beca."
Parece uma simples nuga,
E é mais que uma biblioteca.

Eis aqui o que eu diria:
Há nesta beca alugada
Uma ideia que devia,
Há muito andar publicada.

Primeiramente, repare
Que esta beca não se vende,
Por preço barato ou caro;
É que, alugada, mais rende.

Comprá-la, era possuí-la;
Alugá-la, é só trazê-la,
Usá-la e restituí-la,
Sem rompê-la ou descosê-la.

Não haverá neste caso
Um sintoma? Não parece
Que a beca tomada a prazo
Uma lição oferece?

Que, sem correr Seca e Meca,
Muita gente delicada,
Assim como traz a beca,
Traz a ciência alugada?

Que, sendo esta leve e pouca,
Apenas meia tigela
Não chega a entornar da boca,
E pouco pedem por ela?

Que, inda mesmo sendo um quarto
De tal tigela, e não meia,
Parece falar de fato
Quem fala de boca cheia?

E que esse pouco, bastando
A que o locatário almoce,
É tolice andar estando
Ciência de sobreposse?

Nada sei; mas ofereço
A toda a pessoa séria

Este problema de preço;
E passo a outra matéria.

Escreve um correspondente
Cholera-Morbus chamado:
"Conto que proximamente,
Malvólio, estou ao teu lado.

"Aqui nesta Buenos-Aires,
Terra de belas meninas...
Que *salero* e que donaires!
Que formosas Argentinas!

"Aqui, por mais que me esbofe,
Levo uma vida vadia;
Esperava um rega-bofe
E vou de pança vazia.

"Quando mato uma pessoa,
Surge-me logo uma junta,
Que a declara viva e boa,
Por mais que a deixo defunta.

"Negam-me tudo: o meu ato,
O nome, e até a existência;
Chamam-me simples boato,
Sem razão nem consistência.

"Aborrecido com isto,
Determinei ir-me embora
Por esse mundo de Cristo;
Estou aqui, estou lá fora.

"Aí me vou, *caro mio*,
Só não sei de que maneira,
Se diretamente ao Rio,
Se atravessando a fronteira.

"Ir por água é arriscado
A dar com o nariz na porta,
Se achar o porto trancado,
Eu fico de cara torta.

"Enfim, veremos... Espero
Que, de um modo ou de outro modo,
Lá, entre; e aqui te assevero
Que com pouco me acomodo.

"Saudade, tenho saudade
De outr'ora. Há mais de trinta anos
Que andei por essa cidade
Com grandes passos ufanos.

"Mudou tudo? Existe ainda
O teatro Provisório?
Onde está Lagrua, a linda,
Que teve um lapso amatório?

"O gordo Tatti? O magano
Ferrari? A Charton divina?
Vive ainda o João Caetano?
Vive ainda a Ludovina?

"A Loja do Paula Brito
Mudou de dono ou de praça?
Paranhos, grave e bonito,
Vive ainda? Vive o Graça?

"Mora ainda no Rocio
Muita família? O teatro
Tem inda o mesmo feitio?
São ainda os mesmos quatro?

"Publica-se inda o elegante
Mercantil? Que faz? Que escreve
Maneco? e o Muzzio? e o brilhante
Alencar de estilo leve?

"Vou vê-los todos, e juro
Em honra aos dias passados,
Que ao meu golpe áspero e duro
Serão poupados, poupados..."

17 de novembro de 1886 (nº 4)

*Voilà ce que l'on dit de moi
Dans la "Gazette de Hollande"*

Que será do novo banco?
Interroga toda a gente;
Respondem uns que um barranco,
Outros dizem que uma enchente.

Certo é que andaram milhares
De contos, contos e contos,
Uns por terra, outros por mares,
Contos de todos os pontos.

Caíam como sardinhas,
Pulavam como baleias;
Ai belas ambições minhas!
Ai sonho, que me incendeias!

E o Holman, o forte e ledo
Inglês abrasileirado,
Contemplava o Figueiredo,
Que olhava, grave e barbado.

Supunha que muita gente
Viesse; mas gente tanta
Não cuidavam certamente...
Obra abençoada e santa!

Da empresa, ora começada,
Há quem diga maravilhas;
Muita ideia cogitada;
Ouro a granel, ouro em pilhas.

Circulação recolhida,
Câmbio a vinte e seis ou sete,
Mudança da antiga vida,
Outra cara, outro topete.

Ai, sonho! ai, diva quimera!
Pudesse eu entrar na dança!
Ai viçosa primavera!
Ai verde flor de esperança!

Nem eu, nem o meu compadre
Eusébio Vaz Quintanilha,
Que, por mais que corra e ladre,
Nenhum grande emprego pilha.

Que, para matar a fome,
Vem matá-la em minha casa,
Sem poder dizer que come,
Mas que destrói, mata, arrasa.

Pobre Quintanilha! Um anjo!
Coitado! Afinal parece

Que lá teve algum arranjo
Que lhe dá certo interesse.

Há já dias que o não via;
Onde iria o desgraçado?
Quem sabe se morreria,
Faminto e desesperado?

Eis que ontem, quando passava
Pela rua da Quitanda,
E nos negócios cismava
Desta *Gazeta de Holanda*,

Lá no outro lado da rua
Uma figurinha para;
Trazia a cabeça nua,
Bacia, opa e uma vara.

Era o pobre... Deu comigo
E veio, em quatro passadas,
Ao seu delicado amigo
Apertar as mãos pasmadas.

— "És andador de irmandade?
Aprovo os teus sentimentos
De devoção, de piedade...
Toma um níquel de duzentos."

— "Não, Malvólio, não, não ando
Como um andador professo..."
— "Andador de contrabando?"
— "Também não; ouve, eu te peço.

"Esta opa, esta bacia
Alugo a alguma Irmandade;
Dou cinco mil-réis por dia,
E corro toda a cidade.

"Varia o lucro, segundo
Dou mais ou menos às pernas;
Não escandalizo o mundo
E mato as fomes eternas.

"Rende-me oito ou nove, e há dias
De dez mil-réis, dez e tanto.
Crês? Já faço economias,
Já deito algum cobre ao canto.

"É este o meu banco. O fundo
É variável, mas certo;
Deus dá banco a todo o mundo;
Uns vão longe, outros vão perto.

"Eu cá não ando com listas
De ações, nem faço rateio;
Todos são meus acionistas,
Gordo ou magro, lindo ou feio.

"Que um só vintém esmolado
Vale no céu muitos contos;
E há muito vintém cobrado...
Vinténs de todos os pontos!"

21 de novembro de 1886 (nº 5)

*Voilà ce que l'on dit de moi
Dans la "Gazette de Hollande"*

Com franqueza, esta Bulgária
Vai-me esgotando a paciência;
Lembra a ilha Baratária,
Onde, após uma audiência,

Sancho, que naquele dia
Começara a governá-la,
Foi, com muita cortesia,
Levado a uma grande sala.

Tinha uma fome de rato
O governador recente,
E viu prato, e prato, e prato,
Prato de atolar o dente.

Quanto manjar, quanto molho,
Não direi, por mais que diga;
Só a vista enchia o olho...
Restava encher a barriga.

Mas tão depressa acudia
Algum servo respeitoso,
Trazendo-lhe uma iguaria
De cheirinho apetitoso,

Um doutor, que se postara
Ao lado, sem mais demora
Fazia um gesto co'a vara,
E ia-se a iguaria embora.

Afinal, pergunta o Sancho
Que era aquela caçoada.
Responde o doutor, *mui ancho*,
Que nada, não era nada.

Que, como ele tinha a cargo
A sua saúde e vida,
Cabia-lhe pôr embargo
A uma ou outra comida.

— "Bem, então dê-me essas belas,
Maravilhosas perdizes."
— "Livre-o Deus de tocar nelas,
Nem de chegar-lhe os narizes."

— "Mas, aquele gordo coelho
Espero que me não negue."
— "Senhor, o melhor conselho
É que nem sequer lhe pegue."

— "Naquele prato travesso
Cuido que há *olla-podrida*..."
— "Não coma, por Deus lh'o peço!
Aquilo espatifa a vida."

"Deixe vossa senhoria
A cônegos e a reitores
Essa péssima iguaria
Que tanto estraga os humores."

E o pobre Sancho com fome,
Por mais que lhe dê na gana,
Tudo pede e nada come,
Até que se desengana.

Assim anda a tal Bulgária;
Elege, mas não elege,
Pois, como na Baratária,
Há um doutor que a protege.

— "Este príncipe!" — "Não presta;
Faz-lhe mal aos intestinos."

— "Est'outro?" — "Escolha funesta."
— "Aquel'outro?" — "Um valdevinos."

"Para os seus humores basta
Este da Mingrélia; é moço,
Boa cara e boa casta;
Demais, pertence ao colosso."

E a Bulgária, se há de os braços
Estender e recebê-lo,
Fazendo assim com abraços,
Em vez de a murros fazê-lo,

Timeo Danaos, et dona
Ferentes, pensa consigo;
E com ar de valentona,
Recusa o presente amigo.

Bulgária dos meus pecados,
Imita o meu pobre Sancho,
Que, vendo os pratos negados,
Agarrou um pão a gancho.

Um pão seco e frescas uvas,
Acaba essas longas bodas.
Já tens véu, grinalda e luvas,
Escolhe uma vez por todas.

E, tomando a liberdade
De te chamar d. Amélia,
(Ó rima! ó necessidade!)
Bulgária, escolhe o Mingrélia!

28 de novembro de 1886 (nº 6)

> *Voilà ce que l'on dit de moi*
> *Dans la "Gazette de Hollande"*

"Tu és Cólera, e sobre esta
Doença amiga edifico
A minha igreja, e uma sesta
Perpétua, em ficando rico."

Assim me dizia o Bento
Da Silva Luz, boticário,

Inventor de um cozimento,
Inócuo e pecuniário.

E, vendo que eu o escutara,
Cheio de alegria e riso,
Como alguém que se prepara
A ter igual paraíso,

Quis saber qual fosse a causa
Daquela expressão ridente;
Eu, depois de certa pausa,
Disse-lhe naturalmente:

— "Quando cogito em que a peste
Pode entrar por nossa casa,
Cuido no favor celeste
Que trará pendente na asa.

Deu ela entre alienados
De Buenos Aires, matando
Metade dos atacados,
E nova gente atacando.

Cada telegrama conta
Dois, três, cinco, oito, dez loucos,
Que ficam de mala pronta
E vão deixando isto aos poucos.

Não tarda que o derradeiro
Hóspede saia do asilo
E fique o edifício inteiro
Despovoado e tranquilo.

E calcule agora a soma
De palácios encantados,
Feitos de nácar e goma,
Telhados e destelhados;

Calcule os pássaros feios,
De asas longas, longas pernas,
Que enchem por todos os meios
As frias noites eternas;

Calcule as meias ideias
Feitas de meias lembranças,
E a meia luz das candeias,
E a meia flor de esperanças;

E as gargalhadas sem boca,
Ouvidas perpetuamente,
Ora claras, ora roucas,
E as conversações sem gente.

Farrapos de consciência,
Cosidos pelo delírio,
E uma enorme concorrência
De patuscada e martírio;

Calcule agora essa vida
De doidos enclausurados,
De repente interrompida,
E os corpos amortalhados.

Nem sempre a peste é moléstia,
Sacramentos e ataúde;
Aos doidos vale uma réstia
De inesperada saúde.

Por isso é que, quando penso
Naquele monstro terrível,
Acho um benefício imenso,
Que o torna bom e aprazível.

E digo: Oh! abençoado
Destino que tal prescreve!
Que haja ao pé do alienado
A epidemia que o leve!"

6 de dezembro de 1886 (nº 7)

Voilà ce que l'on dit de moi
Dans la "Gazette de Hollande"

A lei darwínica é certa
Inda em acontecimentos...
Não fiquem de boca aberta,
Vão vê-lo em poucos momentos.

Há neles a mesma luta
Pela vida, e de tal arte
A crua lei se executa
Que é a mesma em toda a parte.

Há seleção, persistência
Do mais capaz ou mais forte,
Que continua a existência,
E os outros baixam à morte.

Demonstro: — O famoso caso
Da escola e pancadaria,
Caso que pôs tudo raso,
Tudo, até a epidemia.

Tal foi ele que, tomando
Todo ou quase todo o espaço,
Foi de um trago devorando
Quanto lhe embargava o passo.

Escapou a Cantagalo,
Por trazer comprido bico,
Unha capaz de matá-lo,
Peito largo e sangue rico.

Mas, por um só que resiste,
Quantos passaram calados
Na penumbra vaga e triste
Dos seres mal conformados!

Cito dois — um pequenino,
Um telegrama celeste,
Oficial e argentino,
Sobre os destroços da peste.

Dava os óbitos do dia,
De modo tão encoberto,
Que o duvidoso morria
E só escapava o certo.

"Rua tal: um duvidoso,
Outro duvidoso ao lado..."
Pois, com ser tão engenhoso,
Foi lido e não foi guardado.

Segundo caso: o de Arantes,
Arantes, a testemunha,
Que os juízes implicantes
Cuidam de pegar à unha.

Porquanto há necessidade
De ouvir-lhe a palavra de ouro,

Para saber a verdade
Do que houve no Matadouro.

Seja pró ou seja contra
Essa testemunha rara,
Onde é, onde é que se encontra?
Onde vive? Onde é que para?

Mandou-se às partes remotas
Da cidade, e logo ao centro;
Foram ao fundo das botas
E não o acharam lá dentro.

Em Minas? Vá precatório,
Rápido, para intimá-lo...
Esforço inútil e inglório!
Voltou sem lograr achá-lo.

Não sendo encontrado em Minas
Nem pelas matas cerradas,
Foram às ilhas Malvinas,
Ao Congo e ao reino das Fadas.

E bradaram-lhe: "Ó Arantes,
Chamado como quem sabe
O nome aos bois pleiteantes,
E o mais que no caso cabe;

"Arantes, onde respiras?
Onde estás? Onde te escondes?
Na trama das casimiras?
Chamo-te e não me respondes.

"Talvez no centro da Arábia,
Talvez na rua da Ajuda,
Talvez estudando a Fábia,
Talvez adorando a Buda.

"Donde quer que estejas, corre,
Acode ao nosso chamado;
Vem, que, se não corres, morre
O processo começado".

E passou esse episódio
Sem fazer maior barulho
Do que as saúdes de um bródio
Na Gávea ou no Pedregulho.

Porque nos próprios eventos
A lei darwínica é certa.
Provei-o em poucos momentos,
Não fiquem de boca aberta.

14 de dezembro de 1886 (nº 8)

Voilà ce que l'on dit de moi
Dans la "Gazette de Hollande"

E disse o Diabo: — "Fala,
Que queres ser nesta vida?
Antonino ou Caracala?
Capucho ou jardins de Armida?

"Escolhe, e verás, Malvolio,
Tudo o que quiseres; pede
Um sólio, e terás um sólio,
Pede um culto, e és Mafamede".

E eu, respondendo-lhe, disse
Que nem tronos nem altares;
Que, na minha mandriice,
Tinha sonhos singulares.

Ou antes, um sonho apenas,
Um só desejo, um só, único,
Mais velho que a velha Atenas,
Mais velho que um vintém púnico.

Não era ter a coroa
Do Egito nem da Bulgária,
Nem ver as moças de Goa,
Nem ter os beijos da Icária.

Nem dormir o dia inteiro
Em tapetes persianos,
Sentindo o vento fagueiro
De numerosos abanos.

Digo abanos meneados
Por muitas damas formosas,
Feitos de fios delgados
De palma, e plumas, e rosas.

Nem comer em pratos de ouro
Figos secos da Turquia,
Acompanhados do louro
Néctar que há na Andaluzia.

Nem possuir as estrelas
Que são tão minhas amigas,
Para um dia convertê-las
Em meias-dobras antigas.

Pois tudo isso, e o mais que pode
Entrar no mesmo cortejo,
Duvido que se acomode
Ao meu íntimo desejo.

Sabes tu o que eu quisera?
Quisera ser cartomante,
Dizer que espere ao que espera,
E dizer que ame ao amante.

Saber de cousas perdidas,
Saber de cousas futuras,
De verdades não sabidas,
De verdades não maduras.

Se uma senhora é amada,
Ou se há lá na costa mouras;
Se a costureira — casada —
Chega a depor as tesouras.

Quem é certo moço que anda
De chapéu branco e luneta,
E algumas vezes lhe manda
Lembranças por uma preta.

Se a mulher de um diplomata
Vive enredando as pessoas...
Se há de esperar certa data...
Se as filhas hão de ser boas...

Onde para uma pulseira,
Um recibo, um cachorrinho...
Se a neta da lavadeira
Bifou algum colarinho...

CRÔNICA *Gazeta de Holanda*

Se há de morrer de um inchaço
Que traz na perna direita...
Ou se a luxação de um braço
Pode deixá-la imperfeita...

Tudo isso, e o mais que não cabe
Em verso rápido e breve,
E que a cartomante sabe,
Sabe, conta, e não escreve.

É o meu desejo. E tenho
Que, se essa cousa me ensinas,
Serei, com o meu engenho,
O doutor destas meninas.

Que a nós outros coube em sorte
Política e loteria,
Cousas que têm, como a morte,
Mistério e melancolia.

Mas que hão de fazer as damas
Com a alma incendiada
Das mesmas secretas flamas
E ao mesmo abismo inclinada?

Procuram timidazinhas
Aquelas claras vivendas,
E crescem as adivinhas,
Não dão para as encomendas.

Pois se tu, Diabo amigo,
Me pões capelo de mestre,
Juro-te que dás comigo
No paraíso terrestre.

Cá virão as Evas novas,
Inquietas, desordenadas,
Pedir-me, com ou sem provas,
As verdades mascaradas.

E olha que farei no ofício
Notáveis melhoramentos,
Tapetes, largo edifício,
E o preço — mil e quinhentos.

21 de dezembro de 1886 (nº 9)

Voilà ce que l'on dit de moi
Dans la "Gazette de Hollande"

À Carmem Silva, à rainha
Da Romênia, à delicada,
Egrégia colega minha,
Pelas musas laureada.

Pobre trovador do Rio,
Cantor da pálida lua,
Esta breve carta envio,
E aguardo a resposta sua.

Note bem que lhe não falo
Das suas lindas novelas,
Nem do plácido regalo
Que nos dá com todas elas.

Não, augusta e bela moça,
Não é prosa nem poesia
O meu assunto... Ouça, ouça,
Verá que é sensaboria.

Cá se soube que um partido,
Que há muito não dava cacho,
Após combate renhido,
Tomou ao outro o penacho.

Fez-se isso eleitoralmente;
A gente que não queria
O partido então vigente,
Mudou de cenografia.

Se fez bem ou mal, lá isso
É com ela; a culpa inteira
Pertence-lhe de o feitiço
Virar contra a feiticeira.

Mas, como aqui neste canto,
Não há tal eleitorado,
Que faça nunca outro tanto,
E pense em cousas do Estado.

E também porque isto, às vezes,
Está em qualquer cousa (adágio

Que herdamos dos portugueses,
E tem o nosso sufrágio),

Lembrou-me que poderia
Obter, por seu intermédio,
Para uma tal embolia
O apropriado remédio.

Serão pastilhas? xarope?
Pílulas de qualquer cousa?
Um cozimento de hissope?
Fricções de madeira e lousa?

Seja isto ou seja aquilo,
Peço a Vossa Majestade
Uma amostra, um frasco, um quilo
Para ensaiar na cidade.

Porque, como ora se trata
De uma operação sabida,
Que a gente que se maltrata
Torna a pôr amada e unida,

Operação que dissolve
Os grupos mais separados,
E rapidamente absolve
Todos os ódios passados;

Quisera, logo que esteja
Toda a obra recomposta,
E esta liberal igreja
De novo aos fiéis exposta,

Quisera ver se, tomando
A droga rumaica um dia,
Chegaríamos ao mando
Pela mesma e larga via.

De outro modo ficaremos
Nestas náuticas singelas
De largar o leme e os remos
E abrir à fortuna as velas.

Eia, pois, augusta musa,
Mande-me o remédio santo,
E não vos concedo escusa;
Quero tirar o quebranto.

Quero ver se, finalmente,
Depois de tão larga espera,
A nossa eleitoral gente
É gente, não é quimera.

Para que depois se queixe
De si e das culpas suas,
E por uma vez se deixe
De murmurar pelas ruas.

Vede, flor das maravilhas,
Como esta alma pede e roga:
Mandai-me as vossas pastilhas,
Pílulas ou qualquer droga.

10 de janeiro de 1887 (nº 10)

Voilà ce que l'on dit de moi
Dans la "Gazette de Hollande"

Depois de férias tão longas,
Tão docemente compridas,
Ó musa, minhas candongas,
Voltemos às nossas lidas.

Assim faz a *Pátria*, às vezes,
E é certo que não estoura;
Descansa um mês ou dois meses
O nosso C. B. de Moura.

E a *Pátria*, meio enfadada
Daquelas extensas férias,
Volta mais fortificada
Aos combates e às pilhérias.

Eia, pois, minha gorducha,
Vê que recomeça a aurora,
Puxa daqui, puxa, puxa,
Vamos trabalhar lá fora.

E antes de tudo, inclinando
O gesto a todos os lados
Vai a todos desejando
Plácidos dias folgados.

Desejarás uma boa
Vereança aos cariocas,
Que se não esgote à toa
Em longas brigas e mocas;

Que eleja pacatamente,
Sem atos tumultuários,
O seu vice-presidente
E os restantes comissários.

Pouco calor, pouca chuva,
Nenhuma peste que assole,
Algum vinho feito de uva,
E menos gente que amole.

Grandes bailes mascarados
E passeatas nas ruas,
Câmaras de deputados
Sem as discussões tão cruas.

Boatos sobre boatos,
De modo que quem passeie
Por esses *bonds* ingratos
Tenha cousa que recreie.

E mais que tudo, meu anjo,
Anjo meu do meu sacrário,
Desejo um bonito arranjo
Ao nosso estafado erário.

Não sei se leste a mensagem
De Cleveland, um documento
De americana homenagem
Lá, para o seu Parlamento.

Pois conta-se aí (por esta
Luz do céu minh'alma jura
Que não é peta funesta,
Mas pura verdade, pura);

Conta-se que a renda é tanta
Que urge cortar-lhe os babados,
Que é demasiada a manta
Para tão vastos Estados.

Que, se vão nessa carreira,
Pagam aqueles senhores
Em breve a dívida inteira,
E ficarão sem credores.

Depois vem maior excesso
De renda, e será tamanho
Que não haverá processo
De o dar a melhor amanho,

Porque ou fica no tesouro,
Inútil, mudo e parado,
Ou saem carradas de ouro
Para os delírios do Estado.

Ora bem, estes fenômenos
Dados como desastrosos,
Terríveis paralipômenos
De grandes livros lustrosos,

Hás de pedi-los, amiga,
Mas pedi-los de maneira
Que uma segunda barriga
Coma sem dor da primeira.

Es decir, que aquela caixa
Que ronca de tanta altura,
Se quiser ficar mais baixa
Tem receita mais segura.

Pegue em si, tire metade
E verá como lhe pego,
Pego-lhe com ansiedade,
Com ansiedade de cego.

E digo ao Tesouro nosso:
— Amigo, aqui tens dinheiro;
Precisas deles, aqui posso
Dá-lo às tuas mãos inteiro.

Vê tu que singular obra
A deste mundo peralta:
Geme um — pelo que lhe sobra,
E outro — pelo que lhe falta.

CRÔNICA *Gazeta de Holanda*

20 de janeiro de 1887 (nº 11)

Voilà ce que l'on dit de moi
Dans la "Gazette de Hollande"

Cousas que cá nos trouxeram
De outros remotos lugares,
Tão facilmente se deram
Com a terra e com os ares,

Que foram logo mui nossas
Como é nosso o Corcovado,
Como são nossas as roças,
Como é nosso o bom-bocado.

Dizem até que, não tendo
Firme a personalidade,
Vamos tudo recebendo
Alto e malo, na verdade.

Que é obra daquela musa
Da imitação, que nos guia,
E muita vez nos recusa
Toda a original porfia.

Ao que eu contesto, porquanto
A tudo damos um cunho
Local, nosso; e a cada canto
Acho disso testemunho.

Já não falo do quiosque,
Onde um rapagão barbado
Vive... não digo num bosque,
Que é consoante forçado,

Mas no meio de um enxame
(É menos mau) de cigarros,
Fósforos, não sei se arame;
Parati para os pigarros;

Café, charutos, bilhetes
Do Pará, das Alagoas,
Verdadeiros diabretes,
E outras muitas cousas boas.

Mas a polca? A polca veio
De longas terras estranhas,

Galgando o que achou permeio,
Mares, cidades, montanhas.

Aqui ficou, aqui mora,
Mas de feições tão mudadas,
Que até discute ou memora
Cousas velhas e intrincadas.

Pusemos-lhe a melhor graça,
No título, que é dengoso,
Já requebro, já chalaça,
Ou lépido ou langoroso.

Vem a polca: *Tire as patas,
Nhonhô!* — Vem a polca: *Ó gentes!*
Outra é: — *Bife com batatas!*
Outra: *Que bonitos dentes!*

— *Ai, não me pegue, que morro!*
— *Nhonhô, seja menos seco!*
— *Você me adora?* — *Olhe, eu corro!*
— *Que graça!* — *Caia no beco!*

E como se não bastara
Isto, já de casa, veio
Cousa muito mais que rara,
Cousa nova e de recreio.

Veio a polca de pergunta
Sobre qualquer cousa posta
Impressa, vendida e junta
Com a polca de resposta.

Exemplo: Já se sabia
Que esta câmara apurada,
Inda acabaria um dia
Numa grande trapalhada.

Chega a polca, e, sem detença,
Vendo a discussão, engancha-se,
E resolve: — *Há diferença?*
— *Se há diferença, desmancha-se.*

Digam-me se há ministério,
Juiz, conselho de Estado,
Que resolva este mistério
De modo mais modulado.

É simples, quatro compassos,
E muito saracoteio,
Cinturas presas nos braços,
Gravatas cheirando o seio.

— *Há diferença?* diz ela.
Logo ele: — *Se há diferença,
Desmancha-se*; e o belo e a bela
Voltam à primeira avença.

E polcam de novo: — Ai, morro!
— Nhonhô, seja menos seco!
— Você me adora? — Olhe, eu corro!
— Que graça! — Caia no beco!

Desmancha, desmancha tudo,
Desmancha, se a vida empaca.
Desmancha, flor de veludo,
Desmancha, aba de casaca!

5 de fevereiro de 1887 (nº 12)

*Voilà ce que l'on dit de moi
Dans la "Gazette de Hollande"*

Quem diria que o Cassino,
Onde a fina flor se ajunta,
Ficaria tão mofino,
Que é quase cousa defunta?

Aqueles lustres brilhantes
Que viram colos e braços,
Pares e pares dançantes,
E os ardores e os cansaços;

Que viram andar em valsas,
Quadrilhas, polcas, mazurcas,
Moças finas como as alças,
Moças gordas como as turcas;

Que escutaram tanta cousa
Falada por tanta gente,
Que eternamente repousa,
Ou geme velha e doente;

Que viram ir tanta moda
De toucados e vestidos,
Vestidos de grande roda,
E vestidos escorridos;

Ministros e diplomatas,
E outros hóspedes ilustres,
E sábios e pataratas...
Ó vós, históricos lustres,

Que direis vós desse estado,
Cassino à beira de um pego;
Melhor direi pendurado
De um prego, lustres, de um prego?

Deve até o gás, aquele
Gás que encheu os vossos bicos,
Que deu vida, em tanta pele,
A tantos colares ricos;

Deve ordenados, impostos,
E gastos tão incorretos,
Que até não foram expostos
Por diretores discretos.

E vede mais que há ruínas
No edifício, e é necessário
Colher muitas esterlinas
Para torná-lo ao primário.

E há mais, há a ideia nova
De alguns acrescentamentos,
E pôr o Cassino à prova
Com outros divertimentos.

Oxalá que a cousa saia
Como se deseja. Entanto,
Posto que a reforma atraia,
Acho outro melhor encanto.

Não basta que haja bilhares,
Conversações e leituras,
Partidas familiares,
E algumas outras funduras.

Preciso é cousa mais certa,
Cousa que dê gente e cobres,

Disso que chama e que esperta
Vontades ricas e pobres.

Não digo elefante branco,
Nem galo de cinco pernas,
Nem a ossada de um rei franco,
Nem luminárias eternas.

Mas há cousa que isso tudo
Vale, e vale mais ainda,
Cousa de mira e de estudo,
Cousa finda e nunca finda.

Que seja? Um homem. E que homem?
Um homem de Deus, um Santos,
Que entre as dores que o consomem
Não esquece os seus encantos.

Esse general que estava
Há pouco em Paris, e voa
Quando apenas se curava,
Voa por mais que lhe doa,

Voa à pátria, onde uns pelintras,
A quem confiara o Estado,
Para ir ver as suas Cintras,
E tratar-se descansado,

Entenderam que podiam
Passos de pouco préstimo
Governar, e que o fariam,
Como seu, o que era empréstimo.

Homem tal, que mais não sente
Que a sede do eterno mando,
Que, inda prostrado e doente,
Quer morrer, mas governando,

Olhe o Cassino, valia
Algum esforço em pegá-lo,
No dia, no próprio dia
Em que passasse, e guardá-lo.

Pois tão depressa a Assembleia
Oriental e aterrada
Soubesse disso — uma ideia
Seria logo votada.

Vejam que ideia e que tino:
Que anualmente o seu tesouro
Pagasse ao nosso Cassino
Trezentos mil pesos de ouro,

Quando à velha sociedade
Particular encomenda
De guardar nesta cidade
Aquela famosa prenda.

Com isso, e mais o cobrado
Às pessoas curiosas,
Passavas de endividado,
Cassino, a maré de rosas.

24 de fevereiro de 1887 (nº 13)

Voilà ce que l'on dit de moi
Dans la "Gazette de Hollande"

Há tanto tempo calado...
E sabem por quê? Por isto:
Pelo número fadado
Da ceia de Jesus Cristo.

Número treze. Com esta
São treze as minhas *Gazetas*.
Numeração mui funesta,
Cheira a cova e a calças pretas.

Há, porém, quem afiance
Que treze é dúzia de frade.
É opinião de alcance,
Que anima e que persuade.

Contudo, em uma pessoa
Sendo supersticiosa,
Antes que na cousa boa,
Crê na cousa perigosa.

Daí veio esta comprida
Vadiação; era medo,
Medo de perder a vida
Cedo, mais que nunca cedo.

Lembra-me inda certo dia,
Quando eu tinha treze anos,
Jantamos em companhia
Treze rapazes maganos.

Um acabou reprovado
Na Escola de medicina;
Outro está bem malcasado;
Outro teve pior sina.

Pior, digo, e em muitos pontos;
Geria a casa dos Bentos;
Fugiu, levando dez contos,
Em vez de levar quinhentos.

Outro é político, e anda,
Ora triste, ora sinistro;
Dizem-me que ele tresanda
Vontade de ser ministro.

Em dia de crise, voa
A meter-se em casa, à espera
De alguma notícia boa;
Espera que desespera.

Só sai quando o gabinete
Fica de todo formado,
E jura pelo cacete
Que há de pô-lo derreado.

Bufa, espuma. Abrem-se as câmaras,
E o meu companheiro e amigo
Aguarda o tempo das tâmaras,
E torna ao seu voto antigo.

Outro daqueles rapazes
Procura sinceramente,
Entre os meios mais capazes
De encher a barriga à gente,

Um que seja imediato
E de graúdas prebendas,
Ou testamento, ou barato...
Já não há pr'as encomendas!

Cá por mim, tive um inchaço
Na perna esquerda; diziam

Que essa doença era andaço,
E até que muitos morriam.

Sarei; mas foi sobre queda
Coice. A morte tão sombria,
Que tantas casas depreda,
Poupou-me para este dia.

Pois, minha dona, aqui fico,
Já daqui me não arranco,
Achei um recurso rico:
Deixo este número em branco.

Não dou *Gazeta* nem nada;
Não falo em cousa nenhuma,
Gouvea, moção, espada;
Em suma, de nada, em suma.

E tanto mais ganho nisto
Que, como se fala em rolo,
Podia um lance imprevisto
Tirar-me o melhor consolo.

Que é este: olhar para a rua
Cheia de cousas chibantes,
E dizer: — Feliz a lua...
Se é que não tem habitantes.

7 de março de 1887 (nº 14)

Voilà ce que l'on dit de moi
Dans la "Gazette de Hollande"

Se eu fosse aquele Custódio
Gomes ou Bíblia chamado,
Que não deu esmola ou bródio,
Nem mimos por batizado,

Pela luz que me alumia,
Juro, e mais que nunca, juro,
Que pesaroso olharia
Para este processo escuro.

Daria grandes palmadas,
Ao ler tantas testemunhas,

Tantas cousas encontradas,
Tantas mãos e tantas unhas.

Pesquisas de parte a parte,
E um testamento que é tudo:
Ora forjado com arte,
Para uso e para estudo,

Ora verdadeiro e filho
Do próprio autor sepultado,
Que ajuntara tanto milho
Para não vê-lo espalhado.

Audiências e audiências,
Nomes, nomes, nomes, nomes,
Pendências sobre pendências;
Fosse eu o Custódio Gomes,

Suspiraria: — "Bem tolo
Que fui eu em prepará-lo,
Esse rico e imenso bolo,
Se não tinha de papá-lo!

"Que ajuntei, dia por dia,
Vintém a vintém suado,
Para deixar tal quantia
De dinheiro amontoado;

"Que, quando havia desmancho
Na casa de um inquilino,
Em vez de dar esse gancho,
Saía intrépido e fino,

"Armado de cal, tijolo,
Colher e as cousas restantes,
E lograva recompô-lo,
Melhor do que estava dantes.

"Que, se vagava algum prédio
Dos meus, ia ver se tinha
Uma tábua p'ra remédio,
Talho ou taco de cozinha,

"Qualquer cousa que algum dia
Valesse às necessidades...
Com pouco e pouco (dizia)
Fazem-se as grandes cidades.

"Comi o pão que o diabo
Amassou; fui parco e ativo,
Trazia as botas no cabo,
Mas a mão firme, o olho vivo.

"E no fim de tanta lida,
Não sei se boa ou má sorte,
Saí do rumor da vida,
Sem olhar a paz da morte.

"Todos os dias cá leio
Impresso o meu triste nome;
Vejo escrito que fui meio
Maluco e unhas de fome.

"A minha vida sem ócios,
Gente de casa e costumes,
E todos os meus negócios...
Já dá para encher volumes!

"Ah! se em vez de andar coa sela
Na barriga a vida inteira,
Vida de meia tigela,
De poupança e de canseira,

"Vivesse à larga, comesse
Deliciosas viandas,
E cauteloso bebesse
Vinho de todas as bandas;

"Roupa fina, o meu teatro,
Uma ou outra vez berlinda;
Moças, o diabo a quatro
Até a existência finda;

"Quem se lembraria agora
De mim? Dormia esquecido,
Sem chegar a voz sonora
Dos prelos ao meu ouvido.

"Convivas e devedores,
Pode ser que se lembrassem
Das ceias e dos favores,
E alguma vez me louvassem;

"Mas tão baixinho e tão pouco
Que a voz não me chegaria,
E eu, que acabei meio louco,
Surdo e mudo acabaria".

20 de março de 1887 (nº 15)

*Voilà ce que l'on dit de moi
Dans la "Gazette de Hollande"*

"Câmara municipal
Sem ter regimento interno!"
Exclamou, com ar paterno
Vereador pontual.

"Sem um acordo fraterno,
Um papel, um manual,
Certo, acabaremos mal,
Faremos disto um inferno.

"Digo-vos que é usual,
Em qualquer lugar externo
Haver regimento interno
Para evitar todo o mal".

Em tom sossegado e terno,
Diz outro municipal
Que o pau (físico ou moral)
É regime mais superno.

— "Há de haver algum sinal
Aqui, pelo lado interno,
Do efeito vivo e fraterno
Desse estatuto formal.

"Palavras (é dito eterno)
Às sopas não trazem sal;
Quero ação, ação real,
Venha do céu ou do averno.

"E que outra menos verbal
Que a ação do cacete alterno,
Não como um vento galerno,
Porém; como um vendaval?

"Se, assim amparado, externo
Meu parecer cordial,
Para que me serve o tal
Regimento de caderno?

"Saiba a Câmara atual
Que, se eu aqui não governo,
Tenho este dever paterno
De a não fazer trivial,

"Paterno disse? Materno;
Quero outro tom pessoal.
Fique-lhe o tom paternal
Ao colega mais moderno.

"Sim, o pau, é pau real
Venha do céu ou do averno,
E palavras (dito eterno)
Às sopas não trazem sal".

Não sei que disse o paterno
Vereador pontual;
Eu, por mim, prefiro a tal
Um copo do meu falerno.

Não que seja um casual,
Ruim, triste e subalterno
Modo de encontrar em *erno*
O consoante final,

É falerno e bom falerno
Sorrir da municipal
Que vive *tant bien que mal*,
Sem ter regimento interno.

Ou esse escrito legal
Que o outro chamou caderno,
Para o bom viver paterno
Vale tudo ou nada val.

Se não, por que é que o superno
Parlamento nacional
Conserva um trambolho igual,
Quer de verão, quer de inverno?

Se sim, como é curial,
Que não tenha esse uso interno,

Corpo tal, que vive alterno,
Conservador, liberal?

Relevem, se um subalterno
Entrou nesse cipoal...
Olha a taça de cristal,
Leitor, vamos ao falerno!

27 de março de 1887 (nº 16)

*Voilà ce que l'on dit de moi
Dans la "Gazette de Hollande"*

Cousa má ou cousa boa
Traz vantagem boa ou má;
O incêndio da Gamboa
Neste aforismo entrará.

Não fosse aquele medonho
Desastre que ali se deu,
E do qual nada aqui ponho,
Pois que o leitor tudo leu,

Não saberia eu agora,
Pelas narrações que vi,
Uma notícia que chora,
E que — essa, sim — ponho aqui.

Foi quando a água, correndo
Pela rua e para o mar,
Ia ardendo, ardendo, ardendo,
Ardendo de amedrontar.

Então li que os habitantes
De um beco, com tal horror,
Viram as águas flamantes,
Arrastando a morte e a dor,

Que pensaram em deixá-lo,
O beco em que há muito estão,
Onde a morte, a fogo e a estalo,
Punha em gelo o coração.

Esse beco, o beco escuso,
O beco que nunca vi,

Beco de tão pouco uso,
Que nunca o nome lhe li,

Chama-se do conselheiro
Zacharias; leiam bem.
E vá, reflitam primeiro,
Como eu refleti também.

Ó meu douto Zacharias!
Meu velho parlamentar!
Ó mestre das ironias?
Ó chefe ilustre e exemplar!

Quantas e quantas batalhas
Deste contra iguais varões!
E de quantas, quantas gralhas,
Tiraste o ar de pavões!

Sólido, agudo, brilhante,
Sincero, que vale mais,
Depois da carreira ovante,
Depois de glórias reais,

Deram-te um beco... Olha, um beco...
De tantas cousas que dar,
Coube-te a ti, homem seco,
Triste beco ao pé do mar.

Não digas que são mofinas
Estas nossas distinções
Pintadas pelas esquinas;
Esquinas fazem barões.

Não cuides que, nesta lida
Em que andamos, tem de ser
Viva ainda a tua vida,
Escrita ou por escrever.

Logo, era uma honrosa graça
Se entrasses no grande rol
Com uma rua, uma praça,
Bem à vista, bem ao sol.

Mas, não. De quanto valias,
Agora nada valeis.
Há o beco Zacharias,
E a rua Malvino Reis.

CRÔNICA *Gazeta de Holanda*

Daqui, amigo, derivo
Esta antiga e estranha flor:
"Mais vale *súdito* vivo
Que enterrado imperador".

6 de abril de 1887 (nº 17)

*Voilà ce que l'on dit de moi
Dans la "Gazette de Hollande"*

Temos nova passarola
De grandes asas escuras,
Mexidas por certa mola
Que dá sono às criaturas.

Chama-se — não sei maneira
De pôr este nome em verso...
Palavra, é grande canseira,
Tão duro é ele e reverso.

Deito sílabas de lado,
De outro sílabas arranco,
Trabalho desesperado
E fica o papel em branco.

Vá lá: medicina hipnótica,
Custou, mas saiu... Parece
A cousa um tanto estrambótica,
E mais se a gente adoece.

Notem bem — é medicina,
Posto a sugestão opere;
Cá o meu bestunto opina
Que um nome de outro difere.

Há em *sugestão* um jeito
Teórico feio, enigmático;
Mas *medicina* é perfeito,
Perfeito, rápido e prático.

Quando aqui há poucos anos,
Já me não lembra em que dia,
Deu entrada entre os humanos
A exata dosimetria,

Disse eu: "Invenção potente!
Perfeição do formulário!
Consolação do doente!
Fortuna do boticário!"

Mas daí a pouco ouvia
(Outro inimigo da métrica)
Em vez de dosimetria,
Medicina dosimétrica.

E isso que cuidava que era
Farmácia, era uma doutrina,
Uma escola em primavera
Contra a velha medicina.

Não digo que o sugestivo
Hipnotismo também seja
Ária sobre outro motivo,
Nem igreja contra igreja.

Digo... Não sei como diga...
Não sei como diga... Ai, musa
Do diabo e de uma figa!
Você ri! você abusa!

Digo (vá) digo que, quando
Cuidava que esta matéria,
Da qual não estou mofando,
Que é séria, três vezes séria,

Não pelas razões do grave
Apóstolo, que cogita
Não fazer dela uma chave
P'ra prender moça bonita;

Como se amor não tivesse
Outra sugestão nativa,
Que, quando menos parece,
Faz arder o esquivo e a esquiva.

Quando (como ia dizendo)
Supunha que a academia,
Por sua vez, lendo e vendo,
Ia explicar a teoria;

Que visse os graves problemas
Envoltos na descoberta,

E como antigos sistemas
Passam a questão aberta;

Que, como órgão da ciência,
Examinasse, estudasse
A vontade e a consciência
Pela novíssima face;

Que visse como a pessoa
Humana se multiplica,
Vai a Túnis e a Lisboa,
E cá reside, e cá fica;

Em vez disso, a academia
Dá-lhe duas passadelas
De escova, e manda a teoria
Curar as nossas mazelas.

Isto é que me põe os braços
Caídos, e a boca aberta...
E já daqui vejo os passos
Desta nova descoberta.

Atrás dos homens sabidos
Virão os que nada sabem,
E gritarão desabridos
Até que os astros desabem.

Chegaremos aos cartazes
E aos anúncios de vinhetas,
Pílulas Holloway capazes
De dar beleza às caretas.

Ora, há trinta anos havia
Xarope que se chamava
Do Bosque, e tanto valia,
Que tudo e algo mais curava.

Hoje, esse licor exótico
Não tem uso, interno ou externo...
Receio que o sono hipnótico
Chegue a tudo... e ao sono eterno.

13 de maio de 1887 (nº 18)

Voilà ce que l'on dit de moi
Dans la "Gazette de Hollande"

Não neguei Bahia ou Minas,
Nem nunca fora capaz
De negar Crato ou Campinas...
Neguei, é certo, Goiás.

Pois que Goiás eu supunha
Uma simples convenção,
Sem existência nenhuma,
Menos inda que ilusão.

E achava uma prova disto
Naquele caso sem-par,
Nuncà dantes, nunca visto,
Nem por terra nem por mar:

O caso do presidente
Que por dez anos ficou
Presidenciando... Ó gente!
Dez anos! Quem tal sonhou?

Dez meses, vá; é costume,
E ninguém pode exigir
Que um homem perca o chorume
A trabalhar e a delir...

Ou, se é lícito em matéria
De tanta ponderação,
Tão avessa ao chasco e à léria,
Ter alguma opinião,

Digo que nem dez semanas...
Dez dias podia ser.
Traduziria em bananas
O chegar, ver e vencer.

Não se impõe aos nossos climas
Ars longa... É abreviar,
Como eu abrevio as rimas;
Não coser, alinhavar.

Quem podia, em nossa terra,
A não ser entre galés,
Como os comuns de Inglaterra?
Trabalhar dez horas, dez?

Os nossos comuns gastaram
Três dias em eleger
Mesa e comissões; e andaram
Perfeitamente, a meu ver.

Não vamos crer, porque temos
Sistema parlamentar,
Que só copiar devemos
Os costumes de além-mar,

Mas, voltando à vaca fria...
Que vaca? Onde íamos nós?
Que diabo é que eu dizia?
A digressão, vício atroz.

Não era a dívida, creio,
Lamberti chamada, uns mil
Contos de papo e recheio,
Contos ou contões com til.

Também não era o desfalque
Do Recife... ai, uma flor
De esperanças... ai, não calque,
Não calque nisso, leitor!

Eu, que tinha o meu bilhete,
Pronto para enriquecer,
Estou como se um cacete
Me houvesse dado a valer.

Mas, com todos os diabos,
Que era então? Não eras tu,
Nariz dos grandes nababos;
Nem tu, céu de Honolulu.

Ah! Goiás... Goiás existe;
E tanto que, a vinte e dois
De março, saiu um triste
E longo bando de grous,

Como os de que fala o Dante,
Que *van cantando lor lai*;

Mas cá o pio ora ovante,
Era só: quebrai, quebrai!

Um dos grous é delegado,
Outros dizem que juiz;
E tudo foi arrasado,
Ou ficou só por um triz.

Defuntos lavras do Abade,
Mulheres, que ora gemeis
De dor e necessidade,
Justiça esperar deveis.

Mas eu daquela ocorrência
Tiro uma lição vivaz:
Goiás tem certa a existência,
Goiás existe, Goiás.

12 de junho de 1887 (nº 19)

Voilà ce que l'on dit de moi
Dans la "Gazette de Hollande"

Parece que há divergências
Entre câmara e senado;
Comparam-se as influências,
Fala-se em patriciado.

Soube disso ultimamente
Pelas folhas... Pelas folhas
Sabe tudo toda a gente,
Votos, lãs, óbitos, rolhas.

E, antes de ir ao parlamento,
Direi que soube por elas
Negócio de algum momento,
De varões e moças belas.

Li que uma sociedade,
Sociedade Protetora
Dos Animais da cidade
(Ó minha Nossa Senhora!)

Ia dissolver-se, e dava
A razão do ato; era, em suma,

Que nenhum esteio achava
Nas leis nem em parte alguma.

Ora, eu que me ri, há meses,
De vê-la, toda capricho,
Falar de si muitas vezes
E mui rara vez de um bicho,

Injusto fui. Ora o vejo,
E confesso os meus remorsos.
Não fiz justiça ao desejo
Dela nem aos seus esforços,

Nem também principalmente
À sua audácia provada
De falar do bruto à gente,
Sem ser para bordoada.

Cuidar de cães... Ter piedade
De um triste e magro orelhudo,
Que arrasta pela cidade
Carroça, este mundo e tudo;

Isto a sério, isto sem medo
Do riso de outras pessoas;
Fazer disto ofício ledo,
Pôr isto entre as ações boas;

Quando é certo que cachorro,
Nem burro, cavalo ou gato,
Não sabem de tal socorro,
Nem dão charanga ou retrato.

Trabalhar sem recompensa
Imediata e tangível,
Não é de gente que pensa,
É maluquice risível.

Entretanto, a sociedade,
Depois de pensar uns dias,
Fica, e não se persuade
Que entra em baldadas porfias.

Baldadas e generosas...
Fique-lhe este prêmio, ao menos:

Espalha as mãos dadivosas
Aos pequenos mais pequenos.

Mas, voltando à vaca fria,
Li que a câmara conhece
No senado a primazia,
E se dói, e se aborrece.

Não tédio vem dar, a ponto
De brigar abertamente;
Faz com tristeza o confronto
Sem magoar a outra gente.

Quando muito, ouve calada,
Alguma palavra nua,
E confessa encalistrada
Que ou cede ou vai para a rua.

Busca-se agora um remédio,
Alguma cousa que faça
Cessar esse amargo tédio...
Aqui lh'o trago de graça.

Deu-m'o um espírito agudo,
Que também é deputado,
Varão conspícuo e sisudo,
Não sei se desanimado.

Droga fácil e sumária,
Que não traz dor, mas delícia;
É fazer da temporária
Uma cousa vitalícia.

Então, sim; iguais as damas,
Serão iguais os vestidos,
Iguais as perpétuas chamas
Nos peitos endurecidos.

Não respondi à pessoa
Que isto me dizia, nada;
Se a ideia é ruim ou boa,
Aí a deixo estampada.

CRÔNICA *Gazeta de Holanda*

18 de junho de 1887 (nº 20)

Voilà ce que l'on dit de moi
Dans la "Gazette de Hollande"

Rosa de Malherbe, ó rosa
Velha como as botas velhas,
Que foste grata e cheirosa,
E ora desprezada engelhas;

Rosa de todos os vasos,
De todas as mãos humanas,
Trazida a todos os casos,
Com lírios e com bananas;

Rosa trivial e chocha,
Pior que as mal fabricadas,
Menos que rosa, uma trouxa
De folhas esfarrapadas,

Não por má, não que não prestes,
Não que não sejas ainda
A mesma rosa que deste
Vida e cor à estrofe linda,

Mas porque é nosso costume,
Se achamos um dito a jeito
Tirar-lhe todo o chorume
Até deixá-lo desfeito.

Às vezes, menos que um dito,
Uma locução somente,
Um verbo novo ou bonito,
Pelintra ou cousa decente...

Vagabundo é que não anda;
Terá tanto e tanto emprego
De salão ou de quitanda
Que nunca achará sossego;

Até que lá vem um dia,
Em que o infeliz surrado,
Gasto, podre, sem valia,
Ao lixo é abandonado.

Lá vou eu buscar-te, ó rosa
De Malherbe; é necessário
Fazer citação dengosa
Num caso extraordinário.

Não o caso pavoroso
Do sindicato, alta e baixa.
Negócio tão ponderoso
Que acabou quebrando a caixa.

Demais, ouço tais notícias,
Tantas coisas segredadas,
Que só pegando em milícias
Para rimar com pancadas.

Posto que essa rosa bela
Viveu, como as outras rosas,
Um dia, e sem mais aquela
Perdeu as folhas viçosas.

Não trato dessa, mas trato
Da rosa legislativa,
Nascida sem aparato,
Morta quando apenas viva.

Foi o senador Uchoa
Que lhe deu vida e nascença;
Pareceu-lhe a ideia boa,
Propô-la sem mais detença.

Em verdade, não contava
Ninguém com tal aditivo;
Foi como uma vaca brava
Ao pé de um par pensativo.

De mais a mais, sem discurso,
Modesto, calado e manso;
Mal comparando, era um urso
Metido em pernas de ganso.

Urso, embora parecesse
Ao golpe das mãos humanas,
Podia ser que vivesse
Uma, duas, três semanas.

CRÔNICA *Gazeta de Holanda*

Era vir, tambor à frente,
Polcando ao som de rabeca,
Lançando ao ar, como gente,
Foguete, bomba ou peteca.

Menos de um mês viveria;
Mas, surgindo assim calado,
Viveu apenas um dia,
Foi morto e foi sepultado.

Lá que mais tarde apareça
Em forma de ideia nova,
E que outrem se desvaneça
De o passar por outra prova,

De maneira que essa rosa,
Que foi rosa e que foi urso,
Ganso e vaca furiosa,
Passe a sol nalgum discurso,

Não me espantará. Comigo
Uma só cousa há que espante:
Se desta vez a não digo
É falta de consoante.

4 de julho de 1887 (nº 21)

*Voilà ce que l'on dit de moi
Dans la "Gazette de Hollande"*

Meu Otaviano amigo,
Que ideia foi essa vossa
De deixar que o inimigo
Inda uma vez ganhar possa?

Ruim verso, mas aí fica;
Pior que fosse, ficara;
Não há rima bela ou rica,
Brilhante, sólida ou rara,

Quando o espírito, pasmado,
Mal sabe o que vai dizendo...
E eu sinto-me apatetado
Ante esse conselho horrendo.

Sim, eu penso com Malvino
Que as abstenções são fatais.
É este o melhor ensino
Em cousas eleitorais.

Pois não há aí três pessoas...
Digo mal, duas somente,
Sinceras, válidas, boas,
Que lutem proximamente?

Que é a vida? Uma batalha,
Tiro ao longe, espada à cinta;
Para os barbeiros, navalha;
Para os escritores, tinta;

Para os candidatos, cédula.
Quantas vezes tenho visto
Confessar a gente incrédula
Que não soube atentar nisto!

Sim, eu penso com Malvino
Que as abstenções são fatais;
É esse o melhor ensino
Em cousas eleitorais.

Eu, em rapaz, era dado
Às moças. Lembra-me que uma
Tinha o corpo bem talhado
E olhos feito verruma.

Olhos tais que penetravam
Na gente, em reviradela;
E muitos moços sangravam
Da marcenaria dela.

Quis ver se era amado. Um tio,
Fazendo por dissuadir-me,
Andava num corrupio,
E eu firme, três vezes firme.

Sempre entendi com Malvino
Que as abstenções são fatais.
É esse o melhor ensino
Em cousas eleitorais.

CRÔNICA *Gazeta de Holanda*

E notem a coincidência;
Essa moça, esse pecado
Tinha a sua residência
Mesmo à rua do Senado.

E notem mais que não era
Uma cadeira, mas duas...
Camões, que falou da hera,
Meta aí palavras suas.

Confesso que, ao recordá-la,
Sinto em mim tais pensamentos,
Que era capaz de arrancá-la
A cinco ou seis regimentos.

Nisto entendo, com Malvino,
Que as abstenções são fatais.
É esse o melhor ensino
Em cousas eleitorais.

Lutei muito. Ela fechava
Muitas vezes a janela,
Quando eu por ali passava
Para ver o rosto dela.

Outras vezes devolvia
Cartas escritas com sangue...
Lembra-me uma, que dizia:
"Anjinho meu, não se zangue,

"Se passo por sua casa;
Menos ainda, se temo
Em alimentar a brasa
Deste fogo em que me queimo.

"Que eu penso, como Malvino,
Que as abstenções são fatais;
É esse o melhor ensino
Em cousas eleitorais".

E o certo é que fiz tanto,
Tanto andei por essa rua,
Gemi, gemi tanto canto,
Sem lua, e ainda mais com lua,

Que a moça, de compassiva,
Escutou meus ais tristonhos
E pegou da pena esquiva,
Para responder-me aos sonhos.

"Sei que és coração perfeito,
Que me amas e que não cansas.
Mando-te aqui do meu peito,
Não amor, mas esperanças...

"Crê, amigo, com Malvino,
Que as abstenções são fatais:
É esse o melhor ensino
Em coisas eleitorais".

1º de agosto de 1887 (nº 22)

Voilà ce que l'on dit de moi
Dans la "Gazette de Hollande"

Anda agora toda a imprensa,
Ou quase toda, cuidando
De alcançar que, sem detença,
Acabe um vício nefando.

Na brasileira linguagem,
Essa nacional usança
Chama-se capoeiragem;
É uma espécie de dança,

Obrigada a cabeçadas,
Rasteiras e desafios,
Facadas e punhaladas,
Tudo o que desperte os brios.

Há formados dois partidos,
Dizem, cada qual mais forte,
De tais rancores nutridos,
Que o melhor desforço é morte.

Ora, os jornais que desejam
Ver a boa paz nas ruas,
Reclamam, pedem, forcejam
Contra as duas nações cruas.

Referem casos horrendos,
Já tão vulgares que soam
Como simples dividendos
De bancos que se esboroam.

E zangam-se as tais gazetas,
Enchem-se todas de tédio,
Fazem caras e caretas
Por não ver ao mal remédio.

Vou consolá-las. É uso
Das alminhas bem-nascidas
Dar, contra o pesar intruso,
Consolações repetidas.

Eu (em tão boa hora o diga,
Que me não minta esta pena!)
Tenho aquela corda amiga
Que, em pena, dá eco à pena.

Inda quando a rima saia,
Como essa, um pouquinho dura,
(Ou esta da mesma laia)
É rima que dói, mas cura.

As consolações — ou antes
A consolação é uma;
Trepa tu pelas estantes,
Busca, arruma, desarruma:

E, se tens livros contendo
Decisões de Vinte e Quatro
(Há sessenta anos!) vai lendo
Um aviso áspero e atro.

Lê isto: "Para que cessem
De uma vez os capoeiras,
Que as ruas entenebrecem,
Com insolentes canseiras,

"Manda o imperador, que sabe
E quer pôr a isto cobro,
Dar a pena que lhes cabe,
E se for preciso, em dobro.

"Recomenda neste caso
Que haja a maior energia,

Para que em estreito prazo
Acabe a patifaria;

"E seja restituída
A paz aos bons habitantes,
De modo que tenham vida
Igual à que tinham dantes".

Ora, se este aviso expresso
(Que é de vinte e oito de maio)
Teve tão ruim sucesso
Que inda fulge o mesmo raio,

Concluo que o capoeira
Nasceu com a liberdade,
Ou deu a nota primeira
Se tem mais que a mesma idade.

Valha-nos isto, que ao menos
Consola a gente medrosa,
E faz de alguns agarenos
Cristã gente gloriosa.

Sete de abril, a Regência,
Depois a Maioridade,
Partidos em divergência,
Barulhos pela cidade,

Guerras cruas e compridas,
Exposições, grandes festas,
Paradas apetecidas,
Tudo viu a faca e a testa...

20 de agosto de 1887 (nº 23)

Voilà ce que l'on dit de moi
Dans la "Gazette de Hollande"

Ouvi que algumas pessoas
Entendidas e capazes
De distribuir coroas,
Andam estudando as bases

Da festa que comemore
Uma grave ação recente:

Jantar que a pança devore,
Doce de atolar o dente,

Ou retrato a óleo, e banda,
Com algum palavreado,
Uso desta velha Holanda,
Antigo e repinicado.

Há quem pense em monumento,
Obra fina que reúna
Bronze, mármore e cimento,
Ou busto ou simples coluna.

Em suma, nada que cheire
A inquérito ou a devassa,
Ou cousa que se lhe abeire...
Grande obra e de grande traça.

Porquanto, se aquela preta,
Que ia sendo sepultada,
Não chega a fazer mareta,
E desce tranquila ao nada,

Se já no caixão metida
E levada ao necrotério,
Não suspira pela vida,
Mistério contra mistério,

Não tinha havido barulho,
É certo, nem artiguinhos;
Tudo acabava no entulho,
Bichinho entre mil bichinhos;

Mas também nem a vitória
Ao inspetor caberia,
Que mandou a preta à gloria,
Aonde ela ir não queria.

Pois no rosto da sujeita,
Que ressurgiu com malícia,
Talvez porque em sua seita
Ninguém morre de polícia,

Tu, sagaz, tu descobriste
Que a morte era cousa certa,
E — vendo quanto era triste
Viver de ferida aberta

No meio desta cidade,
Por mais algum magro dia —
Encheste-te de piedade,
Vibraste de inspetoria.

E perdoando à coitada
O resto da vida horrenda,
Mandaste dar-lhe pousada
Debaixo da eterna tenda.

Ela, que tornou ao mundo,
Entre as cantatas da imprensa,
Torna ao báratro profundo,
Morre sem pedir licença.

Triunfa, inspetor, triunfa
Neste voltarete, filho,
Trunfa, trunfa, trunfa, trunfa,
Que a todos deste um codilho.

Imagina tu se abrissem
Inquérito sobre o caso,
E que afinal concluíssem
Que o teu ato era um desazo;

E que isto de meter gente
Viva em caixão de finado,
Sem exame competente,
Devia ser castigado;

Que cara com que ficávamos,
Agora que a preta é morta!
Seguramente tomávamos
Novas da nossa avó torta.

23 de agosto de 1887 (nº 24)

Voilà ce que l'on dit de moi
Dans la "Gazette de Hollande"

Anda-se isto a desfiar:
Quem será o responsável
Dos atos que praticar
O poder irresponsável?

Há várias opiniões
Sobre esta questão pendente;
Contradizem-se as razões,
Um afirma, outro desmente.

Vão aos livros e aos *Anais*
Buscar uma extensa lista
De palavras textuais
Deste ou daquele estadista.

Nem só nacionais, também
Surgem nomes estrangeiros,
Nomes ilustres, que têm
Merecidos pregoeiros.

Um deles foi o senhor
Benjamim Constant, pessoa
Que o poder moderado
Criou e deu à coroa.

Foi ele, em escrito seu,
Que a constituição brasília,
Sem saber, o artigo deu
Que pôs a toda família

Dos poderes, um poder
Que a regesse e moderasse...
Outros porfiam em ver
O caso por outra face.

E tu, Benjamin, fatal,
Grande amador de pequenas,
Tu, morto, tu, imortal,
Lá das regiões serenas,

Que pensas, que pensas tu
Nesta questão, obra tua?
Tira do espírito nu
Opinião crua e nua,

Põe-lhe sobrescrito a mim,
Se achas melhor escrevê-la;
Ou brada-m'a, Benjamin,
Que eu poderei entendê-la.

E logo uma bela voz
Me entrou pelo gabinete,
Fininha como um retrós,
Viva como um diabrete.

E disse: — "Queres saber
O que nesta causa penso?
Qual o meu modo de ver?
A que partido pertenço?

"Se acho que o moderador,
Nos atos em que modera,
Tem ou não algum senhor
Que responde e o desonera?

"Se o poder, a quem chamei
Neutro, pode, irresponsável,
Ter por isso mesmo em lei
Um ministro responsável?...

— "Sim, despacha, respondi
Já zangado e impaciente.
— "Di-lo-ei a ti, a ti;
Se queres, di-lo a mais gente.

"Não verás em mim a flor
Da modéstia, planta rara,
Responderei com rigor,
Certeza e palavra clara.

"Digo que gostei de ouvir
Ideias finas e tantas;
Gostei de as ver discutir
Leão, Cotegipe e Dantas.

"Mas, com franqueza, eu deitei
Tudo ao mar, nesta viagem,
Só uma cousa guardei
E trago-a cá na bagagem.

"Não que julgue sem valor
Outras páginas escritas
Ou faladas, não, senhor;
São puras e são bonitas.

"Foram feitas ao buril,
Pensadas e bem pensadas.

Deixei-as às mil e às mil,
Por esse mundo espalhadas.

"Mas agora que aqui estou,
Livre de ruins cuidados,
Digo: o melhor que ficou
Dos escritos lá deixados

"Foi... palavra que não sei,
Não sei bem como me exprima:
Foi um livrinho de lei,
Uma joia, uma obra-prima,

"Um livro, um livrinho só,
Que entre os escritos passados,
Resiste ao mórbido pó —
Dos anos empoeirados.

"Custa-me dizê-lo, crê:
Um romance, e pequenino;
Relê, amigo, relê
O meu *Adolpho*; é divino.

"Do mais tanto cuido aqui
Como daquela camisa,
A primeira que vesti...
Diz a rima que era lisa".

30 de agosto de 1887 (nº 25)

*Voilà ce que l'on dit de moi
Dans la "Gazette de Hollande"*

Eu, pecador, me confesso
Ao leitor onipotente,
E a grã bondade lhe peço
De ouvir pacientemente

Uma lengalenga longa,
Uma longa lengalenga,
Áspera, como a araponga,
E tarda como um capenga.

Saiba Sua Senhoria
Que, em cousas parlamentares,

A minha sabedoria
Vale a de um ou dois muares.

Não? Isso é bondade sua...
Modéstia minha? Qual nada!
Digo-lhe a verdade crua
Nua e desavergonhada.

Não entendo patavina,
Eu, que entendo a lei mosaica,
Humana, embora divina,
Límpida, conquanto ataica.

"E disse o Senhor: Faze isto,
Moisés, faze aquilo, ordena,
Eu, c'o meu poder te assisto;
Põe esta pena e esta pena".

Eram assim leis sem voto,
Sem consulta, sem mais nada.
Deus falava ao grão devoto,
E vinha a lei promulgada.

Mas por que é que tanta gente,
Reunida numa sala,
Examina a lei pendente
Escuta, cogita e fala?

E por que vota? pergunto...
Nisto abro uma folha, e leio
Bem explicado este assunto:
Era um discurso alto e cheio.

O orador, um deputado
Do Ceará, respondia
A um que o tinha acusado
De manter a escravaria.

Defendia-se, mostrando
Que, desde anos longos, fora
Dos que viveram chamando
A aurora libertadora.

Que a obra da liberdade
Era também obra sua,
Fê-la com alacridade,
Sem proclamá-lo na rua.

Votou, é certo, em contrário
Ao projeto com que o Dantas
Criou o sexagenário
E umas outras cousas tantas.

Mas não foi porque o julgasse
Oposto ao que entende justo,
Nem porque ele lhe vibrasse
Qualquer sensação de susto.

Foi só porque o gabinete
Para o Ceará mandara
Um presidente e um cacete,
Ambos de muito má cara.

Ele, vendo os seus amigos
Perseguidos, destinados,
Depois de grandes perigos,
A serem exterminados.

Votou contra a lei; e a prova
De que lhe não era oposto,
É que, vindo gente nova,
Votou a lei, de bom rosto.

E conclui assim: "Senhores,
Qualquer outro que se achasse,
Cheio de iguais amargores
E injúrias da mesma classe,

Faria o que fiz". Pasmado,
De tudo o que não sabia,
Vim confessá-lo humilhado
Ante vossa senhoria.

6 de setembro de 1887 (nº 26)

Voilà ce que l'on dit de moi
Dans la "Gazette de Hollande"

Eustáquio Primo de Seixas,
Morador em Santo Amaro
(Bahia), fez umas queixas
Sobre um caso duro e amaro.

Parece que um tal Francisco
De Paula Aragão e Souza,
Para reduzi-lo a cisco
E pôr-lhe em cima uma lousa,

Pegou de um revólver, obra
Benfeita, acabada,
Pior que dente de cobra,
Melhor que fio de espada;

E, indo ao sobredito Seixas,
Despejou-lhe, não a arma
Nem precisamente endechas,
Nem violetas de Parma,

Mas uma descompostura,
Como se diz vulgarmente,
Porque quando a gente cura
De falar mais finamente,

Diz torrentes de impropérios;
Tal foi o modo limado
Que, em seus artigos tão sérios,
Empregou este agravado.

Eustáquio estava na rua
Da Matriz — tão concorrida
De gente, que viu a sua
Pessoa assim ofendida.

De tais injúrias e acintes
Ouviu metade calado,
Até que, em tantos ouvintes,
Um houve, mais animado,

Que pôde dar escapula
Ao que ouvia tanta cousa,
Mas o diabo que açula
A alma a Aragão e Souza,

Faz com que lhe não estaque
A torrente de impropérios,
Sotaque sobre sotaque,
Ditérios sobre ditérios.

Já em casa recolhido
Eustáquio, vai muita gente
Pôr-se ao lado do ofendido
Contra aquele ato insolente,

Vai mais; vai gente inimiga;
Vai mais; vai o próprio Souza
Pedir-lhe que o não persiga;
Que lhe perdoe tanta cousa.

Responde-lhe Seixas: "Pronto
Estou a dar-lhe o que pede,
Mas só quero um ponto, um ponto,
E cederei se me cede.

"Peço-lhe que se retrate
Das injúrias que me há dito..."
Aragão, dado ao combate,
Repete, e repete escrito

Todas as injúrias feitas...
Aqui, meu leitor amigo,
Tu que buscas, tu que espreitas
Achar sentido ao que digo,

Não decifrando a charada,
Perguntas naturalmente:
"Que tenho eu com isso?" — "Nada",
Respondo-te eu; "e a Regente?"

Porque o mais rico da cousa
É que o tal Eustáquio Seixas,
Contra o Aragão e Souza,
Trouxe à imprensa as suas queixas,

Escrevendo: "À Sereníssima
Princesa Regente". Ó dura
Condição triste e tristíssima,
Que mal sei como se atura!

Governar para ler estas
E outras ridiculezas...
Ó sorte das régias testas!
Ó destino de princesas!

Que um homem em Santo Amaro,
Ouvindo duas graçolas

(Caso antes comum que raro)
Toque no chapéu de molas,

Enfie a casaca, e calce
As botas envernizadas,
E, todo flor e realce,
Suba as imperiais escadas,

Para contar uma cousa
Que se conta ao delegado,
Isto é, que Aragão e Souza
É pouco morigerado,

Palavra que desanima
De ocupar na terra um sólio:
Antes governar a rima,
Bem ou mal como o Malvólio.

13 de setembro de 1887 (nº 27)

Voilà ce que l'on dit de moi
Dans la "Gazette de Hollande"

Se Deus me dissesse um dia:
— Que desejas tu, Malvólio?
Castelos na Normandia?
Uma biblioteca in-fólio?

"Um punhado de brilhantes,
Grandes como ovos de pomba?
Um batalhão de elefantes,
Marfim puro e extensa tromba?

"Moças, com as quais cantasses
A vida, e pelo estio,
Cantigas velhas que achasses,
Como esta, no peito frio:

"Cajueiro pequenino,
"Carregadinho de flores
"Eu também sou pequenino,
"Carregadinho de amores.

"Ou tendo espíritos altos,
Ir correr desejarias

Perigos e sobressaltos
De Rússias e de Turquias,

"Pegando, com alma icária
E braços impacientes
A coroa da Bulgária,
E defendê-la das gentes?"

Responder-lhe-ia eu, contrito:
— Não desejo, ó verdadeiro
Deus grande, Deus infinito,
Ser castelão nem livreiro,

Nem ter pedras preciosas,
Nem legiões de tamanhas
Alimárias pavorosas,
Vindas de terras estranhas,

Nem bonitas raparigas
Com quem eu cantar pudera
Algumas velhas cantigas,
Cantigas de primavera,

Menos inda, muito menos,
Correr sem mais nada, à toa,
Pequeno entre os mais pequenos,
A apanhar uma coroa.

Não, o que eu quisera, ó divo
Senhor, que mandais a tudo,
O meu desejo mais vivo,
Que me corrói, longo e mudo,

Era entrar pela janela
Do Senado... Olhai, não digo
Pela porta. A porta é bela,
Porém já não vai comigo.

A porta, traz como agora,
Obrigações superfinas;
Li-as em prosa canora,
Sobre as eleições de Minas.

A primeira é que resida
O candidato na terra,
Pois se acaso a própria vida
A outra terra o desterra,

Perca as tristes esperanças
De conservar eleitores.
Se há exemplos, são carranças,
Outra quadra, outros amores.

Olindas, Celsos, Correias,
Nabucos e Zacharias,
São estragadas candeias,
De outros homens e outros dias.

Agora, quanto à segunda
Obrigação do diabo,
É igualmente profunda...
Não se quer nenhum nababo,

Que ande assim, como um tesouro,
Em carruagens de prata,
Cavalos ferrados de ouro,
Um jantar em cada pata;

Mas se o candidato é pobre
E passa a vida lidada,
Não entra em funduras. Dobre,
Amigo, dobre a parada.

Ora, eu que há muito suspiro
Pelo senado, e aqui moro,
Lidando, que mal respiro,
Sem o vil metal que adoro,

Uma noite adormecia
Lendo alguma velha história
De Veneza ou da Turquia,
E acordava em plena glória,

Diante do presidente
Aparecia sentado.
Ai, Deus justo, ai, Deus clemente...
Janela... curul... senado...

CRÔNICA *Gazeta de Holanda*

20 de setembro de 1887 (nº 28)

Voilà ce que l'on dit de moi
Dans la "Gazette de Hollande"

Quando tudo em paz corria
Cai uma nuvem prenhada
De chuva e de ventania,
De saraiva e trovoada.

E cai lá naquela banda
Do paço dos senadores,
O melhor paço da Holanda,
Boa pedra, arminho e flores.

Inda se fosse no paço
Dos deputados, vá feito;
Embora sendo embaraço,
Caía no próprio leito.

Pois se este paço figura
Ao pé do velho senado,
Que afigura e transfigura,
Como ele, o que lhe é levado,

Certo é que é mais dada a zona
Aos temporais desabridos;
Quem lá vai mete-se em lona,
Oleado e outros tecidos.

Mas, no senado, em verdade,
Posto não seja o primeiro
Exemplo de tempestade
Nem talvez o derradeiro,

Causa espanto, porque tudo
Parecia que ia andando,
Não inteiramente mudo,
Mas lentamente calando.

Vai então, como eu buscasse
Saber por algum amigo,
Maneira com que explicasse
Este singular perigo,

Achei um vizinho, um magro,
Um que não tem este olho;

Chamá-lo-ia Meleagro,
Di-lo-ia autor de algum molho,

Se não parecesse abuso
Esse recurso mofino,
Mofino, mas não escuso...
Os versos têm seu destino!

Tenho sido belo, às vezes,
Só por exigi-lo a rima;
Chama-se a um homem Menezes
Quando não passa de um Lima.

Mas, qualquer que seja o nome
Do vizinho consultado,
Fui lá p'ra matar a fome
E saí esfomeado.

Procurei-o, como disse,
E no meio da palestra
Aconteceu que surgisse
Uma questão grave e mestra:

Se o senado é que governa
Ou a câmara. O sujeito,
Querendo passar-me a perna,
Tira estas vozes do peito:

"— Dizem que a câmara baixa,
Conforme a prática inglesa,
Assim como tem a caixa
Da receita e da despesa,

"Rege a política, e forma
Os homens à sua imagem,
Que é essa a única norma
Da parlamentar viagem.

"Sendo, porém, cousa certa
Que os ingleses querem antes
Achar sempre a porta aberta.
Dos comuns representantes.

"E comuns há que padecem,
Se a boa sorte lhes falta,
E após os pais que falecem
Vão para a câmara alta;

"Onde é menor o trabalho,
Sessões curtas, pouca vida,
Galho do poder, mas galho
De folha amarelecida;

"Cá buscamos o senado;
E se o que há mais forte e fino
Tem ali lugar marcado,
É que ali mora o Destino".

27 de setembro de 1887 (nº 29)

*Voilà ce que l'on dit de moi
Dans la "Gazette de Hollande"*

A semana que há passado...
Deixe leitor que me escuse,
E de um falar tão usado
Abuse também, abuse.

Há passado, hão carcomido...
Hão, hão, hão, hão posto em tudo,
Hão, hão, hão, hão recolhido...
Estilo de tartamudo.

Ai, gosto! ai, cultura! ai, gosto!
Demos um jeito e outro jeito:
Venha *dispor* e *há disposto*
Venha *dispor* e *há desfeito*.

Mas usar de uma maneira
Até reduzi-la ao fio,
Não é estilo, é canseira;
Não dá sabor, dá fastio.

Porém... Já me não recordo
Do que ia dizer. Diabo!
Naveguei para bombordo,
E fui esbarrar a um cabo.

Outro rumo... Ah! sim; falava
Da outra semana. Cheia
Esteve de gente escrava,
Desde o almoço até a ceia.

Projetos e mais projetos,
Planos atrás de outros planos,
Indiretos e diretos,
Dois anos ou cinco anos.

Fundo, depreciamento,
Liberdade nua e crua;
Era o assunto do momento,
No *bond*, em casa, na rua.

Pois se os próprios advogados
(E quem mais que eles?) tiveram
Debates acalorados
No Instituto, em que nos deram

Uma questão — se, fundado
Este regime presente,
Pode ser considerado
O escravo inda escravo ou gente.

Digo mal: — inda é cativo
Ou *statu liber*? Qual seja
Correu lá debate vivo,
Melhor dizemos peleja.

Mas peleja de armas finas,
Sem deixar ninguém molesto:
Nem facas, nem colubrinas,
Digesto contra Digesto.

Uns acham que é este o caso
Do *statu liber*. Havendo
Condição marcada ou prazo,
Não há mais o nome horrendo.

Outros, que não são sujeitos
Ferozes nem sanguinários,
Combatem esses efeitos
Com argumentos contrários.

Eu, que suponho acertado,
Sempre nos casos como esses,
Indagar do interessado
Onde acha os seus interesses,

Chamei cá do meu poleiro
Um preto que ia passando,

Carregando um tabuleiro,
Carregando e apregoando.

E disse-lhe: "Pai Silvério,
Guarda as alfaces e as couves;
Tenho negócio mais sério,
Quero que m'o expliques. Ouves?"

Contei-lhe em palavras lisas,
Quais as teses do Instituto,
Opiniões e divisas.
Que há de responder-me o bruto?

— "Meu senhor, eu, entra ano,
Sai ano, trabalho nisto;
Há muito senhor humano,
Mas o meu é nunca visto.

"Pancada, quando não vendo,
Pancada que dói, que arde;
Se vendo o que ando vendendo,
Pancada, por chegar tarde.

"Dia santo nem domingo
Não tenho. Comida pouca:
Pires de feijão, e um pingo
De café, que molha a boca.

"Por isso, digo ao perfeito
Instituto, grande e bravo:
Tu falou muito direito,
Tu tá livre, eu fico escravo".

28 de setembro de 1887 (suplementar)

Errata. Saíram ontem
Dois vocábulos errados...
Que os meus leitores descontem
A dor minha aos meus pecados

Devem ler por este gosto
Os tais que têm o defeito
"Venha *disposto* e *há disposto*;
"Venha *desfez* e *há desfeito*."

E não tenda mais que diga
Aqui me fico espreitando
Fortuna ruim que obriga
A andar errando e emendando.

Malvolio

4 de outubro de 1887 (nº 30)

Voilà ce que l'on dit de moi
Dans la "Gazette de Hollande"

Há muito inglês já defunto,
Canning, Peel e consortes,
Que são o perpétuo assunto
Da eloquência e seus transportes.

Cada ano que passa, deixa
Nos anais parlamentares,
Entre um ataque e uma queixa,
Esses nomes singulares.

Assim, posto que vivamos
À moda francesa, é certo
Que todos imaginamos
Estar dos ingleses perto.

Vede, por exemplo, os nomes
Dos que escrevem de política;
Não são Barros, não são Gomes,
Nomes de fama somítica.

Entre um Guizot e um Horácio,
Quantos Walpoles facundos!
Pobre Gália! Pobre Lácio!
Britânia é mundo entre mundos.

E, na verdade, a Inglaterra
Tem de sobra exemplos grandes
Para ensinar toda a terra,
Do Cáucaso até os Andes.

Hão de dizer, com justiça,
Que até aqui tenho usado
O latim da velha missa,
Já sabido e decorado.

Que sou vulgar como um bule
De botequim, — como um homem
Que, perdendo ontem na pule,
Narra as dores que o consomem;

Vulgar como um par de botas
Rotas e desengraxadas,
Vulgar como as quatro sotas,
Copas, ouros, paus e espadas.

Muito bem; mas, tendo em vista
Embora a vulgaridade
Procurar alguma pista,
Por onde ache a realidade,

Li agora um documento,
Circular de candidato,
Feita com discernimento,
Bom estilo, ameno e grato.

Tão grato, que pede o voto
Como *um favor*, e confessa
Que, vencido o terremoto,
Fará que jamais o esqueça.

Que seja novo não digo,
Nem novo, nem menos raro;
É costume um pouco antigo,
Vulgar, sem ofensa e caro.

Pois o eleitor, de outro lado,
Não faz favores à toa,
Quer ser mui cumprimentado
Em palavras e em pessoa.

Há tal que o votinho nega
A gente que o não visite,
Não que queira ver se emprega
Bem a cédula que emite,

Perguntando ao candidato
Qual a escola que mais usa,
Se a de um governo barato,
Se a do que gaste e produza;

Não, senhor; mas tão somente
Para ouvir cousinhas finas,

E mostrar a sua gente,
A esposa, a sogra e as meninas.

Ouvir que a filha terceira
Há de ser uma figura
Como a segunda e a primeira,
Modelos de formosura.

Ouvir um bom elogio
À laranjinha da casa;
Dar notícia de algum tio,
Que perdeu na ilha Rasa.

Ver que o candidato mira
De quando em quando a poltrona,
Em que se alarga e se estira,
Gesto de louvor que a abona.

Se há tais entre os eleitores,
E pedes, ó candidato,
Como o favor dos favores,
O voto, e lhes ficas grato,

Para que tantos ingleses,
Que dormem nas sepulturas,
Virem bailar tantas vezes
Nas nossas legislaturas?

Nacionalizemos isto.
Queres citar? Cita, cita
Nome cá nascido e visto;
Deixa o Pitt; cita o Pita!

11 de outubro de 1887 (nº 31)

Voilà ce que l'on dit de moi
Dans la "Gazette de Hollande"

Na semana que lá foi,
Houve cousas do diabo,
Já de vaca, não de boi,
Já com rabo, já sem rabo.

Sem rabo o que apareceu,
Foi a grande tartaruga,

Que naufragou e morreu
Em praia onde o mar se aluga.

Espécie nada comum,
Foi logo classificada,
Sem nenhum erro, nenhum,
E está no Museu guardada.

Ora, é muito de saber
Que a bicha, ao pousar na praia,
Sorriu consigo de ver
Tanta senhora sem saia.

E consigo murmurou,
Porque é animal sabido,
Tanto que Deus lhe botou
Nome latino e comprido:

— "Mostra a gente ao pé do mar
O que numa sala esconde.
Tudo é conforme o lugar,
Preciso é saber aonde.

"E tais encantos em flor,
Que ninguém arrastaria
Pela rua do Ouvidor,
De noite, e menos de dia,

"Aqui publicados são
Sem bulha, nem matinada,
Aos olhos do camarão
Que nada, e do que não nada.

"Pascal é que disse bem
Quando da justiça ria:
'Verdade aqui, erro além'.
Cabe o dito à rouparia".

Com rabo, houve o edital
Da câmara, um documento
Que apareceu no *Jornal*
No mesmo dia e momento

Em que deviam abrir
As propostas que acudissem...
Aos que ficaram a rir,
Bradaram que se não rissem.

Que o tenente-coronel
Presidente é que mandara
Compor aquele papel
Que a folha não publicara,

Conquanto a tempo o doutor
Secretário o remetesse...
Não sei se o comendador
Tesoureiro andou com esse.

Pode ser que o general
Procurador da fazenda,
Como é muito bom fiscal,
Não gostasse da encomenda.

Pode ser; mas pode ser
Também que o protonotário
Escrivão, em vez de ler
O *Jornal*, lesse o *Diário*.

Ora, em verdade, foi bom
O caso: fico inteirado
Que é de rigor e bom-tom
Cargo com título ao lado.

E não escrever papel
Em que venha o presidente
Sem tenente-coronel,
Seria pouco e insolente.

Quanto ao que houve, não de boi,
Mas só de vaca, naquela
Semana que lá se foi,
Certo não foi bagatela.

Foi um projeto que quer
População vacinada,
Seja homem ou mulher,
Gente grande ou criançada.

E não mais se casará
Sem se provar que a menina
E o noivo tiveram já
Ultimamente vacina.

Mas, como falasse alguém
Na câmara contra isto,

Dizendo que a coisa tem
Pecha contra a lei de Cristo,

Responderam-lhe que sim,
Que os noivos terão dispensa
Bastará ao grande fim
Toda a mais lei, que é extensa.

Pois manda revacinar,
Além dos tenros infantes,
Soldados de terra e mar,
Funcionários e estudantes.

Mas por que se há de excluir
Desse dever mal cruento
Quem vai à gente pedir
Um lugar no Parlamento?

Quero crer que as ambições
Hão de vir em grande malta,
Suprindo as vacinações
O mérito que lhes falta.

Dir-se-á de um legislador
Morto, que era homem honrado,
Bom caráter, bom senhor,
Modesto e revacinado.

E, pois que um caso esqueci
Da outra semana, digo
Muito à puridade aqui,
Que falta à lei outro artigo.

Falta artigo, pelo qual,
Em caso de desafio,
Pudesse um homem mortal
Cortar à pendenga o fio.

Cortar deste modo: ouvir
O outro, em lances extremos,
E responder-lhe a sorrir:
"Vacine-se e falaremos".

18 de outubro de 1887 (nº 32)

Voilà ce que l'on dit de moi
Dans la "Gazette de Hollande"

Tudo foge; fogem autos,
Fogem onças, foge tudo.
Ó guardas moles e incautos!
Ó corações de veludo!

Uma onça, que vivia
Em casa de uma senhora,
Viu aberta a porta um dia
Da gaiola, e foi-se embora.

Na roça? Não; na cidade.
Que cidade? É boa! a tua.
Dou mais esta claridade:
Era na rua... na rua...

Rua da América... Pronto!
Mas, se não leste a notícia,
Cuidarás que é isto um conto,
E talvez conto e malícia.

Não, amigo. Era uma onça,
Tinha aos três anos chegado;
Vivia discreta e sonsa
Em casa, num gradeado.

Vai senão quando — um descuido —
Deixaram-lhe aberta a porta,
E a onça sentiu um fluido
Que não sente onça já morta.

Sentiu passar-lhe no lombo
O fluido da liberdade,
E, ligeira como um pombo,
Deixou a casa da grade.

Nenhum liberal, que o seja
Como deve, achará livro
De tantos da sua igreja
Que condene este carnív'ro.

Pois se foge o papagaio,
O macaco, a patativa,

Seja outubro, seja maio,
Tenha ou não tenha mãe viva,

Que muito é lá que uma nobre
Onça das brasílias matas,
Logo que possa, recobre
O uso das suas patas?

Lá por viver entre gente
E canapés delicados,
Não acho suficiente
Para condená-la a brados.

Certo é que fugiu. Bem perto,
Duas casas logo abaixo,
Achou como que um deserto,
E resolveu: "Lá me encaixo".

Era casa em obras. Passa
Todo o sábado e domingo,
Sem comer sombra de caça,
Sem beber de sangue um pingo.

Na segunda-feira, cedo
Sobe ali um operário,
Despido de qualquer medo:
Vai ganhar o seu salário.

Casualmente (bendito
Seja Deus!) o desgraçado
Vê o olhar da onça fito
De dentro de um tabuado.

Foge; muita gente acode
Armada, e com laço e rede,
A ver se apanhá-la pode;
Ela, com fome e com sede,

Fere o pé a um bom valente,
Mas é já laçada, e morre
À faca da demais gente,
Que ali bravamente corre.

E porque não era grave
A ferida recebida,
Fechou-se com dura chave
A história, e mais a ferida.

E disse alguém, que não erra
Ocasião de uma vasa:
— "Que há mais natural na terra
Que criar onças em casa?

"Quando muito, demos graças
Aos deuses, que esta podia
Matar duas ou três praças,
E toda uma inspetoria.

"Não há onças espanholas?
Não há onças desgraçadas?
Estas não rugem nas solas
Das botas acalcanhadas?

"Virá tempo em que não ande
Pessoa que se respeite
Sem uma onça já grande,
Ou, pelo menos, de leite.

"Que toda a senhora fina,
De passeio ou de passagem,
Tenha uma onça menina
Ao lado, na carruagem.

"Que algumas fujam, que trinquem
O pé a qualquer pessoa,
Ou por mal, ou porque brinquem...
Pode acontecer, é boa!

"Mas quem já viu neste mundo
Progresso sem sacrifício?
Sangue que corre é fecundo,
E há virtude que foi vício.

"Cavalo que anda direito
Já foi bravio e inquieto;
Onça que morde um sujeito,
Talvez não lhe morda o neto.

"Vamos, pois, encomendemos
Onças, muitas onçazinhas,
E nos quintais as criemos,
Como se criam galinhas".

29 de outubro de 1887 (nº 33)

Voilà ce que l'on dit de moi
Dans la "Gazette de Hollande"

Alá! por Alá! Cá tenho
Inda nos tristes ouvidos
O som duro, o som ferrenho,
Destes termos desabridos:

"Os liberais padecemos
Como os cristãos da Bulgária
Padecem duros extremos
Da turca espada nefária."

E porque tenho uma veia
Com sangue de Mafamede,
Cousa que não acho feia,
Que não desdoura, nem fede;

Juro que andei azoinado
Com o dito do estadista,
Azoinado e envergonhado,
Sem voz, sem sabor, sem vista.

Mas (Alá é grande!) agora,
Agora, neste momento,
Chegam notícias de fora,
Da Bulgária e de espavento...

Vejo que o governo novo
Daquele povo inquieto,
Para aquietar o povo,
Achou um meio discreto.

Convidou madre Censura
Para rever os diários,
Enterrando a unha dura
Por modos crespos e vários,

Nos trechos em que apareça
Opinião tão à toa,
Que em tudo, se mostre avessa
Ao que ela entender que é boa.

Assim podem os censores
Riscando uma parte ou tudo,

Fazer dos espinhos flores,
Fazer do rudo veludo.

É pouco. Um dos jornalistas
Tantas fez que foi pegado,
E teve, de mãos artistas,
Não pouco, nem moderado,

Castigo de tal volume
Que era de ver... Cem açoites!
Quase lhe levam o lume,
Quase lhe dão boas-noites.

E disseram-lhe ao soltá-lo,
Que se voltasse à escritura,
Haviam de castigá-lo,
De outra forma inda mais dura.

Ora, o que me espanta nisto
É que a gente que maltrata
Os pobres filhos de Cristo
São cristãos de pura nata.

Lá que impeçam tais diários,
Acho até bom, não somente
Nos dias incendiários,
Mas nos de vida corrente.

Nunca veio mal de um mudo,
E imprimir o que se pensa,
Tudo, tudo, ou quase tudo,
É desastre, não imprensa.

Assim, acho grão perigo
Que, em obséquio ao Ramalho
Ortigão, meu grande amigo,
Honra do engenho e trabalho,

Desse a *Gazeta* uma festa
De autores e jornalistas,
Cerrada e longa floresta
De opiniões e de vistas.

Conservadores sentados,
Em frente a republicanos,
E liberais afamados
Ao lado de ultramontanos.

Gente ruim, gente feia,
Merecia nessa noite,
Não festa, porém cadeia,
Não Borgonha, mas açoite.

País de tal liberdade
E tolerância tamanha,
Vai com toda a alacridade
Ao lodo, ao delírio, à sanha.

Olhemos para a Bulgária;
Arruma, cristão amigo,
Simples pancada ordinária:
Cem açoites por artigo.

2 de novembro de 1887 (nº 34)

Voilà ce que l'on dit de moi
Dans la "Gazette de Hollande"

Que fará, estando junto
Sócrates a um hotentote?
Falo de varão defunto,
Pode sair livre o mote...

E, antes de mais nada, digo
Que essa junção de pessoas,
Vi hoje mesmo em artigo
Repleto de cousas boas.

O artigo é de sociedade
Espírita e brasileira;
Trata só da humanidade,
É divisa sua e inteira.

Que eu já sou meio espírita,
Não há negá-lo. Costumo
Pôr na cabeça uma fita,
Em vez do chapéu a prumo.

Chamo à vida uma grã bota
Calçada pelo diabo;
Quando escrevo alguma nota,
Principio e não acabo.

Dou o João, velho amigo,
Nascido em cinquenta e sete;
E ele, quando isto lhe digo,
Todo se alegra e derrete.

E proclamam em recompensa,
Que sou de cinquenta e cinco;
Rimo-nos em boa avença,
Do meu brinco e do seu brinco.

Aqui há poucas semanas,
Puxei fieira na rua,
E comi sete bananas
Com pimenta e linha crua.

José Telha, que no sótão
Sustenta os seus macaquinhos,
Crê que alguns deles se botam
Para a casa dos vizinhos.

Mas eu respondo-lhe a cada
Palavra com heroísmo,
Que o que parece *pancada*,
É simples espiritismo.

E, voltando à vaca fria,
Sócrates era um sujeito
De grande filosofia,
Alta mente, heróico peito.

O hotentote, — conquanto
Lembre uma Vênus famosa
Pelo volumoso encanto,
Mas tão pouco volumosa,

Comparada àquela raça,
Tão pouco, como seria
Uma uva a uma taça,
A laranja à melancia;

O hotentote, em bestunto,
É pouco mais que um cavalo;
Dê-se-lhe um simples assunto,
Mal poderá penetrá-lo.

Mas, sendo um e outro feitos
Pela mesma mão divina,

Força é que sejam perfeitos,
Di-lo a grande Espiritina.

Daí a necessidade
De andar a gente em charola,
Não de cidade em cidade,
Mas de uma bola a outra bola.

Morre aqui algum peralta,
Que furtou grandes dinheiros,
Ressurge em bola mais alta,
Entre os simples caloteiros.

Vai a outra, e paga em dia
Todas as dívidas suas;
Vai a outra, e principia
A dar esmolas nas ruas.

Vai a outra, e já suprime
As ruas; chega à perfeita
Máxima pura e sublime
De só saber a direita.

Sobe finalmente à esfera
Onde uma sociedade
De arcanjos lindos o espera,
E o conduz à eternidade.

Ali Sócrates jucundo
Receberá o hotentote,
E falarão deste mundo,
E glosarão este mote:

— Para que há de haver juízes
Em Berlim, ou noutra parte?
Têm aqui iguais narizes
O inocente e Malazarte.

8 de novembro de 1887 (nº 35)

Voilà ce que l'on dit de moi
Dans la "Gazette de Hollande"

Vem cá, Gema Cuniberti,
Dize-me aqui a esta gente

Quanto se deve ao Lamberti,
Exata, precisamente.

Que não és vereadora,
Escrivã, nem magistrada,
Bem o sei, minha senhora,
A mim não me escapa nada.

Nem é preciso que digas
Cousa alguma, não sabendo
As somas novas e antigas
Deste negócio estupendo.

Basta que me tenhas dado
Rima para o italiano.
Agora que está rimado,
Volta à paz de todo o ano.

Pois saber exato, exato,
Quanto é que lhe deve a gente,
Não é só trabalho ingrato,
É pôr um homem demente.

Uns dizem que cento e trinta
Contos — outros, mil e tantos;
Que isto se afirme ou desminta
Enche o coração de espantos.

Esperta logo o desejo
De não dar mais que um cruzado,
Ou perder de todo o pejo
E ir a um milhão quadrado.

Que, assim como nós quadramos
As léguas, quadrar podemos
O dinheiro que pagamos,
Jamais o que recebemos,

Explico-me: a vereança
Paga tarde e paga em dobro,
Porque o credor, quando cansa,
Não põe aos ímpetos cobro.

Mas para que o miserável
Contribuinte não gema,
Faz-se-lhe grata e afável;
Não é assim, minha Gemma?

Não põe aumento na taxa,
Mormente se é baratinha;
A taxa quanto mais baixa
Parece mais bonitinha.

Desta maneira a fazenda
Municipal, acusada,
Não de torva, nem de horrenda,
Mas só de desbarrigada,

Perde inteiramente o resto
Da pele que traz nos ossos;
Fica-lhe o corpo mais lesto,
Já sem casca, só caroços.

Então é que é ver o ufano
E gracioso esqueleto
(Falemos italiano)
Dançar o seu *minuetto*.

Dançar não paga comida,
Nem vestido, nem calçado,
Mas alegra um tanto a vida,
E o gozo é tão pouco usado!

O pior é se, na faina
Do ofício, os vereadores
Arranjarem uma andaina
De caixas e borradores.

Pois não há maior desgraça,
Nem pior melancolia,
Do que ter ostras na praça
E a escrituração em dia.

Ao menos, tudo confuso
Faz crer que inda poderemos
Guardar um traste em bom uso...
E então, evoé! bailemos!

15 de novembro de 1887 (nº 36)

Voilà, ce que l'on dit de moi
Dans la "Gazette de Hollande"

Ora, mal sabe a pessoa
Que lê estas linhas toscas,
Compostas assim à toa,
Entregues ao prelo e às moscas,

Mal sabe o susto que tive
Nas eleições da semana:
Vi Cartago, vi Ninive,
Vi além da Taprobana:

Por isso darei ao verso
Certo tom grave e pausado,
Diverso, muito diverso
Do meu tom acostumado,

E, se não, amigo, veja:
Batendo a hora do voto,
Vesti-me e fui para a igreja
Como um eleitor devoto.

Tinha comigo o diploma,
E a lista dos meus eleitos,
Fechada com boa goma,
Juntinha, agarrada aos peitos.

Começou pela chamada...
Sei que sabe que ainda estamos
Nesta usança desusada
De só votar quem chamamos.

Dizia o mesário: — Antônio
Vaz de Souza, e repetia,
Depois: — Arlindo Theotônio
De Vasconcellos Faria.

E Arlindo, que era presente,
Levava o diploma aberto
Aos olhos do presidente,
Votava, e rápido, e certo,

Escrevia o nome: — Arlindo
Theotônio de Vasconcellos

CRÔNICA *Gazeta de Holanda*

Faria. — Trabalho findo,
Ia ao bife e ao Carcavelhos.

Mas o curioso, o incrível,
O trágico, o inopinado,
O que parece impossível
E entanto foi praticado,

É que entre os nomes dos vivos
Tinha nomes de defuntos,
De tantos que ora, entre os divos,
Gozam o descanso juntos.

E não defuntos de agora,
Mas de alguns anos passados,
Alguns que a pátria inda chora,
Outros pouco ou mal chorados.

Essa chamada de mortos
Trouxe-me um sono profundo,
Fui sentindo os olhos tortos,
E o mundo ao pé do outro mundo.

Primeiro vi Duque-Estrada
Teixeira — chegar sombrio
Para acudir à chamada
Feita ao seu pátrio Rio.

Vi depois o Azevedo
Peçanha, vi a figura
Do Buarque de Macedo,
Labor, honradez, cordura.

Vi outros muitos, vi tudo,
E, continuando o mistério,
Vi, com gesto carrancudo,
A história e o seu cemitério.

Numerar os esqueletos
Que entrar vi na sacristia,
Já bolorentos ou pretos,
É obra que excede a um dia.

Vi César e mais as suas
Válidas tropas, vi Galba,
Maomé e as meias-luas
E os três Curiácios de Alba.

Nino vi, Giges, e aquela
Semíramis, graça e fama,
Cleópatra, e a donzela
D'Orleans, Vasco da Gama,

Pedro o Grande, Henrique Oitavo,
Amílcar, os comerciantes
Cartagineses, Gandavo,
Napoleão e Cervantes.

E vinham todos trazendo
Uma cédula entre os ossos
Ao mesário, que ia lendo,
Os nomes desses destroços...

Sonho foi... Quando desperto,
Não achei mais que o sacrista,
A mesa vazia perto,
Nem mais eleitor nem lista.

Tonto do meu pesadelo,
Contei-o ao sacrista, e o moço
Facilitou-me entendê-lo,
Ambos à mesa do almoço:

— "Nada lhe aconteceria
Se a lista dos eleitores
Pudesse ter algum dia
Revisão e revisores.

"Se fosse oportunamente
Cada morto eliminado,
Nenhum seria presente
E muito menos chamado.

"Mas, como a preguiça é grande
E os trabalhos são maçudos...
E não há quem nisto mande...
E os tempos andam bicudos..."

CRÔNICA *Gazeta de Holanda*

22 de novembro de 1887 (nº 37)

Voilà, ce que l'on dit de moi
Dans la "Gazette de Hollande"

Pessoas há... Por exemplo,
Que vale um desfalque triste
Cuja notícia contemplo?
Acho que já nem existe.

Pois, entrados os cobritos,
Desmancha-se a *diferença*,
E o que eram terríveis gritos
Chega a pura *indiferença*.

Pessoas há que detestam
Rimas daquele feitio;
São cadeias que molestam
A inspiração, mais o brio.

Eu cá sendo, necessário
Ir andando, vou andando;
Rimo *Corsário* e corsário,
E bando com contrabando,

Sem saber se o leitor gosta,
Ou não dessa rima rica.
Se eu quero a obra composta,
Menos que fazer me fica.

Se não sair boa a quadra,
Que saia, ao menos, completa;
Lá, se lhe quadra ou não quadra,
É queixar-se do poeta;

Não do triste gazeteiro,
Que rói o tempo e trabalha
Sem encontrar no tinteiro
Qualquer assunto que calha.

Ninguém me dirá que as notas
Falsas e germanizadas
Valem nunca um par de botas,
Novas ou acalcanhadas.

Pois que já tratara delas
O cronista do costume,

E ora são como panelas
A que não resta chorume.

Nem elas, nem os debates
Do Jockey-Club, e os palpites,
Nem os terríveis combates
De agudas encefalites.

De encefalites agudas,
Das quais não escrevo nada;
As rimas devem ser mudas,
Quando a matéria é pancada.

E brigar por dois cavalos,
Gastar suor, sangue e murros,
Defendê-los, levantá-los,
Para um amador de burros,

É completa maluquice.
Eu amo os burros, capazes,
Sem ardor nem casquilhice,
Maduros desde rapazes.

Barulhos entre campistas?
Cadeira de Torres Homem?
São matérias de altas vistas,
Que aos fracos olhos se somem.

Sobretudo, em medicina,
Basta-me um só documento,
Cousa séria, não mofina,
Obra séria e de momento,

A autópsia de um tal Garrido,
Que foi achado enforcado,
Sem ficar bem definido
Se era ou não um suicidado.

Se sim ou se não — responde
O auto que é impossível
Achar por onde se sonde
Esse problema terrível.

Mas, continuando a pena
Naquele labor ingrato,
De toda a descrita cena
Conclui que houve assassinato.

É por isso que os problemas
Nunca me meteram susto;
São simples estratagemas
Que a gente desfaz sem custo.

Assim desfizesse o dano
E a funda melancolia
De não ser pernambucano!
Teria visto, de dia,

Vênus, o astro, no Recife,
Onde apareceu agora...
Ah! tu rimas com patife,
Tu, Recife de má hora!

Lembra a notícia que Eneias,
Indo da troiana parte,
Viu assim a flor de ideias,
E assim a viu Bonaparte.

Foi o que li e acredito;
Que eu creio em tudo o que leio,
E como sigo um só rito
Só leio aquilo em que creio.

Faça o leitor outro tanto;
Se não crê nesta *Gazeta*
De Holanda, ponha-a num canto;
E rimará com Gazeta.

29 de novembro de 1887 (nº 38)

Voilà ce que l'on dit de moi
Dans la "Gazette de Hollande"

Nascimento cura, cura,
Curandeiro Nascimento;
Curandeiro fura, fura,
Fura-vidas e fura-vento;

Pois que tens a liberdade
De curar tantas mazelas
Que devastam a cidade,
Curar e viver por elas;

Tudo isso com quatro passes
De evocação de defuntos,
Que, sem que mostrem as faces,
Todos ali falam juntos;

Espíritos diferentes;
Um cura barriga d'água.
Outro arranca um ou dois dentes,
Sem deixar sangue nem mágoa:

E mais que tudo, são grandes
Em ler, como as adivinhas,
Para o que, basta que mandes,
Com tais e tais palavrinhas;

Nascimento (apre! que custa
Desfiar um pensamento
Verso abaixo! Custa e assusta).
Dize-me cá, Nascimento,

Dize o que virá de Minas,
Se queijo, tabaco, ou lombo,
Se cousas mais superfinas,
Quem dá pulo e quem dá tombo.

Antes que tudo nos venha,
Veio muita porcaria,
Muita rixa e muita lenha,
Pulso de gente bravia.

Palavreada sem estilo...
Ao menos, se os escritores
Nos fizessem ler aquilo
Com alguns poucos lavores,

Dariam à pobre gente
Que vive de outros negócios
Um receio de patente
Para entreter os seus ócios.

Então, padecesse o Veiga,
Calmon, Santa Helena e o resto,
Para uma pessoa leiga
Era um gosto puro e honesto.

Lia em boa e sã linguagem
Que o vizinho era um modelo

De ignorância e parolagem,
Um papagaio e um camelo.

E, vice-versa, diria
O vizinho assim tratado,
Que a maior patifaria
Tinha no outro o grão-mestrado.

Eram certamente afrontas,
Mas rendilhadas, cobertas
De corais e finas contas,
Menos que afrontas, ofertas.

Ah! mas justamente é isso
O que faria à polêmica
Perder o melhor feitiço,
E pô-la inválida e anêmica.

E por que tanto barulho?
Para ter lugar marcado
Na casa, que é nosso orgulho,
E a que chamamos senado.

Que vale a pena, isso vale!
Ponham-me ali já eleito
Pela serra ou pelo vale,
E verão se não aceito.

Aceito, fico e sustento,
Com alma, com heroísmo,
Esse forte monumento,
Flor do parlamentarismo.

Uma só condição, uma,
Para pleitear aquilo,
Descompostura nenhuma,
Ou nenhuma, ou com estilo.

6 de dezembro de 1887 (nº 39)

Voilà ce que l'on dit de moi
Dans la "Gazette de Hollande"

Peguei da mais rica pena,
Molhei-a na melhor tinta,
E fiz uma cantilena:
"Tinta que repinta e pinta".

Que haja nisso algum sentido,
Livre-me Deus de escrevê-lo;
Sentido, bem entendido,
No sentido de entendê-lo.

Mas que há nessa linha escura
Uma íntima harmonia
Com tudo o mais que se apura
De tantos casos do dia,

Isso é que não há negá-lo,
Exceto se uma pessoa
Quiser fazer de cavalo,
Assim, sem mais nada, à toa.

Pois não andou toda a gente
Com a imaginação acesa,
Em busca do presidente
Da República Francesa?

Havia apostas. Um era
Ferry, outro — homem de espada,
Outro Freycinet quisera,
Outro — Floquet, outro — nada.

E de tanta gente oposta
Sai um que a ninguém havia
Peito cuidar em aposta,
Se seria ou não seria...

Já sei... Não me explique, amigo;
Não seja de uns desfrutáveis
Que juram sempre consigo
Explicar os explicáveis.

Por exemplo, não me explique
O Ney, nem a delicada

Ação que faz com que fique
Toda a idade pasmada.

Essa joia, esses quinhentos
Mil-réis dados de pronto,
Como quem espalha aos ventos
Palavras leves de um conto,

Ação foi de grande siso;
Ter-se entre duas pilhérias
Ney, o marechal do riso,
Consolador de misérias.

E muitos pasmados ficam,
Por não crer que alguém possua
Cobres que se multiplicam
E os lance estéreis à rua.

Depois disto vem aquilo
Que a nenhum de nós consola,
Nem deixa a ninguém tranquilo,
Nem traz figura de esmola.

Refiro-me às ameaças
Da Amazônia, que deseja,
Resguardar as suas graças
Do nosso amor, salvo seja.

Tudo porque há um sujeito,
Cardoso, ou cousa que o valha,
Que, não sei por que respeito,
Na tarefa em que trabalha,

Brigou com outra pessoa,
E os dois, que podiam juntos
Fazer muita cousa boa,
Em variados assuntos,

Agora não fazem nada;
Pregam-me até esta peça
De pôr a quadra acabada
Pendente da que começa.

Depois daquilo, aquil'outro,
Expressão que ficaria,
Não rimando (e mal) com potro,
Sozinha, sem companhia.

Aquil'outro é a abundância
De roubos eclesiásticos,
Feitos com a petulância
Dos grandes dedos elásticos.

Sacrílegas limpaduras
Da casa de Deus — dos ouros,
Das pratas sacras e puras...
Naturalmente, só mouros.

Mouros — sejam da Mourama,
Ou mouros da Cristandade,
Que os há de uma e de outra rama
Por toda essa humanidade.

Não foram seguramente
Os capoeiras da rua;
Que matam e francamente
Pela forte gente sua.

Adeus, versos duros, frouxos,
Sem inspiração nem graça,
Obra destes dias coxos,
Furtados e sem chalaça.

Por isso peguei da pena,
Por isso a molhei na tinta,
E fiz esta cantilena:
"Tinta que repinta e pinta!"

14 de dezembro de 1887 (Nº 40)

Voilà ce que l'on dit de moi
Dans la "Gazette de Hollande"

Por Júpiter! Cobre o rosto,
Risonha Hélade amiga,
Cobre-o de pejo e desgosto;
Chora a tua graça antiga.

Lembras-te daqueles tempos,
— Da galante mocidade,
Em que eram teus passatempos
Grave e fina agilidade?

Em que as tuas formas belas
Mostravam-se aos olhos puros,
Tempos quase sem mazelas,
Quase sem dias escuros?

Então floresciam jogos
De toda casta e destino,
E coros cheios de rogos
Ao céu e ao povo divino.

Já não falo dos famosos
Jogos de corridas — quando
Voavam carros briosos
Pelo solo venerando.

Falo (e serve ao que ora trato)
Falo daquelas usanças
Em que vinha o pugilato
Entre cantigas e danças.

Seguramente que havia
Pancada — porém pancada
De valor e bizarria
Por uma cousa sagrada.

Eram modos e maneiras
De lutar de língua e punho,
Traziam tantas canseiras,
Grécia, o teu amável cunho.

E agora, ai, chora pitanga!
Pitanga é fruta moderna,
Mas a qualquer mágoa ou zanga
Qualquer fruta é fruta eterna.

Contudo, se não te agrada,
Chora aquele mel do Himeto,
Que inda agora a abelha amada
Verte ao comum e ao seleto.

Chora o que for, chora, chora...
Vês este grego, chamado
Manuel Rotas, que aqui mora?
Foi há pouco encarcerado.

Que pensas tu que fazia
Este filho tão malandro,

Em cujas veias podia
Correr sangue de Lisandro?

Ouve... fecha os olhos... Cobre
O belo rosto, faceira;
Não há cautela que sobre...
Rotas era capoeira...

Sim, capoeira, repito.
E cometia na praça
Das Marinhas o delito
De dar aos colegas caça.

Chamavam-lhe por gracejo
O *grego das ostras,* nome
Que em si mesmo não dá pejo,
Antes creio que dá fome.

Grego e capoeira! Ó manes
Dos seus avós acabados!
Ó recordações inanes
De outros tempos e outros lados!

Bem conheço que, assim como
Cada roca tem seu fuso,
Cada macieira seu pomo,
Tem cada terra seu uso.

Nem é o uso que me espanta;
Espanta-me esse contraste
Da terra e da sua planta,
Da habitação e do traste.

Bem sei que a Grécia recente
É outra da Grécia antiga,
Mas no coração da gente
És a mesma, Hélade amiga.

E por mais que a razão pura
Mostres que ora estás mudada,
Espanta-me esta figura:
Rasteira, grego e facada.

CRÔNICA *Gazeta de Holanda*

20 de dezembro de 1887 (nº 41)

Voilà ce que l'on dit de moi
Dans la "Gazette de Hollande"

Nos quoque gens sumus, digo
Sem nenhum acanhamento;
Se é moda, eu a moda sigo;
Se é vento, acompanho o vento.

Não somente ao literato
Cabe descobrir mistérios;
Eu sou curioso nato,
Tão sério como os mais sérios.

Et quoque cavalgare
Sabemus, como ia expondo;
Lá se acaso errar, *errare*
Humanum est, respondo.

Eu — não é porque me gabe —
Mas acho que o elogio
De um tio muito mais cabe
Na boca do próprio tio.

Esperar que outras pessoas
Descubram seus pensamentos
E cantem honrosas loas
Aos nossos merecimentos,

Palavra que me parece
Negócio muito arriscado;
Este cala, aquele esquece,
Nada fica publicado.

Vamos ao caso. Há dois dias
Recebi este bilhete
Do meu amigo Mathias,
Residente no Catete:

"Pois que já fomos colegas,
Manda-me a razão bastante
Por que se diz: *"Cá o degas"*.
Não corri à minha estante,

Corri à pena e ao tinteiro,
Porque trazia comigo

O histórico verdadeiro
Do que me pede este amigo.

E aqui lhe conto — deixando
Que riam os maus e praguentos:
Ouço o riso e vou andando
Cá com os meus bolorentos.

Ora bem, ninguém ignora,
(Menos que ninguém, Mathias)
Que houve um grande Egas outrora,
Varão de altas bizarrias.

Afonso, meio enteado,
De um tal Peres, se encastela
Em Guimarães já cercado
Pelas forças de Castela;

Vai então Egas, pensando
Em livrar o rei, caminha
Para o castelhano infando
E segreda-lhe ao que vinha.

Vinha prometer que o moço
Afonso obedeceria,
Sem mais sangue nem destroço.
Castela creu no que ouvia

Mas logo que os castelhanos
Daquele sítio abalaram,
Afonso e os seus lusitanos
Entregar-se recusaram.

Que faz o grão Egas? Vendo
Que faltara ao prometido,
Faz sacrifício horrendo,
Ele, pai, ele, marido.

Vai com a família, e dá-se
Ao inimigo. Ação única!
Outra não há que a ultrapasse;
Ou esta fé, ou fé púnica.

Tempos vindos, tempos idos,
Entrou no povo esta fala,
Quando alguém os ofendidos
Brios punha em grande gala:

*"Cá o Dom Egas não há de
Deixar de cumprir a jura".*
Depois a celeridade
Do tempo, que tudo apura,

Foi diminuindo o adágio,
Perdeu-se o *jura* primeiro,
E foi crescendo o naufrágio
Do primeiro ao derradeiro.

Já no século passado
Ia em tais e tantas penas,
Que ficou — do que era usado,
"Cá Dom Egas" — apenas.

Mas o Dom tanto se escreve
Na forma acima apontada,
Como por outra mais breve,
Um D, um ponto e mais nada.

Daí resultou que o povo,
Lendo, como lê, às cegas,
Faz um dito inda mais novo
E ficou só: — "Cá o degas".

28 de dezembro de 1887 (nº 42)

*Voilà ce que l'on dit de moi
Dans la "Gazette de Hollande"*

Eu cá, quando toda a gente
Chora ou treme de assustada,
Tenho um desejo veemente
De dar uma gargalhada.

E a razão — se há razão nisto,
Não é senão porque é útil
Fazer deste mundo um misto
De terrífico e de fútil.

Outrora o teatro dava,
Ao riso afrouxando a rédea,
Depois de uma peça brava,
Uma farsa, uma comédia.

Acabado o *Aristodemo*,
Vinha uma ária do Martinho;
Ao fel que chorava o demo,
Ao fel sucedia o vinho.

Eu não, eu misturo tudo,
De modo que cada grito,
Angustioso ou sanhudo,
Não nos traga um faniquito.

Ou então uso o contrário;
Quando é geral alegria
Solto o verbo funerário
E misturo a noite e o dia.

Para não irmos mais longe,
Ninguém dirá que passamos
Uma existência de monge,
Que rezamos, que choramos.

Antes vejo anunciados
Bailes de vários feitios,
Teatros abarrotados
De cristãos e de gentios,

Malgrado o sol e a poeira,
Corridas de bons cavalos;
Toda uma cidade inteira
Brincando sem intervalos.

Pois é justamente agora
Que eu, por integrar a vida,
Deito a vista para fora,
Desordenada, insofrida.

E, ao ver do lado do norte
Aquele pobre-diabo
Que encontrou comprida morte
Onde torce a porca o rabo;

Que foi com rara presteza,
Agarrado, arrebatado,
E com toda a ira acesa,
Crucificado e esfolado;

Vingando a sorte, vingando
Aquela porca mesquinha,

Que, em suas roças entrando,
Foi morta e não foi rainha;

E, ao lado do sul, a dama
Que à preta engolir fazia,
Não garoupa sem escama,
Nem doce, nem malvasia;

Mas, comidas singulares,
Não feitas por encomenda,
E a beber com tais manjares
Vinho de outra pipa horrenda;

E se a boca recusava
O petisco enjoativo,
Tição aceso lhe dava
Novo e forte aperitivo;

Sem contar a bordoada,
Que as rijas carnes alanha,
E era a música obrigada
Daquela ceata estranha;

Às pressas trago estas duras
Histórias com que tempero
As folias e aventuras,
E ato ao jovial o fero,

Para que, quando tomarmos
No Pascoal alguma cousa,
Ou algum colar mirarmos
Na loja do V. de Souza,

Digamos: — P'ra lá, menina,
Menina in-oitavo, in-fólio,
Dá cá tua mão divina
Ao teu amador Malvólio.

3 de janeiro de 1888 (nº 43)

Voilà ce que l'on dit de moi
Dans la "Gazette de Hollande"

Deus lhes dê muitos bons dias,
Deus lhes dê muitos bons anos,
Lençóis para as noites frias,
Para as de calor, abanos.

Se é certo que os novos planos
Melhoram as loterias,
Convém evitar enganos,
Devaneios e utopias.

Exemplo: as áreas vazias
Estão dos tais soberanos
Com que se pagam folias,
Prazeres e desenganos.

Logo os ímpetos insanos
De curar academias
Com os tais calomelanos
Das modernas francesias,

São custosas fantasias
Para a arte e seus arcanos;
Mil vezes as ferrovias
E os carros americanos.

Façamos com que dois manos,
Saindo às ave-marias
De Ubá ou Curitibanos,
Vão almoçar a Caxias.

Mas gastar novas quantias
Para ter alguns maganos
Que pintem quatro Marias
E as bodas de dois ciganos;

Ou meia dúzia de ulanos
Entre bélicas porfias,
Ou revoltas de oceanos...
Sou seu criado Mathias!

Lá para ver agonias
De um mártir, de dois tiranos,
Conheço melhores vias:
É ler casos mexicanos.

Se os Zeferinos ufanos
Podem ser seguros guias
Digam lá os paduanos;
Não sou dessas freguesias.

São talvez carrancerias,
Chamam-me a flor dos marcianos,
Cá vou pelas simpatias
Cá dos meus paroquianos.

Neste tempo de pianos,
Lembra-me ainda as poesias
Em que falavam Albanos
Com as pastoras Armias.

Então quando as minhas tias,
Casadas com dois baianos,
Tinham as peles macias,
Inda sem rugas nem panos;

E nos meses marianos,
Cantavam as melodias,
Que os nossos peitos humanos
Enchem de melancolias;

Enquanto duras harpias,
Com a guerra dos Cabanos,
Tiravam sangue às bacias,
Além de outros muitos danos;

E as velhas tinham bichanos,
Que eram as suas manias,
E os primos Salustianos
Iam às alcomanias;

Então as mesmas teorias
Tinha a arte e seus fulanos;
Tudo o que agora copias
Copiaram veteranos.

E os fulanos e sicranos,
Batizados noutras pias,

Podiam ser Ticianos,
Sem novas filosofias.

Concluo que as velharias,
Como os tabacos havanos,
Podem trazer alegrias
A nós, como aos turcomanos.

Que mais? Bahias? Tucanos?
São rimas de melodias...
Deus lhes dê muito bons anos,
Deus lhes dê muito bons dias.

Malvolio

18 de janeiro de 1888 (nº 44)

Voilà ce que l'on dit de moi
Dans la "Gazette de Hollande"

Para quem gosta de sangue...
Peço à leitora querida
Não desmaie nem se zangue;
Não venho arrancar-lhe a vida.

A gente pode, em conversa,
Dizer alguns nomes duros,
Não por índole perversa,
Nem maus costumes impuros.

Se achar algum dito horrendo,
Não desmaie nem se zangue...
Porém, como ia dizendo,
Para quem gosta de sangue,

Houve-o em Moura, S. Fidélis,
Grajaú, Piracicaba;
Esfriaram muitas peles
Na própria grave Uberaba.

Ali, fogueira queimando,
Muito antes de Santo Antônio,
Cará de gosto execrando
Para a boca do demônio.

Mais longe, uma catequese;
Mais perto, uns tiros trocados...,

Quem souber rezar que reze
Por alma de tais finados.

Eu, de todas essas cenas
Que acaso coincidiram,
E que outras melhores penas,
Em prosa, já referiram,

Confesso que a de Uberaba
Vale mais que outra nenhuma;
Tem luz que se não acaba,
Ensina e conforta, em suma.

Note-se que lá não houve
Sangue propriamente dito,
Omissão que é bom se louve
Em vista de outro conflito.

E por quê? Porque um Sampaio
Que, pelo nome não perca,
Para copiar o raio,
Que voa, mas não alterca,

Logo que viu a gente armada
Vociferando nas ruas,
Disposta, pronta, assentada
A ir a cenas mais cruas;

Bradar que ou lhe tiraria,
Sem compaixão a existência,
Ou ele a favorecia
Nada mais que com a ausência,

Ele, coronel e cabo
De partido, achou cabido
Não afrontar o diabo
Na gente do outro partido.

Saiu; logo a gente amiga
Para trazê-lo de novo,
Cuidou de uma vasta liga
E andou ajuntando povo.

De modo que, se lá volta,
Havia provavelmente
Nova e sangrenta revolta,
Em que morreria gente.

Poupou-se uma cena crua;
Sampaio ficou de fora.
Tem casa ali, casa sua;
Morava; já lá não mora.

Porém onde a luz do caso?
Que há aí que conforte e ensine?
Escute, ou vai tudo raso,
Depois de escutar, opine.

A luz é que tem Sampaio,
Com a maior segurança,
Nas mãos um futuro ensaio
De desforra e de vingança.

Ponha-se de lá à espreita
De ocasião valiosa,
E vá com a sua seita
Contra o Borges, contra o Rosa,

Contra o Marques e os capangas
Ponha-os fora da cidade,
E entre vivas e charangas
Fique em paz e em liberdade.

Virá dia em que eles troquem
As bolas contra Sampaio,
E a toque de caixa o toquem
Nas asas de novo raio.

Fuja então; de novo espreite,
E a murro e a tiro os disperse,
Tranquilamente se deite
E alegremente converse.

E assim, aumentando a soma
Das proscrições alternadas,
Uberaba será Roma,
Ambas imortalizadas.

Ora Mário, agora Sila,
Um de dentro, outro de fora,
Antefila ou cerra-fila,
Ora Sila, Mário agora.

E não haverá na vida,
Na vida em que tudo acaba,

Cousa mais apetecida
Que ir viver para Uberaba.

4 de fevereiro de 1888 (nº 45)

Voilà ce que l'on dit de moi
Dans la "Gazette de Hollande"

Não, senhor, por mais que possa
Achar censura, confesso
Que não tenho medo à troça,
Referindo este sucesso.

Há muito que me pejava
Da botoeira que tenho,
Cava, inteiramente cava;
Sem qualquer sinal de engenho,

De serviço ou caridade,
Cousa que haja merecido
A particularidade
De me fazer distinguido,

Não é que imitar quisesse
O José Telha, que corre
Por fita que não merece,
E se lh'a não derem, morre.

Não quis hábito da Rosa,
Cristo nem Pedro Primeiro,
Avis ou mesmo a famosa
Fita do grave Cruzeiro.

São moedas da coroa,
E eu, democrata, não devo
Expor a minha pessoa
A ser contrária ao que escrevo.

Mas então, de que maneira
Preencheria o vazio
Desta minha botoeira
Sem diminuir o brio?

O que desde logo acode
É por uma flor bonita,

Ou rosa ou cravo, que pode
Suprir muito bem a fita.

Porém, dês que a alma nossa
Tem casaca e bem talhada,
Preciso é fita que possa
Encher-lhe a casa sem nada.

Mas que fita? em que armarinho
Recente podia havê-la?
Encontrei logo o caminho:
Corri a Venezuela.

Venezuela tem uma
Ordem muito bem disposta,
Com que premiar costuma,
Costuma, procura e gosta.

Tem grã-cruzes, tem comenda,
Tem dignitárias e o resto.
Há para todas as prendas
Um sinal brilhante e honesto.

Ordem é muito bem fundada
Sobre a liberdade amiga,
Grave como a Anunciada,
Como o Banho, como a Liga.

Simão Bolívar se chama,
Grande nome e livre nome;
Coroou-o eterna fama
Do louro que se não some.

A venera é justamente
Como são outras veneras,
Usa-se ao colo pendente,
Ao peito, em forma de esferas.

A fita é de chamalote,
Como são as outras fitas,
Não é certo que desbote
E tem as cores bonitas.

Quanto ao efeito no rosto
Da multidão é perfeito;
Dá o mesmo grande gosto
E o mesmíssimo despeito.

CRÔNICA *Gazeta de Holanda*

Corri a Venezuela,
Venezuela escutou-me,
Pude logo convencê-la,
Ouviu-me, condecorou-me.

Não é só a monarquia
Que tem plantas reverendas;
Vento da democracia
Também faz brotar comendas.

10 de fevereiro de 1888 (nº 46)

Voilà ce que l'on dit de moi
Dans la "Gazette de Hollande"

Eu, acionista do Banco
Do Brasil, que nunca saio,
Que nunca daqui me arranco,
Inda que me caia um raio,

Para saber como passa
O Banco em sua saúde,
Se alguma cousa o ameaça,
Se ganha ou perde em virtude,

Li (confesso) alegremente,
Li com estas minhas vistas,
O anúncio do presidente
Convocando os acionistas.

Para quê? Para o debate
Do reformado estatuto,
Obra em que há de haver combate,
Que traz gozo, que traz luto.

Pois nesse anúncio, à maneira
De censura, escreve o homem
Que é já esta a vez terceira
Que chama e que eles se somem.

Minto: sumiram-se duas.
Não tem culpa o anunciante,
Se há necessidades cruas
Do metro e de consoante.

Pela vez terceira os chama,
E agora é definitivo,
Muitos que fiquem na cama,
Um só punhado é preciso.

Mas eu pergunto, e comigo
Perguntam muitos colegas,
Que, indo pelo vezo antigo,
Não vão certamente às cegas;

— O acionista de um banco,
Só por ser triste acionista,
É algum escravo branco?
Não tem foro que lhe assista?

Não pode comer quieto
O seu costumado almoço,
Debaixo do próprio teto,
Velho já, maduro ou moço?

Barriga cheia, não pode
Dormitar o seu bocado,
Para que o não incomode
O que tiver almoçado?

Pois então a liberdade
Que tem toda a outra gente
Cidadã, meu Deus, não há de
Tê-la esta pobre inocente?

É certo que os diretores
Do Banco são reduzidos
A quatro, e que outros senhores
Vão a menos: suprimidos.

Em tal caso; é razão boa
Para que, firmes, valentes,
Compareçam em pessoas
Diretores e gerentes.

Res vestra agitur. Justo.
Mas que temos nós com isto?
Para que me metam susto
Só outra cousa, está visto.

Sim, o que algum susto mete,
Transtorna, escurece, arrasa,

Não é que eles sejam sete
Ou quatro os chefes da casa.

Sejam sete ou quatro, ou nove,
Disponham disto ou daquilo,
É cousa que me não move,
Posso digerir tranquilo.

Porquanto, digo, em havendo
Nas unhas dos pagadores
Um bonito dividendo,
Que nos importam divisores.

Tenham estes cara longa,
Cabelo amarelo ou preto,
Nasceram em Covadonga,
Em Tânger, em Orvieto;

Usem de barbas postiças,
Ou naturais, ou nenhumas;
Creiam em sermões, em missas,
Ou na sibila de Cumas;

Para mim é tudo mestre,
Contanto que haja, certinho,
No fim de cada semestre
O meu dividendozinho.

16 de fevereiro de 1888 (nº 47)

Voilà ce que l'on dit de moi
Dans la "Gazette de Hollande"

Talvez o leitor não visse,
Entre editais publicados,
Uma boa gulodice?
Abra esses beiços amados.

Vamos, não tenha vergonha,
Estenda agora a linguinha,
Para que esta mão lhe ponha
Sobre ela esta cocadinha.

Disse nesse documento
A câmara que é vedado

Usar o divertimento
Entrudo, como é chamado.

Impôs as palavras duras
Do parágrafo e artigo
Do código de posturas,
Código já meio antigo.

A mim disse que a pessoa
Que outras pessoas molhasse,
Fosse a água má ou boa
Que das seringas jorrasse,

Incorreria na multa
De uns tantos mil-réis taxados
E não ficaria inulta,
Se os não desse ali contados.

Porque iria nesse caso
Pagar suas tropelias
Na cadeia, por um prazo
De (no mínimo) dois dias.

E as laranjas, que se achassem
Na rua ou na estrada à venda,
Mandava que se quebrassem,
Como execrável fazenda.

Laranja, bem entendido,
Laranja, própria de entrudo,
Um globo de cera, enchido
Com água... às vezes, com tudo.

Ora, se o leitor compara
A exemplar compostura
Do povo (exemplar e rara)
Com o dizer da postura;

Se adverte que uma só pinga
De água não caiu na gente,
Que não houve uma seringa
Para acudir a um doente;

Que o belo colo das damas
Não viu o gesto brejeiro
De apagar-lhe internas chamas
Quebrando um limão de cheiro;

Conclui logo que a cidade
Obedece, antes de tudo,
A si (porque a edilidade
É ela) e deixou o entrudo.

Porém eu, que vi, em todos
Os anos, isto na imprensa,
Já desde o tempo dos godos
(João, com tua licença!);

E que, apesar de postura,
Vi seringas respeitáveis
De água cheirosa e água pura,
Terríveis e inopináveis;

Crioulas e molequinhos
Carregando em tabuleiros
Prontinhos e arrumadinhos
Infindos limões de cheiro;

Eu diversamente opino,
E digo que a lei se engana,
Se cuida ter no destino
Alguma ação soberana.

Recorda a mosca pousada
Na carroça, diz a fama,
Que, ao vê-la desatolada,
Cuidou tirá-la da lama.

Não, amiga lei. O entrudo
Desapareceu um dia
Entre calções de veludo,
Carnavalesca folia.

Reapareceu mais tarde;
Vingou por bastantes anos,
Com estrondo, com alarde,
Triunfos grandes e ufanos.

Chega a polícia de novo
E desterra o velho entrudo;
Troca de brinquedo o povo,
Fica somente veludo.

Mas quando houverem passado
O tempo e a polícia, a ponta
Da orelha do desterrado
Entre bisnagas aponta.

E porque *legem habemus,*
Seja branda ou seja dura,
Anualmente veremos
A mesma inútil postura.

24 de fevereiro de 1888 (nº 48)

Voilà ce que l'on dit de moi
Dans la "Gazette de Hollande"

Juro-lhe, meu caro amigo
Leitor, pelo que há sagrado,
Que eu, que a triste regra sigo
De viver apoquentado;

Que suporto as sanguessugas
Humanas e desumanas,
Que não ganhei estas rugas
Em redes e tranquitanas;

Que aturo todo o importuno,
Que me refere a maneira
Por que o demo de um gatuno
Lhe foi levando a carteira;

Ou me conta tudo, tudo
(Mas tudo!) o que há padecido,
Para que, após longo estudo,
Ver que foi indeferido;

Que com ânimo quieto,
Leio, depois de almoçado,
Tudo o que sobre o arquiteto
Magalhães se há publicado;

Juro-lhe, leitor, repito,
Que cometer não quisera
O mais pequeno delito
Que este mundo haver pudera.

Furtar um par de galinhas,
Dizer algum nome feio,
Chegar mesmo às facadinhas,
Dar dois cachações e meio.

Não porque a moral condene
Tais atos; condena, é certo,
De um modo grave e solene,
Determinativo e aberto;

Nem também porque, somadas
As contas, mais ganha a gente
Passando as horas caladas
No belo sono inocente.

Não, senhor; outra é a causa,
É outra, uma certa lista,
Que é preciso ler com pausa,
Mente clara e clara vista.

Do rol dos processos digo
Que ao tribunal dos jurados
Foram, para seu castigo,
Inda agora apresentados.

Que traz esse rol? Descubro
Entre outros muitos nomes
Que em oitenta e seis, outubro,
Foi preso um Antônio Gomes.

Pronunciado em janeiro
De oitenta e sete, entra agora
No julgamento primeiro
Do que fez em tão má hora!

Mais três, um Afonso Rosa,
Um Coelho, uma tal Francisca
Xavier, trempe graciosa,
Ao parecer, pouco arisca.

Visto que foi agarrada
Logo em março, dezessete,
Em março pronunciada,
Em março de oitenta e sete!

Há também na lista um certo
Francisco Peres Soares,
Já em abril descoberto
E mandado a tomar ares;

O qual logo em maio teve
Pronúncia do seu delito;
Fez um ferimento leve,
Foi preso ao som de um apito.

Ora, com franqueza, vale,
Ser criminoso em tal era?
Uma peça de percale
Paga tão comprida espera?

Um tabefe, uma rasteira,
Mesmo uma canivetada,
Pagou de alguma maneira
A espera desesperada;

Portanto, e vistos os autos,
Dou de conselho prudência,
E digo aos homens incautos
Que inda o melhor é a inocência.

Bons

d i a s !

Jornal *Gazeta de Notícias*,
de 1888 a 1889

Jornal *Imprensa Fluminense*,
de 1888

5 de abril de 1888

BONS DIAS!

Hão de reconhecer que sou bem criado. Podia entrar aqui, chapéu à banda, e ir dizendo o que me parecesse; depois ia-me embora, para voltar na outra semana. Mas, não senhor; chego à porta, e o meu primeiro cuidado é dar-lhe os bons dias. Agora, se o leitor não me disser a mesma coisa, em resposta, é porque é um grande malcriado, um grosseirão de borla e capelo; ficando, todavia, entendido que há leitor e leitor, e que eu, explicando-me com tão nobre franqueza, não me refiro ao leitor, que está agora com este papel na mão, mas ao seu vizinho. Ora bem!

Feito esse cumprimento, que não é do estilo, mas é honesto, declaro que não apresento programa. Depois de um recente discurso proferido no Beethoven, acho perigoso que uma pessoa diga claramente o que é que vai fazer; o melhor é fazer calado. Nisto pareço-me com o príncipe (sempre é bom parecer-se a gente com príncipes, em alguma coisa, dá certa dignidade, e faz lembrar um sujeito muito alto e louro, parecidíssimo com o Imperador, que há cerca de trinta anos ia a todas as festas da Capela Imperial, *pour étonner de bourgeois*; os fiéis levavam a olhar para um e para outro, e a compará-los, admirados, e ele teso, grave, movendo a cabeça à maneira de Sua Majestade. São gostos.) de Bismarck. O príncipe de Bismarck tem feito tudo sem programa público; a única orelha que o ouviu foi a do finado Imperador — e talvez só a direita, com ordem de o não repetir à esquerda. O Parlamento e o país viram só o resto.

Deus fez programa, é verdade ("E Deus disse: Façamos o homem à nossa imagem e semelhança, para que presida etc. *Gênese*", I, 26); mas é preciso ler esse programa com muita cautela. Rigorosamente, era um modo de persuadir ao homem a alta linhagem de seu nariz. Sem aquele texto, nunca o homem atribuiria ao Criador, nem a sua gaforinha, nem a sua fraude. É certo que a fraude, e, a rigor, a gaforinha são obras do Diabo, segundo as melhores interpretações; mas não é menos certo que essa opinião é só dos homens bons; os maus creem-se filhos do Céu — tudo por causa do versículo da Escritura.

Portanto, bico calado. No mais é o que se está vendo; cá virei uma vez por semana, com o meu chapéu na mão, e os *bons dias* na boca. Se lhes disser, desde já, que não tenho papas na língua, não me tomem por homem despachado, que vem dizer coisas amargas aos outros. Não, senhor; não tenho papas na língua, e é para vir a tê-las que escrevo. Se as tivesse, engolia-as e estava acabado. Mas aqui está o que é; eu sou um pobre relojoeiro que, cansado de ver que os relógios deste mundo não marcam a mesma hora, descri do ofício. A única explicação dos relógios era serem iguaizinhos, sem discrepância; desde que discrepam, fica-se sem saber nada, porque tão certo pode ser o meu relógio, como o do meu barbeiro.

Um exemplo. O Partido Liberal, segundo li, estava encasacado e pronto para sair, com o relógio na mão, porque a hora pingava. Faltava-lhe só o chapéu, que seria o chapéu Dantas, ou o chapéu Saraiva (ambos da Chapelaria Aristocrata); era só pô-lo na cabeça, e sair. Nisto passa o carro do paço com outra pessoa, e ele descobre que ou o seu relógio está adiantado, ou o de Sua Alteza é que se atrasara. Quem os porá de acordo?

Foi por essas e outras que descri do ofício; e, na alternativa de ir à fava ou ser escritor, preferi o segundo alvitre; é mais fácil e vexa menos. Aqui me terão, portanto, com certeza até a chegada do Bendegó, mas provavelmente até a escolha do sr. Guaí, e talvez mais tarde. Não digo mais nada para os não aborrecer, e porque já me chamaram para o almoço.

Talvez o que aí fica, saia muito curtinho depois de impresso. Como eu não tenho hábito de periódicos, não posso calcular entre a letra de mão e a letra de forma. Se aqui estivesse o meu amigo Fulano (não ponho o nome, para que cada um tome para si esta lembrança delicada), diria logo que ele só pode calcular com letras de câmbio — trocadilho que fede como o Diabo. Já falei três vezes no Diabo em tão poucas linhas; e mais esta, quatro; é demais.

BOAS NOITES.

12 de abril de 1888

BONS DIAS!

Agora, sim, senhor.

Leio que o meu amigo dr. Silva Matos, 1º delegado de polícia, reuniu os gerentes das companhias de bondes e conferenciou com eles largamente. Ficou assentado isto: que as companhias farão cumprir, com a máxima observância, as posturas municipais e os regulamentos da polícia. Ora, muito bem. Mas agora é sério, não? Desta vez cumprem-se; não é a mesma caçoada da promulgação que fez crer à gente que tais atos existiam, quando não passavam de simples exercícios de filosofia escolástica. Vão cumprir-se com a máxima observância. Se aproveitassem a boa vontade das companhias, para obter que cumpram também o catecismo, as regras de bem viver, e um ou outro artigo constitucional? Seria exigir demais. Contentemo-nos com o bastante.

Nem por isso trepo ao Capitólio, e aqui vai a razão. Hão de lembrar-se da condenação de Pinto Júnior, como autor do crime de Campinas. Quando eu já havia posto esse caso na cesta onde guardo a revolução de Minas e a queda de Constantinopla, surge a polícia da corte e demonstra-me que não, que a carta de um tal Corso, dizendo ser autor do crime, era verídica. Reformo a cesta, e vou dormir; mas aqui aparece a polícia de São Paulo e afirma o contrário; Corso não foi autor do crime; a carta não passou de um estratagema de Pinto Júnior.

Vaidoso até a ponta dos cabelos, e não sabendo em qual das duas polícias crer, procurei por mim mesmo a solução do caso, e achei que a carta de Corso talvez não passe de um *calembour*, obra de algum advogado compungido e pilhérico. Quando lhe pedisse notícias de Corso e da carta, ele responderia que já se não dão *cartas de corso*, que os últimos corsários ficaram nos versos de Lorde Byron, e na famosa balada de Espronceda:

Condenado estoy a muerte...
Yo me río!
No me abandone la suerte.
Etc. etc. etc.

Se não é isto, e se as duas polícias discrepam, então não sei quem me dará a explicação do Corso e da carta. Não será o sr. dr. Bezerra de Meneses, porque este distinto homem político, a rigor, precisa ser explicado. Opôs-se à intervenção dos liberais na eleição de 19 do corrente; mas, tendo de cumprir a deliberação da Assembleia eleitoral, foi pedir candidato ao sr. Senador Otaviano. Este recusou fazer indicação. Vai o sr. Dr. Bezerra, a quem não pediram nada, designou um candidato, que não aceitou. É claro que a designação de S. Ex.ª vinha grávida da recusa; era só para efeito decorativo. Mas então (e aqui começa o inexplicável) por que não me designou a mim? Eu, para deputado de verdade, não dou absolutamente; mas assim para um *aparte e vai-se*, para um *bout de rôle*, nasci talhado. Alcançava-se a mesma coisa, com realce para mim, porque é certo que eu havia de explorar o ato por todos os lados.

— Estou a ver que reprove o fato de estar o Partido Conservador com ideias liberais...? — interrompe-me o leitor.

Respondo que não reconheço em ninguém o direito de interrogar-me, salvo se é para publicar a conversação, porque então a coisa muda de figura. Distingo; nos países velhos os partidos podem pegar em algumas ideias alheias. Agora mesmo o Ministério Salisbury apresentou uma reforma liberal ao Parlamento, e o chefe da oposição, Gladstone, declarou em discurso: "O governo dispõe-se a uma grande e difícil tarefa: a oposição o acompanhará com todo o desejo de fazer que a medida saia satisfatória e completa." (Sessão da Câmara dos Comuns de 19 de março.) E o *Daily News* comentou o caso dizendo: "Quando a gente adverte que é um governo *tory* que empreende a reconstrução do governo local em toda a Inglaterra, é impossível não ficar impressionado com o progresso que têm feito os princípios liberais." Em inglês: *"When we remember that..."*

— Basta; mas por que é que nos países novos não será a mesma coisa?

— Porque nos países novos há em geral poucas ideias. Supunha uma família com pouca roupa; se o Chiquinho vestir o meu rodaque, com que hei de ir à missa?

— Diga-me, porém...

— Não lhe digo mais nada. Resta-me algum papel, e é pouco para fazer uma denúncia ao meu amigo Dr. Ladislau Neto. Com certeza, este meu amigo não sabe que há nas obras da nova Praça do Comércio uma pedra, dividida em duas, pedaço de mármore que está ali no chão, exposto às chuvas de todo o gênero. Há nela a inscrição seguinte:

ANO 1783
En Maria prima regnante e pulvere surgit
Et Vasconceli stat domus ista maru.

Ora, arqueólogo como é, o meu amigo há de saber que o Padre Luís Gonçalves dos Santos, nas suas *Memórias do Brasil*, dá esta notícia (Introd. pág. xxv): "Mais adiante está a porta da alfândega, sobre a qual se manifestam as armas reais em mármore com a seguinte inscrição (segue a inscrição acima) que denota que este vice-rei a mandou reedificar e aumentar".

Não parece ao meu amigo que esse mármore deve ser recolhido ao Museu Nacional? Se sim, dê lá um pulo, e verá; se não,

BOAS NOITES.

19 de abril de 1888

Bons dias!

...E nada; nem palavra, nada. Ninguém me responde; todos estão com os olhos na eleição do 1º distrito. Mas, com seiscentas cédulas! também eu, acabando, lá irei dar o meu recado, por sinal que já o trago de cor; mas cada coisa tem o seu lugar. Quando um homem chega e cumprimenta, parece que os cumprimentados o menos que podem fazer é retribuir o cumprimento; acho que não custa muito. Calaram-se, a pretexto de que vão votar, será político, mas não é político; não sei se me entendem. Enfim, por essas e outras é que eu gosto mais da roça. Na roça a gente vai andando em cima da mula; a dez passos já as pessoas bem-educadas estão de chapéu na mão:

— Bons dias, sr. coronel!
— Adeus, José Bernardes.
— Toda a obrigação de V. Ex.ª...
— Todos bons, e a tua?
— Louvado seja Deus, vai bem, para servir a V. Ex.ª.

Que custa isto? Que custam dois dedos de boa criação? Nada. E note-se que lá fora, mesmo quando há eleição, ninguém se esquece dos seus deveres: às vezes até os cumprem com mais galhardia. Esta corte é uma terra de malcriados.

Pois olhem, quando eu entrei aqui, vinha alegre; tinha lido umas revelações do amigo Dr. Costa Ferraz, que me lavaram a alma das melancolias pecuniárias, únicas que me afligem deveras. As outras não passam de canseiras ridículas. Falta de dinheiro, isso dói; ao menos, para quem não é governo. O governo até parece que quanto mais lhe falta mais lhe dão, e, às vezes, em condições inesperadas, como o caso do nosso recente empréstimo. Quem é que me fia mais, desde outubro do ano passado, um jantarinho assim melhor? Seguramente ninguém; mas ao governo fiam tudo; deve muito e emprestam-lhe mais. Por isso, não admira que tanta gente queira ser governo. Só esse gosto de ver chegar o credor, de chapéu na mão, todo zumbaias, com uma bolsa debaixo do braço, tratando o devedor por majestade, palavra que dá vontade de pôr a procissão na rua.

Mas, como eu ia dizendo, li umas revelações curiosas do amigo Dr. Costa Ferraz, na ata da última sessão da Imperial Academia de Medicina. Tratam das rações e das dietas da Armada. S. Ex.ª leu as tabelas vigentes e analisou-as. Chama-se ali regime lácteo a uma porção de coisas em que entra algum leite. "De sorte que (comenta o ilustre facultativo), a passar o princípio, todos que tomam seu café com leite e, à sobremesa, saboreiam um prato de arroz de leite, com o indispensável pó de canela, se devem julgar sujeitos ao regime lácteo!"

Refletindo bem, por que não? A razão de S. Ex.ª é só aparente. Eu vou com as tabelas. Nem quero saber se realmente o cirurgião-mor da Armada, como declarou nas bochechas da Academia, não as aprovou, não as viu sequer; porque desta circunstância apenas se pode concluir a perfeita inutilidade dos cirurgiões, mores ou menores — *ce qui est mon opinion*. Vou com as tabelas e vou mais longe, quer em prosa, quer em verso:

Vou com as tabelas,
Vou mais longe que elas.

Não direi hoje até onde vou; vão sendo horas de ir votar. Digo só que o digno acadêmico não viu que o regime lácteo das tabelas deve ser entendido por um símile. Suponhamos o jogo do solo. Há o solo a dinheiro, que corresponde ao leite de vaca, puro, abundante, exclusivo... Vaca e dinheiro são, como se sabe, expressões correlatas; diz-se *vaca do orçamento*; diz-se também: *o pelintra meteu a boca na teta*, quando se quer deprimir alguém, que andou mais depressa que nós etc. etc. Mas além do solo a dinheiro, ou leite de vaca, há o solo a tentos, que é o que chamamos leite de pato. O regime da Armada é deste último leite. Mas vão sendo horas de ir votar e ainda não dei conta de uma reclamação que recebi.

Há dias reuniu-se o Banco Predial, para tratar dos escravos que lá estão hipotecados. Muitos foram os pareceres, duas as propostas, uma destas a aprovada, até que tudo acabou como nos demais bancos e no concílio dos deuses de Camões:

Pelo caminho lácteo...

(outra vez o lácteo!)

Pelo caminho lácteo...
Logo cada um dos deuses se partiu
Fazendo seus reais acatamentos
Para os determinados aposentos.

Ora, entre os discursos proferidos houve um do digno acionista sr. José Luís Fernandes Vilela, declarando ser tudo aquilo uma discussão vazia de sentido, porque já não existem escravos.

Confesso que estimei ler tão agradável notícia; mas como não há gosto perfeito nesta vida, recebi daí a pouco uma mensagem assinada por cerca de 600.000 pessoas (ainda não pude acabar a contagem dos nomes), pedindo-me que retifique o discurso do sr. Fernandes Vilela. Há escravos, eles próprios o são. Estão prontos a jurá-lo e concluem com esta filosofia, que não parece de preto: "As palavras do sr. Fernandes Vilela podem ser entendidas de dois modos, conforme o ouvinte ou o leitor trouxer uma enxada às costas, ou um guarda-chuva debaixo do braço. Vendo as coisas de guarda-chuva, fica-se com uma impressão; de enxada, a impressão é diferente".

Adeus. Já sabem que o coronel Almeida, deputado provincial pelo 14º distrito da Bahia, tendo sido acusado de traição ao Dr. César Zama, declarou na assembleia que abandonava o seu partido. Exemplo austero e digno de imitação! Dada uma acusação dessas, botemos o nosso partido fora, como um simples colete de seda enlameado. Mas os princípios, que nos ligavam ao partido? Perdão; mas os botões, que nos abotoavam o colete?

BOAS NOITES.

27 de abril de 1888

BONS DIAS!

O *cretinismo* nas famílias fluminenses é geral. Não sou eu que o digo: é o Dr. Maximiano Marques de Carvalho. E qual a prova de tão grave asserção? O mesmo facultativo "a" dá nestas palavras, que ofereço à contemplação dos homens de olho fino: – "Não vedes todos esses indivíduos de pernas inchadas, que se arrastam pelas ruas desta capital? Não vedes que são portadores de enormes sarcoceles e de hidroceles e hematoceles?"

De mim confesso que, na rua, ando sempre distraído. Às vezes é uma ideia, às vezes é uma tolice, às vezes é o próprio tolo que me distrai, de modo que não posso, em consciência, negar nem afirmar. Depois, a minha rua habitual é a do Ouvidor, onde a gente é tanta e tais as palestras, que não há tempo nem espaço... Mas há outras ruas; deixe estar.

Sim, não se imagina como sou distraído. Para não ir mais longe, ainda ontem estive a conversar com alguém, sobre estes negócios de abolição e emancipação. A conversa travou-se a propósito dos vivas do Partido Liberal, dados por uns escravos de Cantagalo, no ato de ficarem livres, manifestação política tão natural, que ainda mais me confirmou na adoração da natureza. E dei um viva à natureza. O sujeito deu outro; depois, piscando o olho esquerdo, creio que foi o esquerdo, perguntou-me:

— A quantos de maio nasceu Porto Alegre?

Respondi imediatamente:

— De porta acima.

O sujeito zanga-se, chama-me pedaço d'asno e some-se. Valha-me Deus! Estou com mais esse inimigo.

Entretanto, foi tudo distração. Quando ele piscou o olho, comecei a ruminar uma ideia que tenho, para dar emprego aos libertos que não quiserem ficar na agricultura; isto é o meu plano: aumentar o número de criados de servir, de tal maneira que ninguém tenha menos de três, ainda à custa de grandes sacrifícios... Aqui, quem supõe que está sendo empulhado, é o leitor; e eu digo-lhe que sim, só para ter o gosto de o desempulhar logo depois. Costuma ler os volumes da nossa legislação? Leia o de 1824: lá vem um aviso que lhe explicará tudo. Foi expedido em 7 de fevereiro de 1824 ao intendente-geral da polícia, mandando que às pessoas de primeira consideração se não conceda mais que três criados de porta acima, e às de segunda somente um.

Já o leitor começa a entender. Restaurando-se este aviso (aliás, não revogado expressamente), não haverá ninguém que não queira ser de primeira consideração, com três criados de porta acima. Por gosto, duvido que uma pessoa se deixe ficar entre as de segunda, menos ainda de terceira, que é a classe a que provavelmente pertencia D. João Tenório, criado de si mesmo.

Há de custar; mas tirando daqui uma vela, dali um par de sapatinhos ao Janjão, sacrificando alguns divertimentos, deixando mesmo de pagar algum credor mais pacato, chega-se à primeira consideração, que é o fim de todos nós.

Eu cá, se vou para as gerais dos teatros, ou para os camarotes de terceira ordem, é porque esses lugares são baratos, e a economia também é um enfeite público.

Mas expeça amanhã algum ministro um aviso, declarando que só irão para ali as pessoas de segunda consideração, e verá onde me sento. Ou não vou mais ao teatro. Lá ver-me tachado de segunda, em público, não é comigo. Quanto ao valor histórico do aviso, isso é com gente que possa puxar os colarinhos ao discurso, e dizer coisas de sociologia e outras matérias; não é comigo. Não quero saber se o aviso explica o nosso vezo de tudo esperar do governo, pois que ano e meio depois da Independência até esperávamos os criados. Também não quero saber se é dali que vem a introdução da raça dos credores, filha do diabo que a carregue. Sei que hoje pode ser um modo de empregar libertos, e deixo essa ideia no papel, para uso das pessoas que não tenham outras. Olhem lá, não briguem.

Outra ideia que também deixo aqui, é a de pedir à Sociedade dos Dez Mil que cumpra um dos artigos dos seus estatutos. Estabelece-se ali que uma parte dos fundos seja empregada em bilhetes de loteria.

Faz-se isso? Creio que não. As loterias correm, algumas têm planos excelentes, e em geral os prêmios saem em números bonitos. Não me consta que a sociedade tenha comprado um décimo que seja; ao menos, ultimamente. Era até um meio de resolver a questão das duas diretorias: se o bilhete desse, ficava a diretoria A, se não desse, ficava a diretoria B. Todas as coisas aleatórias devem reger-se por modo aleatório, como a loteria, algumas convicções e a *buena dicha*.

La bonne aventure, ô gué!
La bonne aventure!

BOAS NOITES.

4 de maio de 1888

BONS DIAS!

...Desculpem, se lhes não tiro o chapéu; estou muito constipado. Vejam: mal posso respirar. Passo as noites de boca aberta. Creio até que estou abatido e magro. Não? Estou; olhem como fungo. E não é de autoridade, note-se; *ex-auctoritate qua fungor*, não, senhor; fungo sem a menor sombra de poder, fungo à toa...

Entretanto, se alguma vez precisei de estar de perfeita saúde, é agora, por várias razões. Citarei duas:

A primeira é a abertura das câmaras. Realmente, deve ser solene. O discurso da princesa, o anúncio da lei de abolição, as outras reformas, se as há, tudo excita curiosidade geral, e naturalmente pede uma saúde de ferro. O meu plano era simples; metia-me na casaca, e ia para o Senado arranjar um lugar donde visse a cerimônia, deputações, recepção, discurso. Infelizmente, não posso; o médico não quer, diz-me que, por esses tempos úmidos, é arriscado sair de casa; fico.

A segunda razão da saúde que eu desejava ter agora, prende com a primeira. Já o leitor adivinhou o que é. Não se pode conversar nada, assim mais encobertamente, que ele não perceba logo e não descubra. É isso mesmo; é a política do Ceará. Era outro plano meu; entrava pelo Senado, e ia ter com o senador cearense Castro Carreira, e dizia-lhe mais ou menos isto:

— Saberá V. Ex.ª que eu não entendo patavina dos partidos do Ceará...

— Com efeito...

— Eles são dois, mas quatro; ou, mais acertadamente, são quatro, mas dois.

— Dois em quatro.

— Quatro em dois.

— Dois, quatro.

— Quatro, dois.

— Quatro.
— Dois.
— Dois.
— Quatro.
— Justamente.
— Não é?
— Claríssimo.

Dadas essas explicações, pediria eu ao sr. Dr. Castro Carreira que me desse algumas notícias mais individuais dos grupos Aquirás e Ibiapaba... S. Ex.ª, com fastio:

— Notícias individuais? Homem, eu não sei de política individualista; eu só vejo os princípios.

— Bem, os princípios. Sabe que o grupo Aquirás, com um troço liberal, tomou conta da mesa; mas o grupo Ibiapaba acudia com outro troço liberal, e pôs água na fervura. Quais são os princípios?

— Os primeiros de todos devem ser os da boa educação, sem os quais não há boa política. Dai-me boa educação, e eu vos darei boa política, diria o Barão Louis. São os primeiros de todos os princípios.

— Os segundos...

— Os segundos são os comuns — ou que o devem ser, a todos os partidários, quaisquer que sejam as denominações particulares; refiro-me ao bem da província. É o terreno em que todos se podem conciliar.

— De acordo, mas o que é que os separa?

— Os princípios.

— Que princípios?

— Não há outros; os princípios.

— Mas Aquirás é um título, não é um princípio; Ibiapaba também é um título.

— Há entre o céu e a terra mais acumulações do que sonha a vossa vã filosofia...

— Pode ser, mas isso ainda não me explica a razão dessa mistura ou troca de grupos, parecendo melhor que se fundissem de uma vez, com os antigos adversários. Não lhe parece?

— O que me parece, é que a princesa vem chegando.

Corríamos à janela; víamos que não; continuávamos o diálogo, a *entrevista*, à maneira americana, para trazer os meus leitores informados das coisas e pessoas. O meu interlocutor, vendo que não era a princesa, olhava para mim, esperando. Pouco ou nenhum interesse no olhar; mas é ditado velho, que quem vê cara não vê corações. Certo fastio crescente. Princípio de desconfiança de que eu sou mandado pelo diabo. Gesto vago de cruzes...

— Há os Rodrigues, os Paulas, os Aquirases, os Ibiapabas; há os...

— Agora creio que é a princesa. Essas trombetas... É ela mesma; adeus, sou da deputação... Apareça aqui pelo Senado... No Senado, não há dúvidas...

Mas eu pegava-lhe na mão, e não vinha embora sem alguns esclarecimentos. Tudo perdido, por causa de uma coriza! Coriza dos diabos, agora ou nunca chegaríamos a entender aqueles grupos; e perde-se esta ocasião única, por tua causa, infame catarro, monco pérfido... Tuah! Vou meter-me na cama.

BOAS NOITES.

11 de maio de 1888

Bons dias!

Vejam os leitores a diferença que há entre um homem de olho aberto, profundo, sagaz, próprio para remexer o mais íntimo das consciências (eu, em suma), e o resto da população.

Toda a gente contempla a procissão na rua, as bandas e bandeiras, o alvoroço, o tumulto, e aplaude ou censura, segundo é abolicionista ou outra coisa; mas ninguém dá a razão desta coisa ou daquela coisa; ninguém arrancou aos fatos uma significação, e, depois, uma opinião. Creio que fiz um verso.

Eu, pela minha parte, não tinha parecer. Não era por indiferença; é que me custava a achar uma opinião. Alguém me disse que isso vinha de que certas pessoas tinham duas e três, e que naturalmente essa injusta acumulação trazia a miséria de muitos; pelo que, era preciso fazer uma grande revolução econômica etc. Compreendi que era um socialista que me falava, e mandei-o à fava. Foi outro verso, mas vi-me livre de um amolador. Quantas vezes me não acontece o contrário!

Não foi o ato das alforrias em massa dos últimos dias, essas alforrias *incondicionais*, que vêm cair como estrelas no meio da discussão da lei da abolição. Não foi; porque esses atos são de pura vontade, sem a menor explicação. Lá que eu gosto da liberdade, é certo; mas o princípio da propriedade não é menos legítimo. Qual deles escolheria? Vivia assim, como uma peteca (salvo seja), entre as duas opiniões, até que a sagacidade e profundeza de espírito com que Deus quis compensar a minha humildade, me indicou a opinião racional e os seus fundamentos.

Não é novidade para ninguém que os escravos fugidos, em Campos, eram alugados. Em Ouro Preto fez-se a mesma coisa, mas por um modo mais particular. Estavam ali muitos escravos fugidos. Escravos, isto é, indivíduos que, pela legislação em vigor, eram obrigados a servir a uma pessoa; e fugidos, isto é, que se haviam subtraído ao poder do senhor, contra as disposições legais. Esses escravos fugidos não tinham ocupação; lá veio, porém, um dia em que acharam salário, e parece que bom salário.

Quem os contratou? Quem é que foi a Ouro Preto contratar com esses escravos fugidos aos fazendeiros A, B, C? Foram os fazendeiros D, E, F. Estes é que saíram a contratar com aqueles escravos de outros colegas, e os levaram consigo para as suas roças.

Não quis saber mais nada; desde que os interessados rompiam assim a solidariedade do direito comum, é que a questão passava a ser de simples luta pela vida, e eu, em todas a lutas, estou sempre do lado do vencedor. Não digo que esse procedimento seja original, mas é lucrativo. Alguns não me compreenderam (porque há muito burro neste mundo); alguém chegou a dizer-me que aqueles fazendeiros fizeram aquilo, não porque não vissem que trabalhavam contra a própria causa, mas para pregar uma peça ao Clapp. Imagina-se bem se arregalei os olhos.

— Sim, senhor. Saiba que o Clapp tinha o plano feito de ir a Ouro Preto pegar os tais escravos e restituí-los aos senhores, dando-lhes ainda uma pequena indenização do seu bolsinho, e pagando ele mesmo a sua passagem da estrada de ferro. Foi por isso que...

— Mas então quem é que está aqui doido?

— É o senhor; o senhor é que perdeu o pouco juízo que tinha. Aposto que não vê que anda alguma coisa no ar.

— Vejo; creio que é um papagaio.

— Não, senhor; é uma República. Querem ver que também não acredita que essa mudança é indispensável?

— Homem, eu, a respeito de governos, estou com Aristóteles, no capítulo dos chapéus. O melhor chapéu é o que vai bem à cabeça. Este, por ora, não vai mal.

— Vai pessimamente. Está saindo dos eixos; é preciso que isto seja, senão com a Monarquia, ao menos com a República, aquilo que dizia o *Rio-Post* de 21 de junho do ano passado. Você sabe alemão?

— Não.

— Não sabe alemão?

E, dizendo-lhe eu outra vez que não sabia, ele imitando o médico de Molière, dispara-me na cara esta algaravia do diabo:

— *Es dürfte leicht zu erweisen sein, dass Brasilien weniger eine konstitutionelle Monarchie als eine absolute Oligarchie ist.*

— Mas o que quer isso dizer?

— Que é deste último trono que deve brotar a flor.

— Que flor?

— As

BOAS NOITES.

19 de maio de 1888

BONS DIAS!

Eu pertenço a uma família de profetas *après coup, post factum,* depois do gato *morto,* ou como melhor nome tenha em holandês. Por isso digo, e juro se necessário for, que toda a história desta Lei de 13 de Maio estava por mim prevista, tanto que na segunda-feira, antes mesmo dos debates, tratei de alforriar um molecote que tinha, pessoa de seus dezoito anos, mais ou menos. Alforriá-lo era nada; entendi que, perdido por mil, perdido por mil e quinhentos, e dei um jantar.

Nesse jantar, a que os meus amigos deram o nome de banquete, em falta de outro melhor, reuni umas cinco pessoas, conquanto as notícias dissessem trinta e três (anos de Cristo), no intuito de lhe dar um aspecto simbólico.

No golpe do meio *(coup du milieu,* mas eu prefiro falar a minha língua), levantei-me eu com a taça de champanha e declarei que, acompanhando as ideias pregadas por Cristo, há dezoito séculos, restituía a liberdade ao meu escravo Pancrácio; que entendia que a nação inteira devia acompanhar as mesmas ideias e imitar o meu exemplo; finalmente, que a liberdade era um dom de Deus, que os homens não podiam roubar sem pecado.

Pancrácio, que estava à espreita, entrou na sala, como um furacão, e veio abraçar-me os pés. Um dos meus amigos (creio que é ainda meu sobrinho), pegou de outra taça, e pediu à ilustre assembleia que correspondesse ao ato que eu acabava de publicar, brindando ao primeiro dos cariocas. Ouvi cabisbaixo; fiz outro discurso agradecendo, e entreguei a carta ao molecote. Todos os lenços comovidos apanharam as lágrimas de admiração. Caí na cadeira e não vi mais nada. De noite, recebi muitos cartões. Creio que estão pintando o meu retrato, e suponho que a óleo.

No dia seguinte, chamei Pancrácio e disse-lhe com rara franqueza:

— Tu és livre, podes ir para onde quiseres. Aqui tens casa amiga, já conhecida e tens mais um ordenado, um ordenado que...

— Oh! meu senhô! fico.

— ... um ordenado pequeno, mas que há de crescer. Tudo cresce neste mundo; tu cresceste imensamente. Quando nasceste, eras um pirralho deste tamanho; hoje estás mais alto que eu. Deixa ver; olha, é mais alto quatro dedos...

— Artura não qué dizê nada, não, senhô...

— Pequeno ordenado, repito, uns seis mil-réis; mas é de grão em grão que a galinha enche o seu papo. Tu vales muito mais que uma galinha.

— Eu vaio um galo, sim, senhô.

— Justamente. Pois seis mil-réis. No fim de um ano, se andares bem, conta com oito. Oito ou sete.

Pancrácio aceitou tudo; aceitou até um peteleco que lhe dei no dia seguinte, por me não escovar bem as botas; efeitos da liberdade. Mas eu expliquei-lhe que o peteleco, sendo um impulso natural, não podia anular o direito civil adquirido por um título que lhe dei. Ele continuava livre, eu, de mau humor; eram dois estados naturais, quase divinos.

Tudo compreendeu o meu bom Pancrácio; daí para cá, tenho-lhe despedido alguns pontapés, um ou outro puxão de orelhas, e chamo-lhe besta quando lhe não chamo filho do Diabo; coisas todas que ele recebe humildemente, e (Deus me perdoe!) creio que até alegre.

O meu plano está feito; quero ser deputado, e, na circular que mandarei aos meus eleitores, direi que, antes, muito antes da abolição legal, já eu, em casa, na modéstia da família, libertava um escravo, ato que comoveu a toda a gente que dele teve notícia; que esse escravo, tendo aprendido a ler, escrever e contar (simples suposição), é então professor de filosofia no Rio das Cobras; que os homens puros, grandes e verdadeiramente políticos não são os que obedecem à lei, mas os que se antecipam a ela, dizendo ao escravo: *és livre*, antes que o digam os poderes públicos, sempre retardatários, trôpegos e incapazes de restaurar a justiça na terra, para satisfação do céu.

BOAS NOITES.

20-21 de maio de 1888

(Imprensa Fluminense)

BONS DIAS!

Algumas pessoas pediram-me a tradução do evangelho que se leu na grande missa campal do dia 17. Estes meus escritos não admitem traduções, menos ainda serviços particulares; são palestras com os leitores e especialmente com os leitores que não têm o que fazer. Não obstante, em vista do momento, e por exceção, darei aqui o evangelho, que é assim:

1. No princípio era Cotejipe, e Cotejipe estava com a regente, e Cotejipe era a regente.
2. Nele estava a vida, com ele viviam a Câmara e o Senado.
3. Houve então um homem de São Paulo, chamado Antônio Prado, o qual veio por testemunha do que tinha de ser enviado no ano seguinte.
4. E disse Antônio Prado: O que há de vir depois de mim é o preferido, porque era antes de mim.
5. E, ouvindo isso, saíram alguns sacerdotes e levitas e perguntaram-lhe: Quem és tu?
6. És tu, Rio Branco? E ele respondeu: Não o sou. És tu profeta? E ele respondeu: Não. Disseram-lhe então: Quem és tu logo, para que possamos dar resposta aos chefes que nos enviaram?
7. Disse-lhes: Eu sou a voz que clama no deserto. Endireitarei o caminho do poder, porque aí vem o João Alfredo.
8. Essas coisas passaram-se no Senado, da banda de além do campo da Aclamação, esquina da rua do Areal.
9. No dia seguinte, viu Antônio Prado a João Alfredo, que vinha para ele, depois de guardar o chapéu no cabide dos senadores, e disse: Eis aqui o que há de tirar os escravos do mundo. Este é o mesmo de quem eu disse: Depois de mim virá um homem que me será preferido, porque era antes de mim.
10. Passados meses, aconteceu que o espírito da regente veio pairar sobre a cabeça de João Alfredo, e Cotejipe deixou o poder executivo e o poder executivo passou a João Alfredo.
11. E João Alfredo, indo para a Galileia, que é no caminho de Botafogo, mandou dizer a Antônio Prado, que estava perto da Consolação: Vem, que é sobre ti que edificarei a minha Igreja.
12. Depois, indo a uma cela de convento, viu lá um homem por nome Ferreira Viana, o qual descansava de uma página de Agostinho, lendo outra de Cícero, e disse-lhe: Deixa esse livro e segue-me, que em breve te farei outro Cícero, não de romanos, mas de uma gente nova; e Ferreira Viana, despindo o hábito e envergando a farda, seguiu a João Alfredo.
13. Em caminho achou João Alfredo a Vieira da Silva, e perguntou-lhe: És tu maçom? E ele respondeu: Sou, mas posso dizer-te, pelo que tenho visto, que maçom e ministro de ordem terceira é a mesma pessoa. Disse-lhe então João Alfredo: Vem comigo; serás ministro da ordem primeira, e trabalharás pelo céu.
14. Depois, vendo um homem que passava, disse João Alfredo: Vem aqui, não és Rodrigo Silva, que agricultavas a terra no tempo de Cotejipe? E Rodrigo respondeu: Tu o disseste. E tornou João Alfredo: Onde vai agora que parece abandonar-me? Vem comigo, e lavrarás a terra, e tratarás com os gentios, ao mesmo tempo, porque Antônio Prado vai a São Paulo, onde padecerá e donde voltará mais robusto.
15. Depois, vendo Tomás Coelho, homem justo, da tribo de Campos, disse: O Senhor Deus dos Exércitos manda que sejas ministro da Guerra. E descobrindo Costa Pereira: Este é o que esteve comigo em 1871: eu o conheço; vem, serás também meu discípulo.
16. Unidos os sete, disse João Alfredo: Sabeis que vim libertar os escravos do mundo, e que essa ação nos há de trazer glória e amargura; estais dispostos a ir comigo?

17. E respondendo todos que sim, disse um deles por parábola que, no ponto em que estavam as coisas, melhor era cortar a perna que lavar a úlcera, pois a úlcera ia corrompendo o sangue.
18. Mas, ficando João Alfredo pensativo, disseram os outros entre si: Que terá ele?
19. Então o mestre, ouvindo a pergunta, disse: Prevejo que há de haver uma consulta de sacerdotes e levitas para ver se chegam a compor certo unguento, que os levitas aplicarão na úlcera; mas não temais nada, ele não será aplicado.
20. E como perguntassem alguns qual era a composição desse unguento, o discípulo Viana, mui lido nas escrituras, disse:
21. Está escrito no livro de *Elle Haddebarim*, também chamado *Deuteronômio*, que quando o escravo tiver servido seis anos, no sétimo ano o dono o deixe ir livre, e não com as mãos abanando, senão com um alforje de comida e bebida. Este é decerto o unguento lembrado, menos talvez o alforje e os seis anos.
22. E acudiu João Alfredo: Tu o disseste: três anos bastam aos levitas e sacerdotes, mas a úlcera é que não espera.
23. ....Ora, pois, vinde e falemos a verdade aos homens.
24. E, tendo a regente abençoado a João e seus discípulos, foram estes para as câmaras, onde apresentaram o projeto de lei, que, depois de algumas palavras duras e outras cálidas de entusiasmo, foi aprovado no meio de flores e aclamações.
25. A regente, que esperava a lei nova, assinou com sua mão delicada e superna.
26. E toda a terra onde chegava a palavra da regente, de João Alfredo e dos seus discípulos, levantou brados de contentamento, e os próprios senhores de escravos a ouviam com obediência.
27. Menos no Bacabal, província do Maranhão, onde alguns homens declararam que a lei não valia nada, e, pegando no azorrague, castigaram os seus escravos cujo crime nessa ocasião era unicamente haver sido votada uma lei, de que eles não sabiam nada; e a própria autoridade se ligou com esses homens rebeldes.
28. Vendo isso, disse um sisudo de Babilônia, por outro nome carioca: Ah! Se estivessem no Maranhão alguns ex-escravos daqui, que depois de livres compraram também escravos, quão menor seria a melancolia desses que são agora duas coisas ao mesmo tempo, ex-escravos e ex-senhores. Bem diz o *Eclesiastes*: Algumas vezes tem o homem domínio sobre outro homem para desgraça sua. O melhor de tudo, acrescento eu, é possuir-se a gente a si mesmo.

BOAS NOITES.

27 de maio de 1888

BONS DIAS!

Cumpre não perder de vista o meteorólito de Bendegó. Enquanto toda a nação bailava e cantava, delirante de prazer pela grande Lei da Abolição, o meteorólito de Bendegó vinha andando, vagaroso, silencioso e científico, ao lado do Carvalho.

— Carvalho — dizia ele provavelmente ao companheiro de jornada —, que rumores são estes ao longe?

E ouvindo a explicação, não retorquira nada, e pode ser até que sorrisse, pois é natural que, nas regiões donde veio, tivesse testemunhado muitos cativeiros e muitas abolições. Quem sabe lá o que vai pelos vastos intermúndios de Epicuro e seus arrabaldes?

Vinha andando, vagoroso, silencioso, científico, ao lado do Carvalho.

— Carvalho — perguntou ainda —, falta muito para chegar ao Rio de Janeiro? Estou já aborrecido, não da sua companhia, mas da caminhada. Você sabe que nós, lá em cima, andamos com a velocidade de mil raios; aqui, nestas ridículas estradas de ferro, a jornada é de matar. Mas espera, parece que estou vendo uma cidade...

— É a Bahia, a capital da província.

Chegaram à capital, onde um grupo de homens corria para uma casa, com ar espantado, ou como melhor nome haja em fisionomia, que não tenho tempo de ir ao dicionário. Esses homens eram os vereadores. Iam reunir-se extraordinariamente, para saber se embargariam ou não a saída do meteorólito.

Até então não trataram do negócio, por um princípio de respeito ao governo central. O governo central ordenara o transporte e as despesas; a Câmara municipal, obediente, ficou esperando. Logo, porém, que o meteorólito chegou à capital, interveio outro princípio — o do direito provincial. Reuniu-se a Câmara e examinou o caso.

Parece que o debate foi longo e caloroso. Uns disseram provavelmente que o meteorólito, tendo caído na Bahia, era da Bahia; outros, que vindo do céu, era de todos os brasileiros. Tal foi a questão controversa. Compreende-se bem que era preciso resolver primeiro esse ponto, para entrar na questão de saber se os meteorólitos entravam na ordem das atribuições reservadas às províncias. O debate foi afinal resumido, e o voto da maioria contrário ao embargo; apenas dois vereadores votaram por este, segundo anunciou um telegrama.

E o meteorólito foi chegando, vagaroso, silencioso, científico, ao lado do Carvalho.

— Carvalho — disse ele —, os que não quiserem embargar a minha saída são uns homens cruéis. Mas por que é que aqueles dois votaram pelo embargo?

— Questão de federalismo...

E o nosso amigo explicou o sentido dessa palavra e o movimento federalista que se está operando em alguns lugares do Império. Mostrou-lhe até alguns projetos discutidos agora, para o fim de adotar a constituição dos Estados Unidos, sem fazer questão do chefe de Estado, que pode ser presidente ou imperador...

Aqui o meteorólito, sempre vagoroso e científico, piscou o olho ao Carvalho.

— Carvalho — disse ele —, eu não sou doutor constitucional nem de outra espécie, mas palavra que não entendo muito essa constituição dos Estados Unidos com um imperador...

Cheio de comiseração, explicou-lhe o nosso amigo que as invenções constitucionais não eram para os beiços de um simples meteorólito; que a suposição de que o sistema dos Estados Unidos não comporta um chefe hereditário resulta de não atender à diferença do clima e outras. Ninguém se admira, por exemplo, de que lá se fale inglês e aqui português. Pois é a mesma coisa.

Entretanto, confessou o nosso amigo que, por algumas cartas recebidas, sabia que o que está na boca de muitas pessoas é um rumor de República ou coisa que o valha, que essa ideia anda no ar...

— *Noire? Aussi blanche qu'une autre.*

— *Tiens! Vous faites de calembours?*

— Que queria você que eu fizesse — retorquiu o meteorólito — metido naquelas brenhas de onde você me foi arrancar? Mas vamos lá, explique-me isso pelo miúdo.

E o nosso amigo não lhe ocultou nada; confiou-lhe que andam por aí ideias republicanas, e que há certas pessoas para quem o advento da República é certíssimo. Chegou a ler-lhe um artigo da *Gazeta Nacional*, em que se dizia que, se ela já estivesse estabelecida, acabada estaria há muitos anos a escravidão...

Nisto o meteorólito interrompeu o companheiro, para dizer que as duas coisas não eram incompatíveis: porque ele antes de ser meteorólito fora general nos Estados Unidos — e general do Sul, por ocasião da Guerra de Secessão, e lembra-se bem de que os estados confederados, quando redigiram a sua constituição, declararam no preâmbulo: "A escravidão é a base da Constituição dos estados confederados". Lembra-se também de que o próprio Lincoln, quando subiu ao poder, declarou logo que não vinha abolir a escravidão...

— Mas é porque lá falam inglês — retorquiu o nosso amigo Carvalho —; a questão é essa.

O meteorólito ficou pensativo; daí a um instante:

— Carvalho, que barulho é este?

— É a visita do Portela, presidente da província.

— Vamos recebê-lo, acudiu o meteorólito, cada vez mais vagaroso e científico.

BOAS NOITES.

1º de junho de 1888

BONS DIAS!

Agora fale o senhor, que eu não tenho nada mais que lhe dizer. Já o saudei, graças à boa educação que Deus me deu, porque isto de criação, se a natureza não ajuda, é escusado trabalho humano. Eu, em menino, fui sempre um primor de educação. Criou-me uma ama, escrava; e, apesar de escrava e ama, nunca lhe pus a boca no seio para mamar, que não pedisse licença. Não estava em mim; às vezes dizia comigo:

— Mas, Policarpo, tu tens direito a ser aleitado, e depois é obrigação da escrava alugada.

Em vão chorava, a Florinda corria, desabotoava o corpinho, punha o seio de fora, e eu, por mais fome que tivesse, não lhe pegava sem pedir licença. Pedia por gesto; parece que era um gesto de olhos...

Aos cinco anos (era em 1831), como já sabia ler, davam-nos no colégio *A Pátria*, pouco antes fundada pelo sr. Carlos Bernardino de Moura, com as mesmas doutrinas políticas que ainda hoje sustenta. A minha alma, que nunca se deu com política, dormia que era um gosto; mas os olhos não, esses iam por ali fora, risonhos, aprobatórios.

Agora mesmo, lendo naquela folha que o governo é que deu o dinheiro com que os jornais fizeram as festas abolicionistas, pensam que, se tivesse de explicar-

-me, fá-lo-ia como a comissão da imprensa? Não; seria grosseiro. Nunca se deve desmentir ninguém. Eu diria que sim, que era verdade, que o governo tinha pago tudo, as festas e uns aluguéis atrasados da casa do Sousa Ferreira; que para isso mesmo é que fora contratado o último empréstimo em Londres; que o Serzedelo, à custa do mesmo dinheiro, tinha reformado o pau moral; que as botinas novas do Pederneiras não tinham outra origem; e que o nosso amigo e chefe José Telha, precisando de uma casaca para ir ao Coquelin, é que se meteu naquelas manifestações. O redator ouvia tudo satisfeito; e no dia seguinte começava assim o editorial: "Conforme havíamos previsto" (o resto como em 1844).

Podia citar casos honrosíssimos, como prova de boa criação. Um deles nunca me há de esquecer, e é fresquinho.

Estando há dias a almoçar com alguns amigos, percebi que alguma coisa os amargurava. Não gosto de caras tristes, como não gosto delas alegres, — um meio-termo entre o Caju e o Recreio Dramático é o que vai comigo. Senão quando, com um modo delicado, perguntei o que é que tinham. Calaram-se; eu, como manda a boa criação, calei-me também e falei de outra coisa. Foi o mesmo que se os convidasse a pôr tudo em pratos limpos. Tratando-se de um almoço, era condição primordial.

Um dos convivas confessou que no meio das festas abolicionistas não aparecia o seu nome, outro que era o dele que não aparecia, outro que era o dele, e todos que os deles. Aqui é que eu quisera ser um homem malcriado. O menos que diria a todos, é que eles tanto trabalharam para a abolição dos escravos, como para a destruição de Nínive, ou para a morte de Sócrates... Eu, com uma sabedoria só comparável à desse filósofo, respondi que a História era um livro aberto, e a justiça a perpétua vigilante. Um dos convivas, dado a frases, gostou da última, pediu outra e um cálice de Alicante. Respondi, servindo o vinho, que as reparações póstumas eram mais certas que a vida, e mais indestrutíveis que a morte. Da primeira vez fui vulgar, da segunda creio que obscuro; de ambas sublime e bem criado.

Em linguagem chã, todos eles queriam ir à Glória sem pagar o bonde; creio que fiz um trocadilho. De mim, confesso que lá iria, se pudesse, com a mesma economia; mas, não havendo outro meio, pago o tostãozinho, e paro à porta do Club Beethoven, que anda agora em tais alturas, que já foi citado pela boca de eminente cidadão... Hão de concordar que este período vai um pouco embrulhado, mas não devo desembrulhá-lo; seria constipar a minha ideia.

Podia citar outros muitos casos de boa criação, realmente exemplares. Nunca dei piparotes nas pessoas que não conheço, não limpo a mão à parede, não vou bugiar, que é ofício feio, e ando sempre com tal cautela, que não piso os calos aos vizinhos. Tiro o chapéu, como fiz agora ao leitor; e dei-lhes os *bons dias* do costume. Creio que não se pode exigir mais. Agora, o leitor que diga alguma coisa, se está para isso, ou não diga nada, e

BOAS NOITES.

11 de junho de 1888

BONS DIAS!

Valha-me Deus! Frederico III acaba de conceder a um alto funcionário do Estado o tratamento de excelência... Valha-me Deus!

Que seja preciso um imperador para conceder lá aquilo que aqui concede qualquer pessoa! Decretos, formalidades, direitos de chancelaria, para uma coisa tão simples, quase um direito natural... Realmente, é autocracia, é feudalismo em excesso. De maneira que esse homem é boa pessoa, ou menos má!, cumprimenta os vizinhos, tem outras qualidades apreciáveis, recebe o ordenado ou os aluguéis, é secretário de Estado, como o sr. Puttkamer, e não pode receber excelência...

Eu cá, no tempo em que tinha relojoaria aberta, distribuí excelência que foi um gosto. Às vezes até servia de animação e alívio ao freguês. Entrava-me algum carrancudo, assim como quem receia ser enganado. Eu, sem decreto, sem nada, zás, excelência. Em geral a carranca diminuía, falávamos risonhos, coração nas mãos, e caso houve em que o homem comprava o relógio por mais dinheiro que o marcado.

E fiquem sabendo que também eu recebia excelências, e agora recebo-as ainda mais; é certo, porém, que nunca me custaram dinheiro, porque eu não chamo dinheiro pagar o bonde a uma pessoa que me trate bem, ou um sorvete, ou ainda um almoço. Isso paga-se até a pessoas mal-educadas.

Há só um caso em que me parece que não se deve dar excelência, nem a reles senhoria, nada, absolutamente nada; é o de certos nomes antigos, que devem ser tratados à antiga. Para não ir mais longe, há em Mato Grosso, na Assembleia provincial, dois deputados, um chamado Cícero, outro Virgílio. Com que dor de coração li no resumo dos debates, dando apartes a um orador, o sr. Virgílio, e principalmente o sr. Cícero! Lembra-me de que, em 1834, (há sempre um precedente de 1834) havia aqui na Câmara dos deputados um Alcibíades, que era inscrito assim, grotescamente: o sr. Alcibíades. Romanos e gregos, sede romanos e gregos. Tu, Cícero, tu, Virgílio, por que consentis que taquígrafos sem história, sem estética e sem pudor vos deem um tratamento que vos diminui? Tu, principalmente, Cícero. Não sentes que os manes do grande orador, teu avô, hão de padecer, quando souberem que o seu nome, feito para as familiaridades eternas, perdeu o uso antigo, e traz hoje um triste senhor, além da gravata que provavelmente há de trazer a pessoa a quem lho deram?

Falei de um Alcibíades de 1834. Temos agora, na Câmara dos Deputados, um César, mas não usa César; usa só o sobrenome Zama, que não é de gente, embora seja antigo; acho que este não está no caso dos primeiros. Por falar em Zama (vejam a minha arte das transições), sabem que esse ilustre deputado reclamou há dias uns duzentos mil-réis que lhe não pagaram; recebeu apenas um conto e trezentos mil-réis. Francamente, eu não reclamava; eu, se amanhã me pagarem, já não digo um conto e trezentos, mas um simples conto de réis, não me zango, e a razão é clara, creio que entenderam, é porque ganho menos. Quando eu vejo uma pessoa zangar-se porque recebeu só um conto e trezentos, parece-me que ouço falar árabe. Outro deputado declarou na mesma ocasião que já recebeu de menos, uma vez, oitocentos mil-réis. É verdade que esse roeu calado — ou não roeu, que é mais verdadeiro.

Toda a questão é ter o sr. Zama chegado no dia 9, prestado juramento e tomado assento nesse dia. Entendeu a mesa que não lhe devia pagar os dias anteriores. Acho que teve toda a razão; mas não entendi o precedente de 1857. Esse precedente é que o deputado não reconhecido, uma vez que esteja aqui, embora seja reconhecido no fim do mês, recebe o subsídio do mês inteiro, em que não arredou pé, não votou, não discutiu, não faltou sequer às sessões. Creio que foi isso que li. Não juro que fosse, porque a coisa é tão extraordinária, que por mais que os olhos a mostrem, a razão recusa-se a admiti-la. Provavelmente é o que está acontecendo ao leitor. Eu, no caso da mesa, cumpria também o precedente, visto que eles regulam a vida parlamentar; não sendo da mesa, nem da Câmara, acho que o negócio é a um tempo precedente e presente.

Com esta vou-me embora. Queria falar-lhes de uma porção de coisas, das cinquenta cédulas do Senado, e outros sucessos, mas é tarde... nem falo como desejava, de um homem que achei... É verdade, achei um homem, mais feliz que Diógenes, e tão feliz como Napoleão, que o achou em Goethe. Não falo dele, até porque nunca o vi; aparentemente, só achei um quiosque, mas o quiosque é do homem, e pelo quiosque é que vejo o homem. É sabido que todos esses estabelecimentos vendem bilhetes de loteria, e têm títulos atraentes, afirmando cada um que ali é que está a fortuna e a boa sorte. Pois o meu homem pôs no seu quiosque este título fulminante: *Ao puro acaso*.

Realmente, é único. Ó tu, quem quer que sejas, autor dessa lembrança, posto que eu te anuncie desde já que, em menos de seis meses, estás quebrado, deixa-me dizer-te que és um homem. Quando toda esta cidade, e eu com ela, traz na algibeira o elixir da certeza e da infalibilidade, tu vens mostrar ingenuamente ao povo a orelha do casual e do incerto; tu dize-lhe: "Compre-me, se quer, estes papelinhos, mas não juro que valham alguma coisa. Pode ser que valham, pode ser que não; saia o que sair. Talvez o papel nem sirva para cigarros, por causa da tinta..." Homem único, manda-me o teu retrato.

Vou-me embora. Não quero falar do novo projeto adotado em um congresso de São Paulo, porque é assunto superior à minha capacidade. Já aqui dei opinião de aerólito de Bendegó, acerca da Constituição dos Estados Unidos com chefe hereditário, coisa que ele afirma que é o mesmo que pôr o chefe do Estado em terra. Agora adotou-se o mesmo projeto, com esta cláusula: que continuará o sistema parlamentar. Quando li isso a um amigo, vi-o ficar de boca aberta, e não entendi o motivo; agora mesmo, que ele me explicou o negócio, confesso que estou *in albis*. Diz ele (jurou-me por Deus Nosso Senhor) que o característico principal da Constituição dos Estados Unidos é ser justamente o avesso do sistema parlamentar; a união dos dois parece-me uma cobra casada com um rato, segundo disse um poeta. Depois releu a primeira notícia, releu a segunda, mirou as duas, e suspirou isto que não sei o que é:

Après l'Agésilas,
Hélas!
Mais, après l'Attila,
Holà!

BOAS NOITES.

16 de junho de 1888

Bons dias!

Recebi um requerimento, que me apresso em publicar com o despacho que lhe dei:

Aos pés de V. Ex.ª vai o abaixo-assinado pedir a coisa mais justa do mundo.

Rogo me preste atenção por alguns instantes; não quero tomar o precioso tempo de V. Ex.ª

Não ignora V. Ex.ª que, desde que nasci, nunca me furtei ao trabalho. Nem quero saber quem me chama, se é pessoa idônea ou não; uma vez chamado, corro ao serviço. Também não indago do serviço; pode ser político, literário, filosófico, industrial, comercial, rural, seja o que for, uma vez que é serviço, lá estou. Trato com ministros e amanuenses, com bispos e sacristães, sem a menor desigualdade.

Cheguei até (e digo isto para mostrar atestados de tal ou qual valor que tenho), cheguei a fazer aposentar alguns colegas, que, antes de mim, distribuíam o trabalho entre si, *distinguindo-se* um, outro *sobressaindo*, outro *pondo em relevo* alguma qualidade particular. Não digo que houvesse injustiça na aposentadoria: estavam cansados, esta é a verdade. E para a gente de minha classe a fadiga estrompa e até mata.

Ficando eu com o serviço de todos, naturalmente tinha muito a que acudir; e repito a V. Ex.ª que nunca faltei ao dever. Não tenho presunção de bonito, mas sou útil, ajusto-me às circunstâncias e sei explicar as ideias.

Não é trabalho, mas o excesso de trabalho que me tem cansado um pouco, e receio muito que me aconteça o que se deu com os outros. Isto de se fiar uma pessoa no carinho alheio e, na generalidade dos afetos, é erro grave. Quando menos espera, lá se vai tudo; chega alguma pessoa nova e (deixe V. Ex.ª lá falar o João) ambas as mãos da experiência não valem um dedinho só da juventude.

Mas vamos ao pedido. O que eu impetro da bondade de V. Ex.ª (se está na sua alçada) é uma licença por dois meses, ainda que seja sem ordenado; mas com ordenado seria melhor, porque há despesas a que acudir, a fim de ir às águas de Caxambu. Seria melhor, mas não faço questão disso; o que me importa é a licença, só por dois meses; no fim deles verá que volto robusto e disposto para tudo e mais alguma coisa.

Peço pouco, apenas um pouco de descanso. Deus, feito o mundo, descansou no sétimo dia. Pode ser que não fosse por fadiga, mas para ver se não era melhor converter a sua obra ao caos; em todo o caso a Escritura fala de descanso, e é o que me serve. Se o Supremo Criador não pôde trabalhar, sem repousar um dia depois de seis, quanto mais este criado de V. Ex.ª?

Não faltará quem conclua (mas não será o grande espírito de V. Ex.ª) que, se eu algum direito tenho a uma licença, maiores e infinitos têm outros colegas, cujo trabalho é constante, ininterrupto e secular. Há aqui um sofisma que se destrói facilmente. Nem eu sou da classe da maior parte de tais companheiros, verdadeira plebe, para quem uma Lei de Treze de Maio seria a morte da lavoura (do pensamento); nem os da minha categoria têm a minha idade, e, de mais a mais, revezam-se a miúdo, ao passo que eu suo e tressuo sem respirar.

Contando receber mercê, subscrevo-me, com elevada consideração, de V. Ex.ª admirador e obrigado verbo *Salientar".*

O despacho foi este:

Conquanto o suplicante não junte documentos do que alega, é, todavia, de notoriedade pública o seu zelo e prontidão em bem servir a todos. A licença, porém, só lhe pode ser concedida por um mês, embora com ordenado, porque, trabalhando as Câmaras Legislativas, mais que nunca é necessária a presença do suplicante, cujo caráter e atividade, legítima procedência e brilhante futuro folgo em reconhecer e fazer públicos. Se tem trabalhado muito, é preciso dizer, por outro lado, que o trabalho é a lei da vida e que sem ele o suplicante não teria hoje a posição culminante que alcançou e na qual espero que se conservará honrosamente por longos anos, como todos havemos mister. Lavre-se portaria, dispensados os emolumentos.

Boas noites.

26 de junho de 1888

Bons dias!

Eu, se tivesse crédito na praça, pedia emprestados a casamento uns vinte contos de réis, e ia comprar libertos. Comprar libertos não é expressão clara; por isso continuo.

Conhece o leitor um livro do célebre Gogol romancista russo, intitulado *Almas mortas*? Suponhamos que não conhece, que é para eu poder expor a semente da minha ideia. Lá vai em duas palavras.

Chamam-se *almas* os campônios que lavram as terras de um proprietário, e pelos quais, conforme o número, paga este uma taxa ao Estado. No intervalo do lançamento de imposto, morrem alguns campônios e nascem outros. Quando há *déficit*, como o proprietário tem de pagar o número registrado, primeiro que faça outro recenseamento, chamam-se *almas mortas* os campônios que faltam.

Tchitchikof, um espertalhão da minha marca, ou talvez maior, lembra-se de comprar as *almas mortas* de vários proprietários. Bom negócio para os proprietários, que vendiam defuntos ou simples nomes, por dez réis de mel coado. Tchitchikof, logo que arranjou umas mil *almas mortas*, registrou-as como vivas; pegou dos títulos do registro, e foi ter a um Monte de Socorro, que, à vista dos papéis legais, adiantou ao suposto proprietário uns 200.000 rublos; Tchitchikof meteu-os na mala e fugiu para onde a polícia russa o não pudesse alcançar.

Creio que entenderam; vejam agora o meu plano, que é tão fino como esse, e muito mais honesto. Sabem que a honestidade é como a chita; há de todo o preço, desde meia pataca.

Suponha o leitor que possuía duzentos escravos no dia 12 de maio, e que os perdeu com a Lei de 13 de maio. Chegava eu ao seu estabelecimento, e perguntava-lhe:

— Os seus libertos ficaram todos?

— Metade só; ficaram cem. Os outros cem dispersaram-se; consta-me que andam por Santo Antônio de Pádua.

— Quer o senhor vender-mos?

Espanto do leitor; eu, explicando:

— Vender-mos todos, tanto os que ficaram, como os que fugiram.

O leitor assombrado:

— Mas, senhor, que interesse pode ter o senhor...

— Não lhe importe isso. Vende-mos?

— Libertos não se vendem.

— É verdade, mas a escritura da venda terá a data de 29 de abril; nesse caso, não foi o senhor que perdeu os escravos, fui eu. Os preços marcados na escritura serão os da tabela da Lei de 1885; mas eu realmente não dou mais de dez mil-réis por cada um.

Calcula o leitor:

— Duzentas cabeças a dez mil-réis são dois contos. Dois contos por sujeitos que não valem nada, porque já estão livres, é um bom negócio.

Depois refletindo:

— Mas, perdão, o senhor leva-os consigo?

— Não, senhor: ficam trabalhando para o senhor; eu só levo escritura.
— Que salário pede por eles?
— Nenhum, pela minha parte, ficam trabalhando de graça. O senhor pagar-lhes-á o que já paga.

Naturalmente, o leitor, à força de não entender, aceitava o negócio. Eu ia a outro, depois a outro, depois a outro, até arranjar quinhentos libertos, que é até onde podiam ir os cinco contos emprestados; recolhia-me à casa, e ficava esperando.

Esperando o quê? Esperando a indenização, com todos os diabos! Quinhentos libertos, a trezentos mil-réis, termo médio, eram cento e cinquenta contos; lucro certo: cento e quarenta e cinco.

Porquanto, isso de indenização, dizem uns que pode ser que sim, outros que pode ser que não; é por isso que eu pedia o dinheiro a casamento. Dado que sim, pagava e casava (com a leitora, por exemplo); dado que não, ficava solteiro e não perdia nada, porque o dinheiro era de outro. Confessem que era um bom negócio.

Eu até desconfio que há já quem faça isso mesmo, com a diferença de ficar com os libertos. Sabem que, no tempo da escravidão, os escravos eram anunciados com muitos qualificativos honrosos, perfeitos cozinheiros, ótimos copeiros etc. Era, com outra fazenda, o mesmo que fazem os vendedores, em geral: superiores morins, lindas chitas, soberbos cretones. Se os cretones, as chitas e os escravos se anunciassem, não poderiam fazer essa justiça a si mesmos.

Ora, li ontem um anúncio em que se oferece a aluguel, não me lembra em que rua — creio que na do Senhor dos Passos — uma insigne engomadeira. Se é falta de modéstia, eis aí um dos tristes frutos da liberdade; mas se é algum sujeito que já se me antecipou...

Larga, Tchitchikof de meia tigela! Ou então vamos fazer o negócio a meias.

Boas noites.

6 de julho de 1888

Bons dias!

Está o sr. comendador Soares no Senado. Dou-lhe os meus sinceros parabéns.

Na qualidade de comerciante, como eu na de relojoeiro, o sr. senador Soares deve ignorar profundamente o latim. Mas não será tanto, que não conheça um famoso trecho de Lucrécio, que dizia que é sempre coisa muito agradável, estando em terra firme, ver de longe o naufrágio dos outros. O sr. senador Soares está firme das terras deste mundo, tão firme e tão vasta, que pega com o continente da morte e da eternidade. *Suave, mari magno... Suave, mari magno...* De lá, da glória eterna, esquina do campo da Aclamação, olha o sr. Soares tranquilamente para o vale de lágrimas da Rua da Misericórdia. Com que olhos saudosos o vão ver sair dali os que, como ele, choraram e choram na terra, onde ficam padecendo as consequências da culpa do primeiro homem! O novo senador é magro: mas vai parecer muito mais gordo que o mais gordo dos seus ex-colegas da Câmara, e que era até há tempos o sr. Castrioto. Hoje creio que é o sr. Alves de Araújo; minto, é o sr. Góis. Tão certo que não há gordos nem magros; há fatos subjetivos.

Notemos que eu citei justamente três nomes que, mais tarde ou mais cedo, acabam na estatística senatorial. Mas, quantos, Deus de misericórdia, quantos estão ali que nunca hão de sair! Não cito nomes, para não vexar ninguém; mas as consciências dirão, lá fundo, que sim, que é isso mesmo...

Pois bem, trago a esses desesperados uma esperança... não me sufoquem: ouçam-me; sosseguem; deixem-me falar... Ouçam.

Hão de ter lido que se trata de federalizar o Brasil; não faltam projetos nem programas a esse respeito. Ainda agora apareceu o programa do Partido Liberal do Pará, estabelecendo as cláusulas da reforma, e uma delas é que cada província tenha o seu Senado especial.

Aí está o remédio. Quem não puder entrar no Senado geral, entra no provincial. Não é um Senado de primeira ordem, um Senado (como se diz na relojoaria) de patente, um cronômetro; mas é um senadozinho de prata dourada, afiançado por quatro anos, que é o prazo marcado no programa do Pará.

Pior! lá cai a viseira aos meus amigos. Mas, meus amigos, isso de quatro anos é um modo de falar; há meio de cumprir a lei e ficar vitalício; é a reeleição. Portem-se bem os senadores provinciais, deem-se uns com os outros, não puxem brigas, ajudem-se, e, quando mal cuidarem, estão vitalícios. Ouro é o que ouro vale.

Creio até (é um palpite) que de toda a federação que anda no ar, se ficar um só artigo, há de ser este, o Senado provincial. Há dúvidas sobre os outros, divergências daqui e dali; os próprios autores talvez os rejeitem, quando houverem de votar. Mas o Senado é dessas ideias simples, que se metem pelos olhos dentro; traz naturalmente equilíbrio à legislatura.

E, além das vantagens políticas, há outras de certa ordem. Quem me impede a mim, se for senador do Espírito Santo, quem me impede de mandar imprimir nos cartões: *fulano de tal, senador*? Ou então: *O senador fulano de tal*, sem mais nada? Podem confundir-me, é verdade, com os senadores do Império; mas que tenho eu com as confusões dos outros? Posso responder pela lucidez do espírito alheio? Hei de mandar pôr o meu retrato nos cartões? Etc. etc.

A única objeção que se pode fazer ao Senado provincial é tornar ainda mais ininteligível a política do Ceará. Quando os paula-aquirases e os ibiapaba-pompeus tiverem outro campo de divisão, certamente o problema ficará mais complexo. Mas, francamente, coração nas mãos. Há alguém que presuma decifrar aquilo no estado atual? Deixem-se de fumaças. Dobradas as dificuldades, subdivididos os partidos em ibia-pom-las e peu-aqui-pabas, fica o mesmo volapuque, com a diferença que, por ora, ainda há gente que queima as pestanas para ver se percebe o que é; quando vierem o Senado e a subdivisão deixaremos o caso aos americanistas de ofício.

BOAS NOITES.

15 de julho de 1888

BONS DIAS!

Não gosto de ver censuras injustas.

Há dias, um eminente senador disse que a Câmara dos Deputados era a Câmara de dois domingos, e disse a verdade, porque ali um sábado e um domingo são a mesma coisa. Não a censurou por isso, entretanto, mas por adiar para o sábado os requerimentos, isto é, mandar-lhes o laço de seda com que eles se enforquem logo.

Sejamos justos. A Câmara, não fazendo sessão aos sábados, obedece a um alto fim político: — imitar a Câmara dos comuns ingleses, que nesse dia também repousa. Desse modo, aproxima-nos da Inglaterra, *berço das liberdades parlamentares*, como dizia um mestre que tive e que me ensinou as poucas ideias com que vou acudindo às misérias da vida. Dele é que herdei a *espada rutilante da justiça* — o *timeo Danaos* — *o devolvo-lhe intacto a injúria*, e outros vinténs mais ou menos magros.

Dir-me-ão que os comuns ingleses descansam no sábado, porque ficam estafados das sessões de oito, nove e dez horas, que é o tempo que elas duram nos demais dias.

É verdade; mas cumpre observar que os comuns começam a trabalhar de tarde e vão pela noite dentro, depois de terem gasto a primeira parte do dia nos seus próprios negócios. Desse modo estão livres e prontos para ir até a madrugada, se preciso for. Trabalham com a fresca, despreocupados, tranquilos. Não acontece o mesmo conosco. As nossas sessões parlamentares começam ao meio-dia, hora de calor, sem dar tempo a fazer alguma coisa particular; e depois o clima é diferente. Nem já agora é possível tornar aos sábados. O sr. barão de Cotejipe disse que desde 1826 dormem projetos de lei nas pastas das comissões do Senado; com os requerimentos da Câmara deve acontecer a mesma coisa, mas suponhamos que só começam em 1876...

Censuras não faltam. Já ouvi censurar um dos nossos costumes parlamentares que justamente mais me comovem; refiro-me ao de levantar a sessão, quando morre algum dos membros da casa. A notícia é dada por um deputado ou senador, que faz um discurso, pondo em relevo as qualidades do finado. Às vezes o defunto não prestou ao Estado o menor serviço; não importa, essa é justamente a beleza do sistema democrático e de igualdade que deve reger, mais que todos, os corpos legislativos. Para o Parlamento, como para a morte, como para a Constituição, todos são legisladores, todos merecem igual cortesia e piedade.

Os censuradores alegam que esse uso não existe em parte nenhuma, fora daqui. O argumento Aquiles (como me diria o citado mestre) é que, tendo sido as câmaras inventadas para tratar dos negócios públicos, a morte de um dos seus membros deve pesar menos, muito menos que o dever social. Daí o discurso em que o presidente deve noticiar a morte, com palavras de saudade, e passar à ordem do dia.

Os preconizadores de hábitos peregrinos chegam a citar o que agora mesmo se deu no Parlamento de Inglaterra, quando chegou a notícia da morte do genro da rainha, que não era membro da Câmara dos lordes, mas podia sê-lo, se não fosse imperador da Alemanha. A notícia foi comunicada a ambas as câmaras por um ministro; respondeu-lhe o líder da oposição, e continuaram os trabalhos, durante os da Câmara até às duas da madrugada.

Mas quem não vê que nem o exemplo nem o argumento servem ao nosso caso?

Quanto ao exemplo, basta considerar que, posto que o imperador fosse um digno e grande homem, não era membro de nenhuma das casas. Fizeram-se mensagens à rainha e à imperatriz.

Além disso, pode ser que, realmente, nesse dia houvesse negócios urgentes. Digo isso porque o discurso do ministro na Câmara dos lordes, respeitoso e grave, ocupa apenas doze linhas no *Times*, e o da oposição, onze. Na dos comuns, o do ministro tem nove linhas, e o da oposição, oito. Cabe ainda notar que ninguém mais falou. Finalmente, dali em diante proferiram-se na Câmara dos comuns, sobre diversos projetos, mais de cinquenta discursos.

Quanto ao argumento, não há nada mais falho. É certo que as Câmaras foram criadas para curar principalmente dos negócios públicos; mas onde é que constituições escritas revogam leis do coração humano? Podem transtorná-las, é certo, como na dura Inglaterra, na França inquieta, na Itália ambiciosa; mas, tais não são as nossas condições. Demais, a veneração dos mortos cimenta a amizade dos vivos.

Ponhamo-nos de acordo. Se a Câmara não faz sessão aos sábados, para acompanhar a do comuns, aqui-del-rei. Se não acompanha a dos comuns, e se vai embora, sempre que morre algum membro, terá igual censura. Ponhamo-nos de acordo.

Boas noites.

19 de julho de 1888

Bons dias!

Quem me não fez bei de Túnis cometeu um desses erros imperdoáveis, que bradam aos céus.

Suponhamos por um instante que eu era bei de Túnis. Antes de mais nada, tinha prazer de viver em Túnis, que é um dos meus mais desenfreados desejos. Depois, não entendia nada do que me dissessem, nem os outros me entendiam, e para estabelecer relações cordiais, não há melhor caminho. O sr. Von Stein fez-se amigo dos índios do Xingu, recitando versos de Goethe.

Não perderia o gosto cá do Rio, porque levaria naturalmente assinaturas de jornais; leria tudo, a questão da revista cível nº 10.893, o imortal processo da Bíblia, os debates do Parlamento, os manifestos políticos etc. Quando alguma coisa me parecesse dita ou escrita em dialeto barbaresco, teria o meu colégio de intérpretes, que me explicaria tudo.

Não indo mais longe, acabo de ler no discurso do sr. Senador Leão Veloso uma frase, que, se eu estivesse em Túnis, não lhe perderia o sentido. S. Ex.ª declarou que a vitaliciedade do cargo não o segregou daqueles que o elegeram. Ora, os que o elegeram vão morrendo e hão de ir morrer todos, como já devem ter morrido os que elegeram o sr. Visconde do Serro Frio. Como é que não há segregação? Há e é uma das vantagens da instituição. Se em 1871 os Srs. Silveira Martins e Barão de Mauá fossem vitalícios, não haveria o recurso aos eleitores, que pôs o sr. Mauá fora da Câmara. Quando o primeiro desafiasse o segundo a irem pleitear ante os eleitores liberais o procedimento de ambos, responderia o sr. Mauá:

— Mas, meu caro colega, os meus eleitores estão mortos. Há dois dias vivia o Bandeira, de Pelotas; pois morreu, aqui está o telegrama, que recebi agora mesmo da família. Sabe que somos velhos conhecidos...

Entretanto, aquela frase, que em português dá esse resultado, talvez possa ser explicada pelo arábico; mas eu não sou bei de Túnis.

Outras muitas coisas me explicará o colégio de intérpretes. Não as digo todas; mas aqui vai mais uma.

Os espiritistas brasileiros acabam de dar um golpe de mestre. Apareceu por aqui um médium, Dr. Slade é o seu nome, com fama de prodigioso. A Federação Espírita Brasileira nomeou uma comissão para estudar os fenômenos da escritura direta sobre ardósias e outros efeitos físicos produzidos com o médium. Pois, senhores, não achou que o homem valesse a fama; declarou que os trabalhos ficaram muito abaixo do que esse mesmo médium conseguiu na Inglaterra, França, Alemanha, Estados Unidos e Austrália. É verdade que a própria Federação explica a diferença. "Todos os que estudam os fenômenos espíritas (diz ela) conhecem que as mediunidades estão sujeitas a esses eclipses." E noutro lugar: "Sabem todos que os invisíveis não estão servilmente à nossa disposição".

Ora, tudo isso, que parece algaravia, sendo lido por um espírita, é como a língua de Voltaire: pura, límpida, nítida e fácil. "Os invisíveis não estão servilmente à nossa disposição!" Não falo do enriquecimento da língua com a palavra mediunidade, que é nova, sem ser esbelta.

Fosse eu bei de Túnis, e o meu colégio me explicaria tudo isso e mais isto: "Somente lamentamos que nesses eclipses da sua faculdade, o *médium* — sem dúvida por sugestões malignas, busque simular os fenômenos que obtém nas condições normais..."

Ao que parece, o *médium não só foi* (com perdão da palavra) apenas *minimum*, mas até procurou embaçar a Federação. Não andou bem; e a Federação cumpriu o seu dever desvendando as sugestões malignas. Nem pareça que isso mesmo foi sugestão de despeito; a Federação conclui francamente aquele período: "...fato aqui plenamente verificado".

Valha-me Nossa Senhora! Que porção de coisas obscuras, que eu nunca hei de entender! E daí, quem sabe? Schopenhauer chegou a crer nas *mesas que giram*; há quem acredite no casamento da constituição americana com o sistema parlamentar. Não é muito acreditar nos motivos do eclipse do Dr. Slade, mesmo sem entendê-los... Ah! por que me não fazem bei de Túnis!

BOAS NOITES.

29 de julho de 1888

BONS DIAS!

Antes de mais nada deixem-me dar um abraço no Luís Murat, que acaba de não ser eleito deputado pelo 12º distrito do Rio de Janeiro. Eu já tinha escovado a casaca e o estilo para o enterro do poeta e o competente necrológio; ninguém está livre de uma vitória eleitoral. Escovei-os e esperei as notícias.

Vieram elas, e não lhes digo nada: dei um salto de prazer. Cheguei à janela; vi que as rosas — umas grandes rosas encarnadas que Deus me deu —, vi que estavam alegres e até dançavam; a música era um bater de asas de pássaros brancos e azuis, que apareceram ali vindos não sei donde, nem como.

Sei que eram grandes, que batiam as asas, que as rosas bailavam, e que as demais plantas pareciam exalar os melhores cheiros. Umas vozes surdas diziam rindo: Murat, derrotado. Murat, derrotado.

E que bonita derrota, Deus da misericórdia! Podia perder a eleição por vinte ou trinta votos; seria então um meio desastre, porque abria novas e fundadas esperanças. Mas, não, senhor; a derrota foi completa; nem cinquenta votos. Por outros termos, é um homem liberto; teve a sua Lei de 13 de Maio: "Art. 1º Luís Murat continuará a compor versos. Art. 2º Ficam revogadas as disposições em contrário".

Não é que seja mau ter um lugar na Câmara. Tomara eu lá estar. Não posso; não entram ali relojoeiros. Poetas entram, com a condição de deixar a poesia. Votar ou poetar. Vota-se em prosa, qualquer que seja, prosa simples, ruim prosa, boa prosa, bela prosa, magnífica prosa, e até sem prosa nenhuma, como o sr. Dias Carneiro, para citar um nome. Os versos, quem os fez, distribui-os pelos parentes e amigos e faz uma cruz às musas. Alencar (e era dos audazes) tinha um drama no prelo, quando foi nomeado ministro. Começou mandando suspender a publicação; depois fê-lo publicar sem nome de autor. E note-se que o drama era em prosa...

Suponhamos que Luís Murat saía eleito, e que seu rival, o Augusto Teixeira, é que ficava com os quarenta votos. Com certeza, os versos de Murat não passavam a ser feitos pelo Teixeira; e era, talvez, uma vantagem. Em todo caso, ficávamos sem eles. Onde estão os do Dr. Afonso Celso? José Bonifácio, se os fazia, enterrava-os na chácara... Podia citar outros, mas não quero que a Câmara brigue comigo.

Vá lá abraço, e adeus. Agora é arrazoar de dia no escritório de advogado, e versejar de noite. Não fazem mal as musas aos doutores, disse um poeta; podem fazê-lo aos deputados.

Antes de mais nada, disse eu a princípio; mas francamente não vi se tinha mais alguma coisa que dizer. Prefiro calar-me, não sem comunicar aos leitores uma notícia de algum interesse.

Os leitores pensam com razão que são apenas filhos de Deus, pessoas, indivíduos, meus irmãos (nas prédicas), almas (nas estatísticas), membros (nas sociedades), praças (no exército), e nada mais. Pois são ainda certa coisa — uma coisa nova, metafórica, original.

Ontem, indo eu no meu bonde das tantas horas da tarde para (não digo o lugar), ao entrarmos no Largo da Carioca, costeamos outro bonde, que ia enfiar pela Rua de Gonçalves Dias. O condutor do meu bonde falou ao do outro para dizer que na viagem que fizera da estação do Largo do Machado até a cidade, trouxe um só passageiro. Mas não contou assim, como aí fica; contou por estas palavras: "Que te dizia eu? Fiz uma viagem à toa; apenas pude apanhar um carapicu..."

Aí está o que é o leitor: um carapicu este seu criado; carapicus os nossos amigos e inimigos. Aposto que não sabia desta? Carapicu... Como metáfora, é bonita; e podia ser pior.

BOAS NOITES.

7 de agosto de 1888

Bons dias!

Apesar desta barretada e da minha usual cortesia, fiquem sabendo que ando armado; trago aqui uma pistola, para meter uma bala na cabeça do primeiro que me falar ainda em Maria das Dores, Umbelino, Ramos, Vilar, e o mais que se prende ao crime da Rua da Uruguaiana.

Crimes, em se tornando longos, aborrecem; os próprios crimes políticos perdem o sabor, com o tempo; mas, enfim, vão vivendo. Olhem o caso do Bananal; esse está ainda fresco, cheio de interesse e significação. Trata-se de uma família dividida por política, um sobrinho, um tio, alguns tiros, assassinato; é a primeira feição; segunda feição: pelos depoimentos se conclui que uma das causas recentes do ato foi haver passado o comando superior da Guarda Nacional, do tio (Comendador Nogueira) para o sobrinho (Coronel Ramos). Tudo isso vale mais que trinta delitos da Rua Uruguaiana.

Há ainda uma terceira feição no processo Bananal. Uma das testemunhas depôs que a vida do Coronel Ramos e a de outras pessoas andavam *em quitanda*. Essa feição é puramente de língua e de estilo. Vemos aqui uma expressão nova — ao menos para mim —, nova e brasileira, genuinamente brasileira; expressão da roça, que bem merece direito de cidade. Estar com a vida *em quitanda*, pôr a vida *em quitanda*... Até por isso há mais interesse no crime do Bananal.

Não falarei das duas primeiras. A segunda principalmente é muito significativa. Esse rancor deixado ou acrescido com a troca de um posto de comandante superior da Guarda Nacional há que atrapalhar (ou quem sabe se esclarecer em muitos casos?) o historiador futuro. Terrível Guarda Nacional! Tu és mansa, tu és pacífica, tu chegas mesmo a não existir; mas quão funestos são os ódios que deixas! Verdade é que costumas consolar também. Possuo um retrato de mil oitocentos e sessenta e tantos; é de um varão, agora defunto, e que por esse tempo já não era nada; quero dizer, era isto que se lê por baixo da litografia da casa Sisson: "*Ao ilustríssimo senhor fulano, ex-major do batalhão de reserva, oferecem etc. ...*".

Ex-major e de reserva! Tão pouca coisa consolava o homem, e até lhe dava certo orgulho, porque a figura é altiva, e marcial. Ex-major e de reserva!

Há de haver algum mistério nessa instituição. Eu, ainda de rapaz, já achava esquisito que os liberais de outros países a quisessem, e que os do nosso falassem sempre em extingui-la. Concluí que não era a mesma coisa; mas então o que era? Agora mesmo, para complicar mais o problema, o indiciado Nogueira (do Bananal) é paralítico; estado que parece impedir qualquer comando superior ou inferior. Não entendo; duvido que alguém chegue a entendê-lo nunca.

Há outra espécie de crimes, que, não se tendo dado, são mais interessantes que o da Rua da Uruguaiana. Não há muito, em discurso na Câmara dos Deputados, declarou o sr. Zama que tivera três processos às costas, sendo um deles por crime de morte; o sr. Barão de Jeremoabo respondeu, em aparte, que fora processado igual número de vezes, sendo uma vez por assassinato. Contaram isso, ninguém se admirou, ninguém lhes negou a mão, tomaram café com os colegas, e lá estão nos seus lugares; a razão é que toda a gente sabe que são crimes supostos; se morte houve, não houve assassinato. São truques políticos.

Outro gênero de crimes, que não deixa de ser curioso, é o dos crimes de *resistência*. Um ex-deputado, há tempos, dissolvida uma Câmara, disse-me que não ia pleitear a eleição no distrito, à vista da agitação política. Se lá fosse, era preso, *resistia*, e ficava morto na luta.

— Pois não resista — disse-lhe eu.

— Ah! isso é impossível; ainda que eu vá tranquilo, rezando comigo, obediente, hei de *resistir* por força; o meu distrito é assim. Resiste-se, morre-se na luta.

Ora, digam-me se qualquer de tais crimes não é muito mais interessante do que o da Rua da Uruguaiana. Este não tem o sabor dos outros, nem envolve os mesmos problemas... Portanto, repito, trago aqui uma pistola e estou pronto a disparar sobre quem me vier falar de Maria das Dores... É verdade que, se tal caso se der, será justamente a parte interessante do crime da Rua da Uruguaiana, não só pelas qualidades que me exornam, como porque será a última vez que lhes dê as minhas

BOAS NOITES.

26 de agosto de 1888

BONS DIAS!

Agora que tudo está sossegado, aqui venho de chapéu na mão e dou-lhes os bons dias de costume. Como passaram do outro dia para cá? Eu bem. Vi a chegada do Imperador, as manifestações públicas, as iluminações, e gostei muito. Dizem que houve na Rua do Ouvidor uns petelecos e não sei se algum sangue; mas como eu não piso na Rua do Ouvidor desde 1834, não tenho sequer este delicioso prazer de saber se escapei de boa. Não escapei de nada.

Estou a ver daqui a cara do leitor, os olhos curiosos que estica para mim, a fim de adivinhar o que vai acontecer nestes seis meses mais próximos, em relação à política. Bate à ruim porta, meu amigo. Eu, se pudesse saber alguma coisa, compunha um almanaque, gênero Ayer, anunciando as tempestades ou simples aguaceiros. Mas não sei nada, coisa nenhuma. Moram aqui perto um deputado e um senador, com quem me dou; mas parece que também não sabem nada. A única coisa positiva é que a primavera começa em setembro e que a semana dos quatro domingos ainda não está anunciada. É verdade que, tendo um geólogo moderno calculado que a duração da terra vai a mais de um milhão de séculos, há tempo de esperar alguma coisa, ainda quando o milhão de séculos deva ter um grande desconto, para a nova vida, desde que se apague o sol, isto é, daqui a dez milhões de anos.

O que me agrada particularmente nos mestres da astronomia são os algarismos. Como essa gente joga os milhões e bilhões! Para eles umas mil léguas representa pouco mais que de Botafogo ao Catete... Creio que é Catete que ainda se diz; avisem-me quando for João Alves... E o tempo? Quem não tiver cabeça rija cai por força no chão; dá vertigens todo esse turbilhão de números inumeráveis. Ainda não vi astrônomo que, metendo a mão no bolso, não trouxesse pegados aos dedos uns dez mil anos pelo menos. Como lhes devem parecer ridículas as nossas semanas! A própria moeda nacional, inventada para dar estímulo e grandeza à gente, os seiscentos, os oitocentos mil-réis, que tanto assombram o estrangeiro novato, para os astrônomos valem pouco mais que coisa nenhuma. Falem-lhes de milhões para cima.

Se eu tivesse vagar ou disposição, puxava os colarinhos à filosofia e diria naquele estilo próprio do assunto que esta nossa deleitação a respeito dos trilhões astronômicos é um modo de consolar a brevidade dos nossos dias e do nosso tamanho. Parece-nos assim que nós é que inventamos os tempos e os espaços; e não somente as dimensões e os nomes. Uma vez que os inventamos, é que eles estavam em nós.

Muita gente ficará confusa com o milhão de séculos de duração da terra. Outros dirão que, se isto não é eterno, não vale a pena escrever nem esculpir ou pintar. Lá eterno, como se costuma dizer, não é; mas aí uns dez séculos, ou mesmo cinco, é o que se pode chamar (com perdão da palavra) um retalho de eternidade.

Nem por isso os nossos políticos escreverão as suas memórias, como desejara o sr. Senador Belisário. Há muitas causas para isso. Uma delas é justamente a falta do sentimento da posteridade. Ninguém trabalha, em tais casos, para efeitos póstumos. Polêmica, vá; folhetos para distribuir, citar, criticar, é mais comum. Memórias pessoais para um futuro remoto, é muito comprido. E quais sinceras? quais completas? quais trariam os retratos dos homens, as conversações, os acordos, as opiniões, os costumes íntimos, e o resto? Que era bom, era; mas, se isto acaba antes de um milhão de séculos?

BOAS NOITES.

6 de setembro de 1888

BONS DIAS!

Não é pelo gosto de imitar o Fradique Mendes, que uso tomar nota de algumas frases parlamentares. Nem o conhecia ainda, quando já praticava este salutar costume. Nunca o disse a ninguém: digo-o agora, para que, quando morrer, se aparecer no meu espólio um livro assim, não me atribuam qualquer ideia de plágio.

Ainda na semana passada lá deixei uma nota, um pequeno aparte do sr. Senador Siqueira Mendes: "Eu fui quem falou a ele". Referia-se a um presidente de província, mas podia referir-se a três, que tinha a mesma graça. "Eu fui quem falou a ele."

Escrevendo isto, não trago a menor intenção de me meter na questão entre aquele nobre senador e o sr. Barão de Cotejipe; menos ainda na revelação dos estatutos que o sr. Deputado A. Pena descobriu e leu na Câmara. Demais, este último caso é velho, e ninguém mais se lembra dele. *Où sont les neiges d'antan?* Tão-somente os observadores de gabinete poderão ir acumulando esses e outros sintomas para estudos sociais; mas, cá fora, onde a gente vive e respira, não há tempo, os dias andam mais depressa, pela medida dos anos de Horácio.

Nova, nova, temos uma coisa; o anúncio de que o sr. Senador Ávila vai tomar parte no concurso de tiro do Clube de Esgrima. Se o sr. Ávila quer um conselho de amigo, não se meta nisso; pelo menos, se ainda tem desejo de ser ministro; e, quando não o tenha, pode ser obrigado a sê-lo, que para isso está na política. Dado até que nem o queira nem o seja, é prudente não ir ao concurso. Vou dizer-lhe por quê.

Em absoluto, não há nada mau em atirar ao alvo; ao contrário, é exercício aprovado e louvável; mas todas as coisas dependem do meio. Os tiros que o sr. Ávila disparar no concurso, hão de cair-lhe em cima. Tem de ouvir epigramas, pôr-lhe-ão uma alcunha, pedir-lhe-ão a espingarda. Não faltará quem pense que S. Ex.ª nesse dia rebaixou o Senado até a vil competência de um exercício sem dignidade. Quando ministro, dir-lhe-ão a rir: "O tiro de V. Ex.ª não chegou ao alvo".

Tome o meu conselho; dispare um desaforo, que é melhor. Um parlamentar de espingarda na mão, ninguém ainda o concebe nem admite. Dispare uns documentos, lidos de fio a pavio, como fez agora, mas guarde a espingarda para caçar no mato, ou atirar à toa, no fundo da chácara.

E por falar em documentos, S. Ex.ª ao ler agora alguns, referiu-se à regra estabelecida no regimento do Senado, que não permite a inserção de nenhum no discurso do orador, desde que não seja lido. Ora, valha-me Deus! Pois não é muito melhor a regra da Câmara! Na Câmara, o orador refere-se a documentos que traz, e, se lhe não convém lê-los, declara com esta simplicidade:

— Não os leio, para não fatigar a Câmara, mas inclui-los-ei no meu discurso.

À primeira vista, parece que só se pode imprimir oficialmente aquilo que a Câmara ouviu, e cuja publicação consente pelo silêncio; é o fundamento da disposição do Senado. Mas, atentando bem, vê-se que não. A boa regra é que o discurso de um orador pertence-lhe; que ele pode fazer dele o que quiser, trocá-lo, ampliá-lo ou *amenizá-lo*, como dizia há dias na Câmara o sr. Barão de Jeremoabo, protestando contra uma expressão do sr. Mesquita. Logo, ele pode lá meter o que quiser, um documento, vinte documentos, cartas particulares, o *Evangelho de São Marcos*, ou as belezas de Chateaubriand. Se a Constituição garante a propriedade das minhas calças, que estão fora de mim, como não há de garantir a propriedade do meu pensamento? É ideia velha e invulnerável.

Que o Senado é superior em muitas outras coisas, não há dúvida; e é por isso que, se algum desejo me mata, é de não poder morrer lá. A Câmara pode arranjar crises, deitar ministérios abaixo, mas o Senado é que compõe os novos; e quando a Câmara é dissolvida, o Senado chega às janelas para vê-la passar e ouvi-la repetir o que aprendeu na escola: *Morituri te salutant*. Pois bem, naquele ponto, acho melhor o sistema da Câmara. A gente inclui o que quer; se teve dares e tomares com algum rival do distrito, põe tudo em letra oficial, sem gastar o tempo precioso em ler cartas anônimas ou artigos de jornais. Já não falo na economia...

Creio que tenho alguma coisa que dizer, mas não me lembro. Não era o Liceu, não eram as letras falsas, não era o fogo de Botafogo... Seja o que for,

BOAS NOITES.

16 de setembro de 1888

BONS DIAS!

Venho de um espetáculo longo, em parte interessante, em parte aborrecido, organizado em benefício do incidente Manso.

Começou por uma comédia de Musset: *Il faut qu'une port soit ouverte ou fermée*. Não confundam com o drama de grande espetáculo *Fechamento das portas*, representado há dias no Liceu, com alguma aceitação. Não: a peça de Musset é um atozinho gracioso e límpido. Trata-se de um conde, que vai visitar uma marquesa, e não acaba de sair nem de ficar, até que a dama conclui por lhe dar a mão de esposa. Clara alusão ao incidente Manso.

No dia seguinte, tivemos um drama extenso e complicado, cujos atos contei enquanto me restaram dedos; mas primeiro acabaram-se os dedos que os atos. Cuido que não passariam de vinte, talvez dezenove. Boa composição, lances novos, cenas de efeito, diálogos bem travados. Um dos papéis, escrito em português e latim, produziu enorme sensação pelo inesperado. Dizem que a inovação vai ser empregada cá fora, por alguns autores dramáticos, cansados de escrever em uma só língua, e, às vezes, em meia língua. Os monólogos, os diálogos, que eram vivíssimos, e os coros foram, se assim se pode dizer de obra humana, irrepreensíveis.

Essa peça, começada no segundo dia, durou até o terceiro, porque o espetáculo, para em tudo ser interessante, imitou esse uso das representações japonesas, que não se contentam com quatro ou cinco horas. Não bastando o drama, deram-nos ainda uma comédia de Shakespeare, *As you like it* — ou, como diríamos em português, *Como aprouver a Vossa Excelência*. Posto que inteiramente desconhecida do público, pareceu agradar bastante. Dois outros espectadores aplaudiram por engano umas cenas, em vez de outras; mas a culpa foi dos amadores, que não pronunciaram bem o inglês.

Como acontece sempre, algumas pessoas, para se mostrarem sabidas dos teatros estrangeiros, disseram que era preferível dar outra comédia do grande inglês: *Muito barulho para nada*. Mas esta opinião não encontrou adeptos.

Pela minha parte, achei o defeito da extensão. Espetáculos daqueles não devem ir além de duas ou três horas. Verdade é que, sendo numerosos os amadores, todos quereriam algum papel, e para isso não bastava esse ato de Musset. Bem; mas para isso mesmo tenho eu o remédio, se me consultassem.

O remédio era o fonógrafo, com os aperfeiçoamentos últimos que lhe deu o famoso Edison. Fez-se agora a experiência em Londres, onde por meio do aparelho se ouviram palavras, cantigas e risadas do próprio Edison, como se ele ali estivesse ao pé. Um dos jornais daquela cidade escreve que o fonógrafo, tal qual está agora aperfeiçoado, é instrumento de duração quase ilimitada. Pode conservar tudo. Justamente o nosso caso.

Acabada a representação, em pouco tempo, segundo convinha à urgência e gravidade do assunto e do momento, se ainda houvesse amadores que quisessem um papel qualquer, grande ou pequeno, o diretor faria distribuir fonógrafos, onde cada um daqueles depositaria as suas ideias; podiam ajustar-se três ou quatro para os diálogos.

A reprodução de todas as palavras ali recolhidas podia ser feita, não à vontade do autor, mas vinte e cinco anos depois. Ficavam só as belezas do discurso; desapareciam os inconvenientes.

E, reparando bem, está aqui o remédio a um dos males que afligem o regímen parlamentar: o abuso da palavra. Não é fácil, mas é possível. Basta fazer uma escolha de oradores, um grupo para cada negócio, por ordem; os restantes confiariam ao fonógrafo os discursos que a geração futura escutaria.

No ano de 1913, por exemplo, abriam-se os fonógrafos, com as formalidades necessárias, e os nossos filhos ouviriam a própria voz de algum orador atual discutir o orçamento da receita geral do Império:

> E, perguntei ao nobre ministro, sabe que faleceu o tabelião de Ubatuba? Esse homem padecia de uma afecção cardíaca, mas ia vivendo; tinha mulher e quatro filhos — o mais velho dos quais não passava de sete anos. Note S. Ex.ª que o tabelião nem era filho da província; nasceu em Cimbres, e de uma família respeitável; um dos irmãos foi capitão do 7º regimento de cavalaria, e esteve em Itororó; a sua fé de ofício é das mais honrosas que conheço; lê-las-á daqui a pouco; mas, como dizia, o tabelião de Ubatuba ia vivendo, com a sua afecção cardíaca e dois dedos de menos, circunstância esta que lhe tornava ainda mais penoso escrever, mas à qual se acomodava pela necessidade. A perda de dois dedos originou-se de um fato doméstico, com o qual nada tem esta Câmara, posto que, ainda aí se possa ver um exemplo, não direi raro, mas precioso, das virtudes daquele homem. Chovia, uma das cunhadas do tabelião... Mas eu pretiro chegar ao caso principal, a entrada do alferes Tobias. Senhores, este alferes...

E deste modo, discursos, que hoje não se leem, chegariam à posteridade com a frescura da própria cor do orador. Os jornais do tempo os reproduziriam, os sociologistas viriam lê-los e analisá-los, e assim os linguistas, os cronistas, e outros estudiosos, com vantagem para todos, começando talvez por nós — ingratos!

Boas noites.

6 de outubro de 1888

Bons dias!

Não me acham alguma diferença? Devo estar pálido, levanto-me da cama, e se não fosse a Alfaiataria Estrela do Brasil... quero dizer o xarope Cambará, ainda agora lá estava. Podia contar-lhes a minha doença; para os convalescentes não há prazer mais fino que referir todas as fases da moléstia, as crises, as dores, os remédios; e se o ouvinte vai de bonde, ruminando alguma coisa, então é que a narração nunca mais acaba. Descansem, que não lhes digo o que foi: limito-me a cumprimentá-los.

E vosmecês, como vão da sua tosse? Provavelmente não perderam o *pique-nique* (tenho lido esta palavra escrita ora *pik-nik*, ora *pic-nic*; depois de alguma meditação, determinei-me a escrevê-la como na própria língua dela), nem sessões de câmaras, nem a entrega da Rosa de Ouro a sua alteza imperial. E eu de cama, gemendo, sabendo das coisas pelas folhas. Foi por elas que soube da interpelação do sr. Zama, a qual deu lugar à *Gazeta de Notícias* proferir uma blasfêmia. Dizia ela que direito de interpelação degenera aqui, e chama-lhe válvula.

A *Gazeta* parece esquecer a teoria dos meios, não estudou bem a climatologia, e finalmente não me consultou, porque eu lhe diria que nada degenera e tudo se transforma. Há lugares onde o quiosque é ocupado por uma mulher que vende jornais; aqui é ocupado por um homem que vende o bom café, a bela pinga e o rico bilhete de loteria. Pode-se chamar a isso de válvula? Note-se que também ali se vendem jornais — o que reforça ainda mais minha asserção.

Uma hipótese. Pessoa muito entendida em costumes americanos me contou que no Congresso e no Senado dos Estados Unidos, como o melhor trabalho é feito pelas comissões, os oradores (salvo exceções de estilo) apresentam-se com os discursos na mão, leem só o exórdio e o final, e mandam para a Imprensa Nacional os manuscritos. *Time is money*. Os eleitores que os leiam depois. Suponhamos que, transplantado para aqui esse costume, os nossos discursos se compusessem só de exórdios e finais, muito compridos ambos; diríamos que era degeneração ou transformação? E, mais que tudo, chamaríamos a isso válvula? Válvula é nome que se diga? Válvula será ela.

Sou assim; não gosto de ver censuras injustas e prefiro os métodos científicos. Há dias, o meu cozinheiro arranjou um prato de mil diabos, e mandando eu chamá-lo, censurei-o asperamente. Ele sorriu cheio de piedade, e disse-me, com um tom que nunca mais me há de esquecer:

— V. Ex.ª fala mal deste arroz porque não conhece os métodos científicos.

Tanto mais me espantou esta resposta, quanto que sempre o vi a ler um velho romance *Oscar e Amanda*, ou *Amanda e Oscar*; e não é dali que ele tira os métodos.

Vamos adiante — ou melhor, vamos ao fim, porque só este pequeno esforço me está transtornando a cabeça. Assunto não me falta, mas os convalescentes devem ser prudentes, se quiserem rimar consigo. Creio que fiz algumas censuras; aqui vai um elogio. Nem eu sou pessoa que negue a verdade das coisas, quando as vejo bem ajustadas.

Sabem do banquete dado pelo internúncio aos bispos brasileiros e à embaixada pontifícia. Vi escrito no *menu* que se publicou, entre outros pratos, o *punch à la Romaine*... Oh! bem cabida coisa! Conheço esse excelente *punch* de outras mesas, em que foi sempre hóspede, por serem elas profanas. Ali, sim, ali é que ele esteve bem, perfeitamente bem. Tudo era ali romano, o internúncio, a embaixada e os bispos católicos. *Punch à la Romaine* calhou. Porque é preciso que lhes diga, e sem ofensa da unidade italiana: quando se fala em Roma, só me lembro da Roma papal; também me lembro da Roma antiga; a Roma do sr. Crispi é que me não acode logo. Há de acudir mais tarde. Nenhuma Roma se faz num dia.

Boas noites.

21 de outubro de 1888

Bons dias!

A Agência Havas acaba de comunicar aos habitantes desta leal cidade, que o imperador Guilherme II visitou Pompeia, e foi muito aclamado. Não confundam essa Pompeia com o nosso Raul; este, vi-o hoje na igreja do Sacramento, e com certeza não foi o visitado. A Pompeia do telegrama é a velha cidade que o Vesúvio entupiu em 79, e foi descoberta em 1750.

Singular fortuna, a do atual imperador da Alemanha! Até os mortos o aclamam. Os esqueletos, se ainda os há, as velhas armas romanas, as trípodes, as colunas, os banheiros, as lâmpadas, as paredes, os mosaicos, tudo o que por lá resta do mundo antigo compreendeu que ali estava o árbitro dos tempos, e tudo se inclinou e bradou: *Viva o imperador!* Pode ser que até falassem em alemão.

Bulwer Lytton, como se sabe, escreveu um romance sobre os últimos dias daquela cidade e fez uma bela reconstrução da antiga vida elegante. Os que gostam dessas arqueologias, embora em romances, relembram com prazer as primeiras e alegres palavras do livro: "Olá, Diomedes, foi bom encontrar-te! Vais cear hoje à casa de Glauco?" — "Não, meu querido Cláudio, não fui convidado. Por Pólux! Pregou-me uma boa peça! Dizem que as ceias dele são as melhores de Pompeia". E a majestosa Ione! e a linda escrava Nídia! Depois aquele final terrível do Vesúvio...

Têm ido a Pompeia príncipes e reis. O nosso imperador também lá esteve, creio eu; mas o que era morto, morto ficou. Só um homem na terra teve o condão de restituir a fala do extinto. Singular fortuna a do jovem imperador da Alemanha! Os perfumes que se supunham esvaídos, começaram a desprender-se novamente das caçoulas; e as próprias eras mortas, que eram as Borghi-Mammos daquela sociedade, acharam nos ecos da Campânia as notas da música moderna para saudar o imperador. *Lebehoch! Lebehoch!*

Pode bem ser que Pompeia supusesse ver nele o antigo Tito. Esse morreu (e Deus o tenha lá muitos anos sem mim); mas nada obsta que o recente e germânico imperador chegue a imitar o antigo latino. Tem força, basta-lhe vontade. Há quem diga que estas duas coisas são sinônimas; não entro na questão; fiquemos na augusta necrópole.

Quer me parecer (a Agência Havas não o disse); quer me parecer que o imperador alemão, ouvindo falar a cadeira de bronze em que talvez se sentou Plínio, e o leito em que se estirou Diomedes, contou os séculos passados e mirou o sr. Crispi, companheiro de Félix Pyat no exílio, agora ministro de um grande Estado, e disse consigo: "Tudo passa; já lá o dizia um poeta brasileiro, Gonzaga, creio eu; e, antes dele, Horácio, e entre um e outro muitos poetas também lá vão: *Eheu! fugaces... Minha bela Marília, tudo passa... Delfim, meu caro Delfim, com que ligeiro...* etc. etc."

Saindo do reino dos vivos, o imperador deu com os Napoleões brigados, pai e filho, tão cheios de ódio que nem o casamento de uma Bonaparte os uniu por instantes. É assim mesmo, disse ele consigo; viva a razão de Estado!

Pela minha parte, ao contrário dos outros homens, não quisera ser príncipe, menos ainda imperador ou rei. É caro. Primeiramente, causa invejas; depois obriga a malquerer, quando o pede a felicidade geral da nação. Antes ser flor de maio virgem, tão coberta pela ramagem, que nem o vento a deite em terra... Meu Deus! Como estou poético! As belas imagens saem-me da boca já feitas, à maneira da fotografia instantânea, tudo por causa da Agência Havas.

— Olá, Diomedes, vais cear hoje à casa de Glauco?

Traduzido em vulgar:

— Ó Pimenta, vais hoje ao bródio do nosso visconde?

— Homem, não sei... *Peut-être oui...* Vou, vou... Há madamismo?

Por Pólux! Parece a mesma coisa, mas não é a mesma coisa. No meio está o Vesúvio.

BOAS NOITES.

28 de outubro de 1888

BONS DIAS!

Vive a galinha com a sua pevide. Vamos nós vivendo com a nossa polícia. Não será superior, mas também não é inferior à polícia de Londres, que ainda não pôde descobrir o assassino e estripador de mulheres. E dizem que é a primeira do universo. O assassino, para maior ludíbrio da autoridade, mandou-lhe cartões pelo correio.

Eu, desde algum tempo, ando com vontade de propor que aposentemos a Inglaterra... Digo, aposentá-la nos nossos discursos e citações. Neste particular, tivemos a princípio a mania francesa e revolucionária; folheiem os Anais da constituinte, e verão. Mais tarde ficou a França constitucional e a Inglaterra: os nomes de Pitt, Russell, Canning, Bolingbrook, mais ou menos intactos, caíram da tribuna parlamentar. E frases e máximas! Até 1879, ouvi proclamar cento e dezenove vezes este aforismo inglês: "A Câmara dos Comuns pode tudo, menos fazer de um homem uma mulher, ou vice-versa".

"Justamente o que a nossa Câmara faz, quando quer", dizia eu comigo.

Pois bem, aposentemos agora a Inglaterra; adotemos a Irlanda. Basta advertir que, há pouco tempo, lá estiveram (ou ainda estão) vinte e tantos deputados metidos em enxovia, só por serem irlandeses. Nenhum dos nossos deputados é irlandês; mas se algum vier a sê-lo, juro que será mais bem tratado. E, comparando tanta polícia para pegar deputados com tão pouca para descobrir um estripador de mulheres, folgazão e científico, a conclusão não pode ser senão a do começo: — Viva a galinha com a sua pevide...

Aqui interrompe-me o leitor: — Já vejo que é nativista! E eu respondo que não sei bem o que sou. O mesmo me disseram anteontem, falando-se do projeto do meu ilustre amigo senador Taunay. Como eu dissesse que não aceitava o projeto integralmente, alguém tentou persuadir-me que eu era nativista. Ao que respondi:

— Não sei bem o que sou. Se nativista é algum bicho feio, paciência; mas, se quer dizer exclusivista, não é comigo.

Não se pode negar que o sr. Senador Taunay tem o seu lugar marcado no movimento imigracionista, e lugar eminente; trabalha, fala, escreve, dedica-se de coração, fundou uma sociedade, e luta por algumas grandes reformas.

Entretanto, a gente pode admirá-lo e estimá-lo, sem achar que este último projeto seja inteiramente bom. Uma coisa boa que lá está, é a grande naturalização. Não sei se ando certo, atribuindo àquela palavra o direito do naturalizado a todos os cargos públicos. Pois, senhor, acho acertado. Com efeito, se o homem é brasileiro e apto, por que não será tudo aquilo que podem ser outros brasileiros aptos? Quem não concordará comigo (para só falar de mortos), que é muito melhor ter como regente, por ser ministro do Império, um Guizot ou um Palmerston, do que um ex-ministro (Deus lhe fale na alma!) que não tinha este olho?

Mas o projeto traz outras coisas que bolem comigo, e até uma que bole com o próprio autor. Este faz propaganda contra os chins; mas, não havendo meio legal de impedir que eles entrem no Império, aqui temos nós os chins, em vez de instrumentos de trabalho, constituídos em milhares de cidadãos brasileiros, no fim de dois anos, ou até de um. Excluí-los da lei é impossível. Aí fica uma consequência desagradável para o meu ilustre amigo.

Outra consequência. O digno Senador Taunay deseja a imigração legal em larga escala. Perfeitamente. Mas, se o imigrante souber que, ao cabo de dois anos, e em certos casos ao fim de um, fica brasileiro à força, há de refletir um pouco e pode não vir. No momento de deixar a pátria, ninguém pensa em trocá-la por outra; todos saem para arranjar a vida.

Em suma — e é o principal defeito que lhe acho —, este projeto afirma de um modo estupendo a onipotência do Estado. Escancarar as portas, sorrindo, para que o estranho entre, é bom e necessário; mas mandá-lo pegar por dois sujeitos, metê-lo à força dentro de casa, para almoçar, não podendo ele recusar a fineza, senão jurando que tem outro almoço à sua espera, não é coisa que se pareça com liberdade individual.

Bem sei que ele tem aqui um modo de continuar estrangeiro: é correr, no fim do prazo, ao seu consulado ou à Câmara Municipal, declarar que não quer ser brasileiro, e receber um atestado disso. Mas, para que complicar a vida de milhares de pessoas que trabalham, com semelhante formalidade? Além do aborrecimento, há vexame: — vexame para eles e para nós, se o número de recusantes for excessivo. Haverá também um certo número de brasileiros por descuido, por se terem esquecido de ir a tempo cumprir a obrigação legal. Esses não terão grande amor à terra que os não viu nascer. Lá diz São Paulo, que não é circuncisão a que se faz exteriormente na carne, mas a que se faz no coração.

O sr. Taunay já declarou, em brilhante discurso, que o projeto é absolutamente original. Ainda que o não fosse, e que o princípio existisse em outra legislação, era a mesma coisa. O Estado não nasceu no Brasil; nem é aqui que ele adquiriu o gosto de regular a vida toda. A velha república de Esparta, como o ilustre senador sabe, legislou até sobre o penteado das mulheres; e dizem que em Rodes era vedado por lei trazer a barba feita. Se vamos agora dizer a italianos e alemães que, no fim de um ou dois anos, não são mais alemães nem italianos, ou só poderão sê-lo com declaração escrita e passaporte no bolso, parece-me isto muito pior que a legislação de Rodes.

Desagravar a naturalização, facilitá-la e honrá-la, e, mais que tudo, tornar atraente o país por meio de boa legislação, reformas largas, liberdades efetivas, eis aí como eu começaria o meu discurso no Senado, se os eleitores do Império acabassem de crer que os meus quarenta anos já lá vão, e me incluíssem em todas as listas tríplices. Era assim que eu começaria o discurso. Como acabaria, não sei; talvez nos braços do meu ilustre amigo.

Boas noites.

10 de novembro de 1888

Bons dias!

Há anos por ocasião do Movimento Ester de Carvalho, aquela boa atriz que aqui morreu, lembra-me haver lido nos jornais um pequenino artigo anônimo. Nem se lhe podia chamar artigo; era uma pergunta nua e seca. O numeroso partido da atriz estava em ação; havia palmas, flores, versos, longas e brilhantes manifestações públicas. E então dizia a pergunta anônima: "Por que não aproveitaremos este Movimento Ester de Carvalho para ver se alcançamos o fechamento das portas?"

A pergunta tinha um ar esquisito, à primeira vista: mas, era a mais natural do mundo. Entretanto não se fez nada por dois motivos, um fácil de entender, que era a absorção do pensamento em um só assunto. A alma não se divide. A questão do fechamento das portas era exclusiva, pedia as energias todas, inteiras, constantes, lutando dia por dia.

A segunda razão é que há anos e há séculos de revoluções e transformações. Para o caso de que se trata não era preciso o século, mas o ano era indispensável. Entre a vinda de Jesus e a morte de César há pouco mais de quarenta anos: e a Revolução Francesa chegou à Bastilha depois de feita nos livros e iniciada nas províncias, desde os albores do século XVIII.

Aqui o caso era de um ano, o mesmo que viu a extinção da escravidão. Todas as liberdades são irmãs; parece que, quando uma dá rebate, as outras acodem logo.

Aí temos explicado o movimento atual, que, em boa hora, vai sendo praticado em paz e harmonia. Note-se bem que o movimento outrora tinha um caráter meio duvidoso; pedia-se o fechamento das portas aos domingos. O domingo, só por si, sem mais nada, é um dia protestante; e o movimento, limitando o descanso a esse dia, como que parecia inclinar à Igreja inglesa. Daí a frieza do clero católico. Agora, porém, a plataforma (se me é lícito dizer uma palavra que pouca gente entende) abrange os domingos e dias santos. Deste modo não se pede só o dia do Senhor, mas esse e os mais que o rito católico estabelece em honra dos grandes mártires ou heróis da fé, e dos fastos da Igreja desde os primitivos tempos.

Seguramente, há maior número de dias vagos, mas o trabalho dos outros compensará os perdidos; por esse lado, não vejo perigo. Pode dar-se também que a definição das férias se estenda um pouco mais, pelo tempo adiante. Por exemplo, o dia 2 de novembro é feriado ou não? Vimos este ano duas opiniões opostas, a do Senado e a da Câmara. O Senado declarou que era, e não deu ordem do dia; a Câmara entendeu que não era, e deu ordem do dia. Foi o mesmo que não desse, é verdade, porque lá não apareceu ninguém; mas a opinião ficou assentada. O Senado comemora os defuntos, a Câmara não. Talvez a Câmara não deseje lembrar o próximo fim dos seus dias. O Senado, embalsamado pela vitaliciedade, pode entrar sem susto nos cemitérios. Não é a lei que o há de matar.

Pois bem, ainda nesses casos o acordo é possível entre caixeiros e patrões; fechem as portas ao meio-dia. Os patrões e os rapazes irão de tarde aos cemitérios.

Noto, e por honra de todos, que não tem havido distúrbios nem violências. Há dias, é certo, um grupo protestou contra uma casa do Largo de São Francisco de Paula, que estava aberta; mas quem mandou fechar as portas da casa não foi o grupo, foi o subdelegado. Tem havido muita prudência e razão. O próprio ato do subdelegado, olhando-se bem para ele foi bem feito. Já lá dissera Musset estas palavras: *"Il faut qu'une porte soit ouverte ou fermée"*. Não podendo estar abertas as da loja de grinaldas, foi muito melhor fechá-las. "É assim que eu gosto dos médicos especulativos", dizia um personagem de Antônio José.

Não sei se tenho mais alguma coisa que dizer. Creio que não. A questão chinesa está absolutamente esgotada; tão esgotada que, tendo eu anunciado por circular manuscrita que daria um prêmio de conto de réis a quem me apresentasse um argumento novo, quer a favor, quer contra os chins, recebi carta de um só concorrente, dizendo-me que ainda havia um argumento científico, e era este: "A criação animal decresce por este modo: — *o homem, o chim, o chimpanzé...*" Como veem, é apenas um *calembour*; e se não houvesse *calembour* no Evangelho e em Camões, era certo que eu quebrava a cara ao autor; limitei-me a guardar o dinheiro no bolso.

BOAS NOITES.

18 de novembro de 1888

BONS DIAS!

Agora acabou-se! Já se não pode contar um caso meio trágico em casa de família, que não digam logo vinte vozes:

— Já sei, outra Mme. Torpille!

— Perdão, minha senhora, eu vi o que lhe estou contando. O homem não tinha pés nem cabeça...

— Mas tinha uma cruz latina no peito.

— Isso não sei, pode ser. A senhora sabe se trago também alguma cruz latina ao peito? Pois saiba que sim... Olhe, a cruz latina também figurou agora na revolução de rapazes em Pernambuco; a diferença é que não era no peito que eles a levavam, mas às costas. Por falar em latim, sabem que Cícero...

Aqui não houve mais retê-las; todas voaram, umas para as janelas, outras para os pianos, outras para dentro; fiquei só, peguei no chapéu e vim ter com os meus leitores, que são sempre os que pagam as favas.

E, prosseguindo, digo que o velho Cícero escreveu uma coisa tão certa, que até eu, que não sei latim, só por vê-la traduzida em sueco, entendi logo o que vinha a ser, e é isto: *"Grata populo est tabella..."* Em português: "O voto secreto agrada ao povo, porque lhe dá força para dissimular o pensamento e olhar com firmeza para os outros".

Ora bem, este voto secreto, que me é tão grato, quer o nosso ilustre senador Cândido de Oliveira arrancá-lo ao eleitor, no projeto eleitoral que apresentou ao Senado. Note-se que foi justamente por ser secreto o voto, que eu, embora conservador, votei em S. Ex.ª para a lista tríplice. Não gostei da chapa do meu partido, e disse comigo: — Não, senhor; voto no Cândido, no Afonso e no Alvim. Quando mais tarde o Cruz Machado (Visconde do Serro Frio) me falou na eleição, declarei-lhe que ainda uma vez levara às urnas a lista da nossa gente. Era mentira; mas para isso mesmo é que vale o voto secreto.

S. Ex.ª quer o voto público. Há de ser escrito o nome do candidato em um livro com a assinatura do eleitor (art. 3º §1º). Concordo que este modo dá certa hombridade e franqueza, virtudes indispensáveis. É fora de dúvida que, com o voto público, o caixeiro vota no patrão, o inquilino no dono da casa (salvo se o adversário lhe oferecer outra mais barata, o que é ainda uma virtude, a economia), o fiel dos feitos vota no escrivão, os empregados bancários votam no gerente, e assim por diante. Também se pode votar nos adversários. Mas, enfim, nem todos são aptos para a virtude. Há muita gente capaz de falar em particular de um sujeito, e ir jantar publicamente com ele. São temperamentos.

Se as nossas eleições fossem sempre impuras, vá que viesse aquela disposição no projeto; mas é raro que a ordem e a liberdade se não dêem as mãos diante das urnas. Uma eleição entre nós pode ser aborrecida, graças ao sistema de chamadas nominais, que obriga a gente a não arredar o pé da seção em que vota; mas são em geral boas. E depois, se o voto secreto já fez algum bem neste nosso pequeno mundo, por que aboli-lo?

Bem sei tudo o que se pode de bem e de mal acerca do voto secreto. Em teoria, realmente, o público é melhor. A questão é que não permite o trabalhinho oculto, e, mais que tudo, obsta a que a gente vote contra um candidato, e vá jantar com ele à tarde, por ocasião da filarmônica e dos discursos.

Voto público e muito público; foi o que aquela linda Duquesa de Cavendish alcançou, estando a cabalar por um parente; parou dentro do carro à porta de um açougueiro e pediu-lhe o voto. O açougueiro, que era do partido oposto, disse-lhe brincando:

— Votarei, se Vossa Senhoria me der um beijo.

E a duquesa, como toda a gente sabe, estendeu-lhe os lábios, e ele depositou ali um beijinho, que já agora é melhor julgar que experimentar. Neste sentido, todos somos açougueiros. Tais votos são mais que públicos. Complete S. Ex.ª o seu projeto, estabelecendo que as candidaturas só poderão ser trabalhadas por mulheres, amigas do candidato, devendo começar pelas mais bonitas, e está abolido o voto secreto. O mais que pode acontecer é a gente faltar a nove ou dez pessoas, se a vaga for só uma; mas creia S. Ex.ª que não há beijo perdido.

Tinha outra coisa a dizer acerca do projeto ou, antes, que perguntar a S. Ex.ª, mas o tempo urge.

Há uma disposição, porém, que não posso deixar de agradecer desde já; é a abolição do 2º escrutínio, saindo deputado com os votos que tiver; maioria relativa, em suma. Tem um distrito 1.900 eleitores inscritos; compareçam apenas 104; eu obtenho 20 votos, o meu adversário 19, e os restantes espalham-se por diferentes nomes. Entro na Câmara nos braços de vinte pessoas. Há famílias mais numerosas, mas muito menos úteis.

BOAS NOITES.

25 de novembro de 1888

BONS DIAS!

Nunca tirei o chapéu com tanta melancolia. Tudo é triste em volta de nós. A própria risada humana parece um dobre de finados. Creio que somos chegados ao fim dos tempos.

Não faltam banquetes, é verdade; mas, pergunto eu, que é que se come nesses banquetes, estando tudo falsificado? Eu, se tivesse de dar programa aos republicanos, lembrava-lhes, entre outros artigos, a chanfana de Esparta. Está sabido que as comidas finas andam eivadas de morte ou de moléstia. Eu já pouco como; dois ou três dedos da Aurora, uma fatia de coxa de Davi, frutos de sabedoria, alguns braços da lavoura, eis o meu jantar. Manteiga, nem por sombra; consolo-me da falta, lendo estes versos de Nicolau Tolentino:

> Bota o cordão, *Manteiga*, agarra tudo.
> E sentido! não saltem da janela.

Mas, como se não bastasse a falsificação dos comestíveis, temos as mortes súbitas, os tiros com ou sem endereço, a peste dos burros, a seca do Ceará, vários desaparecimentos, e, porventura, algum harém incipiente seja onde for... mas isto agora entende com a liberdade dos cultos, projeto que está pendente na Câmara. Não é que o harém seja templo, mas é um artigo de religião muçulmana. Demais, enquanto vir na Rua dos Inválidos uma casa, que se parece tanto com casa, como eu com o leitor, e na fachada da qual está escrito: *Igreja Evangélica*, vou acreditando que o projeto do Senado pode esperar.

Já agora fico triste de uma vez, e digo que é muito melhor infringir a lei que reformá-la. Onde é que está a tristeza disso? Não sei; escrevi *triste*, como podia escrever *alegre* ou *polca*. A minha pena parece-se com um cachorrinho que me doaram; quando lhe dá para correr, tão depressa está em casa como nas pontas da lua. Não tem juízo esta pena. Não obedece a posturas, nem às leis, nem a nada; ainda, desanda, tresanda. Creiam-me; não me faltam ideias sublimes; falta-me pensar como que as fixe no papel. Agora mesmo, surgira-me cá dentro uma elegia a propósito dos burros doentes; mas a pena segreda-me que depois da elegia de José Telha, está tudo dito; o melhor é deixá-los penar.

Resta-me sempre um assunto, não por falta de outro, mas por ser fecundo em reflexões graves; é raro achar um homem menos dado a pilhérias do que eu. Eu prefiro sempre um coveiro a Molière, e nenhum orador aprecio tanto como o que me mete logo na sepultura desde o exórdio. O cipreste é a minha árvore de predileção. As rosas, por isso que pedem a alegria, acho-as insuportáveis. Eu, se fosse Nero ou Calígula, mandava cortar a cabeça a todas as bandas de música jovial. Desconfio do homem que ri; é uma onça disfarçada; é, quando menos, um gato-ruivo.

O assunto é fechamento das portas. Escrevo o título da coisa, sem acreditar que ele exprima a coisa. Mas, em suma, é assim que se escreve. Digo que este assunto dá lugar a reflexões graves, porque vem de longe, e é um documento vivo de que as campanhas pacíficas são as menos sangrentas. Todos os dias leio declarações de patrões que concordam em fechar as casas; e vão todos por classe.

Uma senhora ingênua, quando há tempo houve um barulho na rua, por causa de portas abertas, ao ler que um ferido foi levado à farmácia, perguntou-me:

— Mas se as portas das farmácias já estivessem fechadas?

Respondi a esta senhora que mui provavelmente não haveria barulho nem ferido, pois que as boticas (como se dizia até 1860) serão naturalmente as últimas que fecharão as portas. Nada impede até que haja algumas exceções na medida geral. Também se adoece aos domingos. Aqui está quem já escapou de morrer pela Páscoa.

Que este movimento liberal e generoso assuste a alguns, é natural. Assim é que um amigo meu, negociante de trastes velhos, dizia-me há dias que talvez chegasse o tempo em que ele e os colegas tenham de fazer um movimento igualmente liberal para obter a abertura de portas, aos sábados, por exemplo. A reflexão é grave, como se vê, mas nem por isso há de atar as mãos ao atual movimento. Façam primeiro 89; os ferros-velhos que tragam o 18 Brumário.

BOAS NOITES.

17 de dezembro de 1888

Bons dias!

Posso aparecer? Creio que agora está tudo sossegado. Enquanto houve receio de alguma coisa, não pus o nariz, quanto mais as manguinhas, de fora. Não, meus amigos, o grande fenômeno de longevidade não se obtém expondo-se a gente à bordoeira de um e outro lado. Se não houvesse jornais, que nos dão notícias, vá; e ainda assim um criado podia ir saber das coisas, e, se corresse sangue, corria o dele. Quando eu nasci, existia já este adágio: morrer por morrer, morra meu pai que é mais velho. Não digo que seja a última expressão da piedade filial; mas não há dúvida que sai das entranhas. E para morrer, qualquer pessoa, um criado, um vizinho, um cocheiro — em último caso, uma mulher — qualquer pessoa é pai.

Não se cuide que estive em casa vadio. Aproveitei a folga obrigada para compor uma obra, que espero seja útil ao meu país — ou, quando menos, a alguns compatriotas de boa vontade.

Vi publicado um *Orador popular*, ou coisa que o valha, contendo discursos prontos para todas as ocorrências e comemorações da vida — batizado, enterro, aniversário, entrega de uma comenda, despedida de um juiz de direito, casamento e outras muitas coisas, que podem aparecer. Lembrou-me então fazer uma imitação do livro, aplicada à política: *O orador parlamentar*.

É sabido que, se Deus dá o frio conforme a roupa, não faz o mesmo com as ideias; há pessoas bem enroupadas e pouco *ideiadas*. Trinta coletes nem sempre supõem um silogismo. Entretanto, como tais coletes podem entrar nas Câmaras, é bom pregar-lhes, em vez de botões, discursos. Aqui parece que faço confusão misturando ideias com discursos, coisas que, muita vez, andam separadas; mas é engano. Eu dou as ideias e o modo de as dizer.

O livro está a sair. O meu editor não queria admitir que publicasse nenhum trecho; mas alcancei dar dois, e aqui vão. São dois discursos, ambos para a resposta à fala do trono.

O primeiro destina-se ao orador oposicionista; o segundo ao ministerial:

Oposicionista:
sr. Presidente. Serei curto, porque é bem curta a vida que nos reserva o Ministério. Quando esses sete homens que aí estão cavando as ruínas da pátria, trancam os ouvidos às lamentações de uns, aos brados de outros, e às dores de todos, pouca vida nos resta; não há pensar senão na morte e na eternidade.

Entretanto, como há no nosso país um cantinho, a que sou particularmente afeiçoado — o *(aqui o número)* distrito da nobre província *(o nome da província)*, não quero que se diga que, nesta hecatombe de todos os princípios e de todos os homens, deixei de implorar do Ministério alguma piedade, um pouco de misericórdia para aqueles que aqui me mandaram.

Não é debalde, sr. Presidente, que *proletários* rimam com *argentários*; rimam na escritura e na política *(aqui convém percorrer os olhos pela Câmara, limpando os beiços)*. E por que rimam? Rimam, porque uns e outros são, por assim dizer, os pobres corcéis que puxam o carro do Estado. O Ministério, entretanto, concebeu a singular ideia de fazer puxar o carro, cujo governo se lhe confiou, unicamente por um daqueles nobres animais...

Uma voz (provável). — Como os bondinhos da Lapa.

O orador. — Os argentários dominam no meu distrito; todos os eleitores de poucos meios são postos à margem. O Ministério fez agora uma derrama de graças. A quem aproveitou esse ato de magnificência? Aos de bolsas grandes e cheias. Nenhum cidadão pobre, embora de altos serviços ao Estado, mereceu uma distinção qualquer. O governo não os conhece; e por que os não conhece? Porque os não pode corromper; eles receberiam a graça com a altivez de cidadãos que só têm um caminho, o da honra. E *(di-lo-á bem alto)* a honra destes tempos calamitosos está onde não estiverem o governo e os seus amigos!

MINISTERIAL:

sr. Presidente. Não venho trazer ao governo senão o apoio que dá ao patriotismo; venho repetir-lhe o que a nação inteira brada pela voz dos seus melhores filhos: avante!

Não sou dos que frequentam a tribuna; conheço que me faltam os méritos necessários; pouco tempo aqui estarei. Vou cedê-la aos grandes luminares desta casa, às vozes sublimes daqueles que *(aqui mais grosso)*, como o profeta Isaías, contam as visões que tiveram aos homens que os escutam.

Entendo, sr. Presidente, que a oposição segue caminho errado; o tempo não é de recriminações, o tempo é de salvar a pátria. A oposição não saiu ainda das generalidades; fatos, provas, não apresenta, nem apresentará nunca; pelo menos enquanto os nobres ministros merecerem o apoio do país.

É vezo antigo tudo esperar do governo; e daí vem acusá-lo quando ele não nos dá o sol e a chuva; mas os tempos vão passando, e a justiça se irá fazendo. Senhores, a história é a mestra da vida, dizia Cícero, se me não engano; ele nos mostra que nenhum governo deixou de ser acusado. Dou o meu apoio ao atual, enquanto marchar nas veredas da justiça e do patriotismo. Será fraco apoio, mas sincero e puro. Tenho concluído.

Não são dos melhores do livro, mas são bons. Há também para as discussões do orçamento, em que o orador pode tratar da farmácia e da astronomia. Fiz até uma inovação. Até aqui a rolha era um simples pedido de encerramento. Eu enfeitei a rolha:

sr. Presidente. Os ilustres oradores, tanto do governo como da nobre oposição, já esclareceram bastante a matéria; peço à Câmara um sacrifício à pátria: o encerramento.

O livro será exposto amanhã. Um só volume, in 8º, de IX-284 páginas, VI de índice, preço 2$400.

BOAS NOITES.

27 de dezembro de 1888

BONS DIAS!

Cuidava eu que era o mais precavido dos meus contemporâneos. A razão é que saio sempre de casa com o *Credo* na boca, e disposição feita de não contrariar as opiniões dos outros. Quem talvez me vencia nisto era o Visconde de Abaeté, de quem se conta que, nos últimos anos, quando alguém lhe dizia que o achava abatido:

— Estou, tenho passado mal — respondia ele.

Mas se, vinte passos adiante, encontrava outra pessoa que se alegrava com vê-lo tão rijo e robusto, concordava também:

— Oh! agora passo perfeitamente.

Não se opunha às opiniões dos outros; e ganhava com isto duas vantagens. A primeira era satisfazer a todos, a segunda era não perder tempo.

Pois, senhores, nem o ilustre brasileiro nem este criado do leitor, éramos os mais precavidos dos homens. Há dias, a gente que saía de uma conferência republicana foi atacada por alguns indivíduos; naturalmente, houve tumulto, pancadas, pedradas, ferimentos, recorrendo os atacados aos apitos, para chamar a polícia, que acudiu prestes. Pouco antes, dois soldados brigaram com o cocheiro ou condutor de um bonde, atracaram-se com ele, os passageiros intervieram, e, não conseguindo nada, recorreram aos apitos, e a polícia acudiu.

Estes apitos retinem-me ainda agora no cérebro. Por Ulisses! Pelo artificioso e prudente Ulisses! Nunca imaginei que toda a gente andasse aparelhada desse instrumento, na verdade útil. Os casos acima apontados são diferentes, as circunstâncias diferentes, e diferentes os sentimentos das pessoas; não há uma só analogia entre os dois tumultos, exceto esta: que cada cidadão trazia um apito no bolso. É o que eu não sabia. Afigura-se-me ver um pacato dono da casa, prestes a sair, gritar para a mulher:

— Florência, esqueci-me da carteira, está em cima da secretária.

Ou então:

— Florência, vê se há charutos na caixa, e atira-me alguns.

Ou ainda:

— Dá-me um lenço, Florência?

Mas nunca imaginei esta frase:

— Florência, depressa, dá cá o apito!

Não há negá-lo, o apito é de uso geral e comum. Uso louvável, porque a polícia não há de adivinhar os tumultos, e este modo de a chamar é excelente, em vez das pernas, que podem levar o dono não ao corpo da guarda, mas a um escuro e modesto corredor. Vou comprar um apito.

Creiam que é por medo dele, que não escrevo aqui duas linhas em defesa de um defunto dos últimos dias, o carrasco de Minas Gerais, pobre-diabo, que ninguém defendeu, e que uma carta de Ouro Preto disse haver exercido o seu *desprezível* ofício desde 1835 até 1858.

Fiquei embatucado com o *desprezível* ofício do homem. Por que carga d'água há de ser *desprezível* um ofício criado por lei? Foi a lei que decretou a pena de morte; e, desde Caim até hoje, para matar alguém é preciso alguém que mate. A bela sociedade estabeleceu a pena de morte para o assassino, em vez de uma razoável compensação pecuniária aos parentes do morto, como queria Maomé. Para executar a pena não se há de ir buscar o escrivão, cujos dedos só se devem tingir no sangue do tinteiro. Usamos empregar outro criminoso.

Disse então a bela sociedade ao carrasco de Minas, com aquela bonomia, que só possuem os entes coletivos: "Você fez já um bom ensaio matando sua mulher; agora assente a mão em outras execuções, e acabará fazendo obra perfeita. Não se importe com mesa e cama; dou-lhe tudo isso, e roupa lavada: é um funcionário do Estado".

Deus meu, não digo que o ofício seja dos mais honrosos; é muito inferior ao do meu engraxador de botas, que por nenhum caso chega a matar as próprias pulgas; mas se o carrasco sai a matar um homem, é porque o mandam. Se a comparação se não prestasse a interpretações sublimes, que estão longe da minha alma, eu diria que ele (carrasco) é a última palavra do código. Não seguem isto, ao menos, ao patife Januário — ou Fortunato, como outros dizem.

Em todo caso, não apitem, porque eu ainda não comprei apito, e posso responder que tudo isto é brincadeira, para passar os tempos duros do verão.

BOAS NOITES.

13 de janeiro de 1889

Bons dias!

Eu, se fosse gatuno, recolhia-me à casa, abria mão do vício tão hediondo, e ia estudar o hipnotismo. Uma vez amestrado, saía à rua com um ofício honesto, e passava o resto dos meus dias comendo tranquilamente sem remorsos nem cadeia.

Foi o que fiz agora sem ser gatuno; gastei onze dias metido no estudo desta ciência nova. Tivesse a menor inclinação a ratoneiro, e nunca mais iria às algibeiras dos outros, aos quintais, às *vitrines*, nem ao famoso conto do vigário. Faria estudos práticos da ciência.

Dava, por exemplo, com um homem gordo, suíças longas, barba e queixo raspados, olhos vivos, e lesto, e dizia comigo: — Este é o Visconde de Figueiredo. Metia-o por sugestão no primeiro corredor, ele mesmo fechava a porta, por sugestão, e eu dizia-lhe, como Gassner, que empregava o latim nas suas aplicações hipnóticas:

— *Veniat agitatio brachiorum.*

O visconde agitava os braços. Eu, em seguida, bradava-lhe:

— Dê-me V. Ex.ª as notas que tiver no bolso, o relógio, os botões de ouro e qualquer outra prenda de estimação.

S. Ex.ª desfazia-se de tudo paulatinamente: eu ia recebendo devagar; guardado tudo, dizia-lhe com persuasão e força:

— Agora mando que se esqueça de tudo, que passe alguns minutos sem saber onde está, que confunda esta rua com outra; e só daqui a uma hora vá almoçar no *restaurant* de costume, à cabeceira da mesa, com seus habituais amigos.

Depois, à maneira do mesmo velho Gassner, fechava a experiência em latim:

— *Redeat ad se!*

S. Ex.ª tornava a si; mas já eu ia na rua, tranquilo, enquanto ele tinha de gastar algum tempo, explicando-se, sem consegui-lo.

Seriam os meus primeiros estudos práticos; mas imagine-se o que poderia sair de tais estreias. Casas de penhores, ourives, joalherias. Subia ainda; ia aos tribunais ganhar causas, ia às Câmaras Legislativas obter votos, ia ao governo, ia a toda parte. De cada negócio (e nisto poria o maior apuro científico), compunha uma longa e minuciosa memória, expondo as observações feitas em cada paciente, a maior ou menor docilidade, o tempo, os fenômenos de toda a espécie; e por minha morte deixaria esses escritos ao Estado.

Por exemplo, este caso das meninas envenenadas de Niterói —... Estudaria aquilo com amor; primeiro o menino que aviou a receita. Indagaria bem dele se era menino ou boticário. Ao saber que era só menino, mas que com cinco anos e a graça de Deus, esperava chegar a boticário, e, talvez, a médico da roça — mostrar-lhe-ia que a fortuna protege sempre os nobres esforços do homem; e assim também que, para salvar mil criaturas, é preciso ter matado cinquenta, pelo menos. Em seguida, tendo lido que o vidro do remédio fora mandado esconder por um facultativo, achá-lo-ia, antes da polícia, por meio hipnótico; e este era o meu negócio. Exposto o vidro, na Rua do Ouvidor, a dois tostões por pessoa... É verdade que tudo poderia já estar esquecido, ou por causa do assassinato do Catete, ou até por nada.

Tudo feito, chegaria a morrer um dia, e mui provavelmente são Pedro, chaveiro do céu, não me abriria as portas por mais que lhe dissesse que os meus atos eram puras experiências científicas. Contar-lhe-ia as minhas virtudes; ele abanaria a cabeça. Pois aí mesmo aplicaria o novo processo.

— *Veniat agitatio brachiorum.*

São Pedro, mestre dos mestres na língua eclesiástica, obedeceria prontamente à minha intimação hipnótica, e agitaria os braços. Mas como, então, não via nada, eu passaria para o lado de dentro; e logo que lhe bradasse de dentro: — *Redeat ad se*, ele acordaria e me perdoaria em nome do Senhor, desde que transpusera o limiar do céu.

Esta é a diferença dos dois mistérios póstumos: quem entra no Inferno perde as esperanças, quem entra no Céu conserva-as integralmente.

Servate ogni speranza, o voi ch'entrate!

BOAS NOITES.

21 de janeiro de 1889

BONS DIAS!

Vi, não me lembra onde...

É meu costume, quando não tenho que fazer em casa, ir por esse mundo de Cristo, se assim se pode chamar à cidade de São Sebastião, matar o tempo. Não conheço melhor ofício, mormente se a gente se mete por bairros excêntricos; um homem, uma tabuleta, qualquer coisa basta a entreter o espírito, e a gente volta para casa "lesta e aguda", como se dizia em não sei que comédia antiga.

Naturalmente, cansadas as pernas, meto-me no primeiro bonde, que pode trazer-me à casa ou à Rua do Ouvidor, que é onde todos moramos. Se o bonde é dos que têm de ir por vias estreitas e atravancadas, torna-se um verdadeiro obséquio do Céu. De quando em quando, para diante de uma carroça que despeja ou recolhe fardos. O cocheiro trava o carro, ata as rédeas, desce e acende um cigarro; o condutor desce também e vai dar uma vista de olhos ao obstáculo. Eu, e todos os veneráveis camelos da Arábia, vulgo passageiros, se estamos dizendo alguma coisa, calamo-nos para ruminar e esperar.

Ninguém sabe o que sou quando rumino. Posso dizer, sem medo de errar, que rumino muito melhor do que falo. A palestra é uma espécie de peneira, por onde a ideia sai com dificuldade, creio que mais fina, mas muito menos sincera. Ruminando, a ideia fica íntegra e livre. Sou mais profundo ruminando; e mais elevado também.

Ainda anteontem, aproveitando uma meia hora de bonde parado, lembrou-me não sei como o incêndio do *club* dos Tenentes do Diabo. Ruminei os episódios todos, entre eles os atos de generosidade da parte das sociedades congêneres; e fiquei triste de não estar naquela primeira juventude, em que a alma se mostra capaz de sacrifícios e de bravura. Todas essas dedicações dão prova de uma solidariedade rara, grata ao coração.

Dois episódios, porém, me deram a medida do que valho, quando rumino. Toda a gente os leu separadamente; o leitor e eu fomos os únicos que os comparamos.

Refiro-me, primeiramente, à ação daqueles sócios de outro *club*, que correram à casa que ardia, e, acudindo-lhes à lembrança os estandartes, bradaram que era preciso salvá-los. "Salvemos os estandartes!" e tê-lo-iam feito, a troco da vida de alguns, se não fossem impedidos a tempo. Era loucura, mas loucura sublime. Os estandartes são para eles o símbolo da associação, representam a honra comum, as glórias comuns, o espírito que os liga e perpetua.

Esse foi o primeiro episódio. Ao pé dele temos o do empregado que dormia, na sala. Acordou este, cercado de fumo, que o ia sufocando e matando. Ergueu-se, compreendeu tudo, estava perdido, era preciso fugir. Pegou em si e no livro da escrituração e correu pela escada abaixo.

Comparai esses dois atos, a salvação dos estandartes e a salvação do livro, e tereis uma imagem completa do homem. Vós mesmos que me ledes sois outros tantos exemplos de conclusão. Uns dirão que o empregado, salvando o livro, salvou o sólido; o resto é obra de sirgueiro. Outros replicarão que a contabilidade pode ser reconstituída, mas que o estandarte, símbolo da associação, é também a sua alma; velho e chamuscado, valeria muito mais que o que possa sair agora, novo, de uma loja. Compará-lo-ão à bandeira de uma nação, que os soldados perdem no combate, ou trazem esfarrapada e gloriosa.

E todos vós tereis razão; sois as duas metades do homem, formais o homem todo... Entretanto, isso que aí fica dito está longe da sublimidade com que o ruminei. Oh! se todos ficássemos calados! Que imensidade de belas e grandes ideias! Que saraus excelentes! Que sessões de Câmara! Que magníficas viagens de bondes!

Mas por onde é que eu tinha principiado? Ah! uma coisa que vi, sem saber onde...

Não me lembra se foi andando de bonde; creio que não. Fosse onde fosse, no centro da cidade ou fora dela. Vi, à porta de algumas casas, esqueletos de gente, postos em atitudes joviais. Sabem que o meu único defeito é ser piegas; venero os esqueletos, já porque o são, já porque o não sou. Não sei se me explico. Tiro o chapéu às caveiras; gosto da respeitosa liberdade com que Hamlet fala à do bobo Yorick. Esqueletos de mostrador, fazendo gaifonas, sejam eles de verdade ou não, é coisa que me aflige. Há tanta coisa gaiata por esse mundo, que não vale a pena ir ao outro arrancar de lá os que dormem. Não desconheço que esta minha pieguice ia melhor em verso, com toada de recitativo ao piano, mas é que eu faço versos; isto não é verso:

> Venha o esqueleto, mais tristonho e grave,
> Bem como a ave, que fugiu do além...

Sim, ponhamos o esqueleto nos mostradores, mas sério, tão sério como se fosse o próprio esqueleto do nosso avô, por exemplo... Obrigá-lo a uma polca, habanera, lundu ou cracoviana... Cracoviana? Sim, leitora amiga, é uma dança muito antiga, que o nosso amigo João, cá de casa, executa maravilhosamente, no intervalo dos seus trabalhos. Quando acaba, diz-nos sempre, parodiando um trecho de Shakespeare: "Há entre a vossa e a minha idade muitas mais coisas do que sonha a vossa vã filosofia".

BOAS NOITES.

26 de janeiro de 1889

Bons dias!

Sanitas sanitatum et omnia sanitas. Gracioso, não? É meu; quero dizer, é meu no sentido de ser de outro. Achei esta paródia de *Eclesiastes* em artigo de crítica de uma folha londrina. Já veem que não são só os queijos daquela naturalidade que merecem os nossos amores; também as folhas, e principalmente as que escrevem com sabor e graça.

A parte minha neste negócio é aplicar melhor a frase, porque lá só trata de um livro, e cá tratamos da cidade inteira. Creio que saiu-me um verso decassílabo: "e cá tratamos da cidade inteira". Não me sobra tempo para transpô-la a prosa. Repito o que disse, e acrescento que já alguém afirmou que citar a propósito um texto alheio equivale a tê-lo inventado. Creio que é tolice; mas, fiado nela, é que ousei dizer no princípio que a paródia era minha: *Sanitas sanitatum et omnia sanitas.*

Com efeito, não se fala de outra coisa. Tudo quer, tudo pede, tudo deseja a saúde, ou pelo menos, a ausência da febre amarela. Esta velha dama, que estabeleceu aqui um *pied-à-terre*, não se esquece de nós inteiramente; há anos em que traz toda a criadagem, e estabelece-se por uma estação e mais. Não é bonita, nem graciosa, nem se sabe quem seja, conforme dizem os abalizados. Eu creio, no tocante à genealogia, que é neta em quadragésimo grau do famoso Gargantua. Come que é o diabo, e dá muito de comer à empresa funerária, a qual, devendo detestá-la, pelo lado humano, não pode desadorá-la por outro lado, não menos humano.

Há dessas lutas terríveis na alma do homem. Não; ninguém sabe o que se passa no interior de um sobrinho, tendo de chorar a morte de um tio e receber-lhe a herança. Oh! contraste maldito! oh! dilaceração moral! Aparentemente, tudo se recomporia, desistindo o sobrinho do dinheiro herdado; ah! mas então seria chorar duas coisas: o tio e o dinheiro.

Seja ela (a febre) o que for, é certo que, assim como em França *tout finit par des chansons*, cá em nossa terra *tout finit par de polcas*. Os bailes não se adiam, e fazem bem. Na pior hipótese, morre-se; mas antes ir para a cova ao som de um *tango*, como os vizinhos da Matriz de São José, que sem música nenhuma. *Ergo bibamus!*

O pior é a formalidade do registro civil. Lá pelo interior parece que não o querem, pois que centenas de homens e mulheres, em várias localidades, têm pegado no pau, avançado para os escrivães, arrancado os livros do registro que são rasgados depois na praça pública. O ato é condenável, por ser motim e por opor-se à execução da lei; mas há quem receie que, ainda sem bulha nem matinada, a lei caia em desuso, não por injusta, mas por não ajustada. Também o sorteio militar é lei justíssima, e não pode ser cumprida. Não sei se este caso é como o da febre amarela, cuja origem se ignora. Opinião de chapeleiro não há de deixar de ser modesta; afirma-me um, que nunca vendeu chapéu senão bem ajustado à cabeça do freguês. Pode ser gabolice; pode até não ser opinião.

Outros quebram-me a cabeça com legislação científica, e misturam tudo com expressões arrepiadas. Para um homem que só está bem no meio de torrões de açúcar, é o mesmo que mandá-lo embora. Vou-me embora.

Boas noites.

31 de janeiro de 1889

BONS DIAS!

Toda a gente, além da febre amarela, fala da vitória Boulanger. Esta vitória lembra-me o que ouvi a um parlamentar nosso, parece que até senador — mas suponhamos simples deputado —, no dia em que aqui se soube que Boulanger apresentara e vira cair na Câmara um projeto de revisão: "lá morreu o Boulanger!", disse ele; e nunca proferiu coisa tão profunda.

Com efeito, de um só lance pintou bem esse parlamentar o nosso critério político. Para nós toda a opinião está nas Câmaras; o que caiu nas Câmaras, é o mesmo que se caísse no país, e é verdade. Não, nunca esse parlamentar disse coisa tão profunda, e aliás é homem de talento e tem feito bons discursos; mas, enfim, a respeito de discursos, eu estou com aquele ateniense a quem convidaram para ouvir um homem que imitava bem o rouxinol. "Eu já ouvi o próprio rouxinol", respondeu ele.

Não se desconsole, porém, o digno parlamentar. Cá e lá, más fadas há. Floquet, que lhe não é inferior, pensa agora, segundo dizem os telegramas de ontem, em acudir ao mal da vitória Boulanger, com uns papelinhos escritos, projetos de lei ou coisa que o valha, fazendo as eleições por distritos. A Câmara, que não é inferior a Floquet, cuida em modificar a lei de imprensa. Legislação de pânico, legislação de safra rascada.

É verdade que o dito Floquet, segundo os referidos telegramas, pretende também expor na tribuna a política do Ministério no interior e no exterior. Não quero antecipar o seu discurso; mas que diabo tem o discurso com as calças? Quem lhe pede programas a esta hora? Outro telegrama anterior havia noticiado o exílio do general, caso saísse vencedor; era asneira, filha do eterno pânico; mas, enfim, era um ato. Discursos! Programas!

Eu, se fosse ele, em vez de imitar o rouxinol, imitava o cisne, soltava o último canto, e recolhia-me a bastidores.

Os que as armaram que as desarmem. Sim, Floquet do meu coração, isto de ver um governo e um partido de radical, arrolhando a imprensa (que é o que parece dizer o eufemismo telegráfico), não é coisa nova, mas há de ser sempre coisa ridícula. Eia, entrega o penacho ao Clemenceau, que é um grande homem sem emprego, salvo o de não gostar de papoulas crescidas (Gambetta, Boulanger etc.); entrega-lhe o penacho, e verás como ele recompõe tudo em cinco minutos.

Assim pudesse eu recompor os espíritos cá da terra, acerca da febre amarela, que é o segundo assunto da conversação do dia. Há quem afirme que morrem mais de cem pessoas diariamente; que o obituário é desbastado para não assustar a população, e que a epidemia é dividida por outras verbas patológicas, com o mesmo intuito. Em verdade, parece que o mistério e o terror dão certo pico às coisas, ainda as mais graves e tristes. Feliz tu, se podes rir disto; se, no meio do burburinho que nos rodeia, não ouves o gemido de uma filhinha querida, presa na garra da terrível visita, como agora acontece a um bom pai, que não sei se tem olhos para ler estas linhas...

Daqui para falar de outras coisas é mui difícil. Nada aparecerá assaz sério, nem os revólveres que tanta gente traz agora no bolso, para defesa própria. Não há muitos dias, uma linda moça apontou-me um ao peito. Eu abri o paletó, e esperei; ela desfechou o tiro: era um jorro de essência pura... Ah! mas nem todos usam destes; os outros revólveres são de verdade; levam bala dentro, e basta pouco para arriscar um homem honesto a ir da rua para a cadeia. Eu não sei ainda se o uso é mau ou bom; tem utilidade e perigos: é crime e defesa... Vou pensar no negócio.

Por ora, assalta-me a ideia de que, ainda sem revólver, a morte aí vem, por seu pé, tranquila, nojenta, dolorosa, com um outro nome, agitando as asas da liberdade, e as unhas de grã-besta. Madre implacável.

Boas noites.

6 de fevereiro de 1889

Bons dias!

Deus seja louvado! Choveu... Mas não é pela chuva em si mesma que o leitor me vê aqui cantando e bailando; é por outra coisa. A chuva podia ter melhorado o estado sanitário da cidade, sem que me fizesse nenhum particular obséquio. Fez-me um; é o que eu agradeço à Providência Divina.

Já se pode entrar num bonde, numa loja ou numa casa, bradar contra o calor e suspirar pela chuva, sem ouvir este badalo:

— A folhinha de Ayer dá chuva lá para 20 de fevereiro.

Pelo lado moral, era isto um resto das torturas judiciárias de outro tempo. Pelo lado estético, era a mais amofinadora de todas as cega-regas deste mundo:

— Oh! não pude dormir esta noite! Onde irá isto parar? Nem sinais de chuva, um céu azul, limpo, feroz, eternamente feroz.

— A folhinha de Ayer só dá chuva lá para 20 de fevereiro — acudia logo alguém.

Às vezes, apesar de minha pacatez proverbial, tinha ímpetos de bradar, como nos romances de outro tempo: "Mentes pela gorja, vilão!"

E é o que mereciam todos os alvissareiros de Ayer; era agarrá-los pelo pescoço, derrubá-los, joelho no peito e sufocá-los, até botarem fora a língua e a alma. Pedaços de asnos!

Nem ao menos tiveram o mérito de acertar. Afligiam sem graça nem verdade. *Habent sua fata libelli!* As folhinhas de Ayer, como anúncios meteorológicos, estão a expirar. Só este golpe recente é de levar couro e cabelo. Agora podem prever as maiores tempestades do mundo que não deixarei de sair a pé com sapatos rasos e meias de seda, se tanto for preciso para mostrar o meu desprezo.

Ayer é um dos velhos da minha infância. Oh! bons tempos da salsaparrilha de Ayer e de Sands, dois nomes imortais, que eu cuidei ver mortos no fim de uma década.

Não seriam amigos, provavelmente, pois que cada um apregoava os seus frascos, com exclusão dos frascos do outro. A matéria-prima é que era a mesma.

Sim, meus amigos, eu não sou tão jovem como o apregoam alguns. Eu assisti a todo o ciclo do Xarope do Bosque. Conheci-o no tempo em que começou a curar; era um bonito xarope significado nos anúncios por meio de uma árvore e uma deusa — ou outra coisa, não sei bem como era.

Curava tudo: à proporção que os curados iam espalhando que as folhinhas de

Ayer só davam chuvas... Perdão, enganei-me; iam espalhando que estavam curados, a fama do Xarope ia crescendo e as suas obras eram o objeto das palestras nos ônibus. A fama cresceu, a celebridade acendeu todas as suas luminárias. Jurava-se pelo Xarope do Bosque como um cristão jura por Nosso Senhor. Contavam-se maravilhas; pessoas mortas voltavam à vida, com uma garrafa debaixo do braço, vazia.

Chegou ao apogeu. Como todos os impérios e repúblicas deste mundo principiou a decair; era menos buscado, menos nomeado. O rei dos xaropes desceu ao ponto de ser o lacaio dos xaropes, e lacaio mal pago; as belas curas, suas nobres aliadas, quando o viram no tão baixo estado, foram levar os seus encantos a outros príncipes. Ele ainda resistiu; reproduzia nos jornais a árvore e a moça, e repetia todos os seus méritos, aqui e fora daqui; mas a queda ia continuando. Pessoas que lhe deviam a vida, não sei por que singular ingratidão, preferiam agora o arsênico, os calomelanos e outras drogas de préstimo limitado. O xarope foi caindo, caindo, caindo até morrer.

Não falo nisto sem lágrimas. Se, por esse tempo, aproveitando a morte do Xarope do Bosque, tivesse inventado um xarope de Cidade, estava agora com a bolsa repleta. Teria palácio em Petrópolis, coches, alazões, um teatro, e o resto. A antítese dos nomes era a primeira recomendação. Se o do Bosque já não cura, diriam os fregueses, busquemos o da Cidade. E curaria, podem crer, tanto como o outro, ou um pouco menos. Há sempre fregueses... Ora, eu, que não alimentei jamais grandes ambições, nem de que juntasse uns três mil contos, dava o xarope aos sobrinhos. Pode ser que já agora estivesse com o outro (Deus lhe fale n'alma). Paciência; Babilônia caiu; caiu Roma, caiu Nínive, caiu Cartago. Ninguém mais repete este abominável *scie*:

— A folhinha de Ayer só dá chuva lá para 20 de fevereiro.

BOAS NOITES.

13 de fevereiro de 1889

BONS DIAS!

O diabo que entenda os políticos! Toda a gente aqui me diz que o meio de obter Câmaras razoáveis é acabar com as eleições por distritos, nas quais, à força de meia dúzia de votos, um paspalhão ou um perverso fica deputado. Dizem agora telegramas franceses que o governo e a maioria da Câmara dos Deputados, para evitar o mesmo mal, vão adotar justamente a eleição por distritos. Entenderam? Eu estou na mesma.

Felizmente, dei com uma dessas criaturas que o Céu costumava enviar para esclarecer os homens, a qual me disse que Pascal era um sonhador. Não gosto de *calembour*, mas não pude evitar este: "Há de me perdoar, o Pascoal é confeiteiro". A pessoa não fez caso; continuou dizendo que Pascal era um sonhador, porque o que ele achava extravagante é que é natural; *verdade aqui, erro além*. Também se podem trocar as bolas: *verdade além, erro aqui*. Sabia eu por que é que lá adotaram o que para nós é ruim? Era para escapar do cesarismo. Sabia eu o que era cesarismo?

— Não, senhor.
— Cesarismo vem de César.
— Farâni? — perguntei eu, e confesso que sem o menor desejo de trocadilho.

— Não.

— Zama? Conheço um César Zama.

— Cale-se homem, ou ponha-se fora. Não estou para aturar cérebros fracos, nem pessoas malcriadas, porque, se é grande impolidez interromper a gente para dizer uma verdade, quanto mais uma asneira. César Zama! César Farâni!

— Já sei: César Cantu...

— Vá para o diabo, que o ature. Quando quiser saber as coisas ouça calado, entendeu? Ora essa! Cantu, Farâni, Zama... Já viu o cometa?

— Há algum cometa?

— Há, sim, senhor, vá ver o cometa; aparece às 3 horas da manhã, e de onde se vê melhor é do morro do Neco, à esquerda. Tem um grande rabo luminoso. Vá, meu amigo; quem não entende das coisas, não se mete nelas. Vá ver o cometa.

Fiquei meio jururu, porque o principal motivo que me levara a procurar a dita pessoa, não era aquele, mas outro. Era saber se existia a Sociedade Protetora dos Animais.

Afinal prestes a ir ver o cometa, tornei atrás e fiz a pergunta. Respondeu-me que sim, que a Sociedade Protetora dos Animais existia, mas que tinha eu com isso? Expliquei-lhe que era para mim uma das sociedades mais simpáticas. Logo que ela se organizou, fiquei contente, dizendo comigo que, se Inglaterra e outros países possuíam sociedades tais, por que não a teríamos nós? Prova de sentimentos finos, justos, elevados; o homem estende a caridade aos brutos...

Parece que ia falando bem, porque a pessoa não gostou, e interrompeu-me, bradando que tinha pressa; mas eu ainda emiti algumas frases asseadas, e citei alguns trechos literários, para mostrar que também sabia cavalgar livros. Afinal, confiei-lhe o motivo da pergunta; era para saber se, havendo na Câmara Municipal nada menos que três projetos para a extinção dos cães, a Sociedade Protetora tinha opinado sobre algum deles, ou sobre todos.

A pessoa não sabia, nem quis meter a sua alma no Inferno asseverando fatos que ignorava. Saberia eu o que se passava em Quebec? Respondi que não. Pois era a mesma coisa. A Sociedade e Quebec eram idênticas para os fins da minha curiosidade. Podia ser que dos três projetos já a Sociedade houvesse examinado quatro ou mesmo nenhum; mas, como sabê-lo?

Conversamos ainda um pouco. Fiz-lhe notar que os burros, principalmente os das carroças e bondes, declaram a quem os quer ouvir que ninguém os protege, a não ser o pau (nas carroças) e as rédeas (nos bondes). Respondeu-me que o burro não era propriamente um animal, mas a imagem quadrúpede do homem. A prova é que, se encontramos a amizade no cão, o orgulho no cavalo etc., só no burro achamos filosofia. Não pude conter-me e soltei uma risada. Antes soltasse um espirro! A pessoa veio para mim, com os punhos fechados, e quase me mata. Quando voltei a mim, perguntei humildemente:

— Bem; se a Sociedade Protetora dos Animais não protege o cão nem o burro, o que é que protege?

— Então não há outros animais? A girafa não é animal? A girafa, o elefante, o hipopótamo, o camelo, o crocodilo, a águia. O próprio cavalo de Troia, apesar de ser feito de madeira, como levava gente na barriga, podemos considerá-lo bicho. A Sociedade não há de fazer tudo ao mesmo tempo. Por ora o hipopótamo, depois virá o cão.

— Mas é que o...
— Homem, vá ver o cometa; morro do Neco, à esquerda.
— Às três horas?
— Da madrugada; boas noites.

BOAS NOITES.

23 de fevereiro de 1889

BONS DIAS!

Mea culpa, mea culpa, mea maxima culpa. Confesso o meu pecado; estou pronto a purgá-lo esbofeteando-me em público. Só assim mostra um homem que realmente se arrependeu, e se acha contrito. Certo é que o meu erro não era da vontade, mas de inteligência; não menos certo, porém, é que tranquei sempre os ouvidos a qualquer demonstração que me quisessem opor, e esta inclinação a recusar a verdade é que define bem a pertinácia do ânimo ruim.

Vamos ao pecado. Os meus amigos sabem que nunca admiti o acionista, senão como um ente imaginário e convencional. O raciocínio que me levara a negá-lo, posto que de aparência lógica, era radicalmente vicioso. Dizia eu que, devendo ser o acionista um interessado no meneio dos capitais e na boa marcha da administração de uma casa ou de uma obra, não se podia combinar esta noção com a ausência dele no dia em que os encarregados da obra lhe queriam prestar contas. Vi caras de diretores vexados e tristes. Um deles, misturando a troça com as lágrimas, virava pelo avesso um adágio popular, e dizia-me em segredo:

— Não se pode ser mordomo com tais juízes.

Diziam-me depois que o acionista aparecia, ao fim de três chamadas, ouvia distraído o relatório, puxava o relógio, recebia uma cédula, metia-a na urna, e punha-se a panos. Não, retorquia eu, é impossível; se ele fosse um simples fiscal, podia fazer o que faz o da minha freguesia. Mas ele é o próprio capital, é o fundo, é o *super hanc petram*. Sem ele não há casa nem obra... Mas então como explica? Não explico, ignoro; só sei que o acionista é uma bela concepção. Homero fazia dos sonhos simples personagens, mandados do Céu para trazer recados dos deuses aos homens. O acionista há de ser a mesma coisa, sem a beleza genial de Homero.

Tal era a minha convicção. Queriam demonstrar o contrário; alguns, mais fogosos, chamavam-me nomes feios, que não repito por serem muitos, não por vergonha. Homem contrito perde os respeitos humanos. Para isto basta dizer que me chamavam *camelo, paspalhão, lorpa*. Creio que quem confessa esses três apodos, pode calar o resto.

Pois bem, achei o acionista, confesso o acionista, juro pelas tripas do acionista, pelas barbas do acionista, por todas as ações do acionista. Não grito: *eureka!* Porque deixei esta palavra estrompada e quase morta nos debates políticos de 1860; e demais podia dar ideia de presunção que não tenho.

Como e onde o achei? Nada mais simples. Desde alguns dias que não pergunto aos amigos senão estas duas coisas: Já teve a febre amarela? Quem substituirá o Barão de Cotejipe no Banco do Brasil?

A esta segunda pergunta não me respondiam nada, porque nenhum dos meus amigos possui outras ações, além das que pratica. Abri de mão o interesse puramente gratuito que tenho no negócio, mas abri também os jornais, e foi isto que me trouxe a luz.

Não gosto de fazer grandes comparações comigo; lá vai uma, e é a última. Achei-me na estrada de Damasco, tal qual São Paulo, e ouvi, à semelhança daquele divino apóstolo, estas palavras, iguais às do Senhor: "Por que me persegue?" A diferença é que São Paulo — tamanho foi o seu deslumbramento — perdeu a vista, não podendo mais que ouvir a voz misteriosa. Eu, ao contrário, vi tudo: a resposta que eu pedia sobre a presidência do Banco do Brasil é dada por diferentes modos, mas sempre por um acionista na assinatura. Se fosse o nome da pessoa, não me convencia, porque eu podia muito bem assinar uma opinião, sem ter nada com o banco; mas é sempre um acionista, só, sem nada. Recordações de Mendes Leal. "Como te chamas? — Pedro. — Pedro de quê? — Pedro sem mais nada." No presente caso, não há Pedro, não há iniciais; são os próprios acionistas que, vendo que se trata do primeiro lugar, correm a dar a sua opinião.

E tudo se explica. Não correm às assembleias, pela confiança que lhes merecem, não digo os dividendos, mas os divisores. Agora, porém, trata-se justamente de completar os divisores, por acordo prévio, e eita que metem a mão nos dividendos.

Verdade é que um dos artigos, que não é de acionista, dá por escusada qualquer competência, porque há um candidato do *dono da casa*. Imaginei que esse candidato era eu, e corri a procurar o dono da casa, isto é, do prédio em que está o banco, e disseram-me que o prédio é do próprio banco.

— Mas quem é então o dono da casa?
— Não há; o dono é o próprio acionista.

Aqui é que senti um pouco da turvação de São Paulo; mas era tarde, a conversão estava feita.

BOAS NOITES.

27 de fevereiro de 1889

BONS DIAS!

Ei-lo que chega... Carnaval à porta!... Diabo! aí vão palavras que dão ideia de um começo de recitativo ao piano; mas outras posteriores mostram claramente que estou falando em prosa; e se *prosa* quer dizer *falta de dinheiro* (em cartaginês, é claro), então é que falei como um Cícero.

Carnaval à porta. Já ouço os guizos e tambores. Aí vêm os carros das ideias... Felizes ideias, que durante três dias andais de carro! No resto do ano ides a pé, ao sol e à chuva, ou ficais no tinteiro, que é ainda o melhor dos abrigos. Mas lá chegam os três dias, quero dizer os dois, porque o de meio não conta; lá vêm, e agora é a vez de alugar a berlinda, sair e passear.

Nem isso, ai de mim, amigas, nem esse gozo particular, único cronológico, marcado, combinado e acertado, me é dado saborear este ano. Não falo por causa da febre amarela; essa vai baixando. As outras febres são apenas companheiras... Não; não é essa a causa.

Talvez não saibam que eu tinha uma ideia e um plano. A ideia era uma cabeça de Boulanger, metade coroada de louros, metade forrada de lama. O plano era metê-la em um carro, e andar. E vede bem, vós que sois ideias, vede só se o plano desta ideia era mau. Os que esperam do general alguma coisa, deviam aplaudir; os que não esperam nada, deviam patear; mas o provável é que aplaudissem todos, unicamente por este fato: porque era uma ideia.

Mas a falta de dinheiro (*prosa*, em língua púnica) não me permite pôr esta ideia na rua. Sem dinheiro, sem ânimo de o pedir a alguém, e, com certeza, sem ânimo de o pagar, estou reduzido ao papel de espectador. Vou para a turbamulta das ruas e das janelas; perco-me no mar dos incógnitos.

Já alguém me aconselhou que fosse vestido de tabelião. Redargui que tabelião não traz ideia; e, depois, não há diferença sensível entre o tabelião e o resto do universo. Disseram-me que, tanto há diferença, que chega a havê-la entre um tabelião e outro tabelião.

— Não leu o caso do tabelião que foi agora assassinado, não sei em que vila do interior? Foi assassinado diante de cinquenta pessoas, de dia e na rua, sem perturbação da ordem pública. Veja se há de nunca acontecer coisa igual ao Cantanheda...

— Mas que é que fez o tabelião assassinado?

— É o que a notícia não diz, nem importa saber. Fez ou não fez aquela escritura. Casou com a sobrinha de um dissidente político. Chamou nariz de César à falta de nariz de alguma influência local. É a diferença dos tabeliães da roça e da cidade. Você passa pela Rua do Rosário, e contempla a gravidade de todos os notários daqui. Cada um à sua mesa, alguns de óculos, as pessoas entrando, as cadeiras rolando, as escrituras começando... Não falam de política; não sabem nunca da queda dos ministérios, senão à tarde, nos bondes; e ouvem os partidários como os outorgantes, sem paixão, nem por um, nem por outro. Não é assim na roça. Vista-se você de tabelião da roça, com um tiro de garrucha varando-lhe as costelas.

— Mas como hei de significar o tiro?

— Isso agora é que é ideia; procure uma ideia. Há de haver uma ideia qualquer que signifique um tiro. Leve à orelha uma pena, na mão uma escritura, para mostrar que é tabelião; mas como é tabelião político, tem de exprimir a sua opinião política. É outra ideia. Procure duas ideias, a da opinião e a do tiro.

Fiquei alvoroçado; o plano era melhor que o outro, mas esbarrava sempre na falta de dinheiro para a berlinda, e agora no tempo, para arranjar as ideias. Estava nisto, quando o meu interlocutor me disse que ainda havia ideia melhor.

— Melhor?

— Vai ver: comemorar a tomada da Bastilha, antes de 14 de julho.

— Trivial.

— Vai ver se é trivial. Não se trata de reproduzir a Bastilha, o povo parisiense e o resto, não senhor. Trata-se de copiar São Fidélis...

— Copiar São Fidélis?

— O povo de São Fidélis tomou agora a cadeia, destruiu-a, sem ficar porta, nem janela, nem preso, e declarou que não recebe o subdelegado que para lá mandaram. Compreendo bem que esta reprodução de 1789, em ponto pequeno, cá pelo bairro é uma boa ideia.

— Sim, senhor, é ideia... Mas então tenho de escolher entre a morte pública do tabelião e a tomada da cadeia! Se eu empregasse as duas?
— Eram duas ideias.
— Com umas brochadas de anarquia social, mental, moral, não sei mais qual?
— Isso então é que era um cacho de ideias... Falta-lhe só a berlinda.
— Falta-me *prosa*, que é como os soldados de Aníbal chamavam ao dinheiro. *Uba sacá prosa nanapacatu*. Em português: "Falta dinheiro aos heróis de Cartago para acabar com os romanos". Ao que respondia Aníbal: *Tunga loló*. Em português:

Boas noites.

7 de março de 1889

Bons dias!

Pego na pena com bastante medo. Estarei falando francês ou português? O sr. Dr. Castro Lopes, ilustre latinista brasileiro, começou uma série de neologismos, que lhe parecem indispensáveis para acabar com palavras e frases francesas. Ora, eu não tenho outro desejo senão falar e escrever corretamente a minha língua; e se descubro que muita coisa que dizia até aqui não tem foros de cidade, mando este ofício à fava, e passo a falar por gestos.

Não estou brincando. Nunca comi *croquettes*, por mais que me digam que são boas, só por causa do nome francês. Tenho comido e comerei *filet de boeuf*, é certo, mas com a restrição mental de estar comendo *lombo de vaca*. Nem tudo, porém, se presta a restrições; não poderia fazer o mesmo com as *bouchées de dames*, por exemplo, porque *bocados de senhoras* dá ideia de antropofagia, pelo equívoco da palavra. Tenho um chambre de seda, que ainda não vesti, nem vestirei por mais que o uso haja reduzido a essa simples forma popular a *robe de chambre* dos franceses.

Entretanto há nomes que, vindo embora do francês, não tenho dúvida de empregar, pela razão de que o francês apenas serviu de veículo; são nomes de outras línguas. E todo o mal não é a origem estrangeira, mas francesa. O próprio Dr. Castro Lopes, se padecer de *spleen*, não há de ir pedir o nome disto ao General Luculo; tem de sofrê-lo em inglês. Mas é inglês. É assim que ele aprova *xale*, por vir do persa; conquanto, digo eu, a alguns parece que o recebemos de Espanha. Pode ser que esta mesma o recebesse de França, que, confessadamente, o recebeu de Inglaterra, para onde foi do Oriente. *Schawl*, dizem os bretões; a França não terá feito mais que tecê-lo, adoçá-lo e exportá-lo. Deslindem o caso, e vamos aos neologismos.

Cache-nez é coisa que nunca mais andará comigo. Não é por me gabar, mas confesso que há tempos a esta parte entrei a desconfiar que este pedaço de lã não me ficava bem. Um dia procurei ver se não acharia outra coisa, e andei de loja em loja. Um dos lojistas disse-me, no estilo próprio do ofício:

— Igual, igual não temos; mas, no mesmo sentido, posso servi-lo.

E, dizendo-lhe eu que sim, o homem foi dentro, e voltou com um livro português antigo, e ali mesmo me leu isto, sobre as mulheres persianas: "O rosto, não descobrem nunca fora de casa, trazendo-o coberto com um cendal ou *guarda-cara*..."

Este guarda-cara é que lhe serve, disse ele. *Cache-nez* ou guarda-cara é a mesma coisa; a diferença é que um é de seda, e o outro de lã. É livro de jesuíta, e tem dois séculos de composição (1663). Não é obra de francelho ou tarelo, como dizia o Filinto Elísio.

Sorriu-me a troca, e estive a realizá-la, quando me apareceu o *focáler* romano, proposto pelo sr. Dr. Castro Lopes; e bastou ser romano para abrir mão do outro que era apenas nacional.

O mesmo se deu com *preconício*, outro neologismo. O sr. Dr. Castro Lopes compôs este "porque a todos os homens de letras que falam a língua portuguesa foi sempre manifesta a dificuldade de achar um termo equivalente à palavra francesa *reclame*".

Confesso que não me achei nunca em tal dificuldade, e mais sou relojoeiro. Quando exercia o ofício (que deixei por causa da vista fraca), compunha anúncios grandes e pomposos. Não faltava quem me acusasse de fazer *reclame* para vender os relógios. Ao que eu respondia sempre:

— Faça-me o favor de falar português. *Reclamo* é o que eu emprego, e emprego muito bem; porque é assim que se chama o instrumento com que o caçador busca atrair as aves; às vezes, é uma ave ensinada para trazer as outras ao laço. Se não quer *reclamo*, use *chamariz*, que é a mesma coisa. E olhe que isto não está em livros velhos de jesuítas, anda já nos dicionários.

Contentava-me com aquilo; mas, desde que vi o recente *preconício*, abri mão de outro termo, que era o nosso, por este alatinado.

Nem sempre, entretanto, fui severo com artes francesas. *Pince-nez* é coisa que usei por largos anos, sem desdouro. Um dia, porém, queixando-me do enfraquecimento da vista, alguém me disse que talvez o mal viesse da fábrica. Mandei logo (há uns seis meses) saber se havia em Portugal alguma *luneta-pênsil*, das que inventara Camilo Castelo Branco, há não sei quantos anos. Responderam-me que não. Camilo fez uma dessas lunetas, mas a concorrência francesa não consentiu que a indústria nacional pegasse.

Fiquei com o meu *pince-nez*, que, a falar verdade, não me fazia mal, salvo o suposto de me ir comendo a vista, e um ou outro apertão que me dava no nariz. Era francês, mas, não cuidando a indústria nacional de o substituir, não havia eu de andar às apalpadelas. Vai senão, quando vejo anunciados os *nasóculos* do nosso distinto autor. Lá fui comprar um, já o cavalguei no nariz, e não me fica mal. Daqui a pouco, ver-me-ão andar pela rua, teso como um *petit-maître*... Perdão, petimetre, que já é da nossa língua e do nosso povo.

BOAS NOITES.

19 de março de 1889

BONS DIAS!

Faleceu em Portugal o sr. Jácome de Bruges Ornellas Ávila Paim da Câmara Ponce de Leão Homem da Costa Noronha Borges de Sousa e Saavedra, 2º Conde da Praia de Vitória, 2º Visconde de Bruges.

Quarta-feira, na Igreja do Carmo, diz-se uma missa por alma do ilustre finado, e quem a manda dizer é um seu amigo — nada mais que amigo gratíssimo à memória do finado. Nenhum nome, nada, um amigo; é o que leio nos anúncios.

Quem quer que sejas tu, homem raro, deixa-me apertar-te as mãos de longe, e não te faço um discurso, para não te molestar; mas é o que tu merecias, e mereces. Singular anônimo, tu perdes um amigo daquele tamanho, e não lhe aproveitas a memória para cavalgá-lo. Não fazes daqueles títulos e nomes a tua própria condecoração. Não chocalhas o finado à tua porta, como um reclamo, para atrair, e dizer depois à gente reunida: — Eu, fulano de Tal, mando dizer uma missa por alma do meu grande amigo Jácome de Bruges Ornellas Ávila Paim da Câmara Ponce de Leão Homem da Costa Noronha Borges de Sousa e Saavedra, 2º Conde da Praia de Vitória, 2º Visconde de Bruges.

Mas em que beco vives tu, varão modesto? Onde te metes? Com quem falas? Qual é o teu meio? Com muito menos grandeza, não escapava nem escapa um morto daqueles às celebrações póstumas. Ah! (dizia-me um fino repórter, quando faleceu o Barão de Cotejipe) se eu fosse a tomar nota dos mais íntimos amigos do barão, concluiria que ele nunca os teve de outra qualidade. E é assim, nobre anônimo; um morto ilustre é um naco de glória que não se perde; e além disso uma ocasião às vezes única, de superar os contemporâneos.

Podia ir quarta-feira à missa, com o fim único de perguntar quem a manda dizer; o sacristão mostrava-te de longe, e eu via-te, conhecia-te; mas não vou, não quero. Prefiro crer que é tudo uma ilusão, uma fantasmagoria que não existes, que és uma hipótese. Dado que não, ainda assim não quero conhecer-te; a vista da pessoa seria a maior das amarguras. Deixa-me a idealidade; posso imaginar-te a meu gosto, um asceta, um ingênuo, um desenganado, um filósofo.

Não sei se tens pecados. Se os tens, por mortais que sejam, crê que esta só ação te será contada no Céu, por todos eles, e ainda ficas com um saldo. Lá estarei, antes de ti, provavelmente, e direi tudo a São Pedro, e ele te abrirá largas as portas da glória eterna. Caso não esteja, fala-lhe desta maneira:

— Pequei, meu amado Santo, e pequei muito, reincidi no pecado, como todas as criaturas que lá estão embaixo, porque as tentações são grandes e frequentes, e a vida parece mais curta para o bem que para o mal. Aqui estou arrependido...

— Foste absolvido?

— Não, não cheguei a confessar-me, por ter morrido de um *acesso pernicioso fulminante*, que o Barão do Lavradio diz não saber o que é.

— Bem, praticaste algum grande ato de virtude?

— Não me lembra...

— Vê bem, o momento é decisivo. A modéstia é bela, mas não deve ir ao ponto de ocultar a verdade, quando se trata de salvar a alma. Estais entre duas eternidades. Deste algumas esmolas?

— Saberá Vossa Santidade que sim.

— Que mais?

— Mais nada.

— Foste grato aos amigos?

— Fui, a um principalmente, meu amigo e grande amigo. Mandei-lhe dizer uma missa, no Rio de Janeiro, onde então me achava, quando ele morreu no Funchal.

— Chamava-se na terra...

— Jácome de Bruges Ornellas Ávila Paim da Câmara Ponce de Leão Homem da Costa Noronha Borges de Sousa e Saavedra, 2º Conde da Praia de Vitória, 2º Visconde de Bruges.

Aqui o príncipe dos apóstolos sorrirá para si, e dirá provavelmente:

— Já sei; convidaste os outros com o teu nome por inteiro.

— Não, não fiz isso.

São Pedro incrédulo:

— Como...?... Não...?... Só as iniciais...

— Nem as iniciais; disse só que era um amigo grato ao finado.

— Entra, entra... Como te chamas tu?

— Deixe-me Vossa Santidade guardar ainda uma vez o incógnito.

Boas noites.

22 de março de 1889

Bons dias!

Antes do último neologismo do sr. dr. Castro Lopes, tinha eu suspeita, nunca revelada, de que o fim secreto do nosso eminente latinista era pôr-lhe a falar volapuque. Não vai nisto o menor desrespeito à memória de Cícero nem de Horácio, menos ainda ao seu competente intérprete neste país. A suspeita vinha da obstinação com que o digno professor ia bater à porta latina, antes de saber se tínhamos em nossa própria casa a colher ou o garfo necessário às refeições. Essa teima podia explicar-se de dois modos: ou desdém (não merecido) da língua portuguesa, ou então o fim secreto a que me referi, e que muito bem se pode defender.

Com efeito, no dia em que eu, pondo os meus *nasóculos*, comprar um *focáler* e um *lucivelo*, para fazer *preconício* na *Conção*, se não falar volapuque, é que estou falando cartaginês. E contudo é puro latim. Era assim até aqui; confesso, porém, que o último neologismo — digo mal — por ocasião do último galicismo, perdi a suspeita do fim secreto. Dessa vez o autor veio à nossa prata de casa; não lhe tenho pedido outra coisa.

Não há neologismo propriamente, já porque a palavra *desempeno* existia na língua, bastando apenas aplicá-la, já porque no sentido de *à-plomb* lá a pôs no seu dicionário o nosso velho patrício Morais. Contudo, foi bom serviço lembrá-la. Às vezes, uma senhora não sai bem vestida de casa por esquecimento de certa manta de rendas, que estava para um canto. Acha-se a manta, põe-se, a pessoa nada pediu emprestado e sai catita.

Contudo, surge uma dúvida. Hão de ter notado que eu sou o homem mais cheio de dúvidas que há no mundo. A minha dúvida é se, tendo já em casa o *desempeno*, para substituir o *à-plomb*, não será difícil arrancar este galicismo do uso — quando menos do Parlamento — onde ele é empregado em frases com estas: "Mas o *à-plomb* do nobre ministro..." — "Não é com esse *à-plomb* insolente de S. Ex.ª, é com princípios que se governam as nações..."

Para acudir ao mal, à dificuldade de extrair pela raiz esse dente francês, não poderiam usar a mesma palavra, com a forma portuguesa? Se *à-plomb* indica a posição tesa e desempenada da pessoa, dizendo nós *aprumo*, não teremos dado a nossa fisionomia ao galicismo, para incorporá-lo no idioma, já não digo para sempre, mas temporariamente? Deste modo facilitava-se mais a cura, embora fosse mais longa. Desmamava-se o galicismo.

Note-se que não estou inventando nada. Rebelo da Silva, homem de boas letras, escreveu esse vocábulo *aprumo*, e dizem que também anda em dicionários. Lá diz o Rebelo: "Respondendo... com o *aprumo* do homem seguro de ter cumprido etc. etc." Vá lá, desmamemos o galicismo, e demos-lhe depois um bom bife de *desempeno*. É verdade que podemos vir a ficar com as duas palavras para esta mesma ideia, coisa só comparável a ter duas calças, quando uma só veste perfeitamente um homem.

Mas confiemos no futuro; a *Gazeta*, que tem intenções de chegar ao segundo centenário da Revolução Francesa, aceitará o esforço generoso de alguém que bote o intruso para fora a pontapés. Desconfio que ele já anda em livros de outros autores; mas não afirmo nada, a não ser que, há muitos anos, quando me encontrava com um saudoso amigo e bom filósofo, dizia-me sempre:

— Então, donde vem esse *aprumo*?

Tempos! Tempos! O século expira; começo a ouvir a alvorada do outro.

Ecco ridente in cielo
Già spunta la bella aurora...

BOAS NOITES.

30 de março de 1889

BONS DIAS!

Quantas questões graves se debatem neste momento! Só a das farinhas de Pernambuco e da moeda bastam para escrever duas boas séries de artigos. Mas há também a das galinhas de Santos — aparentemente mínima, mas realmente ponderosa, desde que a consideremos do lado dos princípios. As galinhas cresceram de preço com a epidemia, chegando a cinco e creio que sete mil-réis. Sem isso não há dieta.

De relance, faz lembrar o caso daquele sujeito contado pelo nosso João (veja *Almanaque do velhinho*, ano 5º, 1843) que, dando com um casebre a arder, e uma velha sentada e chorando, perguntou a esta:

— Boa velha, esta casinha é sua?

— Senhor, sim, é o triste buraco em que morava; não tenho mais nada, perdi tudo.

— Bem; deixa-me acender ali o meu cigarro?

E o homem acendeu o cigarro na calamidade particular. Mas os dois casos são diferentes; no de Santos rege a lei econômica, e contra esta não há quebrar a cabeça. Diremos, por facécia, que é acender dois ou três charutos na calamidade pública; mas em alguma parte se hão de acender charutos. Ninguém obsta a que se vendam as galinhas por preço baixo, ou até por nada, mas então é caridade, bonomia, desapego, misericórdia — coisas alheias aos princípios e às leis, que são implacáveis.

Não examinei bem o negócio das farinhas pernambucanas, mas não tenho medo que os princípios sejam sacrificados.

Quanto ao das libras esterlinas, não tenho nenhuma no bolso, não me julgo com direito de opinar. Contudo, meteu-se em cabeça que não nos ficava mal possuir uma moeda nossa, em vez de dar curso obrigatório à libra esterlina. Um velho amigo, sabedor destas matérias, acha este modo de ver absurdo; eu, apesar de tudo, teimo na ideia, por mais que me mostrem que daqui a pouco, ou muito, lá se pode ir embora o ouro, nacional ou não.

Mas, principalmente, o que vejo nisto é um pouco de estética. Tem a Inglaterra a sua libra, a França o seu franco, os Estados Unidos o seu dólar, por que não teríamos nós nossa moeda batizada? Em vez de designá-la por um número, e por um número ideal — *vinte mil-réis* — por que não lhe poremos um nome — *cruzeiro* — por exemplo? *Cruzeiro* não é pior que outros, e tem a vantagem de ser nome e de ser nosso. Imagino até o desenho da moeda; de um lado a efígie imperial, do outro a constelação... Um cruzeiro, cinco cruzeiros, vinte cruzeiros. Os nossos maiores tinham os dobrões, os patacões, os cruzados etc., tudo isto era moeda tangível; mas vinte mil-réis... Que são vinte mil-réis? Enfim, isto já me vai cheirando a neologismo. Outro ofício.

Prefiro expandir a minha dor, a minha compaixão... Oh! mas compaixão grande, profunda, dessas que nos tornam melhores, que nos levantam deste mundo baixo e cruel, que nos fazem compartir das dores alheias. *J'ai mal dans ta poitrine*, escreveu um dia a boa Sevigné à filha adoentada, e fez muito bem, porque me ensinou assim um modo fino e pio de falar ao mais lastimável escrivão dos nossos tempos, ao escrivão Mesquita. *Mesquita, j'ai mal dans ta poitrine*.

Não te conheço, Mesquita; não sei se és magro, ou gordo, alto ou baixo; mas para lastimar um desgraçado não é preciso conhecer as suas proporções físicas. Sei que és escrivão; sei que leste o processo Bíblia, composto de mil e tantas folhas, em voz alta, perante o tribunal de jurados, durante horas e horas. Foi o que me disseram os jornais; leste e sobreviveste. Também eu sobrevivi a uma leitura, mas esta era feita por outro, numa sociedade literária, há muitos anos; um dos oradores, em vez de versos, como se esperava, sacou do bolso um relatório, e agora o *ouvirás*. Tenho ainda diante dos olhos as caras com que andávamos todos nas outras salas, espiando pelas portas, a ver se o homem ainda lia; e ele lia. O papel crescia-lhe nas mãos. Não era relatório, era solitária; quando apareceu a cabeça, houve um *Te Deum laudamus* nas nossas pobres almas.

O mesmo foi contigo, Mesquita; crê que ninguém te ouviu. Os poucos que começaram a ouvir-te, ao cabo de uma hora mandaram-te ao diabo, e pensaram nos seus negócios. Mil e tantas folhas! Duvido que o processo Parnell seja tão grosso como o do testamento da Bíblia. A própria *Bíblia* (ambos os testamentos) não é tão grande, embora seja grande. Não haverá meio de reduzir essa velha praxe a uma coisa útil e cômoda? Aviso aos legisladores.

BOAS NOITES.

20 de abril de 1889

Bons dias!

A principal vantagem dos estudos de língua é que com eles não perdemos a pele, nem a paciência, nem, finalmente, as ilusões, como acontece aos que se empenham na polícia, essa fatal Dalila (deixem-me ser banal) a cujos pés Sansão perdeu o cabelo, e André Roswein, a vida.

— André, tu ainda hás de fazer com que eu acabe os dias num convento, dizia Carnioli ao infeliz Roswein.

Nunca repetirei isto ao ilustre latinista, que ultimamente emprega os seus lazeres em expelir barbarismos e compor novas locuções. Língua, tanto não é Dalila, que é o contrário; não sei se me explico. Podemos errar; mas, ainda errando, a gente aprende.

Agora mesmo, ao sair da cama, enfiei um *chambre*. Cuidei estar composto, sem escândalo. Não ignorava (tanto que já o disse aqui mesmo) que aquele vestido, antes de passar a fronteira, era *robe de chambre*; ficou só *chambre*. Mas como vinha de trás, os velhos que conheci não usavam outra coisa, e o próprio Nicolau Tolentino, posto que mestre-escola, já o enfiou nos seus versos, pensei que não era caso de o desbatizar. Nunca mandei embora uma *caleça*, só por vir de *calèche*; o que mais faço é não dar gorjeta ao automedonte, vulgo cocheiro.

Imaginem agora o meu assombro ao ler o artigo em que o nosso ilustre professor mostra, a todas as luzes, que *chambre* é vocábulo condenável, por ser francês. Antes de acabar o artigo, atirei para longe a fatal estrangeirice, e meti-me num *paletó* velho, sem advertir que era da mesma fábrica. A ignorância é a mãe de todos os vícios.

Continuei a ler, e vi que o autor permite o uso da coisa, mas com outro nome, o nome é *rocló*, "segundo diziam (acrescenta) os nosso maiores".

Com efeito, se os nossos maiores chamavam de *rocló* ao chambre, melhor é empregar o termo de casa, em vez de ir pedi-lo aos vizinhos. O contrário é desmazelo. Chamei então meu criado — que é velho e minhoto — e disse-lhe que daqui em diante, quando lhe pedisse o *rocló*, devia trazer o *chambre*. O criado pôs as mãos às ilhargas, e entrou a rir como um perdido. Perguntei-lhe por que se ria, e repeti-lhe a minha ordem.

— Mas o patrão há de me perdoar se lhe digo que não entendo. Então o *chambre* agora é *rocló*?

— Sim, que tem?

— É que lá na terra *rocló* é outra coisa; é um capote curto, estreito e de mangas. Parece-me tanto com *chambre*, como eu me pareço com o patrão, e mais não sou feio...

— Não; é impossível.

— Mas se lhe digo que é assim mesmo; é um capote. Eu até servi a um homem, lá em Lisboa (Deus lhe fale n'alma!) que usava as duas coisas: o *chambre* em casa, de manhã; e, à noite, quando saía a namorar, ia com o seu *rocló* às costas, manguinhas enfiadas.

— Inácio — bradei levantando-me —, juras-me, pelas cinzas de teu pai, que isso é verdade?

— Juro, sim, senhor. O patrão até ofende com isso ao seu velho criado. Pois então é preciso que jure? Ouviu nunca de mim alguma mentira... Tudo por causa de um *rocló* e de um *chambre*... Isto no fim da vida... Adeus! Faça as minhas contas. Vou-me embora...

Deixei-o ir chorando, e fiquei a cogitar, no modo de emendar a mão ao nome, a fim de que a gente menos advertida não pegasse logo no *rocló*, que não é *chambre*. É coisa certa que a ignorância da língua e o amor da novidade dão certo sabor a vocábulos inventados ou descabidos. Mas como fazê-los, sem citar o depoimento do meu velho minhoto, que não tem autoridade? Estava nisso, quando dei um grito, assim:

— Ah!

Dei o grito. Tinha achado o segredo da substituição do nome. Com efeito, *rocló* vem do francês *roquelaure*, designação de um capote. Portugal recebeu de França o capote e o nome, e ficou com ambos, mas foi modificando o nome. Tal qual aconteceu com o *robe de chambre*. A mudança proposta agora, no artigo a que me refiro, ficaria sem sentido, se não fosse a intenção do autor, suponho eu, curar a dentada do cão com o pelo do mesmo cão. *Similia similibus curantur*.

BOAS NOITES.

7 de junho de 1889

BONS DIAS!

Não gosto que me chamem de profeta de fatos consumados; pelo que, apresso-me em publicar o que vai suceder, enquanto o Conselho de Estado se acha reunido no paço da cidade.

Verdade seja, que o meu mérito é escasso e duvidoso; devo o principal dos prognósticos ao espírito de Nostradamus, enviado pelo meu amigo José Basílio Moreira Lapa, cambista, proprietário, pai de um dos melhores filhos deste mundo, vítima do Monte-Pio e de um reumatismo periódico.

Lapa está naquele período do espiritismo em que o homem, já inclinado ao obscuro, dispõe de razão ainda clara e penetrante, e pode entreter conversações com os espíritos. Há, entretanto, uma lacuna nessa primeira fase: é que os espíritos acodem menos prontamente, e a prova é que, desejando eu consultar Vasconcelos, Vergueiro ou o padre Feijó, como pessoas de casa, não foi possível ao meu amigo Lapa fazê-las chegar à fala; só consegui Nostradamus. Não é pouco; há mestres que não o alcançariam nunca.

A segunda fase do espiritismo é muito melhor. Depois de quatro ou cinco anos (prazo da primeira), começa a pura demência. Não é vagarosa nem súbita, um meio-termo, com este característico: o espírita, à medida que a demência vai crescendo, atira-se-lhe mais rápido. O último salto nas trevas dura minuto e meio a dois minutos. Há casos excepcionais de cinco e dez minutos, mas só em climas frios e muito frios, ou então nas estações invernosas. Nos climas quentes e durante o verão, o mais que terá visto é cair em três minutos.

Não se entenda, porém, que essa queda é apreciável por qualquer pessoa; só o pode ser por alienistas e de grande observação. Com efeito, para o vulgo não há diferença; desde o princípio da alienação mental (isto é, começando o segundo prazo do espiritismo, que é depois de quatro ou cinco anos, como ficou dito), o espírita está perdido a olhos vistos; os atos e palavras indicam o desequilíbrio mental; não há ilusão a tal respeito. Conversa-se com eles; raros compreendem logo em princípio o sol e a lua; mostram-se todos afetuosos, leais e atentos. Mas o transtorno cerebral é claro. Toda a gente vê que fala a doentes.

Entretanto (mistério dos mistérios!), é justamente assim, e principalmente depois do último salto nas trevas, que os espíritos vagabundos ou penantes acodem ao menor aceno, não menos que os de pessoas célebres, batizadas ou não.

Tem-se calculado que, dos espíritos evocados durante um ano, 28 por cento o foram por espíritas ainda meio sãos (primeira fase); 72 por cento pertencem aos mentecaptos. Alguns estatísticos chegam a conceder aos últimos 79 por cento; mas parece excessivo.

Não importa ao nosso caso a porcentagem exata; basta saber que, para a melhor evocação e mais fácil troca de ideias, é preferível o maníaco ao são, e o doido varrido ao maníaco. Nem pareça isto maravilha; maravilha será, mas de legítima estirpe. Montaigne, muito apreciado por um dos nossos primeiros senadores, e por este seu criado, dizia com aquela agudeza que Deus lhe deu: *C'est un grand ouvrier de miracles que l'esprit humain!* Os milagres do espiritismo são tais; a rigor, é o espírito humano que faz o seu ofício.

Eu chegaria a propor, se tivesse autoridade científica, um meio de desenvolver esta planta essencialmente espiritual. Estabeleceria por lei os casamentos espíritas, isto é, em que ambos os cônjuges fossem examinados e reconhecidos como inteiramente entrados na segunda fase. Os filhos desses casais trariam do berço o dom especial, em virtude da transmissão. Quando algum, escapando das malhas dessa lei natural (todos as têm) chegasse a simples mediocridade, paciência; os restantes, na idiotia e no cretinismo (com perdão de quem me ouve), prepariam as bases de um excelente século futuro.

Venhamos ao nosso Lapa. Evocado Nostradamus, vi claramente o que ele referiu ao evocador. Em primeiro lugar, a maioria do Conselho de Estado é contrária à dissolução da Câmara dos Deputados, que alguns dizem incorretamente (explicou ele) "dissolução das Câmaras". Sairá o gabinete de 10 de março. É convidado o sr. Correia, depois o sr. Visconde do Cruzeiro, depois novamente o sr. Correia, e o sr. Visconde de Vieira da Silva. Este, apesar de enfermo, tentará organizar um gabinete que concilie as duas partes do Partido Conservador; não o conseguirá; será chamado o sr. Saraiva, que não aceita; sobe o sr. Visconde de Ouro Preto e estão os liberais de cima.

BOAS NOITES.

14 de junho de 1889

BONS DIAS!

Ó doce, ó longa, ó inexprimível melancolia dos jornais velhos! Conhece-se um homem diante de um deles. Pessoa que não sentir alguma coisa ao ler folhas de meio século, bem pode crer que não terá nunca uma das mais profundas sensações da vida — igual ou quase igual à que dá a vista das ruínas de uma civilização. Não é a saudade piegas, mas a recomposição do extinto, a revivescência do passado, a maneira de Ebers, a alucinação erudita da vida e do movimento que parou.

Jornal antigo é melhor que cemitério, por esta razão que no cemitério tudo está morto, enquanto que no jornal está vivo tudo. Os letreiros sepulcrais, sobre monótonos, são definitivos: *aqui jaz, aqui descansam, orai por ele!* As letras impressas na gazeta antiga são variadas, as notícias aparecem recentes; é a galera que sai, a peça que se está representando, o baile de ontem, a romaria de amanhã, uma explicação, um discurso, dois agradecimentos, muitos elogios; é a própria vida em ação.

Curandeiros, por exemplo. Há agora uma verdadeira perseguição deles. Imprensa, política, particulares, todos parecem haver jurado a exterminação dessa classe interessante. O que lhes vale ainda um pouco é não terem perdido o governo da multidão. Escondem-se; vão por noite negra e vias escuras levar a droga ao enfermo, e, com ela, a consolação. São pegados, é certo; mas por um curandeiro aniquilado, escapam quatro e cinco.

Vinde agora comigo.

Temos aqui o *Jornal do Commercio* de 10 de setembro de 1841. Olhai bem: 1841; lá vão quarenta e oito anos, perto de meio século. Lede com pausa este anúncio de um remédio para os olhos: "... eficaz remédio, que já restituiu a vista a muitas pessoas que a tinham perdido, acha-se em casa de seu autor, o sr. Antônio Gomes, Rua dos Barbonos nº 76". Era assim, os curandeiros anunciavam livremente, não se iam esconder em Niterói, como o célebre caboclo, ninguém os ia buscar nem prender; punham na imprensa o nome da pessoa, o número da casa, o remédio e a aplicação.

Às vezes, o curandeiro, em vez de chamar, era chamado, como se vê nestas linhas da mesma data:

"Roga-se ao senhor que cura erisipelas, feridas etc., de aparecer na Rua do Valongo nº 147."

Era outro senhor que esquecera de anunciar o número da casa e a rua, como o Antônio Gomes. Este Gomes fazia prodígios. Uma senhora conta ao público a cura extraordinária realizada por ele em uma escrava, que padecia de ferida incurável, ao menos para médicos do tempo. Chamado Antônio Gomes, a escrava sarou. A senhora tinha por nome D. Luísa Teresa Velasco. Também acho uma descoberta daquele benemérito para impigens, coisa admirável.

Além desses, havia outros autores não menos diplomados, nem menos anunciados. Uma loja de papel, situada na Rua do Ouvidor, esquina do Largo de São Francisco de Paula, vendia licor antifebril, que não só curava a febre intermitente e a enxaqueca, como era famoso contra cólicas, reumatismo e indigestões.

De envolta com os curandeiros e suas drogas, tínhamos uma infinidade de remédios estrangeiros, sem contar as famosas *pílulas vegetais americanas*. Que direi de um *óleo Jacoris Asseli*, eficaz para reumatismo, não menos que o *bálsamo homogêneo simpático*, sem nome de autor nem indicações de moléstias, mas não menos poderoso e buscado?

Toda essas drogas curavam, assim, as legítimas como as espúrias. Se já não curam, é porque todas as coisas deste mundo têm princípio, meio e fim. Outras cessaram com os inventores. Tempo virá em que o quinino, tão valente agora, envelheça e expire. Neste sentido é que se pode comparar um jornal antigo ao cemitério, mas ao cemitério de Constantinopla, onde a gente passeia, conversa e ri.

Plínio, falando da medicina em Roma, afirma que bastava alguém dizer-se médico para ser imediatamente crido e aceito; e suas drogas eram logo bebidas, "tão doce é a esperança!", conclui ele. O defunto Antônio Gomes e os seus atuais colegas bem podiam ter vivido em Roma; seriam lá como aqui (em 1841) verdadeiramente adorados. Bons curandeiros! Tudo passa com os anos, tudo, a proteção romana e a tolerância carioca; tudo passa com os anos... ó doce, ô longa, ó inexprimível melancolia dos jornais velhos!

BOAS NOITES.

29 de junho de 1889

BONS DIAS!

"Em Venezuela (diz um telegrama de Nova York, de 25, publicado no dia 26) *dissolveu-se o partido* do General Guzmán Blanco."

Fiquei como não imaginam; tanto que não tive tempo de vir cumprimentá-los, segundo o meu desejo. Corri ao escritório da companhia telegráfica, para saber se não haveria erro na tradução do telegrama. Podia ser *patrulha*, podia ser *patuscada*; podia ser mesmo um *batalhão*. Nós dissolvemos batalhões. Partido é que eu achava...

— Está aqui telegrama, senhorr — disse-me o inglês de alto a baixo, com um ar de sobressalente —; senhorr pode egzamina ele, e reconhece que Company não tem interesse em inventa telegramas.

— Há de perdoar, mas o príncipe de Bismarck pensa o contrário.

— Contrário à Company?

— Não, aos telegramas. Disse ele, uma vez, em aparte a um orador da Câmara: "O sr. deputado mente como um telegrama". Mas eu não vou tão longe; os telegramas não mentem, mas podem ser tatibitate...

— Senhorr fala latim; eu deixa senhorr...

E foi para dentro o inglês; desci as escadas e vim para a rua, desorientado e cada vez mais curioso de achar explicação à notícia, que me parecia estrambótica. Custava-me entender que um partido se dissolvesse assim, em certo dia, como se expede um decreto. Compreendo que uma reunião familiar se dissolva, em certa hora; assim o tenho lido, mil vezes: "As danças prolongaram-se até à madrugada, e dissolveu-se a reunião, deixando a todos penhorados com as maneiras da diretoria (ou dos donos da casa); e, com efeito, não se podia ser mais etc.". Mas um partido, uma vegetação política, lá me custava engolir.

Desse estado, que não ouso chamar ignorante, para me não descompor, fui arrancado agora mesmo por um artigo de muitos republicanos de Vassouras. Eu fui a Vassouras há muitos anos, quando ali era juiz municipal o Calvet, e juiz de direito o Dario Callado. Na vila não havia então republicanos, não havia mesmo ninguém, exceto os dois magistrados, o vigário, o meu hospedeiro e eu. Ao domingo, o vigário reproduzia o milagre da multiplicação dos pães; para dizer missa, fazia de nós quatro umas cinquenta moças, muito lindas; mas, acabada a missa, voltávamos a ser cinco, ele vigário, eu, o meu hospedeiro, o Dario e o Calvet. *Où sont les neiges d'antan?*

Como ia dizendo, foi o artigo que me deu a explicação.

Afirmam os autores que a lembrança de fazer eleger por ali um candidato republicano de fora, que lá não nasceu nem mora, era antes um esquecimento, e parece ter por fim ofender os brios do 10.º distrito e o caráter de dois candidatos do lugar. "Não acreditamos que esses distintos cidadãos se humilhem a ponto de se sujeitarem ao insulto que lhes é irrogado."

Acrescentam que o 10.º distrito não é burgo podre; e concluem: "O caso é para dizer-se: perca-se o partido, mas salve-se a honra do distrito".

Mas, senhores, aqui está a federação feita; é a dos distritos. Todos os partidos a aceitam, antigos ou novos. Havia dúvidas sobre se os partidos mais recentes trariam este mesmo sabor *du terroir*; vemos que sim, e até com maior intensidade, o que está muito bem. Quanto ao lema: "Perca-se o partido, mas salve-se a honra do distrito" — aí fica a mais alta significação das liberdades locais. Aproveitemos este *filon*, que vai dar à grande mina.

Isto faz-me lembrar a anedota do campônio de uma freguesia, que foi a outra, onde chegou a tempo de ouvir um sermão de lágrimas. O pregador era patético, todos os fiéis choravam a valer; só o campônio ouvia de olhos enxutos as passagens mais sublimes. Interrogado por um dos presentes, acerca da falta de lágrimas, quando o pregador as arrancava a todos, respondeu tranquilamente: "É que eu não sou cá desta freguesia".

Em política (ao menos aqui) só choram os da paróquia na paróquia, entendendo-se que chorar quer dizer rir. Quem nasceu no alto-mar, faça-se eleger pelos tubarões. Há aqui uma emenda à Lei Saraiva.

Que tem isto com a notícia telegráfica de Venezuela? Leve-me o Diabo se me lembra onde é que estava a ligação. Vá esta, em falta de outra. Provavelmente, o partido de Guzmán Blanco compunha-se de todos os distritos de Venezuela; começou a perdê-los, até que chegou a um só, depois uma cidade, uma vila, uma rua, um beco, um quarteirão, uma casa, finalmente uma alcova: morreu o homem que dormia na alcova, dissolveu-se o partido. Note-se que isto não liga coisa nenhuma, mas é um modo de casar (como dizia Molière) a República de Veneza com o grão-turco. Grão-turco é o Guzmán Blanco.

BOAS NOITES.

3 de agosto de 1889

Bons dias!

Não venho desmentir o que ontem escreveu a *Revistinha*, a meu respeito. Quando um homem tem exposto na *vitrine* do Bernardo a certidão da idade, pela qual se vê que não perdeu vintém na quebra do Souto, nem os sapatos na grande enchente de 1864, e tudo pela razão de que os sapatos, pelo menos, só se calçam depois que a gente nasce, pode rir à vontade das calúnias de um quarentão inventivo e implicante.

Há muito tempo que eu andava com duas pedras na mão para atirar à cara deste homem, ou às costas, porque ele foge, como o atual cometa Davidson, que, segundo nos dizem lá do Observatório, está saindo da constelação da Virgem para entrar na da Serpente. Já é correr! Pois muito mais corre o nosso homem, quando a coisa lhe cheira a pedradas. Não fica bonito, porque a palidez não aformoseia ninguém, exceto as virgens de 1840:

Pálida virgem, que minh'alma adora; mas fica leve e rápido que nem lhe ganha o melhor galgo.

Negar que o aumento da tiragem da *Gazeta* é devido aos meus cumprimentos, é tapar o sol com uma peneira. Ninguém ignora que as pessoas bem-criadas fazem mais atrativas as casas e reuniões. Aqui que me conste, ninguém fala aos leitores saudando-os antes de começar, senão eu. Todos entram com o seu discurso, prosa ou verso, e o estendem logo, sem fazer caso dos que os ouvem. Daí vem que a *Gazeta* nunca teve mais de onze a treze assinantes, e sete leitores. Entrei eu, com estes gestos corteses, e a coisa mudou. A Fortuna é mulher: gosta de ser cortejada. Ao ver um jovem simples, bom caráter, mansueto, de chapéu na mão, disse consigo: "Aqui está um cavalheiro distinto". E abençoou estes tetos com ambas as suas mãos divinas.

Senhores, as maneiras finas, polidas, e até graciosas, não são apenas, como podem supor os frívolos, uma questão de bom-tom. Constituem virtude; dão de si utilidades práticas.

Há por aí agora uma porção de conflitos públicos. Um deles, por exemplo, é o da Companhia do Saneamento do Rio de Janeiro, cujos fundadores estão desavindos, segundo parece, por motivos muito complicados. Pois eu seria capaz de os conciliar, tão somente com este meu ar cortês, que me faz entrar em todos os corações. O mesmo direi do Elixir Cabeça de Negro, destinado a outro saneamento, e parece com dois autores ou possuidores, ambos tenazes defensores dos seus direitos. A qual dos dois caibam estes, não sei; apenas juro que, no fim de cinco dias de briga, fui comprar o elixir e tenho tirado imenso proveito. Não digo qual deles me curou; mas, se os contendores me confiassem a decisão do negócio, achariam o melhor dos Salomões, porque não consta da Escritura (posto não conste o contrário) que Salomão fosse tão primoroso e delicado como eu. Bárbaro era, ordenando a divisão do filho; eu, no caso dele, insinuaria a aliança das mães.

Reconciliar adversários é pouco? Certo que não. Será pouco dar via a ideias que acham contra si a inércia dos legisladores e da própria opinião pública? O teatro nacional, por exemplo, não é tempo de o decretar, ou por meio de uma lei especial, ou por um aditivo ao orçamento do exercício de 1890, como disposição permanente, votando-se todos os anos uma verba para as despesas da invenção, composição, lances dramáticos, *la scène à faire* de Sarcey, e outras necessidades iniludíveis? Pois tudo isso alcançarei no dia em que quiser, só com estas barretadas, que me fazem gastar mais chapéus que pantalonas. Entrar cortês e dizer macio — é a divisa de todo cidadão discreto.

E tudo isso se esquece no dia em que a *Gazeta* faz anos! Não importa; a ingratidão é assim. Ir-me-ei daqui, sacudirei à porta desta casa os meus sapatos, esquecerei as boas horas passadas debaixo destes tetos, e cá tornarei antes que me digam: — Volta, volta.

BOAS NOITES.

13 de agosto de 1889

BONS DIAS!

Dizia-me ontem um homem gordo... para quê ocultá-lo?... Lulu Sênior:

— Você não pode deixar de ser candidato à Câmara temporária. Um homem dos seus merecimentos não deve ficar à toa, passeando o triste fraque da modéstia pelas vielas da obscuridade. Eu, se fosse magro, como você, é o que fazia; mas as minhas formas atléticas pedem evidentemente o Senado; lá irei acabar estes meus dias alegres. Passei o cabo dos quarenta; vou a Melinde buscar piloto que me guie pelo oceano Índico, até chegar à terra desejada...

> Já se viam chegados junto à terra,
> Que desejada já de tantos fora.

— Bem — respondi eu —, mas é preciso um programa; é preciso dizer alguma coisa aos eleitores; pelo menos de onde venho e para onde vou. Ora, eu não tenho ideias, nem políticas nem outras.

— Está zombando!

— Não, senhor; juro por esta luz que me alumia. Na distribuição geral das ideias... Talvez você não saiba como é que se distribuem as ideias, antes da gente vir a este mundo. Deus mete alguns milhões delas num grande vaso de jaspe, correspondente às levas de almas que têm de descer. Chegam as almas; ele atira as ideias aos punhados; as mais ativas apanham maior número, as moleironas ficam com um pouco mais de uma dúzia, que se gasta logo, em pouco tempo; foi o que me sucedeu.

— Mas trata-se justamente de suprimi-las; não as ter é meio caminho andado. Tem lido as circulares eleitorais?

— Uma e outra.

— Aí está porque você anda baldo ao naipe: não lê nada, ou quase nada; os jornais passam-lhe pelas mãos à toa, e quer ter ideias. Há opiniões que eu ouço às vezes, e fico meio desconfiado; corro às folhas da semana anterior, e lá dou com elas inteirinhas. Pois as circulares, se nem todas são originais, são geralmente escritas com facilidade, algumas com vigor, com brilho e... Umas falam de ficar parado, outras de correr, outras de andar para trás...

— Justamente. Que hei de escolher entre tantos alvitres?

— Um só.

— Mas qual?

— De tantos homens que falaram aos eleitores, um só teve para mim a intuição política: "Conhecido dos meus amigos (escreveu o sr. Dr. Nobre, presidente da Câmara Municipal), julgo-me dispensado de definir a minha individualidade política". Tem você amigos?

— Alguns.

— Tem muitos. Bota para fora essa morrinha da modéstia. Você não terá ideias, mas amigos não lhe faltam. Eu tenho ouvido coisas a seu respeito, que até me admira, é verdade. Já vi baterem-se dois sujeitos por sua causa. Vinham num bonde ao pé de mim. Um disse que o encontrava nesse dia de fraque cor de rapé, o outro que também o vira, mas que o fraque tirava mais a cor de vinho. O primeiro teimou, o segundo não cedeu, até que um deles chamou ao outro pedaço d'asno; o outro retorque-lhe, não lhe digo nada, engalfinharam-se e esmurraram-se à grande. Eu nunca me benzi com um sacrifício destes. Vamos, amigos não lhe faltam.

— Pois sim; e depois?

— Depois é o que escreveu o candidato. Conhecido dos seus amigos, que necessidade tem você de definir-se? É o mesmo que dar um chá ou um baile, e distribuir à entrada o seu retrato em fotografia. Não se explique; apareça. Diga que deseja ser deputado, e que conta com os seu amigos.

— Só isso?

— Ó palerma, eles conhecem-te, mas é preciso visitá-los. A maior parte dos amigos não votam sem visita. A questão é esta. O eleitor tem três fases; está na segunda, em que a cédula é considerada um chapéu, que ele não tira sem o outro tirar primeiro o seu chapéu de verdade. Se houver intimidade, ainda podes dizer brincando: "Ó Cunha, tira o chapéu". Mas o teu há de estar na mão.

— Bem, se é só isso, estou eleito.

— Isso, e amigos.

— E amigos, justo.

— Não te definas, eles conhecem-te; procura-os. Quando o filhinho de algum vier à sala, pega nele, assenta-o na perna; se o menino meter o dedo no nariz, acha-lhe graça. E pergunta ao pai como vai a senhora; afirma que tens estado para lá ir, mas as bronquites são tantas em casa... Elogia-lhe as bambinelas. Não ofereças charuto, que pode parecer corrupção; mas aceita-lhe o que ele te der. Se for quebra-queixo, pergunta-lhe interessado onde é que os compra.

— Já se vê, em cada casa a mesma cantilena. Uma só música, embora com palavras diversas. O eleitor pode ser um ruim poeta...

— Justamente; leva-lhe decorado o último soneto, um primor.

— Compreendi tudo. Definição é que nada, visto que são meus amigos. Compreendi tudo. Posso oferecer a minha gratidão?

— Podes; toda a questão é ir ao encontro do sentimento do eleitor, isto é, que ele te faz um favor votando; não escolhe um representante dos seus interesses. Anda, vai-te embora e volta-me deputado.

BOAS NOITES.

22 de agosto de 1889

Bons dias!

Quem nunca invejou, não sabe o que é padecer. Eu sou uma lástima. Não posso ver roupinha melhor em outra pessoa, que não sinta o dente da inveja morder-me as entranhas. É uma comoção tão ruim, tão triste, tão profunda, que dá vontade de matar. Não há remédio para esta doença. Eu procuro distrair-me nas ocasiões; como não posso falar, entro a contar os pingos de chuva, se chove, ou os basbaques que andam pela rua, se faz sol; mas não passo de algumas dezenas. O pensamento não me deixa ir avante. A roupinha melhor faz-me foscas, a cara do dono faz-me caretas...

Foi o que aconteceu, depois da última vez que estive aqui. Há dias, pegando uma folha da manhã, li uma lista de candidaturas para deputados por Minas, com seus comentos e prognósticos. Chego a um dos distritos, não me lembra qual, nem o nome da pessoa, e que hei de ler? Que o candidato era apresentado pelos três partidos, Liberal, Conservador e Republicano.

A primeira coisa que senti, foi uma vertigem. Depois, vi amarelo. Depois, não vi mais nada. As entranhas doíam-me, como se um facão as rasgasse, a boca tinha um sabor de fel, e nunca mais pude encarar as linhas da notícia. Rasguei afinal a folha, e perdi os dois vinténs; mas eu estava pronto a perder dois milhões, contanto que aquilo fosse comigo.

Upa! que caso único. Todos os partidos armados uns contra os outros no Império, naquele ponto uniam-se e depositavam sobre a cabeça de um homem os seus princípios. Não faltará quem ache tremenda a responsabilidade do eleito, porque a eleição, em tais circunstâncias, é certa; cá para mim é exatamente o contrário. Deem-me essas responsabilidades, e verão se me saio delas sem demora, logo na discussão do voto de graças.

— Trazido a esta Câmara (direi eu) nos paveses de gregos e troianos, e não só dos gregos que amam o colérico Aquiles, filho de Peleu, como dos que estão com Agamenon, chefe dos chefes, posso exultar mais que nenhum outro, porque nenhum outro é, como eu, a unidade nacional. Vós representais os vários membros do corpo: eu sou o corpo inteiro, completo. Disforme, não; não monstro de Horácio. Por quê? Vou dizê-lo.

E diria então que ser conservador era ser essencialmente liberal, e que no uso da liberdade, no seu desenvolvimento, nas suas mais amplas reformas, estava a melhor conservação. Vede uma floresta (exclamaria, levantando os braços). Que potente liberdade! e que ordem segura! A natureza, liberal e pródiga na produção, é conservadora por excelência na harmonia em que aquela vertigem de troncos, folhas e cipós, em que aquela passarada estrídula, se unem para formar a floresta. Que exemplo às sociedades! Que lição aos partidos!

O mais difícil parece que era a união dos princípios monárquicos e dos princípios republicanos; puro engano. Eu diria: 1º, que não vinha ali combatê-los, mas representá-los, coisa diferente; 2º, que jamais consentiria que nenhuma das duas formas de governo se sacrificasse por mim; eu é que era por ambas; 3º, que considerava tão necessária uma como outra, não dependendo tudo senão dos termos; assim podíamos ter na monarquia a república coroada, enquanto que a república podia ser a liberdade no trono etc. etc.

Nem todos concordariam comigo; creio até que ninguém, ou concordariam todos, mas cada um com uma parte. Sim, o acordo pleno das opiniões só uma vez se deu debaixo do sol, há muitos anos, e foi na Assembleia provincial do Rio de Janeiro. Orava um deputado, cujo nome absolutamente me esqueceu, como o de dois, um liberal, outro conservador, que virgulavam o discurso com apartes — os mesmos apartes. A questão era simples.

O orador, que era novo, expunha as suas ideias políticas. Dizia que opinava por isso ou por aquilo. Um dos apartistas acudia: é liberal. Redarguia o outro: é conservador. Tinha o orador mais este e aquele propósito. É conservador, dizia o segundo; é liberal, teimava o primeiro. Em tais condições, prosseguia o novato, é meu intuito seguir este caminho. Redarguia o liberal: é liberal; e o conservador: é conservador. Durou este divertimento três quartos de colunas do *Jornal do Comércio*. Eu guardei um exemplar da folha para acudir às minhas melancolias, mas perdi-o numa das mudanças de casa.

Oh! não mudeis de casa! Mudai de roupa, mudai de fortuna, de amigos, de opinião, de criados, mudai de tudo, mas não mudeis de casa!

BOAS NOITES.

29 de agosto de 1889

BONS DIAS!

Hão de fazer-me esta justiça, ainda os meus mais ferrenhos inimigos; é que não sou curandeiro, eu não tenho parente curandeiro, não conheço curandeiro, e nunca vi cara, fotografia ou relíquia, sequer, de curandeiro. Quando adoeço não é de espinhela caída, coisa que podia aconselhar-me a curanderia; é sempre de moléstias latinas ou gregas. Estou na regra; pago impostos, sou jurado, não me podem arguir a menor quebra de dever público.

Sou obrigado a dizer tudo isso, como uma profissão de fé, porque acabo de ler o relatório médico acerca das drogas achadas em casa do curandeiro Tobias. Saiu hoje; é um bonito documento. Falo também porque outras muitas coisas me estimulam a falar, como dizia o curandeiro-mor, Mal das Vinhas, chamado, que já lá está no outro mundo. Falo ainda, porque nunca vi tanto curandeiro apanhado — o que prova que a indústria é lucrativa.

Pelo relatório se vê que Tobias é um tanto Monsieur Jourdain, que falava em prosa sem o saber; Tobias curava em línguas clássicas. Aplicava, por exemplo, *solanum argentum*, certa erva, que não vem com outro nome; possuía uns cinquenta gramas de *aristolochia appendiculata*, que dava aos clientes; é a raiz de mil-homens. Tinha, porém, umas bugigangas curiosas, esporões de galo, pés de galinha secos, medalhas, pólvora e até um chicote feito de rabo de raia, que eu li rabo de saia, coisa que me espantou, porque estava, estou, e morrerei na crença de que rabo de saia é simples metáfora. Vi depois que era rabo de raia. Chicote para quê?

Tudo isto, e ainda mais, foi apanhado ao Tobias, no que fizeram muito bem, e oxalá se apanhem as bugigangas e drogas aos demais curandeiros, e se punam estes, como manda a lei.

A minha questão é outra, e tem duas faces.

A primeira face é toda de veneração; punamos o curandeiro, mas não esqueçamos que a curanderia foi a célula da medicina. Os primeiros doentes que houve no mundo, ou morreram ou ficaram bons. Interveio depois o curandeiro, com algumas observações rudimentárias, aplicou ervas, que é o que havia à mão, e ajudou a sarar ou a morrer o doente. Daí vieram andando, até que apareceu o médico. Darwin explica por modo análogo a presença do homem na terra. Eu tenho um sobrinho, estudante de medicina, a quem digo sempre que o curandeiro é pai de Hipócrates, e sendo o meu sobrinho filho de Hipócrates, o curandeiro é avô do meu sobrinho; e descubro agora que vem a ser meu tio — fato que eu neguei a princípio. Também não borro o que lá está. Vamos à segunda face.

A segunda é que o espiritismo não é menos curanderia que a outra, e é mais grave, porque se o curandeiro deixa os seus clientes estropiados e dispépticos, o espírita deixa-os simplesmente doidos. O espiritismo é uma fábrica de idiotas e alienados, que não pode subsistir. Não há muitos dias deram notícia as nossas folhas de um brasileiro que, fora daqui, em Lisboa, foi recolhido em Rilhafoles, levado pela mão do espiritismo.

Mas não é preciso que deem entrada solene nos hospícios. O simples fato de engolir aqueles rabos de raia, pés de galinha, raiz de mil-homens e outras drogas vira o juízo, embora a pessoa continue a andar na rua, a cumprimentar os conhecidos, a pagar as contas, e até a não pagá-las, que é meio de parecer ajuizado. Substancialmente é homem perdido. Quando eles me vêm contar uns ditos de Samuel e de Jesus Cristo, sublinhados de filosofia de armarinho, para dar na perfeição sucessiva das almas, segundo estas mesmas relatam a quem as quer ouvir, palavra que me dá vontade de chamar a polícia e um carro.

Os espíritas que me lerem hão de rir-se de mim, porque é balda certa de todo maníaco lastimar a ignorância dos outros. Eu, legislador, mandava fechar todas as igrejas dessa religião, pegava dos religionários e fazia-os purgar espiritualmente de todas as suas doutrinas; depois, dava-lhes uma aposentadoria razoável.

Boas noites.

A

Semana

Jornal *Gazeta de Notícias*,
de 1892 a 1897

24 de abril de 1892

Na segunda-feira da semana que findou, acordei cedo, pouco depois das galinhas, e dei-me ao gosto de propor a mim mesmo um problema. Verdadeiramente era uma charada; mas o nome de problema dá dignidade, e excita para logo a atenção dos leitores austeros. Sou como as atrizes, que já não fazem benefício, mas *festa artística*. A coisa é a mesma, os bilhetes crescem de igual modo, seja em número, seja em preço; o resto, comédia, drama, opereta, uma polca entre dois atos, uma poesia, vários ramalhetes, lampiões fora, e os colegas em grande gala, oferecendo em cena o retrato à beneficiada.

Tudo pede certa elevação. Conheci dois velhos estimáveis, vizinhos, que esses tinham todos os dias a sua festa artística. Um era Cavaleiro da Ordem da Rosa, por serviços *em relação* à Guerra do Paraguai; o outro tinha o posto de tenente da Guarda Nacional da reserva, a que prestava bons serviços. Jogavam xadrez, e dormiam no intervalo das jogadas. Despertavam-se um ao outro desta maneira: "Caro *major*!" — "Pronto, *comendador*!" — Variavam às vezes: — "Caro *comendador*!" — "Aí vou, *major*." Tudo pede certa elevação.

Para não ir mais longe, Tiradentes. Aqui está um exemplo. Tivemos esta semana o centenário do grande mártir. A prisão do heroico alferes é das que devem ser comemoradas por todos os filhos deste país, se há nele patriotismo, ou se esse patriotismo é outra coisa mais que um simples motivo de palavras grossas e rotundas. A capital portou-se bem. Dos estados estão vindo boas notícias. O instinto popular, de acordo com o exame da razão, fez da figura do alferes Xavier o principal dos inconfidentes, e colocou os seus parceiros a meia ração de glória. Merecem, decerto, a nossa estima aqueles outros; eram patriotas. Mas o que se ofereceu a carregar com os pecados de Israel, o que chorou de alegria quando viu comutada a pena de morte dos seus companheiros, pena que só ia ser executada nele, o enforcado, o esquartejado, o decapitado, esse tem de receber o prêmio na proporção do martírio, e ganhar por todos, visto que pagou por todos.

Um dos oradores do dia 21 observou que, se a Inconfidência tem vencido, os cargos iam para os outros conjurados, não para o alferes. Pois não é muito que, não tendo vencido, a história lhe dê a principal cadeira. A distribuição é justa. Os outros têm ainda um belo papel; formam, em torno de Tiradentes, um coro igual ao das Oceânides diante de Prometeu encadeado. Relede Ésquilo, amigo leitor. Escutai a linguagem compassiva das ninfas, escutai os gritos terríveis, quando o grande titã é envolvido na conflagração geral das coisas. Mas, principalmente, ouvi as palavras de Prometeu narrando os seus crimes às ninfas amadas: "Dei o fogo aos homens; esse mestre lhes ensinará todas as artes". Foi o que nos fez Tiradentes.

Entretanto, o alferes Joaquim José tem ainda contra si uma coisa, a alcunha. Há pessoas que o amam, que o admiram, patrióticas e humanas, mas que não podem tolerar esse nome de Tiradentes. Certamente que o tempo trará a familiaridade do nome e a harmonia das sílabas; imaginemos, porém, que o alferes tem podido galgar pela imaginação um século e despachar-se cirurgião-dentista. Era o mesmo herói, e o ofício era o mesmo; mas traria outra dignidade. Podia ser até que, com o tempo, viesse a perder a segunda parte, dentista, e quedar-se apenas cirurgião.

Há muitos anos, um rapaz — por sinal que bonito — estava para casar com uma linda moça, a aprazimento de todos, pais e mães, irmãos, tios e primos. Mas o noivo demorava o consórcio; adiava de um sábado para outro, depois quinta-feira, logo terça, mais tarde sábado; dois meses de espera. Ao fim desse tempo, o futuro sogro comunicou à mulher os seus receios. Talvez o rapaz não quisesse casar. A sogra, que antes de o ser já era, pegou do pau moral, e foi ter com o esquivo genro. Que histórias eram aquelas de adiamentos?

— Perdão, minha senhora, é uma nobre e alta razão; espero apenas...
— Apenas...?
— Apenas o meu título de agrimensor.
— De agrimensor? Mas quem lhe diz que minha filha precisa do seu ofício para comer? Case, que não morrerá de fome; o título virá depois.
— Perdão; mas não é pelo título de agrimensor, propriamente dito, que estou demorando o casamento. Lá na roça dá-se ao agrimensor, por cortesia, o título de doutor, e eu quisera casar já doutor...

Sogra, sogro, noiva, parentes, todos entenderam esta sutileza, e aprovaram o moço. Em boa hora o fizeram. Dali a três meses recebia o noivo os títulos de agrimensor, de doutor e de marido.

Daqui ao caso eleitoral é menos que um passo; mas, não entendendo eu de política, ignoro se a ausência de tão grande parte do eleitorado na eleição do dia 20 quer dizer descrença, como afirmam uns, ou abstenção como outros juram. A descrença é fenômeno alheio à vontade do eleitor; a abstenção é propósito. Há quem não veja em tudo isto mais que ignorância do poder daquele fogo que Tiradentes legou aos seus patrícios. O que sei, é que fui à minha seção para votar, mas achei a porta fechada e a urna na rua, com os livros e ofícios. Outra casa os acolheu compassiva; mas os mesários não tinham sido avisados e os eleitores eram cinco. Discutimos a questão de saber o que é que nasceu primeiro, se a galinha, se o ovo. Era o problema, a charada, a adivinhação de segunda-feira. Dividiram-se as opiniões; uns foram pelo ovo, outros pela galinha; o próprio galo teve um voto. Os candidatos é que não tiveram nem um, porque os mesários não vieram e bateram dez horas. Podia acabar em prosa, mas prefiro o verso:

Sara, belle d'indolence,
Se balance
Dans un hamac...

1º de maio de 1892

Vês este tapume? Digo-vos que não ficará tábua sobre tábua. E assim se cumpriu esta palavra do dr. Barata Ribeiro, que imitou a Jesus Cristo, em relação ao templo de Jerusalém. Olhai, porém, a diferença e a vulgaridade do nosso século. A palavra de Jesus era profética: os tempos tinham de cumpri-la. A do presidente da intendência, que era um simples despacho, não precisou mais que de alguns trabalhadores de boa vontade, um advogado e vinte e quatro horas de espera. Ao cabo do prazo, reapareceu o nosso chafariz da Carioca, o velho monumento que tem o mesmo nome que nós outros, filhos da cidade, o nosso xará, com as suas bicas sujas e quebradas, é certo, mas eu confio que o dr. Barata Ribeiro, assim como destruiu o tapume, assim reformará o *bicume*. E poderá ser preso, açoitado, crucificado; ressurgirá no terceiro minuto, e ficará à direita de Gomes Freire de Andrade.

Já que se foi o tapume, não calarei uma anedota, que ao mesmo tempo não posso contar. Valham-me Gulliver e o seu invento para apagar o incêndio do palácio do rei de Lilipute. Recordam-se, não? Pois saibam que uma noite lavrava um princípio de incêndio no tapume, algum fósforo lançado por descuido ou perversidade. Um Gulliver casual, que ia passando, correu a apagá-lo. Pobre grande homem! Esbarrou com um soldado de sentinela, ao lado da Imprensa Nacional, que não consentiu na obra de caridade daquele corpo de bombeiro. Perseguido pela visão do incêndio (há desses fenômenos), o nosso Gulliver viu fogo onde o não havia, isto é, no próprio edifício da Imprensa Nacional, lado oposto, e correu a apagá-lo. Não achou sombra de sentinela! Disseram-lhe mais tarde que a sentinela do tapume era a mesma que o governador Gomes Freire mandara pôr ao chafariz, em 1735, e que a Metropolitana, por descuido, não fez recolher. Vitalidade das instituições!

Mas esse finado tapume faz lembrar um tempo alegre e agitado, tão alegre e agitado quão triste e quieto é o tempo presente. Então é que era bailar e cantar. Dançavam-se as modas de todas as nações; não era só o fadinho brasileiro, nem a quadrilha francesa; tínhamos o fandango espanhol, a tarantela napolitana, a valsa alemã, a habanera, a polca, a mazurca, não contando a dança macabra, que é a síntese de todas elas. Cessou tudo por um efeito mágico. Os músicos foram-se embora, e os pares voltaram para casa.

Só o acionista ficou, o acionista moderno, entenda-se, o que não paga as ações. Tinham-lhe dito:

— Aqui tem um papel que vale duzentos, o senhor dá apenas vinte, e não falemos mais nisso.

— Como não falemos?

— Quero dizer, falemos semestralmente; de seis em seis meses, o senhor recebe dez ou doze por cento, talvez quinze.

— Do que dei?

— Do que deu e do que não deu.

— Que não dei, mas que hei de dar?

— Que nunca há de dar.

— Mas, senhor, isso é quase um debênture.

— Por ora, não; mas lá chegaremos.

Desta noção recente tivemos, há dias, um exemplo claro e brilhante. Uma assembleia, tomando contas do ano, deu com três mil contos de despesas de incorporação. Nada mais justo. Entretanto, um acionista propôs que se reduzissem aquelas despesas; outro, percebendo que a medida não era simpática, lembrou que ficasse a diretoria autorizada a entender-se com os incorporadores para dar um corte na soma. A assembleia levantou-se como um só homem. Que reduzir? que entender-se? E, por cerca de cinco mil votos contra dez ou onze, aprovou os três mil contos de réis. A razão adivinha-se. A assembleia compreendeu que a incorporação, como a ação, devia ter sido paga pelo décimo, e conseguintemente que os incorporadores teriam recebido, no máximo, trezentos contos. Pedir-lhes redução da redução seria econômico, mas não era razoável, e instituiria uma justiça de dois pesos e duas medidas. Votou os três mil contos, votaria trinta mil, votaria trinta milhões.

Hão de ter notado a facilidade com que meneio algarismos, posto não seja este o meu ofício; mas desde que Camões & C. puseram uma agência de loterias no beco das Cancelas, creio que, ainda sem ser Camões, posso muito bem brincar com cifras e números. Na explicação do sr. dr. Ferro Cardoso, por exemplo, acerca da não eleição, o que mais me interessou foram os oito mil eleitores que deixaram de votar no candidato, já porque eram milhares, já porque o argumento era irrespondível. Com efeito, ninguém obriga um homem a aceitar a cédula de outro; se a aceita e não vota, é porque cede a uma força superior.

Tudo é algarismo debaixo do sol. A própria circular do bispo aos vigários, acerca dos padres e sacristães associados para vender caro as missas, reduz-se, como veem, a somas de dinheiro. Grande rumor nas sacristias. Grande rumor na imprensa anônima. Pelo que me toca, não sendo padre nem sacristão, cito este acontecimento da semana, não só por causa dos algarismos, mas ainda por notar que o bispo adotou neste caso o lema positivista: *Viver às claras*. Em vez de circular reservada, fê-la pública. Mas como, por outro lado, já alguém disse que o positivismo era "um catolicismo sem cristianismo", a questão pode explicar-se por uma simpatia de origem, e os padres que se queixem ao bispo dos bispos.

Onde não creio que haja muitos milhares de contos é na República Transatlântica de Mato Grosso. O dinheiro é o nervo da guerra, diz um velho amigo; mas um fino e grande político desmente o axioma, afirmando que o nervo da guerra está nas boas tropas. Haverá este nervo em Mato Grosso? Quanto a mim, creio que a jovem República não é mesmo república. Aquele nome de Transatlântica dá ideia de um gracejo ou de um enigma. É talvez o que fique de toda a campanha. Também pode ser que a palavra, como outras, tenha sentido particular naquele Estado, e traga uma significação nova e profunda. Às vezes, de onde não se espera, daí é que vem. Há dias, dei com um verbo novo na tabuleta de uma casa da Cidade Nova: "*Opacam-se vidros*". Digam-me em que dicionário viram palavra tão apropriada ao caso.

8 de maio de 1892

Mato Grosso foi o assunto principal da semana. Nunca ele esteve menos Mato, nem mais Grosso. Tudo se esperava daquelas paragens, exceto uma república, se são exatas as notícias que o afirmam, porque há outras que o negam; mas neste caso a minha regra é crer, principalmente se há telegrama. Ninguém imagina a fé que tenho em telegramas. Demais, folhas europeias de 13 a 14 do mês passado falam da nova República Transatlântica como de coisa feita e acabada. Algumas descrevem a bandeira.

Duas dessas folhas (por sinal que londrinas) chegam a aconselhar ao governo da União que abandone Mato Grosso, por lhe dar muito trabalho e ficar longe, sem real proveito. Se eu fosse governo, aceitava o conselho, e pregava uma boa peça à nova República, abandonando-a, não à sua sorte, como dizem as duas folhas, mas à Inglaterra. A Inglaterra também perdia no negócio, porque o novo território ficava-lhe muito mais longe; mas, sendo sua obrigação não deixar terra sem amanho, tinha de suar o topete só em extrair minerais, desbastar, colonizar, pregar, fazer, em suma, de Mato Grosso um mato fino.

Eu, rigorosamente, não tenho nada com isto. Não perco uma unha do pé nem da mão, se perdermos Mato Grosso. E não é melhor que me fique antes a unha que Mato Grosso? Em que é que Mato Grosso é meu? Não nego que a ideia da pátria deve ser acatada. Mas a nova República não bradou: *abaixo a pátria*! como um rapaz que fez a mesma coisa em França, há três meses, e foi condenado à prisão por um tribunal. Mato Grosso disse apenas: *Anch'io son pittore*, e pegou dos pincéis. Não destruiu a oficina ao pé, organizou a sua. Uma vez que pague, além das décimas, as tintas, pode pintar a seu gosto, e tanto melhor se fizer obras-primas.

Pátria brasileira (esta comparação é melhor) é como se disséssemos manteiga nacional, a qual pode ser excelente, sem impedir que outros façam a sua. Se a nova fábrica já está *montada* (estilo dos estatutos de companhias e dos anúncios de teatros), faça a sua manteiga, segundo lhe parecer, e, para falar pela língua argentina, vizinha dela e nossa: *con su pan se la coma*.

Vede bem que a nova República é una e indivisível. Aqui há dente de coelho; parece que o fim é tolher a soberania a Corumbá, a Cuiabá, que poderiam fazer as suas constituições particulares, como os diversos Estados da União fizeram as suas. Eu só havia notado, em relação a estes, a diferença dos títulos dos chefes, que uns são governadores, como nos Estados Unidos da América, outros presidentes, como o presidente da República. A princípio supus que a fatalidade do nosso nascimento (que é de chefe para cima) obrigava a não chamar governador um homem que tem de reger uma parte *soberana* da União; mas, consultando sobre isso uma pessoa grave do interior, ouvi que a razão era outra e histórica, isto é, que a preferência de *presidente a governador* provinha de ser este título odioso aos povos, por causa dos antigos governadores coloniais. Não só compreendi a explicação, mas ainda lhe grudei outra, observando que, por motivo muito mais antigo, foi acertado não adotar o título de juiz, como usaram algum tempo em Israel *(fedor judaico)* — justamente!

Entretanto, outra pessoa, sujeita ao terror político, tem escrito esta semana que alguns Estados, em suas constituições e legislações, foram além do que lhes cabia; que um deles admitia a anterioridade do casamento civil, outro já lançou impostos gerais etc. Assim será; mas obra feita não é obra por fazer. Se o exemplo de Mato Grosso tem de pegar, melhor é que cada pintor tenha já as suas telas prontas, tintas moídas e pincéis lavados: é só pintar, expor e vender. A União, que não tem território, não precisa de soberania; basta ser um simples nome de família, um apelido, meia alcunha.

Depois de Mato Grosso, o negócio em que mais se falou esta semana (não contando a reunião do Congresso), foi o processo da Geral. Os diretores presos tiveram *habeas-corpus*. Apareceu um relatório contra os mesmos, e contra outros, mas apareceu também a contestação, depoimentos e desmentidos, além de vários artigos, os quais papéis todos, juntos com o que se tem escrito desde o começo, cortados em tiras de um centímetro de largura, e unidos tira a tira, dão uma fita que, só por falta de cinco léguas, não cinge a terra toda; mas, como não é negócio que se acabe com solturas nem relatórios, calculam os matemáticos do Clube de Engenharia que as cinco léguas que faltam estarão preenchidas até quinta-feira próxima, e antes de outubro pode muito bem

Dar outra volta completa
Ao nosso belo planeta.

Tudo isso para se não saber nada! Eu pelo menos, de tudo o que tenho lido a respeito desta Geral, só uma coisa me ficou clara (aqui os credores arregalam os olhos) e foi a legalização, e, portanto, a legitimação da palavra *zangão*, com o seu plural *zangões*. Aquele nome fora adotado antigamente com a prosódia verdadeira, a que tinha, que era *zângão*, e conseguintemente fazia no plural *zângãos*. Mas o povo achou mais fácil ir carregando para diante, e pôr o acento na segunda sílaba, fazendo *zangão* e *zangões*. Nunca os tinha visto escritos; achei-os agora judicialmente, e não me irrito com isso. O sr. dr. Castro Lopes, que há pouco tratou de *bençam*, querendo que se diga *benção*, e *bençães*, é que há de explicar por que razão o povo em um caso escorrega para diante e em outro para trás. Eu creio que tudo provém da situação da casca de banana, que, se está mais próxima do bico do sapato, faz cair de ventas, se mais perto do tacão, faz cair de costas. *Zangão, bênção*. Creiam, meus amigos, é a única ideia que há de ficar dos autos.

15 de maio de 1892

Não há abertura de Congresso Nacional, não há festa de Treze de Maio, que resista a uma adivinhação. A sessão legislativa era esperada com ânsia e será acompanhada com interesse. A festa de Treze de Maio comemorava uma página da história, uma grande, nobre e pacífica revolução, com este pico de ser descoberta uma preta Ana ainda escrava, em uma casa de São Paulo. Após quatro anos de liberdade, é de se lhe tirar o chapéu. Epimênides também dormiu por longuíssimos anos, e quando acordou já corria outra moeda; mas dormia sem pancadas. A preta Ana dormiu na escravidão, não sabendo até ontem que estava livre; mas como o sono da escravidão só se prolonga com a dormideira do chicote, a preta Ana, para não acordar e saber casualmente que a liberdade começara, bebia de quando em quando a miraculosa poção. O caso produziu imenso abalo; o telégrafo transmitiu a notícia e todos os nomes.

Mas tudo isso teve de ceder ao simples x do problema. Um distinto e antigo parlamentar, ao cabo de quatro artigos, esta semana, fez a divulgação de um remédio a todas as nossas dificuldades.

Sem dissimular as suas velhas tendências republicanas, nem contestar os benefícios monárquicos, o autor entende que a Nação ainda não disse o que queria, como não disse em 1824 com o outro regime, por falta de uma Câmara especial; e propõe que se convoque uma assembleia de quinhentos deputados, gratuitos, a qual avocará a si todas as atribuições do poder executivo e escolherá uma forma de governo.

Como a minha obrigação não é discutir a semana, mas tão somente contá-la, e, por outro lado, não entendendo eu de medicina política ou de qualquer outra, aqui me fico, sem acrescentar mais que uma palavra, a saber, que a Assembleia dos Quinhentos, longe de ser o ovo de Colombo, parece um simples ovo de Convenção Nacional. Agora, se o ovo traz dentro de si uma águia ou um peru, é o que não sei; por vontade minha, traria um peru, não porque eu desestime aquele nobre animal, mas por esta razão gulosa. Águia não se come, e a Assembleia dos Quinhentos seria um excelente prato, lardeado de facções, de imprecações, de confusões, de conspirações, tudo no plural, exceto a dissolução, que seria no singular. Por força que entre quinhentos sonâmbulos havia de haver um homem acordado, forte e ambicioso, que contentasse a todos dizendo: "Meus filhos, podem ir descansados; eu fico sendo democrata e imperador". Juntam-se assim as duas formas de governo, como as rosas de Garrett:

> Ei-las aqui bem iguais,
> Mas não rivais.

Se há, porém, ilusão da minha parte, e se a Assembleia dos Quinhentos pode fazer o que o autor promete, então retiro a palavra e assino a proposta. Aparentemente é pouco prática, mas a teoria também é deste mundo. Os seus fins, ainda que árduos, são sublimes: trata-se de recomeçar a história. Bacon não recomeçou o entendimento humano? Assim, a assembleia terá sido o ovo da felicidade pública.

Tudo é ovo. Quando o sr. deputado Vinhais, no intuito de canalizar a torrente socialista, criou e disciplinou o Partido Operário, estava longe de esperar que os patrões e negociantes iriam ter com ele um dia, nas suas dificuldades, como aconteceu agora na questão dos carrinhos de mão. Assim, o Partido Operário pode ser o ovo de um bom partido conservador. Amanhã irão procurá-lo os diretores de banco e companhias, quando menos para protestar contra a proposta de um acionista de certa sociedade anônima, cujo título me escapa. Sei que o acionista chama-se Maia. O sr. Maia propôs, e a assembleia aprovou, que ao conselho diretor fosse vedado subscrever ou comprar ações de outras companhias, de qualquer natureza. Realmente, não se pode fazer pior serviço aos outros e a si mesmo. Viva aquele padre que, pregando um sermão de Quaresma, dizia que as velas com que se alumiava o Altíssimo eram de cera e sebo, e que as almas pias deviam comprá-las na casa de um seu irmão, que era o único que as fabricava de cera pura. O padre salvava explicitamente o irmão; mas o que é que salva o sr. Maia?

Daí pode ser que eu entenda tanto de economia política, como de medicina política. Efetivamente, vereador era o meu sonho. Quando mudaram o nome para intendente, não gostei a princípio, porque trocaram uma palavra vernácula por outra cosmopolita; mas, como ficava sempre o cargo, ficou a ambição e continuei a namorar a casa da câmara. Dizem que há lá barulho; tanto melhor, eu nunca amei a concórdia. Concórdia e pântano é a mesma fonte de miasmas e de mortes. Um grego dá a guerra como o ovo dá vida.

Aqui volta o ovo aos bicos da pena. Se esta crônica não é uma fritada, é só porque lhe falta cozinheiro. Tudo é ovo, repito. A armada em que Pedro Álvares Cabral descobriu esta parte da América foi o ovo da rua do Ouvidor e da consequente Casa Ketèle. Noto a Casa Ketèle, não porque lhe tenha nenhuma afeição particular; nunca lá fui. Se lá fosse, nunca a citaria. É meu velho propósito não citar os amigos, deixá-los em uma relativa obscuridade. Tudo é ovo, amigo. A carta que estás escrevendo à tua namorada pode ser o ovo de dois galhardos rapazes, que antes de 1920 estejam secretários de legação. Pode ser também o ovo de quatro sopapos que te façam mudar de rumo. Tudo é ovo. O próprio ovo da galinha, bem considerado, é um ovo.

22 de maio de 1892

Este Tiradentes, se não toma cuidado em si, acaba inimigo público. Pessoa, cujo nome ignoro, escreveu esta semana algumas linhas com o fim de retificar a opinião que vingou, durante um longo século, acerca do grande mártir da Inconfidência. "Parece (diz o artigo no fim), parece injustiça dar-se tanta importância a Tiradentes, porque morreu logo, e não prestar a menor consideração aos que morreram de moléstias e misérias na costa d'África." E logo em seguida chega a esta conclusão: "Não será possível imaginar que, se não fosse a indiscrição de Tiradentes, que causou o seu suplício, e o dos outros, que o empregaram, *teria realidade o projeto?*"

    Daqui a espião de polícia é um passo. Com outro passo chega-se à prova de que nem ele mesmo morreu; o vice-rei mandou enforcar um furriel muito parecido com o alferes, e Tiradentes viveu até 1818 de uma pensão que lhe dava d. João VI. Morreu de um antraz, na antiga rua dos Latoeiros, entre as do Ouvidor e do Rosário, em uma loja de barbeiro, dentista e sangrador, que ali abriu em 1810, a conselho do próprio d. João, ainda príncipe regente, o qual lhe disse (formais palavras):

— Xavier, já que não podes ser alferes, toma por ofício o que fazias antes por curioso; vou mandar dar-te umas casas da rua dos Latoeiros...

— Oh! meu senhor!

— Mas não digas quem és. Muda de nome, Xavier; chama-te Barbosa. Compreendes, não? O meu fim é criar a lenda de que tu é que foste o mártir e o herói da Inconfidência, e diminuir assim a glória de João Alves Maciel.

— Príncipe sereníssimo, não há dúvida que esse é que foi o chefe da detestável conjuração.

— Bem sei, Barbosa, mas é do meu real agrado passá-lo ao segundo plano, para fazer crer que, apesar dos serviços que prestou, das qualidades que tinha e das cartas de Jefferson, pouco valeu, e que tu vales tudo. É um plano maquiavélico, para desmoralizar a conjuração. Compreendes agora?

— Tudo, meu senhor.

— Assim é bem possível que, se algum dia, quiserem levantar um monumento à Inconfidência, vão buscar por símbolo o mártir, dando assim excessiva importância ao alferes indiscreto, que pôs tudo de pernas para o ar, a pretexto de haver morrido logo. Não abanes a cabeça; tu não conheces os homens. Adeus; passa pela ucharia, que te deem um caldo de vaca, e pede por Sua Real Majestade e por mim nas tuas orações. Consinto que também rezes pelo furriel. Como se chamava? Esquece-me sempre o nome.

— Marcolino.

— Reza pelo Marcolino.

— Ah! Senhor, os meus cruéis remorsos nunca terão fim!

— Barbosa, têm sempre fim os remorsos de um leal vassalo!

E assim ficará retificada a história, antes de 1904 ou 1905, Tiradentes será apeado do pedestal que lhe deu um sentimentalismo mofento, que se lembra de glorificar um homem só porque morreu logo, como se alguém não morresse sempre antes de outros, e, demais, enforcado, que é morte pronta. Quanto ao esquartejamento e exposição da cabeça, está provado empírica e cientificamente que cadáver não padece, e tanto faz cortar-lhe as pernas como dar-lhe umas calças. Mas ainda restará alguma coisa ao alferes; pode-se-lhe expedir a patente de capitão honorário. Se está no céu, e se os mártires formam lá em cima, pode comandar uma companhia. Antes isso que nada. Antes mandar na morte, do que ser mandado na vida. Dispenso o leitor da dissertação que podia fazer sobre este assunto, assim como o dispenso de ouvir-me falar das casas desabadas e do lixo.

Tudo foi tristeza no desabamento da rua do Carmo, e não quero ser triste; tudo foi admiração para os valentes que correram ao trabalho e para os piedosos que acudiram a vivos e a mortos, e eu não quero admirar coisa nenhuma.

No lixo *quase* tudo é porco. Um só reparo faço, e sem exemplo. Todos viram os montões daqueles detritos ao pé do barracão onde o nosso artista Vítor Meireles mostra o panorama do Rio de Janeiro. Suspeito que aquilo foi ideia do próprio Vítor Meireles. Conta-se de um empresário de teatro que, para dar mais perfeita sensação de certo trecho musical, cujo assunto eram flores, mandou encher a sala do espetáculo de essência de violetas. Talvez a ideia do nosso artista fosse proporcionar aos nossos visitantes a vantagem de ver e cheirar o Rio de Janeiro, ao mesmo tempo, tudo por dois mil réis. Cor local, aroma local, vem a dar no mesmo princípio estético. O pior é que a empresa Gary, que não pode ser suspeita de estética, desfez a grande pirâmide em uma noite.

E quem sabe se a escolha daquele lugar para exibição do panorama não traria já em si, inconscientemente, a ideia do lixo ao pé? Quem tiver ouvidos, ouça.

Eu tenho uma teoria das ideias, que é a coisa mais conspícua deste fim de século. Não a publico tão cedo, porque ainda preciso completar as verificações, aperfeiçoar os estudos, a fim de não dar estouvadamente ao público um trabalho obscuro e manco. Quando muito, posso indicar alguns vagos lineamentos.

Pela minha teoria, as ideias dividem-se em três classes, umas votadas à perpétua virgindade, outras destinadas à procriação e outras que nascem já de barriga. Esta divisão explica toda a civilização humana. Para onde quer que lancemos os olhos, qualquer que seja a raça, o meio e o tempo, acharemos a genealogia distinta destas três classes de ideias, isto desde o princípio do mundo até à hora em que a folha sair do prelo. Assim, a ideia de Eva, quando se resolveu a desobedecer ao Senhor, vinha já grávida da ideia de Caim.

Ao contrário, a minha ideia de possuir duzentos contos morre com o véu de donzela, a menos que algum leitor opulento a queira fecundar. Ela não pede outra coisa.

Mas tomemos um exemplo da semana. Vamos a um artigo anônimo e bem escrito, com o título: *Uma ideia*, que até por esta circunstância nos serve. A ideia de que se trata é precedida de uma exposição relativa à Companhia Geral de Estradas de Ferro, exposição que, sem negar o exagero que houve acerca do estado da companhia, tem por certo que o mal é gravíssimo, e que a queda da companhia acarretará incalculáveis danos ao Brasil. "O dinheiro do povo (diz o artigo) é sangue que não corre ilesamente." E depois de estabelecer que, com as estradas que possui, a companhia pode dar muito dinheiro, propõe a ideia, que é esta: o governo fica com as estradas e as dívidas.

São bem achadas e expostas com clareza as condições de encampação. Duas parecem ser as principais. A primeira é que quem pagou o preço integral das ações não recebe nada, e quem só pagou uma parte, digamos um décimo, — não paga nada. A diferença está nos verbos *receber* e *pagar*; o mais é nada. A segunda é trocar o Governo os debêntures por títulos de cem mil-réis, com juro de 6%, não ao mês, mas ao ano, que é sempre um prazo mais largo. Feito isto, sobe o câmbio.

Ora bem, esta ideia, que aparentemente aguarda um esposo, já nasceu grávida. A ideia que vive dentro dela, sem que ela o saiba nem o autor, é em tudo igual à mãe, posto traga aparência contrária. Tem-se visto senhoras morenas darem de si filhas louras. A filha loura aqui seria esta: em vez do Tesouro pegar na Companhia, a Companhia pega no Tesouro. Refiro-me às garantias, está claro, às responsabilidades, ao endosso do Estado. Mas isto pede cálculos infinitos, e eu tenho mais que fazer. Adeus.

29 de maio de 1892

O velho Dumas, ou Dumas I, em uma daquelas suas deliciosas fantasias, escreveu esta frase: "Um dia, os anjos viram uma lágrima nos olhos do Senhor; essa lágrima foi o dilúvio".

Uma lágrima! ai, uma lágrima! Quem nos dera essa lágrima única! Mas o mundo cresceu do dilúvio para cá, a tal ponto que uma lágrima apenas chegaria a alagar Sergipe ou a Bélgica. Agora, quando os anjos veem alguma coisa nos olhos do Senhor, já não é aquela gota solitária, que tombou e alagou um mundo nascente e mal povoado. Caem as lágrimas às quatro e quatro, às vinte e vinte, às cem e cem, é um pranto desfeito, uma lamentação contínua, um gemer que se desfaz em ventos impetuosos, contra os quais nada podem os homens, nem as minhas árvores, que se estorcem com desespero.

Maio fez-se abril. Diz-se que de um a outro não há muito que rir. Há que rir, mas é abril que se riu de maio, este ano, ele que era o mês das águas, enquanto o outro era chamado das flores. Abril não quis ir buscar as lágrimas do Senhor, certo de que esse ofício caberia a outro, e não seria junho, mês dos santos folgazões, das fogueiras, dos balões, que no meu tempo eram chamados máquinas.

Lá vai a máquina! Olha a máquina! E todos os dedos ficavam espetados no ar, indicando o balão vermelho que subia, até perder-se entre as estrelas. Outras vezes (a tal ponto os balões imitam os homens) ardiam a meio caminho, ou logo acima dos telhados.

Bom tempo! Nem sei se choveu alguma vez por aqueles anos. Creio que não. Houve um largo intervalo de riso no céu, de olhos enxutos, que fez tudo azul, perpetuamente azul.

Cresci, mudou tudo. Agora é água e mais água, apenas interrompidas por um triste sol pálido e constipado, em que não confio muito. Vento e mais vento. Cerração e naufrágios.

Pobre *Solimões*! Uma só daquelas gotas e um só daqueles gemidos bastaram a lançar ao fundo do mar tantas vidas preciosas. Há ainda quem espere algum desmentido; outros descreem de tudo e não esperam nada. Talvez não seja o melhor. A esperança é longa, e pode fazer por muito o ofício de verdade.

A viúva de um comandante, cujo navio naufragou há tempos, gastou dois anos a esperá-lo. Quando chegou o desespero, a alma estava acostumada.

Seja como for, os vivos acudiram aos mortos, a piedade abriu a bolsa, por toda a parte houve um movimento, que é justo assinalar.

A dor é humana, e os nossos hóspedes mostram-se também compassivos. Oxalá seja sempre patriótica!

Ao tempo em que perdíamos o *Solimões*, o presidente da República Argentina anunciava em sua mensagem ao Congresso: "A Marinha aumenta, e a esquadra possui torpedeiras, de modo a ser ela a primeira da América". Mudo de assunto, para obedecer ao poeta: "*Glissez, mortels, n'appuyez pas*".

Que outro assunto? O primeiro que se oferece é a Câmara dos deputados, que, após longos dias de ausência e interrupções, começou a trabalhar, e parece que com força, calor, verdadeira guerra. Alguns jornais tinham notado as faltas de sessões, infligindo à Câmara uma censura, que a rigor não lhe cabe. É certo que a eleição da mesa arrastou-se por dias, e a da Comissão do Orçamento durou uma sessão inteira. Mas não basta censurar, é preciso explicar. Se bastassem as críticas, já eu tinha carro, porque uma das tristezas dos meus amigos é este espetáculo que dou, todos os dias, *calcante pede*. Não se pode julgar uma instituição, sem estudar o meio em que ela funciona.

Ora, é certo que nós não damos para reuniões. Não me repliquem com teatros nem bailes; a gente pode ir ou não a eles, e se vai é porque quer, e quando quer sair, sai. Há os ajuntamentos de rua, quando alguém mostra um assobio de dois sopros, ou um frango de quatro cristas. Uma facada reúne gente em torno do ferido, para ouvir a narração do crime, como foi que a vítima vinha andando, como recebeu o empurrão, e se sentiu logo o golpe. Quando algum bonde pisa uma pessoa, só não acode o cocheiro, porque tem de *evadir-se*, mas todos cercam a vítima. Há dias, na rua do Ouvidor, um gatuno agarrou os pulsos de uma senhora, abriu-lhe as pulseiras, meteu-as em si e fez como os cocheiros. Mas não faltaram pessoas que rodeassem a senhora, apitando muito.

Tudo por quê? Porque são atos voluntários, não há calendários, nem relógio, nem ordem do dia; não há regimentos. O que não podemos tolerar é a obrigação. Obrigação é eufemismo de cativeiro: tanto que os antigos escravos diziam sempre que iam *à sua obrigação*, para significar que iam para casa de seus senhores. Nós fazemos tudo por vontade, por escolha, por gosto; e, de duas uma: ou isto é a perfeição final do homem, ou não passa das primeiras verduras. Não é preciso desenvolver a primeira hipótese; é clara de si mesma. A segunda é a nossa virgindade, e, quando menos em matéria de amofinações, políticas ou municipais, é preciso aceitar a teoria de Rousseau: o homem nasce puro. Para que corromper-nos?

Há um costume que prova ainda a minha tese. Quando uma assembleia de acionistas acaba os seus trabalhos, levanta-se um deles e propõe que a Mesa fique autorizada a assinar a ata por todos. A assembleia concorda sempre, e dissolve-se. Parece nada, e é muito; é indício de que, enquanto se tratava de ouvir ler as contas, a tarefa podia ser tolerada, posto nada haja mais enfadonho que algarismos; mas aquilo de assinar um, assinar outro, passar a pena de mão em mão, guarda-chuva entre as pernas, confessemos que é para vexar a gente, que deu o seu dinheiro.

Eu cá posso não dar atenção a pareceres e outras prosas, mas a proposta da assinatura pela diretoria, em assembleia a que eu pertença, é minha.

5 de junho de 1892

Não é só o inferno que está calçado de boas intenções. O céu emprega os mesmos paralelepípedos. Assim que a ideia de organizar um Clube Cívico, destinado a desenvolver o sentimento de patriotismo, entre nós, merece o aplauso dos bons cidadãos. Apareceu esta semana, e vai ser posta em prática.

Pode acontecer que o resultado valha menos que o esforço; nem por isso perde de preço o impulso dos autores. A boa intenção calça, neste caso, o caminho do céu. Se cada um entender que o seu negócio vale mais que o de todos, e que antes perder a pátria que as botas, nem por isso desmerece a intenção dos que se puserem à testa da propaganda contrária. Levem as botas os que se contentarem com elas; os que amam alguma coisa mais que a si mesmos, ainda que poucos, salvarão o futuro.

Há um patriotismo local, que não precisa ser desenvolvido, é o das antigas circunscrições políticas, que passaram à República com o nome de Estados. Esse desenvolve-se por si mesmo, e poderia até prejudicar o patriotismo geral, se fosse excessivo, isto é, se a ideia de soberania e independência dominasse a de organismo e dependência recíproca; mas é de crer que não. Haverá exceções, é verdade. Nesta semana, por exemplo, vimos todos um telegrama de um Estado (não me ocorre o nome) resumindo a resposta dada pelo presidente a um ministro federal, que lhe recomendara não sei quê, em aviso. Disse o presidente que não reconhecia autoridade no ministro para recomendar-lhe nada. Não sei se é verdadeira a notícia, mas tudo pode acontecer debaixo do céu. Por isso mesmo é que ele é azul: é para dar esta cor às superfícies mais arrenegadas do nosso mundo.

E daí pode ser que a razão esteja do lado do presidente (presidente ou governador, que eu já não sei a quantas ando). Crer que o ministro federal fala em nome do presidente da União, e que a União é a vontade geral dos Estados, é negócio de sentido tão sutil, que não passa dos subúrbios ou da barra; arrebenta logo no Engenho Velho ou em Santa Cruz. O que chega lá fora é o antigo modo de ver o centro, o opressor, o Rio de Janeiro, a vontade pessoal, o capricho, o sorvedouro, e o diabo. Que culpa tem o governador (salvo seja) de ler pela cartilha velha?

Tudo isso se modificará com o tempo, e os Estados acabarão de acordo sobre o que é soberania. Pela minha parte, só uma coisa me dói na composição dos Estados: é o nascimento da palavra *coestaduano*. Não é malfeita, e admito até que seja bonita; mas eu sou como certas crianças que estranham muito as caras novas, e não raro acabam importunando os respectivos donos com brincos. Pode ser que eu ainda trepe aos joelhos de *coestaduano,* que lhe tire o relógio da algibeira e que lhe puxe os dedos e o nariz. Por enquanto, escondo-me nas saias da ama-seca. *Coestaduano* tem os olhos muito arregalados. *Coestaduano* quer *comer eu.*

Podem retorquir-me que é pior, que eu sou carioca, e dentro em pouco, organizado o Distrito Federal, fico com milhares de *codistritanos*. Concordo que é mais duro; mas será o que for, tomara eu já ver organizado o distrito. A nova Assembleia local acabará provavelmente com a mania de condenar casas à demolição. Só no mês passado foram condenadas mais de quarenta. Ora, eu pergunto se o direito de propriedade acabou. Eu, dono de duas daquelas casas, a quem recorrerei? Para tudo há limite, defesa, explicação. Uma casa sem livros ou com livros mal escriturados, outra sem dinheiro, outra sem ordem, acham amparo nas leis, ou, quando menos, na vontade dos homens. Por que não terão igual fortuna as casas de pedra ou de tijolos? Que certeza há de que uma casa venha a cair, pela opinião do engenheiro X, se eu tenho a do engenheiro Z, que me afirma a sua perfeita solidez, e ambos estudaram na mesma escola? Já admito que o meu engenheiro desse aquela opinião com o fim exclusivo de me ser agradável; mas onde é que a delicadeza de sentimentos de um homem destrói o direito anterior e superior de outro?

Estas questões pessoais irritam-me de maneira que não posso ir adiante. Sacrifico o resto da semana.

Não trato sequer da reunião de proprietários e operários, que se realizou quinta-feira no salão do Centro do Partido Operário, a fim de protestar contra uma postura; fato importante pela definição que dá ao socialismo brasileiro. Com efeito, muita gente, que julga das coisas pelos nomes, andava aterrada com a entrada do socialismo na nossa sociedade; ao que eu respondia: 1º, que as ideias diferem dos chapéus, ou que os chapéus entram na cabeça mais facilmente que as ideias — e, a rigor, é o contrário, é a cabeça que entra nos chapéus; 2º, que a necessidade das coisas é que traz as coisas, e não basta ser batizado para ser cristão. Às vezes nem basta ser provedor de Ordem Terceira.

Outrossim, não me refiro ao pugilato paraguaio, que aliás dava para vinte ou trinta linhas. A *influenza* argentina (moléstia) com os quatorze mil atacados de Buenos Aires merecia outras tantas linhas, para o único fim de dizer que um afilhado meu, doutor em medicina, pensa que o homem é o condutor pronto e seguro do bacilo daquela terrível peste, mas que eu não acredito, nem no bacilo do mal, nem na balela, que é alemã. Gente alemã, quando não tem que fazer, inventa micróbios.

Excluo os negócios de Mato Grosso, o serviço dos bondes de Botafogo e Laranjeiras, as liquidações de companhias, os editais, as prisões, as incorporações e as desincorporações. Uma só coisa me levará algumas linhas, e poucas em comparação com o valor da matéria. Sim, chegou, está aí, não tarda... Não tarda a aparecer ou a chegar a Companhia Lírica. Tudo cessa diante da música. Política, Estados, finanças, desmoronamentos, trabalhos legislativos, narcóticos, tudo cessa diante da bela ópera, do belo soprano e do belo tenor. É a nossa única paixão, a maior, pelo menos. *Tout finit par des chansons*, em França. No Brasil, *tout finit par des opéras, et même un peu par des operettes... Tiens! J'ai oublié ma langue.*

12 de junho de 1892

Estava eu muito descansado, lendo as atas das sociedades anônimas, quando dei com a da Companhia Fábrica de Biscoitos Internacional. Nada mais natural, uma vez que ela estava impressa; mas ninguém me há de ver contar nada sem um pensamento, uma descoberta, uma solução, um mistério, algo que valha a pena ocupar a atenção do leitor. Vamos aos biscoitos.

A diretoria deu conta dos seus trabalhos, e do grande incêndio que destruiu a fábrica; tratou da reconstrução e dos novos aparelhos, e continuou: "Até o lamentável sinistro da noite de 17 de dezembro, as latas para o acondicionamento dos biscoitos nos eram fornecidas pela Companhia de Artefatos de Folha de Flandres..."

Ecco il problema e a solução. Está achado o segredo do torvelinho econômico dos dois últimos anos. As sociedades anônimas, que nos pareciam uma enxurrada, formavam assim um sistema, e as inaugurações não eram tantas, senão porque a cada Companhia Fábrica de Biscoitos correspondesse uma Companhia de Artefatos de Folha de Flandres. Não posso fazer aqui uma lista de exemplos, estou escrevendo a crônica; mas o leitor, que apenas se dá ao trabalho de lê-la, considere se é possível admitir um Banco dos Pobres sem um Banco da Bolsa, a fim de que os acionistas do primeiro vão buscar dinheiro ao segundo. O Banco Construtor tem o seu natural complemento no Banco dos Operários, e vice-versa. A Companhia Farmacêutica é, por assim dizer, a primeira parte da Companhia Manufatora de Caixões, e assim por diante. Daí a consequente redução das sociedades anônimas à metade do que parecem à primeira vista.

Creiam-me, não há problemas insolúveis. Tudo neste mundo nasce com a sua explicação em si mesmo; a questão é catá-la. Nem tudo se explicará desde logo, é verdade; o tempo do trabalho varia, mas haja paciência, firmeza e sagacidade, e chegar-se-á à decifração. Eu, se algum dia for promovido de crônica a história, afirmo que, além de trazer um estilo barbado próprio do ofício, não deixarei nada por explicar, qualquer que seja a dificuldade aparente, ainda que seja o caso sucedido quarta-feira, na Câmara, onde, feita a chamada, responderam 103 membros, e indo votar-se, acudiram 96, havendo assim um *déficit* de sete. Como simples crônica, posso achar explicações fáceis e naturais; mas a história tem outra profundeza, não se contenta de coisas próximas e simples. Eu iria ao passado, eu penetraria...

A propósito, lembra-me um costume que havia na Câmara dos comuns de Inglaterra, quando a sessão não era interrompida, nem para jantar, como agora. Os deputados, saindo para jantar, formavam *casais*, isto é, um conservador e um liberal obrigavam-se mutuamente a não voltar ao recinto senão juntos. *Cosas de España*, diria eu, se o costume fosse espanhol. O fim disto era impedir que um partido jantasse mais depressa que o outro, e fizesse passar uma lei ou moção. Mas não cuides que a cautela produzisse sempre o mesmo efeito; era preciso que os ingleses não fossem homens, e os ingleses são homens, e às vezes grandes homens. Na noite de 13 do mês passado, um membro da Câmara dos Comuns propôs a revogação de um artigo de lei que admitia o voto de cidadãos analfabetos. Outro membro, Fuão Lawson, apoiou a proposta, e disse, entre outras coisas: "Este artigo que admite o voto dos analfabetos passou aqui *na hora do jantar*, quando não havia liberais na casa, e passou com grande gáudio de um velho conservador, que literalmente dançou no recinto, exclamando: 'Agora que temos o artigo dos analfabetos, tudo vai andar muito direito'".

Por isso, e por outras razões, não dou de conselho que imitemos o costume dos casais parlamentares. Convenhamos antes que cada terra tem seu uso. Olhai, fez outro dia um ano que se instalou o Congresso de um dos nossos Estados, e, para comemorar o fato, fecharam-se o Congresso e as repartições públicas. Realmente, o fato tem importância local, tanta quanta, para os ingleses, tem o aniversário da rainha Vitória; mas cada roca com seu fuso. No Parlamento inglês, quando a rainha faz anos, o presidente levanta-se e profere algumas palavras em honra da soberana; o líder do governo e o líder da oposição fazem a mesma coisa: ao todo, cem linhas impressas, e começam os trabalhos, até Deus sabe quando, meia-noite, uma, duas horas da madrugada.

Cada terra com seu uso. Se tal costume existisse aqui, no tempo do Império, as coisas não se passariam talvez com tanta simplicidade. Era naturalmente um regalo para a oposição, cujo líder desfecharia dois ou três epigramas contra o Imperador, se fosse homem alegre; se fosse lúgubre, daria uma tradução de Jeremias em dialeto parlamentar. Por outro lado, o líder do governo dificilmente chegaria ao fim do discurso, muitas vezes interrompido: "Diz V. Ex.ª muito bem; Sua Majestade é a opinião coroada". E logo um oposicionista: "Há dois anos V. Ex.ª dizia justamente o contrário." O presidente da Câmara: "Atenção!"

Não sei bem onde tínhamos ficado, antes desta digressão. Fosse onde fosse, vamos ao fim, que é mais útil, não sem dizer que esta crônica alegra-se com o restabelecimento do governador do Pará, dr. Lauro Sodré, cuja recepção naquele Estado foi brilhante. Creio que disse governador; disse, disse governador. Governador como o da Virgínia, o da Pensilvânia, o de Nova York, o de todos os Estados da outra União. É esquisito! Dizem que o espírito latino é essencialmente simétrico, ao contrário do anglo-saxônico, e é aqui que se dá este transtorno no título do primeiro magistrado de cada Estado. É um desvio de regra, que se pode corrigir, dando ao pequeno resto de governadores o título de presidentes. *Siete tutti fatti marchesi!* E não se oponha o governador do Pará. Conta o nosso velho Drummond que, quando se tratou da bandeira do Império, José Bonifácio propunha o verde-claro, mas Pedro I queria o verde-escuro, por ser a cor da Casa de Bragança; ao que José Bonifácio cedeu logo, mais ocupado com o miolo que com a casca. Penso que o texto não diz *casca* (li-o há muitos anos), mas no fim dá certo.

Post-scriptum — Recebi algumas linhas mui corteses, assinadas *Roland*, autor do artigo *Uma ideia*, em que se propunha a encampação das estradas de ferro da Companhia Geral. Aludi a essa proposta em uma das minhas crônicas, com ironia, diz o meu correspondente, e pode ser que sim; mas a ironia não alcançava a sinceridade do projeto, e sim os seus efeitos. Posso estar em erro; entretanto, devo ressalvar dois pontos da carta: 1º, que não tenho nenhum *parti-pris*; 2º, que não possuo debêntures. Nem ódio nem interesse.

19 de junho de 1892

O Banco Iniciador de Melhoramentos acaba de iniciar um melhoramento, que vem mudar essencialmente a composição das atas das assembleias gerais de acionistas.

Esses documentos (toda a gente o sabe) são o resumo das deliberações dos acionistas, quer dizer uma narração sumária, em estilo indireto e seco, do que se passou entre eles, relativamente ao objeto que os congregou. Não dão a menor sensação do movimento e da vida dos debates. As narrações literárias, quando se regem por esse processo, podem vencer o tédio, à força de talento, mas é evidentemente melhor que as coisas e pessoas se exponham por si mesmas, dando-se a palavra a todos, e a cada um a sua natural linguagem.

Tal é o melhoramento a que aludo. A ata que aquela associação publicou esta semana, é um modelo novo, de extraordinário efeito. Nada falta do que se disse, e pela boca de quem disse, à maneira dos debates congressionais. — "Peço a palavra pela ordem." — "Está encerrada a discussão e vai-se proceder à votação. Os senhores que aprovam queiram ficar sentados." Tudo assim, qual se passou, se ouviu, se replicou e se acabou.

E basta um exemplo para mostrar a vantagem da reforma. Tratando-se de resolver sobre o balanço, consultou o presidente à assembleia se a votação seria por ações, ou não. Um só acionista adotou a afirmativa; e tanto bastava para que os votos se contassem por ações, como declarou o presidente; mas outro acionista pediu a palavra pela ordem. "Tem a palavra pela ordem." E o acionista: "Peço a V. Ex.ª, sr. Presidente, que consulte ao sr. acionista que se levantou, se ele desiste, visto que a votação por ações, exigindo a chamada, tomará muito tempo". Consultado o divergente, este desistiu, e a votação se fez *per capita*. Assim ficamos sabendo que o tempo é a causa da supressão de certas formalidades exteriores; e assim também vemos que cada um, desde que a matéria não seja essencial, sacrifica facilmente o seu parecer em benefício comum.

O pior é se corromperem este uso, e se começarem a fazer das sociedades pequenos parlamentos. Será um desastre. Nós pecamos pelo ruim gosto de esgotar todas as novidades. Uma frase, uma fórmula, qualquer coisa, não a deixamos antes de posta em molambo. Casos há em que a própria referência crítica ao abuso perde a graça que tinha, à força da repetição; e quando um homem quer passar por insípido (o interesse toma todas as formas), alude a uma dessas chatezas públicas. Assim morrem afinal os usos, os costumes, as instituições, as sociedades, o bom e o mau. Assim morrerá o universo, se se não renovar frequentemente.

Quando, porém, acabará o *nome que encima estas linhas*? Não sei quem foi o primeiro que compôs esta frase, depois de escrever no alto do artigo o nome de um cidadão. Quem inventou a pólvora? Quem inventou a imprensa, descontando Gutenberg, porque os chins a conheciam? Quem inventou o bocejo, excluindo naturalmente o Criador, que, em verdade, não há de ter visto sem algum tédio as impaciências de Eva? Sim, pode ser que na alta mente divina estivesse já o primeiro consórcio e a consequente humanidade. Nada afirmo, porque me falta a devida autoridade teológica; uso da forma dubitativa. Entretanto, nada mais possível que a Criação trouxesse já em gérmen uma longa espécie superior, destinada a viver num eterno paraíso.

Eva é que atrapalhou tudo. E daí, razoavelmente, o primeiro bocejo.

— Como esta espécie corresponde já à sua índole! — diria Deus consigo. — Há de ser assim sempre, impaciente, incapaz de esperar a hora própria. Nunca os relógios, que ela há de inventar, andarão todos certos. Por um exato, contar-se-ão milhões divergentes, e a casa em que dois marcarem o mesmo minuto, não apresentará igual fenômeno vinte e quatro horas depois. Espécie inquieta, que formará reinos para devorá-los, repúblicas para dissolvê-las, democracias, aristocracias, oligarquias, plutocracias, autocracias, para acabar com elas, à procura do ótimo, que não achará nunca.

E, bocejando outra vez, terá Deus acrescentado:

— O bocejo, que em mim é o sinal do fastio que me dá este espetáculo futuro, também a espécie humana o terá, mas por impaciência. O tempo lhe parecerá a eternidade. Tudo que lhe durar mais de algumas horas, dias, semanas, meses ou anos (porque ela dividirá o tempo e inventará almanaques), há de torná-la impaciente de ver outra coisa e desfazer o que acabou de fazer, às vezes antes de o ter acabado.

Compreenderá as vacas gordas, porque a gordura dá que comer, mas não entenderá as vacas magras; e não saberá (exceto no Egito, onde porei um mancebo chamado José) encher os celeiros dos anos graúdos, para acudir à penúria dos anos miúdos. Falará muitas línguas, *beresith, ananké, habeas corpus,* sem se fixar de vez em uma só, e quando chegar a entender que uma língua única é precisa, e inventar o volapuque, sucessor do parlamentarismo, terá começado a decadência e a transformação. Pode ser então que eu povoe o mundo de canários.

Mas se assim explicarmos o primeiro bocejo divino, como acharmos o primeiro bocejo humano? Trevas tudo. O mesmo se dá com *o nome que encima estas linhas.* Nem me lembra em que ano apareceu a fórmula. Bonita era, e o verbo encimar não era feio. Entrou a reproduzir-se de um modo infinito. Toda a gente tinha um nome que encimar algumas linhas. Não havia aniversário, nomeação, embarque, desembarque, esmola, inauguração, não havia nada que não inspirasse algumas linhas a alguém, às vezes com o maior fim de encimá-las por um nome. Como era natural, a fórmula foi se gastando, mas gastando pelo mesmo modo por que se gastam os sapatos econômicos, que envelhecem tarde. E todos os nomes do calendário foram encimando todas as linhas; depois, repetiram-se:

Si cette histoire vous embête
Nous allons la recommencer.

26 de junho de 1892

"O Ministério grego pediu demissão. O sr. Tricoupis foi encarregado de organizar novo Ministério, que ficou assim composto: Tricoupis, presidente do conselho e ministro da Fazenda..."

Basta! Não, não reproduzo este telegrama, que teve mais poder em mim que toda a mole de acontecimentos da semana. O Ministério grego pediu demissão! Certo, os ministérios são organizados para se demitirem, e os ministérios gregos não podem ser, neste ponto, menos ministérios que todos os outros ministérios. Mas, por Vênus! foi para isso que arrancaram a velha terra às mãos turcas? Foi para isso que os poetas a cantaram, em plena manhã do século, Byron, Hugo, o nosso José Bonifácio, autor da bela "Ode aos gregos"? "Sois helenos! sois homens!", conclui uma de suas estrofes. Homens, creio, porque é próprio de homens formar ministérios; mas helenos!

Sombra de Aristóteles, espectro de Licurgo, de Draco, de Sólon, e tu, justo Aristides, apesar do ostracismo, e todos vós, legisladores, chefes de governo ou de exército, filósofos, políticos, acaso sonhastes jamais com esta imensa banalidade de um gabinete que pede demissão? Onde estão os homens de Plutarco? Onde vão os deuses de Homero? Que é dos tempos em que Aspásia ensinava retórica aos oradores? Tudo, tudo passou. Agora há um Parlamento, um rei, um gabinete e um presidente de conselho, o sr. Tricoupis, que ficou com a pasta da Fazenda. Ouves bem, sombra de Péricles? Pasta da Fazenda. E notai mais que todos esses movimentos políticos se fazem, metidos os homens em casacas pretas, com sapatos de verniz ou cordovão, ao cabo de moções de desconfiança...

Oh! mil vezes a dominação turca! Horrível, decerto, mas pitoresca. Aqueles paxás, perseguidores do *giaour*, eram deliciosos de poesia e terror. Vede se a Turquia atual já aceitou ministérios. Um grão-vizir, nomeado pelo padixá, e alguns ajudantes, tudo sem Câmara, nem votos. A Rússia também está livre da lepra ocidental. Tem o niilismo, é verdade, mas não tem o bimetalismo, que passou da América à Europa, onde começa a grassar com intensidade. O niilismo possui a vantagem de matar logo. E depois é misterioso, dramático, épico, lírico, todas as formas da poesia. Um homem está jantando tranquilo, entre uma senhora e uma pilhéria, deita a pilhéria à senhora, e, quando vai a erguer um brinde... estala uma bomba de dinamite. Adeus, homem tranquilo; adeus, pilhéria; adeus, senhora. É violento; mas o bimetalismo é pior.

Do bimetalismo ao nosso velho amigo pluripapelismo não é curta a distância, mas daqui ao câmbio é um passo; pode parecer até que não falei do primeiro senão para dar a volta ao mundo. Engano manifesto. Hoje só trato de telegramas, que aí estão de sobra, norte e sul. Aqui vêm alguns de Pernambuco, dizendo que as intendências municipais também estão votando moções de confiança e desconfiança política. Haverá quem as censure; eu as compreendo até certo ponto.

A moção de confiança, ou desconfiança no passado regime, era uma ambrosia dos deuses centrais. Era aqui na Câmara dos Deputados, que um honrado membro, quando desconfiava do governo, pedia a palavra ao presidente, e, obtida a palavra, erguia-se. Curto ou extenso, mas geralmente tétrico, proferia um discurso em que resumia todos os erros e crimes do Ministério, e acabava sacando um papel do bolso. Esse papel era a moção. De confidências que recebi, sei que há poucas sensações na vida iguais à que tinha o orador, quando sacava o papel do bolso. A alguns tremiam os dedos. Os olhos percorriam a sala, depois baixavam ao papel e liam o conteúdo. Em seguida a moção era enviada ao presidente, e o orador descia da tribuna, isto é, das pernas que são a única tribuna que há no nosso Parlamento, não contando uns dois púlpitos que lá puseram uma vez, e não serviram para nada.

Aí têm o que era a moção. Nunca as assembleias provinciais tiveram esse regalo; menos ainda as tristes Câmaras Municipais. Mudado o regime, acabou a moção; mas não se morre por decreto. A moção não só vive ainda, mas passou dos deuses centrais aos semideuses locais, e viverá algum tempo, até que acabe de todo, se acabar algum dia. O caso grego é sintomático; o caso japonês não menos. Há moções japonesas. Quando as houver chinesas, chegou o fim do mundo; não haverá mais que fechar as malas e ir para o diabo.

Outro telegrama conta-nos que alguns clavinoteiros de Canavieiras (Bahia) foram a uma vila próxima e arrebataram duas moças. A gente da vila ia armar-se e assaltar Canavieiras. Parece nada, e é Homero; é ainda mais que Homero, que só contou o rapto de uma Helena: aqui são duas. Essa luta obscura, escondida no interior da Bahia, foi singular contraste com a outra que se trava no Rio Grande do Sul, onde a causa não é uma, nem duas Helenas, mas um só governo político. Apuradas as contas, vem a dar nesta velha verdade que o amor e o poder são as duas forças principais da Terra. Duas vilas disputam a posse de duas moças; Bagé luta com Porto Alegre pelo direito do mando. É a mesma *Ilíada*.

Dizem telegramas de São Paulo que foi ali achado, em certa casa que se demolia, um esqueleto algemado. Não tenho amor a esqueletos; mas este esqueleto algemado diz-me alguma coisa, e é difícil que eu o mandasse embora, sem três ou quatro perguntas. Talvez ele me contasse uma história grave, longa e naturalmente triste, porque as algemas não são alegres. Alegres eram umas máscaras de lata que vi em pequeno na cara dos escravos dados à cachaça; alegres ou grotescas, não sei bem, porque lá vão muitos anos, e eu era tão criança, que não distinguia bem. A verdade é que as máscaras faziam rir, mais que as do recente carnaval. O ferro das algemas, sendo mais duro que a lata, a história devia ser mais sombria.

Há um telegrama... Diabo! acabou-se o espaço, e ainda aqui tenho uma dúzia. Cesta com eles! Vão para onde foi a questão do benzimento da bandeira, os guarda-livros que fogem levando a caixa (outro telegrama), e o resto dos restos, que não dura mais de uma semana, nem tanto. Vão para onde já foi esta crônica. Fale o leitor a sua verdade, e diga-me se lhe ficou alguma coisa do que acabou de ler. Talvez uma só, a palavra *clavinoteiros*, que parece exprimir um costume ou um ofício. Cá vai para o vocabulário.

3 de julho de 1892

Na véspera de São Pedro, ouvi tocar os sinos. Poucos minutos depois, passei pela Igreja do Carmo, catedral provisória, ouvi o cantochão e orquestra; entrei. Quase ninguém. Ao fundo, os ilustríssimos prebendados, em suas cadeiras e bancos, vestidos daquele roxo dos cônegos e monsenhores, tão meu conhecido. Cantavam louvores a São Pedro. Deixei-me estar ali alguns minutos, escutando e dando graças ao príncipe dos apóstolos por não haver na Igreja do Carmo um carrilhão.

Explico-me. Eu fui criado com sinos, com estes pobres sinos das nossas igrejas. Quando um dia li o capítulo dos sinos em Chateaubriand, tocaram-me tanto as palavras daquele grande espírito, que me senti (desculpem a expressão) um Chateaubriand desencarnado e reencarnado. Assim se diz na igreja espírita. *Ter desencarnado* quer dizer tirado (o espírito) da carne, e *reencarnado* quer dizer metido outra vez na carne. A lei é esta: nascer, morrer, tornar a nascer e renascer ainda, progredir sempre.

Convém notar que a desencarnação não se opera como nas outras religiões, em que a alma sai toda de uma vez. No espiritismo, há ainda um esforço humano, uma cerimônia, para ajudar a sair o resto. Não se morre ali com esta facilidade ordinária, que nem merece o nome de morte. Ninguém ignora que há casos de inumações de pessoas meio vivas. A regra espírita, porém, de auxiliar por palavras, gestos e pensamentos a desencarnação impede que um sopro de alma fique metido no invólucro mortal.

Posso afirmar o que aí fica, porque sei. Só o que eu não sei é se os sacerdotes espíritas são como os brâmanes, seus avós. Os brâmanes... Não, o melhor é dizer isto por linguagem clássica. Aqui está como se exprime um velho autor: "Tanto que um dos pensamentos por que os brâmanes têm tamanho respeito às vacas é por haverem que no corpo desta alimária fica uma alma melhor agasalhada que em nenhum outro, depois que sai do humano; e assim põem sua maior bem-aventurança em os tomar a morte com as mãos nas ancas de uma vaca, esperando se recolha logo a alma nela".

Ah! se eu ainda vejo um amigo meu, sacerdote espírita, metido dentro de uma vaca, e um homem, não desencarnado, a vender-lhe o leite pelas ruas, seguidos de um bezerro magro... Não; lembra-me agora que não pode ser, porque o princípio espírita não é o mesmo da transmigração, em que as almas dos valentes vão para os corpos dos leões, a dos fracos para os das galinhas, a dos astutos para os das raposas, e assim por diante. O princípio espírita é fundado no progresso. Renascer, progredir sempre; tal é a lei. O renascimento é para melhor. Cada espírita, em se desencarnando, vai para os mundos superiores.

Entretanto, pergunto eu: não se dará o progresso, algumas vezes, na própria Terra? Citarei um fato. Conheci há anos um velho, bastante alquebrado e assaz culto, que me afirmava estar na segunda encarnação. Antes disso, tinha existido no corpo de um soldado romano, e, como tal, havia assistido à morte de Cristo. Referia-me tudo, e até circunstâncias que não constam das Escrituras. Esse bom velho não falava da terceira e próxima encarnação sem grande alegria, pela certeza que tinha de que lhe caberia um grande cargo. Pensava na coroa da Alemanha... E quem nos pode afirmar que o Guilherme II que aí está não seja ele? Há, repetimos, coisas na vida que é mais acertado crer que desmentir; e quem não puder crer, que se cale.

Voltemos ao carrilhão. Já referi que entrara na igreja; não contei, mas entende-se, que na igreja não entram revoluções, por isso não falo da do Rio Grande do Sul. Pode entrar a anarquia, é verdade, como a daquele singular pároco da Bahia, que, mandado calar e declarado suspenso de ordens, segundo dizem telegramas, não obedece, não se cala, e continua a paroquiar. Os clavinoteiros também não entram; por isso ameaçam Porto Seguro, conforme outros telegramas. Não entram discursos parlamentares, nem lutas ítalo-santistas, nem auxílios às indústrias, nem nada. Há ali um refúgio contra os tumultos exteriores e contra os boatos, que recomeçam. Voltemos ao carrilhão.

Criado, como ia dizendo, com os pobres sinos das nossas igrejas, não provei até certa idade as venturas de um carrilhão. Ouvia falar de carrilhão, como das ilhas Filipinas, uma coisa que eu nunca havia de ver nem ouvir.

Um dia, anuncia-se a chegada de um carrilhão. Tínhamos carrilhão na terra. Outro dia, indo a passar por uma rua, ouço uns sons alegres e animados. Conhecia a toada, mas não me lembrava a letra.

Perguntei a um menino, que me indicou a igreja próxima e disse-me que era o carrilhão. E, não contente com a resposta, pôs a letra na música: era o *Amor tem fogo*. Geralmente, não dou fé a crianças. Fui a um homem que estava à porta de uma loja, e o homem confirmou o caso, e cantou do mesmo modo; depois calou-se e disse convencidamente: parece incrível como se possa, sem o prestígio do teatro, as saias das mulheres, os requebrados etc., dar uma impressão tão exata da opereta. Feche os olhos, ouça-me a mim e ao carrilhão, e diga-me se não ouve a opereta em carne e osso:

Amor tem fogo,
Tem fogo amor.

— Carne sem osso, meu rico senhor, carne sem osso.

10 de julho de 1892

São Pedro, apóstolo da circuncisão, e São Paulo, apóstolo de outra coisa, que a Igreja católica traduziu por gentes, e que não é preciso dizer pelo seu nome, dominaram tudo esta semana. Eu, quando vejo um ou dois assuntos puxarem para si todo o cobertor da atenção pública, deixando os outros ao relento, dá-me vontade de os meter nos bastidores, trazendo à cena tão somente a arraia-miúda, as pobres ocorrências de nada, a velha anedota, o sopapo casual, o furto, a facada anônima, a estatística mortuária, as tentativas de suicídio, o cocheiro que foge, o noticiário, em suma.

É que eu sou justo, e não posso ver o fraco esmagado pelo forte. Além disso, nasci com certo orgulho, que já agora há de morrer comigo. Não gosto que os fatos nem os homens se me imponham por si mesmos. Tenho horror a toda superioridade. Eu é que os hei de enfeitar com dois ou três adjetivos, uma reminiscência clássica, e os mais galões de estilo. Os fatos, eu é que os hei de declarar transcendentes; os homens, eu é que os hei de aclamar extraordinários.

Daí o meu amor às chamadas chapas. Orador que me quiser ver aplaudi-lo, há de empregar dessas belas frases feitas, que, já estando em mim, ecoam de tal maneira, que me parece que eu é que sou o orador. Então, sim, senhor, todo eu sou mãos, todo eu sou boca, para bradar e palmejar. Bem sei que não é chapista quem quer. A educação faz bons chapistas, mas não os faz sublimes. Aprendem-se as chapas, é verdade, como Rafael aprendeu as tintas e os pincéis; mas só a vocação faz a *Madona* e um grande discurso. Todos podem dizer que "a liberdade é como a fênix, que renasce das próprias cinzas"; mas só o chapista sabe acomodar esta frase em fina moldura. Que dificuldade há em repetir que "a imprensa, como a lança de Télefo, cura as feridas que faz"? Nenhuma; mas a questão não é de ter facilidade, é de ter graça. E depois, se há chapas anteriores, frases servidas, ideias enxovalhadas, há também (e nisto se conhece o gênio) muitas frases que nunca ninguém proferiu, e nascem já com cabelos brancos. Esta invenção de chapas originais distingue mais positivamente o chapista nato do chapista por educação.

Voltemos aos apóstolos. Que direito tinha São Pedro de dominar os acontecimentos da semana? Estava escrito que ele negaria três vezes o divino Mestre, antes de cantar o galo. Cantou o galo, quando acabava de o negar pela terceira vez, e reconheceu a verdade da profecia. Quanto a São Paulo, tendo ensinado a palavra divina às igrejas de Sicília, de Gênova e de Nápoles, viu que alguns a sublevaram para torná-las ao pecado (ou para outra coisa), e lançou uma daquelas suas epístolas exortativas; concluindo tudo por ser levado o conflito a Roma e a Jerusalém, onde magistrados e doutores da lei estudavam a verdade das coisas.

São negócios graves, convenho; mas há outros que, por serem leves, não merecem menos. Na Câmara dos Deputados, por exemplo, deu-se uma pequena divergência, de que apenas tive vaga notícia, por não poder ler, como não posso escrever; o que os senhores estão lendo, vai saindo a olhos fechados. Ah! meus caros amigos! Ando com *uma vista* (isto é grego; em português diz-se *um olho*) muito inflamada, a ponto de não poder ler nem escrever. Ouvi que na Câmara surdiu divergência entre a maioria e a minoria, por causa da anistia. A questão rimava nas palavras, mas não rimava nos espíritos. Daí confusão, difusão, abstenção. Dizem que um jornal chamou ao caso um beco sem saída; mas um amigo meu (pessoa dada a aventuras amorosas) diz-me que todo beco tem saída; em caso de fuga, salta-se por cima do muro, trepa-se ao morro próximo, ou cai-se do outro lado. Coragem e pernas. Não entendi nada.

A falta de olhos é tudo. Quando a gente lê por olhos estranhos, entende mal as coisas. Assim é que, por telegrama, sabe-se aqui haver o governador de um estado presidido à extração da loteria. A princípio, cuidei que seria para dignificar a loteria; depois, supus que o ato fora praticado para o fim de inspirar confiança aos compradores de bilhetes.

— A segunda hipótese é a verdadeira — acudiu o amigo que me lia os jornais. — Não vê como as agências sérias são obrigadas a mandar anunciar que, se as loterias não correrem no dia marcado, pagarão os bilhetes pelo dobro?

— É verdade, tenho visto.

— Pois é isto. Ninguém confia em ninguém, e é o nosso mal. Se há quem desconfie de mim!

— Não me diga isso.

— Não lhe digo outra coisa. Desconfiam que não ponho o selo integral aos meus papéis; é verdade (e não sou único); mas, além de que revalido sempre o selo quando é necessário levar os papéis a juízo, a quem prejudico eu, tirando ao Estado? A mim mesmo, porque o Tesouro, nos governos modernos, é de todos nós. Verdadeiramente, tiro de um bolso para meter em outro. Luís XIV dizia: "O Estado sou eu!" Cada um de nós é um tronco miúdo de Luís XIV, com a diferença de que nós pagamos os impostos, e Luís XIV recebia-os... Pois desconfiam de mim! São capazes de desconfiar do diabo. Creio que começo a escrever no ar e...

24 de julho de 1892

Há uma vaga na deputação da Capital Federal... Eu digo Capital Federal, que é um simples modo de qualificar esta cidade, sem nome próprio, pela razão de ser a designação adotada constitucionalmente. Antes de 15 de novembro dizia-se Corte, não sendo verdadeiramente *Corte* senão o paço do Imperador e o respectivo pessoal; mas tinha o seu nome de Rio de Janeiro, que não é bonito nem exato, mas era um nome. Guanabara, Carioca, só eram usados em poesia. Niterói, que tanto podia caber a esta como à cidade fronteira, foi distribuído à outra, que o não largou nem larga mais, apesar da antonomásia familiar de Praia Grande. A única esperança que podemos ter é que se faça a capital nova; segue-se naturalmente a devolução do nosso nome antigo ou decretação de outro.

Como ia dizendo, há uma vaga na nossa deputação, e os candidatos trabalham já com afinco, embora sem rumor. Alguns parece que não trabalham, como vai acontecer, creio eu, ao sr. dr. Antão de Vasconcelos, apresentado à última hora. O sr. Codeço, espiritista, convidou os seus confrades à união, para que os votos do espiritismo recaiam no candidato espiritista, dr. Antão de Vasconcelos. E conclui: "Todas as classes têm o seu representante; nós devemos ter o nosso".

Eu que sou não só pela liberdade espiritual, mas também pela igualdade espiritual, entendo que todas as religiões devem ter lugar no Congresso Nacional, e votaria no sr. dr. Antão de Vasconcelos, se fosse espiritista; mas eu sou anabatista. No dia em que houver nesta cidade um número suficiente de anabatistas, que possa dar com um homem na Câmara dos deputados, nesse dia apresento-me, com igual direito aos dos espiritistas e todos os demais religionários. Não reparem se escrevo espiritista com *e*; sei que a ortografia daquela igreja elimina o *e*, ou porque há nisso um mistério insondável, ou simplesmente para fazer exercício de língua francesa ou latina. Em qualquer das hipóteses, atenho-me à forma profana.

E que faria eu se entrasse na Câmara? Levaria comigo uma porção de ideias novas e fecundas, propriamente científicas. Entre outras, proporia que se cometesse a uma comissão de pessoas graves a questão de saber se o dinheiro tem sexo ou não. Questão absurda para os ignorantes, mas racional para todos os espíritos educados. Qual destes não sabe que a questão do sexo vai até os sapatos, isto é, que o sapato direito é masculino e o esquerdo é feminino, e que é por essa sexualidade diferente que eles produzem os chinelos? Na casa do pobre a gestação é mais tardia, mas também os chinelos acompanham o dono dos pais. Os ricos, apenas há sinal de concepção, entregam os pais e os fetos aos criados.

A minha questão é saber se o dinheiro é aumentado por meio de conjugações naturais, e o fato que me trouxe ao espírito esta direção, foi o que sucedeu esta semana em Uberaba. Um tal Oto Helm roubou em São Paulo ao patrão a quantia de quarenta contos de réis, e fugiu para aquela cidade de Minas. O chefe de polícia de São Paulo telegrafou imediatamente para ali, tão a ponto, que o gatuno, mal foi chegando, estava preso; revistadas as algibeiras, acharam-se-lhe, não quarenta, mas quarenta e um contos de réis.

Este acréscimo de um conto aos quarenta roubados parece revelar a lei do juro e a da simples acumulação. O conhecimento que temos do juro é todo empírico. Por que é que um credor me leva sete por cento ao mês? Talvez por não poder levar oito; talvez por não querer levar seis. Os economistas, querendo explicar o fenômeno, acabam por descrevê-lo apenas, e ninguém dá com a verdadeira lei. A sexualidade do dinheiro explica tudo.

Não me digas que o gatuno de que trato podia levar consigo, além dos quarenta contos roubados, um ou dois contos de economias próprias, ou de outro furto ainda não descoberto. Podia; mas não está provado, nem sequer alegado e, antes da prova material, valem as conclusões do espírito. Quando, porém, se descubra e se prove, nem por isso risco as linhas escritas. Elas servirão de guia ao investigador futuro. Há sempre um Colombo para cada Vespúcio.

Outra coisa que eu faria vencer na Câmara era a declaração da necessidade das loterias, e conseguintemente derrubava o projeto do meu amigo Pedro Américo, que quer à fina força acabar com elas. Depois daqueles mil contos, que saíram a um banco daqui, não se pode duvidar que a Providência é acionista oculta de algumas associações, e que não há outro meio de cobrar-lhe as entradas senão comprando bilhetes. As agências lotéricas devem fazer correr esta ideia. Há de achar incrédulos (que verdade os não teve?), mas a grande maioria dos homens é inclinada à verdade por um instinto superior. Já alguns deles, ao que me dizem, compraram ações do dito banco, pela esperança de que com tal auxílio, caído do céu, não havia obrigação de efetuar as restantes entradas. Quando lhes declararam que os mil contos não eram um lance da fortuna, mas o pagamento voluntário da Providência, eles aceitaram gostosos a explicação, e se um primo meu (em 2.º grau) passou adiante as ações, foi por urgência de dinheiro, não por impiedade.

Vou acabar. Como ainda não estou na Câmara, não posso reduzir a leis todas as ideias que trago na cabeça. O melhor é calá-las. Da semana só me resta (salvo as votações legislativas) a trasladação do corpo do glorioso Osório. Não trato dela. Osório é grande demais para as páginas minúsculas de um triste cronista.

Mas aqui vêm coisas pequenas. Pombas, três casais de pombas, no dia em que o corpo do heroico general foi levado para a cripta do monumento, esvoaçavam na frente da igreja, em cima, onde estão os nichos de dois apóstolos. Não esvoaçavam só, pousavam, andavam, tornavam a abrir as asas e a pousar nos nichos. Voltei no dia seguinte, à mesma hora, lá as achei; voltei agora, e ainda ali estavam, voando, pousando, andando de um para outro lado.

Há ali ninhos por força. Não sendo morador da rua, não sei se elas vivem ali há muito ou pouco; mas, pouco ou muito, peço à irmandade que as deixe onde estão. Os apóstolos não se mostram incomodados com os intrusos. A águia pousada aos pés de São João, com o seu ar simbólico e tranquilo, parece não dar por elas, e, aliás, bastava-lhe um gesto para as reduzir a nada. Pomba é bicho sagrado. Da arca de Noé saíram duas, uma que não voltou, e outra trouxe o raminho verde, e o Espírito Santo é representado por uma pomba de asas abertas. Comê-las é pecado; mas impedir que elas deem outras de si para que outros as comam, é atalhar os pecados alheios — coisa em si pecaminosa, porque sem pecadores não há inferno, nem purgatório, e sem estes dois lugares o céu valeria menos.

31 de julho de 1892

Esta semana furtaram a um senhor que ia pela rua mil debêntures; ele providenciou de modo que pôde salvá-los. Confesso que não acreditei na notícia, a princípio; mas o respeito em que fui educado para com a letra redonda fez-me acabar de crer que se não fosse verdade não seria impresso. Não creio em verdades manuscritas. Os próprios versos, que só se fazem por medida, parecem errados, quando escritos à mão. A razão por que muitos moços enganavam as moças e vice-versa é escreverem as suas cartas, e entregá-las de mão a mão, ou pela criada, ou pela prima, ou por qualquer outro modo, que, no meu tempo, era ainda inédito. Quem não engana é o namorado da folha pública: "Querida X, não foste hoje ao lugar do costume; esperei até às três horas. Responde ao teu Z". E a namorada: "Querido Z. Não fui ontem por motivos que te direi à vista. Sábado, com certeza, à hora costumada; não faltes. Tua X". Isto é sério, claro, exato, cordial.

A razão que me fez duvidar a princípio foi a noção que me ficou dos negócios de debêntures. Quando este nome começou a andar de boca em boca, até fazer-se um coro universal, veio ter comigo um chacareiro aqui da vizinhança e confessou que, não sabendo ler, queria que lhe dissesse se aqueles papéis valiam alguma coisa. Eu, verdadeiro eco da opinião nacional, respondi que não havia nada melhor; ele pegou nas economias e comprou uma centena delas. Cresceu ainda o preço e ele quis vendê-las; mas eu acudi a tempo de suspender esse desastre. Vender o quê? Deixasse estar os papéis que o preço ia subir por aí além. O homem confiou e esperou. Daí a tempo ouvi um rumor; eram as debêntures que caíam, caíam, caíam... Ele veio procurar-me, debulhado em lágrimas; ainda o fortaleci com uma ou duas parábolas, até que os dias correram, e o desgraçado ficou com os papéis na mão. Consolou-se um pouco quando eu lhe disse que metade da população não tinha outra atitude.

Pouco tempo depois (vejam o que é o amor a estas coisas!) veio ter comigo e proferiu estas palavras:

— Eu já agora perdi quase tudo o que tinha com as tais debêntures; mas ficou-me sempre um cobrinho no fundo do baú, e como agora ouço falar muito em *habeas corpus*, vinha, sim, vinha perguntar-lhe se esses títulos são bons, e se estão caros ou baratos.

— Não são títulos.

— Mas o nome também é estrangeiro.

— Sim, mas nem por ser estrangeiro, é título; aquele doutor que ali mora defronte é estrangeiro e não é título.

— Isso é verdade. Então parece-lhe que os *habeas corpus* não são papéis?

— Papéis são; mas são outros papéis.

A ideia de debênture ficou sendo para mim a mesma coisa que nada, de modo que não compreendia que um senhor andasse com mil debêntures na algibeira, que outro as furtasse, e que ele corresse em busca do ladrão. Acreditei por estar impresso. Depois mostraram-me a lista das cotações. Vi que não se vendem tantas como outrora, nem pelo preço antigo, mas há algum negociozinho, pequeno, sobre alguns lotes. Quem sabe o que elas serão ainda algum dia? Tudo tem altos e baixos.

O certo é que mudei de opinião. No dia seguinte, depois do almoço, tirei da gaveta algumas centenas de mil-réis, e caminhei para a Bolsa, encomendando-me (é inútil dizê-lo) ao Deus de Abraão, Isaac e Jacó. Comprei um lote, a preço baixo, e particularmente prometi uma debênture de cera a São Lucas, se me fizer ganhar um cobrinho grosso. Sei que é imitar aquele homem que, há dias, deu uma chave de cera a São Pedro, por lhe haver deparado casa em que morasse; mas eu tenho outra razão. Na semana passada falei de uns casais de pombas, que vivem na Igreja da Cruz dos Militares, aos pés de São João e São Lucas. Uma delas, vendo-me passar, quando voltava da Bolsa, desferiu o voo, e veio pousar-me no ombro; mostrou-se meio agastada com a publicação, mas acabou dizendo que naquela rua, tão perto dos bancos e da praça, tinham elas uma grande vantagem sobre todos os mortais. Quaisquer que sejam os negócios, arrulhou-me ao ouvido, o câmbio para nós está sempre a 27.

Não peço outra coisa ao apóstolo; câmbio a 27 para mim como para elas, e terá a debênture de cera, com inscrições e alegorias. Veja que nem lhe peço a cura da tosse e da coriza que me afligem, desde algum tempo. O meu talentoso amigo dr. Pedro Américo disse outro dia na Câmara dos deputados, propondo a criação de um teatro nacional que se, por um milagre de higiene, todas as moléstias desaparecessem, "não haveria faculdade, nem artifícios de retórica capazes de convencer a ninguém das belezas da patologia nem da utilidade da terapêutica". Ah! meu caro amigo! Eu dou todas as belezas da patologia por um nariz livre e um peito desabafado. Creio na utilidade da terapêutica; mas que deliciosa coisa é não saber que ela existe, duvidar dela e até negá-la! Felizes os que podem respirar! bem-aventurados os que não tossem! Agora mesmo interrompi o que ia escrevendo para tossir; e continuo a escrever de boca aberta para respirar. E falam-me em belezas da patologia... Francamente, eu prefiro as belezas da *Batalha de Avaí*.

A rigor, devia acabar aqui; mas a notícia que acaba de chegar do Amazonas obriga-me a algumas linhas, três ou quatro. Promulgou-se a Constituição, e, por ela, o governador passa-se a chamar presidente do Estado. Com exceção do Pará e Rio Grande do Sul, creio que não falta nenhum. *Sono tutti fatti marchesi*. Eu, se fosse presidente da República, promovia a reforma da Constituição para o único fim de chamar-me governador. Ficava assim um governador cercado de presidentes, ao contrário dos Estados Unidos da América, e fazendo lembrar o imperador Napoleão, vestido com a modesta farda lendária, no meio dos seus marechais em grande uniforme.

Outra notícia que me obriga a não acabar aqui, é a de estarem os rapazes do comércio de São Paulo fazendo reuniões para se alistarem na Guarda Nacional, em desacordo com os daqui, que acabam de pedir dispensa de tal serviço. Questão de meio; o meio é tudo. Não há exaltação para uns nem depressão para outros. Duas coisas contrárias podem ser verdadeiras e até legítimas, conforme a zona. Eu, por exemplo, execro o mate chimarrão; os nossos irmãos do Rio Grande do Sul acham que não há bebida mais saborosa neste mundo. Segue-se que o mate deve ser sempre uma ou outra coisa? Não; segue-se o meio; o meio é tudo.

7 de agosto de 1892

Toda esta semana foi empregada em comentar a eleição de domingo. É sabido que o eleitorado ficou em casa. Uma pequena minoria é que se deu ao trabalho de enfiar as calças, pegar do título e da cédula e caminhar para as urnas. Muitas seções não viram mesários, nem eleitores; outras, esperando cem, duzentos, trezentos eleitores, contentaram-se com sete, dez, até quinze. Uma delas, uma escola *pública*, fez melhor, tirou a urna que a autoridade lhe mandara, e pôs este letreiro na porta: "A urna da 8ª seção está na padaria dos srs. Alves Lopes & Teixeira, à rua de São Salvador nº..." Alguns eleitores ainda foram à padaria; acharam a urna, mas não viram mesários. Melhor que isso sucedeu na eleição anterior, em que a urna da mesma escola nem chegou a ser transferida à padaria, foi simplesmente posta na rua, com o papel, tinta e penas. Como pequeno sintoma de anarquia, é valioso.

Variam os comentários. Uns querem ver nisto indiferença pública, outros descrença, outros abstenção. No que todos estão de acordo, é que é um mal, e grande mal. Não digo que não; mas há um abismo entre mim e os comentadores; é que eles dizem o mal, sem acrescentar o remédio, e eu trago um remédio, que há de curar o doente. Tudo está em acertar com a causa da moléstia.

Comecemos por excluir a abstenção. Lá que houvesse algumas abstenções, creio; dezenas e até centenas, é possível; mas não concedo mais. Não creio em vinte e oito mil abstenções solitárias, por inspiração própria; e se os eleitores se concertassem para alguma coisa, seria naturalmente para votar em alguém — no leitor ou em mim.

Excluamos também a descrença. A descrença é explicação fácil, e nem sempre sincera. Conheço um homem que despendeu outrora vinte anos de existência em falsificar atas, trocar cédulas, quebrar urnas, e que me dizia ontem, quase com lágrimas, que o povo já não crê em eleições. "Ele sabe — acrescentou fazendo um gesto conspícuo — que o seu voto não será contado." Pessoa que estava conosco, muito lida em ciências e meias-ciências, vendo-me um pouco apatetado com essa contradição do homem, restabeleceu-me, dizendo que não havia ali verdadeira contradição, mas um simples caso de "alteração da personalidade".

Resta-nos a indiferença; mas nem isto mesmo admito. Indiferença diz pouco em relação à causa real, que é a inércia. Inércia, eis a causa! Estudai o eleitor; em vez de andardes a trocar as pernas entre três e seis horas da tarde, estudai o eleitor. Achá-lo-eis bom, honesto, desejoso da felicidade nacional. Ele enche os teatros, vai às paradas, às procissões, aos bailes, aonde quer que há pitoresco e verdadeiro gozo pessoal. Façam-me o favor de dizer que pitoresco e que espécie de gozo pessoal há em uma eleição? Sair de casa sem almoço (em domingo, note-se!), sem leitura de jornais, sem sofá ou rede, sem chambre, sem um ou dois pequerruchos, para ir votar em alguém que o represente no Congresso, não é o que vulgarmente se chama caceteação?

Que tem o eleitor com isso? Pois não há governo? O cidadão, além dos impostos, há de ser perseguido com eleições?

Ouço daqui (e a voz é do leitor) que eleições se fizeram em que o eleitorado, todo, ou quase todo, saía à rua, com ânimo, com ardor, com prazer, e o vencedor celebrava a vitória à força de foguete e música; que os partidos... Ah! os partidos! Sim, os partidos podem e têm abalado os nossos eleitores; mas partidos são coisas palpáveis, agitam-se, escrevem, distribuem circulares e opiniões; os chefes locais respondem aos centrais, até que no dia do voto todas as inércias estão vencidas; cada um vai movido por uma razão suficiente. Mas que fazer, se não há partidos?

Que fazer? Aqui entra a minha medicação soberana. Há na tragédia *Nova Castro* umas palavras que podem servir de marca de fábrica deste produto. *Não quiseste ir, vim eu.* Creio que é d. Afonso que as diz a d. Pedro; mas não insisto, porque posso estar em erro, e não gosto de questões pessoais. Ora, tendo lido há alguns dias (e já vi a mesma coisa em situações análogas) declarações de eleitores do Estado do Rio de Janeiro, afirmando que votam em tal candidato, creio haver achado o remédio na sistematização desses acordos prévios, que ficarão definitivos. *Não quiseste ir, vim eu.* O eleitor não vai à urna, a urna vai ao eleitor.

Uma lei curta e simples marcaria o prazo de sete dias para cada eleição. No dia 24, por exemplo, começariam as listas a ser levadas às casas dos eleitores. Eles, estendidos na *chaise-longue*, liam e assinavam. Algum mais esquecido poderia confundir as coisas.

— Subscrição? Não assino.
— Não, senhor...

— O gás? Está pago.

— Não, senhor, é a lista dos votos para uma vaga na Câmara dos deputados; eu trago a lista do candidato Ramos...

— Ah! já sei... Mas eu assinei ainda há pouco a do candidato Ávila.

A alma do agente era, por dois minutos, teatro de um formidável conflito, cuja vitória tinha de caber ao mal.

— Pois, sim, senhor; mas V. S. pode assinar esta, e nós provaremos em tempo que a outra lista foi assinada amanhã, por distração de Vossa Senhoria.

O eleitor, sem sair da inércia, apontava a porta ao agente. Mas tais casos seriam raros; em geral, todos procederiam bem.

No dia 31 recolhiam-se as listas, publicavam-se, a Câmara dos deputados somava, aprovava e empossava. Tal é o remédio; se acharem melhor, digam; mas eu creio que não acham.

Há sempre uma sensação deliciosa quando a gente acode a um mal público; mas não é menor, ou é pouco menor a que se obtém do obséquio feito a um particular, salvo empréstimos. Assim, ao lado do prazer que me trouxe a achada do remédio político, sinto o gozo do serviço que vou prestar ao sr. deputado Alcindo Guanabara. Este distinto representante, em discurso de anteontem, declarou que temia falar com liberdade, à vista do governo armado contra o sr. dr. Miguel Vieira Ferreira, pastor evangélico e acusado de mandante no desacato feito à imagem de Jesus Cristo no júri. Perdoe-me o digno deputado; vou restituir-lhe a quietação ao espírito.

Depois que o sr. deputado Alcindo Guanabara falou, foi publicada a sentença de pronúncia. Que consta dela? Que havia dois denunciados, o dr. Miguel Vieira Ferreira, pastor da igreja evangélica, dado como mandante do desacato, e Domingos Heleodoro, denunciado mandatário. A sentença estabelece claramente dois pontos capitais: 1º, que Domingos Heleodoro, embora ninguém o visse quebrar a imagem, ao perguntarem-lhe o que fora aquilo, respondera: *É a lei que se cumpre;* 2º, que o pastor Miguel V. Ferreira, na véspera do desacato, afirmando a algumas pessoas que a imagem havia de sair, acrescentou que, *se não acabasse por bem, acabaria por mal.* Tudo visto e considerado, a sentença proferiu a criminalidade de Domingos Heleodoro, e não admitiu a do dr. Miguel V. Ferreira. Veja o meu distinto patrício a diferença, e faça isto que lhe vou dizer.

Quando houver de discutir matérias espirituais, evite sempre dizer: *É a lei que se cumpre,* frase claríssima, a despeito de um certo nariz postiço, vago e obscuro.

Ao contrário, diga: *Há de sair por bem ou por mal,* expressão obscura e frouxa, apesar do aspecto ameaçador que inadvertidamente se lhe pode atribuir. Fale S. Ex.ª como pastor, e não como ovelha.

A verdade é que os desacatos podem reproduzir-se, sem que Deus saia da alma do homem. Ainda ultimamente no Senado, tomados de pânico, muitos senadores não tiveram outra invocação. O sr. senador Ubaldino do Amaral analisara o projeto de um grande banco emissor, em que havia este artigo: "Fica autorizado *por antecipação* a fazer uma emissão de trezentos mil contos de réis (300.000:000$000)".

— Santo Deus! — exclamaram os senadores aterrados.

Crede-me. Deus é a natural exclamação diante de um grande perigo. Um abismo que se abre aos pés do homem, um terremoto, um flagelo, um ciclone, qualquer efeito terrível de forças naturais ou humanas, arranca do imo do peito este grito de pavor e de desespero:

— Santo Deus!

14 de agosto de 1892

Semana e finanças são hoje a mesma coisa. E tão graves são os negócios financeiros, que escrever isto só, pingar-lhe um ponto e mandar o papel para a imprensa, seria o melhor modo de cumprir o meu dever. Mas o leitor quer os seus poetas menores. Que os poetas magnos tratem os sucessos magnos; ele não dispensa aqui os assuntos mínimos, se os houve, e, se os não houve, a reflexões leves e curtas. Força é reproduzir o famoso *Marche! Marche!* de Bossuet... Perdão, leitor! Bossuet! eis-me aqui mais grave que nunca.

E por que não sei eu finanças? Por que, ao lado dos dotes nativos com que aprouve ao céu distinguir-me entre os homens, não possuo a ciência financeira? Por que ignoro eu a teoria do imposto, a lei do câmbio, e mal distingo dez mil-réis de dez tostões? Nos bondes é que me sinto vexado. Há sempre três e quatro pessoas (principalmente agora) que tratam das coisas financeiras e econômicas, e das causas das coisas, com tal ardor e autoridade, que me oprimem. É então que eu leio algum jornal, se o levo, ou roo as unhas — vício dispensável; mas antes vicioso que ignorante.

Quando não tenho jornal, nem unhas, atiro-me às tabuletas. Miro ostensivamente as tabuletas, como quem estuda o comércio e a indústria, a pintura e a ortografia. E não é novo este meu costume, em casos de aperto. Foi assim que um dia, há anos, não me lembra em que loja, nem em que rua, achei uma tabuleta que dizia: *Ao Planeta do Destino*. Intencionalmente obscuro, este título era uma nova edição da esfinge. Pensei nele, estudei-o, e não podia dar com o sentido, até que me lembrou virá-lo do avesso: *Ao Destino do Planeta*. Vi logo que, assim virado, tinha mais senso; porque, em suma, pode admitir-se um destino ao planeta em que pisamos... Talvez a ciência econômica e financeira seja isto mesmo, o avesso do que dizem os discutidores de bondes. Quantas verdades escondidas em frases trocadas! Quando fiz esta reflexão, exultei. Grande consolação é persuadir-se um homem de que os outros são asnos.

E aí estão quatro tiras escritas, e aqui vai mais uma, cujo assunto não sei bem qual seja, tantos são eles e tão opostos. Vamos ao Senado. O Senado discutiu o chim, o arroz, e o chá, e naturalmente tratou da questão da raça chinesa, que uns defendem e outros atacam. Eu não tenho opinião; mas nunca ouso falar de raças, que me não lembre do Honório Bicalho. Estava ele no Rio Grande do Sul, perto de uma cidade alemã. Iam com ele moças e homens a cavalo; viram uma flor muito bonita no alto de uma árvore, Bicalho ou outro quis colhê-la, apoiando os pés no dorso do cavalo, mas não alcançava a flor. Por fortuna, vinha da povoação um moleque, e o Bicalho foi ter com ele.

— Vem cá, trepa àquela árvore, e tira a flor que está em cima...

Estacou assombrado. O moleque respondeu-lhe, em alemão, que não entendia português. Quando Bicalho entrou na cidade, e não ouviu nem leu outra língua senão a alemã, a rica e forte língua de Goethe e de Heine, teve uma impressão que ele resumia assim: "Achei-me estrangeiro no meu próprio país!" Lembram-se dele? Grande talento, todo ele vida e espírito.

Isto, porém, não tem nada com os chins, nem os judeus, nem particularmente com aquela moça que acaba de impedir a canonização de Colombo. Hão de ter lido o telegrama que dá notícia de haver sido posta de lado a ideia de canonização do grande homem, por motivo de uns amores que ele trouxera com uma judia. Todos os escrúpulos são respeitáveis, e seria impertinência querer dar lições ao Santo Padre em matéria de economia católica. Colombo perdeu a canonização sem perder a glória, e a própria Igreja o sublima por ela. Mas...

Mas, por mais que a gente fuja com o pensamento ao caso, o pensamento escapa-se, rompe os séculos e vai farejar essa judia que tamanha influência devia ter na posteridade. E compõe a figura pelas que conhece. Há-as de olhos negros e de olhos garços, umas que deslizam sem pisar no chão, outras que atam os braços ao descuidado com a simples corda das pestanas infinitas. Nem faltam as que embebedam e as que matam. O pensamento evoca a sombra da filha de Moisés, e pergunta como é que aquele grande e pio genovês, que abriu à fé cristã um novo mundo, e não se abalançou ao descobrimento sem encomendar-se a Deus, podia ter consigo esse pecado mofento, *esse fedor judaico*, deleitoso, se querem, mas de entontecer e perder uma alma por todos os séculos dos séculos.

Eu ainda quero crer que ambos, sabendo que eram incompatíveis, fizeram um acordo para dissimular e pecar. Combinaram em ler o *Cântico dos Cânticos*; mas Colombo daria ao texto bíblico o sentido espiritual e teológico, e ela o sentido natural e molemente hebraico.

— O meu amado é para mim como um cacho de Chipre, que se acha nas vinhas de Engadi.

— Os teus olhos são como os das pombas, sem falar no que está escondido dentro. Os teus dois peitos são como dois filhinhos gêmeos da cabra montesa, que se apascentam entre as açucenas.

— Eu me levantei para abrir ao meu amado; as minhas mãos destilavam mirra.

— Os teus lábios são como uma fita escarlate, e o teu falar é doce.

— O cheiro dos teus vestidos é como o cheiro do incenso.

Quantas uniões danadas não se mantêm por acordos semelhantes, em consciência, às vezes! Há uma grande palavra que diz que todas as coisas são puras para quem é puro.

Tornemos à gente cristã, às eleições municipais, à senatorial, aos italianos de São Paulo que deixam a terra, a d. Carlos de Bourbon que aderiu à República francesa em obediência ao Papa, aos bondes elétricos, à subida ao poder do *old great man*, a mil outras coisas que apenas indico, tão aborrecido estou. Pena da minha alma, vai afrouxando os bicos; diminui esse ardor, não busques adjetivos, nem imagens, não busques nada, a não ser o repouso, o descanso físico e mental, o esquecimento, a contemplação que prende com o cochilo, o cochilo que expira no sono...

21 de agosto de 1892

Ex fumo dare lucem. Tal seria a epígrafe desta semana, se a má fortuna não perseguisse as melhores intenções dos homens. Velha epígrafe, mais velha que a sé de Braga, pois que nos veio da poesia latina para a fábrica do gás; mas, velha embora, nenhuma outra quadrava tão bem ao imposto dos charutos e ao fechamento das portas das charutarias. *Ex fumo dare lucem.*

Lucem ou *legem*, não me lembra bem o texto, e não estou para ir daqui à estante, e menos ainda à fábrica do gás. Seja como for, quando eu vi as portas fechadas, na segunda-feira, imaginei que íamos ter uma semana inteira de protesto, e preparei-me para contar as origens do tabaco e do imposto, o uso do charuto e do rapé, e subsidiariamente a história de Havana e a de Espanha, desde os árabes.

Vinte e quatro horas depois, abriram-se novamente as charutarias, e os fumantes escaparam a uma coisa pior que o naufrágio da *Medusa*. Os náufragos comiam-se, quando já não havia que comer; mas como se haviam de fumar os náufragos? Vinte e quatro horas apenas; quase ninguém deu pela festa; eu menos que ninguém, porque não fumo. Não fumo, não votei o imposto, não sou ministro. Sou desinteressado na questão. Um amigo meu, companheiro de infância, diz-me sempre que, quando a gente não tem interesse em um pleito, não se mete nele, seja particular ou público; e acrescenta que não há nada público. De onde resulta (palavras suas) que no dia em que vi os jornais darem notícia do *déficit*, nem por isso as caras andaram mais abatidas. Uma coisa é o Estado, outra é o particular. O Estado que se aguente.

Quando um homem influi sobre outro, como este amigo em mim, é difícil, ou ainda impossível recusar-lhe as opiniões. A própria notícia do *déficit*, que me afligira tanto, parece-me agora que nem a li. Realmente, se me não incumbe cobri-lo, para que meter o *déficit* entre as minhas preocupações, que não são poucas? Se houvesse saldo, viria o Estado dividi-lo comigo?

E disse adeus ao *déficit*, que afinal de contas não me amofinou tanto como a parede das charutarias, não propriamente a parede, mas o contrário, a abertura das portas. As causas desta amofinação são tão profundas, que eu prefiro deixá-las à perspicácia do leitor. Não; não as digo. Acabemos com este costume de o escritor dizer tudo, à laia de alvissareiro. A discrição não há de ser só virtude das mulheres amadas, nem dos homens mal servidos. Também os varões da pena, os políticos, os parentes dos políticos e outras classes devem calar alguma coisa. No presente caso, por exemplo, vamos ver se o leitor adivinha as causas do meu tédio, quando as charutarias abriram as portas, após um dia de manifestação. Diga o que lhe parecer; diga que era a minha ferocidade que se pascia no mal dos outros; diga até que tudo isto não passa de uma maneira mais expedita para acabar um período e passar a outro.

Em verdade, aqui está outro; mas, se pensas que vou falar da carne verde, não me conheces. Já bastou a aborrecida incumbência feita ao sr. deputado Vinhais para comunicar ao povo a parede dos boiadeiros. Por fortuna recaiu a escolha em pessoa que tomou sobre si os interesses e o bem-estar da classe proletária; mas supõe que recaía em mim, cuja repugnância aos estudos sociais é tamanha, que não a pode vencer a natural e profunda simpatia que essa classe merece de todos os corações bons. Talvez eu esteja fazendo injustiça a mim próprio; há pessoas (e já me tenho apanhado em lances desses) que levam o empenho de dizer mal ao ponto de maldizer de si mesmas. Outras têm a virtude do louvor, e cometem igual excesso. Pode ser que de ambos os lados haja muita mentira. A mentira é a carne verde do demônio, abundante e de graça.

Não procures isso em Bourdaloue nem Mont'Alverne. Isso é meu. Quando a ideia que me acode ao bico da pena é já velhusca, atiro-lhe aos ombros um capote axiomático, porque não há nada como uma sentença para mudar a cara aos conceitos.

Também não procures em nenhum grande orador católico, francês ou brasileiro, este pequeno trecho: *Ecce iterum Crispinus*. Nem o aceites no mesmo sentido deprimente com que Alencar o foi buscar ao satírico romano. Crispim aqui é o parlamentarismo, cuja orelha reapareceu esta semana, por baixo de uma circular política. Ainda bem que reapareceu; ela há de trazer o corpo inteiro; vê-lo-emos surgir, crescer, dominar, não só pelo esforço dos seus partidários, mas pelo dos indiferentes e até dos adversos. Não será fácil grudá-lo ao federalismo, é certo; mas basta que não seja impossível, para esperar que o bom êxito coroe a obra. A dissolução da Câmara será necessária? Dissolva-se a Câmara.

Com o parlamentarismo tivemos longos anos de paz pública. Certo é que o imperador, não vendo país que lhe enviasse câmaras contrárias ao governo, tomou a si alternar os partidários, para que ambos eles pudessem mandar alguma vez. Quando lhe acontecia ser maltratado, era pelo que ficava debaixo; mas, como nada é eterno, o que estava debaixo tornava a subir, transmitia a cólera ao que então caía, e recitava por sua vez a ode de Horácio: "Aplaca o teu espírito; eu buscarei mudar em versos doces os versos amargos que compus".

Agora, como a opinião há de estar em alguma parte, desde que não esteja nos eleitores, nem no chefe do Estado, é provável que passe ao único lugar em que fica bem, nos corredores da Câmara, onde se planearão as quedas e as subidas dos ministros — poucas semanas para tocar a todos —, e assim chegaremos a um bom governo oligárquico, sem excessos, nem afronta, e natural, como as verdadeiras pérolas.

28 de agosto de 1892

Para um triste escriba de coisas miúdas, nada há pior que topar com o cadáver de um homem célebre. Não pode julgá-lo por lhe faltar investidura; para louvá-lo, há de trocar de estilo, sair do comum da vida e da semana. Não bastam as qualidades pessoais do morto, a bravura e o patriotismo, virtudes nem defeitos, grandes erros nem ações lustrosas. Tudo isso pede estilo solene e grave, justamente o que falta a um escriba de coisas miúdas.

Na dificuldade em que me acho, o melhor é fitar o morto, calar-me e adeus. Um só passo neste óbito público me faria deter alguns instantes. Refiro-me às declarações parlamentares do dia 23 e 25 e ao art. 8º das *Disposições transitórias* da Constituição de 24 de fevereiro de 1891. Segundo o art. 8º, o fundador da República foi Benjamim Constant; mas, segundo os discursos parlamentares, foi o Marechal Deodoro. Tendo saído do mesmo Congresso os discursos e o art. 8º, pode alguém não saber qual deles é o fundador, uma vez que a República há de ter um fundador. A imprensa mostrou igual divergência. Só o *Rio News* adotou um meio-termo e chamou ao finado marechal um dos fundadores da República. A origem anglo-saxônia da folha pode explicar essa aversão à bela unidade latina; mas bem latina é a Igreja Católica, e eis aqui o que ela fez.

A Igreja, obra da doutrina de Jesus Cristo e do apostolado de São Paulo, não querendo desligar uma coisa de outra, meteu São Paulo e São Pedro no mesmo credo, com o fim de completar o *Tu és Pedro e sobre esta pedra etc. Saulo, Saulo, por que me persegues*? Foi um modo de dizer que a doutrina impõe-se pela ação, e a ação vive da doutrina.

Eu, porém, que não sou Igreja Católica, nem folha anglo-saxônia, não tenho a autoridade de um, nem a índole da outra; pelo quê, não me detenho ante a contradição das opiniões. Quando muito, podia apelar para a História. Mas a História é pessoa entrada em anos, gorda, pachorrenta, meditativa, tarda em recolher documentos, mais tarda ainda em os ler e decifrar. Assim, pode ser que, entre 1930 e 1940, tendo cotejado a Constituição de 91 com os discursos de 92, e os artigos de jornais com os artigos de jornais, decida o ponto controverso, ou adote a ideia de dois fundadores, senão de três; mas onde estarei eu então? Se guardar memória da vida, terei ainda de cor os hinos de ambas as capelas. Não terei visto a catedral única.

Não basta, para que um edifício exista, haver fundadores dele; é de força que se levantem paredes e escadas, se rasguem portas e janelas, e finalmente se lhe ponham cumeeira e telhado. Sobre isto falou esta semana o sr. deputado Glicério, lastimando que a Câmara dos deputados não se esforce na medida da responsabilidade que lhe cabe. Creio que a responsabilidade é grande; mas, quanto à primeira parte, se é certo que o esforço não corresponde à segunda, importa acrescentar que o melhor desejo deste mundo não faz criar vontades. O patriotismo é que pode muito, e o exemplo do passado vale alguma coisa.

Já agora vou falando gravemente até o fim. Finanças, por exemplo, aqui está um assunto de ocasião, se é certo, como acabo de ler, que o ministro da Fazenda pediu demissão. Eu nada tenho com a Fazenda, a não ser a impressão que deixa esta bela palavra. Entretanto, ocorre-me uma anedota de Cícero, e custa muito a um homem lembrar-se de um grande homem e não tentar ombrear com ele. Foi quando aquele cônsul tomou conta do poder, vago pela morte do colega, vinte e quatro horas antes de expirar o consulado. "Depressa", dizia Cícero aos demais senadores, "depressa, antes que achemos outro cônsul no lugar."

Depressa, depressa, antes que haja outro ministro, e me estenda e complique o assunto desta semana. Se eu nem falo do *déficit* do Piauí, e mais é objeto digno de consideração. Deixo o monopólio dos níqueis, que dizem ser grande e valioso; só um compadre meu recolheu oitocentos contos de réis, que vende com pequeno juro. Excluo a briga dos intendentes municipais, excluo as bruxas do Maranhão, alguns assassinatos e outras coisas alegres.

11 de setembro de 1892

Já uma vez dei aqui a minha teoria das ideias grávidas. Vou agora à das ações grávidas, não menos interessante, posto que mais difícil de entender.

Em verdade, há de custar a crer que uma ação nasça pejada de outra, e, todavia, nada mais certo. Para não nos perdermos em exemplos estranhos, meditemos no caso do *Chaucer*. O *Chaucer* vinha entrando a nossa barra, quando da fortaleza de Santa Cruz lhe fizeram alguns sinais, a que ele não atendeu e veio entrando. A fortaleza disparou um tiro de pólvora seca, ele veio entrando; depois outro, e ele ainda veio entrando; terceiro tiro, e ele sempre entrando. Quando vinha já entrando de uma vez, a fortaleza soltou a bala do estilo, que lhe furou o costado. Correram a socorrê-lo, mas já a gente de bordo tinha por si mesma tapado o buraco, e a companhia escreveu aquela carta, declarando protestar e esperar que tudo acabasse bem e depressa, sem intervenção diplomática. Pólvora seca, à espera de bala.

Nega o *Chaucer* que visse sinais, nem ouvisse tiros. Devo crer que fala verdade, pois que nada o obriga a mentir, tanto mais quanto, antes de ser navio, Chaucer era um velhíssimo poeta inglês, que já perdeu a vista e as orelhas, tendo perdido a saúde e a vida. Mas nem todos pensam assim; e, para muita gente, a ação do navio foi antes de pouco caso da terra e seus moradores. Ora, tal ação, ainda que sem esse sentido, desde que parecia tê-lo, podia nascer grávida de outra, e foi o que aconteceu; daí a dias, dava-se a ocorrência da bandeira da rua da Assembleia. Desdém chama desdém. Um homem a quem se puxa o nariz, acaba recebendo um rabo de papel. Ação pejada de ação. Felizmente o movimento de indignação pública e as palavras patrióticas que produziu, e mais a pena do culpado, farão esperar que esta outra ação haja nascido virgem e estéril.

Podia citar mais exemplos, e de primeira qualidade; mas se o leitor não entende a teoria com um não a entenderá com três. Direi só um caso, por estar, como lá se diz, no *tapete da discussão*. A emissão bancária nasceu tão grossa, que era de adivinhar a gravidez da encampação. Nem falta quem diga que estes gritos que estamos ouvindo são as dores do parto. Uns creem nele, mas afirmam que a criança nasce morta. Outros pensam que nasce viva, mas aleijada. Há até um novo encilhamento, onde as apostas crescem e se multiplicam, como nos belos dias de 1890. Eu, sobre esse negócio de encampação, sei pouco mais que o leitor, porque sei duas coisas, e o leitor saberá uma ou nenhuma. Sei, em primeiro lugar, que é uma medida urgente e necessária, para que se restaure o nosso crédito: e, em segundo lugar, sei também que é um erro e um crime. *Aristote dit oui et Galien dit non.*

Quiseram explicar-me por que é que era crime; mas eu ando tão aflito com a simples notícia dos narcotizadores, que não quis ouvir a explicação do crime. Basta de crimes. Demais, são finanças. E as finanças vão chegando ao estado da jurisprudência. Muitas famílias, quando viram que os bacharéis em Direito eram em demasia, começaram a mandar ensinar Engenharia aos filhos. Hoje, família precavida não deve esperar que venha o excesso de financeiros. A concorrência é já extraordinária. Antes a medicina. Antes a própria jurisprudência.

Demais, eu gosto de explicações palpáveis, concretas. Desde que um homem começa a raciocinar e quer que eu o acompanhe pelos corredores do espírito, digo-lhe adeus. Debêntures, por exemplo. Um deputado disse há dias na Câmara que certo banco do interior os emitira clandestinamente. Não lhe dei crédito. Mas uma senhora, que jantou comigo ontem, disse-me rindo e agitando uns papéis entre os dedos: *Aqui estão debêntures.* O crédito que neguei ao deputado, dei-o à minha boa amiga. A razão é que, sobre este gênero de papéis, tive duas ideias consecutivas antes da última. A primeira é que debênture era uma simples expressão, uma senha, uma palavra convencional, como a da conjuração mineira: *Amanhã é o batizado.* A segunda é que era efetivamente um bilhete, mas um bilhete que seria entregue pelo agente policial, por pessoa de família, ou pelo próprio alienista, um atestado, em suma, para legalizar a reclusão. Quando vi, porém, que aquela senhora tinha tais papéis consigo, e peguei neles, e os li, adquiri uma terceira ideia, exata e positiva, que a minha amiga completou dizendo com rara magnanimidade: — O que lá vai, lá vai.

E agora, adeus, querida semana! Adeus, cálculos do sr. Oiticica, que dizem estar errados! adeus, feriados! adeus, níqueis!

Os níqueis voltam certamente; mas há de ser difícil. Ou estarão sendo desamoedados, como suspeita o governo, ou andam nas mãos de alguma tribo, que pode ser a dos narcotizadores, e também pode ser a de Shylock. Creio antes em Shylock. Se assim for, níqueis, não há para vós *habeas corpus,* nem tomadas da Bastilha. Não perdeis com a reclusão, meus velhos; ficais luzindo, fora das mãos untadas do trabalho, que vos enxovalham. Para sairdes à rua, é preciso alguma coisa mais que boas razões ou necessidades públicas; e não saireis em tumulto, nem todos, mas devagarinho e aos poucos, conforme a taxa. "Trezentos ducados, bem!"

Também não digo adeus aos chins, porque é possível que eles venham, como que não venham. *O Diário de Notícias,* contando os votos da Câmara favoráveis e desfavoráveis, dá 64 para cada lado. Numa questão intrincada era o que melhor podia acontecer; as opiniões entestavam umas com outras, na ponte, como as cabras da fábula. Mas pode haver alterações, e há de havê-las. Para isso mesmo é que se discute. E a balança está posta em tal maneira, que a menor palha fará pender uma das conchas. Nunca um só homem teve em suas mãos tamanho poder, isto é, o futuro do Brasil, que ou há de ser próspero com os chins, conforme opinam uns, ou desgraçado, como querem outros. Espada de Breno, bengala de Breno, guarda-chuva de Breno, lápis, um simples lápis de Breno, agora ou nunca é a tua ocasião.

A vós, sim, tumultos de circo, a vós digo eu adeus, porque se adotarem o que proponho aos homens, não há mais tumultos nesse gênero de espetáculos, ou seja nos próprios circos, ou seja nas casas cá de baixo, onde se aposta e se espera a vitória pelo telefone; modo que me faz lembrar umas senhoras do meu conhecimento, que têm ouvido todas as óperas desta estação lírica, indo para a praia de Botafogo ver passar as carruagens das senhoras assinantes. Não haverá tumultos, porque faço evitar a fraude ou suspeita dela aposentando os cavalos e fazendo correr os apostadores com os seus próprios pés. Cansa um pouco mais que estar sentado, mas cada um ganha o seu pão com o suor do seu rosto.

18 de setembro de 1892

Quando a China souber que a vinda dos seus naturais (votada esta semana em segunda discussão) tem dado lugar a tanto barulho, tanta animosidade, tanto epíteto feio, é provável que mande fechar os seus portos e não deixe sair ninguém. Eu conheço a China. A China tem brios. A China não é só a terra de porcelanas, leques, chá, sedas, mandarins e guarda-sóis de papel. Não, a China manda-nos plantar café e deixa-se ficar em casa.

E o Japão? O Japão, que sabe estarem os japoneses no projeto e não vê descompor japoneses nem malsiná-lo a ele, o Japão cuida que entra no projeto só para dar fundo ao quadro, e fecha igualmente os seus portos. Eu conheço também o Japão. O Japão é muito desconfiado, mais desconfiado ainda que parlamentar.

Porque o Japão é parlamentar, como sabem; copiou do ocidente as câmaras e os condes. O atual presidente do conselho de ministros é o Conde Ito, um homem que, tanto quanto se pode deduzir de uma gravura que vi há pouco, é das mais galhardas figuras deste fim de século. Mas como vai muito do vivo ao pintado, dou que seja menos belo; não quer dizer que não tenha talento e pulso.

Quanto à planta parlamentar, não creio que seja tão viçosa como na Inglaterra. Não, mas é original, e basta. Tem uma cor particular ao clima. Se é verdade o que li, há lá um costume nas Câmaras assaz interessante. Deputado que vota *contra* o governo, é restituído aos seus eleitores; deputado que vota a *favor* do governo, é desancado pela opinião. Quer dizer que, em cada votação política, os adversários do governo põem os ministerialistas em lençóis de vinho e vão ver depois se o conde Ito está nos seus respectivos distritos eleitorais. Se os eleitores (isto agora é conjetura minha) os aprovam, revalidam os diplomas, e eles tornam ao Parlamento.

Este sistema, se vier nas malas japonesas, pode ser experimentável; mas a dúvida é se virão malas japonesas, ou sequer chinesas, pela razão acima citada. Força é confessar que os filhos daquelas bandas têm grandes vantagens. Italianos entram aqui com o seu irridentismo, franceses com os princípios de 89, ingleses com o *Foreign Office* e a Câmara dos Comuns, espanhóis com todas *las Españas, caramba*!, alemães com uma casa sua, uma cidade sua, uma escola sua, uma igreja sua, uma vida sua. Chim não traz nada disso, traz braço, força e paciência. Não chega a trazer nome, porque é impossível que a gente o chame por aqueles espirros que lá lhe põem. O primeiro artigo de um bom contrato deve ser impor-lhe um nome da terra, à escolha, Manuel, Bento, pai João, pai José, pai Francisco, pai Antônio...

Depois, o trabalho. Que outro bicho humano iguala o chim? Um cego, entre nós, pega da viola e vai pedir esmola cantando. Ora, o padre João de Lucena refere que na China todos os cegos trabalham de um modo original. São distribuídos pelas casas particulares e postos a moer arroz ou trigo, mas de dois em dois, "porque fique assim a cada um menos pesado o trabalho com a companhia e conversação do outro". Os aleijados, se não têm pernas, trabalham de mãos; os que não têm braços, andam ao ganho com uma cesta pendurada ao pescoço, para levar compras às casas dos que os chamam, ou servem de correio a pé. Aproveita-se ali até o último caco de homem.

Não alegueis serem estas notícias de um velho escritor, porque uma das vantagens da China é ser a mesma. Os séculos passam, mudam-se os costumes, as instituições, as leis, as ideias, tudo padece desta instabilidade que o sr. senador Manuel Vitorino atribuiu anteontem às nossas coisas; mas a China não passa.

Já que falei no sr. senador Manuel Vitorino, devo completar um ponto do seu discurso. É certo que o finado imperador recusou uma estátua que lhe quiseram erigir, quando acabou a Guerra do Paraguai, dizendo preferir que o dinheiro fosse aplicado a escolas; mas o sr. senador não disse o resto. Talvez não estivesse aqui. Eu estava aqui; vi as coisas de perto. A estátua não foi um simples e desornado oferecimento. Fez-se grande reunião, com pessoas notáveis à frente, comissão aclamada, que ia marchar para São Cristóvão. O imperador, lendo a notícia nos jornais, escreveu uma carta ao ministro do Império, declarando o que o sr. senador Manuel Vitorino referiu agora. Mas o resto? Onde está o resto? Onde está o dinheirão que eu gastei depois em anúncios, pedindo notícias da comissão? Nem só dinheiro, gastei amigos, encomendei a uma dezena deles que fossem a todos os bairros, que interrogassem os lojistas, que levantassem as almofadas dos carros, que chegassem ao interior das casas, e espiassem por baixo das camas ou dentro dos armários. Pode ser que houvesse da minha parte algum excesso de zelo; mas nem por isso mereço ficar no escuro. Não achei a comissão, é certo, mas podia tê-la achado.

Entretanto, não nego que há por aí edifícios bem arquitetados para escolas e por conta do Estado. Um chegou a destruir em mim certo erro político. Dizia ele, no alto, em letra grossa, como dedicatória: *"O governo ao povo"*. A minha ideia é que éramos, politicamente, uma nação representativa, e que tanto fazia dizer *povo* como *governo*, não sendo o governo mais que o povo governado. Demais o dinheiro da construção era dos próprios contribuintes, e... Mas vamos adiante, que o tempo escasseia.

Tempo, espaço e papel, tudo vai faltando debaixo das mãos. Paciência também falta. Concluamos com uma boa notícia. Cansado desta obrigação de dar uma *semana* por semana, entendi convidar um colaborador, e a quem pensais que convidei? Um senador, ex-ministro e pensador, tudo de França, o velho Júlio Simon, que me respondeu nestes termos:

> *Mon cher ami. Je réponds à votre bonne lettre. Ne comptez pas sur moi, ni régulièrement, ni même directement. Vous êtes trop loin, et moi je suis trop vieux. Je vous autorise à couper dans les articles que je publie en France, les morceaux qui vous plairont, et à les donner dans cette aimable* Gazeta de Notícias, *avant que votre Congrès n'approuve le traité, dont M. Nilo Peçanha est le rapporteur, à ce que l'on rapporte. Pardonez-moi ce méchant calembourg et croyez à ma vieille amitié. Jules Simon.*

Não imaginam o prazer com que li esta cartinha. Quis logo dar algum trecho do grande homem; mas sobre quê? Era preciso um fato da semana, alguma coisa a que o trecho se adequasse. Que coisa? Justamente aqui está um telegrama de Ouro Preto, em que os empregados públicos pedem misericórdia contra os cortes de que estão ameaçados por um projeto pendente do Congresso Nacional. Sobre isto, escreve o meu velho amigo no *Temps*, de 20 de agosto:

> Lembra-me ainda o tempo, o feliz tempo em que a guerra aos grandes ordenados era toda a política dos membros da oposição que não sabiam política... A guerra subsiste. O sr. Chassaing vem renová-la, acompanhado de quarenta colegas... Eles devem saber que o ordenado dos funcionários não é renda; é produto do trabalho. Não é justo nem hábil dimi-

nuir a parte dos trabalhadores do Estado, quando tanta gente reclama a remuneração mais equitativa do trabalho.

Suponho que o trecho transcrito acode bem às angústias dos funcionários de Ouro Preto e de outros lugares menos remotos. Daqui em diante, quando me faltarem ideias, corro ao meu velho amigo Simon, o velho amigo do meu velho amigo Thiers. Três velhos amigos!

25 de setembro de 1892

Esta semana começou mal. Nos primeiros três dias recebi vinte e seis cartas agradecendo a maneira engenhosa por que defendi, na outra crônica, a introdução do Chim. Eu não sou homem que recuse elogios. Amo-os; eles fazem bem à alma e até ao corpo. As melhores digestões da minha vida são as dos jantares em que sou brindado. Mas confesso que desta vez nem tive tempo de saborear os louvores; fiquei espantado, porque eu não defendi nada, nem ninguém. Não fiz mais que apontar as qualidades do Chim e as de outros imigrantes, para significar que, entrado o Chim, os outros somem-se. Não defendi, nem acusei. Não me deitem louros nem grilhões.

Francisco Belisário, por exemplo, era da mesma opinião, e não me consta que o elogiassem por ela. Ia mais longe, porque dizia coisas duras, e eu não estou aqui para dizer coisas duras. Além disso, e do mais, há entre nós um abismo; é que eu sou um simples eleitor, e ele era um homem de Estado. Não lhe pese a terra por isso. E não falo daquela observação fina e profunda que, ainda aplicada a assuntos práticos, era um dos encantos do seu espírito. Confesso tudo isso, mas não o imitarei jamais nos duros conceitos que exprimiu, posto que revestidos daquele estilo afável que era um relevo do patriota e do político.

Hão de lembrar-se que era de estatura baixa. Daí o costume que tinha de subir alto para ver longe. Uma de suas ideias é que mais vale o todo que a parte, mais um século que um ano, mais cinquenta milhões de homens que meia dúzia deles. Se não são estas as textuais palavras, advirtam que foram transcritas por mim, cujo falar ou escrever tem o vício de ser torto, truncado ou brusco; mas o sentido aí está. Fique o sentido, e vamos ao arroz.

Quando vierem as maldições ou as bênçãos — cerca de 1914 —, os que estivermos enterrados, não nos importaremos com elas. Morto, se não fala, também não ouve. Que nos chamem todos os nomes sublimes ou todos os nomes feios, valerá tanto como nada. Palavras, palavras, palavras. Também não se nos dará de agitações sociais ou outros desconsolos; menos ainda se o Império do Meio fizer da nossa terra uma República do Meio. Teremos vivido.

Mas a semana continuou mal. Tratei na crônica da reunião que se fez para levantar uma estátua ao imperador, depois da Guerra do Paraguai. *O Jornal do Commercio* lembrou que a coleta foi promovida por uma comissão de respeitáveis membros da Associação Comercial e com ela se construiu o belo edifício do Campo de São Cristóvão, doado ao governo e ocupado por duas escolas.

Dou uma das mãos à palmatória, e não há de ser a esquerda, chamada do coração, porque este coração, que não calunia ninguém, não o faria a pessoas honradas, que prestaram um bom serviço público.

Não, senhor. A mão direita é que há de apanhar, por não haver sabido escrever claro. E posto seja verdade que eu não falei em subscrição, mas em comissão, dizendo que, escolhida esta em um dia, desapareceu no outro (o que exclui a ideia de dinheiros recebidos), concordo que o meu vezo de falar por meias palavras pode muito bem dar um sentido ao que o tem diverso.

Tinha em lembrança que a comissão escolhida — a primeira comissão — perdera o entusiasmo, desde que o serviço ao imperador devia trocar o modo pessoal e direto pelo modo indireto e impessoal: estátua por escola. Este é que era o ponto da crítica. Não houve primeira comissão? Bem; limitemos a ação aos iniciadores, ou a alguns deles, ou a pessoas que estiveram na reunião, e a quem se deu lugar proeminente. O erro foi atribuir à comissão o que apenas coube a alguns, se é que coube a alguém, porque a minha triste memória avoluma os casos passados e pode fazer uma batalha de uma simples escaramuça.

E aí tens o que fizeste, pena de trinta mil diabos, aí tens o que acabas de fazer; gastaste o tempo todo em explicações, graças ao sestro de não arranhar o papel, mas descer ao de leve por ele abaixo. *Glissez, mortels, n'appuyez pas*. É gracioso, mas para outros ofícios. Aqui, meu bem, hás de ter o desamor a murros, e o amor a beijos, mas a beijos grandes e sonoros.

Todavia, como há um limite para tudo, não ames como outros amaram aquela Maria de Macedo, cujo cadáver apareceu no largo do Depósito. Digam o que quiserem; o homem gosta dos grandes crimes. Esta sociedade estava expirando de tédio. Uma ou outra sentença sobre negócios anônimos e ações nominais mal satisfazia a curiosidade, e não de todos, porque há muita gente que não conta de cem contos para cima; eu nem creio em milhares de contos. Ratonices de queijos e outras miudezas são como os biscoitos velhos e poucos; enganam o estômago, não matam a fome. E a fome vivia e crescia, sem nada que lhe pusesse termo, até que um gato descobriu no largo do Depósito aquele tronco de gente. Foi um banquete pantagruélico. Um simples pedaço de cadáver, ensopado em mistério, bastou a fartar toda a cidade. Os mais gulosos pediam ainda a cabeça, as pernas e os braços. O mar, imensa panela, despejou esse manjar último. Agora pedimos os cozinheiros; venham os cozinheiros.

Não sabemos tudo; não basta haver comido e perguntado pelos cozinheiros. Há muito mais que saber — o processo e as minúcias da cozinha. E quando houvermos notícia da culinária e dos seus oficiais, restará ainda entrar fundo no estudo dessa mescla de lubricidade e ferocidade, rins de macaco e goela de hiena; fitar bem a imbecilidade do criminoso que vai vender uma parte da caça. Chegaremos assim aos abismos da inconsciência. Não importa a camada dos personagens para achar interesse num drama lúbrico. Visgueiro era um magistrado. Há muitos anos, junto aos canos da Carioca, Sócrates matou Alcibíades.

Agora, o mal que resulta deste grande crime, é não sabermos se ficará bastante curiosidade para acudir à eleição dos intendentes. Talvez não. Eleitor não é gato de sete fôlegos. Deixa-se ficar almoçando; os intendentes vão ser eleitos a cinquenta votos. Poucas semanas depois, trinta mil eleitores sairão de casa murmurando que a Intendência não presta para nada.

2 de outubro de 1892

Tannhäuser e bondes elétricos. Temos finalmente na terra essas grandes novidades. O empresário do Teatro Lírico fez-nos o favor de dar a famosa ópera de Wagner, enquanto a Companhia de Botafogo tomou a peito transportar-nos mais depressa. Cairão de uma vez o burro e Verdi? Tudo depende das circunstâncias.

Já a esta hora algumas das pessoas que me leem sabem o que é a grande ópera. Nem todas; há sempre um grande número de ouvintes que farão ao grande maestro a honra de não perceber tudo desde logo, e entendê-lo melhor à segunda, e de vez à terceira ou quarta execução. Mas não faltam ouvidos acostumados ao seu ofício, que distinguirão na mesma noite o belo do sublime, e o sublime do fraco.

Eu, se lá fosse, não ia em jejum. Pegava de algumas opiniões sólidas e francesas e metia-as na cabeça com facilidade; só não me valeria das muletas do bom Larousse, se ele não as tivesse em casa; mas havia de tê-las. Cai aqui, cai acolá, faria uma opinião prévia, e à noite iria ouvir a grande partitura do mestre. Um amigo:

— Afinal temos o *Tannhäuser*; eu conheço um trecho, que ouvi há tempos...

— Eu não conheço nada, e quer que lhe diga? É melhor assim. Faço de conta que assisto à primeira representação que se deu no mundo. Tudo novo.

— O que eu ouvi é soberbo.

— Creio; mas não me diga nada, deixe-me virgem de opiniões. Quero julgar por mim, mal ou bem...

E iria sentar-me e esperar, um tanto nervoso, irrequieto, sem atinar com o binóculo para a revista dos camarotes. Talvez nem levasse binóculo; diria que as grandes solenidades artísticas devem ser estremes de quaisquer outras preocupações humanas. A arte é uma religião. O gênio é o sumo sacerdote. Em vão, Amália, posta no camarote, em frente à mãe, lançaria os olhos para mim, assustada com a minha indiferença e perguntando a si mesma que me teria feito. Eu, teso, espero que as portas do templo se abram, que as harmonias do céu me chamem aos pés do divino mestre; não sei de Amália, não quero saber dos seus olhos de turquesa.

Era assim que eu ouviria o *Tannhäuser*. Nos intervalos, visita aos camarotes e crítica. Aquela entrada dos fagotes, lembra-se? Admirável! Os coros, o duo, os violinos, oh! o trabalho dos violinos, que coisa adorável, com aquele motivo obrigado: *la la la tra la la, la, tra la la...* Há neste ato inspirações que são, com certeza, as maiores do século. De resto, os próprios franceses emendaram a mão, dando a Wagner o preito que lhe cabe, como um criador genial... As senhoras ouvem-me encantadas; a linda Amália sente-se honrada com a indiferença de há pouco, vendo que ela e a arte são o meu culto único.

Ao fundo, o pai e um homem de suíças falam da fusão do Banco do Brasil com o da República. O irmão, encostado à divisão do camarote, conversa com uma dama vizinha, casada de fresco, ombros magníficos. Que tenho eu com ombros, nem com bancos? *La la la, tra la la la, tra la la...*

Feitas as despedidas, passaria a outro camarote, para continuar a minha crítica. Dois homens, sempre ao fundo, conversam baixo, um recitando os versos de Garrett sobre a Guerra das Duas Rosas, o outro esperando a aplicação. A aplicação é a Câmara Municipal de São Paulo, que acaba de tomar posse solene, com assistência do presidente e dos secretários do Estado... Interrupção do segundo: "Pode comparar-se o caso dos dois secretários à conciliação que o poeta fez das duas rosas?" Explicação do primeiro: "Não; refiro-me à inauguração que a Câmara fez dos retratos de Deodoro e Benjamim Constant. Uniu os dois rivais póstumos em uma só comemoração, e a história ou a lenda que faça o resto".

Não espero pelo resto; falo às senhoras no duo e na entrada dos fagotes. Bela entrada de fagotes. Os coros admiráveis, e o trabalho dos violinos simplesmente esplêndido. Hão de ter notado que a música reproduz perfeitamente a lenda, como o espelho a figura; prendem-se ambas em uma só inspiração genial. Aquele motivo obrigado dos violinos é a mais bela inspiração que tenho ouvido: *la la la tra la la la tra...*

Terceiro camarote, violinos, fagotes, coros e o duo. Pormenores técnicos. Ao fundo, dois homens, que falam de um congresso psicológico em Chicago, dizem que os nossos espíritas vão ter ocasião de aparecer, porque o convite estende-se a eles. Tratar-se-á não só dos fenômenos psicofísicos, como sejam as pancadas, as oscilações em mesas, a escrita e outras manifestações espíritas, como ainda da questão da vida futura. Um dos interlocutores declara que os únicos espíritos que conhece são dois, moram ao pé dele e já não pertencem a este mundo; estão nos intermúndios de Epicuro. Andam cá os corpos, por efeito do movimento que traziam quando habitados pelos espíritos, como aqueles astros cuja luz ainda vemos hoje, estando apagados há muitos séculos...

A orquestra chama a postos, sobe o pano, assisto ao ato, e faço a mesma peregrinação no intervalo; mudo só as citações, mas a crítica é sempre verdadeira. Ouço os mesmos homens, ao fundo, conversando sobre coisas alheias ao Wagner. Eu, entregue à crítica musical, não dou pelas rusgas da Intendência, não atendo às candidaturas municipais agarradas aos eleitores, não dou por nada que não seja a grande ópera. E sento-me, e recordo prontamente o que li sobre o ato, oh! um ato esplêndido!

Fim do espetáculo. Corro a encontrar-me com a família de Amália, para acompanhá-la à carruagem. Dou o braço à mãe e critico o último ato, depois resumo a crítica dos outros atos. Elas e o pai entram na carruagem; despedidas à portinhola; aperto a bela mão da minha querida Amália... Pormenores técnicos.

9 de outubro de 1892

Eis aí uma semana cheia. Projetos e projetos bancários, debates e debates financeiros, prisão de diretores de companhias, denúncia de outros, dois mil comerciantes marchando para o Palácio Itamarati, a pé, debaixo d'água, processo Maria Antônia, fusão de bancos, alça rápida de câmbio, tudo isso grave, soturno, trágico ou simplesmente enfadonho. Uma só nota idílica entre tanta coisa grave, soturna, trágica ou simplesmente enfadonha; foi a morte de Renan. A de Tennyson, que também foi esta semana, não trouxe igual caráter, apesar do poeta que era, da idade que tinha. Uma gravura inglesa recente dá, em dois grupos, os anos de 1842 e 1892, meio século de separação. No primeiro era Southey que fazia o papel de Tennyson; e o poeta laureado de 1842, como o de 1892, acompanhava os demais personagens oficiais do ano respectivo, o chefe dos *tories*, o chefe dos *whigs*, o arcebispo de Cantuária. A rainha é que é a mesma. Tudo instituições. Tennyson era uma instituição, e há belas instituições. Os seus oitenta e três anos não lhe tinham arrancado as plumas das asas de poeta; ainda agora anunciava-se um novo escrito seu. Mas era uma glória britânica; não teve a influência nem a universalidade do grande francês.

Renan, como Tennyson, despegou-se da vida no espaço de dois telegramas, algumas horas apenas. Não penso em agonias de Renan. Afigura-se-me que ele voltou o corpo de um lado para outro e fechou os olhos. Mas agonia que fosse, e por mais longa que haja sido, ter-lhe-á custado pouco ou nada o último adeus daquele grande pensador, tão plácido para com as fatalidades, tão prestes a absolver as coisas irremissíveis.

Comparando este glorioso desfecho com aquele dia em que Renan subiu à cadeira de professor e soltou as famosas palavras: "*Alors, un homme a paru...*", podemos crer que os homens, como os livros, têm os seus destinos. Recordo-me do efeito, que foi universal; a audácia produziu escândalo, e a punição foi pronta. O professor desceu da cadeira para o gabinete. Passaram-se muitos anos, as instituições políticas tombaram, outras vieram, e o professor morre professor, após uma obra vasta e luminosa, universalmente aclamado como sábio e como artista. Os seus próprios adversários não lhe negam admiração, e porventura lhe farão justiça. "*J'ai tout critique* (diz ele em um dos seus prefácios) *et quoi qu'on en dise, y j'ai tout maintenu.*" O século que está a chegar, criticará ainda uma vez a crítica, e dirá que o ilustre exegeta definiu bem a sua ação.

A morte não pode ter aparecido a esse magnífico espírito com aqueles dentes sem boca e aqueles furos sem olhos, com que os demais pecadores a veem, mas com as feições da vida, coroada de flores simples e graves. Para Renan a vida nem tinha o defeito da morte. Sabe-se que era desejo seu, se houvesse de tornar à terra, ter a mesma existência anterior, sem alteração de trâmites nem de dias. Não se pode confessar mais vivamente a bem-aventurança terrestre. Um poeta daquele país, o velho Ronsard, para igual hipótese, preferia vir tornado em pássaro, a ser duas vezes homem. Eu (falemos um pouco de mim), se não fossem as armadilhas próprias do homem e o uso de matar o tempo matando pássaros, também quisera regressar pássaro.

Não voltou o pássaro Ronsard, como não voltará o homem Renan. Este irá para onde estão os grandes do século, que começou em França com o autor de *René*, e acaba com o da *Vida de Jesus*, páginas tão características de suas respectivas datas.

Não faço aqui análises que me não competem, nem cito obras, nem componho biografia. O jornalismo desta capital mostrou já o que valia o autor de tantos e tão adoráveis livros, falou daquele estilo incomparável, puro e sólido, feito de cristal e melodia. Nada disso me cabe. A rigor, nem me cabe cuidar da morte. Cuidei desta por ser a única nota idílica, entre tanta coisa grave, soturna, trágica ou simplesmente enfadonha.

Em verdade, que posso eu dizer das coisas pesadas e duras de uma semana, remendada de códigos e praxistas, a ponto de algarismo e citação? Prisões, que tenho eu com elas? Processos, que tenho eu com eles? Não dirijo companhia alguma, nem anônima, nem pseudônima; não fundei bancos, nem me disponho a fundi-los; e, de todas as coisas deste mundo e do outro, a que menos entendo é o câmbio. Não é que lhe negue o direito de subir; mas tantas lástimas ouvi pela queda, quantas ouço agora pela ascensão — não sei se às mesmas pessoas, mas com estes mesmos ouvidos.

Finanças das finanças, são tudo finanças. Para onde quer que me volte, dou com a incandescente questão do dia. Conheço já o vocabulário, mas não sei ainda todas as ideias a que as palavras correspondem, e, quanto aos fenômenos, basta dizer que cada um deles tem três explicações verdadeiras e uma falsa. Melhor é crer tudo. A dúvida não é aqui sabedoria, porque traz debate ríspido, debate traz balança de comércio, por um lado, e excesso de emissões por outro, e, afinal, um fastio que nunca mais acaba.

16 de outubro de 1892

Não tendo assistido à inauguração dos bondes elétricos, deixei de falar neles. Nem sequer entrei em algum, mais tarde, para receber as impressões da nova tração e contá-las. Daí o meu silêncio da outra semana. Anteontem, porém, indo pela praia da Lapa, em um bonde comum, encontrei um dos elétricos, que descia. Era o primeiro que estes meus olhos viam andar.

Para não mentir, direi que o que me impressionou, antes da eletricidade, foi o gesto do cocheiro. Os olhos do homem passavam por cima da gente que ia no meu bonde, com um grande ar de superioridade. Posto não fosse feio, não eram as prendas físicas que lhe davam aquele aspecto. Sentia-se nele a convicção de que inventara, não só o bonde elétrico, mas a própria eletricidade. Não é meu ofício censurar essas meias glórias, ou glórias de empréstimo, como lhe queiram chamar espíritos vadios. As glórias de empréstimo, se não valem tanto como as de plena propriedade, merecem sempre algumas mostras de simpatia. Para que arrancar um homem a essa agradável sensação? Que tenho para lhe dar em troca?

Em seguida, admirei a marcha serena do bonde, deslizando como os barcos dos poetas, ao sopro da brisa invisível e amiga. Mas, como íamos em sentido contrário, não tardou que nos perdêssemos de vista, dobrando ele para o largo da Lapa e rua do Passeio, e entrando eu na rua do Catete. Nem por isso o perdi de memória. A gente do meu bonde ia subindo aqui e ali, outra gente entrava adiante e eu pensava no bonde elétrico. Assim fomos seguindo; até que, perto do fim da linha e já noite, éramos só três pessoas, o condutor, o cocheiro e eu. Os dois cochilavam, eu pensava.

De repente ouvi vozes estranhas; pareceu-me que eram os burros que conversavam, inclinei-me (ia no banco da frente); eram eles mesmos. Como eu conheço um pouco a língua dos Houyhnhnms, pelo que dela conta o famoso Gulliver, não me foi difícil apanhar o diálogo. Bem sei que cavalo não é burro; mas reconheci que a língua era a mesma. O burro fala menos, decerto; é talvez o trapista daquela grande divisão animal, mas fala. Fiquei inclinado e escutei:

— Tens e não tens razão — respondia o da direita ao da esquerda.

O da esquerda:

— Desde que a tração elétrica se estenda a todos os bondes, estamos livres, parece claro.

— Claro, parece; mas entre parecer e ser, a diferença é grande. Tu não conheces a história da nossa espécie, colega; ignoras a vida dos burros desde o começo do mundo. Tu nem refletes que, tendo o salvador dos homens nascido entre nós, honrando a nossa humildade com a sua, nem no dia de Natal escapamos da pancadaria cristã. Quem nos poupa no dia, vinga-se no dia seguinte.

— Que tem isso com a liberdade?

— Vejo — redarguiu melancolicamente o burro da direita —, vejo que há muito de homem nessa cabeça.

— Como assim? — bradou o burro da esquerda estacando o passo.

O cocheiro, entre dois cochilos, juntou as rédeas e golpeou a parelha.

— Sentiste o golpe? — perguntou o animal da direita. — Fica sabendo que, quando os bondes entraram nesta cidade, vieram com a regra de se não empregar chicote. Espanto universal dos cocheiros: onde é que se viu burro andar sem chicote? Todos os burros desse tempo entoaram cânticos de alegria e abençoaram a ideia dos trilhos, sobre os quais os carros deslizariam naturalmente. Não conheciam o homem.

— Sim, o homem imaginou um chicote, juntando as duas pontas das rédeas. Sei também que, em certos casos, usa um galho de árvore, ou uma vara de marmeleiro.

— Justamente. Aqui acho razão ao homem. Burro magro não tem força; mas levando pancada, puxa. Sabes o que a diretoria mandou dizer ao antigo gerente Shannon? Mandou isto: "Engorde os burros, dê-lhes de comer, muito capim, muito feno, traga-os fartos, para que eles se afeiçoem ao serviço; oportunamente mudaremos de política, *all right*!"

— Disso não me queixo eu. Sou de poucos comeres; e quando menos trabalho, é quando estou repleto. Mas que tem capim com a nossa liberdade, depois do bonde elétrico?

— O bonde elétrico apenas nos fará mudar de senhor.

— De que modo?

— Nós somos bens da companhia. Quando tudo andar por arames, não somos já precisos, vendem-nos. Passamos naturalmente às carroças.

— Pela burra de Balaão! — exclamou o burro da esquerda. — Nenhuma aposentadoria? nenhum prêmio? nenhum sinal de gratificação? Oh! mas onde está a justiça deste mundo?

— Passaremos às carroças — continuou o outro pacificamente — onde a nossa vida será um pouco melhor; não que nos falte pancada, mas o dono de um só burro sabe mais o que ele lhe custou. Um dia, a velhice, a lazeira, qualquer coisa que nos torne incapazes, restituir-nos-á a liberdade...

— Enfim!

— Ficaremos soltos, na rua, por pouco tempo, arrancando alguma erva que aí deixem crescer para recreio da vista. Mas que valem duas dentadas de erva, que nem sempre é viçosa? Enfraqueceremos; a idade ou a lazeira ir-nos-á matando, até que, para usar esta metáfora humana, esticaremos a canela. Então teremos a liberdade de apodrecer. Ao fim de três dias, a vizinhança começa a notar que o burro cheira mal; conversação e queixumes. No quarto dia, um vizinho, mais atrevido, corre aos jornais, conta o fato e pede uma reclamação. No quinto dia, sai a reclamação impressa. No sexto dia, aparece um agente, verifica a exatidão da notícia; no sétimo, chega uma carroça, puxada por outro burro, e leva o cadáver.

Seguiu-se uma pausa.

— Tu és lúgubre — disse o burro da esquerda. — Não conheces a língua da esperança.

— Pode ser, meu colega; mas a esperança é própria das espécies fracas, como o homem e o gafanhoto; o burro distingue-se pela fortaleza sem par. A nossa raça é essencialmente filosófica. Ao homem que anda sobre dois pés, e provavelmente à águia, que voa alto, cabe a ciência da astronomia. Nós nunca seremos astrônomos; mas a filosofia é nossa. Todas as tentativas humanas a este respeito são perfeitas quimeras. Cada século...

O freio cortou a frase ao burro, porque o cocheiro encurtou as rédeas, e travou o carro. Tínhamos chegado ao ponto terminal. Desci e fui mirar os dois interlocutores. Não podia crer que fossem eles mesmos. Entretanto, o cocheiro e o condutor cuidaram de desatrelar a parelha para levá-la ao outro lado do carro; aproveitei a ocasião e murmurei baixinho, entre os dois burros:

— *Houyhnhnms!*

Foi um choque elétrico. Ambos deram um estremeção, levantaram as patas e perguntaram-me cheios de entusiasmo:

— Que homem és tu, que sabes a nossa língua?

Mas o cocheiro, dando-lhes de rijo uma lambada, bradou para mim, que lhe não espantasse os animais. Parece que a lambada devera ser em mim, se era eu que espantava os animais; mas como dizia o burro da esquerda, ainda agora: Onde está a justiça deste mundo?

23 de outubro de 1892

Todas as coisas têm a sua filosofia. Se os dois anciãos, que o bonde elétrico atirou para a eternidade esta semana, houvessem já feito por si mesmos o que lhes fez o bonde, não teriam entestado com o progresso que os eliminou. É duro de dizer; duro e ingênuo, um pouco à La Palice, mas é verdade. Quando um grande poeta deste século perdeu a filha, confessou, em versos doloridos, que a criação era uma roda que não podia andar sem esmagar alguém. Por que negaremos a mesma fatalidade aos nossos pobres veículos?

Há terras onde as companhias indenizam as vítimas dos desastres (ferimentos ou mortes) com avultadas quantias, tudo ordenado por lei. É justo; mas essas terras não têm, e deviam ter, outra lei que obrigasse os feridos e as famílias dos mortos a indenizarem as companhias pela perturbação que os desastres trazem ao horário do serviço. Seria um equilíbrio de direitos e de responsabilidades. Felizmente, como não temos a primeira lei, não precisamos da segunda, e vamos morrendo com a única despesa do enterro e o único lucro das orações.

Falo sem interesse. Dado que venhamos a ter as duas leis, jamais a minha viúva indenizará ou será indenizada por nenhuma companhia. Um precioso amigo meu, hoje morto, costumava dizer que não passava pela frente de um bonde, sem calcular a hipótese de cair entre os trilhos e o tempo de levantar-se e chegar ao outro lado. Era um bom conselho, como o *Doutor Sovina* era uma boa farsa, antes das farsas do Pena. Eu, o Pena dos cautelosos, levo o cálculo adiante: calculo ainda o tempo de escovar-me no alfaiate próximo. Próximo pode ser longe, mas muito mais longe é a eternidade.

Em todo caso, não vamos concluir contra a eletricidade. Logicamente, teríamos de condenar todas as máquinas e, visto que há naufrágios, queimar todos os navios. Não, senhor. A necrologia dos bondes tirados a burros é assaz comprida e lúgubre para mostrar que o governo de tração não tem nada com os desastres. Os jornais de quinta-feira disseram que o carro ia apressado, e um deles explicou a pressa, dizendo que tinha de chegar ao ponto à hora certa, com prazo curto. Bem; poder-se-iam combinar as coisas, espaçando os prazos e aparelhando carros novos, elétricos ou muares, para acudir à necessidade pública. Digamos mais cem, mais duzentos carros. Nem só de pão vive o acionista, mas também da alegria e da integridade dos seus semelhantes.

Convenho que, durante uns quatro meses, os bondes elétricos andem muito mais aceleradamente que os outros, para fugir ao riso dos vadios e à toleima dos ignaros. Uns e outros imaginam que a eletricidade é uma versão do processo culinário *à la minute,* e podem vir a enlamear o veículo com alcunhas feias. Lembra-me (era bem criança) que, nos primeiros tempos do gás no Rio de Janeiro, houve uns dias de luz frouxa, de onde os moleques sacaram este dito: *o gás virou lamparina.* E o dito ficou e impôs-se, e eu ainda o ouvi aplicar aos amores expirantes, às belezas murchas, a todas as coisas decaídas.

Ah! se eu for a contar memórias da infância, deixo a semana no meio, remonto os tempos e faço um volume. Paro na primeira estação, 1864, famoso ano da suspensão de pagamentos (Ministério Furtado); respiro, subo e paro em 1867, quando a febre das ações atacou a esta pobre cidade, que só arribou à força do quinino do desengano. Remonto ainda e vou a...

Aonde? Posso ir até antes do meu nascimento, até Law. Grande Law! Também tu tiveste um dia de celebridade; depois, viraste embromador e caíste na casinha da história, o lugar dos lava-pratos. E assim irei de século a século, até o paraíso terrestre, forma rudimentária do encilhamento, onde se vendeu a primeira ação do mundo. Eva comprou-a à serpente, com ágio, e vendeu-a a Adão, também com ágio, até que ambos faliram. E irei ainda mais alto, antes do paraíso terrestre, ao *Fiat lux,* que, bem estudado ao gás do entendimento humano, foi o princípio da falência universal.

Não; cuidemos só da semana. A simples ameaça de contar as minhas memórias diminuiu-me o papel em tal maneira que é preciso agora apertar as letras e as linhas.

Semana quer dizer finanças. Finanças implicam financeiros. Financeiros não vão sem projetos, e eu não sei formular projetos. Tenho ideias boas, e até bonitas, algumas grandiosas, outras complicadas, muito 2%, muito lastro, muito resgate, toda a técnica da ciência; mas falta-me o talento de compor, de dividir as ideias por artigos, de subdividir os artigos em parágrafos, e estes em letras *a b c;* sai-me tudo confuso e atrapalhado. Mas por que não farei um projeto financeiro ou bancário, lançando-lhe no fim as palavras da velha praxe: *salva a redação?* Poderia baralhar tudo, é certo; mas não se joga sem baralhar as cartas; de outro modo é embaraçar os parceiros.

Adeus. O melhor é ficar calado. Sei que a semana não foi só de finanças, mas também de outras coisas, como a crise de transportes, a carne, discursos extraordinários ou explicativos, um projeto de estrada de ferro que nos põe às portas de Lisboa, e a mulher de César, que reapareceu no seio do Parlamento. Vi entrar esta célebre senhora por aquela casa, e, depois de alguns minutos, via-se sair. Corri à porta e detive-a: — "Ilustre Pompeia, que vieste fazer a esta casa?" — "Obedecer ainda uma vez à citação da minha pessoa. Que queres tu? meu marido lembrou-se de fazer uma bonita frase, e entregou-me por todos os séculos a amigos, conhecidos e desconhecidos."

30 de outubro de 1892

Tempos do papa! tempos dos cardeais! Não falo do papa católico, nem dos cardeais da Santa Igreja Romana, mas do nosso papa e dos nossos cardeais. F. Otaviano, então jornalista, foi quem achou aquelas designações para o Senador Eusébio e o estado-maior do Partido Conservador. Era eu pouco mais que menino...

Fica entendido que, quando eu tratar de fatos ou pessoas antigas, estava sempre na infância, se é que seria nascido. Não me façam mais idoso do que sou. E depois, o que é idade? Há dias, um distinto nonagenário apertava-me a mão com força e contava-me as vivas impressões que lhe deixara a obra de Bryce acerca dos Estados Unidos; acabava de lê-la, dois grossos volumes, como sabem. E despediu-se de mim, e lá se foi a andar seguro e lépido. Realmente, os anos nada valem por si mesmos. A questão é saber aguentá-los, escová-los bem, todos os dias, para tirar a poeira da estrada, trazê-los lavados com água de higiene e sabão de filosofia.

Repito, era pouco mais que menino, mas já admirava aquele escritor fino e sóbrio, destro no seu ofício. A atual mocidade não conheceu Otaviano; viu apenas um homem avelhantado e enfraquecido pela doença, com um resto pálido daquele riso que Voltaire lhe mandou do outro mundo. Nem resto, uma sombra de resto, talvez uma simples reminiscência deixada no cérebro das pessoas que o conheceram entre trinta e quarenta anos.

Um dia, um domingo, havia eleições, como hoje. Papa e cardeais tinham o poder nas mãos, e, sendo o regime de dois graus, entraram eles próprios nas chapas de eleitores, que eram escolhidos pelos votantes. Os liberais resolveram lutar com os conservadores, apresentaram chapas suas e os desbarataram. O pontífice, com todos os membros do consistório, mal puderam sair suplentes. E Otaviano, fértil em metáforas, chamou-lhes esquifes. *Mais um esquife,* dizia ele no *Correio Mercantil,* durante a apuração dos votos. Luta de energias, luta de motejos. Rocha, jornalista conservador, ria causticamente do *lencinho branco* de Teófilo Otôni, o célebre lenço com que este conduzia a multidão, de paróquia em paróquia, aclamando e aclamado. A multidão seguia, alegre, tumultuosa, levada por sedução, por um instinto vago, por efeito da palavra, um pouquinho por ofício. Não me lembra bem se houve alguma urna quebrada; é possível que sim. Hoje mesmo as urnas não são de bronze. Não vou ao ponto de afirmar que não as houve pejadas. Que é a política senão obra de homens? Crescei e multiplicai-vos.

Hoje, domingo, não há a mesma multidão, o eleitorado é restrito; mas podia e devia haver mais calor. Trata-se não menos que de eleger o primeiro Conselho Municipal do Distrito Federal, que é ainda e será a capital verdadeira e histórica do

Brasil. Não é eleição que apaixone, concordo; não há paixões puramente políticas. Nem paixões são coisas que se encomendem, como partidos não são coisas que se evoquem. Mas (permitam-me esta velha banalidade) há sempre a paixão do bem e do interesse público. Eia, animai-vos um pouco, se não é tarde; mas, se é tarde, guardai-vos para a primeira eleição que vier. Contanto que não quebreis urnas, nem as fecundeis — a conselho meu —, agitai-vos, meus caros eleitores, agitai-vos um tanto mais.

Por hoje, leitor amigo, vai tranquilamente dar o teu voto. Vai, anda, vai escolher os intendentes que devem representar-nos e defender os interesses comuns da nossa cidade. Eu, se não estiver meio adoentado, como estou, não deixarei de levar a minha cédula. Não leias mais nada, porque é bem possível que eu nada mais escreva, ou pouco. Vai votar; o teu futuro está nos joelhos dos deuses, e assim também o da tua cidade; mas por que não os ajudarás com as mãos?

Outra coisa que está nos joelhos dos deuses é saber se a terceira prorrogação que o Congresso Nacional resolveu decretar é a última e definitiva. Pode haver quarta e quinta. Daqui a censurar o Congresso é um passo, e passo curto; mas eu prefiro ir à Constituinte, que é o mesmo Congresso *avant la lettre*. Por que diabo fixou a Constituinte em quatro meses a sessão anual legislativa, isto é, o mesmo prazo da Constituição de 1824? Devia atender que outro é o tempo e outro o regime.

Felizmente, li esta semana que vai haver uma revisão de Constituição no ano próximo. Boa ocasião para emendar esse ponto, e ainda outros, se os há, e creio que há. Nem faltará quem proponha o governo parlamentar. Dado que esta última ideia passe, é preciso ter já de encomenda uma casaca, um par de colarinhos, uma gravata branca, uma pequena mala com alocuções brilhantes e anódinas, para as grandes festas oficiais, e um Carnot, mas um Carnot autêntico, que vista e profira todas aquelas coisas sem significação política. Salvo se arranjarmos um meio de combinar os presidentes e os ministros responsáveis, um Congresso que mande um Ministério seu ao presidente, para cumprir e não cumprir as ordens opostas de ambos. Enfim, esperemos. O futuro está nos joelhos dos deuses.

Mas não me faças ir adiante, leitor amado. Adeus, vai votar. Escolhe a tua intendência e ficarás com o direito de gritar contra ela. Adeus.

6 de novembro de 1892

Vou contar às pressas o que me acaba de acontecer.

Domingo passado, enquanto esperava a chamada dos eleitores, saí à praça do Duque de Caxias (vulgarmente largo do Machado) e comecei a passear defronte da igreja matriz da Glória. Quem não conhece esse templo grego, imitado da Madalena, com uma torre no meio, imitada de coisa nenhuma? A impressão que se tem diante daquele singular conúbio não é cristã nem pagã; faz lembrar, como na comédia, "o casamento do Grão-Turco com a República de Veneza". Quando ali passo, desvio sempre os olhos e o pensamento. Tenho medo de pecar duas vezes, contra a torre e contra o templo, mandando-os ambos ao diabo, com escândalo da minha consciência e dos ouvidos das outras pessoas.

Daquela vez, porém, não foi assim. Olhei, parei e fiquei a olhar. Entrei a cogitar se aquele ajuntamento híbrido não será antes um símbolo. A irmandade que mandou fazer a torre pode ter escrito, sem o saber, um comentário. Supôs batizar uma sinagoga (devia crer que era uma sinagoga), e fez mais, compôs uma obra representativa do meio e do século. Não há ali um só sino para repicar aos domingos e dias santos, com afronta dos pagãos de Atenas e dos cristãos de Paris, há talvez uma página de psicologia social e política.

Sempre que entrevejo uma ideia, uma significação oculta em qualquer objeto, fico a tal ponto absorto, que sou capaz de passar uma semana sem comer. Aqui, há anos, estando sentado à porta de casa, a meditar no célebre axioma do dr. Pangloss — que os narizes fizeram-se para os óculos, e que é por isso que usamos óculos — sucedeu cair-me a vista no chão, exatamente no lugar em que estava uma ferradura velha. Que haveria naquele sapato de cavalo, tão comido de dias e de ferrugem?

Pensei muito — não posso dizer se uma ou duas horas —, até que um clarão súbito espancou as trevas do meu espírito. A figura é velha, mas não tenho tempo de procurar outra. Cresci diante de Pangloss. O grande filósofo, achando a razão dos narizes, não advertiu que, ainda sem eles, podíamos trazer óculos. Bastava um pequeno aparelho de barbantes, que fosse por cima das orelhas até a nuca. Outro era o caso da ferradura. Só o duro casco do animal podia destinar-se à ferradura, uma vez que não há meio de fazê-la aderir sem pregos. Aqui a finalidade era evidente. De conclusão em conclusão, cheguei às ave-marias; tinham-me já chamado para jantar três vezes; comi mal, digeri mal, e acordei doente. Mas tinha descoberto alguma coisa.

Fica assim explicada a minha longa meditação diante da torre e do templo, e o mais que me aconteceu. Cruzei os braços nas costas, com a bengala entre as mãos, apoiando-me nela. Algumas pessoas que iam passando, ao darem comigo, paravam também e buscavam descobrir por si o que é que chamava assim a atenção de um homem tão grave. Foram-se deixando estar; outras vieram também e foram ficando, até formarem um grupo numeroso, que observava tenazmente alguma coisa digníssima da atenção dos homens. É assim que eu admiro muita música; basta ver o Artur Napoleão parado.

Nem por isso interrompi as reflexões que ia fazendo. Sim, aquela junção da torre e do templo não era somente uma opinião da irmandade.

Não tenho aqui papel para notar todos os fenômenos históricos, políticos e sociais que me pareceram explicar o edifício do largo do Machado; mas, ainda que o tivesse de sobra, calar-me-ia pela incerteza em que ainda estou acerca das minhas conclusões. Dois exemplos estremes bastam para justificação da dúvida. A nossa independência política, que os poetas e oradores, até 1864, chamavam *grito de Ipiranga*, não se pode negar que era um belo templo grego. O tratado que veio depois, com algumas de suas cláusulas, e o seu imperador honorário, além do efetivo, poderá ser comparado à torre da matriz da Glória? Não ouso afirmá-lo. O mesmo digo do quiosque. O quiosque, apesar da origem chinesa, pode ser comparado a um templo grego, copiado de Paris; mas o charuto, o bom café barato e o bilhete de loteria que ali se vendem, serão acaso equivalentes daquela torre? Não sei; nem também sei se os foguetes que ali estouram, quando anda a roda e eles tiram prêmios, representam os repiques de sinos em dias de festa. Há hesitações grandes e nobres; minha pobre alma as conhece.

Pelo que respeita especialmente ao caso da matriz da Glória, concordo que ele exprima a reação do sentimento local contra uma inovação apenas elegante. Nós mamamos ao som dos sinos, e somos desmamados com eles; uma igreja sem sino é, por assim dizer, uma boca sem fala. Daí nasceu a torre da Glória. A questão não é achar esta explicação, é completá-la.

Não me tragam aqui o mestre Spencer com os seus aforismos sociológicos. Quando ele diz que "o estado social é o resultado de todas as ambições, de todos os interesses pessoais, de todos os medos, venerações, indignações, simpatias etc. tanto dos antepassados, como dos cidadãos existentes", não serei eu que o conteste. O mesmo farei, se ele me disser, a propósito do templo grego: "Posto que as ideias adiantadas, uma vez estabelecidas, atuem sobre a sociedade e ajudem o seu progresso ulterior, ainda assim o estabelecimento de tais ideias depende da aptidão da sociedade para recebê-las. Na prática, é o caráter popular e o estado social que determinam as ideias que hão de ter curso; mas não as ideias correntes que determinam o estado social e o caráter..."

Sim, concordo que o templo grego sejam as ideias novas, e o caráter e o estado social a torre, que há de sobrepor-se por muito tempo às belas colunas antigas, ainda que a gente se oponha com toda a força ao voto das irmandades...

Neste ponto das minhas reflexões, o sino da torre bateu uma pancada, logo depois outra... Estremeço, acordo, eram ave-marias. Sem saber o que fazia, corro à igreja para votar.

— Para quê? — diz-me o sacristão.
— Para votar.
— Mas eleição foi domingo passado.
— Que dia é hoje?
— Hoje é sábado.
— Deus de misericórdia!

Senti-me fraco, fui comer alguma coisa. Sete dias para achar a explicação da torre da Glória, uma semana perdida. Escrevo este artigo a trouxe-mouxe, em cima dos joelhos, servindo-me de mesa um exemplar da Bíblia, outro de Camões, outro de Gonçalves Dias, outro da Constituição de 1824 e outro da Constituição de 1889 — dois templos gregos, com a torre do meu nariz em cima.

13 de novembro de 1892

"Quem se não preocupar com saber (escreveu Grimm) que tal estava o tempo em Roma quando César foi assassinado, nunca há de saber história." Há aqui uma grande verdade. Quando não a haja para o resto do mundo, poderemos crer que a há para nós. Um exemplo: O Senado rejeitou na sessão noturna de sexta-feira o projeto da Câmara dos Deputados, prorrogando a sessão legislativa até o dia 22 do corrente. Era um duelo entre os dois ramos do Congresso. A Câmara queria prorrogação para discutir a questão financeira e os créditos militares. O Senado, que não queria a questão financeira, rejeitou o projeto de prorrogação.

Os superficiais contentam-se em ler a notícia do voto; os curiosos irão até a leitura dos nomes dos senadores favoráveis e dos adversos. Os espíritos profundos, desde que aceitem a doutrina de Grimm, procurarão saber se na noite de sexta-feira chovia ou ventava.

Ventava e chovia. Vou contar-lhes o que se passou. De tarde, perto das seis horas, estando eu na rua do Ouvidor, soube que o Senado faria sessão noturna para resolver sobre a prorrogação; isto é, rejeitá-la, como lhe parecia bem. Resolvi ir ao Senado. Corri para casa, jantei às pressas e, mal começava a beber o café, o vento, que já era rijo alguns minutos antes, entrou a soprar com violência; logo depois principiou a chover grosso, mais grosso, uma noite ríspida. Três vezes tentei sair; recuei sem ânimo.

Suponhamos agora que não chovia; eu ia ao Senado, trepava a uma das galerias para assistir aos debates. Ouviria as melhores razões dos adversos à prorrogação e, no meio do pasmo de todos, fazia de cima este breve discurso:

— Senhores, ouço que recusais a prorrogação por falta de tempo necessário ao debate do projeto financeiro. Realmente, dez dias não parecem muito para matéria tão relevante. Permiti, porém, que vos cite um velho parlamentar. Uma folha europeia, não há muitas semanas, lembrava este dito de Disraeli: "Tenho ouvido muitos discursos em minha vida; alguns conseguiram mudar a minha opinião; *nenhum mudou o meu voto*". Basta, pois, uma prorrogação de cinco minutos, dez, vinte, o tempo de votar, verificar a votação e arquivar o projeto. Não façamos correr mundo o boato falso de que os debates alteram os votos preexistentes. Disraeli, com todo o seu talento, não era único.

Esse simples discurso mudaria a orientação dos espíritos. Não o fiz porque não saí de casa, e não saí de casa porque choveu. E assim se podem explicar muitos outros sucessos políticos.

Com certeza, não choveu em Ouro Preto, por ocasião da revolução e da contrarrevolução municipal. As águas do céu, ou por serem do céu, ou por qualquer razão meteorológica que me escapa, não deixam sair as revoluções à rua.

Em verdade, o guarda-chuva não é revolucionário, nem estético. O único homem que venceu com ele foi o Rei Luís Filipe, e daí lhe vem o apoio dos chapeleiros e toda a grande e pequena burguesia. Mais tarde, não tendo querido unir o martelo ao guarda-chuva, perdeu este e o cetro.

Mas tudo isto é história antiga. Moderno e antigo a um tempo é o novo desastre produzido pelo bonde elétrico, não por ser elétrico, mas por ser bonde.

Parece que contundiu, esmagou, fez não sei que lesão a um homem. O cocheiro evadiu-se.

O cocheiro evadiu-se. Há estribilhos mais animados que este; não creio que nenhum o alcance na regularidade e na graça do ritmo. O cocheiro evadiu-se. O bonde mata uma pessoa; dou que não a mate, que a vítima perca simplesmente uma perna, um dedo ou os sentidos. O cocheiro evadiu-se. Ninguém ignora que todas as revisões de jornais têm ordem de traduzir por aquelas palavras um sinal posto no fim das notícias relativas a desastres veiculares. Vá, aceite o adjetivo; é novo, mas lógico. Veículo, patíbulo. Patibulares, veiculares.

Há tempos (ponhamos cinquenta anos), um cocheiro de bonde descuidou-se e foi preso; mas o público teve notícia de que, além das qualidades técnicas que o recomendavam, o automedonte ensinava um sobrinho a ler e escrever, e foi esta afirmação doméstica do grande princípio da instrução gratuita e obrigatória que o salvou. Talvez não fosse bem assim; eu mal era nascido; ouvi a história entre outras da minha infância. Também não sei se o bonde era elétrico. Não se diga que há culpa da parte das testemunhas, em não prender os delinquentes e entregá-los à primeira praça que acudiu. Estudemos o espírito dos tempos. Há trinta anos, dado um delito, o grito dos populares era este: *pega! pega!*

Nos últimos dez ou quinze anos, o grito, em caso de prisão, é este outro: *não pode! não pode!* Tudo está nesses dois clamores. No primeiro caso, o povo constituía-se gratuita e estouvadamente em auxiliar da força. No segundo, converteu-se em protesto vivo e baluarte das liberdades públicas.

Entenda-se bem que, falando de cocheiros, não me restrinjo aos modestos funcionários que têm exclusivamente esse nome, nem particularmente às companhias de bondes. Há outras companhias, cujos cocheiros também fogem, logo que há desastre, ou desde que os passageiros descobrem que continuam sentados, mas que há muito tempo perderam as calças e as pernas. Há ainda outra espécie de cocheiros mais alevantados. Agora mesmo, em Venezuela, quando o general Crespo tomou conta do carro do Estado, o cocheiro intruso que lá estava evadiu-se com dois milhões.

Fugir, afinal de contas, é um instinto universal.

20 de novembro de 1892

Cariocas, meus patrícios, meus amigos, coroai-vos de flores, trazei palmas nas mãos e dançai em torno de mim, com pé alterno, à maneira antiga. Sus, triste gente malvista e malquista da outra gente brasileira, que não adora a vossa frouxidão, a vossa apatia, a vossa personalidade perdida no meio deste grande e infinito bazar! Sus! Aqui vos trago alguma coisa que repara as lacunas da história, o mau gosto dos homens e o equívoco dos séculos. Eia, amigos meus, patrícios meus, escutai!

Depois de um exórdio destes, é impossível dizer nada que produza efeito; pelo que — e para imitar os pregadores, que depois do exórdio ajoelham-se no púlpito, com a cabeça baixa, como a receber a inspiração divina — inclino-me por alguns instantes, até que a impressão passe; direi depois a grande notícia. Ajoelhai-vos também, e pensai em outra coisa.

Pensai nas festas de 15 de novembro e na espécie de julgamento egípcio, que toda a imprensa fez nesse dia acerca da República. Houve acordo em reconhecer a aceitação geral das instituições, e a necessidade de esforço para evitar erros cometidos. As festas estiveram brilhantes. Notou-se, é verdade, a ausência do corpo diplomático no palácio do governo. Espíritos desconfiados chegaram a crer em algum acordo prévio; mas esta ideia foi posta de lado, por absurda.

Não importa! Crédulo, quando teima, teima. Não faltou quem citasse o fato da nota coletiva acerca de uns tristes lazaretos, para concluir que não somos amados dos outros homens, e dar assim à ausência coletiva um ar de nota coletiva. Explicação que nada explica, porque se a gente fosse a amar a todas as pessoas a quem tem obrigação de tirar o chapéu, este mundo era vale de amores, em vez de ser um vale de lágrimas.

Não penseis mais nisso. Pensai antes nas festas nacionais dos Estados, posto seja difícil, a respeito de alguns, saber a verdade dos telegramas. Aqui estão dois da Fortaleza, Ceará, datados de 16. Um: "Foi imenso o regozijo pelo aniversário da proclamação da República". Outro: "O dia 15 de novembro correu frio, no meio da maior indiferença pública". Vá um homem crer em telegramas! A mim custa-me muito; Bismarck não cria absolutamente, tanto que confessa agora haver alterado a notícia de um, para obrigar à guerra de 1870. Assim o diz um telegrama publicado aqui, sexta-feira; mas é verdade que isto, dito por telegrama, não pode merecer mais fé que o dizer de outros telegramas. O melhor é esperar cartas.

Aqui está uma delas, e com tal notícia que, antes de inspirar piedade, encher-nos-á de orgulho. Não há telegrafices, nem para bem, nem para mal. Refiro-me àquele engenheiro Bacelar e àquele empreiteiro Dionísio, que em Aiuruoca foram presos por um grupo de calabreses, trabalhadores da linha férrea. O pagamento andava atrasado; os calabreses, para haver dinheiro, pegaram dos dois pobres-diabos, que iam de viagem, e disseram a um terceiro que antes de pagos não lhes dariam liberdade, e dar-lhe-iam a morte, se vissem aparecer força. O companheiro veio aqui ver se há meio de os resgatar. O caso é de meter piedade.

Sobretudo, como disse, é de causar orgulho. Maomé chamou a montanha, e, não querendo ela vir, foi ele ter com ela. Nós chamamos a Calábria, e a Calábria acudiu logo. Vivam as regiões dóceis! É certo que pagamos-lhe a passagem; mas era o menos que pedia a justiça. O ato agora praticado difere sensivelmente dos velhos costumes, porque a Calábria, desta vez, era e é credora; trabalhou e não lhe pagaram. Mas, enfim, o uso de prender gente até que ela lhe pague, com ameaça de morte, é assaz duro. Antes a citação pessoal e a sentença impressa; porque, se o devedor tem certo pejo, faz o diabo para pagar a dívida, por um ou por outro modo: se não o tem, que vale a publicidade do caso e do nome? Talvez a publicidade traga vantagens especiais ao condenado: perde os dedos e ficam-lhe os anéis. Napoleão dizia: *On est considéré à Paris, à cause de sa voiture, et non à cause de sa vertu.* Por que não há de suceder a mesma coisa na Calábria?

Outro assunto que merece particularmente a vossa atenção é a reunião da Intendência, a primeira eleita, a que vem inaugurar o regime constitucional da cidade. Corresponderá às esperanças públicas? Vamos crer que sim; crer faz bem, crer é honesto. Quando o mal vier, se vier, dir-se-á mal dele. Se vier o bem, como é de esperar, hosanas à Intendência. Por ora, boa viagem!

E agora, patrícios meus, cariocas da minha alma, vamos concluir o sermão, cujo exórdio lá ficou acima.

Sabeis que o nosso distrito é a capital interina da União. Já se está trabalhando em medir e preparar a capital definitiva. Eis a disposição constitucional; é o art. 5º, título F: "Fica pertencendo à União, no planalto central da República, uma zona de 14.400 quilômetros quadrados, que será oportunamente demarcada, para nela estabelecer-se a futura capital federal. — Parágrafo único. Efetuada a mudança da capital, o atual Distrito Federal passará a constituir um Estado".

Eis o ponto do sermão. Temos de constituir em breve um estado. O nome de capital federal, que aliás não é propriamente um nome, mas um qualificativo legal, ir-se-á com a mudança para a capital definitiva. Haveis de procurar um nome. *Rio de Janeiro* não pode ser, já porque há outro Estado com esse nome, já porque não é verdade; basta de aguentar com um rio que não é rio. Que nome há de ser? A primeira ideia que pode surgir em alguns espíritos distintos, mas preguiçosos, é aplicar ao Estado o uso de algumas ruas — Estado do dr. João Mariz, por exemplo —, uso que, na América do Norte, é limitado aos chamados *homens-sanduíches,* uns sujeitos metidos entre duas tábuas, levando escrita em ambas esta ou outra notícia: *"dr. Dix's celebrated female powders; guaranted superior to all others".* Não é bom sistema para intitular Estados.

Também não vades fabricar nomes grandiosos: Nova Londres ou Novíssima York. Prata de casa, prata de casa.

Não me cabe a escolha; sou duas vezes incompetente, por lei e por natureza. E depois, dou para piegas: podia adotar Carioca mesmo, ou Guanabara, usado pelos poetas da outra geração. Dir-me-eis que é preciso contar com o mundo, que só conhece o antigo Rio de Janeiro e não se acostumará à troca. Isso é convosco, patrícios meus. Nem eu vos anunciei a princípio uma grande descoberta senão para ter o gosto de trazer-vos até aqui, coluna abaixo, ansioso, à espera do segredo, e olhando apenas um fim de semana, um adeus e um ponto-final.

27 de novembro de 1892

Um dos meus velhos hábitos é ir, no tempo das Câmaras, passar as horas nas galerias. Quando não há Câmaras, vou à Municipal ou Intendência, ao júri, onde quer que possa fartar o meu amor dos negócios públicos, e, mais particularmente, da eloquência humana. Nos intervalos, faço algumas cobranças, ou qualquer serviço leve que possa ser interrompido sem dano, ou continuado por outro. Já se me têm oferecido bons empregos, largamente retribuídos, com a condição de não frequentar as galerias das Câmaras. Tenho-os recusado todos; nem por isso ando mais magro.

Nas galerias das Câmaras ocupo sempre um lugar na primeira fila dos bancos; leva-se mais tempo a sair, mas como eu só saio no fim, e às vezes depois do fim, importa-me pouco essa dificuldade. A vantagem é enorme; tem-se um parapeito de pau, onde um homem pode encostar os braços e ficar a gosto. O chapéu atrapalhou-me muito no primeiro ano (1857), mas desde que me furtaram um, meio novo, resolvi a questão definitivamente. Entro, ponho o chapéu no banco e sento-me em cima. Venham cá buscá-lo!

Não me perguntes a que vem esta página dos meus hábitos. É ler, se queres. Talvez haja alguma conclusão. Tudo tem conclusão neste mundo. Eu vi concluir discursos, que ainda agora suponho estar ouvindo.

Cada coisa tem uma hora própria, leitor feito às pressas. Na galeria, é meu costume dividir o tempo entre ouvir e dormir. Até certo ponto, velo sempre. Daí em diante, salvo rumor grande, apartes, tumulto, cerro os olhos e passo pelo sono. Há dias em que o guarda vem bater-me no ombro.

— Que é?
— Saia daí, já acabou.

Olho, não vejo ninguém, recomponho o chapéu e saio. Mas estes casos não são comuns.

No Senado, nunca pude fazer a divisão exata, não porque lá falassem mal; ao contrário, falavam geralmente melhor que na outra câmara. Mas não havia barulho. Tudo macio. O estilo era tão apurado, que ainda me lembra certo incidente que ali se deu, orando o finado Ferraz, um que fez a lei bancária de 1860. Creio que era então ministro da Guerra, e dizia, referindo-se a um senador: "Eu entendo, sr. presidente, que o nobre senador não entendeu o que disse o nobre Ministro da Marinha, ou fingiu que não entendeu". O Visconde de Abaeté, que era o presidente, acudiu logo: "A palavra *fingiu* acho que não é própria". E o Ferraz replicou: "Peço perdão a V. Ex.ª, retiro a palavra".

Ora, deem lá interesse às discussões com estes passos de minuete! Eu, mal chegava ao Senado, estava com os anjos. Tumulto, saraivada grossa, caluniador para cá, caluniador para lá, eis o que pode manter o interesse de um debate. E que é a vida senão uma troca de cachações?

A República trouxe-me quatro desgostos extraordinários; um foi logo remediado; os outros três, não. O que ela mesma remediou foi a desastrada ideia de meter as Câmaras no Palácio da Boa Vista. Muito político e muito bonito para quem anda com dinheiro no bolso; mas obrigar-me a pagar dois níqueis de passagem por dia, ou ir a pé, era um despropósito. Felizmente, vingou a ideia de tornar a pôr as Câmaras em contato com o povo, e descemos da Boa Vista.

Não me falem nos outros três desgostos. Suprimir as interpelações aos ministros, com dia fixado e anunciado; acabar com a discussão da resposta à fala do trono; eliminar as apresentações de ministérios novos...

Oh! as minhas belas apresentações de ministérios! Era um regalo ver a Câmara cheia, agitada, febril, esperando o novo gabinete. Moças nas tribunas, algum diplomata, meia dúzia de senadores. De repente, levantava-se um sussurro, todos os olhos voltavam-se para a porta central, aparecia o Ministério com o chefe à frente, cumprimentos à direita e à esquerda. Sentados todos, erguia-se um dos membros do gabinete anterior e expunha as razões da retirada; o presidente do Conselho erguia-se depois, narrava a história da subida, e definia o programa. Um deputado da oposição pedia a palavra, dizia mal dos dois ministérios, achava contradições e obscuridades nas explicações, e julgava o programa insuficiente. Réplica, tréplica, agitação, um dia cheio.

Justiça, justiça. Há usos daquele tempo que ficaram. Às vezes, quando os debates eram calorosos — e principalmente nas interpelações —, eu da galeria entrava na dança, dava palmas. Não sei quando começou este uso de dar palmas nas galerias. Deve vir de muitos anos. O presidente da Câmara bradava sempre: "As galerias não podem fazer manifestações!" Mas era como se não dissesse nada. Na primeira ocasião, tornava a palmear com a mesma força. Vieram vindo depois os bravos, os apoiados, os não-apoiados, uma bonita agitação. Confesso que eu nem sempre sabia das razões do clamor, e não raro me aconteceu apoiar dois contrários. Não importa; liberdade, antes confusa, que nenhuma.

Esse costume prevaleceu, não acompanhou os que perdi, felizmente. Em verdade, seria lúgubre, se, além de me tirarem as interpelações e o resto, acabassem metendo-me uma rolha na boca. Era melhor assassinar-me logo, de uma vez. A liberdade não é surda-muda, nem paralítica. Ela vive, ela fala, ela bate as mãos, ela ri, ela assobia, ela clama, ela vive da vida. Se eu na galeria não posso dar um berro, onde é que o hei de dar? Na rua, feito maluco?

Assim continuei a intervir nos debates, e a fazer crescer o meu direito político; mas estava longe de esperar o reconhecimento imediato, pleno e absoluto que me deu a Intendência nova. Tinha ganho muito na outra galeria; enriqueci na da Intendência, onde o meu direito de gritar, apupar e aplaudir foi bravamente consagrado. Não peço que se ponha isto por lei, porque então, gritando, apupando ou aplaudindo, estarei cumprindo um preceito legal, que é justamente o que eu não quero. Não que eu tenha ódio à lei; mas não tolero opressões de espécie alguma, ainda em meu benefício.

O melhor que há, no caso da Intendência nova, é que ela mesma deu o exemplo, excitando-se de tal maneira, que me fez esquecer os mais belos dias da Câmara. Em minha vida de galeria, que já não é curta, tenho assistido a grandes distúrbios parlamentares; raro se terá aproximado das estreias da nova representação do município. Não desmaie a nobre corporação. Berre, ainda que seja preciso trabalhar.

Pela minha parte, fiz o que pude, e estou pronto a fazer o que puder e o que não puder. Embora não tenha a superstição do respeito, quero que me respeitem no exercício de um jus adquirido pela vontade e confirmado pelo tempo. *J'y suis, j'y reste*, como tenho ouvido dizer nas Câmaras. Creio que é latim ou francês. Digo, por linguagem, que ainda posso ir adiante; e finalmente que, se há por aí alguma frase menos incorreta, é reminiscência da tribuna parlamentar ou judiciária. Não se arrasta uma vida inteira de galeria em galeria sem trazer algumas amostras de sintaxe.

4 de dezembro de 1892

Os acontecimentos parecem-se com os homens. São melindrosos, ambiciosos, impacientes, o mais pífio quer aparecer antes do mais idôneo, atropelam tudo, sem justiça nem modéstia... E quando todos são graves? Então é que é ver um miserável cronista, sem saber em qual pegue primeiro. Se vai ao que lhe parece mais grave de todos, ouve clamar outro que lhe não parece menos grave, e hesita, escolhe, torna a escolher, larga, pega, começa e recomeça, acaba e não acaba...

Justamente o que ora me sucede. Toda esta semana falou-se na invasão do Rio Grande do Sul. Realmente, a notícia era grave, e, embora não se tivesse dado invasão, falou-se dela por vários modos. Alguns a têm como iminente, outros provável, outros possível, e não raros a creem simples conjetura. Trouxe naturalmente sustos, ansiedade, curiosidade, e tudo o mais que aquela parte da República tem o condão de acarretar para o resto do país. Imaginei que era assunto legítimo para abrir as portas da crônica.

Mal começo, chega-me aos ouvidos o clamor dos banqueiros que voltam do palácio do governo, aonde foram conferenciar sobre a crise do dinheiro. E dizem-me eles que a questão financeira e bancária afeta toda a República, ao passo que a invasão, grave embora, toca a um só Estado. A prioridade é da crise, além do mais, porque existia e existirá, até que alguém a decifre e resolva.

Bem; atendamos à crise financeira. Mas, eis aqui, ouço a voz do general Pego dizendo que a crise política do Sul afeta a todos os Estados, e pode pôr em risco as próprias instituições. Uma folha desta capital, o *Tempo*, pesando as palavras daquele ilustre chefe, declara que qualquer que seja o desenlace da luta (se luta houver) "não crê que a federação fique perdida, e com ela a forma republicana". De onde se infere que faz depender a República da federação, ao contrário de outra folha desta mesma capital, o *Rio News,* que acha a República praticável, e a federação impraticável. Eu, sempre divergente do gênero humano, quisera adotar uma opinião mas não posso, ao menos, por ora; esperemos que os acontecimentos me deem lugar.

Como não me dão lugar, vou fazer com eles o que o Senado não quis fazer com a questão financeira: resolvê-los, liquidá-los. Talvez alguém prefira ver-me calar, como o Senado, e ir para casa dormir. Mas, ai! uma coisa é ser legislador, outra é ser narrador. O Senado tem o poder de fechar os olhos, esperar o sono, não ver as coisas, nem sonhar com elas; tem até o poder de ficar admirado, quando acordar e vir que elas cresceram, tais como crescem as plantas, quando dormimos, ou como nós crescemos também. Todos estes poderes faltam ao simples contador da vida.

Vá, liquido tudo. Liquido a jovem Intendência, que aqui vem eleita e verificada. Grave sucesso, relativamente ao Distrito Federal, pede, reclama o seu posto, e eu respondo que ela o tem aí, ao pé dos maiores. Não parece logo, por causa do nosso método de escrever seguido. Felizes os povos que escrevem por linhas verticais! Podem arranjar as crônicas de maneira que os acontecimentos fiquem sempre em cima; a parte inferior das linhas cabe às considerações de menor monta, ou absolutamente estranhas. Moralmente, é assim que escrevo.

Fica aí, Intendência amiga, onde te ponho, para que todos te vejam e te perguntem o que sairá de ti. Responde que só desejas o bem e o acertado; mas que tu mesma não sabes se há de sair o bem, se o mal. O futuro a Deus pertence, dizem os cristãos. Os pagãos diziam mais poeticamente: o futuro repousa nos joelhos dos deuses. E sendo certo que, por uma lei de linguagem, figuram as deusas entre os deuses, é doce crer que o futuro esteja também nos joelhos das moças celestes. Antes a nossa cabeça que o futuro. A Intendência, deusa desta cidade, tem nos seus joelhos o futuro dela. Cabe-lhe ensaiá-la a governar-se a si própria — ou a confessar que não tem vocação representativa.

E aí chegam outros acontecimentos graves da semana. Para longe, café falsificado, café composto de milho podre e carnaúba! Gerações de lavradores, que dormis na terra mãe do café; lavradores que ora suais trabalhando, portos de café, alfândegas, saveiros, navios que levais este produto-rei para toda a terra, ficai sabendo que a capital do café bebe café falsificado. Como faremos eleições puras, se falsificamos o café, que nos sobra? Espírito da fraude, talento da embaçadela, vocação da mentira, força é engolir-vos também de mistura com a honestidade de tabuleta.

Outro acontecimento grave, o anarquismo, também aqui fica mencionado, com o seu lema: *Chi non lavora non mangia.* Há divergências sobre os limites da propaganda de uma opinião. O positivismo, por órgão de um de seus mais ilustres e austeros corifeus, veio à imprensa defender o direito de propagar as ideias anarquistas, uma vez que não cheguem à execução. Acrescenta que só a religião da humanidade pode resolver o problema social, e conclui que os *maus constituem uma pequena minoria...*

Uma pequena minoria! Estás bem certo disso, positivismo ilustre? Uma pequena minoria de maus, e tudo o mais puro, santo e benéfico... Talvez não seja tanto, amigo meu, mas não brigaremos por isso. Para ti, que prometes o reino da Humanidade na terra, deve ser assim mesmo. Jesus, que prometia o reino de Deus nos céus, achava que muitos seriam os chamados e poucos os escolhidos. Tudo depende da região e da coroa. Em um ponto estão de acordo a igreja positivista e a igreja católica. "Estas (assustadoras utopias) só podem ser suplantadas pelas teorias científicas sobre o mundo, a sociedade e o homem, que acabarão por fazer com que a razão reconheça a sua impotência, e a necessidade de subordinar-se *à fé...*" Que fé? Eis a conclusão do trecho de Teixeira Mendes: "não mais em Deus; mas na Humanidade". Eis aí a diferença.

Pelo que me toca, eterno divergente, não tenho tempo de achar uma opinião média. Temo que a Humanidade, viúva de Deus, se lembre de entrar para um convento; mas também posso temer o contrário. Questão de humor. Há ocasiões em que, neste fim de século, penso o que pensava há mil e quatrocentos anos um autor eclesiástico, isto é, que o mundo está ficando velho. Há outras ocasiões em que tudo me parece verde em flor.

11 de dezembro de 1892

Dizem as sagradas letras que o homem nasceu simples, mas que ele próprio se meteu em infinitas questões. O mesmo direi das questões. Nascem simples; depois complicam-se... Vede a questão Chopim.

A questão Chopim é a mais antiga de todas as questões deste mundo. Nasceu com o primeiro homem. Toda gente sabe que o paraíso terreal foi obra de um sindicato composto de Adão e Eva, para o fim de pôr a caminho a concessão da vida. O serviço da organização era gratuito; mas a serpente persuadia aos dois organizadores da companhia que o art. 3º § 3º do Decreto nº 8 do primeiro ano da criação (data transferida mais tarde para 17 de janeiro de 1890) autorizava a tirar as vantagens e prêmios do capital realizado, e não dos lucros líquidos. Adão e Eva recusaram crer, a princípio; achavam o texto claro. Não desanimou a serpente, e provou-lhes: 1º que as publicações do Senhor eram incorretas pela ausência obrigada da imprensa; 2º que muitas outras companhias se tinham organizado, de acordo com a explicação que ela dava, a das abelhas, a dos castores, a das pombas, a dos elefantes, e a dos lobos e cordeiros; estes fizeram uma sociedade juntos, assaz engenhosa, porque não havia dividendos, mas divididos.

Adão e Eva cederam à evidência. Não faço ao cristão que me lê, a injustiça de supor que não conhece as palavras do Senhor a Adão: "Pois que comeste da árvore que eu te havia ordenado que não comesses (o art. 3º § 3º), a terra te produzirá espinhos e abrolhos". Daí as calamidades deste mundo; e, para só falar de Chopim, um processo, uma reunião, uma desunião, lutas, capotes rasgados, capotes cerzidos, capotes outra vez rasgados, o diabo!

Agora, se notarmos que ao pé de uma tal questão teve esta semana muitas outras de vário gênero... Melhor é não falar de nenhuma. Que direi do conflito Paula Ramos, se o não entendo? Há telegramas que atribuem o não-desembarque daquele cavalheiro a agentes da autoridade; outros afirmam que foi o povo. Os primeiros dizem que a indignação é geral; outros que, ao contrário, só é geral a alegria.

Outra questão complicada é (ornitologicamente falando) a dos *pica-paus* e dos *vira-bostas*, que são os nomes populares dos partidos do Rio Grande do Sul. Eu, quanto à política daquela região, sei unicamente um ponto, é que a Constituição política do Estado admite o livre exercício da medicina. Conquanto seja lei somente no Estado, não faltará quem deseje vê-la aplicada, quando menos ao Distrito Federal; eu, por exemplo. Neste caso, entendo que não se pode cumprir a notícia dada pelo *Tempo* de hoje, a saber, que vai ser preso um curandeiro conhecidíssimo, do qual é vítima uma pessoa de posição e popular entre nós.

Não há curandeiros. O direito de curar é equivalente ao direito de pensar e de falar. Se eu posso extirpar do espírito de um homem certo erro ou absurdo, moral ou científico, por que não lhe posso limpar o corpo e o sangue das corrupções? A eventualidade da morte não impede a liberdade do exercício. Sim, pode suceder que eu mande um doente para a eternidade; mas que é a eternidade senão uma extensão do convento, ao qual posso muito bem conduzir outro enfermo pela cura da alma? Não há curandeiros, há médicos sem medicina, que é outra coisa.

Não menos complexa foi a ressaca. Deixem-me confessar um pecado; eu gosto de ver o mar agitado, encapelado, comendo e vomitando tudo diante de si. Compreendo a observação de Lucrécio. Há certo prazer em ver de terra os náufragos lutando com o temporal. Nem sempre, é verdade; agora, por exemplo, não gostei de ver naufragar uma parte da ponte da Companhia de Melhoramentos da Cidade do Rio de Janeiro, não porque seja acionista, nem por qualquer sentimento estético; mas porque tenho particular amor às obras paradas. As montanhas-russas da Glória são a minha consolação. O tapume da Carioca deu-me horas deliciosas.

E não param aqui as questões complicadas. Um telegrama de França, noticiando os trabalhos da comissão de inquérito parlamentar acerca do canal do Panamá, acrescenta: "Documentos achados por ela constituem novas provas da pirataria exercida em torno daquele extraordinário empreendimento. Os jornais de maior circulação bradam que os crimes cometidos precisam de um castigo correspondente à lesão enorme que sofre o povo com o processo da empresa".

Tudo o que abala aquele país, pode dizer-se que abala também o nosso. Pelo que respeita especialmente à patifaria Panamá, repitamos, com o *Times* de 16 do mês passado, que a decisão que mandou meter em processo Lesseps e outros diretores da companhia "é um choque para o mundo civilizado".

Na verdade, será triste e duro que Lesseps, carregado de glórias e de anos (oitenta e oito!), vá acabar os seus dias na cadeia. Esperemos que nada lhe seja achado. Oremos pelo autor de Suez. Oxalá que, no meio das provas descobertas e das que vierem a descobrir-se, nada haja que obrigue a justiça a puni-lo. A lei que se desafronte com outros, saindo ileso e sem mácula o nome do grande homem, que a folha londrina considera o maior dos franceses vivos. Não faltam réus na porcaria Panamá; sejam eles castigados, como merecem. O que eu desejo, e o que a França não me pode levar a mal, porque não lhe aconselho frouxidões próprias de uma sociedade inconsciente, é que Lesseps saia puro. Quando um homem tem a glória de Suez e o perpétuo renome, é triste vê-lo metido com papeluchos falsos.

18 de dezembro de 1892

Ontem, querendo ir pela rua da Candelária, entre as da Alfândega e Sabão (velho estilo), não me foi possível passar, tal era a multidão de gente. Cuidei que havia briga, e eu gosto de ver brigas; mas não era. A massa de gente tomava a rua, de uma banda a outra, mas não se mexia; não tinha a ondulação natural dos cachações. Procissão não era; não havia tochas acesas nem sobrepelizes. Sujeito que mostrasse artes de macaco ou vendesse drogas, ao ar livre, com discursos, também não.

Estava neste ponto, quando vi subir a rua da Alfândega um digno ancião, a quem expus as minhas dúvidas.

— Não é nada disso — respondeu-me cortesmente. — Não há aqui procissão nem macaco. Briga, no sentido de murros trocados, também não há, pelo menos, que me conste. Quanto à suposição de estar aí alguma pessoa apregoando medalhinhas e vidrilhos, como os bufarinheiros da rua do Ouvidor, esquina da do Carmo ou da Primeiro de Março, menos ainda.

— Já sei, é uma seita religiosa que se reúne aqui para meditar sobre as vaidades do mundo, um troço de budistas...

— Não, não.

— Adivinhei: é um *meeting*.

— Onde está o orador?

— Esperam o orador.

— Que orador? que *meeting*? Ouça calado. O senhor parece ter o mau costume de vir apanhar as palavras dentro da boca dos outros. Sossegue e escute.

— Sou todo ouvidos.

— Este é o célebre Encilhamento.

— Ah!

— Vê? Há mais tempo teria tido o gosto dessa admiração, se me ouvisse calado. Este é o Encilhamento.

— Não sabia que era assim.

— Assim como?

— Na rua. Cuidei que era uma vasta sala ou um terreno fechado, particular ou público, não este pedaço de rua estreita e aborrecida. E olhe que nem há meio de passar; eu quis romper, pedi licença... Entretanto, creio que temos a liberdade de circulação.

— Não.

— Como não?

— Leia a Constituição, meu senhor, leia a Constituição. O art. 72 é o que compendia os direitos dos nacionais e estrangeiros; são trinta e um parágrafos; nenhum deles assegura o direito de circulação... O direito de reunião, porém, é positivo. Está no § 8º: "A todos é lícito reunirem-se livremente e sem armas, não podendo intervir a polícia, senão para manter a ordem pública". Estes homens que aqui estão trazem armas?

— Não as vejo.

— Estão desarmados, não perturbam a ordem pública, exercem um direito, e, enquanto não infringirem as duas cláusulas constitucionais, só a violência os poderá tirar daqui. Houve já uma tentativa disso. Eu, se fosse comigo, recorria aos tribunais, onde há justiça. Se eles ma negassem, pedia o júri, onde ela é indefectível, como na velha Inglaterra. Note que a violência da polícia já deu algum lucro. Como as moléculas do Encilhamento, por uma lei natural, tendiam a unir-se logo depois de dispersados, a polícia, para impedir a recomposição, fazia disparar de quando em quando dois praças de cavalaria. Mal sabiam elas que eram simples animais de corrida. As pessoas que as viam correr, apostavam sobre qual chegaria primeiro a certo ponto. — É a da esquerda. — É a da direita. — Quinhentos mil-réis. — Aceito. — Pronto. — Chegou a da esquerda; dê cá o dinheiro.

— De maneira que a própria autoridade...

— Exatamente. Ah! meu caro, dinheiro é mais forte que amor. Veja o negócio do chocolate. Chocolate parece que não convida à falsificação; tem menos uso que o café. Pois o chocolate é hoje tão duvidoso como o café. Entretanto, ninguém dirá que os falsificadores sejam homens desonestos nem inimigos públicos. O que os leva a falsificar a bebida não é o ódio ao homem. Como odiar o homem, se no homem está o freguês? É o amor da pecúnia.

—Pecúnia? chocolate?

— Sim, senhor, um negócio que se descobriu há dias. O senhor, ao que parece, não sabe o que se passa em torno de nós. Aposto que não teve notícia da revolução de Niterói?

— Tive.

— Eu tive mais que notícia, tive saudades. Quando me falaram em revolução de Niterói, lembrei-me dos tempos da minha mocidade, quando Niterói era Praia Grande. Não se faziam ali revoluções, faziam-se patuscadas. Ia-se de falua, antes e ainda depois das primeiras barcas. Quem ligou nunca Niterói e São Domingos a outra ideia que não fosse noite de luar, descantes, moças vestidas de branco, versos, uma ou outra charada? Havia presidente, como há hoje; mas morava do lado de cá. Ia ali às onze horas, almoçado, assinava o expediente, ouvia uma dúzia de sujeitos cujos negócios eram todos a salvação pública, metia-se na barca e vinha ao Teatro Lírico ouvir a Zecchini. Havia também uma Assembleia legislativa; era uma espécie do antigo Colégio de Pedro II, onde os moços tiravam carta de bacharel político, e marchavam para São Paulo, que era a Assembleia geral. Tempos! tempos!

— Tudo muda, meu caro senhor. Niterói não podia ficar eternamente Praia Grande.

— De acordo; mas a lágrima é livre.

— É talvez a coisa mais livre deste mundo, senão a única. Que é a liberdade pessoal? O senhor vinha andando, rua acima, encontra-me, faço-lhe uma pergunta, e aqui está preso há vinte minutos.

— Pelo amor de Deus! Tomara eu destes grilhões! São grilhões de ouro.

— Agradeço-lhe o favor. Nunca o favor é tão honroso e grande como quando sai da boca ungida pelo saber e pela experiência; porque a bondade é própria dos altos espíritos.

— Julga-me por si; é o modo certo de engrandecer os pequenos.

— O que engrandece os pequenos é o sentimento da modéstia, virtude extraordinária; o senhor a possui.

— Nunca me esquecerei deste feliz encontro.

— Na verdade, é bom que haja Encilhamento; se o não houvesse, a rua era livre, como a lágrima, eu teria ido o meu caminho, e não receberia este favor do céu, de encontrar uma inteligência tão culta. Aqui está o meu cartão.

— Aqui está o meu. Sempre às suas ordens.
— Igualmente.
— *(À parte)* Que homem distinto!
— *(À parte)* Que estimável ancião!

25 de dezembro de 1892

É desenganar. Gente que mamou leite romântico pode meter o dente no rosbife naturalista; mas em lhe cheirando a teta gótica e oriental, deixa o melhor pedaço de carne para correr à bebida da infância. Oh! meu doce leite romântico! Meu licor de Granada! Como ao velho Goethe, aparecem novamente as figuras aéreas que outrora vi ante os meus olhos turvos.

Com efeito, enquanto vós outros cuidáveis da reforma financeira e tantos fatos da semana, enquanto percorríeis as salas da nossa bela exposição preparatória da de Chicago, eu punha os olhos em um telegrama de Constantinopla, publicado por uma das nossas folhas. Não são raros os telegramas de Constantinopla; temos sabido por eles como vai a questão dos Dardanelos; mas desta vez alguma coisa me dizia que não se tratava de política. Tirei os óculos, limpei-os, fitei o telegrama. Que dizia o telegrama?

"Cinco odaliscas..." Parei; lidas essas primeiras palavras, senti-me necessitado de tomar fôlego. Cinco odaliscas! Murmura esse nome, leitor: faze escorrer da boca essas quatro sílabas de mel, e lambe depois os beiços, ladrão. Pela minha parte, achei-me, em espírito, diante de cinco lindas mulheres, com o véu transparente no rosto, as calças largas e os pés metidos nas chinelas de marroquim amarelo, *babuchas*, que é o próprio nome. Todas as *orientais* de Hugo vieram chover sobre mim as suas rimas de ouro e sândalo. Cinco odaliscas! Mas que fizeram essas cinco odaliscas? Não fizeram nada. Tinham sido mandadas de presente ao sultão. Pobres moças! Entraram no harém, lá estiveram não sei quanto tempo, até que foram agora assassinadas... Sim, leitor compassivo, assassinadas por mandado das outras mulheres que já lá estavam, e por ciúmes...

Não, aqui é força interromper o capítulo, por um instante. Não continuo sem advertir que o ano é bissexto, ano de espantos. Míseras odaliscas! Assassinadas por ciúmes, não do sultão, que tem mais que fazer com o grande urso eslavo, por ciúmes dos eunucos. Singulares eunucos! eunucos de ano bissexto! Todo o harém posto em ódio, em tumulto, em sangue, por causa de meia dúzia de guardas, que o sultão tinha o direito de supor fiéis ao trono e à cirurgia.

O mundo caduca, reflexionou tristemente um dia não sei que cardeal da Santa Igreja Romana, e fez bem em morrer pouco depois, para não ouvir da parte do oriente este desmentido de incréus: o mundo reconstitui-se. O sultão tem ainda um recurso, dissolver o corpo dos seus guardas, como fizemos aqui com o corpo de polícia de Niterói, e recompô-lo com os companheiros de Maomé II. Eles acudirão à chamada do imperador; os velhos ossos cumprirão o seu dever, atarraxando-se uns nos outros, e, com as órbitas vazias, com o alfanje pendente dos dedos sem carne, correrão a vigiar e defender as odaliscas antigas e recentes.

Ossos embora, hão de ouvir as vozes femininas, e, pois que tiveram outra função social, estremecerão ao eco dos séculos extintos. A frase vai-me saindo com tal ou qual ritmo que parece verso. Talvez por causa do assunto. Falemos de um triste leitão, que ouvi grunhir agora mesmo no largo da Carioca. Ia atado pelos pés, dorso para baixo, seguro pela mão de um criado, que o levava de presente a alguém; é véspera de Natal. Presente cristão, costume católico, parece que adotado para fazer figa ao judaísmo. Será comido amanhã, domingo; irá para a mesa com a antiga rodela de limão, à maneira velha. Pobre leitão! Berrava como se já o estivessem assando. Talvez o desgraçado houvesse notícia do seu destino, por algumas relações verbais que passem entre eles de pais a filhos. Pode ser que eles ainda aguardem uma desforra. Tudo se deve esperar na terra. *Tout arrive,* como dizem os franceses.

Não quero dizer dos franceses o que me está caindo da pena. Melhor é calá-lo. Como se não bastassem a essa briosa nação os delitos de Panamá, está a desmoralizar-se com o escândalo de tantos processos. Corrupção escondida vale tanto como pública; a diferença é que não fede. Que é que se ganha em processar? Fulano corrompeu sicrano. Pedro e Paulo uniram-se para embaçar uma rua inteira, fizeram vinte discursos, trinta anúncios, e deixaram os ouvintes sem dinheiro nem nada. Que valem demandas? Dinheiro não volta; ao passo que o silêncio, além de ser ouro, conforme o adágio árabe, tem a vantagem de fazer esquecer mais depressa. Toda a questão é que os empulhados não se deixem embair outra vez pelos empulhadores.

1º de janeiro de 1893

Inventou-se esta semana um crime. O nosso século tem estudado criminologia como gente. Os italianos estão entre os que mais trabalham. Um dos meus vizinhos fronteiros, velho advogado, com as reminiscências que lhe ficaram do antigo Teatro Provisório (*O'bel'alma innamorata!* — *Gran Dio, morir sì giovane,* — *Eccomi in Babilonia* etc. etc.), vai entrando pelos livros florentinos e napolitanos, como o leitor e eu entramos por um almanaque. Pois assegurou-me esse homem, há poucos minutos, que o crime agora inventado não existe em tratadista algum moderno, seja de Parma ou da Sicília.

Julgue o leitor por si mesmo. O crime foi inventado em sessão pública do Conselho Municipal. Três intendentes, não concordando com a verificação de poderes, a qual se estava fazendo entre os demais eleitos, tinham recorrido ao presidente da República e aos tribunais judiciários, os quais todos se declararam incompetentes para decidir a questão. Não alcançando o que pediam, resolveram tomar assento no Conselho Municipal. Um deles, em discurso cordato, moderado e elogiativo, declarou que, no ponto a que as coisas chegaram, ele e os companheiros tinham de adotar um destes dois alvitres: renunciar ou tomar posse das cadeiras. "Renunciar (disse) entendemos que não podíamos fazê-lo, porquanto seria um crime..."

Deus me é testemunha de ter vivido até hoje na persuasão de que renunciar um mandato qualquer, político ou não político, era um dos direitos do homem.

Cincinnatus foi o primeiro que me meteu esta ideia na cabeça, quando renunciou, ao cabo de seis dias, a ditadura que lhe deram por seis meses. Agora mesmo, um deputado inglês, e dos melhores, Balfour, sendo presidente de uma companhia que faliu, julgou-se inabilitado para a Câmara dos Comuns, e renunciou à cadeira, como se falência e Parlamento fossem incompatíveis; mas cada um tem a sua opinião.

Hoje, não digo que tenha mudado inteiramente de parecer, mas vacilo. Talvez a renúncia seja realmente um crime. Os crimes nascem, vivem e morrem como as outras criaturas. Matar, que é ainda hoje uma bela ação nas sociedades bárbaras, é um grande crime nas sociedades polidas. Furtar pode não ser punido em todos os casos; mas em muitos o é. Nunca me há de esquecer um sujeito que, com o pretexto (aliás honesto) de estar chovendo, levou um guarda-chuva que vira à porta de uma loja; o júri provou-lhe que a propriedade é coisa sagrada, ao menos, sob a forma de um guarda-chuva, e condenou-o não sei a quantos meses de prisão.

Pode ter havido excesso no grau da pena; mas a verdade é que de então para cá não me lembra que se haja furtado um só guarda-chuva. As amostras vivem sossegadas às portas das fábricas. É assim que os crimes morrem; é assim que a própria ideia de furto ou fraude (sinônimos neste escrito) irá acabando os seus dias de labutação na terra. Um publicista inglês, tratando do recém-finado Jay Gould, *rei das estradas de ferro,* aplica-lhe o dito atribuído a Napoleão Bonaparte: "Os homens da minha estofa não cometem crimes". Dito autocrático: a democracia, que invade tudo, há de pô-lo ao alcance dos mais modestos espíritos.

Não falando na renúncia atribuída ao presidente do Estado do Rio de Janeiro — notícia desmentida —, tivemos esta semana a do Banco da República, relativamente à sua personalidade, e vamos ter, na que entra, a do Banco do Brasil, para formarem o Banco do Estado. Já se fala na fusão de outros, não porque os alcance o recente decreto, mas porque um pão com um pedaço é pão e meio. *Primo vivere.* Crer que tornará o banquete de 1890-1891 é grande ilusão. "Acabaram-se os belos dias de Aranjuez." Sintamos bem a melancolia dos tempos. Compreendamos a inutilidade das brigas diárias e públicas entre companhias e trechos de companhia, entre diretorias e trechos de diretoria. Melhor é ajuntar os restos do festim, mandar fazer o que a arte culinária chama roupa velha, e comê-la com os amigos, sem vinho. Café sim, mas de carnaúba e milho podre.

Há fatos mais extraordinários que a desolação de Babilônia. Há o fato de um preto de Uberaba que, fugindo agora da casa do antigo senhor, veio a saber que estava livre desde 1888, pela Lei da Abolição. Faz lembrar o velho adágio inglês: "Esta cabana é pobre, está toda esburacada; aqui entra o vento, entra a chuva, entra a neve, mas não entra o rei". O rei não entrou na casa do ex-senhor de Uberaba, nem o presidente da República. O que completa a cena é que uns oito homens armados foram buscar o João (chama-se João) à casa do engenheiro Tavares, onde achara abrigo. Que ele fosse agarrado, arrastado e espancado pelas ruas, não acredito; são floreios telegráficos. Ainda se fosse de noite, vá; mas às 2 horas da tarde... Creio antes que a polícia prendesse já dois dos sujeitos armados e esteja procedendo com energia. Agora, se a energia irá até o fim, é o que não posso saber, porque (emendemos aqui o nosso Schiler) os belos dias de Aranjuez ainda não acabaram.

Renunciar ao escravo é um crime, terá dito o senhor de Uberaba, e já é outro voto para a opinião do nosso intendente. Também os mortos não renunciam ao seu direito de voto, como parece que sucedeu na eleição da Junta Comercial. Vieram os mortos, pontuais como na balada, e sem necessidade de tambor. Bastou a voz da chamada; ergueram-se, derrubaram a laje do sepulcro e apresentaram-se com a cédula escrita. Se assinaram o livro de presença, ignoro; a letra devia ser trêmula — trêmula, mas bem-pensante.

Quem me parece que renuncia, sem admitir que comete um crime, é o Senhor Deus Sabbaoth, três vezes santo, criador do céu e da terra. Consta-me que abandonou completamente este mundo, desgostoso da obra, e que o passou ao diabo pelo custo. O diabo pretende organizar uma sociedade anônima, dividindo a propriedade em infinitas ações e prazo eterno. As ações, que ele dirá nos anúncios serem excelentes, mas que não podem deixar de ser execráveis, conta vendê-las com grande ágio. Há quem presuma que ele fuja com a caixa para outro planeta, deixando o nosso sem diabo nem Deus. Outros pensam que ele reformará o mundo, contraindo um empréstimo com Deus, sem lhe pagar um ceitil. Adeus, boas saídas do outro e melhores entradas deste.

8 de janeiro de 1893

Quem houver acompanhado, durante a semana, as recapitulações da imprensa, ter-se-á admirado de ver o que foi aquele ano de 1892.

A Igreja recomenda a confissão, ao menos, uma vez cada ano. Esta prática, além das suas virtudes espirituais, é útil ao homem, porque o obriga a um exame de consciência. Vivemos a retalho, dia por dia, esquecendo uma semana por outra, e os onze meses pelo último. Mas o exame de consciência evoca as lembranças idas, congrega os sucessos distanciados, recorda as nossas malevolências, uma ou outra dentada nos amigos e até nos simples indiferentes. Tudo isso junto, em poucas horas, traz à alma um espetáculo mais largo e mais intenso que a simples vida seguida de um ano.

O mesmo sucede ao povo. O povo precisa fazer anualmente o seu exame de consciência: é o que os jornais nos dão a título de retrospecto. A imprensa diária dispersa a atenção. O seu ofício é contar, todas as manhãs, as notícias da véspera, fazendo suceder ao homicídio célebre o grande roubo, ao grande roubo a ópera nova, à ópera o discurso, ao discurso o estelionato, ao estelionato a absolvição etc. Não é muito que um dia pare, e mostre ao povo, em breve quadro, a multidão de coisas que passaram, crises, atos, lutas, sangue, ascensões e quedas, problemas e discursos, um processo, um naufrágio. Tudo o que nos parecia longínquo aproxima-se; o apagado revive; questões que levavam dias e dias são narradas em dez minutos; polêmicas que se estenderam das Câmaras à imprensa e da imprensa aos tribunais, cansando e atordoando, ficam agora claras e precisas. As comoções passadas tornam a abalar o peito...

Mas vamos ao meu ofício, que é contar semanas. Contarei a que ora acaba e foi mui triste. A desolação da rua Primeiro de Março é um dos espetáculos mais sugestivos deste mundo. Já ali não há turcas, ao pé das caixas de bugigangas; os engraxadores de sapatos com as suas cadeiras de braços e os demais aparelhos desapareceram; não há sombra de tabuleiro de quitanda, não há samburá de fruta. Nem ali nem alhures. Todos os passeios das calçadas estão despejados delas. Foi o prefeito municipal que mandou pôr toda essa gente fora do olho da rua, a pretexto de uma postura, que se não cumpria.

Eu de mim confesso que amo as posturas, mas de um amor desinteressado, por elas mesmas, não pela sua execução. O prefeito é da escola que dá à arte um fim útil, escola degradante, porque (como dizia um estético) de todas as coisas humanas a única que tem o seu fim em si mesma é a arte. Municipalmente falando, é a postura. Que se cumpram algumas, é já uma concessão à escola utilitária; mas deixai dormir as outras todas nas coleções edis. Elas têm o sono das coisas impressas e guardadas. Nem se pode dizer que são feitas *para inglês ver*.

Em verdade, a posse das calçadas é antiga. Há vinte ou trinta anos, não havia a mesma gente nem o mesmo negócio. Na velha rua Direita, centro do comércio, dominavam as quitandas de um lado e de outro, africanas e crioulas. Destas, as baianas eram conhecidas pela trunfa, um lenço interminavelmente enrolado na cabeça, fazendo lembrar o famoso retrato de Mme. de Staël. Mais de um lorde Oswald do lugar achou ali a sua Corina. Ao lado da Igreja da Cruz vendiam-se folhetos de vária espécie, pendurados em barbantes. Os pretos-minas teciam e cosiam chapéus de palha. Havia ainda... Que é que não havia na rua Direita?

Não havia turcas. Naqueles anos devotos, ninguém podia imaginar que gente de Maomé viesse quitandar ao pé de gente de Jesus. Afinal um turco descobriu o Rio de Janeiro e tanto foi descobri-lo como dominá-lo. Vieram turcos e turcas. Verdade é que, estando aqui dois padres católicos, do rito maronita, disseram missa e pregaram domingo passado, com assistência de quase toda a colônia turca, se é certa a notícia que li anteontem. De maneira que os nossos próprios turcos são cristãos. Compensam-nos dos muitos cristãos nossos, que são meramente turcos, mas turcos de lei.

Cristãos ou não, os turcos obedecem à postura, como os demais mercadores das calçadas. Os italianos, patrícios do grande Nicolau, têm o maquiavelismo de a cumprir sem perder. Foram-se, levando as cadeiras de braços, onde o freguês se sentava, enquanto lhe engraxavam os sapatos; levaram também as escovas da graxa, e mais a escova particular que transmitia a poeira das calças de um freguês às calças de outro, tudo por dois vinténs.

O tostão era preço recente; não sei se anterior, se posterior à Geral. Creio que anterior. Em todo caso, posterior à Revolução Francesa. Mas aqui está no que eles são finos; os filhos, introdutores do uso de engraxar os sapatos ao ar livre, já saíram à rua com a caixeta às costas, a servir os necessitados. Irão pouco a pouco estacionando; depois, irão os pais, e, quando se for embora o prefeito, tornarão à rua as cadeiras de braços, as caixas das turcas e o resto.

Assim renascem, assim morrem as posturas. Está prestes a nascer a que restitui o Carnaval aos seus dias antigos. O ensaio de fazer dançar, mascarar e pular no inverno durou o que duram as rosas; *l'espace d'un matin*. Não me cortem esta frase batida e piegas; a falta de carne ao almoço e ao jantar desfibra um homem, preciso ser chato como esta folha de papel que recebe os meus suspiros. Felizmente uma notícia compensa a outra. A volta do Carnaval é uma lição científica. O Conselho Municipal, em grande parte composto de médicos, desmente assim a ilusão de serem os folguedos daqueles dias incompatíveis com o verão. Aí está uma postura que vai ser cumprida com delírio.

15 de janeiro de 1893

Onde há muitos bens, há muitos que os comam, diz o *Eclesiastes,* e eu não quero outro manual de sabedoria. Quando me afligirem os passos da vida, vou-me a esse velho livro para saber que tudo é vaidade. Quando ficar de boca aberta diante de um fato extraordinário, vou-me ainda a ele para saber que nada é novo debaixo do sol.

Nada é novo debaixo do sol. Onde há muitos bens, há muitos que os comam. Quer dizer que já por essas centenas de séculos atrás os homens corriam ao dinheiro alheio; em primeiro lugar, para ajuntar o que andava disperso pelas algibeiras dos outros; em segundo lugar, quando um metia o dinheiro no bolso, corriam a dispersar o ajuntado. Apesar deste risco, o conselho de Iago é que se meta dinheiro no bolso. *Put money in thy purse.*

Esta semana tivemos boatos falsos e notícias que podem ser verdadeiras, tudo relativo a dinheiro, não falando na moeda falsa, cujos fabricantes afinal foram descobertos, nem nos atos que vários cidadãos, em folhas públicas, lançam em rosto uns aos outros, os clamores por dividendos que não aparecem, os pedidos de liquidação, os protestos contra ela, as insinuações, as acusações, os murmúrios. Hoje diz um telegrama de Londres, que Balfour, complicado em questões de bancos, embarcou de nome trocado para o Rio de Janeiro. Hão de lembrar-se que há duas semanas dei notícia de haver esse homem político renunciado à cadeira que tinha na Câmara dos Comuns; mas estava longe de crer na fuga, se há fuga. Menos ainda que viesse para a nossa capital. Mas então, por que é que outros de igual nome saem daqui? Mistério dos mistérios, tudo é mistério.

No meio de tantos sucessos, ou à sombra deles, o parlamentarismo quis fazer uma entrada no Conselho Municipal. Felizmente, o sr. Oscar Godói deu alarma a tempo. "Isto é parlamentarismo", disse o sr. Godói ao sr. Franklin Dutra, e o parlamentarismo foi abolido; "V. Ex.ª já não vê interpelação nem nas Câmaras." O sr. Franklin Dutra, se levava a ideia de propor uma interpelação ao prefeito, abriu mão dela e limitou-se a uma simples indicação. O assunto era a questão das carnes verdes; mas eu não falo de carnes verdes, como não falo das congeladas, que algumas pessoas comparam às carnes espatifadas de Maria de Macedo. Creio que esta pilhéria fará carreira; é lúgubre, mas é também medíocre.

Uma só coisa me interessou no debate municipal; foi o tratamento de Excelência. Não que seja coisa rara a boa educação. Também não direi que seja nova. O que não posso é indicar desde quando entrou naquela casa esta natural fineza. Provavelmente, foi a reação do legítimo amor-próprio contra desigualdades injustificáveis.

De feito, a antiga Câmara Municipal tinha o título de Senhoria e de Ilustríssima; mas pessoalmente os seus membros não tinham nada. Um decreto de 18 de julho de 1841 concedeu aos membros do Senado o tratamento de Excelência, acrescentando: "e por ele (tratamento) se fale e se escreva aos atuais senadores e aos que daqui em diante exercerem o dito lugar". Aos deputados foi dado por decreto da mesma data o tratamento de Senhoria, mas limitado aos que assistiram à coroação do finado imperador. O tratamento era pessoal; embora sobrevivesse ao cargo, não passava dos agraciados.

Naturalmente os deputados futuros reagiram contra a diferença que se estabelecia entre eles e os senadores, diferença já acentuada por outros sinais externos, desde a vitaliciedade até o subsídio. Começaram a usar da Excelência. O poder não teve remédio; curvou-se à prática. As Assembleias provinciais acanharam-se; mas a antiga *salinha* de Niterói (provavelmente foi a primeira) declarou por atos que as liberdades locais não eram menos dignificáveis que as liberdades imperiais, e o tratamento de Excelência deu entrada naquela casa. Um dos seus chefes não perdeu nunca, ou quase nunca, o velho costume do tratamento indireto, e dizia: *o honrado membro.* "Perdoe-me o honrado membro; não é isso o que tenho ouvido ao honrado membro."

Já disse que não posso indicar em que tempo a Excelência penetrou na Câmara Municipal. Não é provável que fosse antes da publicação dos debates. Sem impressão não há estilo. *Verba volant, scripta manent.* Mas são cronologias estéreis, que nada servem ao fim proposto, a saber, que as maneiras finas são o freio de ouro das paixões, e não prejudicam em nada a liberdade; só a podem ofender pela restrição aos membros de uma câmara. Desde, porém, que se estenda a todos, é a igualdade em ação, mas em ação graciosa e culta.

De resto, se a explicação que dou não é aceitável, achar-se-á outra que acerte com a verdade. Não há problemas insolúveis, exceto o da Paraíba do Sul, cujo estado oscila entre o seio de Abraão e a Guerra de Troia (sem Homero). Ninguém disse, ainda, que na Paraíba do Sul se vive como nas demais cidades e vilas do Rio de Janeiro, *tant bien que mal.* O pêndulo da opinião vai do ótimo ao péssimo, do adorável ao execrável, e é preciso crer uma coisa ou outra, a não querer brigar com ambas as partes.

Tenho ideia de que há ainda outro problema insolúvel; mas não me demoro em procurá-lo. Di-lo-ei depois, se o achar. Adeus. Se sair errada alguma frase ou palavra, levem o erro à conta da letra apressada, não da revisão. Na outra semana, saiu impresso que "a imprensa diária *dispensa* a atenção", em vez de "a imprensa diária *dispersa* a atenção", ideia mui diferente. A revisão é severa; eu é que sou desigual na escrita, mais inclinado ao pior que ao melhor.

Dizem de Napoleão que a sua assinatura, depois de Austerlitz, era antes *Ugulai* que *Napoléon.* Há aqui na nossa Biblioteca Pública uma carta dele a D. João VI, outro príncipe regente, cuja assinatura, se não é *Ugulai*, é coisa mais feia. Cito este exemplo, não só porque a gente deve desculpar-se com os grandes, mas ainda porque, escrevendo eu um pouco melhor que Bonaparte, acabo este artigo com tal ou qual sentimento de haver ganho a Batalha de Waterloo.

22 de janeiro de 1893

A questão Capital está na ordem do dia. Tempo houve em que na República Argentina não se falou de outra coisa. Lá, porém, não se tratava de trocar a capital da Província de Buenos Aires por outra, mas de tirar à cidade deste nome o duplo caráter de capital da província e da República. Um dia resolveram fazer uma cidade nova, La Plata, que dizem ser magnífica, mas que custou naturalmente empréstimos grossos.

Entre nós, a questão é mais simples. Trata-se de mudar a capital do Rio de Janeiro para outra cidade que não fique sendo um prolongamento da rua do Ouvidor. Convém que o Estado não viva sujeito ao botão de Diderot, que matava um homem na China. A questão é escolher entre tantas cidades. A ideia legislativa até agora é Teresópolis; assim se votou ontem na Assembleia. Era a do finado capitalista Rodrigues, que escreveu artigos sobre isso. Grande *viveur*, o Rodrigues! Em verdade, Teresópolis está mais livre de um assalto, é fresca, tem terras de sobra, onde se edifique para oficiar, para legislar e para dormir.

Campos quer também a capitalização. Reúne-se, discute, pede, insta. Vassouras não quer ficar atrás. Velha cidade de um município de café, julga-se com direito a herdar de Niterói, e oferecer dinheiros para auxiliar a administração. Petrópolis também quer ser capital, e parece invocar algumas razões de elegância e de beleza; mas tem contra si não estar muito mais longe da rua do Ouvidor, e até mais perto, por dois caminhos. Também há quem indique Nova Friburgo; e, se eu me deixasse levar pelas boas recordações dos hotéis Leuenroth e Salusse, não aconselharia outra cidade. Mas, além de não pertencer ao Estado (sou puro carioca), jamais iria contra a opinião dos meus concidadãos unicamente para satisfazer reminiscências culinárias. Nem só culinárias; também as tenho coreográficas... Oh, bons e saudosos bailes do salão Salusse! Convivas desse tempo, onde ides vós? Uns morreram, outros casaram, outros envelheceram; e, no meio de tanta fuga, é provável que alguns fugissem. Falo de catorze anos atrás. Resta ao menos este miserável escriba, que, em vez de lá estar outra vez, no alto da serra, aqui fica a comer-lhes o tempo.

Niterói não pede nada, olha, escuta, aguarda. Vai para a barca, se tem cá o emprego; se o tem lá mesmo, vai ver chegar ou sair a barca. Vê sempre alguma coisa, outrora as lanchas, depois as barcas. Pobre subúrbio da velha Corte, não tens forças para reagir contra a descapitalização; não representas, não requeres. Vais para a galeria da Assembleia ouvir as razões com que te tiram o chapéu da cabeça; não indagues se são boas ou más. São razões.

Vale-lhe uma coisa: não está só. O Estado de Minas Gerais, que desde o tempo do Império já sonhava com outra capital, põe mãos à obra deveras, mandando fazer uma capital nova. Já aí saiu uma comissão em busca de território e clima adequados. Ouro Preto tem de ceder. Dizem que lhe custa; mas o que é que não custa? Quanto à capital da República, é matéria constitucional, e a comissão encarregada de escolher e delimitar a área já concluiu os seus trabalhos, ou está prestes a fazê-lo, segundo li esta mesma semana. Telegrama de Uberaba diz que ali chegou o chefe, Luís Cruls.

Não há dúvida que uma capital é obra dos tempos, filha da história. A história e os tempos se encarregarão de consagrar as novas. A cidade que já estiver feita, como no Estado do Rio, é de esperar que se desenvolva com a capitalização. As novas devemos esperar que serão habitadas logo que sejam habitáveis. O resto virá com os anos.

Entretanto, os donativos e ofertas por parte de algumas cidades fluminenses mostram bem que nem as cidades querem andar na turbamulta, por mais que a produção e a riqueza as distingam. Tudo vale muito, mas não vale tudo, antes da coroa administrativa. Datar as leis de Campos é dar o comando a Campos; datá-las de Vassouras é dá-lo a Vassouras; e nada vale o comando, nem a própria santidade.

A capital da República, uma vez estabelecida, receberá um nome deveras, em vez deste que ora temos, mero qualificativo. Não sei se viverei até a inauguração. A vida é tão curta, a morte tão incerta, que a inauguração pode fazer-se sem mim, e tão certo é o esquecimento, que nem darão pela minha falta. Mas, se viver, lá irei passar algumas férias, como os de lá virão aqui passar outras. Os cariocas ficarão sempre com a baía, a esquadra, os arsenais, os teatros, os bailes, a rua do Ouvidor, os jornais, os bancos, a praça do Comércio, as corridas de cavalos, tanto nos circos, como nos balcões de algumas casas cá embaixo, os monumentos, a Companhia Lírica, os velhos templos, os rabequistas, os pianistas...

Ponhamos também os melhoramentos projetados na cidade. São muitos, e creio haver boa resolução de levar a obra a cabo. Oxalá não desanimem os poderes do município. Também ficaremos com os processos de toda a sorte, as sociedades sem cabeça e as sociedades de duas cabeças, como a Colonizadora, imitação da águia austríaca. Aqui ficará o grande banco. A mesma ponte truncada da baía, que o mar começou a comer, e as montanhas-russas inacabadas da Glória também ficarão aqui, tão inacabadas e tão truncadas como podemos pedi-lo aos deuses.

Perderemos, é certo, o Supremo Tribunal de Justiça; mas, tendo a Câmara Municipal do Tubarão, em um assomo de cólera, qualificado um ato daquela instituição como *ignobilmente anormal*, e não nos convindo, nem cortar as relações com o Tubarão, nem sair da escola do respeito, melhor é que o Tribunal se mude e nos deixe. Grande Tubarão! Tudo por causa de um homem. O que não dirá ele por um princípio?

29 de janeiro de 1893

Gosto deste homem pequeno e magro chamado Barata Ribeiro, prefeito municipal, todo vontade, todo ação, que não perde o tempo a ver correr as águas do Eufrates. Como Josué, acaba de pôr abaixo as muralhas de Jericó, vulgo *Cabeça de Porco*. Chamou as tropas, segundo as ordens de Javé durante os seis dias da escritura, deu volta à cidade e depois mandou tocar as trombetas. Tudo ruiu, e, para mais justeza bíblica, até carneiros saíram de dentro da *Cabeça de Porco*, tal qual da outra Jericó saíram bois e jumentos. A diferença é que estes foram passados a fio de espada. Os carneiros não só conservaram a vida mas receberam ontem algumas ações de sociedades anônimas.

Outra diferença. Na velha Jericó houve, ao menos, uma casa de mulher que salvar, porque a dona tinha acolhido os mensageiros de Josué. Aqui nenhuma recebeu ninguém. Tudo pereceu, portanto, e foi bom que perecesse. Lá estavam para fazer cumprir a lei a autoridade policial, a autoridade sanitária, a força pública, cidadãos de boa vontade, e cá fora é preciso que esteja aquele apoio moral, que dá a opinião pública aos varões provadamente fortes.

Não me condenem as reminiscências de Jericó. Foram os lindos olhos de uma judia que me meteram na cabeça os passos da Escritura. Eles é que me fizeram ler no livro do *Êxodo* a condenação das imagens, lei que eles entendem mal, por serem judeus, mas que os olhos cristãos entendem pelo único sentido verdadeiro. Tal foi a causa de não ir, desde anos, à procissão de São Sebastião, em que a imagem do nosso padroeiro é transportada da catedral ao Castelo. Sexta-feira fui vê-la sair. Éramos dois, um amigo e eu; logo depois éramos quatro, nós e as nossas melancolias. Deus de bondade! Que diferença entre a procissão de sexta-feira e as de outrora. Ordem, número, pompa, tudo o que havia quando eu era menino, tudo desapareceu. Valha a piedade, posto não faltaram olhos cristãos, e femininos — um par deles — para acompanhar com riso amigo e particular uma velha opa encarnada e inquieta. Foi o meu amigo que notou essa passagem do *Cântico dos cânticos*. Todo eu era pouco para evocar a minha meninice...

E tu, Belém Efrata... Vede ainda uma reminiscência bíblica; é do profeta Miqueias... Não tenho outra para significar a vitória de Teresópolis. De Belém tinha de vir o salvador do mundo, como de Teresópolis há de vir a salvação do Estado fluminense. Está feito capital o lindo e fresco deserto das montanhas. Peso de Campos (agora é imitar o profeta Isaías), peso de Vassouras, peso de Niterói. Não valeram riquezas, nem súplicas. A ti, pobre e antiga Niterói, não te valeu a eloquência do teu Belisário Augusto, nem sequer a rivalidade das outras cidades pretendentes. Tinha de ser Teresópolis. "E tu, Belém Efrata, tu és pequenina entre as milhares de Judá..." Pequenina também é Teresópolis, mas pequenina em casas; terras há muitas, pedras não faltam, nem cal, nem trolhas, nem tempo. Falta o meu velho amigo Rodrigues — ora morto e enterrado —, que possuía uma boa parte daquelas terras desertas. Ai, Justiniano! Os teus dias passaram como as águas que não voltam mais. É ainda uma palavra da Escritura.

Fora com estes sapatos de Israel. Calcemo-nos à maneira da rua do Ouvidor, que pisamos, onde a vida passa em burburinho de todos os dias e de cada hora. Chovem assuntos modernos. O banco, por exemplo, o novo banco, filho de dois pais, como aquela criança divina que era, dizia Camões, nascida de duas mães. As duas mães, como sabeis, eram a madre de sua madre, e a coxa de seu padre, porque no tempo em que Júpiter engendrou esse pequerrucho, ainda não estava descoberto o remédio que previne a concepção para sempre, e de que ouço falar na rua do Ouvidor. Dizem até que se anuncia, mas eu não leio anúncios.

No tempo em que os lia, até os ia catar nos jornais estrangeiros. Um destes, creio que americano, trazia um de excelente remédio para não sei que perturbações gástricas; recomendava, porém, às senhoras que o não tomassem, em estado de gravidez, pelo risco que corriam de abortar... O remédio não tinha outro fim senão justamente este; mas a polícia ficava sem haver por onde pegar do invento e do inventor. Era assim, por meios astutos e grande dissimulação, que o remédio se oferecia às senhoras cansadas de aturar crianças.

A moeda falsa, que previne a miséria, não a previne para sempre, visto que a polícia tem o poder iníquo de interromper os estudos de gravura e meter toda uma academia na Detenção. Já li que se trata de *demolir caracteres*, e também que a autoridade está *atacando o capital*. Eu, em se me falando esta linguagem, fico do lado do capital e dos caracteres. Que pode, sem eles, uma sociedade?

Um criado meu, que perdeu tudo o que possuía na compra de *desventuras*... perdoem-lhe; é um pobre homem que fala mal. Ensinei-lhe a correta pronúncia de *debêntures*, mas ele disse-me que desventuras é o que elas eram, desventuras e patifarias. Pois esse criado também defende o capital; a diferença é que não se acusa a si de atacar o dos outros, e sim aos outros de lhe terem levado o seu. Quanto aos caracteres, entende que, se alguma coisa quer demolir, não são os caracteres, mas as próprias caras, que são os caracteres externos, e não o faz por medo da polícia.

Lê tudo o que os jornais publicam, este homem. Foi ele que me deu notícia da nova denúncia contra a Geral; ele chama-lhe nova, não sei se houve outra. Contou-me também uma história de discursos, paraninfos e retratos, e mais um contrabando de objetos de prata dentro de um canapé velho.

— Não ganho dinheiro com isto — conclui ele —; mas consolo-me das minhas desventuras.

— Debêntures, José Rodrigues.

5 de fevereiro de 1893

Contaram algumas folhas esta semana que um homem, não querendo pagar por um quilo de carne preço superior ao taxado pela prefeitura, ouvira do açougueiro que poderia pagar o dito preço, mas que o *quilo seria mal pesado*.

Para, amigo leitor; não te importes com o resto das coisas, nem dos homens. Com um osso, queria o outro reconstruir um animal, com aquela só palavra, podemos recompor um animal, uma família, uma tribo, uma nação, um continente de animais. Não é que a palavra seja nova. É menos velha que o diabo, mas é velha. Creio que no tempo das libras, já havia libras mal pesadas, e até arrobas. O nosso erro é crer que inventamos, quando continuamos, ou simplesmente copiamos. Tanta gente pasma ou vocifera diante de pecados, sem querer ver que outros iguais pecados se pecaram, e ainda outros se estão pecando, por várias outras terras pecadoras.

Andamos em boa companhia. Não nos hão de lapidar por atos que são antes efeito de uma epidemia do tempo. Ou lapidem-nos, mas no sentido em que se lapida um diamante, para se lhe deixar o puro brilho da espécie. Neste ponto, força é confessar que ainda há por aqui impurezas e defeitos graves; mas o belo diamante Estrela do Sul, que hoje pertence a não sei que coroa europeia, não foi achado na bagagem prestes a ser engastado, mas naturalmente bruto. Há impurezas. Há inépcia, por exemplo, muita inépcia. Quando não é inépcia, são inadvertências. Apontam-se diamantes que tanto têm de finos como de pataus, e só o longo estudo da mineralogia poderá dar a chave da contradição.

Mas, *sursum corda*, como se diz na missa. Subamos ao alto valor espiritual da resposta do açougueiro. *Um quilo mal pesado*. Pela lei, um quilo mal pesado não é tudo, são novecentos e tantos gramas, ou só novecentos. Mas a persistência do nome é que dá a grande significação da palavra e a consequente teoria. Trata-se de uma ideia que o vendedor e o comprador entendem, posto que legalmente não exista. Eles creem e juram que há duas espécies de quilo, o de peso justo e o mal pesado. Perderão a carne ou o preço, primeiro que a convicção.

Ora bem, não será assim com o resto? Que são notas falsas, se acaso estão de acordo com as verdadeiras, e apenas se distinguem delas por uma tinta menos viva, ou por alguns pontos mais ou menos incorretos? Falsas seriam, se se parecessem tanto com as outras, como um rótulo de farmácia com um bilhete do Banco Emissor de Pernambuco, para não ir mais longe; mas se entre as notas do mesmo banco houver apenas diferenças miúdas de cor ou de desenho, as chamadas falsas estão para as verdadeiras, como o quilo mal pesado para o quilo de peso justo. Excluo naturalmente o caso de emissões clandestinas, porque as notas de tais emissões nunca se poderão dizer mal pesadas. O peso é o mesmo. A alteração única está no acréscimo do mantimento, determinado pelo acréscimo dos quilos. Quanto ao mais, falsas ou verdadeiras, valha-nos aquela benta francesia que diz que *tout finit par des chansons*.

> *Pañuelo a la cintura,*
> *Pañuelo al cuello,*
> *Yo no sé donde salen*
> *Tantos pañuelos!*

Saiam donde for, basta que enfeitem a moça andaluza. Não lhe faltarão guitarras nem guitarreiros que levantem até a lua os seus méritos, ainda que eles sejam mal pesados. Que valem cinquenta ou cem gramas de menos a um merecimento, se lhe não tiram este nome? Tudo está no nome. Vi estadistas que tinham de ciência política um quilo muito mal pesado, e nunca os vi gritar contra o açougueiro; alguns acabaram crendo que o peso era justo, outros que até traziam um pedaço de quebra...

— Isto prova — interrompe-me aqui o açougueiro —, que o senhor entende pouco do que escreve. Se realmente tivesse ideias claras, saberia que não há só quilos mal pesados; também os há bem pesados. Mas quem os recebe da segunda classe, não corre às folhas públicas. Creia-me, isto de filosofia não se faz com a pena no papel, mas também com o facão na alcatra. Saiba que o mundo é uma balança, em que se pesam alternadamente aqueles dois quilos, entre brados de alegria e de indignação. Para mim, tenho que o quilo mal pesado foi inventado por Deus, e o bem pesado pelo Diabo; mas os meus fregueses pensam o contrário, e daí um povo de cismáticos, uma raça perversa e corrupta...

— Bem; faça o resto da crônica.

12 de fevereiro de 1893

Faleci ontem, pelas sete horas da manhã. Já se entende que foi sonho; mas tão perfeita a sensação da morte, a despegar-me da vida, tão ao vivo o caminho do céu, que posso dizer haver tido um antegosto da bem-aventurança.

Ia subindo, ouvia já os coros de anjos, quando a própria figura do Senhor me apareceu em pleno infinito. Tinha uma ânfora nas mãos, onde espremera algumas dúzias de nuvens grossas, e inclinava-a sobre esta cidade, sem esperar procissões que lhe pedissem chuva. A sabedoria divina mostrava conhecer bem o que convinha ao Rio de Janeiro; ela dizia enquanto ia entornando a ânfora:

— Esta gente vai sair três dias à rua com o furor que traz toda a restauração. Convidada a divertir-se no inverno, preferiu o verão, não por ser melhor, mas por ser a própria quadra antiga, a do costume, a do calendário, a da tradição, a de Roma, a de Veneza, a de Paris. Com temperatura alta, podem vir transtornos de saúde, algum aparecimento de febre, que os seus vizinhos chamem logo amarela, não lhe podendo chamar pior... Sim, chovamos sobre o Rio de Janeiro.

Alegrei-me com isto, posto já não pertencesse à terra. Os meus patrícios iam ter um bom Carnaval, velha festa, que está a fazer quarenta anos, se já os não fez. Nasceu um pouco por decreto, para dar cabo do entrudo, costume velho, datado da colônia e vindo da metrópole. Não pensem os rapazes de vinte e dois anos que o entrudo era alguma coisa semelhante às tentativas de ressurreição, empreendidas com bisnagas. Eram tinas d'água, postas na rua ou nos corredores, dentro das quais metiam à força um cidadão todo — chapéu, dignidade e botas. Eram seringas de lata; eram limões de cera. Davam-se batalhas porfiadas de casa a casa, entre a rua e as janelas, não contando as bacias d'água despejadas à traição. Mais de uma tuberculose caminhou em três dias o espaço de três meses. Quando menos, nasciam as constipações e bronquites, rouquidões e tosses, e era a vez dos boticários, porque, naqueles tempos infantes e rudes, os farmacêuticos ainda eram boticários.

Cheguei a lembrar-me, apesar de ir a caminho do céu, dos episódios de amor que vinham com o entrudo. O limão de cera, que de longe podia escalavrar um olho, tinha um ofício mais próximo e inteiramente secreto. Servia a molhar o peito das moças; era esmigalhado nele pela mão do próprio namorado, maciamente, amorosamente, interminavelmente...

Um dia veio, não Malesherbes, mas o Carnaval, e deu à arte da loucura uma nova feição. A alta-roda acudiu de pronto; organizaram-se sociedades, cujos nomes e gestos ainda esta semana foram lembrados por um colaborador da *Gazeta*. Toda a fina flor da capital entrou na dança. Os personagens históricos e os vestuários pitorescos, um doge, um mosqueteiro, Carlos V, tudo ressurgia às mãos dos alfaiates, diante de figurinos, à força de dinheiro. Pegou o gosto das sociedades, as que morriam eram substituídas, com vária sorte, mas igual animação.

Naturalmente, o sufrágio universal, que penetra em todas as instituições deste século, alargou as proporções do Carnaval, e as sociedades multiplicaram-se, como os homens. O gosto carnavalesco invadiu todos os espíritos, todos os bolsos, todas as ruas. *Evohé! Bacchus est roi!* dizia um coro de não sei que peça do Alcazar Lírico, outra instituição velha, mas velha e morta. Ficou o coro, com esta simples emenda: *Evohé! Momus est roi!*

Não obstante as festas da terra, ia eu subindo, subindo, subindo, até que cheguei à porta do céu, onde São Pedro parecia aguardar-me, cheio de riso.

— Guardaste para ti tesouros no céu ou na terra? — perguntou-me.

— Se crer em tesouros escondidos na terra é o mesmo que escondê-los, confesso o meu pecado, porque acredito nos que estão no morro do Castelo, como nos cento e cinquenta contos fortes do homem que está preso em Valhadolide. São fortes, segundo o meu criado José Rodrigues, quer dizer que são trezentos contos. Creio neles. Em vida fui amigo de dinheiro, mas havia de trazer mistério. As grandes riquezas deixadas no Castelo pelos jesuítas foram uma das minhas crenças da meninice e da mocidade; morri com ela, e agora mesmo ainda a tenho. Perdi saúde, ilusões, amigos e até dinheiro; mas a crença nos tesouros do Castelo não a perdi. Imaginei a chegada da ordem que expulsava os jesuítas. Os padres do colégio não tinham tempo nem meios de levar as riquezas consigo; depressa, depressa, ao subterrâneo, venham os ricos cálices de prata, os cofres de brilhantes, safiras, corais, as dobras e os dobrões, os vastos sacos cheios de moeda, cem, duzentos, quinhentos sacos. Puxa, puxa este Santo Inácio de ouro maciço, com olhos de brilhantes, dentes de pérolas; toca a esconder, a guardar, a fechar...

— Para — interrompeu-me São Pedro —; falas como se estivesses a representar alguma coisa. A imaginação dos homens é perversa. Os homens sonham facilmente com dinheiro. Os tesouros que valem são os que se guardam no céu, onde a ferrugem os não come.

— Não era o dinheiro que me fascinava em vida, era o mistério. Eram os trinta ou quarenta milhões de cruzados escondidos, há mais de século, no Castelo; são os trezentos contos do preso de Valhadolide. O mistério, sempre o mistério.

— Sim, vejo que amas o mistério. Explicar-me-ás este de um grande número de almas que foram daqui para o Brasil e tornaram sem se poderem incorporar?

— Quando, divino apóstolo?

— Ainda agora.

— Há de ser obra de um médico italiano, um doutor... esperai... creio que Abel, um doutor Abel, sim, Abel... É um facultativo ilustre. Descobriu um processo para esterilizar as mulheres. Correram muitas, dizem; afirma-se que nenhuma pode já conceber; estão prontas.

— As pobres almas voltavam tristes e desconsoladas; não sabiam a que atribuir essa repulsa. Qual é o fim do processo esterilizador?

— Político. Diminuir a população brasileira, à proporção que a italiana vai entrando; ideia de Crispi, aceita por Giolitti, confiada a Abel...

— Crispi foi sempre tenebroso.

— Não digo que não; mas, em suma, há um fim político, e os fins políticos são sempre elevados... Panamá, que não tinha fim político...

— Adeus, tu és muito falador. O céu é dos grandes silêncios contemplativos.

19 de fevereiro de 1893

É meu velho costume levantar-me cedo e ir ver as belas rosas, frescas murtas, e as borboletas que de todas as partes correm a amar no meu jardim. Tenho particular amor às borboletas. Acho nelas algo das minhas ideias, que vão com igual presteza, senão com a mesma graça. Mas deixemo-nos de elogios próprios; vamos ao que me aconteceu ontem de manhã.

Quando eu mais perdido estava a mirar uma borboleta e uma ideia, parado no jardim da frente, ouvi uma voz na rua, ao pé da grade:

— Faz favor?

Não é preciso mais para fazer fugir uma ideia. A minha escapou-se-me, e tive pena. Vestia umas asas de azul-claro, com pintinhas amarelas, cor de ouro. Cor de ouro embora, não era a mesma (nem para lá caminhava) do banqueiro Oberndoerffer, que depôs agora no processo Panamá. Esse cavalheiro foi quem deu à companhia a ideia da emissão de bilhetes de loteria e o respectivo *plano*, para falar como no beco das Cancelas. Pagaram-lhe só por esta ideia dois milhões de francos. O presidente do Tribunal ficou assombrado. Mas um dos diretores, réu no processo, explicou o caso dizendo que o banqueiro tinha grande influência na praça, e que assim trabalharia a favor da companhia, em vez de trabalhar contra. Teve uma feliz ideia, disse o juiz ao depoente; mas para os acionistas, era melhor que não a tivesse tido. O depoente provou o contrário e retirou-se.

Tivesse eu a mesma ideia, e não a venderia por menos. Olhem, não fui eu que ideei esta outra loteria, mais modesta, do Jardim Zoológico, mas, se o houvesse feito, não daria a minha ideia por menos de cem contos de réis; podia fazer algum abate, cinco por cento, digamos dez. Relativamente não se pode dizer que fosse caro. Há invenções mais caras.

Mas, vamos ao caso de ontem de manhã. Olhei para a porta do jardim, dei com um homem magro, desconhecido, que me repetiu cochichando.

— Faz favor?

Cheguei a supor que era uma relíquia do Carnaval; erro crasso, porque as relíquias do Carnaval vão para onde vão as luas velhas. As luas velhas, desde o princípio do mundo, recolhem-se a uma região que fica à esquerda do infinito, levando apenas algumas lembranças vagas deste mundo. O mundo é que não guarda nenhuma lembrança delas. Nem os namorados têm saudades das boas amigas, que, quando eram moças e cheias, tanta vez os cobriram com o seu longo manto transparente. E suspiravam por elas; cantavam à viola mil cantigas saudosas, dengosas ou simplesmente tristes; faziam-lhes versos, se eram poetas:

Era no outono, quando a imagem tua,
À luz da lua...

C'etait dans la nuit brune,
Sur le clocher jauni,
La lune...

Todos os metros, todas as línguas, enquanto elas eram moças; uma vez encanecidas, adeus. E lá vão elas para onde vão as relíquias do Carnaval — não sei se mais esfarrapadas, nem mais tristes; mas vão, todas de mistura, trôpegas, deixando pelo caminho as metáforas e os descantes de poetas e namorados.

Reparando bem, vi que o homem não era precisamente um trapo carnavalesco. Trazia na mão um papel, que me mostrava de longe, a princípio, calado, depois dizendo que era para mim. Que seria? Alguma carta, talvez um telegrama. Que me dirá esse telegrama? Agora mesmo, houve em Blumenau a prisão do sr. Lousada. Telegrafaram a 16 esta notícia, acrescentando que "o povo dá demonstração sensível de indignação". Para quem conhece a técnica dos telegramas, o povo estava jogando o bilhar. Tanto é assim que o próprio telegrama, para suprir a dubiedade e o vago daquelas palavras, concluiu com estas: "esperam-se acontecimentos gravíssimos". Sabe-se que o superlativo paga o mesmo que o positivo; naturalmente o telegrama não custou mais caro.

Vejam, entretanto, como me enganei. Realmente, houve acontecimentos gravíssimos; a 17 telegrafaram que vinte homens armados feriram gravemente o comissário de polícia: esperavam-se outras cenas de sangue. Vinte homens não são o algarismo ordinário de um povo; mas eram graves os sucessos. Outro telegrama, porém, não fala de tal ataque; diz apenas que uma comissão do povo foi exigir providências do juiz de direito, que este pedia a coadjuvação do povo para manter a ordem, e ficou solto Lousada. Tudo isto, se não é claro, traz-me recordações da infância, quando eu ia ao teatro ver uma velha comédia de Scribe, o *Chapéu de palha da Itália*. Havia nela um personagem que atravessava os cinco atos exclamando alternadamente, conforme os lances da situação: "Meu genro, tudo está desfeito!" "Meu genro, tudo está reconciliado!"

— Telegrama? — perguntei.

— Não, senhor — disse o homem.

— Carta?

— Também não. Um papel.

Caminhei até a porta. O desconhecido, cheio de afabilidade que lhe agradeço nestas linhas, entregou-me um pedacinho de papel impresso, com alguns dizeres manuscritos. Pedi-lhe que esperasse; respondeu-me que não havia resposta, tirou o chapéu, e foi andando. Lancei os olhos ao papel, e vi logo que não era para mim, mas para o meu vizinho. Não importa; estava aberto e pude lê-lo. Era uma intimação da Intendência Municipal.

Esta intimação começava dizendo que ele tinha de ir pagar a certa casa, na rua Nova do Ouvidor, a quantia de mil e quinhentos réis, preço da placa do número da casa em que mora. Concluí que também eu teria de pagar mil e quinhentos, quando recebesse igual papel, porque a minha casa também recebera placa nova. O papel era assinado pelo fiscal. Achei tudo correto, salvo o ponto de ir pagar a um particular, e não à própria Intendência; mas a explicação estava no fim.

Se a pessoa intimada não pagasse no prazo de três dias, incorreria na multa de trinta mil-réis. Estaquei por um instante; três dias, trinta mil-réis, por uma placa, era um pouco mais do que pedia o serviço, um serviço que, a rigor, a Intendência é que devia pagar. Mas estava longe dos meus espantos. Continuei a leitura, e vi que, no caso de reincidência, pagaria o dobro (sessenta mil-réis) e teria oito dias de cadeia. Tudo isto em virtude de um contrato.

O papel e a alma caíram-me aos pés. Oito dias de cadeia e sessenta mil-réis se não pagar uma placa de mil e quinhentos! Tudo por contrato. Afinal apanhei o papel, e ainda uma vez o li; meditei e vi que o contrato podia ser pior, podia estatuir a perda do nariz, em vez da simples prisão. A liberdade volta; nariz cortado não volta. Além disso, se Xavier de Maistre, em quarenta e dois dias de prisão, escreveu uma obra-prima, por que razão, se eu for encarcerado por causa da placa, não escreverei outra? Quem sabe se a falta de cadeia não é que me impede esta consolação intelectual? Não, não há pena; esta cláusula do contrato é antes um benefício.

Verdade é que um legista, amigo meu, afirma que não há carcereiro que receba um devedor remisso de placas. Outro, que não é legista, mas é devedor, há três meses, assevera que ainda ninguém o convidou a ir para a Detenção. A pena é um espantalho. Que desastre! Justamente quando eu começava a achá-la útil. Pois se não há cadeia de verdade, é o caso de vistoria e demolição.

26 de fevereiro de 1893

O que mais me encanta na humanidade é a perfeição. Há um imenso conflito de lealdades debaixo do sol. O concerto de louvores entre os homens pode dizer-se que é já música clássica. A maledicência, que foi antigamente uma das pestes da terra, serve hoje de assunto a comédias fósseis, a romances arcaicos. A dedicação, a generosidade, a justiça, a fidelidade, a bondade, andam a rodo, como aquelas moedas de ouro com que o herói de Voltaire viu os meninos brincarem nas ruas de El-Dorado.

A organização social podia ser dispensada. Entretanto, é prudente conservá-la por algum tempo, como um recreio útil. A invenção de crimes, para serem publicados à maneira de romances, vale bem o dinheiro que se gasta com a segurança e a justiça públicas. Algumas dessas narrativas são demasiado longas e enfadonhas, como a *Maria de Macedo*, cujo sétimo volume vai adiantado; mas isso mesmo é um benefício. Mostrando aos homens os efeitos de um grande enfado, prova-se-lhes que o tipo de maçante — ou *cacete*, como se dizia outrora — é dos piores deste mundo, e impede-se a volta de semelhante flagelo. Uma das boas instituições do século é a *falange das coisas perdidas*, composta dos antigos gatunos e incumbida de apanhar os relógios e carteiras que os descuidados deixam cair, e restituí-los a seus donos. Tudo efeito de discursos morais.

Posto que inútil, pela ausência de crimes, o júri é ainda uma excelente instituição. Em primeiro lugar, o sacrifício que fazem todos os meses alguns cidadãos em deixarem os seus ofícios e negócios para fingirem de réus é já um grande exemplo de civismo. O mesmo direi dos jurados. Em segundo lugar, o torneio de palavras a que dá lugar entre advogados constitui uma boa escola de eloquência. Os jurados aprendem a responder aos quesitos, para o caso de aparecer algum crime. Às vezes, como sucedeu há dias, enganam-se nas respostas, e mandam um réu para as galés, em vez de o devolverem à família; mas, como são simples ensaios, esse mesmo erro é benefício, para tirar aos homens alguma pontinha de orgulho de sapiência que porventura lhes haja ficado.

Mas a perfeição maior, a perfeição máxima, é a de que nos deu notícia esta semana o cabo submarino. O grão-turco, por ocasião do jubileu do papa, escreveu-lhe uma carta autografada de felicitações, acompanhada de presentes de alta valia. Não se pode dizer que sejam cortesias temporais. O papa já não governa, como o sultão da Turquia. A fineza é ao chefe espiritual, tão espiritual como o jubileu. Já cismáticos e heréticos tinham feito a mesma coisa; faltava o grão-turco, e já não falta. Alá cumprimentou o Senhor, Maomé a Cristo. Tudo o que era contraste, fez-se harmonia, o oposto ajustou-se ao oposto. Ondas e ondas de sangue custou o conflito de dois livros. A cruz e o crescente levaram atrás de si milhares e milhares de homens. Houve cóleras grandes. Houve também grandes e pequenos poetas que cantaram os feitos e os sentimentos evangélicos, ora pela nota marcial, ora pela nota desdenhosa. Um deles dedilhou no alaúde romântico a história daquele sultão que requestava uma cantarina de Granada, e lhe prometia tudo:

> *Je donneirais sans retour*
> *Mon royaume pour Médine,*
> *Médine pour ton amour.*

— Rei sublime, faze-te primeiramente cristão — respondeu a bela Juana —; danado é o prazer que uma mulher pode achar nos braços de um incrédulo.

Tempos de Granada! Já não é preciso que os sultões se cristianizem. Agora é a Sublime Porta, com a sua chancelaria, as suas circulares diplomáticas, os seus gestos ocidentais, que desaprendeu o *crê ou morre* para celebrar a festa de um grande incrédulo do Corão. Onde vão as guerras de outrora? Onde param os alfanjes tintos de sangue cristão? Naturalmente estão com as espadas tintas de sangue muçulmano. Vivam os vivos!

Eu, se pudesse dar um conselho em tais casos, propunha a emenda do breviário. *Glória a Deus nas alturas,* deve ficar; mas para que acrescentar: *e na terra paz aos homens*? A paz aí está, completa, universal, perene. Vede Ubá. Vede que magnífico espetáculo deu ela a todos os municípios do Estado mineiro, fazendo uma eleição tranquila, sem as ruins paixões que corrompem os melhores sentimentos deste mundo. O governador de São Paulo achou-se em casa com cerca de oitenta bombons de dinamite — excelente produto da indústria local que conseguiu reduzir um explosivo tão violento a simples doce de confeitaria.

Não falo de Pernambuco, nem do Rio Grande do Sul, nem das amazonas de Daomé, nem das danças de Madri, a que chamaram tumultos, por ignorância do espanhol, nem da Guaratiba, nem de tantas outras partes e artes, que são consolações da nossa humanidade triunfante.

Mas a paz não basta. Falta dizer da alegria. Oh! doce alegria dos corações! Um só exemplo, e dou fim a isto. Aqui está o parecer dos síndicos da Geral, publicado sexta-feira. Diz que entre os nomes da proposta de concordata há alguns jocosos e outros obscenos. O parecer censura esse gênero de literatura concordatária. Escrito com a melancolia que a natureza, para realçar a alegria do século, pôs na alma de todos os síndicos, o parecer não compreende a vida e as suas belas flores. Isto quanto aos nomes jocosos. Pelo que toca aos obscenos, é preciso admitir que, assim como há bocas recatadas, também as há lúbricas. A alegria tem todas as formas, não se há de excluir uma, por não ser igual às outras. A monotonia é a morte. A vida está na variedade.

Demais, que se há de fazer com acionistas que ainda devem de entradas oitenta e cinco mil oitocentos e quarenta e seis contos, cento e sessenta mil e duzentos réis (85.846:160$200)? Rir um pouco, e bater-lhes na barriga. Ora, cada um ri com a boca que tem. Mas a prova de que a obscenidade, como a jocosidade, formas de alegria, são de origem legítima e autêntica, é que todas as firmas foram legalmente reconhecidas. Quando a alegria entra nos cartórios, é que a tristeza fugiu inteiramente deste mundo.

5 de março de 1893

Quando os jornais anunciaram para o dia 1º deste mês uma parede de açougueiros, a sensação que tive foi mui diversa da de todos os meus concidadãos. Vós ficastes aterrados; eu agradeci o acontecimento ao Céu. Boa ocasião para converter esta cidade ao vegetarismo.

Não sei se sabem que eu era carnívoro por educação e vegetariano por princípio. Criaram-me a carne, mais carne, ainda carne, sempre carne. Quando cheguei ao uso da razão e organizei o meu código de princípios, incluí nele o vegetarismo; mas era tarde para a execução. Fiquei carnívoro. Era a sorte humana; foi a minha. Certo, a arte disfarça a hediondez da matéria. O cozinheiro corrige o talho. Pelo que respeita ao boi, a ausência do vulto inteiro faz esquecer que a gente come um pedaço de animal. Não importa, o homem é carnívoro.

Deus, ao contrário, é vegetariano. Para mim, a questão do paraíso terrestre explica-se clara e singelamente pelo vegetarismo. Deus criou o homem para os vegetais, e os vegetais para o homem; fez o paraíso cheio de amores e frutos, e pôs o homem nele. Comei de tudo, disse-lhe, menos do fruto desta árvore. Ora, essa chamada árvore era simplesmente carne, um pedaço de boi, talvez um boi inteiro. Se eu soubesse hebraico, explicaria isto muito melhor.

Vede o nobre cavalo! o paciente burro! o incomparável jumento! Vede o próprio boi! Contentam-se todos com a erva e o milho. A carne, tão saborosa à onça — e ao gato, seu parente pobre —, não diz coisa nenhuma aos animais amigos do homem, salvo o cão, exceção misteriosa, que não chego a entender. Talvez, por mais amigo que todos, comesse o resto do primeiro almoço de Adão, de onde lhe veio igual castigo.

Enfim, chegou o dia 1º de março; quase todos os açougues amanheceram sem carne. Chamei a família; com um discurso mostrei-lhe que a superioridade do vegetal sobre o animal era tão grande, que devíamos aproveitar a ocasião e adotar o são e fecundo princípio vegetariano. Nada de ovos, nem leite, que fediam a carne. Ervas, ervas santas, puras, em que não há sangue, todas as variedades das plantas, que não berram nem esperneiam, quando lhes tiram a vida. Convenci a todos; não tivemos almoço nem jantar, mas dois banquetes. Nos outros dias a mesma coisa.

Não desmaieis, retalhistas, nesta forte empresa. Dizia um grande filósofo que era preciso recomeçar o entendimento humano. Eu creio que o estômago também, porque não há bom raciocínio sem boa digestão, e não há boa digestão com a maldição da carne. Morre-se de porco. Quem já morreu de alface? Retalhistas, meus amigos, por amor daquele filósofo, por amor de mim, continuai a resistência. Os vegetarianos vos serão gratos. Tereis morte gloriosa e sepultura honrada, com ervas e arbustos. Não é preciso pedir, como o poeta, que vos plantem um salgueiro no cemitério; plantar é conosco; nós cercaremos as vossas campas de salgueiros tristes e saudosos. Que é nossa vida? Nada. A vossa morte, porém, será a grande reconstituição da humanidade. Que o Senhor vo-la dê suave e pronta.

Compreende-se que, ocupado com esta passagem da doutrina à prática, pouco haja atendido aos sucessos de outra espécie, que, aliás, são filhos da carne. Sim, o vegetarismo é pai dos simples. Os vegetarianos não se batem; têm horror ao sangue.

Gostei, por exemplo, de saber que a multidão, na noite do desastre do Liceu de Artes e Ofícios, atirou-se ao interior do edifício para salvar o que pudesse; é ação própria da carne, que avigora o ânimo e o cega diante dos grandes perigos. Mas, quando li que, de envolta com ela, entraram alguns homens, não para despejar a casa, mas para despejar as algibeiras dos que despejavam a casa, reconheci também aí o sinal do carnívoro. Porque o vegetariano não cobiça as coisas alheias; mal chega a amar as próprias. Reconstituindo segundo o plano divino, anterior à desobediência, ele torna às ideias simples e desambiciosas que o Criador incutiu no primeiro homem.

Se não pratica o furto, é claro que o vegetariano detesta a fraude e não conhece a vaidade. Daí um elogio a mim mesmo. Eu não me dou por apóstolo único desta grande doutrina. Creio até que os temos aqui, anteriores a mim, e — singular aproximação! — no próprio Conselho Municipal. Só assim explico a nota jovial que entra em alguns debates sobre assuntos graves e gravíssimos.

Suponhamos a instrução pública. Aqui está um discurso, saído esta semana, mas proferido muito antes do dia 1º de março; discurso meditado, estudado, cheio de circunspeção (que o vegetariano não repele, ao contrário) e de muitas pontuações alegres, que são da essência da nossa doutrina. Tratava-se dos jardins da infância. O sr. Capelli notava que tais e tantos são os dotes exigidos nas *jardineiras*, beleza, carinho, idade inferior a trinta anos, boa voz, canto, que dificilmente se poderão achar neste país moças em quantidade precisa.

Não conheço o sr. Maia Lacerda, mas conheço o mundo e os seus sentimentos de justiça, para me não admirar do cordial *não apoiado* com que ele repeliu a asseveração do sr. Capelli. Não contava com o orador, que aparou o golpe galhardamente: "Vou responder ao seu *não apoiado*", disse ele. "As que encontramos, remetendo-as para lá, receio que, bonitas como soem ser as brasileiras, corram o risco de não voltar mais, e sejam apreendidas como belos espécimes do tipo americano".

Outro ponto alegre do discurso é o que trata da necessidade de ensinar a língua italiana, fundando-se em que a colônia italiana aqui é numerosa e crescente, e espalha-se por todo o interior. Parece que a conclusão devia ser o contrário; não ensinar italiano ao povo, antes ensinar a nossa língua aos italianos. Mas, posto que isto não tenha nada com o vegetarismo, desde que faz com que o povo possa ouvir as óperas sem libreto na mão, é um progresso.

12 de março de 1893

Que cuidam que me ficou dos últimos acontecimentos políticos do Amazonas? Um verbo: *desaclamar-se*. Está em um dos telegramas do Pará e refere-se ao cidadão que, por algumas horas, estivera com o poder nas mãos. "Tendo em ofício participado a sua aclamação e marcado o prazo de 12 horas para a retirada do governador, *desaclamou-se* em seguida por outro ofício..."

Pode ser (tudo é possível) que o intuito da palavra fosse antes gracejar com a ação; mas as palavras, como os livros, têm os seus fados, e os desta serão prósperos. É uma porta aberta para as restituições políticas. Resignar, como abdicar, exprime a entrega de um poder legítimo, que o uso tornou pesado, ou os acontecimentos fizeram caduco. Mas, como se há de exprimir a restituição do poder que a aclamação de alguns entregou por horas a alguém? Desaclamar-se. Não vejo outro modo.

    Mérimée confessou um dia que da história só dava apreço às anedotas. Eu nem às anedotas. Contento-me com palavras. Palavra brotada no calor do debate, ou composta por estudo, filha da necessidade, oriunda do amor ao requinte, obra do acaso, qualquer que seja a sua certidão de batismo, eis o que me interessa na história dos homens. Desta maneira fico abaixo do outro, que só curava de anedotas. Sim, meus amigos, nunca me vereis vencido por ninguém. Alta ou baixa que seja uma ideia, acreditai que tenho outra mais alta ou mais baixa. Assim o autor da *Crônica de Carlos IX* dava Tucídides por umas memórias autênticas de Aspásia ou de um escravo de Péricles. Eu dou as memórias deste escravo pela notícia da palavra que Péricles aplicava, em particular, aos cacetes e amoladores do seu tempo.

    Que valem, por exemplo, todas as lutas do nosso velho parlamentarismo, em comparação com esta simples palavra: *inverdade*? Inverdade é o mesmo que mentira, mas mentira de luva de pelica. Vede bem a diferença. Mentira só, nua e crua, dada na bochecha, dói. Inverdade, embora dita com energia, não obriga a ir aos queixos da pessoa que a profere. "Perdoe-me Vossa Excelentíssima, mas o que acaba de dizer é uma inverdade; nunca o presidente da Paraíba afirmou tal coisa." "Inverdade é a sua; desculpe-me que lhe diga em boa amizade; Vossa Excelentíssima neste negócio tem espalhado as maiores inverdades possíveis! para não ir mais longe, o crime atribuído ao redator do *Imparcial*..." "São pontos de vista; peço a palavra."

    Parece que inexatidão bastava ao caso; mas é preciso atender ao uso das palavras. Não cansam só as línguas que as dizem; elas próprias gastam-se. Quando menos, adoecem. A anemia é um dos seus males frequentes; o esfalfamento é outro. Só um longo repouso as pode restituir ao que eram, e torná-las prestáveis.

    Não achei a certidão de batismo da inverdade; pode ser até que nem se batizasse. Não nasceu do povo, isso creio. Entretanto, esta moça pode ainda casar, conceber e aumentar a família do léxicon. Ouso até afirmar que há nela alguns sinais de pessoa que está de esperanças. E o filho é macho; e há de chamar-se *inverdadeiro*. Não se achará melhor eufemismo de mentiroso; é ainda mais doce que sua mãe, posto que seja feio de cara; mas quem vê cara, não vê corações.

    Vi muitos outros viventes de igual condição, que mereceriam algumas linhas; mas o tempo urge, e fica para outra vez. Nem há só viventes separados; tenho visto irmãos, fileira de irmãos, saídos da mesma coxa ou do mesmo útero, com o nome de uma só família, apenas diferenciado pelo sufixo, cuja significação não alcanço. Um exemplo, e despeço-me.

    A chefia, e particularmente a chefia de polícia, é uma dona robusta, de grandes predicados e alto poder. Supus por muitos anos que era filha única do velho chefe; mas os tempos me foram mostrando que não. Tem irmãs, tem irmãos, tem *chefação*, pessoa de igual ou maior força, porque a desinência é mais enérgica. Tem *chefança*. Vi muitas vezes esta outra senhora, à frente da polícia ou de um partido, disputar às irmãs o domínio exclusivo, sem alcançar mais que comparti-lo com elas. Vi ainda a nobre *chefatura*, tão válida e tão ambiciosa como as outras. Dos irmãos só conheço o esbelto *chefado*, que, alegando o sexo, pretendeu sempre a chefança, a chefatura, a chefação ou a chefia da família.

Parece que, à semelhança dos filhos de Jacó, invejosos de José, que era particularmente amado do pai, os filhos e filhas do velho chefe, vendo a predileção deste pela linda chefia, cuidaram de a matar. Estavam prestes a fazê-lo, quando surgiu a ideia de a meter na cisterna, e dizê-la morta por uma fera, como na Escritura; mas a vinda dos mesmos israelitas, com os seus camelos, carregados de mirra e aromas...

Velha imaginação, onde vais tu, pelos caminhos do sonho? Deixa os camelos e a sua carga, deixa o Egito, fecha as asas, abre os olhos, desce; esta é a rua do Ouvidor, onde não se mata José nem chefia; mas unicamente o tempo, esse bom e mau amigo, que não tem pai, nem mãe, nem irmãos, e domina todo este mundo, desde antes de Jacó até Deus sabe quando.

Para crônica, é pouco; mas para matar o tempo, sobra.

19 de março de 1893

Somos todos criados com três ou quatro ideias que, em geral, são o nosso farnel da jornada. Felizes os que podem colher, de caminho, alguma fruta, uma azeitona, um pouco de mel de abelhas, qualquer coisa que os tire do ramerrão de todos os dias. Para esses guardam os anjos um lugar delicioso, é um néctar, que não chamam especial para não confundi-lo com a goiabada ou o chá dos nossos armazéns humanos, mas que não é, com certeza, o néctar do vulgacho. Deixem ir néctar com anjos; todas as crenças se confundem neste fim de século sem elas.

Uma daquelas ideias com que nos criam e nos põem a andar é a do papelório. Julgo não ser preciso dizer o que seja papelório. Papelório exprime o processo do executivo, os seus trâmites e informações; ninguém confunde esta ideia com outra. Quando um homem não tem outra cólera, tem esta bela cólera contra o papelório. Terra do papelório!, costuma dizer um ancião que por falta de meios, amor ao distrito, medo ao mar, doença ou afeições de família, nunca pôs o nariz fora da barra. Terra do papelório! Ele não quer saber se a burocracia francesa é mãe da nossa. Também não lhe importa verificar se a administração inglesa é o que diz dela o filósofo Spencer, complicada, morosa e tardia. Terra do papelório! É uma ideia.

Essa ideia, mamada com o leite da infância, nunca foi aplicada aos negócios judiciários. Entretanto, esta mesma semana vi publicado o despacho de um juiz mandando que o escrivão numere os autos da Companhia Geral das Estradas de Ferro desde as folhas mil e tantas, em que a numeração havia parado. O despacho não diz quantas são as folhas por numerar, nem a imaginação pode calcular as folhas que terão de ser ainda escritas e ajuntadas a este processo. Duas mil? Três mil? Estendendo pela imaginação todas as folhas possíveis, ao lado das linhas férreas que a Companhia chegaria a possuir, creio que o papel venceria o ferro.

Que papelório maior, e, a certos respeitos, que mais inútil? Os escrivães lucram, não há dúvida, e escrivão também é gente; mas é muita folha. Afinal, quem vem a lucrar deveras é o Taine de 1950. Quando esse investigador curioso entrar a farejar o que está debaixo dos tempos, para saber o que se pensou, se disse e se fez; e for às casas particulares e às públicas, aos cartórios e aos jornais, e escavar montanhas de papel, manuscrito ou impresso, descomposturas e defesas, arrazoados de toda a sorte, para extrair, recolher e recompor, então é que podem valer demandas, artigos, inquéritos. À falta de um Taine, um Balzac retrospectivo.

Talvez o meu espanto seja risível. Pode ser que os processos de milhares de folhas andem a rodo; em tal caso, perde-se no ar toda essa cantilena em que venho por aqui abaixo. Não digo que não. Eu não conheço o foro. Conheci um fiel de feitos, mas não vi se há ainda agora fiéis de feitos. O tal era um sujeito magro, esguio, velho paletó e calças de brim safado, e uns sapatos rasos sem tacão nem escova. Debaixo do braço um protocolo e autos. Levava autos de um lado para outro, aos juízes, aos advogados, ao cartório. Como levaria ele o processo da Companhia Geral de Estradas de Ferro ou qualquer outro do mesmo tamanho? De carro, naturalmente. Talvez tivesse carro... Pobre Juvêncio! Morreu tarde para as suas misérias, mas cedo para as suas glórias.

Se já não houver fiel de feitos, quem fará hoje esse ofício? As próprias partes não pode ser, posto que um bom acordo e palavra dada valham mais que a diligência de um desgraçado. Os procuradores também não; os escrivães precisam escrever. Não adivinho. É caso para inventar um fiel mecânico, um velocípede consciente, mais rápido que o homem, e tão honrado. Tu, se tens o costume de inventar, recolhe-te em ti mesmo, e procura, investiga, acha, compõe, expõe, desenha, escreve um requerimento, e corre a sentar-te à sombra da lei dos privilégios.

Quando o velocípede assim aperfeiçoado entregar autos e recolher os recibos no protocolo, pode ser aplicado às demais esferas da atividade social, e teremos assim descoberto a chave do grande problema. Dez por cento da humanidade bastarão para os negócios do mundo. Os noventa por cento restantes são bocas inúteis, e, o que é pior, reprodutivas. Vinte guerras formidáveis darão cabo delas; um bom preservativo estabelecerá o equilíbrio para os séculos dos séculos. Talho em grande; não sou homem de pequenas vistas nem de golpes à flor.

Até lá, usemos da chocadeira, que um distinto ginecologista recomendou esta semana, em artigo sobre o famoso assunto da esterilização, que vai a caminho das outras coisas deste mundo. A chocadeira é conhecida; foi inventada para completar cá fora a vida do ente que não a pôde acabar alhures. Por lei fatal, não viveria; a chocadeira impõe-lhe a vida, vencendo assim a natureza. Bem comparando, é o velocípede consciente. O autor do artigo chama-lhe mãe artificial.

Propondo a chocadeira ao processo da esterilização, mostra ele que tal aparelho é necessário para um país que precisa de braços. Aviso aos nativistas. Quem não quiser aqui uma Babel de línguas, é chocar os tristes candidatos à existência, que não chegam a matricular-se. Aí terão eles matrícula e aprovação.

Quem és tu, pobre coisa de nada, que a metafísica do amor, ajudada da física, trouxe até às portas da existência? *Ego sum qui non sum.* Pois serás, meio filho de entranhas impacientes; aqui vemos com que sejas. Não te digo se, uma vez conhecido, serás bispo, general ou mendigo; digo-te que antes mendigo que nada.

Uma coisa, porém, que o autor do artigo não previu, nem o da chocadeira, é que extintas as demais aristocracias, virá essa outra, a dos nascidos a termo. O chocado fará o papel de plebeu. A sociedade compor-se-á de nascidos e chocados; e filho de chocadeira será a última injúria.

CRÔNICA *A semana*

26 de março de 1893

Entrou o outono. Despontam as esperanças de ouvir Sarah Bernhardt e *Falstaff*. A arte virá assim, com as suas notas de ouro, cantadas e faladas, trazer à nossa alma aquela paz que alguns homens de boa vontade tentaram restituir à alma rio-grandense, reunindo-se quinta-feira na rua da Quitanda.

Creio que a arte há de ser mais feliz que os homens. Da reunião destes resultou saber-se que não havia solução prática de acordo com os seus intuitos. Talvez os convidados que lá não foram e mandaram os seus votos em favor do que passasse já adivinhassem isso mesmo. Viram de longe o texto da moção final, e a assinaram de véspera. Há desses espíritos que, ou por sagacidade pronta, ou por esforço grande, leem antes da meia-noite as palavras que a aurora tem de trazer escritas na capa vermelha e branca, saúdam as estrelas, fecham as janelas e vão dormir descansados. Alguns sonham, e creio que sonhos generosos; mas a imaginação e o coração não mudam a torrente das coisas, e os homens acordam frescos e leves, sem haver debatido nem incandescido nada.

Comecemos por pacificar-nos. Paz na terra aos homens de boa vontade — é a prece cristã; mas nem sempre o céu a escuta, e, apesar da boa vontade, a paz não alcança os homens e as paixões os dilaceram. Para este efeito, a arte vale mais que o céu. A própria guerra, cantada por ela, dá-nos a serenidade que não achamos na vida. Venha a arte, a grande arte, entre o fim do outono e o princípio do inverno.

Confiemos em Sarah Bernhardt com todos os seus ossos e caprichos, mas com o seu gênio também. Vamos ouvir-lhe a prosa e o verso, a paixão moderna ou antiga. Confiemos no grande *Falstaff*. Não é poético, decerto, aquele gordo sir John; afoga-se em amores lúbricos e vinho das Canárias. Mas tanto se tem dito dele, depois que o Verdi o pôs em música, que mui naturalmente é obra-prima.

O pior será o libreto, que, por via de regra, não há de prestar; mas leve o diabo libretos. Antes do dilúvio, ou mais especificamente, pelo tempo do *Trovador*, dizia-se que o autor do texto dessa ópera era o único libretista capaz. Não sei; nunca o li. O que me ficou é pouco para provar alguma coisa. Quando a cigana cantava: *Ai nostri monti ritorneremo*, a gente só ouvia o vozeirão da Casaloni, uma mulher que valia, corpo e alma, por uma Companhia inteira. Quando Manrico rompia o famoso: *Di quella pira l'orrendo fuoco*, rasgaram-se as luvas com palmas ao Tamberlick ou ao Mirate. Ninguém queria saber do Camarano, que era o autor dos versos.

Resignemo-nos ao que algum mau alfaiate houver cortado na capa magnífica de Shakespeare. Têm-se aqui publicado notícias da obra nova, e creio haver lido que um trecho vai ser cantado em concerto; mas eu prefiro esperar. Demais, pouco é o tempo para ir seguindo esta outra guerra civil, a propósito do facultativo italiano, que mostra ser patrício de Maquiavel. Fez o seu anúncio, e entregou a causa aos adversários. Estes fazem, sem querer, o negócio dele; e se algum vai ficando conhecido, a culpa é das coisas, não da intenção; não se pode falar sem palavras, e as palavras fizeram-se para ser ouvidas. Não digo entendidas, posto que as haja de fina casta, tais como a isquioebetomia, a isquiopubiotomia, a sinfisiotomia, a cofarectomia, a histerectomia, a histerosalpingectomia, e outras que andam pelos jornais, todas de raça grega e talvez do próprio sangue dos Atridas.

Tudo isto a propósito de um processo ignoto e célebre. Descobriu-se agora (segundo li) que uma senhora já o conhece e emprega. Seja o que for, é uma questão reduzida aos médicos; não passará aos magistrados. Vamos esquecendo; é o nosso ofício.

Bem faz o dr. Castro Lopes, que trabalha no silêncio, e de quando em quando aparece com uma descoberta, seja por livro, ou por artigo. Anuncia-se agora um volume de questões econômicas, em que ele trata, além de outras coisas, de uma moeda universal. Um só rebanho e um só pastor, é o ideal da Igreja Católica. Uma só moeda deve ser o ideal da igreja do Diabo, porque há uma igreja do Diabo, no sentir de um grande padre. Venha, venha depressa esse volapuque das riquezas. Não lhe conheço o tamanho; pode ser do tamanho da de Licurgo ou das areias do mar. Mas não aconteça com a moeda universal o mesmo que aconteceu com o volapuque. Acabo de ler que um dos mais influentes propugnadores daquela língua reconhece a inutilidade do esforço. O comércio do mundo inteiro não pega, e prefere os seus dizeres antigos às combinações dos que gramaticaram aquele invento curioso. É que o artificial morre sempre, mais cedo ou mais tarde.

2 de abril de 1893

Parece que um ou mais diretores de clubes esportivos acusaram os *book-makers* de atos de corrupção. Já apanhei a questão no meio, não posso dar todos os pormenores. Trata-se do suborno de jóqueis, para que estes façam perder os cavalos que lhes estão confiados, a fim de que tais e tais outros ganhem. Justamente indignados, os *book-makers* repeliram a acusação, retorquindo que os próprios diretores é que subornam os jóqueis. Não tenho fundamento para crer em nenhum dos dois libelos; rejeito-os ambos. Uma coisa, porém, é afirmada por uma e outra banda, e dada por verdadeira: é que há jóqueis subornados.

Este é o ponto. E o que se pode chamar uma bela sociedade. Todos os domingos e dias feriados, centenas de pessoas atiram-se aos prados de corridas. Outras centenas, menos andareiras, deixam-se ficar aqui mesmo, apostando pelo telefone. A simpatia, a tradição, o palpite, levam grande parte de umas e outras aos cavalos *King*, *Otelo* ou *Moltke*. Tudo por *Otelo*! tudo por *Moltke*! tudo por *King*! dá-se o sinal. Os cavalos saem, correm, voam, chegam. Com eles vão outros, o *Veloz*, que os vai seguindo, depois *Vespasiano*, depois *Marte*... Lá vão, lá passam, lá ganham. Os jóqueis dos primeiros dobram-se cada vez mais sobre eles, tomam o freio nos dentes, voam inteiros, corpo e alma, tudo, mas não podem. Hurra por *Marte*! Hurra por *Veloz*! Hurra por *Vespasiano*!

Três pangarés, dizem os que perdem; como é que três animais ínfimos puderam vencer três cavalos de primeira ordem, os primeiros da capital? Abre-se debate, faz-se tumulto; não se atina com a razão. Algum haverá que atribua o caso a milagre; outro vai logo ao suborno. Daí as acusações.

Conversando com um senhor, um estrangeiro, creio que polaco, disse-me ele que os que perdem não creem jamais que tudo se passe naturalmente; há de haver milagre ou corrupção, isto é, intervenção de Deus ou do diabo.

— Então, parece-lhe que realmente o *Moltke*, o *King* e *Otelo* deviam perder a corrida?

— Se quisessem, por que não?

— Se quisessem...?

— Ouça-me. Há entre os cavalos uma espécie de maçonaria. Cansados de se verem reduzidos a cartas de jogar ou dados, com o falaz pretexto de apurar a raça, os cavalos resolvem, às vezes, entre si, iludir as esperanças dos homens. Trocam os papéis, creio que de véspera, ou no próprio encilhamento, ao ouvido, às vezes por sinais de olhos. Quando a luta começa, os homens ficam embaraçados. Os cavalos, não podendo rir para fora, riem para dentro.

— Não é má!

— Não mofe, que é imitar os ignorantes. Que os cavalos façam acordos entre si, é coisa sabida por todos os que folheiam livros antigos. Diculasius, *op.*, lib. XXI, refere: "Os númidas contam que os seus cavalos combinam entre si, à imitação dos homens, a marcha que hão de ter, quando presumem que esta os fatigue em excesso, se forem pelo acordo dos cavaleiros". Cneius Publius, confirmando essa versão, acrescenta que a espécie cavalar é daquelas em que mais se ajustam as vontades. Mas o primeiro que estudou detidamente este assunto (não falando dos árabes) foi o filósofo Claudius Morbus; esse achou que os cavalos escarnecem dos homens: "Os ruins cavalos", diz ele em um dos seus tratados, "são muita vez cavalos excelentes; para escarnecer dos homens, fazem-se ruins, empacam, afrouxam o passo, ou simplesmente os cospem de si, para que eles os não aborreçam mais. Os cavalos que falam aos homens, como o de Aquiles, são raros, se é que ainda existe algum; geralmente falam entre si. Tendo estudado gestos de cabeça e de olhos, não menos que os relinchos, cheguei a formular um vocabulário, que me tem servido para alguma coisa".

— O senhor está falando sério?

— Como quer que lhe fale?

— É que não me consta...

— Ah! isto não se acha nos grandes autores clássicos; é preciso vasculhar livros que poucos leem, que só lê a gente erudita, desculpe a expressão.

— Então, os cavalos...

— Os cavalos são homens; e não está longe o século em que os homens correrão também para recreio e lucro dos cavalos. Ora, se, nessas corridas do futuro, os homens, por meio de sinais, sussurro ou até meias-palavras, combinarem entre si uma troca de palpites, de modo que os últimos cheguem primeiro, e os considerados primeiros cheguem por último, que dirá o senhor?

— Perdão...

— Note que a hipótese é ainda mais natural com os homens, pela razão do domínio que eles têm sobre a terra, das civilizações anteriores e do orgulho que daí nasce. Que mais natural que isto, e que mais justo? O senhor não se admirará, decerto...

— Decerto.

— Por que se admira então de que os cavalos façam o mesmo?

— Eu lhe digo...

— Não me diga nada. Adivinho o que me vai dizer. Respondo-lhe que há de ser pior com o homem, sem que isso prove que o homem seja pior que o cavalo. O orgulho do cavalo é grande; ele não tem só a vaidade que lhe supõem os inadvertidos. Nas corridas lutam as mais das vezes com lealdade, por amor-próprio, defendem o nome e os brios. O próprio sangue os aguilhoa e leva. Quando, porém, os aborrecemos, dizem consigo provavelmente que não nasceram para gamão, nem loteria, ajustam-se e trocam de papel; *King* faz ganhar a *Vespasiano*, como *Otelo* cede o lugar a *Veloz*.

— Seja como for, perdemos o dinheiro que estava ganho.
— Tem graça! Não se perde nada, porque assim como os que deviam ganhar, perdem, assim também os que deviam perder, ganham. Há compensação. É o que se pode chamar uma bela sociedade.

9 de abril de 1893

O Conselho Municipal vai regulamentar o serviço doméstico. Já há um projeto, apresentado esta semana pelo sr. Intendente João Lopes, para substituir o que se adiara, e em breve estará, como se diz em dialeto parlamentar, no tapete da discussão.

Não me atribuam nenhuma trapalhice de linguagem, chamando intendente a um membro do Conselho Municipal. Assim se chamam eles entre si. Podem retrucar que, no tempo das Câmaras Municipais, os respectivos membros eram vereadores. É verdade; mas, nesse caso, fora melhor ter conservado os nomes antigos, que eram uma tradição popular, uma ligação histórica, e creio até que a intendência que primeiro substituiu a Câmara, é menos democrática. Intendência e intendente cheiram a ofício executivo.

Mas, seja Câmara, Intendência ou Conselho, vai reformar o serviço doméstico, e desde já tem o meu apoio, embora os balanços da fortuna possam levar-me algum dia a servir, quando menos, o ofício de jardineiro. As flores (não é poesia) são a minha alma. Eu daria a coroa de Madagascar por uma rosa do Japão. Outros sacrificariam todas as flores de leste e de oeste pela coroa da ilha das Enxadas. São gostos. Agora mesmo, o corretor Souto, achando-se em graves embaraços pecuniários, pôs termo à vida. Pessoas há que, nas mesmas circunstâncias, criam alma nova. Pontos de vista.

Enquanto, porém, não me chega o infortúnio, quero o regulamento, que é muito mais a meu favor do que a favor do meu criado. Na parte em que me constrange, não será cumprido, porque eu não vim ao mundo para cumprir uma lei, só porque é lei.

Se é lei, traga um pau; se não traz um pau, não é nada.

Um exemplo à mão. Qual é a primeira das liberdades, depois da de respirar? É a da circulação, suponho. Pois para que a tenhamos no meio da rua da Candelária, e no princípio da da Alfândega, vulgo *Encilhamento*, é preciso que andem ali a defendê-la duas praças de cavalaria. Desde 1890 estabeleceu-se naquele lugar uma massa compacta de cidadãos, que não deixava passar ninguém. Não digo que o motivo fosse expressamente restringir a liberdade alheia; pode ser que o intuito da reunião fosse tão somente formar um istmo, que de algum modo imitasse o de Panamá. Um Panamá que se desfazia todas as tardes, à mesma hora em que as antigas quitandeiras da rua Direita levantavam as suas tendas. Pode ser; o espírito de imitação é altamente fecundo.

Entretanto (é a minha tese), tirem dali os dois praças de cavalaria, e o *Encilhamento* continua. Já ali estiveram dois, e, para manter a liberdade da circulação, eram obrigados a disparar de vez em quando. Dispersavam a gente, é verdade, mas faziam perder e ganhar muito conto de réis, porque os jogadores apostavam sobre eles mesmos, a saber, qual dos dois praças chegaria a uma dada linha da rua. Saíram os praças, refez-se o istmo.

Mas venhamos ao nosso projeto municipal. Tem coisas excelentes; entre outras, o art. 18, que manda tratar os criados com bondade e caridade. A caridade, posta em regulamento, pode ser de grande eficácia, não só doméstica, mas até pública. Outra disposição que merece nota é a que respeita aos atestados passados pelo amo em favor dos criados; segundo o regulamento, devem ser conscienciosos. Na crise moral deste fim de século, a decretação da consciência é um grande ato político e filosófico. Pode criar-se assim uma geração capaz de encarar os tremendos problemas do futuro e refazer o caráter humano. Que tenha defeitos, admito. Assim, por exemplo, o art. 19 obriga amo e criado a darem parte à polícia dos seus ajustes, sob pena de pagar o amo trinta mil-réis de multa e de sofrer o criado cinco dias de prisão; isto é, ao amo tira-se o dinheiro, e ao criado ainda se lhe dá casa, cama e mesa. É irrisório, mas pode emendar-se.

Quando os criados fizerem os regulamentos, não creiam que sejam tão benignos com os amos. A primeira de suas disposições será naturalmente que toda a pessoa que contratar um criado, pagar-lhe-á certa quantia, a título de indenização, pelo incômodo de o tirar de seus lazeres. A segunda proverá à composição de um pequeno dicionário, em que se inscrevam as palavras duras, ou simplesmente imundas, que os criados poderão dizer aos amos, quando estes achem um copo menos transparente. A terceira definirá os casos em que um gatuno possa perder paulatinamente o vício, servindo a um homem e fumando-lhe os charutos, com tal graduação que, antes de vinte meses, só os fume comprados com o seu dinheiro.

Tudo isto quer dizer que a legislação, como a vida, é uma luta, cujo resultado obedece à influência mesológica. Oh! a influência do meio é grande. Que vemos no Rio Grande do Sul? Combate-se e morre-se para derrocar e defender um governo. Venhamos a Niterói, mais próximo do Teatro Lírico. Trata-se de depor a Intendência. Reúnem-se os autores e propugnadores da ideia, escrevem e assinam uma mensagem, nomeiam uma comissão, que sai a cumprir o mandato. A Intendência, avisada a tempo, está reunida; talvez de casaca. A comissão sobe, entra, corteja, fala:

— Vimos pedir, em nome do povo, que a Intendência deponha os seus poderes.

A Intendência, para imitar alguém, imita Mirabeau:

— Ide dizer ao povo, que estamos aqui pelos seus votos, e só sairemos pela força das baionetas!

A comissão corteja e vai levar a resposta ao povo. O povo, na sua qualidade de Luís XVI, exclama:

— É pois uma rebelião?

— Não, real senhor, é uma conservação.

Tudo isto limpo, correto, sem ódio nem teimosia, antes do jantar, antes do voltarete, antes do sono. Se alguém ficou sem pingo de sangue, não o perdeu na ponta de uma espada; foi só por metáfora, uma das mais belas metáforas da nossa língua, e ainda assim duvido que ninguém empalidecesse. Talvez houvesse programa combinado. Quantos fatos na história que, parecendo espontâneos, são filhos de acordo entre as partes!

16 de abril de 1893

Há hoje um eclipse do sol. Está anunciado. Os astrônomos chegaram a esta perfeição de descrever antecipadamente esta casta de fenômenos, com o minuto exato do princípio e do fim, o primeiro e o último contato. Não há mais que aguardá-lo e mirá-lo, mais ou menos, segundo ele for total ou parcial. E assim se vai o melhor da vida, que é o inopinado. O incerto é o sal do espírito! Ah! bons tempos em que os eclipses não andavam por almanaques, e queriam dizer alguma coisa, tais quais os cometas, que eram um sinal da cólera dos deuses. Os deuses foram-se, levando a cólera consigo. Assim pagaram as oferendas e os poemas que receberam de milhões e milhões de criaturas.

Tudo acabou. Eclipses, cometas, sonhos, entranhas de vítimas, número treze, pé esquerdo, quantos capítulos rasgaram a alma humana, para substituí-los por outros, exatos e verdadeiros, mas profundamente insípidos. Quando Javé tomou conta do Olimpo, os homens tinham um resto dos antigos medos, e porventura criaram outros; mas o tempo os foi roendo. Pode ser que ainda agora haja algum, em vilas interiores, como as modas do ano passado; mas são restos de restos. O cálculo substituiu a novidade, o anúncio matou o espanto.

Que lhes diga isto em verso? Ah! leitor amigo, quisera fazê-lo, e, a rigor, não era difícil, contanto que as palavras, escritas em papelinhos e metidas dentro de um chapéu, fossem baralhadas com algum furor, para não dissentir do verdadeiro nefelibatismo. Creio que é assim que se escreve. Se é de outro modo, paciência; antes um erro de ortografia que de doutrina. A doutrina é sacudir bem o chapéu.

E, vamos lá, não faltaria matéria. Como se poderia contar, com verossimilhança, em simples prosa, o caso de Santa Catarina? O governador dissolveu um tribunal; divergem as opiniões no ponto de saber se ele podia ou não fazê-lo. Compreendo a divergência; são questões legais ou constitucionais, e os princípios fizeram-se para isto mesmo, para dividir os homens, já divididos pelas paixões e pelos interesses. Não compreendo, porém, os efeitos do ato. Os telegramas noticiam que o regozijo público e a indignação pública são enormes. O governador é objeto de aclamações e vitupérios. Gargalhadas e ranger de dentes enchem o ar do Estado. Essas contradições só o movimento político as poderia fazer aceitar.

Convém notar que, a princípio, julguei que era gracejo dos empregados do telégrafo, e gracejo comigo. Cheguei a escrever cinco ou seis mofinas, com assinatura e estilo diferentes. Em uma delas cotejava essas notícias contraditórias com as da Havas, todas acordes, ainda quando esta agência passa da notícia à profecia, como fez agora, a propósito de dois presos políticos de Santiago, dos quais diz que "vão ser condenados à morte". É ter muita ou nenhuma confiança nos tribunais.

Fora do caso catarinense, tudo o mais pôde ser dito em prosa, nesta prosa nua e chã, como a alma do prosador. Que metro é preciso para contar que vamos perder os quiosques? Dizem que o Conselho Municipal trata de acabar com eles. Não quero que morram, sem que eu explique cientificamente a sua existência. Logo que os quiosques penetraram aqui, foi meu cuidado perguntar às pessoas viajadas a que é que os destinavam em Paris, donde vinha a imitação; responderam-me que lá eram ocupados por uma mulher, que vendia jornais. Ora, sendo o nosso quiosque um lugar em que um homem vende charutos, café, licor e bilhetes de loteria, não há nesta diferença de aplicação um saldo a nosso favor? A diferença do sexo é a primeira, e porventura a maior; a rua fez-se para o homem, não para a mulher, salvo a rua do Ouvidor. O charuto, tão universal como o licor, é uma necessidade pública. Não cito o café; é a bebida nacional por excelência. Quanto ao bilhete de loteria, esse emblema da luta de Jacó com o anjo, que é como eu considero a caça à sorte grande, pode ser que a venda dele nos quiosques diminua os lucros do beco das Cancelas; mas o beco é triste, não solta foguetes quando lhe saem prêmios, se é que lhe saem prêmios. Os quiosques alegram-se quando os vendem, e é certo que os vendem em todas as loterias.

Não obstante, lá vão os quiosques embora. Assim foram as quitandeiras crioulas, as turcas e árabes, os engraxadores de botas, uma porção de negócios da rua, que nos davam certa feição de grande cidade levantina. Por outro lado, se Renan fala verdade, ganhamos com a eliminação, porque tais cidades, diz ele, não têm espírito político, ou sequer municipal; há nelas muita tagarelice, todos se conhecem, todos falam uns dos outros, mobilidade, avidez de notícias, facilidade em obedecer à moda, sem jamais inventá-la. Não; vão-se os quiosques, e valha-nos o Conselho Municipal. Os defeitos ir-se-ão perdendo com o tempo. Ganhemos desde logo ir mudando de aspecto.

Sim, valha-nos o Conselho; não perca tempo. Já perdeu algum, por ocasião de declarar um intendente haver sido convidado a votar contra a sua própria opinião. Logo que ele se sentou, ergueu-se outro intendente e fez outro discurso, aprovando o primeiro; veio terceiro, veio quarto, veio quinto, todos de aprovação. Achei talvez demais. Salvo a paz de Varsóvia, reminiscência que esmaltou dois períodos de um dos discursos, nada se disse que fosse diferente, e para casos destes é que se fizeram os *apoiados gerais*.

Valha-nos também a polícia, não autorizando a guarda particular que se lhe pediu, não sei para que lugar da cidade. Isto de guarda particular de um bairro, feita à custa dos moradores, até parece caçoada com o poder público. Há opiniões contrárias a esta; mas eu, no capítulo das opiniões, tenho verdadeiros despropósitos. Não deferia o requerimento; diria que quem guardava a casa era eu, e só eu responderia por ela.

Adeus. Vou continuar a leitura do último artigo do autor da esterilização, em resposta aos que têm deposto contra ele. É comprido e custa ler, por causa da muita fisiologia e anatomia de alcova, que exige palavras científicas. Acho que ele faz bem em defender-se, mormente depois que uma das testemunhas assegurou que não sei que senhora, depois de operada, deixou de ter um filho para ter dois. Este defeito, se fosse verdadeiro, seria mais grave que o efeito moral. Era a desconsideração do processo. Contrariamente ao velho adágio, era ir buscar tosquia e sair lanzuda. Creio que estou ficando excessivamente científico...

23 de abril de 1893

Eu, se tivesse de dar *Hamlet* em língua puramente carioca, traduziria a célebre resposta do príncipe da Dinamarca: *Words, words, words*, por esta: *Boatos, boatos, boatos*. Com efeito, não há outra que melhor diga o sentido do grande melancólico. Palavras, boatos, poeira, nada, coisa nenhuma.

Toda a semana finda viveu disso, salvo a parte que não veio por boatos, mas por fatos, como o caso do coreto da praça Tiradentes. Ninguém boquejou nada sobre aquela construção; por isso mesmo deu de si uma porção de consequências graves. Os boatos, porém, andavam a rodo, os rumores iam de ouvido em ouvido, nas lojas, corredores, em casa, entre a pera e o queijo, entre o basto e a espadilha. Conspirações, dissensões, explosões. Uns davam à distribuição dos boatos a forma interrogativa, que é ainda a melhor de todas. Homem, será certo que X furtou um lenço? O ouvinte, que nada sabe, nada afirma; mas aqui está como ele transmite a notícia: — Parece que X furtou um lenço. Um lenço de seda? Provavelmente; não valeria a pena furtar um lenço de algodão. A notícia chega à Tijuca com esta forma definitiva: X furtou dois lenços, um de seda, e, o que é mais nojento, outro de algodão, na rua dos Ourives.

Não me digam que imito assim a fábula do marido e do ovo. Na fábula, quando o marido chega a ter posto uma dúzia de ovos, há ao menos o único ovo de galinha com que ele experimentou de manhã a discrição da esposa. Aqui não há sequer as cascas. E, se não, vejam o que me aconteceu quarta-feira.

Estava à porta de uma farmácia, conversando com dois amigos sobre os efeitos prodigiosos do quinino, quando apareceu outro velho amigo nosso, o qual nos revelou muito à puridade que na quinta-feira teríamos graves acontecimentos, e que nos acautelássemos. Quisemos saber o que era, instamos, rogamos, não alcançamos nada. Graves acontecimentos. Ele falava de boa-fé. Tinha a expressão ingênua da pessoa que crê, e a expressão piedosa da pessoa que avisa. Retirou-se; ficamos a conjeturar e chegamos a esta conclusão, que os sucessos anunciados eram o desenlace fatal dos boatos que andavam na rua. Todas essas cegonhas bateriam as asas à mesma hora, convertidas em abutres, que nos comeriam em poucos instantes.

Para mistério, mistério e meio. Saí dali, corri à casa de um armeiro, onde comprei algumas espingardas e bastante cartuchame. Além disso, com o pretexto de saudar o dia 21 de abril, alcancei por empréstimo duas peças de artilharia. Assim armado, recolhi-me a casa, jantei, digeri, e meti-me na cama. Naturalmente não dormi; mas também não vi a aurora, nem o sol de quinta-feira. Portas e janelas fechadas. Nenhum rumor em casa, comidas frias para não fazer fogo, que denunciasse pelo fumo a presença de refugiados. Ensinei à família a senha monástica; andávamos calados, interrompendo o silêncio de quando em quando para dizermos uns aos outros que era preciso morrer. Assim se passou a quinta-feira.

Na sexta-feira, pelas seis horas da manhã, ouvi tiros de artilharia. Ou é a salva de Tiradentes, disse à família, ou é a revolução que venceu. Saí à rua; era a salva. Perguntei pelos mortos. Que mortos? Pelos acontecimentos. Que acontecimentos? Nada houvera; toda a cidade vivera em paz. Assim se desvaneceram os sustos, filhos de boatos, filhos da imaginação. Assim se desvaneçam todos os demais ovos do marido de La Fontaine.

Só um fato se havia dado, como disse, o do coreto. Fui à praça ver os destroços, mas já não vi nada; achei a estátua e curiosos. Desandei, atravessei o largo de São Francisco e desci pela rua do Ouvidor, ao encontro do préstito de Tiradentes. Soube que já não havia préstito. Era pena; esta cidade tem, para Tiradentes, não só a dívida geral da glorificação, como precursor da Independência e mártir da liberdade, mas ainda a dívida particular do resgate. Ela festejou com pompa a execução do infeliz patriota, no dia 21 de abril de 1792, vestindo-se de galas e ouvindo cantar um *Te-Deum*.

Espiando para casa, lembrei-me que esse dia 21 era ainda aniversário de outra tentativa política. O povo desta cidade e os eleitores convocados revolucionariamente pelo juiz da comarca reuniram-se na praça do Comércio e pediram ao rei a Constituição Espanhola, interinamente. A Constituição foi dada na mesma noite, contra a vontade de algumas pessoas, e retirada no dia seguinte, depois de alguns lances próprios de tais crises, não por ser Constituição — visto que, dois anos depois, tínhamos outra —, mas naturalmente por ser espanhola. De Espanha só mulheres, guitarras e pintores.

Tudo são aniversários. Que é hoje senão o dia de aniversário natalício de Shakespeare? Respiremos, amigos; a poesia é um ar eternamente respirável. Miremos este grande homem; miremos as suas belas figuras, terríveis, heróicas, ternas, cômicas, melancólicas, apaixonadas, varões e matronas, donzéis e donzelas, robustos, frágeis, pálidos, e a multidão, a eterna multidão forte e movediça, que execra e brada contra César, ouvindo a Bruto, e chora e aclama César, ouvindo a Antônio, toda essa humanidade real e verdadeira. E acabemos aqui; acabemos com ele mesmo, que acabaremos bem. *All is well that ends well.*

30 de abril de 1893

Uma folha diária, recordando que as quermesses tinham sido fechadas por serem verdadeiras casas de tavolagens, noticiou que elas começam a reaparecer. Já há uma na rua do Teatro; o pretexto é uma festa de caridade. E a folha chama a atenção da polícia.

A notícia — dizemo-lo sem ofensa — é mui própria de um século utilitário e prático. Não se poderia achar exemplo mais vivo do espírito da nossa idade, que põe a alma das coisas de lado para só admirar a face das coisas. Invertemos a caridade; ela não é, para nós, o móvel da ação, o sentimento da esmola e do benefício; é o resultado da coleta. Dou cinco mil-réis para comprar uns sapatos de criança (se há ainda sapatos de cinco mil-réis); o mundo, se os sapatos não são comprados, grita contra a especulação. Querem a caridade escriturada, legalizada, regulamentada, com relatório anual, contas, receita e despesa, saldo. Onde está aqui o espírito cristão?

A quermesse é tavolagem. Que tenho eu com isso, se me convida a fazer bem? Não se trata (reflita o colega), não se trata de beneficiar a um estranho, mas a minha alma. Vá o dinheiro para um faminto, para a escola, ou simplesmente para as algibeiras do empresário, nada tem com isso a minha salvação. A caridade não é um efeito, é uma causa. As quermesses são ocasiões inventadas para a prática do Evangelho. O fim dessas instituições é exercitar a virtude, e tanto melhor se o dinheiro recolhido alimentar um vício. É o preceito de Horácio e do gasômetro: *Ex fumo dare lucem.*

Um exemplo. Há em certa rua, por onde passo todos os dias, um homem sentado na soleira de uma porta, chapéu na mão, a pedir uma *esmolinha*. Esse homem, que deve andar por cinquenta e tantos anos, padece de um pé sujo — creio que o esquerdo. Quando lhe descobri essa única moléstia, travou-se em minha consciência um terrível conflito. Darei o meu vintém ao homem ou não? Fui ao meu grande São Paulo, ao meu Santo Agostinho, fui principalmente aos casuístas mais célebres, e achei em todos que não se tratava do pé de um homem, mas da alma de outro. A rigor, pode-se dar até a um pé lavado. Daí em diante, dou ao homem o meu vintém certo. E não se diga que é porque fui estudar a solução do problema nos livros moralistas. Tenho visto pobres mulheres que passam com o seu vestidinho desbotado, a sua cor doentia, pararem adiante, e, às escondidas, tirarem do bolso o vintenzinho ganho à força de agulha ou de goma, e irem depositá-lo no chapéu do homem. Este, em bemol: "Os anjos a acompanhem, minha santa senhora!"

A quermesse pode ter os pés sujos. Não me cabe verificar se os vai lavar; cabe-me, sim, dar o dinheiro (e, quanto mais, melhor), para cumprir o preceito de Jesus: "Não queirais entesourar para vós tesouros na terra, onde a ferrugem e a traça os consome; mas entesourai para vós tesouros no céu, onde não os consome a ferrugem nem a traça..."

A terra fez-se para entesourar algumas coisas, mas só as que não entendem com a nossa consciência moral, os atos que não vêm do coração, mas da cabeça. Que rico tesouro da terra nos deu a Comissão de instrução pública do Conselho Municipal! No meio dos debates daquela casa — tantas vezes acres e apaixonados — é doce e consolador elevar o espírito a sentenças como esta: "Foi esta lei (a instrução) que organizou as sociedades primitivas, que regeu seus principais destinos, que domina as condições de existência dos primeiros povos e que os obrigou a esse longo peregrinar dos séculos". E, depois de comparar a instrução a um elo que liga o passado ao presente e o presente ao futuro, escreve esta ousada e forte imagem, seguida de outra não menos ousada nem menos forte: "A humanidade, porém, é como a hiena faminta e insaciável. É como o Ahasverus da lenda, que não pode parar — tem de caminhar e caminhar sempre!" Não se pode pintar melhor a necessidade crescente da instrução da espécie humana.

Ao mesmo tempo, lembra-me os dias da mocidade. Ó, Ahasverus! Também eu te vi caminhar, caminhar, caminhar sempre, naquela madrugada dos meus anos, tão linda, e tão remota. De noite, quando a insônia me arregalava os olhos com os seus dedos magros, ou de manhã, quando eles se abriram ao sol, via o eterno andador, andando, andando... Lá me saiu um verso; há de ser algum que não me chegou a sair da cabeça.

Via o eterno andador, andando, andando. Justamente, um verso. Aí está o que é ter metrificado lendas em criança; não se pode falar delas, sem vir a métrica de permeio. Ó infância, ó versos! E as associações? Havia algumas nesse tempo em que se discutiam e votavam teses históricas e filosóficas. Qual foi maior: César ou Napoleão? Esta era a mais comum dos debates; e se alguma coisa pode consolar esses dois grandes homens da morte que os tomou, é a certeza de que têm cá em cima da terra verdadeiros amigos e certo equilíbrio de sufrágios.

Também agora há teses, mas são outras. Esta semana o Instituto dos Advogados debateu um ponto interessante, a saber, se, em face da Constituição e das leis, os títulos nobiliários dados por governos estrangeiros fazem perder a qualidade de cidadão. A maioria adotou a afirmativa: 16 votos contra 8. Mas, examinando a tese, o Instituto esqueceu uma hipótese. O sr. Geminiano Maia, do Estado do Ceará, recebeu de um governo estrangeiro o título de barão de Camocim. Pergunto: esta hipótese entra acaso na tese do Instituto? O título pelo doador é estrangeiro, mas é nacional pela localidade. Camocim é no território do Brasil. Para mim, que não tenho preparos jurídicos, este título não tira a qualidade de cidadão ao sr. Maia: antes o faz mais brasileiro, se é possível. Maia é um nome comum. Camocim é um nome nacional. Examine o Instituto essa hipótese.

7 de maio de 1893

Abriu-se o Congresso Nacional. Uma folhinha que aqui tenho dá nas efemérides este único acontecimento do dia 3 de maio do ano findo: "Não se abriu o Congresso por falta de número". Curioso dia em que só aconteceu não acontecer nada. Não foi assim este ano. O Congresso abriu-se no próprio dia constitucional.

Há quem deseje saber o que dará de si esta sessão. No anterior regime já havia a mesma curiosidade. Mas eu creio, como os antigos, que o futuro repousa nos joelhos dos deuses. Creio também nos deuses; mas, se privasse com eles, e soubesse o que nos dará o Congresso este ano, não viria dizê-lo ao público, nem ainda aos amigos. Não porque seja avaro de notícias, mas por medo ao Código Penal, onde há um artigo que castiga duramente as pessoas que adivinham o futuro; tão duramente como as que aplicam drogas para excitar ódio ou amor. Por que somente o ódio e o amor, leitora, e não também a ambição e a prodigalidade? Amiga minha, são segredos dos códigos.

Afinal, o melhor é fazer como os fregueses das galerias. Esses não querem saber o que vai sair das Câmaras; pedem verbo, mas verbo grosso, discurso lacerado de apartes, apodos, violência, agitação. A história das galerias não é das menos instrutivas. A princípio, ouviam caladas o que se passava, desciam depois à rua para ver saírem os oradores. Um dia, intervieram com palmas. O presidente bradou-lhes cá de baixo:

— As galerias não podem dar sinais de agrado ou desagrado.

Repetindo-se mais tarde as manifestações, o presidente repetiu a declaração, com o acréscimo de que as faria evacuar, se continuassem. Quando elas viram que esta ameaça não era outra coisa, prosseguiram nos aplausos e nos rumores. Com o tempo estabeleceu-se um direito consuetudinário. Quando o presidente dizia que as galerias não podiam manifestar-se, era um modo de dividir o coro dos aplausos por estrofes. Mais ação de artista que de autoridade. Elas tornavam a aplaudir, ele tornava a ameaçá-las, até dar a hora.

— Está levantada a sessão.

De uma vez, apresenta-se à Câmara um Ministério novo. A apresentação de um Ministério era um daqueles banquetes romanos do bravo e guloso Lúculo. Tanta era a gente, que não cabia nas galerias; desceu aos corredores laterais da Câmara, ao próprio recinto, que ficou atopetado. De repente, ergue-se um deputado, faz um discurso de vinte minutos e termina aclamando a República. As galerias de cima e de baixo repetiram os vivas. Em vão o presidente bradava que as galerias não podiam manifestar-se; tanto podiam que o faziam. Quando acabou a sessão, um deputado do Norte, saindo com alguns amigos, dizia-lhes: "Meus amigos, a República está feita". Meses depois, era verdade.

Parece que este ano a Câmara tranca o recinto aos estranhos, sem exceção. Por que sem exceção? *Ni cet excès d'honneur, ni cette indignité*. Além de que não há regra sem ela, sucede que a exceção pode ser odiosa ou legítima, segundo os casos. Se houver uma só pessoa admitida, e for eu, a exceção é legítima. Ideia banal, não é? Mas aqui está a razão psicológica do meu dito. Quando a exceção recai em Pedro ou Paulo, eu lanço os olhos a Sancho e a Martinho, e a todos os nomes do calendário, e posso medir a injustiça daquele único ponto no meio da extensão vastíssima dos homens. Quando, porém, a escolha recai em mim, recolho-me em mim mesmo por um movimento involuntário; o mundo exterior desaparece, fico com a minha individualidade, com o meu direito anterior e superior. Todo eu sou regra; não acho, não posso achar injustiça na escolha. Comigo está o universo.

Não falo das vantagens exteriores da unidade, tão óbvias são. Isto de ser o único admitido no recinto, estar ao pé de uma bancada, falar aos deputados que entram e saem, aos secretários que descem, ao próprio presidente, chama logo a atenção da galeria. E eu gosto da galeria; todos os meus atos não têm outro fito senão ela; deleito-me com ser visto, apontado, admirado. Daí a variedade das minhas atitudes. Não há uma só que seja natural. Às vezes cruzo os braços e derreio a cabeça, outras meto as mãos nas algibeiras das calças; chapéu na anca, ou seguro pela aba, na altura do estômago; quatro dedos no bolso esquerdo do colete. Note-se — e esta é a minha arte suprema — em qualquer dessas atitudes ninguém dirá que olho para a galeria, e a verdade é que não miro outra coisa. Ela é tudo; nação, opinião pública, história e posteridade são outros tantos sinônimos com que eu sirvo a minha castelã.

Excetue-me a Câmara, e terá dado um passo justo. Em paga, digo-lhe que há muito o que fazer, e que ela o fará, com o esforço de que é capaz. Li que se fizeram reuniões de governistas e de oposicionistas. Não gosto destas denominações vagas, mas não há ainda outras, porque não há partidos que tragam os seus nomes próprios, e com eles as suas ideias, e por elas o seu apoio ou a sua oposição. É talvez cedo; o tempo os trará, com os seus programas. Não é que eu exija a execução integral dos programas. Execução integral só a peço aos poetas, quando se dispõem a cantar alguma, a cólera de Aquiles, *arma virumque,* a primeira desobediência do homem, os ritos semibárbaros dos piagas, ou o herói daquela nossa joia chamada *Uruguai*. Esses hão de dar-me para ali o que prometem, e em belos versos — coisa que não exijo dos partidos —, nem belos versos, nem bela prosa.

14 de maio de 1893

Ontem de manhã, descendo ao jardim, achei a grama, as flores e as folhagens transidas de frio e pingando. Chovera a noite inteira; o chão estava molhado, o céu feio e triste, e o Corcovado de carapuça. Eram seis horas; as fortalezas e os navios começaram a salvar pelo quinto aniversário do Treze de Maio. Não havia esperanças de sol; e eu perguntei a mim mesmo se o não teríamos nesse grande aniversário. É tão bom poder exclamar: "Soldados, é o sol de Austerlitz!" O sol é, na verdade, o sócio natural das alegrias públicas; e ainda as domésticas, sem ele, parecem minguadas.

Houve sol, e grande sol, naquele domingo de 1888, em que o Senado votou a lei, que a regente sancionou, e todos saímos à rua. Sim, também eu saí à rua, eu o mais encolhido dos caramujos, também eu entrei no préstito, em carruagem aberta, se me fazem favor, hóspede de um gordo amigo ausente; todos respiravam felicidade, tudo era delírio. Verdadeiramente, foi o único dia de delírio público que me lembra ter visto. Essas memórias atravessavam-me o espírito, enquanto os pássaros trinavam os nomes dos grandes batalhadores e vencedores, que receberam ontem nesta mesma coluna da *Gazeta* a merecida glorificação. No meio de tudo, porém, uma tristeza indefinível. A ausência do sol coincidia com a do povo? O espírito público tornaria à sanidade habitual?

Chegaram-me os jornais. Deles vi que uma comissão da sociedade, que tem o nome de Rio Branco, iria levar à sepultura deste homem de Estado uma coroa de louros e amores-perfeitos. Compreendi a filosofia do ato; era relembrar o primeiro tiro vibrado na escravidão. Não me dissipou a melancolia. Imaginei ver a comissão entrar modestamente pelo cemitério, desviar-se de um enterro obscuro, quase anônimo, e ir depor piedosamente a coroa na sepultura do vencedor de 1871. Uma comissão, uma grinalda. Então lembraram-me outras flores. Quando o Senado acabou de votar a lei de 28 de setembro, caíram punhados de flores das galerias e das tribunas sobre a cabeça do vencedor e dos seus pares. E ainda me lembraram outras flores...

Estas eram de climas alheios. *Primrose day*! Oh! se pudéssemos ter um *primrose day*! Esse dia de primavera é consagrado à memória de Disraeli pela idealista e poética Inglaterra. É o da sua morte, há treze anos. Nesse dia, o pedestal da estátua do homem de Estado e romancista é forrado de seda e coberto de infinitas grinaldas e ramalhetes. Dizem que a primavera era a flor da sua predileção. Daí o nome do dia. Aqui estão jornais que contam a festa de 19 do mês passado. *Primrose day*! Oh! quem nos dera um *primrose day*! Começaríamos, é certo, por ter os pedestais.

Um velho autor da nossa língua — creio que João de Barros; não posso ir verificá-lo agora; ponhamos João de Barros... Este velho autor fala de um provérbio que dizia: "os italianos governam-se pelo passado, os espanhóis pelo presente e os franceses pelo que há de vir". E em seguida dava "uma repreensão de pena à nossa Espanha", considerando que Espanha é toda a península, e só Castela é Castela. A nossa gente, que dali veio, tem de receber a mesma repreensão de pena; governa-se pelo presente, tem o porvir em pouco e o passado em nada ou quase nada. Eu creio que os ingleses resumem as outras três nações.

Temo que o nosso regozijo vá morrendo, e a lembrança do passado com ele, e tudo se acabe naquela frase estereotipada da imprensa nos dias da minha primeira juventude. Que eram afinal as festas da Independência? Uma parada, um cortejo, um espetáculo de gala. Tudo isso ocupava duas linhas, e mais estas duas: as fortalezas e os navios de guerra nacionais e estrangeiros surtos no porto deram as *salvas de estilo*. Com este pouco, é certo, estava comemorado o grande ato da nossa separação da metrópole.

Em menino, conheci de vista o major Valadares; morava na rua Sete de Setembro, que ainda não tinha este título, mas o vulgar nome de rua do Cano. Todos os anos, no dia 7 de setembro, armava a porta da rua com cetim verde e amarelo, espalhava na calçada e no corredor da casa *folhas da Independência*, reunia amigos, não sei se também música, e comemorava assim o dia nacional. Foi o último abencerragem. Depois ficaram as salvas do estilo.

Todas essas minhas ideias melancólicas bateram as asas à entrada do sol, que afinal rompeu as nuvens, e às três horas governava o céu, salvo alguns trechos onde as nuvens teimavam em ficar. O Corcovado desbarretou-se, mas com tal fastio, que se via bem ser obrigação de vassalo, não amor da cortesia, menos ainda amizade pessoal ou admiração. Quando tornei ao jardim, achei as flores enxutas e lépidas. Vivam as flores! Gladstone não fala na Câmara dos Comuns sem levar alguma na sobrecasaca; o seu grande rival morto tinha o mesmo vício. Imaginai o efeito que nos faria Rio Branco ou Itaboraí com uma rosa ao peito, discutindo o orçamento, e dizei-me se não somos um povo triste.

Não, não. O triste sou eu. Provavelmente má digestão. Comi favas, e as favas não se dão comigo. Comerei rosas ou primaveras, e pedir-vos-ei uma estátua e uma festa que dure, pelo menos, dois aniversários. Já é demais para um homem modesto.

21 de maio de 1893

Tudo se desmente neste mundo, e o século acaba com os pés na cabeça. Podia acabar pior. Quem se não lembra com saudades do último verão? Dias frescos, chuvas temperando os dias de algum calor, e obituário pobre. Chegou março, abotoou abril, desabotoou maio, parecia que entrávamos em um período de delícias ainda maiores. Justamente o oposto. Calor, doenças, grande obituário.

A própria ciência parece não saber a quantas anda. Tempo há de vir em que o xarope de Cambará não cure, e talvez mate. Já agora são os bondes que empurram as bestas; esperemos que os passageiros os não puxem um dia. Quando éramos alegres — ou, o que dá no mesmo, quando eu era alegre —, aconteceu que o gás afrouxou enormemente. Como se despicou o povo da calamidade? Com um mote: *O gás virou lamparina*. Ouvia-se isto por toda a parte, lia-se no meio de grande riso público. Lá vão trinta anos. Agora nem já sabemos pagar-nos com palavras. Quando, há tempos, o gás teve um pequeno eclipse, levantamos as mãos ao céu, clamando por misericórdia.

A semana foi cheia desde os primeiros dias. Novidades de todos os tamanhos e cores. Para os que as buscam por todos os recantos da cidade, deve ter sido uma semana trapalhona; para mim, que não as procuro fora da rua do Ouvidor, a semana foi interessante e plácida. Pode ser que erre; mas ninguém me há de ver pedir notícias em outras ruas. Às vezes perco uma verdade da rua da Quitanda por uma invenção da rua do Ouvidor; mas há nesta rua um cunho de boa roda, que dá mais brilho ao exato, e faz parecer exato o inventado. Acresce a qualidade de pasmatório. As ruas de simples passagem não têm graça nem excitam o desejo de saber se há alguma coisa. O pasmatório obriga ao cotejo. Enquanto um grupo nos dá uma notícia, outro, ao lado, repete a notícia contrária; a gente coteja as duas e aceita uma terceira.

Foi o que me aconteceu anteontem. Deram-me duas versões do que se passava na Câmara dos Deputados; segundo uma, não se estava passando nada; segundo outros, passava-se o diabo. Cheguei a ouvir citar o ano de 93, como sendo o primeiro aniversário secular do Terror. E diziam-me que, assim como há bodas de prata, bodas de ouro, bodas de diamante, havia também bodas de sangue, as bodas de sangue da liberdade: eram os cem anos da Convenção. Achei plausível; corri à Câmara. Primeira decepção: não vi Robespierre. Discutia-se uma questão de votação, e a Câmara resolvia continuar no dia seguinte, ontem, em comissão geral. Eram quatro horas e meia da tarde; a sessão começara ao meio-dia.

Saí murcho e contente. Murcho por não achar nada, e contente por não serem as comissões gerais daqui semelhantes às da Câmara dos Comuns, que são medonhas. Não há dúvida que a Câmara dos Comuns governa; mas governa a troco de quê? Governar assim e matar-se é a mesma coisa.

Para não ir mais longe, aqui está a sessão do dia 24 de março último, em que houve comissão geral. Principiou pela sessão ordinária, às duas horas e cinco minutos da tarde. O chefe da oposição perguntou ao primeiro-ministro se podia responder a um *voto de censura* que lhe faria em dia que designou; respondeu o sr. Gladstone; e começou a discussão de um *bill* financeiro. Ouviram-se cinco ou seis discursos; às três e pouco, entrou em discussão outro *bill*, que levou até perto de sete horas. Interrompeu-se a sessão às sete, jantaram ali mesmo, e continuou às nove. Tratou-se então do subsídio aos deputados; ouviram-se sete discursos até que caiu o projeto, votando 276 contra e 229 a favor. Era meia-noite. Parece que estava ganho o dia; oito horas de trabalho (descontadas as do jantar) eram de sobra. Mas é não conhecer a Câmara dos Comuns, que possui o gênio do tédio.

Era meia-noite; foi então que a Câmara se converteu em comissão geral, para discutir o quê? O *bill* de forças de terra. À uma e meia da noite, rejeitava o art. 2º, por 234 votos contra 110. Antes das duas rejeitava uma emenda; eram três horas, discutiam já o art. 7º; às quatro, o art. 8º; às quatro e meia estava discutido e votado o art. 9º. Seguiu-se o art. 10, depois o art. 11. Querendo um sr. Bartley propor uma coisa fora de propósito, gritaram-lhe que era obstrução. Obstrução de madrugada! Votou-se o encerramento entre aplausos, por uma maioria de 154 votos. Eram cinco horas e um quarto da manhã.

Não contesto que a Câmara dos Comuns governe; mas arrenego de tal governo. Eu, que não governo, passei a noite de 24 de março e todas as outras debaixo de lençóis. A primeira coisa que eu propunha, se fosse inglês, era a reforma de tal câmara. Uma instituição que me obriga a cuidar dos negócios públicos desde as duas horas e cinco minutos da tarde até às cinco e um quarto da manhã, com intervalo de duas horas para comer, pode ser muito boa a outros respeitos; mas não é instituição de liberdade. Quando é que esses homens vão ao teatro lírico?

28 de maio de 1893

Depois da semana da criação, não houve certamente outra tão cheia de acontecimentos como a que ontem acabou. E ainda a semana da criação começou por fazer a luz, separá-la das trevas e compor o primeiro dia, enquanto que esta começou por apagar o sol do primeiro dia e fazer a sessão secreta do Senado. Verdade é que o Senado não tinha nada que criar, mas destruir.

Quando eu cheguei à rua do Ouvidor, segunda-feira, não levava a menor esperança de saber coisa nenhuma. Trevas são trevas, segredo é segredo. Quando muito, o Senado comunicaria o seu voto ao sr. Governo; podia ser até que o fizesse com tinta invisível ou por sinais. Só no dia seguinte saberíamos da recusa ou da aceitação do prefeito, não por indiscrição do Senado, mas por declaração do governo. Compreendi e esperei.

Nisto cai a notícia de que o *Almirante Barroso* naufragara no mar Vermelho. Era já uma destruição; a semana parecia querer ser destrutiva. Mas, enfim, que valia a perda de um navio, tão longe da Casa Bernardo, para quem esperava saber se o prefeito ficava ou não? Quantos navios não se perdem por esses mares de Cristo? Deixei que o nosso fosse ter com as carroças de Faraó, não desestimei que as vidas houvessem escapado, e meti-me outra vez em mim, à espera da solução. Cheguei a desconfiar que o naufrágio era uma alegoria. O Senado seria o mar, o prefeito o navio. A salvação das vidas devia ser a reserva que o Senado faria da integridade moral e da capacidade intelectual do funcionário. O que me confirmou esta ilusão foi a indiferença com que toda a gente falava do naufrágio. Mas em breve soube que não podia ser alegoria; a sessão continuava e o segredo com ela.

Sintoma interessante: ninguém apostava. Esta cidade que, durante *l'année terrible* (1890-91), apostou sobre todas as coisas do céu e da terra, não apostava em relação ao desfecho da sessão secreta. Certeza não era. Ao contrário, justamente quando há certeza é que se aposta melhor, porque sempre se encontram espíritos trôpegos de dúvida e cobiçosos de ganho. Concluir daí que perdemos o senso da aposta é concluir do fastio de uma hora para a desnecessidade da alimentação. É não acompanhar o movimento dos bancos esportivos. É não ver por essas ruas um pobre homem aleijado das pernas, dentro de um carrinho, que outro homem puxa. Pedia esmola e achava aberta a bolsa da caridade; mas entendeu um dia destes que, inválido das pernas, não o estava das mãos, e podia trabalhar em vez de pedir. Vende bilhetes de loteria, e ouço dizer que premiados.

Afinal chegou a notícia da rejeição do prefeito por treze votos. Não lhe dei crédito por se tratar de sessão secreta; na terça-feira, porém, a notícia era confirmada e sabia-se tudo, os nomes dos senadores presentes, dos que falaram, dos que votaram contra e pró e até da hora em que a sessão acabou.

Espanto do Senado. Como é que uma deliberação, passada em segredo, assim se tornava pública? Realmente, era de estranhar. Mas tudo se explica neste mundo, ainda o inexplicável. Um filósofo do século atual, para acabar com as tentativas de explicar o inexplicável chamou-lhe incognoscível, que parece mais definitivamente fora do alcance do homem. Não importa; sempre há de haver curiosos. E depois as deliberações humanas não são o mesmo que a origem das coisas. Não são precisas grandes metafísicas para conhecê-las; basta um fonógrafo.

Os primeiros fonógrafos que se conheceram foram as paredes, por terem ouvidos que tudo colhem, memória para retê-lo, e boca para repeti-lo. Ainda agora são excelentes crônicas, e as do Senado magníficas, por serem obra antiga e forte, datadas do tempo em que se construía para um século. Depois das paredes, veio o barbeiro do rei Midas, que confiou ao buraco aberto na terra a notícia das orelhas do freguês. Quem não a supusera eternamente enterrada? Nasceram os caniços, vieram os ventos, e a notícia foi contada e sabida deste mundo. Afinal, surgiu Edison, com o seu aparelho, guardando falas e cantigas e transmitindo-as de um mar a outro e de um céu a outro céu. Os próprios ventos são mensageiros. Homero põe na boca dos seus zéfiros coisas bonitas e exatas. Podemos crer que, antes mesmo das paredes, já eles eram fonógrafos.

Aí tem o Senado muito onde achar a explicação que procura. Se nenhuma lhe servir, tem ainda aqui uma anedota.

Há longos anos, um deputado — chamemos-lhe Buarque de Macedo —, antes de ir para a Câmara, foi à casa de um dos ministros. Discutia-se, creio que o orçamento, e o deputado, membro da respectiva comissão, quis entender-se com o ministro da pasta. Achou-o pouco diligente, pouco falador, muito distraído, e adiando tudo; respondia-lhe que depois, que iria à Câmara, lá se entenderiam... E o deputado insistia; era conveniente assentarem ali mesmo certos pontos. Pois sim, tornava-lhe o ministro, mas não era sangria desatada; falariam na Câmara, iria cedo, às 2 horas ou antes, talvez antes... De repente, o deputado:

— Por que me não há de você dizer tudo?

— Tudo quê?

— Ora, tudo. Eu sei que vocês resolveram pedir demissão.

Espanto do ministro. Como é que ele podia saber de uma resolução concertada na véspera, à noite, em tanto segredo, que os ministros prometeram não confiá-la nem às próprias mulheres? E o deputado sorria. E ainda sorria quando me referia o caso, anos depois, falando de segredos políticos.

Confesso que esta anedota é que me levou a estudar e descobrir a natureza do segredo político. O segredo político é uma solitária do ouvido, microscópica durante os primeiros segundos, a qual atinge o máximo desenvolvimento em um prazo que varia de dez a sessenta minutos. As estéreis são poucas. As fecundas reproduzem-se logo que chegam à maioridade. O ovo interna-se, sobe ao cérebro, desce, passa a laringe, sai pela boca e cai no primeiro ouvido que passa, onde cresce e concebe de igual maneira. Sobre a causa dessa marcha imediata do ovo, não posso dizer nada com segurança. Cada solitária engendra, termo médio, vinte e cinco. Há casos de três ou quatro apenas, mas são raros; também os há de duzentos e trezentos, mas são raríssimos.

A verdade é que o segredo foi publicado integralmente, e não só se soube da votação, como dos seus elementos e trâmites. É provável que a mesma coisa aconteça com o prefeito novo, pela razão científica exposta acima. Ninguém tem culpa das solitárias que traz e ainda menos dos seus costumes.

4 de junho de 1893

Toda uma semana episcopal. Em vão a maçonaria procura dominar os acontecimentos. Imitando o seu grande homônimo, São Paulo expediu esta semana a *Primeira aos Coríntios*. Grande alarma em Jerusalém; mas o jovem Estado, copiando o modelo evangélico, perguntou de longe se também ele não é apóstolo, se não pode viver sobre si, espalhar a palavra da ordem e reger os seus conversos. E porque Pedro (em linguagem maçônica Macedo Soares) inquirisse dos seus títulos, São Paulo "resistiu-lhe na cara", tal qual o apóstolo das gentes. Assim se repete a história.

Parece negócio de família, e é mais extenso que ela. Já se aventa a ideia de ter cada Estado o seu Grande Oriente particular. A pátria paulista terá assim inspirado as demais pátrias, e a maçonaria, em vez de um sol único, passará a ser uma constelação. Perder-se-á, maçonicamente falando, a unidade nacional. Talvez que este fenômeno de violenta paixão autonômica seja efeito da excessiva centralização de outro tempo. É natural e útil, uma vez que tudo se passe como nas famílias amigas, e não entre vizinhos rabugentos.

Mas tudo isso é nada ao pé da troca do bispo d. José pelo arcebispo d. João. Eis a nota principal da semana. Apesar da separação da Igreja e do Estado, viviam ambos em tal concórdia, que antes pareciam casados de ontem, que divorciados desta manhã. O esposo dava uma pensão à esposa; a esposa orava por ele. Quando se viam, não eram só corteses, eram amigos, falavam talvez com saudades do tempo em que viveram juntos, sem todavia querer tornar a ele. A razão do esposo é um princípio, a da esposa é outro princípio. Não sei o nome, mas ainda me lembra a figura de um velho padre que encontrei no largo da Carioca, no dia em que apareceu o decreto abolindo o padroado. Era a felicidade pura; tinha um grande riso nos olhos. Não parecia ter mais de vinte anos e devia orçar por sessenta.

A substituição do prelado fluminense veio alterar a harmonia das partes. Artigos e discursos, moções e projetos de lei, representações ao papa, uma ventania de cóleras soprou por toda esta superfície tranquila, e as ondas ergueram-se cheias de furor. Renasceu a questão religiosa, outros dizem que política; ponhamos eclesiástica, palavra que abrange ambos os sentidos, e cada um pode ler a seu modo. Não faltou quem acudisse pela liberdade da esposa na escolha dos seus servos, nem quem replicasse que não é de boa vizinhança a escolha de servos que façam barulho. Outros não falaram em liberdade, mas em intrigas; outros, porém, citaram alcunhas feias e ameaçaram os donos delas, coisa esta que nos empurra da igreja para a sacristia.

Sim; há já um cheiro de sacristia pelos jornais fora, e não de sacristia patusca somente, senão também penosa e dura. Há velhas cinzas mornas. Não ouso falar em ódios, mas rusgas. Que não passasse disso, é o que eu quisera, porque, em suma, posto que menos nobre, a causa seria também menos grávida de consequências. Rusgas de sacristia devem ser como bens de sacristão: cantando vêm, cantando vão. Oxalá pudesse ser isto apenas!

O pior é que o povo de Piraí, tendo lido nos nossos jornais que o bispo fora deposto, entendeu ao pé da letra a notícia e depôs o vigário. O telegrama diz: "Grande massa de povo", expressão que, tendo em vista a distância, pode referir-se a vinte ou trinta varões resolutos, peitos largos. No interior da Bahia, onde se deu igual ação, mas com diferente vítima, porque o vigário, não esperando que o depusessem, pegou em mil pessoas e desterrou um pastor protestante — na Bahia, digo, esse número de mil pessoas não subiu provavelmente dos mesmos trinta, peitos largos, resolutos. Mas a distância, sendo maior, grande tinha de ser o número, telegraficamente falando, para dar uma ideia adequada da indignação pública. Não se me dá de crer que o que faz tamanhos os exércitos europeus é o Atlântico.

Com outros mil homens, um fanático de Entre-Rios, no mesmo Estado, anda aconselhando aos contribuintes que não paguem impostos. Já destroçou cinquenta policiais, matando alguns; marcharam contra ele forças de linha. Não deis a César o que é de César, tal é a máxima desse chefe de seita. Se é certo o que ouço, acharia aqui grande safra de almas; dizem até que há fiéis a essa doutrina, que absolutamente a ignoram, nos termos formulados; cedem ao instinto, ao forte instinto de enganar o Estado. Sim, a moral é assaz variada, como as estações, os climas, as cores, as disposições de espírito. A minha é tal, que paro aqui mesmo.

11 de junho de 1893

Antes de relatar a semana, costumo passar pelos olhos os jornais dos sete dias. É um modo de refrescar a memória. Pode ser também um recurso para achar uma ideia que me falha. As ideias estão em qualquer coisa; toda a questão é descobri-las.

Há algumas ideias boas nesta casaca, dizia o alfaiate de um grande poeta. *Es liegen einige gute Ideen in diesen Rocke*. Quantas não acharia ele em uma loja de casacas da rua Sete de Setembro... Não digo o número, para me não suporem sócio comanditário; mas procurem nos anúncios. Note-se que nada houve mais casual do que a achada deste anúncio, porque a semana foi, entre todas, cheia de lances, debates, cóleras, acontecimentos, notícias e boatos; tais coisas não deixam tempo à leitura de anúncios. Mas eu ia a dobrar uma folha para passar à outra, quando ele me chamou a atenção com as suas grossas letras normandas, e um título por cima.

Nada mais simples: "Casacas e coletes para todos os corpos; *alugam-se* na rua..." Isto só, e não foi preciso mais para esquecer por instantes o resto do mundo. Uma pedrinha, uma folha seca, um fiapo de pano têm dessas virtudes de exclusão e absorção! Eis aqui uma pequena concha velha, enegrecida, sem valor nem graça; foi arrancada a um sofá de concha — como eles se faziam antigamente — de uma chácara sem cultura, em que há uma casa sem conserto, paredes sem caio, varanda sem limpeza, tudo debaixo de muitos anos sem regresso. Muitos, mas não tantos que não caibam na pequena concha enegrecida, que os encerra a todos, com os seus óbitos e núpcias, alegrias e desesperos... Tornemos às casacas e coletes de aluguel.

Quando acabei de ler o anúncio, entrei a malucar. Imaginei um baile, para o qual fossem convidados cem homens que não possuíssem casaca, nem dinheiro para mandar fazê-la. Comparecimento obrigado; corriam todos à loja, onde havia justamente cem casacas e cem coletes. É muita imaginação; mas eu não estou dosando um elixir para cérebros práticos. Estou contando o que me aconteceu. Naturalmente, os fregueses não correram uma a uma; como, porém, tinham poucas horas, houve certa aglomeração. Os matinais levaram as casacas mais adequadas; os retardatários saíam menos bem servidos. De quando em quando, um trecho de diálogo:

— Aquela que aquele sujeito está vestindo é que me servia.

— Se ele não ficar com ela...

— Fica; mandou embrulhar.

— Não importa; as casacas agora usam-se um pouco folgadas. As pessoas magras, como o senhor, precisam justamente de arredondar a figura. Menino, embrulha esta casaca. Que é que o senhor quer?

— Acho esta casaca demasiado estreita, comprime-me as costelas; a gola enforca-me...

— Mas então o senhor queria meter o seu corpo num saco? As pessoas cheias precisam disfarçar qualquer excesso de gordura vestindo casacas apertadas. Demais, é a moda.

— Assim, com estas abazinhas pendidas lá atrás?

— É boa! Então as abas deviam estar adiante? As abas da casaca não são feitas para os olhos da pessoa que a põe, mas para os dos outros. As suas estão muito bem. Veja-se a este espelho, assim, volte-se, volte-se mais, mais...

— Não posso mais, e não vejo nada.

— Mas, vejo eu, senhor!

A última casaca foi alugada sem exame, não havia onde escolher, e o comparecimento era obrigado.

Corri a espiar o baile. Os cem convidados tinham acabado de dançar uma polca e passeavam pelos salões as suas casacas alugadas. Vi então uma coisa única. Metade das casacas não se ajustavam aos corpos. Vi corpos grossos espremidos em casacas estreitas; outros, magros, nadavam dentro de casacas infinitas. Alguns, de pequena estatura, traziam abas que pareciam buscar o chão, enquanto as golas tendiam a subir pelos lustres. Outros, de tronco extenso e pernas compridas, pareciam estar de jaqueta, tal era a exiguidade das abas. E jaqueta curta, porque mal passava da metade do tronco.

Deu-me vontade de apitar, como nos teatros, quando se faz mutação à vista, a fim de ver trocadas as casacas e restituída a ordem e a elegância; mas nem tinha apito comigo, nem era certo que a troca das casacas melhorasse grandemente o espetáculo. Quando muito, aliviaria alguns corpos e daria a outros a sensação de estarem realmente vestidos; nada mais. Havia satisfação relativa em todos, posto que nem sempre; uma ou outra vez detinham-se, lançavam um olhar rápido sobre si e ficavam embaraçados, ou então buscavam um canto ou um vão de janela. Consolava-os a vista dos companheiros; persuadiam-se talvez de que era uma epidemia de casacas mal ajustadas. A música chamava a dança; todos corriam a convidar pares.

Quando a minha imaginação cansou, deixei o baile e recolhi-me ao gabinete. Vi as folhas de papel diante de mim, esperando as palavras e as ideias. E eu tive uma ideia. Sim, considerei a vida, remontei os anos, vim por eles abaixo, remirei o espetáculo do mundo, o visto e o contado, cotejei tantas coisas diversas, evoquei tantas imagens complicadas, combinei a memória com a história, e disse comigo:

— Certamente, este mundo é um baile de casacas alugadas.

Meditei sobre essa ideia, e cada vez me pareceu mais verdadeira. Os desconcertos da vida não têm outra origem, senão o contraste dos homens e das casacas. Há casacas justas, bem-postas, bem cabidas, que valem o preço do aluguel; mas a grande maioria delas divergem dos corpos, e porventura os afligem. A dança dissimula o aspecto dos homens e faz esquecer por instantes o constrangimento e o tédio. Acresce que o uso tem grande influência, acabando por acomodar muitos homens à sua casaca.

Condoído desse melancólico espetáculo, Jesus achou um meio de corrigir os desconcertos, removendo deste mundo para o outro a esperança das casacas justas. Bem-aventurados os mal-encasacados, porque eles serão vestidos no céu! Profetas há, porém, que entendem que o mal do mundo deve ser curado no próprio mundo. E muitos foram os alvitres, vários os processos, alguns não provaram nada, outros dizem que serão definitivos. Pode ser; mas o mal está no único ponto de serem alugadas as casacas. Que a Fortuna ou a Providência, com a melhor tesoura do globo, talhe as casacas por medida, e as prove uma e muita vez no corpo de cada pessoa, e não as haverá largas nem estreitas, longas nem curtas, todas parecerão ter sido cosidas na própria pele dos convidados. Sem isso, o baile será esplêndido pela profusão de luzes e flores, pelo serviço de boca, pela multidão e variedade das danças, mas não haverá perdido este pecado original de ser um baile de casacas alugadas.

18 de junho de 1893

O amor produziu duas tragédias esta semana. Não as fez só, mas de colaboração com o ciúme. São dois grandes mestres. O ódio também cultiva o gênero, com vigor e frequência.

Há ambições trágicas; são as do ramo nobre da família, porque há outros pacientes, inertes, com horror ao sangue. Vede a inveja; também essa tem calçado o coturno dos grandes pés de Sófocles. Só a amizade, branda e polida, restringe-se à comédia de salão; só ela empulha sem matar, morde sem ferir, debica sem ofender, e, dada a hora de dormir, vai para a cama sonhar tranquilamente com Castor e Pólux.

Mas a amizade é única. O resto das afeições não se contenta com obras médias. A planta humana precisa de sangue, como a outra precisa de orvalho. Toda a gente lastima a morte de Abel, por um hábito de escola e de educação; mas a verdade é que Caim deu um forte exemplo às gerações futuras. Tendo apresentado os primeiros frutos da sua lavoura ao Senhor, como Abel apresentara as primícias do seu rebanho, não podia tolerar que o Senhor só tivesse olhos benévolos para o irmão e as suas ofertas, e, não podendo matar o Senhor, matou o irmão. Daqui nasceu a iniquidade, que é o *grano salis* deste mundo.

Quando eu não tenho que fazer, entro a pensar no sangue que tem corrido, desde a origem dos séculos, e concluo que enchia bem uma pipa. Não digo o tamanho da pipa; não os quero assustar. Não venho aqui para meter medo a ninguém, mas para conversar tranquilamente sobre os casos ocorridos, certo de não enfadar, porque o leitor tem a porta aberta para ir-se embora quando quiser.

Há um bom costume na Índia, que eu quisera ver adotado no resto do mundo, ou pelo menos aqui no Rio de Janeiro. A visita não é que se despede; é o dono da casa que a manda embora! Oh! rara penetração oriental! Morte, oh! morte certa dos amoladores, que o diabo envia a quem quer tentar e perder! Pois esse costume, tão fácil de transportar para o ocidente, só existe aqui no caso de leituras aborrecidas, e é muito mais sumário: o maçado despede o maçador, com um piparote, sem que ele tenha notícia do desastre.

Tornemos ao sangue. As rivalidades não são só deste mundo, mas ainda do outro. Um deputado queixava-se há dias de não ver em discussão o projeto que oferecera para um monumento a Deodoro, ao passo que caminhara o projeto de monumento a Benjamim Constant. A comissão explicou a demora e prometeu dar parecer. Outro deputado falou a respeito de Tiradentes, pedindo para outro precursor da Independência os louros da posteridade. Essa competência na distribuição póstuma da glória mostra bem que o repouso eterno é uma ilusão. De resto, já alguém disse que os mortos governam os vivos, pura verdade; e o sr. Catunda afirmou outro dia, no Senado, que o passado governa o presente, verdade não menos pura.

Que o passado governa o presente, houve aqui notícia, trazida por jornais americanos, descrevendo a viagem do *sino da liberdade* até Chicago, onde foi tomar parte na exposição. Esse famoso sino repicou pela liberdade das colônias americanas, há mais de século. Já não toca, é uma velha relíquia. Eu, se ele me pertencesse, já me não lembrava sequer do seu tamanho. Mas o ianque é uma singular mistura de dólar e pomba mística. Tem a veneração daquele sino. Um *gentleman,* escreve um noticiarista, saído da multidão, tirou uma rosa que trazia ao peito, e pediu a um dos condutores da grande relíquia que tocasse a rosa nela. Assim se fez, e o homem repôs a flor ao peito, tão cheio de si como se levasse o maior brilhante do mundo. Políticos fizeram discursos, meninas colegiais saíram a saudar o sino da liberdade; onde quer que ele passou, fez palpitar alguma coisa íntima e profunda.

Adeus. Curta é a crônica. Se soubessem como e onde a escrevo, com que alma turva, com que mãos cansadas, e com que olhos doentes! Também a semana não deu para muito mais. Houve negócios grandes, mas eu não sou pretor, curo só dos mínimos. Adeus, não espero que imites os filhos da Índia; não é preciso que mostres a porta da rua, lá estou; adeus, passa bem e sê feliz.

25 de junho de 1893

Desde criança, ouço dizer que aos condenados à morte cumprem-se os últimos desejos. Dá-se-lhes doce de coco, lebre, tripas, um cálice de Tocai, qualquer coisa que eles peçam. Nunca indaguei se isto era exato ou não, e já agora ficaria aborrecido, se o não fosse. Há nesse uso uma tal mescla de piedade e ironia, que entra pela alma da gente. A piedade, só por si, é triste; a ironia, sem mais nada, é dura; mas as duas juntas dão um produto brando e jovial.

Li até que um condenado à morte, perguntando-se-lhe, na manhã do dia da execução, o que queria, respondeu que queria aprender inglês. Há de ser invenção; mas achei o desejo verossímil, não só pelo motivo aparente de dilatar a execução, mas ainda por outro mais sutil e profundo. A língua inglesa é tão universal, tem penetrado de tal modo em todas as partes deste mundo, que provavelmente é a língua do outro mundo. O réu não queria entrar estrangeiro no reino dos mortos.

Pois, senhores, antes de pegar na pena para contar-lhes a semana, vendo que esta foi, entre todas, financeira, tive ideia de ir aprender primeiro finanças. O meu cálculo era fino; suspendia por algum tempo esta obrigação hebdomadária, e descansava. Mas a pessoa a quem consultei sobre o método de aprender finanças disse-me que havia dois, além do único. O mais fácil ensinava-me em duas horas ou menos, muito a tempo de escrever estas linhas; consistia em decorar um pequeno vocabulário de algibeira, e não entender a teoria do câmbio. O segundo método pedia mais algum tempo; era escrever um opúsculo sobre o *déficit* ou sobre os saldos, publicá-lo e confiá-lo aos amigos, que fariam o resto. Como a maior parte dos homens não sabe finanças, disse-me ele, ainda que os sabedores me atacassem, o público ficava em dúvida, se a razão estava comigo ou com eles, porque de ambas as partes ouvia falar em conversão de dívida e impostos. Quando o católico ouve missa, uma vez que o padre diga o que está no missal, não quer saber se ele sabe latim, ou se quem o sabe é o padre do altar fronteiro. Tudo é missa, tudo são finanças.

Considerei que realmente esse homem tinha razão, ou parecia tê-la, o que vem a dar na mesma. Há um ano ouvi dizer o diabo de um plano financeiro; ouço agora dizer o diabo do plano contrário, e provavelmente dir-se-á o diabo de algum terceiro plano que apareça e vingue. Salvo o diabo, tudo é missa. Já cheguei a suspeitar que todos estão de acordo, não havendo outra divergência mais que na escolha do vocábulo, querendo uns que se diga *encampação*, em vez de *fusão*; outros fusão, em vez de encampação; mas pessoa que reputo hábil nestas matérias afirmou-me que as duas palavras exprimem coisas diferentes — o que eu acredito por ser pessoa, além de hábil, sisuda.

Conheci um banqueiro... Era no tempo em que um homem só, ou com outro, podia ser banqueiro, sem incomodar acionistas, sem gastar papel com estatutos, sem dividendos, sem assembleias. Simples Rothschilds. Era banqueiro e voou na tormenta de 1864. Anos depois, descobria que havia diferença entre papel-moeda e moeda-papel, e não encontrava um amigo a quem não repetisse as duas formas. Depois de as repetir, explicava-as; depois de as explicar, repetia-as. Se tem demorado em banqueiro, talvez não as soubesse nunca.

O que ele fazia com os dois papéis, farei eu com a fusão e a encampação. Já lá vão alguns anos, deu-se na Câmara dos deputados um incidente que devia estar gravado em letras de bronze na memória da nação, se nós tivéssemos outra memória, além da que nos faz lembrar o que almoçamos hoje. Um deputado desenvolvia as suas ideias políticas, e era interrompido por dois colegas, um liberal, outro conservador. A cada coisa que ele dizia querer, acudia o liberal: "é liberal!", e o conservador: "é conservador!" Isto durou cerca de dez minutos, calculados pelo trecho impresso, e dificilmente se imaginará mais completo acordo de espíritos. Quantos desconcertos seriam evitados, se todos imitassem aqueles três membros do Parlamento!

Repito, vou aprender finanças. Vou aprender igualmente a teoria da propriedade, e particularmente a da propriedade intelectual, para assistir ao debate do tratado literário na Câmara esta semana. A maioria da comissão nega o tratado, que os srs. Nilo Peçanha e Spencer defendem, defendendo o direito de propriedade. A sessão há de ser brilhante. A matéria não é das que inflamam os homens; ao contrário, é um tema para dissertações pausadas, sossegadas, em que Homero, se for chamado, desarmará primeiro Aquiles e Heitor, para que eles possam ocupar um lugar na tribuna dos diplomatas. Vênus, se baixar aos combates, não sairá ferida pelas armas dos combatentes, a não ser com beijos. Será uma ressurreição dos torneios, à maneira da que fizeram agora em Roma — espetáculo sem sangue, rutilante e festivo.

Vou também aprender a ourives, para falar das joias de Sarah Bernhardt, aprender também um pouco de história (pelos livros de Dumas) para compará-las ao colar da rainha. Onde estarão essas esquivas joias? Como é que diamantes, em terra de diamantes, se lembram de deixar o colo, o cinto e os pés de Cleópatra?

Oh! bela filha do Egito! Talvez haja no roubo um símbolo. Pode ser até que seja menos um roubo que uma ideia, como se o autor quisesse dizer que todas as joias do mundo não valem a única joia do Nilo. Não confundas com a de Sardou. Quem sabe se não vai nisso também uma lição? A Cleópatra falsa de Sardou pedia pedras verdadeiras; a de Shakespeare contentar-se-ia com pedras falsas, como devem ser as de cena, porque as verdadeiras seriam unicamente ele e tu. Em cena, ó grande imperatriz, tudo é postiço, exceto o gênio.

Que mais irei aprender? Nada mais que tirar o chapéu com graça, arrastar o pé e sair. Não posso aprender sequer a acender pistolas e tirar sortes de São João. São talentos desaprendidos. Meu bom São João, companheiro do romantismo, da idade em flor, e de várias relíquias que os santos de outra idade levaram consigo. Vejo as moças e os moços em volta da mesa, livro de sortes aberto, dados no copo, copo na mão, e o leitor do livro lendo o título da página: "Se alguém lhe ama em segredo". A moça deitava os dados: cinco e dois. O leitor corria ao número sete, onde se dizia por verso que sim, que havia uma pessoa, um moço que, por sinal, estava com fome. "É o Rangel!, bradava um gracioso; "tragam o chá, que o Rangel está com fome." E riam moços e moças, e continuavam o copo, os dados, as quadras, o leitor do livro, o Rangel, o gracioso, até que todos iam dormir os seus sonos desambiciosos, sem querer saber da fusão, nem de encampação, nem de tratados literários, nem de joias, nem de Cleópatras, nem de nada.

2 de julho de 1893

Uns cheques falsos estiveram quase a dar aos seus autores cerca de quatrocentos contos.

Descoberto a tempo este negócio, interveio a polícia, e os inventores viram burlada a invenção.

Salvo a quantia, que era grossa, o caso é de pouca monta, e não entraria nesta coluna, se não fora a lição que se pode tirar dele.

De fato, eu creio que foi um erro acabar com o movimento de três anos atrás. Então, os mesmos quatrocentos contos seriam tirados, mas com cheques verdadeiros.

Vede bem a diferença. Os cheques verdadeiros tinham por si a legitimidade e a segurança. Centenas e milhares de contos podiam andar assim, às claras, sem canseiras da polícia, nem aborrecidos inquéritos. A moral não condena a saída do dinheiro de uma algibeira para outra, e a economia política o exige.

Uma sociedade em que os dinheiros ficassem parados seria uma sociedade estagnada, um pântano.

Com o desaparecimento quase absoluto dos cheques verdadeiros, entraram os falsos em ação. Foi, por assim dizer, um convite à fraude. Perderam-se as chaves, surdiram as gazuas, naturais herdeiras de suas irmãs mais velhas. Tornemos às chaves; empulhemos os empulhadores.

Tirando o caso dos cheques, a morte do preto Timóteo, indigitado autor do assassinato de Maria de Macedo, o benefício de Sarah Bernhardt, a perfídia de dois sujeitos que venderam a um homem, como sendo notas falsas, simples papéis sujos, zombando assim da lealdade da vítima, e pouco mais, todo o interesse da semana concentrou-se no Congresso. O benefício da filha de Minos e de Pasífae deu ensejo a uma bela festa ao seu grande talento; a morte de Timóteo veio suspender um processo interminável, e o logro das notas falsas põe ainda uma vez em evidência que a boa-fé deve fugir deste mundo; não é aqui o seu lugar. Contra um homem leal, há sempre dois meliantes.

Na Câmara dos deputados, o sr. Nilo Peçanha, em um brilhante discurso, defendeu a propriedade literária, merecendo os aplausos dos próprios que a negam, e dos que, como eu, não adotam o tratado. Mas as questões literárias não têm a importância das políticas, por mais que haja dito Garrett da ação das letras na política. "Com romances e com versos", bradava ele, "fez Chateaubriand, fez Walter Scott, fez Lamartine, fez Schiller, e fizeram os nossos também, esse movimento reacionário que hoje querem sofismar e granjear para si os prosistas e calculistas da oligarquia."

Respeito muito o grande poeta, mas ainda assim creio que a política está em primeiro lugar.

Uma revista, dizia não sei que estadista inglês, deve ter duas pernas, uma política, outra literária, sendo a política a perna direita. Eu, se prefiro a todas as políticas de Benjamim Constant o seu único *Adolfo*, é porque este romance tem de viver, enquanto viver a língua em que foi escrito, não por sentimento de exclusivismo. Assim também, se nunca pedi ao céu que me pusesse nos tempos dos homens de Plutarco para admirá-los, e fui vê-los em Plutarco e nos outros que os salvaram do esquecimento com os seus livros, foi unicamente porque, se o céu me fizesse contemporâneo de tais homens, já eu teria morrido uma e muitas vezes — em vez de estar aqui vivo, escrevendo esta semana.

Houve no Senado a sessão secreta para examinar a nomeação do prefeito. Posto que secreta, a sessão foi pública. A mesma coisa aconteceu à sessão anterior. As outras também não foram reservadas. Direi mais, para acercar-me da verdade, *cercando il vero*, que as sessões secretas são ainda mais públicas que as públicas. Basta anunciar que tratam de matérias cujo exame não se pode fazer às escâncaras, antes devem ficar trancadas, para que todos as destranquem e tragam à rua. O pão vedado aguça o apetite, é verso de um poeta.

Verdade é que não basta o apetite da pessoa, é preciso que haja da parte do pão certa inércia e vontade de ser comido. Os segredos não se divulgam sem a ação da língua. Da primeira ou segunda vez que o Senado fez sessão secreta e a viu divulgada, tratou-se ali de examinar a origem da revelação. Se não me engano, o secretário afirmou que todas as portas estiveram fechadas. Um membro da casa achou difícil que se mantivesse segredo entre tantas pessoas, o que lhe acarretou veementes protestos. Não se descobrindo nada, resolveu-se então, como agora, que a ata da sessão fosse impressa.

Esta impossibilidade de esconder o que se passa no segredo das deliberações faz-me crer no ocultismo. É ocasião de emendar Hamlet: "Há entre o palácio do conde dos Arcos e a rua do Ouvidor muitas bocas mais do que cuida a vossa inútil estatística".

A meu ver, o remédio é tornar públicas as sessões, anunciá-las, convidar o povo a assistir a elas. Talvez seja o meio seguro de as fazer tanto ou quanto secretas. Desde que as portas sejam francas, pouca ou nenhuma gente irá assistir ao exame das nomeações. Distância é o diabo. A rua do Ouvidor é a principal causa desta tal ou qual inércia de que nos acusam. Em três pernadas a andamos toda, e, se o não fazemos em três minutos, é porque temos o passo vagaroso; mas em três horas vamos do beco das Cancelas ao largo de São Francisco.

9 de julho de 1893

Uma batalha não tem o mesmo interesse para o estrategista que para o pintor. Este cuida principalmente da composição dos grupos, da expressão dos combatentes, do modo de obter a unidade da ação na variedade dos pormenores, e de dar ao vencedor o lugar que lhe cabe. O estrategista pensa, antes de tudo, na concepção do ataque, no movimento e na distribuição das forças, na concordância dos meios para alcançar a vitória. Já o fornecedor não é assim. Sem preocupação estética nem militar, cuida tão somente na execução dos seus contratos, mediante aquela porção de fidelidade compatível com lucros extraordinários. É claro que há fornecedores que acabam pobres, como há generais que perdem batalhas, e pintores que as pintam execravelmente.

Com os espetáculos da natureza dá-se a mesma diversidade de interesse. O geólogo cuidará da composição interior da montanha, que para o engenheiro dará ideia de uma via férrea elevada ou de um simples túnel. Vede o mar, vede o céu. Vede esta flor. Entregue pela noiva ao noivo, à despedida, traz consigo todos os aromas dela, as suas graças, os seus olhos, a poesia que ela respira e comunica à alma do outro, e ainda as recordações de uma noite, de um beijo, a fugir entre a porta e a escada. Nas mãos de um botanista é um simples exemplar da espécie, a que ele dá certo nome latino. Grave, seco, sem ternura, ele diz o nome da espécie e da classe, e deita fora a flor, como um simples diário velho.

Quantos olhos, tantas vistas. Essa variedade é que torna suportável este mundo, pela satisfação das aptidões, das situações e dos temperamentos. O contrário seria o pior dos fastios.

Digo tudo isso, que talvez seja banal... Mas o que não é banal debaixo do sol, desde o amor até o empréstimo? Digo tudo isso a propósito do acontecimento central da semana, o caso dos estudantes e da Câmara dos deputados. Esse acontecimento teve para os homens políticos um aspecto. Condenando ou atenuando o ato, combinando ou divergindo na solução da crise, os políticos estão de acordo com os seus próprios olhos, aos quais o sucesso apareceu como um incidente na vida pública.

Eu, porém, achei nele outra coisa, não pela origem, senão pelo efeito. Todos viram a *emoção* produzida pelo caso. Viram ainda que ele deu lugar a uma florescência de *moções*.

Na formação das línguas neolatinas observou-se um fenômeno, consistente na troca, transposição ou queda de certas letras. A ciência da linguagem remontou ainda no estudo desses e outros fenômenos; fiquemos naquele caso particular. Sou leigo em glossologia; mas os leigos também rezam, e pela cartilha dos padres. Ora, dizem os padres da glossologia que a palavra *botica*, por exemplo, veio de *apotheca*, perdendo a primeira vogal.

Aplicando esta observação da fonética à psicologia política, não se pode dizer que entre *emoção* e *moção* há, com a mesma perda da letra inicial, uma filiação evidente? Explico-me.

No regime imperial, uma emoção destas levava à moção imediata. A Constituição republicana não mudou os hábitos morais dos homens, e, no meio da agitação produzida pela manifestação escolar, a primeira fórmula que ocorreu para consubstanciar os sentimentos da Câmara foi a moção, e não uma, nem duas, mas seis e sete.

A consequência é que o parlamentarismo parece estar ainda na massa do sangue — outra ideia banal — mas eu hoje estou banal como um triste molambo velho.

Concluir daí que sou parlamentarista é imitar aquele homem que me dizia, uma vez, notando-lhe eu que certa casa estava pintada de amarelo:

— Ah! o senhor gosta do amarelo?

— Perdão: digo-lhe que esta casa está pintada de amarelo...

— Estou vendo; mas que graça acha em semelhante cor?

Mandei o homem ao diabo. Vá o leitor ter com ele, se concluir a mesma coisa. O que eu digo é que esta bota parlamentarista há de levar tempo a descalçar. Que não seja próprio do clima, não serei eu que o negue; mas a minha questão no capítulo das botas (Sganarello achou um capítulo dos chapéus) é que a bota parlamentarista, por menos ajustada que haja sido ao pé, há de levar tempo a arrancá-la. São costumes. Fazia doer os calos e cambava para o lado de fora, mas era de fábrica inglesa, Westminster & Companhia, e nós sempre gostamos de fábricas estrangeiras. Nos primeiros tempos éramos todos franceses; no Segundo Reinado passamos aos bretões. Vida, patrícios, vida para a indústria nacional!

16 de julho de 1893

Sarah Bernhardt é feliz. Sequiosa de emoções, não terá passado sem elas, estes poucos dias que dá ao Brasil. Grande roubo de joias aqui, em São Paulo quase uma revolução. Eis aí quanto basta para matar a sede. Mas as organizações como a ilustre trágica são insaciáveis. Pode ser que ela acarinhe a ideia de pacificar o Rio Grande. Sim, quem sabe se, terminado o número das representações contratadas, não é plano dela meter-se em um iate e aproar ao sul?

O capitão do navio terá medo, como o barqueiro de César. Ela copiará o romano: "Que temes tu? Levas Sarah e a sua fortuna".

As águas do porto, as areias, os ventos, os navios, as fortificações, a gente da terra, armada e desarmada, tudo deixará passar Semíramis. Um diadema, nem castilhista nem federalista, ou ambas as coisas, lhe será oferecido, apenas entre em Porto Alegre. A notícia correrá por todo o Estado; a guerra cessará, os ódios fugirão dos corações, porque não haverá espaço bastante para o amor e a fidelidade. Começará no Sul um grande reino. O Congresso Federal deliberará se deve reduzi-lo pelas armas ou reconhecê-lo, e adotará o segundo alvitre, por proposta do sr. Nilo Peçanha, considerando que não se trata positivamente de uma monarquia, porque não há monarquia sem rei ou rainha no trono, e o gênio não tem sexo. O gênio haverá assim alcançado a paz entre os homens.

Uma vez coroada, Semíramis resolverá a velha questão das obras do porto do

Rio Grande, como a sua xará de Babilônia fez com o Eufrates, apagará os males da guerra e decretará a felicidade, sob pena de morte.

Um dia, amanhecendo aborrecida, imitará Salomão — se é certo que este rei escreveu o *Eclesiastes* — e repetir-nos-á, como o grande enjoado daquele livro, que tudo é vaidade, vaidade e vaidade.

Então abdicará; e, para maior espanto do mundo, dará a coroa, por meio de concurso, ao mais melancólico dos homens. Sou eu. Não me demorarei um instante; irei logo, mar em fora, até a bela capital do Sul, e subirei ao trono. Para celebrar esse acontecimento, darei festas magníficas, e convidarei a própria rainha abdicatária a representar uma cena ou um ato do seu repertório.

— Peço a Vossa Majestade que me não obrigue à recusa — responder-me-á ela —; eu provei a realidade do trono, e achei que era ainda mais vã que a simples imitação teatral. *Omnia vanitas*. Falo-lhe em latim, mas creia que o meu tédio vai até o sueco e o norueguês. Há um refúgio para todos os desenganados deste mundo; vou fundar um convento de mulheres budistas no Malabar.

E Sarah acabará budista, se é que acabará nunca.

Deixem-me sonhar, se é sonho.

A realidade é o luto do mundo, o sonho é a gala. Desde que a pena me trouxe até aqui, sinto-me rei e grande rei. Já uma vez fui santo e fiz milagres. Já fui dragão, íbis, tamanduá. Mas de todas as coisas que tenho sido, em sonhos, a que maior prazer me deu, foi panarício. Questão de amores. Eu suspirava por uma moça, que fugia aos meus suspiros. Uma noite, como lhe apertasse os dedos, interrogativamente, ela puxou a mão e deitou-me um tal olhar de desprezo, que me tonteou. Vaguei até tarde, jurei matá-la, recolhi-me e fui dormir. Dormindo, sonhei que, sob a forma de panarício, nascia e crescia no dedo da moça.

O gosto que tive não se descreve, nem se imagina. É preciso ter sido ou ser panarício, para entender esse gozo único de doer em uma carne odiosa. Ela gemia, mordia os beiços, chorava, perdia o sono. E eu doía-lhe cada vez mais. Doendo, falava; dizia-lhe que o meu gesto de afeto não merecia o seu desprezo, e que era em vingança do que me fez que eu lhe dava agora aquela imensa dor. Ela prometia a Nossa Senhora, sua madrinha, um dedo de cera, se a dor acabasse; mas eu ria-me e ia doendo. Nunca senti regalo semelhante ao meu despeito de tumor.

Mas nem tudo são panarícios. Há gozos, não tamanhos, mas ainda grandes e sadios. Esta noite, por exemplo, sonhei que era um casal de burros de bonde, creio que das Laranjeiras. Como é que a minha consciência se pôde dividir em duas, é que não atino; há aí um curioso fenômeno para os estudiosos. Mas a verdade é que era um casal de burros. Eu sentia que éramos gordos, tão gordos e tão fortes, que pedíamos ao cocheiro, por favor, que nos desse pancadas, para não parecer que puxávamos de vontade livre. Queríamos ser constrangidos. O cocheiro recusava. Não nos batia com um gancho de ferro, nem com as pontas das rédeas, não nos fazia arfar, nem gemer, nem morrer. Não nos excitava sequer com estalos contínuos de língua no paladar. Ia cheio de si, como se a nossa robustez fosse obra dele, e nós voávamos. Pagou caro a gentileza, porque chegamos antes da hora, e ele foi multado.

Na antevéspera tinha sonhado que era um mocinho de quinze a dezesseis anos, prestes a derrubar este mundo e a criar outro, tudo porque me deram a *Lúcia de Lammermoor* e a *Sonâmbula*.

Quando eu senti que no lábio superior não tinha mais que um buçozinho, e na alma umas melodias novas e ternas, fiquei fora de mim. Que Mefistófeles era esse que me fizera voltar para trás? Estava aqui um Fausto; faltava achar Margarida. Ei-la que sai de uma igreja; fitei-a bem, era um anjo-cantor de procissão. O tempo do sonho era o de Bellini e das procissões, de Donizetti e das fogueiras na rua, do primeiro Verdi e do Sinhazinha, provincial dos franciscanos.

É ainda um sonho esse frade, uma flor da adolescência, que vim achar entre duas folhas secas.

De onde lhe vinha a alcunha? Ignoro; já a achei, não lhe pedi os títulos de origem. As alcunhas eclesiásticas são de todos os tempos. Agora mesmo andam muitas aí, nessa questão que não acaba mais, acerca do bispo e do arcebispo. A fama do pregador Sinhazinha é que achou. Sinhazinha! Naqueles dias até as alcunhas eram maviosas. Hoje é de *perereca seca* para baixo.

23 de julho de 1893

Desde que há rebanhos, são as ovelhas que voltam ao aprisco; cá em casa foi o pastor que voltou ao rebanho, com esta segunda diferença, que os pastores envelhecem com o tempo, e este remoçou. Aí está o que é aquele continente que o sr. Luís Gomes quer pôr a poucas horas do Rio de Janeiro. Não digo que o pastor saísse daqui velho, nem sequer maduro; saiu meio verde — um pouco mais de meio —, e volta verde de todo. Rijo e lépido; alegria e saúde.

Neste andar pode ir longe, sem cansar muito. Pode fazer a mesma viagem do sr. Visconde de Barbacena, que completou quinta-feira noventa e um anos. Há mais quem tenha noventa e um anos; mas tê-los frescos e sadios, cavalgar com eles duas e três léguas, andar por essas ruas com eles, pé firme e rápido, juízo claro, memória aguda, eis o que não é comum. É isto o venerando Barbacena; pode sê-lo um dia o nosso Ferreira de Araújo. Creio que pelos anos de 1940 ou 1950 é que este meu amigo aprontará as malas para aquele outro continente, que o sr. Luís Gomes não quer, nem deve aproximar do Rio de Janeiro, qualquer que seja a garantia de juro.

Já lá me achará. Correrei a recebê-lo, ao sair do barco de Caronte. Dá cá esses ossos! Dá cá os teus! E diremos coisas alegres e finas; ele me levará notícias deste mundo; eu lhe darei as do outro. Compará-las-emos umas às outras, e chegaremos à conclusão de que muitas delas se parecem. Falaremos primeiro dos nossos amigos; todos estarão lá, menos o João. Que é feito do João, que não chega? Foi promovido. Ainda? Ainda; mas agora é definitivamente; foi promovido a Padre Eterno. Havia de acabar por aí, direi eu, cheio de melancolia com a ideia de que não o verei mais, e eu amo o nosso João, companheiro certo e amigo. Falaremos da história do mundo, do estado das sociedades humanas e das sociedades vegetais, do filoxera e das facções; conversaremos das novas formas de governo, se as houver.

— Cá neste mundo — explicarei eu —, rege só a anarquia; ninguém manda, ninguém obedece; as sombras vagam de um lado para outro, à vontade, sem se abalroarem, ligando-se, desligando-se... Olha, ali vêm duas figuras conhecidas, o Deodoro e o Benjamim Constant.

— Como, amigos?

— Creio que eles nunca brigaram na terra; mas, ainda que houvessem brigado, aqui somos todos amigos, e íntimos. Queres ver? Olá, Deodoro! Olá, Benjamim!

Chegarão os dois a nós, e, depois dos primeiros cumprimentos, saberão que na terra andam brigados, por causa da colocação das suas estátuas. Desde a terceira semana de julho de 1893 (a que ora finda), foi votado pela Câmara dos deputados que Deodoro teria uma estátua na praça da República; mas, havendo Deodoro decretado uma estátua a Benjamim na mesma praça, entrou a dificuldade de saber onde se poria a estátua de Deodoro. A ideia do largo do Depósito foi logo excluída. As praças Quinze de Novembro e Tiradentes estavam ocupadas. No largo da Prainha impediria a passagem rápida das pessoas que buscam a barca de Petrópolis. No do Catete estava Alencar. O da Lapa era antes uma encruzilhada que um largo. No do Valdetaro, onde se quis pôr a de Buarque, existia um chafariz. Onde se poria Deodoro?

Alguém propôs uma solução que lhe pareceu simples; era pôr as duas estátuas na mesma praça da República, assaz vasta para ambas, uma dentro do parque, outra fora, caso não as quisessem juntas. Se os dois cidadãos foram os fundadores da República, nada mais natural que ficarem na mesma praça, e justamente naquele lugar histórico. A primeira impressão foi uma gargalhada universal. Como assim? Duas estátuas na mesma praça! É irrisório etc. Passados dias, a ideia foi parecendo a alguns menos desprezível; chegaram a dizer que a estética não se opunha à solução, e que a história a pedia. Contestação, luta, adiamento. Decretou-se um período de cinco anos para refletir. Ninguém refletiu, e a questão arrastou-se assim até o fim do século. De acordo tácito, calou-se o negócio até 1913.

Renovada a questão no começo de 1914, tornou a aparecer a ideia de pôr as duas estátuas na mesma praça da República; mas então formaram-se dois partidos, o de Benjamim e o de Deodoro, ambos fortes e intransigentes. Já nenhum cedia a praça ao outro.

La maison est à moi, c'est à vous d'en sortir.

Os partidos caem muita vez em tal subjetividade, que a bandeira vale menos que as suas pantalonas. Assim, complicados de azedume, de irritação e de ódio, cada um deles tratou menos de erigir a estátua de um cidadão que a sua própria. Daí a suspensão virtual dos decretos comemorativos.

Deodoro e Benjamim, ao saberem disto, olharão espantados um para o outro; depois, um ar de riso, meio piedade, meio lástima, alumiará os seus rostos tranquilos. Enfim, darão de ombros, e continuarão a andar, e a conversar, de braço dado, enquanto eu, considerando as notícias recentes deste mundo, comporei um discurso sobre as incompatibilidades da vida e da morte...

Mas onde me leva a imaginação? Criança vadia, já, já, para casa; anda, vai calçar os sapatos; vai pentear essa grenha; estás cheirando a defunto; vou trancar-te por três meses! Tudo porque falei no tempo e nos seus efeitos variados.

Em que há de sonhar um varão maduro? O tempo escoa-se depressa para aqueles que já vêm de longe. É o que acontece à Câmara dos deputados. Prestes a findar os dias, não quer deixar a obra por fazer e decretou multiplicar o tempo pelo trabalho, celebrando duas sessões, uma de dia, outra de noite. Mas, como a medida era arriscada, pôs-lhe uma cláusula; baixou o *quorum* da noite; a sessão noturna pode abrir-se com menor número de membros que a diurna.

Compreende-se o pensamento do legislador; é uma combinação de orçamento e *Falstaff*. Para se não arriscar a não ter sessão, às noites, aplicou ao seu regimento aquele artigo da lei das sociedades anônimas, que permite deliberar com qualquer número, depois de duas convocações sem eco. Se me fosse lícito propor alguma coisa aos legisladores, eu lhes lembraria duas resoluções da Câmara dos Comuns, uma de 1620 e outra de 1628. A ideia de liberdade esteve sempre ligada a essa casa célebre. Eis aqui dois exemplos.

Um investigador, um tal Gibson Bowles, descobriu que no primeiro daqueles anos, 1620, mês de fevereiro, a Câmara resolveu mandar buscar debaixo de vara a todos e quaisquer membros que não se achassem presentes às sessões, estando na cidade. Oito anos depois, a Câmara, não contente com haver ferido no braço, enterrou a faca na barriga, foi às algibeiras, determinando, em 9 de abril de 1628, que cada membro que não comparecesse à sessão pagaria a multa de 10 libras esterlinas. Legislador à fina força.

30 de julho de 1893

Toda esta semana se falou em paz. Para um homem que cultiva as artes da paz, como eu, parece que não pode haver assunto mais fagueiro. Nem sempre. A paz tem benefícios, não contesto; mas a guerra — aqui cito Empédocles — é a mãe de todas as coisas. E nem sempre vale trocar todas as coisas por alguns benefícios. Um exemplo à mão.

Sem desdenhar dos catarinenses — alguns conheço que honrariam qualquer comunhão social — posso dizer que Santa Catarina não faria falar de si; vivia na mais completa obscuridade. De quando em quando vinha um telegrama do Governador Machado; mas que vale, por si mesmo, um telegrama? Santa Catarina não inventava, não criava, não gerava. De repente, anuncia-se dali uma fagulha, uma agitação, um aspecto de guerra; digo de guerra, posto não haja sangue; mas também há guerra sem sangue. Já esta produziu mais do que longos meses de sossego. Se vier sangue, a produção será maior. A vantagem do sangue sobre a água é que esta rega para o presente, e aquele para o presente e futuro. Os estragos do sangue, posto que longos, não são eternos; os seus frutos, porém, entram no celeiro da humanidade.

Vamos ao meu ponto. Um telegrama de Santa Catarina, esta semana, trouxe um produto novo, filho do conflito, nada menos que um verbo. Meditai na superioridade do verbo sobre o homem, relendo São João. "No princípio era o verbo, e o verbo se fez carne." É superior e anterior. Qualquer que seja o resultado da luta entre os srs. Machado e Hercílio, há um ganho efetivo. Temos um verbo. Os homens passam, os verbos ficam. Um dos telegramas que dão notícia da aclamação do sr. Hercílio para o lugar do governador do Estado, acrescenta: "Quedou afinal o governo do tenente Machado".

A princípio cuidei que era um estratagema do fio. Obrigado a passar a notícia, e não sabendo em que paravam as modas, teria empregado um vocábulo que pelo sentido natural desse ideia contrária à que trazia. Quedou o governo, isto é, ficou, prossegue, está quieto. Mas abri mão da suspeita; o resto e o princípio do telegrama não permitiam semelhante interpretação. *Quedar*, no sentido telegráfico, era *levar queda, cair.*

Os substantivos, filhos de verbos, dão assim novos verbos. Se de *cair* se fez *queda*, era tempo que de *queda* se fizesse *quedar*. Dia virá em que este verbo, como o avô *cair*, produza também um substantivo, *quedação*. Passados anos, quando Hercílio e Machado descansarem para sempre no seio do Senhor, a geração haverá continuado. Santa Catarina poderá então telegrafar: "*Quedacionou* o governo de X..." Quem calculará o limite dessa geração contínua?

Notai que o que legitima um vocábulo destes é a sua espontaneidade. Eles nascem como as plantas da terra. Não são flores artificiais de academias, pétalas de papelão recortadas em gabinetes, nas quais o povo não pega. Ao contrário, as geradas naturalmente é que acabam entrando nas academias. Um grave orador dizia há anos: "Senhores, sobre isto não me resta coisíssima nenhuma". É um solecismo, concordo; mas vive. Também os aleijados vivem. Onde param tantas palavras bem conformadas de puros gramáticos?

Não é de gramáticas, nem de solecismos, que cuida o nosso Conselho Municipal. Corporação útil, execra todos os ornamentos; veste pura estamenha, sem grande roda, nem cauda, nem folhos. Um saco sem fundo, enfiado pela cabeça abaixo. Em vão lhe buscareis uma florzinha na cabeça, uma fita no pescoço, um botão, nada.

Entretanto, que mais simples, mais belo, mais barato ornamento que a modéstia? Essa virtude, a um tempo cristã e pagã, tão pregada pelos padres da Igreja, como pelos sábios da Antiguidade, a santa, a nobre, a pura modéstia, que não ocupa lugar, não tira o pão nem o sono de ninguém, não mata nem esfola; a modéstia não tem entrada no Conselho Municipal. Um conselheiro... A propósito, se o nome da instituição é conselho, não cabe o nome de intendente aos seus membros, e o de membro do Conselho municipal é muito comprido. Por que não adotaremos conselheiro? Não era feio, vinha deduzido do outro, e não precisava dizer conselheiro municipal. Conselheiro bastava. O conselheiro fulano... Que tal? É uma ideia.

Como ia dizendo, um conselheiro falava sobre um assunto, e explicava-se: "Mal preparado (*não-apoiados*), não cursei academias, e apenas frequentei um colégio, recebendo uma parca instrução". Que há de dizer o presidente, interrompendo o orador? "Previno a V. Ex.ª que isto não tem relação com o projeto."

Realmente, não compreendo. Se o orador, em vez daquilo, dissesse que se considerava um dos primeiros homens do Conselho, espírito ilustrado, sagaz, profundo, pessoa virtuosa, interessante, dotada de graça, de piedade, de originalidade, firme nos bons sentimentos, patriotismo inexcedível, autor do melhor unguento contra os reumatismos crônicos, admito a interrupção e o reparo do presidente. Mas, longe disso, o orador confessa que tem poucas habilitações. Se é verdade, a verdade nasceu para se dizer; se há alguma exageração, mais um motivo para consenti-la. Abençoada exageração que nos leva a desaparecer diante dos outros. Impedir esse simples ornamento é não querer nem uma rude flor do mato. Mas então o presidente do Conselho... Presidente do Conselho! Outro modo de dizer, igualmente deduzido, sem necessidade do adjetivo municipal, ou qualquer outro. Presidente do Conselho! Que tal? É uma ideia. Todo eu sou hoje ideias.

6 de agosto de 1893

A *Gazeta* completou os seus dezoito anos. Ao sair da festa de família com que ela celebrou o seu aniversário, fui pensando no que me disse um conviva, excelente membro da casa, a saber, que os dois maiores acontecimentos dos últimos trinta anos nesta cidade foram a *Gazeta* e o bonde.

Tens razão, Capistrano. Um e outro fizeram igual revolução. Há um velho livro do padre Manuel Bernardes, cujo título, *Pão partido em pequeninos*, bem se pode aplicar à ação dos dois poderosos instrumentos de transformação. Antigamente as folhas eram só assinadas; poucos números avulsos se vendiam, e, ainda assim, era preciso ir comprá-los ao balcão, e caro. Quem não podia assinar o *Jornal do Commercio*, mandava pedi-lo emprestado, como se faz ainda hoje com os livros — com esta diferença que o *Jornal* era restituído — e com esta semelhança: que voltava mais ou menos enxovalhado.

As outras folhas não tinham o domínio da notícia e do anúncio da publicação solicitada, da parte comercial e oficial; demais, serviam a partidos políticos. A maior parte delas (para empregar uma comparação recente) vivia o que vivem as rosas de Malherbe.

Quando a *Gazeta* apareceu, o bonde começava. A moça que vem hoje à rua do Ouvidor, sempre que lhe parece, à hora que quer, com a mamãe, com a prima, com a amiga, porque tem o bonde à porta e à mão, não sabe o que era morar fora da cidade ou longe do centro. Tínhamos diligências e ônibus; mas eram poucos, com poucos lugares, creio que oito ou dez, e poucas viagens. Um dos lugares era eliminado para o público. Ia nele o *recebedor*, um homem encarregado de receber o preço das passagens e abrir a portinhola para dar entrada ou saída aos passageiros. Um cordel, vindo pelo tejadilho, punha em comunicação o cocheiro e o recebedor; este puxava, aquele parava ou andava. Mais tarde, o cocheiro acumulou os dois ofícios. Os veículos eram fechados, como os primeiros bondes, antes que toda a gente preferisse os dos fumantes, e inteiramente os desterrasse.

— Já passou a diligência? Lá vem o ônibus! Tais eram os dizeres de outro tempo. Hoje não há nada disso. Se algum homem, morador em rua que atravesse a da linha, grita por um bonde que vai passando ao longe, não é porque os veículos sejam tão raros, como outrora, mas porque o homem não quer perder este bonde, porque o bonde pára, e porque os passageiros esperam dois ou três minutos, quietos. Esperar, se me não falha a memória, é a última palavra do *Conde de Monte-Cristo*. Todos somos Monte-Cristos, posto que o livro seja velho. Falemos à gente moça, à gente de vinte e cinco anos, que era apenas desmamada, quando se lançaram os primeiros trilhos, entre a rua Gonçalves Dias e o largo do Machado. O bonde foi posto em ação, e a *Gazeta* veio no encalço.

Tudo mudou. Os meninos, com a *Gazeta* debaixo do braço e o pregão na boca, espalhavam-se por essas ruas, berrando a notícia, o anúncio, a pilhéria, a crítica, a vida, em suma, tudo por dois vinténs escassos. A folha era pequena; a mocidade do texto é que era infinita. A gente grave, que, quando não é excessivamente grave, dá apreço à nota alegre, gostou daquele modo de dizer as coisas sem retesar os colarinhos. A leitura impôs-se, a folha cresceu, barbou, fez-se homem, pôs casa: toda a imprensa mudou de jeito e de aspeito.

Não me puxem as orelhas pelo que disse acerca das folhas políticas. Se não eram vivedouras outrora, se hoje o não podem ser sem outro algum condimento, a culpa não é minha. E digo mal, políticas; partidárias é que deve ser. De política também tratam as outras. A questão é um pouco mais longa que esta página, e mais profunda que esta crônica; mas sempre lhes quero contar uma história.

Um telegrama datado de Buenos Aires, 3, deu notícia de que a *Nación*, órgão do general Mitre, aconselha a união de todos os cidadãos, no meio da desordem que vai por algumas províncias argentinas. Ora, ouçam a minha história que é de 1868. Nesse ano, Mitre, que assumira o poder em 1860, depois de uma revolução, concluiu os dois prazos constitucionais do presidente; fizera-se a eleição do presidente e saíra eleito Sarmiento, que então era representante diplomático da República nos Estados Unidos. Vi este Sarmiento, quando passou por aqui para ir tomar conta do governo argentino. Boas carnes, olhos grandes, cara rapada. Tomava chá no Clube Fluminense, no momento em que eu ia fazer o mesmo, depois de uma partida de xadrez com o professor Palhares. Pobre Palhares! Pobre Clube Fluminense! Era um chá sossegado, entre nove e dez horas, um baile por mês, moças bonitas, uma principalmente... *Une surtout, un ange...* O resto está em Victor Hugo. *Un ange, une jeune espagnole.* A diferença é que não era espanhola. Sarmiento vinha, creio eu, do paço de São Cristóvão ou do Instituto Histórico; estava de casaca, bebia o chá, trincava torradas, com tal modéstia que ninguém diria que ia governar uma nação.

Quando Sarmiento chegou a Buenos Aires e tomou conta do governo, quiseram fazer a Mitre, que o entregava, uma grande manifestação política. A ideia que vingou foi criar um jornal e dar-lho. Esse jornal é esta mesma *Nación*, que é ainda órgão de Mitre, e que ora aconselha (um quarto de século depois) a união de todos os cidadãos. É um jornal enorme de não sei quantas páginas.

Em trocos miúdos, os jornais partidários precisam de partido, um partido faz-se com homens que votem, que paguem, que leiam.

Há ler sem pagar; não é a isso que me refiro. Há também pagar sem ler; falo de outra coisa. Digo ler e pagar, digo votar, digo discutir, escolher, fazer opinião. Sem ela, sem uma boa opinião ativa, pode haver algumas veleidades, mas não há vontade. E a vontade é que governa o mundo.

13 de agosto de 1893

Entre tantos sucessos desta semana, que valeu por quatro, um houve que principalmente me encheu o espírito. Foi a proclamação do ex-governador Hercílio, ao deixar o poder de algumas horas.

Talvez o leitor nem saiba dela, tão certo é que os vencidos não merecem compaixão. Eu também não a li; não sei se é longa ou breve, nem em que língua é escrita, dado que os revolucionários fossem alemães, como disseram telegramas — ou teuto-brasileiros, fórmula achada no Rio Grande do Sul para exprimir a dupla origem de alguns concidadãos nossos. Também ignoro se a proclamação ataca o poder federal, como fez um telegrama do próprio ex-governador. Propriamente, a minha questão não é política. A parte política só me ocupa quando, do ato ou do fato, sai alguma psicologia interessante.

Ora, a proclamação do sr. Hercílio, quando deixou o poder, é um documento de alta significação psicológica. Não a conheço, mas vi notícia telegráfica de que saiu impressa em *cetim azul com letras de ouro.*

À primeira vista parece nada; os amigos e correligionários é que naturalmente tiveram a ideia de pôr em relevo as palavras do chefe, dando-lhes esse veículo de ouro e cetim. Penetrando, porém, com olhos mais sagazes, compreende-se que essa preocupação da forma é a manifestação inconsciente da garridice da nossa alma. Podemos matar ou ferir. Naquele mesmo tumulto pereceu um médico, ainda não se sabe com bala de quem, porque ambos os lados repelem a autoria do tiro. Mas, cessadas as hostilidades, voltamos à graça e ao adorno. Papel preto, letras amarelas, fazendo lembrar o aspecto dos caixões mortuários, tal devia ser a proclamação de um vencido. Poeta que a inventasse, recorreria a lâminas de aço com letras de bronze. Tudo filho da ideia que conjuga o desbarato e a melancolia — ou, quando muito, a ameaça.

A generalidade dos homens adotou, em vez disso, o simples papel branco e letra preta. Os espíritos garridos, porém, não cedem do enfeite, e, quando tudo parece que devia estar lívido, está cor de ouro.

Concluamos que há uma força íntima que nos impele a fazer de uma calamidade uma gravata, e de um tiro mortal um ósculo comprido. Não; nós não levamos a paixão política ao ponto a que a levou agora a gente do Rosário, província argentina, onde a polícia era defendida das soteias das casas pelos bombeiros e pelos presos.

Quando a opinião dos homens chega a defender a própria polícia que os encarcerou, é que eles são chegados àquele grau em que uma nação dá de si Brutus. Esmagar a polícia é o impulso natural de todo cidadão capturado; mas trepar nas soteias para defendê-la a tiro é ato que sai do homem para entrar no romano.

Também isso me veio por telegrama; eu quase não leio outra coisa, tanta é a ocupação do meu tempo. Alguma notícia que vi, como o arrombamento de um cartório e o desaparecimento de uns autos, é por ouvi-la contar. Essa mesma do cartório não a pude ouvir bem. Chovia e ventava muito, o bonde tinha as cortinas alagadas; as cortinas, longe de serem de oleado, eram de pano de algodão que se encharcam mais, posto custem menos dinheiro. Não devia zangar-me com isso, porque o bonde era de Botafogo, companhia de que sou acionista, e quanto menos custarem as cortinas, mais valerão os papéis. Entretanto, zanguei-me, porque o pano molhado, tocado pelo vento, batia-me na cara, nas pernas e no chapéu, sem deixar-me ouvir o lance dos autos e do cartório. Só depois de apeado e recolhido é que recobrei a alegria. Com efeito, tinha estragado o chapéu; mas chapéu não rende, e ação rende.

Lembro-me que, quando entrei na rua Gonçalves Dias, ia chuviscando, e ainda fui ao fim da rua do Senador Dantas para achar lugar em bonde de Botafogo.

Mandei ao diabo a ideia de retirar o ponto dos bondes da rua Gonçalves Dias; mas outra sensação expeliu a primeira. Quando descansei da viagem, em casa, lembrei-me que esse dia era justamente o aniversário natalício do nosso poeta nacional. Corri a enfeitar de flores o seu retrato, e recitei algumas estrofes, como na missa se faz com pedaços do Evangelho. Esta semana é, aliás, uma semana de poetas. Nela nasceram também o Magalhães, poeta e diplomata, e S. Carlos, poeta e frade. Vi Gonçalves Dias duas vezes. Da primeira adivinhei quem era, não sentindo mais que o passo rápido de um homenzinho pequenino. Era ele, o autor da "Canção do exílio", que se soletrava desde os dez anos... Vamos adiante!

Vamos à rua do Ouvidor; é um passo. Desta rua ao *Diário de Notícias* é ainda menos. Ora, foi no *Diário de Notícias* que eu li uma defesa do alargamento da dita rua do Ouvidor — coisa que eu combateria aqui se tivesse tempo e espaço. Vós que tendes a cargo o aformoseamento da cidade, alargai outras ruas, todas as ruas, mas deixai a do Ouvidor assim mesmo — uma viela, como lhe chama o *Diário* — um canudo, como lhe chamava Pedro Luís. Há nela, assim estreitinha, um aspecto e uma sensação de intimidade. É a rua própria do boato. Vá lá correr um boato por avenidas amplas e lavadas de ar. O boato precisa do aconchego, da contiguidade, do ouvido à boca para murmurar depressa e baixinho, e saltar de um lado para outro.

Na rua do Ouvidor, um homem, que está à porta do Laemmert, aperta a mão do outro que fica à porta do Crashley, sem perder o equilíbrio. Pode-se comer um sanduíche no Castelões e tomar um cálice de Madeira no Deroché, quase sem sair de casa. O característico desta rua é ser uma espécie de loja, única, variada, estreita e comprida.

Depois, é mister contar com a nossa indolência. Se a rua ficar assaz larga para dar passagem a carros, ninguém irá de uma calçada a outra para ver a senhora que passa — nem a cor dos seus olhos, nem o bico dos seus sapatos, e onde ficará em tal caso "o culto do belo sexo", se lhe escassearem os sacerdotes?

Outra prova. Houve domingo passado o grande prêmio do Derby-Club. Dizem que se apostaram cerca de quatrocentos contos de réis no lugar das corridas. Mais, muito mais, deram as apostas cá embaixo. Uma das vantagens das corridas de cavalos é poder a gente apostar nelas sem sair da freguesia.

Faz lembrar os velhos mendigos de Nicolau Tolentino, que, de uma praça de Lisboa, acompanhavam os exércitos europeus, marchas e contramarchas, ganhavam batalhas, retificavam fronteiras, até que voltavam ao seu ofício, se aparecia alguém:

> E tendo dado cidades,
> Nos vêm pedir uma esmola.

Na Inglaterra, onde o cavalo é uma instituição nacional, quando chega o dia do grande prêmio toda a gente vai às corridas. A própria Câmara dos Comuns, que não tem folga, seja de gala, seja de tristeza, abala e dá consigo no Derby. Pode ser que, sobre a tarde, como as suas sessões entram pela noite velha, vá aos trabalhos parlamentares; mas não perde a grande festa. Lá, porém, o clima é frio. Que seria aqui esse nobre exercício do cavalo, se, para acompanhar as corridas, fosse preciso ir vê-las? Com certeza, morria. O mesmo acontecerá à rua do Ouvidor, se a fizerdes mais larga.

20 de agosto de 1893

Ce pays féerique... Assim se exprime Sarah Bernhardt, em relação ao Brasil, no telegrama com que desmente os conceitos que uma folha argentina lhe atribuiu.

Cara Melpômene, quem te levou a escrever essas palavras que me matam? Tu sabes, ou ficas sabendo que te admiro, não só pelo gênio, mas ainda pela originalidade. O banal afoga-me. O vulgar é o Cabrion deste teu Pipelet. Assim, tudo o que fazes, e não faz nenhuma outra pessoa no mundo, é para mim um atrativo. Uma das minhas convicções (e tenho poucas) era esta: se algum dia Sarah escrever a nosso respeito, não empregará a velha chapa de todos os viajantes que por aqui passam: *ce pays féerique*. E tu, amiga minha, tu arrancas-me sem piedade desta ilusão do meu outono.

Não é só chapa, é estilete. O meu sentimento nativista, ou como quer que lhe chamem — patriotismo é mais vasto —, sempre se doeu desta adoração da natureza. Raro falam de nós mesmos: alguns mal, poucos bem. No que todos estão de acordo, é no *pays féerique*. Pareceu-me sempre um modo de pisar o homem e as suas obras. Quando me louvam a casaca, louvam-me antes a mim que ao alfaiate. Ao menos, é o sentimento com que fico; a casaca é minha; se não a fiz, mandei fazê-la. Mas eu não fiz, nem mandei fazer o céu e as montanhas, as matas e os rios. Já os achei prontos, e não nego que sejam admiráveis; mas há outras coisas que ver.

Há anos chegou aqui um viajante, que se relacionou comigo. Uma noite falamos da cidade e sua história; ele mostrou desejo de conhecer alguma velha construção. Citei-lhe várias; entre elas a Igreja do Castelo e seus altares. Ajustamos que no dia seguinte iria buscá-lo para subir o morro do Castelo. Era uma bela manhã, não sei se de inverno ou primavera. Subimos; eu, para dispor-lhe o espírito, ia-lhe pintando o tempo em que por aquela mesma ladeira passavam os padres jesuítas, a cidade pequena, os costumes toscos, a devoção grande e sincera. Chegamos ao alto, a igreja estava aberta e entramos. Sei que não são ruínas de Atenas; mas cada um mostra o que possui. O viajante entrou, deu uma volta, saiu e foi postar-se junto à muralha, fitando o mar, o céu e as montanhas, e, ao cabo de cinco minutos: "Que natureza que vocês têm!"

Certo, a nossa baía é esplêndida; e no dia em que a ponte que se vê em frente à Glória for acabada e tirar um grande lanço ao mar para aluguéis, ficará divina. Assim mesmo, interrompida, como está, a ponte dá-lhe graça. Mas, naquele tempo, nem esse vestígio do homem existia no mar: era tudo natureza. A admiração do nosso hóspede excluía qualquer ideia da ação humana. Não me perguntou pela fundação das fortalezas, nem pelos nomes dos navios que estavam ancorados. Foi só a natureza.

Navios e fortalezas, aí está o que se pode ver no mar. Em terra, musa trágica, podias ver agora a morte de um bravo soldado, um dos restantes heróis da Guerra do Paraguai. Também nós tivemos a nossa grande guerra. Um argentino, há muitos anos, comparecendo ao júri, em França, por delito de imprensa, ouviu ao acusador falar com riso das pequeninas lutas de poucas centenas de homens, que se travam na América, e respondeu com acerto: "Senhores, sabeis o que se faz nas nossas guerras minúsculas? Faz-se o que se faz nas vossas: morre-se. *On y meurt, messieurs!*"

Naquela guerra morreram aos milhares. Um dos mais gloriosos sobreviventes, o que lhe pôs remate com extraordinário denodo, é o que ora entrou definitivamente na história do seu país. A morte tem esta punição: faz viver aqueles a quem não pode matar. Mas são tantos os que sucumbem, e tão poucos os que vivem, que a punição é tolerável. Vencedor de Aquibadã, tu serás um dos grandes testemunhos da geração que vai morrer.

Mas em terra não há só grandes finados, nem memórias gloriosas. Há aqui obras de outra casta, seja de arte, seja de política, seja de ciência, obras que podem recomendar-nos, embora não espantem a estranhos. Nem todas serão boas. Nesta semana, por exemplo, enlouqueceu um espírita; mas, além de que isto não prova contra o espiritismo — que alguns cérebros lúcidos e fortes estudam e aprofundam —, em toda a parte há cérebros fracos que se perdem. Nem todos podem fitar o abismo. Não é razão para condenar as ciências ocultas. E de onde nos vieram elas? O ocultismo está em moda na Europa. Os livreiros daqui recebem obras com títulos ilegíveis, à força de escuridade, e todas as folhas anunciam certo livro de S. Cipriano, vindo de Lisboa, que dizem ser maravilhoso para achados, curas e casamentos.

A ciência da péla, dado que seja oculta, também não é nossa. Veio da outra banda e de tempos idos. O que é desta banda, é a arte de envergar o arco, em que são exímios os caboclos, se eles ainda valem os de que fala o poeta:

São todos destros
No exercício da flecha, que arrebatam
Ao verde papagaio o curvo bico
Voando pelo ar.

Há aí talvez uma ideia para alguma associação nova. A menos que os bicos dos papagaios sejam simples pintura, ilusão óptica, não acho hipótese de fraude nesse exercício. Contestou-se que a poesia nacional estivesse no caboclo; ninguém poderá contestar, a sério, que esteja nele a nacionalização do esporte. O caboclo e o capoeira podem fazer-se úteis, em vez de inúteis e perigosos.

27 de agosto de 1893

Quando eu cheguei à rua do Ouvidor e soube que um empregado do correio adoecera do cólera, senti algo parecido com susto, se não era ele próprio. Contaram-me incidentes. Nenhum hospital quisera receber o enfermo. Afinal fora conduzido para o da Jurujuba, e insulado, como de regra.

Conversei, para distrair-me, mas não estava bom. Podia estar melhor. No bonde, quando me recolhia, eram seis horas da tarde, havia já três casos de cólera — o do correio, o de uma senhora que estava comprando sapatos, e o de um carroceiro na Saúde. Na Lapa entrou um homem, que me disse ter assistido ao caso postal. A figura do doente metia medo. Chegaram a ver o bacilo...

— O bacilo? — perguntei admirado.

— Sim, senhor, o bacilo vírgula; era assim — disse ele, virgulando o ar com o dedo indicador —, e foi o diabo para matá-lo. Ele corria, abaixo e acima, no ar, no chão, nas paredes, metia-se por baixo das mesas, nos chapéus, nas malas, em tudo. Felizmente, tinham-se fechado as portas, e um servente com a vassoura deu cabo do bicho. Aquele não pega outro.

Examinei bem o homem, que podia ser um debicador, mas não era. Tinha a feição pura do crédulo eterno. Fosse como fosse, não fiquei melhor do que estava na rua do Ouvidor, e cheguei a casa sorumbático. Jantei mal. De noite, li um pouco de Dante, e não fiz bem, porque, no círculo de voluptuosos, aqueles versos

> *E come i gru van cantando lor lai,*
> *Facendo in aere di sè lunga riga,*

foram a minha perseguição durante o pesadelo, um terrível pesadelo que me acometeu entre uma e duas horas.

Com efeito, sonhei que era esganado por uma vírgula, um bacilo, o próprio bacilo do cólera, tal qual o descrevera o homem do bonde. Morto em poucos minutos, desci ao inferno, enquanto cá em cima me amortalhavam, encaixotavam e levavam ao cemitério. No inferno, depois de atravessar vários círculos, fui dar a um, cujo ar espesso era povoado das mais infames criaturas que é possível imaginar. Era uma longa fila de bacilos, tamanhos como um palmo; e não só o vírgula, mas todas as figuras da pontuação.

> *E como i gru van cantando lor lai*

cantavam eles uma trova, sempre a mesma, meio triste, meio escarninha. O que dizia a trova, não sei; era uma língua estranhíssima. Vulto humano nenhum; cuidei que ia viver ali perpetuamente, e não pude reter as lágrimas.

Nisto vi ao longe duas sombras, que se aproximaram lentamente e me pegaram na mão. — "Sou Epicuro", disse-me uma delas; "este é Demócrito, que recebeu de outro a doutrina dos átomos, a qual eu perfilhei, e que tu, após tantos séculos, vais concluir. Fica sabendo que estes bacilos são os próprios átomos em que fizemos consistir a matéria; por isso dissemos que eles tinham todas as figuras, desde as retilíneas até as curvas. Curvo é o tal vírgula que te trouxe a este mundo, do qual vais sair para pregar a verdade. Vamos dar-te o batismo da filosofia."

Epicuro assobiou. Correram dois bacilos, forma de parênteses, e fecharam-me entre eles, como se faz na escritura (assim); depois chegou o bacilo da interrogação, a que não pude responder nada. Vendo o meu silêncio, empertigou-se o bacilo da admiração, enquanto os dois parênteses iam-se fechando cada vez mais, mais, mais. Já me rasgavam as carnes; entravam-me como alfanjes; eu torcia-me sem voz, até que pude gritar: Epicuro, Demócrito! José Rodrigues!

— Que é, patrão?

Abri os olhos, vi ao pé da cama o meu criado José Rodrigues — aquele mesmo ignaro que traduzira *debêntures* por *desventuras*. Ao cabo, um bom homem; pouca suficiência intelectual, mas uma alma... Deu-me água e ficou ao pé de mim, contando-me histórias alegres, até que adormeci.

De manhã corri aos jornais para saber quantos teriam morrido do cólera durante a noite; soube que nenhum; suspeita e medo, nada mais. Entretanto, choviam conselhos e vinham descrições, não só do bacilo vírgula, mas de todos os outros, causas das nossas enfermidades.

Li tudo a rir. Sobre a tarde, pensei no anúncio de Epicuro. Era um sonho vão; mas trazia uma ideia. Quem sabe se eu não tinha o bacilo do gênio... Dei um pulo, estava achada mais uma doutrina definitiva. Ei-la aqui, de graça.

Cada um de nós é um composto de cidades, não da mesma nação, mas de várias nações e diferentes línguas, um mundo romano. Isto posto, as moléstias que nos assaltam, são revoluções interiores. As macacoas não passam de distúrbios, a que a polícia põe cobro. Tudo obra de bacilos; mas como também os há da saúde, bons cidadãos, ordeiros, amigos da lei, da paz e do trabalho, esses não só nos conservam a saúde, como subjugam e muitas vezes eliminam os tumultuosos. Os médicos recebem cá fora honorários que a justiça mandaria pagar a esses dignos defensores da paz interior, se eles precisassem de dinheiro. Outras vezes são vencidos; os bacilos perversos matam o homem; é a anarquia e a dissolução.

Os bacilos da saúde não são só modelos de virtudes públicas e privadas. Dotados de algum intelecto, associam-se para compor um talento ou um gênio, e são eles que formam as novas ideias, discursos e livros. Há uns poéticos, outros oratórios, outros políticos, outros cientistas. Dante era um homem de muitos bacilos. A vontade também se rege por eles; uma grande ação pode não ser mais que o esforço comum dos bacilos do coração e dos rins. Enquanto eles consolidam um tecido, Napoleão ganha a batalha de Iena.

Por outro lado, sendo a sociedade um organismo, nós somos os bacilos da sociedade. Segundo forem as qualidades desta, assim se poderá dizer que casta de bacilos é a que predomina no organismo. Não se pode dizer, por exemplo, que tenhamos o bacilo do júri. Após quatro ou cinco semanas de espera, compor-se-á em dois dias o Tribunal, e ainda assim só depois de várias admoestações e lástimas, por ver caída semelhante instituição. Erro dos que lastimam e admoestam. É claro que não possuímos o bacilo próprio a essa espécie de justiça. Uma instituição pode ser bonita, liberal, de boa origem, sem que todos a pratiquem eficazmente, desde que falte o bacilo criador. A consideração de julgar os pares não tira ninguém de casa, e muita gente há que confia mais na toga que na casaca, não que a casaca seja mais cruel, ao contrário. Sobre isto o melhor é ler um autor recente, o sr. Conceição, rua da Alegria nº 22, um homem que foi por seu pé inscrever-se na lista dos jurados, que acudia ao júri com sacrifício do trabalho e do descanso, e que, ao fim de pouco tempo, viu-se recusado sempre por ambas as partes, advogado e promotor.

Mas, enfim, tudo isso são minúcias que não importam aos lineamentos da doutrina. Talvez não nos falte o bacilo do júri, mas o da reunião, o da assembleia, o de tudo que exige presença obrigada. A razão de estar a rua do Ouvidor sempre cheia é poder cada um ir-se embora; ficam todos. Há nada melhor que uma ópera que entra pelo ouvido, enquanto os olhos, pegados ao binóculo, percorrem a sala? São pontos que merecem estudo particular.

Resumo a doutrina. Tudo é bacilo no mundo, o que está dentro do homem, no homem e fora do homem. A terra é um enorme bacilo, como os planetas e as estrelas, bacilos todos do infinito e da eternidade — dois bacilos sem medida de alguém que quer guardar o incógnito.

3 de setembro de 1893

Quando eu soube da primeira representação do *Alfageme de Santarém,* do "pranteado e notabilíssimo escritor Visconde de Almeida Garrett", como dizem respeitosamente os anúncios, e logo depois a do *Lohengrin,* de Wagner, fiz tenção de dizer aos moços que não desdenhassem do passado, e aos velhos que não recusassem o futuro. Acrescentaria que a frescura vale a consagração, e a consagração a frescura, e acabaria com esta máxima: — A beleza é de todos os tempos.

Não perderia muito em escrever assim, e o papel gasto valeria o assunto. Não o digo ou não continuo a dizer o que aí fica, porque seria dar entrada nesta coluna a matérias de outra competência, espetáculos ou livros, óbitos ou discursos. Por que lancei essas linhas? Unicamente para mostrar que há no nosso espírito assaz confiança e liberdade para poder aplaudir as obras de arte sem cuidar do cólera, que espero não venha, mas que pode vir. O cadáver levado à Copacabana, sem cara, que provavelmente os peixes haverão comido, e esses peixes, se forem pescados — ou comidos por outros maiores, que se pesquem —, eis aí uma porção de ideias torvas. De São Paulo nada há mais, salvo uma carta oficial que confirma haver aparecido e desaparecido o terrível mórbus. No Pará e Santa Catarina, receios. Enfim, estamos a trancar os portos a outros portos. Tudo isso, porém, não nos dispensa da arte — passada ou futura — *Lohengrin* ou *Puritanos*.

O próprio caso do Carlo R. dava obra de arte nas mãos de um artista, um Poe, não menos. Ninguém receberá esse veículo da peste e da morte, que embarcou mil imigrantes, já iscados da moléstia, e veio por essas águas fora, em vez de tornar logo ao porto da saída. Um Poe imaginaria que os passageiros, agora, no alto mar, desesperados contra o capitão, pegavam dele e o alçavam ao mastro grande. Um dos passageiros, meio náutico, tomaria conta do navio. Vivo e sem comer, o capitão veria morrer no tombadilho todas as suas vítimas e algozes, cinco a cinco, dez a dez, até que ele único escaparia ao mal, por encontro de outro vapor que passasse e o recebesse a bordo. E de duas uma; ou o capitão levava em si a moléstia para bordo do navio salvador, e pagaria o bem com o mal, sem o sentir, ou não levava o cólera, mas o espetáculo do tombadilho o perseguiria por toda a parte. Deste ou daquele modo, um Poe daria o último capítulo.

Esperemos que o navio não nos haja deixado o mal, como aquele árabe do poeta, que foi buscar a doença a Granada, para comunicá-la aos seus vencedores cristãos. Não se sabe ainda se os cadáveres de Santos são da mesma origem que o da Copacabana; sabe-se só que o mar os não quis guardar consigo. Comeu-lhes algum pedaço, mas rejeitou-os, ou por serem coléricos, ou por serem cadáveres. A terra que os engula. O fogo, se pega a lembrança, que os consuma.

Seja o que for, como pode acontecer que o navio haja deixado algum vestígio de si, vamos desinfetando o corpo e a alma, para qualquer eventualidade futura. Nada se perde com isto. Da alma, além do que nos pode dar a estética, incumbe-se a religião; e aqui devo notar, de passagem, que tive anteontem, sexta-feira, uma visão de outros tempos. Do bonde em que ia, de manhã, vi em poucos minutos quatro homens de opa, vara e bacia. Outrora eram muitos, depois escassearam, depois acabaram. Agora, só em uma direção achei quatro. É natural que reviva o tipo. Não me parece que seja mau; é característico, ao menos, e o incolor nos vai matando. Em criança, eu sabia de todas as cores de opas, verdes, roxas, brancas, encarnadas.

Perdi-lhes o sentido, mas achei a sensação. Faltava, é certo, a esses irmãos a melopeia antiga; não pediam cantando, nem na ocasião pediam nada. Iam cosidos com a parede e levavam já muitas esmolas.

Do corpo cuidemos ao sabor da autoridade, menos eu, talvez, mas por uma razão só minha, e que, aliás, pode ser de muita gente. Tenho um grande amigo, não menor médico, ao qual ouvi uma vez — pedindo-lhe eu algum xarope que me tirasse um defluxo — que não era costume deste receitar xaropes aos amigos. Não entendi bem a resposta; mas, tendo lido algures que não há doenças, mas doentes, pareceu-me que, uma vez que eu tivesse fé, a simples vista dos anúncios de xaropes me restituiria a saúde. Dei-me a essa terapêutica. Pegava dos jornais, ia-me aos anúncios dos xaropes, às cartas dos curados, agradecimentos, atestados médicos, isto durante dez minutos, em jejum; quatro dias depois, estava pronto. Tempo virá em que os princípios sejam inalados pelo mesmo processo, com um pouco de água por cima. Fórmulas e água. E talvez os princípios não esperem pelo *Lohengrin,* se é que já não vieram com o *Alfageme.* De um ou de outro modo, direi como de começo — aos moços que não desdenhem o passado —, e aos velhos, que não recusem o futuro. A verdade, como a beleza, é de todos os tempos. Assim para os xaropes, como para os seus derivados.

    O que também se pode dar indistintamente por obra do passado ou do futuro é o que tivemos anteontem, pequeno drama de amor da rua do Senador Pompeu. O namorado atirou sobre ela e em si, morreu logo, a moça escapará. Há dois modos de tratar este assunto. Cair em cima do namorado, é o primeiro ato, em nome da moral e da justiça. O segundo é levantá-lo às nuvens como um modelo de paixão, que nem quis deixar a moça neste mundo, matando-se, nem sacrificá-la só, dando-lhe a morte, e com três tiros buscou corrigir a fortuna e a natureza. Qualquer que ele seja, há uma consequência certa, é que a vítima não esquecerá o algoz. No turbilhão das coisas humanas, más ou boas, chochas ou terríveis, ou tudo junto, por mais que os anos se acumulem e se multipliquem, com grandes caramelos à cabeça, ou inteiramente pelados, trôpegos, quase sem vida, como os do casal austro-húngaro, que acaba de celebrar as suas bodas seculares, a última ideia que se apagará no cérebro da vítima, será a daquele homem que, por paixão, tentou assassiná-la. Tudo se perdoa ao amor; tudo perdoamos aos que nos adoram. E isto quer se trate de casamento, quer de poder, quer de glória. A diferença é que os gloriosos esquecem, às vezes, e os poderosos podem esquecer muitas.

10 de setembro de 1893

Quarta-feira, quando eu desci do bonde que me trouxe à cidade, a primeira voz que ouvi, foi este grito: "Olha o 2537, é a sorte grande para hoje!" Mais de um homem, atordoado pelos graves acontecimentos do dia, não chegaria a ouvir essas palavras; eu ouvi-as, decorei-as, guardei o próprio som comigo. De cinco em cinco minutos, a voz do pequeno (porque era um pequeno o dono da voz) berrava aos meus ouvidos: "Olha o 2537, é a sorte grande para hoje!"

    Agora mesmo, ao escrever o caso, ouço o mesmo grito, e não pode ser outro pequeno, nem outra loteria, porque a voz é a mesma, e o número é 2537. É a memória que repercute o que a singularidade do momento lhe confiou, é o espectro do largo da Carioca que me acompanha, para lembrar-me que, no meio da maior agitação do espírito público, há sempre um número 2537 para ser apregoado, comprado e premiado.

Nunca mais esquecerei esse número. Um amigo meu, ora finado, que havia sido poeta romântico, petimetre e pródigo, guardava de memória o número 122. Tinha sempre encomendado um bilhete de loteria com esse número. Não importa que lhe saísse branco; ele teimava em comprá-lo e perdê-lo. Viveu assim anos. Poucos dias antes de morrer, saindo-lhe ainda uma vez branco o bilhete, mandou comprar outro. Como eu lhe dissesse que era melhor comprar bilhete para a viagem do céu (tinha bastante franqueza com ele para lhe falar assim), respondeu-me com ternura e melancolia:

— Sei que lá estarei antes do fim da semana, mas é preciso justamente que leve este número. Se tal pudesse ser o da sepultura que me há de cobrir, a minha felicidade seria completa. Não te espantes, amigo meu. Esse número era o do carro em que recebi pela primeira vez a mulher que amei. Era uma caleça, o cocheiro era gordo, foi no largo da Mãe do Bispo...

Não conto o resto; seria desvendar muitas coisas, e tu, bela dama grisalha, com os teus olhos longos e moribundos, podia ser que acabasses de morrer por uma vez, não de amor, mas de despeito. Descansa; calo o resto. Fica sabendo apenas, se o não sabias até agora, que a caleça tinha o número 122. Era o dos amores, não podia ser o da loteria; mas tanto vale o provérbio como a superstição. Quem perdeu com isso? A loteria teve um freguês, tu uma saudade, ele um lugar no céu. Se entre os meus leitores há algum confiado em números, tente o 122; não sendo o da caleça dos seus primeiros amores, pode ser que lhe dê a sorte grande. Eu guardo o 2537, mas por outra razão diversa.

Diversa e grave. Esse número é um documento, meio humano, meio carioca. Ele prova que há um tanto de Pitágoras na nossa alma. Nem de outro modo se explicaria a generalidade e persistência da polca, senão pela harmonia das esferas. Assim também o valor físico e metafísico do número é uma relíquia da velha filosofia. Não se pode dizer que tenhamos algum dia dançado sobre um vulcão, porque esse verbo é mais extenso e menos característico, além de ser a fórmula incompleta. O que nós alguma vez fizemos, foi polcar e cantar.

O eventual seduz-nos, como um pedaço de mistério. O boi Ápis, se aqui viesse, ganharia mais dinheiro que a preta velha, ama de Washington, inventada por Barnum. Que nos importariam amas de ninguém? Mas um boi que faria a felicidade ou a desgraça de uma pessoa, segundo aceitasse ou não a erva que ela lhe desse, eis aí alguma coisa que fala ao coração dos homens. O boi Ápis recusou a comida que Germânico lhe ofereceu, quando foi consultado; e Plínio, que não era tolo, observa com seriedade que Germânico morreu pouco depois.

Tu explicarias o suposto oráculo pelo fato evidente da falta de apetite. Há até alguém, cujo nome não me ocorre, que afirma não haver entre o homem e a besta outra diferença senão esta: que o homem come, ainda quando não tem fome; o que melhor explica o oráculo de Ápis. Mas, francamente, que é que lucramos com a explicação? A realidade é seca, a ciência é fria; viva o mistério e a credulidade!

Para não sair do boi, Cincinnati conta alguns grandes ricaços de matadouro, que eram pobres há poucos anos, e ora possuem não sei quantos milhões de dólares. O meu açougueiro — e não é porque venda carne boa nem barata — nunca pôde amuar quatro patacas no fundo da gaveta. Há pouco tempo disse consigo que o melhor era vender a carne ainda mais cara e ruim, e com o lucro comprar um bilhete de Espanha. Em boa hora o fez; tirou a sorte grande e vai fechar o açougue, ou dá-lo. Eu, quando soube do caso, ouvi cantar, ao longe, com a mesma voz, qual ouvi há um quarto de século, este trecho dos *Bavards*:

> C'est l'Espagne qui nous donne.
> Des bons vins, des belles fleurs.

Vede lá; outro eco da memória. Um dia, daqui a um quarto de século, pode ser que algum açougueiro recorra ao mesmo processo para enriquecer, como os de Cincinnati. Tanto melhor se o número de Espanha for este mesmo 2537, porque eu referirei ambos os casos em uma só crônica, salvo se estiver morto — o que é possível.

17 de setembro de 1893

No mesmo dia em que a imprensa anunciou o bombardeamento, duas damas anunciaram coisa diversa. "Uma senhora séria precisa de um homem honesto que a proteja ocultamente; quem estiver nas condições" etc. Assim falou uma. Aqui está a linguagem da outra: "Uma moça distinta e bem-educada precisa de um cavalheiro rico que a proteja ocultamente; carta" etc.

Assim, enquanto as forças públicas se dividiam, forças particulares cuidavam de unir-se a outras forças, e ainda uma vez se dava esse contraste do caso particular com o social — contraste aparente, como todos os demais fenômenos deste mundo. No exemplo que ora cito, é evidente que as duas obras se completam, desde que se procura corrigir a mortalidade pela natalidade. Parece um ato de moças vadias, e é uma operação econômica.

Vindo aos anúncios, notai em ambos eles o verbo e o advérbio: "Que as proteja ocultamente". Proteger é sinônimo de amar — um eufemismo, dirão as pessoas graves —, uma corruptela, replicarão as pessoas leves. Eu digo que é uma revivescência. O amor antigo era simples proteção. Em vez da sociedade em comandita, a que a civilização o trouxe, com lucros iguais, era um ato de domínio do homem e de submissão da mulher. Vede os costumes bíblicos, as doutrinas muçulmanas, as instituições romanas e gregas. Tudo que é primitivo traz esse característico do amor. Agora, que a revivescência seja puramente verbal, como tantas outras coisas, que apenas valem pelo nome, é o que não contesto. Mas é uma boa forma, delicada, modesta, graciosa, e que não paga mais por linha de impressão.

Quanto ao advérbio, é o mais ajustado e sugestivo possível. Traz um indício e uma promessa. É indício do recato e da situação da pessoa, cujas relações sociais ou obrigações domésticas não permitem aceitar afoitamente um protetor oficial, confessá-lo, publicá-lo, impô-lo. Por outro lado, é uma porta aberta à imaginação. Porta travessa, se querem; mas tudo são portas, uma vez que se abram e deem passagem à pessoa, seja para o quintal, seja para um corredor escuro. Vai-se às apalpadelas, mas os pés e as mãos têm olhos, os passos estão contados, um trecho de escada, uma saleta, outra porta... Eis o que está no advérbio. Eis aqui agora o que não está. Não está o ódio de família, nem o veneno de Romeu, nem a morte dele e de Julieta, para acabar o quinto ato e a peça. Há peça, mas não há quinto ato. Não é preciso disputar se canta o rouxinol ou a calhandra, se é meia-noite ou madrugada; o protetor traz o relógio no bolso do colete. Quando muito, Julieta arguirá o relógio de adiantado.

— Não está adiantado; são cinco horas e um quarto.
— É impossível.
— Acertei-o ainda hoje pelo Castelo, ao meio-dia.
— Creio; mas pode não regular bem.
— Regula perfeitamente. *Patek Philippe*, uma das melhores fábricas do mundo.
— Cinco horas e um quarto! Como passa o tempo!
— Agora amanhece tarde; é por isso que está escuro. Adeus!
— Adeus! Olha a chave do trinco.
— Está aqui. Adeusinho!
— Adeusinho!

Isso, quando muito. Como veem, não há sombra de perigo. Há o mistério bastante para dar a cor do pão vedado, e pôr na alma de um homem correto duas páginas de aventura. Perde a vaidade, mas nem tudo é vaidade neste mundo, como quer o Eclesiastes.

Que a gente nem sempre se acomode com o segredo, acredito. Tal será possivelmente o caso da segunda anunciante. A primeira não exige mais que amor e mistério; é uma necessitada do coração, e da vida; contenta-se com beijos, vestido e prato. Não pede as estrelas do céu, nem as grandes cédulas dos bancos; a casinha lhe basta, os pés podem levá-la à rua do Ouvidor, uma vez que o protetor os calce, e não exigem botinas do Queirós.

A outra senhora quer mais. É distinta, bem-educada, pede proteção e segredo, mas o cavalheiro há de ser rico. Este é o ponto grave. Certamente, não faltam homens ricos de dinheiro e de amor, amigos do mistério, vadios do coração, ou de tal atividade que o possam distribuir às moças pobres. Suponho que aparece à anunciante um homem de boas referências. É aceito, sai de lá tonto.

Não se calcula até onde pode ir o amor de um homem em tais condições. Pode ir muito além da seda e do ouro; pode chegar ao brilhante, ao carro, à parelha de cavalos, ao lacaio de libré, ao camarote de assinatura, à apólice. A apólice guarda-se; mas o carro e os cavalos fizeram-se para andar na rua. Os vestidos e os brilhantes saem a passeio. A graça não fica em casa, nem a elegância, nem a beleza; todos esses bens do céu e da terra amam o ar livre: "Quem é esta que sobe pelo deserto, como uma varinha de fumo, composta de aromas de mirra e de incenso, e de toda a casta de polvilhos odoríferos?" Assim falam da Sulamitas as sagradas letras. Em linguagem menos airosa:

— Quem é esta pequena que ali vem, rua abaixo?
— Onde?
— Quase a chegar à *Gazeta*.
— Ah!
— Não é? Não a conheço; mas já vi aquela cara não sei bem onde. A figura é esbelta; pisa que parece uma rainha. E que luxo!
— Parou; está falando com o desembargador Garcia.
— Quem será?

— Não sei, mas é de truz. Ora, espera, ontem vi-a passar no Catete, de carro, um lindo cupê, cavalos negros, branquejando de espuma que fazia gosto. Toda a gente do bonde voltou a cabeça para o lado.

— Libré escura?

— Cor de azeitona.

— Então é a mesma que vi, há dias, em Botafogo; agora me lembro, era esta mesma moça.

Ao lado dos interlocutores, parado, está o homem das boas referências, triste e aborrecido por não poder arrancar da boca a rolha do mistério, e bradar a todos os ventos: "Sou eu! eu é que sou o dono e o autor. Eu sou o cavalheiro rico; eu é que a protejo ocultamente, que a visto, que a calço, que a adorno, que lhe pus carro e cavalo. São cavalos ruços. Eu, não outro, eu é que a amo e sou amado. Toda ela é minha; aquele pisar é meu, aquela graça pertence-me, aquela beleza existia, mas fui eu que lhe dei essa rica e linda moldura. Imprimam que sou eu. Adeus muros, chaves do trinco, passos surdos, vozes baixas, adeus! Adeus relógios certos ou incertos! Entre o sol pela casa dela, como pela minha alma; abram todas as janelas do mundo. Sou eu! sou eu! sou eu!".

24 de setembro de 1893

Há uma cantiga andaluza, tão apropriada ao meu intento, que é por ela que começo esta crônica:

> *Un remendero fué a misa,*
> *Y no sabia rezar,*
> *Y andaba por los altares:*
> *Zapatos que remendar?*

Eu sou esse remendão da cantiga. Ao pé dos altares, pergunto por tacões corroídos e solas rotas; é o meu breviário. Nem sou o único remendão deste mundo. Dizem de Alexandre Magno, que costumava dormir com a *Ilíada* à cabeceira. Conquanto ele fosse amigo de ler poetas e filósofos, creio que esta preferência dada a Homero resultava da opinião que tinha do poema, a saber, que era um manancial das artes bélicas. Assim, naquilo em que todos vão buscar modelos de poesia, ele, grande general, buscava a arte de combater. Eu sou um Alexandre às avessas. Nas artes bélicas procuro a lição do estilo. Ides vê-lo.

Neste momento, sete horas da manhã, ouço uns tiros ao longe. São fortes, mas não sei se tão fortes como os de ontem, sexta-feira, à tarde, quando toda a gente correu às praias e aos morros. Nenhum deles, porém, vale o bombardeamento do princípio da semana, entre 2 horas e duas e meia, e mais tarde entre quatro e cinco. Eu, nessa noite, fiz como os demais habitantes da cidade, acordei assombrado. Sonhava, ah! se soubessem em que sonhava! Sonhava que dormia, e era despertado por umas cócegas na testa. Abri os olhos, dei com um raio da lua, que entrara pela janela aberta. E dizia-me o raio da lua: "Monta em mim, nobre mortal, anda fazer uma viagem pelo infinito acima". Perguntei-lhe se a viagem era por tempo limitado ou eterna; respondeu-me que eterna. Eu gosto das coisas eternas. Eia, belo raio da lua, holofote da natureza, eu vou contigo, deixa-me só enfiar as calças. A toalete é na lua, replicou ele; montei e subimos.

Não ponho aqui a impressão que me fez o céu, e principalmente a terra, à medida que eu ia subindo. Guardo essa parte para um livro sobre a teoria dos sonhos. Cheguei à beira do astro, desmontei, e pus o pé no chão. Segui por um caminho estreito, que ia ter a uma vasta praça, onde um número infinito de criaturas humanas mudara as vestes carnais por outras fluidas. A operação foi rápida. Depois seguia-se a segunda parte da toalete, a restituição das ideias. Todas as pessoas que tinham vivido de ideias alheias, entregava-as a um coletor, que as restituía logo aos donos, ou ficava com elas, para quando os donos houvessem de subir. Um compadre meu, que me fez sempre pasmar pela variedade e profundeza das concepções, ficou sem migalha delas; eu, para que ele não aparecesse absolutamente varrido, emprestei-lhe duas ideias chochas, que ele beijou e guardou, como fazem os pobres com os vinténs de esmolas. Despidos da humanidade, seguimos todos para a outra beira da lua, onde uma infinidade de raios nos esperavam para levar-nos ao paraíso celestial. Quando eu ia montar no meu raio, ouvi na grande noite um grito enorme e pavoroso; estremeci todo e achei-me na cama; logo depois outro grito, eram os tiros do bombardeamento.

Sentei-me na cama, e fiquei como o leitor há de ter ficado durante os primeiros segundos. Os tiros continuaram, levantei-me e fui à janela. Qualquer pessoa acharia naquele rumor tremendo as ideias de combate que ele trazia em si; eu, em todo esse tumulto bélico, achei uma ideia literária. *Zapatos que remendar*.

Realmente, dizia eu comigo, quem uma vez tiver ouvido este rumor enorme, que abala tudo, dificilmente acabará de crer que haja entrado em circulação o verbo *explodir*. Ponho de lado a circunstância de o achar detestável; são antipatias, e antipatias não são razões. Outrossim, não nego que ele venha do latim, ainda que por via de França; nunca me hão de ver contestar genealogias ilustres. Fiquemos no fato material. Quem não sente, ouvindo estes tiros medonhos, que estouram como diabo? Quem não vê que eles saem dos canhões com verbos enérgicos, e que é por isso que fazem estremecer as casas?

Uma vez metido nessa ordem de raciocínio, esqueci completamente as causas e os efeitos dos tiros, para ficar-me só com as sugestões léxicas. Eu escrevo — não sei se lhes disse isto alguma vez — pela língua do meu criado, imitando Molière com a cozinheira. Ora, o José Rodrigues nunca absolutamente viu explodir uma bomba, uma granada, um simples grão de milho posto ao fogo. Para ele tudo estala, rebenta, estoura. O que ele faz é graduar a aplicação dos verbos, de modo que jamais a pipoca estoura. Quem lhe ensinou isto, não sei. Talvez o leite de sua mãe.

Quando dei por mim, tudo estava silencioso. Foi o próprio silêncio que me chamou à realidade. Eram duas horas e meia passadas. Meti-me outra vez na cama, fechei os olhos, e — caso extraordinário — achei-me no mesmo sonho, exatamente no ponto em que o deixara. Estava à beira da lua; cavalguei o meu raio, e, em menos tempo do que ponho aqui esta vírgula, cheguei à porta do céu. Mas vede agora o reflexo da realidade na cerebração inconsciente. Éramos milhares. São Pedro, à porta do céu, acolhia as almas com benevolência. O céu é de todos, dizia ele; mas, para não haver tumulto, entrem por classes. Quinze ou vinte vezes, tentei entrar, mas era sempre detido por ele, com um santo gesto misericordioso. E acrescentava que esperasse, que eu era dos pedantes. Afinal, chegou a minha vez.

Vexado da designação, entrei. Um serafim veio ter comigo e deu-me um grosso livro fechado. Fui dar a um vastíssimo espaço, onde são Paulo dizia missa, não diante da imagem de Jesus, mas do próprio Jesus ressuscitado. Milhões de milhões de criaturas estavam ali ajoelhadas. Ajoelhei-me também, e, vendo que todos tinham os seus livros abertos, abri o meu... Oh! que não sei de nojo como o conte! Era um dicionário. Era o breviário dos pedantes. Corri as páginas todas à cata de uma reza, não achei nada, um Padre-Nosso que fosse, uma Ave-Maria, nada; tudo palavras, definições e exemplos. *Zapatos que remendar.*

A missa foi longa. Quando acabou, fiquei ajoelhado, sem ousar erguer o corpo nem os olhos. Uma ideia ruim atravessou a minha alma; preferi a terra com os seus pecados ao céu e suas bem-aventuranças. Quando este desejo me corrompeu, ouvi um clamor enorme; pareceu-me que eram as vozes de todos os eleitos que me repeliam dali, mas não eram. Senti faltar-me o chão, achei-me solto no ar; para não rolar, cavalguei o livro, e vim por ali abaixo, até cair na cama, com os olhos abertos e uma zoada nos ouvidos. Recomeçava o bombardeamento. Rebentavam, estouravam as primeiras granadas.

1º de outubro de 1893

Leitor, o mundo está para ver alguma coisa mais grave do que pensas. Tu crês que a vida é sempre isto, um dia atrás do outro, as horas a um de fundo, as semanas compondo os meses, os meses formando os anos, os anos marchando como batalhões de uma revista que nunca mais acaba. Quando olhas para a vida, cuidas que é o mesmo livro que leram os outros homens — um livro delicioso ou nojoso, segundo for o teu temperamento, a tua filosofia ou a tua idade. Enganas-te, amigo. Eu é que não quero fazer um sermão sobre tal assunto; diria muita coisa longa e aborrecida, e é meu desejo ser, se não interessante, suportável.

Este é, aliás, o dever de todos nós. Sejamos suportáveis, cada um a seu modo, com perdigotos, com charadas, puxando as mangas ao adversário, dizendo ao ouvido, baixinho, todas as coisas públicas deste mundo — que choveu, que não choveu, que vai chover, que chove. Este último gênero é o do homem discreto. Antes mil indiscretos; antes uma boa loja de barbeiro, uma boa farmácia, uma boa rua. Mas, enfim, cada um tem o seu jeito peculiar. Pela minha parte, não farei o sermão. *Esto brevis.* Vamos ao ponto do começo.

Já notaste que o inverno vai sendo mais longo e mais intenso do que costuma? Os últimos três dias foram quentes, é verdade; mas logo o primeiro deu sinal de chuva; no seguinte ventou e choveu; agora venta e chove. Com mais dois ou três dias, tornamos à temperatura de inverno. Quem acorda cedo, quando a Aurora, como na Antiguidade, abre as portas do céu com os seus dedos cor-de-rosa, entenderá bem o que digo. Eu levanto-me com ela, aspiro o ar da manhã, e não me queixo; eu amo o frio. De todos os belos versos de Álvares de Azevedo, há um que nunca pude entender:

> Sou filho do calor, odeio o frio.

Eu adoro o frio; talvez por ser filho dele; nasci no próprio dia em que o nosso inverno começa. Procura no almanaque, leitor; marca bem a data, escreve-a no teu canhenho, e manda-me nesse dia alguma lembrança. Não quero prendas custosas, uma casa, cem apólices, um cronômetro, nada disso. Um quadro de Rafael, basta; um mármore grego, um bronze romano, uma edição *princeps*, objetos em que o valor pecuniário, por maior que seja, fica a perder de vista do valor artístico. Sei que tais objetos podem não achar-se aqui, à mão; mas tens tempo de os mandar buscar à Europa. Só na hipótese de não os haver disponíveis, aceito a casa ou as cem apólices. Quanto a retrato a óleo, não aceito senão com a condição de trazer moldura riquíssima, a fim de que se diga que o acessório vale mais que o principal.

Voltemos ao começo. Enquanto o nosso frio tem sido mais prolongado e intenso, noto que os povos da Europa sentem um calor demorado e fortíssimo. Diz-se que os homens andam com o chapéu na mão, bufando, ingerindo gelados, dando ao diabo a estação. Apesar disso, fizeram-se as eleições em França, operação formidável por causa dos inúmeros comícios em que é preciso estar, falar ou ouvir. De Londres referiu-nos o cabo telegráfico, cada semana, que se tinham realizado as corridas de Epsom. Pior que Epsom, pior que as eleições francesas, devem ter sido as sessões parlamentares de Inglaterra. O primeiro-ministro deu-se ao trabalho de contar os discursos proferidos na discussão do famoso projeto irlandês, e somou 1393 (mil trezentos e noventa e três), isto quando ele encetava justamente a última série deles. Verdade é que todos esses discursos gastaram apenas 210 horas (duzentas e dez), número que, dividido pelos discursos, dá a estes uma média muito pequena. Não posso explicar isto. Talvez os ingleses falem depressa; talvez seja uso tratar somente do objeto em discussão — verdadeira restrição à liberdade da tribuna. Se um homem não pode, a propósito da Irlanda, falar da pesca e da demissão de um carteiro, deem ao diabo o Parlamento. O Parlamento é o editor dos homens que falam. Ora, nunca os editores dos homens que escrevem, cortam ou riscam o que estes põem nos seus livros, tenha ou não cabida ou relação com o assunto, desde o micróbio até o macróbio. Enfim, são costumes.

Comparando os dois fenômenos, lá e cá, repito o que disse a princípio. Leitor, o mundo está para ver alguma coisa mais grave do que pensas. Que tenhamos de patinar na neve, que cair na rua do Ouvidor, e que os parisienses, os londrinos e outros cidadãos europeus hajam de dormir em redes, na calçada, ou com as portas abertas, é matéria que deixo à ciência. Não me cabe saber de climatologia, nem de geologias; basta-me crer que anda alguma coisa no ar.

Que coisa? Não sei. Qualquer coisa, um feto que está nas entranhas do futuro — ou cinco fetos, para imitar uma senhora de Aracati, estação da Estrada de Ferro Leopoldina, que acaba de dar à luz cinco criaturas. Todas gozam perfeita saúde. Eis o que se chama vontade de criar. Parecem uns retardatários, munidos de bilhetes, que receiam perder o espetáculo, e entram aos magotes. Não, amiguinhos, não é tarde; qualquer que seja a hora, chegareis a tempo. O espetáculo é semelhante ao panorama do Rio de Janeiro, de Vítor Meireles; está sempre no mesmo pavilhão. Assim pensam espíritos aborrecidos, desde a Judeia até a Alemanha. Um padre do século... Esqueceu-me o século; mas há muitos séculos. Esse padre dizia que o mundo já naquele tempo ia envelhecendo. Vedes bem que errava; o padre é que envelhecia. Como os seus cabelos brancos se refletissem nas folhas verdes da primavera, imaginou que a primavera morrera e que as neves estavam caindo. Boca que perdeu todos os dentes, pode descrer da rigidez do coco; mas o coco existe, e não é preciso correr aos grupos de cinco para trincá-lo. Fique isto de conselho às futuras crianças.

Mas como ligo eu esta ideia da constância das coisas à da probabilidade de uma coisa nova? Não peças lógica a uma triste pena hebdomadária. A regra é deixá-la ir, papel abaixo, pingando as letras e as palavras, e, se for possível, as ideias. Estas acham-se muita vez desconcertadas, entre outras que não conhecem, ou são suas inimigas. Não ligo nada, meu amigo. Quem puder que as ligue; eu escrevo, concluo e despeço-me.

15 de outubro de 1893

Entrou a estação eleitoral. Começa a florescência das circulares políticas. Há climas em que este gênero de planta é mais decorativo que efetivo; as arengas aí valem mais. Entre nós, sem deixar de ser decorativa, a circular dispensa o discurso.

Realmente, ajuntarem-se trezentas, seiscentas, mil, duas, três, cinco mil pessoas para escutar durante duas horas o que pensa o sr. X. de algumas questões públicas, não é negócio de fácil desempenho. Creio que vai nisso mais costume ou afetação que necessidade política. Vai também um tanto de astúcia. Os candidatos percebem naturalmente que homens juntos são mais aptos para aceitar uma banalidade do que absolutamente separados. Mais aptos, note-se, não nego que, dentro do próprio quarto, sem mulher, sem filhos, sem criados, sem retratos, sem sombra de gente, um homem tenha a aptidão precisa para aceitar uma ideia sem valor. A aptidão, porém, cresce com o número e a comunhão das pessoas.

A circular é outra coisa. A primeira vantagem da circular é não ser longa. Não pode ser longa; é cada vez mais curta, algumas são curtíssimas. A segunda vantagem é ir buscar o eleitor; não é o eleitor que vai ouvi-la da boca do candidato. Vede bem a diferença. Em vez de convidar-me a deixar a família, o sossego, o passeio, a palestra, a circular deixa-me digerir em paz o jantar e dormir. Na manhã seguinte, ao café, é que ela aparece, ou em forma de carta selada, ou simplesmente impressa nos jornais, o que é mais expedito e mais para se ler. É preciso não conhecer a natureza humana para não ver que há já em mim alguma simpatia para o homem que assim me comunica as suas ideias, no remanso do meu gabinete, pelo telefone de Gutenberg.

Agora mesmo acabo de ler a circular do sr. Malvino Reis. É um documento interessante e prático. Tenho notado que o espírito acadêmico, o *scholar*, inclina-se particularmente à teoria, pronto em admitir uma ideia apenas indicada no livro de propaganda. O homem de outra origem e diversa profissão é essencialmente prático; vai ao necessário e ao possível. Não se deixa levar pela beleza de uma doutrina, muita vez inconsciente, muita vez oposta à realidade das coisas. Por exemplo, o sr. Malvino Reis não apresenta programa político, e dá a razão desta lacuna: "No momento atual em que infelizmente nossa pátria se acha envolvida em uma comoção interna, que todos lastimamos e que todo o coração brasileiro acha-se enlutado, não é ocasião própria para a apresentação de programas políticos..."

A tese é discutível. Parece, ao contrário, que os programas políticos são sempre indispensáveis, uma vez que é por estes que o eleitor avalia a candidatura; mas é preciso ler para diante, a fim de apanhar todo o pensamento: "...programas políticos, que geralmente são alterados...". Aqui está o espírito prático. Explica-se a lacuna, porque os programas costumam ser alterados; não alterados ao sabor do capricho ou do interesse, mas segundo a hipótese formulada no final do período: "... alterados, quando assim o exige o bem público". Não é usual esta franqueza; por isso mesmo é que esse documento político se destacará da grande maioria deles.

Outro ponto em que a circular confirma o meu juízo é o *post-scriptum*. Diz-se aí que "o 2º distrito é composto das freguesias de São José, Sacramento, Santo Antônio, Sant'Ana, Espírito Santo e São Cristóvão". Aparentemente é ocioso. Indo ao âmago, vê-se a necessidade, e descobre-se quanto o candidato conhece o eleitor. O eleitor é, em grande parte, distraído, indolente e um pouco ignorante. Pode saber a que freguesia pertence, mas, em geral, não suspeita do seu distrito. Daí o *memento* final. É prático. Outros cuidariam mais da linguagem; melhor é curar do que interessa ao voto e seus efeitos.

Não me acusem de parcialidade, nem de estar a recomendar um nome. Não conheço nomes, emprego-os porque é um modo de distinguir os homens. Um ponto há em que a circular do sr. Malvino Reis combina com as do sr. Ribeiro de Almeida e dr. Alves da Silva, candidatos pelo 7º distrito de Minas: é a economia dos dinheiros públicos. Nunca leio esta frase que me não lembre de um ministério de 186..., cujo programa, exposto pelo respectivo chefe, consistia em duas coisas: a economia dos dinheiros públicos e a execução das leis. Eis aí um credo universal, um templo único. Eu, se estivesse então na Câmara, qualquer que fosse o meu programa político, alterava-o com certeza. Assim o exigia o bem público.

Não pus o ano exato do Ministério, por me não lembrar dele, não por esconder a minha idade. Assim também — entre parênteses —, se na crônica passada disse conhecer o finado Garnier, há vinte anos, a culpa não foi minha, nem da composição, nem da revisão, mas desta letra do diabo. Trinta anos é que devia ter saído. Mas que querem? Também a letra envelhece. A minha, quando moça, não era bonita, mas fazia-se entender melhor. Há dias dei com um antigo bilhete de José Telha. Que corte de letra, Deus dos exércitos! era um regimento de soldados, mais ou menos bem alinhados, marchando com regularidade, a tempo. Hoje é uma turba de recrutas. Entretanto, José Telha não é velho; mas, se há pessoas que precedem a letra, como o sr. senador Cristiano Otoni, cuja escrita de octogenário tem a virilidade antiga, letras há que precedem a pessoa; é o caso de José Telha. Em qual das classes estarei eu? *Retournons à nos moutons*.

Estes carneiros eram, se bem me lembro, a execução das leis e a economia dos dinheiros públicos.

Seria injustiça dizer que os dois candidatos do 7º distrito de Minas limitam à economia o seu programa. Há mais que ela. Uma das circulares, posto tenha apenas dez linhas, encerra quatro ideias. Não são novas, mas são ideias. A outra é menos curta, mas pouco mais tem do dobro. Entre os artigos do programa desta, figura a liberdade religiosa, que não parece bastante ao candidato, uma vez que o casamento civil é obrigatório; quer torná-lo facultativo. A circular fala também da necessidade de medidas que fixem o trabalhador nas fazendas. Pela minha parte, não vejo nada tão eficaz como o contrato da antiga Câmara Municipal com um empresário da numeração de casas, legalizado por uma postura. Muda-se o número de uma casa, põe-se-lhe placa nova, e o morador recebe um aviso impresso desse benefício, no qual se lhe diz que vá pagar o preço à rua (creio que Nova do Ouvidor) sob pena de cadeia.

Quanto às outras partes do programa da circular... Mas aonde vou eu neste andar administrativo e político? Musa da crônica, musa vária e leve, sacode essas grossas botas eleitorais, calça os sapatinhos de cetim, e dança, dança na pontinha dos pés, como as bailarinas de teatro; gira, salta, deixa-te cair de alto, com todas as tuas escumilhas e pernas postiças. Antes postiças que nenhumas.

29 de outubro de 1893

— ...Mas por que é que não adoece outra vez? No domingo passado, esteve aqui um senhor alto, cheio, bem-nascido, que me deu notícias suas, disse-me que havia adoecido — adoecido ou nadado...

— Adoecido; mas doenças, minha senhora, não se compram na botica, posto se agravem nela, alguma vez. A minha achou felizmente um boticário consciencioso, que, depois de me haver dado um vidro de remédio e o troco do dinheiro, disse-me com um gesto mais doutoral que farmacêutico: "Não desanime; a sua moléstia tem um prazo certo; são três períodos". Quis pedir o dinheiro, restituir o vidro e esperar o fim do prazo certo, mas o homem já ouvia outro freguês, igualmente enfermo dos olhos, e naturalmente ia preparar-lhe o mesmo remédio, pelo mesmo preço, com o mesmo prazo e igual animação.

— Então, não foi nadando que...

— Não, bela criatura, eu não sei nadar. Outrora, quando tomava banhos de mar... Sim, houve tempo em que penetrei no seio de Anfitrite, com estes pés que a senhora está vendo, e com estes braços, ficávamos peito a peito; eu chegava a meter a cabeça na bela coma verde da deusa, mas não saía da beira da praia. Se o seio lhe intumescia um pouco mais, por efeito de algum suspiro, eu, cheio de respeito, desandava. Quando Vênus a flagelava muito, eu não penetrava; deixava-me ficar do lado de fora, olhando, com vontade e com pena.

— (À parte) Singular banhista!

— A senhora diz?

— Que tinha bem vontade de ver outra vez o senhor que aqui esteve, domingo passado. Ele que faz?

— Minha senhora, ele presentemente cessa de engordar. Anda lépido, come bem, dorme bem, escreve bem, nada bem. Quer-me até parecer que o nadador de que lhe falou, é ele mesmo; disse aquilo para desviar as atenções, mas não é outro.

— Ah! também penetra no seio de Anfitrite?

— Penetra, e sempre com estes dois versos de Camões, na boca:

"Todas as deusas desprezei do céu,
Só por amar das águas a princesa."

— Gracioso!

— Gracioso, mas falso; é um modo de cativar a deusa. A senhora sabe que não há coisa que mais enterneça uma deusa, que falar de sentimentos exclusivos. Ele é fino; não há de ir dizer a Anfitrite que a todas as deusas prefere a majestosa Juno ou a guerreira Palas; mas creia que é também guerreiro e majestoso. Naquele dia, enquanto bracejava através da onda marinha, fazia de Mercúrio, com a diferença que levava os recados na barriga.

— Então, deveras, foi ele?

— Positivamente, não sei: mas vou dizendo que foi, já por vingança, já porque não conheço nada mais recreativo que espalhar um boato. O vício é muita vez um boato falso, e há virtudes que nunca foram outra coisa. Digo-lhe mais: este mundo em que a senhora supõe viver, não passa talvez de um simples boato. Os anjos, para matar o imortal tempo, fizeram correr pelo infinito o boato da criação, e nós, que imaginamos existir, não passamos das próprias palavras do boato, que rolam por todos os séculos dos séculos.

— Palavras apenas?

— Palavras, frases. A senhora é uma linda frase de artista. Tem nas formas um magnífico substantivo: os adjetivos são da casa de Madame Guimarães. A boca é um verbo. *Et verbo caro facta est.*

— Aí vem o senhor com as suas graças sem graça. Não me há de fazer crer que a explosão da ilha Mocanguê foi uma vírgula...

— Não foi outra coisa. O bombardeio é uma reticência, a moléstia um solecismo, a morte um hiato, o casamento um ditongo, as lutas parlamentares, eleitorais e outras uma cacofonia.

— Ainda uma vez, por que não adoeceu esta semana? Está soporífero. Quisera saber de uma porção de coisas, mas não lhe pergunto nada. Adeus.

— Não, não me mande embora, deixe-me ficar ainda um instante. É tão bom vê-la, mirá-la... E depois, advirto que estou apenas na tira oitava, e tenho de dar, termo médio, doze.

— Vamos; fale por tiras.

— Tomara poder falar-lhe por volumes, por bibliotecas. Não esgotaria o assunto; tudo seria pouco para dizer os seus feitiços e o gosto que sinto em estar a seu lado. Compreendo Tartufo ao pé de Elmira: *Je tâte votre habit; l'étoffe en est moelleuse...* Vá; responda que a senhora é *fort chatouilleuse*, para conservar a rima do texto, mas emendemos Molière. Eu, para mim, tenho que Tartufo é um caluniado. A verdade é que, sem acomodações com o céu, este mundo seria insuportável. E o céu é o mais acomodatício dos credores. Judas ainda pode ser perdoado. Pilatos também; lembre-se que ele começou por lavar as mãos; lave a alma, e está a caminho. Sendo assim, que mal há na bonomia que Tartufo atribui ao céu? "Oh! fazenda macia que é a deste seu vestido!" Que estremeções são esses, meu Deus?

— Ouço o bombardeio.

— Não é bombardeio. É o meu coração que bate. A artilheria do meu amor é extraordinária; não digo única, porque há a de Otelo. Pouco abaixo de Otelo, estamos Fedra e eu. Já notou que não me comparo nunca a gente miúda?

— Já; assim como tenho notado que o senhor é muito derretido.

— Querida amiga, isso não depende da cera, mas do fogo. Que há de fazer uma vela acesa, senão derreter-se? É a única razão de haver fábricas de velas; se elas durassem sempre, acabavam as fábricas, os fabricantes, e consequentemente as próprias velas. Creio que há aqui alguma contradição; mas a contradição é deste mundo. Para longe os raciocínios perfeitos e os homens imutáveis! Cada erro de lógica pode ser um tento que a imaginação ganhe, e a imaginação é o sal da vida. Quanto aos homens imutáveis, são de duas ordens, os que se limitam a sê-lo sem confessá-lo, e os que o são, e o proclamam a todos os ventos. A perfeição é dizê-lo sem o ser. Um homem que passe por várias opiniões, e demonstre que só teve uma opinião na vida, esse é a perfeição buscada e alcançada. A modo que a senhora está bocejando? A culpa é sua, se me meto em assuntos áridos; podíamos ter continuado Tartufo.

— Quantas tiras?
— Começo a décima segunda. A senhora faz-me lembrar uma borboleta que encontrei ontem na rua da Assembleia. A rua da Assembleia não é passeio ordinário de borboletas; não há ali flores nem árvores. Esta de que lhe falo, agitava as asas de um lado para outro, abaixo e acima, de porta em porta. Suspendendo as minhas reflexões aborrecidas, parei alguns instantes para observar. Evidentemente, estava perdida; descera de algum morro ou fugira de algum jardim, se os há por ali perto. De repente, sumiu-se; eu meti a cabeça no chão e segui com as minhas cogitações tétricas. Mas a borboleta apareceu de novo, para tornar a sumir-se e reaparecer, segundo eu estacava o passo ou ia andando. Finalmente, encontrei um amigo que me convidou a tomar uma xícara de café e quatro boatos. A borboleta sumiu-se de todo. Conclua.

— As asas eram azuis?
— Azuis.
— Rajadas de ouro?
— De ouro.
— Não era eu; era um fiozinho de poeira, que forcejava por arrancá-lo aos pensamentos lúgubres. Há desses fenômenos. Agora mesmo, parece-me ver, ao longe, um pontozinho luminoso.
— Não, senhora; está perto, e é escuro; é o ponto final.
— Que não seja um boato, como tantos!

5 de novembro de 1893

Há na comédia *Verso e Reverso*, de José de Alencar, um personagem que não vê ninguém entrar em cena, que não lhe pergunte:

— *Que há de novo?* Esse personagem cresceu com os trinta e tantos anos que lá vão, engrossou, bracejou por todos os cantos da cidade, onde ora ressoa a cada instante: — *Que há de novo?* Ninguém sai de casa que não ouça a infalível pergunta, primeiro ao vizinho, depois aos companheiros de bonde. Se ainda não a ouvimos ao próprio condutor do bonde, não é por falta de familiaridade, mas porque os cuidados políticos ainda o não distraíram da cobrança das passagens e da troca de ideias com o cocheiro. Tudo, porém, chega a seu tempo e compensa o perdido.

Confesso que esta semana entrei a aborrecer semelhante interrogação. Não digo o número de vezes que a ouvi, na segunda-feira, para não parecer inverossímil.

Na terça-feira, cuidei lê-la impressa nas paredes, nas caras, no chão, no céu e no mar. Todos a repetiam em torno de mim. Em casa, à tarde, foi a primeira coisa que me perguntaram. Jantei mal; tive um pesadelo; trezentas mil vozes bradaram do seio do infinito: — *Que há de novo?* Os ventos, as marés, a burra de Balaão, as locomotivas, as bocas de fogo, os profetas, todas as vozes celestes e terrestres formavam este grito uníssono: — *Que há de novo?*

Quis vingar-me; mas onde há tal ação que nos vingue de uma cidade inteira? Não podendo queimá-la, adotei um processo delicado e amigo. Na quarta-feira, mal saí à rua, dei com um conhecido que me disse, depois dos bons-dias costumados:

— Que há de novo?
— O terremoto.
— Que terremoto? Verdade é que esta noite ouvi grandes estrondos, tanto que supus serem as fortalezas todas juntas. Mas há de ser isso, um terremoto; as paredes da minha casa estremeceram; eu saltei da cama, assustado; estou ainda surdo... Houve algum desastre?
— Ruínas, senhor, e grandes ruínas.
— Não me diga isso! A rua do Ouvidor, ao menos...
— A rua do Ouvidor está intata, e com ela a *Gazeta de Notícias*.
— Mas onde foi?
— Foi em Lisboa.
— Em Lisboa?
— No dia de hoje, 1 de novembro, há século e meio. Uma calamidade, senhor! A cidade inteira em ruínas. Imagine por um instante, que não havia o Marquês de Pombal, ainda o não era, Sebastião José de Carvalho, um grande homem, que pôs ordem a tudo, enterrando os mortos, salvando os vivos, enforcando os ladrões, e restaurando a cidade. Fala-se da reconstrução de Chicago, eu creio que não lhe fica abaixo o caso de Lisboa, visto a diferença dos tempos, e a distância que vai de um povo a um homem. Grande homem, senhor! Uma calamidade! uma terrível calamidade!

Meio embaçado, o meu interlocutor seguiu caminho, a buscar notícias mais frescas. Peguei em mim e fui por aí fora distribuindo o terremoto a todas as curiosidades insaciáveis. Tornei satisfeito a casa; tinha o dia ganho.

Na quinta-feira, dois de novembro, era minha intenção ir tão somente ao cemitério; mas não há cemitério que valha contra o personagem do *Verso e Reverso*. Pouco depois de transpor o portão da lúgubre morada, veio a mim um amigo vestido de preto, que me apertou a mão. Tinha ido visitar os restos da esposa (uma santa!), suspirou e concluiu:

— Que há de novo?
— Foram executados.
— Quem?
— A coragem, porém, com que morreram, compensou os desvarios da ação, se ela os teve; mas eu creio que não. Realmente, era um escândalo. Depois, a traição do pupilo e afilhado foi indigna; pagou-se-lhe o prêmio, mas a indignação pública vingou a morte do traído.
— De acordo; um pupilo... Mas quem é o pupilo?
— Um miserável, Lázaro de Melo.
— Não conheço. Então, foram executados todos?

— Todos; isto é, dois. Um dos cabeças foi degredado por dez anos.
— Quais foram os executados?
— Sampaio...
— Não conheço.
— Nem eu; mas tanto ele, como o Manuel Beckman, executados neste triste dia de mortos... Lá vão dois séculos! Em verdade, passaram mais de duzentos anos, e a memória deles ainda vive. Nobre Maranhão!

O viúvo mordeu os beiços; depois, com um toque de ironia triste, murmurou:
— Quando lhe perguntei o que havia de novo, esperava alguma coisa mais recente.
— Mais recente só a morte de Rocha Pita, neste mesmo dia, em 1738. Note como a história se entrelaça com os historiadores; morreram no mesmo dia, talvez à mesma hora, os que a fazem e os que a escrevem.

O viúvo sumiu-se; eu deixei-me ir costeando aquelas casas derradeiras, cujos moradores não perguntam nada, naturalmente porque já tiveram resposta a tudo. Necrópole da minha alma, aí é que eu quisera residir e não nesta cidade inquieta e curiosa, que não se farta de perscrutar, nem de saber. Se aí estivesse de uma vez, não ouviria como no dia seguinte, sexta-feira, a mesma eterna pergunta. Era já cerca de 11 horas quando saí de casa, armado de um naufrágio, um terrível naufrágio, meu amigo.
— Onde? Que naufrágio?
— O cadáver da principal vítima não se achou; o mar serviu-lhe de sepultura. Natural sepultura; ele cantou o mar, o mar pagou-lhe o canto arrebatando-o à terra e guardando-o para si. Mas vá que se perdesse o homem; o poema, porém, esse poema, cujos quatro primeiros cantos aí ficaram para mostrar o que valiam os outros... Pobre Brasil! pobre Gonçalves Dias! Três de novembro, dia horrível; 1864, ano detestável! Lembro-me como se fosse hoje. A notícia chegou muitos dias depois do desastre. O poeta voltava ao Maranhão...

Raros ouviam o resto. Os que ouviam, mandavam-me interiormente a todos os diabos. Eu, sereno, ia contando, e recitava versos, e dizia a impressão que tive a primeira vez que vi o poeta. Estava na sala de redação do *Diário do Rio* quando ali entrou um homem pequenino, magro, ligeiro. Não foi preciso que me dissessem o nome; adivinhei quem era. Gonçalves Dias! Fiquei a olhar, pasmado, com todas as minhas sensações e entusiasmos da adolescência. Ouvia cantar em mim a famosa "Canção do exílio". E toca a repetir a canção, e a recitar versos sobre versos. Os intrépidos, se me aguentavam até o fim, marcavam-me; eu só os deixava moribundos.

No sábado, notei que os perguntadores fugiam de mim, com receio, talvez, de ouvir a queda do Império Romano ou a conquista do Peru. Eu, por não fiar dos tempos, saí com a morte de Torres Homem no bolso; era recentíssima, podia enganar o estômago. Creio, porém, que a explosão da véspera bastou às curiosidades vadias. Não me argúam de impiedade. Se é certo, como já se disse, que os mortos governam os vivos, não é muito que os vivos se defendam com os mortos. Dá-se assim uma confederação tácita para a boa marcha das coisas humanas.

Hoje não saio de casa; ninguém me perguntará nada. Não me perguntes tu também, leitor indiscreto, para que eu te não responda como na comédia, após o desenlace: — *Que há de novo?* inquire o curioso, entrando. E um dos rapazes: — *Que vamos almoçar.*

CRÔNICA *A semana*

12 de novembro de 1893

Durante a semana houve algumas pausas, mais ou menos raras, mais ou menos prolongadas; mas os tiros comeram a maior parte do tempo. Basta dizer que foram mais numerosos que os boatos. Aquela quadra pré-histórica, em que um tiro de peça, ouvido à noite, era o sinal para consultar e acertar os relógios, não se pode já comparar a estes dias terríveis, em que os tiros parecem pancadas de um relógio enorme, de um relógio que para às vezes, mas a que se dá corda com pouco:

>Never — forever,
>Forever — never,

tal qual na balada de Longfellow. A poesia, meus amigos, está em tudo, na guerra como no amor.

Relevem-me aqui uma ilustre banalidade. Que é o amor mais que uma guerra, em que se vai por escaramuças e batalhas, em que há mortos e feridos, heróis e multidões ignoradas? Como os outros bombardeios, o amor atrai curiosos. A vida, neste particular, é uma interminável praia da Glória ou do Flamengo. Quando Dafne e Cloé travam as suas lutas, são poucos os óculos e binóculos da gente vadia para contar as balas, ou que se perdem, ou que se aproveitam, não falando dos naturais holofotes que todos trazemos na cara.

De mim digo, porém, que aborreço a galeria. Uma vez desci do bonde, na praia da Glória, para ceder ao convite de um amigo que queria ver o bombardeio. Desci ainda outra vez para escapar a um sujeito que me contava a Guerra da Crimeia, onde não esteve, não havendo nunca saído daqui, mas que se ligava à sua adolescência, por serem contemporâneos. Ninguém ignora que os sucessos deste mundo, domésticos ou estranhos, uma vez que se liguem de algum modo aos nossos primeiros anos, ficam-nos perpetuados na memória. Por que é que, entre tantas coisas infantis e locais, nunca me esqueceu a notícia do golpe de Estado de Luís Napoleão? Pelo espanto com que a ouvi ler. As famosas palavras: *Saí da legalidade para entrar no direito* ficaram-me na lembrança, posto não soubesse o que era direito nem legalidade. Mais tarde, tendo reconhecido que este mundo era uma infância perpétua, concluí que a proclamação de Napoleão III acabava como as histórias de minha meninice: "Entrou por uma porta, saiu por outra, manda el-rei nosso senhor que nos conte outra". Por exemplo, o dia de hoje, 12 de novembro, é o aniversário do golpe de Estado de Pedro I, que também saiu da legalidade para entrar no direito.

Mas não quero ir adiante sem lhes dizer o que me sucedeu, quando pela segunda vez desci na praia da Glória, a pretexto de ver o bombardeio. Estive ali uns dez minutos, os precisos para ouvir a um homem, e depois a outro homem, coisas que achei dignas do prelo. O primeiro defendia a tese de que os tiros eram necessários, mormente os de canhão-revólver, e também as explosões de paióis de pólvora. Dizia isto com tal placidez, que cuidei ouvir um simples amador; mas o segundo homem retificou esta minha impressão, dizendo-me, logo que o outro se retirou: — "É um vidraceiro; não quer a morte de ninguém, quer os vidros quebrados". E o segundo homem, ar grave, declarou que abominava as lutas civis, concluindo que ninguém tinha a vida segura nesta troca de bombardas; ele, pela sua parte, já fizera testamento, não sabendo se voltaria para casa, visto que a existência dependia agora de uma bala fortuita. Gostei de ouvi-lo. Era o contraste judicioso e melancólico do primeiro. Quando ele se despediu, perguntei a um terceiro: "Quem é este senhor?" — "É um tabelião", respondeu-me.

Assim vai o mundo. Nem sempre o cidadão mata o homem. *E Bruto, o cidadão, também é homem,* diz um verso de Garrett. Deixem-me acrescentar, em prosa, que o homem é muitas vezes mulher, por esse vício de curiosidade que herdou da nossa mãe Eva — outra ilustre banalidade. É a segunda que digo hoje. Rigorosamente, devia parar aqui; mas então não falaria das emissões particulares que estão aparecendo em Joinville, Cataguases e Campos. A *Gazeta,* anteontem, transcreveu três notas campistas, e indignou-se. Prova que é mais moça que eu. Há muitos anos, 1868 ou 1869, lembra-me bem ter visto em Petrópolis bilhetes de emissões particulares, não impressos, mas ingenuamente manuscritos. Não traziam filetes nem emblemas; não se davam ao escrúpulo dos números de série. *Vale tanto,* ou *vale isto,* mais nada. Não posso afirmar com segurança se ainda se conhecia a origem de alguns; mas creio que sim.

Esta questão prende com uma teoria, que reputo verdadeira, a saber, que o direito de emitir é individual. Cada homem pode pôr em circulação o número de bilhetes que lhe parecer. Serão aceitos até onde for a confiança. O crédito responderá pelo valor. Nesta hipótese, melhor é o manuscrito que o impresso; porque o impresso é de todos, e o manuscrito é meu. Entendam-me bem. Não admito a cláusula forçada da troca do bilhete por ouro, prata ou papel do Estado; seria rebaixar a uma permuta de coisas tangíveis uma operação que deve repousar pura e simplesmente no crédito, "essa alavanca do progresso e da civilização", para falar como o meu criado. Isto posto, a sociedade terá achado o eixo que perdeu desde a morte do Feudalismo. A fome morrerá de fome. Ninguém pedirá, todos darão.

Não me acordeis, se é sonho. Mas não é sonho. Vejo mais que todos vós que vos supondes acordados. Se descredes disto, chegareis a descer do espiritismo, perdereis a própria razão. Que radioso paraíso! Nesse dia, o tempo será aquele mesmo relógio que o poeta americano pôs na escada dos seus versos; mas a pêndula não baterá mais que amor, paz e abundância, com esta pequena alteração do estribilho:

Ever — forever!
Forever — ever!

19 de novembro de 1893

Um dia destes, lendo nos diários alguns atestados sobre as excelências do xarope Cambará, fiz uma observação tão justa que não quero furtá-la aos contemporâneos, e porventura aos pósteros. Verdadeiramente, a minha observação é um problema, e, como o de Hamlet, trata da vida e da morte. Quando a gente não pode imitar os grandes homens, imite ao menos as grandes ficções.

E por que não hei de eu imitar os grandes homens? Conta-se que Xerxes, contemplando um dia o seu imenso exército, chorou com a ideia de que, ao cabo de um século, toda aquela gente estaria morta. Também eu contemplo, e choro, por efeito de igual ideia; o exército é que é outro. Não são os homens que me levam à melancolia persa, mas os remédios que os curam. Mirando os remédios vivos e eficazes, faço esta pergunta a mim mesmo: por que é que os remédios morrem?

Com efeito, eu assisti ao nascimento do xarope... Perdão; vamos atrás. Eu ainda mamava quando apareceu um médico que "restituía a vista a quem a houvesse perdido". Chamava-se o autor Antônio Gomes, que o vendia em sua própria casa, rua dos Barbonos n.º 26. A rua dos Barbonos era a que hoje se chama de Evaristo da Veiga. Muitas pessoas colheram o benefício inestimável que o remédio prometia. Saíram da noite para a luz, para os espetáculos da natureza, dispensaram a muleta de terceiro, puderam ler, escrever, contar. Um dia, Antônio Gomes morreu. Era natural; morreu como os soldados de Xerxes. O inventor da pólvora, quem quer que ele fosse, também morreu. Mas por que não sobreviveu o colírio de Antônio Gomes, como a pólvora? Que razão houve para acabar com o autor uma invenção tão útil à humanidade?

Não se diga que o colírio foi vencido pelo rapé Grimstone, "vulgarmente denominado de alfazema", seu contemporâneo. Esse, conquanto fosse um bom específico para moléstias de olhos, não restituía a vista a quem a houvesse perdido; ao menos, não o fazia constar. Quando, porém, tivesse esse mesmo efeito, também ele morreu, e morreu duas vezes, como remédio e como rapé.

As inflamações de olhos tinham, aliás, outro inimigo terrível nas "pílulas universais americanas"; mas, como estas eram universais, não se limitavam aos olhos, curavam também sarnas, úlceras antigas, erupções cutâneas, erisipela e a própria hidropisia. Vendiam-se na farmácia de Lourenço Pinto Moreira; mas o único depósito era na rua do Hospício n.º 40. Eram pílulas provadas; não curavam a todos, visto que há diferença nos humores e outras partes; mas curavam muita vez e aliviavam sempre. Onde estão elas? Sabemos o número da casa em que moravam; não conhecemos o da cova em que repousam. Não se sabe sequer de que morreram; talvez em duelo com as "pílulas catárticas do farmacêutico Carvalho Júnior", que também curavam as inflamações de olhos e moléstias da pele, com esta particularidade que dissipavam a melancolia. Eram úteis no reumatismo, eficazes nos males de estômago, e faziam vigorar a cor do rosto. Mas também estas descansam no Senhor, como os velhos hebreus.

Para que falar do "elixir antiflegmático", do "bálsamo homogêneo" e tantos outros preparados contemporâneos da Maioridade? O xarope, a cujo nascimento assisti, foi o "Xarope do Bosque", um remédio composto de vegetais, como se vê do nome, e deveras miraculoso. Era bem pequeno, quando este preparado entrou no mercado; chego à maturidade, já não o vejo entre os vivos. É certo que a vida não é a mesma em todos; uns a tiveram mais longa, outros mais breve. Há casos particulares, como o das sanguessugas; essas acabaram por causa do gasto infinito. Imagine-se que há meio século vendiam-se "aos milheiros" na rua da Alfândega n.º 15. Não há produção que resista a tamanha procura. Depois, o barbeiro sangrador é ofício extinto.

Por que é que morreram tantos remédios? Por que é que os remédios morrem? Tal é o problema. Não basta expô-lo; força é achar-lhe solução. Há de haver uma razão que explique tamanha ruína. Não se pode compreender que drogas eficazes no princípio de um século, sejam inúteis ou insuficientes no fim dele. Tendo meditado sobre este ponto algumas horas longas, creio haver achado a solução necessária.

Esta solução é de ordem metafísica. A natureza, interessada na conservação da espécie humana, inspira a composição dos remédios, conforme a graduação patológica dos tempos. Já alguém disse, com grande sagacidade, que não há doenças, mas doentes. Isto que se diz dos indivíduos, cabe igualmente aos tempos, e a moléstia de um não é exatamente a de outro. Há modificações lentas, sucessivas, por modo que, ao cabo de um século, já a droga que a curou não cura; é preciso outra. Não me digam que, se isto é assim, a observação basta para dar a sucessão dos remédios. Em primeiro lugar, não é a observação que produz todas as modificações terapêuticas; muitas destas são de pura sugestão. Em segundo lugar, a observação, a substância, não é mais que uma *sugestão refletida* da natureza.

Prova desta solução é o fato curiosíssimo de que grande parte dos remédios citados e não citados, existentes há quarenta e cinquenta anos, curavam particularmente a erisipela. Variavam as outras moléstias, mas a erisipela estava inclusa na lista de cada um deles. Naturalmente, era moléstia vulgar; daí a florescência dos medicamentos apropriados à cura. O povo, graças à ilusão da Providência, costuma dizer que Deus dá o frio conforme a roupa; o caso da erisipela mostra que a roupa vem conforme o frio.

Não importa que daqui a algumas dezenas de anos, um século ou ainda mais, certos medicamentos de hoje estejam mortos. Verificar-se-á que a modificação do mal trouxe a modificação da cura. Tanto melhor para os homens. O mal irá recuando. Essa marcha gradativa terá um termo, remotíssimo, é verdade, mas certo. Assim, chegará o dia em que, por falta de doenças, acabarão os remédios, e o homem, com a saúde moral, terá alcançado a saúde física, perene e indestrutível, como aquela.

Indestrutível? Tudo se pode esperar da indústria humana, a braços com o eterno aborrecimento. A monotonia da saúde pode inspirar a busca de uma ou outra macacoa leve. O homem receitará tonturas ao homem. Haverá fábricas de resfriados. Vender-se-ão calos artificiais, quase tão dolorosos como os verdadeiros. Alguns dirão que mais.

1º de janeiro de 1894

Sombre quatre-vingt-treize! É o caso de dizer, com o poeta, agora que ele se despede de nós, este ano em que perfez um século o ano terrível da Revolução. Mas a crônica não gosta de lembranças tristes, por mais heroicas que também sejam; não vai para epopeias, nem tragédias. Coisas doces, leves, sem sangue nem lágrimas.

No banquete da vida, para falar como outro poeta... Já agora falo por poetas; está provado que, apesar de fantásticos e sonhadores, são ainda os mais hábeis contadores de histórias e inventores de imagens. A vida, por exemplo, comparada a um banquete é ideia felicíssima. Cada um de nós tem ali o seu lugar; uns retiram-se logo depois da sopa, outros antes do *coup du milieu*, não raros vão até a sobremesa. Tem havido casos em que o conviva se deixa estar comido, bebido, e sentado. É o que os noticiários chamam *macróbio* — e, quando a pessoa é mulher, por uma dessas liberdades que toda gente usa com a língua, *macróbia*.

Felizes esses! Não que o banquete seja sempre uma delícia. Há sopas execráveis, peixes podres e não poucas vezes esturro. Mas, uma vez que a gente se deixou vir para a mesa, melhor é ir farto dela, para não levar saudades. Não se sente a marcha; vai-se pelos pés dos outros. Houve desses retardatários, Moltke esteve prestes a sê-lo, Gladstone creio que acaba por aí, como os nossos Saldanha Marinho e Tamandaré. Deus os fade a todos!

    Imaginemos um homem que haja nascido com o século e morra com ele. Victor Hugo já o achou com dois anos (*ce siècle avait deux ans*), e pode ser que contasse viver até o fim; não passou da casa dos oitenta. Mas Heine, que veio ao mundo no próprio dia 1º de janeiro de 1800, bem podia ter vivido até 1899, e contar tudo o que se passou no século, com a sua pena mestra de *humour*... Oh! página imortal! Assistir à Santa Aliança e à dinamite! Vir do legitimismo ao anarquismo, parando aqui e ali na liberdade, eis aí uma viagem interessante de dizer e de ouvir. Revoluções, guerras, conquistas, uma infinidade de constituições, grande variedade de calças, casacas e chapéus, escolas novas, novas descobertas, ideias, palavras, danças, livros, armas, carruagens, e até línguas... Viver tudo isso, e referi-lo ao século XX, grande obra, em verdade. Deus ou a paralisia não o quis. Heine notaria, melhor que ninguém, o advento do anarquismo, se é certo que este governo inédito tem de sair à luz com o fim do século. Ninguém melhor que ele faria o paralelo do legitimismo do princípio com o anarquismo do fim, Carlos X e Nada. Que excelentes conclusões! Nem todas seriam cabais, mas seriam todas belas. Aos homens da ciência ficam as razões sólidas com que afirmam a marcha ascendente para a perfeição. Os poetas variam; ora creem no paraíso, ora no inferno, com esta particularidade que adotam o pior para expô-lo em versos bonitos. Heine tinha a vantagem de o saber expor em bonita prosa.

    Mas, como ia dizendo, no banquete da vida... Leve-me o diabo se sei a que é que vinha este banquete. Talvez para notar que a distribuição dos lugares põe a gente, às vezes, ao pé de maus vizinhos, em cujo caso não há mais poderoso remédio que descansar do paradoxo da esquerda na banalidade da direita, e vice-versa. Se a ideia não foi essa, então foi dizer que a crônica é prato de pouca ou nenhuma resistência, simples molho branco. Ideia velha, mas antes velha que nada. Uns fazem a história pela ação pessoal e coletiva, outros a contam ou cantam pela tuba canora e belicosa... Tuba canora e belicosa é expressão de poeta — de Camões, creio. A crônica é a frauta ruda ou agreste avena do mesmo poeta. Vivam os poetas! Não me acode outra gente para coroar este ano que nasce.

    Quanto ao que morre, 1893, não vai sem pragas nem saudades, como os demais anos seus irmãos, desde que há astronomia e almanaques. Tal é a condição dos tempos, que são todos duros e amenos, segundo a condição e o lugar. Se esta banalidade da direita lhe parece cansativa, volte-se o leitor para a esquerda, e ouvirá algum paradoxo que o descanse dela — este, por exemplo, que o melhor dos anos é o pior de todos. Toda a questão (lhe dirá a esquerda) está em definir o que seja bom ou mau.

    Por exemplo, a guerra é má, em si mesma; mas a guerra pode ser boa, comparada com o anarquismo. Se este vier, 1893, tu haverás sido uma das suas datas históricas, pelos golpes que deste, pelo princípio de sistematização do mal. Que será o mundo contigo? Não consultemos Xenofonte, que, ao ver as trocas de governo nas repúblicas, monarquias e oligarquias, concluía que o homem era o animal mais difícil de reger, mas, ao mesmo tempo, mirando o seu herói e a numerosa gente que lhe obedecia, concluía que o animal de mais fácil governo era o homem. Se já por essa noite dos tempos fosse conhecido o anarquismo, é provável que a opinião do historiador fosse esta: que, embora péssimo, era um governo ótimo. A variedade dos pareceres, a sua própria contradição, tem a vantagem de chamar leitores, visto que a maior parte deles só lê os livros da sua opinião. É assim que eu explico a universalidade de Xenofonte.

    Não me atribuam desrespeito ao escritor; isto é rir, para não fazer outra coisa que deixe de aliviar o baço. Em todo caso, antes gracejar de um homem finado há tantos séculos, que estrear já o Carnaval com este imenso calor, como fez ontem uma associação. Agora tu, Terpsícore, me ensina...

7 de janeiro de 1894

Quem será esta cigarra que me acorda todos os dias neste verão do diabo — quero dizer, de todos os diabos, que eu nunca vi outro que me matasse tanto. Um amigo meu conta-me coisas terríveis do verão de Cuiabá, onde, a certa hora do dia, chega a parar a administração pública. Tudo vai para as redes. Aqui não há rede, não há descanso, não há nada. Este tempo serve, quando muito, para reanimar conversações moribundas, ou para dar que dizer a pessoas que se conhecem pouco e são obrigadas a vinte ou trinta minutos de bonde. Começa-se por uma exclamação e um gesto, depois uma ou duas anedotas, quatro reminiscências, e a declaração inevitável de que a pessoa passa bem de saúde, a despeito da temperatura.

    — Custa-me a suportar o calor, mas de saúde passo maravilhosamente bem.

    Não sei se é isso que me diz todas as manhãs a tal cigarra. Seja o que for, é sempre a mesma coisa, e é notícia d'alma, porque é dita com um grau de sonoridade e tenacidade que excede os maiores exemplos de gargantas musicais, serviçais e rijas. A minha memória, que nunca perde essas ocasiões, recita logo a fábula de La Fontaine e reproduz a famosa gravura de Gustavo Doré, a bela moça da rabeca, que o inverno veio achar com a rabeca na mão, repelida por uma mulher trabalhadeira, como faz a formiga à outra. E o quadro e os versos misturam-se, prendem-se de tal maneira, que acabo recitando as figuras e contemplando os versos.

    Nisto entra um galo. O galo é um maometano vadio, relógio certo, cantor medíocre, ruim vianda. Entra o galo e faz com a cigarra um concerto de vozes, que me acorda inteiramente. Sacudo a preguiça, colijo os trechos de sonho que me ficaram, se algum tive, e fito o dossel da cama ou as tábuas do teto. Às vezes fito um quintal de Roma, de onde algum velho galo acorda o ilustre Virgílio, e pergunto se não será o mesmo galo que me acorda, e se eu não serei o mesmíssimo Virgílio. É o período de loucura mansa, que em mim sucede ao sono. Subo então pela via Ápia, dobro a rua do Ouvidor, esbarro com Mecenas, que me convida a cear com Augusto e um remanescente da Companhia Geral. Segue-se a vez de um passarinho, que me canta no jardim, depois outro, mais outro. Pássaros, galo, cigarra, entoam a sinfonia matutina, até que salto da cama e abro a janela.

    Bom-dia, belo sol. Já daqui vejo as guias torcidas dos teus magníficos bigodes de ouro. Morro verde e crestado, palmeiras que recortais o céu azul, e tu, locomotiva do Corcovado, que trazeis o sibilo da indústria humana ao concerto da natureza, bom dia! Pregão da indústria, tu, "duzentos contos, Paraná, último de resto!", recebe também a minha saudação. Que és tu, senão a locomotiva da fortuna? Tempo houve em que a gente ia dos arrabaldes à casa do João Pedro da Veiga, rua da Quitanda, comprar o número da esperança. Agora és tu mesmo, número solícito, que vens cá ter aos arrabaldes, como os simples mascates de fazendas e os compradores de garrafas vazias. Progresso quer dizer concorrência e comodidade. Melhor é que eu compre a riqueza a duas pessoas, à porta de minha casa, do que vá comprar à casa de uma só, a dois tostões de distância.

Eis aí começam a deitar fumo as chaminés vizinhas; tratam do café ou do almoço. Na rua passa assobiando um moleque, que faz lembrar aquele chefe do Ministério austríaco, a que se referiu quinta-feira, na *Gazeta de Notícias*, Max Nordau. Ouço também uma cantiga, um choro de criança, um bonde, os prelúdios de alguma coisa ao piano, e outra vez e sempre a cigarra cantando todos os seus *erres* sem *efes*, enquanto o sol espalha as barbas louras pelo ar transparente.

Ir-me-á cantar, todo o verão, esta cigarra estrídula? Canta, e que eu te ouça, amiga minha; é sinal de que não haverei entrado no obituário do mesmo verão, que já sabe de cinquenta pessoas diárias. Disseram-mo; eu não me dou ao trabalho de contar os mortos. Percebo que morre mais gente, pela frequência dos carros de defuntos que encontro, quando volto para casa e eles voltam do cemitério, com o seu aspecto fúnebre e os seus cocheiros menos fúnebres. Não digo que os cocheiros voltem alegres; posso até admitir, para facilidade da discussão, que tornem tristes; mas há grande diferença entre a tristeza do veículo e a do automedonte. Este traz no rosto uma expressão de dever cumprido e consciência repousada, que inteiramente escapa às frias tábuas de um carro.

De mim peço ao cocheiro que me levar, que já na ida para o cemitério vá francamente satisfeito, com uma pontinha de riso e outra de cigarro ao canto da boca. Pisque o olho às amas secas e frescas, e criaturas análogas que for encontrando na rua; creia que os meus manes não sofrerão no outro mundo; ao contrário, alegrar-se-ão de saber a cara ajustada ao coração, e a indiferença interior não desmentida pelo gesto. Imite as suas mulas, que levam com igual passo César e João Fernandes.

Ah! enquanto eu ia escrevendo essas melancolias aborrecidas, o sol foi enchendo tudo; entra-me pela janela, *já tudo é mar; ao mar já faltam praias*, dizia Ovídio por boca de Bocage. Aqui o dilúvio é de claridade; mas uma claridade cantante, porque a cigarra não cessa, continua a cigarrear no arvoredo, fundindo o som no espetáculo. Como há pouco, na cama, miro a cantiga e ouço o clarão. Se todos estes dias não fossem isto mesmo, eu diria que era a comemoração da chegada dos três reis.

Essa festa popular, não sei se perdurará no interior; aqui morreu há muitos anos. Cantar os Reis era uma dessas usanças locais, como o presépio, que o tempo demoliu e em cujas ruínas brotou a árvore do Natal, produção do norte da Europa, que parece pedir os gelos do inverno. O nosso presépio era mais devoto, mas menos alegre. Durava, em alguns lugares, até o Dia de Reis. A cantiga da festa de ontem era a mesma em toda a parte,

> Ó de casa nobre gente,
> Acordai e ouvireis,

e o resto, que pode parecer simplório e velho, mas o velho foi moço e o simplório também é sinal de ingênuo.

14 de janeiro de 1894

Anda aí nas folhas públicas um aviso esportivo que me tem dado que pensar. Diz-se nele que, do dia 1º do corrente em diante, as apostas ganhas e não reclamadas no prazo máximo de trinta dias, contados da respectiva data, prescrevem e ficam sem valor.

  Não nego a prescrição. Tudo prescreve debaixo do sol, desde o amor até o furor. O próprio sol tem os seus séculos contados. Por que estaria fora dessa lei universal o simples esporte? Não; não nego a prescrição, nem a sua conveniência. No presente caso, é decisivo que uma instituição não se organiza para guardar apostas atrasadas; seria preciso uma turma de empregados e um lote de livros especiais para a respectiva escrituração. Despesas maiores. Maiores responsabilidades.

  O que me dá que pensar, não é o aviso em si, é a causa dele. Pois quê! Há apostas esquecidas? Quando eu vou a uma dessas casas fazer uma quiniela, pelotaris ou qualquer outra ação húngara, castelhana ou latina, não é para esperar a pé firme e trazer comigo o meu dinheiro, quero dizer, o dinheiro dos meus adversários? É para lá deixar essa quantia, qualquer que seja, ganha com o suor de um cavalo ou de um homem — de alguém, em suma? Eis aí um fato novo para mim; vivi todos estes anos com a persuasão contrária.

  Repito: era crença minha que uma pessoa não se abala de casa para apostar, senão com a ideia de trazer o dinheiro dos outros. Pode lá deixar o seu, mas é raro. Ainda nesse caso, não se perde propriamente, ganha-se por outra via, porquanto tu és eu e eu sou tu. Perdendo, ganho por tuas mãos e para as tuas algibeiras. Ao contrário, quando eu ganho uma aposta, a aposta é nossa. Eu a trago, nós a ganhamos. Esta definição do gênero humano explica todos os grandes sentimentos de piedade, de amor, de dedicação. Não é sem razão que existe nas línguas cultas o vocábulo humanidade; ele exprime um sentimento que, em resumo, é a afirmação da unidade espiritual dos homens. Não somos todos uns, mas todos somos um; não sei se me explico.

  Entretanto, é claro que Pedro não vai apostar com Paulo para deixar a aposta nas mãos de Sancho ou Martinho. O natural é que a traga consigo. Admito que a deixe por um dia ou dois, casualmente, dada alguma razão de ordem superior, uma causa inesperada; mas 30 dias, 6 semanas, 2, 6 meses, eis o que dificilmente se poderia crer, se não fosse este aviso. Assim que tudo se esquece neste mundo, as alegrias, as opiniões, as paixões velhas, os empréstimos novos e velhos, e agora as apostas. Que pode haver seguro, se nem as quinielas estão certas de viver na memória dos vencedores? Tudo perece. Tão precária é esta máquina humana, que uma pessoa capaz de desmaiar, se perder uma aposta, é igualmente capaz de a esquecer, se a ganhar. Em que fiar, então? Assim vai um homem reformando as suas ideias, deitando fora as que ficam rançosas, ou as que reconhece que eram falsas.

O pior é quando essa limpa do espírito pode deitar abaixo planos longamente meditados. Um desses, que eu trazia desde alguns anos, era suprimir o cavalo e fazer sem ele apostas de corridas; não para substituí-lo pelo homem, pois entrava no meu plano a supressão do homem e de qualquer outro instrumento de luta, que pudesse pôr em jogo a força, a agilidade ou a destreza. A ideia fundamental da minha reforma era que, assim como há comédia e pantomima, eu podia fazer corridas por simples gestos e apostas por sinais; pantomima, nada mais. A princípio, para ir gastando a dureza do hábito, daria nomes a cavalos imaginários. Podia descer ao trocadilho, e dizer que, em vez de construir um Hipódromo, construía uma Hipótese. Pelo som pareceria que a primeira parte era a mesma em ambos os vocábulos, *hippos*, cavalo. Jogo grego, calendas gregas, tudo grego.

Podem elogiar-me à vontade. Não me cansarão com boas palavras, antes me darão alma nova para outros cometimentos. Quem sabe se não irei ainda mais longe? Um homem não sabe o que fará neste mundo, antes de fazer alguma coisa, e ainda assim pode não saber nada imediatamente. A glória leva às vezes um ano, outras vinte, outras dois meses, cinco semanas, e não são raras as de vinte e quatro horas. Depende da espécie do tempo e do meio. Há glórias tardias e glórias prontas, como devia dizer La Palisse. Eu, desde que faça corridas de cavalos sem cavalos, posso ir longe, muito longe. Que não suprimirei eu depois disso? Inventarei vinho sem vinho. O pão, que a piedade dos nossos padeiros reduziu às proporções da divina partícula da comunhão, pode ainda subir, por esforço meu, na graduação do mistério; nós o comeremos sem vê-lo, quase sem havê-lo. Havê-lo-á, porque os mistérios existem ainda fora do alcance dos sentidos humanos; mas pão, propriamente pão, não haverá mais. E, todavia, ele dará alimento, como uma simples quiniela, a tal ponto que muitos o deixarão na padaria, como hoje se deixam as apostas, e os padeiros serão obrigados a marcar trinta dias de espera. Não haja medo de o receber duro.

Não me censurem se a pena me levou a este elogio de mim mesmo. Bem sei que é feio; alguém, que não foi o Marquês de Maricá, escreveu que louvor em boca própria é vitupério. Não conheço o autor da máxima; ouvi-a muita vez, em pequeno, a um vizinho que não era capaz de a ter inventado; creio até que morreu sem saber o que era vitupério... Memórias da infância! Tempos em que eu tinha corridas de cavalos sem quinielas; eram cavalos de pau.

21 de janeiro de 1894

Acha-se impresso mais um livro que estes meus olhos nunca hão de ler: é o *Código de posturas*. Não por ser código, nem por serem posturas; as leis devem ser lidas e conhecidas. Mas eu conheço tanta postura que se não cumpre, que receio ir dar com outras no mesmo caso e acabar o livro cheio de melancolia.

Também não é por serem posturas que muitos não gostam de obedecer-lhes; o nome não faz mal à coisa. É por ser coisa legal. Pessoas há que acham palavras duras contra a inobservância de um decreto federal, e, ao dobrar a primeira esquina, infringem tranquilamente o mais simples estatuto do município. O sentimento da legalidade, vibrante como oposição, não o é tanto como simples dever do indivíduo. A primeira criatura que me falou indignada (há quantos anos!) da postergação das leis, era um homem ruivo, que não pagava as décimas das casas.

Agora mesmo deu-se uma ocorrência de alguma significação. Um homem fez um cortiço no quintal. Não sei o nome do homem, nem o da rua; ignoro o próprio nome da freguesia. Sei apenas que, não podendo por lei municipal fazer o cortiço, o proprietário deixou de tirar licença. Realmente, seria loucura, uma vez que tinha de infringir a lei, ir declará-lo à autoridade; e se era vedada a construção, vedada era a licença. Tudo isso é elementar. Sucedeu que o Conselho Municipal acudiu a tempo, querelou do homem e venceu a demanda. Mas os pedreiros foram mais ativos, e, acabado o processo, estava finda a construção.

Suscitou-se a questão de saber se a sentença devia ser executada, ou se era melhor que a Municipalidade desistisse da demanda, embora com perda das custas. Árdua questão! Venceu o segundo alvitre, pela consideração de que, havendo falta de casinhas para as pessoas pobres, e satisfazendo aquelas as prescrições higiênicas, segundo se provou com vistoria, era absurdo mandá-las pôr abaixo. Eu teria votado o contrário, sem todavia afirmar que a verdade estivesse comigo; votaria para machucar o infrator da postura.

No debate desse negócio declarou um dos membros do Conselho que a Municipalidade, em regra, perde as suas demandas. Daí tirou argumento para exortar os colegas a aceitarem aquela vitória rara; mas não propôs, como lhe cumpria, mandar benzer a instituição. Não se podendo admitir que a Municipalidade deixe de ter razão em tudo o que reclama, e sendo incrível que os juízes a aborreçam, a conclusão é que há mau olhado, quebranto ou coisa análoga, lesão para a qual é remédio eficacíssimo um livro de S. Cipriano, que por aí se vende, e tira tudo, até o diabo do corpo.

Mas se não é caso de benzedura, é de encomendar a alma a Deus, e esperar. Tempo virá em que a Municipalidade também ganhe as suas demandas. "A questão dos micróbios nada tem com o orçamento", disse há dias o presidente do Conselho municipal, advertindo um orador. Dia virá também em que tenham tudo, quando esses interessantes colaboradores da morte entrarem definitivamente na cogitação de todos os mortais. Notai que o orador, que proferira, dias antes, um discurso, que é a mais extensa e completa monografia que tenho lido dos usos funerários dos povos, desde a mais remota Antiguidade, podia responder que, havendo falado então de Dário e dos citas, nada obstava a que tratasse agora dos micróbios mais recentes que eles; limitou-se, porém, a continuar o discurso. Talvez eu fizesse a mesma coisa.

Esta questão de acomodar o discurso à matéria em discussão não é tão fácil como parece. Em primeiro lugar, onde é que a matéria acaba? Em segundo lugar, se é verdade que o regimento da casa é a postura que obriga os seus membros, não menos o é que não há ali artigo restringindo os discursos. São coisas de praxe e de costume, que se irão estabelecendo com o andar dos anos. Não se há de regular instantaneamente a liberdade oral, e acaso cerceá-la, o que é pior. Quem imaginará que se pegue de um homem dos campos, onde respira o ar livre e puro, para meter-lhe uns calções de corte e fazê-lo dançar o minuete? Sucede mais que, em outras partes, há variedade de tribunas e de jornais, onde um pensador pode publicar o fruto dos seus estudos e meditações; aqui não. A imprensa diária pouco espaço deixa a tais trabalhos; a tribuna comum não existe, não por falta de direito, mas de gosto e de uso. Resta a tribuna legislativa, onde os assuntos podem ser tratados com certa amplitude, introduzindo memórias dessas, que mais tarde se desliguem dos anais, como se faz com os trechos de eloquência que vão para as seletas.

Nem isso, quando fosse mal, seria mal grande. Maior que ele é o que eu disse a princípio, o gosto de não obedecer às leis. Aqui vai um exemplo. É mínimo; mas nem todas as flores são dálias e camélias; o pequeno miosótis também ocupa lugar ao sol. Ontem, ia andando um bonde, com pouca gente, três pessoas. A uma destas pareceu que o cocheiro estava fumando um cigarro; via-lhe ir a mão esquerda frequentes vezes à boca, de onde saía um fiozinho de fumo, que não chegava a envolver-lhe a cabeça, porque, com o andar do veículo, espalhava-se pelas pessoas que iam dentro deste.

— Os cocheiros podem fumar em serviço? — perguntou a pessoa ao condutor.

Fê-lo em voz baixa, tranquila, como quem quer saber, só por saber. O condutor, não menos serenamente, respondeu-lhe que não era permitido fumar.

— Então...?

— Mas ele fuma só aqui, no arrabalde; lá para o centro da cidade não fuma, não senhor.

Grande foi o espanto da pessoa, ouvindo essa tradução de Pascal, tão ajustada ao cigarro e ao bonde. *Vérité en deçà, erreur au delà.* Mas, pensando bem, este caso não é igual aos outros; aqui a singeleza da resposta mostra a sinceridade da interpretação.

Não lhes disse, em tudo isto, que o dr. Melo Morais foi o compilador do código. As musas, por mais que sejam musas, não são avessas às obras de utilidade. Outra prova disso deu-nos o mesmo dr. Melo Morais, que é poeta, iniciando a publicação dos documentos da cidade. Verdade seja que, a despeito do ar administrativo dos papéis, há neles aquela vetustez, que ainda é poesia, e o caráter da história a que preside uma das musas.

Eu, como gosto muito da minha Carioca, por maiores taxas que lhe ponham, amo os que a amam também, e os que a bendizem. Terá defeitos esta minha boa cidade natal, reais ou fictícios, nativos ou de empréstimo; mas eu execro as perfeições. Tudo há de ter o jeito de coisa nascida — e não cabal, portanto.

28 de janeiro de 1894

Dizem que esta semana será sancionada a lei que transfere provisoriamente para Petrópolis a capital do Estado do Rio de Janeiro. Já se trata da mudança; compram-se ou arrendam-se casas para alojar as repartições públicas. Com poucos dias, estará Niterói restituída às velhas tradições da Praia Grande. A escolha de Petrópolis fez-se sem bulha nem matinada, com pouca e leve oposição. Campos queria a eleição, Vassouras e Nova Friburgo apresentaram-se igualmente; mas Petrópolis é tão cheia de graça que não lhe foi difícil ouvir: *Ave, Maria; a assembleia é contigo; bendita és tu entre as cidades.*

Teresópolis, que tem de ser a capital definitiva, não verá naturalmente essa eleição com olhos quietos. Conhece os feitiços da outra, e receará que o provisório se perpetue. Bem pode ser que Vassouras, Campos e Nova Friburgo tivessem a mesma ideia, e daí os seus requerimentos. É mui difícil sair donde se está bem. Esperemos, porém, que o medo não passe de medo. Em verdade, Petrópolis ficará sendo uma cidade essencialmente federal e internacional, sem embargo dos aparelhos da administração complexa e numerosa de capital de Estado. Que fazer? Deixemos Pompeia a Diomedes e aos seus ócios. O meu voto, se tivesse voto, seria por Niterói, não provisória, mas definitiva.

De resto, estamos assistindo a uma florescência de capitais novas. A Bahia trata da sua; turmas de engenheiros andam pelo interior cuidando da zona em que deve ser estabelecida a futura cidade. Sabe-se que Minas já escolheu o território da sua capital, cuja descrição Olavo Bilac está fazendo na *Gazeta*. Chama-se Belo Horizonte. Eu, se fosse Minas, mudava-lhe a denominação. Belo Horizonte parece antes uma exclamação que um nome. Sobram na história mineira nomes honrados e patriotas para designar a capital futura. Quanto à nova capital da República, não é mister lembrar que já está escolhido o território, faltando só a obra da construção e da mudança, que não é pequena.

Esta nova Carioca, ou que outro nome tenha ou mereça, ficará decapitada, como Niterói. Contentemo-nos com ser uma espécie de Nova York, aperfeiçoemos a nova Broadway, e não abramos mão da ópera italiana. Cá virão os deputados, por turmas, ouvir as sumidades líricas. Se já então estiver resolvido o problema da navegação aérea (dizem os jornais que Edison está em vias de resolvê-lo), os deputados virão todos, depois de jantar, assistirão ao espetáculo, e voltarão no balão da madrugada para estarem presentes à sessão do meio-dia. Como viver, como legislar, sem música? Não me falem de telefones. O telefone transmite, ainda que mal, as vozes dos cantores e as notas da partitura, mas não transmite os olhos das prima-donas, nem as pernas dos pajens, papéis que, em geral, são dados a moças bem-feitas.

Que essa mudança de capitais seja um fenômeno político interessante, é fora de dúvida. Eu é que não entro nele, por não entender cabalmente de política. Nestes negócios, vou pouco além de um vizinho meu, homem quadragenário e discreto, que não tem profissão nem dinheiro, mas possui em grau altíssimo a vocação de público. Não perde sessão de câmaras. Atento e curioso, quando assiste a algum duelo de discursos, torna-se cheio de entusiasmo, se sobrévem uma saraivada de apartes, mas apartes fortes. Começado o exame do orçamento, cochila, e, se dura muito tempo, passa pelo sono. Os algarismos, o *déficit*, o saldo, a taxa agrária, o imposto industrial, o quilograma, o quilômetro, são outras tantas papoulas que lhe fariam cair as pálpebras. Mas não se fiem no sono do homem, acorda à primeira troca de palavras duras, tem para elas o olhar aceso e as orelhas escancaradas. Já uma vez deu palmas da galeria, com outros, obrigando o presidente da Câmara dos deputados a repetir esta velha fórmula: *as galerias não podem manifestar-se*, e a não mandar pôr fora os manifestantes.

Falei em sono, e sinto cochilar a pena. O calor não pede outra coisa, este calor tão grande e mortífero, que começa a meter medo aos mais animosos. O obituário sobe com ele; estamos já na casa dos setenta. Que melancólica semana!

Felizmente, trata-se de impor às casas que se construírem algum meio de ventilação, que minore tal flagelo. Esta semana assisti ao debate final da postura relativa à construção, e particularmente ao do art. 15, creio eu, que determina haja no forro das casas umas gregas para ventilação ou ventiladores especiais. Um membro do Conselho Municipal propôs que o artigo fosse ampliado, e apresentou emenda indicando um meio de ventilação, as *telhas higiênicas Nascimento*. "Com oito telhas dessas", disse o orador, "tem-se um metro quadrado coberto, ao passo que das telhas comuns são necessárias quinze." Assim, há uma economia de nove por cento. Não propôs que o uso das *telhas higiênicas Nascimento* fosse obrigatório, mas facultativo. O Conselho aprovou a emenda.

Também eu aprovo, conquanto me pareça restritiva demais. Tenho um amigo, chamado Navarro, que estuda o assunto com afinco, e presume ter descoberto umas telhas higiênicas, ainda mais econômicas, pois apenas bastarão sete para cobrir um metro quadrado. Suponhamos, porém, que há ilusão no cálculo; basta que a economia seja igual. Pela redação da emenda ficam excluídas as *telhas higiênicas Navarro*. Não é justo. Eu proporia, se ainda fosse tempo, que se dissesse no artigo, depois da palavra *Nascimento*, estas: "ou outras quaisquer nas mesmas condições". Também concordaria em restringir um pouco o texto, dizendo: "as telhas higiênicas Nascimento e as telhas higiênicas Navarro", conquanto o Navarro ainda não haja chegado à publicação do invento, nem o faça tão cedo, ficava já com uma espécie de garantia provisória que seria definitiva no dia em que as telhas estivessem prontas. Convém animar as invenções; este Navarro pode vir a ser o nosso Edison.

4 de fevereiro de 1894

Quando eu li que este ano não pode haver Carnaval na rua, fiquei mortalmente triste. É crença minha, que no dia em que o deus Momo for de todo exilado deste mundo, o mundo acaba. Rir não é só *le propre de l'homme*, é ainda uma necessidade dele. E só há riso, e grande riso, quando é público, universal, inextinguível, à maneira dos deuses de Homero, ao ver o pobre coxo Vulcano.

Não veremos Vulcano estes dias, cambaio ou não, não ouviremos chocalhos, nem guizos, nem vozes tortas e finas. Não sairão as sociedades, com os seus carros cobertos de flores e mulheres, e as ricas roupas de veludo e cetim. A única veste que poderá aparecer é a cinta espanhola, ou não sei de que raça, que dispensa agora os coletes e dá mais graça ao corpo. Esta moda quer-me parecer que pega; por ora, não há muitos que a tragam. Quatrocentas pessoas? quinhentas? Mas toda religião começa por um pequeno número de fiéis. O primeiro homem que vestiu um simples colar de miçangas, não viu logo todos os homens com o mesmo traje; mas pouco a pouco a moda foi pegando, até que vieram atrás das miçangas, conchas, pedras verdes e outras. Daí até o capote, e as atuais mangas de presunto, em que as senhoras metem os braços, que caminho! O chapéu baixo, feltro ou palha, era há 25 anos uma minoria ínfima. Há uma chapelaria nesta cidade, que se inaugurou com chapéus altos em toda a parte, nas portas, vidraças, balcões, cabides, dentro das caixas, tudo chapéus altos. Anos depois, passando por ela, não vi mais um só daquela espécie; eram muitos e baixos, de vária matéria e formas variadíssimas.

Não admira que acabemos todos de cinta de seda. Quem sabe se não é uma reminiscência da tanga do homem primitivo? Quem sabe se não vamos remontar os tempos até ao colar de miçangas? Talvez a perfeição esteja aí. Montaigne é de parecer que não fazemos mais que repisar as mesmas coisas e andar no mesmo círculo; e o Eclesiastes diz claramente que o que é, já foi, e o que foi, é o que há de vir. Com autoridades de tal porte, podemos crer que acabarão algum dia alfaiates e costureiras. Um colar apenas, matéria simples, nada mais; quando muito, nos bailes, um simulacro de *gibus* para pedir com graça uma quadrilha ou uma polca. Oh! a polca das miçangas! Há de haver uma com esse título, porque a polca é eterna, e quando não houver mais nada, nem sol, nem lua, e tudo tornar às trevas, os últimos dois ecos da catástrofe derradeira dançarão ainda, no fundo do infinito, esta polca, oferecida ao Criador: *Derruba, meu Deus, derruba*!

Como se disfarçarão os homens pelo Carnaval, quando voltar a idade da miçanga? Naturalmente, com os trajes de hoje. A *Gazeta de Notícias* escreverá por esse tempo um artigo, em que dirá: "Pelas figuras que têm aparecido nas ruas, terão visto os nossos leitores até onde foi, séculos atrás, já não diremos o mau gosto, que é evidente, mas a violação da natureza, no modo de vestir dos homens. Quando possuíam as melhores casacas e calças, que são a própria epiderme, tão justa ao corpo, tão sincera, inventaram umas vestiduras perversas e falsas. Tudo é obra do orgulho humano, que pensa aperfeiçoar a natureza, quando infringe as suas leis mais elementares. Vede o lenço; o homem de outrora achou que ele tinha uma ponta de mais, e fez um tecido de quatro pontas, sem músculos, sem nervos, sem sangue, absolutamente imprestável, desde que não esteja ao alcance da pessoa. Há no nosso Museu Nacional um exemplar dessa ridicularia. Hoje, para dar uma ideia viva da diferença das duas civilizações, publicamos um desenho comparativo, dois homens, um moderno, outro dos fins do século XIX; é obra de um jovem pintor, que diz ser descendente de Belmiro; foi descoberto por um dos redatores desta folha, o nosso excelente companheiro João, amigo de todos os tempos".

Que não possa eu ler esse artigo, ver as figuras, compará-las, e repetir os ditos do Eclesiastes e de Montaigne, e anunciar aos povos desse tempo que a civilização mudará outra vez de camisa! Irei antes, muito antes, para aquela outra Petrópolis, capital da vida eterna. Lá ao menos há fresco, não se morre de insolação, nome que já entrou no nosso obituário, segundo me disseram esta semana. Não se pode imaginar a minha desilusão. Eu cria que, apesar de termos um sol de rachar, não morreríamos nunca de semelhante coisa. Há anos deram-se aqui alguns casos de não sei que moléstia fulminante, que disseram ser isso; mas vão lá provar que sim ou que não. Para se não provar nada, é que o mal fulmina. Assim, nem tudo acaba em cajuada, como eu supunha; também se morre de insolação. Morreu um, morrerão ainda outros. A chuva destes dias não fez mais que açular a canícula.

De resto, a morte escreveu esta semana em suas tabelas, algumas das melhores datas, levando consigo um Dantas, um José Silva, um Coelho Bastos. Não se conclui que ela tem mais amor aos que sobrenadam, do que aos que se afundam; a sua democracia não distingue. Mas há certo gosto particular em dizer aos primeiros, que nas suas águas tudo se funde e confunde, e que não há serviços à pátria ou à humanidade, que impeçam de ir para onde vão os inúteis ou ainda os maus. Vingue-se a vida guardando a memória dos que o merecem, e, na proporção de cada um, distintos com distintos, ilustres com ilustres.

Essa há de ser a moda que não acaba. Ou caminhemos para a perfeição deliciosa e eterna, ou não façamos mais que ruminar, perpétuo camelo, o mesmo jantar de todas as idades, a moda de morrer é a mesma... Mas isto é lúgubre, e a primeira das condições do meu ofício é deitar fora as melancolias, mormente em dia de Carnaval. Tornemos ao Carnaval, e liguemos assim o princípio e o fim da crônica. A razão de o não termos este ano, é justa; seria até melhor que a proibição não fosse precisa, e viesse do próprio ânimo dos foliões. Mas não se pode pensar em tudo.

11 de fevereiro de 1894

Nunca houve lei mais fielmente cumprida do que a ordem que proibiu, este ano, as folias do Carnaval. Nem sombra de máscara na rua. Fora da cidade, diante de uma casa, vi Quarta-feira de Cinza alguns confetes no chão. Crianças naturalmente que brincaram da janela para a rua, a menos que não fosse da rua para a janela. Os chapéus altos, que desde tempos imemoriais não ousavam atravessar aquela região do mundo que fica entre a rua dos Ourives e a rua Gonçalves Dias, e que é propriamente a rua do Ouvidor, iam este ano abaixo e acima, sem a menor surriada. Quem nos deu tal rigorismo na observância de um preceito? Se eu falasse em verso, diria que era o sentimento da situação, pois o verso tem vantagens que faltam inteiramente à prosa, não lhe sendo, aliás, superior em nada. Em prosa, creio que foi a certeza de que a ordem era séria. Pode ser também que a escassez do dinheiro...

Não se diga que calunio o meu século. Quem tem culpa, se há culpa, é o sr. dr. Sousa Lima, que todos os anos dá uma edição nova dos seus conselhos e súplicas, lembra os regulamentos sanitários, e mostra a vaidade dos seus esforços higiênicos. Isto quando se trata de morrer, que é a ação mais dura da gente viva. Talvez haja demasiada confiança nos conselhos. Quanto aos regulamentos, se os considerarmos à luz da verdadeira filosofia (a falsa é a do meu vizinho), reconheceremos que não passam de puras abstrações. Há coisas mais concretas.

Também o céu possui os seus regulamentos, e nem por serem obra divina, são mais eficazes que os nossos. Pelo menos há dúvida sobre a significação de alguns dos respectivos artigos. Haja vista o desacordo do astrônomo Falb com o sr. dr. Antão de Vasconcelos. Aprova o primeiro que o fim do século é o fim do mundo, pelo encontro que se dará em 1899 entre a terra e certo cometa. O segundo contesta energicamente a predição alemã, e não com palavras, mas com raciocínio, com algarismos, com leis científicas, por onde se vê que a destruição da terra, nos termos anunciados, é meramente impossível. Quando muito, se acaso fosse admissível o encontro do cometa, haveria tal chuva de fogo, que acabaria com a vida animal; mas a terra propriamente dita continuaria a andar como dantes.

Não aparecendo ninguém para rebater ou apoiar as afirmações do nosso patrício, a questão morreu de silêncio. Entretanto, não falta amor à astronomia. Flammarion, citado pelo Dr. Vasconcelos, é lido e meditado por muitas pessoas, que o Céu atrai, como há de sempre atrair os homens. Creio até que, de todas as ciências, é a astronomia a que maior número conta de amadores. Qual será a causa deste fenômeno? Talvez a vertigem dos números. Realmente, por mais que a invisibilidade dos micróbios assombre a gente, não chega a estontear como os algarismos astronômicos.

Por exemplo, o cometa de 1811 — li na contestação do sr. Vasconcelos — media da cabeça ao núcleo 1.800.000 (um milhão e oitocentos mil) quilômetros. Que extensão tinha a cauda de tal monstro? 176.000.000 de quilômetros; leiam bem, por extenso, cento e setenta e seis milhões de quilômetros. A marcha é de 42.000 metros por segundo; calculem por minuto, por hora, por dia e por ano. Mais tarde, o cometa de 1811 dividiu-se em dois, ficando vizinhos, com a distância apenas de 500.000 léguas. Essa orgia de léguas e quilômetros é que há de dar sempre à astronomia maior número de amadores, do que têm a arte dramática e a política. Sabe-se que estes dois ofícios do espírito humano contam grande número de curiosos. Um homem, desde que tenha a voz dura e certo ar ferrenho, faz os pais desnaturados, os perseguidores dos órfãos e das viúvas. A voz meiga escolhe as partes de galã. Às vezes, é o contrário, como nos teatros de obrigação; mas cada um fica com o seu próprio ar, para não desmentir a natureza. A política seduz tanto ou mais. Nenhuma delas, porém, é comparável à astronomia.

A imaginação gosta de mergulhar nestes abismos de números, que nunca mais acabam. É um modo que o homem tem de se fazer crescer a si mesmo. Há também um sentimento, que não sei como defina; melhor é dizer a coisa com muitas palavras que com uma. A pessoa que nos refere de um cometa que anda quarenta mil metros por segundo, parece que os contou por si mesma, relógio na mão. Tem não sei que consciência de haver andado por seus próprios pés os cento e oitenta milhões de quilômetros de um desses bichos. É um sentimento muito particular.

Quem sabe se a vertigem dos números não é a explicação dos oito mil e tantos contos, pedidos ao Conselho Municipal por quinhentos e tantos bois?

Há duas astronomias, a do céu e a da terra; a primeira tem astros e algarismos, a segunda dispensa os astros, e fica só com os algarismos. Mas há também entre o céu e a terra, Horácio, muitas coisas mais do que sonha a vossa vã filosofia. Uma dessas coisas é, como digo, a vertigem dos números. No tempo do dilúvio (1890-1891) havia aqui um homem que acordou um dia com vinte mil contos; foi o que me disseram. Uma semana depois afirmaram que tinha trinta mil, e dois dias mais tarde, quarenta, cinquenta, sessenta mil contos de réis. Antes de um mês subira a cento e dez mil. Empobreceu com duzentos mil contos. A verdade é que nunca tivera mais de quinze mil. Mas a imaginação do vulgo, principalmente o vulgo pobre, não se contenta em dar a um homem pequenas quantias. Gosta dos Cresos. Suas esmolas são minas de diamantes. Ofir e Golconda são os seus bancos.

Os bois parecem explicar-se por essa razão psicológica.

Senhores, eu conheci um homem que, durante a guerra de 1870, não era francês nem alemão, mas *aritmético*. A volúpia com que ele falava das centenas de milhares de soldados, era única; parecia que ele os comandava a todos de um e outro lado, que compusera os dois exércitos, que eram seus, sangue do seu sangue, carne de sua carne. A batalha de 24 de maio, na Guerra do Paraguai, mostrou-me igual fenômeno; um sujeito, aliás bom patriota, tão fascinado ficou pelo número dos combatentes, que não atendia ao fulgor da batalha, e dizia que era a primeira da América do Sul, não pelos prodígios de valor, mas pela quantidade de homens.

Assim este caso. Oito mil contos, guardada a distância que vai da terra ao céu, é alguma coisa parecida com a cauda do cometa de 1811.

18 de fevereiro de 1894

Há uma leva de broquéis, vulgo dinamite, que parece querer marcar este final de século. De toda a parte vieram esta semana notícias de explosões, e aqui mesmo houve tentativa de uma. Digam-me que paz de espírito pode ter um pobre historiador de coisas leves, para quem a pólvora devia ser, como os maus versos, o termo das cogitações destrutivas. Inventou-se, porém, maior resistência, e daí o maior ataque, naturalmente, a pólvora sem fumaça, o torpedo, a dinamite; mas, que diabo! basta-lhes a guerra, como necessidade que é da vida universal. A paz universal, esse belo sonho de almas pias e vadias, seria a dissolução final das coisas. Façamos guerra, mas fiquemos nela.

Talvez haja nisso um pouco de rabugem — e outro pouco de injustiça. A anarquia pode acabar sendo uma necessidade política e social, e o melhor dos governos humanos, aquele que dispensa os outros. Voltaremos ao paraíso terrestre, sem a serpente, e com todas as frutas. Adão e Eva dormirão às noites, passearão às tardes; Caim e Abel escreverão um jornal sem ortografia nem sintaxe, porque a anarquia social e política haverá sido precedida pela da língua. Antes do último ministro terá expirado o derradeiro gramático. Os adjetivos ganharão o resto de liberdade que lhes falta. Muitos que viviam atrelados a substantivos certos, não terão agora nenhum, e poderão descer a preposições, a artigos.

Há de ser rabugem, creio. Acordei hoje mal disposto. Sei que nada tendes com disposições más nem boas, quereis a obrigação cumprida, e, se estou doente, que me meta na cama. Que me meta na cova, se estou morto. Não, a cova há de ser quente como trinta mil diabos. A terra fria que tem de me comer os ossos, segundo a fórmula, não será tão fria, neste tempo em que tudo arde. Lá mesmo o verão me flagelará com o seu açoite de chamas. Certo, este final de semana é menos quente que os primeiros dias, graças à chuva de quinta-feira; mas esse dia enganou-me. Pelo ar brusco, pela carga de nuvens, tive esperanças de mais oito de grandes águas, e não vieram grandes nem pequenas. Eis aí explicada a minha rabugem.

Já uma vez disse, e ora o repito: não nasci para os estos do verão. Quem me quiser, é com invernos. Deus, se eu lhe merecesse alguma coisa, diria ao estio de cada ano: "Vai, estio, faze arder a tudo e a todos, menos o meu fiel servo, o semanista da *Gazeta*, não tanto pelas virtudes que o adornam e são dignas de apreço particular, como porque lhe dói suar e bufar, e os seus padecimentos afligiriam ao próprio céu". Mas Deus gosta de parecer, às vezes, injusto. Essa exceção, que não faria a mais ninguém, para não vulgar o benefício, mostraria ainda uma vez um ato de alta justiça divina. A exceção só é odiosa para os outros; em si mesma é necessária.

A terra é quente. Lá mesmo haverá epidemias, que não sabemos, e um sub-obituário, mais numeroso que o obituário destes dias. É a nossa enfatuação de vivos que nos leva a crer que só há calamidades para nós; também os mortos terão as suas, acomodadas ao Estado. Nem o purgatório significa outra coisa senão as doenças de que os mortos podem sarar e saram. O inferno é um hospício de incuráveis. Raros, bem raros, cinco por século, subirão logo para o céu.

O que me consola um pouco é que em outras partes estão morrendo de frio. A certeza de que, quando eu bufo aqui e corro a comprar gelo, morre alguém na Noruega, por havê-lo de graça, ajuda a suportar o calor. Não é preciso o botão de Diderot; não fica na alma essa sombra de sombra de remorso, que pode trazer a ideia de haver apunhalado diretamente, ainda que de longe, uma pessoa. A certeza basta, e sem interesse pecuniário, note-se bem. É o que o povo formulou, dizendo que o mal de muitos consolo é. Expirai às mãos de vossa mãe, filhos da neve, enquanto os filhos do sol aqui morremos às mãos do nosso grande pai.

Que isto não seja pio, creio; mas é verdade. É o que começa a pôr uma nota doce na cara tétrica e feroz com que me levantei hoje da cama. Assim o diz o espelho. Realmente, se tanto se morre ao frio como ao sol, não vale a pena deixar este clima; tudo é morrer, poupemos a viagem. Deixai correr os dias, até que o equinócio de março traga outros ares, maio outros legisladores, julho e agosto outras óperas, porque os *Huguenotes* já começam a afligir-nos.

Digo isto de passagem, como um aviso aos empresários líricos; não vos amofineis com *Huguenotes*. Eles já vão orçando pela *Favorita*. Esse par de muletas que ajudaram o bom Ferrari a levar esta vida, ameaçam deixar o coxo na rua. *Il nous faut du nouveau, n'en fut-il plus au monde.* Sempre há de haver por esse mundo uma *Cavalleria rusticana* inédita.

Antes dos legisladores, vêm as eleições, que chegam ainda antes do equinócio. Vêm com os idos de março. Há já candidatos, mas não se sabe ainda quais os candidatos recomendados pelos chefes. Aparecem nomes nos *a pedidos*, à maneira da terra; mas o ato é tão solene e a ocasião tão grave, que podíamos mudar de processo. Que os chefes digam, que os jornais repitam o que disserem os chefes, para que os eleitores saibam o que devem fazer; sem o quê, é provável que não façam nada... Deus de misericórdia! Creio que estou ainda mais lúgubre que no princípio; tornemos à morte, às febres, à dinamite; tornemos aos cemitérios, aos epitáfios:

> AQUI JAZ
> UMA CRÔNICA DA SEMANA
> TRISTÍSSIMA,
> BREVÍSSIMA.
> ORAI POR ELA!

25 de fevereiro de 1894

Toda esta semana foi dada à literatura eleitoral. Não digo que se discutisse largamente a matéria, mas escreveram-se muitos nomes, surgiram candidaturas novas e novíssimas, organizaram-se chapas e contrachapas, e, desde a circular até a simples indicação de uma pessoa, feita por *um grupo de eleitores*, por *alguns eleitores firmes* ou simplesmente pelos *eleitores da Gamboa*, quase que se não leu outra coisa. Lembra-me que um amigo meu, há anos, querendo ser eleito, teve a ideia singularíssima de recomendar o seu nome nos *a pedidos* dos jornais (!) com esta assinatura: *A aclamação pública*. Recolheu dois votos, o meu e o dele.

Não entendo de política, limito-me a ouvir as considerações alheias. Uns notam que os elementos são cabais para uma boa eleição, outros que há tal ou qual desorientação na movimentação, pouca responsabilidade política, inclusões, exclusões, transposições; alguns mais ríspidos falam de um tumulto semelhante à confusão das línguas. Não posso dizer até que ponto a segunda observação é verdadeira, nem se o fenômeno é inevitável. Não distingo bem as palavras na multidão de vozes que estamos ouvindo, mas é o que me acontece com quase todos os cantores italianos ou nacionais. Parte da culpa será da articulação imperfeita; mas é preciso convir que o acompanhamento da música ajuda muito a falta de audiência. Eu por mim entendo as óperas mais pelos gestos que pelas palavras. Os coros, então, são impossíveis.

No meio da grande partitura desta semana, apareceu uma atriz-cantora que aumentou a minha confusão. Atriz-cantora é uma espécie de artista particular ao nosso clima, e não conta vinte anos de existência. Antigamente, havia na Companhia João Caetano (dizem) uma d. Margarida Lemos, incumbida de cantar alguma coisa no intervalo dos atos ou entre o drama e a comédia. Era um modo de dar música italiana aos frequentadores do Teatro Dramático. O Martinho (ainda o alcancei) cantava também nos intervalos "uma das suas melhores árias", mas era só ator. A atriz-cantora nasceu com a sra. Rosa Villiot, creio, ou com outra, não sei bem. É planta local. Não digo que se não recite e cante a um tempo; seria negar o *vaudeville* e negar o francês, que o inventou; digo, sim, que o título dobrado é que é nosso.

Tudo isto para falar da confusão eleitoral que me trouxe a sra. Irene Manzoni. Vi este nome assinando um artigo, com a dupla qualidade de atriz-cantora. Se o visse antes do título do artigo, não se daria o que se deu; mas eu li primeiro o título, era o nome de um senhor que não conheço; imaginei uma candidatura política. A assinatura feminina era nova; mas todas as velharias foram novidades, e o direito eleitoral da mulher é matéria de propaganda, de discussão e até de legislação. Gostei de ver a novidade da assinatura; eu sou daquela escola que não deixa secar a tinta de uma ideia no livro propagandista, e já a quer ver aplicada. Fui talvez o primeiro que bradou entre nós pela representação das minorias, sem embargo de não termos ainda maioria — ou por isso mesmo.

Corri ao artigo; era um agradecimento e uma recomendação de não sei que xarope eficacíssimo. Fiz o que fazem todos os espíritos de boa-fé: caí das nuvens. Depois lancei a apóstrofe do estilo: "Mulher perversa, quem te deu o direito de intervir nas preocupações eleitorais por essa forma dúbia, que parece recomendar mais um candidato, e apenas louva uma droga e um droguista? Quem principalmente te ensinou a bulir comigo?" Disse ainda outras palavras fortes e acerbas; mas não pude acabar, porque a reflexão veio logo com o seu passo lento e olhos baixos, e me disse o que vou repetir no parágrafo que se segue.

Pode ser que o droguista seja realmente um candidato e a droga um programa. Tem-se discutido se pode haver agora programas políticos, e as opiniões dividem-se, sendo uns pela afirmativa, outros pela negativa. Talvez a droga seja veículo de ideias. Suponhamos que é adstringente; significará os planos radicais da pessoa. A droga emoliente corresponderá ao temperamento moderado das opiniões. Assim a farmácia terá um préstimo político, e a sra. Irene Manzoni imitará, de longe, a Menenius Agrippa. Quando o povo romano quis castigar o Senado para comprar mais barato o trigo, sabe-se que foi aquele cidadão, com o apólogo do estômago e dos membros do corpo, que salvou a paz pública. A fisiologia serviu assim de arma à política; por que não servirá a farmácia? a cirurgia? a medicina? Todas as comparações estão na natureza. A questão é sabê-las achar e compor.

Quem, por exemplo, comparar a eleição e a loteria terá achado uma ideia, posto que óbvia, interessante. O cotejo da roda que anda com a urna que fala é o mais justo possível, dada a diferença única, talvez, que no caso da urna eleitoral sempre se há de saber quem tirou a sorte grande. Publica-se o nome, a pessoa aparece, é aclamada, louvada, pode ser que descomposta, uma vez que as opiniões são livres. Sendo assim, é na quarta-feira que anda a roda. Não conheço o plano desta loteria; não sei se há terminações premiadas, nem se se tira o mesmo dinheiro. Provavelmente os bilhetes brancos serão muitos. É o que faz da eleição e da loteria uma espécie de evangelho, onde também os chamados são muitos e os escolhidos poucos.

Mas fora comparações! Venhamos à ideia direta e única. Trata-se de teu dia, povo soberano, rei sem coroa nem herdeiro, porque és continuamente rei, é o dia em que tens de escolher os teus ministros, a quem confias, não o princípio soberano, que esse fica sempre em ti, mas o exercício do teu poder. Vais dar o que, por outras palavras, se chama *veredictum* da opinião ou sentença das urnas.

Certo, o teu reino não é como a ilha de Próspero; não tens a força de criar tempestades, por mais que te arguam delas. Serás o mar, quando muito; o vento é outro. Mais depressa seria eu o Próspero do poeta; não qual este o criou, acabando por tornar ao seu ducado de Milão e mandando embora os ministros das suas mágicas. Eu ficaria na ilha, com os bailados e mascaradas. Quando muito, diria à velha política: "Vai, Caliban, tartaruga, venenoso escravo!" E a Ariel: "Tu ficas, meu querido espírito". E não sairia mais da ilha, nem por Milão, nem pelas milanesas. Comporia algumas peças novas; diria à bela Miranda que jogasse comigo o xadrez, um jogo delicioso, por Deus! imagem da anarquia, onde a rainha come o peão, o peão come o bispo, o bispo come o cavalo, o cavalo come a rainha, e todos comem a todos. Graciosa anarquia, tudo isso sem rodas que andem, nem urnas que falem!

4 de março de 1894

Quando eu cheguei à seção onde tinha de votar, achei três mesários e cinco eleitores. Os eleitores falavam do tempo. Contavam os maiores verões que temos tido; um deles opinava que o verão, em si mesmo, não era mau, mas que as febres é que o tornavam detestável. A quanto não ia a amarela? Chegaram mais três eleitores, depois um, depois sete, que, pelo ar, pareciam da mesma casa. Os minutos iam com aquele vagar do costume quando a gente está com pressa. Mais três eleitores. Nove horas e meia. Os conhecidos faziam roda. Uns falavam mal dos gelados, outros tratavam do câmbio. Um velho, ainda maduro, aventou uma boceta de rapé. Foi uma alegria universal. Com quê, ainda tomava rapé? "No meu tempo", disse o velho sorrindo, "era o melhor laço de sociabilidade; agora todos fumam, e o charuto é egoísta".

Nove e três quartos. Trinta e cinco eleitores. Alguns almoçados. Os almoçados interpretavam o regulamento eleitoral diferentemente dos que o não eram. Daí algumas conversações particulares à meia voz, dizendo uns que a chamada devia começar às dez horas em ponto, outros que antes.

— Meus senhores, vai começar a chamada — disse o presidente da mesa.

Eram dez horas, menos um minuto. Havia quarenta e sete eleitores. Abriram-se as urnas, que foram mostradas aos eleitores, a fim de que eles vissem que não havia nada dentro. Os cinco mesários já estavam sentados, com os livros, papéis e penas. O presidente fez esta advertência:

— Previno aos senhores eleitores que as cédulas que contiverem nomes riscados e substituídos não serão apuradas; é disposição da lei nova.

Quis protestar contra a lei nova. Pareceu-me (e ainda me parece) opressiva da liberdade eleitoral. Pois eu escolho um nome, para presidente da República, suponhamos; ou senador, ou deputado que seja; em caminho, ao descer do bonde, acho que o nome não é tão bom como outro, e não posso entrar numa loja, abrir a cédula e trocar o voto? Não posso também ceder a um amigo que me diga que a nossa amizade crescerá se eu preferir o Bernardo ao Bernardino? Que é então liberdade? É o verso do poeta: *E o que escrevo uma vez nunca mais borro*? Pelo amor de Deus! Tal liberdade é puro despotismo, e o mais absurdo dos despotismos, porque faz de mim mesmo o déspota. Obriga-me a não votar, ou a votar às dez e meia em pessoa que, pouco depois das dez, já me parecia insuficiente. Não é que eu tivesse de alterar as minhas cédulas; mas defendo um princípio.

Tinha começado a chamada e prosseguia lentamente para não dar lugar a reclamações. Nove décimos dos eleitores não respondiam por isto ou por aquilo.

— Antônio José Pereira — chamava o mesário.

— Está na Europa — dizia um eleitor, explicando o silêncio.

— Pôncio Pilatos!

— Morreu, senhor; está no Credo.

Um eleitor, brasileiro naturalizado, francês de nascimento, disse-me ao ouvido:

— Por que não se põe aqui a lei francesa? Na França, para cada eleição há diplomas novos com o dia da eleição marcado, de maneira que só serve para esse. Se fizéssemos isto, não chamaríamos o sr. Pereira, que desde 1889 vive em Paris, 28 *bis*, rua Breda, nem o procurador da Judeia, pela razão de que eles não teriam vindo tirar o diploma, oito dias antes. Compreendeis?

— Compreendi; mas há também abstenções.

— Não haveria abstenção de votos. Os abstencionistas não tirariam diplomas.

A chamada ia coxeando. Cada nome, como de regra, era repetido, com certo intervalo, e eu estava três quarteirões adiante. Queixei-me disto ao ex-francês, que me disse:

— Mas, senhor, também este método de chamar pelos nomes é desusado.

— Como é então? Chama-se pelas cores? pelas alturas? pelos números das casas?

— Não, senhor; abre-se o escrutínio por certo número de horas; os eleitores vão chegando, votando e saindo.

— Sério?

— Sério.

— Não creio que nos Estados Unidos da América...

Outro eleitor, brasileiro naturalizado, norte-americano de nascimento, acudiu logo que lá era a mesma coisa.

— A mesma coisa, senhor. Não se esqueça que o *time is money* é invenção nossa. Não seríamos nós que iríamos perder uma infinidade de tempo a ouvir nomes. O eleitor entra, vota, retira-se e vai comprar uma casa, ou vendê-la. Às vezes faz mais, vai casar-se.

— Sem querer saber do resultado da eleição?

— Perdão, o resultado há de ser-lhe dito em altos brados na rua, ou em grandes cartazes levados por homens pagos para isso. Já tem acontecido a um noivo estar dizendo à noiva que a ama, que a adora, e ser interrompido por um pregoeiro que anuncia a eleição do presidente da República. O noivo, que viveu dois meses em *meetings*, bradando contra os republicanos, se é democrata, ou contra os democratas, se é republicano, solta um *hurra* cordial, e repete que a ama, que a adora....

— Padre Diogo Antônio Feijó! — prosseguia o mesário.

Pausa.

— Padre Diogo Antônio Feijó!

Pausa.

Eu gemia em silêncio. Consultei o relógio; faltavam sete minutos para as onze, e ainda não começara o meu quarteirão. Quis espairecer, levantei-me, fui até à porta, onde achei dois eleitores, fumando e falando de moças bonitas. Conhecia-os; eram do meu quarteirão. Um era o farmacêutico Xisto, outro um jovem médico, formado há um ano, o dr. Zózimo. Feliz idade! pensei comigo; as moças fazem passar o tempo; e daí talvez já tenham almoçado...

Enfim, começou o meu quarteirão; respirei, mas respirei cedo, porque a lista era quase toda composta de abstencionistas, e os nomes dos ausentes ou mortos gastam mais tempo, pela necessidade de esperar que os donos apareçam. Outra demora: cinco eleitores fizeram a toalete das cédulas à boca da urna; quero dizer que ali mesmo é que as fecharam, passando a cola pela língua, alisando o papel com vagar, com amor, quase que por pirraça. Para quem guarda Deus as paralisias repentinas? As congestões cerebrais? As simples cólicas? Não me pareciam homens que pusessem os princípios acima de uma pontada aguda. Mas, Deus é grande! chegou a minha vez. Votei e corri a almoçar. Relevem a vulgaridade da ação. Tartufo, neste ponto, emendaria o seu próprio autor:

Ah! pour être électeur, je n'en suis pas moins homme.

11 de março de 1894

Escrevo com o pé no estribo. É um modo de dizer, que talvez esteja prestes a mudar de clima. Para onde, não sei. Se consultasse o meu desejo, iria para a ilha da Trindade. Pelo que leio, foi um cidadão norte-americano, casado, com uma linda moça de Nova York, que entrou pela ilha dentro, não achou viva alma, tomou conta do território e trata de colonizá-lo. Dizem as notícias que a ilha será um principado, e já tem o seu brasão: um triângulo de ouro com uma coroa ducal. Dizem mais que o posseiro já embarcou para a Europa, a fim de ser reconhecido pelas potências. Justamente o contrário do que eu faria; mas se os gostos fossem iguais, já não haveria mundo neste mundo.

Eu, entrado que fosse na ilha, começava por não sair mais dela; far-me-ia rei sem súditos. Ficaríamos três pessoas, eu, a rainha e um cozinheiro. Mais tarde, poetas e historiadores concordariam em dizer que as três pessoas da ilha é que deram ocasião ao título desta; a diferença é que os poetas diriam a coisa em verso, sem documentos, e os historiadores di-la-iam em prosa com documentos. Entretanto, não só o título é anterior, mas não haveria em mim a menor intenção simbólica.

Rei sem súditos! Oh! sonho sublime! imaginação única! Rei sem ter a quem governar, nem a quem ouvisse, sem petições, nem aborrecimentos. Não haveria partido que me atacasse, que me espiasse, que me caluniasse, nem partido que me bajulasse, que me beijasse os pés, que me chamasse sol radiante, leão indômito, cofre de virtudes, o ar e a vida do universo. Quando me nascesse uma espinha na cara, não haveria uma corte inteira para me dizer que era uma flor, uma açucena, que todas as pessoas bem constituídas usavam por enfeite; nenhum, mais engenhoso que os outros, acrescentaria: "Senhor, a natureza também tem as suas modas". Se eu perdesse um pé, não teria o desprazer de ver coxear os meus vassalos.

Entretanto, para que a mentira não se pudesse supor exilada do meu reino, eu ensinaria à rainha e ao cozinheiro uma geografia nova; dir-lhes-ia que a terra era um Pão de Açúcar, ou uma pirâmide, para ser mais egípcio, e que a minha ilha era o cume da pirâmide. Tudo mais estava abaixo. O sol não era propriamente um sol, mas um mensageiro que me traria todos os dias as saudações da parte inferior da terra. As estrelas, suas filhas, incumbidas de velar-me à noite, eram as aias destinadas unicamente ao rei da Trindade.

— Mas também em Nova York há estrelas e na Virgínia, e na Califórnia — diria a rainha da Trindade durante as primeiras lições,

— Jasmim do Cabo (este é o nome que eu lhe daria), Jasmim do Cabo e do meu coração, as estrelas de Nova York, da Califórnia e da Virgínia não são filhas do sol, mas enteadas. Hás de saber que o sol é casado em segundas núpcias com a lua, que lhe trouxe todas essas filhas que operam lá embaixo. As daqui são filhas dele mesmo; são as de raça pura e divina.

E eu acabaria crendo nos meus próprios sonhos, que é a vantagem deles, e a mais positiva do mundo. Prova disso é a notícia da moratória dada esta semana a um comerciante, por credores de cerca de sete mil contos. Foi tal o efeito que isto produziu em mim, que eu entrei a supor-me devedor de sete, de dez, de vinte mil contos. Comecei por uma pontinha de inveja; não pela moratória, que para mim seria indiferente; com ela ou sem ela, o principal é dever tantos mil contos de réis. As pequenas dívidas são aborrecidas como moscas. As grandes, logicamente, deviam ser terríveis como leões, e são mansíssimas.

Cri-me devedor dos sete mil contos, tanto mais feliz quanto que não lidara com dinheiros tão altos. Este sonho, que afligiria a espíritos menos sublimes, para mim foi tal que se converteu em realidade, e não pude acabar de crer que não devia nada, quando o meu criado me quis provar hoje de manhã que todas as minhas pequenas contas estavam pagas. As pequenas, creio; mas as grandes? Sim, eu devo ainda, pelo menos, uns cinco mil contos. Que não posso dever vinte mil! Quem não prefere ser devedor de vinte mil contos, a ser credor de quatro patacas?

Demais, tenho veneração aos grandes números. Acho que a marcha da civilização explica-se pelo crescimento numérico dos séculos. Que podia ser o século IV em comparação com o século XIX? Que poderá ser o século XIX, em comparação com o século MDCCCLXXXVIII? O maior número implica maior perfeição.

Vede o obituário. À medida que vai crescendo, deixa de ser a lista vulgar dos outros dias: impõe, aterra. Já é alguma coisa morrerem para mais de cento e setenta pessoas. Podemos chegar a duzentas e a trezentas. Certamente não é alegre; há espetáculos mais joviais, leituras mais leves; mas o interesse não está na leveza nem na alegria. A tragédia é terrível, é pavorosa, mas é interessante. Depois, se é verdade que os mortos governam os vivos, também o é que os vivos vivem dos mortos. Esta outra ideia é banal, mas não podemos deixar de reconhecer que os alugadores de carros, os cocheiros, os farmacêuticos, os físicos (para falar à antiga), os marmoristas, os escrivães, os juízes, alfaiates, sem contar a Empresa Funerária, ganham com o que os outros perdem. *Ex fumo dare lucem.*

Mas deixemos números tristes, e venhamos aos alegres. O dos concorrentes literários da *Gazeta* é respeitável. Por maior que seja a lista dos escritos fracos, certo é que ainda ficou boa soma de outros, e dos vencidos ainda os haverá que pugnem mais tarde e vençam. Bom é que, no meio das preocupações de outra ordem, as musas não tenham perdido os seus devotos e ganhem novos. Magalhães de Azeredo, que ficou à frente de todos, pode servir de exemplo aos que, tendo talento como ele, quiserem perseverar do mesmo modo. Vivam as musas! Essas belas moças antigas não envelhecem nem desfeiam. Afinal é o que há mais firme debaixo do sol.

18 de março de 1894

Logo que se anunciou a batalha do dia 13, recolhi-me a casa, disposto a não aparecer antes de tudo acabado. Convidaram-me a subir a um dos morros, onde o perigo era muito menor que o sol; mas o sol era grande. Nem a vista dos homens que passavam, desde manhã, com óculos e binóculos, me animou a ir também ver a batalha. A preguiça ajudou o temor, e ambos me ataram as pernas.

Em casa, ocorreu-me que podia ter a visão da batalha, sem sol nem fadiga. Era bastante que me ajudasse o gênio humano com o seu poder divino. A história, por mais animada que fosse, não sei se me daria a própria sensação da coisa. A poesia era melhor; Homero, por exemplo, com a *Ilíada*. Nada mais apropriado que este poema. Troia, um campo entre a cidade e os navios, e no campo e nos navios as tropas gregas. Aqui as fortalezas e as balas formariam o campo.

Ouço uma objeção. A pólvora não estava inventada no tempo de Homero. É certo; mas também é certo que outras coisas havia no tempo de Homero, que totalmente se perderam. Nem eu pedia mais que a vista da realidade por sugestão da poesia.

Ao meio-dia, troando os primeiros tiros, abri o poeta. Pouco a pouco fui mergulhando na ação cantada. As pancadas que os cocheiros de bondes davam com os pés, para instigar as mulas, cansadas de puxar tanta gente, já me pareciam o tumulto dos carros dos guerreiros. Percebi o efeito da leitura. Quando o meu criado me levou ao gabinete uma cajuada, cuidei que era a deusa Hebe que me servia uma taça de néctar, e disse:

— Hebe divina, graças à tua excelsa bondade, vou apreciar esta delícia, desconhecida aos homens.

José Rodrigues, com espanto de si mesmo, retorquia-me:

— Tu és já um deus, tu estás no próprio Olimpo, ao lado de Júpiter.

Vi que era assim mesmo. Mas, em vez de entrar na luta dos homens, como os outros deuses, meus colegas, deixei-me estar mirando o furor dos combates, o retinir das lanças nos broquéis, o estrondo das armaduras quebradas, o sangue que corria dos peitos, das pernas e dos ombros, os homens que morriam e as vozes grandes de todos. Era belo ver os deuses intervindo na pugna, disfarçados em pessoas da terra, desviando os golpes de uns, guiando a mão de outros, cobrindo a estes com uma nuvem para fazê-los sair do campo, falando, animando, descompondo, se era preciso. Os seus próprios ardis eram admiráveis.

De quando em quando, a memória e o ouvido juntavam-se à leitura, e a realidade ia de par com a ficção. Assim, no momento em que Marte, lanceado por Diomedes, volta ao céu, onde Péon lhe deita um bálsamo suavíssimo, na ferida, que o faz sarar logo, veio-me à lembrança a notícia lida naquela manhã de estarem fechadas todas as farmácias da cidade, menos a do sr. Honório Prado. Depois, quando o capacete de Agamêmnon recolhe os sinais dos guerreiros, o arauto os agita, e tira-se à sorte qual será o valente que terá de lutar com Heitor, ouvi, lembro-me bem que ouvi uma voz conhecida na rua: "Um de resto! vinte contos!" Tudo, porém, se confundia na minha imaginação; e a realidade presente ou passada era prontamente desfeita na contemplação da poesia.

Todos os guerreiros me apareciam, com as armas homéricas, rutilantes e fortes, os seus escudos de sete e oito couros de boi, cobertos de bronze, os arcos e setas, as lanças e capacetes, Agamêmnon, rei dos reis, o divino Aquiles, Diomedes, os dois Ájax, e tu, artificioso Ulisses, enfrentando com Heitor, com Eneias, com Páris, com todos os bravos defensores da Santa Ílion. Via o campo coalhado de mortos, de armas, de carros. As cerimônias do culto, as libações e os sacrifícios vinham temperar o espetáculo da cólera humana; e, posto que a cozinha de Homero seja mais substancial que delicada, gostava de ver matar um boi, passá-lo pelo fogo e comê-lo com essa mistura de mel, cebola, vinho e farinha, que devia ser mui grata ao paladar antigo.

A ação ia seguindo, com a alternativa própria das batalhas. Ora perdia um, ora outro. Este avançava até à praia, depois recuava, terra dentro. O clamor era enorme, as mortes infinitas. Heróis de ambos os lados caíam, ensopados em sangue. O terror desfazia as linhas, a coragem as recompunha, e os combates sucediam aos combates. Eu, do Olimpo, mirava tudo, tão tranquilo como agora que escrevo isto. Minto; não podia esquivar-me à comoção dos outros deuses. Assim, quando Pátroclo, vendo os seus quase perdidos, saiu a combater com as armas de Aquiles, senti a grandeza do espetáculo; mas nem esse nem outro gosto algum pode ser comparado ao que me deu o próprio Aquiles, quando soube que o amigo morrera às mãos de Heitor.

Vi, ninguém me contou, vi as lágrimas e a fúria do herói. Vi-o sair com as novas armas que o próprio Vulcano fabricou para ele; vi depois ainda novos e terríveis combates. No mais renhido deles, desceram todos os deuses e dividiram-se entre os exércitos, conforme as suas simpatias. Só ficamos Júpiter e eu. E disse-me o rei dos deuses:

— Anônimo (chamo-te assim, porque ainda não tens nome no céu), contempla comigo este quadro não menos deleitoso que acerbo. Até os rios buscaram combater Aquiles; mas o filho de Peleu vencerá a todos.

Não direi o que vi, nem o que ouvi: teria de repetir aqui uma interminável história. Foi medonho e belo. Os deuses, mais que nunca, ajudavam os homens. Momento houve em que eles próprios combateram uns com outros, entre grandes palavradas, cão, cadela, e muito murro, muita pedrada, uma luta de raivas e despeitos. Enfim, Aquiles matou Heitor. Jamais esquecerei as lamentações das mulheres troianas. Assisti depois às festas da vitória, corridas a cavalo e a pé, o disco e o pugilato.

Eram seis horas da tarde, quando me chamaram para jantar. Pessoas vindas dos morros próximos contaram que não houvera batalha alguma; desmenti esse princípio de balela, referindo tudo o que vira, que foi muito, longo e áspero. Não me deram crédito. Um insinuou que eu tinha o juízo virado. Outro quis fazer-me crer que a fogueira em que ardiam os restos de Heitor era um simples incêndio na ilha das Cobras. Os jornais estão de acordo com os meus contraditores; mas eu prefiro crer em Homero, que é mais velho.

25 de março de 1894

A semana foi santa — mas não foi a Semana Santa que eu conheci, quando tinha a idade de mocinho nascido depois da Guerra do Paraguai. Deus meu! Há pessoas que nasceram depois da Guerra do Paraguai! Há rapazes que fazem a barba, que namoram, que se casam, que têm filhos, e, não obstante, nasceram depois da batalha de Aquidabã! Mas então que é o tempo? É a brisa fresca e preguiçosa de outros anos, ou este tufão impetuoso que parece apostar com a eletricidade? Não há dúvida que os relógios, depois da morte de López, andam muito mais depressa. Antigamente tinham o andar próprio de uma quadra em que as notícias de Ouro Preto gastavam cinco dias para chegar ao Rio de Janeiro. Ia-se a São Paulo por Santos. Ainda assim, na semana, os estudantes de direito desciam a serra de Cubatão e vinham tomar o vapor de Santos para o Rio. Que digo? Caso houve em que vieram unicamente assistir à primeira representação de uma peça de teatro. Lembras-te, Ferreira de Meneses? Lembras-te, Sizenando Nabuco? Não respondem; creio que estão mortos.

Aí vou escorrendo para o passado, coisa que não interessa no presente. O passado que o jovem leitor há de saborear é o presente, lá para 1920, quando os relógios e os almanaques criarem asas. Então, se ele escrever nesta coluna, aos domingos, será igualmente insípido com as suas recordações: "Tempo houve (dirá ele) em que o primeiro frontão da rua do Ouvidor, descendo, à esquerda, perto da rua de Gonçalves Dias, era uma confeitaria, Confeitaria Pascoal. Este nome, que nenhuma comoção produz na alma do rapaz nascido com o século, acorda em mim saudades vivíssimas. A casa da mesma rua, esquina da dos Ourives, onde ainda ontem (perdoem ao guloso) comprei um excelente paio, era uma casa de joias, pertencente a um italiano, um Farani, César Farani, creio, na qual passei horas excelentes. Fora, fora, memórias importunas!".

Assim poderá escrever o leitor, em 1920, nesta ou noutra coluna, e para os jovens desse ano não será menos aborrecido.

Mas, por isso mesmo que os há de enfadar, deixe-me enfadá-lo um pouco, repetindo que a Semana Santa que acabou ontem ou acaba hoje não é a Semana Santa anterior à passagem do Passo da Pátria ou ao último Ministério Olinda.

As semanas santas de outro tempo eram, antes de tudo, muito mais compridas. O Domingo de Ramos valia por três. As palmas que se traziam das igrejas eram muito mais verdes que as de hoje, mais e melhor. Verdadeiramente já não há verde. O verde de hoje é um amarelo escuro. A segunda-feira e a terça-feira eram lentas, não longas; não sei se percebem a diferença. Quero dizer que eram tediosas, por serem vazias. Raiava, porém, a quarta-feira de trevas; era o princípio de uma série de cerimônias, e de ofícios, de procissões, de sermões de lágrimas, até o Sábado de Aleluia, em que a alegria reaparecia, e finalmente o Domingo de Páscoa que era a chave de ouro.

Tenho mais critério que meu sucessor de 1920; não quero matá-lo com algumas notícias que ele não há de entender. Como entender, depois da passagem de Humaitá, que as procissões do enterro, uma de São Francisco de Paula, outra do Carmo, eram tão compridas que não acabavam mais? Como pintar-lhe os andores, as filas de tochas inumeráveis, as Marias Beús, segundo a forma popular, o centurião, e tantas outras partes da cerimônia, não contando as janelas das casas iluminadas, acolchoadas e atopetadas de moças, bonitas, moças e velhas, porque já naquele tempo havia algumas pessoas velhas, mas poucas. Tudo era da idade e da cor das palmas verdes. A velhice é uma ideia recente. Data do berço de um menino que eu vi nascer com o Ministério Sinimbu. Antes deste, ou mais exatamente, antes do Ministério Rio Branco, tudo era juvenil no mundo, não juvenil de passagem, mas perpetuamente juvenil. As exceções, que eram raras, vinham confirmar a regra.

Não entenderíeis nada. Nem sei se chegareis a entender o que me sucedeu agora, indo ver o ofício da Paixão em uma igreja. Outrora, quando de todo o Sermão da Montanha eu só conhecia o Padre-Nosso, a impressão que recebia era mui particular, uma mistura de fé e de curiosidade, um gosto de ver as luzes, de ouvir os cantos, de mirar as alvas e as casulas, o hissope e o turíbulo. Entrei na igreja. A gente não era muita; sabe-se que parte da população está fora daqui. Metade dos fiéis ali presentes eram senhoras, e senhoras de chapéu. Nunca me esqueceu o escândalo produzido pelos primeiros chapéus que ousaram entrar na igreja em tais dias; escândalo sem tumulto, nada mais que murmuração. Mas o costume venceu a repugnância, e os chapéus vão à missa e ao sermão. Algumas senhoras rezavam por livros, outras desfiavam rosários, as restantes olhavam só ou rezariam mentalmente. Não quero esquecer um velho cantor de igreja, que ali achei, e que, em criança, ouvira cantar nas festas religiosas; creio que nunca fez outra coisa, salvo o curto período em que o vi no coro da defunta Ópera Nacional. Que idade teria? Sessenta, setenta, oitenta...

Soou o cantochão. Chegou-me o incenso. A imaginação deixou-se-me embalar pela música e inebriar pelo aroma, duas fortes asas que a levaram de oeste a leste. Atrás dela foi o coração, tornado à simpleza antiga. E eu ressurgi, antes de Jesus. E Jesus apareceu-me antes de morto e ressuscitado, como nos dias em que rodeava a Galileia, e, abrindo os lábios, disse-me que a sua palavra dá solução a tudo.

— Senhor — disse eu então —, a vida é aflitiva, e aí está o Eclesiastes que diz ter visto as lágrimas dos inocentes, e que ninguém os consolava.

— Bem-aventurados os que choram, porque eles serão consolados.

— Vede a injustiça do mundo. "Nem sempre o prêmio é dos que melhor correm", diz ainda o Eclesiastes, "e tudo se faz por encontro e casualidade."

— Bem-aventurados os que têm fome e sede de justiça, porque eles serão fartos.

— Mas é ainda o Eclesiastes que proclama haver justos, aos quais provêm males...

— Bem-aventurados os que são perseguidos por amor da justiça, porque deles é o reino do céu.

E assim por diante. A cada palavra de lástima respondia Jesus com uma palavra de esperança. Mas já então não era ele que me aparecia, era eu que estava na própria Galileia, diante da montanha, ouvindo com o povo. E o sermão continuava. Bem-aventurados os pobres de espírito. Bem-aventurados os pacíficos. Bem-aventurados os mansos...

1º de abril de 1894

Enfim! Vai entrar em discussão no Conselho Municipal o projeto que ali apresentou o sr. dr. Capeli, sobre higiene. Ainda assim, foi preciso que o autor o pedisse, anteontem. Já tenho lido que o Conselho trabalha pouco, mas não aceito em absoluto esta afirmação. Conselho Municipal ou Câmara Municipal, a instituição que dirige os serviços da nossa velha e boa cidade foi sempre objeto de censuras, às vezes com razão, outras sem ela, como aliás acontece a todas as instituições humanas.

Trabalhe pouco ou muito, é de estimar que traga para a discussão o projeto do sr. dr. Capeli. Se ele não resolve totalmente a questão higiênica (nem a isso se propõe), pode muito bem resolvê-la em parte. Não entro no exame dos seus diversos artigos; basta-me o primeiro. O primeiro artigo estabelece concurso para a nomeação dos comissários de higiene, que se chamarão de ora avante inspetores sanitários.

É discutível a ideia do concurso. Não me parece claro que melhore o serviço, e pode não passar de simples ilusão. O artigo, porém, dispõe, como ficou dito, que os comissários de higiene se chamem de ora avante inspetores sanitários, e essa troca de um nome por outro é meio caminho andado para a solução. Os nomes velhos ou gastos tornam caducas as instituições. Não se melhora verdadeiramente um serviço deixando o mesmo nome aos seus oficiais. É do Evangelho, que não se põe remendo novo em pano velho. O pano aqui é a denominação. O próprio Conselho Municipal tem em si um exemplo do que levo dito. Câmara Municipal não era mau nome, tinha até um ar democrático; mas estava puído. O nome criou a personagem da coisa, e a má fama levou consigo a obra e o título. Conselho Municipal, sendo nome diverso, exprime a mesma ideia democrática, é bom e é novo.

Outro exemplo, e de fora. Sabe-se que a Câmara dos lordes está arriscada a descambar no ocaso, ou a ver-se muito diminuída. Não duvido que os seus últimos atos tenham dado lugar à guerra que lhe movem, com o próprio chefe do governo à frente, se é certo o que nos disse há pouco um telegrama. Mas quem sabe se, trocando oportunamente o título, não teria ela desviado o golpe iminente, embora ficasse a mesma coisa, ou quase?

Conta-se de um homem (creio que já referi esta anedota) que não podia achar bons copeiros. De dois em dois meses, mandava embora o que tinha, e contratava outro. Ao cabo de alguns anos chegou ao desespero; descobriu, porém, um meio com que resolveu a dificuldade. O copeiro que o servia então chamava-se José. Chegado o momento de substituí-lo, pagou-lhe o aluguel, e disse:

— José, tu agora chamas-te Joaquim. Vai pôr o almoço, que são horas.

Dois meses depois, reconheceu que o copeiro voltara a ser insuportável. Fez-lhe as contas, e concluiu:

— Joaquim, tu passas agora a chamar-te André. Vai lá para dentro.

Fê-lo João, fê-lo Manuel, fê-lo Marcos, fê-lo Rodrigo, percorreu toda a onomástica latina, grega, judaica, anglo-saxônia, conseguindo ter sempre o mesmo ruim criado, sem andar a buscá-lo por essas ruas. Entendamo-nos: eu creio que a ruindade desaparecia com a investidura do nome, e voltava quando este principiava a envelhecer. Pode ser também que não fosse assim, e que a simples novidade do nome trouxesse ao amo a ilusão da melhoria. De um ou de outro modo, a influência dos nomes é certa.

Por exemplo, quem ignora a vida nova que trouxe ao ensino da infância a troca daquela velha tabuleta "Colégio de Meninos" por esta outra "Externato de Instrução Primária"? Concordo que o aspecto científico da segunda forma tenha parte no resultado; antes dele, porém, há o efeito misterioso da simples mudança. Mas eu vou mais longe.

Vou tão longe, que ouso crer nas reabilitações históricas, unicamente ou quase unicamente pela alteração do nome das pessoas. O atual processo para esses trabalhos é rever os documentos, avaliar as opiniões, e contar os fatos, comparar, retificar, excluir, incluir, concluir. Todo esse trabalho é inútil, se se não trocar o nome por outro. Messalina, por exemplo. Esta imperatriz chegou à celebridade do substantivo, que é a maior a que pode aspirar uma criatura real ou fingida: uma messalina, um tartufo. Se quiserdes tirá-la da lama histórica, em que ela caiu, não vos bastará esgravatar o que disseram dela os autores; arrancai-lhe violentamente o nome. Chamai-lhe Anastácia. Quereis fazer uma experiência? Pegai em Suetônio e lede com o nome de Anastácia tudo o que ele refere de Messalina; é outra coisa. O asco diminui, o horror afrouxa, o escândalo desaparece, e a figura emerge, não digo para o céu, mas para uma colina. Em história, o ocupar uma colina é alguma coisa. Gregorovius, como outros autores deste século, quis reabilitar Lucrécia Bórgia; acho que o fez, mas esqueceu-se de lhe mudar o nome, e toda gente continua a descompô-la em prosa com Victor Hugo, ou em verso e por música com Donizetti.

Voltando aos comissários de higiene, futuros inspetores sanitários, repito que o serviço melhorará muito com essa alteração do título, e não é pouco. Mas é preciso que, sem dizê-lo na lei, nem no parecer, nem nos debates, fiquem todos combinados em alterar periodicamente o título, desde que o serviço precise reforma. Não me compete lembrar outros, nem me ocorre nenhum. Digo só que, passados mais quatro ou cinco, títulos, não será má política voltar ao primeiro. Os nomes têm, às vezes, a propriedade de criar pele nova, só com o desuso ou descanso. Comissário de higiene, que vai ser descalçado agora, desde que repouse alguns anos, ficará com sola nova e tacão direito. Assim acontecesse aos meus sapatos!

8 de abril de 1894

Quinta-feira à tarde, pouco mais de três horas, vi uma coisa tão interessante, que determinei logo de começar por ela esta crônica. Agora, porém, no momento de pegar na pena, receio achar no leitor menor gosto que eu para um espetáculo, que lhe parecerá vulgar, e porventura torpe. Releve-me a impertinência; os gostos não são iguais...

Entre a grade do jardim da praça Quinze de Novembro e o lugar onde era o antigo passadiço, ao pé dos trilhos de bondes, estava um burro deitado. O lugar não era próprio para remanso de burros, donde concluí que não estaria deitado, mas caído. Instantes depois, vimos (eu ia com um amigo), vimos o burro levantar a cabeça e meio corpo. Os ossos furavam-lhe a pele, os olhos meio mortos fechavam-se de quando em quando. O infeliz cabeceava, mas tão frouxamente, que parecia estar próximo do fim.

Diante do animal havia algum capim espalhado e uma lata com água. Logo, não foi abandonado inteiramente; alguma piedade houve no dono ou quem quer que é que o deixou na praça, com essa última refeição à vista. Não foi pequena ação. Se o autor dela é homem que leia crônicas, e acaso ler esta, receba daqui um aperto de mão. O burro não comeu do capim, nem bebeu da água; estava já para outros capins e outras águas, em campos mais largos e eternos.

Meia dúzia de curiosos tinham parado ao pé do animal. Um deles, menino de dez anos, empunhava uma vara, e se não sentia o desejo de dar com ela na anca do burro para despertá-lo, então eu não sei conhecer meninos, porque ele não estava do lado do pescoço, mas justamente do lado da anca. Diga-se a verdade; não o fez — ao menos enquanto ali estive, que foram poucos minutos. Esses poucos minutos, porém, valeram por uma hora ou duas. Se há justiça na terra, valerão por um século, tal foi a descoberta que me pareceu fazer, e aqui deixo recomendada aos estudiosos.

O que me pareceu é que o burro fazia exame de consciência. Indiferente aos curiosos, como ao capim e à água, tinha no olhar a expressão dos meditativos. Era um trabalho interior e profundo. Este remoque popular: *por pensar morreu um burro* mostra que o fenômeno foi mal-entendido dos que a princípio o viram; o pensamento não é a causa da morte, a morte é que o torna necessário. Quanto à matéria do pensamento, não há dúvida que é o exame da consciência. Agora, qual foi o exame da consciência daquele burro, é o que presumo ter lido no escasso tempo que ali gastei. Sou outro Champollion, porventura maior; não decifrei palavras escritas, mas ideias íntimas de criatura que não podia exprimi-las verbalmente.

E diria o burro consigo:

"Por mais que vasculhe a consciência, não acho pecado que mereça remorso. Não furtei, não menti, não matei, não caluniei, não ofendi nenhuma pessoa. Em toda a minha vida, se dei três coices, foi o mais, e isso mesmo antes de haver aprendido maneiras de cidade e de saber o destino do verdadeiro burro, que é apanhar e calar. Quanto ao zurro, usei dele como linguagem. Ultimamente é que percebi que me não entendiam, e continuei a zurrar por ser costume velho, não com ideia de agravar ninguém. Nunca dei com homem no chão. Quando passei do tílburi ao bonde, houve algumas vezes homem morto ou pisado na rua, mas a prova de que a culpa não era minha, é que nunca segui o cocheiro na fuga; deixava-me estar aguardando a autoridade.

"Passando a ordem mais elevada de ações, não acho em mim a menor lembrança de haver pensado sequer na perturbação da paz pública. Além de ser a minha índole contrária a arruaças, a própria reflexão me diz que, não havendo nenhuma revolução declarado os direitos do burro, tais direitos não existem. Nenhum golpe de Estado foi dado em favor dele; nenhuma coroa os obrigou. Monarquia, democracia, oligarquia, nenhuma forma de governo teve em conta os interesses da minha espécie. Qualquer que seja o regime, ronca o pau. O pau é a minha instituição, um pouco temperada pela teima, que é, em resumo, o meu único defeito. Quando não teimava, mordia o freio, dando assim um bonito exemplo de submissão e conformidade. Nunca perguntei por sóis nem chuvas; bastava sentir o freguês no tílburi ou o apito do bonde, para sair logo. Até aqui os males que não fiz; vejamos os bens que pratiquei.

"A mais de uma aventura amorosa terei servido, levando depressa o tílburi e o namorado à casa da namorada — ou simplesmente empacando em lugar onde o moço que ia no bonde podia mirar a moça que estava na janela. Não poucos devedores terei conduzido para longe de um credor importuno. Ensinei filosofia a muita gente, esta filosofia que consiste na gravidade do porte e na quietação dos sentidos. Quando algum homem, desses que chamam patuscos, queria fazer rir os amigos, fui sempre em auxílio dele, deixando que me desse tapas e punhadas na cara. Enfim..."

Não percebi o resto, e fui andando, não menos alvoroçado que pesaroso. Contente da descoberta, não podia furtar-me à tristeza de ver que um burro tão bom pensador ia morrer. A consideração, porém, de que todos os burros devem ter os mesmos dotes principais, fêz-me ver que os que ficavam, não seriam menos exemplares que esse. Por que se não investigará mais profundamente o moral do burro? Da abelha já se escreveu que é superior ao homem, e da formiga também, coletivamente falando, isto é, que as suas instituições políticas são superiores às nossas, mais *racionais*. Por que não sucederá o mesmo ao burro, que é maior?

Sexta-feira, passando pela praça Quinze de Novembro, achei o animal já morto. Dois meninos, parados, contemplavam o cadáver, espetáculo repugnante; mas a infância, como a ciência, é curiosa sem asco. De tarde já não havia cadáver nem nada. Assim passam os trabalhos deste mundo. Sem exagerar o mérito do finado, força é dizer que, se ele não inventou a pólvora, também não inventou a dinamite. Já é alguma coisa neste final de século. *Requiescat in pace*.

15 de abril de 1894

Tudo está na China. De quando em quando aparece notícia nas folhas públicas de que um invento, de que a gente supõe da véspera, existe na China desde muitos séculos. Esta *Gazeta*, para não ir mais longe, ainda anteontem noticiou que o socialismo era conhecido na China desde o século XI. Os propagandistas da doutrina diziam então que era preciso destruir "o velho edifício social". Verdade seja que muito antes do século XI, se formos à Palestina, acharemos nos profetas muita coisa que há quem diga que é socialismo puro. Por fim, quem tem razão é ainda o Eclesiastes: *Nihil sub sole novum.*

A notícia da *Gazeta* deu-me que pensar. Creio que já li (ou estarei enganado) que o telefone também existia na China, antes de descoberto pelos americanos. O velocípede não sei, mas é possível que lá exista igualmente, não com o mesmo nome, porque os chins teimam em falar chinês, mas com outro que signifique a mesma coisa ou dê o som aproximado da forma original. O bonde verão que já é usado naquelas partes, talvez com outros cocheiros e condutores. Não falo dos grandes inventos que tiveram berço naquela terra prodigiosa.

Confesso que, às vezes, é a própria China que está com a gente ocidental. Há dias, por exemplo, houve aqui no Conselho Municipal um trecho de debate que talvez haja passado despercebido ao leitor ocupado com outros negócios. Um dos conselheiros, reclamando contra alguns apartes que lhe puseram na boca, afirmou estranhá-los, tanto mais quanto que nenhuma razão havia para proferi-los. E acrescentou, explicando-se: "Eu sou dos poucos que ouvem os discursos do meu colega". Outro conselheiro protestou, dizendo que era dos muitos. Mas o reclamante insistiu que dos poucos, e lembrou que, por ocasião do último discurso, ele estivera ao pé da mesa, outro ao pé da porta, algum sentado, creio que, ao todo, havia uns cinco ouvintes. Se na China há conselhos municipais — e tudo há nela —, é provável que os debates tenham desses clarões súbitos.

O que a China não faz é deixar os seus trajes velhos, nem o arroz, nem o pagode, nem nada. Quando eu vejo aí nas ruas algum filho do Celeste Império mascarado com as nossas roupas cristãs, cai-me o coração aos pés. Imagino o que terá padecido essa triste alma desterrada, sem as vestes com que veio da terra natal. Jovem leitor, eu os vi a todos os que aqui amanheceram um dia e se fizeram logo quitandeiros de marisco. Vi-os correr por essas ruas fora, vestidos à sua maneira, longa vara ao ombro e um cesto pendente em cada ponta da vara. Ao italiano, que o substituiu, falta a novidade, a cara feia, a perna fina, rija e rápida...

Mas basta de chins e de incréus. Venhamos à nossa terra. Não nos aflijamos se o socialismo apareceu na China primeiro que no Brasil. Cá virá a seu tempo. Creio até que há já um esboço dele. Houve, pelo menos, um princípio de questão operária, e uma associação de operários, organizada para o fim de não mandar operários à Câmara dos deputados, o contrário do que fazem os seus colegas ingleses e franceses. Questão de meio e de tempo. Cá chegará; os livros já aí estão há muito; resta só traduzi-los e espalhá-los. Mas basta principalmente de incréus; venhamos aos cristãos.

Tivemos esta semana uma cerimônia rara. Uma moça de 23 anos recebeu o véu de irmã conversa da Congregação dos Santos Anjos. Não assisti à cerimônia, mas pessoa que lá esteve, diz-me que foi tocante. Eu quisera ter ido também para contemplar essa moça que dá de mão ao mundo e suas agitações, troca o piano pelo órgão, e o figurino vário como a fortuna pelo vestido único e perpétuo de uma congregação.

Certo, o espetáculo devia ser interessante. É comum amar a Deus e à modista, ouvir missa e ópera, não ao mesmo tempo, mas a missa de manhã e a ópera de noite. Casos há em que se ouvem as duas coisas a um tempo, mas então não é ópera, é opereta, como nos dá o carrilhão de São José, que chama os fiéis pela voz de *D. Juanita*, ou coisa que o valha. Não há maldizer do duplo ofício do ouvido, uma vez que se ouça a missa de um modo e a ópera de outro... Isto leva-me a interromper o que ia dizendo, para publicar uma anedota.

Há muitos anos, houve aqui um tenor italiano, chamado Gentili, que fez as delícias, como se costuma dizer, da população carioca. Esteve aqui mais de uma estação lírica, talvez três ou quatro. Era simpático, patusco e benquisto. Fisionomia alegre, baixo, um tanto calvo, se me não engana a memória, e olhos vivos. Fez o que fazem tenores, cantou, amou, bateu-se em cena pelas amadas, arrebatou-as algumas vezes, salvou a mãe da fogueira, como no *Trovador*, viu-se entre duas damas, como na *Norma*, assaltou castelos, tudo com grandes aplausos, até que se foi embora, como sucede a tenores e diplomatas. Passaram anos. Um dia, um amigo meu, o C. C. P., viajando pela Itália, achava-se, não me lembro onde, e não posso mandar agora perguntar-lho. Suponhamos que em Palermo. Era manhã, domingo, saiu de casa e foi à missa. Esperou; daí a pouco entrou o padre e subiu ao altar. Deus eterno! Era o Gentili. Duvidou a princípio; mas sempre que o celebrante mostrava o rosto, aparecia o tenor. Podia ser algum irmão. Acabada a missa, correu o meu amigo à sacristia; era ele, o próprio, o único, o Gentili. Foi visitá-lo depois, falaram do Rio de Janeiro e dos tempos passados. Vieram nomes de cá, fatos, um mundo de reminiscências e saudades, que, se não eram inteiramente de Sião, também não eram de Babilônia. O padre era jovial, sem destempero.

Como ia dizendo, a cerimônia da recepção do véu deve ter sido interessante. Que não temos muitas vocações religiosas, parece coisa sabida. Ontem, vendo descer de um bonde um seminarista, lembrei-me da carta recente do ex-bispo do Rio de Janeiro, em que trata da escassez de padres ordenados no nosso seminário — um por ano, há vinte anos. Não tendo estatísticas à mão, nem papel bastante, concluo aqui mesmo.

22 de abril de 1894

Uma das nossas folhas deu notícia de haver morrido em Paris uma bailarina, que luziu nos últimos anos do Império, e deixara não menos de três milhões de francos. Três milhões! Abençoadas pernas! Pernas dignas de serem fundidas em ouro e penduradas em um templo de ágata ou safira! Onde está Píndaro, que não as vem cantar? Onde está Fídias, que não as transfere ao mármore eterno? Que músculos, que sangue, que tecidos as fizeram? Que mestre as instruiu? Três milhões!

Alguns cariocas hão de lembrar-se de uma bailarina que aqui houve, há bastantes anos, chamada Ricciolini. Era um destroço, creio eu, de algum corpo de baile antigo. Como o público de então não dispensava algumas piruetas, qualquer que fosse a peça da noite, tragédia ou comédia, *Olgiato* ou *Fantasma Branco*, a Ricciolini dançava muitas vezes; mas não consta, ainda assim, que deixasse três milhões. Questão de data, questão de meio. A evolução, porém, pode levar esta cidade aos três, aos quatro, aos cinco milhões. Este último quarto de século é o princípio de uma era nova e extraordinária.

E é aqui que eu pego os anarquistas. Como já estão em São Paulo, não é preciso levantar muito a voz para ser ouvido além do Atlântico. Concordo com eles que a sociedade está mal organizada; mas para que destruí-la? Se a questão é econômica, a reforma deve ser econômica; abramos mão dos sonhos legislativos de Bebel, de Liebknecht, de Proudhon, de todos os que procuram, mais generosos que prudentes, consertar as costelas deste mundo. O remédio está achado. A repartição das riquezas faz-se com pouco, três rabecas, um regente de orquestra, uma batuta e pernas.

Quando a arte se contentava com ser gloriosa, as pernas rendiam pouco. Vestris, o famoso *deus da dança* do século passado, não sei se deixou vintém. O filho de Vestris, tão hábil que diziam dele que, "para não vexar os colegas, punha algumas vezes os pés no chão", não foi mais nababo que o pai. Entretanto, em monografia que se publicou há pouco, referem-se os tumultos, paixões, aclamações, havidos por causa dele, verdadeiramente populares e gloriosos.

Quem lê a correspondência de Balzac fica triste, de quando em quando, ao ver as aflições do pobre-diabo, correndo abaixo e acima, à cata de dinheiro, vendendo um livro futuro para pagar com o preço uma letra e o aluguel da casa, e metendo-se logo no gabinete para escrever o livro vendido, entregá-lo, imprimi-lo, e correr outra vez a buscar dinheiro com que pague o aluguel da casa e outra letra. Glória e dívidas!

Vede agora Zola. É o sucessor de Balzac. Talento pujante, grande romancista, mas que pernas! Como Vestris Júnior, põe algumas vezes os pés no chão. Inventou passos extraordinários e complicados, todos os de Citera, inclusive o da vaca. Inventou o sapateado de Jesus Cristo, com aquele famoso passo a dois do canapé. Trabalha agora no bailado religioso de *Lourdes*. Glória e três milhões.

Questão de data. Balzac foi contemporâneo da nossa Ricciolini, Zola da bailarina que acaba de falecer. Os resultados correspondem-se. Trago essas duas figuras principais, com o fim de comparar as situações, e também para mostrar que a arte da dança pode amparar todas as outras. A dinamite não edifica, apenas destrói e altera. Com ela, o anarquismo dispensa todas as artes, não se fazendo mais que ação violenta e arrasadora. Para que livros? Não se irão compor frases, mas descompô-las; não se tratará já de metáforas, mas de formas de linguagem diretas e positivas.

Como disse, porém, o remédio está achado: é a pirueta. Quando toda a gente dançar, é claro que ninguém ganhará três milhões, mas cada pessoa pode ganhar dois, um que seja. É quanto basta para universalizar as riquezas, e acabar de vez com o duelo do capital e do trabalho. Um que dança hoje, irá amanhã para a plateia ver dançar os outros, e dançará outra vez, e assim se alternarão os bailarinos; a arte ganhará, não menos que as algibeiras. Mas as mãos? As mãos servirão de instrumento ao espírito. A oração, a escrita, as artes, o gesto no Parlamento, o adeus, a saudação, o juramento de vária espécie, judiciário ou amoroso, tudo o que é gratuito ou sublime, caberia às mãos. Só o lucro pertenceria aos pés. Eis aí o homem dividido mais racionalmente do que até agora; eis aí a sociedade reconstituída e a criação acabada.

Certamente que isto se não fará em vinte e quatro horas, nem em vinte e quatro semanas; tudo precisa de noviciado, e as melhores construções são as que levam mais tempo. Comparam uns chamados *chalets* que aí há, com o convento da Ajuda; os *chalets* vão-se com os aluguéis, o convento, quando o quiserem deitar abaixo, há de custar. Instituam-se desde já cadeiras de dança em todos os estabelecimentos de ensino, públicos e particulares. Outrora aprendia-se a dançar por mestre, e era apenas uma prenda, igual ao piano. Que não será quando a dança for uma instituição social e definitiva?

Corrijam-se as línguas no sentido da reforma. Emendem-se os adágios. Dize-me com quem *danças*, dir-te-ei quem és. Quem não *dança*, não mama. O frade onde *dança*, aí janta. Invente-se uma filosofia em que todas as coisas provenham da dança; e mostre-se que a tentação de Eva no paraíso foi o primeiro exemplo da dança das serpentes. Pinte-se o Criador com uma batuta de fogo na mão, tirando do nada um grande bailado.

Quando todos dançarem, a vida será alegre, e a própria morte não será morte, mas transferência de benefício ou rompimento de contrato. Assim se dará ao mundo, além da justiça, o prazer. Nenhuma divisão, nenhuma tristeza entre os homens. Antes disso, ai de nós! há de correr muita água para o mar.

6 de maio de 1894

A pessoa que me substituiu na semana passada, em vez de me mandar os últimos sacramentos, veio mofar de mim *coram populo*. Entretanto, é certo que estive à morte, e só por milagre ainda respiro. São assim os homens. O vil interesse os guia; almas baixas, duras e negras, não veem no mal de um amigo outra coisa mais que uma ocasião de brilhar. Não falemos nisto. Desde pequeno, ouço dizer que a má ação fica com quem a faz.

Estive doente, muito doente. Que é que me salvou? A falar verdade, não sei. A primeira coisa que me receitaram foi a medicina do padre Kneipp. Este padre, que, em vez de curar as almas, deu para tratar dos corpos, tem-me aborrecido grandemente. Não o li a princípio. Desde que percebi que se tratava de nova terapêutica, imaginei que era uma das muitas descobertas que vi nascer, crescer e morrer, como aquela de que já aqui falei, e falarei sempre que vier a propósito — o xarope do Bosque, que Deus haja. Assisti à carreira brilhante desse preparado único. Que outro houve, nem haverá jamais, que se lhe compare? Curava tudo e todos, integralmente. Pessoas circunspetas afirmavam tê-lo visto arrancar do leito mortuário cadáveres amortalhados, que descruzavam as mãos, pediam alguma coisa, mudavam de roupa, e no dia seguinte iam para os seus empregos. Alguns desses cadáveres, por serem mais nervosos, escapavam da moléstia, mas faleciam segunda vez do temor que lhes causava a própria mortalha. Esses não saravam mais, visto que o xarope não se obrigava a curar da segunda morte, mas só da primeira. Nem todos, porém, são nervosos, e salvou-se muita gente.

Se a água do padre Kneipp é isto, fará sua carreira; não é preciso quebrar-me os ouvidos com anúncios. Foi o que pensei; mas afinal li alguma coisa sobre o invento e achei interesse. Realmente, não só cura e ressuscita, como é a mais gratuita das farmácias deste mundo. Só o que parece custar algum dinheiro é a roupa, que há já feita e apropriada; o mais é a água, que Deus dá. Água e pouca. Venha de lá a invenção, disse eu, e lembrando-me que era cisma dos nossos indígenas que a água da Carioca adoçava a voz da gente, imaginei mandar buscá-la ao grande chafariz histórico. Era um modo de adquirir a saúde e o dó do peito. O meu fiel criado José Rodrigues fez-me então algumas ponderações, no sentido de dizer que água sem alma dificilmente pode dar vida a ninguém.

— Pois se ela não a tem em si, como há de dá-la a um homem?

— Mas que chamas tu água sem alma? — perguntei-lhe.

— Senhor, a alma da água (perdoe-me vosmecê que lhe ensine isto) é a uva. Ponha-lhe dois ou três dedos do tinto, e beba-a, em vez de se meter nela; é o que lhe digo. O vendeiro da esquina podia muito bem, agora anda aí esse doutor Naipe... Naipe de quê? Há de ser copas, decerto. Copas como elas se pintavam nas cartas antigas, que eram o que chamamos copos, copos de beber.

— Não é isso: é Kneipp.

— Ou o que quer que seja, que a mim nunca me importaram nomes, desde que não sejam cristãos. Pois o vendeiro da esquina, como ia dizendo, podia muito bem vendê-la pura, e ganhava dinheiro; mas é consciencioso, põe-lhe uns dois dedos de alma, e é o que eu bebo todos os dias. Vosmecê sabe que saúde é a deste seu criado. Água no corpo de um homem, pelo lado de fora, isso dá maleitas, senhor; eu tive umas sezões, há muitos anos, que com certeza foram obra de um banho frio que me deram pelo entrudo. O banho deve ser pouco e morno, para a limpeza que Deus ama, contanto que nos não leve a sustância, que é o principal...

— A sustância é a liquidação do acervo da Geral...

— Não me fale nisso, patrão! Eu já lhe pedi que me não falasse em semelhante bandalheira.

E, perguntando-lhe eu que lhe parecia do plano de vender em leilão o acervo da companhia, ou combinar em um negócio, para ver se vendia alguma coisa mais, vi-o meditar profundamente, e depois soltar um suspiro tão grande, que pareceu trazer-lhe as entranhas para fora. Hão de lembrar-se que este pobre-diabo é portador de debêntures. Acabado o suspiro, disse-me que havia sido tão comido neste negócio, que não podia escolher, e que o melhor de tudo era passar-me os papeluchos por cem mil-réis; não queria saber mais nada. Ponderei-lhe que isto nem era imitar o vendeiro da esquina, pois esse deitava dois dedos de alma na água, e o que ele me queria vender era, água pura ou impura, água sem nada. Concordou que assim era, mas que, sendo eu mais atilado que ele, acharia maneira de descobrir alguma coisa, ainda que fosse um micróbio — porque os micróbios (ficasse eu certo disso), com os progressos da ciência em que vamos, ainda acabam alimentando a gente, em vez de nos pôr a espinhela abaixo. De si não achava escolha; ante os dois caminhos que lhe mostravam, leilão ou combinação, não sabia em qual deles devia meter o pé, salvo se fosse pé de verso, porque as duas palavras rimavam; mas, não se tratando de poesia, e sim de dinheiro, que é a prosa do bom cristão, não acabava de saber se era melhor vender hoje por nada ou amanhã por menos. Concluiu...

Não concluiu; eu é que, para estancar-lhe o discurso, ordenei que fosse ao chafariz da Carioca buscar um barril d'água. Saiu e fiquei esperando. Não havia passado meia hora, voltou José Rodrigues à casa, sem água, cheio de espanto. O chafariz não tinha água. A água única que achou escorria a um lado, no chão, em frente à rua de São José; mas não era água comum, nem pela cor, nem pelo cheiro, e ainda assim ouviu que por causa da chuva é que o cheiro era pouco; em havendo sol, fortalece-se mais e parece botica. Perguntou a um morador do lugar se ali continuavam a pousar ou dormir os cavalos e burros dos bondes da Companhia Jardim Botânico; soube que não, que ali só iam homens, e de passagem, em quantidade grande, e a qualquer hora do dia ou da noite, e mais ainda de dia que de noite.

Eu, que conheço a minha gente, percebi que a lembrança da Geral o havia transtornado muito, tal era a confusão das palavras, a trapalhice das ideias. Ordenei-lhe que se recolhesse e dormisse. Ficando só, levantei-me, vesti-me e saí; quando tornei à casa, estava são e salvo. Qual foi o remédio que me curou, não sei; talvez a vista de algum mais doente que eu. Uma vez curado, quis mandar um cartel de desafio à pessoa que me substituiu na semana passada, exigindo satisfação das injúrias que me lançou nesta mesma coluna. Adverti que era tempo perdido. Homem que lê *Tu, só tu, puro amor,* não se bate, suspira. *Ergo bibamus,* como diz Goethe:

> *Ich hate mein freundliches Liebchen geseh'n,*
> *Da dacht' ich mir: Ergo bibamus!*

13 de maio de 1894

Escreveu um grande pensador que a última coisa que se acha, quando se faz uma obra, é saber qual é a que se há de pôr em primeiro lugar. A Câmara dos deputados, com a escolha do presidente, prova que esta máxima pode ser também política. E eu gosto de ver a política entrar pela literatura; anima a literatura a entrar na política, e dessa troca de visitas é que saem as amizades. Mas ser amigo não é intervir no governo da casa dos outros. Os sonetos podem continuar a ser feitos sem o regimento da Câmara, e os discursos, uma vez que sejam eloquentes, claros, sinceros, patrióticos, não precisam de arabescos literários. Portanto, aqui me fico, em relação ao presidente, atestando pela coincidência que o dito de Pascal não é tão limitado como ele supunha.

Já não faço a mesma coisa com relação ao presidente do Conselho Municipal. Releve o digno representante do nosso distrito que lhe diga: acho que, para presidente, faz amiudados discursos. Ainda esta semana, deixou a cadeira presidencial para discutir um projeto. Não acho estético. A estética é o único lado por onde vejo os negócios públicos; não sei de praxes nem regras. É possível até que as regras e praxes fundamentem o meu modo de ver, mas eu fico na estética.

Note-se que, a respeito do Instituto Comercial, talvez tenha alguma razão o presidente. Não li o projeto; mas pode ser que haja ensino demais, sem que eu queira com isto aceitar o gracioso exemplo alegado por um intendente, a saber: que os açougueiros, sem estudos acadêmicos, sabem muito bem que um quilo pesa setecentos e cinquenta gramas. Isto apenas mostra vocação. Há vocações sem estudos. Mas os estudos servem justamente para afiar, armar, dar asas às vocações. Um homem que, além de conhecer o peso prático do quilo, souber cientificamente que a lebre é uma exageração do gato, exageração inútil, e acaso perigosa, renovará a alimentação pública sem deixar de enriquecer.

Quaisquer, porém, que sejam as opiniões, insisto em que o presidente deve presidir. Uma das qualidades do cargo é a impassibilidade. O Senador Nabuco, combatendo um dia a intervenção imperial na luta dos partidos, citou o lance do poema de Homero, quando Vênus desce entre os combatentes e sai ferida por um deles. O poder moderador é a Vênus, concluiu Nabuco. Sabe-se que esse ilustre jurisconsulto intercalava o Pegas com Homero, e chegava ao extremo (desconfio) de achar Homero ainda superior ao Pegas. Eu, sem conhecer o Pegas, sou de igual opinião. Apliquemos a comparação ao nosso caso; é a mesma coisa. A presidência precisa ser, não só imparcial, mas impassível.

Ah! não falemos de impassibilidade, que me faz lembrar um caso ocorrido na matriz da Glória. Imaginai que era a hora da missa. Havia na igreja pouca gente, era cedo, umas vinte pessoas ao todo. Senhoras ajoelhadas, outras sentadas, homens em pé, esperando. Profundo silêncio. Eis que aparece o sacristão com uma toalha. Imediatamente, algumas senhoras, que estavam orando, mudaram de lugar e foram ajoelhar-se mais acima, em fila. O sacristão estendeu diante delas a toalha, em que cada uma pegou com os dedos. Já percebeis que iam comungar.

Desaparece o sacristão, e torna alguns segundos depois, acompanhando o padre. Conheceis a cerimônia; não é preciso entrar em minudências. O padre foi buscar o cibório. Chegou às penitentes, tendo ao lado o sacristão com uma tocha acesa. Também conheceis o gesto e as palavras: *Senhor, eu não sou digno* etc. Ia já na terceira penitente, quando sucedeu uma coisa extraordinária. Aqui é que eu quisera ver trabalhar a imaginação das pessoas que me leem. Cada qual adivinhará a seu modo o que poderá ter acontecido, quando o padre ia dando a sagrada partícula à penitente. Trabalhai, dramaturgos e romancistas; forjai de cabeça mil coisas novas ou complicadas, escandalosas ou terríveis, e ainda assim não atinareis com o que sucedeu na matriz da Glória, naquele instante em que o padre ia dar à penitente a sagrada partícula.

Sucedeu isto: o sacristão distraiu-se, ou fraqueou-lhe a mão, inclinou a tocha, e a manga da sobrepeliz do padre pegou fogo. O melhor modo de julgar um caso é pô-lo em si. Que farias tu? Fogo não brinca nem espera. Tu saltavas; adeus, cibório! adeus, partículas! penitentes, adeus! E se não te acudissem a tempo, o fogo ia andando, voando, podias morrer queimado, que é das piores mortes deste mundo, onde só é boa a de César. Pois foi o contrário, meu amigo.

O padre viu o fogo e não se mexeu, não deixou cair a partícula dos dedos, nem o cibório da mão, não deu um passo, não fez um gesto. Disse apenas ao sacristão, em voz baixinha: "Apague". E o sacristão, atarantado, às pressas, com as mãos tratou de abafar o fogo que ia subindo. O padre olhava só, esperando. Quando o fogo morreu, inclinou-se para a penitente e continuou tranquilo: *Senhor, eu não sou digno...*

Padre que eu não conheço, recebe daqui as minhas invejas, se essa impassibilidade é o teu estado ordinário. Se foi ato de virtude, esforço do espírito sobre o corpo, pela consciência da santidade do ofício e da gravidade do momento, és também invejável, e relativamente mais invejável. Mas eu contento-me com o menos, padre amigo. Basta-me a impassibilidade natural, não ser abalado por nenhuma coisa, nem do céu nem da terra, nem por fogo nem por água. Esta é meia liberdade, meu caro levita do Senhor, ou antes toda, se é certo que não a há inteira; mas eu não estou aqui para discutir questões árduas ou insolúveis.

Mire-se no espelho que aí lhe deixo o presidente do Conselho Municipal. Quando a discussão lhe fizer o mesmo efeito da chama na sobrepeliz do padre da Glória, não deixe a cadeira para atalhar o incêndio; diga ao sacristão que apague. O sacristão dos leigos é o tempo. Não me retruque que não pode. Ainda agora um digno intendente, entrando em última discussão este último artigo de um projeto: *Ficam revogadas as disposições em contrário*, pediu a palavra para examinar todo o projeto, confessando nobremente, lealmente, que, quando se discutiram os outros artigos, estava distraído. Ora, eu não li que o presidente redarguisse com afabilidade e oportunidade: "Mas, meu caro colega, nós não estamos aqui para nos distrairmos". Salvo se o taquígrafo eliminou por sua conta o reparo; mas se os taquígrafos passam a governar os debates, melhor é que componham logo os discursos e os atribuam a quem quiser. Os supostos oradores farão apenas os gestos. Quem sabe? Será talvez a última perfeição dos corpos legislativos.

20 de maio de 1894

Creio em poucas coisas, e uma das que entram no meu credo é a justiça, tanto a do céu quanto a da terra, assim a pública como a particular. Além da fé, tinha a vocação, e, mais dia menos dia, não seria de estranhar que propusesse uma demanda a alguém. O adágio francês diz que o primeiro passo é que é difícil; autuada a primeira petição, iriam a segunda e a terceira, a décima e a centésima, todas as petições, todas as formas de processo, desde a ação de dez dias até à de todos os séculos.

Tal era o meu secreto impulso, quando o Instituto dos Advogados teve a ideia de escrever e votar que a justiça não é exercida, porque dorme ou conversa, não sabe o que diz, tudo se mistura com uma história de leiloeiros, síndicos e outras coisas que não entendi bem. Como nos grandes dias do romantismo, senti um abismo aberto a meus pés. A fé, que abala montanhas, chegou a ficar abalada em si mesma, e estive quase a perder uma das partes do meu credo. Consertei-o depressa; mas não é provável que nestes meses mais próximos litigue nada ou querele de ninguém. Poupo as custas, é verdade, do mesmo modo que poupo o dinheiro, não assinando um lugar no Teatro Lírico; quem me dará *Lohengrin* e um libelo?

Entretanto, sem examinar o capítulo da conversação nem o dos leiloeiros, creio que a inconsistência ou variedade das decisões pode ser vantajosa em alguns casos. Por exemplo, um dos nossos magistrados decidiu agora que a briga de galos não é jogo de azar, e não o fez só por si, mas com vários textos italianos e adequados. Realmente — e sem sair da nossa língua —, parece que não há maior azar na briga de galos que na corrida de cavalos, pelotaris e outras instituições. O fato da aposta não muda o caráter da luta. Dois cavalos em disparada ou dois galos às cristas são, em princípio, a mesma coisa. As diferenças são exteriores. Há os palpites na corrida de cavalos, prenda que a briga de galos ainda não possui, mas pode vir a ter. Os cavalos têm nomes, alguns cristãos, e os galos não se distinguem uns dos outros. Enfim, parece que já chegamos à economia de fazer correr só os nomes sem os cavalos, não havendo o menor desaguisado na divisão dos lucros. Desceremos às sílabas, depois às letras; não iremos aos gestos, que é o exercício do *pick-pocket*.

Sim, não é jogo de azar; mas se a sentença fosse outra, podia não ser legal, mas seria justa, ou, quando menos, misericordiosa. Os galos perdem a crista na briga, e saem cheios de sangue e de ódio; não é o brio que os leva, como aos cavalos, mas a hostilidade natural, e isto não lhes dói somente a eles, mas também a mim. Que briguem por causa de uma galinha, está direito; as galinhas gostam que as disputem com alma, se são humanas, ou com o bico, se são propriamente galinhas. Mas que briguem os galos para dar ordenado a curiosos ou vadios, está torto.

Se o homem, como queria Platão, é um galo sem penas, compreende-se esta minha linguagem; trato de um semelhante, defendendo a própria espécie. Mas não é preciso tanto. Pode ser também que haja em mim como que um eco do passado. O espiritismo ainda não chegou ao ponto de admitir a encarnação em animais, mas lá há de ir, se quiser tirar todas as consequências da doutrina. Assim que pode ser que eu tenha sido galo em alguma vida anterior, há muitos anos ou séculos. Concentrando-me, agora, sinto um eco remoto, alguma coisa parecida com o canto do galo. Quem sabe se não fui eu que cantei as três vezes que serviram de prazo para que São Pedro negasse a Jesus? Assim se explicarão muitas simpatias.

Só a doutrina espírita pode explicar o que sucedeu a alguém, que não nomeio, esta mesma semana. É homem verdadeiro; encontrei-o ainda espantado. Imaginai que, indo ao gabinete de um cirurgião-dentista, achou ali um busto, e que esse busto era o de Cícero. A estranheza do hóspede foi enorme. Tudo se podia esperar em tal lugar, o busto de Cadmo, alguma alegoria que significasse aquele velho texto: *Aqui há ranger de dentes*, ou qualquer outra composição mais ou menos análoga ao ato; mas que ia fazer Cícero naquela galera? Prometi à pessoa, que estudaria o caso e lhe daria daqui a explicação.

A primeira que me acudiu foi que, sendo Cícero orador por excelência, representava o nobre uso da boca humana, e consequentemente o da conservação dos dentes, tão necessários à emissão nítida das palavras. Como bradaria ele as catilinárias, sem a integridade daquele aparelho? Essa razão, porém, era um pouco remota. Mais próxima que essa seria a notícia que nos dá Plutarco, relativamente ao nascimento do orador romano; afirma ele — e não vejo por onde desmenti-lo — que Cícero foi parido sem dor. Sem dor! A supressão da dor é a principal vitória da arte dentária. O busto do romano estaria ali como um símbolo eloquente — tão eloquente como o próprio filho daquela bendita senhora. Mas esta segunda explicação, se era mais próxima, era mais sutil; pu-la de lado.

Refleti ainda, e já desesperava da solução, quando me acudiu que provavelmente Cícero fora dentista em alguma vida anterior. Não me digam que não havia então arte dentária; havia a China, e na China — como observei aqui há tempos — existe tudo, e o que não existe, é porque já existiu. Ou dentista, ou um daqueles mandarins que sabiam proteger as artes úteis, e deu nobre impulso à cirurgia da boca. Tudo se perde na noite dos tempos, meus amigos; mas a vantagem da ciência — e particularmente da ciência espírita — é clarear as trevas e achar as coisas perdidas.

Um sabedor dessa escola vai dar em breve ao prelo um livro, em que se verão a tal respeito revelações extraordinárias. Há nele espíritos, que não só vieram ao mundo duas e três vezes, mas até com sexo diverso. Um tempo viveram homens, outro mulheres. Há mais! Um dos personagens veio uma vez e teve uma filha; quando tornou, veio o filho da filha. A filha, depois de nascer do pai, deu o pai à luz.

Algum dia (creio eu) os espíritos nascerão gêmeos e já casados. Será a perfeição humana, espiritual e social. Cessará a aflição das famílias, que buscam aposentar as moças, e dos rapazes que procuram consortes. Virão os casais já prontos, dançando o minuete da geração... Haverá assim grande economia de espíritos, visto que os mesmos irão mudando de consortes, depois de um pequeno descanso no espaço.

Nessa promiscuidade geral dos desencarnados, pode suceder que os casais se recomponham, e, após duas ou três existências com outros, Adão tornará a nascer com Eva, Fausto com Margarida, Filêmon com Báucis. Mas a perfeição das perfeições será quando os espíritos nascerem de si mesmos. Com alguns milhões deles se irá compondo este mundo, até que, pela decadência natural das coisas, baste um único espírito dentro da única e derradeira casa de saúde. Ó abismo dos abismos!

27 de maio de 1894

Morreu um árabe, morador na rua do Senhor dos Passos. Não há que dizer a isto; os árabes morrem e a rua do Senhor dos Passos existe. Mas o que vos parece nada, por não conhecerdes sequer esse árabe falecido, foi mais um golpe nas minhas reminiscências românticas. Nunca desliguei o árabe destas três coisas: deserto, cavalo e tenda. Que importa houvesse uma civilização árabe, com alcaides e bibliotecas? Não falo da civilização, falo do romantismo, que alguma vez tratou do árabe civilizado, mas com tal aspecto, que a imaginação não chegava a desmembrar dele a tenda e o cavalo.

Quando eu cheguei à vida, já o romantismo se despedia dela. Uns versos tristes e chorões que se recitavam em língua portuguesa, não tinham nada com a melancolia de René, menos ainda com a sonoridade de Olímpio. Já então Gonçalves Dias havia publicado todos os seus livros. Não confundam este Gonçalves Dias com a rua do mesmo nome; era um homem do Maranhão, que fazia versos. Como ele tivesse morado naquela rua, que se chamava dos Latoeiros, uma folha desta cidade, quando ele morreu, lembrou à Câmara Municipal que desse o nome de Gonçalves Dias à dita rua. O sr. Malvino teve igual fortuna, mas sem morrer, afirmando-se ainda uma vez aquela lei de desenvolvimento e progresso, que os erros dos homens e as suas paixões não poderão jamais impedir que se execute.

Cumpre lembrar que, quando falo da morte de Gonçalves Dias, refiro-me à segunda, porque ele morreu duas vezes, como sabem. A primeira foi de um boato. Os jornais de todo o Brasil disseram logo, estiradamente, o que pensavam dele, e a notícia da morte chegou aos ouvidos do poeta como os primeiros ecos da posteridade. Este processo, como experiência política, pode dar resultados inesperados. Eu, deputado ou senador, recolhia-me a alguma fazenda, e ao cabo de três meses expedia um telegrama, anunciando que havia morrido. Conquanto sejamos todos benévolos com os defuntos recentes, sempre era bom ver se na água benta das necrologias instantâneas não cairiam algumas gotas de fel. Tal que houvesse dito do orador vivo, que era "uma das bocas de ouro do Parlamento", podia ser que escrevesse do orador morto, que "se nunca se elevou às culminâncias da tribuna política, jamais aborreceu aos que o ouviam".

A propósito de orador, não esqueçamos dizer que temos agora na Câmara um deputado Lamartine, e que estivemos quase a ter um Chateaubriand. Estes dois nomes significam certamente o entusiasmo dos pais em relação aos dois homens que os tornaram famosos. Recordem-se do espanto que houve na Europa, e especialmente em França, quando a Revolução de Quinze de Novembro elevou ao governo Benjamim Constant. Perguntaram se era francês ou filho de francês. Neste último caso, não sei se foi o homem político ou o autor de *Adolfo* que determinou a escolha do nome. Os drs. Washington e Lafayette foram evidentemente escolhidos por um pai republicano e americano. Que concluo daqui? Nada, em relação aos dois últimos; mas em relação aos primeiros acho que é ainda um vestígio de romantismo. Estou que as opiniões políticas de Lamartine e Chateaubriand não influíram para o batismo dos seus homônimos, mas sim a poesia de um e a prosa de outro. Foi homenagem aos cantores de Elvira e de Atalá, não ao inimigo de Bonaparte, nem ao domador da insurreição de junho.

Vede, porém, o destino. Não são só os livros que têm os seus fados; também os nomes os têm. Os portadores brasileiros daqueles dois nomes são agora meramente políticos. Assim, a amorosa superstição dos pais achou-se desmentida pelo tempo, e os nomes não bastaram para dar aos filhos idealidades poéticas. Não obstante esta limitação, devo confessar que me afligiu a leitura de um pequeno discurso do atual deputado. Não foi a matéria, nem a linguagem; foi a senhoria. Há casos em que as fórmulas usuais e cortesas devem ser, por exceção, suprimidas. Quando li: *O sr. Lamartine*, repetido muitas vezes, naquelas grossas letras normandas do *Diário Oficial*, senti como que um sacudimento interior. Esse nome não permite aquele título; soa mal. A glória tem desses ônus. Não se pode trazer um nome imortal como a simples gravata branca das cerimônias. Ainda ontem vieram falar-me dos negócios de um sr. Leônidas; creio que rangeram ao longe os ossos do grande homem.

Mas tudo isso me vai afastando do meu pobre árabe morto na rua do Senhor dos Passos. Chamava-se Assef Aveira. Não conheço a língua arábica, mas desconfio que o segundo nome tem feições cristãs, salvo se há erro tipográfico. Entretanto, não foi esse nome o que mais me aborreceu, depois da residência naquela rua, sem tenda nem cavalo; foi a declaração de ser o árabe casado. Não diz o obituário se com uma ou mais mulheres; mas há nessa palavra um aspecto de monogamia que me inquieta. Não compreendo um árabe sem Alcorão, e o Alcorão marca para o casamento quatro mulheres. Dar-se-á que esse homem tenha sido tão corrompido pela monogamia cristã, que chegasse ao ponto de ir contra o preceito de Mafoma? Eis aí outra restrição ao meu árabe romântico.

Não me demoro em apontar as obrigações da carta de fiança, da conta do gás e outras necessidades prosaicas, tão alheias ao deserto. O pobre árabe trocou o deserto pela rua do Senhor dos Passos, cujo nome lembra aqueles religionários, em quem seus avós deram e de quem receberam muita cutilada. Pobre Assef! Para cúmulo, morreu de febre amarela, uma epidemia exausta à força de civilização ocidental, tão diversa do cólera-morbo, essa peste medonha e devastadora como a espada do profeta.

Miserável romantismo, assim te vais aos pedaços. A anemia tirou-te a pouca vida que te restava, a corrupção não consente sequer que fiquem os teus ossos para memória. Adeus, Árabes! adeus, tendas! adeus, deserto! Cimitarras, adeus! adeus!

10 de junho de 1894

Ontem de manhã, indo ao jardim, como de costume, achei lá um burro. Não leram mal, não está errado (como na *Semana* passada, em que saiu Banco União, em vez de Banco Único); não, meus senhores, era um burro, um burro de carne e osso, de mais osso que carne. Ora, eu tenho rosas no jardim, rosas que cultivo com amor, e que me querem bem, que me saúdam todas as manhãs com os seus melhores cheiros, e dizem sem pudor coisas mui galantes sobre as delícias da vida, porque eu não consinto que as cortem do pé. Hão de morrer onde nasceram.

Vendo o burro naquele lugar, lembrei-me de Lucius. O Lucius da Tessália, que, só com mastigar algumas rosas, passou outra vez de burro a gente. Estremeci, e — confesso a minha ingratidão — foi menos pela perda das rosas, que pelo terror do prodígio. Hipócrita, como me cumpria ser, saudei o burro com grandes reverências, e chamei-lhe Lucius. Ele abanou as orelhas, e retorquiu:

— Não me chamo Lucius.

Fiquei sem pingo de sangue; mas para não agravá-lo com demonstrações de espanto, que lhe seriam duras, disse:

— Não? Então o nome de vossa senhoria...?

— Também não tenho senhoria. Nomes só se dão a cavalos, e quase exclusivamente a cavalos de corridas. Não leu hoje telegramas de Londres, noticiando que nas corridas de Oaks venceram os cavalos fulano e sicrano? Não leu a mesma coisa quinta-feira, a respeito das corridas de Epsom? Burro de cidade, burro que puxa bonde ou carroça, não tem nome; na roça pode ser. Cavalo é tão adulado que, vencendo uma corrida na Inglaterra, manda-se-lhe o nome a todos os cantos da terra. Não pense que fiz verso; às vezes saem-me rimas da boca, e podia achar editor para elas, se quisesse; mas não tenho ambições literárias. Falo rimado, porque falo poucas vezes, e atrapalho-me. Pois, sim, senhor. E sabe de quem é o primeiro dos cavalos vencedores de Epsom, o que se chama Ladas? É do próprio chefe do governo, lord Roseberry, que ainda não há muito ganhou com ele dois mil guinéus.

— Quem é que lhe conta todas essas coisas inglesas?

— Quem? Ah! meu amigo, é justamente o que me traz a seus pés — disse o burro ajoelhando-se, mas levantando-se logo, a meu pedido. E continuou: — Sei que o senhor se dá com gente de imprensa, e vim aqui para lhe pedir que interceda por mim e por uma classe inteira, que devia merecer alguma compaixão...

— Justiça, justiça — emendei eu com hipocrisia e servilismo.

— Vejo que me compreende. Ouça-me; serei breve. Em regra, só se devia ensinar aos burros a língua do país; mas o finado Greenough, o primeiro gerente que teve a Companhia do Jardim Botânico, achou que devia mandar ensinar inglês aos burros dos bondes. Compreende-se o motivo do ato. Recém-chegado ao Rio de Janeiro, trazia mais vivo que nunca o amor da língua natal. Era natural crer que nenhuma outra cabia a todas as criaturas da terra. Eu aprendi com facilidade...

— Como? Pois o senhor é contemporâneo da primeira gerência?

— Sim, senhor; eu e alguns mais. Somos já poucos, mas vamos trabalhando. Admira-me que se admire. Devia conhecer os animais de 1869 pela valente decrepitude com que, embora deitando a alma pela boca, puxamos os carros e os ossos. Há nisto um resto da disciplina, que nos deu a primeira educação. Apanhamos, é verdade, apanhamos de chicote, de ponta de pé, de ponta de rédea, de ponta de ferro, mas é só quando as poucas forças não acodem ao desejo; os burros modernos, esses são teimosos, resistem mais à pancadaria. Afinal, são moços.

Suspirou e continuou:

— No meio de tanta aflição, vale-nos a leitura, principalmente de folhas inglesas e americanas, quando algum passageiro as esquece no bonde. Um deles esqueceu anteontem um número do *Truth*. Conhece o *Truth*?

— Conheço.

— É um periódico radical de Londres — continuou o burro, dando à força a notícia, como um simples homem. — Radical e semanal. É escrito por um cidadão, que dizem ser deputado. O número era o último, chegadinho de fresco. Mal me levaram à manjedoura, ou coisa que o valha, folheei o periódico de Labouchère... Chama-se Labouchère o redator. O periódico publica sempre, em duas colunas, notícia comparativa das sentenças dadas pelos tribunais londrinos, com o fim de mostrar que os pobres e desamparados têm mais duras penas que os que o não são, e por atos de menor monta. Ora, que hei de ler no número chegado? Coisas destas. Um tal John Fearon Bell, convencido de maltratar quatro potros, não lhes dando suficiente comida e bebida, do que resultou morrer um e ficarem três em mísero estado, foi condenado a cinco libras de multa; ao lado desse vinha o caso de Fuão Thompson, que foi encontrado a dormir em um celeiro e condenado a um mês de cadeia. Outra comparação. Elliot, acusado de maltratar dezesseis bezerros, cinco libras de multa e custas. Mary Ellen Connor, acusada de vagabundagem, um mês de prisão. William Pope, por não dar comida bastante a oito cavalos, cinco libras e custas. William Dudd, aprendiz de pescador, réu de desobediência, vinte e dois dias de prisão. Tudo mais assim. Um rapaz tirou um ovo de faisão de um ninho: quatorze dias de cadeia. Um senhor maltratou quatro vacas, cinco libras e custas.

— Realmente — disse eu sem grande convicção —, a diferença é enorme...

— Ah! meu nobre amigo! Eu e os meus pedimos essa diferença, por maior que seja. Condenem a um mês ou um ano os que tirarem ovos ou dormirem na rua; mas condenem a cinquenta ou cem mil-réis aqueles que nos maltratam por qualquer modo, ou não nos dando comida suficiente, ou, ao contrário, dando-nos excessiva pancada. Estamos prontos a apanhar, é o nosso destino, e eu já estou velho para aprender outro costume; mas seja com moderação, sem esse furor de cocheiros e carroceiros. O que o tal inglês acha pouco para punir os que são cruéis conosco, eu acho que é bastante. Quem é pobre não tem vícios. Não exijo cadeia para os nossos opressores, mas uma pequena multa e custas, creio que serão eficazes. O burro ama só a pele; o homem ama a pele e a bolsa. Dê-se-lhe na bolsa; talvez a nossa pele padeça menos.

— Farei o que puder; mas...

— Mas quê? O senhor afinal é da espécie humana, há de defender os seus. Eia, fale aos amigos da imprensa; ponha-se à frente de um grande movimento popular. O Conselho Municipal vai levantar um empréstimo, não? Diga-lhe que, se lançar uma pena pecuniária sobre os que maltratam burros, cobrirá cinco ou seis vezes o empréstimo, sem pagar juros, e ainda lhe sobrará dinheiro para o Teatro Municipal, e para teatros paroquiais, se quiser. Ainda uma vez, respeitável senhor, cuide um pouco de nós. Foram os homens que descobriram que nós éramos seus tios, senão diretos, por afinidade. Pois, meu caro sobrinho, é tempo de reconstituir a família. Não nos abandone, como no tempo em que os burros eram parceiros dos escravos. Faça o nosso *treze de maio*. Lincoln dos teus maiores, segundo o evangelho de Darwin, expede a proclamação da nossa liberdade!

Não se imagina a eloquência destas últimas palavras. Cheio de entusiasmo, prometi, pelo céu e pela terra, que faria tudo. Perguntei-lhe se lia o português com facilidade; e, respondendo-me que sim, disse-lhe que procurasse a *Gazeta* de hoje. Agradeceu-me com voz lacrimosa, fez um gesto de orelhas, e saiu do jardim vagarosamente, cai aqui, cai acolá.

17 de junho de 1894

Um membro do Conselho Municipal, discutindo-se ali esta semana a questão que os jornais chamaram tentativa de Panamá, deu dois apartes, que vou transcrever aqui, sem dizer o nome do autor. Não há neles nada que ofenda a ninguém; mas eu só falo em nomes, quando não posso evitá-los. Tenho meia dúzia de virtudes, algumas grandes. Uma das mais apreciáveis é este horror invencível aos nomes próprios. Mas vamos aos dois apartes.

A propósito da notícia que as folhas deram da chamada tentativa, reabriu-se esta semana a discussão dos papelinhos. Vários falaram, varrendo cada um a sua testada, e fizeram muito bem. A opinião geral foi que a questão não devia ser trazida a público, opinião que é também a minha, e era já a de Napoleão. Uma vez trazida, era preciso liquidá-la.

Entre as declarações feitas, em discurso, uma houve de algum valor; foi a de um conselheiro que revelou terem-lhe oferecido muitos contos de réis para não discutir certo projeto. Não se lhe pediu defesa, mas abstenção, tão certo é que a palavra é prata, e o silêncio é ouro. O conselheiro recusou; eu não sei se recusaria. Certamente, não me falta hombridade, nem me sobra cobiça, mas distingo. Dinheiro para falar, é arriscado; naturalmente (a não ser costume velho), a gente fala com a impressão de que traz o preço do discurso na testa, e depois é fácil cotejar o discurso e o boato, e aí está um homem perdido. Ou meio perdido: um homem não se perde assim com duas razões. Mas dinheiro para calar, para ouvir atacar um projeto sem defendê-lo, dar corda ao relógio, enquanto se discute, concertar as suíças, examinar as unhas, adoecer, ir passar alguns dias fora, não acho que envergonhe ninguém, seja a pessoa que propõe, seja a que aceita.

Há quem veja nisso algo imoral; é opinião de espíritos absolutos, e tu, meu bom amigo e leitor, foge de espíritos absolutos. Os casuístas não eram tão maus como nos fizeram crer. Atos há que, aparentemente repreensíveis, não o são na realidade, ou pela pureza da intenção, ou pelo benefício do resultado; e ainda os há que não precisam de condição alguma para serem indiferentes. Depois, quando seja imoralidade, convém advertir que esta tem dois gêneros, é ativa ou passiva. Quando alguém, sem nenhum impulso generoso, pede o preço do voto que vai dar, pratica a imoralidade ativa, e ainda assim é preciso que o objeto do voto não seja repreensível em si mesmo. Quando, porém, é procurado para receber o dinheiro, essa outra forma, não só é diversa, mas até contrária, é a passiva, e tanto importa dizer que não existe. Ninguém afirmará que cometi suicídio porque me caiu um raio em casa.

A própria lei faz essa distinção. Supõe que estás com sete contos na carteira, para saíres a umas compras no interior. Vais ao passeio público ouvir música ou ver o mar. Chega-se um homem e propõe-te vender pelos sete contos uma caixa contendo duzentos contos de notas falsas. Tu refletes, tu calculas: "O negócio é bom; eu preciso justamente de duzentos contos para comprar a fazenda do Chico Marques e pagar a casa em que está o Banco Indestrutível. Matuto não conhece nota falsa nem verdadeira; passo tudo na roça e volto com o dinheiro bom... duzentos contos... Está feito!" Ajustas lugar e hora, levas os sete contos, ele dá-te a caixa, levantas a tampa, está socada de bilhetes novos em folha. De noite ou na manhã seguinte, queres contar os duzentos contos e abres a caixa. Que achas tu? Que todas as notas de cima são verdadeiras, uns quinhentos mil-réis. Tudo o mais são panos velhos e retalhos de jornais. O primeiro gesto é levar as mãos à cabeça, o segundo é correr à polícia. A polícia ouve, escreve, sai no encalço do homem, que ainda está com os sete contos intatos. Ele vai para a cadeia e tu para a roça.

 Por que vais tu para a roça e ele para a cadeia? Não é só, como te dirão, por não teres praticado nem tentado delito algum, não podendo a lei alcançar os recessos da consciência, nem punir a ilusão. É também, e principalmente, pela passividade do teu papel. Tu estavas muito sossegado, mirando o mar e escutando a banda de música. Quem te veio tentar, foi ele. No *Fausto* é a mesma coisa. Margarida sobe ao céu. Fausto sai arrastado por Mefistófeles.

 Mas vamos aos dois apartes. Já disse em que consistiu o principal da discussão outro dia. Esse principal, convém notá-lo, não foi a maior parte. Examinaram-se projetos de lei, com atenção, com zelo, sem que a primeira parte da sessão influísse na segunda. Os apartes, porém, a que me refiro, foram dados na primeira hora, quando se discutia justamente a questão principal. Dois oradores tinham opinião diversa sobre ela. Um condenou francamente a ideia de trazer ao conhecimento público o negócio dos papéis, e fê-lo por este modo: "Para que trazer tais coisas ao conhecimento do Conselho, dando lugar a murmurações?" "Isso é tristíssimo!", apoiou um membro. Mas dizendo outro orador que o lugar próprio para liquidar o negócio era o Tribunal, acudiu o membro que sim: "Apoiado: a mesa saberá cumprir o seu dever".

 Há aí duas opiniões, uma em cada aparte. Com a de Napoleão, que é a minha, são três. É o que parece; mas também pode suceder que duas se combinem ou se completem. O primeiro aparte condenou a publicidade; o segundo, uma vez que a publicidade se fez, pede o Tribunal. Creio que é isto mesmo. Assim pudesse eu explicar a contradição dos aguaceiros de ontem e de hoje com a hora de sol desta manhã. Sol divino, Hélios amado, quando te vi hoje espiar para todas as árvores que me cercavam fiquei alegre. Havia um pedaço de céu azul, não muito azul; tinha ainda umas dedadas de nuvens grossas, mas caminhava para ficar todo azul. O vento era frio. Duas palmeiras, distantes no espaço, mas abraçadas à vista, recortavam-se justamente no pedaço azul, movendo as folhas de um verde cristalino. Viva o sol! bradei eu atirando a pena. Eis que a chuva, aborrecida velha de capote, entra pela cidade, deixando flutuar ao vento as saias cheias de lama...

24 de junho de 1894

Peguei na pena, e ia começar esta *Semana*, quando ouvi uma voz de espectro: "São João! sortes de São João!" A princípio cuidei que era alguma loteria nova, e molhei a pena para cumprir esta obrigação. Não tinha assunto, tantos eram eles; mas a boa regra, quando eles são muitos, é deixar ir os dedos pelo papel abaixo, como animais sem rédea nem chicote. Os dedos dão conta da mão, salvo o trocadilho.

Mal escrevera o título, ouvi outra vez bradar: "São João! sortes de São João!" Ergui-me como um só homem, desci à rua e fui direito ao espectro. O espectro levava meia dúzia de folhetinhos na mão; eram sortes, eram versos para a noite de São João, que foi ontem. Arregalei os olhos, que é o primeiro gesto, quando se vê alguma coisa incrível; depois fechei-os para não ver o espectro, mas o espectro bradava-me aos ouvidos; tapei os ouvidos, ele fitava-me os velhos olhos cavados de alma do outro mundo. Vai, disse eu, o Senhor te dê a salvação. O vulto pegou em si e continuou a apregoar as sortes do santo, arrastando os pés e a voz, como se realmente fizesse penitência.

Tornei à casa, e, como nos mistérios espíritas, concentrei-me. A concentração levou-me a anos passados, se muitos ou poucos não sei, não os contei; era no tempo em que havia São João e a sua noite. Gente moça em volta da mesa, um copo de marfim e dois ou três dados. Fora ardiam as últimas achas da fogueira; tinham-se comido carás e batatas; ia-se agora à consulta do futuro. Um ledor abria o livro das sortes, e dizia o título do capítulo: "Se há de ser feliz com a pessoa a quem adora."

Corriam os dados. O ledor buscava a quadrinha indicada pelo número, e sibilava:

Felicidades não busques,
Incauta...

Vós que nascestes depois da morte de São João, e antes da *Morte de d. João*, não cuideis que invento. Não invento nada; era assim mesmo. Remontemos ao dia 24 de junho de 1841. Se pertenceis ao número dos meus inimigos, como Lulu Sênior, repetireis a velha chalaça de que foi nesse ano que eu fiz a barba pela primeira vez. Eu me calo, Adalberto, ou não respondo, como dizia João Caetano em não sei que tragédia, contemporânea do santo do seu nome. Tudo morto, o santo, a tragédia, o ator, talvez o teatro — o nacional, que o municipal aí vem.

Remontemos ao dito ano de 1841. Aqui está uma folha do dia 23 de junho. Como é que veio parar aqui à minha mesa? O vento dos tempos nem sempre é a brisa igual e mansa que tudo esfolha e dispersa devagar. Tem lufadas de tufão, que fazem ir parar longe as folhas secas ou somente murchas. Esta desfaz-se de velha; não tanto, porém, que se não leiam nela os anúncios de livros de sortes. É o *Fado*, que a Casa Laemmert publicava, quando estava na rua da Quitanda, um livro repleto de promessas, que mostrava tudo o que se quisesse saber a respeito de riquezas, heranças, amizades, contendas, gostos. Aqui vem outro, o *Novíssimo jogo de sortes*, "por meio do qual as senhoras podem vir ao conhecimento do que mais lhes interessa saber, como seja o estado que terão na vida, se encontrarão um consorte que as estime e respeite, se terão abundância de bens de fortuna, se serão felizes com amores". Cá está *A mulher de Simplício*, que dava uma edição extraordinária "com mais de mil sortes". Eis agora o *Oráculo das senhoras*, conselheiro oculto, diz o subtítulo, e acrescenta: "respondendo de um modo infalível a todas as questões sobre as épocas e acontecimentos mais importantes da vida, confirmado pela opinião de filósofos e fisiologistas mais célebres, Descartes, Buffon, Lavater, Gall e Spurzheim".

Quem não ia pela fé, ia pela ciência, e, à força do Batista ou de Descartes, agarravam-se pelas orelhas os segredos mais recônditos do futuro, para trazê-los ao clarão das velas, porque ainda não havia gás. Tudo por dez tostões, brochado; encadernado, dois mil-réis. O mistério ao alcance de todas as bolsas era uma bela instituição doméstica. As cartomantes creio que levam dois ou cinco mil-réis, segundo as posses do freguês; é mais caro. Quanto à Pítia, avó de todas elas, os presentes que iam ter ao templo de Delfos eram custosos, ouro para cima. E nem sempre falava claro, que parece ter sido o defeito dos adivinhos antigos e de alguns profetas. Ao contrário, os nossos livros eram francos, diziam tudo, bem e com graça, uma vez que os buscassem unicamente em três dias do ano.

Agora já não há dias especiais para consultar a Fortuna. Os santos do céu rebelaram-se, deram com a oligarquia de junho abaixo e proclamaram a democracia de todos os meses. Não se limitaram a anunciar coisas futuras, disseram claramente que já as traziam nas algibeiras, e que era só pedi-las. A terra estremeceu de ansiedade. Todas as mãos estenderam-se para o céu. No atropelo era natural que nem todas apanhassem tudo. Não importa: continuaram estendidas, esperando que lhes caísse alguma coisa.

Entretanto, a fartura precisa de limite, e onde entra excesso, pode muito bem entrar aflição. Os oráculos vieram cá abaixo disputar a veracidade dos seus dizeres, e cada um pede para os outros o rigor da autoridade. A opinião de uns é que os outros corrompem os corações imberbes ou barbados, que têm a fé pura e o sangue generoso. Tal é a luta que aí vemos, em artigos impressos, entre Santa Loteria, São Book-Maker, São Frontão, e não sei se também São Prado, dizendo uns aos outros palavras duras e agrestes. Parece que a liberdade da adivinhação, proclamada contra a oligarquia de junho, não está provando bem, e que o meio de todos comerem é não comerem todos. Esta descoberta, a falar verdade, é antiga, é o fundamento da esmola; mas nenhum dos contendores quer receber esmola, todos querem dá-la, e daí o conflito.

Que sairá deste? Não creio na exterminação de ninguém; pode haver algum acordo que permita a todos irem comendo, ainda que moderadamente. Uma religião não se destrói por excesso de religionários. O pão místico há de chegar a todos, e basta que um par de queixos mastigue de verdade, para fazer remoer todos os queixos vazios. O que eu quisera é que, no meio da consulta universal, São João continuasse o seu pequeno e ingênuo negócio, congregando a gente moça, como em 1841, para lhes dizer pela boca do *Fado* ou do *Oráculo das senhoras*:

> Felicidades não busques,
> Incauta...

Poetas, completai a estrofe. Cabe à poesia eternizar a mocidade, e este Batista, que nos pintam com o seu carneirinho branco, é patrão natural dos moços — e das moças também. Digo-vos isto no próprio estilo adocicado daquele tempo.

1º de julho de 1894

Quinta-feira de manhã fiz como Noé, abri a janela da arca e soltei um corvo. Mas o corvo não tornou, de onde inferi que as cataratas do céu e as fontes do abismo continuavam escancaradas. Então disse comigo: As águas hão de acabar algum dia. Tempo virá em que este dilúvio termine de uma vez para sempre, e a gente possa descer e palmear a rua do Ouvidor e outros becos. Sim, nem sempre há de chover. Veremos ainda o céu azul como a alma da gente nova. O sol, deitando fora a carapuça, espalhará outra vez os grandes cabelos louros. Brotarão as ervas. As flores deitarão aromas capitosos.

Enquanto pensava, ia fechando a janela da arca e tornei depois aos animais que trouxera comigo, à imitação de Noé. Todos eles aguardavam notícias do fim. Quando souberam que não havia notícia nem fim, ficaram desconsolados.

— Mas que diabo vos importa um dia mais ou menos de chuva? — perguntei-lhes. — Vocês aqui estão comigo, dou-lhes tudo; além da minha conversação, viveis em paz, ainda os que sois inimigos, lobos e cordeiros, gatos e ratos. Que vos importa que chova ou não chova?

— Senhor meu — disse-me um espadarte —, eu sou grato, e todos os nossos o são, ao cuidado que tivestes em trazer para aqui uma piscina, onde podemos nadar e viver; mas piscina não vale o mar: falta-nos a onda grossa e as corridas de peixes grandes e pequenos, em que nos comemos uns aos outros, com grande alma. Isto que nos destes, prova que tendes bom coração, mas nós não vivemos do bom coração dos homens. Vamos comendo, é verdade, mas comendo sem apetite, porque o melhor apetite...

Foi interrompido pelo galo, que bateu as asas, e, depois de cantar três vezes, como nos dias de Pedro, proferiu esta alocução:

— Pela minha parte, não é a chuva que me aborrece. O que me aborreceu desde o princípio do dilúvio foi a vossa ideia de trazer sete casais de cada vivente, de modo que somos aqui sete galos e sete galinhas, proporção absolutamente contrária às mais simples regras da aritmética, ao menos as que eu conheço. Não brigo com os outros galos, nem eles comigo, porque estamos em tréguas, não por falta de *casus belli*. Há aqui seis galos demais. Se os mandássemos procurar o corvo?

Não lhe dei ouvidos. Fui dali ver o elefante enroscando a tromba no surucucu, e o surucucu enroscando-se na tromba do elefante. O camelo esticava o pescoço, procurando algumas léguas de deserto, ou, quando menos, uma rua do Cairo. Perto dele, o gato e o rato ensinavam histórias um ao outro. O gato dizia que a história do rato era apenas uma longa série de violências contra o gato, e o rato explicava que, se perseguia o gato, é porque o queijo o perseguia a ele. Talvez nenhum deles estivesse convencido. O sabiá suspirava. A um canto, a lagartixa, o lagarto e o crocodilo palestravam em família. Coisa digna da atenção do filósofo é que a lagartixa via no crocodilo uma formidável lagartixa, e o crocodilo achava na lagartixa um crocodilo mimoso; ambos estavam de acordo em considerar o lagarto um ambicioso sem gênio (versão lagartixa) e um presumido sem graça (versão crocodilo).

— Quando lhe perguntam pelos avós — observou o crocodilo —, costuma responder que eles foram os mais belos crocodilos do mundo, o que pode provar com papiros antiquíssimos e autênticos...

— Tendo nascido — concluiu a lagartixa —, tendo nascido na mais humilde fenda de parede, como eu... Crocodilo de bobagem!

— Notai que ele fala muito do loto e do nenúfar, refere casos do hipopótamo, para enganar os outros, mas confunde Cleópatra com o Kediva e as antigas dinastias com o governo inglês...

Tudo isso era dito sem que o lagarto fizesse caso. Ao contrário, parecia rir, e costeava a parede da arca, a ver se achava algum calor de sol. Era então sexta-feira, à tardinha. Pareceu-me ver por uma fresta uma linha azul. Chamei uma pomba e soltei-a pela janela da arca. Nisto chegou o burro, com uma águia pousada na cabeça, entre as orelhas. Vinha pedir-me, em nome das outras alimárias, que as soltasse, qualquer que fosse o risco. Falou-me teso e quieto, não tanto pela circunspeção da raça, como pelo medo, que me confessou, de ver fugir-lhe a águia, se mexesse muito a cabeça. E dizendo-lhe eu que acabava de soltar a pomba, agradeceu-me e foi andando. Pelas dez horas da noite, voltou a pomba com uma flor no bico. Era o primeiro sinal de que as águas iam descendo.

— As águas são ainda grandes — disse-me a pomba —, mas parece que foram maiores. Esta flor não foi colhida de erva, mas atirada pela janela fora de uma arca, cheia de homens, porque há muitas arcas boiando. Esta de que falo deitou fora uma porção de flores, colhi esta que não é das menos lindas.

Examinei a flor; era de retórica. Nenhum dos animais conhecia tal planta. Expliquei-lhes que era uma flor de estufa, produto da arte humana, que ficava entre a flor de pano e a da campina. Há de haver alguma academia aí perto, concluí, academia ou Parlamento.

Ontem, sobre a madrugada, tornei a abrir a janela e soltei outra vez a pomba, dizendo aos outros que, se ela não tornasse, era sinal de que as águas estavam inteiramente acabadas. Não voltando até o meio-dia, abri tudo, portas e janelas, e despejei toda aquela criação neste mundo. Desisto de descrever a alegria geral. As borboletas e as aranhas iam dançando a tarantela, a víbora adornava o pescoço do cão, a gazela e o urubu, de asa e braço dados, voavam e saltavam ao mesmo tempo... Viva o dilúvio! e viva o sol!

8 de julho de 1894

O empresário Mancinelli vem fechar a era das revoluções. O nosso engano tem sido andar por vários caminhos à cata de uma solução que só podemos achar na música. A música é a paz, a ópera é a reconciliação. A unidade alemã e a unidade italiana são devidas, antes de tudo, à vocação lírica das duas nações. Cavour sem Verdi, Bismarck sem Wagner não fariam o que fizeram. A música é a ilustre matemática, apta para resolver todos os problemas. É pelo contraponto que o presente corrige o passado e decifra o futuro.

Não quero ir agora a escavações históricas nem a estudos étnicos, por onde mostraria que os povos maviosos são os que têm vida fácil, forte e unida. Os judeus unem-se muito, sem terem sido grandes músicos, exceto Davi e Meyerbeer. O primeiro, como se sabe, aplacava as fúrias de Saul, ao som da cítara. Os cativos de Babilônia penduravam as harpas dos salgueiros, para não cantarem, donde se infere que cantavam antes. Há ainda o famoso canto de Débora, os salmos e alguma coisa mais que me escapa. Esse pouco basta para que os descendentes de Abraão, Isaac e Jacó não desprezem totalmente a música. Vede Rothschild; apesar de saber que adoramos a música, jamais nos respondeu com o sarcasmo da formiga à cigarra: *Vous chantiez? J'en suis fort aise*. Não, senhor; sempre nos emprestou os seus dinheiros, certo de que a música faz os devedores honestos. E se, fechado o empréstimo, nos dissesse: *Eh bien! dansez maintenant*, seria por saber que há em nós uma gota de sangue do rei Davi, que saía a dançar diante da arca santa. Nós descansamos da ópera no baile, e do baile na ópera.

Os franceses dizem que entre eles *tout finit par des chansons*. Digamos, pela mesma língua, que entre nós *tout finit par des opéras*. Sim, Mancinelli veio trancar a era das revoluções. Notai que a ópera coincide com a representação nacional. Não é só a comunhão da arte, onde gregos e troianos, entre duas voltas, esquecem o que os divide e irrita. É ainda, até certo ponto, a reprodução paralela da legislatura.

A questão é demasiado complexa para ser tratada sobre a perna. Já aí ficam algumas indicações, às quais acrescento uma, a saber, que a própria estrutura dos corpos deliberantes reproduz a cena lírica. A mesa é a orquestra, o chefe da maioria o barítono, o da oposição o tenor; seguem-se os comprimários e os coros. No sistema parlamentar, cada ministério novo canta aquela ária: *Eccomi al fine in Babilonia*. Quando sucede cair um gabinete, a ária é esta: *Gran Dio, morir sì giovane*. Antes, muito antes que alguém se lembrasse de pôr em música o *Hamlet*, já nas assembleias legislativas se cantava (à surdina) o monólogo da indecisão. *To be or not to be, that is the question*. Aquela frase de Hamlet, quando Ofélia lhe perguntou o que está lendo: *Words, words, words*, muita vez a ouvi com acompanhamento de violinos. Ouvi também a talentos de primeira ordem árias e duos admiráveis, executados com rara mestria e verdadeira paixão.

Quem quiser escrever a história do canto entre nós, há de ter diante dos olhos os efeitos políticos desta arte. Sem isso, fará uma crônica, não uma história. Pela minha parte, não conhecendo a crônica, não poderia tentar a história. Pouco sei dos fatos. Não remontando a um soprano que aqui viveu e morreu, homem alto, gordo e italiano, que cantava somente nas igrejas, sei que ópera lírica, propriamente dita, começou a luzir de 1840 a 1850, com outro soprano, desta vez mulher, a célebre Candiani. Quem não a haverá citado? Netos dos que se babaram de gosto nas cadeiras e camarotes do Teatro de São Pedro, também vós a conheceis de nome, sem a terdes visto, nem provavelmente vossos pais. Já é alguma coisa viver durante meio século na memória de uma cidade, não tendo feito outra coisa mais que cantar o melancólico Bellini.

Ao que parece, o canto era tal que arrebatava as almas e os corpos, elas para o céu, eles para o carro da diva, cujos cavalos eram substituídos por homens de boa vontade. Não mofeis disto; para a cantora foi a glória, para os seus aclamadores foi o entusiasmo, e o entusiasmo não é tão mesquinha coisa que se despreze. Invejai antes esses cavalos de uma hora...

A raça acabou. Hoje os homens ficam homens, aplaudem sem transpirar, muitos com as palmas, alguns com a ponta dos dedos, mas sentem e basta. A ingenuidade é menor? a expressão comedida? Não importa, contanto que vingue a arte. Onde ela principia, cessam as canseiras deste mundo. Partidos irreconciliáveis, partidários que se detestam, conciliam-se e amam-se, por um minuto ao menos. Grande minuto, meus caros amigos, um minuto grandíssimo, que vale por um dia inteiro.

Vivam os povos cantarinos, as almas entoadas e particularmente a terra da modinha e da viola. A viola foi-se da capital com os cavalos, recolheu-se ao interior, onde os peregrinismos são menos aceitos. As peregrinas pode ser que sim; mas as novas cantoras já se não deixam ir dos braços de Polião ou de Manrico aos de um senhor da plateia, como a La-Grua, e antes dela a Candiani. Águas passadas; mas nem por serem passadas deixam de refrescar a memória dos seus contemporâneos. O caso da La-Grua entristece-me, porque um amigo meu a amava muito. Tinha vinte anos, uma lira nas mãos, um triste emprego e aquele amor, não sabido de ninguém. Salvo o emprego, era riquíssimo. Não combatia entre os lagruístas contra os chartonistas; era franco-atirador. Não queria meter o seu amor na multidão dos entusiasmos de passagem. O seu amor era eterno, dizia em todos os versos que compunha, à noite, quando vinha do teatro para casa. E ria-se muito de um senhor de suíças que, da plateia, devorava com os olhos a La-Grua.

Uma noite, acabado o espetáculo, o moço poeta recolheu-se, compôs dois sonetos e dormiu com os anjos. O mais adorável deles era a própria imagem da La--Grua. Na manhã seguinte, ele e a cidade acordaram assombrados. A diva desaparecera, o senhor das suíças não tornou à plateia, e o meu rapaz adoeceu, definhou, até morrer de melancolia. Assim lhe fecharam a era das revoluções.

15 de julho de 1894

Quando estas linhas aparecerem aos olhos dos leitores, é de crer que toda a população eleitoral do Rio de Janeiro caminhe para as urnas, a fim de eleger o presidente do Estado. Renhida é a luta. Como na *Farsália*, de Lucano, pela tradução de um finado sabedor de coisas latinas,

> Nos altos, frente a frente, os dois caudilhos,
> Sôfregos de ir-se às mãos, já se acamparam.

Não sei quem seja aqui César nem Pompeu. Contento-me em que não haja morte de homem, nem outra arma além da cédula. Se falo na batalha de hoje, não é que me proponha a cantá-la; eu, nestas campanhas, sou um simples Suetônio, curioso, anedótico, desapaixonado. Assim que, propondo aos meus concidadãos uma reforma eleitoral, não cedo a interesse político, nem falo em nome de nenhuma facção; obedeço a um nobre impulso que eles mesmos reconhecerão, se me fizerem o favor de ler até ao fim.

Ninguém ignora que nas batalhas como a de hoje costuma roncar o pau. Esta arma, força é dizê-lo, anda um tanto desusada, mas é tão útil, tão sugestiva, que dificilmente será abolida neste final do século e nos primeiros anos do outro. Não é épica nem mística, está longe de competir com a lança de Aquiles, ou com a espada do arcanjo. Mas a arma é como o estilo, a melhor é que se adapta ao assunto. Que viria fazer a lança de Aquiles entre um capanga sem letras e um eleitor sem convicção? Menos, muito menos que o vulgar cacete. A pena, "o bico de pena", segundo a expressão clássica, traz vantagens relativas, não tira sangue de ninguém; não faz vítimas, faz atas, faz eleitos. O vencido perde o lugar, mas não perde as costelas. É preciso forte vocação política para preferir o contrário.

  O grande mal das eleições não é o pau, nem talvez a pena, é a abstenção, que dá resultados muita vez ridículos. Urge combatê-la. Cumpre que os eleitores elejam, que se movam, que saiam de suas casas para correr às urnas, que se interessem, finalmente, pelo exercício do direito que a lei lhes deu, ou lhes reconheceu. Não creio, porém, que baste a exortação. A exortação está gasta. A indiferença não se deixa persuadir com palavras nem raciocínios; é preciso estímulo. Creio que uma boa reforma eleitoral, em que esta consideração domine, produzirá efeito certo. Tenho uma ideia que reputo eficacíssima.

  Consiste em pouco. A imprensa tem feito reparos acerca do estado do nosso turfe, censurando abusos e pedindo reformas, que, segundo acabo de ler, vão ser iniciadas. Um cidadão, por nome M. Elias, dirigiu a este respeito uma carta ao *Jornal do Commercio*, concordando com os reparos, e dizendo: "Ora, a nossa população esportiva, constituída por dois terços da população municipal, pode assim continuar sujeita, como até agora, ao assalto de combinações escandalosas?". Foi este trecho da carta do sr. Elias que me deu a ideia da reforma eleitoral.

  A princípio não pude raciocinar. A certeza de que dois terços da nossa população é esportiva, deixou-me assombrado e estúpido. Voltando a mim, fiquei humilhado. Pois quê! dois terços da população é esportiva, e eu não sou esportivo! Mas que sou então neste mundo? Melancolicamente adverti que talvez me faltem as qualidades esportivas, ou não as tenha naquele grau eminente ou naquele extenso número em que elas se podem dizer suficientemente esportivas. A memória ajudou-me nesta investigação. Recordei-me que, há alguns anos, três ou quatro, fui convidado por um amigo a ir a uma corrida de cavalos. Não me sentia disposto, mas o amigo convidava de tão boa feição, o carro dele era tão elegante, os cavalos tão galhardos e briosos, que não resisti, e fui.

  Não tendo visto nunca uma corrida de cavalos, imaginei coisa mui diversa do que é, realmente, este nobre exercício. Fiquei espantado quando vi que as corridas duravam três ou quatro minutos, e os intervalos meia hora. Nos teatros, quando os intervalos se prolongam, os espectadores batem com os pés, uso que não vi no circo, e achei bom. Vi que, no fim de cada corrida, toda a gente ia espairecer fora dos seus lugares, e tornava a encher as galerias, apenas se comunicava a corrida seguinte. Uma destas ofereceu-me um episódio interessante. Ao saírem os cavalos, caiu o jóquei de um, ficando imóvel no chão, como morto. Cheio de um sentimento pouco esportivo, quis gritar que acudissem ao desgraçado; mas, vendo que ninguém se movia, cuidei que era uma espécie de partido que o jóquei dava aos adversários; não tardaria a levantar-se, correr, apanhar o cavalo, montá-lo e vencer. Dois verbos mais que César. De fato, o cavalo dele ia correndo; mas, pouco a pouco, vi que o animal, não se sentindo governado, afrouxava, até que de todo parou. Nisto entraram dois homens no circo, tomaram do jóquei imóvel, cujas pernas e braços caíam sem vida, e levaram o cadáver para fora. Não lhe rezei por alma, unicamente por não saber o nome da pessoa. Não veio no obituário, nem os jornais deram notícia do desastre. Perder assim a vida e a corrida, obscuro e desprezado, é por demais duro.

Vindo a minha ideia, acho que a reforma eleitoral, para ser útil e fecunda, há de consistir em dar às eleições um aspecto acentuadamente esportivo. Em vez de esperar que o desejo de escolher representantes leve o eleitor às urnas, devemos suprir a ausência ou a frouxidão desse impulso pela atração das próprias urnas eleitorais. A lei deve ordenar que os candidatos sejam objeto de apostas, ou com os próprios nomes, ou (para ajudar a inércia dos espíritos) com outros nomes convencionais, um por pessoa, e curto. Não entro no modo prático da ideia; cabe ao legislador achá-lo e decretá-lo. A abstenção ficará vencida, e nascerá outro benefício da reforma.

Este benefício será o aumento das naturalizações. Com efeito, se nos dois terços da população esportiva há naturalmente certo número de estrangeiros, não é de crer que essa parte despreze uma ocasião tão esportiva, pela única dificuldade de tirar carta de naturalização. A lei deve até facilitar a operação, ordenando que o simples talão da aposta sirva de título de nacionalidade.

Se a ideia não der o que espero, recorramos então ao exemplo da Nova Zelândia, onde por uma lei recente as mulheres são eleitoras. Em virtude dessa lei, qualificaram-se cem mil mulheres, das quais logo na primeira eleição, há cerca de um mês, votaram noventa mil. Elevemos a mulher ao eleitorado; é mais discreta que o homem, mais zelosa, mais desinteressada. Em vez de a conservarmos nessa injusta minoridade, convidemo-la a colaborar com o homem na oficina da política.

Que perigo pode vir daí? Que as mulheres, uma vez empossadas das urnas, conquistem as Câmaras e elejam-se entre si, com exclusão dos homens? Melhor. Elas farão leis brandas e amáveis. As discussões serão pacíficas. Certos usos de mau gosto desaparecerão dos debates. Aquele, por exemplo, que consiste em dizer o orador que lhe faltam os precisos dotes de tribuna, ao que todos respondem: *Não apoiado*, havendo sempre uma voz que acrescenta: "É um dos ornamentos mais brilhantes desta Câmara", esse uso, digo, não continuará, quando as Câmaras se compuserem de mulheres. Qualquer delas que tivesse o mau gosto de começar o discurso alegando não poder competir em beleza e elegância com as suas colegas, ouviria apenas um silêncio respeitoso e aprovador.

Os homens, que fariam os homens nesse dia? Deus meu, iriam completar o último terço que falta para que a população inteira fique esportiva. O contágio far-nos-ia a todos esportivos. Seria a vitória última e definitiva da esportividade.

29 de julho de 1894

Trapisonda já não existe! Dizem telegramas que um terremoto a destruiu inteiramente. Constantinopla, a dar crédito às notícias telegráficas que há cerca de duas semanas são aqui recebidas, deve estar quase destruída também. Os mortos são muitos, os feridos muitíssimos, as perdas materiais calculam-se por milhões de piastras.

Tempo houve em que tais fenômenos seriam considerados como provas claras de que a intenção de Deus era destruir a casa otomana. Hoje, não só não se diz isso, mas ainda pode ser que os cardeais da Santa Igreja Católica assinem algumas liras em benefício das vítimas do desastre. Outro é o século. Vimos o Papa escrever às igrejas cismáticas e heréticas, para aconselhar-lhes que se acolhessem ao grêmio católico, formando um só rebanho e um só pastor. O czar reata as relações com o sumo pontífice. O próprio sultão da Turquia, se bem me recordo, mandou uma carta de parabéns a Leão XIII, quando este celebrou o seu jubileu de ordenação. Agora mesmo o rabino de França teceu grandes louvores à cabeça visível da Igreja.

Há um vento de tolerância no mundo, vento brando, como lhe cumpre, feito de amor e boa vontade. Deixai lá que a China e o Japão declarem guerra entre si, e que o pobre rei da Coreia, segundo soubemos ontem pelo cabo, seja o primeiro prisioneiro dos japoneses ou dos japões, como diziam os velhos clássicos. Não duvido que seja a última guerra. Pode ser que, além dessa, ainda haja outra; mas depois estão acabadas as guerras, o mundo espiritual em perfeita unidade concilia todos os antagonismos sociais, nacionais e políticos, e faz caminhar a civilização para aquele sumo grau que a espera.

Nisso estamos de acordo. A questão é saber onde fica esse grau sumo, se no fim, quando o mundo não chegar para mais ninguém, se no princípio, quando ele era de sobra. Questão mais árdua do que parece. Podemos conceber que, quando à terra faltar espaço, este mundo será uma infinita Chicago, com casas de vinte e trinta andares. O dinheiro, que à primeira vista pode parecer que não baste, há de bastar, se a produção do ouro continuar na proporção dos algarismos publicados anteontem por uma das nossas folhas, dos quais se vê que só a produção africana dobra pés com cabeça. A família Rothschild não morrerá, por aquela lei que põe o remédio ao pé do mal, e o empréstimo à mão das urgências. Quando venha a faltar o ouro, teremos a prata, e, acabada a prata, ficará o níquel, com as modificações do projeto Coelho Rodrigues, para que não emigre. Em último caso, recorreremos ao honesto papel, mais valioso, pela sua fabricação, que todas as outras matérias, e, por isso mesmo que é moeda fiduciária, melhor exprime a solidariedade humana.

Tudo isso é verdade. Mas, não cessando a produção da gente humana, a consequência é que tudo há de ir crescendo, até que o *solvet saeclum* venha destruir o que a civilização fez desde o primeiro ao sumo grau. *Teste David cum Sibylla*. Ora, eu contesto ambas estas autoridades. Não creio que um sonho tão bonito acabe tão friamente. Mais vale então continuar a guerra, que se incumbirá de preparar alojamentos para as gerações vindouras, e liquidará os orçamentos, com saldos, é verdade, mas sem aquele excesso de saldos que ainda há pouco perturbavam as finanças anglo-americanas.

Outro é o meu sonho. Creio que o sumo grau está no princípio, e a ele tornaremos. Eis aqui o processo. A civilização remontará o rio bíblico, a Escritura será vivida para trás, até chegar ao ponto em que Deus pôs Adão e Eva no paraíso. Haverá outro paraíso, com Adão e Eva, último casal, que resumirá em si os tempos, as ideias, os sentimentos, toda a florescência moral e mental da primavera humana, através dos séculos. A língua atual não conhece palavras que pintem o que será esse dia paradisíaco, os campos verdes, os ares lavados, as águas puríssimas e frescas.

Surge uma dúvida. O último casal acabará tudo, no derradeiro enlevo do sumo grau, ou repetirá a conversação do *Gênesis*, para dar outro surto à humanidade, já então perfeita e mais-que-perfeita? Problema difícil. Há razões boas para crer na extinção, e outras não menos boas para admitir a renovação aperfeiçoada. Talvez a mesma dúvida assalte o espírito do derradeiro casal. Cuido ouvir este trecho de diálogo no paraíso do fim:

— Que te parece, Eva?

— Adão, é certo que há boas razões de um lado e boas razões de outro, como dizia, há muitos séculos, um escritor...

— Paz à sua alma!

— Amém!

— Mas, dada a igualdade das razões, quais preferes tu, mulher?

— Homem, eu dizer as que prefiro, não digo. Pergunta-me se o dia é claro e se a noite é escura, e a minha resposta será que a noite é escura, quando não há luar, e o dia é claro, quando há sol.

— Bem, então parece-te...

— Parece-me que os figos e os sapotis estão frescos. Ontem, as águas do rio deslizavam com muita velocidade. O colibri dança em cima da flor, e a flor exala um cheiro suavíssimo. Que flor preferes tu, Adão?

— A da tua boca, Eva. E que flor preferes tu?

— A que deve estar no cimo daquela montanha, Adão.

— Vou colhê-la para ti, Eva.

Nisto a serpente dirá com a voz meliflua que o diabo lhe deu:

Si cette histoire vous embête,
Nous allons la recomencer.

Mas Deus, vendo o que é bom, como na Escritura, acudirá: — Não, meus filhos, para experiência basta.

5 de agosto de 1894

Quereis ver o que são destinos? Escutai.

Ultrajada por Sexto Tarquínio, uma noite, Lucrécia resolve não sobreviver à desonra, mas primeiro denuncia ao marido e ao pai a aleivosia daquele hóspede, e pede-lhes que a vinguem. Eles juram vingá-la, e procuram tirá-la da aflição dizendo-lhe que só a alma é culpada, não o corpo, e que não há crime onde não houve aquiescência. A honesta moça fecha os ouvidos à consolação e ao raciocínio, e, sacando o punhal que trazia escondido, embebe-o no peito e morre.

Esse punhal podia ter ficado no peito da heroína, sem que ninguém mais soubesse dele; mas, arrancado por Bruto, serviu de lábaro à revolução que fez baquear a realeza e passou o governo à aristocracia romana. Tanto bastou para que Tito Lívio lhe desse um lugar de honra na história, entre enérgicos discursos de vingança. O punhal ficou sendo clássico. Pelo duplo caráter de arma doméstica e pública, serve tanto a exaltar a virtude conjugal, como a dar força e luz à eloquência política.

Bem sei que Roma não é a Cachoeira, nem as gazetas dessa cidade baiana podem competir com historiadores de gênio. Mas é isso mesmo que deploro. Essa parcialidade dos tempos, que só recolhem, conservam e transmitem as ações encomendadas nos bons livros, é que me entristece, para não dizer que me indigna. Cachoeira não é Roma, mas o punhal de Lucrécia, por mais digno que seja dos encômios do mundo, não ocupa tanto lugar na história, que não fique um canto para o punhal de Martinha. Entretanto, vereis que esta pobre arma vai ser consumida pela ferrugem da obscuridade.

Martinha não é certamente Lucrécia. Parece-me até, se bem entendo uma expressão do jornal *A Ordem*, que é exatamente o contrário. "Martinha (diz ele) é uma rapariga franzina, moderna ainda, e muito conhecida nesta cidade, de onde é natural." Se é moça, se é natural da Cachoeira, onde é muito conhecida, que quer dizer *moderna*? Naturalmente quer dizer que faz parte da última leva de Citera. Esta condição, em vez de prejudicar o paralelo dos punhais, dá-lhe maior realce, como ides ver. Por outro lado, convém notar que, se há contraste das pessoas, há uma coincidência de lugar: Martinha mora na rua do Pagão, nome que faz lembrar a religião da esposa de Colatino.

As circunstâncias dos dois atos são diversas. Martinha não deu hospedagem a nenhum moço de sangue régio ou de outra qualidade. Andava a passeio, à noite, um domingo do mês passado. O Sexto Tarquínio da localidade, cristamente chamado João, com o sobrenome de Limeira, agrediu e insultou a moça, irritado naturalmente com os seus desdéns. Martinha recolheu-se a casa. Nova agressão, à porta. Martinha, indignada, mas ainda prudente, disse ao importuno: "Não se aproxime, que eu lhe furo". João Limeira aproximou-se, ela deu-lhe uma punhalada, que o matou instantaneamente.

Talvez esperásseis que ela se matasse a si própria. Esperaríeis o impossível, e mostraríeis que me não entendestes. A diferença das duas ações é justamente a que vai do suicídio ao homicídio. A romana confia a vingança ao marido e ao pai. A cachoeirense vinga-se por si própria, e, notai bem, vinga-se de uma simples intenção. As pessoas são desiguais, mas força é dizer que a ação da primeira não é mais corajosa que a da segunda, sendo que esta cede a tal ou qual sutileza de motivos, natural deste século complicado.

Isto posto, em que é que o punhal de Martinha é inferior ao de Lucrécia? Nem é inferior, mas até certo ponto é superior. Martinha não profere uma frase de Tito Lívio, não vai a João de Barros, alcunhado o Tito Lívio português, nem ao nosso João Francisco Lisboa, grande escritor de igual valia. Não quer sanefas literárias, não ensaia atitudes de tragédia, não faz daqueles gestos oratórios que a história antiga põe nos seus personagens. Não; ela diz simplesmente e incorretamente: "Não se aproxime, que eu lhe firo". A palmatória dos gramáticos pode punir essa expressão; não importa, o *eu lhe furo* traz um valor natal e popular, que vale por todas as belas frases de Lucrécia. E depois, que tocante eufemismo! Furar por matar; não sei se Martinha inventou esta aplicação; mas, fosse ela ou outra a autora, é um achado do povo, que não manuseia tratados de retórica, e sabe às vezes mais que os retóricos de ofício.

Com tudo isso, arrojo de ação, defesa própria, simplicidade de palavra, Martinha não verá o seu punhal no mesmo feixe de armas que os tempos resguardam da ferrugem. O punhal de Carlota Corday, o de Ravaillac, o de Booth, todos esses e ainda outros farão cortejo ao punhal de Lucrécia, luzidios e prontos para a tribuna, para a dissertação, para a palestra. O de Martinha irá rio abaixo do esquecimento. Tais são as coisas deste mundo! Tal é a desigualdade dos destinos!

Se, ao menos, o punhal de Lucrécia tivesse existido, vá; mas tal arma, nem tal ação, nem tal injúria existiram jamais, é tudo uma pura lenda, que a história meteu nos seus livros. A mentira usurpa assim a coroa da verdade, e o punhal de Martinha, que existiu e existe, não logrará ocupar um lugarzinho ao pé do de Lucrécia, pura ficção. Não quero mal às ficções, amo-as, acredito nelas, acho-as preferíveis às realidades; nem por isso deixo de filosofar sobre o destino das coisas tangíveis em comparação com as imaginárias. Grande sabedoria é inventar um pássaro sem asas, descrevê-lo, fazê-lo ver a todos, e acabar acreditando que não há pássaros com asas... Mas não falemos mais em Martinha.

12 de agosto de 1894

Anteontem, dez de agosto, achando-se reunidas algumas pessoas, falou-se casualmente da emissão de trezentos contos de títulos, autorizada pela Assembleia do Maranhão. Queriam uns que fosse papel-moeda, outros que não. Dos primeiros alguns davam o ato por legítimo, outros negavam a legitimidade, mas admitiam a conveniência. Travou-se debate. O mais extremado opinou que o direito de emitir era inerente ao homem, qualquer podia imprimir as suas notas, e tanto melhor se as recebessem. Citou, como argumento, os bilhetes que circulam no interior, e concluiu sacando do bolso uma cédula de duzentos réis, que apanhou em Maragogipe, impressa na mesma casa de Nova York que imprime as nossas notas públicas.

Nesse terreno o debate foi não só brilhante mas fastidioso. As matérias financeiras e econômicas são graves. Geralmente, os espíritos que não conseguem ver claro nem dizer claro dão para a economia política e as finanças, atribuindo assim à ciência de muitos varões ilustres a obscuridade que está neles próprios. Conheci um homem, primor de alegria, que andou carrancudo um ano inteiro, por haver descoberto que papel-moeda era uma coisa e moeda-papel outra; não dizia mais nada, não dava bons-dias, mas papel-moeda, nem boas-noites, mas moeda-papel. Era lúgubre; um cemitério, ainda com chuva, ainda de noite, era um centro de hilaridade ao pé daquele desgraçado. Melhorou no fim de um ano, mas já não era o mesmo. A alegria, trazia-lhe não sei que ar torcido que mais parecia escárnio...

Do debate travado saiu, entretanto, uma ideia, a ideia de termos aqui a nossa moeda municipal. Contra ela protestavam os que eram pela unidade da emissão; os outros pegaram deles pelos ombros e os puseram na rua, esquecendo que as assembleias não se inventaram para conciliar os homens, mas para legalizar o desacordo deles. Ficamos nós. A ideia foi estudada e desenvolvida. Chegamos a formular um projeto autorizando o prefeito a emitir até dois mil contos de réis. Um, mais escrupuloso, queria que a emissão fosse garantida pelas propriedades municipais; mas esta sub-ideia não foi aceita. Com efeito, a propriedade municipal é incerta e difícil de definir. As árvores das ruas são próprios municipais? No caso afirmativo, como se explica que o meu criado José Rodrigues as tenha comprado ao empreiteiro dos calçamentos do bairro, para me poupar as despesas da lenha? A discussão tornou-se bizantina, resolvemo-nos pela emissão pura e simples, sem garantia, além da confiança do contribuinte e da lealdade do emissor. Concluído o projeto, acrescentou-se que um de nós iria dá-lo de presente ao Conselho Municipal.

Mas aqui surgiu uma dúvida: Haverá Conselho Municipal? A legislação era pela afirmativa. A imprensa diária, superficialmente lida, não o era menos. Vários fenômenos, porém, faziam suspeitar que o Conselho Municipal não existia. A linguagem atribuída ao seu presidente, na sessão de quarta-feira, era um desses fenômenos. Disse ele (pelo que referem os jornais) que o Conselho, convocado desde 3 do mês passado, raras vezes se reunira; assim, vendo que os membros não compareciam, ia oficiar-lhes pessoalmente chamando-os aos trabalhos. Há aí contradição nos termos, porquanto, se o Conselho foi convocado desde mais de um mês, e não se reunia, é que não tinha membros, e se não tinha membros não era Conselho. Um dos presentes defendeu, entretanto, a probabilidade da existência.

— Há razões para crer que o Conselho existe — disse ele. — A primeira é que a vinte e oito do mês passado houve sessão, proferiram-se alguns discursos, resolvendo-se afinal que era preciso ler e meditar as matérias sujeitas a deliberação. Deu-se até um incidente que explica até certo ponto a falta de sessão nos outros dias. Um dos intendentes, referindo-se a um velho projeto, disse: "Estando a comissão em dúvida sobre alguns pontos do projeto, desejava que o seu autor aparecesse nesta casa, a fim de interrogá-lo; S. Ex., porém, não tem aparecido..." Daqui se pode concluir que não há frequência, que um intendente aparece, às vezes, que é recebido com demonstrações de saudade: "Ora seja muito bem aparecido!" Mas não parece clara a conclusão contra a existência do Conselho. A segunda razão que me faz vacilar na negativa da existência é que, intimados pessoalmente, no dia 7, o Conselho fez sessão logo a 9. Verdade é que já hoje, 10, não houve sessão. Enfim, tenho um indício veemente de que o Conselho existe, é a resignação do cargo por dois de seus membros. Está nos jornais.

A maioria não aceitou este modo de ver. A publicação dos atos do Conselho não era prova da existência deste, podiam ser variedades literárias. A literatura, como Proteu, troca de formas, e nisso está a condição da sua vitalidade. Podia ser também um processo engenhoso de mostrar a necessidade de termos um Conselho Municipal. Quem se não lembra da famosa *Batalha de Dorking*, opúsculo publicado há anos, descrevendo uma batalha que não houve, mas pode haver, se a Inglaterra não aumentar as forças navais? Já se escreveu uma *História do que não aconteceu*. Demais, é necessidade da imprensa agradar aos leitores, dando-lhes matéria interessante, e principalmente nova. Ora, se o Conselho Municipal não existe, nada mais novo que supô-lo trabalhando.

Essa opinião da maioria irritou os poucos que admitiam a probabilidade da existência, dando em resultado afirmarem agora o que antes era para eles simples presunção. Um da minoria ergueu-se e demonstrou a existência do Conselho pela consideração de que o município é a base da sociedade e dizendo coisas latinas acerca do município romano. Naturalmente, a maioria indignou-se. Um, para provar que o preopinante errava, chamou-lhe asno, ao que retorquiu aquele que as suas orelhas eram felizmente curtas. Essa alusão às orelhas compridas do outro fez voar um tinteiro e ia começar a dança das bengalas, quando me ocorreu uma ideia excelente.

— Meus amigos — disse eu —, peço-vos um minuto de atenção. Estamos aqui a discutir a existência do Conselho Municipal, a propósito da emissão de títulos maranhenses, que talvez não exista, tal qual o Conselho. Mas, dado que a emissão de títulos seja real, é certo que há de durar pouco, tanto mais que é por antecipação de receita, enquanto que aqui está outra emissão do Maranhão, muito mais duvidosa que essa. Este dia 10 de agosto é o aniversário do nascimento de Gonçalves Dias.

Há setenta e um anos que o Maranhão no-lo deu, há trinta que o mar no-lo levou, e os seus versos de grande poeta perduram, tão viçosos, tão coloridos, tão vibrantes como nasceram. Viva a poesia, meus amigos! Viva a sacrossanta literatura! como dizia Flaubert. Não sei se existem intendentes, mas os *Timbiras* existem.

19 de agosto de 1894

Têm havido grandes cercos e entradas da polícia em casas de jogo. Sistematicamente, a autoridade procura dispersar os religionários da Fortuna, e trancar os antros da perdição. Esta frase não é nova, mas o vício também é velho, e não se põe remendo novo em pano velho, diz a Escritura. Já se jogava no tempo da Escritura; lançaram-se dados sobre a túnica de Jesus Cristo. Na China, em que há tudo desde muitos milhares de anos, é provável que o jogo se perca na noite dos tempos. Maomé, que tinha algumas partes de grande homem, apesar de ser o próprio cão tinhoso, consentiu o uso do xadrez aos seus árabes, e fez muito bem; é um jogo que não admite quinielas, e, apesar de ter cavalos, não se dá ao aperfeiçoamento da raça cavalar, como os vários *derbys* deste mundo.

Antes de ir adiante, deixem-me pôr aqui uma observação que fiz e me pareceu digna de nota. Compilador do século XX, quando folheares a coleção da *Gazeta de Notícias*, do ano da graça de 1894, e deres com estas linhas, não vás adiante sem saber qual foi a minha observação. Não é que lhe atribua nenhuma mina de ouro, nem grande mérito; mas há de ser agradável aos meus manes saber que um homem de 1944 dá alguma atenção a uma velha crônica de meio século. E se levares a piedade ao ponto de escrever em algum livro ou revista: "Um escritor do século XIX achou um caso de cor local que não nos parece destituído de interesse...", se fizeres isto, podes acrescentar como o soldado da canção francesa:

> *Du haut du ciel — ta demeure dernière —*
> *Mon colonel, tu dois être content.*

Sim, meu jovem capitão, ficarei contente, desde já te abençoo, compilador do século XX; mas vamos à minha observação.

A marcha ordinária da polícia é entrar na casa, apreender a roleta, as cartas, os dados, multar o dono em quinhentos mil-réis e sair. Enquanto ela entra, os fregueses escondem-se ou fogem pelos muros ou pelos telhados. O dono da casa raramente foge; afeito à guerra, sabe que recebeu um balázio, e força é deixar algum sangue. Quando, porém, acontece serem todos apanhados entre o 10 e o 22, ou entre a sota e o ás, parece que há gestos de acatamento e consideração. É quase provável que, terminada a ação policial, todos eles acompanhem os agentes até o patamar, com reverências.

Ora bem; telegramas de Espanha dizem que a polícia deu em uma casa de jogo de Madri, onde achou muitos fidalgos. Que pensais que fizeram os fregueses? Que fugiram pelos fundos ou pelos telhados? Não, senhor; os fregueses correram aos trabucos que haviam trazido consigo e travaram combate com a polícia. Não dizem os telegramas se venceram ou foram vencidos, nem quantos morreram.

Também não quero sabê-lo. O que me importa em tudo isso é a cor local. Vede bem como estamos na Espanha. Um fidalgo, que terá talvez o direito de se cobrir diante do rei, jamais consentirá que um aguazil lhe deite mão ao ombro, e primeiro a decepará com uma bala.

Essa notícia, que parece nada, explica o fracasso da nossa Ópera Nacional. O caso da tavolagem de Madri daria nas mãos de um Mérimée uma novela como a *Carmen*, de onde viria um maestro extrair uma ópera. Os espanhóis têm a sua ópera, que é a zarzuela. Não lhes hão de faltar assuntos, pois que sabem fugir da realidade chata das lutas incruentas, e os bons fidalgos defendem o rei de copas com o mesmo brio e prontidão com que defenderiam o rei da Espanha. Como fazermos a mesma coisa? Não só não há trabucos nas nossas casas de jogo, mas as próprias bengalas são esquecidas nos momentos de crise. Ao primeiro apito, pernas. Ao primeiro vulto, muros. Quando sucede faltarem as pernas e os muros, sobram sorrisos e barretadas. Nunca deixarei de aprovar uma atitude ou um movimento que exprima respeito à autoridade e reconhecimento implícito do erro; mas com isto fazem-se catecismos, apólogos morais e partes de polícia. Óperas é que não.

Explicado assim o fracasso da nossa Ópera Nacional, deixem-me confessar que nem tudo são óperas neste mundo. Há palavras sem música. Daí as nossas diligências, que, se perdem pelo lado estético, lucram pelo lado moral. Por isso mesmo, convém apoiá-las. Toda repressão é pouca. Se, porém, basta o zelo da autoridade e a energia dos seus agentes, não sei. Pode suceder que a ação da polícia seja igual à das Danaides, e que o imenso tonel não chegue a depositar um litro de água. Primeiro seria preciso calafetá-lo, a fim de que a água não se escoe da rua do Lavradio para a dos Inválidos. Onde está, porém, esse tanoeiro ciclópico?

Não induzam daqui que eu quero ver interrompido o serviço das Danaides, nem concluam da citação do telegrama de Madri que aprovo o uso do trabuco. Não, Deus meu; tanto não quero uma coisa, nem aprovo outra, que aplaudo ambas as contrárias. E perdoem-me se insisto neste ponto. Nem todos os leitores concluem logicamente. Muitos há que, se alguém acha o Rangel mais elegante que o Bastos, exclamam convencidos:

— Ah! já sei, é amigo do Rangel!

E todo o tempo é pouco para replicar:

— Não, homem de Deus, não sou amigo nem inimigo do Rangel; creio até que ele me deve dez tostões. O que digo, é que, comparado com o Bastos, o Rangel é mais elegante.

— Pobre Bastos! Ódio velho não cansa. Por que não confessa logo que o detesta?

— Mas eu não detesto o Bastos; simpatizo até com ele, e, se bem me lembro, devo-lhe um favor, não pequeno, aqui há anos, tanto mais digno de lembrança quanto foi espontâneo...

— Mas por que lhe chama lapuz?

— Que lapuz? Não disse tal. Disse que acho o Rangel mais elegante...

— Que o adora, em suma.

Não há como sair daqui. O melhor, em tais casos, é calar a boca, ou encerrar o escrito, se se escreve. Viva Deus! Creio que está finda a crônica.

26 de agosto de 1894

Que vale a ruína de uma cidade ao pé da ruína de um coração? Crenças santas, crenças abençoadas, que são quarteirões de casas, ruas inteiras, palácios, monumentos que o tempo desfaz, comparados com uma só de vós que se perde? Eu cria em São Bartolomeu. Esperava o dia 24 de agosto, como quem espera o dia do noivado, tão somente por causa daqueles grandes ventos que o santo mandava a este mundo. Quando era criança, diziam-me que era o diabo que andava solto, e acreditei que sim; mas, com os anos, percebi que o diabo é menos violento que insidioso; quando se faz vento, é antes brisa que tufão. A brisa é mansa e velhaca, é a própria serpente tentadora do mal que se mete entre Adão e Eva para seduzi-los e perdê-los:

> Lembras-te ainda dessa noite, Elisa?
> Que doce brisa respirava ali!

Outro é o processo de Deus. O vento do céu é furacão, destrói, arrasa, castiga. Foi o que achei em relação ao dia de São Bartolomeu, logo que tive o uso da razão. Compreendi que era o santo que soprava todas as cóleras celestes. Este ano esperei, como nos outros, o dia 24 de agosto. Assim, quando na véspera, à tarde, comecei a ver poeira e a ouvir uma coisa parecida com vento forte, senti um alegrão. Notai que eu execro o vento, mormente o tufão. De todos os meteoros é o que me bole com os nervos e me tira o sono. Trovoadas são comigo; aguaceiros, principalmente se estou em casa, são agradáveis de escutar. Vento, nem sopro. Pois este ano esperava o Dia de São Bartolomeu com extraordinária ansiedade — talvez para ver se o vento levava aquele resto de ponte que fica em frente à praia da Glória.

Creio que essa obra prendia-se ao plano de aterrar uma parte do mar; não se tendo realizado o plano, a ponte ficou, do mesmo modo que ficaram na rua dos Ourives os trilhos de uma linha de bondes que se não fez. Nisto o mar parece-se com a terra. Nem há razão clara para ação diferente. O tempo trouxe algumas injúrias à obra, mas a ponte subsiste com os seus danos, à espera que os anos, mais vagarosos para as obras dos homens que para os mesmos homens, consumam esse produto da engenharia hidráulica.

Entre parênteses, não se pense que sou oposto a qualquer ideia de aterrar parte da nossa baía. Sou de opinião que temos baía demais. O nosso comércio marítimo é vasto e numeroso, mas este porto comporta mil vezes mais navios dos que entram aqui, carregam e descarregam, e para que há de ficar inútil uma parte do mar? Calculemos que se aterrava metade dele; era o mesmo que alargar a cidade. Ruas novas, casas e casas, tudo isso rendia mais que a simples vista da água movediça e sem préstimo. As ruas podiam ser de dois modos, ou estreitas, para se alargarem daqui a anos, mediante uma boa lei de desapropriação, ou já largas, para evitar fadigas ulteriores. Eu adotaria o segundo alvitre, mas por uma razão oposta, para estreitar as ruas, mais tarde, quando a população crescesse. É bom ir pensando no futuro. Telegramas de São Paulo dizem que foram edificadas naquela cidade, nos últimos seis meses, mais de quatrocentas casas; naturalmente, havia espaço para elas. Não o havendo aqui, força é prevê-lo.

Não sei por que razão, uma vez começado o aterro do porto, em frente à Glória, não iríamos ao resto e não o aterraríamos inteiramente. Nada de abanar a cabeça; leiam primeiro. Não está provado que os portos sejam indispensáveis às cidades. Ao contrário, há e teria havido grandes, fortes e prósperas cidades sem portos. O porto é um acidente e às vezes um mau acidente. Por outro lado, as populações crescem, a nossa vai crescendo, e ou havemos de aumentar as casas para cima, ou alargá-las. Já não há espaço cá dentro. Os subúrbios não estão inteiramente povoados, mas são subúrbios. A cidade, propriamente dita, é cá embaixo.

Se tendes imaginação, fechai os olhos e contemplai toda essa imensa baía aterrada e edificada. A questão do corte do Passeio Público ficava resolvida; cerceava-se-lhe o preciso para alargar a rua, ou eliminava-se todo, e ainda ficava espaço para um passeio público enorme. Que metrópole! que monumentos! que avenidas! Grandes obras, uma estrada de ferro aérea entre a Laje e Mauá, outra que fosse da atual praça do Mercado a Niterói, iluminação elétrica, aquedutos romanos, um teatro lírico onde está a ilha Fiscal, outro nas imediações da igrejinha de São Cristóvão, dez ou quinze circos para aperfeiçoamento da raça cavalar, estátuas, chafarizes, piscinas naturais, algumas ruas de água para gôndolas venezianas; um sonho.

Tudo isso custaria dinheiro, é verdade, muito dinheiro. Quanto? Quinhentos, oitocentos mil contos, o duplo, o triplo, fosse o que fosse, uma boa companhia poderia empreender esse cometimento. Uma entrada bastava, dez por cento do capital, era o preciso para os primeiros trabalhos do aterro; depois levantava-se um empréstimo. Convém notar que a renda da companhia principiaria desde as primeiras semanas. Como os pedidos de chãos para casas futuras deviam ser numerosíssimos, a companhia podia vendê-los antes do aterro, sob a denominação de *chãos ulteriores*, com certo abatimento. Assim também venderia o privilégio da iluminação, dos esgotos, da viação pública. Podia também vender os peixes que existissem antes de começar a aterrar o mar. Eram tudo fontes de riqueza e auxílios para a realização da obra.

Bem; mas, não se realizando este sonho, parece-me que o frangalho de ponte que existe diante da praia da Glória, é antes um desadorno que um adorno. Útil não é, visto achar-se já com duas ou três soluções de continuidade. Nem útil, nem moral. É uma série de paus fincados, com outros convulsos. Na mesma praia da Glória, cá em cima, houve até há pouco uma relíquia de não sei que coisas russas (montanhas, creio), que ali estaria até agora tapando a vista e aborrecendo a alma, se um incêndio benéfico não acabasse com o que os donos abandonaram. Não peço fogo para a ponte; mas é por isso mesmo que esperava ansiosamente o Dia de São Bartolomeu.

Veio o dia... Primeiro veio a véspera, que me deu alguma esperança, como acima ficou dito; houve poeira, galhos de árvores arrancados, voaram alguns chapéus. O dia, porém, oh! triste dia de São Bartolomeu, chuvoso e pacato, sem um soprozinho para consolação. O único fenômeno importante foi o desconcerto de um bonde elétrico, que obrigou muita gente a vir a pé da Glória até a rua do Ouvidor; mas quando me lembro que isto se pode dar em qualquer dia, deixo de atribuir o caso ao santo. Vão-se os deuses. Morrem as doces crenças abençoadas. Ruínas morais, que são ao pé de vós as ruínas de um Império?

2 de setembro de 1894

Acabo de ler que os condutores de bondes tiram anualmente para si, das passagens que recebem, mais de mil contos de réis. Só a Companhia do Jardim Botânico perdeu por essa via, no ano passado, trezentos e sessenta contos. Escrevo por extenso todas as quantias, não só por evitar enganos de impressão, fáceis de dar com algarismos, mas ainda para não assustar logo à primeira vista, se os números saírem certos. Pode acontecer também, que tais números, sendo grandes, gerem incredulidade, e nada mais duro que escrever para incrédulos.

Parece que as companhias têm experimentado vários meios de fiscalizar a cobrança, sem claro efeito. Atribui-se ao finado Miller, gerente que foi da Companhia do Jardim Botânico, um dito mais gracioso que verdadeiro, assaz expressivo do ceticismo que distinguia aquele amável alemão. Dizia ele (se é verdade) que, pondo fiscais aos condutores, comiam condutores e fiscais, e assim era melhor que só comessem condutores. Há nisso parcialidade. Ou o espiritismo é nada, ou Miller foi condutor de bonde em alguma existência anterior, e daí essa proteção exclusiva a uma classe. Não haveria bondes, mas havia homens. Miller terá sido condutor de homens, os quais, juntos em nação, formam um vasto bonde, ora atolado e parado, como a China, ora tirado por eletricidade, como o Japão.

Mas eu não creio que Miller tenha dito semelhante coisa; há de ser invenção do cocheiro. Ninguém acusa o cocheiro de conivência na subtração dos mil e tantos contos, sendo aliás certo que, no organismo político e parlamentar do bonde, ele é o presidente do conselho, o chefe do gabinete. O condutor é o rei constitucional, que reina e não governa, os passageiros são os contribuintes. Que o condutor não governa, vê-se a todo instante pela desatenção do cocheiro à campainha, que o manda parar. "Advirta Vossa Majestade", diz o cocheiro com o gesto, "que a responsabilidade do governo é minha, e eu só obedeço à vontade do Parlamento, cujas rédeas levo aqui seguras." Segundo toque de campainha recomenda ao chefe do gabinete que, nesse caso, peça às Câmaras um voto de aprovação. "Perfeitamente", responde o cocheiro, e requer o voto com duas fortes lambadas. O Parlamento, cioso das suas prerrogativas, empaca; é justamente a ocasião que o passageiro ágil e sagaz aproveita para descer e entrar em casa.

Não é preciso demonstrar que as sociedades anônimas, como as políticas, são outros tantos bondes, e se Miller não foi condutor de alguma destas, é que o foi de alguma daquelas. Mas deixemos suposições gratuitas. Ninguém jura ter ouvido ao próprio Miller as palavras que a lenda lhe atribui. Que ficam elas valendo? Valem o que valem outras tantas palavras históricas. Não percamos tempo com ficções.

Vamos antes a duas espécies de subtração, que devem ser contadas na soma total — uma contra as companhias, outra contra os passageiros. A primeira é rara, mas existe, como as anomalias do organismo. Tem-se visto algum passageiro tirar modestamente do bolso o níquel da passagem, ou não tirá-lo, (há duas escolhas) e ir olhando cheio de melancolia para as casas que lhe ficam à direita ou à esquerda, segundo a ponta do banco em que está. Os olhos derramam ideias tristes. Se o condutor, distraído ou atrapalhado na cobrança, não convida o passageiro a ideias chistosas, dá-se este por pago, e o níquel torna surdamente para a algibeira de onde saiu, ou, se não saiu, lá fica.

A segunda espécie de subtração é também rara, e ainda mais prejudicial ao passageiro que à companhia. Consiste em pedir o condutor ao passageiro que espere o troco da nota que este lhe deu. Às vezes nem é preciso pedir, faz um gesto ou não faz nada: subentende-se que toda nota tem troco. O passageiro prossegue na leitura ou na conversação interrompida, se não vai simplesmente pensando na instabilidade das coisas desta vida. Acontece que chega a casa ou à esquina da rua em que mora, e manda parar o bonde. Igualmente sensível ao aspecto melancólico das habitações humanas, o condutor toca maquinalmente a campainha, e o homem desce, louvando ainda uma vez esta condução tão barata, que lhe permite ir por um tostão do largo de São Francisco ao campo de São Cristóvão.

Este segundo caso é de consciência. Com efeito, se o condutor não deu troco ao passageiro, há de entregar a nota à companhia? Não; seria fazer com que ela cobrasse dez vezes a mesma passagem. Há de trocar a nota para entregar só a passagem e ficar com o resto? Seria legitimar uma divisão criminosa. Há de anunciar a nota? Seria publicar a sua própria distração, e demais arriscar o emprego, coisa que um pai de família não deve fazer. A única solução é guardar tudo.

Mas, ainda sem estes dois elementos, parece que a perda anual é grande, e algum remédio é necessário. A ideia de interessar os próprios passageiros, ligados por um laço de caridade, pode ser fecunda, e, em todo caso, é elevada. O único receio que tenho é da pouca persistência nossa, por preguiça de ânimo ou outra coisa. O interesse é mais constante. José Rodrigues, a quem consultei sobre esta matéria, disse-me que isto de perder são os ônus do ofício; também a companhia de que ele tinha debêntures, perdeu-os todos. Mas lembrou-me um meio engenhoso e útil: incumbir os acionistas de vigiarem por seus próprios olhos a cobrança das passagens. Interessados em recolher todo o dinheiro, serão mais severos que ninguém, mais pontuais, não ficará vintém nem conto de réis fora da caixa.

9 de setembro de 1894

A morte de Mancinelli deu lugar a uma observação, naturalmente tão velha ou pouco menos velha que o mundo, a saber, que o homem é um animal de sonhos e mistérios. Não gosta das verdades simples. Assim, relativamente ao motivo do suicídio, ouvi muitas versões remotas e complicadas. A mais espantosa foi que Mancinelli estava com ordem de prisão, por ter mandado lançar fogo ao Politeama, e recorrera à morte, não por desespero, mas por temor.

Confessemos que é ir um pouco longe. Entretanto, façamos justiça aos homens, a realidade era mais difícil de crer que a invenção e a fantasia. Um empresário que se mata por não poder pagar aos credores, orça pela Fênix e pela Sibila. Era natural não admitir que, em tal situação, um empresário prefira a bala ao paquete. O paquete é a solução comum, mas também há casos de simples discurso explicativo, palavras duras, uma redução, uma convenção, uma infração e o silêncio. Não me lembra nenhum caso mortal.

O pobre e fino artista foi o primeiro, e por muitos e muitos anos será o único, porque eu não creio que nenhum outro, nas mesmas condições, se meta tão cedo em tal ofício, para o qual não basta o sentimento da arte. Não o conheci de perto, nem de longe, mas parece que era profundamente sensível, tinha o orgulho alto, o pundonor agudo e o sentimento da responsabilidade vivíssimo. Não podendo lutar, preferiu a morte, que se lhe afigurou mais fácil que a vida e mais necessária também.

Há justamente um mês, deu-se em Oxford um suicídio, que, a certo respeito, é o de Mancinelli. Foi o de John Mowat. Este erudito era bibliotecário da Universidade. Nomeado membro do Congresso das Ciências que ali se reunia agora, teve medo de não poder desempenhar cabalmente o mandato, pegou de uma corda e enforcou-se. Sabia-se que era homem de grande impressionabilidade. Vivendo feliz, sossegado, entregue aos livros, temeu cá fora um fiasco. Compreendendo que a gente inglesa também recusasse tal motivo, e preferisse crer, visto tratar-se de um bibliotecário, que ele deitara fogo à biblioteca de Alexandria.

Realmente, matar-se um homem por suspeitar que pode ficar abaixo de um cargo é coisa que, ainda escrita, ninguém crê; parece uma página de Swift. Antes de tudo, esse sentimento de inferioridade é raríssimo. Quando existe, fica tão fundo na consciência, que só o olho perspicaz do observador pode senti-lo e palpá-lo cá de fora. A aparência é contrária; o ar da pessoa, o tom, o aspecto, tudo persuade à multidão que o cargo é que é pequeno. A verdade, porém, é que Mowat matou-se por causa dessa modéstia doentia, quando o seu dever era ser sadio e forte, crer que podia arrancar uma estrela do céu e, obrigado a fazê-lo, tirá-la da algibeira.

Num e noutro caso, como nos demais, surge a questão de saber se o suicídio é um ato de coragem ou de fraqueza. Questão velha. Tem sido muito discutida, como a de saber qual é maior, se César ou Napoleão; mas esta é mais recente e indígena. Pode dizer-se que os dois grandes homens equilibram-se, nos votos, mas a questão do suicídio é antes resolvida no sentido da fraqueza que no da coragem. É um problema psicológico fácil de tratar entre o largo do Machado e o da Carioca. Se o bonde for elétrico, a solução é achada em metade do caminho.

Segundo os cânones, o suicídio é um atentado ao Criador, e o nosso primeiro e recente arcebispo aproveitou o caso Mancinelli para lembrá-lo aos párocos e a todo o clero, e consequentemente que os sufrágios eclesiásticos são negados aos que se matam. A circular de d. João Esberard é sóbria, enérgica e verdadeira; recorda que a sociedade civil e a filosofia condenam o suicídio, e que a natureza o considera com horror. No mesmo dia da expedição da circular (quinta-feira), um homem que padecia de moléstia dolorosa ou incurável, talvez uma e outra coisa, recorreu à morte como à melhor das tisanas. Suponho que não terá lido a palavra do prelado; mas outros suicidas virão depois dela, pois que os cânones são mais antigos, a filosofia também, e mais que todos a natureza.

Conta Plutarco que houve, durante algum tempo, em Mileto, uma coisa que ele chama conjuração, mas que eu, mais moderno, direi epidemia, e era que as moças do lugar entraram a matar-se umas após outras. A autoridade pública, para acudir a tamanho perigo, decretou que os cadáveres das moças que dali em diante se matassem seriam arrastados pelas ruas, inteiramente nus. Cessaram os suicídios. O pudor acabou com o que não puderam conselhos nem lágrimas. A privação dos sufrágios eclesiásticos é assaz forte para os crentes, embora não seja sempre decisiva; mas a incredulidade do século e a frouxidão dos próprios crentes hão de tornar improfícua muita vez a intervenção do prelado.

Pela minha parte, estou com os cânones, com a filosofia, com a sociedade e com a natureza, sem negar que são dois belos versos aqueles com que o poeta Garção fecha a ode que compôs ao suicídio:

> Todos podem tirar a vida ao homem,
> Ninguém lhe tira a morte.

Convenho que a morte seja propriedade inalienável do homem, mas há de ser com a condição de a conservar inculta, de lhe não meter arado nem enxada. Condição que não se pode crer segura, nem geralmente aceita. São matérias complicadas, longas, e cada vez sinto menos papel debaixo da pena. Enchamos o que falta com uma revelação e uma observação.

A revelação é um grito d'alma que ouvi, quando a notícia do suicídio de Mancinelli chegou a um lugar onde estávamos eu e um amigo. "Ora pílulas!" bradou este meu amigo; "é outro empresário que me leva a assinatura." Consolei-o dizendo que as assinaturas do Teatro Lírico, perdidas ou interrompidas neste mundo, são pagas em tresdobro no céu. A esperança de ouvir eternamente os *Huguenotes* e o *Lohengrin* alegrou a alma diletante e cristã do meu amigo. Disse-lhe que os anjos, como a eternidade é longa, estudam as óperas todas, para indenização das algibeiras e dos ouvidos defraudados pelo suicídio ou pelo paquete; acrescendo que os maestros no céu serão os regentes da orquestra das suas óperas, menos os judeus, que poderão mandar pessoa de confiança.

Quanto ao reparo, é um pouco velho, mas serve. Verificou-se ainda uma vez a supremacia da música em nossa alma. Certamente, as circunstâncias da morte de Mancinelli, as qualidades simpáticas do homem, os dons do artista, a honradez do caráter contribuíram muito para o terrível efeito da notícia. Creio, porém, que uma parte do efeito originou-se na condição de empresário lírico. A verdade é que nós amamos a música sobre todas as coisas e as prima-donas como a nós mesmos.

16 de setembro de 1894

Que boas que são as semanas pobres! As semanas ricas são ruidosas e enfeitadas, aborrecíveis, em suma. Uma semana pobre chega à porta do gabinete, humilde e medrosa:

— Meu caro senhor, eu pouco tenho que lhe dar. Trago as algibeiras vazias; quando muito, tenho aqui esta cabeça quebrada, a cabeça do Matias...

— Mas que quero eu mais, minha amiga? Uma cabeça é um mundo... Matias, que Matias?

— Matias, o leiloeiro que passava ontem pela rua de São José, escorregou e caiu... Foi uma casca de banana.

— Mas há cascas de banana na rua de São José?

— Onde é que não há cascas de bananas? Nem no céu, onde não se come outra fruta, com toda certeza, que é fruta celestial. Mate-me Deus com bananas. Gosto delas cruas, com queijo de Minas, assadas com açúcar, açúcar e canela... Dizem que é mui nutritiva.

Confirmo este parecer, e aí vamos nós, eu e a semana pobre, papel abaixo, falando de mil coisas que se ligam à banana, desde a botânica até a política. Tudo sai da cabeça do Matias. Não há tempo nem espaço, há só eternidade e infinito, que nos levam consigo; vamos pegando aqui de uma flor, ali de uma pedra, uma estrela, um raio, os cabelos de Medusa, as pontas do diabo, micróbios e beijos, todos os beijos que se têm consumido neste mundo, todos os micróbios que nos têm consumido, até que damos por nós no fim do papel. São assim as semanas pobres.

Mas as semanas ricas! Uma semana como esta que ontem acabou, farta de sucessos, de aventuras, de palavras, uma semana em que até o câmbio começou a esticar o pescoço pode ser boa para quem gostar de bulha e de acontecimentos. Para mim que amo o sossego e a paz é a pior de todas as visitas. As semanas ricas exigem várias cerimônias, algum serviço, muitas cortesias. Demais, são trapalhonas, despejam as algibeiras sem ordem e a gente não sabe por onde lhe pegue, tantas e tais são as coisas que trazem consigo. Não há tempo de fazer estilo com elas, nem abrir a porta à imaginação. Todo ele é pouco para acudir aos fatos.

— Como é que V. Ex. pôde vir assim, tão carregada assim, não me dirá?

— Não é tudo.

— Ainda há mais fatos?

— Tenho-os ali fora, na carruagem; trouxe comigo os de maior melindre, e vou mandar trazer os outros pelo lacaio... Pedro!

— Não se incomode V. Ex.; eu mando o José Rodrigues. José Rodrigues! Vá ali à carruagem desta senhora e traga os pacotes que lá achar. Vêm todos os pacotes?

— Todos, menos o edifício da Fábrica das Chitas que afinal recebeu o último piparote do tempo e caiu. Pelo resultado, podemos dizer que foi o dedo da Providência que o deitou abaixo; não matou ninguém. Imagine se o bonde que descia passasse no momento de cair o monstro, e que o homem que queria ir ver na casa arruinada a cadela que dava leite aos filhos houvesse chegado ao lugar onde estavam os cães. Que desastre, santo Deus! que terrível desastre!

— Terrível, minha senhora? Não nego que fosse feio, mas o mal seria muito menor que o bem. Perdão; não gesticule antes de ouvir até o fim... Repito que o bem compensaria o mal. Imagine que morria gente, que havia pernas esmigalhadas, ventres estripados, crânios arrebentados, lágrimas, gritos, viúvas, órfãos, angústias, desesperos... Era triste, mas que comoção pública! que assunto fértil para três dias! Recorde-se da Mortona.

— Que Mortona?

— Creio que houve um desastre deste nome; não me lembro bem, mas foi negócio em que se falou três dias. Nós precisamos de comoções públicas, são os banhos elétricos da cidade. Como duram pouco, devem ser fortes. Olhe o caso Mancinelli...

— A minha mana mais velha é que o trouxe consigo. Foi um suicídio, creio.

— Foi, foi um horrível suicídio que abalou a cidade em seus fundamentos. No dia da morte, cerca de mil pessoas foram ver o cadáver do triste empresário. Quando se deu o primeiro espetáculo a favor dos artistas, acudiram ao teatro dezessete pessoas, não contando os porteiros, que entram por ofício. Não há que admirar nessa diferença de algarismos; as comoções fortes são naturalmente curtas. Fortes e longas, seriam a mais horrível das nevroses. Foi uma pena não ter passado um bonde cheio de gente na ocasião em que ruiu a Fábrica das Chitas; cheio de gente, isto é, de crianças sem mães, maridos sem esposas, viúvas costureiras, sem os filhos, e muitos passageiros, muitos pingentes, como dizem dos que vão pendurados nos estribos incomodando os outros. Creia V. Ex.; uma vez que os homens já não compõem tragédias, é preciso que Deus as faça, para que este teatro do mundo varie de espetáculo. Tudo fandango, minha senhora! Seria demais.

— Como o senhor é perverso!
— Eu? Mas...
— Vamos aos outros sucessos destes sete dias; trago muitos.
— Perdão; quero primeiro lavar-me da pecha que me pôs. Eu, perverso?
— Danado.
— Eu, danado? Mas em que é que sou danado e perverso? Não lhe disse, note bem, que eu faria ruir o edifício da Fábrica das Chitas, quando passasse o bonde, mas que era bom que ele ruísse quando o bonde passasse. Há um abismo...
— Pois sim; vamos ao mais. Aqui estão dois fatos importantes. — ...um grande abismo. Nem falo só pelos outros, mas também por mim. Não tenho dúvida em confessar que o espetáculo de uma perna alanhada, quebrada, ensanguentada, é muito mais interessante que o da simples calça que a veste. As calças, esses simples e banais canudos de pano, não dão comoção. As próprias calças femininas, quando comovem, não é por serem calças...
— Vamos aos sucessos.
— ... mas por serem calçadas. É outro abismo. Repare que hoje só vejo abismos. Há uma chuva de abismos; a imagem não é boa, mas que há bom neste século, minha senhora, excluindo a ocupação do Egito? Dizem que se descobriu um elemento novo. Talvez seja falso, mas pode ser que não; tudo é relativo. O relativo é inimigo do absoluto; o absoluto, quando não é Deus, é (com licença) o tenor que canta as glórias divinas. Começo a variar, minha senhora; não me sinto bem...
— Então acabemos depressa; é tarde, preciso retirar-me.
— ...se é que não estou pior. O pior é inimigo do bom, dizem; mas os dicionários negam absolutamente essa proposição, e eu vou com eles...
— Oh! o senhor faz-me nervosa!
— ...não só por serem dicionários, mas por serem livros grossos. Oh! V. Ex. não sabe o que são esses livros altos e de ponderação. Os dicionários, se não são eternos, deviam sê-lo. Uma só página, um só dicionário, e eterno; era o ideal da sistematização. A sistematização é, para falar verdade...
— Não posso mais, adeus!
— José Rodrigues, fecha a porta; se esta senhora voltar, dize-lhe que saí. Ah!

23 de setembro de 1894

Os depoimentos desta semana complicaram de tal maneira o caso da bigamia Lousada, que é impossível destrinçá-lo, sem o auxílio de uma grande doutrina. Essa doutrina, eu, que algumas vezes me ri dela, venho proclamá-la bem alto, como a última e verdadeira.

Com efeito, vimos que a primeira mulher do capitão é negada por ele, que afirma ser apenas sua cunhada. Outros, porém, dizem que a primeira mulher é esta mesma que aí está, e quem o diz é o vigário, que os casou em 1870, e o padrinho, que assistiu à cerimônia. Mas eis aí surge a certidão de óbito e o número da sepultura da primeira esposa, que, de outra parte, são negadas, porque a pessoa morta não é a mesma e tinha nome diverso. Há assim uma pessoa enterrada e viva, mulher, cunhada e estranha, um enigma para cinco polícias juntas, quanto mais uma.

Vinde, porém, ao espiritismo, e vereis tudo claro como água. Eu não cria no espiritismo até junho último, quando li na *União Espírita* que, há anos, um distinto jurisconsulto nosso, antigo deputado por Mato Grosso, consentiu em assistir a uma experiência. Foi evocado o espírito da sogra do deputado e respondeu o Marquês de Abaeté: "Meu amigo; o espiritismo é uma verdade. *Abaeté*". Caíram-me as cataratas dos olhos. Certamente o caso não era novo; mais de uma resposta dessas aparecem, que eu sempre atribuí à simulação. A circunstância, porém, da assinatura é que me clareou a alma, não só porque o Marquês era homem verdadeiro, mas ainda porque o espírito assinara, não o seu nome de batismo, mas o título nobiliário. Se houvesse charlatanismo, teria saído o nome de Antônio, para fazer crer que os espíritos desencarnados deixam neste mundo todas as distinções. A assinatura do título prova a autenticidade da resposta e a verdade da doutrina.

Sendo a doutrina verdadeira, está explicada a confusão da esposa, da cunhada e da senhora estranha, que se dá no processo do capitão, porquanto os doutores da escola ensinam que os espíritos renascem muita vez tortos, isto é, os filhos encarnam-se nos pais das mães, e não é raro ver um menino voltar a este mundo filho de um primo. Daí essa complicação de pessoas, que a polícia não deslindará nunca, sem o auxílio desta grande doutrina moderna e eterna.

Converta-se a polícia. Não há desdouro em abraçar a verdade, ainda que outros a contestem; todas as grandes verdades acham grandes incrédulos. Demais, a doutrina é consoladora. A resposta do marquês prova que os homens, de envolta com a carne, que é matéria, não deixam o título, que é uma forma particular de espírito. Quando o Japão começou a ter espírito, não adotou só o regime parlamentar, nacionalizou também os condes, e lá tem, entre outros, o seu Conde Ito, que dizem ser estadista eminente. A China, invejosa e preguiçosa, ergueu a custo as pálpebras e murmurou como no nosso antigo Alcazar da rua Uruguaiana: *Vous avez de l'esprit? Nous aussi*. E criou um marquês, o Marquês Tcheng, mas não foi adiante.

Quanto a mim, não só creio no espiritismo, mas desenvolvo a doutrina. Desconfiai de doutrinas que nascem à maneira de Minerva, completas e armadas. Confiai nas que crescem com o tempo. Sim, vou além dos meus doutores; creio firmemente que um espírito de homem pode reencarnar-se em um animal. Em Mogi-Mirim, Estado de São Paulo, acaba de enlouquecer um burro. Assim o conta a *Ordem* por estas palavras: "Segunda-feira passada, um burro do dr. Santo di Prospero enlouqueceu repentinamente". E refere os destroços que o animal fez até achar a morte. Ora, esta loucura do burro mostra claramente que o infeliz perdeu a razão. Que espírito estaria encarnado nesse pobre animal, amigo do homem, seu companheiro, e muita vez seu substituto? Talvez um gênio. A prova é que o perdeu. Com quatro pés, não pode entrar onde nós entramos com dois. Quanta vez teria ele dito consigo: — Não fosse a minha ilusão em reencarnar-me nesta besta, e estaria agora entre pessoas honradas e ilustradas, falando em vez de zurrar, colhendo palmas, em vez de pancadaria. É bem feito; a minha ideia de incorporar o burro na sociedade humana, se era generosa, não era prática, porque o homem nunca perderá o preconceito dos seus dois pés.

Outro ponto que me parece dever ser examinado e adicionado à nossa grande doutrina é a volta dos espíritos, encarnados (se assim posso dizer) em simples obras humanas, veículo ou outro objeto. Penso, entretanto, que a gradação necessária a todas as coisas exige para esta nova encarnação que o espírito haja primeiro tornado em algum bruto. Assim é que um espírito, desde que tenha sido reencarnado na tartaruga, logo que se desencarne, pode voltar novamente encarnado no bonde elétrico. Não dou isto como dogma, mas é doutrina assaz provável. Já não digo o mesmo da ideia (se a há) de que um serviço pode ser reencarnado em outro. Serviço é propriamente o efeito da atividade e do esforço humano em uma dada aplicação. Tirai-lhe essa condição, e não há serviço. É um resultado, nada mais. Pode não prestar, ser descurado, não valer dois caracóis, ou ao contrário pode ser excelente e perfeito, mas é sempre um resultado. Quem disser, por exemplo, que o serviço da antiga Companhia de bondes do Jardim Botânico está reencarnado no novo, provará com isto que de certo tempo a esta parte só tem andado de carro, mas andar de carro não é condição para ser espiritista. Ao contrário, a nossa doutrina prefere os humildes aos orgulhosos. Quer a fé e a ciência, não cocheiros embonecados, nem cavalos briosos.

Voltando à bigamia do capitão, digo novamente à polícia que estude o espiritismo e achará pé nessa confusão de senhoras. Sem ele, nada há claro nem sólido, tudo é precário, escuro e anárquico. Se vos disserem que é vezo de todas as doutrinas deste mundo darem-se por salvadoras e definitivas, acreditai e afirmai que sim, excetuando sempre a nossa, que é a única definitiva e verdadeira. Amém.

30 de setembro de 1894

Não escrevo para ti, leitor do costume, nem para ti, venerando arcebispo, que ainda há pouco recebeste o pálio na nossa Catedral de São Sebastião. Não esperes que venha dizer mal de ti, em primeiro lugar porque o mal só se diz "por trás das pessoas", locução popular e graciosa; em segundo lugar, porque venho pedir-te um favor.

O favor que te peço, meu caro arcebispo, não é um benefício propriamente eclesiástico, nem carta de empenho, nem dinheiro de contado. Bênção não é, preciso pedir-te; ela é de todo o rebanho, e, ainda que em mim os vícios superem as virtudes, terei sempre a porção dela que me sirva, não de prêmio, que o não mereço, mas de viático.

Meu caro arcebispo, não te peço nenhum milagre. Nem milagres são obras fáceis de fazer ou de aceitar. A mais incrédula, a respeito deles, é a própria Igreja, que acaba de declarar que os milagres de Maria de Araújo são simples embustes. Os louros de Bernadette tiravam o sono a essa moça do Juazeiro, que se meteu a milagrar também, nas ocasiões da comunhão, e é provável que comungasse todos os dias. Em vão o bispo do Ceará, depois de bem examinado o caso, reconheceu e declarou, em carta pastoral, "que eram fatos naturais, acompanhados de algumas circunstâncias artificiais"; o povo continuava a crer em Maria de Araújo, e não só leigos mas até padres iam vê-la ao Juazeiro. Como sabes, venerando prelado, a questão foi submetida à Santa Sé, que considerou os fatos e os condenou, tendo-os por "gravíssima e detestável irreverência à santa eucaristia", e ordenando que as peregrinações à casa de Maria de Araújo fossem vedadas, e assim também quaisquer livros que a defendessem, e a simples conversação sobre tais milagres, e por fim que se queimassem os panos ensanguentados e outras relíquias da miraculosa senhora.

Eis aí Maria de Araújo obrigada a trocar de ofício. Eu, se fosse ela, casava-me e tinha filhos, que não é pequeno milagre, por mais natural que no-lo digam.

Perde a celebridade, é certo, mas não se pode ser tudo neste mundo, alguma coisa se há de guardar para o outro, e particularmente aos famintos anunciou Jesus que seriam fartos. Não haverá Zola que a ponha em letra redonda e vibrante, para deleite de ambos os mundos. Paciência; terá nos filhos os seus melhores autores, e basta que um deles seja um Santo Agostinho, para canonizá-la pelo louvor filial, antes que a igreja o faça pela autoridade divina, como sucedeu à Santa Mônica. Esta não fez milagres na terra, não teve panos ensanguentados, nem outros artifícios; ganhou o céu com piedade e doçura, virtudes tão excelsas que domaram a alma do marido e da própria mãe do marido.

Mas a quem estou ensinando os fastos da Igreja? Perdoa, meu rico prelado, perdoa-me esses descuidos da pena, tão pouco experta em matérias eclesiásticas. Perdoa-me, e vamos ao meu pedido. Hás de ter notado que, para pedinte, sou um tanto falador, sem advertir que a melhor súplica é a mais breve. Também eu ouço a suplicantes, porque também sou bispo, e a minha diocese, caro d. João Esberard, não tem menos nem mais pecados que as outras, e daí a necessidade da paciência, para que nos toleremos uns aos outros. Mas não há paciência que baste para ouvir um suplicante derramado. Todo suplicante conciso pode estar certo de despacho pronto, porque fixou bem o que disse, sem cansar com palavras sobejas. Vês bem que sou o contrário. Colhamos, pois, a vela ao estilo.

Peço-te um favor grande, em nome da estética. A estética, venerando pastor, é a única face das coisas que se me apresenta de modo claro e inteligível. Tudo o mais é confuso para estes pobres olhos que a terra há de comer, e não comerá grande coisa, que a vista é pouca e a beleza nenhuma. Não cuides que, falando assim, peço coisa estranha ao teu ofício. Há muitos anos, li em qualquer parte que a moral é a estética das ações. Pois troquemos a frase, e digamos que a estética é a moral do gosto, e a tua obrigação, caro mestre da ética, é defender a estética.

Eis aqui o favor. Manda deitar abaixo uma torre. Não me refiro a torres dessas cujos sinos tocam operetas e chamam à oração por boca de *D. Juanita*. A torre cuja demolição te peço é a da Matriz da Glória. Conheces bem o templo e o frontispício. Não sei se eles e a torre entraram no mesmo plano do arquiteto; todos os monstros, por isso mesmo que estão na natureza, podem aparecer na arte. Mas não é fora de propósito imaginar que a torre é posterior, e que foi ali posta para corrigir pela voz dos sinos o silêncio das colunas. Bom sentimento, decerto, religioso e pio, mas o efeito foi contrário, porque a torre e as colunas detestam-se, e a casa de Deus deve ser a casa do amor.

Sei o que valem sinos, lembra-me ainda agora a doce impressão que me deixou a leitura do capítulo de Chateaubriand, a respeito deles. Mas, prelado amigo, uma só exceção não será mais que a confirmação da regra. Manda deitar abaixo a torre da Glória. Se os sinos são precisos para chamar os fiéis à missa, manda pô-los no fundo da igreja, sem torre, ou na casa do sacristão, e benze a casa, e benze o sacristão, tudo é melhor que essa torre em tal templo. Ou então faze outra coisa — mais difícil, é verdade, mas que me não ofenderá em nada —, manda sacrificar o templo à torre, e que fique a torre só.

E aqui me fico, para o que for do teu serviço. Relendo estas linhas, advirto que uma só vez te não dei Excelência, como te cabe pela elevação do posto. Não foi por imitar a Bíblia, nem a Convenção Francesa, mas por medo de ficar em caminho. São tantas as Excelências que se cruzam nas sessões da Intendência Municipal, que bem poucas hão de ficar disponíveis nas tipografias. Para não deixar a carta em meio, falei-te a ti, como se fala ao Senhor.

7 de outubro de 1894

Esta semana devia ser escrita com letras de ouro. Após três meses de espera, de sorteio, de convites, de multas, de paciência e de citações, constituiu-se o júri! É a segunda vez este ano. Talvez seja a penúltima vez deste século.

Quando eu abri os olhos à vida achei do júri a mesma noção que passei aos outros meninos que viessem depois: É uma nobre instituição, uma instituição liberal, o cidadão julgado por seus pares etc., toda aquela porção de frases feitas que se devem dar aos homens para o caso em que estes precisem de ideias.

As frases feitas são a companhia cooperativa do espírito. Dão o trabalho único de as meter na cabeça, guardá-las e aplicá-las oportunamente, sem dispensa de convicção, é claro, nem daquele fino sentimento de originalidade que faz de um molambo seda. Nos casos apertados dão matéria para um discurso inteiro e longo, dizem, mas pode ser exageração.

Um dia — ó dia nefasto! —, descobri em mim dois homens, eu e eu mesmo, tal qual sucedeu a Camões, naquela redondilha célebre: *Entre mim mesmo e mim*. A semelhança do fenômeno encheu-me a alma com grandes *abondanças*, para falar ainda como o próprio poeta. Sim; eu era dois, senti bem que, além de mim, havia eu mesmo. Ora, um dos homens que eu era dizia ao outro que a nobre instituição do júri, instituição liberal, o julgamento dos pares etc., não parecia estar no gosto do nosso povo carioca. Este povo era intimado e multado e nem por isso deixava os seus negócios para ir ser juiz. Ao que respondeu o outro homem que a culpa era da Câmara Municipal que não cobrava as multas. Se cobrasse as multas, o povo iria. Espanto do primeiro homem, acostumado a crer que tudo o que se imprime acontece ou acontecerá. Retificação do primeiro: "Nem sempre; é preciso deixar uma parte para inglês ver. Inglês gosta de ver suas instituições armadas em toda a parte".

Assisti a esse duelo de razões, examinando-as com tal imparcialidade, que não estou longe de crer que, além dos dois homens, surdira em mim um terceiro. Nisto fui superior ao poeta. Examinei as razões, e desesperando de conciliar os autores, aventei uma ideia que me pareceu fecunda: estipendiar os jurados. Todo serviço merece recompensa, disse eu, e se o juiz de direito é pago, por que o não será o juiz de fato? Replicaram os dois que não era uso em tal instituição; ao que o terceiro homem (sempre eu!) replicou dizendo que os usos amoldam-se aos tempos e aos lugares. Usos não são leis, e as próprias leis não são eternas, salvo os tratados de perpétua amizade, que ainda assim têm duração média de 17 $^1/_2$ anos. Tempo houve em que as comissões fiscais das sociedades anônimas eram gratuitas; hoje são pagas. São pagos todos os que compõem o Tribunal do Júri, o presidente, o procurador da justiça, os advogados, os porteiros, possivelmente as testemunhas; a que título só os jurados, que deixam os seus negócios, hão de trabalhar de graça?

Notemos que o júri, difícil de constituição, uma vez constituído, é pontual e cumpre o seu dever. Tem até uma particularidade, as suas sessões secretas são secretas, ao contrário das sessões secretas do Senado, que são públicas. Esta semana foi particularmente fértil em sessões secretas do Senado, as quais foram mais públicas ainda que as públicas, por isso que, sendo secretas, toda a gente gosta de saber o que lá se passou. A própria reclamação de um dos membros do Senado contra a divulgação das sessões foi divulgada.

Eu, antes de ver explicada a divulgação, quisera ver explicado o segredo. É assim no Senado de Washington; mas, lá mesmo, por ocasião de algumas nomeações de Cleveland, na anterior presidência deste homem de Estado, membros houve que lembraram a ideia de fazer tais sessões públicas. Um escritor célebre, admirador da América, ponderou a tal respeito que a discussão pública dos negócios é o que mais convém às democracias. Deus meu! é uma banalidade, mas foi o que ele escreveu; não lhe posso atribuir um pensamento raro, profundo ou inteiramente novo. O que ele disse foi isso. Nem por ser banal, a ideia é falsa; ao contrário, há nela a sabedoria de todo mundo. Pelo que, e o mais dos autos, não vejo clara a necessidade das sessões secretas, mas também não digo que não seja claríssima. Todas as conclusões são possíveis, uma vez que é o mesmo sol que as alumia, com igual imparcialidade. A lua, mãe das ilusões, não tem parte nisto; mas o sol, pai das verdades, não o é só das verdades louras, como os seus raios fazem crer; também o é das verdades morenas.

Isto posto, não admira que se dê em mim, neste instante, uma equação de sentimentos relativamente à lei municipal que estabelece lotação de passageiros para os bondes, sob pena de serem multadas as companhias. Entre mim mesmo e mim travou-se a princípio grande debate. Um quer que a autoridade não tire ao passageiro o direito de ir incomodado, quando se pendura feito pingente. Outro replica que o passageiro pode ir incomodado uma vez que não incomode os demais, e mostra o remédio ao mal, que é aumentar o número dos veículos e alterar as tabelas das viagens. Protesto do primeiro, que é acionista, e defende os dividendos. O segundo alega que é público e quer ser bem servido.

Grande seria o meu desconsolo e terrível a luta, se eu não achasse um modo de conciliar as opiniões; digo mal, de as afastar para os lados. Esse modo é a esperança que nutro de que a lei municipal não será cumprida. Os seis meses dados, para que ela entre em execução, são suficientes para que os novos carros se comprem e as tabelas se alterem; mas não haverá carros novos no fim dos seis meses, e aparecerá um pedido de prorrogação por mais um semestre, digamos um ano. Dá-se o ano. No fim dele a terça parte dos atuais intendentes estarão mortos, outra terça parte haverá abandonado a política, poucos restarão nos seus lugares. Mas, francamente, quem mais se lembrará da lei? Leis não são dores, que se fazem lembrar doendo; leis não doem. Algumas só doem, quando se aplicam; mas não aplicadas, elas e nós gozamos perfeita saúde. Quando muito, marcar-se-á novo prazo, e será o último, dois anos, que não acabarão mais. Um conselho dou aqui às companhias: não discutam este negócio, deixem passar o tempo, e o silêncio *farà da sè*.

14 de outubro de 1894

Um cabograma... Por que não adotaremos esta palavra? A rigor não preciso dela; para transmitir as poucas notícias que tenho, basta-me o velho telegrama. Mas as necessidades gerais crescem, e a alteração da coisa traz naturalmente a alteração do nome. Vede o homem que vai na frente do bonde elétrico. Tendo a seu cargo o motor, deixou de ser cocheiro, como os que regem bestas, e chamamos-lhe motorneiro em vez de *motoreiro*, por uma razão de eufonia. Há quem diga que o próprio nome de cocheiro não cabe aos outros, mas é ir longe demais, e em matéria de língua, quem quer tudo muito explicado, arrisca-se a não explicar nada.

Custa muito passar adiante, sem dizer alguma coisa das últimas interrupções elétricas; mas se eu não falei da morte do mocinho grego, vendedor de balas, que o bonde elétrico mandou para o outro mundo, há duas semanas, não é justo que fale dos terríveis sustos de quinta-feira passada. O pobre moço grego, se tivesse nascido antigamente, e entrasse nos jogos olímpicos, escapava ao desastre do largo do Machado. Dado que fosse um dia destruído pelos cavalos, como o jovem Hipólito, teria cantores célebres, em vez de expirar obscuramente no hospital, tão obscuramente que eu próprio, que lhe decorara o nome, já o esqueci.

Mas, como ia dizendo, um cabograma ou telegrama, à escolha, deu-nos notícia de haver falecido o célebre humorista americano Holmes. Não é matéria para crônica. Se os mortos vão depressa, mais depressa vão os mortos de terras alongadas, e para a minha conversação dominical tanto importam célebres como obscuros. Holmes, entretanto, escreveu em um de seus livros, o *Autocrata à mesa do almoço*, este pensamento de natureza social e política: "O cavalo de corrida não é instituição republicana; o cavalo de trote é que o é". Tal é o seu bilhete de entrada na minha crônica. Aprofundemos este pensamento.

Antes de tudo, notemos que ao nosso Conselho Municipal, por inexplicável coincidência, foi apresentado esta mesma semana um projeto de resolução, cujo texto, se fosse claro, poderia corresponder ao pensamento de Holmes; mas, conquanto aí se fale em corridas a cavalo, não estando estas palavras ligadas às outras por ordem natural e lógica, antes confusamente, não têm sentido certo, nada se podendo concluir com segurança. A verdade, porém, é que o Conselho trata de combater por vários modos, não sei se sempre adequados, mas de coração, as múltiplas formas do jogo público. Um dos seus projetos, redigido em 1893, e revivido agora pelo próprio autor, vai tão longe neste particular que não se contenta de proibir a venda dos bilhetes de loteria nas ruas, chega a proibi-la expressamente. "É expressamente proibido vendê-los nas ruas e praças etc." diz o artigo 2º — *Expressamente* — não há por onde fugir.

Indo ao pensamento de Holmes, descubro que a melhor maneira de penetrá-lo é tão somente lê-lo. Que o leitor o leia; penetre bem o sentido daquelas palavras, não lhe sendo preciso mais que paciência e tempo; eu não tenho pressa, e aqui o espero, com a pena na mão. Talvez haja alguma exageração quando o ilustre americano compara o cavalo de corrida às mesas de roleta, *roulette tables*; mas quando, assim considerado, o apropria a duas fases sociais, definidas por ele com grande agudeza, não parece que exagere muito. Em compensação, a pintura do cavalo de trote, puxando o ônibus, o carro do padeiro e outros veículos úteis, basta que seja tão útil como os veículos, para que a devamos ter ante os olhos, de preferência a outros emblemas.

Não tenho pressa. Enquanto meditas e eu espero, Artur Napoleão conclui o hino que vai ser oferecido ao Estado do Espírito Santo por um dos seus filhos. Sobre isto ouvi duas opiniões contrárias. Uma dizia que não achava boa a oferta.

— Não o digo por desfazer na obra, que não conheço, nem na intenção, que é filial, menos ainda no Estado, que a merece. Eu preferia mandar comprar um exemplar único da Constituição Federal, impresso em pergaminho, encadernado em couro ou em ouro. Ou então uma carta profética do Brasil, o Brasil um século depois. Também podia ser um grande álbum em que os chefes de todos os Estados brasileiros escrevessem algumas palavras de solidariedade e concórdia, qualquer coisa que pudesse meter cada vez mais fundo na alma dos nossos patrícios do Espírito Santo o sentimento da unidade nacional... Um hino parece levar ideias de particularismo...

— Discordo — respondeu a outra opinião, pela boca de um homem magro, que ia na ponta do banco, porque esta conversação era no bonde, ontem de manhã, em viagem para o Jardim Botânico.

— Discorda?

— Sim, não acho inconveniente o hino, e tanto melhor se cada Estado tiver o seu hino particular. As flores que compõem um ramalhete, sr. Demétrio, podem conservar as cores e formas próprias, uma vez que o ramalhete esteja bem unido e fortemente apertado. A grande unidade faz-se de pequenas unidades...

A conversação foi andando assim, talhada em aforismos, enquanto eu descia do bonde, metia-me em outro e tornava atrás. Os animais, apesar de serem de trote, ignoravam este outro aforismo — *time is money* —, ou por não saberem inglês, ou por não saberem capim. Tinha chuviscado, mas o chuvisco cessou, ficando o ar sombrio e meio fresco. Apesar disso, ou por isso, trago uma dor de cabeça enfadonha que me obriga a parar aqui.

21 de outubro de 1894

Toda esta semana foi de amores. A *Gazeta* deu-nos o capítulo esotérico do anel de Vênus desenhado a traço grosso na mão aberta do costume. Da Bahia veio a triste notícia de um assassinato por amor, um cadáver de moça que apareceu, sem cabeça nem vestidos. Aqui foi envenenada uma dama. Julgou-se o processo do bígamo Lousada. Enfim, o intendente municipal dr. Capelli fundamentou uma lei regulando a prostituição pública — "a vaga Vênus", dizia um finado amigo meu, velho dado a clássicos.

Outro amigo meu, que não gostava de romances, costumava excetuar tão-somente os de Júlio Verne, dizendo que neles a gente aprendia. O mesmo digo dos discursos do dr. Capelli. Não são simples justificações rápidas e locais de um projeto de lei, mas verdadeiras monografias. Que se questione sobre a oportunidade de alguns desenvolvimentos, é admissível, mas ninguém negará que tais desenvolvimentos são completos, e que o assunto fica esgotado. Quanto ao estilo, meio didático, meio imaginoso, está com o assunto. Não perde por imaginoso. Na história há Macaulay e Michelet, e tudo é história. Nas nossas Câmaras Legislativas perde-se antes por seco e desornado. Moços que brilharam nas associações acadêmicas e literárias entendem que, uma vez entrados na deliberação política, devem despir-se da clâmide e da metáfora, e falar chão e natural. Não pode ser; o natural e o chão têm cabida no Parlamento, quando são as próprias armas do lutador; mas se este as possui mais belas, com incrustações artísticas e ricas, é insensato deixá-las à porta e receber do porteiro um canivete ordinário.

Amor! assunto eterno e fecundo! Primeiro vagido da terra, último estertor da criação! Quem, falando de amor, não sentir agitar-se-lhe a alma e reverdecer a natureza, pode crer que desconhece a mais profunda sensação da vida e o mais belo espetáculo do universo. Mas, por isso mesmo que o amor é assim, cumpre que não seja de outro modo, não permitir que se corrompa, que se desvirtue, que se acanalhe. Onde e quando não for possível tolher o mal, é necessário acudir-lhe com a lei, e obstar à inundação pela canalização. Creio ser esta a tese do discurso do sr. Capelli. Não a pode haver mais alta nem mais oportuna.

Direi de passagem que apareceram ontem alguns protestos contra dois ou três períodos do discurso, vinte e quatro horas depois deste publicado, por parte de intendentes que declaram não os ter ouvido. Não conheço a acústica da sala das sessões municipais; não juro que seja má, visto que o texto impresso do discurso está cheio de aplausos, e houve um ponto em que os apartes foram muitos e calorosos. Um dos intendentes que ora protestam atribui as injustiças de tais trechos à revisão do manuscrito. Assim pode ser; em todo caso, as intenções estão salvas.

O que fica do discurso, excluídos esses trechos, e mais um que não cito para não alongar a crônica, é digno de apreço e consideração. Não há monografia do amor, digna de tal nome, que não comece pelo reino vegetal. O sr. Capelli principia por aí, antes de passar ao animal; chegando a este, explica a divisão dos sexos e o seu destino. Num período vibrante, mostra o nosso físico alcançando a divinização, isto é, vindo da promiscuidade até Epaminondas, que defende Tebas, até Coriolano, que cede aos rogos da mãe, até Sócrates, que bebe a cicuta. Todos os nomes simbólicos do amor espiritual são assim atados no ramalhete dos séculos, Colombo, Gutenberg, Joana d'Arc, Werther, Julieta, Romeu, Dante e Jesus Cristo. Feito isso, como o principal do discurso era a prostituição, o orador entra neste vasto capítulo.

O histórico da prostituição é naturalmente extenso, mas completo. Vem do mundo primitivo, Caldeia, Egito, Pérsia etc., com larga cópia de nomes e ações, mitos e costumes. Daí passa à Grécia e a Roma. As mulheres públicas da Grécia são estudadas e nomeadas com esmero, os seus usos descritos minuciosamente, as anedotas lembradas — lembradas igualmente as comédias de Aristófanes, e todos quantos, homens ou mulheres, estão ligados a tal assunto. Roma oferece campo vasto, desde a loba até Heliogábalo. Não transcrevo os nomes; teria de contar a própria história romana. Nenhum escapou dos que valiam a pena, porém, de imperadores ou poetas, de deusas ou matronas, as instituições com os seus títulos, as depravações com as suas origens e consequências. Chegando a Heliogábalo, mostrou o orador que a degeneração humana tocara o zênite. "O momento histórico era solene", disse ele, "foi então que apareceu Cristo."

Cristo trouxe naturalmente à memória a Madalena, e depois dela algumas santas, cuja vida impura se regenerou pelo batismo e pela penitência. A apoteose cristã é brilhante; mas história é história, e força foi dizer que a prostituição voltou ao mundo. Na descrição dessa recrudescência do mal, nada é poupado nem escondido, seja a hediondez dos vícios, seja a grandeza da consternação. Aqui ocorreu um incidente que perturbou a serenidade do discurso. O orador apelou para um novo Cristo, que viesse fazer a obra do primeiro, e disse que esse Cristo novo era Augusto Comte...

Muitos intendentes interromperam com protestos, e estavam no seu direito, uma vez que têm opinião contrária; mas podiam ficar no protesto. Não sucedeu assim. O sr. Maia de Lacerda bradou: *Oh! oh!* e retirou-se da sala. O sr. Capelli insistiu, os protestos continuaram...

O sr. Barcelos afirmou que o positivismo era doutrina subversiva. Defendeu-se o orador, pedindo que lhe respeitassem a liberdade de pensamento. Travou-se diálogo. Cresceram os *não-apoiados*. O sr. Capelli parodiou Voltaire, dizendo que, se Augusto Comte não tivesse existido, era preciso inventá-lo. O sr. Pinheiro bradou: "Chega de malucos!" Enfim, o orador, compreendendo que iria fugindo ao assunto, limitou-se a protestar em defesa das suas ideias e continuou.

Esse lastimável incidente ocorreu na terceira coluna do discurso, e ele teve sete e meia. Vê-se que não posso acompanhá-lo, e, aliás, a parte que então começou não foi a menos interessante. O discurso enumera as causas da prostituição. A primeira é a própria constituição da mulher. Segue-se o erotismo, e a este propósito cita o célebre verso de Hugo: *Oh! n'insultez jamais une femme qui tombe!* Vem depois a educação, e explica que a educação é preferível à instrução. O luxo e a vaidade são as causas imediatas. A escravidão foi uma. Os internatos, a leitura de romances, os costumes, a mancebia, os casamentos contrariados e desproporcionados, a necessidade, a paixão e os D. Juans. De passagem, historiou a prostituição no Rio de Janeiro, desde d. João VI, passando pelos bailes do Rachado, do Pharoux, do Rocambole e outros. Nomeando muitas ruas degradadas pela vida airada, repetia naturalmente muitos nomes de santos, dando lugar a este aparte do sr. Duarte Teixeira: "Arre! quanto santo!"

Vieram finalmente os remédios, que são quatro: a educação da mulher, a proibição legal da mancebia, o divórcio e a regulamentação da prostituição pública. Toda essa parte é serena. Há imagens tocantes. "No pórtico da humanidade a mulher aparece como a estrela do amor." Depois, vem o projeto, que contém cinco artigos. Será aprovado? Pode ser. Será cumprido?

28 de outubro de 1894

O momento é japonês. Vede o contraste daquele povo que, enquanto acorda o mundo com o anúncio de uma nova potência militar e política, manda um comissário ver as terras de São Paulo, para cá estabelecer alguns dos seus braços de paz. Esse comissário, que se chama Sho Nemotre, escreveu uma carta ao *Correio Paulistano* dizendo as impressões que leva daquela parte do Brasil.

> Levo, da minha visita ao Estado de São Paulo, as impressões mais favoráveis, e não vacilo em afirmar que acho esta região uma das mais belas e ricas do mundo. Pela minha visita posso afiançar que o Brasil e o Japão farão feliz amizade, a emigração será em breve encetada e o comércio será reciprocamente grande.

Ao mesmo tempo, o sr. dr. Lacerda Werneck, um dos nossos lavradores esclarecidos e competentes, acaba de publicar um artigo comemorando os esforços empregados para a próxima vinda de trabalhadores japoneses. "É do Japão (diz ele) que nos há de vir a restauração da nossa lavoura." S. Ex. fala com entusiasmo daquela nação civilizada e próspera, e das suas recentes vitórias sobre a China.

Não esqueçamos a circunstância de vir do Japão o novo ministro italiano, segundo li na *Notícia* de quinta-feira, fato que, se é intencional, mostra da parte do rei Humberto a intenção de ser agradável ao nosso país, e, se é casual, prova o que eu dizia a princípio, e repito, que o momento é japonês. Também eu creio nas excelências japonesas, e daria todos os tratados de Tien-Tsin por um só de Yokohama.

Não sou nenhuma alma ingrata que negue ao chim os seus poucos méritos; confesso-os, e chego a aplaudir alguns. O maior deles é o chá, merecimento grande, que vale ainda mais que a filosofia e a porcelana. E o maior valor da porcelana, para mim, é justamente servir de veículo ao chá. O chá é o único parceiro digno do café. Temos tentado fazer com que o primeiro venha plantar o segundo, e ainda me lembra a primeira entrada de chins, vestidos de azul, que deram para vender pescado, com uma vara ao ombro e dois cestos pendentes — o mesmo aparelho dos atuais peixeiros italianos. Agora mesmo há fazendas que adotaram o chim, e, não há muitas semanas, vi aqui uns três que pareciam alegres, por boca do intérprete, é verdade, e das traduções faladas se pode dizer o mesmo que das escritas, que as há lindas e pérfidas. De resto, que nos importa a alegria ou a tristeza dos chins?

A tristeza é natural que a tenham agora, se acaso o intérprete lhes lê os jornais; mas é provável que não os leia. Melhor é que ignorem e trabalhem. Antes plantar café no Brasil que "plantar figueira" na Coreia, perseguidos pelo marechal Yamagata. Já este nome é célebre! Já o almirante Ito é famoso! Do primeiro disse a *Gazeta* que é o Moltke do Japão. Um e outro vão dando galhardamente o recado que a consciência nacional lhes encomendou para fins históricos.

Aqui, há anos, o mundo inventou uma coisa chamada japonismo. Nem foi precisamente o mundo, mas os irmãos de Goncourt, que assim o declaram e eu acredito, não tendo razão para duvidar da afirmação. O *Journal des Goncourt* está cheio de japonismo. Uma página de 31 de março de 1875 fala do "grande movimento japonês", e acrescenta, por mão de Edmundo: *Ç'a été tout d'abord quelques originaux, comme mon frère et moi...*

Esse "grande movimento japonês" não era o que parece à primeira vista; reduzia-se a colecionar objetos do Japão, sedas, armas, vasos, figurinhas, brinquedos. Espalhou-se o japonismo. Nós o tivemos e o temos. Esta mesma semana fez-se um grande leilão na rua do Senador Vergueiro, em que houve larga cópia de sedas e móveis japoneses, dizem-me que bonitos. Muitos os possuem e de gosto. Chegamos (aqui ao menos) a uma coisa, que não sei se defina bem chamando-lhe a banalidade do raro.

Mas, enquanto os irmãos de Goncourt inventaram o japonismo, que faria o Japão, propriamente dito? Inventava-se a si mesmo. Forjava a espada que um dia viria pôr na balança dos destinos da Ásia. Enquanto uns coligiam as suas galantarias, ele armava as couraças e forças modernas e os aparelhos liberais. Mudava a forma de governo e apurava os costumes, decretava uma Constituição, duas Câmaras, um Ministério como outras nações cultas vieram fazendo desde a Revolução Francesa, cuja alma era mais ou menos introduzida em corpos de feição britânica. Vimos agora mesmo que o Micado, abertas as Câmaras, proferia a fala do trono, e ouvia delas uma resposta, à maneira dos Comuns de Inglaterra, mas uma resposta de todos os diabos, mais para o resto do mundo que para o próprio governo. Este acaba de recusar intervenções da Europa, nega armistícios, não quer padrinhos nem médicos naquele duelo, e parece que há de acabar por dizer e fazer coisas mais duras.

São dois inimigos velhos; mas não basta que o ódio seja velho, é de mister que seja fecundo, capaz e superior. Ora, é tal o desprezo que os japoneses têm aos chins, que a vitória deles não pode oferecer dúvida alguma. Os chins não acabarão logo, nem tão cedo — não se desfazem tantos milhões de haveres como se despacha um prato de arroz com dois pauzinhos —, mas, ainda que se fossem embora logo e de vez, como o chá não é só dos chins, eu continuaria a tomar a minha chávena, como um simples russo, e as coisas ficariam no mesmo lugar.

O momento é japonês. Que esses braços venham lavrar a terra, e plantar, não só o café, mas também o chá, se quiserem. Se forem muitos e trouxerem os seus jornais, livros e revistas de clubes, e até as suas moças, alguma necessidade haverá de aprender a língua deles. O padre Lucena escreveu, há três séculos, que é língua superior à latina, e tal opinião, em boca de padre, vale por vinte academias. Tenho pena de não estar em idade de a aprender também. Estudaria com o próprio comissário Sho Nemotre, que esteve agora em São Paulo; ensinar-lhe-ia a nossa língua, e chegaríamos à convicção de que o almirante Ito é descendente de uma família de Itu, e que os japoneses foram os primeiros povoadores do Brasil, tanto que aqui deixaram a japona. Ruim trocadilho; mas o melhor escrito deve parecer-se com a vida, e a vida é, muitas vezes, um trocadilho ordinário.

4 de novembro de 1894

É verdade trivial que, quando o rumor é grande, perdem-se naturalmente as vozes pequenas. Foi o que se deu esta semana.

A semana foi toda de combatividade, para falar como os frenologistas. Tudo esteve na tela da discussão, desde a luz esteárica até a demora dos processos, desde as carnes verdes até a liberdade de cabotagem. De algumas questões, como a da luz esteárica, sei apenas que, se a lesse, não estaria vivo. A das carnes verdes é propriamente de nós todos; mas a disposição em que me acho, de passar a vegetariano, desinteressa-me da solução, e tanto faz que haja monopólio, como liberdade. *A liberdade é um mistério*, escreveu Montaigne, e eu acrescento que o monopólio é outro mistério, e, se tudo são mistérios neste mundo, como no outro, fiquem-se com os seus mistérios, que eu me vou aos meus espinafres.

De resto, nos negócios que não interessam diretamente, não é meu costume perder o tempo que posso empregar em coisas de obrigação. É assim, que aprovo e aprovarei sempre uma passagem que li na ata da reunião de comerciantes, que se fez na Intendência Municipal, para tratar da crise de transportes. Orando, o sr. Antônio Werneck observou que havia pouca gente na sala. Respondeu-lhe um dos presentes, em aparte: "Eu, se não fosse o pedido de um amigo, não estaria aqui". Digo que aprovo, mas com restrições, porque não há amigos que me arranquem de casa, para ir cuidar dos seus negócios. Os amigos têm outros fins, se são amigos, se não, são mandados pelo diabo para tentar um homem que está quieto.

Não obstante a pequena concorrência, parece que o rumor do debate foi grande, pouco menor que o da questão de cabotagem na Câmara dos deputados. Mas, para mim, em matéria de navegação, tudo é navegar, tudo é encomendar a alma a Deus e ao piloto. A melhor navegação é ainda a daquelas conchas cor de neve, com uma ondina dentro, olhos cor do céu, tranças cor de sol, toda em verso e toda no aconchego do gabinete. Mormente em dias de chuva, como os desta semana, é navegação excelente, e aqui a tive, em primeiro lugar com o nosso Coelho Neto, que aliás não falou em verso, nem trouxe daquelas figuras do Norte ou do Levante, aonde a musa costuma levá-lo, vestido, ora de névoas, ora de sol. Não foi o Coelho Neto das *Baladilhas*, mas o dos *Bilhetes-postais* (dois livros em um ano), por antonomásia *Anselmo Ribas*. Páginas de *humour* e de fantasia, em que a imaginação e o sentimento se casam ainda uma vez, ante esse pretor de sua eleição. Derramados na imprensa, pareciam esquecidos; coligidos no livro, vê-se que deviam ser lembrados e relembrados. A segunda concha...

A segunda concha trouxe deveras uma ondina, uma senhora, e veio cheia de versos, os *Versos*, de Júlia Cortines. Esta poetisa de temperamento e de verdade disse-me coisas pensadas e sentidas, em uma língua inteiramente pessoal e forte. Que poetisa é esta? Lúcio de Mendonça é que apresenta o livro em um prefácio necessário, não só para dar-nos mais uma página vibrante de simpatia, mas ainda para convidar essa multidão de distraídos a deter-se um pouco a ler. Lede o livro; há nele uma vocação e uma alma, e não é sem razão que Júlia Cortines traduz, à pág. 94, um canto de Leopardi. A alma desta moça tem uma corda dorida de Leopardi. A dor é velha; o talento é que a faz nova, e aqui a achareis novíssima. Júlia Cortines vem sentar-se ao pé de Zalina Rolim, outra poetisa de verdade, que sabe rimar os seus sentimentos com arte fina, delicada e pura. O *Coração*, livro desta outra moça, é terno, a espaços triste, mas é menos amargo que o daquela; não tem os mesmos desesperos...

Eia! foge, foge, poesia amiga, basta de recordar as horas de ontem e de anteontem. A culpa foi da Câmara dos deputados, com a sua navegação de cabotagem, que me fez falar da tua concha eterna, para a qual tudo são mares largos e não há leis nem Constituições que vinguem. Anda, vai, que o cisne te leve água fora com as tuas hóspedes novas e nossas.

Voltemos ao que eu dizia do rumor grande, que faz morrer as vozes pequenas. Não ouviste decerto uma dessas vozes discretas, mas eloquentes; não leste a punição de três jóqueis. Um por nome José Nogueira não disputou a corrida com ânimo de ganhar; foi suspenso por três meses. Outro, H. Cousins, "atrapalhou a carreira ao cavalo Sílvio"; teve a multa de quinhentos mil-réis. Outro, finalmente, Horácio Perazzo, foi suspenso por seis meses, porque, além de não disputar a corrida com ânimo de ganhar, ofendeu com a espora uma égua.

Estes castigos encheram-me de espanto, não que os ache duros, nem injustos; creio que sejam merecidos, visto o delito, que é grave. Os capítulos da acusação são tais, que nenhum espírito reto achará defesa para eles. O meu assombro vem de que eu considerava o jóquei parte integrante do cavalo. Cuidei que, lançados na corrida, formavam uma só pessoa, moral e física, um lutador único. Não supunha que as duas vontades se dividissem, a ponto de uma correr com ânimo de ganhar a palma, e outra de a perder; menos ainda que o complemento humano de um cavalo embaraçava a marcha de outro cavalo, e muito menos que se lembrasse de ofender uma égua com a espora. Se os animais fossem cartas, em vez de cavalos, dir-se-ia que os homens furtavam no jogo.

Quinhentos mil-réis de multa! Pelas asas do Pégaso! devem ser ricos esses funcionários. Três e seis meses de suspensão! Como sustentarão agora as famílias, se as têm, ou a si mesmos, que também comem? Não irão empregar-se na Intendência Municipal, onde a demora dos ordenados faz presumir que os jóqueis do expediente andam suspensos por ações semelhantes. Não hão de ir puxar carroça. Vocação teatral não creio que possuam. Se são ricos, bem; mas, então, por que é que não fundaram, há dois ou três anos, uma sociedade bancária, ou de outra espécie, onde podiam agora atrapalhar a marcha dos outros cavalos, esporear as éguas alheias, e, em caso de necessidade, correr sem ânimo de ganhar a partida? Este último ponto não seria comum, antes raríssimo; mas basta que fosse possível. Nem é outra a regra cristã, que manda perder a terra para ganhar o céu. Sem contar que não haveria suspensões nem multas.

11 de novembro de 1894

A Antiguidade cerca-me por todos os lados. E não me dou mal com isso. Há nela um aroma que, ainda aplicado a coisas modernas, como que lhes troca a natureza. Os bandidos da atual Grécia, por exemplo, têm melhor sabor que os clavinoteiros da Bahia. Quando a gente lê que alguns sujeitos foram estripados na Tessália ou Maratona, não sabe se lê um jornal ou Plutarco. Não sucede o mesmo com a comarca de Ilhéus. Os gatunos de Atenas levam o dinheiro e o relógio, mas em nome de Homero. Verdadeiramente não são furtos, são reminiscências clássicas.

Quinta-feira um telegrama de Londres noticiou que acabava de ser publicada uma versão inglesa da *Eneida*, por Gladstone. Aqui há antigo e velho. Não é o caso do sr. Zama, que, para escrever de capitães, foi buscá-los à Antiguidade, e aqui no-los deu há duas semanas; o sr. Zama é relativamente moço. Gladstone é velho e teima em não envelhecer. É octogenário, podia contentar-se com a doce carreira de macróbio, e só vir à imprensa quando fosse para o cemitério. Não quer; nem ele, nem Verdi. Um faz óperas, outro saiu do Parlamento com uma catarata, operou a catarata e publicou a *Eneida* em inglês, para mostrar aos ingleses como Virgílio escreveria em inglês, se fosse inglês. E não será inglês, Virgílio?

Como se não bastasse essa revivescência antiga, e mais o livro do sr. Zama, aparece-me Carlos Dias com os *Cenários*, um banho enorme de Antiguidade. Já é bom que um livro responda ao título, e é o caso deste, em que os cenários são cenários, sem ponta de drama, ou raramente. Que levou este moço de vinte anos ao gosto da Antiguidade? Diz ele, na página última, que foi uma mulher; eu, antes de ler a última página, cuidei que era simples efeito de leitura, com extraordinária tendência natural. Leconte de Lisle e Flaubert lhe terão dado a ocasião de ir às grandezas mortas, e a *Profissão de Fé*, no desdém dos modernos, faz lembrar o soneto do poeta romântico.

Mas não se trata aqui da Antiguidade simples, heroica ou trágica, tal como a achamos nas páginas de Homero ou Sófocles. A antiguidade que este moço de talento prefere é a complicada, requintada ou decadente, os grandes quadros de luxo e de luxúria, o enorme, o assombroso, o babilônico. Há muitas mulheres neste livro, e de toda casta, e de vária forma. Pede-lhe vigor, pede-lhe calor e colorido, achá-los-ás. Não lhe peças — ao seu Nero, por exemplo — a filosofia em que Hamerling envolve a vida e a morte do imperador. Este grande poeta deu à farta daqueles quadros lascivos ou terríveis, em que a sua imaginação se compraz; mas corre por todo o poema um fluido interior, e a ironia final do César sai de envolta com o sentimento da realidade última: "O desejo da morte acabou a minha insaciável sede da vida".

Ao fechar o livro dos *Cenários*, disse comigo: "Bem, a Antiguidade acabou". — "Não acabou, bradou um jornal; aqui está uma nova descoberta, uma coleção recente de papiros gregos. Já estão discriminados cinco mil." — "Cinco mil!", pulei eu. E o jornal, com bonomia: "Cinco mil, por ora; dizem coisas interessantes da vida comum dos gregos, há entre eles uma paródia da *Ilíada*, uma novela, explicações de um discurso de Demóstenes... Pertence tudo ao museu de Berlim".

— Basta, é muita Antiguidade; venhamos aos modernos.

— Perdão — acudiu outra folha —, a França também descobriu agora alguma coisa para competir com a rival germânica; achou em Delos duas estátuas de Apolo. Mais Apolos. Puro mármore. Achou também paredes de casas antigas, cuja pintura parece de ontem. Os assuntos são mitológicos ou domésticos, e servem...

— Basta!

— Não basta; Babilônia também é gente — insinua uma gazeta —; Babilônia, em que tanta coisa se tem descoberto, revelou agora uma vasta sala atulhada de retábulos inscritos... Coisas preciosas! Já estão com a Inglaterra, a França, a Alemanha e os Estados Unidos da América. Sim; não é à toa que estes americanos são ingleses de origem. Têm o gosto da Antiguidade; e, como inventam telefone e outros milagres, podem pagar caro essas relíquias. Há ainda...

Sacudi fora os jornais e cheguei à janela. A Antiguidade é boa, mas é preciso descansar um pouco e respirar ares modernos. Reconheci então que tudo hoje me anda impregnado do antigo e que, por mais que busque o vivo e o moderno, o antigo é que me cai nas mãos. Quando não é o antigo, é o velho, Gladstone substitui

Virgílio. A comissão uruguaia que aí está, trazendo medalhas comemorativas da campanha do Paraguai, não sendo propriamente antiga, fala de coisas velhas aos moços. Campanha do Paraguai! Mas então, houve alguma campanha do Paraguai? Onde fica o Paraguai? Os que já forem entrados na história e na geografia, poderão descrever essa guerra, quase tão bem como a de Jugurta. Faltar-lhes-á, porém, a sensação do tempo.

Oh! a sensação do tempo! A vista dos soldados que entravam e saíam, de semana em semana, de mês em mês, a ânsia das notícias, a leitura dos feitos heróicos, trazidos de repente por um paquete ou um transporte de guerra... Não tínhamos ainda este cabo telegráfico, instrumento destinado a amesquinhar tudo, a dividir as novidades em talhadas finas, poucas e breves. Naquele tempo as batalhas vinham por inteiro, com as bandeiras tomadas, os mortos e feridos, número de prisioneiros, nomes dos heróis do dia, as próprias partes oficiais. Uma vida intensa de cinco anos. Já lá vai um quarto de século. Os que ainda mamavam quando Osório ganhava a grande batalha, podem aplaudi-lo amanhã revivido no bronze, mas não terão o sentimento exato daqueles dias...

18 de novembro de 1894

Uma semana que inaugura na segunda-feira uma estátua e na quinta um governo não é qualquer dessas outras semanas que se despacham brincando. Isto em princípio; agora, se atenderdes à solenidade especial dos dois atos, à significação de cada um deles, à multidão de gente que concorreu a ambos, chegareis à conclusão de que tais sucessos não cabem numa estreita crônica. Um mestre de prosa, autor de narrativas lindas, curtas e duradouras, confessou um dia que o que mais apreciava na história eram as anedotas. Não discuto a confissão; digo só que, aplicada a este ofício de cronista, é mais que verdadeira. Não é para aqui que se fizeram as generalizações, nem os grandes fatos públicos. Esta é, no banquete dos acontecimentos, a mesa dos meninos.

Já a imprensa, por seus editoriais, narrou e comentou largamente os dois acontecimentos. Osório foi revivido, depois de o ser no bronze, e Bernardelli glorificado pela grandeza e perfeição com que perpetuou a figura do herói. Quanto à posse do sr. presidente da República, as manifestações de entusiasmo do povo e as esperanças dessa primeira transmissão do poder, por ordem natural e pacífica, foram registradas na imprensa diária, à espera que o sejam devidamente no livro. Nem foram esquecidos os serviços reais daquele que ora deixou o poder, para repousar das fadigas de dois longos anos de luta e de trabalho.

Não nego que um pouco de filosofia possa ter entrada nesta coluna, contanto que seja leve e ridente. As sensações também podem ser contadas, se não cansarem muito pela extensão ou pela matéria; para não ir mais longe, o que se deu comigo, por ocasião da posse, no Senado. Quinta-feira, quando ali cheguei, já achei mais convidados que congressistas, e mais pulmões que ar respirável. Na entrada da sala das sessões, fronteira à mesa da presidência, muitas senhoras iam invadindo pouco a pouco o espaço, até conquistá-lo de todo. Era novo; mais nova ainda a entrada de uma senhora, que foi sentar-se na cadeira do barão de São Lourenço. Ao menos, o lugar era o mesmo; a cadeira pode ser que fosse outra. Daí a pouco, alguns deputados e senadores ofereciam às senhoras as suas poltronas, e todos aqueles vestidos claros vieram alternar com as casacas pretas.

Quando isto se deu, tive uma visão do passado, uma daquelas visões chamadas imperiais (duas por ano), em que o regimento nunca perdia os seus direitos. Tudo era medido, regrado e solitário. Faltava agora tudo, até a figura do porteiro, que nesses dias solenes calçava as meias pretas e os sapatos de fivela, enfiava os calções, e punha aos ombros a capa. Os senadores, como tinham farda especial, vinham todos com ela, exceto algum padre, que trazia a farda da Igreja. O Barão de São Lourenço, se ali ressuscitasse, compreenderia, ao aspecto da sala, que as instituições eram outras, tão outras como provavelmente a sua cadeira. Aquela gente numerosa, rumorosa e mesclada esperava alguém, que não era o imperador. Certo, eu amo a regra e dou pasto à ordem. Mas não é só na poesia que *souvent un beau désordre est un effet de l'art*. Nos atos públicos também; aquela mistura de damas e cavalheiros, de legisladores e convidados, não das instituições, mas do momento; exprimia um "estado da alma" popular. Não seria propriamente um efeito da arte, concordo, e sim da natureza; mas que é a natureza senão uma arte anterior?

Gambetta achava que a República Francesa "não tinha mulheres". A nossa, ao que vi outro dia, tem boa cópia delas. Elegantes, cumpre dizê-lo, e tão cheias de ardor, que foram as primeiras ou das primeiras pessoas que deram palmas, quando entrou o presidente da República. Vede a nossa felicidade: sentadas nas próprias cadeiras, do legislador, nenhuma delas pensava ocupar, nem pensa ainda em ocupá-las à força de votos.

Não as teremos tão cedo em clubes, pedindo direitos políticos. São ainda caseiras como as antigas romanas, e, se nem todas fiam lã, muitas a vestem, e vestem bem, sem pensar em construir ou destruir ministérios.

Nós é que fazemos ministérios, e, se já os não fazemos nas Câmaras, há sempre a imprensa, por onde se podem dar indicações ao chefe do Estado. O velho costume de recomendar nomes, por meio de listas publicadas a pedido nos jornais, ressuscitou agora, de onde se deve concluir que não havia morrido. Vimos listas impressas, desde muito antes da posse, a maior parte com algum nome absolutamente desconhecido. Esta particularidade deu-me que pensar. Por que esses colaboradores anônimos do Poder Executivo? E por que, entre nomes sabidos, um que se não sabe a quem pertence? Resolvi a primeira parte da questão, depois de algum esforço. A segunda foi mais difícil, mas não impossível. Não há impossíveis.

O que me trouxe a chave do enigma foi a própria eleição presidencial. As urnas deram cerca de trezentos mil votos ao sr. dr. Prudente de Morais, muitas centenas a alguns nomes de significação republicana ou monárquica, algumas dezenas a outros, seguindo-se uma multidão de nomes sabidos ou pouco sabidos, que apenas puderam contar um voto. Quando se apurou a eleição, parei diante do problema. Que queria dizer essa multidão de cidadãos com um voto cada um? A razão e a memória explicaram-me o caso. A memória repetiu-me a palavra que ouvi, há ano, a alguém, eleitor e organizador de uma lista de candidatos à deputação. Vendo-lhe a lista, composta de nomes conhecidos, exceto um, perguntei quem era este.

— Não é candidato — disse-me ele —, não terá mais de vinte a vinte e cinco votos, mas é um companheiro aqui do bairro; queremos fazer-lhe esta manifestaçãozinha de amigos.

Concluí o que o leitor já percebeu, isto é, que a amizade é engenhosa, e a gratidão infinita, podendo ir do pudim ao voto. O voto, pela sua natureza política, é ainda mais nobre que o pudim, e deve ser mais saboroso, pelo fato de obrigar à impressão do nome votado. Guarda-se a ata eleitoral, que não terá nunca outono. Toda glória é primavera.

Toda glória é primavera. A estátua de Osório vinha naturalmente depois desta máxima, mas o pulo é tão grande, e o papel vai acabando com tal presteza, que o melhor é não tornar ao assunto. Fique a estátua com os seus dois colaboradores, o escultor e o soldado; eu contento-me em contemplá-la e passar, e a *lembrar-me* das gerações futuras que hão de contemplar como eu.

25 de novembro de 1894

Vão acabando as festas uruguaias. Daqui a pouco, amanhã, não haverá mais que lembrança das luminárias, músicas, flores, danças, corridas, passeios, e tantas outras coisas que alegraram por alguns dias a cidade. Hoje é a regata de Botafogo, ontem foi o baile do Cassino, anteontem foi a festa do Corcovado... Não escrevo *pic-nic*, por ter a respeito deste vocábulo duas dúvidas, uma maior, outra menor, como diziam os antigos pregoeiros de praças judiciais.

Aqui está a maior. Sabe-se que esta palavra veio-nos dos franceses, que escrevem *pique-nique*. Como é que nós, que temos o gosto de adoçar a pronúncia e muitas vezes alongar a palavra, adotamos esta forma ríspida e breve: *pic-nic*? Eis aí um mistério, tanto mais profundo quanto que eu, quando era rapaz (anteontem, pouco mais ou menos), lia e escrevia *pique-nique*, à francesa. Que a forma *pic-nic* nos viesse de Portugal nos livros e correspondências dos últimos anos, sendo a forma que mais se ajusta à pronúncia da nossa antiga metrópole, é o que primeiro ocorre aos inadvertidos. Eu, sem negar que assim escrevam os últimos livros e correspondências daquela origem, lembrarei que Caldas Aulete adota *pique-nique*; resposta que não presta muito para o caso, mas não tenho outra à mão.

Não me digas, leitor esperto, que a palavra é de origem inglesa, mas que os ingleses escrevem *pick-nick*. Sabes muito bem que ela nos veio de França, onde lhe tiraram as calças londrinas, para vesti-la à moda de Paris, que neste caso particular é a nossa própria moda. Vede *frac* dos franceses. Usamos hoje esta forma, que é a original, nós que tínhamos adotado anteontem (era eu rapaz) a forma adoçada de *fraque*.

A outra dúvida, a menor, quase não chega a ser dúvida, se refletirmos que as palavras mudam de significado com o andar do tempo, ou quando passam de uma região a outra. Assim que, *pique-nique* era aqui, e continua a ser algures, uma patuscada, banquete, ou como melhor nome haja, em que cada conviva entra com a sua cota. Quando um só é que paga o pato e o resto, a coisa tinha outro nome. A palavra ficou significando, ao que parece, um banquete campestre.

Foi naturalmente para acabar com tais dúvidas que o sr. dr. Castro Lopes inventou a palavra *convescote*. O sr. dr. Castro Lopes é a nossa Academia Francesa. Esta, há cerca de um mês, admitiu no seu dicionário a palavra *atualidade*. Em vão a pobre *atualidade* andou por livros e jornais, conversações e discursos; em vão Littrée a incluiu no seu dicionário. A Academia não lhe deu ouvidos. Só quando uma espécie de sufrágio universal decretou a expressão, é que ela a canonizou. Donde se infere que o sr. dr. Castro Lopes, sendo a nossa Academia Francesa, é também o contrário dela. É a academia pela autoridade, é o contrário pelo método. Longe de esperar que as palavras envelheçam cá fora, ele as compõe novas, com os elementos que tira da sua erudição, dá-lhes a bênção e manda-as por esse mundo. O mesmo paralelo se pode fazer entre ele e a Igreja Católica. A Igreja, tendo igual autoridade, procede como a academia, não inventa dogmas, define-os.

Convescote tem prosperado, posto não seja claro, à primeira vista, como *engrossador*, termo recente, de aplicação política, expressivo e que faz imagem, como dizem os franceses. É certo que a clareza deste vem do verbo donde saiu. Quem o inventou? Talvez algum cético, por horas mortas, relembrando uma procissão qualquer; mas também pode ser obra de algum religionário, aborrecido com ver aumentar o número dos fiéis. As religiões políticas diferem das outras em que os fiéis da primeira hora não gostam de ver fiéis das outras horas. Parecem-lhes inimigos; é verdade que as conversões, tendo os seus motivos na consciência, escapam à verificação humana, e é possível que um homem se ache repentinamente católico menos pelos dogmas que pelas galhetas. As galhetas fazem engrossar muito. Mas fosse quem fosse o inventor do vocábulo, certo é que este, apesar de anônimo e popular, ou por isso mesmo, espalhou-se e prosperou; não admirará que fique na língua, e se houver, aí por 1950, uma Academia Brasileira, pode bem ser que venha a incluí-lo no seu dicionário. O sr. dr. Castro Lopes poderia recomendá-lo a um alto destino.

Oh! se o nosso venerando latinista me desse uma palavra que, substituindo *mentira*, não fosse *inverdade*! Creio que esta segunda palavra nasceu no Parlamento, obra de algum orador indignado e cauteloso, que, não querendo ir até a *mentira*, achou que *inexatidão* era frouxa demais. Não nego perfeição à *inverdade*, nem eufonia, nem coisa nenhuma. Digo só que me é antipática. A simpatia é o meu léxico. A razão por que eu nunca *explodo*, nem gosto que os outros *explodam*, não é porque este verbo não seja elegante, belo, sonoro, e principalmente necessário; é porque ele não vai com o meu coração. *Le coeur a des raisons que la raison ne connaît pas*, disse um moralista.

A outra palavra, *mentira*, essa é simpática, mas faltam-lhe maneiras e anda sempre grávida de tumultos. Há cerca de quinze dias, em sessão do Conselho Municipal, caiu da boca de um intendente no rosto de outro, e foi uma agitação tal, que obrigou o presidente a suspender os trabalhos por alguns minutos. Reaberta a sessão, o presidente pediu aos seus colegas que discutissem com a maior moderação; pedido excessivo, eu contentar-me-ia com a menor, era bastante para não ir tão longe.

De resto, a agitação é sinal de vida e melhor é que o Conselho se agite que durma. Esta semana o caso da bandeira, que é dos mais graciosos, agitou bastante a alma municipal. Se o leste, é inútil contar; se o não leste, é difícil. Refiro-me à bandeira que apareceu hasteada na sala das sessões do Conselho, em dia de gala, sem se saber o que era nem quem a tinha ali posto. Pelo debate viu-se que a bandeira era positivista e que um empregado superior a havia hasteado, depois de consentir nisso o presidente. O presidente explicou-se. Um intendente propôs que a bandeira fosse recolhida ao Museu Nacional, por ser "obra de algum merecimento". Outro chamou-lhe trapo. "Trapo não, que é de seda", corrigiu outro. O positivismo foi atacado. Crescendo o debate, alargou-se o assunto e as origens da revolução do Rio Grande do Sul foram achadas no positivismo, bem como a estátua de Monroe e um episódio do asilo de mendicidade.

Se assim é, explica-se o apostolado antipositivista, fundado esta semana, e não pode haver maior alegria para o apostolado positivista; não se faz guerra a fantasmas, a não ser no livro de Cervantes. Mas que pensa de tudo isto um habitante do planeta Marte, que está espiando cá para baixo com grandes olhos irônicos?

A bandeira não teve destino, foi a conclusão de tudo, e não será de admirar que torne a aparecer no primeiro dia de gala, para dar lugar a nova discussão — coisa utilíssima, pois da discussão nasce a verdade. Para mim, a bandeira caiu do céu. Sem ela esta página, que começou pedante, acabaria ainda mais pedante.

2 de dezembro de 1894

Quando me leres, poucas horas terão passado depois da tua volta do Cassino. Vieste da festa Alencar, é domingo, não tens de ir aos teus negócios, ou aos teus passeios, se és mulher, como me pareces. Os teus dedos não são de homem. Mas, homem ou mulher, quem quer que sejas tu, se foste ao Cassino, pensa que fizeste uma boa obra, e, se não foste, pensa em Alencar, que é ainda uma obra excelente. Verás em breve erguida a estátua. Uma estátua por alguns livros!

Olha, tens um bom meio de examinar se o homem vale o monumento etc. É domingo, lê alguns dos tais livros. Ou então, se queres uma boa ideia dele, pega no livro de Araripe Júnior, estudo imparcial e completo, publicado agora em segunda edição. Araripe Júnior nasceu para a crítica; sabe ver claro e dizer bem. É o autor de *Gregório de Matos*, creio que basta. Se já conheces *José de Alencar*, não perdes nada em relê-lo; ganha-se sempre em reler o que merece, acrescendo que acharás aqui um modo de amar o romancista, vendo-lhe distintamente todas as feições, as belas e as menos belas, o que é perpétuo, e o que é perecível. Ao cabo, fica sempre uma estátua do chefe dos chefes.

Queres mais? Abre este outro livro recente, *Estudos brasileiros*, de José Veríssimo. Aí tens um capítulo inteiro sobre Alencar, com a particularidade de tratar justamente da cerimônia da primeira pedra do monumento, e, a propósito dele, da figura do nosso grande romancista nacional. É a segunda série de estudos que José Veríssimo publica, e cumpre o que diz no título; é brasileiro, puro brasileiro. Da competência dele nada direi que não saibas: é conhecida e reconhecida. Há lá certo número de páginas que mostram que há nele também muita benevolência. Não digo quais sejam: adivinha-se o enigma lendo o livro; se, ainda lendo, não o decifrares, é que me não conheces.

E assim, relendo as críticas, relendo os romances, ganharás o teu domingo, livre das outras lembranças, como desta ruim semana. Guerra e peste; não digo fome, para não mentir, mas os preços das coisas são já tão atrevidos, que a gente come para não morrer.

A peste, essa anda perto, como espiando a gente. Oh! grão de areia de Cromwell, que vales tu, ao pé do bacilo vírgula? Qualquer Cromwell de hoje, com infinitamente menos que um grão de areia, cai do mais alto poder da terra no fundo da maior cova. Francamente, prefiro os tempos em que as doenças, se não eram maleitas, barrigas-d'água, ou espinhela caída, tinham causas metafísicas e curavam-se com rezas e sangrias, benzimentos e sanguessugas. A descoberta do bacilo foi um desastre. Antigamente, adoecia-se; hoje mata-se primeiro o bacilo da doença, depois adoece-se, e o resto da vida dá apenas para morrer.

Tantas pessoas têm já visto o bacilo vírgula e toda a mais pontuação bacilar, que não se me dá dizer que o vi também. Começa a ser distinção. Um homem capaz não pode já existir sem ter visto, uma vez que seja, essa extraordinária criatura. O bacilo vírgula é a Sarah Bernhardt da patologia, o cisne preto dos lagos intestinais, o bicho de sete cabeças, não tão raro, nem tão fabuloso. Quero crer que todas essas vírgulas que vou deitando entre as orações, não são mais que bacilos, já sem veneno, temperando assim a patologia com a ortografia — ou vice-versa.

Quanto à guerra, houve apenas duas noites de combate, investidas a quartéis e corpos de guarda, nacionais contra policiais, gregos contra troianos, tudo por causa de uma Helena, que se não sabe quem seja. Ouvi ou li que foi por causa de um chapéu. É pouco; mas lembremo-nos que assim como o bacilo vírgula substituiu o grão de areia de Cromwell, assim o chapéu substitui a mulher, e tudo irá diminuindo... Somos chegados às coisas microscópicas, não tardam as invisíveis, até que venham as impossíveis. Um chapéu de palhinha de Itália deu para um *vaudeville*; este, de palha mais rude, deu para uma tragédia. Tudo é chapéu.

Não quero saber de assassinatos, nem de suicídios, nem das longas histórias que eles trouxeram à hora da conversação; é sempre demais. Também não vi nem quero saber o que houve com as pernas de um pobre moço, no Catete, que ficaram embaixo de um bonde da Companhia Jardim Botânico. Ouvi que se perderam. Não é a primeira pessoa a quem isto acontece, nem será a última. A Companhia pode defender-se muito bem, citando Victor Hugo, que perdeu uma filha por desastre, e resignadamente comparou a criação a uma roda:

> *Que la création est une grande roue*
> *Qui ne peut se mouvoir sans écraser quelqu'un.*

A mesma coisa dirá a Companhia do Jardim Botânico, em prosa ou verso, mas sempre a mesma coisa: "Eu sou como a grande roda da criação, não posso andar sem esmagar alguma pessoa". Comparação enérgica e verdadeira. A fatalidade do ofício é que a leva a quebrar as pernas aos outros. O pessoal desta Companhia é carinhoso, o horário pontual, nenhum atropelo, nenhum descarrilamento, as ordens policiais contra os reboques são cumpridas tão exatamente, que não há coração bem formado que não chegue a entusiasmar-se. Se ainda vemos dois e três carros puxados por um elétrico, é porque a eletricidade atrai irresistivelmente, e os carros prendem-se uns aos outros; mas a administração estuda um plano que ponha termo a esse escândalo das leis naturais.

Terras há em que os casos, como os do Catete, são punidos com prisão, indenização e outras penas; mas para que mais penas, além das que a vida traz consigo? Demais, os processos são longos, não contando que a admirável instituição do júri — é a melhor escola evangélica destes arredores: "Quem estiver inocente, que lhe atire a primeira pedra!", exclama ele com o soberbo gesto de Jesus. E o réu, seja de ferimento ou simples estelionato, é restituído ao ofício de roda da criação.

O melhor é não punir nada. A consciência é o mais cru dos chicotes. O dividendo é outro. Uma companhia de carris que reparta igualmente aleijões ao público e lucros a si mesma verá nestes o seu próprio castigo, se é o caso de castigo; se o não é, para que fazê-la padecer duas vezes?

Não creio que o período anterior esteja claro. Este vai sair menos claro ainda, visto que é difícil ser fiel aos princípios e não querer que o prefeito saia das urnas. A verdade, porém, é que eu prefiro um prefeito nomeado a um prefeito eleito — ao menos, por ora. José Rodrigues, a quem consulto em certos casos, vai mais longe, entendendo que os próprios intendentes deviam ser nomeados. É homem de arrocho; o pai era saquarema.

Menos claro que tudo, é este período final. Tem-se discutido se o Hospício Nacional de Alienados deve ficar com o Estado ou tornar à Santa Casa de Misericórdia. Consultei a este respeito um doido, que me declarou chamar-se duque do Cáucaso e da Cracóvia, Conde Estelário, filho de Prometeu etc., e a sua resposta foi esta:

— Se é verdade que o Hospício foi levantado com o dinheiro de loterias e de títulos nobiliários, que o José Clemente chamava imposto sobre a vaidade, é evidente que o Hospício deve ser entregue aos doidos, e eles que o administrem. O grande Erasmo (ó Deus!) escreveu que andar atrás da fortuna e de distinções é uma espécie de loucura mansa; logo a instituição, fundada por doidos, deve ir aos doidos, ao menos, por experiência. É o que me parece! é o que parece ao grande príncipe Estelário, bispo, *episcopus, papam*... O seu a seu dono.

9 de dezembro de 1894

Tudo tende à vacina. Depois da varíola, a raiva; depois da raiva, a difteria; não tarda a vez do cólera-morbo. O bacilo vírgula, que nos está dando que fazer, passará em breve, do terrível mal que é, a uma simples cultura científica, logo de amadores, até roçar pela banalidade. Uma vez regulamentado, fará parte dos cafés e confeitarias. Que digo? Entrará nos códigos de civilidade, oferecer-se-á às visitas um cálice de cólera-morbo ou de outro qualquer licor. Os cavalheiros perguntarão graciosamente às damas: "V. Ex. já tomou hoje o seu bacilo?" Far-se-ão trocadilhos:

— Que tal este *vírgula*?

— Vale um ponto de admiração!

Todas as moléstias irão assim cedendo ao homem, não ficando à natureza outro recurso mais que reformar a patologia. Não bastarão guerras e desastres para abrir caminho às gerações futuras; e demais a guerra pode acabar também, e os próprios desastres, quem sabe? obedecerão a uma lei, que se descobrirá e se emendará algum dia. Sem desastres nem guerras, com as doenças reduzidas, sem conventos, prolongada a velhice até as idades bíblicas, onde irá parar este mundo? Só um grande carregamento, ó doce mãe e amiga natureza, só um carregamento infinito de moléstias novas.

Mas a vacina não se deve limitar ao corpo; é preciso aplicá-la à alma e aos costumes, começando na palavra e acabando no governo dos homens. Já a temos na palavra, ao menos, na palavra política. Graças às culturas sucessivas, podemos hoje chamar bandido a um adversário, e, às vezes, a um velho amigo, com quem tenhamos alguma pequena desinteligência. Está assentado que bandido é um divergente. Corja de bandidos é um grupo de pessoas que entende diversamente de outra um artigo da Constituição. Quando os bandidos são também infames, é que venceram as eleições, ou legalmente, ou aproximativamente. Com tais culturas enrija-se a alma, poupam-se ódios, não se perde o apetite nem a consideração. Antes do fim do século, bandido valerá tanto como magro ou canhoto.

Assim também as opiniões. A vacina das opiniões é difícil, não como operação, mas como aceitação do princípio. Diz-se, e com razão, que o micróbio é sempre um mal; ora, a minha opinião é um bem, logo... Erro, grande erro. A minha opinião é um bem, decerto, mas a tua opinião é um mal, e do veneno da tua é que eu me devo preservar, por meio de injeções a tempo, a fim de que, se tiver a desgraça de trocar a minha opinião pela tua, não padeça as terríveis consequências que as ideias detestáveis trazem sempre consigo. E porque não é só a tua ideia que é perversa, mas todas as outras, desde que eu me vacine de todas, estou apto a recebê-las sucessivamente, sem perigo, antes com lucro.

O bacilo ziguezague, causa da embriaguez... Mas para que ir mais longe? Conhecido o princípio, sabido que tudo deriva de um micróbio, inclusive o vício e a virtude, obtém-se pelo mesmo processo a eliminação de tantos males. O boato tem sido descomposto de língua e de pena, é um monstro, um inimigo público, é o diabo, sem advertirem os autores de nomes tão feios, que o boato é a cultura atenuada do acontecimento. Daqui em diante a história se fará com auxílio da bacteriologia.

As eleições — uma das mais terríveis enfermidades que podem atacar o organismo social — perderam a violência, e dentro em pouco perderão a própria existência nesta cidade, graças à cultura do respectivo bacilo. Aposto que o leitor não sabe que tem de eleger no último domingo deste mês os seus representantes municipais? Não sabe. Se soubesse, já andaria no trabalho da escolha do candidato, em reuniões públicas, ouvindo pacientemente a todos que viessem dizer-lhe o que pensam e o que podem fazer. Quando menos, estaria lendo as circulares dos candidatos, cujos nomes andariam já de boca em boca, desde dois e três meses, ou apresentados por si mesmos, ou indicados por diretórios.

Nem o leitor julgaria somente das ideias e dos planos dos candidatos, conheceria igualmente do estilo e da linguagem deles. Sei que a circular não basta; pode ser obra de algum amigo, sabedor de gramática e de retórica. O discurso, porém, mostrará o homem, e, ainda quando seja alheio e decorado, os ouvintes têm o recurso de lançar a desordem no rebanho das palavras e das ideias do orador. Este, roto o fio da oração, acabará dando por paus e por pedras. Deus meu! não exijo raptos de eloquência. Os discursos municipais podem ser mal feitos, sem conexão, nem lógica, nem clareza, atrapalhados, aborrecidos; é negócio que, salvos os gastos da impressão, só importa à fama dos autores. Mas as leis? O município tem leis, e as leis devem ser escritas.

Agora mesmo, anteontem, foi promulgada a lei que autoriza o prefeito a regularizar a direção dos veículos. Esta lei tem um art. 2º que diz assim:

> Art. 2º Os trilhos que servem de leito a veículos (bondes), os quais sobre os mesmos rodam normalmente, poderão ser mudados para lugares diversos dos que ocupam, somente com prévia aquiescência do Conselho, exceto quando se tratar de ligeiras mudanças de trilhos na mesma rua ou outra mais próxima e mais larga do que aquela em que entroncam os mesmos assentados.

Este art. 2º não está escrito. As palavras que o deviam compor não saíram do tinteiro; saíram outras, inteiramente estranhas, e ainda assim, com a grande pressa que havia, foram deixadas no papel para que se arrumassem por si mesmas; ora, as orações, como os regimentos, não marcham bem senão com muita lição do instrutor. As consequências são naturalmente graves. Como há de o prefeito cumprir esse artigo? Como hei de eu obedecer a outras leis que saiam assim desconjuntadas? Já não trato de algumas consequências mínimas. Conheço uma pessoa, muito dada a metáforas, que nunca mais dirá bonde, e sim "veículo que roda normalmente sobre trilhos".

O legislador municipal achou-se aqui na mesma dificuldade em que, há anos, esteve o redator de um projeto de lei contra os capoeiras. Não me recordo das palavras todas empregadas na definição dos delitos; as primeiras eram estas: "Usar de agilidade..." Compreendo o escrúpulo em definir bem o capoeira; mas por que não disse simplesmente capoeira? Não estivesse eu com pressa (os minutos correm) e iria pesquisar o texto de um ato ministerial do princípio do século, em que se davam ordens contra os capoeiras — mas só capoeiras, nada mais.

Sendo preciso escrever as leis municipais, não seria fora de propósito criar um ou dois lugares de redatores, nomeando-se para eles pessoas gramaticadas. Aí está uma ideia que podia servir a algum candidato, em circular ou discurso, se não estivéssemos vacinados contra o vírus eleitoral. A capital não quer saber de si. Alguns candidatos obscuros, lembrados por cidadãos ainda mais obscuros, irão aparecendo na última semana. Os mais econômicos mandarão apontar o seu nome, com duas linhas de impressão, entre o licor depurativo de taiuiá e o xarope de alcatrão e jataí. O mais será trabalhinho surdo, pedido particular e abstenção do costume, achaques leves que não matam nem amofinam. Teremos, depois do último domingo deste mês, outro *vaudeville* como o de anteontem? Mudemos os homens se é preciso, mas não se perca a boa e velha chalaça. A peça é da verdadeira escola dos *vaudevilles*, enredo complicado, ditos alegres, muito quiproquó, diálogo vivo, desfecho inesperado, ainda que pouco claro. Os *couplets* finais vivíssimos. Mas por que chamar a esta peça *Sunt lacrymae rerum*?

16 de dezembro de 1894

Um telegrama de São Petersburgo anunciou anteontem que a bailarina Labushka cometeu suicídio. Não traz a causa; mas, dizendo que ela era amante do finado imperador, fica entendido que se matou de saudade.

Que eu não tenha, ó alma eslava, ó Cleópatra sem Egito, que eu não tenha a lira de Byron para cantar aqui a tua melancólica aventura! Possuías o amor de um potentado. O telegrama diz que eras amante "declarada", isto é, aceita como as demais instituições do país. Sem protocolo, nem outras etiquetas, pela única lei de Eros, dançavas com ele a *redowa* da mocidade. Naturalmente eras a professora, por isso que eras bailarina de ofício; ele, discípulo, timbrava em não perder o compasso, e a Santa Rússia, que dizem ser imensa, era para vós ambos infinita.

Um dia, a morte, que também gosta de dançar, pegou no teu imperador e transferiu-o a outra Rússia ainda mais infinita. A tristeza universal foi grande, porque era um homem bom e justo. Daqui mesmo, desta remota capital americana, vimos os grandiosos funerais e ouvimos as lamentações públicas. Não nos chegaram as tuas, porque há sempre um recanto surdo para as dores irregulares. Agora, porém, que tudo acabou, eis aí reboa o som de um tiro, que faltava para completar os funerais do autocrata. Rival da morte, quiseste ir dançar com ele a *redowa* da eternidade.

Há aqui um mistério. Não é vulgar em bailarinas essa fidelidade verdadeiramente eterna. Muitas vezes choram; estanques as lágrimas, recolhem as recordações do morto, outras tantas lágrimas cristalizadas em diamantes, contam os títulos de dívida pública, estão certos; as sedas são ainda novas, todos os tapetes vieram da Pérsia ou da Turquia. Se há um palacete, dado em dia de anos, as paredes, que viram o homem, passam a ver tão somente a sombra do homem, fixada nos ricos móveis do salão e do resto. Se não há palacete, há leiloeiros para vender a mobília. Como levá-la à velha hospedaria de outras terras, Belgrado ou Veneza, aonde a meia viúva se abriga para descansar do morto, e de onde sai, às vezes, pelo braço de um marido, barão autêntico e mais autêntico mendigo?

Eis o que se dá no mundo da pirueta. O teu suicídio, porém, última homenagem, e (perdoem-me a exageração) a mais eloquente das milhares que recebeu a memória do imperador, o teu suicídio é um mistério. Grande mistério, que só o mundo eslavo é capaz de dar. Foi telegrama o que li? Foi alguma página de Dostoiévski? A conclusão última é que amavas. Sacrificaste uma aposentadoria grossa, a fama, a curiosidade pública, as memórias que podias escrever ou mandar escrever, e, antes delas, as entrevistas para os jornais, os interrogatórios que te fariam sobre os hábitos do imperador e os teus próprios hábitos, e quantos copos de chá bebias diariamente, as cores mais do teu gosto, as roupas mais do teu uso, quem foram teus pais, se tiveste algum tio, se esse tio era alto, se era coronel, se era reformado, quando se reformou, quem foi o ministro que assinou a reforma etc., um rosário de notícias interessantes para o público de ambos os mundos. Tudo sacrificaste por um mistério.

Mistérios nunca nos aborrecem; a prova é que folgamos agora diante de dois mistérios enormes, dois verdadeiros abismos (insondáveis). Sempre gostamos do inextricável. Este país não detesta as questões simples, nem as soluções transparentes, mas não se pode dizer que as adore. A razão não está só na sedução própria do obscuro e do complexo, está ainda em que o obscuro e o complexo abrem a porta à controvérsia. Ora, a controvérsia, se não nasceu conosco, foi pelo fato inteiramente fortuito de haver nascido antes; se se não tem apressado em vir a este mundo, era nossa irmã gêmea; se temos de a deixar neste mundo, é porque ainda cá ficarão homens. Mas vamos aos nossos dois mistérios.

O primeiro deles anda já tão safado, que até me custa escrever o nome: é o câmbio. Está outra vez no "tapete da discussão". O segundo é recente, é novíssimo, começa a entrar no debate: é o bacilo vírgula. Os mistérios da religião não nos acendem uns contra os outros; para crer neles basta a fé, e a fé não discute. Os do Encilhamento aturdiram por alguns dias ou semanas; mas desde que se descobriu que o dinheiro caía do céu, o mistério perdeu a razão de ser. Quem, naquele tempo, pôs uma cesta, uma gamela, uma barrica, uma vasilha qualquer, ao luar ou às estrelas, e achou-se de manhã com cinco, dez, vinte mil contos, entendeu logo que só por falsificação é que fazemos dinheiro cá embaixo. Ouro puro e copioso é o que cai do eterno azul.

Eu, quando era pequenino, achei ainda uma usança da noite de São João. Era expor um copo cheio d'água ao sereno, e despejar dentro um ovo de galinha. De manhã ia-se ver a forma do ovo; se era navio, a pessoa tinha de embarcar; se era uma casa, viria a ser proprietária etc. Consultei uma vez o bom do santo; vi, claramente visto — vi um navio; tinha de embarcar. Ainda não embarquei, mas enquanto houver navios no mar, não perco a esperança. Por ocasião do Encilhamento, a maior parte das pessoas, não podendo sacudir fora as crenças da meninice, não punham gamelas vazias ao sereno, mas um copo com água e ovo. De manhã, viam navios, e ainda agora não veem outra coisa. Por que não puseram gamelas? Vivam as gamelas! Ou, se é lícito citar versos, digamos com o cantor dos *Timbiras*:

>   Paz aos Gamelas!
>   Renome e glória...

Há quem queira filiar o câmbio atual aos costumes do Encilhamento. A pessoa que me disse isto, provavelmente, soube explicar-se; eu é que não soube entendê-la. É uma complicação de dinheiro que se ganha ou se perde, sem saber como, anonimamente, com designação geral de baixistas e altistas. Um embrulho. Mas há de ser ilusão, por força. Quem se lembra daqueles belos dias do Encilhamento, sente que eles acabaram, como os belos dias de Aranjuez. Onde está agora o delírio? onde estão as imaginações? As estradas na lua, o anel de Saturno, a pele de ursos polares, onde vão todos esses sonhos deslumbrantes, que nos fizeram viver, pois que a vida *es sueño*, segundo o poeta?

Tais sonhos ainda são possíveis com o mistério do bacilo vírgula. Toda esta semana andou agitado esse bicho da terra tão pequeno, para citar outro poeta, o terceiro ou quarto que me vem ao bico da pena. Há dias assim; mas eu suponho que hoje esta afluência de lembranças poéticas é porque a poesia é também um mistério, e todos os mistérios são mais ou menos parentes uns dos outros. Suponho, não afirmo; depois do que tenho lido sobre o famoso bacilo, não afirmo nada; também não nego. Autoridades respeitáveis dizem que o bacilo mata, pelo modo asiático; outras também respeitáveis juram que o bacilo não mata.

Hippocrate dit oui, et Gallien dit non.

23 de dezembro de 1894

A semana acabou fresca, tendo começado e continuado horrivelmente cálida. Até quinta-feira à noite ninguém podia respirar. Sexta-feira trouxe mudança de tempo e baixa de temperatura. O fenômeno explicar-se-ia naturalmente, em qualquer ocasião, mas houve uma coincidência que me leva a atribuí-lo a causas transcendentais. Se cuidas que aludo ao encerramento do Congresso Nacional, enganas-te. O calor do Congresso tinha-se ido, há muito, com a Câmara dos deputados. O Senado, apesar da troca de regime e do mínimo da idade, há de ser sempre a antiga Sibéria, pelo próprio caráter da instituição. Não, a causa foi outra.

A causa foi o banquete que o ministro da Suécia e Noruega deu aos comandantes e oficiais da corveta e da canhoneira ancoradas no nosso porto, banquete a que assistiram os cônsules da Holanda e da Dinamarca. Homens do Norte, amassados com gelo, curtidos com ventos ásperos, uma vez reunidos à volta da mesa, comunicaram uns aos outros as sensações antigas, e, por sugestão, transportaram para aqui algumas braçadas daqueles climas remotos. Estando em dezembro, evocaram o seu inverno deles, que não é o nosso moço lépido de São João, mas um velho pesado do Natal. Já antes da sopa, deviam tremer de frio. Eu próprio, ao ler-lhes os nomes, levantei a gola do fraque. Os bigodes pingavam neve. As rajadas de vento levavam os guardanapos.

Tendo sido na noite de quarta-feira o banquete escandinavo, o nosso céu ainda resistiu durante a quinta-feira, e com tal desespero que parecia queimar tudo; mas na sexta-feira já não pôde, e não teve remédio senão chover e ventar. Não choveu, nem ventou muito, não chegou a nevar, mas fez-nos respirar, e basta. O que talvez não baste é a explicação. Espíritos rasteiros não podem aceitar razões de certa elevação, mas com esses não se teima. Faz-se o que fiz sexta-feira ao meu criado, quando ele me entrou no gabinete para anunciar que não havia carne. Trazia os cabelos em pé, os olhos esbugalhados, a boca aberta, e só falou depois que a minha frieza, totalmente escandinava, não correspondendo a tanto assombro, acendeu nele o desejo de me dar a grande novidade. Eu, cada vez mais escandinavo, respondi-lhe que, se não havia carne, havia outras coisas. Não contestou a sabedoria da resposta, mas confessou que a razão do espanto e consternação em que vinha era o receio de não haver mais carne neste mundo.

— Não entendendo de leis — concluiu José Rodrigues —, cuidei que era alguma lei nova que mandava acabar com a carne...

Este José Rodrigues é bom, é diligente, respeitoso, mas coxeia do intelecto, não que seja doido, mas é estúpido. Não digo burro; burro com fala seria mais inteligente que ele. Ontem, depois do almoço, veio ter comigo, trazendo uma folha na mão:

— Patrão, leio aqui estes dois anúncios: "Para tosses rebeldes, xarope de jaramacaru". "Para intendente municipal, Calisto José de Paiva". Qual destes dois remédios é melhor? E que moléstia é essa que nunca vi?

— Tu és tolo, José Rodrigues.

— Com perdão da palavra, sim, senhor.

— Pois se as moléstias são duas, como é que me perguntas qual dos remédios é melhor? É claro que ambos são bons, um para tosses rebeldes, outro para intendente municipal.

— E esta moléstia é como a neurastenia, que o patrão me ensinou a dizer, e ainda não sei se digo direito, a tal moléstia nova, que é bem antiga; é a que chamávamos espinhela caída. Ou intendente será assim coisa de dentes?... O patrão desculpe; eu não andei por escolas, não aprendi leis nem medicina...

— José Rodrigues, há coisas que, não se entendendo logo, nunca mais se entendem. Onde andas tu que não sabes o que é intendente? Sabes o que é vereador?

— Vereador, sei; é o homem que o povo põe na Câmara para ver as coisas da cidade, a limpeza, a água, os lampiões.

— Pois é a mesma coisa.

— A mesma coisa? Entendo; é como a espinhela caída, que hoje se chama anatomia ou neurastenia. Pois, sim, senhor. Intendente é o mesmo que vereador. Cura-se então com o Paiva do anúncio? Mas, se o Paiva é remédio, conforme diz o patrão, não entendo que se aplique a neurastenia ou intendente...

— Tu não estás bom, José Rodrigues; vai-te embora.

— Para dizer a minha verdade, bom, bom, não estou; amanheci com uma dor do lado, que não posso respirar, e é por isso que vim perguntar ao patrão se era melhor o xarope, se o Paiva. Talvez o Paiva seja mais barato que o xarope. Isto de remédios, não é o serem mais caros... Às vezes os mais caros não prestam para nada, e um de pouco preço cura que faz gosto. Mas, enfim, não faço questão de preço. A saúde merece tudo. Vou ao Paiva... isto é, o jornal fala também de um Canedo, para a mesma moléstia... Não é Canedo que se diz? Talvez o Canedo seja ainda mais barato que o Paiva.

— Isto é coisa que só à vista das contas do boticário. Toma o que puderes; mas, antes disso, faz-me um favor. Vai ver se eu estou no largo da Carioca.

— Sim, senhor. Se não estiver, volto?

— Espera primeiro até às cinco horas; se até às cinco horas não me achares, é que não estou, e então volta para casa.

— Muito bem; mas se o patrão lá estiver, que quer que lhe faça?

— Puxa-me o nariz.

— Ah! isso não! Confianças dessas não são comigo. Gracejar, gracejo, e o patrão faz-me o favor de rir; mas não se puxa o nariz a um homem...

— Bem, dá-me então as boas-tardes e vem-te embora para casa.

— Perfeitamente.

Enquanto ele ia ao largo da Carioca, fui-me eu às notas da semana, e não achei mais nada que valesse a pena, salvo o planeta que se descobriu entre Marte e Mercúrio. Mas isso mesmo, para quem não é astrônomo, vale pouco ou nada; não que as grandezas do céu estejam trancadas aos olhos ignaros, francas estão, e o ínfimo dos homens pode admirá-las. Não é isso; é que um astrônomo diria sobre este novo planeta coisas importantes. Que direi eu? Nada ou algum absurdo. Buscaria achar alguma relação entre os planetas que aparecem e as cidades que ameaçam desaparecer com terremotos. A Calábria padeceu mais com eles que com os salteadores; pouco é o chão seguro debaixo dos pés das belas italianas ou do fortíssimo Crispi. Na Hungria houve um tremor há dois dias; outras partes do mundo têm sido abaladas.

Andará a terra com dores de parto, e alguma coisa vai sair dela, que ninguém espera nem sonha? Tudo é possível. Quem sabe se o planeta novo não foi o filho que ela deu à luz por ocasião dos tremores italianos? Assim, podemos fazer uma astronomia nova; todos os planetas são filhos do consórcio da terra e do sol, cuja primogênita é a lua, anêmica e solteirona. Os demais planetas nasceram pequenos, cresceram com os anos, casaram e povoaram o céu com estrelas. Aí está uma astronomia que Júlio Verne podia meter em romances, e Flammarion em décimas.

Também se pode tirar daqui uma política internacional. Quando a África, e o que resta por ocupar e civilizar, estiver ocupada e civilizada, os planetas que aparecerem ficarão pertencendo aos países cujas entranhas houverem sido abaladas na ocasião com terremotos; são propriamente seus filhos. Restará conquistá-los; mas o tetraneto de Edison terá resolvido este problema, colocando os planetas ao alcance dos homens, por meio de um parafuso elétrico e quase infinito.

30 de dezembro de 1894

A sorte é tudo. Os acontecimentos tecem-se como as peças de teatro, e representam-se da mesma maneira. A única diferença é que não há ensaios; nem o autor nem os atores precisam deles. Levantado o pano, começa a representação, e todos sabem os papéis sem os terem lido. A sorte é o ponto.

Esse pequeno exórdio é a melhor explicação que posso dar do drama da praça da República, e a mais viva condenação da teimosia com que alguns jornais pediram a demolição dos pavilhões e arcos das festas uruguaias. Ainda bem que não pediram também a eliminação de três grinaldas de folhas secas, já sem cara de folhas, que ainda pendem dos arcos de gás na rua de São José. Oh! não me tirem essas pobres grinaldas! Não fazem mal a ninguém, não tolhem a vista, não escondem gatunos, e são verdadeiras máximas. Quando desço por ali, com a memória cheia de algumas folhas verdes que vieram comigo no bonde, acontece-me quase sempre parar diante delas. E elas dizem-me coisas infinitas sobre a caducidade das folhas verdes, e o prazer com que as ouço não tem nome na terra nem provavelmente no céu. *Ergo bibamus!* E aí me vou contente ao trabalho. Não é novo o que elas dizem, nem serão as últimas que o dirão. A banalidade repete-se de século a século, e irá até à consumação dos séculos; não é folha que perca o viço.

Vindo ao pavilhão da praça da República, o acontecimento de quinta-feira provou que ele era necessário, porque a sorte, que rege este mundo, já estava com o drama nas mãos para apontá-lo aos atores. E os atores foram cabais no desempenho. O gatuno que resistiu ao ataque de alguns homens de boa vontade dava um magnífico bandido. Um simples gatuno não defende com tanto ardor a liberdade, posto que a liberdade seja um grande benefício. As armas do gatuno são as pernas. Ele foge ao clamor público, à espada da polícia, à cadeia; pode dar um cascudo, um empurrão; matar, não mata. É certo que o tal Puga não podia fugir; mas os Pugas de lenços e outras miudezas, em casos tais, não tendo por onde fugir, entregam-se; preferem a prisão simples aos complicados remorsos. Nem lenços nem carteiras deixam remorsos. A própria casa, apólices, terrenos e outros bens, havidos capciosamente, não tiram o sono. O sangue, sim, o sangue perturba as noites.

Daí veio a suspeita de ser este Puga doido — e parece confirmá-la a declaração que ele fez de chamar-se Jesus Cristo. A declaração não basta, e podia ser um estratagema; mas há tal circunstância que me faz crer que ele é deveras alienado: é ser espanhol. Os bandidos espanhóis, embora salteiem e despojem a gente, não deixam de respeitar a religião. Dizem que levam bentinhos consigo, ouvem missas, quase que confessam os seus pecados.

A tragédia, se deveras é doido, foi assim mais trágica. Essa luta em um desvão, entre um louco e alguns homens valentes, um dos quais morreu e os outros saíram feridos, deve ter sido extraordinariamente lúgubre. Tal espetáculo, é claro, estava determinado. Era preciso que fosse em lugar que pudesse conter o milhar de espectadores que teve; logo, a praça da República; devia ser no alto de edifício vazio e livre, para onde só se pudesse ir por uma escada de mão; logo, o pavilhão das festas. Tudo vinha assim disposto, era só cumpri-lo à risca.

Os espectadores, que também fizeram parte do espetáculo, desempenharam bem o seu papel, mas parece que o haviam aprendido em Shakespeare. Assim é que, simultaneamente, aplaudiam os corajosos que subiam a escada de mão, e apupavam os que iam só a meio caminho e desciam amedrontados. Aclamações e assobios, de mistura, enchiam os ares, até a cena final, quando o Puga, subjugado, desceu ferido também. Aí Shakespeare cedeu o passo a Lynch, outro trágico, sem igual gênio, mas com a mesma inconsciência do gênio, cujo único defeito é não ter feito mais que uma tragédia em sua vida. A polícia interveio para se não representar essa outra peça, e, se salvou a vida ao Puga, praticou um ato muito menos liberal, que foi restaurar a censura dramática.

Ao enterramento do soldado que acabou a vida naquela luta, creio que acompanhou menos gente, os que pegaram no caixão, e alguns amigos particulares, se é que os tinha. O cocheiro acompanhou porque ia guiando os burros. Concluamos que o homem ama a luta e respeita a morte; entusiasta diante do herói, fica naturalmente triste e solitário diante do cadáver, e deixa-o ir para onde todos havemos de ir, mais tarde ou mais cedo.

Resumindo, direi ainda mais uma vez que a sorte é tudo, e não são só os livros que têm os seus fados. Também os têm os arcos e os pavilhões. Que digo? Também os têm as próprias palavras. Há dias, o sr. general Roberto Ferreira, referindo-se a uma notícia, encabeçou o seu artigo com estas palavras: *Consta não; é exato*. E todos discutiram o artigo, afirmando uns que constava, outros que era exato. A reflexão que tirei daí foi longa e profunda, não por causa da matéria em si mesma, que não é comigo, mas por outra causa que vou dizer, não tendo segredos para os meus leitores.

Conheço desde muito o velho *Constar*, era eu bem menino; lembra-me remotamente que foi um carioca, Antônio de Morais Silva, que o apresentou em nossa casa. Velho, disse eu? Na idade, era-o; mas na pessoa era um dos mais robustos homens que tenho visto. Alto, forte, pulso grosso, espáduas longas; dir-se-ia um Atlas. O moral correspondia ao físico. Era afirmativo, autoritário, dogmático. Quando referia um caso, havia de crer-se por força. As próprias histórias da carocha, que contava para divertir-nos, deviam ser aceitas como fatos autênticos. O carioca Morais, que tenho grande fé nele, dizia que era assim mesmo, e ninguém podia descrer de um, que era arriscar-se a levar um peteleco de ambos.

Poucos anos depois, tornando a vê-lo, caiu-me a alma aos pés — a alma e o chapéu, porque ia justamente cumprimentá-lo, quando lhe ouvi dizer com a voz trêmula e abafada: "Suponho... ouvi que... dar-se-á que seja?... Tudo é possível". Não me conhecia! Respondi-lhe que era eu mesmo, em carne e osso, e indaguei da saúde dele. Algum tempo deixou vagar os olhos em derredor, cochilou do esquerdo, depois do direito, e com um grande suspiro, redarguiu que ouvira dizer que ia bem, mas não podia afirmá-lo; era matéria incerta. "Macacoas", disse-lhe eu rindo para animá-lo. "Também não, isto é, creio que não", respondeu o homem. Dei-lhe o braço, e convidei-o a ir tomar café ou sorvete. Hesitou, mas acabou aceitando.

Conversamos cerca de meia hora. Deus de misericórdia! Não era já o dogmático de outro tempo, cujas afirmações, como espadas, cortavam toda discussão. Era um velho tonto, vago, dubitativo, incerto do que via, do que ouvia, do que bebia. Tomou um sorvete, crendo que era café, e achou o café extremamente gelado. Há sorvetes de café, disse eu, para ver se o traria à afirmação antiga; concordou que sim, embora pudesse ser que não. Um cético! um triste cético!

Que é isto senão a sorte? A sorte, e só ela, tirou ao velho *Constar* o gosto das ideias definitivas e dos fatos averiguados. A sorte, e só ela, decidirá da eleição do dia 6 de janeiro. Podem contar, somar e multiplicar os votos; a eleição há de ser o que ela quiser. A peça está pronta. Não nos espantemos do que virmos; preparemo-nos para analisar as cenas, os lances, o diálogo, porque a peça está feita.

A sorte acaba de golpear-me cruamente. Sempre cuidei que o meu silêncio modesto e expressivo indicasse ao sr. presidente da República onde estava a pessoa mais apta (posso agora dizê-lo sem modéstia) para o cargo de prefeito. S. Ex. não me viu. *Outrageous Fortune*! Tu és a causa desta preterição. Sem ti, o prefeito era eu, e eu te pagaria, sorte afrontosa, elevando-te um templo no mesmo lugar onde está o pavilhão das festas uruguaias.

6 de janeiro de 1895

Se a pedra de Sísifo não andasse já tão gasta, era boa ocasião de dar com ela na cabeça dos leitores, a propósito do ano que começa. Mas tanto tem rolado esta pedra, que não vale um dos paralelepípedos das nossas ruas. Melhor é dizer simplesmente que aí chegou um ano, que veio render o outro, montando guarda às nossas esperanças, à espera de que venha rendê-lo outro ano, o de 1896, depois o de 1897, em seguida o de 1898, logo o de 1899, enfim o de 1900...

Que inveja que tenho ao cronista que houver de saudar desta mesma coluna o sol do século XX! Que belas coisas que ele há de dizer, erguendo-se na ponta dos pés, para crescer com o assunto, todo auroras e folhas verdes! Naturalmente maldirá o século XIX, com as suas guerras e rebeliões, pampeiros e terremotos, anarquia e despotismo, coisas que não trará consigo o século XX, um século que se respeitará, que amará os homens, dando-lhes a paz, antes de tudo, e a ciência, que é ofício de pacíficos.

A doutrina microbiana, vencedora na patologia, será aplicada à política, e os povos curar-se-ão das revoluções e maus governos, dando-se-lhes um mau governo atenuado e logo depois uma injeção revolucionária. Terão assim uma pequena febre, suarão um tudo-nada de sangue e no fim de três dias estarão curados para sempre. Chamfort, no século XVIII, deu-nos a célebre definição da sociedade, que se compõe de duas classes, dizia ele, uma que tem mais apetite que jantares, outra que tem mais jantares que apetite.

Pois o século XX trará a equivalência dos jantares e dos apetites, em tal perfeição que a sociedade, para fugir à monotonia e dar mais sabor à comida, adotará um sistema de jejuns voluntários. Depois da fome, o amor. O amor deixará de ser esta coisa corrupta e supersticiosa: reduzido a função pública e obrigatória, ficará com todas as vantagens, sem nenhum dos ônus. O Estado alimentará as mulheres e educará os filhos, oriundos daquela sineta dos jesuítas do Paraguai, que o senador Zacarias fez soar um dia no Senado, com grave escândalo dos anciãos colegas. Grave é um modo de dizer, e escândalo é outro. Não houve nada, a não ser o efeito explosivo da citação, caindo da boca de homem não menos austero que eminente.

Mas não roubemos o cronista do mês de janeiro de 1900. Ele, se lhe der na cabeça, que diga alguma palavra dos seus antecessores, boa ou má, que é também um modo de louvar ou descompor o século extinto. Venhamos ao presente.

O presente é a chuva que cai, menos que em Petrópolis, onde parece que o dilúvio arrasou tudo, ou quase tudo, se devo crer nas notícias; mas eu creio em poucas coisas, leitor amigo. Creio em ti, e ainda assim é por um dever de cortesia, não sabendo quem sejas, nem se mereces algum crédito. Suponhamos que sim. Creio em teu avô, uma vez que és seu neto, e se já é morto; creio ainda mais nele que em ti. Vivam os mortos! Os mortos não nos levam os relógios. Ao contrário, deixam os relógios, e são os vivos que os levam, se não há cuidado com eles. Morram os vivos!

Podeis concluir daí a disposição em que estou. Francamente, se esta chuva que vai refrescando o verão, fosse, não digo um dilúvio universal, mas uma calamidade semelhante à de Petrópolis, eu aplaudiria d'alma, contanto que me ficasse o gosto do poeta, e pudesse ver da minha janela o naufrágio dos outros.

Hoje há aqui, na capital da União, grandes naufrágios e alguns salvamentos. Falo por metáfora, aludo às eleições. Recompõe-se a Intendência, e os primeiros naufrágios estão já decretados, são os intendentes antigos. Com todo o respeito devido à lei, não entendi bem a razão que determinou a incompatibilidade dos intendentes que acabaram. Só se foi política, matéria estranha às minhas cogitações; mas indo só pelo juízo ordinário, não alcanço a incompatibilidade dos antigos intendentes. Se eram bons, e fossem eleitos, continuávamos a gozar as doçuras de uma boa legislatura municipal. Se não prestavam para nada, não seriam reeleitos; mas supondo que o fossem, quem pode impedir que o povo queira ser mal governado? É um direito anterior e superior a todas as leis. Assim se perde a liberdade. Hoje impedem-me de meter um pulha na Intendência, amanhã proíbem-me andar com o meu colete de ramagens, depois de amanhã decreta-se o figurino municipal.

Entretanto (vede as inconsequências de um espírito reto!), entretanto, foi bom que se incompatibilizassem os intendentes; não incompatibilizados, era quase certo que seriam eleitos, um por um, ou todos ao mesmo tempo, e eu não teria o gosto de ver na Intendência dois amigos particulares, um amigo velho, e um amigo moço, um pelo 2º distrito, outro pelo 3º, e não digo mais para não parecer que os recomendo. São do primeiro turno.

Mas deixemos a política e voltemo-nos para o acontecimento literário da semana, que foi a *Revista Brasileira*. É a terceira que com este título se inicia. O primeiro número agradou a toda gente que ama este gênero de publicações, e a aptidão especial do sr. J. Veríssimo, diretor da *Revista*, é boa garantia dos que se lhe seguirem. Citando os nomes de Araripe Júnior, Affonso Arinos, Sílvio Romero, Medeiros e Albuquerque, Said Ali e Parlagreco, que assinam os trabalhos deste número, terei dito quanto baste para avaliá-lo. Oxalá que o meio corresponda à obra. Franceses, ingleses e alemães apoiam as suas publicações desta ordem, e, se quisermos ficar na América, é suficiente saber que, não hoje, mas há meio século, em 1840, uma revista para a qual entrou Poe tinha apenas cinco mil assinantes, os quais subiram a cinquenta e cinco mil, ao fim de dois anos. Não paguem o talento, se querem; mas deem os cinco mil assinantes à *Revista Brasileira*. É ainda um dos melhores modos de imitar Nova York.

13 de janeiro de 1895

Foi a semana dos cadáveres; mas, por mais que eles aparecessem e me entrassem pelos olhos, custou-me desviar a vista deste telegrama de Viena: "Embaixadores japoneses procuram uma princesa europeia para casar com o príncipe herdeiro, *e, se não acharem, procurarão uma americana opulenta*".

Pelo que vai grifado, deveis perceber que o que mais me atrai nesse telegrama não é a arte oportuna do Japão, que pede uma princesa europeia no momento em que afirma o seu poder político e militar. As famílias régias não podem estranhar o pedido; tendo adotado instituições europeias, é natural que o Japão queira completá-las por meio de uma princesa, instituição viva. Eleições, Ministério, Parlamento, moções de confiança, orçamento e impostos votados, todo esse aparelho de civilização e de liberdade funciona perfeitamente em Tóquio; por que não há de funcionar uma princesa? Racionalmente, não há negativa que valha.

É possível, porém, que as princesas europeias não aceitem a proposta e deem pretextos em vez de razões. Tóquio é tão longe! A língua é tão difícil! e tão complicada! Tudo isso previa a chancelaria japonesa; se nenhuma princesa europeia quiser o trono que se lhe oferece, recorrerá às grandes herdeiras americanas. É isto que me prende os olhos. Sim, eu creio que os embaixadores japoneses não tornam com o tálamo vazio. Há herdeira americana destinada a ser imperatriz do sol-nascente.

Que destino que é o das herdeiras norte-americanas! Muitas delas penetraram e penetram nas mais cerradas aristocracias europeias. Há duquesas, cujos pais não foram nada, antes de milionários deste lado do Atlântico. Brasões velhos e dólares novos fazem boa companhia. Na batalha da vida, como na de Ricardo III, o grito é o mesmo; "Um cavalo! um cavalo! meu reino por um cavalo!" "Um milhão! um milhão! meu nome por um milhão!" "Um castelo! um castelo! meu milhão por um castelo!" Tal é a universalidade de Shakespeare. Demais, (não sou mulher, não posso sentir bem o que digo) creio que há de haver certo gosto particular em dar à luz um duque. Que não será em dar à luz um imperador?

Se algum fabricante de papel de Pensilvânia tem de ser avô do futuro micado, este século acaba como principiou, e o pai de Bernadotte acha um êmulo no industrial americano. Este, pensando em dar nova forma aos trapos velhos, fundará uma dinastia. Do papel que houver fabricado, é provável que muitas folhas hajam servido para escrever belas páginas; mas a melhor delas, a magnífica, será esse poema, conto ou ode, que fizer de uma simples herdeira a imperatriz futura. O resto é com os cronistas japoneses. Não faltará algum que o dê por um grande rei, tão amigo das letras e protetor de livros, que os seus súditos lhe puseram o cognome de *fabricante de papel*. A história é muitas vezes isso: um trocadilho.

Assim explicada a atração do telegrama, não tenho dúvida em fitar os cadáveres da semana, que foi uma semana de cadáveres, como ficou dito. Outro trocadilho. Muitos foram os que viemos recolhendo, de domingo para cá, ou diretamente do mar, ou das praias a que ele os arrojou. Alguns foram barra fora, como se achassem curto o trajeto entre a vida e a morte. Ainda podem aparecer outros, a morte é fecunda.

Muita gente citou agora, por ocasião da *Terceira*, o desastre da *Especuladora*, há meio século. Há quem se lembre que o mundo existia há cinquenta anos, e que as máquinas não são mais novas. Algum dia, se o mundo ainda durar meio século, e houver outra explosão nas barcas de Niterói, é provável que alguém se lembre da catástrofe da *Terceira*, e até as notícias e artigos de hoje. Estilo, meus senhores, deitem estilo nas descrições e comentários; os jornalistas de 1944 poderão muito bem transcrevê-los, e não é bonito aparecer despenteado aos olhos do futuro. Como se chamará a barca desse tempo? Aí está um objeto de apostas, agora que frontões e *bookmakers* tiveram alguns dias de férias.

Uma das coisas que me doeram na catástrofe da *Terceira* foi a injustiça feita aos passageiros da *Quinta*. Todos, à uma, condenaram esses homens que, segundo se disse, ameaçaram o mestre da barca com revólveres, palavras e punhos, se ele fosse em socorro dos passageiros da *Terceira*. Tachou-se esse procedimento de desumano, de feroz, de inqualificável, e o que vale aos pobres homens da *Quinta* é não se haver nomeado ninguém. Um deles é que se nomeou no inquérito. Aos outros fica o recurso de dizer que não vinham na *Quinta*.

Já se lhes deixou uma pequena aberta, dizendo que não foram todos que ameaçaram o mestre, mas certo número deles. A unanimidade desumana pode ficar assim reduzida a uma piedosa maioria, que não teve meio de reagir contra meia dúzia de perversos.

Ninguém defendeu essas vítimas, não menos lastimosas que as outras, e mais interessantes, pois estão vivas, e as outras morreram. Cavemos fundo no assunto. Não consta que houvesse entre os passageiros das duas barcas a menor sombra de inimizade pessoal. O que se disse — e raras vezes a imprensa se verá assim tão concorde — é que os passageiros da *Quinta*, por medo de alguma explosão, deixaram morrer os da *Terceira*. Não houve propósito, mas um arrebatamento geral, e não contra a *Terceira*, mas em favor da *Quinta*. Compreendeis a diferença? É mister distinguir os motivos. Se o ato da *Quinta* fosse aproveitar o desastre da *Terceira* para deixar morrer a gente que lá vinha, não havia nos dicionários nem nas brigas de carroceiros vocábulo assaz duro para condenar semelhante ato de covardia.

Tratando-se, porém, de salvar os passageiros da *Quinta*, a que cederam eles, senão a um sentimento de conservação, mais forte neles que o da caridade, mas não menos legítimo? *Serva te ipsum*. A *blague* francesa disse que o Conde Ugolino comeu os filhos para conservar-lhes um pai. Os passageiros da *Quinta*, sem chegar a esse extremo de voracidade, conservaram às vítimas alguns cidadãos sobreviventes, com tanto maior mérito que nenhum laço de sangue os prendia aos outros.

Há anos, deu-se um naufrágio no rio da Prata. Não me lembra o nome nem a nação do navio; ficou-me de memória um episódio. Vinham a bordo um noivo e uma noiva, ambos na flor da idade, e a água ia ser para eles, a um tempo, o tálamo e o túmulo. Os poetas, que estavam em terra almoçando, perderam essa bela ideia, porque os noivos não morreram. Um velho conseguira agarrar-se a uma tábua ou o que quer que era, que o arrancava à morte certa. Os dois noivos estavam prestes a perder-se. Então o velho, vendo a aflitiva situação de ambos, lembrou-se de lhes dar a tábua ou cinta de salvação, dizendo-lhes com doçura: "Vocês estão moços, devem viver". E, ficando sem algum socorro, mergulhou na água e sucumbiu. Os noivos, escapando com vida, referiram o caso em terra, onde o entusiasmo foi enorme Os diários escreveram brilhantes artigos em homenagem ao velho. A opinião moveu-se; surgiu a ideia de perpetuar em bronze a memória de tão nobre ação, mas não foi adiante.

    Certamente a ação foi sublime; mas nem todas as ações podem ser sublimes. Nem todas são simplesmente belas, como a daqueles que salvaram alguns passageiros da *Terceira,* sem os conhecer, por impulso de humanidade. Belas foram e virtuosas; mas a beleza e a virtude não são as notas surradas de papel-moeda, que andam em todas as algibeiras. São as moedas de ouro que os cambistas da rua Primeiro de Março expõem nas vitrinas, que pelo atual câmbio custam caro. Nem há só pessoas que salvaram vidas. Há outras que dão dinheiro para os órfãos e viúvas, e outras que se oferecem para educar as crianças cujos pais pereceram na catástrofe da *Terceira*. Nem tudo é o tombadilho da *Quinta*.

20 de janeiro de 1895

A semana ia andando, meia interessante, com os seus *bookmakers,* frontões e outras liberdades, e mais a lei municipal, que as regulou, segundo uns, e, segundo outros, as suprimiu. Não examino qual dos verbos cabe ao caso; mas, relativamente aos substantivos regulados ou suprimidos, guio-me pela significação direta. Por isso indignei-me, quando vi o ato do prefeito e da polícia. Pois quê! exclamei; países como a Rússia têm ou tiveram censura literária, mas nunca se lembraram de regular ou suprimir escritores e arquitetos; por que é que, no regime democrático, a autoridade me impede de pôr um frontão na minha casa, ou fazer um livro, se não tiver mais que fazer?

    Um senhor que ia a meu lado (era no bonde, e eu penso alto nos bondes) fêz-me o favor de dizer que era engano meu, que os *bookmakers,* apesar do nome, nunca escreveram livros, e que há entre uma casa e outra mais frontões do que sonha minha vã filologia. Perguntei-lhe se falava sério ou brincando; respondeu-me que sério, e deu-me em penhor o seu cartão. Não digo o nome porque este senhor quer conservar o incógnito; nem posso afirmar se cheguei a lê-lo, tais eram os títulos científicos, honorários e outros que o precediam.

    Agradeci-lhe a explicação; ele retrucou afavelmente que esta vida é uma troca de favores, e bem podia ser que eu lhe explicasse algum dia por que é que as colunas telefônicas, derrubadas na praia da Glória, há três meses, em um conflito de eletricidade, continuam deitadas no chão. Disse-lhe que ia estudar esse problema, não momentoso, e recordei-lhe de que as montanhas-russas duraram muito mais tempo, na rua da mesma Glória, e que a ponte que entra pelo mar da mesma Glória, se a maré a não levar no século entrante, não a levarão os homens.

    — As forças cegas da natureza são mais poderosas que as forças humanas — disse ele axiomaticamente.

Gostei da resposta. Eu aprecio muito os axiomas, mormente se a pessoa que os emite traz já um ar axiomático. Satisfeito com a explicação do que era *book-maker* e frontão, no sentido legislativo e municipal, entendi que se tratava de vedar ou regular uma liberdade ou duas, e que toda a questão versava sobre o verbo aplicável ao ato. Assim posta a questão, reduzida unicamente à aplicação do verbo, estamos como no concílio de Niceia, e o símbolo que sair daqui será não menos respeitável que o outro, mal comparando. Qual é o verbo, na minha opinião? Leitor, eu entendo que o homem tem duas pernas para ir por dois caminhos. O verbo, a meu ver, depende do sujeito. Se o sujeito é sapiente, o verbo é rir. *Ride, si sapis.* Se é melancólico, o verbo é chorar. *Sunt lacrymae rerum.* É a única solução razoável, porque atende ao temperamento de cada um.

Quanto ao paciente da oração, leitor e discípulo amigo, a minha perna direita afirma que é o que sai perdendo; mas a esquerda, que também estuda sintaxe, diz que é o que sai ganhando. Eu, como ambas as pernas são minhas, hesito na solução. Se a civilização ainda estivesse em outra idade, eu responderia de um modo evasivo, dizendo que o paciente não era o fronteiro. Mas já não há fronteiros. O último que vi foi em cena, o *Fronteiro d'África*, escrito não sei por quem (tenho ideia vaga de que era um Abrantes), o qual arrancava palmas no Teatro de São Pedro de Alcântara. Tempo dos mouros. Muita cutilada, muito viva, muita fidelidade portuguesa, tudo por dois mil-réis, cadeira. Onde vão esses dias? Tornemos à semana.

A semana ia andando, como disse, cai aqui, cai acolá, e teria chegado ao fim, sem grandes assombros nem lances inesperados, se não fosse o trovão de França. Quando menos cuidávamos, resignou o presidente, um presidente que havia sido achado para não resignar nunca. Dizem que foi ato de fraqueza. A mensagem dele confessa que lhe faltava apoio. Qualquer que seja a causa, ou sejam ambas, é matéria política, e naturalmente estranha às minhas cogitações. Venhamos à estética.

Pelo lado estético é que o ato de Casimiro Périer me pareceu medíocre. Diz um telegrama que a mãe do ex-presidente opôs-se à renúncia. A recente morte do último rei de Nápoles trouxe à memória o heroísmo da jovem princesa, sua mulher, em Gaeta, que encheu o mundo inteiro de admiração. Os dois fatos provam que a República, como a Monarquia, pode achar no governo mais do que a graça e a distinção de uma senhora. Por que se não há de abolir a lei sálica nas repúblicas? Se a mulher pode ser eleitora, por que não poderemos elevá-la à presidência? O nascimento dá uma Catarina da Rússia ou uma Isabel de Inglaterra; por que não há de o sufrágio da nação escolher uma dama robusta capaz de governo? Onde há melhor regime que entre as abelhas? O mais que pode suceder, em um povo de namorados como o nosso, é dispersarem-se os votos, pela prova de afeição que muitos eleitores quererão dar às amigas da sua alma; mas com poucos votos se governa muito bem.

Talvez estejamos a julgar mal, cá de longe. Pode ser que a impopularidade do ex-presidente começasse a separar dele os homens públicos, e, para se não achar amanhã só, ele preferiu sair hoje mesmo. Isto, dado que realmente fosse impopular. Donde viria a impopularidade de Périer? Do nome? Da pessoa? Dos colarinhos? Realmente, os colarinhos, à maruja, em qualquer tempo não eram graves; vindo depois dos de Carnot, eram inadmissíveis. Um chefe de Estado, rigorosamente falando, não pode ter a liberdade dos colarinhos. Nesse ponto o novo presidente é mais correto. Os retratos que vi dele trazem o colarinho teso e alto. Assim que, além das suas qualidades políticas e morais, Félix Faure possui mais a de saber concordar o pescoço com o poder.

27 de janeiro de 1895

Se há ainda boas fadas por esse mundo, com certeza estarão agora junto ao berço do Partido Parlamentar, que vai nascer ou nasceu esta semana. O berço há de ser enorme, muito maior que o túmulo que Heine queria para o seu amor. E elas predir-lhe--ão grande futuro, brilhante e talvez próximo. Não vás contar a proximidade como é uso daqueles que pensam que o mundo acaba sexta-feira ou sábado; falo de uma proximidade relativa. Não sou procurador de fadas, mas juro que há de ser assim; se for o contrário, façamos de conta que não jurei nada.

Aparentemente, a ocasião não é própria à criação de um partido parlamentar, agora que os presidentes estão abdicando por não poderem formar ministérios. Mas é só aparentemente. Indo ao fundo das coisas, veremos que o caso do presidente argentino (aliás não aplicável) pode explicar-se com os suicídios de imitação, e o do presidente francês terá tido causas diversas. Ainda quando os dois fenômenos procedam da mesma causa única, resta provar que isto tem alguma coisa com o parlamentarismo. E quando provado, ainda há que provar que um sistema acarreta consigo as mesmas consequências, qualquer que seja o meio em que respire. A própria diversidade daquelas duas Repúblicas mostra que tenho razão.

Relevem-me que lhes fale assim grosso, fora das minhas frouxas melodias de menino, porque eu sou menino, leitor da minha alma; assim me chama um velho amigo, olho claro, cabeça firme, sobre a qual, só por esta exata noção que ele tem dos tempos e das pessoas, edificarei a minha igreja. Apesar disso, tenho uns dias, umas horas, em que dou para subir a montanha e doutrinar os homens. A natureza, que não faz saltos, também não gosta de andar torto, e depressa me repõe no caminho direito, que é na planície.

Mas, enfim, para acabar com isto, uma vez que comecei por aí, direi que o Partido Parlamentar está com visos de querer viver. Cabe aos presidencialistas lutar bastante para não correrem o risco de ver o princípio contrário infiltrar-se nas instituições. O sr. Saraiva, que nunca foi inventor de governos, propôs na Constituinte uma emenda que ninguém quis, e realmente não trazia boa cara. Refiro-me à emenda que reduzia a dois anos o prazo da Presidência da República. À primeira vista era um presidencialismo vertiginoso; mas, bem considerado, era um parlamentarismo automático. Os dois anos não eram só da presidência, mas virtualmente eram também do Ministério. Não se pode dizer que tal prazo fosse excessivamente curto, mas estava longe de ser uma eternidade; era meia eternidade. Se tivesse sido deputado, o sr. César Zama, dado aos seus estudos romanos, viria propor ao Congresso uma emenda constitucional que reduzisse a presidência ao consulado, e os dois anos a um. Os Ministérios teriam assim um ano apenas. Era o parlamentarismo hiperautomático.

Não me digas que confundo alhos com bugalhos, ignorando que parlamentarismo quer dizer governo de Parlamento — coisa que nada tem com prazos curtos nem compridos. Eu sei o que digo, leitor; tu é que não sabes o que lês. Desculpa, se falo assim a um amigo, mas não é com estranhos que se há de ter tal ou qual liberdade de expressão, é com amigos, ou não há estima nem confiança.

Para não ouvir novo dichote, calo-me em relação a outro partido, que também nasceu esta semana, e já publicou manifesto. É do primeiro distrito da capital. Não pede parlamentarismo, embora admita alguma reforma constitucional, quando houvermos entrado no regime metálico e outros. Tem por fim organizar a opinião pública. O fim é útil e o estilo não é mau, salvo alguns modos de dizer, aliás bonitos, mas que esta pobre alma cansada e séptica já mal suporta. Tal qual o estômago, que não mais aceita certos manjares. Como Epicuro põe a alma no estômago, vem daí essa coincidência de fastio. A *terra da promissão*, por exemplo, já não é comigo. Citei-a muita vez, não só em prosa, mas ainda em verso, chamando-lhe, no segundo caso, pelo nome de Canaã, por causa das belas rimas (manhã, louçã etc.), mas tudo isso foi-se com os ventos.

Prosa ou verso, não quero já saber de Canaã, a não ser que me levem até lá os pretores encarregados de apurar as eleições municipais. Mas quando? O fim da apuração, se eu a vir algum dia, há de ser como Moisés viu a terra da promissão, de longe e do alto — digamos por um óculo, pois que o óculo está inventado. Só Josué a pisará, mas Josué ainda não nasceu. Bem sei que os pretores, em vez de fazer trabalho a olho, esgaravatam todas as atas, e, o que é mais, todos os artigos de lei. Sendo assim severos, que será da virtude e da verdade — da verdade eleitoral, ao menos? Que importa que em uma seção de distrito haja mais cédulas que eleitores? Outra terá mais eleitores que cédulas, e tudo se compensa. Adeus, o calor é muito.

3 de fevereiro de 1895

Andam listas de assinaturas para uma petição ao Congresso Nacional. Há já cerca de duzentas assinaturas, e espera-se que daqui até maio passarão de mil. Com o que se conta obter dos Estados, chegar-se-á a um total de cinco ou seis mil.

Não é demais para reformar a Constituição. Com efeito, trata-se de reformá-la, embora os inventores da ideia declarem que não é propriamente reforma, mas acréscimo de um artigo. Este sofisma é transparente. Não se emenda nenhum dos artigos constitucionais, mas a matéria do artigo aditivo é tal que altera o direito de representação, estabelecendo um caso de hereditariedade, contrário ao princípio democrático.

Não li a petição, mas alguém que a leu afirma que o que se requer ao Congresso é nada menos que isto: quando acontecer que um deputado, senador ou intendente municipal deixe de tomar assento, ou por morte, ou porque a apuração das atas eleitorais seja tão demorada que primeiro se esgote o prazo do mandato, o diploma do intendente, do deputado ou do senador passará ao legítimo herdeiro do eleito, na linha direta. Quis-se estender ao genro o direito ao diploma, visto que a filha não pode ocupar nenhum daqueles cargos; mas, tal ideia foi rejeitada por grande maioria. Também se examinou se o eleito, em caso de doença mortal, sobrevinda seis meses depois de começada a apuração dos votos, e na falta de herdeiro direto, podia legar o diploma por testamento. Os que defendiam essa outra ideia, e eram poucos, fundavam-se em que o mandato é uma propriedade temporária de natureza política, dada pela soberania nacional, para utilidade pública, e se era transmissível por efeito do sangue, igualmente o podia ser por efeito da vontade.

Negou-se esta conclusão, e a petição limita-se ao exposto.

O exposto é incompreensível. Entendo o caso de morte; mas, como se há de entender o de demora na apuração dos votos? Se a petição desse, para essa segunda hipótese, um terço do prazo do mandato ou um limite fixo, digamos um ano, isto é, se determinasse que, no caso em que a apuração eleitoral durasse um ano, o intendente, deputado ou senador poderia transmitir ao seu herdeiro varão o mandato recebido nas urnas, entendia-se a medida. Mas estabelecê-la para quando a apuração vá além do prazo do mandato é absurdo. Que é então que o eleito transmite se o mandato acabou? Não desconheço que a apuração pode ultrapassar o prazo do mandato, mas para esse caso a medida há de ser outra.

Outra objeção. Suponhamos que a apuração das últimas eleições municipais, já adiantada, acabe dentro de três meses. Pode um intendente eleito transmitir o mandato, no fim de tão curto prazo? Parece que devia haver um limite mínimo e outro máximo, seis meses e um ano. Não faltam objeções à reforma que se vai pedir ao Congresso. Uma das mais sérias é a que respeita às opiniões políticas. Pode haver transmissão de diploma no caso em que o filho do eleito professa opiniões diversas ou contrárias às do pai? Evidentemente não, porque os eleitores, votando no pai, votaram em certa ordem de ideias, que não podem ser excluídas da representação, sem audiência deles. É verossímil que alguns filhos mudem de ideias, ajustando as suas ao diploma, desde que não podem ajustar o diploma as suas; também se pode dizer, com bons fundamentos, que um diploma é em si mesmo um mundo de ideias. Conheci um homem que não possuía nenhuma antes de diplomado; uma vez diplomado, não só as tinha para dar, como para vender. Talvez o leitor conhecesse outro homem assim. O que não falta neste mundo são homens.

Esperemos o resultado. Não creio que tal reforma passe; ela é contrária, não só aos princípios democráticos, mas à boa razão. O que louvo na petição que está sendo assinada é o uso desse direito por parte do povo para requerer o que lhe parece necessário ao bem público. Só condeno a circulação clandestina. Que há que esconder no uso da petição? Que mania é essa de tratar um direito como se fora um crime?

Afinal, talvez fosse melhor trocar o modo eleitoral, substituindo o voto pela sorte. A sorte é fácil e expedita; escrevem-se os nomes dos candidatos, metem-se as cédulas dentro de um chapéu, e o nome escrito na cédula que sair é o eleito. Com este processo, fica reduzida a apuração a quinze dias, mais ou menos. Não é menos democrático. Cidades antigas o tiveram, de parceria com o outro, e Aristóteles faz a tal respeito excelentes reflexões no capítulo dos chapéus. Que seja sujeito à fraude, acredito; mas tudo corre o mesmo perigo. Um amigo meu, tendo de deixar o lugar que exercia em um conselho de cinco, assistia à cerimônia das cédulas e do chapéu. Saía o seu nome e saía ele. De noite, quando dormia, apareceu-lhe um anjo, que lhe falou por estas palavras: "Procópio, todas as cédulas tinham o teu nome, porque nenhum dos outros queria sair; para outra vez lê as cédulas, antes que as enrolem e te enrolem".

Disse que bastava sobre isto; resta-me agora, já que estamos no capítulo das petições, propor uma aos altos poderes do céu. Há mostras evidentes de nojo de Deus para com os homens; tal é a explicação dos desastres contínuos, das tempestades de neve na Europa, das de água, ventos e raios nesta cidade, quarta-feira última, da manga-d'água no Amparo, de tantos outros temporais, males diversos, grandes e acumulados.

As criaturas humanas vão imitando os desconcertos da natureza. Na Espanha, o general Fuentes pespega um sopapo no embaixador marroquino, diz um telegrama. Outro refere que na Áustria a embaixatriz japonesa acaba de converter-se ao catolicismo... Deus meu, não há loucura em ser católico; mas as embaixatrizes não nos tinham acostumado a esses atos de divergência com os embaixadores, seus maridos. Assim, só por uma sublime loucura se explicará esta conversão, que o marido chamará apostasia. Também pode ser que a conversão não passe de um ardil diplomático do embaixador, para ser agradável ao governo de sua majestade apostólica. Se estivesse na Turquia, talvez a esposa se fizesse muçulmana. Quando fores a Roma, sê romano, diz o adágio.

Oh! séculos idos em que São Francisco Xavier andou por aquelas partes do Japão, China e Índia, a recolher almas dentro da rede cristã! Hoje são elas mesmas que vão buscar o pescador católico. É verdade que o papa acaba de condecorar um rajá, sectário de Buda; mas é também verdade que este rajá auxilia do seu bolsinho a fundação de conventos cristãos. Vento de conciliação e de equidade tempera estes nossos ares controversos e turvos.

10 de fevereiro de 1895

As pessoas que foram crianças não esqueceram decerto a velha questão que se lhes propunha, sobre qual nasceu primeiro, se o ovo, se a galinha. Eu, cuja astúcia era então igual, pelo menos, à de Ulisses, achava uma solução ao problema, dizendo que quem primeiro nasceu foi o galo. Replicavam-me que não era isto, que a questão era outra, e repetiam os termos dela, muito explicados. Debalde citava eu o caso de Adão, nascido antes de Eva e de Caim; fechavam a cara e tornavam ao ovo e à galinha.

Esta semana lembrei-me do velho problema insolúvel. Com os olhos — não nos camarotes da quarta ordem, ao fundo, e o pé na casinha do ponto, como o Rossi —, mas pensativamente postos no chão, repeti o monólogo de Hamlet, perguntando a mim mesmo o que é que nasceu primeiro, se a baixa do câmbio, se o boato. Se ainda tivesse a antiga astúcia, diria que primeiro nasceram os bancos. Onde vai, porém, a minha astúcia? Perdi-a com a infância. A inocência em mim foi uma evolução, apareceu com a puberdade, cresceu com a juventude, vai subindo com estes anos maduros, a tal ponto que espero acabar com a alma virgem das crianças que mamam.

Não citei os bancos e continuei a recitar o monólogo. O enigma não queria sair do caminho. Quem nasceu primeiro? Não podia ser a baixa do câmbio. Esta semana, quando ele entrou a baixar, disseram-me que era por efeito de um boato sinistro; logo, quem primeiro nasceu foi o boato. Mas também me referiram que depois da baixa é que o boato nasceu; logo, a baixa é anterior. Os primeiros raciocinam alegando a sensibilidade nervosa do câmbio, que mal ouve alguma palavra menos segura, fica logo a tremer, enfraquecem-lhe as pernas, e ele cai. Ao contrário, redarguem os outros, é quando ele cai que o boato aparece, como se a queda fosse, mal comparando, a própria dor do parto. O diabo que os entenda, disse comigo; mas o problema continuava insolúvel, com os seus grandes olhos fulvos espetados em mim.

Nisto ouço uma terceira opinião, aqui mesmo, na *Gazeta*, uma pessoa que não conheço, e que em artigo de quinta-feira opinou de modo parecido com a minha solução do galo. Quem primeiro nasceu foi o papel-moeda; esse peso morto é a causa da baixa, e uma vez que se elimine a causa, eliminado fica o efeito. O remédio é reduzir o papel-moeda, mandando vir ouro de fora, e, como não seja possível mandá-lo vir a título de empréstimo, "é chegada a oportunidade de vender a Estrada de Ferro Central do Brasil".

A queda que este final do período me fez dar foi maior que a do câmbio; fiquei a 8 $^{15}/_{16}$. Se o período concluísse pela venda das Pirâmides, da ponte de Londres ou da *Transfiguração*, não me assombraria mais. Esperava câmbio, papel-moeda, ouro, depois mais ouro, mais papel-moeda e mais câmbio, mas estava tão pouco preparado para a Central do Brasil, que nem tinha arrumado as malas. Entretanto, o artigo não ficou aí; depois da venda da Central, lembra o resgate da estrada de Santos a Jundiaí, em 1897, venda subsequente, e mais ouro. Em seguida, começam os milhões de libras esterlinas e os milhares de contos de réis, crescendo e multiplicando-se, com tal fecundidade e cintilação, que me trouxeram à memória os grandes discursos de Thiers, quando ele despejava na Câmara dos Deputados, do alto da tribuna, todos os milhões e bilhões do orçamento francês e da aritmética humana. O câmbio, pelo artigo, não tem outro remédio senão subir a 20 e a 24; não logo, logo, mas devagar, para o fim de não produzir crises. Acaba-se a baixa, e resolve-se o problema.

O conhecimento que tenho de que a economia política não é a particular impede-me dizer que também eu recebo, não milhões, mas milhares de réis, e, se não há deselegância em comparar o braço humano ao trilho de uma estrada de ferro, e a cabeça a uma locomotiva, dão-me esse dinheiro pela minha Central; mas tão depressa me dão, como me levam tudo, visto que o homem não vive só da palavra de Deus, mas também de pão, e o pão está caro. A economia política, porém, é outra coisa; ouro entrado, ouro guardado. Por saber disto é que não me cito; além de quê, não é bonito que um autor se cite a si mesmo.

Há só uma sombra no quadro cintilante do câmbio alto pelo ouro entrado. É que o Congresso Nacional resolveu, por disposição de 1892, examinar um dia se há de ou não alienar as estradas federais, todas ou algumas, ou se as há de arrendar somente, ou continuar a trafegá-las; e, porque não se possa fazer isso sem estudo, ordenou primeiro um inquérito, que o governo está fazendo, segundo li nas folhas públicas, há algumas semanas. A disposição legal de que trato arreda um pouco a data dos deslumbramentos cambiais, e pode ser até que quando a União tiver resolvido transferir ao particular alguma estrada, já o câmbio esteja tão alto, que mal se lhe possa chegar, trepado numa cadeira. Não digo trepado num banco, para não parecer que faço trocadilho — *cette frinte de l'esprit, qui vole,* como se dizia em não sei que comédia do Alcazar.

Ao demais, o Congresso não tinha em vista o câmbio, e menos ainda o desta semana. E, francamente — sem tornar ao problema da anterioridade do câmbio ou do boato —, quem é que pode com o primeiro destes dois amigos? Contaram-me que na quinta-feira, tendo a alfândega suspendido o serviço e fechado as portas, em regozijo da solução das Missões, lembrou-se um inventivo de dizer que a causa da suspensão e do fechamento era a revolução que ia sair à rua. O câmbio esfriou, como se estivesse na Noruega, e caiu.

E em que dia, Deus de paz e de conciliação! No próprio dia em que uma sentença final e sem apelação punha termo à nossa velha querela diplomática. Quando nos alegrávamos com a vitória, e repetíamos o nome do homem eminente, Rio Branco, filho de Rio Branco, a cuja sabedoria, capacidade e patriotismo confiáramos a nossa causa, é que o câmbio desmaia ao primeiro dito absurdo. Não, não creio na anedota; a prova é que a alfândega já reabriu as portas, e o câmbio continua baixo. Por São Crispim e São Crispiniano, metam-lhe uns tacões debaixo dos pés!

17 de fevereiro de 1895

Se a rainha das ilhas Sandwich tivesse procedido como acaba de proceder o rei de Sião, talvez não se achasse, como agora, despojada do trono e condenada à morte, segundo os últimos despachos.

O rei de Sião, príncipe que acode ao doce nome de Chulalongkorn, teve uma ideia, não direi genial, antes banal, e sobremodo espantosa para mim, que supunha esse potentado superior às aspirações liberais do nosso tempo. O rei decretou uma Assembleia legislativa. Não houve revolução, é claro; também não houve tentativa de revolução, conspiração, petição, qualquer coisa que mostrasse da parte do povo o desejo de emparelhar com o Japão no parlamentarismo. Foi tudo obra do rei (com licença) Chulalongkorn.

Tudo faz crer que a ideia do soberano foi antes criar um enfeite para a coroa, que propriamente servir à liberdade. É sabido que o homem selvagem começa pelo adorno, e não pelo vestido, ao contrário do civilizado, que primeiro se veste, e só depois de vestido, caso lhe sobre algum dinheiro, busca a ornamentação. Liberalmente falando, os siameses estavam nus; o rei quis pôr-lhes um penacho encarnado.

Se não foi isso, se o rei está verdadeiramente atacado de liberalismo ou *libéralité*, conforme lhe seja mais aplicável, convém notar que a doença não é mortal. O decreto que estatui a Assembleia legislativa tem uma fina cláusula, é a de acabar com ela logo que lhe dê na veneta. Francamente, assim é que deviam ser todas as assembleias deste mundo. O receio de morrer obrigá-las-ia a beber a droga do boticário — ou, em estilo nobre, a receber as algemas do poder. Há uma assembleia neste mundo (e haverá outras) que pede muita vez a própria dissolução: é a Câmara dos Comuns. Mas dissolução não é revogação; é a volta dos que forem mais hábeis ou mais fortes. O terror da morte é salutar. Desde que uma assembleia saiba que pode "morrer de morte natural para sempre", como sucedia aos enforcados judicialmente, é de crer que se faça mansa, cortês, solícita, e não encete debate sem perguntar ao seu criador quais são as ideias do ano, e para onde hão de convergir os votos.

Além dessa cláusula, que evita os descaminhos, o rei de Sião compôs a Assembleia de poucos membros, os ministros e doze fidalgos. É pouco; mas a experiência tem mostrado que as assembleias numerosas são antes prejudiciais que úteis. Não haverá campainha para chamar à ordem, nem os insuportáveis tímpanos da nova Câmara dos deputados. Também não haverá contínuos para levar os papéis ao presidente. Uma mesa e algumas cadeiras em volta bastarão. Os negócios podem ir de par com o almoço, e a jovem Assembleia siamesa votará o orçamento do futuro exercício bebendo as últimas garrafas do exercício atual à saúde do rei e das novas instituições.

Mui sagaz será quem nos disser o ano em que desse embrião legislativo sairá o parlamentarismo. Entretanto, já não é difícil prever o tempo em que teremos o nosso parlamentarismo. Não dou cinco anos; mas suponhamos oito. Os que o fizerem, devem excluir a dissolução, conquanto digam alguns que é condição indispensável desse sistema de governo. Não há nada indispensável no mundo. Copiar o parlamentarismo inglês será repetir a ação de outros Estados; façamos um parlamentarismo nosso, local, particular. Sem o direito de dissolver a Câmara, o poder executivo terá de concordar com os ministros, ficando unicamente à Câmara o direito de discordar deles e de os despedir, entre maio e outubro. Tenho ouvido chamar a isto *válvula*. Também se pode completar a obra reduzindo o presidente da República às funções mínimas de respirar, comer, digerir, passear, valsar, dar corda ao relógio, dizer que vai chover, ou exclamar: "Que calor!"

Mas há ainda um ponto no decreto siamês, que, por ser siamês, não deixa de ser imitável. É que a Assembleia legislativa, nos casos de impedimento do rei por moléstia ou outra causa, promulga as suas próprias leis, uma vez que sejam votadas por dois terços. Pode-se muito bem incluir esta cláusula no nosso estatuto parlamentar, reduzindo os dois terços à maioria simples (metade e mais um). Destarte não há receio de ver o chefe do Estado descambar das funções fisiológicas ou de salão para as de natureza política. A Assembleia facilmente o persuadirá de que há lindas perspectivas no alto Tocantins, e assumirá por meses os dois poderes constitucionais.

Se a rainha Lilinakalon tem feito o mesmo que acaba de fazer o seu colega de Sião, não estaria em terra desde alguns meses. Não o fez, ou porque não tivesse a ideia (e há quem negue originalidade política às mulheres), ou por não achar meio adequado à reforma. Mas, Deus meu! onde é que não há doze fidalgos para compor uma Assembleia legislativa? Pode ser também que não previsse a revolução contra uma rainha jovem, graças à leitura de Camões, que só viu isso entre bárbaros lusitanos:

>   Contra uma dama, ó duros cavalheiros,
>   Feros vos amostrais e carniceiros?

Não valem Calíopes, quando falam outras musas, seja a liberdade, seja a bolsa, se é certo que no Movimento de Honolulu entrou uma operação mercantil. Menos ainda pode valer o puro galanteio ou a piedade. A verdade é que a rainha caiu.

Não satisfeita da queda, tentou reaver o trono, e creio haver lido nos últimos despachos que a pobre moça foi condenada à morte, e também que a pena lhe fora comutada. Antes assim. Tudo isso lhe teria sido poupado, se ela decretasse a tempo uma pequena Assembleia legislativa.

Mas deixemos Honolulu e Bangkok; deixemos nomes estranhos, mormente os de Sião. Daqui a pouco talvez esteja no trono o filho da segunda mulher do rei, atual herdeiro, o príncipe Chuufa Maha Majiravadh, nome ainda mais doce que o do pai. Não é na doçura do nome que estão os bons sentimentos liberais. César é o mais belo nome do mundo, e foi o dono dele que confiscou a liberdade romana. Esperemos que o futuro rei de Sião não repita o exemplo, antes conclua o reinado, decretando que a Câmara legislativa de Bangkok dará uma resposta à fala do trono. Um de seus filhos aceitará os ministros da Assembleia, um de seus netos decretará a eleição dos deputados, tal como em Iedo, Londres e Rio.

24 de fevereiro de 1895

Refere um telegrama do sul, que o general Mitre deu esta semana, em não sei que cidade argentina, um jantar de quinhentos talheres. Dispensem-me de dizer desde quando acompanho com admiração o general Mitre. Não o vi nascer, nem crescer, nem sentar praça. O buço mal começava a pungir-me, já ele comandava uma revolução, ganhava uma batalha, creio que em Pavón, e assumia o poder. Eleito presidente da República, foi reeleito por novo prazo, e, terminado este, assistiu à eleição de Sarmiento, um advogado que era então ministro em Washington. Vi este Sarmiento, quando ele aqui esteve de passagem para Buenos Aires, uma noite, às dez horas e meia, no antigo Clube Fluminense, onde se hospedara. O clube era na casa da atual Secretaria da Justiça e do Interior. Sarmiento tomava chá, sozinho, na grande sala, porque nesses tempos pré-históricos (1868) tomava-se chá no clube, entre nove e dez horas. Era um homem cheio de corpo, cara rapada, olhos vivos e grandes. Vinha de estar com o imperador em São Cristóvão e trazia ainda a casaca, a gravata branca e, se me não falha a memória, uma comenda.

Os amigos do general Mitre, deixando este o poder, deram-lhe em homenagem um jornal, a *Nación*, que ainda agora é dos primeiros e mais ricos daquela República. Ao patriota seguiu-se o jornalista, cujos artigos li com muito prazer. Sendo orador, proferia discursos eloquentes. Generalíssimo dos exércitos aliados contra López, fez baixar a célebre proclamação dos "três dias em quartéis, três semanas em campanha e três meses em Assunção", que não foi sublime, unicamente porque a sorte da guerra dispôs as coisas de outra maneira. A história é assim. A eternidade depende de pouco.

Pois bem, admirando o general Mitre nas várias fases da vida pública e no exercício dos seus múltiplos talentos, confesso que não senti jamais o atordoamento, o alvoroço, uma coisa que não sei como defina, ao ler a notícia do jantar de quinhentos talheres. Quinhentos talheres! É preciso ler isto, não com os olhos, não com a memória, mas com a imaginação. E de onde viria a diferença da sensação última?

Talvez haja em mim, sem que eu saiba, algo pantagruélico. Confesso que, em relação a Lúculo, as batalhas que ele ganhou contra Mitrídates nunca me agitaram tanto a alma como os seus banquetes. Não conheço golpe dado por ele em inimigo que valha este dito ao mordomo, que, por estar o patrão sozinho, lhe apresentou uma ceia de meia-tigela: "Não sabes que Lúculo ceia em casa de Lúculo?". Comidas homéricas, tripas rabelaisianas, tudo que excede o limite ordinário acende naturalmente a imaginação. Jantares de família são a canalha das refeições.

Pode ser também que a causa da extraordinária sensação que me deu o jantar de quinhentos talheres, fosse a triste, a lívida, a miserável inveja da minha alma. Neste caso, se invejei o jantar de quinhentos talheres, foi menos pela comida que pelo preço. Eu quisera poder dá-lo, para não o dar. Que necessidade há de fazer quatrocentos e cinquenta estômagos ingratos, que é o mínimo das digestões esquecidas em um banquete de quinhentos? Os cinquenta estômagos fiéis valem certamente a despesa; mas a psicologia do estômago é tão complicada e obscura, que a fidelidade gástrica pode ser muita vez uma esperança não menos gástrica.

Tão de perto seguiu a este jantar de quinhentos talheres a parede dos operários de Cascadura, que não pude espantar da memória uma observação de Chamfort, a saber, que a sociedade é dividida em duas classes, uma que tem mais apetite que jantares, outra que tem mais jantares que apetite. Os paredistas queriam maior salário e buscavam o pior caminho. Há meios pacíficos e legais para obter melhoria de vencimentos. O direito de petição é de todos. Com ele, pode um cidadão só, e assim trinta, trezentos ou três mil, obter justiça e satisfação dos seus legítimos interesses. Não é novo nada disto, nem eu estou aqui para dizer coisas novas, mas velhas, coisas que pareçam ao leitor descuidado que é ele mesmo que as está inventando.

Não estranhei a parede em si mesma; estranhei que a fizessem operários sem chefes, porque o chefe do Partido Operário no Distrito Federal é um cidadão que não está aqui. Não me consta que esse cidadão, representante do distrito na Câmara dos deputados, capitaneasse nem animasse jamais coligações com o fim de suspender o trabalho; não me lembro, pelo menos. O que sei, e toda gente comigo, é que defendia com calor a classe operária e os seus interesses.

Nem ainda me esqueceu o dia em que, metendo-se um deputado do Norte ou do Sul a propor alguma coisa em favor dos operários da Central do Brasil, o chefe do partido emendou a mão ao intruso, redarguindo-lhe que "fosse cuidar dos operários do seu Estado". Para mim, é este o verdadeiro federalismo. Não bastam divisões escritas. Partidos locais, operários estaduais. O problema operário é terrível na Europa, em razão de ser internacional; mas, se nem o consentirmos nacional, e apenas distrital, teremos facilitado a solução, porque a iremos achando por partes, não se ocupando os respectivos chefes senão do que é propriamente seu. As classes conservadoras, desde que não virem os chefes juntos, formando um concílio, perdem o susto, e mais depressa poderão ser vencidas e convencidas.

Tudo isso é pesado, e começo a achar-me tão sério, que desconfio já do meu juízo. Em dia de Carnaval, a loucura é de rigor, mas há de ser a loucura alegre, não a grave, menos ainda a lúgubre. Sinto-me lúgubre. O melhor é recolher-me, apesar da saraivada de confete que principia.

3 de março de 1895

Tantas são as matérias em que andamos discordes, que é grande prazer achar uma em que tenhamos a mesma opinião. Essa matéria é o Carnaval. Não há dois pareceres; todos confessam que este ano foi brilhante, e a mais de um espírito azedo e difícil de contentar ouvi que a rua do Ouvidor esteve esplêndida.

Ouvi mais. Ouvi que houve ali janela que se alugou por duzentos mil-réis, e terá havido outras muitas. É ainda uma causa da harmonia social, porquanto se há dinheiro que sobre, há naturalmente conciliação pública. Nas casas de pouco pão é que o adágio acha muito berro e muita sem-razão. Uma janela e três ou quatro horas por duzentos mil-réis é alguma coisa, mas a alegria vale o preço. A alegria é a alma da vida. Os máscaras divertem-se à farta, e aqueles que os vão ver passar não se divertem menos, não contando a troca de confete e de serpentinas, que também se faz entre desmascarados. Uns e outros esquecem por alguns dias as horas aborrecidas do ano.

Tal é a filosofia do Carnaval; mas qual é a etimologia? O sr. dr. Castro Lopes reproduziu terça-feira a sua explicação do nome e da festa. Discordando dos que veem no Carnaval uma despedida da carne para entrar no peixe e no jejum da quaresma (*caro vale,* adeus, carne), entende o nosso ilustrado patrício que o Carnaval é uma imitação das *lupercais* romanas, e que o seu nome vem daí. Nota logo que as *lupercais* eram celebradas em 15 de fevereiro; matava-se uma cabra, os sacerdotes untavam a cara com o sangue da vítima, ou atavam uma máscara no rosto e corriam seminus pela cidade. Isto posto, como é que nasceu o nome Carnaval?

Apresenta duas conjeturas, mas adota somente a segunda, por lhe parecer que a primeira exige uma ginástica difícil da parte das letras. Com efeito, supõe essa primeira hipótese que a palavra *lupercalia* perdeu as letras *l, p, i,* ficando *uercala;* esta, torcida de trás para diante, dá *careual;* a letra *u* entre vogais transforma-se em *v,* e daí *careval;* finalmente, a corrupção popular teria introduzido um *n* depois do *r,* e ter *carneval,* que, com o andar dos tempos, chegou a *carnaval.* Realmente, a marcha seria demasiado longa. As palavras andam muito, em verdade, e nessas jornadas é comum irem perdendo as letras; mas, no caso desta primeira conjetura, a palavra teria não só de as perder, mas de as trocar tanto, que verdadeiramente meteria os pés pelas mãos, chegando ao mundo moderno de pernas para o ar. Ginástica difícil. A segunda conjetura parece ao sr. dr. Castro Lopes mais lógica, e é a que nos dá por solução definitiva do problema. Ei-la aqui.

> Era muito natural, diz o ilustrado linguista, que nessas festas se entoasse o *canto dos irmãos arvais;* muito naturalmente ter-se-á dito, às vezes, *a festa do canto arval* (cantus arvalis), palavras que produziram o termo *canarval,* cortada a última sílaba de *cantus* e as duas letras finais de *arvalis*. De *canarval* a *carnaval* a diferença é tão fácil, que ninguém a porá em dúvida.

A etimologia tem segredos difíceis, mas não invioláveis. A genealogia é a mesma coisa. Quem sabe se o leitor, plebeu e manso, jogador do voltarete e mestre-sala, não descende de Nero ou de Camões? As famílias perdem as letras, como as palavras, e a do leitor terá perdido a crueldade do imperador e a inspiração do poeta; mas se o leitor ainda pode matar uma galinha, e se entre os dezoito e vinte anos compôs algum soneto, não se despreze; não só pode descender de Nero ou de Camões, mas até de ambos.

Por isso, não digo sim nem não à explicação do sr. dr. Castro Lopes. Digo só que o sábio Ménage achou, pelo mesmo processo, que o *haricot* dos franceses vinha do latim *faba*. À primeira vista parece gracejo; mas eis aqui as razões do etimologista: "*On a dû dire* faba, *puis* fabaricus, *puis* fabaricotus, aricotus *et enfin* haricot". Há seguramente um ponto de partida conjetural, em ambos os casos. O *on a dû dire* de

Ménage e o *ter-se-á dito* de Castro Lopes são indispensáveis, uma vez que nenhum documento ou monumento nos dá a primeira forma da palavra. O resto é lógico. Toda a questão é saber se esse ponto de partida conjetural é verdadeiro. Mas que há neste mundo que se possa dizer verdadeiramente verdadeiro? Tudo é conjetural. Dai-me um axioma: a linha reta é a mais curta entre dois pontos. Parece-nos que é assim, porque realmente, medindo todas as linhas possíveis, achamos que a mais curta é a reta; mas quem sabe se é verdade?

O que eu nego ao nosso Castro Lopes é o papel de Cassandra que se atribui, afirmando que não é atendido em nada. Não o será em tudo; mas há de confessar que o é em algumas coisas. Há palavras propostas por ele, que andam em circulação, já pela novidade do cunho, já pela autoridade do emissor. *Cardápio* e *convescote* são usados. Não é menos usado *preconício*, proposto para o fim de expelir o *réclame* dos franceses, embora tenhamos *reclamo* na nossa língua, com o mesmo aspecto, origem e significação. Que lhe falta ao nosso *reclamo*? Falta-lhe a forma erudita, a novidade, certo mistério. Eu, se não emprego convescote, é porque já não vou a tais patuscadas, não é que lhe não ache graça expressiva. O mesmo digo de cardápio.

Nem tudo se alcança neste mundo. Um homem trabalha quarenta anos para só lhe ficar a obra de um dia. Felizes os que puderem deixar uma palavra ou duas; terão contribuído para o lustre do estilo dos pósteros, e dado veículo asseado a uma ou duas ideias. Filinto Elísio mostra o exemplo do Marquês de Pombal, que, tendo de expedir uma lei, introduziu nela a palavra *apanágio*, logo aceita por todos. "Apanágio passou; hoje é corrente", disse o poeta em verso. Ai, Marquês! Marquês! digo eu em prosa, quem sabe se de tantas coisas que fizeste, não é esta a única obra que te há de ficar?

10 de março de 1895

A autoridade recolheu esta semana à detenção duas feiticeiras e uma cartomante, levando as ferramentas de ambos os ofícios. Achando-se estes incluídos no código como delitos, não fez mais que a sua obrigação, ainda que incompletamente.

A minha questão é outra. As feiticeiras tinham consigo uma cesta de bugigangas, aves mortas, moedas de dez e vinte réis, uma perna de ceroula velha, saquinhos contendo feijão, arroz, farinha, sal, açúcar, canjica, penas e cabeças de frangos. Uma delas, porém, chamada Umbelina, trazia no bolso não menos de quatrocentos e treze mil-réis. Eis o ponto. Peço a atenção das pessoas cultas.

Nestes tempos em que o pão é caro e pequeno, e tudo o mais vai pelo mesmo fio, um ofício que dá quatrocentos e treze mil-réis pode ser considerado delito? Parece que não. Gente que precisa comer, e tem que pagar muito pelo pouco que come, podia roubar ou furtar, infringindo os mandamentos da lei de Deus. Tais mandamentos não falam de feitiçaria, mas de furto. A feitiçaria, por isso mesmo que não está entre o homicídio e a impiedade, é delito inventado pelos homens, e os homens erram. Quando acertam, é preciso examinar a sua afirmação, comparar o ato ao rendimento, e concluir.

Não se diga que a feitiçaria é ilusão das pessoas crédulas. Sou indigno de criticar um código, mas deixem-me perguntar ao autor do nosso: Que sabeis disso? Que é ilusão? Conheceis Poe? Não é jurisconsulto, posto desse um bom juiz formador da culpa. Ora, Poe escreveu a respeito do povo: "O nariz do povo é a sua imaginação; por ele é que a gente pode levá-lo, em qualquer tempo, aonde quiser". O que chamais ilusão é a imaginação do povo, isto é, o seu próprio nariz. Como fazeis crime a feitiçaria de o puxar até o fim da rua, se nós podemos puxá-lo até o fim da paróquia, do distrito ou até do mundo?

    No nosso ano terrível, vimos esse nariz chegar mais que ao fim do mundo, chegar ao céu. Ninguém fez disso crime, alguns fizeram virtude, e ainda os há virtuosos e credores. Realmente, prometer com um palmo de papel um palácio de mármore é o mesmo que dar um verdadeiro amor com dois pés de galinha. A feiticeira fecha o corpo às moléstias com uma das suas bugigangas, talvez a ceroula velha — e há facultativo (não digo competente) que faz a mesma coisa, levando a ceroula nova. Que razão há para fazer de um ato malefício, e benefício de outro?

    O código, como não crê na feitiçaria, faz dela um crime, mas quem diz ao código que a feiticeira não é sincera, não crê realmente nas drogas que aplica e nos bens que espalha? A psicologia do código é curiosa. Para ele, os homens só creem naquilo que ele mesmo crê; fora dele, não havendo verdade, não há quem creia outras verdades, como se a verdade fosse uma só e tivesse trocos miúdos para a circulação moral dos homens.

    Tudo isto, porém, me levaria longe; limitemo-nos ao que fica; e não falemos da cartomante, em que se não achou dinheiro, provavelmente porque o tem na caixa econômica. Relativamente às cartomantes, confesso que não as considero como as feiticeiras. A cartomancia nasceu com a civilização, isto é, com a corrupção, pela doutrina de Rousseau. A feitiçaria é natural do homem; vede as tribos primitivas. Que também o é da mulher, confessá-lo-á o leitor. Se não for pessoa extremamente grave, já há de ter chamado feiticeira a alguma moça. Vão meter na cadeia uma senhora só porque fecha o corpo alheio com os seus olhos, que valem mais ainda que cabeças de frangos ou pés de galinha. Ou pés de galinha!

    Podia dizer de muitas outras feitiçarias, mas seria necessário indagar o ponto de semelhança, e não estou de alma inclinada à demonstração. Nem à simples narração, Deus dos enfermos! Isto vai saindo ao sabor da pena e tinta. E por estar doente, e com grandes desejos de acudir à feitiçaria, é que me dói (sempre o interesse pessoal!) a prisão das duas mulheres. Talvez a moeda de dez réis me desse saúde, não digo uma só moeda, mas um milhão delas.

    Sim, eu creio na feitiçaria, como creio nos bichos de Vila Isabel, outra feitiçaria, sem sacos de feijão. São sistemas. Cada sistema tem os seus meios curativos e os seus emblemas particulares. Os bichos de Vila Isabel, mansos ou bravios, fazem ganhar dinheiro depressa, e sem trabalho, tanto como fazem perdê-lo, igualmente depressa e sem trabalho, tudo sem trabalho, não contando a viagem de bonde, que é longa, vária e alegre. Ganha-se mais do que se perde, e tal é o segredo que esses bons animais trouxeram da natureza, que os homens, com toda a civilização antiga e moderna, ainda não alcançaram. Não sei se a feitiçaria dos bichos dá mais dos quatrocentos e treze mil-réis da Umbelina; talvez dê mais, o que prova que é melhor.

    Além dessas, temos muitas outras feitiçarias; mas já disse, não vou adiante. A pena cai-me. Não trato sequer da política, aliás assunto que dá saúde. Há quem creia que ela é uma bela feitiçaria, e não falta quem acrescente que nesta, como na outra, o povo não pode nem anda desnarigado; é horrendo e incômodo.

Também não cito o júri, instituição feiticeira, dizem muitos. Ser-me-ia preciso examinar este ponto, longamente, profundamente, independentemente, e não há em mim agora profundeza, nem independência, nem me sobra tempo para tais estudos. Eu aprecio esta instituição que exprime a grande ideia do julgamento pelos pares; examina-se o fato sem prevenção de magistrados, nem câmara própria de ofício, sem nenhuma atenção à pena. O crime existe? Existe; eis tudo. Não existe; eis ainda mais. Depois, é para mim instituição velha, e eu gosto particularmente dos meus velhos sapatos; os novos apertam os pés, enquanto que um bom par de sapatos folgados é como os dos próprios anjos guerreiros, Miguel etc. etc. etc.

17 de março de 1895

O primeiro dia desta semana foi assinalado por um sucesso importante: venceu o burro. Venceu no Jardim Zoológico, onde vencem o ganso e o tigre. Mas não importa o lugar; uma vez que venceu, é para se lhe dar parabéns, a esse bom e santo companheiro de são José, na estrada de Jerusalém, e de Sancho Pança, em toda a sua vida, amigo do nosso sertanejo, e, ainda agora, em alguns lugares, rival da estrada de ferro.

Estávamos afeitos a dizer e ouvir dizer que venciam cavalo fulano e sicrano. É verdade que era no Derby e outras arenas de luta animal; mas, enfim, era só o cavalo que vencia, porque só ele apostava, deixando dez ou vinte mil-réis nas algibeiras de Pedro, e outras tantas saudades nas de Paulo, Sancho e Martinho. Dizem até que eram os mil-réis que corriam, e centenas de pessoas que vão às próprias arenas creem que os cavalos são puras entidades verbais. Fenômeno explicável pela frequência das casas em que não há cavalos: acaba-se crendo que eles não existem.

Venceu o burro. Digo *venceu* para usar do termo impresso; mas o verbo da conversação é *dar*. Deu o burro, amanhã dará o macaco, depois dará a onça etc. Sexta-feira, achando-me numa loja, vi entrar um mancebo, extraordinariamente jovial — por natureza ou por outra coisa —, e bradava que tinha dado a avestruz, expressão obscura para quem não conhece os costumes dos nossos animais. É mais breve, mais viva, e não duvido que mais verdadeira. Não duvido de nada. A zoologia corre assim parelhas com a loteria, e tudo acaba em ciência, que é o fim da humanidade.

Também a arqueologia é ciência, mas há de ser com a condição de estudar as coisas mortas, não ressuscitá-las. Se quereis ver a diferença de uma e outra ciência, comparai as alegrias vivas do nosso Jardim Zoológico com o projeto de ressuscitar em Atenas, após dois mil anos, os jogos olímpicos. Realmente, é preciso ter grande amor a essa ciência de farrapos para ir desenterrar tais jogos. Pois é do que trata agora uma comissão, que já dispõe de fundos e boa vontade. Está marcado o espetáculo para abril de 1896. Não há lá burros nem cavalos; há só homens e homens. Corridas a pé, luta corporal, exercícios ginásticos, corridas náuticas, natação, jogos atléticos, tudo o que possa esfalfar um homem sem nenhuma vantagem dos espectadores, porque não há apostas. Os prêmios são para os vencedores e honoríficos. Toda a metafísica de Aristóteles. Parece que há ideia de repetir tais jogos em Paris, no fim do século, e nos Estados Unidos em 1904. Se tal acontecer, adeus, América! Não valia a pena descobri-la há quatro séculos, para fazê-la recuar vinte.

Oxalá não se lembrem de nós. Fiquemos com os burros e suas prendas. Bem sei que eles não dão só dinheiro, dão também a morte e pernas quebradas. É o que dizem as estatísticas do dr. Viveiros de Castro, o qual acrescenta que o maior número de desastres dessa espécie é causado pelos bondes. Parece-lhe que o meio de diminuir tais calamidades é responsabilizar civilmente as companhias; desde que elas paguem as vidas e as pernas dos outros, procurarão ter cocheiros hábeis e cautelosos, em vez de os ter maus, dar-lhes fuga ou abafar os processos com empenhos.

A primeira observação que isto me sugere é que há já muitos responsáveis, o burro, o cocheiro, o bonde e a companhia. É provável que a eletricidade também tenha culpa. Por que não o Padre Eterno, que nos fez a todos? A segunda observação é que tal remédio, excelente e justo para que os criados não nos quebrem os pratos, uma vez que os paguem, é injusto e de duvidosa eficácia, relativamente às companhias de bondes. Injusto, porque o dinheiro da companhia é para os dividendos semestrais aos acionistas, e para o custeio do material. Os burros comem pouco, mas comem; os carros andam aos solavancos e descarrilham a miúdo, mas algum dia terão de ser consertados, não todos a um tempo, mas um ou outro; seria desumano, além de contrário aos interesses das companhias, fazer andar carros que se desfizessem na rua, ao fim de cinco minutos. Ora, se os desastres houvessem de ser pagos por elas, que ficará no cofre para as despesas necessárias?

Terceira observação. Se as companhias, no dizer do abalizado criminalista, abafam agora com empenhos os processos dos cocheiros, por que não abafarão os seus próprios, quando houverem de pagar vidas e pernas quebradas? Ou já não haverá empenhos? Pode havê-los até maiores, uma vez que as companhias tratem de defender, não já os seus auxiliares, mas os próprios fundos.

Vamos à quinta e derradeira observação. O autor afirma que a lei de 1871, feita para punir os delitos cometidos por imperícia ou imprudência, tem sido letra morta. Pergunto eu: quem nos dirá que a lei que se fizer para obrigar civilmente as companhias não será também letra morta? Que direito de preferência tem a lei de 1871? Ou, considerando que a morte da letra de uma lei é antes um desastre que um privilégio, por que razão a nova lei estará fora do alcance do mesmo astro ruim que matou a antiga? Por outro lado, incumbindo aos juízes a execução da lei de 1871, e tendo esta ficado letra morta, acaso consta que algum deles a tenha indenizado da vida que perdeu? Como obrigar as companhias à indenização da vida de um homem? Em que é que o homem é superior à lei?

São questões melindrosas. No dia 27 deste mês, por exemplo, começará a ter execução a lei de lotação dos bondes. Suponhamos que não começa; leis não são eclipses, que, uma vez anunciados, cumprem-se pontualmente; e ainda assim esta semana houve um eclipse da lua que ninguém viu aqui, não por falta do eclipse, é verdade, mas por falta da lua. Leis são obras humanas, imperfeitas como os autores. Suponhamos que não se cumpre a lei no dia 27; apostemos até alguma coisa, estou que este burro dá. Como exigir que a lei, não cumprida a 27, venha a sê-lo a 28, ou em abril, maio, ou qualquer outro mês do ano? Também há leis do esquecimento.

24 de março de 1895

Divino equinócio, nunca me hei de esquecer que te devo a ideia que vou comunicar aos meus concidadãos. Antes de ti, nos três primeiros dias hórridos da semana, não é possível que tal ideia me brotasse do cérebro. Depois, também não. Conheço-me, leitor. Há quem pense, transpirando; eu, quando transpiro, não penso. Deixo essa função ao meu criado, que, do princípio ao fim do ano, *pensa* sempre, embora seja o contrário do que me é agradável; por exemplo, escova-me o chapéu às avessas. Naturalmente, ralho.

— Mas, patrão, eu pensava...

— José Rodrigues — brado-lhe exasperado —; deixa de pensar alguma vez na vida.

— Há de perdoar, mas o pensamento é influência que vem dos astros; ninguém pode ir contra eles.

Ouço, calo-me e vou andando. Nos dias que correm, ter um criado que pense barato é tão rara fruta, que não vale a pena discutir com ele a origem das ideias. Antes mudar de chapéu que de ordenado.

A ideia que tive quinta-feira, em parte se pode comparar ao chapéu escovado de encontro ao pêlo; mas será culpa da escova ou do chapéu? Cuido que do chapéu. O dia correu fresco, a noite fresquíssima, as estrelas fulguravam extraordinariamente, e, se o meu criado tem razão, foram elas que me influíram o pensamento. Saí para a rua. Havia próximo umas bodas. A casa iluminada chamava a atenção pública, muita gente fora, moças principalmente, que não perdem festas daquelas, e correm à igreja, às portas, à rua, para ver um noivado. Qualquer pessoa de mediano espírito cuidará que era este assunto que me preocupava. Não, não era; cogitava eleitoralmente, ao passo que rompia os grupos, perguntava a mim mesmo: Por que não faremos uma reforma constitucional?

Fala-se muito em eleições violentas e corruptas, a bico de pena, a bacamarte, a faca e a pau. Nenhuma dessas palavras é nova aos meus ouvidos. Conheço-as desde a infância. Crespas são deveras; na entrada do próximo século é força mudar de método ou de nomenclatura. Ou o mesmo sistema com outros nomes, ou estes nomes com diversa aplicação. Como em todas as coisas, há uma parte verdadeira na acusação, e outra falsa, mas eu não sei onde uma acaba, nem onde outra começa. Pelo que respeita à fraude, sem negar os seus méritos e proveitos, acho que algumas vezes podem dar canseiras inúteis. Quanto à violência, sou da família de Stendhal, que escrevia com o coração nas mãos: *Mon seul défaut est de ne pas aimer le sang.*

Não amando o sangue, temendo as incertezas da fraude, e julgando as eleições necessárias, como achar um modo de as fazer sem nenhum desses riscos? Formulei então um plano comparável ao gesto do meu criado, quando escova o chapéu às avessas. Suprimo as eleições. Mas como farei as eleições, suprimindo-as? Faço-as conservando-as. A ideia não é clara; lede-me devagar.

Sabeis muito bem o que eram os pelouros antigamente. Eram umas bolas de cera, onde se guardavam, escritos em papel, os nomes dos candidatos à vereação; abriam-se as bolas no fim do prazo da lei, e os nomes que saíam eram os escolhidos para a magistratura municipal. Pois este processo do Antigo Regime é o que me parece capaz de substituir o atual mecanismo, desenvolvido, adequado ao número de eleitos. Um grave tribunal ficará incumbido de escrever os nomes, não de todos os cidadãos que tiverem condições de elegibilidade, mas só daqueles que, três ou seis meses antes, se declararem candidatos. Outro tribunal terá a seu cargo abrir os pelouros, ler os nomes, escrevê-los, atestá-los, proclamá-los e publicá-los. Esta é a metade da minha ideia.

A outra metade é o seu natural complemento. Com efeito, restaurar os pelouros, sem mais nada, seria desinteressar o cidadão da escolha dos magistrados e universalizar a abstenção. Quem quereria sair de casa para resistir à estéril cerimônia da leitura de nomes? Poucos, decerto, pouquíssimos. Acrescentai a gravidade do tribunal e teremos um espetáculo próprio para fazer dormir. Não tardaria que um partido se organizasse pedindo o antigo processo, com todos os seus riscos e perigos, far-se-ia provavelmente uma revolução, correria muito sangue, e este aparelho, restaurado para eliminar o bacamarte, acabaria ao som do bacamarte.

Eis o complemento. O meneio das palavras será nem mais nem menos o dos bichos do Jardim Zoológico. O cidadão, em vez de votar, aposta. Em vez de apostar no gato ou no leão, aposta no Alves ou no Azambuja. O Azambuja dá, o Alves não dá, distribuem-se os dividendos aos devotos do Azambuja. Para o ano dará o Alves, se não der o Meireles.

Nem há razão para não amiudar as eleições, fazê-las algumas vezes semestrais, bimensais, mensais, quinzenais, e, tal seja a pouquidade do cargo, semanais. O espírito público ficará deslocado; a opinião será regulada pelos lucros, e dir-se-á que os princípios de um partido nos últimos dois anos têm sido mais favorecidos pela fortuna que os princípios adversos. Que mal há nisso? Os antigos não se regeram pela fortuna? Gregos e romanos, homens que valeram alguma coisa, confiavam a essa deusa o governo da República. Um deles (não sei qual) dizia que três poderes governam este mundo: Prudência, Força e Fortuna. Não podendo eliminar esta, regulemo-la.

O interesse público será enorme. Haverá palpites, pedir-se-ão palpites; far-se-á até, se for preciso, uma legião de adivinhos, incumbidos de segredar aos cidadãos os nomes prováveis ou certos. Haverá folhas especiais, bondes especiais, botequins especiais, onde o cidadão receba um refresco e um palpite, deixando dois ou três mil-réis. Esta quantia parece ser mais, e é menos que os mil e duzentos homens que acabam de morrer nas ruas de Lima. Sendo as pequenas revoluções, em substância, uma questão eleitoral, segue-se que o meu plano zoológico é preferível ao sistema de suspender a matança de tanta gente, por intervenção diplomática. A zoologia exclui a diplomacia e não mata ninguém. *Mon seul défaut* etc.

31 de março de 1895

De quando em quando aparece-nos o conto do vigário. Tivemo-lo esta semana, bem contado, bem ouvido, bem vendido, porque os autores da composição puderam receber integralmente os lucros do editor.

O conto do vigário é o mais antigo gênero de ficção que se conhece. A rigor, pode crer-se que o discurso da serpente, induzindo Eva a comer o fruto proibido, foi o texto primitivo do conto. Mas, se há dúvida sobre isso, não a pode haver quanto ao caso de Jacó e seu sogro. Sabe-se que Jacó propôs a Labão que lhe desse todos os filhos das cabras que nascessem malhados. Labão concordou, certo de que muitos trariam uma só cor; mas Jacó, que tinha plano feito, pegou de umas varas de plátano, raspou-as em parte, deixando-as assim brancas e verdes a um tempo, e, havendo-as posto nos tanques, as cabras concebiam com os olhos nas varas, e os filhos saíam malhados. A boa fé de Labão foi assim embaçada pela finura do genro; mas não sei que há na alma humana que Labão é que faz sorrir, ao passo que Jacó passa por um varão arguto e hábil.

O nosso Labão desta semana foi um honesto fazendeiro do Chiador, que, estando em uma rua desta cidade, viu aparecer um homem, que lhe perguntou por outra rua. Nem o fazendeiro, nem o outro desconhecido que ali apareceu também, tinha notícia da rua indicada. Grande aflição do primeiro homem recentemente chegado da Bahia, com vinte contos de réis de um tio dele, já falecido, que deixara dezesseis para os náufragos da *Terceira* e quatro para a pessoa que se encarregasse da entrega.

Quem é que, nestes ou em quaisquer tempos, perderia tão boa ocasião de ganhar depressa e sem cansaço quatro contos de réis? eu não, nem o leitor, nem o fazendeiro do Chiador, que se ofereceu ao desconhecido para ir com ele depositar na casa Leitão, largo de Santa Rita, os dezesseis contos, ficando-lhe os quatro de remuneração.

— Não é preciso que o acompanhe — respondeu o desconhecido —; basta que o senhor leve o dinheiro, mas primeiro é melhor juntar a este o que traz aí consigo.

— Sim, senhor — anuiu o fazendeiro.

Sacou do bolso o dinheiro que tinha (um conto e tanto), entregou-o ao desconhecido, e viu perfeitamente que este o juntou ao maço dos vinte; ação análoga à das varas de Jacó. O fazendeiro pegou do maço todo, despediu-se e guiou para o largo de Santa Rita. Um homem de má-fé teria ficado com o dinheiro, sem curar dos náufragos da *Terceira*, nem da palavra dada. Em vez disso, que seria mais que deslealdade, o portador chegou à casa do Leitão, e tratou de dar os dezesseis contos, ficando com os quatro de recompensa. Foi então que viu que todas as cabras eram malhadas. O seu próprio dinheiro, que era de uma só cor, como as ovelhas de Labão, tinha a pele variegada dos jornais velhos do costume.

A prova de que o primeiro movimento não é bom é que o fazendeiro do Chiador correu logo à polícia; é o que fazem todos. Mas a polícia, não podendo ir à cata de uma sombra, nem adivinhar a cara e o nome de pessoas hábeis em fugir, como os heróis dos melodramas, não fez mais que distribuir o segundo milheiro do conto do vigário, mandando a notícia aos jornais. Eu, se algum dia os contistas me pegassem, trataria antes de recolher os exemplares da primeira edição.

Aos sapientes e pacientes recomendo a bela monografia que podem escrever estudando o conto do vigário pelos séculos atrás, as suas modificações segundo o tempo, a raça e o clima. A obra, para ser completa, deve ser imensa. É seguramente maior o número das tragédias, tanta é a gente que se tem estripado, esfaqueado, degolado, queimado, enforcado, debaixo deste belo sol, desde as batalhas de Josué até os combates das ruas de Lima, onde as autoridades sanitárias, segundo telegramas de ontem, esforçam-se grandemente por sanear a cidade "empestada pelos cadáveres que ficaram apodrecidos ao ar livre". Lembrai-vos que eram mais de mil, e imaginai que o detestável fedor de gente morta não custa a vitória de um princípio. O conto é menos numeroso, e, seguramente, menos sublime; mas ainda assim ocupa lugar eminente nas obras de ficção. Nem é o tamanho que dá primazia à obra, é a feitura dela. O conto do vigário não é propriamente o de Voltaire, Boccaccio ou Andersen, mas é conto, um conto especial, tão célebre como os outros, e mais lucrativo que nenhum.

Pela minha parte não escrevo nada, limito-me a esta breve história da semana, em que tanta vez perco o fio, como agora, sem saber como passe do conto aos bichos. A proposta municipal para transformar o Jardim Jocológico em Jardim Zoológico, apresentada anteontem, até certo ponto ata-me as mãos; aguardo a votação do Conselho. Quando muito, visto que a proposta ainda não é lei, e ainda os bichos guardarão dinheiro, podia escrever uma petição em verso. Vi que esta semana a borboleta ganhou um dia. Juro-vos que não sabia da presença dela na coleção dos bichos recreativos, e não descrevo a pena que me ficou, porque a língua humana não tem palavras para tais lástimas.

Deus meu! a borboleta na mesma caixa do porco! O lindo inseto tão prezado de todos, e particularmente dos vitoriosos japoneses, agitando as asas naquele espaço em que costuma grunhir o animal detestado de Abraão, de Isaac e de Jacó! Onde nos levareis, anarquia da ética e da estética? Poetas moços, juntai-vos e componde a melhor das polianteias, um soneto único, mas um soneto-legião, em que se peça aos poderes da terra e do céu a exclusão da borboleta de semelhante orgia. Ganhe o pato, o porco, o peru, o diabo, que é também animal de lucro, mas fique a borboleta entre as flores, suas primas.

7 de abril de 1895

Não há quem não conheça a minha desafeição à política, e, por dedução, a profunda ignorância que tenho desta arte ou ciência. Nem sequer sei se é arte ou ciência; apenas sei que as opiniões variam a tal respeito. Faltam-me os meios de achar a verdade. Quando era vivo um boticário que tive, lido em matérias especulativas, a tal ponto que me trocava os remédios, recorria a ele comumente, e nunca o apanhei descalço. A razão que o levava a estudar a literatura política, em vez da farmacêutica, não a pude entender nunca, salvo se era o natural pendor do homem, que vai para onde lhe leva o espírito. Já perguntei a mim mesmo se era porque na política haja de tudo, como na botica; mas não acertei com resposta. Deus lhe fale n'alma!

Depois que ele morreu, se acontece algum caso político em que deva falar, dou-me ao trabalho aspérrimo de ler tudo o que se tem escrito, desde Aristóteles até as mais recentes "publicações a pedido", e acabo sabendo ainda menos que os autores destas publicações. Foi o que me aconteceu esta semana com o caso da Bahia.

Não confundam com outro caso da Bahia, que chamarei especialmente da povoação dos Milagres, onde quatrocentos bandidos, depois de muitas mortes e arrombamentos, destruição de altares e de imagens, levaram o ardor ao ponto de desenterrar o cadáver de um capitão Canuto, e, depois de o castrarem, arrancaram-lhe uma orelha e a língua, e queimaram o resto.

Pode ser que haja política nesses movimentos, porque os bandidos de verdade não desenterram cadáveres senão para levar as joias, se as têm; mas eu inclino-me antes a crer em algum sentimento religioso. Esses inculcados bandidos são talvez portadores de uma nova fé. A fé abala montanhas: como não há de desenterrar cadáveres, operação muito mais fácil? Não se destroem imagens, não se queimam altares, não se matam famílias inteiras, não se queima um homem morto, senão por algum sentimento superior e forte. A Inquisição também queimava gente, mas gente viva, e depois de um processo enfadonhamente comprido, com certos regulamentos, tudo frio e sem alma. Não tinha aquela fúria, aquele desatino, aquela paixão formidável e invencível.

Não trato desses missionários, que talvez sejam os mesmos que andaram há tempos em Canavieiras e várias partes, e mataram há pouco em Santa Quitéria umas cinco pessoas, sem outro suplício além dos aparelhos naturais da morte. Não conheço o credo novo; os recentes profetas não escrevem nem imprimem nada. Talvez até falem pouco. Os melhores operários são silenciosos. Não trato deles, nem do moço que acaba de morrer, por ação de um bonde elétrico, que é o nosso bandido político ou missionário religioso, com um toque científico, inteiramente estranho aos de Milagres e Canavieiras. Concordo que o caso de anteontem é triste; não nego que os cocheiros (com perdão da palavra) dos bondes elétricos entendem pouco ou nada do ofício; mas a morte de um ou mais homens não vale um problema político.

Outrossim, não quero saber de bichos, que já me enfadam, nem do jogo de flores. Noutro tempo, este jogo era um divertimento de família; cada pessoa era uma flor, por escolha própria, camélia, sempre-viva, amor-perfeito, violeta, e travavam uma conversação em que as flores nomeadas, se não acudiam em tomar a palavra, pagavam prenda. Tempos bucólicos. Hoje parece que cada flor ou pessoa significa dez tostões. Tempos pecuniários.

Fiquemos no caso da Bahia. Os dois partidos daquele Estado tratam da apuração dos votos eleitorais; mas sendo a situação gravíssima, e conveniente a paz, fazem-se tentativas de conciliação, tendo já entrado nisso o arcebispo, que nada alcançou. A intervenção do prelado e o nenhum efeito dos seus esforços provam que é séria a crise.

Uma das tentativas esteve quase a produzir fruto; foi inútil porque um dos partidos cedia o terço no Senado e na Câmara dos deputados, solução que o outro partido recusou, exigindo dezoito deputados, maioria e presidência do Senado. *Ecco il problema.*

Esse *ceder* um terço, esse *exigir* dezoito deputados, no ato da apuração, juro por todos os santos do céu e por todas as santas da terra, não me entra na cabeça. Virei e revirei o telegrama, confrontei-o com autores antigos e modernos, estudei a República de Platão e outras concepções filosóficas, interroguei os princípios, encarei-os de face e de perfil, passei-os da mão direita para a esquerda, e vice-versa, sem achar em nenhuma gente, por mais grega ou italiana que fosse, um raio de luz que me explicasse a cessão do terço e a exigência dos dezoito.

Menos difícil problema é o que resulta de outro telegrama da mesma procedência, ontem publicado, em que se dá o número total de votos de um distrito superior ao da respectiva população; porquanto, se o que eu ouvia em pequeno, deriva de alguma lei biológica, as urnas concebem. Quando era menino, ouvi muita vez afirmar que um grupo de santa Rita, um eleitor de são José, um mesário de sant'Ana, às vezes um simples inspetor de quarteirão de santo Antônio, punha a urna de esperanças. Se isto é verdade, não há problema, há um mero fenômeno interessante, digno de estudo, e porventura de saudades.

O primeiro caso, sim, é que é problema escuro e indecifrável. Como entender o que é acordo na apuração de votos, cedendo um terço ou exigindo dezoito deputados? Há presunção em dizer isto, pois que da própria aversão à política nasce a minha falta de entendimento; mas, enfim, é o que sinto. Dizia o meu boticário que, de quando em quando, se devem corrigir os costumes políticos. A carta régia de 1671 ao governador do Rio de Janeiro, recomendando-lhe que *"se não entromettesse nas eleiçoens de sojeitos para o governo da Republica"*, ficou servindo-nos de norma política; mas as normas devem alterar-se para se acudir às necessidades e feições do século. A própria Igreja, conservando os seus dogmas, tem variado no que é terreno e perecível. Há práticas boas, justas e úteis em um século, e más ou inúteis em outro. Era uma das pílulas que me aplicava o meu defunto amigo.

14 de abril de 1895

Nada há pior que oscilar entre dois assuntos. A Semana Santa chama-me para as coisas sagradas, mas uma ideia que me veio do Amazonas chama-me para as profanas, e eu fico sem saber para onde me volte primeiro. Estou entre Jerusalém e Manaus; posso começar pela cidade mais remota, e ir depois à mais próxima; posso também fazer o contrário.

Havia um meio de combiná-las: era meter-me em uma das montarias ou igarités do Amazonas, com o meu amigo dr. J. Veríssimo, e deixar-me ir com ele, rio abaixo ou acima, ou pelos confluentes, à pesca do pirarucu, do peixe-boi, da tartaruga ou da infinidade de peixes que há no grande rio e na costa marítima. Não podia ter melhor companheiro; pitoresco e exato, erudito e imaginoso, dá-nos na monografia que acaba de publicar, sob o título *A pesca na Amazônia*, um excelente livro para consulta e deleite. Como se trata do pescado amazônico e acabamos a Semana Santa, iria eu assim a Jerusalém e a Manaus, sem sair do meu gabinete. Mas o bom cristão acharia que não basta pescar, como são Pedro, para ser bom cristão, e os amigos de ideias novas diriam que não há ideia nem novidade em moquear o peixe à maneira dos habitantes de Óbidos ou Rio Branco. Força é ir a Manaus e a Jerusalém.

Já que estou no Amazonas, começo por Manaus. As folhas chegadas ontem referem que naquela capital a Câmara dos deputados dividiu-se em duas. Essa dualidade de câmaras de deputados e de senados tende a repetir-se, a multiplicar-se, a fixar-se nos vários Estados deste país. Não são fenômenos passageiros; são situações novas, idênticas, perduráveis. Os olhos de pouca vista alcançam nisto um defeito e um mal, e não falta quem peça o conserto de um e a extirpação de outro. Não será consertar uma lei natural, isto é, violá-la? Não será extirpar uma vegetação espontânea, isto é, abrir caminho a outra?

Geralmente, as oposições não gostam dos governos. Partido vencido contesta a eleição do vencedor, e partido vencedor é simultaneamente vencido, e vice-versa.

Tentam-se acordos, dividindo os deputados; mas ninguém aceita minorias. No Antigo Regime iniciou-se uma representação de minorias, para dar nas câmaras um recanto ao partido que estava debaixo. Não pegou bem, ou porque a porcentagem era pequena, ou porque a planta não tinha força bastante. Continuou praticamente o sistema da lavra única.

Os fatos recentes vão revelando que estamos em vésperas de um direito novo. Sim, leitor atento, é certo que a luta nasce das rivalidades, as rivalidades da posse e a posse da unidade de governo e de representação. Se, em vez de uma Câmara, tivermos duas, dois Senados em vez de um, tudo coroado por duas administrações, ambos os partidos trabalharão para o benefício geral. Não me digam que tal governo não existe nos livros, nem em parte alguma. Sócrates — para não citar Taine e consortes — aconselhava ao legislador que, quando houvesse de legislar, tivesse em vista a terra e os homens. Ora, os homens aqui amam o governo e a tribuna, gostam de propor, votar, discutir, atacar, defender e os demais verbos, e o partido que não folheia a gramática política acha naturalmente que já não há sintaxe; ao contrário, o que tem a gramática na mão julga a linguagem alheia obsoleta ou corrupta. O que estamos vendo é a impressão em dois exemplares da mesma gramática. Virão breve os tempos messiânicos, melhores ainda que os de Israel, porque lá os lobos deviam dormir com os cordeiros, mas aqui os cordeiros dormirão com os cordeiros, à falta de lobos.

Enquanto não vêm esses tempos messiânicos, vamo-nos contentando com os da Escritura, e com a Semana Santa que passou. Assim passo eu de Manaus a Jerusalém.

Há meia dúzia de assuntos que não envelhecem nunca; mas há um só em que se pode ser banal, sem parecê-lo, é a tragédia do Gólgota. Tão divina é ela que a simples repetição é novidade. Essa coisa eterna e sublime não cansa de ser sublime e eterna. Os séculos passam sem esgotá-la, as línguas sem confundi-la, os homens sem corrompê-la. "O Evangelho fala ao meu coração", escrevia Rousseau; é bom que cada homem sinta este pedaço de Rousseau em si mesmo...

Entretanto, se eu admiro o belo sermão da Montanha, as parábolas de Jesus, os duros lances da semana divina, desde a entrada em Jerusalém até à morte no calvário, e as mulheres que se abraçaram à cruz, e cuja distinção foi tão finamente feita por Lulu Sênior, quinta-feira, se tudo isso me faz sentir e pasmar, ainda me fica espaço na alma para ver e pasmar de outras coisas. Perdoe-me a grandeza do assunto uma reminiscência, aliás incompleta, pois não me lembra o nome do moralista, mas foi um moralista que disse ser a fidelidade dos namorados uma espécie de infidelidade relativa, que vai dos olhos aos cabelos, dos cabelos à boca, da boca aos braços, e assim passeia por todas as belezas da pessoa amada. Espiritualizemos a observação, e apliquemo-la ao Evangelho.

Assim é que, no meio das sublimidades do livro santo, há lances que me prendem a alma e despertam a atenção dos meus olhos terrenos. Não é amá-lo menos; é amá-lo em certas páginas. Grande é a morte de Jesus, divina é a sua paciência, infinito é o seu perdão. A fraqueza de Pilatos é enorme, a ferocidade dos algozes inexcedível...

Mas, não sendo primoroso o último ato dos discípulos, não deixa de ser instrutivo. Um, por trinta dinheiros, vendeu o mestre; os outros, no momento da prisão, desapareceram, ninguém mais os viu. Um só deles, sem se declarar, meteu-se entre a multidão, e penetrou no pretório entre os soldados. Três vezes lhe perguntaram se também não andava com os discípulos de Cristo; respondeu que não, que nem o conhecia, e, à terceira vez, cantando o galo, lembrou-se da profecia de Cristo, e chorou. São Mateus, contando o ato deste discípulo, diz que ele entrara no pretório, com os soldados, "a ver em que parava o caso". Hoje diríamos, se o Evangelho fosse de hoje, "a ver em que paravam as modas". Tal é a mudança das línguas e dos tempos!

Este versículo do evangelista não vale o sermão da Montanha, mas, usando da teoria do moralista a que há pouco aludi, esta é a pontinha da orelha do Evangelho.

21 de abril de 1895

Estão feitas as pazes da China e do Japão.

Há muitos anos apareceu aqui uma companhia de acrobatas japoneses. Eram artistas perfeitos, davam novidades, tinham ideias próprias. O efeito foi grande; representaram não sei se no Teatro de São Pedro, onde agora representam, fora de portas, uns engraxadores italianos, se no antigo Provisório, cuja história não conto, por muito sabida, mas que devia ser ensinada nas escolas para exemplo do que pode a vontade. Lembro só que se chamava Provisório, e foi construído em cinco meses para substituir o Teatro de São Pedro, que ardera. Já isto é bastante: mas, se nos lembrarmos também que o Provisório foi tal que ficou permanente, e passou a Grande Ópera, teremos visto que a vontade é a grande alavanca... O resto acha-se nos discursos de inauguração. Também se pode achar em verso, em algum hino ao progresso, pouco mais ou menos assim:

> Bate, corta, desfaz, quebra, arranca
> Essas pedras que estão pelo chão;
> A vontade é a grande alavanca,
> Etc. etc.

Sabe-se o resto; é não perder de vista a alavanca da vontade e ir por diante derrubando pedreiras, morros, casas velhas, compondo estradas, muros, jardins, muita porta franca, muita parede branca. A vontade é a grande alavanca. Também se pode fazer o hino sem sentido; é mais difícil, mas uma vez que se lhe conserve a rima, tem vida, tem graça, ainda que lhe falte metro. Afinal, que é metro? Uma convenção. O sentido é outra convenção.

Bem; onde estávamos nós? Ah! nos japoneses. Eram exímios; a opinião geral é que eles não prestariam para mais nada, mas que, em subir por uma escada de uma maneira torta, e fazer outras dificuldades, ninguém os desbancava. Deixaram saudades. Grandes artistas tivemos de outras nações, miss Kate Ormond, os irmãos Lees... Onde vão eles? Talvez ela tenha fundado alguma seita religiosa no Alabama; eles, se não dirigem alguma companhia de vapores transatlânticos, é que dirigem outra coisa... Tudo mudado, tudo passado. Os japoneses, não me canso de o dizer, eram exímios.

Meti-me, logo que eles se foram embora, a estudar o Japão, de longe e nos livros. O país tinha adotado recentemente o governo parlamentar, o Ministério responsável, a fala do trono, a resposta, a interpelação, a moção de confiança e de desconfiança, os orçamentos ordinários, extraordinários e suplementares. Parte da Europa achava bom, parte ria; uma folha francesa de caricaturas deu um quadro representando a saída dos ministros do gabinete imperial com as pastas debaixo do braço. Que chapéus! que casacos! que sapatos! O Japão deixava rir e ia andando, ia estudando, ia pensando. Tinha uma ideia. Os povos são como os homens; quando têm uma ideia, deixam rir e vão andando. Parece que a ideia do Japão era não continuar a ser unicamente um país de curiosos ou de estudiosos, de Loti e outros navegadores. Queria ser alguma coisa mais alta, coisa que até certo ponto mudasse a face da terra.

Não me digam que a ideia era ambiciosa. Sei que sim; a questão é se a frase é ambiciosa também, e aqui é que eu vacilo, não por falta de convicção, mas de papel e de tempo. A demonstração seria longa. Contentem-se em crer, e vão seguindo, meio desconfiados, se querem. Concordo que, depois dos boatos montevideanos e rio-grandenses, sobre revoluções, separações e saques, há lugar para duvidar um pouco das vitórias japonesas.

Eu creio no Japão. Na tragédia conjugal que houve há dias na rua do Matoso, até aí acho o meu ilustre e valente Japão. Não é só porque tais peças têm lá o mesmo desfecho, mas pelo estilo dos depoimentos das testemunhas do caso. Segundo um velho frade que narrou as viagens de são Francisco Xavier por aquelas terras, há ali diversos vocabulários para uso das pessoas que falam, a quem falam, de que falam, que idade têm quando falam e quantos anos têm aquelas a quem falam, não sabendo unicamente se há diferença de varões ou damas: o padre Lucena é muito conciso neste capítulo. Pois os depoimentos das testemunhas de cá usaram, quando muito, dois vocabulários, sendo um deles inteiramente contrário ao de Sófocles. Pão pão, queijo queijo. É claro que a justiça, sendo cega, não vê se é vista, e então não cora.

Viva o japonismo! Dizem telegramas que a ideia secreta do Japão é japonizar a China. Acho bom, mas se é só japonizar a crosta, não era preciso fazer-lhe guerra. Não faltam aqui salas, nem gabinetes, nem adornos japônicos. Os irmãos Goncourts gabam-se de terem sido na Europa os inventores do japonismo. Um bom leiloeiro, quando apregoa um vaso sem feições vulgares, chama-lhe japonês, e vende-o mais caro. Viva o japonismo! Quanto a mim, as pazes com a China estão feitas, e, por mais que as condições irritem a Europa, como há agora mais uma grande potência no mundo, é preciso contar com a vontade desta, e eu continuarei a ler com simpatia, mas sem fé, a propaganda do sr. dr. Nilo Peçanha a favor do arbitramento entre as nações. Para deslindar questões, creio que o arbitramento vale mais que uma campanha; mas, para fazer andar as coisas do mundo e do século, fio mais de Yamagata e seus congêneres.

28 de abril de 1895

Que dilúvio, Deus de Noé! Escrevo esta *Semana* dentro de uma arca, esperando acabá-la, quando as águas todas houverem desaparecido. Caso fiquem, e não cessem de cair outras, concluí-la-ei aqui mesmo, e mandá-la-ei por um pombo-correio.

A arca é um bonde. Noé é um Noé deste século industrial; leva-nos pagando. Fala espanhol, que é com certeza a língua dos primeiros homens.

A princípio não tive medo; cuidei que eram dessas chuvas que passam logo. Quando, porém, os elementos se desencadearam deveras, e as ruas ficaram rios, as praças mares, então supus que realmente era o fim dos tempos. As árvores retorciam-se, os chapéus voavam, toalhas de água entravam pelas casas, outras desciam dos morros, cor de barro. Carro nem tílburi disponíveis. Algum veículo particular que aparecia, ou levava o dono, ou esperava por ele. Bondes apenas, mas poucos, alagados, sem horário, quase sem cortinas. Entramos alguns em um, e o bonde começou, não a andar, mas a boiar; boiou a noite inteira, ainda agora boia.

Impossível foi dormir. Então conversamos, lemos, contamos histórias; as senhoras rezavam, as meninas riam. Um sujeito, querendo ligar o interesse municipal ao interesse humano, falou do recuo. A atenção foi geral e pronta. Vinte minutos depois já ninguém queria ouvir as opiniões consubstanciadas no discurso do orador, nem as deste, nem os textos legais e outros. A palavra *amolação* começou a roçar os lábios. Notei que a maioria presente era de proprietários, e naquela situação e hora era difícil achar matéria mais deleitosa de conversação; mas o nosso mal verdadeiro, local e perpétuo é a amolação. Há anos sem febre amarela, o cólera-mórbus aparece às vezes, o crupe também e outras enfermidades, mas todas se vão, e alguns vamos com elas; a amolação não sai nem entra; aqui mora, aqui há de morrer. O sujeito do recuo teimou, outro desafiou-o, as senhoras pediram que não brigassem.

Os homens, cavalheiros até no dilúvio, intervieram no debate e falaram de outras tantas coisas, uns do sul, outros do Norte, alguns do negócio dos bichos. Os bichos trouxeram-nos o pensamento ao dilúvio presente e passado, ao bonde e à arca de Noé. Pediram-me a velha história bíblica. Contei-a, como podia, e perguntei-lhes se conheciam o *Fruto Proibido*. Como a fala não sai em grifo, não se pode conhecer se a pessoa repete um título ou alguma frase. Daí o gesto indecoroso de um passageiro, que entrou a assobiar a *Norma*. Citei então o nome de Coelho Neto, e disse que se tratava de um livro agora publicado.

Coelho Neto conhece a Escritura e gosta dela; mas será o seu amor daqueles que aceitam a pessoa amada, apesar de alguns defeitos, ou até por causa deles?, perguntei. Toda a gente se calou, exceto um inglês, que me retorquiu que a Bíblia não tinha defeitos. Concordei com ele, mas expliquei-lhe que, amando Coelho Neto a Bíblia, escreveu um livro que a emenda, de onde se vê que não é tão cego o seu amor, que lhe não veja algumas lacunas. Mostrei-lhe então que o *Fruto Proibido* é o contrário dos capítulos II e III do *Gênesis*. Em vez de permitir o uso de toda a fruta do paraíso, menos a da árvore da ciência do bem e do mal, Coelho Neto encheu o paraíso de frutos proibidos, e disse aos homens, mais ou menos, isto:

— Dou-vos aqui um jardim, de cujas árvores não podeis comer um só fruto; mas, como é preciso que vos alimenteis, untei cada fruto com o mel do meu estilo, e ele só bastará para nutrir-vos.

Os homens obedeceram e obedecem à vontade do jovem Senhor; mas o mel está tão entranhado no fruto, e é tão saboroso, que lamber um e comer o outro é a mesma coisa. Deste modo eliminou a viscosa serpente, e não atirou toda a culpa para cima de Eva; guardou a maior parte para si.

Todos acharam engenhosa a ideia do autor, emendando a escritura, sem parecer fazê-lo, menos o inglês, que me perguntou se esse moço não tinha outra coisa em que ocupar o espírito. Tem outras coisas, respondi; ele mesmo confessa no prefácio que escreveu este livro para repousar de outros. É um trabalhador que acha meio de descansar carregando pedra. Compõe romances, compõe artigos, compõe contos, e ainda agora vai tomar a si uma parte da redação dos debates parlamentares...

— Sim? — interrompeu-nos uma senhora, a mim e a um padre-nosso. — Pois se se dá com ele, peça-lhe que, depois das páginas que houver de escrever em casa, recolha o seu estilo a algum vaso de porcelana da Saxônia ou vidro de Veneza, e vá sem ele aos debates. Meu marido, que lê muito (onde andará ele a esta hora, meu Deus!), afirma que é de boa regra não confundir os gêneros. Se houver discursos proibidos, literariamente falando, não lhes ponha o mel do seu estilo; talvez que assim a virtude torne a este mundo.

Francamente, não entendi a senhora, que continuou a rezar o seu padre-nosso: "...seja feita a vossa vontade, assim na terra..." Eu deixei-me ir ao assunto natural da ocasião, a abertura do Congresso Nacional. Alguns duvidavam, por causa do dilúvio. Era impossível que deputados e senadores se reunissem debaixo de tanta água e vento. Um adversário ou inimigo pessoal do sr. Zama censurou fortemente a este deputado, que traz a história romana na ponta dos dedos e ainda se não lembrou de dizer à Bahia, seu estado natal, que Roma não prosperou com dois Senados, mas com um, de onde lhe veio a força grande, e escrever por aí um Tito Lívio. A política, durante alguns instantes, tomou conta da conversação. Ambos os senadores tiveram defensores, e ardentes. Não faltou quem os adotasse juntos. Eu cheguei a pensar comigo, se não melhorariam as coisas havendo um terceiro Senado...

Assim passamos as horas, e rompeu o dia de sábado, sempre debaixo de água. Já havia fome, porque o Noé espanhol que nos levava, não cuidara da comida, ninguém jantara, o céu continuava turvo e a água caía a jorros. Deu-nos então para dizer mal dos amigos, e afinal de nós mesmos. Raro vinham coisas estranhas ou passadas. Alguém lembrou a revolução de Santiago, província argentina, no princípio da semana, revolução em que morreu um homem e fugiu o governador. O inglês disse que não se devia chamar revolução ao movimento em que morre uma pessoa só. Qual é a semana, perguntou bufando, em que não morre alguém debaixo de um bonde elétrico? E bonde elétrico é revolução? No sentido científico, decerto; mas, como ação popular, não. A diferença única é que o governador de Santiago desapareceu, coisa que já não faz nenhum cocheiro de bonde, para não perder dois ou três dias de ordenado sem necessidade alguma...

A fadiga era tal que ninguém contestou o inglês, e deixou-o falar enquanto quis. Todos abrimos a boca de fome e de sono. Continuamos a boiar, não sei por quanto tempo; os nossos relógios tinham parado. De repente ouvimos um clamor vago, depois mais claro e forte. Era um rapaz que berrava:

— Vinte contos! Loteria nacional! Hoje!

Estávamos em terra.

5 de maio de 1895

Antes de acabar o século, quisera dar-lhe um título; falo do nosso século fluminense. Não é de uso que os séculos se contem na vida das cidades. Roma era o mundo romano. Atenas era a civilização grega. A rigor, as cidades médias e mínimas deviam ter os seus séculos menores, cinquenta anos as primeiras e vinte e cinco as outras — um quarteirão, como se dizia outrora das sardinhas, e creio que das laranjas também. Mas a nossa boa capital, por ser a ditosa pátria minha amada, ou por diversa causa, poderia ter o seu século mais crescido que os de cinquenta anos. Vá cinquenta anos. Antes que termine este prazo, contado de 1850, procuremos ver que nome se lhe há de pôr.

Puxei pela memória, achei, tirei, comparei, fiz, desfiz, sem positivamente chegar a resultado certo até ontem. Notai que vim desde o princípio da semana. Não quis saber de boatos, nem sucessos, nem dos movimentos de mar e terra, nem da deposição e reposição do governador das Alagoas, abertura de Congresso, nada, nada. Ao cabo de muita pesquisa vã, quase desesperado dos meus esforços, consegui achar o nome do século. Pode ser que haja erro; mas essa parte da crítica fica para o leitor, a minha parte é crer — crer e louvar —, não digo louvar à maneira de Garrett, que atribuía ao editor todas as coisas excelentes que pensava de si, e nós com ele. Não; basta um louvor discreto, meio apagado, leve e breve, um sussurro de admiração.

Que achei eu do nosso século carioca? Achei que será contado como o século dos jardins. À primeira vista parece banalidade. O jardim nasceu com o homem. A primeira residência do primeiro casal foi um jardim, que ele só perdeu por se atrasar nos aluguéis da obediência, donde lhe veio o mandado de despejo. Verdade é que, sendo meirinho não menos que o arcanjo Miguel, e o texto do mandado a poesia de Milton, segundo creem os poetas, valeu a pena perder a casa e ficar ao relento. Vede, porém, o que é o homem. O arcanjo, depois de lhe revelar uma porção de coisas sublimes e futuras, disse-lhe que tudo que viesse a saber, não o faria mais eminente; mas que, se aprendesse tais e tais virtudes (fé, paciência, amor), não teria já saudades daquele jardim perdido, pois levaria consigo outro melhor e mais deleitoso. Não obstante, o homem meteu-se a comprar muitos jardins, alguns dos quais ficaram na memória dos tempos, não contando os particulares, que são infinitos.

Sendo assim, em relação ao homem, que há a respeito do carioca, para se lhe dar ao século a denominação especial que proponho? Certo, não é só o amor das flores, em gozo sumo, que me leva a isto. É a elevação do sentimento, é a crescente espiritualidade deste amor. Nós amamos as flores, embora nos reservemos o direito de deitar as árvores abaixo, e não nos aflijamos que o façam sem graça nem utilidade.

Nos primeiros tempos do Passeio Público, o povo corria para ele, e o nome de Belas Noites, dado à rua das Marrecas, vinha de serem as noites de luar as escolhidas para as passeatas. Sabeis disso; sabeis também que o povo levava a guitarra, a viola, a cantiga, e provavelmente o namoro. O namoro devia ser inocente, como a viola e os costumes. Onde irão eles, costumes e instrumentos? Eram contemporâneos da Revolução Francesa, foram com os discursos dela. Enquanto Robespierre caía na Convenção, ouvindo este grito: "Desgraçado! é o sangue de Danton que te afoga!", o nosso arruador cantava com ternura na guitarra:

> Vou-me embora, vou-me embora,
> Que me dão para levar?
> Saudades, penas e lágrimas
> Eu levo para chorar.

Mas reduzamos tudo aos três jardins, que me levam a propor tal título a este século da nossa cidade.

O primeiro, chamado Jardim Botânico, não tinha outrora a concorrência do Passeio Público, antes e depois de Glaziou; ficava longe da cidade, não havia bondes; apenas ônibus e diligências. O lugar, porém, era tão bonito, a grande alameda de palmeiras tão agradável, que dava gosto ir lá, por patuscada, ou com a segurança de não achar muita gente, coisa que para alguns espíritos e para certos estados era a delícia das delícias. Os monólogos de uns e os diálogos dos outros não ficaram escritos, menos ainda foram impressos; mas haveria que aprender neles. Defronte havia uma casa de comida, onde os cansados do passeio iam restaurar as forças. Também se ia ali à noite. Uma noite...

Uma noite (vá esta velha anedota) estava um amigo meu no Clube Fluminense, jogando o xadrez, entre nove e dez horas. Era um mocinho, com uma ponta de bigode, e outra de constipação. Tinha o plano de acabar a partida, e ir deitar-se. Vieram dizer-lhe que estavam embaixo dois carros abertos, com pessoas dentro, que o mandavam chamar. De um golpe acabou a partida, e desceu.

— Leandrinho, anda ao Jardim Botânico; vamos cear.

— Não posso, estou constipado, e já tomei chá; não posso.

— Pois não ceies, mas fala só; constipação cura-se com a lua. Olha que luar!

Leandrinho subiu a um dos carros, onde iam dois amigos e uma bela moça; arranjou-se como pôde, e os carros entraram pela rua do Lavradio. Chegaram ao Jardim Botânico. A casa de comida estava fechada; abriu as portas e foi fazer ceia. Eram três as moças amadas, três os rapazes amados, e outros três apenas alegres. Um destes, o Leandrinho, quis tratar a constipação pela conversação; mas foi triste e mero desejo. O amuo de dois namorados, a rusga de outros dois trouxeram o constrangimento à reunião. Quando veio a ceia, todos estavam aborrecidos, mais que todos o Leandrinho, que suspirava pelo momento da volta. A comida e a bebida trouxeram alguma animação; ao champanha estava quase restabelecida a alegria. Recusando tudo, comida ou bebida, Leandrinho não pôde deixar de aceitar uma ameixa seca, oferecida por uma das mãos femininas.

— Que mal lhe pode fazer esta fruta inocente?

Realmente, nenhum; Leandrinho comeu a ameixa. Ergueram-se todos da mesa, cantaram ao piano, dançaram uma quadrilha, fumaram, até que ouviram bater duas horas. Dispuseram-se à volta, e pediram a conta. Leandrinho, tonto de febre, não viu a soma total; ouviu só que, rateadas as despesas, tinha ele que entrar com a quantia de nove mil e quatrocentos.

— Não se imagina — dizia ele alguns anos antes de morrer, contando esse caso —, não se imagina o meu assombro. Tive ímpeto de quebrar tudo; mas era tão sincero o aspecto dos rapazes, e a presença das moças obrigava a tanto, que não recusei a minha cota. Uma ameixa e uma febre por nove mil e quatrocentos.

Quando ele morreu, o Jardim Botânico via já crescer o número dos visitantes. Não transcrevo aqui a estatística do mês passado, para não atravancar este artigo com algarismos. Podeis lê-la nos jornais de ontem. O total das pessoas foi 2.950, a saber, 1.461 homens, 990 senhoras e 499 crianças. A cidade ama os jardins.

Logo depois do Jardim Botânico, surgiu o Jardim Zoológico. Não é possível contar a concorrência deste; tem sido enorme, e seria infinita, se lhe não fechassem as portas; mas há quem diga que é fechamento temporário, para o fim único de reformar e limpar as plantações, iniciar outras, e abrir as portas oportunamente. Não sei se a este foram também Leandrinhos, nem se lá perderam nove mil e quatrocentos; se os não perderam, é porque os ganharam.

Terceiro jardim: é o recente Jardim Lotérico. Não ligo bem estes dois nomes; parece que há lá corridas, ou o que quer que seja, pois às vezes ganha o Camelo, outras o Avestruz, ou o Burro. No dia 3 ganhou o Leão. No dia 4 até à hora em que escrevo, não sei quem terá vencido... A cidade é sempre o homem do primeiro jardim. Tem a fé, tem a paciência, tem o amor, mas não há meio de achar um jardim em si mesma, e vai tecendo o século com outros. Creio que fiz um verso: E vai tecendo o século com outros.

12 de maio de 1895

No meio dos problemas que nos assoberbam e das paixões que nos agitam, era talvez ocasião de falar da escritura fonética. O fonetismo é um calmante. Há quem o defenda convencidamente, mas ninguém se apaixona a tal ponto, que chegue a perder as estribeiras. É um princípio em flor, uma aurora, um esboço que se completará algum dia, daqui a um século, ou antes. A Academia Francesa, bastilha ortográfica, ruirá com estrondo; os direitos do som, como os do homem, serão proclamados a todo o universo. A revolução estará feita. A tuberculose continuará a matar, mas os remédios virão da *farmácia*. Talvez haja um período de transição e luta, em que as escolas se definam só pelo nome; e a *farmácia* e a *pharmácia* defendam o valor das suas drogas pela tabuleta. *Ph* contra *f*. Virá aí um problema de pacificação, como o que temos no Sul, mas muito fácil; bastará restaurar por decreto a velha *botica*, vocábulo que só se pode escrever de um modo. Todos morrerão com a mesma tisana e pelo mesmo preço.

A América segue os passos da Europa, estudando estas matérias. Na do Norte, em Nova York, uma associação filológica propõe grandes alterações no inglês e no francês. No francês acha que é bonito ou fonético escrever *demagog*, em vez de *demagogue*, e propõe que se substitua *gazette* por *gazet*. Nós aqui poderíamos adotar já este processo, escrevendo *cacet* — em vez de *cacette*; a economia será grande, quer se trate de gente viva, quer propriamente de pau. Quanto ao inglês, a associação de Nova York converte o benefício em dólares, que é ainda mais fonético: "Milhões de dólares são gastos todos os anos em escritura e impressão de letras inúteis". Enfim leio no *Jornal do Commercio* que a associação propôs já ao Congresso uma lei que obrigue os tipógrafos a se conformarem com alterações que ela indicará ou já indicou.

O mal que vejo nessa lei, se vier, é um só; é que os partidos possam adotar cada um o seu sistema. A eleição alterará as feições do impresso. Mas também isto pode ser vantajoso no futuro; as folhas, os anais, as leis, as proclamações, e finalmente os versos e romances dirão pelo aspecto das palavras o período a que pertencem, auxiliando assim a história e a crítica.

As senhoras, enquanto não principia essa guerra de escritas, vivem em paz com ortografias e nações. Sabe-se que as herdeiras americanas fornecem duquesas às velhas famílias da Europa, casando com duques de verdade. Todas as nações daquele continente possuem belos exemplares da moça dos Estados Unidos. Há cerca de dois meses estavam para casar, ou já tinham casado, não sei que duque ou marquês da legação francesa com uma das belas herdeiras da América. Ora, como o amor tem uma só ortografia, pode a Associação Filológica de Nova York lutar com a Academia Francesa, para saber como se há de escrever *love* e *amour*; o jovem casal usará da única ortografia real e verdadeira.

Essa fascinação pela Europa é vezo de mulheres. Também há dois meses casou em Tóquio, Japão, um conde diplomata, encarregado de negócios da Áustria, com uma moça japonesa. Essa é fidalga; não foi pois o gosto do título que a levou ao consórcio; foi o amor, naturalmente, e logo o desejo da Europa. Era da religião búdica, fez-se católica romana. Não tardará que chegue a Viena, onde brilhará ao lado do esposo, por mais que a matem as saudades de Tóquio. As moças brasileiras também gostam da Europa. Já desde o princípio do século XVIII morriam por ela, recitando de coração este verso, ainda não composto:

> Eu nunca vi Lisboa e tenho pena.

Lisboa era então, para esta colônia, toda a Europa. Tinham pena de não conhecer Lisboa; mas, como ir até lá, se os pais não podiam deixar o negócio? As moças eram inventivas, entraram a padecer de vocação religiosa, queriam ser freiras. Como nesse tempo havia mais religião que hoje, ninguém podia ir contra a voz do céu, e as nossas patrícias saíam a rasgar "as salsas ondas do oceano", como então se dizia do mar, até desembarcar em Lisboa.

O governo ficou aterrado. Tal emigração despovoava a mais rica das suas colônias. Cogitou longamente, e expediu o alvará de 10 de março de 1732 "proibindo a ida das mulheres do Brasil para Portugal, com o pretexto de ser freiras". O pensamento do alvará era só político; mas teve também um efeito literário, conservando neste país uma das avós do meu leitor. Não bastando a proibição escrita, o alvará estabeleceu que fossem castigados os portadores de tão gracioso contrabando. Eis os seus termos: "O capitão ou mestre do navio pagará por cada mulher que trouxer 2.000 cruzados, pagos da cadeia, onde ficará por tempo de dois meses". Dois meses de prisão e dois mil cruzados de multa; eram duros; cessou o transporte. Nesse ato do governo da metrópole, o que mais me penetra a alma é a frase: *pagos da cadeia*. Quem seria o oficial de secretaria que achou tal frase, se é que não era algum chavão de leis? Nasceu para escritor, com certeza. Busquem-me aí outra mais simples, mais forte e mais elegante. Os governos modernos têm a linguagem frouxa, derramada, vaga principalmente, cheia de atenções e liberalismo. Qualquer lei moderna mais ou menos diria assim: "O capitão ou mestre de navio, logo que se verifique o delito de que trata o artigo tal, ficará incurso na pena de dois meses e na multa de oitocentos mil-réis por cada mulher que transportar, sendo a multa recolhida ao tesouro etc." Comparai isto com a rudeza e concisão do alvará: *pagos da cadeia*. Quer dizer: primeiro é pegado o sujeito e metido na prisão, aí entrega os milhares de cruzados da multa, e depois fica ainda uns dois meses sossegado. Pagos da cadeia!

19 de maio de 1895

> Quando visitei a África, em 1891, fui encontrando muitos senadores e deputados, que percorriam aquela região, a fim de averiguar-lhe os recursos e as necessidades. A questão argelina tinha sido novamente levantada nas Câmaras; discutira-se muito sem resultado; e, como é de uso, resolveram fazer um inquérito. Os políticos iam assim esclarecer-se no próprio território.

Não citaria tão longo pedaço de um livro, senão pela utilidade que ele pode ter relativamente aos nossos costumes parlamentares. Entenda-se bem; não abri o livro para conhecer da questão argelina, mas porque o autor, arqueólogo de nomeada, convidava-me a ir ver as ruínas de Cartago. Não faltam guias sagazes para as terras cartaginesas, sem contar Flaubert, com o gênio da ressurreição, nem Virgílio com o da invenção. Assim que foi só o acaso que me pôs ante os olhos o trecho transcrito. Sabem que não entendo de política, nem de agronomia.

Nem tudo exigirá entre nós exame local; mas casos há em que ele pode ser útil. A questão do Sul, por exemplo.

A questão do Sul é o nosso nó górdio. Há geral acordo em acabar com ele; a divergência está no modo, querendo uns que se desate, outros que se corte. Na Câmara dos deputados, aberta há oito dias, não se tem tratado de outra coisa; todos os discursos, ainda os que não querem tocar no Sul, acabam nele, ou passam por ele. Não se fala tranquilo, mas ardendo, os apartes fervem, o sussurro cobre a voz dos oradores, não há acordo em suma. Tal qual a questão argelina, nas Câmaras francesas.

Que competência tenho eu para aconselhar alvitres? Tanto quanto para fazer caramelos. Contudo, quer-me parecer que, antes de qualquer tentativa de acordo parlamentar, não ficava mal um inquérito. Não digo rigoroso inquérito, pois que este substantivo só se liga àquele adjetivo, nos casos meramente policiais. Uma firma comercial de São Paulo perdeu esta semana um dos seus sócios, que se retirou deixando saudades e um desfalque. O telégrafo referiu o caso, acrescentando que a polícia abrira inquérito. É a primeira vez, desde que me entendo, que vejo abrir nesses casos um simples inquérito. Tais inquéritos são sempre rigorosos. Formam estas duas palavras o complemento de um verso para a tragédia que houver de pôr em cena algum grave crime:

Crime nefando! Rigoroso inquérito!

Nos casos de ciência ou de política, os inquéritos são simples. Se tal recurso for agora adotado, podem muitos membros do Congresso ir ver as coisas do Sul por seus próprios olhos, a fim de recolher informações locais e diretas. Aqui surge uma dificuldade não pequena. Se, depois de tudo visto, observado, comparado, cada um voltar com a sua opinião? Não é improvável este resultado. Geralmente, as lutas políticas são já efeito de opiniões anteriores. Os partidos formam-se pela comunhão das ideias, e duram pela constância das convicções. Se a vista de um fato, a audiência de um discurso bastassem para mudar as opiniões de uma pessoa, onde estariam os partidos? Há pessoas que se despersuadem com muito pouco, e mudam de acampamento, mas é com o direito implícito de tornar ao primeiro, ou ir a outro, logo que as despersuadam da ideia nova. São casos raros de filosofia. O geral é persistir. Daí às pedras de uma muralha a faculdade de trocar de atitude, e não tereis já muralha, mas um acervo de fragmentos.

Se alguma beleza há no que acabo de dizer, é o senso comum que lha dá. São truísmos, são velhas banalidades. Renan defendeu a banalidade com tal graça, que eu, apesar de ter opinião adversa, acabei crendo nela e pu-la na minha ladainha: Santa Banalidade, *ora pro nobis*. Talvez Renan quisesse debicar-me; os grandes escritores têm dessas tentações ínfimas, mas é preciso que não sejam pedras de muralhas. E daí pode ser que as próprias pedras debiquem os homens...

As pedras valem também como ruínas. Possuo um pedacinho de muro antigo de Roma, que me trouxe um dos nossos homens de fino espírito e provado talento. Quando há muita agitação em volta de mim, vou à gaveta onde tenho um repositório de curiosidades, e pego deste pedaço de ruína; é a minha paz e a minha alegria. Orgulhoso por ter um pedaço de Roma na gaveta, digo-lhe: Cascalho velho, dá-me notícias das tuas facções antigas. Ao que ele responde que houve efetivamente grandes lutas, mais ou menos renhidas, mas acabaram há muitos anos. Os próprios pássaros que voavam então sobre elas, sem medo, ou por não estar inventada a pólvora, ou por qualquer outra causa, esses mesmos acabaram. Vieram outros pássaros, mas filhos e netos dos primeiros. Nunca dirá que entre os pardais que tem visto, nenhum fosse o próprio pardalzinho de Lésbia... E cita logo uns versos de Catulo.

— Latinidade! — exclamo — é com o nosso Carlos de Laet. Onde estará ele?

— *Em Minas* — respondeu-me hoje o editor de um livro cheio de boa linguagem, de boa lição, de boa vontade, e também de coisas velhas contadas a gente nova, e coisas novas contadas a gente velha. Compreendi que este *Em Minas* era antes o nome do livro de Laet, que a indicação do lugar em que ele estava. Não sendo novidade, porque acabava de o ler, e trazia na memória a erudição e a graça do ilustre escritor, não disse mais nada ao meu torrão de muro romano; ele, porém, quis saber que tinha esse homem com a cidade antiga, e eu respondi que muito, e li-lhe então uma página do livro.

— Com efeito — disse o meu pedaço de muro —, a língua que ele escreve, com pouca corrupção, creio que é latina. Há Catulos também por esta terra?

— A ternura é a nossa corda, e o entusiasmo também. Ambos esses dotes possui este poeta, Alberto de Oliveira, segundo nos diz o mestre introdutor Araripe Júnior, do recente livro *Versos e rimas*. Título simples, mas não te fies em títulos simples; são inventados para guardar versos deleitosos. Há aqui desses que te fartarão por horas; lê a *Extrema verba*, *Num telhado*, *Metempsicose*, *O muro*, *Teoria do orvalho*, lê o mais. Esse moço sente e gosta de dizer como sente. Canta o eterno feminino.

— Não conheço a expressão.

— É moderna; invenção do homem, naturalmente, mas uma mulher vingou-se, há dias — mulher ou pseudônimo de mulher — Délia... Não é a Délia de Tibulo, Délia apenas, que escreveu uma página na *Notícia* de sexta-feira, onde diz com certa graça que o mal do mundo vem do "eterno masculino".

26 de maio de 1895

Sou eleitor, voto, desejo saber o que fazem e dizem os meus representantes. Não podendo ir às câmaras, aprovo este meio de fazer da própria casa do eleitor uma galeria, taquigrafando e publicando os discursos. É assim que acompanho a vida dos meus representantes, as opiniões que exprimem, o estilo em que o fazem, as risadas que provocam e os apoiados que alcançam. A publicação é a fotografia dos debates.

Entretanto, disse-se agora uma coisa no Conselho municipal que absolutamente me deixou às escuras. Um intendente, e, não havendo injúria nisto, não sei por que lhe não ponho o nome, o sr. Cesário Machado deu este aparte: "Há carros da Companhia Carris Urbanos que podem comportar perfeitamente quatro passageiros em cada banco". A isto replicou o sr. Júlio Carmo: "Magros como eu, mas não gordos como v. ex.". Explicou o sr. Cesário Machado: "Passageiros regulares". É claro que, em tais casos, não há meio de conhecer o alcance das afirmações. Se os intendentes falassem de gordura e magreza, em geral, teríamos uma ideia aproximada dos bancos; mas um deles definiu a gordura e a magreza pelos nomes das pessoas, e não conhecendo nós a gordura do sr. Cesário, nem a magreza do sr. Carmo, ficamos sem entender esta explicação do primeiro: "Passageiros regulares". O regular aqui é o termo médio entre o primeiro e o segundo.

Como suprir essa lacuna e outras da publicação dos debates? Empregando a gravura. Uma gravura que nos desse no próprio texto, no lugar da troca dos apartes, as figuras dos dois intendentes, com a diferença visual da abundância e da escassez das carnes, e a competente escala métrica, poria a ideia inteiramente clara, e qualquer de nós acharia na própria ata os elementos para julgar da votação do Conselho. Fora disso, palavras, palavras, palavras.

A gravura pode, na verdade, prestar grandes serviços a este respeito. Falo aqui, porque já em outras partes, mormente nos Estados Unidos da América, ela é a irmã natural do texto. As folhas andam cheias de retratos, cenas, salas, campos, armas, máquinas, tudo o que pode, melhor ou mais prontamente que palavras, incutir a ideia no cérebro do leitor. Não há por essas outras terras notícia de casamento sem retrato dos noivos, nem decreto de nomeação sem a cara do nomeado. Nós podíamos ensaiar politicamente, e mais extensamente, essa parte do jornalismo.

Os discursos ilustrados teriam outra vida e melhor efeito. O pensamento do orador, nem sempre claro no texto, ficaria claríssimo. As cenas tumultuosas seriam reproduzidas. Uma das regras, que podiam ser fixas, era fazer preceder cada discurso pelo retrato do orador, com a atitude que lhe fosse própria e habitual, ou a que tivesse naquela ocasião. Também se podiam reproduzir pela gravura as figuras de retórica, e, quando conviesse, as perorações.

A amizade pessoal ou política podia favorecer assim mais um orador que outros, dando maior número de gravuras a um amigo ou correligionário. Nem contesto que um ou outro orador, sabendo desenhar, levasse por si mesmo à imprensa as imagens que lhe parecessem necessárias e dignas. O primeiro caso podia trazer inconvenientes, mas tendo cada um os seus amigos, nenhum ficaria propriamente na miséria. O segundo era legítimo. Além de auxiliar a imprensa, aquele orador que assim praticasse faria a maior parte da sua reputação, dever que não cabe só ao homem particular, mas também ao público.

A mim poucas coisas me fortalecem tanto como ver cumprir da parte de um homem, particular ou público, esse dever humano. O verdadeiro homem público é o que não deixa esse encargo exclusivamente aos outros, mas toma uma parte, a mais pesada, sobre os seus próprios ombros. Nem de outro modo se pode servir utilmente à pátria. A pátria é tudo, a rua, a casa, o gabinete, o templo, o campo, o porão, o telhado — mais ainda o telhado que o porão; o telhado confina com o azul, e o azul é o zimbório da felicidade...

Nem sempre o será, creio; mas os conceitos falsos, e principalmente absolutos, sendo brilhantes, parecem verdades puras. Toda a questão é expressá-los com o gesto largo e a convicção nos beiços. Imaginai que o período anterior é a conclusão de uma arenga, dita com os braços estendidos, as mãos abertas e voltadas para baixo, os polegares unidos, dando uma imagem vaga do zimbório. Imaginai isto, e dizei se o próprio teto azul não viria abaixo com palmas.

Alguns, vendo esta minha insistência, suporão que ando com o cérebro um pouco desequilibrado. Melancolia é meia demência. Ora, eu ando melancólico, depois que li que acabou a parede dos alfaiates de Buenos Aires. A elegante Buenos Aires é um ponto da terra; mas Nazaré também o era, e de lá saiu Jesus; também o era Meca, e de lá saiu Mafamede. Comparo assim coisas tão essencialmente opostas, como a fé cristã e a peste muçulmana, para mostrar que o bem e o mal do mundo podem vir de um ponto escasso. De Buenos Aires contava eu que viesse uma religião nova.

A parede dos alfaiates ia estender-se, alastrar pela América, transportar-se à Europa, e passar de lá a toda a parte do globo onde o homem veste o homem. A constância dos paredistas, o orgulho do desespero, ajudados pela ação do tempo, iriam acabando com as casacas, coletes e calças. Os criados receberiam ordem de servir em mangas de camisa. A criada obrigaria os amos à adoção da simples camisa e do resto. A natureza readquiriria assim metade dos seus direitos; era a nova religião esperada. Se não falo da costureira, é porque a natureza é só uma, e os vestidos seguiriam o rumo das casacas... A decência seria muito menor; mas que economia!

2 de junho de 1895

Quando me deram notícia da morte de Saldanha Marinho, veio-me à lembrança aquele dia de julho de 1868, em que a Câmara liberal viu entrar pela porta o Partido Conservador. Há vinte e sete anos; mas os acontecimentos foram tais e tantos, depois disso, que parece muito mais.

Os liberais voltaram mais tarde, tornaram a cair e a voltar, até que se foram de vez, como os conservadores, e com uns e outros o Império.

Jovem leitor, não sei se acabavas de nascer ou se andavas ainda na escola. Dado que sim, ouvirás falar daquele dia de julho, como os rapazes de então ouviam falar da Maioridade ou do fim da República de Piratinim, que foi a pacificação do Sul, há meio século.

Certo, não ignoras o que eram as recepções de ministérios ou de partidos, viste muitas delas, e a última há seis anos. Hás de lembrar-te que a Câmara enchia-

-se de gente, galerias, tribunas, recinto. Na última recepção, em 1889, ouvi que alguns espectadores, cansados de estar em pé, sentaram-se nas próprias cadeiras dos deputados. Creio que antigamente não vinha muita gente ao recinto, mas a população da cidade era muito menor. A estatística é a chave dos costumes. Demais, não esqueças a ternura do nosso coração, a cultura da amizade, o gosto de servir, a necessidade de mostrar alguma influência, e por fim a indignação, que leva um grande número de pessoas a entrar com os ombros. Compreende-se, aliás, a curiosidade pública. O acontecimento em si mesmo era sempre interessante; depois, a certeza de que se não ia ouvir falar de impostos, dava ânimo de penetrar no recinto sagrado. Acrescentai que nós amamos a esgrima da palavra, e aplaudimos com prazer os golpes certos e bonitos.

Também houve aplausos em 1868, como em 1889, como nas demais sessões interessantes, ainda que fossem de simples interpelações aos ministros. "As galerias não podem dar sinais de aprovação ou reprovação", diziam sonolentamente os presidentes da Câmara. A primeira vez que ouvi esta advertência, fiquei um pouco admirado; supunha que o presidente presidia, e que o mais era uma questão de polícia interior; mas explicaram-me que a mesa é que era a comissão de polícia. Compreendi então, e notei uma virtude da galeria, é que aplaudia sempre e não pateava nunca.

Ouço ainda os aplausos de 1868, estrepitosos, sinceros e unânimes. Os ministros entraram, com Itaboraí à frente, e foram ocupar as cadeiras onde dias antes estavam os ministros liberais. Um destes ergueu-se, e em poucas palavras explicou a saída do gabinete. Não me esqueceu ainda a impressão que deixou em todos a famosa declaração de que a escolha de Torres Homem não era *acertada*. Zacarias acabava de repeti-la no Senado. Geralmente, as dissoluções dos gabinetes eram explicadas por frases vagas, e porventura nem sempre verídicas. Daquela vez conheceu-se que a explicação era verdadeira. Disse-se então que a palavra fora buscada para dar ao gabinete as honras da saída. Alguém ouviu por esse tempo, ao próprio Zacarias, naquela grande chácara de Catumbi, que "desde a Quaresma sentia que a queda era inevitável". Grande atleta, quis cair com graça.

Itaboraí levantou-se e pediu os orçamentos. Foi então que desabou uma tempestade de vozes duras e vibrantes. Posto soubesse que se despedia a si mesma, a Câmara votou uma moção de despedida ao ministério conservador. Um só espírito supôs que a moção podia desfazer o que estava feito; não me lembra o nome, talvez não soubesse ler em política, e daí essa credulidade natural, que se manifestou por um aparte cheio de esperanças.

Uma das vozes duras e vibrantes foi a de Saldanha Marinho. Escolhido senador pelo Ceará, nessa ocasião, bastava-lhe pouco para entrar no Senado — para esperá-lo, ao menos. O silêncio era o conselho do sábio. Diz um provérbio árabe que "da árvore do silêncio pende o seu fruto, a tranquilidade". Diz mal ou diz pouco este provérbio, porque a prosperidade é também um fruto do silêncio. Saldanha Marinho podia calar-se e votar — votar contra o Ministério, incluir o nome entre os que o recebiam na ponta da lança, e até menos. Crises dessas alcançam as pessoas. Também se brilha pela ausência. O senador escolhido deitou fora até a esperança. Ergueu-se, e com poucas palavras atacou o Ministério e a própria coroa; lembrou 1848, a que chamou estelionato, e deixou-se cair com os amigos. O Senado anulou a eleição, e Saldanha Marinho não tornou na lista tríplice.

Caiu com os amigos. A ação foi digna e pode dizer-se rara. Para ir ao Senado, não faltavam seges, nem animais seguros. Saldanha ficou a pé. Não lhe custava nada ser firme; desde que, em 1860, tornara à política pelo jornalismo, nunca soube ser outra coisa. 1860! Quem se não lembra da célebre eleição desse ano, em que Otaviano, Saldanha e Ottoni derribaram as portas da Câmara dos deputados à força de pena e de palavra? O *lencinho branco* de Ottoni era a bandeira dessa rebelião, que pôs na linha dos suplentes de eleitores os mais ilustres chefes conservadores... Ó tempos idos! Vencidos e vencedores vão todos entrando na história. Alguns restam ainda, encalvecidos ou encanecidos pelo tempo, e dois ou três cingidos de honras merecidas. O que ora se foi, separara-se há muito dos companheiros, sem perder-lhes a estima e a consideração. Mudara de campo, se é que se não restituiu ao que era por natureza.

9 de junho de 1895

Não estudei com Pangloss; não creio que tudo vá pelo melhor no melhor dos mundos possíveis. Por isso, quando acho que censurar na nossa terra, digo com os meus botões: Há de haver males nas terras alheias, olhemos para a França, para a Itália, para a Rússia, para a Inglaterra, e acharemos defeitos iguais, e alguma vez maiores. Não costumo dizer: "Olhemos para o Japão", porque é o único país onde parece que tudo se aproxima do otimismo de Pangloss. Vede este pedacinho da proclamação do micado ao povo, depois de vencida a China: "Regozijemo-nos pelas nossas recentes vitórias, mas é ainda longo o caminho da civilização que temos de percorrer... Não nos deixemos guiar por sentimentos de amor-próprio excessivo, caminhemos modesta e esforçadamente para a perfeição das nossas defesas militares, sem cair no extremo... O governo opor-se-á a todos quantos, desvanecidos pelas nossas recentes vitórias, buscarem ofender as potências amigas do Japão, e principalmente a China..." Que diferença entre esta e as proclamações dos outros grandes Estados! Em verdade, essa linguagem prova que o Japão é alguém; mas, ainda assim, impossível que lá não haja tratantes. Notemos uma coisa: nós não lemos os jornais da oposição de Tóquio.

A que propósito isto? A propósito da eleição da Bahia. Li que na apuração dos votos apareceram agora centenas de eleitores inventados, contando várias paróquias três e quatro vezes mais do que tinham há um ano. O espanto e a indignação que este fato causou a algumas pessoas foram grandes, mas a falta de memória dos nossos concidadãos não é menor. Quem pode ignorar que essa multiplicação de eleitores não é coisa nova, nem baiana? Sabe-se muito bem que a urna é um útero. Peço licença para recordar uma frase, não delicada, não cortês, mas vigorosa, que antigamente se aplicava aos casos em que era preciso aumentar as cédulas; dizia-se: emprenhar a urna. Que admira, com tal força de natalidade, que os eleitores cresçam e apareçam?

É um mal, concordo; mas não haverá males análogos em outras terras? Olhemos para a Itália. As urnas italianas não são fecundas; aí vai, porém, um extraordinário fenômeno eleitoral.

Sabemos telegraficamente o resultado total da eleição da Câmara. Há uns tantos deputados governistas, uns tantos radicais, uns tantos socialistas, finalmente um pequeno número de *indecisos*. Leitor, imita o meu gesto, deixa cair o queixo. Certamente a indecisão é um estado ou uma qualidade do espírito, mas o que me abalou estes pobres nervos cansados foi imaginar a intenção dos eleitores que os mandaram para a Câmara. Compreendo que os eleitores governistas perguntassem aos candidatos se eram pelo governo, e votassem neles, e assim os outros seus colegas. Não acabo de crer que inquirissem de alguns candidatos o que eram, e, ouvindo-lhes que ainda não estavam certos disso, corressem a elegê-los deputados. Uma só coisa pode explicar o fenômeno, a indecisão dos próprios eleitores; daí a escolha de pessoas não mais decididas que eles. Pode ser; mas semelhante mal parece-me ainda maior que a simples fecundação das urnas ou a multiplicação dos algarismos. Onde não há opiniões, é útil inventá-las; mas não as ter e mandar para a Câmara pessoas igualmente pobres, nem é útil, nem legítimo.

Vejamos. Qual será a situação de tais deputados, quando começarem os seus trabalhos? A indecisão, antes de fazer mal ao país, faz mal ao próprio indivíduo que a tem consigo. Como falar? Como votar? Podem falar contra e votar a favor, e vice-versa, mas isso mesmo é sair da indecisão. Já não serão indecisos, serão inconsistentes. Hamlet, indeciso entre o ser e o não-ser, tem o único recurso de sair de cena; os deputados podem fazer a mesma coisa. Saiam do recinto, quando se votar. Enquanto se discutir, não falem, não deem apartes, leiam uma página de Dante, posto que a leitura seja amarga, uma vez que o poeta põe justamente os indecisos logo no princípio do inferno, almas que não deixaram memória de si e são desprezadas tanto pela misericórdia como pela justiça:

> *Fama di loro il mondo esser non lassa;*
> *Misericórdia e giustizia li sdegna:*
> *Non ragioniam di lor, ma guarda e passa.*

Melhor que tudo, porém, será imitar aquele personagem de uma velha comédia, que atravessa cinco atos sem saber com qual de duas moças há de casar, e acaba escolhendo uma delas, mas dizendo à parte (o que o deputado pode fazer em voz alta para que os eleitores ouçam): "Creio que teria feito melhor casando com a outra". Assim se podem fundir a indecisão e o voto.

Dei um exemplo de defeitos que achem análogos em outras terras, sem diminuí-los da grandeza, como nos não diminuem os nossos. Nem por isso deixamos de caminhar todos na estrada da civilização, uns mais acelerados, outros mais moderados. Não vamos crer que a civilização é só este desenvolvimento da história, esta perfeição do espírito e dos costumes. Nem por ser uma galera magnífica, deixa de ter os seus mariscos no fundo, que é preciso limpar de tempos a tempos, e assim se explicam as guerras e outros fenômenos.

Um daqueles mariscos... Perdoem-me a comparação; é o mal de quem escreve com retóricas estafadas. O melhor estilo é o que narra as coisas com simpleza, sem ataviso carregados e inúteis. Vá este e seja o último. Um daqueles mariscos da galera é a desconfiança mútua dos homens e a convicção que alguns têm da patifaria dos outros. A confiança nasceu com a terra; a inocência e a ingenuidade foram os primeiros lírios. No fim do século passado dormia-se no Rio de Janeiro com as janelas abertas. Mais tarde, a polícia já apalpava as pessoas que eram encontradas, horas mortas, a ver se traziam navalha ou gazua. Afinal, começamos a ajudar a polícia; vendo que outros povos usam do revólver, para defesa própria e natural, pegamos do costume, e a maior parte da gente traz agora o seu.

Conquanto a necessidade seja triste, sai daí um melhoramento. Era costume nesta cidade, sempre que a polícia prendia alguém, entoar em volta do agente aquele belo coro da liberdade: *Não pode! Não pode!* Vai acabando o costume. Há dias, tendo um sujeito ferido ou matado a outro, foi perseguido pelo clamor público; como arrancasse a espada ao agente de polícia e usasse dela correndo, muitas pessoas correram atrás e a tiros de revólver conseguiram detê-lo e prendê-lo. O assassino ficou em sangue, verificando-se assim a sentença da Escritura: "Quem com ferro fere, perecerá pelo ferro". Este processo de capturar à distância impedirá a fuga dos malfeitores.

16 de junho de 1895

Guimarães chama-se ele; ela Cristina. Tinham um filho, a quem puseram o nome de Abílio. Cansados de lhe dar maus tratos, pegaram do filho, meteram-no dentro de um caixão e foram pô-lo em uma estrebaria, onde o pequeno passou três dias, sem comer nem beber, coberto de chagas, recebendo bicadas de galinhas, até que veio a falecer. Contava dois anos de idade. Sucedeu este caso em Porto Alegre, segundo as últimas folhas, que acrescentam terem sido os pais recolhidos à cadeia, e aberto o inquérito.

A dor do pequeno foi naturalmente grandíssima, não só pela tenra idade, como porque bicada de galinha dói muito, mormente em cima de chaga aberta. Tudo isto, com fome e sede, fê-lo passar "um mau quarto de hora", como dizem os franceses, mas um quarto de hora de três dias; donde se pode inferir que o organismo do menino Abílio era apropriado aos tormentos. Se chegasse a homem, dava um lutador resistente; mas a prova de que não iria até lá é que morreu.

Se não fosse Schopenhauer, é provável que eu não tratasse deste caso diminuto, simples notícia de gazetilha. Mas há na principal das obras daquele filósofo um capítulo destinado a explicar as causas transcendentes do amor. Ele, que não era modesto, afirma que esse estudo é uma pérola. A explicação é que dois namorados não se escolhem um ao outro pelas causas individuais que presumem, mas porque um ser, que só pode vir deles, os incita e conjuga. Apliquemos esta teoria ao caso Abílio.

Um dia Guimarães viu Cristina, e Cristina viu Guimarães. Os olhos de um e de outro trocaram-se, e o coração de ambos bateu fortemente. Guimarães achou em Cristina uma graça particular, alguma coisa que nenhuma outra mulher possuía. Cristina gostou da figura de Guimarães, reconhecendo que entre todos os homens era um homem único. E cada um disse consigo: "Bom consorte para mim!" O resto foi o namoro mais ou menos longo, o pedido da mão da moça, as formalidades, as bodas. Se havia sol ou chuva, quando eles casaram, não sei; mas, supondo um céu escuro e o vento minuano, valeram tanto como a mais fresca das brisas debaixo de um céu claro. Bem-aventurados os que se possuem, porque eles possuirão a terra.

Assim pensaram eles. Mas o autor de tudo, segundo o nosso filósofo, foi unicamente Abílio. O menino, que ainda não era menino nem nada, disse consigo, logo que os dois se encontraram: "Guimarães há de ser meu pai, e Cristina há de ser minha mãe; não quero outro pai nem outra mãe; é preciso que nasça deles, levando comigo, em resumo, as qualidades que estão separadas nos dois". As entrevistas dos namorados era o futuro Abílio que as preparava; se eram difíceis, ele dava coragem a Guimarães para afrontar os riscos, e paciência a Cristina para esperá-lo. As cartas eram ditadas por ele. Abílio andava no pensamento de ambos, mascarado com o rosto dela, quando estava no dele, e com o dele, se era no pensamento dela. E fazia isso a um tempo, como pessoa que, não tendo figura própria, não sendo mais que uma ideia específica, podia viver inteiro em dois lugares, sem quebra da identidade nem da integridade. Falava nos sonhos de Cristina com a voz de Guimarães, e nos de Guimarães com a de Cristina, e ambos sentiam que nenhuma outra voz era tão doce, tão pura, tão deleitosa.

Naturalmente, houve alguma vez arrufos. Como explicá-los? Explico-os a meu modo; creio que Abílio teve momentos de Hamlet. Uma ou outra vez haverá hesitado e meditado, como o outro: "Ser ou não ser, eis a questão. Valerá a pena sair da espécie para o indivíduo, passar deste mar infinito a uma simples gota d'água apenas visível, ou não será melhor ficar aqui, como outros tantos que se não deram ao trabalho de nascer? Nascer, viver, não mais. Viver? Lutar, quem sabe?" *It is the rub*, continuou ele em inglês, nos termos do poeta, tão universal é Shakespeare, que os próprios seres futuros já o trazem de cor.

Enfim, nasceu Abílio. Não contam as folhas coisa alguma acerca dos primeiros dias daquele menino. Podiam ser bons. Há dias bons debaixo do sol. Também não se sabe quando começaram os castigos — refiro-me aos castigos duros, os que abriram as primeiras chagas, não as pancadinhas do princípio, visto que todas as coisas têm um princípio, e muito provável é que nos primeiros tempos da criança os golpes fossem aplicados diminutivamente. Se chorava, é porque a lágrima é o suco da dor. Demais, é livre — mais livre ainda nas crianças que mamam, que nos homens que não mamam.

Chagado, encaixotado, foi levado à estrebaria, onde, por um desconcerto das coisas humanas, em vez de burros, havia galinhas. Sabeis já que estas, mariscando, comiam ou arrancavam somente pedaços da carne de Abílio. Aí, nesses três dias, podemos imaginar que Abílio, inclinado aos monólogos, recitasse este outro de sua invenção: "Quem mandou aqueles dois casarem-se para me trazerem a este mundo? Estava tão sossegado, tão fora dele, que bem podiam fazer-me o pequeno favor de me deixarem lá. Que mal lhes fiz eu antes, se não era nascido? Que banquete é este em que a primeira coisa que negam ao convidado é pão e água?"

Nesse ponto do discurso é que o filósofo de Dantzig, se fosse vivo e estivesse em Porto Alegre, bradaria com a sua velha irritação: "Cala a boca, Abílio. Tu não só ignoras a verdade, mas até esqueces o passado. Que culpa podem ter essas duas criaturas humanas, se tu mesmo é que os ligaste? Não te lembras que, quando Guimarães passava e olhava para Cristina, e Cristina para ele, cada um cuidando de si, tu é que os fizeste atraídos e namorados? Foi a tua ânsia de vir a este mundo que os ligou sob a forma de paixão e de escolha pessoal. Eles cuidaram fazer o seu negócio, e fizeram o teu. Se te saiu mal o negócio, a culpa não é deles, mas tua, e não sei se tua somente... Sobre isto, é melhor que aproveites o tempo que ainda te sobrar das galinhas, para ler o trecho da minha grande obra, em que explico as coisas pelo miúdo. É uma pérola. Está no tomo II, livro IV, capítulo XLIV... Anda, Abílio, a verdade é verdade ainda à hora da morte. Não creias nos professores de filosofia, nem na peste de Hegel..."

E Abílio, entre duas bicadas:

— Será verdade o que dizes, Artur; mas é também verdade que, antes de cá vir, não me doía nada, e se eu soubesse que teria de acabar assim, às mãos dos meus próprios autores, não teria vindo cá. Ui! ai!

23 de junho de 1895

Não vou ao extremo de atribuir à Fênix Dramática qualquer intenção filosófica ou simplesmente histórica. Não; a Fênix, como todos os teatros, publicou um anúncio. Mas o que é que não há dentro de um anúncio? Durante muitos anos acreditei que as "moças distintas, de boa educação" que pedem pelos jornais "a proteção de um senhor viúvo", eram vítimas de ódios de família ou da fatalidade, que buscavam um resto de sentimento medieval neste século de guarda-chuvas. Como supor que eram damas nobremente desocupadas que procuravam emprego honesto? Um anúncio é um mundo de mistérios.

O que a Fênix mandou inserir nos jornais não traz mistérios. É a lista do espetáculo composto de várias partes, das quais duas especialmente fazem assunto desta meditação. A primeira é uma comédia: *Artur ou dezesseis anos depois*. Quando li este título tive um sobressalto; depois, não sei que fada pegou em mim, pelos cabelos, e levou-me através dos anos até aos meus tempos de menino. Caí em cheio entre os primeiros bonecos que vi na minha vida: eram de pau! De pau e tinham graça. Santos bonecos, oh! bonecos do meu coração, éreis sublimes, faláveis com eloquência e sintaxe, conquanto fosse eu que falasse por vós; mas a criança tem o mau vezo de crer que tudo o que diz é perfeito. Éreis sinceros; não conhecíeis isto que os franceses chamam *fumisterie*, e que, pela nossa língua, poderíamos dizer (aproximadamente) debique. Não, bonecos da minha infância, vós não me debicáveis; nem com a sintaxe, nem sem ela.

Nesse tempo não tinha visto a comédia, que era, pelo seu verdadeiro gênero, um *vaudeville*. Também não a vi depois, nem agora. Sei que antigamente se representou no Teatro de São Pedro de Alcântara e no de São Francisco. A data da composição está no próprio subtítulo, moda que se perdeu, e na denominação dos atos: 1º *O batismo do barco;* 2º *O amor de mãe.* Ignoro os nomes dos artistas que a representavam. Podia ser a Jesuína Montani, que se fizera célebre na *Graça de Deus,* ou a Leonor Orsat, afamada na *Vendedora de perus,* títulos que trazem a mesma data e o mesmo esquecimento. Em volta da peça agora anunciada, vi aparecer uma infinidade de sombras, como d. João viu surgir as das mulheres que o tinham amado e perdido. As velhas reminiscências têm a particularidade de trazerem a frescura antiga; eu fiquei calado e cabisbaixo.

Pedro Luís, o epigramático forrado de poeta, contou-me um dia que, estando em Roma, certa noite, ouviu tocar um realejo e não pôde suster as lágrimas. Que os manes de meu amigo me perdoem esta revelação! Aquele espírito fino e sarcástico chorou ao som de um banal instrumento. Certo, ele não estava ao pé das ruínas da antiga Roma, pois que tais ruínas pediam antes a música do silêncio. Havia de ser em alguma rua ou hospedaria; mas demos que fossem ruínas. A linguagem natural delas é a da caducidade das coisas; nada mais fácil, em dado caso, que achar nelas um pouco de nós mesmos. Revia ele os dias da meninice, as festas da roça e da cidade? Foi então que algum tocador perdido na noite entrou a moer a música do seu realejo; era a própria voz dos tempos que dava alma às reminiscências antigas; daí algumas lágrimas.

Eu, não por ser mais forte, mas talvez por não estar em Roma, não chorei quando li o título de *Artur ou dezesseis anos depois*. Nem foi porque este outro realejo me trouxesse lembranças perdidas ou que eu julgava tais. Também eu vi, na infância, tocadores que paravam na rua, moíam a música e estendiam o chapéu para receberem os dois vinténs de espórtula. Cuido que ainda hoje fazem o mesmo; os meninos é que são outros, e os dois vinténs subiram a tostão. Deus meu! eu bem sei que um trecho de música de realejo não vale os *Huguenotes*, como aquela comédia pacata e sentimental não valia o *Filho de Giboyer* nem o *Pai pródigo*, que nós íamos ver, tempos depois, no Ginásio Dramático — o teatro que há pouco chamei São Francisco, e hoje é, se me não engano, uma loja de fazendas.

Agora a segunda parte do anúncio da Fênix, que parece dar ao todo um ar de paralelo e compensação. A segunda parte é uma cançoneta, com este título sugestivo: *Ora toma, Mariquinhas!* Não posso julgar da cançoneta, porque não a ouvi nunca; mas, se, como dizia Garrett, há títulos que dispensam livros, este dispensa as coplas; basta-lhe ser o que é para se lhe adivinhar um texto picante, brejeiro, em fraldas de camisa. Não são dezesseis anos, como na comédia, mas trinta anos ou mais, que decorrem daquele *Artur* a esta *Mariquinhas*. Há uma história entre as duas datas, história gaiata, ou não, segundo a idade e os temperamentos. Daí a significação do anúncio e a sua inconsciente filosofia.

Os que tiverem ido ao teatro, levados uns pela velha comédia, outros pela cançoneta nova, saíram de lá satisfeitos, a seu modo. Também pode suceder — e isto será a glória do anúncio — que os da cançoneta não achassem inteiramente insípido o sabor da peça velha, e que os da peça velha sentissem o vinho das coplas subir-lhes à cabeça. Esses foram pela rua abaixo, de braço dado; enquanto o moço gargareja com a ingenuidade de Artur a rouquidão da cantiga nova, o velho recompõe um pouco da vida exausta com dois trinados da cançoneta.

A cançoneta, como gênero, nasceu no antigo Alcazar. A princípio as cantoras levantavam uma pontinha de nada do vestido, isso mesmo com gesto encolhido e delicado. Anos depois, nos grandes cancãs, mandavam a ponta do pé aos narizes dos cantores. O gesto era feio, mas haviam-se com tal arte que não se descompunham, posto se lhes vissem as saias e as meias — meias lavadas. *Enfin, Malherbe vint...*

30 de junho de 1895

O destino, que conhece o desfecho de cada drama, sorri dos nossos cálculos, e choraria, se pudesse chorar, das previsões humanas. Quem volve os olhos atrás, até setembro de 1893, naquela manhã em que a cidade acordou com a notícia de que um almirante sublevara a esquadra, reconhece que estava longe de imaginar o desfecho de semelhante ato, dois anos depois, no Campo Osório. Outro almirante, tomando o comando da sublevação, foi perecer em combate na fronteira rio-grandense, e o que parecia um episódio curto da República, transformou-se em longo duelo, terrível e mortal. Os acontecimentos levam os homens, como os ventos levam as folhas.

De Saldanha da Gama se pode dizer que, qualquer que seja o modo de julgar o último ato da sua vida, há um só parecer e sentimento a respeito do homem de guerra e do que ele pessoalmente valia. As folhas públicas de todos os matizes deram-lhe os funerais de Coriolano; os mais fortes adversários puderam dizer, como Tullus, pela língua de Shakespeare:

> *My rage is gone*
> *And I am struck with sorrow...*

Mas, deixemos este assunto melancólico, para ir a outro não menos melancólico, é verdade, mas de outra melancolia. Muitas são as melancolias deste mundo. A de Saul não é a de Hamlet, a de Lamartine não é a de Musset. Talvez as nossas, leitor amigo, sejam diferentes uma da outra, e nesta variedade se pode dizer que está a graça do sentimento.

O sr. conde de Herzberg, por exemplo, devia ser um homem melancólico, e talvez seja intensamente alegre. Não tenho a honra de conhecê-lo. Parece que a maior parte dos que travam relações com ele, fazem-no por toda a eternidade. Eu não cheguei ainda àquele apuro de maneiras que permite ser apresentado ao digno conde, nos seus próprios carros. Um coveiro de *Hamlet* diz que o ofício de coveiro é o mais fidalgo do mundo, por ter sido o ofício de Adão; mas é preciso lembrar que a empresa funerária não estava inventada, nem no tempo de Adão, nem sequer no de Hamlet.

Seja como for, o que é certo é que a empresa funerária, por mais triste que possa ser, não é menos lucrativa. Nem há incompatibilidade entre a melancolia e o lucro; são dois fenômenos que se temperam e se completam. O poeta que comparou as lágrimas às pérolas (perdeu-se-lhe o nome, tantos são os inventores da comparação), mostrou clara e poeticamente que a riqueza pode ir com o desespero. Vamos agora ao ponto imediato e principal.

Anuncia-se que a seção da empresa funerária, que estava sob a direção do sr. conde de Herzberg, foi vendida por duzentos e cinquenta contos. Quando li esta notícia, senti naturalmente aquele fenômeno que produzem todas as coisas boas deste mundo: veio-me água à boca. Depois a reflexão tomou conta de mim. Duzentos e cinquenta contos de réis! Uma seção da empresa funerária! Duzentos contos de réis para enterrar mortos...

Muito se morre nesta vida, e especialmente nesta cidade. Não há, certamente, mais mortos que vivos, mas os mortos são muitos. Quanto às moléstias que os levam, crescendo com a civilização, fazem tão bem o seu ofício, que raro se dirá que matam de mentira. E tudo é preciso enterrar. Não chego a entender como outrora, e ainda neste século, chegavam as igrejas para guardar cadáveres. Os cemitérios vieram, cresceram, multiplicaram-se, e aí temos cinco ou seis dessas necrópolis, inclusive o Cemitério dos Ingleses, que eu já conhecia desde criança, como uma coisa muito particular. Dizia-se "o Cemitério dos Ingleses", como se dizia a "Constituição inglesa", ou o "Parlamento inglês" — uma instituição das ilhas britânicas.

Naturalmente, com o tempo foi-se morrendo mais, já pelas moléstias entradas, já pela população crescida, já pelos nascimentos novos.

A questão, porém, não é morrer. A questão é o preço por que se morre. Uma seção da empresa funerária que se pode vender por 250 contos de réis, prova que a morte no Rio de Janeiro não é mais barata que a vida. O pão é caro, mas o galão não o é menos; a carne e a belbutina correm parelhas. Os carros, que suponho constituem a seção vendida, têm o preço marcado nas colunas, nos dourados, nos animais, e parece que também no cocheiro. O chapéu deste é que é sempre o mesmo, chapéu de couro luzidio, ou matéria análoga, largo em umas cabeças, estreito em outras, pela razão talvez de que o desacordo da cabeça e do chapéu dá certo tom de melancolia ao cocheiro. Os animais variam, se o preço é magro ou gordo. Há casos em que se põe no cocheiro um pedaço de pano, casos em que não. Os anjinhos, salvo a substituição do preto pelo encarnado, são tratados com a mesma altura de preços e variação de esplendor e modéstia.

Se se morresse barato, valia a pena morrer. Comparativamente, entra-se na vida por menor preço do que se sai. É uma espécie de engodo, um convite em boas maneiras; chega-se à porta, dá-se uma pequena espórtula, entra-se e fica-se. Quando se trata de ir embora, acabada a festa, todas as portas estão tomadas, um guarda em pé, com a tabela dos preços na mão. Precisa-se saber, antes de tudo, qual é a classe em que o vivo quer ir a enterrar: "Na minha classe; eu sou sapateiro". O guarda sorri e responde: "A morte não conhece classes sociais, não quer saber delas; príncipe ou sapateiro, pode ir em primeira ou terceira, uma vez que pague o preço, que é tanto". Quem não iria como príncipe, se o preço fosse módico? Valia a pena de um sacrifício para ser príncipe, ainda na morte.

Não sei quem terá comprado a seção da empresa funerária; mas creiam que, se tivesse dinheiro, quem a comprava era eu. Para que lutar na vida, com a vida e pela vida, se a morte nos pode dar bons lucros? Vede quantas riquezas se fizeram e desfizeram no ano terrível e depois dele. Grande parte delas voltou ao seio da ilusão que as ajudou a nascer. Eram tudo obras da vida, mas a vida não é menos voraz que a morte e devorou as mais pujantes. A morte, ao certo, com os seus carros e cocheiros, chapéu com fumo ou sem fumo, animais magros ou gordos, lutou contra os coches luxuosos da vida, as belas parelhas e as librés heráldicas, venceu-os a todos, e foi vendida por duzentos e cinquenta contos. Viva a morte! Pode não ser muito, mas é certo.

7 de julho de 1895

Os mortos não vão tão depressa, como quer o adágio; mas que eles governam os vivos, é coisa dita, sabida e certa. Não me cabe narrar o que esta cidade viu ontem, por ocasião de ser conduzido ao cemitério o cadáver de Floriano Peixoto, nem o que vira antes, ao ser ele transportado para a Cruz dos Militares. Quando, há sete dias, falei de Saldanha da Gama e dos funerais de Coriolano que lhe deram, estava longe de supor que, poucas horas depois, teríamos notícia do óbito do marechal. O destino pôs assim, a curta distância, uma de outra, a morte de um dos chefes da rebelião de 6 de setembro e a do chefe de Estado que tenazmente a combateu e debelou.

A história é isto. Todos somos os fios do tecido que a mão do tecelão vai compondo, para servir aos olhos vindouros, com os seus vários aspectos morais e políticos. Assim como os há sólidos e brilhantes, assim também os há frouxos e desmaiados, não contando a multidão deles que se perde nas cores de que é feito o fundo do quadro. O marechal Floriano era dos fortes. Um de seus mais ilustres amigos e companheiros, Quintino Bocaiúva, definiu na tribuna do Senado, com a eloquência que lhe é própria, a natureza, a situação e o papel do finado vice-presidente. Bocaiúva, que tanta parte teve nos sucessos de 15 de novembro, é um dos remanescentes daquele grupo de homens, alguns dos quais a morte levou, outros se acham dispersos pela política, restando os que ainda une o mesmo pensamento de iniciação. A verdade é que temos vivido muito nestes seis anos, mais que nos que decorreram do combate de Aquidabã à revolução de 15 de novembro, vida agitada e rápida, tão apressada quão cheia de sucessos.

Mas, como digo, os mortos não vão tão depressa que se percam todos de nossa vista. Ontem era um ex-chefe de Estado que a população conduzia ou via conduzir ao último jazigo. Hoje comemora-se o centenário de um poeta. Digo mal. Nem se comemora, nem é ainda o centenário. Este é no fim do mês; o que se faz hoje, segundo li nas folhas, é convidar os homens de letras para tratarem dos meios de celebrar o primeiro centenário da morte de José Basílio da Gama. Não conheço o pio brasileiro que tomou a si essa iniciativa; mas tem daqui todo o meu apoio. Não se vive só de política. As musas também nutrem a alma nacional. Foi o nosso Gonzaga que escreveu com grande acerto que as pirâmides e os obeliscos arrasam-se, mas que as *Ilíadas* e as *Eneidas* ficam.

José Basílio não escreveu *Eneidas* nem *Ilíadas*, mas o *Uraguai* é obra de um grande e doce poeta, precursor de Gonçalves Dias. Os quatro cantos dos *Timbiras*, escapos ao naufrágio, são da mesma família daqueles cinco cantos do poema de José Basílio. Não tem este a popularidade da *Marília de Dirceu*, sendo-lhe, a certos respeitos, superior, por mais incompleto e menos limado que o ache Garrett; mas o próprio Garrett escreveu em 1826 que os brasileiros têm no poema de José Basílio da Gama "a melhor coroa da sua poesia, que nele é verdadeiramente nacional, e legítima americana".

Neste tempo em que o uso do verso solto se perdeu inteiramente, tanto no Brasil como em Portugal, Gonzaga tem essa superioridade sobre o seu patrício mineiro. As rimas daquele cantam de si mesmas, quando não baste a perfeição dos seus versos, ao passo que o verso solto de José Basílio tem aquela harmonia, seguramente mais difícil, a que é preciso chegar pela só inspiração e beleza do metro. Não serão sempre perfeitos. O meu bom amigo Muzzio, companheiro de outrora, crítico de bom gosto, achava detestáveis aqueles dois famosos versos do *Uraguai*:

> Tropel confuso de cavalaria,
> Que combate desordenadamente.

— Isto nunca será onomatopeia — dizia ele —; são dois maus versos.

Concordava que não eram melodiosos, mas defendia a intenção do poeta, capaz de os fazer com a tônica usual. Um dia, achei em Filinto Elísio uma imitação daqueles versos de José Basílio da Gama, por sinal que ruim, mas o lírico português confessava a imitação e a origem. Não quero dizer que isto tornasse mais belos os do poeta mineiro; mas é força lembrar o que valia no seu tempo Filinto Elísio, tão acatado, que meia dúzia de versos seus, elogiando Bocage, bastaram a inspirar a este o célebre grito de orgulho e de glória: — *Zoilos, tremei! Posteridade, és minha*.

A reunião de hoje pode ser prejudicada pela grande comoção de ontem. Outro dia seria melhor. Se alguns homens de letras se juntarem para isto, façam obra original, como original foi o poeta no nosso mundo americano. Antes de tudo, seja-me dado pedir alguma coisa: excluam a polianteia. Oh! a polianteia! Um dia apareceu aqui uma polianteia; daí em diante tudo ou quase tudo se fez por essa forma. A coisa, desde que lhe não presida o gosto e a escolha, descai naturalmente até à vulgaridade; o nome, porém, fá-la-á sempre odiosa, tão usado e gasto se acha. Não lhe ponham tal designação; qualquer outra, ou nenhuma, é preferível, para coligir as homenagens da nossa geração.

No meu tempo de rapaz, era certo fazer-se uma reunião literária, onde se recitassem versos e prosas adequados ao objeto. Não aconselho este alvitre; além de ser costume perdido, e bem perdido, seria grandemente arriscado revivê-lo. Não se podem impor programas, nem se há de tapar a boca aos que a abrirem para dizer alguma coisa fora do ajuste. Uma daquelas reuniões foi notável pela leitura que alguém fez de um relatório, não sei sobre quê, mas era um relatório comprido e mal recitado. Um dos convidados era oficial do Exército, estava fardado, e passeava na sala contígua, obrigando um chocarreiro a dizer que a diretoria da festa mandara buscar o oficial para prender o leitor do relatório, apenas acabada a leitura; mas a leitura, a falar verdade, creio que ainda não acabou.

Não; há vários modos de comemorar o poeta de Lindoia, dignos do assunto e do tempo. Não busquem grandeza nem rumor; falta ao poeta a popularidade necessária para uma festa que toque a todos. Uma simples festa literária é bastante, desde que tenha gosto e arte. Oficialmente se poderá fazer alguma coisa, o nome do poeta, por exemplo, dado pelo Conselho municipal a uma das novas ruas. Devo aqui notar que Minas Gerais, que tem o gosto de mudar os nomes às cidades, não deu ainda a nenhuma delas o nome de Gonzaga, e bem podia dar agora a alguma o nome de Lindoia, se o do cantor desta lhe parece extenso em demasia; qualquer ato, enfim, que mostre o apreço devido à musa deliciosa de José Basílio, o mesmo que, condenado a desterro, pôde com versos alcançar a absolvição e um lugar de oficial de secretaria.

> Eu não verei passar teus doze anos,
> Alma de amor e de piedade cheia,
> Esperam-me os desertos africanos,
> Áspera, inculta, montuosa areia.
> Ah! tu fazes cessar os tristes danos...

Assim falou ele à filha do marquês de Pombal, como sabeis, e dos versos lhe veio a boa fortuna. A má fortuna veio-lhe do caráter, que se conservou fiel ao marquês, ainda depois de caído, e perdeu com isso o emprego...

Para acabar com poetas. Valentim Magalhães tornou da Europa. Viu muito em pouco tempo e soube ver bem. Parece-me que teremos um livro dele contando as viagens. Com o espírito de observação que possui, e a fantasia original e viva, dar-nos-á um volume digno do assunto e de si. O que se pode saber já, é que, indo a Paris, não se perdeu por lá; viu Burgos e Salamanca, viu Roma e Veneza — Veneza que eu nunca verei, talvez, se a morte me levar antes, como diria M. de La Palisse —, Veneza, *a única*, como escrevia há pouco um autor americano.

14 de julho de 1895

Carne e paz foram as doações principais da semana. A carne é municipal, a paz é federal, mas nem por isso são menos aprazíveis ao homem e ao cidadão, uma vez que a carne seja barata e a paz eterna. Eterna! Que paz há eterna neste mundo? A mesma paz dos túmulos é uma frase. Lá há guerra — guerra no próprio homem, luta pela vida. Nem é raro ir cá de fora buscar o morto ao jazigo derradeiro para isto ou para aquilo, como o célebre príncipe d. Pedro, que, uma vez rei, fez coroar o cadáver de d. Inês de Castro. O nosso João Caetano, quando queria dar alguma solenidade às representações da *Nova Castro*, anunciava que a tragédia acabaria com a cena da coroação. Obtinha com isto mais uma ou duas centenas de mil-réis. Não ficava mais bela a tragédia; mas o espectador gostava tanto de prolongar a sua própria ilusão!

Paz e carne. Faz lembrar os jantares de são Bartolomeu dos Mártires: vaca e riso. Se com estas duas coisas o arcebispo não deixou de ser canonizado, esperemos que nos canonizem também. Nem creio que haja melhor caminho para o céu. Não nego as belezas do jejum, mas o céu fica tão longe, que um homem fraco pode cair na estrada, se não tiver alguma coisa no estômago. Que essa coisa seja barata, é o que presumo sair do ato da Intendência; e basta isso para ter feito uma sessão útil.

Um dos intendentes pensa o contrário; acha que só se fizeram torneios oratórios. Foi o sr. Honório Gurgel. Ao que retorquiu o sr. Vieira Fazenda: "Começando pelos de v. ex.". Replicou o sr. Honório Gurgel: "Verdadeiros jogos florais, onde o sr. Fazenda, como sempre, brilhou pela sua facúndia". E o sr. Vieira Fazenda: "V. ex. está continuando a tomar tempo ao Conselho com longos discursos". É difícil crer que haja paz depois de tais remoques; mas se há leis que explicam tudo, alguma explicará este fenômeno. Pouco visto em legislação, prefiro crer que, se algum sangue correu depois daquilo, foi somente o da vaca aprovada e contratada.

Vaca e riso. Agora é o riso que se anuncia, por meio da pacificação do Sul. A guerra é boa, e, dado que seja exato, como pensa um filósofo, que ela é a mãe de todas as coisas, preciso é que haja guerras, como há casamentos. A leitura de batalhas é agradável ao espírito. As proclamações napoleônicas, as descrições homéricas, as oitavas camonianas, lidas no gabinete, dão ideia do que será o próprio espetáculo no campo. A mais de um combatente ouvi contar as belezas trágicas da luta entre homens armados, e tenho acompanhado muita vez o jovem Fabrício del Dongo na batalha de Waterloo, levados ambos nós pela mão de Stendhal. O destino trouxe-me a este campo quieto do gabinete, com saída para a rua do Ouvidor, de maneira que, se adoeci de um olho, não o perdi em combate, como sucedeu a Camões. Talvez por isso não componha iguais versos. Homero, que os perdeu ambos, deixou um grande modelo de arte.

Entre parênteses, uma patrícia nossa, que não perdeu nenhum dos seus belos olhos de vinte e um anos, mostrou agora mesmo que se podem compor versos, sem quebra da beleza pessoal. Não é a primeira, decerto. A marquesa de Alorna já tinha provado a mesma coisa. A Sevigné, se não compôs versos, fez coisas que os merecem, e era bonita e mãe. Não cito outras, nem George Sand, que era bela, nem George Elliot, que era feia. Francisca Júlia da Silva, a patrícia nossa, se é certo o que nos conta João Ribeiro, no excelente prefácio dos *Mármores*, já escrevia versos aos quatorze anos. Bem podia dizer, pelo estilo de Bernardim: "Menina e moça me levaram da casa de meus pais para longes terras..." Essas terras são as da pura mitologia, as de Vênus talhada em mármore, as terras dos castelos medievais, para cantar diante deles e delas impassivelmente. *Musa impassível*, que é o título do último soneto do livro, melhor que tudo pinta esta moça insensível e fria. Essa impassibilidade será a própria natureza da poetisa, ou uma impressão literária? Eis o que nos dirá aos vinte e cinco anos ou aos trinta. Não nos sairá jamais uma das choramingas de outro tempo; mas aquele soneto da página 74, em que "a alma vive e a dor exulta, ambas unidas", mostra que há nela uma corda de simpatia e outra de filosofia.

Outro parênteses. A *Gazeta* noticiou que alguns habitantes da estação de Lima Duarte pediram ao presidente da Companhia Leopoldina a mudança do nome da localidade para o de Lindoia, agora que é o centenário de Basílio da Gama. Pela carta que me deram a ler, vejo que põem assim em andamento a ideia que me ocorreu há sete dias. Eu falei ao governo de Minas Gerais; mas os habitantes de Lima Duarte deram-se pressa em pedir para si a designação, e é de crer que sejam servidos. Ao que suponho, o presidente da Companhia é o sr. conselheiro Paulino de Sousa, lido em coisas pátrias, que não negará tão pequeno favor a tão grande brasileiro. Demais, a história tem encontros misteriosos: o filho do visconde de Uruguai honrará assim o cantor do *Uraguai*. É quase honrar-se a si próprio. Provemos que o lemos:

> Serás lido, *Uraguai*. Cubra os meus olhos
> Embora um dia a escura noite eterna,
> Tu vive e goza a luz serena e pura;
> Vai aos bosques...

Fechados ambos os parênteses, tornemos à paz anunciada. Também ela é útil, como a guerra, e tem a sua hora. O mundo romano dormia em paz algumas vezes. Venha a paz, uma vez que seja honrada e útil. Não falo por interesse pessoal. Como eu não saio a campo a combater, deixo-me nesta situação que o povo chama: "ver touros de palanque". O poeta Lucrécio, mais profundamente, dizia que era doce, estando em terra, ver naufragar etc. O resto é sabido. Carne e paz: é muito para uma semana única. Vaca e riso: não é preciso mais para uma vida inteira — salvo o que mais vale e não cabe na crônica.

21 de julho de 1895

Ontem, sábado, fez-se a eleição de um senador pelo Distrito Federal. Votei; estou bem com a lei e a minha consciência. Enquanto se apuravam os votos, vim escrever estas linhas, que provavelmente ninguém hoje lerá. Não me perguntem a quem dei o voto; ao eleitor cabe também o direito de ser discreto. É até certo ponto um segredo profissional.

A coincidência da eleição aqui com a da Câmara dos comuns de Inglaterra fez-me naturalmente refletir sobre os processos de ambos os países. Não aludo aos trinta mil discursos que se fazem nas ilhas britânicas diante de eleitores que desejam ouvir o pensamento dos candidatos. Os candidatos aqui estariam prontos a dizer o que pensam; mas é incerto que as reuniões fossem concorridas. Demais, basta ler a última sessão da Câmara dissolvida para conhecer a diversidade dos costumes. Quando um dos ministros deu notícia de que o gabinete estava demitido e havia sido chamada a oposição ao governo, levantou-se o líder desta, e bradou contra o gabinete liberal, por não ter dissolvido a Câmara, impondo agora essa tarefa à oposição. Nós, quando tínhamos parlamentarismo, o ato da oposição seria diverso; dir-se-iam algumas palavras duras à coroa, outras mais duras aos ministros novos, e cada qual ia cuidar do seu ofício.

Se cada país tem os seus costumes eleitorais, nem por isso a Inglaterra usa só de discursos e *meetings*; há também cabala, e grossa. Há até fraude, se é certo o que dizem telegramas de ontem, sobre haverem os governadores usado dela para impedir a eleição do líder liberal, do que resultaram *meetings*, discursos, e pancadaria. Antes a cabala; é legítima, natural, verdadeira seleção de espertos e ativos.

Dizem até (e para isto chamo a atenção das leitoras), dizem que as *ladies* ajudam a cabala eleitoral com grande animação. Afirmam que fazem visitas aos eleitores, entram nas pocilgas mais repugnantes, falam ao eleitor e à mulher, pegam dos filhos deles e os põem ao colo. Acrescentam que, quando saem dali, sacodem as sandálias, mas contam com o voto; e o voto é certo, porque as *ladies* do partido adverso fazem a mesma coisa, e o eleitor serve a uma delas, embora seja obrigado a roer a corda à outra. Ninguém ignora o caso da bela fidalga que concedeu um beijo a um açougueiro, à porta do açougue, para que ele votasse em Fox.

Não aconselho às damas deste país o beijo aos açougueiros, nem a outros quaisquer eleitores. Sei que há muito Fox que mereceria o sacrifício: mas nem todos os sacrifícios se fazem. Entretanto, as moças podiam cabalar modestamente. Um aperto de mão, um requebro de olhos, quatro palavrinhas doces, valem mais que os rudes pedidos masculinos.

Uma coisa que as moças podiam alcançar era o comparecimento de todos os mesários às respectivas seções, para que os eleitores votassem certos e descansados.

Ontem encontrei alguns deles inquietos, por acharem uma seção vazia, sem sombra de mesa que lhes recebesse as cédulas. Disse-lhes que a doença de um, a morte de outro, uma visita, a demora do barbeiro, um carro quebrado, mil acidentes podiam explicar a ausência dos membros da mesa, sem que daí viesse mal ao mundo, uma vez que não caía o céu abaixo. Não obstante, quiseram votar em separado na minha seção.

Não entendi a resolução, como não entendi o boato da República em Portugal (já agora desmentido oficialmente). Não tendo havido sequer um conto a que se acrescentasse um ponto, era evidente que o boato nascera aqui mesmo de coisa nenhuma. Se o fim era influir no câmbio, estava justificado. Negócio é negócio, e não sei que seja mais desonesto inventar uma revolução incorreta e uma República sem realidade, que levar-me cem mil-réis por um objeto do valor de setenta. Ao contrário, levando-me cem por setenta, perco trinta mil-réis certos, ao passo que a coroa de d. Carlos continua a pousar na real cabeça, sob a forma de um simples chapéu. Os efeitos do câmbio podem ajudar a uns, em detrimento de outros, é verdade; mas não é isso mesmo a luta pela vida?

Quer-me parecer, entretanto, que há um sindicato formado para explorar a credulidade pública. Sem nenhum intento lucrativo, é seu único objeto rir um pouco, a fim de curar a incurável melancolia dos sócios. Quinta-feira foi destinada à República de Portugal. Dizem que o boato começou às 11 horas; talvez o plano fosse caminhar um pouco e dar às 2 horas a união ibérica proclamada, e as duas línguas, espanhola e portuguesa, em marcha para uma só espanhola, e os *Lusíadas*, convertidos em poema provinciano, traduzido por ordem do ministro do Fomento. Às 3 horas, o sindicato diria que a Inglaterra, amando todos os Egitos possíveis, no que faz muito bem, teria mandado para o palácio das Necessidades um dos seus lordes temporais. Às 4 horas os janotas de Lisboa perguntariam uns aos outros, por graça e novidade: *how do you do?*

Se é isto, continuem. Uma boa organização de imaginosos e discretos pode dar alegria à cidade e ajudar a levar a cruz da vida. Se amanhã ou depois nos derem a entrada de Crispi para um convento, ou a conversão de Bismarck ao catolicismo, podem abrir uma assinatura e desde já me inscrevo por um ano.

Esta semana parece de cinco dias; mas não lhe dou mais uma hora; adeus.

28 de julho de 1895

Raramente leio as notícias policiais, e não sei se faço bem. São monótonas, vulgares, a língua não é boa; em compensação, podem achar-se pérolas nesse estéreo. Foi o que me sucedeu esta semana, deixando cair os olhos na notícia do assassinato de João Ferreira da Silva. Não foi o nome da vítima que me prendeu a atenção, nem o do suposto assassino, nem as demais circunstâncias citadas no depoimento das testemunhas, as serenatas de viola, o botequim, a bisca e outras. Uma das testemunhas, por exemplo, fala do Clube dos Girondinos, que eu não conhecia, mas ao qual digo que, se não tem por fim perder as cabeças dos sócios, melhor é mudar de nome. Sei que a história não se repete. A Revolução Francesa e *Otelo* estão feitos;

nada impede que esta ou aquela cena seja tirada para outras peças, e assim se cometem, literariamente falando, os plágios. Ora, o nome de Girondinos é sugestivo; dá vontade de levar os portadores ao cadafalso. Tudo isto seja dito, no caso de não se tratar de alguma sociedade de dança.

Vamos, porém, ao assassinato da rua da Relação. O que me atraiu nesse crime foi a força do amor, não por ser o motivo da discórdia e do ato — há muito quem mate e morra por mulheres —, mas por apresentar na pessoa de Manuel de Sousa, o suposto assassino, um modelo particular de paixões contrárias e múltiplas. Foram as tatuagens do corpo do homem que me deslumbraram.

As tatuagens são todas ou quase todas amorosas. Braços e peito estão marcados de nomes de mulheres e de símbolos de amor. Lá estão as iniciais de uma Isaura Maria da Conceição, as de Sara Esaltina dos Santos, as de Maria da Silva Fidalga, as de Joaquina Rosa da Conceição. Lá estão as figuras de um homem e de uma mulher em colóquio amoroso; lá estão dois corações, um atravessado por uma seta, outro por dois punhais em cruz....

Quando os médicos examinaram este homem fizeram-no com Lombroso na mão, e acharam nele os sinais que o célebre italiano dá para se conhecer um criminoso nato; daí a veemente suposição de ser ele o assassino de João Ferreira. Eu, para completar o juízo científico, mandaria ao mestre Lombroso cópia das tatuagens, pedindo-lhe que dissesse se um homem tão dado a amores, que os escrevia em si mesmo, pode ser verdadeiramente criminoso.

Se pode, e se foi ele que matou o outro, não será o "anjo do assassinato", como Lamartine chamou a Carlota Corday, mas será, como eu lhe chamo, o Eros do assassinato. Na verdade, há alguma coisa que atenua este crime. Quem tanto ama, que é capaz de escrever em si mesmo alguns dos nomes das mulheres amadas... Sim, apenas quatro, mas é evidente que este homem deve ter amado dezenas delas, sem contar as ingratas. Convém notar que traz no corpo, entre as tatuagens públicas, um signo de Salomão. Ora, Salomão, como se sabe, tinha trezentas esposas e setecentas concubinas; daí a devoção que Manuel de Sousa lhe dedica. E isso mesmo explicará a vocação do homicídio. Salomão, logo que subiu ao trono, mandou matar algumas pessoas para ensaiar a vontade. Assim as duas vocações andarão juntas, e se Manuel de Sousa descende do filho de Davi, coisa possível, tudo estará mais que explicado.

A força do amor é tamanha que até aparece no conflito do Amapá. Daquela tormenta sabe-se que dois nomes sobrevivem, Cabral e Trajano. O retrato do chefe Cabral, que com tanto ardor defendeu a povoação, quando os franceses a invadiram levando tudo a ferro e fogo, está na loja Natté; mas não é dele que trato. Trajano, que os franceses alegavam ser seu, chegou à capital do Pará onde foi interrogado por mais de um repórter, visto e ouvido com extraordinária atenção. A todos respondeu narrando as cenas terríveis. Dizem os jornais que é homem de seus cinquenta e cinco anos, inteligente, falando bem o português, com uma ou outra locução afrancesada.

Tudo narrou claramente — e tristemente, decerto, mas, acaso pensais que essas cenas de sangue são a sua principal dor? Não conheceis a natureza e seus espantos. Trajano sente mais que tudo uma caboclinha, sua mulher, que lhe fugiu. Este duro golpe penetrou mais fundo na alma dele que os outros. Não daria a pátria pela caboclinha, nem ninguém lha pede; mas, enquanto a dor lhe dói, vai confessando o que sente.

Quem sabe se o caso da ilha da Trindade é mais de amor que de navegação e posse? Agora que o conflito está findo ou quase findo, graças à habilidade e firmeza do governo, podemos conjeturar um pouco sobre este ponto, não para explicar poeticamente a ação inglesa, mas para mostrar que os corações mais duros podem ter seus acessos de ternura.

Camões chama algures *duros navegantes* aos seus portugueses. Nem por duros puderam esquivar-se ao amor. Um dia acharam a ilha dos Amores, que Vênus, para os favorecer, ia empurrando no mar, até encontrá-los. Os descobridores da Índia desembarcaram. As belezas da floresta, a aparição das ninfas nuas e seminuas, que iam fugindo aos intrusos, as falas deles e delas, os famintos beijos, o choro mimoso, a ira honesta, e toda a mais descrição e narração, lidas em terra, fazem extraordinariamente arder os corações. Imaginai um navio inglês, patrício de Byron, no alto mar, batido dos ventos e da miséria, e dando com uma ilha deserta e inculta. Se os tripulantes estivessem lendo as ordens do almirantado do século XVIII, podia ser que não entrassem na ilha; mas liam Camões, e exatamente o episódio da ilha dos Amores. Desceram à ilha; a imaginação acesa pela poesia mostra-lhes o que não há; dão com tranças de ouro, fraldas de camisa, pernas nuas. Um Veloso, por outro nome inglês, dá espantado um grande grito, repete o discurso do personagem de Camões, e conclui que sigam as deusas, e vejam se são fantásticas, se verdadeiras. Todos obedeceram, inclusive o Leonardo do poema, e entraram a correr pela mata e pelas águas, até que deram por si em um espaço deserto, sem fruta, sem flores, sem moças...

Ouviram alguma coisa, ao longe, a voz de um homem, que falava pela língua do poeta, ainda que em prosa diplomática. E dizia a voz estranha uma porção de coisas que eles, antes de ler Camões, deviam trazer de memória. Tornaram a bordo, não menos ardentes que desconsolados, e foram consolar-se com o imaginado episódio da ilha dos Amores; mas então já haviam passado as estrofes das ninfas nuas e seminuas; estas tinham-se casado com os navegantes e a deusa principal com o grande capitão. Os versos já não eram lascivos, mas conceituosos. Um deles lia para os outros escutarem:

E ponde na cobiça um freio duro,
E na ambição também etc.

4 de agosto de 1895

Antes de escrever o nome de Basílio da Gama, é força escrever o do dr. Teotônio de Magalhães. A este moço se deve principalmente a evocação que se fez esta semana do poeta do *Uraguai*. Pessoas que educaram os ouvidos de rapaz com versos de José Basílio não tinham na memória o centenário da morte do poeta. Não as crimino por isso; seria criminar-me com elas. Também não ralho dos últimos anos deste século, tão exaustivos para nós, tão cheios de sucessos, *terra marique*. Não há lugar para todos, para os vivos e para os mortos, principalmente os grandes mortos. Mas como alguém se lembrou do poeta, esse falou por todos, e muitos seguiram a bandeira do jovem piedoso e modesto, que mostrou possuir o sentimento da glória e da pátria.

Não se fez demais para quem muito merecia; mas fez-se bem e com alma. Que os nossos patrícios de 1995, chegado o dia 20 de julho, recordem-se igualmente que a língua, que a poesia da sua terra, adornam-se dessas flores raras e vividas. Se a vida pública ainda impedir que os nomes representativos do nosso gênio nacional andem na boca e memória do povo, alguém haverá que se lembre dele, como agora, e o segundo centenário de Basílio da Gama será celebrado, e assim os ulteriores. Que esse modo de viver na posteridade seja ainda uma consolação! Quando a pá do arqueólogo descobre uma estátua divina e truncada, o mundo abala-se, e a maravilha é recolhida onde possa ficar por todos os tempos; mas a estátua será uma só. Ao poeta ressuscitado em cada aniversário restará a vantagem de ser uma nova e rara maravilha.

Tal foi uma das festas da semana, que teve ainda outras. Há tempo de se afligir e tempo de saltar de gosto, diz o *Eclesiastes*; donde se pode concluir, sem truísmo, que há semanas festivas e semanas aborrecidas. No *Eclesiastes* há tudo para todos. A pacificação do Sul lá está: "Há tempo de guerra e tempo de paz". Muita gente entende que este é que é o tempo de paz; muita outra julga, pelo contrário, que é ainda o tempo da guerra, e de cada lado se ouvem razões claras e fortes. O *Eclesiastes*, que tem resposta para tudo, alguma dará a ambas as opiniões; se não fosse a urgência do trabalho, iria buscá-la ao próprio livro; não podendo fazê-lo, contento-me em supor que ele dirá aquilo que tem dito a todos, em todas as línguas, principalmente no latim, a que o trasladaram: "Vaidade das vaidades, e tudo é vaidade".

Napoleão emendou um dia essas palavras do santo livro. Foi justamente em dia de vitória. Quis ver os cadáveres dos velhos imperadores austríacos, foi aonde eles estavam depositados, e gastou largo tempo em contemplação, ele, imperador também, até que murmurou, como no livro: "Vaidade das vaidades, e tudo é vaidade". Mas, logo depois, para corrigir o texto e a si, acrescentou: "Exceto talvez a força". Seja ou não exata a anedota, a palavra é verdadeira. Podeis emendá-la ao corso ambicioso, se quiserdes, como ele fez ao desconsolado de Israel, mas há de ser em outro dia. Os minutos correm; agora é falar da semana e das suas festas alegres.

Uma dessas festas foi o regresso do sr. Rui Barbosa. Coincidiu com o de Basílio da Gama; mas aquele veio de Londres, este da sepultura, e por mais definitiva que seja a sepultura, força é confessar que o autor do *Uraguai* não veio de mais longe que o ilustre ministro do Governo Provisório. Talvez de mais perto. A sepultura é a mesma em toda a parte, qualquer que seja o mármore e o talento do escultor, ou a simples pedra sem nome ou com ele, posta em cima da cova. A morte é universal. Londres não é universal. Londres é Londres, tanto para os que a admiram, como para os que a detestam. Um membro da Comuna de Paris, visitando a Inglaterra há anos, escreveu que era um país profundamente insular, tanto no sentido moral, como no geográfico. Os que leram as cartas do sr. Rui Barbosa no *Jornal do Commercio*, terão sentido que ele, um dos grandes admiradores do gênio britânico, reconhece aquilo mesmo na nação, e particularmente na capital da Inglaterra.

A recepção do sr. Rui Barbosa foi mais entusiástica e ruidosa que a de Basílio da Gama; diferença natural, não por causa dos talentos, que são incomparáveis entre si, mas porque a vida ativa fala mais ao ânimo dos homens, porque o sr. Rui Barbosa teve parte grande na história dos últimos anos, finalmente porque é alguém que vem dizer ou fazer alguma coisa. Como essa coisa, se a houver, é certamente política, troco de caminho e torno-me às letras, ainda que aí mesmo ache o culto espírito do sr. Rui Barbosa, que também as pratica e com intimidade. Não importa; aqui, o que houver de dizer ou fazer, será bem-vindo a todos.

Outra festa, não propriamente a primeira em data ou lustre, mas em interesse cá de casa, foi o aniversário da *Gazeta de Notícias*. Completou os seus vinte anos. Vinte anos é alguma coisa na vida de um jornal qualquer, mas na da *Gazeta* é uma longa página da história do jornalismo. O *Jornal do Commercio* lembrou ontem que ela fez uma transformação na imprensa. Em verdade, quando a *Gazeta* apareceu, a dois vinténs, pequena, feita de notícias, de anedotas, de ditos picantes, apregoada pelas ruas, houve no público o sentimento de alguma coisa nova, adequada ao espírito da cidade. Há vinte anos. As moças desta idade não se lembraram de fazer agora um gracioso mimo à *Gazeta*, bordando por suas mãos uma bandeira, ou, em seda, o número de 2 de agosto de 1875. São duas boas ideias que em 1896 podem realizar as moças de vinte e um anos, e depressa, depressa, antes que a *Gazeta* chegue aos trinta. Aos trinta, por mais amor que haja a esta folha, não é fácil que as senhoras da mesma idade lhe façam mimos. Se lessem Balzac, fá-los-iam grandes, e achariam mãos amigas que os recebessem; mas as moças deixaram Balzac, pai das mulheres de trinta anos.

11 de agosto de 1895

Que pouco se leia nesta terra é o que muita gente afirma, há longos anos, é o que acaba de dizer *um bibliômano* na *Revista Brasileira*. Este, porém, confirmando a observação, dá como uma das causas do desamor à leitura o ruim aspecto dos livros, a forma desigual das edições, o mau gosto, em suma. Creio que assim seja, contanto que essa causa entre com outras de igual força. Uma destas é a falta de estantes. As nossas grandes marcenarias estão cheias de móveis ricos, vários de gosto; não há só cadeiras, mesas, camas, mas toda a sorte de trastes de adorno, fielmente copiados dos modelos franceses, alguns com o nome original, o *bijou de salon*, por exemplo, outros em língua híbrida, como o *porta-bibelots*. Entra-se nos grandes depósitos, fica-se deslumbrado pela perfeição da obra, pela riqueza da matéria, pela beleza da forma. Também se acham lá estantes, é verdade, mas são estantes de músicas para piano e canto, bem-acabadas, vário tamanho e muito maneiras.

Ora, ninguém pode comprar o que não há. Mormente aos noivos, nem tudo acode. A prova é que, se querem comprar cristais, metais, louça, vão a outras casas, assim também roupa branca, tapeçaria etc.; mas não é nelas que acharão estantes. Nem é natural que um mancebo, prestes a contrair matrimônio, se lembre de ir a lojas de menor aparência, onde as compraria de ferro ou de madeira; quando se lembrasse, refletiria certamente que a mobília perderia a unidade. Só as grandes fábricas poderiam dar boas estantes, com ornamentações, e até sem elas.

A *Revista Brasileira* é um exemplo de que há livros com excelente aspecto. Creio que se vende; se não se vendesse, não seria por falta de matéria e valiosa. Mudemos de caminho, que este cheira a anúncio. Falemos antes da impressão que este último número me trouxe. Refiro-me às primeiras páginas de um longo livro, uma biografia de Nabuco, escrita por Nabuco, filho de Nabuco. É o capítulo da infância do finado estadista e jurisconsulto. As vidas dos homens que serviram noutro tempo e são os seus melhores representantes hão de interessar sempre às gerações que vierem vindo. O interesse, porém, será maior, quando o autor juntar o talento e a piedade filial, como no presente caso. Dizem que na sepultura de Chatham se pôs este letreiro: "O pai do sr. Pitt". A revolução de 1889 tirou, talvez, ao filho de Nabuco uma consagração análoga. Que ele nos dê com a pena o que nos daria com a palavra e a ação parlamentares, se outro fosse o regime, ou se ele adotasse a Constituição republicana. Há muitos modos de servir a terra de seus pais.

A impressão de que falei vem de anos longos. Desde muito morrera Paraná, e já se aproximava a queda dos conservadores, por intermédio de Olinda, precursor da ascensão de Zacarias. Ainda agora vejo Nabuco, já senador, no fim da bancada da direita, ao pé da janela, no lugar correspondente ao em que ficava, do outro lado, o marquês de Itanhaém, um molho de ossos e peles, trôpego, sem dentes nem valor político. Zacarias, quando entrou para o Senado, foi sentar-se na bancada inferior à de Nabuco. Eis aqui Euzébio de Queirós, chefe dos conservadores, respeitado pela capacidade política, admirado pelos dotes oratórios, invejado talvez pelos seus célebres amores. Uma grande beleza do tempo andava desde muito ligada ao seu nome. Perdoem-me esta menção. Era uma senhora alta, outoniça... São migalhas da história, mas as migalhas devem ser recolhidas. Ainda agora leio que, entre as relíquias de Nelson, coligidas em Londres, figuram alguns mimos da formosa Hamilton. Nem por se ganharem batalhas navais ou políticas se deixa de ter coração. Jequitinhonha acabava de chegar da Europa, com os seus bigodes pouco senatoriais. Lá estavam Rio Branco, simples Paranhos, no centro esquerdo, bancada inferior, abaixo de um senador do Rio Grande do Sul — como se chamava? —, Ribeiro, um que tinha ao pé da cadeira, no chão atapetado, o dicionário de Morais, e o consultava a miúdo, para verificar se tais ou tais palavras de um orador eram ou não legítimas; era um varão instruído e lhano. Quem especificar mais? São Vicente, Caxias, Abrantes, Maranguape, Cotejipe, Uruguai, Itaboraí. Ottoni, e tantos, tantos, uns no fim da vida, outros para lá do meio dela, e todos presididos pelo Abaeté, com os seus compridos cabelos brancos.

Eis aí o que fizeram brotar as primeiras páginas de *Um estadista do império*. Ouço ainda a voz eloquente do velho Nabuco, do mesmo modo que ele devia trazer na lembrança as de Vasconcelos, Ledo, Paula Sousa, Lino Coutinho, que ia ouvir, em rapaz, na galeria da Câmara, segundo nos conta o filho. Que este faça reviver aqueles e outros tempos, contribuindo para a história do século XIX, quando algum sábio de 1950 vier contar as nossas evoluções políticas.

Como não se há de só escrever história política, aqui está Coelho Neto, romancista, que podemos chamar historiador, no sentido de contar a vida das almas e dos costumes. É dos nossos primeiros romancistas, e, geralmente falando, dos nossos primeiros escritores; mas é como autor de obras de ficção que ora vos trago aqui, com o seu recente livro *Miragem*. Coelho Neto tem o dom da invenção, da composição, da descrição e da vida, que coroa tudo. Não vos poderia narrar a última obra, sem lhe cercear o interesse. Parte dele está na vista imediata das coisas, cenas e cenários. Não há como transportar para aqui os aspectos rústicos, as vistas do céu e do mar, as noites dos soldados, a vida da roça, os destroços de Humaitá, a marcha das tropas, em 15 de novembro, nem ainda as últimas cenas do livro, tristes e verdadeiras. O derradeiro encontro de Tadeu e da mãe é patético. Os personagens vivem, interessam e comovem. A própria terra vive. A miragem, que dá o título ao livro, é a vista ilusória de Tadeu, relativamente ao futuro trabalhado por ele, e o desmentido que o tempo lhe traz, como ao que anda no deserto.

Não posso dizer mais; chegaria a dizer tudo. A arte dos caracteres mereceria ser aqui indicada com algumas citações; os episódios, como os amores de Tadeu em Corumbá, a impiedade de Luísa acerca dos desregramentos da mãe, a bondade do ferreiro Nazário, e outros que mostram em Coelho Neto um observador de pulso.

18 de agosto de 1895

O sr. Herrera y Obes, ex-presidente da República Oriental do Uruguai, foi vítima esta semana de um desastre. Felizmente, os últimos telegramas o dão restabelecido, ou quase restabelecido; notícia agradável aos que querem bem à nossa vizinha e aos seus homens notáveis e patriotas.

S. ex. assistia a um concerto musical em Montevidéu, quando o revólver que trazia no bolso das calças, engatilhado, disparou repentinamente e a bala foi ferir-lhe o pé. O perigo do revólver é a facilidade de o meter no bolso já engatilhado, ou por descuido, ou para mais pronto emprego, em caso de agressão. Sendo esse o perigo do revólver, é também a sua grande superioridade. Uma metralhadora exigiria a presença de um regimento; a carabina não se pode trazer na mão, e provavelmente seria mandada pôr na sala das bengalas. A velha pistola figura só nos duelos de hoje e nos *vaudevilles* de 1854. Alguns romances ainda a conservam.

Nem há que notar ao fato de se levar um revólver a um concerto. O contrário seria o mesmo que condenar-lhe o uso. Ora, se é costume andar com ele, para acudir à própria salvação, não há de a gente deixá-lo em casa, só porque vai ouvir música; entre a casa de residência e a do concerto pode haver um facínora ou um adversário.

Chamo a atenção para este fato, porque o uso do revólver, se não é nacional, é dessas importações que assimilamos com facilidade. Pessoas que reputo bem informadas, afirmam que metade dos homens que andam na rua, levam revólver consigo. Nas casas dos arrabaldes é costume adotado. Em havendo sombra de ladrão, rompem tiros de revólver de todos os lados, e o ladrão escapa, se a noite ou as pernas o ajudam.

Tempo houve em que esta boa cidade dormia com as janelas abertas e as portas apenas encostadas. Não se andava na rua, à noite. O painel do nosso Firmino Monteiro mostra-nos o famoso Vidigal e dois soldados interrogando um tocador de viola. As noites eram para as serenatas, e ainda assim até certa hora. O capoeira ia surgindo; multiplicou-se; fez-se ofício, arte ou distração... De passagem, lembrarei aos nossos legisladores que andaram buscando e rebuscando circunlóquios para definir o capoeira, que um ato expedido no princípio do século, não sei se ainda por vice-rei ou se já por ministro de d. João VI, tendo de ordenar vigilância e repressão contra o capoeira, escreveu simplesmente capoeira, e todos entenderam o que era. Às vezes, não é mau legislar assim. Que se evitem palavras de moda, destinadas à vida das rosas... Oh! Malherbe! Não; tornemos à nossa história.

Mais tarde veio o costume salutar de apalpar as pessoas que eram encontradas na rua, depois da hora de recolher, a ver se traziam navalha ou faca. Simultaneamente, entrou o uso de apalpar as pessoas que levavam carteira no bolso, e por esta via se foi criando a classe dos gatunos. Não me tachem de espírito vil. Este assunto, se não é grande, também não é mínimo e baixo, como alguns poderão crer. Nem sempre se há de tratar das ideias de Platão. O assunto é grave e do dia. Os jornais escrevem artigos, em que dizem que a cidade está uma verdadeira espelunca de ladrões. Casas e pessoas são salteadas, carteiras levadas, cabeças quebradas, vidas arriscadas ou arrebatadas. Dizem que falta à autoridade a força precisa. Um dos artigos de anteontem afirma que metade do corpo de segurança é composto de indivíduos que já conheciam a polícia por ações menos úteis. Ora, posto que um adágio diga que "o diabo depois de velho, fez-se ermitão", outro há que diz, pela língua francesa: *qui a bu, boira*.

Ao que parece, trata-se de propor na Câmara dos deputados uma lei que dê mais força à autoridade, contra os ladrões e malfeitores. Não sou oposto a leis, mas tenho medo a leis novas, sobre coisas que se devem presumir legisladas. Se o código não é claro, mandemos traduzi-lo. Sobretudo, receio que a lei nova elimine o júri. Esta instituição pode errar, mas é uma garantia; pode absolver mais gatunos do que convém, pode soltar um homem que dois meses antes condenou a trinta ou quarenta anos de prisão, e assim praticar outros atos que, aparentemente, façam duvidar da atenção ou da inteireza com que procede. Não é razão para destruí-la. Se erros bastassem para eliminar os seus autores, que homem viveria ainda na terra? Persigamos o salteador, mas não lhe fechemos a porta do quintal; pode ser um inocente.

Sem querer, estou falando da vida e da propriedade, e suas garantias, que é o assunto que se examina agora no Rio Grande do Sul. O mundo afinal reduz-se a isto. Tudo se pode converter à vida e à propriedade, e assim se explicam os ódios grandes e terríveis. Os médicos paulistas, que há pouco celebraram um acordo para não tratar doentes remissos, nem juízes que deram uma sentença contra um pedido de honorários, podem ter ofendido o nosso sentimentalismo, mas, em substância, praticaram um ação forte e virtuosa. Defendem a propriedade. Os doentes que defendam a vida, pagando. O dito do padre Vieira: *morra e vingue-se* não serve a este caso. Doente que morre, não se vinga, enterra-se.

25 de agosto de 1895

Pombos-correios, vulgarmente chamados telegramas, vieram anteontem do Sul para comunicar que a paz está feita. Tanto bastou para que a cidade se alegrasse, se embandeirasse e iluminasse. Grandes foram as manifestações por essa obra generosa; muita gente correu ao Palácio de Itamarati, onde aclamou e cobriu de flores o presidente da República. Natural é que razões políticas e patrióticas determinassem esse ato; para mim bastava que fossem humanas. *Homo sum, et nihil humanum* etc. Bem sei que a guerra também é humana, por mais desumana que nos pareça; nem nós estamos aqui só para cortar, entre amigos, o pão da cordialidade. Para isso, não era preciso sair do Éden. Não percamos de vista que dos dois primeiros irmãos um matou o outro, e tinham todo este mundo por seu. Se algum dia a paz governar universalmente este mundo, começará então a guerra dos mundos entre si, e o infinito ficará juncado de planetas mortos. Vingará por último o sol, até que o Senhor apague essa última vela, para melhor se agasalhar e dormir. Sonhará ele conosco?

Felizmente, são sucessos remotos, e muita gente dormirá debaixo da terra, antes que comece a derradeira *Ilíada*, sem Homero. Contentemo-nos com a paz que nos sorri agora, e alegremo-nos de ver irmãos alegres e unidos. Eu, como as letras são essencialmente artes de paz, é natural que a saúde com particular amor. O tumulto das armas nem sempre é favorável à poesia.

De resto, a semana começou bem para letras e artes. O sr. senador Ramiro Barcelos achou, entre os seus cuidados políticos, um momento para pedir que entrasse na ordem do dia o projeto dos direitos autorais. O sr. presidente do Senado, de pronto acordo, incluiu o projeto na ordem do dia. Resta que o Senado, correspondendo à iniciativa de um e à boa vontade de outro, vote e conclua a lei.

Não lhe peço que discuta. Discussões levam tempo, sem adiantar nada. O artigo 6º da Constituição está sendo discutido com animação e competência, sem que aliás nenhum orador persuada os adversários. Cada um votará como já pensa. Talvez se pudesse fazer um ensaio de Parlamento calado, em que só se falasse por gestos, como queria um personagem de não sei que peça de Sardou, achando-se só com uma senhora. Sardou? Não afirmo que fosse ele, podia ser Barrière ou outro; foi uma peça que vi há muitos anos, no extinto Teatro de São Januário, crismado depois em Ateneu Dramático, também extinto, ou no Ginásio Dramático, tão extinto como os outros. Tudo extinto; não me ficaram mais que algumas recordações da mocidade, brevemente extinta.

Recordações da mocidade! Não sei se mande compor estas palavras em redondo, se em itálico. Vá de ambas as formas. *Recordações da mocidade*. Na peça deste nome, já no fim, quando os rapazes dos primeiros atos têm família e posição social, alguém lembra um ritornelo, ou é a própria orquestra que o toca à surdina; os personagens fazem um gesto para dançar, como outrora, mas o sentimento da gravidade presente os reprime e todos mergulham outra vez nas suas gravatas brancas. É o que te sucede, quinquagenário que ora lês os livros de todos esses rapazes que trabalham, escrevem e publicam. É o ritornelo das gerações novas; ei-lo que te recorda o ardor agora tépido, os risos da primavera fugidia, os ares da manhã passada. Bela é a tarde, e noites há belíssimas; mas a frescura da manhã não tem parelha na galeria do tempo.

Eis aqui um, Magalhães de Azeredo, que a diplomacia veio buscar no meio dos livros que fazia. Dante, sendo embaixador, deu exemplo aos governos de que um homem pode escrever protocolos e poemas, e fazer tão bem os poemas, que ainda saíam melhores que os protocolos. O nosso Domingos de Magalhães foi diplomata e poeta. Não conheço as suas notas, mas li os seus versos, e regalei-me em criança com o *Antônio José*, representado por João Caetano, para não falar no "Waterloo", que mamávamos no berço, com a "Canção do exílio" de Gonçalves Dias.

Este outro Magalhães — Magalhães de Azeredo — é dos que nasceram para as letras, governando Deodoro; pertence à geração que mal chegou à maioridade, e toda se desfaz em versos e contos. Compõe-se destes o livro que acaba de publicar com o título de *Alma primitiva*. Não te enganes; não suponhas que é um estudo — por meio de histórias imaginadas — da alma humana em flor. Nem serás tão esquecido que te não lembre a novela aqui publicada; história de amor, de ciúme e de vingança, um quadro da roça, o contraste da alma de um professor com a de um tropeiro. Tal é o primeiro conto; o último, "Uma escrava", é também um quadro da roça, e a meu ver, ainda melhor que o primeiro. É menos um quadro da roça que da escravidão. Aquela d. Belarmina, que manda vergalhar até sangrar uma mucama de estimação, por ciúmes do marido, cujo filho a escrava trazia nas entranhas, deve ser neta daquela outra mulher que, pelo mesmo motivo, castigava as escravas, com tições acesos pessoalmente aplicados... Di-lo não sei que cronista nosso, frade naturalmente; mais recatado que o frade, fiquemos aqui. São horrores, que a bondade de muitas haverá compensado; mas um povo forte pinta e narra tudo.

Não é o conto único da roça e da escravidão, nem só dele se compõe este livro variado. Creio que a melhor página de todas é a do "Ahasvero", quadro terrível de um navio levando o cólera-mórbus, pelo oceano fora, rejeitado dos portos, rejeitado da vida. É daqueles em que o estilo é mais condensado e vibrante.

Não cuides, porém, que todas as páginas deste livro são cheias de sangue e de morte. Outras são estudos tranquilos de um sentimento ou de um estado, quadros de costumes ou desenvolvimento de uma ideia. "De além-túmulo" tem o elemento fantástico, tratado com fina significação e sem abuso. O que podes notar em quase todos os seus contos é um ar de família, uma feição mesclada de ingenuidade e melancolia. A melancolia corrige a ingenuidade, dando-lhe a intuição do mal mundano; a ingenuidade tempera a melancolia, tirando-lhe o que possa haver nela triste ou pesado. Não é só fisicamente que o dr. Magalhães de Azeredo é simpático; moralmente atrai. A educação mental que lhe deram auxiliou uma natureza dócil. Os seus hábitos de trabalho são, como suponho, austeros e pacientes. Duvidará algumas vezes de si? O trabalho dar-lhe-á a mesma fé que tenho no seu futuro.

1º de setembro de 1895

Aquilo que Lulu Sênior disse anteontem a respeito do professor inglês que enforcaram em Guiné trouxe naturalmente a cor alegre que ele empresta a todos os assuntos. As pessoas que não leem telegramas não viram a notícia; ele, que os lê, fez da execução do inglês e dos autores do ato uma bonita caçoada. Nada há, entretanto, mais temeroso nem mais lúgubre.

Não falo do enforcamento, ordenado pelas autoridades indígenas. Eu, se fosse autoridade de Guiné, também condenaria o professor inglês, não por ser inglês, mas por ser professor. Enforcaram o homem, e não há de ser a simples notícia de um enforcado que faça perder o sono nem o apetite. A descrição do ato faria arrepiar as carnes, mas os telegramas não descrevem nada, e o professor foi pendurado fora da nossa vista. Nem mais teremos aqui tal espetáculo; o desuso, e por fim a lei acabaram com a forca para sempre, salvo se a lei de Lynch entrar nos nossos costumes; mas não me parece que entre.

Quanto ao crime que levou o professor inglês ao cadafalso africano, não é ainda o que mais me entristece e abate. Dizem que comeu algumas crianças. Compreendo que o matassem por isso. É um crime hediondo, naturalmente; mas há outros crimes tão hediondos, que, ainda afligindo a minh'alma, não me deixam prostrado e quase sem vida. Demais, pode ser que o professor quisesse explicar aos ouvintes o que era canibalismo, cientificamente falando. Pegou de um pequeno e comeu-o. Os ouvintes, sem saber onde ficava a diferença entre o canibalismo científico e o vulgar, pediram explicações; o professor comeu outro pequeno. Não sendo provável que os espíritos de Guiné tenham a compreensão fácil de um Aristóteles, continuaram a não entender, e o professor continuou a devorar meninos. É o que em pedagogia se chama "lição das coisas".

Se assim fosse, deveríamos antes lastimar o sacrifício que fez tal homem, comendo o semelhante, para o fim de ensinar e civilizar gentes incultas. Mas seria isso? Foi o amor ao ensino, a dedicação à ciência, a nobre missão do progresso e da cultura? Ou estaremos vendo os primeiros sinais de um terrível e próximo retrocesso? Vou explicar-me.

Em 1890, foi descoberto e processado em Minas Gerais um antropófago. Um só já era demais; mas o processo revelou outros, sendo o maior de todos o réu Clemente, apresentado ao juiz municipal de Grão-Mogol, dr. Belisário da Cunha e Melo, ao qual estava sujeito o termo de Salinas, onde se deu o caso.

Não era este Clemente nenhum vadio, que preferisse comer um homem a pedir-lhe dez tostões para comer outra coisa. Era lavrador, tinha vinte e dois anos de idade. Confessou perante o subdelegado haver matado e comido seis pessoas, dois homens, duas mulheres e duas crianças. Não tenham pena de todos os comidos. Um deles, a moça Francisca, antes de ser comida por ele, com quem vivia maritalmente, ajudou-o a matar e a comer outra moça, de nome Maria. Outro comido, um tal Basílio, foi com ele à casa de Fuão Simplício, onde pernoitaram; e estando o dono a dormir, os dois hóspedes com uma mão-de-pilão o mataram, assaram e comeram. Mas tempos depois, um sábado, 29 de novembro de 1890, levado de saudades, matou o companheiro Basílio, e estava a comer-lhe as coxas, tendo já dado cabo da parte superior do corpo, quando foi preso. Os dois meninos, comidos antes, chamavam-se Vicente e Elesbão, e eram irmãos de Francisca, filhos de Manuela. Por que escapou Manuela? Talvez por não ser moça. Oh! mocidade! Oh! flor das flores! A mesma antropofagia te prefere e busca. Aos velhos basta que os desgostos os comam.

Importa notar que o inventor da antropofagia, no termo de Salinas, não foi Clemente, mas um tal Leandro, filho de Sabininha, e mais a mulher por nome Emiliana. Propriamente foram estes os que mataram um menino, e o levaram para casa, e o esfolaram e assaram; mas, quando se tratou de comê-lo, convidaram amigos, entre eles Clemente, que confessou ter recebido uma parte do defunto. A informação consta do interrogatório. Não tive outras notícias nem sei como acabou o processo. Hão de lembrar-se que esse foi o ano terrível (1890-91) em que se perdeu e ganhou tanto dinheiro que não pude ler mais nada. Comiam-se aqui também uns aos outros, sem ofensa do código — ao menos no capítulo do assassinato.

A conclusão que tiro do caso de Salinas e do caso de Guiné é que estamos talvez prestes a tornar atrás, cumprindo assim o que diz um filósofo — não sei se Montaigne —, que nós não fazemos mais que andar à roda. Há de custar a crer, mas eu quisera que me explicassem os dois casos, a não ser dizendo que tal costume de comer gente é repugnante e bárbaro, além de contrário à religião; palavra de civilizado, que outro civilizado desmentiu agora mesmo em Guiné. Não esqueçam a proposta de Swift, para tornar as crianças irlandesas, que são infinitas, úteis ao bem público. "Afirmou-me um americano, disse ele, meu conhecido de Londres e pessoa capaz, que uma criança de boa saúde e bem nutrida, tendo um ano de idade, é um alimento delicioso, nutritivo e são, quer cozido, quer assado, de forno ou de fogão." É escusado replicar-me que Swift quis ser apenas irônico. Os ingleses é que atribuíram essa intenção ao escrito pelo sentimento de repulsa; mas os próprios ingleses acabaram de provar na África a veracidade e (com as restrições devidas à humanidade e à religião) o patriotismo de Swift.

Talvez o deão e o americano se hajam enganado em limitar às crianças de um ano as qualidades de sabor e nutrição. Se tornarmos à antropofagia, é evidente que o uso irá das crianças aos adultos, e pode já fixar-se a idade em que a gente ainda deva ser comida: quarenta a quarenta e cinco anos. Acima desta idade, não creio que as qualidades primitivas se conservem. Como é provável que a atual civilização subsista em grande parte, é naturalíssimo que se façam instituições próprias de criação humana, ou por conta do Estado, ou de acordo com a lei das sociedades anônimas. Penso também que acabará o crime de homicídio, pois que o modo certo de defesa do criminoso será, logo que estripe o seu inimigo ou um rival, ceá-lo com pessoas de polícia.

Horrível, concordo; mas nós não fazemos mais que andar à roda, como dizia o outro... Que me não posso lembrar se foi realmente Montaigne, pois iria daqui pesquisar o livro, para dar o texto na própria e deliciosa língua dele! Os franceses têm um estribilho que se poderá aplicar à vida humana, dado que o seu filósofo tenha razão:

Si cette histoire vous embête,
Nous allons la recommencer.

Os portugueses têm este outro, para facilitar a marcha, quando são dois ou mais que vão andando:

Um, dois, três;
Acerta o passo, Inês,
Outra vez!

Estribilhos são muletas que a gente forte deve dispensar. Quando voltar o costume da antropofagia, não há mais que trocar o "amai-vos uns aos outros", do Evangelho, por esta doutrina: "Comei-vos uns aos outros". Bem pensado, são os dois estribilhos da civilização.

8 de setembro de 1895

Não me falem de anistias, nem de chuvas, nem de frios, nem do naufrágio do *Britânia*, nem do eclipse da lua que dizem ter havido no princípio da semana. Há pessoas que trazem de cor os eclipses. Também eu fui assim, graças aos almanaques. Um dia, porém, vendo que o sol e a lua, posto que primitivos, eram ainda os melhores almanaques deste mundo, acabei com os outros. A economia é sensível; mas nem por isso ando com os olhos no céu. Tendo tropeçado tanta vez, como o sábio antigo, sigo o conselho da velha e não tiro os olhos do chão: é o mais seguro gesto para não cair no poço.

    Vós, que me ledes há três anos ou mais, duvidareis um pouco desta afirmação. Sim, é possível que me tenhais visto com os olhos no firmamento, à cata de alguma estrela perdida ou sonhada. Não o vejo, mas não tenho tempo de me reler, nem já agora rasgo o que aí fica, para dizer outra coisa. Farei de conta que isto é uma retificação, à maneira dos escrivães e outros oficiais, como esta que leio no último número do *Arquivo Municipal*: "Proveu mais o dito ouvidor-geral que dos primeiros efeitos desta Câmara se faça um tinteiro de prata, na forma do outro que *acabou*, digo na forma do outro que *serve*". Com um simples *digo* se põe o contrário.

    Esse *Arquivo* não traz só velhos documentos, mas também lições e boas regras. No dito auto de correição, que se fez ali pelos fins do primeiro terço do século passado, emendou-se muita lacuna e cortou-se muita demasia. "Proveu mais o ouvidor, que porquanto há grandes queixas do mal que se cobram os foros dos bens do Conselho, por serem dados alguns a pessoas poderosas, e outros a pessoas eclesiásticas, mandou que daqui em diante se não deem mais a semelhantes pessoas, senão dando fiadores chãos e abonadores..." Os próprios governadores não escaparam a este terrível ouvidor-geral, que também mandou "que por nenhum caso de hoje em diante se dê mais a nenhum governador desta praça ajuda de custo para casas nem para outros efeitos alguns, das rendas da câmara, com pena de os pagarem os oficiais da Câmara e de não entrarem mais no governo desta República". Enfim, até mandou que se contratasse um letrado, o licenciado Bento Homem de Oliveira, com o ordenado de trinta e dois mil-réis por ano.

    Trinta e dois mil-réis por ano! Bom tempo, ah! bom tempo! Apesar da nobreza da terra, não vivia ainda nem morria a marquesa de Três Rios, que só com médicos despendeu (dizem as notícias de São Paulo) cerca de quinhentos contos. Bom tempo, ah! bom tempo em que se taxava o preço a tudo, e o regimento dos alfaiates marcava para um colete, uma véstia e um calção (um terno diríamos hoje) a quantia de quatro mil-réis. O torneiro de chifre (ofício extinto) tinha no seu regimento que um tinteiro grande de escrivão com tampa custasse quatrocentos réis, e um dito grande com *sua poeira*, quatrocentos e oitenta réis. Que era *sua poeira*? Talvez a areia que ainda achei, em criança, antes que o mata-borrão servisse também para enxugar as letras. Usos, costumes, regras e preços que se foram com os anos.

    Com os séculos foram ainda outras coisas, e não só desta terra, como de alheias — o Egito, para não ir mais longe. Há dois Egitos: o atual, que, não sendo propriamente ilha, é uma espécie de ilha britânica, e o antigo, que se perde na noite dos tempos. Este é o que o nosso Coelho Neto põe no *Rei fantasma*. Não conheço um nem outro; não posso comparar nem dizer nada da ocupação inglesa nem da restauração Coelho Neto. Tenho que a restauração sempre há de ter sido mais difícil que a ocupação; mas fio que o nosso patrício haverá estudado conscienciosamente a matéria.

    É certo que o autor, no prólogo do livro, afirma que este é tradução de um velho papiro, trazido do Cairo por um estrangeiro que ali viveu em companhia de Mariette. O estrangeiro veio para aqui em 1888, e com medo das febres meteu-se pelo sertão, levando os papiro, os anúbis, mapas e cachimbos. Aí o conheceu, aí trabalharam juntos; morto o estrangeiro, Coelho Neto cedeu a rogos e deu ao prelo o livro.

Conhecemos todos essas fábulas. São inventos que adornam a obra ou dão maior liberdade ao autor. Aqui, nada tiram nem trocam ao estilo de Coelho Neto, nem afrouxam a viveza da sua imaginação. A imaginação é necessária nesta casta de obras. A de Flaubert deu realce e vida a *Salammbô*, sem desarmar o grande escritor da erudição precisa para defender-se, no dia em que o acusaram de haver falseado Cartago. Quando o autor é essencialmente erudito, como Ebers, preocupa-se antes de textos e indicações; pegai na *Filha de um rei do Egito*, contai as notas, chegareis a 525. Ebers nada esqueceu; conta-nos, por exemplo, que o mais velho de dois homens que vão na barca pelo Nilo "passa a mão pela barba grisalha, que lhe cerca o queixo e as faces, mas não os lábios", e manda-nos para as notas, onde nos explica que os espartanos não usavam bigodes.

Não sei se Coelho Neto iria a todas as particularidades antigas; mas aqui está uma de todos os tempos, que lhe não esqueceu, e trata-se de barca também, uma que chega à margem para receber o rei: "os remos arvorados gotejavam..." Não tenho com que analise ou interrogue o autor do *Rei fantasma* acerca dos elementos do livro. Sei que este interessa, que as descrições são vivas, que as paixões ajudam a natureza exterior e a estranheza dos costumes. Há quadros terríveis; a cena de Amani e da concubina tem grande movimento, e o suplício desta dói ao ler, tão viva é a pintura da moça, agarrada aos ferros e fugindo aos leões. O mercado de Peh'u e a panegíria de Ísis são páginas fortes e brilhantes.

15 de setembro de 1895

Um dia destes, indo a passar pela guarda policial da rua Sete de Setembro, fronteira à antiga capela imperial, dei com algumas pessoas paradas e um carro de polícia. De dentro da casa saía um preto, em camisa, pernas nuas, trazido por dois praças. Abriram a portinhola do carro e o preto entrou sem resistência, sentou-se e olhou placidamente para fora. Um das praças recebeu o ofício de comunicação, e o carro partiu.

— Que crime cometeu este preto? — perguntei a um oficial.

— É um alienado.

Grande foi o abalo que me deu esta simples resposta. Esperava um maníaco ou gatuno, que tivesse lutado e perdido as calças. Sempre era alguém. Mas um pobre homem doido, que daí a pouco estaria no hospício, era um desgraçado sem personalidade, um organismo sem consciência. E fiquei triste, fiquei arrependido de haver passado por ali, quando a cidade é assaz grande e todos os caminhos levam a Roma. Às vezes basta um sucesso desses para estragar o dia e eram apenas dez horas da manhã. Não podia andar sem ver um carro, duas pernas nuas, dois praças que as metiam no carro... Desviava os olhos, dobrava uma esquina, mas aí vinham os praças e as pernas. A visão perseguia-me.

De repente, bradou-me uma voz de dentro: "Mas, desgraçado, examinaste bem aquele preto? Sabes qual é a sua loucura?" A princípio não dei atenção a esta pergunta, que me pareceu tola, porquanto bastava que as ideias dele não fossem reais para serem a maior desgraça deste mundo; a curiosidade de saber o que efetivamente pensava o alienado fez-me entrar no cérebro do infeliz. Qualquer outro acharia já nisto um princípio de alienação mental; mas a presunção que tenho de imaginar as coisas que andam na cabeça dos outros, e acertar com elas algumas vezes, deu-me ânimo para a tentativa.

Lembrou-me que o preto, posto que sem calças, não era precisamente um *sans-culotte*. Tinha um ar mesclado de sobranceria e melancolia. Não se opusera à entrada no carro, nem tentou sair, não falou, não resmungou. Os olhos que deitou para fora eram, como acima disse, plácidos. Suponhamos que ele acreditava ser o grão-duque da Toscana. Tanto melhor se já não há os ducados; era a maior prova da força imaginativa do homem.

Assim, em vez de ser levado em carro de polícia, ia metido no esplêndido coche ducal, tirado por duas parelhas de cavalos negros. A rua da Assembleia, por onde subiu, apareceu-lhe larga e limpa, com vastas calçadas, e muitas senhoras nas janelas dando vivas a Ernesto XXIV; era provavelmente o nome deste grão-duque póstumo. No largo da Carioca fizeram-lhe parar o coche, diante da bela estação da Companhia de Carris do Jardim Botânico. Uma porção de senhoras, abrigadas da chuva, à espera dos bondes, saudaram respeitosamente a sua alteza. Sem sair do coche, Ernesto XXIV admirou o edifício, não só pelo estilo arquitetônico, como pelo conforto interior.

Chegado à rua do Lavradio, apeou-se à porta da secretaria da polícia. Tapetes, em vez de pontas de cigarros, receberam os pés do grão-duque, conduzido para o salão dos embaixadores, enquanto redigiam uma alocução. Cansado de esperar, ordenou que lhe levassem a alocução onde o achassem, e saiu a pé. Na praça Tiradentes viu a própria estátua na de Pedro I, e admirou a semelhança da cabeça, não menos que o brio do gesto. Depois de fazer a volta do gradil, foi convidado por uma comissão a entrar e repousar na estação dos bondes de Vila Isabel; aceitou e não gostou menos deste edifício que do do largo da Carioca. Achou até que os bancos de palhinha de Vila Isabel eram preferíveis aos bancos da Companhia Jardim Botânico, estofados e forrados de couro de Córdova. Ao sair, deixou paga a passagem de mil pessoas indigentes.

Já então muito povo o acompanhava. Descendo a rua do Ouvidor, não deixou de notar que era excessivamente larga.

— Uma rua destas — disse Ernesto XXIV —, não pode exceder de duzentos metros de largura. Também não pode ter uns cinco ou seis metros, como se fosse um beco dos Barbeiros ilustrado. Não é que os becos estejam fora da civilização; ao contrário, toda civilização começa, moralmente, por um beco. Mas os becos, estreitos em demasia, servem antes ao mexerico, ao boato, à crítica mofina etc. Com um piscar de olhos de uma calçada à outra indica-se uma senhora ou um cavalheiro que passa, e a facilidade do gesto convida à murmuração. Há mais a desvantagem de se atopetar depressa e com pouco. Não se dirá isto da rua do Ouvidor; mas assim tão larga, que mal se distinguem as pessoas de um para outro lado, traz perigo diverso e perde talvez na beleza...

Falando e andando, ordenou que o conduzissem à Câmara dos deputados. A multidão o levou até lá, entre aclamações. A mesa, logo que soube da presença do grão-duque, mandou recebê-lo, e daí a pouco sentava-se sua alteza na tribuna do corpo diplomático. De pé, a Câmara inteira saudou com vivas o ilustre hóspede, e, a um gesto deste, continuou a discussão de um projeto relativo ao câmbio. "Desta tribuna, senhores..." continuou o orador; e Ernesto XXIV, guiando o binóculo que lhe dera um camarista, viu efetivamente o orador no alto da tribuna. A lei que se discutia, proposta pelo dito orador, tinha por objeto fazer baixar o câmbio, cuja alça afigurava-se a alguns antes um mal que um bem. E o orador citava anedotas pessoais:

— Tudo que se vendia por alto preço, há dois meses, longe de ficar nele, como presumiam ignorantes, vai baixando de um modo, não direi vertiginoso, mas rápido. Ontem deixei de comprar um chapéu alto por 5$000; perguntando ao chapeleiro que razão tinha para pedir tal vil preço por um objeto importado e quando o câmbio estava abaixo do par, explicou-me que a elevação do câmbio a 34 permitia-lhe comprar barato os objetos do seu uso, e não seria justo nem econômico exigir agora por um chapéu mais do que lhe custavam as calças e as gravatas. (*Apoiados e não apoiados*).

UMA VOZ. — E por que não comprou v. ex. o chapéu?

— Respondo ao nobre deputado que por um motivo superior ao meu próprio entendimento. (*Nenhum rumor*). Sinto, receio, assombra-me a possibilidade de ver tudo a decrescer tanto no preço, que se dê nova crise econômica, ainda não vista nem prevista.

Indo a entrar em votação o projeto, Ernesto XXIV deixou a Câmara e procurou a Intendência municipal. Achou o edifício sólido e asseado. Os empregados estavam alegres com o pagamento adiantado que lhes fizeram dos vencimentos de três meses. Estranhando este costume, ouviu do prefeito que ele se perdia na noite dos tempos e explicava-se pelo excesso de dinheiro que havia nas arcas da prefeitura. Pagas todas as dívidas do município, calçadas e reformadas as ruas, desentulhada a praia da Glória de um princípio de ponte que ali ficou, e a enseada de Botafogo de um esboço de muro com que se queria alargar a praia, seria desastroso suspender tão velho uso de fazer adiantamentos aos empregados em proveito de quê? Em proveito do bolor, que é o que dá no dinheiro parado.

— Sim, confesso que...

Não pôde acabar. Cerca de cem mil pessoas vieram aclamar o gentil grão-duque da Toscana, que honrava assim as nossas plagas. Ernesto XXIV ouviu e proferiu discursos, recebeu uma taça de ouro, com dizeres de brilhantes, cinco moças bonitas entre dezessete e vinte anos, para seus amores, sapatos envernizados, anéis, uma comenda...

Quando acabei essas e outras imaginações, perguntei a mim mesmo se o alienado da rua Sete de Setembro era tão infeliz como supusera. Que é para ele uma esteira, um cubículo e um guarda? coxins, um palácio e moças bonitas. Talvez o que presumes serem moças, palácio e coxins não passe de um guarda, uma esteira e um cubículo.

22 de setembro de 1895

A semana acabou com um tristíssimo desastre. Sabeis que foi a morte do conselheiro Tomás Coelho, um dos brasileiros mais ilustres da última geração do império. Não é mister lembrar os cargos que exerceu naquele regime, deputado, senador, duas vezes ministro, na pasta da Guerra e da Agricultura. Se o império não tem caído, teria sido chefe de governo, talhado para esse cargo pela austeridade, talento, habilidade e influência pessoal.

Os que o viram de perto poderão atestar o afinco dos seus estudos e a tenacidade dos seus trabalhos. Unia a gravidade e a afabilidade naquela perfeita harmonia que exprime um caráter sério e bom. No mundo econômico exerceu análoga influência à que tinha no mundo político. A ambos, e a toda a sociedade deixa verdadeira e grande mágoa. Nem são poucos os que devem sentir palpitar o coração lembrado e grato.

A morte de Tomás Coelho, em qualquer circunstância, seria dolorosa; mas o repentino dela tornou o golpe maior. Às 5 horas da tarde de sexta-feira subiu a rua do Ouvidor, tranquilo e conversando; mais de um amigo o cortejou, satisfeito de o ver assim. Nenhum imaginava que quatro horas depois seria cadáver.

Outro óbito, não de homem político, mas que faz lembrar um varão igualmente ilustre, começou enlutando a semana. Há alguns anos que se despediu deste mundo um dos seus atenienses: Otaviano. Aquele culto e fino espírito, que o jornal, que a palestra, e alguma vez a tribuna, viram sempre juvenil, recolhera-se nos últimos dias, flagelado por terrível enfermidade. Não perdera o riso, nem o gosto, tinha apenas a natural melancolia dos velhos. Amigos iam passar com ele algumas horas, para ouvi-lo somente, ou para recordar também. Os rapazes que só tenham vinte anos não conheceram esse homem que foi o mais elegante jornalista do seu tempo, entre os Rochas, e Amarais, quando apenas estreava este outro que a todos sobreviveu com as mesmas louçanias de outrora: Bocaiúva.

A casa era no Cosme Velho. As horas da noite eram ali passadas, entre os seus livros, falando de coisas do espírito, poesia, filosofia, história, ou da vida da nossa terra, anedotas políticas, e recordações pessoais. Na mesma sala estava a esposa, ainda elegante, a despeito dos anos, espartilhada e toucada, não sem esmero, mas com a singeleza própria da matrona. Tinha também que recordar os tempos da mocidade vitoriosa, quando os salões a contavam entre as mais belas. O sorriso com que ouvia não era constante nem largo, mas a expressão do rosto não precisava dele para atrair a d. Eponina as simpatias de todos.

Um dia Otaviano morreu. Como as aves que Chateaubriand viu irem do Ilíssus, na emigração anual, despediu-se aquela, mas sozinha, não como os casais de arribação. D. Eponina ficou, mas acaba de sair também deste mundo Morreu e enterrou-se quarta-feira. Quantas se foram já, quantas ajudam o tempo a esquecê-las, até que a morte as venha buscar também! Assim vão umas e outras, enquanto este século se fecha e o outro se abre, e a juventude renasce e continua. Isso que aí fica é vulgar, mas é daquele vulgar que há de sempre parecer novo como as belas tardes e as claras noites. É a regra também das folhas que caem... Mas, talvez isto vos pareça Millevoye em prosa; falemos de outro Millevoye sem prosa nem verso.

Refiro-me às árvores do mesmo bairro do Cosme Velho, que, segundo li, já foram e têm de ser derrubadas pela Botanical Garden. A *Gazeta* por si, e o *Jornal do Commercio*, por si e por alguém que lhe escreveu, chamaram a atenção da autoridade municipal para a destruição de tais árvores, mas a Botanical Garden explicou que se trata de levar o bonde elétrico ao alto do bairro, não havendo mais que umas cinco árvores destinadas à morte. Achei a explicação aceitável. Os bondes de que se trata não passam até aqui do largo do Machado. As viagens são mais longas do que antes, é certo, mas não é por causa da eletricidade; são mais longas por causa, dos comboios de dois e três carros, que param com frequência. A incapacidade de um ou outro dos chamados motorneiros é absolutamente alheia à demora. Pode dar lugar a algum desastre, mas a própria companhia já provou, com estatísticas, que os bondes elétricos fazem morrer muito menos gente que o total dos outros carros.

Demais, é natural que nas terras onde a vegetação é pouca, haja mais avareza com ela, e que em Paris se trate de salvar o Bois de Boulogne e outros jardins. Nos países em que a vegetação é de sobra, como aqui, podem despir-se dela as cidades. Uma simples viagem ao sertão leva-nos a ver o que nunca hão de ver parisienses. Assim respondo à *Gazeta*, não que seja acionista da companhia, mas por ter um amigo que o é. Nem sempre os burros hão de dominar. Se os do Ceará nos deram o exemplo de jornadear ao lado da estrada de ferro, concorrendo com ela no transporte da carga, foi com o único fito de defender o carrancismo. Burro é atrasado e teimoso; mas os do Ceará acabaram por ser vencidos. O mesmo há de acontecer aos nossos. Agora, que a vitória da eletricidade no Cosme Velho e nas Laranjeiras devesse ser alcançada poupando as árvores, é possível; mas sobre este ponto não conversei com autoridade profissional.

Ao menos conto que não terão posto abaixo alguma das árvores da chácara de d. Olímpia, naquele bairro — a mesma que o sr. Aluísio Azevedo afirma ter escrito o *Livro de uma sogra*, que ele acaba de publicar, e que vou acabar de ler.

29 de setembro de 1895

Quando a vida cá fora estiver tão agitada e aborrecida que se não possa viver tranquilo e satisfeito, há um asilo para a minha alma — e para o meu corpo, naturalmente.

Não é o céu, como podeis supor. O céu é bom, mas eu imagino que a paz lá em cima não estará totalmente consolidada. Já lá houve uma rebelião; pode haver outras. As pessoas que vão deste mundo, anistiadas ou perdoadas por Deus, podem ter saudades da terra e pegar em armas. Por pior que a achem, a terra há de dar saudades, quando ficar tão longe que mal pareça um miserável pontinho preto no fundo do abismo. Oh! pontinho preto, que foste o meu infinito (exclamarão os bem-aventurados), quem me dera poder trocar esta chuva de maná pela fome do deserto! O deserto não era inteiramente mau; morria-se nele, é verdade, mas vivia-se também; e uma ou outra vez, como nos povoados, os homens quebravam a cabeça uns aos outros — sem saber porquê, como nos povoados.

Não, devota amiga da minha alma, o asilo que buscarei, quando a vida for tão agitada como a desta semana, não é o céu, é o Hospício dos Alienados. Não nego que o dever comum é padecer comumente, e atacarem-se uns aos outros, para dar razão ao bom Renan, que pôs esta sentença na boca de um latino: "O mundo não anda senão pelo ódio de dois irmãos inimigos". Mas, se o mesmo Renan afirma, pela boca do mesmo latino, que "este mundo é feito para desconcertar o cérebro humano", irei para onde se recolhem os desconcertados, antes que me desconcertem a mim.

Que verei no hospício? O que vistes quarta-feira numa exposição de trabalhos feitos pelos pobres doidos, com tal perfeição que é quase uma fortuna terem perdido o juízo. Rendas, flores, obras de lã, carimbos de borracha, facas de pau, uma infinidade de coisas mínimas, geralmente simples, para as quais não se lhes pede mais que atenção e paciência. Não fazendo obras mentais e complicadas, tratados de jurisprudência ou constituições políticas, nem filosofias nem matemáticas, podem achar no trabalho um paliativo à loucura, e um pouco de descanso à agitação interior. Bendito seja o que primeiro cuidou de encher-lhes o tempo com serviço, e recompor-lhes em parte os fios arrebentados da razão.

Mas não verei só isso. Verei um começo de Epimênides, uma mulher que entrou dormindo, em 14 de setembro do ano passado, e ainda não acordou. Já lá vai um ano. Não se sabe quando acordará; creio que pode morrer de velha, como outros que dormem apenas sete ou oito horas por dia, e ir-se-á para a cova, sem ter visto mais nada. Para isso, não valerá a pena ter dormido tanto. Mas suponhamos que acorde no fim deste século ou no começo do outro; não terá visto uma parte da história, mas ouvirá contá-la, e melhor é ouvi-la que vivê-la. Com poucas horas de leitura ou de outiva, receberá notícia do que se passou em oito ou dez anos, sem ter sido nem atriz, nem comparsa, nem público. É o que nos acontece com os séculos passados. Também ela nos contará alguma coisa. Dizem que, desde que entrou para o hospício, deu apenas um gemido, e põe algumas vezes a língua de fora. O que não li é se, além de tal letargia, goza do benefício da loucura. Pode ser; a natureza tem desses obséquios complicados.

Aí fica dito o que farei e verei para fugir ao tumulto da vida. Mas há ainda outro recurso, se não puder alcançar aquele a tempo: um livro que nos interesse, dez, quinze, vinte livros. Disse-vos no fim da outra *Semana* que ia acabar de ler o *Livro de uma sogra*. Acabei-o muito antes dos acontecimentos que abalaram o espírito público. As letras também precisam de anistia. A diferença é que, para obtê-la, dispensam votação. É ato próprio; um homem pega em si, mete-se no cantinho do gabinete, entre os seus livros, e elimina o resto. Não é egoísmo, nem indiferença; muitos sabem em segredo o que lhes dói do mal político; mas, enfim, não é seu ofício curá-lo. De todas as coisas humanas, dizia alguém com outro sentido e por diverso objeto, a única que tem o seu fim em si mesma é a arte.

Sirva isto para dizer que a fortuna do livro do sr. Aluísio Azevedo é que, escrito para curar um mal, ou suposto mal, perde desde logo a intenção primeira para se converter em obra de arte simples. D. Olímpia é um tipo novo de sogra, uma sogra *avant la lettre*. Antes de saber com quem há de casar a filha, já pergunta a si mesma (página 112) de que maneira "poderá dispor do genro e governá-lo em sua íntima vida conjugal". Quando lhe aparece o futuro genro, consente em dar-lhe a filha, mas pede-lhe obediência, pede-lhe a palavra, e, para que esta se cumpra, exige um papel em que Leandro avise à polícia que não acuse ninguém da sua morte, pois que ele mesmo pôs termo a seus dias; papel que será renovado de três em três meses. D. Olímpia declara-lhe, com franqueza, que é para salvar a sua impunidade, caso haja de o mandar matar. Leandro aceita a condição; talvez tenha a mesma impressão do leitor, isto é, que a alma de d. Olímpia não é tal que chegue ao crime.

Cumpre-se, entretanto, o plano estranho e minucioso, que consiste em regular as funções conjugais de Leandro e Palmira, como a famosa sineta dos jesuítas do

Paraguai. O marido vai para Botafogo, a mulher para as Laranjeiras. Balzac estudou a questão do leito único, dos leitos unidos, e dos quartos separados; d. Olímpia inventa um novo sistema, o de duas casas, longe uma da outra. Palmira concebe, d. Olímpia faz com que o genro embarque imediatamente para a Europa, apesar das lágrimas dele e da filha. Quando a moça concebe a segunda vez, é o próprio genro que se retira para os Estados Unidos. Enfim, d. Olímpia morre e deixa o manuscrito que forma este livro, para que o genro e a filha obedeçam aos seus preceitos.

Todo esse plano conjugal de d. Olímpia responde ao desejo de evitar que a vida comum traga a extinção do amor no coração dos cônjuges. O casamento, a seu ver, é imoral. A mancebia também é imoral. A rigor, parece-lhe que, nascido o primeiro filho, devia dissolver-se o matrimônio, porque a mulher e o marido podem acender em outra pessoa o desejo de conceber novo filho, para o qual já o primeiro cônjuge está gasto; extinta a ilusão, é mister outra. D. Olímpia quer conservar essa ilusão entre a filha e o genro. Posto que raciocine o seu plano, e procure dar-lhe um tom especulativo, de mistura com particularidades fisiológicas, é certo que não possui noção exata das coisas, nem dos homens.

Napoleão disse um dia, ante os redatores do Código Civil, que o casamento (entenda-se monogamia) não derivava da natureza, e citou o contraste do ocidente com o oriente. Balzac confessa que foram essas palavras que lhe deram a ideia da *Fisiologia*. Mas o primeiro faria um código, e o segundo enchia um volume de observações soltas e estudos analíticos. Diversa coisa é buscar constituir uma família sobre uma combinação de atos irreconciliáveis, como remédio universal, e algo perigosos. D. Olímpia, querendo evitar que a filha perdesse o marido pelo costume do matrimônio, arrisca-se a fazer-lho perder pela intervenção de um amor novo e transatlântico.

Tal me parece o livro do sr. Aluísio Azevedo. Como ficou dito, é antes um tipo novo de sogra que solução de problema. Tem as qualidades habituais do autor, sem os processos anteriores, que, aliás, a obra não comportaria. A narração, posto que intercalada de longas reflexões e críticas, é cheia de interesse e movimento. O estilo é animado e colorido. Há páginas de muito mérito, como o passeio à Tijuca, os namorados adiante, o dr. César e d. Olímpia atrás. A linguagem em que esta fala da beleza da floresta e das saudades do seu tempo é das mais sentidas e apuradas do livro.

6 de outubro de 1895

Quem põe o nariz fora da porta, vê que este mundo não vai bem. A Agência Havas é melancólica. Todos os dias enche os jornais, seus assinantes, de uma torrente de notícias que, se não matam, afligem profundamente. Ao pé delas, que vale o naufrágio do paquete alemão *Uruguai*, em Cabo Frio? Nada. Que vale o incêndio da fábrica da Companhia Luz Esteárica? Coisa nenhuma. Não falo do desaparecimento de uns autos célebres, peça que está em segunda representação, à espera de terceira, porque não é propriamente um drama, embora haja nela um salteador ou coisa que o valha, como nas de Montépin; é um daqueles mistérios da Idade Média, ornado de algumas expressões modernas sem realidade, como esta: — *Ce pauvre Auguste! On* l'a mis au poste. — Dame, c'est triste, mais c'est juste. — Ce pauvre Auguste! Expressão sem realidade, pois ninguém foi nem irá para a cadeia, por uns autos de nada.

Foi o Chico Moniz Barreto, violinista filho de poeta, que trouxe de Paris aquela espécie de mofina popular, que então corria nas escolas e nos teatros. Lá vão trinta anos! Talvez poucos franceses se lembrem dela; eu, que não sou francês, nem fui a Paris, não a perdi de memória por causa do Chico Moniz Barreto, artista de tanto talento, discípulo de Allard, um rapaz que era todo arte, brandura e alegria. A graça principal estava na prosódia das mulheres do povo em cuja boca era posto esse trecho de diálogo, e que o nosso artista baiano imitava, suprimindo os *tt* às palavras: — *Ce pauvr' Auguss'! On l'a, mis au poss'!* — *Dam' c'est triss' mais c'est juss'!* — *Ce pauvr' Auguss'!* Pobre frase! pobres mulheres! Foram-se como os tais autos e o veto, *le ress'!*

Mas tornemos ao presente e à Agência Havas. São rebeliões sobre rebeliões, Constantinopla e Cuba, matança sobre matanças, China e Armênia. Os cristãos apanham dos muçulmanos, os muçulmanos apanham de outros religiosos, e todos de todos, até perderem a vida e a alma. Conspirações não têm conta; as bombas de dinamite andam lá por fora, como aqui as balas doces, com a diferença que não as vendem nos bondes, nem os vendedores sujam os passageiros. Os ciclones, vendo os homens ocupados em se destruírem, enchem as bochechas e sopram a alma pela boca fora, metendo navios no fundo do mar, arrasando casas e plantações, matando gente e animais. Tempestades terríveis desencadeiam-se nas costas da Inglaterra e da França e despedaçam navios contra penedos. Um tufão levou anteontem parte da catedral de Metz. A terra treme em vários lugares. Os incêndios devoram habitações na Rússia. As simples febres de Madagascar abrem infinidade de claros nas tropas francesas. Pior é o cólera-mórbus; mais rápido que um tiro, tomou de assalto a Moldávia, a Coreia, a Rússia, o Japão e vai matando como as simples guerras.

Na Espanha, em Granada, os rios transbordam e arrastam consigo casas e culturas. Granada, ai, Granada, que fazes lembrar o velho romance

Paseavase el Rey Moro
Por la ciudad de Granada...

romance ou balada, que narra o transbordamento do rio cristão, arrancando aos mouros o resto da Espanha. Relede os poetas românticos, que chuparam até o bagaço a laranja mourisca, e falam dela com saudades. Relede o magnífico introito do *Colombo* do nosso Porto Alegre: *Jaz vencida Granada...* Nem reis agora são precisos, pobre Granada, nem poetas te cantam as desgraças; basta a Agência Havas. Os jornais que chegarem dirão as coisas pelo miúdo, com aquele amor da atração que fazem as boas notícias.

Não é mais feliz a Itália com o banditismo que renasce, à maneira velha, tal qual o cantaram poetas e disseram novelistas. Uns e outros esgotaram a poesia dos costumes; agora é a polícia e o código. Parece que a grande miséria, filha das colheitas perdidas, cresce ao lado do banditismo e do imposto.

Na Hungria dá-se um fenômeno interessante: desordeiros clericais respondem aos tiros das tropas com pedradas e bengaladas, e há mortos de parte a parte, mortos e feridos. É que a fé também inspira as bengalas. Eis aí rebeldes dispostos a vencer; não se lhes dá de pedir que desarmem primeiro, se quiserem ser anistiados. Desarmar de quê? A bengala não é sequer um apoio, é um simples adorno de passeio; pouco mais que os suspensórios, apenas úteis. Úteis, digo, sem assumir a responsabilidade da afirmação. Não conheço a história dos suspensórios, sei, quando muito, que César não usava deles, nem Cícero, nem Pôncio Pilatos. Quando eu era criança, toda gente os trazia; mais tarde, não sei por que razão, elegante ou científica, foram proscritos. Vieram anos, e os suspensórios com eles, diz-se que para acabar com o mal dos coses. Talvez se vão outra vez com o século, e tornem com o centenário da Batalha de Waterloo...

Assim vai o mundo, meu amigo leitor; o mundo é um par de suspensórios. Comecei dizendo que ele não me parece bem, sem esquecer que tem andado pior, e, para não ir mais longe, há justamente um século. Mas a razão do meu receio é a crença que me devora de que o mal estava acabado, a paz sólida, e as próprias tempestades e moléstias não seriam mais que mitos, lendas, histórias para meter medo às crianças. Por isso digo que o mundo não vai bem, e desconfio que há algum plano divino, oculto aos olhos humanos. Talvez a terra esteja grávida. Que animal se move no útero desta imensa bolinha de barro, em que nos despedaçamos uns aos outros? Não sei; pode ser uma grande guerra social, nacional, política ou religiosa, uma deslocação de classes ou de raças, um enxame de ideias novas, uma invasão de bárbaros, uma nova moral, a queda dos suspensórios, o aparecimento dos autos.

13 de outubro de 1895

Estudemos; é o melhor conselho que posso dar ao leitor amigo; estudemos. É domingo; não tens que ir ao trabalho. Já ouviste a tua missa, apostaste na vaca (antigo) e almoçaste entre a esposa e os pequenos. Em vez de perder o tempo em alguma leitura frívola, estudemos.

Temos duas lições e podíamos ter sete ou oito; mas eu não sou professor que empanzine a estudantes de boa vontade. Demais, há lições tão óbvias que não vale a pena encher delas um parágrafo. Por exemplo, a declaração que fez o sr. deputado Érico Coelho, esta semana, ao apresentar o projeto do monopólio do café. Declarou s. ex., incidentemente, que já na véspera fora solicitado para, no caso de passar o monopólio, arranjar alguns empregos. Os deputados riram, mas deviam chorar, pois naturalmente não lhes acontece outra coisa com ou sem projetos.

A confissão do sr. Érico Coelho faz lembrar o que sucedeu com Lamartine, chefe do governo revolucionário de 1848. Um cozinheiro foi empenhar-se com um deputado para empregá-lo em casa de Lamartine, "presidente da República", disse o homem. "Mas ele ainda não é presidente", observou o deputado. Ao que retorquiu o cozinheiro que, se ainda não era, havia de sê-lo, e *devia ir já tratando da cozinha*. Cozinheiros do monopólio de café, se advertísseis que Lamartine não foi eleito, mas outro, considerarieis que o mesmo pode suceder ao monopólio de café. Quando não seja o mesmo, e a lei passe, é provável que passe daqui a um ou dois anos. Uma lei destas pede longos estudos, longos cálculos, longas estatísticas. O melhor é continuardes a cozinha das casas particulares.

A primeira das nossas duas lições refere-se, não propriamente ao italiano que trepou à estátua de Pedro I e lá de cima arengou ao povo, mas às circunstâncias do caso. Ninguém sabe o que ele disse, por falar na língua materna, e nós só entendermos italiano por música. O que sabemos, nós que lemos a notícia, é que, apesar da hora (dez e meia da noite), mais de quatrocentas pessoas se ajuntaram logo na praça Tiradentes, e intimaram ao homem que descesse. A ele acontecia-lhe o mesmo que aos de baixo; não entendia a língua. Vários planos surdiram para fazê-lo desmontar o cavalo, pedradas, um tiro, o corpo de bombeiros, mas nenhum foi adotado, e o tempo ia passando. Afinal um sargento do exército e um praça de polícia treparam à estátua, e, sem violência, com boas maneiras e muitas cautelas, desceram o pobre doido.

Ora, enquanto ocorria tudo isto, e as ideias voavam de todos os lados, alguns propuseram o alvitre de linchar o homem; e, com efeito, tão depressa ele pousou no chão, ergueram-se brados no sentido daquele julgamento sumário e definitivo. Outros, porém, opuseram-se, e o projeto não teve piores consequências.

Este é o ponto da lição. Aqui temos um grupo de pessoas, todas as quais, particularmente, repeliriam com horror a ideia de linchar a alguém, antes defenderiam a vítima. Juntas, porém, estavam dispostas a linchar o homem da estátua. Que o contágio da ideia é que produzia esse acordo de tantos, é coisa natural e sabida. Aquilo que não nasce em trinta cabeças separadas, brota em todas elas, uma vez reunidas, conforme a ocasião e as circunstâncias. Motivos diversos, sem excluir o sentimento da justiça e a indignação do bem, podem dar azo a ações dessas, coletivas e sangrentas. Começo a distrair no sermão. Vamos à questão principal.

A principal questão, no caso da estátua, é o abismo entre o ato e a pena. O homem não tinha cometido nenhum crime público nem particular. Subiu ao cavalo de bronze, no que fez muito mal, devia respeitar o monumento; mas, enfim, não era delito de sangue que pedisse sangue. A probabilidade de ser doido podia não acudir a todos os espíritos, excitados pelo atrevimento do sujeito; se pudesse acudir, todos rogariam antes ao céu que ele fosse descido sem quebrar os ossos, a fim de que, recolhido novamente ao Hospício dos Alienados, recebesse segunda cura, tendo saído de lá curado, três ou quatro dias antes.

Esse contraste é que merece particular atenção. A familiaridade com a morte é bela, nos grandes momentos, e pode ser grandiosa, além de necessária. Mas, aplicada aos eventos miúdos, perde a graça natural e o poder cívico, para se converter em derivação de maus humores. É reviver a prática dos médicos de outro tempo, que a tudo aplicavam sanguessugas e sangrias. Quem nunca esteve com o braço estendido, à espera que as bichas caíssem de fartas, e não viu esguichá-las ali mesmo para lhes tirar o sangue que acabavam de sugar, não sabe o que era a medicina velha. Não havia que dizer, se era necessária; mas o uso vulgarizou-se tanto que o mau médico, antes de atinar com a doença, mandava ao enfermo esse viático aborrecido. Às vezes, o mal era um defluxo. Que é a loucura senão uma supressão da transpiração do espírito?

A segunda lição que devemos ou deves estudar é a que se segue.

Um gatuno furtou diversas joias e quatrocentos mil-réis. O sr. Noêmio da Silveira, delegado da 7ª circunscrição urbana, moço inteligente e atilado, descobriu o gatuno e o furto. Até aqui tudo é banal. O que não é banal, o que nos abre uma larga janela sobre a alma humana, o que nos põe diante de um fenômeno de alta psicologia, é que o gatuno tão depressa furtou os quatrocentos mil como os foi depositar na Caixa Econômica. Medita bem, não me leias como os que têm pressa de ir apanhar o bonde; lê e reflete. Como é que a mesma consciência pode simultaneamente negar e afirmar a propriedade? Roubar e gastar está bem; mas pegar do roubo e ir levá-lo aonde os homens de ordem, os pais de família, as senhoras trabalhadeiras levam os soldos do salário e os lucros adventícios, eis aí o que me parece extraordinário. Não me digas que há viciosas que também vão à Caixa Econômica, nem que os bancos recebem dinheiros duvidosos. Ofício é ofício, e eu trato aqui do puro furto.

Assim é que, o empregado da Caixa, vendo esse homem ir frequentemente levar uma quantia, adquire a certeza de ser pessoa honesta e poupada, e quando for para o céu, e o vir lá chegar depois, testemunhará em favor dele ante são Pedro. Ao contrário, se lá estiver algum dos seus roubados, dirá que é um simples ratoneiro. O porteiro do céu, que negou três vezes a Cristo e mil vezes se arrependeu, concluirá que, se o homem negou a propriedade por um lado, afirmou-a por outro, o que equivale a um arrependimento, e metê-lo-á onde estiverem as Madalenas de ambos os sexos.

Se eu houvesse de definir a alma humana, em vista da dupla operação a que aludo, diria que é uma casa de pensão. Cada quarto abriga um vício ou uma virtude. Os bons são aqueles em quem os vícios dormem sempre e as virtudes velam, e os maus... Adivinhaste o resto; poupas-me o trabalho de concluir a lição.

20 de outubro de 1895

Vamos ter, no ano próximo, uma visita de grande importância. Não é Leão XIII, nem Bismarck, nem Crispi, nem a rainha de Madagascar, nem o imperador da Alemanha, nem Verdi, nem o marquês Ito, nem o marechal Iamagata. Não é terremoto nem peste. Não é golpe de Estado nem câmbio a 27. Para que mais delongas? É Luísa Michel.

Li que um empresário americano contratou a diva da anarquia para fazer conferências nos Estados Unidos e na América do Sul. Há ideias que só podem nascer na cabeça de um norte-americano. Só a alma ianque é capaz de avaliar o que lhe renderá uma viagem de discursos daquela famosa mulher, que Paris rejeita e a quem Londres dá a hospedagem que distribui a todos, desde os Bourbons até os Barbès. De momento, não posso afirmar que Barbès estivesse em Londres; mas, ponho-lhe aqui o nome, por se parecer com Bourbons e contrastar com eles nos princípios sociais e políticos. Assim se explicam muitos erros de data e de biografia: necessidades de estilo, equilíbrios de oração.

Desde que li a notícia da vinda de Luísa Michel ao Rio de Janeiro tenho estado a pensar no efeito do acontecimento. A primeira coisa que Luísa Michel verá, depois da nossa bela baía, é o cais Pharoux, atulhado de gente curiosa, muda, espantada. A multidão far-lhe-á alas, com dificuldade, porque todos quererão vê-la de perto, a cor dos olhos, o modo de andar, a mala. Metida na caleça com o empresário e o intérprete, irá para o hotel dos Estrangeiros, onde terá aposentos cômodos e vastos. Os outros hóspedes, em vez de fugirem à companhia, quererão viver com ela, respirar o mesmo ar, ouvi-la falar de política, pedir-lhe notícias da Comuna e outras instituições.

Dez minutos depois de alojada, receberá ela um cartão de pessoa que lhe deseja falar: é o nosso Luís de Castro que vai fazer a sua reportagem fluminense. Luísa Michel ficará admirada da correção com que o representante da *Gazeta de Notícias* fala francês. Perguntar-lhe-á se nasceu em França.

— Não, minha senhora, mas estive lá algum tempo; gosto de Paris, amo a língua francesa. Venho da parte da *Gazeta de Notícias* para ouvi-la sobre alguns pontos; a entrevista sairá impressa amanhã, com o seu retrato. Pelo meu cartão, terá visto que somos xarás: a senhora é Luísa, eu sou Luís. Vamos, porém, ao que importa...

Acabada a entrevista, chegará um empresário de teatro, que vem oferecer a Luísa Michel um camarote para a noite seguinte. Um poeta irá apresentar-lhe o último livro de versos: *Dilúvios sociais*. Três moças pedirão à diva o favor de lhes declarar se vencerá o carneiro ou o leão.

— O carneiro, minhas senhoras; o carneiro é o povo, há de vencer, e o leão será esmagado.

— Então não devemos comprar no leão?

— Não comprem nem vendam. Que é comprar? Que é vender? Tudo é de todos. Oh! esqueçam essas locuções, que só exprimem ideias tirânicas.

Logo depois virá uma comissão do Instituto Histórico, dizendo-lhe francamente que não aceita os princípios que ela defende, mas, desejando recolher documentos e depoimentos para a história pátria, precisa saber até que ponto o anarquismo e o comunismo estão relacionados com esta parte da América. A diva responderá que por ora, além do caso Amapá, não há nada que se possa dizer verdadeiro comunismo aqui. Traz, porém, ideias destinadas a destruir e reconstituir a sociedade, e espera que o povo as recolha para o grande dia. A comissão diz que nada tem com a vitória futura, e retira-se.

É noite: a diva quer jantar; está a cair de fome; mas anuncia-se outra comissão, e por mais que o empresário lhe diga que fica para outro dia ou volte depois de jantar, a comissão insiste em falar com Luísa Michel. Não vem só felicitá-la, vem tratar de altos interesses da revolução; pede-lhe apenas quinze minutos. Luísa Michel manda que a comissão entre.

— Madama — dirá um dos cinco membros —, o principal motivo que nos traz aqui é o mais grave para nós. Vimos pedir que v. ex. nos ampare e proteja com a palavra que Deus lhe deu. Sabemos que v. ex. vem fazer a revolução, e nós a queremos, nós a pedimos...

— Perdão, venho só pregar ideias.

— Ideias bastam. Desde que pregue as boas ideias revolucionárias, podemos considerar tudo feito. Madama, nós vimos pedir-lhe socorro contra os opressores que nos governam, que nos logram, que nos dominam, que nos empobrecem: os locatários. Somos representantes da União dos Proprietários. V. ex. há de ter visto algumas casas, ainda que poucas, com uma placa em que está o nome da associação que nos manda aqui.

Luísa Michel, com os olhos acesos, cheia de comoção, dirá que, tendo chegado agora mesmo, não teve tempo de olhar para as casas; pede à comissão que lhe conte tudo. Com que então os locatários?...

— São os senhores deste país, madama. Nós somos os servos; daí a nossa União.

— Na Europa é o contrário — observa —; os locatários, os proletários, os refratários...

— Que diferença! Aqui somos nós que nos ligamos, e ainda assim poucos, porque a maior parte tem medo e retrai-se. O inquilino é tudo. O menor defeito do inquilino, madama, é não pagar em dia; há os que não pagam nunca, outros que mofam do dono da casa. Isto é novo, data de poucos anos. Nós vivemos há muito, e não vimos coisa assim. Imagine v. ex....

— Então os locatários são tudo?
— Tudo e mais alguma coisa.

Luísa Michel, dando um salto:

— Mas então a anarquia está feita, o comunismo está feito.
— Justamente, madama, é a anarquia...
— Santa anarquia, *caballero* — interromperá a diva, dando este tratamento espanhol ao chefe da comissão —, santa, três vezes santa anarquia! Que me vindes pedir, vós outros, proprietários? que vos defenda os aluguéis? Mas que são aluguéis? Uma convenção precária, um instrumento de opressão, um abuso da força. Tolerado como a tortura, a fogueira e as prisões, os aluguéis têm de acabar como os demais suplícios. Vós estais quase no fim. Se vos ligais contra os locatários, é que a vossa perda é certa. O governo é dos inquilinos. Não são já os aristocratas que têm de ser enforcados; sereis vós:

Çà ira, çà ira, çà ira,
Les propriétaires à la lanterne!

Não entendendo mais que a última palavra, a comissão nem espera que o intérprete traduza todos os conceitos da grande anarquista; e, sem suspeitar que faz impudicamente um trocadilho ou coisa que o valha, jura que é falso, que os proprietários não põem lanternas nas casas, mas encanamentos de gás. Se o gás está caro, não é culpa deles, mas das contas belgas ou do gasto excessivo dos inquilinos. Há de ser engraçado se, além de perderem os aluguéis, tiverem de pagar o gás. E as penas d'água? as décimas? os consertos?

Luísa Michel aproveita uma pausa da comissão para soltar três vivas à anarquia e declarar ao empresário americano que embarcará no dia seguinte para ir pregar a outra parte. Não há que propagar neste país, onde os proprietários se acham em tão miserável e justa condição que já se unem contra os inquilinos; a obra aqui não precisava discursos. O empresário, indignado, saca do bolso o contrato e mostra-lho. Luísa Michel fuzila impropérios. Que são contratos? pergunta. O mesmo que aluguéis, uma espoliação. Irrita-se o empresário e ameaça. A comissão procura aquietá-lo com palavras inglesas: *Time is money, five o' clock...* O intérprete perde-se nas traduções. Eu, mais feliz que todos, acabo a semana.

27 de outubro de 1895

Conversávamos alguns amigos, à volta de uma mesa, eram 5 horas da tarde, bebendo chá. Cito a hora e o chá para que se compreenda bem a elegância dos costumes e das pessoas. Suponho que os ingleses é que inventaram esse uso de beber chá às 5 horas. Os franceses imitaram os ingleses, nós estávamos vendo se, imitando os franceses, há de haver alguém que nos imite. Os russos, esses bebem chá a todas as horas; o *samovar* está sempre pronto. Os chineses também, e podem crer-se os homens mais finamente educados do mundo, se a nota da educação é beber chá em pequeno, como diz um adágio desta terra de café. Creio que chegam à perfeição de mamá-lo.

Bebíamos chá e falávamos de coisas e lousas. Foi na quarta-feira desta semana. Abriu-se um capítulo de mistérios, de fenômenos obscuros, e concordávamos todos com Hamlet, relativamente à miséria da filosofia. O próprio espiritismo teve alguns minutos de atenção. Saí de lá envolvido em sombras. Um amigo que me acompanhou pôde distrair-me, falando do plano que tem (aliás secreto) de ir ler Teócrito, debaixo de alguma árvore da Hélade. Imaginem que é moço, como a Antiguidade, ingênuo e bom, ama e vai casar. Pois com tudo isso, não pôde mais que distrair-me; apenas me deixou, as sombras envolveram-me outra vez.

Então, lembrei-me do caso daquela Inês, moradora à rua dos Arcos nº 18, que achou a morte, assistindo a uma sessão da Associação Espírita, rua do Conde d'Eu. Pode muito bem ser que já te não lembres de Inês, nem da morte, nem do resto. Eu mesmo, a não ser o chá das 5, é provável que houvesse esquecido tudo. Os acontecimentos desta cidade duram três dias, o bastante para que um hóspede cheire mal, segundo outro adágio. A primeira notícia abala a gente toda, é a conversação do dia; a segunda já acha os espíritos cansados; a terceira enfastia. Cessam as notícias, e o acontecimento desaparece, como uns simples autos e outras feituras humanas.

Inês, assistindo à prática do sr. Abalo, que é o presidente da associação, teve um ataque nervoso que, segundo os depoimentos, se transformou em sonambulismo. Transferida pelos fundos da casa nº 146 para a casa nº 144, ali morreu às 5 horas da manhã. Paulina, que é o médium da associação, depôs que Inês nunca antes assistira a tais sessões, e que já ali chegara meio adoentada. Outras pessoas foram ouvidas, entre elas o presidente Abalo, que fez declarações interessantes. Insistia em que as práticas ali são meramente evangélicas, e entrou em minudências que reputo escusadas ao meu fim.

O meu fim é mais alto. Não quero saber se Inês faleceu do ataque, nem se este foi produzido pela prática evangélica do presidente, que aliás declarou na ocasião ser coisa desacertada levar àquele lugar pessoas sujeitas a tais crises. Também não quero saber se todas as moléstias, como diz o médium, são curáveis com um pouco d'água e um padre-nosso (medicina muito mais cristã que a do padre Kneipp, que exclui a oração) ou se basta este mesmo padre-nosso e a palavra do presidente; ambas as afirmações se combinam, se atendermos a que a melhor água do mundo é a palavra da verdade. Outrossim, não indago se o presidente Abalo, como inculca, teria "um poder incomparável, caso chegasse a escrever o que fala". É ponto que entende com a própria doutrina espírita.

A questão substancial, e posso dizer única, é a liberdade. O presidente Abalo e o médium Paulina confessaram já ter sido processados, com outros membros da associação, por praticarem o espiritismo. O primeiro acrescentou que, se bem conheça o artigo 157 do código penal, exerce o espiritismo de acordo com a disposição do artigo 72 da Constituição.

Os entendidos terão resposta fácil; eu, simples leigo, não acho nenhuma. Deixo-me estar entre o código e a Constituição, pego de um artigo, pego de outro, leio, releio e tresleio. Realmente, a Constituição, mãe do código, acaba com a religião do Estado, e não lhe importa que cada um tenha a que quiser. Desde que a porta fica assim aberta a todos, em que me hei de fundar para meter na cadeia o espiritismo? Responder-me-ás que é uma burla; mas onde está o critério para distinguir entre o Evangelho lido pelo presidente Abalo, e o lido pelo vigário da minha freguesia? Evangelho por Evangelho, o do meu vigário é mais velho, mas uma religião não é obrigada a ter cabelos brancos. Há religiões moças e robustas. Curar com água? Mas o já citado padre Kneipp não faz outra coisa, e o código, se ele cá vier, deixá-lo-á curar em paz. Quando o médium Paulina declara que recebe os espíritos, e transmite os seus pensamentos aos membros da associação, eu se fosse código, diria ao médium Paulina: Uma vez que a Constituição te dá o direito de receber os espíritos e os corpos, à escolha, fico sem razão para autuar-te, como mereces, minha finória; mas não te exponhas a tirar algum relógio aos associados, que isso é comigo.

O espiritismo é uma religião, não sei se falsa ou verdadeira; ele diz que verdadeira e única. Presunção e água benta cada um toma a que quer, segundo outro adágio. Hoje tudo vai por adágios. Verdadeiros ou não, escrevem-se e publicam-se inúmeros livros, folhetos, revistas e jornais espíritas. Aqui na cidade há uma folha espírita ou duas. Não se gasta tanto papel, em tantas línguas, senão crendo que a palavra que se está escrevendo é a própria verdade. Admito que haja alguns charlatães; mas o charlatanismo, bem considerado, que outra coisa é senão uma bela e forte religião, com os seus sacerdotes, o seu rito, os seus princípios e os seus crédulos, que somos tu e eu?

Também há religiões literárias, e o sr. Pedro Rabelo, no prólogo da *Alma alheia*, alude a algumas e condena-as, chamando-lhes igrejinhas. O sr. Pedro Rabelo, porém, não é código, é escritor, e se acrescentar que é escritor de futuro, não será modesto, mas dirá a verdade. Digo-lha eu, que li as oito narrativas de que se compõe a *Alma alheia*, com prazer e cheio de esperanças. A "Barricada" e o "Cão" são os mais conhecidos, e, para mim, os melhores da coleção. A "Curiosa" é mais que curiosa: é uma predestinada. "Mana Minduca"... Mas, para que hei de citar um por um todos os contos? Basta dizer que o sr. Pedro Rabelo busca uma ideia, uma situação, alguma coisa que dizer, para transferi-la ao papel. Tem-se notado que o seu estilo é antes imitativo, e cita-se um autor, cuja maneira o jovem contista procura assimilar. Pode ser exato em relação a alguns contos; ele próprio acha que há diversidade no estilo desta (*disparidade* é o seu termo), e explica-a pela natureza das composições. Bocage escreveu que *com a ideia convém casar o estilo*, mas defendia um verso banal criticado pelo padre José Agostinho. A explicação do sr. Pedro Rabelo não explica o seu caso, nem é preciso. No verdor dos anos é natural não acertar logo com a feição própria e definitiva, bem como seguir a um e a outro, conforme as simpatias intelectuais e a impressão recente. A feição há de vir, a própria, única e definitiva, porque o sr. Pedro Rabelo é daqueles moços em quem se pode confiar.

3 de novembro de 1895

Não sei por onde comece, nem por onde acabe. Ante mim tudo é confuso, os fatos giram, cavalgam outros fatos, sobem ao ar e descem à terra, como estão fazendo as pedras e lavas do vulcão Llaima. Alguns deles começam, mas não acabam mais, como o parecer da Comissão do Orçamento, apresentado ao Senado esta semana. Só os algarismos desse documento...

Tenho visto muito algarismo na minha vida, variando de significação, segundo o tamanho e a matéria. Vivi por aqueles tempos diluvianos, em que a gente almoçava milhares de contos de réis, jantava dezenas de milhares, e ainda lhe ficava estômago para uns duzentos ou trezentos contos. Os que morreram logo depois, terão gozado muito pouco este mundo. Para falar francamente, arrependo-me hoje de não ter inventado qualquer coisa, um paladar mecânico, horas baratas, fósforos eternos, calçamento uniforme para as ruas, cavalos e cidadãos, uma de tantas ideias que acharam dinheiro vadio, e quando um homem não o tinha em si, ia buscá-lo à algibeira dos outros, que é a mesma coisa. A minha esperança é que tais dias não morreram inteiramente, mas a minha tristeza é que, quando eles convalescerem e vierem alumiar outra vez este mundo, provavelmente estarei fora dele. Se alguma coisa merecem os meus pecados, peço a Deus a vida precisa para nesses dias futuros incorporar uma companhia, receber vinte por cento das entradas, levantar um empréstimo para fazer a obra, não fazer a obra, fazer as malas e fazer a viagem do céu com escala pela Europa.

Pois, senhores, nem por ter visto tantos e tamanhos algarismos pude ler friamente os do parecer da Comissão. Já o sr. senador Morais e Barros havia chamado a nossa atenção para a simples conta total da dívida, que, se não anda na memória de todos os brasileiros, não é por falta de algarismos; será antes por falta de memória. Mas a memória, apesar dos pesares, não vale a imaginação, e há um meio seguro de não doerem as dívidas, é imaginar que são poucas, e essas poucas fecundíssimas, não as pagando a gente, porque não quer, e ainda por se não prejudicar. Que é pagar uma dívida? É suprimir, sem necessidade urgente, a prova do crédito que um homem merece. Aumentá-la é fazer crescer a prova.

A Comissão — ou o relator, se é certo que o parecer é apenas um projeto, segundo li, mas já me disseram que afinal fica sendo o parecer de todos —, a Comissão diz muita coisa sobre dívidas, despesas, juros, depósitos, emissões, amortizações, e outros atos e fenômenos, mas tudo tão compacto, que não me atrevo a entrar por eles. Os algarismos mal dão passagem aos olhos; é um mato cerrado, alguns com espinhos agudíssimos, outros tão folhudos que cegam inteiramente. Com dez sinais árabes, é incrível o que se pode variar na despesa e na correspondente escrituração. O parecer tem a vantagem de já trazer tudo somado, de maneira que não há necessidade de andar procurando a quanto sobem quatro parcelas de quinhentos; ele mesmo conclui que são dois mil. Se a conta não é redonda, o serviço torna-se inestimável. Vai um homem somar as seis grandes porções da dívida, há de acabar cansado, aborrecido e incerto; mas o parecer, somando tudo, dá este total, que é o mesmo recomendado pelo sr. senador Morais e Barros à memória dos seus concidadãos: 1.888.475:667$000.

Melhor é desviar os olhos, descansar a cabeça e ir a outra parte. Não digo que nos falte confiança; é necessário tê-la, e basta aplicar a nós o lema italiano: *Brasilia farà da sè*. Confiança e circunspeção. Mas o pior é que tudo o que ora me cerca, são algarismos, e os mais deles grandes. Vede este quadro de títulos e ações, organizado pelo *Jornal do Commercio* e publicado hoje, dia de finados: é uma vertigem de capitais, de emissões de valores nominais e efetivos. Pegue deste banco: 10.000:000$000 de capital. Cada ação? 200$000. Entrada? 150$000. Última venda? 600 rs.; ou, por extenso, para evitar erros, seiscentos réis, menos de duas patacas, quando havia árvore das patacas. A partida é sempre numerosa, como sucede às tropas que marcham para a guerra; são dez mil, vinte, trinta, cem mil. A volta é diminuída; faz lembrar o final de uma das *óperas do judeu*:

Tão alegres que fomos,
Tão tristes que viemos.

Sim, é melhor ir a outra parte, repito; mas aonde? Parece que o teatro é um bom lugar de distração; a verdade, porém, é que aí mesmo esperam-me algarismos tremendos. Não me refiro ao orçamento do Teatro Municipal, que o prefeito acaba de sancionar. Não é quantia de escurecer a vista; mas responda o público às boas intenções. Não me refiro ao orçamento; refiro-me ao número de papéis dos atores.

Quando eu ia ao teatro, os atores não representavam mais de um papel em cada peça; às vezes, menos. Caso havia em que os papéis eram dados por metade, um terço, um quinto. Nunca me esqueceu uma atriz (cujo nome perdi de memória) que chegou ao mínimo de uma só frase. Resmungava enfastiadamente as outras; aquela era o cavalo da batalha da noite. Apertada pelo pai, tinha que negar não sei que carta ou que quer que era, denúncia de namoro. Deixava o pai de lado, vinha à frente, fitava a plateia, esticava o braço, levantava o dedo, e bradava, sublinhando: "Eu, papai, nunca tive um namorado *só* na minha vida!". Compreende-se a intenção da moça, contrária à do autor, mas muito mais acertada, porque a plateia ria a bandeiras despregadas. O contrário da *Dalila*. Ria o público, os bancos riam, as arandelas riam, só eu não ria, por haver já desaprendido de rir.

Aqui temos agora uma peça em que a atriz Palmira, que nunca vi nem ouvi, representa não menos de vinte e quatro papéis. Entre a simples frase da outra e estes vinte e quatro papéis, há um abismo e um mundo. É o menos que posso dizer: mil abismos, mil mundos não são demais. Fregoli revelou-nos o modo de ver uma infinidade de pessoas, em cinco minutos, pessoas e vozes, que as tinha todas. Palmira, sem as vozes, dará os papéis, mas não ficaremos aqui. Outros artistas virão, com o duplo e o triplo dos papéis, e o quíntuplo dos aplausos. Não se conclua que execramos as individualidades únicas, nem que amamos os que são propriamente multicores. É ser temerário; concluamos antes, que a variedade deleita.

10 de novembro de 1895

Três pessoas estavam na loja Crashley, rua do Ouvidor, um moço, um mocinho e eu. Víamos, em gazeta inglesa, os retratos do duque de Marlborough e de miss Consuelo Wanderbiltt, que vão casar. A noiva é riquíssima, o noivo nobilíssimo, vão unir os milhões aos brasões, e a Europa à América; não é preciso lembrar que a jovem Wanderbiltt é filha do famoso ricaço americano.

Um de nós três, o moço, declarou francamente que não acreditava nos milhões da donzela. A quantia maior em que acredita é um conto de réis; não descrê de dois, acha-os possíveis; dez parecem-lhe invenção de cérebro escaldado. O mocinho já creu em vinte e sete contos, mas perdeu essa fé ingênua e pura. Eu, por amor do ocultismo, creio em tudo que escapa aos olhos e aos dedos. Sim, creio nos oitenta mil contos da linda Wanderbiltt, assim como creio nos séculos de nobreza de Marlborough.

Uma revista célebre (vá por conta de Stendhal) opinou no princípio deste século que "há só um título de nobreza, é o de duque; marquês é ridículo; ao nome de duque todos voltem a cabeça". Se é assim, o noivo inglês paga bem o dote da noiva americana, paga de sobra. As ricas herdeiras americanas amam os nobres herdeiros europeus; não há um ano que um duque francês desposou uma rica patrícia de miss Consuelo. Deste modo, sem bulha nem matinada, unem a democracia à aristocracia e fazem nascer os futuros duques do próprio seio que os aboliu. A nobreza europeia está assim enxertada de muito galho transatlântico. Naturalmente a observação é velha, não peço alvíssaras.

Peço alvíssaras por esta outra que fiz no dia seguinte àquele em que estivemos na loja Crashley, na rua do Ouvidor. Lendo uma correspondência de Breslau, acerca do Congresso socialista, dei com a notícia de fazer parte da Assembleia, entre outras senhoras, uma de quarenta anos, que, aos vinte e cinco, em 1880, renunciou o título de duquesa para se fazer pastora de cabras. É nada menos que filha do duque de Wurtemberg e da princesa Matilde de Schamburg de Lippe. O governo vurtemburguês, para que ela não ficasse só com o nome de Paulina, deu-lhe o de Kirbach (*von* Kirbach).

A minha observação consiste no contraste das duas moças, uma que nasce duquesa e bota fora o título, outra que nasce sem título e faz-se duquesa. Pastora de cabras, pastora de dólares. Que querias tu ser, carioca do meu coração? A poesia pede cabras, a realidade exige dólares; funde as duas espécies, multiplica os dólares pelas cabras, e não mandes embora o primeiro duque que te aparecer. Vai com ele à Igreja da Glória, agora que deu à sua triste torre uma cor de rosa ainda mais triste, casa, embarca, vai a Breslau, não digo para fazer parte do Congresso socialista; há muita outra coisa que ver em Breslau, duquesa.

Os japoneses, com quem acabamos de celebrar um tratado de comércio, não leram decerto a *Revista de Edimburgo*; se a tivessem lido, teriam decretado os seus duques; por ora estão nos condes e marqueses. Verdade é que um cronista lusitano do século XVI diz que eles tinham por esse tempo títulos vários e diferentes — "como cá os duques, marqueses e condes". Questão de tradução, mas justamente o que me falta é a notícia dos vocábulos originais e seus correspondentes. Entretanto, não é fora de propósito que eles, assim como aperfeiçoaram a pólvora dos chins e deram-lhes agora com ela, assim também aperfeiçoem as herdeiras ricas, e ninguém sabe se algum bisneto de Marlborough chegará a desposar alguma Wanderbiltt de Tóquio.

Que as moças daquelas terras, como os homens, assimilam facilmente os costumes peregrinos, é fato velho e revelho. Não há muitos dias, estávamos à porta do Laemmert dois dos três da loja Crashley... Não digo os nomes dos outros, por não lhes ter pedido licença, mas eles que o confirmem aos seus amigos, e os amigos destes aos seus, e assim se farão públicos. Estávamos à porta do Laemmert, quando vimos sair duas parisienses; minto: duas japonesas. Realmente, salvo o tipo, eram duas parisienses puras. Se vísseis a graça com que deram o braço aos cavalheiros que iam com elas, as botinas que calçavam, os tacões das botinas, o pisar leve e rápido... Os tacões diziam claramente que não carregavam o peso da Ásia, que as duas moças eram como aquelas borboletas de papel que os seus avós faziam avoaçar no teatro, com o simples movimento do leque. E foram-se, e perderam-se rua acima.

Vamos tê-las agora às dúzias, se o tratado, que o sr. Piza negociou, admitir que venham mulheres e uma pequena porcentagem de moças da cidade. Mas ainda que venham só as rústicas, é gente que, com pouco, fica cidadã. Vamos tê-las modistas, estudantes, professoras. Nas escolas não se limitarão a ensinar português, ensinarão também o seu idioma natal, e, graças à facilidade que temos em aprender e ao amor das belezas estranhas, acabaremos por escrever na língua do micado. Há quem jure que algumas pessoas não falam em outra; mas é opinião sem grande fundamento. É certo que, no meio da linguagem oratória, aparecem locuções, frases, alguma sintaxe estranha, mas, além de se não poder afirmar que sejam todas do Japão, sucede que muitas são claramente do Café Riche — e, por serem de café, têm a desculpa nacional.

Venham os professores e digam-nos a história e os costumes do Parlamento de Tóquio, a fim de que possamos explicar como é que um sistema que entrou tão bem no Japão está prestes a dar com o presidente do Chile em terra. Não chego a entender as dificuldades deste presidente. Que, durante alguns dias, os chefes de gabinete possíveis não mostrem grande vontade de subir ao leme do Estado, vá; não é natural, mas, um pouco de artifício dá graça à alma humana, e particularmente à alma política. Já lá vão semanas e semanas, e não há meio de alcançar um grupo de cinco a seis pessoas que governem a República. Não esqueçamos que o Chile fez uma revolução para restaurar o sistema parlamentar. Se há de acabar por não ter ministros, Montt deixa a presidência, para não fazer de Balmaceda... Não é claro.

Claro é ainda o princípio da crônica, o caso do duque de Marlborough e da próxima duquesa; tão claro como o da princesa Colona, que é também filha de um banqueiro americano, casada há alguns anos. Rimei acima milhões com brasões; posso agora empregar a toante espanhola, e rimar *capitães* com *capitais*, mas podem acusar-me de trocadilho, e eu prefiro ficar calado a fazer um *calembour* — *calembour* sem *g*, meus bons amigos da revisão.

17 de novembro de 1895

Tal é o meu estado, que não sei se acabarei isto. A cabeça dói-me, os olhos doem-me, todo este corpo dói-me. Sei que não tens nada com as minhas mazelas, nem eu as conto aqui para interessar-te; conto-as, porque há certo alívio em dizer a gente o que padece. O interesse é meu; tu podes ir almoçar ou passear.

Vai passear, e observa o que são línguas. Se eu escrevesse em francês, ter-te-ia feito tal injúria, que tu, se fosses brioso, e não és outra coisa, lavarias com sangue. Como escrevo em português, dei-te apenas um conselho, uma sugestão; irás passear deveras para aproveitar a manhã. Reflete como os homens divergem, como as línguas se opõem umas às outras, como este mundo é um campo de batalha. Reflete, mas não deixes de ir passear; se não amanhecer chovendo, e a neblina cobrir os morros e as torres, terás belo espetáculo, quando o sol romper de todo e der ao terceiro dia das festas da República o necessário esplendor.

Não tendo podido ver as outras, vi todavia que estiveram magníficas; a grande parada militar, os cumprimentos ao sr. presidente da República, a abertura da exposição, os espetáculos de gala, as evoluções da esquadra foram cerimônias bem escolhidas e bem dispostas para celebrar o sexto aniversário do advento republicano. Ainda bem que se organizam estas comemorações e se convida o povo a divertir-se. Cada instituição precisa honrar-se a si mesma e fazer-se querida, e para esta segunda parte não basta exercer pontualmente a justiça e a equidade. O povo ama as coisas que o alegram.

Agora começam as festas. Deodoro estava perto do 15 de novembro, e tratava-se de organizar a nova forma de governo. Era natural que as festas fossem escassas e menos várias que as deste ano. Certamente, o chefe do Estado era amigo das graças e da alegria. Não foi ainda esquecido o grande baile dado em Itamarati para festejar o aniversário natalício do marechal. Encheram-se os salões de fardas, casacas e vestidos. Gambetta advertiu um dia que *la Republique manquait de femmes*. Compreendia que, numa sociedade polida como a francesa, as mulheres dão o tom ao governo. As de lá tinham-se retraído; depois apareceram outras, suponho. Cá houve o mesmo retraimento; nomes distintos e belas elegantes eliminaram-se inteiramente. Mas nem foram todas, nem cá se vive tanto de salão.

De resto, como disse acima, Deodoro era amigo das graças; acabaria por chamar as senhoras em torno do governo. Um dia, por ocasião da promessa de cumprir a Constituição, tive ocasião de observar uma ação que merece ser contada. Foi a primeira e única vez que vi o Palácio de São Cristóvão transformado em Parlamento, e mal transformado, porque os congressistas, acabada a Constituinte, mudaram-se para as antigas casas da cidade. Pouca gente; mais nas tribunas que no recinto, e no recinto mais cadeiras que ocupantes. Anunciou-se que o presidente chegara, uma comissão foi recebê-lo à porta, enquanto o presidente do Congresso — atual presidente da República — descia gravemente os degraus do estrado em que estava a mesa para recebê-lo. Assomou Deodoro, cumprimentou em geral e guiou para a mesa; em caminho, porém, viu na tribuna das senhoras algumas que conhecia — ou conhecia-as todas, — e, levando os dedos à boca, fez um gesto cheio de galanteria, acentuado pelo sorriso que o acompanhou. Comparai o gesto, a pessoa, a solenidade, o momento político, e concluí.

Eu comparei tudo — e comparei ainda o presidente e o vice-presidente. Aquele proferia as palavras do compromisso com a voz clara e vibrante, que reboou na vasta sala. Desceu depois com o mesmo aprumo, e saiu. A entrada do vice-presidente teve igual cerimonial, mas diferiu logo nas palmas das tribunas, que foram cálidas e numerosas, ao contrário das que saudaram a chegada do primeiro magistrado. O marechal Floriano caminhou para a mesa, cabeça baixa, passo curto e vagaroso, e quando teve de proferir as palavras do compromisso, fê-lo em voz surda e mal ouvida.

Tal era o contraste das duas naturezas. Quando o poder veio às mãos de Floriano, pelas razões que todos vós sabeis melhor que eu, pois todos sois políticos, vieram os sucessos do princípio do ano, que se prolongaram e desdobraram até à revolta de setembro e toda a mais guerra civil, que só agora achou termo, neste primeiro ano do governo do sr. dr. Prudente de Morais.

O corpo diplomático acentuou anteontem esta circunstância, por boca do sr. ministro dos Estados Unidos, no discurso com que apresentou ao honrado presidente da República as suas felicitações e de seus colegas. O governo que terminou há um ano, só pôde cuidar da guerra; o que então começou, devolvendo a paz aos homens, pôde iniciar de vez as festas novembrinas... *Novembrinas* saiu-me da pena, por imitação das festas *maias* dos argentinos, que são a 25 de maio, data da Independência; mas não há mister nomes para fazer festas brilhantes; a questão é fazê-las nacionais e populares.

São obras de paz. Obra de paz é a exposição industrial que se inaugurou sexta-feira, e vai ficar aberta por muitos dias, mostrando ao povo desta cidade o resultado do esforço e do trabalho nacional, desde o alfinete até à locomotiva. Depressa esquecemos os males, ainda bem. Isto que pode ser um perigo em certos casos, é um grande benefício quando se trata de restaurar a nação.

24 de novembro de 1895

Inaugurou-se mais uma sociedade recreativa, o Cassino Brasileiro. A sessão foi presidida pelo sr. visconde de São Luís do Maranhão, que proferiu discurso eloquente, segundo leio nas folhas públicas. Após ele, falaram outros sócios, e terminado o debate, o presidente levantou a sessão, declarando inaugurado o Cassino Brasileiro.

Que faria o leitor, se fosse sócio, logo que se levantou a sessão? Pegaria do chapéu para sair. Faria mal. Acabada a sessão inaugural, começaram imediatamente as danças, que só acabaram na manhã seguinte. Isto prova ainda uma vez o que não precisa de prova, a saber, que nós amamos a dança sobre todas as coisas, e ao nosso par como a nós mesmos. Daí este caso novo de ser a própria sessão inaugural a noite do primeiro baile. Nos anais da Terpsícore carioca não há outro exemplo. Faz lembrar o velho uso das Câmaras, em que o mesmo minuto que vê aprovar a eleição de um membro, vê aparecer o membro, jurar ou obrigar-se, e sentar-se. As senhoras fizeram aqui de membro eleito; vestidas e toucadas, esperavam apenas que o presidente levantasse a sessão. Tais haveria que achassem o discurso do sr. visconde pouco eloquente; e os outros aborrecidíssimos. Em verdade, não se pode fazer crer a uma dama, que tem a sua tabela de quadrilhas, valsas e polcas, e já alguns pares inscritos, que as sessões inaugurais se façam com discursos. Um, dois, três gestos, vá; aclamações no fim, sim, senhor; mas discursos, explicações de estatutos...

Sim, esquecia-me dizer que houve explicação de um dos artigos dos estatutos, feita pelo presidente, e não sei se também por outros oradores. Trata-se de uma condição para ser sócio. A explicação era desnecessária, pois cada reunião de homens tem o direito de estabelecer as cláusulas que quiser, sem que se possa atribuí-las (como disse o sr. visconde) a sentimentos menos liberais. "A sociedade era recreativa, concluiu s. ex., e portanto não podia admitir em seu seio ânimos eivados de tais sentimentos." Perfeitamente pensado, mas inutilmente dito, pela razão que dei acima, e porque as moças esperavam.

Não é de ânimo liberal — nem conservador — deixar que os ombros das moças, os lindos braços, o princípio do seio, fiquem vadios nas cadeiras, enquanto os homens trocam arengas. Estou certo que um orador prefere a sua oração à mais bela espádua de moça; mas assim como nem Salomão em toda a sua glória se cobriu jamais com os lírios do campo (lede são Mateus), assim também nem Demóstenes com toda a sua eloquência falou melhor que uma espádua de moça — espádua desembainhada, notai bem, porque, como se lê no mesmo evangelista, não se deve esconder a luz debaixo de um alqueire... Mas aqui estou eu a profanar o sermão da montanha, por amor da estética. Deixemos este Cassino, e mais as suas espáduas nuas e discursos enfeitados.

Que se dance, é a nossa alma, a nossa paixão social e política. A própria moça que esta semana enlouqueceu, dizem que por efeito do espiritismo, é um caso antes de coreografia que de patologia. A loucura é uma dança das ideias. Quando alguém sentir que as suas ideias saracoteiam, arrastam os pés, ou dão com eles nos narizes umas das outras, desconfie que é a polca ou o cancã da demência. Recolha-se a uma casa de saúde. Não se podem atribuir tais efeitos ao espiritismo. A prova de que não foi ele que fez enlouquecer a moça, é que, não há dois meses, morreu outra moça em plena sessão espírita. Se a doidice brotasse da doutrina e da prática, essa outra não teria simplesmente morrido; teria dançado a valsa das ideias.

Dançar é viver. A guerra, que também é vida, é um grande bailado, em que os pares se perdem comumente na noite dos tempos, fartos de saracotear. Muçulmanos e cristãos dançam agora ao som da Bíblia e do Corão, com tal viveza, que não só as potências da Europa estão para tirar pares, mas os próprios Estados Unidos da América atam a gravata branca e calçam as luvas. É o que nos diz o cabo, e eu creio no cabo, não menos que na Agência Havas, que a toda notícia grave põe este natural acréscimo: "O sucesso está sendo muito comentado". Não o pôs acerca da intervenção americana nos negócios turcos; é verdade que a notícia vinha de Washington, não da Europa, onde se comentará a nova afirmação desta grande potência, que de americana se faz universal.

Pelo que li ontem no *Jornal do Commercio*, o capitão Mahan publicou agora um artigo sobre a doutrina de Monroe e seus corolários. O principal fim é mostrar que a grande República, para efetuar a sua suserania e proteção a todas as Repúblicas da América Central e Meridional, precisa ter uma esquadra adequada aos seus novos destinos. A esquadra se fará, e se tu viveres ainda meio século, verás que tudo estará mudado. Haverá então um Cassino, maior que o Cassino Brasileiro, inaugurado nas Laranjeiras, um grande Cassino Americano, onde estaremos com as nossas fortes espáduas nuas, e a tabela das valsas e quadrilhas. Notai que as quadrilhas de salão já são americanas.

Nesse tempo, em que teremos aprendido o que nos falta para conhecer toda a liberdade, não se ouvirão gritos como os que ora soltam no Sul, porque uma moça de Porto Alegre saiu da casa paterna para se meter a freira. As folhas dizem que é fanatismo religioso; pode ser, mas eu acrescento que é um ato de liberdade. Gasparina tem vinte e quatro anos, e desde os quinze pensava já em ir para o convento. Talvez fosse a leitura do *Hamlet* que lhe deu tal resolução: "Faze-te monja; para que queres ser mãe de pecadores?". Gasparina não fez como Ofélia, obedeceu. Se ainda vivesse o aviso ministerial de 1855, era impossível a Gasparina tomar sequer o véu do noviciado; mas o aviso perdeu-se. Agora há plena liberdade, e liberdade não é só o que nos dá gosto. O pai de Gasparina correu ao convento, viu de longe a filha, pediu-lhe que tornasse a casa, onde a mãe enferma poderia morrer com a notícia do seu ato; ela respondeu-lhe naturalmente com o reino do céu. As freiras admitiram que a noviça deixasse o convento, se o bispo tal mandasse. O bispo fez o que eu faria, se fosse bispo, e até sem ser: negou o consentimento.

Liberdade é liberdade. Vede a velha liberdade inglesa. Agora mesmo, na Índia, um inglês cristão fez-se muçulmano. Cumpridas as cerimônias, recebeu o nome de Abdul-Hamid. Consentiram-lhe que continuasse vestido como dantes, mas aconselharam-lhe que, para distintivo externo, fizesse uso do fez. Parece que adotou o fez. Cristão antes, muçulmano agora, ficou sempre inglês, que é o que se não renega ou abjura: — escolhe o verbo, segundo fores amigo ou adversário da Grã-Bretanha; eu por mim agradeço à mão de Shakespeare este termo de comparação com a nossa Ofélia de Porto Alegre. Adeus.

1º de dezembro de 1895

Imagino o que se terá passado em Paris, quando Dumas Filho morreu. Uma das quarenta... Não cuideis que falo das cadeiras da Academia. Este mundo não se compõe só de cadeiras acadêmicas; também há nele interpelações parlamentares, e dizem que o recente Ministério tem já de responder a cerca de quarenta, ou sessenta. Refiro-me justamente às interpelações. Uma delas verificou-se depois da morte de Dumas Filho. O interpelante oprimiu naturalmente o Ministério, o Ministério sacudiu o interpelante, tudo com o cerimonial de costume, apartes, gritos e protestos; vieram os votos: o Ministério teve a grande maioria deles. Nada disso tirou à cidade esta ideia única: Dumas Filho morreu.

Dumas Filho morreu. Homens, mulheres, fidalgas e burguesas falaram deste óbito como do de um príncipe qualquer. Não há já *damas das camélias*; ele mesmo disse que a mulher que lhe serviu de modelo ao personagem de Margarida Gauthier foi uma das últimas que tiveram coração. Podia parecer paradoxo ou presunção de moço, se ele não escrevesse isto em 1867, vinte anos depois da morte de Margarida. Demais, se as palavras dão ideia das coisas, a segunda metade deste século não chega a conhecer a primeira. Cortesãs, ou o que quer que elas eram em 1847, acabaram horizontais, nome que é, só por si, um programa inteiro, e é mais possível que já lhes hajam dado outro nome mais exato e mais cru. Não faltarão, porém, mulheres nem homens, tantas figuras vivas, criadas por ele, tiradas do mundo que passa, para a cena que perpetua. Todos esses, e todos os demais falaram desta morte como de um luto público.

A moda passará como passou a de Dumas pai, a de Lamartine, a de Musset, a de Stendhal, a de tantos outros, para tornar mais tarde e definitivamente. As vezes, o eclipse chega a ser esquecimento e ingratidão. Musset — que Heine dizia ser o primeiro poeta lírico da França — pedia aos amigos, em belos versos, que lhe plantassem um salgueiro ao pé da cova. Possuo umas lascas e folhas do salgueiro que está plantado na sepultura do autor das *Noites*, e que Artur Azevedo me trouxe em 1883; mas não foram amigos que o plantaram, não foram sequer franceses, foi um inglês.

Parece que, indo fazer a visita aos mortos, doeu-lhe não ver ali o arbusto pedido e cumprir-se o desejo do poeta. Donde se conclui que os ingleses nem sempre ficam com a ilha da Trindade. Há deles que dão para amar os poetas e seus suspiros. Também os há que, por amor das musas, fazem-se armar soldados. Um deles, quando os gregos bradaram pela independência, pegou em si para ir ajudá-los e não chegou ao fim; morreu de doença em Missolonghi. Era par de Inglaterra; chamava-se, creio eu, George Gordon Noel Byron. Tinha escrito muitos poemas e versos soltos e feito alguns discursos.

A glória veio depois da moda, e pôs Dumas pai no lugar que lhe cabe neste século, como fez aos outros seus rivais. Cada gênio recebeu a sua palma. Se a moda fizer a Dumas filho o mesmo que aos outros, o tempo operará igual resgate, e os dois Dumas encherão juntos o mesmo século. Rara vez se dará uma sucessão destas, a glória engendrando a glória, o sangue transmitindo a imortalidade. Sabeis muito bem que, nem por ser filho, o Dumas, que ora faleceu, deixou de ser outra pessoa no teatro, grande e original. Entendeu o teatro de outra maneira, fez dele uma tribuna, mas o pintor era assaz consciente e forte para não deixar ao pé ou de envolta com a lição de moral ou filosofia uma cópia da sociedade e dos homens do seu tempo. Dizem também que o filho pôs a vida natural em cena; mas disso já se gabava o pai em 1833, e creio que ambos, cada qual no seu tempo, tinham razão.

Nem por ter saboreado a glória a largos sorvos, perdeu Dumas filho a adoração que tinha ao pai. Ao velho chegaram a chamar por troça "o pai Dumas". O filho, ao referi-lo, conta uma reminiscência dos sete anos. Era a noite da primeira representação de *Carlos VII*. Não entendeu nem podia entender nada do que via e ouvia. A peça caiu. O autor saiu do teatro, triste e calado, com o pequeno Alexandre, pela mão, este amiudando os passinhos para poder acompanhar as grandes pernadas do pai. Mais tarde, sempre que saía da primeira representação das próprias peças, coberto de aplausos, não podia esquecer, ao tornar para casa, aquela noite de 1831, e dizia consigo: "Pode ser, mas eu preferia ter escrito *Carlos VII*, que caiu". Conheceis todo o resto desse prefácio do *Filho natural*, não esquecestes a famosa e célebre página em que o autor da *Dama das camélias* fala ao autor de *Antony*. "Então começastes esse trabalho ciclópico que dura há quarenta anos..."

Também o dele durou quarenta anos. A mais de um espantou agora a notícia dos seus 71 anos de idade; e ainda anteontem, em casa de um amigo, dizia este com graça: "então lá se foi o velho Dumas". Todos tínhamos o sentimento de um Dumas moço, tão moço como a *Dama das camélias*. A verdade é que um e outro guardaram o segredo da eterna juventude.

Lá se foi toda a crônica. Relevai-me de não tratar de outros assuntos; este prende ainda com o tempo da nossa adolescência, a minha e a de outros.

Naquela quadra cada peça nova de Dumas Filho ou de Augier, para só falar de dois mestres, vinha logo impressa no primeiro paquete, os rapazes corriam a lê-la, a traduzi-la, a levá-la ao teatro, onde os atores a estudavam e a representavam ante um público atento e entusiasta, que a ouvia dez, vinte, trinta vezes. E adverti que não eram, como agora, teatros de verão, com jardim, mesas, cerveja e mulheres, com um edifício de madeira ao fundo. Eram teatros fechados, alguns tinham as célebres e incômodas travessas, que aumentavam na plateia o número dos assentos. Noites de festas; os rapazes corriam a ver a *Dama das camélias* e o *Filho de Giboyer*, como seus pais tinham corrido a ver o *Kean* e *Lucrécia Bórgia*. Bons rapazes, onde vão eles? Uns seguiram o caminho dos autores mortos, outros envelhecem, outros foram para a política, que é a velhice precoce, outros conservam-se como este que morreu tão moço.

8 de dezembro de 1895

Dai-me boa política e eu vos darei boas finanças. Quando o barão S. Louis não for mais nada na memória dos homens, este aforismo ainda há de ser citado, não tanto por ser verdadeiro, como por tapar o buraco de uma ideia. Talvez um dia, algum orador equivocadamente troque os termos e diga: Dai-me boas finanças, eu vos darei boa política. O que lhe merecerá grandes aplausos e dará nova forma ao aforismo. Assim fazem os alfaiates às roupas consertadas de um freguês.

Nada entendendo de política nem de finanças, não estou no caso de citar um nem outro, o primitivo e o consertado. Esta semana tivemos os escritos do sr. senador Oiticica e do sr. Afonso Pena, presidente do Banco da República. Entre uns e outros não posso dizer nada. Explico-me. Há nas palavras uma significação gramatical que, salvo o caso da pessoa escrever como fala e falar mal, entende-se perfeitamente. O que não chego a compreender é a significação econômica e financeira. Sei o que são lastros, não ignoro o que são emissões; mas o que do consórcio dos dois vocábulos entre si e com outros deve sair, é justamente o que me escapa. Podem arregimentar diante de mim os algarismos mais compridos, somá-los, diminuí-los, multiplicá-los, reparti-los, e eu conheço se as quatro operações estão certas, mas o que elas podem dizer, financeiramente falando, não sei. Há pessoas que não confessam isto, por motivos que respeito; algumas chegam a escrever estudos, compêndios, análises. Eu sou (com perdão da palavra) nobremente franco.

Em matéria de dinheiro, sei que a história dele combina perfeitamente com a do paraíso terrestre. Há cinquenta anos, diz uma folha rio-grandense de 21 do mês passado, "a moeda-papel era coisa raríssima no Rio Grande; ouro e prata eram as moedas que mais circulavam, inclusive as de cunho estrangeiro, como as onças e os patacões, que a alfândega recebia, aquelas a 32$ e estes a 2$". Para mim, estas palavras são mais claras que todos os autores deste mundo. Querem dizer que comprávamos tudo com ouro e prata, não havendo papel senão talvez para fazer coleções semelhantes às de selos, ocupação não sei se mais se menos recreativa que o jogo da paciência. Hoje, a circulação, como Margarida Gauthier, mira-se ao espelho e suspira: "*Combien je suis changée!*" Hoje quer dizer há muitos anos. E acrescenta como a heroína de Dumas Filho: "*Cependant, le docteur m'a promis de me guérir*". Que doutor? É o que se não sabe ao certo; devia dizer os doutores, ou mais simplesmente a Faculdade de Medicina. Realmente, os doutores tinham boa vontade. Conheci dois, há muitos anos, que eram como a homeopatia e a alopatia, dois sistemas opostos. Um curava com muitos banhos, outro com um banho só. Além de não chegarem a curar a nossa doente com um nem com muitos, eles próprios morreram, e a doente vai vivendo com a sua tuberculose. Como a triste Margarida, esta acrescenta no mesmo monólogo: *J'aurai patience*.

Provado que não entendo de finanças, espero que me não exijam igual prova acerca da política, posto que a política seja acessível aos mais ínfimos espíritos deste mundo. A questão, porém, não é de graduação, é de criação.

Um operoso deputado, o sr. dr. Nilo Peçanha, acaba de apresentar um projeto de lei destinado a impedir a fraude e as violências nas eleições. Não pode haver mais nobre intuito. Não há serviço mais relevante que este de restituir ao voto popular a liberdade e a sinceridade. É o que eu diria na Câmara se fosse deputado; e, quanto ao projeto, acrescentaria que é combinação mui própria para alcançar aqueles fins tão úteis. Onde, à hora marcada, não houver funcionários, o eleitor vai a um tabelião e registra o seu voto. Assim que, podem os capangas tolher a reunião das mesas eleitorais, podem os mesários corruptos (é uma suposição) não se reunirem de propósito: o eleitor abala para o tabelião e o voto está salvo.

Como tabelião, é que não sei se aprovaria a lei. O tabelião é um ente modesto, amigo da obscuridade, metido consigo, com os seus escreventes, com as suas escrituras, com o seu *Manual*. Trazê-lo ao tumulto dos partidos, à vista das ideias (outra suposição) é trocar o papel desse serventuário, que por índole e necessidade pública é e deve ser sempre imperturbável. O menos que veremos com isto é a entrada do tabelião no telegrama. Havemos de ler que um tabelião, com violência dos princípios e das leis, com afronta da verdade das classificações, sem nenhuma espécie de pudor, aceitou os votos nulos de menores, de estrangeiros e de mulheres. Outro será sequestrado na véspera, e o telegrama dirá, ou que resistiu nobremente à inscrição dos votos, ou que fugiu covardemente ao dever. Alguns adoecerão no momento psicológico. Se algum, por ter parentes no partido *teixeirista*, mandar espancar pelos escreventes os eleitores *dominguistas*, cometerá realmente um crime, e incitará algum colega aparentado com o cabo dos *dominguistas* a restituir aos *teixeiristas* as pancadas distribuídas em nome daqueles. Deixemos os tabeliães onde eles devem ficar — nos romances de Balzac, nas comédias de Scribe e na rua do Rosário.

Mas, que remédio dou então para fazer todas as eleições puras? Nenhum; não entendo de política. Sou um homem que, por ler jornais e haver ido em criança às galerias das câmaras, tem visto muita reforma, muito esforço sincero para alcançar a verdade eleitoral, evitando a fraude e a violência, mas por não saber de política, ficou sem conhecer as causas do malogro de tantas tentativas. Quando a lei das minorias apareceu, refleti que talvez fosse melhor trocar de método, começando por fazer uma lei da representação das maiorias. Um chefe político, varão hábil, pegou da pena e ensinou, por circular pública, o modo de cumprir e descumprir a lei, ou, mais catolicamente, de ir para o céu comendo carne à sexta-feira. Questão de algarismos. Vingou o plano; a lei desapareceu. Vi outras reformas; vi a eleição direta servir aos dois partidos, conforme a situação deles. Vi... Que não tenho eu visto com estes pobres olhos?

A última coisa que vi foi que a eleição é também outra Margarida Gauthier. Talvez não suspire, como as primeiras: *Combien je suis changée!* Mas com certeza atribuirá ao doutor a promessa de a curar, e dirá como a irmã do teatro e a da praça: *J'aurai patience.*

15 de dezembro de 1895

Temo errar, mas creio que Lopes Neto foi o primeiro brasileiro que se deixou queimar, por testamento, com todas as formalidades do estilo. As suas cinzas, no discurso dos oradores, foram verdadeiramente cinzas. Agora repousam no lugar indicado pelo testador, e é mais um exemplo que dá a sociedade italiana da incineração aos homens que vão morrer. Estou certo, porém, que o sentimento produzido nos patrícios de Lopes Neto foi menos de admiração que de horror. Toda gente que conheço repele a ideia de ser queimada. Ninguém abre mão de ir para baixo da terra integralmente, deixando aos amigos póstumos do homem o ofício de lhe comerem os últimos bocados.

São gostos, são costumes. De mim confesso que tal é o medo que tenho de ser enterrado vivo, e morrer lá embaixo, que não recusaria ser queimado cá em cima. Poeticamente, a incineração é mais bela. Vede os funerais de Heitor. Os troianos gastam nove dias em carregar e amontoar as achas necessárias para uma imensa fogueira. Quando a Aurora, sempre com aqueles seus dedos cor-de-rosa, abre as portas ao décimo dia, o cadáver é posto no alto da fogueira, e esta arde um dia todo. Na manhã seguinte, apagadas as brasas, com vinho, os lacrimosos irmãos e amigos do magnânimo Heitor coligem os ossos do herói e os encerram na urna, que metem na cova, sobre a qual erigem um túmulo. Daí vão para o esplêndido banquete dos funerais no palácio do rei Príamo.

Bem sei que nem todas as incinerações podem ter esta feição épica; raras acabarão um livro de Homero, e a vulgaridade dará à cremação, como se lhe chama, um ar chocho e administrativo. O sr. conde de Herzberg há de morrer um dia (que seja tarde!) e será inumado, quando menos para ser coerente. Outros condes virão, e se a prática do fogo houver já vencido, poderão celebrar contrato com a Santa Casa para queimar os cadáveres nos seus próprios estabelecimentos. Então é que havemos de abençoar a memória do atual conde! Naturalmente haverá duas espécies de classes, a presente (coches, cavalos etc.) e a da própria incineração, que se distinguirá pelo esplendor, mediania ou miséria dos fornos, vestuários dos incineradores, qualidade da madeira. Haverá o forno comum substituindo a vala comum dos cemitérios.

Se isto que vou dizendo parecer demasiado lúgubre, a culpa não é minha, mas daquele distinto brasileiro, que morreu duas vezes, a primeira surdamente, a segunda com o estrondo que acabais de ouvir. Confesso que a morte de Lopes Neto veio lembrar-me que ele não havia morrido. Os octogenários de cá, ou trabalham como Ottoni, no Senado, ou descansam das suas grandes fadigas militares, como Tamandaré, que ainda ontem fez anos. Há dias vi Sinimbu, ereto como nos fortes dias da maturidade. Vi também o mais estupendo de todos, Barbacena, jovem nonagenário, que espera firme o princípio do século próximo, a fim de o comparar ao deste, e verificar se traz mais ou menos esperanças que as que ele viu em menino. Posso adivinhar que há de trazer as mesmas. Os séculos são como os anos que os compõem.

Lopes Neto foi meter-se na Itália, para que esquecessem os seus provados talentos e os serviços que prestou ao Brasil. Não faltam ali cidades nem vilas onde um homem possa dormir as últimas noites, ou andar os últimos dias entre um quadro eterno e uma eterna ruína. A língua que ali se ouve imagino que repercutirá na alma estrangeira como as estrofes dos poetas da terra. Por mais que o velho Crispi e o seu inimigo Cavalloti estraguem o próprio idioma com os barbarismos que o Parlamento impõe, um homem de boa vontade pode ouvi-los, com o pensamento nos tercetos de Dante, e se os repetir consigo, acaba crendo que os ouviu do próprio poeta. Tudo é sugestivo neste mundo.

Suponho que o nosso finado patrício não ouviria exclusivamente os poetas. A política deixa tal unhada no espírito, que é difícil esquecê-la de todo, mormente aqueles a quem lhes nasceram os dentes nela. Se tivesse vivido um pouco mais, leria os telegramas que levaram esta semana a toda Itália, como ao resto do mundo, a notícia do desastre de Eritreia. Talvez a idade ainda lhe consentisse irritar-se como os patriotas italianos, e clamar com eles pela necessidade da desforra. Sentiria igualmente a dor das mães e esposas que correram às secretarias para saber da sorte dos filhos e maridos. Execraria naturalmente aquele negus e todos os seus rases, que dispõem de tantos e inesperados recursos. Mas, pondo de lado a grandeza da dor e o brio dos vencidos, se Lopes Neto tivesse a fortuna de haver esquecido a política e as suas duras necessidades, acharia sempre algum retábulo velho, algum trecho de mármore, alguma cantiga de rua, com que passar as manhãs de azul e sol.

Uma das máximas que escaparam a mestre Calino é que nem tudo é guerra, nem tudo é paz, e as coisas valem segundo o estado da alma de cada um. O estilo é que não traria esses colarinhos altos e gomados, mas caídos à marinheira. Calino tinha a virtude de falar claro, a sua tolice era transparente. O que eu quero dizer pela linguagem deste grande descobridor de mel de pau é que nem toda a Itália é Cipião; alguma parte há de ser Rafael e outros defuntos.

Lá ficou entre esses, incinerado como tantos antigos, o homem que deu princípio a esta crônica, e já agora lhe dará fim. O céu italiano lhe terá feito lembrar o brasileiro, e quero crer que a sua última palavra foi proferida na nossa língua; mas, como a confusão das línguas veio do orgulho humano, é certo que o céu, que é só um, entende-as todas, como antes de Babel, e tanto faz uma como outra, para merecer bem. A última ou penúltima vez que vi Lopes Neto estava com um jovem de quinze anos, filho de Solano Lopes, que apresentava a algumas pessoas, na rua do Ouvidor. O moço sorria sem convicção; eu pensava nas vicissitudes humanas. Se o pai não tivesse feito a guerra, haveria morrido em Assunção, e talvez ainda estivesse vivo. O filho seria o seu natural sucessor, e o atual presidente do Paraguai não estaria no poder. Ó fortuna! ó loteria! ó bichos!

22 de dezembro de 1895

Se a semana que ora acaba, for condenada perante a eternidade, não será por falta de acontecimentos. Teve-os máximos, médios e mínimos. Toda ela foi de orçamentos e impostos novos. Criou-se um segundo partido político. A mensagem de Cleveland estourou como uma bomba, entre o mundo novo e o velho. Chegou a proposta de arbitramento para o negócio da ilha da Trindade. Juntai a isto os discursos, os boatos, as denúncias de contrabando, as divergências de opiniões, e confessai que poucas semanas levarão a alcofa tão cheia.

A questão dos impostos, força é dizê-lo, sendo a mais imediata, é a que menos tem agitado os espíritos. Em verdade, as outras são maiores, e entendem com interesses mais altos. Impostos revogam-se ou cerceiam-se um dia. A Trindade tem de ser resolvida eficaz e perpetuamente. A doutrina de Monroe pode alterar a situação política do mundo, e trazer guerra, a não ser que traga paz. O futuro descansa nos joelhos dos deuses. Creio que isto é de Homero.

Dos impostos, o único discutido nas folhas públicas é o que recai sobre produtos farmacêuticos. As drogas importadas vão pagar mais do duplo, a ver se as da terra se desenvolvem. Um boticário já me avisou que hei de pagar certo remédio por mais do dobro do que ora me custa, e não é pouco. Deste cidadão sei que há cerca de dois anos tentou fazê-lo no próprio laboratório, mas saiu-lhe uma droga muito ordinária, como me confessou e eu acreditei. A não ser que alguém falsifique o preparado e o dê por pouco menos, não me resta mais que dispensá-lo e beber outra coisa.

Eu, quando quero dizer algum disparate que não magoe o próximo, costumo anunciar que a farmácia há de ser a última religião deste mundo. E dou por fundamento que o homem estima mais que nenhuma outra coisa a saúde e a vida, e não precisa que a farmácia lhe dê uma e outra, basta que ele o suponha. Não nego que o homem tenha necessidades morais; concedo o vigário, mas não me tirem o boticário. E assim vou rindo por aí adiante, sem grande dispêndio de ideias. Uma ideia só, renovada pela ocasião, pela disposição, pelos ouvintes, dá muito de si. Há tal, que o próprio autor supõe inteiramente nova.

Pois, senhores, estou com vontade de me declarar, não cismático, que é escolher entre a droga importada e cara e a fabricada aqui mesmo e pouco menos cara, mas ateu, totalmente ateu. Se a saúde vai subir tanto de preço, melhor é ficar com a doença barata. Padece-se, mas sempre haverá com que matar uma galinha para a dieta. E — quem sabe? — pode ser que a saúde tenha mudado de domicílio, nos saia de qualquer outro armazém ou dos ares da Tijuca. Caso haverá em que ela resida em nós mesmos, salvo a parte enferma, e vai senão quando amanheçamos curados.

Quando o cólera-mórbus aqui apareceu, não sei se da primeira, se da segunda vez, morreu muita gente. Era eu criança, e nunca me esqueceu um farmacêutico de grandes barbas, que inventou um remédio líquido e escuro contra a epidemia. Se curativo ou preservativo, não me lembro. O que me lembra, é que a farmácia e a rua estavam cheias de pessoas armadas de garrafas vazias, que saíam cheias e pagas. O preço era do tempo em que os medicamentos também se vendiam por moedas fracionárias; havia remédios de 200 réis, de 600 réis etc. A contabilidade atual exige uma gradação certa: mil-réis, mil e quinhentos, dois mil-réis, dois mil e quinhentos, três, quatro, cinco, seis, oito, dez, quinze, vinte etc. O das grandes barbas ajuntou um bom pecúlio; mas por que levou o segredo para a sepultura? Por que não imprimiu e distribuiu a fórmula? Agora, se tal moléstia cá voltar, teremos de inventar outra coisa, que terá a novidade por si, é verdade, mas a velhice também recomenda.

Vede Ayer. Há quantos anos este homem, com um simples peitoral e umas pílulas, tem restituído a saúde ao mundo inteiro! Conheci-lhe o retrato moço; agora é um velho. Mas os anos não têm feito mais que desenvolver os efeitos da invenção. Ayer chega a servir naquilo mesmo que não cura: a angina diftérica. "Quando se descobrem os primeiros sintomas da doença (diz o *Manual de saúde*, de 1869), e enquanto o médico não chega, a garganta deve ser gargarejada ou pintada com sumo puro de lima ou de limão. Produz também efeito o pó de enxofre assoprado na garganta. Pode também dar-se com vantagem uma dose alta de peitoral de cereja, do dr. Ayer. Depois da angina diftérica, tome-se a salsaparrilha do dr. Ayer, para remover da circulação o vírus da doença e reconstituir o sistema." Um chapeleiro do Texas confirma isto, escrevendo que, depois de curado da angina, ficou com a garganta em mau estado, constipava-se a miúdo, e receava que a doença tornasse; experimentou o peitoral de Ayer, ficou bom e perdeu o medo. Whartenberg chama-se este chapeleiro. Quem sabe se o chapéu que trago, não saiu das mãos dele, aos pedaços, para ser depois composto e vendido aqui?

Suponhamos que o imposto alto recaia no peitoral e nas pílulas do dr. Ayer. Não examinei este ponto; mas a conclusão é interessante. Whartenberg continuará a mandar-nos os seus chapéus, aos pedaços, e nós não poderemos ingerir o peitoral que restituiu a saúde a Whartenberg. Estudem isso os competentes; eu passo à organização do Partido Democrático Federal.

Segundo li, contrapõe-se este partido ao Republicano Federal, para formar os dois partidos necessários "ao livre jogo das instituições", segundo dizem os publicistas. Eu julgo as coisas pelas palavras que as nomeiam, e basta ser partido para não ser inteiro. Assim, por mais vasto que seja o programa do Partido Republicano Federal, não podia conter todos os princípios e aspirações, alguma coisa ficou de fora, com que organizar outro partido. A regra é que haja dois. O dia faz-se de duas partes, a manhã e a tarde. O homem é um composto de dualidades. A principal delas é a alma e o corpo; e o próprio corpo tem um par de braços, outro de pernas, os olhos são dois, as orelhas duas, as ventas duas. Finalmente, não há casamento sem duas pessoas.

Pode haver casamentos de três pessoas, mas tal casamento é um triângulo. Não confundam com o nosso triângulo eleitoral. Repito o próprio nome que lhe dá Ibsen, ou antes um dos seus personagens. Os Estados Unidos da América, com o seu jovem Partido *Populist*, já estão de triângulo, e a Inglaterra também com o Partido Irlandês; dado que este fique desdobrado em parnellistas e não parnellistas, haverá quatro, e será o caso de dançarem uma quadrilha, como dizia outro dramaturgo, Dumas, também pela boca de um dos seus personagens, falando de mulheres. Os partidos franceses, se levarmos em conta as indicações dos seus lugares na Câmara, chegam a dançar uma quadrilha americana.

Entre nós a quadrilha, mais que americana, americaníssima, poderá entrar em uso, se convertermos os partidos em simples bancadas, desde a bancada mineira até a bancada goiana. Seria um desastre. Antes o triângulo, se vingar o Partido

Monarquista. Se não, fiquemos com a simples valsa, o varão e a dona enlaçados, ele vestido de autoridade, ela toucada de liberdade, correndo a sala toda, ao som da orquestra dos princípios.

29 de dezembro de 1895

À beira de um ano novo, e quase à beira de outro século, em que se ocupará esta triste semana? Pode ser que nem tu, nem eu, leitor amigo, vejamos a aurora do século próximo, nem talvez a do ano que vem. Para acabar o ano faltam trinta e seis horas, e em tão pouco tempo morre-se com facilidade, ainda sem estar enfermo. Tudo é que os dias estejam contados.

Algum haverá que nem precise tê-los contados; desconta-os a si mesmo, como esse pobre Raul Pompeia, que deixou a vida inesperadamente, aos trinta e dois anos de idade. Sobravam-lhe talentos, não lhe faltavam aplausos nem justiça aos seus notáveis méritos. Estava na idade em que se pode e se trabalha muito. A política, é certo, veio ao seu caminho para lhe dar aquele rijo abraço que faz do descuidado transeunte ou do adventício namorado um amante perpétuo. A figura é manca; não diz esta outra parte da verdade — que Raul Pompeia não seguiu a política por sedução de um partido, mas por força de uma situação. Como a situação ia com o sentimento e o temperamento do homem, achou-se ele partidário exaltado e sincero, com as ilusões todas — das quais se deve perder metade para fazer a viagem mais leve — com as ilusões e os nervos.

Tal morte fez grande impressão. Daqueles mesmos que não comungavam com as suas ideias políticas, nenhum deixou de lhe fazer justiça à sinceridade. Eu conheci-o ainda no tempo das puras letras. Não o vi nas lutas abolicionistas de São Paulo. Do *Ateneu*, que é o principal dos seus livros, ouvi alguns capítulos então inéditos, por iniciativa de um amigo comum. Raul era todo letras, todo poesia, todo Goncourts. Estes dois irmãos famosos tinham qualidades que se ajustavam aos talentos literários e psicológicos do nosso jovem patrício, que os adorava. Aquele livro era um eco do colégio, um feixe de reminiscências, que ele soubera evocar e traduzir na língua que lhe era familiar, tão vibrante e colorida, língua em que compôs os numerosos escritos da imprensa diária, nos quais o estilo respondia aos pensamentos.

A questão do suicídio não vem agora à tela. Este velho tema renasce sempre que um homem dá cabo de si, mas é logo enterrado com ele, para renascer com outro. Velha questão, velha dúvida. Não tornou agora à tela, porque o ato de Raul Pompeia incutiu em todos uma extraordinária sensação de assombro. A piedade veio realçar o ato, com aquela única lembrança do moribundo de dois minutos, pedindo à mãe que acudisse à irmã, vítima de uma crise nervosa. Que solução se dará ao velho tema? A melhor é ainda a do jovem Hamlet: *The rest is silence*.

Mas deixemos a morte. A vida chama-nos. Um amigo meu, que foi ao cemitério, trouxe de lá a sensação da tranquilidade, quase da atração do lugar, mas não como lugar de mortos, senão de vivos. Naturalmente achou naquele ajuntamento de casas brancas e sossegadas uma imagem de vila interior. A capital é o contrário. A vida ruidosa chama-nos, leitor amigo, com os seus mil contos de réis da loteria que correu ontem na Bahia.

A ideia da agência-geral, Casa Camões & C., de expor na véspera o cheque dos mil contos de réis para ser entregue ao possuidor do bilhete a quem sair aquela soma, foi quase genial. Não bastava dizer ou escrever que o prêmio é de mil contos e que havia de sair a alguém. A maior parte dos incrédulos que ali passavam — falo dos pobres — não acreditavam a possibilidade de que tais mil contos lhes saíssem a eles. Eram para eles uma soma vaga, incoercível, abstrata, que lhes fugiria sempre. A Agência Camões & C. não esqueceu ainda os *Lusíadas*, decerto; há de lembrar-se da ilha dos Amores, quando os fortes navegantes dão com as ninfas nuas, e deitam a correr atrás delas. Sabe muito melhor que eu, que os rapazes, à força de correr, dão com elas no chão. A vitória foi certa e igual, e, sem que o poema traga a estatística dos moços e das moças, é sabido que ninguém perdeu na luta, tal qual sucede às loterias deste continente. Mas o pobre quando vê muita esmola, desconfia. Os mil contos eram uma só ninfa, que corria por todas as outras, e que ele não ousava crer que alcançasse, ainda recitando os afamados e doces versos da Agência Camões & C.:

> Oh! não me fujas! Assim nunca o breve
> Tempo fuja da tua formosura!

Dizer versos é uma coisa, e receber mil contos de réis é outra. Às vezes excluem-se. Quando, porém, os mil contos se lhe põem diante dos olhos, sob a forma de um cheque, uma ordem de pagamento, o mais incrédulo entra e compra um bilhete; aos mais escrupulosos ficará até a sensação esquisita de estar cometendo um furto, tão certo lhes parece que o cheque vai atrás do bilhete, e que ele está ali, está na tesouraria do banco. A venda deve ter sido considerável.

De resto, quem é que, de um ou de outro modo, não expõe o seu cheque à porta? O próprio espiritismo, que se ocupa de altos problemas, fez do sr. Abalo um cheque vivo, e ninguém ali entra sem a certeza de que verá a eternidade, ou definitivamente pela morte, ou provisoriamente pela loucura. Os que não têm tal certeza e ficam pasmados do prêmio que lhes cai nas mãos, imitam nisto os que compram bilhetes de loteria para fugir à perseguição dos vendedores, que trepam aos bondes, e os metem à cara da gente.

O inquérito aberto pela polícia, por ocasião de alguns prêmios saídos aos fregueses, é duas vezes inconstitucional: 1º, por atentar contra a liberdade religiosa; 2º, por ofender a liberdade profissional. Eu, irmão noviço, posso morrer sem crime de ninguém; é um modo de ir conversar outros espíritos e associar-me a algum que traga justamente a felicidade ao nosso país. Quanto a ti, irmão professo, não é claro que tanto podes curar por um sistema como por outro? Quem te impede de comerciar, ensinar piano, legislar, consertar pratos, defender ou acusar em juízo? Se a polícia examina os casos recentes de loucura mais ou menos varrida, produzidos pelas práticas do sr. Abalo, não ataca só ao sr. Abalo, mas ao meu cozinheiro também. Acaso é este responsável pelas indigestões que saem dos seus jantares? Que é a demência senão uma indigestão do cérebro?

E acabo *A Semana* sem dizer nada daquele cão que salvou o sr. Estruc, na praia do Flamengo, às cinco horas da manhã. A rigor, tudo está dito, uma vez que se sabe que os cães amam os donos, e o sr. Estruc era dono deste. Nadava o dono longe da praia, sentiu perder as forças e gritou por socorro. O cão, que estava em terra e não tirava os olhos dele, percebeu a voz e o perigo, meteu-se no mar, chegou ao dono, segurou-o com os dentes e restituiu-o à terra e à vida. Toda a gente ficou abalada com o ato do cão, que uma folha disse ser "exemplo de nobreza", mas que eu atribuo ao puro sentimento de gratidão e de humanidade. Ao ler a notícia lembrei-me das muitas vezes que tenho visto donos de cães, metidos em bondes, serem seguidos por eles na rua, desde o largo da Carioca até o fim de Botafogo ou das Laranjeiras, e disse comigo: Não haverá homem que, sabendo andar, acuda aos pobres-diabos que vão botando a alma pela boca fora? Mas ocorreu-me que eles são tão amigos dos senhores, que morderiam a mão dos que quisessem suspender-lhes a carreira, acrescendo que os donos dos cães poderiam ver com maus olhos esse ato de generosidade.

5 de janeiro de 1896

Quisera dizer alguma coisa a este ano de 1896, mas não acho nada tão novo como ele. Pode responder-nos a todos que não faremos mais que repetir os amores contados aos que passaram, iguais esperanças e as mesmas cortesias. "Não me iludis — dirá 1896 —, sei que me não amais desinteressadamente; egoístas eternos, quereis que eu vos dê saúde e dinheiro, festas, amores, votos e o mais que não cabe neste pequeno discurso. Direis mal de 1895, vós que o adulastes do mesmo modo quando ele apareceu; direis o mesmo mal de mim, quando vier o meu sucessor."

Para não ouvir tais injúrias, limito-me a dizer deste ano que ninguém sabe como ele acabará, não porque traga em si algum sinal meigo ou terrível, mas porque é assim com todos eles. Daí a inveja que tenho às palavras dos homens públicos. Agora mesmo o presidente da República Francesa declarou, na recepção do Ano-Bom, que a política da França é pacífica; declaração que, segundo a Agência Havas, causou a mais agradável impressão e segurança a toda a Europa. Oh! por que não nasci eu assaz político para entender que palavras dessas podem suster os acontecimentos, ou que um país, ainda que premedite uma guerra, venha denunciá-la no primeiro dia do ano, avisando os adversários e assustando o comércio e os neutros! Pela minha falta de entendimento, neste particular, declarações tais não me comovem, menos ainda se saem da boca de um presidente como o da República Francesa, que é um simples rei constitucional, sem direito de opinião.

Napoleão III tinha efetivamente a Europa pendente dos lábios no dia 1º de janeiro; mas esse, pela Constituição imperial, era o único responsável do governo, e, se prometia paz, todos cantavam a paz, sem deixar de espiar para os lados da França, creio eu. Um dia, declarou ele que os tratados de 1815 tinham deixado de existir, e tal foi o tumulto por aquele mundo todo, que ainda cá nos chegou o eco. Um socialista, Proudhon, respondeu-lhe perguntando, em folheto, se os tratados de 1815 podiam deixar de existir, sem tirar à Europa o direito público. Nesse dia, tive um vislumbre de política, porque entendi o rumor e as suas causas, sem negar, entretanto, que os anos trazem, com o seu horário, o seu roteiro.

Não sabemos dos acontecimentos que este nos trará, mas já sabemos que nos trouxe a lembrança de um — o centenário do sino grande de São Francisco de Paula. Na véspera do dia 1º deste mês, ao passar pelo largo, dei com algumas pessoas olhando para a torre da igreja. Não entendendo o que era, fui adiante; no dia seguinte, li que se ia festejar o centenário do sino grande. Não me disseram o sentido da celebração, se era arqueológico, se metalúrgico, se religioso, se simplesmente atrativo da gente amiga de festejar alguma coisa. Cheguei a supor que era uma loteria nova, tantas são as que surgem, todos os dias. Loterias há impossíveis de entender pelo título, e nem por isso são menos afreguesadas, pois nunca faltam Champollions aos hieróglifos da velha fortuna.

Isto ou aquilo, o velho sino merece as simpatias públicas. Em primeiro lugar, é sino, e não devemos esquecer o delicioso capítulo que sobre este instrumento da igreja escreveu Chateaubriand. Em segundo lugar, deu bons espetáculos à gente que ia ver cá de baixo o sineiro agarrado a ele. Um dia, é certo, o sineiro voou da torre e veio morrer em pedaços nas pedras do largo; morreu no seu posto.

Aquela igreja tem uma história interessante. Vês ali na sacristia, entre os retratos de corretores, um velho Siqueira, calção e meia, sapatos de fivela, cabeleira postiça, e chapéu de três bicos na mão? Foi um dos maiores serviçais daquela casa. Síndico durante trinta e um anos, morreu em 1811, merecendo que vá ao fim do primeiro século e entre pelo segundo. O que mais me interessa nele é a pia fraude que empregava para recolher dinheiro e continuar as obras da igreja. Aos que desanimavam, respondia que contassem com algum milagre do patriarca. De noite, ia ele próprio ao adro da igreja, chegava-se à caixa das esmolas e metia-lhe todo o dinheiro que levava, de maneira que, aos sábados, aberta a caixa, davam com ela pejada do necessário para saldar as dívidas. As rondas seriam poucas, a iluminação escassa, fazia-se o milagre e com ele a igreja. Não digo que os Siqueiras morressem; mas, tendo crescido a polícia e paralelamente a virtude, o dinheiro é dado diretamente às corporações, e dali a notícia às folhas públicas.

Não faltará quem pergunte como é que tal milagre, feito às escondidas, veio a saber-se tão miudamente que anda em livros. Não sei responder; provavelmente houve espiões, se é que o amor da contabilidade exata não levou o velho Siqueira a inscrever em cadernos os donativos que fazia. Há outro costume dele que justifica esta minha suposição. Siqueira possuía navios; simulava (sempre a simulação!) ter neles um marinheiro chamado Francisco de Paula, e pagava à igreja o ordenado correspondente. O donativo era assim ostensivo por amor da contabilidade.

A contabilidade podia trazer-me a coisas mais modernas, se me sobrasse tempo; mas o tempo é quase nenhum. Resta-me o preciso para dizer que também fez o seu aniversário, esta semana, a inauguração do Panorama do Rio de Janeiro, na praça Quinze de Novembro. Foi em 1891; há apenas cinco anos, mas os centenários não são blocos inteiros, fazem-se de pedaços. As pirâmides tiveram o mesmo processo. A arte não nasceu toda nem junta. O Panorama resistiu, notai bem, às balas da revolta. Certa casa próxima, onde eu ia por obrigação, foi mais de uma vez marcada por elas; na própria sala em que me achei, caíram duas. Conservo ainda, ao pé de algumas relíquias romanas, uma que lá caiu na segunda-feira 2 de outubro de 1893. O Panorama do Rio de Janeiro não recebeu nenhuma, ou resistiu-lhes por um prodígio só explicável à vista dos fins artísticos da construção. Que as paixões políticas lutem entre si, mas respeitem as artes, ainda nas suas aparências.

Adeus. O sol arde, as cigarras cantam, um cão late, passa um bonde. Consolemo-nos com a ideia de que um dia, de todos estes fenômenos, nem o sol existirá. É banal, mas o calor não dá ideias novas. Adeus.

12 de janeiro de 1896

Quando li o relatório da polícia acerca do Jardim Zoológico, tive uma comoção tão grande, que ainda agora mal posso pegar na pena. Vou dizer porquê. Sabeis que o jogo dos bichos acabou ali há muito tempo. Carneiro, macaco, elefante, porco, tudo fugiu do Jardim Zoológico e espalhou-se pelas ruas. Este fenômeno é igual a tantos que se dão na organização das cidades. A princípio, os moradores é que vão buscar a água às fontes; mais tarde, o encanamento é que a leva aos moradores. Dá-se com os bichos a mesma coisa. Não há casa, não há cozinha, e raro haverá sala que não possua uma pia, aonde vá ter a água de Vila Isabel. Há tal armarinho, onde entre o aperto de mão e a compra das agulhas, a conversação não tem outro assunto.

— Eu, sr. Maciel — diz a moça examinando as agulhas —, sempre tive confiança no cavalo.

Ele, debruçando-se:

— Creia, d. Mariquinhas, que é animal seguro. O burro não é menos; mas o cavalo é muito mais. As agulhas servem?

Talvez o leitor não entenda bem esse esclarecimento. D. Mariquinhas entende; dá dois dedos de palestra, cinco em despedida, e vai direita mandar comprar no cavalo.

Uma empresa lembrou-se de substituir no Jardim Zoológico o jogo dos animais pelo dos divertimentos. Não foi mal imaginado; cada bilhete de entrada leva a indicação de um jogo lícito, desde o bilhar, que é o primeiro da lista, até o... Aqui vem a causa da minha comoção. Que pensais, vós que não lestes o relatório da polícia, que jogo pensais que é o último, o 25º da lista? É o xadrez. Que vai fazer nessa galeria o grave xadrez? É lícito, não há dúvida, nem há coisa mais lícita que ele; mas o gamão também o é, e não vejo lá o gamão.

Quis enganar-me. Quis supor que era um aviso aquela palavra posta no fim da lista, como se dissesse: após tantos divertimentos, tudo acaba no xadrez da polícia. Mas certamente a empresa não levaria a paixão do trocadilho até o ponto de espantar os fregueses, conquanto esta paixão seja das mais violentas que podem afligir um homem. Também não creio que fosse ironia pura, um modo de dizer que não há perigo; seria descrer de uma coisa certa. Podem escapar alguns criminosos, como em toda a parte do mundo, mas alguns não são todos. Aí está, para não ir mais longe, o caso do desfalque municipal; é possível que se não ache o dinheiro, por esta velha regra que o desfalque, uma vez descoberto, põe logo umas barbas, e embarca ou finge que embarca; mas o culpado receberá o castigo, é o principal para a moral pública.

Meu bom xadrez, meu querido xadrez, tu que és o jogo dos silenciosos, como te podes dar naquele tumulto de frequentadores? Quero crer que ninguém te joga, nem será possível fazê-lo. Basta saber que há uma hora certa, às seis da tarde, em que sai de dentro de um tubo de ferro uma bandeira com o nome de um jogo. Como podes tu correr a ver o nome da bandeira, se tens de defender o teu rei — branco ou preto — ou atacar o contrário, preto ou branco? Outra coisa que deve impedir que te joguem, é a vozeria que, segundo o relatório da polícia, se levanta logo que a bandeira é hasteada. A autoridade explica a vozeria pelo fato de uns perderem e outros ganharem; mas a explicação da empresa é mais lógica. Diz ela que o nome do jogo hasteado não quer dizer senão que tal jogo será gratuito dessa hora em diante para todos os frequentadores do Jardim; para os outros será preciso comprar bilhete. Creio; mas o que não creio é que dois verdadeiros jogadores do xadrez, aplicados ao ataque e à defesa, possam consentir em deixar tão nobre ação para ir ao pau-de-sebo ou qualquer outra recreação gratuita.

Li tudo, li os autos de perguntas feitas a vários cidadãos. Um destes, por nome Maia, carpinteiro de ofício, declarou que, com os tristes dez tostões de cada bilhete que paga à porta do Jardim Zoológico, tem já ganho um conto e quatrocentos mil-réis. Não disse em que prazo, mas podendo comprar cinco ou mais bilhetes por dia, e sendo a empresa nova, é provável que tenha ajuntado aquele pecúlio em poucas semanas. Em verdade, se um homem pode ganhar tanto dinheiro passeando às tardes, entre plantas, à espera que a bandeira seja hasteada, é caso para seduzir outras pessoas que não sobem dos quatro ou cinco mil-réis por dia com a simples enxó. E ainda esses têm uma enxó; e os que não têm enxó nem nada?

Tudo pode ser, contanto que me salvem o xadrez. A polícia — ou para não confundir este jogo com o nome vulgar da sua prisão, ou porque efetivamente queira restituir cada um ao seu ofício — mandou que os bilhetes não tragam nenhum nome de divertimento. A opinião dos interrogados é que, sem isto, todo o fervor bucólico se perde. Não conhecendo a força inventiva da empresa, não sei o que ela fará. Suponhamos que manda imprimir os bilhetes sem nenhum dizer delituoso, mas que os faz de cores diferentes. Às mesmas seis horas da tarde, sobe uma bandeira da cor que deve ganhar; aí está o mesmo processo sem palavras. É difícil impedir que os bilhetes sejam de todas as cores, nem que as bandeiras subam ao ar na ponta de um pau. A polícia só tem um recurso, é a publicação que faço aqui, antecipadamente, de maneira que a empresa não pode já empregar este sistema sem se desmascarar.

Nem sempre os jardins escondem jogos ilícitos. Vede o Jardim Botânico; está publicada a estatística das pessoas que lá foram no ano passado: 45.086, isto é, mais 10.427 que o ano de 1894. Notai que dos estrangeiros em trânsito o número, que em 1894 foi de 929, subiu no ano passado a 3.622. No total do mesmo ano estão inclusas 8.188 crianças. Não abuso dos algarismos; eu próprio não me dou muito com eles, mas os que aí vão, sempre consolam alguma coisa, no tocante à nossa vocação bucólica.

Outro jardim — é o último — abriu domingo passado as portas. Entrava-se com bilhete e havia bandeiras hasteadas. A presença do sr. chefe de polícia podia fazer desconfiar; mas a circunstância de serem os bilhetes distribuídos pelo próprio sr. presidente da República tranquilizou a todos, e, com pouco, reconhecemos que o Ginásio Nacional não encobre nenhuma loteria. Os premiados houveram-se sem jactância nem acanhamento e os bacharelandos prestaram o compromisso regulamentar, modestos e direitos. Um deles fez o discurso do estilo; o sr. dr. Paula Lopes falou gravemente em nome da corporação docente, até que o diretor do externato, o sr. dr. José Veríssimo, encerrou a cerimônia com um discurso que acabou convidando os jovens bacharéis a serem homens.

Eu não quero acrescentar aqui tudo o que penso do sr. dr. José Veríssimo. Seria levado naturalmente a elogiar a *Revista Brasileira*, que ele dirige, e a parecer que faço um reclamo, quando não faço mais que publicar a minha opinião, a saber, que a revista é ótima.

19 de janeiro de 1896

Se não fosse o receio de cair no desagrado das senhoras, dava-lhes um conselho. O conselho não é casto, não é sequer respeitoso, mas é econômico, e por estes tempos de mais necessidade que dinheiro, a economia é a primeira das virtudes.

Vá lá o conselho. Sempre haverá algumas que me perdoem. A poesia brasileira, que os poetas andaram buscando na vida cabocla, não deixando mais que os versos bons e maus, isto nos dai agora, senhoras minhas. Fora com obras de modistas; mandai tecer a simples arazoia, feita de finas plumas, atai-a à cintura e vinde passear cá fora. Podeis trazer um colar de cocos, um cocar de penas e mais nada. Escusai leques, luvas, rendas, brincos, chapéus, tafularia inútil e custosíssima. A dúvida única é o calçado. Não podeis ferir nem macular os pés acostumados à meia e à botina, nem nós podemos calçar-vos, como João de Deus queria fazer à *descalça* dos seus versos:

> Ah! não ser eu o mármore em que pisas...
> Calçava-te de beijos.

Não seria decente nem útil; para essa dificuldade creio que o remédio seria inventar uma alpercata nacional, feita de alguma casca brasileira, flexível e sólida. E estáveis prontas. Nos primeiros dias, o espanto seria grande, a vadiação maior e a circulação impossível; mas, a tudo se acostuma o homem. Demais, o próprio homem teria de mudar o vestuário. Um pedaço de couro de boi, em forma de tanga, sapatos atamancados para durarem muito, um chapéu de pele eterna, sem bengala nem guarda-chuva. O guarda-chuva não era só desnecessário, mas até pernicioso, visto que a única medicina e a única farmácia baratas passam a ser (como eu dizia a uma amiga minha) o padre Kneipp e a água pura.

Em verdade, esse padre alemão, nascido para médico, descobriu a melhor das medicações para um povo duramente tanado na saúde. Quem mais tomará as pílulas de Vichi comprimidas, o vinho de Labarraque ou a simples magnésia de Murray (estrangeiras ou nacionais, pois que o preço é o mesmo), quem mais as tomará, digo, se basta passear na relva molhada, pés descalços, com dois minutos de água fria no lombo, para não adoecer? Conheço alguns que vão trocar a alopatia pela homeopatia, a ver se acham simultaneamente alívio à dor e às algibeiras. A homeopatia é o protestantismo da medicina; o kneippismo é uma nova seita, que ainda não tem comparação na história das religiões, mas que pode vir a triunfar pela simplicidade. O homem nasceu simples, diz a Escritura; mas ele mesmo é que se meteu em infinitas questões. Para que nos meteremos em infinitas beberagens, patrícios da minha alma?

Dizem que a vida em São Paulo é muito cara. Mas São Paulo, se quiser, terá a saúde barata; basta meter-se-lhe na cabeça ir adiante de todos como tem ido. Inventará novos medicamentos e vendê-los-á por preço cômodo. Leste a circular do presidente convidando os demais Estados produtores de café para uma conferência e um acordo? É documento de iniciativa, ponderado e grave. Aproximando-se a crise da produção excessiva, cuida de aparar-lhe os golpes antecipadamente. Mas nem só de café vive o homem, caso em que se acha também a mulher. Assim que duas paulistas ilustres tratam de abrir carreira às moças pobres para que disputem aos homens alguns misteres, até agora exclusivos deles. Eis aí outro cuidado prático. Estou que verão a flor e o fruto da árvore que plantarem. Quanto à vida espiritual das mulheres, basta citar as duas moças poetisas que ultimamente se revelaram, uma das quais, d. Zalina Rolim, acaba de perder o pai. A outra, d. Júlia Francisca da Silva, tem a poesia doce e por vezes triste como a desta rival que cá temos e se chama Júlia Cortines; todas três publicaram há um ano os seus livros.

Falo em poetisas e em mulheres; é o mesmo que falar em João de Deus, que deve estar a esta hora depositado no panteon dos Jerônimos, segundo nos anunciou o telégrafo. Não sei se ele adorou poetisas; mas que adorou mulheres, é verdade, e não das que pisavam tapetes, mas pedras, ou faziam meia à porta da casa, como aquela Maria, da *Carta*, que é a mais deliciosa de suas composições. Se essa Maria foi a mais amada de todas, não podemos sabê-lo, nem ele próprio o saberia talvez. Há uma longa composição sem título, de vário metro, em que há lágrimas de tristeza; mas as tristezas podem ser grandes e as lágrimas passageiras ou não, sem que daí se tire conclusão certa. A verdade é que todo ele e o livro são mulheres, e todas as mulheres *rosas* e *flores*. A simpleza, a facilidade, a espontaneidade de João de Deus são raras, a emoção verdadeira, o verso cheio de harmonia, quase sem arte, ou de uma arte natural que não dá tempo a recompô-la.

Um dos que verão passar o préstito de João de Deus será esse outro esquecido, como esquecido estava o autor das *Flores do Campo*, patrício nosso e poeta inspirado, Luís Guimarães. Não digo esquecido no passado, porque os seus versos não esquecem aos companheiros nem aos admiradores, mas no presente. Um de seus dignos rivais, Olavo Bilac, deu-nos há dias dois lindos sonetos do poeta, que ainda nos promete um livro. A doença não o matou, a solidão não lhe expeliu a musa, antes a conservou tão maviosa como antes. O que a outros bastaria para descrer da vida e da arte, a este dá força para empregar na arte os pedaços de vida que lhe deixaram e que valerão por toda ela. O poeta ainda canta. Crê no que sempre creu.

Há fenômenos contrários. Vede Zola. A *Notícia* de sexta-feira traz um telegrama contando o resumo da entrevista de um repórter com o célebre romancista, acerca da chantagem que aparece nos jornais franceses. Zola deu as razões do mal e conclui que "há excesso de liberdade e *falta de ideais cristãos*". Deus meu! e por que não uma cadeira na Academia francesa?

26 de janeiro de 1896

Três vezes escrevi o nome do dr. Abel Parente, três vezes o risquei, tal é a minha aversão às questões pessoais; mas, refletindo que não podia contar a minha grande desilusão sem nomear o autor dela, acabo escrevendo o nome deste distinto ginecologista.

Ninguém esqueceu ainda a famosa discussão que aqui há anos se travou, relativamente à esterilização da mulher pelo sistema do dr. Abel Parente. Ilustres profissionais atacaram e defenderam o nosso hóspede, com tal brilho, calor e evidência, que era difícil adotar uma opinião, sem ficar olhando para a outra com saudade, como aquele irresoluto da comédia, que acaba escolhendo uma das duas moças a quem namora, mas suspira consigo: "Creio que teria feito melhor escolhendo a outra".

Não se falou mais nisso. Italiano, patrício de Dante, é provável que o dr. Abel Parente haja dividido a clínica de parteiro e esterilizador entre dois versos do poeta, dizendo a uns embriões: *Lasciate ogni speranza, voi ch'entrate*; e a outros embriões: *Venite a noi parlar, s'altri nol niega*. Assim venceu um princípio, e nós fomos cuidar de questões novas, civis ou militares, políticas ou judiciárias.

Ultimamente (quinta-feira) escreveu aquele distinto prático uma carta ao *Jornal do Commercio*, contestando que o eucalipto pudesse curar a febre amarela. Não crê que a febre amarela — ou, cientificamente falando, o tifo icteroide — possa ser combatido com tal remédio ou com outro. Crê na *serumpatia*, e desde logo responde aos que puderem estranhar que ele, ginecologista, se ocupe de *serumpatia*, dizendo que "a *serumpatia* é a preocupação dos sábios de todos os países, e que o futuro da medicina está em seu poder".

Até aqui nenhuma ilusão me tirou; mas onde a mão do rude clínico rasgou violentamente o véu que me cobria os olhos, foi naquele ponto em que escreveu isto: "Desde os tempos de Hipócrates até os nossos dias, a medicina só se ufana de três remédios verdadeiramente eficazes e específicos: o mercúrio contra a sífilis, o quinino contra a malária, o salicilato de sódio contra o reumatismo articular".

Não acho, não conheço, não posso inventar palavras que digam a prostração da minha alma depois de ler o que acabais de ler. Vós, filhos de um século sem fé, podeis ler isso sem abalo; sois felizes. Ainda assim, como simples efeito intelectual, é impossível que aquele trecho da carta vos não haja trazido alguma turvação às ideias. Imaginai o que terá sido com este pobre de mim que, mental e moralmente, vivia do contrário, não achava limites aos específicos. Li muito Molière, muito Bocage, mas eram pessoas de engenho, sem autoridade científica; queriam rir. A pessoa que nos fala agora, tem um poder incontestável, é ungido pela ciência.

Criei-me na veneração da farmácia. Entre parênteses, e para responder a um dos meus leitores de Ouro Preto, se escrevo botica, às vezes, é por um costume da infância; ninguém falava então de outra maneira; os próprios farmacêuticos anunciavam-se assim, e a legislação chamava-os boticários, se me não engano. *Botica* vinha de longe, e propriamente não ofendia a ninguém. Anos depois, entrou a aparecer *farmácia*, e pouco a pouco foi tomando conta do terreno, até que de todo substituiu o primeiro nome. Eu assisti à queda de um e à ascensão do outro. Os que nasceram posteriormente, acostumados a ouvir farmácia, chegam a não entender o soneto de Tolentino: *Numa escura botica encantoados* etc., mas é assim com o resto; as palavras aposentam-se. Algumas ainda têm o magro ordenado sem gratificação, que lhes possam dar eruditos; outras caem na miséria e morrem de fome.

Mas, como ia dizendo, criei-me e vivi na veneração da farmácia. Perdi muita crença, o vento levou-me as ilusões mais verdes do jardim da minha alma; não me levou os específicos. Vem agora, não um homem qualquer, mas um competente, um áugure, e declara público e raso que, no capítulo dos específicos, há só três; tudo o mais ilusão. Criatura perversa, inimiga dos corações humanos, que direito tens tu de amargurar os meus últimos dias, e os de alguns desgraçados, como eu? Que me dás em troca deste imenso desastre? A *serumpatia*, dizes tu; ah! mas não era melhor decretar a *serumpatia* como um novo específico, um canonizado recente, encomendá-la à veneração dos leigos, por suas virtudes excelsas e sublimes? A ciência saberia o contrário; mas eu morreria com a boca doce dos meus primeiros anos.

Outros se ocupam também com a *serumpatia*, e buscam achar aí a morte da febre amarela; mas nenhum deles veio negar os específicos anteriores, não já daquela, mas de todas as doenças. Um deles, o dr. Miguel Couto, há quatro anos, trabalha em descobrir por semelhante via o meio de acabar com o nosso flagelo nacional. Não o achou, mas outros colegas, que ainda agora começam igual trabalho, reconhecem que a prioridade pertence ao dr. Couto; é o que lhe nega o dr. Abel Parente, cujo argumento é que ele não levou a ideia a efeito, nem escreveu nada. A diferença entre um e outro é que, no entender do primeiro, o *serum* deve ser mais ativo e eficaz, quanto mais próximo o convalescente estiver da terminação da moléstia; no do segundo, é que o *serum* deve ser extraído três ou quatro semanas depois de iniciada a convalescença.

Sobre a prioridade, direi apenas que não há Colombo sem Américo Vespúcio, e por conseguinte pode muito bem vir a ter razão o segundo dos facultativos. Este ainda ontem, respondendo ao primeiro, que parece não crer que os convalescentes se submetam à sangria, para salvar outros doentes, responde-lhe: "Creio que, salvo as exceções, todos oferecerão generosamente o próprio sangue para salvar a vida alheia ameaçada; creio que este ato generoso o homem praticaria também, se soubesse de antemão que o seu sangue deve servir para salvar a vida de um figadal inimigo, ainda se depois preciso for cravar-lhe um punhal no coração e ter o prazer infernal de beber o próprio sangue no sangue do inimigo".

De pleno acordo. A minha única dúvida é se, antes de combinado o prazo, o doente receberá facilmente o sangue de um dia ou de quatro semanas. Eu hesitaria. Em suma, o que é preciso, é que a morte não continue a dizer aos enfermos que vão ter com ela: — Meus filhos, vireis para cá enquanto por lá não acertarem com o específico da febre amarela. Eu só conheço três específicos, desde Hipócrates, o mercúrio contra a sífilis, o quinino contra a malária, e o salicilato de sódio contra o reumatismo articular, e ainda assim não chegam para as encomendas; daí vem que muitos morrem, apesar de muito bem especificados.

2 de fevereiro de 1896

Avocat, oh! passons au déluge! Antes que me digas isso, começo por ele. Não esperes ouvir de mim senão que foi e vai querendo ser o maior de todos os dilúvios. Sei que o espetáculo do presente tira a memória do passado, e mais dói uma alfinetada agora que um calo há um ano. Mas, em verdade, a água, depois de ter sido enorme, tornou-se constante, geral e aborrecida.

Mais depressa que as demandas, a chuva deitou abaixo muitas casas que estavam condenadas a isso pela engenharia; mas as demandas tinham por fim justamente demonstrar que as casas não podiam cair sem dilúvio, e a prova é que este as derruiu. Se deixou em pé as que não estavam condenadas (nem todas), não foi culpa minha nem tua, nem talvez dele, mas da construção. Ruas fizeram-se lagoas, como sabes, e o trânsito ficou interrompido em muitas delas; mas isto não é propriamente noticiário que haja de dizer e repetir o que leste nas folhas da semana, não somente daqui, mas de outras cidades e vilas interiores. Tratando da nossa boa capital, acho que devemos atribuir o dilúvio, esta vez, antes ao amor que à cólera do céu. O céu também é sanitário. Uma grande lavagem pode mais que muitas discussões terapêuticas. Com a chuva que se seguiu ao dilúvio, vimos diminuir os casos da epidemia, enquanto que os simples debates nos jornais não salvaram ninguém da morte.

Podia citar dilúvios anteriores, os dois, pelo menos, que tivemos nos últimos quinze anos, ambos os quais (se me não engano) mataram gente com as suas simples águas. Águas passadas. O primeiro desses durou uma noite quase inteira; o segundo começou à uma ou duas horas da tarde e acabou às sete. Era domingo, e creio que de Páscoa. Mas um e outro tiveram um predecessor medonho no de 1864, que antecedeu ou sucedeu, um mês certo, ao dilúvio da praça. O da praça arrastou consigo todas as casas bancárias, ficando só os prédios e os credores. Não perdi nada com um nem outro. Pude, sim, verificar como os poetas acertam quando compararam a multidão às águas. Vi muitas vezes as ruas perpendiculares ao mar cheias de águas que desciam correndo. Uma dessas vezes foi justamente a do dilúvio de 1864; a sala da redação de um jornal, ora morto, estava alagada; desci pela escada, que era uma cachoeira, cheguei às portas da saída, todas fechadas, exceto a metade de uma, onde o guarda-livros, com o olho na rua, espreitava a ocasião de sair logo que as paredes da casa arriassem. Pois as águas que desciam por essas e outras ruas não eram mais nem menos que as multidões de gente que desceram por elas no dia do dilúvio bancário.

Pior que tudo, porém, se a tradição não mente, foram *as águas do monte,* assim chamadas por terem feito desabar parte do morro do Castelo. Sabes que essas águas caíram em 1811 e duraram sete dias deste mês de fevereiro. Parece que o nosso século, nascido com água, não quer morrer sem ela. Não menos parece que o morro do Castelo, cansado de esperar que o arrasem, segundo velhos planos, está resoluto a prosseguir e acabar a obra de 1811. Naquele ano chegaram a andar canoas pelas ruas; assim se comprou e vendeu, assim se fizeram visitas e salvamentos. Também é possível, como ainda viviam náiades, que assim as fossem buscar às fontes. Talvez até se pescassem amores.

Se remontarem ainda uns sessenta anos, terás o dilúvio de 1756, que uniu a cidade ao mar e durou três longos dias de vinte e quatro horas. Mais que em 1811, as canoas serviram aos habitantes, e o perigo ensinou a estes a navegação. Uma das canoas trouxe da rua da Saúde (antiga Valongo) até a Igreja do Rosário não menos de sete pessoas. Naturalmente não vieram a passeio, mas à reza, como toda a gente, que era então pouca e devota. Caíram casas dessa vez; a população refugiou-se ao pé dos altares. Afinal, como a cidade não tinha ainda contados os seus dias, fecharam-se as cataratas do céu; as águas baixaram e os pés voltaram a pisar este nosso chão amado.

Remontando ainda, poderíamos achar outros dilúvios pela aurora colonial e pela noite dos tamoios; mas, isto de chuva continuada não sei se é mais aborrecido vê-la cair que ouvi-la contar. Shakespeare põe este trocadilho na boca de Laerte, quando sabe que a irmã morreu afogada no rio: "Já tens água demais, pobre Ofélia; saberei reter as minhas lágrimas". Retenhamos a tinta. A tinta de escrever faz as tristes chuvas do espírito, e em tais casos não há canoas que naveguem: é apanhar ou fugir. Por isso não falo do dilúvio universal, como era meu propósito. Queria relembrar que, por essa ocasião, uma família justa foi achada e poupada ao mal de todos. Verdade é que os seus descendentes saíram tão ruins, em grande parte, como os que morreram, e melhor seria que os próprios justos acabassem; mas, enfim, lá vai. Dar-se-á, porém, se estamos no começo de outro dilúvio universal, que não haja agora exceção de família nem se salve a memória dos nossos pecados?

Uma senhora, a quem propus esta questão por meias palavras, acudiu que não pode ser, que não tem medo e citou a folhinha de Ayer. Leu-me que teremos bom tempo e calor grande daqui a dias, e pouco depois novo transbordamento de rios, como agora está sucedendo, desde o das Caboclas até o Paraíba do Sul. O primeiro ainda não transborda, mas não tarda. Confessou-me que não crê nos remédios de Ayer, mas nos almanaques. Os almanaques são certos. Se eles dessem os números das sortes grandes e os nomes dos bichos vencedores seriam os primeiros almanaques do mundo. Entretanto, não duvida que um dia cheguem a tal perfeição. O mundo caminha para a saúde e para a riqueza universais, concluiu ela; assim se explicam os debates sobre medicina e economia e a fé crescente nos xaropes e seus derivados.

9 de fevereiro de 1896

Pessoa que já serviu na polícia secreta de Londres e de Nova York tem anunciado nos nossos diários que oferece os seus préstimos para descobrir coisas furtadas ou perdidas. Não publica o nome; prova de que é realmente um ex-secreta inglês ou americano. A primeira ideia do ex-secreta local seria imprimir o nome, com indicação da residência. Não há ofício que não traga louros, e os louros fizeram-se para os olhos dos homens. Não tenho perdido nada, nem por furto, nem por outra via; deixo de recorrer aos préstimos do anunciante, mas aproveito esta coluna para recomendá-lo aos meus amigos e leitores.

Não é oferecer pouco. Toda a gente tem visto a dificuldade em que se anda para descobrir uns autos que desapareceram, não se sabe se por ação de Pedro, se por descuido de Paulo. Para tais casos é que o ex-funcionário de Nova York e de Londres servia perfeitamente. A prática dos homens, o conhecimento direto dos réus, o estudo detido dos espíritos, quando são deveras culpados, e torcem-se, e fogem, e mergulham, para surdir além, supondo que o secreta está longe, e dão com ele ao pé de si, são elementos seguros e necessários para descobrir as coisas furtadas ou perdidas, e, na primeira hipótese, para trazer o autor da subtração à luz pública. Os corações pios não quereriam tanto; amando a coisa furtada, contentar-se-iam em reavê-la, não indo ao ponto de exigir que prendessem e castigassem o triste do pecador.

 Há três figuras impalpáveis na história, sem contar o Máscara de Ferro: são o homem dos autos, o homem do chapéu de Chile e o homem da capa preta. O do chapéu de Chile, que ainda ninguém atinou quem fosse, bem podia ser que já estivesse fotografado e exposto à venda na Casa Natté, se o negócio fosse incumbido ao anunciante. Não juro, mas podia ser. O mesmo digo acerca do homem dos autos, menos o retrato e a Natté, que só aceita pessoas políticas. Quanto ao homem da capa preta, perde-se na noite dos tempos, e não sei se o ex-secreta chegaria a ponto de descobri-lo. Desde criança, ouço este final de toda narração obscura ou desesperada: *e vão agora pegar no homem da capa preta*. A princípio, ficava com medo. Um dia, pedi a explicação a alguém, que acabava justamente de concluir uma história com tal desfecho. A pessoa interrogada (com verdade ou sem ela) disse-me que era um homem que furtara uma capa escura e andava depressa.

 Se assim é — e supondo que esteja vivo —, é natural que apenas deixe a capa nas mãos do ex-agente de Londres e de Nova York; o corpo continuará a fugir, e com ele o problema histórico. A polícia, se quiser o retrato do homem, terá de se contentar com a simples reprodução *astral* ou como quer que se chame aquela parte da gente que não é corpo nem espírito. Um ocultista do meu conhecimento disse-me o nome da coisa, que só pode ser fotografada às escuras. Eu é que perco os nomes com grande facilidade; mas é *astral* ou acaba por aí. Será o único modo de possuir algum trecho do homem da capa preta; ainda assim, é duvidoso que o alcance, porque ele corre tanto que seguramente corre mais que a ciência.

 Pois que a fortuna trouxe às nossas plagas um perfeito conhecedor do ofício, erro é não aproveitá-lo. Não se perdem somente objetos: perdem-se também vidas, e nem sempre se sabe quem é que as leva. Ora, conquanto não se achem as vidas perdidas, importa conhecer as causas da perda, quando escapam à ação da lei ou da autoridade. Não foi assassínio, mas suicídio, o dessa Ambrosina Cananeia, que deixou a vida esta semana. Era uma pobre mulher trabalhadeira, com dois filhos adolescentes e mãe valetudinária; morava nos fundos de uma estalagem da rua da Providência. O filho era empregado, a filha aprendia a fazer flores... Não sei se te lembras do acontecimento: tais são os casos de sangue destes dias que é natural vir o fastio e ir-se a memória. Pois fica lembrado.

 A causa do suicídio não foi a pobreza, ainda que a pessoa era pobre. Nem desprezo de homem, nem ciúmes. A carta deixada dizia em começo: "Vou dar-te a última prova de amizade... É impossível mais tolerar a vida por tua causa; deixando eu de existir, você deixa de sofrer". *Você* é uma mocinha de dezesseis anos, vizinha, dizem que bonita, amiga da morta. Segundo a carta, a mocinha era castigada por motivo daquela afeição, tudo de mistura com um casamento que lhe queriam impor; mas o casamento não vem ao caso, nem quero saber dele. Pode ser até que nem exista; mas se existe, fique onde está. Não faltam casamentos neste mundo, bons nem maus, e até execráveis, e até excelentes.

O que é único, é esta amiga que se mata para que a outra não padeça. A outra era diariamente espancada, quase todos os vizinhos o sabiam pelos gritos e pelo pranto da vítima, "tudo por causa da nova amizade". Não podendo atalhar o mal da amiga, Ambrosina buscou um veneno, meteu no seio as cartas da amiga e acabou com a vida em cinco minutos. "Adeus, Matilde; recebe o meu último suspiro."

Os tempos, desde a Antiguidade, têm ouvido suspiros desses, mas não são últimos. Que a morte de uma trouxesse a da outra, voluntária e terrível, não seria comum, mas confirmará a amizade. As afeições grandes podem não suportar a viuvez. O que é único é este caso da rua da Providência, com a agravante de que a lembrança da mãe e dos filhos formam o pós-escrito da carta. Acaso seriam o pós-escrito na vida? Ao médico não custará dizer que é um caso patológico, ao romancista que é um problema psicológico. Quem eu quisera ouvir sobre isto era o ex-secreta de Londres e de Nova York, onde a polícia pode ser que penetre além do delito e suas provas, e passeie na alma da gente, como tu por tua casa.

16 de fevereiro de 1896

Que excelente dia para deixar aqui uma coluna em branco! Ninguém hoje quer ler crônicas. Os antigos políticos esquivam-se; os processos de sensação, as facadas, uma ou outra descompostura não conseguem neste domingo gordo entrar pela alma do Rio de Janeiro. Só se lerá o itinerário das sociedades carnavalescas, que este ano são numerosíssimas, a julgar pelos títulos. O Carnaval é o momento histórico do ano. Paixões, interesses, mazelas, tristezas, tudo pega em si e vai viver em outra parte.

A própria morte nestes três dias deve ser jovial e os enterros sem melancolia. A cor do luto podia ser amarela, que de mais a mais é o luto em algumas partes remotas, se bem me lembra. Verdadeiramente não me lembra nada ou quase nada. Ouço já um ensaio de tambores, que me traz unicamente à memória o Carnaval do ano passado.

Uma das sociedades carnavalescas que tinha de sair hoje e não sai, é a que se denominou Nossa Senhora da Conceição. Há de parecer esquisito este título, mas se a intenção é que salva, a sociedade vai para o céu. Os autores da ideia são, com certeza, fiéis devotos da Virgem, e não têm o Carnaval por obra do diabo. A Virgem é o maior dos nossos oragos; nas casas mais pobres pode não haver um Cristo, mas sempre haverá uma imagem de Nossa Senhora. Além do lugar excelso que lhe cabe na hagiologia, a Virgem é a natural devoção dos corações maviosos. O chamado marianismo, se existe — coisa que ignoro, por não ser matéria de crônica —, acharia aqui um asilo forte e grande. Por isso, digo e repito que a intenção foi boa e aceita pelos colaboradores com piedade e entusiasmo.

Entretanto, concordo com a proibição e creio que a sociedade ou grupo de que se trata, se tem igual gosto às ideias profanas, deve adotar denominação adequada. Não faltam títulos, e, pesquisando bem, sempre os há novos.

Penso haver já transcrito aqui a máxima de um senador das Alagoas, no antigo Senado imperial. Não queria ele que as eleições se fizessem nas igrejas, como era antigamente, por efeito de uma lei destinada a impedir a violência dos partidos. A lei, que como todas as leis, não podia fazer milagres, não conseguia livrar uma só cabeça ou barriga do cacete ou da navalha, apesar da santidade do lugar. As urnas recebiam cédulas falsas ou eram quebradas. Ouvia-se o trabuco, o dichote obsceno e o resto. Ora, o senador Dantas (chamava-se Dantas) trabalhava contra a profanação, e formulou esta máxima: "As coisas da rua não devem ir à igreja, nem as da igreja sair à rua". Referia-se, nesta segunda parte, às procissões. Que diria ele hoje se lesse aquela mistura da Virgem e dos confetes?

Pode ser que, ainda tendo ideias profanas, falte ao vedado grupo o tempo de as meter nos carros. Sabe-se que, pelo Carnaval, as ideias andam de carro, e no resto do ano a pé. Talvez por isso é que se cansam mais no resto do ano, e algumas caem e morrem na estrada. De carro, não é assim; aos cavalos fica o esforço de as conduzir e divulgar. Quando sucede encarnarem-se em damas vestidas com luxo e despidas com arte, nem por isso são menos ideias, particulares ou públicas.

Os confetes já fizeram obra durante a segunda metade da semana. Muita moça voltou ontem para casa com a cabeça coberta deles, e não descontente, ao menos que se visse. Há quem creia que o Carnaval tende a alargar os seus dias. Realmente, não bastam setenta e duas horas para a alegria de uma cidade como esta, ainda mesmo não dormindo; tais são os sustos, as tristezas, as cóleras e aflições dos outros dias do ano, não contando o tumulto dos negócios, que uma semana ou duas para rir e saltar não seria demais. O tempo, em geral, é curto, mas o ano é comprido.

Não temo, como alguns, que a febre amarela saia destes três dias mais vigorosa que até ontem. A febre amarela, não se sabendo que seja, nem com que se cura, tem já de si a vantagem de não precisar de máscara. Que se divirta se quer, que deixe sossegados e convalescidos os seus enfermos. Concedo que, logo depois das festas, ainda mate a alguns, não se podendo impedir que as constipações, indigestões e outros incidentes próprios da quadra descambem na epidemia; mas daqui a imaginar que vai recrudescer, acabado o Carnaval, é temerário.

Parece que se trata de dar municipalmente um prêmio de cinquenta contos de réis a quem descobrir o remédio certo para curar os doentes de tal peste. Não sou intendente, mas tenho amigos na Intendência (dois, ao menos) e tomo a liberdade de lhes propor alvitre diverso e mais seguro. Francamente, estou que, oferecido o prêmio de cinquenta contos, vai aparecer o específico verdadeiro contra a febre amarela, e não um, mas ainda três ou quatro. A rigor, não se pode dar a um só o que também pertence aos outros, e haver-se-á de dividir a verba, o que não é leal, ou aumentá-la. O aumento, agora que estamos com o empréstimo fechado desde ontem, é o que eu proporia, se adotasse o princípio da lei. Poder-se-ia fazer alguma economia, estipulando a cláusula de não ser dado o prêmio, caso o específico deixasse de curar no segundo ano do emprego. Era sempre um recurso, e não dos mais precários. Os remédios envelhecem depressa; alguns há que morrem no berço.

Mas, como disse, não aceito o princípio da lei proposta. Se me quisessem ouvir, eu não excitaria a imaginação farmacêutica, já de si escaldada; eu ouviria particularmente a engenharia, para que me dissesse se não possui artes propriamente suas para deitar fora de uma vez esta nossa hóspede. Curá-la é bom, matá-la é melhor. Ouviria também a medicina. Ouviria a todos, sem excluir as finanças, pois que tal obra, se obra houvesse, exigiria muito dinheiro; mas antes gastar dinheiro que perder a fama e as vidas. Era caso de outro e maior empréstimo.

Começo a falar triste. Fora com despesas, fora com moléstias, riamos que a hora é de Momo. *Evohé! Bacchus est roi!* Sinto não lhes poder transcrever aqui a música deste velho estribilho de uma opereta que lá vai. Era um coro cantado e dançado no Alcazar Lírico, onde está hoje, se me não engano, uma confeitaria. As damas decentemente vestidas de calças de seda tão justinhas que pareciam ser as próprias pernas em carne e osso, mandavam o pé aos narizes dos parceiros. Os parceiros, com igual brio e ginástica, faziam a mesma coisa aos narizes das damas, a orquestra engrossava, o povo aplaudia, a princípio louco, depois louco furioso, até que tudo acabava no delírio universal dos pés, das mãos e dos trombones. Leitor amigo, substitui Baco por Momo, e canta com a música de há vinte e cinco anos: *Evohé! Momus est roi!*

23 de fevereiro de 1896

Posto que eu não visse com estes olhos, dizem os jornais e dizem os meus amigos que nunca houve tanta gente na cidade como esta terça-feira última. Trezentas mil pessoas? Quatrocentas mil? Divergem os cálculos, mas todos estão de acordo que a multidão foi enorme. Os episódios que se contam, os milagres de equilíbrio e de paciência que tiveram de operar os concorrentes dos arrabaldes e dos subúrbios para alcançar e conquistar um lugar nos veículos são realmente dignos de memória. Tudo isso no meio da mais santa paz. Uma polícia bem-feita e a alegria coroando a festa.

Ora, ainda bem, minha boa e leal cidade, é assim que te quero ver, animada, jovial e ordeira, pronta para rir, quando for necessário, e não menos para venerar, quando preciso. Além do mais, deste prova de que não crês em boatos. Podes ouvi-los e passá-los adiante, mas, chegado o momento de crer, não crês. A verdade é que para tudo correr bem, nem sequer choveu um pingo. Podia ter havido algum apertão que esmagasse uma pessoa, ao menos; nada, absolutamente nada. O mais que se deu foi a perda de um menino, por nome Zabulón, que é de crer esteja a esta hora restituído a seus pais, salvo se o pegou alguma dessas mulheres que se ocupam em apanhar crianças. Há pouco sucedeu um de tais raptos, não concluído por ter sido a tempo descoberto.

Não sei para que tais mulheres querem as crianças dos outros. Se são bruxas, não são da família da *Bruxa* do Olavo Bilac e Julião Machado; esta rapta, mas tão somente as nossas melancolias. Quererão vender as crianças, fazê-las freiras e frades, ou o contrário deles? O costume não é novo. Há muitos anos andou aqui em cena um melodrama, a *Roubadora de crianças,* que eu não vi representar, mas o assunto era como diz o título. Dickens, em *Oliver Twist,* põe uma escola composta de meninos apanhados aqui e ali, para aprender o ofício de gatuno. Os diplomados saem depois do almoço e voltam à tarde, com o produto do ofício. Os novatos ficam aprendendo com o fundador do estabelecimento. Mas haverá aqui necessidade de escola? As vocações não são naturais e vivas e a arte não vem com a prática? Quando não é a vocação que traz a profissão, é o exemplo, a necessidade ou qualquer causa semelhante.

Isto quanto aos gatunos de lenços e relógios. Pelo que respeita aos salteadores em bando, não basta a vocação: é preciso coragem grande, muita ordem, disciplina e pólvora. Esta semana foi aqui recebida a notícia de ter sido morto o chefe dos clavinoteiros da Bahia. Lá houve prazer e aqui alguma curiosidade; mas, não conhecendo nós a organização daquele famoso bando, não sabemos o modo da substituição do chefe. Será por simples eleição ou aclamação? Neste caso, rei morto, rei posto, e eles possuirão a esta hora um chefe novo. Ao contrário da França quando Luís XVIII lá entrou, nada há mudado na Bahia: há um clavinoteiro menos.

Enquanto esse bando perdia a cabeça, outro bando reduzia a povoação de Cocho a um montão de ruínas. Eu nunca vi Cocho e — ao invés do poeta — não tenho pena. Deve ter sido uma calamidade, se é certo o que dizem as notícias; verdade é que estas metem a política no meio, coisa difícil de engolir, salvo se já todos perderam o juízo. Se a política por esses lugares vai ao roubo, ao estupro e ao incêndio, não é política. Bom é desconfiar de paixões. Seja o que for, dizem que a povoação de Queimadinhas está ameaçada de igual destino.

Comparemos as nossas festas do princípio da semana, aqui, em São Paulo e outras cidades, com as destruições do sertão da Bahia, as cenas de Cuba e de outras partes do mundo. Parece que há neste fim de século um concerto universal de atrocidades. Cuba há de verter muito sangue, primeiro que conquiste a independência ou que espere por outra revolução. A ordem de matar agora os revolucionários prisioneiros, ato contínuo, pode ser que não traga a nota da humanidade, mas é precisa para acabar com uma luta que começa a aborrecer, não por falta de graça, mas por muito comprida.

Trata-se não menos que de conservar à Espanha algo do que foi. "A Espanha, senhores, (exclamava Castelar um dia ao Congresso) a Espanha atou aos pés o mar como uma esmeralda, e o céu à fronte como uma safira!" Trata-se de não perder o melhor da esmeralda, e tem razão a Espanha. Para os cubanos trata-se de ganhar a liberdade, e tem razão Cuba. Para dirimir a questão é que se inventou a pólvora, e, antes dela, o ferro e o aço.

Não é mister dizer o que está fazendo a Coreia. Agora, há pouco, matou tanto e de tal maneira, que foi preciso matá-la também. Uns pensam que foi o amor da liberdade que estripou tanta gente, outros inculcam que foi o amor da Rússia; mas, como o sangue derramado é todo vermelho, ponhamos que tem cor mas que lhe falta opinião. Já não falo da Abissínia, onde o negus e os seus rases fazem coisas só próprias de gente que da civilização apenas conhece a tática e estratégia. Também lá há sangue, fome e ranger de dentes, mas esperemos que a civilização vença algum dia. Sobre os armênios não há que dizer senão que os turcos os matam e eles aos turcos.

O que importa notar é que todas essas multidões de mortos — por uma causa justa ou injusta — são os figurantes anônimos da tragédia universal e humana. As primeiras partes sobrevivem, e dessas celebrou-se justamente ontem a melhor e maior de todas, Washington. Singular raça esta que produziu os dois varões mais incomparáveis da história política e do engenho humano. O segundo não é preciso dizer que é Shakespeare.

1º de março de 1896

Lulu Sênior disse quinta-feira que Petrópolis está deitando as manguinhas de fora. Não serei eu que o negue, mas o fenômeno explica-se facilmente. Eu, há já alguns pares de anos, engenhei um pequeno poema, cujo primeiro verso era este:

Baias era a Petrópolis latina.

Entende-se bem que a comparação vinha da vida elegante e risonha da antiga Baias, tão buscada daqueles romanos nobres e opulentos, que ali iam descansar de Roma. Vinha também da situação das duas cidades de recreio, conquanto Petrópolis não banhe os pés no mar. Mas as serras aqui valem os golfos do velho mundo; ficam mais perto do sol. No mais, os prazeres eram diferentes, como é diferente a vida moderna. Petrópolis, ao domingo, vai à casa de Maria Santíssima com o livro de rezas na mão; Baias, sem dia certo, acolhia-se ao templo de Vênus Genitrix. Sinto deveras haver esquecido os outros versos. A minha memória compõe-se de muitas alcovas meio escuras e poucas salas claras; às vezes, para achar uma coisa, desço ao porão com lanterna. Mas, enfim, se esqueci os versos é que não mereciam mais.

Antes de 15 de novembro, Petrópolis sofria bem qualquer comparação daquelas; mas a revolução política deu à nossa cidade internacional de recreio um ar de estupor, que a deixou lesa de ambos os lados. Ao cabo de alguns meses começou a sarar. Sobreveio, porém, a revolta de setembro, agravou-se-lhe a moléstia, e se não levou a breca foi porque as cidades não morrem tão depressa como os homens. A estes basta agora morar em um dos bairros daqui (Laranjeiras, por exemplo) para que a febre amarela os tome e leve em poucas horas, com todas as cerimônias póstumas de ambas as autoridades, a eclesiástica e a médica.

Um dia acabou a revolta — ramal ou prolongamento da revolução do Rio Grande do Sul, que também acabou. Petrópolis, lá de cima, espiou cá para baixo e, vendo tudo em paz segura, sarou de repente. Achou-se, é certo, convertida em capital de um Estado, único prêmio (salvo alguns discursos e artigos) que a triste Praia Grande colheu do combate de 9 de fevereiro. Não contesto que os estados devam andar asseados e mudar de capital como nós de camisa; mas, enfim, a velha Praia Grande pode suspeitar que foi por estar manchada de sangue que a degradaram, quando a verdade é que a troca de capital não nasceu senão de um sentimento de elegância muito respeitável. O que a pode consolar é que Petrópolis não tem vocação administrativa nem política. Naturalmente faz que não vê o governador do Estado, não ouve nem lê os discursos da Assembleia, e trata de se refazer e continuar o que dantes era.

La République manque de femmes, disse consigo a nova capital, e cuidou de lhe dar esta costela. Talvez o dito do republicano francês não caiba aqui inteiramente. As instituições francesas, quaisquer que sejam, precisam de mulheres. A própria revolução, salvo a ditadura de Robespierre, não as dispensou de todo. A Suíça, Esparta e outros Estados de instituições mais ou menos parecidas, dispensam mulheres. A razão penso ser que a sociedade francesa não vai sem conversação, e os franceses não acreditam que haja conversação sem damas.

Ninguém há que aprecie mais as mulheres do que nós; mas aqui é difícil vê-

-las juntas sem fazê-las dançar e dançar com elas. Uma só que seja, podemos dizer-lhe coisas bonitas, enquanto não ouvimos uma valsa; em ouvindo a valsa, deitamos-lhe o braço à roda da cintura e fazemos dois ou três giros. Vou revelar ao público um segredo da imprensa diária. Esta frase: "as danças prolongaram-se até a madrugada" está já fundida na tipografia, é só meter o clichê no fim da notícia. Às vezes, a ocasião é lúgubre como um enterro. Um cidadão recebe o seu retrato, lugubremente pintado por artista que apenas aspirava à gravidade e nobreza do porte. Ao discurso da comissão, não menos entusiasta que lúgubre, responde o cidadão com lágrimas na voz. Apertam-se as mãos, admira-se o retrato, serve-se a clássica mesa de doces. São nove horas da noite, uma senhora canta uma ária, palmas, cumprimentos, até que o compadre da família (todas as famílias têm este compadre) propõe que se dance um pouco. É a voz de Israel falando por uma só boca, e "as danças prolongam-se até a madrugada".

Portanto, não é exatamente de mulheres que a República precisa: é de pares para os seus cavalheiros. Nem sempre se dançará, mas brincar, batalhar com flores são formas de dança, dão a nota da alegria, que é a flor da saúde. As instituições passam, mas a alegria fica. Petrópolis não terá muitas das antigas estrelas, que se foram a outros céus ou fecharam as suas portas de ouro; mas tem algumas e descobriu novas, com as quais forma o seu firmamento de hoje. A esta renascença de Petrópolis é que Lulu Sênior chama deitar as manguinhas de fora, como se ele não fosse dos que a ajudam nessa operação.

Renasce com a vida cara, segundo disse esta semana um dos seus deputados, por esta frase, a um tempo familiar e severa: "Tudo está pela hora da morte!" Petrópolis podia perguntar ao seu deputado, se o ouvisse ou lesse, onde é que a vida não está pela hora da morte. Não é na Capital Federal, em que o próprio ar que respiramos custa, às vezes, o preço de um enterro. Mas esse mesmo orador dissera antes, no começo do discurso, que "não há céu sem nuvens nem mar sem praias", reconhecendo assim, não sem vulgaridade, que o mal não é privilégio de ninguém, mas que ainda assim tudo tem um limite.

Tanto isto é verdade que se uma das nossas praias deu o mal da morte ao dr. Sinfrônio, outra acaba de recolher o seu cadáver. Quando começou o inquérito, o mar ficou mudo como os seus peixes; mas os depoimentos foram tão obscuros e vagos, que ele, compadecido da família, pôs termo às suas esperanças. Não farei aqui o panegírico daquele bom e distinto cidadão; não é costume desta crônica. Uma palavra, dois adjetivos merecidos, e basta. Pobre Sinfrônio!

Não quero entrar pela tristeza; por isso não direi nada daquele moço que tentou matar-se por amar a uma moça de Campos que o não amava. Também não falo do relatório com que fechou o inquérito acerca daquela Ambrosina que se matou por causa de outra moça, que a amava. Vede como duas causas contrárias produzem o mesmo efeito. A explicação disto também não é difícil, mas já me falta papel. Em resumo: sou da opinião de Petrópolis: antes deitar as manguinhas de fora que chorar. O riso é saúde.

8 de março de 1896

No tempo do romantismo, quando o nosso Álvares de Azevedo cantava, repleto de Byron e Musset:

> A Itália! sempre a Itália delirante!
> E os ardentes saraus e as noites belas!

a Itália era um composto de Estados minúsculos, convidando ao amor e à poesia, sem embargo da prisão em que pudessem cair alguns liberais. Há livros que se não escreveriam sem essa divisão política, a *Chartreuse de Parme,* por exemplo; mal se pode conceber aquele conde Mosca senão sendo ministro de Ernesto IV de Parma. O ministro Crispi não teria tempo nem gosto de ir namorar no Scala de Milão a duquesa de Sanseverina. Era assim parcelada que nós, os rapazes anteriores à tríplice aliança e apenas contemporâneos de Cavour, imaginávamos a Itália e passeávamos por ela. Agora a Itália é um grande reino que já não fala a poetas, apesar do seu Carducci, mas a políticos e economistas, e entra a ferro e fogo pela África, como as demais potências europeias. O grande desastre desta semana, se foi sentido por todos os amigos da Itália, é também prova certa de que a civilização não é um passeio, e para vencer o próximo imperador da Etiópia é necessário haver muita constância e muita força. Os italianos mostraram essa mesma opinião dando com Crispi em terra, por quantos meses? Eis o que só nos pode dizer o cabo, em alguma bela manhã, ou bela tarde, se a *Notícia* se antecipar às outras folhas. Quanto à guerra, é certo que continuará e o mesmo ardor com que o povo derribou Crispi saudará a vitória próxima e maiormente a definitiva. Cumpra-se o que dizia o poeta naqueles versos com que Maquiavel fecha o seu livro mais célebre:

> Che l'antico valore
> Nell'italici cuor non è ancor morto.

Nós cá não temos Menelick, mas temos o câmbio, que, se não é abexim como ele, é de raça pior. Inimigo sorrateiro e calado, já está em oito e tanto e ninguém sabe onde parará; é capaz de nem parar em zero e descer abaixo dele uns oito graus ou nove. Nesse dia, em vez de possuirmos trezentos réis em cada dez tostões, passaremos a dever os ditos trezentos réis, desde que a desgraça nos ponha dez tostões nas mãos. Donde se conclui que até a ladroeira acabará. Roubar para quê?

O mal do câmbio parece-se um pouco com o da febre amarela, mas, para a febre amarela, a magnésia fluida de Murray, que até agora, só curava dor de cabeça e indigestões, é específico provado neste verão, segundo leio impresso em grande placa de ferro. Que magnésia há contra o câmbio? Que Murray já descobriu o modo certo de acabar com a decadência progressiva do nosso triste dinheiro e com as fomes que aí vêm, e os meios luxos, os quartos de luxo, e outras consequências melancólicas deste mal?

Um economista apareceu esta semana lastimando a sucessiva queda do câmbio e acusando por ela o ministro da Fazenda. Não lhe contesta inteligência, nem probidade, nem zelo, mas nega-lhe tino e, em prova disto, pergunta-lhe à queima-

-roupa: Por que não vende a estrada Central do Brasil? A pergunta é tal que nem dá tempo ao ministro para responder que tais matérias pendem de estudo, em primeiro lugar, e, em segundo lugar, que ao Congresso Nacional cabe resolver por último.

Felizmente, não é esse o único remédio lembrado pelo dito economista. Há outro, e porventura mais certo: é auxiliar a venda da Leopoldina e suas estradas. Desde que auxilie esta venda, o ministro mostrará que não lhe falta tino administrativo. Infelizmente, porém, se o segundo remédio pode concertar as finanças federais, não faz a mesma coisa às do Estado do Rio de Janeiro, tanto que este, em vez de auxiliar a venda das estradas da Leopoldina, trata de as comprar para si. Cumpre advertir que a eficácia deste outro remédio não está na riqueza da Leopoldina, porquanto sobre este ponto duas opiniões se manifestaram na Assembleia fluminense. Uns dizem que a companhia deve vinte e dois mil contos ao Banco do Brasil e está em demanda com o Hipotecário, que lhe pede seis mil. Outros não dizem nada. Entre essas duas opiniões, a escolha é difícil. Não obstante, vemos estes dois remédios contrários: no Estado do Rio a compra da Leopoldina é necessária para que a administração tome conta das estradas, ao passo que a venda da Central é também necessária para que o governo da União não a administre. *Vérité en-deçà, erreur au-delà*.

Neste conflito de remédios ao câmbio e às finanças, invoquei a Deus, pedindo-lhe que, como a Tobias, me abrisse os olhos. Deus ouviu-me, um anjo baixou dos céus, tocou-me os olhos e vi claro. Não tinha asas; trazia a forma de outro economista, que publicou anteontem uma exposição do negócio assaz luminosa. Segundo este outro economista, a compra da Leopoldina deve ser feita pelo Estado do Rio de Janeiro, porque tais têm sido os seus negócios precipitados e ilegais (emprega ainda outros nomes feios, dos quais o menos feio é mixórdia) que não haverá capitalistas que a tomem. Não havendo capitalistas que comprem a Leopoldina, cabe ao Estado do Rio de Janeiro comprá-la, atender aos credores, e não devendo administrar as estradas, "porque o Estado é péssimo administrador", venderá depois a Leopoldina a particulares. Foi então que entendi que a verdade é só uma, *en-deçà* e *au-delà*; a diferença é transitória, é só o tempo de comprar e vender, *ainda com algum sacrifício*, diz o economista! No intervalo mete-se uma rolha na boca dos credores. Sabe-se onde é que os alfaiates põem a boca dos credores.

Talvez algum americanista, exaltado ou não, ainda se lembre da palavra de Cleveland quando pela segunda vez assumiu o governo dos Estados Unidos. A palavra é *paternalismo* e foi empregada para definir o sistema dos que querem fazer do governo um pai. Cleveland condena fortemente esse sistema; mas ele nada pode contra a natureza. O Estado não é mais que uma grande família, cujo chefe deve ser pai de todos.

Aliviado como fiquei do conflito, abri novamente o último livro de Luís Murat e pus-me a reler os versos do poeta. Deus meu, aqui não há estradas nem compras, aqui ninguém deve um real a nenhum banco, a não ser o banco de Apolo; mas este banco empresta para receber em rimas, e o poeta pagou-lhe capital e juros. Posto que ainda moço, Luís Murat tem nome feito, nome e renome merecido. Os versos deste segundo volume das *Ondas* já foi notado que desdizem do prefácio; mas não é defeito dos versos, senão do prefácio. Os versos respiram vida íntima, amor e melancolia; as próprias páginas da *Tristeza do caos*, por mais que queiram, a princípio, ficar na nota impessoal, acabam no pessoal puro e na desesperança.

O poeta tem largo fôlego. Os versos são, às vezes, menos castigados do que cumpria, mas é essa mesma a índole do poeta, que lhe não permite senão produzir como a natureza; os passantes que colham as belas flores entre as ramagens que não têm a mesma igualdade e correção. Luís Murat cultiva a antítese de Hugo como Guerra Junqueiro; eu pedir-lhe-ia moderação, posto reconheça que a sabe empregar com arte. Por fim, aqui lhe deixo as minhas palavras; é o que pode fazer a crônica destes dias.

15 de março de 1896

A notícia, boato ou o que quer que seja de uma comissão mista no território contestado produziu no Pará e no Amazonas grande comoção. O Senado e a Câmara paraenses resolveram unanimemente protestar contra o ato atribuído ao governo federal e comunicaram isto mesmo por telegrama ao presidente da República. O Senado deliberou suspender as suas sessões até que o presidente lhe respondesse. Pela publicação oficial de anteontem, sexta-feira, já se sabe quais foram os telegramas trocados, e basta a natureza do fato, que é político, e até de política internacional, para se compreender que não entra no círculo das minhas cogitações. Leis internacionais, Constituições federais ou estaduais não são comigo. Eu sou, quando muito, homem de regimento interno.

Ora, é o regimento interno do Senado paraense que eu quisera ter aqui, não para verificar se há lá a faculdade de suspender as sessões; ela é de todos os regimentos internos. Mas a hipótese de telegrafar ao presidente da República e suspender as sessões até que ele responda é que absolutamente ignoro se está ou não. Pode ser que esteja, e nesse caso cumpriu-se o regimento interno: *dura lex, sed lex*. Não examino a questão de saber se deve estar, nem se tal ação pode caber em matéria cuja solução última a Constituição fiou do Congresso Federal. Também não quero indagar se a suspensão das sessões do Senado, até que o presidente da República responda, constrange o chefe da União, que não quererá com seu silêncio interromper a obra legislativa do Estado. É um círculo de Popílio, e tais círculos andam na história do mundo. O presidente há de responder antes de almoçar, salvo se conspira contra o Estado donde lhe vem a pergunta, pedido ou moção; mas, se conspira, melhor é declará-lo, em vez de refugiar-se num silêncio prenhe de tempestades. Quando menos, é de mau gosto. Note-se que aqui nem se trata dos interesses de um Estado, nem de toda a República; não há fronteiras amazonenses, mas brasileiras.

Enfim, não tenho que ver se esse ato do Senado paraense poderá vir a ser imitado, mais tarde ou mais cedo, em qualquer outra região, e a propósito de questões menos transcendentes, ainda que menos reservadas. A imitação é humana, é civil e política. Considerando bem, um ato destes pode até ser benefício; substitui os riscos de uma revolução. Por isso, ainda não estando no regimento interno, caso haverá em que o melhor recurso seja meter uma pergunta aos peitos da União e suspender os trabalhos. Donde se conclui que o motivo que me levou a tocar no assunto desaparece; melhor seria não ter dito nada.

Assim é o resto das coisas nesta vida de papel impresso. Não é raro o artigo que conclui pelo contrário do que começou. Aos inábeis parece que falta ao escritor lógica ou convicção, quando o que unicamente não há é tempo de fazer outro artigo. No meio ou no fim, percebe ele que começou por um dado errado, mas o tempo exige o trabalho, o editor também, e não há senão concluir que dois e dois são cinco. Vou expor melhor a minha ideia com um recente ofício da polícia das Alagoas.

Quando eu comecei a escrever na imprensa diária achei cada ideia expressa com uma palavra — às vezes com duas, e não afirmo que não chegasse a sê-lo com três. Uma ideia havia, porém, que tinha não menos de cinco palavras a seu serviço: era *chefia*. E digo mal: não era propriamente a ideia no sentido geral que lhe cabe, não, a chefia de batalhão, de partido, de família etc. Era unicamente a chefia de polícia. Em polícia, além de chefia, tínhamos *chefado*. Onde não bastava *chefado*, havia *chefança*. Se a *chefança* não correspondia bem, vinha a *chefação*. Para suprir a *chefação*, acudia a *chefatura*. Creio que aí estão todas as desinências possíveis, salvo *chefamento* e alguma outra, que não eram usadas.

Trabalhei muito por achar a explicação de tal variedade. Não eram alterações populares; nasciam da imprensa culta e política. Não eram obra de uma ou outra zona; às vezes, a mesma cidade, oficial e particularmente, empregava dois e três termos, se não todos. Cheguei a imaginar que seria uma questão de partidos; a falta de ideias dá eleição às palavras. Mas não era; todos os partidos usavam das mesmas formas numerosas. Gosto pessoal? Simpatia? Podia ser, mas não se usando igual processo em relação a outros vocábulos, não chegava a entender por que razão a simpatia ficava só nesta ideia tão particular. Cumpre lembrar que *chefia* era a forma menos empregada. Seria porque a desinência, afinada e doce, diminuía o valor e a fortaleza da instituição, mais adaptada a chefado, a chefança, a chefação, a chefatura? A língua tem segredos inesperados.

Venhamos ao ofício das Alagoas. É datado da chefatura de polícia de Maceió, alude ao atropelo de cidadãos pacíficos por praças policiais e continua: "e como não sejam estas as ordens desta chefia..." A primeira impressão que tive foi que, no meio de um conflito linguístico, tivessem sido adotadas por lei as duas formas, e assim usadas no mesmo ato; era um modo de obter a conciliação que as vontades recusavam. Atentando melhor, pareceu-me que o espírito culto do chefe de polícia achara assim uma maneira de conservar a forma correta da língua e a enfática da instituição. Mas tal explicação não me ficou por muito tempo. Em breve, achei que a razão do emprego das duas formas está naturalmente em que *chefatura* anda impressa no cabeçalho do papel de ofícios, e que a autoridade, mais correta que o fornecedor dos objetos de expediente, usa a *chefia* que aprendeu. Nas Alagoas pode haver, como aqui no Rio de Janeiro, a *ortografia da casa*. Outra imprensa comporá *chefança*, outra *chefação*, outra *chefado*. Talvez o melhor seja conservar *chefatura*, uma vez que custa mais barato. Nos tempos difíceis mais vale a economia que a ortografia.

A conclusão que aí fica mostra que este próprio caso das Alagoas não serve para fundamentar a tese dos artigos que acabam diversamente do que começam. E agora o que me falta não é tempo, nem papel, mas espaço. Não careço de ânimo, nem o dia acabou mais cedo; mas vá um homem, naufragado em dois exemplos, catar um terceiro. Não catemos nada.

22 de março de 1896

Se todos quantos empunham uma pena, não estão a esta hora tomando notas e coligindo documentos sobre a história desta cidade, não sabem o que são cinquenta contos de réis. Uma lei municipal, votada esta semana, destina "ao historiador que escrever a história completa do Distrito Federal desde os tempos coloniais até a presente época" aquela valiosa quantia. O prazo para compor a obra é de cinco anos. O julgamento será confiado a pessoas competentes, a juízo do prefeito.

Não serei eu que maldiga de um ato que põe em relevo o amor da cidade e o apreço das letras. Os historiadores não andam tão fartos, que desdenhem dos proveitos que ora lhes oferecem, nem os legisladores são tão generosos, que lhes deem todos os dias um prêmio deste vulto. Se todas as capitais da República e algumas cidades ricas concederem igual quantia a quem lhes escrever as memórias, e se o Congresso Federal fizer a mesma coisa em relação ao Brasil, mas por preço naturalmente maior — digamos quinhentos contos de réis —, a profissão de historiador vai primar sobre muitas outras deste país.

Há só dois pontos em que a recente lei me parece defeituosa. O primeiro é o prazo de cinco anos, que acho longo, em vista do preço. Quando um homem se põe a escrever uma história, sem estar com o olho no dinheiro, mas por simples amor da verdade e do estilo, é natural que despenda cinco anos ou mais no trabalho; mas cinquenta contos de réis excluem qualquer outro ofício, mal dão seis horas de sono por dia, de maneira que, em dois anos, está a obra acabada e copiada. Muito antes do fim do século podem ter os cariocas a sua história pronta, substituindo as memórias do padre Perereca e outras.

O segundo ponto que me parece defeituoso na lei, é que a competência das pessoas que houverem de julgar a obra, dependa do juízo do prefeito. Nós não sabemos quem será o prefeito daqui a cinco anos; pode ser um droguista, e há duas espécies de droguistas, uns que conhecem da competência literária dos críticos, outros que não. Suponhamos que o eleito é da segunda espécie. Que pessoas escolherá ele para dizer dos méritos da composição? Os seus ajudantes de laboratório?

Eu, se fosse intendente, calculando que a história do Distrito Federal podia esperar ainda dois ou três anos, proporia outro fim a uma parte dos contos de réis. Tem-se escrito muito ultimamente acerca do padre José Maurício, cujas composições, apesar de louvadas desde meio século e mais, estão sendo devoradas pelas traças. Houve ideia de catalogá-las, repará-las e restaurá-las, e foi citado o nome do sr. Alberto Nepomuceno como podendo incumbir-se de tal trabalho. Este maestro, em carta que a *Gazeta* inseriu quinta-feira, lembrou um alvitre que "torna a propaganda mais prática, *sem nada perder da sua sentimentalidade atual,* e põe ao alcance de todos as produções do genial compositor". O sr. Nepomuceno desengana que haja editor disposto a imprimir tais obras de graça, empatando, sem esperança de lucro, uma soma não inferior a quarenta contos. A concessão da propriedade é um presente de gregos. O alvitre que propõe, é reduzir para órgão o acompanhamento orquestral das diversas composições e publicá-las. Custaria isto dez contos de réis.

Ora, se o Distrito Federal quisesse divulgar as obras de José Maurício, empregaria nelas os dez contos do método Nepomuceno, ou os quarenta, se lhes desse na cabeça imprimir as obras todas, integralmente. Em ambos os casos ficaríamos esperando o historiador do Distrito, salvo se houvesse homem capaz de escrever a história por dez ou ainda por quarenta contos; coisa que me não parece impossível.

Um dos que têm tratado ultimamente das obras e da pessoa do padre, é o visconde de Taunay. A competência deste, unida ao seu patriotismo, dá aos escritos que ora publica na *Revista Brasileira* muito valor; é uma nova cruzada que se levanta, como a do tempo de Porto Alegre. Se não ficar no papel, como a de outrora, dever-se-á a Taunay uma boa parte do resultado.

Outro que também está revivendo matéria do passado, na *Revista Brasileira*, é Joaquim Nabuco. Conta a vida de seu ilustre pai, não à maneira seca das biografias de almanaque, mas pelo estilo dos ensaios ingleses. Deixe-me dizer-lhe, pois que trato da semana, que o seu juízo da Revolução Praieira, vindo no último número, me pareceu excelente. Não traz aquele cheiro partidário, que sufoca os leitores meramente curiosos, como eu. A mais completa prova da isenção do espírito de Nabuco está na maneira por que funde os dois retratos de Tosta, feitos a pincel partidário, um por Urbano, outro por Figueira de Melo. Cheguei a ver Urbano, em 1860; vi Tosta, ainda robusto, então ministro, dizendo em aparte a um senador da oposição que lhe anunciava a queda do gabinete: "Havemos de sair, não havemos de cair!". Nesta única palavra sentia-se o varão forte de 1848. Quanto a Nunes Machado, trazia-o de cor, desde menino, sem nunca o ter visto: é que o retrato dele andava em toda parte. De Pedro Ivo não conhecia as feições, mas conhecia os belos versos de Álvares de Azevedo, onde os rapazinhos do meu tempo aprendiam a derrubar (de cabeça) todas as tiranias.

29 de março de 1896

No meio das moções, artigos, cartas, telegramas, notícias de conspirações e de guerra, atos e palavras, em qualquer sentido, e por mais graves que sejam as situações políticas e sociais, há sempre alguém que pensa na recreação dos homens. Vede a Inglaterra. "A Inglaterra é o país do esporte por excelência", disse o *Jornal do Commercio* de ontem, a propósito da regata entre os estudantes de Oxford e Cambridge, que ontem mesmo se efetuou. O *Jornal* expôs uma planta da parte do Tâmisa onde os universitários mediram as forças e, por meio de um fio telegráfico, estabelecido no escritório, pôde dar notícia do progresso da corrida. Não digo nada a este propósito, visto que escrevo antes de começar a regata inglesa. Noto só que nem Dongola, nem Venezuela, nem Transvaal e outras partes arrancam os povos de Londres àquela festa de todos os anos.

Não cubramos a cara. Também aqui, sem temor dos tempos, dois homens pediram ao Conselho municipal licença, não para uma só espécie de esporte, mas para uma ressurreição de todas as idades. Não falo dos cavalinhos e diversões análogas, que são a banalidade do gênero e foram o leite da nossa infância. Também não falo das touradas, senão para dizer que, enquanto a Espanha faz das tripas coração para dominar Cuba, e quebra as vidraças aos consulados norte-americanos com gritos de furor e indignação, nós pegamos dos seus touros e toureiros, e vamos vê-los correr, saltar e morrer, para alegria nossa. Ponho de lado igualmente as corridas de bicicletas e velocípedes, por serem recentes, o que não quer dizer que não tenham graça. Sem circo, dois e mais homens poderão fazer muito bem essas corridas, em qualquer rua larga, como a do Passeio Público, mormente se vier abaixo parte do Passeio, como quer um velho projeto. Não sei se este ainda vive, mas há projetos que não morrem.

Vamos ter... Leitor amigo, prepara-te para lamber os beiços. Vamos ter jogos olímpicos, corridas de bigas e quadrigas, ao modo romano e grego, torneios da Idade Média, conquista de diademas e cortejo às damas, corridas atléticas, caça ao veado. Não é tudo; vamos ter naumaquias. Encher-se-á de água a arena do anfiteatro até à altura de um metro e vinte centímetros. Aí se farão desafios de barcos, à maneira antiga, e podemos acrescentar que, à de Oxford e Cambridge, torneios em gôndolas de Veneza, e repetir-se-á o cortejo às damas. Combates navais. Desafio de nadadores. Caça aos patos, aos marrecos etc. Tudo acabará com um grande fogo de artifício sobre água. É quase um sonho esta renascença dos séculos, esta mistura de tempos gregos, romanos, medievais e modernos, que formarão assim uma imagem cabal da civilização esportiva. Se se tratasse de puro e simples divertimento, não creio que fosse obra completa: seria, pelo menos, mui pouco interessante.

Não me pergunteis onde está o gato; obrigar-me-eis a responder que neste projeto, pendente da votação do Conselho, não há gato aparente de espécie alguma. Ao contrário, se o gato é o que o vulgo chama *pule*, há proibição formal de vender esses e outros animais, donde possa resultar jogo. Quando muito, estabelece um artigo que "em todos os espetáculos haverá um vencedor que receberá da administração um prêmio em dinheiro ou objeto de valor". Um vencedor só para tantas corridas é pouco, mas é econômico; em todo o caso, mostra que não se trata de jogo, mas de luta entre valentes, ágeis e hábeis, e o brio é o único chamariz das festas.

Sabei ainda que os empresários não pedem isenção de impostos; ao contrário, é expresso que os pagarão todos e mais quinhentos mil-réis por espetáculo para três instituições que indica. Uma delas é o Teatro Municipal. Anualmente haverá um espetáculo em favor do montepio dos funcionários do distrito. Prêmios, impostos, donativos, construção do anfiteatro, mobília, cavalos, carros, gôndolas, encanamento de água para encher a arena, pessoal... Tudo isso quer dizer que a empresa ou companhia (o pedido prevê a hipótese de se formar uma sociedade anônima) conta com grande concorrência pública. Se assim não fosse, não se obrigava a tantas despesas nem perdia a ocasião de fazer uma bonita loteria.

Entretanto, a população está desacostumada desse gênero de esporte, em que cada um entra com dinheiro e sai sem ele. O uso corrente é trazerem alguns uma parte do que os outros deixam. Atualmente, não contando os vários dromos e loterias de decreto, temos a Companhia Piscatória, Nas Frutas, Brasil, Jardim Lotérico e outras instituições, cujos resultados diários são dados por indicações secretas, algumas com as três estrelinhas maçônicas: (BRASIL: Veado. — NAS FRUTAS: goiaba, G. 20. — JARDIM LOTÉRICO: Ant.: Galo. Mod.: Coelho. Rio Porco.: Reservado. Cobra.). Só a Companhia Piscatória usa de expressões adequadas ao nome: "O cupom de juros sorteado ontem foi o de n.º 7 com 22$ cada cupom". E como todos os dias há cupons sorteados, dá vontade de perguntar quando é que a Companhia Piscatória pesca os seus peixes. Talvez todos os dias.

Realmente, não sei onde é que a empresa de jogos olímpicos irá buscar meios de se manter, prosperar e guardar dinheiro. Os acionistas querem dividendos. É o único desejo destes animais. Se os espectadores, por falta de sorteio piscatório, não foram aos jogos olímpicos e combates navais, onde achará os seus meios de viver? Veja o caso de Cunha Sales.

Cunha Sales, inventor do Panteon Ceroplástico, teve certamente a ideia de só gastar cera com bons defuntos; mas acaba de aprender que a podia gastar com piores. Não falo dos propriamente mortos, mas dos vivos, a quem quis ensinar história por meio de uma vista de pessoas históricas. Não podendo fazê-lo de graça, estabeleceu uma entrada, creio que módica; é o que faz qualquer escola de primeiras letras. As mesmas faculdades libérrimas aceitam o custo da matrícula. A diferença é que alguns dos espectadores do Ceroplástico recebem um prêmio. Creio que foi esta circunstância que lembrou ao governo mandar anular a patente que deu ao inventor. Mas quem é que perdeu o direito de distribuir uma parte do seu ganho? Por dá-lo todo, estão alguns no *Flos Sanctorum*; o nosso inventor, por ficar com uma boa parte, está no *Index*.

5 de abril de 1896

Quarta-feira de trevas contradisse este nome pela presença de um grande sol claro. Comigo deu-se ainda um incidente, que mais agravou a divergência entre a significação do dia e a alegria exterior. Eram onze horas da manhã, mais ou menos, ia atravessando a rua da Misericórdia, quando ouvi tocar uma valsa a dois tempos. Graciosa valsa; o instrumento é que me não parecia piano, e desde criança ouvi sempre dizer que em tal dia não se canta nem toca. Em pouco atinei que eram os sinos da Igreja de São José. Pois digo-lhes que dificilmente se lhe acharia falha de uma nota, demora ou precipitação de outra; todas saíam muito bem. O rei Davi, se ali estivesse, faria como outrora, dançaria em plena rua. A arca do Senhor seria a própria Igreja de São José, descendente daquele santo rei, segundo são Mateus.

A valsa acabou, mas o silêncio durou poucos minutos. Ouvi algumas notas soltas e espaçadas, esperei: era um trecho de Flotow. Conheceis a ópera *Marta*? Era a *última rosa de verão* — a velha cantiga *the last rose of summer* —, música sem trevas, mas cheia daquela melancolia doce de quem perde as flores da vida. Não faria lembrar Jesus; antes imaginei que, se ele ali viesse, podia compor mais uma parábola: "O reino dos céus é semelhante a uma igreja, em cuja torre se tocam as valsas da terra; enquanto a torre chama a dançar, a igreja chama a rezar; bem-aventurados aqueles que, pela oração, esquecerem a valsa, e deixarem murchar sem pena todas as rosas deste mundo..."

Outra dissonância da quarta-feira de trevas — mas desta vez a culpa é do calendário — foi cair no dia primeiro de abril. Não consta que alguém fosse embaçado. A única notícia de que haveria aqui um terremoto, quinze horas depois de 31 de março, não tirou o sono a ninguém, mormente depois que a gente de Valparaíso viveu de terror pânico os dias 29 e 30 daquele mês, por causa de igual fenômeno, igualmente anunciado. O pequeno tremor do dia 1, em Santiago, não prova nada em favor da profecia ou da ciência.

Todos os peixes apodrecem, leitor; não é de admirar que os carapetões de abril, chamados peixes pelos franceses, venham a ficar moídos. Nesta cidade, em que há contos do vigário, ninguém já cai nos laços de abril. A princípio caíam muitos. O *Correio Mercantil* foi o primeiro, creio eu, que se lembrou de inventar prodígios, exposições, embarques, qualquer coisa extraordinária, na própria manhã daquele dia. Naquele tempo, se me não engano, havia só a folhinha de Laemmert. Os jornais não as davam, menos ainda as lojas de papel. Pouca gente se lembrava da fatal data. Os curiosos corriam ao ponto indicado para ver o caso espantoso. A princípio esperavam; anos depois, já não esperavam, mas passavam e tornavam a passar. Afinal era mais fácil não acudir a ver uma coisa real, que a procurar uma invenção.

Conquanto a credulidade seja eterna, é preciso fazer com ela o que se faz com a moda: variar de feitio. Valentim Magalhães variou de feitio, limitando-se a dar este título de *Primeiro de abril* a um dos seus contos do livro agora publicado. É uma simples ideia engenhosa. *Bricabraque* é o nome do livro; compõe-se de fantasias, historietas, crônicas, retratos, uma ideia, um quadro, uma recordação, recolhidos daqui e dali, e postos em tal ou qual desordem. A variedade agrada, o tom leve põe relevo à observação graciosa ou cáustica, e o todo exprime bem o espírito agudo e fértil deste moço. O título representa a obra, salvo um defeito, que reconheci, quando quis reler alguma das suas páginas, *Velhos sem dono,* por exemplo; o livro traz índice. Um *Bricabraque* verdadeiro nem devia trazer índice. Quem quisesse reler um conto, que se perdesse a ler uma fantasia.

A vida, que é também um bricabraque, pela definição que lhe dá Valentim Magalhães, (eu acrescentaria que é algumas vezes um simples e único negócio) a vida tem o seu índice no cemitério; mas que preço que levam os impressores por essa última página! Agora mesmo dão os jornais notícia de um carro fúnebre que chegou à casa do defunto duas horas depois da pactuada. Acrescentam que, ao que parece, o coche foi servir primeiro a outro defunto. Enfim, que é um carro velho, estragado e sujo, não contando que a cova estava cheia de lodo, e que o custo total do enterro é pesadíssimo. Tudo isso forma o índice da vida; esta pode ser cara, barata, mediana ou até gratuita, mas a morte é sempre onerosa. Acusa-se disto a empresa funerária. Não pode ser; a culpa da impontualidade é antes dos que morrem em desproporção com o material da empresa. Fala-se do privilégio. Não há privilégio, há educação da liberdade; assim como foi preciso preparar a liberdade política, antes de a decretar, assim também é mister preparar a liberdade funerária.

Cumpre notar que tal queixa em tal semana é descabida. Tudo se deve perdoar por estes dias. Cristo, morrendo, perdoou aos próprios algozes, "por não saberem o que faziam". Não se trata aqui de algozes propriamente ditos, e pode ser também que a empresa não saiba o que está fazendo. Em todo caso, a queixa devia ter sido adiada para amanhã ou depois.

Faço igual reflexão relativamente ao juiz da comarca do Rio Grande, que, segundo telegramas desta semana, vai ser metido em processo. A causa sabe-se qual é. Não consentiu o juiz em que os jurados votem a descoberto, como dispõe a reforma judiciária do Estado; afirma ele que a Constituição Federal é contrária a semelhante cláusula. Não sou jurista, não posso dizer que sim nem que não. O que vagamente me parece, é que se o estatuto político do Estado difere em alguma parte do da União, é impertinência não cumprir o que os poderes do Estado mandam. Mas, de um ou de outro modo, creio que não foi oportuno mandar falar agora sobre processo nem censurar o magistrado antes de amanhã.

Esta questão leva-me a pensar que, se se não puder conciliar o voto secreto com o voto público, ou ainda mesmo que se conciliem, é ocasião de modificar a instituição, a ser verdade o que dizem dela pessoas conspícuas. Na Assembleia legislativa do Rio de Janeiro, o sr. Alfredo Watheley declarou há dois meses, entre outras coisas, que "em regra o júri é um passa-culpas". Ao que o sr. Leoni Ramos aduziu: "É muito raro que no júri, perguntando o juiz aos jurados se precisam ouvir as testemunhas, eles respondam que sim; dizem sempre que as dispensam". Também eu ouvi igual dispensa, mas relativamente ao interrogatório do próprio réu. Foi há muitos anos. Interrogado sobre o delito, pediu ele para não falar de assuntos que lhe eram penosos, e os jurados concordaram em não ouvi-lo. Realmente, o acusado merecia piedade, era um caso de honra; mas dispensada a audiência do réu e das testemunhas, não tarda que se faça o mesmo ao promotor e ao defensor, e finalmente à leitura do processo, aliás penosíssima de ouvir, mormente se o escrivão apenas sabe escrever.

12 de abril de 1896

A Companhia Vila Isabel foi condenada a pagar ao dono de um cavalo, morto por um de seus carros, a soma de sessenta contos de réis. Não é demais, tratando-se de animal de fina raça. Conheço pessoas que não valem tanto; algumas podem dar-se de graça, e não raras ainda levariam cem ou duzentos mil-réis de quebra. Também concordo que nem todos os cavalos possam chegar a tal preço. Mas, pouco ou muito, propriedade é propriedade. As companhias de viação não podem deixar de aceitar com prazer uma decisão que confirma o princípio dos dividendos e dos ordenados.

Até agora estes desastres seguiam invariavelmente os mesmos trâmites. A vítima, bicho ou gente, morta ou ferida, caía na rua. A multidão aglomerava-se em redor dela, olhando calada como é seu pacífico costume. O cocheiro evadia-se. A polícia abria inquérito, naturalmente rigoroso. Toda essa tragédia podia resumir-se em um verso, mais ou menos assim: "Crime nefando! rigoroso inquérito!" As companhias, por amor do clássico, entendem que tais tragédias são regidas pelos fados.

Eles é que matam, eles é que castigam. As vítimas devem imitar Hipólito: *Le ciel m'arrache une innocente vie*. A escrituração social fica sendo a mesma, e tudo no fim dá certo.

Não entendeu assim o Tribunal, que condenou a companhia de que se trata, a pagar a culpa do cocheiro. A companhia, saltando de Racine a Shakespeare, bradará: *A horse! a horse! sixty contos de réis for a horse!* É duro, mas, se a vida só se compusesse de dividendos, mais valia vivê-la que ir para o céu. A vida tem indenizações. É o algodão que se entretece na seda, e há pior, que é o algodão rude e simples, isto é, as indenizações sem dividendos.

A coisa mais natural agora é que as pessoas que perderam braços ou pernas, por culpa dos cocheiros dos bondes, peçam indenização às companhias, e naturalíssimo é que os tribunais lhes deem razão. Vamos ter grande economia de membros. Não é crível que uma companhia, depois de desembolsar algumas dezenas de contos de réis, continue com o mesmo pessoal culpado; é antes certo que faça escolha de bons cocheiros, e, quando possa, excelentes. Nem todos os cocheiros são imprestáveis, grosseiros ou desobedientes; nem todos atropelam a gente pedestre; nem todos precipitam o carro antes que uma senhora acabe de descer. Dizem até que há alguns, poucos, que, quando bradam, avisando: "Olha à esquerda! olha à direita!", moderam naturalmente o galope dos animais para que os avisados tenham tempo de escapar às carroças ou andaimes que estão no caminho.

Já que estou com a mão no judiciário, não deixarei de dizer que o júri andou esta semana abarbado com processos velhos, tão velhos que não teve outro remédio senão ir absolvendo os acusados. Um dos casos deu de si grave consequência. O roubo foi cometido há um ano, e os dois réus deram entrada na Detenção, onde um deles morreu. Tendo o júri absolvido o sobrevivente, segue-se que, se houve crime, os criminosos não foram aqueles, e para que há de um inocente morrer no cárcere, longe da família e dos amigos, se é mais fácil fazer andar os processos depressa? Outro réu nem chegou a roubar, apenas fez uma tentativa a formão; mas o delito deu-se em junho do ano passado, e só agora, em abril, é que o réu pôde ser julgado e absolvido.

Nem sempre gosto de citar exemplos alheios. Também lá fora há defeitos e graves. Mas se os processos fossem rápidos, como em algumas partes, mormente em pequenos crimes, creio que andaríamos muito melhor. Agora mesmo, lendo a audiência inicial do processo Jameson, vi que, enquanto esperava por este invasor do Transvaal, o Tribunal de Bow-Street ia julgando uma porção de processos miúdos, entre eles o de um cocheiro que, na véspera, espancara a mulher e a patrulha; foi condenado a um mês de *hard labour*. Note-se que o delinquente estava ébrio no ato, mas ao que parece os juízes de Londres, que não são os de Berlim, entenderam não haver na embriaguez circunstância atenuante, mas agravante. E daí talvez os de Berlim pensem a mesma coisa.

Em verdade, os magistrados de Bow-Street parecem demasiado severos. Quando menos, o presidente não tem papas na língua para dizer um ou dois desaforos. Os espectadores, que eram muitos, compunham-se pela maior parte de lordes e *ladies*, a fina flor da aristocracia inglesa, que ia vitoriar o doutor Jameson, por ter invadido a República Africana. O doutor Jameson chegou, foi aclamado pela multidão da rua, e logo que apareceu na sala do tribunal, estouraram os gritos de entusiasmo e de aplauso; o presidente declarou a princípio que faria evacuar a sala, se o tumulto continuasse. Acabada a audiência, e marcado o dia para novo comparecimento do acusado, o entusiasmo chegou ao delírio. As mais fidalgas bocas proferiram as mais belas palavras. Foi então que o presidente bradou da cadeira estas outras palavras menos belas:

— Vós expondes a Inglaterra ao desprezo do mundo!

Não falo do envenenamento da rua do Ipiranga, porque talvez não chegue a processo, e, quando chegue, não é agora ocasião de tratar dele; não há crime, não há acusadores, não há nada. Como, porém, a semana é toda judiciária, aqui está o processo Damasceno, mais importante que outros, e que interessa deveras aos competentes. Eu não sou competente, não trato do caso em si; mas estando a ler o discurso de defesa, dei com uma palavra que me parece carecer de retificação.

A conclusão do discurso é a seguinte: "Refleti; acima da autoridade dos vossos julgados está aquela que Pascal chamou a rainha do mundo..." Creio que se refere à opinião. Ora, Pascal disse justamente o contrário: *C'est la force qui gouverne le mon-*

de, et non pas l'opinion. Palavra que pareceria dura ao leitor, se o filósofo não acrescentasse: *mais l'opinion est celle qui use la force.* Pois se é a força que governa, ela é que é rainha, e se a opinião gasta a força, o mesmo sucede a todas as rainhas que adoecem e morrem por outras causas. Pascal fala certamente da opinião como rainha do mundo, mas é quando cita um livro italiano, do qual só conhecia o título: *Della opinione, regina del mondo.* Declara que aceita o que nele estiver escrito, exceto o mal, se contiver algum; mas, como isto vem no fim de uma longa página em que começa por chamar à opinião *maîtresse d'erreur,* segue-se que tudo quanto ali pôs é a mais fina ironia.

19 de abril de 1896

A semana foi de sangue, com uma ponta de loucura e outra de patifaria. Felizes as que se compõem só de flores e bênçãos, e mais ainda as que se não compõem de nada! Digo felizes para os que têm de tratar delas. Neste caso, o cronista senta-se, pega na pena e deixa-a ir papel abaixo, abençoado e florido, ou sem motivo e à cata de algum, que finalmente chega, como deve suceder ao compositor nas teclas do piano. Quando menos pensa, estão as laudas prontas, e acaso sofríveis. Mas vá um homem, sem flores ou sem nada, ocupar-se unicamente de anedotas tristes; e aborrecer os outros e não fazer coisa que preste. As alegrias, ainda mal contadas, são alegrias.

Tenho ideia de haver lido em um velho publicista (mas há muitos anos e não posso agora cotejar a memória com o texto) que os jornais, fechadas as câmaras e calada a política, atiram-se aos grandes crimes e processos extraordinários. Não será esta a expressão, mas o pensamento é esse, a menos que não seja outro. Mas sim ou não, nem para o nosso caso serve, porquanto só agora é que os crimes notáveis aparecem e podem ser extensamente comentados, quando as câmaras estão prestes a reunir-se. Demais, tivemos algumas conversações políticas, no intervalo, por ocasião da moção do Clube Militar, e agora mesmo se discute quem há de ser o presidente da Câmara, se Pedro ou Paulo, se o apóstolo da circuncisão, se o do prepúcio. Uns querem que só tenham aceitação os da lei antiga, outros dizem, como são Paulo aos gálatas: "Todos os que fostes batizados em Cristo, revestistes-vos de Cristo; não há judeu nem grego..." Talvez seja melhor, para resolver este negócio, esperar que se reúna o concílio de Jerusalém.

Além dessas duas questões políticas e outras de menor tomo, tivemos negócios externos, alguns também de sangue; mas o sangue visto de longe ou pintado é diferente do sangue vivo e próximo. Tivemos com que entreter o espírito, Menelik, a expedição Dongola, os dervixes, Cuba, os raios x, Crispi e agora o levantamento dos mata-beles.

Não, não quero sangue, nem loucuras, nem equívocos de boticários. A perda da vida ou da razão não é coisa própria deste lugar. Menos ainda o lenocínio, tão triste como o resto. Se ao menos se pudesse tirar de tais casos alguma conclusão, observação ou expressão digna de nota, vá; mas nem isso encontro. Tudo é árido, vulgar e melancólico.

A questão do engano farmacêutico é a única em que se poderia tocar sem asco ou tédio, ainda que com pavor. Em verdade, a dosagem do arsênico por parte de uma pessoa que estudou farmácia em Coimbra, faz duvidar de Coimbra ou da pessoa. Considerando, porém, que o erro é dos homens e que só a intenção constitui o mal, não se duvida nem da pessoa nem de Coimbra. O verdadeiro mal não é esse. O mal verdadeiro é que, se os homens podem descrer de tudo, sem grande perda ou com pouca, uma coisa há em que é necessário crer totalmente e sempre, é na farmácia. Tudo o que vier da farmácia, deve ser exato e perfeito; a menor troca de substâncias ou excesso de dose faz desesperar da saúde e até da vida, como sucedeu na rua do Ipiranga. Aquele grito do sócio do farmacêutico: "Desgraçado, estás perdido!" mostra a gravidade do ato, unicamente em relação ao autor dele. Se esta fosse a única e triste consequência, pouco estaria perdido. Era um caso particular, como o que sucedeu, dois dias depois, na farmácia Portela, em bairro oposto; aí se trocou um laxativo por outro remédio, e o paciente, que bebeu de uma vez o que devia ser tomado de duas em duas horas, só não morreu, porque o remédio não era de matar. Não importa; não é preciso que alguém sucumba, basta a possibilidade da confusão dos frascos.

Também não importa a confiança manifestada pelo viúvo da rua do Ipiranga, em relação à farmácia; é natural que a tenha, pois conhece o pessoal e a competência da casa. Outrossim em relação à farmácia Portela, donde não saiu morte certa. Uma pessoa defunta, outra apenas enganada, valem pouco relativamente à população. Mas suponhamos que esta venha a descrer de todas as farmácias da cidade. Nem todas serão servidas por varões próprios. Alguma haverá (não afirmo) em que jovens aprendizes, desejosos de praticar a ciência antes que a vadiação, aviem as receitas dos médicos. Sempre é melhor ofício que matar gente cá fora, mas se da composição sair óbito, tanto faz droga como navalha. Se a descrença pegar, virão o terror e a abstenção. Ninguém mais correrá às boticas, e a farmácia terá de ceder ao espiritismo, que não mata, mas desencarna.

Há um recurso último. Atribui-se a um claro espírito deste país a seguinte definição da farmácia moderna, que é antes confeitaria que farmácia. Esse homem, ex-deputado, ex-ministro, observou que as vidraças das boticas estão cheias de frascos com pastilhas e outros confeitos. Ora, até hoje não consta que tais medicamentos matem. O mais que pode suceder é não curarem sempre, ou só incompletamente, ou só temporariamente, ou só aparentemente; mas não levam o desespero às famílias. São composições estrangeiras, estão sujeitas a grandes taxas, custam naturalmente caro; mas se a própria vida é um imposto pago à morte, não é muito que lhe agravemos o preço. Não lhe acusem de estrangeirismo. Não trato só dos inventos importados, mas também dos nacionais, que não matam ninguém, e curam muitas vezes. Pois tal será o recurso último dos farmacêuticos, quando o medo dos aviamentos imediatos afastar os doentes das suas portas; encomendem preparados de fora e de dentro, não façam mais nada em casa, e esperem.

Qualquer que seja o mal, porém, antes beber os remédios suspeitos — um pouco mais de arsênico, ou uma coisa por outra — que viver em Porto Calvo (Alagoas), onde as carabinas trabalham, ora em nome do assassinato, ora da simples política. As ações e os homens não dão para uma *Ilíada,* conquanto na hecatombe da Conceição a palavra *hecatombe* seja grega. Não sucede o mesmo com Barro Vermelho e Manuel Isidoro, nomes que não valem os de Aquiles e Heitor. Li artigos, cartas, notícias dos sucessos, chegados e publicados ontem. Numa das cartas diz o autor que, para prender Manuel Isidoro, tinha recorrido à *astúcia* do coronel Veríssimo. Faz lembrar Homero quando canta o *artificioso* Ulisses; mas, com franqueza, prefiro Homero.

26 de abril de 1896

"Terminaram as festas de Shakespeare", diz um telegrama de Londres, 24, publicado anteontem, na *Notícia*. Eu, que supunha o mundo perdido no meio de tantas guerras atuais e iminentes, crises formidáveis, próximas anexações e desanexações, respirei como alguém que sentisse tirar-lhe um peso de cima do peito. Que me importa já saber se o príncipe da Bulgária comungou ou não, esta semana, tendo-lhe o papa negado licença? Provavelmente não comungará mais, tudo por haver consentido que o filho fosse batizado na religião ortodoxa. Quantos outros pais terão deixado batizar os filhos em religiões alheias, sem perder por isso o direito de comungar; basta-lhes entrar na igreja próxima e falar ao vigário. Não são príncipes, não governam, não correm o perigo das alturas.

Cuba, que me importa agora Cuba? A rebelião come gente, sangue e dinheiro; a independência far-se-á ou não. Segundo um homem desconhecido, estava feita desde quarta-feira, e assim enganou a duas ou três folhas desta cidade, ação de muito mau gosto, não só pela invenção dos decretos de Madrid, como pela da morte de um hóspede do hotel de Estrangeiros. O dono deste perdeu mais que ninguém, pois que Cuba, tarde ou cedo, alcançará a independência, o cônsul e o ministro de Espanha explicaram-se, mas a morte do hóspede é mais que a de Maceo ou Máximo Gómez. Lede bem a carta com que o dono do hotel de Estrangeiros correu à *Cidade do Rio* para afirmar que o defunto Villagarcía (se alguém há desse nome) nunca ali esteve, que ninguém morreu nem adoeceu naquela casa, apesar da epidemia recente, que os seus esforços foram grandes, e a notícia da morte ofende os seus interesses. É quase um reclamo, ou — como dizem os mal-intencionados — um *preconício*.

É tão grave o fato de morrer alguém nas hospedarias, que o dono de uma delas, nesta cidade, só por fina inspiração, pôde há tempos salvar a honra do estabelecimento. Não disse a ninguém que lhe morrera um hóspede, mas que adoecera e queria ir-se embora. Mandou vir um carro, fez meter dentro o cadáver, com as cautelas devidas a um enfermo, e sentou-se ao pé dele. — "Então, que é isso? dizia ele ao cadáver, enquanto o cocheiro dava volta ao carro. O senhor, saindo daqui, vai piorar e talvez morra; por que não fica? Aqui, antes de quinze dias, está corado e bom. Ande, fique; se quer, mando o carro embora. Não? Pois faz muito mal..." Os hóspedes, que ouviam esta exortação, lastimavam a teimosia do enfermo, e almoçaram com o apetite do costume.

Guerras africanas, rebeliões asiáticas, queda do gabinete francês, agitação política, a proposta da supressão do Senado, a caixa do Egito, o socialismo, a anarquia, a crise europeia, que faz estremecer o solo, e só não *explode* porque a natureza, minha amiga, aborrece este verbo, mas há de estourar, com certeza, antes do fim do século, que me importa tudo isso? Que me importa que, na ilha de Creta, cristãos e muçulmanos se matem uns aos outros, segundo dizem telegramas de 25? E o acordo, que anteontem estava feito entre chilenos e argentinos, e já ontem deixou de estar feito, que tenho eu com esse sangue que correu e com o que há de correr?

Noutra ocasião far-me-ia triste a notícia dos vinte e tantos autos roubados a uma pretoria desta cidade. Vinte e um voltaram ao cartório, mas um deles não trazia petição inicial nem sentença, por modo que ficou o processo inútil. Uma destas manhãs, estando o pretor ocupado, vieram dizer-lhe que acabavam de furtar mais autos, correu ao cartório, viu que era exato. O mesmo pretor despediu há dias um empregado do cartório, que estava ao seu serviço; a razão é porque o homem, mediante dinheiro, tomava a si obter despachos favoráveis. Chegou ao ponto, segundo li, de fazer caminhar bem um negócio, a troco de certa quantia; recebida esta, fez desandar o negócio em favor da outra parte, a troco de igual remuneração. Reincidência ou arrependimento? Eis aí um mistério.

Outro mistério é que só vejo publicadas as ações, não os nomes dos autores. Nem sempre é necessário que estes sejam dados ao prelo. Casos há em que o silêncio é conveniente, não para impedir que os autores fujam, mas por motivos que me escapam. Seja como for, ainda bem que os autos se descobrem, os intermediários de despachos desaparecem, e o ar puro entra nas pretorias, na terceira, quero dizer, que é onde se deram os fatos aqui narrados. Entretanto, outra seria a minha impressão disto, como do resto, se não fosse o telegrama de Londres, 24.

"Terminaram as festas de Shakespeare..." O telegrama acrescenta que "o delegado norte-americano teve grande manifestação de simpatia". A doutrina de Monroe, que é boa, como lei americana, é coisa nenhuma, contra esse abraço das almas inglesas sobre a memória do seu extraordinário e universal representante. Um dia, quando já não houver Império Britânico nem República Norte-americana, haverá Shakespeare; quando se não falar inglês, falar-se-á Shakespeare. Que valerão então todas as atuais discórdias? O mesmo que as dos gregos, que deixaram Homero e os trágicos.

Dizem comentadores de Shakespeare que uma de suas peças, a *Tempest,* é um símbolo da própria vida do poeta e a sua despedida. Querem achar naquelas últimas palavras de Próspero, quando volta para Milão, "onde de cada três pensamentos um será para a sua sepultura", uma alusão à retirada que ele fez do palco, logo depois. Realmente, morreu daí a pouco, para nunca mais morrer. Que valem todas as expedições de Dongola e do Transvaal contra os combates de Ricardo III? Que vale a caixa egípcia ao pé dos três mil ducados de Shylock? O próprio Egito, ainda que os ingleses cheguem a possuí-lo, que pode valer ao pé do Egito da adorável Cleópatra? Terminaram as festas da alma humana.

3 de maio de 1896

Os jornais deram ontem notícia telegráfica de haver sido assassinado o xá da Pérsia. Tão longe andamos da Pérsia, e tão pouco fez aquele vivo falar de si por estes tempos de agitação universal, que fiquei assombrado. Supunha a Pérsia extinta. Não me lembrava sequer (a minha memória está acabando), não me lembrava que ainda anteontem li, creio que no *Jornal do Commercio*, a notícia de que o xá da Pérsia possuía o maior tesouro de joias, no valor de 300.000:000$000 (trezentos mil contos de réis). Possuía e possui, porquanto naquelas partes como nas outras, *xá morto, xá posto*. Caiu Nasser-al-Pin; vai subir Mozaffar-al-Pin.

Vede o que são almas fanáticas. Não foram os trezentos mil contos de réis das joias que armaram o braço do homicida, mas um motivo religioso. O xá ia justamente entrando no santuário para rezar. Se o motivo fosse outro, é provável que o assassino adiasse o assassinato, repetindo com Hamlet: "Agora não; seria mandá-lo para o céu!" Ao contrário, desde que o xá ia rezar pela sua seita, não iria para o céu, segundo o assassino; boa ocasião de o mandar ao diabo. Vede o que são almas fanáticas.

Há para mim, além da catástrofe, um ponto mui aborrecido: é o tiro. Persas e gentes semelhantes, se me quiserem interessar, como os antigos, não hão de ter pólvora. O punhal e a espada é que estão bem. As tragédias matam a ferro frio. Carnot e Lincoln caíram a golpes de arma branca. Como é que, longe de centros cristãos e prosaicos, em plena vida oriental e poética, um fanático pega de uma espingarda ou trabuco, para vingar um texto ou um símbolo? Vai nisso um tanto de precaução, que se não ajusta bem ao fanatismo, não contando a falta de estética. Seja como for, pobre xá, tiveste de entregar a vida quando ias buscar a fonte da vida, ou o que supunhas tal.

Os persas, segundo leio no padre Manuel Godinho, que por ali andou em 1663, têm uma paixão tão grande, tão forte e tão absorvente que devia excluir qualquer outra. Não sei se chegareis a entendê-lo, ainda que vos copie aqui os próprios termos do padre; são claros os termos, mas por isso mesmo que claros, obscenos. Eis o texto. "São tão sobremaneira luxuriosos, (os persas) não se contentando *nem com* muitas mulheres". Uma paixão destas tão extensa parece não dar campo ao fanatismo. Nem com muitas mulheres; então com quantas? Das mulheres escreve o padre que são "lascivas" e se acrescenta que de "ruim bofe", não é para se desmentir a si próprio; estas qualidades podem viver juntas.

Isto prova que o sangue há de sempre jorrar em toda a parte, desde os tronos até as mais simples esteiras. Aqui mesmo, esta semana, houve dois outros casos de mortes misteriosas e interessantes. Um deles foi o de um velho que sucumbiu a pau ou a faca, não me lembra bem qual o instrumento. Já acima disse que a memória me vai morrendo. Depois de morto foi enterrado. Suspeitou-se do crime, e, indo começar o processo do indigitado autor, acudiu naturalmente a ideia de autopsiar o cadáver, que é o primeiro ato dos inquéritos criminais. Infelizmente o cadáver fora enterrado na vala comum. Surdiu o receio de empestar a cidade, abrindo uma vala onde jaziam dezesseis cadáveres em putrefação, alguns de febre amarela. Quando não fizesse mal à cidade, podia fazê-lo aos exumadores e aos próprios médicos encarregados da autópsia. Daí algumas consultas, cuja solução final foi a única possível — negar a exumação. De resto, uma das ordens trocadas observou que, sem embargo da autópsia, as testemunhas do crime bastavam às necessidades da justiça.

Em verdade, é possível que a exumação matasse alguns dos oficiais, médicos ou não, desse lúgubre ofício. Suponhamos que morriam três. Aí tínhamos três inocentes condenados à morte e executados sem forma legal, enquanto que a marcha do processo podia e pode chegar ao resultado negativo, isto é, que o suposto réu não praticou o crime, ou se o cometeu foi *impelido por violência irresistível ou ameaça acompanhada de perigo atual*, como ainda esta semana decidiu o júri, creio que nos termos do código, e certamente nos da verdade. Ora, tendo-se acabado com a pena de morte, é justo estender este benefício aos médicos e seus colaboradores, ficando a pena limitada à vítima, cujo silêncio eterno pede igualmente eterno repouso.

Nem falo disto senão para notar que a vala comum foi agora objeto de grandes lástimas. Muitos confessaram que a supunham acabada. Outros pediram que se acabasse com ela. Sempre ouvi falar com tristeza da vala comum. Este último leito, em que se perde até o nome e não se tem o favor de apodrecer sozinho, destinava-se antigamente aos pobres e aos escravos. A lei acabou com os escravos, e deixou os pobres consigo mesmos.

Politicamente, é a vala comum o terror dos homens. Ouvi maldizer dela, muitas vezes, com indignação, e anunciá-la com perversidade: — "Não hei de cair na vala comum!" — "Na vala comum já há muito caiu v. ex.!" — *"O sr. presidente:* — Atenção!" E ouvi ainda coisa pior, como prova de que o desprezo e o abandono em política são insuportáveis. Ouvi um dia, há muitos anos, um discurso na Câmara dos deputados, cujo autor se lastimava de ser cão sem dono. Era um modo de dizer que o partido o não queria. Realmente, era lastimável. Um homem parlamentar que não tem quem lhe faça festas, quem lhe dê ordens ou lhe mande recados, não é soldado de partido, não é nada, é uma sombra. Não me lembra o nome nem a figura do representante. É o que vos disse três vezes, acima; vou perdendo a memória. Não cuideis que são achaques da idade. Há de haver aí alguma complicação psicológica.

Vede se não. Não atino com o lugar em que se deu há dias — poucos dias — um interrogatório feito a pessoa acusada de um crime... Também não me acode o crime; suponhamos que foi um roubo. Há crimes de roubo. O indigitado não queria confessar que o praticara; negava a pés juntos, com tal tranquilidade, por mais que o juiz fizesse, que a esta hora estaria na rua se o escrivão não pegasse das rédeas do interrogatório. Tão habilmente foi cercando o réu, que ele acabou confessando tudo. O escrivão fazia as perguntas, ouvia as respostas, e ditava-as todas a si mesmo. Uma vez que a verdade saiu do poço tanto melhor. O único ponto duvidoso é matéria de ritual; mas, ainda assim, não conhecendo eu leis nem praxes, não sei se os escrivães podem ir além do escrever. Os hábitos eclesiásticos são diversos. Conheço sacristães, verdadeiros modelos de piedade e latim, que se limitam a ajudar a missa; não abençoam os fiéis, como o oficiante; respondem a este, levam-lhe as galhetas, pegam-lhe na capa e se tangem a campainha é para pôr as vírgulas espirituais no sagrado texto.

10 de maio de 1896

Como eu andasse a folhear leis, alvarás, portarias e outros atos menos alegres, dei com um que me fez vir água à boca. É de 1825. A primeira Assembleia Geral legislativa devia reunir-se em 3 de maio de 1826. Muitos deputados podiam vir com antecedência e aguardar aqui longo tempo a abertura das Câmaras. Então o governo, considerando que eles deviam até lá subsistir com decência, mandou abonar a cada um, desde que chegasse, a quantia mensal de cem mil-réis.

Ó tempora! ó mores! Cem mil-réis! Tempos de cem mil-réis mensais! Comeram, vestiram, receberam, possivelmente casaram, tudo com cem mil-réis por mês! E tal poupado terá havido, que ainda deixou ao canto da gaveta umas cinco patacas;

não juro, mas não contesto. Bem sei que, remontando à legislação, vamos achar tenças e ordenados de cem mil-réis, não por mês, mas por ano, cinquenta mil-réis, vinte e cinco, e menos. Mas tais atos não são históricos. São a mitologia da moeda. Valem o que valem os *reis* de Tito Lívio, e peço perdão dessa aparência de trocadilho, que é apenas um cotejo de fábulas.

Com tal dinheiro (cem mil-réis mensais) poderiam acaso os deputados daquele tempo andar nesta capital em carruagem de quatro bestas? Podiam; eis aqui o decreto de 2 de outubro de 1825: "Não se verificando nesta corte (diz ele) os motivos que na de Lisboa fizeram necessário que nenhuma pessoa, de qualquer condição que fosse, pudesse andar naquela cidade, e na distância de uma légua dela, em carruagem de mais de duas bestas, hei por bem ordenar que, sem embargo do dito alvará, ou de qualquer outra ordem em contrário, todas as pessoas que gozam do tratamento de excelência, possam andar em carruagem de quatro bestas". Ora, os deputados tinham o tratamento de excelência. Uma vez que fossem poupados, podiam muito bem dar-se ao gosto da carruagem de quatro bestas, sem que a polícia (a polícia do Aragão) os recolhesse ao aljube.

Não esqueçamos que a Independência datava de 1822, e a Constituição de 1824. No título VIII desta achavam-se inscritos os direitos civis e políticos dos cidadãos. Não estava lá o direito às quatro bestas. Podia entender-se que este direito era contido nos outros? Teoricamente, sim; praticamente, não. Não dou em prova disto o ato do ano anterior, 1824, mandando que às pessoas de primeira consideração se não concedesse mais que três criados de porta acima, e às de segunda somente um. Este ato, conquanto posterior à Independência, é anterior à Constituição, é de 7 de janeiro. Por isso mesmo é um pouco mais restritivo que o decreto de 1825. Abolindo o alvará das quatro bestas, o decreto de 1825 limitou o gozo delas às pessoas que tinham o tratamento de excelência, ao passo que o ato de 1824 nem às próprias pessoas de primeira consideração consentia mais de três criados de porta acima.

Outra diferença entre os dois atos está na designação das pessoas. O tratamento de excelência era claro; tinha-se pelo cargo ou por decreto. Mas por onde se distinguiam as pessoas de primeira consideração das de segunda? Eis aí um ponto obscuro. Eram todas de casa de sobrado (criados de porta acima), mas não há outra definição. Quero supor que, como o ato de 1824 foi expedido ao intendente da polícia, deixou a este, que era o tremendo Aragão, o cuidado de distinguir os seus policiados. Considerando melhor, acho que a distinção seria fácil, graças à população pequena, à tradição e estabilidade das classes. A vontade das pessoas é que não podia servir de regra, como se faz com as declarações de renda; não se consultando mais nada, todas seriam de consideração mais que primeira.

Aqui vai agora como eu separo as liberdades teóricas das liberdades práticas. A liberdade pode ser comparada às calças que usamos. Virtualmente existe em cada corte de casimira um par de calças; se o compramos as calças são nossas. Mas é mister talhá-las, alinhavá-las, prová-las, cosê-las e passá-las a ferro, antes de as vestir. Ainda assim há tais que podem sair mais estreitas do que a moda e a graça requerem. Daí esse paralelismo da liberdade do voto e da limitação dos criados e das bestas. É a liberdade alinhavada. Não se viola nenhum direito; trabalha-se na oficina. Prontas as calças, é só vesti-las e ir passear.

Um pouco de psicologia dos tempos. Isto que me faz discorrer e examinar para acabar de entender, ninguém com certeza achou descurial naqueles anos de infância. Outro pouco de psicologia política. Governos novos são naturalmente ciosos da existência. Pedro I decretou e mandou jurar a Constituição em 25 de março, e logo em 15 de maio ordenava aos presidentes de província, aos tribunais e repartições da capital, que em todas as informações que houvessem de dar, declarassem se as pessoas a quem elas se referissem, tinham jurado a Constituição. Talvez esta cláusula não adiantasse nada aos direitos pessoais do requerente, mas era um impulso de nascença. A Constituição queria viver. Quanto ao espírito nativista, eis aqui um ato bem caracterizado. Um dia, em 1825, constou ao imperador que muitos indivíduos, não súditos do Império, usavam do laço nacional e flor verde, e legenda no braço esquerdo, para se inculcarem cidadãos brasileiros. Baixou logo um aviso mandando proceder "contra os que assim se disfarçam, com o fim de conseguir por esse doloso procedimento a proteção das leis, a que só têm direito os verdadeiros súditos do Império".

Basta de legislação. É demais para quem apenas quer algumas notas acerca da semana. O que me pode justificar é o fato de ser a principal nota da semana a chegada de deputados e senadores. Não se fez a abertura no dia 3 de maio, marcado na Constituição de 1891, como na de 1824. Se considerarmos que a primeira Assembleia Geral legislativa também se não abriu no dia 3 de maio, julgaremos com outra moderação. Alguém lembrou agora que a abertura se fizesse sempre no dia 3 de maio, qualquer que fosse o número dos presentes. Pois a mesma ideia apareceu em 1826, e foi a própria Câmara dos deputados, reunida em 30 de abril, que o mandou propor ao governo, dizendo que nada tinha o ato da abertura com os trabalhos das sessões. Ao que o governo respondeu, por aviso de l de maio, que entendia de modo contrário, e que continuassem as sessões preparatórias.

A matéria é discutível; mas basta de legislação! basta de legislação!

17 de maio de 1896

Era no bairro Carceler, às sete horas da noite.

A cidade estivera agitada por motivos de ordem técnica e politécnica. Outrossim, era a véspera da eleição de um senador para preencher a vaga do finado Aristides Lobo. Dois candidatos e dois partidos disputavam a palma com alma. Vá de rima; sempre é melhor que disputá-la a cacete, cabeça ou navalha, como se usava antigamente. A garrucha era empregada no interior. Um dia, apareceu a Lei Saraiva, destinada a fazer eleições sinceras e sossegadas. Estas passaram a ser de um só grau. Oh! ainda agora me não esqueceram os discursos que ouvi, nem os artigos que li por esses tempos atrás, pedindo a eleição direta! A eleição direta era a salvação pública. Muitos explicavam: direta e censitária. Eu, pobre rapaz sem experiência, ficava embasbacado quando ouvia dizer que todo o mal das eleições estava no método; mas, não tendo outra escola, acreditava que sim, e esperava a lei.

A lei chegou. Assisti às suas estreias, e ainda me lembro que na minha seção ouviam-se voar as moscas. Um dos eleitores veio a mim, e por sinais me fez compreender que estava entusiasmado com a diferença entre aquele sossego e os tumultos do outro método. Eu, também por sinais, achei que tinha razão, e contei-lhe algumas eleições antigas. Nisto o secretário começou a suspirar flebilmente os nomes dos eleitores. Presentes, posto que censitários, poucos. Os chamados iam na ponta dos pés até à urna, onde depositavam uma cédula, depois de examinada pelo presidente da mesa; em seguida assinavam silenciosamente os nomes na relação dos eleitores, e saíam com as cautelas usadas em quarto de moribundo. A convicção é que se tinha achado a panaceia universal.

Mas, como ia dizendo, era no bairro Carceler, às 7 horas da noite.

O bairro Carceler estava quase solitário. Um ou outro homem passava, mulher nenhuma, rara loja aberta, e mal se ouviam os bondes que chegavam e partiam. Eu ia andando à procura do Hotel do Globo. Recordava coisas passadas, um incêndio, uma festa, a ponte das barcas um pouco adiante, a Praia Grande do outro lado, e a Assembleia provincial, vulgarmente chamada salinha. A salinha acabou, e a Praia Grande ficou decapitada, passando a Assembleia com outra feição a legislar em Petrópolis. Nem por isso perdeu as metáforas de outro tempo. Ainda agora, em Petrópolis, um orador devolveu a outro as injúrias que lhe ouvira; devolveu-as intatas, tal qual se costumava na antiga Praia Grande. As injúrias devolvidas intatas não ferem. Algumas vezes arredam-se com a ponta da bota, ou deixam-se cair no tapete da sala; mas a melhor fórmula é devolvê-las intatas. A ponta da bota é um gesto, a queda no tapete é desprezo, mas para injúrias menores. A última fórmula de desdém, a mais enérgica, é devolvê-las intatas. Quem inventou este modo de correspondência está no céu.

Chego ao Hotel do Globo. Subo ao segundo andar, onde acho já alguns homens. São convivas do primeiro jantar mensal da *Revista Brasileira*. O principal de todos, José Veríssimo, chefe da *Revista* e do Ginásio Nacional, recebe-me, como a todos, com aquela afabilidade natural que os seus amigos nunca viram desmentida um só minuto. Os demais convivas chegam, um a um, a literatura, a política, a medicina, a jurisprudência, a armada, a administração... Sabe-se já que alguns não podem vir, mas virão depois, nos outros meses.

Ao fim de poucos instantes, sentados à mesa, lembrou-me Platão; vi que o nosso chefe tratava não menos que de criar também uma República, mas com fundamentos práticos e reais. O Carceler podia ser comparado, por uma hora, ao Pireu. Em vez das exposições, definições e demonstrações do filósofo, víamos que os partidos podiam comer juntos, falar, pensar e rir, sem atritos, com iguais sentimentos de justiça. Homens vindos de todos os lados — desde o que mantém nos seus escritos a confissão monárquica, até o que apostolou, em pleno Império, o advento republicano — estavam ali plácidos e concordes, como se nada os separasse.

Uma surpresa aguardava os convivas, lembrança do anfitrião. O cardápio (como se diz em língua bárbara) vinha encabeçado por duas epígrafes, nunca escritas pelos autores, mas tão ajustadas ao modo de dizer e sentir, que eles as incluiriam nos seus livros. Não é dizer pouco, em relação à primeira, que atribui a Renan esta palavra: "Celebrando a Páscoa, disse o encantador profeta da Galileia: tolerai-vos uns aos outros; é o melhor caminho para chegardes a amar-vos..."

E todos se toleravam uns aos outros. Não se falou de política, a não ser alguma palavra sobre a fundação dos Estados, mas curta e leve. Também se não falou de mulheres. O mais do tempo foi dado às letras, às artes, à poesia, à filosofia. Comeu-se quase sem atenção. A comida era um pretexto. Assim voaram as horas, duas horas deleitosas e breves. Uma das obrigações do jantar era não haver brindes: não os houve. Ao deixar a mesa tornei a lembrar-me de Platão, que acaba o livro proclamando a imortalidade da alma; nós acabávamos de proclamar a imortalidade da *Revista*.

Cá fora esperava-nos a noite, felizmente tranquila, e fomos todos para casa, sem maus encontros, que andam agora frequentes. Há muito tiro, muita facada, muito roubo, e não chegando as mãos para todos os processos, alguns hão de ficar esperando. Ontem perguntei a um amigo o que havia acerca da morte de uma triste mulher; ouvi que a morte era certa, mas que, tendo o viúvo desistido da ação, ficou tudo em nada. Jurei aos meus deuses não beber mais remédio de botica. A impunidade é o colchão dos tempos; dormem-se aí sonos deleitosos. Casos há em que se podem roubar milhares de contos de réis... e acordar com eles na mão.

24 de maio de 1896

A gente que andou esta semana pela rua do Ouvidor, mal terá advertido que, enquanto mirava as moças, se eram homens, ou as vitrinas, se eram moças, matava-se a ferro e fogo em Manhuaçu. Eis o telegrama de Juiz de Fora, 18: "Desde o dia 11, às 10 horas da manhã, está travado em Manhuaçu terrível combate, dia e noite, à carabina e dinamite, entre os partidários de Costa Matos e Serafim. O conflito nasceu de ter sido Costa Matos nomeado delegado de polícia, e, investido do cargo, haver mandado desarmar um empregado de Serafim. Tem havido mortes e ferimentos".

Há, pois, além de outros partidos deste mundo, um partido Serafim e um partido Costa Matos. Quem seja este César, nem este Pompeu, não é coisa que me tenha chegado aos ouvidos; mas devem ser homens de valor, desabusados, capazes de lutar em campo aberto e matar sem dó nem piedade. A causa do conflito parece pequena, vista aqui da rua do Ouvidor, entre três e cinco horas da tarde; mas ponha-se o leitor em Manhuaçu, penetre na alma de Serafim, encha-se da alma de Matos, e acabará reconhecendo que as causas valem muito ou pouco, segundo a zona e as pessoas. O que não daria aqui mais de uma troca de mofinas, dá carabina e dinamite em outras paragens.

Mas não é só em Manhuaçu que se morre a ferro e fogo. A cidade de Lençóis passou por igual ou maior desolação. Soube-se aqui, desde o dia 18, que um bando de clavinoteiros marchava ao assalto da cidade, não só para tomá-la, como para matar o coronel Felisberto Augusto de Sá, senador estadual, e o dr. Francisco Caribe. O governo da Bahia mandou duzentos praças em socorro da cidade. Tarde haverá chegado o socorro, se chegou; o assalto deu-se a 17, entrando pela cidade os clavinoteiros capitaneados por José Montalvão. Escaparam Felisberto e Caribe, no meio de grande carnificina, que parece ter continuado.

Não se pense que, por ir escrevendo sem ponto de exclamação, deixo de sentir a dor dos mortos. É duro ler isto; mas é preciso pairar acima dos cadáveres. Tem-se discutido aqui sobre a lei da recapitulação abreviada. Se tal lei existe, Manhuaçu e Lençóis estão na fase do romantismo sangrento, quando a nossa capital já passou o naturalismo cru e entra no puro misticismo.

Tempo virá em que Manhuaçu e Lençóis vejam as suas notas de 100$ e 200$ andarem de Herodes para Pilatos, sem saber porque é que Herodes as condena, nem porque é que Pilatos lava as mãos. Ouvirão dizer que por serem falsas, ou (resto de naturalismo) *falças* e até *farsas*. Terão os seus inquéritos, os seus bilhetes de camarote de teatro, e a perpétua escuridão do negócio, que é o pior. *Un pò più di luce*, como queria há anos um político italiano, não é mau. As comédias mais embrulhadas acabam entendidas; podem ser feitas sem talento, nem critério, mas os autores sabem que o público deseja ir para casa com as ideias claras, a fim de dormir tranquilo, e fazem casar os bêbados. As notas falsas de Lençóis e Manhuaçu não sairão do puro mistério. É a condição do gênero. Creio que disse mistério, em vez de ocultismo, que define melhor este gênero de recreação.

Verdade é que o tempo é sempre tempo, e não sei por que não sucederá na América o que acontece na Europa. A morte da Malibran (releiam Musset) em quinze dias era notícia velha. *Sans doute il est trop tard...* Releiam os belos versos do poeta. Dentro de quinze dias, ninguém mais se lembra do camarote de teatro de Lençóis, nem do inquérito, nem do número 65.609, nem de nada de Manhuaçu. A vida é tão aborrecida, que não vale a pena atar as asas às melancolias de arribação. Voai, melancolias! voai, notas! ide para onde vos chamam os gozos fáceis e pagos...

Ia-me perdendo em suspiros. Ponhamos pé em terra, e deixemos Costa Matos contra Serafim, e Montalvão contra Felisberto. Viver é lutar, e morrer é acabar lutando, que é outro modo de viver. Não sei se me entendem. Eu não me entendo. Digo estas coisas assim, à laia de trocado engenhoso, para tapar o buraco de uma ideia. É o nosso ofício de pedreiros literários. A vantagem é que, enquanto trabalhamos de trolha, a ideia aparece, ou a memória evoca um simples fato, e a pena refaz o aço, e o escrito continua direito.

Para não ir mais longe, vamos ao largo da Carioca. Li que um agente de polícia, entrando em um bonde no largo da Lapa, descobriu certo número de gatunos entre os passageiros. Alguns preparavam-se contra um velho, e o agente preparou-se contra eles. No largo da Carioca o velho pôde escapar à tentativa, mas o agente, auxiliado de um praça, capturou alguns; a maior parte fugiu. Até aqui tudo é vulgar como um maçador de bonde. O resto não é raro nem original, mas é grandioso.

Cerca de quinhentas pessoas aglomeraram-se no largo, em volta dos presos e dos agentes da força. O primeiro grito, o grito largo e enorme foi: *Não pode! Não pode!* Quando este grito sai dos peitos da multidão, é como a voz da liberdade de todos os séculos opressos. A primeira ideia de quinhentas pessoas juntas, ou menos (cinquenta bastam), é que toda prisão é iníqua, todo agente da autoridade um verdugo. Imagine-se o que aconteceria no largo da Carioca, se o agente não tivesse ocasião de contar o que se passara e a qualidade das pessoas presas. A explicação abrandou os espíritos, e salvo alguns que, passando ao extremo oposto, gritaram: *Mata! Mata!* todos se conformaram com a simples prisão. Os gatunos é que se não conformaram com a delegacia para onde os queriam levar. Iam ser conduzidos à 5ª delegacia e pediram a 6ª, por ser aquela onde haviam sido presos. Esta preocupação de observância regulamentar, em simples gatunos, faz descrer do vício.

Em todo caso, vemos que o vicioso, desde que não pode escapar à justiça, tem a virtude de reclamar pela lei. O virtuoso, antes de saber do vício, clama já contra a repressão. Não se defenda esse caso com o da mulher que, por suspeita de alienada, morreu de hemorragia no xadrez; porquanto, o da mulher é posterior, e não se sabe ainda se houve nele abuso, ou simples uso antigo. Costume faz lei, e quem padece de hemorragias, não deve ter tempo de endoidecer.

Esquecia-me dizer que o bonde era elétrico. Se os gatunos eram gordos, não sei. Magros que fossem, era difícil que viessem comodamente, sendo de cinco pessoas por banco a lotação dos bondes elétricos; mas não pode haver melhor lotação para sacar uma carteira. Pela minha parte, tendo sonhado que a lotação era legal, aceitei-a, com a intenção de requerer ao Conselho municipal que alterasse o contrato, embora indenizando a companhia. Mas afirmaram-me que não só é ilegal, como até já foi a companhia interrogada sobre as cinco pessoas por banco, aproveitando-se a ocasião para indagar dos motivos por que continuam os comboios. Ou não houve resposta, ou foi satisfatória. Prefiro a primeira hipótese. Há ainda um lugar para a esperança.

31 de maio de 1896

A fuga dos doidos do hospício é mais grave do que pode parecer à primeira vista. Não me envergonho de confessar que aprendi algo com ela, assim como que perdi uma das escoras da minha alma. Este resto de frase é obscuro, mas eu não estou agora para emendar frases nem palavras. O que for saindo saiu, e tanto melhor se entrar na cabeça do leitor.

Ou confiança nas leis, ou confiança nos homens, era convicção minha de que se podia viver tranquilo fora do Hospício dos Alienados. No bonde, na sala, na rua, onde quer que se me deparasse pessoa disposta a dizer histórias extravagantes e opiniões extraordinárias, era meu costume ouvi-la quieto. Uma ou outra vez sucedia-me arregalar os olhos, involuntariamente, e o interlocutor, supondo que era admiração, arregalava também os seus, e aumentava o desconcerto do discurso. Nunca me passou pela cabeça que fosse um demente. Todas as histórias são possíveis, todas as opiniões respeitáveis. Quando o interlocutor, para melhor incutir uma ideia ou um fato, me apertava muito o braço ou me puxava com força pela gola, longe de atribuir o gesto a simples loucura transitória, acreditava que era um modo particular de orar ou expor, O mais que fazia era persuadir-me depressa dos fatos e das opiniões, não só por ter os braços mui sensíveis, como porque não é com dois vinténs que um homem se veste neste tempo.

Assim vivia, e não vivia mal. A prova de que andava certo, é que não me sucedia o menor desastre, salvo a perda da paciência; mas a paciência elabora-se com facilidade; perde-se de manhã, já de noite se pode sair com dose nova. O mais corria naturalmente. Agora, porém, que fugiram doidos do hospício e que outros tentaram fazê-lo (e sabe Deus se a esta hora já o terão conseguido), perdi aquela antiga confiança que me fazia ouvir tranquilamente discursos e notícias. É o que acima chamei uma das escoras da minha alma. Caiu por terra o forte apoio. Uma vez que se foge do Hospício dos Alienados (e não acuso por isso a administração) onde acharei método para distinguir um louco de um homem de juízo? De ora avante, quando alguém vier dizer-me as coisas mais simples do mundo, ainda que me não arranque os botões, fico incerto se é pessoa que se governa, ou se apenas está num daqueles intervalos lúcidos, que permitem ligar as pontas da demência às da razão. Não posso deixar de desconfiar de todos.

A própria pessoa, ou para dar mais claro exemplo, o próprio leitor deve desconfiar de si. Certo que o tenho em boa conta, sei que é ilustrado, benévolo e paciente, mas depois dos sucessos desta semana, quem lhe afirma que não saiu ontem do hospício? A consciência de lá não haver entrado não prova nada; menos ainda a de ter vivido desde muitos anos, com sua mulher e seus filhos, como diz Lulu Sênior. É sabido que a demência dá ao enfermo a visão de um estado estranho e contrário à realidade. Que saiu esta madrugada de um baile? Mas os outros convidados, os próprios noivos que saberão de si? Podem ser seus companheiros da Praia Vermelha. Este é o meu terror. O juízo passou a ser uma probabilidade, uma eventualidade, uma hipótese.

Isto, quanto à segunda parte da minha confissão. Quanto à primeira, o que aprendi com a fuga dos infelizes do hospício, é ainda mais grave que a outra. O cálculo, o raciocínio, a arte com que procederam os conspiradores da fuga foram de tal ordem, que diminui em grande parte a vantagem de ter juízo. O ajuste foi perfeito. A manha de dar pontapés nas portas para abafar o rumor que fazia Serrão arrombando a janela do seu cubículo é uma obra-prima; não apresenta só a combinação de ações para o fim comum, revela a consciência de que, estando ali por doidos, os guardas os deixariam bater à vontade, e a obra da fuga iria ao cabo, sem a menor suspeita. Francamente, tenho lido, ouvido e suportado coisas muito menos lúcidas.

Outro episódio interessante foi a insistência de Serrão em ser submetido ao tribunal do júri, provando assim tal amor da absolvição e consequente liberdade, que faz entrar em dúvida se se trata de um doido ou de um simples réu. Não repito o mais, que está no domínio público e terá produzido sensações iguais às minhas. Deixo vacilante a alma do leitor. Homens tais não parecem artífices de primeira qualidade, espíritos capazes de levar a cabo as questões mais complicadas deste mundo?

Não quero tocar no caso de Paradeda Júnior, que lá vai mar em fora, por achá-lo tardio. Meio século antes, era um bom assunto de poema romântico. Quando, alto mar, o infeliz revelasse, por impulsão repentina, o seu verdadeiro estado mental, a cena seria terrível, e a inspiração germânica, mais que qualquer outra, acharia aí uma bela página. O poema devia chamar-se *Der närrische Schiff*. Descrição do mar, do navio e do céu; a bordo, alegria e confiança. Uma noite, estando a lua em todo o esplendor, um dos passageiros contava a batalha de Leipzig ou recitava uns versos de Uhland. De repente, um salto, um grito, tumulto, sangue: o resto seria o que Deus inspirasse ao poeta. Mas, repito, o assunto é tardio.

De resto, toda esta semana foi de sangue — ou por política, ou por desastre, ou por desforço pessoal. O acaso luta com o homem para fazer sangrar a gente pacata e temente a Deus. No caso de Santa Teresa, o cocheiro evadiu-se e começou o inquérito. Como os feridos não pedem indenização à companhia, tudo irá pelo melhor no melhor dos mundos possíveis. No caso da Copacabana, deu-se a mesma fuga, com a diferença que o autor do crime não é cocheiro; mas a fuga não é privilégio de ofício, e, demais, o criminoso já está preso. Em Manhuaçu continua a chover sangue, tanto que marchou para lá um batalhão daqui. O comendador Ferreira Barbosa (a esta hora assassinado) em carta que escreveu ao diretor da *Gazeta* e foi ontem publicada, conta minuciosamente o estado daquelas paragens. Os combates têm sido medonhos. Chegou a haver barricadas. Um anônimo declarou pelo *Jornal do Commercio* que, se a comarca de São Francisco tornar à antiga província de Pernambuco, segundo propôs o sr. senador João Barbalho, não irá sem sangue. Sangue não tarda a escorrer do jovem Estado (peruano) do Loreto...

    Enxuguemos a alma. Ouçamos, em vez de gemidos, notas de música. Um grupo de homens de boa vontade vai dar-nos música velha e nova, em concertos populares, a preço cômodo. Venham eles, venham continuar a obra do Clube Beethoven, que foi por tanto tempo o centro das harmonias clássicas e modernas. Tinha de acabar, acabou. Os *Concertos populares* também acabarão um dia, mas será tarde, muito tarde, se considerarmos a resolução dos fundadores, e mais a necessidade que há de arrancar a alma ao tumulto vulgar para a região serena e divina... Um abraço ao dr. Luís de Castro.

    Pela minha parte, proponho que, nos dias de concerto, a Companhia do Jardim Botânico, excepcionalmente, meta dez pessoas por banco nos bondes elétricos, em vez das cinco atuais. Creio que não haverá representação à Prefeitura, pois todos nós amamos a música; mas dado que haja, o mais que pode suceder é que a prefeitura mande reduzir a lotação às quatro pessoas do contrato; em tal hipótese, a Companhia pedirá, como agora, segundo acabo de ler, que a Prefeitura reconsidere o despacho — e as dez pessoas continuarão, como estão continuando as cinco. Há sempre erro em cumprir e requerer depois; o mais seguro é não cumprir e requerer. Quanto ao método, é muito melhor que tudo se passe assim, no silêncio do gabinete, que tumultuosamente na rua: *Não pode! não pode!*

7 de junho de 1896

A questão da capital — ou a questão capital, como se dizia na República Argentina, quando se tratou de dar à Província de Buenos Aires uma cabeça nova, própria, luxuosa e inútil —, a nossa questão capital teve esta semana um impulso. Discutiu-se na Câmara dos deputados um projeto de lei, que o dr. Belisário Augusto propõe substituir por outro. Este outro declara a cidade de São Sebastião do Rio de Janeiro capital da República. Não é preciso acrescentar que o fundamentou eloquentemente; este advérbio acompanha os seus discursos. Foi combatido naturalmente, sem paixão, sem acrimônia, com desejo de acertar, visto que a Constituição determina que no planalto de Goiás seja demarcado o território da nova capital, e já lá trabalha uma comissão de engenheiros; mas, estipulando a mesma Constituição, artigo 34, que ao Congresso Federal compete privativamente mudar a capital da União, entendeu o dr. Belisário Augusto que esta cláusula, se dá competência para a mudança, também a dá para a conservação; argumento que o dr. Paulino de Sousa Júnior declarou irrespondível.

    Todo o esforço do deputado fluminense foi para conservar a esta cidade o papel que lhe deram os tempos e a história. Fez, por assim dizer, o processo da Constituinte. "Os homens têm ilusões", disse s. ex., "e as assembleias também as têm." Poderia acrescentar que as ilusões das assembleias são maiores, por isso mesmo que são de homens reunidos e o contágio é grande e rápido; e mais difícil se torna dissipá-las. S. ex. pensa que a revolta de 6 de setembro teria vencido se o governo não estivesse justamente aqui. Bem pode ser que tenha razão. Creio nas prefeituras, mas para a defesa da República acho os cônsules mais aptos. Podeis redarguir que, convertida em Estado, esta cidade teria o seu governador, a sua Constituição, as suas câmaras; mas também se vos pode replicar que se o nosso Rio de Janeiro,

Ce pelé, ce galeux, d'oú nous vient tout le mal,

tem por perigo o cosmopolitismo, este mesmo cosmopolitismo seria um aliado inerte da rebelião, e a autoridade de um pequeno estado poderia menos, muitos menos, que a do próprio governo federal.

Não estranheis ver-me assim metido em política, matéria alheia à minha esfera de ação. Tampouco imagineis que falo pela tristeza de ver decapitada a minha boa cidade carioca. Tristeza tenho em verdade; mas tristezas não valem razões de Estado; e, se o bem comum o exige, devem converter-se em alegrias. Não senhor; se falo assim é para combater o próprio dr. Belisário Augusto, por mais que me sinta disposto a concordar com ele. Parece-vos absurdo? Tende a paciência de ler.

Depois de perguntar qual das outras cidades disputou a posição de capital da República, o deputado fluminense fez esta interrogação: "Qual foi o movimento popular que impôs ao Congresso a necessidade da mudança da capital? Realmente, não houve movimento algum; mas, eu viro-lhe o argumento, e não creio que me refute. Sim, não houve movimento. Mas a própria cidade do Rio de Janeiro não reclamou nada, quando se discutiu a Constituição, não levou aos pés do legislador o seu passado, nem o seu presente, nem o seu provável futuro, não examinou se as capitais são ou não obras da história, não disse coisa nenhuma; comprou debêntures, que eram os bichos de então. Agora mesmo que o orador fluminense insta com o Congresso para ver se a capital aqui fica, o Rio de Janeiro não insta também, não pede, com o direito que tem todo cidadão e toda comunidade de procurar haver o que lhe parece ser de benefício público. Não ouço discursos reverentes, não vejo deliberações pacíficas, nem petições, já não digo do Conselho municipal, a quem incumbe velar pela felicidade dos seus munícipes, porque é natural que essa corporação aspire às funções constitucionais de Parlamento, com promoção equivalente de seus povos; mas os povos, que fazem eles ou que fizeram?

A conclusão é que o Rio de Janeiro, desde princípio, achou que não devia ser capital da União, e este voto pesa muito. É o decapitado *par persuasion*. Assim é que temos contra a conservação da capital, além do mais, o beneplácito do próprio Rio de Janeiro. Ele será sempre, como disse um deputado, a nossa Nova York. Não é pouco; nem todas as cidades podem ser uma grande metrópole comercial. Não levarão daqui a nossa vasta baía, as nossas grandezas naturais e industriais, a nossa rua do Ouvidor, com o seu autômato jogador de damas, nem as próprias damas. Cá ficará o gigante de pedra, memória da quadra romântica, a bela Tijuca, descrita por Alencar em uma carta célebre, a lagoa de Rodrigo de Freitas, a enseada de Botafogo, se até lá não estiver aterrada, mas é possível que não; salvo se alguma companhia quiser introduzir (com melhoramentos) os jogos olímpicos, agora ressuscitados pela jovem Atenas... Também não nos levarão as companhias líricas, os nossos trágicos italianos, sucessores daquele pobre Rossi, que acaba de morrer, e apenas os dividiremos com São Paulo, segundo o costume de alguns anos. Quem sabe até se um dia...

Tudo pode acontecer. Um dia, quem sabe? lançaremos uma ponte entre esta cidade e Niterói, uma ponte política, entenda-se, nada impedindo que também se faça uma ponte de ferro. A ponte política ligará os dois estados, pois que somos todos fluminenses, e esta cidade passará de capital de si mesma a capital de um grande estado único, a que se dará o nome de Guanabara. Os fluminenses do outro lado da água restituirão Petrópolis aos veranistas e seus recreios. Unidos, seremos alguma coisa mais que separados, e, sem desfazer das outras, a nossa capital será forte e soberba. Se, por esse tempo, a febre amarela houver sacudido as sandálias às nossas portas, perderemos a má fama que prejudica a todo o Brasil. Poderemos então celebrar o segundo centenário do destroço que aos franceses de Duclerc deu esta cidade com os seus soldados, os seus rapazes e os seus frades... Que esta esperança console o nosso Belisário Augusto, se cair o seu projeto de lei.

14 de junho de 1896

A publicação da *Jarra do Diabo* coincidiu com a chegada de Magalhães de Azeredo. Já tive ocasião de abraçar este jovem e talentoso amigo. É o mesmo moço que se foi daqui para Montevidéu começar a carreira diplomática. A natureza, naquela idade, não muda de feição; o artista é que se aprimorou no verso e na prosa, como os leitores da *Gazeta* terão visto e sentido. Esse filho excelente volta também marido venturoso, e brevemente embarca para a Europa, onde vai continuar de secretário na legação junto à santa Sé. Tudo lhe sorri na vida, sem que a fortuna lhe faça nenhum favor gratuito; merece-os todos, por suas qualidades raras e finas. Jamais descambou na vulgaridade. Tem o sentimento do dever, o respeito de si e dos outros, o amor da arte e da família. Ao demais, modesto — daquela modéstia que é a honestidade do espírito, que não tira a consciência íntima das forças próprias, mas que faz ver na produção literária uma tarefa nobre, pausada e séria.

Quando Magalhães de Azeredo partir agora para continuar as suas funções diplomáticas, deixará saudades a quantos o conhecem de perto. Os que a idade houver aproximado daquela outra viagem eterna, é provável — é possível, ao menos — que o não tornem a ver, mas guardarão boa memória de um coração digno do espírito que o anima. Os moços, que aí cantam a vida, entrarão em flor pelo século adiante, e vê-lo-ão, e serão vistos por ele, continuando na obra desta arte brasileira, que é mister preservar de toda federação. Que os estados gozem a sua autonomia política e administrativa, mas componham a mais forte unidade, quando se tratar da nossa musa nacional.

Por meu gosto não passava deste capítulo, mas a semana teve outros, se se pode chamar semana ao que foi antes uma simples alfândega, tanto se falou de direitos pagos e não pagos. Eis aqui o vulgar, meu caro poeta da *Jarra do Diabo*; aqui os objetos não se parecem, como a tua jarra, com "uma jovem mulher ateniense".

São fardos, são barricas e pagam taxas, outros dizem que não pagam, outros que nem pagarão. Uma balbúrdia. Eu, posto creia no bem, não sou dos que negam o mal, nem me deixo levar por aparências que podem ser falazes. As aparências enganam; foi a primeira banalidade que aprendi na vida, e nunca me dei mal com ela. Daquela disposição nasceu em mim esse tal ou qual espírito de contradição que alguns me acham, certa repugnância em execrar sem exame vícios que todos execram, como em adorar sem análise virtudes que todos adoram. Interrogo a uns e a outros, dispo-os, palpo-os, e se me engano, não é por falta de diligência em buscar a verdade. O erro é deste mundo.

No caso da alfândega, não posso negar que as aparências são criminosas; mas serão crimes os atos praticados? *Ecco il problema*, diria enfaticamente o finado Rossi. Não se tratará antes de anúncios, reclamos, *puffs* — censuráveis decerto —, mas enfim anúncios? Ninguém ignora que não há nesta cidade, em tal matéria, excesso de invenção. Ao contrário, a imitação é fácil, pronta, despejada. Quando, há muitos anos, um negociante americano quis abrir na rua do Ouvidor um depósito de lampiões e outros objetos de igual gênero começou por mandar imprimir, no alto dos principais jornais desta cidade, uma só palavra, em letras que ocupavam toda a largura da folha. A palavra era: *abrir-se-á*. Grande foi a curiosidade pública, logo no primeiro dia, e nos dois que se lhe seguiram, lendo-se a palavra repetida, sem se poder atinar com a explicação. No quarto dia cresceu o espanto, quando no mesmo lugar saiu esta pergunta, que resumia a ansiedade geral: *O que é que se há de abrir?* Mais três dias, e as folhas publicaram no alto, em letras gordas, a resposta seguinte: "*O grande empório de luz, à rua do Ouvidor n.º...*"

O efeito da novidade foi enorme. Pois não faltou quem imitasse esse processo, que parecia gasto. Casas, exposições, liquidações, não me lembra já que espécies de aberturas solenes, recorreram ao anúncio americano. Onde falta invenção, é natural que a imitação sobre.

Mas por que ir tão longe? Recentemente, presentemente, vimos e vemos que a lembrança de recomendar um remédio por meio de comparação da pessoa enferma, antes, durante e depois da cura, tão depressa apareceu, como foi logo copiada e repetida. — *Eu era assim* (uma cara magra); — *ia quase ficando assim* (uma caveira); *até que passei a ser assim* (uma cara cheia de saúde), *depois que tomei tal droga*. A fórmula primitiva serviu para as imitações, creio que sem alteração, a não ser o desenho das caras, e não todas.

Ora bem, os fardos e caixas cujos direitos dizem ter sido desfalcados, não serão propriamente remédios? As guias de pagamento de taxas na alfândega não serão fórmulas de reclamo? — "Eu era assim (4:954$723) — ia quase ficando assim (4$723) — mas acabei ficando assim (954$723), depois que tomei tal droga." A novidade aqui está na substituição do desenho por algarismos; mas não haverá nisso tão-somente afetação de originalidade, um modo de fazer crer que se inventa, quando apenas se copia, pois a ideia fundamental é a mesma? A questão é saber qual droga faz sarar o enfermo. Pode ser até que nem se trate de droga, mas de outros produtos — não digo sedas —, mas algodão e análogos tecidos, não menos dignos de anúncios grandes por seus não menores milagres.

Tal é a minha impressão. A polícia faz muito bem averiguando se há mais que isto; não se perde nada em inquirir os homens. De resto, anda aí tanta coisa falsa, que provavelmente o remédio não cura com a facilidade que as guias lhe atribuem. Atos de autoridade competente afirmam que há quem venda por vinho-champanhe águas que nunca por lá passaram. Custa-me admitir isto; mas, não tendo razão para desmentir a afirmação, calo-me; calo-me e não bebo. Tudo isto se prende aos desvios da alfândega, ao contrabando, à falsificação, a outras formas do mal, que não se devem eliminar sem base. Oh! se pudéssemos viver de maneira que todas as taxas se pagassem, sem alfândega, indo os introdutores ao próprio Tesouro, com o dinheiro, sem precisar mostrar nem esconder nada, seda ou vinho... Não pode ser. Há talvez um fraudulento em muito homem a quem não falta mais que uma guia e o resto...

21 de junho de 1896

Querem os almanaques que o inverno comece hoje, 21 de junho. De ordinário começa mais cedo. Este ano, nem eu já cuidava em inverno, quando caiu a grande chuva de quinta-feira, e a temperatura baixou com ela. Manter-se-á a mudança? Esta é a questão, e, se não fosse a minha fé nos almanaques, eu diria que não, tais foram os calores deste mês; mas eu creio nos almanaques.

Sim, creio nos almanaques. Um velho amigo meu conta que, há cerca de quarenta anos, a noite de São João fez calor de rachar. Pela minha parte, ainda me não esqueci que, há dezessete ou dezoito anos, a noite de São Silvestre quase fez tiritar de frio. Mas são casos excepcionais. Em geral os almanaques são exatos. As ideias mudam, mudam os vestidos, o estilo, os costumes, as afeições, muita vez as palavras, e a própria moral tem alternativas. Montaigne é de parecer contrário; ele crê que não andamos para diante, nem para trás. *Nous rôdons plustot et turnevirons çà et là*, diz ele pela sua bela língua e ortografia velha. Mas esse grande moralista, parecendo referir-se à vida humana, talvez aluda aos almanaques. Os almanaques não padecem da qualidade ruim de não sossegar nunca, de dizer hoje uma coisa e amanhã outra, de desmentir uns anos por outros. São constantes; os dias de lua variam, mas as mudanças são as mesmas, e não há lua cheia sem crescente, nem nova sem minguante. Há festas móveis, mas os almanaques declaram que são móveis; em compensação, as fixas são fixas. Os santos não saem do seu lugar. De longe em longe, há um dia de quebra.

No que os almanaques podiam mudar — e não seria mudar, mas tornar ao que foram e confirmar assim a máxima de Montaigne — é em reviver a astrologia, como no século XVIII. Os daquele tempo traziam predições que eram lidas, cridas e certamente cumpridas, visto que os anos se sucediam, as predições com eles, e a fé não se acabava. Tais eram elas, que o deão Swift também fez o seu almanaque astrológico, em que anunciou uma porção de sucessos mais ou menos graves, uns políticos, outros particulares, alguns simplesmente meteorológicos, como são hoje os de Holloway. Entre essas predições figurou a morte de John Tartridge, autor de outro almanaque astrológico, para o dia 29 de março, às onze horas da noite. Não vi a certidão de óbito de Tartridge, nem a história se ocupou com o desaparecimento desse personagem; mas em carta que se publicou por esse tempo, a morte de Tartridge foi contada como tendo ocorrido no próprio dia 29 de março, pela moléstia anunciada, com a única diferença da hora, que foi às sete e cinco minutos, isto é, quatro horas antes da do almanaque. O finado tentou contestar a notícia; mas a réplica do deão foi tão completa e lúcida, que o fez calar para sempre. Concluo que todas as demais predições daquele ano de 1708 foram cumpridas com pontualidade.

Se o nosso Laemmert quisesse melhorar nesta parte os seus almanaques, creio que beneficiaria o espírito público, além de ver crescer o número dos compradores. A astrologia não é ciência morta, como alguns supõem; eu a creio viva, mais viva que nunca, embora a tenham por sociologia ou outra coisa. Não duvidaria fundar uma faculdade livre, na qual igualmente aprendesse e ensinasse astrologia, e estou que daria prontos meia dúzia de bons astrólogos, no mesmo prazo em que um homem se pode formar em jurisprudência, ou ainda menor, em seis meses. A astrologia, bem considerada, é a aplicação dos raios x ao tempo. Assim como se transporta ao papel a figura dos ossos escondidos na mão, assim também se pode dizer no dia 1 de janeiro os sucessos dos meses seguintes.

Suponhamos que o almanaque do presente ano trouxesse este melhoramento. As vantagens seriam grandes e evidentes, não porque a predição pudesse desviar os sucessos ou modificá-los; desde que vinham preditos, tinham de acontecer. Mas, em primeiro lugar, o espírito público ficaria avisado, e não haveria desses abalos que tanto concorrem para matar o coração, e com ele o homem. Já se sabia do caso; era só esperar. A alfândega, por exemplo, tinha marcado o dia das descobertas de desvios, falsificações e outros fenômenos. Quando estes se dessem, era só ler os pormenores. Pode ser até que, à força de esperar pelo crime, mal o julgássemos crime, e o fato de ser descoberto em dia marcado traria naturalmente a suspeita de ser a autoria fatal e necessária. Nem por isso ficaria impune. Os autores não tentariam fugir, já porque andariam vigiados e seriam pegados em tempo, já porque a própria fatalidade do crime os deixaria namorados do lucro, não contando que a esperança é eterna.

Em segundo lugar, preditos os acontecimentos nos almanaques, cada cidadão podia estudar o papel que lhe deveria caber naquele ano. Uns comporiam com tempo os discursos de indignação; outros, indiferentes, achariam na matéria do sucesso delituoso um bom motivo para almoçar bem. Agora mesmo sucedeu que, ou o povo, ou um subdelegado em São Gonçalo, Estado do Rio de Janeiro, armou gente, depôs o Conselho municipal, e aclamou ou fez aclamar um Conselho novo, tudo em menos de duas horas; é o que li nas folhas de ontem. Supondo este fato predito, os cinco meses e tanto decorridos entre a publicação do almanaque e a realização do fato acostumariam a gente a esperar por ele, encará-lo, examiná-lo, em tal modo que, quando chegasse a notícia, era como a análise de uma peça teatral representada na véspera. Tudo dependeria do talento do crítico. O único defeito da peça seria não ter mulheres; mas o presente copia às vezes o passado, e as cidades antigas e modernas raramente as metiam nas suas brigas interiores. Verdade é que São Gonçalo pode ser uma espécie de Florença municipal, e começar esta divisão como a outra fez a sua de guelfos e gibelinos. Não há notícia da sã-gonçalista que haja produzido o ataque armado à Câmara e a deposição do Conselho; as notícias são incompletas. Venham as restantes; venha também um almanaque com os sucessos de 1897.

28 de junho de 1896

Fujamos desta Babilônia. Os desfalques levam o resto da confiança que resistiu aos desvios. Admito que alguns deles possam não ser desvios nem desfalques, mas simples descuidos, desastres ou desânimos. Em todo caso, não me sinto seguro. Temo que um dia destes me caia o sol na cabeça, que o chão me falte debaixo dos pés, que morram duas mil pessoas, como em Moscou, quando iam à sopa, ou dez mil, como no Japão, por um terremoto, ou não sei quantos mil, como em São Luís, ao sopro do último ciclone.

Temo tudo. O meu velho criado José Rodrigues... (Lembram-se do José Rodrigues?)... não anda bom, padece de tonteiras, dores de peito, ânsias; para mim, está cardíaco. Se não temesse que a farmácia aviasse um veneno por outro, como ainda esta semana sucedeu, há muito que o teria feito examinar. Mas, se o médico receitar alguma droga, terei a fortuna de já a achar expedida para Ouro Preto e outras partes? Não sei... Pobre José Rodrigues! É um grande exemplo das vicissitudes humanas. Mal sabendo assinar o nome, ganhou um milhão no Encilhamento, e quando começava a aprender ortografia, achou-se com três mil-réis.

— Ai, patrão! — dizia-me ele uma vez —, eu nunca me devia ter metido em ortografias; um B de mais ou de menos não é que faz um homem feliz.

Fujamos, repito. Imitemos os que já foram, por motivo de desvio ou desfalque, e estão a esta hora respirando os ares do rio da Prata. Deixaram carros e cavalos, mas também lá há carros, e dos cavalos temos aqui boas amostras. Se se desprenderam de amores, não são amores que lhes hão de lá faltar, e pela bela língua castelhana, que é a mesma nossa com castanholas. Teatros? também lá há teatros. Não chamarão ruas às ruas, e sim *calles*; mas quem é que se não habitua a este vocábulo, uma vez que more em casa boa, com bons trastes e boa comida? Depois, nem sempre se há de ficar longe da pátria. As saudades matam, e, para fugir à morte, vale a pena arriscar a vida, expressão que talvez não entendas, se me lês por distração; mas, se buscas aqui a lição de um sapiente, entenderás que o que eu quero dizer é que a vida corre o mesmo risco da liberdade, e os que tornam à pátria deixam muita vez de perder uma e outra.

A vida perde-se, aliás, sem sair da terra natal, uns voluntariamente, como aquele bagageiro da Leopoldina, que veio acabar consigo na casa do próprio armeiro que lhe vendeu a garrucha. No mesmo dia, e não sei se à mesma hora, uma mulher empregada em fábrica de tecidos de um arrabalde tentava pôr termo aos dias. Demissão ou tristeza, qualquer causa serve a quem quer deveras ir embora desta aldeia — como diz a cantiga — e não pode proceder de outro modo. Mas, em verdade, parece que anda um vento de morte no ar.

Os que não vão por sua vontade, vão à força, e quando se preparam para ficar neste mundo por alguns anos mais, como aquele dr. Ribeiro Viana Filho, que veio ser operado e recebeu a operação última. Li o termo da autópsia; nunca deixo de ler esses documentos, não para aprender anatomia, mas para verificar ainda uma vez como a língua científica é diferente da literária. Nesta, a imaginação vai levando as palavras belas e brilhantes, faz imagens sobre imagens, adjetiva tudo, usa e abusa das reticências, se o autor gosta delas. Naquela, tudo é seco, exato e preciso. O hábito externo é externo, o interno é interno; cada fenômeno, como cada osso, é designado por um vocábulo único. A cavidade torácica, a cavidade abdominal, a hipóstase cadavérica, a tetania, cada um desses lugares e fenômenos não pode receber duas apelações, sob pena de não ser ciência. Daí certa monotonia, mas também que fixidez! As conclusões é que não podem ser tão rigorosas. No caso a que aludo, a morte foi produzida por "intensa hemorragia pulmonar". Mas o que é que produziu a hemorragia? Essa é a parte deixada ao incognoscível. As crianças do meu tempo costumavam dizer por pilhéria que uma pessoa havia morrido "por falta de respiração". Pilhéria embora, se a considerarmos bem, é uma conclusão científica; o mais é querer ir ao incognoscível, que é um muro eterno e escuro.

Sim, fujamos, não para a povoação de Monte Alegre, onde caiu uma chuva de pedras, que danificou todas as casas. As pedras eram do tamanho de um ovo. Assim o diz o *Correio de Amparo*. Não é que eu receie pedras maiores que um ovo de galinha. Haveis de ter notado, se sois maduros e ainda mancebos, haveis de ter notado que as pedras que caem do céu em chuva, são sempre do tamanho de um ovo de galinha. Isto me levou um dia a indagar o que é que produz as chuvas de pedras e a concluir que o céu é uma vasta galinha invisível. Os ventos são o bater das suas asas; os trovões são o seu cacarejo. Não põe um ovo por dia como a galinha da terra; deixa-os juntar, e quando sente milhares deles, despeja-os.

A gente foge, porque os ovos, ainda sem casca, doem; mas apanha-os depois, mede-os e acha-os sempre do mesmo tamanho. Nunca li notícia de que fossem de pata ou de pomba.

Tal galinha nunca ficou choca? Se ficará, não sei; mas, no passado, pode ser que a criação se explique por uma grande ninhada de pintos. A galinha celeste punha então ovos com casca. Passados séculos, chocou os ovos. Passados outros séculos, os pintos entravam a picar a casca, a sair, a pipilar, a crescer, até que lhes chegou a vez de pôr. Não torçam o nariz à hipótese; há outras que valem um pouco mais, e todas hão de parar naquele incognoscível...

Quanto ao tom assustadiço da *Semana*, saibam que é natural, e podem lançá-lo à conta da melancolia com que acordei hoje. Disseram-me ontem que um homem distinto e rico entrou a padecer de uma crise mental pela presunção de estar pobre. Os pobres de verdade não enlouquecem, o que dá vontade de fazer como o pescador da Judeia — deixar as redes e acompanhar a Jesus. Mas não esqueçamos que, se os pobres não enlouquecem por ser pobres, enlouquecem muita vez supondo que são ricos. Tal é a compensação da natureza, nossa querida mãe.

5 de julho de 1896

Não quero saber de farmácias, nem de outras instituições suspeitas. Quero saber de música, só música, tão-somente música. O *Jornal do Commercio* deu um brado esta semana contra as casas que vendem drogas para curar a gente, acusando-as de as vender para outros fins menos humanos. Citou os envenenamentos que tem havido na cidade, mas esqueceu dizer ou não acentuou bem que são produzidos por engano das pessoas que manipulam os remédios. Um pouco mais de cuidado, um pouco menos de distração ou de ignorância, evitarão males futuros.

Um fino espírito deste país, político e filósofo, definia-me uma vez as nossas farmácias como outras tantas confeitarias. Confesso que antes as quero confeitarias, que palácio dos Bórgias; não tanto porque nestes se possa achar a morte, como porque nós amamos os confeitos, e os frascos vindos do exterior têm ar de trazer amêndoas. É bom encontrar a saúde onde só se procura a gulodice. Se, entretanto, o aumento dos impostos vai tornando difícil a importação desses preparados e obrigando a fazê-los cá mesmo, pode suceder que alguns envenenamentos se deem a princípio; mas todo ofício tem uma aprendizagem, e não há benefício humano que não custe mais ou menos duras agonias. Cães, coelhos e outros animais são vítimas de estudos que lhes não aproveitam, e sim aos homens; por que não serão alguns destes vítimas do que há de aproveitar aos contemporâneos e vindouros? Que verdade moral, social, científica ou política não tem custado mortes e grandes mortes? As catacumbas de Roma...

Sem ir tão longe, há um argumento que desfaz em parte todos esses ataques às boticas: é que o homem é em si mesmo um laboratório. Que fundamento jurídico haverá para impedir que eu manipule e venda duas drogas perigosas? Se elas matarem, o prejudicado que exija de mim a indenização que entender; se não matarem, nem curarem, é um acidente, e um bom acidente, porque a vida fica, e está nos adágios populares que viva a galinha com a sua pevide. Suponhamos, porém, que uma dessas manipulações cura alguém; não vale este único benefício todos os possíveis males? Se espiritualmente há mais alegria no céu pela entrada de um arrependido que pela de cem justos, não se pode dizer que na terra há mais alegria pela conservação de uma vida que pela perda de cem? Essa única vida não pode ser a de um grande homem, a de um varão justo, a de um simples pai de família, a de um filho amparo de sua velha mãe? Reflitamos antes de condenar, e deixemos as farmácias com os seus meninos, que assim acham ocupação honesta, em vez de se perderem na rua. Outrossim, não condenemos os que alugam títulos. Quem pode alugar uma casa que não fez, que comprou feita, por que não poderá alugar um título que lhe custou estudos longos e aprovações completas, que é verdadeiramente seu? Qual é propriedade maior?

Mas, fora com tudo isso, tratemos só de música. Não nos falta música, nem gosto particular em ouvi-la. Queirós deu-nos uma história da música, resumida em um grande concerto, em que ainda uma vez apresentou as suas qualidades de artista. Não se contenta Alberto Nepomuceno com os Concertos Populares. Domingo passado fez ouvir ao visconde de Taunay uma redução do *Réquiem,* do padre José Maurício. A carta em que Taunay narra as comoções que lhe deu a obra do padre comove igualmente aos que a leem, e faz amar o padre, o Alberto, o *Réquiem* e o escritor. Não bastam ao nosso Taunay as letras; a sua bela *Inocência,* vertida há pouco (ainda uma vez) para língua estranha e espalhada pelos centros europeus, repete lá fora o nome de um homem, cuja família se naturalizou brasileira. Tendo o amor que tem à música, trabalha há longos anos pela glória de José Maurício, tarefa em que veio agora auxiliá-lo o jovem maestro. E para que tudo seja música, até a morte quis levar esta semana um pianista a quem nunca ouvi, mas que ouço louvar; pianista amador, médico de ofício, que, às qualidades intelectuais, reunia dotes morais de muito apreço, o dr. Lucindo Filho...

Outra morte que não sai da música, ou sai do mais íntimo dela, é a que se espera cada dia do Norte, a do nosso ilustre Carlos Gomes. Os telegramas de ontem dizem que o médico incumbido de o salvar já aplicou o remédio, mas sem esperanças. Dá-lhe os dias contados. Aguardemos a hora última desse homem que levará o nome brasileiro deste para o século novo, e cujas obras servirão de estímulo e exemplar às vocações futuras. A vida dele é conhecida; mas nem todos terão as sensações dos primeiros dias, quando Carlos Gomes chegou de São Paulo e aqui se estreou na Ópera Nacional, uma instituição mantida com dinheiros de loteria; leiam loteria, não *bichos*. Tudo é jogo, mas há espécies mais reles que outras, que apenas servem de ofício e comércio à gente vadia. Vivia de loteria a Ópera Nacional; antes vivesse de donativos diretos, mas enfim viveu e deu-nos Carlos Gomes, um pouco de Mesquita, outro pouco de Elias Lobo, não contando as noites em que se cantava a *Casta Diva*, por esta letra de um velho e bom amigo meu, depois chefe político:

> Casta deusa, que derramas
> Nestas selvas luz serena...

Naquele tempo ainda Bach nem outros mestres influíam como hoje. Não tínhamos essa música, de que anteontem à noite nos deram horas magníficas os nossos dois hóspedes, Moreira de Sá e Viana da Mota, no Teatro Lírico. Hoje a crítica das folhas da manhã dirá deles o que couber e for de justiça, e estou que não será frouxo, nem pouco. Eu não tenho mais que ouvidos, e ouvidos de curioso, que não valem muito; mas, em suma, mais terei desaprendido com os olhos que com eles. Sinto que escutei dois homens de grande talento e grande arte, severos ambos, ambos eleitos pela natureza e confirmados pelo estudo para intérpretes de obras mestras. Não é de crer que os não ouçamos ainda uma vez ou mais. Li que vão a São Paulo, em breve; é de rigor. São Paulo é estação obrigada, é metade do Rio de Janeiro, se estas duas cidades não formam já, como Budapeste, artisticamente falando, uma só capital. Há tempo, entretanto, para que, antes de tornarem ao seu país, Viana da Mota e Moreira de Sá deem ainda ao povo do Rio uma festa igual à de anteontem, em que recebam os mesmos aplausos.

E continua a música. Hoje é o terceiro dos Concertos Populares, instituição que o público aceitou e vai animando — em benefício seu, é verdade, não se podendo dizer que faça nenhum favor em ir ouvir a palavra clássica dos mestres. Antes deve ir cheio de gratidão. Há uma hora na semana em que alguns homens de boa vontade dispõem-se a arrancá-lo à vulgaridade e ao tédio, para lhe dar a sensação do belo e do gozo. São favores que lhe fazem. Para si mesmos, bastava-lhes um pouco de música de câmara, entre quatro paredes, e a boa disposição de meia dúzia de artistas.

Assim como a história política e social tem antecedentes, é de crer que esta parte da história artística do Rio de Janeiro tenha os seus também, e quer-me parecer que podemos ligá-la ao quarteto do Clube Beethoven.

Esse Clube era uma sociedade restrita, que fazia os seus saraus íntimos, em uma casa do Catete, nada se sabendo cá fora senão o raro que os jornais noticiavam. Pouco a pouco se foi desenvolvendo, até que um dia mudou de sede, e foi para a Glória. Aquilo que hoje se chama profanamente Pensão Beethoven, era a casa do

Clube. O salão do fundo, tão vasto como o da frente, servia aos concertos, e enchia-se de uma porção de homens de vária nação, vária língua, vário emprego, para ouvir as peças do grande mestre que dava nome ao Clube, e as de tantos outros que formam com ele a galeria da arte clássica. O nome do Clube cresceu, entrou pelos ouvidos do público; este, naturalmente curioso, quis saber o que se passava lá dentro. Mas, não havendo público sem senhoras, e não podendo as senhoras penetrar naquele templo, que o não permitiam as disciplinas deste, resolveu o clube dar alguns concertos especiais no Cassino.

Não relembro o que eles foram, nem estou aqui contando a crônica desses tempos passados. Pegou tanto o gosto dos concertos Beethoven, que o Clube, para obedecer aos estatutos sem infringi-los, determinou construir no jardim aquele edifício ligeiro, onde se deram concertos a todos, sem que a casa propriamente da associação fosse violada. Os dias prósperos não fizeram mais que crescer; entrou a ser mau gosto não ir àquelas festas mensais. Mas tudo acaba, e o Clube Beethoven, como outras instituições idênticas, acabou. A decadência e a dissolução puseram termo aos longos dias de delícias.

A primeira vez que vi o fundador daqueles concertos foi de violino ao peito, junto de um piano, em que uma senhora tocava; lá se vão muitos anos. Ele vinha do Japão, magro, pálido... "Não tem seis meses de vida", disse-me em particular um homem que já morreu há muito tempo. Outros morreram também, alguns encaneceram; o resto dispersou-se, a senhora reside na Europa... Só a música pode dar a sensação destas ruínas. O verso também pode, mas há de ser pela toada do florentino, que assim como sabe a nota da maior dor, não menos conhece a da rejuvenescência, aquela que me faz crer, nestas sensações de arte,

> *Rifatto sì, come piante novelle*
> *Rinnovellate di novella fronda...*

12 de julho de 1896

A bomba do Eldorado durou o espaço de uma manhã, tal qual a rosa de Malherbe. Esta velha rosa é que parece querer durar a eternidade. E aqui faço uma pequena crítica ao sr. conselheiro Ângelo do Amaral. S. ex. escreveu no *Jornal do Commercio* um artigo contra o remédio que o sr. senador Leite e Oiticica publicou na *Revista Brasileira* para extirpar o mal das nossas finanças. A revisão deixou passar esta frase: "a rosa do sr. senador pelas Alagoas teria a sorte da de Malherbe". O sr. Ângelo corrigiu-a no dia seguinte, restaurando o que escrevera: "o projeto do sr. senador pelas Alagoas teria a sorte da rosa de Malherbe". Ah! por que não imitou o próprio poeta Malherbe, a quem a revisão atribuiu o verso que ficou ? Francamente, a primeira forma era melhor; completava o seu pensamento dando ao projeto o nome da coisa perecível, uma vez que o acha perecível. Não me diga desdenhosamente que seria poético; poesia não deve entrar só por citação nas matérias áridas; pode muito bem tratar do próprio chão duro em que se pisa.

A rosa do Eldorado... Veja como eu dou execução ao meu conselho, sem que aliás uma bomba se pareça com flor. A rosa do Eldorado viveu tão pouco que nem se chegou a saber se foi dinamite, se pólvora; mas parece que foi pólvora. A incredulidade, que não morreu com Voltaire, abanou as orelhas à dinamite, o que diminuiu muito o horror à bomba. Mas fosse isto ou aquilo, o que é certo é que houve faca e revólver, um morto (Deus lhe fale n'alma!) e alguns feridos; entrando-se em dúvida tão-somente se o ataque veio de fora ou de dentro, ou se de ambos os lados. Fez-se autópsia; e enterrou-se o cadáver. *Quia pulvis es*. Segundo li ontem, vai aparecer um incidente extraordinário neste negócio que lhe dará nova face. Não há de ser a ressurreição do defunto.

Houve denúncia, dias depois daquele, que iam cair algumas bombas de dinamite, não já no Eldorado; mas no próprio Jardim Zoológico. A polícia mandou força; mas, ou porque a denúncia não tivesse fundamento, ou porque as providências da autoridade fizessem suspender a ação, não caiu nada, nem dinamite nem pólvora. Em compensação apareceu acônito, não já no Jardim Zoológico, mas em uma farmácia da rua Frei Caneca, donde foi dado a um doente, que ia morrendo à quarta dose, envenenado. Já disse o que penso destes envenenamentos. Uma vez que nenhuma intenção os produz, mas simples enganos, não são criminosos; ao contrário, podendo auxiliar o conhecimento da verdade, são necessários. No presente caso, por um soldado que se perdeu, salvou-se o exército. É assim na guerra, é assim na vida. O ato do farmacêutico é que foi outra rosa de Malherbe.

Quanto ao jogo dos bichos, trava-se contra ele uma rude campanha. Começada na imprensa, vai sendo continuada pela polícia. As ordens expedidas por esta são positivas, e a execução por parte dos seus agentes vai sendo pontual. O quinhão da luta na imprensa é copioso. Medidas há (força é dizê-lo) que se não expedem logo pelo receio de que a imprensa as condene ou critique, o serviço fique malvisto, e a ação afrouxe. Mas uma vez que os jornais, como os parlamentos, votem uma moção de confiança nestes termos: "A opinião, certa de que o jogo será morto, passa à ordem do dia", a autoridade assim apoiada e reforçada emprega todos os seus recursos.

A minha dúvida única é se o bicho morto não ressuscitará com diversa forma. Agora mesmo nem tudo são bichos; há prêmios de bebidas, distribuição de gravuras e outras convenções de azar. Convém ter em vista que os jogos são muitos. A loteria, um dos mais velhos, que tem desmoralizado a sociedade, serve com os seus números às várias especulações; mas não é a culpada única desta perversão de costumes. Única não pode ser; ela corrompe, ela deve ser extirpada, como outras instituições de *dar fortuna;* mas não esqueçamos que ela é também efeito. Contaram-me que por ocasião do Encilhamento — essa enorme bicharia, em que todos os carneiros perderam — ocorria um fato assaz característico. Sabe-se que na rua da Alfândega o ajuntamento era grande e o tumulto frequente. Alguma vez foi preciso empregar força para aquietar os ânimos e dar passagem a outra gente. Sucedia então que, saindo a correr dois praças de cavalaria através da multidão, eram os próprios animais objeto de apostas, dizendo uns que o primeiro cavalo que chegava à esquina era o de cá, e outros que era o de lá, e os que acertavam recebiam um ou dois contos de réis.

Meditai bem. Uma paixão do azar tão grande, que o próprio cavalo (era já o bicho!) do agente da ordem servia de dado aos jogadores, não sai assim com duas razões. Não tenho remédio senão citar as estrebarias de Augias para poder invocar Hércules. É preciso ser Hércules. Quem sabe se este número e esta nota que acabo de ler nos jornais: "19.915 foi o número de vidros de xarope de alcatrão e jataí vendidos no mês passado", não é já uma forma nova para substituir os bichos? Tudo pode ser bicho; os próprios jornais, os mesmos artigos que combatem o mal, expõem-se a servir de pasto ao jogo, se os empresários deste se lembrarem de vender sobre a primeira letra do artigo de amanhã. Uns compram nas letras A até M, outros nas letras N até Z; e, ao contrário da lança de Télefo, que curava as feridas que fazia, aqui os remédios levam em si o veneno, como nas farmácias.

A paixão do azar é tal que, quando acabou a guerra franco-prussiana, Paris, não obstante os desastres de tão dura campanha e a dor patriótica da nação, chegou a jogar em plena rua. Rompeu, entretanto, a Comuna. Um dos comunistas, o famoso Raul Rigault, encarregado da polícia da cidade, expediu um decreto, que podeis ler nas *Memórias de Rochefort*, tomo II, pág. 366. Esse decreto, depois de dois considerandos, tinha este único artigo: "O jogo de azar é formalmente proibido". Pois assim tão pequeno, sem taxação de pena nem indicação de processo, foi cumprido sem hesitação. A razão creio estar no poder da Comuna, que não se contentava com prender as pessoas, ia-as logo mandando para um mundo melhor. Daí a minha dúvida, por mais pura vontade que tenha a Intendência municipal rejeitando a nova concessão ao jogo da pelota, e a polícia caçando os bichos. Creio que o mal está muito fundo.

Não digo que, por estar ferido, seja impossível curá-lo; digo que é preciso mais tempo que a manhã da rosa de Malherbe ou o dia inteiro da *Batracomiomaquia*. Neste poema, em que os ratos lutam com as rãs, Júpiter, rindo de gosto, diz a Minerva: "Filha minha, vai ajudar os ratos, que sempre andam no teu templo, à cata da gordura e dos restos dos sacrifícios". Já então os bichos davam de comer aos ratos! Minerva recusa; acha que é melhor ver as batalhas de cima, ou, como se diz moderna e vulgarmente, ver os touros de palanque... Não, não basta aquele dia todo, nem os vinte dias da *Ilíada*; é preciso mais tempo e muita saúde orgânica.

19 de julho de 1896

Este que aqui vedes jantou duas vezes fora de casa esta semana. A primeira foi com a *Revista Brasileira*, o jantar mensal e modesto, no qual, se não faltam iguarias para o estômago, menos ainda as faltam para o espírito. Aquilo de Pascal, que o homem não é anjo nem besta, e que quando quer ser anjo é que fica besta, não cabe na comunhão da *Revista*. Podemos dizer sem desdouro nem orgulho que o homem ali é ambas as coisas, ainda que se entenda o anjo como diabo e bom diabo. Sabe-se que este era um anjo antes da rebelião no céu. Nós que já estamos muito para cá da rebelião, não temos a perversidade de Lúcifer. Enquanto a besta come, o anjo conversa e diz coisas cheias de galanteria. Basta notar que, apesar de lá estar um financeiro, não se tratou de finanças. Quando muito, falou-se de insetos e um tudo-nada de divórcio.

Uma das novidades de cada jantar da *Revista* é a lista dos pratos. Cada mês tem a sua forma "análoga ao ato", como diziam os antigos anúncios de festas, referindo-se ao discurso ou poesia que se havia de recitar. Desta vez foram páginas soltas do número que ia sair, impressas de um lado, com a lista do outro. Quem quis pôde assim saborear um trecho truncado do número do dia 15, o primeiro de julho, número bem composto e variado. Uma revista que dure não é coisa vulgar entre nós, antes rara. Esta mesma *Revista* tem sucumbido e renascido, achando sempre esforço e disposição para continuá-la e perpetuá-la, como parece que sucederá agora.

O segundo jantar foi o do dr. Assis Brasil. Quatro ou cinco dezenas de homens de boa vontade, com o chefe da *Gazeta* à frente, entenderam prestar uma homenagem ao nosso ilustre patrício, e escolheram a melhor prova de colaboração, um banquete a que convidaram outras dezenas de homens da política, das letras, da ciência, da indústria e do comércio. O salão do Cassino tinha um magnífico aspecto, embaixo pelo arranjo da mesa, em cima pela agremiação das senhoras que a comissão graciosamente convidou para ouvir os brindes. De outras vezes esta audiência é o único doce que as pobres damas comem, e, sem desfazer nos oradores, creio ser órgão de todas elas dizendo que um pouco de doce real e peru de verdade não afiaria menos os seus ouvidos. Foi o que a comissão adivinhou agora. Mas, ainda sem isso, a concorrência seria a mesma, e ainda maior se não fora o receio da chuva, tanta havia caído durante o dia.

O que elas viram e ouviram deve tê-las satisfeito. O aspecto dos convivas não seria desagradável. Ao lado desse espetáculo, os bons e fortes sentimentos expressos pelos oradores, as palavras quentes, a cordialidade, o patriotismo de par com as afirmações de afeto para com a antiga metrópole — nota que figurou em todos os discursos —, tudo fez da homenagem a Assis Brasil uma festa de família. O nosso eminente representante foi objeto de merecidos louvores. Ouviu relembrar e honrar os seus serviços, os seus dotes morais e intelectuais; e as palavras de elogio, sobre serem cordiais, eram autorizadas, vinham do governo, do jornalismo, da diplomacia. As letras e o Senado não falaram propriamente dele, mas sendo ele o centro e a ocasião da festa, todas as coroas iam coroá-lo.

Não quisera falar de mim; mas um pouco de egotismo não fica mal a um espírito geralmente desinteressado. As pessoas que me são íntimas sabem que estou padecendo de um ouvido, e sabem também que na noite do banquete fiquei pior. Atribuí à umidade o que tinha a sua causa em uma igreja de Porto Alegre. Com efeito, no dia seguinte, abrindo os jornais, dei com telegrama daquela cidade noticiando que o rev. padre Júlio Maria continuou na véspera as suas conferências, e que os aplausos tinham sido calorosos. Estava explicada a agravação da moléstia. Digo isto, porque a moléstia apareceu justamente no dia 13, em que o mesmo padre fez a primeira conferência da segunda série, conforme anterior telegrama, o qual acrescentava: "Auditório enorme; a igreja sem um lugar vazio. No final retumbantes palmas; verdadeira ovação ao orador".

Essas palmas dentro da igreja foram tão fortes que repercutiram no meu gabinete e me entraram pelo ouvido, a ponto de o fazer adoecer. Quando ia melhor, em via de cura, continua o padre as conferências, e repetiram-se as palmas. Eis-me aqui numa situação penosa. Desejo que as conferências prossigam, uma vez que espalham verdades e rendem ovações ao orador; mas não desejo menos ficar curado, e para isso era preciso que não fosse com palmas que dessem ao padre Maria notícia do efeito da sua grande eloquência. O silêncio, um triste silêncio de contrição, de piedade, de arrependimento, não viria pelo telégrafo, nem me faria adoecer; mas seria preciso pedi-lo, e eu não pediria jamais uma coisa que me aproveitasse em detrimento de um princípio. Melhor é sofrer com paciência, até que acabe esta segunda série.

Não esqueçais, ou ficai sabendo que a matéria da primeira conferência foi este tema: "Como muitos católicos são ateus práticos". Posto que esse tema pareça prenhe de alusões pessoais, é fora de dúvida que foi bem escolhido, e as palmas mostraram ao orador que havia falado a pessoas conversas. Dessa triste categoria de católicos ateus poucos conheço pessoalmente, e esses mesmos têm o ateísmo tão diminuto que, se ouvissem o orador, teriam rasgado as luvas com frenéticos aplausos.

Adeus, leitor. Mal tenho tempo de dizer que, pela segunda vez, acabo de ler em Cleveland a palavra *paternalismo*. Não sei se é de invenção dele, se de outro americano, se dos ingleses. Sei que temos a coisa, mas não temos o nome, e seria bom tomá-lo, que é bonito e justo. A coisa é aquele vício de fazer depender tudo do governo, seja uma ponte, uma estrada, um aterro, uma carroça, umas botas. Tudo se quer pago por ele com favores do Estado, e, se não paga, que o faça à sua custa. O presidente dos Estados Unidos execra esse vício, e assim o declarou em mensagem ao Congresso, negando sanção a uma lei que abre 417 créditos no valor de oitenta milhões de dólares. O presidente falou sem rebuço; aludiu a interesses locais e particulares, condenou o desamor ao bem público, chamou extravagante a lei, somou as contas enormes que o governo já tem de pagar este ano, e escreveu esta máxima que, por óbvia, não serve menos de lição aos povos: "A economia privada e a despesa medida são virtudes sólidas que conduzem à poupança e ao conforto..." O Congresso leu as razões do veto, e, por dois terços, adotou definitivamente a lei, dando ao tesouro mais esta carga. A ciência política há de descobrir um processo de conciliar, nestas matérias, todos os Capitólios e todas as Casa-Brancas. O que não impede que incluamos *paternalismo* nos dicionários. Adeus, leitor.

26 de julho de 1896

Apaguemos a lanterna de Diógenes; achei um homem. Não é príncipe, nem eclesiástico, nem filósofo, não pintou uma grande tela, não escreveu um belo livro, não descobriu nenhuma lei científica. Também não fundou a efêmera República do Loreto, e conseguintemente não fugiu com a caixa, como disse o telégrafo acerca de um dos rebeldes, logo que a província se submeteu às autoridades legais do Peru. O ato da rebeldia não foi sequer heroico, e a levada da caixa não tem merecimento, é a simples necessidade de um viático. O pão do exílio é amargo e duro; força é barrá-lo com manteiga.

Não, o homem que achei, não é nada disso. É um barbeiro, mas tal barbeiro que, sendo barbeiro, não é exatamente barbeiro. Perdoai está logomaquia; o estilo ressente-se da exaltação da minha alma. Achei um homem. Se aquele cínico Diógenes pode ouvir, do lugar onde está, as vozes cá de cima, deve cobrir-se de vergonha e tristeza; achei um homem. E importa notar que não andei atrás dele. Estava em casa muito sossegado, com os olhos nos jornais e o pensamento nas estrelas, quando um pequenino anúncio me deu rebate ao pensamento, e este desceu mais rápido que o raio até o papel. Então li isto: "Vende-se uma casa de barbeiro fora da cidade, o ponto é bom e o capital diminuto; o dono vende por não entender..."

Eis aí o homem. Não lhe ponho o nome, por não vir no anúncio, mas a própria falta dele faz crescer a pessoa. O ato sobra. Essa nobre confissão de ignorância é um modelo único de lealdade, de veracidade, de humanidade. Não penseis que vendo a loja (parece dizer naquelas poucas palavras do anúncio) por estar rico, para ir passear à Europa, ou por qualquer outro motivo que *à vista se dirá,* como é uso escrever em convites destes. Não, senhor; vendo a minha loja de barbeiro por não entender do ofício. Parecia-me fácil, a princípio: sabão, uma navalha, uma cara, cuidei que não era preciso mais escola que o uso, e foi a minha ilusão, a minha grande ilusão. Vivi nela barbeando os homens. Pela sua parte, os homens vieram vindo, ajudando o meu erro; entravam mansos e saíam pacíficos. Agora, porém, reconheço que não sou absolutamente barbeiro, e a vista do sangue que derramei, faz-me enfim recuar. Basta, Carvalho (este nome é necessário à prosopopeia), basta, Carvalho! É tempo de abandonar o que não sabes. Que outros mais capazes tomem a tua freguesia...

A grandeza deste homem (escusado é dizê-lo) está em ser único. Se outros barbeiros vendessem as lojas por falta de vocação, o merecimento seria pouco ou nenhum. Assim os dentistas. Assim os farmacêuticos. Assim toda a casta de oficiais deste mundo, que preferem ir cavando as caras, as bocas e as covas, a vir dizer chãmente que não entendem do ofício. Esse ato seria a retificação da sociedade. Um mau barbeiro pode dar um bom guarda-livros, um excelente piloto, um banqueiro, um magistrado, um químico, um teólogo. Cada homem seria assim devolvido ao lugar próprio e determinado. Nem por sombras ligo esta retificação dos empregos ao fato do envenenamento das duas crianças pelo remédio dado na Santa Casa de Misericórdia. Um engano não prova nada; e se alguns farmacêuticos, autores de iguais trocas, têm continuado a lutuosa faina, não há razão para que a Santa Casa entregue a outras pessoas a distribuição dos seus medicamentos, tanto mais que pessoas atuais os não preparam, e, no caso ocorrente, o preparado estava certo: a culpa foi das duas mães. A queixa dada pela mãe da defunta terá o destino desta, menos as pobres flores que Olívia houver arranjado para a sepultura da vítima. Também há céu para as queixas e para os inquéritos. O esquecimento público é o responso contínuo que pede o eterno descanso para todas as folhas de papel despendidas com tais atos.

Sobre isto de inquéritos, perdi uma ilusão. Não era grande; mas as ilusões, ainda pequenas, dão outra cor a este mundo. Cuidava eu que os inquéritos eram sempre feitos, como está escrito, pelo próprio magistrado; mas ouvi que alguns escrivães (poucos) é que os fazem e redigem, supondo presente a pessoa que falta, como no uíste se joga com um morto. Creio que é por economia de tempo, e tempo é dinheiro, dizem os americanos. O maior mal desse ato é não ser verídico, não o ser ilegal ou irregular. Se as dores humanas se esquecem, como se não hão de esquecer as leis? E dado seja simples praxe, as praxes alteram-se. O maior mal, digo eu, é não ser verídico, posto que aí mesmo se possa dizer que a verdade aparece muita vez envolta na ficção, e deve ser mais bela. As *Décadas* não competem com os *Lusíadas.*

O ideal da praxe é a cabeleira do *speaker.* Os ingleses mudarão a face da terra, antes que a cabeça do presidente da Câmara. Este há de estar ali com a eterna cabeleira branca e longa, até meia-noite, e agora até mais tarde, se é exato o telegrama desta semana, noticiando haver a Câmara dos comuns resolvido levar as sessões além daquele limite. Não é que o não tenha feito muitas vezes; basta um exemplo célebre. Quando Gladstone deitou abaixo Disraeli, em 1852, acabou o seu discurso ao amanhecer, um triste e frio amanhecer de inverno, que arrancou ao ministro caído esta palavra igualmente fria: "Ruim dia para ir a Osborne!". Agora vai ser sempre assim, tenham ou não os ministros de ir a Osborne pedir demissão. E o presidente firme, com a eterna cabeleira metida pela cabeça abaixo. Sim, eu gosto da tradição; mas há tradições que aborrecem, por inúteis e cansativas. De resto, cada povo tem as suas qualidades próprias e a diferença delas é que faz a harmonia do mundo. Desculpai o truísmo e o neologismo.

Mas eu que falo humilde, baixo e rudo, devia lembrar-me, a propósito de inquéritos, que a clareza do estilo é uma das formas da veracidade do escritor. Parece-me ter falado um tanto obscuramente na *Semana* passada acerca das prédicas do padre Júlio Maria em Porto Alegre. Alguns amigos supuseram ver uma crítica ao padre naquilo que era apenas uma alusão às palmas na igreja, e ainda assim por causa de meu ouvido, que já está bom, dou-lhes esta notícia. Que culpa tem o padre de ser eloquente! Ainda agora acabo de ler o discurso que ele proferiu na Santa Casa, em Juiz de Fora, a 5 de janeiro deste ano. O assunto era velho: a caridade. Mas o talento está em fazer de assuntos velhos assuntos novos — ou pelas ideias ou pela forma, e o padre Júlio Maria alcançou este fim por ambos os processos. Também ali foi aplaudido. Em verdade, se ele profere os discursos como os escreve, é natural que os próprios ouvintes de Porto Alegre se sentissem arrebatados e esquecessem o templo pela palavra que o enchia. Um ouvido curado faz justiça a todos.

E já que falo em palmas, convido-vos a enviá-las ao Congresso de São Paulo, que votou ou está votando a estátua do padre Anchieta. Ó padre Anchieta, ó santo e grande homem, o novo mundo não esqueceu o teu apostolado. Aí vais ser esculpido em forma que relembre a cultos e incultos o que foste e o que fizeste nesta parte da terra. Os paulistas bem merecem da história. Não é só a piedade que lhes agradecerá; também a justiça reconhecerá esse ato justo. Tão alta e doce figura, como a do padre Anchieta, não podia ficar nas velhas crônicas, nem unicamente nos belos versos de Varela. Mais palmas a São Paulo, que acaba de votar o subsídio e a pensão a Carlos Gomes e seus filhos. Salvador de Mendonça, um dos que saudaram a aurora do nosso maestro (há quantos anos!), mandou no *serum* dos cancerosos de Nova York uma esperança de cura para o autor do *Guarani*. Oxalá o encaminhe à vida, como o encaminhou à glória. E pois que trato de música, palmas ainda uma vez ao nosso austero hóspede Moreira de Sá, que teve a sua festa há quatro dias. A crítica disse o que devia do artista, a imprensa tem dito o que vale o homem. Eu subscrevo tudo, tão viva trago comigo a sensação que me deu o seu violino mestre e mágico.

Enfim, e porque tudo acaba na morte, uma lágrima por aquele que se chamou dr. Rocha Lima. Não sei se lágrima; quando se padece tanto e tão longamente, a morte é liberdade, e a liberdade, qualquer que seja a sua espécie, é o sonho de todos os cativos. Rocha Lima deve ter sonhado, durante a agonia de tantos meses, com este desencadeamento que lhe tirou um triste suplício inútil.

2 de agosto de 1896

Avizinham-se os tempos. Este século, principiado com Paulo e Virgínia, termina com Alfredo e Laura. Não é já o amor ingênuo de Port-Louis, mas um *idílio trágico*, como lhe chamou a *Gazeta* de anteontem, sem dúvida para empregar o título do último romance de Bourget. Em verdade, esse adolescente de quatorze anos, que procurou a morte por não poder vencer os desdéns da vizinha de treze anos, faz temer a geração que aí vem inaugurar o século XX. Que os dois se amassem vá.

Tem-se visto dessas aprendizagens temporãs, ensaios para voos mais altos. Que ela não gostasse dele, também é possível. Nem todas elas gostam logo dos primeiros olhos que as procuram; em tais casos, eles devem ir bater à porta de outro coração, que se abre ou não abre, e tudo é passar o tempo à espera do amor definitivo. Mas aquela aurora de sangue, aquela tentativa de fazer estourar a vida, na idade em que tudo manda guardá-la e fazê-la crescer, eis aí um problema obscuro — ou demasiado claro, pois tudo se reduz a um madrugar de paixões violentas. E o amor de Alfredo era ainda mais temporão do que parece; vinha desde meses, muito antes dos quatorze anos, quando ela teria pouco mais de doze.

Repito, os tempos se avizinham. Agora o amor precoce; vai chegar o amor livre, se é verdade o que me anunciou, há dias, um espírita. O amor livre não é precisamente o que supões — um amor a *carnet* e lápis, como nos bailes se marcam as valsas e quadrilhas, até acabar no cotilhão. Esse será o amor libérrimo: durará três compassos. O amor livre acompanha os estados da alma; pode durar cinco anos, pode não passar de seis meses, três semanas ou duas. Aos valsistas plena liberdade. O divórcio, que o Senado fez cair agora, será remédio desnecessário. Nem divórcio nem consórcio.

Mas a maior prova de que os tempos se avizinham é a que me deu o espírita de que trato. Estamos na véspera da felicidade humana. Vai acabar o dinheiro. À primeira vista, parece absurdo que a ausência do dinheiro traga a prosperidade da terra; mas, ouvida a explicação (que eu nunca li os livros desta escola), compreende-se logo; o dinheiro acaba por ser inútil. Tudo se fará troca por troca; os alfaiates darão as calças de graça e receberão de graça os sapatos e os chapéus. O resto da vida e do mundo irá pelo mesmo processo. O dinheiro fica abolido. A própria ideia do dinheiro perecerá em duas gerações.

Assim que o *mal financeiro e seu remédio,* tema de tantas cogitações e palestras, acabará por si mesmo, não ficando remédio nem mal. Não haverá finanças, naturalmente, não haverá tesouro, nem impostos, nem alfândegas secas ou molhadas. Extinguem-se os desfalques. Este último efeito diminui os inquéritos — falo dos inquéritos rigorosos, nem conheço outros. A virtude, ainda obrigada, é sublime. Os desfalques andam tão a rodo que a gente de ânimo frouxo já inquire de si mesma se isto de levar dinheiro das gavetas do Estado ou do patrão é verdadeiramente delito ou reivindicação necessária. Tudo vai do modo de considerar o dinheiro público ou alheio. Se se entender que é deveras público e não alheio, mete-se no bolso a moral, a lei e o dinheiro, e brilha-se por algumas semanas. É sabido que dinheiro de desfalque nunca chega a comprar um pão para a velhice. Vai-se em folgares, e a pessoa que se dê por muito feliz, se não perde o emprego.

Acabado o dinheiro, os anglo-americanos não assistirão à luta do ouro e da prata, como esta que se trava agora, para eleger o candidato à presidência da República. Nunca amei o espírito prático daquela nação. Partidos que se podiam distinguir sonoramente, por meio de teorias bonitas, e, em falta delas, por algumas daquelas palavras grandes e doces, que entram pela alma do eleitor e a embebedam, preferem escrever umas plataformas de negociantes. Dou de barato que não haja teorias nem palavras, mas simples pedidos de rua, distribuição de cartões pelo correio, um ou outro recrutamento para não fazer da Constituição uma peça rígida, mas flexível, alguma ameaça e o resto; tudo isso é melhor que discutir ouro e prata em casarões, diante de centenas de delegados, e votar por um ou outro desses metais. E qual vencerá em dezembro próximo? Parece-me que o ouro, se é certo o que dizem os *ouristas;* mas afirmando os *pratistas* que é a prata, melhor é esperar as eleições. Ouro ou prata há de ser difícil que o rei Dólar abdique, como quer o espiritismo. Uma folha, em que vem gravada a apoteose de Mac-Kinley, candidato do Partido Republicano, anuncia um casamento que se deve ter efetuado a 7 do mês passado. A noiva conta vinte anos e possui quatro milhões de dólares. Não é muito em terra onde os milhões chovem; mas esta qualidade parece ser tão principal que duas vezes o noticiarista fala nela. *"Miss U obarts, a despeito dos seus quatro milhões de dólares..."* E mais abaixo: *"Os bens da noiva são calculados em quatro milhões de dólares".* Como é que numa região destas se há de abolir o dinheiro e restringir o casamento a uma troca de calças e vestidos?

Pelo lado psicológico e poético, perderemos muito com a abolição do dinheiro. Ninguém entenderá, daqui a meio século, o bom conselho de Iago a Roderigo, quando lhe diz e torna a dizer, três e quatro vezes, que meta o dinheiro na bolsa. Desde então, já antes, e até agora é com ele que se alcançam grandes e pequenas coisas, públicas e secretas. Mete dinheiro na bolsa, ou no bolso, diremos hoje, e anda, vai para diante, firme, confiança na alma, ainda que tenhas feito algum negócio escuro. Não há escuridão quando há fósforos. Mete dinheiro no bolso. Vende-te bem, não compres mal os outros, corrompe e sê corrompido, mas não te esqueças do dinheiro, que é com que se compram os melões. Mete dinheiro no bolso.

Os conselhos de Iago, note-se bem, serviriam antes ao adolescente Alfredo, que tentou morrer por Laura. Também Roderigo queria matar-se por Desdêmona, que o não ama e desposou Otelo; não era com revólver, que ainda não havia, mas por um mergulho na água. O honesto Iago é que lhe tira a ideia da cabeça e promete ajudá-lo a vencer, uma vez que meta dinheiro na bolsa. Assim podemos falar ao jovem Alfredo. Não te mates, namorado; mete dinheiro no bolso, e caminha. A vida é larga e há muitas flores na estrada. Pode ser até que essa mesma flor em botão, agora esquiva, quando vier a desabrochar, peça um lugar na tua botoeira, lado do coração. *Make money.* E depressa, depressa, antes que o dinheiro acabe como quer o espiritismo, a não ser que o espírita Torterolli acabe primeiro que ele, o que é quase certo.

9 de agosto de 1896

Quando se julgarem os tempos, a semana que passou apresentará ao Senhor uma bela fé de ofício e verá o seu nome inscrito entre as melhores deste ano.

— E tu que fizeste?

— Senhor, eu creio haver ganho um bom lugar. Os meus acontecimentos não foram todos da mesma espécie, nem podiam sê-lo, mas foram todos importantes e graves. Antes de tudo, embora não vá por ordem cronológica, a Inglaterra devolveu a ilha da Trindade ao Brasil. Esta ilha foi um dia tomada por ingleses, ao que dizem para estação de um cabo telegráfico. Os brasileiros tiveram a notícia pelos jornais, quando a ocupação durava já meses e o chefe do gabinete inglês que havia presidido à captura já estava descansando dos trabalhos e outro chefe havia subido ao poder. Nestas coisas de ilhas capturadas, os gabinetes são solidários, e Salisbury acompanhou Rosebery, como se não fossem adversários políticos. Os brasileiros, porém, sentiram a dor do ato, e assim o clamaram pela boca legislativa e pela boca executiva, pela boca da imprensa e pela boca popular, com tal unanimidade que produzia um belo coro patriótico. Então Portugal, que conhecia os antecedentes da ilha, interveio na contenda, deu à Grã-Bretanha as razões pelas quais a ilha era brasileira, só brasileira. É preciso confessar que a velha Inglaterra conhece muito bem história e geografia, que são professadas nas suas universidades com grande apuro; mas há casos em que o melhor é meter estas duas disciplinas no bolso e ir estudá-las nas universidades estrangeiras. Foi o que sucedeu; Coimbra ensinou a Cambridge, e Cambridge achou que era assim, que a ilha era realmente brasileira, e mandou corrigir as cartas da edição Rosebery, onde a ilha da Trindade era uma estação telegráfica de sir John Pender.

— Então tudo acabou em paz?
— Plena paz.
— Conquanto se trate de hereges, quero louvá-los pelo ato de restituir o seu a seu dono. Que mais houve, semana?
— Senhor, houve uns presentes de ouro e prata, tinteiros, canetas, penas, ofertados pelos jurados da 7ª sessão ordinária de 1896 do Rio de Janeiro ao juiz e aos promotores em sinal de estima, alta consideração e *gratidão pelas maneiras delicadas com que foram tratados durante toda a sessão*. O escrivão recebeu por igual motivo uma piteira de âmbar. Este ato em si mesmo, é quase vulgar; mas o que ele significa é muito. Significa um imenso progresso nos costumes daquele país. O júri é instituição antiga no Brasil. É serviço gratuito e obrigatório; todos têm que deixar os negócios para ir julgar os seus pares, sob pena de multa de vinte mil-réis por dia. Se fosse só isso, era dever que todo cidadão cumpriria de boa vontade; mas havia mais. As maneiras descorteses, duras e brutais com que eram tratados pelos magistrados e advogados não têm descrição possível.

Nos primeiros anos os jurados eram recebidos a pau, à porta do antigo aljube, por um meirinho: as sentenças produziam sempre contra eles alguma coisa, porque, se absolviam o réu ou minoravam a pena, os magistrados quebravam-lhes a cara; se, ao contrário, condenavam o réu, os advogados davam-lhes pontapés e murros. Entre muitos casos que se podiam escrever e são ali conhecidos de toda a gente, figura o que sucedeu em março ou abril de 1877. Havia um jurado que, pelo tamanho, era quase menino. Além de pequeno, magro; além de magro, doente. Pois os promotores, o juiz, o escrivão e os advogados, antes de começar a audiência, divertiram-se em fazer dele peteca. O pobrezinho ia das mãos de uns para as dos outros, no meio de grandes risadas. Os outros jurados, em vez de acudir em defesa do colega, riram também por medo e por adulação. O infeliz saiu deitando sangue pela boca. Pequenas coisas, cacholetas, respostas de desprezo, piparotes eram comuns. Alguns magistrados mais dados à chalaça puxavam-lhe o nariz ou faziam-lhe caretas. Um velho promotor tinha de costume, quando adivinhava o voto de algum deles, apontá-lo com o dedo, no meio do discurso, interrogando: "Será isto entendido por aquela besta de óculos que olha para mim?". Muitas vezes o juiz lia primeiramente para si as respostas do conselho de jurados e, se elas eram favoráveis ao réu, dizia antes de começar a lê-las em voz alta: "Vou ler agora a lista das patadas que deram os srs. juízes de fato". No meio da polidez geral do povo, esta exceção do juiz enchia a muita gente de piedade e de indignação; mas ninguém ousava propor uma reforma de costumes...

— Fraqueza de ânimo; os maus costumes reformam-se.

— Uma era nova começou em 1883; já então os jurados recebiam poucos cascudos e eram chamados apenas camelórios. Anos depois, em 1887, houve certo escândalo por uma tentativa de reação dos costumes antigos. A um dos jurados mandou pôr o juiz uma cabeça de burro. Era muito bem-feita a cabeça; dois buracos serviam aos olhos e por um mecanismo engenhoso o homem abanava as orelhas de quando em quando, como se enxotasse moscas. Apesar do escândalo, a cabeça ainda foi empregada nos quatro anos posteriores. No fim de 1892 sentiu-se notável mudança nas maneiras dos juízes e promotores. Já alguns destes tiravam o chapéu aos jurados. Em setembro de 1893 apenas se ouviu a um daqueles dizer a um jurado que lhe perguntava pela saúde: "Passa fora!". Mas, pouco a pouco, as palavras grosseiras e gestos atrevidos foram acabando. Em 1895, havia apenas indiferença; em 1896, os jurados da 7ª sessão reconheceram que a polidez reinava enfim no Tribunal popular. O entusiasmo desta vitória, alcançada por uma longa paciência, explica os presentes de ouro e prata. Eles marcam na civilização judiciária daquele país uma data memorável. Por isso é que me encho de orgulho.

— E há grandes mortos?

— Não tive nenhum. Um só morto, não grande, mas digno de apreço, de afeto e de pesar, um pobre jornalista que acabou com a pena na mão. Quem o conheceu na mocidade não podia antever a triste vida nem a triste morte. O pai, diretor do *Jornal do Commercio*, do Rio de Janeiro, foi uma grande força no seu tempo. Conta-se que podia quanto queria; mas a morte acabou com a força, e o filho teve de buscar em si mesmo, não no nome, o trabalho necessário. Não fez outra coisa durante a vida inteira; trabalhou no jornal e no teatro, fez rir, e de quantas risadas provocou, muitas acabaram antes pela careta da morte, outras esqueceram talvez o autor delas; pobre Augusto de Castro! Era em seu tempo um dândi. Se pudesse adivinhar o que sucederia depois! Senhor, o que eu achei e deixei na terra foi a saudade do passado e o gozo do presente; muitos gemem o que foi, todos saboreiam o que é, raros cuidam do que será. Um clássico português (e aquele finado apreciava os clássicos da sua língua) escreveu que era provérbio ou dito alheio — não me lembra bem — que os italianos se governam pelo passado, os franceses pelo presente e os espanhóis pelo que há de vir. E acrescenta o clássico: "Aqui quisera eu dar uma repreensão de pena à nova Espanha..." Repreensão por quê, Senhor? Eu creio que o mal é não cuidar no dia seguinte.

— Estás enganada, oh! muito enganada! Cuidar no dia seguinte é uma coisa; mas governar-se pelo que há de vir! Eu deixei aos homens o presente, que é necessário à vida, e o passado, que é preciso ao coração. O futuro é meu. Que sabe um tempo de outro tempo? Que semana pode adivinhar a semana seguinte?

16 de agosto de 1896

Esta semana é toda de poesia. Já a primeira linha é um verso, boa maneira de entrar em matéria. Assim que podeis fugir daqui, filisteus de uma figa, e ir dizer entre vós, como aquele outro de Heine: "Temos hoje uma bela temperatura". O que sucedeu em prosa nestes sete dias merecia decerto algum lugar, se a poesia não fosse o primeiro dos negócios humanos ou se o espaço desse para tanto; mas não dá. Por exemplo, não pode conter tudo o que sugere a reunião dos presidentes de bancos de nossa praça. Chega, quando muito, para dizer que o remédio tão procurado para o mal financeiro — e naturalmente econômico — foi achado depois de tantas cogitações. Os diretores, acabada a reunião, voltaram aos seus respectivos bancos e a taxa de câmbio subiu logo $1/8$. A *Bruxa* espantou-se com isto e declarou não entender o câmbio. A poetisa Elvira Gama parecia havê-lo entendido, no soneto que ontem publicou aqui.

> Doce câmbio...

Mas trata de amores, como se vê da segunda parte do verso:

> ...de seres atraídos,
> Ligados pela ação de igual desejo.

Eu é que o entendi de vez. A primeira reunião fez subir um degrau, a segunda fará subir outro, e virão muitas outras até que o câmbio chegue ao patamar da escada. Aí convidá-lo-ão a descansar um pouco, e, uma vez entrado na sala, fechar-lhe-ão as portas e deixá-lo-ão bradar à vontade. Estás a 27, responderão os diretores de banco, podes quebrar os trastes e a cabeça, estás a 27, não desces de 27.

Quanto à desavença entre a bancada mineira e a bancada paulista, outro assunto de prosa da semana, menos ainda pode caber aqui, ele e tudo o que sugere relativamente ao futuro. Digo só que aos homens políticos da nossa terra ouvi sempre este axioma: que os partidos são necessários ao governo de uma nação. Partidos, isto é, duas ou mais correntes de opinião organizadas, que vão a todas as partes do país. Na nossa Federação esta necessidade é uma condição de unidade. A Câmara tem tantas bancadas quantos estados; o próprio Rio de Janeiro, que por estar mais perto da capital cheira ainda a província, e o Distrito Federal, que constitucionalmente não é estado, têm cada um a sua bancada particular. Ora, todas essas bancadas não só impedirão a formação dos partidos, mas podem chegar a destruir o único partido existente e fazer da Câmara uma constelação de sentimentos locais, uma arena de rivalidades estaduais. Quando muito, os Estados pequenos mergulharão nos grandes, e ficaremos com seis ou sete reinos, ducados e principados, dos quais mais de um quererá ser a Prússia.

Entro a devanear. Tudo porque não me deixei ir pela poesia adiante. Pois vamos a ela, e comecemos pelo quarto jantar da *Revista Brasileira*, a que não faltou poesia nem alegria. A alegria, quando tanta gente anda a tremer pelas falências no fim do mês, é prova de que a *Revista* não tem entranhas ou só as tem para os seus banquetes. Ela pode responder, entretanto, que a única falência que teme deveras é a do espírito. No dia em que meia dúzia de homens não puderem trocar duas dúzias de ideias, tudo está acabado, os filisteus tomarão conta da cidade e do mundo e repetirão uns aos outros a mesma exclamação daquele de Heine: *Es ist heute eine schöne Witterung!* Mas enquanto o espírito não falir, a *Revista* comerá os seus jantares mensais até que venha o centésimo, que será de estrondo. Se eu me não achar entre os convivas, é que estarei morto; peço desde já aos sobreviventes que bebam à minha saúde.

A demais poesia da semana consistiu em três aniversários natalícios de poetas: o de Gonçalves Dias a 10, o de Magalhães e Carlos a 13. O único popular destes poetas é ainda o autor da "Canção do exílio". Magalhães teve principalmente uma página popular, que todos os rapazes do meu tempo (e já não era a mesma geração) traziam de cor. O Carlos não chegou ao público. Mas são três nomes nacionais, e o maior deles tem a estátua que lhe deu a sua terra. Não indaguemos da imortalidade. Bocage, louvado por Filinto, improvisou uma ode entusiástica, fechada por esta célebre entonação: *Posteridade, és minha!* E ninguém já lia Filinto, quando Bocage ainda era devorado. O próprio Bocage, a despeito dos belos versos que deixou, está pedindo uma escolha dos sete volumes — ou dos seis, para falar honestamente.

Justamente anteontem conversávamos alguns acerca da sobrevivência de livros e de autores franceses deste século. Entrávamos, em bom sentido, naquela falange de Musset:

Electeurs brevetés des morts et des vivants,

e não foi pequeno o nosso trabalho abatendo cabeças altivas. Nem Renan escapou, nem Taine; e, se não escapou Taine, que valor pode ter a profecia dele sobre as novelas e contos de Mérimée? *"Il est probable qu'en l'an 2000 on relira la Partie de tric-trac, pour savoir ce qu'il en coûte manquer une fois à l'honneur."* Taine não fez como os profetas hebreus, que afirmam sem demonstrar; ele analisa as causas da vitalidade das novelas de Mérimée, os elementos que serviram à composição, o método e a arte da composição. O tempo dirá se acertou; e pode suceder que o profeta acabe antes da profecia e que no ano 2000 ninguém leia a *História da literatura inglesa*, por mais admirável que seja este livro.

Mas no ano 2000 os contos de Mérimée terão século e meio. Que é século e meio! No mês findo, o poeta laureado de Inglaterra falou no centenário da morte de Burns, cuja estátua era inaugurada; parodiou um dito antigo, dizendo enfaticamente que não se pode julgar seguro o renome de um homem antes de 100 anos depois dele morto. Concluiu que Burns chegara ao ponto donde não seria mais derribado. Não discuto opiniões de poetas nem de críticos, mas bem pode ser que seja verdadeira. Em tal caso, o autor de *Carmen* estará igualmente seguro, se o seu profeta acertou. Resta lembrar que a vida dos livros é vária como a dos homens. Uns morrem de vinte, outros de cinquenta, outros de cem anos, ou de noventa e nove, para não desmentir o poeta laureado. Muitos há que, passado o século, caem nas bibliotecas, onde a curiosidade os vai ver, e donde podem sair em parte para a história, em parte para os florilégios. Ora, esse prolongamento da vida, curto ou longo, é um pequeno retalho de glória. A imortalidade é que é de poucos.

Não há muito, comemoramos o centenário de José Basílio, e ainda ontem encontrei o jovem de talento e gosto que iniciou essa homenagem. Hão de lembrar-se que não foi ruidosa; não teve o esplendor da de Burns, cuja sombra viu chegar de todas as partes do mundo em que se fala a língua inglesa presentes votivos e deputações especiais. O chefe do Partido Liberal presidia às festas, onde proferiu dois discursos. Cá também eram passados cem anos; mas, ou há menor expansão aqui em matéria de poesia, ou o autor do *Uraguai* caminha para as bibliotecas e para a devoção de poucos. Não sei se ao cabo de outro século haverá outro Magalhães que inicie uma celebração. Talvez já o poeta esteja unicamente nos florilégios com alguns dos mais belos versos que se têm escrito na nossa língua. É ainda uma sombra de glória. A moeda que achamos entre ruínas tem o preço da Antiguidade; a do nosso poeta terá a da própria mão que lhe deu cunho. Se afinal se perder, haverá vivido.

23 de agosto de 1896

Contrastes da vida, que são as obras de imaginação ao pé de vós!

Vinha eu de um banco, aonde fora saber notícias do câmbio. Não tenho relações diretas com o câmbio; não saco sobre Londres, nem sobre qualquer outro ponto da terra, que é assaz vasta, e eu demasiado pequeno. Mas tudo o que compro caro, dizem-me que é culpa do câmbio. "Que quer o senhor que eu faça com este câmbio a 9?" perguntam-me. Em vão leio os jornais; o câmbio não sobe de 9. O que faz é variar; ora é $9^{1}/_{8}$, ora $9^{1}/_{4}$, ora $9^{3}/_{8}$. Dorme-se com ele a $9^{15}/_{16}$, acorda-se a $9^{3}/_{4}$. Ao meio-dia está a $9^{1}/_{2}$. Um eterno vaivém na mesma eterna casa. Sucedeu o que se dá com tudo; habituei-me a esta triste especulação de 9, e dei de mão a todas as esperanças de ver o câmbio a 10.

De repente, ouço dizer na rua que o câmbio baixara à casa dos 8. A princípio não acreditei; era uma invenção de mau gosto para assustar a gente, ou algum inimigo achara aquele meio de me fazer mal. Mas tanto me repetiram a notícia, que resolvi ir às casas argentárias saber se realmente o câmbio descera a 8. Em caminho quis calcular o preço das calças e do pão, mas não achei nada, vi só que seria mais caro. Entrei no primeiro banco, à mão, e até agora não sei qual foi. Gente bastante: todos os olhos fitavam as tabelas. Vi um 8, acompanhado de pequenos algarismos, que a cegueira da comoção não me permitiu discernir. Que me importavam estes? Um quarto, um oitavo, três oitavos, tudo me era indiferente, uma vez que o fatal número 8 lá estava. Esse algarismo, que eu presumia nunca ver nas tabelas cambiais, ali me apareceu com os seus dois círculos, um por cima do outro. Pareceu-me um par de olhos tortos e irônicos.

Perguntei a um desconhecido se era verdade. Respondeu-me que era verdade. Quanto à causa, quando lhe perguntei por ela, respondeu-me com aquele gesto de ignorância, que consiste em fazer cair os cantos da boca. Se bem me lembro, acrescentou o gesto de abrir os braços com as mãos espalmadas, que é a mesma ignorância em itálico. Compreendi que não sabia a causa; mas o efeito ali estava, e todos os olhos em cima dele, sem a consternação nem o terror que deviam ter os meus. Saí; na rua da Alfândega, esquina da da Candelária, havia alguma agitação, certo burburinho, mas não pude colher mais do que já sabia, isto é, que o câmbio baixara a 8. Um perverso, vendo-me apavorado, assegurava a outro que a queda a 7 não era impossível. Quis ir ao meu alfaiate para que me reduzisse a nova tabela ao preço que teria de pagar pelas calças, mas é certo que ninguém se apressa em receber uma notícia má. Que pode suceder? disse comigo; chegarmos à arazoia; será a restauração da nossa idade pré-histórica, e um caminho para o Éden, *avant la lettre*.

Enquanto seguia na direção da rua Primeiro de Março, ouvia falar do câmbio. Quase a dobrar a esquina, um homem lia a outro as cotações dos fundos. Tinham-se vendido ações do Banco Emissor de Pernambuco a mil e quinhentos; as debêntures da Leopoldina chegaram a obter seis mil setecentos e cinquenta; das ações da Melhoramentos do Maranhão havia ofertas a quatro mil e quinhentos, mas ninguém lhes pegava. Dobrei a esquina, entrei na rua Primeiro de Março, em direção ao Carceler. Ia costeando as vitrinas de cambistas, cheias de ouro, muita libra, muito franco, muito dólar, tudo empilhado, esperando os fregueses. Vinha de dentro um *fedor judaico* de entontecer, mas a vista das libras restituía o equilíbrio ao cérebro, e fazia-me parar, mirar, cobiçar...

— Vamos! — exclamei, olhando para o céu.

Que vi, então, leitor amigo? Na Igreja da Cruz dos Militares, dentro do nicho de são João, estavam três pombas. Uma pousava na cabeça do apóstolo, outra na cabeça da águia, outra no livro aberto. Esta parecia ler, mas não lia, porque abriu logo as asas e trepou à cabeça do apóstolo, e a que estava na cabeça do apóstolo desceu à cabeça da águia, e a que estava na cabeça da águia passou ao livro. Uma quarta pomba veio ter com elas. Então começaram todas a subir e a descer, ora parando por alguns segundos, e o santo quieto, deixando que elas lhe contornassem o pescoço e os emblemas, como se não tivesse outro ofício que esse de dar pouso às pombas.

Parei e disse comigo: Contrastes da vida, que são as obras da imaginação ao pé de vós? Nenhuma daquelas pombas pensa no câmbio, nem na baixa, nem no que há de vestir, nem no que há de comer. Eis ali a verdadeira gente cristã, eis o sermão da montanha, a dois passos dos bancos, às próprias barbas destas casas de cambistas que me enchem de inveja. Talvez na alma de algum destes homens viva ainda a própria alma de um antigo que ouviu o discurso de Jesus, e não trocou por este o Deus de Abraão, de Isaac e de Jacó. Cuida das libras como eu, que visto e me sustento pelo valor delas, mas eis aqui o que dizem as pombas, repetindo o sermão da montanha: "Não andeis cuidadosos da vossa vida, que comereis, nem para o vosso corpo, que vestireis... Olhai para as aves do céu, que não semeiam, nem regam, nem fazem provimentos nos celeiros; e contudo, vosso pai celestial as sustenta... E por que andais vós solícitos pelo vestido? Considerai como crescem os lírios do campo; eles não trabalham nem fiam... Não andeis inquietos pelo dia de amanhã. Porque o dia de amanhã a si mesmo trará o seu cuidado; ao de hoje basta a sua própria aflição". (São Mateus).

Realmente, não cuidavam de nada aquelas pombas. Onde é o ninho delas? Perto ou longe, gostam de vir aqui à águia de Patmos. Alguma vez irão ao apóstolo do outro nicho, são Pedro, creio; mas são João é que as namora, neste dia de câmbio baixo, como para fazer contraste com a besta do Apocalipse, a famosa besta de sete cabeças e dez cornos — número fatídico, talvez a taxa do câmbio de amanhã (7/10).

Afinal deixei a contemplação das pombas e fui-me à farmácia, a uma das farmácias que há naquela rua. Ia comprar um remédio; pediram-me por ele quantia grossa. Como eu estranhasse o preço, replicou-me o farmacêutico: "Mas, que quer o senhor que eu faça com este câmbio a 8?". Como ao grande Gama, arrepiaram-se-me as carnes e o cabelo, mas só de ouvi-lo. A vista era boa, serena, quase risonha. Quis raciocinar, mas raciocínio é uma coisa e medicamento é outra; saí de lá com o remédio e um acréscimo de quinhentos réis no preço. Contaram-se que já não há tostões nas farmácias, nem tostões, menos ainda vinténs. Tudo custa mil-réis ou mil e quinhentos, dois mil-réis ou dois mil e quinhentos, e assim por diante. Para a contabilidade é, realmente, mais fácil; e pode ser que o próprio enfermo ganhe com isso — a confiança, metade da cura.

Na rua tornei a erguer os olhos às pombas. Só vi uma, pousada no livro. Que tens tu? perguntei-lhe cá de baixo, por um modo sugestivo. Se é a besta de sete cabeças, não te importes que venha, contanto que não lhe cortes nenhuma. Já temos a de oito: menos de sete cabeças é nada. Pagarei nove mil-réis pelo remédio, mas antes nove que quatorze, no dia em que a besta ficar descabeçada, porque então o mais barato é o melhor de todos os remédios. E a pomba, pelo mesmo processo sugestivo:

— Que tenho eu com remédios, homem de pouca fé? O ar e o mato são as minhas boticas.

Quis pedir socorro ao apóstolo; mas o mármore — ou a vista me engana, ou o apóstolo gosta das suas pombas amigas —, o mármore sorriu e não voltou a cara para não desmentir o estatuário. Sorriu, e a pomba saltou-lhe à cabeça, para lhe tirar comida, pagar, ou para lhe dar um beijo.

30 de agosto de 1896

Eis aqui o que diz o evangelista são Marcos, x, 13, 14: "Então lhe apresentavam uns meninos para que os tocasse; mas os discípulos ameaçavam aos que lhos apresentavam. O que vendo Jesus, levou-o muito a mal, e disse-lhes: Deixai vir a mim os pequeninos, e não os embaraceis, porque dos tais é o reino de Deus". Parei como Jesus, em relação aos casos miúdos da semana, que os grandes querem abafar e pôr de lado. Nesta semana fez-se história e larga história, uma pública, outra particular ou secreta, que não sei se são sinônimos, nem estou para ir agora aos dicionários; mas fez-se muita história, e ainda se fará história, ofício que não é meu.

Não é meu ofício fazê-la nem contá-la. Se pudesse adivinhá-la, sim, senhor. Já que estamos com a Itália em frente, deixem-me lembrar um grave historiador italiano do século XVI, que nada tem com os cônsules deste século em São Paulo, e que escreveu de Savonarola o que sabemos daquele homem, mas é melhor dizer pela língua de ambos: *"Savonarola... faceva professione di anteveder le cose future"*. Ah! se eu pudesse exercer o mesmo ofício! Teria contado domingo passado a semana que acabou ontem, e contaria hoje a que começa amanhã. Não iria por boatos, que geralmente não se realizam, nem por induções, que falham muita vez. Ouço desde pequeno (e ainda agora ouvi) que os nossos negócios se resolvem pelo imprevisto. Pois é o imprevisto que eu quisera ver como se estivesse acontecendo, e contá-lo sete dias antes. Assim os leitores aprenderiam comigo, não a história que se aprende nos ginásios e faculdades, não a que se vende nas livrarias, mas a que anda encoberta, como o céu desta semana. Desde segunda-feira, dia de São Bartolomeu, que estamos quase sem azul do céu, pouca luz, essa mesma de vermelhão, e raras estrelas. É o futuro. A lua política também andou vermelha. Ventou de quando em quando. O céu cobriu-se. Eu quisera ter o ofício de Savonarola, apesar de italiano.

 Mas não me cabendo contar os grandes fatos, deixai vir a mim os pequeninos, como pedia Jesus. Um dos mais escassos e obscuros foi a conspiração descoberta quarta-feira no Hospício dos Alienados. Alguns doidos tinham preparado um movimento para matar os guardas, abrir as portas e vir gozar cá fora o ar livre, ainda que nublado. Essa curiosa conspiração é sintoma de algum juízo. Tramar a fuga no mais ardente dos sucessos exteriores, quando a polícia era pouca para guardar a cidade, mostra que os conspiradores, ou são menos alienados do que parecem, ou andam em comunicação com outros doidos cá de fora. Mas quem serão estes? Nem sempre é fácil distinguir, neste fim de século, um alienado de um ajuizado; ao contrário, há destes que parecem aqueles, e vice-versa. Tu que me lês, podes ser um mentecapto, e talvez rias desta minha lembrança, tanta é a consciência que tens do teu juízo. Também pode ser que o mentecapto seja eu.

 Em verdade, não há certeza nesta matéria, à vista da sagacidade de uns e do estonteamento de outros. O melhor seria uma lei que abolisse a alienação mental, revogando as disposições em contrário, e ordenando que os supostos doidos fossem restituídos à sociedade, com indenização. Sei que, em geral, preferimos violar a lei a pôr outra nova; mas, para segurança dos hóspedes da Praia Vermelha, aconselho este segundo processo. E não só daqueles, senão também para a tua e minha segurança; podemos ir um dia para lá, sem outro recurso mais que a conspiração, que pode ser descoberta; o melhor é não ir ninguém.

 Outro pequenino que há de vir a mim, é a exumação do cadáver de uma atriz. Correu que a atriz sucumbira em consequência de pancadas que lhe dera um ator; mas foi há tantos dias, e meteram-se tais sucessos de permeio, que eu pensei ser negócio igualmente morto e enterrado. Geralmente, a justiça, polícia ou como quer que se lhe chame, não teima tanto em perturbar o sono dos defuntos. Os próprios crimes em que não há defunto, tem-se visto seguirem o destino da Malibran, que ao cabo de quinze dias de finada já o poeta achava tarde para falar dela. Lendo, porém, a notícia com a atenção que merece, entende-se tudo; o acusado de espancamento não queria ficar com a suspeita em cima de si, e, posto o não conheça, acho que fez bem. A sua petição foi a enxada, o instrumento cirúrgico, o auto do escrivão, o relatório médico-legal. Sem ela, é provável que a morta tivesse esperado a trombeta do juízo final, para dizer ao Senhor que ele não tinha culpa.

 O que também se compreende é que a exumação e a autópsia se hajam feito, conforme li nos jornais, diante de grande número de curiosos. Essa espécie de curiosidade não é menos legítima nem menos nobre que outras muitas. Nada mais comum que ver um cadáver em caixão aberto ou na rua. Agora mesmo viram-se alguns em telegramas de São Paulo. Também se podem ver cadáveres no necrotério, e rara é a pessoa que ali passa, a pé, de carro ou de bonde, que não deite os olhos para o mármore, a ver se há algum corpo em cima. Exumações e autópsias é que não são comuns, mormente de pessoas conhecidas; e se estas são atrizes, cresce naturalmente o gosto do espetáculo. É ainda um espetáculo, sombra do *Rio Nu*, sem as calças de meia que a verdadeira peça ainda usa, dizem. As feições é que não conservam a frescura dos últimos instantes; a morte é uma velha careta. Mirar assim a pessoa desenterrada pode causar a princípio certa impressão de aborrecimento, mas passa logo.

Venha agora a mim outro pequenino — ou pequeníssimo para falar superlativamente. Venderam-se trezentas e tantas ações da Companhia Saneamento, a vintém cada uma. Vintém ou vinte réis, se preferis a fórmula oficial. A razão de tal preço explica-se bem, considerando que as ações da Companhia podem ser antes bentinhos de saneamento que livram da febre amarela, trazidos ao pescoço. O dividendo não é em dinheiro, mas em saúde; e, se é verdade que destes dois bens o primeiro está em segundo lugar, e o segundo em primeiro, como querem o meu belo Schopenhauer e todos os velhos e moços de juízo, vale mais o bentinho que a apólice. Os estudos higiênicos feitos este ano parece que nunca concordaram na questão do lençol de água. Ora, não se sabendo ao certo onde está o mal nem o remédio, é justo pedir este ao céu, e distribuir ações a vinte réis, para chegar aos pobres.

6 de setembro de 1896

Qualquer de nós teria organizado este mundo melhor do que saiu. A morte, por exemplo, bem podia ser tão somente a aposentadoria da vida, com prazo certo. Ninguém iria por moléstia ou desastre, mas por natural invalidez; a velhice, tornando a pessoa incapaz, não a poria a cargo dos seus ou dos outros. Como isto andaria assim desde o princípio das coisas, ninguém sentiria dor nem temor, nem os que se fossem, nem os que ficassem. Podia ser uma cerimônia doméstica ou pública; entraria nos costumes uma refeição de despedida, frugal, não triste, em que os que iam morrer, dissessem as saudades que levavam, fizessem recomendações, dessem conselhos, e, se fossem alegres, contassem anedotas alegres. Muitas flores, não perpétuas, nem dessas outras de cores carregadas, mas claras e vivas, como de núpcias. E melhor seria não haver nada, além das despedidas verbais e amigas...

Bem sei o que se pode dizer contra isto; mas por agora importa-me somente sonhar alguma coisa que não seja a morte bruta, crua e terrível, que não quer saber se um homem é ainda preciso aos seus, nem se merece as torturas com que o aflige primeiro, antes de estrangulá-lo. Tal acaba de suceder ao nosso Alfredo Gonçalves, que foi anteontem levado à sepultura, após algum tempo de enfermidade dura e fatal. Para falar a linguagem da razão, se a morte havia de levá-lo anteontem, melhor faria se o levasse mais cedo. A linguagem do sentimento é outra: por mais que doa ver padecer, e por certo que seja o triste desenlace, o coração teima em não querer romper os últimos vínculos, e a esperança tenaz vai confortando os últimos desesperos. Não se compreende a necessidade da morte do pobre Alfredo, um rapaz afetuoso e bom, jovial e forte, que não fazia mal a ninguém, antes fazia bem a alguns e a muitos, porque é já benefício praticar um espírito agudo e um coração amigo.

Quando anteontem calcava a terra do cemitério, debaixo da chuva que caía, batido do vento que torcia as árvores, lembrou-me outra ocasião, já remota, em que ali fomos levar um irmão do Alfredo. Nunca me há de esquecer essa triste noite. A morte do Artur foi súbita e inesperada. Prestes a ser transportado para o coche fúnebre, pareceu a um amigo e médico que o óbito era aparente, um caso possível de catalepsia. Não se podia publicar essa esperança débil, em tal ocasião, quando todos estavam ali para conduzir um cadáver; calou-se a suspeita, e o féretro, mal fechado, foi levado ao cemitério... Não podeis imaginar a sensação que dava aos poucos que sabiam da ocorrência aquele acompanhar o saimento de uma pessoa que podia estar viva. No cemitério, feita reservadamente a comunicação, foi o caixão deixado aberto em depósito, velado por cinco ou seis amigos. O estado do corpo era ainda o mesmo; os olhos, quando se lhes levantavam as pálpebras, pareciam ver. Os sinais definitivos da morte vieram muito mais tarde.

Saí antes deles, eram cerca de oito horas; não havia chuva, como anteontem, nem lua, mas a noite era clara, e as casas brancas da necrópole deixavam-se ver muito bem, com os seus ciprestes ao lado. Descendo por aqueles renques de sepulturas, cuidava na entrada da esperança em lugar onde as suas asas nunca tocaram o pó ínfimo e último. Cuidei também naqueles que porventura houvessem sido, em má hora, transferidos ao derradeiro leito sem ter pegado no sono e sem aquela final vigília.

Carlos Gomes não deixará esperanças dessas. "Talvez ao chegarem estas linhas ao Rio de Janeiro, já não exista o inspirado compositor, que entrou em agonia", diz uma carta do Pará, publicada ontem no *Jornal do Commercio*. Pois existe, está ainda na mesma agonia em que entrou, quando elas de lá saíram. Hão de lembrar-se que há muitos dias um telegrama do Pará disse a mesma coisa; foi antes dos protocolos italianos. Os protocolos vieram, agitaram, passaram, e o cabo não nos contou mais nada. O padecimento, assim longo, deve ser forte; a carta confirma esta dedução. Carlos Gomes continua a morrer. Até quando irá morrendo? A ciência dirá o que souber; mas ela também sabe que não pode crer em si mesma.

Não me acuseis de teimar neste chão melancólico. O livro da semana foi um obituário, e não terás lido outra coisa, fora daqui, senão mortes e mais mortes. Não falemos do chanceler da Rússia, nem de outro qualquer personagem, que a distância e a natureza do cargo podem despir de interesse para nós. Mas vede as matanças de cristãos e muçulmanos na Salonica, esta semana, e finalmente em Constantinopla. O cabo tem contado coisas de arrepiar. Na capital turca empregaram-se centenas de coveiros em abrir centenas de covas para enchê-las com centenas de cadáveres. Não nos dizem, é verdade, se na morte ao menos foram irmanados cristãos e maometanos, mas é provável que não. Ódio que acaba com a vida, não é ódio, é sombra de ódio, é simples e reles antipatia. O verdadeiro é o que passa às outras gerações, o que vai buscar a segunda no próprio ventre da primeira, violando as mães a ferro e fogo. Isto é que é ódio. O provável é que os coveiros tenham separado os corpos, e será piedade, pois não sabemos se, ainda no caminho do outro mundo, o Corão não irá enticar com o Evangelho. Um telegrama de Londres diz que Istambul está sossegada; ainda bem, mas até quando?

Também começaram a matar nas Filipinas, a matar e a morrer pela independência, como em Cuba. A Espanha comove-se e dispõe-se a matar também, antes de morrer. É um Império que continua a esboroar-se, pela lei das coisas, e que resiste.

Assim vai o mundo esta semana; não é provável que vá diversamente na semana próxima.

E ainda não conto aquele gênero de morte que não está nas mãos dos homens, nem dentro deles, o que a natureza reserva no seio da terra para distribuí-la por atacado. Lá se foi mais uma cidade do Japão, comida por um terremoto, com a gente que tinha. Os terremotos japoneses, alguns meses antes, levaram cerca de dez mil pessoas. O cabo fala também dos tremores na Europa, mas por ora não houve ali nenhuma Lisboa que algum Pombal restaure, nem outra Pompeia, que possa dormir muitos séculos. Mortes, pode ser; a semana é de mortes.

13 de setembro de 1896

Dizem da Bahia que Jesus Cristo enviou um emissário à terra, à própria terra da Bahia, lugar denominado Gameleira, termo de Obrobó Grande. Chama-se este emissário Manuel da Benta Hora, e tem já um séquito superior a cem pessoas.

Não serei eu que chame a isto verdade ou mentira. Podem ser as duas coisas, uma vez que a verdade confine na ilusão, e a mentira na boa-fé. Não tendo lido nem ouvido o Evangelho de Benta Hora, acho prudente conservar-me à espera dos acontecimentos. Certamente, não me parece que Jesus Cristo haja pensado em mandar emissários novos para espalhar algum preceito novíssimo. Não; eu creio que tudo está dito e explicado. Entretanto, pode ser que Benta Hora, estando de boa-fé, ouvisse alguma voz em sonho ou acordado, e até visse com os próprios olhos a figura de Jesus. Os fenômenos cerebrais complicam-se. As descobertas últimas são estupendas; tiram-se retratos de ossos e de fetos. Há muito que os espíritas afirmam que os mortos escrevem pelos dedos dos vivos. Tudo é possível neste mundo e neste final de um grande século.

Daí a minha admiração ao ler que a imprensa da Bahia aconselha ao governo faça recolher Benta Hora à cadeia. Note-se de passagem: a notícia, posto que telegráfica, exprime-se deste modo: "a imprensa pede ao governo mandar quanto antes que faça Benta Hora *apresentar as divinas credenciais* na cadeia..." Este gosto de fazer estilo, embora pelo fio telegráfico, é talvez mais extraordinário que a própria missão do regente apóstolo. O telégrafo é uma invenção econômica, deve ser conciso e até obscuro. O estilo faz-se por extenso em livros e papéis públicos, e às vezes nem aí. Mas nós amamos os ricos vestuários do pensamento, e o telegrama vulgar é como a tanga, mais parece despir que vestir. Assim explico aquele modo faceto de noticiar que querem meter o homem na cadeia.

Isto dito, tornemos à minha admiração. Não conhecendo Benta Hora, não crendo muito na missão que o traz (salvo as restrições acima postas), não é preciso lembrar que não defendo um amigo, como se pode alegar dos que estão aqui acusando o padre Dantas, vice-governador de Sergipe, por perseguir os padres da oposição. Em Sergipe, onde o governo é quase eclesiástico, não há necessidade de novos emissários do céu; as leis divinas estão perpetuamente estabelecidas, e o que houver de ser, não inventado, mas definido, virá de Roma. Assim o devem crer todos os padres do estado, sejam da oposição, ou do governo, Olímpios, Dantas ou Jônatas.

Portanto, se alguns forem ali presos, não é porque se inculquem portadores de novas regras de Cristo, mas porque, unidos no espiritual, não o estão no temporal. A cadeia fez-se para os corpos. Todos eles têm amigos seus, que os acompanham no infortúnio, como na prosperidade; mas tais amigos não vão atrás de uma nova doutrina de Jesus, vão atrás dos seus padres.

É o contrário dos cento e tantos amigos de Benta Hora; esses, com certeza, vão atrás de algum Evangelho. Ora, pergunto eu: a liberdade de profetar não é igual à de escrever, imprimir, orar, gravar? Ninguém contesta à imprensa o direito de pregar uma nova doutrina política ou econômica. Quando os homens públicos falam em nome da opinião, não há quem os mande apresentar as credenciais na cadeia. E desses, por três que digam verdade, haverá outros três que digam outra coisa, não sendo natural que todos deem o mesmo recado com ideias e palavras opostas. Donde vem então que o triste do Benta Hora deva ir confiar às tábuas de um soalho as doutrinas que traz para um povo inteiro, dado que a cadeia de Obrobó Grande seja assoalhada?

Lá porque o profeta é pequeno e obscuro, não é razão para recolhê-lo à enxovia. Os pequenos crescem, e a obscuridade é inferior à fama unicamente em contar menor número de pessoas que saibam da profecia e do profeta. Talvez esta explicação esteja em La Palisse, mas esse nobre autor tem já direito a ser citado sem se lhe pôr o nome adiante. Os obscuros surgirão à luz, e algum dia aquele pobre homem da Gameleira poderá ser ilustre. Se, porém, o motivo da prisão é andar na rua, pregando, onde fica o direito de locomoção e de comunicação? E se esse homem pode andar calado, por que não andará falando? Que fale em voz baixa ou média, para não atordoar os outros, sim, senhor, mas isso é negócio de admoestação, não de captura.

Agora se a alegação para a captura é a falsidade do mandato, cumpre advertir que, antes de tudo, é mister prová-lo. Em segundo lugar, nem todos os mandatos são verdadeiros, ou, por outra, muitos deles são arguidos de falsos, e nem por isso deixam de ser cumpridos; porquanto a falsidade de um mandato deduz-se da opinião dos homens, e estes tanto são veículos da verdade como da mentira. Tudo está em esperar. Quantos falsos profetas por um verdadeiro! Mas a escolha cabe ao tempo, não à polícia. A regra é que as doutrinas e as cadeias se não conheçam; se muitas delas se conhecem, e a algumas sucede apodrecerem juntas, o preceito legal é que nada saibam umas das outras.

Quanto à doutrina em si mesma, não diz o telegrama qual seja; limita-se a lembrar outro profeta por nome Antônio Conselheiro. Sim, creio recordar-me que andou por ali um oráculo de tal nome; mas não me ocorre mais nada. Ocupado em aprender a minha vida, não tenho tempo de estudar a dos outros; mas, ainda que esse Antônio Conselheiro fosse um salteador, por que se há de atribuir igual vocação a Benta Hora? E, dado que seja a mesma, quem nos diz que, praticado com um fim moral e metafísico, saltear e roubar não é uma simples doutrina? Se a propriedade é um roubo, como queria um publicista célebre, por que é que o roubo não há de ser uma propriedade? E que melhor método de propagar uma ideia que pô-la em execução? Há, em não me lembra já que livro de Dickens, um mestre-escola que ensina a ler praticamente; faz com que os pequenos soletrem uma oração, e, em vez da seca análise gramatical, manda praticar a ideia contida na oração; por exemplo, *eu lavo as vidraças*, o aluno soletra, pega da bacia com água e vai lavar as vidraças da escola; *eu varro o chão*, diz outro, e pega da vassoura etc. etc. Esse método de pedagogia pode ser aplicado à divulgação das ideias.

Fantasia, dirás tu. Pois fiquemos na realidade, que é o aparecimento do profeta de Obrobó Grande, e o clamor contra ele. Defendamos a liberdade e o direito. Enquanto esse homem não constituir partido político com os seus discípulos, e não vier pleitear uma eleição, devemos deixá-lo na rua e no campo, livre de andar, falar, alistar crentes ou crédulos, não devemos encarcerá-lo nem depô-lo. O caboclo da Praia Grande viu respeitar em si a liberdade. Se Benta Hora, porém, trocando um mandato por outro, quiser passar do espiritual ao temporal e...

20 de setembro de 1896

Toda esta semana foi feita pelo telégrafo. Sem essa invenção, que põe o nosso século tão longe daqueles em que as notícias tinham de correr os riscos das tormentas e vir devagar como o tempo anda para os curiosos, sem essa invenção esta semana viveria do que lhe desse a cidade. Certamente, uma boa cidade como a nossa não deixa os filhos sem pão; fato ou boato, eles teriam algo que debicar. Mas, enfim, o telégrafo incumbiu-se do banquete.

A maior das notícias para nós, a única nacional, não preciso dizer que é a morte de Carlos Gomes. O telégrafo no-la deu, tão pronto se fecharam os olhos do artista e deu mais a notícia do efeito produzido em todo aquele povo do Pará, desde o chefe do Estado até o mais singelo cidadão. A triste nova era esperada — e não sei se piedosamente desejada. Correu aos outros estados, ao de São Paulo, à velha cidade de Campinas. A terra de Carlos Gomes deseja possuir os restos queridos de seu filho, e os pede; São Paulo transmite o desejo ao Pará, que promete devolvê-los. Não atenteis somente para a linguagem dos dois estados, um dos quais reconhece implicitamente ao outro o direito de guardar Carlos Gomes, pois que ele aí morreu, e o outro acha justo restituí-lo àquele onde ele viu a luz. Atentai, mais que tudo, para esse sentimento de unidade nacional, que a política pode alterar ou afrouxar, mas que a arte afirma e confirma, sem restrição de espécie alguma, sem desacordos, sem contrastes de opinião. A dor aqui é brasileira. Quando se fez a eleição do presidente da República, o Pará deu o voto a um filho seu, certo embora de que lhe não caberia o governo da União; divergiu de São Paulo. A República da arte é anterior às nossas constituições e superior às nossas competências. O que o Pará fez pelo ilustre paulista mostra a todos nós que há um só paraense e um só paulista, que é este Brasil.

Agora que ele é morto, em plena glória, acode-me aquela noite da primeira representação da *Joana de Flandres*, e a ovação que lhe fizeram os rapazes do tempo, acompanhados de alguns homens maduros, certamente, mas os principais eram rapazes, que são sempre os clarins do entusiasmo. Ia à frente de todos Salvador de Mendonça, que era o profeta daquele caipira de gênio. Vínhamos da Ópera Nacional, uma instituição que durou pouco e foi muito criticada, mas que, se mereceu acaso o que se disse dela, tudo haverá resgatado por haver aberto as portas ao jovem maestro de Campinas. Tinha uma subvenção a Ópera Nacional; dava-nos partituras italianas e zarzuelas, vertidas em português, e compunha-se de senhoras que não duvidavam passar da sociedade ao palco, para auxiliar aquela obra. Cantava o fundador, d. José Amat, cantava o Ribas, cantavam outros. Nem foi só Carlos Gomes que ali ensaiou os primeiros voos; outros o fizeram também, ainda que só ele pôde dar o surto grande e arrojado...

Aí estou eu a repetir coisas que sabeis — uns por as haverdes lido, outros por vos lembrardes delas; mas é que há certas memórias que são como pedaços da gente, em que não podemos tocar sem algum gozo e dor, mistura de que se fazem saudades. Aquela noite acabou por uma aurora, que foi dar em outro dia, claro como o da véspera, ou mais claro talvez; e porque esse dia se fechou em noite, novamente se abriu em madrugada e sol, tudo com uma uniformidade de pasmar. Afinal tudo passa, e só a terra é firme: é um velho estribilho do *Eclesiastes*, de que os rapazes mofam, com muita razão, pois ninguém é rapaz senão para ler e viver o *Cântico dos cânticos*, em que tudo é eterno. Também nós ríamos muito dos que então recordavam o tempo em que foram cavalos da Candiani, e riam então dos que falavam de outras festas do tempo de Pedro I. É assim que se vão soldando os anéis de um século.

Ao contrário, a história parece querer dessoldar alguns dos seus anéis e deitá-los ao mar — ao mar Negro, se é certo o que nos anuncia o mesmo telégrafo, portador de boas e más novas. Não trato da deposição do sultão, conquanto o espetáculo deva ser interessante; eu, se dependesse de uma subscrição universal, daria o meu óbolo para vê-lo realizado com todas as cerimônias, tal qual o *Doente imaginário*. A diferença entre a peça francesa e a peça turca é que o *homem doente* parece doente deveras, semilouco, dizem os telegramas.

As deposições da nossa terra não digo que sejam chochas, mas são lúgubres de simplicidade. O teatro de Sergipe está agora alugado para esta espécie de mágicas; não há quinze dias deu espetáculo, e já anuncia (ao dizer do *País*) nova representação. As mágicas desse teatro pequeno, mas elegante, compõem-se em geral de duas partes — uma que é propriamente a deposição, outra que é a reposição. Poucos personagens: o deposto, o substituto, coros de amigos. Ao fundo, a cidade em festas. Este ceticismo de Aracaju, rasgando as luvas com aplausos a ambos os tenores, não revela da parte daquela capital a firmeza necessária de opinião. Tudo, porém, acharia compensação na majestade do espetáculo; infelizmente este é pobre e simples; meia dúzia de homens saem de uma porta, entram por outra, e está acabado. É uma empresa de poucos meios.

Que abismo entre Aracaju e Istambul! Que diferença entre as duas portas sergipenses e a Sublime Porta! Lá são as potências que depõem, presididas pelo pontífice do islamismo, tudo abençoado por Alá e por Maomé, que é o profeta de Alá. Nas ruas sangue, muito sangue derramado, sangue de ódio e de fanatismo. Ouvem-se rugidos da ilha de Creta e da Macedônia. Na plateia o mundo inteiro. Mas o principal não é isso. O principal espetáculo, o espetáculo único é o desmembramento da Turquia, também noticiado pelo telégrafo. Esse é que, se se fizer, dará a este século um ocaso muito parecido com a aurora. Os alfaiates levarão muito tempo a medir e cortar a bela fazenda turca para compor o terno que a civilização ocidental tem de vestir: e, porque as medidas políticas diferem das comuns, vê-los-emos talvez brigar por dois centímetros. As tesouras brandidas; e, primeiro que se acomodem, haverá muito olho furado. O desfecho é previsto; alguém ficará com pano de menos, mas a Turquia estará acabada, e a história terá dessoldado alguns elos que já andavam frouxos, se é que isto não é continuar a mesma cadeia.

Pode suceder que nada haja, assim como não voará o castelo de Balmoral, com a rainha Vitória e o tzar Nicolau dentro. Esta outra comunicação telegráfica desde logo me pareceu fantástica; cheira a imaginação de repórter ou de chancelaria. Nem é crível que tal tragédia se represente às barbas da sombra de Shakespeare, sem que este seja consultado quando menos para lhe pôr a poesia que os relatórios policiais não têm.

Enfim, melhor que atentados, deposições e desmembramentos, é a notícia que nos trouxe o telégrafo, ainda o telégrafo, sempre o telégrafo. Porfírio Díaz abriu o Congresso mexicano, apresentando-lhe a mensagem em que anuncia a redução dos impostos. Estas duas palavras raramente andam juntas; saudemos tão doce consórcio. Só um amor verdadeiro as poderia unir. Que tenham muitos filhos é o meu mais ardente desejo.

27 de setembro de 1896

Não é preciso dizer que estamos na primavera; começou esta semana... Oh! bons tempos em que os da minha turma repetíamos aquilo do poeta: *Primavera, gioventù dell'anno: gioventù, primavera della vita!* Alguns iam ao ponto de repetir aquiloutro do lusitano: *Ah! não me fujas! Assim nunca o breve tempo fuja da tua formosura!* Vai tudo em linha de prosa, que é de prosa o meu tempo, não o teu, leitor de buço e vinte anos; donde resulta a mais trivial das verdades deste mundo, e provavelmente do outro, que o tempo é para cada um de nós o que cada um de nós é para ele. Nem todos terão aquele verdor nonagenário do visconde de Barbacena, que não sei se veio ao mundo no mesmo dia que Victor Hugo, dois anos depois de começado o século, mas em todo caso já então *Rome remplaçait Sparte*. Quem o vê andar, falar, recordar tudo, examinar, discernir, entrar e sair de um trâmuei, como os rapazes seus netos, põe de lado estações e idades, e crê que, em suma, tudo isto se reduz a nascer ou não com grande força e conservá-la.

Dizem as gentes europeias que a primavera nas suas terras delas entra com muito maior efeito, quase de súbito, fazendo fugir o inverno diante de si. Entre nós, povo lido, a primavera entra pelos almanaques. Não há almanaque, não há folhinha, ainda as que servem só de mimo aos assinantes de jornais, que não traga a entrada da primavera no seu dia próprio, fixo e único. Já é alguma coisa; e quando a civilização chegar ao ponto de só dominar neste mundo o espírito do homem, mais valerá ter a primavera encadernada na estante que lá fora na campina, se é que ainda haverá campina. O natural é que os homens se vão estendendo, e as casas com eles, e as ruas e os teatros e as instituições, e todo o mais aparelho da vida social. A terra será pequena, a gente prolífica, a vida um salão, o mundo um gabinete de leitura.

Não te aflijas se a estação das flores não entra aqui como por outras partes; aqui é eterna. A terra vale o que ainda agora nos disse de Pernambuco o sr. Studebaker, um dos membros da comissão americana, que há pouco nos deixou. A carta desse cavalheiro é um documento que devia estar diante dos olhos de cada um de nós; não dirá nada novo, mas é um testemunho pessoal e americano. Diz ela que nós podemos produzir tudo quanto nasce da terra... mas temos entre nós homens perniciosos, tornando-se necessário que os íntegros se dediquem à causa do bem. Creio em ambas as coisas; mas toda a nossa dificuldade vem de não sabermos exatamente quais são os perniciosos nem quais são os íntegros. Vimos ainda agora em Sergipe que os perniciosos são dois, o padre Campos e o padre Dantas, e que os íntegros não são outros. De onde resulta uma anistia em favor do padre Campos.

Também recomenda braços o nosso hóspede, braços e temor a Deus. O segundo é preocupação anglo-saxônia, que não entra fundo em almas latinas ou alatinadas. Quanto aos braços, era eu pequeno, e, apesar da vasta escravatura que havia, já se chorava por eles. Muitos tinham sido já chamados e fixados. Vieram depois mais e mais, até que vieram muitos e muitos. Os alemães enchiam o Sul; os italianos estão chegando aos magotes, e se a última questão afrouxou um pouco a importação, não tarda que esta continue e a questão acabe. É o que se espera do ministro novo, sr. De Martino. Que há já muito italiano, é verdade; mas esta raça é fácil de ser assimilada, e trabalha e prospera. Tive amigos que vinham dela, e tu também, e aí os há que não vêm de outra origem.

Agora mesmo ouço cantar um pássaro, e, se me não engano, canta italiano. Também os há que cantam alemão; Lulu Júnior acha que a música desta segunda casta é melhor que a daquela. Eu creio que todos os pássaros são pássaros e todos os cantos são bonitos, contanto que não sejam feios. O que não quero é que se negue ao alemão o direito de ser cantado. A língua que ora ouço ao pássaro é, como digo, a italiana, e por pouco parece-me Carlos Gomes. Eis aí um que ligou bem os dois países, as duas histórias e já agora as duas saudades. Partiu ontem um vapor armado em guerra para conduzi-lo até cá. Viva o Pará! que rejeitou a ideia de o mandar em navio mercante, e pôs por condição que ou viria com todas as honras da Arte e da Morte, ou ficaria lá com ele. Não ficaria mal à beira do Amazonas o cantor do nosso Brasil, nem o Pará merece menos que qualquer outra parte; ao contrário, a terra que serviu de berço a Carlos Gomes não teve para ele mais carinhos que essa que lhe serviu de leito mortuário, e, em todo caso, teve-os na prosperidade. Dá-los à dor é maior.

Estávamos... Creio que estávamos nos braços italianos, não os que amam e fazem amar, mas os que lavram a terra; foram eles que me trouxeram aqui, a propósito do industrial americano, que lá vai. Tem-se dito que há muita aglomeração italiana em São Paulo, o mesmo que se havia dito em relação aos alemães nas colônias do Sul. Há destas onde a língua do país não é falada nem ensinada, nem sabida, ou mal sabida por alguns rudimentos escassos que os próprios mestres alemães dão aos seus meninos, a fim de que de todo em todo não ignorem o meio de pedir fogo a alguém ou bradar por socorro. A culpa não é deles, mas nossa; e, se tal sucede em São Paulo, a culpa é de São Paulo.

Há tempos falou-se no mal das grandes aglomerações de uma só raça. Seja-me lícito citar um nome que os acontecimentos levaram, como levam outras coisas mais que nomes, o de Rodrigo Silva, que foi aqui ministro da Agricultura. Este ministro tinha por muito recomendado aos encarregados da colonização que intervalassem as raças, não só umas com as outras, mas todas com a do país, a fim de impedir o predomínio exclusivo de nenhuma. Circulares que o vento leva; a política era boa e fácil e dava ganho a todos, aos de fora como aos de dentro. Mas as circulares são como as ilusões: verdejam algum tempo, amarelecem e caem logo; depois vêm outras...

Deixemos, porém, essa matéria mais de artigo de fundo que de crônica, e tornemos ao céu azul, ao sol claro, à temperatura fresca. Não há desfalque pequeno nem grande que resista ao efeito da bela catadura da natureza. Que vale um desfalque ao pé da saúde, que é a vida integral, a perfeita contabilidade humana? Depois, a saúde sente-se igualmente, não há duas opiniões sobre ela; o desfalque, sem negar que é alguma coisa que falta (geralmente dinheiro), não há dúvida que é ideia filha da civilização, e a civilização, como dizia um filósofo amador do meu tempo, é sinônimo de corrupção. E há sempre duas opiniões sobre o desfalque — a do desfalcado e a outra.

Que haja falta de dinheiro em alguma parte é natural. Esta coisa que uns americanos querem deva ter por padrão tão somente o ouro, outros a prata igualmente, ainda se não acostumou tanto aos homens que não se esconda deles algumas vezes, e não desapareça como as simples bolas nas mãos de um prestidigitador. Dinheiro por ser dinheiro não deixa de ter vergonha; o pudor comunica-se das mãos à moeda, e o gesto mais certo do pudor é fugir aos olhos estranhos, ou, pelo menos, às mãos, como na ilha dos Amores. Daí os desfalques; fica só o algarismo escrito, a moeda esvai-se; tais as ninfas da ilha correm nuas:

> aos olhos dando
> O que às mãos cobiçosas vão negando.

Não importa; os que teimarem hão de acabar como o cavaleiro do poeta, que afinal pôde deitar os braços a uma das ninfas esquivas. E depois, ainda que não se alcance nenhuma, a terra é fértil, a população grande, e a gente nova aí vem com os seus braços para trabalhar e colher, não menos que para amar e engendrar. Tudo aqui é calor de primavera; a América, bem considerada, é a primavera da história. Há uma diferença entre esta e a do Norte, é que por ora não brigamos por ouro ou prata, Bryan ou Mac-Kinley; o papel nos basta e sobra.

4 de outubro de 1896

Enquanto eu cuido da semana, São Paulo cuida dos séculos, que é mais alguma coisa. Comemora-se ali a figura de José de Anchieta, tendo já havido três discursos, dos quais dois foram impressos, e em boa hora impressos; honram os nomes de Eduardo Prado e de Brasílio Machado, que honraram por sua palavra elevada e forte ao pobre e grande missionário jesuíta. A comemoração parece que continua. O frade merece-a de sobra. A crônica dera-lhe as suas páginas. Um poeta de viva imaginação e grande estro, o autor do *Cântico do calvário*, pegou um dia da figura dele e meteu-a num poema. Agora é a apoteose da palavra e da crítica. Uma feição caracteriza estas homenagens, é a neutralidade. Ao pé de monarquistas há republicanos, e à frente destes vimos agora o presidente do Estado. Dizem que este soltara algumas palavras de entusiasmo paulista por ocasião da última conferência. De fato, uma terra em que as opiniões do dia podem apertar as mãos por cima de uma grande memória é digna e capaz de olhar para o futuro, como o é de olhar para o passado. A faculdade de ver alto e longe não é comum.

É doce contemplar de novo uma grande figura. Aquele jesuíta, companheiro de Nóbrega e Leonardo Nunes, está preso indissoluvelmente à história destas partes. A imaginação gosta de vê-lo, a três séculos de distância, escrevendo na areia da praia os versos do poema da Virgem Maria, por um voto em defesa da castidade, e confiando-os um a um à impressão da memória. A piedade ama os seus atos de piedade. É preciso remontar às cabeceiras da nossa história para ver bem que nenhum prêmio imediato e terreno se oferecia àquele homem e seus companheiros. Cuidavam só de espalhar a palavra cristã e civilizar bárbaros; para isso era tudo Anchieta, além de missionário. A habitação dele e dos outros era o que ele mesmo escrevia a Loiola, em agosto de 1554: "E aqui estamos, às vezes mais de vinte dos nossos, numa barraquinha de caniço e barro, coberta de palha, quatorze pés de comprimento, dez de largura. É isto a escola, é a enfermaria, o dormitório, refeitório, cozinha, despensa".

Justo seria que alguma coisa lembrasse aqui, entre nós, o nome de Anchieta — uma rua, se não há mais. A nossa Intendência municipal acaba de decretar que não se deem nomes de gente viva às ruas, salvo "quando as pessoas se recomendarem ao reconhecimento e admiração pública por serviços relevantes prestados à pátria ou ao município, na paz ou na guerra". Anchieta está morto e bem morto; é caso de lhe dar a homenagem que tão facilmente se distribui a homens que nem sequer estão doentes, e mal se podem dizer maduros; tanto mais quando o presidente do Conselho municipal não é só brasileiro, é também paulista e bom paulista. Certo, nós amamos as celebridades de um dia, que se vão com o sol, e as reputações de uma rua que acabou ao dobrar da esquina. Vá que brilhem; os vaga-lumes não são menos poéticos por serem menos duradouros; com pouco fazem de estrelas. Tudo serve para nos cortejarmos uns aos outros.

A própria lei municipal tem uma porta aberta aos obséquios particulares. Nem sempre a vontade do legislador estará presente, e as leis corrompem-se com os anos. Quando o atual Conselho desaparecer, lá virá alguém que, por haver inventado um chapéu elástico, uma barbatana espiritual ou, finalmente, outro jataí que ajude a limpar os brônquios e as algibeiras, tenha ocasião de ver pintado o seu nome na esquina da rua em que mora, e, se morar longe, em outra qualquer. É o anúncio gratuito, o troco miúdo da glória. E não há de ser escasso prazer, antes largo e demorado, ler na esquina de uma rua o próprio nome. Não haverá conversação de bonde ou a pé que faça esquecer a placa; por mais atenção que mereça o interlocutor, seja um homem ou uma senhora, os olhos do beneficiado cumprimentarão de esguelha as letras do benefício. Alguma vez passearão pelas caras dos outros, a ver se também olham. Os crimes que se derem na rua, os incêndios, os desastres serão outras tantas ocasiões de reler o nome impresso e reimpresso; assim também as casas de negócio, os anúncios de criados, o obituário e o resto. Enfim, o uso positivista de datar os escritos da rua em que o autor mora, uma vez generalizado, ajudará a derramar a boa notícia da nossa fama.

Nem por isso deixarão de falir os que tiverem de falir, se forem negociantes; não há nome de esquina que pague um crédito. Este momento, se é certo o que corre, ameaça de ponto final a muita gente. Dizem que há numerosas petições de falência. Se serão atendidas é o que não se sabe, porque o deferimento pode trazer a dissolução geral de todos os vínculos pecuniários. E quando os que vendem quebram, imaginai os que compram. Estes deviam rigorosamente matar-se, imitando a gente do Japão, onde os suicídios são em maior número quando o arroz está caro, e em menor, quando está barato. Arroz ou morte! é o grito daquela nação. Nós, para quem tudo é caro, desde a sopa até a sobremesa, vivemos a ver em que param os preços — os preços ou os bichos.

Entretanto, ao passo que os negociantes do Rio de Janeiro pedem crédito, não o acham e querem fechar as portas, o presidente do Espírito Santo deseja que lhe diminuam a faculdade de abrir créditos. "Em consequência das razões que acabo de apresentar-vos (diz o dr. Graciano das Neves em sua recente mensagem) dou prova da maior lealdade, srs. deputados, pedindo-vos que voteis na presente sessão alguma disposição de lei que restrinja com prudência a faculdade que tem o presidente de abrir créditos suplementares às verbas orçadas pelo Congresso." Eu, que aprendi o que era *bill* de indenidade no capítulo da abertura de créditos, mal posso crer no que leio. Um presidente de Estado que, tendo a faculdade de abrir créditos, e podendo não os abrir, pede que lhe atem as mãos, dá mostra que é ainda mais psicólogo que presidente. É como se dissesse que as boas intenções do dia 15 podem não ser as mesmas do dia 16 e 17, e o melhor é não fiar na vontade. Não sei se o caso é único; falta-me tempo de compulsar as mensagens de ambos os mundos, mas com certeza não é comum nem velho.

Não é velho, mas tende a ser comum o uso delicado de concluírem os jurados as sessões, ordinárias ou extraordinárias, deixando nas mãos do presidente e do promotor uma lembrança. A penúltima trazia como razão a polidez dos magistrados. A última, que foi anteontem, não alegou tal motivo, para tirar ao ato qualquer aspecto de gratidão. O presidente teve duas estatuetas de bronze, e o promotor uma rica bengala. Não é pouco ir julgar os pares, obrigatoriamente, com perda ou sem perda dos próprios interesses; a lembrança, porém, realça o serviço público. A prova de que a instituição do júri está arraigada na nossa alma e costumes é essa necessidade moral que têm os juízes de fato de se fazerem lembrados dos magistrados, a quem a sociedade confia a punição dos delinquentes. Resta que os magistrados, por sua vez, deem alguma lembrança aos cidadãos, e que estes saiam com botões de punho novos ou carteiras de couro da Rússia. São prendas baratas e significativas.

11 de outubro de 1896

Tzarina, se estas linhas chegarem às tuas mãos, não faças como Victor Hugo, que, recebendo um folheto de Lisboa, respondeu ao autor: "Não sei português, mas com auxílio do latim e do espanhol, vou lendo o vosso livro..." Não, nem peço que me respondas. Manda traduzi-las na língua de Gogol, que dizem ser tão rica e tão sonora, e em seguida lê. Verás que o beijo que te depositou na mão, em Cherburgo, o presidente da República Francesa, foi aqui objeto de algum debate.

Uns acharam que, para republicano, o ato foi vilania; outros que, para francês, foi galantaria. Uma princesa! Uma senhora! E daí uma conversação longa em que se disseram coisas agressivas e defensivas. Eu, pouco dado a rusgas, limitei-me a pensar comigo que a galantaria não deve ficar sendo um costume somente das cortes. A democracia pode muito bem acomodar-se com a graça; nem consta que Lafayette, marquês do Antigo Regime, tivesse deitado a cortesia ao mar quando foi colaborar com Washington.

Olha, tzarina, houve tempo em que nessa mesma França, cujo chefe te beijou agora a mão, se fazia grande cabedal de tratar por tu uns aos outros, para continuar Robespierre e os seus terríveis companheiros. Então um poeta falou em verso, como é uso deles, e concluiu por este, que faz casar a política e as maneiras: *Appellons--nous* MONSIEUR *et soyons* CITOYEN. Nós, para não ir mais longe, fizemos a República, sem deportar a excelência das Câmaras. Era costume antigo, não do regime deposto, mas da sociedade. A excelência veio da mãe-pátria, onde parece que se generalizou ainda mais, não se tratando lá ninguém por outra maneira. Aqui, quando ainda não há familiaridade bastante para o *tu* e o *você*, e já a excelência é demasiado cerimoniosa, ficamos no *senhor*, que é um modo indireto; em Portugal, nos casos apertados, empregam o *amigo*, que é ainda mais indireto. Tudo para fugir ao *vós* dos nossos maiores, e que entre nós é a fórmula oficial da correspondência escrita. Em verdade, se o regimento das nossas câmaras tivesse obrigado o tratamento de *vós* na tribuna, como na correspondência oficial, antes de infringirmos o regimento, teríamos infringido a gramática. É duro de meter na oração a flexão *vos* do pronome. Tenho visto casos em que a pessoa, para desfazer-se logo dela, começa por ela: Vos declaro, Vos comunico, Vos peço. Nem é por outra razão, tzarina, que eu te trato por tu, como se faz em poesia.

Voltando ao beijo, admito que há coisas que só podem ser bem entendidas no próprio lugar. Julgadas de longe levam muita vez ao erro. Tu, por exemplo, se lesses a moção da Câmara municipal do Rio Claro, São Paulo, protestando contra o presidente do Estado, que não a recebeu quando ele ali foi ver a mãe enferma, pode ser que a entendesses mal. A moção aceitou o ato como uma injúria ostensiva e direta ao município, ao povo, a todo o Partido Republicano, e mandou publicar o protesto e comunicá-lo por cópia a todas as Câmaras municipais do Estado, ao presidente da República, aos presidentes dos Congressos federal e estadual e ao diretório central do partido.

Aparentemente é uma tempestade num copo d'água; mas a moção alega que há da parte do presidente contra o município sentimento de hostilidade já muitas vezes manifestado. Assim sendo, explica-se a recusa do presidente em recebê-la, mas não se explica o ato da Câmara em visitá-lo. Não se devem fazer visitas a desafetos; o menos que acontece é não achá-los em casa. Quando, porém, a Câmara, esquecendo ressentimentos legítimos, quisesse levar o ramo de oliveira ao chefe do Estado, em benefício comum, se este não aceitasse as pazes, o melhor seria calar e sair. A divulgação do caso à cidade e ao mundo e a ameaça de pronta repulsa faz recear um estado de guerra, quando todos os municípios desejam concórdia e sossego. Há já tantas questões graves, sem contar a econômica e a financeira, que a questão Rio Claro bem podia não ter nascido, ou ficar no "tapete da discussão", como se usa no Parlamento.

Disse que entenderias mal a moção; emendo-me, não a entenderias absolutamente, pois nunca jamais uma Câmara municipal russa falaria daquele modo. A Câmara do Rio Claro, se fosse moscovita, ou voltaria a visitar o tzar, quando ele estivesse em casa, ou far-se-ia niilista. Donde podes concluir a vantagem das moções, e a razão do uso imoderado que fazemos delas: é uma válvula. Enquanto a gente propõe moções não trama conspirações, e estas duas palavras que rimam no papel não rimam na política.

O que é curioso é que nós, que não fazemos política, estejamos ocupados, eu em falar dela, tu em ouvi-la. O melhor é acabar e dizer-te adeus. Adeus, tzarina; se cá vieres um dia de visita, pode ser que não aches as ruas limpas, mas os corações estarão limpíssimos. O presidente da República, se não for algum dos que censuraram agora o sr. Faure, beijar-te-á a mão, sem perder o aprumo da liberdade. A Companhia Ferro Carril do Jardim Botânico oferecer-te-á um bonde especial para percorreres as suas linhas, com as tuas damas e escudeiros. Esta companhia completou anteontem vinte e oito anos de existência. Ainda me recordo da experiência dos carros na véspera da inauguração, e da festa do dia da inauguração. Ninguém vira nunca semelhantes veículos. Toda gente correu a eles, e a linha, aberta até o largo do Machado, continuou apressadamente aos seus limites. Nos primeiros dias os carros eram fechados; apareceram abertos para os fumantes, mas dentro de pouco estavam estes sós em campo; as senhoras preferiam ir entre dois charutos, a ir cara a cara com pessoas que não fumassem. Outras companhias vieram servir a outros bairros. Ônibus e diligências foram aposentados nas cocheiras e vendidos para o fogo. Que mudança em vinte e oito anos!

Uma coisa não entenderás, ainda que a transfiram à língua de Gogol, são os dois avisos postos pela Companhia do Jardim Botânico em um ou mais dos seus carros. Também eu não os entendi logo; mas, por obtuso que um homem seja, desde que teime, decifra as mais escuras charadas deste mundo. Por que não sucederá o mesmo a uma senhora? Manda traduzir já e vê.

O primeiro aviso é este: *A assinatura evita o engano nos trocos*. Compreende-se logo que a assinatura é a dos bilhetes de passagem. Quer dizer que, comprando-se uma coleção de bilhetes, em vez de pagar com dinheiro cada vez que se entra no carro, não se perde nada nos trocos que dão os condutores; logo, os condutores enganam-se; logo, há um meio melhor que reprimir os condutores ou despedi-los, como se faz nas casas comerciais e nos bancos, é vender coleções de bilhetes impressos. Nem se tira o pão a distraídos, nem se alivia o triste passageiro de uma parte do bilhete de dez ou mais tostões.

O segundo aviso é uma pequena alteração do primeiro, e diz assim: *A assinatura evita o esquecimento nos trocos*. Se aqui vem *esquecimento* em vez de *engano*, é que o passageiro em muitos casos perde o dinheiro, não já em parte, mas totalmente, por aquela outra causa mais grave. Não só o esquecimento é provável, mas até pode ser certo e constante, se o condutor padecer de moléstia que oblitere a memória, e não há meio de evitar que este fique com o resto do dinheiro senão oferecendo a companhia os seus bilhetes de assinatura. Outrossim, o passageiro passa a ser o melhor fiscal da companhia, e o seu ordenado é o que deixa de ficar, por engano ou esquecimento, na algibeira do condutor. Tais me parecem ser os dois avisos; mas, se me disserem que eles contêm uma profecia relativa aos destinos da Turquia, não recuso a explicação. Tudo é possível em matéria de epigrafia. Adeus, tzarina!

18 de outubro de 1896

Não se diga que a febre amarela tem medo ao saneamento; mais depressa o saneamento terá medo à febre amarela. Em vez de o temer, pôs a ponta da orelha de fora esta semana, e se a tinha posto antes, não sei; eu não sou leitor assíduo de estatísticas. Não nego o que valem, as lições que dão, e a necessidade que há delas para conhecer a vida e a economia dos Estados; mas entre negar e adorar há um meio termo, que é a religião de muita gente.

A ponta da orelha que eu vi, foi um caso único do dia 15, publicado ontem, 17. Não tem valor, comparado naturalmente a outras doenças; mas tal é a má fama daquela perversa, que um só óbito basta para assustar mais que um obituário inteiro de várias enfermidades, ou até de uma só. O vulgo não reflete que, bem observadas as coisas, ela nunca saiu daqui; uns anos cochila e cabeceia, outros dorme a sono solto, e, se acorda, é para esfregar os olhos e tornar a dormir; há, porém, os anos de vigília pura, em que não faz mais que entrar pelas casas alheias e obrigar a gente a dançar uma valsa triste, muitas vezes a última.

Desta vez pode ser, e é bom esperar que seja uma espécie de *memento,* para que as vítimas possíveis se acautelem do mal, indo vê-lo de longe. Também pode não passar disto, um caso em outubro, dois em novembro, três e quatro em outros meses, até acabar o verão. Querem, porém, alguns que, pouca ou muita, enquanto a tivermos em casa, não há relatórios que a matem. As mais hábeis comissões não lhe tiram a alma. Há quem lhe tenha ouvido dizer: — Podem citar para aí os autores que quiserem, combater ou apoiar as opiniões todas deste mundo e do outro; enquanto não passarem da biblioteca à rua e da palavra à ação, é o mesmo que se dormissem. Ora, a ação de entestar com o mal, atacá-lo e vencê-lo, por meio de um trabalho longo, constante, forte e sistemático, é tão comprida que faz doer o espírito antes de cansar o braço, e é preciso tê-los ambos de ferro. Se a agregada nossa confia nisso, é mister que perca a fé.

Nada do que fica aí é novo; a febre é velha, velhas as lástimas, velhíssimos os esforços para destruir o mal, e têm a mesma idade os adiamentos de tais esforços. Quando aqui apareceu o cólera, há muitos anos — não por ocasião do ministro Mamoré, que o mandou embora — falo da primeira vez, o destroço foi terrível, e a doença teria feito a Lei da Abolição por um processo radical, se não fosse o judeu errante que é, que não para nunca, e tão depressa entra como sai. A amarela é caseira, gosta de cômodos próprios e não exige que sejam limpos nem largos; a questão é que a deixem ficar. Uma vez que a deixem ficar, podem discuti-la, examiná-la, revirá-la, redigir relatórios sobre relatórios, oficiar, inquirir, citar; *words, words, words,* diz ela para também citar alguma coisa. E, não saindo de Hamlet: "Se o sol pode fazer nascer bichos em cachorro morto..." Não serão cães mortos que lhe faltem. Quanto ao lençol de água, vê-lo-emos feito um formidável lençol de papel. *Papers, papers, papers.*

Os italianos não creem no mal. Assim o dizem as estatísticas, em que eu, como acima confessei, piamente acredito sem as frequentar muito. Portugueses e alemães vêm depois deles, muito abaixo, e ainda mais abaixo franceses, russos, belgas, ingleses e outros. Quem crê deveras na febre é o chim; no ano passado não entrou nenhum, dizem as estatísticas; mas por que notam elas esta ausência do chim, e não citam a do abexim? Eis aí um mistério, que não será o primeiro nem o último das estatísticas. Conquanto um artigo de folha genovesa diga que a colônia italiana acabará por absorver a nacionalidade brasileira, eu não dou fé a tais prognósticos; mas quando italianos nos absorvessem, seriam outros, não seriam já os mesmos. Há aí na praça um napolitano grave, influente, girando com capitais grossos, velho como os italianos velhos, que orçam todos pela dura velhice de Crispi e de Farani. Pois esse homem vi-o eu muita vez tocar realejo na rua, simples napolitano, recebendo no chapéu o que então se pagava, que era um reles vintém ou dois. Tinha eu sete para oito anos; façam a conta. Vão perguntar-lhe agora se quer ser outra coisa mais que brasileiro, se não da gema, ao menos da clara.

A propósito de realejo napolitano, li que em uma das levas de Gênova para cá veio como agricultor um barítono. Ele, e um mestre de música, perguntando-se-lhes o que vinham fazer ao Brasil, parece que responderam ser este país grande e cá enriquecerem todos: "Por que não enriqueceremos nós?", concluíram. Não há que censurar. A voz pode levar tão longe como a manivela. Demais, a terra é de música, e a música é de todas as artes aquela que mais nos fala à alma nacional. Um barítono, com boa voz e arte castigada, pode muito bem enriquecer, ou, pelo menos, viver à larga. Tanto ou mais ainda um tenor e um soprano. Nem só de café vive o homem, mas também da palavra de Verdi e de Carlos Gomes.

Dado, porém, que vivamos só de café, e não devamos cuidar de mais nada que de cultivar esta preciosa gramínea, ainda assim o barítono pode muito bem ser aceito e colocado. A fábula reza de Orfeu, que levava os animais com a simples lira que os gregos lhe deram. Por que não há de fazer a voz humana a mesma coisa às plantas? A semente lançada à terra escutará as melodias e porá o grelo de fora; com elas crescerá o talo, bracejarão as flores e abotoarão os grãos, que mais tarde havemos de exportar e de beber também.

Seja milagre, mas é natural que a terra de Carlos Gomes neste particular faça milagres. O Rio de Janeiro recebeu os restos do nosso maestro com as honras merecidas. São Paulo vai guardá-lo como um dos mais célebres de seus filhos. O Pará, que o viu morrer, aqui o mandou, depois das mais vivas provas de que a unidade nacional existe.

Anteontem, fui ao arsenal de guerra ver sair o féretro do autor do *Guarani* e da *Fosca*, para ser conduzido à Igreja de São Francisco de Paula e ouvi a marcha fúnebre de Chopin que a banda militar tocava; não pude deixar de recordar os longos anos passados, quando o préstito era outro, e saía de outro lugar — o Teatro Provisório que lá vai — e descia pela rua da Constituição. Era de noite; o maestro tinha estreado, sem Itália nem *Guarani*, mas eram tais as esperanças dadas, e tão jovens e ardentes éramos todos os que por ali íamos aclamando a estrela nascente! A música era a dos nossos peitos, podeis adivinhar se fúnebre ou festiva. Perguntai aos ecos da praça Tiradentes — naquele tempo Constituição, e vulgarmente Rossio Grande —, perguntai o que eles ouviram, e se são ecos fiéis dirão coisas belas e fortes. O meu querido Salvador, que ia à testa da legião, recordá-las-á com saudade, quando ler a notícia das honras últimas aqui dadas ao maestro de Campinas.

Realmente, a diferença foi grande; uma vida inteira enchia o espaço decorrido entre as duas datas, e as melodias de Gomes estavam agora na memória de todos.

Muitos que as repetiam consigo, não eram ainda nascidos por aquele tempo; os que eram moços, como esses são agora, viram branquear os cabelos e entraram no préstito com a alma igualmente encanecida; a evocação do pretérito os terá remoçado. Outros, enfim, nem moços nem velhos, ali não compareceram, por terem sido eliminados antes. Não falo dos que estão ainda em gérmen, e repetirão mais tarde as composições de Gomes. A matéria é ótima para uma dissertação longa; o lugar é que o não é, nem o dia.

Fiquemos aqui; ou antes, voltemos à Itália e aos seus cantores. Que venham, eles, barítonos e tenores, e nos trarão, além da música que este povo ama sobre todas as coisas, as próprias melodias do nosso maestro, e assim incluiremos um artigo no acordo que ela está celebrando com o governo brasileiro, porventura mais vivo e não disputado. Também ela amou a Carlos Gomes, não por patriotismo, que não era caso disso, mas por arte pura.

25 de outubro de 1896

Li que o pescado que comemos é morto a dinamite, e que há uma lei municipal que veda este processo. Se o processo é bom ou mau, justo é examiná-lo, mas não me argumentem com leis. Já é tempo de acabar com este respeito fedorento das leis, superstição sem poesia, costume sem graça, velho sapato que deforma o pé sem melhorar a andadura. A troça, que tem conseguido tanta coisa, não chegou a matar este vício. O assobio, tão eficaz contra os homens, não tem igual força contra as leis que eles fazem. Ora, que são as leis mais que os homens para que nos afrontem com elas?

Não contesto a vantagem de as fazer e guardar. É um ofício, antes de tudo; melhor dito, são dois ofícios. A utilidade das leis escritas está em regular os atos humanos e as relações sociais, uma vez que vão de acordo com eles. Em chegando o desacordo, há dois modos de as revogar ou emendar, a saber, por atos individuais ou por adoção de leis novas. No capítulo do divórcio, por exemplo, não existindo pretoria que case um homem já casado, o remédio para obtê-lo é decretá-lo. É claro que se algum pretor, contra o disposto na lei, casasse a todos os casados, ninguém se cansaria em reclamar a reforma. Resta aos partidos convencidos da necessidade dela continuar a propaganda até pô-la na lei.

Tal não se dá no mar. A pesca é livre; regulada embora, não são tais as disposições da lei que exijam a presença de um agente público. O pescador está só; o fiscal, se o há, está em casa; a dinamite lançada ao mar não acha obstáculo, nem no mar nem na terra. Que impedirá o pescador? A lembrança de um decreto municipal — ou postura, como se dizia pela língua do antigo vereador? Francamente, é exigir uma força de abstração excessiva da parte de um homem que tem os cinco sentidos no lucro. Os incorporadores do Encilhamento — pescadores de homens — também tinham os sentidos todos no lucro, e daí algumas infrações das leis escritas, que não foram nem deviam ser castigadas. Cabe notar que aí nem se podia alegar o que dizem do peixe, que despovoa as águas; nunca faltou peixe às águas da rua da Alfândega.

Os contratos, que formam lei entre duas partes, são alterados por ambas desde que uma não reclame a execução por parte da outra; tais esquecimentos não valem nem podem valer como se foram delitos. Não me acode exemplo pertinente ao caso; vá o da escola que a companhia ferrocarril da Carioca tinha que dar e não deu, segundo também li na imprensa. Aí não se pode dizer que há infração, porque a outra parte contratante não exigiu a execução da cláusula; é o mesmo que se consentisse em riscá-la do papel, não faltando mais que o gesto da pena. Mas um gesto, simples ato da mão, dá mais força à vontade, ato do espírito? Não nos estejamos a perder com burocracias. Não exijamos maior ardor de uma parte em dar que da outra em receber. Nem esqueçamos que o desuso de uma cláusula acaba matando a cláusula.

Outrossim, se a lei pode valer pelo uso que se lhe der, é também certo que o simples uso faz lei. Começa-se por um abuso, espécie de erva que alastra depressa, correndo chão e arvoredo; depois, ou porque a força do homem corte algumas excrescências, ou porque a vista se haja acostumado,

On s'habitue au mal que l'on voit sans remède,

o abuso passa a uso natural e legítimo, até que fica lei de ferro. Quando alguém quer arrancar a má erva do terreno é como se ameaçasse levar o dinheiro dos outros. Tal é, se entendo o que leio, o caso da lotação dos carros elétricos da companhia do Jardim Botânico.

A Prefeitura intimou à companhia a não admitir cinco pessoas nos carros elétricos, mas só quatro, visto não haver ato aprovando a lotação de cinco. Creio que é isto. A companhia, no conflito entre o uso e a ordem, começou por dizer que aquele era lei, e não cumpria outra. Em verdade, posto que entrasse aqui o interesse direto do povo, força é confessar que não há interesse que valha um princípio, e o princípio é dar ao uso o caráter legal que lhe cabe. A lei escrita pode ser obra de uma ilusão, de um capricho, de um momento de pressa, ou qualquer outra causa menos ponderável; o uso, por isso mesmo que tem o consenso diuturno de todos, exprime a alma universal dos homens e das coisas. A sabedoria dos tempos tem cristalizado esta verdade de vários modos. — "Quem cala, consente." — "O uso do cachimbo faz a boca torta." Esta segunda fórmula é mais enérgica e expressiva, porquanto as bocas nascem direitas, e se o uso do cachimbo tem tal força que as faz tortas, é que vale por si muito mais que a ação da natureza.

Não atendeu a isto a Prefeitura, e recorreu à autoridade judiciária; mas a companhia, seguindo o exemplo da pesca a dinamite, recusou cumprir a nova ordem, no que fez muito bem. Já estou cansado de tanto juiz em Berlim. Algemas, ainda que as doure o nome de ordens legais, sempre são vínculos de escravidão, e a primeira liberdade é da alma. A *Gazeta de Notícias* foi que deu esta notícia, acompanhada de reflexões com que absolutamente não concordo.

Uma só coisa podia levar a companhia à obediência, era o procedimento dos passageiros. Caso eles dessem apoio às ordens judiciárias e prefeiturais, recusando ir cinco por banco, faltava à companhia o argumento do uso e do consenso, e em tal hipótese melhor seria ceder que resistir. Foi justamente o que aconteceu. Raro passageiro consentiu em fazer de quinto nos bancos. A generalidade deles recusou, ia nos estribos e na plataforma, ou esperava outro carro. Ora, desde que o povo, em favor de quem a companhia decretara a lotação de cinco, abre mão deste benefício, a companhia não só perde o fundamento da aquiescência pública, mas ainda qualquer lucro pecuniário. Não tinha mais que cumprir a ordem e foi o que fez ontem.

    Não fez só isto; li que vai pedir alguma compensação à prefeitura. A compensação é justa. Não será o aumento do preço da passagem; por mais barata que esta seja, a ocasião do aumento seria imprópria, já porque o ato inicial da autoridade ficaria reduzido a uma porta aberta à alteração do contrato em sentido oposto às algibeiras dos contribuintes, já porque há pouco dinheiro em circulação. Uma espera de três ou quatro anos pode fazer dessa alteração do contrato uma realidade útil e benéfica. Nem faltam compensações imediatas desde o simples título honorífico — *federal*, por exemplo — Companhia Federal Ferrocarril etc., até qualquer privilégio que me não ocorre agora, mas que há de haver.

    Não concluam que é o espírito de anarquia que me move a pena. Fácil coisa é tachar de anarquia tudo o que destoa de velhas manhas. Eu o que quero é que a lei sirva o necessário para conjugar os interesses humanos, que são a base da harmonia social. Mas isto mesmo exclui a superstição.

1º de novembro de 1896

O pão londrino está tão caro como a nossa carne, e na Inglaterra não falta ouro, ao que parece. Em compensação, se o pão dobrou de preço, os nossos títulos baixaram mais, como se houvéssemos de pagar a diferença do valor do trigo. Tudo afinal cai nas costas do pobre; digo pobre, não porque não sejamos ricos de sobejo, mas é que a riqueza parada é como a ideia que o alfaiate de Heine achava numa sobrecasaca: o principal é aventá-la e pô-la em ação. Entretanto, não sendo verdade que o mal de muitos seja consolo, como quer o adágio, importa-nos pouco ou nada que o pão custe caro em Londres, se nos falta, além da carne, o ouro com que mercá-la.

    Se o mal dos outros não nos consola, é certo que a lembrança do bem dá certa alma nova. Nestes dias de escasso dinheiro é doce reler aquele discurso que o dr. Ubaldino do Amaral proferiu no Senado, no mês de agosto de 1892. S. ex. analisou o projeto de um banco emissor, no qual havia este artigo: "Fica o banco autorizado antecipadamente a fazer uma emissão de trezentos mil contos de réis". Escrevi por extenso a quantia, para que não escape algum erro; mas, como a fileira dos algarismos dá mais na vista, aqui vai ela: 300.000:000$000. É um regimento; o 3, bem observado, parece o coronel; o cifrão é o porta-bandeira. Valha-me Deus! creio até que ouço a marcha dos algarismos; leiam com ritmo: trezentos mil contos, trezentos mil contos, trezentos mil contos...

    É verdade que o Senado, ouvindo a revelação do senador, exclamou espantado: Santo Deus! O que não está claro é qual haja sido o sentimento da exclamação. Assombro, decerto; mas vinha ele da imensidade da quantia, não obstante andarmos, o Senado e eu, afogados em milhões, ou era antes uma expressão de escárnio por achar escassa a emissão antecipada? Trezentos mil contos! Mas quem é que por aqueles tempos não tinha trezentos mil contos? Se os não tinha, devia-os a alguém, que era a mesma coisa. Nem sei se era ainda melhor devê-los que possuí-los.

Não me lembro bem agora do preço da carne e do pão; mas, qualquer que fosse, como o dinheiro era infinitamente maior, não havia que gemer nem suspirar, era só comer e digerir. Essas notas de bancos emissores, que por aí andam surradas, rasgadas, emendadas, consertadas com pedacinhos de papel branco, estavam na flor dos anos, novinhas em folha, com as letras ainda úmidas do prelo. Vi-as chegar, catitas e alegres, como donzelas que vão ao baile para dançar, e dançaram que foi um delírio. Eram valsas, polcas, quadrilhas de toda casta, francesas, americanas, de salteadores, toda a coreografia moderna e antiga. Segundo aquela chapa que as gazetas trazem já composta para concluir as notícias de festas, "as danças prolongaram-se até o amanhecer". As belas emissões foram dormir cansadas, sonhando com ouro, muito ouro.

Recordar tudo isso com este câmbio a 8 e menos de 8, que uns acham natural, outros postiço, não se pode dizer que não seja agradável. A memória revive o espetáculo. Nem foi há tanto tempo que não ouçamos ainda os ecos da orquestra e o rumor dos passos... Os espetáculos remotos dão o mesmo efeito, mas a tristeza cede ainda mais à doçura, e a alma transporta-se quase integralmente aos tempos acabados. Quero referir-me à narração que a *Notícia* está fazendo de coisas antigas, não sei se por um, se por muitos colaboradores, mas muitos que sejam, é certo que são todos homens maduros, se já não caíram do pé.

Conta aquela folha as águas passadas desta cidade, com tal minudência, que parece estar vendo-as. Quando eu era pequeno, conheci homens de certa idade que, por tradição, falavam das *águas do monte*, um dilúvio que aqui houve no tempo de d. Joao VI; afinal ninguém mais falou nelas, e foi um alívio para aqueles outros mais velhos, que seriam pequenos quando elas caíram. A cantiga popular ainda as conservou por anos; mas a cantiga seguiu o exemplo das águas, e foi atrás delas. As que a *Notícia* revive nos últimos dias são as da primeira imprensa periódica e as do finado Alcazar.

Aquelas não são comigo; não conheci essa multidão de gazetas e gazetinhas, cujos títulos hão de interessar os Taines do próximo século. Dão eles a nota dos costumes e da polêmica. Quanto ao número, quase que era uma folha para cada rua. Toda a gente sentia necessidade de dizer coisas aborrecíveis ou agudas, divulgar alcunhas e mazelas, ou, para usar a expressão vulgar e enérgica, "pôr os podres na rua a alguém". Partidos, influências locais, simples desocupados, simplíssimos maldizentes, vinham de mistura com almas boas e chãs, que não inventaram folhas senão para ensaiar os voos poéticos ou dizer em prosa palavrinhas doces às moças; doces não, adocicadas.

As recordações do Alcazar estão mais perto, e são coisas sabidas; mas não se trata só de coisas sabidas, trata-se também de coisas sentidas, que é diferente; nestas é que as memórias velhas trajam roupas novas, e as árvores secas e nuas reverdecem de repente, como sucede em outros climas. Talvez aquela gente e aquelas coisas não valessem nada, como quer a *Notícia*, mas lembrai-vos da pergunta de Dante... Não, não; deixemos os versos divinos do poeta. O que eu queria dizer, era por alusão ao tempo da adolescência e da mocidade, não só o dos *dolci sospiri*, como o da sua rima *dubbiosi desiri*. Não caberia aqui contar como Francesca:

Questi che mai da me non fia diviso,

visto que o tempo e o cansaço, que são a melhor polícia das ruas desta vida, dispersaram o ajuntado e desfizeram a multidão com pouco mais do que é preciso para contá-lo aqui. Segredos da natureza.

    Os dos homens são menos escuros, mas também duram menos. Ninguém ignora que nesta cidade os segredos fazem a sua hora de rua do Ouvidor, todos os dias, entre quatro e cinco. É uso antigo; raros se deixam estar em casa. Ainda agora andaram por aí dois, acerca da operação do presidente da República; um dizia que esta se faria depois do dia 7, outro que depois do dia 15 de novembro. Embora os dois virtualmente se desmentissem, não se zangavam nem se descompunham; quando muito, piscavam o olho ao público, dando de cabeça para o lado do contrário, sorrindo. Era esse modo de avisar: "Não acreditem no que ele diz; é um boato disfarçado". No mais, risonhos, palreiros, falando uma ou outra vez ao ouvido, mas sem cochicho, no tom geral da conversação.

    Enquanto eles andavam na rua, às escâncaras, havia um terceiro segredo, que não aparecia a ninguém, nem dizia palavra. Os outros dois chegaram a ir às imediações do morro do Inglês; vi-os ambos, no próprio dia da operação, à noite, em casa que fica pouco abaixo do morro, insistindo convencidamente nas datas de 7 e de 15; mas já então a operação estava acabada, com o resultado que sabemos. O grão de areia de Cromwell, por não vir a lume, produziu os efeitos que Pascal resumiu em dez linhas do seu grande estilo; este outro, maior que aquele, acertou de ser contemporâneo da cirurgia moderna, e não complicou doença com política.

8 de novembro de 1896

Mac-Kinley está eleito presidente dos Estados Unidos da América. Se Bryan tivesse razão, o povo estaria crucificado numa cruz de ouro; mas, como à crucificação se segue a ressurreição, era de esperar que o mesmo sucedesse ao povo, e a Páscoa seria o que são todas as páscoas, uma festa de família. Foi justamente o que sucedeu, com a diferença que nem chegou a haver cruz, nem suplício. Bryan, felicitando o rival triunfante, acaba de mostrar que as figuras de retórica são necessárias às lutas do voto e que os oradores não pensam absolutamente o que dizem. Por outro lado, o vencedor proclama à nação que a vitória é dela e não de um partido. Essa outra luta de generosidades é brilhante e digna de um grande povo.

    Eu, se lá estivesse, faria uma estatística eleitoral, para figurar ao lado das maiores daquele país, que as tem superiores ao resto do mundo. Os Estados Unidos são a terra das coisas altas, rápidas e infinitas, vastas construções e desastres vastos, cidades feitas em três meses e desfeitas em três horas, para se refazerem em três dias, vendavais que arrancam florestas, como o vento do outono as simples folhas de arbustos, e uma guerra civil, que se não pareceu com outra qualquer moderna nem antiga. Podemos imaginar o que é uma luta eleitoral. A minha estatística não contaria só os discursos proferidos nos *meetings*, dos quais já telegramas nos deram um pequeno cômputo, que excede talvez às orações de uma legislatura ordinária; mas, enfim, os discursos ocupariam o primeiro lugar, sem esmiuçar os períodos e as palavras. Contaria os auditores de todos eles, discriminados por partidos; com os auditores, as aclamações, as bandeiras, as gravuras, os artigos biográficos e apologéticos, as edições dos programas, das folhas políticas ou simplesmente noticiosas. Ao pé disto, as milhas andadas durante a campanha eleitoral, as rixas, os murros, os ferimentos e as mortes, pois que houve algumas; as apostas, valor e número delas; e, para dar a tudo um grãozinho de fantasia, os sonhos, divididos pelo tamanho, pela cor, pela duração, pela significação, pelas cabeças, pelas zonas, tantos ao Sul, tantos ao Norte, tudo bem disposto em quadros, que ficassem como um documento desta campanha de 1896.

É claro que nessas tábuas figurariam as minas de prata e seus produtos, os ganhos que daria a vitória de Bryan, e as perdas que trouxe para os derrotados a de Mac-Kinley. Viriam também os efeitos no resto do mundo. As felicitações dos vários governos e da imprensa de outros países mostram que é alguma coisa eleger um presidente dos Estados Unidos, e basta inclinar a balança a um ou outro lado para encher de alegria ou de pavor as várias praças da Europa e da América. Tudo porque os dois candidatos preferiram uma coisa tangível nos programas a uma simples exposição de doutrinas, ou até de palavras, e estas teriam as suas vantagens: não abalariam o mundo, as praças não transtornariam as suas ideias de padrão monetário, e as taxas seguiriam tranquilas o caminho do costume.

O país do dólar divergiu no dólar. Nós temos aqui uma divergência esta semana, mas é nas debêntures da Sorocabana, das quais umas continuam a ser verdadeiras e outras falsas. Já as vi de outras empresas que, ainda verdadeiras todas, não valiam mais que as falsas, e tinham a vantagem de não levar ninguém à cadeia; tão certo é que nisto de debêntures, e análoga papelada, tudo depende do crédito da pessoa. Não basta a cor da tinta nem a perfeição da gravura. As verdadeiras, que ora se falsificam, têm valor, decerto; ninguém imita o que não presta, salvo os poetas e pintores de mau gosto, e assim os músicos. Os arquitetos também, e os escultores. Toda questão é saber quem é aqui o mau artista; dizem que é alguém que, depois de vir dos Estados Unidos, para lá tornou. Haverá cúmplices? A dificuldade é achá-los porque os papéis falsos compõem-se às escondidas e distribuem-se com grandíssimas cautelas. Os autores, quando ainda não estão a bordo, jantam conosco à mesa, e dançam em família. Mas tornemos ao dólar.

Um dos capítulos da minha estatística seria a soma de dinheiro gasto, ouro, prata e papel, por estados e por cidades. Outro seria o número dos cartazes, com as recomendações do estilo: *Votai em Mac-Kinley*! *Votai em Bryan*! Nós temos uns *meetings* ligeiros e não dispendiosos, praça estreita, um patamar de escada ou um pedestal de estátua por tribuna. Também os há destes noutras partes, ainda que mais vastos, como um que se efetuou agora em Hyde Park, Londres, do qual só se pode saber que foi o mais chocho de todos (versão *Times*), e o mais entusiasta que jamais houve (versão *Daily Chronicle*). Vá a gente crer nos jornais que lê!

Em todo caso, um *meeting* não é uma campanha eleitoral e presidencial, que pede arte mais variada e perfeita, e não se faz só com palavras e um convite manuscrito colado nas esquinas. Lestes que a grande procissão de Nova York levou a passar na rua doze horas, desde dez da manhã até dez da noite. Não se refresca todo esse pessoal com promessas; há de haver algo mais que esperanças. Não todo, mas um basto número de cabos e subcabos, de agentes, de serviçais, precisa de entreter a natureza. É impossível que os nossos amigos ianques não tenham algum provérbio equivalente ao nosso "saco vazio não se põe em pé". Além do mais, há nessa procissão que passa na rua, durante doze horas, aclamando um candidato, tal soma de fôlego e resistência, não menos que nos espectadores que a veem passar, a pé firme, que seria bom fosse imitado por outros povos. Não são debêntures, são dólares de metal.

Quando a gente arrepia o pelo à história, e vê como se elegiam os cônsules romanos, fica pasmado da diferença. Seguramente os americanos invocam a divindade nos seus atos e cerimônias civis, como filhos de ingleses que são; mas não fazem aquela consulta do céu e dos deuses, particular a cada candidato, que os excluía ou admitia previamente. Candidato que o presidente da Assembleia eleitoral dissesse ter sido excluído pela divindade, quando a consultou na véspera, não recebia votos para cônsul. Falam aí no poder dos nossos presidentes de mesa eleitoral; mas seriamente, qual deles tem esta faculdade legal de consultar os astros? O que eles fazem é por abuso, mero abuso, detestável abuso; não possuem aquele poder moral e religioso, tanto quanto político, que dispensa a fraude, o bico de pena, troca de cédulas, o aumento destas, os votos de defuntos, e tantos outros recursos que um pouco de religião e astrologia tornaria inúteis.

A verdadeira luta seria para ocupar a chefia da mesa. Aí pode ser que houvesse alguma violência ou falsificação; em lugar desses seria a própria boca divina falando aos homens. Um cidadão que, depois de uma noite em claro, pudesse dizer: "Consultei o Cruzeiro e Vênus; são contrários ao Mota; o Cruzeiro prefere o Neves, e Vênus o Martins; mas, depois de alguma controvérsia, combinaram no Silva e no Alves; eu votaria no Alves"; um cidadão destes seria a própria eleição do Alves. Tudo sem discursos, nem procissões, nem manifestos, nem nada.

15 de novembro de 1896

"Uma geração passa, outra geração lhe sucede, mas a terra permanece firme." Este versículo do *Eclesiastes* é uma grande lição da vida, e não digo a maior, porque há mais três ou quatro igualmente grandes. Mas não haverá poesia nem língua que não tenha dito por modo particular esse pensamento final do mundo. Shelley exprimiu apenas metade dele naqueles dois versos:

> *Man's yesterday may ne'er be like his morrow;*
> *Nought may endure but Mutability.*

Quem nos dá a mais viva imagem do contraste entre a mobilidade dos homens no meio da imutabilidade da natureza é Chateaubriand. Lembrai-vos do *Itinerário*; recordai aquelas cegonhas que ele viu irem do Ilisso às ribas africanas. Também eu vi as cegonhas da Hélade, e peço me desculpeis esta erupção poética; nem tudo há de ser prosa na vida, alguma vez é bom mirar as coisas que ficam e perduram entre as que passam rápidas e leves... Creio que até me escapou aí um verso: "entre as que passam rápidas e leves..." A boa regra da prosa manda tirar a essa frase a forma métrica, mas seria perder tempo e encurtar o escrito; vá como saiu, e passemos adiante.

Era no arrabalde em que resido. Bastava a presença do Corcovado para cotejar a firmeza da terra com a mobilidade dos homens, e a circunstância de estar na vizinhança daquele pico a habitação do sr. presidente da República, operado e enfermo, passando as rédeas do governo ao sr. vice-presidente, que pouco mais distante mora, trazia uma comparação fácil, mas não menos triste que fácil. Duro é pensar nos padecimentos de um homem. Já falei no grão de areia de Cromwell, a propósito do cálculo que alterou, não a situação política, mas a parte principal do governo. Não repetirei aqui a ideia; melhor é deixar ao sr. barão de Pedro Afonso explicar, à *Cidade do Rio* as razões que o levaram a dizer que a cura estaria acabada em quinze dias, não o tendo cumprido por força de causas aliás preexistentes. O pior de tudo, para quem está cá embaixo, é este não poder sofrer calado e oculto, adoecer em particular, lutar com o mal e vencê-lo fora do circo e longe da plateia. A plateia romana fazia sinal com o dedo quando queria a morte da vítima. Aqui ninguém quer a morte de ninguém; mas tal haverá que, posto estime a progressiva cura do presidente, fique um tanto logrado com a suspensão dos boletins. A rua do Ouvidor, se não tem notícias, cai nos boatos.

Mas vamos ao meu ponto. Era no arrabalde em que moro. Pensava eu naquela limonada purgativa que uma pessoa bebeu, há dias, e ia morrendo se a bebe toda, por não ser mais que puro iodo. O rótulo da garrafa dava uma droga por outra. Do engano do boticário ia resultando mais um hóspede no cemitério, se a doente não recusa o medicamento, logo que lhe sentiu o gosto; ainda assim bebeu alguma porção que a fez padecer um tanto. A lembrança do caso entrou a passear-me no cérebro, único cérebro talvez em que já existisse, tão rápido passa tudo nesta vida, e tanto me custa a deixar uma ideia por outra. Então refleti, e adverti que o descuido do boticário não teve mais processo, e posto que dos descuidos comam os escrivães, nenhum escrivão comeu deste. Tudo passou, a limonada, o iodo e a memória.

E vieram outras lembranças análogas, vagas sombras, que para logo se iam desfazendo. Uma delas foi aquele outro descuido que levou para a cova um pobre-diabo, não sei se adulto, se infante. A troca dos remédios não foi obra de propósito, mas de erro, talvez de ignorância. Não foi ação de alfaiate, ourives ou marítimo, mas de boticário também, com a diferença que uns dizem ser o próprio dono da casa, outros um seu representante. A vítima expirou. Deus recebeu a sua alma. O acidente deu que falar e escrever, e os adjetivos vadios apareceram contra o pobre autor do involuntário descuido; mas adjetivos não são agentes de polícia, e enquanto um homem ouve a palavrada do prelo não escuta as chaves no ferrolho da detenção. O descuidado acabaria solto, se tivesse de acabar; os escrivães não comeram desse primeiro descuido. Poucos dias depois creio que continuou a vender as suas drogas, e a prova de que não houvera propósito, e quando muito desazo, é que ninguém mais morreu, pelo menos até ontem.

Essa lembrança desapareceu como as primeiras. Gerações delas iam assim vindo como as do texto bíblico, umas atrás de outras, esquecidas, apagadas, mortas. Nem eram só as dos remédios trocados; as dos desfalques tinham igual destino. Quatro, cinco, seis mil contos desapareceram, como ilusões da mocidade, como opiniões de ano velho. Quem sabe já deles? Há quem cite algum, raro, ou para comparação, ou por qualquer necessidade de fundamento, não com ideias de processo. Os desfalques são como os amores enganados; doem muito, mas os tempos acabam de os enganar e enterrar, e, quando menos se espera, o desfalcado reza por alma do outro, se o outro morre. Se não morre, não o mata, nem lhe tira a liberdade, que é o primeiro dos bens da terra e a melhor base das sociedades políticas. Se, além de vivo, o outro gosta de dançar, dança; ou joga, se lhe sabe o jogo, que tanto pode ser de cartas como de prendas.

Todas essas sombras, desfalques grandes e pequenos, públicos ou particulares, e trocas de remédios, e doenças e mortes filhas dessas trocas, todas essas sombras impunes iam e vinham, e eu não podia com os olhos (quanto mais com as mãos!) agarrá-las, fixá-las, sentá-las diante de mim. Como Goethe, dedicando o *Fausto*, perguntava-lhes se me rodeavam ainda uma vez, e elas iam mais vagas que as do poeta, iam-se para não voltar mais; todas esquecidas.

Eram as gerações que passavam. Gerações novas sucederão a essas, para se irem também, e dar lugar a mais e mais, que cederão todas à mesma lei do esquecimento, desfalques e remédios. Onde está a terra firme?

Quando eu fazia esta pergunta e quase respondia Lao-Tsé, contemporâneo de Confúcio, de quem o *Jornal do Commercio* publicou há dias algumas verdades verdadeiras, eis que ouço um grito na rua, um pregão, uma voz esganiçada; era a terra firme, eram as cegonhas de Chateaubriand: "Um de resto! anda hoje! duzentos contos!" Homens e leis têm a vida limitada — eles por necessidade física, elas por necessidades morais e políticas; mas a loteria é eterna. A loteria é a própria fortuna e a fortuna é a deusa que não conhece incrédulos nem renegados. A cidade fala de umas coisas que esquece, crimes públicos, crimes particulares; mas loteria não é crime particular nem público. Um de resto! anda hoje! duzentos contos!

22 de novembro de 1896

A natureza tem segredos grandes e inopináveis. Não me refiro especialmente ao de anteontem, no Cassino Fluminense, onde algumas senhoras e homens de sociedade nos deram ópera, comédia e pantomima, com tal propriedade, graça e talento, que encantaram o salão repleto. Não é a primeira vez que a comissão do Coração de Jesus ajunta ali a flor da cidade. Aos esforços das senhoras que a compõem correspondem os convidados — e desta vez apesar do tempo, que era execrável —, e aos convidados, em cujo número se contava agora o sr. vice-presidente da República, corresponderam os que se incumbiram de dizer, cantar ou gesticular alguma coisa. Outros contarão por menor e por nomes o que fizeram os improvisados artistas. A mim nem me cabe esta nota de passagem, em verdade menos viva que a do meu espírito; mas, pois que saiu, aí fica.

Não, o inopinável e grande da natureza, a que me quero referir, é outro. Um dos maiores sabe-se que é o suicídio, que nos parece absurdo, quando a vida é a necessidade comum; mas, considerando que é a mesma vida que leva o homem a eliminá-la — *propter vitam* —, tudo afinal se explica na pessoa que pega em si, e dá um talho, bebe uma droga ou se deita de alto a baixo na rua ou no mar. As crianças pareciam isentas dessa vertigem; mas há ainda poucas semanas deram os jornais notícia de uma criaturinha de doze anos que acabou com a existência — uns dizem que por pancadas recebidas, outros que por nada.

Tivemos agora um caso mais particular: um fazendeiro rio-grandense deu um tiro na cabeça e desapareceu do número dos vivos. O telegrama nota que era homem de idade — o que exclui qualquer paixão amorosa, conquanto as cãs não sejam inimigas das moças; podem ser invejosas, mas inveja não é inimizade. E há vários modos de amar as moças — o modo conjuntivo e o modo extático; ora, o segundo é de todas as fases deste mundo. Além de idoso, o suicida era rico, isto é, aquele bem que a sabedoria filosófica reputa o segundo da terra, ele o possuía em grau bastante para não padecer nos últimos da vida, ou antes para vivê-los à farta, entre os confortos do corpo e da boca. Não tinha moléstia alguma; nenhuma paixão política o atormentava. Qual a causa então do suicídio?

A causa foi a convicção que esse homem tinha de ser pobre. O telegrama chama-lhe mania, eu digo convicção. Qualquer, porém, que seja o nome, a verdade é que o fazendeiro rio-grandense, largamente proprietário, acreditava ser pobre, e daí o terror natural que traz a pobreza a uma pessoa que trabalhou por ser rica, viu chegar o dinheiro, crescer, multiplicar-se, e por fim começou a vê-lo desaparecer aos poucos, a mais e mais depressa, e totalmente. Note-se bem que não foi a ambição de possuir mais dinheiro que o levou à morte — razão de si misteriosa, mas menos que a outra; foi a convicção de não ter nada.

Não abaneis a cabeça. A vossa incredulidade vem de que a fazenda do homem, os seus cavalos, as suas bolivianas, as suas letras e apólices valiam realmente o que querem que valham; mas não fostes vós que vos matastes, foi ele e nada disso era vosso, mas do suicida. As coisas têm o valor do aspecto, e o aspecto depende da retina. Ora, a retina daquele homem achou que os bens tão invejados de outros eram coisa nenhuma, e prevendo o pão alheio, a cama da rua, o travesseiro de pedra ou de lodo, preferiu ir buscar a outros climas melhor vida ou nenhuma, segundo a fé que tivesse.

O avesso deste caso é bem conhecido naquele cidadão de Atenas que não tinha nem possuía uma dracma, um pobre-diabo convencido de que todos os navios que entravam no Pireu eram dele; não precisou mais para ser feliz. Ia ao porto, mirava os navios e não podia conter o júbilo que traz uma riqueza tão extraordinária. Todos os navios! Todos os navios eram seus! Não se lhe escureciam os olhos e todavia mal podia suportar a vista de tantas propriedades. Nenhum navio estranho; nenhum que se pudesse dizer de algum rico negociante ateniense. Esse opulento de barcos e ilusões comia de empréstimo ou de favor; mas não tinha tempo para distinguir entre o que lhe dava uma esmola e o seu criado. Daí veio que chegou ao fim da vida e morreu naturalmente e orgulhosamente.

Os dois casos, por avessos que pareçam um ao outro, são o mesmo e único. A ilusão matou um, a ilusão conservou o outro; no fundo, há só a convicção que ordena os atos. Assim é que um pobretão, crendo ser rico, não padece miséria alguma, e um opulento, crendo ser pobre, dá cabo da vida para fugir à mendicidade. Tudo é reflexo da consciência.

Não mofeis de mim, se achais aí um ar de sermão ou filosofia. O meu fim não é só contar os atos ou comentá-los; onde houver uma lição útil é meu gosto e dever tirá-la e divulgá-la como um presente aos leitores; é o que faço aqui. A lição que eu tirar pode ter a existência do cavalo do pampa ou a do navio do Pireu; toda a questão é que valha por uma realidade, aos olhos do fazendeiro do Sul e do cidadão de Atenas.

A lição é que não peçais nunca dinheiro grosso aos deuses, senão com a cláusula expressa de saber que é dinheiro grosso. Sem ela, os bens são menos que as flores de um dia. Tudo vale pela consciência. Nós não temos outra prova do mundo que nos cerca senão a que resulta do reflexo dele em nós: é a filosofia verdadeira. Todo Rothschild and Sons, nossos credores, valeriam menos que os nossos criados, se não possuíssem a certeza luminosa de que são muito ricos. Wanderbilt seria nada; Jay Gould um triste cocheiro de tílburi sem possuir sequer o carro nem o cavalo, a não ser a convicção dos seus bens.

Passai das riquezas materiais às intelectuais: é a mesma coisa. Se o mestre-escola da tua rua imaginar que não sabe vernáculo nem latim, em vão lhe provarás que ele escreve como Vieira ou Cícero, ele perderá as noites e os sonos em cima dos livros, comerá as unhas em vez de pão, encanecerá ou encalvecerá, e morrerá sem crer que mal distingue o verbo do advérbio. Ao contrário, se o teu copeiro acreditar que escreveu os *Lusíadas*, lerá com orgulho (se souber ler) as estâncias do poeta; repeti-las-á de cor, interrogará o teu rosto, os teus gestos, as tuas meias palavras, ficará por horas diante dos mostradores mirando os exemplares do poema exposto. Só meterá em processo os editores se não supuser que ele é o próprio Camões; tendo essa persuasão, não fará mais que ler aquele nome tão bem-visto de todos, abençoá-lo em si mesmo; ouvi-lo aos outros, acordado e dormindo.

Que diferença achais entre o mestre-escola e o teu copeiro? Consciência pura. Os frívolos, crentes de que a verdade é o que todos aceitam, dirão que é mania de ambos, como o telegrama mandou dizer do fazendeiro do Sul, como os antigos diriam do cidadão de Atenas. A verdade, porém, é o que deveis saber, uma impressão interior. O povo, que diz as coisas por modo simples e expressivo, inventou aquele adágio: Quem o feio ama, bonito lhe parece. Logo, qual é a verdade estética? É a que ele vê, não a que lhe demonstrais.

A conclusão é que o que parece desmentir a natureza da parte de um homem que se elimina por supor que empobreceu não é mais que a sua própria confirmação. Já não possuía nada o suicida. A contabilidade interior usa regras às vezes diversas da exterior, diversas e contrárias: 20 com 20 podem somar 40, mas também podem somar 5 ou 3, e até 1, por mais absurdo que este total pareça; a alma é que é tudo, amigo meu, e não é Bezout que faz a verdade das verdades. Assim, e pela última vez, repito que vos não limiteis a pedir bens simples, mas também a consciência deles. Se eles não puderem vir, venha ao menos a consciência. Antes um navio no Pireu que cem cavalos no pampa.

29 de novembro de 1896

GUITARRA FIM DE SÉCULO
Gastibelza, l'homme à la carabine, chantait ainsi.
V. Hugo.

Abdul-Hamid, padixá da Turquia,
Servo de Alá,
Ao relembrar como outrora gemia
Gastibelzá,
Soltou a voz solitária e plangente
Cantando assim: —
"Verei morrer este eterno doente?
Penso que sim.

"Ó meu harém! ó sagradas mesquitas
Meu céu azul!
Terra de tantas mulheres bonitas,
Minha Istambul!
Ó Dardanelos! ó Bósforo! ó gente
Síria, alepim! —
Verei morrer este eterno doente?
Penso que sim.

"Ouço de um lado bradar o Evangelho,
De outro o Corão,
Ambos à força daquele ódio velho,
Velha paixão,
E sinto em risco o meu trono luzente,
Todo cetim. —
Verei morrer este eterno doente?
Penso que sim.

"Gladstone, certo feroz paladino,
Cristão e inglês,
Em discurso chamou-me assassino,
Há mais de um mês;
Ninguém puniu esse dito insolente
De tal mastim. —
Verei morrer este eterno doente?
Penso que sim.

"Chamou-me ainda não sei se maluco,
Ele que já
Vai pela idade de mole e caduco,
Velho paxá,
Ele que quis rebelar toda a gente
Da verde Erim. —
Verei morrer este eterno doente?
Penso que sim.

"Ah! se eu, em vez de gostar da sultana
E outra hanuns,
Trocar quisesse esta Porta Otomana
Pelos Comuns,
Dar-me-iam, dizem, o trato excelente
Que dão ao chim. —
Verei morrer este eterno doente?
Penso que sim.

"Querem que faça reformas no Império,
Voto, eleição,

Que inda mais alto que o nosso mistério
Ponha o cristão,
Que dê à cruz o papel do crescente,
Como em Dublim. —
Verei morrer este eterno doente?
Penso que sim.

"Que tempo aquele em que bons aliados
Bretão, francês,
Defender vinham dos golpes danados
O nosso fez!
Então a velha questão do Oriente
Tinha outro fim. —
Verei morrer este eterno doente?
Penso que sim.

"Então a gente da ruiva Moscóvia,
Imperiais
Da Bessarábia, Sibéria, Varsóvia,
Odessa e o mais,
Não conseguiam meter o seu dente
No meu capim. —
Verei morrer este eterno doente?
Penso que sim.

"Hoje meditam levar-me aos pedaços
Tudo o que sou,
Cabeça, pernas, costelas e braços,
Paris, Moscou,
A rica Londres, Viena a potente,
Roma e Berlim. —
Verei morrer este eterno doente?
Penso que sim.

"Oh! desculpai-me se nesta lamúria,
Se neste andar,
Preciso às vezes entrar na Ligúria
Para rimar.
Para rimar um mandão do Ocidente
Com mandarim. —
Verei morrer este eterno doente?
Penso que sim.

"Constantinopla rimar com manopla,
Bem, sim, senhor;
Porém que a dura exigência da copla

Torne uma flor
Igual à erva mofina e cadente
De um mau jardim... —
Verei morrer este eterno doente?
Penso que sim.

"Pois eu rimei *Maomé* com *verdade*,
Mas hoje, ao ver
Que nem me fica esta velha cidade,
Sinto perder
A fé que tinha de príncipe e crente
Até o fim. —
Verei morrer este eterno doente?
Penso que sim.

"Donzelas frescas, matronas gorduchas,
Com *feredjehs*,
Moças calçadas de lindas babuchas
Nos finos pés,
Mastigam doces com gesto indolente
No meu festim. —
Verei morrer este eterno doente?
Penso que sim.

"Onde irão elas comer os confeitos
Que ora aqui têm?
Quem lhes dará desses sonos perfeitos
Do meu harém?
Onde acharão o sabor excelente
De um alfenim? —
Verei morrer este eterno doente?
Penso que sim.

"E eu, onde irei, se me deitam abaixo?
Onde irei eu,
Servo de Alá, sem bastão nem penacho?
Tal o judeu
Errante, irei, sem parar, tristemente,
De Ohio a Pequim. —
Verei morrer este eterno doente?
Penso que sim.

"Ver-me-ão à noite, com lua ou sem lua,
Seguir atrás
Da costureira que passa na rua,
Honesta, em paz,

Pedir-lhe um beijo de amor por um pente
De ouro ou marfim. —
Verei morrer este eterno doente?
Penso que sim.

"Comerei só, sem eunucos escuros,
Em *restaurant,*
Talvez bebendo dos vinhos impuros
Que veda Islã;
Esposo de uma senhora somente
Assim, assim. —
Verei morrer este eterno doente?
Penso que sim.

"Penso que sim. Virão logo rasgá-lo,
Como urubus
Sobre o cadáver de um pobre cavalo,
Nações de truz.
Farão de cada pedaço jacente
Uma Tonquim. —
Verei morrer este eterno doente?
Penso que sim.

"Penso que sim; mas, pensando mais fundo,
Bem pode ser
Que ele inda fique algum tempo no mundo;
Tudo é fazer
Com que elas briguem na festa esplendente
Antes do fim.—
Verei viver este eterno doente?
Talvez que sim."

6 de dezembro de 1896

Antônio Conselheiro é o homem do dia; faz-me lembrar o beribéri. Eu acompanhei o beribéri durante muitos anos, pelas folhas do Norte, principalmente do Maranhão e do Ceará. Via citadas as pessoas que adoeciam do mal, que eu não conhecia e cujo nome lia errado, carregando no *i*: lia *beriberí*. Confesso este pecado de prosódia, esperando que os meus contemporâneos façam a mesma coisa, ainda que, como eu, não tenham outros merecimentos. Quem tem outros merecimentos pode claudicar uma vez ou duas. Ao duque de Caxias ouvi eu dizer — *míster*; mas o duque tinha uma grande vida militar atrás de si. Que feitos militares ou civis tem um senhor que eu conheço para dizer *eleiçãos*?

Mas, tornando ao meu propósito, eu li os casos de beribéri por muitos e dilatados anos. Acompanhei a moléstia; vi que se espalhava pouco a pouco, mas segura.

Foi assim que chegou à Bahia, e anos depois estava no Rio de Janeiro, de onde passou ao Sul. Hoje é doença nacional. Quando deram por ela, tinha abrangido tudo. Ninguém advertiu na conveniência de sufocá-la nos primeiros focos.

O mesmo sucedeu com Antônio Conselheiro. Este chefe de bando há muito tempo que anda pelo sertão da Bahia espalhando uma boa nova sua, e arrebanhando gente que a aceita e o segue. Eram vinte, foram cinquenta, cem, quinhentos, mil, dois mil; as últimas notícias dão já três mil. Antes de tudo, tiremos o chapéu. Um homem que, só com uma palavra de fé, e a quietação das autoridades, congrega em torno de si três mil homens armados, é alguém. Certamente, não é digno de imitação; chego a achá-lo detestável; mas que é alguém, não há dúvida. Não me repliquem com algarismos eleitorais; nas eleições pode-se muito bem reunir duas e três mil pessoas, mas são pessoas que votam e se retiram, e não se reúnem todas no mesmo lugar, mas em seções. Casos há em que nem vão às urnas; é o que elegantemente se chama *bico de pena*. Uns dizem que este processo é imoral; outros que imoral é ficar de fora. Eu digo, como Bossuet: "Só Deus é grande, meus irmãos!"

Como e de que vivem os sectários de Antônio Conselheiro? Não acho notícia exata deste ponto, ou não me lembro. Se não têm rendas, vivem naturalmente das do mato, caça e fruta, ou das dos outros, como os salteadores. A verdade é que vivem. A crença no chefe é grande; Antônio Conselheiro tem tal poder sobre os seus amigos, que fará deles o que quiser. Agora mesmo, no primeiro ataque da força pública, sabe-se que eles, baleados, vinham às fileiras dos soldados para cortá-los a facão, e morrer. Entretanto, eles têm amigos estabelecidos à sombra das leis. Um telegrama diz que da cidade de Alagoinhas mandaram pólvora e chumbo ao chefe Apreenderam-se caixões com armas que iam para ele. Os sectários batem-se com armas Comblaim e Chuchu. Dizem as notícias que não se pode destruir tal gente com menos de seis mil homens de tropa. Talvez mais; um fanático, certo de ressuscitar daí a quinze dias, como ele assegura, vale por três homens.

Há um ponto novo nesta aventura baiana; está nos telegramas publicados anteontem. Dizem estes que Antônio Conselheiro bate-se para destruir as instituições republicanas. Neste caso, estamos diante de um general Boulanger, adaptado ao meio, isto é, operando no sertão, em vez de o fazer na capital da República e na Câmara dos deputados, com eleições sucessivas e simultâneas. É muita coisa para tal homem; profeta de Deus, enviado de Jesus e cabo político, são muitos papéis juntos, conquanto não seja impossível reuni-los e desempenhá-los. Cromwell derribou Carlos I com a Bíblia no bolso, e não ganhou batalha que não atribuísse a vitória a Deus. "Senhor, — escrevia ele ao presidente da Câmara dos comuns, — senhor, isto é nada menos que Deus; a ele cabe toda a glória." Mas, ou eu me engano, ou vai muita distância de Cromwell a Antônio Conselheiro.

Entretanto, como a alma passa por estados diferentes, não é absurdo que o atual estado da do nosso patrício seja a ambição política. Pode ser que ele, desde que se viu com três mil homens armados e subordinados, tenha sentido brotar do espírito profético o espírito político, e pense em substituir-se a todas as Constituições. Imaginará que, possuindo a Bahia, possui Sergipe, logo depois Alagoas, mais tarde Pernambuco e o resto para o Norte e para o Sul. Dizem que ele declarou que há de vir ao Rio de Janeiro. Não é fácil, mas todos os projetos são verossímeis, e, dada a ambição política, o resto é lógico. Ele pode pensar que chega, vê e vence. Suponhamos nós que é assim mesmo; que as calamidades do tempo e o espírito da rebelião se dão as mãos para entregar a vitória ao chefe da seita dos Canudos. Canudos é, como sabeis, o lugar onde ele e o seu exército estão agora entrincheirados. Isto suposto, que será o dia de amanhã?

Lealmente, não sei. Eu não sou profeta. Se fosse, talvez estivesse agora no sertão, com outros três mil sequazes, e uma seita fundada. E faria o contrário daquele fundador. Não viria aos centros povoados, onde a corrução dos homens torna difícil qualquer organização sólida, e o espírito de rebelião vive latente, à espera de oportunidade. Não, meus amigos, era lá mesmo no sertão, onde os bichos ainda não jogam nem são jogados; era no mais fechado, áspero e deserto que eu levantaria a minha cidade e a minha igreja.

Antônio Conselheiro não compreende essa vantagem de fazer obra nova em sítio devoluto. Quer vir aqui, quer governar perto da rua do Ouvidor. Naturalmente, não nos dará uma Constituição liberal, no sentido anárquico deste termo. Talvez nem nos dê cópia ou imitação de nenhuma outra, mas alguma coisa inédita e inesperada. O governo será decerto pessoal; ninguém gasta paciência e anos no mato para conquistar um poder e entregá-lo aos que ficaram em suas casas. O exemplo de Orélie-Antoine I (e único), rei dos Araucânios, não o seduzirá a pôr uma coroa na cabeça. Cônsul e protetor são títulos usados. Palpita-me que ele se fará intitular simplesmente Conselheiro, e, sem alterar o nome, dividi-lo-á por uma vírgula: "Antônio, Conselheiro, por ordem de Deus e obediência do povo..." Terá um Conselho, Câmara única e pequena, não incumbida de votar as leis, mas de as examinar somente, pelo lado ortográfico e sintáxico, pelo número de letras consoantes em relação às vogais, idade das palavras, energia dos verbos, harmonia dos períodos etc., tudo exposto em relatórios longos, minuciosos, ilegíveis e inéditos.

Venerado como profeta, obedecido como chefe de Estado, investido de ambos os gládios, com as chaves do céu e da terra na gaveta, Antônio Conselheiro verá o seu poder definitivamente posto? Como tudo isto é sonho, sonhemos que sim; mas Oliveiro terá um Ricardo por sucessor, e a obra do primeiro perecerá nas mãos do segundo, sem outro resultado mais que haver o profeta governado perto da rua do Ouvidor. Ora, esta rua é o alçapão dos governos. Pela sua estreiteza, é a murmuração condensada, é o viveiro dos boatos, e mais mal faz um boato que dez artigos de fundo. Os artigos não se leem, principalmente se o contribuinte percebe que tratam de orçamento e de imposto, matérias já de si aborrecíveis. O boato é leve, rápido, transparente, pouco menos que invisível. Eu, se tivesse voz no Conselho municipal, antes de cuidar do saneamento da cidade, propunha o alargamento da rua do Ouvidor. Quando este beco for uma avenida larga em que as pessoas mal se conheçam de um lado para outro, terão cessado mil dificuldades políticas. Talvez então se popularizem os artigos sobre finanças, impostos e outras rudes necessidades do século.

13 de dezembro de 1896

O Senado deixou suspensa a questão do *veto* do prefeito acerca do imposto sobre companhias de teatro. Não falaria nisto se não se tratasse de arte em que a política não penetra — ao menos que se veja. Se penetra, é pelos bastidores; ora, eu sou público, só me regulo pela sala.

Houve debate à última hora, esta semana, e debate, não direi encarniçado, para não gastar uma palavra que me pode servir em caso mais agudo... Não, eu não sou desses perdulários que, porque um homem diverge no corte do colete, chama-lhe logo bandido; eu poupo as palavras. Digamos que o debate foi vigoroso.

Não sei se conheceis o negócio. O que eu pude alcançar é que havia uma lei taxando fortemente as companhias estrangeiras; esta lei foi revogada por outra que manda igualar as taxas das estrangeiras e das nacionais; mas logo depois resolveu o Conselho municipal que fosse cumprida uma lei anterior à primeira... Aqui é que eu não sei bem se a lei restaurada apenas levanta as taxas sem desigualá-las, ou se as torna outra vez desiguais. Além de não estar claro no debate, sucede que na publicação dos discursos há o uso de imprimir entre parênteses a palavra *lê* quando o orador lê alguma coisa. Para as pessoas que estão na galeria, é inútil trazer o que o orador leu, porque essas ouviram tudo; mas como nem todos os contribuintes estão na galeria, (ao contrário!) a consequência é que a maior parte fica sem saber o que é que se leu, e portanto sem perceber a força da argumentação, isto com prejuízo dos próprios oradores. Por exemplo, um orador, X..., refuta a outro, Y...:

"X... E pergunto eu, v. ex. pode admitir que o documento de que se trata afirme o que o governo do Estado alega? Ouça v. ex. Aqui está o primeiro trecho, o trecho célebre. (*Lê*) Não há aqui o menor vestígio de afirmação...

"Y... Perdão, leia o trecho seguinte.

"X... O seguinte? Ainda menos. (*Lê*) Não há nada mais vago. O governador expedira o decreto, cujo art. 4º não oferece a menor dúvida; basta lê-lo. (*Lê*) Depois disto, que concluir, senão que o governador tinha o plano feito? Querem argumentar, sr. presidente, com o § 7º do art. 6º; mas essa disposição é um absurdo jurídico. Ouça a câmara. (*Lê*)

"Vozes: Oh! Oh!"

Não há dúvida que este uso economiza papel de impressão e tempo de copiar; mas eu, contribuinte e eleitor, não gosto de economias na publicação dos debates. Uma vez que estes se imprimem, é indispensável que saiam completos para que eu os entenda. Posso ser paralítico, preguiçoso, morar fora, e tenho o direito de saber o que é que se lê nas câmaras. Se algum membro ou ex-membro do Congresso me lê, espero que providenciará de modo que, para o ano, eu possa ler o que se ler, sem ir passar os meus dias na galeria do Congresso.

Como ia dizendo, não tenho certeza do que é a lei municipal restaurada; mas para o que vou dizer é indiferente. O que deduzi do debate é que há duas opiniões: uma que entende deverem ser as companhias estrangeiras fortemente taxadas, ao contrário das nacionais, outra que quer a igualdade dos impostos. A primeira funda-se na conveniência de desenvolver a arte brasileira, animando os artistas nacionais que aqui labutam todo o ano, seja de inverno, seja de verão. A segunda, entendendo que a arte não tem pátria, alega que as companhias estrangeiras, além de nos dar o que as outras não dão, têm de fazer grandes despesas de transporte, pagar ordenados altos e não convém carregar mais as respectivas taxas. Tal é o conflito que ficou suspenso.

Eu de mim creio que ambas as opiniões erram. Não erram nos fundamentos teóricos; tanto se pode defender a universalidade da arte como a sua nacionalidade; erram no que toca aos fatos. Com efeito, é difícil, por mais que a alma se sinta levada pelo princípio da universalidade da arte, não hesitar quando nos falam da necessidade de defender a arte nacional; mas é justamente este o ponto em que a visão do Conselho municipal, do prefeito e do Senado me parece algo perturbada.

Posto não frequente teatros há muito tempo, sei que há aí uma arte especial, que eu já deixei em botão. Essa arte (salvo alguns esforços louváveis) não é propriamente brasileira, nem estritamente francesa; é o que podemos chamar, por um vocábulo composto, a arte franco-brasileira. A língua de que usa dizem-me que não se pode atribuir exclusivamente a Voltaire, nem inteiramente a Alencar; é uma língua feita com partes de ambas, formando um terceiro organismo, em que a polidez de uma e o mimo de outra produzem nova e não menos doce prosódia.

Este fenômeno não é único. O teuto-brasileiro é um produto do Sul, onde o alemão nascido no território nacional não fica bem alemão nem bem brasileiro, mas um misto, a que lá dão aquele nome. Ignoro se a língua daquele nosso meio patrício e inteiro colaborador é um organismo igual ao franco-brasileiro; mas se as escolas das antigas colônias continuam a só ensinar alemão, é provável que domine esta língua. Nisto estou com La Palisse.

Não é pelo nascimento dos artistas que a arte franco-brasileira existe, mas por uma combinação do Rio com Paris ou Bordéus. Essa arte, que as finadas mmes. Doche e d. Estela não reconheceriam por não trazer a fisionomia particular de um ou de outro dos respectivos idiomas, tem a legitimidade do acordo e da fusão nos elementos de ambas as origens. Quando nasceu? É difícil dizer quando uma arte nasce; mas basta que haja nascido, tenha crescido e viva. Vive, não lhe peço outra certidão.

Acode-me, entretanto, uma ideia que pode combinar muito bem as duas correntes de opinião e satisfazer os intuitos de ambas as partes. Essa ideia é lançar uma taxa moderada às companhias estrangeiras e libertar de todo imposto as nacionais. Deste modo, aquelas virão trazer-nos todos os invernos algum regalo novo, e as nacionais poderão viver desabafadas de uma imposição onerosa, por mais leve que seja. Creio que assim se cumprirá o dever de animar as artes, sem distinção de origens, ao mesmo tempo que se protegerá a arte nacional. Que importa que, ao lado dela, seja protegida a arte franco-brasileira? Esta é um fruto local; se merece menos que a outra, não deixa de fazer algum jus à equidade. Aí fica a ideia; é exequível. Não a dou por dinheiro, mas de graça e a sério.

Não me arguam de prestar tanta atenção à língua de uma arte e à meia língua de outra. Grande coisa é a língua. Aquele diplomata venezuelano que acaba de atordoar os espíritos dos seus compatriotas pela revelação de que o tratado celebrado com a Inglaterra, graças aos bons ofícios dos Estados Unidos, serve ao interesse destes dois países com perda para Venezuela, pode não ter razão (e creio que não tenha), mas dá prova certa do que vale a língua. Os outros dois são ingleses, falam inglês; foi o pai que ensinou esta língua ao filho. Venezuela é uma das muitas filhas e netas de Espanha que se deixaram ficar por este mundo. A língua castelhana é rica; mas é menos falada. Se o diplomata tivesse razão, em Caracas, que é o Rio de Janeiro de Venezuela, as companhias nacionais é que aguentariam os maiores impostos, enquanto que as de Londres e Nova York representariam sem pagar nada. Mas é um desvario, decerto; esperemos outro telegrama.

Relevem o estilo e as ideias; a minha dor de cabeça não dá para mais.

20 de dezembro de 1896

É minha opinião que não se deve dizer mal de ninguém, e ainda menos da polícia. A polícia é uma instituição necessária à ordem e à vida de uma cidade.

Nos melhores tempos da nossa bela Guanabara, como lhe chamam poetas, tínhamos o Vidigal e o Aragão. Esse Aragão, que eu não conheci, vinha ainda falar aos de minha geração pela boca do sino de São Francisco de Paula, às 10 horas da noite, hora de recolher, fazendo lembrar aquilo da ópera: — *Abitanti de Parigi, è ora di riposar.*

Ó tempos! tempos! Os escravos corriam para a casa dos senhores, e todo o cidadão, por mais livre que fosse, tinha obrigação de se deixar apalpar, a ver se trazia navalha na algibeira. Era primitivo, mas tiradas as navalhas aos malfeitores, poupava-se a vida à gente pacífica.

Não se deve dizer mal da polícia. Ela pode não ser boa, pode não ter sagacidade, nem habilidade, nem método, nem pessoal; mas, com tudo isso, ou sem tudo isso, é instituição necessária. Os tempos vão suprindo as lacunas, emendando os defeitos. Para falar de nós, já começamos a perder a ideia de uma polícia eleitoral ou de um canapé destinado a alguém que passa de um cargo a outro e descansa um mês para tomar fôlego. O pessoal secreto é difícil de escolher; outrora, nem sequer era secreto. Quem se não lembra daquele famoso assassinato da rua Uruguaiana, há anos, cujo autor fugia perseguido por pessoas do povo que bradavam: "Pega! é secreta!" Duas lições houve nesse acontecimento. 1º, o crime praticado pela virtude; 2º, o secreto conhecido de toda gente. Não obstante, repito, a instituição é necessária, e antes medíocre que nenhuma.

Agora mesmo, se nada se tem encontrado acerca da dinamite tirada de um depósito, é porque os ladrões de dinamite não são como os de simples lenços pendurados às portas das lojas. Estes são obrigados a furtar de dia, à vista do dono e dos passantes, correm, são perseguidos pelo clamor público, e afinal pegados. Eu, apesar do gosto que tenho à psicologia, ainda não pude descobrir o móvel secreto das pessoas que perseguem neste caso a um gatuno. É o simples impulso da virtude? E o desejo de perseguir um homem hábil que quer escapar à lei? Mistério insondável. A virtude é, decerto, um grande e nobre motivo, e se pudesse haver deliberação no ato, não há dúvida que ela seria o motivo único; mas, não se pode deliberar quando alguém furta um lenço e foge; o ato da corrida é imediato. Se os perseguidores fossem outros lojistas, não há dúvida que, por aquele seguro mútuo natural entre pessoas interessadas, cada um trataria de capturar e fazer punir o que defraudou o vizinho, e pode amanhã vir defraudá-lo a ele. Mas, em geral, os perseguidores são pessoas que nada têm com aquilo. Nenhum deles levaria nunca o lenço de ninguém; não contesto que um ou outro, posto em corredor escuro e solitário, diante de um relógio de ouro, regulando bem, longe dos homens, dificilmente sairá sem o relógio no bolso. É, por outra maneira, o problema de Diderot. Não vades crer que eu condeno a perseguição dos delinquentes; ao contrário, aplaudo o espírito de solidariedade que deve prender o cidadão à autoridade e à lei; mas não falo em tese, falo em hipótese.

Portanto, não admira que a dinamite continue encoberta. Há mais coisas entre o céu e a terra do que sonha a nossa vã filosofia. É velho este pensamento de

Hamlet; mas nem por velho perde. Eu não peço às verdades que usem sempre cabelos brancos, todas servem, ainda que os tragam brancos ou grisalhos. Ora, se há muita coisa entre o céu e a terra, a dinamite pode lá estar; é muita, convenho, mas o espaço é vasto e sobra. Como iremos buscá-la tão alto? A polícia, a própria polícia inglesa, que dizem ser a melhor aparelhada, ainda não possui agentes aéreos. Ouço que há agora dois homens em Paris que tencionam ir em balão descobrir... o quê? descobrir o polo; mas polo não é dinamite, que faz voar casas e túneis de estradas de ferro. Polo não vive escondido; deixa-se estar à espera. Notemos que os interrogados até agora não disseram nada que esclareça sobre o paradeiro da matéria roubada; ou são inocentes, ou estão ligados por juramentos terríveis, a não ser que o próprio interesse lhes tape a boca; explicação esta muito natural. Não havendo meios de tortura — o látego ao menos —, como fazer falar a pessoas mudas?

Mas, tudo isto me tem desviado do ponto a que queria ir. Vamos a ele. Não se deixem levar por aparências; não cuidem que faço aqui um noticiário criminal. A boa regra para quem empunha uma pena é só tratar do que pode dar de si algum suco, uma ideia, uma descoberta, uma conclusão. Não dando nada, não vale a pena gastar papel e tinta; melhor é abrir as janelas e ouvir o passaredo que canta no arvoredo, para rimarem juntos, e os insetos que zumbem, o trem da linha do Corcovado que sobe, e ver o sol que desce por estas montanhas abaixo, garrido e cálido, como um rapaz de vinte anos. Grande sol, quando esfriarás tu? em que século apagarás o facho com que andas pela escuridão do infinito? Talvez a terra já não exista, com todas as suas cidades, policiadas ou não.

Um amigo meu teve um roubo em casa, um cofre de joias. Quando, ignoro; pode ter sido agora, pode ter sido antes de 13 de maio, antes da Guerra do Paraguai, antes da Guerra dos Farrapos, antes da Guerra de Troia. Afinal, que valem datas! Suponhamos que é da ópera:

C'est à la cour du roi Henri,
Messieurs, que se passait ceci.

Furtadas as joias, o meu amigo conseguiu dar com elas, dentro do cofre, e o cofre escondido em uma chácara, à espera talvez da noite seguinte, para poder ser levado, com o grande peso que tinha. Já estava aberto, com dois relógios de menos. No trabalho a que ele se deu foi acompanhado por um praça de polícia, a fim de capturar o ladrão, se fosse achado; mas o ladrão não apareceu.

Este meu amigo é advogado. Qualquer profano, descoberto o cofre, levá-lo-ia para casa, dando graças a Deus por só haver perdido os relógios. O meu amigo, antes de tudo, cuidou no corpo de delito. Fêz-me lembrar aquele coronel inglês, Melvil, que, ao saber dos ferimentos do irmão da bela Colomba, admira-se de não terem ainda apresentado queixa a um magistrado. "Falara do inquérito pelo *coroner* e de muitas outras coisas desconhecidas na Córsega", narra finalmente Mérimée. O meu amigo queria por força que se fizesse corpo de delito, e foi à polícia uma vez, duas, três, penso que quatro, mas não afirmo. O intervalo foi sempre, mais ou menos, de duas horas; mas não achou nunca autoridade disponível. Não era preciso ouvir que voltasse depois; ele voltaria, ele voltou, e (vede o prêmio da tenacidade!) tanto voltou que achou uma. Então contou-lhe o caso, e acabou pedindo corpo de delito.

— Bem — responderam-lhe —, vai-se fazer, mas *onde está o ferido*?

A alma do meu amigo não lhe caiu ao chão, porque ele, depois de tantas idas e vindas, já não tinha alma. Perdeu a fala, isso sim; não soube que responder. Essa noção tão particular do corpo de delito fez voltar ao coração todas as belas coisas que preparara. Para ser exato, não afirmo que saísse calado; pode ser que afinal apresentasse algumas explicações, vagas, tortas, vexadas, apenas suspiradas, ao canto da boca. E tornou para casa, dando mentalmente os dois relógios ao ladrão, para que ele não fosse para o inferno com esse pecado às costas; irá com outros. Enfim, o meu amigo quis gratificar o praça que o acompanhou nas pesquisas; o praça recusou, dizendo haver estado ali cumprindo a sua obrigação. Eis aí uma boa nota policial, e não faltarão outras, como a do assalto às tavolagens, em que nunca as mãos lhe doam.

E a conclusão? A conclusão é que nem todas as palavras têm o mesmo eco em todas as cabeças, e há muitas noções diversas para um só e triste vocábulo. *Ergo bigamus*.

27 de dezembro de 1896

Leitor, aproveitemos esta rara ocasião que os deuses nos deparam. Só dois fôlegos vivos não são candidatos ao governo da cidade, tu e eu. E ainda assim não respondo por ti; neste século de maravilhas pode dar-se que um candidato tenha alma bastante para ler, ao café, uma coluna de sensaborias, e ir depois pleitear a palma de combate. Tudo é possível. Já se veem ossos através da carne; dizem que Édison medita dar vista aos cegos. É o que faz na Bahia, sem outro instrumento mais que a sugestão, o nosso grande taumaturgo Antônio Conselheiro.

Mas em que é que aproveitaremos esta ocasião rara? Em dizer das letras e da poesia. Aqui temos Valentim Magalhães com o romance *Flor de sangue*; aqui temos Lúcio de Mendonça, com as *Canções do outono*. Iremos votar, decerto, tu e eu, mas há de ser depois de me haveres lido e bebido a chávena de café. O meu título de eleitor não é dos que ficaram devolutos para que um cidadão anônimo pegasse deles e os oferecesse a outros. Francamente, como é que esse cavalheiro não viu que não se fazem distribuições tais senão a pessoas seguras, já apalavradas, de olho fino? Em que estava pensando quando entregou os títulos a desconhecidos que o foram denunciar? Não é que eu condene o ato. Um dos eleitores defraudados confessou que não vota há muitos anos. Pois se não vota, como é que se admira de que lhe tirem o título? A verdadeira teoria política é que não há eleitores, há títulos. Um eleitor que é? Um simples homem, não diverso de outro homem que não seja eleitor; a mesma figura, os mesmos órgãos, as mesmas necessidades, a mesma origem, o mesmo destino; às vezes, o mesmo alfaiate; outras, a mesma dama. Que é que os faz diferentes? Esse pedaço de papel que leva em si um pedaço de soberania. O homem pode ser banqueiro, agricultor, operário, comerciante, advogado, médico, pode ser tudo; eleitoralmente é como se não existisse: sem título, não é eleitor.

Ora bem, dada a abstenção, descuido, esquecimento ou ignorância da parte dos donos dos títulos, devem ou podem estes papéis, estes direitos incorporados ficar como terrenos baldios, sem a cultura do voto? É claro que não. Uma lei de desapropriação com processo sumário que tirasse o título ao eleitor remisso, três dias antes da votação, e o desse a quem mais desse, seria a forma legal de restituir àquele papel os seus efeitos. Mas, porque não temos uma lei dessas, devemos tratar direitos políticos, direitos constitucionais, como se fossem o lixo das praias, o capim das calçadas ou o palmo de pó que enche todas essas ruas, e que o vento, a carroça, o pé da besta levantam, que entra pelos nossos pulmões, cega-nos, suja-nos, irrita-nos, faz-nos mandar ao diabo o município e o seu governo? Não; seria quase um crime.

Portanto, o erro da pessoa que andou a oferecer títulos alheios foi a inabilidade. Alguns querem que o cidadão induzido a votar por outro esteja a meio caminho de furtar um par de botas. É um erro; se o fato de votar por outro levasse alguém ao latrocínio, esta arte estaria em outro pé; ora, é sabido que não a pode haver mais rudimentária ou mais decadente. Já não há testamentos falsos. Salvo algum peculato, desfalque ou coisa assim, a maior parte dos roubos são verdadeiras misérias. Pouca audácia, nenhuma originalidade. Talvez por isso, mal os jornais dão notícia de um delito desses, o esquecimento absorve o criminoso. Não imprimam *absolve*; quem absolve é o júri, no caso de haver processo; eu digo que o esquecimento absorve o criminoso, no sentido de se não falar mais nisso.

Mas deixemos criminologias e venhamos aos dois livros da quinzena. A *Flor de sangue* pode dizer-se que é o sucesso do dia. Ninguém ignora que Valentim Magalhães é dos mais ativos espíritos da sua geração. Tem sido jornalista, cronista, contista, crítico, poeta, e, quando preciso, orador. Há vinte anos que escreve, dispersando-se por vários gêneros, com igual ardor e curiosidade. Quem sabe? Pode ser que a política o atraia também, e iremos vê-lo na tribuna, como no jornalismo, em atitude de combate, que é um dos característicos do seu estilo. Naturalmente nem tudo o que escreveu terá o mesmo valor. Quem compõe muito e sempre, deixa páginas somenos; mas é já grande vantagem dispor da facilidade de produção e do gosto de produzir.

Pelo que confessa no prefácio, Valentim Magalhães escreveu este romance para fazer uma obra de fôlego e satisfazer assim a crítica. No fim do prefácio, referindo-se ao romance e ao poema, como as duas principais formas literárias, conclui: "Tudo o mais, contos, odes, sonetos, peças teatrais são matizes, variações, gradações; motivos musicais, apenas, porque as óperas são só eles". Este juízo é por demais sumário e não é de todo verdadeiro. Parece-me erro pôr assim tão embaixo *Otelo* e *Tartufo*. Os sonetos de Petrarca formam uma bonita ópera. E Musset? Quantas obras de fôlego se escreveram no seu tempo que não valem as *Noites* e toda a juventude de seus versos, entre eles este, que vem ao nosso caso:

Mon verre n'est pas grand, mais je bois dans mon verre.

Taça pequena, mas de ouro fino, cheia de vinho puro, vinho de todas as uvas, gaulesa, espanhola, italiana e grega, com que ele se embriagou a si e ao seu século, e aí vai embriagar o século que desponta. Quanto às ficções em prosa, conto, novela, romance, não parece justo desterrar as de menores dimensões. *Clarisse Harlowe* tem um fôlego de oito volumes. Taine crê que poucos suportam hoje esse romance. Poucos é muito: eu acho que raros. Mas o mesmo Taine prevê que no ano 2.000

ainda se lerá a *Partida de gamão*, uma novelinha de trinta páginas; e, falando das outras narrativas do autor de *Carmen*, todas de escasso tomo, faz esta observação verdadeira: "É que são construídas com pedras escolhidas, não com estuque e outros materiais da moda".

Este é o ponto. Tudo é que as obras sejam feitas com o fôlego próprio e de cada um, e com materiais que resistam. Que Valentim Magalhães pode compor obras de maior fôlego, é certo. Na *Flor de sangue* o que o prejudicou foi querer fazer longo e depressa. A ação, aliás vulgar, não dava para tanto; mal chegaria a metade. Há muita coisa parasita, muita repetida, e muita que não valia a pena trazer da vida ao livro. Quanto à pressa, a que o autor nobremente atribui os defeitos de estilo e de linguagem, é causa ainda de outras imperfeições. A maior destas é a psicologia do dr. Paulino. O autor espiritualiza à vontade um homem que, a não ser a sua palavra, dá apenas a impressão do lúbrico; e não há como admitir que, depois da temporada de adultério, ele se mate por motivos de tanta elevação nem ainda por supor não ser amado. Não tenho espaço para outros lances inadmissíveis, como a ida de Corina à casa da rua de Santo Antônio (pág. 141). Os costumes não estão observados. Já Lúcio de Mendonça contestou que tal vida fosse a da nossa sociedade. O erotismo domina mais do que se devera esperar, ainda dado o plano do livro.

Não insisto; aí fica o bastante para mostrar o apreço em que tenho o talento de Valentim Magalhães, dizendo-lhe alguma coisa do que me parece bom e menos bom na *Flor de sangue*. Que há no livro certo movimento, é fora de dúvida; e esta qualidade em romancista vale muito. Verdadeiramente os defeitos principais deste romance são dos que a vontade do autor pode corrigir nas outras obras que nos der, e que lhe peço sejam feitas sem nenhuma ideia de grande fôlego. Cada concepção traz virtualmente as proporções devidas; não se porá *Mme. Bovary* nas cem páginas de *Adolfo*, nem um conto de Voltaire nos volumes compactos de George Elliot.

Para que Valentim Magalhães veja bem a nota assaz aguda que deu a algumas partes da *Flor de sangue*, leia o prefácio de Araripe Júnior nas *Canções do outono*, comparado com o livro de Lúcio de Mendonça. O valente crítico fala longamente do amor, e sem biocos, pela doutrina que vai além de Mantegazza, segundo ele mesmo expõe; e definindo o poeta das *Canções do outono*, fala de um ou outro toque de sensualidade que se possa achar nos seus versos. Entretanto, é bem difícil ver no livro de Lúcio de Mendonça coisa que se possa dizer sensual. *O ideal* é o título da primeira composição; ele amará em outras páginas com o ardor próprio da juventude; mas as sensações são apenas indicadas. Basta lembrar que o livro (magnificamente impresso em Coimbra) é dedicado por ele à esposa, então noiva.

Vários são os versos deste volume, de vária data e vária inspiração. Não saem da pasta do poeta, para a luz do dia, como segredos guardados até agora; são recolhidos de jornais e revistas, por onde Lúcio de Mendonça os foi deixando. O mérito não é igual em todos; a *Flor do ipê*, a *Tapera*, a *Ave-Maria*, para só citar três páginas, são melhor inspiradas e bem compostas que outras — versos de ocasião. Há também traduções feitas com apuro. Por que fatalidade acho aqui vertido em nossa língua o soneto *Analyse*, de Richepin? Nunca pude ir com esta página do autor de *Fleurs du Mal*. Essa análise da lágrima, que só deixa no crisol *água*, *sal*, *soda*, *muco* e *fosfato de cal*, em que é que diminui a intensidade ou altera a espiritualidade dos sentimentos que a produzem? É o próprio poeta que, na *Charogne*, anunciando à amante que será cadáver um dia, canta as suas emoções passadas:

> *Alors, ô ma beauté! dites à la vermine*
> *Qui vous mangera de baisers,*
> *Que j'ai gardé la forme et l'essence divine*
> *De mes amours décomposés!*

Pois a lágrima é isso, é a essência divina, seja da dor, seja do prazer, seja ainda da cólera das pobres criaturas humanas. Felizmente, no mesmo volume o poeta nos dá a tradução do famoso soneto de Arvers e de outras composições de mérito. Eu ainda não disse que tive o gosto de prefaciar o primeiro volume de Lúcio de Mendonça, e não o disse, não só para não falar de mim — que é mau costume —, mas para não dar razão aos que me arguem de entrar pelo inverno da vida. Em verdade, esse rapaz, que eu vi balbuciar os primeiros cantos, é hoje magistrado e alto magistrado, e o tempo não terá andado só para ele. Mas isso mesmo me faz relembrar aquela circunstância. Eis-nos aqui os dois, após tantos anos, sem haver descrido das letras, e achando nelas um pouco de descanso e um pouco de consolo. Muita coisa passou depois das *Névoas matutinas;* não passou a fé nas musas, e basta.

3 de janeiro de 1897

A importância da carta que se vai ler devia excluir qualquer outro cuidado esta semana; mas não se perde nada em retificar um lapso. Pequeno lapso: domingo passado escrevi "autor de *Fleurs du Mal*" onde devera escrever "autor de *Blasphèmes*", tudo porque uma estrofe de Baudelaire me cantava na memória para corrigir com ela o seu patrício Richepin. Vamos agora à carta. Recebi-a anteontem de um cidadão americano, o rev. M. Going, que aqui chegou em agosto do ano findo e partiu a 1 ou 2 de setembro para a ilha da Trindade. — "Suspeito uma coisa", disse-me ele. — "Que coisa?" — "Não posso dizer; se acertar, terei feito uma grande descoberta, a maior descoberta marítima do século; se não acertar, fica o segredo comigo." Podes imaginar agora, leitor, o assombro com que recebi a epístola que vais ler:

> Ilha da Trindade, 26 de dezembro de 1896.
> Caro senhor. — Esta carta vos será entregue pelo rev. James Maxwell, de Nebrasca. Veio ele comigo a esta ilha, sem saber o fim que me trouxe a ela. Pensava que o meu desejo era conhecer o valor do penhasco que os ingleses queriam tomar ao Brasil, segundo lhe disse em Royal Hotel, 3, rua Clapp, uma sexta-feira. O rev. Maxwell vos contará o assombro em que ficou e a minha desvairada alegria quando vimos o que ele não esperava ver, o que absolutamente ninguém pensou nem suspeitou nunca.
> Senhor, esta ilha não é deserta, como se afirma; esta ilha tem, do lado oriental, uma pequena cidade, com algumas vilas e aldeias próximas. Eu desconfiava disto, não por alguma razão científica ou confidência de navegante, mas por uma intuição fundada em tradição de família. Com efeito, é constante na minha família que um dos meus avós, aventureiro e atrevido, deixou um dia as costas da Inglaterra, entre 1648 e 1650, em um velho barco, com meia dúzia de tripulantes. Voltou dez anos depois, dizendo ter descoberto um povo civilizado, bom e pacífico, em certa ilha que descreveu. Não temos outro vestígio; mas, não sei por que razão — creio que por inspiração de Deus — desconfiei que a ilha era a da Trindade. E acertei; eis a ilha, eis o povo, eis a grande descoberta que vai fechar com chave de ouro o nosso século de maravilhas.

As notícias atropelam-se-me debaixo da pena, de modo que não sei por onde continue. A primeira coisa que lhe digo já é que achei a prova da estada aqui de um Going, no século XVII. Dei com um retrato de Carlos I, meio apagado e conservado no museu da cidade. Disseram-me que fora deixado por um homem que residiu aqui há tempos infinitos. Ora, o meu avô citado era grande realista e por algum tempo bateu-se contra as tropas de Cromwell. Outra prova de que um inglês esteve aqui é a língua do povo, que é uma mistura de latim, inglês e um idioma que o rev. Maxwell afirma ser púnico. Efetivamente, este povo inculca descender de uma leva de cartagineses que saiu de Cartago antes da vitória completa dos romanos. Uma vez entrados aqui, juraram que nenhuma relação teriam mais com povo algum da terra, e assim se conservaram. Quando a população chegou a vinte e cinco mil almas, fizeram uma lei reguladora dos nascimentos, para que nunca esse número seja excedido; único modo, dizem, de se conservarem segregados da cobiça e da inveja do universo. Não é essa a menor esquisitice desta pequena nação; outras muitas tem, e todas serão contadas na obra que empreendi. Porquanto, meu caro senhor, é meu intuito não ir daqui sem haver descrito os costumes e as instituições do pequenino país que descobri, dizendo de suas origens, raça, língua o mais que puder coligir e apurar. Talvez lhe traga dano. Não é fora de propósito crer que a Inglaterra, sabendo que aqui esteve um inglês, há dois séculos, reclame a posse da ilha; mas, em tal caso, sendo Going meu parente, reivindicarei eu a posse e vencerei por um direito anterior. De fato, todo ente gerado, antes de vir à luz, antes de ser cidadão, é filho de sua mãe, e até certo ponto é avô da geração futura que virtualmente traz em si. Vou escrever neste sentido a um legista de Washington.

Falei de esquisitices. Aqui está uma, que prova ao mesmo tempo a capacidade política deste povo e a grande observação dos seus legisladores. Refiro-me ao processo eleitoral. Assisti a uma eleição que aqui se fez em fins de novembro. Como em toda a parte, este povo andou em busca da verdade eleitoral. Reformou muito e sempre; esbarrava-se, porém, diante de vícios e paixões, que as leis não podem eliminar. Vários processos foram experimentados, todos deixados ao cabo de alguns anos. É curioso que alguns deles coincidissem com os nossos de um e de outro mundo. Os males não eram gerais, mas eram grandes. Havia eleições boas e pacíficas, mas a violência, a corrupção e a fraude inutilizavam em algumas partes as leis e os esforços leais dos governos. Votos vendidos, votos inventados, votos destruídos, era difícil alcançar que todas as eleições fossem puras e seguras. Para a violência havia aqui uma classe de homens, felizmente extinta, a que chamam pela língua do país, *kapangas* ou *kapengas*. Eram esbirros particulares, assalariados para amedrontar os eleitores e, quando fosse preciso, quebrar as urnas e as cabeças. Às vezes quebravam só as cabeças e metiam nas urnas maços de cédulas. Estas cédulas eram depois apuradas com as outras, pela razão especiosa de que mais valia atribuir a um candidato algum pequeno saldo de votos que tirar-lhe os que deveras lhe foram dados pela vontade soberana do país. A corrupção era menor que a fraude; mas a fraude tinha todas as formas. Enfim, muitos eleitores, tomados de susto ou de descrença, não acudiam às urnas.

Vai então, há cinquenta anos (os anos aqui são lunares) apareceu um homem de Estado, autor da lei que ainda hoje vigora no país. Não podeis, caro senhor, conceber nada mais estranho nem também mais adequado que essa lei: é uma obra-prima de legislação experimental. Esse homem de Estado, por nome Trumpbal, achou dificuldades em começo, porque a reforma proposta por ele mudava justamente o princípio do governo. Não o fez, porém, pelo vão gosto de trocar as coisas. Trumpbal observara que este povo confia menos em si que nos seus deuses; assim, em vez de colocar o direito de escolha na vontade popular, propôs atribuí-lo à fortuna. Fez da eleição uma consulta aos deuses. Ao cabo de dois anos de luta, conseguiu Trumpbal a primeira vitória. — Pois bem, disseram-lhe; decretemos uma lei provisória, segundo o vosso plano; far-se-ão por ela duas eleições, e se não alcançar o efeito que esperais, buscaremos outra coisa. Assim se fez; a lei dura há quarenta e oito anos.

Eis os lineamentos gerais do processo: cada candidato é obrigado a fazer-se inscrever vinte dias antes da eleição, pelo menos, sem limitação alguma de número. Nos dez dias anteriores à eleição, os candidatos expõem na praça pública os seus méritos e examinam os dos seus adversários, a quem podem acusar também, mas em termos comedidos. Ouvi um desses debates. Conquanto a língua ainda me fosse difícil de entender, pude alcançar, pelas palavras inglesas e latinas, pela compostura dos oradores e pela fria atenção dos ouvintes, que os oradores cumpriam escrupulosamente a lei. Notei até que, acabados os discursos, os adversários apertavam as mãos uns dos outros, não somente com polidez, mas com afabilidade. Não obstante, para evitar quaisquer personalidades, o candidato não é designado pelo próprio nome, mas pelo de um bicho, que ele mesmo escolhe no ato da inscrição. Um é águia, outro touro, outro pavão, outro cavalo, outro borboleta etc. Não escolhem nomes de animais imundos, traiçoeiros, grotescos e outros, como sapo, macaco, cobra, burro; mas a lei nada impõe a tal respeito. Nas referências que fazem uns aos outros adotaram o costume de anexar ao nome um qualificativo honrado: o brioso Cavalo, o magnífico Pavão, o indomável Touro, a galante Borboleta etc., fazendo dessas controvérsias, tão fáceis de azedar, uma verdadeira escola de educação.

A eleição é feita engenhosamente por uma máquina, um tanto parecida com a que tive ocasião de ver no Rio de Janeiro, para sortear bilhetes de loteria. Um magistrado preside a operação. Escrito o título do cargo em uma pedra negra, dá-se corda à máquina, esta gira e faz aparecer o nome do eleito, composto de grandes letras de bronze. Os nomes de todos, isto é, os nomes dos animais correspondentes têm sido postos na caixa interior da máquina, não pelo magistrado, mas pelos próprios candidatos. Logo que o nome de um aparecer, o dever do magistrado é proclamá-lo, mas não chega a ser ouvido, tão estrondosa é a aclamação do povo: — "Ganhou o Pavão! ganhou o Cavalo!" Este grito, repetido de rua em rua, chega aos últimos limites da cidade, como um incêndio, em poucos minutos. O alvoroço é enorme, é um delírio. Homens, mulheres, crianças, encontram-se e bradam: — "Ganhou o Cavalo! ganhou o Pavão!"

Mas então os vencidos não gemem, não blasfemam, não rangem os dentes? Não, caro senhor, e aí está a prova da intuição política do reformador. Os cidadãos, levados pelo impulso que os faz não descrer jamais da fortuna, lançam apostas, grandes e pequenas, sobre os nomes dos candidatos. Tais apostas parece que deviam agravar a dor dos vencidos, uma vez que perdiam candidato e dinheiro; mas, em verdade, não perdem as duas coisas. Os cidadãos fizeram disto uma espécie de perde-ganha; cada partidário aposta no adversário, de modo que quem perde o candidato ganha o dinheiro, e quem perde o dinheiro ganha o candidato. Assim, em vez de deixar ódios e vinganças, cada eleição estreita mais os vínculos políticos do povo. Não sei se uma grande cidade poderia adotar tal sistema; é duvidoso. Mas para cidades pequenas não creio que haja nada melhor. Tem a doçura, sem a monotonia do véspora. E, deixai-me que vo-lo diga francamente, apelando para os seus deuses, este povo, que conserva as crenças errôneas da raça originária, pensa que são eles que o ajudam; mas, em verdade, é a providência divina. Ela é que governa a terra toda e dá luz à escuridão dos espíritos. Está em Isaías: "Ouvi, ilhas, e atendei, povos de longe". Está nos *Salmos*: "Do Senhor é a redondeza da terra e todos os seus habitadores, porque ele a fundou sobre os mares e sobre os rios".

Haveria muito que dizer se pudesse contar outros costumes deste povo, fundamentalmente bom e ingênuo; mas paro aqui. Conto estar de volta no Rio de Janeiro em fins de maio ou princípios de junho. Peço-vos que auxilieis o meu amigo rev. Maxwell; ele vai buscar-me alguns livros e um aparelho fotográfico. Indagai dele as suas impressões, e ouvireis a confirmação do que vos digo. Adeus, meu caro senhor; crede-me vosso muito obediente servo — GOING.

O rev. Maxwell confirma realmente tudo o que me diz a carta do rev. Going. São dois sacerdotes; e, embora protestantes, não creio que se liguem para rir de um homem de boa-fé. É tudo, porém, tão extraordinário que, para o caso de ser um simples *humbug*, resolvi publicar a carta. Os entendidos dirão se é possível a descoberta.

10 de janeiro de 1897

Falemos de doenças, de mortes, de epidemias. Não é alegre, mas nem todas as coisas o são, e algumas há mais melancólicas que outras. Estamos em pleno estio, estação dos grandes obituários, que por ora não sobem da usual craveira; morre-se como em maio e setembro. A velha hóspede importuna (não é preciso dizer o nome) ainda se não levantou da cama; pode ser até que lá fique. Também há anos em que, por se levantar tarde, não come menos, ainda que mais depressa; mas esperemos o melhor.

Apesar de tudo, o Conselho municipal votou, creio eu, a lei do empréstimo de saneamento. Não afirmo que sim nem que não, porque é mui difícil para mim extrair de um longo debate o que é que realmente se votou ou não votou. Quando os vereadores falavam uns para os outros, e só eram conhecidos cá fora os votos coletivos, poder-se-iam ter presentes as leis, então chamadas posturas, e mal chamadas assim. As galinhas não põem silenciosamente os ovos; cacarejam sempre. Ora, os vereadores punham calados as suas leis. Também não se lhes sabia a opinião, e podiam pensar diversamente no princípio e no fim de agosto, conquanto fossem firmes todo o ano; mas podiam. Agora que, por uma razão justa, os discursos são apanhados, impressos, postos em volume, tudo se sabe do debate, o que é dele e o que não é. Mas vá um homem tomar pé no meio de tantas orações!

Demais, o contribuinte, bem examinado, não quer saber de orçamentos nem de empréstimos. O contribuinte sou eu, és tu; tu és um homem que gostas de dizer mal, de ler veementes discursos, mormente se trazem muitos apartes e não tratam da matéria em discussão, espírito fluido, avesso às asperezas de imposto e às realidades da soma. Deem-nos bons debates, algum escândalo, meia dúzia de anedotas, e o resto virá. Ninguém se há de negar a pagar os impostos. Quando forem muitos e grossos, que tornem a vida cara, farão o ofício do calor e da trovoada, que é dar princípio às conversações de pessoas que não tenham outra coisa que dizer. Iniciada a palestra, desaparecem

Creio, porém, que está votado o empréstimo. Dado que sim, convirá proceder já às obras, ou será melhor esperar que o mal comece? Tudo está em saber o que é o mal. Aparentemente é só aquela visita de 1850, que ainda não saiu cá de casa, por mais que recorramos às superstições da terra contra os cacetes; mas bem pode ser que haja outro: a arteriosclerose. Já se morre muito desta doença. Há coisa de dez ou quinze anos ninguém conhecia aqui semelhante flagelo, nem de figura, nem sequer de nome. Não conseguira transpor a barra: não pensava sequer nisso. Um dia, caiu não se sabe donde e pegou um descuidado, que não resistiu e foi para o obituário entre uma vítima de tuberculose e outra de tifo; estava em casa. Daí para cá, a arteriosclerose tem feito as suas vítimas certas. Outras doenças podem matar ou aleijar, e também podem não fazer nada, não aparecer sequer; aquela é segura. É sorrateira. Uma pessoa adoece, não mostra de quê, por mais que se investigue, apalpe, analise; dá-se-lhe tudo, contra vários males, e a vida diminui, diminui, até que se vai inteiramente. Só então o terrível mal põe a orelha de fora, e passa um defunto para o cemitério com esta pecha de haver dissimulado a causa da morte, última e mais hedionda das hipocrisias.

O que há de pior nessa moléstia, não é decerto o nome. O nome é bonito, é científico, não é de pronúncia fácil, e dito de certo modo pode matar por si mesmo. Ora, é sabido que os nomes valem muito. Casos há em que valem tudo. Na política é que se vê o valor que podem ter as palavras, independente do sentido. Agora mesmo veio um telegrama não sei de que estado, tratando das últimas eleições. Conta fatos condenáveis, atos de violência e de fraude, e, referindo-se ao governo do Estado, chama-lhe *nefasto*. Ninguém ignora o que é um telegrama, tudo se paga. Todos sabem que há adjetivos trágicos, próprios da grande correspondência, das proclamações, dos artigos de fundo, impróprios da via telegráfica. *Nefasto* parece estar nesse caso. É palavra grossa, enérgica, expressiva — um tanto gasta, é possível, como bandido e perverso; mas sempre serve. Por mais gasto que esteja, nefasto tem ainda certo vigor; maior uso tem perverso, e há muito quem o empregue com bom êxito. Bandido, que é o mais surrado dos três, tem na harmonia das sílabas alguma coisa que lhe compensa o uso; e não é a qualquer que se lança este nome de bandido. Tu não és bandido; eu não sou bandido.

Pois, meu amigo, o correspondente não hesitou em mandar *nefasto* pelo telégrafo. Tal é o efeito de um adjetivo de certa gravidade. A suposição de que o telégrafo só conta e resume os fatos, vê-se que gratuita. Também as paixões andam por ele, e as paixões não se exprimem com algarismos e sílabas soltas e pecas. Paixões são paixões. Chamam nefasto ao nefasto, sublime ao sublime, e não olham a dinheiro para transmitir o termo próprio. Se se há de falar de um governo adverso sem se lhe chamar nefasto, também não se poderá dizer de um governo amigo que é benemérito; não se poderá dizer nada. O telégrafo fica sendo um serviço sem explicação, sem necessidade, mero luxo, e, em matéria de administração, luxo e crime são sinônimos. Tanto não é assim, que esta mesma semana tivemos outra amostra de telegramas. Li alguns que, depois de qualificarem certo ato com palavras duras e cortantes, concluíam por chamá-lo inqualificável. Dois ou três, ao contrário, começam por declará-lo inqualificável, e acabam dando-lhe as devidas qualificações — tudo por eletricidade, que é instantâneo. A contradição é só aparente; inqualificável aqui é um termo superlativo, cúmulo dos cúmulos, uma coisa que encerra todas as outras. Sem esta faculdade de fazer estilo, o telégrafo não passaria de um edital de praça, quando o que lhe cumpre é ser catálogo de leilão.

Tudo isto veio a propósito de quê? Ah! da arteriosclerose. Dizia eu que o pior desta moléstia não é o nome. Em verdade, o pior é que ninguém lhe escapa. Não conheço pessoa que diga de si haver estado muito mal de uma arteriosclerose; o enfermo sabe da enfermidade quando a notícia da morte está no obituário, e os obituários publicam-se com alguma demora. É mal definitivo. Talvez conviesse fazer escapar alguns atacados, ainda que por poucos meses, um ou dois anos. Não é muito, mas a maior parte da gente, tendo de escolher entre morrer agora ou em 1899, prefere a segunda data, quando menos com o pretexto de ver acabar o século. É uma ideia; um específico contra a arteriosclerose, não salvando a todos, mas uns cinco por cento, podia muito bem ser aplicado, sem deixar de enriquecer o inventor, que afinal também há de morrer.

Realmente estou demasiado lúgubre. *On ne parle ici que de ma mort*, diz um personagem de não sei que comédia. Sacudamos as asas; fora com a poeira do cemitério. Venhamos à vida, ao saneamento. Uma folha estrangeira perguntava há pouco quais eram as duas condições essenciais da salubridade de uma cidade, e respondia a si mesma que eram a água corrente em abundância e a eliminação rápida dos resíduos da vida. Depois, com um riso escarninho, concluía que tudo estava achado há vinte séculos pelos romanos. E lá vinham os famosos aquedutos... Mas, entre nós, os aquedutos, com o trem elétrico por cima, dão a imagem de um progresso que os romanos nem podiam sonhar. E quanto aos banhos, não há de que se orgulhem os antigos. O atual chafariz da Carioca tem lavado muito par de pernas, muito peito, muita cabeça, muito ventre; na menor das hipóteses, muito par de narizes. Não tem nome de banho público, mas *what's in a name?* como diz a divina Julieta.

17 de janeiro de 1897

Semana de maravilhas, que pincel divino e diabólico a um tempo não seria necessário para reduzir-te a um símbolo? Triste coisa é a rebelião. A loucura é coisa tristíssima. Imaginemos agora a rebelião de loucos que deve ter sido a de anteontem, no Hospício de Santiago. Horrível, três vezes horrível. Afirma a Agência Havas que os loucos praticaram desatinos. Este pleonasmo é a mais dura das ironias que uma agência, seja ou não Havas, pode cometer contra pobres criaturas sem juízo; mas se a intenção do telegrama foi zombar dos ajuizados que se metem a rebeldes, não digo que a ocasião fosse própria, mas, enfim, a notícia é menos crua. Leram naturalmente que a força pública teve de acudir para abafar o movimento, não havendo outro recurso em tais casos, ainda que os revoltosos não tratassem de derribar as instituições políticas. Trocaram-se balas e cabeçadas. Vejo daqui os olhos dos rebeldes, vagos e tontos, e ouço as risadas de mistura com os urros. Um, mais doido que outro, dá em si com as pernas dele, e lança-o acima de um soldado, que o apara na ponta da baioneta; as tripas disparam pela barriga fora, também loucas, também rebeldes...

Em si mesma, a loucura é já uma rebelião. O juízo é a ordem, é a Constituição, a justiça e as leis. Se há nele algum tumulto que perturbe a ordem, alguma imoralidade que desafie a justiça, e se as leis nem sempre recebem aquela obediência exata que há nos sonhos de Platão e de Campanella, tudo isso é passageiro, e, se dura, não dura sempre. A vida não é perfeita, meus irmãos. As mais belas sociedades coxeiam, às vezes, de um pé, e não raro de ambos. Mas coxear é uma coisa e quebrar as pernas é outra. A demência é a fratura das pernas; ou, continuando a primeira metáfora, malucar é rebelar-se. Que não será uma revolta de alienados?

Ao pé dessa maravilha, tivemos outra de espécie contrária: o tratado de arbitramento entre a Inglaterra e os Estados Unidos. Vários grandes homens, inclusive Rochefort, disseram dele coisas magníficas, e a opinião geral é que a guerra acabou, e que este ato é o maior do século. Para um século que madrugou com sangue e aprendeu a andar entre batalhas, este acabar decretando a paz universal e eterna é, na verdade, uma grande maravilha. Eu, que fui educado na desconfiança dos tratados, confesso que hesitei um pouco. Certo, dois grandes países podem entender-se sobre o modo de dividir os bens do evento, acrescendo que, no presente caso, a vitória de um ou de outro é sempre a vitória da língua inglesa, com mais arcaísmos de um lado ou mais americanismos de outro, Macaulay ou Bancroft — numa só palavra, Shakespeare. Nem se trata de aspiração nova; a nossa Constituição a inclui entre os seus artigos, mas aparelha a nação para a guerra. A minha hesitação veio de...

Não digo donde veio a minha hesitação, uma vez que acabou. Sim, a guerra há de extinguir-se; natural é que comece a fazê-lo, e o caminho mais pronto é achar um processo que a substitua. Mas, por que não direi a causa da minha hesitação? Vinha da rapidez do ato. Se fosse milagre, bem; eu aprendi com La Palisse que o caráter do milagre é ser súbito. Mas este autor, por seus paradoxos, está tão desacreditado que não vale mais crer nele. E estou que a vitória final da indústria será como as da própria guerra, que tendia a acabar com meia dúzia de batalhas. Oh! a paz do mundo! Bem-aventurados os que a alcançarem, e é natural que sejam duas nações essencialmente industriais. Sim, venha a paz; a guerra será no campo da venda e da compra; eu quererei comprar barato, tu quererás vender caro, eis aí um vasto campo de luta, de emboscadas, de fortalezas mascaradas, de feridos e mortos.

Os exércitos serão principalmente os do imposto, e daqui passaria eu a outra maravilha da semana, que é o imposto municipal, se este não tivesse o inconveniente de ser municipal. Hoje estou fora da cidade. Concordo que os novos impostos são grossos e minuciosos, embora com fins declarados e certos, mas o meu espírito hoje é um vagabundo, que não quer parar em nada, menos ainda no Rio de Janeiro. Estou pronto a aceitar os exércitos do fisco, mas como princípio, como regra universal. As maravilhas hão de ser estranhas, como a daquele professor de Berlim, que está fabricando diamantes, e que o imperador visitou esta semana, para ver se o produto artificial vale o natural. Eu não descreio que a natureza venha a ser deposta e que as maravilhas da arte e da indústria substituam os seus produtos seculares. Um filósofo quer que a aventurina seja a única pedra que é pior natural que artificial; mas, além de não ser mineralogista, podia dizer verdades no seu tempo. Nós caminhamos e ainda havemos de fazer diamantes como fazemos a sesta. Um amigo meu, há quatro anos, mostrando-me um maço de ações de sua companhia, creio que de São Lázaro, bradava-me: "Isto é ouro!". Na ocasião pareceu-me que era papel, papel excelente, a impressão boa, as cédulas iguais, tão iguais que davam a impressão de um simples pedaço de madeira. Mas quem impede que ainda venha a ser ouro?

A cativa Bárbara é outra maravilha da semana, se é exato o que nos contou Teófilo Braga, no *Jornal do Commercio,* acerca da nova edição feita das *Endechas a Bárbara,* por Xavier da Cunha, a expensas do dr. Carvalho Monteiro. Há tudo nessa reimpressão, há para poetas, há para bibliógrafos, há para rapazes. Os poetas lerão o grande poeta, os bibliógrafos notarão as traduções infinitas que se fizeram dos versos de Camões, desde o latim de todos até o guarani dos brasileiros, os rapazes folgarão com as raparigas da Índia. Estas (salvante o respeito devido à poesia e à bibliografia) não são das menores maravilhas, nem das menos fáceis, muitas lânguidas, todas cheirosas. Quanto às endechas à cativa,

> Aquela cativa,
> Que me tem cativo,

como dizia o poeta, essas trazem a mesma galantaria das que ele compôs para tantas mulheres, umas pelo nome, Fuã Gonçalves, Fuã dos Anjos etc., outras por simples indicações particulares, notando-se aquelas duas "que lhe chamaram diabo", e aquelas três que diziam gostar dele, ao mesmo tempo,

> Não sei se me engana Helena,
> Se Maria, se Joana;

ele concluía que uma delas o enganava, mas eu tenho para mim que era por causa da rima. A Pretidão de Amor (por alcunha) é que certamente lhe era fiel:

> Olhos sossegados,
> Pretos e cansados.

Quanto ao trabalho de Xavier da Cunha e o serviço de Carvalho Monteiro, não há mais que louvar e agradecer, em nome das musas, conquanto não víssemos ainda nem um nem outro; mas a notícia basta.

24 de janeiro de 1897

Anteontem, quando os sinos começaram a tocar a finados, um amigo disse-me: "Um dos dois morreu, o arcebispo ou o papa". Não foi o papa. Aquele velhinho transparente, com perto de noventa anos às costas, além do governo do mundo católico, continua a enterrar os seus cardeais. Agora mesmo, por telegrama impresso ontem, sabe-se que morreu mais um cardeal, com o qual sobem a cento e dezoito os que se têm ido da vida, enquanto Leão XIII fica à espera da hora que ainda lhe não bateu. Outro amigo meu, que já vira duas vezes o velho pontífice, acaba de escrever-me que o viu ainda uma vez, em dezembro, na cerimônia da imposição do chapéu a alguns novos cardeais. Descreve a forma da cerimônia, cheio de admiração e de fé — uma fé sincera e singela, flor dos seus jovens anos. Ouvira uma missa ao papa, e, posto enfraquecido pela idade, este lhe pareceu resistir à ação do tempo.

Não sucedeu o mesmo ao digno arcebispo do Rio de Janeiro. Posto que muito mais moço, foi mais depressa tocado pela hora da morte. D. João era um lutador; as folhas do dia lembram ou nomeiam os livros e opúsculos que escreveu, não contando o trabalho de jornalista, obra que desaparece todos os dias com o sol, para recomeçar com o mesmo sol, e não deixar nada na memória dos homens, a não ser o vago sulco de um nome, que se apaga (para os melhores) com a segunda geração. Este homem, nado em Barcelona, filho de um belga e de uma senhora espanhola — creio que era espanhola —, estava longe de crer que acabaria na sede arquiepiscopal de uma grande capital da América. Tais são os destinos, tais os ventos que levam a vela de cada um, ou para a navegação costeira e obscura, ou para a descoberta remota e gloriosa.

Era um lutador. Eu confesso que a primeira e mais viva impressão episcopal que tenho não é de homem de combate, talvez porque a hora não era de combate. A impressão que me ficou mais funda foi a daquele d. Manuel do Monte Rodrigues, conde de Irajá. A boca cheia de riso, como frei Luís de Sousa refere de são Bartolomeu dos Mártires, os olhos pequenos, com a pouca luz restante, coados pelos vidros grossos dos óculos de ouro, a bênção pronta, a mão já trêmula, o corpo já curvado, descia da sege episcopal, todo vestido de paz e sossego. Uma figura daquelas, na imaginação da criança, facilmente se liga à ideia da imortalidade. Um dia, porém, d. Manuel morreu. A terra, credor que não perdoa, e apenas reformará algumas letras, veio pedir-lhe a restituição do empréstimo. D. Manuel entregou-lho, aumentado dos juros de uma vida de virtudes e trabalhos.

Veio o moço d. Pedro, e com pouco soou a hora de combate, que foi longa e ruidosa. A parte dele não foi grande na luta; pelo menos, não teve igual eco aos outros. Nem por isso a imagem do primeiro bispo me ficou apagada pela do segundo, apesar do auxílio do tempo em favor de d. Pedro.

Não era a mansidão que conservava o relevo daquele. Nenhum lutador mais impetuoso, mais tenaz e mais capaz que d. Vital, bispo de Olinda, e a impressão que este me deixou foi extraordinária. Vi-o uma só vez, à porta do Tribunal, no dia em que ele e o bispo do Pará tiveram de responder no processo de desobediência.

A figura do frade, com aquela barba cerrada e negra, os olhos vastos e plácidos, cara cheia, moça e bela, desceu da sege, não como o velho d. Manuel, mas com um grande ar de desdém e superioridade, alguma coisa que o faria contar como nada tudo o que se ia passar perante os homens. Sabe-se que morreu na Europa, creio que na Itália. Há quem acredite que voluntariamente não tornaria à cadeira de Pernambuco. Ao seu companheiro de então, o bispo do Pará, tive ocasião de vê-lo ainda, numa sala, familiar e grave, atraente e circunspeto, mas já sem aquele clangor das trombetas de guerra; a campanha acabara, a tolerância recuperara os seus direitos.

Também a luta para o arcebispo d. João não era a mesma; não havia a crise dos primeiros tempos em que se distinguiu. Era a luta de todos os dias, que a imprensa católica naturalmente mantém contra princípios e institutos que lhe são adversos, sem por isso concitar os fiéis à desobediência e à destruição. Leão XIII é o modelo dessa defesa do dogma sem a agitação da guerra, tolerando o que uns chamam calamidade dos tempos, outros conquistas do espírito civil, mas que, sendo fatos estabelecidos, não há modo visível de os desterrar deste mundo. Quem esperará que a Igreja reconheça nenhum outro matrimônio, além do católico? Mas quem quererá que recuse a bênção aos que se casam civilmente? Não é só o imposto que se dá a César, ou não é só o imposto em dinheiro; é também a obediência às suas leis. A Igreja protestará, mas viverá. Este ponto prende com outro bispo, o do Rio Grande, que pregou agora em uma igreja de Santa Maria da Boca do Monte contra o casamento civil e contra os que se não confessam. Diz uma carta aqui publicada que foi tão violento em sua linguagem que o povo que enchia a igreja veio esperá-lo à porta e fez-lhe uma demonstração de desagrado. O correspondente chama-lhe "charivari medonho". Eu posso não entender bem nem mal a violência do bispo; mas o que ainda menos entendo é a dos fiéis. Que foram então os fiéis fazer ao templo onde pregava o bispo? Foram lá, porque são fiéis, porque estão na mesma comunhão de sentimentos religiosos. Se a tolerância lhes parecia conveniente, e a brandura necessária, era caso de discordar do bispo e até lastimá-lo, mas pateá-lo? Que fariam então os mais terríveis inimigos do *Credo*? Porque a pateada, "o charivari medonho", é a *ultima ratio* do desagrado. Alguns, considerando o bastão, pensarão que aquela é só penúltima. Mas nem uma nem outra razão é própria de católicos. Salvo se os fiéis que ouviam o bispo eram meros passeantes que entraram na igreja como em um parque aberto, para descansar a vista e os pés. Pode deduzir-se isto em desespero de causa; mas, francamente, não sei que pense. Folguemos em crer que o arcebispo agora morto não daria azo a tal explosão, não só por si, mas ainda pelo respeito em que o tinham.

31 de janeiro de 1897

Os direitos da imaginação e da poesia hão de sempre achar inimiga uma sociedade industrial e burguesa. Em nome deles protesto contra a perseguição que se está fazendo à gente de Antônio Conselheiro. Este homem fundou uma seita a que se não sabe o nome nem a doutrina. Já este mistério é poesia. Contam-se muitas anedotas, diz-se que o chefe manda matar gente, e ainda agora fez assassinar famílias numerosas porque o não queriam acompanhar. É uma repetição do *crê ou morre*; mas a vocação de Maomé era conhecida. De Antônio Conselheiro ignoramos se teve alguma entrevista com o anjo Gabriel, se escreveu algum livro, nem sequer se sabe escrever. Não se lhe conhecem discursos. Diz-se que tem consigo milhares de fanáticos. Também eu o disse aqui, há dois ou três anos, quando eles não passavam de mil ou mil e tantos. Se na última batalha é certo haverem morrido novecentos deles e o resto não se despega de tal apóstolo, é que algum vínculo moral e fortíssimo os prende até à morte. Que vínculo é esse?

No tempo em que falei aqui destes fanáticos, existia no mesmo sertão da Bahia o bando dos clavinoteiros. O nome de clavinoteiros dá antes ideia de salteadores que de religiosos; mas se no *Corão* está escrito que "o alfanje é a chave do céu e do inferno", bem pode ser que o clavinote seja a gazua, e para entrar no céu tanto importará uma como outra; a questão é entrar. Não obstante, tenho para mim que esse bando desapareceu de todo; parte estará dando origem a desfalques em cofres públicos ou particulares, parte à volta das urnas eleitorais. O certo é que ninguém mais falou dele. De Antônio Conselheiro e seus fanáticos nunca se fez silêncio absoluto. Poucos acreditavam, muitos riam, quase todos passavam adiante, porque os jornais são numerosos e a viagem dos bondes é curta; casos há, como os de Santa Teresa, em que é curtíssima. Mas, em suma, falava-se deles. Eram matéria de crônicas sem motivo.

Entre as anedotas que se contam de Antônio Conselheiro, figura a de se dar ele por uma encarnação de Cristo, acudir ao nome de Bom Jesus e haver eleito doze confidentes principais, número igual ao dos apóstolos. O correspondente da *Gazeta de Notícias* mandou ontem notícias telegráficas, cheias de interesse, que toda gente leu, e por isso não as ponho aqui; mas, em primeiro lugar, escreve da capital da Bahia, e, depois, não se funda em testemunhas de vista, mas de outiva; deu-se honesta pressa em mandar as novas para cá, tão minuciosas e graves, que chamaram naturalmente a atenção pública. Outras folhas também as deram; mas serão todas verdadeiras! Eis a questão. O número dos sequazes do Conselheiro sobe já a dez mil, não contando os lavradores e comerciantes que o ajudam com gêneros e dinheiros.

Dado que tudo seja exato, não basta para conhecer uma doutrina. Diz-se que é um místico, mas é tão fácil supô-lo que não adianta nada dizê-lo. Nenhum jornal mandou ninguém aos Canudos. Um repórter paciente e sagaz, meio fotógrafo ou desenhista, para trazer as feições do Conselheiro e dos principais subchefes, podia ir ao centro da seita nova e colher a verdade inteira sobre ela. Seria uma proeza americana. Seria uma empresa quase igual à remoção do Bendegó, que devemos ao esforço e direção de um patrício tenaz. Uma comissão não poderia ir; as comissões geralmente divergem logo na data da primeira conferência, e é duvidoso que esta desembarcasse na Bahia sem três opiniões (pelo menos) acerca do Juazeiro.

Não se sabendo a verdadeira doutrina da seita, resta-nos a imaginação para descobri-la e a poesia para floreá-la. Estas têm direitos anteriores a toda organização civil e política. A imaginação de Eva fê-la escutar sem nojo um animal tão imundo como a cobra, e a poesia de Adão é que o levou a amar aquela tonta que lhe fez perder o paraíso terrestre.

Que vínculo é esse, repito, que prende tão fortemente os fanáticos ao Conselheiro? Imaginação, cavalo de asas, sacode as crinas e dispara por aí fora; o espaço é infinito. Tu, poesia, trepa-lhe aos flancos, que o espaço, além de infinito, é azul. Ide, voai, em busca da estrela de ouro que se esconde além, e mostrai-nos em que é que consiste a doutrina deste homem. Não vos fieis no telegrama da *Gazeta,* que diz estarem com ele quatro classes de fanáticos, e só uma delas sincera. Primeiro que tudo, quase não há grupo a que se não agregue certo número de homens interessados e empulhadores; e, se vos contentais com uma velha chapa, a perfeição não é deste mundo. Depois, se há crentes verdadeiros, é que acreditam em alguma coisa. Essa coisa é que é o mistério. Tão atrativa é ela que um homem, não suspeito de conselheirista, foi com a senhora visitar o apóstolo, deixando-lhe de esmola quinhentos mil-réis, e ela quatrocentos mil. Esta notícia é sintomática. Se um pai de família, capitalista ou fazendeiro, pega em si e na esposa e vai dar pelas próprias mãos algum auxílio pecuniário ao Conselheiro, que já possui uns cem contos de réis, é que a palavra deste passa além das fileiras de combate.

Não trato, porém, de conselheiristas ou não conselheiristas; trato do *conselheirismo,* e por causa dele é que protesto e torno a protestar contra a perseguição que se está fazendo à seita. Vamos perder um assunto vago, remoto, fecundo e pavoroso. Aquele homem que reforça as trincheiras envenenando os rios é um Maomé forrado de um Borgia. Vede que acaba de despir o burel e o bastão pelas armas; a imagem do bastão e do burel dá-lhe um caráter hierático. Enfim, deve exercer uma fascinação grande para incutir a sua doutrina em uns e a esperança da riqueza em outros. Chego a imaginar que o elegem para a Câmara dos deputados, e que ele aí chega, como aquele francês muçulmano, que ora figura na Câmara de Paris, com turbante e burnu. Estou a ver entrar o Conselheiro, deixando o bastão onde outros deixam o guarda-chuva e sentando o burel onde outros pousam as calças. Estou a vê-lo erguer-se e propor indenização para os seus dez mil homens dos Canudos...

A perseguição faz-nos perder isto; acabará por derribar o apóstolo, destruir a seita e matar os fanáticos. A paz tornará ao sertão, e com ela a monotonia. A monotonia virá também à nossa alma. Que nos ficará depois da vitória da lei? A nossa memória, flor de quarenta e oito horas, não terá para regalo a água fresca da poesia e da imaginação, pois seria profaná-las com desastres elétricos de Santa Teresa, roubos, contrabandos e outras anedotas sucedidas nas quintas-feiras para se esquecerem nos sábados.

7 de fevereiro de 1897

A semana é de mulheres. Não falo daquelas finas damas elegantes que dançaram em Petrópolis por amor de uma obra de caridade. Para falar delas não faltarão nunca penas excelentes. Quisera dizer penas de alguma ave graciosa, a fim de emparelhar com a de águia que vai servir para assinar o tratado de arbitramento entre os Estados Unidos e a Inglaterra. Mas se o nome de pena ficou ao pedacinho de metal que ora usamos, direi às damas de Petrópolis que também haverá um coração para adornar as que escreverem delas, como houve um para enfeitar a pena de águia diplomática. Diferem os dois corações em ser este de ouro, cravejado de brilhantes. E são ingleses! e são anglo-americanos! E dizem-se homens práticos e duros! Em meio de tanta dureza e tanta prática, lá acharam uma nesga azul de poesia, um raio de simbolismo e uma expressão de sentimento que se confunde com o dos namorados.

Nós, que não somos práticos e temos uma nota de meiguice no coração, tão alegres que enchemos as ruas de confetes cinco ou seis semanas antes do Carnaval, nós não proporíamos aquele coração de ouro com brilhantes para assinar o tratado. Não é porque as nossas finanças estão antes para o simples aço de Birmingham, mas por não cair em ternura pública, neste fim de século, e um pouco por medo da troça. Nós temos da seriedade uma ideia que se confunde com a de sequidão. Ministro que em tal pensasse cuidaria ouvir, alta noite, por baixo das janelas, ao som do violão, aqueles célebres versos de Laurindo:

> Coração, por que palpitas?
> Coração, por que te agitas?

Os ingleses e os anglo-americanos, esses são capazes de achar uma nota de poesia nas mulheres de soldados que se foram despedir de seus amigos do 7º batalhão, quando este embarcou para a Bahia, quarta-feira. Foram despedir-se à praia, como as esposas dos *Lusíadas* e até as fizeram lembrar aos que não esqueceram este e os demais versos: "Qual em cabelo: Ó doce e amado esposo!". As diferenças são grandes; umas eram consortes dos barões assinalados que saíram a romper o mar "que geração alguma não abriu", estas cá são tristes sócias dos soldados, e não podiam ir com eles, como de costume. Queriam acompanhá-los até à Bahia, até o sertão, até os Canudos, onde o major Febrônio não entrou, por motivos constantes de um documento público. Dizem que choravam muitas; dizem que outras declaravam que iriam em breve juntar-se a eles, tendo vivido com eles e querendo morrer com eles. Delas não poucas os vieram acompanhando de Santa Catarina e nada conheciam da cidade, mas bradavam com a mesma alma que buscariam meios de chegar até onde chegasse a expedição.

Talvez tudo isso vos pareça reles e chato. Deus meu, não são as lástimas de Dido, nem a meia dúzia de linhas da notícia podem pedir meças aos versos do poeta. Os soldados do 7º batalhão não são Eneias; vão à cata de um iluminado e seus fanáticos, empresa menos para glória que para trabalhos duros. Assim é; mas é também certo, pelo que dizem as gazetas, que as tais mulheres padeciam deveras. Ora, a dor, por mais rasteira que doa, não perde o seu ofício de doer. Essas amigas de quartel não elevam o espírito, mas pode ser que contriste ouvi-las, como entristece ver as feridas dos mendigos que andam na rua ou residem nas calçadas, corredores e portas.

Entre parênteses, não excluo do número dos mendigos aqueles mesmos que têm carro, porquanto as suas despesas são relativamente grandes. Há dias, alguém que lê os jornais de fio a pavio deu com um anúncio de um homem que se oferecia para puxar carro de mendigo; donde concluía esta senhora (é uma senhora) que há homens mais mendigos que os próprios mendigos. Chegou ao ponto de crer que a carreira do mendigo é próspera, uma vez que a dos seus criados é atrativa. Não vou tão longe; eu creio que antes ser diretor de banco — ainda de banco que não pague dividendos. Tem outro asseio, outra compostura, outra respeitabilidade, e durante o exercício governa o mercado, ou faz que governa, que é a mesma coisa.

Pobres amigas de quartel! Não direi, para fazer poesia, que fostes misturar as vossas lágrimas amargas com o mar, que é também amargo; faria apenas um trocadilho, sem grande sentido, pois não é o sal que dói. Também não quero notar que a aflição é a rasoura da gala e do molambo. Não; eu sou mais humano; eu peço para vós uma esperança — a esperança máxima, que é o esquecimento. Se não houverdes dinheiro para embarcar, pedi ao menos o esquecimento, e este caluniado amigo dos homens pode ser que venha sentar-se à beira das velhas tábuas que vos servem de leito. Se ele vier, não o mandeis embora; há casos em que ele não é preciso, e entretanto fica e faz prosperar um sentimento novo. No vosso pode ser necessário. Enquanto o sócio perde uma perna cumprindo o seu dever, a sócia deslembrada perde a saudade, que dói mais que ferro no corpo, e tudo se acomoda.

Lágrimas parecem-se com féretros. Quando algum destes passa, rico ou pobre, acompanhado ou sozinho, todos tiram o chapéu sem interromper a conversação, que tanto pode ser da expedição dos Canudos como do naufrágio da Laje. Por isso, descobre-te ao ver passar aquelas outras lágrimas humildes e desesperadas que verteram as esposas e filhos dos operários que naufragaram na fortaleza. Também estas correram à praia, umas pelos pais, outras pelos maridos, todas por defuntos, dos quais só alguns apareceram; a maior parte, se não ficou ali no seio das águas, foi levada por estas, barra fora, à descoberta de um mundo mais que velho.

Era uso dos operários irem às manhãs e tornarem às tardes; mas o mar tem surpresas, e as suas águas não amam só as vítimas ilustres. Também lhes servem as obscuras, sem que aliás precisem de umas nem de outras; mas é por amor dos homens que elas os matam. Assim ficam eles avisados a se não arriscarem mais sem grandes cautelas. Em caso de desespero, não trabalhem. O trabalho é honesto, mas há outras ocupações pouco menos honestas e muito mais lucrativas.

14 de fevereiro de 1897

Conheci ontem o que é celebridade. Estava comprando gazetas a um homem que as vende na calçada da rua de São José, esquina do largo da Carioca, quando vi chegar uma mulher simples e dizer ao vendedor com voz descansada:

— Me dá uma folha que traz o retrato desse homem que briga lá fora.

— Quem?

— Me esqueceu o nome dele.

Leitor obtuso, se não percebeste que "esse homem que briga lá fora" é nada menos que o nosso Antônio Conselheiro, crê-me que és ainda mais obtuso do que pareces. A mulher provavelmente não sabe ler, ouviu falar da seita dos Canudos, com muito pormenor misterioso, muita auréola, muita lenda, disseram-lhe que algum jornal dera o retrato do Messias do sertão, e foi comprá-lo, ignorando que nas ruas só se vendem as folhas do dia. Não sabe o nome do Messias; é "esse homem que briga lá fora". A celebridade, caro e tapado leitor, é isto mesmo. O nome de Antônio Conselheiro acabará por entrar na memória desta mulher anônima, e não sairá mais. Ela levava uma pequena, naturalmente filha; um dia contará a história à filha, depois à neta, à porta da estalagem, ou no quarto em que residirem.

Esta é a celebridade. Outra prova é o eco de Nova York e de Londres onde o nome de Antônio Conselheiro fez baixar os nossos fundos. O efeito é triste, mas vê se tu, leitor sem fanatismo, vê se és capaz de fazer baixar o menor dos nossos títulos. Habitante da cidade, podes ser conhecido de toda a rua do Ouvidor e seus arrabaldes, cansar os chapéus, as mãos, as bocas dos outros em saudações e elogios; com tudo isso, com o teu nome nas folhas ou nas esquinas de uma rua, não chegarás ao poder daquele homenzinho, que passeia pelo sertão uma vila, uma pequena cidade, a que só falta uma folha, um teatro, um clube, uma polícia e sete ou oito roletas, para entrar nos almanaques.

Um dia, anos depois de extinta a seita e a gente dos Canudos, Coelho Neto, contador de coisas do sertão, talvez nos dê algum quadro daquela vida, fazendo-se cronista imaginoso e magnífico deste episódio que não tem nada fim-de-século. Se leste o *Sertão*, primeiro livro da *Coleção Alva*, que ele nos deu agora, concordarás comigo. Coelho Neto ama o sertão, como já amou o Oriente, e tem na palheta as cores próprias — de cada paisagem. Possui o senso da vida exterior. Dá-nos a floresta, com os seus rumores e silêncios, com os seus bichos e rios, e pinta-nos um caboclo que, por menos que os olhos estejam acostumados a ele, reconhecerão que é um caboclo.

Este livro do *Sertão* tem as exuberâncias do estilo do autor, a minuciosidade das formas, das coisas e dos momentos, o numeroso rol das características de uma cena ou de um quadro. Não se contenta com duas pinceladas breves e fortes; o colorido é longo, vigoroso e paciente, recamado de frases como aquela do céu quente "donde caía uma paz cansada", e de imagens como esta: "A vida banzeira, apenas alegrada pelo som da voz de Felicinha, de um timbre fresco e sonoro de mocidade, derivava como um rio lodoso e pesado de águas grossas, à beira do qual cantava uma ave jucunda". A natureza está presente a tudo nestas páginas. Quando Cabiúna morre (*Cega*, 280) e estão a fazer-lhe o caixão, à noite, são as águas, é o farfalhar das ramas fora que vêm consolar os tristes de casa pela perda daquele "esposo fecundante das veigas virgens, patrono humano da floração dos campos, reparador dos flagelos do sol e das borrascas". *Cega* é uma das mais aprimoradas novelas do livro. *Praga* terá algures demasiado arrojo, mas compensa o que houver nela excessivo pela vibração extraordinária dos quadros.

Estes não são alegres nem graciosos, mas a gente orça ali pela natureza da praga, que é o cólera. Agora, se quereis a morte jovial, tendes *Firmo, o vaqueiro*, um octogenário que "não deixa cair um verso no chão", e morre cantando e ouvindo cantar ao som da viola. *Os velhos* foram dados aqui. *Tapera* saiu na *Revista Brasileira*.

Os costumes são rudes e simples, agora amorosos, agora trágicos, as falas adequadas às pessoas, e as ideias não sobem da cerebração natural do matuto. Histórias sertanejas dão acaso não sei que gosto de ir descansar, alguns dias, da polidez encantadora e alguma vez enganadora das cidades. Varela sabia o ritmo particular desse sentimento; Gonçalves Dias, com andar por essas Europas fora, também o conhecia; e, para só falar de um prosador e de um vivo, Taunay dá vontade de acompanhar o dr. Cirino e Pereira por aquela longa estrada que vai de Sant'Ana de

Paranaíba a *Camapuã*, até o leito da graciosa Nocência. Se achardes no *Sertão* muito sertão, lembrai-vos que ele é infinito, e a vida ali não tem esta variedade que não nos faz ver que as casas são as mesmas, e os homens não são outros. Os que parecem outros um dia é que estavam escondidos em si mesmos.

Ora bem, quando acabar esta seita dos Canudos, talvez haja nela um livro sobre o fanatismo sertanejo e a figura do Messias. Outro Coelho Neto, se tiver igual talento, pode dar-nos daqui a um século um capítulo interessante, estudando o fervor dos bárbaros e a preguiça dos civilizados, que os deixaram crescer tanto, quando era mais fácil tê-los dissolvido com uma patrulha, desde que o simples frade não fez nada. Quem sabe? Talvez então algum devoto, relíquia dos Canudos celebre o centenário desta finada seita.

Para isso, basta celebrar o centenário da cabeleira do apóstolo, como agora, pelo que diz o *Jornal do Commercio,* comemoraram em Londres o centenário da invenção do chapéu alto. Chapéus e cabelos são amigos velhos. Foi a 15 de janeiro último. Não conhecendo a história deste complemento masculino, nada posso dizer das circunstâncias em que ele apareceu no dia 15 de janeiro de 1797. Ou foi exposto à venda naquela data, ou apontou na rua, ou algum membro do Parlamento entrou com ele no recinto dos debates, à maneira britânica. Fosse como fosse, os ingleses celebraram esse dia histórico da chapelaria humana. Sabeis o que Macaulay disse da morte de um rei e da morte de um rato. Aplicando o conceito ao presente caso, direi que a concepção de um chapeleiro no ventre de sua mãe é, em absoluto, mais interessante que a fabricação de um chapéu; mas, hipótese haverá em que a fabricação de um chapéu seja mais interessante que a concepção do chapeleiro. Este não passará do chapéu comum e trabalhará para uma geração apenas; aquele será novo e ficará para muitas gerações.

Com efeito, lá vai um século, e ainda não acabou o chapéu alto. O chapéu baixo e o chapéu mole fazem-lhe concorrência por todos os feitios, e, às vezes, parecem vencê-lo. Um fazendeiro, vindo há muitos anos a esta capital, na semana em que certa chapelaria da rua de São José abriu ao público as suas seis ou sete portas, ficou pasmado de vê-las todas, de alto a baixo, cobertas de chapéus compridos. Tempo depois, voltando e indo ver a casa, achou-lhe as mesmas seis ou sete portas cobertas de chapéus curtos. Cuidou que a vitória destes era decidida, mas sabeis que se enganou. O chapéu alto durará ainda e durará por muitas dúzias de anos. Quando ninguém já o trouxer de passeio ou de visita, servirá nas cerimônias públicas. Eu ainda alcancei o porteiro do senado, nos dias de abertura e de encerramento da Assembleia geral, vestindo calção, meia e capa de seda preta, sapato raso com fivela, e espadim à cinta. Por fim acabou o vestuário do porteiro. O mesmo sucederá ao chapéu alto; mas por enquanto há quem celebre o seu primeiro século de existência. Tem-se dito muito mal deste chapéu. Chamam-lhe *cartola, chaminé,* e não tarda *canudo,* para rebaixá-lo até à cabeleira hirsuta de Antônio Conselheiro. No Carnaval, muita gente o não tolera, e os mais audazes saem à rua de chapéu baixo, não tanto para poupar o alto, como para resguardar a cabeça, sem a qual não há chapéu alto nem baixo.

21 de fevereiro de 1897

Estou com inveja aos argentinos. Agora que os gregos surgem de toda parte para correr a Atenas, receber armamento e passar à ilha de Creta, Buenos Aires dá 200 desses patriotas que aí vão lutar contra os otomanos. Nós, que devíamos dar 500, não damos nenhum. Certamente não os temos, ou tão raros são eles que melhor é irem pela calada. Conheci outrora um grego, Petrococchino, homem da praça, e conheci também a Aimée, uma francesa, que em nossa língua se traduzia por amada, tanto nos dicionários como nos corações. Era uma criaturinha do finado Alcazar, que nenhuma Turquia defendeu da Hélade. Ao contrário, os turcos fugiram e a bandeira helênica se desfraldou na Creta da rua Uruguaiana... E daí é possível que nem mesmo este Petrococchino fosse grego.

Notório, como ele era, não os temos agora. Na lista da polícia, aparecem às vezes nomes de gregos, como de turcos, mas a gente que cultiva a planta noturna pode adorar a cruz e o crescente, não se bate por ele nem por ela. Eu quisera, entretanto, ver partir daqui, rua do Ouvidor abaixo, uma falange bradando para ser entendida da terra os versos de Hugo: *En Grèce! en Grèce!* Lembras-te, não? Se és do meu tempo não esqueceste que tu e eu, quando expeitorávamos os primeiros versos que os rapazes trazem consigo, as *Orientais* contavam já trinta anos e mais. Mas era por elas que ainda aprendíamos poesia. Trazíamos de cor as páginas contemporâneas da revolução helênica, e do bravo Canaris, queimador de navios, e da batalha de Navarino, e da marcha turca, e de toda aquela ressurreição de um país meio antigo, meio cristão. *En Grèce!*, cantava o poeta, pedindo que lhe selassem o cavalo e lhe dessem a espada, que queria partir já, já, contra os turcos; mas a lira mudava subitamente de tom, e o poeta perguntava a si mesmo quem era ele. Confessava então não ser mais que uma folha que o vento leva, nem amar outra coisa mais que as estrelas e a lua. Tão pouca coisa não era nos demais versos em que cantava os heróis gregos, mas Hugo lembrava-se de Byron...

Com efeito, Byron, armando-se para ir ao encontro do muçulmano, se teve o melancólico desfecho de 1824, nem por isso perdeu o brilhante arranco de 1823; era preciso fazer coisa idêntica ou análoga. Não se podia convidar a bater os turcos sem ir pelo mesmo caminho. Um poeta lírico tinha de ser efetivamente épico. E vede bem este grande homem, que ainda ontem Olavo Bilac evocava aqui, naquela prosa sugestiva que lhe conheces, vede bem que não estava aborrecido nem cansado: acabava de escrever os últimos cantos de *Don Juan*, e não sorvera ainda os últimos beijos da Guiccioli. Para levar alguma parte desta para a Grécia, levou-lhe o irmão, cunhado *in partibus infidelium*, e meteu-se em navio que fretou, com um médico e remédios para mil homens durante um ano. Na Grécia organizou e equipou umas centenas de soldados e pôs-se à testa deles. Nem todos poderiam fazer as coisas por esse estilo grandioso. Era, ao mesmo tempo que um ato heroico, uma aventura poética, um apêndice do *Child Harold*. A febre não quis que ele perecesse na ponta de uma adaga otomana. Missolonghi avisou assim aos demais poetas que não saíssem a campo, em defesa da velha Grécia remoçada, não por medo de morrer ali ou alhures, mas porque o exemplo de Byron devia ficar com Byron. O epitáfio do poeta tinha de ser único.

Ao concerto universal daquele tempo não faltaram liras nem poetas. Cada língua teve o seu Píndaro. Lembra-te de Lamartine; lembra-te de José Bonifácio, cuja célebre ode clamava aos gregos, com entusiasmo: *Sois helenos! sois homens!* Compara ontem com hoje. Talvez o ardor do romantismo ajudou a incendiar as almas. Os olhos estavam ainda mal acordados daquele vasto pesadelo imperial, que fora também um grande sonho, campanhas de conquista e de opressão, campanhas de liberdade, tudo feito, desfeito e refeito; a reconstituição da Grécia pedia uma cruzada particular. Cimódoce pergunta a Eudoro: "Há também uma Vênus cristã?". Esta Vênus era agora a própria Grécia convertida, como a heroína de Chateaubriand, e conquistada ao turco depois de muito sangue.

Que os helenos são homens é o que estás vendo agora, quando toda a faculdade de medicina internacional cuida de alongar os dias do "enfermo", com os seus xaropes de notas e pílulas de esquadras sem fogo. Os ínfimos gregos não se arreceiam e, cansados de ouvir gemer Creta, lá se foram a arrancá-la dos braços otomanos. A diplomacia é uma bela arte, uma nobre e grande arte; o único defeito que há nas suas admiráveis teias de aranha é que uma bala fura tudo, e a vontade de um povo, se algum santo entusiasmo lhe aquece as veias, pode esfrangalhar as mais finas obras da astúcia humana. Se a Grécia acabar vencendo, as grandes potências não terão sido mais que jogadores de voltarete a tentos.

Que outra coisa têm sido elas, a propósito das reformas turcas? As reformas vêm, não vêm, redigem-se, emendam-se, copiam-se, propõem-se, aceitam-se, vão cumprir-se e não se cumprem. Vereis que ainda caem como as reformas cubanas, que, depois de tanto sangue derramado, vieram pálidas e mofinas. Ninguém as quer, e o ferro e o fogo continuam a velha obra. Assim se vai fazendo a história, com aparência igual ou vária, mediante a ação de leis, que nós pensamos emendar, quando temos a fortuna de vê-las. Muita vez não as vemos, e então imitamos Penélope e o seu tecido, desfazendo de noite o que fazemos de dia, enquanto outro tecelão maior, mais alto ou mais fundo e totalmente invisível compõe os fios de outra maneira, e com tal força que não podemos desfazer nada. Sucede que, passados tempos, o tecido esfarrapa-se e nós, que trabalhávamos em rompê-lo, cuidamos que a obra é nossa. Na verdade, a obra é nossa, mas é porque somos os dedos do tecelão; o desenho e o pensamento são dele, e presumindo empurrar a carroça, o animal é que a tira do atoleiro, um animal que somos nós mesmos... Mas aí me embrulho eu, e estou quase a perder-me em filosofias grossas e banais. Oh! banalíssimas!

Domingo próximo é possível que te explique esta confusão da minha alma. Estou certo que me entenderás e aplaudirás. Além da confusão da alma, imagina que me dói a testa em um só ponto escasso, no sobrolho direito; a dor, que não precisa de extensão grande para fazer padecer muito, contenta-se às vezes com o espaço necessário à cabeça de um alfinete. Também esta reflexão é banal, mas tem a vantagem de acabar a crônica.

28 de fevereiro de 1897

"Domingo próximo é possível que te explique esta confusão da minha alma. Estou certo que me entenderás e aplaudirás." Assim, concluí eu a *Semana* passada. Venho cumprir aquela meia promessa.

É certo que a festa suntuosa de quarta-feira afrouxou em parte a sensação exposta naquelas palavras. A recepção do Palácio do Governo respondeu ao que se esperava do ato, e deixou impressão forte e profunda. Aquele edifício que eu vi, há trinta anos, logo depois de acabado, passou por várias mãos, viveu na obscuridade e na hipoteca, passou finalmente ao poder do governo, e o ilustre sr. vice-presidente da República acaba de inaugurá-lo com raro esplendor. Foi o sucesso principal da semana; mas a semana já não é minha, como ides ver.

Leitor, Deus gastou seis dias em fazer este mundo, e repousou no sétimo. Ora, Deus podia muito bem não repousar, mas quis deixar um exemplo aos homens. Daí o nosso velho descanso de um dia, que os cristãos chamaram do Senhor. Eu não sou Deus, leitor; não criei este mundo, tanto que lhe acho algumas imperfeições, como a de nascerem as uvas verdes, para engano das raposas. Eu as faria nascer maduras e talvez já engarrafadas. Mas criticar obra feita não custa; Deus não podia prever que os homens não se limitassem a falsificar eleições e fizessem o mesmo ao vinho.

Vamos ao que importa. Se Deus descansou um dia, depois de seis dias de trabalho, força é que eu descanse algum tempo depois de uma obra de anos. Há cerca de cinco anos que vos digo aqui ao domingo o que me passa pela cabeça, a propósito da semana finda, e até sem nenhum propósito. Parece tempo de repousar o meu tanto. Que o repouso seja breve ou longo, é o que não sei dizer; vou estirar estes membros cansados e cochilar a minha sesta.

Antes de cochilar, podia fazer um exame de consciência e uma confissão pública, à maneira de Sarah Bernhardt ou de santo Agostinho. Oh! perdoa-me, santo da minha devoção, perdoa esta união do teu nome com o da ilustre trágica; mas este século acabou por deitar todos os nomes no mesmo cesto, misturá-los, tirá-los sem ordem e cosê-los sem escolha. É um século fatigado. As forças que despendeu, desde o princípio, em aplaudir e odiar, foram enormes. Junta a isso as revoluções, as anexações, as dissoluções e as invenções de toda casta, políticas e filosóficas, artísticas e literárias, até as acrobáticas e farmacêuticas, e compreenderás que é um século esfalfado. Vive unicamente para não desmentir os almanaques. Todos os séculos têm cem anos; este não quer sair da velha regra, nem ser menos constante que o nosso robusto Barbacena, seu grande rival. Em lhe batendo a hora, irá com facilidade para onde foram os séculos de Péricles e de Augusto.

O meu exame de consciência, se houvesse de fazê-lo, não imitaria Agostinho nem Sarah. Nem tanta humildade, nem tanta glória. O grande santo dividiu, é verdade, as confissões humanas em duas ordens, uma que é um louvor, outra que é um gemido, definindo assim as suas e as da representante de dona Sol. Faz crer que não há terceira classe, em que a gente possa louvar-se com moderação e gemer baixinho; mas eu cuido que há de haver. A imitar uma das duas, acho que a mais difícil seria a de Sarah. Não li ainda as confissões desta senhora, mas pela nota que nos deu dela Eça de Queirós, com aquela graça viva e cintilante dos seus três últimos *Bilhetes postais*, não sei como é que uma criatura possa dizer tanta coisa boa de si mesma. Em particular, vá. Há pessoas que, não receando indiscretos, escancaram os corações, e os amigos reconhecem que, por mais que se pense bem de outro, pensa-se menos bem que ele próprio. Mas, em público, em letra de forma, no *Figaro*, que é o *Diário Oficial* do universo, custa a crer, mas é verdade.

Antes gemer, com esta cláusula de gemer baixinho, e confessar os pecados, mas com discrição e cautela. Pecados são ações, intenções ou omissões graves; não se devem contar todas, nem integralmente, mas só a parte que menos pesa à alma e não faz desmerecer uma pessoa no conceito dos homens. Não especifico, por não perder tempo, e quem se despede, mal pode dizer o essencial. O essencial aqui é dizer que não faço confissão alguma, nem do mal, nem do bem. Que mal me saiu da pena ou do coração? Fui antes pio e equitativo que rigoroso e injusto. Cheguei à elegia e à lágrima, e se não bebi todos os Cambarás e Jataís deste mundo, é porque espero encontrá-los no outro, onde já nos aguardam os xaropes do Bosque e de outras partes. Lá irá ter o grande Kneipp, e anos depois o kneippismo, pela regra de que primeiro morrem os autores que as invenções. Há mais de um exemplo na filosofia e na farmácia.

Não tireis da última frase a conclusão de cepticismo. Não achareis linha céptica nestas minhas conversações dominicais. Se destes com alguma que se possa dizer pessimista, adverte que nada há mais oposto ao cepticismo. Achar que uma coisa é ruim, não é duvidar dela, mas afirmá-la. O verdadeiro céptico não crê, como o dr. Pangloss, que os narizes se fizeram para os óculos, nem, como eu, que os óculos é que se fizeram para os narizes; o céptico verdadeiro descrê de uns e de outros, Que economia de vidros e de defluxos, se eu pudesse ter esta opinião!

Adeus, leitor. Força é deitar aqui o ponto final. A mim, se não fora a conveniência de ir para a rede, custar-me-ia muito pingar o dito ponto, pelas saudades que levo de ti. Não há nada como falar a uma pessoa que não interrompe. Diz-se-lhe tudo o que se quer, o que vale e o que não vale, repetem-se-lhe as coisas e os modos, as frases e as ideias, contradizem-se-lhe as opiniões, e a pessoa que lê, não interrompe. Pode lançar a folha para o lado ou acabar dormindo. Quem escreve não vê o gesto nem o sono, segue caminho e acaba. Verdade é que, neste momento, adivinho uma reflexão tua. Estás a pensar que o melhor modo de sair de uma obrigação destas não difere do de deixar um baile, que é descer ao vestiário, enfiar o sobretudo e sumir-se no carro ou na escuridão. Isto de empregar tanto discurso faz crer que se presumem saudades nos outros, além de ser fora da etiqueta. Tens razão, leitor; e, se fosse tempo de rasgar esta papelada e escrever diversamente, crê que o faria; mas é tarde, muito tarde. Demais, a frase final da outra semana precisava de ser explicada e cumprida; daí todos estes suspiros e curvaturas. Falei então na confusão da minha alma, e devia dizer em que é que ela consistia e consiste, e cuja era a causa. A causa está dita; é a natural melancolia da separação. Adeus, amigo, até à vista. Ou, se queres um jeito de falar mais nosso, até um dia. Creio que me entendeste, e creio também que me aplaudes, como te anunciei na semana passada. Adeus!

Biblio

grafia

PAULO ROBERTO PEREIRA

[Organização]

Bibliografia de Machado de Assis
Paulo Roberto Pereira

A tarefa de preparar, a convite da Editora Nova Aguilar, uma nova bibliografia de Machado de Assis tornou-se um grande desafio, por se tratar de uma pesquisa de natureza enciclopédica sobre o escritor mais universal da Literatura Brasileira. Por um lado, havia a clássica bibliografia de José Galante de Sousa, organizada para a primeira edição da obra completa de Machado, de 1959, que precisava ser revista. Por outro, tinha-se que examinar sua fortuna crítica surgida nos últimos 50 anos. A questão se tornava mais complexa na medida em que a projeção universal do principal escritor brasileiro crescia continuadamente. Assim, não só em língua portuguesa se encontra uma infinidade de estudos e de edições *de* e *sobre* Machado de Assis, como também no exterior a recepção da sua obra continua a crescer em um ritmo que é ainda difícil avaliar. Portanto, não será novidade se nesta bibliografia não constarem todas as traduções e estudos da sua obra realizados até o presente momento. Mesmo com as dificuldades que esse tipo de trabalho exige, acredita-se que as mais representativas publicações sobre o fundador da Academia Brasileira de Letras aqui se encontram.

Por critério do organizador, ficou decidido que nesta bibliografia não constariam, salvo em casos muito especiais, obras gerais de literatura brasileira – histórias, dicionários, antologias –, porque o criador de Capitu encontra-se em todas elas representado. Quanto à seleção dos artigos e ensaios aparecidos em jornais e revistas, boa parte foi excluída. Já a obra ensaística a ele dedicada, aproveitou-se toda a que se teve acesso, continuando o levantamento por nós iniciado em 1995, na Universidade Federal Fluminense, dentro do projeto patrocinado pelo CNPq.

Como todas as bibliografias que surgiram sobre Machado de Assis, esta também tem uma dívida com Galante de Sousa, pois sem o manuseio de sua obra não se pode entrar nessa seara. A mudança de mentalidade sobre a importância do repertório bibliográfico para o melhor conhecimento de uma cultura é ainda recente em nosso país. Lembrava Rubens Borba de Moraes, na *Bibliografia brasileira do período colonial*, que "o Brasil é pobre em bibliografias. Esse fato talvez provenha da atitude que o intelectual brasileiro tem para com os bibliógrafos: considerá-los como gente de segunda classe. Os trabalhos bibliográficos são ainda tidos, entre nós, como indignos de um bacharel". Essa nova postura permitiu reconhecer que um bom trabalho bibliográfico colabora na preservação da memória nacional.

O levantamento efetuado em instituições brasileiras e estrangeiras abrange a bibliografia ativa e passiva de Machado de Assis: o romance, o conto, a crônica, a poesia, o teatro, a crítica, a tradução, a correspondência. No entanto, dentre várias fontes manuseadas, deve-se destacar a *Bibliografia machadiana: 1959-2003*, de Ubiratan Machado, pela pesquisa beneditina do seu autor. Finalmente, gostaria de agradecer o apoio que recebi na realização desse trabalho: dos editores Sebastião Lacerda e Rodrigo Lacerda; na Academia Brasileira de Letras, do presidente Cícero Sandroni, de Maria Celeste Garcia e de Luiz Antônio de Sousa; na Fundação Biblioteca Nacional, da Coordenadora de Acervo Geral, Anna Maria Pimentel Jardim Naldi;

na Fundação Casa de Rui Barbosa, da Diretora do Arquivo-Museu de Literatura, Eliane Vasconcelos; de Cláudio Murilo Leal, Presidente do Pen Clube do Brasil; de Antonio Maura, da Universidade Complutense de Madri; da minha mulher, Cilene da Cunha Pereira, e dos escritores Adriano Espínola e Cláudio Aguiar.

I. OBRAS DO AUTOR

Teatro

Desencantos. Fantasia dramática. Rio de Janeiro: Paula Brito, 1861.

Teatro. Rio de Janeiro: Tipografia do Diário do Rio de Janeiro, 1863. Contém as peças: *O caminho da porta, O protocolo*.

Quase ministro. Comédia em 1 ato. Com duas edições simultâneas no Rio de Janeiro: Tipografia da Escola do Editor Serafim José Alves e Almanaque Ilustrado da *Semana Ilustrada*, 1864.

Os deuses de casaca. Comédia. Rio de Janeiro: Tipografia do Imperial Instituto Artístico, 1866.

Tu, só tu, puro amor... Rio de Janeiro: Lombaerts & Cia., 1881.

Teatro completo. Coligido por Mário de Alencar. Rio de Janeiro: H. Garnier, 1910. Contém as seguintes peças teatrais: *O caminho da porta, O protocolo, Quase ministro, Os deuses de casaca, Tu só, tu, puro amor..., Não consultes médico, Lição de botânica*. (Com uma reimpressão pela Garnier: 1929.)

Teatro completo. Rio de Janeiro: W. M. Jackson, 1937. Contém as seguintes peças: *Desencantos, O caminho da porta, O protocolo, Quase ministro, Os deuses de casaca, Tu, só tu, puro amor..., Não consultes médico, Lição de botânica, Suplício de uma mulher* (tradução) e os dois trabalhos de crítica de Machado de Assis relativos a esse drama, intitulados "História deste drama" e "Crítica teatral". (Com cinco reimpressões pela Jackson: 1938, 1944, 1946, 1951, 1952.)

Teatro. São Paulo: Mérito, 1959.

Teatro. Edição de Joel Pontes. Rio de Janeiro: Agir, 1960. (Nossos Clássicos, 48).

Teatro completo. Compilação de Terezinha Marinho, Carmem Gadelha e Fátima Saadi. Rio de Janeiro: Ministério da Educação e Cultura, 1982.

Teatro de Machado de Assis. Edição preparada por João Roberto Faria. São Paulo: Martins Fontes, 2003.

Poesia

Chrysalidas. Rio de Janeiro: Garnier, 1864.

Phalenas. Rio de Janeiro: Garnier, s.d. [1870].

Americanas. Rio de Janeiro: Garnier, 1875.

Poesias completas. Rio de Janeiro: Garnier, 1901.

Poesias completas. Rio de Janeiro: Jackson, 1937.

Poesia. Organização Péricles Eugênio da Silva Ramos. Rio de Janeiro: Agir, 1964. (Nossos Clássicos, 69).

Poemas de amor. Prefácio e organização Jamil Almansur Haddad. Rio de Janeiro: Civilização brasileira, 1970.

Poesias completas. Rio de Janeiro: Civilização Brasileira/MEC, 1978.

Poesias completas. Rio de Janeiro: Itatiaia, 2000.

Chrysálidas. Belo Horizonte: Crisálidas, 2000.

Melhores poemas de Machado de Assis. Seleção Alexei Bueno. São Paulo: Global, 2000.

Toda a poesia de Machado de Assis. Organização Cláudio Murilo Leal. Rio de Janeiro: Record, 2008.

Conto

Contos fluminenses. Rio de Janeiro: Garnier, s.d. [1870].

Histórias da meia-noite. Rio de Janeiro: Garnier, 1873.

Papéis avulsos. Rio de Janeiro: Lombaerts & Cia., 1882.

Histórias sem data. Rio de Janeiro: Garnier, 1884.

Várias histórias. Rio de Janeiro: Laemmert, 1896.

Contos fluminenses II. Recolhidos do *Jornal das Famílias* e de *A Estação*. Rio de Janeiro: W. M. Jackson, 1937.

Casa velha. Introdução de Lúcia Miguel Pereira. Ilustrações de Tomas Santa Rosa. São Paulo: Martins, 1944.

A ideia do Ezequiel Maia. Edição de J. Galante de Sousa. Rio de Janeiro: Simões, 1954.

Mariana. Edição de J. Galante de Sousa. Rio de Janeiro: Simões, 1954.

Sales. Edição de J. Galante de Sousa. Rio de Janeiro: Simões, 1954.

Contos esparsos. Organização e prefácio de Raimundo Magalhães Júnior. Rio de Janeiro: Civilização Brasileira, 1956.

Contos avulsos. Org. e pref. de Raimundo Magalhães Júnior. Rio de Janeiro: Civilização Brasileira, 1956.

Contos recolhidos. Org. e pref. de Raimundo Magalhães Júnior. Rio de Janeiro: Civilização Brasileira, 1956.

Contos esquecidos. Org. e pref. de Raimundo Magalhães Júnior. Rio de Janeiro: Civilização Brasileira, 1956.

Contos sem data. Org. e prefácio de Raimundo Magalhães Júnior. Rio de Janeiro: Civilização Brasileira, 1956.

Contos e crônicas. Org. e prefácio de Raimundo Magalhães Júnior. Rio de Janeiro: Civilização Brasileira, 1958.

Contos. Apresentação Eugênio Gomes. Rio de Janeiro (RJ): Agir, 1959. (Nossos clássicos, 69).

Seus 30 melhores contos. Rio de Janeiro: José Aguilar, 1961.

O conto de Machado de Assis. Organização Sônia Brayner. Rio de Janeiro: Civilização Brasileira, Brasília: INL, 1980.

Os melhores contos. Seleção Domício Proença Filho. São Paulo: Global, 1984.

Casa velha. Edição John Gledson. Rio de Janeiro: Garnier, 1991.

Terpsícore. Apresentação Davi Arrigucci Jr. São Paulo: Boitempo, 1996.

Contos: uma antologia. Seleção John Gledson. São Paulo: Companhia das Letras, 1998. 2 v.

Contos completos. Organização Djalma Cavalcante. Prefácio de Arnaldo Niskier. São Paulo: Imprensa Oficial; Juiz de Fora: UFJF, 2003.

Romance

Ressurreição. Rio de Janeiro: Garnier, 1872. (Com quatro reimpressões pela Garnier: 1905, 1917, 1920, 1925.)

A mão e a luva. Rio de Janeiro: Gomes de Oliveira/Typographia do Globo, 1874. (Com duas reimpressões pela Garnier: 1907, 1922.)

Helena. Rio de Janeiro: Garnier, 1876. (Com cinco reimpressões pela Garnier: 1905, 1911, 1920, 1924, 1929.)

Iaiá Garcia. Rio de Janeiro: G. Vianna & C., 1878. (Com quatro reimpressões pela Garnier: 1898, 1919, 1921, 1925.)

Memórias póstumas de Brás Cubas. Rio de Janeiro: Typograpphia Nacional, 1881. (Com cinco reimpressões pela Garnier: 1896, 1899, 1914, 1921, 1924.)

Quincas Borba. Rio de Janeiro: Garnier, 1891. (Com cinco reimpressões pela Garnier: 1896, 1899, 1914, 1923, 1926.)

Dom Casmurro. Rio de Janeiro: Garnier, [1899]. (Com quatro reimpressões pela Garnier: 1900, 1913, 1920, 1924.)

Esaú e Jacó. Rio de Janeiro: Garnier, 1904. (Com quatro reimpressões pela Garnier: 1904, 1917, 1920, 1925.)

Memorial de Aires. Rio de Janeiro, Garnier, [1908]. (Com três reimpressões pela Garnier: 1908, 1923, 1926.)

Textos reunidos

Terras – Compilação para estudo. Rio de Janeiro: Imprensa Nacional, 1886.

Páginas recolhidas. Rio de Janeiro: Garnier, 1899.

Relíquias de casa velha. Rio de Janeiro: Garnier, 1906.

Outras relíquias. Seleção Mário de Alencar. Rio de Janeiro: Garnier, 1910.

Novas relíquias. Organização Fernando Néri. Rio de Janeiro: Guanabara, 1932.

Relíquias de casa velha II. Rio de Janeiro: W. M. Jackson, 1937.

Páginas esquecidas. Organização Elói Pontes. Rio de Janeiro: Casa Mandarino, 1939.

Crônica

A semana. Organização Mário de Alencar. Rio de Janeiro: Garnier, 1914. (Com uma reimpressão pela Garnier: 1922.)

Chronicas. 1º volume (1859-1863). 2º volume. (1864-1867). 3º volume. (1871-1878). 4º volume (1878-1888). Obras Completas. Rio de Janeiro: Jackson, 1937, 4 v.

Adelaide Ristori: crônicas. Prefácio de Barbosa Lima Sobrinho. Rio de Janeiro: Academia Brasileira de Letras, 1955.

Diálogos e reflexões de um relojoeiro. Org. e pref. Raimundo Magalhães Júnior. Rio de Janeiro: Civilização Brasileira, 1956.

Crônicas de Lélio. Org., pref. e notas Raimundo Magalhães Júnior. Rio de Janeiro: Civilização Brasileira, 1958.

Crônicas. Org. Eugênio Gomes. Rio de Janeiro: Agir, 1963. (Nossos Clássicos, 69).

Bons Dias! (1888-1889). Introdução e notas John Gledson. São Paulo: Hucitec/Unicamp, 1990.

A semana. Introdução e notas John Gledson. São Paulo: Hucitec, 1996.

Balas de estalo. Org. Heloísa Helena Paiva de Luca. São Paulo: Annablume, 1998.

Melhores crônicas. Org. Salete de Almeida Cara. São Paulo: Global, 2003.

Crítica

Crítica. Organização Mário de Alencar. Rio de Janeiro: Garnier, 1910.

Crítica literária. Rio de Janeiro: W. M. Jackson, 1937.

Crítica teatral. Rio de Janeiro: W. M. Jackson, 1937.

Crítica. Org. José Aderaldo Castello. Rio de Janeiro: Agir, 1959. (Nossos Clássicos 38)

Correspondência

Machado de Assis e Joaquim Nabuco. Commentarios e notas à correspondencia entre estes dous escriptores por Graça Aranha. São Paulo: Monteiro Lobato, 1923. 2.ed. Rio de Janeiro: Briguiet, 1942. 3.ed. Prefácio José Murilo de Carvalho. Orelha Antônio Carlos Secchin. Rio de Janeiro: Academia Brasileira de Letras/Topbooks, 2003.

Cartas de Machado de Assis e Euclydes da Cunha. Org. Renato Travassos. Rio de Janeiro: Waissman, Reis, 1931.

Correspondência de Machado de Assis. Coligidas por Fernando Nery. Rio de Janeiro: A. Bedeschi, 1932.

Correspondência de Machado de Assis com Magalhães de Azeredo. Preparada por Carmelo Virgillo. Rio de Janeiro: INL/MEC, 1969.

Machado de Assis: correspondência completa. 1º volume: 1860-1879. Coordenação de Sergio Paulo Rouanet e organização de Irene Moutinho e Sílvia Eleutério. Rio de Janeiro: Academia Brasileira de Letras, 2008.

Traduções

Queda que as mulheres têm para os tolos, texto atribuído a Victor Hénaux. Tradução de Machado de Assis. Rio de Janeiro: Tipografia de F. Paula Brito, 1861. Edição fac-similar com prefácio de Afrânio Peixoto: Rio de Janeiro: Academia Brasileira de Letras, 1943. Idem: *Queda que as mulheres têm para os tolos – e outros textos*. Belo Horizonte: Crisálida, 2003.

Os trabalhadores do mar, de Victor Hugo. Tradução de Machado de Assis. Rio de Janeiro: Tip. Perseverança, 1866. Reimpressões: Rio de Janeiro: Irmãos Pongetti, 1939 e 1944.

Higiene para uso dos mestres-escolas, do Dr. T. Gallard. Tradução de Machado de Assis. Rio de Janeiro: Tipografia Cinco de Março, 1873.

Machado de Assis e confrades de versos. Org. John Gledson. São Paulo: Minden, 1998.

"O corvo" e suas traduções. Organização de Ivo Barroso. Rio de Janeiro: Lacerda, 1998.

Prefácios

A casa de João Jacques Rousseau. Por Ernesto Cybrão. Prólogo por Machado de Assis. Rio de Janeiro: Tipografia do Imperial Instituto Artístico, 1868.

Poesias póstumas. De Faustino Xavier de Novaes. Com pequena introdução de Machado de Assis. Rio de Janeiro: Tipografia do Imperial Instituto Artístico, 1870.

Névoas matutinas. Versos de Lucio D. F. de Mendonça. Carta preliminar de Machado de Assis. Rio de Janeiro: Frederico Thompson, 1872.

Harmonias errantes. De Francisco de Castro. Com uma introdução de Machado de Assis. Rio de Janeiro: Tipografia de Moreira, Maximino & C., 1878.

Contos seletos das mil e uma noites. Organizado por Carlos Jansen. Prefácio de Machado de Assis. Rio de Janeiro: Laemmert & C., 1882.

Sinfonias. De Raimundo Correa. Introdução de Machado de Assis. Rio de Janeiro: Faro & Lino, 1883.

Meridionais. De Alberto de Oliveira. Introdução de Machado de Assis. Rio de Janeiro: Tipografia da Gazeta de Notícias, 1884.

Miragens. Poesias de Enéas Galvão. Prefácio de Machado de Assis. Rio de Janeiro: Tipografia de G. Leuzinger & Filhos, 1885.

Tipos e quadros. Sonetos de Luiz Leopoldo Fernandes Pinheiro Junior. Carta-prefácio de Machado de Assis. Rio de Janeiro, 1886.

O Guarani. De José de Alencar. Prefácio de Machado de Assis. Rio de Janeiro: Silveira & Guimarães, 1887.

Obra completa

Obra completa. Rio de Janeiro: Jackson, 1937, 33 v. Além dos volumes publicados por Machado contém: Crônicas (4 vols.), A Semana (4 vols.), Contos Fluminenses (2° vol.) Crítica Literária, Crítica Teatral, Histórias Românticas, Relíquias de Casa Velha (2° vol.), Correspondência. Com várias reimpressões, sendo a última de 1957.

Obra completa. Edição de Afrânio Coutinho. Rio de Janeiro: Nova Aguilar, 1959. 3 volumes (Com várias reimpressões.)

Obras escolhidas. Organização de Massaud Moisés. São Paulo: Cultrix, 1960-1961. 9 v.

Edições críticas de obras de Machado de Assis. Texto estabelecido pela Comissão Machado de Assis. Rio de Janeiro: Civilização Brasileira/MEC, 1975. 16 v.

Obras. Série Bom livro. São Paulo: Ática, 1985-1995. 12 v.

Obra completa. Organização de Mário de Alencar, J. Galante de Sousa e Adriano da Gama Kury. Rio de Janeiro: Garnier, 1988-1990. 22 v.

Obras. São Paulo: Martins Fontes, 2004-2008. 8 v.

Filmografia da obra de Machado de Assis

Um apólogo – 1939 (14 min)
Direção: Humberto Mauro

Esse Rio que eu amo – 1960 (102 min)
Direção: Carlos Hugo Christensen
Roteiro: Millôr Fernandes
Baseado em contos de quatro autores. O de Machado de Assis é "Noite de almirante".

O Rio de Machado de Assis – 1965 (13 min)
Direção: Nelson Pereira dos Santos
Narração: Paulo Mendes Campos

Capitu – 1968 (90 min)
Direção: Paulo César Saraceni
Roteiro: Lygia Fagundes Telles e Paulo Emílio Salles Gomes

Viagem ao fim do mundo – 1968 (104 min)
Direção: Fernando Coni Campos
Adaptação do romance *Memórias póstumas de Brás Cubas*

Azyllo muito louco – 1970 (83 min)
Direção: Nelson Pereira dos Santos
Adaptação do conto "O alienista"

A causa secreta – 1971 (10 min)
Direção: José Américo Ribeiro
Adaptação do conto do mesmo nome

A cartomante – 1974 (84 min)
Direção: Marcos Farias
Adaptação do conto do mesmo nome

Um homem célebre – 1974 (90 min)
Direção: Miguel Faria Jr.
Adaptação do conto do mesmo nome

Confissões de uma viúva moça – 1976 (88 min)
Direção: Adnor Pitanga
Adaptação do conto do mesmo nome

Que estranha forma de amar – 1977 (94 min)
Direção: Geraldo Vietri
Adaptação do romance *Iaiá Garcia*

Missa do galo – 1982 (35 min)
Direção: Nelson Pereira dos Santos
Adaptação do conto do mesmo nome

A cartomante – 1984 (16 min)
Direção: Alexandre Vancelotte
Adaptação do conto do mesmo nome

Brás Cubas – 1985 (100 min)
Direção: Júlio Bressane
Adaptação do romance *Memórias póstumas de Brás Cubas*

Quincas Borba – 1987 (116 min)
Direção: Roberto Santos
Adaptação do romance homônimo

A causa secreta – 1994 (93 min)
Direção: Sérgio Bianchi
Adaptação do conto do mesmo nome

Um homem sério – 1996 (18 min)
Direção: Dainara Toffoli e Diego de Godoy
Adaptação do conto "Um homem célebre"

O enfermeiro – 1998 (43 min)
Direção: Mauro Farias
Adaptação do conto do mesmo nome

Alma curiosa de perfeição: Machado de Assis – 1999 (60 min)
Produção: José Maria Ulles, Marcos Brochado e Raquel Madeira

Memórias póstumas – 2001 (102 min)
Direção: André Klotzel
Adaptação do romance *Memórias póstumas de Brás Cubas*

O Rio de Machado de Assis – 2001 (70 min)
Direção: Norma Bengell

Dom – 2003 (91 min)
Direção: Moacyr Góes
Adaptação do romance *Dom Casmurro*

A cartomante – 2004 (95 min)
Direção: Wagner de Assis e Pablo Uranga
Adaptação do conto do mesmo nome

Quanto vale ou é por quilo? – 2005 (110 min)
Direção: Sérgio Bianchi
Inspirado livremente no conto "Pai contra mãe".

O demoninho de olhos pretos – 2008 (100 min)
Direção: Haroldo Marinho Barbosa
Inspirado no livro *Contos fluminenses*.

OBRAS DE MACHADO DE ASSIS TRADUZIDAS

Espanhol

Memorias póstumas de Brás Cubas. Trad. Julio Piquet. Montevidéu: La Razón, 1902.

Esaú e Jacó. Buenos Aires: La Nacion, 1905.

Sus mejores cuentos. Trad. Rafael Cansinos Assens. Madri: América, 1920.

Memorias póstumas de Brás Cubas. Trad. Francisco José Bolla. Buenos Aires: Club del Libro, 1940.

Dom Casmurro. Trad. Luís M. Baudizzone y Newton Freitas. Buenos Aires: Nova, 1943.

Quincas Borba. Trad. Bernardino Rodrigues Casal. Buenos Aires: Emecê, 1947.

Memorias póstumas de Blas Cubas. Trad. Antonio Alatorre. Cidade do México: Fondo de Cultura Económica, 1951.

Dom Casmurro. Trad. J. Natalicio Gonzalez. Buenos Aires: W. M. Jackson, 1954.

Dom Casmurro. Trad. Ramón de Garciasol. Buenos Aires: Espasa-Calpe, 1955.

El alienista. Trad. Martins y Casillas. Barcelona: Tusquets, 1974.

Memorias póstumas de Brás Cubas. Trad. Rosa Aguilar. Madri: CVS, 1975.

La casa verde de Itaguaí. Trad. Maria Inés Silva Vila. Montevidéu: Club del Libro, 1977.

Cuentos. Selección y prólogo de Alfredo Bosi. Trad. Santiago Kovadloff. Biblioteca Ayacucho. Caracas, 1978.

Quincas Borba. Trad. Juan Garcia Gayo. Prólogo Roberto Schwarz. Caracas: Biblioteca Ayacucho, 1979.

Historias sin fecha. Trad. Leonidas Cevallos e Carmen Sologuren. Lima: Centro de Estudios Brasileños, 1981.

Memorias póstumas de Blas Cubas. Trad. José Ángel Silleruelo. Barcelona: Montesinos, 1985.

Las academias de Siam y otros cuentos. Trad. Francisco Cervantes. Cidade do México: Fondo de Cultura Económica, 1986.

Memorias Póstumas de Brás Cubas. Trad. A. Alatorre. Havana: Arte y Literatura, 1987.

Quincas Borba. Trad. Marcelo Cohen. Barcelona: Icaria., 1990.

Don Casmurro. Trad. Pablo del Barco. Madri: Cátedra, 1991.

Helena. Trad. Basilio Losada. Barcelona: Sirmio (Quaderns Crema), 1992.

"Ideas del Canario" y Otros Cuentos. Prólogo Beatriz Albero-Vergara & Danilo Colombi. Buenos Aires, Losada, 1993.

"El Alienista" y Otros Cuentos. Trad. Ilan Stavans. Cidade do México: Porrúa, 1993.

Quincas Borba. Trad. Basilio Losada. Barcelona: Sirmio, 1993.

El Senyor Casmurro. Trad. Xavier Pàmies. Barcelona: Quaderns Crema, 1998.

La causa secreta y otros cuentos de almas enfermas. Trad. Juan Martín Ruiz. Madri: Celeste, 2000.

La cartomántica, el espejo, la iglesia del diablo. Trad. José Luis Sánchez. Barcelona: Obelisco, 2000.

Ideal del crítico. Trad. Juan Malpartida. Cuadernos Hispanoamericanos, 598. Madri. Abril, 2000.

El alienista. Trad. José Luis Sánchez. Círculo de Lectores. Barcelona: Obelisco, 2000.

Memorial de Aires. Trad. Maria José Pozo San Juan y José Dias Sousa. Madri: Ediciones Cuatro, 2001.

Memorial de Aires. Trad. Antelma Cisneros. Mexico: Dirección de Literatura/UNAM, 2001.

Antología de sus textos. Trad. Jorge Edwards. Barcelona: Omega, 2002.

Memorias Póstumas de Brás Cubas. Trad. José Ángel Cilleruelo. Madri: Alianza, 2003.

Memorias póstumas de Brás Cubas. Trad. Adriana Amante. Buenos Aires: Ediciones de la Flor, 2003.

Crónicas escogidas. Trad. Alfredo Coello. Cidade do México: Sexto Piso, 2008.

Inglês

The Posthumous Memoirs of Braz Cubas. Trad. by William Leonard Grossman. São Paulo: São Paulo Editora, 1951.

Epitaph of a Small Winner. Trad. William Leonard Grossman, Nova York: Noon Day, 1952; Londres: W. H. Allen, 1953; Penguin Books, 1968.

Dom Casmurro. Trad. Helen Caldwell, Londres: W. H. Allen, 1953; Nova York: Noonday Press, 1960 e 1991; Berkeley: University of California Press, 1966.

The Heritage of Quincas Borba. Trad. Clotilde Wilson. Londres: W. H. Allen, 1954. *Philosopher or Dog?* Trad. Clotilde Wilson. Nova York: Noonday Press, 1954.

Posthumous Reminiscences of Braz Cubas. Trad. E. Percy Ellis. Rio de Janeiro: INL, 1955.

The Psychiatrist and Other Stories. Trad. William Leonard Grossman e Helen Caldwell. Berkeley: University of California Press; Londres: Peter Owen, 1963.

What went on the Baroness. Trad. Helen Calwell. California: Magpie Press, 1963.

Esau and Jacob. Trad. Helen Caldwell. Los Angeles: University of California, 1965, Londres: Peter Owen, 1966.

Iaiá Garcia. Trad. Albert I. Bagby Júnior. Lexington: University Press of Kentucky, 1970.

The Hand and the Glove. Trad. Albert I. Bagby Júnior. Foreword Helen Caldwell. Lexington: University Press of Kentucky, 1970.

Memorial Counselor Ayres. Trad. Helen Caldwell. Berkeley: University of California Press, 1972.

You, Love and Love Alone [*Tu Só, Tu, Puro Amor*]. Trad. Edgard C. Knowlton. Macau: Boletim do Instituto Luís de Camões/Imprensa Nacional, 1972. v. VI, n. 3-4.

Yayá Garcia: a novel. Trad. R. L. Scott-Buccleuch. Londres: Peter Owen, 1976.

The Devil's Church and Other Stories. Trad. Jack Schmitt, Lorie Chieko Ishimatsu. Austin: University of Texas Press, 1977.

Iaia Garcia. Trad. R. L.-Buccleuch. Londres: Peter Owen, 1976.

Helena. Trad. Helen Caldwell. Berkeley: University of California Press, 1984.

The Devil's Church and Other Stories. Trad. Jack Schmitt & Lorie Ishimatsu. Austin: University of Texas Press, 1977; 1984.

The Wager: Aires' Journal. Trad. R. L. Scott-Buccleuch. Londres: Peter Owen, 1990.

Dom Casmurro (*Lord Taciturn*). Trand. R. L. Scott-Buccleuch. Londres: Peter Owen, 1992.

Dom Casmurro. Trad. John Gledson. Nova York: Oxford University Press, 1997.

The Posthumous Memoirs of Brás Cubas. Trad. Gregory Rabassa. Nova York: Oxford University Press, 1997.

Epitaph of a Small Winner. Londres: Trafalgar Square, 1997.

Esau and Jacob. Trad. Elisabeth Lowe. Foreword Dain Borges. Oxford: Oxford University, 2000.

Quincas Borba. Trad. David T. Haberly. Oxford: Oxford University Press, 2003.

Francês

Quelques Contes. Trad. Adrien Delpech. Paris: Garnier, 1910.

Mémoires Posthumes de Braz Cubas. Trad. Adrien Delpech. Paris: Garnier, 1911.

Mémoires d'Outre-tombe de Braz Cubas. Trad. R. Chadebec de Lavalade. Estudo introdutório André Maurois. Paris: Rd. Émile-Paul frères, 1948.

Dom Casmurro. Trad. Francis de Miomandre. Prefácio Afrânio Peixoto. Paris: Institut International de Cooperation Intelectuelle, 1936.

Dom Casmurro. Trad. Francis de Miomandre. Editions revues par Ronald de Carvalho. Paris: Albin Michel, 1956.

Quincas Borba. Trad. Alain de Acevedo. Introd. Roger Bastide. Paris: Nagal, 1955.

Dom Casmurro et les Yeux de Ressac. Trad. Anne Marie Quint. Paris: Métailié, 1983.

L'Aliéniste. Trad. Maryvonne Lapouge. Pref. Pierre Brunel. Paris: Métailié, 1984.

Esau et Jacob. Trad. Françoise Duprat. Paris: Métailié, 1985.
O Alienista/ L'Aliéniste. Trad. Maryivonne Lapouge-Pettorelli. Paris: Gallimard, 1992. (Folio Bilingue).
Le Philosophe et le Chien, Quincas Borba. Trad. Jean Paul Bruyas. Paris: Métailié, 1997.
La Montre en Or. Trad. Maryvonne Lapouge. Paris: Métailié, 1998.
La Théorie du Médaillon et Autres Contes. Trad. Florent Kohler. Paris: Métailié, 2002.
Ce que les Hommes Appellent Amour. Trad. Jean-Paul Bruyas. Paris: Métailié, 2007.

Italiano

Dom Casmurro. Trad. A. Piccarolo. São Paulo: La Revista Coloniale, 1914.
Memoire Postume di Braz Cubas. Trad. Giuseppe Alpi. Lanciano: R. Carabba, 1919; 1929.
Gioachin Borba, l'Uomo o il Cane? Trad. Giuseppe Alpi. Milão: Alberto Corticelli, 1930.
Dom Casmurro. Trad. Giuseppe Alpi. Roma: Instituto Cristoforo Colonbo, 1930.
Memoire dall'Aldilá. Trad. Laura Marchiori. Milão: Rizzoli, 1953.
Dom Casmurro. Trad. Liliana Borla. Milão: Fratelli Bocca, 1954.
Dom Casmurro.Trad. Laura Marchiori. Milão: Rizzoli, 1958.
Racconti di Rio de Janeiro. Trad. Lorenza Aghito. Milão: Ceschina, 1962.
Quincas Borba. Trad. Laura Marchiori. Milão: Rizzoli, 1967.
L'Alienista. Trad. Gianni Guadalupi. Milão: F. M. Ricci, 1976.
Memorie Postume di Bras Cubas. Trad. Rita Desti. Turim: UTET, 1983.
L'Alienista. Trad. Rita Desti. Roma: Bulzoni, 1984.
Storie senza data. Trad. Amina Di Munno. Roma: Lucarini, 1989.
La Cartomante e Altri Racconti. Trad. Amina Di Munno. Turim: Einaudi, 1990.
Messa del gallo: sei variazioni sullo stesso tema. Machado de Assis et altri. Trad. Adelina Aletti. Introd. Andrea Ciacchi. Roma: Biblioteca del Vascello, 1994.
Dom Casmurro. Trad. Gianluca Manzi e Lea Nachbin. Roma: Fazi, 1997.
Galleria Postuma e Altri Racconti. Seleção Segre Giorgi. Turim: Lindau, 2002.

Alemão

Geschichten aus Rio de Janeiro. Trad. Willibald Schönfelder. Heidelberg: J. Groos, 1924.
Die Nachträglichen Memoiren des Bras Cubas. Trad. Wolfgang Kayser. Zurique: Manesse, 1950.
Dom Casmurro. Trad. E. G. Meyenburg. Zurique: Manesse, 1951. Bern: Scherz 1953.
Dom Casmurro. Trad. Harry Kaufmann. Berlim: Rütten & Loening, 1966.
Postume Erinnerungrn des Bras Cubas. Trad. Erhard Engler. Berlim: Rutten & Loening, 1967. Frankfurt: Suhrkamp, 1979.
Der Irrenarzt. Trad. Curt Meyer-Clason. Frankfurt: Suhrkamp, 1978.
Dom Casmurro. Trad. Harry Kaufmann. Berlim: Rütten & Loening, 1966; Frankfurt: Suhrkamp, 1980. Augsburg: Weltbild, 2005.
Quincas Borba. Trad. Georg Rudolf Lind. Frankfurt: Suhrkampf, 1982.
Meistererzählungen. Trad. Curt Meyer-Clason. Zurique: Diogenes, 1987.
Kurz vor mitternacht: sechs variationen über ein thema. Trad. Ray-Güde Mertin. Frankfurt: Insel, 1994.
Der geheime Grund Meistererzahlungen. Trad. Curt Meyer-Clason. Munique: Deutscher Taschenbuch, 1970. Frankfurt: Eichborn, 1996.
Der Irrenarzt. Trad. Curt Meyer-Clason. Hamburgo: Suhrkamp, 1978.

Holandês

Laat commentaar van Bras Cubas. Trad. A. Mastenbroek Jr. Bussum, G. J. A Ruys, 1956.

Dagboek van Aires. Amsterdã: Uitgeverij De Arbeiderspers, 1992.

Posthume Herinneringen van Brás Cubas. Trad. August Wiilemsen. Amsterdã: Uitgeverij De Arbeiderspers, 1983.

Quincas Borba. Trad. August Wiilemsen. Amsterdã: De Arbeiderspers, 1984.

De Psychiater. Trad. August Wiilemsen. Amsterdã: De Arbeiderspers, 1984.

Dom Casmurro. Trad. August Wiilemsen. Amsterdã: De Arbeiderspers, 1985.

Vrouwenarmeni. Trad. August Wiilemsen. Amsterdã: De Arbeiderspers, 1986.

Ezau en Jacob. Trad. August Wiilemsen. Amsterdã: De Arbeiderspers, 1991.

Dagboek van Aires. Trad. August Wiilemsen. Amsterdã: De Arbeiderspers, 1992.

Sueco

Dom Casmurro. Trad. Göran Heden. Estocolmo: Sven-Erik Berghs, 1954.

Dom Casmurro. Trad. Gregers Steendahl. Arhus: Husets Forlag/S.O.L., 1996.

Vansinneslakaren. Trad. Jens Nordenhok. Estocolmo: Alhambra, 1994.

Hebraico

O Alienista. Trad. Miriam Tivon. Jerusalém: Keter Publishing House, 1987.

Japonês

Alguns Contos. Trad. Kunihiko Takahashi. Tóquio: Daigakusyorin, 1981.

"Conto de Escola" e Outros Quatro Contos. Trad. Kikuo Furuno. Tóquio: Daigakusyorin, 1985.

Dinamarquês

En Vraten Herres Betragtninger. Trad. von Erik Bach-Pedersen. Copenhague: E. Wangel, 1956.

Servo-Croata

Posmrtni zapisi Brasa Cubasa. Trad. Josip tabak, Saravejo: Narodna Prosvjeta, 1957.

Dom Casmurro. Trad. Ante Gettineo. Zagreb: Zora, 1965.

Árabe

Quincas Borba. Trad. Sami El Droubi, Damasco: Ministério de Educação e Orientação Popular, 1963.

Polonês

Dom Casmuro. Trad. Janina Wrzoskowa. Varsóvia: Panstwowy Wydawnicz, 1959.

Romeno

Dom Casmurro. Trad. Paul Teodorescu, Bucareste: Pentru Literatura Universala, 1965.

Memoriile Postume ale lui Brás Cubas. Bucareste: Minerva, 1986.

Tcheco

Don Morous. Trad. Eugen Spálený, Praga: Státní Nakladatelství Krásné literatury, 1960.

Posmrtné Paměti Brasé Cubase. Trad. Šárka Grauová. Praga: Torst, 1996.

Estoniano

Dom Casmurro. Trad. Aita Kurfeldt. Tallin: Eesti Raamat, 1973.

Russo

Dom Casmurro. Trad. T. Ivanova. Prefácio Inna Terterian. Moscou: Goslitizdat, 1961.

Basco

Alienista. Trad. Joseba Urteaga. Pamplona: Igela Argitalextea, 1989.

Esperanto

La Alienisto. Trad. Paulo Sérgio Viana. Chapecó, SC: Fonto, 1997.

II. FONTES

BAGBY Jr., Alberto I. Eighteen Years of Machado de Assis: a Critical Annotated Bibliography for 1956-1974. *Hispania*, 58. p. 648-683, 1975.

BARBOSA, Francisco de Assis. *O romance, a novela e o conto no Brasil*. Rio de Janeiro: Ministério da Educação e Saúde, 1950. Separata de Cultura 3.

BOSI, Alfredo; GARBUGLIO, José Carlos; CURVELLO, Mario; FACIOLI, Valentim. *Machado de Assis*. (Escritores Brasileiros: antologia e estudos). São Paulo: Ática, 1982.

CARPEAUX, Otto Maria. Machado de Assis. In: *Pequena bibliografia crítica da literatura brasileira*. 3.ed. Rio de Janeiro: Letras e Artes, 1964. p. 145-164.

CALHEIROS, Pedro. A recepção de Machado de Assis em Portugal. *Travessia*, Revista de Pós-Graduação em Literatura Brasileira e Teoria Literária da UFSC (Florianópolis), 27. p. 52-95, 1993.

DIXON, Paul e CAMPOS, Maria do Carmo (Dir.). *Espelho – Revista Machadiana* (Porto Alegre), 1, 1995; 6/7, 2001.

JUNQUEIRA, Ivan. Apresentação. *Discursos Acadêmicos (1897-1919)*. Tomo I. Rio de Janeiro: Academia Brasileira de Letras, 2005.

MACHADO, Ubiratan. *Bibliografia machadiana: 1959-2003*. São Paulo: Edusp, 2005.

MACNICOLL, Murray Graeme. *The Brazilian Critics of Machado de Assis: 1857-1970*. Ann Arbor: Xerox University Microfilms, 1977.

MAGALHÃES JÚNIOR, Raimundo (Org.). *Ideias e imagens de Machado de Assis: dicionário antológico, com mil verbetes, abrangendo toda a obra machadiana, desde a colaboração em* A Marmota *até o Memorial de Aires*. Rio de Janeiro: Civilização Brasileira, 1956.

MAGALHÃES JÚNIOR, Raimundo *Vida e obra de Machado de Assis*. Rio de Janeiro: Civilização Brasileira, 1981. 4 v.

MASSA, Jean-Michel. La bibliothèque de Machado de Assis. In: *Revista do Livro*: 21-22, 1961. p. 195-238. Separata.

_____. *Dispersos de Machado de Assis*. Rio de Janeiro: Ministério da Educação e Cultura/Instituto Nacional do Livro, 1965.

_____. *Bibliographie descriptive, analytique et critique de Machado de Assis*. Tomo IV. 1957-1958. Rio de Janeiro: São José, 1965.

_____. *A juventude de Machado de Assis*. Rio de Janeiro: Civilização Brasileira, 1971.

MIGUEL PEREIRA, Lúcia. *Machado de Assis. Estudo crítico e biográfico*. 5.ed. Rio de Janeiro: José Olympio, 1955. (1ª edição: 1936).

Revista da Sociedade dos Amigos de Machado de Assis. Rio de Janeiro, 1958/1959-1968, 8 números.

SOUSA, J. Galante de. *Bibliografia de Machado de Assis*. Rio de Janeiro: Ministério da Educação e Cultura/Instituto Nacional do Livro, 1955.

_____. *Fontes para o estudo de Machado de Assis*. Rio de Janeiro: Ministério da Educação e Cultura/Instituto Nacional do Livro, 1958. (Segunda edição ampliada, 1969).

Sites

Academia Brasileira de Letras: http://www.machadodeassis.org.br
Fundação Biblioteca Nacional: http://www.bn.br
Fundação Casa de Rui Barbosa: http://www.machadodeassis.net
Unesp: http://www.machadodeassis.unesp.br
Universidade Federal de Santa Catarina: http://www.nupill.org
Domínio Público: http://www.dominiopublico.gov.br

BIBLIOGRAFIA SOBRE MACHADO DE ASSIS

ABREU, Capistrano de. As Memórias póstumas de Brás Cubas são um romance? *Gazeta de Notícias*. Rio de Janeiro, 30 janeiro/1 fevereiro, 1881.

ABREU, Modesto de. *Biógrafos e críticos de Machado de Assis*. Rio de Janeiro: Alba, 1939. 2.ed. Brasília: Grupo Brasília de Comunicação, 1989.

_____. *Machado de Assis*. Rio de Janeiro: Norte, 1939.

AGUADE, Jorge. Reflejos en el espejo. *Escritura*. Revista de Teoria y Critica literaria. Caracas, v. 14, n. 27, p. 171-180, jan./jun., 1989.

AGUIAR, Flávio. Poe e Machado: Conto e catástrofe. *Boletim Bibliográfico Biblioteca Mário de Andrade*. São Paulo, v. 47, n. 1-4, jan.-dez., p. 89-93, 1986.

AGUIAR, Luiz Antônio (Org.); SANDRONI, Laura (Coord.). *Machado de Assis*. Rio de Janeiro: Nova Fronteira, 2002.

AGUIAR, Luiz Antônio. *Almanaque Machado de Assis*. Rio de Janeiro: Record, 2008.

ALBERGARIA, Consuelo. Em defesa de Capitu. *Estudos de Literatura Brasileira*, l, Faculdade de Letras/UFRJ, Rio de Janeiro, p. 18-23, 1985.

_____. A filosofia do Humanitismo. *Estudos de Literatura Brasileira*. Faculdade de Letras/UFRJ, Rio de Janeiro, n. 4. p. 47-52, 1994.

ALBUQUERQUE, A. Tenório de. Machado de Assis, o clássico. *Revista Brasileira*. Rio de Janeiro, n. 28, p. 114-153, jan.-jun. 1960.

ALDRIDGE, A. Owen. From Sterne to Machado de Assis. In: CASH, Artur H. e STEDMOND, John M. *The Winged Skull: Papers from the Laurence Sterne bicentenary conference*. Londres: Methuen, 1972. p. 170-185.

ALENCAR, Heron de. Aspectos de uma interpretação das Memórias póstumas de Brás Cubas. *Estudos Universitários*, Universidade de Pernambuco, Recife, p. 97-105, 1962.

ALENCAR, Mário de. *Alguns escritos*. Rio de Janeiro: Garnier, 1910.

ALFONSO, Francisco José López. Pero esto no es más que el principio: de Fernández de Lizardi a Machado de Assis. *Cuadernos Hispanoamericanos*, Barcelona, n. 570, p. 45-57, 1997.

ALMEIDA, Alvaro Marins de. *Machado de Assis e Lima Barreto: da ironia à sátira*. Rio de Janeiro: Utópos, 2004.

ALMEIDA, Fernando Mendes de. O teatro e a poesia de Machado de Assis, *Roteiro*, São Paulo, 21 de junho, 1939.

ALMEIDA, Heloísa Lentz. *A vida amorosa de Machado de Assis*. Rio de Janeiro: Livraria Central, 1939.

ALMEIDA, José Maurício Gomes de. Da Humana Comédia ou no Teatro de Itaguaí. In: SECCHIN, Antônio Carlos; ALMEIDA, José Maurício Gomes de; SOUZA, Ronaldes de Melo e (Org.). *Machado de Assis: uma revisão*. Rio de Janeiro: In-Fólio, 1998. p. 167-177.

_____. A visão irônica nas Memórias póstumas de Brás Cubas, *Estudos de Literatura Brasileira*. Faculdade de Letras/UFRJ, Rio de Janeiro, n. 4, p. 79-86, 1994.

ALMEIDA, Leonor Simas. Ser e não ser: ambigüidade como substância e princípio em Machado de Assis. *Espelho: Revista Machadiana*, Porto Alegre, v. 4, p. 57-77, 1998.

ALMEIDA, Marisa C. de. A teoria antropológica das imagens: sua aplicabilidade na análise do discurso literário – "A cartomante": Machado de Assis, *Anais Seminário Gel*, São Paulo, p. 461--465. 1994.

ALMEIDA, Nelson Abel de. À margem da correspondência de Machado de Assis. *Anuário da Academia de Letras do Estado do Rio de Janeiro*, Rio de Janeiro, n. 2, p. 9-30, 1981.

ALMINO, João. El pesimismo como método: comentário sobre Machado de Assis. *Cuadernos Hispanoamericanos*, Madri, n. 598, p. 11-25, 2000.

ALVES, Constâncio. *Figuras*. Rio de Janeiro: Anuário do Brasil, 1922.

ALVES, Dario de Castro. Helena. In: CONGÍLIO, Mariazinha. *VII Colóquio Machado de Assis*. Lisboa, p. 21-29, 2002.

ALVES, José Edil de Lima. Aspectos paródicos em Quincas Borba. *Letras de Hoje*, Porto Alegre, n. 38, p. 57-75, 1979.

ALVIM, Clara. *Os discursos sobre o negro no século XIX: desvios da enunciação machadiana*. Rio de Janeiro: Escola de Comunicação/UFRJ, 1989.

AMÂNCIO, Moacir. Tendências do romance francês e ligações entre Rosa e Machado. *O Estado de S. Paulo*, São Paulo, 2 set. 2001, Revista das Revistas.

AMARAL, Amadeu. *O elogio da mediocridade*. São Paulo: Nova Era, 1924.

AMORIM, Celso. Uma obra em movimento. In: *A obra de Machado de Assis*. Ensaios premiados no 1º Concurso Internacional Machado de Assis. Brasília: Ministério das Relações Exteriores, 2006.

ANDRADE, Almir. Machado de Assis, o romancista. *Revista do Brasil*, Rio de Janeiro, 2, jun., 1939.

ANDRADE, Ana Luiza. Cronologia da vida literária de Machado de Assis. In: *Machado de Assis, crônicas de bond*. Florianópolis: Argos, 2001. p. 111-127.

_____. Com o futuro nas mãos. In: *Machado de Assis: A cartomante*. Chapecó: Grifos, 1999. p. 33-44.

_____. Machado de Assis, da troca de mãos às coisas perdidas: a crônica, *Scripta*. Belo Horizonte, v. 3, n. 6, p. 30-43, jan./jun. 2000.

_____. *Transporte pelo olhar de Machado de Assis: passagem entre o livro e o jornal*. Chapecó: Grifos, 1999.

ANDRADE, Gentil de (Org.). *Pensamentos e reflexões de Machado de Assis*. Rio de Janeiro: Civilização Brasileira, 1990.

ANDRADE, Geraldo Edson de. *O Rio de Janeiro de Machado de Assis*. Rio de Janeiro: Centro Cultural Banco do Brasil, 1989.

ANDRADE, Mário de. Machado de Assis. In: _____. *Aspectos da literatura brasileira*. São Paulo: Martins, s/d. p. 89-95. São Paulo/Belo Horizonte: Edusp/Itatiaia, 2002.

ANDREASSI, Lourdes, Décio, João. *Retorno ao romance eterno: Dom Casmurro de Machado de Assis*. Lisboa: s.n., 1972.

ÂNGELO, Hercílio. Machado e Euclides. *Revista da Sociedade dos Amigos de Machado de Assis*, Rio de Janeiro, n. 5, p. 4-12, 29 set. 1960.

ARARIPE JÚNIOR, Tristão de Alencar. Falenas: versos de Machado de Assis. In: ARARIPE JR., R. T. A. *Obra crítica*. v. V, Rio de Janeiro: MEC/Casa de Rui Barbosa, 1970. p. 219-24.

_____. Machado de Assis. In: ARARIPE JR., R. T. A. *Obra crítica*. v. III, Rio de Janeiro: Ministério da Educação e Cultura/Casa de Rui Barbosa, 1963. p. 5-9.

_____. Machado de Assis. In: ARARIPE JR., R. T. A. *Obra crítica*. v. IV, Rio de Janeiro: MEC/Casa de Rui Barbosa, 1966. p. 278-84.

_____. Quincas Borba. In: ARARIPE JR., R. T. A. *Obra crítica*. v. II, Rio de Janeiro: MEC/Casa de Rui Barbosa, 1960. p. 289-305.

_____. Machado de Assis. *Revista Brasileira*, Rio de Janeiro, jan. 1895.

ARAÚJO, Dom Hugo Bressane de. *Aspecto religioso da obra de Machado de Assis*. Rio de Janeiro: Cruzada da Boa Imprensa, 1939. 2.ed., São Paulo: Paulinas, 1978.

AREAS, Vilma. Machado e Garrett: (des)concerto para violoncelo e cavaquinho. *Scripta*, Belo Horizonte, v. 3, n. 6, p. 194-200, jan./jun. 2000.

ARNULFO, M. Irmão. *A arte velada de Machado de Assis*. Porto Alegre: Tip. Champagnat, 1958.

ASSUMPÇÃO, Maria Luiza Teixeira de. O projeto inconsciente de Machado de Assis: o morto na vida e obra de Machado de Assis. Mito e fantasma. *Arquivos Brasileiros de Psicologia*, Rio de Janeiro, v. 44, n. 1-2, p. 121-134, jan.-jun. 1992.

_____. O dito e o não dito no discurso geral dos romances de Machado de Assis. *Arquivos Brasileiros de Psicologia*, Rio de Janeiro, v. 47, n. 1, p. 59-64, 1995.

_____. O inconsciente de Machado de Assis. Da psicanálise e da interpretação da literatura: redução à inserção do passado. *Arquivos Brasileiros de Psicologia*, Rio de Janeiro, v. 47, n. 2, p. 26-32, 1995.

ATAÍDE, Austregésilo de. Religião e política na obra de Machado de Assis. *Revista Brasileira*, Rio de Janeiro, 17, 1946.

_____. A política na obra de Machado de Assis. In: ASSIS, Machado de. *O velho Senado*. Edição comemorativa do nascimento de Machado de Assis. Brasília: Senado Federal, 1989. p. 25-27.

ATAÍDE, Tristão de. *Três ensaios sobre Machado de Assis*. Rio de Janeiro: P. Bluhm, 1941.

_____. Machado cronista. *Diário de Notícias*, Rio de Janeiro, 23 out. 1960.

ATAÍDE, Tristão de. Machado folhetinista. *Diário de Notícias*, Rio de Janeiro, 9 out. 1960.

ATKINSON, Dorothy M. O humor em Dom Casmurro. *Littera*, Rio de Janeiro, n. 16, p. 66-71, jul.-dez. 1976.

AUSTREGÉSILO, Antônio. Alguns aspectos psicológicos de Machado de Assis. *Revista da Academia Brasileira de Letras*, Rio de Janeiro, 58, jul-dez. 1939.

AVELAR, Idelber. Ritmos do popular no erudito: política e música em Machado de Assis. In: *A obra de Machado de Assis*. Ensaios premiados no 1º Concurso Internacional Machado de Assis. Brasília: Ministério das Relações Exteriores, 2006.

_____. Machado de Assis e o aprendizado do esquecimento. *Romance Notes*, Chapel Hill, v. 34, n. 2, p. 135-142, jan./mar. 1992.

AVELINO, Leônidas Querubim. Esaú e Jacó de Machado de Assis: Contribuições para o estudo de um tema. *Convivium*, São Paulo, p. 33-43, abr. 1966.

AVELLA, Nello. Fortuna Critica di Machado de Assis: Una Società Allo Specchio? *Annali Instituto Universitário Orientale-Sezione-Romanza*, Napoli, n. 22, p. 103-15, 1980.

AZEREDO, Carlos Magalhães de. *Machado de Assis e Sílvio Romero. Homens e livros*. Rio de Janeiro: Garnier. 1902.

AZEVEDO FILHO, Leodegário A. de. 150 Anos de Machado de Assis. *Caleidoscópio*, São Gonçalo, Faculdade Integrada de São Gonçalo, n. 9, p. 25-32, 1989.

AZEVEDO, Álvaro Augusto de Almeida. *A linguagem de Machado de Assis*. São Paulo: Revista dos Tribunais, 1944.

AZEVEDO, Demócrito Jônatas de. A Poesia de Machado de Assis. *Leitura*, São Paulo, 12 ago. 1993.

AZEVEDO, Silvia Maria. O grotesco em Machado de Assis: uma leitura de A causa secreta. In: ABRALIC. Porto Alegre: Anais. v. 2, 1988. p. 183-192.

BAGBY JR., Albert I. Eighteen Years of Machado de Assis: A Critical Annotated Bibliography for 1956-74. *Hispania*, Wallingford, v. 58, p. 648-683, out. 1975.

_____. Iaiá Garcia: More Optimism in Machado de Assis. *Inter-American Review of Bibliography*, Washington, v. 25, n. 3, p. 271-284, jul.-set. 1975.

_____. Machado de Assis traduzido. *Veritas*, Porto Alegre, v. 25, n. 97, p. 89-102, 1980.

_____. El realismo de las novelas românticas de Machado de Assis. *Horizonte*, Porto Rico, ano XXIX, n. 58, abr. 1986.

_____. Machado de Assis no presente momento: 1975-1988. *Letras de Hoje*, Porto Alegre, v. 24, n. l, p. 39-49, mar. 1989.

_____. Estela: a personagem mais importante de Iaia Garcia. *Revista de Estúdios Iberoamericanos*, Asuncion, 1990.

_____. *Machado de Assis e seus primeiros romances*. Porto Alegre: EDIPUCRS, 1993.

_____. Entre o rato e o beijo: analista e segredo em A Causa Secreta. *Espelho*: Revista Machadiana, West Lafayette, n. 3, p. 5-35, 1997.

BAGNO, Marcos (org.). *Machado de Assis para principiantes*. São Paulo: Ática, 1999.

BALDERSTON, Daniel. Octuplo allusion in Borges's inquisiciones. In: Jackson, K. David (org.) *Transformations of Literary Language in Latin American Literature: from Machado de Assis to the Vanguards*. Austin: Abaporu, 1987.

BANDEIRA, Manuel. O poeta. In: *Machado de Assis: Obra completa*. Rio de Janeiro: José Aguilar, 1959 v. III, p. 11-4.

BAPTISTA, Abel Barros. Singular experiência: para uma revisão dos contos de Machado de Assis. *Scripta*. Belo Horizonte, v. 3, n. 6, p. 13-19, jan./jun. 2000.

_____. Antes do livro: primeiras notas sobre Dom Casmurro. *Colóquio/ Letras*, Lisboa, n. 121-122, p. 27-39, jul./dez. 1991.

_____. *Autobibliografias: solicitação do livro na ficção de Machado de Assis*. Lisboa: Relógio d'Água, 1998. Idem; Campinas: Editora da Unicamp, 2003.

_____. *Em nome do apelo do nome*: duas interrogações sobre Machado de Assis. Lisboa: Litoral, 1991.

BARBIERI, Ivo. Nas dobras das ambigüidades de Esaú e Jacó. *Tempo Brasileiro*, Rio de Janeiro, n. 81, p. 22-31, abr.-jun. 1985.

_____. O Alienista: a razão que enlouquece. *Revista Brasileira*, Academia Brasileira de Letras, Rio de Janeiro, ano IV, n. 4, jan.-fev.-mar. 1998.

_____. O lapso ou uma psicoterapia do humor. In: JOBIM, José Luís (org.). *A Biblioteca de Machado de Assis*. Rio de Janeiro: Topbooks, 2001. p. 335-347.

_____. Um romance de muitas leituras. In: BARBIERI, Ivo (org.). Ler e reescrever Quincas Borba. Rio de Janeiro: EDUERJ, 2003. p. 7-41.

_____. Machado e a história: um tempo de longa duração. *Espelho*, Revista Machadiana, West Lafayette, n. 1, p. 19-29, 1995.

BARBOSA, Edgar. *Três ensaios*. Recife: Imprensa Oficial, 1960. p. 3-17.

BARBOSA, Francisco de Assis. Primus inter pares. In: *Machado de Assis: 150 anos*. Rio de Janeiro: Fundação Casa de Rui Barbosa, 1989. p. 7-8.

_____. Machado de Assis e o mito de Apolo. *Revista Brasileira*, Rio de Janeiro, 1958.

_____. *Machado de Assis em miniatura*. São Paulo: Melhoramentos, 1958.

Barbosa, João Alexandre. Magias parciais de Dom Casmurro. *Cult*, São Paulo, n. 24, p. 60-63, jul. 1999.

_____. A volúpia lasciva do nada: uma leitura de Memórias póstumas de Brás Cubas. In: Barbosa, João Alexandre. *A biblioteca imaginária*. São Paulo: Ateliê, 1966. p. 135-172.

_____. Literatura e história: aspectos da crítica de Machado de Assis. In: Secchin, Antônio Carlos; Almeida, José Maurício Gomes de; Souza, Ronaldes de Melo e (Org.). *Machado de Assis: uma revisão*. Rio de Janeiro: In-Fólio, 1998. p. 215-224.

Barbosa, Maria José Somerlate. Bras' Delirium and G H's Reverie: The Quest of the Origins of Time. *Luso-Brazilian Review*, Wisconsin, University of Wisconsin, v. 29, n. 1, p. 19-27, 1992.

_____. Sterne and Machado: parodic and intertextual play in Tristram Shandy and Memórias. *The Comparatist*, Journal of the Southern Comparative Literature Association. Savannah, Knoxville, n. 16, p. 24-28, maio 1992.

Barbosa, Rui. Machado de Assis. In: Barbosa, Rui. *Novos discursos e conferências*. São Paulo: Acadêmica, 1933.

_____. *Machado, Herculano e Rio Branco*. Rio de Janeiro: Org. Simões, 1950.

_____. *O adeus da Academia a Machado de Assis*. Rio de Janeiro: Casa de Rui Barbosa, 1958.

Barreiros, Artur. Biografia de Machado de Assis. In: *Galeria Contemporânea do Brasil*. Rio de Janeiro: Lombaerts & Cia., 1884.

Barreto Filho, José. *Introdução a Machado de Assis*. Janeiro: Agir, 1947. 2.ed. Rio de Janeiro: Agir, 1980.

_____. Machado de Assis. In: Hollanda, Aurélio Buarque de (coord.). *O romance* brasileiro (de 1752 a 1930). Rio de Janeiro: O Cruzeiro, 1952. p. 115-150.

_____. O romancista. In: Assis, Machado de. *Obra Completa*. Rio de Janeiro: Aguilar, 1959. v. 1.

Barros, Benedito Ferri de. Dom Casmurro, um estudo. *Revista Brasileira*, Rio de Janeiro, p. 112--128, abr.-maio-jun. 1997.

Barrow, Leo L. Ingratitude in the Works of Machado de Assis. *Hispania*, Wallingford, v. 49, n. 1, p. 211-217, mar. 1966.

Barsy, Kalman Jorge. Notas sobre la estructura de Memórias póstumas de Bras Cubas. *Revista Iberoamericana*, Pittsbrug, n. 80, p. 463-476, jul./set. 1972.

Basdekis, Demetrius. Dualism in notes from the Underground and in Dom Casmurro. *Revista de Letras*, Assis, v. 5, p. 117-124, 1964. Bastide, Roger. Machado de Assis, paisagista. *Revista do Brasil*, Rio de Janeiro, 3, nov. 1940. Reedição: *Teresa*. Revista de Literatura Brasileira 6/7 dedicada a Machado de Assis. São Paulo: Editora 34/Imprensa Oficial do Estado, 2006. p. 418-428.

Bastos, Alcmeno. A homologia entre o histórico e o estórico em Esaú e Jacó. *Estudos de Literatura Brasileira*, Rio de Janeiro, Faculdade de Letras/UFRJ, n. 4, p. 15-23, 1994.

Bastos, Alcmeno. O almoço do conselheiro: história e ficção no mesmo cardápio. In: Secchin, Antônio Carlos; Almeida, José Maurício Gomes de; Souza, Ronaldes de Melo e (Org.). *Machado de Assis: uma revisão*. Rio de Janeiro: In-Fólio, 1998. p. 135-146.

Bellei, Sergio Luís Prado. Machado de Assis nos Estados Unidos: a influência de Dom Casmurro nos romances iniciais de John Barth. *Ciências Humanas*, Rio de Janeiro, n. 10, v. III, p. 30-44, jul.-set. 1979.

_____. Machado de Assis: uma poética da nacionalidade. *Travessia*, Florianópolis, n. 19, p. 24-38, 2° sem. 1989.

_____. "The Raven" by Machado de Assis. *Luso-Brazilian Review*, Wisconsin, University of Wisconsin, v. 25, n. 2, p. 1-13, inverno 1988.

Bello, José Maria. *Retrato de Machado de Assis*. Rio de Janeiro: A Noite, 1952.

_____. *Novos estudos críticos: Machado de Assis, Joaquim Nabuco e outros artigos*. Rio de Janeiro: Revista dos Tribunais, 1917. 2 ed. São Paulo: Nacional, 1935.

Bergo, Vittorio. Machado de Assis e a Gramática. In: *Estudos Universitários de Lingüística, Filologia e Literatura, homenagem ao prof. dr. Sílvio Elia.* Rio de Janeiro, Tempo Brasileiro, 1990. p. 265-178.

Berlinck, Manoel Tosta & Moreira, Ana Cleide Guedes. Ironia e melancolia em O Alienista de Machado de Assis. *Revista Latino Americana de Psicopatologia Fundamental*, v. VI, n. 2, junho de 2003.

Bernd, Zilá. *Machado de Assis: uma poética da nacionalidade.* Porto Alegre: Edufrgs, 1992.

Berrini, Beatriz. *Eça e Machado.* São Paulo: EDUC, 2005.

Bertol, Rachel. Aniversário de Machado. *O Globo*, Rio de Janeiro, 17 jun. 2006.

Bessa, Pedro Pires. A visualização de Iaiá Garcia. *Revista de Letras.* n. 41-42, 1992-1993, p. 25-36.

Betella, Gabriela Kvacek. *Bons dias!*: o funcionamento preciso da inteligência em terra de relógios desacertados: as crônicas de Machado de Assis. Rio de Janeiro: Revan, 2006.

_____. *Narradores de Machado de Assis.* São Paulo: Edusp/Nakin, 2007.

Birchal, Hennio Morgan. O delirio de Brás Cubas. *Minas Gerais*, Suplemento Literario (MGSL) Belo Horizonte, 1981, oct. 3; 14(783), p. 7-8.

Biscetti, Rita. Guiomar: Um personaggio paradigma di Machado de Assis. *Letteratura d'America*, Roma, v. 4, p. 83-99, 1983.

Bittencourt, Liberato. *Machado de Assis ou o desrespeito ao ídolo acadêmico.* Rio de Janeiro: Oficina do Ginásio 28 de Setembro, 1939.

Bizzarri, Edoardo. *Machado de Assis e a Itália.* São Paulo: Instituto Cultural Ítalo-Brasileiro, 1961.

Bloom, Harold. *Gênio: Os cem autores mais criativos da história da literatura.* Trad. José Roberto O'Shea. Rio de Janeiro: Objetiva, 2003. p. 686-693.

Bochat, Eberhard Muller. Kinder der Kunst: genetische Falle in literarischer Behandlung – zur einigen Romanfiguren bei Goethe, Emile Zola, Machado de Assis, Thomas Mann, Garcia Marquez und Michel Tournier. In: Ley, Klaus; Schrader, Ludwig; Wehlr, Winfried (org.). *Text und Tradition*, Gedenkschrift Eberhard Leube. Frankfurt: Peter Lang, 1996.

Boletim da Sociedade dos Amigos de Machado de Assis. As comemorações do 22º aniversário da publicação de Chrysalidas. Rio de Janeiro, setembro de 1958.

Bonfim, Eneida Monteiro. Exercício de análise literária: Brás Cubas. *Cadernos da PUC*, Rio de Janeiro, n. 6, p. 99-113, jul. 1971.

Borges, Antônio Fernando. *Braz, Quincas e Cia.* São Paulo: Companhia das Letras, 2003.

Borges, Valdeci Rezende. *Imaginário familiar: história da família, do cotidiano e da vida privada na obra de Machado de Assis.* Uberlândia: Asppectus, 2007.

Borim, Dario. Machado e a batina: uma investigação sobre a "alma exterior" de um católico irreverente. *Quadrant*, Montpellier, França, 1990. p. 95-111.

Bosi, Alfredo. *Brás Cubas em três versões: estudos machadianos.* São Paulo: Companhia das Letras, 2006.

_____. *Machado de Assis: o enigma do olhar.* São Paulo: Ática, 1999. Reedição: São Paulo: Martins Fontes, 2007.

Bosi, Alfredo; Garbuglio, José Carlos; Curvello, Mario; Facioli, Valentim. *Machado de Assis* (Escritores Brasileiros: antologia e estudos). São Paulo: Ática, 1982.

Boyd, Antonio Olliz. The social and ethnic contexts of Machado de Assis' Dom Casmurro. *Afro-Hispanic Review*, Columbia, v. 11, n. 1-3, p. 34-41, 1992.

Brakel, Arthur. Ambiguity and enigma in art: the case of Henry James and Machado de Assis. *Comparative Literature Studies*, Champaign, s.l., v. 19, n. 4, p. 442-449, jan./mar. 1982.

Branco, Carlos Castelo. O jornalista ajudou o romancista. In: Machado de Assis. *O velho Senado*. Edição comemorativa do nascimento de Machado de Assis. Brasília: Senado Federal, 1989. p. 29-31.

Brandão, Octávio. *O niilista Machado de Assis*. Rio de Janeiro: Organização Simões, 1958.

Brandão, Roberto de Oliveira. Machado de Assis e os sofistas. *Língua e Literatura*, São Paulo, n. 18, p. 41-53, 1990.

Brasil. Congresso Nacional. O Sesquicentenário do Congresso Nacional: Velho Senado de Machado de Assis: Sessão Primeira da Assembleia Geral Legislativa em 17 de novembro de 1830. Brasília: Senado Federal, 1980.

Brayner, Sônia. Machado de Assis e a Arte do Conto. In: *Machado de Assis, papéis velhos e outras histórias*. Rio de Janeiro: Prefeitura da Cidade do Rio de Janeiro, 1995. p. 11-19.

_____. As metamorfoses machadianas. In: Brayner, Sônia. *Labirinto do espaço romanesco*. Rio de Janeiro: Civilização Brasileira/INL, 1979. p. 51-118.

_____. Helena ou na transversal do tempo. *Travessia*, Florianópolis, n. 19, p. 39-55, 2° sem. 1989.

_____. Um passeio no Rio Antigo: os contos de Machado de Assis. Travessia, Florianopolis, 1990; p. 9-18.

Broca, Brito. *Machado de Assis e a política e outros estudos*. Rio de Janeiro: Simões, 1957. Idem: São Paulo: Polis; Brasília: INL, 1983.

Brower, Keith-H. The Theatre of Machado de Assis. *Tinta*, Santa Barbara, CA, 1(4), p. 21-25, 1984.

Bruna, Jaime. Parataxe e hipotaxe no estilo de Machado de Assis e de Eça de Queirós. *Língua e Literatura*, São Paulo, v. 4, p. 267-284, 1975.

Bueno, Alexei. Machado poeta. In: Assis, Machado de. *Melhores poemas*. São Paulo: Global, 2000. p. 7-16.

Bulhões, Antônio. Duas palavras sobre o teatro machadiano. *Estudos Sociais*, Rio de Janeiro, v. 1, n. 3; p. 323-327, 1958.

Caldwell, Helen. *Machado de Assis: the braziliam masters and his novels*, Berkeley: University of California Press, 1970.

_____. *O Otelo brasileiro de Machado de Assis*. São Paulo: Ateliê, 2002.

_____. *The Brazilian Othello of Machado de Assis: a study of Dom Casmurro*. Berkeley: University of California Press, 1960.

Calheiros, Pedro Manuel A. F. A recepção de Machado de Assis em Portugal. In: *Travessia*, Florianópolis, n. 27, p. 52-95, 1993.

_____. Machado, discípulo de Eça? In: *Anais do XXVIII Congresso Brasileiro de Língua e Literatura*, Rio de Janeiro, 1996.

_____. O estilo ébrio e poupado de Machado de Assis. In: *Atas do Terceiro Congresso da Associação Internacional de Lusitanistas*, Coimbra, p. 563-591, 1992.

_____. Les tropiques delaisses chez Machado de Assis, poete et romancier. In: Bauer, Roger et al. *Proceedings of the XIIth Congress of the International Comparative Literature Association*, Munique, Iudicium, v. 5, 1990.

Callado, Ana Arruda. Machado e o Sadismo. *O Prelo*, Conselho Estadual de Cultura do Estado do Rio de Janeiro, Rio de Janeiro, set./out./nov., 2005.

Callipo, Daniela Mantarro. *As recriações de Lélio*: a presença francesa nas crônicas machadianas: Gazeta de Notícias – Balas de estalo – julho de 1883 a março de 1886. São Paulo: s.n., 1998.

Câmara Jr., J. Mattoso. *Ensaios machadianos*. Rio de Janeiro: Livraria Acadêmica, 1962. Idem: Rio de Janeiro: Ao Livro Técnico, 1979.

Camlong, André. La syntaxe de l'esthétique et de l'éthique dans les contes de Machado de Assis. *Travessia*, Florianópolis, n. 19, p. 83-111, 2° sem. 1989.

Campedelli, Samira Youssef. *Machado de Assis*. São Paulo: Scipione, 1995.

Campos, Haroldo de. Arte pobre, tempo de pobreza, poesia menor. In: Schwarz, Roberto (org.). *Os pobres na literatura brasileira*. São Paulo: Brasiliense, 1983. p. 181-184.

Campos, Maria Consuelo Cunha. Dançando sobre um vulcão: o baile, o fim da festa. *Espelho*, Revista Machadiana, n. 1, p. 31-37, 1995.

Campos, Maria do Carmo. Machado de Assis: un savoir et un monde. *Taira*, Revue du Centre de Recherche et d'Études Lusophones et Intertropicales, Grenoble, n. 4, p. 101-115, 1992.

Campos, Moreira. Machado de Assis. *Jornal de Cultura*, Fortaleza, ano 1, n. 3, p. 6-8, 1981.

Campos, Vinício Stein. Machado de Assis e a história pátria. *Revista do Instituto Histórico e Geográfico de São Paulo*, São Paulo, v. 58, p. 125-137, 1960.

Cancelier, Natália Lobor. Mundos diversificados em Bentinho e Dom Casmurro. *Travessia*, Florianópolis, n. 19, p. 125-137, 2° sem. 1989.

Candido, Antonio. Esquema de Machado de Assis. In: _____. *Vários escritos*. São Paulo: Duas Cidades, 1970. p. 13-32. Idem: São Paulo: Duas Cidades, 1977.

Cano, Jefferson. Machado de Assis, historiador. In: Chalhoub, Sidney e Pereira, Leonardo Affonso de M. (Orgs.) *A história contada*. Rio de Janeiro: Nova Fronteira, 1998. p. 35-65.

Canuto, Ângela. *Machado de Assis: memórias de um frasista*. Maceió: Edufal, 1999.

Cardoso, Marília Rothier. Jogo de cartas, uma leitura da correspondência de Machado de Assis. *O Eixo e a Roda*, Belo Horizonte, Faculdade de Letras da UFMG, v. 4, p. 59-70, nov. 1985.

_____. A constituição do sujeito e a face dupla da moeda literária. *Tempo Brasileiro*, Rio de Janeiro, n. 81, p. 90-97, abr.-jun. 1985.

_____. Moda da crônica: frívola e cruel. In: Candido, Antonio et al. *A crônica*. São Paulo: Unicamp, 1992. p. 137-152.

Cardoso, Patrícia da Silva. Hoje amanuense, amanhã diplomata: a memória em *O Amanuense Belmiro* e *Memorial de Aires*. *Letras*, Curitiba, n. 47, p. 39-53, 1997.

Cardoso, Wilton. Os olhos de Capitu. Ensaio de interpretação estilística. *Kriterion*, Belo Horizonte, out-dez., 1947.

Cardoso, Wilton. *Tempo e memória em Machado de Assis*. Belo Horizonte: Estabelecimento Gráfico Santa Maria, 1958.

Carneiro, Nelson. In: Machado de Assis. *O velho Senado*. Edição comemorativa do nascimento de Machado de Assis. Brasília: Senado Federal, 1989. p. 9-11.

Carollo, Cassiana Lacerda. As relações interpessoais em D. Casmurro: do espaço do sujeito ao problema da caracterização do objeto. *Estudos Brasileiros*, Curitiba, p. 31-37, 1978.

_____. O espaço e os objetos em Quincas Borba. *Revista Letras*. Curitiba, n. 23, p. 53-69, 1975.

Carpeaux, Otto Maria. Machado e outros cariocas. In: Carpeaux, Otto Maria. *Ensaios reunidos*. Rio de Janeiro: Topbooks, 1999.

Carrer, Aline; Gledson, John. *Rio de Assis – Imagens machadianas do Rio de Janeiro*. Rio de Janeiro: Casa da Palavra, 1999.

Carson, Tom. He Did It His Way: Machado de Assis, Modernist without Portfolio. *Village Voice Literary Supplement*, Nova York, p. 22-24, jun. 1984.

Carvalhal, Tânia Franco. Towards the Study of the Canon in Brazilian Literature: Machado de Assis and Jean Ferdinand Dénis. In: Hendrix, Harold; Klock, Joost; Levie, Sophie; and Peer, Wiil Van. *The Search for a New Alphabet: Literary Studies in a Changing World*. Amsterdã: Benjamins, 1996.

Carvalho Filho, Aloísio de. O processo penal de Capitu. In: *Machado de Assis na palavra de Peregrino Júnior, Cândido Mota Filho, Eugênio Gomes e Aloísio de Carvalho Filho*. Salvador: Progresso, 1959. p. 89-121.

_____. *Machado de Assis e o problema penal*. Salvador: Livraria Progresso, 1959.

Carvalho, Alair Alves de. A estratégia do desvio da ênfase: um exercício de intertextualidade em Machado. *Abralic*, Anais, v. 2, Porto Alegre, p. 206-211, 1988.

Carvalho, Francisco. *Olhos de ressaca*. Fortaleza: s.n., 1999.

Carvalho, Napoleão de. *O que pensou e disse Machado de Assis*. Rio de Janeiro: Dublin, 2004.

Casasanta, Mário. A lição d'O Almada. *O Estado de Minas*, Belo Horizonte, 27 jun. 1939.

Casasanta, Mario. *Machado de Assis e o tédio à controvérsia*. Belo Horizonte: Os Amigos do Livro, 1934.

_____. *Machado de Assis, escritor nacional*. Rio de Janeiro: Federação das Academias de Letras do Brasil, 1939. Separata.

_____. *Minas e os mineiros na obra de Machado de Assis*. Belo Horizonte: Os Amigos do Livro, 1932.

Cascudo, Luís da Câmara. Lembranças de Machado de Assis. *O Jornal*, Rio de Janeiro, 9 dez. 1969 Idem: *Diário de Pernambuco*, Recife, 14 e 18 dez. 1969.

Castello, José Aderaldo. *Realidade e ilusão em Machado de Assis*. São Paulo: Nacional, 1969.

_____. Interpretações da obra de Machado de Assis. *Ocidente*, Lisboa, v. 61, n. 279, p. 3-16, 1961.

_____. *Machado de Assis: crítica*. Rio de Janeiro: Agir, 1959. (Nossos Clássicos; 38)

Castro, Luiz Gonzaga Garcia de. *Os temas como tecedura narrativa em alguns contos machadianos*. Bauru: FASC, 1985.

Castro, Manuel Antônio de. Machado de Assis e a modernidade. In: *Tempos de metamorfose*, Rio de Janeiro, Tempo Brasileiro, p.158-62, 1994.

_____. O enigma é Capitu ou Dom Casmurro? *Tempo Brasileiro*. Rio de Janeiro, n. 33/34, p. 83-102, abr.-jun. 1973.

Castro, Silvio. Il Trapezio e la Modernità (150 Anni della Nascita de Machado de Assis). *Il Confronto Letterario*, n. 13, p. 145-152, maio 1990.

_____. O homem de uma cidade só: Machado de Assis e o Rio de Janeiro. In: Kohler, Florent et Castro, Sílvio. *Machado de Assis em Europe Latine*. Tours: Université François Rabelais, 2004. p. 71-102.

Castro, Walter de. *Metáforas machadianas*. Rio de Janeiro: Ao Livro Técnico, 1977.

Cavalcante, Berenice de O. Memorial de Aires: o público e o privado, dimensões da vida cotidiana na Cidade do Rio de Janeiro. *Tempo Brasileiro*; Rio de Janeiro, n. 81, p. 43-53, abr.-jun. 1985.

Cecília, Nelly. Era uma vez... In: Assis, Machado de. *Contos*. 2.ed. Belém: Cejup, 1995. p. 9-54.

Cesar, Guilhermino Entre Zola e Machado de Assis. *Cahiers du Monde Hispanique et Luso-brésilien*, Toulouse, n. 15, p. 21-29, 1970.

César, Guilhermino. Dona Fernanda, a Gaúcha do Quincas Borba. *O Instituto*, Coimbra, v. CXXVII, tomo I, p. 75-87, 1965.

Chacon, Vamireh. Machado de Assis e Renan. *Revista Brasileira de Filosofia*, São Paulo, v. 20, n. 78, p. 147-156, 19--.

Chagas, Wilson. *A fortuna crítica de Machado de Assis*. Porto Alegre: Movimento, 1994.

Chalhoub, Sidney e Pereira, Leonardo Affonso de M. Org. *A história contada*. Rio de Janeiro: Nova Fronteira, 1998. cap. I a IV.

Chalhoub, Sidney. *Machado de Assis historiador*. São Paulo: Companhia das Letras, 2003.

Chauvin, Jean Pierre. *O alienista: a teoria dos contrastes em Machado de Assis*. São Paulo: Reis, 2005.

Chaves, Flávio Loureiro. *O mundo social do Quincas Borba*. Porto Alegre: Movimento, 1974.

_____. Para a leitura do Dom Casmurro sob o signo da traição. In: *O amor na literatura*. Porto Alegre: EduFRGS, 1992. p. 69-76.

_____. *Romances para estudo: Esaú e Jacó*. Rio de Janeiro: Francisco Alves, 1976.

Chediak, Antônio José. Introdução ao texto crítico de Quincas Borba. *Suplemento da Revista do Livro*, Rio de Janeiro, n. 16, dez. 1959.

CHOCIAY, Rogério. Machado de Assis e os alexandrinos errados. *Revista de Letras*, São Paulo, v. 29, p. 37-45, 1989.

CIANCIO, Luce. Pirandello e Machado de Assis. *Comentário*, Rio de Janeiro, n. 4, 4. trim., p. 324--331, 1965.

CINTRA, Ismael Ângelo. O prefácio ficcional de Esaú e Jacó. *Revista de Letras*, São Paulo, v. 29, p. 11-17, 1989.

_____. Discursos entrecruzados: história e representação em Esaú e Jacó. *Revista Letras*, Curitiba, n. 37, p. 142-151, 1988.

CIRURGIÃO, Antônio A. Machado de Assis: sob o signo da indecisão. *Ocidente*, Lisboa, v. 75, n. 364, p. 45- 61, 1968.

CLEMENTE, Ana Tereza. *Machado de Assis*. São Paulo: Globo, 2007.

CLEMENTE, Élvio. A obra crítica de Machado de Assis. *Veritas*, Porto Alegre, v. 4, n. 1, p. 44-49, 1959.

COELHO, Joaquim Francisco Cartas de Machado e Bilac à Academia das Ciências de Lisboa. *Vórtice: Literatura, Arte y Critica*, Stanford, 1975; n. 1(3), p. 80-82.

COELHO, Joaquim Francisco. Um processo metafórico de Dom Casmurro. In: COELHO, Joaquim Francisco. *Minerações*. Belém: Universidade Federal do Pará, 1975. p. 91-100.

COELHO, Marcelo. Memorial do mestre. In: *Cadernos de Literatura Brasileira*. Machado de Assis. Número duplo, n. 23-24, dedicado ao centenário de morte. São Paulo: Instituto Moreira Salles, 2008. p. 49-51.

COELHO, Marcia Maria e OLIVEIRA, Marcos Fleury de. *O bruxo do Cosme Velho – Machado de Assis no espelho*. São Paulo: Alameda, 2005.

CONCEIÇÃO, Douglas Rodrigues da. *Fuga da promessa e nostalgia do divino. A antropologia de Dom Casmurro de Machado de Assis como tema no diálogo entre teologia e literatura*. Rio de Janeiro: Horizontal, 2004.

CONCÍGLIO, Mariazinha. *A ciranda de Machado*. São Paulo: Soma, 1987. Idem: Lisboa: Universitária Editora, 1995.

CONGÍLIO, Mariazinha (Org.). *VII Colóquio Machado de Assis*. Lisboa, 8 maio, 2002.

CONDE, Hermínio de Brito. *A tragédia ocular de Machado de Assis*. Rio de Janeiro: A Noite, 1942. Edição traduzida e aumentada: *La tragédia ocular de Machado de Assis*. Buenos Aires: El Ateneo, 1947.

CORÇÃO, Gustavo. Apresentação. In: ASSIS, Machado de. *Romance*. Rio de Janeiro: Agir, 1959. (Nossos Clássicos, 37).

_____. Introdução. In: ASSIS, Machado de. *Dom Casmurro*. Edição crítica de Maximiano de Carvalho e Silva. São Paulo: Melhoramentos, 1965.

_____. Machado de Assis Cronista. In: ASSIS, Machado de. *Obra Completa*. Org. Afrânio Coutinho. Rio de Janeiro: Nova Aguilar, 1979.

_____. Na mesma língua em que chorou Camões. In: CORÇÃO, Gustavo. *O desconcerto do mundo*. Rio de Janeiro: Agir, 1965. p. 79-152.

CORDEIRO, Francisca de Basto. *Machado de Assis na intimidade*. Rio de Janeiro: Pongetti, 1965. Reedição ampliada de: *Machado de Assis que eu vi*. Rio de Janeiro: São José, 1959.

COROMINAS, Juan M. Elementos religiosos en contos sem data de Machado de Assis. *Convivium*, São Paulo, v. 23, n. l, p. 21-37, jan.-fev. 1980.

CORONEL, Luiz (org.) *Dicionário Machado de Assis – Ontem, hoje e sempre*. Porto Alegre: Zaffari, 2007.

CORREIA, Marlene de Castro. Atualidade da crítica de Machado de Assis. *Littera*, Rio de Janeiro, v. 1, n. 2, p. 3-21, 1971.

_____. Afinidades entre bruxos: Machado de Assis e Carlos Drummond. In: SECCHIN, Antônio Carlos; ALMEIDA, José Maurício Gomes de; SOUZA, Ronaldes de Melo e (Org.). *Machado de Assis: uma revisão*. Rio de Janeiro: In-Fólio, 1998. p. 93-101.

CORREIA, Marlene de Castro. A ficção de Machado de Assis sob o signo da contemporaneidade. *Estudos de Literatura Brasileira*, Faculdade de Letras/UFRJ, Rio de Janeiro, n. 4, p. 87-91, 1994.

COSTA, Cecília. Os segredos do bruxo. *O Globo*, Rio de Janeiro, 13 jan. 2001.

_____. O sonho possível: Capitu e Maria Eduarda amigas. *O Globo*, Rio de Janeiro, 15 maio 1999.

COSTA, Ligia Militz da. *Ficção brasileira: paródia, história e labirintos*. Santa Maria: Universidade Federal de Santa Maria, 1995. p. 11-47.

COSTA, Maria Velho da. *Madame. Sobre textos de Eça de Queiroz (Os Maias) e Machado de Assis (Dom Casmurro)*. Lisboa: Dom Quixote, 1999.

COSTA, Nelson. A poesia de Machado de Assis. *Correio da Manhã*, Rio de Janeiro, 19 jan. 1958.

COURI, Celina Ramos. *A meia verdade em O Espelho de Machado de Assis*. Tese (Doutorado em Psicologia). São Paulo: Instituto de Psicologia-USP, 1997.

COUTADA, Letícia Maria. História, literatura e cinema: Azyllo muito louco. *Tempo Brasileiro*, Rio de Janeiro, n. 81, p. 116-126, abr.-jun. 1985.

COUTINHO, Afrânio. *A filosofia de Machado de Assis e outros ensaios*. Rio de Janeiro: São José, 1959.

_____. Machado de Assis cronista. In: ASSIS, Machado de. *O velho Senado*. Edição comemorativa do nascimento de Machado de Assis. Brasília: Senado Federal, 1989. p. 17-23.

_____. *Machado de Assis na Literatura Brasileira*. Rio de Janeiro: Academia Brasileira de Letras, 1990.

COUTO, José Geraldo. Um crítico do Brasil. *Folha de S. Paulo*, São Paulo, 28 mar. 1999.

CRUZ JR., Dílson F. *Estratégias e máscaras de um fingidor: a crônica de Machado de Assis*. São Paulo: Nankin, 2002.

CUNHA, Euclides da. Última visita. *Jornal do Commercio*, Rio de Janeiro, 30 set. 1908.

CUNHA, Fausto. Espaço e texto. In: _____. *Caminhos reais, viagens imaginárias*. Rio de Janeiro: Ministério dos Transportes/Centro de Documentação e Publicações, 1974. p. 41-157.

CUNHA, José Lima. *Revisão de Machado de Assis: exame de erros e ardis literários*. Rio de Janeiro: Americana, 1973.

CUNHA, Neyde Vieira da. As manifestações do inconsciente no capítulo VII das Memórias póstumas de Brás Cubas. *Abralic*, Anais, Belo Horizonte, v. 3, p. 328-333, 1991.

CUNHA, Patrícia Lessa Flores da. *Machado de Assis: um escritor na capital dos trópicos*. Porto Alegre: Instituto Estadual do Livro/Unisinos, 1998.

CUNHA, Tristão da. *Machado de Assis, estudos e ensaios*. Rio de Janeiro: Briguiet, 1940.

CURVELLO, Mario. Polcas para um fausto suburbano. In: BOSI, Alfredo et. al. *Machado de Assis*. São Paulo: Ática, 1982. p. 457-461.

_____. Falsete à poesia de Machado de Assis. In: BOSI, Alfredo et. al. *Machado de Assis*. São Paulo: Ática, 1982. p. 477-496.

CURY, Jorge. Machado de Assis. *Revista de Letras*, São Paulo, n. 29, p. 1-77, 1989.

CURY, Maria Zilda Ferreira. Teoria do medalhão: uma pedagogia do poder. *Espelho*, Revista Machadiana, n. 1, p. 39-49, 1995.

CYPESS, Sandra Messinger. Machado de Assis vs. Brás Cubas: The Narrative Situation of Memórias Póstumas de Brás Cubas. *Kentucky Roman Quarterly*, v. 25, n. 3, p. 355-370, 1980.

D'ANDREA, Moema Selma. Dom Casmurro: O signo através do olhar. In: *Momentos de Crítica Literária VII*, Atas dos Congressos Brasileiros de Teoria e Crítica Literária e Seminários Internacionais de Literatura, Campina Grande, p. 231-245, set. 1990.

DALE, Leslie Thomas. A linguagem realista do texto 'Frei Simão' de Machado de Assis: uma história de autoduplicação. *Atas do Terceiro Congresso da Associação Internacional de Lusitanistas*, Coimbra, p. 521-529, 1992.

_____. Self-reference and doubling in Machado de Assis's Esaú e Jacó: a parable of reading. *Romance Languages Annual*, West Lafayette, n. 2, p. 560-564, 1990.

DALL'AGNOL, Rosângela de Sant'Anna. Dom Casmurro: uma proposta de entendimento psicológico. *Revista de Filosofia e Ciências Humanas*, Passo Fundo, v. 16, n. 1, p. 121-135, 2000.

DANIEL, Mary L. Two Failed Fortune Tellers: Machado de Assis's "Cartomante" and João Guimaraes Rosa's Mme. de Syais. *Luso-Brazilian Review*, Madison, v. 23, n. 2, p. 47-59, 1986.

DANTAS, Luís. O Alienista de Machado de Assis: a loucura e a hipérbole. In: RIBEIRO, Renato (org.). *Recordar Foucault*. São Paulo: Brasiliense, 1985. p. 144-152.

DÉCIO, João & ANDREASSI, Lurdes. Retorno ao romance eterno: D. Casmurro, de Machado de Assis. *Letras de Hoje*, Porto Alegre, n. 7, p. 89-108, set. 1971.

DÉCIO, João. Aspectos do romance realista de Machado de Assis. *Alfa*, Marília, n. 3, p. 45-55, mar.1963.

DECKER, Donald M. Machado de Assis: Short Story Craftsman. *Hispania*, Wallingford, tomo 48, p. 76-81, mar. 1965.

DIMAS, Antônio. O espelho irônico de Machado: entrevista com John Gledson. *Revista Brasileira de Literatura*, São Paulo, n. 24, p. 42-50, jul. 1999.

DINIZ, Camila; FIGUEIREDO, Fábio; OLIVEIRA, Anelito. *O defunto e a escrita: Machado de Assis segundo Brás Cubas*. Belo Horizonte: Orobó, 1999.

DINIZ, Edinha. *Machado de Assis*. Rio de Janeiro: Moderna, 2003.

DIXON, Paul B. A auto-referência e o paradoxo em Dom Casmurro. *Brasil/ Brazil*, Revista de Literatura Brasileira, Porto Alegre, n. l, 1988, p. 30-40.

_____. O sósia e o quiasmo no conto "Uns Braços", de Machado de Assis. *Atas do Primeiro Congresso da Associação Internacional de Lusitanistas*, Poitiers, p. 509-515, 1988.

_____. Vehicle, driver and passenger: Machado de Assis' metaphoric humor. *Luso-Brazilian Review*, Madison, v. 29, n. 2, p. 59-65, jan./mar. 1992.

_____. Dom Casmurro as Undertow. In: DIXON, Paul B. *Reversible Readings: Ambiguity in Four Modern Latin American Novels*. Alabama: University of Alabama Press, 1985. p. 23-59.

_____. Esaú e Jacó: o falar dobrado. *Espelho*, Revista Machadiana, n. 4, p. 5-22, 1998.

_____. Feedback, Strange Loops and Machado de Assis's "O espelho". *Romance Quarterly*, Washington, v. 36, n. 2, p. 213-21, 1989.

_____. Fontes sobre o ensaio, a crônica e a correspondência: uma bibliografia anotada. *Espelho*, Revista Machadiana, n. 2, p. 47-61, 1996.

_____. *Os contos de Machado de Assis: mais do que sonha a filosofia*. Porto Alegre: Movimento, 1992.

_____. *Retired Dreams: Dom Casmurro, Myth and Modernety*. West Lafayette: Purdue University Press, 1989.

DOMINGUES, Octávio. *A concepção hereditária no D. Casmurro*. Rio de Janeiro: Ed. do Autor, 1941.

D'ONOFRIO, Salvatore. A ironia do destino no conto machadiano. In: _____. *Conto brasileiro: quatro leituras*. Petrópolis: Vozes, 1979. p. 11-38.

DOUGLASS, Ellen H. Machado de Assis's "A cartomante": Modern Parody and the Making of a Brazilian Text. *MLN*, Baltimore, v. 113, n. 5, p. 1036-1055, dez. 1998.

DOW, Carol L. Cinematographic Characteristics in the Prose of Machado de Assis. *Hispania*, Greeley, v. 65, n. 1, p. 12-19, mar. 1982.

DOYLE, Plínio (org). Machado de Assis. 15 volumes encadernados com recortes de jornais e revistas de/sobre Machado de Assis no período de 1939-1967. Arquivo Museu de Literatura da Fundação Casa de Rui Barbosa.

DOYLE, Plínio. O inventário de Machado de Assis. *Revista da Sociedade dos Amigos de Machado de Assis*. Rio de Janeiro, v. 2, p. 12-21, 1959.

_____. Francisco de Paula Brito. *Leitura*, Rio de Janeiro, n. 104-105, p. 64-65, mar.-abr. 1966.

_____. O testamento de Machado de Assis. *Revista da Sociedade dos Amigos de Machado de Assis*. Rio de Janeiro, v. 3, p. 13-17, 1959.

Doyle, Plínio (apres.). In: Assis, Machado de. *Tu Só, Tu, Puro Amor...* Rio de Janeiro: Biblioteca Nacional, p. 9-20, 1980. Edição fac-similar de 1881.

Duarte, Eduardo de Assis. *Machado de Assis afro-descendente*. Rio de Janeiro/Belo Horizonte: Pallas/Crisálida, 2007.

Duarte, Lélia Parreira. Artimanhas do bruxo: a ironia em alguns contos de Machado de Assis. *Boletim do Centro de Estudos Portugueses*, Belo Horizonte, Universidade Federal de Minas Gerais, v. 12, n. 14, p. 45-55, jul.-dez. 1992.

Duffy, Mary Therese Ávila. Symbolism in Esaú e Jacó with Emphasis in Biblical Implication. *Revista de Letras*, Assis, v. 5, p. 98-116, 1964.

Dutra, Lia Correa. Algumas Mulheres de Machado de Assis. *Revista do Brasil*, Rio de Janeiro, n. 2, jun. 1939.

Dwyer, John P. Dom Casmurro and the Opera Aperta. *Revista de Literatura Hispânica*, Providence, p. 157-162, 1977.

Echeverría, Lídia Neghme. Uma imagem quixotesca em Machado de Assis. *Colóquio/Letras*, Lisboa, n. 31, p. 41-48, maio 1976.

Edwards, Jorge. La otra corrente latinoamericana: Joaquim Maria Machado de Assis. *La Nación*, Buenos Aires, p. 1-2, 26 jan. 1992. Suplemento Literário.

_____. *Machado de Assis*. Barcelona: Omega, 2002.

Ellis, Keith. Technique and Ambiguity in Dom Casmurro. *Hispania*, Wallingford, v. 45, p. 436--440, set. 1962.

Ellison, Fred P. Memórias Póstumas de Brás Cubas. *Hispanic American Historical Review*, Durham, v. xvi, p. 323-324, maio 1961.

Estrella, Hairton Miceli e Monteiro, Ivan da Costa. *A metalinguagem em Quincas Borba*. Rio de Janeiro: Acadêmica, 1973.

Eulalio, Alexandre. *Livro Involuntário*. Rio de Janeiro: EduFRJ, 1993.

_____. *Escritos*. São Paulo: Unesp, 1992.

Eustis, Christopher. Time and Narrative Structure in Memórias Póstumas de Brás Cubas. *Luso--Brazilian Review*, Wisconsin, v. 16, n. 1, p. 18-28, 1979.

Facioli, Valentim. A fraude e a gaforinha: a crônica de Machado de Assis. In: Cruz Jr., Dílson F. da. *Estratégias e máscaras de um fingidor: a crônica de Machado de Assis*. São Paulo: Nankin, 2002. p. 9-13.

_____. *Um defunto estrambótico: análise e interpretação das Memórias Póstumas de Brás Cubas*. São Paulo: Nankin, 2002.

_____. Várias histórias para um homem célebre: biografia intelectual. In: Bosi, Alfredo et al. *Machado de Assis*. São Paulo: Ática, 1982. p. 9-59.

Fantini, Maria Giovita. *L'umorismo nel romanzo di Machado de Assis*. Roma: Universitá di Roma, 1956.

Faoro, Raimundo. *Machado de Assis: a pirâmide e o trapézio*. São Paulo: Nacional, 1974; 2.ed., 1976; 3.ed., São Paulo: Globo, 1988.

_____. O território da política em Machado de Assis. In: Assis, Machado de. *O velho Senado*. Edição comemorativa do nascimento de Machado de Assis. Brasília: Senado Federal, 1989. p. 49-52.

_____. O espelho e a lâmpada: uma introdução a Machado de Assis. *Revista Brasileira de Cultura*, Rio de Janeiro, v. 2, n. 5, p. 153-172, 1970. Idem: Bosi, Alfredo et al. *Machado de Assis*. São Paulo: Ática, 1982. p. 415-426.

FARACO, Carlos Alberto. Um mundo que se mostra por dentro e se esconde por fora. In:, MACHADO DE ASSIS, Joaquim Maria. *O alienista*. São Paulo: Ática, 1996. p. 1-30.

FARIA, João Roberto Gomes de. Algumas Notas sobre o Tempo nas Memórias Póstumas de Brás Cubas. *Revista Letras*, Curitiba, Paraná, n. 25, p. 161-71, 1976.

_____. *Ideias teatrais e o século XIX no Brasil*. São Paulo: Perspectiva, 2001.

FARIA, João Roberto Gomes de. Machado de Assis e a crítica teatral. *O Percevejo*, Rio de Janeiro, v. 2, n. 2, p. 38-39, 1994.

FEO, José Rodrigues. Machado de Assis. *Casa de las Américas*. Havana, v. 4, p. 12-20, 1964.

FERNANDES, Millôr. Machado/Bentinho, ainda. *Jornal do Brasil*, Rio de Janeiro, 3 set. 2001.

_____. O outro lado de Dom Casmurro. *Jornal do Brasil*, Rio de Janeiro, 2 set. 2001.

FERRARA, Lucrécia D'Alessio; FERRAZ, Lúcia Helena França & SEGOLIN, Fernando. Bentinho e Capitu. *Revista da Universidade Católica de São Paulo*, São Paulo, n. 37, p. 400-407, jul.-dez. 1969.

FERREIRA, Aurélio Buarque de Holanda. Linguagem e estilo de Machado de Assis. *Revista do Brasil*, Rio de Janeiro, julho/agosto, 1939.

_____. Machado de Assis. In: FERREIRA, Aurélio Buarque de Holanda. *O romance brasileiro*. Rio de Janeiro: O Cruzeiro, 1952.

FERREIRA, Aurélio Buarque de Holanda & RÓNAI, Paulo. *Mar de Histórias*. Rio de Janeiro: Nova Fronteira, 1981. v. V, p. 25-62.

FERREIRA, Delson Gonçalves. Memorial de Aires e A Cidade e as Serras. *Revista da Universidade Federal de Minas Gerais*, Belo Horizonte, n. 17, p. 181-208, dez. 1967.

FERREIRA, Eliane Fernanda Cunha. *Para traduzir o século XIX: Machado de Assis*. Rio de Janeiro/São Paulo: Academia Brasileira de Letras/Annablume, 2004.

_____. Da citação como tradução e crítica na obra de Machado de Assis. *Organon*, UFRGS/Porto Alegre, v. 18, n. 37, p. 65-76, 2004.

_____. Machado de Assis e os Estudos de Tradução. *Gragoatá*, Revista do Instituto de Letras da UFF, Niterói, v. 13, p. 201-217, 2002.

_____. O passaporte literário de Machado de Assis. *Espelho*, Purdue University, v. 6/7, p. 5-30, 2001.

_____. Machado de Assis: cerzidor de textos. *Scripta*, Belo Horizonte, v. 3, n. 6, p. 66-73, 2000.

_____. Machado de Assis: entre a platéia e o tablado. *Revista de Estudos de Literatura*, Belo Horizonte, p. 243-252, 2000.

_____. *Machado de Assis sob as luzes da ribalta*. São Paulo: Cone Sul, 1998.

_____. Uma leitura irônico-semiótica do teatro de Machado de Assis. *Em Tese*, Belo Horizonte, p. 111-120, 1997.

FERREIRA, Lívia. Dom Casmurro: esboço de uma análise morfológica. *Revista de Letras*. Assis, São Paulo, v. 15, p. 113-128, 1973.

FIALHO, Sílvio Abreu. *O mundo dos olhos: de Machado de Assis a Guimarães Rosa*. Rio de Janeiro: São José, 1975. p. 183-200.

FIGUEIREDO, Guilherme. Uma breve biografia de Machado de Assis. In: *O Tempo de Machado de Assis. Exposição comemorativa dos 150 anos de nascimento do escritor*. Rio de Janeiro: Biblioteca Pública da UNI-Rio, 1989. p. 7-9.

FIGUEIREDO, Luiz Antonio de. Dom Casmurro, o texto emergente. *Revista de Letras*, Assis, v. 14, p. 177-186, 1972.

FIGUEIREDO, Maria do Carmo Lanna. O 'Unreliable Narrator' em Dom Casmurro e The Aspern Papers. *Cadernos de Lingüística e Teoria da Literatura*, Belo Horizonte, 1982.

FIGUEIREDO, Vera Lúcia Follain de. A morte em Memórias Póstumas de Brás Cubas. In: *Encontro com Machado*. Rio de Janeiro: Secretaria de Estado de Educação, 1990. p. 59-65.

FIGUEIREDO, Wilson. Um autor e seus leitores. In: ASSIS, Machado de. *Memorial de Aires*. Rio de Janeiro: Expressão e Cultura, 1988. p. 5-7.

FILGUEIRAS, Caetano. O poeta e o livro: conversação preliminar. In: ASSIS, Machado de. *Crisálidas*. Rio de Janeiro: Garnier, 1964. p. 7-20.

FILGUEIRAS, Mariana. Uma temporada com Machado de Assis. *Jornal do Brasil*, Rio de Janeiro, 04 ago. 2007.

FISCHER, Luís Augusto. Contos de Machado: Da ética à estética. In: SECCHIN, Antônio Carlos; ALMEIDA, José Maurício Gomes de; SOUZA, Ronaldes de Melo e (Org.). *Machado de Assis: uma revisão*. Rio de Janeiro: In-Fólio, 1998. p. 147-166.

FISCHER, Luís Augusto. Crônica dos vinte anos: estudo sobre as crônicas editadas em 1859. *Espelho*, Revista Machadiana, n. 2, p. 7-27, 1996.

FISCHER, Sibylle Maria. Geography and representation in Machado de Assis. *Modern Language Quarterly*, Durham, v. 55, n. 2, p. 191-213, jun. 1994.

FITTS, Dudley. A Masterpiece from Brasil: Epitaph of a Small Winner, *The New York Times*, Nova York, 13 jul. 1952.

FITZ, Earl E. *Machado de Assis*. Boston: Twayne, 1989.

_____. The Influence of Machado de Assis on John Barth's *The Floating Opera*. *The Comparatist*, Savannah, n. 10, p. 56-66, maio 1986.

_____. The Memórias Póstumas de Brás Cubas as (Proto)Type of the Modernist Novel: A Problem in Literary History and Interpretation. *Latin-American Literary Review*, Pittsburgh, v. 18, n. 36, p. 7-25, julho-dez. 1990.

_____. Rediscovering the New World: Inter-American Literature. *Comparative Context*. Iowa: University of Iowa, 1991.

_____. Paul Dixon: Retired Dreams. *Brasil-Brazil*, Literatura Brasileira, Providence, v. 5, n. 4, p. 79-93, 1991.

_____. Metafiction in Latin-American Narrative: The Case of Brazil or if Brás Cubas Were Here Today? What Would He Say About Spanish American fiction? *Mester*. Los Angeles, n. 26, p. 43-69, 1997.

_____. Machado, Borges e Clarice: a evolução da nova narrativa latino-americana. *Revista Iberoamericana*, Pittsburg, v. 64, n. 182-183, p. 129-144, jan./jun. 1998.

FODY, Michael. The Relation between Distance and Morality in Some Works of Machado de Assis e Eça de Queirós. *Philological Papers*, Morgatown, West Virginia University, n. 23, p. 59-66, 1977.

FONSECA, Gondin da. *Machado de Assis e o hipopótamo*. São Paulo: Fulgor, 1960. Idem: Rio de Janeiro: São José, 1974.

FONSECA, Pedro Carlos L. Machado de Assis: pressupostos hermenêuticos para uma análise das intertextualidades em Memórias póstumas de Brás Cubas e Quincas Borba. *Minas Gerais*, Suplemento Literário. Belo Horizonte, n. 1040, p. 4-7, 21 set. 1986.

FONSECA, Rodrigo. Capitu sem pudores. *Jornal do Brasil*, Rio de Janeiro, 15 mar. 2003.

FORTUNA, Felipe. Cartas da ilha: Machado em inglês. *Jornal do Brasil*, Rio de Janeiro, 19 mar. 2005.

FOSTER, David William & FOSTER, Virgínia Ramos. *Modern Latin American Literature: A Library of Literary Criticism*. Nova York: Frederick Ungar, 1975. v. II, p. 1-18.

FOWKE, Edith. *Dom Casmurro: Machado de Assis*. Canadian Forum, 1953.

FRAGOSO, Augusto. Arquivo machadiano. *Revista do Livro*, Rio de Janeiro, v. 3, n. 11, p. 219-224, set. 1958.

FRANCE, Anatole. *Machado de Assis et son oeuvre littéraire*. Paris: L. Michaud, 1909.

FRANCO, Afonso Arinos de Melo. O velho Senado. In: ASSIS, Machado de. *O velho Senado*. Edição comemorativa do nascimento de Machado de Assis. Brasília: Senado Federal, 1989. p. 13-16.

FRANCO, Gustavo H. B. *A economia em Machado de Assis: o olhar oblíquo do acionista*. Rio de Janeiro: Zahar, 2007.

FREIRE, Laudelino (Org.). *Machado de Assis*. Rio de Janeiro: R. Rohe, 1921. v. II.

FREITAS, Bezerra de. Entre o romantismo e o realismo: Machado de Assis. In: FREITAS, Bezerra de. *Forma e expressão no romance brasileiro*. Rio de Janeiro: Pongetti, 1947. p. 129-237.

FREITAS, Horácio Rolim de. Crônicas de Machado de Assis ou crônicas machadianas? *Confluência*, Rio de Janeiro, Liceu Literário Português, v. 16, p. 94-103, 1998.

FREITAS, Luís Alberto Pinheiro de. *Freud e Machado de Assis: uma interpretação entre psicanálise e literatura*. Rio de Janeiro: Mauad, 2001.

FREITAS, Luís Paula. *Perfil de Machado de Assis*. Rio de Janeiro: Ancora, 1947.

FREITAS, Marcus Vinícius de. Imaginação, história e política: em torno das crônicas de Machado de Assis. *Espelho*, Revista Machadiana, n. 4, p. 23-40, 1998.

FREITAS, Maria Eurides Pitombeira de. *O grotesco na criação de Machado de Assis e Gregório de Matos*. Rio de Janeiro: Presença, 1981. p. 7-62.

FRIEIRO, Eduardo. Duas notas sobre Machado de Assis. In: *Encontro com escritores*. Belo Horizonte: Itatiaia, 1983.

FRIZZI, Adria. O enxadrista e os seus trabalhos: The Interplay of Narrator and Character in Esaú e Jacó. *Dactylus*, Dept. of Spanish and Portuguese University of Texas, n. 4, p. 53-56, 1985.

FROSCH, Friedrich. O tenebroso problema da patologia cerebral. Algumas considerações acerca d'O Alienista machadiano. In: *A obra de Machado de Assis*. Ensaios premiados no 1º Concurso Internacional Machado de Assis. Brasília: Ministério das Relações Exteriores, 2006.

FROTA, Maria Helena de Arantes. A ironia em Machado de Assis. In: *Encontro com Machado*. Rio de Janeiro: Secretaria de Estado de Educação, 1990.

FUENTES, Carlos. O milagre de Machado de Assis. *Folha de S. Paulo*. São Paulo, 1º out. 2000.

_____. *Machado de la Mancha*. Cidade do México: Fondo de Cultura Econômica, 2001.

FURLAN, Stelio. *Machado de Assis: o crítico*. Florianópolis: Momento Atual, 2003.

GAI, Eunice Terzinha Piazza. *Sob o signo da incerteza: o ceticismo em Montaigne, Cervantes e Machado de Assis*. Santa Maria: Ed. da UFSM, 1997.

GALLO, Sérgio. *O cronista Machado de Assis e outros motivos*. Rio de Janeiro: s.n., 1989. p. 7-50.

GALVÃO, Carlos Tadeu de Andrade. Quincas Borba: variantes prenhes de questões. In: BARBIERI, Ivo (org.). *Ler e reescrever Quincas Borba*. Rio de Janeiro: EDUERJ, 2003. p. 83-90.

GALVÃO, José. Faustino Xavier de Novaes e Machado de Assis. *Estudos Portugueses e Africanos*, Campinas, n. 15, p. 43-54, jan-junho 1990.

GAMA, Annibal Augusto. *A volta de Simão Bacamarte*. Ribeirão Preto: Funpec, 2001.

GAMA, Ítalo de Saldanha da. *Desígnios de Machado de Assis e de Modesto de Abreu*. Rio de Janeiro: Ed. do Autor, 1997.

GARBUGLIO, José Carlos. A Linguagem Política de Machado de Assis. In: BOSI, Alfredo et al. *Machado de Assis – Antologia e Estudos*. São Paulo: Ática, 1982. p. 461-476.

GARCIA, Ana Lucia Gazolla de. Schopenhauer e Machado de Assis. *Romance Notes*, Chapel Hill, n. 19, v. 3, p. 327-334, 1979.

_____. Dom Casmurro: A obra como espelho da própria obra. *Hispanofila*, Chapel Hill, v. 27, n. 3, p. 71-78, maio 1984.

GARCIA, Ângela Silveira Dias. Reflexões sobre tempo e memória em Dom Casmurro: a reconstrução da identidade. *Estudos de Literatura Brasileira* – 1, Rio de Janeiro, Faculdade de Letras/UFRJ, p. 3-8, 1985.

GARCIA, José Godoy. Machado de Assis: Dom Casmurro. In: GARCIA, José Godoy. *Aprendiz de Feiticeiro*. Brasília: Thesaurus, 1997. p. 39-51.

Garcia, Ruben. The Unexpected Correspondences: A Paixão Segundo G. H. and Dom Casmurro. *Hispanofila*, Chapel Hill, p. 55-61, jan. 1986.

Garth, Todd. The authority of the elegiac in Machado de Assis Councelor Ayres' Memorial. *Cincinnati Romance Review*, Cincinnati, n. 14, p. 138-143, 1995.

Gaspari, Elio. A interminável cpi da Capitu. *O Globo*, Rio de Janeiro, 15 fev. 2006.

Gens Filho, Armando Ferreira. O olhar maroto de Brás Cubas. *Estudos de Literatura Brasileira*, Rio de Janeiro, Faculdade de Letras/UFRJ, n. 4, p. 31-37, 1994.

Gens, Rosa Maria de Carvalho. Articulações em tempo: diálogo com a opressão. *Estudos de Literatura Brasileira*, Rio de Janeiro, Faculdade de Letras/UFRJ, n. 4, p. 93-99, 1994.

Geraldo, José. *Redenção de Capitu*. Brasília: Uniceub, 1999.

Gerlach, Carmen Lucia Cruz Lima. O imortal de Machado de Assis. *Travessia*, Florianopolis, v. 2, n. 19, p. 119-124, 1989.

Gheller, Erinida Gema. *Unidade e autonomia dos Papéis avulsos*. Porto Alegre: PUC, 1978.

Gil, Cláudio. De como Pedro Rubião de Alvarenga reencarnou no Coronel Ponciano de Azeredo Furtado. *Cadernos Brasileiros*. Rio de Janeiro, n. 57, p. 35-49, jan./fev. 1970.

Gill, Anne-Marie. Dom Casmurro and Lolita: Machado de Assis among the Metafictionist. *Luso-Brazilian Review*, Wisconsin, University of Wisconsin, v. 24, n. 1, p. 17-26, 1987.

Ginway, M. Elizabeth. Iaiá Garcia: romance de transição na obra machadiana. *Hispania*, Greeley, v. 78, n. 1, p. 33-43, mar. 1995.

Giorgi, Giuliana Segre. Una Nota. In: Assis, Machado de. *Memoriale di Aires*. Il Quadrante. 1986. p. 171-175.

Giron, Luís Antônio. *Minoridade crítica*. São Paulo: Ediouro, 2004.

Gledson, John. *Machado de Assis: ficção e história*. Trad. Sonia Coutinho. Rio de Janeiro: Paz e Terra, 1986.

_____. *Machado de Assis: impostura e realismo: uma reinterpretação de Dom Casmurro*. Trad. Fernando Py. São Paulo: Companhia das Letras, 1991.

_____. Machado de Assis e a história brasileira: dialogando com Roberto Schwarz e Sidney Chalhoub (resumo da conferência). In: Chiappini, Lígia; Aguiar, Flávio Wolf de (Org.). *Literatura e história na América Latina*. São Paulo: Edusp, 1993. p. 195-222.

_____. *Por um novo Machado de Assis: ensaios*. São Paulo: Companhia das Letras, 2006.

_____. 1872: 'A parasita azul' – ficção, nacionalismo e paródia. In: *Cadernos de Literatura Brasileira*. Machado de Assis. Número duplo, n. 23-24, dedicado ao centenário de morte. São Paulo: Instituto Moreira Salles, 2008. p. 163-218.

Góes, Fernando. *O espelho infiel*. São Paulo: Conselho Estadual de Cultura, 1966. p. 15-34.

Gomes, Celuta Moreira. *O conto brasileiro e sua crítica: bibliografia*. Rio de Janeiro: Biblioteca Nacional, 1977. v. I, p. 38-64.

Gomes, Eugênio. *Influências inglesas em Machado de Assis*. Salvador: Imp. Regina, 1939. Idem: Rio de Janeiro: Pallas/INL, 1976.

_____. *Espelho contra espelho*. São Paulo: IPE, 1949.

_____. *Prata de casa*. Rio de Janeiro: A Noite, 1953.

_____. *Machado de Assis*. Rio de Janeiro: São José, 1958.

_____. Machado de Assis. In: Gomes, Eugênio. *Aspectos do romance brasileiro*. Salvador: Progresso, 1958. p. 77-110.

_____. Introdução às crônicas de Machado de Assis. *Cadernos Brasileiros*, Rio de Janeiro, v. 5, n. 2, p. 15-20, 1963.

_____. *O enigma de Capitu: ensaio de interpretação*. Rio de Janeiro: José Olympio, 1967.

Gomes, Renato Cordeiro. O Alienista: loucura, poder e ciência. *Tempo Social*, São Paulo, v. 5, n. 12, p. 145-160, 1994.

_____. Machado, leitor de Eça de Queirós. In: *Encontro com Machado*. Rio de Janeiro: Secretaria de Estado de Educação, 1990. p. 53-57.

GOMES, Simone Caputo. Machado de Assis e a expressão da ironia trágica. *Revista de Letras*, Rio de Janeiro, ano 3, n. 3, p. 73-78, 1977.

GONÇALVES, Aguinaldo José. O Alienista: loucura posta em questão. In: ASSIS, Machado de. *O Alienista*. São Paulo: FTD, 1994, p. 7-14.

GONÇALVES, Aguinaldo José. Dom Casmurro: mimesis das categorias narrativas. *Revista de Letras*, São Paulo, n. 29, p. 1-10, 1989.

GOUVÊA, Fernando da Cruz. *Visão política de Machado de Assis e outros ensaios*. Recife: Companhia Editora de Pernambuco/CEPE, 2005.

GRAHAM, Richard (org.). *Machado de Assis: Reflections on a Brazilian Master Writer*. Austin: University of Texas Press, 1999.

GRANJA, Lúcia. A língua engenhosa: o narrador de Machado de Assis, entre a invenção de histórias e a citação da história. In: CHALOUB, Sidney & PEREIRA, Leonardo Afonso de M. (orgs.). *A história contada: capítulos de história social da literatura no Brasil*. Rio de Janeiro: Nova Fronteira, 1998. p. 67-94.

_____. *Machado de Assis, escritor em formação (à roda dos jornais)*. São Paulo: Fapesp/Mercado de Letras, 2001.

GRAUOVÁ, Sarka. Machado de Assis na Mitteleuropa: notas à margem da tradução checa de Memórias póstumas de Brás Cubas. *Leitura*, São Paulo, v. 19, n. 3, mar. 2001.

GRIECO, Agripino. *Viagem em torno a Machado de Assis*. São Paulo: Martins, 1969.

_____. *Machado de Assis*. Rio de Janeiro: José Olímpio, 1959.

GRINBERG, Keila, GRINBERG, Lucia e ALMEIDA, Anita Correia Lima de. *Para conhecer Machado de Assis*. Rio de Janeiro: Jorge Zahar, 2005.

GUERRA, Álvaro. *Machado de Assis: sua vida e suas obras*. São Paulo: Melhoramentos, 1923.

GUERRA, Joaquim A. de Jesus. A lira chinesa de Machado de Assis. *RC, Revista de Cultura*, Macau, n. 22, II série, p. 95-100, janeiro.-março 1955.

GUIDIN, Márcia Lígia. *Armário de vidro. A velhice em Machado de Assis*. São Paulo: Nova Alexandria, 2000.

GUIDO, A. Podesta, Machado de Assis y O Alienista: um positivista contra el positivismo. *Ideologies and Literature: Journal of Hispanic and Lusophone Discourse Analysis*. Minneapolis, p. 129-155, 1985.

GUIMARAENS FILHO, Alphonsus de. Belmiro Braga e o Ídolo Machado de Assis. *Revista Brasileira de Cultura*, Rio de Janeiro, n. 20, p. 21-26, abr.-jun. 1974.

GUIMARÃES, Denise Azevedo Duarte. Perspectiva narrativa e estatuto do personagem Brás Cubas. *Revista Letras*, Curitiba, n. 24, p. 139-151, dez. 1975.

GUIMARÃES, Hélio de Seixas. *Os leitores de Machado de Assis: o romance machadiano e o público de literatura no século XIX*. São Paulo: Nankin/Edusp, 2004.

HATJE-FAGGION, Válmi. *The Translator's Discursive Presence in Translated Discourse: Machado de Assis' Five Novels in English Multiple Translations*. University of Warwick, Coventry, 2001.

GUINZBURG, Jacob & RIBEIRO, Maria Augusta. Machado. Dom Casmurro: literatura e teatro. *Jornal da Tarde*, São Paulo, 23 jan. 1982.

H. HOWENS POST, Machado de Assis et le mythe de Sisyphe. *Annali del Istituto Universitário Orientale*, Nápoles, v. II, n. 2, p. 1-16, 1960. Idem: *Revista de Cultura Brasileña*, Madri, v. I, n. 3, p. 185-195, 1962.

HABERLY, David T. Three Sad Races: Racial Identity and National Consciousness. *Brazilian Literature*, Cambridge, p. 70-98, 1983.

_____. Machado de Assis and Saint Clair das Ilhas. In: Bernard H. Bichakjan (org.). *From Linguistics to Literature: Romance Studies Offered to Francis M. Rogers*. Amsterdã: Benjamins, 1981.

Haddad, Jamil Almansur. Amor em Machado de Assis. In: Assis, Machado de. *Poemas de Amor*. Rio de Janeiro: Civilização Brasileira, 1970. p. 1-12.

Helena, Lúcia. Narrando o Brasil: configurações do Brasil na ficção. *Letras de Hoje*, Porto Alegre, n. 106, p. 99-110, dez. 1996.

Henriques, Ana Lúcia de Sousa. Machado de Assis, leitor de Ossian. In: Jobim, José Luís (org.). *A biblioteca de Machado de Assis*. Rio de Janeiro: Academia Brasileira de Letras/Topbooks, 2001. p. 275-302.

Henriques, Cláudio Cezar. Machado de Assis, estudioso da Língua. In: Jobim, José Luís (org.). *A biblioteca de Machado de Assis*. Rio de Janeiro: Academia Brasileira de Letras/Topbooks, 2001. p. 349-357.

_____. *Atas da Academia Brasileira de Letras – Presidência Machado de Assis (1896-1908)*. Rio de Janeiro: Academia Brasileira de Letras, 2001.

Hessel, Lothar & Raeders, Georges. *O Teatro no Brasil sob Dom Pedro II*. Porto Alegre: Universidade Federal do Rio Grande do Sul, 1986. p. 75-82.

Hill, Amariles Guimarães. *A crise da diferença. Uma leitura das Memórias Póstumas de Brás Cubas*. Rio de Janeiro: Cátedra, Brasília: INL, 1976.

Hohfeldt, Antônio. Machado de Assis: A crônica é um pedaço da eternidade. *Contato*. Brasília, v. 2, n. 6, p. 89-98, jan./mar. 2000.

Hollanda, Sérgio Buarque de. A filosofia de Machado de Assis. In: _____. *Cobra de vidro*. São Paulo: Perspectiva, 1978.

Horta, Luiz Paulo. Machado na ópera. *Jornal do Brasil*, Rio de Janeiro, 14 mar. 1989.

Houaiss, Antônio. Introdução Crítico-filológica. In: Assis Machado de. *Memórias Póstumas de Brás Cubas*. Rio de Janeiro: Instituto Nacional do Livro, 1960. p. 45-102.

Hourcade, Pierre. *Trois livres sur Machado de Assis*. Lisboa: Institut Français au Portugal, 1937.

Hughes, John B. El Principio – Bras Cubas: Contemporaneidad de Machado de Assis. *Nueva Narrativa Hispanoamericana*, Adelphi University, Nova York, v. 3, n. 1, p. 25-30, jan. 1973.

Hulet, Claude L. Women in Nineteenth Century Brazilian Literature: Ressurreição. *67th Annual Conference, American Association of Teachers of Spanish and Portuguese*. Cidade do México, ago. 1984.

Hulet, Claude L. Denis Diderot – Uma influência escondida de Machado de Assis. *VIII Symposium of Portuguese Traditions* (Europe, America, Africa, Asia). UCLA, 13 e 14 abr. 1985.

Huseby Schil, Mary. Pais e filhos nos romances de Machado de Assis. *Luso-Brazilian Review*, Madison, v. 25, n. 2, p. 75-88, 1988.

Igel, Regina. In: Graham, Richard (org.): Machado de Assis. Reflections on a Brazilian Master Writer. *Estúdios Interdisciplinarios de America Latina y el Caribe*, v. 11, n. 2, jul.-dez. 2000.

Ishimatsu. L. C. *The poetry of Machado de Assis*. Valencia/Chapel Hill: Albatros Hispanófila, 1984.

Ivo, Ledo. *Poesia observada*. Rio de Janeiro: Orfeu, 1967. p. 21-32.

_____. Na trilha de José Dias. *O Estado de S. Paulo*, São Paulo, 13 jun. 1982.

Jackson, K. David. (org.). *Transformations of literary language in Latin American literature: from Machado de Assis to the vanguards*. Austin: Abaporu, 1987.

Jackson, K. David. A metáfora antropófaga. *Cult*, Revista Brasileira de Literatura, São Paulo, n. 24, p. 51-55, jul. 1999.

Jacobbi, Ruggero. Machado de Assis e o Teatro. In: Jacobbi, Ruggero. *O espectador apaixonado*. Porto Alegre: Faculdade de Filosofia da Universidade do Rio Grande do Sul, 1962. p. 51-60.

Jacques, Alfredo. *Machado de Assis. Equívocos da crítica*. Porto Alegre: Movimento, 1974.

Jaffe, Janice-Ann. Lovers' Play/L'Oeuvre se plait: The Love Story in the Digressive Tradition of Sterne, Machado de Assis and Cortazar. *Dissertation-Abstracts-International*, Ann Arbor, MI. 1990.

Jobim, Jorge e Oliveira, Alberto de (Org.). *Machado de Assis*. Rio de Janeiro: Garnier, 1921.

Jobim, José Luís (Org.). *A biblioteca de Machado de Assis*. Rio de Janeiro: Academia Brasileira de Letras/Topbooks, 2001.

Jobim, Renato. *Crítica*. Rio de Janeiro: São José, 1960. p. 17-26.

José, Elias. *Machado de Assis*. São Paulo: Ática, 1988.

Jucá Filho, Cândido. Os empregados públicos na obra de Machado de Assis. *Convivência*, Rio de Janeiro, n. 3, p. 52-65, 1974-1975.

_____. *O pensamento e a expressão em Machado de Assis*. Rio de Janeiro: L. Fernandes, 1939.

Junqueira, Ivan (Introd.). *A obra de Machado de Assis: ensaios premiados*. Concurso Internacional Machado de Assis. Brasília: Ministério das Relações Exteriores, 2006.

Junqueira, Ivan. "Uns Braços": Nenhum Abraço. *Revista do Livro*, Rio de Janeiro, n. 45, p. 41-47, out. 2002. Idem: *Revista Brasileira*, Número dedicado ao centenário de morte de Machado de Assis. Rio de Janeiro: Academia Brasileira de Letras, fase VII, n. 55, p. 43-51, 2008.

Kayser, Wolfgang. A posição do narrador no *Braz Cubas*. In: Kayser, Wolfgang. *Fundamentos da interpretação e da análise literária*. Coimbra: Armênio Amado, 1948. v. I, p. 301-304.

Kelley, Linda Murphy. An Analysis of the Development of the Feminine Image in Selected Novels by Machado de Assis. *Dissertation-Abstracts-International*, Ann Arbor, MI. 1978.

Kelly, Celso. *Machado de Assis e outros pretextos...* Rio de Janeiro: São José, 1972. p. 7-24.

Kinnear, J. C. Machado de Assis: To Believe or Not to Believe. *Modern Language Review*. Belfast, n. 71, p. 54-65, 1976.

Klnnear, J. C. The Role of Dona Fernanda in Machado de Assis' Novel Quincas Borba. *Aufsatze zur portugiesischen Kulturgeschichte*. Münster, p. 118-130, 1966-1967.

Klobucka, Anna. A narração de Missa do Galo de Machado de Assis: uma (re)leitura demagógica. *Plaza: Revista de Literatura*, Cambridge, p. 65-74, 1987.

Klotzel, André. Uma questão de fidelidade. In: Assis, Machado de. *Memórias póstumas de Brás Cubas*. São Paulo: Sá Editora, 2001.

Knowlton Jr., Edgar Colby. Mickiewicz and Brazil's Machado de Assis. *The Polish Review*. Nova York, v. 26, n. 1, p. 46-57, 1981.

_____. You, Love, and Love Alone. Boletim do Instituto Luís de Camões. Macau, v. 6, n. 3, p. 143-175, 1972.

_____. Machado de Assis e a sua lira chinesa. RC, *Revista de Cultura*. Macau: Instituto Cultural de Macau, no 22, II série, p. 81-93, janeiro-março de 1955.

_____. Machado de Assis and His "Lira Chinesa". *Boletim do Instituto Luiz de Camões*. Macau, v. X, p. 165-183, 1976.

Kohler, Florent. *Schopenhauer, Machado de Assis, Italo Svevo ou L'homme sans dieu*. Paris: L'Harmattan, 2004.

_____. La jeune fille et la mort: etude des narrateurs machadiens. In: Kohler, Florent e Castro, Sílvio. *Machado de Assis en Europe Latine*. Tours: Université François Rabelais, 2004. p. 9-70.

Kothe, Flávio R. *O cânone brasileiro*. Brasília: UnB, 2001.

Koracakis, Teodoro. A singularidade de Dona Fernanda. In: Barbieri, Ivo (org.). *Ler e reescrever Quincas Borba*. Rio de Janeiro: EdUERJ, 2003. p. 135-152.

Kraemer, Armando. *Os romances de Machado de Assis*. Porto Alegre: Sulina, 1971.

Krause, Gustavo Bernardo. *A ficção cética*. São Paulo: Annablume, 2004.

Labieno (Pseudônimo. de Lafayette Rodrigues Pereira). *Vindiciae*. Rio de Janeiro: Cruz Coutinho, 1898.

Lacombe, Amélia. *Conhecendo nossos clássicos: Machado de Assis*. Rio de Janeiro: Agir, 2007.

Laet, Carlos de. Machado de Assis. In: Laet, Carlos de. *Obras seletas*. Rio de Janeiro: Agir, 1983.

Lafetá, João Luís. Simulação e personalidade. In: Assis, Machado de. *Iaiá Garcia*. São Paulo: Ática, 1993. p. 3-7.

Lajolo, Marisa. *Machado de Assis: literatura comentada*. São Paulo: Abril, 1980.

_____. Machado, Graciliano e Rubens Fonseca: diferentes itinerários do escritor brasileiro. In: Reis, Roberto; Sousa, Ronald W. (org.). *Toward Socio-Criticism: Selected Proceedings of the Conference Luso-Brazilian Literatures, a Socio Critical Approach*. Tempe: Center for Latin-American Studies, 1991.

Lamego, Valéria. A síndrome dos inéditos. *Veredas*, Rio de Janeiro, p. 6-8, jan. 1999.

Larzen, Kevin S. Dom Casmurro and the Elective Affinities. *Luso-Brazilian Review*, Wisconsin, v. 28, n. 2, p. 49-57, inverno 1991.

Laub, Michel. Machado de Assis aberto à revisitação. *EntreLivros*, São Paulo, ano I, n. 7, 2005.

Lawton, Aaron. Propos sur Memórias Póstumas de Brás Cubas. *Cahiers du Monde Hispanique et Luso-brésilien* (Caravelle, v. 22, p. 91-104), 1974.

Leal, Anabella Azevedo. Dois contos de Machado de Assis à luz das ideias de Mikhail Bakhtin. *Espelho*, Revista Machadiana, n. 1, p. 7-17, 1995.

Leal, César. Machado de Assis – Poeta. In: Leal, César. *Os Cavaleiros de Júpiter*. Recife: Universidade Federal de Pernambuco, 1969.

Leal, Cláudio Murilo. Gazeta de Holanda: o desconhecido versiprosa de Machado de Assis. *Revista do Livro*, Fundação Biblioteca Nacional, n. 44, ano 14, p. 30-41, setembro-dezembro 2001.

_____. Um poeta todo prosa. In: Secchin, Antônio Carlos; Almeida, José Maurício Gomes de; Souza, Ronaldes de Melo e (Org.). *Machado de Assis: uma revisão*. Rio de Janeiro: In-Fólio, 1998. p. 205-214.

_____. Recepção crítica à poesia de Machado de Assis. *Revista Brasileira*, número dedicado ao centenário de morte de Machado de Assis, Rio de Janeiro, Academia Brasileira de Letras, fase VII, n. 55, p. 249-259, 2008.

_____. *O círculo virtuoso: a poesia de Machado de Assis*. Rio de Janeiro: Batel, 2008.

Leão, Múcio. O contista Machado de Assis. In: Academia Brasileira de Letras. *Curso de Conto*. Rio de Janeiro, 1958.

_____. O romance de Machado de Assis. In: Academia Brasileira de Letras. *Curso de Romance*. Rio de Janeiro, 1952, p. 87-154.

Leite, Dante Moreira. Dom Casmurro. In: Leite, Dante Moreira. *Psicologia e literatura*. São Paulo: Conselho Estadual de Cultura, 1965. p. 166-183.

Leite, José Roberto Teixeira. A Lira chinesa de Machado de Assis. In: Leite, José Roberto Teixeira. *A China no Brasil*: influências, marcos, ecos e sobrevivências chinesas na sociedade e na arte brasileiras. São Paulo: Editora da Unicamp, 1999.

Le-Moing, M. Le Regard jaloux: Machado de Assis, Alain Robbe-Grillet. *Les Langues Neo Latines: Bulletin Trimestriel de la Societe de Langues NeoLatines*. Rueil-Malmaison, v. 80, n. 3-4, p. 79-93, 1986.

Leon, Jorge Romero. *Retórica de imaginación urbana: la ciudad y sus sujetos en Cecilia Valdes y Quincas Borba*. Caracas: celarg, 1997.

Lima Júnior, Olavo Brasil de & Coelho, Paulo Henrique Osório. *Bibliografia sobre Machado de Assis*. Rio de Janeiro: Fundação Casa de Rui Barbosa, 1989.

Lima, José da Cunha. *Revisão de Machado de Assis: exame de erros e ardis literários*. Rio de Janeiro: Americana, 1973.

Lima, Luiz Costa. O palimpsesto de Itaguaí. *José*. Rio de Janeiro: n. 3, pp. 27-32, set. 1976. Reedição: _____. *Pensando nos trópicos*. Rio de Janeiro: Rocco, 1991.

_____. Sob a face de um bruxo. In: Lima, Luiz Costa. *Dispersa demanda*. Rio de Janeiro: Francisco Alves, 1981. p. 57-123.

_____. Machado de Assis e a estabilidade imperial. *Tempo Brasileiro*, Rio de Janeiro, 71, 1982.

_____. Machado e a inversão do veto. In: LIMA, Luiz Costa. *O controle do imaginário*. São Paulo: Brasiliense, 1984.

_____. Machado: mestre de capoeira. In: SECCHIN, Antônio Carlos; ALMEIDA, José Maurício Gomes de; SOUZA, Ronaldes de Melo e (Org.). *Machado de Assis: uma revisão*. Rio de Janeiro: In-Fólio, 1998. p. 183-190.

LIMA, Manuel de Oliveira. *Machado de Assis et son oeuvre littéraire*. Paris: Louis Michaud, 1909, p. 19-85.

LIMA, Rogério. A metaficção historiográfica e a dessemiotização ficcional da narrativa em Memorial do fim: a morte de Machado de Assis. *Letras*, Curitiba, n. 46, p. 53-62, 1996.

LINDSTROM, Naomi. Creation in Criticism, Criticism in Creation: Four Ibero Exemplars. *Discurso Literário*: Revista de Temas Hispânicos, Assunção; 6 (2), p. 423-444, 1989.

LINHARES FILHO. *A metáfora do mar no Dom Casmurro*. Rio de Janeiro: Tempo Brasileiro, 1978.

_____. *Ironia, humor e latência nas Memórias Póstumas*. Fortaleza: UFC, 1992.

LINHARES, Temístocles. *História crítica do romance brasileiro*. Belo Horizonte/São Paulo: Itatiaia/Editora da Universidade de São Paulo, 1987. v. I, p. 361-440.

LISBOA, Maria Manuel Gabão. Casa cedo e cedo morrer: amor e matrimônio no Dom Casmurro de Machado de Assis. *Letras e Letras*, Porto, v. 5, n. 67, p. 12-14, 18 mar. 1992.

_____. Machado de Assis and the Beloved Reader: Squatters in the Text. In: WHITE, Nicolas; SEGAL, Naomi (org.) *Scarlet letters: fictions of adultery from antiquity to the 1990s*. Nova York: Macmillan, 1997.

_____. Sei de uma criatura antiga e formidável: maternidade, origem e fim nas Memórias póstumas de Brás Cubas. *Espelho*. Revista Machadiana, West Lafayette, n. 3, p. 45-65, 1997.

_____. *The Feminism of Machado de Assis: Rereading the Heart of the Companion*. Lampeter: Edwin Mellen Press, 1997.

LITRENTO, Oliveiros. *O crítico e o mandarim*. Rio de Janeiro: São José, s. d. p. 148-153.

LLILO MORO, Eduarda. Dom Casmurro: Apodo, vacio y espejo roto. *Revista-Iberoamericana*, Pittsburgh, p. 9-29, jan.-mar. 1984.

LOBO, Luiza. As metáforas de humor em Machado de Assis. In: LOBO, Luiza. *Crítica sem juízo*. Rio de Janeiro: Francisco Alves, 1993. p. 96-107.

LOPES, José Leme. *A psiquiatria de Machado de Assis*. Rio de Janeiro: Agir/INL, 1974; 2.ed. aum. Rio de Janeiro: Agir, 1981.

LOPES, Lúcia Leite. *Machado de A a X: um dicionário de citações*. São Paulo: Editora 34, 2001.

LOPES, M. Angélica Guimarães. Estátuas esculpidas pelo tempo: imagética como caracterização em Quincas Borba e The Portrait of a Lady Chasqui. Revista de Literatura Latinoamericana, Manhattan, n. 16(1), p. 55-75, fev. 1987.

LOPEZ ALFONSO, Francisco Jose. Pero esto no es mas que el principio: de Fernández de Lizardi a Machado de Assis. *Cuadernos Hispanoamericanos*, Madrid, n. 570, p. 45-57, dez. 1997.

LOYD, Antonio Olliz. The Social and Ethnic Contexts of Machado de Assis' Dom Casmurro. *Afro Hispanic Review*, Columbia, v. 11, n. 1-3, p. 34-41, 1992.

LOYOLA, Cecília. O teatro de Machado de Assis: legado póstumo. In: SECCHIN, Antônio Carlos; ALMEIDA, José Maurício Gomes de; SOUZA, Ronaldes de Melo e (Org.). *Machado de Assis: uma revisão*. Rio de Janeiro: In-Folio, 1998. p. 191-204.

_____. *Machado de Assis e o teatro das convenções*. Rio de Janeiro: Uapê. 1997.

LUCAS, Fábio. *Poesia e prosa no Brasil*: Clarice, Gonzaga, Machado e Murilo Mendes. Belo Horizonte: Interlivros, 1976. p. 51-89.

_____. *Razão e emoção literária*. São Paulo: Duas Cidades, 1982. p. 77-82.

_____. A condição feminina de Capitu. *Numen*, São Paulo, ano 1, n. 1, p. 3-16, 1989.

_____. A crítica de Machado de Assis. *Revista Brasileira*, número dedicado ao centenário de morte de Machado de Assis. Rio de Janeiro: Academia Brasileira de Letras, fase VII, n. 55, p. 65--73, 2008.

Luft, Celso Pedro. *Uma metáfora desenvolvida em Quincas Borba*. Porto Alegre: Champagnat, 1956-1958.

_____. A arte velada de Machado de Assis: análise estilística de "A Carolina". *Veritas*, Porto Alegre, v. 3, n. 3-4, p. 264-285, 1958.

Lyra, Bernadette. *A nave extraviada*. São Paulo: Annablume, 1995.

Lyra, Heitor. Eça de Queiroz e Machado de Assis. Coimbra: Universidade de Coimbra, 1966. Separata do V Colóquio Internacional de Estudos Luso-Brasileiros.

Lyra, Pedro. Os débitos ingleses (confessados ou não) de Machado de Assis. In: Lyra, Pedro. *O real no poético*. Rio de Janeiro: Cátedra, 1980. p. 104-107.

Macadam, Alfred J. The Rethoric of Jealousy: Dom Casmurro. *Hispanic Review*, Philadelphia, v. 67, n. 1, p. 51-62, jan./mar. 1999.

_____. La retórica de los celos: Dom Casmurro. In *Carnal Knowledge: Essays on the Flesh, Sex and Sexuality in Hispanic Letters and Film*. Pamela Bacarisse (org). Pittsburgh: Ediciones Tres Ríos, 1993.

_____. Machado de Assis: An Introduction to Latin American Satire. *Revista Hispânica Moderna*, Nova York, Columbia University, p. 180-187, 1972.

_____. Rereading Ressurreição. *Luso-Brazilian Review*. Wisconsin, tomo 9, n. 2, p. 47-57, 1972.

_____. *Modern Latin American Narratives: The Dreams of Reason*. Chicago: Chicago University Press, 1977. p. 1-28.

Macedo, Helder. Machado de Assis: entre o lusco e o fusco. *Colóquio/Letras*, Lisboa, n. 121-122, p. 7-24, jul.-dez. 1991.

Machado de Assis, Antônio Callado, Lygia Fagundes Telles, Autran Dourado, Nélida Piñon, Julieta de Godói Ladeira e Osman Lins. *Missa do Galo: variações sobre o mesmo tema*. São Paulo: Summus, 1977.

Machado Filho, Aires da Mata. O mito do abandono na biografia de Machado de Assis. In: _____. *Estudos de Literatura*. São Paulo: Urupês/Edinal, 1969. p. 67-86.

Machado, Cassiano Elek. Capitu ganha 'advogada de defesa' californiana. *Folha de S. Paulo*, São Paulo, 09 nov. 2002.

_____. Machado de Assis é um milagre. *Folha de S. Paulo*, São Paulo, 03 maio 2003.

Machado, Guacira Marcondes. O discurso realista em Flaubert e em Machado de Assis. *Revista de Letras*, São Paulo, v. 29, p. 55-70, 1989.

Machado, José Bettencourt. *Machado of Brazil*: the life and times of Machado de Assis. Nova York: Bramerica, 1953.

Machado, Ubiratan (Org.) *Roteiro da consagração*. Rio de Janeiro: EdUERJ, 2003.

Machado, Ubiratan. A viagem de Machado de Assis a Minas e o Quincas Borba. *Revista do Livro*, Rio de Janeiro, n. 45, p. 49-56, out. 2002.

_____. O enigma do Cosme Velho. In: Secchin, Antônio Carlos; Almeida, José Maurício Gomes de; Souza, Ronaldes de Melo e (Org.). *Machado de Assis: uma revisão*. Rio de Janeiro: In-Folio, 1998. p. 17-30.

_____. *Três vezes Machado de Assis*. São Paulo: Ateliê/Oficina do Livro Rubens Borba de Moraes, 2007.

Maciel Filho, Luís Anselmo. *Rua Cosme Velho, 18. Relato de restauro do mobiliário de Machado de Assis*. Rio de Janeiro: ABL, 1998.

Maciel, Marco. Cem anos sem Machado. *Jornal do Brasil*, Rio de Janeiro, 19 abr. 2008.

Macnicoll, Murray Graeme. *The Brazilian Critics of Machado de Assis, 1857-1970*. Ann Harbor: Xerox University Microfilms, 1977.

_____. José Veríssimo: Critic and Contemporary of Machado de Assis, 1892-1916. *Romance Quarterly*. Kentucky, n. 27, p. 345-359, 1980.

_____. Capistrano de Abreu: The First Critic of Bras Cubas. *Romance Notes*. Chapel Hill, v. 22, n. 2, p. 177-181, jan./mar.1981.

_____. Silvio Romero and Machado de Assis: A One-Sided Rivalry (1870-1914). *Revista Interamericana de Bibliografia/Inter American Review of Bibliography*, Washington, n. 31, p. 366--377, 1981.

_____. Machado de Assis in 1878. *Luso-Brazilian Review*. Madison, v. 19, n. 1. p. 31-38, jul./set. 1982.

_____. Araripe Junior and Machado de Assis, 1892-1908. *Romance Quarterly*. Washington, v. 30, n. 4, p. 429-434, 1983.

MADEIRA, Marcos Almir. *Machado de Assis e a Rua do Ouvidor*. Cadernos do Pen Clube do Brasil, Rio de Janeiro, p. 16-19, 1964.

_____. *A ironia de Machado de Assis e outros temas*. Rio de Janeiro: Gráfica Perfecta, 1944.

MADEIRA, Wagner Martins. *Machado de Assis, homem lúdico: uma leitura de Esaú e Jacó*. São Paulo: Annablume/Fapesp, 2001.

MAGALDI, Sábato. Preparação de um romancista. In: MAGALDI, Sábato. *Panorama do teatro brasileiro*. São Paulo: Difusão Européia do Livro, 1962. p. 116-129.

MAGALHÃES JÚNIOR, Raimundo. *Ao redor de Machado de Assis*. Rio de Janeiro: Civilização Brasileira, 1958.

_____. *Machado de Assis desconhecido*. Rio de Janeiro: Civilização Brasileira, 1955. Idem: 1957, 1971.

_____. *Machado de Assis, funcionário público (no Império e na República)*. Rio de Janeiro: Ministério da Viação e Obras Públicas, Serviço de Documentação, 1958; 2.ed. 1970.

MAIA NETO, José Raimundo. *Machado de Assis: brazilian pyrrhonian*. West Lafayette: Purdue UP, 1994.

_____. *O ceticismo na obra de Machado de Assis*. São Paulo: Annablume, 2007.

MAIA, Alcides. *Machado de Assis. Algumas notas sobre o humor*. Rio de Janeiro: Jacinto Silva, 1912.

MAINARDI, Diogo. Machado, Foice e Martelo. *Veja*. São Paulo, 31 mar. 1999.

MALARD, Letícia. Um escritor genial. In: ASSIS, Machado de. *Esaú e Jacó*. Belo Horizonte: Autêntica, 1998. p. 11-23.

_____. A vida do defunto autor. In: ASSIS, Machado de. *Memórias Póstumas de Brás Cubas*. Belo Horizonte: Autêntica, 1999. p. 17-22.

_____. O amor masculino em *A mão e a luva*. *Revista Brasileira*. Número dedicado ao centenário de morte de Machado de Assis. Rio de Janeiro: Academia Brasileira de Letras, fase VII, n. 55, p. 261-272, 2008.

MALIGO, Pedro. O desejo em Machado de Assis: um estudo sobre Helena, Virgília e Sofia. *Espelho*, Revista Machadiana, West Lafayette, n. 3, p. 67-88, 1997.

MANGABEIRA, Otávio (Org.). *Machado de Assis*. Rio de Janeiro: Civilização Brasileira, 1954.

MANZANO, Nivaldo Tetilla. *A volta de Simão Bacamarte: anotações sobre a filosofia em Machado de Assis*. São Paulo: Textonovo, 2002.

MARANHÃO, Haroldo. *Memorial do fim: a morte de Machado de Assis*. São Paulo: Marco Zero, 1991.

MARCONDES, Ayrton. *Por onde andará Machado de Assis?* São Paulo: Nankin Editorial, 2006.

MARETTI, Maria Lídia L. Isto acaba! Uma leitura do conto D. Benedita: um retrato de Machado de Assis. *Remate de Males*. Campinas, n. 14, p. 111-128, 1994.

MARIA, Luzia de. *Machado de Assis: as artimanhas do humano*. São Paulo: Brasiliense, 1986.

MARIANO, Ana Salles & OLIVEIRA Maria Rosa Duarte de. *Recortes machadianos*. São Paulo: EDUSC/Fapesp, 2003.

MAROBIN, Luiz. *Símbolos, arquétipos e mitos em Machado de Assis*. Tese ao concurso para livre docência da cadeira de literatura da Faculdade de Filosofia, Ciências e Letras da Universidade do Rio Grande do Sul. Porto Alegre: Meridional, 1963.

MAROTTI, Giorgio. *Il negro nel romanzo brasiliano*. Roma: Bulzoni, 1982. p. 122-164.

MARTINS, Heitor. A fonte do apólogo machadiano da agulha e a linha. In: MARTINS, Heitor. *Do barroco a Guimarães Rosa*. Belo Horizonte: Itatiaia, 1983. p. 127-132.

MARTINS, Hélcio. Sobre o realismo de Machado de Assis. *Luso-Brazilian Review*, Madison, v. 3, n. 2, p. 83-88, 1966.

MARTINS, Luís (Introd.). *Machado de Assis*. São Paulo: Íris, 1961.

MARTINS, Nilce Sant'anna. O estilo coloquial culto de Machado de Assis no romance Quincas Borba. *Língua e Literatura*, São Paulo, n. 18, p. 61-80, 1990.

MARTINS, Wilson. Controvérsias machadianas: *Dom Casmurro*, modelo supremo de ambigüidade do escritor. *O Globo*, Rio de Janeiro, 21 maio 2005. Prosa & Verso.

_____. *A crítica literária no Brasil*. Rio de Janeiro: Francisco Alves, 1983. v. 1, p. 169-174.

_____. Direito e avesso de Dom Casmurro. *Colóquio/Letras*, Lisboa, n. 60, p. 57-59, 1970.

_____. *História da inteligência brasileira*. São Paulo: Cultrix, 1977, v. III (1855-1877); 1978, v. IV (1877-1896); 1978, v. V (1897-1914).

_____. *Pontos de vista*. São Paulo: T. A. Queiroz, 1992, v. III; 1993, v. V; 1994, v. VII; 1994, v. VIII; 1995, v. XI; 1996, v. XII; 1997, v. XIII.

MASAO SHIMURA. Faulkner, De Assis, Barth: Resemblances and Differences. *William Faulkner: Material, Studies and Criticism*. Tóquio: Shinjuku-ku, 1979. p. 67-79.

MASSA, Jean-Michel. *La jeunesse de Machado de Assis: (1839-1870)*. Essai de biographie intellectuelle. s.l.: s.n., 1969. 2 v.

_____. *A juventude de Machado de Assis (1839-1870)*. Ensaio de biografia intelectual. Tradução de Marco Aurélio de Moura Matos. Rio de Janeiro: Civilização Brasileira, 1971.

_____. La bibliothèque de Machado de Assis. *Revista do Livro*, Rio de Janeiro, ano 6, n. 21-22, p. 195-238, mar.-jun. 1961. Idem: Quarenta Anos depois. In: JOBIM, José Luís (org.). *A biblioteca de Machado de Assis*. Rio de Janeiro: Topbooks, 2001. p. 21-90; 91-97.

_____. Autour de Machado de Assis et Caroline. Quelques documents retrouvés. Bulletin de la Faculte des Lettres de Strasbourg; n. 42, p. 561-567, 1964.

_____. Machado de Assis – Chartonista. *O Estado de S. Paulo*. São Paulo, 26 set. 1964.

_____. *Bibliographie descriptive, analytique et critique de Machado de Assis; IV: 1957-1958*. Rio de Janeiro: Livraria São José, 1965.

_____. *Dispersos de Machado de Assis*. Rio de Janeiro: MEC/Instituto Nacional do Livro, 1965.

_____. La connaissance du grec chez Machado de Assis. *Bulletin de la Faculté des Lettres de Strasbourg*, ano 43, n. 7, p. 767-770, abr. 1965.

_____. Textes retrouvés de Machado de Assis. *Annales de la Faculté des Lettres d'Aix*. Aix, v. 38, n. 2, p. 143-149, 1965.

_____. La présence de Dante dans l'oeuvre de Machado de Assis. *Études Luso-brésiliennes*, Paris, Presses Universitaires de France, v. XI, p. 25-32, 1966.

_____. Machado de Assis traducteur. *Atas do V Colóquio Internacional de Estudos Luso-brasileiros*, Coimbra, 1966.

_____. Autres textes retrouvés de Machado de Assis. *Études Luso-brésiliennes*, Paris, Presses Universitaires de France, v. XI, p. 33-48, 1966.

_____. O Primo Basílio lu et vu par ses cousins du Brésil. *Études Latino-américaines*. Rennes, p. 25-38, jan. 1968.

_____. Un ami portugais de Machado de Assis: Antonio Moutinho de Sousa. *Separata da Rev. Fac. Letras de Lisboa*, Lisboa, Fac. Letras, 3. Ser., 13, 1971.

_____. Uma esquecida homenagem de Machado de Assis a Diderot. *Colóquio/Letras*, Lisboa, n. 19, p. 66-68, maio 1974.

_____. Machado de Assis tradutor. In: *Encontro com Machado*. Rio de Janeiro: Secretaria de Estado de Educação, 1990. p. 21-25.

_____. Machado de Assis, écrivain 'stérile'. *Arquivos do Centro Cultural Português*. Lisboa/Paris, Fundação Calouste Gulbenkian, v. XXXI, p. 659-669, 1992.

_____. *Machado de Assis tradutor*. Belo Horizonte: Crisálida, 2008.

MATHIAS, Herculano Gomes. Machado de Assis e o jogo de xadrez. *Anais do Museu Histórico Nacional*, Rio de Janeiro, v. 13 (1952), p. 143-187, 1964.

MATOS, Mário. *Machado de Assis. O homem e a obra. Os personagens explicam o autor*. São Paulo: Nacional, 1939.

MAURA, Antonio. *La crítica de Machado de Assis en las publicaciones españolas*. Conferência proferida na Academia Brasileira de Letras, em maio de 2008.

MAURO, Alessandra. Come in um poliziesco: gli indizi nel Dom Casmurro. *Letterature d'America*, Roma, p. 39-63, 1983.

MAUROIS, André. Machado de Assis. *Nouvelles Littéraires*, Paris, jul. 1948.

MAYA, Alcides. *Machado de Assis: algumas notas sobre o humor*. Rio de Janeiro: Liv. Ed. Jacinto Silva, 1912; 2.ed. Rio de Janeiro: Academia Brasileira de Letras, 1942.

MAZZARA, Richard A. Machado de Assis (1839-1908). *Francophile and Francophone*, Romance Quarterly, Washington, v. 31, n. 1, p. 97-104, 1984.

MEDEIROS, Benício. Faoro e Machado. *Veja*, São Paulo, 13 ago. 1975.

_____. O Mestre da profanação. *Jornal do Brasil*, Rio de Janeiro, 18 ago. 1990.

MELO, Anaína Clara de e GOUVEIA, Arturo. *Machado de Assis: literatura, música e barbárie*. João Pessoa: Ideia, 2006.

MELLO, Marcus. Machado, crítico de Eça; uma polêmica literária. *Arca*, Porto Alegre, n. 3, p. 69-80, 1995.

MELO E SOUSA, Ronaldes. Bibliografia machadiana comentada. In: SECCHIN, Antônio Carlos; ALMEIDA, José Maurício Gomes de; SOUZA, Ronaldes de Melo e (Org.). *Machado de Assis: uma revisão*. Rio de Janeiro: In-Folio, 1998. p. 227-40.

_____. O estilo narrativo de Machado de Assis. In: SECCHIN, Antônio Carlos; ALMEIDA, José Maurício Gomes de; SOUZA, Ronaldes de Melo e (Org.). *Machado de Assis: uma revisão*. Rio de Janeiro: In-Folio, 1998. p. 65-79.

MELO FILHO, Murilo. Machado: atual, imortal e eterno. *Revista Brasileira*, número dedicado ao centenário de morte de Machado de Assis. Rio de Janeiro: Academia Brasileira de Letras, fase VII, n. 55, p. 25-42, 2008.

MELO, Gladstone Chaves de. Machado de Assis, defensor do homem. *Brasília*, Coimbra, v. XII, p. 3-32, 1964.

_____. Uma interpretação talvez revolucionária de Machado de Assis. *Carta Mensal*, Rio de Janeiro, v. 16, n. 195, p. 3-19, 1971.

_____. *Le sens profond de l'oeuvre de Machado de Assis*. Louvain: Centre d'Études Portugais et Brésilliennes, 1975.

MELLO, Maria Elizabeth Chaves de. *Lições de crítica*. Niterói: EDUFF, 1997.

_____. Machado de Assis, Leitor de Lawrence Sterne. In: JOBIM, José Luís (org.). *A biblioteca de Machado de Assis*. Rio de Janeiro: Topbooks, 2001. p. 303-313.

MENDES, Marlene Carmelinda Gomes. Machado de Assis – Poesias Completas: Crisálidas – Falenas – Americanas – Ocidentais. *Linguagem*, Niterói, n. 1, p. 185-189, 1978.

MENDONÇA, Antônio Sérgio. Contribuição do texto literário para uma teoria da neurose: Capitu. *Convergência*, Rio de Janeiro, n. 4, p. 101-106, jan.-jun. 1978.

MENEZES, Fagundes de. A correspondência entre Machado de Assis e Magalhães de Azeredo. In: _____. *Território livre*. Rio de Janeiro: São José, 1975, p. 72-80.

MENEZES, Geraldo de. A história na crônica de Machado de Assis. *Revista do Instituto Histórico e Geográfico Brasileiro*, Rio de Janeiro, n. 363, p. 298-309, abr.-jun. 1989.

MENNUCI, Sud. *Machado de Assis*. São Paulo: s. n., 1943.

MERQUIOR, José Guilherme. Gênero e estilo das Memórias póstumas de Brás Cubas. In: _____. *Crítica: 1964-1989*. Rio de Janeiro: Nova Fronteira, 1990. p. 331-342.

_____. Machado em perspectiva. In: SECCHIN, Antônio Carlos; ALMEIDA, José Maurício Gomes de; SOUZA, Ronaldes de Melo e (Org.). *Machado de Assis: uma revisão*. Rio de Janeiro: In-Folio, 1998. p. 33-45.

_____. O romance carnavalesco de Machado. In: ASSIS, Machado de. *Memórias póstumas de Brás Cubas*. 6.ed. São Paulo: Ática, 1977. p. 5-9.

_____. Machado de Assis e a prosa impressionista. In: MERQUIOR, José Guilherme. *De Anchieta a Euclides*: breve história da literatura brasileira. Rio de Janeiro: J.Olympio, 1979. p. 150-201.

MESQUITA, Samira Nahid de. A cidade do Rio de Janeiro e a obra de Machado de Assis. *Tempo Brasileiro*. Rio de Janeiro, n. 85, p. 83-88, abr.-jun. 1986.

_____. Machado de Assis, um modernista do século XIX. *Estudos de Literatura Brasileira*, Faculdade de Letras/UFRJ, Rio de Janeiro, n. 4, p. 101-108, 1994.

_____. O cotidiano em Machado de Assis. In: *Encontro com Machado*. Rio de Janeiro: Secretaria de Estado de Educação, 1990. p. 27-32.

MEYER, Augusto. *A chave e a máscara*. Rio de Janeiro: O Cruzeiro, 1963.

_____. *A forma secreta*. Rio de Janeiro: Lidador, 1965. p. 45-56.

_____. *À sombra da estante (ensaios)*. Rio de Janeiro: José Olympio, 1947.

_____. *Machado de Assis*. Porto Alegre: Globo, 1935; 2.ed., Rio de Janeiro: Simões, 1952; 3.ed. aumentada Rio de Janeiro: São José, 1958.

_____. *Textos críticos*. Org. João Alexandre Barbosa. São Paulo: Perspectiva; Brasília: INL, 1986.

MEYER, Marlyse. Machado de Assis lê Saint-Clair das ilhas. In: _____. *As mil faces de um herói canalha e outros ensaios*. Rio de Janeiro: EDUFRJ, 1998. p. 9-107.

MEYER-CLASON, Curt. *Machado de Assis: der geheime grund erzähalungen*. Munique: DTV, 1970.

MILLEN, Manya & PIRES, Paulo Roberto. A querela dos inéditos, no prelo. *O Globo*, Rio de Janeiro, 16 jan. 1999.

MILLEN, Manya. A eternidade do bruxo. *O Globo*, Rio de Janeiro, 19 set. 1998.

MINDLIN, Dulce Maria Viana. Manhas e artimanhas de um narrador alucinado: uma leitura de Dom Casmurro. *Espelho*, Revista Machadiana, Porto Alegre; West Lafayette, n. 1, p. 71-81, 1995.

MIYAZAKI, Tieko Yamaguchi. Lapso: relapso ou calote? *Revista de Letras*, São Paulo, v. 29, p. 25-36, 1989.

MOING, M. Le. Le regard jaloux: Machado de Assis, Alain Robe-Grillet. *Les Langues Neo Latines*. Reuil-Malmaison, v. 80, n. 3-4, p. 79-93, 1986.

MOISÉS, Carlos Felipe. Counselor Aires and His Moviola. In: ASSIS, Machado de. *Esau ad Jacob*. Nova York: Oxford University, 2000. p. 253-268.

MOISÉS, Massaud. *Machado de Assis: ficção e utopia*. São Paulo: Cultrix, 2001.

MONTEIRO, Ivan C. & ESTRELLA, Hairton M. *Metalinguagem em Quincas Borba*. Rio de Janeiro: Acadêmica, 1973.

MONTEIRO, Joaquim Valadão. *Machado de Assis, o enxadrista: achegas à biografia machadiana*. Rio de Janeiro: Veloz, 1962.

Monteiro, Valéria Jacó. *Dom Casmurro: estrutura e discurso*. São Paulo: Hacker-Cespuc, 1997.

Montello, Josué. *O presidente Machado de Assis*. São Paulo: Martins, 1961; 2.ed. Rio de Janeiro: José Olympio, 1996.

_____. *Santos de casa*. Fortaleza: Imprensa Universitária do Ceará, 1966. p. 41-69; 145-154.

_____. *Uma palavra depois de outra: notas e estudos de literatura*. Rio de Janeiro: Instituto Nacional do Livro, 1969. p. 15-45.

_____. O espírito político de Machado de Assis. In: Assis, Machado de. *O velho Senado*. Edição comemorativa do nascimento de Machado de Assis. Brasília: Senado Federal, 1989. p. 37-40.

_____. *Memórias póstumas de Machado de Assis*. Rio de Janeiro: Nova Fronteira, 1997.

_____. *Academia Brasileira de Letras: 100 Anos*. São Paulo: Bei Comunicações, 1997. p. 13-61.

_____. O Presidente Machado de Assis. *Revista Brasileira*, Rio de Janeiro, p. 35-43, abr.-maio--jun. 1997.

_____. *Os inimigos de Machado de Assis*. Rio de Janeiro: Nova Fronteira, 1998.

_____. O outro Machado de Assis. In: *Rua Cosme Velho, 18*. Rio de Janeiro: Academia Brasileira de Letras, 1998. p. xi-xix.

Montenegro, Olívio. Machado de Assis. In: _____. *O romance brasileiro: as suas origens e tendências*. Rio de Janeiro: José Olympio, 1938. p. 105-121. Idem: 1953.

Moog, Vianna. Decadência do mundo moderno: Machado de Assis. In: _____. *Heróis da decadência*. Rio de Janeiro: Guanabara, 1934; 2.ed. Porto Alegre: Globo, 1939. p. 159-221.

Moraes, Lígia Marina. *Conheça o escritor brasileiro Machado de Assis*. Rio de Janeiro: Record, 1979.

Moraes, Santos. *Heroínas do romance brasileiro*. Rio de Janeiro: Expressão e Cultura, 1971. p. 45-91.

Moraes, Vera Lúcia Albuquerque de. O processo metalingüístico em Dom Casmurro. *Revista de Letras*, Fortaleza, v. 12, n. 1-2, p. 297-320, 1987.

Morais, Carlos Dante de. Machado de Assis. *Revista Brasileira*, Rio de Janeiro, 29, 1966.

Morais, Raimundo de. *Machado de Assis*. Belém: Instituto Lauro Sodré, 1939.

Moreira, Ana Cleide Guedes & Berlinck, Manoel Tosta. Ironia e melancolia em *O Alienista* de Machado de Assis. *Revista Latino Americana de Psicopatologia Fundamental*, v. vi, n. 2, junho de 2003.

Moreira, Pedro Rogério. Em um velho arquivo de contabilidade, um pouco da memória literária nacional: o arquivo da livraria Garnier. *O Globo*, Rio de Janeiro, 23 jan. 1977.

Moreira, Thiers Martins. Machado de Assis. Biografia ad usum meditationis. In: _____. *Visão em Vários Tempos*. Rio de Janeiro: São José, 1970. p. 17-78.

_____. *Quincas Borba ou o pessimismo irônico*. Rio de Janeiro: São José, 1964.

Moreira, Wagner Martins. *Machado de Assis: homem lúdico. Uma leitura de Esaú e Jacó*. São Paulo: Annablume/Fapesp, 2001.

Moriconi Jr., Ítalo. Dom Casmurro caminhos de leitura. *Tempo Brasileiro*, Rio de Janeiro, n. 81, p. 82-89, abr.-jun. 1985.

Moro, Eduarda Lilo. Dom Casmurro: apodo, vacio y espejo roto. *Revista Iberoamericana*, Pittsburgh, p. 9-29, jan.-mar. 1984.

Mota Filho, Cândido. Machado de Assis, escritor brasileiro. In: *Machado de Assis na Palavra de Peregrino Júnior, Cândido Mota Filho, Eugênio Gomes e Aloísio de Carvalho Filho*. Salvador: Progresso, 1959. p. 31-60.

_____. O caminho de três agonias. Rio de Janeiro: José Olímpio, 1945.

Mota, Artur. Machado de Assis. *Revista da Academia Brasileira de Letras*, Rio de Janeiro, março 1934.

Mota, Lourenço Dantas & Abdala Jr., Benjamin (orgs.). *Personae: grandes personagens da literatura brasileira*. São Paulo: Senac, 2001.

Mota, Marcus Santos. O instinto de nacionalidade de Machado de Assis e a função de uma tradição crítica sobre o conceito de literatura nacional. *Anais Abralic*. Belo Horizonte, v. 2, p. 111-117, 1990.

Motta, Carol R. The Ironic View in Henry James' 'The Portrait of a Lady' and in Machado de Assis' Epitaph of a Small Winner. *Brazil-Brazil*, Providence, n. 16, p. 31-56, 1996.

Muller-Bochat, Eberhard. Ecos de Zola e da medicina experimental na arte de Machado de Assis. In: *Miscelânea de Estudos Literários – Homenagem a Afrânio Coutinho*. Rio de Janeiro: Pallas/Pró-Memória-inl, 1984. p. 165-173.

_____. Kinder der kunst: genetische falle in literischer behandlung – zur einigen romanfiguren bei Goethe, Emile Zola, Machado de Assis, Thomas Mann, Garcia Marques und Michel Touriner. In: Ley, Klaus; Schrader, Ludwig e Wehlr, Winfried. *Text and Tradition: Gedenkschroft Eberhard Leube*. Frankfurt: Peter Lang, 1996.

Munno, Amina di. Nota del curatore. In: Assis, Machado de. *La Cartomante e altri racconti*. Turim: Einaudi, 1990. p. 201-204.

Murat, Luís. Machado de Assis e Joaquim Nabuco. *Revista da Academia Brasileira de Letras*, Rio de Janeiro, p. 17-24, jun-out. 1926.

Muratore, M. J. Bound by Fiction: Figural Entrapment in Dom Casmurro and Madame Bovary. *Mester*, Los Angeles, v. 22, n. 1, p. 41-52, abr./jun. 1993.

Muricy, Katia. *A razão cética: Machado de Assis e as questões de seu tempo*. São Paulo: Companhia das Letras, 1988.

Nascentes, Olavo. Machado de Assis, leitor do Larousse. In: Barbadinho Neto, Raimundo. *Miscelânea em honra de Rocha Lima*. Rio de Janeiro: Colégio Pedro ii, 1980. p. 185-195.

Nascimento, Evando. Hamlet e as Memórias Póstumas de Brás Cubas: uma comparação. *Anais Congresso Abralic*, Belo Horizonte, v. 3, p. 315-321, 1991.

Nequete, Lenine. Um parecer de Machado de Assis. In: *Arquivos do Ministério da Justiça*. Brasília, ano 41, n. 171, p. 33-39, jan.-mar. 1988.

Neves, Guilherme Santos. Aspectos do artesanato literário de Machado de Assis. *Organon*, Porto Alegre, n. 3, v. 4, p. 87-109, 1960.

Neves, João Alves das. 24 cartas inéditas do portuense Miguel de Novaes ao seu cunhado Machado de Assis. *A Tribuna*, Santos, 9 ago. 1964.

_____. Portugal e os portugueses na vida e na obra de Machado de Assis. *Leitura*, São Paulo, 12 mar. 1994.

Neves, Margarida de Sousa. O bordado de um tempo (A história na estória de Esaú e Jacó). *Tempo Brasileiro*, Rio de Janeiro, n. 81, p. 32-42, abr.-jun. 1985.

Newman, Penny. O lustre do meu nome: uma leitura de A Mão e a Luva. *The Luso-Brazilian Review*, Wisconsin, v. 20, n. 2, p. 232-240, 1983.

Niskier, Arnaldo. *O olhar pedagógico em Machado de Assis*. Rio de Janeiro: Expressão e Cultura, 1999.

_____. Machado sempre. In: Secchin, Antônio Carlos; Almeida, José Maurício Gomes de; Souza, Ronaldes de Melo e (Org.). *Machado de Assis: uma revisão*. Rio de Janeiro: In-Fólio, 1998.

_____. Machado, Anita e os Judeus. In: Novinsky, Anita. *O olhar judaico em Machado de Assis*. Rio de Janeiro: Expressão e Cultura, 1990.

Nist, John. The Short Stories of Machado de Assis. *Quarterly Annual Awards*, Arizona, Tucson, v. 24, n. 1, p. 5-22, set. 1968.

Nogueira, Nícea Helena de Almeida. *Laurence Sterne e Machado de Assis: a tradição da sátira menipéia*. Rio de Janeiro: Galo Branco, 2004.

Nova, Vera Casa. Teoria do Medalhão: uma encruzilhada semiótica. *Boletim do Centro de Estudos Portugueses*, Belo Horizonte, v. 12, n. 14, p. 36-44, jul.-dez. 1992.

Novaes, Miguel de. Cartas de Miguel de Novaes a Machado de Assis. *Estado de S. Paulo*, São Paulo, 20 jun. 1964. Suplemento Literário.

Novinsky, Anita. *O olhar judaico em Machado de Assis*. Rio de Janeiro: Expressão e Cultura, 1990.

Novotny, Peter. A Poetic Corroboration of Psychoanalysis (A's Dom Casmurro). *American Imago*, Brooklyn, n. 22, p. 40-46, 1965.

Nunes, Benedito. Machado de Assis e a filosofia. *Travessia*, Florianópolis, n. 19, p. 7-23, 2° sem. 1989.

Nunes, Cassiano. *Machado de Assis: crítico da classe ociosa*. São Paulo: Copidar, 1984.

Nunes, Maria Luísa. *The craft of an absolute winner: characterization and narratology in the novels of Machado de Assis*. Westport: Greenwood Press, 1983.

_____. Story Tellers and Character: Point of View in Machado de Assis' Last Five Novels. *Latin American Literary Review*, Pittsburgh, n. 7, p. 52-63, 1978.

_____. Sources for the study of brazilian literature. In: Kopeczi, Bela; Vajda, Gyorgy M. (org.). *Actes du VIIIe Congres de l'Association Internationale de Litterature Comparee*. Stuttgart: Bieber, 1980.

_____. Time and Allegory in Machado de Assis's Esau and Jacob. *Latin American Literary Review*, Pittsburgh, v. 11, n. 21, p. 27-38, 1982.

_____. An Artist's Identity Versus the Social Role of the Writer: The Case for Joaquim Maria Machado de Assis. *College Language Association Journal* Atlanta, p. 187-196, dez. 1983.

Obregón, Elkin. Algunos nombres y fechas en torno a Machado de Assis. In: Assis, Machado de. *Misa de Gallo y Otros Cuentos*. Bogotá: Norma, 1990. p. 7-13.

Olinto, Antonio. Os demônios interiores de Machado. *Jornal do Brasil*, Rio de Janeiro, 18/05/2005.

Oliveira, Celso Lemos de & Lopes, Maria Angélica. Dom Casmurro. *Literatura de Vanguarda Luso-Brasileira*, Columbia: University of South Carolina, p. 81-90, 1989.

Oliveira, Edson Santos de. Representação e ironia em Teoria do Medalhão. *Boletim do Centro de Estudos Portugueses*, Belo Horizonte, Universidade Federal de Minas Gerais, n. 13, p. 105--116, jun. 1991.

Oliveira, Emanuelle. Mulheres e jogos sociais em Machado de Assis. *Chasqui*, Revista de Literatura Latinoamericana, Tempe, v. 27, n. 1, p. 47-58, maio 1998.

Oliveira, Franklin de. O artista em sua narração: a fortuna crítica de Machado de Assis. In: _____. *A fantasia exata*. Rio de Janeiro: Zahar, 1959. p. 273-299.

Oliveira, José Osório de. *Brasileirismo de Machado de Assis*. Coimbra: Coimbra editora, 1942.

_____. *Explicações de Machado de Assis e de Dom Casmuro*. Lisboa, 1950.

Oliveira, Leopoldo O. C. de. As metamorfoses na estrutura narrativa entre as versões A e B. In: Barbieri, Ivo (org.). *Ler e reescrever Quincas Borba*. Rio de Janeiro: EdUERJ, 2003. p. 43-58.

Oliveira, Solange Ribeiro de. Semelhanças e contrastes entre Lawrence Sterne e Machado de Assis. *Kriterion*, Belo Horizonte, n. 66, p. 238-282, 1966-1972.

Oliveira, Teresa Cristina Meireles de. *A semântica da ironia e o processo metafórico em Dom Casmurro*. Rio de Janeiro: EdUFRJ, 1973.

Oliveira, Valdemar de. *Eça, Machado, Castro Alves, Nabuco e o teatro*. Recife: Universidade Federal de Pernambuco, 1967. p. 29-55.

Oliver, Élide Valarini. A poesia de Machado de Assis no século xxi: revisita, revisão. In: *A obra de Machado de Assis*. Ensaios premiados no 1º Concurso Internacional Machado de Assis. Brasília: Ministério das Relações Exteriores, 2006.

Orban, Victor. Machado de Assis. Romancier, conteur et poete. In: *Machado de Assis et son oeuvre litteraire*. Paris: Louis-Michaud, 1909.

Orico, Osvaldo. O valor das palavras na obra de Machado de Assis. *Revista da Academia Brasileira de Letras*, Rio de Janeiro, 58, jul-dez., 1939.

Osakaabe, Haquira. Brito Broca e Machado de Assis: algumas notas. *Remate de Males*, s.l., n. 11, p. 43-46, 1991

Osta, Winifred H.; Fody, Michael. The 'Anima Figure' in the Later Novels of Machado de Assis. *Romance Quarterly*, Kentucky, Lexington, n. 26, p. 67-79, 1979.

Otávio Filho, Rodrigo. Uma visão de Machado de Assis. *Ilustração Brasileira*, s. l., jan. 1939.

Pacheco, Armando Correia (Org.). *Machado de Assis romancista*. Washington: União Pan-Americana, 1949.

Pacheco, João. Precursor e contemporâneo: Machado de Assis. In: _____. *O realismo*. 3.ed. São Paulo: Cultrix, 1968. p. 33-66.

Pacheco, Regina Carvalho. Machado de Assis: uma experiência no curso de jornalismo. *Travessia*, Florianopolis, v. 2, n. 19, p. 138-143, 1989.

Padilha, Tarcísio. Machado, finalmente, na Academia. *O Globo*, Rio de Janeiro, 23 abr. 1999.

Paes, José Paulo. Um aprendiz de morto. In: _____. *Gregos e Baianos*. São Paulo: Brasiliense, 1985. p. 13-36.

Paleólogo, Constantino. *Machado, Poe e Dostoievski*. Rio de Janeiro: Revista Branca, 1950.

_____. *Eça de Queirós e Machado de Assis*. Rio de Janeiro/Brasília: Tempo Brasileiro/Instituto Nacional do Livro, 1979.

Pandolfo, Maria do Carmo Peixoto. *A cantiga do texto em Machado de Assis*. Rio de Janeiro: Tempo Brasileiro, 1987.

Param, Charles. Jealousy in the Novel of Machado de Assis. *Hispania*, Wallingford, v. 53, n. 2, p. 198-206, maio 1970.

_____. Machado de Assis and Dostoyewsky. *Hispania*, Wallingford, v. 49, n. 2, p. 81-87, maio 1966.

_____. Politics in the Novels of Machado de Assis. *Hispania*, Wallingford, n. 56, p. 557-568, set. 1973.

_____. The Case for Quincas Borba as Confession. *Hispania*, Wallingford, t. 50, n. 3, p. 430-441, set. 1967.

_____. The Negro and Slavery in the Novels of Machado de Assis. In: *Proceedings: Pacific Northwest Conference on Foreign Languages*, p. 240-246, 1973.

Pasques, Petrona Dominguez de Rodrigues. El efecto de lo real en Don Casmurro. *Letras de Hoje*, Porto Alegre, n. 105, p. 7-18, set. 1996.

Passos, Gilberto Pinheiro. *A poética do legado. Presença francesa em Memórias Póstumas de Brás Cubas*. São Paulo: Annablume, 1996.

_____. *As sugestões do conselheiro. A França em Machado de Assis:* Esaú e Jacó e Memorial de Aires. São Paulo: Ática, 1996.

_____. *O Napoleão de Botafogo: presença francesa em* Quincas Borba, *de Machado de Assis*. São Paulo: Annablume, 2000.

_____. Voltaire e Fontenelle ou ficcionalidade da filosofia em Quincas Borba. *Scripta*, Belo Horizonte, v. 3, n. 6, p. 97-104, jan./jun. 2000.

_____. *Capitu e a mulher fatal: análise da presença francesa em* Dom Casmurro. São Paulo: Nankin, 2003.

_____. *Cintilações francesas: Revista da Sociedade Filomática – Machado de Assis e José de Alencar*. São Paulo: Nankin, 2006.

Passos, José Luiz Ithamar. A sintaxe da vida: ação e dissimulação em Senhora e Iaiá Garcia. *Espelho*, Revista Machadiana, West Lafayette, n. 3, p. 68-88, 1997.

_____. Crítica engajada e texto engas[?]ado: Machado de Assis e Sílvio Romero na automização do campo literário brasileiro. *Chasqui*, Revista de Literatura Latinoamericana, Tempe, v. 26, n. 1, p. 3-16, maio 1997.

_____. *Machado de Assis' Library: Drama and Deception in the Rise of Brazilian Realism*. Berkeley: Doe Library, 1999.

_____. *Machado de Assis: o romance com pessoas*. São Paulo: Edusp/Nankin, 2007.

PATI, Francisco. *Dicionário de Machado de Assis: história e biografia das personagens*. São Paulo: Rede Latina, [1958?]. Idem: São Paulo: Conselho Estadual de Cultura, 1972.

PAULA-FREITAS, Luís. *Perfil de Machado de Assis*. Rio de Janeiro: Centro Carioca, 1939.

PAULO FILHO, M. *Literatura e História*. Rio de Janeiro: Francisco Alves, s.d. p. 73-91.

PAVIANI, Jayme. A existência inautêntica e o humor irônico nas *Historias sem Data*, de Machado de Assis. *Letras de Hoje*, Porto Alegre, n. 18, p. 49-56, dez. 1974.

PÉCORA, Alcir. O Brasil por Rosa e Machado. *O Estado de S. Paulo*, São Paulo, 16 set. 2007.

PEIXOTO, Afrânio. O Alienista, de Machado de Assis. *Revista da Academia Brasileira de Letras*, Rio de Janeiro, 66, 1943.

_____. *Humour*. São Paulo: Cia. Editora Nacional, 1936.

_____. *Poeira da estrada*. São Paulo: Livraria Francisco Alves, 1918. 3.ed., Rio de Janeiro: Jackson, 1944.

PEIXOTO, Marta. Aires as Narrator and Aires as Character in Esaú e Jacó. *Luso-Brazilian Review*, Wisconsin, v. 17, n. 1, p. 79-92, 1980.

PEREGRINO JÚNIOR, *Doença e constituição de Machado de Assis*. Rio de Janeiro: José Olympio, 1938; 2.ed., 1976.

_____. Vida, Ascensão e Glória de Machado de Assis. In: *Machado de Assis na palavra de Peregrino Júnior, Cândido Mota Filho, Eugênio Gomes e Aloísio de Carvalho Filho*. Salvador: Progresso, 1959. p. 5-29.

_____. Problemas psicológicos do romance brasileiro. In: *Curso de romance*. Rio de Janeiro: Academia Brasileira de Letras, 1952.

PEREGRINO, Umberto. *A guerra do Paraguai na obra de Machado de Assis*. João Pessoa: Univ. Federal, 1969.

PEREIRA, Astrojildo. *Machado de Assis: ensaios e apontamentos avulsos*. Rio de Janeiro: São José, 1959; 2.ed. Belo Horizonte: Oficina de Livros, 1991.

_____. Quincas Borba e a Crítica. *Anais do Congresso Brasileiro de Crítica e História Literária*, Assis, Faculdade de Filosofia, Ciências e Letras, p. 525-540, 1963.

PEREIRA, Cilene Margarete. *A assunção do papel social em Machado de Assis*. São Paulo: Annablume, 2007.

PEREIRA, Kenia Maria de Almeida; BORGES, Valdeci Rezende e GONZALIS, Fabiana Vanessa (org.) *Machado de Assis: outras faces*. Uberlândia: Asppectus, 2001.

PEREIRA, Lafaiete Rodrigues. (Labieno). *Vindiciae: o sr. Sílvio Romero, crítico e filósofo*. Rio de Janeiro: Jacinto Ribeiro dos Santos, 1899. 3.ed. Rio de Janeiro: José Olímpio, 1940.

PEREIRA, Leonardo Afonso de Miranda. *Por trás das máscaras: Machado de Assis e os literatos cariocas no carnaval da virada do século*. Campinas: Unicamp/IFCH, 1992.

PEREIRA, Lúcia Miguel. *Machado de Assis: estudo crítico e biográfico*. São Paulo: Nacional, 1936. 5.ed. Rio de Janeiro: J. Olympio, 1955. Reedição: São Paulo/Belo Horizonte: Edusp/Itatiaia, 1988.

_____. Prefácio. In: ASSIS, Machado de. *Casa Velha*. São Paulo: Martins, 1944.

_____. História da literatura brasileira. *Prosa de ficção (1870-1920)*. Rio de Janeiro: José Olympio, 1950. 2.ed. Rio de Janeiro: José Olympio, 1957. São Paulo/Belo Horizonte: Edusp/Itatiaia, 1988. p. 51-107.

_____. Machado em síntese. In: PEREIRA, Lúcia Miguel. *A leitora e seus personagens*. Rio de Janeiro: Graphia, 1992.

_____. Estudos machadianos: releituras de Machado de Assis. In: PEREIRA, Lucia Miguel. *Escritos da maturidade*. Rio de Janeiro: Graphia, 1994. p. 7-41.

PEREIRA, Lucia Serrano. *Um narrador incerto, entre o estranho e o familiar: a ficção machadiana na psicanálise*. Rio de Janeiro: Companhia de Freud, 2004.

PEREIRA, Maria Antonieta. O Espelho - poço e superfície. *Boletim do Centro de Estudos Portugueses*, Belo Horizonte, n. 13, p. 117-129, jun. 1991.

_____. Reflexões sobre a República: em Machado de Assis. *Scripta*, Belo Horizonte, v. 3, p. 129-136, jan.-jun. 2000.

PEREIRA, Paulo. Dom Casmurro: Alegoria Política do 2° Reinado. *Colóquio/Letras*, Lisboa, n. 121-122, p. 61-73, jul.-dez. 1991.

_____. Machado de Assis: as ideias no lugar. *Jornal de Letras*, Rio de Janeiro, n. 420, p. 10, novembro 1986.

PEREIRA, Rubens Alves. *Fraturas do texto: Machado e seus leitores*. Rio de Janeiro: Sette Letras, 1999.

PEREZ, Renard. Esboço biográfico: Machado de Assis e sua circunstância. In: ASSIS, Machado de. *Obra Completa*. Org. Afrânio Coutinho. Rio de Janeiro: Aguilar, 1959. v. I, p. XIX-XXXVI.

PESCATELLO, Ann. The Brazileira: Images and Realities in Writings of Machado de Assis and Jorge Amado. *Female and Male in Latin American Essays*, University of Pittsburgh, p. 29-58, 1973.

PETIT, Lucette. Luíza e Capitu: heroínas ou mártires? *Estudos Portugueses e Africanos*, Campinas, n. 22, p. 5-23, jul./dez.1993

PICCHIO, Luciana Stegagno. O Século XIX: Machado de Assis. In: _____. *História da literatura brasileira*. Rio de Janeiro: Nova Aguilar, 1997. p. 273-98.

PIETRANI, Anélia Montechiari. *O enigma mulher no universo masculino machadiano*. Niterói: Editora da Universidade Federal Fluminense, 2000.

PIMENTEL, A. Fonseca. *A presença alemã na obra de Machado de Assis*. Rio de Janeiro: São José, 1974.

_____. *Machado de Assis e outros estudos*. Rio de Janeiro: Pongetti, 1962.

_____. Machado de Assis. Roma, 1968. Separata. *Journal of Inter American Studies*. Universidade de Miami, v. X, jan. 1968.

PINA, Patrícia (org.) *Vindicae: em defesa de Machado de Assis. Polêmica e crítica*. Rio de Janeiro: Cadernos da Pós-Letras/UERJ, 1998.

PIÑON, Nélida. Nos passos de Machado. *O Globo*, Rio de Janeiro, 14 dez. 1996.

PINTO FILHO, Correia. *Machado de Assis*. Rio de Janeiro: Pongetti, 1958.

PINTO, Manuel da Costa. Decifrações da esfinge. *Cult*, São Paulo, n. 24, p. 56-59, jul. 1999.

PIRES, Isabel Virginia de Alencar. Rubião: um excêntrico entre a província e a corte. In: BARBIERI, Ivo (org.). *Ler e reescrever Quincas Borba*. Rio de Janeiro: EDUERJ, 2003. p. 107-133.

PIZA, Daniel. *Machado de Assis: um gênio brasileiro*. São Paulo: Imprensa Oficial, 2005.

_____. *Mistérios da literatura: Poe, Machado, Conrad e Kafka*. Rio de Janeiro: Mauad, 2005.

PODESTA, Guido A. Machado de Assis y O Alienista: Un positivista contra el positivismo. *Ideologies and Literature*. Minneapolis, v. 1, n. 1-2, 1985.

POLLMANN, Leo. O Espelho: zur Erzahlkunst von Machado de Assis und Guimarães Rosa. In: KORNER, Karl Hermann e RUHL, Klaus. *Studia Iberica*, Festschrift fur Hans Flasche, Berna, p. 469-477, 1973.

PÓLVORA, Hélio. *Graciliano, Machado, Drummond & Outros*. Rio de Janeiro: Francisco Alves, 1975. p. 37-48.

PONTES, Elói. *A vida contraditória de Machado de Assis*. Rio de Janeiro: José Olympio, 1939.

_____. *Machado de Assis*. São Paulo: Edições Cultura, 1943.

PONTES, Joel. *Machado de Assis e o teatro*. Rio de Janeiro: MEC/Serviço Nacional de Teatro, 1960. Idem: Rio de Janeiro: Agir, 1968.

PORTELLA, Eduardo. Machado de Assis Intacto, In: _____. *Dimensões, II*. Rio de Janeiro: Agir, 1959. p. 175-181.

_____. Machado de Assis: cronista do Rio de Janeiro. In: SECCHIN, Antônio Carlos; ALMEIDA, José Maurício Gomes de; SOUZA, Ronaldes de Melo e (Org.). *Machado de Assis: uma revisão*. Rio de Janeiro: In-Fólio, 1998. p. 179-182.

POST, H. Howens. O escritor brasileiro Machado de Assis, existencialista avant la lettre. *Boletim Cultural da Assembleia Distrital de Lisboa*, Lisboa, III série, n. 83, p. 1-19, 1977.

_____. L'auteur brésilien Machado de Assis et le Mythe de Sisyphe. *Analli dell'Istituto Universitário Orientale*, Napoli, Istituto Universitário Orientale, 1961.

PRATA, Edson Gonçalves. *Machado de Assis: o homem e a obra vistos por todos os ângulos*. Rio de Janeiro: São José, 1968.

PRITSCH, Eliana Inge. *Uma lira no coração: literatura e música em Machado de Assis*. Porto Alegre: EdUFRGS, 1993.

PROENÇA FILHO, Domício. *Capitu: memórias póstumas*. Rio de Janeiro: Artium, 1998. 3.ed. Rio de Janeiro: Record, 2005.

_____. Atualidade da ficção do brasileiro Machado de Assis. *Rassegna Iberistica*, Roma, p. 23-29, maio 1990.

_____. Permanência e atualidade de Machado de Assis. In: *Sesquicentenário de Nascimento do Escritor Machado de Assis*. Rio de Janeiro: Conselho Estadual de Cultura do Estado do Rio de Janeiro, 1990. p. 14-19.

_____. Capitu, a moça dos olhos de água. In: MOTA, Lourenço Dantas & ABDALA JÚNIOR, Benjamin (Orgs.). *Personae: grandes personagens da literatura brasileira*. São Paulo: Senac, 2001. p. 69-99.

_____. Machado de Assis e a Academia. *Revista Brasileira*, Fase VII, ano X, n. 40. p. 99-130, jul.-ago.-set. 2004.

_____. Machado de Assis: cartas a Carolina. *Revista Brasileira*, número dedicado ao centenário de morte de Machado de Assis, Rio de Janeiro, Academia Brasileira de Letras, fase VII, n. 55, p. 53-63, 2008.

PROENÇA, Ivan Cavalcanti. Prefácio. In: ASSIS, Machado de. *Poesias completas*. Rio de Janeiro: Civilização Brasileira/MEC, 1976. p. 13-17.

_____. Biografia. In: MACHADO DE ASSIS, Joaquim Maria. *Dom Casmurro*. Rio de Janeiro; São Paulo: Ediouro/Publifolha, 1997.

PROENÇA, M. Cavalcanti. *Estudos literários*. Rio de Janeiro: José Olympio, 1969.

PUJOL, Alfredo. *Machado de Assis*. São Paulo: Typographia Levi, 1917; 2.ed. Rio de Janeiro: José Olímpio, 1934; 3.ed. Apresentação de Alberto Venâncio Filho. Rio de Janeiro: Academia Brasileira de Letras; São Paulo: Imprensa Oficial, 2007.

QUEIROGA, Onélia. *Releitura dos Contos Fluminenses de Machado de Assis*. João Pessoa: s.n., 2000.

QUEIROZ, Dinah Silveira de. *Machado de Assis e as mulheres*. Rio de Janeiro: Presença, 1976.

QUEIROZ, Maria José de. *A literatura e o gozo impuro da comida*. Rio de Janeiro: Topbooks, 1994. p. 211-227.

_____. Brás Cubas, Quincas Borba e Rubião: As Três Fases de Humanitas. *Minas Gerais*, Suplemento Literário, Belo Horizonte, out. 1981.

QUINET, Antonio. *Clínica da psicose*. Rio de Janeiro: Fator, 1990. p. 109-118.

QUINT, Anne Marie. Posface. In: ASSIS, Machado de. *Dom Casmurro*. Paris: Métailié, 1983. p. 331-335.

QUINTELA, Ary. Cuatro novelistas cariocas. *Revista de Cultura Brasileña*, Madri, n. 52, p. 23-24, nov. 1981.

RAMOS, Graça. *Ironia à brasileira: o enunciado irônico em Machado de Assis, Oswald de Andrade e Mário Quintana*. São Paulo: Paulicéia, 1997. p. 75-119.

RAMOS, Graciliano. Os amigos de Machado de Assis. *Revista do Brasil*, Rio de Janeiro, 3ª fase, ano II, n. 12, junho de 1935. Reedição *In*: *Linhas tortas*. 14ed. Rio de Janeiro: Record, 1998.

RAMOS, Julio. Anticonfesiones: deseo y autoridad en Memórias Póstumas de Brás Cubas y Dom Casmurro de Machado de Assis. *Bulletin of Hispanic Studies*, Liverpool, 1986, v. 63, p. 79-91.

RAMOS, Maria Celeste Tommasello e MOTTA, Sérgio Vicente (org.) *À roda de* Memórias póstumas de Brás Cubas. Campinas: Alínea, 2006.

RAMOS, Saulo. Machado, quase grande poeta. *A Tribuna*, Santos, 28 set. 1958.

RAMOS, Tania Regina Oliveira. Nós lemos da vida um capítulo, ele leu um livro inteiro. *Travessia*, Florianópolis, v. 2, n. 19, p. 144-150, 1989.

RAVAZZOLI, Flavia. Um carteggio di equivoci ovvero il 'ponto di vista' di Machado de Assis. *Letteratura d'America*, Roma, v. 4, n. 18, p. 5-13, 1983.

REALE, Miguel. *A filosofia na obra de Machado de Assis & Antologia filosófica de Machado de Assis*. São Paulo: Pioneira, 1982.

REALI, Erilde Melillo. "Missa do galo" e variazioni sul tema: sei riscritture di un racconto machadiano. *Annali Instituto Universitário Orientale*, Napoli, v. 25, n. 1, p. 69-124, jan. 1983.

RECTOR, Monica. The Iconic Sign: from Narrative Prose to Performance/ Machado de Assis – The Psychiatrist. In: RAUCH, Irmengard; CARR, Gerald F. (org.). *Semiotics Around the World: Synthesis in Diversity*. 2 v. Berlim: Mouton de Gryter, 1997. p. 659-662.

REGO, Enylton José de Sá. Warning: Deadly Humor at Work. ASSIS, Machado de. *The Posthumous Memoirs of Brás Cubas*. Trad. Gregory Rabassa. Oxford: Oxford University Press, 1997. p. XI-XIX.

REGO, Enylton José de Sá. *O calundu e a panacéia: Machado de Assis, a sátira menipéia e a tradição luciânica*. Rio de Janeiro: Forense Universitária, 1989.

_____. The Epic, the Comic and the Tragic: Tradition and Innovation in Three Late Novels. *Latin American Literary Review*, Pittsburgh, v. 14, n. 27, p. 19-34, 1986.

REGO, José Lins do. *Conferências no Prata*: tendências do romance brasileiro: Raul Pompéia e Machado de Assis. Rio de Janeiro: Casa do Estudante do Brasil, 1946.

REIS, Antonio Simões dos. Bibliografia de Machado de Assis. *Gazetinha*, Rio de Janeiro, n. 1, 15 jan. 1971.

REIS, Maria Figueiredo dos. *O fantástico na narrativa de Machado de Assis*. Teresina: Universidade Federal do Piauí, 2000.

REIS, Roberto. O relojoeiro e a diferença: ao redor de Machado. *Espelho*, Revista Machadiana, Porto Alegre; West Lafayette, n. 1, p. 83-104, 1995.

RENSHAW, Parke. O humor em Iaiá Garcia e Brás Cubas. *Luso-Brazilian Review*, Washington, tomo 9, n. 1, p. 13-20, jun. 1972.

RESENDE, Beatriz. Memorial de Aires: o romance pelo avesso. *Tempo Brasileiro*, Rio de Janeiro, n. 81, p. 54-61, abr.-jun. 1985.

RIBEIRO, Cleone O mundo anômico do Alienista. *Revista de Letras*, São Paulo, n. 25, p. 35-47, 1985.

RIBEIRO, Luís Filipe. *Mulheres de papel: um estudo do imaginário em José de Alencar e Machado de Assis*. Niterói: Editora da Universidade Federal Fluminense, 1996. p. 227-415.

RIBEIRO, Maria Aparecida. Tu, só Tu, Puro Amor ou Camões personagem de Machado. *Convergência Lusíada*, Rio de Janeiro, n. 8, ano V, p. 47-53, 1987.

RICARDO, Cassiano. A poesia na técnica do romance. In: *Curso de romance*. Rio de Janeiro: Academia Brasileira de Letras, 1952.

Riedel, Dirce Côrtes. *Metáfora: o espelho de Machado de Assis*. Rio de Janeiro: Francisco Alves, 1974.

_____. Aires, o Diabo e suas apostas. *Boletim Bibliográfico Biblioteca Mário de Andrade*, São Paulo, v. 47, n.1-4, p. 79-87, jan.-dez. 1986.

_____. Humanismo e nacionalismo. *Sesquicentenário de nascimento do escritor Machado de Assis*, Conselho Estadual de Cultura do Estado do Rio de Janeiro, p. 9-11, 1990.

_____. Machado de Assis: a consciência do tempo. *Revista Brasileira de Literatura Comparada*, Instituto de Letras/UFF, Niterói, n. 1, p. 110-116, mar. 1991.

_____. *O tempo no romance machadiano*. Prefácio de Afrânio Coutinho. Rio de Janeiro: São José, 1959.

_____. *Quincas Borba de Machado de Assis*. Rio de Janeiro: Francisco Alves, 1975.

Rioja, Suzimar. Quincas Borba: embrião de uma moderna teoria da leitura. In: Barbieri, Ivo (org.). *Ler e reescrever Quincas Borba*. Rio de Janeiro: EdUERJ, 2003, p. 91-106.

Rocha, João Cezar de Castro (Org.). *À roda de Machado de Assis: ficção, crônica e crítica*. Chapecó: Argos, 2006.

_____. (Org.). The Author as Plagiarist: the Case of Machado de Assis. *Portuguese Literary & Cultural Studies*, Center for Portuguese Studies and Culture, Dartmouth, n. 13/14, 2006.

_____. *O plágio como criação? O caso Machado de Assis*. São Paulo: Alameda, 2008.

_____. Machado de Assis, leitor (autor) da revista do IHGB. In: Jobim, José Luís (Org.). *A biblioteca de Machado de Assis*. Rio de Janeiro: Academia Brasileira de Letras/Topbooks, 2001. p. 315-334.

Rodrigues, Henrique. *Machado de Assis: o Rio de Janeiro e seus personagens*. Rio de Janeiro: Pinakotheke, 2008.

Rodrigues Filho, Nelson. Machado de Assis: Mote e Glosa. In: *Encontro com Machado*. Rio de Janeiro: Secretaria de Estado de Educação, 1990. p. 9-13.

Rodrigues, Antonio Edmilson Martins. Capitu no Paraíso Tropical. *Tempo Brasileiro*, Rio de Janeiro, n. 81, p. 62-81, abr.-jun. 1985.

Rodrigues, Antonio Medina. Forma e Sentido nas Memórias Póstumas de Brás Cubas. In: Assis, Machado de. *Memórias Póstumas de Brás Cubas*. Cotia, São Paulo: Ateliê, 1998. p. 15-60.

Rodriguez Feo, Jose. Machado de Assis. *Casa de las Américas*. Habana v. 4, n. 27, p. 12-20, 1964.

Rodríguez Monegal, Emir. Carnaval/antropofagia/parodia. *Revista Iberoamericana*, n. 45, p. 401-412, 1979.

Rodríguez Pasques, Petrona Dominguez de. El efecto de lo real en Don Casmurro. *Letras de Hoje*, Porto Alegre, n. 105, p. 7-18, set. 1996.

Rojo, Antonio Benítez. Prólogo. In: Assis, Machado de. *Várias Histórias*. Havana: Casa de las Américas, 1972. p. VII-XH.

Romero, Silvio. *Machado de Assis: estudo comparativo de literatura brasileira*. Rio de Janeiro: Laemmert, 1897; 2.ed., Rio de Janeiro: José Olympio, 1936; 3.ed., São Paulo: Unicamp, 1992.

Roncari, Luiz. Brás Cubas: sob o signo do sol e do vento. *Revista USP*, São Paulo, n. 5, p. 75-82, mar.-abr.-maio 1990.

_____. Memorial de Aires: a alma em compasso. *Travessia*, Florianópolis, n. 19, p. 64-82, 2° sem. 1989.

Rosa, Alberto M. da. *Eça, discípulo de Machado?* Rio de Janeiro: Fundo de Cultura, 1963.

Rosa, Nereide Schilaro Santa. *Machado de Assis*. São Paulo: Callis, 1998.

Rosso, Mauro. *Contos de Machado de Assis — relicários e raisonnés*. São Paulo/Rio de Janeiro: Loyola/PUC-Rio, 2008.

Rouanet, Sérgio Paulo. Contribuição, salvo engano, para uma dialética da volubilidade. In: _____. *Mal-estar na modernidade*. São Paulo: Companhia das Letras, 1993. p. 304-338.

_____. Machado de Assis e a estética de fragmentação. *Revista Brasileira*, Rio de Janeiro, fase VII, ano I, n. 3, abr.-maio-jun, p. 59-82., 1995.

_____. A forma shandiana: Laurence Sterne e Machado de Assis. *Teresa*. Revista de literatura brasileira, n. 6/7. São Paulo: Editora 34/Imprensa Oficial, 2006. p. 318-338.

_____. *Riso e melancolia: a forma shandiana em Sterne, Diderot, Xavier de Maistre, Almeida Garret e Machado de Assis*. Prefácio de Eduardo Portella. São Paulo: Companhia das Letras, 2007.

RUBIO, Dania Pérez. Introducción. In: ASSIS, Machado de. *Memórias Póstumas de Brás Cubas*. Tradução de A. Alatorre. Havana: Editorial Arte y Literatura, 1987. p. 7-12.

RUCHTI, Elizabeth. Machado de Assis narratore: quando lo stile diventa personaggio. *Letteratura d'America*, Roma, v. 4, n. 18, p. 117-133, 1983.

Ryan, Marco Aurélio. Machado de Assis: um retrato materialista do Brasil. In: *A obra de Machado de Assis*. Ensaios premiados no 1º Concurso Internacional Machado de Assis. Brasília: Ministério das Relações Exteriores, 2006.

SÁ, Maria da Piedade Moreira de. A ficção machadiana. *Espelho*, Revista Machadiana, Porto Alegre, West Lafayette, v. 4, p. 41-55, 1998.

_____. Aires entre Flora e Fidélia. *Colóquio/Letras*, Lisboa, n. 121-122, p. 74-83, jul.-dez. 1991.

SABINO, Fernando. *Amor de Capitu: o romance de Machado de Assis sem o narrador Dom Casmurro*. São Paulo: Ática, 1998.

SACHET, Celestino. Morrer a morte no viver da vida. *Travessia*, Florianópolis, v. 2, n. 19, p. 112-118, 1989.

SALLES, David. *Do ideal às ilusões*. Rio de Janeiro: Civilização Brasileira, 1980. p. 70-119.

SALOMÃO, Sônia N. A ironia como interdiscursividade em Machado de Assis: as Memórias póstumas de Brás Cubas. *Confronto Letterario*. Bergamo, v. 12, n. 24, p. 473-503, nov. 1995.

SALOMONI, Rosane Saint-Denis. Sobre ponto de vista machadiano. In: CONGILIO, Mariazinha. *VII Colóquio Machado de Assis*. Lisboa, 8 maio 2002. p. 37-47.

SAMPAIO, Maria Lucia Pinheiro. *A interdição do desejo: leitura psicanalítica de Dom Casmurro*. São Paulo: Scortecci, 1989.

SAMPAIO, Renato. Estilo de Machado de Assis. *Ocidente*, Lisboa, v. LXVII, p. 226-235, 1964.

SANCHEZ, Luis Amador. Machado de Assis, poeta. *La Nueva Democracia*, Nova York, v. 38, p. 47--49, 1959.

SANCHES NETO, Miguel (Org.) *O ideal do crítico*. Rio de Janeiro: José Olympio, 2008.

SANDMANN, Marcelo. Com mão noturna e diurna: Luís de Camões e outros escritores portugueses nos romances de Machado de Assis da segunda fase. *Letras*, Curitiba, n. 48, p. 57-75, 1997.

SANDRONI, Cícero. História: Machado de Assis e a Selic. *Jornal do Brasil*, Rio de Janeiro, 31 mar. 2004.

_____. *Cosme Velho*. Rio de Janeiro: Relume Dumará, 1999. p. 35-41.

_____. Machado de Assis, escritor marxista. *Tribuna da Imprensa*. Rio de Janeiro, 01 abr. 1992.

SANSEVERINO, Antônio Marcos Vieira. O herói romanesco em O guarani e Memórias póstumas de Brás Cubas. In: *Mitos e heróis: construção de imaginários*. Porto Alegre: EDUFRGS, 1998, p. 89-108.

Sant'Anna, Affonso Romano de. Esaú e Jacó. In: _____. *Análise estrutural de romances brasileiros*. Petrópolis: Vozes, 1973; 4.ed. 1977, p. 116-152.

_____. Aspectos da crônica em Machado de Assis. *Estudos de Literatura Brasileira*, Faculdade de Letras/UFRJ, Rio de Janeiro, n. 4, p. 7-14, 1994.

SANTIAGO, Silviano. Prefácio – Força Subterrânea. In: BROCA, Brito. *Machado de Assis e a Política e Outros Estudos*. São Paulo: Polis/Instituto Nacional do Livro, 1983. p. 9-15.

_____. Retórica da verossimilhança. In: SANTIAGO, Silviano. *Uma Literatura nos Trópicos*. São Paulo: Perspectiva, 1978. p. 29-48.

_____. Jano, janeiro. In: *Teresa*. Revista de literatura brasileira n 6/7. São Paulo: Editora 34/ Imprensa Oficial, 2006. p. 429-452. Publicado originalmente em *O Estado de S. Paulo*, Suplemento Literário, 1969.

SANTOS, Adazil Corrêa. O teatro de Machado de Assis. *Uniletras*, Ponta Grossa, n. 17, p. 83-88, dez. 1995.

SANTOS, Antônio Carlos Marques dos. Do Livramento ao Cosme Velho: O Rio de Machado de Assis. *Ipotesi*, Editora da UFJF, Minas Gerais, p. 9-29, jul.-dez. 1998.

SANTOS, Francisco de Araújo. A cosmovisão do Cosme Velho. *Letras de Hoje*, Porto Alegre, p. 91--98, mar. 1984.

SANTOS, Hemetério dos. Machado de Assis. *Gazeta de Notícias*, Rio de Janeiro, 29 nov. 1908. Idem: *Almanaque brasileiro Garnier*. Rio de Janeiro: Garnier, 1910.

SANTOS, Jeana Laura da Cunha. Transportes pelo olhar de Machado de Assis: a crônica passeia de bond. In: Assis, Machado de. *Crônicas de bond*. Chapecó: Argos, 2001. p. 83-110.

SANTOS, João Camilo dos. Algumas reflexões sobre *O alienista* de Machado de Assis. *Colóquio/ Letras*, Lisboa, n. 121-122, p. 41-46, jul./dez. 1991.

SANTOS, Lívia Ferreira. Drummond: um caso de "seqüestro" do texto machadiano. *Minas Gerais*, Suplemento Literário, Belo Horizonte, 6-7, jun. 1979.

SANTOS, Maria I. Duke dos. El celoso paranóico en ciertas historias de Machado de Assis. *Revista Iberoamericana*, Pittsburg, v. 37, p. 437-445, abr.-jun. 1971.

_____. The False Friend as Seen in the Stories of a Brazilian Author. *South Central Bulletin*, Houston, n. 35, p. 121-122, 1975.

SANTOS, Maria Nazaré Gomes. Machado de Assis como precursor da modernidade literária: estratégias metaficcionais em Memórias póstumas de Brás Cubas e Quincas Borba. *Revista da Faculdade de Letras*, Lisboa, n. 21-22, p. 289-299, 1995/1996.

SANTOS, Miguel. *Machado de Assis: o estilista primoroso*. Rio de Janeiro: Pongetti, 1974.

SANTOS, Pedro Brum A metáfora do nada em Memórias póstumas de Brás Cubas. *Veritas*, Porto Alegre, v. 36, n. 142, p. 301-307, 1991.

SANTOS, Roberto Corrêa dos. História como literatura. *Tempo Brasileiro*, Rio de Janeiro, n. 81, p. 5-12, abr.-jun. 1985.

_____. Machado: Visões estéticas. In: *Encontro com Machado*. Rio de Janeiro: Secretaria de Estado de Educação, 1990. p. 33-37.

SANTOS, Wellington de Almeida. *Erotismo e religião em Dom Casmurro*. Estudos de Literatura Brasileira, Faculdade de Letras/UFRJ, Rio de Janeiro, n. 4, p. 109-116, 1994.

_____. Dom Casmurro e os farrapos do texto. In: SECCHIN, Antônio Carlos; ALMEIDA, José Maurício Gomes de; SOUZA, Ronaldes de Melo e (Org.). *Machado de Assis: uma revisão*. Rio de Janeiro: In-Folio, 1998. p. 115-26.

SARAIVA, Arnaldo. Para uma teoria do texto enigmático ou o conto enigmático de Machado de Assis. Separata de *Terceira Margem*. Porto, 1998.

SARAIVA, Juracy Assmann. *O circuito das memórias em Machado de Assis*. São Paulo: Edusp; São Leopoldo: Unisinos, 1993.

_____. Memorial de Aires: autoreferencialidade e história literária. *Encontro de Professores Universitários Brasileiros de Literatura Portuguesa*, Atas, Porto Alegre, EDIPUCRS, p. 343-351, 1994.

SARAIVA, Juracy Assmann. (Org.). *Nos labirintos de Dom Casmurro: ensaios críticos*. Porto Alegre: EDIPUCRS, 2005.

SARAIVA, Paulo. O alienista de Cosme Velho. *Revista da Universidade Federal de Minas Gerais*, Belo Horizonte, n. 15, p. 43-50, dez. 1965.

SARNEY, José. Lições Políticas de Machado de Assis. In: ASSIS, Machado de. *O velho Senado*. Edição comemorativa do nascimento de Machado de Assis, Brasília: Senado Federal, 1989. p. 33--36.

SAYERS, Raymond S. A música na obra de Machado de Assis. In: _____. *Onze estudos de literatura brasileira*. Rio de Janeiro: Civilização Brasileira/Pró Memória, 1983. p. 123-176.

_____. Machado de Assis in Nineteenth-Century Portugal. In: MULVIHILL, E.-R. *Studies in Honor of Lloyd A. Kasten*. Madison: Hispanic Seminary of Medieval Studies, 1975. p. 235-247.

SCANTIMBURGO, João de. Machado de Assis – do *sense of humor* ao moralista. *Revista Brasileira*, Rio de Janeiro, p. 101-111, abr.-maio-jun. 1997.

SCARPELLI, Marli Fantini. Narrar para não morrer. In: MOTA, Lourenço Dantas & ABDALA JÚNIOR, Benjamin (Orgs.). *Personae: grandes personagens da literatura brasileira*. São Paulo: Senac, 2001. p. 35-67.

_____. A recepção crítica de Eça por Machado. *In:* FILIZOLA, Anamaria; CARDOSO, Patrícia da Silva; OLIVEIRA, Paulo Motta e JUNQUEIRA, Renata Soares (org.). *Verdade, amor, razão, merecimento: coisas do mundo e de quem nele anda*. Curitiba: Editora da UFPR, 2005.

SCHIL, Mary Huseby. Pais e filhos nos romances de Machado de Assis. *Luso-Brazilian Review*, Wisconsin, v. 25, n. 2, p. 75-88, 1988.

SCHILD, Susana. Clássico da literatura: clássico do cinema. In: ASSIS, Machado de. *Memórias Póstumas de Brás Cubas*. São Paulo: Sá Editora, 2001.

SCHMIDT, Jack. An Explication of Machado de Assis' Missa do Galo. In: WALTER C. KRAFT. *Proceedings: Pacific Northwest Conference of Foreign Languages*. Corvalis, 1974.

SCHMIDT, Sigurd. Nachwort. In: Assis, Machado de. *Dom Casmurro*. Berlim: Rutten & Loening, 1966. p. 263-276.

SCHMIDT, Zilia Mara Scarpari & SILVA, Edson Rosa da. A Igreja do Diabo e o Discurso do Carnaval. *Revista Letras*. Curitiba, n. 27, p. 51-68, 1978.

SCHMIDT, Zilia Mara Scarpari & Seabra, Célia Martins. Notas sobre Forma Sonada no Memorial. *Fragmenta*, Curitiba, n. 4, p. 165-180, 1987.

SCHMITT, Jack & ISHIMATSU, Lorie. Introduction. In: ASSIS, Machado de. *The Devil's Church and Other Stories*. Austin: University of Texas Press, 1984. p. IX-XIII.

Schmitt, Jack. An Explication of Machado de Assis' "Missa do galo". In: KRAFT, Walter C. *Proceedings: Pacific Northwest Conference on Foreign Languages*. Corvallis: Ore. State U., 1974.

_____. Trends in the Brazilian Short-story from Machado de Assis to Guimarães Rosa. *Proceedings of the Pacific Northwest Conference on Foreign Languages*, Pulmann, n. 30(1-2), p. 115-118, 1979.

SCHMITT, John Hyde. *Machado de Assis and the Modern Brazilian Short Story*. Ann Arbor: Xerox University Microfilms, 1974.

SCHÜLER, Donaldo. *A prosa fraturada*. Porto Alegre: EdUFRGS, 1983.

_____. *Plenitude perdida: uma análise das seqüências narrativas no romance Dom Casmurro de Machado de Assis*. Porto Alegre: Movimento, 1978.

SCHWARZ, Roberto. A poesia envenenada de Dom Casmurro. In: _____. *Duas meninas*. São Paulo: Companhia das Letras, 1997. p. 7-41.

_____. *Um mestre na periferia do capitalismo: Machado de Assis*. São Paulo: Duas Cidades, 1990.

_____. *Ao Vencedor as batatas. Forma literária e processo social nos inícios do romance brasileiro*. São Paulo: Duas Cidades, 1977.

_____. Complexo, moderno, nacional e negativo. Duas notas sobre Machado de Assis. In: SCHWARZ, Roberto. *Que horas são?* São Paulo: Companhia das Letras, 1987. p. 115-125; 165-178.

_____. A novidade das *Memórias póstumas de Brás Cubas*. In: SECCHIN, Antônio Carlos; ALMEIDA, José Maurício Gomes de; SOUZA, Ronaldes de Melo e (Org.). *Machado de Assis: uma revisão*. Rio de Janeiro: In-Fólio, 1998. p. 47-64.

_____. Contribuição de John Gledson. In: Schwarz, Roberto. *Seqüências brasileiras: ensaios*. São Paulo: Companhia das Letras, 1999.

_____. (Org.) *Os Pobres na Literatura Brasileira*. São Paulo: Brasiliense, 1983. p. 46-50.

Scliar, Moacyr. *O mistério da Casa Verde*. São Paulo: Ática, 2007.

Seara, Ana Maria Camargo. Embedding as a Vehicle of Metafictionality in Machado de Assis's Later Novels. *Romance Language Annual*, West Lafayette, n. 2, p. 362-364, 1990.

Secchin, Antonio Carlos. "Cantiga de esponsais" e "Um homem célebre": estudo comparativo. In: Pereira, Cilene da Cunha e Pereira, Paulo Roberto (Org.). *Miscelânea de Estudos Lingüísticos, Filológicos e Literários in memoriam Celso Cunha*. Rio de Janeiro: Nova Fronteira, 1995. p. 939--946.

_____. Carta ao Seixas. In: Secchin, Antonio Carlos; Almeida, José Maurício Gomes de; Souza, Ronaldes de Melo e (Org.). *Machado de Assis: uma revisão*. Rio de Janeiro: In-Fólio, 1998. p. 131-134.

_____. Em torno da traição. Secchin, Antonio Carlos; Almeida, José Maurício Gomes de; Souza, Ronaldes de Melo e (Org.). *Machado de Assis: uma revisão*. Rio de Janeiro: In-Fólio, 1998. p. 127-130.

_____. Linguagem e loucura em *O Alienista*. In: Secchin, Antonio Carlos. *Poesia e desordem*. Rio de Janeiro: Topbooks, 1996. p. 186-192.

_____. Posfácio. In: Assis, Machado de. *O Alienista*. Tradução hebraica de Miriam Tivon. Jerusalém: Keter Publishing House, 1987. p. 114-123.

Secco, Carmen Lucia Tindó. Machado, sempre Machado. *Caleidoscópio*, São Gonçalo Rio de Janeiro, Faculdade Integrada de São Gonçalo, n. 9, p. 33-38, 1989.

Seminário Missa do Galo de Machado de Assis. *Centro de Estudos Luso-Afro-Brasileiros*, Pontifícia Universidade Católica de Minas Gerais, 1996.

Sena, Jorge de. Machado de Assis e o seu quinteto carioca. In: Sena, Jorge de. *Estudos de cultura e literatura brasileira*. Lisboa: Edições 70, 1988. p. 325-335.

Senna, Marta de. *Alusão e zombaria: considerações sobre citações e referências na ficção de Machado de Assis*. Rio de Janeiro: Casa de Rui Barbosa, 2003.

_____. *O olhar oblíquo do bruxo: ensaios em torno de Machado de Assis*. Rio de Janeiro: Nova Fronteira, 1998.

Senna, Marta de. (Org.) *Machado de Assis: Contos fluminenses*. São Paulo: Martins Fontes, 2006.

Sepúlveda, Carlos. Teoria do medalhão ou a reconstrução da esfera pública burguesa. *Estudos de Literatura Brasileira*, Faculdade de Letras/UFRJ, Rio de Janeiro, n. 4, p. 39-46, 1994.

_____. Voltas e temas em Machado de Assis. In: Secchin, Antônio Carlos; Almeida, José Maurício Gomes de; Souza, Ronaldes de Melo e (Org.). *Machado de Assis: uma revisão*. Rio de Janeiro: In-Folio, 1998. p. 81-91.

Serpa, Elisa. O narrador cético na segunda versão. In: Barbieri, Ivo (org.). *Ler e reescrever Quincas Borba*. Rio de Janeiro: EduERJ, 2003. p. 59-81.

Shepherd, David. O rendimento da análise da expressão em *Memórias Póstumas de Brás Cubas*. *Revista Letras*, Curitiba, p. 191-206, 1983.

Shimura, Masao. Faulkner, de Assis, Barth: Resemblances and Differences. In: Ohashi, Kenzaburo; Ono, Kiyoyuki; Mchaney, Thomas L.; Collins, Carvel. *Faulkner Studies in Japan*. Athens: U. of Georgia Press, 1985.

Silva, Álvaro Costa e. Um bruxo com fama de fantasma. *Jornal do Brasil*, Rio de Janeiro, 04 ago. 2007.

Silva, Antonio Joaquim Pereira da. A poesia de Machado de Assis. *Revista da Academia Brasileira de Letras*, Rio de Janeiro, 58, p. 71-86, jul-dez., 1939.

Silva, Benedicto. *Machado de Assis no estrangeiro*. Informativo da Fundação Getúlio Vargas. Rio de Janeiro, p. 5-17, maio 1977.

Silva, Deonísio da. *Dom Casmurro: o adultério mais comprovado do mundo*. Revista do Livro, Rio de Janeiro, n. 44, p. 56-59, set. 2001.

Silva, H. Pereira da. *A megalomania literária de Machado de Assis*. Rio de Janeiro: Aurora, 1949.

_____. *Sobre os romances de Machado de Assis*. Rio de Janeiro: Sedegra, s.d.

_____. *Diálogos com Machado de Assis*. Rio de Janeiro: Pongetti, 1964.

_____. *Machado de Assis de roupa nova*. Rio de Janeiro: Editora Colégio Pedro II, 1986.

Silva, Ivete Helou da. *Machado de Assis: o cronista míope*. Rio de Janeiro: Galo Branco, 2002.

Silva, Júlio César da (Org.). *Conceitos e pensamentos*. São Paulo: Monteiro Lobato, 1925.

Silva, Marcos Fabrício Lopes da. *Machado de Assis, crítico da imprensa: o jornal entre palmas e piparotes*. Belo Horizonte: s.n., 2005.

Silva, Sérgio Conde de Albite. *Arquivo Machado de Assis*. Rio de Janeiro: Academia Brasileira de Letras, 2003.

Silva, Terezinha V. Zimbrão da. *Uma machadiana paródia ao naturalismo*. Nova Renascença, Oporto, v. 15, n. 56, p. 49-52, jan./mar. 1995.

Silva, Vera Maria Tietzmann. *Missa do galo: um processo de iniciação. Espelho*, Revista Machadiana, Porto Alegre; West Lafayette, n. 1, p. 105-122, 1995.

Simpósio internacional PUC-SP – Unicamp. *Eça e Machado*. São Paulo: Educ/Fundação Calouste Gulbenkian, 2005.

Soares, Maria Nazaré Lins. *Machado de Assis e a análise da expressão*. Rio de Janeiro: Instituto Nacional do Livro, 1968.

Soares, Orris. *O teatro de Machado de Assis*. Revista do Brasil, Rio de Janeiro, n. 2, jun. 1939.

Soares, Teixeira. *Machado de Assis: ensaio de interpretação*. Rio de Janeiro: Typ. Guido, 1936.

_____. *Imagens de Machado de Assis*. Coimbra: Biblioteca da Universidade, 1936.

Sodré, Hélio (Org.). *Pensamento vivo de Machado de Assis*. Rio de Janeiro: Curiosidade, 1942.

Sodré, Nelson Werneck. *Posição de Machado de Assis*. Revista do Livro, Rio de Janeiro, n. 3, set. 1958.

Soihet, Rachel. *Helenas, Capitus, Virgílias: Perfis de Mulher*. Tempo Brasileiro, Rio de Janeiro, n. 81, p. 108-115, abr.-jun. 1985.

Sontag, Susan. A Critic at Large. Afterlives: The Case of Machado de Assis. *The New Yorker*, Nova York, 7 maio 1990. Idem: Assis, Machado de. *Epitaph of a Small Winner*. Londres, Vintage, 1991, p. xi-xx; Memória Póstuma: El Caso de Machado de Assis. *Quimera*, Barcelona, n. 100, p. 68-73, 1990. Idem: Posteridades: El caso de Machado de Assis. *La Nacion*, Suplemento Literário, Buenos-Aires, 1990 Nov.; Idem: Vidas póstumas: o caso de Machado de Assis. In: _____. *Questão de ênfase*. São Paulo: Companhia das Letras, 2005.

Sousa, Celeste H. M. Ribeiro de. *A Obra de Machado de Assis em tradução alemã*. Língua e Literatura, São Paulo, Universidade de São Paulo, n. 18, p. 55-59, 1990.

Sousa, Cláudio de. *O humorismo de Machado de Assis*. Rio de Janeiro: Civilização Brasileira, s.d.

Sousa, Eneida Maria de. *O Homem da Porta da Garnier*. Boletim do Centro de Estudos Portugueses, Belo Horizonte, Universidade Federal de Minas Gerais, v. 12, n. 14, p. 9-17, jul.-dez. 1992.

Sousa, J. Galante de (Org.) *Machado de Assis: poesia e prosa*. Rio de Janeiro: Civilização Brasileira, 1957.

Sousa, J. Galante de. *Machado de Assis e outros estudos*. Rio de Janeiro: Cátedra, 1979. p. 13-28.

_____. *O teatro no Brasil*. Rio de Janeiro: Instituto Nacional do Livro, 1960. T. II, p. 62-68.

_____. *Em torno do anedotário machadiano*. Revista do Livro, Rio de Janeiro, v. 2, n. 7, p. 203-206, set. 1957.

Souza, Ronaldes de Melo E. Bibliografia machadiana comentada. In: Secchin, Antônio Carlos;

ALMEIDA, José Maurício Gomes de; SOUZA, Ronaldes de Melo e (Org.). *Machado de Assis: uma revisão*. Rio de Janeiro: In-Fólio, 1998. p. 227-240.

_____. O estilo narrativo de Machado de Assis. In: SECCHIN, Antônio Carlos; ALMEIDA, José Maurício Gomes de; SOUZA, Ronaldes de Melo e (Org.). *Machado de Assis: uma revisão*. Rio de Janeiro: In-Fólio, 1998. p. 65-79.

_____. *O romance tragicômico de Machado de Assis*. Rio de Janeiro: EdUERJ, 2006.

SPECK, Paula K. Narrative Time and the 'Defunto Autor' in Memórias Póstumas de Brás Cubas. *Latin American Literary Review*, Pittsburgh, p. 7-15, primavera-verão 1981.

STAUT, Lea Mara Valezi. Machado de Assis e o leitor ruminante. In: *Estudos de Literatura e Lingüística*. São Paulo: Unesp, 1998. p. 67-122.

_____. Machado e Brás Cubas na França. *Revista de Letras*, São Paulo, v. 29, p. 71-77, 1989.

_____. O estilo machadiano e o tradutor. *Alfa*, Revista de Lingüística, São Paulo, Universidade Estadual Paulista, p. 111-117, 1992.

_____. Traduções francesas da obra machadiana. *Unicamp/IEL*, Campinas, n. 24, p. 35-43, jul. dez. 1994.

STAVANS, Ilan. Machado de Assis, ayer y mañana. In: ASSIS, Machado de. *El Alienista y otros cuentos*. Cidade do México: Porrúa, 1993. p. IX-XXI.

STEILEIN, Sandra Maria. O capitão Mendonça: um conto fantástico de Machado de Assis. *Travessia*, Florianópolis, n. 25, p. 35-43, 1992.

STEIN, Ingrid. *Figuras femininas em Machado de Assis*. Rio de Janeiro: Paz e Terra, 1984.

STRÄTER, Thomas. Fotografia do invisível. A invenção de Daguerre na obra de Machado de Assis. In: *A obra de Machado de Assis*. Ensaios premiados no 1º Concurso Internacional Machado de Assis. Brasília: Ministério das Relações Exteriores, 2006.

STRAUSFELD, Mechtild. *Brasilianische Literatur von Machado de Assis bis heute*; Versuch einer Annaherung, Brasilianische Literatur. Frankfurt: Suhrkamp, 1984. p. 9-19.

SUÁREZ, José L.; GARAY, René P. Characterization in Machado de Assis' *A mão e a luva*. *Journal of Evolutionary Psychology*, Pittsburgh, v. 13, n. 3-4, p. 322-327, ago. 1992.

_____. O casamento, a família e o amor: a esquematização triangular em Iaiá Garcia. *Espelho*, Revista Machadiana, Porto Alegre; West Lafayette, Letras/UFRGS; Purdue University, n. 2, p. 29-35, 1996.

SUÁREZ, Ramón. Tres etapas en el desarrollo de la novela brasileña. *Revista Chilena de Literatura*, Santiago, Chile, n. 44, p. 15-31, abr. 1994.

SULIVAN, Walter. Updike, Spark and others. *Sewanee Review*, Sewanee, n. 74, p. 709-716, 1966.

SURIANI, Ana Cláudia. Some Unknown Chapters of the First Version of Quincas Borba Serialized in "A estação". In: ROCHA, João Cezar de Castro (Org.). *The Author as Plagiarist: The Case of Machado de Assis*. Dartmouth: Portuguese Literary & Cultural Studies, 2006. p. 419-434.

_____. Quincas Borba ou o declínio do folhetim. In: *Obra de Machado de Assis*. Ensaios premiados no 1º Concurso Internacional Machado de Assis. Brasília: Ministério das Relações Exteriores, 2006.

_____. Gogol, matriz de Quincas Borba. *Santa Bárbara Portuguese Studies*, n. 8, 2007.

_____. *Linha reta e linha curva: edição crítica e genética*. Campinas: Unicamp, 2003.

SUSSEKIND, Flora. Brás Cubas e a literatura como errata. *Tempo Brasileiro*. Rio de Janeiro, n. 81, p. 13-21, abr./jun. 1985.

_____. Machado de Assis e a musa mecância. In: _____. *Papéis colados*. Rio de Janeiro: EdUFRJ, 1993.

SZKLO, Gilda Salem. Projeções do texto bíblico em Machado de Assis. *Estudos de Literatura Brasileira*, Faculdade de Letras/UFRJ, Rio de Janeiro, n. 4, p. 73-78, 1994.

TAKEDA, Chika e SHIBATA, Shoji. *Machado e Sôseki: afinidades entre dois contemporâneos antípodas*. Tókio: Tokio Univesity of Foreign Studies, 2006.

Tanner, Tony. Machado de Assis. *London Magazine*, v. 16, n. 1, p. 41-57, 1966.

Tati, Miécio. *O mundo de Machado de Assis: o Rio de Janeiro na obra de Machado de Assis*. Rio de Janeiro: São José, 1961. Idem: Rio de Janeiro: Dep. Geral de Documentação e Informação Cultural, 1991.

Tavares, José Fernando. A isotopia erótica no conto "Missa do galo". In: Congílio, Mariazinha. *VII Colóquio Machado de Assis*. Lisboa, p. 31-35, 8 maio 2002.

Tavares, José Pereira. Alguns aspectos da linguagem de Machado de Assis. *Brasília*, Coimbra, n. 1, 1942.

Tavares, Maria Helena Silva. Ambiência e personagens de Machado de Assis. Narrativa: processos de organização. *Littera*, Rio de Janeiro, n. 13, p. 31-43, jan.-jun. 1975.

Teixeira, Ivan. *Apresentação de Machado de Assis*. São Paulo: Martins Fontes, 1987.

Teixeira, Lucilinda Ribeiro. *Ecos da memória: Machado de Assis em Haroldo Maranhão*. São Paulo: Annablume, 2004.

Teixeira, Maria de Lourdes. *Esfinges de papel*. São Paulo: Ediart, 1966. p. 91-123.

Teles, Expedito. La obra de Machado de Assis: reflejo de su vida. *Revista Javeriana*. Bogotá, v. 45, n. 23, p. 135-141, 1956.

Teles, Gilberto Mendonça. A teoria do romance em Machado de Assis. In: _____. *A escrituração da escrita*. Petrópolis: Vozes, 1996. p. 357-373.

_____. Machado e Camões. In: Assis, Machado de. *Tu só, tu, puro amor...* Rio de Janeiro: Biblioteca Nacional, 1980. Edição fac-similar de 1881, p. 9-20.

Telles, Lygia Fagundes & Gomes, Paulo Emílio Sales. *Capitu*. São Paulo: Siciliano, 1993.

Telles, Lygia Fagundes. Apresentação de Machado de Assis. In: Secchin, Antônio Carlos; Almeida, José Maurício Gomes de; Souza, Ronaldes de Melo e (Org.). *Machado de Assis: uma revisão*. Rio de Janeiro: In-Fólio, 1998. p. 9-10

Tinhorão, José Ramos. Machado de Assis e o romance burguês. In: _____. *A música popular no romance brasileiro*. Belo Horizonte: Oficina de Livros, 1992. v. I (séculos XVIII-XIX), p. 153-168.

Tomlins, Jack E. Machado's Cock and Bull Story: Tristram Shandy and Braz Cubas. In: Martins, Heitor. *The Brazilian Novel*. Bloomington: Indiana UP, 1976. p. 29-41.

Tondella, Gabriel. Máscara de Machado de Assis. *Revista Brasiliense*, São Paulo, n. 35, p. 144-157, 1961.

Tornquist, Helena. *As novidades velhas. O teatro de Machado de Assis e a comédia francesa*. São Leopoldo: Ed. Unisinos, 2002.

Torres, Artur de Almeida. *A linguagem de Rui Barbosa e de Machado de Assis*. Rio de Janeiro: Irmãos Pongetti, 1951.

Trigo, Luciano. *O viajante imóvel: Machado de Assis e o Rio de Janeiro de seu tempo*. Prefácio de Nélida Piñon. Rio de Janeiro: Record, 2001.

Trípoli, Mailde Jerônimo. *Imagens, máscaras e mitos: o negro na obra de Machado de Assis*. Campinas: Editora da Universidade, 2006.

Tufano, Douglas. *Machado de Assis: questões éticas em discussão*. São Paulo: Paulus, 2003.

Tupinambá, Geraldo Cordeiro. Ambigüidade e ironia em Missa do Galo. *Boletim do Centro de Estudos Portugueses*, Belo Horizonte, Universidade Federal de Minas Gerais, n. 13, p. 131-143, jun. 1991.

Turner, Doris J. A Clarification of Some 'Strange' Chapters in Machado's Dom Casmurro. *Luso-Brazilian Review*, Wisconsin, v. 13, n. 1, p. 55-66, verão 1976.

Val, Ana Cristina Pimenta da Costa. Machado de Assis e o fantástico em "O espelho". *Scripta*, Belo Horizonte, v. 3, p. 20-29, jan.-jun. 2000.

Val, Waldir Ribeiro do. *Geografia de Machado de Assis*. Rio de Janeiro: São José, 1977.

Valério, Américo. *Machado de Assis e a psicanálise*. Rio de Janeiro: Typ. Aurora, 1930.

VALLE, Luiz Ribeiro do. Observações do inconsciente na obra de Machado de Assis. São Paulo: Separata da Revista da Associação Paulista de Medicina, v. XV, set. 1939.

_____. Psychologia morbida na obra de Machado de Assis. Rio de Janeiro: Tip. do Jornal do Comércio, 1917. 2.ed. Rio de Janeiro: Pimenta de Mello, 1918.

VALVERDE, María de la Concepcion Piñero. Machado de Assis e outros temas hispano-americanos. São Paulo: Giordano, 2000.

VARA, Teresa Pires. A mascarada sublime: estudo de Quincas Borba. São Paulo: Livraria Duas Cidades, 1976.

_____. Dom Casmurro e a ópera. Revista de Letras, s.l., n. 6, p. 129-142, 1965.

VASCONCELOS, Sandra G. T. Do outro lado do espelho: um estudo de E. A. Poe e Machado de Assis. In: Língua e Literatura, São Paulo, Universidade de São Paulo, n. 18, p. 23-39, 1990.

VAZ, Nelson. D. Casmurro. Ocidente, Lisboa, v. 33, n. 80, p. 390-396, 1971.

VELLINHO, Moisés. Machado de Assis: aspectos de sua vida e de sua obra. Porto Alegre: Globo, 1939.

_____. Machado de Assis e a Abolição. Porto Alegre: Estudos, 1953.

_____. Motivos de crítica social na obra de Machado de Assis. Revista Brasileira, Rio de Janeiro, n. 25-26, p. 3-22, jan.-jun. 1959.

_____. Machado de Assis: histórias mal contadas e outros assuntos. Rio de Janeiro: São José, 1960.

VENÂNCIO FILHO, Paulo. Primos entre si: temas de Proust e Machado de Assis. Rio de Janeiro: Nova Fronteira, 2000.

VENTURA, Roberto. O caso Machado de Assis. Revista USP, São Paulo, n. 8, p. 159-168, dez. 1990, jan.-fev. 1991.

_____. Estilo tropical: história cultural e polêmicas literárias no Brasil. São Paulo: Companhia das Letras, 1991. p. 95-107.

VERÍSSIMO, José. Machado de Assis, poeta. In: _____. Estudos de literatura brasileira, 4ª série. Rio de Janeiro: Garnier, 1904. p. 85-103.

_____. Machado de Assis. In: _____. Estudos de literatura brasileira. 6ª série, Rio de Janeiro: Garnier, 1907. p. 187-197.

_____. Um irmão de Brás Cubas. In: _____. Estudos de literatura brasileira. 3ª série, Itatiaia/São Paulo: USP, 1977. p 25-30.

_____. Os romances de Machado de Assis. Revista Brasileira, Rio de Janeiro, n. 16, s. d.

_____. Estudos brazileiros. 2ª série. Rio de Janeiro: Laemmert, 1894. p. 195-207.

_____. Machado de Assis. In: VERÍSSIMO, José. História da literatura brasileira. Rio de Janeiro: Francisco Alves, 1916. 3.ed. Rio de Janeiro: José Olympio, 1954, p. 343-359. Idem: Rio de Janeiro: Topbooks, 1998.

VESSELS, Gary M. A melancolia e a associação infeliz de ideias em Memórias póstumas de Brás Cubas. Romance Languages Annual, West Lafayette, n. 5, p. 533-538, 1993.

_____. As ideias otimistas em Memórias Póstumas de Brás Cubas. Tinta, Santa Barbara, p. 39-45, dez. 1983.

_____. I Am at Your Disposal: the Marginalization of Female Discourse in Dom Casmurro. Latin American Literary Review, Pittsburgh, v. 21, n. 42, p. 70-81, jul./dez. 1993.

_____. O cinismo e a prosa cínica nas Memórias póstumas de Brás Cubas. Espelho, Revista Machadiana, Porto Alegre; West Lafayette, Letras/UFRGS, Purdue University, n. 2, p. 49-64, 1996.

VIANA, Antonio Fernando. Imagens da França revolucionária em O Alienista, de Machado de Assis. Quadrant, Montpellier, p. 113-117, 1990.

VIANA, Hélio. Paula Brito: o protetor de Machado de Assis. Revista da Sociedade dos Amigos de Machado de Assis, Rio de Janeiro, n. 6, p. 4-10, jul. 1961.

VIANA FILHO, Luiz. O cronista Machado de Assis. In: ASSIS, Machado de. *O velho Senado*. Edição comemorativa do nascimento de Machado de Assis. Brasília: Senado Federal, 1989. p. 41-43.

_____. *A vida de Machado de Assis*. São Paulo: Martins, 1965. Reedição: Rio de Janeiro: José Olympio, 1989.

VIANA, Gloria. Revendo a biblioteca de Machado de Assis. In: JOBIM, José Luís (org.). *A biblioteca de Machado de Assis*. Rio de Janeiro: ABL/Topbooks, 2001. p. 99-274.

VIANNA, Lúcia Helena. *Cenas de amor e morte na ficção brasileira*. Niterói: EdUFF, 1999. p.15-38.

VIDAL, Luís Fernando. Algunas reflecciones sobre la cuentística de Machado de Assis. *Revista Iberoamericana*, México, v. 48, n. 118-119, p. 129-133, 1982. Idem: *Revista de Crítica Literaria Latinoamericana*, Berkeley, v. 8, n. 16, p. 129-133, 1982.

VIDIGAL, Geraldo. Iaiá Garcia. In: CONGÍLIO, Mariazinha. *VII Colóquio Machado de Assis*. Lisboa, p. 11-20, maio 2002.

VIEIRA, Anco Márcio Tenório. Gilberto Freyre, leitor de Machado de Assis. In: *Interpretações do Brasil: Encontros e Desencontros*. João Pessoa: UFPB, 2002. p.129/147.

_____. A crítica teatral de Machado de Assis. *Luso-Brasilian Review*, Madison, University of Wisconsin, v. 35, n. 2, p. 37-51, inverno 1998.

_____. Eça de Queirós por Machado de Assis: uma leitura dos romances *O primo Basílio* e *O crime do padre Amaro*. Estudos Portugueses, Revista da Associação de Estudos Portugueses Jordão Emerenciano da UFPE, Recife, n. 6, p. 73-87, 1996.

_____. Machado de Assis e o teatro nacional. *Revista USP*, São Paulo, n. 26, p. 182-194, 1995.

_____. Ziembinski e o teatro de Machado de Assis. *Encontro*, Revista de Cultura do Gabinete Português de Leitura de Pernambuco, Recife, ano 10, n. 9/10, p. 15-18, 1994.

VIEIRA, David J. Time in Machado de Assis' Dom Casmurro: The Influence of Laurence Sterne's Tristam Shandy and Henri Bergson's Durée. In: ZAYAS, Eduardo e HUNGATE, Christa (org.). *Selected Proceedings of the Thirty-Fourth Annual Mountain Interstate Foreign Language Conference*. Johnson City: Tenessee University, 1986.

VIEIRA, Maria Augusta da Costa. Las relaciones de poder entre narrador y lector: estúdio acerca de Don Quijote, Viagens da minha terra y Memórias póstumas de Brás Cubas. *Cuadernos Hispanoamericanos*, Madri, n. 570, p. 59-71, dez. 1997.

_____. Literatura y sociedad: dos parámetros para el estudio de la presencia Del Quijote en la novela brasileña. *Actas Del Simposio Internacional 1997 Nanjing*. In: CHEN, Kaixian (org.). *Cervantes en el mundo*. Nanjing: Centro Cervantes/Universidad de Nanjing, 1997.

VILAÇA, Antonio Carlos. Machado de Assis. In: *Machado de Assis: 150 Anos*. Rio de Janeiro: Fundação Casa de Rui Barbosa, 1989. p. 13-27.

VILAÇA, Marcos Vinicios. Machado de Assis e a política. In: ASSIS, Machado de. *O velho Senado*. Edição comemorativa do nascimento de Machado de Assis. Brasília: Senado Federal, 1989. p. 45-47.

VILLAÇA, Alcides. Machado de Assis, tradutor de si mesmo. *Novos Estudos Cebrap*, São Paulo, n. 51, p. 3-14, jul. 1998.

VIRGÍLIO, Carmelo. Love and the "Causa secreta" in the Tales of Machado de Assis. *Hispania*, Los Angeles, tomo 49, n. 4, p. 778-786, dez. 1966.

VÍTOR, Nestor. Relíquias de Casa Velha. In: _____. *A crítica de ontem*. Rio de Janeiro: MEC/Casa de Rui Barbosa, 1969. v. I, p. 378-82.

_____. José de Alencar e Machado de Assis. In: _____. *A crítica de ontem*. Rio de Janeiro: MEC/Casa de Rui Barbosa, 1969. v. I, p. 307-8.

VOGEL, William C. A matriz de ditados e citações em *Esaú e Jacó* de Machado de Assis. *Romance Linguistics and Literature Review*, Los Angeles, n. 4, p. 65-73, 1991.

WANDERLEY, Márcia Cavendish. Helena – Machado de Assis. In: _____. *A voz embargada: imagem da mulher em romances ingleses e brasileiros do século XIX*. São Paulo: Edusp/Com-Arte, 1996. p. 73-87.

WEGNER, Christian. *Meister-erzählungen des Machado de Assis*. Hamburgo: Christian Wegner, 1964.

WEHRS, Carlos. *Machado de Assis e a magia da música*. Apresentação Vasco Mariz. Rio de Janeiro: C. Wehrs, 1997.

WEINER, Lauren. Rediscovering the 'Espírito' of Machado. *New Criterion*, Nova York, v. 16, n. 2, p. 18-25, out. 1997.

WEINHARDT, Marilene. O uso do diálogo no Memorial de Aires. *Revista Letras*, Curitiba, n. 24, p. 229-241, dez. 1975.

WERNECK, Maria Helena. *O homem encadernado: Machado de Assis na escrita das biografias*. Rio de Janeiro: EdUERJ, 1996.

_____. Machado para moças. In: *Encontro com Machado*. Rio de Janeiro: Secretaria de Estado de Educação, 1990. p. 67-77.

_____. Mulheres que lêem e não entre-lêem - personagens femininas na ficção machadiana. *Tempo Brasileiro*, Rio de Janeiro, n. 81, p. 98-107, abr.-jun. 1985.

_____. Veja como ando grego, meu amigo: os cuidados de si na correspondência machadiana. In: GALVÃO, Walnice Nogueira e GOTLIB, Nádia Battela. *Prezado senhor; prezada senhora: estudos sobre cartas*. São Paulo: Companhia das Letras, 2000.

WESCHENFELDER, Eládio Vilmar. *A paródia nos contos de Machado de Assis*. Passo Fundo: Universidade de Passo Fundo Editora, 2000.

WISNIK, José Miguel. Machado maxixe: o caso Pestana. In: _____. *Sem receita*. São Paulo: Publifolha, 2004. p. 15-105.

WILLEMSEN, August. Portfolio: Het Rio de Janeiro van Machado de Assis in foto's van Sergio Zalis. *Maatstaf*, Amsterdã, n.7, p. 31-40, jul. 1988.

WILLIAMS, Lorna V. Perspectives in the *Memórias póstumas de Brás Cubas* by Machado de Assis. *College Language Association Journal*, Atlanta, n. 18, p. 501-06, 1975.

WITKOWSKI, Ariane. Santo Agostinho e Quincas Borba. *Leitura*, São Paulo, n. 8, p. 11-19, dez. 1999.

WOENSEL, Maurice Van. Citações italianas nos romances de Machado de Assis. *Usina*. João Pessoa, p. 18-21, jun. 1989.

WÖLL, Dieter. Machado de Assis oder Moreira de Azevedo?: zur Frage ihrer Autorschaft in der *Marmota fluminense: A Marmota* und *O Espelho*. *Romanische Forschungen*, Frankfurt, n. 79, p. 28-61, 1967.

_____. *Machado de Assis. Die Entwicklung seines erzählerischen Werkes*. Bonn: Georg Westermann, 1972.

WOODBRIDGE JR., Benjamin Mather. *Machado de Assis: o encontro do artista com o homem*. Província de São Pedro, Porto Alegre, n. 18, p. 18-25, s. d.

XAVIER PLACER. O burocrata Machado na agricultura e na viação. *Revista da Sociedade dos Amigos de Machado de Assis*, Rio de Janeiro, n. 4, p. 30-34, jun. 1960.

XAVIER, Elódia. As personagens femininas na narrativa machadiana. *Estudos de Literatura Brasileira*, Faculdade de Letras/UFRJ, Rio de Janeiro, n. 4, p. 53-57, 1994.

_____. Machado de Assis: mestre do desmascaramento. In: SECCHIN, Antônio Carlos; ALMEIDA, José Maurício Gomes de; SOUZA, Ronaldes de Melo e (Org.). *Machado de Assis: uma revisão*. Rio de Janeiro: In-Fólio, 1998. p. 105-113.

_____. Memórias póstumas de Brás Cubas - Memórias sentimentais de João Miramar: o narrador em questão. In: *Congresso Abralic*. Anais. v. 3. Belo Horizonte: Abralic, 1991. p. 328-333.

XAVIER, Lindolfo. *Machado de Assis no tempo e no espaço*. Rio de Janeiro: Coeditora Brasílico Cooperativa, 1940.

XAVIER, Therezinha Mucci. *A personagem feminina no romance de Machado de Assis*. Rio de Janeiro: Presença, 1986.

_____. *Verso e reverso do favor nos romances de Machado de Assis*. Viçosa: Universidade Federal de Viçosa, 1994.

ZAGURY, Eliane. Prefácio. In: ASSIS, Machado de. *Histórias sem data*. Rio de Janeiro: Civilização Brasileira/MEC, 1975. p. 11-14.

ZECEVIC, Patricia D. The Beloved as Male Projection: a Comparative Study of Die Wahlverwandschaften and Dom Casmurro. *German Life and Letters*, Oxford, v. 47, n. 4, p. 467-476, out. 1994.

ZILBERMANN, Regina. Um caso para o leitor pensar. *Travessia*, Florianópolis, n. 19, p. 56-63, 2° sem. 1989. Idem: *Revista de Letras*, São Paulo, v. 29, p. 19-24, 1989.

ZIMBRÃO, Teresinha. Mulheres e cultura na sociedade brasileira oitocentista: o registro machadiano do novo papel da mulher. *In*: ALONSO. Cláudia Pazos (org.). *Women, Literature and Culture in the Lusophone World*. Lampeter: Edwin Mellen, 1996.

ZIOMEK, Henryk. Parallel Ingredients in Don Quixote and Dom Casmurro. *Revista de Estúdios Hispânicos*, v. 2, p. 229-240, 1968.

ZOLIN, Lúcia Osana. A mulher machadiana na mira da crítica: da periferia a imanência do texto. *Revista Unimar*, Maringá, v. 17, n. 1, p. 1-16, abr. 1995.

PUBLICAÇÕES COMEMORATIVAS SOBRE MACHADO DE ASSIS

Brasiliana. Machadiana. Letterature d'America. Ano IV, n. 18. Roma: Bulzoni, 1983. Número consagrado a Machado de Assis.

Cadernos de Literatura Brasileira. Machado de Assis. Número duplo, n. 23-24, dedicado ao centenário de morte. São Paulo: Instituto Moreira Salles, 2008.

Cuadernos Hispanoamericanos. Dossier Machado de Assis. Madri, n. 598, abril 2000.

Espelho. Revista Machadiana. Porto Alegre/West Lafayette, v. 1-6/7, 1995-2001.

Estudos de Literatura Brasileira. Número 4. Dedicado a Machado de Assis. Rio de Janeiro: Faculdade de Letras/UFRJ, 1994.

Exposição comemorativa do sexagésimo aniversário do falecimento de Joaquim Maria Machado de Assis. Catálogo da exposição. Prefácio Adonias Filho. Rio de Janeiro: Biblioteca Nacional, 1968.

Exposição Machado de Assis. Centenário do nascimento de Machado de Assis: 1839-1939. Introdução Augusto Meyer. Rio de Janeiro: Ministério da Educação e Saúde, 1939.

Jornal de Letras. Rio de Janeiro, set., 1958. Número consagrado a Machado de Assis.

Jornal do Brasil/Jornal do Século. Cem anos da obra viva de Machado de Assis. Jornal do Século 1908/Jornal do Brasil, Rio de Janeiro, 5 nov. 2000.

Machado de Assis: tempo e memória. Rio de Janeiro: Centro Cultural Banco do Brasil, out. 1989.

Machado de Assis: 150 Anos. Rio de Janeiro: Fundação Casa de Rui Barbosa, 1989.

O Velho Senado. Edição comemorativa do sesquicentenário de nascimento de Machado de Assis. Brasília: Senado Federal, 1989.

Revista Brasileira. Machado de Assis. Número dedicado ao centenário de morte. Rio de Janeiro: Academia Brasileira de Letras, fase VII, n. 55, 2008.

Revista da Língua Portuguesa. Machado de Assis. Rio de Janeiro: Tip. Lith. Röhe, janeiro de 1921. v. II.

Revista da Sociedade dos Amigos de Machado de Assis. Publicação bi-anual. Rio de Janeiro: n. 1 a 8, de 21 maio 1959 a 29 set.1968.

Revista do Brasil. Centenário de Machado de Assis. Rio de Janeiro, ano II, n. 12, 3ª fase, jun. 1939.

Revista do Livro. Edição comemorativa do cinqüentenário da morte de Machado de Assis. Rio de Janeiro: Instituto Nacional do Livro, n. 11, ano III, set.1958.

Sesquicentenário de Nascimento do Escritor Machado de Assis. Rio de Janeiro: Conselho Estadual de Cultura do Estado do Rio de Janeiro, 1990.

Scripta. Número dedicado a Machado de Assis. Apresentação Lélia Parreira Duarte. Belo Horizonte, v. 3, n. 6, 1º semestre 2000.

Teresa. Revista de literatura brasileira n 6/7. Número dedicado a Machado de Assis. São Paulo: Editora 34/Imprensa Oficial, 2006.

Travessia. Machado de Assis: 150 Anos. Edição Zahide Muzart. Florianópolis, v. 2, n. 19, 1989.

Vida Literária. Revista literária de crítica e bio-bibliografia. Número dedicado a Machado de Assis. Rio de Janeiro, ano I, n. 6, jun. 1939.

Índice Geral do Volume

- 12 **Comentários da Semana**
  DIÁRIO DO RIO DE JANEIRO
  (1861-1863)

- 70 **Crônicas**
  O FUTURO (1862-1863)

- 108 **Ao Acaso**
  DIÁRIO DO RIO DE JANEIRO
  (1864-1865)

- 276 **Histórias de Quinze Dias**
  ILUSTRAÇÃO BRASILEIRA
  (1876-1878)

- 366 **Histórias de Trinta Dias**
  ILUSTRAÇÃO BRASILEIRA (1878)

- 374 **Notas Semanais**
  O CRUZEIRO (1878)

- 438 **Balas de Estalo**
  GAZETA DE NOTÍCIAS
  (1883-1886)

- 608 **A + B**
  GAZETA DE NOTÍCIAS (1886)

- 622 **Gazeta de Holanda**
  GAZETA DE NOTÍCIAS
  (1886-1888)

- 746 **Bons Dias!**
  GAZETA DE NOTÍCIAS (1888-1889)
  IMPRENSA FLUMINENSE (1888)

- 820 **A Semana**
  GAZETA DE NOTÍCIAS
  (1892-1897)

- 1284 **Bibliografia**
  PAULO ROBERTO PEREIRA

Índice das Crônicas do Volume

Comentários da Semana
DIÁRIO DO RIO DE JANEIRO
(1861-1863)

14	12 de outubro de 1861
15	18 de outubro de 1861
18	26 de outubro de 1861
20	1º de novembro de 1861
24	10 de novembro de 1861
28	21 de novembro de 1861
30	25 de novembro de 1861
32	1º de dezembro de 1861
35	11 de dezembro de 1861
38	16 de dezembro de 1861
41	24 de dezembro de 1861
44	29 de dezembro de 1861
47	7 de janeiro de 1862
49	14 de janeiro de 1862
51	26 de janeiro de 1862
57	22 de fevereiro de 1862
60	2 de março de 1862
63	24 de março de 1862
66	1º de abril de 1862
68	5 de maio de 1862

Crônicas
O FUTURO (1862-1863)

72	15 de setembro de 1862
75	30 de novembro de 1862
78	15 de dezembro de 1862
80	1º de janeiro de 1863
82	15 de janeiro de 1863
86	31 de janeiro de 1863
88	15 de fevereiro de 1863
91	1º de março de 1863
93	15 de março de 1863
95	1º de abril de 1863
97	15 de abril de 1863
98	1º de maio de 1863
100	15 de maio de 1863
101	1º de junho de 1863
104	15 de junho de 1863
105	1º de julho de 1863

Ao Acaso
DIÁRIO DO RIO DE JANEIRO
(1864-1865)

110	5 de junho de 1864
114	12 de junho de 1864
118	20 de junho de 1864
122	26 de junho de 1864
125	3 de julho de 1864
129	10 de julho de 1864
132	17 de julho de 1864
137	25 de julho de 1864
141	1º de agosto de 1864
145	7 de agosto de 1864
149	14 de agosto de 1864
154	22 de agosto de 1864
161	28 de agosto de 1864
166	5 de setembro de 1864
170	11 de setembro de 1864
174	19 de setembro de 1864
178	27 de setembro de 1864
182	3 de outubro de 1864
186	10 de outubro de 1864
189	17 de outubro de 1864
193	24 de outubro de 1864
197	1º de novembro de 1864
201	8 de novembro de 1864
205	14 de novembro de 1864
208	22 de novembro de 1864
213	29 de novembro de 1864
218	3 de janeiro de 1865
221	10 de janeiro de 1865
225	24 de janeiro de 1865
229	31 de janeiro de 1865
232	7 de fevereiro de 1865
236	21 de fevereiro de 1865
239	27 de fevereiro de 1865
244	7 de março de 1865
247	15 de março de 1865
251	21 de março de 1865
258	28 de março de 1865
260	4 de abril de 1865
263	11 de abril de 1865
266	25 de abril de 1865
269	2 de maio de 1865
272	16 de maio de 1865

Histórias de Quinze Dias
ILUSTRAÇÃO BRASILEIRA
(1876-1878)

278	1º de julho de 1876
281	15 de julho de 1876
284	1º de agosto de 1876
287	15 de agosto de 1876
290	1º de setembro de 1876
293	15 de setembro de 1876
296	1º de outubro de 1876
299	15 de outubro de 1876
302	1º de novembro de 1876
304	15 de novembro de 1876
306	1º de dezembro de 1876
310	15 de dezembro de 1876
311	1º de janeiro de 1877
314	15 de janeiro de 1877
317	1º de fevereiro de 1877
319	15 de fevereiro de 1877
321	1º de março de 1877
323	15 de março de 1877
326	1º de abril de 1877
328	15 de abril de 1877
330	1º de maio de 1877
332	15 de maio de 1877
334	1º de junho de 1877
337	15 de junho de 1877
339	1º de julho de 1877
341	15 de julho de 1877
342	1º de agosto de 1877
344	15 de agosto de 1877
346	1º de setembro de 1877
348	15 de setembro de 1877
349	1º de outubro de 1877
351	15 de outubro de 1877
354	1º de novembro de 1877
357	15 de novembro de 1877
359	1º de dezembro de 1877
361	15 de dezembro de 1877
362	1º de janeiro de 1878

Histórias de Trinta Dias
ILUSTRAÇÃO BRASILEIRA (1878)

368	fevereiro de 1878
370	março de 1878
372	abril de 1878

Notas Semanais
O CRUZEIRO (1878)

376	2 de junho de 1878
380	9 de junho de 1878
384	16 de junho de 1878
388	23 de junho de 1878
392	30 de junho de 1878
397	7 de julho de 1878
401	14 de julho de 1878
406	21 de julho de 1878
410	28 de julho de 1878
414	4 de agosto de 1878
418	11 de agosto de 1878
422	18 de agosto de 1878
427	25 de agosto de 1878
432	1º de setembro de 1878

Balas de Estalo
GAZETA DE NOTÍCIAS
(1883-1886)

440	2 de julho de 1883
441	4 de julho de 1883
442	10 de julho de 1883
445	15 de julho de 1883
447	22 de julho de 1883
448	1º de agosto de 1883
450	5 de agosto de 1883
451	11 de agosto de 1883
452	15 de agosto de 1883
454	30 de agosto de 1883
456	2 de setembro de 1883
457	12 de setembro de 1883
459	10 de outubro de 1883
461	16 de outubro de 1883
462	23 de outubro de 1883
463	7 de novembro de 1883
464	24 de novembro de 1883
465	9 de dezembro de 1883
467	16 de dezembro de 1883
468	8 de janeiro de 1884
471	10 de janeiro de 1884
472	13 de março de 1884
473	26 de abril de 1884
474	15 de maio de 1884
476	15 de julho de 1884
477	20 de julho de 1884

479	25 de julho de 1884	545	26 de fevereiro de 1885
480	30 de julho de 1884	545	3 de março de 1885
481	4 de agosto de 1884	546	8 de março de 1885
483	10 de agosto de 1884	547	14 de março de 1885
485	15 de agosto de 1884	549	19 de março de 1885
486	19 de agosto de 1884	550	24 de março de 1885
487	23 de agosto de 1884	551	29 de março de 1885
489	27 de agosto de 1884	552	3 de abril de 1885
490	1º de setembro de 1884	554	9 de abril de 1885
492	5 de setembro de 1884	555	14 de abril de 1885
494	9 de setembro de 1884	556	20 de abril de 1885
495	14 de setembro de 1884	557	25 de abril de 1885
497	18 de setembro de 1884	558	30 de abril de 1885
498	22 de setembro de 1884	560	5 de maio de 1885
499	26 de setembro de 1884	561	10 de maio de 1885
501	1º de outubro de 1884	562	16 de maio de 1885
502	5 de outubro de 1884	563	21 de maio de 1885
504	10 de outubro de 1884	564	28 de maio de 1885
505	14 de outubro de 1884	565	3 de junho de 1885
507	19 de outubro de 1884	567	8 de junho de 1885
508	24 de outubro de 1884	569	14 de junho de 1885
509	29 de outubro de 1884	570	20 de junho de 1885
510	3 de novembro de 1884	572	26 de junho de 1885
511	10 de novembro de 1884	573	1º de julho de 1885
512	14 de novembro de 1884	574	8 de julho de 1885
514	18 de novembro de 1884	576	12 de julho de 1885
515	21 de novembro de 1884	577	19 de julho de 1885
517	25 de novembro de 1884	578	26 de julho de 1885
518	1º de dezembro de 1884	580	1º de agosto de 1885
519	6 de dezembro de 1884	581	10 de agosto de 1885
520	12 de dezembro de 1884	583	17 de agosto de 1885
522	17 de dezembro de 1884	584	23 de agosto de 1885
523	21 de dezembro de 1884	585	31 de agosto de 1885
525	24 de dezembro de 1884	587	8 de setembro de 1885
526	27 de dezembro de 1884	588	14 de setembro de 1885
528	1º de janeiro de 1885	589	24 de setembro de 1885
529	5 de janeiro de 1885	590	5 de outubro de 1885
530	9 de janeiro de 1885	592	11 de outubro de 1885
531	13 de janeiro de 1885	593	19 de outubro de 1885
532	17 de janeiro de 1885	594	26 de outubro de 1885
533	21 de janeiro de 1885	595	6 de novembro de 1885
535	26 de janeiro de 1885	596	15 de novembro de 1885
536	30 de janeiro de 1885	598	23 de novembro de 1885
537	1º de fevereiro de 1885	599	30 de novembro de 1885
538	3 de fevereiro de 1885	600	17 de dezembro de 1885
540	7 de fevereiro de 1885	601	4 de janeiro de 1886
541	11 de fevereiro de 1885	602	11 de janeiro de 1886
542	17 de fevereiro de 1885	603	9 de fevereiro de 1886
543	21 de fevereiro de 1885	605	3 de março de 1886

606	22 de março de 1886

A + B
GAZETA DE NOTÍCIAS (1886)

610	12 de setembro de 1886
611	16 de setembro de 1886
613	22 de setembro de 1886
614	28 de setembro de 1886
616	4 de outubro de 1886
618	14 de outubro de 1886
619	24 de outubro de 1886

Gazeta de Holanda
GAZETA DE NOTÍCIAS (1886-1888)

624	Nº 1 — 1º de novembro de 1886
626	Nº 2 — 5 de novembro de 1886
629	Nº 3 — 12 de novembro de 1886
632	Nº 4 — 17 de novembro de 1886
635	Nº 5 — 21 de novembro de 1886
637	Nº 6 — 28 de novembro de 1886
639	Nº 7 — 6 de dezembro de 1886
642	Nº 8 — 14 de dezembro de 1886
645	Nº 9 — 21 de dezembro de 1886
647	Nº 10 — 10 de janeiro de 1887
650	Nº 11 — 20 de janeiro de 1887
652	Nº 12 — 5 de fevereiro de 1887
655	Nº 13 — 24 de fevereiro de 1887
657	Nº 14 — 7 de março de 1887
660	Nº 15 — 20 de março de 1887
662	Nº 16 — 27 de março de 1887
664	Nº 17 — 6 de abril de 1887
667	Nº 18 — 13 de maio de 1887
669	Nº 19 — 12 de junho de 1887
672	Nº 20 — 18 de junho de 1887
674	Nº 21 — 4 de julho de 1887
677	Nº 22 — 1º de agosto de 1887
679	Nº 23 — 20 de agosto de 1887
681	Nº 24 — 23 de agosto de 1887
684	Nº 25 — 30 de agosto de 1887
686	Nº 26 — 6 de setembro de 1887
689	Nº 27 — 13 de setembro de 1887
692	Nº 28 — 20 de setembro de 1887
694	Nº 29 — 27 de setembro de 1887
696	Suplementar — 28 de setembro de 1887
697	Nº 30 — 4 de outubro de 1887
699	Nº 31 — 11 de outubro de 1887
703	Nº 32 — 18 de outubro de 1887
706	Nº 33 — 29 de outubro de 1887
708	Nº 34 — 2 de novembro de 1887
710	Nº 35 — 8 de novembro de 1887
713	Nº 36 — 15 de novembro de 1887
716	Nº 37 — 22 de novembro de 1887
718	Nº 38 — 29 de novembro de 1887
721	Nº 39 — 6 de dezembro de 1887
723	Nº 40 — 14 de dezembro de 1887
726	Nº 41 — 20 de dezembro de 1887
728	Nº 42 — 28 de dezembro de 1887
731	Nº 43 — 3 de janeiro de 1888
733	Nº 44 — 18 de janeiro de 1888
736	Nº 45 — 4 de fevereiro de 1888
738	Nº 46 — 10 de fevereiro de 1888
740	Nº 47 — 16 de fevereiro de 1888
743	Nº 48 — 24 de fevereiro de 1888

Bons Dias!
GAZETA DE NOTÍCIAS (1888-1889) E IMPRENSA FLUMINENSE* (1888)

748	5 de abril de 1888
749	12 de abril de 1888
751	19 de abril de 1888
752	27 de abril de 1888
754	4 de maio de 1888
756	11 de maio de 1888
757	19 de maio de 1888
758	20-21 de maio de 1888*
760	27 de maio de 1888
762	1º de junho de 1888
764	11 de junho de 1888
766	16 de junho de 1888
767	26 de junho de 1888
768	6 de julho de 1888
769	15 de julho de 1888
771	19 de julho de 1888
772	29 de julho de 1888
774	7 de agosto de 1888
775	26 de agosto de 1888
776	6 de setembro de 1888
777	16 de setembro de 1888
779	6 de outubro de 1888
780	21 de outubro de 1888
782	28 de outubro de 1888

783	10 de novembro de 1888	853	28 de agosto de 1892
785	18 de novembro de 1888		4 de Setembro de 1892 [publicado em *Páginas recolhidas* com o título "O sermão do diabo"]
786	25 de novembro de 1888		
788	17 de dezembro de 1888		
789	27 de dezembro de 1888		
791	13 de janeiro de 1889	855	11 de setembro de 1892
792	21 de janeiro de 1889	857	18 de setembro de 1892
794	26 de janeiro de 1889	859	25 de setembro de 1892
795	31 de janeiro de 1889	861	2 de outubro de 1892
796	6 de fevereiro de 1889	862	9 de outubro de 1892
797	13 de fevereiro de 1889	864	16 de outubro de 1892
799	23 de fevereiro de 1889	866	23 de outubro de 1892
800	27 de fevereiro de 1889	868	30 de outubro de 1892
802	7 de março de 1889	869	6 de novembro de 1892
803	19 de março de 1889	871	13 de novembro de 1892
805	22 de março de 1889	873	20 de novembro de 1892
806	30 de março de 1889	875	27 de novembro de 1892
808	20 de abril de 1889	877	4 de dezembro de 1892
809	7 de junho de 1889	879	11 de dezembro de 1892
811	14 de junho de 1889	881	18 de dezembro de 1892
812	29 de junho de 1889	883	25 de dezembro de 1892
814	3 de agosto de 1889	884	1º de janeiro de 1893
815	13 de agosto de 1889	886	8 de janeiro de 1893
817	22 de agosto de 1889	888	15 de janeiro de 1893
818	29 de agosto de 1889	890	22 de janeiro de 1893
		891	29 de janeiro de 1893
	A Semana	893	5 de fevereiro de 1893
	GAZETA DE NOTÍCIAS	894	12 de fevereiro de 1893
	(1892-1897)	896	19 de fevereiro de 1893
		899	26 de fevereiro de 1893
822	24 de abril de 1892	901	5 de março de 1893
823	1º de maio de 1892	902	12 de março de 1893
825	8 de maio de 1892	904	19 de março de 1893
827	15 de maio de 1892	906	26 de março de 1893
829	22 de maio de 1892	907	2 de abril de 1893
831	29 de maio de 1892	909	9 de abril de 1893
833	5 de junho de 1892	911	16 de abril de 1893
834	12 de junho de 1892	913	23 de abril de 1893
836	19 de junho de 1892	914	30 de abril de 1893
838	26 de junho de 1892	916	7 de maio de 1893
840	3 de julho de 1892	917	14 de maio de 1893
842	10 de julho de 1892	919	21 de maio de 1893
	17 de julho de 1892 [publicado em *Páginas recolhidas* com o título "Vae soli!"]	920	28 de maio de 1893
		922	4 de junho de 1893
		924	11 de junho de 1893
843	24 de julho de 1892	926	18 de junho de 1893
845	31 de julho de 1892	927	25 de junho de 1893
847	7 de agosto de 1892	929	2 de julho de 1893
850	14 de agosto de 1892	931	9 de julho de 1893
852	21 de agosto de 1892	932	16 de julho de 1893

934	23 de julho de 1893	1008	24 de junho de 1894
936	30 de julho de 1893	1010	1º de julho de 1894
938	6 de agosto de 1893	1011	8 de julho de 1894
939	13 de agosto de 1893	1013	15 de julho de 1894
941	20 de agosto de 1893		22 de julho de 1894 [publicado em *Páginas recolhidas* com o título *"Canção de piratas"*]
943	27 de agosto de 1893		
945	3 de setembro de 1893		
947	10 de setembro de 1893	1015	29 de julho de 1894
949	17 de setembro de 1893	1017	5 de agosto de 1894
951	24 de setembro de 1893	1019	12 de agosto de 1894
953	1º de outubro de 1893	1021	19 de agosto de 1894
	8 de outubro de 1893 [publicado em *Páginas recolhidas* com o título *"Garnier"*]	1023	26 de agosto de 1894
		1025	2 de setembro de 1894
		1026	9 de setembro de 1894
		1028	16 de setembro de 1894
955	15 de outubro de 1893	1030	23 de setembro de 1894
957	29 de outubro de 1893	1032	30 de setembro de 1894
959	5 de novembro de 1893	1034	7 de outubro de 1894
962	12 de novembro de 1893	1036	14 de outubro de 1894
963	19 de novembro de 1893	1037	21 de outubro de 1894
	26 de novembro de 1893 [publicado em *Páginas recolhidas* com o título *"Salteadores da Tessália"*]	1040	28 de outubro de 1894
		1041	4 de novembro de 1894
		1043	11 de novembro de 1894
		1045	18 de novembro de 1894
965	1º de janeiro de 1894	1047	25 de novembro de 1894
967	7 de janeiro de 1894	1049	2 de dezembro de 1894
969	14 de janeiro de 1894	1051	9 de dezembro de 1894
970	21 de janeiro de 1894	1053	16 de dezembro de 1894
972	28 de janeiro de 1894	1055	23 de dezembro de 1894
974	4 de fevereiro de 1894	1058	30 de dezembro de 1894
976	11 de fevereiro de 1894	1060	6 de janeiro de 1895
978	18 de fevereiro de 1894	1062	13 de janeiro de 1895
979	25 de fevereiro de 1894	1064	20 de janeiro de 1895
981	4 de março de 1894	1066	27 de janeiro de 1895
983	11 de março de 1894	1067	3 de fevereiro de 1895
985	18 de março de 1894	1069	10 de fevereiro de 1895
987	25 de março de 1894	1071	17 de fevereiro de 1895
989	1º de abril de 1894	1073	24 de fevereiro de 1895
991	8 de abril de 1894	1074	3 de março de 1895
992	15 de abril de 1894	1076	10 de março de 1895
994	22 de abril de 1894	1078	17 de março de 1895
996	6 de maio de 1894	1080	24 de março de 1895
998	13 de maio de 1894	1081	31 de março de 1895
1000	20 de maio de 1894	1083	7 de abril de 1895
1002	27 de maio de 1894	1085	14 de abril de 1895
	3 de junho de 1894 [publicado em *Páginas recolhidas* com o título *"A cena do cemitério"*]	1087	21 de abril de 1895
		1088	28 de abril de 1895
		1091	5 de maio de 1895
1003	10 de junho de 1894	1093	12 de maio de 1895
1006	17 de junho de 1894	1095	19 de maio de 1895

1097	26 de maio de 1895	1191	10 de maio de 1896
1098	2 de junho de 1895	1193	17 de maio de 1896
1100	9 de junho de 1895	1195	24 de maio de 1896
1102	16 de junho de 1895	1197	31 de maio de 1896
1104	23 de junho de 1895	1199	7 de junho de 1896
1106	30 de junho de 1895	1201	14 de junho de 1896
1108	7 de julho de 1895	1203	21 de junho de 1896
1110	14 de julho de 1895	1205	28 de junho de 1896
1112	21 de julho de 1895	1206	5 de julho de 1896
1113	28 de julho de 1895	1209	12 de julho de 1896
1115	4 de agosto de 1895	1211	19 de julho de 1896
1117	11 de agosto de 1895	1213	26 de julho de 1896
1119	18 de agosto de 1895	1216	2 de agosto de 1896
1120	25 de agosto de 1895	1217	9 de agosto de 1896
1122	1º de setembro de 1895	1220	16 de agosto de 1896
1124	8 de setembro de 1895	1222	23 de agosto de 1896
1126	15 de setembro de 1895	1224	30 de agosto de 1896
1128	22 de setembro de 1895	1226	6 de setembro de 1896
1130	29 de setembro de 1895	1228	13 de setembro de 1896
1132	6 de outubro de 1895	1230	20 de setembro de 1896
1134	13 de outubro de 1895	1232	27 de setembro de 1896
1136	20 de outubro de 1895	1234	4 de outubro de 1896
1139	27 de outubro de 1895	1236	11 de outubro de 1896
1141	3 de novembro de 1895	1239	18 de outubro de 1896
1143	10 de novembro de 1895	1241	25 de outubro de 1896
1145	17 de novembro de 1895	1243	1º de novembro de 1896
1146	24 de novembro de 1895	1245	8 de novembro de 1896
1148	1º de dezembro de 1895	1247	15 de novembro de 1896
1150	8 de dezembro de 1895	1249	22 de novembro de 1896
1152	15 de dezembro de 1895	1251	29 de novembro de 1896
1154	22 de dezembro de 1895	1255	6 de dezembro de 1896
1156	29 de dezembro de 1895	1257	13 de dezembro de 1896
1158	5 de janeiro de 1896	1260	20 de dezembro de 1896
1160	12 de janeiro de 1896	1262	27 de dezembro de 1896
1162	19 de janeiro de 1896	1265	3 de janeiro de 1897
1164	26 de janeiro de 1896	1267	10 de janeiro de 1897
1166	2 de fevereiro de 1896	1270	17 de janeiro de 1897
1167	9 de fevereiro de 1896	1272	24 de janeiro de 1897
1169	16 de fevereiro de 1896	1273	31 de janeiro de 1897
1171	23 de fevereiro de 1896	1275	7 de fevereiro de 1897
1173	1º de março de 1896	1277	14 de fevereiro de 1897
1175	8 de março de 1896	1280	21 de fevereiro de 1897
1177	15 de março de 1896	1281	28 de fevereiro de 1897
1179	22 de março de 1896		
1180	29 de março de 1896		
1182	5 de abril de 1896		
1184	12 de abril de 1896		
1186	19 de abril de 1896		
1188	26 de abril de 1896		
1189	3 de maio de 1896		

Copyright© 2015 by Global Editora
3ª Edição, Editora Nova Aguilar, São Paulo 2015
1ª Reimpressão, 2021

Jefferson L. Alves – diretor editorial
Jiro Takahashi – editor executivo
Sebastião Lacerda – consultoria
Flávio Samuel – gerente de produção
Emerson Charles e Jefferson Campos – assistentes de produção
**Augusto Rodrigues, Fábio Yuji Furukawa, Isabel Soares,
José Matheus, Larissa Lima de Freitas, Lucimar de Santana,
Luiz Maria Veiga, Márcia Benjamim, Maria Cecília Junqueira,
Maria Cristina Carletti e Sylvia Lohn** – revisão
Homem de Melo & Troia Design – projeto de design
Evelyn Rodrigues do Prado – editoração eletrônica

Obra atualizada conforme o
NOVO ACORDO ORTOGRÁFICO DA LÍNGUA PORTUGUESA.

**CIP-BRASIL. CATALOGAÇÃO NA PUBLICAÇÃO
SINDICATO NACIONAL DOS EDITORES DE LIVROS, RJ**

Machado de Assis : obra completa em quatro volumes, volume 4 / organização editorial Aluizio Leite, Ana Lima Cecilio, Heloisa Jahn, Rodrigo Lacerda – São Paulo : Editora Nova Aguilar, 2015.

Conteúdo: Crônica.
ISBN 978-85-210-0106-5 (obra completa)
ISBN 978-85-210-0107-2

1. Assis, Machado de, 1839-1908 2. Literatura brasileira
I. Leite, Aluizio. II. Cecilio, Ana Lima. III. Jahn, Heloisa.
IV. Lacerda, Rodrigo.

15-02978   CDD-869.9

Índices para catálogo sistemático:

1. Literatura brasileira   869.9

**Editora
Nova
Aguilar**
Direitos Reservados

editora nova aguilar.
Rua Pirapitingui, 111 – Liberdade
CEP 01508-020 – São Paulo – SP
Tel.: (11) 3277-7999
e-mail: global@globaleditora.com.br
www.novaaguilar.com.br

Colabore com a produção científica e cultural.
Proibida a reprodução total ou parcial desta obra
sem a autorização do editor.

Impresso na Índia

Nº de Catálogo: **10024**